diccionario
de la lengua española

ESPASA

Directora Editorial
Marisol Palés Castro

Editora
Alegría Gallardo Laurel

Diseño
Joaquín Gallego

© De esta edición: Espasa Calpe, S. A., Madrid, 2004
Decimosexta edición: noviembre, 2004

Depósito legal: M. 46.773-2004
ISBN: 84-239-5993-7

Espasa, en su deseo de mejorar sus publicaciones, agradecerá cualquier
sugerencia que los lectores hagan al departamento editorial por correo
electrónico: sugerencias@espasa.es

Impreso en España / Printed in Spain
Impresión: Unigraf, S. L.

Editorial Espasa Calpe, S. A.
Vía de las Dos Castillas, 33
Complejo Ática - Edificio 4
28224 Pozuelo de Alarcón (Madrid)

ÍNDICE

ÍNDICE

Organización léxica
de las entradas del diccionario

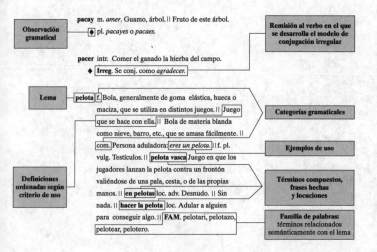

Observación gramatical

pacay m. *amer.* Guamo, árbol. || Fruto de este árbol.
◆ pl. *pacayes* o *pacaes*.

Remisión al verbo en el que se desarrolla el modelo de conjugación irregular

pacer intr. Comer el ganado la hierba del campo.
◆ **Irreg**. Se conj. como *agradecer*.

Lema

pelota f. Bola, generalmente de goma elástica, hueca o maciza, que se utiliza en distintos juegos. || Juego que se hace con ella. || Bola de materia blanda como nieve, barro, etc., que se amasa fácilmente. || com. Persona aduladora: *eres un pelota.* || f. pl. vulg. Testículos. || **pelota vasca** Juego en que los jugadores lanzan la pelota contra un frontón valiéndose de una pala, cesta, o de las propias manos. || **en pelotas** loc. adv. Desnudo. || Sin nada. || **hacer la pelota** loc. Adular a alguien para conseguir algo. || **FAM**. pelotari, pelotazo, pelotear, pelotero.

Categorías gramaticales

Ejemplos de uso

Definiciones ordenadas según criterio de uso

Términos compuestos, frases hechas y locuciones

Familia de palabras: términos relacionados semánticamente con el lema

Advertencia

Criterios de ordenación de las entradas:

— Se sigue el orden alfabético normal. Las entradas formadas por más de una palabra (*ex cáthedra, ex profeso*) se ordenan como si constituyeran una sola: *ex cáthedra* irá delante de *excavador*.

— Siguiendo la decisión aprobada en abril de 1994 por el X Congreso de la Asociación de Academias de la Lengua Española, la *ch* y la *ll* han sido englobadas en la *c* y en la *l* respectivamente, según las normas de alfabetización universal. Así, *echarpe* irá delante de *eclecticismo*; y *ellos* delante de *elocución*.

— Detrás de las acepciones generales van los términos compuestos, las frases hechas y las locuciones, por este orden, cada uno con su orden alfabético interno.

— Las normas generales de alfabetización se hacen extensivas a la ordenación de las familias de palabras.

En las páginas finales del presente volumen se ha insertado un *Apéndice* con información detallada sobre fundamentos gramaticales y ortográficos de la lengua española, así como repertorios con los modelos de verbos irregulares, abreviaturas y siglas más usuales.

Abreviaturas

a.	alemán	angl.	anglicismo
a. C.	antes de Cristo	ant.	anticuado
abl.	ablativo	apl.	aplica o aplicado
abr./abrev.	abreviatura	apóc.	apócope
abs.	absoluto	ár.	árabe
ac.	acusativo	arauc.	araucano
acep.	acepción	arc.	arcaico
adj.	adjetivo	arit.	aritmética
adv.	adverbio	arquit.	arquitectura
adv. a.	adverbio de afirmación	art.	artículo
adv. c.	adverbio de cantidad	ast.	asturiano
adv. correlat. cant.	adverbio correlativo de cantidad	aum.	aumentativo
		aux.	auxiliar
adv. d.	adverbio de duda	azt.	azteca
adv. interrog. l.	adverbio interrogativo de lugar	barb.	barbarismo
		biol.	biología
adv. l	adverbio de lugar	bot.	botánica
adv. lat.	adverbio latino	c.	como
adv. m.	adverbio de modo	°C	grados centígrados
adv. n.	adverbio de negación	carp.	capintería
adv. o.	adverbio de orden	cast.	castellano
adv. relat. cant.	adverbio relativo de cantidad	cat.	catalán
		célt.	céltico
adv. relat. l.	adverbio relativo de lugar	cir.	cirugía
adv. t.	adverbio de tiempo	colect.	colectivo
adverb.	adverbial	com.	género común
advers.	adversativo	comp.	comparativo
afirm.	afirmativo	conc.	concesivo
álg.	álgebra	cond.	condicional
alt.	altitud o altura	conj.	conjunción/conjuga
amb.	ambiguo	conj. ad.	conjunción adversativa
amer.	americanismo	conj. comp.	conjunción comparativa

conj. cond.	conjunción condicional	guar.	guaraní
conj. cop.	conjunción copulativa	h.	hacia
conj. dist.	conjunción distributiva	hom.	homónimo
conj. disy.	conjunción disyuntiva	homóf.	homófono
conj. il.	conjunción ilativa	i./ing.	inglés
conjug.	conjugación	íd.	idem
contr.	contracción	ilat.	ilativo
cop./copul.	copulativo	imper./imperat.	imperativo
d.	diminutivo	imperf.	imperfecto
d. C.	después de Cristo	impers.	impersonal
dat.	dativo	impr.	imprenta
defect.	defectivo	indef.	indefinido
dem.	demostrativo	indet.	indeterminado
dep.	deporte	indic.	indicativo
der.	derecho	inf.	infinitivo
deriv.	derivado	inform.	informática
des.	desinencia	insep.	inseparable
desp.	despectivo	intens.	intensivo
desus.	desusado	interj.	interjección
det.	determinado	interr.	interrogativo
dialec.	dialectal	intr.	intransitivo
díc.	dícese	invar.	invariable
dim.	diminutivo	irón.	irónico
dist./distrib.	distributivo	irreg.	irregular
disy./disyunt.	disyuntivo	it.	italiano
E	Este	iterat.	iterativo
econ.	economía	Kcal.	kilocaloría
ej.	ejemplo	Kg/kg	kilogramo
electr.	electricidad	Kl/kl	kilolitro
epic.	epiceno	Km/km	kilómetro
esc.	escultura	Kw/kw	kilovatio
esp.	español	lat.	latín
estad.	estadística	leng.	lengua
etc.	etcétera	ling.	lingüística
etim.	etimología	lit.	literatura
excl.	exclamación o exclamativo	lóg.	lógica
expr.	expresión	loc.	locución
expr. adv.	expresión adverbial	loc. adj.	locución adjetiva
f.	sustantivo o género femenino	loc. adv.	locución adverbial
		loc. conjunt.	locución conjuntiva
f. pl.	femenino plural	loc. interj.	locución interjectiva
FAM.	familia de palabras	loc. prepos.	locución prepositiva
fem.	femenino	long.	longitud
fest.	festivo	m	metro
fil./filos.	filosofía	m.	sustantivo o género masculino
fís.	física		
fon.	fonética	m. pl.	masculino plural
fr.	frase	m. y f.	sustantivo masculino y femenino
fut.	futuro		
galic.	galicismo	mar.	marinería
gén.	género	mat.	matemáticas
genit.	genitivo	med.	medicina
geog.	geografía	Mhz	megahercios
geol.	geología	mit.	mitología
geom.	geometría	mús.	música
ger.	gerundio	n.	neutro o nombre
germ.	germánico	n. p.	nombre propio
gram.	gramática	N	Norte

NE	Nordeste	pron. interrog.	pronombre interrogativo
neerl.	neerlandés	pron. pers.	pronombre personal
neg.	negación	pron. pos.	pronombre posesivo
neol.	neologismo	pron. relat.	pronombre relativo
NO	Noroeste	pron. relat. cant.	pronombre relativo de cantidad
nom.	nominativo		
núm.	número	prov.	provincia
O	Oeste	proverb.	proverbial
onomat.	onomatopeya	psicol.	psicología
or.	oración	quím.	química
p.	participio	rec.	recíproco
p. ant.	por antonomasia	rel./relat.	relativo
p. ej.	por ejemplo	s.	siglo o sustantivo
p. ext.	por extensión	S	Sur
p. p.	participio pasado	S. G. M.	Segunda Guerra Mundial
P. G. M.	Primera Guerra Mundial	SE	Sudeste
pág.	página	sent.	sentido
part.	participio o partícula	sep.	separativo
part. comp.	partícula comparativa	sign.	significa o significado
part. conj.	partícula conjuntiva	simb.	símbolo
part. insep.	partícula inseparable	sing.	singular
pers.	persona o personal	SO	Sudoeste
pint.	pintura	sra.	señora
pl.	plural	sres.	señores
poét.	poética	subj.	subjuntivo
pot.	potencial	suf.	sufijo
pref.	prefijo	sup./superl.	superlativo
prep.	preposición	sust.	sustantivo
prep. insep.	preposición inseparable	t.	temporal o tiempo
pres.	presente	teol.	teología
pret.	pretérito	terciop.	terciopersonal
prnl.	pronominal	topog.	topografía
pron.	pronombre	tr.	transitivo
pron. correlat. cant.	pronombre correlativo de cantidad	unip.	unipersonal
		voc.	vocativo
pron. dem.	pronombre demostrativo	vulg.	vulgar
pron. exclam.	pronombre exclamativo	zool.	zoología
pron. indef.	pronombre indefinido		

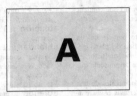

A

a f. Primera letra del abecedario. ‖ Primera y más abierta de las vocales. ‖ prep. Denota el complemento de la acción del verbo: *respeta a los ancianos.* ‖ Indica dirección, término, situación, intervalo de lugar o de tiempo, etc. ◆ pl. *aes.*

abacería f. Tienda de aceite, legumbres, etc. ‖ FAM. abacero.

ábaco m. Tablero de madera con alambres y bolas para enseñar a contar. ‖ Parte superior del capitel.

abad, desa m. y f. Superior de un monasterio, colegiata o comunidad religiosa. ‖ FAM. abacial, abadengo, abadía.

abadejo m. Bacalao.

abadía f. Iglesia, monasterio o territorio regido por un abad o una abadesa. ‖ Dignidad de abad o de abadesa.

abajeño, ña adj. y s. *amer.* Proveniente de tierras bajas. ‖ *amer.* Sureño.

abajo adv. l. Hacia lugar o parte inferior: *echar abajo.* ‖ En lugar posterior o inferior: *estar abajo.* ‖ interj. de desaprobación: *¡abajo la violencia!*

abalanzarse prnl. Lanzarse. ◆ Se construye con las prep. *a, hacia, sobre: se abalanzó a la comida, hacia la puerta, sobre nosotros.* ‖ tr. Lanzar con fuerza. ‖ Equilibrar las pesas de la balanza.

abalear tr. *amer.* Balear.

abalorio m. Cuentecillas de vidrio agujereadas. ‖ Cualquier adorno de poco valor.

abanderado m. Que lleva la bandera. ‖ Portavoz, representante.

abanderar tr. y prnl. Matricular un buque bajo la bandera de un Estado. ‖ FAM. abanderado, abanderamiento.

abandonar tr. Dejar, desamparar. ‖ Desistir, renunciar. También intr.: *no abandones.* ‖ Dejar un lugar. ‖ prnl. Confiarse. ‖ Dejarse dominar. ‖ Descuidar uno sus intereses y obligaciones: *se ha abandonado mucho.* ‖ FAM. abandonado, abandonamiento, abandono.

abandono m. Descuido, desamparo, renuncia.

abanicar tr. y prnl. Hacer aire con el abanico.

abanico m. Instrumento semicircular con un armazón de varillas que se pliegan y despliegan, utilizado para hacer aire. ‖ Conjunto de ideas, opciones, etc.: *abanico de posibilidades.* ‖ FAM. abanicar, abanicazo, abaniqueo.

abanto m. Ave rapaz semejante al buitre, blanca con las remeras negras. ‖ Buitre negro. ‖ Cualquier ave de la familia de los buitres. ‖ adj. y s. Torpe, atontado.

abarajar tr. *amer.* Recoger o recibir una cosa en el aire.

abaratar tr. y prnl. Bajar el precio de algo. También intr. ‖ FAM. abaratamiento.

abarca f. Calzado rústico de cuero que se sujeta con cuerdas.

abarcar tr. Ceñir, rodear. ‖ Comprender, contener: *abarca todo el saber.* ‖ FAM. abarcable, abarcador, abarcadura.

abarquillar tr. y prnl. Combar un cuerpo delgado y ancho: *la mesa se ha abarquillado.* ‖ FAM. abarquillado, abarquillamiento.

abarrancar tr. Hacer barrancos. ‖ Meter en un barranco. También prnl. ‖ intr. Varar, encallar. También prnl. ‖ FAM. abarrancamiento, abarrancadero.

abarrotar tr. Llenar, atestar: *abarrotaron el local.*

abastecer tr. y prnl. Proveer, aprovisionar. ◆ Irreg. Se conj. como *agradecer.* ‖ FAM. abastecedor, abastecimiento, abasto.

abasto m. Provisión. También pl.: *mercado de abastos.* ‖ Abundancia.

abatir tr. y prnl. Derribar, bajar, tumbar. ‖ Humillar. ‖ Hacer perder el ánimo. ‖ FAM. abatible, abatido, abatimiento.

abazón m. Cada uno de los dos sacos o bolsas que, dentro de la boca, tienen muchos monos y algunos roedores para depositar los alimentos antes de masticarlos.

abdicar tr. Renunciar al trono. ◆ Se construye con la prep. *en: abdicó el reino en su hijo.* ‖ Ceder, abandonar. ◆ Se construye con la prep. *de: abdicó de sus creencias.* ‖ FAM. abdicación, abdicativo.

abdomen m. Vientre, cavidad que contiene el estómago y los intestinos. ‖ **FAM.** abdominal.

abducción f. Movimiento por el cual un miembro u otro órgano se aleja del plano medio del cuerpo. ‖ **FAM.** abducir, abductor.

abductor adj. y m. Se dice del músculo que produce abducción.

abecé m. Abecedario. ‖ Rudimentos de una ciencia o actividad: *sólo se estudia el abecé de la física.*

abecedario m. Serie de las letras de un idioma.

abedul m. Árbol de corteza plateada y ramas flexibles y colgantes. Su madera ligera se utiliza para fabricar utensilios.

abeja f. Insecto himenóptero con alas y aguijón que produce la cera y la miel y se alimenta del polen y el néctar de las flores.

abejaruco m. Ave trepadora de brillantes colores, con el pico y la cola largos, que se alimenta sobre todo de abejas.

abejorro m. Insecto velludo con trompa larga que zumba mucho al volar.

abencerraje adj. y com. Individuo de una familia del reino musulmán granadino.

aberración f. Desviación, extravío. ‖ Desvío aparente de los astros. ‖ Imperfección de un sistema óptico que produce una visión defectuosa. ‖ **FAM.** aberrante, aberrar.

abertura f. Hendidura, grieta, agujero. ‖ Diámetro útil de un sistema de lentes.

abeto m. Árbol conífero, de tronco recto y muy elevado, hoja perenne y ramas horizontales formando una copa cónica. ‖ **FAM.** abetal, abietáceo.

abicharse prnl. *amer.* Agusanarse la fruta o las heridas.

abierto, ta adj. No cerrado, no cercado: *puerta abierta, solar abierto.* ‖ Llano, dilatado. ‖ Sincero, espontáneo. ‖ Tolerante. ‖ En fon., se dice de los sonidos pronunciados con una mayor abertura de los órganos articulatorios. ‖ **FAM.** abiertamente.

abigarrado, da adj. De varios colores mal combinados. ‖ Heterogéneo, sin orden ni conexión: *se encontró ante una abigarrada multitud.* ‖ **FAM.** abigarradamente, abigarramiento, abigarrar.

abisal adj. Abismal. ‖ Se dice de las zonas más profundas del mar y de lo relativo a ellas.

abismal adj. Perteneciente al abismo. ‖ Profundo: *existe una diferencia abismal.* ‖ Incomprensible: *es de una sencillez abismal.*

abismo m. Profundidad grande. ‖ Cosa inmensa, insondable o incomprensible. ‖ **FAM.** abismal, abismar, abismático.

abjurar tr. e intr. Retractarse: *abjuró la promesa.* ♦ Como intr., se construye con *de: abjuró de la fe.* ‖ **FAM.** abjuración.

ablación f. Extirpación de una parte del cuerpo.

ablandar tr. Poner blando. También prnl. ‖ Suavizar, conmover a alguien o mitigar su enfado: *le ablandaron sus súplicas.* ‖ prnl. Acobardarse. ‖ **FAM.** ablandador, ablandamiento, ablandativo.

ablande m. *amer.* Rodaje de un automóvil.

ablativo m. Caso gramatical que expresa procedencia, causa, modo, tiempo, etc.

ablución f. Lavatorio. ‖ Purificación ritual por el agua.

abnegación f. Renuncia de los propios intereses en favor del prójimo. ‖ **FAM.** abnegadamente, abnegado, abnegar.

abnegar tr. y prnl. Renunciar, sacrificarse. ♦ **Irreg.** Se conj. como *acertar.*

abocado, da adj. Expuesto, amenazado: *tu relación está abocada al fracaso.* ‖ Se dice del vino que no es seco ni dulce.

abocar tr. Asir con la boca. ‖ Acercar, aproximar. ‖ Verter el contenido de un recipiente en otro uniendo las bocas. ‖ **FAM.** abocamiento.

abocetar tr. Ejecutar bocetos. ‖ **FAM.** abocetado, abocetamiento.

abochornar tr. y prnl. Causar bochorno el excesivo calor. ‖ Sonrojar, avergonzar. ‖ **FAM.** abochornado.

abocinar tr. Dar forma de bocina. ‖ **FAM.** abocinado, abocinamiento.

abofetear tr. Dar de bofetadas.

abogaderas f. pl. *amer.* Argumentos engañosos.

abogado, da m. y f. Persona legalmente autorizada para defender en juicio los derechos o intereses de los litigantes. ‖ Que intercede. ‖ **FAM.** abogacía, abogar.

abogar intr. Defender en juicio. ‖ Interceder.

abolengo m. Ascendencia de una persona, especialmente si es ilustre: *una familia de rancio abolengo.* ‖ Herencia procedente de los antepasados.

abolicionismo m. Doctrina que propugna la abolición de la esclavitud. ‖ **FAM.** abolicionista.

abolir tr. Suprimir un precepto o costumbre. ‖ **FAM.** abolición, abolicionismo. ♦ **Irreg.** Defect. Conjugación modelo. Sólo se usan las formas cuya desinencia empieza con la vocal *i:*

Indicativo
Pres.: *abolimos, abolís.*
Imperf.: *abolía, abolías,* etc.
Pret. indef.: *abolí, aboliste,* etc.
Fut. imperf.: *aboliré, abolirás,* etc.

Potencial: *aboliría, abolirías,* etc.

Subjuntivo
Imperf.: *aboliera* o *aboliese, abolieras* o *abolieses,* etc.
Fut. imperf.: *aboliere, abolieres,* etc.

Participio: *abolido.*

Gerundio: *aboliendo.*

abollar tr. y prnl. Producir una depresión con un golpe. ‖ **FAM.** abollado, abolladura, abollón.

abombado, da adj. Curvado, convexo. ‖ *amer.* Aturdido. ‖ *amer.* Tonto. También s.

abombar tr. Dar forma convexa. ‖ Asordar, aturdir. ‖ prnl. *amer.* Empezar a corromperse algo. ‖ *amer.* Marearse con el vino.

abominar tr. Condenar o detestar algo o a alguien: *lo abomina.* ♦ Normalmente se usa en construcciones intr. con *de*: *abomina de sus ideas.* ‖ **FAM.** abominable, abominación.

abonanzar intr. Calmarse la tormenta o serenarse el tiempo.

abonar tr. Echar abono en la tierra. ‖ Pagar. ‖ Inscribir a una persona, mediante pago, para que pueda asistir a algún lugar o recibir algún servicio. Más c. prnl.: *se abonó a la ópera.* ‖ Acreditar de bueno: *lo abona un pasado glorioso.* ‖ Ingresar una cantidad en el haber de una cuenta bancaria. ‖ **FAM.** abonado, abono, abonero.

abonero, ra m. y f. *amer.* Comerciante ambulante que vende por abonos o pagos a plazos.

abono m. Acción y efecto de abonar o abonarse. ‖ Derecho del que se abona y documento en que consta. ‖ Lote de entradas o billetes que se suponen conjuntamente y que permiten el uso periódico o limitado de algún servicio: *abono de temporada.* ‖ Sustancia con que se fertiliza la tierra. ‖ *amer.* Pago, plazo.

abordaje m. Acción de abordar una embarcación. ‖ **al abordaje** loc. adv. Pasando de una nave a otra.

abordar tr. Rozar o chocar una embarcación con otra. También intr. ‖ Asaltar una nave. ‖ Acercarse a alguno para tratar con él un asunto: *lo abordé en cuanto salió.* ‖ Emprender o plantear un negocio que ofrezca dificultades. ‖ intr. Tomar puerto una nave. ‖ **FAM.** abordable, abordador, abordaje.

aborigen adj. Originario del suelo en que vive. ‖ adj. y s. Se dice del primitivo morador de un país. Más en pl.

aborlonado adj. *amer.* Se apl. al tejido que presenta irregularidades.

aborrecer tr. Tener aversión. ‖ Abandonar las aves el nido, los huevos o las crías. ♦ **Irreg.** Se conj. como *agradecer.* ‖ **FAM.** aborrecedor, aborrecible, aborrecimiento.

aborrecimiento m. Aversión, odio. ‖ Aburrimiento.

aborregarse prnl. Cubrirse el cielo de nubes como vellones de lana. ‖ Adocenarse. ‖ **FAM.** aborregado.

abortar intr. Parir antes del tiempo en que el feto puede vivir. ‖ Fracasar, malograrse. También tr.: *la policia abortó la fuga.* ‖ **FAM.** abortista, abortivo, aborto.

abortista adj. y s. Partidario de la despenalización del aborto.

aborto m. Acción de abortar. ‖ Engendro, monstruo.

abotagarse o **abotargarse** prnl. Hincharse, inflarse el cuerpo. ‖ **FAM.** abotargamiento.

abotonar tr. y prnl. Ajustar con botones. ‖ **FAM.** abotonador, abotonadura.

abovedar tr. Cubrir con bóveda. ‖ Dar figura de bóveda. ‖ **FAM.** abovedado.

abra f. Bahía no muy extensa. ‖ Abertura ancha entre dos montañas. ‖ *amer.* Claro del bosque. ‖ *amer.* Camino abierto entre la maleza.

abracadabra m. Palabra cabalística a la que se atribuían poderes curativos.

abrasar tr. Reducir a brasa, quemar. También prnl. ‖ Agitar o consumir a uno una pasión. También prnl. ‖ intr. Estar muy caliente una cosa: *el agua abrasa.* ‖ prnl. Estar muy agitado por una pasión: *se abrasa en odio.* ‖ **FAM.** abrasador, abrasamiento, abrasante.

abrasión f. Acción y efecto de raer o desgastar por fricción. ‖ Acción irritante que producen los purgantes enérgicos. ‖ **FAM.** abrasivo.

abrazadera f. Pieza para asegurar alguna cosa, ciñéndola.

abrazar tr. Ceñir algo o a alguien con los brazos. También prnl.: *se abrazaron con cariño.* ‖ Rodear, ceñir. ‖ Contener. ‖ Adoptar, seguir: *abrazó el budismo.* ‖ **FAM.** abrazadera, abrazador, abrazo.

abrazo m. Acción de abrazar: *se dieron un fuerte abrazo.*

abrecartas m. Utensilio cortante para abrir cartas. ♦ No varía en pl.

ábrego m. Viento sur o sudoeste.

abrelatas m. Instrumento de metal para abrir latas de conserva. ♦ No varía en pl.

abrevar tr. Dar de beber al ganado. ‖ intr. Beber el ganado. ‖ **FAM.** abrevadero.

abreviar tr. Acortar, reducir a menos tiempo o espacio. ‖ intr. Acelerar, apresurar: *abrevia,* *que es tarde.* ‖ **FAM.** abreviación, abreviado, abreviatura.

abreviatura f. Representación abreviada de una palabra: *sra.* por *señora*. ‖ Compendio, resumen.

abridor, ra adj. Que abre. ‖ m. Instrumento para abrir latas o botellas.

abrigar tr. Defender, resguardar del frío. También prnl. ‖ Auxiliar, amparar. ‖ Tener ideas o afectos: *abriga buenas intenciones.* ‖ **FAM.** abrigado, abrigo.

abrigo m. Prenda exterior que abriga. ‖ Defensa contra el frío. ‖ Refugio. ‖ Amparo.

abril m. Cuarto mes del año: consta de 30 días. ‖ pl. Años de la primera juventud: *cumple veinte abriles.*

abrillantar tr. Dar brillo. ‖ **FAM.** abrillantador, abrillantamiento.

abrir tr. Descubrir lo que está cerrado u oculto. También prnl. ‖ Separar del marco la hoja, o las hojas de una puerta o ventana. También intr. y prnl.: *esta puerta no abre, la puerta se ha abierto.* ‖ Romper, despegar. ‖ Extender lo doblado: *abrir un periódico.* ‖ Horadar, hacer accesible. ‖ Inaugurar. ‖ Empezar un negocio su actividad periódica: *abrimos de ocho a tres.* ‖ Ir a la cabeza o delante. ‖ intr. Empezar a clarear el tiempo: *el día ha abierto.* ‖ prnl. Sincerarse: *se abrió a su amigo.* ♦ Part. irreg.: *abierto.* ‖ **FAM.** abridor.

abrochar tr. Cerrar, ajustar con broches, corchetes, etc. También prnl.

abrogar tr. En der., abolir, revocar: *abrogaron el decreto.* ‖ **FAM.** abrogación.

abrojo m. Planta leñosa de tallos largos y flores amarillas, con fruto espinoso del mismo nombre. ‖ pl. Penalidades. ‖ **FAM.** abrojal.

abroncar tr. Reprender ásperamente. ‖ Abuchear.

abrótano m. Planta herbácea de flores amarillas y agradable olor usada en cosmética y medicina.

abrumar tr. Agobiar con algún peso o trabajo. ‖ Molestar, apurar: *me abruma tanta amabilidad.* ‖ **FAM.** abrumador, abrumadoramente, abrumante.

abrupto, ta adj. Escarpado. ‖ Áspero, violento.

absceso m. Acumulación de pus en los tejidos orgánicos.

abscisa f. Coordenada horizontal en un plano cartesiano rectangular.

absentismo m. Falta de asistencia practicada habitualmente. ‖ **FAM.** absentista.

ábside amb. Parte abovedada y semicircular, que sobresale de la fachada posterior de un templo.

absolución m. Acción de absolver, particu-

larmente anular los cargos que pesan sobre el acusado.

absolutismo m. Sistema de gobierno en el que el rey ostenta todo el poder del Estado sin limitación. Históricamente es el régimen que predominó en Europa sobre todo en los s. XVII y XVIII. ‖ Autoritarismo, totalitarismo. ‖ **FAM.** absolutista.

absoluto, ta adj. Que excluye toda relación: *valor absoluto.* ‖ Ilimitado, sin restricción: *tiene poder absoluto.* ‖ Completo, total: *el silencio era absoluto.* ‖ **FAM.** absolutismo, absolutamente.

absolver tr. Liberar de algún cargo u obligación. ‖ Declarar no culpable a un acusado. ‖ Perdonar los pecados. ♦ **Irreg.** Se conj. como *mover.* ‖ **FAM.** absolución, absolutorio, absolvedor, absolvente.

absorbente adj. Dominante. ‖ m. Sustancia que absorbe.

absorber tr. Atraer un cuerpo las moléculas de otro en estado líquido o gaseoso. ‖ Llamar la atención, ensimismar: *la película le absorbió por completo.* ‖ Asumir, incorporar: *absorber una empresa.* ‖ **FAM.** absorbente, absorción, absorto.

absorto, ta adj. Admirado, pasmado, ensimismado.

abstemio, mia adj. y s. Que no bebe vino ni otros licores.

abstencionismo m. Doctrina o práctica que propugna la no participación en unas elecciones. ‖ **FAM.** abstencionista.

abstenerse prnl. Privarse de alguna cosa. ‖ Dejar de hacer algo: *se abstuvo de votar.* ♦ **Irreg.** Se conj. como *tener.* ‖ **FAM.** abstención, abstencionismo, abstinencia.

abstinencia f. Acción de abstenerse de algo, por motivos religiosos o morales. ‖ Específicamente, privación de comer carne en determinados días por precepto de la Iglesia católica.

abstracción f. Acto de abstraer o abstraerse: *es un ejercicio de abstracción.*

abstracto, ta adj. No concreto, que no tiene realidad propia. ‖ De difícil comprensión.

abstraer tr. Considerar aisladamente las cualidades de un objeto, o el mismo objeto en su pura esencia o noción. ‖ prnl. Prescindir alguien de lo que le rodea, para concentrarse en su pensamiento: *se abstrae fácilmente.* ♦ **Irreg.** Se conj. como *traer.* ‖ **FAM.** abstracción, abstracto, abstraído.

absurdo, da adj. y s. Contrario y opuesto a la razón.

abubilla f. Ave insectívora de unos 30 cm de longitud, con el pico largo y un penacho de plumas eréctiles en la cabeza.

abuchear tr. Manifestar desaprobación pública y ruidosamente. | FAM. abucheo.

abuelo, la m. y f. Padre o madre del padre o de la madre. | Anciano. | pl. El abuelo y la abuela.

abuhardillado, da adj. Con buhardilla o en forma de buhardilla.

abulense adj. y s. De Ávila.

abulia f. Falta de voluntad o disminución notable de su energía. | FAM. abúlico.

abultar tr. Aumentar el bulto de algo. | Hacer un bulto o relieve. | Exagerar la importancia de algo: *abultaron la noticia.* | intr. Tener o hacer bulto: *el bolso no abulta nada.* | FAM. abultado, abultamiento.

abundancia f. Gran cantidad de algo.

abundante adj. Copioso, en gran cantidad.

abundar intr. Existir algo en gran cantidad. | Tener en abundancia: *abunda en elocuencia.* | Hablando de una idea u opinión, persistir en ella: *abundó en la misma cuestión toda la tarde.* | FAM. abundamiento, abundancia, abundante.

aburguesarse prnl. Adquirir cualidades de burgués.

aburrido, da adj. Que aburre o cansa. | Incapaz de divertir o divertirse. También s.

aburrimiento m. Fastidio, tedio.

aburrir tr. Molestar, fastidiar. | Aborrecer. | prnl. Cansarse de alguna cosa. | FAM. aburrido, aburrimiento.

abusar intr. Usar excesiva o indebidamente de algo o alguien. | Violar a alguien. | prnl. *amer.* Espabilarse, estar muy atento. | FAM. abusivamente, abusivo, abuso, abusón.

abuso m. Acto de abusar: *abuso de poder.*

abyección f. Bajeza, envilecimiento. | Humillación.

abyecto, ta adj. Despreciable, vil.

acá adv. l. Indica el lugar en que está el que habla, pero más imprecisamente que *aquí.* | En este mundo.

acabado, da adj. Perfecto, completo, consumado. | Fracasado, destruido: *este hombre está acabado.* | m. Perfeccionamiento final de una obra o labor: *tiene acabado mate.*

acabar tr. Dar fin a una cosa. También intr. y prnl. | Apurar, consumir. | Poner mucho esmero en la conclusión de una obra. | intr. Terminar un objeto de una determinada forma: *por este lado acaba en punta.* | Extinguirse, aniquilarse. También prnl. ♦ Se construye con las prep. *de, con* y con gerundio: *acaban de llegar; acabaron con las existencias; acabó rompiéndolo.* | FAM. acabado.

acabóse m. Se usa en la loc. **ser** algo **el acabóse,** con el significado de 'ser el no va más, el colmo', etc.

acacia f. Árbol o arbusto de flores olorosas en racimos colgantes. De algunas de sus especies se obtiene la goma arábiga. En España es común la *falsa acacia,* conocida por sus flores blancas llamadas *pan y quesillo.* | Madera de este árbol.

academia f. Sociedad científica, literaria o artística establecida con autoridad pública. | Edificio que la alberga. | Conjunto de personas que la componen. | Establecimiento docente: *academia de informática.*

academicismo m. Observancia rigurosa de las normas clásicas. | FAM. academicista.

académico, ca adj. Acorde con las normas clásicas: *estilo académico.* | Perteneciente o relativo a las academias o a los estudios oficiales: *año, expediente académico.* | m. y f. Individuo de una academia.

acaecer intr. Suceder, ocurrir. ♦ **Irreg.** Se conj. como *agradecer.* Sólo se usa en inf. y en las terceras personas.

acallar tr. Hacer callar. | Aplacar, sosegar.

acalorar tr. Dar o causar calor. | Fatigar con el demasiado trabajo o ejercicio. Más c. prnl. | Promover, avivar: *su intervención acaloró la disputa.* | prnl. Enardecerse en la conversación. | FAM. acaloradamente, acalorado, acaloramiento.

acampanado, da adj. De forma de campana.

acampar intr. Instalarse en el campo, al aire libre o alojándose en tiendas de campaña. | FAM. acampada.

acanalar tr. Hacer estrías en alguna cosa. | Dar forma de canal o teja. | FAM. acanalado, acanaladura.

acantilado, da adj. y s. Se dice de la costa rocosa cortada verticalmente | Se apl. al fondo del mar cuando forma escalones. | m. Escarpa casi vertical en un terreno. | FAM. acantilar.

acanto m. Planta perenne, con hojas largas y espinosas. | En arq., adorno típico del capitel corintio que imita las hojas de esta planta.

acantonar tr. y prnl. Alojar las tropas en diversos lugares. | FAM. acantonamiento.

acaparar tr. Disfrutar o apropiarse de todo o la mayor parte de una cosa: *acapara todas las miradas.* | Adquirir y retener mercancías no necesarias para especular o prevenir la escasez. | FAM. acaparador, acaparamiento.

acaramelado adj. Muy cariñoso y dulce con alguien.

acaramelar tr. Bañar de azúcar a punto de caramelo. | prnl. Estar o ponerse acaramelado. | FAM. acaramelar.

acariciar tr. Hacer caricias. También prnl. | Rozar o tocar algo suavemente. | Pensar con esperanza en hacer o conseguir algo: *acaricia la idea de dejar de trabajar.*

ácaro adj. y s. Se dice de un tipo de arácnidos microscópicos o pequeños, como la garrapata, algunos de los cuales son parásitos del hombre.

acarrear tr. Transportar en carro o de otra manera. ‖ Ocasionar o provocar algún daño: *su sinceridad sólo nos acarrea problemas.* ‖ FAM. acarreo.

acartonarse prnl. Ponerse como cartón. Se apl. especialmente a las personas que al envejecer se quedan delgadas y enjutas.

acaso m. Casualidad, suceso imprevisto. ‖ adv. m. Por casualidad. ‖ adv. de duda. quizá.

acatar tr. Obedecer. ‖ Reconocer y respetar la autoridad de algo o alguien: *acato el precepto, pero no lo cumplo.* ‖ *amer.* Percatarse de algo. ‖ FAM. acatamiento.

acatarrarse prnl. Coger un catarro, resfriarse.

acaudalado, da adj. Que tiene mucho dinero, rico. ‖ FAM. acaudalar.

acaudillar tr. Mandar algo o a alguien como jefe. ‖ Guiar, conducir.

acceder intr. Consentir en lo que otro quiere: *accedió a hablar en su nombre.* ‖ Ceder uno a la idea de otro. ‖ Tener entrada o paso a un lugar: *por esta puerta se accede al patio.* ‖ Tener acceso a una situación, o llegar a alcanzarla: *por fin puedo acceder a la plaza.* ‖ FAM. accesible, accésit, acceso.

accesible adj. Que tiene acceso. ‖ De trato fácil: *es bastante accesible.* ‖ Inteligible, comprensible: *este planteamiento resulta más accesible.*

accésit m. Recompensa inferior al premio. ♦ No varía en pl.

acceso m. Acción de llegar o acercarse. ‖ Entrada o paso. También pl.: *están cortados todos los accesos.* ‖ Posibilidad de llegar a algo o a alguien: *tiene acceso directo al ministro.* ‖ Aparición súbita de un arrebato o de un ataque: *le dio un acceso de fiebre.* ‖ FAM. accesorio.

accesorio, ria adj. Que depende de lo principal. ‖ Secundario. ‖ m. Utensilio auxiliar para determinado trabajo.

accidentado, da adj. Agitado, con muchos incidentes: *recorrido accidentado.* ‖ Hablando del terreno, escabroso, abrupto. ‖ Se dice de quien ha sido víctima de un accidente. También s.

accidental adj. No esencial. ‖ Casual, contingente. ‖ Se dice del cargo provisional.

accidente m. Suceso eventual del que involuntariamente resulta daño: *accidente de tráfico.* ‖ Suceso casual que altera el orden re-

gular de las cosas. ‖ Calidad o estado no esencial de algo. ‖ Irregularidad del terreno. ‖ Variación gramatical de las palabras: género, número, tiempo, etc. ‖ FAM. accidentado, accidental, accidentalmente, accidentar.

acción f. Ejercicio de la facultad de actuar que tiene un ser. ‖ Efecto de hacer. ‖ Influencia o impresión producida por la actividad de cualquier agente sobre algo: *tiene un radio de acción de cinco metros.* ‖ Postura, ademán, gesto. ‖ Cada una de las partes en que está dividido el capital de una empresa: *vendió todas sus acciones.* ‖ Título de una de esas partes del capital. ‖ Sucesión de hechos, en las obras narrativas, dramáticas y cinematográficas: *la acción se desarrolla en el desierto.* ‖ En cine, voz con que se advierte que empieza una toma. ‖ FAM. accionamiento, accionar, accionariado, accionarial, accionista.

accionar tr. Poner en funcionamiento un mecanismo. ‖ intr. Gesticular.

accionista com. Dueño de una o varias acciones de una empresa.

acebo m. Árbol de hojas perennes y frutos en baya de color rojo. Su madera se emplea en ebanistería y tornería y sus ramas sirven como adorno navideño. ‖ Madera de este árbol.

acebuche m. Olivo silvestre. ‖ Madera de este árbol.

acechanza f. Acecho, persecución sigilosa.

acechar tr. Observar, aguardar cautelosamente. ‖ Amenaza. ‖ FAM. acechanza, acecho.

acecinar tr. Salar y ahumar la carne para su conservación. También prnl.

acedera f. Planta herbácea perenne que se usa como condimento por su sabor ácido. ‖ FAM. acederilla, acederón.

acedía f. Acidez de estómago.

acéfalo, la adj. Falto de cabeza.

aceitar tr. Untar de aceite. ‖ *amer.* Sobornar.

aceite m. Grasa líquida que se obtiene por presión de las aceitunas, de algunos otros frutos o semillas y de algunos animales. ‖ Líquido oleaginoso que se encuentra formado en la naturaleza o que se obtiene de ciertos minerales bituminosos. ‖ FAM. aceitar, aceitero, aceitoso, aceituna.

aceitero, ra adj. Perteneciente al aceite. ‖ m. y f. Persona que vende aceite. ‖ f. Recipiente pequeño para guardar pequeñas cantidades de aceite. ‖ f. pl. Vinagreras.

aceituna f. Fruto del olivo. ‖ FAM. aceitunado, aceitunero, aceituno.

aceitunero, ra m. y f. Persona que coge, acarrea o vende aceitunas. ‖ m. Sitio para tener la aceituna.

aceleración f. Acción y efecto de acelerar.

❘ Incremento de la velocidad en la unidad de tiempo.

acelerador, ra adj. Que acelera. ❘ m. Mecanismo que permite aumentar las revoluciones del motor de explosión. ❘ Pedal o dispositivo para accionarlo. ❘ Cualquier mecanismo destinado a acelerar el funcionamiento de otro.

acelerar tr. y prnl. Dar mayor rapidez a algo. ❘ tr. e intr. Aumentar la velocidad. ❘ Accionar el mecanismo acelerador. ❘ **FAM.** aceleración, acelerado, acelerador, aceleramiento, acelerón.

acelga f. Planta hortense comestible. Más en pl.

acémila f. Bestia de carga, preferentemente el mulo. ❘ Persona ruda. ❘ **FAM.** acemilero.

acendrar tr. Purificar los metales con fuego. ❘ Depurar, dejar sin mancha ni defecto, perfeccionar. ❘ **FAM.** acendrado.

acento m. Mayor realce con que se pronuncia determinada sílaba de una palabra. ❘ Tilde, signo ortográfico que se coloca sobre alguna letra, para señalar dicho realce o algún matiz especial de la pronunciación. ❘ Particulares inflexiones de voz de una región: *tiene acento sevillano.* ❘ Modulación de la voz: *acento triste.* ❘ **FAM.** acentuar.

acentuar tr. Poner acento a una palabra. ❘ Recalcar las palabras al pronunciarlas. ❘ Realzar, abultar. ❘ prnl. Cobrar importancia algo: *este mes se ha acentuado la crisis.* ❘ **FAM.** acentuación, acentuado, acentual.

aceña f. Molino harinero de agua situado dentro del cauce de un río.

acepción f. Cada uno de los significados que puede tomar una palabra o frase.

acepillar tr. Cepillar. ❘ Pulir, alisar la madera.

aceptable adj. Digno de ser aceptado.

aceptación f. Aprobación, aplauso: *la película tuvo una gran aceptación.*

aceptar tr. Recibir voluntariamente algo: *no quiso aceptar el regalo.* ❘ Aprobar: *la junta aceptó la subida.* ❘ Admitir las condiciones en un desafío. ❘ Obligarse por escrito a pagar una letra o libranza: *el banco ha aceptado el talón.* ❘ **FAM.** aceptable, aceptablemente, aceptación.

acequia f. Zanja o canal por donde se conducen las aguas para regar y para otros fines. ❘ **FAM.** acequiaje, acequiero, acequiero.

acera f. Orilla de la calle o de otra vía pública, con pavimento adecuado para el paso de los peatones.

acerado, da adj. De acero. ❘ Parecido a él. ❘ Fuerte, de mucha resistencia. ❘ Incisivo, mordaz: *escrito con lenguaje acerado.*

acerar tr. Dar al hierro las propiedades del acero. ❘ Dar un baño de acero. ❘ Fortalecer, vigorizar. También prnl.

acerbo, ba adj. Áspero al gusto. ❘ Cruel, riguroso: *le hizo un acerbo comentario.* ❘ **FAM.** acerbamente.

acerca de loc. prep. En cuanto a, respecto a, a propósito de.

acercar tr. y prnl. Poner a menor distancia de lugar o tiempo. ❘ Llevar algo o a alguien a algún lugar: *acércame al cine.* ❘ **FAM.** acercamiento.

acerico o **acerillo** m. Almohadilla para clavar alfileres y agujas.

acero m. Aleación de hierro y carbono, en diferentes proporciones. ❘ Arma blanca, y en especial la espada. ❘ **FAM.** aceración, acerado, acerar, acería, acería.

acérrimo, ma adj. Muy firme y entusiasta: *es su acérrimo defensor.*

acertar tr. Dar en el punto a que se dirige algo. ❘ Encontrar, hallar. También intr.: *has acertado.* ❘ Hallar el medio apropiado para lograr algo. ❘ Dar con lo cierto en lo dudoso, ignorado u oculto: *has acertado con la elección de la carrera.* ❘ Hacer algo con tino. También intr. ❘ intr. Con la prep. *a* y un infinitivo, suceder por casualidad: *acertó a pasar por allí un policía.* ❘ **FAM.** acertadamente, acertado, acertante, acertijo, acierto. ♦ **Irreg.** Conjugación modelo:

Indicativo

Pres.: *acierto, aciertas, acierta, acertamos, acertáis, aciertan.*

Imperf.: *acertaba, acertabas,* etc.

Pret. indef.: *acerté, acertaste,* etc.

Fut. imperf.: *acertaré, acertarás,* etc.

Potencial: *acertaría, acertarías,* etc.

Subjuntivo

Pres.: *acierte, aciertes, acierte, acertemos, acertéis, acierten.*

Imperf.: *acertara o acertase, acertaras o acertases,* etc.

Fut. imperf.: *acertare, acertares,* etc.

Imperativo: *acierte, acertad.*

Participio: *acertado.*

Gerundio: *acertando.*

---

acertijo m. Especie de enigma para entretenerse en adivinarlo.

acervo m. Conjunto de bienes morales, culturales o materiales de una colectividad de personas: *acervo espiritual.* ❘ Montón de cosas menudas.

acetato m. Sal formada por el ácido acético con una base.

acético, ca adj. Perteneciente o relativo al vinagre. | Se dice del ácido orgánico que se produce por oxidación del alcohol del vino y que da lugar al vinagre.

acetileno m. Hidrocarburo gaseoso que se obtiene de la acción del agua sobre el carburo de calcio. Se emplea como combustible para dar luz.

acetona f. Líquido incoloro, inflamable y de olor penetrante característico, que se obtiene por destilación seca de la madera. Se emplea domésticamente para disolver el esmalte de uñas.

achacar tr. Atribuir, imputar. | FAM. achacable.

achantar tr. Intimidar, apabullar: *no conseguimos achantarle.* | prnl. Esconderse mientras dura un peligro. | Callarse por resignación o cobardía. | Abstenerse de intervenir.

achaparrado, da adj. Bajo y ancho. | Se dice de la persona rechoncha.

achaque m. Indisposición o enfermedad habitual. | Enfermedad leve. | FAM. achacosamente, achacoso.

achatar tr. y prnl. Poner chata alguna cosa. | FAM. achatado, achatamiento.

achicar tr. Reducir el tamaño de algo. También prnl. | Sacar el agua de un dique, barco, etc. | tr. Humillar. También prnl. | Hacer de menos. | FAM. achicado, achicamiento.

achicharrar tr. y prnl. Freír, cocer, asar o tostar demasiado. | Calentar demasiado. | prnl. Experimentar un calor excesivo. | FAM. achicharrante.

achicoria f. Planta de hojas ásperas y comestibles. Su infusión se usa como tónico aperitivo y sus raíces tostadas se utilizan como sucedáneo del café.

achuchar tr. Azuzar. | Aplastar, estrujar. | intr. y prnl. *amer.* Tiritar, estremecerse por frío o fiebre. | FAM. achuchado, achuchón.

achucharrar tr. *amer.* Aplastar, estrujar. | *amer.* Arrugar, encoger, amilanar. También prnl.

achucuyar tr. y prnl. *amer.* Abatir, acoquinar.

achunchar tr. y prnl. *amer.* Avergonzar, turbar.

achura f. *amer.* Asadura de una res. Más en pl. | FAM. achurar.

achurar tr. *amer.* Sacar las achuras. | *amer.* Matar a tajos a una persona o animal.

aciago, ga adj. Infausto, infeliz, de mal agüero: *fue un día aciago para todos.*

acíbar m. Áloe, planta y su jugo. | Amargura, disgusto. | FAM. acibarar.

acicalar tr. Adornar, aderezar algo o a alguien. También prnl.: *se acicaló para la fiesta.* | tr. Limpiar, bruñir, principalmente las armas blancas. | Dar a una pared el último pulimento. | FAM. acicalado, acicalamiento.

acicate m. Espuela con una sola punta para montar a la jineta. | Incentivo: *el dinero es un buen acicate.*

acicular adj. De forma de aguja.

acidez f. Calidad de ácido. | Sensación de ácido en la boca o ardor de estómago.

ácido adj. Que tiene sabor agrio. | Áspero, desabrido: *carácter ácido.* | m. Sustancia química que contiene hidrógeno y reacciona con las bases formando sales. | FAM. acidez, acidosis, acidular, acidulo.

acidosis f. Estado patológico producido por exceso de ácidos en los tejidos y en la sangre.

acierto m. Acción y efecto de acertar. | Habilidad en lo que se ejecuta. | Cordura, prudencia, tino: *actuó con acierto.* | Coincidencia, casualidad.

acimut m. Ángulo que con el meridiano forma el círculo vertical que pasa por un punto de la esfera celeste o del globo terráqueo.

aclamación f. Acto de aclamar: *se aceptó por aclamación popular.*

aclamar tr. Dar voces la multitud en honor y aplauso de alguien. | Conferir, por unanimidad, algún cargo u honor: *fue aclamado presidente.* | FAM. aclamación.

aclaración f. Acto de aclarar: *no necesito más aclaraciones.*

aclarar tr. Eliminar lo que oculta la claridad o transparencia de alguna cosa. También prnl. | Hacer menos denso o tupido: *aclara la salsa con agua.* | Explicar: *aclárame tu respuesta.* | Quitar el jabón a la ropa. | Hacer más perceptible la voz. | intr. Disiparse las nubes o la niebla: *el tiempo ha aclarado.* | prnl. Poner uno en claro su mente: *a ver si te aclaras.* | FAM. aclaración, aclarador, aclaratorio.

aclimatar tr. y prnl. Acostumbrar a un ser orgánico a un clima, ambiente o situación que no le son naturales: *aclimatarse a un nuevo país.* | FAM. aclimatable, aclimatación.

acné f. Enfermedad de la piel caracterizada por una inflamación crónica de las glándulas sebáceas.

acobardar tr., intr. y prnl. Amedrentar. | FAM. acobardado, acobardamiento.

acodar tr. Apoyar uno el codo sobre alguna parte. También prnl.: *me acodé en el poyete de la ventana.* | Doblar algo en forma de codo: *acodó la cañería.* | Enterrar parte de un vástago sin separarlo de la planta. | FAM. acodado, acodo.

acogedor, ra adj. Hospitalario, agradable: *tienes una casa muy acogedora.*

acoger tr. Admitir a alguien en su casa o compañía. | Dar refugio. | Admitir con un sentimiento determinado un hecho o a una persona: *acogieron la noticia con recelo.* | Proteger. | prnl. Refugiarse. | Invocar para sí los beneficios que concede una disposición: *se acogió a la ley de extranjería.* | Valerse de algún pretexto para disimular algo. | **FAM.** acogedor, acogida, acogimiento.

acogida f. Acción de acoger de cierta manera: *la novela tuvo una mala acogida.* | Hospitalidad que ofrece una persona o un lugar.

acogotar tr. Acoquinar, dominar: *no me acogotes.* | Sujetar a una persona por el cogote. | Matar con herida o golpe dado en el cogote. | **FAM.** acogotado.

acojonar tr. y prnl. vulg. Acobardar.

acolchar tr. Poner algodón, lana, etc., entre dos telas y coserlas después con pespunte. | **FAM.** acolchado.

acólito m. Monaguillo. | Persona que depende de otra: *le gusta rodearse de acólitos.*

acollarar tr. *amer.* Unir por el cuello dos animales, a dos personas o dos cosas. | prnl. vulg. *amer.* Amancebarse.

acometer tr. Embestir con ímpetu. | Emprender, intentar: *acometió la obra de la galería.* | Empezarle a alguien repentinamente determinado estado físico o moral: *le acometió la melancolía.* | **FAM.** acometida, acometividad.

acometida f. Ataque brusco. | Lugar por donde la línea de conducción de un fluido enlaza con la principal: *han hecho la acometida del agua.*

acomodador, ra adj. Que acomoda. | m. y f. En los cines y teatros, persona encargada de indicar el asiento de cada espectador.

acomodar tr. Ajustar o adaptar una cosa a otra. | Disponer o arreglar de modo conveniente. | Colocar en un lugar cómodo. | Amoldar o ajustar a una norma. También intr. y prnl. | Colocar en un estado o cargo. También prnl. | prnl. Avenirse, conformarse: *me acomodo a lo que decida la mayoría.* | **FAM.** acomodable, acomodación, acomodado, acomodador, acomodamiento, acomodaticio, acomodo.

acomodo m. Colocación, ocupación o conveniencia: *le han buscado un buen acomodo.* | Sitio donde se vive: *encontró acomodo en casa de su tío.*

acompañamiento m. Gente que va acompañando a alguno. | Conjunto de personas que en las representaciones teatrales figuran y no hablan. | Conjunto armónico de notas que acompaña a la melodía principal.

acompañar tr. Estar o ir en compañía de otro. También prnl. | Juntar una cosa a otra: *con la carta acompaño la solicitud de empleo.* | Existir una cosa junto a otra o simultáneamente con ella. También prnl. | **FAM.** acompañamiento, acompañante.

acompasado, da adj. Rítmico. | Que habla, anda o se mueve con mucho reposo y lentitud. | **FAM.** acompasadamente.

acompasar tr. Adaptar, proporcionar, ajustar una cosa a otra: *acompasar los movimientos, los gastos a las ganancias.* | **FAM.** acompasado.

acomplejar tr. Causar a una persona un complejo. | prnl. Padecer un complejo. | **FAM.** acomplejado.

acondicionar tr. Dar cierta condición o calidad. | Disponer, preparar algo para un determinado fin: *han acondicionado el local para la fiesta.* | Climatizar. | **FAM.** acondicionado, acondicionador, acondicionamiento.

aconfesional adj. Que no pertenece a ninguna confesión religiosa.

acongojar tr. y prnl. Oprimir, afligir.

aconsejar tr. Dar consejo. | Indicar, sugerir algo a alguien. | prnl. Tomar consejo o pedirlo a otro: *es conveniente que te aconsejes de/ con un buen abogado.* | **FAM.** aconsejable.

acontecer intr. Suceder. ♦ Irreg. Se conj. como *agradecer.* Terciopersonal. | **FAM.** acontecimiento.

acontecimiento m. Suceso de alguna importancia.

acopiar tr. Juntar, reunir en cantidad alguna cosa. | **FAM.** acopio.

acoplar tr. Encajar entre sí dos piezas o cuerpos. | Adaptar algo o a alguien a un fin determinado distinto del original: *ha acoplado a su coche un motor de competición.* También prnl. | Emplear a alguien en algún trabajo: *le acopló en la empresa de su padre.* | Agrupar dos aparatos para que funcionen combinadamente. | *amer.* Agregar uno o varios vehículos a otro que los remolca. | prnl. Llevarse bien dos personas. | **FAM.** acoplador, acopladura, acoplamiento, acople.

acoquinar tr. y prnl. Acobardar, amedrentar a alguien. | **FAM.** acoquinado, acoquinamiento.

acorazado, da m. Buque de guerra blindado y de grandes dimensiones. | adj. Se apl. a la parte del ejército que tiene los carros de combate: *división acorazada.*

acorazar tr. Revestir con planchas de hierro o acero. | tr. y prnl. Proteger, defender.

acorcharse prnl. Ponerse una cosa seca, correosa como el corcho: *esta manzana se ha acorchado*. ‖ Insensibilizarse una parte del cuerpo. ‖ **FAM.** acorchado, acorchamiento.

acordar tr. Decidir algo de común acuerdo o por mayoría de votos: *la junta acordó la subida de la cuota*. ‖ prnl. Recordar: *no me acuerdo de su nombre*. ♦ **Irreg.** Se conj. como *contar*. ‖ **FAM.** acorde, acuerdo.

acorde adj. Conforme. ‖ m. Sonidos combinados con armonía: *esta canción tiene unos acordes muy difíciles*.

acordeón m. Instrumento musical de viento, compuesto de lengüetas de metal, un pequeño teclado y un fuelle que se acciona con el brazo izquierdo. ‖ **FAM.** acordeonista.

acordonar tr. Ceñir o sujetar con un cordón. ‖ Aislar un sitio, rodeándolo con un cordón de gente: *los militares acordonaron el estadio*. ‖ **FAM.** acordonado, acordonamiento.

acorralar tr. Perseguir a un animal o a alguien hasta algún sitio del que no pueda escapar: *le acorraló en el callejón*. ‖ Poner a alguien en una situación de la que no pueda salir sino accediendo a lo que se le pide. ‖ Dejar a uno confundido y sin respuesta. ‖ Meter el ganado en el corral.

acortar tr., intr. y prnl. Disminuir la longitud, duración o cantidad de alguna cosa.

acosar tr. Perseguir, sin tregua ni reposo, a un animal o a una persona. ‖ Perseguir, fatigar a alguien: *el abogado nos acosó a preguntas*. ‖ Hacer correr al caballo.

acosijar tr. *amer.* Agobiar, atosigar.

acostar tr. y prnl. Echar o tender a alguien para que duerma o descanse. ‖ Pararse la balanza en posición que el fiel no coincida con el punto o señal de equilibrio. ‖ Acercar un barco a otro o a la costa. ‖ prnl. Mantener relación sexual una persona con otra: *se acostó con su novio*. ♦ **Irreg.** Se conj. como *contar*.

acostumbrar tr. Hacer que alguien adquiera un hábito o costumbre: *acostumbró a los niños a vestirse solos*. ‖ intr. Tener costumbre de algo: *acostumbro a salir los jueves por la noche*. ‖ prnl. Adquirir costumbre de una cosa: *ya me he acostumbrado al nuevo horario*. ‖ **FAM.** acostumbrado.

acotación f. Anotación que se pone al margen de algún escrito. ‖ Cota de un plano topográfico.

acotar tr. Señalar los límites de un terreno para reservarlo a un uso determinado. ‖ Delimitar cualquier otra cosa. ‖ Poner cotas, en los planos. ‖ Citar textos. ‖ Poner notas a un texto. ‖ Cortar a un árbol todas las ramas por la cruz. ‖ **FAM.** acotación, acotamiento.

acotiledóneo, a adj. y f. Se apl. a la planta cuyo embrión carece de cotiledones.

acracia f. Doctrina que propugna la supresión de toda autoridad. ‖ **FAM.** ácrata, acrático.

acre adj. Áspero y picante al gusto y al olfato. ‖ Tratándose del carácter o las palabras, áspero y desabrido. ‖ m. Medida inglesa de superficie equivalente a 40 áreas y 47 centiáreas.

acrecentar tr. y prnl. Aumentar. ‖ Mejorar, enriquecer, enaltecer: *su patrimonio se acrecentó considerablemente*. ♦ **Irreg.** Se conj. como *acertar*. ‖ **FAM.** acrecentamiento.

acrecer tr., intr. y prnl. Hacer mayor. ♦ **Irreg.** Se conj. como *agradecer*.

acreditar tr. Dar credibilidad a algo, demostrar su realidad. También prnl. ‖ Afamar: *un buen servicio acredita cualquier restaurante*. También prnl. ‖ Asegurar de que algo o alguien es lo que parece. ‖ Testimoniar con documento fehaciente que una persona lleva facultades para desempeñar un cometido: *acreditar a un embajador*. ‖ **FAM.** acreditado, acreditación, acreditativo.

acreedor, ra adj. Que merece obtener algo: *se hizo acreedor a nuestra gratitud*. ‖ Que tiene derecho a pedir el cumplimiento de alguna obligación o la satisfacción de una deuda. También s.

acribillar tr. Abrir muchos agujeros en alguna cosa. ‖ Hacer muchas heridas o picaduras a una persona o a un animal: *le acribillaron los mosquitos*.

acrílico, ca adj. Se apl. a las fibras y a los materiales plásticos que se obtienen por polimerización del ácido o de sus derivados.

acrimonia f. Acritud.

acrisolar tr. Depurar, purificar en el crisol. ‖ Purificar. ‖ Aclarar algo por medio de testimonios o pruebas: *la virtud se acrisola con/ en el sufrimiento*. ‖ **FAM.** acrisolado.

acristalar tr. Poner cristales. ‖ **FAM.** acristalado, acristalamiento.

acritud f. Aspereza en el gusto y en el olfato. ‖ Aspereza en el carácter.

acrobacia f. Cada uno de los ejercicios que realiza un acróbata. ‖ Cualquiera de las evoluciones espectaculares que efectúa un aviador en el aire.

acróbata com. Persona que, con gran habilidad, salta, baila o hace cualquier otro ejercicio sobre el trapecio, la cuerda floja, etc. ‖ **FAM.** acrobacia, acrobático.

acrofobia f. Horror patológico a las alturas.

acromático, ca adj. Que no tiene color. ‖ **FAM.** acromatismo, acromatizar.

acrónimo m. Palabra formada por las iniciales, y a veces por más letras, de otras palabras: RE(*d*) N(*acional*) (*de*) F(*errocarriles*) E(*spañoles*).

acrópolis f. Parte más alta y fortificada de las ciudades griegas. ♦ No varía en pl.

acróstico, ca adj. y s. Se apl. a la composición poética en que las letras iniciales, medias o finales de los versos, forman un vocablo o una frase. | m. Palabra formada de esta manera.

acta f. Relación escrita de lo sucedido, tratado o acordado en una junta. | Certificación en que consta la elección de una persona: *acta de senador*. | Certificación oficial de un hecho: *acta de matrimonio*.

actinio m. Elemento químico metálico radiactivo hallado en algún compuesto del uranio. Su símbolo es *Ac*.

actitud f. Postura del cuerpo humano o del animal: *posaba en actitud provocativa*. | Manifiesta disposición del ánimo: *tiene una actitud insolidaria*.

activar tr. y prnl. Avivar, excitar: *han activado el comercio exterior*. | Poner en marcha un mecanismo: *la bomba se activará en cinco minutos*. | FAM. activación, activista.

actividad f. Facultad de obrar: *se mantiene en constante actividad*. | Diligencia, eficacia. | Conjunto de operaciones o tareas propias de una persona o entidad. Más en pl.: *actividades agrarias*. | FAM. activamente.

activismo m. Actividad promovida en favor de un partido, doctrina, etc. | FAM. activista.

activo, va adj. Que obra o tiene facultad de obrar: *es un órgano activo*. | Diligente y eficaz: *era un hombre muy activo*. | Que obra sin dilación. | Se dice del funcionario mientras presta servicio: *todavía está en activo*. | En quím., se dice de los materiales de radiactividad media o baja, así como de los lugares donde se manipulan. | m. Importe total del haber de una persona natural o jurídica: *el activo de una empresa*. | FAM. activación, activar, actividad, activismo.

acto m. Hecho o acción. | Hecho público o solemne: *al acto acudieron los reyes*. | División importante de una obra escénica: *drama en tres actos*. | FAM. activo, actor, actuación, actuar.

actor, ra adj. y s. Se dice de la persona que demanda en un juicio: *parte actora*.

actor, triz m. y f. Persona que representa en el teatro, cine, televisión, etc. | Personaje de una acción o de una obra literaria.

actuación f. Hecho y resultado de actuar. | En der., autos o diligencias de un procedimiento judicial.

actual adj. Del presente, contemporáneo: *es una obra actual*. | De moda: *tiene un diseño*

muy actual. | FAM. actualidad, actualizar, actualmente.

actualidad f. Tiempo presente: *en la actualidad no se componen estas obras*. | Cosa o suceso que en un momento dado atrae la atención de la gente: *contiene toda la actualidad del deporte*.

actualizar tr. Poner al día: *actualizar una obra*. | Hacer actual algo o a alguien: *el nuevo formato actualiza la representación*. | FAM. actualización, actualizador.

actuar intr. Obrar, comportarse de una determinada manera: *actuaste correctamente*. | Ponerse en acción. | Ejercer una persona o cosa actos propios de su naturaleza: *actúa de fiscal*. | Producir una cosa efecto sobre algo o alguien: *el veneno actuó con rapidez*. | Interpretar un papel en una obra teatral, cinematográfica, etc. | En der., formar autos, proceder judicialmente.

acuarela f. Técnica pictórica y obra que se realiza con colores diluidos en agua. | pl. Colores que se utilizan: *una caja de acuarelas*. | FAM. acuarelista, acuarelístico.

acuario m. Depósito de agua donde se tienen vivos animales o vegetales acuáticos. | Edificio destinado a la exhibición de animales acuáticos vivos. | Con mayúscula, undécimo signo del Zodiaco que el Sol recorre aparentemente entre el 20 de enero y el 18 de febrero. | com. Persona nacida bajo este signo.

acuartelar tr. Poner la tropa en cuarteles. También prnl. | Obligar a la tropa a permanecer en los cuarteles. | FAM. acuartelamiento.

acuático, ca adj. Que vive en el agua. | Perteneciente o relativo al agua.

acuatizar intr. Posarse un hidroavión en el agua.

acuchillar tr. Cortar, herir o matar con el cuchillo, y p. ext., con otras armas blancas: *lo acuchillaron en la esquina*. | Alisar un entarimado o muebles de madera: *hay que acuchillar el parqué*. | FAM. acuchillado, acuchillador.

acuciar tr. Estimular: *le acucia el hambre*. | Ser urgente una cosa a alguien: *me acucia encontrar trabajo*. | FAM. acuciado, acuciante.

acudir intr. Ir uno al sitio adonde le conviene o es llamado. | Venir, sobrevenir algo: *aquellas escenas acudían a mi mente una y otra vez*. | Ir en socorro de alguno: *nadie le acudió*. | Recurrir a alguien o algo: *acudieron al ministro, a las armas*.

acueducto m. Conducto artificial para conducir agua, especialmente para el abastecimiento de una población.

acuerdo m. Resolución tomada por varias personas: *por fin llegaron a un acuerdo*. | Conformidad, armonía entre varias personas: *hubo acuerdo entre los participantes.* ‖ *amer.* Reunión de una autoridad gubernativa con sus inmediatos colaboradores para tomar conjuntamente decisión sobre asuntos determinados. ‖ *amer.* Consejo de ministros. ‖ *amer.* Confirmación de un nombramiento hecha por el Senado.

acuífero, ra adj. Se dice de la capa o zona del terreno que contiene agua.

acullá adv. l. A la parte opuesta del que habla.

acullico m. *amer.* Pequeña bola hecha con hojas de coca que se masca para sacar el jugo.

acumulador, ra adj. y s. Que acumula. ‖ m. Pila reversible que almacena energía durante la carga y la restituye parcialmente durante la descarga.

acumular tr. y prnl. Juntar y amontonar. ‖ FAM. acumulable, acumulación, acumulador, acumulativo.

acunar tr. Mecer al niño en la cuna o en los brazos.

acuñar tr. Imprimir y sellar una pieza de metal por medio de cuño o troquel. ‖ Hacer o fabricar moneda. ‖ Dar forma a expresiones o conceptos: *acuñar un lema.* ‖ FAM. acuñación, acuñador.

acuoso, sa adj. Abundante en agua. ‖ Parecido a ella. ‖ De agua o relativo a ella. ‖ De mucho jugo.

acupuntura f. Técnica terapéutica, de origen chino, que consiste en clavar una o más agujas en puntos específicos del cuerpo humano, con fines curativos. ‖ FAM. acupuntor.

acurrucarse prnl. Encogerse para resguardarse del frío o por otros motivos: *se acurrucó para que no lo vieran.*

acusación f. Acción de acusar o acusarse. ‖ En der., persona o personas encargadas de demostrar en un pleito la culpabilidad del procesado: *la acusación ha presentado tres pruebas.*

acusado, da adj. Que destaca de lo normal: *respondió con acusada acritud.* ‖ m. y f. Persona a quien se acusa.

acusar tr. Imputar a uno algún delito, culpa, etc. También prnl. ‖ Denunciar, delatar: *lo acusó ante todos.* También prnl. ‖ Manifestar, revelar: *sus ojos acusan el cansancio.* ‖ Notificar, avisar la recepción de cartas, oficios, etc.: *acusó recibo de la citación.* ‖ FAM. acusable, acusación, acusado, acusatorio, acuse.

acusativo m. Uno de los casos de la declinación. Indica el complemento directo.

acuse m. Acción y efecto de acusar, avisar el recibo de una carta.

acusetas m. *amer.* Acusica. ♦ No varía en pl.

acusete adj. y s. *amer.* Acusón, soplón.

acusica o **acusón, na** adj. Chivato, se dice del que tiene el vicio de acusar. También s.: *eres un acusica.*

acústico, ca adj. Perteneciente o relativo al órgano del oído o a la acústica. ‖ f. Calidad sonora de un local. ‖ Parte de la física, que trata de la formación y propagación de los sonidos.

acutángulo adj. Se dice del triángulo que tiene los tres ángulos agudos.

adagio m. Sentencia breve, y la mayoría de las veces moral. ‖ En mús., composición o parte de ella que se ha de ejecutar con movimiento lento.

adalid m. Caudillo militar. ‖ Guía y cabeza de algún partido, corporación, etc.

adán m. Hombre desaliñado, sucio o haraposo: *estás hecho un adán.*

adaptación f. Acción y efecto de adaptar o adaptarse: *tiene una gran capacidad de adaptación.*

adaptador, ra adj. Que adapta. ‖ m. Cualquier dispositivo que sirve para acomodar elementos de distinto uso, diseño, tamaño, finalidad, etc.

adaptar tr. Acomodar, ajustar una cosa a otra. También prnl.: *esta casa no se adapta a mis necesidades.* ‖ Hacer que un objeto o mecanismo desempeñe funciones distintas de aquéllas para las que fue construido. ‖ Modificar una obra científica, literaria, musical, etc.: *han adaptado la novela al cine.* ‖ prnl. Acomodarse alguien a situaciones distintas a las situación: *se adaptó muy pronto a la nueva vida.* ‖ FAM. adaptabilidad, adaptable, adaptación, adaptador.

adarga f. Escudo de cuero, ovalado o de figura de corazón.

adarme m. Unidad de peso que equivalía a 1,79 gr. ‖ Cantidad o porción mínima de una cosa.

adarve m. Camino situado en lo alto de una muralla, detrás de las almenas. ‖ Protección, defensa.

adecentar tr. y prnl. Poner decente. ‖ FAM. adecentamiento.

adecuar tr. y prnl. Acomodar una cosa a otra: *adecuar los gastos a las ganancias.* ‖ FAM. adecuación, adecuadamente, adecuado.

adefesio m. Persona, traje o adorno ridículo y extravagante: *estás hecho un adefesio.*

adelantado, da adj. Precoz: *tu hijo está muy adelantado para su edad.* ‖ Avanzado: *tengo la labor muy adelantada.* ‖ m. Cargo del que estaba al mando de una región fronteriza.

adelantamiento m. Acción y efecto de adelantar o adelantarse: *el adelantamiento es una maniobra muy peligrosa.*

adelantar tr. Mover o llevar hacia adelante. También prnl. ‖ Acelerar, apresurar: *si te quedas, adelantaremos el trabajo.* ‖ Anticipar: *han adelantado la salida.* ‖ Ganar la delantera a algo o alguien. También prnl. ‖ Correr hacia adelante las agujas del reloj. ‖ intr. Funcionar un reloj más deprisa de lo debido: *este reloj adelanta.* ‖ FAM. adelantado, adelantamiento, adelante, adelanto.

adelante adv. l. Más allá. ‖ adv. t. En tiempo futuro.

adelanto m. Progreso: *esta olla es un gran adelanto.* ‖ Anticipo: *me pidió un adelanto.*

adelfa f. Arbusto muy ramoso, de hojas parecidas a las del laurel y de savia venenosa. ‖ Flor de esta planta.

adelgazar tr. y prnl. Poner delgada a una persona o cosa: *adelgazó el muro.* ‖ intr. Enflaquecer: *ha adelgazado mucho.* ‖ FAM. adelgazado, adelgazador, adelgazamiento, adelgazante.

ademán m. Movimiento o actitud con que se manifiesta un estado de ánimo: *hizo ademán de sacar algo del bolsillo.* ‖ pl. Modales: *tiene unos ademanes un poco groseros.*

además adv. c. A más de esto o aquello: *es tarde y, además, no sé ir.*

adentrarse prnl. Penetrar en el interior de una cosa: *nos adentramos en la cueva.* ‖ Profundizar en algo: *se adentró en el mundo de la parapsicología.*

adentro adv. l. A o en lo interior: *va hacia adentro.* ‖ m. pl. Lo interior del ánimo: *lo pensé para mis adentros.* ‖ FAM. adentrarse.

adepto, ta adj. y s. Afiliado a alguna secta o asociación. ‖ Partidario de alguna persona o idea: *tiene muchos adeptos.*

aderezar tr. Condimentar los alimentos para darles sabor. ‖ Componer, adornar. También prnl. ‖ Disponer o preparar. También prnl. ‖ Acompañar una acción con algo que le añade gracia o adorno: *aderezaron el espectáculo con unos cuantos chistes.* ‖ FAM. aderezo.

aderezo m. Condimento. ‖ Adorno.

adeudar tr. Deber, tener deudas: *ya no te adeudo nada.* ‖ Cargar, anotar en el debe. ‖ prnl. Endeudarse. ‖ FAM. adeudo.

adeudo m. Deuda. ‖ Cantidad que se ha de pagar en las aduanas por una mercancía. ‖ Cargo en una cuenta bancaria.

adherencia f. Acción de pegarse una cosa con otra. ‖ Calidad de adherente.

adherir tr. Pegar una cosa a otra. ‖ intr. Pegarse una cosa con otra. También prnl: *este polvillo se adhiere a todo.* ‖ Convenir en un

dictamen o partido y abrazarlo. Más como prnl.: *se adhirieron a la causa.* ♦ Irreg. Se conj. como *sentir.* ‖ FAM. adherencia, adherente, adhesión, adhesivo.

adhesión f. Acción de adherirse a una idea o causa: *nos llegó un mensaje de adhesión.*

adhesivo, va adj. Capaz de adherirse o pegarse. ‖ m. Sustancia que pega dos cuerpos: *es un adhesivo eficaz.* ‖ Objeto que se pega a otro: *le encantan los adhesivos en la ropa.*

ad hoc (expr. lat.: *para esto*) loc. adj. Apropiado, dispuesto especialmente para un fin: *solución ad hoc.*

adicción f. Dependencia del organismo a alguna sustancia o droga a la que se le ha habituado: *tiene verdadera adicción a la aspirina.*

adición f. Acción y efecto de añadir o agregar. ‖ Añadidura que se hace en alguna obra o escrito. ‖ Operación de sumar. ‖ FAM. adicional, adicionar.

adicto, ta adj. y s. Dedicado, muy inclinado, apegado. ‖ Asociado a otro en algún asunto. ‖ Drogadicto. ‖ FAM. adicción.

adiestrar tr. Hacer diestro. También prnl. ‖ Enseñar, educar: *adiestró a su perro contra los ladrones.* También prnl.

adinerado, da adj. Que tiene mucho dinero.

adintelado, da adj. Se dice del arco que viene a degenerar en línea recta.

¡adiós! interj. que se emplea para despedirse. ‖ Denota que ya es irremediable un daño.

adiposo, sa adj. Grasiento, lleno de grasa o gordura: *tejido adiposo.*

aditivo, va adj. Que puede o que debe añadirse. ‖ m. Sustancia que se añade a un producto para conservarlo o mejorarlo: *tiene muchos aditivos.* ‖ FAM. aditamento.

adivinanza f. Acertijo.

adivinar tr. Predecir lo futuro o descubrir las cosas ocultas o ignoradas. ‖ Acertar el significado de un enigma. ‖ Vislumbrar, distinguir: *a lo lejos adivino su silueta.* También prnl. ‖ FAM. adivinación, adivinador, adivinanza, adivinatorio, adivino.

adivino, na m. y f. Persona que adivina.

adjetivar tr. Aplicar adjetivos. ‖ Dar al nombre valor de adjetivo. También prnl.

adjetivo, va adj. Perteneciente al adjetivo, o que participa de su índole o naturaleza: *oración adjetiva.* ‖ Se dice de la palabra que acompaña al sustantivo, concordando con él en género y número, para limitar o completar su significado: *esta casa, casa grande.* También m. ‖ FAM. adjetivación, adjetival, adjetivar.

adjudicar tr. Declarar que una cosa corresponde a una persona: *le han adjudicado la plaza.* ‖ prnl. Apropiarse uno alguna cosa: *se ad-*

judicó el trozo mayor. ‖ En algunas competiciones, ganar: *se adjudicó el triunfo.* ‖ FAM. adjudicable, adjudicación, adjudicatario.

adjuntar tr. Enviar, juntamente con una carta u otro escrito, notas, facturas, etc.: *adjunto el curriculum.*

adjuntía f. Plaza que desempeña un profesor y que está normalmente adscrita a una determinada cátedra o departamento.

adjunto, ta adj. Que va o está unido con otra cosa. ‖ Se dice de la persona que acompaña a otra para algún asunto, o comparte con ella un cargo o función. ‖ m. y f. Persona que ocupa una adjuntía. ‖ FAM. adjuntar, adjuntía.

adlátere com. desp. Persona subordinada a otra, de la que parece inseparable.

administración f. Acción de administrar: *administración empresarial.* ‖ Empleo de administrador. ‖ Oficina donde se administra.

administrar tr. y prnl. Ordenar, organizar, en especial la hacienda o bienes. ‖ Racionar, dosificar algo: *hay que administrar bien los recursos.* ‖ Suministrar, proporcionar o distribuir alguna cosa: *le administró la extremaunción.* ‖ tr. Gobernar un territorio y su comunidad. ‖ Desempeñar un cargo o dignidad. ‖ FAM. administración, administrador, administrativamente, administrativo.

admiración f. Acción de admirar o admirarse. ‖ Signo ortográfico (¡ !) que acompaña a una exclamación.

admirar tr. Ver o considerar con estima o agrado especiales a una persona o cosa juzgadas: *te admiro.* ‖ Causar sorpresa la vista o consideración de alguna cosa. También prnl.: *me admiro de tu valor.* ‖ FAM. admirable, admiración, admirador.

admitir tr. Recibir o dar entrada: *no admiten niños.* ‖ Aceptar: *admito tu rectificación.* ‖ Permitir, tolerar: *no admito su desvergüenza.* ‖ FAM. admisible, admisión.

admonición f. Amonestación, advertencia: *recibió una severa admonición.* ‖ FAM. admonitor, admonitorio.

adobar tr. Poner en adobo las carnes u otras cosas para sazonarlas y conservarlas. ‖ Componer, arreglar, aderezar. ‖ Curtir las pieles. ‖ FAM. adobado, adobo.

adobe m. Masa de barro moldeada en forma de ladrillo y secada al sol.

adobo m. Caldo o salsa con que se sazona un manjar: *pescado adobado.* ‖ Mezcla de varios ingredientes que se hace para curtir las pieles.

adocenado, da adj. Vulgar y de muy escaso mérito.

adocenar tr. Ordenar o dividir por docenas. ‖ Vulgarizar algo o a alguien. También prnl.:

se ha adocenado mucho. ‖ FAM. adocenado, adocenamiento.

adolecer intr. Caer enfermo o padecer alguna enfermedad habitual. ‖ Tener alguien o algo la cualidad negativa o el defecto que se expresa: *adolece de caro.* ♦ **Irreg.** Se conj. como *agradecer.*

adolescencia f. Edad que sucede a la niñez y que transcurre desde la pubertad hasta el pleno desarrollo. ‖ FAM. adolescente.

adolescente adj. y s. Que está en la adolescencia.

adonde adv. relat. l. A qué parte, o a la parte que. ♦ Con antecedente: *la casa adonde vamos*; sin antecedente: *van a donde les dijeron.* ‖ adv. interrog. A qué lugar. ♦ Lleva acento ortográfico: *¿adónde vas?*

adondequiera adv. l. A cualquier parte. ‖ Dondequiera.

adonis m. Mancebo hermoso. ♦ No varía en pl.

adoptar tr. Recibir como hijo al que no lo es naturalmente. ‖ Hacer propios, pareceres, métodos, ideologías, etc., creados por otros: *adoptó la moda francesa.* ‖ Tomar resoluciones o acuerdos con previo examen: *la junta adoptó medidas restrictivas.* ‖ Adquirir una configuración determinada: *adoptó una forma aerodinámica.* ‖ FAM. adopción, adoptivo.

adoptivo, va adj. Se dice de la persona adoptada y de la que adopta. ‖ Se dice de lo que uno elige, y considera como propio sin serlo: *nacionalidad adoptiva.*

adoquín m. Piedra labrada en forma rectangular para empedrados. ‖ Persona torpe. ‖ FAM. adoquinado, adoquinar.

adoquinado, da adj. Hecho de adoquines. ‖ m. Suelo empedrado con adoquines.

adoquinar tr. Empedrar con adoquines.

adorable adj. Digno de adoración: *eres adorable.*

adorar tr. Reverenciar a un ser u objeto, que se considera divino: *adoraban a la Luna.* ‖ Reverenciar y honrar a Dios. ‖ Gustar o querer algo o a alguien extremadamente: *adoro los pasteles de chocolate.* ‖ FAM. adorable, adoración, adorador.

adormecer tr. Dar o causar sueño: *la televisión me adormece.* También prnl. ‖ Calmar, sosegar: *el calmante adormecerá el dolor.* ‖ prnl. Empezar a dormirse. ‖ Entorpecerse, dormirse un miembro. ♦ **Irreg.** Se conj. como *agradecer.* ‖ FAM. adormecedor, adormecimiento, adormidera.

adormidera f. Planta originaria de Oriente, propia de climas templados. Del fruto de una de sus variedades, la que tiene flores como amapolas blancas, se extrae el opio. ‖ Fruto de esta planta.

adormilarse prnl. Dormirse a medias.

adornar tr. Engalanar con adornos. También prnl. ‖ Servir de adorno una cosa a otra. También intr.: *ardórnalo con flores*. ‖ Dotar a un ser de perfecciones: *la naturaleza lo adornó con una gran belleza.* ‖ FAM. adorno.

adorno m. Lo que se pone para embellecer a personas o cosas.

adosar tr. Poner una cosa contigua a otra. ‖ FAM. adosado.

adquirir tr. Ganar, llegar a tener algo: *adquirió la experiencia que necesitaba.* ‖ Comprar: *adquirió todas sus acciones.* ‖ FAM. adquiridor, adquiriente, adquisición, adquisitivo. ♦ Irreg. Conjugación modelo:

Indicativo
Pres.: *adquiero, adquieres, adquiere, adquirimos, adquirís, adquieren.*
Imperf.: *adquiría, adquirías,* etc.
Pret. indef.: *adquirí, adquiriste,* etc.
Fut. imperf.: *adquiriré, adquirirás,* etc.

Potencial: *adquiriría, adquirirías,* etc.

Subjuntivo
Pres.: *adquiera, adquieras, adquiera, adquiramos, adquiráis, adquieran.*
Imperf.: *adquiriera o adquiriese, adquirieras o adquirieses,* etc.
Fut. imperf.: *adquiriere, adquirieres,* etc.

Imperativo: *adquiere, adquirid.*

Participio: *adquirido.*

Gerundio: *adquiriendo.*

adquisición f. Acción de adquirir. ‖ La cosa adquirida. ‖ Persona cuyos servicios o ayuda se consideran valiosos: *este chico es una verdadera adquisición.*

adquisitivo adj. Que sirve para adquirir: *valor adquisitivo.*

adrede adv. m. A propósito, con deliberada intención.

adrenalina f. Hormona segregada principalmente por las glándulas suprarrenales, que aumenta la presión sanguínea.

adscribir tr. Inscribir, atribuir. ‖ Agregar a una persona al servicio de un cuerpo o destino: *le adscribieron al departamento de reparto.* También prnl. ‖ Adherir a alguien a un grupo, ideología, etc.: *se adscribió al socialismo.* ♦ Su p.p. es irreg.: *adscrito.*

adsorbente adj. Que adsorbe. ‖ m. Sustancia con una gran capacidad de adsorción.

adsorber tr. Atraer un cuerpo moléculas o

iones de otro cuerpo en estado líquido o gaseoso y retenerlos en su superficie. ‖ FAM. adsorbente, adsorción.

aduana f. Oficina pública donde se registran las mercancías que se importan o exportan, y donde se cobran los derechos que adeudan.

aduanero, ra adj. Perteneciente o relativo a la aduana. ‖ m. y f. Empleado en la aduana.

aducción m. Movimiento por el cual un miembro u otro órgano se acerca a su plano medio.

aducir tr. Presentar pruebas, razones, etc.: *no adujo nada.* ♦ Irreg. Se conj. como *conducir.*

adueñarse prnl. Hacerse uno dueño de una cosa. ‖ Hacerse dominante algo en una o varias personas: *la ira se adueñó de ellos.*

adular tr. Alabar excesivamente a alguien, generalmente con fines interesados. ‖ FAM. adulación, adulador.

adulterar tr. y prnl. Viciar, falsificar: *han adulterado la leche.* ‖ intr. Cometer adulterio. ‖ FAM. adulteración, adulterado, adulterante.

adulterio m. Relación sexual de una persona casada con otra que no sea su cónyuge. ‖ FAM. adulterar, adúltero.

adúltero, ra adj. Que comete adulterio. También s. ‖ Perteneciente al adulterio o al que lo comete. ‖ Falsificado, corrompido.

adulto, ta adj. Llegado a su mayor crecimiento o desarrollo. También s.: *ya se le puede considerar adulto.* ‖ Llegado a su mayor grado de perfección: *una nación adulta.* ‖ FAM. adultez.

adusto, ta adj. Se dice de la persona seria, huraña. ‖ Quemado, tostado, ardiente. ‖ Seco, severo: *prosa adusta.*

advenedizo, za adj. Se dice del que llega a una posición que no le corresponde o a un lugar en el que se considera extraño.

advenimiento m. Venida o llegada de algo solemne o esperado: *el advenimiento de la monarquía.* ‖ Ascenso de un sumo pontífice o un soberano al trono. ‖ FAM. advenedizo, advenir, adventicio.

advenir intr. Venir o llegar. ♦ Irreg. Se conj. como *venir.*

adventicio, cia adj. Extraño o que sobreviene accidentalmente. ‖ Se apl. al órgano o parte de los animales o vegetales que se desarrollan ocasionalmente.

adventismo m. Doctrina de un grupo de iglesias protestantes que creen que un segundo advenimiento de Cristo está próximo. ‖ FAM. adventista.

adverbio m. Parte invariable de la oración cuya función consiste en modificar la significación del verbo, de un adjetivo o de otro adverbio. ‖ FAM. adverbial, adverbializar.

adversario, ria m. y f. Persona contraria o enemiga: *no tiene adversarios.*

adversativo, va adj. En gram., que implica o denota oposición o contrariedad de concepto o sentido. En el ej.: *quiero ir, pero no tengo dinero, 'pero'* no es conj. ad.

adversidad f. Calidad de adverso: *la adversidad del viento.* ‖ Desgracia, infortunio: *he vivido bastantes adversidades.* ‖ Situación desgraciada en que se encuentra una persona: *en la adversidad siempre responde bien.*

adverso, sa adj. Contrario, enemigo, desfavorable: *viento adverso.* ‖ **FAM.** adversario, adversativo, adversidad.

advertencia f. Acción y efecto de advertir. ‖ Escrito breve en una obra que advierte algo al lector.

advertir tr. Fijar en algo la atención: *advertí que no llevaba sombrero.* ‖ Llamar la atención de uno sobre algo. ♦ Se puede construir con *de*: *le advertí de su llegada.* ‖ Aconsejar, recomendar, prevenir: *te advierto que hace mucho frío.* ♦ **Irreg.** Se conj. como *sentir.* ‖ **FAM.** advertencia, advertidamente, advertido.

adviento m. Tiempo que comprende las cuatro semanas anteriores a la Navidad.

advocación f. Título que se da a una iglesia, altar o a una imagen: *Nuestra Señora del Carmen.*

adyacente adj. Situado en la inmediación o proximidad de otra cosa: *casas adyacentes.*

aéreo, a adj. De aire. ‖ Perteneciente o relativo al aire. ‖ Sutil, fantástico, inmaterial. ‖ Se dice de los animales o plantas que viven en contacto directo con el aire atmosférico.

aero- Elemento compositivo que significa aire: *aerodeslizador, aerofagia, aerofotografía, aeroterrestre.*

aeróbic o **aerobic** (voz i.) m. Técnica gimnástica acompañada de música y basada en el control del ritmo respiratorio.

aerobio adj. y s. Se apl. al ser vivo que necesita del aire para subsistir.

aeroclub m. Centro de formación y asociación de pilotos civiles.

aerodeslizador m. Vehículo que se mueve a muy poca altura del agua o de la tierra, apoyándose sobre una capa de aire lanzada por el propio vehículo.

aerodinámico, ca adj. Perteneciente o relativo a la aerodinámica. ‖ Se dice de los vehículos y otras cosas que tienen forma adecuada para disminuir la resistencia del aire: *modelo aerodinámico.* ‖ f. Parte de la mecánica que estudia el movimiento de los gases.

aeródromo m. Sitio destinado al despegue y aterrizaje de los aviones.

aerofagia m. Deglución espasmódica del aire.

aerofobia f. Temor al aire.

aerofotografía f. Fotografía tomada desde un vehículo aéreo.

aerolínea f. Organización o compañía de transporte aéreo. Más en pl.: *Aerolíneas Argentinas.*

aerolito m. Meteorito que cae sobre la tierra.

aerómetro m. Instrumento para medir la densidad de los gases. ‖ **FAM.** aerometría.

aeromodelismo m. Deporte que consiste en la construcción y prueba de pequeños modelos de aeronaves. ‖ **FAM.** aeromodelista, aeromodelo.

aeromoza f. *amer.* Azafata.

aeronauta com. Piloto o tripulante de una aeronave.

aeronáutica f. Ciencia o arte de la navegación aérea. ‖ Conjunto de medios destinados al transporte aéreo.

aeronave f. Vehículo capaz de navegar por el aire. ‖ **FAM.** aeronauta, aeronáutica, aeronaval, aeronavegación.

aeroplano m. Avión.

aeropuerto m. Aeródromo para el tráfico regular de aviones.

aerosol m. Suspensión de partículas muy finas en un medio gaseoso. ‖ Aparato utilizado para producir esta dispersión con cualquier líquido.

aerostática f. Parte de la mecánica, que estudia el equilibrio de los gases y de los cuerpos en el aire. ‖ **FAM.** aerostación, aeróstato.

aeróstato o **aerostato** m. Cualquier tipo de aeronave llena de algún gas más ligero que el aire, p. ej. un dirigible. ‖ **FAM.** aerostación, aerostática, aerostático.

aerovía f. Ruta establecida para el vuelo de los aviones comerciales.

afable adj. Agradable en la conversación y el trato. ‖ **FAM.** afabilidad, afablemente.

afamar tr. y prnl. Hacer famoso, dar fama. ‖ **FAM.** afamado.

afán m. Anhelo vehemente: *llegó con el afán de verla.* ‖ Actitud de entregarse alguien a una actividad con todo su interés: *lo leyó con afán.* ‖ **FAM.** afanar, afanosamente, afanoso.

afanador, ra m. y f. *amer.* Persona que, en los establecimientos públicos, se encarga de las tareas de limpieza.

afanar tr. *vulg.* Hurtar: *afanó el radiocasete.* ‖ prnl. Entregarse a alguna actividad con solicitud y empeño: *se afana en/por conseguir un ascenso.*

afasia f. Pérdida del habla como consecuencia de una lesión cerebral.

afear tr. Hacer o poner feo. También prnl.: *se ha afeado mucho.* ‖ Censurar, vituperar: *le afeó su comportamiento.* ‖ FAM. afeador, afeamiento.

afección f. Enfermedad: *afección cardiaca.* ‖ Impresión que hace una cosa en otra: *afección del ánimo.* ‖ Afición o inclinación: *afección paternal.*

afectación f. Acción de afectar. ‖ Falta de naturalidad.

afectado, da adj. Que adolece de afectación. ‖ Aparente, fingido: *muestra una afectada sencillez.* ‖ Aquejado, molestado, enfermo: *está muy afectado por la noticia.*

afectar tr. Atañer, concernir. ‖ Hacer impresión una cosa en una persona, causando en ella alguna sensación. También prnl.: *se afectó mucho al saberlo.* ‖ Fingir: *afecta ignorancia.* ‖ Hablar o actuar con demasiado estudio o cuidado, perdiendo la naturalidad. ‖ Perjudicar, producir daño. También prnl.: *además le ha afectado el hígado.* ‖ FAM. afección, afectable, afectación, afectado.

afectividad f. Conjunto de sentimientos y emociones de una persona: *tiene una compleja afectividad.*

afectivo, va adj. Relativo al afecto: *relación afectiva.* ‖ Que se emociona con facilidad. ‖ Sensible, cariñoso.

afecto, ta adj. Inclinado a una persona o cosa. ‖ m. Cariño, simpatía hacia una persona o cosa: *le tengo un afecto especial.* ‖ FAM. afectividad, afectivo, afectuoso.

afectuoso adj. Amoroso, cariñoso. ‖ FAM. afectuosamente, afectuosidad.

afeitar tr. Raer con navaja o maquinilla la barba, el bigote o el pelo en general. También prnl. ‖ Cortar y limar las puntas de los cuernos al toro de lidia. ‖ Esquilar a una caballería las crines y las puntas de la cola. ‖ FAM. afeitado, afeitadora, afeite.

afeite m. Aderezo, compostura. ‖ Cosmético.

afelpar tr. Dar a la tela el aspecto de felpa. ‖ Recubrir con felpa. ‖ FAM. afelpado.

afeminado, da adj. Que se parece a las mujeres. También s. ‖ Que parece de mujer: *traje afeminado.* ‖ FAM. afeminadamente.

afeminar tr. y prnl. Inclinar a alguien a que en sus modales se parezca a las mujeres: *sus hermanas lo afeminaron.* ‖ FAM. afeminación, afeminado, afeminamiento.

aferente adj. Se dice de la formación anatómica que transmite un líquido o un impulso desde una parte del organismo a otra: *conducto aferente.*

aféresis f. Supresión de algún sonido al principio de un vocablo, como *norabuena* por *enhorabuena.*

aferrar tr. Agarrar fuertemente. También intr. y prnl. ‖ prnl. Insistir con tenacidad en algún dictamen u opinión: *se aferró a aquella absurda idea.* ‖ FAM. aferrado, aferramiento.

afianzar tr. y prnl. Afirmar o asegurar algo. ‖ Asir, agarrar: *se afianzó en el trampolín.* ‖ Hacer firme, consolidar algo: *el ejército se afianzó en sus posiciones.* ‖ FAM. afianzado, afianzamiento

afición f. Inclinación, amor a una persona o cosa: *tiene una gran afición al cine.* ‖ Actividad o cosa hacia la que se siente tal inclinación. ‖ Conjunto de personas aficionadas a las corridas de toros u otros espectáculos: *el nuevo fichaje decepcionó a la afición.* ‖ FAM. aficionado, aficionar.

aficionado, da adj. y s. Que tiene afición a algo: *es aficionado a la fotografía.* ‖ Que cultiva algún arte, deporte, etc., sin tenerlo por oficio: *es un equipo formado por aficionados.*

aficionar tr. Inducir a alguien a que tenga afición por algo: *le aficionó a la música.* ‖ prnl. Prendarse de una persona o cosa: *se aficionó a su compañía.*

afijo, ja adj. y m. Se dice de la partícula o preposición que se adjunta a una palabra para formar otras derivadas o compuestas.

afilado, da adj. Hiriente, irónico, mordaz. ‖ m. Acción y efecto de afilar.

afilador, ra adj. Que afila. ‖ m. y f. Persona que tiene por oficio afilar instrumentos cortantes. ‖ m. Correa para afinar el filo.

afilalápices m. Sacapuntas. ♦ No varía en pl.

afilar tr. Sacar filo en algo o afinar uno existente: *hay que afilar todos los cuchillos.* ‖ Aguzar, sacar punta. ‖ *amer.* Flirtear. ‖ *amer.* Realizar el acto sexual. ‖ prnl. Adelgazarse, enflaquecerse: *se le ha afilado mucho la cara.* ‖ *amer.* Prepararse, disponerse cuidadosamente para cualquier tarea. ‖ FAM. afilado, afilador, afilalápices, afilamiento.

afiliar tr. y prnl. Asociar una persona a otras que forman corporación. ‖ FAM. afiliación, afiliado.

afiligranar tr. Hacer filigrana. ‖ Pulir, hermosear primorosamente.

afín adj. Próximo, contiguo: *lenguas afines.* ‖ Que tiene afinidad con otra cosa. ‖ com. Pariente por afinidad.

afinador, ra adj. Que afina. ‖ m. y f. Persona que tiene por oficio afinar instrumentos músicos. ‖ m. Instrumento usado para afinar.

afinar tr. Poner algo más fino y suave. ‖ Perfeccionar, dar el último punto a una cosa. También prnl. ‖ Hacer fina o cortés a una persona. Más c. prnl. ‖ Purificar los metales. ‖ Poner en tono los instrumentos músicos. ‖

intr. Cantar o tocar entonando con perfección los sonidos. ‖ Apurar o aquilatar hasta el extremo la calidad, condición o precio de una cosa: *¡cómo afinas!* ‖ FAM. afinador.

afincar tr. Arraigar, fijar la residencia en algún lugar, establecer. Más c. prnl.: *se afincó en Madrid.*

afinidad f. Semejanza de una cosa con otra. ‖ Adecuación de caracteres, gustos, etc., entre dos o más personas. ‖ Parentesco entre un cónyuge y los deudos del otro. ‖ Tendencia de los átomos, moléculas o grupos moleculares, a combinarse entre sí.

afirmar tr. Poner firme, dar firmeza: *debemos afirmar bien los tablones.* También prnl. ‖ Asegurar o dar por cierta alguna cosa: *afirma que no le conoce.* ‖ prnl. Asegurarse en algo: *se afirmó en el asiento.* ‖ Ratificarse uno en su dicho: *se afirmó en sus opiniones.* ‖ FAM. afirmación, afirmativo.

aflautar tr. y prnl. Adelgazar la voz o el sonido. ‖ FAM. aflautado.

aflicción f. Pena, tristeza.

afligir tr. y prnl. Causar sufrimiento físico, tristeza o pena: *no te aflijas por tu padre.* ‖ FAM. aflicción, aflictivo, afligido.

aflojar tr. Disminuir la presión o la tirantez. También prnl.: *se ha aflojado el cinturón.* ‖ Entregar uno dinero u otra cosa: *afloja la pasta.* ‖ intr. Perder fuerza una cosa: *aflojó el temporal.* ‖ Dejar uno de emplear el mismo vigor o aplicación que antes en alguna cosa: *en matemáticas ha aflojado un poco.* ‖ FAM. aflojamiento.

aflorar intr. Asomar a la superficie del terreno un filón o capa mineral. ‖ Surgir, aparecer lo que estaba oculto o en gestación: *al final afloraron sus nervios.* ‖ FAM. aflorado.

afluencia f. Acción de afluir. ‖ Abundancia o copia: *la afluencia de gente nos impidió llegar.* ‖ Facilidad de palabra.

afluente m. Río secundario que desemboca en otro principal. ‖ adj. Facundo, abundante en palabras.

afluir intr. Acudir en abundancia o concurrir en gran número a un lugar o sitio: *la gente afluye a la plaza.* ‖ Verter un río sus aguas en las de otro, o en un lago o mar. ♦ **Irreg.** Se conj. como *huir.* ‖ FAM. afluencia, afluente, aflujo.

aflujo m. Afluencia excesiva de líquidos a un tejido orgánico.

afonía f. Falta total o parcial de voz.

afónico, ca o **áfono, na** adj. Falto de voz o de sonido. ‖ FAM. afonía.

aforar tr. Calcular los géneros o mercaderías para el pago de derechos. ‖ Medir la cantidad de agua que lleva una corriente. ‖ Calcular la

capacidad de algo: *han aforado el local.* ‖ Dar o tomar, mediante el pago de un canon, alguna heredad. ‖ Dar, otorgar fueros. ♦ **Irreg.** Se conj. como *contar.* ‖ FAM. aforado, aforo.

aforismo m. Sentencia breve y doctrinal. ‖ FAM. aforístico.

aforo m. Capacidad total de las localidades de un teatro u otro recinto de espectáculos públicos. ‖ Acción de aforar.

afortunado, da adj. Que tiene buena suerte. También s.: *es uno de los afortunados.* ‖ Feliz, que produce felicidad o resulta de ella: *hogar afortunado.* ‖ Oportuno, acertado, inspirado: *sus palabras fueron afortunadas.* ‖ FAM. afortunadamente, afortunar.

afrancesado, da adj. y s. Que imita a los franceses. ‖ Partidario de los franceses.

afrancesar tr. y prnl. Dar carácter francés a una cosa o persona. ‖ FAM. afrancesado, afrancesamiento.

afrenta f. Vergüenza y deshonor que resulta de algún dicho, hecho o imposición de una pena: *no pudo soportar la afrenta.* ‖ Dicho o hecho afrentoso. ‖ FAM. afrentar, afrentosamente, afrentoso.

africado, da adj. En Ling., se dice del sonido consonántico cuya articulación consiste en una oclusión y una fricación rápidas y entre los mismos órganos; como el fonema *ch.* También s.

africanismo m. Influencia de las costumbres africanas. ‖ Vocablo de origen africano. ‖ Modismo propio de escritores latinos de origen africano. ‖ FAM. africanista, africanizar, africano, afro.

afrikaans m. Variedad del neerlandés que es, junto con el inglés, lengua oficial de Suráfrica.

afrikáner adj. y s. Se dice del descendiente de los colonos holandeses de Suráfrica o de la persona integrada con ellos.

afro, fra adj. y s. Africano. ‖ invar. Referente a usos y costumbres africanas: *peinado, música afro.*

afro- Elemento compositivo que significa *africano* y con especial frecuencia, *negro: afroasiático, afroantillano.*

afrodisiaco, ca o **afrodisíaco, ca** adj. Que excita el apetito sexual. También m.

afrodita adj. Que se reproduce sin necesidad de otro sexo.

afrontar tr. Hacer frente al enemigo, a un peligro, etc.: *no quiere afrontar su pérdida.* ‖ Poner una cosa enfrente de otra. También intr.

afta f. Úlcera pequeña, blanquecina, que se forma en las mucosas durante el curso de ciertas enfermedades. ‖ FAM. aftoso.

afuera adv. l. Hacia fuera del sitio en el que uno está. ‖ En la parte exterior: *la bicicleta se ha quedado afuera*. ‖ f. pl. Alrededores de una población: *vive en las afueras*.

afuereño, ña adj. y s. *amer*. Forastero, que es o viene de afuera.

agachadiza f. Ave zancuda semejante a la chocha.

agachar tr. Inclinar o bajar alguna parte del cuerpo. ‖ prnl. Encogerse.

agalla f. Cada una de las branquias que tienen los peces. Más en pl. ‖ Excrecencia redonda que se forma en algunos árboles por la picadura de ciertos insectos. ‖ Amígdala. Más en pl. ‖ *amer*. Codicia. ‖ pl. Valentía, audacia: *no tienes agallas para hacerlo*.

agalludo, da adj. *amer*. Se dice de la persona animosa, resuelta, valiente. ‖ *amer*. Ambicioso, avaricioso.

agamia f. Carencia de órganos sexuales. ‖ Reproducción asexual.

ágape m. Banquete. ‖ Convite con el que los primeros cristianos celebraban la Última Cena.

agareno, na adj. y s. Descendiente de Agar. ‖ Mahometano.

agarrada f. Altercado o riña: *tuvieron una fuerte agarrada*.

agarradero, ra m. y f. Asa o mango. ‖ f. pl. Influencias con que uno cuenta para conseguir sus fines: *tiene unas buenas agarraderas*.

agarrado, da adj. Mezquino o miserable: *¡mira qué es agarrado!* ‖ Se dice del baile en que la pareja va enlazada. Más c. m.

agarrar tr. Asir fuertemente con la mano o de cualquier modo. También prnl.: *no me agarres*. ‖ Coger, tomar. ‖ Coger o contraer una enfermedad, empezar a padecer una sensación física o un estado de ánimo: *agarró una pulmonía, una rabieta*. También prnl. ‖ Sorprender a alguien: *le agarraron con las manos en la masa*. Más en América. ‖ Conseguir lo que se intentaba. ‖ intr. Prender una planta: *el geranio agarró enseguida*. ‖ prnl. Hablando de guisos, quemarse: *las lentejas se han agarrado un poco*. ‖ **FAM.** agarradero, agarrado, agarrador, agarre, agarrón.

agarrotar tr. Apretar algo o a alguien fuertemente. ‖ Oprimir material o moralmente. ‖ Apretar los fardos con cuerdas retorciéndolos con un palo. ‖ Estrangular en el garrote. ‖ prnl. Entumecerse un miembro: *se me ha agarrotado la mano*. ‖ Dejar de funcionar un mecanismo por falta de movilidad de sus piezas: *el motor se ha agarrotado*. ‖ **FAM.** agarrotado, agarrotamiento.

agasajar tr. Atender a alguien ofreciéndole regalos o grandes expresiones de cariño y afecto: *normalmente agasaja a sus invitados*. ‖ **FAM.** agasajado, agasajador, agasajo.

ágata f. Variedad de sílice con franjas de colores.

agauchar tr. *amer*. Hacer que una persona tome el aspecto, los modales y las costumbres propias del gaucho. Más c. prnl. ‖ **FAM.** agauchado.

agavillar tr. Hacer o formar gavillas. ‖ **FAM.** agavillador, agavilladora.

agazaparse prnl. Agacharse, encogiendo el cuerpo contra la tierra: *se agazapó debajo de la escalera*.

agencia f. Empresa destinada a gestionar asuntos ajenos o a prestar determinados servicios: *agencia de viajes*. ‖ Oficina del agente. ‖ Sucursal de una empresa: *lo destinaron a la agencia de Valencia*. ‖ **FAM.** agenciar, agenciero, agente.

agenciar tr. Hacer las diligencias conducentes al logro de una cosa. ‖ *amer*. la agencia de la secretaria. ‖ prnl. Conseguir algo con maña: *se ha agenciado un coche estupendo*. ‖ **agenciárselas** Actuar con habilidad para conseguir algo: *siempre se las agencia para que no le elijan*.

agenciero, ra m. y f. *amer*. Agente de mudanzas. ‖ *amer*. Lotero. ‖ *amer*. Persona que tiene una casa de empeño, prestamista.

agenda f. Libro o cuaderno en que se apuntan, para no olvidarlas, las cosas que se han de hacer: *me regaló una agenda de piel*. ‖ Programa de actividades o trabajos: *agenda editorial*. ‖ Relación de los temas que han de tratarse en una reunión.

agente adj. Que obra o tiene virtud de obrar. ‖ Se dice de la persona, animal o cosa que realiza la acción del verbo. También s. ‖ com. Persona o cosa que produce un efecto: *los agentes atmosféricos*. ‖ Persona que obra en poder de otro: *agente de seguros*.

agigantar tr. y prnl. Dar a alguna cosa proporciones gigantescas. ‖ **FAM.** agigantado.

ágil adj. Capaz de moverse con ligereza y facilidad: *tiene las piernas ágiles*. ‖ De inteligencia rápida y aguda. ‖ Aplicado al estilo o al lenguaje, vivo, fluido. ‖ **FAM.** agilidad, agilización, agilizar.

agilizar tr. y prnl. Hacer ágil. ‖ Facilitar y acelerar la ejecución de algo: *nos agilizó los trámites del divorcio*. También prnl.

agio m. Beneficio que se obtiene del cambio de la moneda, o de descontar letras, pagarés, etc. ‖ Especulación sobre el alza y la baja de los fondos públicos. ‖ **FAM.** agiotador, agiotaje, agiotista.

agiotaje m. Agio, especulación abusiva.

agitador, ra adj. Que agita. ‖ m. y f. Persona que incita a otros a propugnar violentamente determinados cambios políticos o sociales. ‖ m. Aparato utilizado para agitar o revolver líquidos.

agitanar tr. y prnl. Dar aspecto o carácter gitano a una persona o cosa: *el ambiente los ha agitanado.* ‖ FAM. agitanado.

agitar tr. Mover violentamente: *el mar agitaba el barco.* También prnl. ‖ Inquietar. También prnl.: *se agitó mucho con la noticia.* ‖ Provocar la inquietud política o social: *su discurso agitó a la población.* ‖ FAM. agitable, agitación, agitado, agitador.

aglomeración f. Acción y efecto de aglomerar o aglomerarse. ‖ Cúmulo o multitud de personas o cosas: *en la entrada había una gran aglomeración.*

aglomerado m. Material utilizado en carpintería, compuesto por trozos de madera prensados: *este mueble es de aglomerado.* ‖ Prisma hecho con carbón menudo y alquitrán, que se usa como combustible.

aglomerante adj. y s. Se dice del material capaz de unir y dar cohesión.

aglomerar tr. Amontonar, juntar. También prnl.: *se aglomeraron a la salida.* ‖ Unir fragmentos de una o varias sustancias con un aglomerante. ‖ FAM. aglomeración, aglomerado, aglomerante.

aglutinante adj. y m. Que aglutina. ‖ Se dice de las lenguas que yuxtaponen varias palabras que expresan ideas simples, para formar otras que expresen ideas compuestas, p. ej. el vasco, el finés.

aglutinar tr. y prnl. Pegar una cosa con otra. ‖ Reunir, aunar. FAM. aglutinación, aglutinante.

agnato, ta adj. Se dice de ciertos peces que carecen de mandíbulas, como las lampreas. También m. pl.

agnosia f. Pérdida de la facultad de reconocer el cerebro los estímulos que le llegan: *agnosia auditiva.*

agnosticismo m. Doctrina filosófica que niega al entendimiento humano la capacidad de llegar a comprender lo absoluto y sobrenatural. ‖ FAM. agnóstico.

agobiar tr. y prnl. Causar gran molestia o fatiga: *no me agobies con tus preguntas.* ‖ Imponer a alguien actividad o esfuerzo excesivos, preocupar gravemente, causar gran sufrimiento: *le agobian los años.* ‖ FAM. agobiado, agobiante, agobio.

agobio m. Acción y efecto de agobiar o agobiarse. ‖ Sofocación, angustia.

agolpar tr. Juntar de golpe en un lugar personas, animales o cosas. Más c. prnl.: *los trastos se agolpan en el desván.* ‖ Venir juntas y de golpe ciertas cosas: *los recuerdos se agolpaban en mi mente.* ‖ FAM. agolpamiento.

agonía f. Estado previo a la muerte. ‖ Pena o aflicción extremada: *vive en una profunda agonía.* ‖ Agotamiento que indica el final de algo: *presenciamos la agonía de la empresa.* ‖ pl. usado c. sing. com. Persona apocada y pesimista: *¡hija, eres una agonías!* ‖ FAM. agónico, agonista, agonizante, agonizar.

agonizar intr. Estar en la agonía. ‖ Extinguirse o terminarse una cosa: *su imperio agonizaba.*

ágora f. Plaza pública en las ciudades griegas. ‖ Asamblea que se llevaba a cabo en ellas.

agorar tr. Presentir y anunciar desdichas con poco fundamento. ♦ **Irreg.** Se conj. como *contar.*

agorero, ra adj. y s. Que adivina por agüeros o cree en ellos. ‖ Que predice sin fundamento males o desdichas: *no seas agorero.*

agostar tr. Secar el excesivo calor las plantas. También prnl. ‖ Que predice sin fundamento ‖ Arar o cavar la tierra en el mes de agosto. ‖ Marchitar, hacer que se extinga algo: *el sufrimiento agostó su alegría innata.* ‖ intr. Pastar el ganado en rastrojeras o en dehesas durante el verano. ‖ FAM. agostado, agostamiento.

agostero, ra adj. Ganado que pace en los rastrojos. ‖ m. y f. Persona que se contrata para las faenas del campo durante la recolección de cereales.

agosto m. Octavo mes del año. ‖ Temporada en que se hace la recolección de granos. ‖ Cosecha. ‖ **hacer uno su agosto** Hacer un buen negocio: *hacen su agosto con los turistas.* ‖ FAM. agostar, agostero, agostizo.

agotar tr. y prnl. Extraer todo el líquido que hay en una capacidad cualquiera: *la fuente se agotó.* ‖ Gastar del todo: *se han agotado las entradas.* ‖ Cansar extremadamente: *me agotas.* ‖ FAM. agotado, agotador, agotamiento.

agracejo m. Uva que no llega a madurar. ‖ Arbusto de la familia de las berberidáceas con flores amarillas y bayas rojas y agrias comestibles. Su madera, de color amarillo, se usa en ebanistería.

agraciado, da adj. Que tiene gracia o es gracioso. ‖ Bien parecido. ‖ Afortunado en un sorteo: *los agraciados son los señores García.*

agraciar tr. Dar gracia o belleza a una persona o cosa. ‖ Hacer o conceder alguna gracia o premio: *los agraciaron con el primer premio.* ‖ FAM. agraciado.

agradable adj. Que agrada. ‖ Se dice de la persona simpática y amable: *era una chica muy agradable.* ‖ FAM. agradablemente.

agradar intr. Complacer, contentar, gustar: *me agrada leer un rato antes de dormir.* ‖ FAM. agradable, agrado.

agradecer tr. Sentir o mostrar gratitud por algo recibido. ‖ Corresponder una cosa al trabajo empleado en conservarla o mejorarla: *la tierra agradece la lluvia; estos zapatos agradecerían unas suelas nuevas.* ‖ FAM. agradecido, agradecimiento. ♦ **Irreg.** Conjugación modelo:

Indicativo
Pres .: *agradezco, agradeces,* etc.
Imperf.: *agradecía, agradecías,* etc.
Pret. indef.: *agradecí, agradeciste,* etc.
Fut. imperf.: *agradeceré, agradecerás,* etc.

Potencial: *agradecería, agradecerías,* etc.

Subjuntivo
Pres.: *agradezca, agradezcas, agradezca, agradezcamos, agradezcáis, agradezcan.*
Imperf.: *agradeciera o agradeciese, agradecieras o agradecieses,* etc.
Fut. imperf.: *agradeciere, agradecieres,* etc.

Imperativo: *agradece, agradeced.*

Participio: *agradecido.*

Gerundio: *agradeciendo.*

agradecido, da adj. y s. Que agradece. ‖ Se dice de la persona que muestra agradecimiento por lo que recibe. ‖ Se dice de lo que responde bien a un tratamiento: *es una planta muy agradecida.*
agrado m. Voluntad o gusto: *lo escuchó con agrado.* ‖ Afabilidad en el trato: *nos atendió con agrado.*
agrafía f. Pérdida de la capacidad de escribir debida a una lesión cerebral. ‖ FAM. ágrafo.
agrandar tr. y prnl. Hacer más grande alguna cosa: *han agrandado la casa.* ‖ FAM. agrandamiento.
agrario, ria adj. Perteneciente o relativo al campo: *ley agraria.*
agravamiento m. Acción y efecto de agravar o agravarse.
agravante adj. y amb. Que agrava: *sus palabras constituyeron el principal agravante.*
agravar tr. Aumentar la gravedad de una situación o de un enfermo. También prnl. ‖ FAM. agravamiento, agravante.
agraviar tr. Hacer agravio: *pretendía agraviarme con sus palabras.* ‖ prnl. Ofenderse. ‖ FAM. agraviado, agraviante, agravio
agravio m. Ofensa que se hace a uno en su honra o fama. ‖ Hecho o dicho con que se hace esta ofensa. ‖ Perjuicio que se hace a uno en sus derechos o intereses: *esto es un agravio comparativo.*

agraz m. Uva sin madurar. ‖ Zumo de esta uva. ‖ Amargura, sinsabor, disgusto.
agredir tr. Cometer agresión. ♦ **Defect.** Se conj. como *abolir.* ‖ FAM. agresión, agresividad, agresivo, agresor.
agregado, da m. y f. Empleado adscrito a un servicio del cual no es titular. ‖ Funcionario diplomático encargado de asuntos de su especialidad: *agregado cultural.* ‖ Profesor numerario inferior al catedrático: *agregado de instituto.* ‖ m. Conjunto de cosas homogéneas que forman un cuerpo. ‖ Añadidura.
agregaduría f. Cargo y oficina de un agregado diplomático. ‖ Cargo de un profesor agregado.
agregar tr. Unir unas personas o cosas a otras. También prnl.: *se agregó a la comitiva.* ‖ Añadir algo a lo ya dicho o escrito. ‖ Destinar a alguna persona a un cuerpo u oficina sin plaza efectiva. ‖ FAM. agregación, agregado, agregaduría.
agremiar tr. y prnl. Reunir en gremio.
agresión f. Acto de agredir a alguien o algo para dañarlo: *estos campos están sometidos a una constante agresión.* ‖ Acto contrario al derecho de otro, en particular, ataque armado de una nación contra otra: *firmaron un pacto de no agresión.*
agresivo, va adj. Que obra con agresividad. ‖ Propenso a provocar a los demás. ‖ Que implica provocación y violencia: *la conducción en Madrid es muy agresiva.*
agreste adj. Perteneciente al campo. ‖ Se dice del terreno sin cultivar, abrupto. ‖ Se dice de las personas rudas y de modales toscos.
agriar tr. y prnl. Poner agria alguna cosa: *el vino se ha agriado.* ‖ Exasperar los ánimos: *su intervención agrió la velada.*
agrícola adj. Concerniente a la agricultura o al que la ejerce.
agricultor, ra m. y f. Persona que cultiva la tierra.
agricultura f. Cultivo de la tierra. ‖ FAM. agrícola, agricultor.
agridulce adj. Que tiene mezcla de agrio y de dulce: *salsa agridulce.*
agrietar tr. y prnl. Abrir grietas: *la pared se está agrietando.* ‖ FAM. agrietamiento.
agrimensor, ra m. y f. Persona dedicada y experta en medir tierras. ‖ FAM. agrimensura.
agrio, gria adj. Que produce sensación de acidez. ‖ Agriado: *leche agria.* ‖ Acre, áspero: *tiene un genio muy agrio.* ‖ m. pl. Frutas o agridulces, como el limón, la naranja y otras semejantes: *en esta zona se cultivan agrios.* ‖ FAM. agraz, agriado, agriar, agridulce, agrura.

agro m. Campo, tierra de labranza.

agronomía f. Conjunto de conocimientos aplicables al cultivo de la tierra. ‖ FAM. agronómico, agrónomo.

agrónomo, ma adj. Se dice de la persona que profesa la agronomía: *ingeniero agrónomo*. También s.

agropecuario, ria adj. Que tiene relación con la agricultura y la ganadería: *comercio agropecuario*.

agrupación f. Acción y efecto de agrupar o agruparse. ‖ Conjunto de personas u organismos que se asocian con algún fin: *agrupación coral*. ‖ Particularmente, la unidad militar de armas diversas con una misión concreta.

agrupar tr. y prnl. Reunir en grupo. ‖ Constituir una agrupación. ‖ FAM. agrupable, agrupación, agrupamiento.

agua f. Sustancia líquida, inodora e insípida, formada por la combinación de un volumen de oxígeno y dos de hidrógeno. ‖ Licor extraído por infusión, disolución o emulsión de flores, plantas o frutos, y usado en medicina y perfumería: *agua de azahar, de colonia*. ‖ pl. Visos u ondulaciones que tienen algunas telas, plumas, piedras, maderas, etc. ‖ Destellos de las piedras preciosas. ‖ FAM. aguacero, aguada, aguadero, aguado, aguador, aguar, aguachirle, aguafuerte, aguamanil, aguamarina, aguanieve, aguardiente, aguarrás, agüilla.

aguacate m. Fruto verde, en forma de pera grande, comestible y de sabor insípido producido por el árbol de origen americano del mismo nombre. ‖ FAM. aguacatal.

aguacero m. Lluvia repentina, impetuosa y de poca duración. ‖ Sucesos y cosas molestas que, en gran cantidad, caen sobre una persona.

aguachar tr. *amer.* Domesticar un animal. ‖ prnl. *amer.* Amansarse, aquerenciarse.

aguachento, ta adj. *amer.* Impregnado, empapado o lleno de agua. ‖ *amer.* Se dice de la fruta u otro alimento insípido por exceso de agua.

aguachirle f. Bebida o alimento líquido, como vino, caldo, miel, etc., sin fuerza ni sustancia. ‖ Hablando de obras o cualidades, sin importancia alguna.

aguaderas f. pl. Armazón que se coloca sobre las caballerías para llevar cántaros u otras cosas.

aguado, da adj. Se dice de lo que está mezclado con agua: *vino aguado*. ‖ f. Color para pintar diluido en agua sola, acuarela. ‖ Diseño o pintura que se ejecuta con colores preparados de esta manera.

aguador, ra m. y f. Persona que lleva o vende agua.

aguafiestas com. Persona que turba una diversión. ♦ No varía en pl.

aguafuerte amb. Técnica de grabado en metal, normalmente sobre cobre. ‖ Estampa hecha de esta manera. ‖ FAM. aguafuertista.

aguamanil m. Palangana o pila destinada para lavarse las manos. ‖ Jarro con pico para echar agua en ella.

aguamarina f. Variedad de berilo, transparente, de color parecido al del agua del mar y muy apreciado en joyería.

aguamiel f. Agua mezclada con miel. ‖ FAM. aguamelado.

aguanieve f. Agua que cae de las nubes mezclada con nieve.

aguantar tr. Reprimir o contener: *no pudo aguantar el llanto*. ‖ Resistir, soportar. También intr.: *¡cómo aguanta este hombre!* ‖ Tolerar a disgusto algo molesto. También prnl. ‖ intr. Reprimirse. También prnl.: *le hubiera llamado de todo, pero me aguanté*. ‖ FAM. aguante.

aguante m. Sufrimiento, paciencia. ‖ Fortaleza o vigor.

aguar tr. Mezclar vino u otro líquido con agua: *has aguado la salsa*. También prnl. ‖ Turbar, interrumpir. Más c. prnl.: *se nos aguó la fiesta*.

aguardar tr. Esperar a que venga o llegue alguien o algo. También intr.: *no puedo aguardar más*. ‖ intr. Ir a ocurrirle algo a alguien: *te aguarda una buena regañina*.

aguardiente m. Bebida alcohólica que, por destilación, se saca del vino y otras sustancias. ‖ FAM. aguardentería, aguardentero, aguardentoso.

aguarrás m. Esencia volátil de trementina que se emplea como disolvente de pinturas y barnices.

aguasarse prnl. *amer.* Tomar los modales y costumbres del guaso.

aguatero, ra m. y f. *amer.* Aguador.

aguazal m. Sitio bajo donde se detiene el agua llovediza.

agudizar tr. Hacer aguda una cosa. ‖ Agravar, recrudecer. También prnl.: *la crisis económica se ha agudizado*.

agudo, da adj. Delgado, afilado. Se dice del corte o punta de instrumentos. ‖ Se dice del ángulo menor que el recto. También m. ‖ Se apl. a las personas, sus sentidos, dichos, inteligencia, etc. sagaces, raudos, sutiles: *es de agudo ingenio, vista aguda*. ‖ Ingenioso, gracioso y oportuno: *un chiste muy agudo*. ‖ Se apl. al dolor vivo y a la enfermedad grave y de corta duración. ‖ Se dice del olor y sabor fuerte y penetrante. ‖ Se dice del sonido alto. ‖ En gram., se dice de la sílaba o vocal acentuadas y de la palabra que lleva el acento en la última sílaba. ‖ Se apl. al acento gráfico representado por el signo (´) ‖ **FAM.** agudeza, agudización, agudizar.

agüero m. Presagio o señal supersticiosa: *ave de mal/buen agüero.*

aguerrido, da adj. Ejercitado en la guerra. ‖ Valeroso, audaz. **FAM.** aguerrir.

aguijada o **aguijadera** f. Vara larga con una punta de hierro con la que los boyeros pican a la yunta. ‖ Vara larga con la cual separan los labradores la tierra que se pega a la reja del arado. ‖ **FAM.** aguijar, aguijada.

aguijar tr. Picar con la aguijada. ‖ Estimular, incitar.

aguijón m. Extremo puntiagudo de la aguijada. ‖ Órgano abdominal que poseen el escorpión y algunos insectos y con el cual pican. ‖ Espina de las plantas. ‖ Estímulo, incitación. ‖ **FAM.** aguijonazo, aguijonear.

aguijonear tr. Aguijar. ‖ Picar con el aguijón. ‖ Incitar, atormentar: *me aguijoneaba el hambre.*

águila f. Ave rapaz diurna de gran envergadura, de vista muy perspicaz, fuerte musculatura, garras afiladas y vuelo rapidísimo. ‖ Persona viva y perspicaz: *este chico es un águila.* ‖ Insignia de la legión romana y de algunos ejércitos modernos. ‖ **FAM.** aguileño, aguilucho.

aguileño, ña adj. Rostro o nariz largos y delgados. ‖ Perteneciente al águila.

aguilucho m. Pollo del águila.

aguinaldo m. Regalo que se da por las Navidades.

agüita f. *amer.* Infusión de hierbas u hojas.

aguja f. Barrita puntiaguda de metal u otra materia con un ojo para meter el hilo, que se utiliza para coser, bordar, tejer, etc. ‖ Tubito metálico que se enchufa en la jeringuilla para poner inyecciones. ‖ Barrita de metal, hueso, marfil, etc., que sirve para hacer medias y otras labores de punto: *se hace con agujas del cuatro.* ‖ Manecilla del reloj. ‖ Pastel largo y estrecho relleno de carne picada o dulce. ‖ Riel movible que sirve para cambiar de vía al tren. ‖ **FAM.** agujero, agujeta.

agujerear o **agujerar** tr. y prnl. Hacer agujeros.

agujero m. Abertura más o menos redonda en una cosa. ‖ Pérdida injustificada de dinero: *se ha descubierto un agujero de dos mil millones.* ‖ **FAM.** agujerear.

agujetas f. pl. Molestias dolorosas que pueden sentirse en los músculos después de un esfuerzo.

¡agur! interj. que se usa para despedirse.

agusanarse prnl. Criar gusanos alguna cosa.

agustino, na adj. y s. Se apl. al religioso o religiosa de la Orden de San Agustín. ‖ **FAM.** agustiniano.

aguzanieves f. Pájaro insectívoro de color ceniciento y blanco, que vive en sitios húmedos. ♦ No varía en pl.

aguzar tr. Hacer o sacar punta. ‖ Aguijar, estimular: *aquel aroma aguzó su apetito.* ‖ Avivar el entendimiento, los sentidos, para que perciban mejor. ‖ **FAM.** aguzado.

¡ah! interj. que denota gozo, generalmente, pena, admiración o sorpresa.

aherrojar tr. Encadenar a alguien con grilletes de hierro. ‖ Oprimir, subyugar. ‖ **FAM.** aherrojamiento.

aherrumbrar tr. Dar a una cosa color o sabor de hierro. ‖ prnl. Tomar una cosa, especialmente el agua, color o sabor de hierro. ‖ Cubrirse de herrumbre.

ahí adv. l. En ese lugar, o a ese lugar. ‖ En esto, o en eso. ‖ Precedido de las prep. *de* o *por*, esto o eso: *de ahí que no lo supiera; de ahí vienen los problemas.*

ahijado, da m. y f. Cualquier persona, respecto de sus padrinos.

ahijar tr. Adoptar al hijo ajeno. ‖ Acoger un animal la cría de otro. ‖ **FAM.** ahijado.

ahínco m. Actitud del que se ocupa de algo con empeño y eficacia: *trabaja con ahínco.*

ahíto, ta adj. Harto por haber comido demasiado. ‖ Cansado de algo o alguien.

ahogadilla f. Zambullida que se da a otro en broma.

ahogar tr. y prnl. Matar a alguno impidiéndole la respiración. ‖ Extinguir, apagar: *ahogar las esperanzas.* ‖ Inundar el carburador. ‖ Oprimir, fatigar: *me ahoga la pena.* También intr. ‖ Sumergir en agua, encharcar. ‖ **FAM.** ahogado, ahogamiento, ahogo.

ahogo m. Asfixia, dificultad en la respiración. ‖ Aprieto, congoja. ‖ Apremio, prisa.

ahondar tr. Hacer más hondo: *ahondar el hoyo.* ‖ Introducir más profundamente una cosa en otra. También intr.: *los cimientos ahondan varios metros.* ‖ Profundizar en algo: *ahondar en los fundamentos de una teoría.* ‖ **FAM.** ahondamiento.

ahora adv. t. A esta hora, en este momento, en el tiempo actual o presente. ‖ Dentro de poco tiempo: *ahora lo hago.* ‖ conj. ad. Pero, sin embargo: *no lo quiero, ahora si me regalas...*

ahorcar tr. Quitar la vida a uno echándole un lazo al cuello y colgándole de él en la horca u otra parte. Más c. prnl. ‖ **FAM.** ahorcable, ahorcado.

ahorita adv. t. Ahora mismo, muy recientemente.

ahormar tr. Ajustar una cosa a su horma o molde. También prnl.

ahorrar tr. Reservar parte del dinero de que se dispone. ‖ Economizar, no malgastar algo. También prnl.: *ahórrate los elogios.* ‖ Librar a alguien de una molestia o trabajo. También prnl.: *nos ahorramos un buen disgusto.* ‖ **FAM.** ahorrador, ahorrativo, ahorro.

ahorro m. Acción de ahorrar, economizar o evitar un trabajo. ‖ pl. Lo que se ahorra: *los ahorros de toda la vida.*

ahuecar tr. y prnl. Poner hueco o cóncavo. ‖ Mullir o hacer menos compacto: *ahuecar una almohada.* ‖ tr. Dicho de la voz, hablar con afectación. ‖ intr. Ausentarse de una reunión. Sobre todo en la loc. *ahuecar el ala.* ‖ prnl. Engreírse. ‖ **FAM.** ahuecado, ahuecamiento.

ahuehué o **ahuehuete** m. Árbol de la familia de las cupresáceas, originario de América del Norte, de madera semejante a la del ciprés; se cultiva como planta de jardín.

ahuesarse prnl. *amer.* Quedarse inútil o sin prestigio una persona o cosa. ‖ *amer.* Quedarse una mercancía sin vender.

ahuevar tr. y prnl. Dar forma de huevo a algo: *el cazo se ha ahuevado.* ‖ *amer.* Atontar, azorar, acobardar. ‖ *amer.* Aburrir, fastidiar.

ahumado, da adj. Secado al humo. También s.: *me gustan los ahumados.* ‖ Se dice de los cuerpos transparentes oscurecidos: *gafas de cristal ahumado.*

ahumar tr. Poner al humo. ‖ Llenar de humo. También prnl.: *la habitación se ha ahumado.* ‖ intr. Despedir humo lo que se quema. ‖ prnl. Tomar los guisos sabor a humo. ‖ **FAM.** ahumado.

ahuyentar tr. Hacer huir.

aimará o **aimara** adj. Se dice del pueblo indio que habita en la región del lago Titicaca, entre Perú y Bolivia y de lo relativo a él. También s. ‖ m. Lengua aimará.

airado, da adj. Irritado, alterado. ‖ Desordenado, vicioso. ‖ **FAM.** airadamente.

airar tr. y prnl. Irritar, enfurecer.

aire m. Mezcla gaseosa que forma la atmósfera de la Tierra. ‖ Atmósfera terrestre. También pl. ‖ Viento: *hace mucho aire.* ‖ Parecido entre las personas: *Carlos y su hermano tienen un aire.* ‖ Aspecto: *tiene un aire sereno.* ‖ **FAM.** aireado, airear.

airear tr. Poner al aire o ventilar. ‖ Dar publicidad o actualidad a una cosa: *no debes airear la noticia.* ‖ prnl. Ponerse o estar al aire para refrescarse.

airón m. Garza real. ‖ Penacho de plumas que tienen en la cabeza algunas aves. ‖ Adorno de plumas en cascos, sombreros, gorras, etc.

airoso, sa adj. Garboso o gallardo. ‖ Se dice del que realiza algo con éxito: *salió airoso del concurso.* ‖ **FAM.** airosamente.

aislado, da adj. Apartado, solo, suelto: *se han dado casos aislados de peste.*

aislante adj. Que aísla. ‖ Aislador. También m.: *aislante térmico.*

aislar tr. Circundar o cercar por todas partes. ‖ tr. y prnl. Dejar una cosa sola y separada de otras. ‖ Incomunicar. ‖ **FAM.** aislado, aislador, aislamiento.

ajar tr. Envejecer algo o a alguien manoseándolo y arrugándolo. ‖ prnl. Deslucirse una cosa o una persona: *la planta se ha ajado por el calor.* ‖ **FAM.** ajamiento.

ajardinar tr. Convertir en jardín un terreno.

ajedrez m. Juego entre dos personas, cada una de las cuales dispone de 16 piezas movibles. ‖ Conjunto de piezas de este juego. ‖ **FAM.** ajedrecista, ajedrezado.

ajenjo m. Planta medicinal, amarga y aromática. ‖ Bebida alcohólica hecha con esta planta y otras hierbas aromáticas.

ajeno, na adj. Perteneciente a otro. ‖ Extraño: *ajeno a lo nuestro.* ‖ Ignorante: *era ajeno a los problemas que nos había ocasionado.* ‖ Impropio, que no corresponde: *este problema me es completamente ajeno.*

ajete m. Ajo tierno. ‖ Puerro silvestre.

ajetrearse prnl. Fatigarse yendo y viniendo de una parte a otra. ‖ **FAM.** ajetreo.

ají m. *amer.* Pimiento picante.

ajillo m. Salsa de guiso preparada con abundantes ajos fritos.

ajimez m. Ventana arqueada, dividida en el centro por una columna.

ajo m. Planta de bulbo, blanco, redondo, de sabor picante y olor fuerte, usado mucho como condimento. ‖ Cada una de las partes o dientes en que está dividido el bulbo de ajos.

ajoarriero m. Salsa hecha con ajos fritos y pimentón, que se emplea sobre todo para el bacalao.

ajolote m. Larva de anfibio de unos 30 cm de largo, típica de lagos de México y América del Norte, que puede reproducirse antes de tomar la forma adulta.

ajonjolí m. Planta de semillas amarillentas, aceitosas, muy menudas y comestibles, llamada también *alegría* y *sésamo.*

ajuar m. Conjunto de muebles, enseres y ropas de la casa, o los que aporta la mujer al matrimonio.

ajustador, ra adj. y s. Que ajusta. ‖ Se dice del obrero que amolda las piezas metálicas ya acabadas al sitio en que han de quedar colocadas.

ajustar tr. y prnl. Poner alguna cosa de modo que venga justa con otra. ‖ Adaptar, acomodar. ‖ Concertar: *han ajustado el matrimonio.* ‖ Contratar a alguna persona para realizar algún servicio. ‖ tr. Liquidar una cuenta. ‖ Concretar el precio de alguna cosa: *ajustaron el servicio en quince mil pesetas.* ‖ FAM. ajustado, ajustador, ajuste.

ajusticiar tr. Ejecutar en el reo la pena de muerte. ‖ FAM. ajusticiado, ajusticiamiento.

al contr. de la prep. *a* y el art. *el.*

ala f. Parte del cuerpo de algunos animales, de la que se sirven para volar. ‖ Parte de una cosa que por su situación o forma se parece a un ala: *ala del sombrero.* ‖ Cada una de los dos extremos de la parte externa del avión que sustentan el aparato en vuelo. ‖ Cada una de las partes que se extienden a los lados del cuerpo principal de un edificio u otra construcción: *el ala derecha de la plaza, del escenario.* ‖ Alero del tejado. ‖ En las mesas abatibles, cada uno de los lados que pueden desplegarse. ‖ FAM. alado, aleta.

alabanza f. Elogio. ‖ Expresión o conjunto de expresiones con que se alaba.

alabar tr. Elogiar, celebrar con palabras. También prnl. ‖ prnl. Jactarse o vanagloriarse. ‖ FAM. alabador, alabanza.

alabarda f. Arma ofensiva, que consta de un asta de madera y de una cuchilla transversal.

alabardero m. Soldado armado de alabarda.

alabastro m. Mármol traslúcido, generalmente con visos de colores.

álabe m. Cada una de las paletas curvas de la rueda hidráulica. ‖ Rama de árbol combada hacia la tierra. ‖ FAM. alabear.

alabear tr. Combar, curvar, especialmente la madera. También prnl. ‖ FAM. alabeado.

alacena f. Hueco hecho en la pared, con puertas y anaqueles, a modo de armario.

alacrán m. Escorpión.

alado, da adj. Que tiene alas, o de figura de ala. ‖ Veloz, ligero: *caballo alado.*

alamar m. Presilla con botón que se cose a la orilla del vestido.

alambicado, da adj. Dado con escasez, y muy poco a poco.

alambicar tr. Destilar. ‖ Examinar atentamente alguna cosa. ‖ Sutilizar excesivamente, complicar. ‖ FAM. alambicado.

alambique m. Aparato para extraer al fuego, y por destilación, la esencia de cualquier sustancia líquida. ‖ FAM. alambicar.

alambrada f. Cerca de alambres afianzados en postes. ‖ f. Alambrera.

alambrar tr. Cercar un sitio con alambre. ‖ FAM. alambrada.

alambre m. Hilo de metal. ‖ FAM. alambrar, alambrera, alambrista.

alambrera f. Red de alambre que se pone en las ventanas y otras partes.

alameda f. Sitio poblado de álamos. ‖ Paseo con álamos u otros árboles.

álamo m. Árbol de tronco alto de hojas alternas ovaladas o acorazonadas. Crece en zonas templadas y su madera, blanca y ligera, se utiliza para fabricar papel. ‖ FAM. alameda.

alancear tr. Dar lanzadas, herir con la lanza.

alano, na adj. y s. Individuo de un pueblo que, en unión de vándalos y suevos, invadió España en el año 409. ‖ Se dice del perro de raza cruzada de dogo y lebrel. Corpulento, fuerte, de cabeza grande, orejas caídas, hocico chato, cola larga y pelo corto y suave.

alarde m. Ostentación y gala que se hace de alguna cosa. ‖ FAM. alardear.

alargar tr. Dar más longitud a una cosa. También prnl. ‖ Estirar, desencoger. ‖ Prolongar una cosa, hacer que dure más tiempo. También prnl: *la reunión se ha alargado más de lo habitual.* ‖ Retardar, diferir, dilatar. ‖ FAM. alargador, alargamiento.

alarido m. Grito lastimero.

alarma f. Señal para prepararse inmediatamente a la defensa o al combate. ‖ Dispositivo que avisa de un peligro o de alguna particularidad: *alarma de coche, alarma del despertador.* ‖ Inquietud, susto o sobresalto. ‖ FAM. alarmante, alarmista.

alarmante adj. Que alarma.

alarmar tr. Dar la alarma. ‖ Asustar, sobresaltar, inquietar. También prnl: *al enterarse de la noticia, se alarmaron.*

alarmista adj. Se dice de la persona que hace cundir noticias alarmantes. También com. ‖ Que causa alarma: *periódico alarmista.* ‖ FAM. alarmismo.

alazán, ana adj. y s. Se dice del caballo o yegua que tiene el pelo de color canela.

alba f. Amanecer: *salieron al alba.* ‖ Primera luz del día antes de salir el sol. ‖ Túnica blanca que los sacerdotes se ponen para celebrar los oficios divinos.

albacea com. Ejecutor testamentario.

albahaca f. Planta muy olorosa, de hojas pequeñas y flores blancas que se utiliza como condimento.

albañil m. Maestro u oficial de albañilería.

albañilería f. Arte de construir edificios. ‖ Obra de albañilería. ‖ FAM. albañil.

albarán m. Relación de mercancías que se entregan al cliente.

albarda f. Pieza principal del aparejo de las caballerías de carga, especie de silla. ‖ FAM. albardar, albardilla, enalbardar.

albaricoque m. Fruto del albaricoquero. ‖ Albaricoquero. ‖ FAM. albaricoquero.

albaricoquero m. Árbol rosáceo, de ramas sin espinas, hojas acorazonadas, flores blancas y cuyo fruto, el albaricoque, es de sabor agradable.

albatros m. Ave palmípeda de gran resistencia para el vuelo, que vive en los mares australes. ♦ No varía en pl.

albayalde m. Carbonato de plomo.

albedrío m. Potestad de obrar por reflexión y elección: *libre albedrío*. ‖ Antojo o capricho.

alberca f. Depósito de agua con muros de fábrica para el riego. ‖ Poza, balsa. ‖ *amer.* Piscina.

albérchigo m. Fruto del alberchiguero. ‖ Alberchiguero. ‖ Albaricoque.

alberchiguero m. Árbol, variedad del melocotonero, cuyo fruto es el albérchigo. ‖ Albaricoquero.

albergar tr. Dar albergue, hospedaje. También prnl. ‖ Tener una determinada idea o sentimiento sobre algo: *albergar esperanzas*.

albergue m. Lugar en que una persona halla hospedaje o resguardo. ‖ FAM. albergar.

albigense adj. y com. Se dice del individuo perteneciente a una secta herética del sur de Francia durante los s. XII y XIII.

albino, na adj. y s. Falto, por anomalía congénita, del pigmento que da a ciertas partes del organismo de los hombres y animales los colores propios de cada especie, raza.

albo, ba adj. poét. Blanco.

albóndiga f. Bolita de carne o pescado picado.

albor m. Blancura. ‖ Luz del alba. ‖ Comienzo, principio. También pl.: *en los albores del Renacimiento*. ‖ FAM. alborada, alborear.

alborada f. Amanecer. ‖ Música o canción dedicada al alba.

alborear intr. Amanecer o rayar el día.

albornoz m. Bata de tela de toalla que se utiliza después del baño. ‖ Especie de capa o capote con capucha.

alborotado, da adj. Se dice del pelo revuelto o enmarañado. ‖ Que obra sin reflexión. ‖ Inquieto, díscolo, revoltoso.

alborotar tr. y prnl. Inquietar, alterar, perturbar: *este grupo de alumnos alborota demasiado*. ‖ Amotinar, sublevar. ‖ intr. Causar alboroto. ‖ FAM. alborotado, alborotador, alboroto.

alboroto m. Vocerío, estrépito. ‖ Desorden, tumulto. ‖ Asonada, motín. ‖ Sobresalto, inquietud.

alborozar tr. y prnl. Causar gran regocijo. ‖ FAM. alborozado, alborozo.

alborozo m. Gran regocijo, placer o alegría.

albricias interj. Expresión de júbilo. ‖ f. pl. Regalo que se da al que trae una buena noticia.

albufera f. Laguna junto al mar, en costa baja.

álbum m. Libro en blanco cuyas hojas se llenan con breves composiciones literarias, sentencias, piezas de música, fotografías, grabados, etc. ‖ Disco de larga duración que contiene canciones de uno o varios autores: *ha sacado un nuevo álbum*. ♦ pl. *álbumes*.

albumen m. Tejido que envuelve y sirve de alimento al embrión de algunas semillas.

albúmina f. Proteína natural simple, que se disuelve en agua y se coagula al calor. Está presente en todos los seres vivos, sobre todo en la clara de huevo, los músculos y la leche. ‖ FAM. albuminuria.

albuminoide m. Sustancia que, como ciertas proteínas, presenta en disolución el aspecto y las propiedades de la clara del huevo, de las gelatinas o de la cola de pescado.

albur m. Mújol. ‖ Contingencia o azar.

albura f. Blancura perfecta.

alcachofa f. Planta herbácea perenne compuesta que produce unas cabezuelas carnosas comestibles. ‖ Cabezuela de esta planta. ‖ Pieza con agujeros que se adapta a algunos aparatos: *la alcachofa de la ducha*.

alcahuete, ta m. y f. Persona que procura, encubre o facilita amores ilícitos. ‖ FAM. alcahuetear, alcahuetería.

alcaide m. El que tenía a su cargo la guarda de una fortaleza. ‖ El que en las cárceles custodiaba a los presos.

alcaldada f. Acción imprudente de un alcalde que abusa de su autoridad y, por ext., la de cualquier otra persona.

alcalde, esa m. y f. Persona que preside un ayuntamiento. ‖ FAM. alcaldada, alcaldía.

alcaldía f. Oficio, cargo, oficina, territorio o distrito de la jurisdicción de un alcalde.

álcali m. Cada uno de los óxidos, hidróxidos o carbonatos que se obtienen de la reacción del agua con metales alcalinos.

alcalino, na adj. Que contiene álcali. ‖ Se dice de los metales muy oxidables, como el litio, sodio, potasio. ‖ FAM. álcali, alcaloide.

alcaloide m. Cualquiera de los compuestos orgánicos que se extrae de ciertos vegetales y que tiene propiedades alcalinas, como la nicotina o la heroína.

alcance m. Distancia a que llega el brazo. ‖ En las armas, distancia a que llegan: *el alcan-*

ce de un proyectil. ▌ Capacidad o talento. Más en pl.: *es un hombre de muy pocos alcances.*

alcancía f. Hucha. ▌ Vasija cerrada para guardar monedas. ▌ *amer.* Cepillo para limosnas o donativos.

alcanfor m. Producto sólido, cristalino, blanco, de olor penetrante característico, que se extrae del alcanforero y de otras plantas. Se utiliza en medicina y en la industria. ▌ FAM. alcanforar, alcanforero.

alcanforero m. Árbol de Japón, China y otros países de Oriente, de cuyas ramas y raíces se extrae alcanfor por destilación.

alcantarilla f. Acueducto subterráneo fabricado para recoger las aguas llovedizas o residuales y darles paso. ▌ Cada uno de los sumideros de las calles, por los que entra el agua de lluvia: *se me cayó en una alcantarilla.* ▌ FAM. alcantarillado, alcantarillar.

alcantarillado, da m. Conjunto de alcantarillas de una población.

alcanzar tr. Llegar a juntarse con una persona o cosa que va delante. ▌ Coger algo alargando la mano: *¿me alcanzas ese bolígrafo?* ▌ Alargar, tender una cosa a otro. ▌ Llegar a percibir con la vista, oído u olfato. ▌ Conseguir, lograr. ▌ intr. Llegar hasta cierto punto o término. ▌ Ser suficiente o bastante una cosa para algún fin: *las provisiones no alcanzarán para todo el viaje.* ▌ FAM. alcance.

alcaparra f. Mata de tallos espinosos y flores grandes y blancas, cuyo fruto es el alcaparrón. ▌ Botón de la flor de esta planta. Se usa como condimento y como entremés. ▌ FAM. alcaparrera, alcaparrón.

alcaparrón m. Fruto de la alcaparra.

alcaraván m. Ave zancuda de unos 40 cm de longitud, con cabeza redondeada, patas largas y amarillas, pico corto y grandes ojos amarillos. De costumbres crepusculares o nocturnas, habita en terrenos descubiertos, pedregosos o arenosos.

alcaravea f. Planta umbelífera, de 60 a 80 cm de altura, con tallos cuadrados y ramosos, raíz fusiforme, hojas estrechas y lanceoladas, flores blancas y semillas pequeñas que, por ser aromáticas, sirven para condimento. ▌ Semilla de esta planta.

alcarria f. Terreno alto y, por lo común, raso y de poca hierba. ▌ FAM. alcarreño.

alcatraz m. Pelícano americano blanco de unos 90 cm de longitud, pico largo y alas apuntadas con los extremos negros. Es ave propia de mares templados.

alcaucil o **alcaucí** m. Alcachofa silvestre.

alcaudón m. Pájaro carnívoro empleado en cetrería, de unos 15 cm de altura, con plumaje ceniciento, pico robusto y ganchudo, y cola larga y de figura de cuña.

alcayata f. Escarpia, clavo acodillado.

alcazaba f. Recinto fortificado dentro de una población amurallada.

alcázar m. Fortaleza, recinto fortificado. ▌ Casa o palacio real. ▌ En los buques, espacio desde el palo mayor hasta la popa.

alce m. Mamífero rumiante. ▌ Porción de cartas que se corta de la baraja.

alcista adj. Relativo al alza de los valores en la bolsa: *una tendencia alcista.* ▌ com. Persona que juega al alza de estos valores. ▌ FAM. alza.

alcoba f. Aposento destinado a dormir.

alcohol m. Líquido que se obtiene por la destilación del vino o de otros licores. ▌ Bebidas alcohólicas: *beber alcohol perjudica la salud.* ▌ FAM. alcoholemia, alcoholismo, alcoholizado, alcoholizar.

alcoholemia f. Presencia de alcohol en la sangre.

alcohólico, ca adj. Que contiene alcohol. ▌ Que abusa de las bebidas alcohólicas. También s.

alcoholímetro m. Aparato que sirve para apreciar la graduación alcohólica de un líquido o gas. ▌ FAM. alcoholimetría.

alcoholismo m. Abuso de bebidas alcohólicas. ▌ Enfermedad, ordinariamente crónica, ocasionada por tal abuso.

alcoholizar tr. Echar alcohol en otro líquido. ▌ prnl. Adquirir la enfermedad del alcoholismo por excesivo y frecuente uso de bebidas alcohólicas. ▌ FAM. alcoholización, alcoholizado.

Alcorán m. Corán, código de Mahoma.

alcornoque m. Árbol de hoja persistente, fruto en bellota y madera muy dura, cuya gruesa corteza constituye el corcho. ▌ Persona necia, ignorante. También adj.

alcotán m. Ave rapaz semejante al halcón de unos 30 cm de longitud.

alcurnia f. Ascendencia, linaje.

alcuza f. Vasija cónica de barro, hojalata o de otros materiales, en que se guarda el aceite para diversos usos.

alcuzcuz m. Pasta de harina y miel, en granitos redondos, muy usada entre los árabes.

aldaba f. Pieza de metal que se pone en las puertas para llamar. ▌ Barra o travesaño con que se aseguran los postigos o puertas. ▌ FAM. aldabilla, aldabón.

aldea f. Pueblo de corto vecindario y, por lo común, sin jurisdicción propia. ▌ FAM. aldeano, aldeanismo.

aldeano, na adj. De una aldea. También s. ▌ Rústico. ▌ FAM. aldeanismo.

aldehído m. Compuesto orgánico que se forma de la oxidación de ciertos alcoholes.

aleación f. Producto homogéneo, de propiedades metálicas, compuesto de dos o más elementos, uno de los cuales, al menos, debe ser un metal, p. ej. el acero y el bronce.

alear tr. Mezclar, fundiéndolos, un metal con otros elementos, metálicos o no. ‖ intr. Mover las alas.

aleatorio, ria adj. Relativo al juego de azar. ‖ Dependiente de la suerte o el azar: *una muestra aleatoria.* ‖ **FAM**. aleatoriamente.

aleccionamiento m. Enseñanza.

aleccionar tr. y prnl. Instruir, amaestrar, enseñar. ‖ **FAM**. aleccionamiento.

aledaño, ña adj. Confinante, colindante. ‖ m. Confín, término, límite. Más en pl: *dar un paseo por los aledaños de una ciudad.*

alegación f. Acción de alegar. ‖ Alegato.

alegar tr. Citar, traer uno a favor de su propósito, como prueba, disculpa o defensa, algún hecho, dicho, ejemplo, etc.: *alega que no estaba enterado del nuevo reglamento.* ‖ Tratándose de méritos, servicios, etc., exponerlos para fundar en ellos alguna pretensión. ‖ intr. Traer el abogado leyes y razones en defensa de su causa. ‖ *amer.* Discutir. ‖ **FAM**. alegable, alegación, alegato.

alegato m. Escrito en el que expone el abogado las razones que fundan el derecho de su cliente e impugna las del adversario. ‖ Por ext., razonamiento, exposición.

alegoría f. Ficción en virtud de la cual una cosa representa o significa otra diferente: *en este poema, la rosa es una alegoría de la belleza efímera.* ‖ Obra o composición literaria o artística de sentido alegórico. ‖ **FAM**. alegórico, alegorizar.

alegórico, ca adj. Relativo a la alegoría. ‖ **FAM**. alegóricamente.

alegrar tr. Poner alegre: *alegrar la casa.* También prnl.: *me alegro de que te haya gustado el vestido.* ‖ prnl. Ponerse uno alegre por haber bebido vino u otros licores con algún exceso.

alegre adj. Que denota o produce alegría: *es una chica muy alegre.* ‖ Que siente o manifiesta de ordinario alegría: *una casa alegre, una noticia alegre.* ‖ Excitado por la bebida. ‖ **FAM**. alegrar, alegría, alegro, alegrón.

alegreto m. Movimiento musical menos vivo que el alegro.

alegría f. Grato y vivo movimiento del ánimo que, por lo común, se manifiesta con signos externos. ‖ Persona o cosa que manifiesta o causa alegría: *es la alegría de la familia.* ‖ Ajonjolí. ‖ pl. Cante y baile andaluz, cuya tonada es viva y graciosa.

alegro m. Movimiento musical moderadamente vivo.

alejar tr. y prnl. Poner lejos o más lejos. ‖ Apartar ciertas ideas o creencias: *no consigo alejar este mal recuerdo.* ‖ **FAM**. alejado, alejamiento.

alelar tr. y prnl. Poner lelo. ‖ **FAM**. alelado.

alelomorfo, fa adj. En biol., lo que se presenta bajo diversas formas. ‖ Se dice de los genes que tienen la misma función, pero distintos efectos. También s.

aleluya Voz que usa la Iglesia en demostración de júbilo: *cantar el aleluya.* ‖ interj. que se emplea para demostrar júbilo: *¡Aleluya!.*

alemán, na adj. y s. De Alemania. ‖ m. Lengua de la rama germánica hablada en Alemania y Austria.

alentar tr. y prnl. Animar, infundir aliento o esfuerzo, dar vigor. ‖ intr. Respirar. ◆ **Irreg**. Se conj. como *acertar.* ‖ **FAM**. alentado.

alergia f. Alteración del organismo producida por la absorción de ciertas sustancias que le dan una sensibilidad especial ante una nueva acción de esas sustancias aun en cantidades mínimas. ‖ Por ext., sensibilidad extremada y contraria frente a ciertos temas, personas o cosas. ‖ **FAM**. alérgico, alergista.

alero m. Parte inferior del tejado que sale fuera de la pared. ‖ Lado, extremo.

alerta adv. n. Con vigilancia y atención: *hay que estar siempre alerta.* ‖ f. Situación de vigilancia o atención. ‖ interj. Voz que se emplea para excitar a la vigilancia. También f.: *dar la voz de alerta.* ‖ adj. Atento, vigilante.

alertar tr. Poner alerta. ‖ **FAM**. alerta, alertado.

aleta f. Cada una de las membranas externas, a manera de alas, que tienen los peces para nadar. ‖ Especie de calzado de goma que usan las personas para impulsarse en el agua, al nadar o bucear. ‖ Guardabarros que sobresale de los laterales de un automóvil. ‖ **FAM**. alctear.

aletargar tr. Causar letargo. ‖ prnl. Padecerlo. ‖ **FAM**. aletargado, aletargamiento.

aletear intr. Mover las aves las alas sin echar a volar. ‖ Mover los peces las aletas cuando se les saca del agua. ‖ Mover los brazos. ‖ **FAM**. aleteo.

alevín m. Joven principiante que se inicia en una disciplina o profesión. ‖ Cría de ciertos peces de agua dulce que se utiliza para repoblar.

alevosía f. Cautela para asegurar la comisión de un delito contra las personas. Es circunstancia que agrava la pena: *el asesinato se ha cometido con alevosía.* ‖ Traición, perfidia.

alevoso, sa adj. y s. Que comete o implica

alevosía, traidor. ǀ **FAM.** alevosamente, alevosia.

alfa f. Primera letra del alfabeto griego, que se corresponde con nuestra *a*. ♦ Su grafía mayúscula es *A* y la minúscula α.

alfabético, ca adj. Relativo al alfabeto: *seguir un orden alfabético.* ǀ **FAM.** alfabéticamente.

alfabetizar tr. Ordenar alfabéticamente. ǀ Enseñar a leer y a escribir. ǀ **FAM.** alfabetización, alfabetizado.

alfabeto m. Abecedario. ǀ Conjunto de todas las letras de una lengua o idioma. ǀ Conjunto de los símbolos empleados en un sistema de comunicación. ǀ Sistema de signos convencionales, como perforaciones en tarjetas, u otros, que sirve para sustituir al conjunto de las letras y de los números. ǀ **FAM.** alfabetizar.

alfalfa f. Mielga común que se cultiva para forraje.

alfanje m. Especie de sable, corto y corvo.

alfanúmero m. En inform., símbolo que expresa la representación de la información.

alfaque m. Banco de arena, generalmente en la desembocadura de los ríos. Más en plural.

alfar m. Alfarería. ǀ Arcilla.

alfarería f. Arte de fabricar vasijas de barro. ǀ Taller donde se fabrican y tienda donde se venden. ǀ **FAM.** alfarero.

alféizar m. Vuelta o derrame que hace la pared en el corte de una puerta o ventana.

alfeñique m. Persona delicada.

alférez m. Oficial del ejército español que sigue en categoría al teniente.

alfil m. Pieza grande del juego de ajedrez que se mueve diagonalmente.

alfiler m. Clavillo metálico con punta en un extremo y cabecilla en el otro que sirve para sujetar. ǀ Joya de forma semejante al alfiler. ǀ **FAM.** alfiletero.

alfiletero m. Canuto para guardar alfileres y agujas.

alfombra f. Tejido de lana o de otras materias con que se cubre el piso de las habitaciones y escaleras.

alfombrar tr. Cubrir el suelo con alfombra. ǀ Cubrir el suelo con algo a manera de alfombra: *alfombrar de flores.* ǀ **FAM.** alfombrado, alfombra, alfombrilla.

alfonsino, na adj. y s. Relativo a alguno de los reyes españoles llamados Alfonso, o partidario suyo.

alforja f. Especie de talega abierta por el centro y cerrada por los extremos. Más en pl.

alforza f. Pliegue o doblez que se hace en ciertas prendas.

alfoz amb. Arrabal, afueras. ǀ Conjunto de pueblos que forman una sola jurisdicción.

alga f. Cualquiera de las plantas que viven preferentemente en el agua, y que, en general, están provistas de clorofila.

algarabía f. Griterío confuso de varias personas que hablan a un tiempo.

algarada. f. Tumulto, alboroto. ǀ Revuelta callejera.

algarroba f. Planta de flores blancas y semillas moteadas que se utilizan como pienso. ǀ Fruto del algarrobo en forma de vaina.

algarrobo m. Árbol mediterráneo, de flores purpúreas y cuyo fruto es la algarroba.

algazara f. Ruido, griterío.

álgebra f. Parte de las matemáticas que estudia la cantidad considerada en general y representada por letras u otros signos. ǀ **FAM.** algebraico.

álgido, da adj. Muy frío. ǀ Importante, culminante: *el momento álgido de la reunión.*

algo pron. indet. Designa una cosa que no se puede o no se quiere nombrar: *quisiera tomar algo, pero no sé qué.* ǀ También denota cantidad indeterminada, o parte de una cosa. ǀ adv. c. Un poco, no del todo: *algo blando, algo despistado.* ♦ No tiene pl.

algodón m. Planta de fruto capsular con varias semillas envueltas en una borra larga y blanca. ǀ Esta misma borra. ǀ Hilado o tejido de esta borra. ǀ **FAM.** algodonal, algodonero.

algodonero, ra adj. Relativo al algodón. ǀ m. y f. Persona que cultiva algodón o negocia con él. ǀ m. Algodón, planta.

algoritmo. m. Conjunto ordenado y finito de operaciones que permite hallar la solución de un problema. ǀ Método y notación en las distintas formas del cálculo. ǀ **FAM.** algoritmia, algorítmico.

alguacil m. Oficial inferior de justicia que ejecuta las órdenes del tribunal a quien sirve. ǀ Oficial inferior ejecutor de los mandatos de los alcaldes. ǀ Alguacilillo. ǀ **FAM.** alguacilillo.

alguacilillo m. Cada uno de los dos alguaciles que en las corridas de toros proceden a las cuadrillas y ejecutan las órdenes del presidente de la plaza.

alguien pron. indet. que indica vagamente una persona cualquiera. ǀ m. Persona de importancia: *quiero llegar a ser alguien en la vida.* ♦ No tiene pl.

algún adj. apóc. de *alguno.* Se usa sólo antepuesto a nombres m.: *algún hombre; algún tiempo.*

alguno, na adj. Se apl. indeterminadamente a una persona o cosa con respecto de varias: *¿alguno de vosotros sabe el teléfono de Juan?* ǀ

En frases negativas, pospuesto generalmente al sustantivo, equivale a *ningún* o *ninguna*: *en modo alguno podemos admitirlo.* | Ni poco ni mucho, moderado: *de alguna importancia; con algún conocimiento de informática.* | pron. indet. Alguien: *no te preocupes, ya vendrá alguno que sepa de esto más que yo.* | **FAM.** algo, alguien.

alhaja f. Joya. | Adorno o mueble precioso. | Cosa de mucho valor y estima.

alharaca f. Demostración excesiva de algún sentimiento.

alhelí m. Planta de flores olorosas y colores varios que se cultiva para adorno. ♦ pl. *alhelies.*

alheña f. Arbusto de flores blancas y fruto en bayas negras. | Polvo para teñir que se obtiene de sus hojas secas.

alhóndiga f. Casa pública para la compra, venta y depósito de mercancías.

aliáceo, a adj. Relativo al ajo; que tiene su olor o sabor.

aliado, da adj. y s. Que está unido o coligado con otro u otros.

alianza f. Acción de aliarse, pacto. | Conexión o parentesco contraído por casamiento. | Anillo matrimonial. | **FAM.** aliancista.

aliar tr. Unir, coligar. También prnl.: *en él alian la astucia y la maldad.* | prnl. Asociarse personas o países por medio de tratados para un fin determinado: *durante la S.G.M., Francia, Inglaterra y EE.UU. se aliaron para luchar contra los países del Eje.* | **FAM.** aliado, alianza.

alias adv. lat. De otro modo, por otro nombre. | m. Apodo. ♦ No varía en pl.

alicaído, da adj. Caído de alas. | Débil, falto de fuerzas, desanimado.

alicatado m. Obra de azulejos.

alicatar tr. Revestir de azulejos. | **FAM.** alicatado.

alicate m. Tenaza de acero. Más en pl.

aliciente m. Atractivo o incentivo.

alícuota adj. Proporcional: *parte alícuota.*

alienación f. Enajenación. | **FAM.** alienable, alienado.

alienado, da adj. y s. Loco, demente.

alienar tr. y prnl. Enajenar.

alienígena adj. y s. Extraterrestre. | Extranjero.

aliento m. Respiración, aire expulsado al respirar. | Vigor del ánimo, esfuerzo, valor.

aligátor m. Cocodrilo americano.

aligerar tr. Hacer ligero o menos pesado. También prnl. | Abreviar, acelerar: *aligerar el paso.* | Aliviar, moderar.

alijo m. Conjunto de géneros de contrabando: *alijo de drogas.* | **FAM.** alijar.

alimaña f. Animal, y en especial el perjudicial a la caza menor o a la ganadería.

alimentación f. Acción y efecto de alimentar o alimentarse.

alimentador, ra adj. y s. Que alimenta. | m. Conductor de energía eléctrica.

alimentar tr. Dar alimento. También prnl.: *yo me alimento sólo de vegetales.* | Suministrar a una máquina, sistema o proceso, la materia, la energía o los datos que necesitan para su funcionamiento. | Fomentar el desarrollo, actividad o mantenimiento de cosas inmateriales: *alimentar un vicio, una pasión.* | **FAM.** alimentación.

alimentario, ria adj. Relativo a la alimentación: *política alimentaria.*

alimenticio, cia adj. Que alimenta: *el pescado tiene un gran poder alimenticio.*

alimento m. Cualquier sustancia que sirve para nutrir o para mantener la existencia de algo. | Sostén, fomento. | **FAM.** alimentar, alimentario, alimenticio.

alimón (al) loc. adv. Hecho entre dos personas conjuntamente y en colaboración. Se apl. en especial al modo de torear simultáneamente por los lidiadores con una sola capa.

alineación f. Formación de un equipo deportivo. | Acción y efecto de alinear o alinearse.

alineado, da adj. Que ha tomado partido en un conflicto o disidencia. Se usa generalmente con negación y en referencia a colectividades que proclaman así su neutralidad: *países no alineados.*

alinear tr. Poner en línea recta. También prnl. | Componer un equipo deportivo. | **FAM.** alineación, alineado.

aliñar tr. Aderezar, condimentar. | **FAM.** aliñado, aliño.

aliño m. Acción y efecto de aliñar o aliñarse. | Aquello con que se aliña. | Condimento.

alisar tr. Poner liso. | Arreglar ligeramente el cabello. | Pulimentar, pulir. | **FAM.** alisador.

alisios adj. y m. pl. Se dice de los vientos regulares que soplan en dirección NE o SE, según el hemisferio, desde las altas presiones subtropicales hacia las bajas del ecuador.

alistamiento m. Acción y efecto de alistar o alistarse. | Mozos a quienes cada año obliga el servicio militar.

alistar tr. y prnl. Inscribir en lista a alguno. | Prevenir, aparejar, disponer. | prnl. Inscribirse en la milicia. | **FAM.** alistamiento.

aliteración f. Repetición notoria del mismo o de los mismos sonidos, sobre todo consonánticos, en una frase: *el ruido con que rueda la ronca tempestad.*

aliviar tr. Aligerar, quitar a una persona o

cosa parte de la carga o peso. También prnl. | Disminuir, mitigar una enfermedad, una pena, una fatiga: *alivia el dolor muscular.* También prnl. | Acelerar el paso. | **FAM.** alivio.

alivio m. Acción y efecto de aliviar o aliviarse.

aljaba f. Carcaj.

aljama f. Sinagoga. | Morería o judería.

aljamía f. Textos moriscos en romance, pero transcritos con caracteres árabes. | Por ext., texto judeo-español transcrito con caracteres hebreos. | **FAM.** aljamiado.

aljibe m. Cisterna. | Embarcación o buque para el transporte de agua dulce.

allá adv. Indica tiempo remoto o lugar lejano indeterminado.

allanamiento m. Acción y efecto de allanar o allanarse. | **allanamiento de morada** Acción de entrar a la fuerza y sin consentimiento en el domicilio de alguien. Constituye delito.

allanar tr. Poner llano. También intr. y prnl. | Vencer alguna dificultad. | Llevar a cabo un allanamiento de morada. | **FAM.** allanamiento.

allegado, da adj. Cercano, próximo. | Pariente. Más c. s.: *sólo fueron los allegados.*

allegar tr. Recoger, juntar. | Arrimar o acercar una cosa a otra. También prnl. | prnl. Adherirse a un dictamen o idea, convenir con ellos: *se allegó a la decisión final.*

allende adv. l. De la parte de allá. | adv. c. Además. | prep. Más allá de, de la parte de allá de.

allí adv. l. En aquel lugar o sitio. | A aquel lugar. | adv. t. Entonces.

alma f. Parte espiritual e inmortal del hombre. | Principio sensitivo de los animales y vegetativo de las plantas. | Persona, individuo: *no se ve un alma.* | Lo que da vida y aliento a algo: *siempre has sido el alma del grupo.* | **FAM.** desalmado.

almacén m. Local donde se guardan mercancías o se venden al por mayor. | Establecimiento comercial. También pl.: *grandes almacenes.*

almacenar tr. Poner o guardar las cosas en almacén. | Reunir o guardar cosas: *Luis almacena los periódicos debajo de la cama.* | Registrar datos en la memoria de un ordenador. | **FAM.** almacén, almacenamiento, almacenista.

almacenista com. Dueño o encargado de un almacén. | Persona que despacha los géneros en un almacén.

almádena f. Mazo de hierro con mango largo para romper piedras.

almadraba f. Pesca de atunes. | Lugar donde se hace esta pesca. | Red o cerco de redes con que se pescan atunes.

almadreña f. Zueco de madera.

almagre m. Óxido de hierro de color rojo, usado en pintura.

almanaque m. Registro o catálogo de todos los días del año con datos astronómicos, meteorológicos, religiosos, etc. | Calendario.

almazara f. Molino de aceite.

almeja f. Molusco de carne comestible.

almena f. Cada uno de los prismas que coronan los muros de las antiguas fortalezas.

almendra f. Fruto y semilla del almendro. | **FAM.** almendrado, almendral, almendro.

almendro m. Árbol rosáceo, de 7 a 8 m de alt., flores blancas o rosadas, cuyo fruto es la almendra.

almendruco m. Fruto del almendro con la primera cubierta verde y la semilla a medio cuajarse.

almete m. Pieza de la armadura antigua que cubría la cabeza.

almiar m. Pajar al descubierto.

almíbar m. Azúcar disuelto en agua y espesado al fuego. | Persona amable y complaciente.

almibarar tr. Bañar o cubrir con almíbar. | Suavizar las palabras. | **FAM.** almibarado.

almidón m. Sustancia blanca que se encuentra en los cereales y otras plantas. | Compuesto químico líquido que se aplica a los tejidos para darles mayor rigidez.

almidonar tr. Mojar la ropa con almidón. | **FAM.** almidonado.

alminar m. Torre de las mezquitas.

almirantazgo m. Alto tribunal o consejo de la armada. | Dignidad y jurisdicción del almirante.

almirante m. Oficial que ostenta el cargo supremo de la armada. | **FAM.** almirantazgo.

almirez m. Mortero de metal que sirve para machacar o moler en él alguna cosa.

almizcle m. Sustancia grasa, untuosa, de olor intenso que segregan algunos mamíferos. | **FAM.** almizclero.

almohada f. Colchoncillo para reclinar la cabeza o para sentarse sobre él. | **FAM.** almohadilla, almohadillar, almohadón.

almohade adj. y s. Se dice de la dinastía que destronó a los almorávides y fundó un nuevo imperio, dominando el norte de África y España (1148-1269).

almohadilla f. Cojincillo utilizado para diversos usos. | Resalte achaflanado de un sillar. | **FAM.** almohadillar, almohadillado.

almohadón m. Colchoncillo a manera de almohada para sentarse o apoyarse en él.

almoneda f. Venta pública de géneros a bajo precio.

almorávide adj. y s. Individuo de una tribu del Atlas, que en el s. XI fundó un vasto imperio en el occidente de África y llegó a dominar toda la España árabe.

almorrana f. Dilatación de las venas en la extremidad del recto o en el exterior del ano. Más en pl.

almorzar tr. Comer en el almuerzo una u otra cosa: *almorzamos chuletas.* ‖ intr. Tomar el almuerzo: *almorzar tarde.* ♦ **Irreg.** Se conj. como *contar.*

almuédano m. Musulmán que, desde el alminar, convoca en voz alta al pueblo para que acuda a la oración.

almuerzo m. Comida que se toma por la mañana. ‖ Comida del mediodía o primeras horas de la tarde. ‖ **FAM.** almorzar.

alocado, da adj. Que tiene cosas de loco o lo parece: *comportamiento alocado.* ‖ **FAM.** alocadamente.

alocar tr. y prnl. Causar locura. ‖ Causar perturbación en los sentidos, aturdir.

alocución f. Discurso breve dirigido por un superior.

áloe o **aloe** m. Planta de hojas largas y carnosas de las que se extrae un jugo muy amargo y medicinal.

alojamiento m. Acción y efecto de alojar o alojarse. ‖ Lugar donde se está alojado.

alojar tr. Hospedar, aposentar. También prnl.: *nos alojamos en un hostal.* ‖ Colocar una cosa dentro de otra. También prnl. ‖ **FAM.** alojamiento, desalojar.

alondra f. Pájaro de color pardo y carne exquisita.

alopatía f. Terapéutica cuyos medicamentos producen, en un organismo sano, fenómenos diferentes de los que caracterizan las enfermedades en que se emplean. ‖ **FAM.** alópata.

alopecia f. Caída o pérdida del pelo.

alotropía f. Propiedad de algunos elementos de existir en dos o más formas. ‖ **FAM.** alotrópico.

alpaca f. Mamífero rumiante sudamericano, utilizado como bestia de carga, de pelo largo y fino. ‖ Lana de este animal. ‖ Tejido hecho con esta lana o con algodón abrillantado. ‖ Aleación de cobre, cinc y níquel. ‖ Metal blanco plateado.

alpargata f. Calzado de tela con suelo de cáñamo o de caucho.

alpinismo m. Deporte que consiste en la ascensión a las altas montañas. ‖ **FAM.** alpinista.

alpino, na adj. Relativo a los Alpes o a otras montañas. ‖ Relativo al alpinismo.

alpiste m. Planta gramínea forrajera cuya semilla sirve para alimento de pájaros y para otros usos.

alquería f. Casa de labranza lejos de poblado, granja. ‖ Conjunto de estas casas.

alquilar tr. Dar o tomar alguna cosa para usar de ella, por un tiempo y precio determinados: *alquilar una casa, un coche.* ‖ prnl. Ajustarse para un trabajo o servicio. ‖ **FAM.** alquiler.

alquiler m. Acción de alquilar. ‖ Precio en que se alquila algo.

alquimia f. Arte con que se pretendía la transmutación de los metales. ‖ **FAM.** alquimista.

alquitrán m. Sustancia untuosa oscura, de olor fuerte, que se obtiene de la destilación de la hulla o de algunas maderas. ‖ **FAM.** alquitranado, alquitranar.

alrededor adv. l. con que se denota la situación de personas o cosas que circundan a otras. ‖ m. Contorno de un lugar. Más en pl: *se ha mudado a los alrededores del pueblo.* ‖ **alrededor de** loc. adv. Precediendo a una expresión numérica, aproximadamente, poco más o menos: *alrededor de diez mil espectadores.*

alta f. Orden que da el médico al enfermo declarándolo oficialmente curado. ‖ Documento que lo acredita: *tienes que llevar el alta al trabajo.* ‖ Documento que acredita la entrada de un militar en servicio activo. ‖ **darse de alta** Efectuar el ingreso en un cuerpo, profesión, carrera: *se dio de alta en el colegio de médicos.*

altanería f. Altivez, soberbia.

altanero, ra adj. Altivo, soberbio. ‖ Se dice del ave de alto vuelo. ‖ **FAM.** altaneramente, altanería.

altar m. Piedra sobre la que se ofrecen sacrificios a la divinidad. ‖ Ara sobre la que se celebra la misa.

altavoz m. Aparato electroacústico que transforma la energía eléctrica en ondas sonoras y eleva la intensidad del sonido.

alteración f. Acción de alterar o alterarse. ‖ Sobresalto, enfado. ‖ Alboroto, tumulto.

alterar tr. y prnl. Cambiar la esencia o forma de una cosa. ‖ Perturbar, inquietar: *sus gritos alteraron la paz del lugar.* ‖ Estropear, descomponer: *los alimentos se alteran con el calor.* ‖ **FAM.** alterable, alteración, alterado.

altercado m. Disputa: *tuvieron un tremendo altercado.* ‖ **FAM.** altercación, altercar.

alternador m. Generador eléctrico de corriente interna.

alternancia f. Acción y efecto de alternar. ‖ Cambio de sentido de una corriente eléctrica.

alternar tr. Hacer, decir o colocar algo por

turno y sucesivamente: *alternó las blancas con las negras*. ‖ intr. Sucederse unas cosas a otras repetidamente: *las alegrías alternan con las penas*. También prnl. ‖ Mantener relación amistosa unas personas con otras: *alterna con sus compañeros*. ‖ En ciertas salas de fiesta o lugares similares, tratar las mujeres contratadas para ello con los clientes, para estimularles a hacer gasto en su compañía. ‖ FAM. alternación, alternador, alternancia, alternativo, alterne, alterno.

alternativo, va adj. Que se alterna o puede alternarse. ‖ f. Opción entre dos cosas o más: *sólo le han ofrecido la alternativa de aceptar o marcharse*. ‖ Cada una de las cosas entre las cuales se opta. ‖ Ceremonia en la que un torero autoriza a un novillero a pasar a ser matador de toros: *mañana recibe la alternativa*. ‖ FAM. alternativamente.

alterne m. Acción de alternar en las salas de fiesta.

alterno, na adj. Alternativo. ‖ Uno sí y otro no: *tienen seminario en días alternos*.

alteza f. Tratamiento honorífico que se da a los príncipes e infantes. ‖ Elevación, sublimidad, excelencia.

alti- Elemento compositivo que significa *alto*: *altiplano, altisonante*.

altibajos m. pl. Desigualdades o altos y bajos de un terreno. ‖ Alternativa de bienes y males o de sucesos prósperos y adversos.

altillo m. Armario que se construye rebajando el techo, o que está empotrado en lo alto del muro o pared. ‖ Entreplanta, piso elevado en el interior de otro y que se usa como dormitorio, despacho, almacén, etc.

altimetría f. Parte de la topografía que enseña a medir las alturas.

altímetro m. Instrumento que indica la diferencia de altitud entre el punto en que está situado y un punto de referencia. Se emplea en navegación aérea y topografía. ‖ FAM. altimetría.

altipampa f. *amer*. Altiplanicie.

altiplanicie f. Meseta de mucha extensión y a gran altitud.

altisonante o **altísono, na** adj. Muy sonoro, retumbante. ‖ FAM. altisonancia.

altitud f. Altura de un punto de la Tierra con relación al nivel del mar.

altivo, va adj. Orgulloso, soberbio. ‖ FAM. altivamente, altivez.

alto, ta adj. De gran estatura: *es un chico muy alto*. ‖ De altura considerable: *una torre muy alta*. ‖ Se dice de la porción de un territorio que se halla a mayor altitud: *las tierras altas*. ‖ Levantado, elevado sobre la Tierra: *un monte alto*. ‖ Tratándose de ríos, parte que

está más próxima a su nacimiento. ‖ Caro: *los precios están muy altos*. ‖ Sonoro, ruidoso. ‖ De gran dignidad o categoría: *alto ejecutivo*. ‖ m. Altura: *mide el alto del armario*. ‖ Sitio elevado. ‖ Detención, parada: *hacer un alto en el camino*. ‖ adv. l. En lugar o parte superior: *colócalo bien alto*. ‖ adv. m. En voz fuerte o que suene bastante: *dilo alto*. ‖ FAM. alta, altanería, altar, alteza, altibajo, altitud, altivo, altura.

altoparlante m. *amer*. Altavoz.

altozano m. Monte de poca altura en terreno bajo.

altramuz m. Planta cuyo fruto es un grano achatado que se cultiva como alimento para el ganado.

altruismo m. Diligencia en procurar el bien ajeno. ‖ FAM. altruista.

altura f. Elevación de cualquier cuerpo sobre la superficie de la Tierra. ‖ Dimensión de los cuerpos perpendicular a su base. ‖ Cumbre de los montes o parajes altos del campo. ‖ Altitud, con relación al nivel del mar. ‖ Tono de un sonido por un aumento o disminución de las vibraciones: *altura de la voz*. ‖ pl. Cielo: *Dios en las alturas*. ‖ Dirección: *la petición llegó de las alturas*.

alubia f. Judía, planta, fruto y semilla.

alucinación f. Sensación subjetiva falsa.

alucinar intr. Padecer alucinaciones: *está alucinando por la fiebre*. ‖ tr. Deslumbrar o impresionar vivamente a alguien: *aluciné con su moto nueva*. ‖ Seducir o engañar con maña: *lo alucinó con sus trucos*. ‖ FAM. alucinación, alucinado, alucinante, alucine, alucinógeno.

alucine m. Asombro, sorpresa: *¡qué alucine!*

alucinógeno m. Sustancia que provoca alucinación, psicosis.

alud m. Gran masa de nieve que se desprende de los montes con violencia y estrépito.

aludir intr. Hacer referencia. ‖ tr. Referirse a personas o cosas, mencionarlas: *aludió a los invitados*. ‖ FAM. alusión, alusivo.

alumbrado m. Conjunto o sistema de luces, iluminación.

alumbrar tr. Llenar de luz y claridad. También intr. ‖ Poner luz o luces en algún lugar. ‖ Acompañar con luz a otro: *alúmbrame el camino*. ‖ Parir la mujer. También intr.: *alumbró a las cuatro de la mañana*. ‖ FAM. alumbrado, alumbramiento.

alumbre m. Sulfato doble de alúmina y potasio usado en tintorería y medicina.

alúmina f. Óxido de aluminio que se halla puro o, en combinación con la sílice y otros cuerpos, formando los feldespatos y las arcillas.

aluminio m. Metal de color y brillo similares

a los de la plata, ligero y buen conductor del calor y de la electricidad.

alumno, na m. y f. Discípulo respecto de su maestro o de la escuela, clase, colegio o universidad donde estudia. ‖ FAM. alumnado.

alunizar intr. Posarse en la superficie de la Luna un aparato astronáutico. ‖ FAM. alunizaje.

alusión f. Acción de aludir: *no hizo ni una sola alusión.*

aluvión m. Avenida fuerte de agua, inundación. ‖ Cantidad de personas o cosas agolpadas: *recibieron un aluvión de preguntas.*

alveolar adj. Relativo a los alveolos. ‖ Se dice de la consonante que se pronuncia aplicando la lengua a los alveolos de los incisivos superiores (*l, r, n, s*).

alveolo o **alvéolo** m. Cavidad en que están engastados los dientes. ‖ Cada una de las ramificaciones de los bronquiolos. ‖ Celdilla. ‖ FAM. alveolar.

alza f. Pedazo de suela con que se aumenta la altura o anchura del zapato. ‖ Aumento o subida de precio, valor, intensidad, etc.: *han aprobado el alza de los precios de la gasolina.* ‖ Regla graduada en el cañón de las armas de fuego, que sirve para precisar la puntería.

alzacuello m. Tira blanca de tela endurecida o de material más o menos rígido, usada por los eclesiásticos, que se ciñe al cuello.

alzado, da adj. Se dice del precio que se ajusta a una cantidad determinada previamente. ‖ Rebelde, sublevado. ‖ *amer.* Se dice de la persona engreída, soberbia e insolente. ‖ *amer.* Se dice de los animales domésticos que se hacen montaraces y, en algunas partes, de los que están en celo. ‖ m. Dibujo, sin perspectiva, de la proyección vertical de un edificio, pieza, máquina, etc. ‖ f. Estatura del caballo. ‖ Recurso de apelación.

alzamiento m. Levantamiento o rebelión: *el alzamiento nacional.* ‖ Acción y efecto de alzar o alzarse. ‖ Puja.

alzapaño m. Pieza que sirve para recoger la cortina.

alzar tr. Levantar algo. ‖ Quitar, recoger, guardar: *alzaron el campamento.* ‖ Construir: *alzaron la casa en dos meses.* ‖ En la misa, elevar la hostia y el cáliz tras la consagración. También intr. ‖ prnl. Sublevarse, levantarse en rebelión. ‖ Sobresalir en una superficie: *el monte se alzaba sobre el horizonte.* ‖ FAM. alcista, alza, alzado, alzamiento.

ama f. Señora de la casa. ‖ Dueña de algo. ‖ Criada de un cura. ‖ Criada principal de una casa. ‖ Nodriza.

amable adj. Afable, complaciente. ‖ FAM. amabilidad, amablemente.

amadrinar tr. Ser madrina de algo o alguien.

amaestrar tr. y prnl. Enseñar o adiestrar. ‖ FAM. amaestrado, amaestramiento.

amagar tr. e intr. Dejar ver la intención de ejecutar algo. ‖ intr. Estar algo próximo a suceder. ‖ Hacer ademán de favorecer o hacer daño: *le amagó pero no llegó a tocarle.* ‖ FAM. amago.

amago m. Amenaza. ‖ Señal o indicio de alguna cosa.

amainar intr. Perder su fuerza el viento, la lluvia, etc. ‖ Aflojar en algún deseo o empeño. También tr.: *mientras no amaines tu furia, no conseguirás nada.* ‖ tr. Recoger las velas de una embarcación para aminorar su marcha.

amalgama f. Aleación de mercurio con otro metal. ‖ Mezcla: *una amalgama de sentimientos.* ‖ FAM. amalgamar.

amalgamar tr. y prnl. Combinar el mercurio con otro u otros metales. ‖ Mezclar cosas de naturaleza distinta.

amamantar tr. Dar de mamar.

amancay, amancaya o **amancayo** m. *amer.* Nombre de diversas plantas de la zona andina, cuya flor, blanca o amarilla, recuerda a la azucena. ‖ Flor de estas plantas.

amancebamiento m. Vida en común de hombre y mujer sin estar casados. ‖ FAM. amancebarse.

amanecer impers. Empezar a aparecer la luz del día. ‖ intr. Estar en un paraje, situación o condición determinados al aparecer la luz del día: *amanecimos en Segovia.* ‖ Aparecer de nuevo o manifestarse alguna cosa al rayar el día: *amaneció lloviendo.* ‖ Empezar a manifestarse alguna cosa: *amanecía una época de esplendor.* ◆ Irreg. Se conj. como *agradecer.* ‖ m. Tiempo durante el cual amanece: *un amanecer templado.* ‖ Comienzo de algo: *el amanecer de la humanidad.*

amanerado, da adj. Afectado. ‖ Afeminado. También s. ‖ Se dice del artista o la obra poco originales, sujetos a normas. ‖ FAM. amaneramiento, amanerarse.

amansar tr. y prnl. Hacer manso a un animal, domesticarlo. ‖ Quitar la violencia de algo o alguien.

amante adj. y com. Que ama: *amante del cine.* ‖ com. Persona que tiene relaciones sexuales periódicas con otra sin estar casados. ‖ m. pl. Hombre y mujer que se aman.

amanuense com. Escribiente.

amañar tr. Componer mañosamente alguna cosa. Suele tener sentido peyorativo: *han amañado los resultados.* ‖ prnl. Darse maña, apañárselas: *se amaña muy bien con el coche.* ‖ FAM. amaño.

amaño m. Traza o artificio. Más en pl. ǁ Destreza.

amapola f. Planta silvestre con flores rojas del mismo nombre y semilla negruzca.

amar tr. Tener amor, querer. ǁ Desear. ǁ Hacer el amor.

amaranto m. Planta ornamental de flores aterciopeladas. ǁ Color carmesí.

amargado, da adj. Se dice de la persona que guarda algún resentimiento por algo.

amargar intr. Tener alguna cosa sabor o gusto amargo. ǁ tr. Dar sabor desagradable. ǁ tr. y prnl. Causar aflicción o disgusto: *el despido la amargó.* ǁ Experimentar una persona resentimiento por frustraciones, fracasos, disgustos. ǁ **FAM.** amargado.

amargo, ga adj. Se dice de lo que tiene el sabor característico de la hiel, de la quinina y de otros alcaloides. ǁ Que causa o implica aflicción, disgusto: *fueron los momentos más amargos de mi vida.* ǁ Áspero y de genio desabrido. ǁ m. Amargor. ǁ **FAM.** amargamente, amargor, amargura.

amargor m. Amargura.

amargura f. Gusto o sabor amargo. ǁ Aflicción.

amariconado, da adj. Afeminado.

amarillear intr. Ir tomando una cosa color amarillo. ǁ Palidecer.

amarillento, ta adj. Que tira a amarillo.

amarillo, lla adj. De color semejante al del oro, el limón, etc. También s. ǁ Pálido, demacrado: *estás amarillo.* ǁ Se dice de los individuos de raza asiática. ǁ Se apl. a las organizaciones obreras, prensa, etc., que prestan su apoyo a la patronal. ǁ Se dice del periodismo sensacionalista. ǁ **FAM.** amarillear, amarillecer, amarillento, amarillez.

amarra f. Cabo con que se asegura la embarcación en el puerto o paraje donde da fondo. ǁ pl. Protección, apoyo.

amarradero m. Poste, pilar o argolla donde se amarra alguna cosa. ǁ Sitio donde se amarran los barcos.

amarraje m. Impuesto que se paga por atracar las naves en un puerto.

amarrar tr. Atar con cuerdas, maromas, cadenas, etc. ǁ Sujetar el buque en el amarradero. ǁ Asegurar: *amarró la venta.* ǁ **FAM.** amarra, amarradero, amarraje, amarre.

amartelamiento m. Exceso de galantería o rendimiento amoroso.

amartelarse prnl. Acaramelarse o ponerse muy cariñosos los enamorados.

amasar tr. Hacer masa, mezclando harina, yeso, tierra o cosa semejante con agua u otro líquido. ǁ Acumular, atesorar: *amasó una verdadera fortuna.* ǁ **FAM.** amasijo.

amasijo m. Porción de harina amasada. ǁ Acción de amasar y disponer las cosas necesarias para ello. ǁ Porción de masa hecha con yeso, tierra, etc., y agua u otro líquido. ǁ Mezcla desordenada de cosas o especies heterogéneas.

amateur (voz fr.) adj y com. Aficionado, no profesional. ♦ pl. *amateurs.*

amatista f. Cuarzo transparente, de color violeta, muy apreciado en joyería.

amazona f. Mujer que monta a caballo. ǁ Mujer de ánimo varonil. ǁ Traje de falda que usan algunas mujeres para montar a caballo.

amazónico, ca o **amazonio, nia** adj. Relativo a las amazonas, al río Amazonas o a los territorios situados a sus orillas. ǁ **FAM.** amazona.

ambages m. pl. Rodeos de palabras: *lo dijo sin ambages.*

ámbar m. Resina fósil de color amarillo. ǁ Perfume delicado.

ambición f. Deseo ardiente de conseguir poder, riquezas, dignidades o fama. ǁ **FAM.** ambicionar, ambiciosamente, ambicioso.

ambicioso, sa adj. Que tiene ambición. También s. ǁ Se dice de lo que demuestra ambición: *un ambicioso proyecto.*

ambidextro, tra o **ambidiestro, tra** adj. y s. Que es tan hábil con la mano izquierda como con la derecha.

ambientador, ra m. Sustancia para perfumar un lugar.

ambientar tr. Crear un ambiente determinado o proporcionarlo: *es una novela ambientada en el París de los años veinte.* ǁ Introducir o adaptar una persona a un ambiente, situación, etc. También prnl: *se ambientó muy bien en el país.*

ambiente m. Condiciones o circunstancias (físicas, humanas, sociales, culturales, etc.) que rodean a las personas, animales o cosas. En algunas disciplinas se le llama *medio ambiente.* ǁ Entorno propicio, agradable: *me fui del baile porque no había ambiente.* ǁ adj. Se apl. a cualquier fluido que rodea un cuerpo. ǁ **FAM.** ambientación, ambientador, ambiental, ambientar.

ambigú m. Bufé, comida. ǁ Bar en locales públicos. ♦ pl. *ambigús* o *ambigúes.*

ambigüedad f. Calidad de ambiguo.

ambiguo, gua adj. Que puede entenderse de varios modos. ǁ Incierto, confuso, dudoso. ǁ En ling., se apl. a los sustantivos que son usados tanto en m. como en f.: *el mar/la mar.* ǁ **FAM.** ambigüedad, ambiguamente.

ámbito m. Espacio comprendido dentro de unos límites determinados: *ámbito nacional.* ǁ Esfera, campo de actividad: *ámbito teatral.*

ambivalencia f. Condición de aquello que se presta a dos interpretaciones opuestas: *los redactores de noticias deben evitar ambivalencias en el texto.* ‖ FAM. ambivalente.

amblar intr. Andar un animal moviendo a un tiempo el pie y la mano de un mismo lado, como lo hace, por ej., la jirafa.

ambliopía f. Debilidad o disminución de la vista. ‖ FAM. ambliope.

ambo m. En lotería, dos números contiguos en un mismo cartón.

ambos, bas adj. pl. El uno y el otro; los dos.

ambrosía o ambrosia f. En mit., manjar de los dioses. ‖ Cosa deleitosa: *esto es pura ambrosia.*

ambulacro m. Órgano locomotor de los equinodermos. ‖ FAM. ambulacral.

ambulancia f. Coche para el transporte de heridos y enfermos. ‖ Hospital ambulante en las campañas de guerra.

ambulante adj. Que va de un lugar a otro, que no está fijo: *vendedor ambulante.* También com. ‖ FAM. ambular.

ambular intr. Andar, ir de un lado para otro. ‖ FAM. ambulante, deambular.

ambulatorio, ria adj. Se dice del tratamiento de enfermedades que no requiere hospitalización. ‖ m. Dispensario, clínica.

ameba f. Protozoo unicelular de forma cambiante que se desplaza mediante unos falsos pies o seudópodos.

amedrentar tr. Infundir miedo, atemorizar: *la oscuridad le amedrentó.* También prnl. ‖ FAM. amedrentado, amedrentamiento.

amelar intr. Hacer miel las abejas. ♦ **Irreg.** Se conj. como *acertar.*

amelcochar tr. *amer.* Dar a una confitura el punto espeso de la melcocha. También prnl. ‖ FAM. amelcochado, melcocha.

amelonado, da adj. De figura de melón. ‖ Muy enamorado.

amén Voz hebrea que se dice al final de las oraciones litúrgicas con el significado de *así sea.* ‖ Conforme, de acuerdo: *decir amén a todo.*

amén adv. Además, a más. ♦ Se construye con la prep. *de: amén de lo que me pediste he traído más cosas.* ‖ Salvo, excepto.

amenaza f. Acción de amenazar. ‖ Dicho o hecho con que se amenaza.

amenazar tr. Dar a entender con actos o palabras que se quiere hacer algún mal a otro. ♦ Se construye con las prep. *con o de: lo amenazó de muerte; le amenazó con echarlo del trabajo.* ‖ Anunciar, presagiar, o ser inminente algún mal. También intr.: *amenaza la tempestad.* ‖ FAM. amenaza, amenazador, amenazante.

amenizar tr. Hacer ameno un lugar o alguna otra cosa: *amenizar un discurso.*

ameno, na adj. Divertido, entretenido, placentero, deleitable: *conversación amena; literatura amena.* ‖ FAM. amenidad, amenizar.

amenorrea f. Supresión del flujo menstrual.

americana f. Chaqueta.

americanismo m. Calidad o condición de americano. ‖ Vocablo, giro, rasgo fonético, gramatical o semántico procedente del español hablado en América o de alguna lengua indígena americana. ‖ Inclinación o apego a lo americano. ‖ FAM. americano, americanista.

americanista com. Persona que estudia las lenguas y culturas de América.

americano, na adj. y s. De América. ‖ Suele aplicarse restrictivamente a los naturales de Estados Unidos y a todo lo relativo a este país. ‖ FAM. americanismo, americanista, americanización, americanizar.

americio m. Elemento radiactivo que se obtiene artificialmente.

amerindio, dia adj. y s. Se dice de los pueblos aborígenes americanos y de lo relativo a ellos.

ameritar tr. *amer.* Dar méritos. ‖ *amer.* Merecer: *su discurso amerita un aplauso.* También prnl. ‖ FAM. mérito.

amerizaje m. Acción y efecto de amerizar.

amerizar intr. Posarse en el agua un hidroavión o una aeronave. ‖ FAM. amerizaje.

ametralladora, ra adj. Que dispara metralla: *fusil ametrallador.* ‖ f. Arma de fuego automática que dispara proyectiles por ráfagas.

ametrallar tr. Disparar con ametralladora o fusil ametrallador. ‖ FAM. ametrallador, ametrallamiento, metralla.

ametría f. Falta de medida. ‖ FAM. amétrico.

ametropía f. Defecto de la refracción ocular que impide que las imágenes se formen debidamente en la retina. ‖ FAM. amétrope.

amianto m. Mineral fibroso muy resistente al fuego y al calor.

amiba f. Ameba.

amida f. Compuesto orgánico en que uno o varios hidrógenos del amoniaco se sustituyen por radicales ácidos.

amigable adj. Amistoso, cordial, afable: *charla amigable.* ‖ FAM. amigablemente, amigo.

amígdala f. Cada uno de los dos cuerpos glandulares y rojizos que, situados a la entrada de la faringe, constituyen un sistema de defensa contra las infecciones. ‖ FAM. amigdalitis.

amigdalitis f. Inflamación de las amígdalas. ♦ No varía en pl.

amigo, ga adj. y s. Que tiene amistad. ‖

Amistoso, agradable: *una voz amiga.* ‖ Aficionado o inclinado a alguna cosa: *amigo de la buena vida.* ‖ Amante. ‖ **FAM.** amigable, amigote, amiguete, amistad.

amigote m. Compañero habitual de juergas y diversiones.

amilanado, da adj. Cobarde. ‖ **FAM.** amilanar.

amilanar tr. Causar tal miedo a uno que quede aturdido y sin acción. ‖ Desanimar. También prnl. ‖ **FAM.** amilanado, amilanamiento.

amina f. Sustancia orgánica obtenida de la reacción del amoniaco con derivados de hidrocarburos. ‖ **FAM.** aminar, amínico, aminoácido.

aminar tr. En quím., introducir en una molécula orgánica un radical amínico.

aminoácido m. Denominación que reciben ciertos ácidos orgánicos, algunos de los cuales son los componentes básicos de las proteínas humanas.

aminorar tr. Disminuir, reducir algo: *¿puedes aminorar un poco la velocidad del coche?* ‖ **FAM.** aminoración.

amistad f. Confianza y afecto desinteresado entre las personas: *Luis y yo llevamos diez años de amistad.* ‖ pl. Personas con las que se tiene amistad: *allí hizo muchas amistades.* ‖ pl. Conocidos, influyentes: *tiene amistades en el Gobierno.* ‖ **FAM.** amigo, amistosamente, amistoso.

amistar tr. Unir en amistad. También prnl.

amistoso, sa adj. Que demuestra amistad. ‖ En dep., partido que se juega fuera de competición.

amito m. Lienzo fino que se pone el sacerdote sobre los hombros y espalda para celebrar la misa.

amnesia f. Pérdida de la memoria. ‖ **FAM.** amnésico.

amnios m. Membrana interna que envuelve el embrión de aves, mamíferos y reptiles. ♦ No varía en pl. ‖ **FAM.** amniótico.

amnistía f. Perdón por ley o decreto de delitos, particularmente políticos. ‖ **FAM.** amnistiar.

amo m. Dueño de alguna cosa. ‖ Cabeza de familia. ‖ Persona que posee criados. ‖ Mayoral o capataz. ‖ Persona que predomina sobre otros, o en algo: *es el amo de la situación.*

amodorrar tr. Producir modorra. ‖ prnl. Caer en modorra, adormilarse. ‖ **FAM.** amodorrado, amodorramiento, modorra.

amojamar tr. Hacer mojama. ‖ prnl. Acecinarse, secarse, enflaquecer.

amojonar tr. Señalar con mojones los límites de una propiedad, terreno, término ju-

risdiccional, etc. ‖ **FAM.** amojonamiento, mojón.

amolar tr. Sacar corte o punta a un arma o instrumento cortante. ‖ Fastidiar, molestar. También prnl.: *si no le prestas atención, se amuela.* ♦ **Irreg.** Se conj. como *contar.* ‖ **FAM.** amolado, amolador.

amoldar tr. y prnl. Ajustar una cosa a un molde o a alguna forma conveniente. ‖ Ajustar la conducta de alguien a una pauta determinada: *amoldarse a un nuevo maestro.* ‖ **FAM.** amoldable, amoldamiento.

amonal m. Explosivo de gran potencia.

amonarse prnl. Emborracharse.

amonestación f. Acción y efecto de amonestar. ‖ Notificación pública que se hace en la iglesia de los nombres de los que se van a casar u ordenar.

amonestar tr. Hacer presente a uno alguna cosa para que se considere, procure o evite: *le han amonestado por haber faltado ayer.* ‖ Advertir, prevenir, avisar. ‖ Publicar en la iglesia los nombres de las personas que quieren casarse. ‖ **FAM.** amonestación, amonestador.

amoniaco o **amoníaco** m. Compuesto gaseoso, soluble en agua, y compuesto de tres átomos de hidrógeno y uno de nitrógeno. Se usa en artículos de limpieza, abonos, etc. ‖ **FAM.** amoniacal, amonio.

amonio m. Ion derivado del amoniaco y que está compuesto de un átomo de nitrógeno y cuatro de hidrógeno. ‖ **FAM.** amoniaco.

amontillado adj. Se dice del vino blanco parecido al montilla.

amontonar tr. y prnl. Poner unas cosas sobre otras sin orden ni concierto: *amontonar libros en una esquina.* ‖ Apiñar personas, animales o cosas. ‖ Juntar, reunir cosas en abundancia: *amontonar datos.* ‖ prnl. Sobrevenir muchos sucesos en poco tiempo. ‖ **FAM.** amontonadamente, amontonamiento, montón.

amor m. Conjunto de sentimientos que ligan una persona a otra, o bien a las cosas, ideas, etc. ‖ Persona amada, y p. ext., aquello que es especialmente querido: *su amor es la moto.* ‖ Ternura. ‖ Esmero con que se hace algo. ‖ Acto sexual: *hacer el amor.* ‖ pl. Relaciones amorosas: *tenía amores con su vecina.* ‖ **FAM.** amar, amorío, amorosamente, amoroso, desamor, enamorar.

amoral adj. Desprovisto de sentido o finalidad moral. ‖ **FAM.** amoralidad.

amoratarse prnl. Ponerse morado, especialmente una parte del cuerpo. ‖ **FAM.** amoratado.

amorcillo m. En artes plásticas, niño alado y desnudo que suele llevar flechas, rosas y una venda en los ojos. Representa al dios del amor.

amordazar tr. Poner mordaza. | Impedir que alguien hable o se exprese libremente. | **FAM.** amordazamiento, mordaza.

amorfo, fa adj. Sin forma regular o bien determinada.

amorío m. Relación amorosa que se considera superficial y pasajera. Más en pl.

amormío m. Planta angiosperma, de hojas largas y lacias, y bohordo central de unos 40 cm de altura. Sus flores son blancas y poco olorosas.

amoroso, sa adj. Que siente o manifiesta amor. | Perteneciente o relativo al amor: *novela amorosa.*

amortajar tr. Poner la mortaja al difunto. | P. ext., cubrir, envolver. | **FAM.** amortajamiento, mortaja.

amortiguador, ra adj. Que amortigua. | m. Dispositivo para evitar el efecto de las sacudidas bruscas, como la violencia de un choque, la intensidad de un sonido o la trepidación de una máquina o automóvil. | **FAM.** amortiguar.

amortiguar tr. Hacer menos intensa o viva alguna cosa: *amortiguar el fuego, la pasión, los colores.* También prnl. | **FAM.** amortiguador, amortiguamiento.

amortización f. Acción y efecto de amortizar. | **FAM.** amortizar, desamortización.

amortizar tr. Redimir o pagar el capital de un préstamo o deuda. | Recuperar o compensar los fondos invertidos: *todavía no he amortizado la reforma del local.* | Suprimir empleos o plazas en un cuerpo u oficina. | En der., pasar los bienes a manos muertas. | **FAM.** amortización, amortizado.

amoscarse prnl. Enfadarse.

amostazar tr. y prnl. Irritar, enojar.

amotinado, da adj. y s. Persona que toma parte en un motín.

amotinar tr. Provocar un motín. | prnl. Sublevarse contra la autoridad constituida: *la tripulación se amotinó en cubierta.* | **FAM.** amotinado, motín.

amparar tr. Favorecer, proteger. | prnl. Valerse del favor o protección de alguien o algo: *ampararse en una ley.* | **FAM.** amparado, amparo.

amparo m. Acción y efecto de amparar o ampararse. | Resguardo, defensa.

amperaje m. Cantidad de amperios que actúan en un aparato o sistema eléctrico. | **FAM.** amperio.

amperímetro m. Aparato para medir la intensidad de una corriente eléctrica.

amperio m. Unidad de intensidad de corriente eléctrica, que corresponde al paso de un culombio por segundo. Su símbolo es A. | **FAM.** amperaje.

ampliación f. Acción y efecto de ampliar. | Fotografía ampliada.

ampliador, ra adj. Que amplia. | f. Aparato para obtener copias fotográficas ampliadas. | **FAM.** ampliación, ampliar.

ampliar tr. Extender, dilatar. | Profundizar: *ampliar los estudios.* | Reproducir fotografías, planos, textos, etc., en tamaño mayor del que tiene el original. | **FAM.** ampliable, ampliación, ampliamente, amplio.

amplificador, ra adj. Que amplifica o aumenta. | m. Aparato mediante el cual se aumenta la amplitud o intensidad de un fenómeno físico, dibujo, sonido, etc.

amplificar tr. Ampliar, aumentar una magnitud física, en especial el sonido. | **FAM.** amplificación, amplificado, amplificador.

amplio, plia adj. Extenso, espacioso. | Holgado: *un abrigo amplio.* | **FAM.** ampliar, amplitud.

amplitud f. Extensión, dilatación. | Capacidad de comprensión intelectual o moral: *amplitud de criterios.*

ampolla f. Vejiga formada por la elevación de la epidermis. | Vasija de cuello largo y angosto y de cuerpo ancho y redondo. | Pequeño recipiente de vidrio cerrado herméticamente, que contiene por lo común un medicamento. | Burbuja. | **FAM.** ampolleta.

ampolleta f. *amer.* Bombilla.

ampuloso, sa adj. Hinchado y redundante. | Se dice del estilo o lenguaje exagerado y altisonante. | **FAM.** ampulosidad.

amputación f. Acción y efecto de amputar.

amputar tr. Cortar o separar una parte de un todo, especialmente un miembro del cuerpo. | **FAM.** amputación, amputado.

amueblar tr. Dotar de muebles un edificio, una habitación, una casa, etc. | **FAM.** amueblado.

amuleto m. Objeto al que se atribuye virtud sobrenatural.

amurallar tr. Rodear o cercar con murallas. | **FAM.** amurallado.

amustiar tr. y prnl. Poner mustio, marchitar.

anabaptismo m. Doctrina del s. XVI que rechazaba el bautismo antes del uso de la razón. | **FAM.** anabaptista.

anabolismo m. Fase del metabolismo en la que se sintetizan sustancias complejas a partir de otras más simples. | **FAM.** anabólico, anabolizante.

anabolizante adj. Se dice de la sustancia química utilizada para suplir deficiencias en los procesos anabólicos naturales. ‖ m. pl. Grupo de estas sustancias.

anacarado, da adj. Que tiene el aspecto o color del nácar.

anacardo m. Árbol que crece hasta 20 m, de fruto pulposo y comestible. Es originario de América. ‖ Fruto de este árbol.

anaconda f. Serpiente acuática americana, no venenosa y que llega a alcanzar hasta 10 m de longitud.

anacoreta com. Persona que vive en lugar solitario, dedicada a la contemplación y a la penitencia.

anacreóntico, ca adj. Se dice de un tipo de composición poética, cultivada por Anacreonte, en la que se canta a los placeres del amor y del vino.

anacrónico, ca adj. Que adolece de anacronismo, anticuado.

anacronismo m. Error que consiste en presentar algo como propio de una época a la que no corresponde. ‖ Cosa impropia de las costumbres o ideas de una época. ‖ FAM. anacrónico, anacrónicamente.

ánade amb. Pato.

anaerobio, bia adj. y s. Ser vivo que puede vivir y desarrollarse sin oxígeno.

anafe m. Hornillo portátil.

anáfora f. Repetición de una o varias palabras al comienzo de una frase o verso, o de varios: *¡Mira, mira quién está aquí!* ‖ Presencia en la oración de elementos que hacen referencia a algo mencionado con anterioridad. ‖ FAM. anafórico.

anagrama m. Palabra que resulta de la transposición o reordenación de las letras de otra: de *amor, Roma.*

anal adj. Relativo al ano.

anales m. pl. Relaciones de sucesos por años. ‖ FAM. analista, analístico.

analfabetismo m. Falta de instrucción elemental en un país. ‖ Condición de analfabeto. ‖ FAM. alfabeto, analfabeto.

analfabeto, ta adj. y s. Que no sabe leer ni escribir. ‖ Ignorante.

analgesia f. Ausencia de toda sensación dolorosa. ‖ FAM. analgésico.

analgésico, ca adj. y s. Que produce analgesia o que calma el dolor físico. Se dice especialmente de algunos medicamentos.

análisis m. Distinción y separación de las partes de un todo hasta llegar a conocer sus principios, elementos, etc. ‖ Estudio minucioso. ‖ Examen cualitativo y cuantitativo de ciertos componentes o sustancias del organismo según métodos especializados, con un fin diagnóstico: *análisis clínico.* ♦ No varía en el pl. ‖ FAM. analista, analítico, psicoanálisis.

analista com. Persona que escribe anales. ‖ Persona que hace análisis. ‖ Psicoanalista. ‖ En inform., persona que define un problema y establece las líneas generales para su solución.

analítico, ca adj. Relativo al análisis. ‖ Que procede por vía de análisis. ‖ FAM. analíticamente.

analizar tr. Hacer un análisis. ‖ FAM. analizable.

analogía f. Similitud. ‖ Semejanza entre cosas distintas. ‖ En ling., semejanza formal entre los elementos que desempeñan igual función: *estuve, tuve, anduve.* ‖ FAM. analógico, análogo.

analógico, ca adj. Análogo, similar.

análogo, ga adj. Que tiene analogía con otra cosa. ‖ FAM. análogamente, analogía.

ananá o **ananás** m. Planta tropical, que crece hasta unos siete decímetros de altura, con hojas rígidas de bordes espinosos, y que produce un fruto carnoso, amarillento y muy fragante conocido como *piña tropical.* ‖ Fruto de esta planta.

anaquel m. Estante de un armario, librería, alacena, etc.

anaranjado, da adj. y s. De color semejante al de la naranja.

anarco, ca adj. y s. Anarquista. ‖ FAM. anarquía.

anarquía f. Falta de todo gobierno en un Estado. ‖ Desorden, confusión, por ausencia o flaqueza de la autoridad pública. ‖ P. ext., desconcierto, incoherencia, barullo. ‖ FAM. anarco, anárquicamente, anárquico, anarquismo.

anarquismo m. Doctrina política y social que preconiza la completa libertad del individuo, la abolición del Estado y la supresión de la propiedad privada. ‖ FAM. anarquista.

anatema amb. Excomunión. ‖ Maldición, imprecación. ‖ FAM. anatematizar.

anatomía f. Ciencia que estudia la estructura de los seres vivos, y especialmente del cuerpo humano. ‖ FAM. anatómico, anatomista.

anatómico, ca adj. Perteneciente o relativo a la anatomía. ‖ Se dice del objeto que se adapta perfectamente al cuerpo humano: *silla anatómica.* ‖ FAM. anatomía.

anca f. Cada una de las dos mitades laterales de la parte posterior de algunos animales: *ancas de rana.* ‖ Cadera. ‖ FAM. encancarse.

ancestral adj. Relativo a los antepasados. ‖ De origen remoto: *costumbres ancestrales.*

ancestro m. *amer.* Antepasado. Más en pl. ‖ FAM. ancestral.

ancho, cha adj. Que tiene más o menos anchura. ‖ Que tiene anchura excesiva. ‖ Holgado, amplio en demasía. ‖ Orgulloso. ‖ m. Anchura: *medir el ancho de una tela.* ‖ **FAM.** anchura.

anchoa f. Boquerón curado en salmuera.

anchura f. La menor de las dos dimensiones principales de los cuerpos. ‖ Amplitud o capacidad suficiente para que quepa algo. ‖ **FAM.** anchuroso.

anciano, na adj. y s. Se dice de la persona que tiene muchos años y de lo relativo a ellas. ‖ **FAM.** ancianidad.

ancla f. Instrumento de hierro, en forma de arpón o anzuelo doble, que sirve para sujetar las naves al fondo del mar. ‖ **FAM.** anclar.

anclaje m. Acción de anclar la nave. ‖ Fondeadero. ‖ Conjunto de elementos destinados a fijar algo firmemente al suelo.

anclar intr. Quedar sujeta la nave por medio del ancla. ‖ Sujetar algo firmemente al suelo. ‖ **FAM.** ancladero, anclaje.

áncora f. Ancla. ‖ Defensa, refugio: *áncora de salvación.*

andada f. Pan duro y sin miga. ‖ pl. Huellas de caza.

andaderas f. pl. Aparato para que los niños aprendan a andar.

andalucismo m. Locución, giro o modo de hablar peculiar y propio de los andaluces. ‖ Afición a las cosas características o típicas de Andalucía. ‖ **FAM.** andalucista.

andalusí adj. Perteneciente o relativo a Al-Andalus o a la España musulmana. ♦ pl. *andalusíes.*

andaluz, za adj. y s. De Andalucía. ‖ m. Variedad de la lengua española hablada en Andalucía. ‖ **FAM.** andalucismo.

andamiaje m. Conjunto de andamios.

andamio m. Armazón de tablones o vigas para colocarse encima de ella y trabajar en la construcción o reparación de edificios. ‖ **FAM.** andamiaje.

andana f. Conjunto de cosas dispuestas en hilera. ‖ **FAM.** andanada.

andanada f. Descarga cerrada de toda una batería de un buque. ‖ Localidad cubierta y con diferentes órdenes de gradas en las plazas de toros. ‖ Represión severa.

andante adj. Que anda: *caballero andante.* ‖ m. Movimiento musical moderadamente lento. ‖ adv. Con ese movimiento.

andanza f. Peripecia, trance, aventura. Más en pl.: *nos contó sus andanzas por Australia.* ‖ Viajes, correrías. ‖ **FAM.** andar.

andar intr. Ir de un lugar a otro dando pasos. También prnl. ‖ Moverse lo inanimado. ‖ Funcionar un mecanismo: *este reloj no anda.* ‖ Transcurrir el tiempo: *andaban los años.* ‖

Estar: *anda interesado en ese momento.* ‖ **FAM.** andaderas, andadura, andanza, andariego, andarín. ♦ **Irreg.** Conjugación modelo:

Indicativo
Pres .: *ando, andas,* etc.
Imperf.: *andaba, andabas,* etc.
Pret. indef.: *anduve, anduviste, anduvo, anduvimos, anduvisteis, anduvieron.*
Fut. imperf.: *andaré, andarás,* etc.

Potencial: *andaría, andarías,* etc.

Subjuntivo
Pres.: *ande, andes,* etc.
Imperf.: *anduviera* o *anduviese, anduvieras* o *anduvieses,* etc.
Fut. imperf.: *anduviere, anduvieres,* etc.

Imperativo: *anda, andad.*

Participio: *andado.*

Gerundio: *andando.*

---

andar m. Modo de andar: *tiene un andar muy elegante.*

andariego, ga adj. y s. Que anda mucho.

andarivel m. Cuerda colocada en diferentes sitios del buque, a manera de pasamanos. ‖ Cuerda tendida entre las dos orillas de un río o canal, mediante la cual pueden palmearse las embarcaciones menores.

andas f. pl. Tablero sostenido por dos barras horizontales para llevar algo.

andén m. En las estaciones de los ferrocarriles, especie de acera a lo largo de la vía. ‖ En los puertos de mar, espacio de terreno sobre el muelle. ‖ *amer.* Acera de la calle.

andinismo m. *amer.* Deporte de montaña en los Andes. ‖ **FAM.** andinista.

andino, na adj. Relativo a la cordillera de los Andes.

andrajo m. Pedazo o jirón de ropa muy usada. ‖ **FAM.** andrajoso.

andrajoso, sa adj. Cubierto de andrajos.

androceo m. En una flor, conjunto formado por los estambres.

andrógeno m. Conjunto de las hormonas sexuales masculinas.

andrógino, na adj. Se dice del organismo animal o vegetal que reúne en un mismo individuo los dos sexos.

androide m. Autómata de figura humana.

andurrial m. Paraje extraviado o fuera del camino. Más en pl.: *me llevó por unos andurriales que yo no conocía.*

anea f. Planta que crece en sitios pantanosos. Sus hojas se emplean para hacer asientos de sillas, ruedos, etc.

anécdota f. Relato breve de un suceso curioso o divertido. ‖ FAM. anecdotario, anecdótico.

anecdotario m. Colección de anécdotas.

anegar tr. Inundar de agua y, p. ext., de cualquier otro líquido. También prnl.: *anegarse en llanto*. ‖ Abrumar, agobiar. ‖ prnl. Naufragar. ‖ FAM. anegadizo, anegamiento.

anejo, ja adj. y s. Anexo, agregado, unido a otra cosa.

anélido, da adj. y m. Se dice de ciertos gusanos que tienen el cuerpo casi cilíndrico y segmentado por anillos o pliegues transversales externos, como la sanguijuela y la lombriz. ‖ m. pl. Clase de estos gusanos.

anemia f. Empobrecimiento de la sangre, por disminución de su cantidad total, o de la cantidad de hemoglobina y el número de glóbulos rojos. ‖ FAM. anémico.

anemófilo, la adj. Se dice de las plantas cuya polinización se produce por medio del viento.

anemografía f. Parte de la meteorología que trata de la descripción de los vientos. ‖ FAM. anemógrafo.

anemómetro m. Instrumento para medir la velocidad o la fuerza del viento. ‖ FAM. anemometría, anemoscopio.

anémona, anemona o **anemone** f. Hierba ranunculácea, con pocas hojas en los tallos y flores de seis pétalos, grandes y vistosas.

anemoscopio m. Instrumento para indicar los cambios de dirección del viento. ‖ FAM. anemómetro.

anestesia f. Privación general o parcial de la sensibilidad. ‖ Sustancia utilizada para anestesiar. ‖ FAM. anestesiar, anestésico, anestesista.

anestesiar tr. Insensibilizar por medio de un anestésico.

anestésico, ca adj. Relativo a la anestesia. ‖ Fármaco capaz de privar total o parcialmente de la sensibilidad. También m.

aneurisma f. Dilatación anormal de un vaso sanguíneo.

anexar tr. Anexionar.

anexionar tr. Unir una cosa a otra con dependencia de ella. También prnl. ‖ FAM. anexión, anexionista, anexo.

anexo, xa adj. Se dice de lo que está unido o agregado a otra cosa respecto de ella. ‖ m. Aquello que se une: *este libro tiene tres anexos*.

anfeta f. Anfetamina.

anfetamina f. Droga que se usa como estimulante de los sistemas nervioso central y cardiovascular.

anfibio, bia adj. y m. Se dice de los animales y plantas que pueden vivir en el agua y fuera de ella. ‖ Se dice de los vehículos que pueden caminar por tierra y por agua. ‖ Batracio. ‖ m. pl. Clase constituida por dichos animales.

anfibología f. Doble sentido o manera de hablar a la que puede darse más de una interpretación.

anfiteatro m. Edificio de forma redonda u oval con gradas alrededor, en el cual se celebraban espectáculos en la antigüedad. ‖ Conjunto de asientos colocados en gradas semicirculares en las aulas y en los teatros.

anfitrión, na m. y f. Persona que tiene convidados a su mesa.

ánfora f. Cántaro alto y estrecho, de cuello largo, con dos asas.

anfractuoso, sa adj. Quebrado, sinuoso, tortuoso, desigual.

angarillas f. pl. Armazón para cargar materiales para edificios y otras cosas. ‖ Aguaderas.

ángel m. Espíritu celeste criado por Dios para su ministerio. ‖ Gracia, simpatía: *una persona con ángel*. ‖ Persona de calidades propias de los espíritus angelicales: *eres un ángel*. ‖ FAM. angelical, angelicalmente, angélico, angelote, arcángel.

angelical adj. Relativo a los ángeles. ‖ Que parece de ángel.

angelito m. Niño de muy tierna edad.

angelote m. Figura grande de ángel. ‖ Niño muy grande, gordo y de apacible condición. ‖ Persona muy sencilla y apacible.

ángelus m. Oración en honor del misterio de la Encarnación. ♦ No varía en pl.

angina f. Inflamación de las amígdalas o de éstas y la faringe. Más en pl. ‖ En lenguaje corriente, amígdalas. ‖ FAM. anginoso.

angiología f. Parte de la anatomía que trata del sistema vascular. ‖ FAM. angiografía, angiólogo.

angiospermo,· ma adj. y f. Se dice de plantas fanerógamas o espermofitas cuyas semillas se encuentran encerradas en un receptáculo. ‖ f. pl. Subtipo de estas plantas.

anglicanismo m. Conjunto de doctrinas de la religión anglicana, de carácter protestante y predominante en Inglaterra. ‖ FAM. anglicano.

anglicano, na adj. y s. Que profesa el anglicanismo. ‖ Perteneciente a éste.

anglicismo m. Vocablo o giro de la lengua inglesa empleado en otra.

anglo, gla adj. y s. Individuo de una tribu germánica que se estableció en Gran Bretaña en el s. VI. ‖ De Inglaterra, inglés. ‖ FAM. anglicismo, anglofilia, angloparlante, anglosajón.

angloamericano, na adj. y s. Se dice del individuo de origen inglés, nacido en América. ‖ Estadounidense, nacido en Estados Unidos. ‖ adj. Perteneciente o relativo a este país.

anglófono, na adj. Que habla inglés. También se dice *anglohablante* o *angloparlante*.

anglosajón, na adj. y s. Individuo procedente de los pueblos germanos que en el siglo V invadieron Inglaterra. ‖ Perteneciente a estos pueblos. ‖ Se apl. en general a los pueblos de habla inglesa. ‖ m. Lengua germánica de la que se deriva el inglés moderno.

angora adj. y s. Se dice de las variedades de gato, conejo o cabra, originarias de Angora (Ankara, en Turquía), de pelo largo y sedoso.

angosto, ta adj. Estrecho, reducido. ‖ **FAM.** angostamente, angostar.

angostura f. Paso estrecho. ‖ Estrechez intelectual o moral. ‖ **FAM.** angosto.

angostura f. Planta rutácea cuya corteza tiene propiedades medicinales. ‖ Bebida amarga elaborada a base de dicha corteza y utilizada en algunos cócteles.

anguila f. Pez de cuerpo largo y cilíndrico. Vive en los ríos y su carne es comestible. Sus crías se denominan *angulas*.

angula f. Cría de la anguila.

angular adj. Relativo al ángulo. ‖ De figura de ángulo.

ángulo m. Cada una de las dos porciones de plano limitadas por dos semirrectas que parten de un mismo punto. ‖ Figura formada por dos líneas que parten de un mismo punto. ‖ Rincón. ‖ Esquina o arista. ‖ Perspectiva, punto de vista: *hemos intentado considerarlo desde todos los ángulos posibles.* ‖ **FAM.** angular, anguloso.

angustia f. Aflicción, congoja. ‖ Temor opresivo. ‖ **FAM.** angustiado, angustiar, angustiosamente, angustioso.

angustiado, da adj. Que implica o expresa angustia. ‖ Apocado, miserable.

angustiar tr. y prnl. Causar angustia, afligir, acongojar.

anhelar tr. Tener ansia o deseo vehemente de conseguir alguna cosa: *anhela independizarse de sus padres.* ‖ **FAM.** anhelante, anhelo.

anhelo m. Deseo vehemente.

anhídrido m. En quím., denominación que se utilizaba antiguamente para referirse a los óxidos no metálicos.

anhidro, dra adj. Se dice de los cuerpos que no contienen agua.

anidar intr. Hacer nido las aves o vivir en él. También prnl. ‖ Morar, habitar. También prnl. ‖ Hallarse o existir algo en una persona o cosa: *en su corazón anida la bondad.*

anilina f. Líquido tóxico artificial que se extrae del nitrobenceno y que se emplea, sobre todo, como colorante.

anilla f. Cada uno de los anillos que sirven para colocar colgaduras. ‖ pl. En gimnasia, aros en los que se hacen diferentes ejercicios. ‖ **FAM.** anillar, anillado, anillo.

anillo m. Aro pequeño. ‖ Aro de metal u otra materia que se lleva, principalmente como adorno, en los dedos de la mano. ‖ Moldura que rodea el fuste de las columnas. ‖ Cada uno de los segmentos en que está dividido el cuerpo de los gusanos o artrópodos. ‖ Redondel de la plaza de toros.

ánima f. Alma. ‖ Alma del purgatorio. ‖ Hueco del cañón de las piezas de artillería.

animación f. Acción y efecto de animar. ‖ Viveza. ‖ Concurso de gente en una fiesta, regocijo o esparcimiento. ‖ Técnica de preparación de dibujos en serie para una película.

animado, da adj. Dotado de alma. ‖ Alegre, divertido. ‖ Concurrido.

animador, ra y s. Que anima. ‖ m. y f. Persona que tiene por oficio organizar fiestas o reuniones.

animadversión f. Enemistad, ojeriza. ‖ Crítica o advertencia severa.

animal m. Ser orgánico que vive, siente y se mueve por propio impulso. ‖ Ser irracional por oposición a los humanos. ‖ adj. Relativo al animal: *reino animal.* ‖ Relativo a la parte instintiva de un ser viviente frente a la racional o espiritual: *apetito animal.* ‖ Se dice de la persona grosera o muy ignorante. También com. ‖ **FAM.** animalada, animalidad, animalizar.

animalada f. Burrada, barbaridad, salvajada. ‖ Cantidad grande o excesiva.

animar tr. Incitar a alguien a una acción: *le han animado a comprar un coche.* ‖ Dar a alguien ánimo, energía moral o confianza: *venga, anímate.* También prnl. ‖ Dotar de movimiento a cosas inanimadas. ‖ prnl. Cobrar ánimo, atreverse. ‖ **FAM.** animación, animadamente, animado, animador, ánimo, desanimar.

anímico, ca adj. Psíquico, relativo al ánimo o al alma.

animismo m. Doctrina que considera al alma como principio de acción de los fenómenos vitales. ‖ **FAM.** animista.

ánimo m. Alma o espíritu, en cuanto es principio de la actividad humana: *su estado de ánimo es excelente.* ‖ Valor, esfuerzo, energía. ‖ Intención, voluntad: *lo hizo con ánimo de ayudarte.* ‖ Atención o pensamiento. ‖ **FAM.** animosidad.

animosidad f. Aversión, antipatía. ‖ Valor, ánimo.

animoso, sa adj. Que tiene ánimo. ‖ Intrépido. ‖ Valiente. ‖ FAM. animosamente.

aniñado, da adj. Pueril, infantil.

aniñarse prnl. Hacerse el niño el que no lo es. ‖ FAM. aniñado.

anión m. Ion negativo.

aniquilar tr. y prnl. Reducir a la nada. ‖ Destruir o arruinar enteramente. ‖ prnl. Deteriorarse mucho algo, como la salud o la hacienda. ‖ FAM. aniquilable, aniquilación, aniquilado.

anís m. Planta umbelífera de flores pequeñas y blancas, y de semillas aromáticas y de sabor agradable. ‖ Semilla de esta planta. ‖ Aguardiente anisado. ‖ FAM. anisado, anisar, anisete.

anisar tr. Echar anís a una cosa.

anisete m. Licor compuesto de aguardiente, azúcar y anís.

aniversario m. Día en que se cumplen años de algún suceso y el propio acto conmemorativo: *hoy celebran su aniversario de bodas.*

ano m. Orificio del conducto digestivo por el cual se expele el excremento. ‖ FAM. anal.

anoche adv. t. En la noche de ayer. ‖ FAM. anteanoche, noche.

anochecer impers. Empezar a faltar la luz del día, venir la noche. ‖ intr. Llegar a estar en un paraje, situación o condición determinados al empezar la noche: *anochecí en la calle.* ♦ Irreg. Se conj. como *agradecer.*

anochecer m. Tiempo durante el cual anochece.

anodino, na adj. Insignificante, insustancial: *una película anodina.*

ánodo m. Electrodo positivo de un generador de electricidad.

anofeles adj. y com. Se dice de un tipo de mosquitos, de largos palpos, cuya hembra es transmisora de los protozoos causantes del paludismo. ♦ No varía en pl.

anomalía f. Irregularidad, discrepancia de una norma. ‖ FAM. anómalo.

anómalo, la adj. Irregular, extraño. ‖ FAM. anomalía.

anonadar tr. Causar gran sorpresa o dejar muy desconcertada a una persona: *me has dejado anonadada con esa noticia.* También prnl. ‖ Apocar. ‖ Humillar, abatir. También prnl. ‖ FAM. anonadamiento.

anonimato m. Carácter o condición de anónimo: *vivir en el anonimato.*

anónimo, ma adj. y m. Se apl. a la obra o escrito que no lleva el nombre de su autor. ‖ Se dice del autor cuyo nombre no es conocido. ‖ FAM. anónimamente, anonimato.

anorak (voz esquimal) m. Prenda impermeable, con capucha, usada especialmente por los esquiadores. ♦ No varía en pl.

anormal adj. No normal. ‖ Persona cuyo desarrollo físico o intelectual es inferior al que corresponde a su edad. También com. ‖ FAM. anormalidad, anormalmente.

anotar tr. Poner notas en un escrito o libro. ‖ Apuntar: *voy a anotar tu número de teléfono en mi agenda.* ‖ Hacer anotación en un registro público. ‖ En dep., marcar tantos. ‖ FAM. anotación, anotador.

anovulatorio, ria adj. y s. Medicamento que impide la ovulación.

anquilosar tr. Producir anquilosis. ‖ prnl. Detenerse una cosa en su progreso. ‖ FAM. anquilosado, anquilosamiento.

anquilosis f. Imposibilidad de movimiento en una articulación normalmente móvil. ♦ No varía en pl.

ánsar m. Ave palmípeda de la que procede el ganso, y cuyas plumas se usaron para escribir. ‖ Ganso.

ansia f. Anhelo intenso. ‖ Congoja o fatiga que causa en el cuerpo inquietud o agitación violenta. ‖ pl. Náuseas ‖ FAM. ansiar, ansioso.

ansiar tr. Desear con ansia. ‖ FAM. ansia, ansiedad, ansioso.

ansiedad f. Estado de inquietud del ánimo. ‖ Angustia que acompaña a muchas enfermedades.

ansioso, sa adj. Acompañado de ansias. ‖ Que tiene ansia o deseo vehemente de alguna cosa. ‖ FAM. ansiosamente.

antagonismo m. Oposición sustancial en doctrinas y opiniones. ‖ Rivalidad. ‖ FAM. antagónico, antagonista.

antagonista adj. y s. Se dice de la persona o cosa opuesta, contraria. También com. ‖ com. Personaje que se opone al protagonista en una obra literaria, cinematográfica, etc.

antaño adv. t. En tiempos antiguos.

antártico, ca adj. Se dice del polo opuesto al ártico o polo sur. ‖ P. ext., meridional.

ante prep. En presencia de, delante de: *actuar ante el público.* ‖ En comparación, respecto de. ‖ Se usa como prefijo: *anteayer.*

ante m. Anta. ‖ Búfalo. ‖ Piel de ante u otros animales adobada y curtida.

anteanoche adv. t. En la noche de anteayer.

anteayer adv. t. En el día que precedió inmediatamente al de ayer.

antebrazo m. Parte del brazo desde el codo hasta la muñeca.

antecámara f. Sala que precede a la principal de un palacio.

antecedente adj. Que antecede. ‖ m. Circunstancia anterior que sirve para juzgar hechos posteriores.

anteceder tr. Preceder. ‖ FAM. antecedente, antecesor.

antecesor, ra adj. Anterior en tiempo. ‖ m. y f. Persona que precedió a otra en una dignidad, empleo u obra. ‖ m. Antepasado, ascendiente. Más en pl.: *sus antecesores fueron turcos otomanos.*

antedicho, cha adj. Dicho antes o con anterioridad.

antediluviano, na adj. Anterior al diluvio universal. ‖ Antiquísimo.

antelación f. Anticipación con que sucede una cosa respecto a otra.

antemano adv. t. Con anticipación, anteriormente.

antemeridiano, na adj. Anterior al mediodía.

antena f. Dispositivo de formas muy diversas que, en los emisores y receptores de ondas electromagnéticas, sirve para emitirlas o recibirlas. ‖ Apéndices articulados que tienen en la cabeza muchos animales artrópodos. ‖ pl. Orejas: *tiene las antenas puestas.* ‖ FAM. antenista.

anteojera f. Cada una de las piezas que tapan lateralmente los ojos de una caballería para que no vea por los lados, sino de frente.

anteojo m. Instrumento óptico para ver objetos lejanos, compuesto principalmente de dos tubos cilíndricos, entrante uno en otro, y de dos lentes. ‖ FAM. anteojera.

antepasado, da m. y f. Ascendiente más o menos remoto de una persona o grupo de personas. Más en pl. ‖ adj. Dicho de tiempo, anterior a otro tiempo pasado ya.

antepecho m. Pretil o barandilla.

antepenúltimo, ma adj. y s. Inmediatamente anterior al penúltimo.

anteponer tr. y prnl. Poner delante. ‖ Preferir, estimar más. ♦ Irreg. Se conj. como *poner.*

anteportada f. Hoja que precede a la portada de un libro y en la que se pone el título.

anteproyecto m. Conjunto de trabajos preliminares para redactar el proyecto de una obra. ‖ P. ext., primera redacción sucinta de una ley, programa, etc.

antera f. Parte del estambre de las flores que contiene el polen.

anteridio m. Órgano masculino de los hongos.

anterior adj. Que precede en lugar o tiempo. ‖ FAM. anterioridad, anteriormente.

antes adv. t. y l. que denota prioridad de tiempo o lugar. ‖ adv. o. que denota prioridad: *antes la honra que el provecho.* ‖ conj. ad. que denota idea de contrariedad y preferencia en el sentido de una oración respecto del de

otra: *el que está limpio de pecado no teme la muerte, antes la desea.* ‖ adj. Anterior, antecedente: *la noche antes, el año antes.*

antesala f. Sala que precede a la principal de una casa.

anti- Elemento compositivo que entra en la formación de algunas voces españolas con el significado de 'opuesto' o 'con propiedades contrarias': *antigripal, antiséptico.*

antiácido, da adj. y m. Se dice de la sustancia que se opone o que resiste a la acción de los ácidos, especialmente los gástricos.

antiaéreo, a adj. y m. Relativo a la defensa contra aviones militares; se apl. particularmente a ciertos cañones.

antibiótico, ca adj. y m. Sustancia química, como la penicilina, capaz de destruir los microorganismos patógenos.

anticiclón m. Área de alta presión atmosférica, en la que reina buen tiempo. ‖ FAM. anticiclónico.

anticipación f. Acción y efecto de anticipar o anticiparse.

anticipar tr. Hacer que ocurra alguna cosa antes del tiempo regular: *anticipar los exámenes.* ‖ Fijar tiempo anterior al señalado para hacer alguna cosa. ‖ Tratándose de dinero, darlo antes del tiempo señalado. ‖ FAM. anticipadamente, anticipado, anticipo.

anticipo m. Anticipación. ‖ Dinero anticipado: *este mes voy a necesitar un anticipo.*

anticlericalismo m. Oposición a todo lo que se relaciona con el clero. ‖ FAM. anticlerical.

anticlímax m. Término más bajo de una gradación retórica. ‖ Momento en que desciende o se relaja la tensión después del clímax. ♦ No varía en pl.

anticolonial m. Contrario al colonialismo. ‖ FAM. anticolonialista, colonialismo.

anticoncepción f. Acción y efecto de impedir el embarazo de las hembras. ‖ FAM. anticonceptivo.

anticonceptivo, va adj. y m. Se dice del medio, práctica o agente que impide el embarazo de las hembras.

anticongelante adj. y m. Producto que, en los motores que tienen enfriamiento por agua, se mezcla a ésta para evitar que se congele.

anticonstitucional adj. Contrario a la constitución de un Estado.

anticristo m. Nombre que da el evangelista San Juan al misterioso adversario, individual o colectivo, que antes de la segunda venida de Cristo intentará seducir a los cristianos y apartarlos de su fe.

anticuado, da adj. Que no está en uso hace mucho tiempo. ‖ FAM. antiguo.

anticuario, ria m. y f. Persona que estudia, vende o colecciona cosas antiguas.

anticuerpo m. Sustancia existente en el organismo animal o producida en él por la introducción de un antígeno, que se opone a la acción de otros elementos como bacterias, toxinas, etc.

antidemocrático, ca adj. Opuesto a la democracia.

antidoping (voz i.) adj. Se apl. al control establecido para detectar el uso de drogas estimulantes por los deportistas.

antídoto m. Medicamento que contrarresta la acción de un veneno. ‖ Medio para evitar incurrir en un vicio o falta: *el mejor antídoto contra el vicio es el trabajo.*

antiespasmódico, ca adj. y m. Que sirve para calmar los espasmos o desórdenes nerviosos.

antiestético, ca adj. Contrario a la estética. ‖ Feo, desagradable.

antifascismo m. Tendencia contraria al fascismo. ‖ FAM. antifascista.

antifaz m. Máscara con que se cubre la cara.

antífona f. Breve pasaje que se canta o reza antes y después de los salmos y de los cánticos en las horas canónicas.

antigás adj. Máscara destinada a evitar la acción de los gases tóxicos.

antígeno m. Toda sustancia que penetrando en el medio interno de un organismo animal, forma anticuerpos y determina en él una reacción inmunitaria.

antigualla f. Obra u objeto muy antiguo. ‖ Mueble, traje, adorno o cosa semejante que ya no está de moda.

antigüedad f. Calidad de antiguo. ‖ Tiempo antiguo, pasado: *antigüedad de una ciudad, de un edificio.* ‖ Tiempo transcurrido desde el día en que se obtiene un empleo. ‖ pl. Monumentos u objetos artísticos de tiempo antiguo.

antiguo, gua adj. Que existe desde hace mucho tiempo: *esa taberna es muy antigua.* ‖ Que existió o sucedió en tiempo remoto. ‖ Viejo, desfasado. ‖ m. pl. Los que vivieron en siglos remotos. ‖ FAM. anticuado, antigualla, antiguamente, antigüedad.

antihigiénico, ca adj. Contrario a los preceptos de la higiene.

antihistamínico, ca adj. Se dice de las sustancias que bloquean las respuestas del organismo a la histamina. Se utilizan en medicina contra las reacciones alérgicas. También m.

antilogía f. Contradicción entre dos textos o expresiones. ‖ FAM. antilógico.

antílope m. Cualquier mamífero rumiante bóvido, como la gacela y la gamuza.

antimateria f. Materia compuesta de antipartículas.

antimilitarismo m. Tendencia contraria al militarismo. ‖ FAM. antimilitarista.

antimonárquico, ca adj. y s. Contrario a la monarquía como sistema de gobierno.

antimonio m. Metal blanco azulado y brillante. Su símbolo es *Sb.*

antinatural adj. Opuesto a lo que se considera natural.

antinomia f. Contradicción entre dos preceptos legales. ‖ Contradicción entre dos principios racionales. ‖ FAM. antinómico.

antioxidante adj. y m. Que evita la oxidación.

antipapa m. El que no está canónicamente elegido papa y pretende ser reconocido como tal.

antiparras f. pl. Anteojos, gafas.

antipartícula f. Partícula elemental que tiene carga eléctrica y momento magnético de sentido contrario al de la partícula correspondiente.

antipatía f. Sentimiento de aversión, repulsión o desacuerdo hacia alguna persona o cosa. ‖ FAM. antipático.

antipático, ca adj. Que causa antipatía.

antipatriota com. Persona que actúa en contra de su patria. ‖ FAM. antipatriótico.

antipedagógico, ca adj. Contrario a los preceptos de la pedagogía.

antipirético, ca adj. y m. Se dice del medicamento eficaz contra la fiebre.

antípoda adj. y m. Se dice de cualquier habitante del globo terrestre con respecto a otro que viva en lugar diametralmente opuesto. Más en pl.: *son nuestros antípodas.* ‖ Se aplica a las personas y a las cosas que tienen oposición entre sí.

antiprotón m. Antipartícula del protón.

antiquísimo, ma adj. superl. irreg. de antiguo.

antirrobo adj. y m. Se dice de cualquier dispositivo destinado a impedir un robo.

antisemita adj. y com. Persona hostil hacia los judíos, o hacia la cultura e influencia de éstos. ‖ FAM. antisemítico, antisemitismo.

antisemitismo m. Doctrina o tendencia de los antisemitas.

antisepsia f. Método empleado en medicina para destruir los microbios patógenos. ‖ FAM. antiséptico.

antisocial adj. Contrario, opuesto a la sociedad, al orden social. Referido a personas, com.

antitanque adj. Se dice de las armas y proyectiles destinados a destruir tanques de guerra y otros vehículos semejantes.

antítesis f. Oposición o contrariedad de dos afirmaciones. ‖ Persona o cosa opuesta en sus condiciones a otra. ‖ Figura que consiste en contraponer una frase o una palabra a otra de contraria significación. ‖ **FAM.** antitético.

antojarse prnl. Hacerse objeto de vehemente deseo alguna cosa: *no hace más que lo que se le antoja.*

antojo m. Deseo vivo y pasajero de alguna cosa. ‖ Capricho. ‖ pl. Lunares o manchas que suelen presentar en la piel algunas personas. ‖ **FAM.** antojadizo, antojado, antojarse.

antología f. Libro que contiene una selección de textos literarios de uno o varios autores y, p. ext., cualquier medio (libro, disco o colección de discos, exposición, etc.) que incluya una selección de obras artísticas. ‖ **FAM.** antológico, antólogo.

antónimo, ma adj. y m. Se dice de las palabras que expresan ideas opuestas o contrarias. ‖ **FAM.** antonimia.

antonomasia f. Sinécdoque que consiste en poner el nombre apelativo por el propio, o viceversa: *El Apóstol,* por *San Pablo; un Nerón,* por *un hombre cruel.*

antorcha f. Tea para alumbrar. ‖ Lo que sirve de guía: *la antorcha de la sabiduría.*

antracita f. Carbón fósil seco o poco bituminoso que arde con dificultad.

ántrax m. Tumor inflamatorio localizado en el tejido subcutáneo, con abundante formación de pus y, a veces, complicaciones locales y generales graves. ♦ No varía en pl.

antro m. Caverna, cueva, gruta. ‖ Local, establecimiento, vivienda, etc., de mal aspecto o reputación.

antropo- Elemento compositivo que entra en la formación de algunas voces españolas con el significado de 'hombre'.

antropocentrismo m. Doctrina o teoría que supone que el hombre es el centro de todas las cosas, y el fin absoluto de la naturaleza. ‖ **FAM.** antropocéntrico.

antropofagia f. Costumbre que tienen algunos salvajes de comer carne humana. ‖ **FAM.** antropófago.

antropófago, ga adj. y s. Salvaje que come carne humana.

antropoide adj. y m. Se dice de los animales que externamente se asemejan al hombre, como el chimpancé y el orangután.

antropología f. Ciencia que tiene por objeto el estudio del hombre y de su comportamiento como miembro de una sociedad. ‖ **FAM.** antropológico, antropólogo.

antropólogo, ga m. y f. Persona que profesa la antropología o tiene especiales conocimientos sobre ella.

antropomorfismo m. Conjunto de doctrinas que atribuyen a la divinidad las cualidades del hombre.

antropomorfo, fa adj. Que tiene forma o apariencia humana. ‖ Antropoide. También s.

antropopiteco m. Animal que vivió en el período pleistoceno y al que los transformistas consideran como uno de los antepasados del hombre.

anual adj. Que sucede o se repite cada año. ‖ Que dura un año. ‖ **FAM.** anualidad, anualmente.

anualidad f. Calidad de anual. ‖ Importe anual de una renta o carga.

anuario m. Libro que se publica al principio de cada año para que sirva de guía a las personas de determinadas profesiones.

anublar tr. y prnl. Nublar.

anudar tr. y prnl. Hacer nudos. ‖ Unir cuerdas, hilos, etc., con un nudo: *se anudó los cordones de los zapatos.* ‖ Juntar, unir, estrechar: *anudar la amistad.* ‖ **FAM.** reanudar.

anuencia f. Consentimiento, permisión. ‖ **FAM.** renuencia.

anular tr. Dar por nulo un precepto, contrato, etc. ‖ **FAM.** anulable, anulación, nulo.

anular adj. Relativo al anillo. ‖ De figura de anillo. ‖ Se dice del cuarto dedo de la mano. También m.

anunciación f. Acción y efecto de anunciar. ‖ P. ant., el anuncio que el Arcángel San Gabriel hizo a la Virgen del misterio de la Encarnación y fiesta con que se celebra. ♦ En esta acep. se escribe con mayúscula.

anunciar tr. Dar noticia o aviso de alguna cosa. ‖ Pronosticar. ‖ Hacer propaganda o anuncios comerciales: *anunciar un coche.* También prnl. ‖ **FAM.** anunciación, anunciador, anunciante, anuncio.

anuncio m. Acción y efecto de anunciar. ‖ Conjunto de palabras o signos con que se anuncia algo. ‖ Mensaje publicitario. ‖ Pronóstico.

anuro, ra adj. y m. Se dice de los batracios que carecen de cola, como la rana y el sapo. ‖ m. pl. Orden de estos batracios.

anverso m. En las monedas y medallas, cara principal. ‖ Primera página impresa de un pliego.

anzuelo m. Arponcillo o garfio, que pendiente de un sedal, sirve para pescar. ‖ Trampa, atractivo.

añadidura f. Lo que se añade a alguna cosa.

añadir tr. Agregar, incorporar una cosa a otra. ‖ Aumentar, acrecentar, ampliar. ‖ **FAM.** añadido, añadidura.

añagaza f. Señuelo para coger aves. ‖ Artificio para atraer con engaño.

añejo, ja adj. Se dice de ciertas cosas que tienen uno o más años: *vino añejo*. ‖ Que tiene mucho tiempo, antiguo: *costumbre añeja*. ‖ **FAM.** añejar.

añicos m. pl. Pedazos pequeños en que se divide alguna cosa al romperse.

añil m. Arbusto leguminoso. ‖ Pasta azul oscura obtenida de esta planta. ‖ Color de esta planta.

año m. Tiempo que transcurre durante una revolución real de la Tierra en su órbita alrededor del Sol. ‖ Período de doce meses. ‖ **FAM.** anales, aniversario, anual, anuario.

añojo, ja m. y f. Becerro de un año.

añoranza f. Acción de añorar, nostalgia.

añorar tr. e intr. Recordar con pena la ausencia o pérdida de una persona o cosa muy querida. ‖ **FAM.** añoranza.

aojar tr. Hacer mal de ojo. ‖ Desgraciar o malograr una cosa. ‖ **FAM.** aojo.

aorta f. Arteria principal del cuerpo que nace en el ventrículo izquierdo.

aovado, da adj. De figura de huevo.

aovar intr. Poner huevos. ‖ **FAM.** aovado.

apabullar tr. Confundir, intimidar a una persona, haciendo exhibición de fuerza o superioridad: *le apabulló con sus comentarios*. ‖ **FAM.** apabullante, apabullo.

apacentar tr. Dar pasto a los ganados. ‖ prnl. Pacer el ganado. ♦ **Irreg.** Se conj. como *acertar*. ‖ **FAM.** apacentador, apacentamiento.

apache adj. y com. Se dice del indio nómada de las llanuras de Nuevo México, que se caracterizaba por su gran belicosidad. ‖ Se dice del bandido o salteador de las grandes poblaciones.

apacible adj. Manso, dulce y agradable. ‖ De buen temple, tranquilo. ‖ **FAM.** apaciblemente.

apaciguar tr. Poner en paz, sosegar, aquietar: *apaciguar los ánimos*. También prnl. ‖ **FAM.** apaciguamiento.

apadrinar tr. Asistir como padrino a una persona. ‖ Patrocinar, proteger: *apadrinar un proyecto*. ‖ prnl. Ampararse, valerse, acogerse. ‖ **FAM.** apadrinamiento.

apagado, da adj. De genio muy sosegado y apocado. ‖ Tratándose del color, el brillo, etc., amortiguado, poco vivo.

apagar tr. y prnl. Extinguir el fuego o la luz. ‖ Aplacar, disipar, extinguir: *apagar los rencores, un afecto*. También prnl. ‖ Interrumpir el funcionamiento de un aparato desconectándolo de su fuente de energía: *acuérdate de apa-*

gar el gas antes de salir. ‖ **FAM.** apagado, apagador, apagón.

apagón m. Corte pasajero y accidental del alumbrado eléctrico.

apaisado, da adj. Que es más ancho que alto: *un cuadro apaisado*.

apalabrar tr. Concertar de palabra dos o más personas alguna cosa.

apalancar tr. Levantar, mover alguna cosa con palanca. ‖ prnl. Acomodarse en un sitio, permanecer inactivo en él. ‖ **FAM.** apalancado, palanca.

apalear tr. Dar golpes con un palo. ‖ Varear el fruto del árbol. ‖ **FAM.** apaleado, apaleamiento.

apañado, da adj. Hábil, mañoso. ‖ Adecuado para el uso a que se destina.

apañar tr. Coger, agarrar. ‖ Recoger y guardar alguna cosa, o apoderarse de ella ilícitamente. ‖ Remendar lo que está roto: *apañó la falda como pudo*. ‖ Acicalar, asear, ataviar. También prnl. ‖ prnl. Darse maña para hacer algo, arreglárselas, ingeniárselas: *se las apañó para que no le descubrieran*. ‖ *amer.* Encubrir. ‖ **FAM.** apañado, apaño.

apaño m. Acción y efecto de apañar. ‖ Compostura, reparo o remiendo. ‖ Maña o habilidad para hacer alguna cosa. ‖ Relación amorosa irregular.

aparador m. Mueble donde se guarda lo necesario para el servicio de la mesa.

aparato m. Instrumento o reunión de lo que se necesita para algún fin. ‖ Pompa, ostentación. ‖ Artificio mecánico. ‖ Conjunto de órganos que en los animales o en las plantas desempeñan una misma función: *aparato reproductor, circulatorio*. ‖ Conjunto de instituciones, leyes, etc., de un Estado.

aparatoso, sa adj. Que tiene mucha ostentación. ‖ **FAM.** aparatosidad.

aparcamiento m. Acción y efecto de aparcar. ‖ Lugar destinado a este efecto.

aparcar tr. Colocar transitoriamente en un lugar coches u otros vehículos. ‖ Aplazar, postergar un asunto o decisión. ‖ **FAM.** aparcado, aparcamiento.

aparcería f. Convenio entre el dueño de tierras y el que las cultiva, para repartirse entre ellos los productos o beneficios. ‖ **FAM.** aparcero.

aparear tr. Ajustar una cosa con otra, de forma que queden iguales. ‖ Juntar las hembras de los animales con los machos para que críen. También prnl. ‖ **FAM.** apareamiento, parear.

aparecer intr. y prnl. Manifestarse, dejarse ver: *ha aparecido una nueva tendencia musical; se le apareció un espíritu*. ‖ Parecer, encontrarse, hallarse. ‖ Cobrar existencia o darse a conocer por primera vez: *el libro no apareció hasta su muerte.* ♦ **Irreg**. Se conj. como *agradecer.* ‖ **FAM**. aparecido, aparición, desaparecer, reaparecer.

aparecido m. Espectro de un difunto.

aparejado, da adj. Con los verbos *traer* y *llevar,* inherente o inseparable de aquello de que se trata: *las revoluciones traen aparejados muchos males.* ‖ Apto, idóneo.

aparejador, ra m. y f. Ayudante del arquitecto.

aparejar tr. y prnl. Preparar, disponer: *aparejarse para el trabajo.* ‖ Vestir con esmero. ‖ tr. Poner el aparejo a las caballerías o a una embarcación. ‖ **FAM**. aparejado, aparejador, aparejo.

aparejo m. Preparación, disposición para alguna cosa. ‖ Arreo necesario para montar, uncir o cargar los animales. ‖ Objetos necesarios para hacer ciertas cosas. Más en pl: *aparejos de pescar.*

aparentar tr. Manifestar o dar a entender lo que no es o no hay. ‖ Tener una persona el aspecto correspondiente a una determinada edad: *aparenta unos treinta años.* ‖ **FAM**. aparente, apariencia.

aparente adj. Que parece y no es. ‖ Oportuno, adecuado. ‖ Que se muestra a la vista.

aparición f. Acción y efecto de aparecer. ‖ Visión de un ser sobrenatural o fantástico; espectro, fantasma.

apariencia f. Aspecto exterior de una persona o cosa. También pl.: *guardar las apariencias.* ‖ Verosimilitud, probabilidad. ‖ Cosa que parece y no es.

apartado, da adj. Retirado, remoto: *Luis trabaja en una zona apartada.* ‖ Diferente, diverso. ‖ m. Párrafo o serie de párrafos en que se divide un texto, artículo, etc. ‖ En correos, caja numerada que se alquila al usuario en donde se deposita su correspondencia.

apartamento m. Piso, vivienda, generalmente pequeña, que forma parte de un edificio.

apartamiento m. Acción y efecto de apartar o apartarse. ‖ Lugar apartado o retirado. ‖ *amer.* Apartamento.

apartar tr. y prnl. Separar, dividir: *¿has apartado las botellas grandes de las pequeñas?* ‖ Quitar a una persona o cosa del lugar donde estaba. ‖ Retirar. ‖ Disuadir a uno de alguna cosa; hacerle que desista de ella: *se apartó de las drogas.*

aparte adv. l. En otro lugar. ‖ A distancia, desde lejos. ‖ adv. m. Separadamente. ‖ Con omisión. ‖ adj. Diferente, distinto, singular: *Góngora es un autor aparte en la poesía espa-*

ñola. ‖ m. En la representación escénica, lo que dice cualquiera de los personajes, suponiendo que no le oyen los demás. ‖ Párrafo.

apartheid (voz afrikaans) m. Discriminación racial aplicada en la República Sudafricana por la raza blanca frente a la negra.

apasionar tr. y prnl. Causar, excitar alguna pasión. ‖ prnl. Aficionarse con exceso a una persona o cosa. ♦ Se construye con las preps. *con* y *por: apasionarse con la naturaleza; por la fotografía.* ‖ **FAM**. apasionadamente, apasionado, apasionante.

apatía f. Impasibilidad del ánimo. ‖ Dejadez, indolencia, falta de vigor o energía. ‖ **FAM**. apático.

apátrida adj. y s. Se dice de la persona que carece de nacionalidad.

apeadero m. En los ferrocarriles, sitio donde los viajeros pueden apearse sin que haya estación.

apear tr. y prnl. Desmontar o bajar de una caballería o carruaje. ‖ Sondear, superar, vencer alguna dificultad. ‖ Disuadir a alguien de sus opiniones, ideas, creencias, etc.: *no pude apearle de esa idea.* ‖ **FAM**. apeadero.

apechar intr. Apechugar.

apechugar intr. Cargar con alguna obligación o circunstancia ingrata o no deseada. ♦ Se construye con la prep. *con: apechugar con cualquier complicación.* ‖ Dar o empujar con el pecho.

apedrear tr. Arrojar piedras a una persona o cosa. ‖ Matar a pedradas. ‖ impers. Caer pedrisco. ‖ prnl. Padecer daño con el pedrisco las cosechas. ‖ **FAM**. apedreado, apedreo.

apegarse prnl. Tener apego a algo o a alguien. ‖ **FAM**. apego.

apego m. Afecto, cariño.

apelación f. Acción de apelar ‖ En der., recurrir contra el fallo de un tribunal.

apelar intr. Recurrir al juez o tribunal superior para que revoque la sentencia dada por el inferior. ‖ Recurrir a una persona o cosa: *apelo a su honradez.* ‖ Referirse. ‖ **FAM**. apelable, apelación, apelativo, inapelable.

apelativo adj. y m. Se dice del nombre común. ‖ m. Apellido, nombre de familia. ‖ Sobrenombre.

apellidar tr. Nombrar a una persona por su apellido. ‖ Llamar. ‖ prnl. Tener tal nombre o apellido: *se apellida López.*

apellido m. Nombre de familia con que se distinguen las personas. ‖ Sobrenombre.

apelmazar tr. y prnl. Hacer que una cosa esté menos esponjada de lo requerido.

apelotonar tr. Aglomerar, formar pelotones. También prnl.

apenar tr. Causar pena, afligir. También prnl.

apenas adv. m. Penosamente. ‖ Casi no: *apenas habla*. ‖ adv. t. Luego que, al punto que.

apencar intr. Apechugar.

apendejarse prnl. *amer.* Ponerse bobo o acobardarse. ‖ FAM. apendejado.

apéndice m. Cosa adjunta o añadida a otras. ‖ Prolongación delgada y hueca que se halla en la parte inferior del intestino ciego. ‖ Anexo, suplemento: *el apéndice de una enciclopedia*. ‖ FAM. apendicular.

apendicitis f. Inflamación del apéndice. ♦ No varía en pl.

apercibir tr. Prevenir, preparar lo necesario para algo. También prnl. ‖ Amonestar, advertir, avisar. ‖ prnl. Darse cuenta, percatarse: *no me apercibí de su presencia*. ‖ FAM. apercibimiento, desapercibido.

apergaminado, da adj. Semejante al pergamino.

apergaminarse prnl. Acartonarse.

aperitivo adj. y m. Que sirve para abrir el apetito. ‖ m. Bebida y manjares que se toman antes de una comida principal.

apero m. Conjunto de instrumentos de cualquier oficio. Más en pl.: *aperos de labranza*.

aperreado, da adj. Trabajoso, molesto.

aperrear tr. Echar o azuzar perros contra personas o cosas. ‖ Fatigar mucho a una persona. También prnl. ‖ FAM. aperreado.

apertura f. Acción de abrir. ‖ Inauguración de un local, asamblea pública, curso académico, etc. ‖ Tendencia favorable a la comprensión de actitudes ideológicas, políticas, etc., distintas de las que se tiene. ‖ FAM. aperturismo, aperturista.

apesadumbrar tr. y prnl. Causar pesadumbre, afligir. ‖ FAM. pesadumbre.

apestar intr. Despedir mal olor. ♦ Se usa más en las terceras personas. ‖ Fastidiar, cansar. ‖ tr. y prnl. Causar o comunicar la peste. ‖ FAM. apestado, apestoso.

apestoso, sa adj. Que apesta, o tiene mal olor. ‖ Que aburre.

apétalo, la adj. Que carece de pétalos: *flor apétala*.

apetecer intr. Desear algo: *¿te apetece tomar postre?* También tr.: *no apetecía joyas*. ‖ Gustar, agradar una cosa. ♦ Irreg. Se conj. como *agradecer*. ‖ FAM. apetecible, apetencia.

apetencia f. Movimiento instintivo que inclina al hombre a desear alguna cosa. ‖ Apetito. ‖ FAM. inapetencia.

apetito m. Ganas de comer. ‖ Impulso instintivo que lleva a satisfacer deseos o necesidades. ‖ Lo que excita el deseo de alguna cosa: *apetito carnal*. ‖ FAM. apetitoso.

apetitoso, sa adj. Que excita el apetito. ‖ Gustoso, sabroso.

apiadar tr. Causar piedad. ‖ prnl. Tener piedad de algo o alguien: *se apiadaba de sí mismo*.

ápice m. Extremo superior o punta de alguna cosa: *el ápice de la lengua*. ‖ Parte pequeñísima o insignificante.

apicultura f. Arte de criar abejas. ‖ FAM. apícola, apicultor.

apilar tr. Amontonar, poner una cosa sobre otra, haciendo pila o montón. ‖ FAM. apilador, apilamiento.

apiñar tr. y prnl. Juntar o agrupar estrechamente personas y cosas. ‖ FAM. apiñado, apiñamiento.

apio m. Planta de huerta, de tallo y raíz comestibles.

apiolar tr. Matar a alguien.

apisonadora f. Máquina montada sobre rodillos muy pesados que se emplea para apisonar.

apisonar tr. Apretar con pisón la tierra.

aplacar tr. y prnl. Sosegar, mitigar, suavizar: *esto te aplacará el dolor*. ‖ FAM. aplacable, aplacamiento.

aplanadora f. *amer.* Apisonadora.

aplanar tr. Allanar, poner llano algo. ‖ Dejar a uno pasmado o estupefacto. ‖ Desanimar. ‖ FAM. aplanadora, aplanamiento.

aplastante adj. Abrumador, terminante, definitivo: *una victoria aplastante*.

aplastar tr. Deformar una cosa, aplanándola o disminuyendo su grueso. También prnl. ‖. Derrotar, vencer, humillar. ‖ Apabullar, abrumar. ‖ FAM. aplastamiento, aplastante.

aplatanado, da adj. Indolente, inactivo.

aplatanar tr. Causar indolencia o restar actividad a alguien. ‖ prnl. Entregarse a la indolencia o apatía. ‖ FAM. aplatanado, aplatanamiento.

aplaudir tr. Palmotear en señal de aprobación o entusiasmo. ‖ Celebrar con palabras u otras demostraciones a personas o cosas. ‖ FAM. aplauso.

aplauso m. Acción y efecto de aplaudir, palmoteo.

aplazar tr. Retardar, dejar algo para más después: *han aplazado el estreno*. ‖ tr. Convocar. ‖ *amer.* Suspender un examen. ‖ FAM. aplazado, aplazable, aplazamiento.

aplicación f. Acción y efecto de aplicar. ‖ Asiduidad con que se hace alguna cosa. ‖ Ornamentación ejecutada en materia distinta de otra a la cual se sobrepone. Más en pl.: *una colcha con aplicaciones de ganchillo*.

aplicado, da adj. Estudioso. ‖ Que muestra aplicación o asiduidad. ‖ FAM. desaplicado.

aplicar tr. Poner una cosa sobre otra: *aplicar una loción hidratante sobre la piel.* | Emplear alguna cosa para mejor conseguir un determinado fin: *aplicar una ley.* | Referir a un caso particular lo que se ha dicho en general: *ese refrán se aplica a vuestro caso.* | Asignar, adjudicar. | prnl. Dedicarse a un estudio, esmerarse en una tarea. | FAM. aplicable, aplicado, aplicación.

aplique m. Aparato de luz que se fija en la pared.

aplomar tr. Hacer que algo adquiera mayor peso. También prnl. | Examinar con la plomada si las paredes que se van construyendo están verticales o a plomo. También intr. | Poner las cosas verticalmente. | FAM. aplomo.

aplomo m. Gravedad, serenidad. | Verticalidad.

apocado, da adj. De poco ánimo, abatido.

apocalipsis m. Último libro canónico del Nuevo Testamento. Contiene las revelaciones escritas por el apóstol San Juan, referentes en su mayor parte al fin del mundo. ♦ Se escribe con mayúscula. | Fin del mundo. | Catástrofe. ♦ No varía en pl. | FAM. apocalíptico.

apocalíptico, ca adj. Relativo al Apocalipsis. | Terrorífico, espantoso: *la película tuvo un final apocalíptico.*

apocar tr. Mermar, disminuir. | Humillar, abatir. También prnl. | FAM. apocado.

apócope f. Supresión de sonidos al final de un vocablo: *primer por primero.* | FAM. apocopar.

apócrifo, fa adj. Se dice de todo escrito que no es de la época o del autor a que se atribuye: *Evangelios apócrifos.* | Falso.

apodar tr. Poner o dar apodos: *a Luis le apodan el Enano.*

apoderado, da adj. y s. Que tiene poderes de otro para representarlo: *el apoderado del equipo de fútbol.*

apoderar tr. Dar poder una persona a otra para que la represente. | prnl. Hacerse alguien o algo dueño de alguna cosa, ocuparla, dominarla: *el pánico se apoderó de los espectadores.*

apodíctico, ca adj. Demostrativo, convincente, que no admite contradicción.

apodo m. Nombre que suele darse a una persona, tomado de sus defectos corporales o de alguna otra circunstancia.

ápodo, da adj. Falto de pies.

apódosis f. Segunda parte de la oración en que se completa o cierra el sentido de la primera o *prótasis*: *todos los caminos* (prótasis) *conducen a Roma* (apódosis). ♦ No varía en pl.

apófisis f. Parte saliente de un hueso. ♦ No varía en pl.

apogeo m. Punto culminante o más intenso de un proceso: *en el apogeo de su belleza.* | Punto en que la Luna se halla a mayor distancia de la Tierra.

apógrafo m. Copia de un escrito original.

apolillar tr. y prnl. Roer, penetrar o destruir la polilla las ropas u otras cosas. | FAM. apolillado.

apolíneo, a adj. Relativo a Apolo. | Apuesto, hermoso.

apolítico, ca adj. Ajeno a la política.

apologética f. Disciplina teológica que expone las pruebas y fundamentos de la verdad de la religión católica.

apología f. Discurso en alabanza de personas o cosas. | FAM. apologética, apologista.

apólogo m. Fábula, narración de la que se extrae una enseñanza práctica o moral.

apoltronarse prnl. Hacerse perezoso, holgazán. | FAM. apoltronamiento.

aponeurosis f. Membrana conjuntiva que sirve de envoltura a los músculos. ♦ No varía en pl.

apoplejía f. Suspensión súbita y completa de la acción cerebral, debida comúnmente a derrames sanguíneos en el encéfalo o las meninges. | FAM. apoplético.

apoquinar tr. Pagar uno, generalmente con desagrado, lo que le corresponde.

aporcar tr. Cubrir con tierra ciertas plantas, como el apio, el cardo, la escarola, para que se pongan más tiernas y blancas.

aporrear tr. Golpear insistentemente: *aporrear una puerta para que la abran.* | Importunar, molestar. | FAM. aporreado, aporreo.

aportación f. Acción de aportar. | Ayuda, contribución.

aportar tr. Dar o proporcionar, sobre todo bienes. | Contribuir cada cual con lo que le corresponde. | Presentar pruebas, razones, etc.: *su informe aportó datos interesantes.* | Llevar. | FAM. aportación, aporte.

aporte m. Aportación.

aposentar tr. Dar habitación y hospedaje. | prnl. Establecerse en un lugar. | FAM. aposento.

aposento m. Cuarto o pieza de una casa. | Posada, hospedaje.

aposición f. Yuxtaposición de dos o más sustantivos que denoten una misma persona o cosa: *Madrid, capital de España; ella, enfermera de profesión.*

apósito m. Remedio que se aplica exteriormente sujetándolo con vendas.

aposta adv. m. Adrede: *he tirado el jarrón aposta.*

apostar tr. Pactar entre sí los que discrepan, que aquel que no tuviera razón, perderá la cantidad de dinero que se determine o cualquiera otra cosa: *apostaron una cena a que ella llegaba la última.* También prnl. ǁ Arriesgar cierta cantidad de dinero en la creencia de que alguna cosa, como juego, contienda deportiva, etc., tendrá tal o cual resultado. ǁ Situarse una o más personas en determinado lugar para algún fin. También prnl.: *el ladrón se apostó tras la puerta.* ◆ **Irreg.** Se conj. como *contar.* ǁ **FAM.** apostadero, apostante, apuesta.

apostasía f. Acción y efecto de apostatar.

apóstata com. Persona que comete apostasía.

apostatar intr. Renegar de la fe cristiana o de las creencias en que uno ha sido educado. ǁ **FAM.** apostasía, apóstata.

apostilla f. Acotación que aclara, interpreta o completa un texto.

apóstol m. Cada uno de los doce principales discípulos escogidos por Jesucristo para predicar su doctrina. ǁ P. ext., el que propaga alguna doctrina: *apóstol de la paz.* ǁ **FAM.** apostolado, apostólico.

apostolado m. Oficio del apóstol. ǁ Conjunto de las imágenes de los doce apóstoles. ǁ Campaña de propaganda en pro de alguna causa o doctrina.

apostólico, ca adj. Relativo a los apóstoles. ǁ Del papa y de la Iglesia católica. ǁ **FAM.** apostólicamente.

apostrofar tr. Dirigir apóstrofes.

apóstrofe amb. Figura que consiste en cortar de pronto el discurso o narración para dirigir la palabra con vehemencia a una o varias personas presentes o ausentes.

apóstrofo m. Signo ortográfico (') que indica la elisión de una o más letras.

apostura f. Gentileza. ǁ Actitud, aspecto.

apotegma m. Dicho breve y sentencioso.

apotema f. Perpendicular trazada desde el centro de un polígono regular a uno cualquiera de sus lados. ǁ Altura de las caras triangulares de una pirámide regular.

apoteósico, ca adj. Relativo a la apoteosis.

apoteosis f. Ensalzamiento de una persona con grandes honores y alabanzas. ◆ No varía en pl. ǁ **FAM.** apoteósico.

apoyar tr. Hacer que una cosa descanse sobre otra. También prnl.: *apóyate en mí.* ǁ Basar, fundar. ǁ Favorecer, ayudar: *apoyar a un candidato.* ǁ Sostener alguna opinión o doctrina. ǁ prnl. Servirse de algo como apoyo: *se apoya en su propio prestigio.* ǁ **FAM.** apoyatura, apoyo.

apoyo m. Lo que sirve para sostener. ǁ Protección, auxilio o favor. ǁ Fundamento, confirmación o prueba de una opinión o doctrina.

apreciación f. Acción y efecto de apreciar o poner precio a las cosas.

apreciar tr. Poner precio o tasa a las cosas. ǁ Estimar el mérito de las personas o de las cosas. ǁ Graduar el valor de alguna cosa. ǁ **FAM.** apreciable, apreciación, apreciativo, aprecio.

aprecio m. Apreciación. ǁ Estimación afectuosa de una persona.

aprehender tr. Coger, asir, prender. ǁ Aprender, llegar a conocer. ǁ **FAM.** aprehensible, aprehensión.

aprehensión f. Acción y efecto de aprehender, captura.

apremiante adj. Que apremia. ǁ Urgente: *una necesidad apremiante.*

apremiar tr. Dar prisa: *me están apremiando para que firme el contrato.* También intr.: *el tiempo apremia.* ǁ Imponer apremio o recargo. ǁ **FAM.** apremiante, apremio.

apremio m. Acción y efecto de apremiar. ǁ Mandamiento de autoridad judicial para compeler al pago de alguna cantidad. ǁ Recargo de impuestos por demora en el pago.

aprender tr. Adquirir el conocimiento de alguna cosa. ǁ Fijar algo en la memoria. También prnl.: *no me costó nada aprenderme tu teléfono.* ǁ **FAM.** aprendiz.

aprendiz, za m. y f. Persona que aprende algún arte u oficio.

aprendizaje m. Acción de aprender algún arte u oficio. ǁ Tiempo que se emplea en ello.

aprensión f. Aprehensión. ǁ Idea infundada o extraña. Más en pl.: *eso son aprensiones tuyas.* ǁ **FAM.** aprensivo.

aprensivo, va adj. y s. Persona que ve en todo peligros para su salud: *es tan aprensivo que no come nada fuera de casa.*

apresar tr. Hacer presa con las garras o colmillos. ǁ Aprisionar.

aprestar tr. y prnl. Aparejar, preparar. ǁ Aderezar los tejidos. ǁ **FAM.** apresto.

apresto m. Prevención, disposición, preparación. ǁ Acción y efecto de aprestar las telas.

apresurar tr. y prnl. Dar prisa, acelerar. ǁ **FAM.** apresuradamente, apresurado.

apretar tr. Poner una cosa sobre otra haciendo fuerza o comprimiendo: *apretar un tapón.* ǁ Quedar los vestidos y otras cosas semejantes muy ajustadas. ǁ Poner más tirante o más fuerte: *apretar una tuerca.* También prnl.: *apretarse el cinturón.* ǁ Reducir a menor volumen: *si aprietas un poco, te cabrá todo en la maleta.* También prnl. ǁ tr. e intr. Acosar. ǁ Activar, tratar de llevar a efecto con urgencia:

aprieta el paso. ♦ **Irreg**. Se conj. como *acertar.* ‖ **FAM**. apretado, apretujar, aprieto.

apretón m. Presión muy fuerte y rápida: *apretón de manos.*

apretujar tr. Apretar mucho y reiteradamente. ‖ prnl. Oprimirse varias personas en un recinto demasiado estrecho. ‖ **FAM**. apretujón.

apretura f. Opresión causada por la excesiva concurrencia de gente. ‖ Aprieto, apuro.

aprieto m. Conflicto, apuro: *estar en un aprieto.* ‖ Apretura de la gente.

a priori loc. adv. lat. Con anterioridad. ‖ **FAM**. apriorismo.

aprisa adv. m. Con rapidez, presteza y prontitud.

aprisco m. Paraje donde los pastores recogen el ganado.

aprisionar tr. Atar, sujetar. ‖ Poner en prisión.

aprobación f. Acción y efecto de aprobar; consentimiento: *me dio su aprobación.*

aprobado m. En los exámenes, calificación mínima de aptitud o idoneidad.

aprobar tr. Obtener aprobado en una asignatura o examen. ‖ Declarar hábil y competente a una persona. ‖ Asentir a doctrinas u opiniones. ♦ **Irreg**. Se conj. como *contar.* ‖ **FAM**. aprobado, aprobación, desaprobar.

apropiación f. Acción y efecto de apropiar o apropiarse.

apropiado, da adj. Acomodado o proporcionado para el fin a que se destina: *una vestimenta apropiada para la ocasión.*

apropiarse prnl. Tomar para sí alguna cosa haciéndose dueño de ella. ‖ **FAM**. apropiación, apropiado.

aprovechado, da adj. Bien empleado. ‖ Se dice del que saca provecho de todo. ‖ Aplicado, diligente: *es un alumno aprovechado.*

aprovechar intr. Servir de provecho alguna cosa. ‖ Adelantar en estudios, virtudes, artes, etc. ‖ tr. Emplear útilmente alguna cosa. ‖ Sacar utilidad de algo o alguien. También prnl.: *aprovecharse de alguien.* ‖ **FAM**. aprovechable, aprovechado, desaprovechar.

aprovisionar tr. Abastecer. También prnl. ‖ **FAM**. aprovisionamiento.

aproximación f. Acercamiento. ‖ Proximidad. ‖ En mat., estimación.

aproximado, da adj. Que se aproxima o se acerca a lo exacto. ‖ **FAM**. aproximadamente.

aproximar tr. Arrimar, acercar: *aproxima tu silla a la mesa.* También prnl.: *se aproxima el invierno.* ‖ **FAM**. aproximación, aproximado, aproximativo.

ápside m. Cada uno de los dos extremos del eje mayor de la órbita de un astro. Más en pl.: *línea de los ápsides.*

áptero, ra adj. Se dice de cualquier especie o grupo animal que carece de alas.

aptitud f. Cualidad que hace que un objeto sea adecuado para cierto fin. ‖ Idoneidad para ejercer una tarea, empleo, etc. También pl.: *tiene aptitudes para el deporte.*

apto, ta adj. Idóneo, hábil. ‖ **FAM**. aptitud, inepto.

apuesta f. Acción y efecto de apostar una cantidad. ‖ Cosa que se apuesta.

apuesto, ta adj. De buena presencia. ‖ Adornado.

apunarse prnl. *amer.* Padecer puna o soroche.

apuntador, ra adj. y s. Que apunta. ‖ m. y f. Persona que en el teatro se coloca cerca de los actores para recordarles sus parlamentos.

apuntalar tr. Poner puntales. ‖ Sostener, afirmar.

apuntar tr. Asestar un arma. ‖ Señalar. ‖ Tomar nota por escrito de algo; anotar. ‖ En los teatros, ejercer el apuntador su tarea. ‖ intr. Empezar a manifestarse: *apunta el día.* ‖ **FAM**. apuntado, apuntador, apunte.

apunte m. Nota que se hace por escrito de alguna cosa. ‖ Pequeño dibujo tomado del natural rápidamente. ‖ pl. Extracto de las explicaciones de un profesor que toman los alumnos para sí.

apuntillar m. En taurom., rematar al toro con la puntilla.

apuñalar tr. Dar puñaladas. ‖ **FAM**. apuñalamiento.

apurado, da adj. Pobre, falto de caudal. ‖ Dificultoso, peligroso, angustioso. ‖ Apresurado.

apurar tr. Acabar o agotar. ‖ Apremiar, dar prisa. También prnl.: *apúrate o no llegaremos a tiempo.* ‖ prnl. Afligirse, preocuparse. ‖ **FAM**. apurado, apuro.

apuro m. Escasez grande. ‖ Aflicción, conflicto. ‖ Apremio, prisa.

aquejar tr. Acongojar, afligir, molestar.

aquel, lla, llo, llos, llas Formas de pron. dem. en los tres géneros m., f. y n., y en ambos números sing. y pl. Designan lo que física o mentalmente está lejos de la persona que habla o de la persona con quien se habla. Las formas m. y f. se usan como adj. y como s. ‖ m. Voz que se emplea para expresar una cualidad que no se quiere o no se acierta a decir, o para referirse a algo con encanto o atractivo; lleva antepuesto el artículo *el* o *un* o algún adjetivo: *Juana tiene mucho aquel.*

aquelarre m. Reunión nocturna de brujos.

aquenio m. Fruto seco que no se abre por sí

mismo y que tiene una sola semilla, como el de la castaña y el girasol.

aquí adv. l. En este lugar. ǁ A este lugar. ǁ adv. t. Ahora, en el tiempo presente.

aquiescencia f. Autorización, consentimiento.

aquietar tr. y prnl. Sosegar, apaciguar.

aquilatar tr. Graduar los quilates del oro y de las perlas. ǁ Apreciar el mérito de una persona o cosa. ǁ FAM. aquilatamiento.

aquilón m. Polo ártico y viento que sopla de esta parte. ǁ FAM. aquilonal.

ara f. Altar en que se ofrecen sacrificios. ǁ Piedra consagrada del altar.

árabe adj. De Arabia. También com. ǁ Por ext., perteneciente o relativo a los pueblos de lengua árabe. ǁ m. Lengua semítica hablada por los habitantes de estos pueblos. ǁ FAM. arabesco, arábico, arábigo, arabizar.

arabesco, ca adj. Arábigo. ǁ m. Adorno formado de figuras vegetales y geométricas usado en las construcciones árabes.

arábico, ca o **arábigo, ga** adj. Relativo a Arabia. ǁ m. Lengua árabe.

arabismo m. Vocablo o giro de esta lengua empleado en otra. ǁ FAM. arabista.

arabista com. Especialista en lengua y cultura árabes.

arabizar intr. Hacer que algo o alguien adquiera carácter árabe. También prnl. ǁ FAM. arabización.

arácnido, da adj. Se dice de los artrópodos sin antenas como la araña y los escorpiones.

arado m. Instrumento de agricultura que sirve para labrar la tierra abriendo surcos. ǁ FAM. arador.

aragonito m. Carbonato de cal.

arahuaco, ca adj. Se dice de los pueblos y lenguas que se extendieron desde las Antillas mayores hasta la costa norte de Sudamérica. También s. y pl. ǁ m. Lengua hablada por estos pueblos.

arameo, a adj. y s. Descendiente de Aram. ǁ Natural de Aram, ant. región de Asia. ǁ m. Lengua semítica hablada por los arameos.

arancel m. Tarifa oficial en aduanas, ferrocarriles, etc. ǁ Tasa. ǁ FAM. arancelario.

arancelario, ria adj. Relativo al arancel.

arándano m. Pequeño arbusto que vive en el N. de España y en casi toda Europa. ǁ Fruto de esta planta.

arandela f. Anillo metálico que se usa en las máquinas para evitar el roce entre dos piezas.

arandillo m. Pájaro insectívoro de color ceniciento en el lomo y las alas y blanco en el vientre y la frente.

araña f. Arácnido pulmonado de cuatro pares de patas y abdomen abultado, que segrega un hilo sedoso. ǁ Candelabro sin pie y con varios brazos.

arañar tr. Rasgar ligeramente el cutis con las uñas, un alfiler u otra cosa. También prnl. ǁ Rayar superficialmente. ǁ FAM. arañazo.

arañazo m. Rasgadura ligera.

arar tr. Remover la tierra haciendo surcos con el arado. ǁ FAM. arado, arador.

araucano, na adj. Pueblo del centro y sur de Chile. Más en pl. ǁ Relativo a este pueblo. ǁ m. Mapuche, lengua de los araucanos.

araucaria f. Árbol conífero de la familia de las abietáceas, que puede alcanzar hasta 50 m de altura, y cuyo fruto contiene una almendra dulce muy alimenticia. Es originario de América.

arbitraje m. Acción o facultad de arbitrar. ǁ Juicio emitido por árbitro deportivo.

arbitrar tr. Hacer de árbitro en una competición o en un litigio. También intr. ǁ Dar o proporcionar recursos: *el Gobierno ha arbitrado los fondos para la realización del proyecto.*

arbitrariedad f. Acto contra la justicia o la razón, dictado por el capricho.

arbitrario, ria adj. Se dice de lo que está hecho por el gusto o capricho de alguien. ǁ Se dice de la persona que actúa injusta o caprichosamente. ǁ Convencional, acordado entre varias personas. ǁ FAM. arbitrariamente, arbitrariedad.

arbitrio m. Facultad humana de adoptar una resolución con preferencia a otra. ǁ Voluntad que no responde a la razón. ǁ pl. Impuestos o derechos, generalmente municipales, para gastos públicos.

árbitro, tra m. y f. Persona que en las competiciones deportivas cuida de la aplicación del reglamento. ǁ adj. y s. Que puede hacer algo por sí solo sin dependencia de otro. ǁ FAM. arbitral, arbitrar.

árbol m. Planta perenne, de tronco leñoso y elevado, que se ramifica a cierta altura del suelo. ǁ FAM. arboleda, arbóreo, arboricultura, arbusto.

arbolado, da adj. Se dice del sitio poblado de árboles. ǁ m. Conjunto de árboles, arboleda.

arboladura f. Conjunto de palos y vergas de un buque.

arboleda f. Sitio poblado de árboles.

arbóreo, a adj. Relativo al árbol.

arborescente adj. Planta que tiene caracteres parecidos a los del árbol. ǁ FAM. arborescencia.

arborícola adj. Que vive en los árboles.

arboricultura f. Cultivo de los árboles. ǁ Enseñanza relativa al modo de cultivarlos. ǁ FAM. arboricultor.

arbotante m. Arco que contrarresta el empuje de otro arco o de una bóveda.

arbusto m. Planta perenne, de mediana altura y ramas desde la base, como la liga, la jara, etc. ‖ **FAM.** arbustivo.

arca f. Caja, comúnmente de madera, sin forrar y con tapa llana. ‖ Caja para guardar dinero, cofre. ‖ pl. Pieza donde se guarda el dinero en las tesorerías. ‖ **FAM.** arcón.

arcabuz m. Arma antigua de fuego, semejante al fusil. ‖ **FAM.** arcabucero.

arcada f. Serie de arcos. ‖ Ojo de un arco de puente. ‖ Movimiento violento del estómago que excita a vómito. Más en pl.

arcaduz m. Caño por donde se conduce el agua.

arcaico, ca adj. Muy antiguo o anticuado. ‖ Relativo al arcaísmo. ‖ **FAM.** arcaísmo.

arcaísmo m. Voz, frase o manera de decir anticuadas.

arcángel m. Espíritu bienaventurado que pertenece al octavo coro celeste.

arcano, na adj. Secreto, recóndito, reservado. ‖ m. Misterio, cosa oculta y muy difícil de conocer.

arce m. Árbol de madera muy dura.

arcén m. Margen u orilla. ‖ En una carretera, cada uno de los márgenes reservados a un lado y otro de la calzada para uso de peatones, tránsito de vehículos no automóviles, etc.

archi- Prefijo de voces compuestas. Con sustantivos denota preeminencia o superioridad: *archiduque, archidiácono*. Con adjetivos equivale a *muy: archinotable, archipícaro*.

archicofradía f. Cofradía más antigua o que tiene mayores privilegios que otras. ‖ **FAM.** archicofrade.

archidiócesis f. Diócesis arzobispal.

archiducado m. Dignidad de archiduque. ‖ Territorio perteneciente al archiduque.

archiduque m. Dignidad de los príncipes de la casa de Austria. ‖ **FAM.** archiducado, archiduquesa.

archipiélago m. Conjunto, generalmente numeroso, de islas agrupadas en una superficie, más o menos extensa, de mar.

archivador, ra adj. y s. Que archiva. ‖ m. Mueble de oficina o carpeta para archivar documentos.

archivar tr. Poner y guardar papeles o documentos en un archivo o archivador. ‖ Arrinconar o dar algo por terminado.

archivero, ra m. y f. Persona que tiene a su cargo un archivo, o sirve como técnico en él.

archivo m. Local en que se custodian documentos públicos o particulares. ‖ Conjunto de estos documentos.

arcilla f. Sustancia constituida por agregados de silicatos de aluminio, que se endurece al agregarle agua. ‖ **FAM.** arcilloso.

arcilloso, sa adj. Que tiene arcilla. ‖ Semejante a ella.

arciprestazgo m. Dignidad o cargo de arcipreste. ‖ Territorio de su jurisdicción.

arcipreste m. Presbítero que, por indicación del obispo de la diócesis, tiene ciertas atribuciones sobre las iglesias de un determinado territorio. ‖ **FAM.** arciprestazgo.

arco m. En geom., porción de curva. ‖ Arma que sirve para disparar flechas. ‖ Construcción en forma de arco.

arcón m. aum. de arca: *pon los libros en el arcón*.

arder intr. Estar encendido o incendiado: *el bosque está ardiendo*. ‖ Estar muy agitado, apasionado. ‖ **FAM.** ardiente.

ardid m. Artificio empleado para el logro de algún intento.

ardido, da adj. Valiente, denodado.

ardiente adj. Que arde. ‖ Fervoroso, activo, eficaz. ‖ Apasionado, vehemente: *deseo ardiente*.

ardilla f. Mamífero roedor de unos 20 cm de largo sin la cola, de color oscuro rojizo por el lomo y blanco por el vientre. Vivo y ligero, se cría en los bosques.

ardite m. Cosa insignificante, de poco o ningún valor: *no estimarse en un ardite*. ‖ Moneda de poco valor que hubo antiguamente en Castilla.

ardor m. Calor intenso. ‖ Agitación, apasionamiento: *en el ardor de la disputa*. ‖ Intrepidez, valentía: *luchar con ardor por algo*. ‖ Brillo, resplandor. ‖ Ansia, anhelo. ‖ **FAM.** ardoroso.

ardoroso, sa adj. Que tiene ardor. ‖ Ardiente, vigoroso, eficaz. ‖ **FAM.** ardorosamente.

arduo, dua adj. Muy difícil. ‖ **FAM.** arduamente.

área f. Espacio de tierra comprendido entre ciertos límites. ‖ Medida de superficie que equivale a cien metros cuadrados. ‖ En algunos deportes, zona marcada delante de la meta. ‖ Espacio en que se produce determinado fenómeno o que se distingue por ciertos caracteres geográficos, botánicos, zoológicos, económicos, etc.: *área geográfica, área lingüística*. ‖ Conjunto de materias o ideas que están relacionadas entre sí: *el área de ciencias sociales*.

arel m. Criba.

arena f. Conjunto de partículas desagregadas de las rocas. ‖ Lugar del combate o la lucha. ‖ Redondel de la plaza de toros. ‖ **FAM.** arenal, arenero, arenisca, arenoso.

arenal m. Suelo de arena movediza. | Extensión grande de terreno arenoso.

arenga f. Discurso pronunciado ante una multitud con el fin de enardecer los ánimos. | **FAM.** arengar.

arengar intr. y tr. Pronunciar una arenga.

arenilla f. Arena menuda y fina. | pl. Salitre reducido a granos menudos que se emplea en la fabricación de la pólvora.

arenisca f. Roca formada con granillos de cuarzo unidos por un cemento silíceo, arcilloso, calizo o ferruginoso.

arenque m. Pez teleósteo de unos 25 cm de longitud y color azulado por encima y plateado por el vientre. Se come fresco, salado o ahumado.

areómetro m. Instrumento que sirve para determinar las densidades relativas o los pesos específicos de los líquidos, o de los sólidos por medio de los líquidos.

areópago m. Tribunal superior de la antigua Atenas. | Grupo de personas a quien se atribuye autoridad y competencia para resolver ciertos asuntos. | **FAM.** areopagita.

arepa f. *amer.* Torta hecha de maíz seco que generalmente se sirve rellena de carne.

arete m. Pendiente en forma de aro. | *amer.* Cualquier tipo de pendiente.

argamasa f. Mortero hecho de cal, arena y agua, que se emplea en las obras de albañilería.

argénteo, a adj. De plata. | Plateado.

argentífero, ra adj. Que contiene plata.

argentino, na adj. Argénteo. | Que suena como la plata. | De la República Argentina. También s.

argento m. poét. Plata u otro metal precioso.

argolla f. Aro grueso de hierro, que sirve para amarre o de asidero.

argón m. Elemento químico que forma parte del grupo de los gases nobles o raros, incoloro e inerte; se emplea en tubos de iluminación y su símbolo es *Ar* o *A*.

argonauta m. Cada uno de los héroes griegos que, según la mitología, fueron a Colcos en la nave Argos a la conquista del vellocino de oro. | Molusco cefalópodo.

argot m. Jerga. | Lenguaje especial entre personas de un mismo oficio o actividad: *argot teatral.*

argucia f. Sutileza, sofisma, argumento falso presentado con agudeza.

argüir tr. Dar argumentos a favor o en contra de algo. También intr.: *la oposición arguyó en contra del proyecto.* | Sacar en claro, deducir como consecuencia natural. | Descubrir,

probar. | Acusar. ♦ **Irreg.** Se conj. como *huir*. | **FAM.** argucia, argumento.

argumentación f. Acción de argumentar. | Argumento para convencer.

argumentar intr. Aducir, alegar, poner argumentos. | Argüir.

argumento m. Razonamiento empleado para demostrar algo: *esa teoría no tiene argumentos válidos.* | Asunto del que trata una obra literaria, cinematográfica, etc. | **FAM.** argumentación, argumental.

aria f. Composición musical escrita para ser cantada por una sola voz.

aridez f. Calidad de árido.

árido, da adj. Seco, de poca humedad. | Falto de amenidad: *una lectura árida.* | m. pl. Granos, legumbres y otras cosas sólidas a que se aplican medidas de capacidad. | **FAM.** aridez.

ariete m. Viga larga que se empleó en la antigüedad para abatir murallas.

ario, ria adj. y s. Individuo de un primitivo pueblo de Asia central del que proceden los indoeuropeos. | Indoeuropeo. | Se dice del individuo perteneciente a un pueblo de estirpe nórdica, formado por los descendientes de los antiguos indoeuropeos, que la ideología nazi consideraba por superior y por ello destinada a dominar el mundo.

arisco, ca adj. Áspero, intratable. | **FAM.** ariscarse.

arista f. Línea que resulta de la intersección de dos superficies, considerada por la parte exterior del ángulo que forman. | Borde, esquina.

aristocracia f. Clase noble de una nación, provincia, etc. | Gobierno ejercido por esta clase. | P. ext., clase que sobresale entre las demás por alguna circunstancia: *aristocracia del saber.* | **FAM.** aristocrático.

aristócrata com. Persona de la aristocracia. | Partidario de ella.

aristocrático, ca adj. Relativo a la aristocracia. | Fino, distinguido: *una bebida aristocrática.* | **FAM.** aristocracia, aristocratizar.

aritmética f. Parte de las matemáticas que estudia los números.

aritmético, ca adj. Relativo a la aritmética. | m. y f. Persona que tiene en ella especiales conocimientos. | **FAM.** aritméticamente.

arlequín m. Personaje cómico de la antigua comedia del arte italiana. | Persona vestida con este traje. | Persona informal. | **FAM.** arlequinesco.

arma f. Instrumento, medio o máquina destinados a ofender o a defenderse. | pl. Conjunto de las que lleva un guerrero. | Medios para conseguir alguna cosa: *su sonrisa fue su* *mejor arma.* | **FAM**. armada, armamento, armería.

armada f. Conjunto de fuerzas navales de un Estado. | Escuadra, conjunto de buques de guerra.

armadillo m. Mamífero americano del orden de los desdentados, con el cuerpo protegido por placas dérmicas; es parecido al cerdo y puede enrollarse sobre sí mismo.

armador, ra m. y f. Persona que arma un mueble o artefacto. | Persona que por su cuenta arma o avía una embarcación.

armadura f. Conjunto de armas de hierro con que se vestía para su defensa los que habían de combatir. | Pieza o conjunto de piezas unidas unas con otras, en que o sobre que se arma alguna cosa.

armamentista adj. Referente a la industria de armas de guerra. | Partidario de la política de armamentos.

armamento m. Aparato y prevención de todo lo necesario para la guerra. | Conjunto de armas para el conjunto de un cuerpo militar. | Equipo y provisión de una embarcación. | **FAM**. armamentista.

armar tr. Poner o dar armas. También prnl. | Preparar para la guerra. También prnl. | Juntar entre sí las varias piezas de que se compone un objeto: *armar una cama.* | Causar, formar, producir: *armar bronca.* También prnl.: *armarse una tormenta.*| prnl. Disponer del ánimo necesario para conseguir un fin o resistir una contrariedad: *armarse de paciencia.* | **FAM**. armado, armador.

armario m. Mueble en que se guardan libros, ropas u otros objetos.

armatoste m. Cualquier máquina o mueble tosco, pesado y mal hecho. | Persona corpulenta.

armazón amb. Armadura, pieza sobre la que se arma alguna cosa. | Esqueleto.

armella f. Anillo de metal que suele tener una espiga o tornillo para clavarlo en parte sólida, como aquel por donde entra el cerrojo.

armería f. Edificio o sitio en que se guardan diferentes géneros de armas para curiosidad o estudio. | Tienda en que se venden armas.

armiño m. Mamífero carnívoro, de piel muy suave y delicada, parda en verano y blanquísima en invierno, excepto la punta de la cola, que es siempre negra. | Piel de este animal.

armisticio m. Suspensión de hostilidades pactadas entre pueblos y ejércitos beligerantes.

armonía f. Conveniente proporción y correspondencia de unas cosas con otras: *armonía de colores.* | Combinación de sonidos simultáneos y diferentes, pero acordes. | En lit., grata variedad de sonidos y pausas que resulta en la prosa o en el verso por la adecuada combinación de las sílabas, voces y cláusulas. | Amistad y buena correspondencia: *vivir en armonía.* | **FAM**. armónico, armonioso, armonizar.

armónico, ca adj. Relativo a la armonía. | f. Instrumento musical de viento provisto de una serie de orificios con lengüeta. | **FAM**. armónicamente.

armonio m. Órgano pequeño, con la figura exterior de un piano.

armonioso, sa adj. Sonoro y agradable al oído. | Que tiene armonía o correspondencia entre sus partes.

armonizar tr. Poner en armonía dos o más partes de un todo. | intr. Estar en armonía: *estos colores no armonizan.* | **FAM**. armonización.

arnés m. Armadura. | pl. Guarniciones de las caballerías.

árnica f. Planta de la familia de las compuestas, con semillas de color pardo, cuyas flores y raíz tienen sabor acre, aromático y olor muy fuerte.

aro m. Pieza de hierro o de otra materia rígida, en figura de circunferencia. | **FAM**. arete.

aroma m. Perfume, olor muy agradable. | f. Flor del aromo, de muy fragante olor. | **FAM**. aromático, aromatizar.

aromático, ca adj. Que tiene aroma u olor agradable.

aromatizar tr. Dar o comunicar aroma a algo. | **FAM**. aromatización.

aromo m. Árbol de las leguminosas, especie de acacia.

arpa f. Instrumento músical, de figura triangular, con cuerdas colocadas verticalmente y que se tocan con ambas manos. | **FAM**. arpista.

arpegio m. Sucesión más o menos acelerada de los sonidos de un acorde.

arpía f. Ave fabulosa con rostro de mujer y cuerpo de ave de rapiña. | Persona codiciosa que con arte o maña saca cuanto puede. | Mujer perversa.

arpillera f. Tejido, generalmente de estopa muy basta, usado para hacer sacos y cubiertas.

arpón m. Astil de madera armado por uno de sus extremos con una punta de hierro que sirve para herir o penetrar, y de otras dos para hacer presa. | **FAM**. arponear, arponero.

arquear tr. Dar figura de arco: *arquear un mimbre.* También prnl. | Medir la cabida de una embarcación.

arqueo m. Acción y efecto de arquear o arquearse. | Cabida de una embarcación. | Reconocimiento del dinero y papeles que existen en una caja, oficina o corporación.

arqueolítico, ca adj. Perteneciente o relativo a la edad de piedra.

arqueología f. Ciencia que estudia todo lo que se refiere a las artes y a los monumentos de la antigüedad. | **FAM**. arqueológico, arqueólogo.

arqueólogo, ga m. y f. Persona que profesa la arqueología o tiene en ella especiales conocimientos.

arquero, ra m. Soldado que peleaba con arco y flechas. | m. y f. Persona que hace arcos. | *amer*. En dep., portero de un equipo de fútbol.

arquetipo m. Modelo, tipo ideal: *ella es el arquetipo de la mujer moderna*. | Modelo original y primario en un arte u otra cosa. | **FAM**. arquetípico.

arquíptero, ra adj. y m. pl. Se dice de los insectos masticadores, con cuatro alas membranosas y cuyas larvas son acuáticas.

arquitecto, ta m. y f. Persona que profesa o ejerce la arquitectura.

arquitectónico, ca adj. Relativo a la arquitectura.

arquitectura f. Arte de proyectar y construir edificios. | Estructura. | **FAM**. arquitecto, arquitectónico.

arquitrabe m. Elemento arquitectónico que descansa sobre el capitel de la columna.

arquivolta f. Conjunto de molduras que decoran un arco en su paramento exterior vertical, acompañando a la curva en toda su extensión y terminando en las impostas.

arrabal m. Barrio fuera del recinto de la población a que pertenece. | Cualquiera de los sitios extremos de una población. | **FAM**. arrabalero.

arrabalero, ra adj. y s. Habitante de un arrabal. | Mal educado, vulgar.

arracimarse prnl. Unirse o juntarse en figura de racimo. | **FAM**. arracimado.

arraigar intr. y prnl. Echar o criar raíces. | Hacerse muy firme y difícil de extinguir o extirpar un afecto, virtud, vicio, uso o costumbre. | prnl. Establecerse, radicarse en un lugar. | **FAM**. arraigado, arraigo, desarraigar.

arraigo m. Acción y efecto de arraigar o arraigarse: *persona de arraigo*.

arramblar tr. Dejar los ríos, arroyos o torrentes cubierto de arena el suelo por donde pasan, en tiempo de avenidas. | Arrastrarlo todo con violencia. | tr. e intr. Arramplar.

arramplar tr. e intr. Llevarse codiciosamente todo lo que hay en algún lugar: *arrampló con mis joyas*.

arrancada f. Partida o salida violenta de

una persona o animal | Puesta en marcha de una máquina.

arrancar tr. Sacar de raíz: *arrancar un árbol*. | Sacar con violencia una cosa del lugar a que está adherida, o de que forma parte. También prnl.: *arrancarse una muela*. | Quitar con violencia: *le arrancó el arma de las manos*. | Obtener o conseguir algo de una persona con trabajo, violencia o astucia: *me arrancó las palabras de la boca*. | Separar con violencia o con astucia a una persona de alguna parte, o de costumbres, vicios, etc. | intr. Partir de carrera para seguir corriendo. | Iniciarse el funcionamiento de una máquina o la traslación de un vehículo. También tr. | Empezar a hacer algo de modo inesperado: *arrancó a cantar*. También prnl. | Provenir. | **FAM**. arrancada, arranque.

arranque m. Acción y efecto de arrancar. | Ímpetu de cólera, piedad, amor u otro afecto: *un arranque de ira, de generosidad*. | En arq., principio de un arco o bóveda.

arras f. pl. Lo que se da como prenda o señal en algún contrato. | Las 13 monedas que, al celebrarse el matrimonio, entrega el desposado a la desposada.

arrasar tr. Allanar la superficie de alguna cosa. | Destruir, arruinar. | Llenar o cubrir los ojos de lágrimas. También prnl. | intr. Tener algo o alguien un éxito extraordinario: *su nuevo disco arrasará este verano*. | **FAM**. arrasado.

arrastrado, da adj. Pobre, afligido de privaciones, molestias y trabajos: *Carlos lleva una vida arrastrada*. | Miserable. También s. | Se dice del juego de naipes en que es obligatorio servir a la carta jugada: *tute arrastrado*.

arrastrar tr. Llevar a una persona o cosa por el suelo, tirando de ella. | Llevar uno tras sí, o traer a otro a su dictamen o voluntad: *las amistades lo arrastraron a las drogas*. | prnl. Humillarse. | **FAM**. arrastrado, arrastre.

arrastre m. Acción y efecto de arrastrar.

arrayán m. Arbusto mirtáceo, de flores pequeñas y blancas, y bayas de color negro azulado. | Mirto.

¡arre! Voz que se emplea para estimular a las bestias.

arrear tr. Estimular a las bestias para que echen a andar o para que aviven el paso. | Dar prisa, estimular. También intr. | *amer*. Robar ganado. | Pegar o dar golpes: *le arreó un puñetazo*. | **FAM**. arreo.

arrear tr. Estimular a las bestias. | Adornar, hermosear, engalanar.

arrebatado, da adj. Precipitado e impetuoso. | Se dice del color vivo: *un rojo arrebatado*.

arrebatar tr. Quitar o tomar algo con violencia. ‖ Atraer alguna cosa: *arrebatar la atención, la vista.* ‖ Conmover poderosamente excitando alguna pasión o afecto. También prnl.: *arrebatarse de amor.* ‖ prnl. Enfurecerse: *me arrebata hablar sobre ese tema.* ‖ Cocerse o asarse mal y precipitadamente un alimento por exceso de fuego. ‖ **FAM.** arrebatado, arrebatador, arrebatiña, arrebato.

arrebato m. Acción de arrebatar o arrebatarse. ‖ Furor causado por la intensidad de alguna pasión: *un arrebato de cólera.* ‖ Éxtasis.

arrebol m. Color rojo de las nubes. ‖ Colorete. ‖ **FAM.** arrebolar.

arrebolar tr. Poner de color de arrebol. También prnl.

arrebujar tr. Coger mal y sin orden alguna cosa flexible: *arrebujar la ropa.* ‖ prnl. Cubrirse bien o envolverse con la ropa.

arrechucho m. Indisposición repentina y pasajera. ‖ Ataque de cólera.

arreciar intr. y prnl. Irse haciendo cada vez más recia, fuerte o violenta alguna cosa: *arreciar la calentura, la cólera, la tempestad, el viento.*

arrecife m. Banco o bajo en el mar, casi a flor de agua.

arredrar tr. y prnl. Retraer, hacer volver atrás; amedrentar, atemorizar. ‖ Apartar, separar.

arreglado, da adj. Ordenado y moderado: *una habitación arreglada resulta más cómoda.* ‖ Sujeto a regla.

arreglar tr. y prnl. Ordenar, poner en orden: *arreglar los papeles del divorcio.* ‖ Reparar algo roto o que no funciona: *ya arreglaron el equipo de música.* ‖ Solucionar, enmendar: *arreglar un asunto.* ‖ Acordar algo entre varias personas: *arreglar una cita.* ‖ Acicalar, engalanar: *arreglar un piso; arreglarse alguien para salir.* ‖ En frases de futuro se usa como amenaza: *ya te arreglaré yo.* ‖ **arreglárselas** loc. Componérselas: *ya me las arreglaré yo solo.* ‖ **FAM.** arreglado, arreglo, desarreglar.

arreglo m. Acción de arreglar o arreglarse. ‖ Avenencia, conciliación. ‖ En mús., transformación de una obra musical.

arrellanarse prnl. Ensancharse y extenderse en el asiento con toda comodidad y regalo.

arremangar tr. y prnl. Remangar.

arremeter intr. Acometer con ímpetu y furia: *arremeter contra el orden establecido.* ‖ Arrojarse con presteza.

arremolinarse prnl. Amontonarse o apiñarse desordenadamente la gente. ‖ Chocar, disonar u ofender a la vista alguna cosa.

arrendador, ra m. y f. Persona que da en arrendamiento alguna cosa.

arrendajo m. Ave del orden de los pájaros al que se llama también *grajo*, que se alimenta de frutos de diversos árboles y destruye asimismo los nidos de algunas aves canoras, cuya voz imita para sorprenderlas con mayor seguridad.

arrendamiento m. Acción de arrendar. ‖ Contrato por el cual se arrienda.

arrendar tr. Ceder o adquirir por precio el goce o aprovechamiento temporal de cosas, obras o servicios. ♦ **Irreg.** Se conj. como *acertar.* ‖ **FAM.** arrendador, arrendamiento, arrendatario.

arrendatario, ria adj. y s. Que toma en arrendamiento algo.

arreo m. Atavío, adorno. ‖ pl. Guarniciones de las caballerías. ‖ Guarniciones de alguna cosa: *arreos de pesca.*

arrepentimiento m. Pesar de haber hecho alguna cosa.

arrepentirse prnl. Pesarle a uno de haber hecho o haber dejado de hacer alguna cosa. ♦ **Irreg.** Se conj. como *sentir.* ‖ **FAM.** arrepentimiento.

arrestado, da adj. y s. Persona que sufre un arresto.

arrestar tr. Detener, poner preso. ‖ **FAM.** arrestado, arresto.

arresto m. Acción de arrestar. ‖ Detención provisional del presunto reo. ‖ pl. Arrojo o determinación para emprender una cosa ardua: *tener arrestos.*

arrianismo m. Doctrina religiosa que consideraba a Jesucristo como no igual o consustancial al Padre sino engendrado por éste; se le consideró herejía en el s. IV. ‖ **FAM.** arriano.

arriar tr. Bajar las velas, las banderas, etc.

arriate m. Cuadrado estrecho y dispuesto para tener plantas.

arriba adv. l. A lo alto, hacia lo alto. ‖ En lo alto, en la parte alta, o en esa dirección: *cuesta arriba.* ‖ En un escrito, lugar anterior: *según se dijo más arriba.* ‖ En cantidades o medidas, denota exceso indeterminado: *de mil pesetas para arriba.* ‖ En situación de superioridad: *los de arriba decidirán lo mejor para el partido.* ‖ interj. Se emplea para animar a alguno a que se levante, a que suba, etc.: *¡arriba!* ‖ **FAM.** arribista.

arribar intr. Llegar la nave al puerto. ‖ Llegar por tierra a cualquier paraje. ‖ Llegar a conseguir lo que se desea.

arribista com. Persona que progresa en la vida por medios rápidos y sin escrúpulos: *no confíes en Paco, es un arribista.* ‖ **FAM.** arribismo.

arriendo m. Arrendamiento, alquiler.

arriero m. Persona que trajina con bestias de carga.

arriesgado, da adj. Aventurado, peligroso. ‖ Osado, temerario. ‖ **FAM.** arriesgadamente.

arriesgar tr. y prnl. Poner a riesgo. ‖ **FAM.** arriesgado.

arrimar tr. y prnl. Acercar o poner una cosa junto a otra: *arrimar un armario a la pared*; *arrimarse a una hoguera*. ‖ Dar un golpe: *arrimar un bofetón*. ‖ prnl. Apoyarse sobre algo, como para descansar o sostenerse: *arrimarse a una columna*. ‖ Acogerse a la protección de alguien o de algo, valerse de ella. ‖ **FAM.** arrimado, arrimo.

arrimo m. Acción de arrimar o arrimarse. ‖ Proximidad, cercanía. ‖ Apoyo, sostén. ‖ Afición, inclinación.

arrinconado, da adj. Apartado, distante del centro. ‖ Desatendido, olvidado.

arrinconar tr. Poner algo en un rincón o lugar retirado. ‖ Privar a uno del cargo o favor que disfrutaba; no hacer caso de él. ‖ **FAM.** arrinconado.

arritmia f. Falta de ritmo regular. ‖ Irregularidad y desigualdad en las contracciones del corazón. ‖ **FAM.** arrítmico.

arroba f. Peso de 25 libras, equivalente a 11,502 kg.

arrobamiento m. Acción de arrobar o arrobarse, enajenarse, quedar fuera de sí. ‖ Éxtasis.

arrobar tr. Embelesar. ‖ prnl. Enajenarse, quedar fuera de sí. ‖ **FAM.** arrobador, arrobamiento.

arrocero, ra adj. Relativo al arroz. ‖ m. y f. Persona que cultiva arroz.

arrodillar tr. Hacer que uno hinque la rodilla o ambas rodillas. ‖ prnl. Ponerse de rodillas.

arrogancia f. Calidad de arrogante, altanero, valiente.

arrogante adj. Altanero, soberbio. ‖ Valiente, brioso. ‖ Gallardo, airoso.

arrogarse prnl. Atribuirse, apropiarse. Se dice de cosas inmateriales, como jurisdicción, poder, etc.: *arrogarse un derecho*.

arrojar tr. Impeler con violencia una cosa. ‖ Echar: *arrojar algo a la basura*. ‖ Tratándose de cuentas, documentos, etc., presentar, dar como resultado. ‖ Vomitar. También intr. ‖ prnl. Precipitarse, dejarse ir con violencia de alto a bajo: *arrojarse al mar*; *arrojarse por una ventana*. ‖ **FAM.** arrojadizo, arrojado, arrojo.

arrojo m. Osadía, intrepidez.

arrollar tr. Envolver algo en forma de rollo: *arrollar un papel*. ‖ Desbaratar o derrotar al enemigo. ‖ Atropellar, no hacer caso de leyes ni de otros miramientos. ‖ Llevar rodando la violencia del agua o del viento alguna cosa sólida. ‖ Confundir, dejar a una persona sin poder replicar: *su intervención le arrolló*. ‖ **FAM.** arrollador.

arropar tr. y prnl. Cubrir o abrigar con ropa. ‖ **FAM.** desarropar.

arrope m. Mosto cocido hasta que toma consistencia de jarabe.

arrostrar tr. Hacer cara, resistir. ‖ Sufrir o tolerar a una persona o cosa desagradable. ‖ prnl. Atreverse, enfrentarse cara a cara.

arroyada f. Valle por donde corre un arroyo.

arroyar tr. Formar la lluvia arroyadas, o hendeduras en la tierra. También prnl.

arroyo m. Caudal corto de agua, casi continuo. ‖ Cauce por donde corre. ‖ **FAM.** arroyada.

arroz m. Planta gramínea que se cría en terrenos muy húmedos, y cuyo fruto es un grano oval, harinoso y blanco después de descascarillado, que, cocido, es alimento de mucho uso. ‖ **FAM.** arrocero, arrozal.

arruga f. Pliegue que se hace en la piel. ‖ Pliegue deforme e irregular que se hace en la ropa o en cualquier tela o cosa flexible. ‖ **FAM.** arrugado, arrugar.

arrugar tr. y prnl. Hacer arrugas: *arrugar el ceño*; *arrugarse una camisa*. ‖ prnl. Encogerse, apocarse.

arruinar tr. Causar ruina. También prnl: *Luis se arruinó de la noche a la mañana*. ‖ Destruir, causar grave daño: *está arruinando su carrera*.

arrullar tr. Atraer con arrullos el palomo y el tórtolo a la hembra, o al contrario. ‖ Adormecer al niño con arrullos. ‖ Enamorar con palabras dulces. ‖ **FAM.** arrullador, arrullo.

arrullo m. Canto grave o monótono con que se enamoran las palomas y las tórtolas. ‖ Habla dulce como que se enamora a una persona. ‖ Cantarcillo grave y monótono para adormecer a los niños.

arrumbar tr. Poner una cosa como inútil en un lugar retirado o apartado. ‖ Desechar, abandonar. ‖ **FAM.** arrumbador, arrumbamiento.

arsenal m. Establecimiento en que se construyen, reparan y conservan las embarcaciones. ‖ Almacén general de armas y otros efectos de guerra. ‖ Conjunto o depósito de noticias, datos, etc.: *esa obra es el arsenal de donde Antonio saca sus noticias*.

arsénico m. Elemento químico, tri y pentavalente, metaloide, de color gris metálico. Su símbolo es *As*.

arte amb. Acto mediante el cual imita o expresa el hombre lo material o lo invisible, valiéndose de la materia, de la imagen o del sonido, y crea copiando o imaginando. | Virtud e industria para hacer algo: *tiene mucho arte para escribir.* | Conjunto de reglas para hacer bien algo: *arte culinaria.* | Cautela, maña, astucia. | FAM. artesanía, artificio, artista.

artefacto m. Obra mecánica hecha según arte. | Artificio, máquina, aparato.

artejo m. Nudillo de los dedos. | Cada una de las piezas articuladas entre sí de la que se forman los apéndices de los artrópodos.

artemisa f. Planta olorosa de las compuestas, con flores de color blanco amarillento.

arteria f. Vaso que lleva la sangre desde el corazón a las demás partes del cuerpo. | Calle principal de una población.

arteriosclerosis f. Enfermedad vascular consistente en lesiones en la pared de la arteria que impiden el paso de la sangre. ♦ No varía en pl.

artero, ra adj. Mañoso, astuto, falso.

artesa f. Cajón para amasar el pan.

artesanado m. Conjunto de artesanos. | Actividad, ocupación u oficio del artesano.

artesanía f. Arte u obra de los artesanos.

artesano, na m. y f. Persona que hace por su cuenta objetos de uso doméstico imprimiéndoles un sello personal, a diferencia del obrero fabril. | adj. Perteneciente o relativo a la artesanía. | FAM. artesanado, artesanal, artesanía.

artesón m. Adorno poligonal que se pone en techos y bóvedas.

artesonado, da adj. Adornado con artesones. | Techo, armadura o bóveda formado con artesones de madera, piedra u otros materiales.

ártico, ca adj. Del polo norte.

articulación f. Enlace de dos partes de una máquina. | Pronunciación clara. | Unión de un hueso con otro. | En ling., posición y movimiento de los órganos de la voz para la pronunciación de una vocal o consonante.

articulado, da adj. Que tiene articulaciones. | Conjunto o serie de los artículos de un tratado, ley, reglamento, etc. | En der., conjunto o serie de los medios de prueba que propone un litigante. | FAM. desarticulado.

articular tr. Unir, enlazar. También prnl: *en el codo se articulan el brazo y el antebrazo.* | Pronunciar las palabras claras y distintamente. | FAM. articulación, articulado, articulatorio, artículo.

articulista com. Persona que escribe artículos periodísticos.

artículo m. En gram., parte de la oración que expresa el género y número del nombre. | Mercancía con que se comercia: *artículo de moda.* | Cada una de las partes en que se divide un escrito, tratado, ley, etc. | Cada una de las divisiones de un diccionario encabezada por una voz. | Escrito de cierta extensión de un periódico o revista. | FAM. articulista.

artífice com. Artista. | Autor.

artificial adj. Hecho por mano o arte del hombre. | No natural, falso, ficticio: *lago artificial.* | FAM. artificialmente.

artificio m. Arte o habilidad. | Predominio de la elaboración artística sobre la naturalidad. | Artefacto. | Disimulo, doblez. | FAM. artificial, artificioso.

artificioso, sa adj. Hecho con artificio. | Disimulado, cauteloso. | FAM. artificiosidad.

artillar tr. Armar de artillería.

artillería f. Material de guerra que comprende cañones, morteros y otras máquinas. | Cuerpo militar destinado a este servicio. | FAM. artillado, artillero.

artillero, ra adj. Perteneciente o relativo a la artillería. | m. Soldado de artillería.

artilugio m. Mecanismo, artefacto; suele usarse con sentido despectivo. | Ardid o maña.

artimaña f. Trampa para cazar animales. | Artificio: *sólo sabe valerse de artimañas.*

artiodáctilo, la adj. y s. Se dice de los mamíferos cuyas extremidades terminan en un número par de dedos.

artista com. Persona que se dedica a algún arte. | Persona que hace alguna cosa con suma perfección: *es un artista de la cocina.* | FAM. artísticamente, artístico.

artístico, ca adj. Relativo a las artes.

artritis f. Inflamación de las articulaciones. ♦ No varía en pl.

artrópodo adj. y s. Se dice de los animales invertebrados de cuerpo con simetría bilateral, formado por una serie lineal de segmentos y provisto de apéndices articulados o artejos.

artrosis f. Enfermedad crónica de las articulaciones. ♦ No varía en pl.

arveja f. Algarroba, planta. | FAM. arvejal.

arzobispado m. Dignidad de arzobispo. | Territorio en que el arzobispo ejerce jurisdicción.

arzobispo m. Obispo de provincia eclesiástica de quien dependen otras sufragáneas. | FAM. arzobispado, arzobispal.

arzón m. Fuste de una silla de montar.

as m. Carta de la baraja o cara del dado que llevan el número uno. | Persona que destaca en su clase, profesión, etc.: *es un as en las matemáticas.*

asa f. Asidero.

asado m. Carne asada.

asador m. Utensilio para asar. | Varilla en

que se clava y se pone al fuego lo que se quiere asar. ‖ FAM. asado.

asadura f. Conjunto de las entrañas del animal. También pl.

asaetear tr. Disparar saetas. ‖ Importunar: *asaetear de preguntas.*

asalariado, da adj. y s. Que percibe un salario por su trabajo.

asalmonado, da adj. Que se parece en la carne al salmón.

asaltar tr. Acometer una fortaleza para conquistarla. ‖ Atacar a una persona. ‖ Acometer repentinamente y por sorpresa: *la asaltaron los periodistas; asaltaron dos veces el banco.* ‖ Acometer, sobrevenir, ocurrir de pronto alguna cosa; como una enfermedad, un pensamiento, etc.: *asaltar una duda.* ‖ FAM. asaltante, asalto.

asalto m. Acción y efecto de asaltar. ‖ En boxeo, cada una de las partes de que consta un combate.

asamblea f. Reunión de personas para algún fin: *asamblea de padres y maestros.* ‖ Cuerpo político y deliberante, como el congreso o el senado: *asamblea nacional.* ‖ FAM. asambleario, asambleísta.

asar tr. Hacer comestible un manjar tostándolo al fuego. ‖ prnl. Sentir extremado ardor o calor. ‖ FAM. asado, asador.

asaz adv. c. Bastante, harto, muy. Se usa más en poesía.

ascendencia f. Serie de ascendientes o antecesores de una persona.

ascender intr. Subir. ‖ Adelantar en empleo o dignidad: *Juan ascendió a director.* También tr.: *Miguel ascendió a sus empleados.* ‖ Importar una cuenta. ♦ Irreg. Se conj. como *entender.* ‖ FAM. ascendencia, ascendente, ascenso.

ascendiente com. Persona de quien desciende otra. ‖ m. Influencia sobre otro.

ascensión f. Acción y efecto de ascender. ‖ Con mayúscula, la de Jesucristo a los cielos. ‖ FAM. ascensional.

ascenso m. Subida. ‖ Mejora de categoría en un empleo.

ascensor m. Aparato para subir o bajar en los edificios. ‖ FAM. ascensorista.

asceta com. Persona que práctica el ascetismo.

ascetismo m. Doctrina que trata de la perfección del hombre por sus propios medios mediante la práctica de una vida austera y mortificante. ‖ FAM. asceta, ascético.

asco m. Repugnancia producida por algo que incita a vómito. ‖ Impresión desagradable.

ascua f. Pedazo de materia sólida candente.

aseado, da adj. Limpio, curioso. ‖ FAM. aseadamente.

asear tr. y prnl. Limpiar, lavar. ‖ FAM. aseado, aseo.

asechanza f. Engaño o artificio. Más en pl.

asediar tr. Cercar un lugar para impedir que salgan los que están en él o que reciban socorro de fuera. ‖ Importunar: *los fotógrafos asediaron a la actriz durante toda la mañana.* ‖ FAM. asedio.

asegurado, da adj. y s. Persona que ha contratado un seguro.

asegurador, ra adj. y s. Persona o empresa que asegura riesgos ajenos.

asegurar tr. Dejar firme y seguro: *asegurar el clavo en la pared.* ‖ Afirmar: *me aseguró que vendría.* También prnl. ‖ Poner a cubierto por un contrato mediante el cual, una persona, natural o jurídica, previo pago de una prima, se obliga a resarcir las pérdidas o daños que ocurran a determinadas cosas. ‖ Preservar o resguardar de daño a las personas y las cosas; defenderlas e impedir que pasen a poder de otro: *asegurar el reino de las invasiones enemigas.* También prnl. ‖ FAM. asegurado, asegurador.

asemejar tr. Hacer una cosa con semejanza a otra. ‖ prnl. Mostrarse semejante, parecerse.

asenso m. Asentamiento.

asentaderas f. pl. Nalgas.

asentamiento m. Acción y efecto de asentar o asentarse. ‖ Lugar donde se ejerce una profesión. ‖ Juicio, cordura.

asentar tr. Poner o colocar alguna cosa de modo que permanezca firme: *asentar una mesa.* ‖ Tratándose de pueblos o edificios, situar, fundar. ‖ Aplanar o alisar, planchando, apisonando, etc.: *asentar una costura.* ‖ prnl. Establecerse en un pueblo o lugar: *la tribu se asienta en la parte baja del monte.* ‖ Posarse un líquido o fijarse un sólido: *el polvo se asentó con la lluvia.* ♦ Irreg. Se conj. como *acertar* ‖ FAM. asentado, asentamiento.

asentimiento m. Acción y efecto de asentir. ‖ Aprobación.

asentir intr. Admitir como cierto. ♦ Irreg. Se conj. como *sentir.* ‖ FAM. asenso, asentimiento.

aseo m. Limpieza, esmero, cuidado. ‖ Cuarto de baño.

asepsia f. Ausencia de microbios. ‖ FAM. aséptico.

aséptico, ca adj. Relativo a la asepsia. ‖ Desapasionado: *una mirada aséptica.*

asequible adj. Que puede conseguirse o alcanzarse. ‖ FAM. inasequible.

aserción f. Acción y efecto de afirmar o dar por cierta alguna cosa.

aserradero m. Sitio donde se asierra la madera u otra cosa.

aserrar tr. Cortar con sierra. ♦ **Irreg.** Se conj. como *acertar*. ‖ **FAM.** aserradera, aserrado, aserradora.

aserrín m. Serrín.

aserruchar tr. *amer.* Cortar o dividir con serrucho la madera u otra cosa.

aserto m. Proposición en que se da como cierto algo.

asesinar tr. Matar con alevosía o premeditación. ‖ **FAM.** asesinato, asesino.

asesinato m. Crimen alevoso o premeditado.

asesino, na adj. y s. Que asesina. ‖ Se dice de cosas hostiles o molestas: *una mirada asesina.*

asesor, ra adj. y s. Que asesora.

asesoramiento m. Consejo.

asesorar tr. Dar consejo o dictamen en materia de cierta dificultad. ‖ prnl. Tomarlo. ‖ **FAM.** asesoramiento, asesor.

asesoría f. Oficina del asesor.

asestar tr. Dirigir o descargar contra un objetivo un proyectil o un golpe.

aseveración f. Acción y efecto de aseverar.

aseverar tr. Afirmar o asegurar lo que se dice. ‖ **FAM.** aseveración, aseverativo.

asexual adj. Sin sexo, ambiguo, indeterminado.

asfaltado m. Acción de asfaltar.

asfaltar tr. Revestir de asfalto.

asfalto m. Betún negro, sólido, que se emplea en el pavimento de carreteras, aceras. ‖ **FAM.** asfaltado, asfaltadora.

asfixia f. Suspensión o dificultad en la respiración: *asfixia por inmersión.* ‖ Sensación de agobio producida por el excesivo calor o por el enrarecimiento del aire. ‖ **FAM.** asfixiante, asfixiar.

asfixiante adj. Que asfixia. ‖ Se dice de lo que hace difícil la respiración: *olor, atmósfera asfixiante.*

asfixiar tr. y prnl. Producir asfixia.

así adv. m. De esta o de esa manera: *no me lo digas así.* ‖ Denota extrañeza o admiración: *¿así me abandonas?* ‖ adv. c. Tan; seguido de la prep. *de* y de un adj.: *¿así de alto es?* ‖ conj. En consecuencia, por lo cual, de suerte que: *nadie quiso ayudarles y sin que se vieron obligados a actuar solos.* ‖ En correspondencia con *como* y *cual*, tanto, de igual manera: *así en la tierra como en el cielo.* ‖ Aunque, por más que: *no paso por su casa, así me paguen.* ‖ **FAM.** asimismo.

asidero m. Parte por donde se coge alguna cosa.

asiduidad f. Frecuencia, puntualidad.

asiduo, dua adj. Frecuente, puntual, perseverante. ‖ **FAM.** asiduamente, asiduidad.

asiento m. Lo que sirve para sentarse. ‖ Emplazamiento. ‖ Localidad de un espectáculo. ‖ Poso, sedimento de un líquido. ‖ Anotación en libros de contabilidad. ‖ Partida de una cuenta.

asignación f. Sueldo, atribución.

asignar tr. Señalar lo que corresponde a uno, fijar. ‖ Nombrar para un cargo. ‖ Destinar a un uso determinado. ‖ **FAM.** asignable, asignado, asignación.

asignatura f. Cada una de las materias que se enseñan en un centro docente o de que consta una carrera o plan de estudios.

asilado, da m. y f. Persona que por motivos políticos, encuentra asilo con protección oficial, en otro país o en embajadas o centros que gozan de inmunidad diplomática.

asilar tr. Dar asilo. ‖ Albergar en un asilo. También prnl. ‖ prnl. Tomar asilo en algún lugar.

asilo m. Refugio. ‖ Establecimiento benéfico en que se recogen ancianos o desvalidos. ‖ **FAM.** asilado, asilar.

asimetría f. Falta de simetría. ‖ **FAM.** asimétrico.

asimilación f. Acción y efecto de asimilar o asimilarse. ‖ En biol., anabolismo.

asimilar tr. Apropiarse los organismos de las sustancias necesarias para su conservación o desarrollo: *asimilar los alimentos.* También prnl. ‖ Conceder a los individuos de una profesión derechos iguales a los de otra: *asimilar el personal de Correos al de Telecomunicaciones.* ‖ Asemejar, comparar. También prnl. ‖ Comprender lo que se aprende; incorporarlo a los conocimientos previos. ‖ En ling., alterar la articulación de un sonido del habla asemejándolo a otro inmediato o cercano. ‖ **FAM.** asimilable, asimilación, asimilado, asimilismo.

asimilismo m. Política que pretende suprimir las peculiaridades forales y de otra índole de las minorías étnicas o lingüísticas, o una colonia, a fin de asentar la unidad nacional sobre una legislación única. ‖ **FAM.** asimilista.

asimismo adv. m. Así mismo, también.

asíntota f. Línea recta que, prolongada indefinidamente, se acerca de continuo a una curva, sin llegar nunca a encontrarla. ‖ **FAM.** asintótico.

asir tr. Tomar, agarrar alguna cosa. También prnl.: *asirse de una cuerda.* ‖ prnl. Tomar ocasión o pretexto, aprovecharse. ♦ **Irreg.** Conjugación modelo:

Indicativo
Pres.: *asgo, ases,* etc.
Imperf.: *asía, asías,* etc.
Pret. indef.: *así, asiste,* etc.
Fut. imperf.: *asiré, asirás,* etc.

Potencial: *asiría, asirías,* etc.

Subjuntivo
Pres.: *asga, asgas, asga, asgamos, asgáis, asgan.*
Imperf.: *asiera, asieras,* etc.
Fut. imperf.: *asiere, asieres,* etc.

Imperativo: *ase, asid.*

Participio: *asido.*

Gerundio: *asiendo.*

---

asistencia f. Acción de estar presente: *para aprobar la asignatura se tendrá en cuenta la asistencia.* | Conjunto de personas que están presentes en un acto. | Ayuda, socorro: *asistencia en carretera.* | FAM. asistencial.

asistenta f. Mujer que sirve como criada en una casa sin residir en ella y que cobra generalmente por horas. | En algunas órdenes religiosas de mujeres, monja que asiste, ayuda y suple a la superiora.

asistente adj. y com. Que asiste. | m. Soldado al servicio personal de un oficial.

asistir tr. Socorrer, ayudar. | Servir o atender a una persona, especialmente de un modo eventual o desempeñando tareas específicas: *asistir a un profesor.* | Servir interinamente: *estoy sin criada, pero me asiste Martina.* | Acompañar a alguno en un acto público. | intr. Estar o hallarse presente. | FAM. asistencia, asistenta, asistente.

asma f. Enfermedad de los bronquios, caracterizada por sofocaciones intermitentes. | FAM. asmático.

asno m. Animal parecido al caballo, pero de menor tamaño y de orejas largas. | Persona bruta. | FAM. asnada.

asociación f. Conjunto de los asociados para un mismo fin y, en su caso, persona jurídica por ellos formada. | Conjunto de personas, animales y plantas.

asociado, da m. y f. Persona que forma parte de alguna asociación o compañía.

asocial adj. Que no se integra o vincula al cuerpo social.

asociar tr. Juntar para un mismo fin. También prnl. | FAM. asociación, asociado, asociativo.

asocio m. *amer.* Compañía, colaboración, asociación. Más en la loc.: *en asocio.*

asolar tr. Destruir, arrasar: *la tormenta asoló los pueblos costeros.* | Secar los campos el calor, una sequía. ♦ **Irreg.** Se conj. como *contar.* | FAM. asolamiento.

asomar intr. Empezar a verse. | Dejar entrever por una abertura: *asomar la cabeza por la ventana.* También prnl. | FAM. asomo.

asombrar tr. Causar gran admiración o extrañeza. También prnl.: *me asombré al verle allí, no me lo esperaba.* | Asustar. También prnl. | Hacer sombra. | FAM. asombro, asombroso.

asombro m. Susto, espanto. | Admiración grande.

asonada f. Levantamiento, motín.

asonancia f. Correspondencia de un sonido con otro. | En métrica, correspondencia de vocales a partir del último acento. | FAM. asonante.

asorocharse prnl. *amer.* Padecer soroche. | Ruborizarse, abochornarse.

aspa f. Cruz en forma de X. | Mecanismo exterior del molino de viento. | FAM. aspado, aspar.

aspaviento m. Demostración aparatosa de un sentimiento. Más en pl.: *hacer aspavientos.*

aspecto m. Apariencia, semblante: *su aspecto me desagrada.* | FAM. aspectual.

aspereza f. Desigualdad de un terreno. | Dureza en el trato.

áspero, ra adj. De superficie desigual. | Desapacible al gusto o al oído: *fruta, voz áspera; estilo áspero* | Antipático, falto de afabilidad: *genio áspero.* | FAM. ásperamente, aspereza.

asperón m. Arenisca empleada en construcción y para fregar.

aspersión f. Acción de rociar. | FAM. aspersor.

áspid o **áspide** m. Cierto reptil muy venenoso, especialmente una víbora europea que se asemeja a la culebra común.

aspillera f. Abertura larga y estrecha en un muro para disparar por ella.

aspiración f. Acción y resultado de aspirar.

aspirador, ra adj. Que aspira. | f. Máquina para aspirar el polvo.

aspirante com. Candidato.

aspirar tr. Atraer el aire exterior a los pulmones. | Pretender, ansiar: *aspira a una vida mejor.* | Succionar el polvo con una máquina. | En gram., pronunciar con aspiración. | FAM. aspiración, aspiradora, aspirante.

aspirina f. Medicamento contra el dolor.

asquear tr. e intr. Sentir asco de algo.

asqueroso, sa adj. y s. Repugnante. | FAM. asquerosidad.

asta f. Palo de la bandera. | Cuerno. | FAM. astado, enastar.

astado, da adj. y s. Provisto de asta.

ástato m. Elemento químico radiactivo que pertenece al grupo de los halógenos. Su símbolo es *At.*

asterisco m. Signo ortográfico (*) para hacer llamadas a notas aclaratorias.

asteroide m. Planeta pequeño. | FAM. asteroideo.

astigmatismo m. Defecto visual por desigualdad en la curvatura del cristalino.

astil m. Mango que tienen las hachas, azadas, picos y otros instrumentos semejantes. | Palillo o varilla de la saeta. | Barra horizontal, de cuyos extremos penden los platillos de la balanza.

astilla f. Fragmento irregular de madera o mineral. | FAM. astillar, astillero.

astillero m. Lugar donde se construyen y reparan los buques. | Almacén de madera.

astracán m. Piel de cordero nonato o recién nacido.

astracanada f. Farsa teatral disparatada y chabacana.

astrágalo m. Cordón en forma de anillo que rodea el fuste de la columna. | Uno de los huesos del tarso.

astral adj. Perteneciente o relativo a los astros: carta astral.

astringente adj. y m. Que astringe. | Se dice principalmente de los alimentos o remedios.

astringir tr. Sujetar, constreñir alguna sustancia los tejidos orgánicos. | FAM. astringente.

astriñir tr. Astringir. ♦ Irreg. Se conj. como mullir.

astro m. Cuerpo celeste. | Persona que sobresale: un astro de la pantalla. | FAM. astral.

-astro, astra, astre Elemento compositivo de significación despectiva: camastro, madrastra.

astrofísica f. Estudio de la constitución física de los astros. | FAM. astrofísico.

astrología f. Pronóstico del porvenir mediante los astros. | FAM. astrológico, astrólogo.

astronauta com. Tripulante de una astronave. | FAM. astronáutica.

astronáutica f. Ciencia y técnica de la navegación interplanetaria.

astronave f. Vehículo destinado a la navegación espacial.

astronomía f. Ciencia de los astros. | FAM. astronómico, astrónomo.

astronómico, ca adj. Relativo a la astronomía. | Muy cuantioso: una cantidad astronómica.

astrónomo, ma m. y f. Persona que profesa la astronomía.

astucia f. Sagacidad. sutileza.

astur adj. y com. De un pueblo al noroeste de la España romana. | Asturiano. | FAM. asturleonés.

astuto, ta adj. Hábil, sutil, sagaz: una pregunta astuta.

asueto m. Vacación corta: me concedieron dos días de asueto.

asumir tr. Tomar para sí. | Aceptar. | FAM. asunción.

asunción f. Acción y resultado de asumir. | Elevación al cielo de la Virgen María. Se escribe con mayúscula.

asunto m. Materia de que se trata: en la cena discutiremos el asunto. | Negocio. | Tema o argumento de una obra.

asustar tr. y prnl. Causar susto. | FAM. asustadizo.

atabal m. Timbal semiesférico de un parche.

atacar tr. Acometer, embestir. | Venir de repente: le atacó la gripe. | Actuar una sustancia sobre otra. | FAM. atacado, ataque.

atadura f. Acción y resultado de atar. | Lo que sirve para atar, ligadura. | Sujeción, traba: ataduras mentales.

atajar intr. Tomar un atajo. | tr. Impedir, detener: atajar un incendio. | Salir al encuentro de alguien por algún atajo.

atajo m. Senda que abrevia el camino.

atalaya f. Torre en lugar alto para vigilancia. | Eminencia o altura desde donde se descubre mucho espacio de tierra o mar. | FAM. atalayar.

atañer intr. Corresponder, incumbir: esto a ti no te atañe. ♦ Irreg. Se conj. como tañer (se usa sólo en tercera persona).

ataque m. Acción de atacar o acometer. | Acometimiento repentino de algún mal o enfermedad: ataque de asma, de tos.

atar tr. Sujetar con ligaduras: atar un paquete. También prnl: se ató los zapatos. | Impedir el movimiento. | Relacionar. | prnl. Ceñirse o reducirse a una cosa o materia determinada: atarse a las normas. | FAM. atado, atadura.

atarazana f. Arsenal.

atardecer intr. e impers. Caer la tarde: en invierno atardece muy pronto. ♦ Irreg. Se conj. como agradecer.

atardecer m. Final de la tarde: un frío atardecer.

atarear tr. Señalar tarea. | prnl. Entregarse mucho al trabajo.

atarjea f. Caja de ladrillo con que se revisten las cañerías. | Conducto que lleva las aguas al sumidero.

atarugar tr. Tapar con tarugos los agujeros. | Atracar, hartar. También prnl.

atascar tr. Obstruir un conducto. También prnl. | Dificultar, impedir. | prnl. Quedarse detenido por algún obstáculo o en un razonamiento: atascarse una llave; atascarse en *medio de un discurso.* ‖ **FAM**. atasco, desatascar.

atasco m. Impedimento, estorbo. ‖ Obstrucción de un conducto: *hay un atasco en la cañería.* ‖ Embotellamiento de vehículos.

ataúd m. Caja donde se lleva un cadáver a enterrar.

ataviar tr. y prnl. Adornar, asear. ‖ **FAM**. atavío.

atávico, ca adj. Del atavismo.

atavío m. Adorno.

atavismo m. Herencia de caracteres propios de los antepasados.

ateísmo m. Negación de la existencia de Dios.

atelana adj. y f. Se apl. a una pieza cómica de los latinos, semejante al entremés o sainete.

atemorizar tr. y prnl. Acobardar, intimidar.

atemperar tr. y prnl. Moderar, templar. ‖ Acomodar una cosa a otra.

atenazar tr. Hacer sufrir, atormentar.

atención f. Cortesía, urbanidad, demostración de respeto. ‖ interj. Expresión con que se advierte a los soldados formados que va a empezar un ejercicio o con la que se pide especial cuidado a lo que se va a decir o hacer: *¡atención!* ‖ pl. Negocios, obligaciones.

atender tr. e intr. Aplicar el entendimiento a un objeto. ‖ Tener en cuenta, escuchar: *¡atiéndeme!* ‖ Cuidar: *nos atendió con esmero.* ‖ Satisfacer un deseo o petición. ♦ Irreg. Se conj. como *entender.* ‖ **FAM**. atención, atento.

ateneo m. Asociación científica o literaria.

atenerse prnl. Ajustarse, sujetarse a algo: *atenerse a las consecuencias.* ♦ Irreg. Se conj. como *tener.*

atentado adj. y m. Acto criminal contra el Estado o una autoridad y, p. ext., contra cualquier persona o cosa, con la finalidad de alterar el orden establecido. ‖ Acción contraria a un principio que se considera recto: *atentado contra la moral.*

atentamente adv. m. Con atención o respeto.

atentar tr. Infringir, transgredir. ‖ intr. Cometer atentado. ♦ Irreg. Se conj. como *acertar.*

atento, ta adj. Que fija la atención en algo. ‖ Cortés, amable. ‖ **FAM**. atentamente.

atenuante adj. Que atenúa. ‖ Se dice de las circunstancias que disminuyen la responsabilidad criminal. También f.

atenuar tr. Disminuir. ‖ **FAM**. atenuante.

ateo, a adj. y s. Que niega la existencia de Dios. ‖ **FAM**. ateísmo.

aterciopelado, da adj. Semejante al terciopelo.

aterir tr. y prnl. Pasmar de frío. ‖ **FAM**. aterido.

aterrar tr. Aterrorizar. También prnl. ♦ Irreg. Se conj. como *acertar.*

aterrizaje m. Acción de aterrizar.

aterrizar intr. Posar en tierra un avión. ‖ Caer al suelo. ‖ Aparecer, presentarse una persona repentinamente en alguna parte. ‖ **FAM**. aterrizaje.

aterrorizar tr. y prnl. Causar terror.

atesorar tr. Guardar cosas de valor. ‖ Tener buenas cualidades. ‖ **FAM**. atesoramiento.

atestado m. Documento oficial en que se da fe de un hecho.

atestar tr. Llenar de algo una cosa: *la tienda estaba atestada de gente.* ♦ Irreg. Se conj. como *acertar.* ‖ **FAM**. atestado.

atestiguar tr. Declarar como testigo. ‖ Testimoniar.

atezar tr. Ponerse moreno. También prnl. ‖ **FAM**. atezado.

atiborrar tr. y prnl. Llenar algo en exceso. ‖ Atracar de comida. ‖ Atestar de algo un lugar, especialmente de cosas inútiles: *atiborraron el maletero.* ‖ Llenar la cabeza de lecturas, ideas, etc.: *se atiborra de novelas policiacas.*

ático, ca adj. y s. Del Ática o de Atenas. ‖ m. Dialecto de la lengua griega. ‖ Último piso de un edificio.

atildado, da adj. Pulcro, elegante.

atildar tr. Componer, asear. También prnl. ‖ Poner tildes a las letras. ‖ Censurar. ‖ **FAM**. atildado, atildamiento.

atinar intr. Acertar. ‖ **FAM**. atinadamente.

atípico, ca adj. Que no encaja en un tipo, modelo: *una situación atípica.*

atiplado, da adj. Agudo, en tono elevado. ‖ **FAM**. atiplar.

atirantar tr. Tensar, poner tirante.

atisbar tr. Observar. ‖ **FAM**. atisbo.

atisbo m. Conjetura.

¡atiza! interj. que denota sorpresa.

atizar tr. Remover el fuego. ‖ Avivar, estimular. ‖ Pegar, golpear. ‖ **FAM**. atizador.

atlántico, ca adj. Del monte Atlas o del océano Atlántico.

atlas m. Libro de mapas o láminas.

atleta com. Persona que practica el atletismo u otros deportes. ‖ Persona corpulenta y de grandes fuerzas. ‖ **FAM**. atlético, atletismo.

atletismo m. Práctica de ejercicios atléticos. ‖ Conjunto de normas que regulan las actividades atléticas.

atmósfera o **atmosfera** f. Masa gaseosa que rodea la Tierra y, p. ext., de cualquier astro. ‖ Ambiente: *en la reunión se respiraba una atmósfera agradable.* ‖ **FAM**. atmosférico.

atocinar tr. Hacer los tocinos del cerdo y salarlos. ‖ prnl. Irritarse.

atolladero m. Atascadero. ‖ Dificultad. ‖ Apuro: *¿cómo saldremos de este atolladero?* ‖ **FAM.** atollarse.

atolón m. Pequeña isla de coral.

atolondrado, da adj. Que procede sin reflexión.

atolondramiento m. Aturdimiento.

atolondrar tr. y prnl. Aturdir. ‖ **FAM.** atolondrado, atolondramiento.

atómico, ca adj. Relativo al átomo. ‖ Relacionado con los usos de la energía atómica o sus efectos: *bomba atómica, proyectil atómico.*

atomizador m. Pulverizador de líquidos.

atomizar tr. Dividir en partes sumamente pequeñas, pulverizar. ‖ **FAM.** atomización, atomizador.

átomo m. En los elementos químicos, partícula más pequeña e indivisible que conserva todavía sus propiedades como tal. ‖ Cualquier cosa muy pequeña: *no encontré ni un átomo de suciedad.* ‖ **FAM.** atómico, atomizar.

atonía f. Falta de tono, vigor, o debilidad en los tejidos orgánicos.

atónito, ta adj. Estupefacto, pasmado o espantado: *se quedó atónito cuando le conté lo que nos pasó.*

átono, na adj. Sin acento prosódico. ‖ Sin fuerza.

atontado, da adj. y s. Persona tonta o que no sabe comportarse.

atontar tr. y prnl. Aturdir o atolondrar. ‖ **FAM.** atontado, atontamiento, atontolinar.

atorar tr., intr. y prnl. Atascar, obstruir. ‖ **FAM.** desatorar.

atormentar tr. y prnl. Causar dolor. ‖ Causar aflicción.

atornillar tr. Sujetar con tornillos. ‖ Mantener obstinadamente a alguien en un sitio, cargo, etc. También prnl. ‖ **FAM.** desatornillar.

atosigar tr. y prnl. Fatigar, apremiar. ‖ **FAM.** atosigamiento.

atrabiliario, ria adj. y s. De genio destemplado y violento.

atracadero m. Lugar donde pueden arrimarse a tierra sin peligro las embarcaciones menores.

atracador, ra m. y f. Salteador.

atracar tr. Arrimar una embarcación a tierra. ‖ Asaltar con propósito de robo. ‖ Hartar de comida y bebida. También prnl.: *se atracó de galletas.* ‖ **FAM.** atracadero, atraco, atracón.

atracción f. Acción de atraer. ‖ Simpatía: *sentir atracción por alguien.* ‖ pl. Espectáculos variados que forman parte de un mismo programa.

atraco m. Acción de atracar o saltear.

atracón m. Acción y resultado de atracar o hartarse de comida.

atractivo, va adj. Que atrae. ‖ m. Cualidad de atraer: *tiene un gran atractivo.*

atraer tr. Traer hacia sí. ‖ Captar la voluntad. ♦ **Irreg.** Se conj. como *traer.* ‖ **FAM.** atracción, atrayente.

atragantar tr. y prnl. Atravesarse en la garganta. ‖ Turbarse en la conversación.

atrancar tr. Cerrar la puerta con tranca. ‖ Atascar, obstruir. También prnl. ‖ prnl. Encerrarse asegurando la puerta con una tranca ‖ **FAM.** desatrancar..

atrapar tr. Coger al que huye o va deprisa. ‖ Agarrar. ‖ Conseguir alguna cosa de provecho: *atrapar un empleo.*

atraque m. Acción y resultado de atracar una embarcación.

atrás adv. l. En o hacia la parte posterior. ‖ En las últimas filas de un grupo de personas congregadas: *no oyen bien los que están atrás.* ‖ En el fondo de un lugar: *pongan atrás las sillas que sobran.* ‖ Aplicado al hilo del discurso, anteriormente.

atrasado, da adj. De menor desarrollo. ‖ Endeudado: *atrasado en los pagos.*

atrasar tr. Retardar. También prnl. ‖ Hacer retroceder las agujas del reloj. ‖ intr. No marchar el reloj con la debida velocidad. También prnl. ‖ prnl. Quedarse atrás. ‖ Dejar de crecer las personas, los animales y las plantas. ‖ **FAM.** atrasado, atraso.

atraso m. Efecto de atrasar. ‖ Subdesarrollo. ‖ pl. Pagas o rentas vencidas: *aún no he cobrado los atrasos.*

atravesado, da adj. Bizco. ‖ De mala intención.

atravesar tr. Poner algo de modo que pase de una parte a otra. ‖ Pasar de parte a parte. ‖ Pasar circunstancialmente por una situación favorable o desfavorable: *atravesar un buen, un mal momento, una crisis,* etc. ‖ prnl. Interponerse. ‖ Sentir antipatía hacia algo o alguien. ♦ **Irreg.** Se conj. como *acertar.*

atrayente adj. Atractivo.

atreverse prnl. Osar. ‖ **FAM.** atrevido, atrevimiento.

atrevido, da adj. Osado. También s. ‖ Hecho o dicho con atrevimiento.

atrevimiento m. Osadía.

atribución f. Acción de atribuir. ‖ Facultad que a una persona da el cargo que ejerce.

atribuir tr. Aplicar, conceder. También prnl. ‖ Asignar algo a alguien como de su compe-

tencia. | Achacar. ♦ **Irreg.** Se conj. como *huir*.
| **FAM.** atribución, atribuible, atributo.

atribular tr. Causar tribulación. | prnl. Padecerla.

atributo m. Cualidad de un ser: *la sinceridad es su mejor atributo*. | En arte, símbolo que denota el carácter de las figuras. | En gram., función que desempeña el adjetivo cuando se coloca en posición inmediata al sustantivo de que depende.

atrición f. Dolor por ofender a Dios.

atril m. Mueble en forma de plano inclinado para sostener libros o papeles abiertos.

atrincherar tr. Fortificar una posición militar con trincheras. | prnl. Ponerse en trincheras a cubierto del enemigo. | **FAM.** atrincheramiento.

atrio m. Patio interior, por lo común cercado de pórticos. | Espacio que hay delante de algunos templos y palacios. | Zaguán.

atrocidad f. Crueldad grande. | Necedad.

atrofia f. Falta de desarrollo de cualquier parte del cuerpo: *atrofia muscular*.

atrofiar tr. Producir atrofia. | prnl. Padecerla. | **FAM.** atrofiado, atrófico.

atronar tr. Ensordecer. ♦ **Irreg.** Se conj. como *contar*.

atropellado, da adj. Que habla u obra con precipitación. | **FAM.** atropelladamente.

atropellar tr. Pasar precipitadamente por encima de alguna persona. | Alcanzar violentamente un vehículo a alguien. | Proceder sin miramiento o respeto: *atropelló sus derechos*. | Apresurar. También prnl: *no te atropelles*. | **FAM.** atropello.

atropello m. Acción y resultado de atropellar.

atroz adj. Cruel, inhumano. | Muy grande o desmesurado: *un hambre atroz*. | **FAM.** atrocidad.

atuendo m. Atavío, vestido.

atufar tr. y prnl. Oler mal. | Marearse con el tufo.

atún m. Pez marino comestible, común en los mares de España, frecuentemente de 2 a 3 m de largo, negro azulado por encima y gris plateado por debajo. | **FAM.** atunero.

atunero, ra adj y s. Se dice del barco que se dedica a la pesca del atún. | m. y f. Persona que pesca o vende atunes.

aturdido, da adj. Atolondrado, irreflexivo.

aturdimiento m. Perturbación de los sentidos.

aturdir tr. y prnl. Causar aturdimiento. | Confundir, desconcertar. | **FAM.** aturdido, aturdimiento.

aturrullar tr. y prnl. Confundir, turbar. | **FAM.** aturrullamiento.

atusar tr. y prnl. Recortar e igualar el pelo con tijeras. | prnl. Adornarse.

audacia f. Osadía, atrevimiento.

audaz adj. Osado, atrevido. | **FAM.** audacia.

audición f. Acción de oír. | Función del sentido del oído. | Concierto público. | Sesión de prueba de un artista.

audiencia f. Acto de oír la autoridad a quien acude a ella. | Tribunal de justicia de un territorio. | Este mismo territorio y el edificio del tribunal. | Conjunto de personas que en un momento dado atienden un programa de radio o televisión: *es el programa de mayor audiencia*.

audífono m. Aparato para oír mejor los sordos.

audio- Elemento compositivo que, antepuesto a otro, expresa la idea de sonido o audición: *audiómetro, audiovisual*.

audiovisual adj. Que se refiere conjuntamente al oído y a la vista: *técnica audiovisual*.

auditivo, va adj. Relativo al oído.

auditor, ra m. y f. Revisor de cuentas colegiado. | **FAM.** auditoría.

auditoría f. Empleo y oficina del auditor. | Revisión de cuentas.

auditorio m. Conjunto de oyentes. | Sala destinada a conciertos, recitales, conferencias.

auge m. Periodo o momento de mayor elevación o intensidad de un proceso o estado de cosas: *auge de las letras*.

augurar tr. Presagiar, predecir. | **FAM.** augurio.

augusto, ta adj. Que infunde respeto y veneración.

aula f. Sala destinada a la enseñanza.

aullar intr. Dar aullidos. | **FAM.** aullador, aullido.

aullido m. Voz triste y prolongada de algunos animales.

aumentar tr. y prnl. Acrecentar. También intr. | Mejorar. | **FAM.** aumento.

aumentativo, va adj. Sufijo que aumenta la magnitud del significado del vocablo al que se une: de *silla, sillón*.

aumento m. Acrecentamiento.

aun adv. m. Incluso. | conj. conc. Seguido de gerundio, aunque: *aun no apeteciéndole, fue*.

aún adv. t. Todavía. | adv. m. Denota ponderación.

aunar tr. y prnl. Unir para algún fin. | **FAM.** aunable.

aunque conj. Denota una oposición no absoluta: *aunque severo, es justo*.

aupar tr. y prnl. Levantar a una persona. | Ensalzar.

aura f. Irradiación luminosa de ciertos seres. | Favor, aplauso, aceptación general.

áureo, a adj. De oro.

aureola o **auréola** f. Disco o círculo luminoso. | Fama de algunas personas por sus virtudes: *tenía aureola de sabio.*

aurícula f. Cada una de las dos cavidades superiores del corazón. | **FAM.** auricular.

auricular m. En los aparatos radiofónicos y telefónicos, pieza que se aplica a los oídos.

aurífero, ra adj. Que contiene oro.

auriga m. poét. Cochero.

aurora f. Claridad que precede a la salida del sol.

auscultar tr. Aplicar el oído o el estetoscopio a ciertos puntos del cuerpo humano a fin de explorar los sonidos normales o patológicos producidos en las cavidades del pecho o vientre. | **FAM.** auscultación.

ausencia f. Resultado de ausentarse o de estar ausente. | Tiempo de la ausencia: *¿qué ha pasado durante mi ausencia?* | Privación de algo.

ausentarse prnl. Separarse de una persona o lugar.

ausente adj. y s. Que no está presente. | com. Distraído. | **FAM.** ausencia.

auspicio m. Agüero. | Protección, favor: *bajo los auspicios de...* | pl. Señales que presagian un resultado favorable o adverso. | **FAM.** auspiciador.

austero, ra adj. Severo, rígido: *una vida austera.* | Sobrio. | **FAM.** austeridad.

austral adj. Relativo al polo y al hemisferio Sur.

autarquía f. Poder para gobernarse a sí mismo. | Autosuficiencia económica. | **FAM.** autárquico.

autenticar tr. Autentificar. | **FAM.** autenticidad.

autenticidad f. Calidad de auténtico.

auténtico, ca adj. Acreditado. | Autorizado o legalizado: *un manuscrito auténtico.*

autentificar tr. Autorizar o legalizar una cosa.

autillo m. Ave rapaz nocturna, algo mayor que la lechuza, de color pardo rojizo con manchas blancas.

autismo m. Enfermedad psicológica infantil caracterizada por la tendencia a desinteresarse del mundo exterior y a ensimismarse. | **FAM.** autista.

auto m. abr. de automóvil. | Resolución judicial. | pl. Conjunto de actuaciones de un procedimiento judicial.

auto- Elemento compositivo que significa 'propio' o 'por sí mismo': *autogestión; autógrafo.*

autobiografía f. Vida de una persona escrita por ella misma. | **FAM.** autobiográfico, autobiógrafo.

autobombo m. Elogio público que uno hace de sí mismo.

autobús m. Vehículo de gran capacidad dedicado preferentemente al transporte urbano de viajeros.

autocar m. Autobús para transporte entre distintas ciudades.

autoclave f. Vasija cilíndrica que, herméticamente cerrada, por medio del vapor a presión y temperaturas elevadas, sirve para esterilizar.

autocracia f. Gobierno de una sola persona. | **FAM.** autocrático.

autócrata com. Persona que ejerce la autoridad suprema.

autocrítica f. Juicio crítico sobre sí mismo, o sobre una obra propia.

autóctono, na adj. y s. Aborigen, originario del país en que vive.

autodidacto, ta adj. y s. Que se instruye por sí mismo.

autoescuela f. Escuela para enseñar a conducir automóviles.

autógeno, na adj. Soldadura de metales que se hace fundiendo con el soplete las superficies de contacto.

autogestión m. Sistema de gestión de una empresa por sus trabajadores.

autogiro m. Avión cuyas alas han sido sustituidas por una hélice horizontal que le permite aterrizajes casi verticales.

autogobierno m. Sistema de administración de algunas unidades territoriales de un país que han alcanzado la autonomía.

autógrafo, fa adj. y m. Se dice de lo escrito por la mano de su autor.

autómata m. Máquina que imita los movimientos de un ser animado | Robot. | Persona que se deja dirigir por otra. | **FAM.** automático, automatismo.

automático, ca adj. Mecanismo que funciona en todo o en parte por sí mismo: *arma automática.* | Aparato que funciona por medios mecánicos. | Maquinal. | m. Especie de corchete. | **FAM.** automáticamente.

automatismo m. Ejecución de actos sin participación de la voluntad.

automatizar tr. Convertir movimientos corporales en automáticos. | **FAM.** automatización.

automotor, ra adj. Vehículo ferroviario propulsado por motor. También m. | **FAM.** automotriz.

automóvil adj. Que se mueve por sí mismo. | m. Vehículo movido por un motor de explosión. | **FAM.** automovilismo.

automovilismo m. Término para todo lo relacionado con el automóvil. ‖ Deporte del automóvil. ‖ **FAM**. automovilista.

automovilista com. Conductor de un automóvil.

autonomía f. Condición de la persona que no depende de nadie. ‖ Potestad que dentro del Estado goza un determinado territorio para regir su vida interior. ‖ Ese mismo territorio. ‖ Capacidad máxima de un vehículo para efectuar un recorrido sin repostar. ‖ **FAM**. autónomo, autonómico, autonomista.

autónomo, ma adj. Que goza de autonomía.

autopista f. Carretera de alta velocidad con varios carriles para cada dirección y desviaciones a distinto nivel.

autopropulsión f. Propulsión de una máquina por su propia fuerza motriz. ‖ **FAM**. autopropulsado.

autopsia f. Examen anatómico de un cadáver.

autor, ra m. y f. Realizador de algo, especialmente el creador de una obra literaria o artística. ‖ **FAM**. autoría.

autoridad f. Potestad, facultad de mandar y hacerse obedecer. ‖ Persona que las ejerce. ‖ Especialista en determinada materia: *es una autoridad en física nuclear*. ‖ **FAM**. autoritario.

autoritario, ria adj. y s. Que se basa en la autoridad o abusa de ella: *padre autoritario*. ‖ Partidario del autoritarismo. ‖ **FAM**. autoritariamente, autoritarismo.

autoritarismo m. Sistema fundado en la sumisión incondicional a la autoridad.

autorización f. Permiso: *necesitas una autorización para poder salir del colegio antes de tiempo*.

autorizar tr. Conceder permiso, poder o facultad. ‖ Aprobar. ‖ **FAM**. autorizable, autorizado.

autorretrato m. Retrato de una persona hecho por ella misma.

autoservicio m. Lugar público en que el cliente se sirve solo.

autosuficiencia f. Suficiencia, presunción. ‖ **FAM**. autosuficiente.

autovía f. Especie de autopista con desviaciones al mismo nivel.

auxiliar Que auxilia. ‖ Se dice de verbos como *haber* y *ser* que sirven para conjugar los demás. También m. ‖ Se dice de la persona encargada de ayudar a otra: *profesor auxiliar*. También com. ‖ com. Empleado subalterno.

auxiliar tr. Socorrer, ayudar.

auxilio m. Ayuda, socorro, amparo.

aval m. Firma al pie de un escrito por la que

una persona responde de otra. ‖ Escrito con ese mismo fin. ‖ **FAM**. avalar, avalista.

avalar tr. Garantizar por medio de aval.

avance m. Acción de avanzar. ‖ Fragmento de una película proyectado antes de su estreno con fines publicitarios. ‖ Parte de una información que se adelanta y que tendrá ulterior desarrollo: *avance informativo*.

avanzada f. Partida de soldados destacada para observar al enemigo. ‖ **FAM**. avanzadilla.

avanzado, da adj. Adelantado, audaz, nuevo en política, artes.

avanzar intr. Ir hacia adelante. ‖ Progresar: *Luisa ha avanzado mucho en sus estudios*. ‖ **FAM**. avance, avanzada.

avaricia f. Codicia, avidez de riquezas. ‖ **FAM**. avaricioso.

avaricioso, sa adj. Codicioso. ‖ **FAM**. avariciosamente.

avaro, ra adj. y s. Que acumula dinero y no lo emplea. ‖ Tacaño, miserable ‖ **FAM**. avariento.

avasallar tr. Dominar, rendir o someter a obediencia. ‖ **FAM**. avasallador.

avatar m. Vicisitud. Más en pl.: *los avatares de la vida*.

ave f. Animal vertebrado, de respiración pulmonar y sangre caliente, cuerpo cubierto de plumas y con dos alas aptas, por lo común, para el vuelo. ‖ **FAM**. avicultura.

avecinar tr. y prnl. Acercar: *se avecinan grandes cambios*.

avefría f. Ave limícola migratoria que en la cabeza tiene un moño de cinco o seis plumas que se encorvan en la punta.

avejentar tr. y prnl. Envejecer antes de tiempo. ‖ **FAM**. avejentado.

avellana f. Fruto comestible del avellano.

avellano m. Arbusto, a menudo cultivado, de 3 a 5 m de altura.

avemaría f. Oración cristiana.

avena f. Planta herbácea de tallos delgados y hojas estrechas. ‖ Semilla de esta planta que se cultiva como alimento. ‖ **FAM**. avenal.

avenar tr. Dar salida a las aguas muertas por medio de zanjas. ‖ **FAM**. avenamiento.

avenencia f. Convenio, transacción. ‖ Conformidad y unión. ‖ **FAM**. desavenencia.

avenida f. Calle muy ancha. ‖ Crecida impetuosa de un río. ‖ Concurrencia de varias cosas.

avenir tr. y prnl. Reconciliar. ‖ prnl. Entenderse bien con alguien: *este grupo se aviene muy bien*. ♦ **Irreg**. Se conj. como *venir*. ‖ **FAM**. avenencia.

aventajado, da adj. Que aventaja a lo ordinario o común: *un alumno aventajado*.

aventajar tr. Dar, llevar o sacar ventaja: *en ciencias Pedro aventaja a todos sus compañeros*. | prnl. Adelantarse. | **FAM.** aventajado.

aventar tr. Echar al viento los granos que se limpian en la era. ♦ **Irreg.** Se conj. como *acertar*. | **FAM.** aventador.

aventura f. Suceso extraño y peligroso. | Empresa arriesgada. | Relación amorosa ocasional. | **FAM.** aventurado, aventurero.

aventurar tr. y prnl. Arriesgar. | Exponer algo atrevido o dudoso: *aventurar una opinión*.

aventurero, ra adj. y s. Que busca aventuras. | Se dice de la persona sin oficio ni profesión que, por medios desconocidos, trata de conquistar un puesto en la sociedad.

avergonzar tr. Causar vergüenza. | prnl. Sentirla. ♦ **Irreg.** Se conj. como *contar*.

avería f. Daño, deterioro que impide el funcionamiento de algo: *anoche hubo una avería en la central telefónica*. | **FAM.** averiar.

averiar tr. y prnl. Dañar o deteriorar algo.

averiguar tr. Buscar la verdad hasta descubrirla. | **FAM.** averiguación.

averno m. poét. Infierno.

aversión f. Asco, repugnancia.

avestruz m. Ave corredora, la mayor de las conocidas.

aviación f. Navegación aérea en aparatos más pesados que el aire. | Cuerpo militar que utiliza este medio.

aviador, ra m. y f. Persona que tripula un avión.

aviar tr. Disponer algo para el camino. | Arreglar, vestir. También prnl. | **FAM.** aviado, avío.

avícola adj. De la avicultura.

avicultura f. Cría de las aves y aprovechamiento de sus productos. | **FAM.** avicultor.

ávido, da adj. Ansioso, codicioso. | **FAM.** avidez.

avieso, sa adj. Torcido, malintencionado. | Malvado.

avinagrado, da adj. Agrio, áspero. | Desapacible.

avinagrar tr. y prnl. Poner agrio. | **FAM.** avinagrado.

avío m. Preparativo. | Provisión de los pastores. | Conveniencia, interés personal. | pl. Utensilios necesarios.

avión m. Especie de vencejo. | Vehículo más pesado que el aire, provisto de alas, que vuela propulsado por uno o varios motores. | **FAM.** aviador, avioneta.

avioneta f. Avión pequeño y de poca potencia.

avisado, da adj. y s. Prudente, discreto, sagaz.

avisar tr. Notificar, anunciar. | Advertir o

aconsejar. | Llamar a alguien para que preste un servicio: *avisar al fontanero*. | **FAM.** aviso.

aviso m. Anuncio, noticia. | Indicio, señal: *aviso de tormenta*. | Advertencia, consejo: *no hicieron caso de su aviso*. | Precaución, atención, cuidado.

avispa f. Insecto provisto de aguijón de 1 a 1,5 cm de largo, de color amarillo con fajas negras, que vive en sociedad. | **FAM.** avispado, avispar, avispero.

avispado, da adj. Vivo, despierto, agudo: *Javier es un niño muy avispado*.

avispar tr. Avivar con látigo a las caballerías. | Espabilar, hacer despierto y avisado: *hay que avispar a este muchacho*. También prnl. | **FAM.** avispado.

avispero m. Panal que fabrican las avispas. | Lugar en donde lo hacen. | Multitud de avispas. | Negocio enredado: *esto es un auténtico avispero*.

avistar tr. Alcanzar con la vista.

avitaminosis f. Carencia o deficiencia de vitaminas. ♦ No varía en pl.

avituallar tr. Proveer de vituallas.

avivar tr. Excitar, animar, hacer más intenso: *avivar los colores*. | Hacer que arda más el fuego.

avutarda f. Ave zancuda de vuelo corto y pesado.

axila f. Sobaco.

axioma m. Proposición clara y evidente que no necesita demostración. | **FAM.** axiomático.

¡ay! interj. que expresa aflicción o dolor. | m. Suspiro, quejido.

ayatolá m. Entre algunos musulmanes, doctor en teología.

ayer adv. t. En el día inmediatamente anterior al de hoy. | Hace algún tiempo. | En tiempo pasado. | m. Tiempo pasado: *el ayer*.

ayo, ya m. y f. Persona encargada de criar y educar a un niño.

ayuda f. Auxilio, socorro. | Persona o cosa que ayuda: *María ha resultado una gran ayuda para mí*. | Lavativa. | m. Criado.

ayudante com. Oficial subalterno. | Profesor adjunto. | Oficial destinado personalmente a las órdenes de otro superior: *ayudante de campo*.

ayudar tr. Cooperar. | Auxiliar, socorrer. También prnl. | prnl. Valerse de la ayuda de algo o alguien: *se ayudaba con las muletas para andar*. | **FAM.** ayuda, ayudante, ayudantía.

ayunar intr. Abstenerse de comer o beber. | **FAM.** ayuno.

ayuno, na adj. Que no ha comido. | Que ignora o no comprende algo: *salir ayuno de una* *clase.* ‖ m. Acción y efecto de ayunar. ‖ **en ayunas,** o **en ayuno** loc. adv. Sin haberse desayunado.

ayuntamiento m. Corporación que administra el municipio. ‖ Casa consistorial. ‖ Acto sexual.

azabache m. Variedad dura de lignito, de color negro y susceptible de pulimento. Se emplea como adorno en collares, pendientes, etc.

azada f. Pala para remover la tierra. ‖ FAM. azadilla, azadón.

azafato, ta m. y f. Persona que atiende al público en congresos, exposiciones, o a los pasajeros de un avión, tren, autobús. Más como f.

azafrán m. Planta cuyos estigmas, de color rojo anaranjado, se usan para condimento.

azahar m. Flor blanca del naranjo, limonero y cidro.

azalea f. Arbusto originario del Cáucaso, con flores de varios colores y muy ornamentales.

azar m. Casualidad. ‖ FAM. azaroso.

azarar tr. y prnl. Turbar, sobresaltar, aturdir.

azaroso, sa adj. Incierto, desgraciado.

ázimo adj. Sin levadura.

azogar tr. Cubrir con azogue. ‖ Apagar la cal rociándola con agua. ‖ prnl. Contraer la enfermedad producida por la absorción de los vapores de azogue.

azogue m. Mercurio.

azor m. Ave rapaz diurna.

azorar tr. Conturbar, sobresaltar. También prnl. ‖ Azarar. ‖ FAM. azoro.

azoro m. *amer.* Acción y efecto de azorar o azorarse.

azotaina f. Zurra de azotes.

azotar tr. Dar azotes. También prnl. ‖ Golpear con fuerza. ‖ Producir daños o destrozos de gran importancia: *el hambre azota el país.* ‖ FAM. azotaina, azote.

azote m. Golpe en las nalgas con la palma de la mano. ‖ Golpe repetido del agua o del aire.

‖ Instrumento de suplicio. ‖ Golpe dado con el azote. ‖ Aflicción, calamidad. ‖ Persona extremadamente violenta. ‖ FAM. azotaina, azotazo.

azotea f. Cubierta llana de un edificio. ‖ Cabeza.

azteca adj. y com. Antiguo pueblo dominador del territorio conocido después con el nombre de México. ‖ Perteneciente a este pueblo.

azúcar amb. Cuerpo sólido de color blanco y sabor dulce, que se extrae de la caña en los países tropicales y de la remolacha en los templados. ‖ FAM. azucarado, azucarera, azucarillo.

azucarado, da adj. Dulce. ‖ Blando, afable.

azucarar tr. Bañar o endulzar con azúcar. ‖ Suavizar.

azucarero, ra adj. Relativo al azúcar. ‖ m. Recipiente donde se guarda. ‖ f. Fábrica de azúcar.

azucarillo m. Masa esponjosa de almíbar y clara de huevo.

azucena f. Planta con tallo alto y flores muy olorosas.

azufre m. Metaloide de color amarillo que por frotación se electriza fácilmente y da un olor agrio característico. ‖ FAM. azufrar.

azul adj. y s. Del color del cielo sin nubes. ‖ FAM. azulón.

azular tr. Teñir de azul. ‖ FAM. azulado, azulear.

azulejo m. Ladrillo pequeño vidriado, de varios colores.

azulete m. Polvo o pastillas de añil para dar color azulado a la ropa.

azurita f. Mineral muy duro de color azul, de textura cristalina o fibrosa. Es un bicarbonato de cobre.

azuzar tr. Incitar, achuchar a los perros para que embistan. ‖ Irritar, estimular.

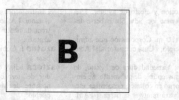

B

b f. Segunda letra del abecedario español y primera de sus consonantes. Su nombre es *be*.

baba f. Saliva espesa y abundante. | Líquido viscoso segregado por algunos animales y plantas. | **caérsele** a uno **la baba** loc. Ser bobo, o experimentar gran complacencia ante algo que resulta grato. | FAM. babear, babero, babilla, baboso.

babear intr. Expeler o echar de sí la baba. | Hacer demostraciones de excesivo rendimiento ante una persona o cosa: *está babeando por ella*.

babel amb. Desorden y confusión.

babero m. Prenda que se pone a los niños sobre el pecho para evitar que se manchen.

babi m. Guardapolvos, babero.

babieca com. y adj. Persona simple.

babilla f. En los cuadrúpedos, conjunto de músculos y tendones que articulan el fémur con la tibia y la rótula. | Rótula de los cuadrúpedos.

bable m. Dialecto asturiano derivado del leonés.

babor m. Lado izquierdo de la embarcación mirando de popa a proa.

babosa f. Molusco gasterópodo terrestre, sin concha, que cuando se arrastra deja abundante baba. Es muy dañino en las huertas.

babosear tr. Llenar de babas. | *amer.* Burlarse de alguien. | FAM. baboseo, baboso.

baboso, sa adj. y s. Que echa babas. | Se apl. al que no tiene edad ni condiciones para lo que hace, dice o intenta. | *amer.* Bobo, tonto, simple.

babucha f. Zapato ligero y sin tacón.

baca f. Parte superior de los vehículos para transportar bultos.

bacalada f. Bacalao entero y curado.

bacalao m. Pez teleósteo, de cuerpo simétrico con tres aletas dorsales y dos anales; es muy apreciado como alimento, sobre todo en salazón. | FAM. bacalada, bacaladero.

bacanal adj. Perteneciente al dios Baco. | f. Fiesta en honor de este dios. También pl. | Orgía: *la fiesta desembocó en una gran bacanal*. | FAM. bacante.

bacante f. Mujer que participaba en las bacanales.

bacará o **bacarrá** m. Juego de naipes en que juega la banca contra los puntos.

bachata f. *amer.* Juerga. | FAM. bachatero.

bache m. Hoyo que se hace en el pavimento de calles o caminos. | Desigualdad de la densidad atmosférica que determina un momentáneo descenso del avión. | Mal momento en la vida de una persona: *estar pasando un bache*. | FAM. bachear.

bachear tr. Rellenar los baches. | prnl. Llenarse una carretera de baches.

bachicha com. *amer.* Apodo con que se designa al inmigrante italiano.

bachiller com. Persona que ha obtenido el grado que se concede al terminar la segunda enseñanza. | Persona que había recibido el primer grado académico que se otorgaba antes a los estudiantes de facultad. | FAM. bachillerato.

bachillerato m. Grado de bachiller. | Estudios necesarios para obtener dicho grado.

bacía f. Vasija que usan los barberos para remojar la barba.

bacilo m. Bacteria en forma de bastoncillo. | FAM. bacilar.

bacín m. Orinal alto y cilíndrico. | FAM. bacinilla.

bacon (voz i.) m. Panceta ahumada.

bacteria f. Microorganismo unicelular, sin núcleo. Interviene en procesos como la fermentación, y puede ser la causa de enfermedades tales como el tifus, el cólera, enfermedades venéreas, etc. | FAM. bacteriano, bactericida, bacteriología.

bactericida adj. Que destruye las bacterias: *suero bactericida*.

bacteriología f. Parte de la microbiología que estudia las bacterias. | FAM. bacteriológico, bacteriólogo.

báculo m. Cayado. | Alivio, consuelo: *báculo de la vejez*.

badajo m. Pieza que pende en el interior de las campanas, y con la cual se golpean éstas para hacerlas sonar. | FAM. badajazo.

badana f. Piel curtida de carnero u oveja. ‖ Tira de este cuero que se cose al borde interior de la copa del sombrero. ‖ m. Persona perezosa. Más en pl.

badén m. Zanja que forma en el terreno el paso de las aguas llovedizas. ‖ Cauce empedrado, que se hace en una carretera para dar paso a un corto caudal de agua. ‖ P. ext., bache de la carretera.

badil m. Paleta de metal para mover la lumbre en las chimeneas y braseros. También se dice *badila*.

bádminton m. Juego de raqueta semejante al tenis.

badulaque adj. y m. Persona de poco juicio.

baffle (voz i.) m. Pantalla acústica. ‖ P. ext., caja que contiene los altavoces de un equipo de sonido.

bagaje m. Conjunto de conocimientos o noticias de que dispone una persona: *bagaje artístico, cultural*. ‖ Equipaje.

bagatela f. Cosa de poca sustancia y valor: *sólo sabes comprar bagatelas*.

bagazo m. Cáscara que queda después de deshecha la baga del lino. ‖ Residuo de las cosas que se exprimen para sacar zumo.

bagual, la adj. *amer.* Incivil. ‖ *amer.* Potro o caballo no domado.

¡bah! interj. con que se denota incredulidad o desdén: *¡bah, no me cuentes tonterías!*

bahía f. Entrada de mar en la costa, de extensión menor que el golfo.

bailable adj. Se dice de la música compuesta para bailar. ‖ m. Danza que se ejecuta en algunas óperas u obras dramáticas.

bailador, ra adj. y s. Que baila. ‖ FAM. bailaor.

bailaor, ra m. y f. Persona especializada en bailes andaluces.

bailar intr. Mover el cuerpo al compás de la música. También tr.: *bailar un bolero*. ‖ Moverse una cosa sin salir de un espacio determinado: *le baila un diente*. También tr. ‖ Girar rápidamente una cosa en torno de su eje, como la peonza, la perinola, etc. ‖ Llevar algo demasiado ancho: *baila en los pantalones*. ‖ FAM. bailable, bailador, bailarín, baile, bailotear.

bailarín, na adj. y s. Que baila. ‖ m. y f. Persona que ejercita o profesa el arte de bailar.

baile m. Acción de bailar. ‖ Danza. ‖ Fiesta en que se baila: *me han invitado a un baile esta noche*. ‖ Espectáculo teatral en que se ejecutan varias danzas.

bailotear intr. Bailar mucho y sin formalidad. ‖ FAM. bailoteo.

baja f. Disminución del precio. ‖ Cesación en industrias o profesiones sometidas a impuesto. ‖ Formulario fiscal para tales declaraciones. ‖ Cese de una persona en un cuerpo, profesión, carrera, etc.: *mañana le darán la baja a Pilar; el cardiólogo le ha firmado la baja temporal*. ‖ Documento que acredita dicho cese. ‖ Pérdida o falta de un individuo: *el enfrentamiento ocasionó muchas bajas en ambos ejércitos*.

bajá m. En Turquía, antiguamente, el que obtenía algún mando superior. Hoy es título de honor.

bajada f. Acción de bajar. ‖ Camino por donde se baja desde alguna parte.

bajamar f. Fin del reflujo en la marea. ‖ Tiempo que dura.

bajante f. Tubería de desagüe. ‖ *amer.* Descenso del nivel de las aguas.

bajar intr. Ir a un lugar más bajo. También prnl.: *bajarse a la planta primera*. ‖ Disminuir algo: *bajar el frío, la fiebre*. ‖ tr. Poner alguna cosa en lugar inferior. ‖ Rebajar el nivel. ‖ Apear. También intr. y prnl.: *bajarse del coche*. ‖ Inclinar hacia abajo: *bajar la cabeza*. ‖ Disminuir la estimación, precio o valor de alguna cosa. ‖ Humillar, abatir. También prnl. ‖ Descender en el sonido desde un tono agudo a otro más grave. ‖ prnl. Inclinarse uno hacia el suelo: *bajarse a coger algo del suelo*. ‖ FAM. bajón, bajura.

bajel m. Buque, barco.

bajeza f. Hecho vil o indigno. ‖ Abatimiento, humillación.

bajío m. Bajo en los mares, y más comúnmente el de arena. ‖ *amer.* Terreno bajo.

bajo, ja adj. De poca altura. ‖ Que está en lugar inferior: *planta baja*. ‖ Inclinado hacia abajo. ‖ Hablando de colores, poco vivo. ‖ Se dice del oro y de la plata, cuando tienen poca pureza. ‖ Se dice de las últimas etapas de un determinado período histórico: *la baja Edad Media*. ‖ Se dice de ciertas magnitudes físicas para indicar que, en determinada ocasión, tienen un valor inferior al ordinario: *baja frecuencia, bajas presiones*. ‖ Humilde: *clase baja*. ‖ Despreciable, vulgar. ‖ Barato: *lo consiguió a bajo precio*. ‖ m. Lugar hondo. ‖ Piso en la planta baja de un edificio: *alquilé un bajo*. ‖ Parte inferior de una prenda de vestir: *el bajo de una falda*. ‖ Voz e instrumento que produce sonidos más graves. ‖ Persona que tiene esa voz o toca ese instrumento. ‖ adv. Abajo. ‖ En voz baja o que apenas se oiga. ‖ prep. Debajo de: *estar bajo la tutela de alguien; bajo palabra; bajo techo*. ‖ FAM. abajo, bajamente, bajar, bajero, bajeza, bajura.

bajón m. Notable menoscabo o disminución

en el caudal, la salud, las facultades intelectuales, etc.: *dar un gran bajón.*

bajorrelieve m. En esc., obra cuyas figuras resaltan poco del plano. También se escribe *bajo relieve.*

bajura f. Falta de elevación. ‖ Refiriéndose a la pesca, la que se hace en aguas jurisdiccionales, cerca de la costa.

bala f. Proyectil de armas de fuego. ‖ Fardo. ‖ **como una bala** loc. adv. A gran velocidad. ‖ **FAM.** balazo, balín, balística.

balacera f. *amer.* Tiroteo.

balada f. Composición poética de tono sentimental.

baladí adj. Insignificante, de poco valor. ♦ pl. *baladís* o *baladíes.*

baladrón, na adj. Fanfarrón. ‖ **FAM.** baladronada, baladronear.

bálago m. Paja larga de los cereales después de quitarle el grano.

balalaica f. Instrumento musical de origen ruso parecido a la guitarra, pero con caja de forma triangular.

balance m. Movimiento que hace un cuerpo, inclinándose a un lado, y a otro. ‖ Confrontación del activo y el pasivo para determinar el estado de un negocio. ‖ Resultado de algún asunto: *el balance de los hechos.* ‖ **FAM.** balancear, balanceo.

balancear intr. Dar o hacer balances. También prnl. ‖ Dudar. ‖ tr. Poner en equilibrio.

balanceo m. Oscilación.

balancín m. Columpio. ‖ En los jardines, playas, terrazas, etc., asiento colgante cubierto de toldo. ‖ Barra paralela al eje de las ruedas delanteras de un vehículo. ‖ Palo largo que usan los volatineros para mantenerse en equilibrio. ‖ Mecedora.

balandra f. Embarcación pequeña. ‖ **FAM.** balandro.

balandro m. Balandra pequeña.

bálano o **balano** m. Parte extrema del pene. ‖ **FAM.** balanitis.

balanza f. Instrumento que sirve para pesar o medir masas.

balar intr. Dar balidos.

balarrasa m. Persona de poco juicio. ‖ Aguardiente fuerte.

balasto o **balastro** m. Capa de grava que se tiende para asentar y sujetar las traviesas de las vías férreas, o en las carreteras como base del pavimento.

balaustrada f. Serie de balaustres.

balaustre o **balaústre** m. Cada una de las pequeñas columnas de las barandillas, balcones, etc.

balazo m. Golpe o herida de bala disparada con arma de fuego.

balboa m. Unidad monetaria de Panamá.

balbucear intr. Balbucir.

balbucir intr. Hablar o leer con pronunciación dificultosa, trastocando a veces las letras o las sílabas. ♦ **Defect.** Carece de la 1.ª persona sing. del pres. de indicativo y de todo el pres. de subjuntivo por lo que toma estas formas del verbo *balbucear.*

balcón m. Hueco abierto al exterior desde el suelo de la habitación, con barandilla saliente: *el piso en el que vivo tiene tres balcones.* ‖ Barandilla.

balda f. Anaquel de armario o alacena.

baldaquín o **baldaquino** m. Especie de dosel hecho de tela de seda. ‖ Pabellón que cubre el altar.

baldado, da adj. Muy cansado, agotado. ‖ Tullido, impedido.

baldar tr. Impedir o privar una enfermedad o accidente del uso de los miembros o de alguno de ellos. También prnl. ‖ Causar a uno gran contrariedad. ‖ Fallar en juegos de cartas. ‖ **FAM.** baldado, baldeamiento.

balde m. Cubo que se emplea para sacar y transportar agua; barreño. ‖ **FAM.** baldear.

balde (de) loc. adv. Gratis. ‖ Sin motivo, sin causa. ‖ **en balde** loc. adv. En vano, inútil: *todos mis esfuerzos fueron en balde.*

baldear tr. Regar las cubiertas de los buques con los baldes, a fin de refrescarlas y limpiarlas. ‖ Regar con baldes cualquier suelo, piso o pavimento.

baldío, a adj. Terreno que no se cultiva. ‖ Vano, sin fundamento: *planteamiento baldío.* ‖ **FAM.** baldíamente.

baldón m. Injuria, afrenta.

baldosa f. Ladrillo, por lo común fino, que sirve para solar. ‖ **FAM.** baldosín, embaldosar.

baldosín m. Baldosa pequeña y fina.

baldragas m. Hombre flojo, sin energía. ♦ No varía en pl.

balear adj. y com. De las islas Baleares. ‖ Se dice del pueblo indígena prerromano de las islas Gimnesias o Baleares en su antigua denominación. ‖ m. Variedad de la lengua catalana que se habla en las islas Baleares.

balido m. Voz del carnero, el cordero, la oveja, la cabra, el gamo y el ciervo.

balín m. Bala de menor calibre que la de fusil.

balística f. Ciencia que estudia la trayectoria de los proyectiles.

baliza f. Señal fija o flotante que se pone de marca en el agua.

ballena f. Mamífero cetáceo, el mayor de todos los animales conocidos, que llega a crecer hasta más de 30 m de longitud en algunas especies. Vive en todos los mares, especialmente los polares. ‖ Cada una de las láminas córneas y elásticas que tiene la ballena en la mandíbula superior y que, convertida en tiras, tiene varios usos: *ballena de paraguas*. ‖ **FAM.** ballenato, ballenero.

ballenato m. Cría de la ballena.

ballenero, ra adj. Relativo a la pesca de la ballena. ‖ m. Barco especialmente destinado a la captura de ballenas. ‖ m. y f. Persona que pesca ballenas.

ballesta f. Antigua arma portátil que servía para disparar flechas, saetas y bodoques. ‖ Máquina antigua de guerra utilizada para arrojar piedras o saetas gruesas. ‖ Cada uno de los muelles en los que descansa la caja de los coches. ‖ **FAM.** ballestazo, ballestero.

ballet m. Danza escénica estilizada que desarrolla un argumento. ‖ Música que acompaña esta danza: *Chaikovski compuso algunos de los ballets clásicos más famosos*. ‖ Compañía que la interpreta. ♦ pl. *ballets*.

balneario, ria adj. Perteneciente o relativo a baños públicos, especialmente a los medicinales: *le han recomendado una cura balnearia*. ‖ m. Edificio con baños medicinales y en el cual suele darse hospedaje.

balompié m. Fútbol.

balón m. Pelota grande que se usa en varios deportes. ‖ Recipiente para contener cuerpos gaseosos. ‖ **FAM.** balompié, baloncesto, balonmano.

baloncesto m. Deporte que se juega entre dos equipos de cinco jugadores cada uno, que, valiéndose de las manos, tratan de introducir el balón en un aro del que cuelga una red.

balonmano m. Juego parecido al fútbol en el que se enfrentan dos equipos de siete jugadores, los cuales, valiéndose de sus manos, intentan introducir el balón en la portería contraria. ‖ **FAM.** balonmanista.

balonvolea m. Voleibol.

balsa f. Charca. ‖ Conjunto de maderas, que unidos, forman una superficie flotante: *cruzaremos el río en balsa*. ‖ **FAM.** balsadera, balsear, embalsar.

balsamina f. Planta perenne, originaria del Perú, de la familia de las balsamináceas, con tallo ramoso como de medio metro de altura, hojas gruesas y alternas, y flores amarillas. Se emplea en medicina como vulneraria.

bálsamo m. Líquido aromático que fluye de ciertos árboles y que se espesa por la acción del aire. ‖ Medicamento que se aplica como remedio en las heridas y llagas. ‖ Consuelo, alivio: *has sido para mí como un bálsamo*. ‖ **FAM.** balsámico, balsamina.

báltico, ca adj. y s. Relativo al mar Báltico y a los países que baña.

baluarte m. Obra de fortificación de figura pentagonal, que sobresale en el encuentro de dos partes de una muralla. ‖ Amparo y defensa: *es un baluarte del cristianismo*.

balumba f. Conjunto desordenado y excesivo de cosas.

bamba f. Bollo relleno de crema, nata, etc. ‖ Baile latinoamericano.

bambalina f. Tira de lienzo pintado que cuelga del telar del teatro.

bambolear intr. y prnl. Moverse algo o alguien a un lado y otro sin perder el sitio en que está. ‖ **FAM.** bamboleo.

bambolla f. Ostentación excesiva y de más apariencia que realidad. ‖ *amer.* Fanfarronería. ‖ **FAM.** bambollero.

bambú m. Planta gramínea, propia de países tropicales, de cañas ligeras y muy resistentes que se destinan a múltiples usos, como fabricación de muebles; la corteza sirve para la fabricación de papel. ♦ pl. *bambús* o *bambúes*.

banal adj. Trivial, común, insustancial. ‖ **FAM.** banalidad, banalmente.

banana f. Plátano, fruto del banano. ‖ **FAM.** bananal, bananero, banano.

bananero, ra adj. Relativo al banano. ‖ Se dice del terreno poblado de bananos o plátanos. ‖ m. Plátano.

banano m. Banana.

banasta f. Cesto grande formado de mimbres o listas de madera delgadas y entretejidas. ‖ **FAM.** banasto.

banasto m. Banasta redonda.

banca f. Asiento sin respaldo. ‖ Comercio de los bancos. ‖ Conjunto de bancos o banqueros. ‖ Juego de naipes. ‖ *amer.* Banco, asiento. ‖ **FAM.** bancario, bancarrota, banquero.

bancada f. Tabla o banco donde se sientan los remeros. ‖ Basamento firme para una máquina o conjunto de ellas.

bancal m. Rellano de tierra que se aprovecha para algún cultivo. ‖ Pedazo de tierra rectangular preparado para la siembra. ‖ Arena amontonada a la orilla del mar.

bancario, ria adj. Relativo a la banca mercantil: *trámite bancario*.

bancarrota f. Quiebra comercial.

banco m. Asiento en que pueden sentarse varias personas. ‖ Entidad financiera constituida en sociedad por acciones. Según sea su ejercicio mercantil, se le llama *agrícola, de descuento, de emisión, de exportación, de fomento, hipotecario, industrial*, etc. ‖ En los mares, ríos y lagos navegables, bajo que se prolonga en una gran extensión: *banco de arena*. ‖ Conjunto de peces: *banco de atunes*. ‖ Tratándose de hielo, iceberg. ‖ **banco de datos** Conjunto de datos almacenados en fichas, cintas o discos magnéticos, del cual se puede extraer información en cualquier momento. ‖ FAM. banca, banqueta, banquillo.

banda f. Cinta ancha que se lleva atravesada desde un hombro al costado opuesto. ‖ Cada una de las zonas delimitadas como tales en un campo deportivo. ‖ Todas las frecuencias comprendidas entre dos límites definidos de frecuencia: *banda de frecuencia modulada.* ‖ **banda sonora** Franja longitudinal de la película cinematográfica, donde está registrado el sonido. ‖ Cuadrilla de gente armada: *banda de ladrones.* ‖ Bandada, manada. ‖ Grupo musical. ‖ FAM. bandada, bandazo, bando, desbandarse.

bandada f. Conjunto de aves que vuelan juntas y, p. ext., conjunto de peces. ‖ Tropel o grupo bullicioso de personas.

bandazo m. Tumbo o balance violento que da una embarcación hacia cualquiera de los dos lados. ‖ P. ext., cualquier movimiento semejante a ese: *dar bandazos un coche, un borracho.* ‖ Cambio inesperado de ideas, opiniones, etc.

bandear tr. *amer.* Cruzar un río de una banda a otra. ‖ prnl. Saberse gobernar o ingeniar para satisfacer las necesidades de la vida o para salvar otras dificultades: *qué bien te bandeas.*

bandeja f. Pieza plana o algo cóncava, para servir, presentar o depositar cosas. ‖ Pieza movible, en forma de caja descubierta y de poca altura, que divide horizontalmente el interior de un baúl, maleta, etc.

bandera f. Tela comúnmente cuadrada o rectangular, que se asegura por uno de sus lados a un asta o una driza, y se emplea como insignia o señal: *la bandera de la paz; la bandera de Marruecos.* ‖ Nacionalidad a que pertenecen los buques mercantes. ‖ FAM. banderilla, banderín, abanderar.

bandería f. Bando o parcialidad.

banderilla f. Palo delgado armado de un arponcillo que usan los toreros para clavarlo en el cerviguillo de los toros. ‖ FAM. banderillazo, banderillear, banderillero.

banderillear tr. Poner banderillas a los toros.

banderillero m. Torero que pone banderillas.

banderín m. Bandera pequeña. ‖ Cabo o soldado que sirve de guía a la infantería en sus ejercicios.

bandido, da m. Bandolero, salteador. ‖ Persona perversa. ‖ FAM. bandidaje.

bando m. Edicto. ‖ Facción, partido: *Pedro se ha pasado al bando contrario.* ‖ FAM. bandolero.

bandolera f. Correa que cruza por el pecho y la espalda y que lleva un gancho para colgar un arma de fuego.

bandolerismo m. Existencia continuada de bandoleros en una comarca.

bandolero m. Ladrón, salteador de caminos. ‖ Bandido. ‖ FAM. bandolerismo.

bandolina f. Instrumento musical de cuatro cuerdas, semejante al laúd. ‖ FAM. bandolón, bandoneón.

bandoneón m. Variedad de acordeón, de forma hexagonal y escala cromática.

bandurria f. Instrumento musical semejante a la guitarra, pero de menor tamaño; tiene 12 cuerdas: seis de tripa y seis entorchadas. Se toca con púa.

bangaña f. *amer.* Vasija tosca elaborada con la cáscara de ciertas frutas.

banjo m. Instrumento musical de cuerda, de origen africano, utilizado en el jazz.

banquero, ra m. y f. Persona que dirige o es propietaria de un banco. ‖ Persona que se dedica a operaciones bancarias.

banqueta f. Asiento pequeño y sin respaldo. ‖ Banco corrido.

banquete m. Comida para celebrar algo. ‖ Comida espléndida.

banquillo m. Asiento en que se coloca el procesado ante el tribunal.

banquisa f. Banco de hielo.

bantú adj. y com. Se dice de una familia de lenguas habladas por un grupo de pueblos de África ecuatorial y meridional. ‖ Se dice de los individuos que hablan esta lengua. ♦ pl. *bantús, bantúes.*

bañador m. Prenda o conjunto de prendas para bañarse en sitios públicos. ‖ Traje de baño femenino de una sola pieza.

bañar tr. Meter el cuerpo o parte de él en agua o en otro líquido. También prnl.: *bañarse en un piscina.* ‖ Sumergir algo en un líquido: *bañar de licor una tarta.* ‖ Tocar algún paraje el agua del mar, de un río, etc.: *el río baña las murallas de la ciudad.* ‖ Cubrir algo con una capa de otra sustancia: *bañar de oro un brazalete.* ‖ Tratándose del sol, la luz o el aire, dar de lleno. ‖ FAM. bañador, bañera, bañista, baño.

bañera f. Baño, pila.

bañista com. Persona que va a tomar baños. ‖ El que cuida o socorre a los que se bañan.

baño m. Acción y efecto de bañar o bañarse. ‖ Acción y efecto de someter el cuerpo o parte de él al influjo intenso o prolongado de un agente físico: *baño de sol, de vapor.* ‖ Agua o líquido para bañarse. ‖ Pila que sirve para bañar o lavar el cuerpo o parte de él. ‖ Cuarto de baño. ‖ Sitio donde hay aguas para bañarse. | Capa de materia extraña con que queda cubierto lo bañado: *un baño de barniz, de azúcar*. | pl. Lugar con aguas medicinales. | **baño de María** o **baño María** Recipiente con agua puesto a calentar y en el cual se mete otra vasija para que su contenido reciba un calor suave y constante. | **FAM**. bañera.

baobab m. Árbol tropical, de la familia de las bombacáceas, con ramas horizontales de 16 a 20 m de largo, flores grandes y blancas, y fruto comestible.

baptisterio m. Sitio donde está la pila bautismal. | Pila bautismal.

baquelita f. Resina sintética de gran dureza; se emplea en la elaboración de productos industriales, especialmente en la preparación de barnices y lacas.

baqueta f. Varilla que sirve para apretar el taco en las armas de fuego. | pl. Palillos con que se toca el tambor. | **FAM**. baquetazo, baquetero.

baquetear tr. Incomodar. | Adiestrar, ejercitar. | **FAM**. baqueteado, baqueteo.

bar m. Establecimiento de bebidas. | Baro, unidad de medida de la presión atmosférica.

barahúnda f. Ruido y confusión grandes.

baraja f. Conjunto de naipes que sirven para varios juegos. | **FAM**. barajar.

barajar tr. En el juego de naipes, mezclarlos unos con otros antes de repartirlos.

baranda f. Barandilla. | Borde o cerco que tienen las mesas de billar. | **FAM**. barandal, barandilla.

barandilla f. Antepecho compuesto de balaustres y barandales.

baratija f. Cosa menuda y de poco valor. Más en pl.: *sólo compras baratijas*.

baratillo m. Conjunto de cosas de poco precio, que se venden en un lugar público. | Tienda o sitio en que se hacen estas ventas.

barato, ta adj. Se dice de cualquier cosa de bajo precio. | m. Venta a bajo precio. | adv. m. Por poco precio: *este mercado vende barato*. | **FAM**. abaratar, baratija, baratillo.

barba f. Pelo que nace en la parte inferior de la cara y en los carrillos: *a Javier aún no le ha salido la barba*. También pl. | Este mismo pelo crecido. | Parte de la cara que está debajo de la boca. | Mechón de pelo que crece en la quijada inferior del ganado cabrío. | **por barba** loc. adv. Por cabeza o por persona. | **FAM**. barbado, barbilla, barbilla, barbudo.

barbacoa f. Parrilla usada para asar al aire libre carne o pescado.

barbaridad f. Calidad de bárbaro. | Dicho o hecho necio o temerario. | Atrocidad, exceso. | Cantidad grande o excesiva: *te han cobrado una barbaridad por ese vestido*.

barbarie f. Rusticidad, falta de cultura. | Fiereza, crueldad.

barbarismo m. Vicio del lenguaje, que consiste en pronunciar o escribir mal las palabras, o en emplear vocablos impropios.

bárbaro, ra adj. y s. Relativo a cualquiera de los grupos de pueblos que en el s. v invadieron el imperio romano y se extendieron por la mayor parte de Europa. | Fiero, cruel: *me cambié de trabajo porque tenía un jefe que era un bárbaro*. | Estupendo. | **FAM**. barbaridad, barbarie, barbarismo.

barbecho m. Tierra labrantía que no se siembra durante uno o más años. | **FAM**. barbechar.

barbería f. Local donde trabaja el barbero.

barbero m. El que tiene por oficio cortar el pelo o afeitar la barba. | **FAM**. barbería.

barbilampiño adj. Que no tiene barba, o tiene poca.

barbilla f. Punta o remate de la barba. | Papada. | Apéndice carnoso que tienen algunos peces en la parte inferior de la cabeza.

barbitúrico adj. y m. Se dice del ácido orgánico cristalino cuyos derivados tienen propiedades hipnóticas y sedantes. En dosis excesivas poseen acción tóxica.

barbo m. Pez de río, de color oscuro por el lomo y blanquecino por el vientre, muy apreciado como comestible.

barbudo, da adj. Que tiene muchas barbas.

barca f. Embarcación pequeña. | **FAM**. barcaza, barco, embarcar.

barcaje m. Transporte en barca y precio o flete que se paga por él.

barcarola f. Canción popular de Italia, y especialmente de los gondoleros de Venecia.

barcaza f. Lanchón para transportar carga de los buques a tierra, o viceversa.

barcino, na adj. Se dice de los animales de pelo blanco y pardo, y a veces rojizo: *gato barcino*.

barco m. Vehículo flotante que se utiliza para transportar por el agua personas, animales o cosas. | **FAM**. barquillo.

barda f. Cubierta de las tapias.

bardo m. Poeta de los antiguos celtas. | Por ext., poeta de cualquier época o nacionalidad.

baremo m. Conjunto de normas establecidas convencionalmente para evaluar los méritos personales, la solvencia de empresas, etc. | Cuaderno o tabla de cuentas ajustadas. | Lista o repertorio de tarifas.

bargueño m. Mueble de madera con cajoncitos y gavetas.

baria f. En el sistema cegesimal, unidad de presión equivalente a una dina por cm^2.

bario m. Metal blanco amarillento, dúctil y difícil de fundir.

barisfera f. Núcleo central del globo terrestre.

barítono m. Voz media entre la de tenor y la de bajo. ∥ Persona que tiene esta voz.

barlovento m. Parte de donde viene el viento con respecto a un punto o lugar determinado.

barman (voz i.) m. Camarero encargado de la barra en cafeterías y bares. ♦ pl. *barmans* o *bármanes*.

barniz m. Disolución de una o más resinas en un líquido que al aire se volatiliza o se deseca. ∥ Baño que se da al barro, loza y porcelana. ∥ Noción superficial de una ciencia: *un barniz de cultura*. ∥ **FAM.** barnizador, barnizar.

barnizar tr. Dar un baño de barniz. ∥ **FAM.** barnizado.

baro m. Unidad de medida de la presión atmosférica, equivalente a cien millones de pascalios.

barómetro m. Instrumento para determinar la presión atmosférica. ∥ **FAM.** barométrico.

barón, nesa m. y f. Título nobiliario, que en España es inmediatamente inferior al de vizconde. ∥ f. Mujer del barón.

barquero, ra m. y f. Persona que gobierna una barca.

barquilla f. Cesto en que van los tripulantes de un globo. ∥ Molde para hacer pasteles.

barquillero, ra m. y f. Persona que hace o vende barquillos.

barquillo m. Hoja delgada de pasta de harina sin levadura ni azúcar, generalmente en forma de canuto. ∥ **FAM.** abarquillar, barquillero.

barra f. Pieza generalmente prismática o cilíndrica y más larga que gruesa. ∥ Pieza de pan de forma alargada. ∥ Mostrador de un bar. ∥ Banco de arena o piedras en el mar. ∥ En mús., línea que corta el pentagrama para separar los compases. ∥ **FAM.** barrera.

barrabás m. Persona mala, traviesa, díscola. ∥ **FAM.** barrabasada.

barrabasada f. Travesura grave, acción atropellada: *no tolero una barrabasada más*.

barraca f. Albergue construido toscamente. ∥ Vivienda rústica de las huertas de Valencia y Murcia, con cubierta de cañas. ∥ *amer.* Edificio en que se almacenan cueros, lanas, maderas, etc. ∥ **FAM.** barracón.

barracón m. Caseta tosca.

barracuda f. Pez de mares tropicales y templados, de cuerpo alargado y provisto de poderosos dientes; puede alcanzar 2 m de longitud y es muy voraz; se aprecia como comestible.

barragana f. Concubina.

barranco m. Despeñadero, precipicio: *Luis, no te acerques tanto a ese barranco.* ∥ Erosión producida en la tierra por las corrientes de aguas de lluvia. ∥ **FAM.** abarrancar, barranca, barranquero.

barrena f. Barra de hierro con uno o los dos extremos cortantes, que sirve para agujerear peñascos, sondear terrenos, etc. ∥ Instrumento para taladrar o hacer agujeros. ∥ **FAM.** barrenar, barreno.

barrenar tr. Abrir agujeros con una barrena. ∥ Impedir maliciosamente el logro de alguna cosa. ∥ **FAM.** barreno.

barrendero, ra m. y f. Persona que tiene por oficio barrer.

barreno m. Agujero hecho con la barrena. ∥ Agujero relleno de un explosivo para volar alguna cosa.

barreño m. Vasija de barro más ancha por la boca que por la base. ∥ P. ext., cualquier vasija de forma y tamaño análogos que se hace de metal, plástico u otros materiales.

barrer tr. Limpiar el suelo con la escoba. ∥ Llevarse todo lo que había en alguna parte: *la gente barrió con toda la mercancía que estaba rebajada.* ∥ **barrer hacia**, o **para, dentro** loc. Obrar interesadamente. ∥ **FAM.** barrendero, barrida.

barrera f. Valla, obstáculo. ∥ Parapeto. ∥ Antepecho de las plazas de toros. ∥ En las mismas plazas, primera fila de ciertas localidades: *ver una corrida desde la barrera.*

barretina f. Gorro catalán.

barriada f. Barrio. ∥ Parte de un barrio.

barrica f. Tonel mediano. ∥ **FAM.** barricada.

barricada f. Parapeto improvisado para defenderse de algo.

barrido m. En fís., proceso por el que un dispositivo explora sistemática y repetidamente un espacio punto por punto para transformarlo en señales eléctricas transmisibles a distancia. Es el fundamento de la televisión, el radar, etc.

barriga f. Vientre, cavidad abdominal de los vertebrados que contiene diversos órganos. ∥ Parte abultada de una vasija, columna, pared, etc. ∥ **FAM.** barrigón, barrigudo.

barril m. Vasija de madera, de tamaño variado, que sirve para conservar y transportar diferentes licores y géneros: *barril de vino.* ∥ **FAM.** barrilete.

barrilete m. Instrumento que usan los carpinteros para asegurar sobre el banco los materiales que labran. ∥ Pieza del revólver donde se colocan los cartuchos.

barrillo m. Grano que sale en la cara. ∥ **FAM.** barro.

bastardo

barrio m. Parte de una población. ‖ Arrabal. ‖ Grupo de casas o aldea que depende de otra población.

barritar intr. Emitir su sonido el elefante. ‖ FAM. barrito.

barrito m. Berrido del elefante.

barrizal m. Sitio o terreno lleno de barro o lodo.

barro m. Masa que resulta de la mezcla de tierra y agua. ‖ Lodo que se forma cuando llueve. ‖ Granillo que sale en el rostro. ‖ FAM. barrizal, embarrar, guardabarros.

barroco, ca adj. Se dice del estilo artístico desarrollado en Europa y América durante los s. XVII y XVIII. También m. ‖ Se apl. a lo excesivamente recargado de adornos: *lenguaje barroco*. ‖ FAM. barroquismo.

barroquismo m. Tendencia a lo barroco. ‖ Extravagancia.

barrote m. Barra gruesa. ‖ Barra de hierro para afianzar o reforzar algo.

barruntar tr. Conjeturar, presentir. ‖ FAM. barrunto.

bartola (a la) loc. Despreocupadamente, sin cuidado: *tumbarse a la bartola*.

bártulos m. pl. Enseres, trastos.

barullo m. Confusión, desorden: *se organizó un barullo enorme a la salida del estadio*.

basa f. Asiento de la columna o estatua. ‖ Base, fundamento, apoyo.

basalto m. Roca volcánica, de color negro o gris oscuro, de grano fino, muy dura y compuesta principalmente de feldespato y piroxena. ‖ FAM. basáltico.

basamento m. Cuerpo de la columna que comprende la basa y el pedestal. ‖ Soporte de una escultura, un arco, etc.

basar tr. Fundar, apoyar: *¿en qué te basas para afirmar eso?* También prnl. ‖ Asentar algo sobre una base. ‖ FAM. basa, basamento.

basca f. Ansia, desazón en el estómago. Más en pl. ‖ Ímpetu colérico o muy precipitado, en una acción o asunto: *actuar según le dé a uno la basca*. ‖ Pandilla de amigos: *esta noche me iré de marcha con toda la basca*.

báscula f. Aparato para medir pesos, generalmente grandes, que se colocan sobre un tablero. ‖ FAM. bascular.

bascular intr. Moverse un cuerpo de un lado a otro girando sobre un eje vertical. ‖ En algunos vehículos de transporte, inclinarse la caja para que la carga resbale por su propio peso.

base f. Fundamento o apoyo principal en que descansa alguna cosa: *base de un edificio, de una teoría*. ‖ Basa. ‖ Línea o superficie en que descansa una figura. ‖ En una potencia, cantidad a la que se eleva el exponente. ‖ En

quím., cuerpo orgánico o inorgánico, que tiene la propiedad de combinarse con los ácidos para formar sales. ‖ Instalación en que se guarda material bélico o se entrena parte de un ejército. ‖ En el juego de béisbol, cada una de las cuatro esquinas del campo que defienden los jugadores. ‖ **base de datos** En inform., conjunto de datos almacenados y organizados con el fin de facilitar su acceso y recuperación mediante un ordenador. ‖ **a base de** loc. prep. Tomando como fundamento, por medio de: *se ha recuperado a base de descanso*. ‖ FAM. basa, basar, básico.

BASIC (Acrónimo de *Beginner's All-Purpose Symbolic Instruction Code*: Código de instrucciones simbólicas y de carácter general para principiantes.) En inform., lenguaje de programación de alto nivel, que, por su simplicidad, ha sido uno de los más utilizados en ordenadores personales.

básico, ca adj. Perteneciente a la base sobre la que se sustenta una cosa; fundamental. ‖ En quím., se dice de la sustancia en que predomina la base.

basílica f. Cada una de las 13 iglesias de Roma que se consideran como las primeras de la cristiandad en categoría. ‖ Iglesia notable. ‖ Palacio, casa real. ‖ Edificio público que servía a los romanos de tribunal y de lugar de reunión y de contratación.

basilisco m. Animal fabuloso, al que se atribuía la propiedad de matar con la vista. ‖ Reptil americano de color verde y anillos negros, que posee cresta dorsal, o dos en el caso de los machos. ‖ Persona furiosa o dañina: *estar hecho un basilisco*.

basset (voz i.) adj. y com. Raza de perros, de cuerpo largo y patas cortas.

basta f. Hilván. ‖ Cada una de las puntadas que suele tener un colchón para mantener el relleno en su lugar.

bastante adj. Que basta, suficiente: *tengo bastante trabajo*. ‖ adv. No poco: *es bastante tonto*. ‖ Ni mucho ni poco, regular: *nos hemos divertido bastante*.

bastar intr. Ser suficiente. También prnl: *me basto sola, no necesito a nadie más*. ‖ Abundar. ‖ **¡basta!** loc. Voz que sirve para poner término a una acción o discurso. ‖ FAM. bastante, basto.

bastarda f. Lima de grano fino.

bastardear intr. Degenerar algo de su naturaleza. ‖ tr. Apartar una cosa de su pureza primitiva. ‖ FAM. bastardeo.

bastardilla adj. y f. Letra cursiva.

bastardo, da adj. y s. Que degenera de su origen o naturaleza. ‖ Se dice del hijo natural o nacido fuera del matrimonio. ‖ FAM. bastardear, bastardía.

basteza f. Grosería, tosquedad.

bastidor m. Armazón de madera o metal para fijar lienzos, vidrios, etc. ‖ Armazón sobre la que se instala la decoración teatral. ‖ Armazón metálica que soporta la caja de un vehículo: *bastidor de un camión.*

bastimento m. Provisión para sustento de una ciudad, ejército, etc. ‖ Embarcación. ‖ FAM. bastimentar.

bastión m. Baluarte.

basto m. Cualquiera de los naipes del palo de bastos. ‖ pl. Uno de los cuatro palos de la baraja española, en cuyos naipes aparecen una o varias figuras de leños a modo de clavas.

basto, ta adj. Tosco, áspero, sin pulimentar: *tela basta, madera basta.* ‖ Inculto, ordinario: *lenguaje basto.* ‖ FAM. bastamente, basteza.

bastón m. Vara con puño y contera para apoyarse al andar. ‖ Insignia de mando o de autoridad: *el bastón del comandante.* ‖ FAM. bastonazo, bastoncillo, bastonera.

bastoncillo m. Prolongación cilíndrica de ciertas células nerviosas de la retina.

bastonero, ra m. y f. Persona que hace o vende bastones. ‖ Persona que dirigía ciertos bailes.

basura f. Inmundicia, suciedad. ‖ Desecho, residuos: *anoche el camión no recogió la basura.* ‖ Persona o cosa despreciable: *este libro es una basura.* ‖ Estiércol de las caballerías. ‖ FAM. basurero.

basurero, ra m. y f. Persona que lleva o saca la basura. ‖ m. Sitio donde se arroja y amontona la basura.

bata f. Prenda para estar en casa o para trabajar. ‖ Prenda de uso exterior a manera de blusa larga, que se ponen los que trabajan en laboratorios, clínicas, oficinas, peluquerías, etc. ‖ FAM. batín.

batacazo m. Golpe fuerte y ruidoso que da alguna persona cuando cae. ‖ Caída inesperada de un estado o condición: *no pongas demasiadas ilusiones en ello no vaya a ser que luego te pegues un batacazo.*

batahola o **bataola** f. Bulla, ruido grande.

batalla f. Combate de un ejército con otro. ‖ Lucha, pelea. ‖ Agitación e inquietud interior del ánimo: *librar una batalla con uno mismo.* ‖ Justa, torneo. ‖ FAM. batallar, batallón.

batallar intr. Pelear con armas. ‖ Disputar, porfiar. ‖ Luchar por conseguir algún propósito. ‖ FAM. batallador.

batallón m. Unidad de tropa formada por varias compañías.

batán m. Máquina para golpear y desengrasar los paños. ‖ FAM. batanar, batanear.

batata f. Planta con tubérculos parecidos a las patatas. ‖ Tubérculo comestible de las raíces de esta planta.

bate m. Palo para jugar al béisbol. ‖ FAM. batear.

batea f. Bandeja. ‖ Barco pequeño en forma de cajón. ‖ *amer.* Artesa para lavar.

batear tr. e intr. Dar a la pelota de béisbol con el bate. ‖ FAM. bateador.

batel m. Bote, barco pequeño. ‖ FAM. batelero.

batería f. Conjunto de piezas de artillería. ‖ Conjunto de instrumentos de percusión de una banda u orquesta. ‖ Instrumento de percusión compuesto por tambor, bombo, platillos, etc. ‖ Acumulador de electricidad: *batería de un coche.* ‖ Conjunto de utensilios de cocina. ‖ Obra de fortificación. ‖ Conjunto de cañones de los barcos de guerra. ‖ Unidad de tiro de artillería. ‖ com. Persona que toca la batería en un grupo musical.

batial adj. Se dice de las profundidades oceánicas comprendidas entre 200 y 2.000 m.

batiborrillo o **batiburrillo** m. Mezcla de cosas.

batida f. Acción de batir el monte para que salga la caza. ‖ Acción de explorar varias personas una zona buscando a alguien o algo. ‖ Allanamiento y registro de algún local, que por sorpresa realiza la policía.

batido, da m. Bebida refrescante: *un batido de fresa.* ‖ adj. Se apl. al camino muy andado. ‖ Se apl. a los tejidos de seda que resultan con visos distintos. ‖ Se apl. a la tierra muy fina utilizada en algunas pistas de tenis: *el Roland Garros es un torneo que se disputa sobre tierra batida.*

batidor, ra adj. Que bate. ‖ m. Instrumento para batir. ‖ Explorador que descubre y reconoce el campo o el camino. ‖ Cada uno de los soldados de infantería que preceden al regimiento. ‖ Peine ralo de púas. ‖ m. y f. Persona que levanta la caza en las batidas. ‖ f. Instrumento en que se baten los condimentos o bebidas.

batiente adj. Que bate. ‖ m. Marco de las hojas de puertas, ventanas y otras cosas semejantes, en que se detienen y baten cuando se cierran. Más en pl. ‖ Cada una de las hojas de una puerta o ventana. ‖ Lugar donde la mar bate al pie de una costa o de un dique.

batín m. Bata corta de estar en casa.

batintín m. Campana china. ‖ Instrumento de percusión que consiste en un disco rebordeado de una aleación metálica muy sonora y que, suspendido, se toca con un mazo.

batir tr. Dar golpes: *las olas del mar baten la costa.* ‖ Revolver alguna cosa para que se condense o para que se disuelva: *batir un huevo.* ‖ Mover con fuerza algo: *batir las alas un pájaro.* ‖ Derribar: *batir las murallas.* ‖ Martillar una pieza de metal hasta reducirla a chapa. ‖ Derrotar al enemigo o vencer a un contrincante. ‖ Reconocer, explorar un terreno: *batir el campo de caza.* ‖ Acuñar monedas. ‖ prnl. Combatir: *batirse en duelo.* ‖ **FAM.** batida, batidero, batido, batidor, batiente, combatir, rebatir.

batiscafo m. Especie de embarcación para explorar las profundidades del mar.

batista f. Lienzo fino muy delgado.

batracio, cia adj. y s. Se dice de los animales anfibios, en especial, de la rana. ‖ m. pl. Antigua denominación de la clase de los anfibios.

baturro, rra adj. y s. Rústico aragonés.

batuta f. Varita con que el director de orquesta indica el compás. ‖ **llevar uno la batuta.** loc. Dirigir una corporación, un asunto, un conjunto de personas, etc.

baúl m. Especie de arca que sirve generalmente para guardar ropas.

bauprés m. Palo horizontal fijado en la proa de los barcos.

bautismo m. Sacramento de la Iglesia católica y de otras iglesias cristianas que confiere el carácter de cristiano. ‖ **FAM.** bautista, bautizar.

bautizar tr. Administrar el sacramento del bautismo. También prnl. ‖ Poner nombre a una cosa: *bautizar una empresa, una calle.* ‖ Tratándose de vino, mezclarlo con agua. ‖ Arrojar sobre una persona agua u otro líquido. ‖ **FAM.** bautismo, bautizo.

bautizo m. Acción de bautizar y fiesta con que se celebra.

bauxita f. Roca formada por óxido hidratado de aluminio.

baya f. Fruto carnoso, jugoso, cuyas semillas están rodeadas de pulpa, como la uva, la grosella y otros.

bayeta f. Tela de lana, floja y poco tupida. ‖ Paño para fregar.

bayo, ya adj. y s. De color blanco amarillento.

bayoneta f. Arma blanca que se ajusta en boca del fusil.

bayunco, ca adj. *amer.* Rústico, grosero.

baza f. Número de cartas que en ciertos juegos de naipes recoge el que gana. ‖ Prosperar en cualquier asunto o negocio.

bazar m. Tienda donde se venden mercancías diversas. ‖ En Oriente, mercado público.

bazo, za adj. De color moreno y que tira a amarillo. ‖ m. Víscera de los vertebrados, de color rojo oscuro y forma variada, situada a

la izquierda del abdomen. Su función es producir leucocitos y eliminar hematíes caducas.

bazofia f. Mezcla de heces o sobras de comida. ‖ Cosa despreciable.

bazuca f. Arma portátil para lanzar proyectiles de propulsión a chorro.

be f. Nombre de la letra *b.* ‖ Onomatopeya de la voz del carnero, de la oveja y de la cabra. ‖ m. Balido.

beatería f. Acción de afectada virtud o devoción.

beatificar tr. Declarar el papa que alguien goza de la eterna bienaventuranza y se le puede dar culto. ‖ **FAM.** beatificación, beatífico.

beatífico, ca adj. Tranquilo, sereno: *gesto beatífico.* ‖ **FAM.** beatíficamente.

beatitud f. Para los cristianos, bienaventuranza eterna. ‖ Felicidad, satisfacción, dicha.

beato, ta adj. Se dice de la persona beatificada. También s. ‖ Piadoso. ‖ Se dice de la persona que muestra una religiosidad exagerada. También s. ‖ Feliz, bienaventurado. ‖ **FAM.** beatería, beatificar, beatífico, beatitud.

bebé m. Niño muy pequeño.

bebedero m. Vaso en que se echa la bebida a las aves domésticas. ‖ Paraje donde acuden a beber las aves, el ganado y otros animales.

bebedizo m. Bebida medicinal. ‖ Filtro de amor, elixir. ‖ Bebida venenosa.

bebedor, ra adj. Que bebe. ‖ Que abusa de las bebidas alcohólicas. También s.

beber tr. Ingerir un líquido. También intr. ‖ Informarse, recibir opiniones, ideas. También intr: *beber en fuentes fidedignas.* ‖ intr. Tomar bebidas alcohólicas: *Javier bebe demasiado.* ‖ Brindar. ‖ **FAM.** beber, bebedero, bebible, bebida, bebido.

bebida f. Cualquier líquido que se bebe. ‖ Acción y efecto de beber, en especial alcohol: *Juan está tratando de dejar la bebida.*

bebido, da adj. Embriagado.

bebistrajo m. Bebida desagradable.

beca f. Ayuda económica para cursar estudios, realizar una investigación, etc. ‖ Faja de paño que usaban como insignia los estudiantes. ‖ **FAM.** becar.

becada f. Chocha, perdiz.

becar tr. Conceder una beca para estudios. ‖ **FAM.** becado, becario.

becario, ria m. y f. Persona que disfruta de una beca para estudios.

becerrada f. Lidia o corrida de becerros.

becerro, rra m. y f. Cría de la vaca cuando es menor de un año. ‖ m. Piel de ternero o ternera curtida. ‖ **FAM.** becerrada.

bechamel f. Besamel.

bedel, la m. y f. Empleado que cuida el orden de los establecimientos de enseñanza y otros centros oficiales.

beduino, na adj. y s. Se dice de los árabes nómadas.

befa f. Burla, mofa. | **FAM.** befar.

begonia f. Planta perenne, originaria de América, con tallos carnosos, hojas grandes, acorazonadas, de color verde bronceado por encima, rojizas y con nervios muy salientes por el envés, y flores sin corola, con el cáliz de color de rosa.

behetría f. Antiguamente, población cuyos vecinos podían elegir por señor a quien quisiesen.

beige (voz fr.) adj. y m. Color marrón claro; pajizo, amarillento. ◆ También se escribe *beis*.

béisbol m. Juego entre dos equipos de nueve jugadores que se practica con una pelota y un bate, y en el que los jugadores han de recorrer ciertos puestos o bases de un circuito.

bejuco m. Planta tropical de tallos largos, delgados y flexibles, que se emplean para ligaduras, jarcias, tejidos, muebles, bastones, etc. | **FAM.** bejucal.

bel m. Belio en la nomenclatura internacional.

beldad f. Belleza. | Persona muy bella.

belén m. Representación del nacimiento de Jesucristo que se hace especialmente durante las fiestas navideñas. | Asunto complicado. Más en pl.: *siempre estás metido en belenes.* | Confusión, desorden.

belfo, fa adj. y s. Que tiene más grueso el labio inferior que el superior. | m. Labio del caballo y otros animales.

belicismo m. Tendencia a tomar parte en conflictos armados. | **FAM.** belicista.

bélico, ca adj. Relativo a la guerra: *conflicto bélico.* | **FAM.** belicismo, belicoso.

belicoso, sa adj. Que se inclina hacia los conflictos armados. | Agresivo: *carácter belicoso.* | **FAM.** belicosidad.

beligerancia f. Calidad de beligerante.

beligerante adj. y com. Se apl. a la potencia, estado, grupo que está en guerra, o que está de parte de alguno de los contendientes. Más en pl.: *naciones beligerantes.* | Belicoso: *actitud beligerante.* | **FAM.** beligerancia.

belio m. Unidad con la que se miden diversas magnitudes sonoras. | **FAM.** decibelio.

bellaco, ca adj. y s. Ruin, villano, perverso. | **FAM.** bellaquería.

belladona f. Planta solanácea, con flores violetas por fuera y amarillas por dentro, que es muy venenosa y se utiliza con fines terapéuticos, principalmente por contener el alcaloide llamado *atropina.*

belleza f. Armonía y perfección que inspira admiración y deleite. | Persona muy hermosa, en especial, refiriéndose a la mujer: *Lucía es una belleza.*

bello, lla adj. Que agrada a los sentidos. | Bueno, excelente: *es una bella persona.* | **FAM.** bellamente, belleza, embellecer.

bellota f. Fruto de la encina, del roble y de otros árboles, de forma ovalada, algo puntiagudo, de dos o más cm de largo, dentro de la cual está su única semilla. Se emplea como alimento del ganado de cerda.

bemba f. *amer.* Boca de labios gruesos y abultados. | **FAM.** bembón.

bembo o **bembe** m. *amer.* Belfo, y especialmente el de los negros.

bemol adj. Nota cuya entonación es un semitono más baja que la de su sonido natural. | m. Signo (b) que representa esta alteración.

benceno m. Hidrocarburo cíclico, aromático, de seis átomos de carbono. Es un líquido incoloro e inflamable, de amplia utilización como disolvente y como reactivo en operaciones de laboratorio y usos industriales.

bencina f. Líquido incoloro, volátil e inflamable, obtenido del petróleo, que se emplea como disolvente.

bendecir tr. Alabar, ensalzar, o mostrar agradecimiento: *bendigo el momento en que te cruzaste en mi camino.* | Consagrar al culto divino una cosa. | Formar cruces en el aire con la mano extendida: *bendecir el vino, el pan.* ◆ Irreg. Se conj. como *decir,* excepto en fut. imperfecto, condicional simple, imperativo y p. p. | **FAM.** bendición, bendito.

bendición f. Acción y efecto de bendecir. | pl. Ceremonia del matrimonio: *bendiciones nupciales.*

bendito, ta adj. Santo, bienaventurado: *Santa Bárbara bendita.* También s. | Dichoso, feliz: *bendito viaje.*

benedictino, na adj. y s. Relativo a la orden de San Benito. | m. Licor que fabrican los frailes de esta orden.

benefactor, ra adj. Bienhechor. También s.

beneficencia f. Virtud de hacer bien. | Conjunto de establecimientos y demás institutos benéficos que prestan servicios gratuitos a las personas necesitadas.

beneficiar tr. Hacer bien, producir un beneficio: *tu manera de ser te beneficia mucho.* También prnl: *no nos ha beneficiado nada el cambio de horario.* | Cultivar una cosa. | Trabajar un terreno para hacerlo productivo. | Extraer de una mina las sustancias útiles. | prnl. Sacar provecho de algo. | **FAM.** beneficencia, beneficiado, benéfico.

beneficiario, ria adj. y s. Que goza de un beneficio o se beneficia de algo: *el beneficiario de un seguro.*

beneficio m. Bien que se hace o se recibe. ‖ Utilidad, provecho: *es una situación que nos beneficia.* ‖ Ganancia que se obtiene de una inversión: *la compra de este inmueble nos dejará grandes beneficios.* ‖ Derecho que corresponde a uno por ley o privilegio. ‖ Acción de beneficiar minas o minerales. ‖ **FAM.** beneficiar, beneficiario, beneficioso.

beneficioso, sa adj. Provechoso, útil. ‖ **FAM.** beneficiosamente.

benéfico, ca adj. Que hace bien. ‖ Relativo a la beneficencia: *fundación benéfica.*

benemérito, ta adj. Digno de recompensa. ‖ **la Benemérita** En España, la Guardia Civil.

beneplácito m. Aprobación, permiso: *sin el beneplácito del director, no podemos continuar con el proyecto.*

benevolencia f. Simpatía y buena voluntad. ‖ **FAM.** benévolo.

benévolo, la adj. Que tiene buena voluntad o afecto. ‖ Indulgente: *crítica benévola.*

bengala f. Fuego artificial que al arder produce chispas de distintos colores.

benigno, na adj. Afable, benévolo, bondadoso: *carácter benigno.* ‖ Templado, apacible: *clima benigno.*

benjamín, na m. y f. Hijo menor. ‖ Persona de menor edad en cualquier grupo.

benjuí m. Bálsamo aromático que se obtiene por incisión en la corteza de un árbol y que se emplea en medicina y perfumería.

bentos m. Conjunto de animales o plantas que habitualmente viven en contacto con el fondo del mar. ♦ No varía en pl. ‖ **FAM.** bentónico.

benzoico, ca adj. Perteneciente o relativo al benjuí. ‖ Se dice un ácido orgánico derivado del benceno. También m.

benzol m. Benceno.

beodo, da adj. y s. Embriagado, borracho, ebrio. ‖ **FAM.** beodez.

berberecho m. Molusco bivalvo, de conchas estriadas casi circulares; es muy apreciado como comestible.

berberisco, ca adj. y s. Beréber.

berbiquí m. Instrumento manual para hacer taladros. ♦ pl.: *berbiquís* o *berbiquíes.*

beréber o **bereber** y **berebere** adj. y com. Perteneciente a un pueblo de África septentrional. ‖ com. Individuo de dicho pueblo. ‖ m. Lengua hablada por los beréberes. ‖ **FAM.** berberí, berberisco.

berenjena f. Planta solanácea, de fruto aovado de piel morada y pulpa blanca, comestible. ‖ **FAM.** berenjenal.

berenjenal m. Sitio plantado de berenjenas. ‖ Enredo, dificultad: *meterse uno en un berenjenal.*

bergamota f. Variedad de lima muy aromática, de la cual se extrae una esencia usada en perfumería. ‖ Variedad de pera muy jugosa y aromática.

bergante m. Pícaro, bribón.

bergantín m. Buque de dos palos y velas cuadradas.

beriberi m. Enfermedad crónica provocada por la falta de vitamina B.

berilio m. Elemento químico metálico, de color blanco y sabor dulce. Su símbolo es *Be.*

berilo m. Silicato de alúmina y glucina, variedad de esmeralda, de color verde, amarillo, blanco o azul.

berkelio m. Elemento radiactivo artificial que se obtiene bombardeando el americio con partículas alfa. Su símbolo es *Bk.*

berlina f. Coche de caballos cerrado, comúnmente de dos asientos.

bermejo, ja adj. Rubio, rojizo. Se apl. especialmente al pelo. También s. ‖ **FAM.** bermejizo, bermellón.

bermellón m. Cinabrio en polvo que se emplea para obtener pintura de color rojizo. ‖ Este mismo color.

bermudas adj. y m. pl. Pantalón corto que llega hasta la rodilla.

berrear intr. Dar berridos. ‖ Llorar o gritar desaforadamente un niño. ‖ Gritar o cantar desentonadamente. ‖ **FAM.** berreo, berrido.

berrendo, da adj. Manchado de dos colores; se apl. especialmente al toro.

berrido m. Voz del becerro y otros animales. ‖ Grito estridente.

berrinche m. Rabieta, enojo grande: *coger un berrinche.* ‖ **FAM.** emberrincharse.

berro m. Planta angiosperma que crece en lugares húmedos; sus hojas, de sabor picante, se comen en ensalada.

berrocal m. Terreno lleno de berruecos.

berroqueña adj y f. Piedra de granito.

berrueco m. Roca, peñasco granítico. ‖ Tumorcillo del iris de los ojos. ‖ **FAM.** berrocal, berroqueño.

berza f. Col. ‖ **FAM.** berzal, berzotas.

berzas m. Berzotas.

berzotas m. Persona ignorante o necia. ♦ No varía en pl.

besamanos m. Acto público de saludo a las autoridades. ‖ Modo de saludar a algunas personas acercando la mano derecha a la boca. ♦ No varía en pl.

besamel o **besamela** f. Salsa blanca que se hace con harina, leche y mantequilla.

besana f. Labor de surcos paralelos. ‖ Primer surco que se abre.

besar tr. Tocar o acariciar con los labios, en señal de saludo, amistad o reverencia. ‖ Hacer el ademán propio del beso. | Tocar una cosa con otra: *el mar Caribe besa las costas de Venezuela.* | prnl. Tropezar una persona con otra. | **FAM.** besamanos, beso, besucón, besuquear.

beso m. Acción de besar. | Tropiezo, golpe.

best-seller (voz i.) m. Libro, disco, o cualquier otro producto que ha alcanzado un gran éxito de venta.

bestia f. Animal cuadrúpedo, especialmente el doméstico de carga. | com. Persona ruda e ignorante: *es un bestia.* También adj. | **FAM.** bestial, bestialismo, bestiario.

bestial adj. Brutal o irracional: *un apetito bestial.* | Extraordinario, enorme: *un piso bestial.* | **FAM.** bestialidad.

bestialidad f. Brutalidad, irracionalidad. | Enormidad.

bestiario m. Hombre que luchaba con las fieras en los circos romanos. | En la literatura medieval, colección de fábulas de animales reales o fantásticos.

besugo m. Pez teleósteo, con ojos de gran tamaño; es muy apreciado por su carne blanca. | Persona torpe o necia.

besuquear tr. Besar repetidamente. | **FAM.** besuqueo.

beta f. Segunda letra del alfabeto griego, que corresponde a nuestra *b.* ♦ Su grafía mayúscula es B y la minúscula β.

betatrón m. Acelerador de partículas destinado a dar altas energías a los electrones dentro de un campo magnético de intensidad variable.

bético, ca adj. y s. De la ant. Bética, hoy Andalucía.

betuláceo, a adj. y f. Se dice de ciertas plantas leñosas que producen frutos en forma de aquenio, como el abedul, el aliso y el avellano. | f. pl. Familia de estas plantas.

betún m. Crema o líquido para lustrar el calzado. | Nombre genérico de varias sustancias, compuestas de carbono e hidrógeno, que se encuentran en la naturaleza y arden con llama, humo espeso y olor peculiar. | **FAM.** embetunar.

bey m. Gobernador del imperio turco.

bezo m. Labio grueso. | **FAM.** bezudo.

bi- Prefijo que significa 'dos': *bicúspide, bilingüe;* o 'dos veces': *bimensual, biznieto.*

bianual adj. Que ocurre dos veces al año.

biberón m. Botella pequeña, generalmente de cristal, con su pezón, para la lactancia artificial.

biblia f. Conjunto de los libros del Antiguo y Nuevo Testamento; Sagradas Escrituras. | **FAM.** bíblico.

bibliofilia f. Afición a los libros, especial-

mente por los raros y curiosos. | **FAM.** bibliófilo.

bibliografía f. Relación de libros o escritos referentes a una materia determinada. | Descripción de los libros y manuscritos, sobre todo de sus ediciones, fechas de impresión, autor, compilador, etc. | **FAM.** bibliográfico, bibliógrafo.

bibliógrafo, fa m. y f. Persona especializada en libros, en especial antiguos, y que se dedica a localizarlos y describirlos. | Persona versada en libros, monografías, artículos, etc., que tratan sobre una cuestión determinada.

bibliomanía f. Pasión exagerada por los libros. | **FAM.** bibliómano.

biblioteca f. Local donde se tiene considerable número de libros ordenados para su consulta o lectura: *Biblioteca del Congreso.* | Mueble, estantería, etc., donde se colocan libros. | Conjunto de estos libros. | Colección de libros o tratados análogos o semejantes entre sí, ya por las materias de que tratan, ya por la época y nación o autores a que pertenecen: *Biblioteca de Ciencias Naturales; Biblioteca de Clásicos Grecolatinos.* | **FAM.** bibliotecario.

bibliotecario, ria m. y f. Persona encargada de una biblioteca.

bicameral adj. Se dice del poder legislativo, cuando está compuesto de dos cámaras. | **FAM.** bicameralismo.

bicarbonato m. Cualquiera de las sales derivadas del ácido carbónico; entre ellas, el bicarbonato sódico, muy utilizado para neutralizar la acidez gástrica y facilitar la digestión.

bicéfalo, la adj. Que tiene dos cabezas: *águila bicéfala.*

biceps adj. y m. Se dice de los músculos pares que tienen por arriba dos porciones o cabezas, especialmente el del brazo. ♦ No varía en pl. | **FAM.** triceps.

bicharraco m. Animalucho.

bicha f. Figura fantástica, en forma de mujer de medio cuerpo arriba y de pez u otro animal en la parte inferior, que se emplea como objeto de ornamentación. | Culebra.

bicho m. Animal pequeño. | Cualquier animal. | Animal doméstico. | Persona mala: *ten cuidado con él, es un mal bicho.* | Toro de lidia. | **FAM.** bicha, bicharraco.

bicicleta f. Vehículo de dos ruedas generalmente iguales, movidas por dos pedales y una cadena.

bicoca f. Ganga. | Cosa ventajosa.

bicolor adj. De dos colores: *una bandera bicolor.*

bicornio m. Sombrero de dos picos.

bidé m. Lavabo bajo de forma ovalada empleado en la higiene íntima. ♦ pl. *bidés.*

bidón m. Recipiente con cierre hermético para transportar líquidos.

biela f. Barra que en las máquinas transforma un movimiento de vaivén en otro de rotación, o viceversa.

bieldo m. Instrumento para aventar las mieses.

bien m. Lo que en sí mismo tiene el complemento de la perfección, o lo que es objeto de la voluntad. ‖ Lo que es favorable, conveniente: *un bien para todos.* ‖ Lo que enseña la moral que se debe hacer, o lo que es conforme al deber: *hay que saber distinguir entre el bien y el mal.* ‖ Utilidad, beneficio, bienestar: *el bien de la familia.* ‖ adj. De buena posición social: *una persona bien.* ‖ adv. m. Perfecta o acertadamente, de buena manera: *Pedro lo hace todo bien.* ‖ Con gusto, de buena gana: *yo bien accedería a tu súplica, pero no puedo.* ‖ Sin inconveniente o dificultad: *afortunadamente, todo salió bien.* ‖ Sano: *hoy no me encuentro bien.* ‖ Mucho, muy: *bien se conoce que eres su amigo; he comido bien; bien temprano; bien rico.* ‖ Repetido, hace las veces de conjunción distributiva: *lo haré, bien de una manera, bien de otra.* ‖ m. pl. Hacienda, riqueza: *administrar los bienes de otro.* ‖ **bienes comunes** Utilidades, beneficios de todos los ciudadanos. ‖ **bienes raíces** o **inmuebles** Se dice de aquellos bienes que no pueden trasladarse de un lugar a otro, como edificios, caminos, construcciones, etc. ‖ **FAM.** bienestar, bienhechor, requetebién.

bienal adj. Que sucede o se repite cada dos años. También s. ‖ Que dura un bienio. ‖ f. Exposición o manifestación artística o cultural que se repite cada dos años.

bienaventurado, da adj. Afortunado, feliz. ‖ Que goza de Dios en el cielo. También s.

bienaventuranza f. Prosperidad, felicidad. ‖ Vista y posesión de Dios en el cielo. ‖ pl. Las ocho felicidades que manifestó Cristo a sus discípulos para que aspirasen a ellas. ‖ **FAM.** bienaventurado.

bienestar m. Comodidad: *siempre busco mi bienestar.* ‖ Abundancia, riqueza.

bienhechor, ra adj. Que hace el bien. ‖ Protector.

bienio m. Tiempo de dos años. ‖ **FAM.** bienal.

bienvenido, da adj. Se dice de la persona o cosa cuya venida se acoge con agrado. ‖ f. Venida o llegada feliz. ‖ Parabién que se da a uno por una feliz llegada: *dar la bienvenida.*

bies m. Trozo de tela cortado en sesgo respecto al hilo, que se aplica a los bordes de prendas de vestir. ‖ **al bies** loc. adv. En sesgo, en diagonal.

bifásico, ca adj. Se dice de un sistema de dos corrientes eléctricas alternas iguales.

bife m. *amer.* Trozo de carne que se sirve asada o a la plancha. ‖ *amer.* Bofetada.

bífido, da adj. Hendido en dos partes, bifurcado: *lengua bífida.*

bifocal adj. Que tiene dos focos: *lentes bifocales.*

bifronte. adj. De dos frentes o dos caras: *escultura bifronte.*

bifurcación f. Punto en que algo se bifurca.

bifurcarse prnl. Dividirse en dos ramales, brazos o puntas. ‖ **FAM.** bifurcación, bifurcado.

bigamia f. Estado del hombre o mujer casados con dos personas al mismo tiempo. ‖ **FAM.** bígamo.

bigardo, da adj. y s. Vago, vicioso. ‖ **FAM.** bigardía.

bígaro m. Caracol marino, de concha blanquecina rayada, y carne comestible.

bigornia f. Yunque con dos puntas opuestas.

bigote m. Pelo que nace sobre el labio superior. También pl. ‖ **FAM.** bigotera, bigotudo.

bigotera f. Compás pequeño. ‖ Tira de gamuza o redecilla que usaban los hombres para dar la forma que deseaban a los bigotes.

bigudí m. Alfiler o pinza para rizar el cabello. ♦ pl. *bigudís* o *bigudíes.*

bija f. Árbol de poca altura, de flores rojas y olorosas y fruto oval, que se cultiva en las zonas cálidas de América. ‖ Fruto de este árbol, del que se extraía una bebida medicinal. ‖ Semilla de este fruto de la que se extrae una sustancia de color rojo que se usa en tintorería.

bilabial adj. Se dice del sonido en cuya pronunciación intervienen los dos labios. ‖ Se dice de la consonante que se articula de esta forma, como la *b,* la *m,* y la *p.* También f.

bilateral adj. Relativo a ambos lados. ‖ Se dice del acuerdo, contrato, o negociación en que intervienen dos partes.

biliar adj. Relativo a la bilis: *vesícula biliar.*

bilingüe adj. Que habla dos lenguas. ‖ Escrito en dos lenguas.

bilingüismo m. Uso habitual de dos lenguas en una misma región o comunidad lingüística. ‖ Cualidad de bilingüe. ‖ **FAM.** bilingüismo.

bilis f. Humor amargo, de color amarillo o verdoso, segregado por el hígado. ‖ Malhumor, irritación: *echar uno la bilis.* ♦ No varía en pl. ‖ **FAM.** biliar. bilioso.

billar m. Juego que se ejecuta impulsando con

tacos bolas de marfil en una mesa rectangular forrada de paño verde, rodeada de barandas elásticas y con troneras o sin ellas. | Lugar donde se juega. Más en pl: *está noche me iré a los billares.*

billetaje m. Conjunto o totalidad de los billetes de un teatro, transporte, etc.

billete m. Tarjeta que da derecho para entrar u ocupar asiento en alguna parte o para viajar en un vehículo: *billete para entrar al teatro; billete de avión.* | Cédula que acredita participación en una rifa o lotería. | Papel moneda: *un billete de cien dólares.* | Carta breve. | **FAM.** billetaje, billetero.

billetero, ra m. y f. Cartera pequeña de bolsillo para llevar billetes de banco.

billón m. Un millón de millones, que se expresa por la unidad seguida de doce ceros. | En EE. UU., un millar de millones. | **FAM.** billonésimo.

bimembre adj. De dos miembros o partes.

bimensual adj. Que se hace u ocurre dos veces al mes.

bimestre m. Tiempo de dos meses. | Renta, sueldo, pensión, etc., que se cobra o paga por cada bimestre. | **FAM.** bimestral.

bimetalismo m. Sistema monetario que admite como patrones el oro y la plata, conforme a la relación que la ley establece entre ellos. | **FAM.** bimetalista.

bimotor m. Avión provisto de dos motores.

binar tr. Dar segunda reja a las tierras de labor. | Hacer la segunda cava en las viñas. | **FAM.** bina.

binario, ria adj. Compuesto de dos elementos, unidades o guarismos: *los ordenadores utilizan un sistema binario.*

bingo m. Juego de azar parecido a la lotería, pero con cartones. | Premio que se entrega al ganador: *ha ganado el bingo.* | Sala donde se juega.

binocular adj. Visión con los dos ojos y de los aparatos que la permiten. | **FAM.** binóculo.

binóculo m. Anteojo con lentes para ambos ojos.

binomio m. Expresión compuesta de dos términos algebraicos separados por los signos de suma o resta.

binza f. Película que tiene la cebolla por la parte exterior. | Cualquier telilla o panículo del cuerpo del animal.

bio-, -bio Elemento compositivo que antepuesto o pospuesto a otra voz, expresa la idea de 'vida': *biológico, bioquímica, anfibio, microbio.*

biocenosis f. Asociación local de especies distintas, libres, parásitas o simbióticas, todas

indispensables para la supervivencia de la comunidad. ♦ No varía en pl.

biodegradable adj. Se dice de las sustancias que se descomponen por un proceso natural biológico.

biofísica f. Estudio de los fenómenos vitales mediante los principios y métodos de la física.

biogénesis f. Teoría según la cual todo ser vivo procede de otro ser vivo. ♦ No varía en pl. | **FAM.** biogenético.

biografía f. Historia de la vida de una persona. | **FAM.** autobiografía, biografiar, biográfico, biógrafo.

biografiar tr. Escribir la biografía de alguien.

biología f. Ciencia que trata de los seres vivos, considerándolos en su doble aspecto morfológico y fisiológico. | **FAM.** biológico, biólogo.

biólogo, ga m. y f. Persona que profesa la biología o tiene en ella especiales conocimientos.

biomasa f. Suma total de la materia de los seres que viven en un ecosistema determinado, expresada habitualmente en peso estimado por unidad de área o de volumen.

biombo m. Mampara compuesta de varios bastidores articulados.

biopsia f. Procedimiento de investigación clínica que consiste en separar del organismo vivo una porción de un órgano determinado para confirmar o completar un diagnóstico.

bioquímica f. Parte de la química que estudia la composición y las transformaciones químicas de los seres vivos. | **FAM.** bioquímico.

biosfera f. Conjunto de los medios en que se desenvuelve la vida vegetal y animal. | Conjunto que forman los seres vivos con el medio en que se desarrollan.

biotopo o **bióstopo** m. Ambiente físico ocupado por una biocenosis.

bipartición f. División de una cosa en dos partes. | **FAM.** bipartito.

bipartidismo m. Forma de gobierno basado en la existencia de dos partidos. | **FAM.** bipartidista.

bípede o **bípedo, da** adj. y s. De dos pies.

biplano m. Avión con cuatro alas que, dos a dos, forman planos paralelos.

bipolar adj. Que tiene dos polos.

biquini m. Bañador de mujer de dos piezas de reducidas dimensiones. También se escribe *bikini.*

birlar tr. Quitar algo, estafar: *me han birlado la billetera.* | Matar, derribar.

birlibirloque m. Se usa en la loc. *por arte*

de birlibirloque: por arte de magia, por encantamiento.

birreta f. Bonete cuadrangular que usan algunos clérigos.

birrete m. Gorro de forma prismática que en algunos actos solemnes sirve de distintivo a los profesores de universidad, magistrados, jueces y abogados. | Birreta.

birria f. Mamarracho. | Persona o cosa de poco valor o importancia: *el concierto fue una birria*. | **FAM.** birrioso.

bis adv. c. Se emplea para dar a entender que una cosa debe repetirse o está repetida. | Ejecución o declamación repetida, para corresponder a los aplausos del público, de una obra musical o recitada o de un fragmento de ella. | **FAM.** bisar.

bisabuelo, la m. y f. Respecto de una persona, el padre o la madre de su abuelo o de su abuela.

bisagra f. Articulación producida por dos piezas metálicas que permite el giro de puertas y ventanas.

bisar tr. Repetir.

bisbisar o **bisbisear** tr. Musitar. | **FAM.** bisbiseo.

biscote m. Rebanada de pan tostado.

bisecar tr. Dividir en dos partes iguales. | **FAM.** bisección.

bisector, triz adj. y s. Que divide en dos partes iguales. | f. Línea recta que divide a un ángulo en otros dos iguales.

bisel m. Corte oblicuo en el borde de una lámina o plancha. | **FAM.** biselar.

biselar tr. Hacer biseles. | **FAM.** biselado.

bisemanal adj. Que se hace u ocurre dos veces por semana. | Que sucede cada dos semanas.

bisexual adj. y com. Hermafrodita. | Se dice de la persona que mantiene relaciones sexuales con personas de su mismo sexo y del contrario, indistintamente. | **FAM.** bisexualidad.

bisiesto adj. y m. Se dice del año de 366 días. Excede del común en un día, que se añade al mes de febrero. Se repite cada cuatro años.

bisílabo, ba adj. y s. De dos sílabas.

bismuto m. Elemento químico metálico, muy brillante, de color gris rojizo, hojoso, muy frágil y fácilmente fusible. Se emplea en calderas, industrias farmacéuticas y en la fabricación de cierres de seguridad. Su símbolo es *Bi*.

bisnieto, ta m. y f. Respecto de una persona, hijo o hija de su nieto o de su nieta.

bisojo, ja adj. y s. Persona que padece estrabismo.

bisonte m. Bóvido salvaje, parecido al toro,

con la parte anterior del cuerpo muy abultada, cubierto de pelo áspero y con cuernos poco desarrollados.

bisoñé m. Peluca que cubre sólo la parte anterior de la cabeza.

bisoño, ña adj. y s. Se apl. al soldado o tropa nuevos. | Inexperto en algún oficio o actividad. | **FAM.** bisoñada

bisté o **bistec** m. Loncha o filete de carne de vaca asada o frita. ♦ pl. *bistés* o *bistecs*.

bisturí m. Instrumento cortante usado en cirugía. ♦ pl. *bisturís* o *bisturíes*.

bisutería f. Industria que produce objetos de adorno, hechos de materiales no preciosos. | Local o tienda donde se venden dichos objetos. | Estos mismos objetos de adorno.

bit m. En inform., unidad de información, la más pequeña, equivalente a la elección entre dos posibilidades igualmente probables. Puede tomar dos valores: 0 ó 1. | Unidad de medida de la capacidad de memoria de un ordenador, de un disco magnético, etc.

bitácora f. Armario que en un barco se sitúa cerca del timón, donde se pone la brújula.

bíter m. Licor amargo que se bebe como aperitivo.

bituminoso, sa adj. Que tiene betún o semejanza con él.

bivalvo, va adj. Que tiene dos valvas.

bizantino, na adj. De Bizancio, hoy Constantinopla. También s. | Se dice de las discusiones inútiles o demasiado sutiles.

bizarría f. Gallardía, valor. | Generosidad, lucimiento.

bizarro, rra adj. Valiente, generoso, espléndido. | **FAM.** bizarría.

bizco, ca adj. Se dice del que padece estrabismo. También s. | Se dice del ojo y la mirada torcidos. | **FAM.** bizquear, bizquera.

bizcocho m. Bollo de harina, huevos y azúcar cocido al horno. | Pan sin levadura que se cuece dos veces para que se seque y dure mucho.

bizna f. Película que separa los cuatro gajitos de la nuez.

biznieto, ta m. y f. Bisnieto.

blanca f. Nota musical que equivale a dos negras en el compás de compasillo. | Antigua moneda española. | **estar sin blanca** loc. No tener nada de dinero.

blanco, ca adj. De color de nieve o leche. Es el color de la luz solar, no descompuesta en los colores del espectro. También m. | De color más claro que otras de la misma especie: *vermut blanco*. | Se dice de la raza europea o caucásica. También s.: *los blancos son mayoría.* | m. Objeto para ejercitarse en el tiro y puntería. | Intermedio entre dos cosas: *hay* *que quitar los blancos del texto.* ‖ **FAM.** blanca, blancura, blancuzco, blanquecino.

blancuzco, ca adj. Que tira a blanco, o es de color blanco sucio.

blandengue adj. desp. Excesivamente blando. También com.: *eres un blandengue.*

blandir tr. Mover un arma u otra cosa con movimiento oscilante o vibratorio. ♦ **Defect.** Se conj. como *abolir.*

blando, da adj. Tierno, suave, que cede fácilmente al tacto. ‖ Falto de violencia, fuerza o intensidad. ‖ Benévolo, falto de energía o severidad: *tu profesor es muy blando.* ‖ Débil de carácter: *es demasiado blando para ella.* ‖ **FAM.** blandengue, blandura.

blanquear tr. Poner blanca una cosa. ‖ Dar de cal o yeso blanco a las paredes, techos, etc. ‖ Ajustar a la legalidad fiscal el dinero procedente de negocios delictivos. ‖ intr. Mostrar una cosa la blancura que tiene. ‖ Ir tomando una cosa color blanco. ‖ **FAM.** blanqueo.

blanquecino, na adj. Que tira a blanco.

blanqueo m. Acción y efecto de blanquear. ‖ Tratamiento que se da al papel y a las fibras textiles para eliminar impurezas. ‖ Legalización de dinero ilícito.

blasfemar intr. Decir blasfemias. ‖ Maldecir, vituperar.

blasfemia f. Palabra o expresión injuriosa contra Dios o las personas o cosas sagradas. ‖ Injuria grave contra una persona. ‖ **FAM.** blasfemante, blasfemar, blasfemo.

blasfemo, ma adj. Que contiene blasfemia. ‖ Que blasfema. También s.

blasón m. Arte de explicar y describir los escudos de armas. ‖ Figura de un escudo. ‖ Escudo de armas. ‖ Honor, fama. ‖ **FAM.** blasonar.

blasonar tr. Jactarse, presumir. ♦ Se construye con la prep. *de: blasona de su linaje.*

blastodermo m. Conjunto de las células procedentes de la segmentación del huevo de los animales.

blastómero m. Cada una de las células en que se divide el huevo para dar lugar a las primeras fases embrionarias.

blástula f. Una de las primeras fases del desarrollo embrionario de los animales metazoos.

bledo m. Cosa insignificante, de poco o ningún valor: *me importa un bledo.*

blenda f. Sulfuro de cinc, que forma cristales regulares brillantes de color pardo amarillento o negruzco.

blenorragia f. Exceso de flujo producido por una inflamación infecciosa de la uretra. Se transmite por contacto sexual.

blenorrea f. Blenorragia crónica.

blindaje m. Conjunto de materiales que se utilizan para blindar: *este modelo lleva un blindaje muy bueno.*

blindar tr. Revestir con chapas metálicas de protección. ‖ **FAM.** blindado, blindaje.

bloc (voz fr.) m. Conjunto de hojas de papel en blanco. ♦ pl. blocs.

blondo, da adj. Rubio, claro. ‖ f. Encaje de seda.

bloque m. Trozo grande de piedra u hormigón. ‖ Conjunto de hojas de papel superpuestas y pegadas por uno de sus cantos. ‖ Agrupación ocasional de partidos políticos: *el bloque centrista.* ‖ Conjunto de países que mantienen características ideológicas, políticas, militares y económicas comunes: *bloque del Este.* ‖ Manzana de casas. ‖ En los motores de explosión, pieza de fundición que contiene uno o varios cilindros. ‖ **FAM.** bloquear.

bloquear tr. Cortar las comunicaciones de una ciudad, puerto, territorio, etc. ‖ Detener, frenar el funcionamiento de un mecanismo o el desarrollo de un proceso. También prnl.: *se bloquearon las negociaciones.* ‖ Interrumpir la prestación de un servicio por la interposición de un obstáculo o por el exceso de demanda. También prnl.: *se bloqueó la centralita.* ‖ Inmovilizar la autoridad una cantidad o crédito: *le han bloqueado las cuentas.* ‖ **FAM.** bloqueo.

bloqueo m. Acción y efecto de bloquear. ‖ Aislamiento.

blues (voz i.) m. Canto popular afroamericano, de carácter nostálgico y sensual. ♦ No varía en pl.

blusa f. Prenda de vestir, amplia y con mangas, que cubre la parte superior del cuerpo. ‖ **FAM.** blusón.

blusón m. Blusa larga.

boa f. Serpiente de gran tamaño, vivípara, no venenosa, que mata a sus presas comprimiéndolas con su fuerza y devorándolas después. ‖ Especie de bufanda de plumas o piel.

boato m. Ostentación, lujo.

bobada f. Bobería, necedad.

bobería f. Dicho o hecho necio.

bobina f. Carrete ‖ Rollo de hilo, cable, papel, etc. ‖ Cilindro de hilo conductor devanado. ‖ Cilindro con dos discos laterales, en el que se enrolla la película cinematográfica. ‖ **FAM.** bobinado, bobinar, rebobinar.

bobo, ba adj. y s. De poco entendimiento y capacidad. ‖ Candoroso, ingenuo. ‖ De poca importancia: *se trata de algo tan bobo como esto.* ‖ **FAM.** bobada, bobalicón, bobería.

boca f. Órgano del aparato digestivo de los animales, destinado a la recepción del alimento. ‖ Entrada o salida: *boca de metro.* ‖ Órgano de la palabra: *no abrió la boca.* ‖ Persona o animal a quien se mantiene y se da de comer: *tiene que alimentar siete bocas.* ‖ Pinza de las patas delanteras de los crustáceos. ‖ Parte afilada de algunas herramientas. ‖ **de boca en boca.** loc. adv. con que se denota la manera de propagarse de unas personas a otras, los rumores, noticias, etc. ‖ **no abrir** uno **la boca** loc. Permanecer callado. ‖ **FAM.** bocacalle, bocado, bocamanga, bocanada, bocazas.

bocabajo adv. m. Tendido con la boca hacia el suelo. También se escribe *boca abajo.*

bocacalle f. Entrada de una calle.

bocadillo m. Panecillo partido longitudinalmente en dos mitades con una loncha de jamón o de otro alimento en medio. ‖ Pompa o globo que sale de la boca de los personajes de cómics y tebeos y que contiene sus palabras o pensamientos. ‖ *amer.* Dulce que en unas partes se hace de coco y en otras de boniato.

bocado m. Cantidad de comida que cabe de una vez en la boca. ‖ Un poco de comida: *tomó sólo un bocado.* ‖ Mordisco. ‖ Pedazo que falta de cualquier cosa, arrancado con violencia. ‖ Parte del freno que entra en la boca de las caballerías.

bocajarro (a) loc. adv. Hablando de un disparo, hecho desde muy cerca, a quemarropa. ‖ De improviso, inopinadamente: *se lo preguntó a bocajarro.*

bocamanga f. Parte de la manga que está más cerca de la muñeca.

bocana f. Paso estrecho de mar que sirve de entrada a una bahía o fondeadero.

bocanada f. Cantidad de aire, humo o líquido que se toma o se echa por la boca de una vez. ‖ P. ext., cualquier porción de humo, aire, etc., que sale o entra de alguna abertura: *por la chimenea salen bocanadas de humo.*

bocarte m. Boquerón, pez semejante a la sardina, pero mucho más pequeño.

bocaza o **bocazas** com. Que habla indiscretamente.

bocel m. Moldura convexa cilíndrica.

bocera f. Suciedad que queda pegada en los labios después de comer o beber. ‖ Herida en la comisura de los labios. ‖ com. pl. Bocazas: *eres un boceras.*

boceto m. Esbozo o bosquejo que hace el artista antes de empezar una obra, que sirve de base a la definitiva. ‖ Esquema, croquis. ‖ **FAM.** abocetar.

bocha f. Petanca.

boche f. *amer.* Desaire. ‖ *amer.* Pelea, pendencia. ‖ *amer.* Fiesta bulliciosa.

bochinche m. Tumulto, barullo.

bochorno m. Aire caliente en el verano. ‖ Calor sofocante. ‖ Sofocación del rostro por

el excesivo calor. ‖ Rubor, vergüenza: *¡qué bochorno me hizo pasar!* ‖ **FAM.** bochornoso.

bocina f. Instrumento de metal, en forma de trompeta, para hablar a distancia. ‖ Aparato acústico de los automóviles. ‖ Pabellón de los gramófonos. ‖ Caracola que sirve de bocina.

bocio m. Hipertrofia de la glándula tiroides. ‖ Tumor en el cuerpo del tiroides.

bocoy m. Barril grande.

boda f. Casamiento y fiesta con que se celebra. Más en pl.: *noche de bodas.* ‖ **FAM.** bodorrio.

bodega f. Lugar donde se guarda y cría el vino. ‖ Almacén o tienda de vinos. ‖ Cosecha o mucha abundancia de vino. ‖ Despensa, granero. ‖ Espacio interior de los buques.

bodegón m. Establecimiento en que se sirven comidas baratas. ‖ Taberna. ‖ Pintura en la que se representan cosas comestibles, cacharros y vasijas.

bodoque m. Reborde con que se refuerzan los ojales del colchón. ‖ Persona de cortos alcances.

bodorrio m. Boda en la que los novios pertenecen a clases sociales muy distintas. ‖ Boda ostentosa y de mal gusto.

bodrio m. Cosa mal hecha: *esta película es un bodrio.* ‖ Caldo de algunas sobras de sopa, mendrugos, verduras y legumbre. ‖ Guiso mal aderezado.

bóer adj. Se dice de los descendientes de los colonos holandeses establecidos al N de El Cabo en el s. XVII. También com. ♦ pl. *bóers.*

bofe m. Pulmón, sobre todo de las reses muertas. También pl.

bofetada f. Golpe que se da en el carrillo con la mano abierta. ‖ Desaire, ofensa: *para él, la acusación fue una bofetada.* ‖ **FAM.** bofetón.

boga f. Acción de bogar. ‖ Aceptación, fama: *este baile estuvo en boga en los cincuenta.* ‖ Pez comestible de mar o de río.

bogar intr. Remar. ‖ **FAM.** boga.

bogavante m. Crustáceo marino, parecido a la langosta, con dos grandes pinzas en las patas delanteras y de carne muy apreciada.

bohemio, mia adj. y s. De Bohemia. ‖ Se dice de la persona inconformista, que lleva una vida libre y no convencional. ‖ Gitano. ‖ adj. y f. Se apl. a este tipo de vida. También f.

bohío m. Cabaña de América, hecha de madera y ramas, cañas y pajas y sin más respiradero que la puerta.

boicot o **boicoteo** m. Presión que se ejerce sobre una persona o entidad suprimiendo o dificultando cualquier relación con ella. ♦ pl. *boicots.* ‖ **FAM.** boicotear.

boina f. Gorra sin visera, redonda y chata.

boj m. Arbusto de madera amarilla, dura y compacta. ‖ Madera de este arbusto muy utilizada en tornería y xilografía.

bojar tr. Medir el perímetro de una isla, cabo o porción saliente de la costa. ‖ intr. Tener una isla, cabo, etc., tal perímetro. ‖ Rodear, recorrer navegando el contorno de un isla.

bola f. Cuerpo esférico. ‖ Particularmente los utilizados en los juegos de lotería o rifas. ‖ La esfera que se lanza en el juego de los bolos. ‖ Embuste, mentira: *no me metas bolas*. ‖ **FAM.** boleadora, bolear, bolera, bolo.

bolchevique adj. Relativo al bolchevismo o a su doctrina. También com. ‖ com. Partidario del bolchevismo.

bolchevismo m. Doctrina política, económica y social dirigida por Lenin, partidaria de la dictadura del proletariado. ‖ Sistema de gobierno que se impuso en la U.R.S.S. a partir de la Revolución de octubre de 1917.

boleadoras f. pl. Conjunto de dos o tres bolas de piedra u otra materia pesada, usado en América del Sur para cazar animales.

bolera f. Lugar destinado al juego de bolos.

bolero, ra adj. y s. Que dice muchas mentiras. ‖ m. Canción melódica lenta, de tema amoroso, originaria de las Antillas. ‖ Baile popular español de origen andaluz. ‖ Música y canto de este baile. ‖ Chaquetilla corta de mujer.

boletería f. *amer.* Taquilla, casillero o despacho de billetes.

boletín m. Publicación especial de asuntos científicos, artísticos, históricos o literarios: *boletín médico*.

boleto m. Resguardo de participación en una rifa o sorteo. ‖ *amer.* Billete, entrada. ‖ **FAM.** boletería, boletero.

boliche m. Bola pequeña. ‖ Juego de bolos. ‖ Bolera. ‖ *amer.* Establecimiento comercial de poca importancia, especialmente en el que se despachan y consumen bebidas y comestibles.

bólido m. Automóvil que alcanza gran velocidad, especialmente el que participa en carreras. ‖ Masa mineral que atraviesa rápidamente la atmósfera y suele estallar en pedazos.

bolígrafo m. Utensilio para escribir cargado con tinta especial y una bolita metálica en la punta.

bolilla f. *amer.* Bola pequeña numerada que se usa en los sorteos. ‖ *amer.* Cada uno de los temas numerados en que se divide el programa de una materia para su enseñanza: *el profesor no explicó todas las bolillas*.

bolillo m. Palito para hacer encajes y pasamanería.

bolívar m. Unidad monetaria de Venezuela.

bollería f. Establecimiento donde se hacen o venden bollos o panecillos. ‖ Conjunto de estos bollos: *tienen una bollería muy rica*.

bollo m. Pieza esponjosa de varias formas y tamaños, hecha con masa de harina y agua y cocida al horno. ‖ Abolladura. ‖ Hinchazón: *me ha salido un bollo en la pierna*. ‖ **FAM.** bollería, bollero.

bolo m. Trozo de palo labrado, con base plana. ‖ pl. Juego que consiste en derribar con bolas los palos llamados bolos. ‖ **FAM.** bolera.

bolsa f. Especie de saco que sirve para llevar o guardar algo. ‖ Cierta arruga del vestido o de la piel: *las bolsas de los ojos*. ‖ Reunión oficial de los que operan con efectos públicos: *ha subido la bolsa*. ‖ Lugar donde se celebran estas reuniones. ‖ **FAM.** bolsear, bolsillo, bolsista, bolso, bursátil.

bolsear tr. *amer.* Quitarle a uno furtivamente algo de valor.

bolsillo m. Saquillo cosido en los vestidos y que sirve para meter en él algunas cosas usuales. ‖ Bolsa en que se guarda el dinero. ‖ Caudal de una persona: *lo he pagado de mi bolsillo*.

bolsista com. Persona que hace especulaciones bursátiles.

bolso m. Bolsa pequeña de piel u otros materiales, frecuentemente usada por las mujeres para llevar dinero, documentos y objetos de uso personal. ‖ Bolsillo del dinero y de la ropa: *este vestido tiene unos bolsos muy grandes*.

bomba f. Máquina para elevar, comprimir o transportar líquidos. ‖ Artefacto explosivo, que puede instalarse o prepararse para que estalle en el momento conveniente. ‖ Información inesperada que se suelta de improviso y causa estupor. También adj.: *declaración bomba*. ‖ **FAM.** bombacha, bombacho, bombarda, bombardear, bombazo, bombear.

bombacha f. *amer.* Calzón o pantalón bombacho usado en el campo. También pl.

bombacho adj. y m. Se dice de los pantalones anchos y ceñidos por abajo. También pl.: *lleva unos bombachos horribles*.

bombarda f. Cañón de gran calibre que se usaba antiguamente. ‖ Antiguo instrumento musical de viento. ‖ Registro del órgano, que produce sonidos muy fuertes y graves. ‖ **FAM.** bombardino.

bombardear tr. Arrojar o disparar bombas. ‖ En fís., lanzar radiaciones o partículas contra el átomo, p. ej. para desintegrarlo. ‖ Acosar a preguntas. ‖ **FAM.** bombardeo.

bombardero m. Avión dispuesto y equipado para bombardear. ‖ Artillero al servicio de las bombardas o del mortero.

bombardino m. Instrumento músico de viento.

bombazo m. Golpe que da la bomba al caer. ‖ Explosión y estallido de este proyectil. ‖ Daño que causa. ‖ Noticia inesperada: *su boda fue un bombazo.*

bombear tr. Elevar agua u otro líquido por medio de una bomba. ‖ Lanzar por alto una pelota o balón haciendo que siga una trayectoria parabólica: *bombeó el balón sobre el portero.* ‖ Arrojar o disparar bombas de artillería. ‖ FAM. bombeo.

bombero, ra m. y f. Persona encargada de extinguir incendios y auxiliar en otro tipo de siniestros: *tuvieron que sacarla del ascensor los bomberos.* ‖ Persona que tiene por oficio trabajar con la bomba hidráulica.

bombilla f. Globo de cristal en cuyo interior va colocado un hilo de platino, carbón, tungsteno, etc., que al paso de una corriente eléctrica se pone incandescente y alumbra. ‖ *amer.* Caña delgada, usada para sorber el mate en América, que termina en forma de almendra agujereada, para que pase la infusión y no la hierba del mate.

bombillo m. *amer.* Bombilla eléctrica.

bombín m. Sombrero hongo. ‖ Bomba de aire pequeña usada sobre todo para hinchar balones y neumáticos de bicicleta.

bombo m. Tambor muy grande que se emplea en las orquestas y en las bandas militares. ‖ El que toca este instrumento. ‖ Especie de jaula esférica giratoria en la que se introducen bolas o cualquier otra cosa para un sorteo. ‖ Elogio exagerado y ruidoso con que se ensalza a una persona o se anuncia o publica alguna cosa: *se anuncia con mucho bombo.*

bombón m. Pequeño dulce de chocolate. ‖ Persona guapa y atractiva. ‖ FAM. bombonera, bombonería.

bombona f. Vasija metálica muy resistente, que sirve para contener gases a presión y líquidos muy volátiles: *bombona de propano.*

bombonera f. Caja para bombones.

bonachón, na adj. y s. De carácter bondadoso y amable.

bonanza f. Tiempo tranquilo en el mar. ‖ Prosperidad: *vivimos tiempos de bonanza económica.*

bondad f. Calidad de bueno. ‖ Natural inclinación a hacer el bien. ‖ Amabilidad de carácter. ‖ FAM. bondadoso.

bonete m. Gorro, comúnmente de cuatro picos, usado por los eclesiásticos. ‖ FAM. bonetería, bonetero.

bongo m. *amer.* Especie de canoa usada por los indios de América Central. ‖ *amer.* Balsa de maderos para pasaje y carga.

bongó m. Instrumento musical de percusión que consiste en un tubo de madera cubierto sólo en uno de sus extremos con un cuero de chivo muy tenso.

boniato m. Batata.

bonificación f. Acción y efecto de bonificar. ‖ En algunas pruebas deportivas, descuento en el tiempo empleado.

bonificar tr. Conceder un aumento en una cantidad que alguien ha de cobrar o un descuento en la que ha de pagar. ‖ En algunas pruebas deportivas, descontar tiempo o conceder más puntos. ‖ FAM. bonificación.

bonísimo, ma adj. superl. irreg. Buenísimo.

bonito, ta adj. Lindo, agraciado. ‖ Bueno: *¡bonita respuesta me das!* ‖ m. Pez parecido al atún, pero más pequeño y muy sabroso. ‖ FAM. bonitamente, bonitero.

bono m. Vale que puede canjearse por dinero, o cualquier artículo de consumo. ‖ Abono que permite disfrutar algún servicio durante una temporada: *bono de metro.* ‖ En econ., título de deuda emitido comúnmente por una tesorería pública o por una empresa: *bonos del Estado.*

bonsai m. Técnica japonesa consistente en detener el crecimiento de los árboles. ‖ Árbol obtenido así.

bonzo, za m. y f. Sacerdote del culto de Buda en Asia oriental.

boñiga f. Excremento del ganado vacuno. ‖ FAM. boñigo.

boñigo m. Cada porción del excremento del ganado vacuno.

boom (v. z i.) m. Crecimiento repentino de una actividad cultural, moda: *asistimos al boom de la minifalda.*

boqueada f. Acción de abrir la boca. Se dice sólo de los moribundos y más en pl.: *dio las últimas boqueadas.*

boquear intr. Abrir la boca. ‖ Estar expirando: *el pez boqueaba sobre la playa.* ‖ Estar algo acabándose: *la botella está boqueando.* ‖ FAM. boqueada.

boquera f. Bocera. ‖ Boca o puerta de piedra que se hace en el cauce de los ríos para regar.

boquerón m. Pez parecido a la sardina, aunque más pequeño, que es muy apreciado como comestible.

boquete m. Entrada angosta de un lugar. ‖ Abertura en una pared.

boquiabierto, ta adj. Que tiene la boca abierta. ‖ Que está embobado mirando algo: *se quedó boquiabierto frente al cuadro.*

boquilla f. Pieza por donde se sopla en algunos instrumentos de viento. ‖ Tubo pequeño en el que se introduce el cigarro para fumar. ‖ Parte de la pipa que se introduce en la boca. ‖ Extremo anterior del cigarro puro, filtro del cigarrillo.

bórax m. Sal blanca compuesta de ácido bórico, sosa y agua. ◆ No varía en pl.

borbollar o **borbollear** intr. Borbotar. ‖ **FAM.** borbolla, borbolleo, borbollón.

borbollón m. Borbotón.

borbónico, ca adj. Relativo a los Borbones.

borboritar intr. Borbotar, borbollar.

borbotar intr. Nacer o hervir el agua impetuosamente o haciendo ruido. ‖ **FAM.** borboteo, borbotón.

borbotón m. Erupción del agua al hervir, manar, llover: *la sangre brotaba a borbotones.*

borceguí m. Calzado que llega hasta más arriba del tobillo, abierto por delante y que se ajusta por medio de correas o cordones. ◆ pl. *borceguíes.*

borda f. Canto superior del costado de un buque: *se tiró por la borda.* ‖ Vela mayor en las galeras.

bordado adj. Perfecto, muy bien acabado: *te ha quedado un discurso bordado.* ‖ m. Acción y efecto de bordar. ‖ Labor de relieve ejecutada en tela o piel con aguja y diversas clases de hilo. ‖ **FAM.** bordadura.

bordadura f. Bordado.

bordar tr. Adornar una tela o piel con bordados. ‖ Ejecutar algo con arte y primor: *este intérprete borda las canciones.* ‖ **FAM.** bordado, bordador.

borde adj. Tosco, torpe. También com.: *eres un borde.* ‖ m. Extremo u orilla de algo. ‖ En las vasijas, orilla o labio que tienen alrededor de la boca. ‖ **FAM.** borda, bordear, bordillo.

bordear tr. Ir por el borde, o cerca del borde u orilla de algo: *la carretera bordea el monte.* ‖ Hallarse una serie o fila de cosas, en el borde u orilla de otra.

bordelés, sa adj. Natural de Burdeos o relativo a esta ciudad francesa. También s.

bordillo m. Borde de piedras estrechas de las aceras, o de los andenes.

bordo m. Lado o costado exterior de la nave. ‖ **a bordo** loc adv. En la nave: *fuimos a bordo de un yate.*

bordón m. Bastón más alto que la estatura de un hombre. ‖ Verso quebrado que se repite al fin de cada copla. ‖ Conjunto de tres versos que se añade a una seguidilla. ‖ Cuerda gruesa en los instrumentos musicales. ‖ **FAM.** bordonear, bordoneo.

boreal adj. Septentrional. ‖ Perteneciente o relativo al bóreas.

bóreas m. Viento norte. ◆ No varía en pl.

borla f. Conjunto de hebras o cordoncillos sujeto por uno de sus cabos. ‖ Insignia de los doctores y licenciados universitarios que consiste en una borla cuyo botón está fijo en el centro del bonete, y cuyos hilos se esparcen alrededor cayendo por los bordes.

borne m. Botón metálico al que va unido un hilo conductor eléctrico.

boro m. Elemento químico de color pardo oscuro y muy duro, que se emplea como moderador de neutrones en las pilas nucleares y como sustituto del diamante. Su símbolo es *B*. ‖ **FAM.** bórico.

borona f. Mijo ‖ Maíz. ‖ Pan de maíz. ‖ *amer.* Migaja de pan.

borra f. Parte más grosera o corta de la lana. ‖ Pelusa que se forma, por acumulación de polvo, en los bolsillos, rincones, alfombras.

borrachera f. Efecto de emborracharse. ‖ Exaltación extremada en el modo de hacer o decir algo: *está viviendo la borrachera de la popularidad.*

borracho, cha adj. Ebrio, embriagado por la bebida. También s. ‖ Que habitualmente bebe alcohol. También s. ‖ Se dice del bollo que está empapado en algún licor. También s. ‖ Vivamente dominado por alguna pasión: *está borracho de poder.* ‖ **FAM.** borrachera, borrachín.

borrador m. Redacción provisional de un escrito en el que se hacen las correcciones para elaborar el escrito definitivo. ‖ Libro de apuntes provisionales de los comercios. ‖ Goma de borrar. ‖ Utensilio para borrar la pizarra.

borraja f. Planta de huerta con pelos ásperos que se come en ensalada o cocida, y cuyas flores se emplean en infusión para hacer sudar. ‖ **quedar** algo **en agua de borrajas.** loc. Quedar sin importancia.

borrajear tr. Escribir sin asunto determinado. ‖ Hacer rúbricas, rasgos o figuras por mero entretenimiento.

borrajo m. Rescoldo, brasa bajo la ceniza. ‖ Hojarasca de los pinos.

borrar tr. y prnl. Hacer desaparecer lo escrito, pintado: *se ha borrado la firma.* ‖ Hacer borrosos los límites de algo. ‖ Desvanecer: *he borrado esos recuerdos de mi mente.* ‖ Dar de baja: *me he borrado de atletismo.* ‖ **FAM.** borrador, borroso.

borrasca f. Alteración atmosférica producida por bajas presiones: *hay una borrasca sobre la Península.* ‖ Tempestad, temporal. ‖ Riña, discusión violenta. ‖ Racha de contratiempos en algún negocio. ‖ **FAM.** borrascoso.

borregada f. Rebaño o número crecido de borregos o corderos.

borrego, ga m. y f. Cordero o cordera de

uno a dos años. | Persona que se somete gregaria o dócilmente a la voluntad ajena. | m. Nubecilla blanca, redondeada. | **FAM.** borregada, borreguil.

borricada f. Conjunto o multitud de borricos. | Cabalgata que se hace en borricos por diversión y bulla. | Dicho o hecho necio.

borrico, ca m. y f. Asno. | Persona necia o terca. También adj. | m. Borriqueta. | **FAM.** borricada, borriqueño, borriqueta.

borriqueta o **borriquete** m. Armazón que sirve a los carpinteros para apoyar en ella la madera que labran.

borrón m. Mancha de tinta sobre el papel. | Imperfección que desluce o afea. | Acción indigna que mancha y oscurece la reputación o fama: *el escándalo financiero supuso un borrón en su carrera.*

borroso, sa adj. Que no se distingue con claridad, generalmente dicho de un escrito, dibujo o pintura cuyos trazos aparecen desvanecidos y confusos. | **FAM.** borrosidad.

boscaje m. Bosque reducido con árboles y matas espesas.

bosque m. Extensión de terreno poblado de numerosos árboles y matas. | **FAM.** boscaje, boscoso.

bosquejar tr. Apuntar, diseñar sin precisión los elementos fundamentales de una obra de creación. | Disponer o trabajar cualquier obra, pero sin concluirla. | Exponer con vaguedad un concepto o plan. | **FAM.** bosquejo.

bosquimán o **bosquimano, na** adj. y s. Se dice del individuo de una tribu de baja estatura, que se extiende por el sur de África, al norte de El Cabo.

bossa nova (voz portuguesa) f. Denominación portuguesa de una variedad de samba brasileña con influencias del jazz.

bostezar intr. Abrir la boca involuntariamente. | **FAM.** bostezo.

bota f. Calzado que resguarda el pie y parte de la pierna. | Odre pequeño con una boquilla con pitorro por donde se llena de vino y se bebe. | Cuba para guardar vino y otros líquidos. | **FAM.** botín, boto.

botadura f. Acto de echar al agua un buque.

botafumeiro m. Incensario.

botalón m. Palo largo que se saca hacia la parte exterior de la embarcación cuando conviene.

botánico, ca adj. Relativo a la botánica. | m. y f. Persona que profesa la botánica. | f. Rama de la biología que tiene por objeto el estudio de los vegetales.

botar intr. Salir disparado un objeto como una pelota, balón, etc., al chocar contra una superficie dura. | Dar botes, saltar: *está bo-*

tando de alegría. | tr. Arrojar, tirar, echar fuera: *le botaron de la sala.* | Echar al agua un buque. | **FAM.** botador, botadura, bote.

botarate adj y com. Se apl. a la persona alborotada y de poco juicio.

bote m. Salto. | Vasija comúnmente pequeña que se puede tapar y que sirve para guardar cosas. | En bares y otros establecimientos públicos, caja para recoger las propinas. | Dinero que no se ha repartido en un sorteo por no haber aparecido acertantes y que se acumula para el siguiente. | Barco pequeño y sin cubierta, cruzado de· tablones que sirven de asiento a los que reman. | **de bote en bote** loc. adj. Completamente lleno, abarrotado: *la sala estaba de bote en bote.*

botella f. Vasija de cristal, vidrio o barro cocido, con el cuello estrecho, que sirve para contener líquidos. | Contenido de una botella: *en este vaso cabe media botella de agua.* | **FAM.** botellazo, botellero, botellín.

botellero, ra m. y f. Persona que hace o vende botellas. | m. Aparato para llevar o colocar botellas.

botero, ra m. y f. Persona que hace, aderaza o vende botas o pellejos.

botica f. Farmacia. | **FAM.** boticario.

botija f. Vasija de barro mediana, redonda y de cuello corto y angosto.

botijo m. Vasija de barro poroso abultado por el medio, que lleva en la parte superior un asa y dos aberturas, una ancha para llenarla y otra en forma de pitorro para beber. Sirve para mantener fresca el agua. | **FAM.** botija, botijero.

botín m. Calzado antiguo de cuero, que cubría todo el pie y parte de la pierna. | Bota que llega hasta el tobillo. | Pertenencias del enemigo de los que se apropia el vencedor. | Producto de un robo: *se llevaron un botín de 100 millones de pesetas.* | **FAM.** abotinado.

botiquín m. Mueble para guardar medicinas. | Conjunto de estas medicinas.

boto m. Bota alta enteriza para montar a caballo. | Cuero pequeño para echar vino, aceite u otro líquido.

botón m. Pieza cosida a la ropa para abrocharla. | Pieza que, al oprimirla, hace funcionar algunos aparatos eléctricos. | Tirador de los muebles. | Yema de un vegetal. | Flor cerrada y cubierta por las hojas. | m. pl. usado en sing. Muchacho que hace los recados, llamado así por las dos filas de botones que suele llevar su chaqueta: *empezó de botones en el banco.* | **FAM.** botonadura.

botonadura f. Juego de botones para un traje o prenda de vestir.

botulismo m. Intoxicación producida por

alimentos envasados en malas condiciones. Puede llegar a producir la muerte.

bouquet (voz fr.) m. Equilibrio de olores en ciertas bebidas alcohólicas.

boutique (voz fr.) f. Tienda pequeña para artículos de moda. ‖ Tienda especializada en cualquier producto selecto: *boutique del pan*.

bóveda f. Construcción arquitectónica en forma de arco que cubre el espacio entre dos muros o varios pilares. ‖ FAM. bovedilla.

bovedilla f. Bóveda pequeña entre viga y viga del techo de una habitación.

bóvido adj. y m. Se dice de los mamíferos rumiantes con cuernos, como el toro, la vaca y la cabra. ‖ m. pl. Familia de estos animales.

bovino, na adj. Relativo al toro o a la vaca. ‖ Se dice de todo mamífero rumiante con el estuche de los cuernos liso, el hocico ancho y desnudo y la cola larga, con un mechón en el extremo. También m.

boxeo m. Deporte que consiste en la lucha de dos púgiles que sólo pueden emplear los puños, enfundados en guantes especiales, para golpear al contrario por encima de la cintura. ‖ FAM. boxeador, boxeo.

boy scout (voz i.) m. Expresión inglesa en la que se designa a cada uno de los miembros de una asociación, originaria de Inglaterra, que organiza actividades al aire libre y fomenta la disciplina y el compañerismo.

boya f. Cuerpo flotante que se pone en el agua como señal. ‖ Corcho que se pone en la red para que no se hunda. ‖ FAM. boyante, boyar.

boyada f. Manada de bueyes.

boyante adj. Próspero, favorable: *su economía nunca ha sido muy boyante* ‖ Que boya. ‖ Se dice del buque que no se hunde lo suficiente por llevar poca carga.

boyar intr. Volver a flotar la embarcación que ha estado en seco.

boyera o **boyeriza** f. Corral o establo donde se recogen los bueyes.

boyero, ra m. y f. Persona que guarda bueyes o los conduce. ‖ m. *amer.* Pájaro pequeño negro con el pico anaranjado que se posa en los lomos de animales vacunos o caballares cuando están pastando y come sus parásitos.

bozal m. Aparato que se pone en la boca a los perros y a otros animales para que no muerdan. ‖ Esportilla que, colgada de la cabeza, se pone en la boca a los animales de labor y de carga, para que no deterioren los sembrados.

bozo m. Vello que apunta sobre el labio superior antes de nacer la barba.

bracear intr. Mover repetidamente los bra-

zos, p. ej., para librarse de alguna sujeción. ‖ Nadar sacando los brazos fuera del agua y volteándolos hacia adelante. ‖ Doblar el caballo los brazos con soltura al andar. ‖ FAM. braceador, braceo.

bracero, ra adj. y s. Jornalero.

bráctea f. Hoja pequeña que nace del pedúnculo de las flores de ciertas plantas.

bradicardia f. Lentitud anormal del pulso.

braga f. Prenda interior, generalmente ceñida, usada por las mujeres y los niños de corta edad, que cubre desde la cintura hasta las ingles, con dos aberturas para el paso de las piernas. También pl. ‖ FAM. bragado, bragadura, bragazas, braguero, bragueta.

bragado, da adj. Se apl. al buey y a otros animales que tienen la bragadura de diferente color que el resto del cuerpo. ‖ Se apl. a la persona de resolución enérgica y firme.

bragadura f. Entrepierna. ‖ Parte de las bragas, calzones o pantalones que cubre la entrepierna.

bragazas adj. y m. Hombre que se deja dominar o persuadir con facilidad, especialmente por su mujer. ♦ No varía en pl.

braguero m. Aparato o vendaje destinado a contener las hernias o quebraduras.

bragueta f. Abertura de los pantalones por delante.

braguetazo m. En la loc. **dar un braguetazo**: casarse un hombre por interés con una mujer rica.

brahmán m. Individuo de la primera de las cuatro castas en que divide el brahmanismo a la población de la India. ‖ FAM. brahmánico, brahmanismo.

brahmanismo m. Religión de la India, reconoce y adora a Brahma como al dios supremo y creador. Hoy se llama oficialmente hinduismo.

brama f. Celo de los ciervos y algunos otros animales salvajes. ‖ Época en la que ocurre.

bramante m. Cordel muy delgado hecho de cáñamo.

bramar intr. Dar bramidos. ‖ Manifestar uno su ira con gritos y con extraordinaria violencia. ‖ Hacer ruido estrepitoso el viento, el mar. ‖ FAM. bramido.

bramido m. Voz del toro y de otros animales salvajes. ‖ Grito del hombre cuando está colérico y furioso. ‖ Ruido grande producido por el aire y el mar agitados.

brandy m. Coñac.

branquia f. Órgano respiratorio de muchos animales acuáticos, constituido por láminas o filamentos. También pl. ‖ FAM. branquial.

braquial adj. Relativo al brazo.

braquicéfalo, la adj. y s. Se dice del cráneo cuyo diámetro anteroposterior es casi tan corto como el transversal. ‖ Se dice de la persona o la raza que tiene este tipo de cráneo. ‖ FAM. braquicefalia.

brasa f. Leña o carbón encendidos. ‖ **a la brasa** loc. adj. Modo de cocinar los alimentos directamente sobre una parrilla encima de brasas. ‖ FAM. brasear, brasero.

brasero m. Pieza de metal, en la que se echan brasas para calentarse. ‖ Aparato semejante pero con una resistencia eléctrica como fuente de calor.

brasil m. Árbol papilionáceo cuya madera es el palo brasil. ‖ Palo brasil.

bravata f. Amenaza proferida con arrogancia: *no nos asustan tus bravatas.*

bravío, a adj. Feroz, indómito, rebelde, dicho de personas o animales. ‖ Se dice de los árboles y plantas silvestres.

bravo, va adj. Valiente, esforzado. ‖ Hablando de animales, fiero o feroz. ‖ Se dice del mar embravecido. ‖ Se dice del terreno áspero, inculto. ‖ Colérico, de mucho genio. ‖ interj. de aprobación o entusiasmo. También m.: *no se oyó ningún bravo.* ‖ FAM. bravata, bravío, bravucón, bravura.

bravucón, na adj. y s. Valiente sólo en apariencia. ‖ FAM. bravuconada, bravuconear, bravuconería.

bravura f. Fiereza de los ciertos animales, sobre todo hablando de los toros de lidia. ‖ Esfuerzo o valentía de las personas.

braza f. Medida de longitud equivalente a 2 varas ó 1,6718 m. ‖ Forma especial de natación en que los hombros se mantienen a nivel del agua y los brazos se mueven simultáneamente de delante a atrás, al mismo tiempo que las piernas se encogen y estiran. ‖ FAM. brazada.

brazada f. Movimiento que se hace con los brazos, extendiéndolos y recogiéndolos. ‖ Brazado.

brazado m. Lo que se puede llevar y abarcar de una vez con los brazos.

brazal m. Tira de tela que ciñe el brazo izquierdo por encima del codo y que sirve de distintivo. Indica luto, si la tela es negra. ‖ Canal que se saca de un río o acequia grande para regar. ‖ Pieza de la armadura antigua que cubría el brazo.

brazalete m. Aro de metal que rodea el brazo y se usa como adorno. ‖ Brazal que se usa como distintivo: *lleva el brazalete de capitán del equipo.*

brazo m. Miembro superior del cuerpo humano que va desde el hombro a la mano. ‖ Parte de este miembro desde el hombro hasta el codo. ‖ Pata delantera de los cuadrúpedos.

‖ Lo que tiene forma de brazo: *brazo de gitano.* ‖ Cada uno de los dos palos que salen desde la mitad del respaldo del sillón hacia adelante y sirven para descansar o apoyar los brazos el que está sentado en él. ‖ En la balanza, cada una de las dos mitades de la barra horizontal, de cuyos extremos cuelgan o en los cuales se apoyan los platillos. ‖ Pértiga articulada de una grúa. ‖ Ramificación: *los brazos del río, del árbol.* ‖ Sección dentro de una asociación: *el brazo político de la organización.* ‖ pl. Braceros, jornaleros: *contrataron 200 brazos para la aceituna.* ‖ FAM. bracear, bracero, braza, brazada, brazal, brazalete, brazuelo.

brazuelo m. Parte de las patas delanteras de los mamíferos comprendida entre el codo y la rodilla.

brea f. Sustancia viscosa que se obtiene de varias coníferas y se utiliza para impermeabilizar las junturas de madera de los barcos. ‖ Arbusto chileno, compuesto, del cual se extrae una resina semejante a la brea. ‖ FAM. breado, brear.

brear tr. Maltratar, molestar: *le brearon a preguntas.*

brebaje m. Bebida de mal aspecto o compuesta de ingredientes desagradables: *me preparó un brebaje asqueroso.*

breca f. Pez teleósteo marino comestible con las aletas rojizas que vive en las costas de la península Ibérica.

brecha f. Cualquier abertura hecha en una pared o edificio. ‖ Abertura que hace en la muralla la artillería. ‖ Herida, especialmente la hecha en la cabeza.

brécol m. Col de color oscuro y cuyas hojas no se apiñan.

brega f. Acción y efecto de bregar. ‖ **andar a la brega** loc. Trabajar con ahínco y pasando penalidades.

bregar intr. Trabajar afanosamente. ‖ Luchar con trabajos o dificultades. ‖ Pelear, reñir: *anda todo el día bregando con su jefe.* ‖ FAM. brega.

breña f. Tierra quebrada entre peñas y poblada de malezas. ‖ FAM. breñal, breñoso.

brete m. Aprieto, situación apurada: *sus preguntas me pusieron en un brete.* ‖ Cepo o prisión que se pone a los reos en los pies.

bretón, na adj. y s. De Bretaña. ‖ m. Lengua céltica hablada en Bretaña.

breva f. Primer fruto de la higuera. ‖ Cigarro puro algo aplastado. ‖ Provecho logrado sin esfuerzo. ‖ *amer.* Tabaco en rama para mascar.

breve adj. De corta duración o extensión: *una breve pausa.* ‖ m. Documento pontificio me-

nos solemne que la bula. I **en breve**. loc. adv.
t. Pronto. I FAM. brevedad, breviario.
brevedad f. Corta extensión o duración.
breviario m. Libro anual de rezo eclesiástico. I Resumen, compendio sobre algún
asunto.
brezo m. Arbusto de madera dura y raíces
gruesas, que sirve para hacer carbón de fragua, carboncillo para dibujo y pipas de fumar.
I FAM. brezal.
bribón, na adj. y s. Estafador, granuja. I Pícaro, se suele decir en tono cariñoso de los niños. I FAM. bribonada, bribonear, bribon-
zuelo.
bricolaje m. Serie de pequeños trabajos ca-
seros.
brida f. Freno del caballo con las riendas y
todo el correaje. I Reborde circular en el extremo de los tubos metálicos para acoplar
unos a otros. I Adherencia, filamentos que se
forman alrededor de las heridas o tumores.
bridge (voz i.) m. Juego de naipes para cuatro jugadores para parejas.
brigada f. Unidad integrada por dos o más
regimientos de un arma determinada: *brigada
de infantería*. I Categoría superior dentro de
la clase de suboficial: *brigada del Ejército del
Aire*. I Conjunto de personas reunidas para
ciertos trabajos: *brigada de rescate*.
brigadier (voz fr.) m. Antigua graduación
militar equivalente al actual general de brigada.
brillante adj. Que brilla. I Admirable o sobresaliente en su línea: *es un estudiante brillante*. I m. Diamante brillante: *le ha regalado
un collar de brillantes*. I FAM. brillantez.
brillantina f. Cosmético para dar brillo al
cabello.
brillar intr. Resplandecer, despedir o reflejar
luz. I Lucir o sobresalir por alguna cualidad:
brilla por su belleza. I FAM. brillante, brillantina, brillo.
brillo m. Lustre o resplandor. I Cualidad de
brillante: *el brillo de su sonrisa*.
brincar intr. Dar brincos o saltos. I Exteriorizar impetuosamente un sentimiento: *está
brincando de alegría*.
brinco m. Salto.
brindar intr. Manifestar el bien que se desea
a personas o cosas al ir a beber vino u otro
licor: *brindo a tu salud, por el éxito de la empresa*. I tr. Ofrecer voluntariamente a uno alguna cosa: *te brindo el mejor sitio*. I Convidar
las cosas a que alguien se aproveche de ellas
o las goce: *su ausencia me brindó la oportunidad de hablar con el jefe*. I prnl. Ofrecerse voluntariamente a hacer alguna cosa: *se brindó
a ayudarnos*. I FAM. brindis.

brindis m. Acción de brindar antes de beber.
I Lo que se dice al brindar: *su brindis fue conmovedor*. ◆ No varía en pl.
brío m. Energía, resolución con que se hace
algo. I Garbo, gallardía, gentileza: *anda con
brío y desenvoltura*. I FAM. brioso.
briofito, ta adj. y f. Se dice de las plantas
criptógamas que carecen de vasos y raíces, y
que se fijan al suelo a través de unos filamentos llamados rizoides, como los musgos. I
f. pl. Familia de estas plantas.
brioso, sa adj. Que tiene brío.
brisa f. Viento fresco y suave. I Viento de la
parte del Nordeste, contrapuesto al vendaval.
I Airecillo que en las costas sopla por el día
desde el mar y por la noche desde la tierra.
brisca f. Cierto juego de naipes.
británico, ca adj. y s. De Gran Bretaña.
brizna f. Filamento o hebra. I Porción insignificante de algo: *hay que echar sólo una brizna de sal*.
broca f. Barrena que se usa con las máquinas
de taladrar.
brocado m. Tela de seda entretejida con oro
o plata. I Tejido fuerte de seda, con dibujo de
distinto color que el del fondo.
brocal m. Antepecho que rodea la boca
de un pozo para impedir que alguien se caiga
en él.
brocha f. Escobilla de cerda con mango que
sirve para pintar. I Pincel para enjabonar la
barba. I **de brocha gorda** loc. adj. Se apl. al
pintor o pintura de paredes, puertas, etc. I
FAM. brochazo.
brochazo m. Cada una de las idas y venidas
que se hacen con la brocha.
broche m. Conjunto de dos piezas para engancharse entre sí. I Adorno de joyería que se
prende en la ropa. I **broche de oro**. Final feliz
y brillante de un acto público, reunión, discurso, gestión, etc., o de una serie de ellos: *su
actuación puso un broche de oro a la velada*. I
FAM. abrochar.
broma f. Burla, dicho o hecho que se hace a
alguien para reírse de él sin intención de mo-
lestarle: *no me gastéis este tipo de bromas*. I
Bulla, algazara: *están de broma*. I Cosa sin importancia, pero con consecuencias inespera-
das: *la broma de la caída me costó una operación*. I Molusco marino, cuyas valvas perforan
las maderas sumergidas. I FAM. bromazo,
bromear, bromista.
bromear intr. Hacer, decir o gastar bromas.
bromista adj. y com. Aficionado a gastar
bromas.
bromo m. Elemento químico metaloide líquido, de color rojo pardusco y olor fuerte. Es
corrosivo y tóxico. Su símbolo es *Br*.

bromuro m. Combinación del bromo con un radical simple o compuesto.

bronca f. Disputa ruidosa: *se armó una bronca horrible.* ǀ Represión dura: *te van a echar la bronca.* ǀ Manifestación colectiva y ruidosa de desagrado: *las declaraciones del secretario motivaron la bronca de los asistentes al acto.* ǀ *amer.* Enojo, enfado, rabia. ǀ **FAM.** abroncar.

bronce m. Aleación de cobre y estaño de color amarillo rojizo, muy tenaz y sonoro. ǀ Escultura o estatua hecha de esta aleación. ǀ En el deporte, tercer premio, inferior al oro y la plata. ǀ **FAM.** bronceado, broncear, broncíneo, broncista.

bronceado, da adj. De color de bronce. ǀ m. Acción y efecto de broncear o broncearse.

broncear tr. y prnl. Dar color de bronce. ǀ Poner morena la piel el sol o algún agente artificial. ǀ **FAM.** bronceador.

broncíneo, a adj. De bronce o parecido a él.

bronco, ca adj. Se dice del sonido desagradable y áspero: *tiene la voz bronca.* ǀ Aplicado a los materiales, tosco, áspero. ǀ Se dice de las personas de mal genio: *es de carácter bronco y desapacible.* ǀ Se dice de los metales quebradizos. ǀ **FAM.** bronquedad.

bronconeumonía f. Inflamación de los pulmones y bronquios.

broncopatía f. Cualquier enfermedad de los bronquios.

bronquio m. Cada uno de los dos conductos en que se bifurca la tráquea y que entran en los pulmones. Más en pl. ǀ **FAM.** bronconeumonía, broncopatía, bronquial, bronquiolo, bronquitis.

bronquiolo o **bronquíolo** m. Cada una de las últimas ramificaciones de los bronquios. Más en pl.

broquel m. Escudo pequeño. ǀ Defensa o amparo.

bronquitis f. Inflamación aguda o crónica de la mucosa de los bronquios. ♦ No varía en pl.

brotar intr. Salir la planta de la tierra. ǀ Salir en la planta renuevos, flores, hojas, etc.: *los geranios ya han brotado.* ǀ Manar el agua de los manantiales. ǀ Salir a la superficie, manifestarse repentinamente algo: *brotar el sarampión; la duda brotó en su mente.*

brote m. Renuevo de una planta. ǀ Acción de brotar.

broza f. Conjunto de despojos de las plantas. ǀ Desecho de alguna cosa. ǀ Maleza. ǀ Cosas inútiles que se dicen o escriben: *si quitamos la broza, poco queda en este artículo.*

brucelosis f. Enfermedad infecciosa transmitida al hombre por algunos animales, como p. ej. la fiebre de Malta. ♦ No varía en pl.

bruces (a, o **de)** loc. adv. Boca abajo: *el niño se cayó de bruces.* ǀ De frente: *me lo encontré de bruces.*

brujería f. Práctica supersticiosa atribuida a personas que se supone tienen pacto con el diablo o con espíritus malignos.

brujo, ja m. y f. Persona que practica la brujería. ǀ Mago de una tribu. ǀ f. Mujer vieja, fea, gruñona y de malas intenciones. ǀ adj. Embrujador, que hechiza: *tiene una sonrisa bruja.*

brújula f. Instrumento para determinar cualquier dirección de la superficie terrestre por medio de una aguja imantada que siempre marca la dirección norte-sur. ǀ Instrumento que indica el rumbo de la nave. ǀ **FAM.** brujulear, brujuleo.

brujulear intr. Buscar con diligencia y por todos los medios el logro de algo. ǀ Vagar: *se pasa el día brujuleando.* ǀ tr. En el juego de naipes, ir desplegando poco a poco las cartas para intentar adivinar a qué palo pertenecen. ǀ Adivinar algo por indicios.

bruma f. Niebla, especialmente la que se forma sobre el mar. ǀ Confusión, ofuscación mental. ǀ **FAM.** brumoso.

bruñir tr. Dar lustre a una cosa. ♦ **Irreg.** Se conj. como *mullir.* ǀ **FAM.** bruñido.

brusco, ca adj. Áspero, desapacible: *tiene un carácter muy brusco.* ǀ Rápido, repentino: *aquí se produce un cambio brusco en el paisaje.* ǀ **FAM.** bruscamente, brusquedad.

brusquedad f. Calidad de brusco. ǀ Acción brusca.

brutal adj. Propio de los animales por su violencia o irracionalidad: *le dio una paliza brutal.* ǀ Enorme, muy fuerte o intenso: *tiene una fuerza brutal.*

brutalidad f. Calidad de bruto. ǀ Falta de razón. ǀ Acción grosera y cruel.

bruto, ta adj. Necio, incapaz. También s.: *eres un bruto, no entiendes nada.* ǀ Se dice del que emplea la fuerza física sin medida. ǀ Se apl. a la persona que actúa sin moderación. ǀ Se dice de las cosas toscas y sin pulimento. ǀ Se dice del peso total, sin descontar la tara: *peso neto y bruto.* ǀ Referido al sueldo, cantidad sin descuentos: *le han aumentado el sueldo bruto un 5%.* ǀ m. Animal irracional. ǀ **en bruto** loc. adj. Sin pulir o labrar: *diamante en bruto.* ǀ **FAM.** brutal, brutalidad, brutalmente.

bruza f. Cepillo de cerdas muy espesas y fuertes, generalmente con una abrazadera de cuero para meter la mano, que sirve para limpiar las caballerías, los moldes de imprenta, etc.

buba f. Postilla o tumorcillo de pus. Más en pl.

bubón m. Tumor purulento y voluminoso ocasionado, por enfermedades venéreas o por la peste bubónica. ‖ **FAM.** buba, bubónico.

bucal adj. Relativo a la boca: *higiene bucal.*

bucanero m. Pirata en los s. XVII y XVIII.

búcaro m. Florero, recipiente. ‖ Tierra roja arcillosa portuguesa. ‖ Jarra para el agua hecha con esta arcilla.

bucear intr. Nadar debajo del agua. ‖ Explorar en algún tema: *ahora está buceando en temas esotéricos.* ‖ **FAM.** buceador, buceo.

buche m. Bolsa membranosa que comunica con el esófago de las aves en la que acumulan alimento para digerirlo lentamente. ‖ Porción de líquido que cabe en la boca. ‖ Estómago: *come de todo, tiene un buen buche.*

bucle m. Rizo del cabello en forma de hélice. ‖ Cualquier otra cosa de esta forma. ‖ En inform., secuencia de instrucciones que se repite hasta que se cumple una condición prescrita.

bucólico, ca adj. Se apl. a los temas concernientes a los pastores o a la vida campestre. ‖ Se dice del género literario en el que se tratan estos temas y del autor que lo cultiva. También s. ‖ Perteneciente o relativo a este género.

budín m. Pudin.

budión m. Pez muy abundante en las costas de España de labios gruesos y cubierto de una sustancia pegajosa.

budismo m. Doctrina filosófica, religiosa y moral fundada en la India en el s. VI a. C. por Buda. ‖ **FAM.** budista.

buen adj. apóc. de *bueno.* Se usa precediendo a sustantivos masculinos o a infinitivos: *buen hombre, buen vivir.*

buenaventura f. Buena suerte. ‖ Adivinación de la suerte de las personas que hacen las gitanas a cambio de dinero: *me echó/dijo la buenaventura.*

buenazo, za adj. Persona pacífica y de poco carácter. También s.

buenísimo adj. Muy bueno.

bueno, na adj. Que tiene bondad en su género: *estos alicates son buenos.* ‖ Apropiado para algo: *este cuchillo es bueno para pelar patatas.* ‖ Gustoso, divertido: *es un humorista muy bueno.* ‖ Sano: *todavía no está bueno del todo.* ‖ Se dice irónicamente de la persona simple o bonachona. Más c. s. ‖ Bastante, suficiente: *ya tengo una buena cantidad.* ‖ No deteriorado y que puede servir: *este traje aún está bueno.* ‖ Se dice de la persona de gran atractivo físico: *ese chico está muy bueno.* ‖ adv. De acuerdo: *¿conduces tú?, bueno.* ‖ Basta: *¡bueno!, ya no quiero más.* ‖ **FAM.** bona-

chón, bonísimo, buenecito, buenamente, buenazo, buenísimo.

buey m. Toro castrado que, por su gran fortaleza, se empleaba en las tareas más duras del campo.

bufa f. Burla, bufonada.

búfalo, la m. y f. Bisonte de América del Norte. ‖ Bóvido corpulento, de largos cuernos deprimidos, de Asia y África.

bufanda f. Prenda, generalmente de lana, con que se abriga el cuello y la boca.

bufar intr. Resoplar con furor el toro y el caballo y otros animales. ‖ Manifestar ira o extremo enojo de algún modo. ‖ **FAM.** bufido.

bufé m. Comida compuesta de alimentos calientes y fríos, expuestos a la vez en una mesa para que los comensales se sirvan solos. ‖ Local donde se sirve este tipo de comida.

bufete m. Mesa de escribir con cajones. ‖ Estudio o despacho de un abogado. ‖ Clientela del abogado.

bufido m. Voz del animal que bufa. ‖ Expresión o demostración de enojo o enfado.

bufo, fa adj. Cómico, casi grotesco. ‖ Bufón, chocarrero. ‖ Se dice de un tipo de ópera cómica italiana del s. XVIII. ‖ m. y f. Persona que hace el papel de gracioso en esta ópera.

bufón, na m. y f. Persona vestida grotescamente que vivía en los palacios dedicada a hacer reír al rey y al resto de la corte. ‖ Payaso, truhán que intenta hacer reír: *es el bufón de todas las reuniones.* ‖ **FAM.** bufo, bufonada.

buganvilla f. Arbusto trepador oriundo de América, cubierto de flores pequeñas y brácteas moradas o rojas.

bugle m. Instrumento musical de viento provisto de pistones.

buhardilla f. Piso más alto de un edificio, que normalmente tiene el techo inclinado aprovechando el hueco del tejado. Se utiliza como desván o como vivienda. ‖ Ventana con forma de casita en el tejado de una casa para dar luz al desván. ‖ **FAM.** abuhardillado.

búho m. Ave rapaz nocturna, de ojos grandes que sólo miran de frente y unas plumas alzadas sobre la cabeza que parecen orejas.

buhonería f. Chucherías y baratijas de poca monta. También e. colect. y en pl.

buhonero, ra m. y f. Persona que lleva o vende cosas de buhonería de forma ambulante.

buitre m. Ave rapaz de cerca de dos metros de envergadura, con el cuello desnudo, que se alimenta de carne muerta y vive en bandadas. ‖ Persona que se aprovecha de la desgracia de otro. ‖ **FAM.** buitrera, buitrero.

buitrón m. Arte de pesca. ‖ Cierta red para cazar perdices.

buje m. Pieza metálica que guarnece ciertas piezas de maquinarias y ruedas de carruajes para protegerlas del roce interior del eje.

bujía f. Vela de cera blanca o de parafina. | Pieza que en los motores de combustión sirve para que salte la chispa eléctrica.

bula f. Bola de plomo que acompañaba al sello de ciertos documentos. | El sello mismo y el documento. | Documento pontificio relativo a materia de fe o de interés general que suele llevar este sello en forma de bola.

bulbar adj. Relativo al bulbo raquídeo.

bulbo m. Tallo subterráneo de algunas plantas, de forma de globo y cubierto de hojas, p. ej. el tulipán. | Abultamiento de la médula espinal en su parte superior, conocido como *bulbo raquídeo.*

buldog adj. y m. Se dice de una raza de perros originarios de Inglaterra, muy fuertes, grandes y con la nariz achatada.

bulerías f. pl. Cante o baile popular andaluz de ritmo vivo que se acompaña con palmas: *se arrancó por bulerías.*

bulevar m. Calle generalmente ancha y con árboles en el centro.

bulimia f. Enfermedad cuyo principal síntoma es el hambre exagerada e insaciable.

bulla f. Griterío. | Concurrencia de mucha gente. | FAM. bullanga, bullanguero.

bullanga f. Tumulto, bullicio.

bullanguero, ra adj. y s. Alborotador, amigo de bullangas.

bulldozer (voz i.) m. Tractor sobre orugas con una pala delantera para desmonte y nivelación de terrenos.

bullicio m. Ruido y rumor de mucha gente: *a ella lo que le gusta es el bullicio de la calle.* | Alboroto, tumulto. | FAM. bullicioso, bulliciosamente.

bullicioso, sa adj. Se dice de lo que causa bullicio o que lo tiene: *barrio bullicioso.* | Inquieto, desasosegado, alborotador: *niño bullicioso.*

bullir intr. Hervir un líquido. | Agitarse una masa de personas, animales u objetos: *las abejas bullían en cuanto me acercaba.* | Moverse alguien continuamente. | Ocurrir, surgir algo con frecuencia y abundancia: *le bullían las ideas.* ♦ **Irreg.** Se conj. como *mullir.* | FAM. bulla, bullicio, rebullir.

bulo m. Noticia falsa divulgada con algún fin.

bulto m. Volumen de cualquier cosa: *este modelo tiene poco bulto.* | Cuerpo que por alguna circunstancia no se distingue lo que es: *a lo lejos sólo se ve un bulto.* | Elevación causada por cualquier hinchazón: *me ha salido un bulto en la pierna.* | Fardo, maleta, baúl, etc., hablando de transportes o viajes: *no permiten más que un bulto por pasaje.*

bumerán m. Arma arrojadiza, característica de los indígenas australianos, que vuelve al punto de partida.

bungalow (voz i.) m. Casa de campo o playa de una sola planta y construcción ligera. ♦ pl. *bungalows.*

bunker o **búnker** m. Fortificación, a menudo subterránea, para defenderse de los bombardeos. | Sector más inmovilista de una sociedad. ♦ pl. *búnkers.*

buñuelo m. Masa de harina y agua que frita queda en forma de bola hueca por dentro. | Cosa mal hecha: *este trabajo es un buñuelo.*

buque m. Barco grande y sólido, adecuado para navegaciones de importancia.

buqué m. Bouquet, aroma del vino selecto.

burbuja f. Globo de aire o gas que se forma en los líquidos y sale a la superficie. | FAM. burbujeante, burbujear, burbujeo.

burdel m. Casa de prostitución.

burdo, da adj. Tosco, grosero, basto: *tela burda, mentira burda.*

bureo m. Entretenimiento, diversión: *vámonos de bureo.* | Murmullo en sitios concurridos: *en el comedor había mucho bureo.*

bureta f. Tubo graduado de vidrio para análisis químicos.

burga f. Manantial de agua caliente.

burgo m. Aldea o población muy pequeña, dependiente de otra principal. | Castillo o recinto fortificado de la Edad Media. | FAM. burgomaestre, burgués.

burgomaestre m. Primer magistrado municipal de algunas ciudades de Alemania, los Países Bajos, Suiza, etc.

burgués, sa adj. Antiguamente, natural o habitante de un burgo. También s. | Perteneciente al burgo medieval. | Se dice del ciudadano de clase media alta y acomodada como contraposición a proletario. Más c. s.: *se han convertido en unos burgueses.* | Perteneciente o relativo a él. | FAM. burguesía, aburguesar.

burguesía f. Conjunto de los ciudadanos de las clases medias y acomodadas.

buril m. Instrumento para grabar sobre metales. | FAM. burilar.

burla f. Acción o palabras con que se ridiculiza a personas o cosas: *me está haciendo burla.* | Engaño: *toda la operación fue una burla para conseguir el dinero.* | Broma.

burladero m. Trozo de valla donde se refugia el torero en las corridas.

burlar tr. Esquivar algo o a alguien: *burló a la policía.* | Engañar, mentir. | prnl. Hacer burla de personas o cosas: *no os burléis de él.*

. FAM. burla, burladero, burlador, burlesco, burlón.

burlesco, ca adj. Festivo, jocoso, que implica burla.

burlete m. Tira de tela, y generalmente de forma cilíndrica, con relleno de estopa o algodón, que se pone en el canto de las hojas de puertas, balcones o ventanas para cerrarlas totalmente y que no pueda entrar el aire en las habitaciones.

burlón, na adj. Inclinado a decir o hacer burlas. También s. ‖ Que implica o expresa burla: *me lo dijo con voz burlona.*

burocracia f. Conjunto de normas, papeles y trámites necesarios para gestionar cualquier asunto en un despacho u oficina. ‖ Complicación y lentitud excesiva en la realización de estas gestiones, particularmente las que dependen de la administración de un Estado. ‖ Conjunto de funcionarios públicos. ‖ Influencia excesiva de los empleados públicos en los negocios del Estado. ‖ FAM. burócrata, burocrático, burocratizar.

burrada f. Manada de burros. ‖ Dicho o hecho necio o brutal.

burro, rra m. y f. Asno, animal. ‖ Persona laboriosa y de mucho aguante. ‖ Persona de poco entendimiento. También adj. ‖ m. Borriqueta. ‖ Juego de naipes. ‖ Instrumento de gimnasia: *nunca aprendí a saltar en el burro.*

bursátil adj. Concerniente a la bolsa, y a sus operaciones y valores: *información bursátil.*

busca f. Acción de buscar. ‖ Tropa de cazadores y perros que corre el monte para levantar la caza. ‖ Recogida, entre los desperdicios, de objetos aprovechables: *va a la busca de algo de alimento.* ‖ m. Aparato con un determinado radio de acción que permite localizar al que lo lleva y darle un mensaje: *tengo estropeado el busca.*

buscapiés m. Cohete sin varilla que corre por la tierra. ♦ No varía en pl.

buscar tr. Hacer algo para hallar o encontrar alguna persona o cosa. ‖ Provocar: *te estás buscando una paliza.* ‖ Delante de un inf., intentar algo: *busco llegar a tiempo.* ‖ FAM. busca, buscador, buscón, búsqueda.

buscavidas com. Persona demasiado curiosa. ‖ Persona diligente en buscarse el medio de vivir. ♦ No varía en pl.

buscón, na adj. y s. Que busca. ‖ Ladrón, ratero, estafador. ‖ f. Prostituta.

búsqueda f. Acción de buscar, sobre todo en archivos y documentos.

busto m. Escultura o pintura de la cabeza y parte superior del tórax. ‖ Parte superior del cuerpo humano, desde el cuello a la cintura. ‖ Pecho de la mujer.

butaca f. Silla de brazos con el respaldo inclinado hacia atrás. ‖ Asiento de la planta baja de los cines o teatros: *me regaló dos entradas de butaca de patio.* ‖ Entrada, tiquet, etc., para ocuparla: *sólo has comprado dos butacas para esta sesión.*

butanero, ra m. y f. Persona que reparte bombonas de butano a domicilio. ‖ m. Buque de transporte de butano.

butano m. Hidrocarburo gaseoso natural o derivado del petróleo que se emplea como combustible, envasado en bombonas a presión.

buten (de) loc. vulg. Excelente, lo mejor en su clase.

butifarra f. Tipo de embutido, con mucho tocino, que se hace principalmente en Cataluña, Baleares y Valencia.

butiro m. Mantequilla obtenida de la leche batida.

butrón m. Agujero o chimenea que sirve para la ventilación de cuevas abiertas bajo tierra donde se guarda el vino. ‖ Agujero que los ladrones hacen en techos o paredes para robar. ‖ FAM. butronero.

buzar intr. Inclinarse hacia abajo los filones o las capas del terreno.

buzo m. Persona que tiene por oficio trabajar sumergido en el agua. ‖ Mono de trabajo.

buzón m. Abertura por donde se echan las cartas para el correo. ‖ P. ext., caja donde quedan depositadas. ‖ Boca enorme.

buzonear intr. Repartir propaganda por los buzones. ‖ FAM. buzoneo.

byte. (voz i.) m. En inform., conjunto formado por ocho dígitos binarios o bits, que constituye la subdivisión de una palabra en el ordenador.

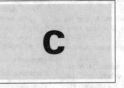

C

c f. Tercera letra del alfabeto castellano y segunda de sus consonantes. Su nombre es *ce*.
♦ Se pronuncia como [z] ante *e, i*; como [k] ante *a, o, u* y cualquier consonante; y junto a la *h* adquiere sonido palatal: *cecina; caco, cuña, exacto; chacolí.* ‖ Cien en la numeración romana.

cabal adj. Se dice de la persona íntegra, justa: *una mujer cabal.* ‖ Exacto, preciso: *pesa tres kilos cabales.* ‖ Completo, perfecto: *datos cabales.* ‖ FAM. cabalmente.

cábala f. Conjetura, suposición. Más en pl.: *no hagas más cábalas, y espera a que te lo diga.* ‖ Cálculo supersticioso para adivinar una cosa. ‖ Intriga. ‖ Tradición oral que entre los judíos explicaba y fijaba el sentido de los libros del Antiguo Testamento y que luego derivaria en una práctica supersticiosa de adivinación que servía de fundamento a la astrología, la nigromancia y demás ciencias ocultas. ‖ FAM. cabalístico.

cabalgada f. Acción y efecto de cabalgar. ‖ Tropa de gente que salía a recorrer el campo enemigo a caballo. ‖ Jornada larga a caballo.

cabalgadura f. Animal para cabalgar o de carga.

cabalgar intr. Montar a caballo. También tr.: *sólo lo cabalgaba su amo.* ‖ Ir una cosa sobre otra. ‖ FAM. cabalgada, cabalgadura, cabalgata.

cabalgata f. Comparsa de jinetes, carrozas, bandas de música, etc., con motivo de alguna fiesta.

caballa f. Pez marino comestible, de color azul verdoso y rayas oscuras. Su carne, muy apreciada, se consume preferentemente en conserva.

caballeresco, ca adj. Propio de caballero, galante. ‖ Relativo a la caballería medieval: *género caballeresco.*

caballería f. Caballo, mulo, asno o cualquier animal que sirve para cabalgar. ‖ Cuerpo de soldados a caballo. ‖ Servicio militar que se hacía a caballo. ‖ Institución de los caballeros medievales que hacían profesión de las armas. ‖ Orden militar española como las de la Banda, Santiago, Calatrava, etc.

caballeriza f. Sitio destinado para las caballerías. ‖ Conjunto de animales que la ocupan y de los criados que las sirven.

caballero, ra adj. Que cabalga. ‖ m. El que se porta con nobleza, elegancia y generosidad: *se comportó como un caballero conmigo.* ‖ Señor, tratamiento de cortesía: *¿desea algo más, caballero?* ‖ Hombre. Se emplea para referirse a lo referente al hombre: *ropa de caballero.* ‖ Hidalgo de calificada nobleza. ‖ El que pertenece a alguna de las órdenes de caballería. ‖ FAM. caballeresco, caballeroso.

caballeroso, sa adj. Propio de caballeros. ‖ Noble. ‖ Cortés, galante. ‖ FAM. caballerosidad.

caballete m. Soporte con tres patas donde se coloca el cuadro para pintar. ‖ Pieza formada por un madero horizontal apoyado en dos palos cruzados que sirve de soporte a un tablero usado como mesa.

caballista com. Persona que entiende de caballos y monta bien.

caballitos m. pl. Tiovivo: *quiero ir a los caballitos.*

caballo m. Mamífero équido, grande y fuerte, con la cabeza alargada, las orejas pequeñas y patas terminadas en cascos. Se domestica fácilmente y es muy útil al hombre como montura, animal de tiro y alimento. ‖ Pieza del juego de ajedrez, la única que salta sobre las demás. ‖ Naipe que representa un caballo con su jinete. ‖ Aparato gimnástico. ‖ Heroína. ‖ FAM. caballar, caballería, caballeriza, caballero, caballista, caballitos, caballuno.

caballón m. Lomo de tierra entre surco y surco.

cabaña f. Casilla tosca de campo hecha con ramas, cañas, troncos, etc. ‖ Número de cabezas de ganado: *cabaña bovina.*

cabaretera adj. y f. Mujer que trabaja en un cabaret.

cabaret (voz fr.) m. Sala en que se puede bailar, comer, beber mientras se asiste a un es-

pectáculo, generalmente nocturno, de varie-
dades. | **FAM**. cabaretera.

cabás m. Especie de caja con asa en que los
niños llevan al colegio sus utensilios escolares.

cabe prep. ant. Cerca de, junto a. Actualmente sólo se usa en poesía.

cabecear intr. Mover la cabeza. | Negar
moviendo la cabeza. | Dar cabezadas el que
se está durmiendo. | Mover los caballos rei-
teradamente la cabeza de arriba abajo. | Mo-
verse la embarcación bajando y subiendo la
proa. | Inclinarse a una parte o a otra lo que
debía estar en equilibrio: *la carga está cabe-
ceando.*

cabecera f. Parte de la cama donde se po-
nen las almohadas. | Cabecero. | Principio de
alguna cosa: *cabecera de un río.* | Parte prin-
cipal de algunas cosas: *cabecera de la mesa.* |
Capital o población principal de un territorio.
| Parte superior en la primera página de un
periódico donde va su nombre, la fecha y
otros datos. | Adorno en el margen superior
de un escrito.

cabecero m. Pieza que limita la cama por el
lado de la cabecera. Puede ser independiente
o estar unido al soporte del colchón: *han comprado un cabecero antiguo precioso.*

cabecilla m. El que está al mando de un
grupo de rebeldes. | Individuo más importan-
te de un grupo o de una banda.

cabellera f. El pelo de la cabeza. | Ráfaga
luminosa de algunos cometas.

cabello m. Cada uno de los pelos que nacen
en la cabeza de una persona. | Conjunto de
todos ellos. | **cabello de ángel** Dulce filamen-
toso hecho de calabaza y almíbar. | **FAM**. ca-
bellera, cabelludo.

cabelludo, da adj. De mucho cabello. |
Referente al cabello: *cuero cabelludo.*

caber intr. Poder contenerse una cosa dentro
de otra: *esta percha no cabe en el armario.* |
Tener lugar o entrada: *el enchufe no cabe por
la rejilla.* | Tocarle a uno o pertenecerle al-
guna cosa: *me cabe el honor de recibirle.* | Ser
algo posible: *cabe que llegue en los próximos
minutos.* | **FAM**. cabida. ♦ **Irreg**. Conjugación
modelo:

Indicativo
Pres.: *quepo, cabes, cabe,* etc.
Imperf.: *cabía, cabías, cabía,* etc.
Pret. indef.: *cupe, cupiste, cupo, cupimos, cu-
pisteis, cupieron.*
Fut. imperf.: *cabré, cabrás, cabrá,* etc.

Potencial: *cabría, cabrías, cabría,* etc.

Subjuntivo
Pres.: *quepa, quepas, quepa, quepamos, que-
páis, quepan.*
Imperf.: *cupiera* o *cupiese, cupieras* o *cupieses,*
etc.
Fut. imperf.: *cupiere, cupieres,* etc.

Imperativo: *cabe, cabed.*

Participio: *cabido.*

Gerundio: *cabiendo.*

---

cabero, ra adj. *amer.* Último.

cabestrillo m. Banda que se cuelga del cuello para sostener la mano o el brazo lastima-
dos: *tiene el brazo en cabestrillo.*

cabestro m. Buey manso que sirve de guía
a los toros. | Ronzal que se ata a la cabeza o
al cuello de la caballería. | **FAM**. cabestrería,
cabestrillo.

cabeza f. Parte superior del cuerpo del hombre y superior o anterior del de muchos ani-
males. | Cráneo. | Principio, parte extrema o
delantera de una cosa: *la cabeza del pelotón.* |
Parte abultada de un objeto opuesta a la pun-
ta: *la cabeza del alfiler.* | Juicio, talento, in-
telecto: *tiene buena cabeza para las matemáti-
cas.* | Persona, individuo: *tocamos a tres por
cabeza.* | Res: *tiene un rebaño con 10.000 ca-
bezas.* | Capital, población principal: *cabeza
de partido.* | Parte de los magnetófonos que
sirve para grabar, borrar o reproducir lo grabado: *de vez en cuando hay que limpiar las ca-
bezas.* | m. Jefe de una familia, comunidad,
corporación, etc.: *el cabeza de familia.* | **FAM**.
cabecear, cabecera, cabecero, cabecilla, cabezada, cabezal, cabezazo, cabezonería, cabezota, cabezudo, cabezuela, cabizbajo.

cabezada f. Golpe dado con la cabeza o re-
cibido en ella. | Cada movimiento que hace
con la cabeza el que se va durmiendo sin estar
acostado.

cabezal m. Cabecero. | Almohada pequeña.
| Almohada larga que ocupa toda la cabecera
de la cama. | Correaje que se ciñe a la cabeza
de una caballería. | Cabeza de los magnetó-
fonos.

cabezo m. Cerro alto o cumbre de una mon-
taña. | Montecillo aislado.

cabezón, na adj. y s. De cabeza grande. |
Terco, testarudo, obstinado.

cabezonada o **cabezonería** f. Acción
propia de persona terca u obstinada: *esto ha
sido una cabezonada de tu hermano.*

cabezota com. Persona que tiene la cabeza
muy grande. | Persona terca, testaruda. Tam-
bién adj.

cabezudo, da adj. y s. Que tiene grande la

cabeza. ‖ Terco, obstinado. ‖ m. Figura de enano de gran cabeza que en algunas fiestas suele desfilar con los gigantones: *la llevé a ver a los gigantes y cabezudos*.

cabezuela f. Harina más gruesa del trigo después de sacada la flor. ‖ Planta compuesta de tallos vellosos y flores purpúreas o blancas que se emplea para hacer escobas. ‖ Inflorescencia cuyas flores están insertas en un receptáculo.

cabida f. Espacio o capacidad que tiene una cosa: *el nuevo estadio tiene una cabida inferior al viejo*. ‖ Extensión de un terreno: *hay que determinar la cabida del coto*.

cabila f. Tribu de beduinos o de beréberes.

cabildear intr. Intrigar para conseguir algo en un organismo público.

cabildo m. Comunidad de eclesiásticos capitulares de una iglesia. ‖ Ayuntamiento, corporación. ‖ Junta celebrada por esta corporación ‖ Sala donde se celebra. ‖ **cabildo insular** Corporación que, en Canarias, representa a los pueblos de cada isla. ‖ **FAM.** cabildada, cabildear, cabildeo.

cabina f. Cuarto pequeño, generalmente aislado, para usos muy diversos. ‖ Locutorio telefónico de uso individual. ‖ En los cines, pequeño departamento aislado que se reserva a los aparatos de proyección. ‖ En los aviones, camiones y otros vehículos, espacio reservado al piloto, al conductor y al personal técnico. ‖ En instalaciones deportivas, recinto para mudarse de ropa.

cabio m. Listón que se atraviesa a las vigas para formar suelos y techos. ‖ Travesaño superior o inferior del marco de las puertas o ventanas.

cabizbajo, ja adj. Persona que tiene la cabeza inclinada hacia abajo por abatimiento, tristeza o preocupación.

cable m. Cordón más o menos grueso formado por uno o varios hilos conductores, que se emplea en electricidad, en las comunicaciones telegráficas o telefónicas, etc. ‖ Cablegrama: *me mandó un cable dándome la noticia*. ‖ Maroma gruesa. ‖ Pequeña ayuda que se presta a alguien para hacerle salir de un apuro: *gracias al cable que le echó no lo descubrieron*.

cablegrafiar tr. Transmitir noticias por cable submarino.

cablegrama m. Telegrama transmitido por cable submarino.

cabo m. Cualquiera de los extremos de las cosas. ‖ Extremo que queda de alguna cosa: *sólo quedaba un cabo de mecha*. ‖ Hilo o hebra. ‖ Punta de tierra que penetra en el mar: *está estudiando los cabos de España*. ‖ Fin, término de una cosa. ‖ Cuerda. ‖ Individuo de la clase de tropa inmediata superior al soldado. ‖ **estar al cabo de la calle** loc. Estar enterado. ‖ **llevar a cabo** algo. loc. Hacerlo. ‖ **FAM.** cabotaje.

cabotaje m. Navegación o tráfico que hacen los buques entre los puertos de su nación sin perder de vista la costa.

cabra f. Mamífero rumiante doméstico, con cuernos huecos y vueltos hacia atrás, un mechón de pelos largos colgante de la mandíbula inferior y cola muy corta. Es muy ágil, por lo que puede trepar por sitios muy abruptos. ‖ **estar como una cabra** loc. Loco, chiflado. ‖ **FAM.** cabrada, cabrerizo, cabrero, cabrío, cabrito, cabrón, cabruno, caprino.

cabracho m. Pez teleósteo de color naranja con la boca preminente y una aleta dorsal que recorre todo el cuerpo. Tiene una carne muy apreciada.

cabrales m. Queso de leche de vaca, oveja y cabra de sabor muy fuerte.

cabrear tr. Enfadar. Más c. prnl. ‖ **FAM.** cabreado, cabreo.

cabrero, ra m. y f. Pastor de cabras.

cabrestante m. Torno colocado verticalmente que se emplea para mover grandes pesos.

cabria f. Máquina provista de una polea suspendida de un trípode o de un brazo giratorio, que se utiliza para levantar grandes pesos.

cabrilla f. Pez marino teleósteo comestible, de unos 20 cm, que salta mucho en el agua. ‖ Trípode para sujetar maderos. ‖ pl. Manchas que se hacen en las piernas por permanecer mucho tiempo cerca del fuego. ‖ Pequeñas olas espumosas. ‖ **FAM.** cabrillear.

cabrio m. Madero colocado en la armadura de los tejados para apoyar la tablazón que sujeta las tejas.

cabrío, a adj. Relativo a las cabras: *macho cabrío*.

cabriola f. Brinco que dan los que danzan, cruzando varias veces los pies en el aire. ‖ Voltereta o salto en el aire.

cabriolé m. Carruaje ligero de cuatro ruedas y descubierto.

cabrito m. Cría de la cabra. ‖ vulg. Cabrón.

cabrón, na adj. Se dice de la persona de mala índole, que hace malas pasadas. También s. ‖ m. Macho de la cabra, con grandes cuernos y un gran mechón debajo de la mandíbula inferior. ‖ vulg. Marido de mujer adúltera. ‖ **FAM.** cabronada.

caca f. Excremento humano. ‖ Cosa mal hecha: *este artículo es una caca*. ‖ Palabra que se les dice a los niños para designar cualquier cosa sucia.

cacahual m. Terreno poblado de cacaos.

cacahuete m. Planta procedente de América, con fruto en legumbre que penetra en el suelo para madurar. | Fruto de esta planta con una cáscara dura dentro de la cual hay varias semillas comestibles, de las que se extrae un tipo de aceite.

cacao m. Árbol de América cuyo fruto se emplea como principal ingrediente del chocolate. | Semilla de este árbol. | Polvo obtenido moliendo esta semilla, que se consume solo o disuelto en leche. | Jaleo, follón, escándalo: *¡qué cacao había en la sala!* | FAM. cacahual, cacaotal.

cacarear intr. Cantar el gallo o la gallina. | tr. Contar algo a mucha gente: *no se lo cuentes porque todo lo cacarea.* | Exagerar, vanagloriarse: *estuvo toda la tarde cacareando que ganaría.* | FAM. cacareo.

cacastle m. *amer.* Armazón de madera para llevar algo a cuestas. | *amer.* Especie de banasta para transportar frutos, hortalizas, etc. | *amer.* Esqueleto de los vertebrados, especialmente del hombre.

cacatúa f. Ave prensora de Oceanía con un moño de grandes plumas. Domesticada, aprende a imitar la palabra humana. | Persona fea y rara, sobre todo si es mujer.

cacera f. Canal para regar.

cacería f. Partida de caza. | Conjunto de animales muertos en la caza.

cacerola f. Recipiente metálico con asas o mango para guisar.

cacha f. Cada una de las dos piezas que forman el mango de las navajas y de algunos cuchillos. Más en pl. | Nalga. Más en pl. | adj. y com. fig. Se dice de la persona fuerte y musculosa: *estás cachas.*

cachaco, ca adj. *amer.* Se dice del joven, elegante, servicial y caballeroso. | *amer.* Gomoso, lechuguino, petimetre.

cachada f. *amer.* Cornada de un animal. | Hacer objeto de una broma a una persona.

cachalote m. Mamífero cetáceo de los mares templados y tropicales, de enorme cabeza. Se aprovecha especialmente su grasa.

cachar tr. Hacer cachos o pedazos una cosa. | *amer.* Burlarse de una persona, hacerla objeto de una broma. | *amer.* Agarrar, asir, coger. | FAM. cachada, cachador.

cacharpas (voz quechua) f. pl. *amer.* Trastos de poco valor.

cacharpaya f. *amer.* Fiesta con que se despide al carnaval y, en ocasiones, al viajero.

cacharrazo m. Golpe, porrazo.

cacharro m. Vasija tosca. | Pedazo de ella. | Aparato viejo, deteriorado o que funciona mal: *esta batidora es un cacharro.* | Vasija o recipiente para usos culinarios. | FAM. cacharrería.

cachava f. Bastón con la parte superior curvada.

cachaza f. Lentitud y sosiego en el modo de hablar o de obrar. | Aguardiente de melaza de caña. | FAM. cachazudo.

cachear tr. Registrar a alguien, por si lleva algo oculto, como droga o armas. | FAM. cacheo.

cachelos m. pl. Trozos de patata cocida, arrancados, no cortados, que se sirven como guarnición o en guisos.

cachemir f. Tela fabricada con el pelo de una cabra de Cachemira. | Tela muy fina de lana. | Cualquier tejido con dibujo de turquesas: *me he hecho una blusa de cachemir.*

cachete m. Golpe que se da con la mano abierta en la cabeza o en la cara. | Carrillo de la cara, especialmente el abultado. | FAM. cachetear, cachetón, cachetudo.

cachetón, na adj. *amer.* Cachetudo. | *amer.* Vanidoso.

cachetudo, da adj. De carrillos abultados.

cachetero m. Especie de puñal corto y agudo. | Puñal de forma semejante con que se remata a las reses. | El que apuntilla al toro.

cachimba f. Pipa para fumar.

cachimbo m. *amer.* Cachimba.

cachiporra f. Palo que termina en una bola. | *amer.* Farsante, vanidoso. | FAM. cachiporrazo.

cachiporrearse prnl. *amer.* Jactarse, alabarse de alguna cosa.

cachirulo m. Pañuelo anudado a la cabeza que forma parte del traje típico masculino de Aragón. | Vasija para licor.

cachivache m. desp. Vasija, utensilio u objeto arrinconado por inútil. Más en pl.: *este cuartito está lleno de cachivaches.*

cacho m. Pedazo pequeño de alguna cosa. | *amer.* Racimo de bananas. | *amer.* Cuerno de animal. | *amer.* Cubilete de dados.

cachondearse prnl. vulg. Burlarse, guasearse: *¿te estás cachondeando de mí?*

cachondeo m. vulg. Acción y efecto de cachondearse. | Situación poco seria, confusa: *esta oficina es un cachondeo.*

cachondo, da adj. vulg. Excitado sexualmente. | Burlón, divertido. También s. | FAM. cachondearse, cachondeo.

cachorro, rra m. y f. Perro de poco tiempo. | Cría de otros mamíferos.

cachudo, da adj. *amer.* Se dice del animal que tiene los cuernos grandes. | Se dice de la persona de gesto adusto o mala cara.

cachupín, na m. y f. Gachupín.

cacique m. Jefe de una tribu de indios. | Persona que en un pueblo o comarca ejerce excesiva influencia. ‖ Déspota. ‖ **FAM.** caciquear, caciquil, caciquismo.

caciquismo m. Dominación o influencia de los caciques en un pueblo o comarca. ‖ Por ext., intromisión abusiva de una persona o una autoridad en determinados asuntos.

caco m. Ladrón.

cacofonía f. Efecto desagradable producido por una combinación inarmónica de sonidos.

cactáceo, a adj. Se dice de las plantas tropicales, como la chumbera y el cacto, de tallo carnoso, que tienen espinas en lugar de hojas.

cacto o **cactus** m. Cualquier planta cactácea. ♦ La forma *cactus* no varía en pl.

cacumen m. Agudeza, perspicacia.

cada adj. distrib. Designa individualmente los elementos de una serie: *cada libro va con su cubierta.* ‖ Designa los elementos de la serie considerados por grupos: *cada tres libros hay que poner un separador.* ‖ Se usa con valor ponderativo en frases elípticas: *tiene cada salida...*

cadalso m. Tablado que se levanta para un acto solemne, y en especial el que se utilizaba para ajusticiar a los condenados a muerte.

cadáver m. Cuerpo muerto. ‖ **FAM.** cadavérico.

cadavérico, ca adj. Perteneciente o relativo al cadáver. ‖ Pálido y desfigurado: *tiene un aspecto cadavérico.*

caddie (voz i.) m. El que lleva los palos y pelotas del jugador de golf.

cadena f. Serie de eslabones enlazados entre sí: *me ha regalado una cadena preciosa.* ‖ Sucesión de cosas, acontecimientos, etc.: *este accidente se suma a la cadena de tragedias...* ‖ Serie de montañas: *cadena pirenaica.* ‖ Conjunto de establecimientos pertenecientes a una sola empresa o sometidos a una sola dirección: *cadena hotelera.* ‖ Conjunto de instalaciones destinadas a la fabricación sucesiva de las distintas fases de un proceso industrial: *cadena de montaje.* ‖ Sistema de reproducción del sonido, que consta básicamente de tocadiscos, magnetófono, radiorreceptor, amplificador y altavoces. ‖ Conjunto de centros emisores que emiten simultáneamente el mismo programa de radio o televisión. ‖ Cualquier atadura que quita libertad. ‖ En quím., serie de átomos unidos linealmente.

cadencia f. Serie de sonidos, movimientos o acciones que se suceden de un modo regular. ‖ Distribución armónica de los acentos y las pausas en un texto. ‖ Ritmo, compás. ‖ **FAM.** cadenciosamente, cadencioso.

cadeneta f. Labor en figura de cadena. ‖ Labor de tiras de papel que se usa en las fiestas.

cadera f. Cada una de las dos partes salientes formadas por los huesos superiores de la pelvis.

cadete m. Alumno de una academia militar. ‖ *amer.* Aprendiz o recadero de un establecimiento comercial.

cadí m. Entre musulmanes, juez civil. ♦ pl. *cadíes.*

cadmio m. Metal de color blanco algo azulado, brillante y muy parecido al estaño.

caducar intr. Desgastarse o estropearse algo por viejo o por mucho uso: *esta mantequilla ha caducado.* ‖ Prescribir, perder su validez una ley, testamento, contrato, etc. ‖ Extinguirse un derecho, una facultad, una instancia o recurso.

caduceo m. Vara delgada, lisa y cilíndrica, rodeada de dos culebras, atributo de Mercurio. Hoy suele emplearse como símbolo del comercio y de la medicina.

caducidad f. Acción y efecto de caducar. ‖ Calidad de caduco.

caducifolio, lia adj. De hoja caduca.

caduco, ca adj. Decrépito, muy anciano: *tu abuelo está ya un poco caduco.* ‖ Perecedero, poco durable: *alimentos caducos.* ‖ Gastado, obsoleto: *ideas caducas.* ‖ Se dice de las hojas que se caen todos los años. ‖ **FAM.** caducar, caducidad.

caer intr. Venir un cuerpo de arriba abajo por la acción de su propio peso. También prnl. ‖ Perder un cuerpo el equilibrio. También prnl. ‖ Desprenderse una cosa del lugar u objeto a que estaba adherida. También prnl.: *se me está cayendo el pelo.* ‖ Sentar bien o mal: *el café me ha caído fatal.* ‖ Perder la prosperidad, fortuna, empleo o validimiento. ‖ Llegar a comprender algo: *ahora caigo en lo que me decía.* ‖ Tocar o corresponder a alguno una alhaja, empleo, carga o suerte. ‖ Estar situado en alguna parte o cerca de ella: *la puerta cae a la derecha.* ‖ Dejar de ser, desaparecer: *al final cualquier imperio acaba cayendo.* ‖ **FAM.** caído. ♦ **Irreg.** Conjugación modelo:

Indicativo
Pres.: *caigo, caes, cae,* etc.
Imperf.: *caía, caías, caía,* etc.
Pret. indef.: *caí, caíste, cayó,* etc.
Fut. imperf.: *caeré, caerás, caerá,* etc.

Potencial: *caería, caerías, caería,* etc.

Subjuntivo
Pres.: *caiga, caigas, caiga,* etc.
Imperf.: *cayera* o *cayese, cayeras* o *cayeses,* etc.
Fut. imperf.: *cayere, cayeres,* etc.

café

Imperativo: *cae, caed.*

Participio: *caído.*

Gerundio: *cayendo.*

café m. Cafeto: *le compró toda la plantación de café.* ∥ Semilla del cafeto. ∥ Bebida que se hace por infusión con esta semilla tostada y molida: *invítame a un café.* ∥ Casa o sitio público donde se vende y toma esta bebida: *quedamos en el café de la esquina.* ∥ **FAM.** cafeína, cafetal, cafetería, cafetero, cafetín, cafeto.

cafeína f. Alcaloide blanco, estimulante del sistema nervioso. Se encuentra en el café, el té, la cola, el mate, el cacao, y otros vegetales. Se llama también *teína.*

cafetería f. Establecimiento donde se sirve café y otras bebidas, así como alimentos fríos o que requieran poca preparación, como sandwiches o platos combinados.

cafetero, ra adj. Perteneciente o relativo al café. ∥ Se dice de la persona muy aficionada a tomar café. También s. ∥ m. y f. Persona que recoge la cosecha del café o que lo vende en sitio público. ∥ f. Recipiente donde se hace o se sirve café. ∥ Vehículo viejo que no funciona bien: *tu coche es una cafetera.*

cafeto m. Árbol tropical, de hojas persistentes muy verdes y flores blancas, cuyo fruto en baya roja con dos semillas es el café.

cafre adj. y com. Habitante de la parte oriental de África del Sur. ∥ Bárbaro, cruel. También com.

caftán m. Especie de túnica sin cuello, abierta por delante, con mangas cortas, que cubre el cuerpo hasta la mitad de la pierna y es usada por turcos y moros.

cagado, da adj. Cobarde, sin espíritu. También s.: *eres un cagado.* ∥ f. Excremento. ∥ Equivocación, error, fracaso: *tu salida fue una cagada.*

cagalera f. Diarrea.

cagar intr., tr. y prnl. Evacuar el vientre. ∥ tr. Manchar, deslucir, echar a perder alguna cosa: *ya la has cagado.* ∥ prnl. Morirse de miedo. ∥ **FAM.** cagado, cagalera, cagarruta, cagón, cagueta.

cagarruta f. Cada una de las porciones del excremento del ganado menor y de ciervos, gamos, corzos, conejos y liebres.

cagón, na adj. y s. Se dice de la persona muy medrosa y cobarde.

caguama f. Tortuga marina, algo mayor que el carey.

cagueta adj. y com. Cagón.

caíd m. Especie de juez o gobernador en algunos países musulmanes.

caído, da adj. Desfallecido, amilanado. ∥ Muerto en una guerra. También m. pl.: *monumento a los caídos.* ∥ f. Acción y efecto de caer: *la caída del caballo.* ∥ Bajada o declive. ∥ Manera de plegarse o de caer los paños y ropajes: *esta falda tiene muy buena caída.* ∥ pl. Dichos oportunos: *¡qué caídas tiene!*

caimán m. Reptil muy parecido al cocodrilo, pero algo más pequeño, con el hocico chato y las membranas de los pies muy poco extensas. ∥ Persona muy astuta.

cairel m. Adorno con flecos que cuelga en los extremos de algunas ropas. ∥ Cerco de cabellera postiza. ∥ Trozo de cristal de distintas formas, que adorna candelabros, arañas, etc.

caja f. Pieza hueca de varias formas y tamaños que sirve para meter o guardar alguna cosa. ∥ Mueble para guardar con seguridad dinero y objetos de valor. ∥ Ataúd. ∥ Parte exterior de madera que cubre y resguarda algunos instrumentos, como el órgano, el piano, etc., o que forma parte principal del instrumento, como en el violín, la guitarra, etc. ∥ Ventanilla o dependencia destinada en los bancos y comercios para recibir o guardar dinero y para hacer pagos: *la caja abre a las diez.* ∥ En impr., cajón con varias separaciones o cajetines, en cada una de los cuales se ponen los caracteres que representan una misma letra o signo tipográfico. ∥ En impr., espacio de la página lleno por la composición impresa. ∥ **FAM.** cajero, cajetilla, cajetín, cajón, cajuela.

cajero, ra m. y f. Persona que en los bancos, comercios, etc., está encargada de la caja. ∥ **cajero automático** Máquina que, accionada por el cliente mediante una clave, permite realizar algunas operaciones bancarias.

cajetilla f. Paquete de tabaco picado o de cigarrillos.

cajetín Listón de madera con dos ranuras en las que se alojan por separado los conductores eléctricos. ∥ En impr., cada uno de los compartimientos de la caja. ∥ Caja metálica que usan los cobradores del transporte público para llevar los tacos de los billetes. ∥ Caja donde se recogen las monedas en los teléfonos públicos y otras máquinas. ∥ Sello de mano con que en determinados documentos, se estampan diversas anotaciones. ∥ Cada una de estas anotaciones.

cajista com. Oficial de imprenta que compone y ajusta lo que se ha de imprimir.

cajón m. Caja grande: *compró un cajón de fruta.* ∥ Cualquiera de los compartimentos de algunos muebles que se pueden sacar y meter en ciertos huecos donde se ajustan: *los cajones del armario.* ∥ *amer.* Cañada larga por donde fluye algún río o arroyo. ∥ *amer.* Ataúd. ∥ **FAM.** cajonera.

cajonera f. Cajón situado debajo de los pupitres de los niños para guardar el material escolar. ‖ Mueble formado por cajones.

cal f. Óxido de calcio, sustancia blanca que al contacto del agua se hidrata o apaga hinchándose con desprendimiento de calor. Se usa parar fabricar cemento, mortero o argamasa y para neutralizar suelos ácidos. ‖ FAM. calar, calcáreo, calcio, calizo.

cala f. Acción y efecto de calar un melón u otras frutas semejantes. ‖ Pedazo cortado de una fruta para probarla. ‖ Ensenada pequeña: *hemos recorrido todas las calas de la costa*. ‖ Planta acuática de flores blancas en forma de cucurucho en cuyo interior se aloja un vástago amarillo. Se cultiva para ornamento por su belleza y buen olor. ‖ Peseta: *me debes tres calas*.

calabacera f. Planta anual, de tallos rastreros y flores amarillas, cuyo fruto es la calabaza.

calabacín m. Calabacita cilíndrica de corteza verde y carne blanca. ‖ Persona inepta.

calabaza f. Fruto de la calabacera, de gran tamaño y formas variadas, las más comunes son de color amarillo o anaranjado. Tienen multitud de semillas. Algunas, una vez vacías se utilizan como recipiente o como flotador. ‖ Calabacera. ‖ Persona torpe. ‖ Suspenso en un examen. ‖ FAM. calabacera, calabacín, calabazate, calabazada.

calabazate m. Dulce de calabaza.

calabobos m. Lluvia menuda y continua. ♦ No varía en pl.

calabozo m. Lugar subterráneo y lóbrego donde se encierra a determinados presos. ‖ Celda de una cárcel. ‖ Celda para presos incomunicados.

calada f. Acción y efecto de calar, penetrar un líquido. ‖ Acción de aspirar el humo del cigarro.

caladero m. Sitio para calar las redes de pesca.

calado, da adj. Muy mojado, empapado: *tengo los zapatos calados*. ‖ Con muchos agujeros: *blusa calada*. ‖ m. Labor a modo de encaje que se hace en una tela. ‖ Labor que consiste en taladrar el papel, tela, etc., formando dibujo. ‖ Parte sumergida de un buque. ‖ Profundidad que alcanza en el agua la parte sumergida de un barco. ‖ Altura que alcanza la superficie del agua sobre el fondo. ‖ f. Chupada que se da a un cigarro.

calador m. *amer.* Barrena acanalada para sacar muestras de los granos sin abrir los bultos que las contienen, a fin de conocer su clase o calidad.

calafate m. El que calafatea las embarcaciones.

calafatear tr. Cerrar las junturas de las maderas de las naves con estopa y brea para que no entre agua. ‖ FAM. calafate, calafateado, calafateador.

calagurritano, na adj. y s. Natural de la antigua Calagurris o de la moderna Calahorra, ciudad de La Rioja.

calamar m. Molusco cefalópodo marino comestible, de cuerpo oval, con diez tentáculos y dos láminas laterales a modo de aletas. Posee una bolsa de tinta que, cuando le persiguen, suelta para enturbiar el agua. Es muy apreciado como alimento.

calambre m. Contracción espasmódica, involuntaria y dolorosa de ciertos músculos. ‖ Sensación de temblor que experimenta el cuerpo humano al recibir una pequeña descarga eléctrica.

calambur m. Juego de palabras que consiste en variar el significado de una palabra o frase agrupando de modo diferente sus sílabas: *alas claras/a las claras*.

calamidad f. Desgracia o infortunio que alcanza a muchas personas. ‖ Persona incapaz, inútil o molesta: *eres una verdadera calamidad en la cocina*. ‖ FAM. calamitoso.

calamina f. Silicato de cinc. ‖ Cinc fundido.

calamita f. Imán, mineral. ‖ Brújula.

cálamo m. Cañón de la pluma de un ave. ‖ *poét.* Pluma para escribir.

calandria f. Pájaro perteneciente a la misma familia que la alondra, dorso pardo y vientre blanquecino. Anida en el suelo y es de canto fuerte y melodioso. ‖ Máquina que sirve para prensar y satinar ciertas telas o el papel. ‖ Cilindro hueco de madera, que funciona como un torno accionado por el peso de los hombres que se introducen en él.

calaña f. Índole, naturaleza de una persona o cosa: *es de buena calaña*.

calar tr. Penetrar un líquido en un cuerpo permeable. También intr.: *el agua ha calado hasta mi piso*. ‖ Atravesar un cuerpo con una espada, barrena, etc. ‖ Cortar de un melón o de otras frutas un pedazo para probarlas. ‖ Ponerse un sombrero o gorro metiéndolos bien en la cabeza. También prnl. ‖ Colocar la bayoneta en el fusil. ‖ Bordar una tela con calados. ‖ Agujerear tela, papel, etc. ‖ Penetrar, comprender el motivo, razón o secreto de algo o alguien: *ya te he calado*. ‖ *amer.* Apabullar, confundir. ‖ *amer.* Sacar con la sonda una muestra de un fardo. ‖ prnl. Mojarse una persona. ‖ Pararse bruscamente un motor: *si se te cala el coche, te suspenden*. ‖ FAM. cala, caladero, calado, calador, caladura.

calasancio, cia adj. Escolapio.

calato, ta adj. *amer.* Desnudo, en cueros.

calavera f. Conjunto de los huesos de la cabeza mientras permanecen unidos. ‖ Mariposa que tiene en las alas unas manchas en forma de calavera. ‖ m. Hombre juerguista, de poco juicio, bribón. ‖ **FAM.** calaverada.

calcáneo m. Uno de los huesos del tarso que, en el hombre, está situado en el talón. ‖ **FAM.** calcañar.

calcañar, calcañal o **calcaño** m. Parte posterior de la planta del pie.

calcar tr. Sacar copia de un dibujo, inscripción o relieve por medio de un papel transparente, o de calco, o a través de un aparato mecánico. ‖ Imitar o reproducir con exactitud: *ha calcado la melodía.* ‖ **FAM.** calcado, calcador, calco.

calcáreo, a adj. Que tiene cal.

calce m. Calza que se pone para suplir la falta de altura: *se puso un calce en el zapato.* ‖ Cuña para ensanchar un hueco: *pon un calce debajo del chasis para levantar el coche.* ‖ *amer.* Pie de un documento: *el presidente firmó al calce.*

calcedonia f. Ágata muy translúcida, de color azulado o lechoso.

calceta f. Media o tejido de punto: *se pasa el día haciendo calceta.*

calcetín m. Calceta o media que cubre el tobillo y parte de la pierna. ‖ **FAM.** calceta.

calcificar tr. Producir por medios artificiales carbonato de cal. ‖ prnl. Modificarse o degenerarse los tejidos orgánicos por depositarse en ellos sales de calcio. ‖ **FAM.** calcificación.

calcinar tr. Quemar. También prnl.: *el bosque se ha calcinado.* ‖ Reducir a cal viva los minerales calcáreos. ‖ Someter al calor los minerales de cualquier clase para eliminar de ellos las sustancias volátiles. ‖ **FAM.** calcinación.

calcio m. Elemento químico metálico blanco, que, combinado con el oxigeno, forma la cal. Entra en la formación de huesos, conchas y espinas y se encuentra en la leche y las verduras. ‖ **FAM.** cálcico, calcificar, calcita.

calcita f. Mineral constituido por carbonato cálcico cristalizado, principal componente de la roca caliza. Se usa como fertilizante y en metalurgia.

calco m. Acción y efecto de calcar, copiar o imitar. ‖ Copia que se obtiene calcando. ‖ Plagio, imitación servil. ‖ Papel carbón para calcar. ‖ **FAM.** calcografía, calcomanía.

calcografía f. Arte de estampar con láminas metálicas grabadas. ‖ **FAM.** calcografiar.

calcomanía f. Papel o cartulina con una imagen preparada con trementina que puede estamparse en cualquier objeto pegándola y levantando el papel cuidadosamente. ‖ Imagen obtenida por este medio. ‖ La técnica misma de estampación.

calcopirita f. Sulfuro natural de cobre y hierro, de color amarillo claro y brillante y no muy duro.

calculador, ra adj. y s. Que calcula. ‖ Interesado, previsor: *tiene una mente muy calculadora.* ‖ m. y f. Aparato o máquina que obtiene el resultado de cálculos matemáticos relativamente sencillos.

calcular tr. Hacer operaciones matemáticas. ‖ Resolver las operaciones necesarias para un proyecto de arquitectura o ingeniería: *tiene que calcular las estructuras del edificio.* ‖ Evaluar, considerar: *calcula y mira a ver si te compensa.* ‖ Suponer: *calculo que el trabajo estará terminado en una semana.* ‖ **FAM.** calculable, calculador, calculista, cálculo.

cálculo m. Acción y efecto de calcular. Con los adjetivos correspondientes designa las diferentes ramas de la matemática: *cálculo integral.* ‖ Concreción anormal que se forma en el interior de algún tejido o conducto: *tengo cálculos en el riñón.*

caldas f. pl. Baños de aguas minerales calientes.

caldear tr. y prnl. Hacer que algo que antes estaba frío, aumente perceptiblemente de temperatura. ‖ Excitar, acalorar el ánimo de quien estaba tranquilo e indiferente. ‖ Animar, estimular el ánimo de un auditorio, de un ambiente, etc.

caldeo, a adj. De la antigua Caldea. También s. ‖ m. Lengua hablada por los caldeos.

caldera f. Recipiente de metal, grande y redondo, que sirve para calentar o cocer alguna cosa. ‖ Recipiente metálico donde se hace hervir el agua para algún servicio. ‖ **FAM.** calderada, caldería, calderero, caldereta, caldero.

caldería f. Tienda donde se hacen o venden calderas. ‖ Parte o sección de los talleres de metalurgia donde se trabajan las barras y planchas de hierro o acero. ‖ Oficio del que se dedica a estas tareas.

caldereta f. Guisado de pescado. ‖ Guiso típico de pastores con carne de cabrito o cordero.

calderilla f. Monedas de metal de poco valor.

caldero m. Caldera pequeña, con una sola asa. ‖ Lo que cabe en él.

calderón m. En mús., signo (∩) que representa la suspensión del movimiento del compás. ‖ Esta suspensión. ‖ Signo ortográfico (¶) que se emplea en impr. para marcar una parte no principal del texto. | Delfín de gran tamaño de cabeza voluminosa y de aletas pectorales estrechas y largas; es de color blanquecino por debajo y negro por encima. Suele ir en bandadas y se alimenta principalmente de calamares.

caldillo m. Salsa de algunos guisados. | *amer.* Picadillo de carne con caldo, sazonado con orégano y otras especias.

caldo m. Líquido que resulta de cocer en agua carne, pescado, legumbres, etc. | Cualquiera de los jugos vegetales destinados a la alimentación, como el vino, aceite, sidra, etc. Más en pl. | **FAM.** caldillo, caldoso.

calé adj. y com. Gitano.

calefacción f. Sistema de producir calor. | Conjunto de aparatos destinados a calentar un edificio. | **calefacción central** La que con una sola caldera calienta todo un edificio.

calefactor, ra m. y f. Persona que construye, instala o repara aparatos de calefacción.

calefón m. *amer.* Calentador de agua para uso generalmente doméstico.

calendario m. Sistema de división del tiempo: *calendario solar.* | Almanaque, cuadro de los días, semanas, meses, fiestas, etc., del año. | Previsión y distribución de un trabajo o actividad: *calendario laboral, escolar.* | **FAM.** calendarista.

calendas f. pl. En el antiguo cómputo romano y en el eclesiástico, el primer día de cada mes. | Época o tiempo pasado.

calentador, ra adj. Que calienta. | m. Recipiente o aparato que sirve para calentar. Generalmente se aplica al que calienta el agua de una vivienda. | Calcetín sin pie para calentar los tobillos, usado principalmente en gimnasia.

calentar tr. y prnl. Dar calor. También intr.: *ahora empiezan a calentar los radiadores.* | Avivar, animar: *ya se está calentando la tertulia.* | Golpear, pegar: *te van a calentar tus padres.* | Ejercitar suavemente los músculos antes de hacer deporte. | Excitar sexualmente. | prnl. Enfervorizarse en la disputa. ◆ **Irreg.** Se conj. como *acertar.* | **FAM.** calentador, calentamiento, calentón, calentura.

calentura f. Fiebre. | *amer.* Descomposición por fermentación lenta que sufre el tabaco apilado. | **FAM.** calenturiento.

calenturiento, ta adj. y s. Que tiene indicios de calentura. | Se dice del pensamiento exaltado o retorcido: *mente calenturienta.*

calera f. Cantera de la piedra para hacer cal. | Horno donde se calcina la piedra caliza.

calesa f. Carruaje abierto con capota, de dos o cuatro ruedas. | **FAM.** calesero, calesera.

calesera f. Chaqueta con adornos que usan

los caleseros andaluces. | Seguidilla sin estribillo que cantan los caleseros.

calesita f. *amer.* Tiovivo.

caleta f. Cala, ensenada pequeña. | *amer.* Barco que va tocando, en las calas, fuera de los puertos mayores. | *amer.* Gremio de porteadores de mercancías, especialmente en los puertos de mar.

caletre m. Tino, capacidad, talento.

calibrar tr. Medir el calibre de las armas de fuego o el de otros tubos, proyectiles, alambres, chapas, etc. | Dar el calibre que se desea. | Apreciar, juzgar o valorar algo: *hay que calibrar los riesgos de la empresa.* | **FAM.** calibración, calibrado.

calibre m. Diámetro interior o exterior de los cuerpos cilíndricos. | Instrumento que sirve para comprobar las medidas de las piezas. | Tamaño, importancia, clase. | **FAM.** calibrar.

calicanto m. Obra de mampostería.

calicata f. Exploración que se hace en un terreno para determinar la existencia de minerales o la naturaleza del subsuelo.

caliche m. Piedrecilla que, introducida por descuido en el barro, se calcina al cocerlo. | Costrilla de cal que suele desprenderse del enlucido de las paredes. | *amer.* Sustancia arenosa que aflora en abundancia, y que contiene nitrato de sodio. Constituye la materia prima para la obtención del nitrato de Chile.

caliciforme adj. Que tiene forma de cáliz.

calidad f. Propiedad o conjunto de propiedades inherentes a una persona o cosa. | Superioridad o excelencia: *la calidad de la tela salta a la vista.* | Clase, condición: *nos atendió en calidad de abogado de la familia.* | Nobleza del linaje. | Importancia: *es una obra de calidad.*

cálido, da adj. Que da calor. | Afectuoso, caluroso: *recibimos una cálida acogida.* | Se dice de la pintura en la que predominan los tonos dorados o rojizos.

calidoscopio o **caleidoscopio** m. Tubo que contiene varios espejos y objetos de figura irregular; al moverlo y mirar por uno de sus extremos se ven infinitas combinaciones simétricas.

caliente adj. Que tiene o produce calor. | Acalorado: *tuvieron una conversación muy caliente.* | Excitado sexualmente. | Se dice de los colores dorados o rojizos.

califa m. Título de los príncipes sarracenos que, como sucesores de Mahoma, ejercieron la suprema potestad religiosa y civil en Asia, África y España. | **FAM.** califal, califato.

califato m. Dignidad de califa. | Tiempo que duraba su gobierno. | Territorio gobernado por el califa.

calificación f. Acción y efecto de calificar. ‖ Nota de un examen, concurso, etc.: *ha obtenido unas excelentes calificaciones.*

calificar tr. Apreciar, expresar o determinar las cualidades o circunstancias de una persona o cosa. ‖ Juzgar el grado de suficiencia de un alumno u opositor en un examen o ejercicio. ‖ Manifestar, ilustrar, acreditar: *su actuación le calificó de cobarde.* ‖ En gram., denotar un adjetivo la cualidad de un sustantivo. ‖ FAM. calificación, calificado, calificativo.

californio m. Elemento químico radiactivo artificial, que se usa principalmente como generador de neutrones en las reacciones nucleares.

calígine f. Niebla, oscuridad. ‖ FAM. caliginoso.

caligrafía f. Conjunto de rasgos que caracterizan la escritura de una persona, escrito, etc. ‖ Arte de escribir con letra clara y bien formada. ‖ FAM. caligráfico, calígrafo.

calima o **calina** f. Bruma, neblina por evaporación de agua que se produce en verano.

cáliz m. Vaso sagrado donde se consagra el vino en la misa. ‖ poét. Copa o vaso. ‖ Cubierta externa de las flores completas, formada por hojas verdes o sépalos. ‖ FAM. caliciforme.

calizo, za adj. Que tiene cal. ‖ f. Roca compuesta sobre todo de calcita, muy abundante en la naturaleza y utilizada en la construcción.

callado, da adj. Silencioso, reservado: *es un chico muy callado.* ‖ Se dice de lo hecho con silencio o reserva: *hizo una callada labor de ayuda.*

callampa f. *amer.* Seta. ‖ *amer.* Sombrero de fieltro.

callar intr. y prnl. No hablar, guardar silencio. ‖ Cesar de hablar, de gritar, de cantar, de hacer ruido, etc. ‖ Abstenerse de manifestar lo que se siente o se sabe. También tr.: *no calles nada.*

calle f. Vía pública en una población. ‖ Todo lo que en una población está fuera de las viviendas: *todavía no puedes salir a la calle.* ‖ La gente, el público en general: *no quiero que me oiga toda la calle.* ‖ Libertad, por contraste con cárcel, detención, etc.: *estar en la calle* ‖ En dep., franja por la que ha de desplazarse cada deportista: *está nadando por la calle central.* ‖ FAM. calleja, callejear, callejeo, callejero, callejón, calleju ela.

callejear intr. Andar ocioso de calle en calle.

callejero, ra adj. Relativo a la calle. ‖ Que gusta de callejear. ‖ m. Lista de las calles de una ciudad.

callejón m. Paso estrecho y largo entre paredes, casas o elevaciones del terreno. ‖ Espacio que hay entre las localidades y la barrera de las plazas de toros.

callicida amb. Sustancia preparada para extirpar los callos. Más c. m.

callista com. Persona que se dedica a extirpar o curar callos y otras dolencias de los pies.

callo m. Dureza que por roce o presión se forma en los pies, manos, rodillas, etc. ‖ Persona muy fea: *esta mujer es un callo.* ‖ pl. Pedazos de estómago de la vaca, ternera o carnero, que se comen guisados. ‖ FAM. callicida, callista, callosidad, calloso.

callosidad f. Endurecimiento de la piel, menos profunda que el callo.

calma f. Estado de la atmósfera cuando no hay viento. ‖ Cesación, interrupción: *estamos en un periodo de calma.* ‖ Paz, tranquilidad: *lo más importante es no perder la calma.* ‖ Cachaza, pachorra: *habla con una calma...* ‖ FAM. calmado, calmante, calmar, calmoso.

calmante adj. y m. Se dice de los medicamentos que disminuyen o hacen desaparecer un dolor o una molestia.

calmar tr. Sosegar, adormecer, aliviar, templar. También prnl.: *le dimos una tila y se calmó.* ‖ intr. Estar en calma o tender a ella: *ha calmado el viento.*

calmoso, sa adj. Se apl. a la persona cachazuda y perezosa. ‖ Que está en calma.

caló m. Lenguaje o dialecto de los gitanos.

calor m., a veces f. Energía producida por la vibración acelerada de las moléculas, que se manifiesta elevando la temperatura y dilatando los cuerpos y llega a fundir los sólidos y a evaporar los líquidos. ‖ Sensación que experimenta un cuerpo ante otro de temperatura más elevada. ‖ Aumento de la temperatura del cuerpo: *tengo calor.* ‖ Ardor, actividad, entusiasmo: *defendió sus ideas con calor.* ‖ Afecto, buena acogida: *en su familia no encuentra el calor necesario para sentirse seguro.* ‖ FAM. caliente, caloría, calorífero, calórico, calorífico, caluroso.

caloría f. Unidad de energía térmica equivalente a la cantidad de calor necesaria para elevar la temperatura de un gramo de agua en un grado centígrado de 14,5 a 15,5 C a la presión normal. Su símbolo es *cal*, también se utiliza como medida del contenido energético de los alimentos. ‖ FAM. kilocaloría.

calorífero, ra adj. Que conduce o propaga el calor. ‖ m. Aparato que sirve para calentar las habitaciones.

calorífico, ca adj. Que produce o distribuye calor. ‖ Relativo al calor.

calorimetría f. Medición del calor que se desprende o absorbe en los procesos biológicos, físicos o químicos. ‖ FAM. calorímetro.

calostro m. Primera leche que da la hembra después de parir.

calumnia f. Acusación falsa, hecha maliciosamente para causar daño: *esta revista sólo publica calumnias.* ‖ FAM. calumniar, calumnioso.

caluroso, sa adj. Que siente o causa calor: *chaqueta calurosa.* También s. ‖ Afectuoso, ardiente: *un caluroso apretón de manos.* ‖ FAM. calurosamente.

calvario m. Vía crucis. ‖ Serie o sucesión de adversidades y padecimientos: *está viviendo un verdadero calvario.*

calvero m. Paraje desprovisto de vegetación en un bosque.

calvicie o **calvez** f. Pérdida o falta de pelo en la cabeza.

calvinismo m. Doctrina protestante de Calvino, que defiende la predestinación y reconoce como únicos sacramentos el bautismo y la eucaristía. ‖ FAM. calvinista.

calvo, va adj. Que ha perdido el cabello. También s. ‖ Pelado, sin vegetación. ‖ f. Parte de la cabeza de la que se ha caído el pelo. ‖ Parte de una piel, felpa u otro tejido semejante que ha perdido el pelo por el uso: *esta alfombra tiene ya muchas calvas.* ‖ P. ext., calvero. ‖ FAM. calvero, calvicie, calvez.

calza f. Cuña con que se calza. ‖ Media. ‖ pl. Prenda de vestir que antiguamente cubría el muslo y la pierna, o solo el muslo total o parcialmente.

calzada f. Camino empedrado y ancho. Se usa para denominar sobre todo las grandes vías construidas por los romanos de las que aún quedan muchos restos en España. ‖ Parte de la calle comprendida entre dos aceras, por donde circula el tráfico rodado: *prohibido estacionar en la calzada.*

calzado, da m. Cualquier prenda que sirve para cubrir y resguardar el pie o la pierna. ‖ adj. Se dice de algunos religiosos porque usan zapatos, en contraposición a los descalzos: *religiosas trinitarias calzadas.* ‖ Se dice del animal cuyas extremidades tienen, en su parte inferior, color distinto del resto.

calzador m. Utensilio de forma acanalada, que sirve para ayudar a meter el pie en el zapato.

calzar tr. Cubrir el pie y algunas veces la pierna con el calzado. También prnl.: *calza el 36; siempre calza botas de montar.* ‖ Poner cuñas o calces: *hay que calzar la mesa.*

calzo m. Cuña que se introduce entre dos cuerpos. ‖ pl. Las extremidades de un caballo o yegua, sobre todo cuando son de un color distinto al del resto del cuerpo: *un caballo con calzos negros.*

calzón m. Especie de pantalón que cubre desde la cintura hasta las rodillas. ‖ FAM. calzonazos, calzoncillo.

calzonazos m. Hombre débil y condescendiente que se deja manejar fácilmente. ♦ No varía en pl.

calzoncillo m. Prenda interior masculina, cuyas perneras pueden ser de longitud variable. Más en pl.

cama f. Mueble para dormir o descansar, acondicionado con colchón, sábanas, mantas, almohada, etc., o el conjunto de todo ello: *tienes que hacer la cama.* ‖ Plaza para un enfermo en el hospital: *lleva un mes esperando una cama.* ‖ Sitio donde se echan los animales para su descanso. ‖ FAM. camastro, camero, camilla.

camada f. Conjunto de crías que paren de una vez las hembras de los animales: *camada de perros.* ‖ Banda de ladrones o conjunto de personas a los que se alude con deprecio.

camafeo m. Figura tallada en relieve en una piedra preciosa. ‖ La misma piedra labrada.

camaleón m. Reptil de unos 30 cm de longitud, cuya piel cambia de color para adaptarse al de los objetos que le rodean. ‖ Persona que cambia con facilidad de opinión o actitud. ‖ FAM. camaleónico.

cámara f. Máquina para hacer fotografías: *cámara fotográfica.* ‖ Aparato destinado a registrar imágenes animadas para el cine, la televisión o el video. ‖ Habitación o recinto refrigerado donde se guardan o conservan alimentos en los comercios, almacenes, etc. ‖ Anillo tubular de goma, que forma parte de de los neumáticos. ‖ Habitación de un rey o de un papa. ‖ En las armas de fuego, espacio que ocupa la carga. ‖ Junta, asociación: *cámara de comercio.* ‖ com. Persona que maneja una cámara de cine o televisión. ‖ **cámara alta** Senado. ‖ **cámara baja** Congreso de los Diputados. ‖ FAM. camarote, camarín, camerino.

camarada com. Compañero de estudios, de profesión, de ideología, etc. ‖ FAM. camaradería.

camaranchón m. desp. Desván de la casa, o lo más alto de ella, donde se suelen guardar trastos viejos.

camarero, ra m. y f. Persona que sirve a los clientes en bares, restaurantes, hoteles o establecimientos similares. ‖ Criada principal de una casa. ‖ Dama que servía a la reina.

camarilla f. Conjunto de personas que influyen en las decisiones de alguna autoridad superior o personaje importante: *la camarilla del presidente.* ‖ Grupo de personas que acaparan un asunto sin dejar participar a los demás interesados en él.

camarín m. Nicho que está detrás del altar y en el que se venera una imagen. ‖ Cuarto en el que se guardan las alhajas y vestidos de una imagen.

camarlengo m. Título del cardenal presidente de la Cámara Apostólica, que gobierna provisionalmente la Iglesia a la muerte del papa.

camarón m. Crustáceo decápodo marino, de tres a cuatro centímetros de largo, con el cuerpo estrecho y algo encorvado; caparazón terminado por un rostro largo y finamente dentado; antenas muy largas. Su carne es muy apreciada; se conoce también con los nombres de *quisquilla* y *esquila*.

camarote m. Habitación de un barco.

camastro m. desp. Cama pobre o incómoda.

cambalache m. Trueque de objetos de poco valor, a veces con intención de engañar. ‖ FAM. cambalachear, cambalachero.

cámbaro m. Denominación que en algunas zonas se da a una especie de crustáceos con grandes pinzas delanteras, muy apreciados como alimento, entre los que se encuentran la nécora, la centolla y el buey de mar.

cambiar tr. Dar o recibir una cosa por otra que la sustituya: *he cambiado la mesa por el sofá.* ‖ Convertir en otra cosa. También prnl.: *la risa se cambió en llanto.* ‖ Dar o tomar monedas o valores por sus equivalentes: *cambió los dólares en pesos.* ‖ Intercambiar: *cambiaron unas palabras de saludo.* ‖ Devolver algo que se ha comprado: *voy a cambiar este pantalón, porque me está pequeño.* ‖ intr. Mudar o alterar una persona o cosa su condición o apariencia física o moral: *ha cambiado mucho desde la separación.* También prnl. ♦ Se usa con la prep. *de: se cambió de casa, de jersey; cambió de idea.* ‖ En los vehículos de motor, pasar de una marcha o velocidad a otra. ‖ FAM. cambiable, cambiante, cambiazo, cambio, cambista.

cambiazo m. aum. de cambio. ‖ **dar el cambiazo** loc. Cambiar fraudulentamente una cosa por otra.

cambio m. Acción y efecto de cambiar. ‖ Moneda fraccionaria: *no tengo cambio.* ‖ Dinero que se devuelve después de comprar algo: *no me has dado bien el cambio.* ‖ Precio de cotización de los valores mercantiles: *el cambio de estas acciones no se ha modificado.* ‖ Valor de las monedas de países diferentes: *¿a cómo está el cambio del dólar?* ‖ Mecanismo para cambiar el tren de vía, o el automóvil de velocidad: *cambio de agujas, cambio de marcha.*

cambista com. Persona que cambia moneda.

cambriano, na o **cámbrico, ca** adj. Relativo al primero de los periodos geológicos en que se divide la era primaria o paleozoica. ‖ Perteneciente o relativo a los terrenos de este periodo en el que predominan los trilobites, algas marinas y representantes de muchos invertebrados.

cambucho m. *amer.* Cucurucho. ‖ *amer.* Cesta o canasto en que se echan los papeles inútiles, o se guarda la ropa sucia. ‖ *amer.* Tugurio, chiribitil. ‖ *amer.* Funda o forro de paja que se pone a las botellas para que no se rompan.

camelar tr. Engañar o seducir a alguien adulándolo. ‖ Enamorar. ‖ FAM. camelador, camelista, camelo.

camelia f. Arbusto originario de Japón y China, de hojas perennes y flores grandes, del mismo nombre, inodoras, blancas, rojas o rosadas.

camélido adj. y m. Se dice de los rumiantes del grupo del camello y el dromedario.

camello, lla m. y f. Rumiante, oriundo de Asia central, de gran tamaño, que tiene el cuello largo, la cabeza proporcionalmente pequeña y dos gibas en el dorso. ‖ m. Traficante o vendedor de droga en pequeñas cantidades. ‖ FAM. camélido, camellero.

camelo m. Simulación, fingimiento. ‖ Noticia falsa. ‖ Chasco, burla. ‖ Galanteo.

camembert (voz fr.) m. Queso de pasta fermentada, fabricado originariamente en Normandía a partir de leche de vaca. ♦ No varía en pl.

camerino m. En los teatros, cuarto donde los actores se visten, maquillan, etc.

camero, ra adj. Relativo a la cama de tamaño menor que la de matrimonio: *sábana camera.*

camilla f. Cama estrecha y portátil para trasladar enfermos o heridos. ‖ Mesa redonda cubierta por una faldilla, debajo de la cual hay una tarima en la que se coloca el brasero: *mesa camilla.* ‖ FAM. camillero.

caminar intr. Ir andando de un lugar a otro. ‖ Seguir su curso los ríos, los planetas. ‖ tr. Andar determinada distancia: *camina tres kilómetros diarios.* ‖ FAM. caminante, caminata.

caminata f. Paseo o recorrido largo y fatigoso.

caminero, ra adj. Relativo al camino. Se dice sobre todo del peón que trabaja en la reparación de caminos y carreteras.

camino m. Vía de tierra por donde se transita habitualmente. ‖ Vía que se construye para transitar. ‖ Jornada, viaje, recorrido, ruta: *todavía nos queda un largo camino.* ‖ Dirección que ha de seguirse para llegar a un lugar. ‖ Medio para hacer o conseguir alguna cosa: *el camino de la gloria.* ‖ **FAM.** caminar, caminero.

camión m. Vehículo automóvil destinado al transporte de mercancías pesadas. ‖ **FAM.** camionero, camioneta.

camioneta f. Camión pequeño. ‖ Autobús, sobre todo el interurbano.

camisa f. Prenda de vestir con cuello, botones y puños, que cubre el torso. ‖ Telilla con que están cubiertos algunos frutos. ‖ Piel de la culebra, de la que se desprende periódicamente. ‖ Revestimiento interior de una pieza mecánica. ‖ Cubierta de un libro. ‖ **FAM.** camisería, camisero, camiseta, camisola, camisón.

camisero, ra adj. Referente o relativo a la camisa. ‖ Se dice particularmente de la blusa o vestido de mujer con corte parecido a una camisa de hombre. ‖ m. y f. Persona que hace o vende camisas.

camiseta f. Prenda interior, ajustada y sin cuello, que se pone directamente sobre el cuerpo, debajo de la camisa. ‖ La misma prenda más ancha y de colores variados que se lleva externamente.

camisola f. Camisa fina que se ponía sobre la camiseta y solía llevar puntillas o encajes en la abertura del pecho y en los puños. ‖ Camisón corto de estilo camisero.

camisón m. Prenda que usan las mujeres para dormir; puede tener corte de vestido, entallado y escotado o de camisa amplia y larga.

camomila f. Manzanilla, hierba y flor.

camorra f. Riña o pendencia. ‖ Organización de tipo mafioso que opera en Nápoles y otras ciudades del sur de Italia. ‖ **FAM.** camorrista.

camote m. *amer.* Batata. ‖ *amer.* Enamoramiento. ‖ *amer.* Amante, querida. ‖ *amer.* Mentira, bola.

camp (voz i.) adj. Que revitaliza nostálgicamente los gustos estéticos (plásticos, musicales, literarios, etc.) y que se consideran pasados de moda: *música camp.*

campal adj. Se dice de la batalla que tiene lugar entre dos ejércitos enemigos en campo abierto. ‖ P. ext., se aplica a cualquier pelea o disputa generalizada.

campamento m. Lugar donde se establecen temporalmente fuerzas del ejército o grupo de personas, con tiendas, barracas, etc.: *campamento de verano.* ‖ Conjunto de estas personas e instalaciones.

campana f. Instrumento de metal, en forma de copa invertida, que suena al golpearlo el badajo. ‖ Cualquier cosa que tiene forma parecida: *campana de la chimenea.* ‖ **FAM.** campanada, campanario, campanazo, campanear, campaneo, campaniforme, campanilla, campanudo.

campanada f. Golpe que da el badajo en la campana. ‖ Sonido que hace. ‖ Escándalo o novedad ruidosa: *su embarazo fue una campanada.*

campanario m. Torre, espadaña o armadura donde se colocan las campanas.

campanear intr. Tocar insistentemente las campanas. ‖ Oscilar, balancear, contonear. También prnl. ‖ Divulgar al instante un suceso.

campanilla f. Campana pequeña que se agita con la mano. ‖ Parte media del velo del paladar, cónica y de textura membranosa y muscular, que divide su borde libre en dos mitades como arcos. ‖ Flor de la enredadera y otras plantas, cuya corola es de una pieza y de figura de campana. ‖ **FAM.** campanillazo, campanilleo, campanillero.

campanilleo m. Sonido frecuente o continuado de la campanilla. ‖ **FAM.** campanillear.

campanillero, ra m. y f. Persona que por oficio toca la campanilla.

campante adj. Despreocupado, tranquilo: *le robaron y se quedó tan campante.* ‖ Ufano, satisfecho.

campanudo, da adj. De forma parecida a la campana. ‖ Se dice del vocablo de sonido muy fuerte y lleno, y del lenguaje o estilo hinchado y afectado. ‖ Que se expresa en este estilo.

campaña f. Conjunto de actos que se dirigen a conseguir un fin determinado de tipo político, económico, publicitario, etc.: *campaña electoral.* ‖ Expedición militar: *la campaña de África.* ‖ Campo sin montes ni aspereza.

campar intr. Sobresalir. ‖ Acampar. ‖ **campar** alguien **por sus respetos** loc. Actuar con libertad e independencia.

campear intr. Aparecer, sobresalir: *en lo alto del ayuntamiento campeaba la bandera del partido.* ‖ Salir los animales al campo. ‖ **FAM.** campeador.

campechano, na adj. Que se comporta y trata a los demás con llaneza y cordialidad, sin ceremonias ni formulismos.

campeón, na m. y f. Vencedor de un campeonato. ‖ P. ext., vencedor de una competición deportiva. ‖ Defensor, paladín de una causa o idea: *campeón de la libertad.* ‖ **FAM.** campeonato.

campeonato m. Certamen o competición en que se disputa el premio en ciertos juegos o deportes: *campeonato de atletismo.* ‖ Triunfo obtenido en el certamen: *se alzó con el campeonato de tenis.* ‖ **de campeonato** loc. adj. Excelente, muy grande: *le dio una bofetada de campeonato.*

campero, ra adj. Relativo al campo. ‖ Que se hace en el campo: *fiesta campera.* ‖ *amer.* f. Chaqueta de uso informal o deportivo. ‖ f. pl. Botas de media caña.

campesino, na adj. Se dice de lo que es propio del campo o perteneciente a él. ‖ Labrador. También s. ‖ **FAM.** campesinado.

campestre adj. Del campo. ‖ Se dice de las fiestas, reuniones, comidas, etc., que se celebran en el campo.

camping (voz i.) m. Lugar acondicionado para vivir al aire libre en tiendas de campaña o caravanas. ‖ Esta misma actividad.

campiña f. Campo llano, especialmente dedicado al cultivo.

campista com. Persona que hace camping.

campo m. Terreno extenso sin edificar fuera de las poblaciones. ‖ Tierra cultivable. ‖ Sembrados, árboles y demás cultivos. ‖ Terreno contiguo a una población. ‖ Terreno reservado para actividades determinadas: *campo de tiro, de fútbol.* ‖ Ámbito real o imaginario propio de una actividad. ‖ Conjunto determinado de materias, ideas o conocimientos: *el campo de la física.* ‖ Espacio en que se manifiesta cualquier acción física a distancia: *campo gravitatorio.* ‖ **campo de concentración** Recinto en que se obliga a vivir a cierto número de personas por razones políticas, sanitarias, etc. ‖ **FAM.** campal, campamento, campaña, campar, campear, campero, campesino, campestre, campiña, campista.

camposanto m. Cementerio católico.

campus m. Espacio, terreno, edificios y jardines pertenecientes a una universidad. ♦ No varía en pl.

camuesa f. Fruto del camueso, especie de manzana fragante y sabrosa. ‖ **FAM.** camueso.

camuflar tr. Disimular la presencia de armas, tropas, etc., cubriéndolos con ramas, hojas o pintura. ‖ Esconder algo o a alguien. También prnl.: *se camufló en el bosque.* ‖ **FAM.** camuflaje.

can m. Perro. ‖ Cabeza de una viga del techo interior, que carga en el muro y sobresale al exterior, sosteniendo la cornisa. ‖ **FAM.** cancerbero, cánido, canino, canódromo.

cana f. Cabello blanco. Más en pl. ‖ *amer.* Cárcel. ‖ **FAM.** canear, canicie, cano, canoso.

canaco, ca m. y f. Nombre que se da a los indígenas de varias islas de Oceanía, Taití y otras.

canal m. Estrecho marítimo, natural o artificial: *canal de Suez.* ‖ Cada una de las bandas de frecuencia en que puede emitir una esta-

ción de televisión: *sólo recoge tres canales.* ‖ amb. Cauce artificial por donde se conduce el agua. ‖ Parte más profunda y limpia de la entrada de un puerto. ‖ Teja delgada y combada que, en los tejados, forma los conductos por donde corre el agua. ‖ Cada uno de estos conductos. ‖ Res muerta y abierta, sin despojos. ♦ En todas las acepciones se usa en masculino. ‖ **FAM.** canaladura, canalé, canalizar, canalón.

canaladura f. Moldura hueca que se hace en algún miembro arquitectónico, en línea vertical.

canalé m. Tejido de punto que forma estrías o canales.

canalizar tr. Regularizar el cauce o la corriente de un río. ‖ Abrir canales. ‖ Encauzar, ‧ orientar: *han canalizado todas las quejas al mismo departamento.* ‖ **FAM.** canalización.

canalla f. Gente baja, ruin: *lo encerraron con la canalla.* ‖ com. Persona despreciable y ruin. ‖ **FAM.** canallada, canallesco.

canalón m. Conducto que recibe y vierte el agua de los tejados. ‖ Canelón, pasta.

canana f. Cinto dispuesto para llevar cartuchos.

canapé m. Diván o sofá con el asiento y el respaldo acolchados. ‖ Aperitivo que consta de una rebanadita de pan sobre la que se ponen otros manjares.

canario, ria adj. y s. De Canarias. ‖ m. Pájaro cantor, originario de las islas Canarias, de cola larga y ahorquillada, pico cónico y delgado y plumaje amarillo, verdoso o blanquecino. ‖ **FAM.** canaricultura, canarión.

canasta f. Cesto de mimbre, ancho de boca, que suele tener dos asas. ‖ Juego de naipes con dos o más barajas francesas entre dos bandos de jugadores. ‖ Aro de hierro fijado a un tablero por el que hay que introducir el balón en el juego del baloncesto. ‖ Cada tanto que se consigue en este juego: *ha metido una canasta de tres puntos.*

canastilla f. Cestilla de mimbres. ‖ Ropa para el recién nacido.

canastillo m. Cesto pequeño de mimbre.

canasto m. Canasta de boca estrecha. ‖ pl. interj. que indica sorpresa.

cáncamo m. Tornillo con cabeza en forma de anilla.

cancán m. Danza frívola y muy movida, de origen francés, que se baila levantando la falda para que se vean los movimientos de las piernas. ‖ Prenda interior femenina para mantener holgada la falda.

cancanear intr. *amer.* Tartajear, tartamudear. ‖ *amer.* Trepidar con un ruido especial el motor que empieza a fallar. ‖ **FAM.** cancaneo.

cancel m. Contrapuerta para evitar ruidos o impedir la entrada del aire. ‖ Armazón vertical de madera u otra materia, que divide espacios en una sala o habitación. ‖ **FAM.** cancela.

cancela f. Rejilla que se pone en el umbral de algunas casas. ‖ En algunas casas andaluzas, verja de hierro forjado que sustituye a la del portal, impidiendo el paso al patio pero permitiendo que se vea.

cancelar tr. Anular, dejar sin validez: *le han cancelado el permiso.* ‖ Suspender lo que se tenía previsto: *han cancelado todos los vuelos.* ‖ Saldar, pagar una deuda. ‖ **FAM.** cancelación.

cáncer m. Tumor maligno originado por el desarrollo anormal e incontrolado de ciertas células que invaden y destruyen los tejidos orgánicos. ‖ Mal moral que arraiga en la sociedad sin que se le pueda poner remedio: *el cáncer del consumismo.* ‖ Cuarto signo del Zodiaco que el Sol recorre aparentemente al comienzo del verano. ‖ Constelación zodiacal que actualmente se encuentra un poco por delante y hacia el oriente del signo. ‖ com. Persona que ha nacido bajo este signo: *las mujeres cáncer son hogareñas.* ‖ **FAM.** cancerar, cancerígeno, canceroso.

cancerar intr. Padecer de cáncer o degenerar en cancerosa alguna úlcera. También prnl.: *la llaga se ha cancerado.*

cancerbero m. Perro de tres cabezas que, según la fábula, guardaba la puerta de los infiernos. ‖ Portero de un equipo de fútbol.

cancerígeno, na adj. Que causa o favorece el desarrollo del cáncer: *el tabaco es cancerígeno.*

cancha f. Local o espacio destinado a la práctica de determinados deportes o juegos: *cancha de tenis.* ‖ *amer.* En general, terreno, espacio, local o sitio llano y despejado. ‖ *amer.* Corral o cercado espacioso para depositar ciertos objetos: *cancha de maderas.* ‖ *amer.* Habilidad que se adquiere con la experiencia. ‖ *amer.* interj. que se emplea para pedir que abran paso. ‖ **FAM.** canchero.

canchero, ra m. y f. *amer.* Persona que tiene una cancha de juego o cuida de ella. ‖ adj. *amer.* Ducho y experto en determinada actividad. ‖ *amer.* Se apl. al trabajador encargado de una cancha.

canciller m. Empleado auxiliar en las embajadas, legaciones, consulados y agencias diplomáticas y consulares. ‖ En algunos países, jefe de Gobierno o magistrado supremo. ‖ En muchos países, ministro de Asuntos Exteriores. ‖ Antiguamente, secretario encargado del

sello real, con el que autorizaba los privilegios y cartas reales. ‖ **FAM.** cancilleresco, cancillería.

cancillería f. Dignidad o cargo de canciller. ‖ Oficina especial en las embajadas y otras representaciones diplomáticas. ‖ Alto centro diplomático en el cual se dirige la política exterior.

canción f. Composición en verso, que se canta, o a la que se pueda poner música. ‖ Música con que se canta esta composición. ‖ Composición lírica amorosa de estilo petrarquista, dividida casi siempre en estancias largas, que se cultivó sobre todo en el s. XVI. ‖ Cosa dicha con repetición insistente o pesada: *ya vuelve con la misma canción.* ‖ Noticia, pretexto, etc., sin fundamento: *no me vengas con canciones.* ‖ **FAM.** cancionero.

cancionero m. Colección de canciones y poesías, por lo común de diversos autores.

candado m. Cerradura suelta contenida en una caja de metal, que por medio de anillas o armellas asegura puertas, cofres, etc.

candeal adj. y m. Se dice de una variedad de trigo más blanco y mayor calidad, y del pan fabricado con él.

candela f. Vela para alumbrar. ‖ Lumbre, fuego. ‖ Unidad de intensidad luminosa.

candelabro m. Candelero de dos o más brazos, que se sostiene por su pie o sujeto en la pared.

candelero m. Utensilio que sirve para mantener derecha la vela o candela, y consiste en un cilindro hueco unido a un pie por una columnilla.

candente adj. Cuerpo, generalmente metálico, cuando se enrojece o blanquea por la acción del calor: *hierro candente.* ‖ Vivo, de actualidad, apasionante: *noticia candente.*

candidato, ta m. y f. Persona que aspira a alguna dignidad, honor o cargo, o que es propuesta para alguno de ellos. ‖ **FAM.** candidatura.

candidatura f. Reunión de candidatos a un empleo. ‖ Aspiración a cualquier honor o cargo: *presentó su candidatura a la presidencia.* ‖ Propuesta de una persona para un cargo o dignidad. ‖ Papeleta en que va escrito o impreso el nombre de uno o varios candidatos.

cándido, da adj. Sencillo, ingenuo, sin malicia ni doblez. ‖ Blanco, de color de nieve o leche. ‖ **FAM.** candidez.

candil m. Lámpara para alumbrar formada por dos recipientes de metal superpuestos, cada uno con su pico; en el superior se pone el aceite y en el inferior una varilla con garfio para colgarlo. ‖ *amer.* Araña, especie de can delabro colgado del techo. | **FAM**. candileja, candilón.

candileja f. Vaso interior del candil. | Cualquier vaso pequeño en que se pone aceite u otra materia combustible para que ardan una o más mechas. | pl. Linea de luces en el proscenio del teatro.

candinga f. *amer*. Majadería. | *amer*. Enredo, baturrillo.

candombe m. *amer*. Baile de los negros de América del Sur. | Casa o sitio donde se baila. | Tambor prolongado, de un solo parche, con el que se acompaña.

candongo, ga adj. y s. Zalamero y astuto. | Que tiene maña para huir del trabajo. | **FAM**. candonguear, candongueo.

candor m. Candidez. | **FAM**. candoroso.

caneco, ca adj. *amer*. Borracho, ebrio. | m. y f. Frasco de barro vidriado.

canela f. Corteza del canelo, de color rojo amarillento y de olor muy aromático y sabor agradable. | Cosa muy fina y exquisita: *esta crema es canela fina*. | **FAM**. canelo.

canelo, la adj. De color de canela, aplicado especialmente a los perros y caballos. | m. Árbol originario de Sri Lanka, de 7 a 8 m de altura, con tronco liso, hojas parecidas a las del laurel. La segunda corteza de sus ramas es la canela. | **hacer el canelo** loc. Hacer el tonto.

canelón m. Canalón de tejados. | Carámbano largo y puntiagudo que cuelga de las canales cuando se hiela el agua de lluvia o se derrite la nieve. | Pasta de harina de trigo, cortada de forma rectangular con la que se envuelve un relleno de carne, pescado, verduras, etc. Más en pl.

canesú m. Cuerpo de vestido de mujer corto y sin mangas. | Pieza superior de la camisa o blusa a que se pegan el cuello, las mangas y el resto de la prenda. ♦ pl. *canesús*.

cangilón m. Cada uno de los recipientes atados a la rueda de la noria que sirven para sacar agua de los pozos y ríos. | Cada una de las vasijas metálicas que tienen ciertas dragas para extraer fango, piedras o arena del fondo de los puertos, ríos, etc.

cangrejo m. Crustáceo de río o de mar; el de río tiene el caparazón negro verdoso y dos pinzas grandes en la patas delanteras; el de mar tiene el cuerpo redondo parecido al de la araña. Son muy apreciados como alimento. | adj. y f. Se dice de la vela de forma trapezoidal que va en la popa del barco.

canguelo m. Miedo, temor.

canguro m. Mamífero marsupial herbívoro de Australia, que anda a saltos, con las extremidades delanteras mucho más cortas que las posteriores, cola robusta en la que se apoya y, las hembras, una bolsa en el vientre para llevar a sus crías. | com. Persona que se dedica a cuidar a niños pequeños, en su domicilio, y que cobra el servicio por horas.

caníbal adj. y com. Se dice del salvaje de las Antillas, que era tenido por antropófago. | Salvaje, cruel, feroz. | **FAM**. canibalismo.

canica f. Juego de niños que se hace con bolitas de barro, vidrio u otra materia dura, que consiste en chocarlas e introducirlas en un hoyo del suelo llamado *gua*. Más en pl. | Cada una de estas bolitas.

caniche adj. y com. Se dice de una raza de perros de pequeño tamaño, de pelo rizado, ensortijado y lanoso.

canicie f. Color cano del pelo.

canícula f. Período del año en que el calor es más fuerte. | **FAM**. canicular.

cánido, da adj. y s. Se dice de los mamíferos carnívoros con cinco dedos en las patas anteriores y cuatro en las posteriores, como el perro y el lobo.

canijo, ja adj. y s. Débil y enfermizo o poco desarrollado: *se ha quedado canijo*.

canilla f. Cualquiera de los huesos largos de la pierna o del brazo y especialmente la tibia. | Parte más delgada de la pierna: *la falda me llega hasta las canillas*. | Carrete metálico en que se devana la seda o el hilo en las máquinas de coser. | Grifo o espita que se pone en la parte inferior de la cuba o tinaja. | *amer*. Pierna muy delgada o pantorrilla. | *amer*. Grifo.

canillita m. *amer*. Vendedor callejero de periódicos.

canino, na adj. Relativo al perro. | Se apl. a las propiedades que tienen semejanza con las del perro. | adj. y m. Cada uno de los cuatro dientes, situados entre los incisivos y los premolares, llamados también *colmillos*. | **hambre canina** Hambre exagerada.

canjear tr. Intercambiar recíprocamente algo o a alguien: *he canjeado el vale por un bolso*. | **FAM**. canje, canjeable.

cannabáceo, a adj. Se dice de unas plantas angiospermas dicotiledóneas, herbáceas y flores unisexuales dispuestas en cimas, como el cáñamo y el lúpulo. También f.

cánnabis m. Nombre científico de un género de cannabáceas, de una de cuyas especies se extrae el hachís. ♦ No varía en pl.

cano, na adj. Se dice del pelo, bigote o barba total o parcialmente blancos y de las personas que los tienen.

canoa f. Embarcación de remo o con motor, estrecha, sin quilla y ordinariamente de una pieza.

canódromo m. Lugar donde se celebran carreras de galgos.

canon m. Regla o precepto. | Catálogo o lista. | Modelo de características perfectas: *canon griego de belleza*. | Impuesto que se paga por algún servicio, generalmente oficial: *canon de exportaciones*. | Composición de contrapunto en que sucesivamente van entrando las voces, repitiendo o imitando cada una el canto de la que le antecede. | pl. Derecho canónico. | **FAM.** canónico, canonista, canonizar.

canónico, ca adj. Conforme a los sagrados cánones y demás disposiciones eclesiásticas.

canónigo m. Sacerdote que forma parte del cabildo de una catedral. | **FAM.** canonjía.

canonista com. Especialista en derecho canónico.

canonizar tr. Declarar el papa solemnemente santo a un venerable, ya beatificado, y autorizar su culto en la Iglesia católica. | **FAM.** canonización.

canonjía f. Prebenda o dignidad del canónigo.

canoro, ra adj. Ave de canto grato y melodioso. | Grato y melodioso, dicho de cualquier sonido.

canotier (voz fr.) m. Sombrero de paja, de alas rectas y copa baja y plana.

cansado, da adj. Se apl. a la persona o cosa que produce cansancio: *es un trabajo muy cansado*.

cansancio m. Falta de fuerzas que resulta de haberse fatigado. | Aburrimiento, tedio: *sus charlas producen cansancio general*.

cansar tr. y prnl. Causar cansancio, fatigar: *subir las escaleras ya me cansa menos*. | Aburrir: *comer todos los días pollo, cansa*. | Enfadar, molestar: *ya me estoy cansando de tus gritos*. | **FAM.** cansado, cansancio, cansino.

cansino, na adj. Lento, pesado, perezoso: *tiene el hablar cansino*.

cantábrico, ca adj. Relativo a Cantabria. | **FAM.** cántabro.

cantamañanas com. Persona informal, fantasiosa, irresponsable, que no merece crédito. ♦ No varía en pl.

cantaor, ra m. y f. Persona que canta flamenco.

cantar intr. y tr. Formar con la voz sonidos melodiosos y variados. Se usa hablando de personas y también de animales: *canta el grillo, el ruiseñor, la rana*. | Componer o recitar alguna poesía. | Celebrar, ensalzar: *esta obra canta al amor*. | En algunos juegos, declarar cierta jugada: *cantar las cuarenta, cantar bingo*. | Descubrir o confesar el secreto: *ya ha cantado todo lo que sabía*. | tr. Decir algo entonada y rítmicamente: *cantar la tabla de mul-*

tiplicar. | intr. Ser algo muy llamativo y evidente: *que te vayas ahora, canta mucho*. | m. Composición poética con música a propósito para ser cantada. | **FAM.** cantante, cantaor, cantarín, cantata, cantautor, cante, cántico, cantiga, canto, canturrear.

cántara f. Medida de capacidad para líquidos que equivale a 16,3 litros. | Cántaro.

cantárida f. Insecto coleóptero de color verde oscuro brillante, que vive en las ramas de los tilos y, sobre todo, de los fresnos. Contiene una sustancia que se emplea en medicina para curar las ampollas.

cántaro m. Vasija grande de barro o metal, estrecha de boca, con una o dos asas. | **llover a cántaros** loc. Llover mucho y con fuerza. | **FAM.** cántara, cantarera.

cantata f. Composición musical, profana o religiosa, para una o varias voces con acompañamiento.

cantautor, ra m. y f. Persona que compone las canciones que canta.

cante m. Cualquier género de canto popular, especialmente el andaluz. | **cante hondo** (pronunciado *jondo*) Modalidad de cante flamenco que se caracteriza por las numerosas inflexiones de la voz hechas con tono quejumbroso y con gran sentimiento.

cantera f. Sitio de donde se extrae piedra. | Lugar, institución, etc., que proporciona personas con una capacidad específica para una determinada actividad: *proviene de la cantera del Real Madrid*. | **FAM.** cantería, cantero.

cantería f. Arte de labrar las piedras para la construcción.

cantero m. El que labra las piedras para la construcción. | El que extrae piedra de las canteras. | Extremo de algunas cosas duras que se pueden partir con facilidad. | *amer.* Cuadro de un jardín o de una huerta.

cántico m. Canto religioso para dar gracias o alabar a Dios. | Ciertas poesías profanas: *cántico de alegría*.

cantidad f. Propiedad de lo que es capaz de aumento y disminución y puede medirse y numerarse. | Cierto número de unidades. | Porción grande o abundante de algo: *hay cantidad de comida*. | Porción indeterminada de dinero: *me deben una cantidad astronómica*. | En fon., duración de un sonido: *esta marca indica la cantidad de la vocal*. | **en cantidad** loc. adv. Mucho, en abundancia: *necesitamos ayuda en cantidad*.

cantiga o **cántiga** f. Antigua composición poética.

cantil m. Sitio o lugar que forma escalón en la costa o en el fondo del mar. | **FAM.** acantilado.

cantilena f. Cantinela.

cantimplora f. Frasco de plástico o metal aplanado para llevar la bebida en viajes o excursiones.

cantina f. Local público donde se venden bebidas y algunos alimentos. ‖ FAM. cantinero.

cantinela f. Cantar, copla, composición poética breve, hecha generalmente para que se cante. ‖ Repetición molesta e importuna de algo: *siempre vienen con la misma cantinela.*

cantinero, ra m. y f. Persona que cuida de los licores y bebidas. ‖ Dueño o encargado de una cantina. ‖ f. Mujer que en las guerras acompañaba y servía bebidas a la tropa.

canto m. Acción y efecto de cantar: *el canto de la cigarra.* ‖ Arte de cantar: *ha estudiado canto.* ‖ Composición de música vocal. ‖ Composición poética, especialmente de tema heroico. ‖ Extremidad, lado, punta, esquina o remate de algo: *el canto de la mesa.* ‖ En el cuchillo o en el sable, lado opuesto al filo. ‖ Corte del libro, opuesto al lomo. ‖ Trozo de piedra: *canto rodado.* ‖ **de canto** loc. adv. De lado, no de plano: *hay que entrar de canto.* ‖ FAM. cantazo, cantear, cantera, cantero, cantil, cantizal, cantonera.

cantón m. División administrativa de algunos países: *Suiza está dividida en cantones.* ‖ Esquina de un edificio. ‖ Cada uno de los cuatro ángulos que pueden considerarse en el escudo, y sirven para designar el lugar de algunas piezas. ‖ FAM. cantonal, cantonalismo.

cantonalismo m. Sistema político que aspira a dividir el Estado en cantones confederados. ‖ FAM. cantonalista.

cantonera f. Pieza que se pone en la esquina de libros, muebles u otros objetos como refuerzo o adorno.

cantor, ra adj. y s. Que canta, principalmente si es su oficio: *el cantor de jazz.* ‖ Se dice de las aves que emiten sonidos melodiosos.

cantoral m. Libro de coro.

cantueso m. Planta perenne, de la familia de las labiadas, semejante al espliego, con hojas oblongas, estrechas y vellosas, y flores en espiga olorosas y de color morado.

canturrear intr. Cantar a media voz. También tr.: *ha estado todo el día canturreando la misma canción.* ‖ FAM. canturreo.

cánula f. Tubo corto que se emplea en aparatos de laboratorio y de medicina: *la cánula del irrigador.* ‖ Tubo terminal o extremo de las jeringas en el que se coloca la aguja.

canutillo m. Pequeño canuto de vidrio que se emplea en trabajos de pasamanería. ‖ Hilo de oro o de plata rizado para bordar.

canuto m. Parte de una caña comprendida entre dos nudos. ‖ Cañón de palo, metal u otra materia, corto y no muy grueso, que sirve para diferentes usos. ‖ Porro, cigarrillo de marihuana o hachís. ‖ FAM. canutillo.

caña f. Tallo de las plantas gramíneas. ‖ Nombre de varias plantas gramíneas, por lo común de tallo hueco y nudoso. ‖ Canilla del brazo o de la pierna. ‖ Tuétano. ‖ Parte de la bota o de la media que cubre la pierna. ‖ Vaso, alto y estrecho generalmente, de vino o cerveza. Por ext., vaso de otra forma para cerveza. ‖ Vara larga y flexible que se emplea para pescar. ‖ **caña de azúcar** Planta gramínea de tallo relleno de un tejido esponjoso del que se extrae el azúcar de caña. ‖ FAM. cañada, cañal, cañaveral, cañería, caño, cañón.

cañada f. Camino para el ganado trashumante. ‖ Valle o paso estrecho entre dos montes de poca altura.

cañamazo m. Tela de tejido ralo, dispuesta para ser bordada o para servir de guía a otra tela que llevará finalmente el bordado. ‖ Tela tosca de cáñamo.

cáñamo m. Planta anual cannabácea de unos 2 m de altura, con tallo erguido, ramoso, áspero, hueco y velloso, hojas lanceoladas y opuestas, y flores verdosas, cuya semilla es el cañamón. Con su fibra textil se hacen tejidos, cuerdas, alpargatas, etc. ‖ FAM. cañamar, cañamazo, cañamón.

cañamón m. Simiente del cáñamo, que se usa principalmente para alimentar pájaros.

cañaveral m. Sitio poblado de cañas.

cañería f. Conducto o tubería por donde circulan o se distribuyen las aguas o el gas.

cañí com. Gitano de raza.

cañinque adj. y com. *amer.* Enclenque, débil.

cañizo m. Armazón de cañas entretejidas que se usa para cobertizos, techos, etc.

caño m. Tubo corto de metal, vidrio o barro. ‖ Tubo por el que sale el agua en una fuente. ‖ Chorro de agua.

cañón m. Pieza hueca y larga, a modo de caña: *los cañones del órgano.* ‖ Tubo por donde sale el proyectil de un arma de fuego. ‖ Pieza de artillería, larga, que puede estar fija o llevarse sobre ruedas, y se utiliza para lanzar balas, metralla o cierta clase de proyectiles huecos. ‖ Parte córnea y hueca de la pluma del ave. ‖ Paso estrecho o garganta profunda entre dos montañas, por donde suelen correr los ríos. ‖ FAM. cañonazo, cañonear, cañonero.

cañonazo m. Disparo hecho con el cañón. ‖ Ruido originado por el mismo. ‖ Herida y daño que produce el disparo del cañón. ‖ En algunos deportes, lanzamiento muy fuerte del balón.

caoba f. Árbol americano de hasta de 30 m

de altura con tronco recto y grueso, hojas compuestas y aovadas, flores pequeñas y blancas y fruto capsular, leñoso. Su madera, del mismo nombre, es muy estimada para muebles, por su hermoso color rojizo y su fácil pulimento. ‖ Color parecido al de esta madera: *se dio reflejos caoba en el pelo.*

caolín m. Arcilla blanca muy pura que se emplea en la fabricación de la porcelana y del papel.

caos m. Estado de confusión en que se hallaban las cosas en el momento de su creación. ‖ Confusión, desorden. ◆ No varía en pl. ‖ **FAM.** caótico.

capa f. Prenda de vestir larga y suelta, sin mangas, abierta por delante. ‖ Tela encarnada con vuelo para torear. ‖ Sustancia que se sobrepone en una cosa para cubrirla o bañarla: *dar una capa de barniz.* ‖ Cada una de las partes superpuestas que forman algo: *el pastel tiene tres capas.* ‖ **FAM.** capea, capear, caperuza, capota, capote.

capacho m. Especie de espuerta de cuero o estopa para diferentes usos.

capacidad f. Posibilidad que tiene algo de contener en su interior otras cosas. ‖ Extensión o espacio de algún sitio o local: *el teatro tiene una gran capacidad.* ‖ Aptitud o suficiencia para algo: *tiene capacidad para dar la clase.* ‖ Talento o inteligencia: *quedó patente su capacidad para los idiomas.* ‖ En inform., máximo número de bits almacenable en una memoria. ‖ **FAM.** capacitar.

capacitar tr. y prnl. Hacer apto, habilitar: *su experiencia debería capacitarle para tomar este tipo de decisiones.* ‖ **FAM.** capacitación.

capar tr. Extirpar o inutilizar los órganos genitales. ‖ **FAM.** capador, capón.

caparazón m. Cubierta rígida que cubre el tórax y a veces todo el dorso de muchos crustáceos, insectos, tortugas, etc. ‖ Esqueleto torácico del ave: *el caparazón del pollo.* ‖ Cubierta que se pone al caballo para protegerlo. ‖ Coraza, protección.

caparrosa f. Sulfato de cobre, hierro o cinc.

capataz m. El que gobierna y vigila a cierto número de trabajadores. ‖ Persona a cuyo cargo está la labranza y administración de las haciendas de campo.

capaz adj. Que tiene capacidad para contener algo. ‖ Grande o espacioso: *es un coche muy capaz.* ‖ Apto, con la preparación necesaria para hacer algo: *es muy capaz para el dibujo.* ‖ De buen talento, inteligente: *es un chico muy capaz.* ‖ Atrevido, resuelto. ◆ En esta acepción se usa con la prep. *de*: *es capaz de enfrentarse a él.*

capazo m. Capacho, espuerta grande de es-

parto o de palma. ‖ Cesto de mimbre que se acondiciona como cuna para niños recién nacidos.

capcioso, sa adj. Engañoso, artificioso. ‖ Se dice de las preguntas, argumentaciones, sugerencias, etc., que se hacen para confundir o apurar al interlocutor, provocando una respuesta inconveniente o comprometedora para él. ‖ **FAM.** capciosamente, capciosidad.

capea f. Fiesta en la que se lidian becerros o novillos por aficionados. ‖ **FAM.** capear, capeo.

capear tr. Hacer suertes con la capa al toro. ‖ Entretener a uno con evasivas. ‖ Eludir hábilmente una dificultad, compromiso o problema: *capeó muy bien la situación después de la quiebra.* ‖ Mantenerse el barco cuando el viento es fuerte. ‖ **capear el temporal** Resolver o pasar de la mejor manera posible una situación complicada.

capellán m. Sacerdote que ejerce sus funciones en una institución, comunidad o casa particular. ‖ Titular de una capellanía. ‖ **FAM.** capellanía.

capellanía f. Fundación en la cual el capellán tiene derecho a cobrar el fruto de ciertos bienes a cambio de la obligación de celebrar misas y otros actos de culto.

capelo m. Sombrero rojo, insignia de los cardenales. ‖ Dignidad de cardenal.

caperuza f. Gorro que termina en punta inclinada hacia atrás. ‖ Cualquier funda que cubre y protege el extremo de algo: *la caperuza del rotulador.*

capi m. *amer.* Maíz. ‖ *amer.* Vaina de simiente, como el fréjol, cuando está tierna.

capia f. *amer.* Maíz blanco y muy dulce que se emplea en la preparación de dulces. ‖ *amer.* Dulce o masita compuesta con harina de capia y azúcar.

capicúa adj. y com. Cifra que se lee igual de izquierda a derecha que de derecha a izquierda: *1991.*

capilar adj. Relativo al cabello o a la capilaridad. ‖ Se aplica a los tubos muy angostos, comparables al cabello. ‖ m. Cada uno de los vasos muy finos que, en forma de red, enlazan en el organismo la terminación de las arterias con el comienzo de las venas. ‖ **FAM.** capilaridad.

capilaridad f. Cualidad de capilar. ‖ Propiedad de atraer un cuerpo sólido el líquido que lo moja, como el agua, y repeler al líquido que no lo moja, como el mercurio.

capilla f. Iglesia pequeña. ‖ Edificio contiguo a una iglesia o parte integrante de ella, con altar y advocación particular. ‖ Oratorio privado en una casa particular, en un colegio, hospital, etc. ‖ **capilla ardiente** Habitación o instalación en que se pone al difunto para velarlo en espera de ser enterrado. ‖ **estar en capilla** loc. Estar el condenado a muerte a la espera de su ejecución. ‖ Esperar el desenlace de algo importante o estar a punto de pasar una prueba. Se dice familiarmente a los que se van a casar pronto. ‖ FAM. capellán.

capirotada f. *amer.* Plato criollo que se hace con carne, maíz tostado y queso, manteca y especias. ‖ *amer.* Entre el vulgo, la fosa común del cementerio.

capirotazo m. Golpe dado en la cabeza, haciendo resbalar con violencia, sobre la yema del pulgar, la uña de cualquier otro dedo de la misma mano.

capirote m. Gorro en forma de cucurucho cubierto de tela que se lleva en las procesiones de Semana Santa. ‖ Muceta con capucha que usan los doctores de las facultades en ciertos actos. ‖ Caperuza de cuero que se pone a las aves de cetrería.

capital adj. Fundamental, principal, muy importante: *es una asignatura capital en este curso.* ‖ Se apl. a la letra mayúscula. También f. ‖ Se dice de la pena de muerte: *pena capital.* ‖ m. Hacienda, caudal, patrimonio: *esto es todo mi capital.* ‖ Valor de lo que, de manera periódica o accidental, rinde u ocasiona rentas, intereses o frutos. ‖ Factor de la producción, constituido por el dinero frente al trabajo. ‖ f. Población principal y cabeza de un Estado o provincia: *la capital de España.* ‖ Población importante en relación con algo que se expresa: *la capital del ajo.* ‖ FAM. capitalidad, capitalino, capitalismo, capitalizar.

capitalidad f. Condición de ser una población capital.

capitalismo m. Régimen económico basado en el predominio del capital como elemento de producción y creador de riqueza sin apenas intervención del Estado. ‖ FAM. capitalista.

capitalista adj. Propio del capital o del capitalismo. ‖ Se dice del que contribuye con su capital a uno o más negocios: *socio capitalista.* ‖ com. Persona acaudalada.

capitalizar tr. Fijar el capital que corresponde a determinado interés, según un tipo dado. ‖ Aumentar el capital con los intereses que ha producido. ‖ Rentabilizar una situación en beneficio propio: *los sindicatos capitalizaron el descontento social y convocaron la huelga.* ‖ FAM. capitalizable, capitalización.

capitán, na m. Oficial del ejército que tiene a su cargo una compañía, escuadrón o batería. ‖ El que manda un buque mercante de cierta importancia. ‖ Caudillo. ‖ m. y f. Jefe de un grupo, banda, equipo deportivo, etc. ‖ adj. Se apl. a la nave en la que va el jefe de la escuadra: *la nave capitana.* ‖ FAM. capitanear, capitanía.

capitanear tr. Acaudillar una tropa armada. ‖ Guiar o conducir a cualquier grupo de gente: *capitanea a los trabajadores.*

capitanía f. Empleo de capitán. ‖ Oficina del capitán.

capitel m. Parte superior de la columna o la pilastra, de diferentes figuras y adornos según el estilo de arquitectura a que corresponde: *capitel jónico.*

capitolio m. Edificio majestuoso y elevado. ‖ Acrópolis.

capitoste m. desp. Persona con influencia, mando, etc.

capitulación f. Convenio en que se estipulan las condiciones de la rendición de un ejército o plaza. ‖ pl. Acuerdo que firman los futuros esposos estableciendo el régimen económico de su matrimonio.

capitular adj. Relativo a un cabildo o al capítulo de una orden. ‖ Se apl. a la letra mayúscula o a la inicial de un capítulo. ‖ intr. Rendirse bajo determinadas condiciones. ‖ Ceder, claudicar: *al final, tuvo que capitular ante sus razonamientos.* ‖ FAM. capitulación.

capítulo m. Cada división principal de un libro u otro escrito. ‖ Asamblea o cabildo de religiosos o clérigos regulares. ‖ FAM. capitular.

capo (voz it.) m. Jefe mafioso. ‖ FAM. caporal.

capó m. Cubierta del motor del automóvil.

capón m. Pollo que se castra y se ceba para comerlo. ‖ Golpe dado en la cabeza. ‖ adj. y s. Se dice del animal castrado.

caporal m. El que guía y manda un grupo de gente. ‖ El que tiene a su cargo el ganado que se emplea en la labranza.

capota f. Techo plegable de algunos vehículos. ‖ Sombrero femenino ceñido a la cabeza y sujeto con cintas por debajo de la barbilla. ‖ FAM. descapotable.

capotar intr. Volcar un vehículo automóvil quedando en posición invertida. ‖ Dar un avión con la proa en tierra.

capotazo m. Pase de capote que hace el torero para atraer o despistar al toro.

capote m. Capa de abrigo con mangas y menos vuelo. ‖ Especie de gabán ceñido al cuerpo y con faldones largos, que usan los militares. ‖ Capa que usan los toreros: *capa de brega, capa de paseo.* ‖ FAM. capotazo, capotear.

capotera f. *amer.* Percha para la ropa. ‖

amer. Maleta de viaje hecha de lienzo y abierta por los extremos.

capricho m. Idea o propósito que uno forma sin razón aparente: *lo compré por capricho.* ‖ Antojo, deseo pasajero: *no le gusta, sólo es un capricho.* ‖ Persona, animal o cosa que es objeto de tal antojo o deseo. ‖ Obra de arte que se sale de la norma con ingenio, gracia y buen gusto: *los caprichos de Goya.* ‖ **FAM.** caprichoso.

capricornio m. Décimo signo del zodiaco, de 30º de amplitud, que el Sol recorre aparentemente entre el 21 de diciembre y el 20 de enero. ‖ Constelación zodiacal que se halla delante del mismo signo y un poco hacia el Oriente. ‖ com. Persona nacida bajo este signo: *los capricornio van a tener un mal día.*

cápsula f. Envoltura soluble de ciertos medicamentos. ‖ Por ext., el conjunto de la envoltura y el medicamento que va dentro. ‖ Compartimento de las naves espaciales, en la que van los cosmonautas y los aparatos de observación y transmisión. ‖ Cajita cilíndrica de metal con que se cierran algunas botellas. ‖ Fruto seco. ‖ Envoltura membranosa que envuelve un órgano: *cápsula suprarrenal.* ‖ **FAM.** capsular.

captar tr. Percibir por medio de los sentidos. ‖ Recibir, recoger sonidos o imágenes: *hemos captado una interferencia.* ‖ Percatarse de algo: *no capto la intención del libro.* ‖ Atraer a una persona: *no consiguió captar su interés.* ‖ Recoger las aguas: *el pozo capta las aguas subterráneas de esta zona.* ‖ **FAM.** captación, captor.

captor, ra adj. y s. Que capta. ‖ Que captura.

capturar tr. Apresar, aprehender, apoderarse de alguien o de algo: *capturaron al tigre.* ‖ **FAM.** captura.

capucha f. Gorro puntiagudo que llevan algunas prendas de vestir en la parte superior de la espalda. ‖ Caperuza: *se pone una capucha en el dedo para pasar las hojas.* ‖ **FAM.** capuchón.

capuchino, na adj. Se dice del religioso o religiosa descalzo de la orden franciscana. También s. ‖ Se dice del café con leche que se sirve con espuma. También m. ‖ f. Planta trepadora de jardín.

capuchón m. Capucha. ‖ Caperuza.

capulí m. Árbol rosáceo de América, de unos 15 m de altura, especie de cerezo, que da una frutilla de buen gusto y olor. ‖ Fruta de este árbol. ♦ pl. *capulís, capulíes.*

capullo m. Envoltura del gusano de seda o de las larvas de otros insectos. ‖ Flor que no ha acabado de abrirse. ‖ vulg. Ingenuo, torpe.

También adj. ‖ vulg. Persona que hace faenas. ‖ Prepucio, glande.

caquexia f. Decoloración de las partes verdes de las plantas por falta de luz. ‖ Estado de extrema desnutrición producido por enfermedades como la tuberculosis o el cáncer.

caqui m. Color que va desde el amarillo ocre al verde gris. ‖ Tela de este color que se utiliza para uniformes militares. ‖ Árbol originario del Japón y de la China, que produce un fruto del mismo nombre, parecido a un tomate, dulce y carnoso.

cara f. Parte anterior de la cabeza. ‖ Semblante, expresión del rostro: *tiene cara de enfado.* ‖ Aspecto, apariencia: *este plato tiene una cara estupenda.* ‖ Fachada o frente de alguna cosa. ‖ Superficie de alguna cosa: *cuatro folios a doble espacio por una cara.* ‖ Anverso de las monedas: *elegí cruz y salió cara.* ‖ En ciertas expresiones, descaro: *¡qué cara tienes!* ‖ Cada una de las superficies que forman o limitan un poliedro: *esta figura tiene cuatro caras.* ‖ **FAM.** carear, careta, carilla.

carabao m. Rumiante parecido al búfalo, usado como animal de tiro en Filipinas.

carabela f. Antigua embarcación muy ligera, larga y angosta, con tres palos y una sola cubierta.

carabina f. Arma de fuego de menor longitud que el fusil. ‖ Señora de compañía que acompañaba a las parejas para que no estuvieran solos. ‖ P. ext., cualquier persona que acompaña a una pareja. ‖ **FAM.** carabinero.

carabinero m. Soldado que usaba carabina. ‖ Guardia destinado a la persecución del contrabando. ‖ Crustáceo comestible muy apreciado de color rojo intenso, parecido al langostino pero mayor.

cárabo m. Autillo. ‖ Insecto coleóptero.

caracol m. Molusco gasterópodo de concha en espiral. Algunas especies son comestibles. ‖ Rizo del pelo. ‖ Una de las cavidades del laberinto del oído interno de los vertebrados, que tiene forma de espiral. ‖ Vuelta en redondo que da el caballo. ‖ **FAM.** caracola, caracolear, caracoleo, caracolillo.

caracola f. Concha de forma cónica de un caracol marino grande. Si se sopla por la punta produce un sonido como de trompa. ‖ El mismo caracol marino.

carácter m. Conjunto de cualidades psíquicas y afectivas, que condicionan la conducta de cada individuo o de un pueblo: *carácter hispano.* ‖ Rasgo distintivo. ‖ Condición, índole, naturaleza de algo o alguien con lo distingue de los demás: *una reunión de carácter privado.* ‖ Firmeza, energía: *es una mujer de carácter.* ‖ Letra o signo de escritura. Más en pl.: *caracteres cirílicos*. ‖ En inform., cada uno de los signos, dígitos o letras en que se subdivide una palabra o un registro de ordenador. ◆ pl. *caracteres*. ‖ FAM. característico, caracterizador, caracterizar.

característico, ca adj. Que caracteriza o determina. ‖ f. Cualidad peculiar de algo: *la claridad es una de las características del libro*. ‖ m. y f. Actor o actriz que representa papeles de personas de edad.

caracterizar tr. y prnl. Acreditar a algo o alguien sus rasgos propios: *su diplomacia lo caracteriza*. ‖ Determinar los rasgos distintivos de una persona o cosa: *han caracterizado un nuevo tipo de hongos*. ‖ Maquillar o vestir al actor conforme al personaje que ha de representar: *se caracterizó de anciano*. ‖ FAM. caracterización.

caradura com. Persona descarada, sinvergüenza.

carajillo m. Café con coñac, anís u otro licor.

carajo m. vulg. Pene. ‖ interj. que indica sorpresa, disgusto, enfado, etc.

¡caramba! interj. con que se denota extrañeza, enfado o asombro: *¡caramba, qué tarde es!*

carámbano m. Pedazo de hielo más o menos largo y puntiagudo que va formando al helarse el agua que gotea.

carambola f. Lance del juego de billar que consiste en conseguir que una de las bolas toque a las otras dos. ‖ Doble resultado que se alcanza mediante una sola acción. ‖ Casualidad: *acerté por carambola*.

caramelo m. Pasta de azúcar hecha de almíbar cocido y espesado al fuego que se endurece al enfriarse. Se presenta en pequeños trozos de diferentes colores y sabores. ‖ Azúcar derretido que no cristaliza: *echa mucho caramelo al flan*. ‖ FAM. acaramelar.

caramillo m. Flautilla de caña de sonido agudo.

caramujo m. Rosal silvestre. ‖ Caracol pequeño que se pega al fondo de los buques.

carantoña f. Halago y caricia que se hacen a uno para conseguir de él alguna cosa. Más en pl.: *no conseguirás nada con tantas carantoñas*.

carapacho m. Caparazón que cubre las tortugas, los cangrejos y otros animales.

carátula f. Máscara para ocultar la cara. ‖ Profesión de comediante. ‖ Portada de un libro o funda de un disco: *diseñador de carátulas*.

caravana f. Grupo de personas que viajan juntas con sus vehículos, animales, etc., especialmente por desiertos o lugares peligrosos. ‖ Conjunto de automóviles que marchan lentamente y a poca distancia entre ellos: *el primer día de vacaciones se forman enormes caravanas*. ‖ Semirremolque habitable.

carbón m. Mineral sólido, negro y muy combustible, que resulta de la combustión incompleta de la leña. ‖ Brasa o ascua después de apagada. ‖ Carboncillo de dibujar. ‖ FAM. carbonada, carboncillo, carbonear, carbonería, carbonero, , carbonilla, carbonizar.

carbonario, ria adj. Se dice de cada una de ciertas sociedades secretas fundadas en Italia en el s. XIX con fines políticos o revolucionarios: *las logias carbonarias*. ‖ m. y f. Individuo afiliado a alguna de estas sociedades.

carbonato m. Sal resultante de la combinación del ácido carbónico con un radical. ‖ FAM. bicarbonato, carbonatar.

carboncillo m. Palillo que, carbonizado, sirve para dibujar. ‖ Dibujo hecho con él.

carbonero, ra adj. Relativo al carbón. ‖ m. y f. Persona que hace o vende carbón. ‖ f. Lugar donde se guarda carbón. ‖ Pila de leña cubierta de arcilla para ser convertida en carbón.

carbónico, ca adj. Se apl. a las combinaciones en las que entra el carbono.

carbonífero, ra adj. Que contiene carbón mineral. ‖ Se dice del penúltimo periodo de la era paleozoica, anterior al pérmico. También m. ‖ Perteneciente o relativo a él.

carbonilla f. Carbón menudo. ‖ Partícula de carbón a medio quemar.

carbonizar tr. y prnl. Reducir a carbón un cuerpo orgánico. ‖ Calcinar, quemar. También prnl.: *se carbonizaron dentro del coche*. ‖ FAM. carbonización.

carbono m. Elemento químico no metálico, que se encuentra en todos los compuestos orgánicos y algunos inorgánicos. En su estado puro se presenta como diamante o grafito. Su símbolo es C. ‖ FAM. carbohidrato, carbonato, carbónico, carburo.

carborundo m. Carburo de silicio que por su gran dureza, próxima a la del diamante, se usa para pulir.

carbunco m. Enfermedad contagiosa, frecuente en el ganado lanar y vacuno y transmisible al hombre.

carburación f. Acción y efecto de carburar. ‖ Acto por el que se combinan el carbono y el hierro para producir el acero.

carburador m. Aparato de los motores de explosión donde se mezcla el carburante con el aire.

carburante m. Combustible, mezcla de hidrocarburos, que se emplea en los motores de explosión y de combustión interna: *necesita* *gasolina como carburante.* | FAM. carburación, carburador, carburar.

carburar tr. Mezclar los gases o el aire atmosférico con los carburantes gaseosos o con los vapores de los carburantes líquidos, para hacerlos combustibles o detonantes. | intr. Funcionar con normalidad: *parece que no carburas.*

carburo m. Combinación del carbono con un metaloide o metal, que se utiliza para el alumbrado. | FAM. carborundo, carburante.

carcaj m. Caja o saco en forma de tubo que se cuelga del hombro o la cadera para llevar las flechas.

carcajada f. Risa impetuosa y ruidosa. | FAM. carcajear.

carcajear intr. y prnl. Reir a carcajadas. | prnl. Burlarse de algo o alguien: *no te carcajees de su aspecto.*

carcamal com. y adj. Persona decrépita y achacosa. Suele tener valor despectivo.

carcasa f. Armazón, estructura sobre la que se monta algo: *la carcasa del buque.* | Cierta bomba incendiaria.

cárcava f. Zanja que suelen hacer las corrientes de agua. | Foso.

cárcel f. Edificio destinado a la custodia y reclusión de los presos. | FAM. carcelario, carcelero.

carcelario, ria adj. Perteneciente o relativo a la cárcel: *recinto cancelario.*

carcelero, ra m. y f. Persona que cuida la cárcel y a los presos.

carcinoma m. Tumor de naturaleza cancerosa.

carcoma f. Nombre de diversas especies de insectos coleópteros, muy pequeños y de color oscuro, cuyas larvas roen y taladran la madera produciendo a veces un ruido perceptible. | Polvo que produce este insecto después de digerir la madera que ha roído. | Preocupación continua que mortifica y consume. | FAM. carcomer.

carcomer tr. Roer la carcoma la madera. | Corroer, consumir poco a poco: *el odio la carcome.* También prnl. | prnl. Llenarse alguna cosa de carcoma: *el mueble se ha carcomido.*

carda f. Acción y efecto de cardar. | Cepillo con púas de hierro para cardar lana o limpiar fibras textiles.

cardamomo m. Planta medicinal de la India con semillas aromáticas y de sabor algo picante que se utilizan como carminativo.

cardar tr. Peinar con la carda una materia textil antes del hilado. | Peinar el pelo desde la punta a la raíz, para que quede más hueco. También prnl. | FAM. carda, cardado, cardador.

cardenal m. Cada uno de los prelados miembros del Sacro Colegio de consejeros del Papa. | Mancha amoratada en la piel a causa de un golpe. | Pájaro americano ceniciento, con una faja negra alrededor del pico, que se extiende hasta el cuello, y con un alto penacho rojo, al cual debe su nombre. | FAM. cardenalato, cardenalicio.

cardenalicio, cia adj. Perteneciente o relativo al cardenal: *capelo cardenalicio.*

cardenillo m. Capa venenosa, verde o azulada, que se forma en los objetos de cobre. | Color verde claro. | Acetato de cobre que se emplea en la pintura.

cárdeno, na adj. Morado. | Se dice del toro cuyo pelo tiene mezcla de negro y blanco. También m. | FAM. cardenal, cardenillo.

cardiaco, ca o **cardíaco, ca** adj. Del corazón: *insuficiencia cardiaca.* | Se dice del enfermo del corazón. También s. | FAM. cardiografía, cardiograma, cardiología, cardiopatía, carditis.

cardias m. Orificio entre el estómago y el esófago. ♦ No varía en pl.

cardillo m. Planta bienal compuesta que se cría en sembrados y barbechos, con flores amarillentas y hojas rizadas y espinosas, cuya penquita se come cocida cuando está tierna.

cardinal adj. Se dice de cada uno de los cuatro puntos del horizonte que sirven para orientarse: norte, sur, este y oeste. | Principal, fundamental: *virtud cardinal.* | Se dice del numeral que expresa el número, sin relación de orden.

cardiografía f. Estudio y descripción del corazón. | Cardiografía.

cardiógrafo m. Aparato que registra gráficamente la intensidad y el ritmo de los movimientos del corazón. | FAM. cardiografía, cardiograma.

cardiograma m. Gráfico que se obtiene con el cardiógrafo. | FAM. electrocardiograma.

cardiología f. Especialidad de la medicina que estudia el corazón, sus enfermedades y sus funciones. | FAM. cardiólogo.

cardiopatía f. Enfermedad del corazón. | FAM. cardiópata.

carditis f. Inflamación del tejido muscular del corazón. ♦ No varía en pl.

cardo m. Planta compuesta, como de un metro de altura, hojas grandes y espinosas como las de la alcachofa, flores azules en cabezuela, y pencas que se comen crudas o cocidas. | Nombre genérico de diversas especies de plantas silvestres, compuestas y de hojas espinosas: *cardo borriquero, estrellado.* | Persona arisca. | FAM. cardar, cardillo.

cardume o **cardumen** m. Banco de peces.

carear tr. Enfrentar a dos o más personas e interrogarlas a la vez para observar sus reacciones, confrontar sus opiniones y así averiguar la verdad. ‖ **FAM.** careo.

carecer intr. No tener algo. ♦ Se construye con la prep. *de*. ♦ **Irreg.** Se conj. como *agradecer*. ‖ **FAM.** carencia, carente.

carena f. Reparación que se hace en el casco de la nave. ‖ Recubrimiento de la estructura de un vehículo para protegerlo o darle una línea aerodinámica. ‖ **FAM.** carenado, carenar.

carencia f. Falta o privación de algo necesario: *tiene carencia de calcio*.

carero, ra adj. y s. Que vende caro.

carestía f. Precio alto de las cosas de uso común: *la carestía de la vivienda*. ‖ Penuria o escasez.

careta f. Máscara para cubrir la cara o para protegerla. ‖ Cualquier otra mascarilla que se usa para proteger la cara, como la que se ponen los colmeneros o los luchadores de esgrima.

carey m. Tortuga marina como de 1 m de longitud, con las extremidades anteriores más largas que las posteriores. Su carne es indigesta, pero sus huevos se consideran un manjar; abunda en las costas de las Indias Orientales y del golfo de México. ‖ Materia obtenida de su caparazón que sirve para fabricar cajas, peines y otros objetos.

carga f. Acción y resultado de cargar. ‖ Cosa que pesa sobre otra: *hay que calcular bien la carga de cada pilar*. ‖ Cosa transportada: *al camión se le cayó toda la carga*. ‖ Impuesto: *cargas fiscales*. ‖ Gravamen: *el piso está libre de cargas*. ‖ Cantidad de energía eléctrica acumulada en un cuerpo: *carga positiva o negativa*. ‖ Cantidad de pólvora, que se echa en el cañón de un arma de fuego. ‖ Cantidad de sustancia explosiva con que se provoca la voladura de una mina o barreno. ‖ Recambio de una materia que se consume con el uso: *carga de una pluma*. ‖ Acción de cargar en algunos deportes. ‖ Embestida o ataque militar decidido al enemigo.

cargadero m. Lugar para cargar o descargar.

cargado, da adj. Tiempo pesado, bochornoso. ‖ Ambiente impuro, viciado. ‖ Saturado, concentrado: *no hagas el café muy cargado*.

cargador, ra adj. Que carga. También s. ‖ m. y f. Persona que embarca o conduce las mercancías. ‖ m. Estuche metálico con un muelle impulsor en el que se disponen los proyectiles para las armas automáticas ligeras.

cargamento m. Conjunto de mercancías que carga un vehículo.

cargante adj. Pesado, que molesta o incomoda.

cargar tr. Echar peso sobre algo o alguien. ‖ Embarcar o poner en un vehículo mercancías para transportarlas ‖ Preparar un arma. ‖ Proveer a algo de la carga que necesita para ser útil: *cargar el mechero*. ‖ Acumular energía eléctrica en un aparato. ‖ Gravar, imponer. ‖ Anotar en una cuenta, adeudar: *cárguelo en mi cuenta*. ‖ Fastidiar: *este niño me carga*. ‖ intr. Acometer con fuerza y vigor a los enemigos. ‖ Tratándose del tiempo, el cielo, el horizonte, etc., irse aglomerando y condensando las nubes. ‖ Tomar o tener sobre sí alguna obligación o cuidado: *siempre carga él con toda la responsabilidad*. ‖ prnl. Matar: *se cargó al ladrón*. ‖ Llenarse o llegar a tener abundancia de ciertas cosas: *se ha cargado de hijos*. ‖ **FAM.** carga, cargadero, cargado, cargador, cargamento, cargante, cargo, carguero.

cargo m. Empleo, oficio: *ocupa el cargo de inspector*. ‖ Persona que lo desempeña: *es un alto cargo*. ‖ Obligación, responsabilidad: *está a cargo de la cocina*. ‖ Carga o peso. ‖ Delito o falta de que se acusa a alguien: *no tienen cargos contra mí*. ‖ Pago que se hace con dinero de una cuenta, y el apunte que se hace de él: *póngalo con cargo a la cuenta n.°...*

cargosear tr. *amer.* Importunar, molestar. ‖ **FAM.** cargoso.

carguero, ra adj. y s. Que lleva carga. ‖ m. Vehículo de carga: *en el puerto sólo queda un carguero*.

cari adj. *amer.* De color pardo o plomizo: *manta cari*.

cariacontecido, da adj. Con cara de tener pesadumbre.

cariátide f. Estatua de mujer que sirve de columna.

caribe adj. y com. Antiguo pueblo de las Antillas que se extendió por el norte de América del Sur. ‖ m. Lengua de este pueblo.

caribú m. Mamífero rumiante del Canadá, parecido al reno europeo pero más grande. Su carne es comestible. ♦ pl. *caribús, caribúes*.

caricato m. Bajo cantante que en la ópera hace los papeles de bufo. ‖ Cualquier artista que hace reír.

caricatura f. Retrato en el que se deforman o exageran las características de algo o alguien con intención satírica. ‖ Esa misma deformación: *he comprado la caricatura del ministro*. ‖ Reproducción mala o ridícula de algo o alguien que se pretende emular: *no es más que una caricatura de su padre*. ‖ **FAM.** caricaturesco, caricaturista, caricaturizar.

caricia f. Roce como demostración de cariño o amor. ‖ Sensación suave y agradable que produce el roce de algo: *la caricia del sol.*

caridad f. Una de las tres virtudes teologales, que consiste en amar a Dios sobre todas las cosas, y al prójimo como a nosotros mismos. ‖ Limosna o auxilio que se da a los necesitados. ‖ Tratamiento usado en ciertas órdenes y cofradías: *su caridad.* ‖ FAM. caritativo.

caries f. Lesión de la dentadura por una infección bacteriana. ♦ No varía en pl.

carilla f. Plana o página.

carillón m. Grupo de campanas en una torre, que producen un sonido armónico. ‖ Reloj con este sonido. ‖ Instrumento de percusión consistente en un juego de tubos o planchas de acero que producen un sonido musical.

cariñena m. Vino tinto muy dulce y oloroso, que procede de la ciudad de Cariñena, Zaragoza.

cariño m. Inclinación de amor o afecto que se siente hacia una persona, animal o cosa. ‖ Expresión y señal de dicho sentimiento. Más en pl. ‖ Esmero, cuidado con que se hace una labor o se trata una cosa: *trata con cariño mis libros.*

carioca adj. y com. De Río de Janeiro.

cariópside f. Fruto seco e indehiscente a cuya única semilla está íntimamente adherido el pericarpio; como el grano de trigo.

carisma m. Fascinación, encanto que ejercen algunas personas sobre los demás. ‖ FAM. carismático.

cariz m. Aspecto que va tomando algo: *no me gusta el cariz que está tomando este asunto.*

carlanca f. Collar ancho y fuerte, erizado de puntas de hierro, que preserva a los mastines de las mordeduras de los lobos ‖ *amer.* Grillete. ‖ *amer.* Molestia causada por alguna persona machacona y fastidiosa.

carlinga f. Espacio en los aviones para la tripulación y los pasajeros.

carlismo m. Doctrina y partido político que surgió en 1833 para defender las aspiraciones al trono de Carlos María Isidro de Borbón, hermano de Fernando VII, y de sus descendientes. ‖ FAM. carlista.

carmelita adj. y com. De la orden mendicante del Carmen o del Carmelo. ‖ FAM. carmelitano, carmelo.

carmen m. En Granada, quinta con huerto o jardín.

carmenar tr. y prnl. Desenredar, desenmarañar y limpiar el cabello, la lana o la seda. ‖ FAM. carmenador, carmenadura.

carmesí adj. Se dice del color granate muy vivo producido por el insecto quermes. También m. ‖ Se apl. también a lo que es de este color. ‖ m. Polvo de este color utilizado en pintura. ♦ pl. *carmesís, carmesíes.*

carmín m. Materia de color rojo encendido, que se saca principalmente del insecto llamado cochinilla. ‖ Este mismo color. ‖ Rosal silvestre cuyas flores, del mismo nombre, son de este color. ‖ Lápiz de labios.

carminativo, va adj. Se dice del medicamento que favorece la expulsión de los gases del tubo digestivo. También m.

carnada f. Cebo animal para pescar o cazar.

carnal adj. Relativo a la carne. ‖ Sensual. ‖ Terrenal, materialista. ‖ Se dice de los parientes de primer grado: *primo, tío, sobrino carnal.*

carnaval m. Los tres días que preceden al miércoles de ceniza. ‖ Fiesta popular que se celebra en esos días. Más en pl. ‖ FAM. carnavalada, carnavalesco.

carnaza f. Carnada, cebo. ‖ Cara de las pieles que ha estado en contacto con la carne.

carne f. Parte muscular del cuerpo humano o animal. ‖ Alimento de muchos animales en contraposición al pescado. ‖ Parte mollar de la fruta, que está bajo la cáscara o el pellejo. ‖ El cuerpo y los placeres relacionados con él, en oposición al alma y la espiritualidad: *los vicios de la carne.* ‖ FAM. carnada, carnal, carnaza, carnear, carnicería, cárnico, carnívoro, carnoso.

carné m. Documento de carácter personal que indica la identidad o la afiliación a una asociación, partido, etc.

carnear tr. *amer.* Matar y descuartizar las reses, para aprovechar su carne.

carnero m. Rumiante doméstico de 70 a 80 cm de altura hasta la cruz, frente convexa, cuernos huecos, angulosos, arrugados transversalmente y arrollados en espiral, y lana espesa. Es muy apreciado por su carne y por su lana.

carnestolendas f. pl. Carnaval.

carnicería f. Tienda donde se vende carne. ‖ Destrozo, matanza de gente. ‖ Herida o lesión con mucha sangre: *le hicieron una carnicería en la boca.* ‖ FAM. carnicero.

carnicero, ra adj. y s. Se dice del animal que mata a otros para devorarlos. ‖ Cruel, sanguinario: *el carnicero de Lyon.* ‖ m. y f. Persona que vende carne.

cárnico, ca adj. Perteneciente o relativo a las carnes dedicadas al consumo: *transportes cárnicos.*

carnívoro, ra adj. y s. Que se alimenta de carne. ‖ Se dice de ciertas plantas que se nutren de algunos insectos que cogen por medio de órganos dispuestos para ello.

carnosidad f. Carne superflua en una herida. ‖ Carne irregular que sobresale en alguna parte del cuerpo. ‖ Gordura exagerada.

carnoso, sa adj. De carne. ‖ **FAM.** carnosidad.

caro, ra adj. De precio elevado. ‖ Amado, querido. ‖ adv. m. a muy alto precio: *lo compré caro*. ‖ **FAM.** carero, carestía.

carolingio, gia adj. y s. Relativo a Carlomagno, a su dinastía o tiempo.

caroteno o **carotina** m. Hidrocarburo de color rojo anaranjado, que forma parte del pigmento llamado clorofila y existe, además, en las células de ciertos órganos vegetales, como la raíz de la zanahoria.

carótida adj. y f. Cada una de las dos grandes arterias del cuello.

carozo m. Corazón de la mazorca. ‖ Hueso del melocotón y otras frutas. ‖ *amer.* Diferentes partes más o menos duras de las frutas.

carpa f. Pez teleósteo verdoso de boca pequeña sin dientes, escamas grandes y una sola aleta dorsal; vive en las aguas dulces y su carne es muy apreciada. ‖ Toldo sobre un circo o mercado. ‖ *amer.* Tienda de playa. ‖ *amer.* Tenderete que, en las fiestas populares, despacha comestibles y bebidas.

carpanta f. Hambre canina.

carpelo m. En las plantas fanerógamas, estructura que encierra el órgano sexual femenino.

carpeta f. Cartera grande formada por dos cartones unidos con gomas o cintas para guardar papeles o escribir sobre ella. ‖ **FAM.** carpetazo.

carpetano, na adj. y s. De un pueblo prerromano del centro de España. ‖ Natural del reino de Toledo.

carpetazo (dar) loc. Dar por terminado un asunto: *por fin dieron carpetazo a la investigación.*

carpintero, ra m. y f. Persona que por oficio labra la madera. ‖ **FAM.** carpintería.

carpo m. Conjunto de huesos de la muñeca.

carpología f. Parte de la botánica que estudia el fruto de las plantas.

carraca f. Instrumento de madera de sonido seco y desagradable. ‖ Nave antigua de transporte, y por ext., cualquier artefacto deteriorado o caduco: *tu moto está hecha una carraca.*

carrasca f. Encina pequeña o mata de ella.

carraspear intr. Sentir o padecer carraspera. ‖ Toser levemente para limpiar la garganta y aclarar la voz.

carraspera f. Aspereza o irritación de la garganta. ‖ **FAM.** carraspear, carraspeo.

carrera f. Acción de correr. ‖ Competición deportiva de velocidad. ‖ Recorrido de un vehículo de alquiler: *carrera de un taxi*. ‖ Estudios universitarios repartidos en una serie de años con los que se obtiene un título profesional: *ha empezado la carrera de arquitectura*. ‖ Profesión: *abandonó su carrera de cantante*. ‖ Carretera que antes fue camino. ‖ Línea de puntos sueltos de una media o prenda de punto: *tienes una carrera en la media*. ‖ **FAM.** carrerilla.

carrerilla f. Pequeña carrera para coger impulso y saltar. ‖ **de carrerilla** loc. adv. De memoria, sin vacilar ni prestar atención: *repite las oraciones de carrerilla*.

carreta f. Carro bajo y alargado de dos ruedas. ‖ **FAM.** carretada, carretear, carretera, carretería, carretero, carretilla.

carretada f. Carga de una carreta o un carro.

carrete m. Cilindro taladrado por el eje en el que se enrolla algo. ‖ Conjunto del cilindro y lo que se enrolla: *pon otro carrete en la cámara*.

carretero, ra m. y f. Persona que conduce carros y carretas o los fabrica.

carretilla f. Carro pequeño con una rueda delante y dos mangos detrás para agarrarla, con la que se transportan pequeñas cantidades de algo.

carricoche m. Carruaje cubierto con la caja igual que la de un coche. ‖ Coche viejo o malo.

carriel m. *amer.* Maletín de cuero. ‖ *amer.* Bolsa de viaje con varios compartimientos para papeles y dinero.

carril m. En carreteras y vías públicas, cada una de las divisiones por las que circulan los vehículos. Puede haberlos destinados a usos específicos: *carril de aceleración, de vehículos lentos, carril bus*. ‖ Cada una de las dos barras de acero laminado o hierro de las vías férreas. ‖ Pieza sobre la que se desplaza otra: *carril de las cortinas*. ‖ **FAM.** descarrilar, encarrilar, ferrocarril.

carrillo m. Parte carnosa de la cara, desde el pómulo al mentón.

carro m. Carruaje de dos o cuatro ruedas, con lanza o varas para enganchar el tiro, y tablas para sostener la carga. ‖ Pieza de la máquina de escribir en la que va el rodillo con el papel y se desplaza a un lado y otro. ‖ *amer.* Automóvil. ‖ **FAM.** carreta, carretilla, carretón, carroza, carruaje.

carrocería f. Parte del vehículo que se asienta sobre las ruedas y en el que van los pasajeros o la carga. ‖ **FAM.** carrocero.

carromato m. Carro grande de dos ruedas con toldo tirado por uno o más caballos.

carroña f. Carne corrompida. | **FAM.** carroñero.

carroza f. Coche grande tirado por caballos y lujosamente adornado utilizado en actos oficiales y solemnes: *carroza real.* | Por ext., cualquier carruaje adornado utilizado en desfiles y fiestas. | *amer.* Coche fúnebre. | com. Viejo, antiguo, anticuado: *eres un carroza.*

carruaje m. Vehículo montado sobre ruedas para transportar personas.

carrusel m. Tiovivo. | Concurso de varias manifestaciones de una misma actividad: *carrusel deportivo.*

carta f. Escrito, generalmente cerrado, que se envía a una persona para comunicarle algo. | Naipe. | Lista de ofertas de un restaurante. | Mapa. | Norma constitucional de una entidad u organización política. | **FAM.** cartapacio, cartearse, cartel, cartera, cartería, cartero, cartilla.

cartabón m. Instrumento de dibujo lineal en forma de triángulo rectángulo.

cartapacio m. Carpeta grande para guardar libros y papeles. | Cuaderno de notas.

cartearse prnl. Escribirse cartas con alguien: *nos carteamos durante años.*

cartel m. Anuncio o aviso en sitio público con fines informativos o publicitarios. | Reputación: *tener buen o mal cartel.* | **FAM.** cartela, cartelón.

cártel m. Convenio entre varias empresas similares para evitar la mutua competencia y regular la producción, venta y precios en determinado campo industrial. ♦ pl. *cárteles.*

cartela f. Pedazo de cartón, madera u otra materia, a modo de tarjeta, para poner o escribir en él algo. | Cada uno de los hierros que sostienen los balcones cuando no tienen repisa de albañilería.

cartelera f. Sección de los periódicos o publicación independiente donde se anuncian espectáculos, restaurantes, etc.

cárter m. En un automóvil, envoltura protectora de un engranaje, un motor.

cartería f. Oficina de correos donde se despacha la correspondencia.

carterista com. Ladrón de carteras de bolsillo.

cartero, ra m. y f. Persona que reparte el correo. | f. Estuche rectangular de bolsillo plegado por la mitad para documentos, tarjetas, billetes, etc. | Objeto de forma cuadrangular hecho de cuero u otra materia generalmente flexible que se usa para llevar en su interior documentos, papeles, libros, etc.: *hay que comprar al niño una cartera más grande.* | Cubierta formada de dos hojas rectangulares, unidas por uno de sus lados, para dibujar o escribir sobre ellas, o guardar papeles. | Empleo y ejercicio de ministro: *cartera de Exteriores.* | Valores comerciales que forman parte del activo. | *amer.* Bolso de las mujeres.

cartesianismo m. Filosofía de Descartes y de sus discípulos. | **FAM.** cartesiano.

cartílago m. Ternilla, tejido elástico adherido a ciertas articulaciones óseas de los animales vertebrados. | **FAM.** cartilaginoso.

cartilla f. Cuaderno pequeño que contiene el alfabeto. | Libreta o cuaderno donde se anotan ciertos datos que afectan a su titular: *cartilla de escolaridad.*

cartografía f. Arte y técnica de trazar cartas geográficas. | **FAM.** cartógrafo.

cartomancia o **cartomancía** f. Adivinación del futuro por los naipes de la baraja. | **FAM.** cartomántico.

cartón m. Conjunto de varias hojas de papel húmedas, fuertemente comprimidas. | Hoja hecha de pasta de trapo, papel viejo y otras materias. | Dibujo previo a una obra de pintura, mosaico, tapicería o vidriería. | Caja con diez paquetes de cigarrillos. | **cartón piedra** Pasta de cartón o papel, yeso y aceite secante que luego se endurece mucho y con la cual puede hacerse toda clase de figuras. | **FAM.** cartoné, cartonero.

cartoné m. Encuadernación con tapas de cartón y forro de papel.

cartucho m. Tubo metálico que contiene una carga de pólvora. | Envoltorio cilíndrico de monedas de una misma clase. | Cucurucho. | Cajita de plástico que puede contener películas fotográficas, cinematográficas, cintas magnetofónicas. | **FAM.** cartuchera.

cartujano, na adj. Perteneciente a la Cartuja. | Cartujo. También s. | Se dice del caballo y yegua que ofrece las señales más características de la raza andaluza.

cartujo, ja adj. Religioso de la Orden de la Cartuja. También m. | f. Orden religiosa muy austera, que fundó San Bruno el año 1086. ♦ Se suele escribir con mayúscula. | Monasterio o convento de esta orden. | **FAM.** cartujano.

cartulina f. Cartón delgado y terso.

carúncula f. Carnosidad roja y eréctil de algunas aves, como la cresta del gallo y del pavo.

casa f. Edificio o parte de él para vivir. | Conjunto de personas que viven juntas: *en casa no se come carne.* | Descendencia o linaje: *la casa de Saboya.* | Establecimiento industrial o mercantil: *casa fundada en 1880.* | Cada una de sus delegaciones. | Casilla de algunos juegos, como el parchís. | **FAM.** casal, caserío, casero, caserón, caseta, casilla, casón, casucha.

casaca f. Prenda ceñida, con mangas y faldones hasta las corvas.

casación f. Anulación de una sentencia judicial: *recurso de casación.*

casadero, ra adj. Que está en edad de casarse.

casal m. Casa de campo. ‖ Solar o casa solariega. ‖ *amer.* Pareja de macho y hembra.

casamata f. Reducto abovedado para piezas de artillería.

casamentero, ra adj. y s. Aficionado a arreglar y concertar bodas.

casamiento m. Matrimonio, acción de casarse.

casar intr. Contraer matrimonio. Más c. prnl.: *se casó con una prima suya.* ‖ Corresponder, ajustar, encajar, unir: *estas piezas no casan.* ‖ tr. Autorizar y llevar a cabo el matrimonio de dos personas el que tiene licencia para ello. ‖ Disponer un padre o superior el casamiento de persona que está bajo su autoridad. ‖ Anular una sentencia. ‖ m. Conjunto de casas que no llegan a formar pueblo. ‖ **FAM.** casación, casadero, casado, casamentero, casamiento, casorio.

cascabel m. Bola hueca de metal con una ranura con una que su interior que la hace sonar. ‖ **FAM.** cascabelero.

cascabelero, ra adj. y s. Se dice de la persona de poco seso y fundamento y particularmente alegre y desenfadada.

cascado, da adj. Se apl. a la persona o cosa muy gastada: *la batidora está ya muy cascada.* ‖ Se dice de la voz sin sonoridad ni entonación. ‖ f. Caída desde cierta altura del agua de un río u otra corriente por un desnivel brusco del cauce.

cascajo m. Guijo, fragmentos de piedra y de otras cosas que se quiebran. ‖ Conjunto de frutas de cáscaras secas. como nueces, avellanas, castañas, piñones. etc. ‖ Persona o cosa vieja, inútil.

cascanueces m. Instrumento parecido a una tenaza para partir nueces. ♦ No varía en pl.

cascar tr. Quebrar. También prnl.: *se cascó el huevo.* ‖ Golpear: *te han cascado bien.* ‖ intr. Morir. ‖ Charlar sin parar: *¡cómo casca esta mujer!* ‖ **FAM.** cascado, cascajo, cascanueces, cáscara, casco.

cáscara f. Corteza exterior de los huevos y de varias frutas.

cascarilla f. Envoltura fina y quebradiza, como la de los granos de cereales o las almendras, cacahuetes, etc. ‖ Laminilla de metal muy delgada que se emplea en cubrir o revestir varios objetos: *botones de cascarilla.*

cascarón m. Cáscara de huevo de cualquier

ave, y más particularmente la rota por el pollo al salir de él.

cascarrabias com. Persona que se enfada fácilmente. ♦ No varía en pl.

casco m. Gorro de metal o plástico resistente que protege la cabeza: *casco de obra.* ‖ Cuerpo de un barco o avión sin el aparejo y las máquinas. ‖ Botella o envase para líquidos: *hay que devolver el casco.* ‖ Cada uno de los pedazos de vasija o vaso que se rompe. Más en pl.: *cuidado no pises los cascos de la copa.* ‖ Conjunto de edificios de una población: *casco urbano.* ‖ Uña del pie o de la mano del caballo que se corta y alisa para poner la herradura. ‖ **FAM.** cascote, casquete, casquillo.

cascote m. Fragmento de alguna construcción derribada o arruinada. ‖ Conjunto de escombros, usado para otras obras nuevas.

caseína f. Proteína de la leche que, con la manteca, forma el queso.

caserío m. Casa de campo y sus dependencias. ‖ Conjunto de casas más pequeño que un pueblo.

casero, ra adj. Que se hace o cría en casa: *empanada casera.* ‖ Que está mucho en casa: *es un hombre muy casero.* ‖ Se dice del árbitro o arbitraje que favorecen al equipo que juega en su campo. ‖ m. y f. Dueño de alguna casa de alquiler.

caserón m. Casa muy grande y destartalada.

caseta f. Casilla de las playas para cambiarse de ropa. ‖ Tenderete o barraca provisional de las ferias, exposiciones, etc. ‖ Casita del perro guardián.

casete amb. Cinta magnetofónica y la cajita de plástico que la contiene. ‖ Magnetófono: *se compró un casete estéreo.* ‖ **FAM.** radiocasete, videocasete.

casi adv. c. Poco menos de, cerca de, con corta diferencia, por poco. ‖ adv. m. Indica indecisión: *casi me voy a quedar un rato.*

casilla f. Casa pequeña. ‖ División del papel rayado o del tablero de ajedrez. ‖ **sacar** a alguien **de sus casillas** loc. Hacerle perder la paciencia. ‖ **FAM.** casillero.

casillero m. Mueble con divisiones para clasificar o guardar papeles u otros objetos: *deja la llave en el casillero de recepción.* ‖ Cada una de estas divisiones. ‖ Marcador de puntos en algunos deportes.

casimir m. Tejido muy fino de lana.

casino m. Casa de juego. ‖ Club, sociedad de recreo. ‖ Local de esta sociedad.

casiterita f. Mineral brillante de color pardo, principal mena del estaño.

caso m. Suceso: *me contó el caso del chico desaparecido.* ‖ Casualidad, oportunidad: *si llega el caso, lo haré.* ‖ Asunto: *te voy a contar mi* *caso*. | Problema, pregunta. | Cada enfermo en que se manifiesta una enfermedad: *de momento hay tres casos de cólera*. | En ling., función sintáctica de una palabra en una oración y forma que adopta según esta función.

casorio m. desp. Boda.

caspa f. Escamilla que se forma en la cabeza o en la raíz del cabello.

caspiroleta f. *amer.* Bebida compuesta de leche caliente, huevos, canela, aguardiente, azúcar y algún otro ingrediente.

¡cáspita! interj. que indica extrañeza o admiración.

casquería f. Tienda donde se venden los despojos de la res. | **FAM.** casquero.

casquete m. Gorro ajustado para cubrir toda o parte de la cabeza. | **FAM.** encasquetar.

casquillo m. Cartucho vacío. | Soporte metálico de una bombilla con una rosca para conectarlo a la red eléctrica.

casquivano, na adj. Se dice de la persona insensata e informal. | f. Mujer de trato frívolo con los hombres.

casta f. Generación, estirpe. | Parte de los habitantes de un país que forma clase especial, sin mezclarse con los demás: *la casta de los brahmanes*. | Raza animal formada por unos determinados caracteres que se transmiten por herencia: *un toro de casta*. | **FAM.** castizo.

castañero, ra m. y f. Persona que vende castañas.

castañetear tr. Tocar las castañuelas. | intr. Sonar los dientes al chocarse los de arriba con los de abajo, por frío, miedo, etc. | Sonarle a uno las articulaciones al moverse, por ej., la rótula al andar.

castaño, ña adj. y s. Del color de la cáscara de castaña: *ojos castaños*. | m. Árbol de copa ancha y redonda y fruto comestible, y su madera. | f. Fruto del castaño del tamaño de una nuez, cubierto con una cáscara gruesa y correosa de color pardo oscuro. | Especie de moño que se hacen las mujeres en la parte posterior de la cabeza. | Golpe, bofetada: *se dio una buena castaña*. | Borrachera: *se agarró una castaña...* | Persona o cosa muy aburrida: *la función fue una verdadera castaña*. | **FAM.** castañar, castañazo, castañero.

castañuela f. Instrumento de percusión, con dos mitades cóncavas de madera, unidas por una cuerdecita por la que se sujetan a la mano para hacerlas sonar golpeando una contra otra. | **FAM.** castañetear, castañeta.

castellano, na adj. y s. De Castilla. | m. Lengua oficial de España e Hispanoamérica. | Dialecto románico de Castilla la Vieja, del que surgió la lengua española. | Alcaide o gobernador de un castillo. | **FAM.** castellanismo, castellanización, castellanizar.

casticismo m. Amor a lo castizo en las costumbres, usos y modales. | Actitud de los que al hablar o escribir evitan los extranjerismos y prefieren el empleo de voces y giros de su propia lengua.

castidad f. En la moral católica, renuncia total al placer sexual o sólo al que está fuera de sus principios morales o religiosos.

castigar tr. Ejecutar un castigo en quien ha cometido una falta: *castigó al niño sin cenar*. | Estimular con el látigo o con las espuelas al caballo para que acelere la marcha. | Mortificar a alguien.

castigo m. Sanción, pena impuesta. | Persona o cosa que causa continuas molestias o padecimientos: *estas zapatillas son un castigo*. | **FAM.** castigador, castigar.

castillete m. Armazón para sostener algo.

castillo m. Edificio fortificado con murallas, fosos, etc. | Parte de la cubierta principal del buque, comprendida entre el palo trinquete y la proa. | Cubierta parcial que tienen algunos buques a la altura de la borda.

castizo, za adj. Se dice de las personas o cosas típicas y características de un país, raza, actividad, etc. | Se dice del lenguaje puro. | Se dice de la persona graciosa y ocurrente, en especial aplicado a los madrileños. | **FAM.** casticismo, casticista.

casto, ta adj. Se dice del que practica la castidad o está de acuerdo con ella. | Honesto, puro, sin picardía ni sensualidad: *un beso casto*. | **FAM.** castidad.

castor m. Mamífero roedor grueso, de hasta 80 cm de largo, de pelo castaño muy fino, patas cortas, pies con cinco dedos palmeados, y cola aplastada, oval y escamosa. Se alimenta de hojas, cortezas y raíces de los árboles, y construye sus viviendas en las orillas de ríos o lagos, haciendo verdaderos diques de gran extensión. | Pelo de este animal.

castoreño adj. Se dice del sombrero de los picadores de toros. También m.

castrar tr. Extirpar o anular los órganos genitales. | Debilitar o inutilizar algo. | Quitar parte de la miel de las colmenas dejando sólo la suficiente para que las abejas puedan seguir trabajando. | **FAM.** castración, castrador.

castrense adj. Relativo al ejército o a la profesión militar.

castro m. Sitio donde estaba acampado y fortificado un ejército. | **FAM.** castrense.

casual adj. Que sucede por casualidad: *llamada casual*. | En ling., perteneciente o relativo al caso: *gramática casual*. | **FAM.** casualidad.

casualidad f. Combinación de circunstancias imprevisibles e inevitables: *le conocí por casualidad.*

casuario m. Ave menor que el avestruz, incapaz de volar, con tres dedos en cada pie y plumas sedosas de llamativos colores. Vive en Nueva Guinea, Australia e islas vecinas.

casuística f. Conjunto de los diversos casos particulares que se pueden prever en una determinada materia: *ha recogido toda la casuística existente sobre el tema.*

casulla f. Vestidura litúrgica que se pone el sacerdote encima de las demás cuando va a decir misa.

cata f. Acción y efecto de catar. ‖ Porción de alguna cosa que se prueba: *me dio una cata del melón.*

catabolismo m. Conjunto de procesos metabólicos que transforman las grandes moléculas orgánicas en otras más pequeñas, con liberación de energía.

cataclismo m. Catástrofe producida en la tierra por agentes de la naturaleza, como un terremoto o un diluvio. ‖ Gran desastre social, económico o político: *el resultado de las elecciones desencadenó un cataclismo.*

catacumbas f. pl. Subterráneos en los que los primeros cristianos, especialmente en Roma, enterraban sus muertos y practicaban las ceremonias del culto.

catadura f. Gesto, semblante, aspecto: *no me gusta su catadura.*

catafalco m. Túmulo lujoso cubierto de paños negros que se instala en las iglesias para celebrar los funerales del difunto.

catalán, na adj. y s. De Cataluña. ‖ m. Una de las lenguas oficiales de Cataluña, junto con el español, hablada también en otros territorios de la antigua corona de Aragón. ‖ FAM. catalanismo.

catalanismo m. Doctrina política que defiende la autonomía política de Cataluña. ‖ Expresión, vocablo o giro propios de la lengua catalana. ‖ FAM. catalanista.

catalejo m. Anteojo que sirve para ver a larga distancia.

catalepsia f. Accidente nervioso repentino que suspende las sensaciones e inmoviliza el cuerpo. ‖ FAM. cataléptico.

catálisis f. Transformación química activada por cuerpos que al finalizar la reacción aparecen inalterados. ♦ No varía en pl. ‖ FAM. catalizador.

catalizador m. Cuerpo capaz de producir la catálisis. ‖ Lo que, con su presencia o intervención, es capaz de hacer reaccionar un conjunto de factores: *fue el catalizador de la reunión.* ‖ FAM. catalizar.

catalogar tr. Apuntar, registrar o clasificar en un catálogo. ‖ Encasillar, etiquetar a una persona.

catálogo m. Lista ordenada o clasificada de personas o cosas. ‖ FAM. catalogable, catalogación, catalogar.

catamarán m. Embarcación hecha de troncos de diferentes longitudes, usada en la India. ‖ Embarcación deportiva de vela o motor formada por dos cascos alargados como patines unidos por un armazón rígido.

cataplasma f. Masa húmeda de consistencia blanda, aplicada como calmante. ‖ Persona pesada y fastidiosa.

catapulta f. Antigua máquina militar para arrojar piedras o saetas. ‖ Mecanismo que impulsa el despegue de aviones en sitios reducidos. ‖ FAM. catapultar.

catapultar tr. Lanzar con la catapulta. ‖ Promocionar a una persona: *esta película te catapultará al estrellato.*

catar tr. Probar algo. ‖ Castrar las colmenas. ‖ FAM. cata, catador, catadura, catalejo, catavino.

catarata f. Cascada grande de agua. ‖ Opacidad del cristalino del ojo por exceso de albúmina en sus fibras. ‖ pl. Lluvia abundante.

cátaro, ra adj. Perteneciente o relativo a varias sectas heréticas de la Edad Media que pregonaban una extremada sencillez en las costumbres como principal culto religioso. También s.

catarro m. Inflamación de la mucosa del aparato respiratorio con aumento de la secreción. ‖ FAM. catarral, catarroso, acatarrar.

catarsis f. Efecto purificador que causa cualquier obra de arte en el espectador. ‖ Expulsión espontánea o provocada de sustancias nocivas al organismo. ‖ Por ext., eliminación de recuerdos que perturban el equilibrio nervioso. ♦ No varía en pl. ‖ FAM. catártico.

catastro m. Censo estadístico de las fincas rústicas y urbanas. ‖ Contribución que se paga por la posesión de un finca. ‖ FAM. catastral. .

catástrofe f. Desastre, suceso desgraciado e inesperado. ‖ Se apl. a cosas que son de mala calidad o mal hechas: *esta pluma es una catástrofe.* ‖ FAM. catastrófico, catastrofista.

catavino m. Copa para oler y catar el vino. ‖ Especie de pipeta con un asa larga en la parte superior que se introduce en los barriles para extraer muestras de vino. ‖ pl. com. Persona que cata vinos.

cate m. Golpe, bofetada. ‖ Nota de suspenso en los exámenes. ‖ FAM. catear.

catear tr. Suspender en los exámenes a un alumno: *le han cateado las matemáticas.* ‖

amer. Explorar terrenos en busca de alguna veta minera. ‖ *amer.* Allanar la casa ajena.

catecismo m. Libro que contiene la explicación de la doctrina cristiana en forma de diálogo. ‖ Por ext., cualquier obra que resume una doctrina o ciencia: *aquí tienes el catecismo de la astrología.*

catecúmeno, na m. y f. Persona que se está instruyendo en la doctrina católica para bautizarse. ‖ **FAM.** catecumenado.

cátedra f. Empleo, plaza y departamento de un catedrático. ‖ Asignatura que enseña y aula donde lo hace. ‖ Asiento elevado desde donde el maestro enseña a los alumnos. ‖ **FAM.** catedral, catedrático.

catedral f. Iglesia principal de una diócesis, sede del obispado. ‖ **FAM.** catedralicio.

catedrático, ca m. y f. Profesor o profesora titular de la más alta plaza docente universitaria o de instituto.

categoría f. Cada uno de los grupos de una clasificación de objetos: *la fruta se separa por categorías, según su calidad.* ‖ Cada una de las jerarquías establecidas en una profesión o carrera: *categoría de administrativo.* ‖ Clase, distinción, condición de algo o alguien: *todo lo hace con categoría.* ‖ Uno de los diferentes elementos de clasificación que suelen emplearse en las ciencias. ‖ **de categoría** loc. adj. Se dice de lo bueno, importante o valioso: *un coche de categoría.* ‖ **FAM.** categórico.

categórico, ca adj. Rotundo, terminante: *una afirmación categórica.*

catequesis m. Enseñanza de la doctrina cristiana, sobre todo para recibir el bautismo o la comunión. ♦ No varía en pl. ‖ **FAM.** catequismo, catequista, catequizar.

catequizar tr. Instruir en la doctrina de la fe católica. ‖ Persuadir, convencer: *pretende catequizarme para que pida el permiso yo.* ‖ **FAM.** catequizador.

caterva f. Multitud desordenada o de poco valor: *una caterva de rufianes.*

catéter m. Sonda que se introduce por cualquier conducto natural o artificial del organismo, para explorarlo o dilatarlo. ‖ **FAM.** cateterismo.

cateterismo m. Acto quirúrgico o exploratorio, que consiste en introducir un catéter en un conducto o cavidad.

cateto, ta m. y f. desp. Persona paluda, torpe, inculta. ‖ m. Cada lado del ángulo recto en el triángulo rectángulo.

catilinaria adj. Se dice de los discursos pronunciados por Cicerón contra Catilina. Más f. pl. ‖ f. Escrito o discurso vehemente contra alguna persona.

cátodo m. Electrodo negativo del que parten los electrones. ‖ **FAM.** catódico.

catolicismo m. Religión que profesan los cristianos que reconocen al papa como representante de Dios en la tierra.

católico, ca adj. Que profesa el catolicismo. También s. ‖ Sano, perfecto: *este dibujo no está muy católico.* ‖ **FAM.** catolicidad, catolicismo.

catón m. Libro con textos sencillos para aprender a leer.

catorce adj. Diez más cuatro. También m.: *el catorce de mayo.* ‖ Decimocuarto. También pron. ‖ m. Conjunto de signos con que se representa el número catorce.

catorceavo, va adj. Se dice de cada una de las 14 partes iguales en que se divide un todo. También m. ♦ No debe usarse con el significado de decimocuarto: *el catorceavo festival de Eurovisión.*

catre m. Cama ligera para una sola persona.

caucásico, ca adj. De la raza blanca o indoeuropea. ‖ Del Cáucaso.

cauce m. Lecho por donde corre un arroyo o río para regar o para otros fines. ‖ Procedimiento, camino seguido: *los trámites siguen el cauce ordinario.* ‖ **FAM.** encauzar.

caucho m. Látex producido por varias plantas tropicales que, después de coagulado, es una masa impermeable muy elástica, y tiene muchas aplicaciones en la industria, como la fabricación de neumáticos, aislantes y tuberías. ‖ **FAM.** cauchero, recauchutar.

caución f. Prevención, cautela. ‖ Seguridad personal de que se cumplirá lo pactado.

caudal adj. Relativo a la cola: *aleta caudal.* ‖ m. Cantidad de agua de una corriente. ‖ Hacienda, bienes. ‖ Abundancia de algo: *ha llegado un caudal de cartas.* ‖ **FAM.** caudaloso, acaudalado.

caudillo m. Jefe de un ejército o comunidad. ‖ **FAM.** caudillaje.

causa f. Motivo, fundamento u origen. ‖ Empresa o ideal: *está muy interesado por la causa misionera.* ‖ Litigio, pleito judicial: *la causa se resolvió a mi favor.* ‖ *amer.* Puré de papas, aderezado con lechugas, queso fresco, aceitunas, choclo y ají. Se come frío. ‖ **FAM.** causal, causar, causativo.

causal adj. Relativo a la causa. ‖ Se dice de la relación que se establece entre la causa y el efecto. ‖ **FAM.** causalidad.

causar tr. Motivar, originar o producir algo: *me has causado muchas molestias.* ‖ **FAM.** causante.

cáustico, ca adj. Que quema o corroe los tejidos orgánicos. ‖ Se dice del medicamento que cauteriza. También s. | Mordaz, agresivo: *lenguaje cáustico.*

cautela f. Precaución, reserva con que se hace algo: *entró en la habitación con mucha cautela.* | **FAM.** cautelar, cauteloso, cauto.

cautelar adj. Preventivo. | En der., se dice de las medidas o reglas para prevenir la consecución de algo o precaver lo que pueda dificultarlo: *acción cautelar.*

cauterio m. Acción y efecto de cauterizar. | Medio empleado en cirugía para quemar o destruir tejidos con fines curativos. | Lo que corrige o ataja eficazmente algún mal. | **FAM.** cauterización, cauterizar.

cauterizar tr. Curar una herida quemándola con el cauterio.

cautivar tr. Aprisionar, privar de libertad. | Atraer, ganarse a alguien: *me cautiva su sonrisa.*

cautiverio m. Estado de privación de libertad y tiempo que dura: *aprovechó su cautiverio para meditar.*

cautivo, va adj. y s. Prisionero o retenido en un lugar a la fuerza. | Dominado por el atractivo de alguien o algo: *está cautivo de sus ojos.* | **FAM.** cautivador, cautivar, cautiverio, cautividad.

cauto, ta adj. Que obra con cautela. | **FAM.** caución, cautamente.

cava f. Dependencia subterránea donde se elabora y conserva el vino. | m. Vino espumoso que se cría en la misma botella en que luego se consume. | adj. Se dice de cada una de las dos venas que llevan la sangre a la aurícula derecha del corazón. También f.

cavar tr. Levantar y mover la tierra. También intr.: *sólo se dedica a cavar.* | intr. Ahondar, profundizar en algo.

caverna f. Cueva, oquedad profunda, subterránea o entre rocas. | Cavidad que queda en algunos órganos después de perderse los tejidos dañados por una enfermedad, p. ej., la tuberculosis. | **FAM.** cavernario, cavernícola, cavernoso.

cavernícola adj. y com. Que vive en cavernas. | desp. De costumbres o ideas anticuadas.

cavernoso, sa adj. Que tiene cavernas o se parece a ellas. | Se apl. especialmente a la voz, a la tos, a cualquier sonido sordo y bronco.

caviar m. Manjar a base de huevas de diferentes peces, sobre todo del esturión.

cavidad f. Hueco que se abre dentro de un cuerpo o en su superficie.

cavilar tr. Pensar en algo o sobre algo con insistencia y preocupación: *está cavilando sobre dónde ir a buscar trabajo.* | **FAM.** cavilación, caviloso.

cayado m. Cachava que usan sobre todo los pastores. | Báculo de los obispos.

cayo m. Islote raso y arenoso muy común en el mar de las Antillas y en el golfo mexicano.

caz m. Canal para tomar el agua y conducirla a donde es aprovechada.

caza f. Acción de cazar. | Animales que se cazan: *aquí hay mucha caza.* | Carne de estos animales: *no me gusta la caza.* | m. Pequeño avión militar.

cazador, ra adj. y s. Que caza. | f. Chaqueta deportiva ablusada que se ajusta a la cadera o a la cintura.

cazadotes m. El que trata de casarse con una mujer rica. ♦ No varía en pl.

cazar tr. Coger o matar animales. | Atrapar, pillar algo difícil con maña. | Sorprender en un descuido: *le cacé cogiendo el dinero.* | **FAM.** cacería, caza, cazador.

cazo m. Recipiente de cocina, metálico y con mango, utilizado sobre todo para cocer alimentos. | Especie de cucharón semiesférico y con un mango largo para pasar líquidos de un recipiente a otro. | Cantidad de líquido que puede contener: *calcula dos cazos por persona.* | **FAM.** cacerola, cacillo, cazoleta, cazuela.

cazoleta f. Cazuela pequeña. | Pieza de la espada entre el puño y la hoja para proteger la mano. | Parte de la pipa donde se pone el tabaco.

cazuela f. Recipiente de cocina más ancho que alto. | Guisado que se hace y se sirve en este recipiente: *cazuela de mariscos.*

cazurro, rra adj. y s. Reservado, de pocas palabras y desconfiado. | Tosco, zafio.

ce f. Nombre de la letra *c.* | **ce por be o ce por ce** loc. adv. Con todo detalle: *se lo contó ce por ce.* | **por ce o por be** loc. adv. De un modo o de otro.

cebada f. Planta herbácea gramínea anual, de semillas más alargadas que el trigo, que sirve de alimento a diversos animales, y se usa en la fabricación de algunas bebidas alcohólicas, como la cerveza.

cebador m. Pequeño dispositivo para el encendido de los tubos fluorescentes. | Frasquito de pólvora para cebar las armas de fuego.

cebadura f. *amer.* Cantidad de yerba que se pone en el mate cuando se prepara la infusión.

cebar tr. Engordar a un animal y por ext., a una persona: *tu madre te está cebando.* También prnl. | Poner cebo en una trampa para atraer y cazar animales. | Cargar de combustible una máquina o cualquier dispositivo para que funcione: *cebar una caldera.* | *amer.* Preparar mate. | prnl. Ensañarse: *se cebó con nosotros.* | **FAM.** cebada, cebador, cebadura, cebo, cebón.

cebo m. Comida para alimentar, engordar o atraer a los animales. ‖ Persona o cosa que se pone como atractivo o inductor de algo o alguien: *la policía le utilizó como cebo para coger al ladrón.*

cebolla f. Planta de huerta liliácea, con tallo hueco, hojas largas y cilíndricas, flores de color blanco verdoso y raíz fibrosa que nace de un bulbo esferoidal, blanco o rojizo, formado de capas tiernas y jugosas, de olor fuerte y sabor más o menos picante. ‖ Bulbo comestible de esta planta. ‖ **FAM.** cebolleta, cebollino.

cebolleta f. Planta parecida a la cebolla pero con el bulbo más pequeño.

cebollino m. Especie de cebolla de flores rosadas, usada como condimento. ‖ Persona torpe e ignorante.

cebón, na adj. y s. Animal cebado, especialmente el cerdo.

cebra f. Mamífero africano parecido al asno, de piel rayada. ‖ **paso de cebra** Paso de peatones marcado por franjas blancas o amarillas en la calzada.

cebú m. Mamífero semejante al buey, pero con una o dos jorobas, según sea la variedad india o africana. ♦ pl. *cebús, cebúes.*

ceca f. Casa donde se labra moneda. ‖ **de la Ceca a la Meca** loc. adv. De una parte a otra, de aquí para allí.

cecear intr. Pronunciar la *s* con sonido de *z*. ‖ **FAM.** ceceante, ceceo.

cecina f. Carne salada y seca.

cecografía f. Escritura y modo de escribir de los ciegos. ‖ **FAM.** cecógrafo.

cedazo m. Instrumento compuesto de un aro y de una tela, más o menos tupida, que se utiliza para separar las partes finas de las gruesas de algunas cosas; como la harina, el suero, etc. ‖ Red grande para pescar.

ceder tr. Dar, transferir: *nos cedió su mesa.* ‖ intr. Rendirse alguien: *era evidente y tuvo que ceder.* ‖ Cesar, disminuir la fuerza o resistencia: *la puerta ha cedido.* ‖ **FAM.** cesión.

cedilla f. Letra *c* con una virgulilla debajo (ç).

cedro m. Árbol conífero de tronco grueso muy alto y de forma piramidal. Es de hoja perenne y su madera es duradera y muy aromática.

cédula f. Papel o documento en que se hace constar algo. ‖ **FAM.** cedular, cedulario.

cefalea f. Dolor de cabeza.

cefalópodo, da adj. y s. Se dice de los moluscos marinos de cabeza grande y boca rodeada de tentáculos, como el calamar.

cefalorraquídeo, a adj. Se apl. al sistema nervioso de los vertebrados, porque sus órganos principales, el encéfalo y la médula espinal, se alojan en la columna vertebral.

cefalotórax m. Parte del cuerpo de los crustáceos y arácnidos que está formada por la unión de la cabeza y el tórax.

céfiro m. Viento de poniente. ‖ Cualquier viento suave y apacible. ‖ Tela de algodón casi transparente y de colores variados.

cegar tr. Quitar la vista: *le cegó la luz.* ‖ Ofuscar. También intr. y prnl.: *se cegó por el odio.* ‖ Cerrar, tapar algo que estaba hueco o abierto: *cegaron la entrada al túnel.* ‖ intr. Perder la vista. ♦ **Irreg.** Se conj. como *acertar.*

cegato, ta adj. y s. Corto de vista.

cegesimal adj. Del sistema métrico cuyas unidades fundamentales son el centímetro, el gramo y el segundo.

ceguera f. Privación total de la vista. ‖ Obcecación.

ceiba f. Árbol americano de unos 30 m de altura, con tronco grueso, copa extensa casi horizontal, ramas rojizas y espinosas, frutos cónicos que contienen semillas pequeñas envueltas en una especie de algodón, usado para rellenar almohadas.

ceja f. Prominencia curva de pelo sobre la cuenca del ojo. ‖ Pelo que la cubre. ‖ Listón que tienen los instrumentos de cuerda entre el clavijero y el mástil, para apoyo y separación de las cuerdas. ‖ Cejilla. ‖ **FAM.** cejijunto, cejilla, cejudo.

cejar intr. Flaquear, aflojar o ceder. ♦ Más en frases negativas: *no ceja en su empeño de ir.*

cejijunto, ta adj. De cejas muy pobladas y casi juntas.

cejilla f. Pieza sobre el mástil de la guitarra para subir el tono.

celada f. Emboscada: *les tendieron una celada.* ‖ Pieza de la armadura para cubrir la cabeza.

celador, ra m. y f. Persona con autoridad para vigilar y mantener el orden y cuidar de algún sitio: *su padre es el celador del instituto.*

celaje m. Cielo con nubes tenues.

celar tr. Procurar el cumplimiento de algo, cuidar, velar. ‖ Ocultar: *celó sus verdaderos propósitos.* También prnl.

celda f. Cuarto pequeño en un convento, una cárcel. ‖ Celdilla. ‖ **FAM.** celdilla.

celdilla f. Casilla de un panal. ‖ Nicho en una pared.

celebrar tr. Conmemorar, festejar. También prnl.: *se celebra nuestro aniversario.* ‖ Realizar un acto social con solemnidad o formalidad. También prnl.: *hoy se celebra la junta general de accionistas.* ‖ Alabar: *fue un libro muy celebrado.* ‖ Decir misa. También intr. ‖ **FAM.** celebración, celebrante.

célebre adj. Famoso ‖ Ocurrente, gracioso: *son célebres sus dichos.* ‖ FAM. celebrar, celebridad.

celebridad f. Fama, renombre. ‖ Persona famosa: *se ha convertido en una celebridad.*

celemín m. Medida para áridos, equivalente a 4,625 litros.

celentéreo adj. y m. Animal del grupo de los metazoos inferiores de simetría radiada, como el pólipo y la medusa.

celeridad f. Prontitud, rapidez, velocidad. ‖ FAM. acelerar.

celesta f. Instrumento de teclado en que los macillos producen el sonido golpeando láminas de acero.

celeste adj. Del cielo. ‖ Se apl. al color azul claro parecido al del cielo. ‖ FAM. celestial.

celestial adj. Del cielo o paraíso. ‖ Delicioso: *un manjar celestial.*

celestina f. Intermediaria en asuntos amorosos. ‖ FAM. celestinesco.

celíaco, ca o **celiaco, ca** adj. Perteneciente o relativo al vientre o a los intestinos.

célibe adj. y com. Se dice de la persona que no se ha casado o que voluntariamente renuncia a las relaciones sexuales. ‖ FAM. celibato.

cellisca f. Temporal de agua y nieve muy menuda, con viento muy fuerte.

celo m. Cuidado, esmero, interés: *pone mucho celo en todo lo que hace* ‖ Excitación sexual de los animales en el periodo propicio para el apareamiento. ‖ pl. Sospecha, inquietud por la fidelidad de la persona amada. ‖ Envidia que siente alguien hacia otro que acapara todas las atenciones o todos los éxitos: *celos profesionales.* ‖ m. Papel adhesivo transparente. ‖ FAM. celosamente, celoso.

celofán m. Película transparente y flexible para envolver.

celosía f. Enrejado de pequeños listones de las ventanas u otros sitios.

celta adj. y com. De un antiguo pueblo del centro y oeste de Europa del s. vi a. de C. ‖ FAM. celtíbero, céltico.

celtíbero, ra o **celtibero, ra** adj. y s. De un antiguo pueblo del centro de la península Ibérica antes de los romanos. ‖ Se dice de lo genuinamente español. ‖ m. Lengua celtíbera.

célula f. Unidad microscópica esencial de los seres vivos. ‖ Unidad básica e independiente de algunas organizaciones políticas. ‖ FAM. celular, celulitis, celulosa.

celular adj. De las células. ‖ Del lugar o vehículo donde se incomunica a los reclusos: *camión celular.*

celuloide m. Sustancia sólida, casi transparente y muy elástica, que se emplea en la in-

dustria fotográfica y cinematográfica. ‖ Por ext., cinta cinematográfica, cine: *los mitos del celuloide.*

celulosa f. Hidrato de carbono que es el componente básico de la membrana de las células vegetales. Se utiliza en la fabricación de papel, fibras textiles, plásticos, etc. ‖ FAM. celuloide.

cementerio m. Lugar cercado para enterrar cadáveres.

cemento m. Mezcla de arcilla molida y cal que en contacto con el agua se solidifica y endurece. Se utiliza para unir los elementos de la construcción. ‖ FAM. cementación, cementar.

cena f. Comida que se hace al atardecer o por la noche. ‖ FAM. cenáculo, cenador, cenar.

cenáculo m. Sala en que se celebró la última cena de Jesucristo. ‖ Grupo de personas con las mismas aficiones e intereses, generalmente escritores o artistas.

cenador m. En los jardines, pabellón cercado y cubierto de plantas.

cenagal m. Barrizal, lugar lleno de cieno. ‖ Negocio difícil o situación apurada. ‖ FAM. cenagoso.

cenar intr. Tomar la cena: *todavía no hemos cenado.* ‖ tr. Comer en ella un determinado alimento: *he cenado calamares.*

cencerro m. Campana pequeña que se ata al cuello de las reses para localizarlas. ‖ **estar como un cencerro** loc. Estar loco. ‖ FAM. cencerrada, cencerrear.

cendal m. Tela de seda o lino muy delgada y transparente.

cenefa f. Lista sobrepuesta o tejida en los bordes de las cortinas, doseles, pañuelos, etc. ‖ Dibujo de adorno que se pone a lo largo de los muros, suelos y techos y suele consistir en elementos repetidos de un mismo adorno.

cenestesia f. Sensación general de la existencia y del estado general del propio cuerpo, independiente de los sentidos externos.

cenicero m. Vasija o platillo donde se echan la ceniza y las colillas de los cigarros. ‖ Espacio que hay debajo de la rejilla del hogar, para recoger la ceniza.

ceniciento, ta adj. Del color de la ceniza. ‖ f. Persona injustamente marginada o despreciada.

cenit m. Punto del firmamento que corresponde verticalmente a un lugar de la Tierra. ‖ Culminación, apogeo: *está en el cenit de su carrera.*

cenizo, za adj. Ceniciento. ‖ m. Aguafiestas, persona de mala suerte. ‖ Planta silvestre de tallo herbáceo, hojas romboidales verdes por encima y cenicientas por el envés, y flores en panoja. | f. Polvo gris que queda después de una combustión completa. | Residuos de un cadáver.

cenobio m. Monasterio. | FAM. cenobita.

cenotafio m. Monumento funerario vacio en memoria de alguien.

cenozoico, ca adj. Se dice de la última era geológica de las que constituyen la historia de la tierra, que comprende desde el final del cretácico hasta la época actual. También m.

censar tr. Empadronar. | intr. Hacer el censo.

censo m. Lista de la población o riqueza de un país. | Contrato por el que un inmueble se sujeta al pago de una renta anual. | **censo electoral** Lista de habitantes con derecho a voto. | FAM. censal, censar, censual.

censor, ra m. y f. Persona autorizada oficialmente para censurar algo. | En academias y otras corporaciones, persona encargada de velar por el cumplimiento de los estatutos, reglamentos y acuerdos. | Persona propensa a murmurar o criticar a los demás.

censura f. Murmuración, crítica. | Organismo oficial encargado de censurar cualquier obra que se va a difundir: *no sé cómo ha conseguido pasar la censura*. | FAM. censor, censurable, censurar.

censurar tr. Formar juicio sobre una obra u otra cosa. | Corregir, suprimir algo en una obra dirigida al público. | Reprobar algo o a alguien: *censuró su mala conducta*.

centauro m. Monstruo mitológico, con tronco de hombre y cuerpo de caballo.

centavo adj. Se dice de cada una de las cien partes de un todo. | m. Moneda americana de bronce, cobre o níquel, que vale un céntimo.

centella f. Rayo. | Chispa que salta, por ejemplo de un pedernal. | Destello intermitente de luz. | Persona o cosa muy veloz o muy breve: *este coche es una centella*. | FAM. centelleante, centellear, centelleo.

centellear intr. Despedir destellos de luz de diferente intensidad: *la luz del faro centellea*.

centena o **centenada** f. Conjunto de cien unidades.

centenar m. Centena.

centenario, ria adj. De la centena. | Que tiene cien años de edad, o más: *es un árbol centenario*. También s.: *parece un centenario*. | m. Tiempo en que se cumplen una o más centenas de años de algún acontecimiento: *se conmemora el primer centenario de su muerte*.

centeno m. Planta graminea de tallo delgado, hojas planas y estrechas y espiga larga, que se emplea en la fabricación de bebidas alcohólicas y papel y como alimento.

centésimo, ma adj. Que ocupa el orden del número cien. | Se dice de cada una de las cien partes iguales en que se divide un todo. También s. | FAM. centesimal.

centi- Voz que solo tiene uso como prefijo de vocablos compuestos, con el significado de cien: *centímetro* = centésima parte del metro.

centígrado, da adj. De la escala termométrica dividida en cien grados, el cero corresponde a la temperatura de fusión del hielo y el cien a la de ebullición del agua.

céntimo m. Centésima parte de una unidad monetaria.

centinela com. Soldado que vigila un puesto. | Persona que observa algo.

centollo o **centolla** m. o f. Crustáceo marino de caparazón redondeado con puntas y cinco pares de patas. Su carne es muy apreciada.

centrado, da adj. Situado en el centro de algo: *un titular centrado*. | Equilibrado, que se encuentra en su ambiente: *últimamente está muy centrado*.

central adj. Relativo al centro o está en él: *nave central*. | Esencial, importante: *el salario fue la cuestión central de la reunión*. | f. Oficina principal de una empresa: *la central está en Valencia*. | Fábrica de energía eléctrica: *central nuclear*.

centralismo m. En política, partidario de centralizar. | FAM. centralista.

centralita f. Aparato que conecta una o varias líneas telefónicas de un mismo edificio. | Lugar donde está situado: *te espera en la centralita*.

centralizar tr. y prnl. Reunir en un centro o bajo una dirección común. | Asumir el poder público facultades atribuidas a organismos regionales y locales | FAM. centralización, centralizador.

centrar tr. Colocar una cosa en el centro de algo o determinar su punto céntrico. | Atraer la atención: *su actuación centró todas las miradas*. | Orientar, encontrar un ambiente, trabajo adecuados. También prnl.: *no ha tardado mucho en centrarse*. | Dirigir sus esfuerzos o acciones hacia un fin determinado. | En el fútbol, lanzar un jugador el balón hacia la parte central próxima a la portería contraria.

centrífugo, ga adj. Que aleja del centro.

centrípeto, ta adj. Que atrae, dirige o impele hacia el centro.

centrista adj. y com. Partidario de una política equidistante de la derecha e izquierda: *coalición centrista*.

centro m. Lo que está en medio de algo: *el centro de la página*. | Persona, animal o cosa que ocupa la posición más importante: *fue el* *centro de la fiesta.* ‖ Parte central de una ciudad, en la que se concentra la actividad comercial, administrativa, etc.: *vivo en el centro.* ‖ Institución educativa, científica, social: *centro de asistencia social.* ‖ Punto del que equidistan todos los de la circunferencia, o los extremos de cualquier superficie. ‖ Punto de atención o de interés. ‖ En fútbol, acción de centrar. ‖ Tendencia o grupo político de los centristas. ‖ **FAM.** céntrico, centrífugo, centrípeto, centrismo.

centrocampista com. En el fútbol y otros deportes, jugador que organiza el juego en el centro del campo con labores defensivas y de apoyo a la delantera de su equipo.

centuplicar tr. Hacer cien veces mayor una cosa. También prnl.: *sus rentas se han centuplicado.* ‖ Multiplicar una unidad por ciento.

céntuplo, pla adj. y m. Producto de multiplicar una cantidad por cien. ‖ **FAM.** centuplicar.

centuria f. Siglo. ‖ En la milicia romana, compañía de cien hombres. ‖ **FAM.** centurión.

centurión m. Jefe de una centuria romana.

ceñir tr. Rodear, ajustar la cintura o cualquier otra parte del cuerpo: *las mangas de encaje ciñendo sus brazos.* ‖ prnl. Mantenerse, ajustarse a unos límites en lo que se hace o se dice: *hay que ceñirse a las tres posibles respuestas.* ‖ Amoldarse a lo que uno tiene. ‖ **FAM.** ceñidor. ♦ **Irreg.** Conjugación modelo:

Indicativo
Pres.: *ciño, ciñes, ciñe, ceñimos, ceñís, ciñen.*
Imperf.: *ceñía, ceñías,* etc.
Pret. indef.: *ceñí, ceñiste, ciñó, ceñimos, ceñisteis, ciñeron.*
Fut. imperf.: *ceñiré, ceñirás, ceñirá,* etc.

Potencial: *ceñiría, ceñirías,* etc.

Subjuntivo
Pres.: *ciña, ciñas, ciña, ciñamos, ciñáis, ciñan.*
Imperf.: *ciñera o ciñese, ciñeras o ciñeses,* etc.
Fut. imperf.: *ciñere, ciñeres,* etc.

Imperativo: *ciñe, ceñid.*

Participio: *ceñido.*

Gerundio: *ciñendo.*

ceño m. Gesto de enfado, concentración o preocupación que consiste en arrugar el entrecejo. ‖ **FAM.** ceñudo

cepa f. Tronco de la vid. ‖ Raíz u origen de una familia: *todos sus antepasados son de cepa leonesa.* ‖ **de pura cepa** loc. adj. Que tiene los rasgos característicos de una clase o una raza: *un moscatel de pura cepa.*

cepellón m. Pella de tierra que se deja adherida a las raíces de los vegetales para trasplantarlos.

cepillar tr. y prnl. Quitar el polvo o la suciedad de algo con el cepillo. ‖ Desenredar el pelo con el cepillo. ‖ prnl. Matar a alguien. ‖ Acabar con algo rápidamente. ‖ Suspender en un examen: *se lo cepillaron en lengua.* ‖ vulg. Violar o tener relación sexual con alguien.

cepillo m. Utensilio de limpieza hecho con cerdas sujetas a un soporte de las más diversas formas y con diferentes usos: *cepillo de dientes.* ‖ Herramienta de carpintero. ‖ Caja para limosnas en la iglesia: *le ha tocado pasar el cepillo.* ‖ **FAM.** cepillar.

cepo m. Trampa para cazar animales. ‖ Instrumento compuesto por dos maderos gruesos, que al unirse dejan unos agujeros redondos, en los que se sujeta la garganta o las extremidades del reo. ‖ Cualquier instrumento que sirve para sujetar algo.

ceporro, rra m. y f. Persona torpe. ‖ m. Cepa vieja que se arranca para la lumbre.

cera f. Sustancia amarillenta combustible que segregan las abejas para formar las celdillas de los panales; se emplea para hacer velas, cirios y para otros fines. Algunos otros insectos la fabrican también. ‖ Conjunto de velas o hachas de cera. ‖ Sustancia que segregan ciertas glándulas del conducto auditivo externo. ‖ **FAM.** céreo, cerería, cerilla, cerumen, encerar.

cerámica f. Arte de fabricar objetos de barro, loza y porcelana. ‖ Conjunto de estos objetos. ‖ **FAM.** ceramista.

cerbatana f. Canuto para lanzar flechas soplando por un extremo.

cerca f. Valla, tapia que rodea algo para dividirlo o protegerlo. ‖ adv. l. y t. Denota proximidad en el espacio o en el tiempo. ♦ Delante de pronombre o sustantivo, va seguido de la prep. *de*: *está cerca de la mesa.* ‖ **cerca de** loc. adv. Aproximadamente: *había cerca de doscientas cajas.* ‖ **FAM.** cercar, cercado, cercano.

cercado m. Espacio rodeado por una valla, tapia o pared. ‖ Cerca: *pusieron un cercado nuevo en el corral.*

cercanía f. Calidad de cercano. ‖ pl. Alrededores de una población: *transporte de cercanías.*

cercano, na adj. Próximo, inmediato en el tiempo y en el espacio. ‖ **FAM.** cercanía.

cercar tr. Rodear con una cerca. ‖ Asediar, poner cerco a una plaza. ‖ Rodear mucha gente a una persona o cosa: *le cercaron los policías.*

cercenar tr. Cortar las extremidades de alguien o los extremos de algo. ‖ Disminuir, acortar: *cercenar los gastos*. ‖ **FAM.** cercén, cercenamiento.

cerceta f. Ave palmípeda, del tamaño de una paloma, con la cola corta y el pico grueso y ancho por la parte superior; es parda, salpicada de lunarcillos más oscuros, con plumas blancas en las alas, y verdes tornasoladas por la mitad.

cerciorar tr. y prnl. Asegurar la verdad de una cosa: *me he cerciorado del precio*.

cerco m. Lo que ciñe o rodea algo. ‖ Asedio: *pusieron cerco al castillo*. ‖ Marco de una puerta o una ventana. ‖ Cerca: *rompieron el cerco de la finca*.

cerda f. Pelo grueso de la cola y crin de las caballerías y del cuerpo de otros animales. ‖ Por ext., pelo de un cepillo de cualquier tipo.

cerdada f. Mala pasada. ‖ Acción sucia: *coger cosas del suelo es una cerdada*.

cerdo, da m. Mamífero artiodáctilo doméstico, de cabeza grande, cuerpo muy grueso, patas cortas, orejas caídas y hocico chato. Se cría y ceba para aprovechar su carne y grasa, abundantes y muy sabrosas. ‖ adj. y s. Persona sucia o de malas intenciones. ‖ **FAM.** cerdada.

cereal adj. y m. Se apl. a las plantas gramíneas de cuyos frutos se obtiene harina, o a estos mismos frutos; como el trigo, el centeno y la cebada, que se cultivan para alimento animal o humano. ‖ **FAM.** cerealista.

cerebelo m. Centro nervioso que ocupa la parte posterior de la cavidad craneana y se ocupa de la coordinación motriz y de la marcha.

cerebral adj. Del cerebro. ‖ Intelectual, racional, frente a apasionado: *no soy nada cerebral, me puede el corazón*.

cerebro m. Parte superior del encéfalo dividido en dos hemisferios; es el centro del sistema nervioso. ‖ Inteligencia, talento, y persona que los posee: *este chico es un verdadero cerebro*. ‖ Persona que tiene las ideas o que dirige un proyecto: *era el cerebro de la banda*. ‖ **FAM.** cerebral.

ceremonia f. Acto solemne que se lleva a cabo según unos ritos y normas establecidos: *ceremonia nupcial*. ‖ Cumplidos, formalidades, ademanes afectados: *habla con mucha ceremonia*. ‖ **FAM.** ceremonial, ceremoniosidad, ceremonioso.

ceremonial adj. De la ceremonia. ‖ m. Conjunto de reglas para determinadas ceremonias, y libro donde están escritas: *el ceremonial de los sacramentos*.

cerería f. Casa o tienda donde se trabaja o vende la cera o los objetos hechos de cera.

cereza f. Fruto del cerezo, casi redondo, de

piel roja y carne sabrosa y jugosa. ‖ m. Color de esta fruta: *falda color cereza*.

cerezo m. Árbol rosáceo de tronco liso, flores blancas, fruto comestible y madera útil en ebanistería.

cerilla f. Palillo de madera o de papel impregnado en cera con un cabo recubierto de fósforo que se inflama por fricción. ‖ Cerumen. ‖ **FAM.** cerillero.

cerillero, ra m. y f. Persona que vende tabaco y cerillas. ‖ m. Caja donde se guardan cerillas.

cerio m. Elemento químico metálico de color gris acero. Se usa, en forma de óxido, para pulir y purificar componentes ópticos y, en combinación, para hacer más resistentes las aleaciones de níquel y aluminio. Su símbolo es *Ce*.

cerner o **cernir** prnl. Amenazar un mal inminente: *la maldición se cernía sobre nosotros*. ‖ Mantenerse en el aire las aves sin desplazarse. ‖ tr. Separar con el cedazo la harina del salvado. ♦ **Irreg.** Se conj. como *entender*. ‖ **FAM.** cernido, cernedor.

cernícalo m. Pequeña ave de rapiña con cabeza abultada, pico y uñas negros y fuertes, y plumaje rojizo con una banda negra en la cola. ‖ Hombre ignorante y rudo.

cero m. Cardinal que expresa una cantidad nula: *cero puntos*. ‖ m. Signo con que se representa: *0*. ‖ Signo sin valor propio, que colocado a la derecha de un número entero, multiplica por diez su valor; pero a la izquierda, no lo modifica.

cerote m. Mezcla de pez y cera que usan los zapateros para encerar los hilos con que cosen el calzado.

cerrado, da adj. Compacto, espeso: *niebla cerrada*. ‖ Callado, tímido: *es muy cerrado, no tiene amigos*. ‖ Torpe: *es un poco cerrado de mollera*. ‖ Cielo cargado de nubes: *el día está muy cerrado*. ‖ Se dice del acento o pronunciación que presentan rasgos nacionales o locales muy marcados o de la persona que habla con ellos: *un leonés cerrado*. ‖ m. Cercado.

cerradura f. Mecanismo metálico con llave que sirve para cerrar puertas, cajones, etc.

cerrajero, ra m. y f. Persona que hace cerraduras. ‖ **FAM.** cerrajería.

cerrar tr. Asegurar algo con una cerradura para que no se abra o para impedir que salga o alguien entre o salga de su interior: *cerrar la maleta*. ‖ Encajar en su marco una puerta o ventana. ‖ Tapar una abertura: *cerrar la boca de un túnel*. ‖ Poner término a una cosa: *han cerrado las investigaciones*. ‖ Terminar un plazo. ‖ Ir en último lugar: *cierra el pelotón*. ‖ Juntar las partes de algo: *cerrar un libro*. ‖ Dar por concertado un acuerdo o pacto: *han cerrado el trato con un apretón de manos.* ‖ Dar por finalizada la actividad de un negocio, definitivamente o a diario. También intr.: *cierran a las tres.* ‖ intr. y prnl. Cicatrizar una herida. ‖ Llegar la noche a la máxima plenitud. ‖ prnl. Empeñarse en algo. ‖ Tomar una curva un vehículo o un conductor muy pegado a la parte interior de ella. ‖ Cubrirse de nubes el cielo. ♦ **Irreg.** Se conj. como *acertar.* ‖ **FAM.** cerrado, cerradura, cerrajero, cerrazón, cierre.

cerrazón f. Obstinación. ‖ Torpeza: *no lo entiende por su cerrazón.* ‖ Oscuridad grande precursora de una gran tormenta.

cerril adj. Obstinado, obcecado. ‖ Grosero. ‖ Se dice del ganado no domado: *mulo cerril.* ‖ **FAM.** cerrilidad, cerrilismo.

cerro m. Colina, elevación del terreno. ‖ Montón de cosas: *un cerro de libros.*

cerrojazo m. Acción de terminar algo bruscamente.

cerrojo m. Barra cilíndrica de hierro que se desplaza entre dos anillas para cerrar puertas y ventanas. ‖ En ciertas armas de fuego, cilindro metálico que cierra la recámara. ‖ **FAM.** cerrojazo.

certamen m. Concurso para estimular con premios una actividad: *certamen de pintura.* ‖ Competición literaria, generalmente poética.

certero, ra adj. Se dice del diestro en disparar y del disparo atinado. ‖ Acertado, de acuerdo con lo razonable o lo cierto.

certeza f. Conocimiento seguro y evidente de que algo es cierto: *tengo la absoluta certeza de que vendrá.* ‖ Calidad de cierto: *le demostraré la certeza de los datos.*

certidumbre f. Certeza.

certificado, da adj. y s. Se dice de la carta o paquete que se certifica. ‖ m. Documento en que se certifica: *certificado penal.*

certificar tr. Afirmar la verdad de algo. ‖ Obtener un certificado que acredite haber enviado algo por correo. ‖ Asegurar algo por documento público: *el notario certificó su defunción.* ‖ **FAM.** certificación, certificado.

cerúleo, a adj. Se apl. al color azul del cielo despejado.

cerumen m. Cera de los oídos.

cerusa o **cerusita** f. Carbonato de plomo del que se obtiene el albayalde, muy usado en pintura.

cerveza f. Bebida espumosa obtenida por fermentación de la cebada y aromatizada con lúpulo. ‖ **FAM.** cervecería, cervecero.

cervical adj. De la cerviz, sobre todo se apl. a las vértebras del cuello. También f. y pl.

cérvido, da adj. y s. Mamíferos rumiantes

artiodáctilos con cuernos ramificados y caducos, como el reno y el ciervo.

cerviz f. Parte posterior del cuello, nuca. ‖ **FAM.** cervical.

cesante adj. y com. Persona, particularmente del funcionariado público, que queda sin empleo.

cesar intr. Suspenderse, acabarse algo: *ha cesado de llover.* ‖ Dejar de desempeñar un cargo, o dejar de hacer algo: *el ministro de Asuntos Exteriores cesó ayer.*

césar m. Emperador de Roma. ‖ **FAM.** cesáreo, cesarismo.

cesárea f. Operación quirúrgica en la que, a través de una abertura en el abdomen, se extrae al niño del útero de la madre.

cesarismo m. Sistema de gobierno personal y absoluto, autocracia. ‖ **FAM.** cesarista.

cese m. Detención, interrupción: *liquidación por cese del negocio.* ‖ Revocación de un cargo, y documento en que consta: *le han mandado ya el cese.*

cesio m. Elemento químico metálico, alcalino, blando y plateado que se utiliza para fabricar células fotoeléctricas. Su símbolo es Cs.

cesión f. Renuncia de una posesión o un derecho. ‖ **FAM.** cesionario, cesionista.

cesionario, ria m. y f. Persona que recibe una cesión de alguien.

cesionista com. Persona que cede algo a alguien.

césped m. Hierba menuda y tupida que cubre el suelo. ‖ Campo de fútbol: *el césped azulgrana.*

cesta f. Recipiente de mimbre, caña o madera flexible. ‖ Especie de paleta cóncava en figura de uña, para jugar a la pelota. ‖ En baloncesto, red que cuelga del aro por donde debe introducirse el balón. ‖ **FAM.** cestería, cestero, cesto.

cesto m. Cesta grande más ancha que alta.

cesura f. En la poesía moderna, corte o pausa que divide un verso en dos partes o hemistiquios. ‖ En la poesía griega y latina, sílaba final de una palabra que termina un pie y comienza otro.

cetáceo, a adj. y m. Se dice de los mamíferos pisciformes, marinos, que tienen las aberturas nasales en lo alto de la cabeza, por las cuales sale el aire espirado, cuyo vapor a veces se condensa y parecen chorros de agua. Tienen los miembros anteriores transformados en aletas y el cuerpo terminado en una sola aleta horizontal; como la ballena y el delfín.

cetrería f. Arte de criar halcones y demás aves de caza. ‖ Caza con halcones.

cetrino, na adj. Color amarillo verdoso. ‖ Melancólico y adusto.

cetro m. Vara, bastón o insignia de mando. ‖ El mando mismo: *bajo el cetro de los españoles.*

ch f. Fonema que tradicionalmente era considerado la cuarta letra del alfabeto español, y la tercera de sus consonantes. En este diccionario, siguiendo el criterio de la Real Academia Española, la *ch* ha sido englobada en la *c*, según las normas de alfabetización universal.

chabacano, na adj. Grosero, vulgar, de mal gusto. ‖ **FAM.** chabacanada, chabacanería.

chabola f. Barraca mísera en los suburbios sin urbanizar de los grandes núcleos urbanos. ‖ Choza, caseta construida generalmente en el campo. ‖ **FAM.** chabolismo.

chabolismo m. Acumulación de chabolas en los suburbios de los grandes núcleos urbanos. ‖ Forma y condiciones de vida en las chabolas. ‖ **FAM.** chabolismo.

chacal m. Mamífero cánido carnívoro, de tamaño medio entre el lobo y la zorra. Come animales pequeños o carroña y vive en Asia y África.

chacanear tr. *amer.* Espolear con fuerza a la cabalgadura.

chácara f. *amer.* Chacra, granja. ‖ *amer.* Monedero. ‖ **FAM.** chacarero.

chacarero, ra adj. *amer.* Dueño de una chácara o granja. ‖ m. y f. *amer.* Persona que trabaja en ella. ‖ f. *amer.* Baile popular argentino de parejas sueltas.

chacha f. Sirvienta, criada. ‖ Niñera.

cháchara f. Charla inútil y frívola. ‖ pl. Baratijas.

chachi adj. Bueno, estupendo. ‖ adv. m. Estupendamente: *lo pasaron chachi.*

chacina f. Cecina. ‖ Carne de cerdo adobada para preparar embutidos.

chacolí m. Vino ligero y algo agrio típico del País Vasco, Cantabria y Chile. ♦ pl. *chacolí, chacolíes.*

chacota f. Bulla, broma, burla: *se tomaron a chacota mis palabras.*

chacra f. *amer.* Alquería o granja. ‖ **FAM.** chácara.

chafar tr. y prnl. Aplastar: *me has chafado el sombrero.* ‖ Arrugar la ropa: *se te ha chafado el traje.* ‖ Desengañar, deprimir a alguien: *que no le reconocieras le chafó.* ‖ Apabullar, dominar a alguien en una conversación: *tu respuesta le chafó por completo.*

chaflán m. Cara que resulta en un objeto de cortar una de sus esquinas. ‖ Fachada que, en un edificio, aparece en lugar de la esquina: *vivo en la casa que hace chaflán.* ‖ **FAM.** achaflanar.

chagual m. *amer.* Planta de tronco escamoso y flores verdosas. La médula del tallo nuevo es comestible; las fibras sirven para cordeles, y la madera seca para suavizar las navajas de afeitar.

chaira f. Cuchilla de zapatero. ‖ Cilindro de acero que los carpinteros y carniceros usan para afilar sus cuchillos.

chajá m. *amer.* Ave zancuda de más de medio metro de longitud, de color gris, cuello largo, plumas altas en la cabeza y dos púas en la parte anterior de sus grandes alas. Anda erguida y con lentitud, y lanza un fuerte grito, que sirvió para darle nombre. Se domestica con facilidad.

chajuán m. *amer.* Bochorno, calor.

chal m. Paño más largo que ancho que usan las mujeres como abrigo o adorno. ‖ Toquilla para envolver a los bebés.

chala f. *amer.* Hoja que envuelve la mazorca de maíz que, una vez seca, se usa para liar cigarrillos. ‖ *amer.* Sandalia de cuero crudo.

chalado, da adj. y s. Alelado, necio, loco. ‖ Muy enamorado: *está chalado por tu hermana.*

chalán adj. y m. Tratante de ganado. ‖ Negociante sin escrúpulos. ‖ m. *amer.* Domador de caballos. ‖ **FAM.** chalanear, chalaneo, chalanería.

chalana f. Embarcación menor de fondo plano, para transportes en parajes de poco calado.

chalanear tr. Tratar los negocios con maña y destreza, como los chalanes. ‖ *amer.* Adiestrar caballos.

chalé o **chalet** m. Casa independiente, de una o varias plantas, con jardín. ♦ pl. *chalés, chalets.*

chaleco m. Prenda de vestir, como una chaqueta sin mangas, que se pone encima de la camisa.

chalina f. Corbata ancha en la que se hace un nudo grande y que usan hombres y mujeres.

chalupa f. Embarcación pequeña, menor que una lancha. ‖ *amer.* Torta de maíz, pequeña y ovalada, con algún condimento por encima.

chamaco, ca m. y f. *amer.* Niño, muchacho.

chamagoso, sa adj. *amer.* Mugriento, astroso. ‖ *amer.* Aplicado a cosas, bajo, vulgar y deslucido.

chamán m. Hechicero que se supone con poder para entrar en contacto con los espíritus y los dioses, adivinar, y curar enfermos. ‖ **FAM.** chamanismo.

chamarilero, ra m. y f. Persona que se dedica a comprar y vender trastos viejos. | FAM. chamarilear, chamarileo, chamarilería.

chamba f. fam. Chiripa. | *amer.* Empleo, trabajo, sobre todo el eventual y mal pagado. | *amer.* Zanja o vallado que sirve para limitar las haciendas.

chambelán m. Noble que acompañaba y servía al rey.

chambergo m. Sombrero de copa acampanada y ala ancha. | Especie de casaca que llega hasta la mitad del muslo.

chamiza f. Hierba silvestre y medicinal, de la familia de las gramíneas, que nace en tierras frescas y aguanosas. Sirve para techumbre de chozas y casas rústicas.

chamizo m. Leño medio quemado. | Choza cubierta de chamiza. | Casa o vivienda miserable.

champán o **champaña** m. Vino blanco espumoso de origen francés.

champiñón m. Hongo comestible de color blanco que se cultiva artificialmente.

champú m. Jabón líquido para lavar la cabeza. ♦ pl. *champús, champúes.*

chamuscar tr. y prnl. Quemar una cosa por la parte exterior: *se ha chamuscado la piel del pollo.* | FAM. chamusquina.

chamusquina f. Acción y efecto de chamuscar. | Camorra, riña.

chancar *amer.* Triturar, moler, especialmente minerales. | *amer.* Apalear, golpear, maltratar algo o a alguien.

chancear intr. y prnl. Bromear, decir chanzas.

chancho, cha m. y f. *amer.* Cerdo, animal. | adj. *amer.* Puerco, sucio, desaseado. | FAM. chanchero.

chanchullo m. Negocio ilícito, tejemaneje para obtener alguna ganancia: *ha hecho un chanchullo para cobrar más.*

chancla o **chancleta** f. Chinela sin talón, o con el talón doblado. | *amer.* Mujer, en especial la recién nacida. | com. Persona inepta. | FAM. chancletear, chancleteo.

chanclo m. Zapato de madera o suela gruesa para preservar de la humedad. | FAM. chancla, chancleta.

chancro m. Úlcera contagiosa de origen venéreo o sifilítico.

chándal m. Prenda para hacer deporte compuesta por un pantalón y una chaqueta o jersey anchos y cómodos.

changa f. *amer.* Insecto dañino para las plantas. | *amer.* Persona bribona. | *amer.* Colilla del cigarro de marihuana. | *amer.* Trabajo del changador. | *amer.* Chapuza. | FAM. changador, changar.

changador m. *amer.* Mozo encargado de transportar los equipajes.

changar tr. Romper, descomponer, destrozar.

changurro m. Plato vasco popular hecho con centollo cocido y desmenuzado en su caparazón.

chanquete m. Pez pequeño comestible, parecido a la cría del boquerón.

chantaje m. Amenaza de pública difamación o cualquier otro daño para obtener algún provecho de alguien u obligarle a actuar a una determinada manera. | FAM. chantajear, chantajista.

chantillí m. Crema de nata o clara de huevo batidas.

chantre m. Canónigo de las iglesias catedrales, a cuyo cargo estaba antiguamente la dirección del canto en el coro.

chanza f. Dicho gracioso y ocurrente. | Burla, broma.

chapa f. Hoja o lámina de metal, madera u otra materia. | Tapón metálico que cierra herméticamente las botellas. | Placa, distintivo de algún cuerpo especial: *la chapa de los inspectores.* | Dinero. | pl. Juego infantil que consiste en hacer competiciones empujando con los dedos chapas de botellas. | FAM. chapado, chapar, chapear, chapista.

chapado, da en la expr. **chapado a la antigua** loc. adj. De costumbres, ideas o gustos anticuados.

chapar tr. Cubrir con chapas. | intr. Estudiar o trabajar a conciencia: *hoy me toca chapar porque mañana me examino.*

chaparro, rra adj. Persona rechoncha. También s. | m. Mata poco alta de encina o roble. | FAM. chaparral.

chaparrón m. Lluvia intensa que dura poco. | Abundancia de cosas. | *amer.* Riña, regaño, reprimenda. | FAM. chaparrear.

chapela f. Boina típica vasca.

chapero m. Muchacho que se prostituye con hombres.

chapeta f. Mancha encarnada en la mejilla.

chapín m. Chanclo de corcho usado antiguamente por las mujeres.

chapista com. Persona que trabaja la chapa. | FAM. chapistería.

chapitel m. Remate de las torres en forma piramidal. | Capitel.

chapotear intr. Sonar el agua batida por los pies o las manos. | Producir ruido al mover las manos o los pies en el agua o el lodo.

chapulín m. *amer.* Langosta, cigarrón.

chapurrear o **chapurrar** tr. Hablar con dificultad un idioma. También intr. | FAM. chapurreo.

chapuza f. Trabajo eventual y de poca importancia: *hace las chapuzas de la casa.* ‖ Cosa mal hecha: *este artículo es una chapuza.* ‖ FAM. chapucería, chapucero.

chapuzar tr., intr. y prnl. Meter de golpe en el agua. ‖ FAM. chapuzón.

chaqué m. Especie de levita, que a partir de la cintura se abre hacia atrás formando dos faldones.

chaqueta f. Prenda exterior de vestir con mangas y abierta por delante, que se ajusta al cuerpo y llega hasta las caderas. ‖ FAM. chaqué, chaquetear, chaquetero, chaquetilla, chaquetón.

chaquetero, ra adj. y s. Se dice de la persona que cambia de ideología, sobre todo política, a su conveniencia. ‖ FAM. chaquetear, chaqueteo.

chaquetilla f. Chaqueta corta hasta la cintura, como la de los toreros o bailaores.

chaquetón m. Prenda mayor y de más abrigo que la chaqueta.

charada f. Adivinanza, acertijo de una palabra a partir de algunas indicaciones sobre su significado.

charanga f. Música militar con sólo instrumentos de viento. ‖ Grupo musical de carácter jocoso. ‖ FAM. charango.

charango m. Especie de bandurria, de cinco cuerdas, cuya caja se construye con un caparazón de armadillo y que usan los indios andinos.

charape m. *amer.* Bebida fermentada hecha con pulque, panocha, miel, clavo y canela.

charca f. Charco grande.

charco m. Agua u otro líquido estancado en un hoyo del terreno. ‖ FAM. charca, charcal, encharcar.

charcutería f. Establecimiento donde se venden embutidos y, muchas veces, quesos. ‖ FAM. charcutero.

charla f. Acción de charlar. ‖ Conversación amistosa. ‖ Conferencia breve y poco solemne.

charlar intr. Conversar, platicar por pasatiempo: *estuvimos charlando un rato.* ‖ Hablar mucho y sin sustancia. ‖ FAM. charla, charlador, charlatán, charlotear.

charlatán, na adj. y s. Que habla mucho y sin sentido. ‖ Que habla indiscretamente. ‖ Embaucador: *charlatán de feria.* ‖ FAM. charlatanear, charlatanería.

charlestón m. Baile de origen norteamericano que se popularizó en la década de los años veinte.

charnela f. Bisagra. ‖ Articulación de las dos piezas de una concha bivalva.

charol m. Barniz muy brillante que se queda perfectamente adherido a la piel. ‖ Cuero con este barniz: *zapatos de charol.* ‖ *amer.* Bandeja para servir, presentar o depositar cosas. ‖ FAM. charolado, charolar, acharolado.

charqui m. *amer.* Tasajo, carne salada. ‖ FAM. charquicán.

charquicán m. *amer.* Guiso hecho con charqui, ají, patatas, judías y otros ingredientes.

charrán adj. y com. Pillo, tunante. ‖ FAM. charranada.

charretera f. Divisa militar en forma de pala, que se sujeta al hombro. ‖ Jarretera.

charro, rra adj. De Salamanca. También s. ‖ Recargado de adornos, abigarrado. ‖ m. Jinete mexicano que viste un traje compuesto de chaqueta corta y pantalón ajustado, camisa blanca y sombrero de ala ancha y alta copa cónica. También adj.

chárter adj. y m. Se dice de las compañías aéreas y de los aviones que realizan vuelos no regulares con tarifas reducidas. ‖ Se dice de esos mismos vuelos. ♦ No varía en pl.

chasca f. Leña menuda que procede de la limpia de los árboles o arbustos. ‖ Ramaje que se coloca sobre la leña destapada para hacer carbón. ‖ *amer.* Cabello enmarañado.

chascar intr. Dar chasquidos. También tr.: *chascar los dedos.*

chascarrillo m. Anécdota jocosa. ‖ Chiste.

chasco m. Burla, engaño que se hacen a alguien. ‖ Decepción por algo diferente de lo esperado: *le llamó pero no estaba y se llevó un chasco..*

chasis m. Armazón que sujeta la carrocería del un vehículo. ‖ Bastidor para placas fotográficas. ♦ No varía en pl.

chasquear tr. Dar un chasco. ‖ Sacudir con fuerza el látigo o la lengua, produciendo un chasquido. ‖ intr. Decepcionar. ‖ Dar chasquidos algo que se resquebraja: *el armario está chasqueando.* ‖ FAM. chascar, chasquido.

chasquido m. Sonido que se hace con el látigo o la honda cuando se sacuden en el aire. ‖ Ruido que se produce al romperse alguna cosa. ‖ Ruido que se produce con la lengua al separarla de golpe del paladar o al frotar las yemas de los dedos corazón y pulgar de una mano.

chatarra f. Escoria que deja el mineral de hierro. ‖ Hierro o cualquier otro metal de desecho. ‖ Aparato viejo o inservible. ‖ Cosa de poco valor: *esta pulsera es de chatarra.* ‖ FAM. chatarrería, chatarrero.

chatear tr. Beber chatos de vino.

chato, ta adj. De nariz pequeña y aplastada. También s. ‖ Se dice de la nariz que tiene esta forma. ‖ Romo, plano, corto. ‖ m. Vaso de chaucha   142

vino: *hemos tomado unos chatos.* ‖ m. y f. Apelativo cariñoso. Más c. interj.: *¡hasta luego,*
chato! ‖ **FAM**. chatear, chatedad, chateo.
chaucha f. *amer.* Moneda chica de plata o
níquel. ‖ *amer.* Moneda de plata de baja ley.
‖ *amer.* Patata temprana o menuda que se
deja para simiente. ‖ *amer.* Judía verde. ‖ pl.
amer. Escasa cantidad de dinero.
chaval, la m. y f. Muchacho, joven.
chaveta f. Clavo remachado separando las
dos partes en que se divide su punta. ‖ Clavija,
pasador que se pone en el agujero de una barra e impide que se salgan las piezas que la
barra sujeta. ‖ **perder la chaveta** loc. Volverse
loco.
¡che! interj. con que, en Valencia y América
del Sur, se llama, se hace detener o se pide
atención a una persona. También expresa a
veces asombro o sorpresa.
checa f. Comité de policía secreta de la antigua Unión Soviética. ‖ Organismo semejante
que ha funcionado en otros países y que so-
metía a los detenidos a crueles torturas. ‖ Local en que actuaban estos organismos.
chécheres m. pl. *amer.* Baratijas, cachivaches.
chele adj. y com. *amer.* Se dice de la persona
muy blanca o rubia. ‖ m. *amer.* Legaña.
cheli m. pop. Jerga madrileña que contiene
elementos castizos y contraculturales.
chelín m. Moneda fraccionaria inglesa, de-
saparecida con motivo de la reducción del sistema monetario inglés al sistema decimal. El
chelín tenía 12 peniques y la libra 20 chelines.
chepa f. Joroba. ‖ **FAM**. cheposo, chepudo.
cheque m. Documento u orden de pago para
que una persona retire la cantidad asignada
de los fondos que el firmante del cheque tiene
en una cuenta bancaria. ‖ **FAM**. chequera.
chequeo m. Reconocimiento médico completo.
chequera f. Cartera para guardar el talonario. ‖ Talonario de cheques.
cheroque o **cheroqui** adj. Se dice de un
pueblo amerindio que vivió al sur de los Apa-
laches y que en 1835 fue trasladado a Oklaho-
ma y Carolina del Norte. ‖ De este pueblo.
También com.
chéster m. Queso inglés muy estimado.
chévere adj. *amer.* Gracioso, bonito, elegante, agradable. ‖ *amer.* Excelente.
chevió o **cheviot** m. Lana del cordero de
Escocia. ‖ Tela que se hace con ella u otra semejante. ◆ pl. *cheviós, cheviots.*
chibcha adj. Se dice del pueblo que habitó
en las tierras altas de Bogotá y Tunja. También com. ‖ Perteneciente a este pueblo. ‖ m.
Idioma de este pueblo.

chic (voz fr.) adj. Elegante: *una decoración*
muy chic.
chicano, na adj. y s. Se dice de la persona
de origen mexicano nacida y criada o residente en los EE. UU.
chicarrón, na adj. y s. Se dice del muchacho muy crecido y desarrollado.
chicha f. Carne comestible. ‖ *amer.* Bebida
alcohólica que, en unas partes, resulta de la
fermentación del maíz y, en otras, de la del
zumo de uva o manzana. ‖ **de chicha y nabo**
loc. adj. De poca importancia, despreciable.
chicharra f. Cigarra. ‖ Timbre eléctrico.
chicharro m. Jurel.
chicharrón m. Residuo de las pellas del cerdo, después de derretida la manteca. ‖ Carne
requemada. ‖ pl. Fiambre formado por trozos
de carne de distintas partes del cerdo, prensado en moldes.
chiche adj. *amer.* Se dice de la persona muy
blanca o rubia. ‖ *amer.* Pequeño, delicado, bonito. ‖ *amer.* Pecho de la mujer. También en
f. ‖ *amer.* Juguete, entretenimiento de niños.
chichimeca f. Se dice de la tribu que se
estableció en Tezcuco y que, mezclada con
otras que habitaban el territorio mexicano,
fundó el reino de Acolhuacán. Más c. s. y en
pl. ‖ Perteneciente a esta tribu.
chichinabo (de) loc. adj. De chicha y
nabo.
chichón m. Bulto en la cabeza producido
por un golpe. ‖ **FAM**. chichonera.
chichonera f. Gorro duro para proteger de
golpes en la cabeza a los niños y a algunos
deportistas
chicle m. Goma de mascar de diferentes sabores.
chico, ca adj. Pequeño, de poco tamaño:
este asiento se te ha quedado chico. ‖ Niño,
muchacho. También s.: *los chicos que coman*
primero. ‖ m. y f. Recadero, aprendiz. ‖ f.
Criada, asistenta: *le han subido el sueldo a la*
chica. ‖ **FAM**. chicarrón, chicote, chicuelo,
chiquillo, chiquito.
chicote m. Cabo o punta de un cigarro puro
ya fumado. ‖ *amer.* Látigo.
chifla f. Acción y efecto de chiflar. ‖ Especie
de silbato. ‖ Cuchilla de corte curvo para raspar y adelgazar las pieles.
chiflado, da adj. y s. Chalado, loco.
chiflar intr. Silbar con un silbato o con la
boca. ‖ Encantarle a uno algo o alguien: *me*
chiflan los calamares. ‖ prnl. Perder uno las facultades mentales. ‖ Sentir gran atracción,
enamorarse de alguien: *se ha chiflado por tu*
hermana. ‖ **FAM**. chifla, chiflado, chifladura,
chiflido, chiflo.

chiflido m. Silbido.

chigre m. En Asturias, tienda donde se vende sidra u otras bebidas al por menor. ‖ **FAM.** chigrero.

chigua f. *amer.* Especie de cesto hecho con cuerdas o corteza de árboles, de forma oval y boca de madera. Sirve para muchos usos domésticos y hasta de cuna.

chihuahua adj. y m. Se dice de una raza de perros de tamaño muy pequeño, originaria de México.

chiíta adj. y com. Se dice de una secta religiosa musulmana y de sus miembros.

chilaba f. Prenda de vestir, con capucha, que usan los moros.

chile m. Ají, pimiento muy picante. ‖ **FAM.** enchilar, enchilada.

chilindrón m. Guiso hecho con trozos de carne de ave, cerdo o cordero, rehogados con tomate, pimiento y otros ingredientes.

chillar intr. Dar chillidos las personas o animales. ‖ Levantar mucho la voz por costumbre o por enfado: *no chilles que te oigo perfectamente.* ‖ **FAM.** chillería, chillido, chillón.

chillón, na adj. Que chilla mucho. ‖ Se dice de todo sonido agudo y desagradable. ‖ Se dice de los colores demasiado vivos o mal combinados y de las cosas que los tienen: *llevaba un bañador muy chillón.*

chilpayate, ta m. y f. *amer.* Niño pequeño; hijo.

chimenea f. Conducto para dar salida al humo. ‖ Hogar o fogón donde se puede encender fuego con un tiro por el que sale el humo. ‖ Conducto por donde sale la lava en los volcanes. ‖ Grieta estrecha en una mina o muro.

chimpancé m. Mono antropomorfo africano, de pelo negro, brazos largos y cabeza grande. Es bastante inteligente y muy domesticable.

china f. Piedra pequeña. ‖ Cantidad suficiente de hachís para liar un porro. ‖ **FAM.** chinarro, chinazo, chino.

chinama f. *amer.* Choza, cobertizo de cañas y ramas.

chinchar tr. Molestar, fastidiar: *deja de chincharle, que es más pequeño que tú.* También prnl.: *tú te lo has buscado, así que chínchate.*

chinche f. Insecto hemíptero, de color rojo oscuro y cuerpo aplastado. Es parásito del hombre y sus picaduras son muy irritantes. ‖ Chincheta. ‖ com. Chinchorrero: *no seas chinche, eso no tiene importancia.* También adj. ‖ **FAM.** chinchar, chincheta, chinchorrero.

chincheta f. Clavito metálico de cabeza circular y chata.

chinchilla f. Mamífero roedor, propio de América meridional, parecido a la ardilla. ‖ Piel de este animal, de color gris, muy estimada.

chinchón m. Bebida anisada fabricada en Chinchón, pueblo de la provincia de Madrid. ‖ Juego de naipes.

chinchorrero, ra adj. y s. Se dice de la persona picajosa, excesivamente preocupada por detalles sin importancia. ‖ Chismoso. ‖ **FAM.** chinchorrear, chinchorrería, chinchoso.

chinchulín m. *amer.* Tripas del ganado ovino o vacuno, trenzadas y asadas. Más en pl.

chinela f. Zapatilla sin talón.

chinerío m. *amer.* Conjunto de mujeres.

chinesco, ca adj. Propio de China. ‖ Parecido a las cosas de la China. ‖ m. Instrumento musical compuesto de una armadura metálica, de la que penden campanillas y cascabeles. Más en pl.

chingar tr. Beber bebidas alcohólicas con frecuencia. ‖ Importunar, molestar. ‖ Estropear, fracasar. También prnl.: *se chingó la fiesta.* ‖ *amer.* Practicar el coito, fornicar. Es voz vulgar y malsonante. ‖ intr. *amer.* Colgar un vestido más de un lado que de otro. ‖ prnl. Embriagarse. ‖ *amer.* No acertar, fracasar. ‖ **FAM.** chingado.

chino, na adj. y s. De China. ‖ m. Idioma de los chinos. ‖ f. Porcelana china. ‖ **FAM.** chiné, chinero, chinesco.

chino, na adj. *amer.* Se dice de la persona aindiada. También s. ‖ *amer.* Se usa como designación afectiva, cariñosa o despectiva. ‖ **FAM.** chinerío.

chip m. Voz inglesa con la que se conoce la placa de silicio, de unos pocos milímetros de superficie, que sirve de soporte a un circuito integrado.

chipirón m. Calamar pequeño.

chiquero m. Pocilga, establo donde se guardan los cerdos. ‖ Toril.

chiquillada f. Acción propia de chiquillos.

chiquillo, lla adj. y s. Niño, muchacho. ‖ **FAM.** chiquillada, chiquillería.

chiquito, ta adj. Pequeñito. También s. ‖ m. Vaso pequeño de vino, típico del País Vasco. ‖ **andarse** uno **en (con) chiquitas** loc. Usar contemplaciones, pretextos o rodeos para esquivar algo. Más en negaciones: *tu padre no se anda con chiquitas, va al grano.*

chiribita f. Chispa. ‖ pl. Partículas que, se mueven en el interior de los ojos y ofuscan la vista.

chiribitil m. Desván, rincón o escondrijo bajo y estrecho. ‖ Pieza o cuarto muy pequeño.

chirigota f. Cuchufleta, broma sin malas intenciones.

chirimbolo m. Objeto que no se sabe describir: *tiene un chirimbolo rojo arriba.*

chirimía f. Instrumento musical de viento parecido al clarinete.

chirimoya f. Fruto del chirimoyo pulposo, dulce y con semillas negras.

chirimoyo m. Árbol originario de América central, de unos ocho metros de altura, tronco ramoso, copa poblada, hojas elípticas y puntiagudas, y flores fragantes, solitarias, de pétalos verdosos y casi triangulares. **FAM**. chirimoya.

chiringuito m. Quiosco o puesto de bebidas y comidas sencillas al aire libre.

chiripa f. Suerte, casualidad favorable: *acertó de chiripa.*

chiripá m. *amer.* Paño rectangular que se pasa por entre los muslos y que se sujeta por los extremos delantero y trasero, usado por los gauchos de Argentina, Brasil, Paraguay y Uruguay.

chirla f. Molusco más pequeño que la almeja.

chirle adj. Insípido, insustancial. *amer.* Falto de consistencia, blanduzco.

chirlo m. Herida o cicatriz alargada en la cara.

chirona f. Cárcel: *lo metieron en chirona.* **FAM**. enchironar.

chirriar intr. Emitir un sonido agudo y estridente: *esta puerta chirría.* Chillar algunos pájaros. Cantar desentonadamente. **FAM**. chirriante, chirrido.

chirrido m. Sonido estridente o desagradable.

chiruca f. Bota de lona y suela resistente, muy usada para andar por la montaña. Más en pl.

chirusa o **chiruza** f. *amer.* Mujer del pueblo bajo, normalmente mestiza o descendiente de mestizos.

chiscar tr. Sacar chispas del eslabón chocándolo con el pedernal.

chisgarabís m. Hombre zascandil, mequetrefe, liante.

chisme m. Murmuración, cuento sobre alguna noticia verdadera o falsa para dañar a alguien: *sólo publican chismes.* Baratija, trasto pequeño o cualquier objeto del que se desconoce el nombre: *no había visto nunca este chisme.* **FAM**. chismear, chismorrear, chismorrería, chismoso.

chismorrear intr. Contarse chismes, murmurar. **FAM**. chismorreo.

chispa f. Partícula encendida que salta de la lumbre, del hierro herido por el pedernal, etc. Descarga luminosa entre dos cuerpos cargados con muy diferente potencial eléctrico. Diamante muy pequeño. Gota de lluvia menuda y escasa: *sólo caen unas chispas.* Partícula de cualquier cosa: *echa una chispa de azúcar.* Ingenio, gracia: *sus chistes tienen mucha chispa.* Borrachera, embriaguez. **FAM**. chispazo, chispeante, chispear, chisporrotear.

chispazo m. Acción de saltar una chispa. Suceso aislado y de poca entidad como precedente de otros más importantes. Más en pl.: *ya han saltado los chispazos del paro general.*

chispear intr. Echar chispas. Brillar, relucir: *le chispeaban los ojos de emoción.* Lloviznar: *llévate el paraguas porque está chispeando.* **FAM**. chispeante.

chisporrotear intr. Despedir chispas reiteradamente. **FAM**. chisporroteo.

chisquero m. Antiguo encendedor de bolsillo con yesca y pedernal. Cualquier encendedor.

chistar intr. Hablar o hacer ademán de hacerlo. Más en negaciones: *no chistó en toda la reunión.* Llamar la atención de alguien: *si me chistan por la calle, no hago caso.*

chiste m. Dicho breve, agudo y gracioso. Suceso gracioso. Burla o chanza: *hacer chiste de una cosa.* Dificultad, obstáculo: *el montaje de la obra no tiene chiste.* **FAM**. chistoso.

chistera f. Sombrero de copa. Cesta del pelotari.

chistu m. Flauta típica del País Vasco. **FAM**. chistulari.

chistulari m. Músico que toca el chistu y el tamboril.

chita f. Astrágalo, hueso del pie. Juego del chito que se juega con una taba.

chito m. Juego que consiste en arrojar tejos o discos de hierro contra un pequeño cilindro de madera para derribarlo. El cilindro empleado en este juego.

¡chitón! interj. usada para hacer callar a alguien.

chivarse prnl. vulg. Delatar, acusar.

chivato, ta adj. y s. Soplón, delatador, acusador. m. y f. Chivo o chiva que tiene entre seis meses y un año. m. Dispositivo que advierte de una anormalidad: *se ha encendido el chivato de la gasolina.* **FAM**. chivatazo, chivarse, chivatear.

chivo, va m. y f. Cría de la cabra. f. *amer.* Perilla, barba. **chivo expiatorio** Persona a la que se culpa de algo sin razón. **FAM**. chivato.

chocante adj. Que choca. Raro, sorprendente: *resulta chocante que no lo sepas.*

chocar intr. Dar violentamente una cosa con otra. Pelear. Indisponerse con alguno: *no nos llevamos bien, chocamos mucho.* Causar extrañeza: *no me chocó que me llamaras.* tr.

Darse las manos en señal de saludo, conformidad, enhorabuena, etc.: *choca la mano.* También intr. ‖ Juntar las copas los que brindan. ‖ **FAM.** chocante, choque.

chocarrería f. Chiste grosero y de mal gusto. ‖ **FAM.** chocarrero.

chocha f. Ave zancuda, poco menor que la perdiz, de pico largo, recto y delgado, y plumaje de color gris rojizo con manchas negras. Vive con preferencia en terrenos sombríos, se alimenta de orugas y lombrices, y su carne es muy sabrosa.

chochear intr. Tener debilitadas las facultades mentales por la edad. ‖ Tener debilidad exagerada por algo o alguien: *chochea por su nieta.* ‖ **FAM.** chochera, chochez, chocho.

chochera o **chochez** f. Calidad de chocho. ‖ Dicho o hecho de persona que chochea.

chocho, cha adj. Que chochea. ‖ Lelo de puro cariño. ‖ m. vulg. Órgano genital femenino.

choclo m. *amer.* Mazorca tierna de maíz.

choco, ca adj. *amer.* Se dice del que le falta una pierna o una oreja. ‖ *amer.* De pelo rizado. ‖ *amer.* De cara morena. ‖ m. Jibia o chopito en algunas zonas. ‖ *amer.* Perro de aguas.

chocolate m. Pasta alimenticia hecha con cacao y azúcar molidos. ‖ Bebida que se hace con esta pasta junto con agua o leche. ‖ Hachís. ‖ **FAM.** chocolatera, chocolatería, chocolatina.

chocolatería f. Fábrica o tienda de chocolate.

chocolatero, ra adj. Muy aficionado a tomar chocolate. También s. ‖ m. y f. Persona que se dedica a fabricar o vender chocolate. ‖ f. Puchero donde se cuece el chocolate y vasija donde se sirve.

chocolatina f. Tableta delgada de chocolate.

chófer o **chofer** m. Conductor de vehículos.

chollo m. Ganga: *este sofá sí que ha sido un chollo.* ‖ Trabajo o negocio que produce beneficio con muy poco esfuerzo: *esta inversión es un chollo.*

cholo, la adj. *amer.* Mestizo de sangre europea e indígena. También s. ‖ m. y f. *amer.* Tratamiento cariñoso.

chomba o **chompa** f. *amer.* Prenda de vestir hecha de lana a modo de chaleco cerrado.

chongo m. *amer.* Moño o rizo de pelo.

chonta f. *amer.* Árbol, variedad de la palma espinosa, cuya madera, fuerte y de color oscuro y jaspeado, se emplea para hacer bastones y otros objetos de adorno.

chontal adj. y com. *amer.* Se dice de una tribu maya-quiché de América Central y de las personas o cosas pertenecientes a ella. ‖ *amer.* Se dice de la persona rústica e inculta.

choped m. Embutido parecido a la mortadela.

chopito m. Molusco cefalópodo comestible menor que la sepia.

chopo m. Nombre de varias especies de álamos, en especial el álamo negro de corteza gris y hojas en forma de rombo. ‖ Fusil. ‖ **FAM.** chopera.

choque m. Encuentro violento de una cosa con otra. ‖ Contienda, riña. ‖ Combate, pelea. ‖ Estado de conmoción del organismo producido por un gran impacto emocional.

choricear o **chorizar** tr. vulg. Robar, birlar.

chorizo m. Embutido de carne de cerdo, picada y adobada con pimentón y otras especias. ‖ vulg. Ratero, ladronzuelo. ‖ *amer.* Haz hecho con barro, mezclado con paja, que se utiliza para hacer las paredes de los ranchos.

chorlito m. Nombre común de diversas especies de aves zancudas de pico recto, largo y delgado, patas finas y negruzcas, plumaje pardo, que puede alcanzar hasta 30 cm de longitud, dependiendo de la especie. Se alimentan de insectos y pequeños animales acuáticos y su carne es muy apreciada. ‖ **cabeza de chorlito** Persona muy distraída.

choro m. *amer.* Mejillón.

chorote m. *amer.* Chocolatera de loza sin vidriar. ‖ *amer.* Toda bebida espesa. ‖ *amer.* Especie de chocolate con el cacao cocido en agua y endulzado con papelón.

chorra adj. Se apl. a la persona tonta o necia en lo que dice o hace. También com.: *eres un chorra.* ‖ f. Casualidad, suerte: *qué chorra has tenido.* ‖ Pene.

chorrada f. Necedad, tontería: *estás diciendo chorradas.* ‖ Porción de líquido que se suele echar de propina después de dar la medida.

chorrear intr. Caer un líquido formando chorro. También tr.: *el árbol chorreaba resina.* ‖ Gotear, ir saliéndose un líquido lentamente de algún sitio: *la botella de lejía está chorreando.* ‖ Estar algo tan mojado que escurre parte del líquido: *tengo el jersey chorreando.* ‖ tr. vulg. Reñir reprender. ‖ **FAM.** chorrada, chorreado, chorreo, chorrera.

chorreo m. Acción y efecto de chorrear. ‖ Gasto continuado: *después de apuntarte empieza el chorreo de dinero.* ‖ Bronca: *le echaron un chorreo impresionante.* ‖ **FAM.** chorreadura.

chorrera f. Lugar por donde chorrea un líquido y señal que deja al chorrear. ‖ Adorno de encaje que se ponía en la pechera de la camisa.

chorro m. Líquido o gas que sale con fuerza por una abertura. ‖ Caída sucesiva de cosas iguales y menudas: *un chorro de monedas.* ‖ Abundancia, gran cantidad: *tiene un chorro de voz.* ‖ **FAM.** chorrear.

chotacabras amb. Nombre común de diversas especies de aves trepadoras, de vuelo nocturno y silencioso, que se alimentan de insectos dañinos. ♦ No varía en pl.

chotearse prnl. Mofarse, pitorrearse. ‖ **FAM.** choteo.

chotis m. Baile lento por parejas, típico de Madrid, y música o canción con que se acompaña. ♦ No varía en pl.

choto, ta m. y f. Cría de la cabra mientras mama. ‖ Ternero. ‖ **FAM.** chotuno.

chova f. Especie de cuervo de plumaje negro y visos verdosos o encarnados, pico amarillo o rojizo y pies de este último color. ‖ Corneja.

chovinismo m. Amor excesivo a todo lo de la patria propia con desprecio de lo ajeno. ‖ **FAM.** chovinista.

choza f. Cabaña cubierta de ramas o paja. ‖ Cabaña pobre de cualquier material. ‖ **FAM.** chozo.

chozo m. Choza pequeña.

christmas (voz i.) m. Crisma, felicitación.

chubasco m. Chaparrón, aguacero momentáneo. ‖ Adversidad, contratiempo. ‖ **FAM.** chubasquero.

chubasquero m. Impermeable.

chúcaro, ra adj. *amer.* Arisco, bravío, sobre todo dicho del ganado vacuno y del caballar y mular sin desbravar.

chuchería f. Baratija, fruslería. ‖ Dulce, golosina: *mamá, cómprame chucherías.*

chucho, cha m. y f. Perro que no es de una raza pura. ‖ f. Apatía, galbana. ‖ Peseta: *no tengo una chucha.* ‖ m. *amer.* Escalofrío. ‖ *amer.* Fiebre producida por el paludismo, fiebre intermitente. ‖ *amer.* Miedo.

chueco, ca adj. *amer.* De piernas arqueadas. ‖ *amer.* Torcido, ladeado.

chufa f. Tubérculo de la raíz de una especie de juncia. Se come remojado en agua y se utiliza para la fabricación de horchata. ‖ Golpe: *se dio una buena chufa.* ‖ **FAM.** chufar.

chufla f. Cuchufleta, broma.

chulada f. Cosa bonita y vistosa: *¡qué chulada de reloj!* ‖ Chulería, bravuconada: *eso que me dijo sólo era una chulada.*

chulapo, pa m. y f. Chulo, de ciertos barrios castizos de Madrid.

chulear tr. Burlar con gracia. También prnl.: *no te chulees de mí.* ‖ Vivir a costa de una mujer. ‖ prnl. Presumir, pavonearse, jactarse.

chulería f. Cierto aire o gracia en las palabras o ademanes. ‖ Dicho o hecho jactancioso. ‖ **FAM.** chulada.

chuleta f. Costilla de ternera, carnero o cerdo. ‖ Bofetada, guantazo. ‖ Entre estudiantes, nota o papelito que se lleva oculto para consultarlo disimuladamente en los exámenes: *me pillaron la chuleta que llevaba en el zapato.* ‖ m. Chulo, presumido: *eres un chuleta.*

chulla adj. *amer.* Se dice del objeto que se ha quedado sin su par: *un guante chulla.*

chulo, la adj. Que actúa o habla desafiante o con insolencia y cierta gracia. También s. ‖ Bonito, gracioso: *llevas un traje muy chulo.* ‖ **FAM.** chulapo, chulería, chuleta.

chumacera f. Pieza de metal o madera, con una muesca en que descansa y gira cualquier eje de maquinaria. ‖ Tablita que se pone sobre el borde de una embarcación de remo, en cuyo medio está el tolete, que sirve para que no se desgaste el borde con el roce del remo.

chumbera f. Planta cactácea con hojas en forma de palas con espinas, cuyo fruto es el higo chumbo.

chumbo, ba adj. Se dice de la chumbera y del higo que es su fruto. ‖ **FAM.** chumbera.

chuminada f. Tontería, estupidez: *no digas chuminadas.*

chungo, ga adj. *vulg.* Malo, de mala calidad: *es un reloj muy chungo.* ‖ Difícil: *un trabajo chungo.* ‖ f. Burla festiva, broma: *no te lo tomes a chunga.*

chuño m. *amer.* Fécula de la patata.

chupa f. Cazadora, sobre todo la de cuero.

chupa-chups m. Caramelo redondo sujeto en un palito por donde se agarra. ♦ No varía en pl.

chupado, da adj. Muy flaco: *se ha quedado chupado.* ‖ Fácil: *este problema está chupado.* ‖ f. Calada que se da a un cigarro.

chupar tr. Extraer con los labios o con el órgano adecuado el líquido o jugo de una cosa: *las raíces han chupado toda el agua del tiesto.* También intr. ‖ Absorber, empapar: *la esponja chupa el agua.* ‖ Despojar a alguien de algo: *los nervios le están chupando la vida.* ‖ prnl. Adelgazar, enflaquecer. ‖ Tener que soportar algo: *se ha chupado todo el discurso.* ‖ **FAM.** chupada, chupado, chupatintas, chupete, chupetear, chupón.

chupatintas m. desp. Oficinista de poca categoría. ♦ No varía en pl.

chupe m. Guisado hecho de papas en caldo, al que se añade carne o pescado, mariscos, huevos, ají, tomates y otros ingredientes.

chupete m. Pieza de goma en forma de pezón que se pone en el biberón o se da a los niños para que chupen. ‖ **FAM.** chupeta.

chupi adj. Estupendo, excelente. También adv. e interj.

chupinazo m. Disparo hecho con mortero en los fuegos artificiales. ‖ Patada fuerte que se da al balón.

chupito m. Sorbito de vino u otro licor.

chupón, na adj. Que chupa. ‖ Que saca provecho de algo con astucia y engaños. También s. ‖ m. Vástago que, al brotar en los árboles, chupa su savia y disminuye el fruto.

churo m. *amer.* Rizo de pelo.

churrasco m. Carne asada a la plancha o a la parrilla.

churrero, ra m. y f. Persona que hace o vende churros. ‖ FAM. churrería.

churrete m. Mancha alargada: *tienes un churrete en la falda.* ‖ FAM. churretoso.

churrigueresco, ca adj. Se dice del estilo arquitectónico inspirado en el barroco, empleado por José Benito Churriguera y sus imitadores y caracterizado por una exuberante ornamentación. ‖ desp. Recargado, de mal gusto.

churro, rra adj. Se dice de la res ovina de lana basta y rígida. También s. ‖ Se dice de su lana.

churro m. Pasta de harina y azúcar frita, en forma cilíndrica estriada. ‖ Chapuza, cosa mal hecha. ‖ FAM. churrero.

churruscar tr. y prnl. Tostar demasiado un alimento. ‖ FAM. churrusco.

churrusco m. Pedazo de pan demasiado tostado.

churumbel m. Niño, muchacho.

chusco, ca adj. Que tiene gracia. ‖ m. Pedazo de pan, panecillo. ‖ Barrita de pan que se repartía entre la tropa. ‖ FAM. chuscada.

chusma f. Gente soez, gentuza, populacho.

chuspa f. *amer.* Bolsa, morral. ‖ *amer.* Bolsa pequeña para llevar el tabaco.

chut m. Acción y efecto de chutar en el fútbol.

chuta f. Jeringuilla de droga.

chutar tr. En el fútbol, lanzar fuertemente el balón con el pie. ‖ prnl. En la droga, inyectarse. ‖ FAM. chut, chuta, chute.

chute f. Inyección de droga.

chuzo m. Palo armado con un pincho de hierro que usaban los serenos como bastón. ‖ Carámbano, trozo de hielo. ‖ **caer chuzos de punta** loc. Llover mucho y con fuerza.

ciaboga f. Maniobra que se hace para girar en redondo una embarcación.

cianuro m. Sal resultante del ácido cianhídrico, que tiene sabor a almendras amargas y es muy venenosa.

ciar intr. Remar hacia atrás.

ciático, ca adj. De la cadera. ‖ Se dice del nervio que desde la región sacra recorre las piernas. ‖ f. Neuralgia del nervio ciático.

cibernética f. Ciencia sobre las conexiones nerviosas y de comunicación en los seres vivos. ‖ Ciencia que estudia la construcción de aparatos y los mecanismos que, al igual que la mente humana, transforman los datos que se les suministran en un resultado. ‖ FAM. cibernético.

cicatería f. Ruindad, tacañería, mezquindad. ‖ FAM. cicatear, cicatero.

cicatriz f. Señal de una herida que queda en la piel. ‖ Impresión que queda en el ánimo por algún sentimiento pasado. ‖ FAM. cicatrizar.

cicatrizar tr., intr. y prnl. Curar por completo una herida física o psíquica. ‖ FAM. cicatrización, cicatrizante.

cicerone com. Persona, guía que explica a los visitantes las peculiaridades de un monumento, ciudad, etc.

ciclamor m. Árbol papilionáceo, de unos seis metros de altura, con tronco y ramas tortuosas, hojas sencillas y acorazonadas, flores de color carmesí en racimos abundantes que nacen en las ramas o en el mismo tronco.

cíclico, ca adj. Que se repite periódicamente: *desarrollo cíclico.* ‖ Se apl. a la enseñanza o instrucción gradual de una o varias materias.

ciclismo m. Deporte y uso de la bicicleta. ‖ FAM. ciclista.

ciclo m. Periodo de tiempo que se considera acabado: *los ciclos de la historia.* ‖ Serie de fases por las que pasa un fenómeno periódico hasta que se reproduce una fase anterior: *los ciclos de la luna.* ‖ Conjunto de una serie de fenómenos u operaciones que se repiten ordenadamente: *el ciclo económico.* ‖ Serie de conferencias u otros actos de carácter cultural relacionados entre sí, generalmente por el tema: *ciclo de novela negra.* ‖ Conjunto de tradiciones épicas concernientes a un determinado periodo de tiempo, a un grupo de sucesos o a un personaje heroico: *el ciclo bretón.* ‖ Cada una de las partes de un plan de estudios: *el primer ciclo de enseñanza.* ‖ FAM. cíclico, ciclostil.

cicloide f. Curva plana descrita por un punto de la circunferencia cuando ésta rueda por una línea recta.

ciclomotor m. Motocicleta pequeña con un motor poco potente.

ciclón m. Huracán. ‖ Viento fuerte producido por el giro del aire alrededor de una zona de bajas presiones. ‖ Persona muy impetuosa: *esta chica es un ciclón.*

cíclope m. Gigante mitológico con un solo ojo en la frente. ‖ FAM. ciclópeo.

ciclópeo, a adj. Perteneciente o relativo a los cíclopes. | Gigantesco. ‖ Se dice de unas construcciones antiguas de piedras enormes superpuestas sin argamasa.

ciclostil o **ciclostilo** m. Máquina y técnica para sacar muchas copias de un escrito por medio de una tinta especial sobre una plancha gelatinosa.

ciclóstomo adj. Se dice de un tipo de peces de cuerpo largo y cilíndrico, esqueleto cartilaginoso, piel sin escamas, con seis o siete pares de branquias y boca circular, a modo de ventosa, con la que se sujeta a otros peces y succiona sus alimentos; como la lamprea. También m.

cicuta f. Planta de unos dos metros de altura, con tallo rollizo y hueco, hojas blandas, fétidas, dentadas; flores blancas, pequeñas, y semilla negruzca menuda. El zumo de esta hierba es un alcaloide tóxico llamado *cicutina*. | Veneno que se obtiene de esta planta.

cidra f. Fruto del cidro, algo mayor que el limón, que se usa en medicina.

cidro m. Árbol de tronco liso y ramoso de unos 5 m de altura, hojas perennes y flores encarnadas olorosas. Su fruto es la cidra. ‖ **FAM.** cidra.

ciego, ga adj. Sin vista. También s. | Obcecado, dominado por una pasión: *ciego de odio*. | Se dice de cualquier conducto obstruido. | Se dice de una parte del intestino grueso, anterior al colon. También m. ‖ **FAM.** cegar.

cielito (el) m. *amer.* Baile campesino de parejas con ritmo de vals.

cielo m. Espacio que rodea la Tierra. | Para los creyentes, paraíso. | Parte superior de alguna cosa: *el cielo de la boca.* | Apelativo cariñoso: *¡qué cielo eres!* ‖ **FAM.** celaje, celeste.

ciempiés m. Animal invertebrado con un par de patas en cada uno de los veintiún anillos en que se divide su cuerpo. Tiene unas mandibulillas córneas con las que muerden a los animales y les inyectan veneno. ◆ No varía en pl.

cien adj. apóc. de ciento. Diez veces diez: *cien cartas.* También m. | Centésimo: *el piso cien.* | m. Cifra que representa este número. | ‖ **FAM.** centavo, centena, centésimo, céntumo, céntuplo, centuria, ciento.

ciénaga f. Lugar lleno de cieno o pantanoso.

ciencia f. Conocimiento ordenado y, generalmente experimentado, de las cosas. | Conjunto de conocimientos relativo a una materia determinada: *ciencia social.* | Saber, cultura: *este hombre es un pozo de ciencia.* | Conjunto de conocimientos relativos a las matemáticas, física, química y naturaleza: *he escogido cien-*

cias en lugar de letras. ‖ **FAM.** científicamente, científico.

cienmilésimo, ma adj. y s. De cada una de las cien mil partes iguales en que se divide un todo.

cieno m. Lodo blando en el fondo del agua o en sitios bajos y húmedos. ‖ **FAM.** ciénaga.

cientificismo m. Tendencia a darle demasiada importancia a la ciencia y al conocimiento que se adquiere a través de ella y con sus métodos, considerados como los únicos válidos para llegar a conocer la realidad de las cosas.

científico, ca adj. De la ciencia, o de sus métodos. | Que practica o investiga una ciencia. También s. ‖ **FAM.** científicamente, cientificismo.

ciento adj. Diez veces diez. | Centésimo. | m. Guarismo que representa el número ciento. | Centena: *han pasado cientos de coches.* ‖ **FAM.** porcentaje.

ciernes (en) loc. adv. En el principio, al comienzo del desarrollo: *tengo una nueva novela en ciernes.*

cierre m. Acción y efecto de cerrar. | Lo que sirve para ello: *el cierre de la maleta.*

cierto, ta adj. Verdadero: *la noticia es cierta.* | Se usa algunas veces en sentido indeterminado: *cierto tipo de animales.* | Seguro de la verdad. | adv. afirm. Ciertamente. | **por cierto** loc. adv. Ciertamente, a la verdad. | loc. adv. que introduce un cambio de tema o un paréntesis en el discurso por algo sugerido en ella: *por cierto, ya he recogido los impresos.* ‖ **FAM.** certeza, certidumbre, ciertamente.

ciervo, va m. Mamífero rumiante de pelo áspero y corto, patas largas y cola muy corta. El macho tiene astas o cuernas estriadas y ramosas, que pierde y renueva todos los años, aumentando con el tiempo el número de puntas, que llegan a 10 en cada asta. | **FAM.** cerval, cervato, cérvido, cervuno.

cierzo m. Viento frío del norte.

cifosis f. Encorvadura convexa anormal de la columna vertebral. ◆ No varía en pl.

cifra f. Número, cantidad y signo con que se representa: *sale una cifra muy alta.* | Escritura secreta, clave. ‖ **FAM.** cifrar.

cifrar tr. Escribir en clave: *mensaje cifrado.* | Reducir varias cosas a una sola que se considera fundamental. ◆ Se construye con la prep. *en.* También prnl.: *el éxito se cifra en la constancia.* ‖ **FAM.** descifrar.

cigala f. Crustáceo decápodo marino, de color claro y caparazón duro, semejante al cangrejo de río. Su carne es muy apreciada.

cigarra f. Insecto hemíptero, verde amarillento, de alas membranosas y abdomen cónico, cuyos machos producen un ruido estridente y monótono. ‖ FAM. cigarral, cigarrón.

cigarral m. En Toledo, huerta cercada fuera de la ciudad, con árboles frutales y casa para recreo.

cigarrero, ra m. y f. Persona que hace o vende cigarros. ‖ Caja o en que se tienen a la vista cigarros puros. ‖ Petaca para llevar cigarros o cigarrillos.

cigarrillo m. Cigarro pequeño de picadura envuelta en un papel de fumar.

cigarro m. Rollo de hojas de tabaco, puro. ‖ Cigarrillo. ‖ FAM. cigarrero, cigarrillo.

cigoñino m. Pollo de la cigüeña.

cigoto m. Célula que resulta de la unión de dos gametos, uno masculino o espermatozoide con otro femenino u óvulo.

cigüeña f. Ave zancuda migratoria de hasta 1 m de altura, de cabeza redonda, cuello largo, cuerpo generalmente blanco, alas negras, patas largas y rojas, lo mismo que el pico. Anida en las torres y árboles elevados, y se alimenta de sabandijas. ‖ FAM. cigoñino, cigoñuela, cigüeñal.

cigüeñal m. Doble codo en el eje de ciertas máquinas que transforma el movimiento rectilíneo en giratorio alrededor del eje.

ciliado, da adj. y m. Se dice de los protozoos provistos de cilios.

cilicio m. Vestidura áspera o con pinchos para mortificar el cuerpo.

cilindrada f. Capacidad del cilindro o cilindros de un motor de explosión que se expresa en centímetros cúbicos: *tiene 2.000 cc de cilindrada.*

cilindro m. Cuerpo limitado por una superficie curva y dos planos circulares. ‖ Tubo en que se mueve el émbolo de una máquina. ‖ Cualquier pieza mecánica con esta forma. ‖ FAM. cilindrada, cilindrico.

cilio m. Cada uno de los filamentos delgados y permanentes de los protozoos ciliados y de algunas células mediante los que se efectúa la locomoción de las células en un medio líquido. ‖ FAM. ciliado, ciliar.

cima f. Parte más alta de los montes, árboles. ‖ Remate, culminación, máximo esplendor de algo: *está en la cima de su carrera.*

cimacio m. Moldura en forma de s. ‖ Pieza suelta, con ábaco de gran desarrollo, que va sobre el capitel.

cimarrón, na adj. y s. Se dice del animal doméstico que se hace salvaje. ‖ amer. Se dice del esclavo que se refugiaba en los montes buscando la libertad.

címbalo m. Campana pequeña. ‖ En música, platillos. ‖ FAM. cimbalillo.

cimborrio m. Cuerpo cilíndrico que sirve de base a la cúpula. ‖ Cúpula.

cimbrar o **cimbrear** tr. y prnl. Mover una vara u objeto flexible haciéndolo vibrar. ‖ Doblar algo flexible. ‖ Mover graciosamente el cuerpo o una parte de él: *cimbreaba la cintura.* ‖ FAM. cimbreante, cimbreo.

cimentar tr. Poner los cimientos de un edificio. ‖ Fundar, edificar. ‖ Consolidar, asentar: *el tiempo cimentó nuestro amor.* ♦ Irreg. Se conj. como *acertar.*

cimero, ra adj. Se dice de lo que está en la parte superior de algo y lo finaliza o remata.

cimiento m. Parte del edificio debajo de tierra. Más en pl. ‖ Fundamento, principio. Más en pl.: *los cimientos de la democracia.* ‖ FAM. cimentar.

cimitarra f. Sable curvo usado por turcos y persas.

cinabrio m. Mineral rojo y pesado compuesto de azufre y mercurio, que se extrae de él.

cinamomo m. Árbol exótico y de adorno, con hojas alternas, flores en racimos de color violeta, y cápsulas del tamaño de garbanzos, que sirven para cuentas de rosario. De su fruto, parecido a una cereza, se extrae un aceite empleado en la industria y en medicina.

cinc m. Metal blanco azulado y brillo intenso, muy usado en el galvanizado del hierro y en aleaciones. Su símbolo es Zn. ♦ pl. *cines.*

cincel m. Herramienta para labrar piedras y metales con boca acerada y recta de doble bisel para labrar, a golpe de martillo, piedras y metales. ‖ FAM. cincelador, cincelar.

cincha f. Faja para asegurar la silla o albarda sobre la caballería.

cincho m. Faja ancha con que se suele ceñir y abrigar la cintura. ‖ Cinturón de vestir o para llevar la espada. ‖ Aro de hierro con que se aseguran o refuerzan barriles, ruedas, maderos, etc. ‖ FAM. cincha, cinchar.

cinco adj. Cuatro y uno. También m.: *el cinco de junio.* ‖ Quinto: *el piso cinco.* ‖ m. Guarismo del número cinco. ‖ FAM. cincuenta.

cincuenta adj. Cinco veces diez. ‖ Quincuagésimo. ‖ m. Guarismo del número cincuenta. ‖ FAM. cincuentenario, cincuentón.

cincuentón, na adj. y s. Persona que tiene cincuenta años cumplidos.

cine m. apóc. de *cinematógrafo* y *cinematografía.* ‖ Local donde se proyectan películas cinematográficas. ‖ FAM. cineasta, cineclub, cinéfilo, cinematógrafo.

cineasta com. Persona que se dedica al cine, especialmente como director.

cinegético, ca adj. Perteneciente o relativo a la caza. ‖ f. Arte de la caza.

cinema m. Cine, local.

cinemascope (voz i.) m. Sistema cinematográfico que toma las imágenes comprimidas y alargadas para que, al proyectarlas sobre una pantalla panorámica, dé la sensación de una perspectiva más amplia.

cinemática f. Parte de la mecánica que estudia el movimiento, prescindiendo de las fuerzas que lo producen.

cinematografía f. Arte e industria de hacer películas por medio del cinematógrafo.

cinematógrafo m. Aparato óptico en el cual, haciendo pasar rápidamente muchas imágenes fotográficas que representan otros tantos momentos consecutivos de una acción determinada, se consigue reproducir escenas en movimiento. I Cine, local. I FAM. cinematografía, cinematografiar, cinematográfico

cinético, ca adj. Del movimiento. I f. Parte de la física que estudia el movimiento. I Parte de la química que estudia las características mecánicas de las reacciones químicas.

cingalés, sa adj. y s. De Ceilán. I m. Idioma hablado en esta isla, actualmente Sri Lanka.

cíngaro, ra adj. y s. Gitano.

cinglar tr. Mover un bote, canoa, etc., con un solo remo puesto a popa. I Forjar el hierro para limpiarlo de escorias.

cíngulo m. Cordón o cinta de seda o de lino, con que el sacerdote se ciñe el alba.

cínico, ca adj. Descarado, procaz. I Se dice de la escuela filosófica griega fundada por Antístenes, y de sus miembros, que rechazaban los convencionalismos sociales y defendían una vida austera. I FAM. cinismo.

cinta f. Tira de tela u otro material para distintos usos: para sujetar el pelo, de máquina de escribir, transportadora, magnetofónica, de video. I Película cinematográfica. I Planta gramínea perenne de adorno, con hojas anchas, listadas de blanco y verde, y flores en panoja alargada, mezclada de blanco y violeta. I FAM. cintarazo, cinto, cintura.

cinto m. Faja para ceñir y ajustar la cintura, cinturón.

cintura f. Parte donde se estrecha el tronco del cuerpo humano, entre las costillas y las caderas. I FAM. cinturilla, cinturón.

cinturilla f. Cinta o tira de tela fuerte o armada, que se pone a veces en la cintura de los vestidos.

cinturón m. Cinto de cuero que sujeta el pantalón a la cintura. I Cinto para llevar pendiente la espada o el sable. I Cinta, correa o cordón para ajustar el vestido al cuerpo.

cipote m. Mojón de piedra. I Hombre torpe, bobo. I Hombre grueso, rechoncho. I vulg. Pene. I amer. Chiquillo, pilluelo.

ciprés m. Árbol cupresáceo de 15 a 20 m de altura, con tronco derecho, ramas erguidas y cortas, copa espesa y cónica, hojas perennes y pequeñas, flores amarillentas terminales y madera rojiza y olorosa. Se planta mucho en parques y cementerios. I Madera de este árbol.

circo m. Lugar circular, normalmente cubierto por una carpa, donde actúan malabaristas, payasos, animales amaestrados, etc. I El mismo espectáculo. I Edificio que los antiguos romanos destinaban a ciertos espectáculos. I Depresión entre cimas altas formada por la erosión de las aguas.

circón m. Silicato de circonio, más o menos transparente, blanco o amarillento rojizo, del que se extrae el circonio. I FAM. circonio, circonita.

circonio m. Elemento químico metálico muy raro, arde sin producir llama, es inodoro y resistente a la acción de los ácidos. Su símbolo es Zr.

circuito m. Camino que regresa al punto de partida: *circuito de agua*. I Lugar comprendido dentro de un perímetro. I Contorno. I Trayecto fijado para diversas carreras: *el trazado de este circuito es muy peligroso*. I Conjunto de conductores para recorrer una corriente eléctrica. I FAM. cortocircuito.

circulación f. Acción de circular: *la circulación de la sangre*. I Tráfico, tránsito por las vías públicas: *circulación rodada*. I Movimiento de bienes, dinero y riqueza: *ya están en circulación las nuevas monedas de 200 ptas*.

circular adj. Perteneciente al círculo o de su forma: *mesa circular*. I f. Escrito dirigido a varias personas para ordenar o notificar algo: *envió una circular a sus empleados*.

circular intr. Andar, moverse dentro de un circuito: *el gas circula por los conductos nuevos*. I Ir y venir: *el aire circula por toda la casa*. I Pasar los valores, las monedas, etc., de una a otra persona. I FAM. circulación, circulatorio.

circulatorio, ria adj. De la circulación.

círculo m. Superficie limitada por la circunferencia. I Grupo de personas de un mismo sector de actividad: *círculo financiero*. I Sociedad recreativa, política, artística, y el edificio donde se reúnen sus miembros: *círculo gastronómico*. I Conjunto de relaciones de una persona: *tiene un círculo muy pequeño de amigos*. I FAM. circular.

circuncidar tr. Cortar circularmente una porción del prepucio. ♦ Tiene dos p.p.: *circuncidado*, que se emplea en los tiempos compuestos, y *circunciso*, empleado más como adj. I FAM. circuncisión.

circundar tr. Cercar, rodear: *el río circunda la cabaña.*

circunferencia f. Curva cerrada, cuyos puntos equidistan de otro interior llamado centro. I Contorno de una superficie, territorio, mar. I **FAM.** circunferir.

circunflejo adj. Acento del francés o el portugués, p. ej., que se representa por la tilde (ˆ).

circunlocución f. Figura que consiste en expresar por medio de un rodeo de palabras algo que hubiera podido decirse más concisamente pero no tan bella, enérgica o hábilmente. I **FAM.** circunloquio.

circunloquio m. Rodeo de palabras para expresar algo.

circunscribir tr. Concretar, limitar. I Trazar una figura geométrica dentro de otra, con determinados puntos comunes. I prnl. Ceñirse, concretarse: *se circunscribió al tema original de la charla.* I **FAM.** circunscripción.

circunscripción f. División administrativa, militar, electoral, de un territorio.

circunspección f. Comportamiento prudente o serio y grave. I **FAM.** circunspecto.

circunstancia f. Elemento accidental, situación o condición que rodea y afecta a algo o alguien: *en estas circunstancias, no puedo decidir.* I En der., motivo que modifica la responsabilidad o culpa del que ha cometido el delito: *circunstancia atenuante, agravante.* I **FAM.** circunstancial, circunstante.

circunstancial adj. Casual, que depende de una circunstancia particular: *encuentro circunstancial, decisión circunstancial.*

circunvalación f. Acción de circunvalar. I **de circunvalación** loc. adj. Se apl. a la carretera, vía, etc., que rodea una población.

circunvalar tr. Cercar, rodear. I **FAM.** circunvalación.

circunvolución f. Vuelta o rodeo. I **cerebral** Cada uno de los pliegues de la superficie del cerebro.

cirílico, ca adj. y m. Perteneciente o relativo al alfabeto usado en ruso y otras lenguas eslavas. Su invención se atribuye a San Cirilo en el s. IX.

cirio m. Vela de cera de un pabilo, larga y gruesa. I Lío, pelea: *se armó un buen cirio.* I **FAM.** cirial.

cirro m. Tumor duro, sin dolor continuo y de naturaleza particular, que se forma en diferentes partes del cuerpo. I **FAM.** cirrosis.

cirro m. Nube blanca y ligera, en forma de barbas de pluma o filamentos que se presenta en las regiones superiores de la atmósfera. I Zarcillo de algunas plantas para asirse a los tallos de otras.

cirrópodo adj. Se dice de una clase de crustáceos marinos, hermafroditas, cuyas larvas son libres y nadadoras y en el estado adulto viven fijos sobre los objetos sumergidos, como el percebe y la bellota de mar. También m.

cirrosis f. Enfermedad del hígado, producida por la progresiva destrucción de sus células. ♦ No varía en pl.

ciruela f. Fruto comestible del ciruelo de carne jugosa, muy variable en forma, color y tamaño según la variedad del árbol que la produce, y una semilla amarga en su interior. I **FAM.** ciruelo.

ciruelo m. Árbol frutal rosáceo con las hojas entre aovadas y lanceoladas, dentadas y un poco acanaladas, y la flor blanca. Su fruto es la ciruela.

cirugía f. Especialidad y técnica de la medicina cuyo fin es curar las enfermedades mediante operaciones realizadas con instrumentos concebidos científicamente. I **FAM.** cirujano.

cirujano, na m. y f. Persona que profesa la cirugía.

cisalpino, na adj. Situado entre los Alpes y Roma.

ciscar tr. Ensuciar alguna cosa. I prnl. Soltarse o evacuarse el vientre.

cisco m. Carbón vegetal menudo. I Alboroto: *¡vaya cisco que se ha montado!* I **FAM.** ciscar.

cisma m. Separación de los miembros de una comunidad con respecto a la doctrina que seguían. I Discordia. I **FAM.** cismático.

cisne m. Ave palmípeda de plumaje blanco, cabeza pequeña, pico de igual ancho en toda su extensión y de color anaranjado, y en los bordes y el tubérculo de la base negro; cuello muy largo y flexible, patas cortas y alas grandes.

cisoria adj. Se dice del arte de trinchar los alimentos.

cisterciense adj. y m. De la orden benedictina del Císter.

cisterna f. Depósito para el agua de lluvia o para la retenida en un retrete. I Recipiente en un vehículo para transportar líquidos: *camión cisterna.*

cistitis f. Inflamación de la vejiga que produce escozor y continuas ganas de orinar. ♦ No varía en pl.

cisura f. Rotura o abertura sutil que se hace en cualquier cosa.

cita f. Día, hora y lugar para encontrarse dos o más personas. I Repetición de palabras dichas o escritas por alguien con las que se intenta dar autoridad o justificar lo que se está diciendo: *Este libro está lleno de citas en latín.*

citar tr. Convocar señalando día, hora y lugar: *nos citó a las tres en el bar.* ‖ Alegar, mencionar autores, textos para probar o justificar lo se dice o escribe: *ha citado a Cervantes.* ‖ En der., notificar mediante llamamiento judicial: *los han citado a declarar.* ‖ Incitar al toro para que embista.

cítara f. Instrumento musical semejante a la lira, pero con caja de resonancia de madera. ‖ Instrumento musical de caja trapezoidal con entre 20 y 30 cuerdas, que se toca con púa, típico del folclore centroeuropeo.

citología f. Parte de la biología que estudia la célula. ‖ Examen de las células para dar un diagnóstico. ‖ **FAM.** citológico.

citoplasma m. Parte de la célula que rodea al núcleo.

cítrico, ca adj. Del limón. ‖ m. pl. Frutas agrias o agridulces, como el limón y la naranja, y plantas que las producen. ‖ **FAM.** citricultura.

ciudad f. Población grande, y su núcleo urbano. ‖ Conjunto de habitantes de estas poblaciones, por oposición a los del campo. ‖ Conjunto de edificios o instalaciones destinadas a una determinada actividad: *ciudad universitaria.* ‖ **FAM.** ciudadano, ciudadela.

ciudadanía f. Calidad y derecho de ciudadano, y conjunto de los de un pueblo o nación. ‖ Civismo: *mantener limpia la calle es un acto de ciudadanía.*

ciudadano, na adj. y s. Natural o vecino de una ciudad. ‖ Perteneciente a la ciudad: *impuesto ciudadano.* ‖ m. y f. Persona que habita en un Estado como sujeto de derechos civiles y políticos. ‖ **FAM.** ciudadanía.

ciudadela f. Fortificación permanente en el interior de una ciudad.

civeta f. Mamífero carnívoro de Asia y África de cola larga, patas cortas y una bolsa cerca del ano donde segrega la algalia.

cívico, ca adj. Perteneciente a la ciudad o a los ciudadanos. ‖ Perteneciente o relativo al civismo: *sentido cívico.*

civil adj. Cívico: *derechos civiles.* ‖ Que no es militar o eclesiástico. También s.: *fiesta civil.* ‖ En der., de las relaciones privadas entre los ciudadanos. ‖ m. Guardia civil: *temían a los civiles.* ‖ **FAM.** civilidad, civilista, civilizar.

civilización f. Conjunto de costumbres, cultura o arte de un pueblo: *civilización incaica.* ‖ Acción y efecto de civilizar o civilizarse.

civilizar tr. y prnl. Introducir en un pueblo la civilización de otro. ‖ Educar a alguien. ‖ **FAM.** civilización.

civismo m. Cualidad del ciudadano que cumple con sus obligaciones para con la comunidad. ‖ Cortesía, educación.

cizalla f. Herramienta parecida a unas tijeras grandes para cortar metal. ‖ Guillotina para cortar cartones. ‖ Recorte o fragmento de metal.

cizaña f. Planta gramínea dañina que crece espontáneamente en los sembrados. ‖ Cualquier cosa que hace daño a otra, maleándola o echándola a perder. ‖ Discordia o enemistad: *sembrar o meter cizaña.* ‖ **FAM.** cizañar, cizañero.

clac m. Claque.

clamar intr. Quejarse a voces pidiendo algo. ♦ Se construye con las prep. *a* y *por: clama al cielo, clama por venganza.* También tr.: *clamar justicia.* ‖ Hablando de cosas inanimadas, manifestar tener necesidad de algo: *la tierra clama por agua.* ‖ **FAM.** clamor, aclamar, declamar, exclamar, proclamar, reclamar.

clámide f. Capa corta y ligera que usaron los griegos y los romanos.

clamor m. Grito fuerte. ‖ Griterío confuso de una multitud: *el clamor del público se oía desde la entrada.* ‖ Grito lastimero de queja o dolor. ‖ **FAM.** clamoroso.

clamoroso, sa adj. Que va acompañado de clamor: *un éxito clamoroso.*

clan m. Especie de sociedad formada por personas con una ascendencia común, en la que tienen gran importancia los lazos familiares y la obediencia a un jefe. ‖ desp. Grupo restringido de personas unidas por vínculos o intereses comunes: *los pequeños comerciantes han formado un clan.*

clandestino, na adj. Secreto, oculto. ‖ Sin los requisitos exigidos por una disposición gubernativa: *venta clandestina.* ‖ **FAM.** clandestinidad.

claque f. Conjunto de personas encargadas de aplaudir una obra teatral a cambio de remuneración o entrada gratuita. ‖ Cualquier grupo de personas que siempre alaban las acciones de otra. Se pronuncia *clac.*

claqueta f. Utensilio compuesto de dos planchas de madera, negras y unidas por una bisagra, en las que se escriben el título de la película y el número de la toma que va a rodarse. Al hacerlas chocar se produce un sonido que indica el comienzo del rodaje.

clara f. Materia que rodea la yema del huevo. ‖ Parte rala en el cabello o en un tejido. ‖ Claridad. ‖ Bebida compuesta por cerveza y gaseosa.

claraboya f. Tragaluz, ventana en el techo o en lo alto de las paredes.

clarear impers. Empezar a amanecer. También intr.: *clareaba el día.* ‖ Irse disipando las nubes. ‖ prnl. Transparentarse: *la falda se clarea.*

clarete adj. y m. Vino tinto de color rosáceo.

claridad f. Cualidad de claro: *se expresa con claridad.* | Luz, resplandor: *en esta sala hay mucha claridad.*

clarificar tr. Aclarar. También prnl.: *ya se ha clarificado el asunto de los bonos.* | Poner claro, menos denso: *clarificar un licor.* | FAM. clarificación.

clarín m. Instrumento musical de viento, de sonidos más agudos que la trompeta. | Registro muy agudo del órgano. | com. Persona que toca el clarín. | FAM. clarinete.

clarinete m. Instrumento musical de viento que posee un tubo de madera con agujeros que se tapan con los dedos o con llaves. | com. Persona que toca este instrumento.

clarividencia f. Facultad de comprender y discernir claramente las cosas. | Penetración, perspicacia. | FAM. clarividente.

claro, ra adj. Con mucha luz: *una habitación clara.* | Evidente, patente: *una clara subida de precios.* | Limpio, puro, cristalino, diáfano: *unas elecciones claras.* | Inteligible: *una explicación clara.* | Sincero, franco: *ha sido muy claro conmigo.* | Poco denso, ralo: *una salsa clara.* | m. Espacio del cielo sin nubes: *habrá alternancia de claros y nubes.* | Espacio sin árboles en el interior de un bosque. | adv. m. Con claridad: *habla claro.* | interj. para afirmar o dar por cierto algo: *¿quieres café? ¡Claro!* | FAM. aclarar, clara, clarear, clarete, claridad, clarividar.

claroscuro m. Contraste de luces y sombras en un cuadro, fotografía, etc.

clase f. Orden o grupo de personas, animales o cosas de las mismas características: *clase trabajadora.* | Categoría: *espárragos de clase superior.* | Cada división de estudiantes que asisten a un aula: *está en mi clase.* | Aula, lugar en que se enseña: *le han echado de la clase.* | Lección impartida por el maestro o el profesor: *da clase de matemáticas.* | Grupo taxonómico que comprende varios órdenes: *clase de los ofidios.* | FAM. clásico, clasificar, clasismo.

clasicismo m. Tendencia estética basada en la imitación de los modelos de la antigüedad griega o romana, que valoraban la armonía de las proporciones del objeto artístico. | FAM. clasicista.

clásico, ca adj. y s. Se dice del autor o de la obra que se tiene por modelo digno de imitación en cualquier manifestación artística: *es un clásico del vanguardismo.* | Perteneciente a la literatura o al arte de la antigüedad griega y romana, y a sus imitadores: *sólo lee a los clásicos en latín.* | Partidario del clasicismo. | Se apl. a la música de tradición culta, por

oposición a la ligera o pop. | FAM. clasicismo.

clasificador, ra adj. y s. Que clasifica. | m. Mueble para clasificar y archivar papeles y documentos.

clasificar tr. Ordenar o disponer por clases. | prnl. Obtener determinado puesto en una competición: *se clasificó en el tercer puesto.* | Conseguir un puesto que permite continuar en una competición o torneo deportivo: *se clasificó para la final.* | FAM. clasificable, clasificación, clasificador.

clasista adj. y s. Se dice de la persona, de la ideología, etc., que mantiene las diferencias entre las clases sociales, valorando a las personas según la clase a la que pertenecen y despreciando a los de las más desfavorecidas.

claudia adj. Se dice de una variedad de ciruela pequeña, de color verde, muy dulce y sabrosa.

claudicar intr. Ceder, transigir, consentir, rendirse: *al fin claudicó ante mis deseos.* | Dejar de seguir los propios principios o normas, por flaqueza: *a pesar de todo no claudicó de su sinceridad.* | FAM. claudicación.

claustro m. Galería que cerca el patio principal de una iglesia o convento. | Junta de un centro docente formada por el director y el profesorado. | Reunión de esta junta: *hoy tenemos claustro.* | FAM. claustral.

claustrofobia f. Sensación morbosa de angustia, producida por la permanencia en lugares cerrados.

cláusula f. Cada una de las disposiciones de un contrato, tratado, etc. | Oración gramatical.

clausura f. Acción de clausurar: *asistimos a la clausura de la fábrica.* | Acto solemne con que se termina un congreso, un tribunal, etc.: *la clausura del congreso está prevista para hoy.* | En los conventos religiosos, recinto interior donde no pueden entrar seglares, y vida que se hace en él: *la clausura es muy dura.* | FAM. clausurar.

clausurar tr. Poner fin solemnemente a la actividad de organismos, establecimientos, etc. | Cerrar un local por mandato oficial: *han clausurado la discoteca por exceso de ruido.* | Cerrar físicamente algo: *clausurar una puerta.*

clavado, da adj. Muy parecido, casi igual: *es clavado a su abuelo.* | Fijo, puntual: *llegué clavado.* | Perfecto, muy adecuado: *es un color clavado para la habitación.*

clavar tr. Introducir un clavo u otra cosa aguda, a fuerza de golpes, en un cuerpo. También prnl. | Asegurar con clavos una cosa en otra. | Fijar: *clavó los ojos en mi espalda.* | Cobrar a uno más de lo justo: *nos han clavado en el restaurante.*

clave f. Explicación de los signos convenidos para escribir en cifra. | Conjunto de estos signos. | Noticia o idea por la cual se hace comprensible algo: *ésta es la clave del misterio.* | En mús., signo al principio del pentagrama para determinar el nombre de las notas. | m. Clavicémbalo: *concierto para clave.* | adj. Básico, fundamental, decisivo: *jornada clave.*

clavecín m. Clavicémbalo. | FAM. clavecinista.

clavel m. Planta herbácea perenne con tallos nudosos y delgados, hojas largas, estrechas, puntiagudas y verdosas, y flores terminales, con cinco pétalos dentados de diversos colores. | Flor de esta planta. | FAM. clavellina.

clavellina f. Planta semejante al clavel común pero más pequeña.

clavero m. Árbol perenne tropical mirtáceo con copa piramidal, hojas opuestas, ovales y flores con cáliz rojo oscuro. Los capullos de sus flores son los clavos de especia.

clavicémbalo m. Instrumento musical de cuerdas que se pellizcan con púas accionadas por un teclado. Es el antecesor del piano, junto con la espineta y el clavicordio.

clavicordio m. Instrumento musical de cuerdas percutidas por unas láminas de metal al accionarse el teclado.

clavícula f. Cada uno de los dos huesos situados en la parte superior del pecho, desde el esternón al omóplato. | FAM. clavicular.

clavija f. Trozo cilíndrico o ligeramente cónico de madera, metal u otro material que sirve para ensamblar, asegurar, etc.: *la clavija del enchufe del teléfono.* | Cada una de las llaves de madera que se usa en los instrumentos para asegurar y tensar las cuerdas. | FAM. clavijero.

clavo m. Pieza metálica, larga y delgada, con cabeza y punta, que sirve para fijarla en alguna parte, o para asegurar una cosa a otra. | Especia de olor muy aromático y agradable, y sabor acre y picante que se obtiene de la flor del clavero. | FAM. clavar, clavero, clavetear.

claxon m. Bocina de los automóviles.

clemencia f. Virtud que modera el rigor de la justicia: *haremos una petición de clemencia al juez.* | FAM. clemente.

clementina adj. y f. Se dice de la mandarina sin pepitas y más dulce que la ordinaria.

cleptomanía f. Propensión morbosa al hurto. | FAM. cleptómano.

clerecía f. Conjunto de personas eclesiásticas que componen el clero. | Ocupación u oficio de los clérigos.

clericalismo m. Influencia del clero en los asuntos políticos. | Marcada sumisión al clero y a sus directrices.

clérigo m. El que ha recibido las órdenes sagradas. | En la Edad Media, hombre de estudios.

clero m. Conjunto de los clérigos. | FAM. clerecía, clerical, clericalismo, clérigo.

cliché m. Imagen fotográfica negativa. | Idea o expresión demasiado repetida o formularia: *su habla está llena de clichés.* | Plancha para la impresión. ♦ También se dice *clisé.*

cliente, ta m. y f. Respecto del que ejerce alguna profesión, persona que utiliza sus servicios. | Persona que compra en un establecimiento o suele comprar en él. ♦ También se emplea *cliente* para el género femenino. | FAM. clientela.

clima m. Conjunto de condiciones atmosféricas de una zona geográfica: *clima lluvioso, tropical, húmedo.* | Ambiente; conjunto de condiciones que caracterizan una situación o su consecuencia, o de circunstancias que rodean a una persona: *clima intelectual, político.* | FAM. climático, climatizar, climatología.

climaterio m. Conjunto de fenómenos que acompañan al decrecimiento de la función sexual. | FAM. climatérico.

climatizar tr. Dar a un recinto las condiciones necesarias para obtener la temperatura, humedad del aire, etc., convenientes a la salud o la comodidad de sus ocupantes. | FAM. climatizado, climatizador.

climatología f. Ciencia que estudia el clima. | FAM. climatológico.

clímax m. Gradación retórica ascendente, y su término más alto. | Punto más alto de un proceso. | Momento culminante de una obra literaria, película, etc.: *las mejores novelas negras tienen varios clímax.* ♦ No varía en pl. | FAM. climatérico.

clínico, ca adj. y s. Relativo a la clínica o a la enseñanza práctica de la medicina. | m. y f. Persona dedicada al ejercicio de la medicina. | f. Hospital privado. | Enseñanza práctica de la medicina. | Departamento de los hospitales destinados a dar esta enseñanza. | P. ext., hospital universitario. | FAM. policlínica.

clip (voz i.) m. Barrita de metal o plástico, doblada sobre sí misma, que sirve para sujetar papeles. | Especie de horquilla del pelo. | Película o vídeo de corta duración, generalmente de carácter musical.

clisar tr. Reproducir en planchas de metal la composición de imprenta, o grabados en relieve.

clisé m. Cliché.

clítoris m. Órgano carnoso eréctil situado en

el ángulo anterior de la vulva del aparato genital femenino. ♦ No varía en pl.

cloaca f. Conducto para las aguas sucias e inmundicias de las poblaciones. ‖ Porción final del intestino de las aves y otros animales en la cual desembocan los conductos genitales y urinarios. ‖ Lugar inmundo o repugnante.

clon m. Conjunto de individuos pluricelulares nacidos de una misma célula o estirpe celular, absolutamente homogéneos desde el punto de vista genético. ‖ FAM. clónico.

cloquear intr. Emitir su voz la gallina clueca. ‖ FAM. clocar, cloqueo.

clorhídrico, ca adj. Se dice de un ácido compuesto de cloro e hidrógeno.

cloro m. Elemento químico gaseoso, de color verde amarillento, olor fuerte e irritante, y muy tóxico. Se emplea como blanqueador y como desinfectante. Su símbolo es Cl. ‖ FAM. clórico, cloroformo, cloruro.

clorofila f. Pigmento verde de los vegetales y de algunas algas y bacterias; es responsable de la fotosíntesis. ‖ FAM. clorofílico.

cloroformo m. Líquido incoloro, de olor agradable; se emplea en medicina como anestésico. ‖ FAM. cloroformizar.

cloroplasto m. Cada uno de los corpúsculos de las células verdes de los vegetales que contienen clorofila.

cloruro m. Combinación del cloro con un metal o un radical orgánico.

club m. Asociación creada para la consecución de fines deportivos, culturales, políticos, etc., y local donde se reúne. ‖ Bar, generalmente nocturno, donde se bebe y se baila. ♦ pl. *clubs* o *clubes*

clueca adj. y f. Se apl. a las aves cuando se echan sobre los huevos para empollarlos: *gallina clueca.* ‖ FAM. cloquear.

cluniacense adj. Perteneciente al monasterio o congregación de Cluny, seguidores de San Benito: *museo cluniacense de París.* ‖ Se apl. a los monjes de esta Orden. También com.

co- Elemento que entra en la composición de diversas palabras con el significado de 'unión', 'cooperación', 'compañía', 'participación': *coautor, codeudor, coetáneo.*

coacción f. Violencia física, psíquica o moral para obligar a una persona a decir o hacer algo contra su voluntad: *actuar bajo coacción.* ‖ En der., poder legítimo del derecho para imponer su cumplimiento. ‖ FAM. coaccionar.

coaccionar tr. Ejercer coacción.

coactivo, va adj. Que apremia u obliga.

coadjutor, ra m. y f. Persona que ayuda o acompaña a otra en ciertas cosas. ‖ Sacerdote que ayuda al párroco. ‖ FAM. coadjutoría.

coadyuvar tr. Contribuir o ayudar a la consecución de alguna cosa. ‖ FAM. coadyuvante.

coagular tr. y prnl. Cuajar, solidificar un líquido, como la leche, la sangre, etc. También prnl. ‖ FAM. coagulación, coagulante, coágulo.

coágulo m. Masa o grumo extraído de una sustancia coagulada, en especial, de la sangre.

coalición f. Confederación, liga, unión: *los principales partidos de la oposición han formado una coalición.* ‖ FAM. coalicionista.

coartada f. Argumento de inculpabilidad de un acusado con el que prueba no haber estado presente en el lugar del delito. ‖ Excusa: *me inventaré una coartada para librarme de esa reunión.*

coartar t. Limitar, restringir. ‖ FAM. coartación, coartada.

coautor, ra m. y f. Autor o autora con otro u otros.

coatí m. Mamífero carnívoro americano, de cabeza alargada y hocico estrecho con nariz muy saliente y puntiaguda. Tiene uñas fuertes y encorvadas que utiliza para trepar a los árboles.

coba f. Adulación fingida. Se usa más en la fr. *dar coba.*

cobalto m. Metal blanco rojizo, duro y tan difícil de fundir como el hierro; mezclado con el oxígeno, forma la base azul de muchas pinturas y esmaltes. Su símbolo es Co.

cobarde adj. Pusilánime, miedoso. También com. ‖ Hecho con cobardía: *actitud cobarde; comportamiento cobarde.* ‖ FAM. acobardar, cobardemente, cobardía.

cobaya o **cobayo** f. Mamífero roedor, parecido al conejo, pero más pequeño, con orejas y patas cortas, que se usa en experimentos de medicina y bacteriología. Se le conoce también como *conejillo de Indias.*

cobertizo m. Tejado saledizo para guarecerse de la lluvia. ‖ Sitio cubierto rústicamente para resguardarse de la intemperie.

cobertor m. Colcha. ‖ Manta o frazada para la cama.

cobertura f. Cubierta. ‖ Garantía en operaciones financieras o mercantiles: *cobertura para un préstamo.*

cobija f. Teja que se pone con la parte cóncava hacia abajo. ‖ Cada una de las plumas pequeñas que cubren el arranque de las plumas largas del ave. ‖ amer. Manta para abrigarse.

cobijar tr. Cubrir, tapar. También prnl.: *¿dónde nos cobijaremos de esta lluvia?* ‖ Albergar. ‖ FAM. cobija, cobijo.

cobijo m. Acción y efecto de cobijar o cobijarse. | Lugar para cobijarse: *no encontramos un cobijo en todo el pueblo.*

cobista com. Persona aduladora.

cobra f. Serpiente venenosa de las regiones cálidas de África, Asia y Oceanía, que puede llegar a alcanzar hasta 2 m de longitud.

cobrar tr. Percibir una cantidad adeudada: *he cobrado mi primer mes de sueldo.* | Recuperar. | Tomar o sentir ciertos movimientos de ánimo o afectos: *cobrar afición a las letras; cobrar valor.* | Adquirir: *cobrar buena fama.* | Recibir golpes. | **FAM.** cobrador, cobranza, cobro.

cobre m. Metal rojizo, maleable y dúctil, buen conductor del calor y de la electricidad. Su símbolo es *Cu.* | pl. Conjunto de los instrumentos metálicos de viento de una orquesta. | **FAM.** cobrizo.

cobrizo, za adj. Mineral que contiene cobre. | De color de cobre.

cobro m. Acción y efecto de cobrar: *semana de cobro.*

coca f. Arbusto originario de Perú de cuyas hojas se extrae la cocaína. | Hoja de este arbusto. | Cocaína.

cocaína f. Alcaloide de la coca que se usa como anestésico y también como droga y estupefaciente. | **FAM.** cocainómano.

cocal m. *amer.* Cocotal.

cocción f. Acción y efecto de cocer.

cóccix m. Coxis.

cocear intr. Tirar o dar coces.

cocer tr. Hacer que un alimento crudo llegue a estar en disposición de poderse comer, introduciéndolo en un líquido puesto al fuego. | Someter a la acción del calor del horno pan, cerámica, piedra caliza, etc. | intr. Hervir un líquido: *ya cuece el agua.* | prnl. Prepararse alguna cosa sin que se manifieste al exterior: *algo se está cociendo en el ambiente.* | Sentir mucho calor. ✦ **Irreg.** Se conj. como *mover.* | **FAM.** cocción, cocedero, cocido, cocimiento, cocinar.

cochambre amb. Suciedad, cosa grasienta y de mal olor: *no se puede vivir en esta cochambre.* | **FAM.** cochambroso.

coche m. Automóvil. | Vagón del tren o del Metro. | Carruaje de cuatro ruedas, de tracción animal, para dos o más viajeros. | **coche cama** Vagón de ferrocarril cuyos asientos y respaldos pueden convertirse en camas o literas. | **FAM.** cochera, cochero.

cochera f. Lugar donde se encierran los coches.

cochero m. Persona que tiene por oficio guiar coches de caballos.

cochinada f. Porquería, suciedad. | Acción grosera.

cochinería f. Cochinada.

cochinilla f. Crustáceo terrestre, propio de parajes húmedos, de uno a dos cm de largo, figura aovada y patas muy cortas. Cuando se le toca, se hace una bola. | Insecto hemíptero, originario de México, del tamaño de una chinche, con el cuerpo arrugado, cabeza cónica, antenas cortas y trompa filiforme. Se emplea para dar color rojo a la seda, lana y otras cosas.

cochinillo m. Cerdo de leche.

cochino, na m. y f. Cerdo. | Persona muy sucia. También adj. | Persona cicatera. | **FAM.** cochinada, cochinero, cochinillo, cochiquera.

cochiquera f. Pocilga.

cochura f. Cocción. | Masa de pan que se ha amasado para cocer: *en esta panadería hacen cada día cuatro cochuras.*

cocido m. Guiso de carne, tocino, hortalizas y garbanzos, muy común en España: *este domingo tomaremos cocido.*

cociente m. Resultado que se obtiene dividiendo una cantidad por otra.

cocimiento m. Cocción. | Líquido cocido con hierbas u otras sustancias medicinales.

cocina f. Sitio de la casa en donde se prepara la comida. | Aparato para cocinar, que funciona con gas, electricidad, etc. | Arte o manera especial de preparar los alimentos cada país o región: *cocina francesa, catalana.* | **FAM.** cocinar, cocinilla.

cocinar tr. e intr. Preparar los alimentos para poderlos comer. | Entremeterse en asuntos ajenos. | **FAM.** cocina, cocinero.

cocinero, ra m. y f. Persona que tiene por oficio preparar los alimentos: *soy aprendiz de cocinero.*

coco m. Fruto del cocotero, cubierto de una doble corteza, la primera fibrosa y la segunda muy dura; por dentro y adherida a ésta tiene una pulpa blanca y sabrosa, y en la cavidad central un líquido dulce llamado *agua de coco.* | Fantasma que se figura para meter miedo a los niños. | Cabeza humana, mente: *me duele el coco.* | Bacteria esférica que puede presentarse aislada o formando grupos: *estafilococos.* | **FAM.** cocotal, cocotero.

cococha f. Protuberancia carnosa de la cabeza de la merluza y del bacalao.

cocodrilo m. Reptil de 4 a 5 m de largo, anfibio, cubierto de escamas durísimas en forma de escudo, que vive en los ríos de regiones intertropicales y es temible por su voracidad.

cocoliche m. Jerga de ciertos inmigrantes italianos mezclando su habla con el español. | m. y f. Persona que utiliza esta jerga.

cocotero m. Árbol de la familia de las palmas tropicales, de 20 a 25 m de altura, con hojas grandes en forma de penacho y flores en racimos; su fruto es el coco.

cóctel m. Bebida compuesta de una mezcla de licores a los que se añaden otros ingredientes. ǀ Reunión social.

cocuyo m. *amer.* Insecto coleóptero de la América tropical, parecido a la luciérnaga, que despide de noche una luz azulada.

coda f. Adición al período final de una composición musical.

codear intr. Mover los codos o dar golpes con ellos. ǀ prnl. Tratarse de igual a igual una persona con otra: *te codeas con los ricos.*

codeína f. Alcaloide que se extrae del opio y que se usa como calmante, sobre todo, de la tos.

códice m. Manuscrito antiguo de importancia artística, literaria o histórica.

codicia f. Apetito desordenado de riquezas. ǀ Deseo vehemente. ǀ **FAM.** codiciable, codiciar, codicioso.

codiciar tr. Desear con ansia.

codicilo m. Documento o cláusula adicional que revoca, modifica o aclara lo dispuesto en un testamento.

codificar tr. Transformar mediante las reglas de un código la formulación de un mensaje. ǀ En inform., traducir la información al lenguaje del ordenador. ǀ **FAM.** codificación, codificador, descodificar.

código m. Recopilación de leyes de un país: *código penal, civil.* ǀ Conjunto de leyes sobre una materia determinada: *código de circulación.* ǀ Sistema de signos y de reglas que permite formular y comprender un mensaje.

codillo m. En los animales cuadrúpedos, coyuntura del brazo próxima al pecho. ǀ Parte comprendida desde esta coyuntura hasta la rodilla. ǀ Trozo de tubo doblado en ángulo.

codo m. Parte exterior de la articulación del brazo con el antebrazo. ǀ Codillo de los cuadrúpedos. ǀ Antigua medida de longitud, igual a 42 cm. ǀ Trozo de tubo, doblado en ángulo o en arco, usado en cañerías. ǀ **FAM.** codazo, codear, codera, codillo.

codorniz f. Ave gallinácea de unos dos decímetros de largo, con alas puntiagudas, y el lomo y las alas de color pardo con rayas más oscuras. Es común en España.

coeficiente m. Número o, en general, factor que, escrito inmediatamente antes de una cantidad, hace oficio de multiplicador. ǀ Grado o intensidad de una propiedad o característica, generalmente en forma de cociente: *coeficiente intelectual, de dilatación.*

coercer tr. Reprimir, refrenar. ǀ **FAM.** coerción, coercitivo.

coerción f. Acción de coercer.

coetáneo, a adj. y s. De la misma edad. ǀ Contemporáneo: *dos novelistas coetáneos..*

coexistencia f. Existencia simultánea. ǀ **FAM.** coexistente.

coexistir intr. Existir una persona o cosa a la vez que otra: *coexistieron ambas tendencias durante varias décadas.* ǀ **FAM.** coexistencia.

cofa f. Meseta en lo alto de los palos de un barco a modo de puesto de observación.

cofia f. Gorro de mujer, que forma parte del uniforme de algunas profesiones: *cofia de enfermera.* ǀ Cubierta membranosa que envuelve algunas semillas.

cofrade m. Persona que pertenece a una cofradía.

cofradía f. Congregación o hermandad de devotos: *cofradía de la Macarena.* ǀ Gremio o asociación: *cofradía de agricultores.* ǀ **FAM.** cofradía.

cofre m. Caja para guardar objetos de valor.

cogedor m. Especie de cajón abierto por delante y con mango para recoger la basura.

coger tr. Agarrar, asir, tomar: *coger un niño de la mano.* También prnl: *cogerse un pellizco.* ǀ Recoger: *coger la uva.* ǀ Comprender, captar: *no he cogido el chiste.* ǀ Atrapar, apresar: *coger al delincuente.* ǀ Descubrir una mentira. ǀ Ocupar un sitio: *la cama coge toda la habitación.* ǀ Hallar, encontrar: *me cogió de buen humor.* ǀ Sobrevenir, sorprender: *me cogió la noche.* ǀ Alcanzar: *no puedo cogerlo, está muy alto para mí.* ǀ Atropellar: *ser cogido por un coche.* ǀ Contraer una enfermedad: *coger una pulmonía.* ǀ Enganchar el toro a alguien. ǀ Ocupar cierto espacio. ǀ *amer. vulg.* Fornicar. ǀ intr. Hallarse, estar situado: *eso coge a la salida del pueblo.* ǀ **FAM.** cogedor, cogida, cogido, acoger, recoger.

cogestión f. Participación del personal en la administración o gestión de una empresa.

cogida f. Acción de coger el toro a uno.

cogido m. Pliegue que a propósito o casualmente se hace en la ropa de las mujeres, en cortinas, etc.

cognición f. Conocimiento, acción y efecto de conocer. ǀ **FAM.** cognitivo, cognoscible, cognoscitivo.

cognoscitivo, va adj. Se dice de lo que es capaz de conocer.

cogollo m. Parte interior de algunas hortalizas. ǀ Brote que arrojan los árboles y otras plantas. ǀ Lo escogido, lo mejor.

cogorza f. Borrachera.

cogote m. Parte superior y posterior del cuello. ǀ **FAM.** cogotazo.

cogulla f. Hábito o ropa exterior que visten varios religiosos monacales.

cohabitar tr. Habitar una persona con otra u otras.

cohechar tr. Sobornar a un funcionario público. ‖ Arar el barbecho. ‖ **FAM.** cohecho.

cohecho m. Acción y efecto de cohechar o sobornar a un funcionario público. ‖ Acción y efecto de cohechar la tierra.

coheredero, ra m. y f. Heredero con otro u otros. ‖ **FAM.** coheredar.

coherencia f. Conexión, enlace lógico de una cosa con otra: *no existe coherencia entre lo que dices y lo que haces.* ‖ **FAM.** coherente, cohesión, incoherente.

cohesión f. Acción y efecto de adherirse las cosas entre sí. ‖ Unión. ‖ Unión de dos cosas. ‖ Unión íntima entre las moléculas de una sustancia. ‖ Fuerza de atracción que las mantiene unidas. ‖ **FAM.** cohesivo.

cohete m. Artificio de pólvora que se eleva por combustión y estalla en el aire. ‖ Artificio que se mueve en el espacio por propulsión a chorro, y que se emplea con fines militares o científicos: *cohete espacial.* ‖ **FAM.** cohetería.

cohibir tr. Refrenar, reprimir, contener: *me cohíbe expresarme frente al grupo.* También prnl. ‖ **FAM.** cohibición, cohibido.

cohorte f. Antigua unidad del ejército romano formada por varias centurias. ‖ Conjunto, serie: *cohorte de calamidades.*

coima f. Concubina. ‖ *amer.* Cohecho, gratificación con que se soborna a un funcionario.

coincidencia f. Acción y efecto de coincidir. ‖ Casualidad.

coincidir intr. Estar de acuerdo: *todos coincidimos en la misma opinión.* ‖ Ocurrir dos o más cosas a un mismo tiempo: *tu viaje coincide con mi fiesta de cumpleaños.* ‖ Concurrir simultáneamente dos personas en el mismo lugar. ‖ Ajustarse una cosa con otra: *el tamaño de las cajas coincide.* ‖ **FAM.** coincidencia, coincidente.

coito m. Cópula sexual en los animales superiores, y especialmente la del hombre y la mujer.

cojear intr. Andar desigualmente por no poder asentar con regularidad ambos pies. ‖ Moverse un mueble por no descansar bien sus patas en el suelo: *esta mesa cojea.* ‖ Adolecer de algún vicio o defecto. ‖ **FAM.** cojera, cojo.

cojera f. Accidente o enfermedad que impide andar con regularidad.

cojín m. Almohadón. ‖ **FAM.** cojinete.

cojinete m. Almohadilla. ‖ Pieza de hierro con que se sujetan los carriles a las traviesas del ferrocarril. ‖ Pieza en que se apoya un eje.

cojo, ja adj. y s. Persona o animal que cojea o que le falta un pie o una pierna. ‖ Se dice también de algunas cosas inanimadas; como

del banco o la mesa cuando se balancean a un lado y a otro: *esta silla está coja.* ‖ **FAM.** cojear, cojera.

cojón m. vulg. Testículo. ‖ Se usa en pl. como interjección: *¡cojones!* ‖ **FAM.** cojonudo.

cojonudo, da adj. Magnífico, estupendo.

col f. Planta de huerta, con hojas radicales y muy anchas, y de pencas gruesas. Se cultivan muchas variedades, todas comestibles, como la lombarda y las coles de Bruselas, que se distinguen por el color y la figura de sus hojas.

cola f. Extremidad posterior de la columna vertebral de algunos animales. ‖ Extremo posterior de cualquier cosa: *la cola de un vestido de novia.* ‖ Hilera de personas que esperan turno: *había mucha cola para pagar en la tienda.* ‖ **tener,** o **traer, cola** una cosa. fr. Tener, o traer consecuencias graves. ‖ **FAM.** colear, coleta, colilla.

cola f. Pasta que sirve para pegar: *cola de pescado.* ‖ **FAM.** encolar.

colaboracionismo m. Ayuda que se presta a un régimen político considerado por la mayoría como opresor. ‖ **FAM.** colaboracionista.

colaborador, ra m. y f. Que colabora. ‖ Persona que escribe en un periódico o contribuye en la edición de un libro, sin pertenecer a la plantilla de redactores.

colaborar intr. Trabajar con otra u otras personas para lograr algún fin. ‖ Escribir en un periódico o contribuir en la edición de un libro, sin pertenecer a la plantilla. ‖ **FAM.** colaboración, colaboracionismo, colaborador.

colación f. Acto de conferir un beneficio eclesiástico o un grado de universidad. ‖ Alimento ligero en días de ayuno. ‖ Cotejo.

colada f. Acción y efecto de colar. ‖ Lavado periódico de la ropa: *hacer la colada.* ‖ Ropa lavada. ‖ Paso estrecho entre montañas, difícil de cruzar.

coladero m. Utensilio en que se cuela un líquido; colador. ‖ Camino o paso estrecho. ‖ En lenguaje estudiantil, centro docente en que se aprueba fácilmente.

colador m. Utensilio para colar un líquido.

coladura f. Acción y efecto de colar líquidos. ‖ Equivocación, error.

colágeno m. Sustancia albuminoidea que existe en el tejido conjuntivo, en los cartílagos y en los huesos, y que se transforma en gelatina por efecto de la cocción.

colapso m. Estado de postración extrema, con insuficiencia circulatoria. ‖ Paralización del tráfico o de otras actividades. ‖ Destrucción, ruina de una institución, sistema, estructura, etc. ‖ **FAM.** colapsar.

colar tr. Pasar un líquido por cedazo o colador. | Blanquear la ropa después de lavada. | Pasar una cosa con engaño o artificio. | prnl. Introducirse a escondidas: *colarse en un concierto.* | Saltarse el turno: *colarse en una fila.* | Cometer equivocaciones. | Estar muy enamorado: *está colado por Pilar.* | intr. Intentar dar apariencia de verdad a lo que es un engaño: *lo dijo a ver si colaba.* ♦ Irreg. Se conj. como *contar.* | FAM. colada, colador, coladura.

colateral adj. y com. Se dice de lo que está a ambos lados de algo. | Se dice del pariente que no lo es por línea directa.

colcha f. Cobertura de cama. | FAM. colchón.

colchón m. Saco rectangular, relleno de lana, pluma, gomaespuma u otros materiales, cosido por todos lados, y de tamaño proporcionado para dormir sobre él; generalmente está provisto de muelles internos. | FAM. colchonería, colchonero, colchoneta.

colchoneta f. Colchón más estrecho que los ordinarios.

colear intr. Mover con frecuencia la cola. | No haberse concluido todavía un negocio, o no ser aún conocidas todas sus consecuencias: *colear un asunto.*

colección f. Conjunto de cosas, generalmente de una misma clase: *una colección de postales antiguas, de mapas.* | FAM. coleccionar, coleccionismo, coleccionista.

coleccionar tr. Formar una colección: *coleccionar sellos.* | FAM. coleccionable.

colecta f. Recaudación de donativos hechos con un mismo fin. | FAM. colectar, colector.

colectividad f. Conjunto de individuos que forman un grupo.

colectivismo m. Sistema que propugna la transferencia de los medios de producción al conjunto social.

colectivizar tr. Convertir lo individual en colectivo: *colectivizar una empresa.*

colectivo, va adj. Relativo a cualquier agrupación de individuos: *transporte colectivo.* | m. Grupo de personas con intereses comunes: *el colectivo de trabajadores.* | amer. Autobús. FAM. colectivamente, colectividad, colectivizar.

colector, ra adj. Que recoge; que recauda. También s. | m. Conducto en el que vierten las alcantarillas sus aguas.

colega com. Persona que tiene la misma profesión o actividad que otra. | Amigo, compañero.

colegiado, da adj. Se dice del individuo que pertenece a una corporación que forma colegio. | P. ext., se apl. al cuerpo constituido en colegio. También s. | m. y f. Árbitro de un juego o deporte que es miembro de un colegio oficialmente reconocido. | FAM. colegiación.

colegial, la adj. Perteneciente al colegio. | m. y f. Estudiante que asiste a un colegio.

colegiarse prnl. Reunirse en colegio los individuos de una misma profesión: *los pedagogos han decidido colegiarse.* | Inscribirse alguien en un colegio profesional. | FAM. colegiación, colegiado.

colegiata f. Iglesia, que no siendo sede episcopal, tiene un cabildo.

colegio m. Establecimiento de enseñanza. | Agrupación formada por los individuos de una misma profesión: *colegio de médicos.* | **colegio electoral** Grupo de electores de un mismo distrito, y lugar donde votan. | **colegio mayor** Residencia de estudiantes universitarios sometidos a cierto régimen. | FAM. cole, colega, colegial, colegiarse.

colegir tr. Juntar. | Inferir: *colegir algo por sus antecedentes.* ♦ Irreg. Se conj. como *pedir.*

coleóptero adj. y m. Se dice de los insectos masticadores con dos alas duras llamadas élitros que cubren a su vez dos alas membranosas, como el escarabajo y el gorgojo. | m. pl. Orden de estos insectos.

cólera f. Ira, enojo. | m. Enfermedad epidémica aguda caracterizada por vómitos repetidos y abundantes deposiciones. | FAM. colérico, encolerizar.

colérico, ca adj. Relativo al cólera o a la cólera. | Que se enfada fácilmente.

colesterol m. Sustancia grasa que se produce principalmente en el hígado y los intestinos y se ingiere con los alimentos; su acumulación puede causar enfermedades como la arteriosclerosis.

coleta f. Cabello recogido con una cinta, goma, etc., en forma de cola. | Trenza. | FAM. coletazo, coletilla.

coletazo m. Golpe dado con la cola. | Última manifestación de una actividad próxima a extinguirse. Más en pl: *coletazos de una tendencia artística.*

coletilla f. Adición breve a lo escrito o hablado. | Repetición, durante una conversación, de una misma expresión o palabra.

colgador m. Utensilio que sirve para colgar ropa u otros objetos.

colgante adj. Que cuelga: *puente colgante.* | m. Joya que pende o cuelga.

colgar tr. Poner una cosa suspendida de otra, sin que llegue a tocar el suelo: *colgar la ropa; colgar una lámpara.* | Ahorcar. | Imputar, achacar: *le colgaron el asesinato.* | Interrumpir o dar por terminada una comunicación telefónica. | intr. Estar una cosa en el aire pendiente de otra, como las campanas. | Depender de la voluntad o dictamen de otro. ‖ prnl. En leng. de la droga, ser dependiente de las drogas. ♦ **Irreg**. Se conj. como *contar*. ‖ **FAM**. colgado, colgadura, colgante.

colibrí m. Pájaro americano, insectívoro, de tamaño muy pequeño y pico largo y débil; se alimenta del néctar de las flores, y se le conoce también como *pájaro-mosca*.

cólico m. Trastorno orgánico doloroso, localizado generalmente en los intestinos, caracterizado por violentos retortijones, sudores y vómitos.

coliflor f. Variedad de col, con pedúnculos convertidos en una masa carnosa granujienta de color blanco; es comestible.

coligarse prnl. y tr. Unirse unos con otros para algún fin. ♦ Se construye con la prep. *con*: *coligarse un partido con otro*. ‖ **FAM**. coligación.

colilla f. Resto del cigarro que se tira.

colina f. Elevación natural de terreno, menor que una montaña.

colindar intr. Estar contiguas entre sí dos o más fincas. ‖ **FAM**. colindante.

colirio m. Medicamento de uso externo que se emplea en las enfermedades de los ojos.

coliseo m. Sala de teatro o cine.

colisión f. Choque de dos cuerpos: *una colisión de coches*. ‖ Oposición: *colisión de sentimientos*.

colitis f. Inflamación del colon. ♦ No varía en pl.

collado m. Depresión suave por donde se puede pasar fácilmente de un lado a otro de una sierra. ‖ Colina.

collar m. Adorno que rodea el cuello: *un collar de perlas*. ‖ Aro, por lo común de cuero, que se ciñe al cuello de los animales domésticos para adorno, sujeción o defensa. ‖ **FAM**. collarín, collera.

collarín m. Aparato ortopédico en forma de collar que se emplea para inmovilizar las vértebras cervicales.

collera f. Collar de cuero o lona, relleno de borra o paja, que se pone al cuello a las caballerías.

colmado, da adj. Lleno: *un vaso de agua colmado*. ‖ m. Tienda de comestibles. ‖ Establecimiento donde se sirven comidas especiales.

colmar tr. Llenar una medida de modo que lo que se echa en ella levante más que los bordes. ‖ Dar con abundancia: *colmar de atenciones*. ‖ **FAM**. colmado.

colmena f. Lugar o recipiente donde se alojan las abejas y fabrican los panales de miel. ‖ Conjunto de abejas alojadas en él. ‖ **FAM**. colmenar, colmenero.

colmillo m. Diente agudo y fuerte, colocado entre el más lateral de los incisivos y la primera muela. ‖ Cada uno de los dos dientes en forma de cuerno que tienen los elefantes. ‖ **enseñar** uno **los colmillos** fr. Amenazar. ‖ **FAM**. colmillar.

colmo m. Complemento o término de alguna cosa. ‖ Porción de materia árida que sobresale por encima de los bordes del vaso que la contiene. ‖ **ser** una cosa **el colmo** fr. Ser desmesurada o intolerable.

colocación f. Empleo o destino. ‖ Acción y efecto de colocar.

colocar tr. y prnl. Poner a una persona o cosa en su debido lugar: *colocar la ropa en el armario*. ‖ Poner a uno en un empleo: *intentaré colocar a tu amiga en la empresa de mi padre*. También prnl. ‖ prnl. Ponerse eufórico por efecto de las drogas o bebidas alcohólicas. ‖ **FAM**. colocación, colocado.

colofón m. Anotación al final de los libros, que indica el nombre del impresor y el lugar y fecha de la impresión. ‖ Frase, actitud, que pone término a un asunto, obra, situación, etc.

coloide adj. y m. Se dice del cuerpo que al disgregarse en un líquido aparece como disuelto por la extremada pequeñez de las partículas en que se divide. ‖ **FAM**. coloidal.

colombicultura f. Arte de fomentar la reproducción de palomas y criarlas.

colombino, na adj. Relativo a Cristóbal Colón: *biblioteca colombina*. ‖ **FAM**. precolombino.

colon m. Parte del intestino grueso entre el ciego y el recto.

colón m. Unidad monetaria de Costa Rica y El Salvador.

colonato m. Sistema de explotación de las tierras por medio de colonos.

colonia f. Territorio dominado y administrado por una potencia extranjera. ‖ Conjunto de los naturales de un país, región o provincia que habitan en otro territorio: *la colonia alemana en Venezuela*. ‖ Territorio en el que se establecen. ‖ Grupo de animales de una misma especie que conviven en un territorio limitado: *colonia de garzas*. ‖ Agua perfumada. ‖ **FAM**. colonato, coloniaje, colonial, colonialismo.

coloniaje m. *amer.* Periodo de dominación española en América.

colonialismo m. Acciones mediante las que un país o metrópoli mantiene bajo su dominio político a otro país o territorio fuera de sus fronteras. ‖ Teoría que defiende estas acciones. ‖ **FAM**. colonialista.

colonizar tr. Establecer colonias. ‖ Convertir un territorio o país en colonia de otro: *los franceses colonizaron la isla de Martinica.* ‖ Transmitir un país su cultura a la colonia. ‖ **FAM.** colonización, colonizado, colonizador.

colono m. Persona que habita en una colonia. ‖ Labrador que cultiva las tierras de otro por arrendamiento. ‖ **FAM.** colonato, colonia, colonizar.

coloquial adj. Relativo al coloquio. ‖ Se dice de las voces, frases, lenguaje, etc., propios de la conversación cotidiana.

coloquio m. Conversación; diálogo entre dos o más personas. ‖ Reunión en que se convoca a un número limitado de personas para que debatan un tema elegido previamente. ‖ Género de composición literaria en forma de diálogo. ‖ **FAM.** coloquial.

color m. Impresión que los rayos de luz reflejados por un cuerpo producen en la retina del ojo. ‖ Sustancia preparada para pintar. ‖ Colorido: *me impresiona el color de estos cuadros.* ‖ Carácter peculiar de algunas cosas: *una descripción llena de color.* ‖ Matiz de opinión o fracción política: *Gobierno de un solo color.* ‖ **sacarle** a uno **los colores** fr. Sonrojarle, avergonzarle. ‖ **FAM.** coloración, colorante, colorar, colorear, colorido, colorismo.

colorado, da adj. Que tiene color. ‖ Que tiene color más o menos rojo: *tienes las mejillas coloradas.*

colorante adj. Que da color. ‖ m. Sustancia natural o artificial que se emplea para teñir.

colorar tr. Colorear.

colorear tr. Dar color, teñir de color. ‖ intr. Tirar a colorado. También prnl. ‖ Tomar algunos frutos el color encarnado de su madurez: *ya colorean las cerezas.*

colorete m. Afeite de color rojo para poner en las mejillas.

colorido m. Disposición e intensidad de los diversos colores de una pintura. ‖ Carácter peculiar de algo: *el intenso colorido de las zonas tropicales.* ‖ Animación: *un festival lleno de colorido.*

colorín m. Color vivo y sobresaliente. Más en pl: *este cuadro tiene muchos colorines.* ‖ Jilguero.

colorista adj. y com. Que usa bien el color. ‖ Se dice del escritor que emplea con frecuencia medios de expresión para dar relieve a su lenguaje y estilo.

colosal adj. De gran tamaño; gigantesco: *una escultura colosal.* ‖ Extraordinario, magnífico.

coloso m. Estatua que excede mucho al tamaño natural. ‖ Persona o cosa que por sus cualidades sobresale muchísimo. ‖ **FAM.** colosal.

columbino, na adj. Perteneciente o semejante a la paloma.

columbrar tr. Divisar, ver desde lejos una cosa, sin distinguirla bien.

columna f. Apoyo generalmente cilíndrico, compuesto por lo común de basa, fuste y capitel, y que sirve para sostener techumbres o adornar edificios. ‖ En impresos, cualquiera de las partes en que suele dividirse verticalmente una página: *el formato del catálogo será a dos columnas.* ‖ Forma cilíndrica que toman algunos fluidos, en su movimiento ascensional: *columna de fuego, de humo.* ‖ **columna vertebral** Espina dorsal de los animales vertebrados. ‖ **FAM.** columnata, columnista.

columnata f. Serie de columnas que sostienen o adornan un edificio.

columnista com. Redactor o colaborador de un periódico, que escribe regularmente una columna especial.

columpiar tr. y prnl. Impeler al que está puesto en un columpio; mecer. ‖ prnl. Mover el cuerpo de un lado a otro cuando se anda.

columpio m. Asiento suspendido con dos cuerdas o barras metálicas para mecerse. ‖ **FAM.** columpiar.

colza f. Especie de col, con las hojas inferiores algo ásperas, que se cultiva a fin de extraer de sus semillas un aceite que se emplea como lubricante y como condimento.

coma f. Signo ortográfico (,) que sirve para indicar la división de las frases o miembros más cortos de la oración y que en aritmética separa los enteros de los decimales. ‖ **FAM.** comillas.

coma m. Sopor profundo causado por ciertas enfermedades, con pérdida de la sensibilidad y capacidad de movimiento, pero manteniendo las funciones circulatoria y respiratoria. ‖ **FAM.** comatoso.

comadre f. Partera. ‖ Madrina de bautizo de una criatura respecto del padre, la madre o el padrino. ‖ Vecina y amiga con quien se tiene más trato y confianza. ‖ **FAM.** comadrear, comadreja, comadreo.

comadrear intr. Chismear, murmurar.

comadreja f. Mamífero carnívoro nocturno de cabeza pequeña, patas cortas y pelo de color pardo rojizo por el lomo y blanco por debajo; se alimenta de ratones, topos y huevos de aves.

comadrona f. Partera.

comanche adj. y com. De unas tribus indias que vivían en Texas y Nuevo México. ‖ m. Lenguas habladas por los miembros de estas tribus.

comandancia f. Empleo de comandante. ‖ Comarca que está sujeta en lo militar a un comandante. | Edificio donde se hallan las oficinas de aquel cargo.

comandante m. Jefe militar de categoría comprendida entre las de capitán y teniente coronel. | Militar que ejerce el mando en ocasiones determinadas, sin tener el grado. | FAM. comandancia.

comandar tr. Mandar un ejército, una plaza, un destacamento, una flota, etc. | FAM. comandante, comando.

comandita f. Sociedad comercial en que unos aportan el capital y otros lo manejan. | **en comandita** loc. En compañía, en grupo.

comanditar tr. Entregar los fondos necesarios para una empresa comercial o industrial, sin contraer obligación mercantil alguna. | FAM. comanditario.

comando m. Mando militar. | Pequeño grupo de tropas de choque. | Grupo armado de terroristas.

comarca f. División de territorio que comprende varias poblaciones. | FAM. comarcal, comarcano.

comatoso, sa adj. Relativo al coma: *estado comatoso.*

comba f. Juego de niños que consiste en saltar por encima de una cuerda. | Esta misma cuerda. | Curvatura que toman algunos cuerpos sólidos cuando se encorvan, como maderos, barras, etc.

combar tr. y prnl. Torcer, encorvar una cosa: *combarse una pared, una estantería.* | FAM. comba.

combate m. Pelea entre personas o animales. | Acción bélica en la que intervienen fuerzas militares. | Lucha interior del ánimo: *combate de sentimientos.*

combatiente adj. y com. Que combate. | com. Cada uno de los soldados que componen un ejército.

combatir intr. Pelear. También prnl. | tr. Atacar, reprimir lo que se considera un mal o daño: *combatir una epidemia, el terrorismo.* | Contradecir, impugnar: *combatir una ideología.* | FAM. combate, combatible, combatiente, combativo.

combativo, va adj. Dispuesto o inclinado a la lucha: *tienes un espíritu combativo.* | FAM. combatividad.

combinación f. Acción y efecto de combinar. | Unión de dos cosas en un mismo sujeto. | Prenda interior femenina. | Clave numérica o alfabética que se emplea para abrir o hacer funcionar ciertos mecanismos o aparatos, como cajas fuertes, cajeros automáticos, etc. | Plan, proyecto.

combinar tr. Unir cosas diversas, de manera que formen un compuesto. | Concertar. | Ar-
monizar una cosa con otra: *combinar la camisa con el pantalón.* | prnl. Ponerse de acuerdo dos o más personas para una acción conjunta. | FAM. combinación, combinado.

combo, ba adj. Se dice de lo que está combado. | m. *amer.* Grupo musical.

comburente adj. y m. Que hace entrar en combustión o la activa.

combustible adj. Que puede arder. | m. Cuerpo o sustancia que al arder produce energía calorífica.

combustión f. Acción o efecto de arder o quemarse un cuerpo. | Reacción química entre el oxígeno y un material combustible, acompañada de desprendimiento de energía. | FAM. combustible.

comedia f. Obra dramática en cuya acción predominan los aspectos festivos o humorísticos y cuyo desenlace es feliz. | Obra dramática de cualquier género. | Género cómico. | Farsa o fingimiento: *el fallo del jurado fue una comedia.* | Suceso cómico. | FAM. comediante, comediógrafo, tragicomedia.

comediante, ta m. y f. Actor y actriz. | Persona que aparenta lo que no siente.

comedido, da adj. Cortés, prudente, moderado. | FAM. comedimiento.

comediógrafo, fa m. y f. Persona que escribe comedias.

comedirse prnl. Moderarse, contenerse: *comedirse en sus palabras y acciones.* ◆ **Irreg.** Se conj. como *pedir.* | FAM. comedido.

comedor, ra adj. Que come. | m. Habitación destinada para comer. | Establecimiento de comidas.

comején m. Nombre de diversas especies de termes en América del Sur. Se le llama también *hormiga blanca.*

comendador, ra m. y f. Superior de ciertas órdenes religiosas, como la de la Merced. | m. Persona que tiene encomienda en alguna de las órdenes militares.

comensal com. Cada una de las personas que comen en una misma mesa.

comentar tr. Explanar, declarar el contenido de un escrito, para que se entienda con más facilidad. | Hacer comentarios. | FAM. comentador, comentario, comentarista.

comentario m. Juicio, parecer o consideraciones, emitidos oralmente o por escrito, sobre personas, asuntos, cosas, etc.

comentarista com. Persona que escribe comentarios. | Persona que hace comentarios en prensa, radio, televisión, etc.

comenzar tr. e intr. Empezar: *la función ha comenzado.* ◆ **Irreg.** Se conj. como *acertar.* | FAM. comienzo.

comer intr. Masticar el alimento en la boca

y pasarlo al estómago: *comes muy deprisa*. También tr. ‖ Alimentarse: *no estoy comiendo bien*. ‖ Tomar la comida principal. ‖ tr. Tomar alimento: *comer pescado*. ‖ Producir comezón física o moral: *me comen los celos*. ‖ Gastar, corroer, consumir: *el agua come las piedras*. ‖ En algunos juegos, ganar una pieza al contrario. ‖ prnl. Cuando se habla o escribe, omitir alguna cosa: *al leer el discurso, me comí un párrafo*. ‖ FAM. comedero, comedor, comestible, comezón, comilona.

comercial adj. Perteneciente al comercio y a los comerciantes. ‖ Se dice de aquello que tiene fácil aceptación en el mercado que le es propio: *es una película muy comercial*.

comercializar tr. Dar a un producto condiciones y organización comerciales para su venta. ‖ FAM. comercialización.

comerciante adj. Que comercia. También com. ‖ com. Persona a quien son aplicables las especiales leyes mercantiles. ‖ Persona que tiene un comercio.

comerciar intr. Negociar comprando y vendiendo o permutando géneros para obtener una ganancia: *comerciar con otras provincias*.

comercio m. Establecimiento comercial: *hoy no abrirán los comercios*. ‖ Acción y efecto de comerciar. ‖ Conjunto de establecimientos comerciales o de personas dedicadas al comercio. ‖ FAM. comercial, comercializar, comerciante, comerciar.

comestible adj. Que se puede comer. ‖ m. Cualquier alimento. Más en pl.: *han abierto una tienda de comestibles*.

cometa f. Armazón plana de cañas sobre la cual se pega papel o tela y que se arroja al aire sujeta por un hilo largo. ‖ m. Astro que suele ir acompañado de un rastro luminoso llamado cola y que sigue órbitas elípticas muy excéntricas alrededor del Sol.

cometer tr. Hablando de faltas o delitos, incurrir en ellos: *ha cometido un asesinato*. ‖ FAM. cometido.

cometido m. Comisión, encargo. ‖ Trabajo u obligación.

comezón f. Picazón en alguna parte del cuerpo. ‖ Desazón, especialmente la que ocasiona el apetito de alguna cosa mientras no se logra.

cómic m. Secuencia de viñetas o representaciones gráficas que narran una historia mediante imágenes y texto que aparece encerrado en un globo o *bocadillo*. ◆ pl. *cómics*.

comicios m. pl. Actos electorales. ‖ Junta que tenían los romanos para tratar de los negocios públicos.

cómico, ca adj. Relativo a la comedia. ‖ Se apl. al actor que representa papeles jocosos.

También s. ‖ Divertido: *una película cómica*. ‖ FAM. comicidad.

comida f. Alimento: *no he tenido tiempo de preparar la comida*. ‖ Alimento que se toma al mediodía o primeras horas de la tarde. ‖ Acción de comer a determinadas horas del día: *hago una comida fuerte y dos más ligeras*.

comidilla f. Tema preferido en alguna murmuración: *soy la comidilla de mi calle*.

comienzo m. Principio de una cosa: *el comienzo del curso escolar*.

comillas f. pl. Signo ortográfico (" ", « ») que se pone al principio y al final de las frases incluidas como citas o ejemplos. También se emplea para destacar una palabra o frase. ‖ FAM. entrecomillar.

comilona f. Comida en que hay mucha abundancia y diversidad de manjares.

comilón, na adj. y s. Que come mucho.

comino m. Hierba de tallo ramoso y acanalado, flores pequeñas, blancas o rojizas, y semillas de figura aovada que se usan en medicina y como condimento. ‖ Semilla de esta planta. ‖ Cosa insignificante, de poco valor: *me importa un comino*.

comisaría f. Empleo del comisario. ‖ Oficina del comisario. ‖ Oficina de la policía.

comisario, ria m. y f. Persona que tiene poder y facultad de otro para ejecutar alguna orden o entender en algún negocio. ‖ Agente policial encargado de una comisaría de distrito. ‖ FAM. comisaría.

comisión f. Orden y facultad que una persona da por escrito a otra para que ejecute algún encargo o entienda en algún negocio. ‖ Encargo. ‖ Conjunto de personas encargadas de resolver algún asunto. ‖ Porcentaje que, sobre lo que vende, cobra un vendedor de cosas ajenas. ‖ FAM. comisionar, comisionista.

comisionar tr. Dar comisión a una o más personas para entender en algún negocio o encargo. ‖ FAM. comisionado.

comiso m. Decomiso.

comisura f. Punto de unión de ciertas partes similares del cuerpo; como los labios y los párpados.

comité m. Comisión de personas encargadas de un asunto. ‖ Junta directiva de una colectividad: *comité de empresa*.

comitiva f. Acompañamiento, gente que va acompañando a alguno.

como adv. m. Del modo o la manera que: *hazlo como puedas*. ◆ Se acentúa en la primera sílaba cuando es adv. interrog. o excl.: *dime cómo lo has hecho*; *¡cómo eres!* ‖ En sent. comp. denota equivalencia o igualdad: *azul como el mar*. ‖ Según, conforme: *como dije anteriormente*. ‖ Por qué motivo, causa o razón:

¿cómo no has ido a la excursión? ❚ En calidad de: *asistí a la boda como testigo.* ❚ conj. cond., equivale a *si: como no vengas, me enfadaré.* ❚ conj. causal, equivale a *porque: como me avisaste tarde, no pude ir a la fiesta.*

cómoda f. Mueble con tablero de mesa y cajones que ocupan todo el frente y sirven para guardar ropa.

comodidad f. Calidad de cómodo. ❚ Buena disposición de las cosas para el uso que se ha de hacer con ellas. ❚ Utilidad, interés.

comodín m. En algunos juegos de naipes, carta que se puede aplicar a cualquier suerte favorable. ❚ P. ext., lo que se hace servir para fines diversos.

cómodo, da adj. Fácil, que requiere poco esfuerzo: *un trabajo cómodo.* ❚ Agradable: *un piso cómodo.* ❚ Se apl. a la persona que se encuentra a gusto: *¿estás cómoda en esa silla?* ❚ **FAM.** cómodamente, comodidad, comodín.

comodón, na adj. Que es amante de la comodidad.

comodoro m. Nombre que en Inglaterra y otras naciones se le da al capitán de navío cuando manda más de tres buques.

comoquiera adv. m. De cualquier manera.

compact disc (voz i.) m. Disco que utiliza la técnica de grabación digital y que se reproduce mediante una lectura óptica de rayo láser.

compacto, ta adj. Se dice de los cuerpos de textura apretada y poco porosa: *un pan compacto.* ❚ Apretado, denso: *una muchedumbre compacta.* ❚ Se dice de la impresión tipográfica, que en poco espacio condensa mucho texto. ❚ **FAM.** compactar, compactibilidad.

compadecer tr. y prnl. Sentir lástima o pena por la desgracia o el sufrimiento ajenos. ◆ Irreg. Se conj. como *agradecer.*

compadre m. Padrino de un niño respecto del padre o la madre o la madrina de ésta. ❚ Amigo, conocido. ❚ **FAM.** compadrazgo.

compaginar tr. Ordenar cosas que tienen alguna conexión: *no es posible compaginar el trabajo con el estudio.* También prnl. ❚ En impr., ajustar las galeradas para formar páginas. ❚ Corresponder o conformarse bien una cosa con otra. También prnl. ❚ **FAM.** compaginación.

compaña f. Compañía.

compañerismo m. Vínculo y relación amistosa que existe entre compañeros.

compañero, ra m. y f. Persona que acompaña a otra. ❚ Persona que comparte con otra alguna actividad, tarea, ideología, etc.: *compañeros de colegio; de juerga.* ❚ Lo que hace juego con otra cosa: *no encuentro el compañero de este zapato.* ❚ **FAM.** compañerismo.

compañía f. Efecto de acompañar. ❚ Persona o personas que acompañan a otra u otras. ❚ Sociedad o junta de varias personas unidas para un mismo fin, generalmente industrial o comercial: *compañía hidroeléctrica.* ❚ Grupo de actores teatrales. ❚ Unidad militar, mandada normalmente por un capitán. ❚ **FAM.** acompañar, compañero.

comparación f. Acción y efecto de comparar. ❚ Símil retórico. ❚ Relación que se establece entre dos términos.

comparar tr. Fijar la atención en dos o más objetos para descubrir sus diferencias o semejanzas: *comparar dos textos.* ❚ **FAM.** comparable, comparación, comparado, comparatista, comparativo.

comparativo, va adj. Se dice de lo que compara o sirve para hacer comparación de una cosa con otra: *juicio comparativo.* ❚ En gram., se dice del adjetivo que califica al sustantivo comparándolo con otro. ❚ **FAM.** comparativamente.

comparecencia f. Acción y efecto de comparecer. ❚ Acto de comparecer personalmente, o por escrito, ante el juez o un superior.

comparecer intr. Presentarse uno en algún lugar, llamado o convocado por otra persona, o de acuerdo con ella: *comparecer ante el fiscal.* ◆ Irreg. Se conj. como *agradecer.* ❚ **FAM.** comparecencia.

comparsa f. Acompañamiento. ❚ Conjunto de personas que, en algunas festividades, van disfrazadas con trajes de una misma clase: *comparsa de carnaval.* ❚ com. Figurante en las representaciones teatrales.

compartimento o **compartimiento** m. Cada parte en que se divide un territorio, edificio, caja, etc. ❚ Acción y efecto de compartir. ❚ Departamento de un vagón de tren.

compartir tr. Repartir, distribuir las cosas en partes para que otro u otros puedan beneficiarse de ello. ❚ Participar uno en alguna cosa: *compartir experiencias.* ❚ Usar algo en común: *compartir un piso.* ❚ **FAM.** compartimento.

compás m. Instrumento formado por dos varillas articuladas que sirve para trazar curvas regulares y tomar distancias. ❚ En mús., cada uno de los periodos de tiempo iguales con que se marca el ritmo musical. ❚ Ritmo o cadencia de una pieza musical. ❚ P. ext., ritmo de otras actividades: *el compás de estudio.* ❚ Resortes de metal que abriéndose o plegándose sirven para levantar o bajar la capota de los coches. ❚ Brújula de navegación. ❚ **FAM.** acompasar.

compasión f. Sentimiento de conmiseración

y lástima hacia quienes sufren penas o desgracias. ‖ FAM. compasivo.

compatible adj. Que tiene aptitud o proporción para unirse o concurrir en un mismo lugar o sujeto: *mi nuevo horario de trabajo no es compatible con las clases.* ‖ FAM. compatibilidad, incompatibilidad.

compatriota com. Persona de la misma patria que otra.

compeler tr. Obligar a uno a que haga lo que no quiere: *el juez lo compelió a pagar su deuda.*

compendiar tr. Resumir un texto, obra, materia, discurso, etc.: *he compendiado el argumento del «Quijote».* ‖ Expresar algo con brevedad: *este artículo compendia todas las teorías.* ‖ FAM. compendio.

compendio m. Breve exposición, oral o escrita, de lo más sustancial de una materia: *un compendio de la historia literaria de un país.* ‖ Aquello que reúne en sí todo lo que se expresa: *esta cocina es el compendio de todas las incomodidades.* ‖ FAM. compendiar.

compenetrarse prnl. Identificarse las personas en ideas, gustos, opiniones y sentimientos. ‖ Influirse hasta identificarse a veces cosas distintas: *en esta novela se compenetran la realidad y la ficción.* ‖ Penetrar las partículas de una sustancia entre las de otra, o recíprocamente. ‖ FAM. compenetración.

compensación f. Acción y efecto de compensar. ‖ Indemnización, recompensa por algo: *recibe algo en compensación.* ‖ Entre banqueros, liquidación de créditos. ‖ En der., modo de extinguir deudas vencidas, entre personas que son recíprocamente acreedoras y deudoras.

compensar tr. Igualar en opuesto sentido el efecto de una cosa con el de otra: *compensar las pérdidas con las ganancias.* También intr. y prnl.: *los males se compensan con los bienes.* ‖ Dar igual o hacer un beneficio por el daño, perjuicio o disgusto que se ha causado. ‖ Merecer la pena hacer algo: *no me compensa comprarme un coche.* ‖ FAM. compensación, compensatorio, descompensar, recompensar.

competencia f. Rivalidad, oposición entre los que aspiran a conseguir lo mismo: *competencia entre los solicitantes de un empleo.* ‖ Incumbencia: *ese asunto no es de mi competencia.* ‖ Aptitud, capacidad: *competencia profesional.* ‖ amer. Competición deportiva. ‖ FAM. competente.

competente adj. Se dice de la persona u organismo a quien compete o incumbe alguna cosa: *un tribunal competente.* ‖ Se dice de la persona que es experta o conoce bien una disciplina, una técnica u otra cosa: *es un cirujano*

muy competente. ‖ Apto, capaz de resolver un asunto. ‖ FAM. competentemente.

competer intr. Incumbir a uno alguna cosa: *esto no me compete.* ‖ FAM. competencia, competente.

competición f. Acción y efecto de competir, y más propiamente en materia de deportes. ‖ Competencia de quienes se disputan una misma cosa o la pretenden.

competir intr. Oponerse entre sí dos o más personas por el logro de algún fin. ‖ Igualar una cosa a otra análoga: *estas dos niñas compiten en inteligencia.* ♦ **Irreg.** Se conj. como *pedir.* ‖ FAM. competición, competidor, competitivo.

competitivo, va adj. Capaz de competir con alguien o algo: *precios competitivos.* ‖ FAM. competitividad.

compilación f. Acción y efecto de compilar. ‖ Obra que reúne partes de otros libros o documentos: *una compilación de leyes.*

compilar tr. Reunir, en un solo cuerpo de obra, extractos o fragmentos de otras. ‖ En inform., traducir un lenguaje de alto nivel a código absoluto o a lenguaje ensamblador. ‖ FAM. compilación, compilador.

compinche com. Amigo, compañero de diversiones. ‖ Amigote.

complacencia f. Satisfacción, placer y contento que resulta de alguna cosa. ‖ Actitud de dejar que alguien haga lo que quiere aunque no sea conveniente.

complacer tr. Causar a otro satisfacción o placer, agradarle: *hace todo por complacer a su amiga.* ‖ prnl. Deleitarse: *se complace con la noticia.* ♦ **Irreg.** Se conj. como *agradecer.* ‖ FAM. complacencia, complaciente.

complejo, ja adj. Se dice de lo que se compone de elementos diversos o que resulta complicado: *la cuestión del tráfico en Madrid es un problema muy complejo.* ‖ m. Conjunto o unión de dos o más cosas: *complejo vitamínico.* ‖ Conjunto de establecimientos comerciales, deportivos, turísticos, industriales, etc. ‖ En psicol., conjunto de tendencias, ideas y emociones, generalmente inconscientes y adquiridas durante la infancia, que influyen en la personalidad y conducta de un individuo: *complejo de Edipo.* ‖ FAM. complejidad.

complementar tr. Dar complemento a una cosa, o añadirle algo para completarlo. También prnl.

complementario, ria adj. Que sirve para completar o perfeccionar alguna cosa: *ángulo complementario.*

complemento m. Lo que se añade a otra cosa para completarla: *el vino es un complemento de la comida.* ‖ En ling., palabra, sintagma o proposición que, en una oración, completa el significado de uno o de varios componentes de la misma. ‖ **FAM**. complementar, complementariedad, complementario.

completar tr. Hacer que una cosa esté terminada, perfecta, llena, entera: *completar una asignatura; completar una vajilla*.

completivo, va adj. y f. Se dice de la oración subordinada que funciona como complemento directo de la oración principal.

completo, ta adj. Lleno: *el autocar está completo*. ‖ Acabado, perfecto: *un edificio muy completo*. ‖ Entero, con todas sus partes: *votó la asamblea completa*. ‖ Total, absoluto: *el estreno ha sido un completo fracaso*. ‖ **FAM**. completamente, completar, completivo.

complexión f. Constitución fisiológica del individuo: *es de complexión débil*.

complicación f. Acción y efecto de complicar. ‖ Dificultad procedente de la concurrencia de cosas diversas: *surgieron complicaciones que retrasaron el proyecto*. ‖ Cualidad de lo que es complicado: *la complicación de las matemáticas*. ‖ Situación que agrava el curso de una enfermedad y que no es propio de ella.

complicar tr. Hacer difícil o más difícil una cosa. También prnl.: *a veces la vida se complica demasiado*. ‖ Mezclar, unir cosas diversas. ‖ Comprometer a alguien en un asunto. ‖ **FAM**. complicación, complicado.

cómplice com. Persona que sin ser autora de un delito coopera a su perpetración. ‖ Participante en un crimen o delito que se atribuye a dos o más personas. ‖ **FAM**. complicidad.

complot m. Conspiración entre dos o más personas para obrar contra algo o alguien.

componenda f. Arreglo o transacción provisional, y especialmente el de carácter censurable.

componer tr. Formar una cosa juntando y ordenando varias: *componer un ramo de flores*. ‖ Constituir un cuerpo de varias cosas o personas: *el tribunal de tesis lo componen un catedrático y dos profesores*. También prnl.: *este diccionario se compone de dos partes*. ‖ Producir una obra literaria, musical o científica: *componer un drama*. ‖ Reparar lo desordenado o roto: *llevó a componer el paraguas*. ‖ Adornar: *han compuesto el salón para la boda*. También prnl. ‖ Restablecer: *el té me ha compuesto el estómago*. ‖ Juntar los caracteres de imprenta para formar palabras, líneas, páginas. ‖ **componérselas** fr. Ingeniarse para salir de un apuro o lograr algún fin: *no sé cómo componérmelas*. ◆ Irreg. Se conj. como *poner*. ‖ **FAM**. componedor, componente, composición, compositivo, compuesto, recomponer.

comportamiento m. Conducta, manera de portarse.

comportar prnl. Portarse, conducirse: *se comporta como un niño*. ‖ Portarse con corrección: *Juan no sabe comportarse en público*. ‖ tr. Sufrir, tolerar. ‖ **FAM**. comportamiento.

composición f. Acción y efecto de componer. ‖ Obra científica, literaria o musical: *una composición en verso*. ‖ Ejercicio de redacción en que el alumno desarrolla un tema. ‖ En escultura, pintura, fotografía, etc., arte de distribuir los elementos de una obra. ‖ En ling., procedimiento por el cual se forman nuevas palabras uniendo dos o más vocablos o partículas, p. ej., anteponer, hincapié. ‖ **FAM**. compositor.

compositor, ra adj. y s. Que compone. ‖ Que hace composiciones musicales: *un compositor de óperas*.

compostura f. Reparación de una cosa descompuesta o rota. ‖ Aseo, aliño. ‖ Modestia, mesura: *hay que saber guardar la compostura*.

compota f. Dulce de fruta cocida con azúcar.

compra f. Acción y efecto de comprar. ‖ Conjunto de comestibles que se adquieren para el consumo diario: *he traído la compra*. ‖ Cualquier objeto comprado.

comprar tr. Adquirir algo por dinero. ‖ Sobornar. ‖ **FAM**. compra, comprador.

compraventa f. Contrato por el que una persona se obliga a entregar una cosa determinada y la otra a pagar un precio por la misma.

comprender tr. Contener, incluir en sí alguna cosa: *la finca comprende un coto de caza y un lago artificial*. También prnl. ‖ Entender, alcanzar, penetrar: *no comprendo lo que me dices*. ‖ Encontrar justificados o naturales los actos o sentimientos de otro: *comprendo tu protesta*. ‖ **FAM**. comprensible, comprensión, comprensivo.

comprensión f. Acción de comprender. ‖ Facultad, capacidad o perspicacia para entender las cosas.

compresa f. Tela fina o gasa doblada varias veces que se emplea para contener hemorragias, cubrir heridas, etc.

compresión f. Acción y efecto de comprimir: *compresión de un gas*.

compresor, ra adj. y s. Que comprime. ‖ m. Máquina que sirve para comprimir fluidos.

comprimido, da adj. Apretado, disminuido de volumen. ‖ m. Pastilla medicinal pequeña obtenida por compresión de sus ingredientes previamente reducidos a polvo.

comprimir tr. y prnl. Oprimir, apretar, estrechar, reducir a menor volumen. ‖ Reprimir y contener. ‖ **FAM.** compresión, compresivo, compresor, comprimido.

comprobante adj. y m. Que comprueba o demuestra algo. ‖ m. Recibo: *comprobante de compra.*

comprobar tr. Verificar, confirmar la veracidad o exactitud de alguna cosa. ♦ **Irreg.** Se conj. como *contar.* ‖ **FAM.** comprobado, comprobación, comprobante

comprometer tr. y prnl. Implicar o poner a riesgo a alguna persona o cosa: *las indiscreciones de tu amigo me han comprometido.* ‖ Responsabilizar u obligar a alguien a hacer algo: *me comprometo a hacerlo.* ‖ prnl. Prometer hacer algo: *se han comprometido a entregarme la lavadora mañana.* ‖ Contraer un compromiso. ‖ **FAM.** comprometedor, comprometido.

comprometido, da adj. Que está en riesgo, apuro o situación dificultosa. ‖ Que está obligado a hacer alguna cosa.

compromisario, ria adj. y s. Persona en quien otras delegan. ‖ m. Representante de los electores primarios para votar en elecciones de segundo o ulterior grado.

compromiso m. Obligación contraída, promesa: *nunca cumples tus compromisos.* ‖ Dificultad: *no me pongas en un compromiso.* ‖ Acto en el que los novios se prometen en matrimonio.

compuerta f. Plancha móvil que se coloca en los canales, diques, etc., para graduar o cortar el paso del agua. ‖ Media puerta.

compuesto, ta adj. Que consta de varios elementos: *número compuesto.* ‖ Se dice de los tiempos verbales que se forman con el participio pasado precedido de un auxiliar. ‖ Acicalado, arreglado. ‖ Se dice de plantas angiospermas, dicotiledóneas, de hojas simples o sencillas y flores en cabezuelas sobre un receptáculo común, como la dalia. También f. pl. ‖ m. En quím., sustancia formada por la unión de dos o más elementos.

compulsar tr. Examinar dos o más documentos, cotejándolos o comparándolos entre sí. ‖ Legalizar la copia de un documento oficial: *he compulsado mi título de doctorado.* ‖ **FAM.** compulsa.

compulsión f. Acción de compeler. ‖ Impulso irresistible a la repetición de una acción determinada. ‖ **FAM.** compulsivo.

compunción f. Arrepentimiento. ‖ Sentimiento de tristeza o compasión.

compungido, da adj. Triste, dolorido. ‖ **FAM.** compunción.

compungir tr. Mover a uno hacia la compasión. ‖ prnl. Entristecerse o dolerse uno de

alguna culpa propia, o de la aflicción ajena. ‖ **FAM.** compungido.

computador, ra adj. y s. Que calcula o computa. ‖ f. Ordenador.

computar tr. Contar o calcular una cosa por números: *computar los años.* ‖ Valorar: *los partidos ganados se computan con dos puntos.* ‖ **FAM.** computable, computador, computadora, cómputo.

cómputo m. Cuenta o cálculo: *ya han hecho el cómputo de los votos.*

comulgar intr. Recibir la comunión. ‖ Coincidir en ideas o sentimientos con otra persona: *no comulgo con sus ideales.*

común adj. Se dice de lo que, no siendo privativamente de ninguno, pertenece o se extiende a varios: *territorio común.* ‖ Corriente, admitido por la mayoría: *uso común.* ‖ Ordinario, vulgar. ‖ Bajo, de inferior clase y despreciable. ‖ m. Todo el pueblo; todo el mundo: *el común de las gentes.* ‖ **FAM.** comunal, comunidad, comunitario, comúnmente.

comuna f. Conjunto de individuos que viven en comunidad autogestionada por ellos y al margen de las conveniencias sociales. ‖ *amer.* Ayuntamiento.

comunal adj. Se dice de lo que pertenece a una comunidad de vecinos: *bienes comunales.*

comunero, ra adj. Perteneciente a las antiguas comunidades de Castilla, movimiento de protesta contra Carlos I. ‖ m. y f. Persona que participó en este movimiento.

comunicación f. Acción y efecto de comunicar o comunicarse. ‖ Escrito en que se comunica alguna cosa: *he recibido una comunicación oficial.* ‖ Escrito que un autor presenta a un congreso o reunión de especialistas para su conocimiento y discusión. ‖ Unión que se establece entre ciertas cosas o lugares, tales como mares, pueblos, habitaciones, etc. ‖ Trato entre las personas: *nos mantendremos en comunicación.* ‖ pl. Correos, telégrafos, teléfonos, etc: *la tormenta de nieve ha parado las comunicaciones.*

comunicado, da adj. Se dice de lugares a los que se puede acceder con facilidad: *un barrio bien comunicado.* ‖ m. Nota, declaración o parte que se comunica para conocimiento público: *comunicado de prensa.*

comunicar tr. Hacer saber a uno alguna cosa, informar: *ayer comunicó su cese.* ‖ Conversar, tratar con alguno de palabra o por escrito. También prnl.: *comunicarse por teléfono.* ‖ Transmitir un sentimiento, una enfermedad: *me comunicó su desesperación.* ‖ intr. Dar un teléfono la señal de que la línea está ocupada. ‖ prnl. Tratándose de cosas inanimadas, tener correspondencia o paso con otras: *las habitaciones se comunican por medio de una puerta.* ‖ FAM. comunicable, comunicación, comunicado, comunicante, comunicativo.

comunicativo, va adj. Que tiene propensión a comunicar a otro sus sentimientos, ideas, etc.

comunidad f. Conjunto de personas que están unidas por un interés común: *comunidad de vecinos.* ‖ División regional y administrativa dentro de un estado: *comunidad autónoma.* ‖ Calidad de común. ‖ Nombre de algunos organismos internacionales: *Comunidad de Estados Independientes.* ‖ FAM. comunitario.

comunión f. En la Iglesia católica, acto de recibir la eucaristía. ‖ Unión: *vivir en comunión con la naturaleza.* ‖ Personas que comparten ideas religiosas o políticas. ‖ Participación en lo común.

comunismo m. Teoría de organización político-económica que propugna la abolición de la propiedad privada y el establecimiento de una comunidad de bienes. ‖ Aplicación de esta teoría. ‖ FAM. comunista.

con prep. que significa el medio, modo o instrumento que sirve para hacer alguna cosa: *le ató con una cuerda.* ‖ Juntamente, en compañía de: *iré a la fiesta con mi amigo.* ‖ Expresa contenido, posesión de algo. ‖ Antepuesta al infinitivo, equivale a gerundio: *con salir a las seis, ya es suficiente.* ‖ Contrapone lo que se dice en una exclamación con una realidad: *¡con lo alegre que estaba yo!*

conato m. Comienzo de una acción que no llega a cumplirse: *un conato de incendio.*

concatenar tr. Unir o enlazar. ‖ FAM. concatenación.

concavidad f. Calidad de cóncavo. ‖ Parte o sitio cóncavo.

cóncavo, va adj. Línea o superficie curvas que, respecto del que mira, tienen su parte más hundida en el centro. ‖ FAM. concavidad.

concebir tr. Formar idea, hacer concepto de una cosa. ‖ Comprender algo: *no concibo cómo pudo pasar esto.* ‖ intr. Quedar fecundada la hembra. También tr.: *concebir un hijo.* ♦ **Irreg.** Se conj. como *pedir.* ‖ FAM. concepción, conceptivo, preconcebir.

conceder tr. Dar, otorgar: *me han concedido una semana de vacaciones.* ‖ Estar de acuerdo con lo que dice otro. ‖ Atribuir una cualidad o condición a una persona o cosa.

concejal, la m. y f. Persona que tiene un cargo en el ayuntamiento o concejo municipal. ‖ FAM. concejalía.

concejo m. Ayuntamiento, casa y corpora-

ción municipales. ‖ Sesión que celebra. ‖ FAM. concejal.

concentración f. Acción y efecto de concentrar o concentrarse. ‖ En una disolución, relación que existe entre la cantidad de sustancia disuelta y la del disolvente.

concentrar tr. Reunir en un centro o punto lo que estaba separado. También prnl.: *concentrarse una multitud.* ‖ Aumentar la proporción de la sustancia disuelta en un fluido disolvente. ‖ prnl. Reflexionar profundamente, fijar la atención: *no logro concentrarme en mi trabajo.* ‖ FAM. concentración, concentrado.

concéntrico, ca adj. Se dice de las figuras que tienen un mismo centro: *círculos concéntricos.*

concepción f. Acción y efecto de concebir. ‖ Por antonomasia, la de la Virgen María. ‖ Idea, concepto: *tienes una concepción errónea.*

conceptismo m. Estilo literario propio del barroco español que se caracterizaba por la complejidad y agudeza expresivas. ‖ FAM. conceptista.

concepto m. Idea, representación mental de una realidad, un objeto, etc.: *el concepto de belleza no es igual para todos.* ‖ Pensamiento expresado con palabras. ‖ Opinión, juicio: *¿qué concepto tienes de mí?* ‖ Aspecto, calidad, título: *me han ofrecido un trabajo en concepto de asesor cultural.* ‖ FAM. conceptismo, conceptual, conceptualizar, conceptuar.

conceptuar tr. Formar una opinión de una cosa o persona: *le conceptúan poco apto para ese trabajo.*

concernir intr. Atañer, corresponder: *esto no te concierne a ti.* ♦ **Irreg.** Se conj. como *discernir.* ‖ FAM. concerniente.

concertar tr. Acordar, arreglar, decidir: *concertar una cita; un negocio; la paz.* También prnl. ‖ Poner acordes entre sí voces o instrumentos musicales. ‖ intr. Concordar entre sí una cosa con otra. ♦ **Irreg.** Se conj. como *acertar.* ‖ FAM. concertación.

concertina f. Acordeón de figura hexagonal, de fuelle muy largo y teclados en ambas caras.

concertista com. Músico que toma parte en la ejecución de un concierto en calidad de solista.

concesión f. Acción y efecto de conceder. ‖ Contrato gubernativo a favor de particulares o de empresas. ‖ Contrato que una empresa hace a otra, o a un particular, de vender y administrar sus productos en una localidad determinada. ‖ Acción y efecto de ceder en una posición ideológica, actitud, etc: *no estoy dispuesta a hacer concesiones de ningún tipo.* ‖ FAM. concesionario, concesivo.

concesionario, ria adj. y s. Persona o entidad que tiene la exclusiva de distribución de un producto determinado en una zona.

concha f. Cubierta que protege el cuerpo de los moluscos, y p. ext., caparazón de las tortugas y pequeños crustáceos. ‖ Cualquier cosa de forma similar a la concha. ‖ Mueble que se coloca en el medio del proscenio de los teatros para ocultar al apuntador. ‖ Carey: *unos pendientes de concha.* ‖ FAM. aconchar.

conchabar prnl. Confabularse, unirse dos o más personas entre sí para algún fin: *se conchabaron para darnos una paliza.* ‖ tr. *amer.* Contratar a alguien como sirviente. **FAM.** conchabamiento.

conciencia f. Propiedad del espíritu humano de reconocerse en sus atributos esenciales y en todas las modificaciones que experimenta en sí mismo. ‖ Conocimiento interior del bien y del mal según el cual se juzgan las acciones humanas. ‖ **a conciencia** loc. adj. Se dice de lo realizado meditadamente y sin fraude ni engaño. ‖ FAM. concienciar, concienzudo.

concienciar tr. Hacer que alguien sea consciente de algo. También prnl.: *concienciarse del deterioro ecológico del planeta.* ‖ FAM. concienciación.

concienzudo, da adj. Se dice de la persona que estudia o hace las cosas con mucha atención o detenimiento. ‖ FAM. concienzudamente.

concierto m. Función en que se ejecutan composiciones musicales. ‖ Composición musical para diversos instrumentos en que uno o varios llevan la parte principal: *concierto para violín y piano.* ‖ Convenio, acuerdo: *concierto económico.* ‖ Buen orden y disposición de las cosas. ‖ FAM. concertista.

conciliábulo m. Concilio no convocado por autoridad legítima. ‖ Junta o reunión ilegal para tratar de algo que se quiere mantener oculto.

conciliación f. Acción y efecto de conciliar: *la conciliación de dos posturas contrarias.*

conciliar adj. Relativo a los concilios. ‖ m. Persona que asiste a un concilio.

conciliar tr. y prnl. Poner de acuerdo a los que estaban en desacuerdo. ‖ Conformar dos o más proposiciones o doctrinas al parecer contrarias: *conciliar las doctrinas aristotélicas con el cristianismo.* ‖ Granjear o ganar los ánimos, la benevolencia o el odio de alguien. ‖ FAM. conciliación, conciliador, conciliatorio, reconciliar.

concilio m. Junta o congreso para tratar temas relativos al dogma, la organización, etc., especialmente de los obispos y otros eclesiásticos de la iglesia católica: *concilio ecuménico.*

concisión f. Brevedad en la forma de expresión.

conciso, sa adj. Poco extenso y preciso: *un discurso conciso.* ‖ FAM. concisión.

concitar tr. Conmover, instigar a uno contra otro. ‖ Reunir, congregar.

conciudadano, na m. y f. Cada uno de los ciudadanos de una misma ciudad o nación, respecto de los demás.

cónclave o **conclave** m. Reunión de los cardenales y lugar donde se juntan y encierran para elegir papa. ‖ Junta o congreso de gentes que se reúnen para tratar algún asunto.

concluir tr. Acabar o finalizar una cosa. También prnl. ‖ Determinar y resolver sobre lo que se ha tratado o examinado. ‖ intr. Terminar: *su vida concluyó trágicamente.* ♦ **Irreg.** Se conj. como *huir.* ‖ FAM. conclusión, concluso, concluyente.

conclusión f. Acción y efecto de concluir o concluirse. ‖ Fin y terminación de una cosa. ‖ Resolución que se ha tomado sobre una materia.

concluyente adj. Que concluye. ‖ Convincente: *una respuesta concluyente.*

concoideo, a adj. Semejante a la concha.

concomerse prnl. Sentir comezón interior; consumirse de impaciencia, pesar u otro sentimiento. ‖ Mover los hombros y espaldas como quien se restriega por causa de alguna comezón.

concomitancia f. Acción de acompañar una cosa a otra, u obrar juntamente con ella. ‖ FAM. concomitante, concomitar.

concomitante adj. Se dice de lo que actúa en el mismo sentido que otra cosa o que la acompaña: *acciones concomitantes.*

concordancia f. Correspondencia y conformidad de una cosa con otra. ‖ En gram., conformidad de accidentes entre dos o más palabras variables: *concordancia de género y número.*

concordar intr. Convenir una cosa con otra, estar de acuerdo: *tu opinión no concuerda con la mía.* ‖ En gram., establecer concordancia entre palabras variables. ‖ tr. Poner de acuerdo lo que no lo está. ♦ **Irreg.** Se conj. como *contar.* ‖ FAM. concordancia, concordante, concordia.

concordato m. Tratado o convenio sobre asuntos eclesiásticos que el gobierno de un Estado hace con la Santa Sede.

concordia f. Conformidad, unión. ‖ Ajuste o convenio entre litigantes.

concreción f. Acción y efecto de concretar. ‖ Masa formada por depósito o desecación y hecha compacta por cualquier causa.

concretar tr. Hacer concreta o precisa alguna cosa: *concretar la fecha de una cita.* ‖ Reducir a lo más esencial. ‖ prnl. Tratar de una sola cosa, excluyendo las otras: *nos concretaremos a nuestras opiniones.* ‖ **FAM.** concreción.

concreto, ta adj. Se dice de cualquier objeto considerado en sí mismo, con exclusión de cuanto pueda serle extraño o accesorio. ‖ Determinado, preciso: *exijo un informe concreto.* ‖ En ling., nombre que designa este objeto. ‖ m. *amer.* Hormigón. ‖ **en concreto** loc. En resumen, en conclusión. ‖ **FAM.** concretamente, concretar.

concubina f. Mujer que cohabita con un hombre como si éste fuera su marido. ‖ **FAM.** concubinato.

conculcar tr. Quebrantar una ley, obligación o principio. ‖ Hollar con los pies algo.

concuñado, da m. y f. Cónyuge de una persona respecto del cónyuge de otra persona hermana de aquélla.

concupiscencia f. Apetito y deseo de los bienes materiales. ‖ Apetito desordenado de placeres sexuales. ‖ **FAM.** concupiscente.

concurrencia f. Conjunto de personas que asisten a un acto o reunión: *dirigirse a la concurrencia.* ‖ Acaecimiento o concurso de varios sucesos o cosas a un mismo tiempo. ‖ **FAM.** concurrente.

concurrir intr. Juntarse en un mismo lugar o tiempo diferentes personas, sucesos o cosas. ‖ Contribuir para determinado fin: *he concurrido con mil pesetas.* ‖ Tomar parte en un concurso. ‖ **FAM.** concurrencia, concurrido.

concursante com. Persona que toma parte en un concurso.

concursar tr. Tomar parte en un concurso, oposición, competencia. ‖ **FAM.** concursante.

concurso m. Oposición o competición entre los aspirantes a un premio, puesto de trabajo, prestar un servicio, etc.: *concurso de belleza.* ‖ Concurrencia, reunión de personas en un mismo lugar. ‖ Asistencia o ayuda: *con el concurso de todos, podremos lograrlo.* ‖ **FAM.** concursar.

concusión f. Conmoción violenta. ‖ Cobro injustificado que hace un funcionario público en provecho propio.

condado m. Dignidad honorífica de conde. ‖ Territorio sobre el que antiguamente ejercía su señorío un conde.

conde m. Título nobiliario, situado en jerarquía después del marqués y antes que el vizconde. ‖ Gobernador de una comarca o territorio en los primeros siglos de la Edad Media. ‖ **FAM.** condado, condal, condesa, condestable.

condecoración f. Acción y efecto de condecorar. ‖ Cruz, venera u otra insignia semejante de honor y distinción.

condecorar tr. Dar o imponer condecoraciones. ‖ **FAM.** condecoración, condecorado.

condena f. Sentencia judicial que pronuncia una pena. ‖ Extensión y grado de la pena.

condenado, da adj. Se dice de la persona a quien le ha sido impuesta una condena. También s.: *el condenado será ejecutado al amanecer.* ‖ Endemoniado, perverso. ‖ Se apl. a lo que causa molestia: *este condenado zapato me aprieta.*

condenar tr. Pronunciar el juez sentencia, imponiendo al reo la pena correspondiente. ‖ Reprobar una doctrina u opinión: *condenar una huelga.* ‖ Tabicar o incomunicar una habitación. ‖ Forzar a uno a hacer algo penoso: *condenar al silencio.* ‖ prnl. Para los católicos, incurrir en la pena eterna. ‖ **FAM.** condena, condenable, condenación, condenado, condenatorio.

condensador, ra adj. Que condensa. ‖ m. Aparato para reducir los gases a menor volumen. ‖ Sistema de dos conductores separados por una lámina aislante, que sirven para almacenar cargas eléctricas.

condensar tr. Convertir un vapor en líquido o en sólido. También prnl.: *condensarse el vapor de agua.* ‖ Reducir una cosa a menor volumen. También prnl. ‖ Sintetizar, resumir, compendiar: *condensar el contenido de una conferencia.* ‖ **FAM.** condensable, condensación, condensado, condensador.

condesa f. Mujer del conde, o la que por sí heredó u obtuvo un condado.

condescender intr. Acomodarse por bondad al gusto y voluntad de otro. ◆ **Irreg.** Se conj. como *entender.* ‖ **FAM.** condescendencia, condescendiente.

condestable m. En la Edad Media, persona que obtenía y ejercía el máximo poder en la milicia.

condición f. Índole, naturaleza o propiedad de las cosas o de los animales. ‖ Estado o circunstancia en que se encuentra una persona. ‖ Posición social: *una persona de condición humilde.* ‖ Circunstancia necesaria para que otra pueda ocurrir: *para obtener la plaza es condición necesaria saber inglés.* ‖ **en condiciones** loc. Bien dispuesto o apto para el fin deseado. ‖ **FAM.** condicional, condicionar.

condicional adj. Que incluye una condición o requisito: *libertad condicional.* ‖ En gram., se dice de la oración subordinada que establece una condición o requisito para que se cumpla lo expresado en la oración principal. ‖ Se dice de la conjunción que une estas oraciones:

como, con tal que, si, a condición de que. ‖ Se dice del modo potencial, que expresa la acción del verbo como posible. ‖ **FAM.** condicionalmente, incondicional.

condicionamiento m. Acción y efecto de condicionar. ‖ Limitación, restricción.

condicionar tr. Hacer depender una cosa de alguna condición. ‖ Influir: *los cambios climáticos condicionan la productividad agrícola.* ‖ **FAM.** condicionado, condicionamiento, condicionante.

condimentar tr. Sazonar los alimentos con ciertas sustancias.

condimento m. Lo que sirve para sazonar la comida y darle buen sabor, como el vinagre, el aceite, la sal, etc. ‖ **FAM.** condimentación, condimentado, condimentar.

condiscípulo, la m. y f. Persona que estudia o ha estudiado con otra.

condolencia f. Pésame. ‖ Participación en el pesar ajeno.

condolerse prnl. Compadecerse de lo que otro siente o padece. ♦ Irreg. Se conj. como *volver.* ‖ **FAM.** condolencia.

condominio m. Dominio de una cosa que pertenece en común a dos o más personas. ‖ *amer.* Edificio poseído en régimen de propiedad horizontal.

condón m. Preservativo.

condonar tr. Perdonar una deuda o una pena. ‖ **FAM.** condonación.

cóndor m. Ave rapaz americana, de la misma familia que el buitre, de poco más de un metro de largo y tres de envergadura, con la cabeza y el cuello desnudos; plumaje fuerte de color negro azulado, collar blanco, cola pequeña y pies negros. Habita en los Andes y es la mayor de las aves voladoras.

conducción f. Acción y efecto de conducir, llevar o guiar alguna cosa. ‖ Conjunto de conductos dispuestos para el paso de algún fluido. ‖ **FAM.** conductividad, conducto.

conducir tr. Llevar, transportar de una parte a otra. ‖ Guiar un vehículo automóvil: *conducir un camión.* También intr. ‖ Dirigir un negocio o la actuación de una colectividad: *conducir un ejército.* ‖ Impulsar, llevar. También intr.: *conducir al fracaso.* ‖ prnl. Comportarse de una determinada manera. ‖ **FAM.** conducción, conducente, conducta, conductor. ♦ **Irreg.** Conjugación modelo:

⸻⸻⸻⸻⸻⸻⸻⸻⸻⸻⸻⸻⸻⸻

Indicativo

Pres.: *conduzco, conduces, conduce, conducimos, conducís, conducen.*

Imperf.: *conducía, conducías,* etc.

Pret. indef.: *conduje, condujiste,* etc.

Fut. imperf.: *conduciré, conducirás,* etc.

Potencial: *conduciría, conducirías,* etc.

Subjuntivo

Pres.: *conduzca, conduzcas, conduzca, conduzcamos, conduzcáis, conduzcan.*

Imperf.: *condujera, condujeras,* etc. o *condujese, condujeses.*

Fut. imperf.: *condujere, condujeres,* etc.

Imperativo: *conduce, conducid.*

Participio: *conducido.*

Gerundio: *conduciendo.*

⸻⸻⸻⸻⸻⸻⸻⸻⸻⸻⸻⸻⸻⸻

conducta f. Manera de conducirse o comportarse una persona.

conductibilidad f. Conductividad.

conductividad f. Propiedad natural de los cuerpos, que consiste en transmitir el calor o la electricidad.

conducto m. Canal, comúnmente cubierto, que sirve para dar paso y salida a las aguas y otras cosas: *conducto lacrimal.* ‖ Mediación o intervención de una persona para la solución de un negocio, obtención de noticias, etc. ‖ Medio, vía, procedimiento: *he presentado la solicitud de beca por conducto oficial.*

conductor, ra adj. y s. Que conduce: *conductor de masas.* ‖ Se apl. a la persona que conduce un vehículo: *conductor de trenes.* ‖ Se dice de los cuerpos que, en mayor o menor medida, conducen el calor y la electricidad.

condumio m. Comida. ‖ Alimento que se come con pan.

conectar tr. Establecer contacto entre dos partes de un sistema mecánico o eléctrico. También intr. y prnl. ‖ Unir, enlazar, establecer relación, poner en comunicación. También intr.: *no logro conectar con nadie.* ‖ **FAM.** conectador, conectivo, desconectar.

conectivo, va adj. Que une partes de un mismo sistema o aparato.

conejero, ra adj. Que caza conejos. ‖ m. y f. Persona que vende o cuida conejos. ‖ f. Madriguera donde se crían conejos. ‖ Cueva estrecha y larga.

conejillo m. Cobaya.

conejo m. Mamífero lagomorfo, de unos cuatro decímetros de largo, pelo espeso, orejas largas y cola muy corta; es muy apreciado por su carne y su piel. ‖ **FAM.** conejera, conejero, conejillo.

conexión f. Enlace, relación, unión. ‖ pl. Amistades.

conexo, xa adj. Enlazado, relacionado: *opiniones conexas.*

confabularse prnl. Ponerse de acuerdo dos o más personas, generalmente para perjudicar a otras. ‖ **FAM.** confabulación.

confección f. Acción y efecto de confeccionar. ‖ pl. Prendas de vestir que se venden hechas, a diferencia de las que se encargan a medida.

confeccionar tr. Hacer determinadas cosas materiales, especialmente compuestas, como listas, prendas de vestir, etc. ‖ **FAM.** confección, confeccionador.

confederación f. Alianza, unión o asociación entre personas, grupos, organizaciones, estados, para un determinado fin. ‖ Organismo resultante de esta unión: *Confederación Helvética*.

confederarse prnl. Reunir en confederación. ‖ Unión de varios estados, sin llegar a perder ninguno su soberanía política. ‖ **FAM.** confederación, confederado.

conferencia f. Disertación en público sobre algún tema: *una conferencia sobre la novela contemporánea*. ‖ Reunión de representantes de gobiernos o Estados para tratar asuntos internacionales. ‖ Comunicación telefónica interurbana. ‖ **FAM.** conferenciante, conferenciar.

conferir tr. Conceder, asignar a uno dignidad, derechos, empleo, etc. ‖ Comunicar una cualidad a una persona o cosa: *la asistencia del catedrático confirió importancia al acto.* ‖ Cotejar y comparar una cosa con otra. ♦ **Irreg.** Se conj. como *sentir.*

confesar tr. Manifestar uno hechos, ideas o sentimientos que antes estaban ocultos: *confieso que te he mentido.* ‖ Declarar el reo o el litigante ante el juez: *confesó el crimen.* También prnl.: *se confesó culpable.* ‖ Declarar el penitente al confesor en el sacramento de la penitencia. También prnl. ‖ Escuchar el confesor al penitente. ♦ **Irreg.** Se conj. como *acertar.* ‖ **FAM.** confesión, confesor.

confesión f. Declaración que uno hace de lo que sabe sobre algo. ‖ Declaración al confesor de los pecados que uno ha cometido. ‖ Declaración del litigante o del reo en el juicio. ‖ Credo religioso y conjunto de personas que lo profesan: *es de confesión musulmana.* ‖ **FAM.** confesional, confesionario.

confesionario m. Especie de cabina dentro de la cual se coloca el sacerdote para oir las confesiones sacramentales en las iglesias. También se dice *confesonario.*

confeso, sa adj. Que ha confesado su delito o culpa.

confesor m. Sacerdote que, con licencia del ordinario, confiesa a los penitentes.

confeti m. Pedacitos de papel de varios colores que se arrojan las personas unas a otras en los días de carnaval u otras fiestas.

confiado, da adj. Crédulo. ‖ Orgulloso de sí mismo.

confianza f. Esperanza firme que se tiene en una persona o cosa: *he puesto toda mi confianza en ti.* ‖ Seguridad en sí mismo. ‖ Ánimo para obrar. ‖ Familiaridad en el trato: *nos tenemos mucha confianza.*

confiar intr. Tener confianza en alguien o algo: *confiaba en que no llovería.* También prnl. ‖ tr. Encargar algo a alguien o ponerlo bajo su cuidado: *confiar el dinero.* También prnl. ‖ **FAM.** confiado, confianza, desconfiar.

confidencia f. Revelación secreta, noticia reservada.

confidencial adj. Reservado, secreto: *un informe confidencial.* ‖ **FAM.** confidencialmente.

confidente com. Persona a quien otra fía sus secretos o le encarga la ejecución de cosas reservadas. ‖ Persona que sirve de espía: *trabaja como confidente de la policía.* ‖ m. Sofá de dos asientos.

configuración f. Disposición de las partes que componen un cuerpo y le dan su peculiar figura.

configurar tr. y prnl. Dar determinada figura a una cosa. ‖ **FAM.** configurado, configuración.

confín m. Último término a que alcanza la vista. ‖ Límite que divide las poblaciones, provincias, naciones, etc. Más en pl.: *los confines de España y Francia.* ‖ **FAM.** confinar.

confinamiento m. En der., pena consistente en relegar al condenado a cierto lugar seguro para que viva en libertad, pero bajo vigilancia de las autoridades.

confinar tr. Recluir obligatoriamente a alguien en un lugar: *lo confinaron en una isla.* También prnl. ‖ Desterrar. ‖ intr. Lindar, estar contiguo a otro territorio, mar, río, etc. ‖ **FAM.** confinamiento.

confirmación f. Acción y efecto de confirmar. ‖ Prueba de la verdad y certeza de un suceso: *la confirmación de una sentencia.* ‖ Uno de los siete sacramentos de la Iglesia católica.

confirmar tr. Corroborar la verdad de algo: *confirmar una noticia.* ‖ Dar a una persona o cosa mayor firmeza o seguridad; asegurar. También prnl. ‖ Dar validez definitiva a algo: *confirmar un billete de avión.* También prnl. ‖ Administrar el sacramento de la confirmación. También prnl.: *se confirmó a los siete años.* ‖ **FAM.** confirmación, confirmante, confirmtorio.

confiscar tr. Privar a alguien de sus bienes y aplicarlos a la Hacienda Pública o al Tesoro. ‖ Apropiarse las autoridades del gobierno de lo implicado en algún delito: *confiscar una maleta con mercancía de contrabando.* ‖ FAM. confiscación.

confitar tr. Cubrir con un baño de azúcar las frutas o semillas. ‖ Cocer las frutas en almíbar.

confite m. Pasta hecha de azúcar y algún otro ingrediente, generalmente en forma de bolitas de varios tamaños. Más en pl. ‖ FAM. confitar, confitería, confitero, confitura.

confitería f. Tienda en que se venden dulces y confituras.

confitura f. Fruta confitada, en mermelada, compota o escarchada.

conflagración f. Estallido de un conflicto violento entre dos o más naciones.

conflictivo, va adj. Que origina conflicto. ‖ Perteneciente al conflicto. ‖ Se dice del tiempo, situación, circunstancias, etc., en que hay conflicto: *época conflictiva.*

conflicto m. Antagonismo, pugna, oposición entre personas o cosas: *conflicto entre naciones.* ‖ Situación difícil. ‖ FAM. conflictivo.

confluencia f. Acción de confluir. ‖ Lugar donde confluyen los caminos, los ríos, etc.

confluir intr. Juntarse en un lugar varios caminos, corrientes de agua, personas, etc. ‖ Concurrir diversos factores en un determinado hecho: *en este tratado científico confluyen varias teorías.* ♦ Irreg. Se conj. como *huir.* ‖ FAM. confluencia.

conformación f. Distribución de las partes que forman un conjunto.

conformar tr. Dar formar a algo: *conformar el carácter.* ‖ Concordar una cosa con otra: *conformar la calidad y el precio de un vino.* También prnl. ‖ prnl. Resignarse, aceptar algo sin protesta: *me conformo con media jornada de trabajo.* ‖ FAM. conformación, conforme, conformidad, conformismo.

conforme adj. De acuerdo con lo que se expresa: *obtuvimos una evaluación conforme a los esfuerzos individuales.* ‖ Satisfecho, contento, resignado: *estar conforme con una decisión.* ‖ m. Aprobación que se pone al pie de un escrito. ‖ adv. m. En proporción a, con arreglo a, de manera que, según: *actuamos conforme a lo dicho; conforme vayáis llegando, comenzad el examen.* ‖ FAM. inconforme.

conformidad f. Concordia o correspondencia entre dos personas o cosas. ‖ Aprobación: *pueden contar con mi conformidad.* ‖ Tolerancia en las dificultades: *el equipo aceptó la derrota con conformidad.*

conformismo m. Actitud del que con demasiada facilidad se adapta a lo establecido por las circunstancias. ‖ FAM. conformista.

confortable adj. Cómodo. ‖ Que conforta, alienta o consuela. ‖ FAM. confortablemente.

confort m. Comodidad.

confortar tr. y prnl. Dar vigor o animar. ‖ Animar, alentar, consolar al afligido. ‖ FAM. confort, confortable, confortante.

confraternidad f. Hermandad de parentesco o de amistad.

confraternizar intr. Tratarse con amistad. ‖ FAM. confraternidad.

confrontación f. Careo entre dos o más personas: *una confrontación de testigos.* ‖ Comparación de una cosa con otra: *confrontación entre la calidad y el precio.*

confrontar tr. Carear o poner frente a frente una persona con otra. ‖ Comparar una cosa con otra, y especialmente escritos: *confrontar el original con la copia.* ‖ Estar o ponerse una persona o cosa frente a otra. También prnl. ‖ FAM. confrontación.

confundir tr. Mezclar dos o más cosas diversas, de modo que no puedan distinguirse. ‖ Equivocar. También prnl.: *me confundí de calle.* ‖ Desordenar una cosa. ‖ Turbar, desconcertar: *confundir al adversario.* También prnl.: *me confundes con tus lágrimas.* ‖ FAM. confusión, confusionismo, confuso.

confusión f. Acción y efecto de confundir, mezclar cosas diversas. ‖ Falta de orden, de concierto y de claridad. ‖ Perplejidad, desasosiego. ‖ Humillación.

confusionismo m. Confusión y oscuridad en las ideas o en el lenguaje.

confuso, sa adj. Mezclado. ‖ Oscuro, dudoso: *un lenguaje confuso.* ‖ Que no puede distinguirse: *un color confuso.* ‖ Turbado, perplejo. ‖ FAM. confusamente.

conga f. Danza popular de Cuba, de origen africano.

congelador m. Compartimento especial, generalmente en los frigoríficos, donde se produce hielo y se guardan los alimentos.

congelar tr. Helar un líquido. También prnl.: *el zumo se congeló.* ‖ Someter alimentos a muy bajas temperaturas para conservarlos: *congelar el pescado.* ‖ Dañar el frío los tejidos orgánicos. ‖ Declarar inmodificables sueldos, precios, créditos, etc. ‖ FAM. congelación, congelado, congelador, congelante, descongelar.

congénere adj. Del mismo género, origen o clase. También com.: *no quiero saber nada de tus congéneres.*

congeniar intr. Tener dos o más personas genio, carácter o gustos coincidentes.

congénito, ta adj. De nacimiento: *un tumor congénito.* ‖ Que se engendra juntamente con otra cosa: *es un mal congénito de la sociedad.*

congestión f. Acumulación excesiva de sangre en alguna parte del cuerpo. | Concurrencia excesiva de personas, vehículos, etc., que ocasiona un entorpecimiento del tráfico en un paraje o vía pública. | **FAM.** congestionar.

congestionar tr. Producir congestión en una parte del cuerpo. | prnl. Acumularse más o menos rápidamente la sangre en una parte del cuerpo. | Producirse una concurrencia excesiva de personas, vehículos, etc.: *congestionarse el tráfico.* | **FAM.** descongestionar.

conglomerado m. Masa formada por fragmentos de diversas rocas o sustancias minerales unidos por un cemento. | Masa compacta de materiales unidos artificialmente: *conglomerado de madera.*

conglomerar tr. Aglomerar. | Unir o agrupar fragmentos o corpúsculos de una misma o de diversas sustancias con tal coherencia que resulte una masa compacta. También prnl. | **FAM.** conglomeración, conglomerado, conglomerante.

congoja f. Angustia y aflicción del ánimo. | **FAM.** acongojarse.

congraciar tr. Conseguir la benevolencia o simpatía de alguien. Más en prnl.: *trataré de congraciarme con mis nuevos compañeros.*

congratular tr. y prnl. Manifestar alegría y satisfacción a la persona a quien ha acaecido un suceso feliz. | **FAM.** congratulación.

congregación f. Cuerpo o comunidad de sacerdotes seculares, dedicados al ejercicio de los ministerios eclesiásticos, bajo ciertas reglas. | En el Vaticano, cualquiera de las juntas compuestas de cardenales, prelados y otras personas, para el despacho de varios asuntos: *congregación de Ritos.*

congregar tr. y prnl. Juntar, reunir. | **FAM.** congregación, congregante.

congreso m. Reunión de varias personas para deliberar sobre algún asunto previamente fijado: *un congreso de literatura.* | Edificio donde los diputados a Cortes celebran sus sesiones. | En algunos países, asamblea nacional. | **FAM.** congresista.

congrio m. Pez de 1 a 2 m de largo, con el cuerpo gris oscuro, casi cilíndrico, bordes negros en las aletas dorsal y anal, y sin escamas; su carne es blanca y muy apreciada.

congruencia f. Conveniencia, oportunidad. | Relación lógica. | **FAM.** congruente.

congruente adj. Conveniente, oportuno. | **FAM.** incongruente.

cónico, ca adj. Relativo al cono. | De forma de cono: *techo cónico.*

conífero, ra adj. y f. Se dice de las plantas gimnospermas, de hojas perennes, aciculares o en forma de escamas, y fruto en forma cónica, como los pinos, cipreses y abetos.

conjetura f. Juicio u opinión probable que se forma de indicios. | **FAM.** conjeturar.

conjugación f. Acción y efecto de conjugar. | Serie ordenada de las distintas formas de un mismo verbo o comunes a un grupo de verbos de igual flexión, con las cuales se denotan sus diferentes modos, tiempos, números y personas.

conjugar tr. Enunciar en serie ordenada las distintas formas de un mismo verbo que denotan sus diferentes modos, tiempos, números y personas. | Unir: *conjugar varias posibilidades.* | **FAM.** conjugable, conjugación.

conjunción f. Parte invariable de la oración que une palabras u oraciones, señalando la relación existente entre ellas: *conjunción concesiva, comparativa.* | Junta, unión: *conjunción de acontecimientos.*

conjuntar tr. y prnl. Coordinar; reunir armoniosamente las partes de un todo.

conjuntiva f. Membrana mucosa muy fina que tapiza interiormente los párpados de los vertebrados. | **FAM.** conjuntivitis.

conjuntivitis f. Inflamación de la conjuntiva. ♦ No varía en pl.

conjunto, ta adj. Unido o contiguo a otra cosa, o que tiende al mismo fin: *esfuerzos conjuntos.* | m. Reunión de varias personas o cosas. | En mat., colección de elementos que cumplen una determinada condición característica: *conjunto de números impares.* | Juego de vestir compuesto de la combinación de varias prendas: *conjunto de falda y chaqueta.* | Grupo musical. | **en conjunto** adv. En su totalidad. | **FAM.** conjuntamente, conjuntar, conjuntiva, conjuntivo, subconjunto.

conjurar intr. Conspirar, uniéndose varias personas o cosas por un fin, especialmente en contra de alguien. También prnl. | tr. Exorcizar. | Impedir, evitar, alejar un daño o peligro: *conjurar la crisis.* | **FAM.** conjura, conjuración, conjuro.

conjuro m. Imprecación ritual de hechiceros. | Acción y efecto de conjurar, exorcizar.

conllevar tr. Implicar, suponer, acarrear: *ese proyecto conlleva graves dificultades.* | Soportar, sufrir: *conllevar una enfermedad.*

conmemoración f. Memoria o recuerdo que se hace de una persona o acontecimiento. | **FAM.** conmemorar.

conmemorar tr. Recordar públicamente

un personaje o acontecimiento. | **FAM**. conmemorativo.

conmensurar tr. Medir con igualdad o debida proporción. | **FAM**. conmensurable.

conmigo Forma especial del pronombre personal *mi*, cuando va precedido de la preposición *con*.

conminar tr. Amenazar. | Exigir algo bajo amenaza de castigo. | **FAM**. conminación, conminatorio.

conmiseración f. Compasión que uno tiene del mal de otro.

conmoción f. Agitación; perturbación violenta: *el decreto de ley causó una conmoción social*. | **FAM**. conmocionar.

conmocionar tr. Producir conmoción.

conmover tr. Enternecer, mover a compasión. También prnl.: *le conmueven los relatos sentimentales*. | Perturbar, inquietar. ◆ **Irreg**. Se conj. como *mover*. | **FAM**. conmoción, conmovedor.

conmutación f. Acción y efecto de conmutar. | En ret., inversión de términos en el discurso. | **de pena** En der., indulto parcial que altera la naturaleza del castigo en favor del reo.

conmutador, ra adj. Que conmuta. | m. Dispositivo de los aparatos eléctricos que sirve para que una corriente cambie de conductor o se interrumpa.

conmutar tr. Cambiar una cosa por otra. | Sustituir castigos impuestos por otros menos graves. | **FAM**. conmutabilidad, conmutable, conmutación, conmutador, conmutativo, inconmutable.

connatural adj. Propio o conforme a la naturaleza de cada ser.

connivencia f. Confabulación. | Disimulo o tolerancia del superior para con las faltas que cometen sus subordinados contra las leyes.

connotación f. Acción y efecto de connotar. | Sentido o valor secundario de una palabra, frase, discurso, etc., asociado a su significado estricto. | **FAM**. connotar, connotativo.

connotar tr. Sugerir una palabra, frase o discurso, un significado secundario que se suma al valor principal. | **FAM**. connotación, connotado.

cono m. En geom., cuerpo generado por un triángulo rectángulo al girar sobre uno de sus lados. | P. ext., cualquier superficie que tenga esta forma. | **FAM**. cónico, conífero.

conocedor, ra adj. y s. Se dice de la persona que es experto en alguna materia: *ser un conocedor de la fauna marina*.

conocer tr. Tener idea o captar por medio de las facultades intelectuales la naturaleza,

cualidades y relaciones de las personas o las cosas: *no conozco esa ciudad*. | Percibir una cosa o una persona como distinta de todo lo demás. | Reconocer: *conocer a alguien por su manera de hablar*. | Tener trato y comunicación con alguno: *le conozco desde hace bastante tiempo*. También prnl.: *se conocieron en una conferencia*. | Juzgar adecuadamente a alguien: *no le conozco bien*. También prnl.: *cada día me conozco menos*. | Saber, entender: *conozco bastante de vinos*. | **FAM**. conocedor, conocible, conocido, conocimiento, desconocer, reconocer. ◆ **Irreg**. se conjuga como *agradecer*.

conocido, da adj. Famoso, ilustre: *su padre es un conocido novelista*. | Que se conoce: *el mundo conocido*. | m. y f. Persona con quien se tiene trato o comunicación, pero no amistad: *es un conocido suyo*.

conocimiento m. Acción y efecto de conocer. | Entendimiento, inteligencia. | Facultad de entender y juzgar las cosas. | pl. Noción, ciencia, sabiduría: *tiene conocimientos básicos de alemán*. | Conciencia, sentido de la realidad: *perder alguien el conocimiento*.

conque conj. Expresa una consecuencia de lo que acaba de enunciarse, y equivale a *por consiguiente, por tanto*: *no sabes nada del tema, conque cállate*. | Refiriéndose a lo que se tiene sabido o antes se ha expresado, se usa para apoyar la frase o cláusula que sigue: *conque ¿nos vamos o nos quedamos?*

conquista f. Acción y efecto de conquistar: *la conquista del poder*. | Cosa conquistada. | Persona cuyo amor se logra: *Alberto nos presentó a su nueva conquista*.

conquistar tr. Ganar mediante operación de guerra un territorio, población, posición, etc. | Ganar la voluntad de alguien: *su simpatía nos conquistó*. | Conseguir alguna cosa, generalmente con esfuerzo, habilidad o venciendo algunas dificultades: *conquistar una posición social elevada*. | Enamorar una persona. | **FAM**. conquista, conquistable, conquistador, reconquistar.

consabido, da adj. Que es sabido por cuantos intervienen en un acto de comunicación. | Conocido, habitual, característico: *nos dieron el consabido discurso de bienvenida*.

consagración f. Acción y efecto de consagrar o consagrarse: *con esta novela logró su consagración*. | Ceremonia en que se consagra algo: *la consagración del pan y del vino*.

consagrar tr. Hacer sagrada a una persona o cosa. | Pronunciar el sacerdote en la misa las palabras para que el vino y el pan se transformen en la sangre y el cuerpo de Cristo. | Ofrecer a Dios por culto o sacrificio una persona o cosa. También prnl.: *se consagró sacerdote.* ‖ Dedicarse alguien o algo a un determinado fin. También prnl.: *consagrarse al estudio.* ‖ Conferir a alguien fama o éxito: *aquella película la consagró como una gran actriz.* También prnl. ‖ **FAM.** consagración, consagrante.

consanguíneo, a adj. Persona que tiene parentesco de consanguinidad con otra. También s. ‖ Referido a hermanos, se dice de los que lo son de padre solamente.

consanguinidad f. Unión, por parentesco natural, de varias personas que descienden de una misma raíz o tronco. ‖ **FAM.** consanguíneo.

consciencia. f. Conciencia.

consciente adj. Que siente, piensa y obra con conocimiento de sus actos y de su repercusión: *no era consciente de lo que dijo.* ‖ Se dice de lo que se hace en estas condiciones. ‖ Con pleno uso de los sentidos y facultades. ‖ **FAM.** conscientemente, inconsciente, subconsciente.

conscripción f. *amer.* Servicio militar. ‖ **FAM.** conscripto.

conscripto m. *amer.* Soldado.

consecución f. Acción y efecto de conseguir u obtener algo.

consecuencia f. Hecho o acontecimiento que se sigue o resulta de otro: *si lo haces, atente a las consecuencias.* ‖ Proposición que se deduce o se deriva de otra o de otras. ‖ **a consecuencia; en consecuencia; por consecuencia** locs. conjunt. Como resultado de. ‖ **FAM.** consecuente, consecutivo.

consecuente adj. Que sigue en orden respecto de una cosa. ‖ Se dice de la persona cuya conducta guarda correspondencia lógica con los principios que profesa. ‖ m. Proposición que se deduce de otra que se llama *antecedente.* ‖ **FAM.** consecuentemente.

consecutivo, va adj. Se dice de las cosas que se siguen o suceden sin interrupción. ‖ Se dice de la oración gramatical que expresa consecuencia de lo indicado en otra u otras. También f. ‖ Se dice de la conjunción que expresa relación de consecuencia: *luego, pues, conque, por tanto, así que,* etc. ‖ **FAM.** consecutivamente.

conseguir tr. Alcanzar, lograr lo que se desea. ♦ **Irreg.** Se conj. como *pedir.* ‖ **FAM.** conseguido, consiguiente.

conseja f. Cuento o fábula de sabor antiguo.

consejería f. Lugar, establecimiento, oficina, etc., donde funciona un consejo o una corporación administrativa. ‖ Cargo de consejero.

consejero, ra m. y f. Persona que aconseja o sirve para aconsejar. ‖ Persona que perte-

nece a algún consejo: *consejero de Estado.* ‖ **FAM.** consejería.

consejo m. Opinión o parecer que se da o toma para hacer o no hacer una cosa: *eso te pasa por no seguir mis consejos.* ‖ Organismo encargado oficialmente de una función consultiva, legislativa, judicial o administrativa: *Consejo Superior de Investigaciones Científicas.* ‖ **Consejo de Estado** En algunos países, alto cuerpo consultivo que entiende en los negocios más importantes del Estado. ‖ **FAM.** consejero, aconsejar.

consenso m. Consentimiento. ‖ Acuerdo de todas las personas que componen una corporación, dos o más partidos políticos, un grupo social, etc., en torno a un tema de interés general: *el gobierno y la oposición no han logrado alcanzar un consenso sobre la política económica.* ‖ **FAM.** consensual.

consentido, da adj. Se apl. a la persona mimada con exceso. También s. ‖ Se dice del marido que tolera la infidelidad de su mujer.

consentimiento m. Acción y efecto de consentir. ‖ Conformidad de voluntades entre los contratantes.

consentir tr. Permitir algo o condescender en que se haga. También intr. ‖ Mimar excesivamente a alguien, o ser muy indulgente: *consientes demasiado a tus hijos.* ♦ **Irreg.** Se conj. como *sentir.* ‖ **FAM.** consenso, consentido, consentimiento.

conserje com. Persona que cuida y vigila un edificio o establecimiento público. ‖ **FAM.** conserjería.

conserva f. Alimento preparado de forma que se mantenga inalterable en sus propiedades hasta su consumo.

conservador, ra adj. y s. Que conserva o guarda las cosas. ‖ Se dice de personas, partidos, gobiernos, etc., favorables a la continuidad de las estructuras vigentes y defensores de los valores tradicionales. ‖ m. y f. Persona encargada de conservar una obra de arte, un museo, etc. ‖ **FAM.** conservadurismo.

conservante adj. y m. Que conserva. ‖ m. Sustancia que retrasa el proceso de deterioro de los alimentos.

conservar tr. Mantener algo o cuidar de su permanencia: *conservar la juventud.* También prnl.: *tu madre se conserva muy bien.* ‖ Guardar con cuidado una cosa: *la Biblioteca Nacional conserva varios manuscritos del s. XV.* ‖ Hacer conservas. ‖ **FAM.** conserva, conservación, conservado, conservador, conservante.

conservatorio m. Establecimiento en el que se enseña música, declamación y otras artes relacionadas.

considerable adj. Digno de consideración.

‖ Grande, cuantioso: *una diferencia conside-rable*. ‖ **FAM.** considerablemente.

consideración f. Acción y efecto de con-siderar. ‖ Respeto: *hay que tener consideración con los demás*. ‖ Trato respetuoso o especial. Más en pl.: *tiene todo tipo de consideraciones con sus padres*. ‖ **tomar**, o **tener**, **en consideración** una cosa. loc. Considerarla digna de atención.

considerado, da adj. Que obra con me-ditación y reflexión. ‖ Que recibe de los demás muestras repetidas de atención y respeto: *está muy bien considerada en su trabajo*. ‖ **FAM.** desconsiderado.

considerando m. Cada una de las razones esenciales que preceden y sirven de apoyo a un fallo o dictamen y empiezan con dicha pa-labra.

considerar tr. Pensar, reflexionar con aten-ción sobre algo. ‖ Examinar con detenimiento: *consideraremos vuestra propuesta*. ‖ Tratar a alguien con respeto. ‖ Juzgar, estimar. Tam-bién prnl.: *se considera mal pagado*. ‖ **FAM.** considerable, consideración, considerado, re-considerar.

consigna f. En las estaciones de autobuses y trenes, en aeropuertos, etc., local en que los viajeros depositan temporalmente equipajes, paquetes, etc: *hemos dejado dos maletas en consigna*. ‖ Orden que se da al que manda un puesto, en la milicia, o a un subordinado en agrupaciones políticas.

consignación f. Acción y efecto de consig-nar. ‖ Cantidad consignada para atender a de-terminados gastos o servicios.

consignar tr. Señalar y destinar una canti-dad determinada para el pago de algo que se debe o se constituye. ‖ Asentar en un presu-puesto una partida para atender a determi-nados gastos. ‖ Poner en depósito una cosa: *consignar el equipaje*. ‖ Tratándose de opinio-nes, votos, doctrinas, hechos, circunstancias, datos, etc., hacerlos constar por escrito. ‖ **FAM.** consigna, consignación, consignatario.

consignatario, ria m. y f. Persona o em-presa a quien va dirigida una mercancía. ‖ Per-sona que en los puertos de mar representa al armador de un buque para ocuparse de los asuntos administrativos que se relacionan con su carga y pasaje.

consigo Forma especial del pron. pers. *sí*, cuando va precedido de la prep. *con*; equivale a con él mismo.

consiguiente adj. Que depende y se deduce de otra cosa. ‖ **por consiguiente** loc. conjunt. Como consecuencia, en virtud de lo antece-dente.

consistencia f. Duración, estabilidad, so-lidez. ‖ Coherencia entre las partículas de una masa. ‖ **FAM.** consistente, inconsistencia.

consistente adj. Que consiste: *una colec-ción narrativa consistente en 24 títulos*. ‖ Que tiene consistencia. ‖ **FAM.** inconsistente.

consistir intr. Basarse, estar fundada una cosa en otra: *su fama consiste en la dedicación*. ‖ Estar compuesto de, equivaler, ser: *su rique-za consiste en la herencia que le dejó su abuelo*. ‖ **FAM.** consistencia.

consistorio m. En algunas ciudades y villas principales de España, consejo municipal. ‖ Junta que celebra el papa con asistencia de los cardenales. ‖ **FAM.** consistorial.

consola f. Mesa hecha para estar arrimada a la pared; se destina de ordinario a sostener adornos. ‖ En algunas máquinas, sistemas electrónicos o informáticos, etc., panel de control y mandos.

consolación f. Acción y efecto de consolar o consolarse: *premio de consolación*.

consolar tr. Aliviar la pena o aflicción de uno. También prnl. ♦ Se construye con las preps. *con*, *de*, *en*: *consolarse con algo*; *conso-lar de una pena a alguien*; *consolar en el fraca-so*. ♦ **Irreg.** Se conj. como *contar*. ‖ **FAM.** con-solable, consolación, consolador, consuelo.

consolidar tr. Dar firmeza y solidez a una cosa: *consolidar una amistad*. ‖ Hacer perpetua una deuda pública. ‖ **FAM.** consolidación.

consomé m. Caldo, generalmente de carne.

consonancia f. Relación de igualdad o conformidad que tienen algunas cosas entre sí. ‖ Identidad de sonido en la terminación de dos palabras, desde la vocal que lleva el acen-to. ‖ **FAM.** consonante.

consonante adj. Se dice de los sonidos de una lengua originados por un cierre de los ór-ganos articulatorios y su posterior apertura. ‖ P. ext., se dice de las letras que representan estos sonidos. También f. ‖ Se dice de la rima que se consigue con la igualdad de sonidos a partir de la última vocal acentuada. ‖ Que tie-ne relación de igualdad o conformidad con otra cosa. ‖ **FAM.** consonántico.

consorcio m. Agrupación de entidades con intereses comunes. ‖ Participación y comuni-cación de una misma suerte con uno o varios.

consorte com. Cónyuge. ‖ Persona que es partícipe y compañera con otra u otras en la misma suerte.

conspicuo, cua adj. Ilustre, visible, sobre-saliente.

conspirar intr. Aliarse contra alguien o algo, especialmente contra una autoridad. ‖ Concurrir varias cosas a un mismo fin. ‖ **FAM.** conspiración, conspirador.

constancia f. Firmeza y perseverancia en las resoluciones y en los propósitos. ‖ Acción de hacer constar o certificar alguna cosa. ‖ Exactitud de algún hecho o dicho.

constante adj. Se apl. a lo que es perdurable o que no cambia: *un viento constante.* ‖ Que tiene constancia. ‖ En mat. y otras ciencias, variable que tiene un valor fijo en un determinado proceso, cálculo, etcétera. ‖ **FAM.** constantemente, inconstante.

constar intr. Ser cierta y manifiesta alguna cosa: *me consta que ella no estaba en la reunión.* ‖ Quedar registrado algo o alguien: *en el informe consta la fecha de envío.* ‖ Tener un todo determinadas partes. ♦ Se construye con la prep. *de: el artículo consta de cuatro apartados.* ‖ **FAM.** constancia, constante.

constatar tr. Comprobar, hacer constar. ‖ **FAM.** constatable, constatación.

constelación f. Conjunto de estrellas identificable a simple vista por su peculiar disposición.

consternar tr. Causar una pena, abatir a alguien. También prnl. ‖ **FAM.** consternación.

constipado, da adj. Acatarrado. ‖ m. Catarro, resfriado.

constiparse prnl. Acatarrarse, resfriarse. ‖ **FAM.** constipado.

constitución f. Ley fundamental de la organización de un Estado; se suele escribir con mayúscula. ‖ Esencia y cualidades de una cosa: *la constitución de la materia.* ‖ Manera en que están constituidos los sistemas y aparatos orgánicos, cuyas funciones determinan el grado de fuerza y vitalidad de cada individuo: *es de constitución débil.* ‖ Acto y resultado de constituir. ‖ **FAM.** constitucional.

constitucional adj. Relativo a la Constitución de un Estado: *enmienda constitucional.* ‖ Propio de la constitución de un individuo o perteneciente a ella. ‖ **FAM.** constitucionalidad.

constituir tr. Formar, componer. ‖ Establecer. También prnl. ‖ prnl. Seguido de la prep. *en,* asumir obligación, cargo o cuidado: *se constituyó en defensor de los derechos humanos.* ♦ **Irreg.** Se conj. como *huir.* ‖ **FAM.** constitución, constitutivo, constituyente, reconstituir.

constituyente adj. Que constituye o establece. ‖ Se dice de las cortes, asambleas, convenciones, congresos, etc., convocados para elaborar o reformar la Constitución del Estado. También f.

constreñir tr. Obligar a uno a que haga algo. ‖ En med., apretar, cerrar: *constreñir un vendaje.* ‖ Cohibir, limitar. También prnl. ♦

Irreg. Se conj. como *ceñir.* ‖ **FAM.** constreñimiento.

construcción f. Acción y efecto de construir. ‖ Arte de construir. ‖ Obra construida: *una construcción moderna.* ‖ En gram., ordenamiento y disposición a que se han de someter las palabras en una frase para expresar con ellas un concepto.

constructivo, va adj. Se dice de lo que construye o sirve para construir, por oposición a lo que destruye: *una crítica constructiva.*

constructor, ra adj. y s. Que construye: *empresa constructora.*

construir tr. Hacer un edificio, una máquina u otra cosa ordenando los elementos necesarios: *construir una teoría.* ‖ En gram., ordenar las palabras, o unirlas entre sí con arreglo a las leyes de la construcción gramatical. ♦ **Irreg.** Se conj. como *huir.* ‖ **FAM.** construcción, constructivo, constructor, reconstruir.

consubstancial adj. Consustancial.

consuegro, gra m. y f. Los padres de un cónyuge con respecto a los del otro.

consuelo m. Alivio. ‖ Gozo, alegría.

consuetudinario, ria adj. Se dice de lo que es por costumbre.

cónsul m. Representante diplomático de un país en una nación extranjera. ‖ m. Nombre de ciertos magistrados en distintas épocas: *Julio César fue cónsul durante el período republicano en la antigua Roma.* ‖ **FAM.** consulado, consular.

consulado m. Territorio, casa y oficina del cónsul. ‖ Cargo de cónsul.

consular adj. Perteneciente al cónsul o al consulado: *cuerpo consular.*

consulta f. Acción y efecto de consultar. ‖ Opinión o parecer que se pide acerca de una cosa: *el acusado hizo una consulta a su abogado antes de responder al fiscal.* ‖ Conferencia entre profesionales para resolver alguna cosa. ‖ Examen o inspección que el médico hace a un enfermo. ‖ Local en que el médico recibe a los pacientes.

consultar tr. Pedir parecer, dictamen o consejo. ‖ Deliberar una o varias personas sobre un asunto. ‖ Buscar datos en libros, periódicos, ficheros, etc.: *consultar una enciclopedia.* ‖ **FAM.** consulta, consultante, consultivo, consultor, consultorio.

consultoría f. Actividad del consultor: *consultoría informática.* ‖ Despacho o local donde trabaja el consultor.

consultorio m. Establecimiento en el que uno o varios médicos atienden a sus pacientes. ‖ Establecimiento donde se reciben y resuelven consultas. ‖ Sección en los periódicos o emisoras de radio destinada a contestar las preguntas del público.

consumado, da adj. Terminado. | Perfecto en su campo: *un artista consumado.* | **FAM.** consumadamente.

consumar tr. Llevar a cabo totalmente una cosa: *consumar un crimen.* | En der., dar cumplimiento a un contrato o a otro acto jurídico. | **FAM.** consumación, consumado.

consumición f. Consumo, gasto. | Lo que se consume en un café, bar o establecimiento público. | **FAM.**

consumir tr. Tomar alimentos o bebidas, especialmente en bares, establecimientos públicos, etc. | Extinguir. También prnl.: *consumirse el fuego.* | Comprar y utilizar lo que ofrece el mercado. | Gastar: *esta estufilla consume demasiada electricidad.* También prnl. | Agotar, debilitar. También prnl.: *nos estamos consumiendo con tantas preocupaciones.* | **FAM.** consumición, consumido, consumidor, consumo.

consumo m. Acción y efecto de consumir: *consumo de alimentos, de energía; bienes de consumo.*

consunción f. Extenuación, enflaquecimiento. | **FAM.** consuntivo.

consustancial adj. Que es de la misma naturaleza o esencia.

contabilidad f. Sistema para llevar las cuentas de una entidad. | Conjunto de esas cuentas.

contabilizar tr. Contar, llevar la cuenta: *contabilizar los resultados de las votaciones.* | Apuntar una partida o cantidad en los libros de cuentas. | **FAM.** contabilizable.

contable adj. Que puede ser contado. | com. Persona que lleva la contabilidad de una empresa. | **FAM.** contabilidad, contabilizar.

contactar tr. Establecer contacto o comunicación.

contacto m. Acto y resultado de tocarse o relacionarse dos o más cosas o personas. | Relación o trato que se establece entre dos o más personas o entidades: *ponerse en contacto con alguien.* | Persona que sirve de enlace: *ella tiene contactos en las altas esferas del gobierno.* | Conexión entre dos partes de un circuito eléctrico. | **FAM.** contactar.

contado, da adj. Raro, escaso. Más en pl.: *ocurre en contadas ocasiones.* | **al contado** loc. Con pago inmediato en moneda efectiva o su equivalente.

contador, ra adj. y s. Que cuenta. | m. Aparato para medir o contar algo: *contador de luz; de gas.* | com. Contable; persona que tiene por empleo, oficio o profesión llevar las cuentas de una entidad.

contaduría f. Oficio del contable. | Oficina del contable o establecimiento donde se llevan a cabo la contabilidad de una empresa, entidad administrativa, etc.

contagiar tr. Transmitir a otro u otros una enfermedad: *contagiar una hepatitis.* También prnl. | Comunic r o transmitir a otro gustos, vicios, costumb es, sentimientos etc. También prnl.: *todos nos contagiamos Je alegría.*

contagio m. Transmisión, por contacto, de una enfermedad específica. | La misma enfermedad contagiosa. | Transmisión de sentimientos, actitudes, simpatías, etc. | **FAM.** contagiar, contagioso.

contagioso, sa adj. Se apl. a las enfermedades que se transmiten por contagio. | Pegadizo: *una risa contagiosa.*

contaminación f. Acción y efecto de contaminar o contaminarse: *contaminación ambiental.*

contaminar tr. Degradar el medio ambiente con sustancias perjudiciales. También prnl. | Alterar la pureza de algunas cosas: *contaminar los alimentos.* También prnl. | Contagiar. También prnl. | **FAM.** comtaminación, contaminante.'

contar tr. Numerar o computar las cosas para saber cuántas hay. | Referir o relatar un suceso: *nos contó el viaje que hizo.* | Poner en cuenta, incluir a uno en el número, clase u opinión que le corresponde: *te cuento entre mis mejores amigos.* | Tener en cuenta, considerar. | Hablando de años, tenerlos: *contaba veinte años cuando se casó con Ana.* | Decir los números ordenadamente: *sólo sabe contar hasta el 20.* | Hacer cuentas según las reglas de aritmética. | Valer por: *tiene tanta energía que cuenta por tres.* | **contar con** Tener en cuenta: *cuento con vosotros para la fiesta.* | **FAM.** contable, contado, contador, descontar, recontar. ♦ **Irreg.** Conjugación modelo:

Indicativo
  Pres.: *cuento, cuentas, cuenta, contamos, contáis, cuentan.*
  Imperf.: *contaba, contabas,* etc.
  Pret. indef.: *conté, contaste,* etc.
  Fut. imperf.: *contaré, contarás,* etc.

Potencial: *contaría, contarías,* etc.

Subjuntivo
  Pres.: *cuente, cuentes, cuente, contemos, contéis, cuenten.*
  Imperf.: *contara, contaras, o contase, contases,* etc.
  Fut. imperf.: *contare, contares,* etc.

Imperativo: *cuenta, contad.*

Participio: *contado.*

Gerundio: *contando.*

contemplación f. Acción de contemplar. ‖ Consideración que se guarda a alguien. ‖ pl. Miramientos que cohíben de hacer algo: *soy muy clara, no me gusta andar con contemplaciones.*

contemplar tr. Poner la atención en alguna cosa material o inmaterial: *contemplar una discusión.* ‖ Mirar algo con detenimiento: *contemplar una escultura.* ‖ Considerar, juzgar: *la dirección no contempla la posibilidad de dar una subida salarial.* ‖ Complacer a alguien. ‖ FAM. contemplación, contemplativo.

contemporáneo, a adj. y s. Existente en la misma época: *Shakespeare y Cervantes fueron contemporáneos.* ‖ Actual: *es una novela contemporánea.* ‖ FAM. contemporaneidad.

contemporizar intr. Acomodarse uno al gusto o dictamen ajeno: *contemporizar con los compañeros de trabajo.* ‖ FAM. contemporización, contemporizador.

contención f. Acción y efecto de contener, sujetar el movimiento de un cuerpo: *un muro de contención.*

contencioso, sa adj. Se apl. a las materias sobre las que se disputa en un juicio, o a la forma en que se litiga. ‖ Se dice de los asuntos sometidos al fallo de los tribunales, en contraposición a los actos gubernativos o a los que dependen de una autoridad.

contender intr. Luchar. ‖ Disputar, discutir. ♦ **Irreg.** Se conj. como *entender.* ‖ FAM. contencioso, contendiente, contienda.

contendiente adj. Que contiende. También com.: *los contendientes de una disputa.*

contenedor, ra adj. Que contiene. ‖ m. Recipiente para depositar basuras y otros desperdicios. ‖ Embalaje grande y recuperable, de dimensiones normalizadas internacionalmente, usado para la transportación de mercancías.

contener tr. Encerrar dentro de sí una cosa a otra: *esta botella contiene aceite.* ‖ Sujetar el impulso de un cuerpo. ‖ Reprimir un deseo, un sentimiento, etc. También prnl.: *contenerse para no reír.* ♦ **Irreg.** Se conj. como *tener.* ‖ FAM. contención, contenedor, contenido.

contenido m. Lo que se contiene dentro de una cosa: *el contenido de una novela.* ‖ Significado de un signo lingüístico o de un enunciado.

contentar tr. Satisfacer el gusto de uno. ‖ prnl. Darse por contento: *se contenta con muy poco.* ‖ Reconciliarse los que estaban disgustados.

contento, ta adj. Alegre: *¡qué contenta te veo!* ‖ Satisfecho: *están contentos con su nuevo piso.* ‖ m. Alegría, satisfacción: *la noticia les produjo un gran contento.* ‖ FAM. contentar, descontento.

contera f. Pieza de metal que se pone en el extremo del bastón, de un paraguas, etc.

contertulio, a m. y f. Persona que concurre con otras a una tertulia.

contesta f. *amer.* Contestación.

contestación f. Acción y efecto de contestar. ‖ Polémica, oposición o protesta contra lo establecido: *la huelga fue la contestación de los sindicatos ante el nuevo decreto.*

contestar tr. Responder: *contestar un saludo, una carta.* ‖ intr. Adoptar una actitud violenta de réplica, de protesta, de oposición: *no le contestes así a tu padre.* ‖ FAM. contestación, contestado, contestatario, contestón.

contestatario, ria adj. y s. Que se opone o protesta ante lo establecido: *un estudiante contestatario.*

contexto m. Conjunto de circunstancias que rodean o condicionan un hecho: *no podemos analizar esa situación fuera de su contexto.* ‖ Hilo de una narración, discurso, historia, etc. ‖ FAM. contextualizar.

contextura f. Unión de las partes de un todo. ‖ Configuración corporal de una persona.

contienda f. Guerra, batalla. ‖ Discusión, debate.

contigo Forma especial del pron. pers. *ti,* cuando va precedido de la prep. *con: iremos contigo.*

contiguo, gua adj. Que está tocando a otra cosa. ‖ FAM. contigüidad.

continencia f. Moderación en pasiones y afectos. ‖ Abstinencia de las actividades sexuales. ‖ FAM. incontinencia.

continental adj. Relativo al continente o a los países de un continente: *plataforma continental, mercado continental.*

continente m. Cada una de las grandes extensiones de tierra separadas por los océanos: *el continente africano.* ‖ adj. Se apl. a lo que contiene en sí a otra. También m.: *el continente y el contenido.* ‖ Se dice de la persona que practica la continencia. ‖ FAM. continental.

contingencia f. Posibilidad de que una cosa suceda o no; y esta misma cosa. ‖ Riesgo.

contingente adj. Que puede suceder o no. ‖ m. Contingencia, cosa que puede suceder. ‖ Parte que cada uno paga o pone cuando son muchos los que contribuyen para un mismo fin. ‖ Cuota que se señala a un país o a un industrial para la importación de determinados productos. | Fuerzas militares de que dispone el mando. | **FAM.** contingencia.

continuación f. Acción y efecto de continuar. | Cosa con la que se continúa algo: *la continuación de una película.*

continuar tr. Proseguir lo comenzado: *continuar el rodaje de una película.* | intr. Durar, permanecer: *continuaré en París un tiempo más.* | Seguir, extenderse. También prnl. | **FAM.** continuación, continuador, continuidad, continuo.

continuidad f. Unión que tienen entre sí las partes de un todo continuo: *la continuidad de un relato.* | Calidad de continuo. | **solución de continuidad** loc. Interrupción.

continuo, nua adj. Que continúa, dura, se hace o se extiende sin interrupción: *murmullo continuo; papel continuo.* | Se dice de las cosas que tienen unión entre sí. | Perseverante. | **FAM.** continuamente, continuar, continuidad, discontinuo.

contonearse prnl. Mover afectadamente al andar los hombros y las caderas. | **FAM.** contoneo.

contorno m. Conjunto de líneas que limitan una figura. | Territorio que rodea un lugar o una población. Más en pl.: *los contornos de una ciudad.* | Lo que rodea a algo. | **FAM.** contornear.

contorsión f. Movimiento convulsivo de músculos o miembros. | Ademán cómico, gesticulación ridícula. | **FAM.** contorsionarse, contorsionista.

contorsionarse prnl. Hacer contorsiones.

contorsionista com. Persona que ejecuta contorsiones en los circos.

contra prep. que denota oposición y contrariedad: *actuó contra su voluntad.* | Apoyado en: *está contra la pared.* | A cambio de: *hacer una entrega contra reembolso.* | m. Concepto opuesto o contrario a otro. Se usa más contraposición a *pro: veamos los pros y los contras de este asunto.* | f. Dificultad, inconveniente. | Oposición a un proceso revolucionario: *la contra nicaragüense.* | **FAM.** contrario.

contra- Prefijo en voces compuestas que equivale a 'oposición', 'refuerzo', 'inferioridad': *contraponer, contraventana, contrabajo.*

contraalmirante m. Oficial de la armada inmediatamente inferior al vicealmirante.

contraataque m. Reacción ofensiva contra el ataque o avance del enemigo o rival. | **FAM.** contraatacar.

contrabajo m. Instrumento musical de cuerda y arco, el más grave y mayor de los de su clase. | com. Persona que lo toca. | m. Voz más grave que la del bajo. | com. Persona que la tiene.

contrabando m. Tráfico ilegal de mercancías sin pagar derechos de aduana: *contrabando de tabaco.* | Producción de mercancías prohibidas. | Lo que es o tiene apariencia de ilícito: *llegar de contrabando a una fiesta.* | **FAM.** contrabandista.

contrabarrera f. Segunda fila de asientos en las plazas de toros.

contracción f. Acción y efecto de contraer o contraerse: *contracción de un músculo.* | Unión de dos palabras en una, de las cuales la primera acaba y la segunda empieza en vocal: *de + el = del.*

contraceptivo, va adj. y m. Anticonceptivo.

contrachapado adj. y m. Se dice del tablero formado por varias capas finas de madera encoladas de modo que sus fibras queden entrecruzadas. | **FAM.** contrachapar.

contraconceptivo, va adj. y m. Anticonceptivo.

contracorriente f. Corriente opuesta a la principal de que procede. | **a contracorriente** loc. En contra de la opinión general.

contráctil adj. Capaz de contraerse con facilidad. | **FAM.** contractilidad.

contractual adj. Procedente del contrato o derivado de él.

contractura f. Contracción muscular. | Disminución del fuste de una columna en su parte superior.

contradecir tr. Decir lo contrario de lo que otro afirma: *esta noticia contradice la de ayer.* | Oponerse una cosa con otra. También prnl. | prnl. Decir o hacer lo contrario que se ha dicho o hecho: *siempre te estás contradiciendo.* ♦ **Irreg.** Se conj. como *decir.* | **FAM.** contradicción, contradictorio.

contradicción f. Afirmación y negación que se oponen una a otra y recíprocamente se destruyen. | Oposición, contrariedad. | Acción y efecto de contradecir.

contradictorio, ria adj. Que implica contradicción. | **FAM.** contradictoriamente.

contraer tr. Reducir a menor tamaño o volumen. También prnl. | Adquirir: *contraer una enfermedad.* | Asumir compromisos, obligaciones: *contraer una deuda.* | Reducir el discurso a una idea, a un solo punto. | prnl. Encogerse un nervio o un músculo. ♦ **Irreg.** Se conj. como *traer.* | **FAM.** contracción, contrayente.

contraespionaje m. Servicio de defensa de un país contra el espionaje de potencias extranjeras.

contrafuerte m. Pilar saliente de un muro, empleado como refuerzo. | Pieza de cuero con que se refuerza el calzado por la parte del talón.

contrahecho, cha adj. Que tiene deformado el cuerpo. También s.

contraindicación f. Indicación del peligro o inconveniencia de emplear un medicamento, remedio, tratamiento, etc. | **FAM.** contraindicar.

contralto m. En mús., voz media entre tiple y tenor. | com. Persona que la tiene.

contraluz amb. Vista o aspecto de las cosas desde el lado opuesto a la luz: *hacer una foto a contraluz.* Más en m.

contramaestre m. Oficial que dirige la marinería de un barco. | En algunas fábricas, vigilante de los obreros.

contramano (a) loc. adv. En dirección contraria a la corriente o a la prescrita.

contramarca f. Segunda marca que se pone en ciertas cosas.

contraofensiva f. Ofensiva para contrarrestar la del enemigo, haciéndole pasar a la defensiva.

contraorden f. Orden que revoca otra anterior.

contrapartida f. Anotación para corregir algún error en la contabilidad por partida doble. | Asiento del haber, compensado en el debe, y viceversa. | Algo que tiene por objeto compensar lo que se recibe de otro.

contrapear tr. Aplicar unas piezas de madera contra otras, de manera que sus fibras estén cruzadas.

contrapelo (a) loc. adv. A la fuerza; obligadamente: *trabajar a contrapelo.* | Contra la inclinación o dirección natural del pelo.

contrapeso m. Peso que sirve para contrabalancear otro. | Lo que equilibra una cosa. | Balancín de los equilibristas. | **FAM.** contrapesar.

contraponer tr. Comparar una cosa con otra contraria: *contraponer varias teorías.* | Oponer una cosa contra otra. También prnl. ♦ **Irreg.** Se conj. como *poner.* | **FAM.** contraposición, contrapuesto.

contraportada f. Página anterior a la portada o posterior a la portadilla de un libro o revista. | Parte posterior de la cubierta de un libro.

contraposición f. Acción y efecto de contraponer.

contraprestación f. Prestación que debe una parte contratante por lo que ha recibido o debe recibir.

contraproducente adj. Se dice de lo de efectos opuestos a lo que se persigue: *esa campaña publicitaria ha resultado contraproducente.*

contrapropuesta f. Proposición con que

se contesta o se impugna otra ya formulada sobre determinada materia.

contrapuerta f. Puerta que divide el zaguán del resto de la casa. | Puerta que está detrás de otra.

contrapuntear tr. En mús., cantar de contrapunto. | *amer.* Cantar versos improvisados dos o más cantantes populares. | *amer.* Rivalizar. | **FAM.** contrapunteo, contrapunto.

contrapunto m. Concordancia armoniosa de voces contrapuestas. | Contraste entre dos cosas simultáneas. | *amer.* Desafío de dos o más cantantes populares.

contrariar tr. y prnl. Contradecir; oponerse a los deseos de alguien. | Disgustar: *tu actitud me contraría.* | **FAM.** contrariado, contrariedad.

contrariedad f. Oposición de una cosa con otra. | Accidente que impide o retarda el logro de un deseo.

contrario, ria adj. Opuesto: *siempre haces lo contrario de lo que quieres hacer.* También s. | Que daña o perjudica: *contrario a la salud.* | m. y f. Persona que tiene enemistad, sigue pleito o contiende con otra. | **al contrario** loc. adv. Al revés, de un modo opuesto. | **FAM.** contrariamente, contrariar.

contrarreforma f. Movimiento religioso, político y político destinado a combatir los efectos de la reforma protestante. ♦ Suele escribirse con mayúscula.

contrarrestar tr. Hacer frente y oposición. | Neutralizar una cosa los efectos de otra: *contrarrestar los efectos del alcohol.*

contrarrevolución f. Movimiento que se opone a una revolución precedente. | **FAM.** contrarrevolucionario.

contrasentido m. Interpretación contraria al sentido lógico de las palabras, expresiones, ideas, etc.

contraseña f. Seña reservada que se dan unas personas a otras para entenderse entre sí o reconocerse.

contrastar intr. Mostrar notable diferencia o condiciones opuestas dos cosas, cuando se comparan una con otra. | Comparar: *contrastar opiniones.* | Comprobar la veracidad de algo. | **FAM.** contrastado, contraste.

contraste m. Acción y efecto de contrastar. | Contraposición o diferencia notable que existe entre personas o cosas: *este cuadro tiene un buen contraste de colores.* | Marca que se graba en objetos de metal noble. | **FAM.** contrastable.

contrata f. Escritura en que se asegura un contrato. | El mismo contrato. | Contrato para ejecutar una obra o prestar un servicio al

gobierno, entidad administrativa o a un particular, por un precio determinado.

contratar tr. Pactar, convenir, comerciar,
hacer contratos o contratas. ‖ Emplear una
persona para un trabajo: *contratar un jardinero.* ‖ FAM. contrata, contratación, contratante, contrato.

contratiempo m. Suceso inoportuno que
obstaculiza o impide el curso normal de algo:
*me ha surgido un contratiempo y no podré lle-
gar a la cita.*

contratista com. Persona a la que se encarga la realización de una obra o servicio por
contrata.

contrato m. Pacto o convenio, oral o escrito, entre partes que se obligan sobre una materia o cosa determinada: *un contrato de alquiler.* ‖ Documento que lo acredita: *hoy firma
el contrato.* ‖ FAM. contractual, contratar,
contratista.

contraveneno m. Medicamento para contrarrestar los efectos del veneno. ‖ Precaución
tomada para evitar un perjuicio.

contravenir intr. Obrar en contra de lo que
está mandado: *contravenir las órdenes.* ♦ **Irreg.**
Se conj. como *venir.* ‖ FAM. contraventor.

contraventana f. Puerta que interiormente cierra sobre la vidriera. ‖ Puerta exterior
para mayor resguardo de ventanas y vidrieras.

contrayente adj. y com. Que contrae; se
apl. especialmente a la persona que contrae
matrimonio.

contribución f. Acción y efecto de contribuir. ‖ Cuota o cantidad que se paga para algún fin, y principalmente la que se impone
para las cargas del Estado.

contribuir intr. Pagar cada uno la cuota
que le corresponde por un impuesto. También
tr. ‖ Aportar voluntariamente una cantidad de
dinero u otra ayuda para determinado fin:
*contribuir con juguetes para la campaña de Re-
yes.* ‖ Ayudar con otras personas o cosas al
logro de algún fin: *la temperatura contribuyó
al éxito de la campaña.* ♦ **Irreg.** Se conj. como
huir. ‖ FAM. contribución, contribuyente.

contribuyente adj. y com. Que contribuye. ‖ Se apl. a la persona que paga contribuciones al Estado.

contrición f. En la religión católica, dolor
por haber ofendido a Dios. ‖ FAM. contrito.

contrincante com. Persona que compite
con otra u otras.

contristar tr. Afligir, entristecer. También
prnl.

contrito, ta adj. Que siente contrición.

control m. Comprobación, fiscalización, intervención: *control de calidad.* ‖ Dominio,
mando, autoridad: *tener control de uno mismo.*

‖ Limitación: *control de gastos; de velocidad.* ‖
Sitio donde se controla: *hay que pasar antes
por el control de pasajeros.* ‖ **control remoto**
Dispositivo que regula a distancia el funcionamiento de un aparato, mecanismo o sistema. ‖ FAM. controlar, descontrol.

controlar tr. Ejercer control: *controlar los
nervios.* ‖ Dominar, ejercer autoridad: *controlar un territorio.* ‖ Verificar, comprobar. ‖
prnl. Moderarse. ‖ FAM. control, controlable,
controlador.

controversia f. Discusión larga y reiterada.

controvertir intr. y tr. Discutir detenidamente
sobre una materia. ♦ **Irreg.** Se conj. como *sentir.*
‖ FAM. controversia, controvertible.

contubernio m. Convivencia con otra persona. ‖ Alianza vituperable.

contumaz adj. Obstinado, tenaz en mantener un error. ‖ En der., rebelde, que no se presenta ni comparece. También s. ‖ FAM. con-
tumacia.

contundente adj. Evidente, convincente:
presentar pruebas contundentes en un juicio. ‖
Que produce contusión: *un objeto contundente.* ‖ FAM. contundentemente.

contundir tr. Magullar, golpear. También
prnl. ‖ FAM. contundente.

conturbar tr. Turbar, inquietar, alterar.
También prnl. ‖ Intranquilizar el ánimo.

contusión f. Daño producido por un golpe
que no causa herida. ‖ FAM. contuso.

convalecencia f. Estado de un enfermo en
proceso de recuperación. ‖ Periodo de tiempo
que toma esta recuperación.

convalecer intr. Recobrar las fuerzas perdidas por enfermedad. ‖ Salir una persona o
una colectividad de una situación de peligro.
♦ **Irreg.** Se conj. como *agradecer.* ‖ FAM.
convalecencia, convaleciente.

convaleciente adj. y com. Que convalece.

convalidar tr. Dar validez académica en un
país, institución, facultad, etc., a estudios
aprobados en otra institución, facultad, etc. ‖
Confirmar, dar validez. ‖ FAM. convalida-
ción.

convección f. En fís., propagación del calor
en fluidos y líquidos por el movimiento de
sus partículas producido por las diferencias de
densidad. ‖ FAM. convector.

convecino, na adj. Vecino del mismo pueblo o casa. También s. ‖ Cercano, próximo.

convencer tr. Persuadir, conseguir que una
persona crea algo o se decida a hacer algo: *me
convenció para que me llevara en coche hasta su
casa.* También prnl. ‖ Gustar, satisfacer: *este
abrigo no me convence.* ‖ FAM. convencimiento, convincente.

convencimiento m. Acción y efecto de convencer o convencerse. ‖ Certeza.

convención f. Norma o práctica admitida por responder a precedentes o a la costumbre: *la forma de saludar es una convención cultural.* ‖ Acuerdo, convenio. ‖ Asamblea de los representantes de un país, partido político, actividad profesional, etc.: *una convención de médicos.* ‖ **FAM.** convencional.

convencional adj. Perteneciente al convenio o acuerdo. ‖ Que resulta o se establece por costumbre o por acuerdo general: *las señales de tráfico son signos convencionales.* ‖ Tradicional: *tiene una forma de vestir convencional.* ‖ **FAM.** convencionalismo.

convencionalismo m. Conjunto de opiniones o procedimientos admitidos por conveniencia social, por acuerdo, por costumbre, etc.

conveniencia f. Utilidad, provecho. ‖ **FAM.** conveniente.

conveniente adj. Provechoso, útil: *sería conveniente que vinieras a la reunión.* ‖ Adecuado: *no es una hora conveniente para llamar por teléfono.* ‖ **FAM.** convenientemente.

convenio m. Pacto, acuerdo entre personas, organizaciones, instituciones, etc.: *la patronal y el sindicato acaban de firmar el convenio colectivo.*

convenir intr. Ser de un mismo parecer. También tr. y prnl. ‖ Ser útil, provechoso, adecuado: *no conviene que vayas a esa cita.* ♦ **Irreg.** Se conj. como *venir.* ‖ **FAM.** convenido, convenier, ia, conveniente, convenio.

convento m. Casa de religiosos o religiosas. ‖ Comunidad que habita en él. ‖ **FAM.** conventual.

conventual adj. Relativo al convento: *la biblioteca conventual.*

convergencia f. Acción y efecto de converger. ‖ Unión de dos o más cosas en un mismo punto: *convergencia de varias calles en una glorieta.* ‖ **FAM.** convergente.

converger o **convergir** intr. Dirigirse varias cosas a un mismo punto y juntarse en él. ‖ Confluir varias ideas, opiniones, acciones, etc., en un mismo fin. ‖ **FAM.** convergencia.

conversación f. Acción y efecto de conversar o de hablar familiarmente una o varias personas con otra u otras. ‖ **dar conversación** loc. Entretener a una persona hablando con ella. ‖ **FAM.** conversacional.

conversador, ra adj. y s. Se dic. de la persona que hacer amena e interesante la conversación: *Juan es un buen conversador.*

conversar intr. Hablar entre sí dos o más personas. ‖ **FAM.** conversación, conversador.

conversión f. Acción y efecto de convertir o convertirse. ‖ Cambio de una cosa en otra. ‖ Cambio de ideas, opiniones, creencias: *conversión religiosa.*

converso, sa adj. y s. Se dice de la persona convertida al cristianismo, especialmente musulmanes y judíos.

convertidor m. Aparato que se utiliza para convertir la fundición de hierro en acero. ‖ Aparato que transforma la tensión o frecuencia de una corriente eléctrica.

convertir tr. y prnl. Cambiar una cosa en otra: *convertir pulgadas en centímetros.* ‖ Hacer cambiar a alguien de opinión, idea, etc., y especialmente de creencia religiosa: *convertirse al budismo.* ♦ **Irreg.** Se conj. como *sentir.* ‖ **FAM.** conversión, converso, convertidor.

convexo, xa adj. Línea o superficie curvas cuya parte más prominente está del lado del que mira: *una lente convexa.* ‖ **FAM.** convexidad.

convicción f. Convencimiento. ‖ Idea fuertemente arraigada. Más en pl.: *eso no está de acuerdo con mis convicciones.*

convicto, ta adj. Se dice del acusado a quien se le ha probado su delito legalmente.

convidado, da m. y f. Persona que recibe un convite.

convidar tr. Ofrecer una cosa a otra que le acompañe a comer, a una función o a cualquier otra cosa que se haga por vía de obsequio: *me convidó a una cerveza.* ‖ Mover, incitar: *los días muy fríos convidan a quedarse en casa.* ‖ prnl. Invitarse voluntariamente. ‖ **FAM.** convidado, convite.

convincente adj. Que convence: *un argumento convincente.*

convite m. Acción y efecto de convidar. ‖ Comida, banquete u otro acto a que es uno convidado.

convivir intr. Vivir en compañía de otro u otros, cohabitar: *convivo con una compañera de facultad.* ‖ **FAM.** convivencia.

convocar tr. Citar, llamar para una reunión, un acto, un examen, etc.: *convocar una manifestación; convocar oposiciones.* ‖ **FAM.** convocatoria, desconvocar.

convocatoria f. Anuncio o escrito con que se convoca; citación: *¿ya han salido las convocatorias para los exámenes?*

convoy m. Escolta de seguridad. ‖ Conjunto de barcos, vehículos o efectos escoltados. ‖ Serie de vagones enlazados; tren. ‖ Vinagreras para el servicio de mesa. ♦ pl.: *convoyes.*

convulsión f. Contracción violenta e involuntario de uno o más miembros o músculos del cuerpo. ‖ Agitación; conmoción: *convul-*

sión política. | Sacudida de la tierra o del mar. | **FAM.** convulsionar, convulsivo, convulso.

cónyuge com. Marido y mujer, respectivamente uno al otro. | **FAM.** conyugal.

coña f. vulg. Guasa. | vulg. Cosa molesta. | **ni de coña** loc. De ninguna manera.

coñac m. Bebida alcohólica de graduación elevada, obtenida por destilación de vinos envejecidos en barriles de roble. ♦ pl.: *coñacs.*

coñazo m. Persona o cosa aburrida y pesada. | **dar el coñazo** fr. Dar la lata.

coño m. vulg. Parte externa del aparato genital femenino. | **¡coño!** interj. que demuestra enfado o asombro.

cooperar intr. Obrar, colaborar con otro u otros para un mismo fin. ♦ Se construye con las preps. *a, con, en.* | **FAM.** cooperación, cooperador, cooperante, cooperativa.

cooperativo, va adj. Que coopera o puede cooperar: *tener una actitud cooperativa.* | f. Asociación de personas con intereses comunes para vender o comprar sin intermediarios: *una cooperativa de vinos.* | Establecimiento donde se vende lo que se procude en una cooperativa. | **FAM.** cooperativismo, cooperativista.

coordenado, da adj. Se apl. a las líneas que sirven para determinar la posición de un punto, y a los ejes o planos a que se refieren aquellas líneas. Más en f. pl.: *coordenadas polares, cartesianas.*

coordinación f. Acción y efecto de coordinar. | En gram., relación que existe entre oraciones de la misma categoría o función sintáctica.

coordinado, da adj. En gram., se dice de las frases, oraciones, proposiciones, etc., unidas por coordinación.

coordinar tr. Ordenar metódicamente. | Reunir medios, esfuerzos, etc., para una acción común: *coordinar las actividades deportivas en un centro escolar.* | **FAM.** coordinación, coordinado, coordinador, coordinante.

copa f. Vaso con pie para beber. | Líquido que contiene: *una copa de jerez.* | Conjunto de ramas y hojas de la parte superior del árbol. | Premio que se concede en algunas competiciones deportivas: *la copa de Europa.* | Parte hueca del sombrero. | Carta del palo de copas de los naipes. | f. pl. Uno de los cuatro palos de la baraja española. | **FAM.** copear, copero, copete, copón.

copar tr. Conseguir en una elección todos los puestos. | Hacer en ciertos juegos una puesta equivalente a la de la banca. | Ganar todos los premios en una competición. | Apresar o acorralar una persona, un ejército, etc.

copartícipe com. Persona que tiene participación con otra en alguna cosa.

copear intr. Tomar copas. | **FAM.** copeo.

copete m. Pelo levantado sobre la frente. | Penacho de algunas aves. | Mechón de crin que cae al caballo sobre la frente. | **de alto copete** loc. adj. De alto linaje, importante. | **FAM.** encopetado.

copetín amer. Aperitivo, copa de licor.

copia f. Reproducción de un escrito, obra artística, texto musical, etc: *sacar copia de una foto.* | Imitación: *no puedo distinguir el original de la copia.* | Lo que resulta de reproducir algo: *hazme cuatro copias de este informe.* | **FAM.** copiar, copista, fotocopia.

copiar tr. Escribir lo que dice otro en un discurso o dictado. | Imitar: *copiar el estilo de un escritor.* | Reproducir algo fiel al original: *tienen que copiar ese cuadro.* | Hacer un trabajo o un examen reproduciendo indebidamente un libro, el examen de otro compañero, apuntes, etc. También intr. | **FAM.** copia.

copiloto m. Piloto auxiliar.

copioso, sa adj. Abundante, cuantioso: *una nevada copiosa.* | **FAM.** copiosamente.

copista com. Persona que se dedica a copiar manuscritos u obras de arte. | Persona que hace copias de originales ajenos.

copla f. Composición poética que por lo general consta de cuatro versos y que sirve de letra para las canciones populares. | pl. Versos. | Habladurías, impertinencias. | **FAM.** coplero.

coplero, ra m. y f. Persona que compone, canta o vende coplas, romances y otras poesías. | Mal poeta.

copo m. Cada una de las porciones que caen cuando nieva. | Porción de cáñamo, lana, lino, algodón, etc., en disposición de hilarse. | Bolsa o saco de red con que terminan varias artes de pesca.

copón m. Copa grande de metal en la que el sacerdote guarda la Eucaristía.

copra f. Médula del coco de la palma que se emplea en perfumería.

coproducción f. Producción en común, especialmente de una película. | **FAM.** coproductor.

copropietario, ria adj. y s. Que tiene propiedad sobre una cosa junto con otro u otros. | **FAM.** copropiedad.

copto, ta adj. Cristiano de Egipto. También s. | m. Idioma antiguo de los egipcios, que se conserva en la liturgia del rito copto.

cópula f. Atadura, unión, ligazón. | Acto sexual entre un macho y una hembra mediante el cual se produce la fecundación. | En gram., término que une dos oraciones, dos sintagmas u otras dos proposiciones sintácticamente análogas, como, p. ej., las conjunciones. ‖ **FAM.** copular, copulativo.

copular intr. Realizar el acto sexual. ‖ **FAM.** copulación.

copulativo, va adj. Que junta una cosa con otra: *verbo copulativo, conjunción copulativa.*

coque m. Combustible sólido, ligero y poroso que resulta de calcinar ciertas clases de carbón mineral.

coquetear intr. Tratar de agradar a alguien valiéndose de ciertos medios y actitudes. ‖ Tomar contacto con alguna actividad, idea, opinión, etc., sin entregarse a ella por completo: *coquetear con la literatura.* ‖ **FAM.** coqueteo, coquetería.

coquetería f. Acción y efecto de coquetear. ‖ Estudiada afectación en los modales y adornos.

coqueto, ta adj. Se dice de la persona que coquetea. ‖ Se dice de la persona que cuida mucho su apariencia externa: *es un chico muy coqueto.* ‖ Atractivo, agradable: *una casa coqueta.* ‖ f. Mueble de tocador con espejo. ‖ **FAM.** coquetear, coquetón.

coquina f. Molusco acéfalo con valvas ovales, muy aplastadas, y de color gris blanquecino con manchas rojizas.

coraje m. Valor: *¡hay que tener mucho coraje para hacer lo que haces!* ‖ Irritación, ira, rabia. ‖ **FAM.** corajina, corajudo.

corajina f. Arrebato de ira.

coral adj. Relativo al coro. ‖ f. Coro de cantantes. ‖ m. Composición musical para ser cantada por cuatro voces, de ritmo lento y solemne, ajustada a un texto de carácter religioso.

coral m. Nombre de varios celentéreos, que viven en colonias y cuyas duras secreciones dan lugar a la formación de una serie de ramificaciones calcáreas de color rojo o rosado. ‖ Sustancia dura secretada por estos animales y que, después de pulimentada, se emplea en joyería: *me han regalado unos pendientes de coral.* ‖ f. Serpiente venenosa, con anillos rojos, negros y amarillos, que habita mayormente en las regiones tropicales del continente americano. ‖ **FAM.** coralífero, coralino.

Corán m. Libro sagrado de la religión islámica.

coraza f. Armadura compuesta de peto y espaldar. ‖ Cubierta de un buque de guerra, vehículo de combate, etc. ‖ Concha que cubre el cuerpo de las tortugas y otros reptiles quelonios. ‖ Lo que protege o sirve de defensa. ‖ **FAM.** acorazar.

corazón m. Órgano muscular hueco, impulsor de la circulación de la sangre en los vertebrados y otros animales. ‖ Lugar donde se suelen ubicar los sentimientos internos, los deseos, las pasiones: *seguir los dictámenes del corazón.* ‖ Centro o interior de una cosa: *el corazón de una fruta.* ‖ Palo de la baraja francesa. ‖ Más en pl. ‖ Se dice del tercero de los cinco dedos y el más largo de ellos. ‖ Apelativo afectuoso: *¡mi corazón!* ‖ **encogérsele a** uno **el corazón** loc. Sentir miedo, angustia. ‖ **partir (o romper) corazones** loc. Enamorar. ‖ **FAM.** corazonada.

corazonada f. Presentimiento. ‖ Impulso espontáneo con que uno se mueve a ejecutar alguna acción.

corbata f. Tira de tela que, como adorno, se anuda al cuello, dejando caer las puntas hasta el pecho, o haciendo con ellas lazos de varias formas. ‖ Banda que se ata en estandartes y banderas. ‖ **FAM.** corbatín.

corbeta f. Embarcación de guerra más pequeña que la fragata.

corcel m. Caballo ligero de mucha alzada.

corchea f. Figura o nota musical cuyo valor es la cuarta parte de una negra o de dos semicorcheas. ‖ **FAM.** semicorchea.

corchete m. Broche metálico que sirve para sujetar. ‖ Signo de estas figuras que equivale al paréntesis. ‖ *amer.* Grapa. ‖ **FAM.** corcheta.

corcho m. Tejido vegetal de la zona periférica del tronco de ciertos árboles y arbustos, especialmente del alcornoque; es impermeable y se emplea en la fabricación de materias aislantes, tapones, pavimentos, etc. ‖ Tapón que se hace de este tejido. ‖ **FAM.** corchero, descorchar, encorchar.

corcova f. Corvadura anómala de la columna vertebral o del pecho, o de ambos a la vez. ‖ **FAM.** corcovado, corcovar, corcovo.

corcovo m. Salto que dan algunos animales encorvando el lomo. ‖ **FAM.** corcovear.

cordada f. Grupo de alpinistas sujetos por una misma cuerda.

cordado, da adj. y m. Se dice de los animales que tienen notocordio durante toda su vida o en determinadas fases de su desarrollo. ‖ m. pl. Tipo constituido por estos animales, como los vertebrados, reptiles, etc.

cordal m. Pieza colocada en la parte inferior de la tapa de los instrumentos de cuerda, y que sirve para sujetar éstas. ‖ Se dice de las muelas que nacen en edad adulta; también se les llama *muelas del juicio.*

cordel m. Cuerda delgada.

cordero, ra m. y f. Cría de la oveja, que no pasa de un año. ‖ Persona dócil.

cordial adj. Afectuoso. ‖ m. Bebida reconfortante que se da a los enfermos. ‖ **FAM.** cordialidad, cordialmente.

cordillera f. Serie de montañas enlazadas entre sí.

cordobán m. Piel curtida de macho cabrío o de cabra.

cordón m. Cuerda fina y cilíndrica: *los cordones de los zapatos.* ‖ Conjunto de personas o elementos dispuestos para proteger o vigilar: *cordón de policías, cordón sanitario.* ‖ Cable conductor de electricidad. ‖ **cordón umbilical** Conjunto de vasos que unen la placenta de la madre con el vientre del feto. ‖ **FAM.** acordonar, cordoncillo, cordonería.

cordoncillo m. Lista o raya que forma el tejido en algunas telas. ‖ Cierto adorno en el borde de las monedas o medallas. ‖ Bordado que consiste en una línea.

cordura f. Prudencia, sensatez.

corear tr. Cantar o hablar varias personas al mismo tiempo: *corear la tabla de multiplicar.* ‖ Asentir varias personas al parecer ajeno. ‖ Componer música para coro.

coreografía f. Arte de la danza en general. ‖ Arte de componer bailes. ‖ Conjunto de movimientos que compone una pieza de baile. ‖ **FAM.** coreografiar, coreográfico, coreógrafo.

coriáceo, a adj. Perteneciente al cuero. ‖ Parecido a él.

corifeo m. El que guiaba el coro en las antiguas tragedias griegas y romanas. ‖ Por ext., persona que es seguida por otra en una opinión, actividad, partido.

corindón m. Óxido alumínico cristalizado de gran dureza entre cuyas variedades se encuentran el rubí y el zafiro.

corinto adj. y m. Color rojo oscuro tirando a violáceo.

corista f. Mujer que forma parte del coro de revistas musicales y otros espectáculos similares. ‖ com. Persona que en óperas, zarzuelas u otras funciones musicales canta formando parte del coro.

coriza f. Catarro nasal.

cormorán m. Ave palmípeda de patas cortas y fuertes, pico en forma de gancho, parecida al pelícano; habita en lagos, ríos y mares de todo el mundo.

cornada f. Golpe dado con el cuerno. ‖ Herida que produce dicho golpe.

cornalina f. Ágata de color rojo oscuro.

cornamenta f. Conjunto de los cuernos de algunos cuadrúpedos como la vaca, el toro, el venado y otros.

cornamusa f. Trompeta larga de metal, que en el medio de su longitud hace una rosca muy grande, y tiene muy ancho el pabellón.

córnea f. Membrana dura y transparente, situada en la parte anterior del globo del ojo.

cornear tr. Dar cornadas.

corneja f. Especie de cuervo de 45 a 50 cm de longitud y un metro o algo más de envergadura, con plumaje completamente negro y muy brilloso en el cuello y dorso; vive en el oeste y sur de Europa y en algunas regiones de Asia.

córneo, a adj. De cuerno, o de consistencia parecida a él.

corneta f. Instrumento músico de viento, semejante al clarín, aunque mayor y de sonidos más graves; se utiliza en bandas y para dar ciertos toques militares en el ejército. ‖ com. Persona que la toca. ‖ **FAM.** cornetín.

cornetín m. Instrumento músico de viento, generalmente con tres pistones, que pertenece a la familia de la trompeta. ‖ com. Persona que lo toca.

cornezuelo m. Hongo parásito del centeno; se emplea en la fabricación de medicamentos.

cornisa f. Conjunto de molduras que forman el remate superior de un edificio, habitación, pedestal, mueble, etc. ‖ Faja horizontal estrecha que corre al borde de un precipicio o acantilado: *carretera de cornisa.* ‖ **FAM.** cornisamento.

cornisamento m. En la parte superior de los edificios, conjunto formado por el arquitrabe, cornisa y friso.

cornucopia f. Vaso de figura de cuerno, lleno de frutas y flores, que representa la abundancia. ‖ Espejo de marco tallado utilizado como adorno.

cornudo, da adj. Que tiene cuernos. ‖ Se apl. al marido cuya mujer le es infiel. También m.

cornúpeta com. Animal dotado de cuernos. ‖ m. Toro de lidia.

coro m. Conjunto de personas reunidas para cantar. ‖ Composición musical para varias voces. ‖ En las tragedias griegas y romanas, conjunto de actores que comentaban la acción en los intervalos de la representación. ‖ Conjunto de religiosos o religiosas que se reúnen para cantar o rezar los divinos oficios. ‖ Rezo y canto de las horas canónicas. ‖ Parte de una iglesia, donde se junta el clero para cantar los oficios divinos. ‖ Cada una de las nueve jerarquías de ángeles o de otras categorías celestiales. ‖ **a coro** loc. adv. Simultáneamente, al unísono. ‖ **FAM.** coral, corear, corista.

coroides f. Membrana delgada situada entre la esclerótica y la retina de los ojos. ♦ No varía en pl.

corola f. Parte interna de la flor formada por el conjunto de pétalos.

corolario m. Proposición que no necesita comprobarse, sino que se deduce fácilmente de lo demostrado antes. ‖ Consecuencia de algo.

corona f. Aro de ramas, flores, metal generalmente precioso, etc., que se coloca en la cabeza como premio, adorno o símbolo de dignidad. ‖ Conjunto de flores y hojas dispuestas en forma de aro. ‖ Reino o monarquía. ◆ Suele escribirse con mayúscula: *la Corona de Castilla.* ‖ Dignidad real: *ser partidario de la Corona.* ‖ Aureola de las imágenes santas. ‖ Coronilla. ‖ Tonsura de los eclesiásticos. ‖ Superficie comprendida entre dos circunferencias concéntricas. ‖ Parte visible y esmaltada de un diente. ‖ FAM. coronar, coronaria, coronilla.

coronación f. Acto de coronar o coronarse un soberano. ‖ Coronamiento.

coronamiento m. Fin de una obra. ‖ Adorno que se pone en la parte superior de un edificio.

coronar tr. Poner la corona a alguien, en especial a un rey o emperador. También prnl.: *se coronó campeón mundial.* ‖ Terminar una obra, rematar, acabar: *esa noticia ha coronado mi día.* ‖ Alcanzar la cima de una montaña. ‖ En el juego de damas, poner un peón sobre otro cuando éste llega a ser dama. ‖ FAM. coronación, coronamiento.

coronario, ria adj. y f. Perteneciente a la corona o que tiene su forma. ‖ Se dice de las arterias que riegan el corazón, el estómago y los labios.

coronel m. Jefe militar que dirige un regimiento.

coronilla f. Parte superior de la cabeza. ‖ Tonsura de los clérigos. ‖ **estar uno hasta la coronilla** loc. adv. Estar uno cansado y harto de algo o alguien.

corpiño m. Prenda de vestir muy ajustada al cuerpo, sin mangas y que llega hasta la cintura.

corporación f. Asociación u organismo oficial, generalmente público pero independiente de la administración estatal, como las cámara de comercio, los ayuntamientos. ‖ Asociación que agrupa personas que desempeñan la misma actividad o profesión. ‖ FAM. corporativo.

corporal adj. Relativo al cuerpo: *expresión corporal.* ‖ m. Lienzo que se extiende en el altar para poner sobre él la hostia y el cáliz. Más en pl. ‖ FAM. corporalmente.

corporativo, va adj. Relativo a una corporación: *informe corporativo.*

corporativismo m. Doctrina económica y social que defiende la integración de empresarios y trabajadores en agrupaciones de tipo profesional y rechaza el sindicalismo.

corpóreo, a adj. Que tiene cuerpo o consistencia. ‖ Relativo al cuerpo.

corpulento, ta adj. Que tiene mucho cuerpo, fuerte. ‖ FAM. corpulencia.

corpus m. Conjunto de datos, textos u otros materiales sobre determinada teoría, doctrina, disciplina, etc. ‖ Día que celebra la Iglesia católica la institución de la Eucaristía. ◆ Se escribe con mayúscula. ◆ No varía en pl.

corpuscular adj. Que tiene corpúsculos, o relativo a ellos.

corpúsculo m. Cuerpo muy pequeño, célula, molécula, partícula, elemento. ‖ FAM. corpuscular.

corral m. Sitio cerrado y descubierto donde generalmente se guarda el ganado o los animales domésticos. ‖ Patio donde se representaban comedias: *el corral de Almagro.* ‖ FAM. corralón, corraliza, acorralar.

corrala f. En Madrid, casa de vecinos con patio comunal y en forma de corral.

correa f. Tira, generalmente de cuero. ‖ Cinturón. ‖ La que, unida en sus extremos, sirve, en las máquinas, para transmitir el movimiento rotativo de una rueda o polea a otra. ‖ Aguante, paciencia. ‖ FAM. correaje, correazo, correoso.

correaje m. Conjunto de correas.

corrección f. Acción y efecto de corregir, de enmendar. ‖ Comportamiento de acuerdo a las normas de trato social: *debes portarte con corrección.* ‖ Cambio que se hace en un texto al corregirlo o revisarlo: *corrección de estilo.* ‖ FAM. correccional.

correccional adj. Se dice de lo que conduce a la corrección. ‖ m. Establecimiento penitenciario, reformatorio.

correctivo, va adj. y m. Se dice de lo que corrige. ‖ m. Castigo o sanción generalmente leve.

correcto, ta adj. Se dice de lo que está libre de errores o defectos, conforme a las reglas: *lenguaje correcto.* ‖ Se dice de la persona educada, atenta, cortés. ‖ FAM. correctamente, correctivo, incorrecto.

corrector, ra adj. y s. Que corrige. ‖ m. f. Persona cuya profesión es corregir y revisar textos: *trabajo de corrector en una editorial.*

corredera f. Ranura o carril por donde resbala una pieza en ciertas máquinas. ‖ Pieza que corre, como la de las máquinas de vapor. ‖ Cucaracha.

corredizo, za adj. Que se desata o corre con facilidad: *nudo corredizo.*

corredor, ra adj. Que corre mucho. También s. ‖ Se dice de aves aptas para correr y no para el vuelo. También f. ‖ m. y f. Persona que practica la carrera en competiciones deportivas. ‖ Persona que por profesión interviene en compras y ventas de cualquier clase: *corredor de apuestas.* ‖ m. Pieza de paso de un edificio, pasillo. ‖ Galería corrida alrededor del patio de algunas casas. ‖ **FAM.** correduría.

correduría f. Oficio o ejercicio del corredor. ‖ Intervención del corredor en los ajustes y ventas; corretaje.

corregidor m. Antiguamente, magistrado que ejercía la justicia en un territorio. ‖ Antiguamente, alcalde que el rey nombraba en algunas poblaciones importantes.

corregir tr. Rectificar, enmendar los errores o defectos de alguien o algo: *ya han corregido todas las faltas ortográficas del texto.* ‖ Advertir, amonestar, reprender: *debes corregir más a tu hijo.* ‖ Repasar y evaluar un profesor los ejercicios y exámenes de sus estudiantes. ♦ Irreg. Se conj. como *pedir.*

correlación f. Correspondencia o relación recíproca entre dos o más cosas, ideas, personas, etc.: *correlación entre calidad y precio.* ‖ **FAM.** correlativo, correlato.

correlativo, va adj. Se dice de personas o cosas que tienen correlación o que se suceden uno tras otro: *las ilustraciones van en páginas no correlativas.*

correligionario, ria adj. y s. Que profesa la misma religión o ideología política que otro.

correntada f. *amer.* Corriente impetuosa de agua.

correo m. Servicio público que transporta la correspondencia. También pl. ‖ Esta misma correspondencia: *¿has recibido el correo de hoy?* ‖ Tren, coche, etc., que lleva correspondencia. ‖ Edificio donde se recibe y se reparte la correspondencia. Más en pl.: *¿me acompañas a Correos a llevar este paquete?* ‖ Buzón donde se deposita.

correoso, sa adj. Flexible y elástico: *este filete está bastante correoso.* ‖ Dúctil, maleable.

correr intr. Tratándose de personas, andar rápidamente y con tanto impulso que, entre un paso y el siguiente, quedan por un momento ambos pies en el aire ‖ Hacer alguna cosa con rapidez. ‖ Ir de prisa hacia algún lugar: *corrimos para no llegar tarde al cine.* ‖ Fluir o moverse el agua, el viento. ‖ Transcurrir el tiempo: *date prisa que corren los minutos.* ‖ Ir, pasar, extenderse de una parte a otra: *la carretera corre de este a oeste.* ‖ Estar a cargo de uno alguna cosa: *la cena corre por cuenta de la empresa.* ‖ Circular, difundir: *correr un rumor.* ‖ tr. Perseguir: *corrieron al ladrón.* ‖ Recorrer: *correr 10 kilómetros.* ‖ Cerrar con cerrojos o llaves. ‖ Desplazar, hacer

que se deslice una cosa: *corre las cortinas.* También prnl. ‖ Exponerse a un peligro o riesgo. ‖ prnl. Apartarse, moverse a un lado: *córrete un poco a la izquierda.* ‖ Hablando de colores, tintas, manchas, etc., extenderse fuera de su lugar: *se ha corrido todo el estampado.* ‖ vulg. Eyacular o experimentar el orgasmo. ‖ **FAM.** corredera, corredizo, corredor, correría, corretear, corrida, corrido, corriente, corrimiento.

correría f. Saqueo de un territorio enemigo. ‖ Viaje corto. Más en pl.: *nos contó sus correrías.*

correspondencia f. Acción y efecto de corresponder o corresponderse. ‖ Trato recíproco entre personas que se mantiene por correo: *hemos mantenido correspondencia durante diez años.* ‖ Conjunto de cartas que se envían o reciben. ‖ Relación que existe o se establece entre distintos elementos. ‖ En las estaciones del metro, acceso para transbordar de unas líneas a otras.

corresponder intr. Tener proporción o relación una cosa con otra. También prnl.: *esa actitud no se corresponde con su manera de pensar.* ‖ Compensar, devolver con igualdad los afectos o beneficios recibidos: *sufre de amor no correspondido.* También tr. ‖ Pertenecer: *el dinero que sobra te corresponde a ti.* ‖ **FAM.** correspondencia, correspondiente, corresponsal.

correspondiente adj. Proporcionado, conveniente: *los agraciados recibieron su correspondiente premio.* ‖ Que satisface las condiciones de una relación. ‖ Se dice de los miembros no numerarios de una corporación que colaboran con ella por correspondencia: *académico correspondiente.*

corresponsal adj. y com. Que tiene correspondencia. ‖ Se apl. al periodista que desde otra ciudad o desde el extranjero envía noticias a la redacción de un periódico, revista, etc. ‖ Se dice de la persona encargada de mantener en el extranjero las relaciones comerciales de una empresa. ‖ **FAM.** corresponsalía.

corretaje m. Trabajo que realiza el corredor de comercio. ‖ Remuneración que recibe por su servicio.

corretear intr. Correr en varias direcciones. ‖ Andar de calle en calle o de casa en casa. ‖ **FAM.** correteo.

correveidile o **correvedile** com. Persona que trae y lleva cuentos y chismes.

corrida f. Carrera. ‖ **corrida de toros** Lidiar de cierto número de toros en una plaza cerrada.

corrido, da adj. Que excede del peso o de la medida que se trata: *medio kilo corrido.* ‖ Continuo o seguido: *balcón corrido.* ‖ Avergonzado, confundido: *se fue todo corrido.* ‖ Experimentado, astuto. También s. ‖ m. Romance cantado, propio de Andalucía. ‖ *amer.* Romance o composición octosílaba con variedad de asonancias. ‖ **de corrido** loc. adv. Rápido, sin interrupción: *leer una novela de corrido.* ‖ De memoria.

corriente adj. Que corre: *agua corriente.* ‖ Que sucede con frecuencia. ‖ Se dice del mes, año, etc., actual o que va transcurriendo: *8 de marzo del corriente.* ‖ Que está en uso en el momento. ‖ Sabido, admitido comúnmente. ‖ Hablando de recibos, números de publicaciones periódicas, etc., el último aparecido. ‖ Común, normal, ordinario: *una costumbre corriente.* ‖ f. Movimiento de una masa de agua, aire, etc., en una dirección. ‖ Paso de la electricidad por un conductor. ‖ Tendencia, opinión: *corriente filosófica.* ‖ **al corriente** loc. adv. Sin atraso, con exactitud: *estoy al corriente en mis pagos.* ‖ Enterado: *estar al corriente.* ‖ **FAM.** contracorriente, corrientemente.

corrillo m. Corro donde se apartan algunas personas para hablar.

corrimiento m. Acción y efecto de correr o correrse. ‖ Deslizamiento.

corro m. Cerco que forma la gente para hablar, discutir, etc. ‖ Espacio que incluye. ‖ Espacio circular. ‖ Juego de niños. ‖ **FAM.** corrillo.

corroborar tr. Apoyar una opinión, teoría, etc., con nuevos datos o argumentos. También prnl. ‖ **FAM.** corroboración.

corroer tr. Desgastar o destruir lentamente una cosa: *el agua ha corroído la madera.* También prnl. ‖ Sentir una persona los efectos de algún sentimiento: *la envidia le corroe.* También prnl: *me corroen los celos.* ‖ **FAM.** corrosión, corrosivo. ♦ **Irreg.** Se conj. como *roer.*

corromper tr. Alterar y trastocar la forma de alguna cosa. También prnl. ‖ Echar a perder, podrir. También prnl.: *corromperse una fruta.* ‖ Sobornar o cohechar: *corromper a un funcionario.* ‖ Pervertir: *corromper el lenguaje; las costumbres.* ♦ Verbo con doble participio: *corrompido* (reg.), *corrupto* (irreg.). ‖ **FAM.** corrompible, corrompido, corrupción, corruptela, corruptible, corrupto..

corrosión f. Acción y efecto de corroer o corroerse. ‖ Proceso que cambia la composición química de un cuerpo metálico por acción de un agente externo.

corrosivo, va adj. Se dice de lo que corroe o tiene virtud de corroer. ‖ Incisivo, mordaz: *estilo corrosivo.*

corrupción f. Acción y efecto de corromper o corromperse: *corrupción de costumbres.*

corruptela f. Corrupción. ‖ Mala costumbre o abuso, especialmente los introducidos contra la ley.

corrupto, ta adj. Corrompido: *un policía corrupto.* ‖ **FAM.** corruptible, corruptibilidad, incorrupto.

corrusco m. Trozo de pan duro. ‖ Cada una de las puntas de una barra de pan.

corsario, ria adj. Embarcación y navegante autorizados por su país para perseguir y saquear a los de un país enemigo. ‖ m. Pirata.

corsé m. Prenda interior que usan las mujeres para ceñir el cuerpo. ‖ **FAM.** corsetería, corsetero, encorsetar.

corsetería f. Fábrica de corsés. ‖ Tienda donde se venden.

corso m. Campaña que hacían por el mar los buques mercantes con patente de su gobierno para perseguir a los piratas o a las embarcaciones enemigas.

corso, sa adj. y s. De Córcega. ‖ m. Dialecto italiano hablado en Córcega.

cortacircuitos m. Aparato que automáticamente interrumpe la corriente eléctrica cuando es excesiva o peligrosa. ♦ No varía en pl.

cortado, da adj. Apocado, tímido, avergonzado: *no pude decir nada, estaba muy cortada.* ‖ fig. ap. al estilo del escritor que expresa los conceptos en cláusulas breves y sueltas. ‖ m. Taza o vaso de café con muy poca leche.

cortador, ra adj. Que corta. ‖ m. y f. Persona que en las sastrerías, zapaterías, talleres de costura y otros semejantes corta los trajes o las piezas de cada objeto que en ellos se fabrica.

cortadura f. Herida o división hecha en un cuerpo con instrumento o cosa cortante. ‖ Abertura o paso entre dos montañas. ‖ pl. Recortes o sobrante de una cosa.

cortafrío m. Cincel fuerte para cortar hierro frío.

cortafuego m. Vereda ancha que se deja en los sembrados y montes para que no se propaguen los incendios. ‖ Pared gruesa que se construye en los edificios con el mismo fin.

cortante adj. Que corta. ‖ Hiriente, agudo: *lenguaje cortante.*

cortapisa f. Condición, limitación. Más en pl.

cortaplumas m. Navaja pequeña. ♦ No varía en pl.

cortar tr. Dividir una cosa o separar sus partes con algún instrumento cortante. También prnl. ‖ Suspender, interrumpir: *cortar la luz, el agua.* También prnl.: *se han cortado todas las comunicaciones.* ‖ Amputar un miembro. ‖ Separar algo en dos partes: *esta línea corta la* *página.* ‖ Atravesar un líquido o un fluido: *cortar un velero el mar.* ‖ Dividir la baraja en dos o más partes. ‖ Recortar y darle forma a las piezas de un traje, vestido, etc. ‖ Mezclar un líquido con otro para modificar su fuerza o su sabor: *cortar el té con un poco de leche.* ‖ Acortar, suprimir: *cortar el texto de una conferencia.* ‖ intr. Tomar el camino más corto. ‖ prnl. Herirse o hacerse un corte. ‖ Turbarse: *se corta mucho cuando tiene que hablar con su jefe.* ‖ Separarse los componentes de la leche, nata, salsa, etc.: *se me cortó la mayonesa.* ‖ FAM. acortar, cortado, cortador, cortadura, cortante, corte, recortar.

cortaúñas m. Utensilio para cortarse las uñas. ♦ No varía en pl.

corte m. Acción y efecto de cortar o cortarse. ‖ Filo del instrumento cortante. ‖ Arte y acción de cortar las diferentes piezas que habrán de componer un vestido, un calzado, etc. ‖ Cantidad de material necesario para hacer un vestido, un pantalón, un calzado, etc. ‖ Interrupción: *un corte de luz.* ‖ Estilo: *es una novela de corte realista.* ‖ Respuesta inesperada e ingeniosa. ‖ Vergüenza, turbación: *me da corte ir sin haber sido invitado.* ‖ **dar** o **hacer un corte de mangas** loc. Además de significado obsceno y despectivo que se hace con la mano, extendiendo el dedo corazón y dejando los otros doblados; a la vez se levanta el brazo y se golpea en él con la otra mano. ‖ f. Lugar donde habitualmente reside el soberano en las monarquías. ‖ Familia y comitiva del rey. ‖ Séquito, acompañamiento del rey. ‖ *amer.* Tribunal de justicia. ‖ pl. Cámara legislativa o consultiva: *las Cortes de España.* ‖ **hacer la corte** loc. Galantear. ‖ Halagar a alguien interesadamente. ‖ FAM. cortejar, cortesano.

cortedad f. Pequeñez, poca extensión. ‖ Falta o escasez de talento, de valor, etc. ‖ Encogimiento, poquedad de ánimo.

cortejar tr. Galantear, enamorar. ‖ FAM. cortejo.

cortejo m. Acción de cortejar, galantear. ‖ Acompañamiento en una ceremonia.

cortés adj. Se dice de la persona atenta, educada, o que se sabe comportar de acuerdo a las normas sociales establecidas. ‖ FAM. cortesía, cortésmente, descortés.

cortesano, na adj. Perteneciente a la corte: *estilo de vida cortesano.* ‖ m. y f. Persona que sirve al rey o vive en su corte. ‖ f. Prostituta refinada.

cortesía f. Demostración o acto con que se manifiesta atención, respeto o afecto: *Luis nos ha tratado a todos con cortesía.* ‖ Regalo, favor: *esta copa es cortesía de la casa.* ‖ Período de tiempo que se concede de gracia: *espera-*

remos al profesor los quince minutos de cortesía. ‖ Hoja, página o parte de ella que se deja en blanco en un libro.

corteza f. Parte externa del tronco y las ramas de árboles y plantas. ‖ Parte exterior y dura de algunas frutas y otras cosas: *la corteza del limón.* ‖ Exterioridad de una cosa no material. ‖ FAM. cortical.

cortical adj. Relativo o perteneciente a la corteza.

cortijo m. Finca con casa de labranza.

cortina f. Paño grande con que se cubren y adornan las puertas, ventanas, escenarios, etc. ‖ Lo que encubre y oculta algo: *cortina de humo.* ‖ FAM. cortinaje, cortinilla, cortinón.

cortinaje m. Juego de cortinas. También pl.

cortisona f. Medicamento que se extrae de la corteza de las glándulas suprarrenales.

corto, ta adj. De poca longitud, tamaño o duración: *esta falda es muy corta.* ‖ Escaso o defectuoso: *corto de dinero, de vista.* ‖ Que no alcanza al punto de su destino: *bola corta.* ‖ Tímido. ‖ De escaso talento o poca instrucción. ‖ Falto de palabras para explicarse. ‖ **a la corta o a la larga** loc. adv. Más tarde o más temprano; al fin y al cabo. ‖ FAM. cortar, cortedad.

cortocircuito m. Fenómeno eléctrico que se produce accidentalmente por contacto entre los conductores y suele determinar una descarga.

cortometraje m. Película cuya duración es entre ocho y treinta minutos.

corvejón m. Corva de los cuadrúpedos.

corvo, va adj. Arqueado o combado. ‖ f. Parte de la pierna, opuesta a la rodilla, por donde se dobla y encorva. ‖ FAM. corvejón.

corzo, za m. y f. Mamífero rumiante cérvido, algo mayor que la cabra, que vive en Europa; el macho tiene astas pequeñas, verrugosas y ahorquilladas hacia la punta.

cosa f. Todo lo que existe, ya sea real o irreal, concreto o abstracto. ‖ Ser inanimado, en contraposición con los seres animados. ‖ Aquello que se piensa, se dice o se hace: *tengo muchas cosas que hacer.* ‖ En oraciones negativas equivale a nada: *no hay cosa que yo pueda hacer.* ‖ pl. Instrumentos: *las cosas de la limpieza.* ‖ Hechos o dichos propios de alguna persona: *esas son cosas de Jaime.* ‖ Acontecimientos que afectan a una o varias personas: *no les van bien las cosas.* ‖ **como quien no quiere la cosa** loc. adv. Con disimulo, suavemente. ‖ **como si tal cosa** loc. adv. Como si no hubiera pasado nada. ‖ **cosa de** loc. adv. Cerca de, o poco más o menos: *tardará cosa de ocho días.* ‖ **no sea cosa que** loc. conjunt. Indica prevención o cautela. ‖ FAM. cosificar.

cosaco, ca adj. y s. Se dice de un pueblo nómada a fines del s. XV se estableció en varios distritos del sur de Rusia. También s.

coscorrón m. Golpe en la cabeza.

cosecante f. En trigonometría, secante del complemento de un ángulo; es la inversa de su seno.

cosecha f. Conjunto de frutos de la recolección: *la cosecha de naranjas.* ‖ Temporada en que se recogen.

cosechadora f. Máquina que siega la mies, limpia y envasa el grano.

cosechar intr. Recoger la cosecha. También tr. ‖ Ganarse las simpatías, odios, éxitos, etc: *sigue así y sólo cosecharás fracasos.* ‖ **FAM.** cosechador, cosechadora.

coselete m. Antigua coraza ligera. ‖ Soldado que la llevaba.

coseno m. En trigonometría, relación entre el cateto y la hipotenusa de un triángulo rectángulo con respecto a determinado ángulo.

coser tr. Unir con hilo enhebrado en la aguja: *coser un botón a una camisa.* ‖ Hacer labores de aguja. ‖ Unir una cosa con otra, de manera que queden muy juntas. ‖ Engrapar papeles. ‖ Producir varias heridas en el cuerpo con algún arma: *lo cosieron a balazos.* ‖ **FAM.** cosido, costura, descoser.

cosijo m. Cosido mal hecho. ‖ *amer.* Inquietud.

cosmético, ca adj. y m. Se dice de los productos hechos para el cuidado o embellecimiento del cuerpo humano. ‖ f. Arte de aplicar estos productos.

cósmico, ca adj. Perteneciente al cosmos: *rayos cósmicos.*

cosmogonía f. Ciencia que trata de la formación del universo.

cosmografía f. Parte de la astronomía que se ocupa de la descripción del universo. ‖ **FAM.** cosmógrafo.

cosmología f. Parte de la astronomía que trata de las leyes generales, del origen y de la evolución del universo. ‖ **FAM.** cosmólogo.

cosmonauta com. Tripulante de una cosmonave; astronauta.

cosmonave f. Astronave. ‖ **FAM.** cosmonauta.

cosmopolita adj. Se dice de la persona que ha vivido en muchos países, y que conoce sus costumbres. También s. ‖ Se dice de lo que es común a todos o a la mayoría de los países. ‖ Se apl. a los lugares donde convive gente de diferentes países: *Nueva York es una ciudad muy cosmopolita.* ‖ **FAM.** cosmopolitismo.

cosmos m. Universo. ‖ **FAM.** cósmico, cosmogonía, cosmografía, cosmología, cosmonauta, cosmopolita.

coso m. Plaza de toros.

cosque m. Coscorrón.

cosquillas f. pl. Sensación que experimentan algunas partes del cuerpo al ser rozadas por algo o alguien y que provoca involuntariamente la risa. ‖ **FAM.** cosquillear, cosquilleo, cosquilloso.

cosquilleo m. Sensación que producen las cosquillas, u otra semejante a ella.

costa f. Orilla del mar y tierra que está cerca de ella: *tengo una casa en la costa mediterránea.* ‖ Cantidad que se paga por una cosa. ‖ pl. Gastos judiciales. ‖ **a toda costa** loc. adv. Sin limitación de gasto, por encima de todo. ‖ **FAM.** costanero, costanilla, costear, costeño, costero.

costado m. Cada una de las dos partes laterales del cuerpo humano, debajo de los brazos. ‖ Flanco derecho o izquierdo de un ejército. ‖ Lado.

costalada f. Golpe que uno da al caer de espaldas o de costado.

costal adj. Perteneciente a las costillas. ‖ m. Saco grande.

costanilla f. Calle corta de mayor declive que las cercanas.

costar intr. Tener que pagar determinado precio por una cosa: *la entrada al concierto cuesta dos mil pesetas.* ‖ Causar una cosa dificultad, daño, molestia: *me costó mucho convencerlo que viniera.* ♦ **Irreg.** Se conj. como contar. ‖ **FAM.** costa, coste, costear, costoso, costo.

coste m. Gasto que se hace para la obtención de una cosa o servicio.

costear tr. Pagar los gastos de alguna cosa: *entre los dos costearemos las vacaciones de verano.* También prnl. ‖ Navegar sin perder de vista la costa.

costero, ra adj. Relativo a la costa: *pueblo costero.*

costilla f. Cada uno de los huesos largos y encorvados que nacen en las vértebras dorsales y van hacia el pecho. ‖ Lo que tiene esta forma. ‖ Esposa. ‖ pl. Espaldas del cuerpo humano. ‖ **FAM.** costillar.

costillar m. Conjunto de costillas. ‖ Parte del cuerpo en la cual están.

costo m. Coste. ‖ En lenguaje de la droga, hachís.

costra f. Corteza endurecida sobre una cosa blanda. ‖ Postilla. ‖ **FAM.** costroso, encostrar.

costumbre f. Modo habitual de proceder o conducirse: *las costumbres de una región.* ‖ Práctica muy usada que llega a convertirse en norma o precepto. ‖ **FAM.** costumbrismo, acostumbrar.

costumbrismo m. En las obras literarias y pictóricas, atención especial que se presta a la descripción de las costumbres típicas de un país o región. | **FAM.** costumbrista.

costura f. Acción y efecto de coser. | Toda labor que está cosiéndose y está sin acabar. | Serie de puntadas que une dos piezas cosidas, y, p. ext., unión hecha con clavos o roblones: *se me ha descosido la costura lateral del pantalón.* | **FAM.** costurero, costurón.

costurar tr. *amer.* Coser.

costurera f. Mujer que se dedica por oficio a coser.

costurero m. Caja, estuche, mueble, etc., donde se guardan los útiles necesarios para la costura.

cota f. En topog., número que en los mapas indica la altura de un punto sobre el nivel del mar o sobre otro plano de nivel. | Esta misma altura. | Importancia, valor. | **FAM.** acotar, cotejar, cotizar.

cotangente f. En trigonometría, tangente del complemento de un ángulo o de un arco; es la inversa de la tangente.

cotarro m. Colectividad en estado de agitación o inquietud. | Negocio. | Lugar donde se da albergue a pobres y vagabundos.

cotejar tr. Confrontar una cosa con otra u otras. | **FAM.** cotejo.

cotidiano, na adj. Diario: *labores cotidianas.* | P. ext., muy frecuente.

cotiledón m. Forma con que aparece la primera hoja en el embrión de las plantas con semilla. | **FAM.** cotiledóneo.

cotilla f. Persona amiga de chismes y cuentos. | **FAM.** cotillear.

cotillear intr. Chismorrear. | **FAM.** cotilleo.

cotillón m. Fiesta con que se celebra algún día señalado: *el cotillón de fin de año.*

cotizar tr. Pagar una cuota: *cotizar a la seguridad social.* | Alcanzar un precio las acciones, valores, etc. del mercado bursátil. También prnl. | Gozar de mayor o menor estimación una persona o cosa en relación con un fin determinado. También prnl.: *se cotiza mucho un buen técnico de informática.* | **FAM.** cotizable, cotización.

coto m. Terreno acotado: *coto de caza.* | Término, límite. | **FAM.** acotar, cotarro, cotilla.

cotorra f. Ave prensora americana, parecida al papagayo, con las mejillas cubiertas de pluma, alas y cola largas y puntiagudas, y colores variados, en que domina el verde. | Persona habladora. | **FAM.** cotorrear, cotorreo.

cotufa f. Chufa. | Palomita de maíz.

coturno m. Calzado de suela de corcho gruesa, que, con objeto de aparecer más altos, usaban en las tragedias los actores griegos. | Calzado que cubría el pie y la pierna hasta la pantorrilla, usado por los antiguos griegos y romanos.

covacha f. Cueva pequeña. | Vivienda pequeña, incómoda.

cowboy (voz i.) m. Vaquero de los campos del oeste de EE. UU. ♦ pl. *cowboys.*

coxal adj. Relativo a la cadera.

coxis m. Hueso que constituye la última parte de la columna vertebral. ♦ No varía en pl.

coy m. Trozo de lona o tejido de malla que sirve de cama en un barco.

coyote m. Especie de lobo, de menor tamaño que éste, y pelaje grisáceo; habita en América del Norte y Central.

coyunda f. Correa o soga con que se uncen los bueyes.

coyuntura f. Conjunto de circunstancias que intervienen en la resolución de un asunto importante: *coyuntura económica.* | Oportunidad para hacer alguna cosa: *aprovechar la coyuntura.* | Articulación entre los huesos. | **FAM.** coyuntural.

coz f. Patada violenta que dan las caballerías. | Patada de una persona. | Acción o palabra injuriosa o grosera.

crac m. Quiebra económica de una empresa, estado, etc.

-cracia Elemento que entra en la composición de algunas palabras equivalente a 'gobierno', 'fuerza', 'dominio': *democracia, tecnocracia, burocracia.* | **FAM.** -crata.

cráneo m. Caja ósea en que está contenido el encéfalo. | **FAM.** craneal, craneano.

crápula m. Hombre de vida licenciosa. | f. Embriaguez o borrachera. | Disipación, libertinaje.

craso, sa adj. Enorme, burdo: *error craso, equivocación crasa.* | Grueso, gordo o espeso.

cráter m. Boca por donde los volcanes arrojan humo, ceniza, lava, etc. | Depresión que ocasiona un meteorito al chocar con la Tierra o la Luna. | **FAM.** crátera.

crátera f. En las antiguas Grecia y Roma, vasija donde se mezclaba el agua y el vino.

creación f. Acción y efecto de crear. | Cosa creada, y especialmente el Universo o conjunto de todas las cosas creadas. | Acción de instituir nuevos cargos: *es necesaria la creación de nuevos puestos de trabajo.* | Invención: *la creación artística.*

creador, ra adj. y s. Que crea: *tener capacidad creadora.* | m. En religión, Dios, entendido como origen de todas las cosas. ♦ Se escribe con mayúscula.

crear tr. Producir algo de la nada. | Establecer, fundar: *crear una empresa.* | Instituir un nuevo empleo, puesto de trabajo, cargo, etc.: *el próximo año crearán nuevas plazas para pro-*

fesores. ‖ Designar a una persona lo que antes no era. ‖ Producir una obra literaria, artística, etc.: *Cervantes creó una novela universal.* ‖ Idear, construir: *la actriz creó muy bien su personaje.* ‖ prnl. Imaginarse, formarse una imagen en la mente: *él se ha creado su propio mundo.* ‖ **FAM.** creación, creador, creativo, recrear.

creatividad f. Facultad de crear.

creativo, va adj. Que posee o estimula la capacidad de creación: *es un escritor muy creativo.* ‖ m. y f. Persona que crea los anuncios y campañas de promoción para una empresa, agencia de publicidad, etc. ‖ **FAM.** creatividad.

crecer intr. Aumentar de tamaño, cantidad o importancia; desarrollarse: *crecer una planta.* ‖ prnl. Tomar una mayor autoridad, importancia, atrevimiento o seguridad: *se crece ante las dificultades.* ♦ **Irreg.** Se conjuga como *agradecer.* ‖ **FAM.** crecedero, creces, crecida, creciente, crecimiento.

crecida f. Aumento de agua de un río; desbordamiento.

crecido, da adj. Grande, numeroso: *un crecido número de médicos avalan el producto.*

creciente adj. Que crece: *pánico creciente.*

crecimiento m. Acción y efecto de crecer o aumentar: *crecimiento económico.* ‖ Desarrollo de un organismo o de alguna de sus partes: *crecimiento de una planta.*

credencial adj. Que acredita. ‖ f. Documento que permite tomar posesión de su plaza a un empleado.

credibilidad f. Calidad de lo que es creíble o aceptable.

crediticio, cia adj. Relativo al crédito o al préstamo público o privado.

crédito m. Préstamo que se pide a una entidad bancaria habiendo garantizado su devolución. ‖ Condiciones que facultan a una persona o entidad para obtener dinero prestado de otra. ‖ Confianza que goza una persona de que cumplirá los compromisos que contraiga: *es una persona de entero crédito.* ‖ Reputación, fama: *es un dibujante que goza de gran crédito.* ‖ Aceptación de algo como verdadero: *no doy crédito a mis ojos.* ‖ **a crédito** loc. adj. y adv. A plazos, sin tener que pagar al contado. ‖ **FAM.** crediticio, acreditar.

credo m. Conjunto de doctrinas comunes a una colectividad: *credo político.* ‖ Oración que enuncia y simboliza la fe cristiana.

crédulo, la adj. Que cree fácilmente: *es una persona muy crédula.* También s. ‖ **FAM.** credulidad, incrédulo.

creencia f. Acción y efecto de creer. ‖ Lo que se cree: *tenía la creencia de que todos las*

personas eran buenas por naturaleza. También pl.: *creencias políticas, religiosas.*

creer tr. Tener por cierto, aceptar como verdad: *cree todo lo que le dicen; creo en tu palabra.* ‖ Pensar, juzgar, suponer algo: *creía que me darían el trabajo.* También prnl.: *se cree muy valiente.* ‖ intr. Tener fe en las verdades religiosas: *no cree en Dios.* ♦ **Irreg.** Se conjuga como *leer.* ‖ **FAM.** creencia, creíble, creído, creyente.

creíble adj. Que puede o merece ser creído: *tu excusa es absolutamente creíble.* ‖ **FAM.** increíble.

creído, da adj. Persona vanidosa, orgullosa. ‖ Crédulo, confiado.

crema f. Mezcla de leche, azúcar, huevos y otros ingredientes que se utiliza en la elaboración de pasteles: *crema de chocolate.* ‖ Nata de la leche. ‖ Sopa espesa: *crema de puerros.* ‖ Confección cosmética para diversos usos: *crema hidratante.* ‖ Pasta para brillar y conservar los artículos de piel, en especial el calzado. ‖ Lo más distinguido de un grupo social: *al acto asistió la crema de la sociedad.* ‖ **FAM.** cremoso.

crema f. Diéresis.

cremación f. Acción de quemar: *la cremación de un cadáver.* ‖ **FAM.** cremar.

cremallera f. Cierre que consiste en dos tiras flexibles, generalmente metálicas, provistas de dientes que se traban o se destraban según el sentido en que se desliza una corredera. ‖ Barra metálica con dientes en uno de sus cantos, para engranar con un piñón.

crematístico, ca adj. Relativo al dinero. ‖ f. Conjunto de conocimientos y estudios sobre economía política.

crematorio, ria adj. Relativo a la cremación de cadáveres. ‖ m. Lugar donde se incineran los cadáveres.

cremería f. *amer.* Lugar donde se fabrica mantequila, queso y otros productos lácteos.

cremoso, sa adj. De la naturaleza o aspecto de la crema. ‖ Que tiene mucha crema.

crencha f. Raya que divide el cabello en dos partes. ‖ Cada una de estas partes.

crêpe (voz fr.) f. Tortilla hecha con harina, leche y huevo que se hace a la plancha; generalmente se sirve enrollada y rellena de ingredientes dulces o salados.

crepé m. Caucho esponjoso que se emplea en la fabricación de suelas. ‖ Tela fina y ligera.

crepitar intr. Producir un ruido la madera u otras cosas al arder. ‖ **FAM.** crepitación, crepitante.

crepúsculo m. Claridad que hay al anochecer y al atardecer. ‖ Decadencia. ‖ **FAM.** crepuscular.

crespo, pa adj. Ensortijado, rizado: *pelo crespo*. ‖ **FAM.** crespón.

crespón m. Tela muy espesa y rugosa. ‖ Tela negra que se usa en señal de luto.

cresta f. Carnosidad roja sobre la cabeza de algunas aves: *la cresta del gallo*. ‖ Moño de plumas de ciertas aves. ‖ Picos de una montaña. ‖ Cima de una ola. ‖ **FAM.** crestería, encrestarse.

crestería f. Remate de un edificio con motivos vegetales, geométricos, etc. ‖ Parte superior de las antiguas fortificaciones.

creta f. Roca caliza de color blanco.

cretáceo, a o **cretácico, ca** adj. Se dice del período más reciente de la era mesozoica o Secundaria. También s.

cretinisno m. Retraso patológico en lo físico y en la inteligencia por el mal funcionamiento o ausencia del tiroides. ‖ Estupidez, idiotez, falta de talento.

cretino, na adj. y s. Estúpido, necio. ‖ Que padece cretinismo. ‖ **FAM.** cretinismo.

cretona f. Tela de algodón, blanca o estampada.

cría f. Acción y efecto de criar a los seres humanos y a los animales. ‖ Animal mientras se está criando. ‖ Conjunto de hijos que tienen en un mismo parto o nido los animales: *la cría de una paloma*.

criadero m. Lugar destinado para la cría de animales. ‖ Lugar donde se trasplantan los árboles o plantas. ‖ Depósito donde abundan los minerales.

criadilla f. Testículo en algunos animales de matadero.

criado, da m. y f. Persona asalariada que trabaja en las tareas domésticas, sirviente. ‖ **bien criado** o **mal criado** Tener buena o mala educación.

criador, ra m. y f. Persona que se dedica a la crianza de animales: *criador de conejos*.

criandera f. *amer.* Nodriza.

crianza f. Acción y efecto de criar. ‖ Época de la lactancia. ‖ Envejecimiento y calidad del vino. ‖ **buena** o **mala crianza** Buena o mala educación.

criar tr. Nutrir y alimentar las madres a sus hijos o las hembras a sus crías. También prnl. ‖ Instruir, educar a los niños. También prnl. ‖ Producir, engendrar. También prnl. ‖ Dar a un vino cuidados especiales. ‖ prnl. Desarrollarse: *el niño se ha criado sano*. ‖ **FAM.** cría, criadero, criadilla, criador, crianza, crío, malcriar.

criatura f. Toda cosa creada. ‖ Niño de poco tiempo.

criba f. Utensilio consistente en una lámina agujereado o tela sujeta a un aro de madera, que se emplea para separar granos de distintos tamaños o cosas similares. ‖ Cualquier aparato mecánico que se emplea para lo mismo. ‖ **FAM.** cribar.

cribar tr. Separar las partes menudas de las gruesas de una materia: *cribar los granos*.

crimen m. Delito grave. ‖ Asesinato. ‖ Acción o cosa que perjudica a alguien o algo. ‖ **FAM.** criminalidad, criminología.

criminal adj. Perteneciente al crimen o a los actos reprobables: *hecho criminal*. ‖ Se dice de la persona que ha cometido un crimen. También s. ‖ **FAM.** criminalista.

criminalista adj. y com. Abogado o especialista en derecho penal.

criminología f. Rama del derecho que estudia los aspectos sociales, jurídicos y policiales de cualquier hecho delictivo.

crin f. Conjunto de pelos que tienen algunos animales en la parte superior del cuello. Más en pl.: *las crines del caballo*.

crío, a m. y f. Niño o niña pequeños. ‖ Adulto inmaduro.

criollo, lla adj. Descendiente de padres europeos nacido en Hispanoamérica. También s. ‖ Perteneciente o relativo a algún país hispanoamericano: *música criolla*. ‖ **FAM.** criollismo.

cripta f. Piso subterráneo en una iglesia. ‖ Lugar subterráneo utilizado para enterrar a los muertos. ‖ **FAM.** críptico.

críptico, ca adj. Enigmático, oscuro, difícil de entender: *un mensaje críptico*.

criptógamo, ma adj. y f. Planta que carece de flores, como los helechos. ‖ f. pl. Grupo taxonómico constituido por estas plantas.

criptografía f. Escritura en clave. ‖ **FAM.** criptograma.

criptograma m. Documento escrito en clave.

críquet m. Juego de pelota de origen inglés que se practica sobre un campo de hierba entre dos equipos de once miembros; se juega con paletas de madera.

crisálida f. Fase intermedia y larvaria en el desarrollo de los insectos lepidópteros.

crisantemo m. Planta procedente de China, de tallo leñoso y hojas pequeñas y blanquecinas por el envés. ‖ Flor de esta planta, formada por pétalos numerosos, alargados y apiñados, de colores brillantes.

crisis f. Mutación considerable en una enfermedad tras la cual se produce un empeoramiento o mejoría. ‖ Cambio importante en el desarrollo de otros procesos que da lugar a una inestabilidad: *crisis económica*. ‖ Problema, conflicto, situación delicada: *esa pareja* *está pasando por una crisis.* ◆ No varía en pl. ‖ **FAM**. crítico.

crisma f. Cabeza: *te vas a romper la crisma.* ‖ m. Óleo consagrado que se usa para unciones sacramentales.

crisma m. Tarjeta de felicitación navideña.

crisol m. Vaso que se emplea para fundir metales. ‖ Cavidad inferior de los hornos que sirve para recoger el metal fundido. ‖ **FAM**. acrisolar.

crispar tr. y prnl. Causar contracción repentina y pasajera en un músculo. ‖ Irritar, exasperar. ‖ **FAM**. crispación, encrispar.

cristal m. Vidrio incoloro y transparente: *una copa de cristal.* ‖ Cuerpo sólido de forma poliédrica: *cristal de sal.* ‖ **cristal de roca** Cuarzo puro y cristalizado, considerado piedra preciosa. ‖ **FAM**. acristalar, cristalera, cristalería, cristalino, cristalizar.

cristalera f. Puerta o cierre de cristal. ‖ Vitrina, armario con cristales.

cristalería f. Establecimiento donde se fabrican o venden objetos de cristal o vidrio. ‖ Conjunto de piezas de cristal o vidrio que forman parte de una vajilla.

cristalero, ra m. y f. Persona que hace o vende cristales o vidrios.

cristalino, na adj. De cristal. ‖ Parecido al cristal: *agua cristalina.* ‖ m. Cuerpo de forma esférica lenticular, situado detrás de la pupila del ojo.

cristalización f. Acción y efecto de cristalizar o cristalizarse. ‖ Cosa cristalizada.

cristalizar intr. Tomar forma cristalina. También prnl.: *cristalizarse la sal.* ‖ Tomar forma clara y precisa las ideas, sentimientos o deseos. ‖ tr. Hacer tomar la forma cristalina a ciertas sustancias. ‖ **FAM**. cristalización.

cristalografía f. Ciencia que describe las formas que toman los cuerpos al cristalizar. ‖ **FAM**. cristalográfico.

cristalográfico, ca adj. Relativo a la cristalografía.

cristianar f. Bautizar.

cristiandad f. Gremio de los fieles que profesan la religión cristiana. ‖ Conjunto de países que profesan esta religión. ‖ Cumplimiento de los preceptos cristianos.

cristianismo m. Religión cristiana. ‖ Conjunto de los fieles y países cristianos.

cristianizar tr. y prnl. Difundir la doctrina cristiana. ‖ **FAM**. cristianización.

cristiano, na adj. Perteneciente al cristianismo. ‖ Que profesa la fe cristiana. También s. ‖ Persona, ser viviente. ‖ **FAM**. cristianar, cristiandad, cristianismo, cristianizar.

criterio m. Norma para conocer la verdad. ‖

Juicio o discernimiento. ‖ Opinión: *me baso en mis propios criterios.*

crítica f. Arte de juzgar y evaluar las cosas. ‖ Juicio formado sobre una obra literaria o artística: *crítica teatral.* ‖ Censura: *su primera novela recibió numerosas críticas.* ‖ Conjunto de opiniones sobre cualquier asunto. ‖ **FAM**. críticamente.

criticar tr. Juzgar fundándose en una serie de principios. ‖ Censurar a alguien o algo. ‖ **FAM**. criticable, crítico, criticón.

crítico, ca adj. Perteneciente a la crítica: *tener una actitud crítica.* ‖ Hablando del tiempo, decisivo, oportuno. ‖ m. y f. Persona que ejerce la crítica. ‖ **FAM**. críticamente.

criticón, na adj. y s. Que todo lo censura.

croar intr. Cantar la rana.

croché m. Labor de ganchillo: *una colcha de croché.*

cromar tr. Dar un baño de cromo a los objetos metálicos. ‖ **FAM**. cromado, policromar.

cromático, ca adj. Relativo a los colores. ‖ Se apl. a la escala musical que procede por semitonos. ‖ **FAM**. cromatismo.

crómlech m. Monumento megalítico de figura elíptica o circular, consistente en una serie de piedras o menhires que cercan un corto espacio de terreno llano.

cromo m. Elemento químico de carácter metálico, duro, de color grisáceo, que se emplea en aleaciones, en la fabricación de pinturas e instrumentos inoxidables. Su símbolo es *Cr.* ‖ Estampa o tarjeta con figuras de colores. ‖ **FAM**. cromar, cromático, crómico.

cromosfera f. Zona superior y externa de la envoltura gaseosa del Sol.

cromosoma m. Cada uno de los corpúsculos, generalmente filamentosos, que existen en el núcleo de las células y en los que residen los factores hereditarios; su número es constante para cada especie animal y vegetal. ‖ **FAM**. cromosómico.

crónica f. Relato de acontecimientos históricos ordenados cronológicamente. ‖ Artículo periodístico sobre temas de actualidad. ‖ **FAM**. cronicón, cronista.

crónico, ca adj. Se apl. a las enfermedades de larga duración. ‖ Que viene de tiempo atrás: *la falta de organización es un mal crónico en esta empresa.* ‖ **FAM**. crónicamente.

cronicón m. Breve narración histórica ordenada cronológicamente.

cronista m. Autor de una crónica: *cronista real, cronista de Indias.*

crono- Elemento que forma parte de ciertas palabras con el significado de 'tiempo': *cronología, cronómetro.*

cronología f. Ciencia que determina el orden y fechas de los sucesos históricos. ‖ Serie de hechos históricos, datos, sucesos, etc., por orden de fechas. ‖ Manera de medir el tiempo. ‖ FAM. cronológico.

cronológico adj. Perteneciente a la cronología: *seguiremos un criterio cronológico.* ‖ FAM. cronológicamente.

cronometrar tr. Medir con el tiempo con un cronómetro: *cronometrar una prueba deportiva.* ‖ FAM. cronometrador, cronometraje.

cronómetro m. Reloj de precisión. ‖ FAM. cronometrar, cronométrico.

croquet (voz i.) m. Juego que consiste en hacer pasar unas bolas, golpeándolas con un mazo, por unas argollas puestas en el suelo.

croqueta f. Fritura de forma cilíndrica que se prepara mezclando harina, leche y huevo con pescado, carne, etc.

croquis m. Diseño o dibujo esquemático. ♦ No varía en pl.

cross (voz i.) m. Carrera de obstáculos a campo traviesa. ♦ No varía en pl.

crótalo m. Instrumento musical semejante a las castañuelas. ‖ Serpiente venenosa de América, que tiene en el extremo de la cola unos anillos óseos, con los cuales hace al moverse cierto ruido particular; se la denomina también *serpiente de cascabel.*

crotorar intr. Producir la cigüeña el ruido peculiar de su pico.

cruce m. Acción de cruzar o poner dos cosas en forma de cruz. ‖ Punto donde se cortan mutuamente dos líneas, dos calles, dos vías, dos caminos, etc. ‖ Paso destinado a los peatones. ‖ Interferencia telefónica o de emisiones radiadas. ‖ Acción de cruzar los animales o las plantas para producir una nueva variedad: *la nectarina es un cruce.*

crucería f. Sistema de construcción propio del estilo gótico, en el cual la forma de bóveda se logra mediante el cruce de arcos diagonales, llamados también ojivas o nervios.

crucero m. Viaje por mar recorriendo un itinerario turístico: *el próximo verano haré un crucero por el Caribe.* ‖ Espacio en que se cruzan la nave mayor de una iglesia y la que la atraviesa. ‖ Cruz de piedra que se coloca en el cruce de caminos y en los atrios. ‖ Buque de guerra de gran velocidad.

crucial adj. Decisivo, fundamental: *un acontecimiento crucial.*

crucífero, ra adj. y f. Se apl. a las plantas angiospermas dicotiledóneas que tienen hojas alternas y corola en forma de cruz; como la col. ‖ f. pl. Grupo taxonómico de estas plantas.

crucificar tr. Fijar o clavar en una cruz a una persona. ‖ Sacrificar, perjudicar. ‖ FAM. crucificado, crucifijo, crucifixión.

crucifijo m. Imagen de Cristo crucificado.

crucifixión f. Acción y efecto de crucificar.

crucigrama m. Entretenimiento que consiste en rellenar un casillero con palabras que se entrecruzan.

crudeza f. Calidad de crudo, severo: *la crudeza de una situación.* ‖ Rigor o aspereza.

crudo, da adj. Se dice de los alimentos que no están bien cocidos o maduros. ‖ Se apl. a algunas cosas cuando no están preparadas o curadas, como la seda, el lienzo, el cuero, etc. ‖ Se apl. al tiempo muy frío. ‖ Se dice del petróleo que está sin refinar. También s.: *la industria del crudo.* ‖ De color semejante a la arena; amarillento. ‖ FAM. crudeza, recrudecer.

cruel adj. Que se deleita en hacer mal o con el sufrimiento de otros. ‖ Insufrible, duro, excesivo: *una guerra cruel.* ‖ Sangriento, duro, violento. ‖ FAM. cueldad, cruelmente.

crueldad f. Impiedad. ‖ Acción cruel e inhumana.

cruento, ta adj. Sangriento: *una guerra cruenta.* ‖ FAM. cruentamente, incruenta.

crujido m. Sonido que se produce al crujir.

crujir intr. Hacer cierto ruido algunos cuerpos cuando frotan o rozan unos con otros o se rompen: *crujir el pan al partirlo.* ‖ FAM. crujido, crujiente.

crupier m. En los casinos, empleado que dirige las partidas y paga a los ganadores.

crustáceo, a adj. y m. Se apl. a los animales artrópodos de respiración branquial, cubiertos generalmente de un caparazón duro o flexible, como los cangrejos y langostas. ‖ m. pl. Clase compuesta por estos animales.

cruz f. Figura formada por dos líneas que se atraviesan o cortan perpendicularmente. ‖ Insignia y señal del cristiano, en memoria de haber padecido y muerto sobre ella Jesucristo. ‖ Distintivo de muchas órdenes religiosas, militares y civiles. ‖ Instrumento de tortura formado por un madero hincado verticalmente y atravesado en su parte superior por otro más corto, en los cuales se clavan o sujetan las manos y pies de los condenados. ‖ Reverso de las monedas. ‖ Dificultad, carga o trabajo: *cada cual soporta su propia cruz.* ‖ FAM. crucero, cruceta, crucial, cruzar, crucífero, crucificar, encrucijada.

cruzada f. Expedición militar de los cristianos contra los musulmanes con el fin de recuperar los territorios de Tierra Santa, que se llevó a cabo durante los s. XI al XIV. ‖ Campaña en pro de algún fin: *una cruzada de alfabetización.*

cruzado, da adj. Se dice de lo que está atravesado por algo: *un río cruzado por varios puentes.* | Se dice de la prenda de vestir que se cierra sobreponiendo un delantero sobre otro: *chaqueta cruzada.* | Que se alistaba para alguna cruzada. También s. | Se dice del animal nacido de padres de distintas castas. | m. Unidad monetaria de Brasil.

cruzamiento m. Acción y efecto de cruzar o cruzarse. | Acción de cruzar los animales o plantas de distintas razas o clase taxonómica.

cruzar tr. Atravesar una cosa sobre otra en forma de cruz. También prnl.: *cruzarse de brazos.* | Atravesar un camino, campo, calle, etc.: *cruzar un río.* | Unir animales o plantas de la misma especie para que se reproduzcan. | Navegar en todas direcciones dentro de un espacio determinado de mar, para proteger el comercio. | prnl. Pasar por un mismo punto o camino dos personas o cosas en dirección opuesta: *nos cruzamos en medio de la plaza.* | **FAM.** cruce, cruzado, cruzamiento, entrecruzar.

cu f. Nombre de la letra *q.*

cuaderna f. Cada una de las piezas curvas que encajan en la quilla del buque, formando como las costillas del casco. | **cuaderna vía** Estrofa compuesta por cuatro versos alejandrinos monorrimos.

cuadernillo m. Conjunto de cinco pliegos de papel.

cuaderno m. Conjunto o agregado de algunos pliegos de papel, doblados y cosidos en forma de libro. | **cuaderno de bitácora** Libro en que se apunta el rumbo, velocidad, maniobras y demás accidentes de la navegación. | **FAM.** cuaderna, cuadernillo, encuadernar.

cuadra f. Lugar donde se guardan los animales. | Conjunto de caballos, generalmente de carreras. | *amer.* Manzana de casas. | **FAM.** cuadrilla.

cuadrado, da adj. Se apl. a lo que tiene forma o se asemeja a un cuadrado: *una mesa cuadrada.* | Se dice de las persona muy gruesa o corpulenta: *Pilar se ha puesto cuadrada.* | Se dice de las medidas de superficie: *ha conseguido un piso de 140 metros cuadrados.* | m. Figura plana cerrada por cuatro líneas rectas iguales que forman cuatro ángulos rectos. | Producto que resulta de multiplicar una cantidad por sí misma: *el cuadrado de dos es cuatro.*

cuadragésimo, ma adj. Se dice de lo que en una serie ordenada ocupa el número cuarenta. | Se dice de cada una de las 40 partes iguales en que se divide un todo. También s.

cuadrangular adj. Que tiene o forma cuatro ángulos. | En dep., se dice del torneo en que se enfrentan cuatro participantes o equipos distintos.

cuadrante m. En geom., cuarta parte de la circunferencia o del círculo comprendida entre dos radios perpendiculares. | Instrumento compuesto por un cuarto de círculo graduado y unos anteojos, para medir ángulos. | Almohada cuadrada de cama. | Reloj solar trazado en un plano.

cuadrar tr. Hacer que coincidan los totales de una cuenta, balance, etc. También intr. | intr. Conformarse o ajustarse una cosa con otra: *ese trabajo no cuadra con tu forma de ser.* | prnl. Pararse una persona con los pies formando una escuadra: *cuadrarse un soldado delante de un superior.* | Mantenerse firme en una actitud. | Pararse un toro o un caballo con las cuatro patas en firme. También intr. | **FAM.** cuadratura, encuadrar.

cuadratura f. Acción y efecto de cuadrar. | **la cuadratura del círculo** loc. Imposibilidad de una cosa.

cuadrícula f. Conjunto de los cuadrados que resultan de cortarse perpendicularmente dos series de rectas paralelas. | **FAM.** cuadricular.

cuadriculado, da adj. Dividido en cuadrículas: *papel cuadriculado.*

cuadricular tr. Trazar líneas que formen una cuadrícula. | **FAM.** cuadriculado.

cuadriga f. Carro tirado por cuatro caballos de frente, sobre todo el que se usaba en la antigüedad para las carreras del circo romano.

cuadrilátero, ra adj. Que tiene cuatro lados. | m. Polígono de cuatro lados. | En boxeo, plataforma cuadrada donde tienen lugar los combates.

cuadrilla f. Reunión de personas que realizan juntas una misma obra: *cuadrilla de albañiles, de toreros, de malhechores..*

cuadrivio m. En la Edad Media, conjunto de las cuatro artes liberales: aritmética, música, geometría y astrología o astronomía.

cuadro, dra adj. y s. Cuadrado de superficie plana cerrada de cuatro rectas iguales que forman cuatro ángulos rectos. | m. Rectángulo, paralelogramo. | Lienzo, lámina, papel, etc., de una pintura, un grabado, un dibujo, etc.: *los cuadros de una exposición.* | Descripción detallada y precisa, por escrito o de palabra, de un espectáculo o suceso: *nos pintó un cuadro muy vivo de la corrida.* | Conjunto de nombres, cifras u otros datos presentados gráficamente, de manera que se advierta la relación existente entre ellos. ‖ Marco, cerco que guarnece algunas cosas. ‖ Escena, espectáculo. ‖ Conjunto de personas que forman parte de una institución, empresa, etc.: *cuadro directivo de una empresa.* ‖ Cada una de las partes en que se dividen los actos de ciertas obras dramáticas. ‖ **FAM.** cuadrado, cuadrar, recuadro.

cuadrumano, na o **cuadrúmano, na** adj. y s. Se dice de los animales en cuyas cuatro extremidades tienen manos, como los monos.

cuadrúpedo, da adj. y s. Se apl. al animal de cuatro pies.

cuádruple adj. Que contiene un número cuatro veces exactamente. También m. ‖ Se dice de la serie de cuatro cosas iguales o semejantes.

cuadruplicar tr. Hacer cuádruple una cosa. ‖ **FAM.** cuádruple.

cuajado, da adj. Se dice del que está o se ha quedado dormido. ‖ f. Parte grasa y espesa de la leche, que se separa del suero por la acción del calor, del cuajo o de los ácidos; se toma como alimento. ‖ Requesón.

cuajar tr. Unir y trabar las partes de un líquido, para convertirlo en sólido. También prnl.: *cuajarse la leche.* ‖ Recargar de adornos una cosa. ‖ intr. Lograrse, tener efecto una cosa: *cuajar una relación.* También prnl.: *se ha cuajado el viaje.* ‖ Crear la nieve una capa sobre el suelo u otra superficie. ‖ **FAM.** cuajada, cuajado, cuajo.

cuajar m. Última cavidad del estómago de los rumiantes.

cuajarón m. Porción de sangre o de otro líquido coagulado.

cuajo m. Sustancia con que se cuaja un líquido. ‖ Calma. ‖ **de cuajo** loc. adv. De raíz, sacando enteramente una cosa del lugar en que estaba arraigada.

cual pron. relat. Es palabra átona y no tiene otra variación que la de número; precedido de artículo, equivale a *que: la persona por la cual preguntas está de vacaciones.* ‖ adv. m. Denota comparación o equivalencia; equivale a *como: estaba tiesa cual estatua de piedra.* ‖ En correlación con *tal,* equivale al mismo sentido: *se manifiesta tal cual es.* ‖ pron. interrog. Con acento, equivale a *qué, quién: ¿a cuál de ellos prefieres?* ‖ pron. indef. Con acento, establece una correlación entre personas o cosas: *todos, cuál más, cuál menos, estuvimos de acuerdo.* ‖ **FAM.** cualidad, cualquiera.

cualesquiera pron. indet. pl. de cualquiera.

cualidad f. Cada una de las circunstancias o caracteres, naturales o adquiridos, que distin-

guen a las personas o cosas. ‖ Manera de ser de una persona o cosa. ‖ **FAM.** cualitativo.

cualificado, da adj. Válido, calificado. ‖ Que tiene autoridad o merece respeto. ‖ Se dice de la persona que está especialmente preparada para una tarea determinada.

cualificar tr. Atribuir o apreciar cualidades. ‖ **FAM.** cualificado.

cualitativo, va adj. Que denota cualidad: *análisis cualitativo.*

cualquier pron. indet. Antepuesto a un sustantivo, cualquiera: *cualquier cosa.*

cualquiera adj. indet. Se dice de una persona, animal o cosa indeterminada: *un empleado cualquiera.* También pron.: *cualquiera puede hacerlo.* ‖ Vulgar, poco importante. También s.: *ser un cualquiera.* ‖ **FAM.** cualesquiera, cualquier.

cuan adv. c. Con acento, se emplea para intensificar el significado de un adv. o adj.: *¡cuán lejos estás de mí!* ‖ adv. correlativo de tan, empleado en comparaciones de equivalencia e igualdad: *cayó cuan largo es.*

cuando adv. t. Equivale al momento en que se hace algo: *cuando llegué a la fiesta, ya se estaba acabando.* ‖ conj. Puesto que, si, ya que: *cuando se queja por algo será.* ‖ Acompañado de *aun,* equivale a *aunque: no te creería aun cuando me lo jurases.* ‖ adv. interrog. Con acento, equivale a en qué momento: *¿cuándo firmarás el contrato?* ‖ **de cuando en cuando** loc. adv. Algunas veces, de tiempo en tiempo.

cuantía f. Cantidad. ‖ Valor, importancia. ‖ **FAM.** cuantioso.

cuantificar tr. Expresar numéricamente una magnitud. ‖ **FAM.** cuantificable, cuantificador, cuantificación.

cuantioso, sa adj. Grande en cantidad o número. ‖ **FAM.** cuantiosamente.

cuantitativo, va adj. Perteneciente o relativo a la cantidad: *un análisis cuantitativo.* ‖ **FAM.** cuantitativamente.

cuanto, ta adj. relat. c. Todo lo que: *se comió cuantos pasteles había sobre la mesa.* ‖ En pl. y precedido de *unos,* equivale a *algunos: unos cuantos amigos.* ‖ adj. y pron. interrog. Con acento, sirve para preguntar una cantidad o número: *¿cuántas páginas tiene esa novela? ¿cuánto vale esto?* ‖ adj. exclam. Con acento, indica el grado en que se produce algo: *¡cuánta gente vino a la celebración!* También adv.: *¡cuánto te quiero!* ‖ adv. c. Indica gradación o intensidad, y se emplea generalmente en correlación con *tan, tanto* o agrupado con *más, mayor, menor, menos: cuanto más, mejor.* ‖ pron. relat. c. Se usa en correlación con *tanto* o agrupado con *más* o *menos:*

cuanto más se tiene, tanto más se desea. ‖ **en cuanto** loc. adv. y conjunt. Al punto que, tan pronto como: *en cuanto salga el sol, iré a buscarte.* ‖ **en cuanto a** loc. adv. Por lo que toca o corresponde a. ‖ **FAM.** cuan, cuantia, cuantificar, cuantitativo.

cuáquero, ra m. y f. Individuo perteneciente a una secta religiosa protestante fundada en Inglaterra en 1648 por George Fox; carece de culto y jerarquía eclesiástica, y defiende la sencillez, el igualitarismo y la honradez.

cuarenta adj. Cuatro veces diez. También m. y pron. ‖ Cuadragésimo. ‖ m. Conjunto de signos con que se representa el número cuarenta. ‖ **FAM.** cuarentavo, cuarentena, cuarentón.

cuarentena f. Espacio de tiempo en que permanecen aislados las personas o animales portadores de alguna enfermedad contagiosa. ‖ Conjunto de 40 unidades.

cuarentón, na adj. y s. Persona que tiene cuarenta años cumplidos.

cuaresma f. En la Iglesia católica, tiempo que va desde el miércoles de ceniza hasta la Pascua de Resurrección. ‖ **FAM.** cuaresmal.

cuartear tr. Dividir en trozos o partes: *cuartear una res.* ‖ prnl. Agrietarse alguna cosa. ‖ **FAM.** cuarteo.

cuartel m. Edificio destinado para alojamiento de la tropa. ‖ Cada uno de los sitios en que se reparte y acuartela el ejército. ‖ Tregua: *guerra sin cuartel.* ‖ **FAM.** acuartelar, cuartelero, cuartelillo.

cuartelillo m. Lugar o edificio en que se aloja una sección de tropa.

cuarterón, na adj. y s. Nacido en América de mestizo y española, o viceversa. ‖ m. Cuarta parte de una libra.

cuarteta f. Estrofa que consta de cuatro versos octosílabos, de rima consonante en el segundo y el último.

cuarteto m. Conjunto musical de cuatro voces o instrumentos. ‖ Composición musical para ser cantada o tocada por este conjunto. ‖ Combinación métrica de cuatro versos endecasílabos de rima consonante.

cuartilla f. Hoja de papel para escribir cuyo tamaño es el de la cuarta parte de un pliego.

cuarto, ta adj. Que ocupa el número cuatro en un conjunto ordenado. ‖ Se dice de cada una de las cuatro partes iguales en que se divide un todo. También m.: *un cuarto de kilo.* ‖ m. Habitación. ‖ Cada una de las cuatro partes en que se considera dividido el cuerpo de los cuadrúpedos y aves: *el perro se sentó sobre sus cuartos traseros.* ‖ pl. Dinero: *tiene muchos cuartos.* ‖ **cuartos de final** En dep., cada una de las cuatro antepenúltimas competiciones del

campeonato que se gana por eliminación del contrario y no por puntos. ‖ **FAM.** cuartear, cuarterón, cuarteta, cuarteto, cuartilla.

cuarzo m. Mineral formado por la sílice, y tan duro que raya el acero.

cuate, ta adj. *amer.* Gemelo, mellizo. También s. ‖ *amer.* Igual o semejante. ‖ *amer.* Amigo íntimo. También s.

cuaternario, ria adj. y m. Se dice del último período de la era cenozoica. ‖ Que consta de cuatro unidades, números o elementos.

cuatreño, ña. adj. Se dice del novillo o novilla que tiene cuatro años.

cuatrero, ra adj. y s. Se dice del ladrón de ganado.

cuatri- Prefijo de voces compuestos, con la significación de cuatro: *cuatrimotor.*

cuatrienal adj. Que sucede o se repite cada cuatro años. ‖ Que dura un cuatrienio.

cuatrienio m. Periodo de cuatro años. ‖ **FAM.** cuatrienal.

cuatrillizo, za adj. y s. Se dice de cada uno de los hermanos nacidos de un parto cuádruple.

cuatrimestral adj. Que sucede o se repite cada cuatro meses. ‖ Que dura un cuatrimestre.

cuatrimestre adj. Que dura cuatro meses. ‖ m. Periodo de cuatro meses: *el año académico se divide en tres cuatrimestres.* ‖ **FAM.** cuatrimestral.

cuatro adj. Tres más uno. ‖ Con ciertas voces se usa con valor indeterminado para indicar escasa cantidad: *me dijo cuatro cosas y se fue.* ‖ Cuarto, que sigue al tercero. ‖ **FAM.** cuatreño, cuatrocientos.

cuatrocientos, tas adj. Cuatro veces cien. También pron. y s. ‖ Cuadringentésimo: *ocupaba el puesto cuatrocientos.* ‖ m. Conjunto de signos con que se representa el número cuatrocientos.

cuba f. Recipiente de madera que sirve para contener líquidos. ‖ Líquido que cabe en él. ‖ **estar como una cuba** loc. Estar borracho. ‖ **FAM.** cubeta.

cuba-libre o **cubalibre** m. Bebida que se compone de ron, ginebra, coñac, etc., y un refresco de cola.

cubata m. Cubalibre.

cubertería f. Conjunto de cucharas, tenedores y utensilios semejantes para el servicio de mesa.

cubeta f. Recipiente muy usado en laboratorios químicos y fotográficos. ‖ Depósito de mercurio en la parte inferior del barómetro. ‖ Recipiente para obtener el hielo en frigoríficos, neveras, etc.

cubicar tr. Elevar un monomio, un polinomio o un número a la tercera potencia; multiplicarlo dos veces por sí mismo.

cúbico, ca adj. Perteneciente al cubo, sólido regular. ‖ De figura de cubo geométrico o parecido a él. ‖ Se dice de las medidas de volumen de un cuerpo: *centímetro cúbico.* ‖ FAM. cubicar.

cubículo m. Recinto pequeño. ‖ Alcoba, habitación.

cubierta f. Lo que tapa o cubre algo. ‖ Parte exterior de la techumbre de un edificio: *cubierta a dos aguas.* ‖ Tapa de un libro: *la cubierta de un diccionario.* ‖ En los vehículos, banda que protege exteriormente la cámara de los neumáticos. ‖ Cada uno de los pisos de una embarcación, especialmente el superior.

cubierto m. Juego compuesto de cuchara, tenedor y cuchillo. ‖ Servicio de mesa que se pone a cada uno de los que han de comer. ‖ Comida que en los restaurantes se da por un precio fijo. ‖ FAM. cubertería.

cubil m. Sitio donde los animales, principalmente las fieras, se recogen para dormir.

cubilete m. Vaso ensanchado hacia la boca, especialmente el que se emplea en los juegos de dados.

cubismo m. Movimiento y teoría artística que se caracteriza por el empleo o predominio de formas geométricas. Surgió en Francia entre 1907 y 1914. ‖ FAM. cubista.

cubital adj. Perteneciente o relativo al codo.

cúbito m. Hueso más grueso y largo del antebrazo. ‖ FAM. cubital.

cubo m. Recipiente más ancho en la boca que en el fondo, con asa en la circunferencia mayor. ‖ Pieza central en que se encajan los radios de una rueda. ‖ Tercera potencia de un monomio, polinomio o número. ‖ Sólido regular limitado por seis cuadrados iguales. ‖ FAM. cúbico, cubismo.

cubrecama m. Colcha.

cubrir tr. Ocultar y tapar una cosa con otra. También prnl. ‖ Extender una cosa sobre la superficie de otra: *la nieve cubría la carretera.* ‖ Recorrer una distancia: *cubrir varios kilómetros.* ‖ Poner el techo a un edificio. ‖ Proteger: *cubrir las espaldas de alguien.* ‖ Completar: *cubrir las plazas vacantes.* ‖ Seguir de cerca un periodista las incidencias de un acontecimiento: *cubrir la visita de los reyes.* ‖ Ser suficiente, bastar: *cubrir las deudas.* ‖ Juntarse el macho con la hembra para fecundarla. ‖ prnl. Ponerse el sombrero, la gorra, etc. ‖ Hacerse digno de una estimación positiva o negativa: *cubrirse de gloria.* ♦ Part. irreg.: *cubierto.* ‖ FAM. cubierta, cubierto, descubrir, encubrir.

cucaña f. Palo largo, untado de jabón o de grasa, por el cual se ha de trepar o andar para coger como premio un objeto atado a su extremidad.

cucaracha f. Insecto nocturno y corredor, de unos tres centímetros de largo, cuerpo aplanado, de color negro por encima y rojizo por debajo, alas y élitros rudimentarios en la hembra, antenas filiformes, las seis patas casi iguales y el abdomen terminado por dos puntas articuladas; habita en sitios húmedos y oscuros.

cuchara f. Utensilio que se compone de una pieza cóncava y un mango, y que se emplea generalmente para llevar a la boca alimentos líquidos o muy blandos. ‖ amer. Llana de los albañiles. ‖ FAM. cucharada, cucharilla, cucharón.

cucharada f. Porción que cabe en una cuchara.

cucharilla f. Cuchara pequeña de postre, café o té.

cucharón m. Cacillo con mango o cuchara grande.

cuché adj. y m. Se dice de un papel de impresión satinado y barnizado, que se emplea especialmente en revistas.

cuchi m. amer. Cerdo.

cuchichear intr. Hablar en voz baja o al oído a uno, para que otros no se enteren. ‖ FAM. cuchicheo.

cuchilla f. Instrumento compuesto de una hoja ancha de acero, de un solo corte, con su mango para manejarlo: *la cuchilla de un carnicero.* ‖ Hoja de afeitar. ‖ Hoja de cualquier arma blanca de corte.

cuchillada f. Herida o golpe que se hace con una cuchilla, un cuchillo, una espada u otra arma de corte.

cuchillo m. Instrumento formado por una hoja de acero y de un corte solo, con mango. ‖ Añadidura o remiendo, generalmente triangular, que se usa para aumentar el vuelo de una prenda o vestido. ‖ En arq., conjunto de piezas de madera o hierro que sirven para sostener la cubierta de un edificio. ‖ FAM. acuchillar, cuchilla, cuchillada, cuchillería, cuchillero.

cuchipanda f. Reunión de varias personas para comer y divertirse.

cuchitril m. Habitación pequeña, sucia y desarreglada.

cuchufleta f. Broma, chiste.

cuclillas (en) loc. adv. con que se explica la postura de agacharse apoyando las asentaderas sobre los talones.

cuclillo m. Ave trepadora poco menor que una tórtola, con plumaje de color grisáceo, cola negra y alas pardas; la hembra pone sus huevos en los nidos de otras aves.

cuco, ca adj. Se dice de la persona astuta. También s. ‖ Bonito, bien arreglado. ‖ m. Oruga o larva de cierta mariposa nocturna. ‖ Cuclillo, ave trepadora.

cucurbitáceo, a adj. y f. Se apl. a plantas angiospermas dicotiledóneas de fruto carnoso y semilla sin albumen; como la calabaza, el melón y el pepino. ‖ f. pl. Familia de estas plantas.

cucurucho m. Papel, cartón o barquillo enrollado en forma cónica, que se emplea para envasar caramelos, frutos secos, etc., o para servir helados. ‖ Capirote que usan los penitentes en las procesiones de Semana Santa.

cueca f. *amer.* En Bolivia, Chile, Perú y otros países suramericanos, baile de pareja suelta, en el que se representa el asedio amoroso de una mujer por un hombre. ‖ Música que acompaña este baile.

cuello m. Parte del cuerpo más estrecha que la cabeza, que une a ésta con el tronco. ‖ Parte superior y más angosta de un recipiente u otra cosa: *el cuello de una botella.* ‖ Tira de una tela unida a la parte superior de algunas prendas de vestir, que rodea el cuello: *el cuello de una camisa.*

cuenca f. Cavidad en que está cada uno de los ojos. ‖ Territorio cuyas aguas afluyen todas a un mismo río, lago o mar. ‖ Territorio rodeado de montañas.

cuenco m. Vaso de barro, hondo y ancho, y sin borde. ‖ Concavidad, sitio cóncavo.

cuenta f. Acción y efecto de contar. ‖ Cálculo u operación aritmética. ‖ Factura: *la cuenta de la luz.* ‖ En contabilidad, registro de cantidades que se han de pagar o cobrar. ‖ Cada una de las bolitas que componen un rosario, collar, etc. ‖ Cuidado, obligación: *eso corre de tu cuenta.* ‖ Explicación, justificación: *no tienes que rendir cuentas a nadie de lo que haces.* ‖ Consideración o atención: *no me tomas en cuenta.* ‖ Provecho, beneficio. ‖ **cuenta corriente** Depósito de dinero que se tiene en una entidad bancaria y del que se puede disponer en cualquier momento. ‖ **darse cuenta de** algo. loc. Comprenderla, entenderla, percatarse de ella. ‖ **pedir cuentas** loc. Pedir una explicación.

cuentagotas m. Utensilio, generalmente de cristal o plástico, para verter un líquido gota a gota. ◆ No varía en pl.

cuentakilómetros m. Aparato que registra los kilómetros recorridos por un vehículo. ◆ No varía en pl.

cuentarrevoluciones m. Aparato que mide las revoluciones de un motor. ◆ No varía en pl.

cuentista adj. y com. Se dice de la persona que cuenta mentiras, chismes, o que exagera la realidad. ‖ com. Persona que se dedica a narrar o escribir cuentos.

cuento m. Narración breve de sucesos ficticios o de carácter fantástico, hecha con fines didácticos o recreativos: *el cuento de la bella durmiente del bosque.* ‖ Mentira, pretexto, simulación. ‖ Enredo, chisme. ‖ **el cuento de nunca acabar** Asunto o negocio que tarda en resolverse o que nunca se le ve el fin. ‖ **a cuento** loc. adv. Al caso, al propósito: *eso no viene a cuento.* ‖ FAM. cuentista.

cuerazo m. *amer.* Latigazo.

cuerda f. Conjunto de hilos torcidos que forman un solo cuerpo más o menos grueso, largo y flexible. ‖ Hilo especial que se emplea en algunos instrumentos musicales para producir los sonidos por su vibración. ‖ Conjunto de estos instrumentos. ‖ Resorte o muelle para poner en funcionamiento diversos mecanismos, como un reloj, un juguete, etc. ‖ Línea recta tirada de un punto a otro de un arco o porción de curva. ‖ **cuerdas vocales** Ligamentos que están en la laringe, cuyas vibraciones producen la voz.

cuerdo, da adj. y s. Que está en su juicio. ‖ Prudente, sensato.

cuerno m. Prolongación ósea que tienen algunos animales en la frente. ‖ Antena de algunos insectos y de otros animales. ‖ Instrumento músico de viento, de forma curva. ‖ Término con que se alude a la infidelidad de uno de los miembros de una pareja. Más en pl., y en las frases: *llevar los cuernos; poner los cuernos.*

cuerear tr. *amer.* Dar una paliza, azotar. ‖ *amer.* Ocuparse de las tareas de desollar una res para sacarle la piel. ‖ FAM. cuerazo, cuereada.

cuero m. Piel que cubre los animales. ‖ Esta misma piel ya curtida. ‖ Recipiente hecho con piel de animal, que sirve para contener líquidos. ‖ *amer.* Prostituta. ‖ *amer.* Látigo. ‖ **cuero cabelludo** Piel en donde nace el cabello. ‖ **en cueros** loc. adv. Desnudo, sin llevar ropa alguna.

cuerpo m. En el ser humano y en los animales, conjunto de las partes materiales que componen su organismo. ‖ Objeto material en que pueden apreciarse la longitud, la latitud y la profundidad. ‖ Tronco humano y animal, a diferencia de la cabeza y las extremidades. ‖ Figura o aspecto de una persona: *María tiene muy buen cuerpo.* ‖ Parte del vestido, que cubre desde el cuello o los hombros hasta la cintura. ‖ Parte central o principal de una cosa: *el cuerpo de un libro.* ‖ Conjunto de personas que desempeñan una misma profesión: *cuerpo* *de policías.* ‖ Grueso de los tejidos, papel, etc. ‖ Grado de espesura de los líquidos. ‖ Cadáver. ‖ Cada una de las partes independientes de un mueble, edificio, etc., cuando se les considera unidas a otra principal: *un armario de dos cuerpos.* ‖ Tamaño de los caracteres de imprenta. ‖ **cuerpo del delito** En der., cosa en que, o con que, se ha cometido un delito, o en la cual existen las señales de él. ‖ **FAM**. anticuerpo.

cuervo m. Ave carnívora, mayor que la paloma, de plumaje negro, pico cónico, grueso y más largo que la cabeza, extremidades fuertes, y alas de un metro de envergadura.

cuesco m. Hueso de algunas frutas; como el de la guinda, el durazno, etc. ‖ fam. Pedo ruidoso.

cuesta f. Terreno en pendiente. ‖ **a cuestas** loc. adv. Sobre los hombros o las espaldas. ‖ A su cargo: *llevar alguien sus males a cuestas.*

cuestación f. Petición o demanda de limosnas.

cuestión f. Asunto o materia en general de la que se trata: *la cuestión de las vacaciones será discutida hoy en la reunión.* ‖ Riña, disputa, discusión: *no quiero tener más cuestiones con ella.* ‖ Punto dudoso o discutible. ‖ **FAM**. cuestionar, cuestionario.

cuestionar tr. Discutir un asunto dudoso. ‖ **FAM**. cuestionable.

cuestionario m. Lista de cuestiones o preguntas. ‖ Programa de temas de una oposición, una clase, etc.

cueva f. Cavidad subterránea natural o artificial. ‖ Sótano.

cuévano m. Cesto grande y hondo, más ancho arriba que abajo, que se emplea especialmente durante el tiempo de la vendimia.

cuidado m. Esmero y atención para hacer algo bien: *conducir un coche con cuidado.* ‖ Recelo, temor. ‖ Lo que está a cargo de alguien. ‖ **¡cuidado!** interj. que se emplea como amenaza o para advertir la proximidad de un peligro o la contingencia de caer en un error. Se usa a veces con sentido ponderativo: *¡cuidado que es listo ese muchacho!* ‖ **de cuidado** loc. adj. Peligroso: *un accidente de cuidado.*

cuidador, ra adj. Que cuida. También s. ‖ m. y f. Entrenador de deportistas.

cuidar tr. Poner interés y esmero en la ejecución de algo. ‖ Asistir a alguien que lo necesita: *cuidar de un enfermo.* ‖ Guardar, proteger, conservar: *cuidar la ropa, la casa.* ‖ prnl. Mirar uno por su salud o bienestar: *debes cuidarte un poco más.* ‖ **FAM**. cuidado, cuidador, cuidadoso, descuidar.

cuita f. Pesar, pena. ‖ **FAM**. cuitado.

culantrillo m. Helecho de hojas divididas en lóbulos a manera de hojuelas redondeadas, con pedúnculos delgados y negruzcos; se cría en sitios húmedos, y suele usarse su infusión como medicamento para enfermedades respiratorias.

cular adj. Relativo al culo. ‖ Se dice de la morcilla o chorizo hechos con la tripa más gruesa.

culata f. Parte posterior de la caja de las armas de fuego que sirve para coger y afianzar estas armas antes de dispararlas. ‖ Parte posterior de una pieza de artillería. ‖ En los vehículos, pieza metálica que se ajusta al bloque de los motores de explosión y cierra el cuerpo de los cilindros. ‖ **FAM**. culatazo.

culebra f. Nombre común de algunos reptiles ofidios, de cuerpo cilíndrico, no venenosos. ‖ **FAM**. culebrear, culebrón.

culebrear intr. Andar formando eses como las culebras.

culebrón m. Telenovela de varios episodios y de acentuado carácter melodramático.

culera f. Remiendo en los pantalones sobre la parte que cubre las asentaderas.

culinario, ria adj. Relativo a la cocina o al arte de cocinar: *recetas culinarias.*

culminar intr. Llegar algo al grado más elevado, significativo o extremado que pueda tener. ‖ tr. Dar fin a una actividad, tarea, etc. ‖ **FAM**. culminación, culminante.

culo m. Nalgas de las personas y ancas de los animales. ‖ Ano. ‖ Extremidad inferior o posterior de algo: *el culo de la botella.* ‖ **FAM**. culada, cular, culata, culera, culón, culote, recular.

culombio m. Unidad de carga eléctrica, que corresponde a la carga que un amperio transporta cada segundo.

culpa f. Falta que se comete voluntariamente: *está pagando sus culpas.* ‖ Responsabilidad que recae sobre alguien por haber cometido un acto incorrecto: *aún no sabemos de quién es la culpa.* ‖ **FAM**. culpar.

culpable adj. Se dice de aquel a quien se puede echar o se echa la culpa de una falta, un delito, etc.: *ser culpable de un asesinato.* También s. ‖ Se dice de la persona o cosa que es causante de algo malo. ‖ **FAM**. culpabilidad.

culpar tr. y prnl. Atribuir la culpa a algo o alguien. ‖ **FAM**. culpable, exculpar, inculpar.

culteranismo m. Estilo literario que se desarrolla durante los s. XVI y XVII y que se caracteriza por una sintaxis complicada, una acumulación de metáforas, imágenes y alusiones oscuras, y el empleo frecuente de latinismos. ‖ **FAM**. culterano.

cultismo m. Palabra culta o erudita. ‖ Palabra procedente del latín y que no ha sufrido alteraciones fonéticas. ‖ Culteranismo.

cultivar tr. Dar a la tierra y las plantas las labores necesarias para que fructifiquen: *cultiva su jardín*. ‖ Hablando del conocimiento, del trato o de la amistad, poner todos los medios necesarios para mantenerlos y estrecharlos. ‖ Desarrollar, ejercitar el talento, la memoria, el ingenio, etc. ‖ Practicar o dedicarse a un arte, ciencia o lengua: *cultivar la música*. ‖ FAM. cultivable, cultivador, cultivo.

cultivo m. Acción y efecto de cultivar. ‖ Terreno cultivado. ‖ En biol., procedimiento por el que se desarrolla artificialmente una población de microorganismos o las células de un tejido.

culto, ta adj. Dotado de cultura o formación: *una persona culta*. ‖ Se dice de las palabras o expresiones derivadas directamente del griego o del latín, sin evolución popular, p. ej., *recuperar* frente a la popular *recobrar*. ‖ Cultivado: *terreno culto*. ‖ m. Homenaje que se tributa a Dios, a la Virgen y a los santos: *culto divino*. ‖ Devoción hacia alguien o algo: *culto al amor*. ‖ FAM. culteranismo, cultismo, cultivar, cultura.

cultura f. Resultado o efecto de cultivar los conocimientos humanos. ‖ Conjunto de modos de vida y costumbres de una época o grupo social: *la cultura egipcia*. ‖ Cultivo. ‖ FAM. cultural, culturismo, culturizar.

culturismo m. Práctica sistemática de ejercicios gimnásticos para el desarrollo de los músculos. ‖ FAM. culturista.

culturizar tr. Civilizar, incluir en una cultura. También prnl. ‖ FAM. culturización.

cumbia f. *amer.* Danza popular colombiana y panameña de ritmo vivo que se baila por parejas.

cumbre f. Cima o parte más alta de un monte. ‖ La mayor elevación, intensidad, perfección de algo o alguien y último grado a que puede llegar: *está en la cumbre de su éxito*. ‖ Reunión del más alto nivel: *la cumbre de Río sobre problemas medioambientales*. ‖ FAM. encumbrar.

cumpleaños m. Aniversario del nacimiento de una persona. ♦ No varía en pl.

cumplido, da adj. Acabado, perfecto, completo: *tiene cuatro años cumplidos*. ‖ Hablando de ciertas cosas, abundante: *cumplidas muestras de cariño*. ‖ Educado, que se esmera en cumplir todas las reglas de cortesía y urbanidad: *siempre nos ofrece algo, es muy cumplido*. ‖ m. Acción obsequiosa o muestra de cortesía.

cumplimentar tr. Recibir o hacer una visita formal o de cortesía a alguien a quien se debe consideración: *el embajador cumplimentó al monarca*. ‖ Poner en ejecución una orden, trámite, etc.

cumplimiento m. Acción y efecto de cumplir o cumplirse: *en cumplimiento del artículo tercero...* ‖ Cumplido, obsequio.

cumplir tr. Ejecutar, llevar a efecto algo. También intr.: *cumplió con su deber*; y prnl.: *se cumplieron sus deseos*. ‖ Dicho de la edad, llegar a tener aquella que se indica o un número cabal de años o meses. También prnl. ‖ intr. Quedar bien: *por cumplir no vengas*. ‖ Acabar el plazo señalado para algo. También prnl. ‖ FAM. cumpleaños, cumplido, cumplidor, cumplimentar.

cúmulo m. Montón de muchas cosas superpuestas. ‖ Multitud de cosas aunque no sean materiales: *un cúmulo de desgracias*. ‖ Nube de apariencia algodonosa con la base plana, propia del verano. ‖ FAM. acumular.

cuna f. Camita para niños, con unas barandillas laterales. ‖ Patria o lugar de nacimiento de alguien: *Sevilla fue su cuna*. ‖ Estirpe, linaje: *de humilde cuna*. ‖ Origen de algo: *la cuna de la civilización occidental*. ‖ FAM. acunar.

cundir intr. Extenderse hacia todas partes algo. ‖ Dar mucho de sí una cosa. ‖ Hablando de cosas inmateriales, extenderse, propagarse: *cundió el pánico*. ‖ Hablando de trabajos, adelantar, progresar: *hoy me ha cundido mucho, he acabado tres capítulos*.

cuneiforme adj. De figura de cuña. Se aplica normalmente a ciertos caracteres de forma de cuña o de clavo, que algunos pueblos de Asia usaron antiguamente en la escritura.

cuneta f. Zanja en cada uno de los lados de un camino para recoger las aguas de lluvia.

cuña f. Pieza de madera o metal terminada en ángulo diedro muy agudo que sirve para ajustar, romper o sujetar cosas. ‖ Recipiente para recoger la orina y los excrementos del enfermo que no puede levantarse de la cama. ‖ FAM. cuneiforme.

cuñado, da m. y f. Hermano o hermana del marido respecto de la mujer, y hermano o hermana de la mujer respecto del marido.

cuño m. Troquel con que se sellan la moneda, las medallas y otras cosas similares. ‖ Impresión o señal que deja este sello. ‖ **de nuevo cuño** loc. adj. De reciente creación: *una expresión de nuevo cuño*. ‖ FAM. acuñar.

cuota f. Cantidad fija con que cada uno debe contribuir a un gasto colectivo, como p. ej., ser socio de un club: *la cuota de inscripción es de 1.000 ptas.*

cupé m. Coche de dos puertas, comúnmente con dos asientos. ‖ En las antiguas diligencias, compartimiento situado delante de la baca.

cuplé m. Cierta canción corta y ligera con letra satírica y pícara. | **FAM.** cupletista.

cupo m. Cuota, parte asignada o repartida a un pueblo o a un particular en cualquier impuesto, préstamo o servicio. | Número de reclutas asignado para hacer el servicio militar cada año: *salió excedente de cupo.*

cupón m. Parte que se corta de un anuncio, invitación, bono, etc., y que da derecho a tomar parte en concursos, sorteos, o a obtener una rebaja en las compras.

cupresáceo, a adj. y s. Se dice de las plantas gimnospermas, arbustivas o arbóreas y muy ramificadas, con hojas persistentes durante varios años, lineales o escamosas y siempre sentadas y fruto en forma de piña, como el ciprés. | f. pl. Familia de estas plantas.

cúprico, ca adj. Relativo al cobre o que lo contiene: *óxido cúprico.* | **FAM.** cuprífero.

cúpula f. Bóveda semiesférica con que se cubre un edificio o parte de él. | Grupo dirigente de un organismo, institución, entidad, etc.: *asistió a la cúpula del partido.*

cura m. Sacerdote encargado de una parroquia. | f. Acción y efecto de curar o sanar, en especial tratamiento y desinfección periódica de una herida para que cicatrice. | **FAM.** curato.

curado, da adj. Endurecido, seco, fortalecido o curtido. | **estar curado de espantos** loc. No asustarse por nada por haber tenido muchas experiencias, sobre todo negativas.

curandero, ra m. y f. Persona que realiza prácticas curativas sin título oficial de médico. | **FAM.** curanderismo.

curar intr. y prnl. Sanar, recobrar la salud. | tr. Aplicar al enfermo los remedios correspondientes a su enfermedad para que sane. | Hablando de carnes, pescados, embutidos, etc., prepararlos por medio de la sal, el humo, el frío seco, etc. para que se conserven. | Curtir pieles. | **FAM.** curable, curación, curado, curandero, curativo.

curare (voz caribe) m. Sustancia negra, resinosa y amarga, extraordinariamente venenosa, con la que los indígenas de América del Sur impregnan sus flechas para paralizar a sus presas.

curasao m. Licor fabricado con corteza de naranja, azúcar y aguardiente.

curato m. Cargo del cura párroco. | Parroquia.

curcuncho m. *amer.* Jorobado o joroba.

curda f. Borrachera. | m. Borracho.

curia f. Grupo de abogados, procuradores y funcionarios que trabajan en la administración de justicia. | Organismos e instituciones que colaboran en el gobierno de la Iglesia. | **FAM.** curial.

curio m. Elemento radiactivo artificial que se obtiene bombardeando el plutonio con partículas alfa. Su símbolo es *Cm.* | Unidad de medida de radiactividad.

curiosear intr. y tr. Procurar enterarse alguien de algo que no le concierne: *no curiosees en mi bolso.* | Observar algo superficialmente, sin mucho interés.

curiosidad f. Deseo de alguien de saber y averiguar algo que no le incumbe. | Vicio que nos lleva a inquirir lo que no debiera importarnos. | Aseo, limpieza. | Cuidado de hacer algo con primor. | Cosa curiosa, interesante: *este museo está lleno de curiosidades.*

curioso, sa adj. Que tiene curiosidad. También s. | Que excita curiosidad por su rareza o interés: *un libro curioso.* | Limpio y aseado: *va siempre muy curioso.* | Que trata una cosa con particular cuidado. | *amer.* Curandero.

currar intr. pop. Trabajar. | tr. Pegar a alguien. | **FAM.** currante, curre, curro.

currículo m. Plan de estudios. | Conjunto de estudios y prácticas destinadas a que el alumno desarrolle plenamente sus posibilidades. | Conjunto de datos biográficos, académicos y laborales de una persona, que se utiliza sobre todo cuando se aspira a un puesto de trabajo.

currículum vitae m. Currículo. ♦ pl. *currícula vitae;* el pl. de **currículum,** cuando se usa solo, debe ser *currículos.*

cursar tr. Estudiar una materia en un centro educativo: *cursa tercero de Historia.* | Dar curso, tramitar una solicitud, instancia, etc.

cursi adj. y com. Se dice de la persona o cosa que aparenta elegancia, riqueza o refinamiento, sin ser así realmente. | **FAM.** cursilada, cursilería.

cursillo m. Curso breve para completar el aprendizaje de una materia o actividad. | Breve serie de conferencias sobre una materia. | **FAM.** cursillista.

cursivo, va adj. y s. Se dice del carácter y de la letra de imprenta inclinada a la derecha.

curso m. Dirección o evolución de algo: *las conversaciones siguen su curso.* | Camino, recorrido que sigue algo: *el curso de un río.* | En los centros docentes, tiempo señalado en cada año para asistir a las clases: *el curso dura nueve meses.* | Serie de clases o conferencias sobre una materia determinada: *un curso de contabilidad mercantil.* | **FAM.** cursar, cursillo.

cursor m. Pieza que se desliza a lo largo de otra. | Marca luminosa parpadeante o fija que, en algunos aparatos como el ordenador, indica la posición en la que aparecerá el siguiente carácter que se introduzca.

curtir tr. Preparar, aderezar las pieles para su uso posterior. ‖ Tostar el sol o el aire el cutis. Más c. prnl. ‖ Acostumbrar a uno a la vida dura, endurecer. También prnl.: *se curtió con aquellas experiencias.* ‖ FAM. curtido, curtidor.

curvar tr. y prnl. Encorvar, doblar, torcer: *el fondo de la sartén se ha curvado.*

curvo, va adj. Que constantemente se va apartando de la dirección recta sin formar ángulos. ‖ f. Línea que tiene esta trayectoria. ‖ Representación gráfica de las fases sucesivas de un fenómeno: *curva de natalidad.* ‖ Tramo curvo de una carretera, camino, línea férrea. ‖ FAM. curvado, curvar, curvatura, curvilíneo.

cuscús m. Plato árabe elaborado con sémola de trigo, carne, pollo y verduras.

cuscurro m. Corrusco.

cúspide f. Cumbre de los montes. ‖ Remate superior: *la cúspide del edificio.* ‖ Vértice de la pirámide o del cono. ‖ Momento culminante de algo o alguien: *llegó a la cúspide de su trayectoria profesional.*

custodia f. Protección, vigilancia. ‖ Pieza en que se expone la Eucaristía. ‖ Templete o trono donde se coloca. ‖ FAM. custodiar, custodio.

custodiar tr. Vigilar, guardar con cuidado.

cutáneo, a adj. Perteneciente al cutis o a la piel.

cutícula f. Película de piel delgada y delicada, sobre todo la que está pegada a la base de las uñas. ‖ Epidermis.

cutis m. Piel del cuerpo humano, principalmente la del rostro. ♦ No varía en pl. ‖ FAM. cutáneo, cutícula.

cuto, ta adj. *amer.* Se dice del animal rabón. ‖ *amer.* Aplicado a un ser humano, manco. También s. ‖ *amer.* Se dice del vestido muy corto: *una falda cuta.*

cutre adj. y com. Pobre, de baja calidad. ‖ Tacaño, miserable.

cuy o **cuye** m. *amer.* Cobaya.

cuyo, ya pron. relat. y pos. De quien, del cual, de lo cual. Concierta en género y número, no con el nombre del poseedor o antecedente, sino con el de la persona o cosa poseída: *los boletos cuya última cifra sea un cinco, son los premiados.*

cuzcuz m. Cuscús.

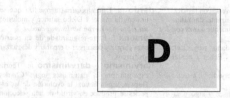

d f. Cuarta letra del abecedario español y tercera de sus consonantes. Su nombre es *de* y representa un fonema dental, oclusivo y sonoro. ‖ Letra numeral romana que, en mayúscula, tiene el valor de quinientos.

dabuten o **dabuti** adj. vulg. Excelente, muy bueno.

dactilar adj. Digital.

dáctilo m. Pie de la poesía griega y latina, compuesto de tres sílabas: la primera, larga, y las otras dos, breves. ‖ **FAM.** dactilar, dactílico.

dactilo- Elemento compositivo antepuesto que significa *dedo: dactilografía, dactilología, dactiloscopia.*

dactilología f. Técnica que consiste en hablar con los dedos o con el alfabeto manual, como los sordomudos.

dactiloscopia f. Estudio de las huellas digitales, utilizadas para la identificación de las personas.

dadá o **dadaísmo** m. Movimiento artístico y literario, nacido en 1916, que pretendía romper con los convencionalismos sociales a través de la burla y de lo absurdo, defendiendo lo infantil, lo espontáneo y lo primitivo. ‖ **FAM.** dadaísta.

dádiva f. Donativo, regalo, cosa que se da sin esperar nada a cambio. ‖ **FAM.** dadivoso.

dadivoso, sa adj. y s. Generoso.

dado, da m. Cubito en cuyas caras hay señalados puntos de uno a seis, y que sirve para varios juegos de azar. ‖ adj. Determinado, concreto: *un momento dado.* ‖ **dado que** loc. conjunt. Puesto que, ya que: *dado que no lo sabes, te lo explicaré.*

dador, ra adj. Que da. También s. ‖ m. Portador de una carta de un sujeto a otro. ‖ El que libra una letra de cambio.

daga f. Arma blanca antigua, de hoja corta.

daguerrotipo m. Procedimiento y aparato fotográficos para obtener imágenes en placas metálicas. ‖ Imagen así obtenida.

dalia f. Planta compuesta, con tallo herbáceo, ramoso, hojas opuestas con cinco o siete hojuelas ovaladas y dentadas; flores con el botón central amarillo y la corola de muchos pétalos y variados colores. ‖ Flor de esta planta.

daltonismo m. Defecto visual que impide distinguir ciertos colores, sobre todo, el rojo y el verde. ‖ **FAM.** daltoniano, daltónico.

dálmata adj. Natural de Dalmacia, región histórica al O de los Balcanes. También com. ‖ Se dice de una raza de perros de tamaño medio y pelo corto de fondo blanco con pintas negras. También com. ‖ m. Lengua hablada en la región de Dalmacia.

dama f. Mujer distinguida: *era toda una dama.* ‖ Mujer galanteada o pretendida por un hombre: *la dama de su corazón.* ‖ Señora que acompañaba y servía a la reina, a la princesa o a las infantas. ‖ Actriz principal. ‖ Reina en el juego del ajedrez. ‖ En el juego de las damas, pieza a la que se superpone otra por haber llegado a la primera línea del contrario. ‖ pl. Juego que se ejecuta en un tablero con piezas redondas. ‖ **FAM.** damero, damisela.

damajuana f. Vasija de vidrio barriguda, de bastante capacidad, normalmente protegida por una funda de malla de mimbre o paja.

damasco m. Tela de seda o lana con dibujos formados en el tejido. ‖ **FAM.** damasquinado.

damero m. Tablero del juego de damas.

damisela f. En sentido irónico, señorita. ‖ Mujer joven presumida y delicada.

damnificado, da adj. y s. Persona que ha sufrido un grave daño, normalmente colectivo: *los damnificados por el terremoto.* ‖ **FAM.** damnificar.

dandi m. Hombre elegante y de buen tono. ‖ **FAM.** dandismo.

danés, sa adj. De Dinamarca. También s. ‖ m. Lengua germánica que se habla en Dinamarca. ‖ **gran danés** Dogo.

dantesco, ca adj. Propio y característico de Dante: *estilo dantesco.* ‖ Que causa espanto: *catástrofe dantesca.* ‖ Grandioso, extraordinario: *un espectáculo dantesco.*

danza f. Baile. ‖ Actividad o movimiento de algo o alguien que va de un lado a otro: *siempre está en danza.* ‖ Enredo, lío: *no te metas en danza.* ‖ **FAM.** danzarín.

danzar tr. Bailar. ‖ intr. Moverse con rapidez, agitación. ‖ **FAM.** danza, danzante, danzarín.

danzarín, na m. y f. Persona que danza con destreza. ‖ Zascandil.

dañar tr. y prnl. Causar daño, perjudicar: *aquello dañó su reputación.* ‖ Echar a perder algo: *la fruta se ha dañado.*

dañino, na adj. Nocivo, perjudicial: *insectos dañinos.*

daño m. Perjuicio que se hace a algo o alguien: *le hizo daño su respuesta.* ‖ Dolor, mal físico: *no me he hecho daño.* ‖ **FAM.** dañado, dañar, dañino, dañoso.

dar tr. Hacer pasar algo que se tiene o sostiene a otro: *dio la pluma a su nieto.* ‖ Entregar: *dame los documentos.* ‖ Otorgar, conceder: *dar audiencia.* ‖ Producir, dar fruto la tierra: *el olivo da aceitunas.* ‖ Procurar, ocasionar: *dar frío.* ‖ Exhibir una película o espectáculo: *dan Los tres mosqueteros.* ‖ Transmitir una cualidad o estado a algo o alguien: *la harina da consistencia a la salsa.* ‖ En el juego de naipes, repartir las cartas a los jugadores. También intr.: *me toca dar a mí.* ‖ Explicar una lección, pronunciar una conferencia: *da clase en el instituto.* ‖ Con voces que expresan un efecto, ejecutar la acción que indican: *dar saltos.* También intr.: *dar de beber.* ‖ Golpear: *dio en la pared.* ‖ Comunicar, informar: *dar las noticias.* ‖ Sonar las campanas de un reloj: *el reloj dio las cinco.* También intr.: *dieron las tres.* ‖ Abrir la llave de paso de la luz, el gas, etc. ‖ intr. Importar, valer. ‖ Suceder algo a alguien: *le dio un dolor de cabeza horrible.* ‖ Encontrar: *dio con la respuesta.* ‖ Estar situada una cosa hacia un lugar determinado: *la puerta da a la calle.* ‖ prnl. Entregarse, dedicarse: *se dio al estudio, a los amigos.* ‖ Tener especial habilidad para hacer algo: *se le da bien el inglés.* ‖ **FAM.** dádiva, dadivoso, dado, dador, dativo, dato. ♦ **Irreg.** Conjugación modelo:

Indicativo
Pres.: *doy, das, da, damos, dais, dan.*
Imperf.: *daba, dabas, daba,* etc.
Pret. indef.: *di, diste, dio, dimos, disteis, dieron.*
Fut. imperf.: *daré, darás, dará,* etc.

Potencial: *daría, darías, daría,* etc.

Subjuntivo
Pres.: *dé, des, dé, demos, deis, den.*
Imperf.: *diera o diese, dieras o dieses,* etc.
Fut. imperf.: *diere, dieres, diere,* etc.

Imperativo: *da, dad.*

Participio: *dado.*

Gerundio: *dando.*

dardo m. Lanza pequeña arrojadiza que se tira con la mano. ‖ Dicho satírico y molesto: *sus reproches fueron verdaderos dardos.*

dársena f. Parte resguardada de un puerto para cargar y descargar o reparar y desguazar los barcos.

darvinismo o **darwinismo** m. Teoría expuesta por el naturalista inglés Charles Darwin, según la cual la evolución de las especies se produce en virtud de una selección natural de individuos, debida a la lucha por la existencia y perpetuada por la herencia. ‖ **FAM.** darviniano.

datar tr. Fechar. ‖ Determinar la fecha: *el perito dató el manuscrito.* ‖ intr. Haber empezado algo en el tiempo que se determina. ♦ Se construye con la prep. *de: data de los años cincuenta.* ‖ **FAM.** data, datación.

dátil m. Fruto comestible de la palmera datilera, de figura elipsoidal prolongada, cubierto con una película amarilla, de carne blanquecina comestible y hueso muy duro, casi cilíndrico. ‖ **FAM.** datilera.

dativo m. En las lenguas que se declinan, caso que hace el oficio de complemento indirecto. En español va precedido generalmente de las preposiciones *a* o *para: me lo dio a mí, sólo para tus ojos.*

dato m. Antecedente necesario para el conocimiento de algo: *nos faltan datos para concluir la investigación.* ‖ Documento, testimonio, prueba: *aportó datos concluyentes que demostraban su inocencia.*

de prep. Denota posesión o pertenencia: *es el coche de Juan.* ‖ Expresa origen o procedencia: *el avión de Londres.* ‖ Indica naturaleza o cualidad: *es de mala calidad.* ‖ Expresa el modo de hacer algo, la materia de que está hecho o lo contenido en ello: *se puso de pie, un vaso de plástico, un vaso de vino.* ‖ Indica el asunto de que se trata algo o el tiempo en que sucede o se ejecuta: *una antología de poemas amorosos, trabaja de noche y duerme de día.* ‖ Denota sentido partitivo: *algo de pan.* ‖ f. Nombre de la letra *d.*

deambular intr. Caminar sin dirección determinada; pasear. ‖ **FAM.** deambulatorio.

deán m. Cabeza del cabildo de una catedral, después del prelado. ‖ Decano.

debacle f. Desastre, ruina, hecatombe.

debajo adv. l. En lugar inferior: *vive justo debajo de nosotros.* ‖ Con sumisión o dependencia: *debajo del presidente está el vicepresidente y los ministros.*

debate m. Discusión, disputa. ‖ Contienda, combate.

debatir tr. Discutir, disputar: *lo debatieron toda la noche sin ponerse de acuerdo.* ‖ prnl.

Luchar, forcejear por salir de una situación apurada: *se debate entre la vida y la muerte.* | **FAM**. debate.

debe m. Parte del libro de cuentas en que se anotan los cargos.

deber m. Obligación: *tu deber es ayudarle.* | Deuda: *dejó un deber de tres millones.* | pl. Trabajos escolares para hacer en casa. | tr. Con un infinitivo, estar obligado a hacer lo que expresa el verbo: *debes volver a las cuatro.* También prnl.: *eso no se debe hacer.* | Con un sustantivo, estar obligado a dar lo que indica el sustantivo: *me debes una cena.* | intr. Con la partícula *de* seguida de infinitivo, denota la probabilidad o duda de que suceda lo indicado por el verbo: *deben de ser las tres.* | prnl. Sentirse obligado: *se debe a sus padres.* | Ser la causa una cosa de otra: *la lluvia se debe a una gota fría.* | **FAM**. debe, debidamente, debido, debitar, débito.

débil adj. De poca fuerza o resistencia. También com. | De carácter flojo: *es débil con sus hijos.* También com. | En gram., se dice de las sílabas no acentuadas y de las vocales cerradas (*i, u*). | **FAM**. debilidad, debilitación, debilitamiento, debilitar, débilmente, debilucho.

debilidad f. Falta de vigor o fuerza física. | Carencia de energía en el carácter. | Cariño o inclinación desmedida por algo o alguien: *tiene debilidad por las fresas.*

debilitar tr. y prnl. Disminuir la fuerza, el vigor o el poder de una persona o cosa.

débito m. Deuda. | Debe de una cuenta.

debut m. Estreno de una obra. | Presentación pública de un artista. | P. ext., primera actuación de alguien en cualquier actividad: *su debut como escritor fue hace siete años.* ♦ pl. *debuts.* | **FAM**. debutante, debutar.

debutar intr. Presentarse por primera vez ante el público.

década f. Periodo de diez años: *la década de los noventa.* | Serie de diez.

decadencia f. Declive, deterioro, principio de debilidad o ruina: *su poder está en plena decadencia.* | Periodo en que tiene lugar este deterioro: *la decadencia del costumbrismo.* | **FAM**. decadente, decadentista.

decadente adj. Que decae. | Que gusta de los modos y estilos de una época en decadencia: *un pintor decadente.*

decaedro m. Cuerpo geométrico de diez caras.

decaer intr. Ir a menos, debilitarse, perder fuerza, importancia o valor: *su valor decaía por momentos.* ♦ Irreg. Se conj. como *caer.* | **FAM**. decadencia, decadente, decadentista, decaído, decaimiento.

decágono m. Polígono de diez lados.

decagramo m. Peso de diez gramos.

decaído, da adj. Deprimido, triste. | Débil.

decaimiento m. Abatimiento, desaliento. | Debilitamiento, flojedad.

decalitro m. Medida de capacidad, que tiene diez litros.

decálogo m. Los diez mandamientos de la ley de Dios. | P. ext., cualquier conjunto de diez principios o normas.

decámetro m. Medida de longitud, que tiene diez metros.

decanato m. Dignidad de decano. | Despacho del decano.

decano, na m. y f. Miembro más antiguo de una comunidad. También adj. | Persona que con este título es nombrada para presidir una corporación o una facultad universitaria, aunque no sea el miembro más antiguo. | **FAM**. decanato.

decantar tr. Pasar un líquido de un recipiente a otro sin que se salga el poso. | prnl. Inclinarse claramente una persona hacia una opinión, ideología: *el gobierno se decantó hacia la derecha.* | **FAM**. decantación, decantamiento.

decapitar tr. Cortar la cabeza | **FAM**. decapitación.

decápodo, da adj. y s. Se dice de los crustáceos de diez patas, como la langosta. | Se dice de los cefalópodos que, como el calamar, tienen diez tentáculos provistos de ventosas, dos de los cuales son más largos que los demás.

decasílabo, ba adj. y s. De diez sílabas.

decatlón m. Competición de atletismo con diez pruebas.

decena f. Conjunto de diez unidades. | **FAM**. decenal.

decencia f. Recato, honestidad, modestia. | Dignidad.

decenio m. Periodo de diez años.

decente adj. Honesto, justo: *me parece un precio decente.* | Digno. | Suficiente, regular. | Limpio, aseado: *va siempre muy decente.* | De buena calidad: *la película era bastante decente.* | **FAM**. decencia, decentemente.

decepción f. Sentimiento que produce comprobar que algo o alguien no satisface las expectativas puestas en él o en ello. | **FAM**. decepcionar.

decepcionar tr. Producir algo o alguien una decepción.

deceso m. Muerte.

dechado m. Ejemplo, modelo: *era un dechado de cortesía.*

decibelio m. Unidad de medida del sonido que corresponde a la décima parte del belio.

decidido, da adj. Resuelto, que actúa con decisión y valor: *le habló en tono decidido; es muy decidido.*

decidir tr. Dar una solución definitiva: *ella decidió lo que íbamos a comer.* ‖ Resolver, tomar una determinación. También prnl.: *se decidió por mí.* ‖ **FAM.** decididamente, decidido, decididor, decisión, decisivo, decisorio.

decigramo m. Peso equivalente a la décima parte de un gramo.

decilitro m. Medida de capacidad, que tiene la décima parte de un litro.

décima f. Combinación métrica de diez versos octosílabos. También se llama *espinela.* ‖ Décima parte de un grado de fiebre en el termómetro.

decimal adj. De cada una de las diez partes iguales en que se divide una cantidad. ‖ Del sistema métrico de pesas y medidas, cuyas unidades son múltiplos o divisores de diez. ‖ Del sistema de numeración cuya base es diez.

decímetro m. Medida de longitud, que tiene la décima parte de un metro.

décimo, ma adj. Que sigue inmediatamente en orden al noveno. ‖ De cada una de las diez partes iguales en que se divide un todo. También s. ‖ m. Décima parte del billete de lotería. ‖ **FAM.** décima, decimal.

decimonónico, ca adj. Del siglo XIX: *el realismo decimonónico.*

decir tr. Manifestar con palabras el pensamiento. También prnl.: *¡qué hago yo aquí!, me dije.* ‖ Asegurar, opinar: *dice que es mejor que vengas mañana.* ‖ Denotar una cosa o dar muestras de ello: *su carta dice todo de su carácter.* ‖ Contener los libros, escritos, etc., ciertos temas, ideas, etc.: *el libro dice cómo hay que hacerlo.* ‖ Nombrar: *le dicen el Chispas.* ‖ intr. Convenir, armonizar o no una cosa con otra. ♦ Se construye con los advs. *bien* o *mal*: *el verde dice mal a una morena.* ‖ m. Dicho, palabra: *es un decir popular.* ‖ **es decir** loc. O sea, esto es. ‖ **es un decir** loc. Es una suposición. ‖ **FAM.** decible, dicho, decidor, bendecir, maldecir, predecir. ♦ **Irreg.** Conjugación modelo:

Indicativo
Pres.: *digo, dices, dice, decimos, decís, dicen.*
Imperf.: *decía, decías,* etc.
Pret. indef.: *dije, dijiste, dijo,* etc.
Fut. imperf.: *diré, dirás, dirá,* etc.

Potencial: *diría, dirías,* etc.

Subjuntivo
Pres.: *diga, digas, diga, digamos, digáis, digan.*
Imperf.: *dijera o dijese, dijeras o dijeses,* etc.
Fut. imperf.: *dijere, dijeres,* etc.

Imperativo: *di, decid.*

Participio: *dicho.*

Gerundio: *diciendo.*

decisión f. Resolución que se toma o se da en una cosa dudosa: *ayer nos comunicaron su decisión.* ‖ Firmeza de carácter: *actúa con mucha decisión.*

decisivo, va adj. Definitivo, que decide o resuelve: *un partido decisivo para la final.* ‖ De consecuencias importantísimas: *fue un libro decisivo en su carrera.* ‖ **FAM.** decisivamente.

declamación f. Acción, arte o manera de declamar.

declamar intr. Recitar con la entonación y los ademanes convenientes. También tr.: *declamó sus propios versos.* ‖ Hablar en público. ‖ Hablar con vehemencia. ‖ **FAM.** declamación, declamatorio.

declaración f. Manifestación bajo juramento ante el juez.

declarante com. Que declara ante el juez.

declarar tr. Exponer, manifestar o explicar lo que está oculto o no se entiende: *declaró los principales puntos de su teoría.* ‖ Manifestar a la administración del Estado los ingresos y los bienes que se tienen y que están sometidos a impuesto. ‖ intr. Testificar, manifestar los testigos o el reo ante el juez bajo juramento lo que saben sobre los hechos que originaron la causa judicial. ‖ prnl. Revelar algo personal o un sentimiento: *ayer se me declaró Juan.* ‖ **FAM.** declaración, declarante, declarativo, declaratorio.

declinación f. Declive. ‖ Decadencia. ‖ Serie ordenada de los casos gramaticales. ‖ Distancia de un astro al ecuador.

declinar intr. Caer. ‖ Decaer, menguar de fuerza o valor: *su fama declinaba.* ‖ Aproximarse algo a su fin: *declinaba el día.* ‖ tr. Rehusar, rechazar: *declino toda responsabilidad.* ‖ Poner las palabras en sus casos gramaticales. ‖ **FAM.** declinable, declinación, declinante.

declive m. Pendiente. ‖ Decadencia: *esta novela anuncia el declive de su carrera.* ‖ **FAM.** declivio.

decolorar tr. y prnl. Quitar o disminuir el color a algo. ‖ **FAM.** decoloración, decolorante.

decomisar tr. Incautarse el Estado de mercancías procedentes de comercio ilegal. ‖ **FAM.** decomiso.

decoración f. Acción y efecto de decorar. ‖ Conjunto de elementos que adornan una habitación, un ambiente, etc.: *la decoración de esta sala me parece rebuscada.* ‖ Arte que estudia la combinación de los elementos orna- mentales: *estudia decoración.* ‖ Decorado. ‖ **FAM.** decorador, decorativo

decorado m. Conjunto de muebles, telones, etc., que representa el lugar en que discurre una obra de teatro, cine, televisión.

decorar tr. Adornar, embellecer con dibujos, flores, etc., cualquier cosa. ‖ Poner en una casa o habitación muebles, cuadros, lám- paras, etc., para crear en ella un ambiente determinado. ‖ **FAM.** decoración, decora- do, decorador, decorativo, decoro, conde- corar.

decorativo, va adj. Qué adorna. ‖ Se dice de quien tiene un papel sin importancia en una actividad, o que es valorado sólo por su aspecto físico: *es un cargo meramente decora- tivo; lo contrataron como elemento decorativo de la oficina.*

decoro m. Honor que se debe a una persona por su nacimiento o dignidad. ‖ Seriedad en la forma de actuar y de hablar. ‖ Cuali- dad de lo que, sin lujo, tiene un aspecto cui- dado y acorde con la propia categoría. ‖ Pudor, decencia en lo relacionado con la moral sexual. ‖ **FAM.** decorosamente, deco- roso.

decrecer intr. Menguar, disminuir algo en cantidad, intensidad o importancia. ♦ **Irreg.** Se conj. como *agradecer.* ‖ **FAM.** decreciente, decrecimiento.

decrépito, ta adj. Se apl. a la edad muy avanzada y a la persona que por su vejez suele tener muy disminuidas las facultades físicas y psíquicas. También s. ‖ Se dice de las cosas que han llegado a su decadencia: *una casa de- crépita.* ‖ **FAM.** decrepitud.

decretar tr. Resolver, decidir la persona que tiene autoridad o facultades para ello. ‖ Ano- tar brevemente en el margen de un escrito el curso o respuesta que se le ha de dar. ‖ Deci- dir el juez sobre las peticiones de las partes. ‖ **FAM.** decretal, decreto.

decreto m. Acción y efecto de decretar. ‖ Decisión que toma el papa de acuerdo con los cardenales.

decúbito m. Posición del cuerpo acostado o tumbado.

decuplicar tr. Multiplicar por diez.

décuplo, pla adj. y s. Que contiene un nú- mero o una cantidad diez veces. ‖ **FAM.** de- cuplicar.

decurso m. Sucesión o continuación del tiempo.

dedal m. Utensilio pequeño, cónico y hueco, que cubre la punta de un dedo para empujar la aguja al coser y no pincharse.

dédalo m. Laberinto, cosa o lugar confusos y enmarañados.

dedicar tr. Emplear, destinar, aplicar algo a un uso determinado: *tienda dedicada a vinos.* También prnl.: *se dedica a la construcción.* ‖ Consagrar al culto: *este templo estaba dedi- cado a Venus.* ‖ Ofrecer algo a alguien como obsequio: *me dedicó el libro.* ‖ **FAM.** dedica- ción, dedicatoria.

dedicatoria f. Mensaje dirigido a la perso- na a quien se dedica un libro, cuadro, foto- grafía, etc.

dedil m. Funda para cada dedo de la mano.

dedo m. Cada una de las extremidades mó- viles en que terminan las manos y los pies del hombre y de muchos animales. ‖ Medida de longitud del ancho de un dedo: *hay que subir dos dedos ese jaretón.* ‖ **FAM.** dedada, dedal, dedalera, dedil, dedillo.

deducción f. Acción y efecto de deducir. ‖ Descuento, rebaja. ‖ Método por el que, a partir de conceptos generales o universales, se llega a verdades particulares.

deducir tr. Sacar consecuencias de un prin- cipio, proposición o supuesto. También prnl.: *de todo ello se deduce que...* ‖ Rebajar, restar, descontar. ♦ **Irreg.** Se conj. como *conducir.* ‖ **FAM.** deducción, deductivo.

defecar intr. Expulsar los excrementos. ‖ **FAM.** defecación.

defección f. Abandono desleal de una cau- sa o un partido.

defectivo, va adj. y m. Se dice del verbo que no se conjuga en todos los tiempos, mo- dos y personas, p. ej. abolir.

defecto m. Carencia, falta de algo que es na- tural. ‖ Imperfección moral o natural. ‖ **por defecto** loc. adj. o adv. Inexacto por debajo del límite esperado: *dato erróneo por defecto.* ‖ **FAM.** defección, defectivo, defectuosamen- te, defectuoso, deficiente, deficientemente, in- defectible, indefectiblemente.

defectuoso, sa adj. Imperfecto.

defender tr. Amparar, proteger a alguien o algo de un daño o perjuicio: *defendió su re- putación.* También prnl. ‖ Mantener, sostener una ideología, causa, etc., contra la opinión ajena. ‖ Abogar por alguien. También prnl.: *no supo defenderse de las acusaciones.* ‖ prnl. Responder suficientemente bien en una acti- vidad o situación difícil: *gano lo justo pero me voy defendiendo; se defiende muy bien con los clientes nuevos.* ♦ **Irreg.** Se conj. como *enten- der.* ‖ **FAM.** defendible, defendido, defensa, defensivo, defensor.

defenestrar tr. Arrojar a alguien por una ventana. ‖ Destituir o expulsar a alguien de un puesto, cargo, situación, etc. | **FAM.** defenestración.

defensa f. Acción y resultado de defender: *salió en su defensa*. | Arma, fortificación, instrumento para la defensa. | Amparo, protección: *defensa contra el fuego*. | Abogado defensor, su equipo y el conjunto de razones alegadas por él en un juicio. | Conjunto de mecanismos que tiene el organismo de los seres vivos para defenderse de todo lo que le pudiera resultar dañino. | En ciertos deportes, línea de jugadores que defiende la portería. | com. Jugador de esta línea.

defensivo, va adj. Útil para la defensa: *maniobras defensivas*. | f. Actitud exclusiva de defensa.

defensor, ra m. y f. Que defiende o protege. | Se dice del abogado encargado de la defensa en un juicio.

deferencia f. Condescendencia, consideración, adhesión a lo que hace o dice alguien por respeto. | Muestra de respeto o cortesía. | **FAM.** deferente.

deferente adj. Respetuoso, cortés.

deficiencia f. Defecto o imperfección.

deficiente adj. Que no llega al nivel que se necesita: *un caudal deficiente*. | Defectuoso, mal hecho: *unos cálculos deficientes*. | **deficiente mental** Persona cuyo coeficiente intelectual está por debajo del nivel medio general. | **FAM.** deficiencia, déficit.

déficit m. En com., cantidad que falta para que los ingresos se equilibren con los gastos: *déficit presupuestario*. | Falta o escasez de algo que se juzga necesario: *déficit de viviendas*. ♦ pl. *déficit* o *déficits*. | **FAM.** deficitario.

deficitario, ria adj. Que implica déficit.

definición f. Acción y efecto de definir. | Explicación de cada uno de los vocablos, locuciones y frases que contiene un diccionario. | Nitidez en la representación gráfica de una imagen: *pantalla de alta definición*.

definir tr. Fijar y explicar con claridad y precisión el significado de una palabra, la naturaleza de una cosa, los caracteres de un concepto. También prnl.: *definirse ideológicamente*. | Resolver algo dudoso: *por fin definió su postura*. | **FAM.** definible, definición, definido, definidor, definitivo, definitorio.

definitivo, va adj. Firme, se dice de lo que no se va a cambiar porque ya es como debe ser: *el plan definitivo de una obra*. | Concluyente, que resuelve: *acuerdo definitivo*.

deflación f. Medida destinada a combatir la inflación que consiste en la disminución de los precios y de la circulación del papel moneda. | **FAM.** deflacionario.

deflagrar intr. Arder una sustancia con llama y sin explosión. | **FAM.** deflagración.

defoliación f. Caída prematura de las hojas de los árboles y plantas.

deforestar tr. Despojar un terreno de plantas forestales. | **FAM.** deforestación.

deformar tr. y prnl. Hacer que algo o alguien pierda su forma original o natural: *deformar un sombrero, un carácter*. | **FAM.** deformación, deformador, deformante, deforme, deformidad.

deforme adj. Desproporcionado o irregular en la forma: *una vasija deforme*. | Que ha sufrido una deformación: *un pie deforme*.

deformidad f. Calidad de deforme. | Cosa deforme.

defraudar tr. Resultar algo o alguien distinto y peor de lo que quería o esperaba. También intr.: *esta vez no te defraudaré*. | Quitar a alguien algo que le pertenece con abuso de confianza: *defraudó noventa millones en el banco*. | **FAM.** defraudación, defraudador.

defunción f. Muerte de una persona, fallecimiento.

degeneración f. Alteración de los tejidos o de una célula viva.

degenerado, da adj. y s. Degradado, depravado.

degenerar intr. y prnl. Perder algo o alguien su calidad original o su primitivo valor o estado: *este festival ha degenerado bastante*. | Decaer en un individuo o una especie animal o vegetal las virtudes y características de sus antepasados: *esta ganadería ha degenerado*. | **FAM.** degeneración, degenerado, degenerativo.

deglutir tr. e intr. Engullir, ingerir, tragar los alimentos. | **FAM.** deglución.

degolladero m. Parte del cuello por donde se degüella. | Sitio destinado para degollar las reses. | Tablado o cadalso que se hacía para degollar a un delincuente.

degollar tr. Cortar la garganta o el cuello. | Matar el torero al toro con una o más estocadas mal dirigidas al cuello, por lo que el animal echa sangre por la boca. | Representar mal una obra dramática, acabar mal un discurso, interpretar mal, una obra musical, etc. ♦ **Irreg.** Se conj. como *contar*. | **FAM.** degollación, degolladero, degolladura, degollina, degüello.

degollina f. Matanza. | Abundancia de suspensos en un examen.

degradar tr. Deponer o rebajar a alguien de grado y dignidad: *le degradaron a soldado raso*. | Humillar: *este trabajo le degrada*. También prnl. | Disminuir progresivamente la luz, el color y el tamaño de las figuras de un cuadro para conseguir la perspectiva. I **FAM.** degradación, degradante.

degustar tr. Probar o saborear alimentos. I **FAM.** degustación.

dehesa f. Tierra acotada y dedicada a pastos.

dehiscente adj. Se dice del fruto cuyo pericarpio se abre naturalmente para que salga la semilla. I **FAM.** dehiscencia.

deíctico, ca adj. Perteneciente o relativo a la deixis. I m. Elemento gramatical que realiza una deixis.

deidad f. Ser divino. I Cada uno de los dioses de las diversas religiones.

deificar tr. Divinizar algo o a alguien. I Endiosar, ensalzar. I **FAM.** deificación.

deixis f. Función de ciertos elementos lingüísticos que señalan algo que se ha dicho anteriormente en la frase o que está presente ante los hablantes, p. ej. *este, ese* o *aquel.* ♦ No varía en pl. I **FAM.** deíctico.

dejadez f. Pereza, negligencia, abandono de sí mismo o de sus cosas propias.

dejado, da adj. Se dice de la persona negligente, descuidada consigo misma y con sus cosas. También s.

dejar tr. Soltar algo o ponerlo en algún lugar: *deja el abrigo en el perchero.* I Consentir, permitir: *no me dejan salir esta noche.* También prnl.: *se deja pisotear.* I Producir ganancia: *le deja todos los años unos beneficios enormes.* I Abandonar: *ha dejado a su marido.* I Encargar: *en su ausencia me dejó la administración de sus fincas.* I Faltar, ausentarse: *dejó su casa muy temprano.* I Legar: *ha dejado la casa de Madrid a su nieto.* I No continuar lo empezado: *dejó los estudios.* También intr. con la prep. *de: deja de hacer ruido.* I Prestar: *déjame un bolígrafo.* I prnl. Descuidarse de sí mismo: *desde la enfermedad se ha dejado mucho.* I Olvidar algo en algún sitio: *me he dejado el paraguas.* I **FAM.** dejación, dejadez, dejado, deje, dejillo, dejo.

deje m. Acento o modo de hablar peculiar de una comunidad o persona. I **FAM.** dejillo, dejo.

del contr. de la prep. *de* y el art. *el: la naturaleza del hombre,* por *la naturaleza de el hombre;* pero: *viene de El Escorial,* y no *viene del Escorial.*

delación f. Acusación, denuncia.

delantal m. Prenda que, atada a la cintura, cubre la parte delantera de la ropa para protegerla.

delante adv. I. En la parte anterior: *no me gusta sentarme delante.* I Enfrente: *está justo delante de ti.* I adv. m. A la vista, en presencia: *hablaré delante de todos.* I **FAM.** delantal, delantero.

delantero, ra adj. Que está o va delante: *asiento delantero.* I m. y f. Deportista que juega en la delantera de un equipo. I f. Parte anterior de una cosa. I En locales de espectáculos, primera fila de asientos. I Distancia con que uno se adelanta a otro: *el número catorce ha tomado la delantera.* I Línea de ataque en un equipo deportivo.

delatar tr. Revelar voluntariamente a la autoridad un delito, y su autor. I Descubrir, poner de manifiesto algo. También prnl.: *tu nerviosismo te delata.* I **FAM.** delación, delator.

delco m. Distribuidor eléctrico que produce el encendido del motor de explosión.

delegación f. Acción y efecto de delegar: *actuaba por delegación.* I Cargo y oficina de delegado: *delegación de turismo.* I Reunión, comisión de delegados. I Cada una de las oficinas que una casa o empresa tiene repartidas por diferentes sitios.

delegado, da adj. y s. Se dice de la persona en quien se delega.

delegar tr. Dar una persona a otra facultad o poder para que los ejerza en su nombre. I **FAM.** delegación, delegado.

deleitar tr. y prnl. Agradar, producir deleite.

deleite m. Placer, satisfacción, gozo. I **FAM.** deleitable, deleitar, deleitoso.

deletéreo, a adj. Mortífero, venenoso.

deletrear intr. Pronunciar por separado cada letra o sílaba de una palabra. I **FAM.** deletreo.

deleznable adj. Despreciable: *tiene un carácter deleznable.* I Que se rompe fácilmente: *una loza deleznable.* I Poco duradero.

delfín m. Mamífero cetáceo carnívoro de 2 a 3 m de largo, negro por encima, blanquecino por debajo, de cabeza voluminosa, ojos pequeños y pestañosos, boca muy grande, dientes cónicos en ambas mandíbulas, hocico delgado y agudo, y una sola abertura nasal. I Título que se daba al primogénito del rey de Francia.

delgado, da adj. Flaco, de pocas carnes. También s. I Estrecho, fino: *un hilo delgado.* I **FAM.** delgadez, delgaducho.

deliberado, da adj. Voluntario, intencionado.

deliberar intr. Meditar sobre el pro y el contra de una decisión antes de adoptarla. I Tratar un asunto entre varias personas: *el jurado se ha retirado a deliberar.* I **FAM.** deliberación, deliberadamente, deliberado, deliberante.

delicadeza f. Finura, ternura, suavidad. I Comportamiento de la persona delicada. I Obsequio, detalle delicado.

delicado, da adj. Que se rompe, quiebra o

estropea con facilidad: *ese jarrón es muy delicado.* | Débil, enfermizo. | Fino, distinguido, no vulgar, aplicado a cosas y a personas. | Liso, suave: *una piel delicada.* | Se dice del asunto o la persona de difícil trato: *este es el aspecto más delicado del tema.* | **FAM.** delicadeza, delicaducho.

delicia f. Placer suave que algo produce al ánimo o a los sentidos. | Lo que lo produce: *este viento es una delicia.* | **FAM.** delicioso.

delicioso, sa adj. Placentero, que causa delicia.

delictivo, va adj. Relativo al delito o que lo implica.

delicuescencia f. Propiedad de lo que se vuelve líquido lentamente al absorber la humedad del aire. | Inconsistencia, decadencia; se apl. principalmente a costumbres o a estilos literarios y artísticos. | **FAM.** delicuescente.

delimitar tr. Limitar, poner límites. | **FAM.** delimitación.

delincuencia f. Actividad de cometer delitos. | Conjunto de delitos de un país o época. | **FAM.** delincuente.

delineante com. Persona que traza o delinea planos diseñados por otro.

delinear tr. Trazar las líneas de una figura, sobre todo dibujar un plano. | **FAM.** delineante.

delinquir intr. Cometer delitos. ◆ La *qu* de la raíz cambia a *c* ante *a, o: delinco, delinca.* | **FAM.** delincuencia, delincuente.

delirar intr. Desvariar, decir incoherencias por alguna alteración mental. | Hacer, pensar o decir cosas disparatadas o insensatas. | Padecer alucinaciones durante el sueño. | **FAM.** delirante, delirio.

delirio m. Acción de delirar. | Despropósito, disparate.

delirium tremens loc. lat. Delirio con alucinaciones que padecen los alcohólicos crónicos.

delito m. Acción que quebranta la ley. | **FAM.** delictivo, delinquir.

delta m. Acumulación triangular entre los brazos de la desembocadura de un río. | f. Cuarta letra del alfabeto griego, que corresponde a nuestra *d.* | **ala delta** Aparato de vuelo libre con una vela triangular a la que va sujeto el deportista. | **FAM.** deltoides.

demacrado, da adj. Que está delgado o con mal aspecto por falta de nutrición o por enfermedades físicas o psíquicas. | **FAM.** demacración, demacrarse.

demacrarse tr. y prnl. Perder carnes, enflaquecer.

demagogia f. Ideología o actuación política que trata de conseguir el apoyo del pueblo a través de halagos o falsas promesas. | En la antigua Grecia, gobierno dictatorial con el apoyo popular. | **FAM.** demagógico, demagogo.

demanda f. Petición: *convocaron una huelga en demanda de mejoras salariales.* | Búsqueda. | Pedido de mercancías o bienes sujeto al pago de una cantidad determinada. | En der., petición que un litigante sustenta en el juicio. | En der., documento en que se ejercitan en juicio una o varias acciones civiles.

demandado, da m. y f. Persona acusada en un pleito civil.

demandar tr. Pedir: *sólo demando lo que es mío.* | Presentar una demanda judicial contra alguien. | **FAM.** demanda, demandando, demandante.

demarcación f. Acción y efecto de demarcar. | Terreno demarcado. | En las divisiones territoriales, parte comprendida en cada jurisdicción: *demarcación provincial.*

demarcar tr. Limitar, señalar los límites. | **FAM.** demarcación.

demás adj. y pron. indef. Precedido de los artículos *lo, la, los, las,* lo otro, la otra, los otros, las otras. | El resto: *el cinturón, el bolso y demás complementos.* | **FAM.** demasía, demasiado.

demasía f. Exceso.

demasiado, da adj. Excesivo, más de lo necesario: *demasiado caliente.* También pron.: *ya son demasiados,* y adv.: *come demasiado.*

demencia f. Locura. | Estado de debilidad, generalmente progresivo e irreversible, de las facultades mentales: *demencia senil.* | **FAM.** demencial, demente.

demente adj. y com. Loco, que padece demencia.

demérito m. Falta de mérito. | Acción, circunstancia o cualidad de algo que disminuye la calidad o el valor de algo: *sus salidas de tono son un demérito para su carrera.*

democracia f. Forma de gobierno en que el pueblo ejerce la soberanía mediante la elección libre de sus dirigentes para periodos determinados de tiempo. | Comunidad gobernada de esta forma. | Doctrina que la defiende. | **FAM.** demócrata, democrático, democratización, democratizar.

demografía f. Estudio estadístico sobre el volumen, el crecimiento, las características, etc., de la población humana. | **FAM.** demográfico, demógrafo.

demoler tr. Destruir, derribar algo material o inmaterial: *demoler las bases de la libertad.* ◆ **Irreg.** Se conj. como *mover.* | **FAM.** demoledor, demolición.

demonio m. Diablo. | Persona mala o traviesa: *este crío es un demonio.* | **a demonios** loc. adv. Muy mal, fatal. ◆ Con verbos como *saber, oler: esta medicina sabe a demonios.* ‖ **FAM.** demoníaco, demonología.

demorar tr. y prnl. Retardar: *el tribunal demoró su fallo.* ‖ intr. y prnl. Detenerse en un lugar: *nos demoramos en el camino por contemplar el paisaje.* ‖ **FAM.** demora.

demostración f. Acción y efecto de demostrar: *la demostración de una teoría.* ‖ Manifestación pública de actos, intenciones o sentimientos: *una demostración de cariño.*

demostrar tr. Probar algo mediante verdades universales y evidentes: *un examen detenido demostró la falsedad del cuadro.* ‖ Comprobar un principio o una teoría, por hechos ciertos o experimentos repetidos: *demostrar una fórmula matemática.* ‖ Fin y término del procedimiento deductivo. ‖ Manifestar, ser algo indicio de otra cosa: *su respuesta demuestra lo que te quiere.* ‖ Enseñar algo prácticamente: *demuéstrame cómo se programa el vídeo.* ♦ **Irreg.** Se conj. como *contar.* ‖ **FAM.** demostrable, demostración, demostrativo.

demostrativo, va adj. Que demuestra o sirve para demostrar. ‖ En gram., adjetivos y pronombres que señalan personas o cosas con respecto al hablante. También m.: *los demostrativos en español son: este,-a,-as,-o,-os; ese,-a,-as,-o,-os; aquel,-lla,-llas,-llo,-llos.*

demudar tr. Cambiar, alterar, desfigurar. ‖ prnl. Cambiarse repentinamente el color o la expresión de la cara: *se demudó ante tu acusación.* ‖ **FAM.** demudación.

denario m. Moneda romana de plata, equivalente a 10 ases ó 4 sestercios. ‖ Moneda romana de oro, que valía cien sestercios.

dendrita f. Prolongación protoplásmica ramificada de la célula nerviosa. ‖ Árbol fósil. ‖ Concreción mineral que en forma de ramas de árbol suele presentarse en las fisuras y juntas de las rocas.

denegar tr. No conceder lo que se pide: *denegaron su apelación.* ♦ **Irreg.** Se conj. como *acertar.* ‖ **FAM.** denegación, denegatorio.

dengue m. Remilgo, delicadeza afectada: *si de veras tuvieras tanta hambre, no le harías dengues a este estofado.* ‖ com. Persona que lo hace.

denigrar tr. Desacreditar, desprestigiar. ‖ Agraviar, ofender a alguien. ‖ **FAM.** denigración, denigrante, denigratorio.

denodado, da adj. Intrépido, atrevido: *hizo denodados esfuerzos por defenderte.* ‖ **FAM.** denodadamente, denodarse, denuedo.

denodarse prnl. Atreverse, esforzarse.

denominación f. Nombre o título con que se distinguen personas o cosas. ‖ **denominación de origen** Certificado de calidad y lugar de procedencia que acompaña a ciertos productos.

denominador m. Número que en los quebrados o fracciones expresa las partes iguales en que se considera dividida la unidad.

denominar tr. y prnl. Nombrar, dar un título particular. ‖ **FAM.** denominación, denominador, denominativo.

denostar tr. Insultar. ♦ **Irreg.** Se conj. como *contar.* ‖ **FAM.** denuesto.

denotar tr. Indicar, significar: *ese ceño denota enfado o preocupación.* ‖ **FAM.** denotación.

densidad f. Calidad de denso. ‖ Relación entre la masa y el volumen de un cuerpo.

denso, sa adj. Compacto, muy pesado en relación con su volumen. ‖ Espeso, engrosado: *salsa densa.* ‖ Apiñado, apretado, unido: *un bosque muy denso.* ‖ Se dice del escrito con demasiado contenido en relación con su extensión. ‖ **FAM.** densamente, densidad, densificar, densímetro.

dentadura f. Conjunto de dientes de una persona o un animal.

dental adj. De los dientes. ‖ En fon., se dice de la consonante que se pronuncia con la punta de la lengua en los incisivos superiores, como la *d* y la *t.* ‖ **FAM.** interdental, labiodental.

dentellada f. Mordisco fuerte y señal que deja: *todavía se aprecian en su pierna las dentelladas del perro.*

dentera f. Sensación áspera en los dientes por comer determinados alimentos, tocar ciertas cosas u oír ruidos desagradables: *el chirrido de la tiza me da dentera.* ‖ Envidia.

dentición f. Tiempo de formación, salida y crecimiento de los dientes. ‖ Clase y número de dientes que caracterizan a un animal mamífero, según la especie a que pertenece.

dentífrico, ca adj. y m. Se dice de la sustancia para la limpieza de la dentadura.

dentina f. Marfil de los dientes.

dentista adj. y com. Especialista dedicado al cuidado y curación de los dientes.

dentro adv. l. y t. A o en el interior de un espacio o término real o imaginario: *te espero dentro; estaré contigo dentro de un momento.* ‖ **FAM.** adentro.

dentudo, da adj. y s. Que tiene dientes desproporcionados.

denuedo m. Esfuerzo, valor, intrepidez: *luchó con denuedo por salir adelante.*

denuesto m. Injuria grave de palabra o por escrito.

denuncia f. Acción y efecto de denunciar. ‖ Aviso a la autoridad de una violación a la ley, y documento en que consta.

denunciar tr. Delatar: *denunció a sus cómplices bajo promesa de indulto.* ‖ Declarar oficialmente el estado ilegal de algo: *denunciar la insalubridad de un edificio.* ‖ Notificar una de las partes la rescisión de un contrato, la terminación de un tratado. ‖ Informar, avisar. ‖ FAM. denuncia, denunciante

deontología f. Ciencia o tratado de los deberes que conciernen al profesional de una rama determinada. ‖ FAM. deontológico.

deparar tr. Suministrar, proporcionar, conceder.

departamento m. Parte de un territorio, edificio, vehículo. ‖ Ministerio o ramo de la administración pública: *departamento de relaciones internacionales.* ‖ En las universidades, unidad de docencia e investigación, formada por una o varias cátedras de materias afines: *departamento de fisiología.* ‖ En algunos países de América, división de un territorio sujeta a una autoridad administrativa. ‖ *amer.* Apartamento. ‖ FAM. departamental.

departir intr. Hablar, conversar.

depauperar tr. Empobrecer. ‖ Debilitar, extenuar. Más c. prnl. ‖ FAM. depauperación, depauperado.

dependencia f. Subordinación. ‖ Oficina dependiente de otra de más entidad. ‖ En un comercio, conjunto de dependientes. ‖ Cada habitación de un edificio grande. Más en pl.: *visitamos las dependencias reales.*

depender intr. Estar subordinado a algo o alguien: *depende directamente del ministro.* ‖ Necesitar de otro o de otra cosa: *depende demasiado de tu madre.* ‖ Producirse una cosa condicionada por otra: *el éxito depende del esfuerzo y de la suerte.* ‖ FAM. dependencia, dependiente.

dependiente, ta m. y f. Persona empleada en un comercio. ‖ adj. Que depende. ‖ FAM. independiente.

depilar tr. y prnl. Arrancar o provocar la caída del pelo o vello. ‖ FAM. depilación, depilatorio.

deplorar tr. Lamentar, sentir profundamente algo: *deploro su falta de franqueza.* ‖ FAM. deplorable.

deponer tr. Destituir a alguien: *ayer destituyeron al secretario.* ‖ Abandonar algo: *deponer las armas.* ‖ intr. Evacuar el vientre. ◆ Irreg. Se conj. como *poner.* ‖ FAM. deponente, deposición.

deportar tr. Enviar a alguien a cumplir una pena de confinamiento a un lugar lejano. ‖ FAM. deportación.

deporte m. Actividad física, ejercida como juego o competición, cuya práctica supone entrenamiento y sujeción a normas. ‖ FAM. deportista, deportividad, deportivo.

deportista com. y adj. Persona aficionada o practicante de algún deporte.

deportividad f. Actuación con un comportamiento correcto y educado.

deportivo, va adj. Perteneciente o relativo al deporte: *vestimenta deportiva.* ‖ Que se ajusta a las normas de corrección en la práctica de los deportes: *conducta deportiva.* ‖ FAM. deportivamente.

deposición f. Acción y efecto de deponer. ‖ Evacuación del vientre.

depositar tr. Poner cosas de valor bajo la custodia de alguien: *depositó sus joyas en la caja fuerte del banco.* ‖ Colocar: *lo deposité sobre la mesa.* ‖ Encomendar, confiar a uno alguna cosa: *depositó en él toda su confianza.* ‖ prnl. Sedimentarse. ‖ FAM. depositaría, depositario, depósito.

depositario, ria adj. Se dice de la persona o entidad en quien se deposita algo. ‖ m. y f. Persona en quien se deposita algo.

depósito m. Acción y efecto de depositar, la cosa depositada y el lugar donde se deposita. ‖ Estanque o recipiente donde se almacena un líquido: *depósito de gasolina.*

depravación f. Corrupción, perversión.

depravado, da adj. y s. Pervertido.

depravar tr. y prnl. Corromper, pervertir. ‖ FAM. depravación, depravadamente, depravado.

deprecación f. Ruego, súplica, petición. ‖ Figura retórica que consiste en dirigir un ruego o súplica ferviente.

deprecar tr. Rogar, pedir, suplicar con eficacia o instancia. ‖ FAM. deprecación, deprecativo.

depreciar tr. y prnl. Disminuir o rebajar el valor o precio de algo: *las acciones de esa compañía se han depreciado mucho.* ‖ FAM. depreciación.

depredación f. Acción y efecto de depredar. ‖ Malversación o exacción injusta por abuso de autoridad o de confianza.

depredador, ra adj. Que depreda. También s. ‖ Se dice del animal que captura otros animales y los devora. También m.: *los depredadores africanos.*

depredar tr. Robar, saquear con violencia y destrozo. ‖ Cazar para su subsistencia algunos animales a otros de cierto tamaño. ‖ FAM. depredación, depredador.

depresión f. Abatimiento, melancolía, tristeza. ‖ Concavidad de alguna extensión en un terreno u otra superficie. ‖ Período de baja actividad económica, con aumento del desempleo, descenso de los salarios, uso decreciente de los recursos y bajo nivel de inversiones.

depresor, ra adj. Que deprime o humilla. ‖ m. Instrumento médico para deprimir o apartar, como el que se aplica a la base de la lengua para ver la cavidad faríngea.

deprimir tr. Producir desaliento o pesimismo. También prnl.: *se deprime por nada.* ‖ Disminuir el volumen de un cuerpo por la presión. ‖ Hundir alguna parte de un cuerpo. ‖ **FAM.** depre, depresión, depresivo, depresor, deprimente, deprimido.

deprisa adv. m. Rápidamente, con celeridad.

depurado, da adj. Pulido, trabajado, elaborado cuidadosamente: *un estilo depurado.*

depurador, ra adj. Que depura. También s. ‖ m. y f. Aparato o instalación para depurar o limpiar algo, especialmente las aguas.

depurar tr. Limpiar, purificar una sustancia. También prnl.: *depurar la sangre.* ‖ Perfeccionar: *depurar el léxico.* ‖ Expulsar de un grupo a los miembros peligrosos por no estar conformes con la ideología común: *depurar un partido político.* ‖ **FAM.** depuración, depurado, depurador, depurativo, depuratorio.

derby (voz i.) m. Competición hípica de selección de potros que se celebra anualmente en Gran Bretaña. ‖ Competición entre rivales de la misma ciudad o región.

derechazo m. Golpe dado con la mano derecha.

derechista adj. y com. De la derecha política.

derecho, cha adj. Recto, que no se tuerce a los lados: *esa costura no va derecha.* ‖ Directo, que no da rodeos: *es un camino derecho.* ‖ Erguido, tieso: *no te encorves, ponte derecho.* ‖ Que está o queda del lado opuesto al corazón: *ojo derecho, oreja derecha.* ‖ f. Lado y mano que están en el lado opuesto al corazón: *mi casa queda a la derecha.* ‖ La parte moderada y conservadora de la colectividad política de un país. ‖ m. Conjunto de principios, preceptos y reglas que rigen las relaciones humanas en toda sociedad civil, y a los que deben someterse todos los ciudadanos. ‖ Ciencia que lo estudia. ‖ Facultad de hacer o exigir todo aquello que la ley o la autoridad establece en nuestro favor: *no tiene derecho a paro.* ‖ Acción que se tiene sobre una persona o cosa: *tengo derecho a una explicación.* ‖ Justicia, razón: *eso es tuyo con pleno derecho.* ‖ Lado principal de una tela, papel, tabla, etc.: *el derecho del jersey.* ‖ m. pl. Tributo que se paga por una mercancía o por otro uso consignado por la ley: *derechos aduaneros.* ‖ Honorarios de ciertas profesiones, como los del notario,

del arquitecto, etc. ‖ **FAM.** derechamente, derechazo, derechista, derechura.

deriva f. Desvío de un barco o un avión de su verdadero rumbo.

derivación f. Acción y efecto de derivar. ‖ Pérdida de fluido de una línea eléctrica. ‖ En gram., procedimiento de formación de vocablos mediante la alteración de las terminaciones de otros, p. ej. *carnicería* y *carnicero* de *carne.*

derivado, da adj. Se dice del vocablo formado por derivación. También m. ‖ m. En quím., se dice del producto que se obtiene de otro a través de una o varias transformaciones: *la gasolina es un derivado del petróleo.* ‖ f. En mat., variación de una función con respecto a su variable.

derivar intr. Proceder de algo. También prnl.: *su maestría se deriva de una larga práctica.* ‖ Desviarse el buque de su rumbo. También prnl. ‖ Formarse una palabra a partir de otra. También tr. y prnl.: *'gatear' se deriva de 'gato'.* ‖ tr. Separar parte de algo que va por un cauce para hacerlo ir por otro camino: *derivar un río hacia un embalse.* ‖ En mat., obtener una derivada. ‖ **FAM.** deriva, derivación, derivado.

dermatología f. Parte de la medicina que se ocupa de la piel y de sus enfermedades. ‖ **FAM.** dermatológico, dermatólogo.

dermis f. Capa intermedia de la piel situada debajo de la epidermis y encima de la hipodermis. ♦ No varía en pl. ‖ **FAM.** dermatitis, dermatología, dermatosis, dérmico, dermoesqueleto.

derogar tr. Abolir, anular una norma o ley. ‖ **FAM.** derogación, derogador, derogatorio.

derrama f. Reparto de un gasto eventual o contribución entre los vecinos de una comunidad o población.

derramar tr. Verter, esparcir un líquido normalmente de forma involuntaria. También prnl.: *al mover la mesa se derramó la copa.* ‖ Establecer una derrama entre los miembros de una comunidad. ‖ prnl. Esparcirse, desmandarse. ‖ **FAM.** derrama, derramador, derramamiento, derrame.

derrame m. Salida anormal de un líquido orgánico por rotura de vasos: *derrame cerebral.*

derrapar intr. Patinar un vehículo desviándose lateralmente. ‖ **FAM.** derrape.

derredor m. Circuito o contorno de algo. ‖ **al**, o **en, derredor** loc. adv. En torno, alrededor.

derrengar tr. y prnl. Lastimar gravemente el espinazo o el lomo de una persona o de un animal: *el burro se derrengó bajo la carga.* ‖

Cansar mucho: *el partido me ha derrengado.* ǀ Torcer, inclinar hacia un lado. ♦ **Irreg**. Se conj. como *acertar*. ǀ **FAM**. derrengado.

derretir tr. Hacer líquido un sólido por el calor. También prnl.: *la nieve aún no se ha derretido.* ǀ prnl. Enamorarse o ponerse excesivamente cariñoso con alguien: *se derrite por tu amiga.* ♦ **Irreg**. Se conj. como *pedir*. ǀ **FAM**. derretido, derretimiento.

derribar tr. Demoler una construcción. ǀ Tirar al suelo algo o a alguien: *le derribó de un empujón.* ǀ **FAM**. derribo.

derribo m. Conjunto de escombros de una demolición. ǀ Lugar en que se derriba.

derrocar tr. Echar a alguien de un cargo elevado con violencia: *un golpe de estado derrocó al presidente.* ♦ A veces se encuentra conjugado como irregular, según el modelo de *contar.* ǀ **FAM**. derrocamiento.

derrochar tr. Despilfarrar, dilapidar: *derrochó todos sus ahorros en el juego.* ǀ Emplear excesivamente el valor, las energías, el humor, etc. ǀ Tener algo bueno en abundancia. ǀ **FAM**. derrochador, derroche.

derrota f. Acción y efecto de derrotar. ǀ Rumbo de los barcos.

derrotar tr. Vencer a un enemigo o rival en la guerra o en cualquier competición. ǀ **FAM**. derrota, derrotadero, derrotismo, derrotista.

derrotero m. Rumbo señalado para un barco en la carta de navegación. ǀ Camino, rumbo para llegar a un fin: *no entiendo los derroteros de su argumentación.*

derrotista adj. y com. Se dice del que presupone el fracaso como único fin de una acción. ǀ **FAM**. derrotismo.

derruir tr. Derribar, destruir un edificio. ♦ **Irreg**. Se conj. como *huir*.

derrumbar tr. y prnl. Destruir una construcción. ǀ Hacer caer el ánimo de alguien: *su despido le derrumbó por completo.* ǀ Precipitar, despeñar. ǀ **FAM**. derrumbamiento, derrumbadero, derrumbe.

desabastecer tr. Desproveer, dejar de surtir a una persona o a un pueblo de los productos que necesitan. También prnl. ♦ **Irreg**. Se conj. como *agradecer*. ǀ **FAM**. desabastecido.

desabotonar tr. Sacar los botones de los ojales. También prnl.: *desabotónese la camisa para que le ausculte.* ǀ intr. Abrirse las flores, saliendo sus hojas de los botones o capullos.

desabrido, da adj. Insípido, insulso. ǀ Áspero, desapacible, aplicado al carácter de alguien o al tiempo. ǀ **FAM**. desabridamente, desabrimiento.

desabrigar tr. y prnl. Descubrir, desarro-

par, quitar el abrigo. ǀ **FAM**. desabrigado, desabrigo.

desabrochar tr. y prnl. Soltar los broches, corchetes, botones.

desacato m. Desobediencia a una autoridad. ǀ Falta de respeto a los superiores. ǀ En der., delito que se comete calumniando, injuriando, insultando o amenazando a una autoridad o un funcionario público en el ejercicio de sus funciones. ǀ **FAM**. desacatamiento, desacatar.

desacertado, da adj. Sin acierto o conveniencia: *juicio desacertado.* ǀ **FAM**. desacertadamente.

desacierto m. Dicho o hecho desacertado: *tu elección ha sido un desacierto.* ǀ **FAM**. desacertado, desacertar.

desaconsejar tr. Convencer a alguien de que no haga algo que había previsto. ǀ **FAM**. desaconsejado.

desacoplar tr. Separar lo que estaba acoplado: *desacoplar las piezas de un motor.* ǀ **FAM**. desacoplamiento.

desacorde adj. Se apl. a lo que no iguala o armoniza con otra cosa: *nuestros gustos son totalmente desacordes.* ǀ **FAM**. desacordar.

desacostumbrado, da adj. Insólito, fuera de lo corriente: *hoy hace un calor desacostumbrado para estas fechas.* ǀ Que no tiene costumbre de hacer algo: *desacostumbrado al trabajo.* ǀ **FAM**. desacostumbradamente, desacostumbrar.

desacreditar tr. Disminuir o quitar a alguien o a algo el crédito o la estimación de que goza. ǀ **FAM**. desacreditado.

desactivar tr. Inutilizar los dispositivos que harían estallar un artefacto explosivo. ǀ Anular cualquier potencia activa, como la de procesos fisicoquímicos, planes económicos, etc. ǀ **FAM**. desactivación.

desacuerdo m. Discordia, falta de acuerdo entre ideas, acciones, personas, etc.: *desacuerdo entre el gobierno y los sindicatos en política laboral.* ǀ **FAM**. desacorde.

desafecto, ta adj. Que no siente estima por una cosa o muestra indiferencia hacia ella. ǀ Opuesto, contrario: *sistema desafecto al comunismo.* ǀ m. Falta de afecto. ǀ Mala voluntad. ǀ **FAM**. desafección.

desafiar tr. Retar, provocar alguien a otra persona a que compita con ella. ǀ Enfrentarse a algo o alguien: *desafiar un peligro; desafiar las iras de alguien.* ǀ **FAM**. desafiador, desafiante, desafiar.

desafinar intr. Destemplarse, desentonar un instrumento o la voz: *desafina mucho al cantar.* También prnl.: *ese violín se desafinó.* ǀ Decir algo indiscreto, inoportuno.

desafío m. Acción y efecto de desafiar. ǀ Reto, empresa difícil a la que alguien tiene que enfrentarse: *tu propuesta es un verdadero desafío.*

desaforado, da adj. Excesivo, desmedido: *hambre desaforada.*

desaforarse prnl. Descomedirse, salirse algo de la moderación. ♦ **Irreg.** Se conj. como *contar.* ǀ **FAM.** desaforadamente, desaforado, desafuero.

desafortunado, da adj. Sin fortuna o suerte. También s.: *desafortunado en el juego, afortunado en amores.* ǀ Inoportuno. ǀ **FAM.** desafortunadamente.

desafuero m. Acto contrario a la ley, la justicia o las normas sociales.

desagradable adj. Que desagrada o disgusta.

desagradar intr. Disgustar, provocar rechazo o mala impresión. ǀ **FAM.** desagradable, desagradablemente, desagrado.

desagradecer tr. No corresponder al beneficio recibido. ♦ **Irreg.** Se conj. como *agradecer.*

desagradecido, da adj. Ingrato. ǀ Se dice de las cosas que no lucen el esfuerzo o la dedicación que se pone en ellas: *esta mesa es muy desagradecida, por más que la limpias nunca brilla.* ǀ **FAM.** desagradecer, desagradecidamente, desagradecimiento.

desagraviar tr. y prnl. Reparar una ofensa. ǀ Compensar un perjuicio. ǀ **FAM.** desagravio.

desaguar tr. Extraer o hacer salir el agua de un lugar. También intr. y prnl.: *allá desagua la acequia; ¿se desaguó ya la bañera?* ǀ intr. Entrar los ríos en el mar, desembocar en él. ǀ **FAM.** desaguadero, desagüe.

desagüe m. Conducto de salida de aguas.

desaguisado adj. Injusto, hecho contra la ley o la razón. ǀ m. Cosa mal hecha, destrozo: *¡menudo desaguisado te han hecho en la peluquería!*

desahogado, da adj. Se apl. al sitio despejado, espacioso, en el que no hay acumulación de personas o cosas: *una habitación desahogada.* ǀ Se dice del que vive sin problemas económicos.

desahogar tr. Dar rienda suelta a un sentimiento o queja para aliviarse de ellos. Más c. prnl.: *necesito desahogarme con alguien.* ǀ Desembarazar, despejar un espacio. ǀ prnl. Salir de una situación económica apurada: *parece que la empresa empieza a desahogarse.* ǀ **FAM.** desahogadamente, desahogado, desahogo.

desahuciar tr. Dar por incurable los médicos a un enfermo. ǀ Quitar a uno toda esperanza de conseguir lo que desea. ǀ Despedir el dueño de un piso, local o finca a su inquilino mediante una acción legal. ǀ **FAM.** desahucio.

desaire m. Desdén, desprecio. ǀ **FAM.** desairado, desairar.

desajustar tr. Aflojar, desigualar algo que estaba ajustado También prnl.: *se desajustó la cerradura.* ǀ prnl. Apartarse de un acuerdo. ǀ **FAM.** desajuste.

desalar tr. Quitar la sal a una cosa, como a la cecina, al pescado salado, etc. También prnl. ǀ Hablando del agua del mar, quitarle la sal para hacerla potable o para otros fines. ǀ **FAM.** desalado, desalación.

desalentar tr. y prnl. Desanimar: *se desalentó mucho con el suspenso.* ♦ **Irreg.** Se conj. como *acertar.* ǀ **FAM.** desalentador, desaliento.

desaliño m. Descuido, falta de aseo personal. ǀ **FAM.** desaliñado, desaliñar.

desalmado, da adj. y s. Cruel, inhumano: *asesino desalmado.*

desalojar tr. Hacer salir algo o a alguien de un lugar para dejarlo vacío: *la policía tuvo que desalojar el ayuntamiento.* ǀ intr. Abandonar un lugar voluntariamente. ǀ **FAM.** desalojamiento, desalojo.

desamortización f. Acción jurídica que hace posible la venta de bienes pertenecientes a manos muertas o entidades que no los pueden vender (iglesia, corona, nobleza, etc.). ǀ **FAM.** desamortizar.

desamparar tr. Dejar a alguien sin el amparo o protección que necesita. ǀ **FAM.** desamparado, desamparo.

desandar tr. Retroceder, volver atrás en el camino ya andado. ǀ Retroceder en cualquier actividad: *aquel imprevisto me obligó a desandar el proyecto.* ♦ **Irreg.** Se conj. como *andar.*

desangelado, da adj. Falto de ángel, gracia, simpatía: *la falda te queda muy desangelada.* ǀ **FAM.** desangelar.

desangrar tr. Sacar mucha sangre a una persona o a un animal. ǀ Empobrecer a una persona o un país, derrochando lo que tiene: *su amante le está desangrando.* ǀ prnl. Perder toda o casi toda la sangre: *el perro atropellado se desangraba en la cuneta.* ǀ **FAM.** desangrado, desangramiento.

desanimar tr. Desalentar, quitar ánimos o ilusión a alguien. También prnl.: *no se desanima tan fácilmente.* ǀ Disuadir a alguien de hacer lo que tenía previsto: *nos desanimó a ver esa película.* ǀ **FAM.** dasanimadamente, desanimado, desánimo.

desanudar tr. Deshacer o desatar nudos. ǀ Aclarar, disolver lo que está enredado y enmarañado.

desapacible adj. Desagradable, aplicado normalmente al tiempo. ‖ **FAM.** desapacibilidad.

desaparcar tr. Sacar un vehículo del sitio donde está aparcado.

desaparecer intr. Ocultarse, esconderse algo o alguien: *desapareció entre los árboles.* ‖ Ausentarse alguien de un lugar. ‖ Morir. ♦ **Irreg.** Se conj. como *agradecer.* ‖ **FAM.** desaparecido, desaparición.

desapegarse prnl. Apartarse, perder el apego o la afición a una persona o cosa. ‖ **FAM.** desapego.

desapercibido, da adj. Inadvertido: *sus palabras pasaron desapercibidas.* ‖ Desprevenido: *tu llegada nos pilló desapercibidos.*

desaprensivo, va adj. y s. Sin escrúpulos, irresponsable. ‖ **FAM.** desaprensión, desaprensivamente.

desaprobar tr. Reprobar, juzgar una cosa como mala: *desapruebo tu elección.* ‖ **Irreg.** Se conj. como *contar.* ‖ **FAM.** desaprobación, desaprobatorio.

desaprovechar tr. No obtener de algo todo el provecho que se podía: *desaprovechar una oportunidad.* ‖ **FAM.** desaprovechado, desaprovechamiento.

desarmador m. *amer.* Destornillador.

desarmar tr. Quitar las armas: *desarmaron a los vencidos.* ‖ Desmontar, separar las piezas de algo. También prnl.: *la batidora se me desarmó entre las manos.* ‖ Templar, calmar las iras de alguien: *su sonrisa lo desarmó.* ‖ Dejar a alguien sin respuesta en una discusión: *sus argumentos le desarmaron.* ‖ **FAM.** desarmado, desarmar, desarme.

desarraigar tr. y prnl. Arrancar de raíz una planta o un árbol. ‖ Suprimir una pasión, no practicar una costumbre: *consiguió desarraigar su vicio por el tabaco.* ‖ Echar, desterrar a uno de donde vive o tiene su domicilio. ‖ **FAM.** desarraigado, desarraigo.

desarrapado, da adj. Desharrapado.

desarreglar tr. y prnl. Estropear, desordenar. ‖ **FAM.** desarregladamente, desarreglado, desarreglo.

desarrollar tr. Acrecentar, dar incremento a una cosa física, intelectual o moral: *el culturismo desarrolla los músculos.* También prnl.: *nuestra relación se desarrolla bien.* ‖ Explicar una teoría y llevarla hasta sus últimas consecuencias: *este estudio ha desarrollado numerosos proyectos.* ‖ Extender lo que estaba enrollado: *desarróllate las medias.* ‖ prnl. Suceder, ocurrir, acontecer de un modo, en un lugar, etc., determinado: *este asunto no se desarrolló como yo esperaba.* ‖ **FAM.** desarrollarse, desarrollado, desarrollo.

desarrollo m. Acción y efecto de desarrollar o desarrollarse. ‖ En una bicicleta, relación existente entre los piñones y el plato conectados a través de la cadena. ‖ **FAM.** subdesarrollo.

desarropar tr. y prnl. Destapar, quitar o apartar la ropa: *siempre me desarropo cuando duermo.*

desarrugar tr. y prnl. Estirar, quitar las arrugas.

desarticular tr. y prnl. Desorganizar, descomponer una conspiración o una banda de malhechores: *desarticular un comando terrorista.* ‖ Separar las piezas de una máquina o artefacto. ‖ Separar dos huesos articulados: *se le desarticuló la mandíbula de tanto reírse.* ‖ **FAM.** desarticulación.

desaseado, da adj. Falto de aseo, desordenado. ‖ **FAM.** desaseadamente, desaseado, desaseo.

desasir tr. y prnl. Soltar lo agarrado. ♦ **Irreg.** Se conj. como *asir.* ‖ **FAM.** desasimiento.

desasistir tr. Desamparar. ‖ **FAM.** desasistencia.

desasosiego m. Inquietud, intranquilidad: *su tardanza me causa un gran desasosiego.* ‖ **FAM.** desasosegadamente, desasosegar.

desastrado, da adj. y s. Descuidado, sucio.

desastre m. Desgracia grande, suceso infeliz y lamentable: *la inundación fue un gran desastre.* ‖ Hiperbólicamente se aplica a cosas de mala calidad, mal resultado, mala organización, mal aspecto, etc.: *es un desastre de oficina.* ‖ Persona con muy mala suerte, sin habilidad o llena de imperfecciones: *eres un verdadero desastre.* ‖ **FAM.** desastrado, desastrosamente, desastroso.

desatar tr. y prnl. Soltar lo atado: *desátate la coleta; se me desató un zapato.* ‖ Desencadenar, soltar con furia alguna fuerza física o moral. También prnl.; *se desató una epidemia de cólera.* ‖ Provocar una reacción brusca de algo: *sus declaraciones desataron las protestas de los periodistas.* ‖ prnl. Excederse en hablar: *se me desató con sus quejas.* ‖ Proceder con una conducta o un lenguaje desordenado. ‖ Perder la timidez: *se desató en la fiesta.* ‖ **FAM.** desatado, desatadura.

desatascar tr. y prnl. Sacar algo de donde está atascado: *no puedo desatascar el cajón.* ‖ Dejar libre un conducto obstruido.

desatender tr. No prestar la debida atención a algo o a alguien. ‖ No hacer caso de los consejos o palabras de alguien: *desatendió mis súplicas.* ‖ Desamparar. ♦ **Irreg.** Se conj.

como *entender*. ‖ FAM. desatención, desatento.

desatento, ta adj. y s. Descuidado, distraído: *un estudiante desatento en clase*. ‖ Descortés: *es muy desatento con sus compañeros*.

desatinar tr. Fallar el tiro o la puntería: *desatiné tres bolas*. ‖ intr. Decir o hacer desatinos. ‖ FAM. desatinadamente, desatinado, desatino.

desatino m. Falta de tino. ‖ Disparate, barbaridad: *no me vengas con tus desatinos*.

desatornillar tr. Destornillar. ‖ FAM. destornillador.

desatrancar tr. Quitar a la puerta la tranca u otra cosa que impide abrirla. ‖ Desatascar un conducto: *el fontanero desatrancó el fregadero*. ‖ FAM. desatrancamiento.

desautorizar tr. Quitar autoridad, desacreditar. También prnl.: *al decir aquello se desautorizó públicamente*. ‖ Prohibir algo: *han desautorizado la manifestación*. ‖ FAM. desautorización, desautorizado.

desavenencia f. Desacuerdo, discordia entre personas: *nos llevamos bien, aunque tenemos nuestras desavenencias*. ‖ FAM. desavenir.

desayunar intr. Tomar el desayuno. También prnl.: *me he desayunado con café y zumo*. ♦ En América se usa como prnl. intr. en la construcción: *¿te has desayunado ya?* ‖ tr. Tomar algo en el desayuno. También prnl.: *me he desayunado unas tostadas*.

desayuno m. Primera comida del día. ‖ FAM. desayunado, desayunar.

desazón f. Desasosiego: *esta falta de noticias me causa desazón*. ‖ Molestia interior por una indisposición en la salud: *siento desazón en el estómago*. ‖ Picor. ‖ FAM. desazonado, desazonar.

desbancar tr. Quitar a alguien el puesto privilegiado que ocupa: *este ajedrecista ha desbancado a más de un campeón mundial*. ‖ En ciertos juegos, ganar todo el dinero a la banca.

desbandada f. Huida en desorden: *los disparos provocaron la desbandada del rebaño*. ‖ FAM. desbande, desbandarse.

desbarajuste m. Desorden. ‖ FAM. desbarajustar.

desbaratar tr. Deshacer o arruinar una cosa. ‖ Disipar, malgastar los bienes. ‖ Hablando de las cosas inmateriales, cortar, impedir, estorbar: *la noticia desbarató nuestros planes*. ‖ FAM. desbaratamiento.

desbarrar intr. Decir o hacer cosas disparatadas.

desbastar tr. Quitar las partes más duras o ásperas a una cosa que se va a labrar: *desbastar una mesa con la lija*. ‖ Refinar, educar a

alguien. También prnl.: *la universidad no ha conseguido desbastarle*. ‖ FAM. desbastado, desbastador, desbaste.

desbloquear tr. Quitar el obstáculo que impedía el movimiento o el desarrollo de algo: *desbloquear unas negociaciones*. ‖ Levantar la inmovilidad que pesa sobre bienes o dinero: *desbloquear las cuentas bancarias*. ‖ FAM. desbloqueo.

desbocar tr. Quitar o romper la boca a una cosa: *el jarrón se desbocó al caer*. ‖ prnl. Dejar de obedecer un caballo al freno y dispararse. ‖ Darse de sí, agrandarse excesivamente una abertura: *se me ha desbocado el jersey*. ‖ FAM. desbocado, desbocamiento.

desbordar intr. Derramarse, salir de un cauce: *desborda de felicidad*. También tr. y prnl.: *lo llenaste tanto que se desbordó; desbordarse un río*. ‖ prnl. Exaltarse, demostrar excesivamente deseos, sentimientos, etc.: *se desbordó hablándome de ella*. ‖ tr. Sobrepasar, abrumar: *las llamadas me desbordan*. ‖ FAM. desbordamiento, desbordante.

desbravar tr. Amansar el ganado, sobre todo el caballar. ‖ intr. y prnl. Perder algo parte de su braveza. ‖ FAM. desbravador.

desbrozar tr. Quitar la broza. ‖ Desembarazar, limpiar algo de obstáculos: *habrá que desbrozar su discurso*.

descabalar tr. y prnl. Dejar incompleto algo que normalmente se compone de varias cosas: *se me ha descabalado la cubertería*. ‖ FAM. descabalado, descabalamiento.

descabalgar intr. Desmontar, bajar alguien de una caballería.

descabellado, da adj. Absurdo: *una idea descabellada*.

descabellar tr. Matar instantáneamente al toro, clavándole el estoque en la cerviz. ‖ FAM. descabelladamente, descabellado, descabello.

descabezar tr. Quitar o cortar la cabeza. ‖ Cortar la parte superior o las puntas a algunas cosas, como a los árboles, maderos, etc. ‖ **descabezar un sueño** loc. Quedarse adormilado durante poco tiempo. ‖ FAM. descabezado.

descacharrar tr. y prnl. Escacharrar. ‖ FAM. descacharrado, descacharrante.

descafeinado adj. Se dice del café al que se le ha quitado la cafeína. También m.: *póngame un descafeinado*. ‖ Se apl. a todo lo que ha perdido su fuerza original: *una ley descafeinada*. ‖ FAM. descafeinar.

descalabrar tr. Herir en la cabeza. También prnl.: *al caer se descalabró*. ‖ Perjudicar gravemente a alguien: *han descalabrado a la banda*. ‖ FAM. descalabrado, descalabradura, descalabro.

descalabro m. Contratiempo, daño grave.

descalcificar tr. y prnl. Eliminar o disminuir la sustancia calcárea contenida en los huesos u otros tejidos orgánicos. ‖ FAM. descalcificación.

descalificar tr. Excluir a alguien de una competición: *el equipo ha sido descalificado*. ‖ Desacreditar, quitar valor o validez a algo o alguien. También prnl.: *se descalificó con sus declaraciones rencorosas*. ‖ FAM. descalificación.

descalzar tr. y prnl. Quitar el calzado. ‖ Quitar los calzos de algo: *ya puedes descalzar la mesa*. ‖ FAM. descalzo.

descalzo, za adj. Que lleva desnudos los pies. ‖ Se dice del religioso que no lleva calzado y de las órdenes religiosas a las que pertenecen. También s.: *el convento de las Descalzas Reales*.

descamar tr. Quitar las escamas a los peces. ‖ prnl. Caerse la piel en forma de escamillas. ‖ FAM. descamación.

descambiar tr. Devolver una cosa que se ha comprado a cambio del dinero o de otro objeto: *ayer descambié la blusa*. ‖ Deshacer un cambio.

descaminar tr. y prnl. Apartar a alguien de su camino: *se descaminó por hacernos una visita*. ‖ Desviar a alguien del buen camino: *aquellas compañías descaminaron su vida*. ‖ FAM. descaminadamente, descaminado.

descamisado, da adj. Sin camisa. ‖ Muy pobre, desharrapado. También s. ‖ FAM. descamisar.

descampado, da adj. Se dice del terreno llano, descubierto y sin habitar. También m.: *van a construir un edificio en aquel descampado*.

descansar intr. Cesar en el trabajo: *al séptimo día descansó*. ‖ Reposar, dormir. ‖ Tener algún alivio en dolores o preocupaciones: *tu llamada le descansó*. ‖ Delegar, encargar algún trabajo a alguien. También tr.: *puedes descansar este proyecto en Luis*. ‖ Estar sin cultivo uno o más años la tierra de labor. ‖ Estar apoyado en otra cosa. También tr.: *descansaré las piernas en este taburete*. ‖ Ayudar a disminuir el cansancio de algo o alguien: *un baño caliente descansa mucho*. ‖ FAM. descansadamente, descansado, descansillo, descanso.

descansillo m. Rellano de cada tramo de una escalera.

descanso m. Reposo, interrupción en el trabajo: *cerrado por descanso del personal*. ‖ Intermedio de una función o un espectáculo.

descapitalizar tr. y prnl. Dejar sin capital a una entidad, empresa, banco, etc. ‖ Hacer perder las riquezas históricas o culturales acumuladas por un país o grupo social. ‖ FAM. descapitalización.

descapotable adj. y m. Se dice del coche de capota plegable.

descarado, da adj. y s. Que habla o actúa con descaro.

descarga f. Acción y efecto de descargar. ‖ Serie de disparos que se hacen simultáneamente. ‖ **descarga eléctrica** Paso brusco de electricidad de un cuerpo a otro de diferente potencial.

descargar tr. Quitar toda o parte de la carga. ‖ Disparar armas de fuego. ‖ Extraer la carga a un arma de fuego o a un barreno. ‖ Anular la tensión eléctrica de un cuerpo. También prnl.: *se han descargado las pilas*. ‖ Golpear con violencia: *le descargó un derechazo en la mandíbula*. También prnl. ‖ Librar a alguien de un cargo u obligación: *necesito que me descarguen de trabajo*. ‖ intr. Desaguar, desembocar los ríos en el mar o en un lago. ‖ Deshacerse una nube en lluvia: *no termina de descargar la tormenta*. ‖ FAM. descarga, descargadero, descargador, descargo, descargue.

descargo m. Acción de descargar. ‖ Salida de dinero de una cuenta. ‖ Excusa que alguien da para justificar la acusación de que es objeto: *en mi descargo diré que...*

descarnado, da adj. Se apl. a los asuntos demasiado crudos o realistas: *una descripción descarnada*. ‖ Demacrado: *se ha quedado muy descarnado*.

descarnar tr. y prnl. Quitar al hueso la carne. ‖ Quitar parte de una cosa o desmoronarla. ‖ FAM. descarnadamente, descarnado, descarnador, descarnadura.

descaro m. Desvergüenza, atrevimiento. ‖ FAM. descarado.

descarozar tr. *amer.* Quitar el hueso o carozo a las frutas.

descarriar tr. Apartar algo o a alguien del camino que debe seguir. También prnl.: *se descarrió al conocerla*. ‖ FAM. descarriado, descarrío.

descarrilar intr. Salirse un vehículo del carril por el que circula. ‖ FAM. descarrilamiento.

descartar tr. y prnl. Desechar, no contar con algo o alguien: *no descartes sus consejos*. ‖ prnl. En algunos juegos de naipes, dejar las cartas que se consideran inútiles. ‖ FAM. descarte.

descascarillar tr. y prnl. Quitar toda o parte de la cascarilla o capa externa de algo. ‖ FAM. descascarillado.

descastado, da adj. y s. Ingrato o poco cariñoso con los parientes y amigos.

descendencia f. Sucesión, prole. ‖ Casta, linaje.

descender intr. Bajar de lugar o de categoría. ‖ Caer, fluir un líquido. ‖ Proceder algo o alguien de un mismo origen o de una misma persona: *desciende de una buena familia.* ♦ **Irreg**. Se conj. como *entender*. ‖ **FAM**. descendencia, descendiente, descendimiento, descenso.

descendiente com. Persona que desciende de otra.

descenso m. Paso de un empleo o estado a otro inferior. ‖ Competición deportiva, por ej. de esquí o piragüismo, que consiste en bajar por una pendiente o un torrente. ‖ Acción y efecto de descender.

descentrado, da adj. Que se encuentra fuera del estado o lugar de su natural asiento y acomodo.

descentralizar tr. Transferir a corporaciones locales o regionales servicios privativos de la Administración central de un Estado. ‖ **FAM**. descentralización.

descentrar tr. y prnl. Sacar algo o a alguien de su centro, de su ambiente: *el cambio de colegio ha descentrado a Ana.* ‖ Hacer que alguien pierda la concentración: *tantas llamadas me descentran.* ‖ **FAM**. descentrado.

desceñir tr. y prnl. Desatar, quitar el ceñidor, faja u otra cosa que ciñe. ♦ **Irreg**. Se conj. como *ceñir*. ‖ **FAM**. desceñido.

descerebrar tr. Producir la inactividad funcional del cerebro. ‖ Extirpar experimentalmente el cerebro de un animal. ‖ **FAM**. descerebración.

descerrajar tr. Forzar una cerradura. ‖ Disparar con un arma de fuego contra alguien: *le descerrajó dos tiros.*

descifrar tr. Leer un escrito cifrado o en caracteres desconocidos mediante la clave adecuada: *la piedra Rosetta ayudó a descifrar los jeroglíficos.* ‖ Explicar e interpretar algo oscuro o de difícil comprensión: *no logro descifrar sus intenciones.* ‖ **FAM**. descifrable.

desclavar tr. y prnl. Arrancar o quitar los clavos a algo. ‖ Desengarzar las piedras preciosas del metal en que están como clavadas.

descocado, da adj. y s. Que muestra demasiado descaro y atrevimiento. ‖ **FAM**. descocadamente, descocarse, descoco.

descoco m. Descaro.

descodificar o **decodificar** tr. Aplicar inversamente a un mensaje codificado las reglas de su código para obtener la forma primitiva del mensaje. ‖ **FAM**. descodificación, descodificador.

descolgar tr. Bajar algo de donde está colgado. También prnl.: *el cuadro se descolgó.* ‖

Bajar o dejar caer poco a poco algo o a alguien pendiente de cuerda, cadena o cinta. También prnl.: *los alpinistas se descolgarán por la cara norte.* ‖ Levantar el auricular del teléfono para establecer una comunicación, o para no recibir llamadas. ‖ En algunos deportes, dejar atrás un corredor a sus competidores. También prnl. ‖ prnl. Decir o hacer algo inoportunamente: *se descolgó con aquellas declaraciones.* ♦ **Irreg**. Se conj. como *contar*.

descollar intr. Sobresalir de su entorno por su altura: *el campanario descuella en el horizonte.* ‖ Destacar alguien o algo por sus méritos o cualidades: *descuella entre sus compañeros.* ♦ **Irreg**. Se conj. como *contar*. ‖ **FAM**. descollante, descuello.

descolocar tr. y prnl. Quitar o separar a alguien o algo del lugar que ocupa. ‖ **FAM**. descolocado.

descolonización f. Supresión de la condición colonial de un territorio con respecto a una potencia extranjera. ‖ **FAM**. descolonizar.

descolorido, da adj. De color pálido. ‖ **FAM**. descolorar.

descombrar tr. Limpiar de escombros. ‖ Despejar un lugar u otra cosa. ‖ **FAM**. descombro.

descompensar tr. Hacer perder la compensación. También prnl.: *el partido está muy descompensado.* ‖ prnl. Llegar un órgano enfermo a un estado de descompensación que le impide funcionar correctamente. ‖ **FAM**. descompensación.

descomponer tr. y prnl. Separar las partes de un compuesto: *el agua se descompone en oxígeno e hidrógeno.* ‖ Estropear, pudrir algo: *la carne se ha descompuesto.* ‖ Desordenar. ‖ Irritar, alterar: *los embotellamientos me descomponen.* ‖ prnl. Enfermar. ♦ **Irreg**. Se conj. como *poner*. ‖ **FAM**. descomposición, descompostura, descompuestamente, descompuesto.

descomposición f. Acción y efecto de descomponer. ‖ Diarrea.

descompresión f. Reducción de la presión. ‖ Estado resultante del descenso repentino de la presión de un líquido o gas que actúa sobre un organismo. ‖ **FAM**. descompresor, descomprimir.

descomunal adj. Extraordinario, enorme. ‖ **FAM**. descomunalmente.

desconcertar tr. y prnl. Sorprender. ‖ Desordenar. ♦ **Irreg**. Se conj. como *acertar*. ‖ **FAM**. desconcertadamente, desconcertador, desconcertante, desconcierto.

desconchado m. Parte en que una pared, pieza de loza, etc. pierden su revestimiento.

desconchar tr. y prnl. Quitar parte del revestimiento de algo: *la pared se desconchó al clavar el cuadro.* ‖ FAM. desconchado, desconchón.

desconectar tr. y prnl. Interrumpir una conexión eléctrica: *se desconectó la tele.* ‖ Dejar de tener contacto o relación: *hemos desconectado.* ♦ Irreg. Se conj. como *acertar.* ‖ FAM. desconexión.

desconfiar intr. Sospechar, recelar de algo o alguien. ‖ FAM. desconfiadamente, desconfiado, desconfianza.

descongelar tr. y prnl. Hacer que algo pierda el estado de congelación. ‖ Desbloquear una cuenta, un sueldo, etc. congelados. ‖ FAM. descongelación.

descongestionar tr. y prnl. Disminuir o quitar la congestión. ‖ FAM. descongestión, descongestivo.

desconocer tr. Ignorar algo: *desconozco la razón.* ‖ Reconocer un cambio notable que se ha apreciado en algo o alguien: *te desconozco.* ♦ Irreg. Se conj. como *agradecer.* ‖ FAM. desconocedor, desconocido, desconocimiento.

desconsiderar tr. No guardar la consideración debida. ‖ FAM. desconsideración, desconsideradamente, desconsiderado.

desconsolar tr. y prnl. Afligir, producir pena. También prnl.: *se desconsoló con tu partida.* ♦ Irreg. Se conj. como *contar.* ‖ FAM. desconsolación, desconsoladamente, desconsolado, desconsolador, desconsuelo.

desconsuelo m. Angustia y pena profundas por falta de consuelo.

descontaminar tr. Reducir o eliminar la contaminación. ‖ FAM. descontaminación.

descontar tr. Quitar una cantidad de alguna cosa: *nos descontó un 20%.* ‖ Rebajar algo del mérito o virtudes que se atribuyen a una persona: *eso sin descontar el apoyo recibido.* ‖ Abonar al contado una letra u otro documento no vencido quitando de su valor la cantidad correspondiente a los intereses por el dinero que se anticipa. ♦ Irreg. Se conj. como *contar.* ‖ FAM. descontado, descuento.

descontento, ta adj. y s. Disgustado, insatisfecho. ‖ m. Disgusto o desagrado. ‖ FAM. descontentadizo, descontentar.

descontrol m. Falta de control sobre algo. ‖ Falta de orden o de disciplina: *hay mucho descontrol en este equipo.* ‖ FAM. descontrolado, descontrolar.

desconvocar tr. Cancelar una convocatoria: *han desconvocado la huelga.*

descorazonar tr. y prnl. Desanimar, desesperanzar. ‖ FAM. descorazonador, descorazonamiento.

descorchar tr. Sacar el corcho que cierra una botella u otra vasija. ‖ Quitar o arrancar

el corcho al alcornoque. ‖ FAM. descorchador, descorche.

descornar tr. Quitar, arrancar los cuernos a un animal. También prnl. ‖ prnl. Trabajar mucho y duramente: *esas oposiciones le están descornando.* ‖ Darse un golpe fuerte. ♦ Irreg. Se conj. como *contar.*

descorrer tr. Plegar lo que estaba estirado, como una cortina.

descortés adj. y com. Falto de cortesía. ‖ FAM. descortesía, descortésmente.

descoser tr. y prnl. Desprender las puntadas de lo que estaba cosido. ‖ FAM. descosido.

descosido m. Parte descosida en un vestido. ‖ **como un descosido** loc. Mucho o con mucho ahínco: *hablar como un descosido.*

descoyuntar tr. y prnl. Desencajar un hueso de su articulación. ‖ FAM. descoyuntamiento.

descrédito m. Disminución o pérdida de la buena fama.

descreído, da adj. y s. Se apl. a la persona que ha perdido la fe, sobre todo la religiosa. ‖ FAM. descrédito, descreer, descreimiento.

descremado, da adj. Se dice de la leche y derivados a los que se ha quitado la grasa. ‖ m. Acción y efecto de descremar. ‖ FAM. descremadora, descremar.

describir tr. Explicar, reseñar con detalle cómo es alguien o algo. ‖ Dibujar un cuerpo al moverse una determinada figura imaginaria: *la luna describe una trayectoria elíptica.* ♦ Participio irreg. *descrito.* ‖ FAM. descripción, descriptible, descriptivo, descrito.

descuajaringar o **descuajeringar** tr. Desvencijar, desarmar las partes de algo. También prnl.: *se descuajaringó la ventana.* ‖ prnl. Relajarse las partes del cuerpo por efecto de cansancio.

descuartizar tr. Despedazar, partir en trozos un cuerpo. ‖ FAM. descuartizamiento.

descubierto, ta adj. Despejado, espacioso: *un patio descubierto.* ‖ m. Déficit, falta de fondos en una cuenta.

descubrimiento m. Hallazgo. ‖ Invento.

descubrir tr. Destapar lo que está cubierto. También prnl. ‖ Encontrar: *descubrieron una tumba milenaria.* ‖ Manifestar, dar a conocer lo que no es público: *descubrió su verdadera edad.* ‖ Inventar: *Edison descubrió la bombilla.* ‖ prnl. Quitarse el sombrero. ♦ Participio irreg. *descubierto.* ‖ FAM. descubiertamente, descubierto, descubridor, descubrimiento.

descuento m. Acción y efecto de descontar. ‖ Cantidad que se descuenta: *un descuento del 10%.*

descuerar tr. *amer.* Desollar, despellejar. ‖ *amer.* Murmurar de alguien, criticarlo.

descuidar tr. y prnl. Abandonar, desatender algo o a alguien. También intr.: *descuida, yo lo haré*. ǁ **FAM.** descuidadamente, descuidado, descuidero, descuido.

descuido m. Falta de atención. ǁ Olvido. ǁ Desliz.

desde prep. que indica procedencia u origen de algo o alguien en el tiempo y en el espacio: *lo esperaba desde hace tiempo; llamó desde París*.

desdecir intr. Tener una cosa o persona peores cualidades que los esperados por su origen, educación o clase: *la embestida de este toro desdice bastante de su ganadería*. ǁ Desentonar algo de su entorno. ǁ prnl. Retractarse de lo dicho: *se desdijo inmediatamente*. ♦ **Irreg.** Se conj. como *decir*.

desdén m. Menosprecio, indiferencia. ǁ **FAM.** desdeñar, desdeñoso.

desdentado, da adj. y s. Que le faltan todos o algunos de sus dientes. ǁ Se dice de los animales mamíferos que carecen de dientes incisivos, y a veces también de caninos y molares, como el armadillo o el oso hormiguero. ǁ **FAM.** desdentar.

desdeñar tr. Menospreciar algo o a alguien. ǁ Despreciar o rechazar a alguien una cosa o una persona por no considerarlas suficientemente importantes para su categoría: *desdeñaron su amistad*. ǁ **FAM.** desdeñable, desdeñosamente, desdeñoso.

desdibujar tr. y prnl. Hacer confusa una imagen: *la niebla desdibuja el paisaje*. ǁ **FAM.** desdibujado.

desdicha f. Desgracia, infelicidad. ǁ **FAM.** desdichadamente, desdichado.

desdichado, da adj. Que padece desgracias o tiene mala suerte. También s.: *es un pobre desdichado* ǁ Infeliz, sin malicia, pusilánime: *ese desdichado cree que puede echarme de aquí*. ǁ Que provoca o va acompañado de desgracias: *un desdichado fin de semana*.

desdoblar tr. y prnl. Extender lo doblado. ǁ Formar dos o más cosas separando los elementos que suelen estar juntos en otra: *desdoblarse una imagen*. ǁ **FAM.** desdoblamiento.

desdoro m. Deshonra, mancha para la reputación de alguien. ǁ **FAM.** desdorar.

desear tr. Querer con intensidad, aspirar a algo. ǁ Sentir apetito sexual por una persona. ǁ **FAM.** deseable.

desecar tr. y prnl. Secar, extraer la humedad de un cuerpo o un terreno. ǁ **FAM.** desecación, desecador.

desechar tr. Rechazar algo que no gusta o que se considera innecesario o inútil: *desechó la ropa vieja*. ǁ Apartar de sí un pesar, temor,

sospecha o mal pensamiento. ǁ **FAM.** desechable, desecho.

desecho m. Desperdicio, residuo.

desembalar tr. Quitar las envolturas o embalajes de paquetes, cajas, etc. ǁ **FAM.** desembalaje.

desembalsar tr. Dar salida a toda o parte del agua contenida en un embalse.

desembarazar tr. y prnl. Quitar un obstáculo: *desembarazar un camino*. ǁ prnl. Apartar de sí a la persona o cosa que molesta para un fin: *fue muy difícil desembarazarme de él*. ǁ **FAM.** desembarazadamente, desembarazado, desembarazo.

desembarcar tr. Bajar de una embarcación. También intr. y prnl.: *los pasajeros pueden desembarcar; se desembarcó toda la carga*. ǁ **FAM.** desembarcadero, desembarco, desembarque.

desembarco m. Operación militar.

desembargar tr. Alzar el embargo que pesa sobre algo. ǁ **FAM.** desembargo.

desembocadura f. Lugar por donde una corriente de agua desemboca en otra.

desembocar intr. Desaguar un río o canal, etc., en otro, en el mar o en un lago. ǁ Tener una calle salida a otra o a otro sitio: *el callejón desemboca en los grandes almacenes*. ǁ **FAM.** desembocadura.

desembolsar tr. Pagar o entregar una cantidad de dinero. ǁ **FAM.** desembolso.

desembragar tr. Soltar el embrague de un vehículo. ǁ **FAM.** desembrague.

desembrollar tr. Desenredar, aclarar.

desembuchar tr. Decir lo que se sabía y se tenía callado. ǁ Echar las aves lo que tenían en el buche.

desempacar tr. Sacar las mercancías de las pacas en que van. ǁ amer. Deshacer las maletas o cualquier paquete.

desempacho m. Desahogo, desparpajo. ǁ **FAM.** desempachar.

desempañar tr. y prnl. Limpiar el cristal o cualquier otra cosa empañada.

desempaquetar tr. Desenvolver lo que estaba en uno o más paquetes.

desempatar tr. Deshacer el empate entre ciertas cosas. ǁ **FAM.** desempate.

desempedrar tr. Desencajar y arrancar las piedras de un empedrado. ♦ **Irreg.** Se conj. como *acertar*. ǁ **FAM.** desempedrado.

desempeñar tr. Recuperar lo empeñado. ǁ Llevar a cabo, realizar un trabajo o una función determinada. ǁ **FAM.** desempeño.

desempleo m. Paro forzoso.

desempolvar tr. Quitar el polvo. ǁ Usar, hacer de nuevo o recordar algo que llevaba mucho tiempo olvidado: *desempolvaron aquel asesinato sin resolver.*

desencadenar tr. Quitar las cadenas que atan algo o a alguien. ‖ Originar o producir movimientos impetuosos de fuerzas naturales: *el viento desencadenó un fuerte oleaje.* También prnl.: *se desencadenó la tormenta.* ‖ Originar, provocar sentimientos o actitudes generalmente apasionados o violentos: *aquella frase desencadenó airadas protestas.* También prnl. ‖ **FAM.** desencadenamiento.

desencajar tr. y prnl. Sacar algo de su sitio. ‖ prnl. Desfigurarse el rostro por una enfermedad o una alteración del ánimo. ‖ **FAM.** desencajado, desencajamiento.

desencallar tr. Poner a flote una embarcación encallada. También intr.

desencaminar tr. Descaminar. ‖ **FAM.** descaminado.

desencantar tr. y prnl. Desilusionar. ‖ **FAM.** desencantamiento, desencanto.

desenchufar tr. y prnl. Separar o desacoplar lo que está enchufado, sobre todo a la red eléctrica.

desencolar tr. y prnl. Despegar lo que estaba pegado con cola.

desencorvar tr. y prnl. Enderezar lo que está encorvado o torcido.

desencuadernar tr. y prnl. Deshacer lo encuadernado, como un cuaderno o un libro.

desenfadado, da adj. Desenvuelto, espontáneo: *lo dijo en tono desenfadado.*

desenfadar tr. Quitar el enfado. También prnl.: *por fin te desenfadaste.* ‖ **FAM.** desenfadadamente, desenfadado, desenfado.

desenfado m. Forma de actuar desenvuelta y sin prejuicios.

desenfocar tr. Hacer perder el enfoque de una lente o de un asunto. También prnl.: *se me desenfoca la vista.* ‖ **FAM.** desenfoque.

desenfrenar tr. Quitar el freno. ‖ prnl. Entregarse desordenadamente a vicios y maldades. ‖ Desencadenarse algo. ‖ **FAM.** desenfrenadamente, desenfrenado, desenfreno.

desenganchar tr. y prnl. Soltar, desprender una cosa que está enganchada. ‖ Hacer abandonar la adicción a las drogas.

desengañar tr. y prnl. Sacar a alguien del error o engaño en que se encuentra: *desengáñate, esa coche no te conviene.* ‖ Quitar esperanzas o ilusiones o dejar de creer en algo: *se desengañó de la política.* ‖ **FAM.** desengañado, desengaño.

desengrasar tr. Quitar la grasa. También prnl.: *se ha desengrasado la cadena de la bicicleta.* ‖ intr. Ayudar algo a digerir la grasa que se ha comido: *comer fruta desengrasa.* ‖ **FAM.** desengrasante, desengrase.

desenlace m. Final o conclusión de un relato, obra dramática, etc.

desenlazar tr. y prnl. Desatar los lazos, desasir. ‖ **FAM.** desenlace.

desenmarañar tr. Desenredar. ‖ Aclarar un enredo.

desenmascarar tr. Quitar la máscara. También prnl. ‖ Descubrir cómo es en realidad una persona o cosa: *han desenmascarado al cerebro de la banda.*

desenredar tr. Deshacer una cosa enredada: *desenredar un cordel; un conflicto.* ‖ **FAM.** desenredo.

desenrollar tr. y prnl. Extender lo enrollado.

desenroscar tr. y prnl. Extender lo que está enroscado. ‖ Sacar de su sitio lo que está introducido a rosca: *desenrosca la tapa del bote.*

desentenderse prnl. Dejar de ocuparse de algo, no intervenir en ello: *me he desentendido de ese proyecto.* ‖ Simular ignorancia sobre algo: *siempre te desentiendes de los problemas.* ◆ **Irreg.** Se conj. como *entender.* ‖ **FAM.** desentendido, desentendimiento.

desenterrar tr. Exhumar, sacar lo que está debajo de tierra. ‖ Recordar lo olvidado durante mucho tiempo: *aquello desenterraba dolorosos recuerdos.* ◆ **Irreg.** Se conj. como *acertar.* ‖ **FAM.** desenterramiento.

desentonar tr. En mús., desafinar. ‖ Quedar mal dentro de un conjunto, chocar: *su aire fúnebre desentonaba en la fiesta.* ‖ **FAM.** desentonación, desentonadamente, desentonado, desentonamiento, desentono.

desentrañar tr. Llegar a averiguar el fondo o el verdadero significado de algo.

desentumecer tr. y prnl. Hacer recuperar a un miembro del cuerpo su agilidad. ◆ **Irreg.** Se conj. como *agradecer.* ‖ **FAM.** desentumecimiento.

desenvainar tr. Sacar de su vaina o funda la espada u otra arma blanca. ‖ Sacar lo que está oculto o encubierto con alguna cosa.

desenvoltura f. Facilidad de movimientos. ‖ Soltura para comportarse en determinados ambientes: *muestra gran desenvoltura en las reuniones sociales.* ‖ Desfachatez, atrevimiento.

desenvolver tr. Extender lo envuelto o empaquetado. También prnl. ‖ prnl. Desarrollarse algo: *las conversaciones se desenvuelven con normalidad.* ‖ Obrar con soltura: *se desenvuelve bien en cualquier ambiente.* ◆ **Irreg.** Se conj. como *mover.* ‖ **FAM.** desenvoltura, desenvolvimiento, desenvueltamente, desenvuelto.

desenvuelto, ta adj. Que tiene desenvoltura.

deseo m. Tendencia de la voluntad a conocer, conseguir algo. ‖ Cosa deseada: *el genio* *le concedió tres deseos.* I Apetito sexual. I **FAM.** deseable, desear, deseoso, desiderativo, desiderátum.

desequilibrar tr. y prnl. Hacer perder el equilibrio: *hay que equilibrar la balanza de pagos.* I Volver loco a alguien. I **FAM.** desequilibrado, desequilibrio.

deserción f. Abandono, huida.

desertar intr. Abandonar un militar su puesto. I Apartarse de una causa, idea, o dejar de frecuentar algo: *desertó de nuestras reuniones.* I **FAM.** deserción, desertor.

desértico, ca adj. Del desierto o parecido a él.

desertor, ra m. y f. Prófugo, persona que deserta.

desescombrar tr. Descombrar.

desesperar tr. y prnl. Perder toda esperanza. También intr.: *desespero de encontrarlo.* I prnl. Impacientarse: *le desespera que lleguemos tarde.* I **FAM.** desesperación, desesperadamente, desesperado, desesperante.

desestabilizar tr. Comprometer o perturbar la estabilidad de algo: *su muerte me desestabilizó.* I **FAM.** desestabilización, desestabilizador.

desestimar tr. Denegar una petición: *desestimar un recurso.* I Desdeñar, no valorar bastante a alguien o algo: *desestima todas sus opiniones.* I **FAM.** desestima, desestimación.

desfachatez f. Descaro, desvergüenza. I **FAM.** desfachatado.

desfalcar tr. Apropiarse uno de bienes o dinero que tenía bajo su custodia. I Quitar parte de una cosa, y dejarla descabalada. I **FAM.** desfalcador, desfalco.

desfalco m. Acción y efecto de desfalcar. I Delito que comete quien desfalca: *le condenaron por desfalco.*

desfallecer intr. Perder las fuerzas: *desfallezco de hambre.* I Desmayarse. I Abatirse, perder el ánimo: *desfallece al menor contratiempo.* ♦ **Irreg.** Se conj. como *agradecer.* I **FAM.** desfallecimiento.

desfasado, da adj. y s. Inadaptado o inadecuado al tiempo o lugar en que vive o se encuentra: *una moda desfasada.* I **FAM.** desfase, desfasar.

desfavorable adj. Perjudicial, dañino: *una opinión, un resultado desfavorable.* I Adverso, contrario a lo esperado: *la enfermedad ha seguido un desarrollo desfavorable.* I **FAM.** desfavorablemente.

desfigurar tr. y prnl. Deformar, alterar la forma de algo, afeándolo. I Contar, referir una cosa cambiando sus verdaderas circunstancias: *desfiguró los hechos a su conveniencia.* I prnl. Alterarse por un accidente o por una emoción fuerte. I **FAM.** desfiguración, desfigurado.

desfiladero m. Paso estrecho entre montañas.

desfilar intr. Marchar en fila o formación: *las hormigas desfilaban por la cocina.* I Pasar la tropa formada delante de una autoridad, monumento, bandera, etc. I Pasear los modelos una colección de ropa por una pasarela. I **FAM.** desfiladero, desfile.

desflorar tr. Ajar, quitar a algo el lustre que tenía. I Desvirgar a una mujer. I Tratar superficialmente un asunto. I **FAM.** desfloración, desfloramiento.

desfogar tr. y prnl. Desahogarse, dar salida violentamente a una pasión: *no desfogues tu insatisfacción conmigo.* I **FAM.** desfogue.

desfondar tr. Quitar o romper el fondo a un vaso o caja. También prnl. I En competiciones deportivas, quitar fuerza o empuje. También prnl. I Excavar la tierra profundamente para airearla y sanearla. I **FAM.** desfondamiento, desfonde.

desgaire m. Desaliño, desaire en el comportamiento y en el vestido. I **al desgaire** loc. adv. Con descuido a veces afectado.

desgajar tr. y prnl. Arrancar con violencia una rama del tronco. I Despedazar, separar una cosa de otra a la que está unida. I **FAM.** desgajadura, desgajamiento, desgaje.

desgalichado, da adj. Desgarbado.

desgana f. Inapetencia. I Falta de entusiasmo: *lo hizo con desgana.* I **FAM.** desganado, desganadamente.

desgañitarse prnl. Gritar con todas las fuerzas: *los hinchas se desgañitaron en el partido.* I Quedarse ronco.

desgarbado, da adj. Sin garbo, sin gracia.

desgarrado, da adj. Rasgado. I Intenso, con mucho sentimiento: *una canción desgarrada.* I Descarado, escandaloso. También s.

desgarrar tr. y prnl. Rasgar, destrozar. I Apenar profundamente. I **FAM.** desgarradamente, desgarrado, desgarrador, desgarradura, desgarramiento, desgarro, desgarrón.

desgastar tr. y prnl. Gastar poco a poco algo por el roce o el uso: *el pantalón está desgastado en las rodillas.* I prnl. Perder fuerza, vigor o poder: *esa actriz se desgastó muy pronto.* I **FAM.** desgaste.

desglosar tr. Separar algo de un todo, para considerarlo por separado: *desglosar los distintos gastos de un presupuesto.* I Separar un impreso de otros con los cuales está encuadernado. I **FAM.** desglose.

desgobernar tr. Deshacer, perturbar el buen orden del gobierno. I Descuidar el timonel el gobierno del barco. ♦ **Irreg.** Se conj.

como *acertar*. ‖ **FAM**. desgobernado, desgobierno.

desgracia f. Percance, adversidad: *estuvo a su lado en la desgracia*. ‖ Acontecimiento funesto: *se quedó sin trabajo, ¡qué desgracia!* ‖ Pérdida de la condición de valido o favorito de alguien. ‖ **desgracias personales** Víctimas humanas de un accidente. ‖ **por desgracia** loc. adv. Con desgracia, desgraciadamente. ‖ **FAM**. desgraciadamente, desgraciado, desgraciar.

desgraciado, da adj. Que padece desgracias o una desgracia. También s.: *es desgraciado en amores*. ‖ Que provoca o va acompañado de desgracias: *un suceso desgraciado*. ‖ Falto de gracia y atractivo: *una blusa desgraciada*. ‖ Se dice de la persona que inspira compasión. También s.: *es un pobre desgraciado*. ‖ Desacertado, inoportuno: *una intervención desgraciada*. ‖ Se dice de la persona de malas intenciones. También s.

desgraciar tr. Dañar a una persona o cosa o impedir su desarrollo o perfeccionamiento. También prnl.: *se desgració la cosecha de naranjas*. ‖ Quitar a algo la gracia, estropear su aspecto.

desgranar tr. y prnl. Sacar el grano. ‖ prnl. Soltarse lo ensartado. ‖ **FAM**. desgranado, desgranador.

desgravar tr. Rebajar los impuestos. ‖ **FAM**. desgravación.

desgreñar tr. y prnl. Despeinar.

desguañangado, da adj. *amer*. Descuidado en el vestir, desgalichado, desarreglado.

desguañangar tr. *amer*. Desvencijar, descuajaringar. ‖ *amer*. Dañar, perjudicar. ‖ *amer*. Desanimarse. ‖ **FAM**. desguañangado.

desguarnecer tr. Quitar los adornos de algo. ‖ Quitar la fuerza o la fortaleza a una cosa, como a una plaza, a un castillo, etc. ‖ Quitar todo lo que es necesario para el uso de un instrumento mecánico. ‖ Quitar las guarniciones a los animales de tiro. ♦ **Irreg**. Se conj. como *agradecer*.

desguazar tr. Deshacer o desmontar un barco para la chatarra, y p. ext., cualquier vehículo o aparato. ‖ **FAM**. desguace.

deshabitar tr. Abandonar una vivienda. ‖ Despoblar un territorio o cualquier lugar. ‖ **FAM**. deshabitado.

deshacer tr. Quitar la forma o figura a una cosa, descomponiéndola. También prnl.: *aquel brocado estaba tan gastado que se deshizo al tocarlo*. ‖ Derrotar: *deshizo a su contrario*. ‖ Derretir. También prnl.: *se ha deshecho la mantequilla*. ‖ Disolver algo en un líquido. También prnl.: *deja que se deshaga bien la pastilla en el vaso antes de bebértelo*. ‖ Anular un tratado: *deshicieron el contrato*. ‖ prnl. Desaparecer. ‖ Trabajar con ahínco. ‖ Con la preposición *en* y sustantivos que indiquen manifestaciones de aprecio, afecto, cortesía, o las contrarias, hacerlas en exceso: *deshacerse en atenciones*. ♦ **Irreg**. Se conj. como *hacer*. ‖ **FAM**. deshecho.

desharrapado, da adj. y s. Andrajoso, mal vestido.

deshelar tr. y prnl. Licuar lo que está helado. ♦ **Irreg**. Se conj. como *acertar*. ‖ **FAM**. deshielo.

desheredado, da adj. y s. Pobre, que carece de medios de vida.

desheredar tr. Excluir al heredero forzoso de su herencia. ‖ **FAM**. desheredado.

deshidratar tr. y prnl. Quitar a un cuerpo u organismo el agua que contiene. ‖ **FAM**. deshidratación.

deshielo m. Acción y efecto de deshelar, sobre todo deshacerse la nieve y el hielo. ‖ Época del año en que esto sucede. ‖ Distensión en las relaciones entre países, personas, etc.

deshilachado, da adj. Se apl. a lo que tiene los bordes desgastados y los hilos sueltos. ‖ **FAM**. deshilachar.

deshilado m. Labor en las telas, sacando varios hilos y formando calados.

deshilar tr. Sacar hilos por los bordes de un tejido, dejándolos en forma de flecos. ‖ **FAM**. deshilado.

deshilvanado, da adj. Se apl. a los discursos, pensamientos, etc., sin enlace ni conexión.

deshilvanar tr. y prnl. Quitar los hilvanes. ‖ **FAM**. deshilvanado.

deshinchar tr. Sacar el aire de algo que está inflado. También prnl.: *el balón se deshinchó*. ‖ Quitar la hinchazón. También prnl.: *todavía no se me ha deshinchado el tobillo*. ‖ prnl. Verse obligado a abandonar alguien su presunción u orgullo: *tu respuesta le deshinchó por completo*.

deshipotecar tr. Cancelar o suspender una hipoteca o cualquier otro gravamen.

deshojar tr. y prnl. Quitar las hojas o los pétalos a las plantas, y p. ext., a cualquier cosa que las tenga: *deshojar un cuaderno*. ‖ **FAM**. deshoje.

deshollinador, ra adj. Que deshollina. También s.: *ya no quedan deshollinadores*. ‖ m. Utensilio para deshollinar chimeneas. ‖ Escoba de palo muy largo, que suele cubrirse con un paño, para limpiar techos y paredes.

deshollinar tr. Limpiar de hollín las chimeneas. ‖ Deshollinar techos y paredes con el deshollinador. ‖ **FAM**. deshollinador.

deshonesto, ta adj. Impúdico, obsceno. ‖ No honrado. ‖ FAM. deshonestamente, deshonestidad.

deshonor m. Pérdida del respeto, la estimación. ‖ Deshonra, hecho que provoca la pérdida del respeto.

deshonrar tr. Quitar la honra. También prnl. ‖ Hacer perder la virginidad a una mujer fuera del matrimonio. ‖ FAM. deshonra, deshonrosamente, deshonroso.

deshora f. Tiempo inoportuno. ‖ **a deshora** loc. adv. Fuera de tiempo.

deshuesar tr. Quitar los huesos a un animal o a la fruta. ‖ FAM. deshuesado, deshuesador.

deshumanizar tr. y prnl. Privar de caracteres humanos alguna cosa. Se usa más con referencia a las artes. ‖ Endurecer, insensibilizar a alguien. ‖ FAM. deshumanización, deshumanizado.

desiderativo, va adj. Que expresa o indica deseo: *oraciones desiderativas*.

desiderátum m. Aspiración, deseo que aún no se ha cumplido. ‖ El no va más. ♦ pl. *desiderátum* o *desiderata*.

desidia f. Negligencia, falta de cuidado. ‖ FAM. desidiosamente, desidioso.

desierto, ta adj. Despoblado, deshabitado: *una calle desierta*. ‖ Se dice de la subasta, concurso o certamen en que nadie participa o en que ningún participante obtiene el premio. ‖ m. Territorio arenoso o pedregoso que, por la falta casi total de lluvias, carece de vegetación o la tiene muy escasa. ‖ FAM. desértico, desertizar.

designar tr. Destinar algo o a alguien para un fin: *no me gustaría que me designaran para la nueva sucursal*. ‖ Denominar, nombrar. ‖ Representar algo con una palabra o un símbolo: *el signo ? designa interrogación o duda*. ‖ FAM. designación, designio.

designio m. Propósito de hacer algo.

desigual adj. Diferente: *las opciones son muy desiguales*. ‖ Variable, inconstante: *un humor desigual*. ‖ Accidentado, con diferencias de nivel: *terreno desigual*. ‖ Arduo, dificultoso. ‖ FAM. desigualar, desigualdad, desigualmente.

desigualdad f. Diferencia. ‖ Montículo, depresión. ‖ En mat., expresión de la falta de igualdad que existe o se supone entre dos cantidades.

desilusión f. Desengaño: *esa novela me causó bastante desilusión*. ‖ Pérdida de la ilusión. ‖ FAM. desilusionar, desilusionado.

desinencia f. Terminación variable que se añade a la raíz de una palabra y que, a diferencia del sufijo, sólo tiene valor gramatical, p. ej., *-ero*, en *carnicero, panadero*, es un sufijo que significa 'profesión'; *-aba* en *cantaba*,

saltaba es una desinencia que indica el tiempo, número y persona del verbo.

desinfectar tr. y prnl. Quitar la infección de algo destruyendo los gérmenes nocivos. ‖ FAM. desinfección, desinfectante.

desinflar tr. y prnl. Sacar el aire de un cuerpo inflado: *desinflar un balón, desinflarse un globo*. ‖ Desanimar, desilusionar rápidamente. ‖ Quitar importancia a algo: *desinflar un suceso*.

desinformar intr. Ofrecer una información falsa o manipulada con un fin determinado. ‖ FAM. desinformación, desinformado.

desinsectar tr. Limpiar de insectos. ‖ FAM. desinsectación.

desintegración f. Acción y efecto de desintegrar o desintegrarse. ‖ **desintegración nuclear** Transformación de un núcleo atómico al perder alguna de sus partículas.

desintegrar tr. y prnl. Separar los diversos elementos que forman el todo de una cosa. ‖ FAM. desintegración, desintegrador.

desinterés m. Falta de interés: *leí el informe con desinterés*. ‖ Generosidad de alguien: *te ayudó con total desinterés*. ‖ FAM. desinteresadamente, desinteresado, desinteresarse.

desintoxicar tr. y prnl. Combatir la intoxicación, sobre todo la producida por drogas, o sus efectos. ‖ FAM. desintoxicación.

desistir intr. Renunciar a una empresa, un intento o un derecho: *desistió de invertir en bolsa*. ‖ FAM. desistimiento.

deslavazado, da adj. Blando, sin firmeza ni consistencia: *un material deslavazado*. ‖ Sin trabazón, sin unión: *un discurso deslavazado*. ‖ Insustancial, insulso. ‖ FAM. deslave.

desleal adj. y com. Que obra sin lealtad. ‖ FAM. deslealtad, deslealmente.

desleír tr. y prnl. Diluir, disolver en un líquido. ♦ Irreg. Se conj. como *reír*. ‖ FAM. desleimiento.

deslenguado, da adj. y s. Mal hablado, desvergonzado. ‖ FAM. deslenguarse.

desliar tr. y prnl. Deshacer un lío, desatar un paquete.

desligar tr. y prnl. Desatar, soltar las ligaduras. ‖ Dispensar, liberar de una obligación. ‖ prnl. Independizarse: *se desligó de la compañía para formar su propia empresa*. ‖ FAM. desligadura, desligamiento.

deslindar tr. Señalar los límites de los terrenos. ‖ Aclarar, detallar algo: *deslindar las funciones de un cargo*. ‖ FAM. deslindador, deslindamiento, deslinde.

desliz m. Desacierto, equivocación: *tuvo varios deslices en su intervención*. ‖ Flaqueza en sentido moral, sobre todo con respecto a la relación sexual.

deslizar tr. Pasar suavemente un cuerpo sobre otro. También prnl.: *el barco se desliza sobre las aguas.* ‖ Incluir en un escrito o discurso, como al descuido, frases o palabras intencionadas: *deslicé dos o tres alusiones.* ‖ intr. y prnl. Resbalar, escurrirse. ‖ prnl. Escaparse, escabullirse de un lugar: *aprovechando el barullo, se deslizó a su habitación.* ‖ **FAM.** desliz, deslizable, deslizamiento.

deslomar tr. Romper o maltratar los lomos. Más c. prnl. ‖ Cansar mucho a uno un trabajo. También prnl.: *cavar en el jardín me desloma.* ‖ Pegar a alguien una paliza. ‖ **FAM.** deslomadura.

deslucir tr. y prnl. Quitar a algo su gracia, su atractivo: *las vidrieras se han deslucido.* ‖ Desacreditar a alguien. ♦ **Irreg.** Se conj. como *lucir.* ‖ **FAM.** deslucidamente, deslucido, deslucimiento.

deslumbrar tr. y prnl. Cegar momentáneamente la vista un golpe de luz: *el conejo se deslumbró con los faros del vehículo.* ‖ Asombrar, encantar: *me deslumbra con sus ocurrencias.* ‖ **FAM.** deslumbrador, deslumbramiento, deslumbrante.

desmadejado, da adj. Se dice de la persona que se siente con flojedad o cansancio. ‖ **FAM.** desmadejamiento, desmadejar.

desmadrado, da adj. Se dice del animal abandonado por la madre. ‖ Se dice del río o arroyo que se sale del cauce principal. ‖ Se apl. a las personas, palabras o acciones sin normas, desenfrenadas, alocadas. También s.: *últimamente te veo muy desmadrado.*

desmadre m. Desbarajuste, caos, confusión: *este armario es un desmadre.* ‖ Jolgorio incontrolado: *la fiesta fue un auténtico desmadre.* ‖ **FAM.** desmadrarse, desmadrar.

desmán m. Exceso, desorden. ‖ Atropello, acto que se comete con abuso de autoridad: *ya estoy harto de los desmanes del jefe.*

desmán m. Mamífero pequeño parecido al topo, de hocico prolongado y pies palmeados. Es insectívoro y vive a orillas de ríos y arroyos.

desmanchar tr. *amer.* Quitar las manchas de una cosa. ‖ *amer.* Separarse de un grupo.

desmandarse prnl. Dejar de obedecer a alguien. ‖ Propasarse: *cuando bebe demasiado se desmanda.* ‖ Echar a correr los animales desobedeciendo a su conductor: *el rebaño se desmandó.* ‖ **FAM.** desmán, desmandado.

desmano (a) loc. adv. A trasmano, fuera del camino habitual: *si quieres podemos acercanos a su casa, pero nos queda a desmano.*

desmantelar tr. Destruir las fortificaciones. ‖ Quitar los muebles, útiles, etc. de un lugar: *desmantelar un tenderete de feria.* ‖ Desmontar los aparejos de un barco y, por ext., de cualquier estructura: *desmantelaron un comando terrorista.* ‖ **FAM.** desmantelado, desmantelamiento.

desmañado, da adj. y s. Falto de destreza y habilidad. ‖ **FAM.** desmaña, desmaño.

desmaquillar tr. y prnl. Quitar el maquillaje y la pintura de la cara. ‖ **FAM.** desmaquillador, desmaquillante.

desmarcar tr. Eliminar una marca. ‖ prnl. En algunos deportes, liberarse un jugador de la vigilancia de un contrario: *el número doce se ha desmarcado del pelotón.*

desmayado, da adj. Se apl. al color bajo y apagado.

desmayar intr. Perder el valor, desfallecer de ánimo: *no desmayó en su empeño.* ‖ prnl. Perder momentáneamente el conocimiento: *se desmayó en la iglesia.*

desmayo m. Mareo, desvanecimiento. ‖ Desaliento, desánimo. ‖ **FAM.** desmayado, desmayar.

desmedido, da adj. Enorme, excesivo, desproporcionado: *un apetito desmedido.* ‖ **FAM.** desmedidamente, desmedirse.

desmejorar tr. Hacer perder el lustre y perfección. También prnl. ‖ intr. Ir perdiendo la salud. También prnl. ‖ **FAM.** desmejorado, desmejoramiento.

desmelenar tr. y prnl. Despeinar. ‖ prnl. Liberarse, salirse de lo normal: *tras su divorcio se desmelenó.* ‖ **FAM.** desmelenado, desmelenamiento.

desmembrar tr. Separar los miembros del cuerpo. ‖ Separar, dividir una cosa de otra. También prnl.: *el partido se desmembró tras las elecciones.* ‖ **FAM.** desmembración, desmembramiento.

desmemoriado, da adj. y s. Que tiene mala o poca memoria y olvida las cosas fácilmente. ‖ **FAM.** desmemoriarse.

desmentir tr. Decir a alguien que miente. ‖ Sostener o demostrar la falsedad de un dicho o hecho: *el ministro desmintió el rumor de su dimisión.* ‖ Ser uno distinto a lo que se podía esperar de su nacimiento, educación y estado: *este toro no desmiente su casta.* ♦ **Irreg.** Se conj. como *sentir.* ‖ **FAM.** desmentido.

desmenuzar tr. Triturar, dividir en partes muy pequeñas. También prnl. ‖ Examinar algo con detalle: *desmenuzaron sus argumentos.* ‖ **FAM.** desmenuzable, desmenuzamiento.

desmerecer tr. No ser digno de algo. ‖ intr. Perder valor o mérito: *esta película no ha desmerecido con los años.* ‖ Ser una cosa o persona inferior a otra con la que se compara: *el servicio de este restaurante desmerece de su co-*

cina. ♦ **Irreg**. Se conj. como *agradecer*. ‖ **FAM**. desmerecedor, desmerecimiento.

desmesurado, da adj. y s. Desproporcionado, excesivo. ‖ **FAM**. desmesura, desmesuradamente, desmesurar.

desmigajar tr. y prnl. Hacer migajas una cosa, dividirla y desmenuzarla en partes pequeñas: *desmigajar una galleta*.

desmigar tr. Desmigajar o deshacer el pan para hacer migas.

desmilitarizar tr. Suprimir el carácter militar de algo o alguien: *desmilitarizar un gobierno*. ‖ Reducir o retirar instalaciones o actividades militares de un territorio.

desmirriado, da adj. Flaco, extenuado, consumido.

desmitificar tr. Disminuir o privar a alguien o algo del carácter mítico o idealizado que tenía. ‖ **FAM**. desmitificación.

desmochar tr. Quitar, cortar, arrancar o desgajar la parte superior de una cosa: *desmochó el árbol*. ‖ Eliminar, cortar parte de una obra artística o literaria: *la censura desmochó su novela*. ‖ **FAM**. desmoche.

desmontar tr. Desarmar, desunir, separar las piezas de una cosa: *desmontar un motor, un reloj, una teoría*. ‖ Bajar uno de una caballería o vehículo. También intr. y prnl.: *el potro le desmontó; se desmontó de un salto*. ‖ Cortar en un monte o en parte de él los árboles o matas. ‖ En algunas armas de fuego, separar la llave del disparador para que no funcione. ‖ **FAM**. desmontable, desmonte.

desmonte m. Acción y efecto de desmontar un terreno o un monte. ‖ Fragmentos o despojos de lo desmontado. ‖ Paraje de terreno desmontado. Más en pl. ‖ *amer*. Mineral de desecho amontonado en la boca de una mina.

desmoralizar tr. y prnl. Hacer perder a alguien el valor o las esperanzas: *el cese lo desmoralizó*. ‖ Hacer que alguien pierda la moral y buenas costumbres. ‖ **FAM**. desmoralización, desmoralizado, desmoralizador, desmoralizante.

desmoronar tr. y prnl. Deshacer poco a poco algo sólido formado por partículas unidas entre sí. ‖ Destruir lentamente algo no material: *sus ideales se fueron desmoronando con los años*. ‖ prnl. Sufrir una persona, física o moralmente, una grave depresión, los efectos de un disgusto, etc. ‖ Venir a menos, irse destruyendo los imperios, los caudales, el crédito. ‖ **FAM**. desmoronamiento.

desmovilizar tr. Licenciar a las tropas o a los soldados movilizados. ‖ Detener una movilización social, como una huelga o una manifestación. ‖ **FAM**. desmovilización.

desnacionalizar tr. y prnl. Quitar el ca-

rácter de nacional, sobre todo de un servicio controlado por una empresa no estatal: *desnacionalizar la banca*. ‖ **FAM**. desnacionalización.

desnatar tr. Quitar la nata a la leche o a otros productos. ‖ **FAM**. desnatado, desnatadora.

desnaturalizado, da adj. y s. Que no siente cariño ni afecto por amigos y familiares cercanos, como padres, hijos o hermanos.

desnaturalizar tr. y prnl. Privar a uno del derecho de su nacionalidad. ‖ Alterar la forma, propiedades o condiciones naturales de una cosa: *aceite desnaturalizado*. ‖ **FAM**. desnaturalización, desnaturalizado.

desnivel m. Diferencia de alturas entre dos o más puntos. ‖ Diferencia entre los niveles de cualquier cualidad: *desniveles salariales*. ‖ Depresión o elevación de un terreno.

desnivelar tr. y prnl. Hacer que se produzca desnivel entre dos o más cosas. ‖ **FAM**. desnivel, desnivelación.

desnucar tr. y prnl. Sacar de su lugar los huesos de la nuca. ‖ Causar la muerte por un golpe en la nuca. ‖ **FAM**. desnucamiento.

desnudar tr. Quitar todo el vestido o parte de él. También prnl. ‖ Quitar a una persona o cosa todo lo que tiene. También prnl.: *en otoño se desnudan los árboles*. ‖ Desenvainar un arma: *desnudar la espada*. ‖ prnl. Desprenderse y apartarse de algo no material: *se desnudó de su falsa modestia y se mostró tal como era*. ‖ **FAM**. desnudamente, desnudamiento, desnudez, desnudismo, desnudista, desnudo.

desnudo, da adj. Sin vestido. ‖ Muy mal vestido. ‖ Sin adornos ni complementos: *lleva el cuello desnudo*. ‖ Falto de recursos, sin bienes de fortuna: *el juego le ha dejado desnudo*. ‖ Falto de algo no material: *desnudo de avaricia*. ‖ m. En las bellas artes, figura del cuerpo humano desnudo.

desnutrición f. Degeneración y debilitamiento del organismo por una nutrición insuficiente o inadecuada. ‖ **FAM**. desnutrido, desnutrirse.

desobedecer tr. No hacer uno lo que ordena quien manda. ♦ **Irreg**. Se conj. como *agradecer*. ‖ **FAM**. desobediencia, desobediente.

desobediente adj. y com. Que desobedece.

desocupado, da adj. y s. Sin ocupación, ocioso.

desocupar tr. Dejar libre un lugar, desembarazarlo: *desocupar una vivienda*. ‖ Sacar lo que hay dentro de alguna cosa: *desocupar un cajón*. ‖ prnl. Quedar libre de un negocio u

ocupación. | *amer.* Parir, dar a luz. | FAM.
desocupación, desocupado.

desodorante adj. y m. Producto que destruye los olores molestos y nocivos. | FAM.
desodorizar.

desoír tr. Desatender, dejar de oír: *desoyó nuestras quejas*. ♦ **Irreg.** Se conj. como *oír*.

desojar tr. Romper el ojo de un instrumento, como de la aguja, la azada, etc. También prnl.
| prnl. Estropearse la vista forzándola demasiado: *me desojo delante del ordenador*. | Mirar con mucho esfuerzo para ver o hallar una cosa.

desolar tr. Asolar, destruir, arrasar: *el terremoto desoló la comarca*. | Afligir, angustiar profundamente. También prnl.: *se desoló al saber la noticia*. ♦ **Irreg.** Se conj. como *contar*. Se usa casi exclusivamente el participio perfecto: *estoy desolado*. | FAM. desolación, desolador.

desollar tr. Quitar la piel del cuerpo de un animal. También prnl. | Difamar, criticar a alguien cruelmente: *en cuanto les dio la espalda, le desollaron*. ♦ **Irreg.** Se conj. como *contar*. | FAM. desolladero, desollado, desolladura, desuello.

desorbitar tr. y prnl. Sacar algo de su órbita. | Exagerar, sobrevalorar: *en navidades se desorbitan los precios*. | FAM. desorbitadamente, desorbitado.

desorden m. Ausencia de orden: *¡menudo desorden hay en tu habitación!* | Revuelta, disturbio público: *la subida de los precios provocó desórdenes en la población*. | Exceso, vicio. Más en pl. | FAM. desordenadamente, desorden, desordenar.

desordenado, da adj. Que no tiene orden.
| Que actúa fuera de toda disciplina. | Se dice particularmente de lo que sale del orden social o moral: *conducta desordenada*.

desordenar tr. y prnl. Turbar, confundir y alterar el buen concierto de una cosa. | prnl. Salirse de la regla, excederse.

desorganizar tr. y prnl. Desordenar, deshacer la organización de algo. | FAM. desorganización, desorganizadamente, desorganizador.

desorientar tr. y prnl. Hacer que una persona pierda el sentido de la posición que ocupa geográficamente: *esta carretera me desorienta*. | Confundir, ofuscar a alguien: *tu conducta les desorienta*. | FAM. desorientación, desorientado, desorientador.

desovar intr. Soltar las hembras de los peces y las de los anfibios sus huevos o huevas. |
FAM. desove.

desoxidar tr. Desoxigenar. También prnl. |
Limpiar un metal del óxido que lo mancha:

hay que desoxidar la barandilla antes de pintarla. | FAM. desoxidación, desoxidante.

desoxigenar tr. y prnl. Quitar el oxígeno a una sustancia con la cual estaba combinado.
| FAM. desoxigenación.

despabilado, da adj. Espabilado.

despabilar tr. Espabilar. | FAM. despabilado.

despachar tr. Resolver y concluir rápidamente un asunto: *despacha tus deberes antes de ver la tele*. | Tratar un asunto o negocio con clientes, subordinados, etc. También intr.: *el director despachará esta tarde con el jefe de ventas*. | Enviar: *despachar un paquete*. | Atender al público en un establecimiento comercial. | Despedir: *le despacharon con una indemnización mísera*. | Matar, quitar la vida: *le despacharon de una puñalada*. | prnl. Decir uno lo que le viene en gana: *se despachó con cuatro frescas*. | Librarse de algo, quitárselo de encima: *ya me despaché de ese pesado*. | FAM. despacho.

despacho m. Acción y efecto de despachar.
| Habitación de una casa destinada para despachar los negocios, para trabajar o estudiar.
| Tienda, establecimiento de venta: *despacho de billetes*. | Comunicado oficial: *llegó el nuevo despacho del ministro*. | Comunicación telefónica o telegráfica. | Nombramiento oficial: *mañana le entregan el despacho de alférez*.

despachurrar tr. y prnl. Aplastar una cosa despedazándola o apretándola con fuerza: *tu pisotón me ha despachurrado el pie*. | FAM. despachurramiento, despachurro.

despacio adv. m. Poco a poco, lentamente: *habla despacio para que te entienda*. | adv. t. Durante mucho tiempo: *esto hay que hablarlo despacio*. | FAM. despacioso.

despampanante adj. Que causa sensación o deja atónito.

despanzurrar tr. y prnl. Romper a uno la panza. | Reventar: *el sillón se despanzurró*. |
FAM. despanzurramiento.

desparejar tr. y prnl. Deshacer una pareja: *desparejarse unos guantes, unos zapatos*.

desparpajo m. Suma facilidad y desenvoltura hablando o comportándose: *tu primo tiene mucho desparpajo*. | *amer.* Desorden, desbarajuste.

desparramar tr. y prnl. Esparcir, extender por muchas partes lo que estaba junto: *desparramó sus juguetes por toda la habitación*. |
Dispersar la atención en muchas cosas a la vez. | Distraerse, divertirse desordenadamente: *en cuanto bebe se desparrama*. |
FAM. desparramamiento.

despatarrar tr. Abrir excesivamente las

piernas a uno. Más c. prnl. ‖ **FAM**. despata-
rrado.

despavorido, da adj. Lleno de pavor. ‖
FAM. despavoridamente, despavorir.

despecho m. Resentimiento por algún desengaño o insulto: *aún siente despecho por su
mujer*. ‖ **FAM**. despechado, despechar.

despechugar tr. Quitar la pechuga a un
ave. ‖ prnl. Mostrar o enseñar el pecho, llevarlo descubierto.

despectivo, va adj. Despreciativo. ‖ En
gram., se dice de la palabra que incluye menosprecio en su significado. ‖ **FAM**. despectivamente.

despedazar tr. Hacer pedazos un cuerpo.
También prnl.: *el automóvil se despedazó con
el choque*. ‖ Maltratar, destruir algo no material: *tu negativa le despedazó*. ‖ **FAM**. des-
pedazamiento.

despedida f. Acción y efecto de despedir a
uno o despedirse: *no me gustan las despedidas*.
‖ Fiesta o frase que se utiliza para despedirse:
despedida de soltero.

despedir tr. Acompañar al que se va y decirle adiós. También prnl.: *se despidió lloran-
do*. ‖ Soltar, arrojar una cosa: *el guiso despide
muy buen aroma*. ‖ Echar a alguien de un trabajo. ‖ Prescindir de los servicios de algo o alguien. ‖ Difundir o esparcir: *la bombilla despide luz*. ♦ Irreg. Se conj. como *pedir*. ‖ **FAM**.
despedida, despedido, despido.

despegado, da adj. Áspero o desabrido en
el trato. ‖ Poco cariñoso, que muestra desapego.

despegar tr. Desasir y desprender una cosa
de otra a la que estaba unida. También prnl.:
se ha despegado el asa. ‖ intr. Iniciar el vuelo
un avión. ‖ prnl. Desprenderse del afecto que
se siente hacia una persona o cosa. ‖ **FAM**.
despegable, despegadamente, despegado, des-
pego, despegue.

despegue m. Acción y efecto de despegar el
avión.

despeinar tr. y prnl. Deshacer el peinado.

despejado, da adj. Libre de obstáculos:
una carretera despejada. ‖ Se dice del cielo sin
nubes. ‖ Se apl. al entendimiento claro, y a la
persona que lo tiene. ‖ Espacioso, dilatado,
ancho: *frente despejada*.

despejar tr. Desembarazar, desocupar: *despejar una mesa*. ‖ Aclarar, poner en claro: *des-
peja mis dudas*. También prnl. ‖ Separar por
medio del cálculo una incógnita en una ecuación. ‖ En algunos deportes, alejar la pelota
de la meta propia. ‖ prnl. Aclararse, serenarse
el día, el tiempo, etc. ‖ Recobrar alguien la
claridad mental después de haber dormido,
bebido alcohol, etc.: *descansa un poco, a ver si

te despejas*. ‖ **FAM**. despejado, despeje, despeje.

despeje m. En algunos deportes, acción y
efecto de despejar.

despellejar tr. y prnl. Quitar el pellejo, desollar. ‖ Criticar cruel y duramente a alguien:
esa vecina tuya despelleja a todo el barrio. ‖
FAM. despellejamiento.

despelotarse prnl. vulg. Desnudarse. ‖
vulg. Morirse de risa. ‖ **FAM**. despelote.

despeluznante adj. Espeluznante.

despenalizar tr. Eliminar el carácter penal
de lo que constituía delito: *despenalizaron el
aborto*. ‖ **FAM**. despenalización.

despensa f. Lugar donde se guardan los alimentos. ‖ Provisión de comestibles. ‖ **FAM**.
despensero.

despeñadero m. Precipicio, lugar escarpado.

despeñar tr. y prnl. Precipitar a una persona
o cosa desde un lugar alto o precipicio. ‖
FAM. despeñadero, despeño.

despepitar tr. Quitar las pepitas o semillas
de algún fruto: *despepitar el algodón*. ‖ prnl.
Hablar o gritar con vehemencia o con enojo:
se despepitaron animando a su equipo. ‖ Desear
mucho algo: *se despepita por los dulces*.

desperdiciar tr. Malgastar algo, no apro-
vecharlo adecuadamente: *no desperdicies tu
paciencia con él*. ‖ **FAM**. desperdicio.

desperdicio m. Acción y efecto de desperdiciar. ‖ Residuo, desecho de algo. Más en pl.:
la calle estaba llena de desperdicios.

desperdigar tr. y prnl. Separar, desunir, esparcir: *el grupo se desperdigó con los años*. ‖
Dispersar la atención o el tiempo en diferentes
actividades. ‖ **FAM**. desperdigamiento.

desperezarse prnl. Extender y estirar los
miembros, para librarse de la pereza o del entumecimiento. ‖ **FAM**. desperezo.

desperfecto m. Leve deterioro que sufre
algo: *el choque produjo algunos desperfectos en
la carrocería*. ‖ Falta, defecto que tiene algo:
el esmalte del jarrón tiene algunos desperfectos.

despersonalizar tr. y prnl. Quitar a una
persona su carácter distintivo e individual. ‖
Quitar carácter personal a una cuestión. ‖
FAM. despersonalización.

despertador, ra adj. Que despierta. ‖ m.
Reloj que, a la hora previamente fijada, hace
sonar una campana o timbre. También adj.:
un reloj despertador.

despertar tr. Interrumpir el sueño del que
duerme. También prnl. e intr.: *se despertó so-
bresaltado; desperté a las nueve*. ‖ Traer a la
memoria una cosa ya olvidada. También
prnl.: *se le despertaron viejos recuerdos*. ‖ Mover, excitar: *no despiertes su ira*. ‖ intr. Hacer-

se más espabilado, más listo: *o despiertas o te quitan el puesto.* ♦ **Irreg.** Se conj. como *acertar.* Tiene un part. regular: *despertado,* usado para los tiempos compuestos, y otro irregular: *despierto,* con valor adjetival. ‖ m. Momento en que algo o alguien despierta: *el despertar de un sentimiento; tengo muy mal despertar.* ‖ **FAM.** despertador, despierto.

despiadado, da adj. Brutal, inhumano. ‖ **FAM.** despiadadamente.

despido m. Acción y efecto de despedir o despedirse, especialmente de un empleo. ‖ Indemnización que se cobra por ello.

despierto, ta adj. Listo, advertido, vivo: *tiene un ingenio muy despierto.*

despilfarrar tr. Malgastar, derrochar el dinero y los bienes. ‖ **FAM.** despilfarrador, despilfarro.

despintar tr. Borrar lo pintado. También prnl.: *la vajilla se ha despintado.* ‖ Desfigurar y desdibujar un asunto o cosa, para que resulte distinta. ‖ intr. Desdecir. ♦ Se usa en frases negativas: *no despinta de su linaje.*

despistado, da adj. y s. Desorientado, distraído.

despistar tr. Hacer perder la pista: *despistó a sus perseguidores.* ‖ Desorientar o desconcertar a alguien: *su amabilidad despista mucho.* También prnl. ‖ prnl. Extraviarse, perder el rumbo: *me despisté al regreso.* ‖ **FAM.** despistado, despiste.

despiste m. Fallo, distracción.

desplante m. Dicho o acto lleno de arrogancia o descaro.

desplazado, da adj. y s. Inadaptado, descentrado con respecto al ambiente o a las circunstancias: *se siente desplazado en su nuevo trabajo.*

desplazar tr. Mover a una persona o cosa del lugar en que está. También prnl.: *se desplazaron hasta aquí sólo para verte.* ‖ Quitar a alguien del puesto que ocupa para sustituirle: *consiguió desplazarle en la junta.* ‖ Desalojar un cuerpo al sumergirse un volumen de agua igual al de la parte sumergida, y cuyo peso es igual al peso total del cuerpo. Esta medida, en toneladas, indica el tamaño de los barcos, por ejemplo. ‖ **FAM.** desplazado, desplazamiento.

desplegar tr. Desdoblar, extender lo que está plegado. También prnl. ‖ Demostrar, manifestar una cualidad: *tu amiga despliega simpatía.* ‖ Hacer pasar las tropas del orden cerrado al abierto. También prnl.: *el enemigo se desplegó por el valle.* ♦ **Irreg.** Se conj. como *acertar.* ‖ **FAM.** desplegadura, despliegue.

despliegue m. Acción y efecto de desplegar. ‖ Demostración, exhibición: *un despliegue de mal gusto.*

desplomar tr. Hacer perder la posición vertical. También prnl. ‖ prnl. Caer pesadamente algo: *el armario se desplomó.* ‖ Caer sin vida o sin conocimiento una persona: *Luis se desplomó de repente.* ‖ Arruinarse, perderse, sucumbir algo no material: *se le desplomaron sus esperanzas.* ‖ **FAM.** desplome.

desplumar tr. Quitar las plumas al ave. También prnl. ‖ Pelar, quitar a alguien todo el dinero y los bienes: *le desplumaron en aquel garito.* ‖ **FAM.** desplumadura, desplume.

despoblado m. Desierto, sitio no poblado por haber perdido su población.

despoblar tr. Reducir a desierto o disminuir considerablemente la población de un lugar. También prnl.: *esta zona se ha despoblado en pocos años.* ‖ Despojar un sitio de lo que hay en él. ♦ **Irreg.** Se conj. como *contar.* ‖ **FAM.** despoblación, despoblado, despoblador, despoblamiento, despueble.

despojar tr. Privar a uno de lo que tiene, en general violentamente: *le despojaron de sus bienes.* ‖ Quitar los adornos y accesorios de algo: *despojar una camisa de sus botones.* ‖ prnl. Desposeerse voluntariamente de una cosa. ‖ Quitarse toda o parte de la ropa: *se despojó de la bufanda.* ‖ **FAM.** despojo.

despojo m. Acción y efecto de despojar o despojarse. ‖ Presa, botín del vencedor. ‖ Vientre, asadura, cabeza y manos de las reses muertas. Más en pl. ‖ Alones, molleja, patas, pescuezo y cabeza de las aves muertas. Más en pl. ‖ pl. Sobras o residuos: *los despojos de un banquete.* ‖ Restos mortales, cadáver.

despolitizar tr. y prnl. Quitar el carácter político a un asunto, reunión, etc. ‖ **FAM.** despolitización.

desportilladura f. Fragmento o astilla que por accidente se separa del borde de algo. ‖ Mella o defecto que deja.

desportillar tr. y prnl. Estropear algo al quitarle o romperle parte del canto o de la boca. ‖ **FAM.** desportilladura.

desposado, da adj. Recién casado. También s.: *hoy regresan los desposados.* ‖ Esposado, aprisionado con esposas.

desposar tr. Unir en matrimonio. ‖ prnl. Contraer esponsales. ‖ Contraer matrimonio. ‖ **FAM.** desposado, desposorio.

desposeer tr. Privar a uno de lo que posee: *le desposeyeron del cargo.* ‖ prnl. Renunciar alguno a lo que posee. ♦ **Irreg.** Se conj. como *leer.* ‖ **FAM.** desposeído, desposeimiento.

desposorio m. Promesa mutua de contraer matrimonio.

despostar tr. *amer.* Descuartizar una res o un ave.

déspota m. Soberano que gobierna sin sujeción a ley alguna. ‖ com. Persona que abusa de su poder o autoridad: *el jefe es un verdadero déspota*. ‖ **FAM.** despóticamente, despótico, despotismo, despotizar.

despotismo m. Autoridad absoluta no limitada por las leyes. ‖ Abuso de poder o fuerza en el trato con las demás personas.

despotizar tr. *amer.* Gobernar o tratar despóticamente, tiranizar.

despotricar intr. y prnl. Hablar sin consideración ni reparo: *no para de despotricar contra sus compañeros*. ‖ **FAM.** despotrique.

despreciar tr. Tener poca estima por algo o alguien. También prnl. ‖ Desdeñar: *despreciaron su consejo*.

desprecio m. Desestimación, falta de aprecio: *le miró con desprecio*. ‖ Desaire, desdén: *al no venir nos hiciste un desprecio*. ‖ **FAM.** despreciable, despreciar, despreciativamente, despreciativo.

desprender tr. Desatar lo que estaba fijo o unido. También prnl.: *se me desprendió el tacón*. ‖ Echar de sí alguna cosa: *la chimenea desprende humo*. También prnl. ‖ prnl. Apartarse de una cosa; separarse: *se desprendió de sus pertenencias*. ‖ Deducirse, inferirse: *de ello se desprende que...* ‖ **FAM.** desprendido, desprendimiento.

desprendido, da adj. Desinteresado, generoso.

desprendimiento m. Acción de desprenderse trozos de una cosa. ‖ Desapego, desasimiento de las cosas. ‖ Generosidad, desinterés.

despreocupación f. Tranquilidad; estado de ánimo del que carece de preocupaciones.

despreocupado, da adj. Desentendido, indiferente.

despreocuparse prnl. Salir o librarse de una preocupación: *por fin pude despreocuparme del negocio de mi padre*. ‖ Desentenderse de algo o alguien: *nunca se despreocupa de sus amigos*. ‖ **FAM.** despreocupación, despreocupado.

desprestigiar tr. Quitar el prestigio: *aquel escándalo le desprestigió*. También prnl. ‖ **FAM.** desprestigio.

desprestigio m. Acción y efecto de desprestigiar o desprestigiarse.

desprevenido, da adj. Que no está prevenido o preparado para algo.

desproporción f. Falta de la proporción debida: *no hay proporción entre la calidad y el precio*.

desproporcionado, da adj. Que no tiene la proporción conveniente o necesaria.

desproporcionar tr. Quitar la proporción a una cosa; sacarla de medida. ‖ **FAM.** des-

proporción, desproporcionadamente, desproporcionado.

despropósito m. Dicho o hecho inoportuno o fuera de sentido: *esta obra es un puro despropósito*.

desproveer tr. Despojar a uno de lo necesario: *le desproveyó de argumentos*. ♦ **Irreg.** Se conj. como *leer*. ‖ **FAM.** desprovisto.

desprovisto, ta adj. Falto de lo necesario: *desprovisto de vergüenza*.

después adv. t. que denota posterioridad de tiempo: *saldré después de comer*. ‖ adv. l. que denota posterioridad de lugar, jerarquía o preferencia: *después de mí, él es el empleado más antiguo*. ‖ loc. conj. Seguido de *que* o *de que*, equivale a *desde que, cuando*: *después que me lo contó, no dejo de darle vueltas*. ‖ adj. Posterior, siguiente: *la mañana después*.

despuntar tr. Quitar o gastar la punta. También prnl.: *se me ha despuntado el lápiz*. ‖ intr. Empezar a brotar y entallecer las plantas: *el trigo ya despunta*. ‖ Manifestar agudeza o ingenio. ‖ Adelantarse, descollar: *en el horizonte despuntaba el campanario de la iglesia*. ‖ Empezar a amanecer: *despuntaba el día*. ‖ **FAM.** despuntador, despunte.

desquiciar tr. Quitar a una persona la seguridad o la paciencia. También prnl.: *se desquicia por nada*. ‖ Quitar a una cosa la firmeza con que se mantenía. ‖ Desencajar o sacar de quicio una puerta, ventana, etc. ‖ **FAM.** desquiciamiento, desquicio.

desquicio m. *amer.* Desorden.

desquitar tr. Recuperar lo pérdido. Más c. prnl.: *jugaré otra mano para ver si desquito*. ‖ prnl. Vengarse de un disgusto o perjuicio que se ha recibido de otro: *se desquitó cruelmente de aquella mala pasada*. ‖ **FAM.** desquite.

desratizar tr. Exterminar las ratas y ratones. ‖ **FAM.** desratización.

destacado, da adj. Importante, relevante. notable: *un destacado militante*; *una carrera destacada*.

destacamento m. Tropa destacada para alguna misión.

destacar tr. Poner de relieve los méritos o cualidades de alguien o algo. También intr. y prnl.: *no destaca por su timidez*; *se destaca por su calidad*. ‖ Separar del cuerpo principal un grupo de soldados para que cumplan una determinada misión. También prnl. ‖ **FAM.** destacado, destacamento.

destajo m. Trabajo que se valora por la labor realizada y no por un jornal. ‖ **a destajo** loc. adv. Por una cantidad determinada. ‖ Con empeño, sin descanso y aprisa para concluir pronto: *estudiar a destajo*.

destapar tr. Quitar la tapa. | Descubrir lo tapado o lo cubierto. También prnl.: *se ha destapado un nuevo escándalo del gobierno.* | prnl. Dar uno a conocer intenciones o sentimientos propios que no habían sido manifestados. | **FAM.** destape.

destape m. Acción y efecto de destapar o destaparse; especialmente en el sentido de desnudarse en espectáculos teatrales, películas, etc.

destaponar tr. Quitar el tapón.

destartalado, da adj. y s. Descompuesto, desproporcionado, desordenado: *un coche destartalado, una sala destartalada.* | **FAM.** destartalar.

destellar tr. Despedir o emitir destellos de luz.

destello m. Resplandor, ráfaga de luz intensa: *esos destellos son del faro.* | Manifestación repentina de alguna cualidad, actitud, talento, etc.: *tuvo un destello de cordura.* | **FAM.** destellar.

destemplado, da adj. Se dice de la persona que tiene malestar físico; indispuesto: *estoy destemplada.* | Se dice de la persona o cosa que se manifiesta sin mesura. | Se dice del cuadro o de la pintura en que hay disconformidad de tonos: *una paleta destemplada.*

destemplar tr. Producir malestar físico. También prnl.: *el baño le destempló.* | Alterar la armonía, el orden y concierto de una cosa: *el incidente destempló la fiesta.* | Perder el temple el acero u otros metales. También prnl. | prnl. Descomponerse, alterarse. ♦ **Irreg.** Se conj. como *acertar.* | **FAM.** destemplado, destemplanza, destemple.

desteñir tr. Quitar el tinte, borrar o apagar los colores: *el sol ha desteñido la tapicería.* También prnl. | Manchar un tejido a otro. También intr.: *esa blusa destiñe.* ♦ **Irreg.** Se conj. como *ceñir.* | **FAM.** desteñido.

desternillarse prnl. Reírse mucho. | Romperse las ternillas.

desterrado, da adj. Que sufre pena de destierro.

desterrar tr. Echar a uno por castigo de un territorio o lugar. | Apartar de sí: *desterrar una preocupación.* ♦ **Irreg.** Se conj. como *acertar.* | **FAM.** desterrado, destierro.

destetar tr. Hacer que deje de mamar el niño o las crías de los animales. También prnl. | **FAM.** destete.

destiempo (a) loc. adv. Fuera de tiempo o del momento oportuno: *habló a destiempo.*

destierro m. Pena que consiste en expulsar a una persona de un territorio determinado. | Lugar en que vive el desterrado: *Elba fue el destierro de Napoleón.*

destiladera f. Instrumento para destilar.

destilar tr. Separar por medio del calor una sustancia volátil de otras más fijas, enfriando luego su vapor para reducirla nuevamente a líquido: *en aquel sótano destilaban licor.* También intr. | Filtrar. También prnl. | Correr un líquido gota a gota. También intr. | **FAM.** destilable, destilación, destiladera, destilado, destilador, destilería.

destilería f. Fábrica o industria en que se destila, especialmente bebidas alcohólicas.

destinar tr. Señalar o determinar una cosa para algún fin o efecto: *he destinado este cuadro para el recibidor.* | Designar el puesto u ocupación en que una persona ha de servir: *le destinaban a la Iglesia.* | **FAM.** destinado, destinatario, destino.

destinatario, ria m. y f. Persona a quien va dirigida o destinada alguna cosa.

destino m. Fuerza desconocida que se cree obra sobre las personas y sobre todo lo que ocurre de forma inevitable. | Suceso producido por esta fuerza: *este encuentro ha sido cosa del destino.* | Consignación, señalamiento o aplicación de una cosa para determinado fin: *creo que el destino de tu reclamación fue el cesto de los papeles.* | Empleo, ocupación, y lugar donde se cumple: *tiene un buen destino en Correos.*

destituir tr. Quitar a uno del cargo o empleo para el cual había sido elegido. ♦ **Irreg.** Se conj. como *huir.* | **FAM.** destitución, destituible.

destornillador m. Instrumento para destornillar y atornillar.

destornillar tr. Sacar un tornillo dándole vueltas. | prnl. Desternillarse. | **FAM.** destornillado, destornillador.

destreza f. Habilidad, arte con que se hace una cosa.

destripador, ra adj. Que destripa. También s.: *Jack el destripador.*

destripar tr. Quitar o sacar las tripas. | Sacar lo interior de una cosa: *destripó el cojín.* | Despachurrar. | Destruir el efecto de un relato anticipando el final: *no me destripes la película.* | **FAM.** destripador, destripamiento, destripaterrones.

destripaterrones desp. Campesino que ara la tierra. ♦ No varía en pl.

destronar tr. Deponer un rey o reina. | Quitarle a alguien su autoridad o cargo de importancia: *este boxeador destronó al anterior campeón de los pesos medios.* | **FAM.** destronamiento.

destrozar tr. Despedazar, destruir. También prnl.: *la casa se destrozó en el incendio.* | Estropear, maltratar, deteriorar: *destrozas la ropa.* | Causar una gran pena o dolor: *su re-*

chazo le destrozó el corazón. | En una batalla, derrotar al enemigo de forma contundente. | **FAM**. destrozado, destrozo, destrozón.

destrozón, na adj. Que destroza demasiado la ropa, los zapatos, etc. También s.: *eres un destrozón.* | f. En el carnaval, disfraz de mujer con ropas sucias y harapocas.

destrucción f. Acción y efecto de destruir. | Ruina, asolamiento, pérdida grande.

destructor, ra adj. y s. Que destruye: *una pasión destructora.* | m.: Barco de guerra de gran velocidad, especializado en enfrentamientos submarinos.

destruir tr. Deshacer, arruinar una cosa. También prnl.: *en el terremoto se destruyeron muchos edificios.* | Inutilizar una cosa no material: *destruir un argumento.* ♦ **Irreg**. Se conj. como *huir.* | **FAM**. destrucción, destructible, destructivo, destructor, destruible.

desuncir tr. Quitar del yugo las bestias sujetas a él.

desunir tr. Apartar, separar una cosa de otra. También prnl. | Provocar discordia entre los que estaban unidos. También prnl.: *se desunieron por una tontería.* | **FAM**. desunidamente, desunión.

desusado, da adj. Que ha dejado de usarse: *una expresión desusada.* | Poco usual. | **FAM**. desusadamente, desusar, desuso.

desuso m. Falta de uso de una cosa.

desustanciar tr. Quitar la fuerza y vigor a una cosa. También prnl.

desvaído, da adj. Pálido, descolorido. | Poco definido, impreciso.

desvalido, da adj. Abandonado, desamparado. También s.: *ampara a los desvalidos.* | **FAM**. desvalimiento.

desvalijar tr. Despojar a una persona de sus cosas mediante robo, engaño, juego, etc. | Robar el contenido de una maleta. | Robar en algún sitio: *le desvalijaron el coche.* | **FAM**. desvalijador, desvalijamiento.

desvalorizar tr. Hacer perder de su valor a una persona o cosa. También prnl.: *estas acciones se han desvalorizado.* | **FAM**. desvalorización.

desván m. Parte más alta de la casa, inmediatamente debajo del tejado.

desvanecer tr. Disgregar o difundir las partículas de un cuerpo en otro. También prnl.: *el humo se desvanece en el aire.* | Reducir gradualmente la intensidad de algo. También prnl.: *desvanecerse los colores.* | Quitar de la mente una idea. También prnl.: *se desvanecieron sus sospechas.* | prnl. Evaporarse, exhalarse. | Perder el sentido. ♦ **Irreg**. Se conj. como *agradecer.* | **FAM**. desvanecedor, desvanecido, desvanecimiento.

desvanecimiento m. Desmayo, pérdida del sentido.

desvariar intr. Delirar, decir locuras o despropósitos: *el alcohol le hace desvariar.* | **FAM**. desvarío.

desvarío m. Dicho o hecho disparatado. | Delirio, locura.

desvelar tr. y prnl. Quitar, impedir el sueño, no dejar dormir: *el café me desvela.* | Descubrir lo que estaba oculto: *desvelar un misterio.* | prnl. Poner gran cuidado en hacer algo: *se desvela por agradar.* | **FAM**. desvelo.

desvencijar tr. Aflojar, desunir las partes de una cosa que estaban unidas. También prnl.: *esa ventana se ha desvencijado.*

desventaja f. Perjuicio que se nota por comparación de dos cosas, personas o situaciones: *nuestro equipo está en desventaja.* | **FAM**. desventajosamente, desventajoso.

desventura f. Desgracia, suerte adversa. | **FAM**. desventurado.

desventurado, da adj. Desgraciado, desafortunado.

desvergonzado, da adj. Atrevido; que habla u obra con desvergüenza.

desvergonzarse prnl. Perder la timidez. | Faltar al respeto. ♦ **Irreg**. Se conj. como *contar.*

desvergüenza f. Falta de vergüenza, insolencia: *encima tiene la desvergüenza de invitarse a la fiesta.* | Dicho o hecho insolente. | **FAM**. desvergonzado, desvergonzarse.

desvestir tr. y prnl. Desnudar. ♦ **Irreg**. Se conj. como *pedir.*

desviación f. Acción y efecto de desviar o desviarse. | Tramo de una carretera que se aparta de la general. | Camino provisional por el que han de circular los vehículos mientras está en reparación un trozo de carretera. | En med., cambio de la posición natural de los órganos, y en especial de los huesos. | Lo que se aparta de lo considerado normal.

desviar tr. Apartar, alejar, separar a alguien o algo de su lugar o camino. También prnl.: *nos desviaremos un poco para dejar en casa a la abuela.* | Disuadir o apartar a uno de su intención o propósito: *no desvíes la conversación.* | **FAM**. desviación, desviacionismo, desviacionista, desvío.

desvincular tr. Anular la relación o vínculo que se tenía con alguien o algo. También prnl.: *se desvinculó de sus padres.* | **FAM**. desvinculación.

desvío m. Desviación: *este desvío nos ahorra tiempo.* | Cambio provisional de trazado en un trecho de carretera o camino.

desvirgar tr. Quitar la virginidad.

desvirtuar tr. Quitar la virtud o la fuerza:

la prensa desvirtuó sus declaraciones. También prnl.

desvivirse prnl. Mostrar vivo interés por una persona o cosa: *se desvive por sus amigos; por agradar.*

detall (al) loc. adv. Al por menor: *venta al detall.*

detallar tr. Tratar, referir una cosa con todos sus pormenores: *detallar unos gastos.* ‖ Vender al por menor.

detalle m. Parte pequeña que forma parte de otra mayor: *el detalle de un cuadro.* ‖ Circunstancia que aclara o completa un relato, suceso, etc.: *cuéntame todos los detalles.* ‖ Delicadeza: *tu llamada fue todo un detalle.* ‖ **en o con detalle** loc. adv. Minuciosamente. ‖ **FAM.** detalladamente, detallar, detallista.

detallista com. Persona que se cuida mucho de los detalles. ‖ Comerciante que vende al por menor.

detectar tr. Poner de manifiesto, por métodos físicos o químicos, lo que no puede ser observado directamente: *han detectado indicios de plomo en las aguas.* ‖ Captar, descubrir: *no detectó tu ironía.* ‖ **FAM.** detección, detector.

detective com. Persona que se dedica a investigaciones privadas. ‖ **FAM.** detectivesco.

detector m. En fís., aparato que sirve para detectar.

detención f. Acción y efecto de detener o detenerse. ‖ Privación de la libertad.

detener tr. Parar una cosa, impedir que pase adelante. También prnl.: *el autobús pasó, no se detuvo en la parada.* ‖ Arrestar: *queda usted detenido.* ‖ Retener, conservar. ‖ prnl. Pararse a considerar una cosa. ♦ **Irreg.** Se conj. como *tener.* ‖ **FAM.** detención, detenidamente, detenido, detenimiento.

detentar tr. Retener uno lo que manifiestamente no le pertenece. ‖ Retener y ejercer ilegítimamente algún poder o cargo público.

detergente m. Sustancia o producto que limpia químicamente. ‖ adj. Que sirve para limpiar o purificar: *polvos detergentes.*

deteriorar tr. Estropear, menoscabar. También prnl.: *las cosas se deterioran con el uso.* ‖ **FAM.** deterioro.

determinación f. Acción y efecto de determinar o determinarse. ‖ Decisión: *ha tomado la determinación de readmitir a los despedidos.* ‖ Osadía, valor, atrevimiento: *sus actos demuestran mucha determinación.*

determinado, da adj. Decidido, valiente. También s. ‖ Exacto, preciso: *pidió una cantidad determinada.* ‖ En ling., se dice del artículo que limita la extensión del sustantivo.

determinante adj. Que determina. ‖ m. En ling., palabra que limita el sustantivo, como los artículos.

determinar tr. Fijar los términos de una cosa: *determinaron las condiciones del contrato.* ‖ Señalar, fijar una cosa para algún efecto: *determinar el día, la hora.* ‖ Decidir: *determinó no apoyar la propuesta.* También prnl. ‖ Hacer tomar una decisión. ‖ Definir: *determinar la causa de algo.* ‖ Sentenciar: *el juez determinó su culpabilidad.* ‖ **FAM.** determinable, determinación, determinado, determinante, determinativo, determinismo, determinista.

detestable adj. Pésimo, execrable, aborrecible: *una novelucha detestable.*

detestar tr. Aborrecer, tener aversión a alguien o algo: *detesto la sopa.* ‖ **FAM.** detestable, detestablemente.

detonación f. Acción y efecto de detonar. ‖ Explosión rápida capaz de iniciar la de un explosivo relativamente estable.

detonador, ra adj. Que provoca o causa detonación. ‖ m. Artificio con fulminante que sirve para hacer estallar una carga explosiva.

detonante adj. Que detona. ‖ Que llama la atención: *un color detonante.* ‖ m. Agente capaz de producir detonación. ‖ Lo que desencadena una situación, circunstancia, proceso, etc.: *la ruptura del tratado fue el detonante de la contienda.*

detonar tr. Iniciar una explosión o un estallido. ‖ intr. Dar estampido o trueno. ‖ **FAM.** detonación, detonador, detonante.

detractor, ra adj. y s. Infamador.

detraer tr. Restar, sustraer, apartar o desviar: *detrajo fondos de varias cuentas corrientes.* También prnl. ‖ Infamar, calumniar. ♦ **Irreg.** Se conj. como *traer.* ‖ **FAM.** detractor.

detrás adv. l. En la parte posterior de una persona o cosa, o con posterioridad de lugar: *detrás de usted; detrás del telón.* ‖ **por detrás** loc. adv. Por la parte trasera: *está firmado por detrás.* ‖ En ausencia: *le ponen verde por detrás.*

detrimento m. Daño moral o material.

detrito o **detritus** m. Cada una de las partículas que resultan de la descomposición de una roca o de otro cuerpo. ‖ **FAM.** detrítico.

deuda f. Obligación que uno tiene de pagar o reintegrar el dinero que debe a otro. ‖ Cantidad que se debe: *la deuda asciende a 30 millones.* ‖ Obligación moral contraída con otro: *tengo una deuda con sus padres.* ‖ **FAM.** deudo, deudor.

deudo, da m. y f. Pariente, familiar.

deudor, ra adj. Que debe, o está obligado a satisfacer una deuda. También s.: *el deudor se ha declarado insolvente.* ‖ Se dice de la cuenta en que se ha de anotar una cantidad en el debe.

devaluar tr. y prnl. Rebajar el valor de una moneda o de otra cosa, depreciarla. ‖ **FAM**. devaluación.

devanador, ra adj. Que devana. También s. ‖ m. Armazón de cartón, madera, etc., sobre la que se devana el hilo.

devanar tr. Enrollar un hilo, alambre, etc., alrededor de un eje, carrete, etc. ‖ **devanarse los sesos** loc. Pensar con intensidad en algo. ‖ **FAM**. devanadera, devanado, devanador.

devaneo m. Distracción o pasatiempo vano: *tuvo sus devaneos con la pintura*. ‖ Amorío pasajero.

devastar tr. Destruir o arrasar un lugar: *la riada devastó los campos*. ‖ **FAM**. devastación, devastador.

develar tr. Quitar o descorrer el velo que cubre alguna cosa. ‖ Descubrir, revelar lo oculto.

devengar tr. Adquirir el derecho a alguna retribución por razón de trabajo, servicio, etc. ‖ **FAM**. devengo.

devengo m. Cantidad devengada.

devenir intr. Llegar a ser. ‖ Sobrevenir, suceder, acaecer. ♦ **Irreg**. Se conj. como *venir*.

devenir m. Cambio, transformación: *el devenir de la vida*. ‖ En fil., proceso mediante el cual algo se hace o llega a ser.

devoción f. Veneración y fervor religiosos. ‖ Práctica religiosa. ‖ Inclinación, afición especial hacia alguien o algo: *siente devoción por el cine*. ‖ Costumbre devota. ‖ **FAM**. devocionario, devoto.

devocionario m. Libro de oraciones.

devolución f. Acción y efecto de devolver. ‖ Restitución: *devolución de un préstamo*. ‖ Reembolso.

devolver tr. Restituir a una persona lo que poseía: *le devolví el libro*. ‖ Volver una cosa al estado que tenía: *la medicina le devolvió la salud*. ‖ Corresponder a un favor o a un agravio: *devolver una bofetada*. ‖ Entregar de nuevo en un establecimiento comercial lo que antes había sido comprado. ‖ Vomitar: *devolvió toda la cena*. prnl. *amer*. Volverse, dar la vuelta. ♦ **Irreg**. Se conj. como *mover*. ‖ **FAM**. devolución, devuelta.

devorar tr. Tragar con ansia y apresuradamente. ‖ Consumir, destruir: *el fuego devoró el bosque*. ‖ Consagrar atención ávida a una cosa: *devorar una novela*. ‖ **FAM**. devorador.

devoto, ta adj. Dedicado con fervor a obras de piedad y religión. También s. ‖ Que mueve a devoción: *lugar devoto*. ‖ Aficionado a una persona o cosa: *devoto del jazz*. También s. ‖ **FAM**. devotamente.

deyección f. Conjunto de materias arroja-

das por un volcán. ‖ Defecación de los excrementos.

di- pref. que denota oposición o contrariedad: *disentir*; origen o procedencia: *dimanar*; extensión o dilatación: *difundir*; separación: *divorcio*.

di- pref. que significa 'dos': *dimorfo, disílabo, ditono*.

día m. Tiempo que la Tierra emplea en dar una vuelta alrededor de su eje. ‖ Tiempo que dura la claridad del Sol sobre el horizonte. ‖ Fecha en que se conmemora un cumpleaños, aniversario, santo, etc. ‖ Momento, ocasión: *no es día para bromas*. ‖ pl. Vida: *al final de sus días*. ‖ **día feriado** Aquel en que están cerrados los tribunales. ‖ Día festivo, fiesta oficial que no cae en domingo. ‖ **día lectivo** En los centros de enseñanza, aquel en que se da clase. ‖ **al día** loc. adv. Al corriente: *ponerse al día; estar al día*. ‖ **en su día** loc. adv. A su tiempo; en tiempo oportuno: *os lo diré en su día*. ‖ **vivir al día** loc. Gastar todo el dinero que se tiene; no ahorrar. ‖ **FAM**. diariamente, diario.

diabetes f. Enfermedad causada por un desorden de nutrición, y que se caracteriza por una concentración excesiva de azúcar en la sangre. ♦ No varía en pl. ‖ **FAM**. diabético.

diabético, ca adj. Relativo a la diabetes: *régimen diabético*. ‖ Que padece diabetes. También s.

diabla f. En los teatros, batería de luces que está entre las bambalinas del escenario. ‖ Diablo hembra. ‖ **FAM**. diablesa.

diablo m. Nombre general de los ángeles rebeldes que fueron arrojados al abismo, y de cada uno de ellos. ‖ Persona traviesa, temeraria y atrevida. ‖ Persona astuta, sagaz: *es un diablo en los negocios*. ‖ **FAM**. diabla, diablillo, diablura, endiablar.

diablura f. Travesura de poca importancia, especialmente de niños.

diabólico, ca adj. Relativo al diablo: *culto diabólico*. ‖ Excesivamente malo. ‖ Enrevesado, muy difícil: *un problema diabólico*.

diábolo m. Juguete que consiste en un carrete que gira por medio de una cuerda atada a dos varillas.

diácono m. Ministro eclesiástico inmediatamente inferior al sacerdote. ‖ **FAM**. diaconado, diaconal, diaconato, diaconisa.

diacrítico, ca adj. En gram., se apl. a los signos ortográficos que sirven para dar a una letra algún valor especial, como la diéresis (¨).

diadema f. Adorno femenino de cabeza, en forma de media corona abierta por detrás. ‖ Faja o cinta blanca que antiguamente ceñía la cabeza de los reyes. ‖ Corona.

diáfano, na adj. Se dice del cuerpo a través del cual pasa la luz casi en su totalidad. ‖ Claro, limpio: *aguas diáfanas.* ‖ FAM. diafanidad.

diafragma m. Membrana musculosa que en el cuerpo de los mamíferos separa la cavidad torácica de la abdominal. ‖ Separación que interrumpe la comunicación entre dos partes de un aparato o de una máquina. ‖ Disco que regula la cantidad de luz que se ha de dejar pasar en las cámaras fotográficas. ‖ Disco de material flexible que se coloca en el cuello del útero como anticonceptivo. ‖ FAM. diafragmático.

diagnosis f. Conocimiento diferencial de los signos de las enfermedades. ♦ No varía en pl. ‖ FAM. diagnosticable, diagnosticar, diagnóstico.

diagnosticar tr. Determinar el carácter de una enfermedad y su calificación mediante el examen de sus signos.

diagnóstico, ca adj. Relativo a la diagnosis. ‖ m. Acto de conocer la naturaleza de una enfermedad mediante la observación de sus síntomas.

diagonal adj. y f. En geom., línea recta que en un polígono va de un vértice a otro no consecutivo. ‖ FAM. diagonalmente.

diagrama m. Representación gráfica en la que se muestran las relaciones entre las diferentes partes de un conjunto o sistema o los cambios de un determinado fenómeno.

dial m. Superficie graduada sobre la cual se mueve un indicador (aguja, punto luminoso, disco, etc.) que mide o señala una determinada magnitud, como peso, voltaje, longitud de onda, velocidad: *el dial del teléfono.*

dialéctico, ca adj. Perteneciente a la dialéctica. ‖ f. Ciencia filosófica que trata del raciocinio y de sus leyes, formas y modos de expresión. ‖ m. y f. Persona que profesa esta ciencia.

dialecto m. Variedad adoptada por una lengua en una zona geográfica concreta. ‖ Cualquier lengua derivada de un tronco o familia común: *el francés es uno de los dialectos del latín.* ‖ Estructuras lingüísticas, simultáneas a otras, que no alcanzan la categoría de lengua. ‖ FAM. dialectal, dialectalismo, dialectología, dialectológico.

diálisis f. Proceso de difusión selectiva a través de una membrana que permite el paso de ciertos cuerpos y evita el de otros. ‖ Proceso para depurar la sangre a los enfermos del riñón. ♦ No varía en pl.

dialogar intr. Conversar dos o más personas.

diálogo m. Conversación entre dos o más personas. ‖ Género literario en que se finge una conversación o discusión entre dos o más personajes. ‖ FAM. dialogar.

diamante m. Piedra preciosa formada de carbono puro cristalizado. Es el más brillante y duro de todos los minerales; se emplea en la fabricación de joyas. ‖ Uno de los palos de la baraja francesa. Más en pl.: *as de diamantes.* ‖ FAM. diamantífero, diamantino.

diámetro m. En geom., línea recta que pasa por el centro del círculo y termina por ambos extremos en la circunferencia. ‖ En otras curvas, línea recta o curva que pasa por el centro, cuando aquéllas lo tienen, y divide en dos partes iguales un sistema de cuerdas paralelas. ‖ FAM. diametral, diametralmente.

diana f. Toque militar para que la tropa se despierte. ‖ Punto central de un blanco de tiro.

diantre m. interj. que expresa enfado o sorpresa.

diapasón m. En mús., intervalo que consta de tres tonos mayores y dos menores, y de dos semitonos mayores. ‖ Instrumento de acero en forma de orquilla, que cuando se hace vibrar produce un tono determinado. ‖ Serie de notas que abarca una voz o un instrumento.

diapositiva f. Fotografía positiva sacada en un material transparente para ser proyectada.

diario, ria adj. Correspondiente a todos los días: *comida diaria.* ‖ m. Periódico que se publica todos los días. ‖ Cuaderno en que se recogen acontecimientos y pensamientos día a día. ‖ **a diario** loc. adv. Todos los días, cada día. ‖ FAM. diarero, diariamente, diarismo, diarista.

diarrea f. Anormalidad en la función del aparato digestivo consistente en evacuaciones frecuentes y en la consistencia líquida de las mismas. ‖ FAM. diarreico.

diáspora f. Dispersión de los judíos por varios lugares del mundo. ‖ P. ext., dispersión de un conjunto de personas.

diástole f. Movimiento de dilatación del corazón y de las arterias, cuando la sangre penetra en su cavidad. ‖ En poet., licencia que consiste en usar como larga una sílaba breve.

diátesis f. Predisposición orgánica a contraer una determinada enfermedad. ♦ No varía en pl.

diatriba f. Discurso o escrito violento e injurioso contra personas o cosas.

dibujante adj. y com. Que dibuja. ‖ com. Persona que tiene como profesión el dibujo.

dibujar tr. Trazar sobre una superficie la figura de una cosa empleando un lápiz, carboncillo, pincel, pluma, etc. ‖ Describir: *nos dibujó un vivo cuadro de su barrio.* ‖ prnl. Revelarse lo que estaba oculto; manifestarse: *se le dibujaba la ironía en la mirada.* | **FAM**. dibujante, dibujo.

dibujo m. Arte que enseña a dibujar. | Delineación, figura o imagen ejecutada en líneas claras y oscuras, que toma nombre del material con que se hace: *dibujo al carbón; a lápiz.* | **dibujos animados** Los que se fotografían en una película sucesivamente, y que al ir recogiendo los sucesivos cambios de posición imitan el movimiento de seres vivos.

dicción f. Manera de pronunciar. | Manera de hablar o escribir: *su dicción es rebuscada.* | **FAM**. diccionario.

diccionario m. Libro en que por orden comúnmente alfabético se contienen y definen todas las palabras de uno o más idiomas, o las de una materia o disciplina determinada. | **FAM**. diccionarista.

dicha f. Felicidad. | **FAM**. dichosamente, dichoso.

dicharachero, ra adj. Se dice de la persona propensa a emplear dichos graciosos en las conversaciones. También s. | **FAM**. dicharacho.

dicho m. Palabra o conjunto de palabras con que se expresa oralmente una máxima, una observación o un consejo popular: *como dice el dicho...* | Ocurrencia chistosa y oportuna. | **dicho y hecho** expr. con que se explica la prontitud con que se hace o se hizo una cosa. | **FAM**. dicharachero.

dichoso, sa adj. Feliz. | Enfadoso, molesto: *¡ya está aquí esa dichosa mosca!*

diciembre m. Duodécimo y último mes del año. Tiene 31 días.

dicotiledóneo, a adj. y f. Se dice de las plantas angiospermas cuya semilla tiene dos cotiledones. | f. pl. Clase constituida por estas plantas, como la judía y la malva.

dicotomía f. División en dos partes de una cosa.

dictado m. Acción de dictar para que otro escriba. | pl. Inspiraciones o preceptos de la razón o la conciencia: *sigue los dictados del corazón.* | **escribir** uno **al dictado.** fr. Escribir lo que otro dicta.

dictador, ra m. y f. Gobernante que asume todos los poderes del Estado y que no se somete a ningún control. | adj. y s. Persona que abusa de su autoridad o trata con dureza a los demás. | **FAM**. dictadura, dictatorial, dictatorialmente.

dictadura f. Gobierno que prescinde del ordenamiento jurídico para ejercer la autoridad en un país y cuyo poder se concentra en una sola persona. | Tiempo que dura este gobierno: *durante la dictadura se restringió grave-* *mente la libertad de expresión.* | Concentración de la autoridad en un individuo, organismo, institución, etc.: *la dictadura de la banca.*

dictamen m. Opinión y juicio que se forma o emite sobre algo. | **FAM**. dictaminador, dictaminar.

dictaminar intr. Emitir dictamen sobre un asunto.

dictar tr. Decir o leer algo para que otro lo vaya escribiendo: *dictar una carta.* | Tratándose de leyes, fallos, preceptos, etc., darlos, expedirlos, pronunciarlos. | Inspirar, influir: *su madre dictaba todos sus actos.* | **FAM**. dictado, dictador, dictáfono, dictamen.

dicterio m. Dicho insultante y provocativo.

didáctico, ca adj. Relativo a la enseñanza o adecuado para ésta: *material didáctico.* | f. Área de la pedagogía que se ocupa de las técnicas y métodos de enseñanza. | **FAM**. didácticamente, didactismo.

diecinueve adj. Diez y nueve. También pron. y m. | Decimonoveno. | m. Conjunto de signos con los que se representa este número. | **FAM**. diecinueveavo.

dieciochesco, ca adj. Perteneciente o relativo al siglo XVIII.

dieciocho adj. Diez y ocho. También pron. y m. | Decimoctavo. | m. Conjunto de signos con los que se representa este número. | **FAM**. dieciochavo, dieciochesco, dieciochoavo.

dieciséis adj. Diez y seis. También pron. y m. | Decimosexto. | m. Conjunto de signos con los que se representa este número. | **FAM**. dieciseisavo.

diecisiete adj. Diez y siete. También pron. y m. | Decimoséptimo. | m. Conjunto de signos con los que se representa este número. | **FAM**. diecisieteavo.

diedro adj. y m. En geom., se dice del ángulo formado por dos semiplanos que se cortan.

diente m. Cada uno de los huesos implantados en los maxilares destinados a sujetar, partir y triturar los alimentos. | Cada una de las puntas o salientes que presentan algunas cosas y en especial los que tienen ciertos instrumentos o herramientas: *diente de peine; de sierra.* | Cada una de las partes en que se divide la cabeza del ajo. | **hablar** uno **entre dientes** loc. Hablar de modo que no se le entienda lo que dice. | **pelar el diente** loc. *amer.* Sonreír mucho por coquetería. | Halagar. | **tener** uno **buen diente** loc. Comer de todo. | **FAM**. dentado, dentadura, dental, dentario, dentellar, dentera, dentición, dentífrico, dentina, dentón, dentudo.

diéresis f. Signo ortográfico (¨) que se pone sobre la *u* de las sílabas *gue, gui,* para indicar que esta vocal debe pronunciarse: *lingüística.*

| Licencia poética que permite, en un verso, deshacer un diptongo para obtener dos sílabas métricas. ◆ No varía en pl.

diesel adj. y m. Se dice del motor de combustión interna por inyección y compresión de aire y combustible.

diestro, tra adj. Lo que queda a mano derecha. | Se dice de la persona que usa preferentemente la mano derecha. | Hábil: *es diestro en bricolaje.* | m. Matador de toros. | f. Mano derecha: *alzó la diestra.* | FAM. destral, destreza, diestramente.

dieta f. Régimen alimenticio que ha de guardar un enfermo. | Privación de comer parcial o total. | P. ext., régimen de alimentación: *dieta vegetariana.* | pl. Cantidad que suele abonarse a un empleado cuando viaja. | FAM. dietética, dietético, dietario.

dietario m. Libro en que se anotan los ingresos y gastos diarios de una casa.

dietética f. Ciencia que trata de la alimentación más adecuada para tener buena salud.

diez adj. Nueve y uno. También pron. y m. | Décimo. | m. Signo o conjunto de signos con que se representa el número diez. | FAM. diecinueve, dieciocho, dieciséis, diecisiete, diezmar, diezmo.

diezmar tr. Causar gran mortandad en un país les enfermedades u otro mal: *el terremoto diezmó la zona.* | Separar de cada diez uno.

diezmilésimo, ma adj. y s. Se dice de cada una de las diez mil partes iguales en que se divide un todo.

diezmilímetro m. Décima parte de un milímetro.

diezmo m. Parte de la cosecha, generalmente la décima, que se pagaba como tributo a la Iglesia o al rey.

difamar tr. Desacreditar a uno publicando cosas contra su buena fama. | FAM. difamación, difamador, difamante, difamatorio.

diferencia f. Cualidad o aspecto por el cual una persona o cosa se distingue de otra: *en el precio está la diferencia.* | Desacuerdo, discordia: *tuvieron una pequeña diferencia, pero ahora son tan amigos.* | En mat., resultado de una resta. | FAM. diferenciación, diferencial, diferenciar, diferente, diferentemente.

diferencial adj. Relativo a la diferencia de las cosas: *cualidad diferencial.* | Se dice de la cantidad infinitamente pequeña. | m. Mecanismo del automóvil que permite girar a una rueda con mayor velocidad que la otra en una curva.

diferenciar tr. Hacer distinción entre personas o cosas: *no diferencia bien los sonidos.* | prnl. Diferir, distinguirse una persona o cosa de otra: *nos diferenciamos en muchas cosas.*

diferente adj. Diverso, distinto. | adv. De forma distinta, diferentemente: *ahora opino diferente.*

diferido, da adj. Aplazado, retardado: *un proyecto diferido.* | **en diferido** loc. adj. y adv. En radio y televisión, se dice del programa que se emite con posterioridad a su grabación.

diferir tr. Dilatar, retardar o suspender la ejecución de una cosa: *difirieron el dictamen.* | intr. Distinguirse. | Discrepar con alguien o algo: *difiero de tu opinión.* ◆ Irreg. Se conj. como *sentir.* | FAM. diferencia, diferido.

difícil adj. Que no se logra, ejecuta o entiende sin mucho trabajo: *un trabajo difícil, un libro difícil.* | Se dice de la persona poco tratable. | FAM. difícilmente, dificultad, dificultar, dificultosamente, dificultoso.

dificultad f. Cualidad de lo difícil. | Inconveniente, contrariedad, obstáculo: *no tuvo dificultades en conseguir el permiso.*

dificultar tr. Hacer difícil una cosa, introduciendo obstáculos o inconvenientes que antes no tenía: *dificultar unas negociaciones.*

difteria f. Enfermedad infecciosa caracterizada por la formación de falsas membranas en las mucosas, comúnmente de la garganta. | FAM. diftérico.

difuminar tr. y prnl. Desdibujar los colores o los contornos con el difumino; esfumar. | FAM. difumino.

difumino m. Rollito de papel en forma de lapicero para difuminar los dibujos.

difundir tr. Extender, esparcir. También prnl.: *el aroma se difundió por toda la casa.* | Propagar o divulgar: *difundir un rumor.* También prnl. ◆ Doble part.: *difundido* (reg.), *difuso* (irreg.). | FAM. difusamente, difusión, difusivo, difuso, difusor.

difunto, ta adj. y s. Persona muerta. | FAM. defunción.

difusión f. Acción y efecto de difundir: *la difusión de una noticia.* | Extensión, dilatación en lo hablado o escrito.

difuso, sa adj. Ancho, dilatado, extenso: *propiedades difusas.* | Impreciso: *lenguaje difuso.*

digerir tr. Convertir en el aparato digestivo los alimentos en sustancia propia para la nutrición. | Meditar cuidadosamente una cosa para entenderla o ejecutarla. | Superar una desgracia u ofensa: *ya ha digerido su suspenso.* ◆ Irreg. Se conj. como *sentir.* | FAM. digerible.

digestión f. Acción y efecto de digerir: *una digestión pesada.* | Conjunto de procesos que transforman los alimentos en sustancias asimilables por el organismo. | **FAM.** digerir, digestibilidad, digestible, digestivo.

digestivo, va adj. Se dice de las operaciones y de las partes del organismo que participan en la digestión: *aparato digestivo.* | Que ayuda a la digestión. También m.: *se tomó un digestivo.*

digital adj. Relativo a los dedos: *huella digital.* | Se dice del aparato o instrumento de medida que la representa con números dígitos: *reloj digital.* | Planta herbácea, de tallo sencillo o poco ramoso, flores en racimo terminal con corola en forma de dedal. Se emplea en medicamentos que combaten la insuficiencia cardiaca. | Flor de esta planta. | **FAM.** digitalina.

digitalizar tr. En inform., transformar una información a un sistema de dígitos.

dígito adj. y m. Se dice de la cifra que expresa un número. | En astron., cada una de las doce partes iguales en que se divide el diámetro aparente del Sol y el de la Luna en los cómputos de los eclipses. | **FAM.** digitación, digitado, digital, digitalizar, digitigrado.

diglosia f. Convivencia de dos lenguas distintas en un misma zona geográfica.

dignarse prnl. Tener a bien hacer algo: *no se dignó a recibirles.*

dignatario, ria m. y f. Persona investida de una dignidad.

dignidad f. Calidad de digno. | Excelencia, realce: *la dignidad de una catedral.* | Seriedad de las personas en la manera de comportarse: *no pierdas la dignidad cuando te enfrentes al director.* | Cargo honorífico y de autoridad: *tiene la dignidad de conde.* | Persona que tiene este cargo.

dignificar tr. Hacer digna o presentar como tal a una persona o cosa. También prnl. | **FAM.** dignificable, dignificación, dignificante.

digno, na adj. Que merece algo, en sentido favorable o adverso: *es digno de desprecio.* | Correspondiente, proporcionado al mérito y condición de una persona o cosa. | Que tiene un comportamiento serio, mesurado: *una señora muy digna.* | **FAM.** dignamente, dignarse, dignatario, dignidad, dignificar.

digresión f. Desviación en el hilo de un discurso oral o escrito para expresar algo que no tenga conexión con aquello de que se está tratando.

dije m. Joya, alhaja colgante que se lleva como adorno.

dilación f. Retraso o demora de algo por un tiempo: *llámale sin más dilación.*

dilapidar tr. Malgastar los bienes propios, o los que uno tiene a su cargo. | **FAM.** dilapidación, dilapidador.

dilatación f. Acción y efecto de dilatar o dilatarse. | Variación del volumen de un cuerpo por la acción del calor. | En cirugía, procedimiento empleado para aumentar o restablecer la apertura de un conducto, cavidad u orificio.

dilatar tr. Extender, alargar, y hacer mayor una cosa o que ocupe más lugar o tiempo. También prnl.: *la humedad dilató la puerta* | Diferir, retardar: *dilató su respuesta.* | Propagar, extender: *dilatar la fama.* También prnl. | **FAM.** dilatabilidad, dilatable, dilatación, dilatadamente, dilatado, dilatador, dilatorio.

dilema m. Obligación de seleccionar entre dos opciones contrarias. | Argumento formado por dos proposiciones contrarias que conducen a una misma conclusión. | Problema.

diligencia f. Cuidado en la ejecución de una cosa. | Prontitud, agilidad, prisa: *trabaja con diligencia.* | Trámite: *tengo que hacer varias diligencias en el juzgado.* | Coche grande arrastrado por caballerías, y destinado al transporte de viajeros.

diligenciar tr. Poner los medios necesarios para el logro de una solicitud. | Tramitar.

diligente adj. Cuidadoso. | Rápido, activo. | **FAM.** diligencia, diligenciar, diligentemente.

dilucidar tr., Aclarar y explicar un asunto. | **FAM.** dilucidación, dilucidador.

diluir tr. Disolver o desunir las partes de algunos cuerpos. También prnl.: *dale vueltas para que se diluya el azúcar* | Difuminar: *la niebla diluía los contornos.* | En quim., añadir líquido en las disoluciones. ◆ **Irreg.** Se conj. como *huir.* | **FAM.** dilución, diluyente.

diluvial adj. Se dice del terreno constituido por depósitos de materias arenosas que fueron arrastradas por grandes corrientes de agua. | Perteneciente a este terreno.

diluviar impers. Llover abundantemente.

diluvio m. Lluvia muy abundante. | Abundancia excesiva de algo: *un diluvio de felicitaciones.* | **FAM.** diluvial, diluviano, diluviar.

dimanar intr. Proceder una cosa de otra: *su seguridad dimana de su experiencia.* | Proceder el agua de sus manantiales. | **FAM.** dimanación, dimanante.

dimensión f. Longitud, extensión o volumen de una línea, una superficie o un cuerpo respectivamente. | Cada una de las magnitudes que sirven para definir un fenómeno. | Tamaño. | Importancia. Más en pl.: *un conflicto de grandes dimensiones.* | **FAM.** dimensional, dimensionar.

dimes y diretes loc. Réplicas entre dos o más personas: *andar en dimes y diretes.*

diminutivo, va adj. En gram., se dice del sufijo que reduce la magnitud del significado del vocablo al que se une. ‖ m. Palabra formada con este sufijo: *'palillo' es un diminutivo de 'palo'*.

diminuto, ta adj. Excesivamente pequeño. ‖ FAM. diminutivo.

dimisión f. Renuncia de un cargo que se desempeña.

dimitir tr. Renunciar, dejar un cargo que se desempeña. ‖ FAM. dimisión, dimisionario.

dina f. Unidad de fuerza en el sistema cegesimal, que equivale a la fuerza necesaria para comunicar a la masa de un gramo la aceleración de un centímetro por segundo.

dinámico, ca adj. Perteneciente o relativo a la dinámica. ‖ Relativo a la fuerza cuando produce movimiento. ‖ Se dice de la persona activa, enérgica: *un trabajador muy dinámico*. ‖ f. Parte de la mecánica que trata de las leyes del movimiento en relación con las fuerzas que lo producen. ‖ FAM. dinamismo, dinamizar, dinamo, dinamómetro.

dinamismo m. Energía activa, vitalidad.

dinamita f. Mezcla explosiva de nitroglicerina con un cuerpo muy poroso, que la absorbe. ‖ FAM. dinamitar, dinamitero.

dinamitar tr. Volar con dinamita alguna cosa.

dinamo o **dínamo** f. Máquina destinada a transformar la energía mecánica (movimiento) en energía eléctrica (corriente), o viceversa.

dinamómetro m. Instrumento que sirve para evaluar las fuerzas motrices.

dinar m. Unidad monetaria de Argelia, Bahrein, Irak, Jordania, Kuwait, Tunicia, Yemen y Yugoslavia.

dinastía f. Serie de monarcas que en un determinado país pertenecen a una misma familia. ‖ FAM. dinástico.

dineral m. Cantidad grande de dinero.

dinero m. Moneda corriente. ‖ Fortuna, riqueza: *una familia de mucho dinero*. ‖ FAM. dineral, dinerario, dinerillo.

dinosaurio adj. y m. Se dice de ciertos reptiles fósiles de la era mesozoica, de cabeza pequeña, cuello largo, cola robusta y larga, algunos de los cuales llegaron a alcanzar un gran tamaño.

dintel m. Parte superior de las puertas y ventanas.

diócesis f. Territorio sujeto a la jurisdicción de un obispo. ♦ No varía en pl. ‖ FAM. diocesano.

dioptría f. Unidad de medida usada por los oculistas y que equivale al poder de una lente cuya distancia focal es de un metro. ‖ FAM. dioptrio.

dios m. Con mayúscula, nombre del ser supremo, creador del universo, según las religiones monoteístas. ‖ Cualquiera de las deidades de las religiones politeístas. ‖ **a la buena de Dios** expr. Sin malicia. ‖ **¡bendito sea Dios!** interj. con que se denota enfado, y también conformidad en un contratiempo. ‖ **¡Dios mío!** interj. que sirve para significar admiración, extrañeza, dolor o sobresalto. ‖ **hacer algo como Dios manda** loc. Hacer las cosas bien; con exactitud. ‖ **todo dios** loc. Todo el mundo. ‖ **¡válgame Dios!** interj. Expresa con cierta moderación el disgusto o sorpresa que nos causa una cosa. ‖ FAM. deicidio, deidad, deificar, deísmo, divino.

dióxido m. En quím., compuesto cuya molécula contiene dos átomos de oxígeno.

diplodoco m. Dinosaurio de gran tamaño, con la cabeza pequeña, el cuello y la cola muy largos; vivió durante el período jurásico.

diploma m. Título o certificación que expiden ciertas entidades para acreditar un grado académico, un premio, etc. ‖ FAM. diplomacia, diplomado, diplomar.

diplomacia f. Estudio y práctica de las relaciones internacionales. ‖ Conjunto de individuos que intervienen en esas relaciones. ‖ Habilidad, sagacidad y disimulo: *tiene mucha diplomacia*. ‖ FAM. diplomáticamente, diplomático.

diplomar tr. Conceder a alguien un título que certifique haber completado ciertos estudios. ‖ prnl. Obtenerlo, graduarse: *se diplomó en enfermería*.

diplomático, ca adj. Perteneciente a la diplomacia. ‖ Se apl. a las relaciones internacionales y a las personas que intervienen en ellas. También s.: *el diplomático presentó sus credenciales al embajador*. ‖ Circunspecto, sagaz: *Luis es muy diplomático*.

dipsomanía f. Tendencia irresistible al abuso de las bebidas alcohólicas.

díptero adj. y m. Se dice del edificio que tiene dos costados salientes, y también de la estatua que tiene dos alas. ‖ Se dice del insecto que sólo tiene dos alas membranosas y con aparato bucal dispuesto para chupar, como la mosca. ‖ m. pl. Orden de estos insectos.

díptico m. Cuadro o bajo relieve formado con dos tableros que se cierran por un costado, como las tapas de un libro.

diptongo m. Conjunto de dos vocales diferentes, una fuerte (a, e, o) y otra débil (i, u), o de dos débiles, que se pronuncian en una sola sílaba, como *agua*, *paisaje* o *cuidado*. ‖ FAM. diptongación, diptongar.

diputación f. Conjunto de los diputados. ‖ Ejercicio del cargo de diputado.

diputado, da m. y f. Persona que, por

nombramiento o elección, tiene la representación de otras. ǀ Persona nombrada por elección popular como representante en una cámara legislativa, nacional o provincial. ǀ **FAM.** diputación, diputar.

dique m. Muro artificial hecho para contener la fuerza de las aguas o del oleaje. ǀ Recinto cerrado en la orilla de una dársena en donde se limpian y reparan los barcos cuando baja la marea.

dirección f. Acción y efecto de dirigir o dirigirse. ǀ Rumbo que un cuerpo sigue en su movimiento: *iremos en cualquier dirección.* ǀ Persona o conjunto de personas encargadas de dirigir una empresa, establecimiento, sociedad, etc.: *la dirección se reúne esta tarde.* ǀ Cargo y oficina del director. ǀ Domicilio de una persona, institución, etc. ǀ Técnica para la realización de una película, obra de teatro, programa de televisión, etc. ǀ Señas escritas en una carta, paquete postal, etc. ǀ Mecanismo que sirve para guiar los vehículos automóviles. ǀ Destino: *un autocar con dirección a Sevilla.*

directivo, va adj. y s. Que tiene facultad o virtud de dirigir. ǀ m. y f. Miembro de una junta de dirección ǀ f. Junta de gobierno de una corporación, sociedad, etc.

directo, ta adj. Derecho o en línea recta. ǀ Se dice de lo que va de una parte a otra sin detenerse en los puntos intermedios: *un tren directo.* ǀ Sin intermediario: *venta directa.* ǀ Sin rodeos: *me voy directo a casa; es demasiado directo con la gente.* ǀ Que se sigue de padres a hijos. ǀ **en directo.** loc. adj. y adv. En radio y televisión, se dice del programa que se emite a la vez que se realiza. ǀ **FAM.** directamente.

director, ra m. y f. Persona que dirige una empresa, un negocio, una compañía teatral, etc. ǀ adj. Que dirige.

directorio, ria adj. Se dice de lo que sirve para dirigir. ǀ m. Lista o guía de direcciones y nombres: *no figura en nuestro directorio de proveedores.* ǀ Normativa de un negocio, disciplina, etc. ǀ Junta directiva de ciertas asociaciones, partidos, etc.

directriz f. Conjunto de instrucciones o normas generales para la ejecución de alguna cosa. ǀ Más en pl.: *se apartaron de las directrices fijadas por la junta.*

dirham o **dirhem** m. Unidad monetaria de Marruecos y de los Emiratos Árabes Unidos.

dirigente com. Persona que ejerce función o cargo directivo en una asociación, organismo o empresa. ǀ adj. Que dirige.

dirigible adj. Que puede ser dirigido. ǀ m.

Globo aerostático con un sistema de dirección.

dirigir tr. Llevar una cosa hacia un término o lugar señalado. También prnl.: *se dirigió a la salida.* ǀ Poner a una carta, paquete, caja, etc., las señas que indiquen a dónde y a quién se ha de enviar: *dirijan las respuestas a este apartado.* ǀ Guiar: *dirigió a sus tropas al combate.* ǀ Encaminar la atención a determinado fin: *dirigió sus atenciones a la persona equivocada.* También prnl. ǀ Gobernar, regir: *dirige los negocios con mano firme.* ǀ Aconsejar. ǀ Aplicar a determinada persona un dicho o un hecho. También prnl.: *¿se dirige usted a mí?* ǀ **FAM.** dirección, directivo, directo, director, directorio, directriz, dirigente, dirigible.

dirimir tr. Deshacer, desunir, romper. ǀ Resolver: *espero no tener que dirimir este asunto ante un juez.* ǀ **FAM.** dirimente, dirimible.

dis- Elemento compositivo que, antepuesto a otro, denota separación o distinción: *distraer, dislocar;* negación o contrariedad: *disculpar, discordancia.*

dis- Prefijo que indica imperfección, dificultad, anomalía: *dislexia, disnea.*

discernimiento m. Juicio por cuyo medio percibimos y declaramos la diferencia que existe entre varias cosas.

discernir tr. Distinguir una cosa de otra: *discernir lo verdadero de lo falso.* ǀ En der., encargar el juez a alguien la tutela de un menor u otro cargo. ǀ **FAM.** discernible, discernidor, discerniente, discernimiento. ♦ **Irreg.** Conjugación modelo:

Indicativo
Pres.: *discierno, disciernes, discierne, discernimos, discernís, disciernen.*
Imperf.: *discernía, discernías,* etc.
Pret. indef.: *discerní, discerniste,* etc.
Fut. imperf.: *discerniré, discernirás,* etc.

Potencial: *discerniría, discerniríais,* etc.

Subjuntivo
Pres.: *discierna, disciernas, discierna, discernamos, discernáis, disciernan.*
Imperf.: *discerniera, discernieras* o *discerniese, discernieses,* etc.
Fut. imperf.: *discerniere, discernieres,* etc.

Imperativo: *discierne, discernid.*

Participio: *discernido.*

Gerundio: *discerniendo.*

disciplina f. Conjunto de normas que rigen una organización, actividad, etc.: *disciplina militar.* ǀ Actitud de las personas que acatan estas normas. ‖ Arte, facultad o ciencia. ‖ Asignatura. ‖ Látigo para azotar. Más en pl. ‖ **FAM.** disciplinable, disciplinadamente, disciplinado, disciplinal, disciplinante, disciplinar, disciplinario.

disciplinar tr. Imponer, hacer guardar las normas o la disciplina: *disciplinar a la tropa.* ‖ Azotar, dar disciplinazos por mortificación o por castigo. También prnl.

disciplinario, ria adj. Relativo o perteneciente a la disciplina. ‖ Se apl. al régimen que establece ciertas normas, así como a cualquiera de las penas que se imponen por vía de corrección.

discípulo, la m. y f. Estudiante, alumno. ‖ Persona que sigue la opinión de una escuela o maestro, aun cuando viva en tiempos muy posteriores a ellos: *discípulo de Platón.* ‖ **FAM.** discipulado, discipular.

disco m. Cuerpo circular cuya base es muy grande respecto de su altura. ‖ Lámina circular de material termoplástico empleada en la grabación y reproducción fonográfica. ‖ Objeto plano y circular: *un disco de madera.* ‖ Señal luminosa de los semáforos: *el disco está en rojo.* ‖ Placa metálica que se utiliza en el deporte del *lanzamiento del disco.* ‖ **disco compacto** Disco fonográfico que se graba y se reproduce por rayos láser. ‖ **disco duro** En inform., disco magnético en el que las placas rotatorias forman una unidad rígida y están en un compartimiento estanco. ‖ **disco magnético** En inform., placa rotatoria con una superficie magnetizable en la que puede almacenarse información. ‖ **FAM.** discal, discóbolo, discografía, disquete.

discóbolo m. En la antigua Grecia, atleta que lanzaba el disco.

discografía f. Técnica de la grabación de discos fonográficos. ‖ Conjunto de discos de un tema, un autor, etc.

díscolo, la adj. y s. Rebelde, indócil.

disconforme adj. No conforme. ‖ **FAM.** disconformidad.

disconformidad f. Oposición, desacuerdo.

discontinuo, nua adj. Interrumpido, intermitente o no continuo: *línea discontinua; paro discontinuo.*

discordancia f. Contrariedad, desacuerdo, disconformidad: *discordancia entre distintos testimonios.*

discordar intr. Ser opuestas, desavenidas o diferentes entre sí dos o más cosas. ‖ No convenir uno en opiniones con otro: *Juan y yo siempre discordamos.* ♦ Irreg. Se conj. como *contar.* ‖ **FAM.** discordancia, discordante, discorde, discordia.

discordia f. Oposición, desavenencia de voluntades o diversidad de opiniones.

discoteca f. Local público para escuchar música grabada, bailar y consumir bebidas. ‖ Colección de discos fonográficos: *tienes una discoteca muy completa.* ‖ Mueble donde se guarda. ‖ **FAM.** discotequero.

discreción f. Sensatez y tacto para hablar u obrar. ‖ Reserva, prudencia: *hay que llevar este asunto con mucha discreción.* ‖ **a discreción** loc. adv. Sin limitación; según cada cual quiera o decida: *en la fiesta hubo bebida a discreción.* ‖ **FAM.** discrecional, discrecionalidad, discrecionalmente, discreto.

discrecional adj. Que se hace libremente: *transporte discrecional.*

discrepancia f. Diferencia, desigualdad: *hay demasiada discrepancia entre sus opiniones y sus actuaciones.* ‖ Desacuerdo en opiniones o en conducta: *ayer tuvimos una pequeña discrepancia.*

discrepar intr. Disentir una persona de otra: *discrepo de su opinión.* ‖ Diferenciarse una cosa de otra, ser desigual. ‖ **FAM.** discrepancia, discrepante.

discreto, ta adj. Sensato, prudente. ‖ Que manifiesta discreción: *conducta discreta.* ‖ Moderado, sin exceso: *colores discretos.* ‖ **FAM.** discretamente, discretear.

discriminación f. Acción y efecto de discriminar, especialmente de separar y diferenciar las personas por su raza, clase social, género, religión, etc.

discriminar tr. Dar trato de inferioridad a una persona o colectividad por motivos raciales, religiosos, de sexo, de clase social o casta, etc. ‖ Separar, diferenciar una cosa de otra: *discriminar lo verdadero de lo falso.* ‖ **FAM.** discriminación, discriminante, discriminatorio.

disculpa f. Excusa que se da por haber cometido una falta.

disculpar tr. Perdonar las faltas que otro comete. ‖ Dar razones que descarguen una culpa. También prnl.: *se disculpó por su tardanza.* ‖ **FAM.** disculpa, disculpable, disculpablemente.

discurrir intr. Andar, correr por diversas partes y lugares. ‖ Fluir un líquido. ‖ Transcurrir el tiempo: *discurrieron tres años.* ‖ Reflexionar: *discurre un poco y encontrarás la solución.* ‖ tr. Inventar: *discurrió un ingenioso sistema para ahorrar agua.*

discurso m. Exposición oral y pública de alguna extensión. ‖ Serie de las palabras y frases empleadas para manifestar lo que se piensa o siente: *discurso doctrinal.* ‖ Facultad de discurrir; reflexión. ‖ Escrito o tratado en que se discurre sobre una materia: *Discurso del método*. ‖ Espacio, duración de tiempo. ‖ **FAM.** discursear, discursivo.

discusión f. Acción y efecto de discutir.

discutir tr. Alegar razones contra el parecer de otro. También intr.: *discutieron sobre religión toda la noche*. ‖ Examinar atenta y particularmente una materia: *discutir una teoría*. ‖ **FAM.** discusión, discutible, discutidor.

disecar tr. Preparar los animales muertos para que conserven la apariencia de cuando estaban vivos. ‖ Dividir en partes una planta o el cadáver de un animal para examinarlos. ‖ **FAM.** disecación, disecado, disecador.

disección f. Acción y efecto de disecar o de dividir en partes una planta o animal para examinarlos. ‖ **FAM.** diseccionar.

diseminar tr. Esparcir, dispersar. También prnl.: *su familia se diseminó*. ‖ **FAM.** diseminación, diseminador.

disensión f. Oposición: *disensión de pareceres*. ‖ Contienda, riña. ‖ **FAM.** disenso.

disentería f. Enfermedad infecciosa que se caracteriza por diarrea con pujos y agua mezcla de sangre y mucosidad. ‖ **FAM.** disentérico.

disentir intr. No ajustarse al parecer de otro; discrepar: *disiento del acuerdo*. ♦ **Irreg.** Se conj. como *sentir*. ‖ **FAM.** disensión, disenso, disentimiento.

diseñar tr. Hacer el diseño de algo.

diseño m. Delineación de un edificio, de una figura, vestido, folleto, etc. ‖ Descripción o bosquejo verbal de algo. ‖ **FAM.** diseñador, diseñar.

disépalo, la adj. Se dice del cáliz o de la flor que tiene dos sépalos.

disertar intr. Razonar, discurrir detenida y metódicamente sobre alguna materia. ‖ **FAM.** disertación, disertador, disertante.

disfasia f. Perturbación patológica en el uso del lenguaje.

disfavor m. Desaire. ‖ Acción o dicho no favorable que ocasiona daño.

disforme adj. Deforme. ‖ **FAM.** disformidad.

disfraz m. Vestido de máscara para carnavales y otras fiestas. ‖ Artificio para cambiar el aspecto de una cosa con el fin de que no sea conocida: *ocultaba sus celos bajo el disfraz de la indiferencia*. ‖ **FAM.** disfrazadamente, disfrazar.

disfrazar tr. Cambiar el aspecto natural de las personas o de las cosas. ‖ Vestir de máscara. También prnl.: *se disfrazó de payaso*. ‖ Disimular, ocultar con palabras y expresiones lo que se siente.

disfrutar intr. Deleitarse, gozar, sentir satisfacción: *disfruto mucho en tu compañía*. También tr. ‖ intr. Con la prep. *de*, poseer algo bueno o agradable: *disfruta de elevados ingresos*. ‖ tr. Aprovechar: *disfrutar unas vacaciones*. ‖ **FAM.** disfrute.

disgregar tr. Separar, desunir. También prnl.: *los asistentes se disgregaron al terminar el mitin*. ‖ **FAM.** disgregación, disgregador, disgregante, disgregativo.

disgustar tr. Causar enfado, desagradar. También prnl.: *me disgustan sus aires de grandeza*. ‖ Causar pena, tristeza. También prnl.: *se disgustó mucho al saber que no venías*. ‖ prnl. Enfadarse con alguien: *Susan y Luis se han disgustado otra vez*. ‖ **FAM.** disgustado, disgusto.

disgusto m. Pesadumbre, tristeza. ‖ Fastidio, enfado. ‖ Disputa, riña. ‖ **a disgusto** loc. adv. Contra la voluntad y gusto de uno.

disidencia f. Desacuerdo de opiniones.

disidente adj. Que diside. ‖ Que se muestra contrario a determinada opinión, creencia, partido político, etc.: *el sector disidente de un partido*. ‖ **FAM.** disidencia, disidir.

disidir intr. Apartarse de una creencia, opinión, doctrina, etc. ‖ Estar en desacuerdo.

disimetría f. Falta de simetría.

disimilitud f. Falta de semejanza.

disimular tr. Encubrir un pensamiento, sentimiento, intención, etc.: *disimulas muy mal tu enfado*. ‖ Tolerar algo fingiendo ignorarlo: *no pudo disimular por más tiempo la infidelidad de su mujer y pidió el divorcio*. ‖ Ocultar, disfrazar, desfigurar las cosas: *disimuló la mancha de la pared bajo un cuadro*. También intr. y prnl.: *el olor aquel no se disimulaba con nada*. ‖ intr. Fingir alguien que no conoce, siente o ve algo: *disimula, que aún no nos ha visto*. ‖ **FAM.** disimulable, disimulación, disimuladamente, disimulado, disimulador, disimulo.

disimulo m. Capacidad con que se oculta lo que se siente o se sabe. ‖ Indulgencia, tolerancia.

disipado, da adj. Entregado a las diversiones. También s.

disipar tr. Desvanecer las partes que forman un todo. También prnl. ‖ Desaparecer o hacer desaparecer. También prnl.: *por fin se disiparon sus sospechas*. ‖ Desperdiciar, malgastar: *ha disipado toda su fortuna*. ‖ prnl. Evaporarse. ‖ **FAM.** disipación, disipado, disipador.

dislalia f. Dificultad de articular las palabras.

dislexia f. Incapacidad parcial en el aprendizaje de la lectura y la escritura.

dislocar tr. Sacar una cosa de su lugar. Más c. prnl., hablando de huesos y articulaciones. ‖ **FAM.** dislocación, dislocadura, disloque.

disloque m. El colmo, cosa excelente: *ser algo el disloque.*

dismenorrea f. Menstruación dolorosa o difícil.

disminuido, da adj. Se dice de la persona que tiene incompletas sus facultades físicas o psíquicas. También s.: *son necesarias más prestaciones sociales para los disminuidos.*

disminuir tr. Hacer menor la extensión, la intensidad o número de alguna cosa. También intr. y prnl.: *su preocupación disminuyó con tu llamada; el agua se ha disminuido al cocer.* ♦ **Irreg.** Se conj. como *huir.* | **FAM.** disminución, disminuido.

disnea f. Dificultad para respirar.

disociar tr. Separar, desunir: *el agua se disocia en hidrógeno y oxígeno.* También prnl. | **FAM.** disociabilidad, disociable, disociación.

disolución f. Acción y efecto de disolver. | Mezcla que resulta de disolver cualquier sustancia en un líquido. | Rompimiento de los vínculos existentes entre varias personas: *disolución de una empresa.* | Relajación de las costumbres.

disoluto, ta adj. y s. Licencioso, entregado a los vicios.

disolvente adj. y s. Que disuelve. | m. Líquido que se utiliza para disolver una sustancia.

disolver tr. Desunir, separar las partículas o moléculas de un cuerpo sólido o espeso por medio de un líquido, hasta lograr una mezcla homogénea. También prnl.: *el aceite no se disuelve en el agua.* | Separar, desunir lo que estaba unido: *disolver un matrimonio.* | Deshacer, destruir, aniquilar. También prnl.: *la manifestación se disolvió pacíficamente.* ♦ **Irreg.** Se conj. como *mover.* | **FAM.** disolubilidad, disoluble, disolución, disolutamente, disolutivo, disoluto, disolvente, disuelto.

disonar intr. Sonar desapaciblemente. | Faltar la consonancia o la armonía. | Discrepar. ♦ **Irreg.** Se conj. como *contar.* | **FAM.** disonancia, disonante.

dispar adj. Desigual, diferente: *opiniones dispares.* | **FAM.** disparidad.

disparada f. *amer.* Acción de echar a correr de repente o de partir con precipitación; fuga. | **a la disparada** loc. adv. *amer.* A todo correr.

disparador m. Pieza de un arma de fuego que sirve para dispararla. | Pieza que sirve para hacer funcionar el obturador automático de una cámara fotográfica.

disparar tr. Hacer que un arma lance un proyectil. También prnl.: *se le disparó el fusil.* | Arrojar o despedir con violencia una cosa: *disparar un penalty.* También prnl. | Hacer funcionar un disparador. | prnl. Correr de

prisa o precipitadamente: *se disparó hacia el teléfono.* | Hablar o actuar violentamente: *tranquilo, no te dispares.* | **FAM.** disparada, disparadero, disparado, disparador, disparo.

disparatado, da adj. Contrario a la razón, falto de lógica. | Desmesurado, exagerado: *un precio disparatado.*

disparatar intr. Decir o hacer una cosa fuera de sentido.

disparate m. Hecho o dicho erróneo, absurdo, ilógico: *esa película es un disparate.* | Exceso, abuso: *pagas un disparate por ese cursillo.* | **FAM.** disparatadamente, disparatado, disparatar.

disparidad f. Desemejanza, desigualdad, diferencia.

disparo m. Tiro. | Acción de disparar o dispararse.

dispendio m. Gasto excesivo.

dispensa f. Privilegio, excepción de lo ordenado por las leyes generales: *dispensa papal.*

dispensar tr. Dar, conceder, otorgar: *le dispensaron un cálido recibimiento.* | Eximir de una obligación: *ha sido dispensado del servicio militar.* También prnl. | Absolver, disculpar: *dispensen mi retraso.* | **FAM.** dispensa, dispensable, dispensario.

dispensario m. Clínica destinada a prestar asistencia médica a enfermos que no se alojan en él.

dispepsia f. Enfermedad caracterizada por una dificultad en el proceso digestivo. | **FAM.** dispéptico.

dispersar tr. Separar, desunir, diseminar. También prnl.: *el rebaño se dispersó.* | Distraer la atención o la actividad en múltiples direcciones: *Luis se dispersa demasiado.* ♦ Doble part.: *dispersado* (reg.); *disperso* (irreg.). | **FAM.** dispersión, dispersivo, disperso, dispersor.

disperso, sa adj. Disgregado, diseminado.

display (voz i.) m. En la técnica digital, indicador numérico utilizado para visualizar una determinada información variable o fija. | En inform., terminal de salida de información de un ordenador, capaz de editar los resultados en algún medio físico.

displicencia f. Desagrado o indiferencia. | Desaliento.

displicente adj. Que disgusta y desagrada. | De mal humor. También com.

disponer tr. Colocar, poner las cosas en orden. También prnl.: *los jugadores se dispusieron en abanico.* | Mandar lo que ha de hacerse: *ha dispuesto que sus libros se leguen a una fundación.* | Preparar, prevenir: *ya he dispuesto todo para la cena.* También prnl. | intr. Valerse de una persona o cosa: *disponer de al-*

guien. | prnl. Estar a punto de: *me disponía a acostarme.* ♦ **Irreg.** Se conj. como *poner.* | **FAM.** disponibilidad, disponible, disposición, dispositivo, dispuesto.

disponible adj. Se dice de todo aquello de que se puede disponer.

disposición f. Acción y efecto de disponer. | Estado de ánimo o de la salud: *te veo con mala disposición hacia la reunión.* | Precepto, norma, ley. | Habilidad, soltura para hacer algo. | Aptitud: *tiene buena disposición para la gimnasia.* | **a la disposición de** expr. de cortesía: *estoy a la disposición de usted.*

dispositivo m. Mecanismo dispuesto para obtener un resultado: *un dispositivo magnético.*

disprosio m. Elemento químico metálico del grupo de las tierras raras. Su símbolo es *Dy.*

dispuesto, ta adj. Preparado. | Hábil, capaz.

disputa f. Riña, discusión.

disputar tr. Debatir, discutir. También intr.: *tus hermanos disputan continuamente* | Competir con alguien por obtener algo: *hoy disputan la final de tenis.* También intr. | **FAM.** disputa, disputable, disputador.

disquete m. En inform., disco flexible de material plástico magnetizable, que sirve de soporte para almacenar información. | **FAM.** disquetera.

disquetera f. En inform., dispositivo donde se inserta el disquete para su grabación o lectura.

disquisición f. Examen riguroso que se hace de alguna cosa: *me aburres con tus continuas disquisiciones.*

distancia f. Espacio o período de tiempo que media entre dos cosas o sucesos: *entre mi hermano y yo hay una distancia de un año.* | Diferencia entre unas cosas y otras: *hay mucha distancia entre lo que dices y lo que haces.* | Alejamiento. | En geom., longitud del segmento de recta comprendido entre dos puntos del espacio. | **FAM.** distanciamiento, distanciar.

distanciar tr. Separar, apartar, alejar. También prnl.: *distánciate del problema para analizarlo.* | Desunir, desligar. También prnl.: *nos fuimos distanciando con el tiempo.*

distante adj. Apartado, remoto, lejano: *una época, un reino distantes; te noto distante.* | Que dista: *un pueblo distante 3 kilómetros.*

distar intr. Estar apartada una cosa de otra cierto espacio de lugar o de tiempo: *distaban tres años que no le veía.* | Diferenciarse: *tu respuesta no dista mucho del insulto.* | **FAM.** distancia, distante

distender tr. Aflojar, relajar: *sus palabras*

distendieron los ánimos. | Causar una tensión violenta en los tejidos, membranas, etc. También prnl. ♦ **Irreg.** Se conj. como *entender.* | **FAM.** distendible, distensión.

dístico m. Estrofa que consta de dos versos.

distinción f. Acción y efecto de distinguir o distinguirse. | Diferencia: *la distinción está en la calidad.* | Honor concedido a uno. | Elegancia: *actúa con gran distinción.* | **sin distinción** loc. adv. Indistintamente.

distinguido, da adj. Ilustre, noble. | Elegante.

distinguir tr. Conocer la diferencia que hay de unas cosas a otras. También prnl.: *su servilleta se distingue por el nudo.* | Manifestar la diferencia que existe entre las cosas: *no distingue bien los colores.* | Otorgar a uno algún privilegio, etc. También prnl. | Ver. También prnl.: *ya se distingue el castillo.* | prnl. Descollar, sobresalir entre otros: *ese jugador siempre se ha distinguido.* | **FAM.** distinción, distingo, distinguible, distinguido, distintamente, distintivo, distinto.

distintivo, va adj. Que tiene facultad de distinguir: *aroma distintivo.* | m. Insignia, señal, marca.

distinto, ta adj. Que no es igual o semejante. | Claro, que permite distinguir. | **FAM.** indistinto.

distorsión f. Deformación de imágenes, sonidos, señales, etc. | Torsión de una parte del cuerpo.

distracción f. Acción y efecto de distraer o distraerse; espectáculo o juego que sirve para el descanso.

distraer tr. Divertir, entretener, recrear. También prnl.: *se distrae pintando.* | Apartar la atención de alguien de una cosa, pensamiento, preocupación, etc. También prnl.: *se distrajo con el ruido.* ♦ **Irreg.** Se conj. como *traer.* | **FAM.** distracción, distraídamente, distraído.

distraído, da adj. y s. Persona que se distrae con facilidad.

distribución f. Acción y efecto de distribuir. | Reparto de un producto a los locales en que debe comercializarse: *empresa de distribución.* | Disposición de las partes de un todo: *la distribución de esta casa es poco práctica.*

distribuidor, ra adj. Que distribuye. También s. | Empresa o persona dedicada a la distribución de productos comerciales. También s.: *una distribuidora de películas.* | Cable de corriente eléctrica que se emplea para conectar líneas individuales desde una central. También m.

distribuir tr. Repartir. También prnl.: *la po-*

blación de la comarca se distribuye irregularmente. ‖ Dar a cada cosa su oportuna colocación: *han distribuido los muebles con mucho acierto*. También prnl. ‖ Poner los productos a disposición de los consumidores. ♦ **Irreg**. Se conj. como *huir*. ‖ **FAM**. distribución, distribuidor, distributivo.

distrito m. División de un territorio con carácter administrativo o jurídico.

distrofia f. Trastorno patológico que afecta a la nutrición y al crecimiento: *distrofia muscular, adiposa*, etc.

disturbio m. Alteración, desorden: *disturbios estudiantiles*. ‖ Perturbación. ‖ **FAM**. disturbar.

disuadir tr. Inducir, mover a uno a desistir de un propósito, idea, actitud, etc.: *con esos argumentos no conseguirás disuadirle*. ‖ **FAM**. disuasión, disuasivo, disuasorio.

disyunción f. Acción y efecto de separar y desunir. ‖ Dilema; relación de dos o más cosas excluyentes entre sí: *o me decido hoy o pierdo la oportunidad*. ‖ **FAM**. disyuntivo.

disyuntivo, va adj. Se dice de lo que tiene la cualidad de desunir o separar. ‖ f. Alternativa entre dos posibilidades por una de las cuales hay que optar: *está en la disyuntiva de dimitir o continuar en el cargo*.

ditirambo m. Composición poética de la antigua Grecia en honor a Dionisos. ‖ Alabanza exagerada. ‖ **FAM**. ditirámbico.

diurético, ca adj. y m. Se dice de lo que tiene virtud para aumentar la secreción de orina.

diurno, na adj. Perteneciente o relativo al día.

divagar intr. Desviarse, al hablar o al escribir, del asunto de que se trata. ‖ Andar sin rumbo fijo. ‖ **FAM**. divagación.

diván m. Sofá generalmente sin respaldo, y con almohadones sueltos. ‖ Antiguo consejo islámico que determinaba los negocios de Estado y de justicia. ‖ Colección de poesías en alguna de las lenguas orientales, especialmente en árabe, persa o turco.

divergencia f. Acción y efecto de divergir. ‖ Diversidad de opiniones.

divergente adj. Que diverge: *gustos divergentes*.

divergir intr. Irse apartando sucesivamente unas de otras, dos o más líneas o superficies. ‖ Discordar, discrepar. ‖ **FAM**. divergencia, divergente.

diversidad f. Variedad, diferencia: *la diversidad de salarios*. ‖ Abundancia de cosas distintas: *esa tienda tiene gran diversidad de artículos*.

diversificar tr. Hacer variar una cosa.

También prnl.: *en rebajas, los comerciantes diversifican sus ofertas*.

diversión f. Acción y efecto de divertir o divertirse. ‖ Recreo, entretenimiento, pasatiempo: *cocina por diversión*.

diverso, sa adj. Diferente, distinto: *una población diversa*. ‖ pl. Varios, muchos: *han invitado a diversas personas*. ‖ **FAM**. diversamente, diversidad, diversificación, diversificar.

divertido, da adj. Alegre, festivo: *tu amigo es muy divertido*. ‖ Que divierte: *patinar es muy divertido*.

divertir tr. Entretener, recrear. También prnl.: *se divierten con el ordenador*. ♦ **Irreg**. Se conj. como *sentir*. ‖ **FAM**. diversión, divertido, divertimiento.

dividendo m. Cantidad que ha de dividirse por otra. ‖ Parte de los beneficios de una sociedad atribuida a cada accionista.

dividir tr. Partir, separar en partes: *dividió su libro en veinte capítulos*. También prnl. ‖ Distribuir: *dividió su obra entre varios museos*. También prnl. ‖ Desunir: *tus intrigas no consiguieron dividirles*. ‖ Averiguar cuántas veces el divisor está contenido en el dividendo. ‖ **FAM**. dividendo, divisibilidad, divisible, división, divisor, divisorio.

divieso m. Tumor inflamatorio, pequeño y puntiagudo que se forma en la piel.

divinidad f. Esencia divina. ‖ Dios o dioses en ciertas religiones y mitologías.

divinizar tr. Hacer o suponer divina a una persona o cosa, o tributarle culto y honores divinos: *la divinización del Sol; de un héroe*. ‖ Hacer sagrada una cosa: *diviniza la amistad*. ‖ Halagar excesivamente.

divino, na adj. Perteneciente a Dios o a los dioses: *milagros divinos*. ‖ Excelente, maravilloso. ‖ **FAM**. divinamente, divinidad, divinización, divinizar, divo.

divisa f. Moneda extranjera. Más en pl.: *el mercado de divisas*. ‖ Señal exterior para distinguir personas o cosas: *lleva la divisa del club*.

divisar tr. Ver, percibir confusamente o a distancia, un objeto: *ya se percibe la orilla*. ‖ **FAM**. divisa.

divisible adj. Que puede dividirse.

división f. Acción y efecto de dividir, separar o repartir: *división administrativa*. ‖ Discordia, desunión. ‖ En mat., operación de dividir. ‖ Unidad militar formada por dos o más brigadas o regimientos. ‖ En dep., cada uno de los grupos en que compiten, según su categoría, los equipos o deportistas: *el equipo ha bajado a segunda división*. ‖ **FAM**. divisionario, divisionismo.

divisor, ra adj. Submúltiplo. También m.: *2 es el divisor de 4.* ‖ Que divide: *línea divisoria.* ‖ m. Cantidad por la cual ha de dividirse otra.

divo, va adj. Cantante de ópera o de zarzuela, de sobresaliente mérito; p. ext., artista de fama. También s.

divorciar tr. Disolver legalmente un matrimonio. También prnl.: *él no quiere divorciarse.* ‖ Separar, apartar. También prnl.

divorcio m. Disolución legal de un matrimonio. ‖ Separación, desunión: *su dimisión produjo un divorcio en el partido.* ‖ **FAM.** divorciado, divorciar.

divulgar tr. Publicar, poner al alcance del público una cosa. También prnl.: *el rumor se divulgó con gran rapidez.* ‖ **FAM.** divulgable, divulgación, divulgativo, divulgador.

do m. Primera nota de la escala musical. ♦ pl. *dos.*

do adv. l. ant. Donde.

dobladillo m. Pliegue que se hace a la ropa en los bordes: *el dobladillo de la falda.*

doblaje m. Acción y efecto de doblar una película.

doblar tr. Aumentar una cosa, haciéndola el doble de lo que era: *ha doblado sus ingresos.* ‖ Aplicar una sobre otra dos partes de una cosa flexible: *doblar un folio.* ‖ Pasar a otro lado o dirección: *doblar la esquina.* También intr.: *doblar a la izquierda.* ‖ Torcer algo. También prnl.: *se me dobló el paraguas.* ‖ En el cine y la televisión, sustituir la voz del actor que aparece en la pantalla, por la de otra persona. ‖ intr. Tocar las campanas por la muerte de alguien. ‖ prnl. Ceder: *tuvo que doblarse ante sus argumentos.* ‖ **FAM.** dobladillo, doblado, doblador, dobladura, doblaje, doblegar, doblez.

doble adj. Dos veces mayor. También m.: *un doble de cerveza.* ‖ Se dice de lo que está formado por dos cosas iguales o semejantes: *doble ventana; doble fondo.* ‖ En bot., se dice de las flores de más hojas que las sencillas: *clavel doble.* ‖ En el juego del dominó, se dice de la ficha que en los cuadrados de su anverso lleva igual número de puntos: *la blanca doble.* ‖ En tenis, se dice de la falta que se comete al fallar el saque dos veces consecutivas. ‖ m. Persona que sustituye a un actor o actriz en algunas escenas cinematográficas. ‖ Persona muy parecida a otra: *es el doble de su abuelo.* ‖ Toque de campanas por los difuntos. ‖ m. pl. En tenis, partido que se disputa por parejas. ‖ **FAM.** doblar, doblemente, doblete, doblón.

doblegar tr. Doblar o torcer: *doblegar el hierro.* También prnl. ‖ Hacer a uno que desista de un propósito: *no conseguirás doblegarle con*

la violencia. También prnl. ‖ **FAM.** doblegable.

doblez m. Parte que se dobla o pliega en una cosa: *hazle cuatro dobleces al mantel.* ‖ Señal que queda en la parte por donde se dobló: *a la falda se le nota el doblez del jaretón.* ‖ amb. Simulación, hipocresía: *actuar con doblez.*

doblón m. Moneda antigua de oro.

doce adj. Diez más dos. También pron. y m. ‖ Duodécimo: *año doce.* ‖ m. Conjunto de signos con que se representa este número. ‖ **FAM.** doceavo, docena, dozavo.

doceavo, va adj. y s. Cada una de las doce partes en que se divide un todo.

docena f. Conjunto de doce cosas.

docencia f. Práctica y ejercicio de las personas que se dedican a la enseñanza. ‖ **FAM.** docente.

docente adj. Que se dedica a la enseñanza. También com.: *los docentes de secundaria.* ‖ Perteneciente o relativo a la enseñanza: *prácticas docentes.*

dócil adj. Fácil de educar: *un alumno dócil.* ‖ Obediente: *un perro dócil.* ‖ Suave, flexible: *un metal dócil.* ‖ **FAM.** docilidad, dócilmente.

docto, ta adj. y s. Erudito, sabio. ‖ **FAM.** doctamente.

doctor, ra m. y f. Persona que ha recibido el más alto grado académico: *doctor en filología.* ‖ Médico. ‖ **doctor honoris causa** Título honorífico que conceden las universidades a una persona eminente. ‖ **FAM.** doctorado, doctoral, doctorando, doctorar.

doctorado m. Grado de doctor. ‖ Estudios necesarios para obtener este grado. ‖ Conocimiento pleno en alguna materia.

doctorando, da m. y f. Persona que está próxima a recibir el grado de doctor.

doctorar tr. Graduar de doctor a uno en una universidad. También prnl.: *me he doctorado en sociología.*

doctrina f. Enseñanza que se da a una persona sobre una materia determinada. ‖ Opinión de un autor, escuela, organización, partido político, etc.: *la doctrina idealista.* ‖ **FAM.** doctrinal, doctrinario, doctrinarismo.

doctrinario, ria adj. Relativo a una doctrina determinada. ‖ Que defiende o está consagrado a una doctrina. También s.

documentación f. Acción y efecto de documentar. ‖ Conjunto de documentos que sirven para este fin: *ya ha reunido toda la documentación sobre el caso.* ‖ Documento o conjunto de documentos, generalmente de carácter oficial, que sirven para la identificación personal o para acreditar alguna condición: *el policía le pidió la documentación.*

documentado, da adj. Se dice de la persona que está bien informada acerca de un asunto. ‖ **FAM.** indocumentado.

documental adj. Que está basado en documentos, o se refiere a ellos: *prueba documental.* ‖ Se dice de las películas cinematográficas tomadas de la realidad con propósitos meramente informativos. También m.: *pusieron un documental antes de la película.*

documentalista com. Persona que se dedica a recoger, preparar y organizar toda clase de datos bibliográficos, informaciones, noticias, etc., sobre una determinada materia. ‖ Persona que se dedica a hacer cine documental. ‖ **FAM.** documentalismo.

documentar tr. Probar una cosa con documentos: *documentó su teoría con todo tipo de datos.* ‖ Informar a uno acerca de un asunto. También prnl.: *documéntese de sus derechos.*

documento m. Escrito que ilustra o informa acerca de un hecho. ‖ Cualquier cosa que sirve para probar algo. ‖ **FAM.** documentación, documentado, documental, documentalista, documentalmente, documentar.

dodecaedro m. Poliedro de doce caras.

dodecafonía f. En mús., sistema atonal en el que se emplean indistintamente los doce intervalos cromáticos en que se divide la escala. ‖ **FAM.** dodecafónico.

dodecágono, na adj. y m. Polígono de doce ángulos y doce lados.

dodecasílabo, ba adj. De doce sílabas. ‖ Se dice del verso que tiene este mismo número de sílabas. También m.

dodo m. Ave no voladora, de tamaño y cuerpo parecido al cisne; actualmente está extinguida.

dogal m. Cuerda o soga que se ata al cuello de las caballerías. ‖ Cuerda para ahorcar a los condenados a muerte.

dogma m. Principio básico e innegable de un sistema, ciencia, doctrina, religión, etc.: *el dogma protestante.* ‖ **FAM.** dogmáticamente, dogmático, dogmatismo, dogmatizante, dogmatizar.

dogmático, ca adj. Relativo al dogma. ‖ Inflexible, intransigente. También s.

dogmatismo m. Conjunto de las proposiciones o verdades que se tienen por principios innegables en una ciencia, religión, filosofía, etc.

dogmatizar tr. Enseñar los dogmas. También intr. ‖ Afirmar como innegable algún principio discutible.

dogo, ga adj. y s. Se dice de una raza europea de per os, de cabeza grande, cuello grueso, orejas pequeñas con la punta doblada,

pelo corto y fino; por su gran fuerza y tamaño suele utilizarse para la caza y la defensa.

dólar m. Unidad monetaria de varios países como Canadá, EE. UU. y Nueva Zelanda.

dolby m. Sistema que reduce automáticamente cualquier ruido introducido en los procesos de grabación y reproducción.

dolencia f. Indisposición, enfermedad.

doler intr. Padecer dolor en una parte del cuerpo. También prnl.: *me duele la cabeza.* ‖ Sentir pesar o disgusto: *le duele vuestra ruptura.* ‖ prnl. Arrepentirse: *se dolió por no habernos acompañado.* ‖ Compadecerse. ‖ Quejarse y explicar el dolor: *se duele del estómago.* ‖ Lamentarse: *se duele de tu indiferencia.* ♦ **Irreg.** Se conj. como *mover.* ‖ **FAM.** dolencia, dolido, doliente.

dolicocéfalo, la adj. Se dice del cráneo oval, más largo que ancho. ‖ Se apl. a la persona que tiene el cráneo de esta forma. También s. ‖ **FAM.** dolicocefalia.

dolmen m. Monumento megalítico compuesto de una o más piedras colocadas de plano sobre dos o más piedras verticales. ‖ **FAM.** dolménico.

dolo m. Engaño, fraude. ‖ **FAM.** doloso.

dolor m. Sensación aflictiva de una parte del cuerpo: *dolor de espalda.* ‖ Pesar, tristeza. ‖ **FAM.** doler, dolorido, dolorosamente, doloroso.

dolorido, da adj. Que siente dolor. ‖ Apenado, afligido: *está muy dolorido por la pérdida.*

doloroso, sa adj. Se dice de lo que causa dolor: *golpe doloroso.* ‖ f. Con mayúscula, imagen de la Virgen en la actitud de dolerse por la muerte de Jesucristo.

domador, ra m. y f. Persona que doma.

domar tr. Amansar y hacer dócil al animal. ‖ Sujetar, reprimir: *domar un levantamiento popular.* ‖ **FAM.** doma, domable, domador.

domeñar tr. Dominar, someter.

domesticar tr. Acostumbrar al animal salvaje a la compañía de las personas. ‖ **FAM.** domesticable, domesticación, domesticidad.

doméstico, ca adj. Relativo a la casa o hogar: *enseres domésticos.* ‖ Se dice del animal que se cría y vive en compañía de las personas. ‖ m. y f. Criado que sirve en una casa. ‖ **FAM.** domésticamente, domesticar, domesticidad.

domiciliar tr. Autorizar pagos o cobros con cargo o abono a una cuenta existente en una entidad bancaria. ‖ prnl. Establecer su domicilio en algún lugar.

domicilio m. Piso, casa, edificio, etc., en que uno habita o se hospeda. ‖ Sede de una entidad: *domicilio social.* ‖ Lugar en que legal-

mente se considera establecida una persona. ‖
FAM. domiciliación, domiciliar, domiciliario.

dominación f. Acción y efecto de dominar.
‖ Control que se tiene sobre un territorio: *la dominación romana*. ‖ pl. Espíritus bienaventurados que componen el cuarto coro.

dominante adj. Que domina. ‖ Se dice de la persona que ejerce poder sobre alguien o algo: *ese niño es muy dominante*. ‖ Que sobresale o prevalece: *caracteres dominantes*.

dominar tr. Tener poder sobre personas o cosas: *la banca lo domina todo*. ‖ Conocer a fondo una materia, ciencia, arte, etc.: *dominar el inglés*. ‖ Sobresalir, destacar. ‖ intr.: *domina con su altura*. ‖ Divisar una extensión considerable de terreno desde determinada distancia: *desde el cerro se domina todo el valle*. ‖ Contener, reprimir: *dominar la ira*. También prnl.: *intenta dominarte*. ‖ **FAM**. dominación, dominador, dominancia, dominante, dominio.

domingo m. Día de la semana que antecede al lunes, generalmente dedicado al descanso, y que los cristianos dedican al culto de Dios. ‖ **FAM**. dominguero, dominical.

dominguero, ra adj. Que se suele usar en domingo: *vestido dominguero*. ‖ Se apl. a la persona que acostumbra a divertirse solamente los domingos o días de fiesta. También s.: *la carretera estaba infestada de domingueros*.

dominical adj. Relativo al domingo: *descanso dominical*. ‖ m. Periódico que se publica los domingos, y especialmente el suplemento que lo acompaña.

dominico, ca adj. y s. Religioso o religiosa de la Orden de Santo Domingo.

dominio m. Poder que se ejerce sobre personas o cosas: *el dominio del Imperio romano*. ‖ Facultad que uno tiene de usar y disponer de lo suyo. ‖ Territorio dependiente de otro o de un Estado situado fuera de sus fronteras. Más en pl.: *estos fueron dominios británicos*. ‖ Conocimiento profundo de alguna materia, ciencia, arte, etc.: *tiene un gran dominio de este tema*. ‖ Esfera de influencia o alcance de una actividad intelectual, artística, de una disciplina académica, etc.: *el dominio de la física*.

dominó m. Juego que se hace con 28 fichas rectangulares, divididas en dos cuadrados, cada uno de los cuales lleva marcados de uno a seis puntos, o no lleva ninguno. ‖ Conjunto de estas fichas.

domo m. En arq., bóveda en forma de una media esfera.

don m. Regalo. ‖ Habilidad para hacer una cosa: *tienes un verdadero don para la danza*. ‖ Rasgo característico de alguien: *tiene el don de*

la oportunidad. ‖ Tratamiento de respeto, que se antepone a los nombres de pila masculinos: *don Pedro*. ‖ **FAM**. donoso.

donaire m. Gracia en lo que se dice o hace. ‖ Ocurrencia graciosa, chiste.

donante adj. Que dona. ‖ com. Persona que voluntariamente cede un órgano, sangre, etc., con fines terapéuticos.

donar tr. Traspasar uno a otro alguna cosa de forma gratuita: *donó sus obras al museo de la ciudad*. ‖ **FAM**. don, donación, donador, donaire, donante, donatario, donativo.

donativo m. Regalo.

doncel m. Muchacho joven. ‖ Joven noble aún no armado caballero. ‖ Paje.

doncella f. Muchacha joven. ‖ Mujer virgen. ‖ Criada que sirve a una señora, o que se dedica a las labores de la casa exceptuando la cocina. ‖ **FAM**. doncellez.

donde adv. relat. l. Indica el lugar donde se lleva a cabo una acción, o en el que está una persona o cosa: *no está donde dices*. En ocasiones tiene función de pron. relat. y equivale a *en la que, en el que: el barrio donde vivo está mal comunicado*. ‖ adv. interr. Con acento, equivale a preguntar por el lugar en el que se lleva a cabo una acción, o en el que está algo o alguien: *¿dónde dejaste la chaqueta?* ‖ Con función de prep., equivale a *en casa de: estuve donde Luis*.

dondequiera adv. l. En cualquier parte.

dondiego m. Planta herbácea, originaria de Perú, con flores de colores variados que se abren al anochecer y se cierran al salir el Sol.

donjuán m. Seductor. También se escribe *don Juan*.

donoso, sa adj. Que tiene donaire y gracia. ‖ **FAM**. donosamente, donosura.

donostiarra adj. y com. De San Sebastián.

doña f. Tratamiento de respeto que se aplica a las mujeres y precede a su nombre propio: *doña Pilar*.

dopar tr. En dep., administrar fármacos o sustancias estimulantes para potenciar artificialmente el rendimiento de los deportistas. También prnl.: *se dopó para la carrera*.

doping (voz i.) m. En dep., acción y resultado de dopar o doparse. ‖ Uso de estimulantes para lograr los deportistas un mayor rendimiento en las competiciones. ‖ **FAM**. dopar.

doquier adv. l. Dondequiera.

doquiera adv. l. Dondequiera.

dorada f. Pez teleósteo de dorso negro azulado, plateados los costados, blanco el vientre, y tiene una mancha dorada entre los ojos; es alimento muy apreciado.

dorado, da adj. De color de oro o semejante a él: *una melena dorada*. ‖ Esplendoroso, feliz:

vivimos un momento dorado. ‖ m. Acción y efecto de dorar. ‖ m. pl. Conjunto de adornos metálicos de color de oro: *los dorados de un armario.*

dorar tr. Cubrir con oro. ‖ Dar el color del oro a una cosa. ‖ Tostar ligeramente una cosa de comer: *dorar unas croquetas.* También prnl. ‖ prnl. Tomar color dorado: *dorarse con el sol.* ‖ **FAM.** dorado, dorador, doradura.

dorio, ria adj. y s. Pueblo indoeuropeo que, junto a eolios y jonios, formó la antigua Grecia. ‖ **FAM.** dórico.

dormido, da adj. Atontado. ‖ f. *amer.* Lugar donde se pasa la noche.

dormilón, na adj. y s. Que duerme mucho. ‖ f. *amer.* Camisón de dormir.

dormir intr. Conseguir un estado de reposo en el que se suspende toda actividad consciente y todo movimiento voluntario. También prnl. y tr.: *se durmió en seguida; dormir una borrachera.* ‖ Pernoctar: *dormimos en una posada.* ‖ tr. Hacer que una persona se entregue al sueño: *dormir un niño.* ‖ Anestesiar. ‖ prnl. Descuidarse: *no te duermas o perderás la oportunidad.* ‖ Adormecerse un miembro: *se me ha dormido un pie.* ‖ Sosegarse lo que estaba inquieto: *se durmió la tempestad.* ‖ **FAM.** dormido, dormilón, dormitar, dormitorio. ◆ **Irreg.** Conjugación modelo:

Indicativo
Pres.: *duermo, duermes, duerme, dormimos, dormís, duermen.*
Imperf.: *dormía, dormías,* etc.
Pret. indef.: *dormí, dormiste, durmió, dormimos, dormisteis, durmieron.*
Fut. imperf.: *dormiré, dormirás,* etc.

Potencial: *dormiría, dormirías,* etc.

Subjuntivo
Pres.: *duerma, duermas, duerma, durmamos, durmáis, duerman.*
Imperf.: *durmiera, durmieras, durmiera, durmiéramos, durmierais, durmieran o durmiese, durmieses, durmiese, durmiésemos, durmieseis, durmiesen.*
Fut. imperf.: *durmiere, durmieres,* etc.

Imperativo: *duerme, dormid.*

Participio: *dormido.*

Gerundio: *durmiendo.*

dormitar intr. Estar medio dormido.
dormitorio m. Habitación para dormir.
dorsal adj. Relativo al dorso, espalda o lomo: *espina dorsal.* ‖ En ling., se dice del fonema en cuya articulación interviene principalmente el dorso de la lengua, en su parte anterior, media o posterior. También m. ‖ Se dice de la letra que representa este sonido, como la *ch*, la *ñ* o la *k*. También f. ‖ m. Trozo de tela con un número que se suele coser en la camiseta de los deportistas. ‖ f. Cordillera.

dorso m. Revés o espalda de una cosa o persona: *el dorso de moneda.*

dos adj. Uno más uno. También pron. y m. ‖ Segundo. Aplicado a los días del mes, también s. ‖ m. Signo con que se representa el número dos. ‖ **como dos y dos son cuatro** fr. Evidentemente, sin necesidad de demostración. ‖ **FAM.** doce, doscientos.

doscientos adj. pl. Dos veces ciento. También pron. y m. ‖ Ducentésimo, o que sigue en orden al ciento noventa y nueve. ‖ m. Conjunto de signos con que se representa este número. ‖ **FAM.** ducentésimo.

dosel m. Colgadura o techo que cubre un sillón, altar, trono, cama, etc., y que sirve de ornamento. ‖ Antepuerta o tapiz.

dosificar tr. Determinar o graduar las dosis de un medicamento. ‖ Graduar otras cosas: *dosificar el tiempo.* ‖ **FAM.** dosificable, dosificación, dosificador.

dosis f. Cantidad de medicina que se toma cada vez. ‖ Cantidad o porción de una cosa: *ya tiene su dosis diaria de televisión.* ◆ No varía en pl. ‖ **FAM.** dosificar.

dossier (voz fr.) m. Conjunto de documentos o informes sobre un asunto o persona.

dotación f. Acción y efecto de dotar. ‖ Personal de un barco, oficina, empresa, etc.

dotar tr. Dar a una persona o cosa alguna propiedad o cualidad ventajosa: *está dotado de gran inteligencia.* ‖ Señalar bienes para una fundación, institución benéfica, etc.: *han dotado un premio de ocho millones.* ‖ Dar, proveer: *la empresa le dotó de un piso.* ‖ Asignar a un barco, oficina, taller, etc., las personas y material necesarios. ‖ Asignar sueldo a un empleo o cargo cualquiera: *el puesto está bien dotado.* ‖ Dar dote a una mujer. ‖ **FAM.** dotación, dotado.

dote amb. Cantidad de bienes o dinero que la mujer aporta al matrimonio o que entrega al ingresar en un convento o institución religiosa. Más c. f. ‖ f. pl. Cualidades o aptitudes sobresalientes de una persona: *tiene dotes para el dibujo.* ‖ **FAM.** dotal, dotar.

dovela f. Piedra labrada en forma de cuña, para formar arcos o bóvedas. ‖ **FAM.** dovelaje.

dracma f. Antigua moneda griega de plata. ‖ Unidad monetaria de la Grecia actual.

draconiano, na adj. Excesivamente severo o muy rígido: *un régimen draconiano.*

draga f. Máquina que se emplea para limpiar los puertos, ríos, etc. ‖ Barco que lleva esta máquina. ‖ FAM. dragaminas, dragar.

dragaminas m. Barco destinado a localizar y recoger las minas submarinas. ♦ No varía en pl.

dragar tr. Ahondar y limpiar con draga los puertos de mar, ríos, etc. ‖ Recoger las minas submarinas.

drago m. Árbol originario de Canarias, de tronco grueso, cilíndrico, lleno de cicatrices correspondientes a las hojas perdidas, de 12 a 14 m de altura, copa recogida y siempre verde, y flores pequeñas de color blanco verdoso. De su tronco se extrae una resina que se emplea como medicamento.

dragón m. Animal fabuloso de figura de serpiente con pies y alas, y que echa fuego por la boca. ‖ Reptil del orden de los saurios, caracterizado por las expansiones de su piel, que forma a los lados del abdomen una especie de alas, que ayudan a los saltos del animal.

drama m. Obra literaria escrita para ser representada en un espacio escénico. ‖ Obra teatral, cinematográfica, etc., de asunto serio o triste, sin llegar a alcanzar el tono trágico. ‖ Suceso triste y conmovedor: *la sequía es un verdadero drama.* ‖ Género literario: *destacó en la narrativa y en el drama.* ‖ FAM. dramáticamente, dramático, dramatismo, dramatizar, dramaturgia, dramón.

dramático, ca adj. Relativo al drama: *estudios dramáticos.* ‖ Se dice del autor o actor de obras dramáticas. También s. ‖ Capaz de conmover vivamente: *un suceso dramático.* ‖ Teatral, afectado: *ademanes dramáticos.* ‖ f. Arte que enseña a componer obras dramáticas. ‖ Género literario al que pertenecen las obras destinadas a la representación escénica, cuyo argumento se desarrolla de modo exclusivo mediante la acción y el lenguaje directo de los personajes, por lo común dialogado.

dramatismo m. Calidad de dramático.

dramatizar tr. Dar forma dramática: *dramatizar una novela.* ‖ Exagerar con apariencias dramáticas o afectadas. También intr.: *le encanta dramatizar.* ‖ FAM. dramatizable, dramatización.

dramaturgia f. Arte y técnica de escribir obras de teatro. ‖ FAM. dramaturgo.

dramaturgo, ga m. y f. Persona que escribe obras dramáticas.

dramón m. Drama de escasa calidad teatral y literaria.

drástico, ca adj. Riguroso, enérgico, radical: *esta crisis requiere medidas drásticas.*

drenaje m. Acción y efecto de drenar. ‖ Procedimiento empleado para desecar el terreno.

‖ En med., medio utilizado para facilitar la salida del líquido que segregan heridas, abscesos, etc. ‖ FAM. drenar.

drenar tr. Desecar, desaguar. ‖ Facilitar la salida de líquidos de una herida, absceso, etc.

driblar tr. En algunos deportes, en especial el fútbol, esquivar a un contrario al mismo tiempo que se avanza con el balón.

driza f. Cuerda para izar o arriar las velas, banderas, etc.

droga f. Nombre genérico de ciertas sustancias usadas en industria, medicina o química. ‖ Cualquier sustancia de efecto estimulante, deprimente, narcótico o alucinógeno. ‖ Estupefaciente. ‖ Cualquier cosa que crea hábito o dependencia: *esta serie de televisión es droga dura.* ‖ *amer.* Deuda. ‖ FAM. drogadicción, drogadicto, drogar, drogata, drogodependencia, drogota, droguería.

drogadicción f. Adicción; hábito de quienes consumen drogas y crean dependencia de ellas.

drogadicto, ta adj. y s. Persona habituada al consumo de drogas, especialmente estupefacientes.

drogar tr. Administrar o tomar drogas. También prnl.: *ya no se droga.*

droguería f. Establecimiento donde se venden productos de limpieza, pinturas, etc. ‖ FAM. droguero.

dromedario m. Rumiante parecido al camello, pero con una joroba.

druida m. Sacerdote de los antiguos galos y celtas. ‖ FAM. druídico, druidismo.

drupa f. Fruto carnoso con semilla, como el melocotón y la ciruela.

dual adj. Se aplica a lo formado por dos partes, que contiene dos aspectos distintos, etc: *una personalidad dual.* ‖ FAM. dualidad, dualismo.

dualidad f. Reunión de dos caracteres distintos en una misma persona o cosa. ‖ Cualidad de existir dos cosas de la misma clase.

dualismo m. Doctrina filosófica que explica el origen y constitución del universo por la acción de dos principios diversos y contrarios. ‖ Calidad de dual.

dubitación f. Duda. ‖ FAM. dubitativo.

dubitativo, va adj. Que implica o manifiesta duda. ‖ En gram., conjunción y oración que manifiesta o expresa una duda.

ducado m. Título y dignidad de duque o territorio gobernado por él. ‖ Antigua moneda de oro.

ducal adj. Del duque.

ducentésimo, ma adj. y s. Que ocupa el puesto número doscientos. ‖ Se dice de cada una de las doscientas partes iguales en que se divide un todo.

ducha f. Aplicación de agua que se hace caer sobre el cuerpo en forma de chorro o de lluvia para fines higiénicos o curativos. ‖ Aparato o espacio que sirve para este fin. ‖ **FAM.** duchar.

duchar tr. Dar una ducha. Más prnl.

ducho, cha adj. Experto, diestro: *ducho en engaños.*

dúctil adj. Se dice del material que puede deformarse, moldearse, malearse o extenderse con facilidad: *la plastilina es muy dúctil.* ‖ Se apl. a los metales que se pueden extender en alambres o hilos: *el cobre es dúctil.* ‖ Se dice de la persona dócil. ‖ **FAM.** ductilidad.

duda f. Vacilación e indecisión ante varias posibilidades: *mi duda es si ir o quedarme.* ‖ Sospecha. ‖ Cuestión que se propone: *expuso sus dudas.* ‖ **sin duda** loc. adv. Ciertamente.

dudar intr. Estar en duda, vacilar, no estar seguro. También tr.: *dudo que llegue a tiempo* ‖ Sospechar: *dudo de sus intenciones.* ‖ **FAM.** duda, dudosamente, dudoso.

dudoso, sa adj. Que ofrece o tiene duda: *un asunto dudoso.* ‖ Poco probable: *es dudoso que venga.*

duela f. Cada una de las tablas curvadas de un barril, tonel, cuba, etc.

duelo m. Combate entre dos a consecuencia de un desafío. ‖ Sentimiento por la muerte de alguien. ‖ Dolor, aflicción. ‖ Reunión de parientes o amigos que asisten al entierro o al funeral de un difunto. ‖ **FAM.** duelista.

duende m. Espíritu travieso que se cree que habita en algunas casas. ‖ Personaje fantástico de algunos cuentos infantiles. ‖ Encanto misterioso: *ese chico tiene duende.*

dueño, ña m. y f. Persona que tiene dominio sobre algo: *el dueño del lugar.* ‖ Propietario: *el dueño del coche.* ‖ Amo: *el dueño del perro.*

duermevela amb. Sueño ligero del que está dormitando. ‖ Sueño fatigoso y frecuentemente interrumpido.

dulce adj. De sabor agradable, como la miel o el azúcar. ‖ Que no es agrio o salado: *agua dulce.* ‖ Grato, apacible: *una brisa dulce.* ‖ Afable, complaciente, cariñoso: *un detalle muy dulce.* ‖ m. Alimento hecho con azúcar o que tiene este sabor: *hice un dulce para la cena.* ‖ Caramelo, golosina. Más en pl.: *no le compres dulces al niño.* ‖ **FAM.** dulcemente, dulcería, dulcero, dulcificar, dulzaina, dulzón, dulzor, dulzura.

dulcificar tr. Volver dulce una cosa. También prnl.: *su carácter se dulcificó con los años.* ‖ Mitigar, atenuar, suavizar. ‖ **FAM.** dulcificación, dulcificante.

dulzaina f. Instrumento músico de viento, de tubo cónico y lengüeta doble.

dulzón, na adj. Empalagoso, excesivamente dulce.

dulzor m. Calidad de dulce; dulzura.

dulzura f. Calidad de dulce. ‖ Suavidad, deleite: *me agrada la dulzura de la seda.* ‖ Afabilidad, bondad, docilidad: *tu hermana es una dulzura.*

duna f. Colina de arena que se forma en los desiertos y playas por la acción del viento.

dúo m. Composición para dos voces o instrumentos. ‖ Los mismos ejecutantes. ‖ **FAM.** dual, dueto.

duodécimo, ma adj. Que ocupa el puesto número doce. También pron. ‖ Se dice de cada una de las doce partes iguales en que se divide un todo. También s.

duodeno m. Primera porción del intestino delgado. ‖ **FAM.** duodenal, duodenitis.

dúplex adj. y s. Vivienda de dos plantas unidas entre sí por una escalera interior. ♦ No varía en pl.

duplicado m. Copia o reproducción de un documento: *quiero un informe por duplicado.*

duplicar tr. Hacer doble. También prnl.: *sus fuerzas se duplicaron.* ‖ Multiplicar por dos. ‖ Reproducir, sacar copia. ‖ **FAM.** dúplica, duplicación, duplicado, duplicativo.

duplicidad f. Calidad de doble. ‖ Hipocresía, falsedad.

duplo, pla adj. y m. Que contiene un número exactamente dos veces. ‖ **FAM.** dúplex, duplicar, dúplice.

duque m. Título de la nobleza, superior al marqués e inferior al de príncipe. ‖ **FAM.** ducado, ducal, duce, dux.

duquesa f. Mujer que posee un título ducal.

duración f. Acción y efecto de durar. ‖ Tiempo que dura algo: *la duración de la crisis.*

duradero, ra adj. Se dice de lo que dura mucho.

duraluminio m. Aleación de aluminio con magnesio, cobre y manganeso, que tiene la dureza del acero.

duramadre. f. Membrana que cubre la pared del encéfalo y la médula espinal.

duramen m. Parte más seca, dura y oscura del tronco de un árbol.

durante prep. Mientras dura algo: *no dejaron de cuchichear durante toda la conferencia.*

durar intr. Continuar siendo o existiendo: *la clase ha durado mucho.* ‖ Subsistir, permanecer: *todavía le dura el enfado.* ‖ **FAM.** durabilidad, durable, duración, duraderamente, duradero, durante, durativo.

durazno m. Nombre genérico por el que se

conocen varias especies de frutas como el melocotón y el albaricoque.

dureza f. Calidad de duro. ‖ Tumor o callosidad.

durmiente adj. y com. Que duerme: *la Bella Durmiente*. ‖ m. Madero horizontal sobre el cual se apoyan otros.

duro, ra adj. Difícil de cortar, rayar, comprimir o desfigurar: *esta madera es muy dura*. ‖ Que no está todo lo blando que debe estar: *el pan está duro*. ‖ Fuerte, resistente: *estos zapatos son muy duros*. ‖ Áspero, excesivamente severo: *estilo duro*. ‖ Violento, cruel: *una dura tormenta*. ‖ Obstinado: *eres duro de mollera*. ‖ Ofensivo, difícil de tolerar: *recibió una respuesta muy dura*. ‖ m. Moneda de cinco pesetas. ‖ FAM. duramen, duramente, dureza.

dux m. Antiguo príncipe o magistrado supremo en las repúblicas de Venecia y Génova. ♦ No varía en pl.

E

e f. Quinta letra del abecedario español, y segunda de sus vocales. ‖ conj. cop. Se usa en vez de la *y*, para evitar el hiato, antes de palabras que empiezan por *i* o *hi*: *Juan e Ignacio*; *geografía e historia*. ‖ pl. *es*.

¡ea! interj. que se emplea para animar, estimular o excitar: *¡Ea!, que ya te falta poco*. ‖ Expresa resolución: *no te lo llevarás*, *¡ea!*

ebanista com. Persona que trabaja en ébano y otras maderas finas.

ebanistería f. Arte o taller de ebanista.

ébano m. Árbol de 10 a 12 m de altura, de hojas alternas y lanceoladas, flores verdosas y bayas redondas, de madera pesada y maciza, muy negra por el centro y blanquecina hacia la corteza. ‖ Madera de este árbol, muy apreciada en la fabricación de muebles. ‖ **FAM.** ebanista, ebanistería, ebonita.

ebonita f. Materia obtenida al mezclar goma elástica, azufre y aceite de linaza, y que se empleaba para hacer cajas, peines, aisladores de aparatos eléctricos, etc.

ebrio, bria adj. Embriagado, borracho. ‖ Cegado por la pasión: *ebrio de amor*.

ebullición f. Acción y efecto de hervir un líquido; hervor. ‖ **FAM.** ebullómetro, ebulloscopia.

ebúrneo, a adj. De marfil, o parecido a él. Más en lenguaje literario.

eccehomo o **ecce homo** m. Representación de Jesucristo coronado de espinas. ‖ Persona de aspecto lastimoso.

eccema m. Enfermedad inflamatoria de la piel caracterizada por la aparición de pequeñas vejigas rojizas e irregulares, acompañadas de mucho picor. ‖ **FAM.** eccematoso.

echar tr. Hacer que una cosa vaya a alguna parte dándole impulso. También prnl.: *echarse al agua*. ‖ Hacer que una cosa caiga en sitio determinado: *echar una carta al buzón*. ‖ Dejar caer, verter: *echa ya los fideos a la sopa*. ‖ Despedir de sí una cosa: *echar chispas*. ‖ Hacer salir a uno de algún lugar: *le echaron de la clase*. ‖ Brotar en las plantas sus raíces, hojas o frutos: *el ficus ha echado otro brote*. ‖ Tratándose de seres vivos, salir o aumentar alguna

parte natural de su organismo: *echar un diente*. ‖ Deponer a uno de su empleo o cargo: *le echaron del trabajo*. ‖ Cerrar llaves, cerrojos, pestillos, etc.: *echa el candado*. ‖ Jugar dinero a alguna cosa: *echar la loto*. ‖ Inclinar, mover, recostar. También prnl.: *échate hacia la derecha, que no veo*. ‖ Remitir una cosa a la suerte: *echar a suertes*. ‖ Jugar, apostar: *ayer echamos un mus*. También intr. ‖ Seguido de la prep. *de*, dar: *echar de comer*. ‖ Experimentar un aumento notable en lo que se expresa: *echar barriga*. ‖ Calcular el precio, la edad, etc.: *yo echaba 20 años*. ‖ Mostrar mucho enojo: *echar rayos y centellas*. ‖ Repartir, distribuir. ‖ Decir: *echar una parrafada*. ‖ Junto a voces como *abajo, por tierra, por el suelo*, etc., derribar, arruinar, asolar: *echaron por tierra su proyecto*. ‖ Imponer, aplicar: *echar diez años de cárcel*. ‖ Tratándose de películas, espectáculos, etc., representar, proyectar, ejecutar: *hoy echan una de indios*. ‖ Seguido de la prep. *a*, y un infinitivo, significa dar principio a la acción expresada: *echar a correr*; o ser causa o motivo de ella: *echar a perder*. También prnl. ‖ prnl. Arrojarse, tirarse: *se echó sobre su enemigo*. ‖ Acostarse, tumbarse: *voy a echarme un rato*. ‖ Ponerse las aves sobre los huevos. ‖ Entablar determinada relación con una persona: *echarse novia*. ‖ **echar a perder** loc. Estropear. ‖ **echar de menos** loc. Advertir, notar la falta de una persona o cosa. ‖ Tener sentimiento y pena por la falta de ésta. ‖ **echárselas** loc. Presumir de: *echárselas de valiente*. ‖ **FAM.** echado.

echarpe m. Prenda femenina de vestir que cubre hombros y espalda.

eclecticismo m. Escuela filosófica que procura conciliar las doctrinas de diversos sistemas. ‖ Modo de juzgar u obrar que adopta una posición intermedia, en lugar de optar por soluciones extremas. ‖ **FAM.** ecléctico.

ecléctico, ca adj. Perteneciente o relativo al eclecticismo. ‖ Se dice de la persona que profesa las doctrinas de esta escuela. También s. ‖ Se dice de lo que está compuesto de elementos, opiniones, estilos, etc., de carácter diverso: *una corriente artística ecléctica.* ‖ Por ext., se dice de la persona que tiene ideas, opiniones o un modo de actuar muy variado.

eclesiástico, ca adj. Perteneciente o relativo a la Iglesia. ‖ m. Persona que ha recibido las órdenes religiosas. ‖ **FAM.** eclesial, eclesiásticamente, eclesiología.

eclipsar tr. Causar un astro el eclipse de otro. ‖ Oscurecer, deslucir: *la fama del hijo eclipsó sus propias contribuciones científicas.* También prnl. ‖ prnl. Ocurrir el eclipse de un astro. ‖ Evadirse, ausentarse, desaparecer: *al verles llegar decidió eclipsarse.*

eclipse m. Ocultación transitoria, total o parcial, de un astro por interposición de otro. ‖ Ausencia, desaparición transitoria de una persona o cosa. ‖ **FAM.** eclipsable, eclipsar, eclíptica.

eclíptica f. Circunferencia máxima de la esfera celeste, descrita por el movimiento aparente del Sol en el curso del año. ‖ Órbita descrita por la Tierra en su movimiento alrededor del Sol.

eclosión f. Acto de abrirse un capullo de flor o de crisálida. ‖ Aparición o manifestación súbita de un movimiento social, histórico, político, cultural, etc.: *la eclosión de los movimientos de vanguardia.* ‖ Acción de abrirse el ovario en el momento de la ovulación.

eco m. Repetición de un sonido por la reflexión de las ondas sonoras. ‖ Onda electromagnética reflejada de modo tal que se percibe como distinta de la originalmente emitida. ‖ Sonido que se percibe débil y confusamente: *desde su ventana se oía el eco del mar.* ‖ Persona que imita o repite aquello que otro dice o hace: *es el eco de su padre.* ‖ Chisme, rumor, noticia imprecisa. También pl.: *ecos de sociedad.* ‖ **hacerse eco de** loc. Coincidir con lo que otro dice u opina. ‖ **FAM.** ecografía.

ecografía f. Técnica que se emplea en medicina para exploración del interior de un cuerpo mediante ondas electromagnéticas o acústicas. ‖ Imagen que se obtiene por este método.

ecología f. Ciencia que estudia las relaciones existentes entre los seres vivientes y el medio en que viven. ‖ Protección del medio ambiente y defensa de la naturaleza. ‖ **FAM.** ecológico, ecologismo, ecologista.

ecologismo m. Movimiento social que propugna la defensa de la naturaleza y la protección del medio ambiente.

ecologista adj. Relativo al ecologismo o a la ecología: *partido ecologista.* ‖ com. Partidario del ecologismo; defensor de la naturaleza.

economato m. Almacén o tienda con precios más baratos que en las tiendas normales. ‖ Cargo de ecónomo.

econometría f. Parte de la ciencia económica que aplica las técnicas matemáticas y estadísticas a las teorías económicas para su verificación y para la solución de los problemas económicos mediante modelos. ‖ **FAM.** econométrico.

economía f. Arte de administrar los bienes de la forma más conveniente y provechosa. ‖ Ciencia que estudia la administración de bienes. ‖ Riqueza pública o conjunto de los recursos de un país. ‖ Ahorro de tiempo, trabajo, dinero, etc. ‖ Reducción o moderación de los gastos. ‖ Buena distribución del tiempo y de otras cosas inmateriales: *economía de espacio.* ‖ pl. Ahorros: *puso todas sus economías en el nuevo negocio.* ‖ **economía sumergida** Actividad económica que se lleva a cabo sin el control de la legislación fiscal o laboral. ‖ **FAM.** economato, econometría, económicamente, económico, economista, economizar, ecónomo.

económico, ca adj. Relativo a la economía: *teoría económica.* ‖ Que no gasta mucho. ‖ Poco costoso: *un coche económico.*

economista adj. y com. Persona especializada en economía.

economizar tr. Ahorrar. ‖ Evitar algún trabajo, riesgo, peligro, etc.: *la productora no ha economizado medios con esta película.* ‖ **FAM.** economizador.

ecónomo adj. Se dice del sacerdote que hace las funciones de párroco. También m. ‖ m. Persona que se nombra para administrar y cobrar las rentas de las sedes eclesiásticas. ‖ Administrador de los bienes de una persona demente.

ecosistema m. Comunidad de los seres vivos de un mismo ambiente.

ectoparásito, ta adj. En biol., se dice del parásito que vive en la superficie de otro organismo, como el piojo y la sanguijuela. También s.

ectoplasma m. Supuesta emanación material de un médium, con la que se dice que se forman apariencias de fragmentos orgánicos, seres vivos o cosas.

ecu m. Unidad monetaria de la Comunidad Europea.

ecuación f. Em mat., igualdad que contiene una o más incógnitas.

ecuador m. Círculo imaginario que equidista de los polos de la Tierra. ‖ Círculo máximo que se considera en la esfera celeste, perpendicular al eje de la Tierra. ‖ Paralelo de mayor radio en una superficie de revolución. ‖ **FAM.** ecuatorial.

ecualizador m. Dispositivo que en los equipos de alta fidelidad sirve para ecualizar el sonido.

ecualizar tr. En equipos de alta fidelidad, ajustar dentro de determinados valores las frecuencias de reproducción de un sonido con el fin de igualarlo a su emisión originaria. ‖ **FAM.** ecualizador.

ecuanimidad f. Imparcialidad: *el jurado no se ha distinguido por su ecuanimidad.* ‖ Actitud equilibrada, constante, tranquila. ‖ **FAM.** ecuánime.

ecuatorial adj. Relativo al ecuador: *clima ecuatorial.*

ecuatoriano, na adj. y s. De Ecuador. ‖ **FAM.** ecuatorianismo.

ecuestre adj. Relativo al caballo: *ejercicios ecuestres.* ‖ Perteneciente o relativo al caballero, o a una orden de caballería: *orden ecuestre.*

ecuménico, ca adj. Se dice de los concilios cuando son generales, y en ellos se reúnen todos los obispos del mundo. ‖ **FAM.** ecumenismo.

eczema m. Eccema.

edad f. Tiempo que una persona lleva existiendo desde su nacimiento: *tiene más edad de la que aparenta.* ‖ Duración de una cosa desde que comenzó a existir: *dicen que la edad de este árbol supera los diez siglos.* ‖ Cada uno de los períodos en que se considera dividida la vida humana: *edad madura.* ‖ Período histórico: *la Edad de Piedra.* ‖ Época: *el siglo XV abrió la edad de los descubrimientos.* ‖ Vejez, ancianidad: *un hombre de edad.*

edafología f. Ciencia que trata de la naturaleza y condiciones de los suelos, en su relación con los seres vivos. ‖ **FAM.** edáfico.

edecán m. Ayudante de campo. ‖ Auxiliar, colaborador.

edema m. Hinchazón blanda de una parte del cuerpo producida por acumulación de líquido.

edén m. Paraíso terrenal. ‖ Lugar muy ameno y delicioso: *esta isla es un edén.*

edición f. Impresión de un libro, revista, etc., para su publicación. ‖ Conjunto de ejemplares de una obra impresos en una sola tirada: *esta novela va ya por la novena edición.* ‖ Cada celebración de determinado certamen, exposición, festival, etc.: *su película obtuvo el primer premio en la última edición del Festival de Venecia.* ‖ Texto de una obra preparado con criterios filológicos: *en su tesis contempla la edición del manuscrito que estudia.*

edicto m. Mandato, decreto. ‖ Aviso que se fija en lugares públicos.

edificación f. Acción y efecto de hacer un edificio. ‖ Efecto de incitar a alguien a obrar bien. ‖ Construcción, edificio.

edificante adj. Que edifica o incita a alguien a obrar bien: *un relato edificante.*

edificar tr. Fabricar, hacer un edificio: *ya han empezado a edificar en el solar de enfrente.* ‖ Incitar a otros a obrar bien. ‖ **FAM.** edificable, edificación, edificador, edificante.

edificio m. Construcción hecha con materiales resistentes para ser usada como vivienda, industria, cine, teatro, etc. ‖ **FAM.** edificar.

edil, la m. y f. Concejal de un ayuntamiento. ‖ **FAM.** edilicio.

editar tr. Publicar y distribuir en el mercado un libro, revista, obra cinematográfica, discográfica, etc. ‖ **FAM.** edición, editor, editorial, editorialista.

editor, ra m. y f. Persona o entidad encargada de editar y distribuir una obra. También adj.: *empresa editora.* ‖ Persona que se dedica a preparar la publicación de un texto siguiendo criterios filológicos.

editorial adj. Relativo a los editores o a las ediciones. ‖ f. Empresa que se dedica a editar discos, periódicos, libros, etc.: *trabaja en una pequeña editorial.* ‖ m. Artículo de fondo de un periódico: *este periodista se caracteriza por sus ácidos editoriales.*

edredón m. Plumón de ciertas aves del Norte. ‖ Cobertor de cama relleno con plumas de ciertas aves, o de algodón, guano, etc.

educación f. Acción y efecto de educar. ‖ Proceso de socialización y aprendizaje encaminado al desarrollo intelectual, social, cultural, cívico, etc. ‖ Instrucción por medio de la acción docente. ‖ Cortesía, urbanidad: *eso es de mala educación.* ‖ **educación física** Conjunto de disciplinas y ejercicios encaminados a lograr el desarrollo y perfección corporales. ‖ **FAM.** educacional.

educado, da adj. Que tiene buena educación o urbanidad.

educador, ra adj. y s. Que educa. ‖ m. y f. Persona que se dedica a la enseñanza.

educando, da adj. Que recibe educación, y especialmente se dice del que se educa en un colegio. También s.

educar tr. Desarrollar las facultades intelectuales, físicas, morales y sensitivas. También prnl.: *se educó en los mejores colegios.* ‖ Dirigir, encaminar. ‖ Enseñar los buenos usos de urbanidad y cortesía: *consintiéndole como lo haces no educarás bien al chico.* ‖ **FAM.** educabilidad, educable, educación, educado, educador, educando, educatividad, educativo.

edulcorar tr. Endulzar con sustancias naturales, como el azúcar y la miel, o sintéticas, como la sacarina, cualquier producto de sabor desagradable o insípido. ‖ FAM. edulcoración, edulcorado, edulcorante.

efe f. Nombre de la letra *f*.

efebo m. Adolescente, muchacho.

efectivo, va adj. Real, verdadero, cierto. ‖ m. Dinero en metálico o disponible en un determinado momento: *¿lo abonará en efectivo o con tarjeta?* ‖ m. pl. Fuerzas militares o policiales: *el cuartel contaba con escasos efectivos.*

efecto m. Lo que se resulta de una acción: *todo ello es el efecto de tu imprevisión.* ‖ Impresión: *la noticia nos causó un gran efecto.* ‖ Fin por el que se hace algo: *a tal efecto decidió retrasar su partida.* ‖ Documento o valor mercantil. ‖ En cine, teatro y otros espectáculos, truco o artificio para provocar determinadas impresiones. Más en pl.: *efectos especiales.* ‖ Artículo de comercio. ‖ **a efectos de** loc. Con la finalidad de conseguir o aclarar alguna cosa. ‖ **con**, o **en efecto** loc. adv. Efectivamente, en realidad, de verdad. ‖ En conclusión, así que. ‖ FAM. efectismo, efectivamente, efectividad, efectivo, efectuar.

efectuar tr. Ejecutar una cosa: *efectuó un brusco viraje.* ‖ prnl. Cumplirse una cosa, llevarse a cabo: *hoy se efectúa la toma de posesión del nuevo director.* ‖ FAM. efectuación.

efeméride f. Acontecimiento notable que se recuerda en su aniversario. ‖ pl. Libro o comentario en que se refieren los hechos de cada día. ‖ Sucesos notables ocurridos en diferentes años, pero en un mismo día.

eferente adj. Que lleva del interior hacia la periferia: *nervios eferentes.*

efervescencia f. Desprendimiento de burbujas a través de un líquido. ‖ Agitación, excitación: *la sesión de la bolsa se desarrolló en un clima de efervescencia.* ‖ FAM. efervescente.

eficacia f. Grado de rendimiento, fuerza y poder para conseguir un resultado.

eficaz adj. Que logra hacer efectivo un intento o propósito: *una medida eficaz.* ‖ FAM. eficacia, eficazmente.

eficiencia f. Capacidad para lograr un efecto determinado: *el nuevo empleado demuestra mucha eficiencia.* ‖ FAM. eficiente.

efigie f. Personificación, representación de algo real o ideal: *parecía la efigie de la inocencia.* ‖ Imagen, representación de una persona: *en la cara de la moneda aparecía la efigie del emperador.*

efímero, ra adj. Pasajero, que dura poco: *una tregua efímera.* ‖ Que dura un solo día. ‖ FAM. efemérides.

eflorescencia f. Erupción cutánea, aguda o crónica, que se presenta en varias regiones del cuerpo y con particularidad en el rostro.

efluvio m. Emisión de pequeñas partículas. ‖ Emanación, irradiación en lo inmaterial: *toda su actitud despedía efluvios de ira.*

efusión f. Expresión viva e intensa de sentimientos de afecto y alegría. ‖ Derramamiento de un líquido. ‖ FAM. efusivo.

efusivo, va adj. Que se manifiesta con efusión. ‖ FAM. efusivamente.

égida o **egida** f. Protección, defensa: *realizó estos frescos bajo la égida de su mecenas.* ‖ Escudo.

égloga f. Composición poética del género bucólico, en la que, por lo común, dos pastores dialogan acerca de sus afectos o de la vida campestre.

ego m. Instancia psíquica que se reconoce como «yo».

egocentrismo m. Exagerada exaltación de la propia personalidad, hasta considerarla como centro de la atención y actividad generales. ‖ FAM. egocentrista.

egoísmo m. Excesivo amor que tiene una persona por sí misma, y que le hace atender desmedidamente a su propio interés, sin cuidarse del de los demás. ‖ FAM. egoísta.

egolatría f. Amor excesivo a sí mismo. ‖ FAM.ególatra.

egregio, gia adj. Ilustre, insigne: *un pintor egregio.* ‖ FAM. egregiamente.

egresar tr. Salir de alguna parte.

¡eh! interj. que se emplea para preguntar, llamar, despreciar, reprender o advertir: *¿a que no lo sabías, eh?; ¡eh, tú, sal de ahí!*

eje m. Barra que atraviesa un cuerpo giratorio. ‖ Línea que divide por la mitad el ancho de una cosa. ‖ Barra horizontal que une ruedas opuestas de un vehículo. ‖ Idea, persona, circunstancia, etc., que se considera fundamental con respecto a algo: *Breton se erigió en el eje del movimiento surrealista.*

ejecución f. Acción y efecto de ejecutar. ‖ Manera de ejecutar una cosa. ‖ Cumplimiento de un procedimiento o mandato judicial.

ejecutar tr. Hacer, realizar una cosa: *ejecutó una jugada maestra.* ‖ Ajusticiar. ‖ Tocar un instrumento musical. ‖ Hacer cumplir una orden o disposición judicial por procedimiento ejecutivo. También prnl.: *ya se ha ejecutado la sentencia de embargo.* ‖ FAM. ejecución, ejecutable, ejecutante, ejecutivo, ejecutor, ejecutoria, ejecutoria, ejecutoriar.

ejecutivo, va adj. Se dice de la persona encargada de ejecutar alguna cosa, especialmente mandatos, leyes, etc.: *consejo ejecutivo.* ‖ m. y f. Persona que desempeña un cargo directivo en una empresa. ‖ f. Junta directiva: *la ejecutiva de un partido.* ‖ **FAM.** ejecutivamente.

ejecutoria f. Sentencia firme e inapelable, y documento comprobante de ella. ‖ Título o diploma en que consta legalmente la nobleza de una persona o familia. ‖ Acción que ennoblece.

ejemplar adj. Que da buen ejemplo: *tuvo un comportamiento ejemplar.* ‖ Que sirve de escarmiento: *un castigo ejemplar.* ‖ m. Cada una de las copias sacadas de un mismo original o modelo: *la biblioteca conserva un ejemplar de la edición prínceps del Quijote.* ‖ Cada uno de los individuos de una especie o de un género: *lidió un magnífico ejemplar de miura.*

ejemplo m. Cosa, hecho o persona que sirve de modelo: *la obra de Petrarca sirvió de ejemplo a la lírica renacentista.* ‖ Acción, conducta, cosa o persona que puede inclinar a alguien a que la imite: *mejor no sigas su ejemplo.* ‖ Hecho o texto que se cita: *para ilustrarlo, expondré varios ejemplos.* ‖ **por ejemplo** expr. que se usa para introducir una prueba o aclaración, o para ilustrar o autorizar lo que antes se ha dicho. ‖ **FAM.** ejemplar, ejemplaridad, ejemplarizar, ejemplarmente, ejemplificar.

ejercer tr. Practicar una profesión o un oficio. También intr.: *ejerce de médico.* ‖ Hacer uso de una virtud, facultad, etc.: *ejerció toda su influencia para conseguir información.* ‖ **FAM.** ejercicio, ejercitar, ejército.

ejercicio m. Acción de ejercitarse o de ejercer. ‖ Trabajo práctico para el aprendizaje de ciertas disciplinas: *ejercicio de traducción.* ‖ Esfuerzo corporal que se hace para mantenerse saludable y en forma, o para entrenar en algún deporte: *tendría que hacer un poco de ejercicio.* ‖ Cada una de las pruebas de que consta un examen: *el primer ejercicio era un test.* ‖ Tiempo durante el cual rige una ley.

ejercitar tr. Hacer que uno aprenda algo mediante la enseñanza práctica: *ejercitar el oído.* También prnl. ‖ prnl. Adiestrarse en un arte, oficio o profesión: *ejercitarse en la medicina.* ‖ **FAM.** ejercitación, ejercitante.

ejército m. Conjunto de fuerzas armadas de un país. ‖ Cuerpo militar que está bajo las órdenes de un general. ‖ Colectividad organizada para la realización de un fin.

ejido m. Campo común de los vecinos de un pueblo donde suelen reunirse los ganados o establecerse las eras.

ejote m. *amer.* Vaina del frijol o judía cuando aún está tierna.

el art. det. en gén. m. y núm. sing.

él pron. pers. de tercera persona en gén. m. y núm. sing.

elaborado, da adj. Que ha sido preparado o trabajado con cuidado y esmero: *nos sirvió un elaborado menú.*

elaborar tr. Preparar un producto. También prnl.: *aquí se elaboran nuestros vinos.* ‖ Producir una sustancia: *las abejas elaboran la miel.* También prnl. ‖ **FAM.** elaborable, elaboración, elaborado, elaborador.

elasmobranquio, quia adj. Se dice de los peces de esqueleto cartilaginoso, piel recubierta de escamas placoideas, branquias al descubierto y sin vejiga natatoria, como el tiburón. ‖ Subclase de estos peces.

elasticidad f. Flexibilidad: *me asombra la elasticidad de esta gimnasta.* ‖ Propiedad de los cuerpos que recobran su extensión y figura primitivas, tan pronto como cesa la acción que las alteraba: *la elasticidad de la goma.*

elástico, ca adj. Se dice del cuerpo que puede recobrar su forma y extensión después que haya cesado la acción o fuerza que la había alterado: *este tejido es muy elástico.* ‖ Acomodaticio, que puede ajustarse a distintas circunstancias: *hemos llegado a un acuerdo más elástico.* ‖ m. Tejido, cinta o cordón de goma: *se me ha roto el elástico de la falda.* ‖ f. Camiseta deportiva. ‖ Camiseta de punto. ‖ **FAM.** elasticidad, elastina.

ele f. Nombre de la letra *l.*

elección f. Acción y efecto de elegir: *tu elección me parece muy prudente.* ‖ Nombramiento de una persona para algún cargo, comisión, etc. ‖ pl. Votación que se hace para designar a uno entre varios candidatos: *se habla de anticipar las elecciones.* ‖ **FAM.** eleccionario, electivo, electo, elector, electorado, electoral, electoralista, electorero.

eleccionario, ria adj. *amer.* Perteneciente o relativo a la elección o elecciones.

electo, ta adj. Se dice de la persona elegida o nombrada para un cargo, empleo, etc., del que todavía no ha tomado posesión: *candidato electo.*

elector, ra adj. Que elige o puede elegir. También s.

electoral adj. Perteneciente o relativo a los electores o a las elecciones: *campaña electoral.*

electricidad f. Conjunto de fenómenos físicos derivados del efecto producido por el movimiento y la interacción entre cargas eléctricas positivas y negativas. ‖ Corriente eléctrica: *ayer hubo un corte de electricidad.* ‖ **FAM.** electricista, eléctrico, electrificar, electrizar, electrochoque, electrocutar, electrodo, electrodoméstico, electrógeno, electrólito, electrómetro, electrón, electrónica, electroscopio, electrostática, electrotecnia, electrotermia.

electricista adj. y com. Se dice de la persona que se ocupa de hacer las instalaciones eléctricas.

eléctrico, ca adj. Que tiene o comunica electricidad: *cable eléctrico.* | Que funciona con electricidad o que la produce: *quemador eléctrico.* | Perteneciente a ella: *material eléctrico.*

electrificar tr. Proveer de electricidad a un país, una zona, etc. | Hacer que una máquina, equipo, etc., funcione con energía eléctrica. | FAM. electrificación.

electrizar tr. y prnl. Comunicar o producir la electricidad en un cuerpo. | Exaltar, avivar el ánimo, entusiasmar: *su actuación consiguió electrizar al público.* | FAM. electrizable, electrizante.

electro- Elemento compositivo que significa 'electricidad': *electrólisis.*

electroacústica f. Rama de la electrónica que estudia las corrientes eléctricas alternas, cuya frecuencia está comprendida dentro de la escala de las vibraciones audibles.

electrocardiografía f. En med., estudio del funcionamiento del corazón mediante la obtención e interpretación de los electrocardiogramas. | FAM. electrocardiógrafo.

electrocardiograma m. Gráfico en que se registran las corrientes eléctricas emanadas por el corazón.

electrocutar tr. Matar o morir por medio de una descarga eléctrica. También prnl.: *se electrocutó al manipular un cable de alta tensión.* | FAM. electrocución.

electrodinámica f. Parte de la física que estudia los fenómenos y leyes de la electricidad en movimiento. | FAM. electrodinámico.

electrodo m. Cuerpo conductor por donde entra y sale la corriente. | Polo o terminal de una fuente eléctrica.

electrodoméstico m. y adj. Aparato eléctrico de uso doméstico, como la plancha, la nevera, etc.

electroencefalograma m. Gráfico obtenido por el electroencefalógrafo en el que se registran las descargas eléctricas de la corteza cerebral. | FAM. electroencefalografía, electroencefalógrafo.

electrógeno, na adj. Que produce o genera electricidad.

electroimán m. Barra de hierro dulce imantada artificialmente por la acción de una corriente eléctrica.

electrólisis f. Descomposición de un cuerpo producida por la electricidad. ◆ No varía en pl. | FAM. electrólisis, electrolítico.

electrólito m. Cuerpo que en estado líquido puede ser descompuesto por la corriente eléctrica. | FAM. electrólisis, electrolítico.

electromagnetismo m. Parte de la física que estudia las acciones y reacciones de las corrientes eléctricas sobre los campos magnéticos. | FAM. electromagnético.

electrón m. Partícula elemental del átomo dotada de carga negativa.

electrónica f. Rama de la física que estudia dispositivos basados en el movimiento de los electrones libres en el vacío, gases o semiconductores. | Conjunto de aplicaciones técnicas derivadas de este estudio. | FAM. electrónico.

electrónico, ca adj. Relativo a los electrones o a la electrónica: *componente electrónico.*

elefante m. Mamífero del orden de los proboscidios, que puede llegar a alcanzar hasta 4 m de altura, tiene el cuerpo de color ceniciento oscuro, la cabeza pequeña, los ojos chicos, las orejas grandes y colgantes, la nariz muy prolongada en forma de trompa; carece de caninos y tiene dos dientes incisivos, llamados comúnmente colmillos, macizos y muy desarrollados; habita en Asia y África, donde lo emplean como animal de carga. | **elefante blanco** *amer.* Algo que cuesta mucho mantener y que no produce ninguna utilidad. | **elefante marino** Mamífero pinnípedo de la familia de las focas que habita en los mares australes, y cuyo macho puede llegar a alcanzar hasta 6 m de largo. | FAM. elefantiasis.

elefantiasis f. Enfermedad caracterizada por el aumento desproporcionado de algunas partes del cuerpo, especialmente de las extremidades inferiores y de los órganos genitales externos. ◆ No varía en pl.

elegancia f. Calidad de elegante.

elegante adj. Se dice de la persona que viste, actúa y habla con buen gusto. También com.: *a la recepción acudieron los elegantes de la localidad.* | Distinguido, que tiene gracia: *se despidió con un elegante movimiento de cabeza.* | Mesurado, correcto, bien proporcionado: *esta novela muestra un elegante estilo.* | FAM. elegancia, elegantemente.

elegía f. Composición poética en que se lamenta un acontecimiento triste, especialmente la muerte de una persona. | FAM. elegiaco.

elegiaco, ca o **elegíaco, ca** adj. Perteneciente o relativo a la elegía: *temas elegiacos.* | Lastimero, triste.

elegir tr. Escoger, seleccionar: *yo elijo el verde.* | Nombrar por elección a alguien: *le han elegido embajador.* ◆ Irreg. Se conj. como *pedir.* | FAM. elección, elegibilidad, elegible, elegido.

elemental adj. Fundamental, primordial: *educación elemental.* | Obvio, evidente: *elemental, querido Watson.* | Relativo al elemento. | FAM. elementalidad, elementalmente.

elemento m. Principio físico o químico de los cuerpos. ‖ Fundamento, móvil o parte integrante de una cosa: *este mecanismo consta de varios elementos.* ‖ En quím., cuerpo simple e indivible. ‖ Medio ambiente natural: *esta planta no está en su elemento.* ‖ Para la filosofía antigua: la tierra, el agua, el aire y el fuego. ‖ Individuo valorado positiva o negativamente para una acción conjunta: *¡menudo elemento es Pedro!* ‖ pl. Fundamentos y primeros principios de las ciencias y artes: *elementos de lingüística.* ‖ Medios, recursos: *carezco de elementos de juicio para aconsejarte.* ‖ **FAM.** elemental.

elenco m. Conjunto de personas que intervienen en un espectáculo: *el cartel de la corrida presentaba un elenco de primeras figuras.*

elepé m. Del inglés *Long Play*, disco de larga duración.

elevación f. Acción y efecto de elevar o elevarse. ‖ Parte más alta de alguna cosa: *la casa estaba edificada sobre una pequeña elevación del terreno.* ‖ Encumbramiento material o moral. ‖ Acción de alzar el sacerdote el cáliz o la hostia en la misa.

elevado, da adj. Levantado sobre un nivel; alto: *paso elevado.* ‖ Sublime: *un pensamiento elevado.*

elevar tr. Levantar una cosa. También prnl.: *el globo se elevó en el aire.* ‖ Mejorar a uno en su puesto, cargo, condición social, política, etc.: *le han elevado a jefe de producción.* También prnl. ‖ Dirigir un escrito o petición a una autoridad: *elevó la propuesta al director del departamento.* ‖ En mat., poner un número en una potencia. ‖ **FAM.** elevación, elevadamente, elevador, elevamiento.

elfo m. En la mitología escandinava, genio, espíritu del aire.

elidir tr. Suprimir la vocal con que acaba una palabra cuando la que sigue empieza con otra vocal, como *del* por *de el.* ‖ Debilitar, desvanecer una cosa. ‖ **FAM.** elisión.

eliminar tr. Quitar, separar: *eliminar la suciedad.* También prnl. ‖ Prescindir de algo o alguien; excluir: *el equipo quedó eliminado en los cuartos de final.* ‖ En mat., resolver una incógnita en una ecuación. ‖ Expeler el organismo una sustancia: *eliminar líquidos.* ‖ **FAM.** eliminación, eliminador, eliminatorio.

eliminatorio, ria adj. Que elimina. ‖ f. En competiciones o concursos, prueba que se hace para seleccionar los participantes: *no superó la eliminatoria.*

elipse f. Curva cerrada, simétrica respecto de dos ejes perpendiculares entre sí, que resulta de cortar un cono circular por un plano que encuentra a todas las generatrices del mismo lado del vértice. ‖ **FAM.** elipsoide, elíptico.

elipsis f. Omisión en la frase u oración de una o más palabras sin alterar el sentido de la frase: *su novia estudia periodismo, la mía, farmacia (mi novia estudia farmacia)* ♦ No varía en pl.

elipsoide m. Sólido limitado por una superficie curva cerrada, cuyas secciones planas son todas elipses o círculos. ‖ **FAM.** elipsoidal.

elíptico, ca adj. Perteneciente o relativo a la elipse: *trayectoria elíptica.* ‖ Perteneciente a la elipsis: *verbo elíptico.* ‖ **FAM.** elípticamente.

elite o **élite** f. Minoría selecta: *la elite social.* ‖ **FAM.** elitismo, elitista.

élitro m. Cada una de las alas anteriores y endurecidas de algunos insectos.

elixir o **elíxir** m. Medicamento compuesto de diferentes sustancias curativas disueltas por lo regular en alcohol. ‖ Medicamento o remedio maravilloso: *elixir de amor.* ‖ En la alquimia, sustancia esencial de un cuerpo.

ella Pron. pers. de tercera persona en gén. f. y núm. sing.

ello Pron. pers. de tercera persona en gén. neutro.

ellos, ellas Pron. pers. de tercera persona en gén. m. y f. y núm. pl.

elocución f. Manera de hacer uso de la palabra para expresar los conceptos. ‖ Modo de elegir y distribuir las palabras y los pensamientos en el discurso. ‖ **FAM.** elocuencia.

elocuencia f. Facultad de hablar o escribir de modo eficaz para deleitar y conmover, y especialmente para persuadir a oyentes o lectores. ‖ Fuerza de expresión, eficacia para persuadir y conmover que tienen, por ext., los gestos, ademanes o cualquier otra acción o cosa. ‖ **FAM.** elocuente, elocuentemente.

elogiar tr. Hacer elogios de una persona o cosa; alabar.

elogio m. Alabanza que se hace de una persona o cosa. ‖ **FAM.** elogiable, elogiador, elogiar, gioso.

elongación f. Alargamiento.

elote m. *amer.* Mazorca tierna de maíz que, cocida o asada, se consume como alimento.

elucidar tr. Poner en claro: *elucidar una cuestión.* ‖ **FAM.** elucidación, elucidario.

elucubrar tr. Pensar reiteradamente en un asunto. También intr.: *no dejo de elucubrar sobre las causas del fallo.* ‖ Divagar. ‖ **FAM.** elucubración.

eludir tr. Esquivar una dificultad: *no puedes eludir tu responsabilidad.* ‖ Dejar sin efecto una cosa. ‖ Evitar: *consiguió eludir el cerco policial.* ‖ **FAM.** eludible, elusión, elusivo.

emanación f. Acción y efecto de emanar. ‖ Efluvio, exhalación: *una emanación de gases.*

emanar intr. Proceder, derivar: *todo ello emana de una falta de planificación.* ‖ Desprenderse de los cuerpos las sustancias volátiles. También tr.: *el guiso emanaba un olor delicioso.* ‖ tr. Desprender algo de sí, especialmente sentimientos: *emanar simpatía.* ‖ FAM. emanación, emanante, emanantismo.

emancipar tr. Liberar de la tutela, de la servidumbre, o de cualquier sujeción en la que se estaba. También prnl.: *ya se ha emancipado de sus padres.* ‖ FAM. emancipación, emancipado, emancipador.

emascular tr. Castrar, capar.

embadurnar tr. Untar, embarrar, manchar: *límpiate las manos, que vas a embadurnarlo todo de chocolate.* También prnl. ‖ FAM. embadurnamiento.

embajada f. Oficina y residencia del embajador o de la representación diplomática de un país en otro. ‖ Cargo de embajador. ‖ Conjunto de sus empleados. ‖ Mensaje para tratar algún asunto de importancia, especialmente los que se envían recíprocamente los jefes de Estado por medio de sus embajadores. ‖ Proposición o exigencia impertinente. ‖ FAM. embajador.

embajador, ra m. y f. Agente diplomático que representa a su país en otro. ‖ Emisario, mensajero.

embalaje m. Acción y efecto de embalar objetos. ‖ Caja o cubierta con que se resguardan los objetos que han de transportarse: *venía en un embalaje muy aparatoso.* ‖ Coste de esta caja o cubierta: *nos han cobrado 650 pts. de embalaje.*

embalar tr. Colocar convenientemente dentro de cajas, cubiertas, etc., los objetos que han de transportarse. ‖ tr. Aumentar en exceso la velocidad: *en cuanto llega a la autopista se embala como un loco.* También prnl. ‖ prnl. Dejarse llevar por un deseo, sentimiento, etc.: *le preguntó qué le pasaba y el otro se embaló.* ‖ FAM. embalado, embalador, embaladura, embalaje.

embaldosado m. Pavimento cubierto con baldosas. ‖ Operación de embaldosar: *mañana terminan el embaldosado de la cocina.*

embaldosar tr. Pavimentar con baldosas. ‖ FAM. embaldosado.

embalsamar tr. Preparar un cadáver para evitar su descomposición. ‖ Perfumar, aromatizar: *el aroma del jazmín embalsamaba la noche.* También prnl. ‖ FAM. embalsamador, embalsamamiento, embalsamante.

embalsar tr. Retener agua u otro líquido en

una balsa. Más en prnl. ‖ FAM. embalsadero, embalse.

embalse m. Acción y efecto de embalsar o embalsarse. ‖ Depósito artificial en el que se almacenan las aguas de un río. ‖ Cantidad de agua embalsada.

embarazado, da adj. Molesto, incómodo: *ante tu pregunta se mostró embarazado.* ‖ Se dice de la mujer preñada. También f.: *las embarazadas deben cuidar su dieta.*

embarazar tr. Impedir, estorbar: *apártate, no embaraces el paso.* ‖ Poner encinta a una mujer. ‖ prnl. Hallarse confundido ante algo o alguien: *tus confidencias le embarazaron.* ‖ FAM. embarazada, embarazo, embarazosamente, embarazoso.

embarazo m. Impedimento, dificultad: *su retirada supuso un grave embarazo para el proyecto.* ‖ Preñez de la mujer. ‖ Tiempo que dura ésta: *durante el embarazo no deben tomarse medicamentos.* ‖ Falta de soltura, vergüenza: *no mostró embarazo alguno ante sus reproches.*

embarazoso, sa adj. Que molesta o incomoda: *una pregunta embarazosa.*

embarcación f. Vehículo flotante que se emplea para transportarse por el agua. ‖ Tiempo que dura una navegación en barco. ‖ Acción de embarcar personas o de embarcarse. ‖ FAM. embarcadero, embarcar.

embarcadero m. Lugar acondicionado para embarcar y desembarcar; muelle.

embarcar tr. Introducir a personas, mercancías, etc., en una embarcación. También prnl.: *se embarcaron rumbo a Mallorca.* ‖ Hacer que uno intervenga en una empresa difícil o arriesgada. También prnl.: *antes de embarcarme en ese asunto quiero tener más referencias.* ‖ amer. Engañar. ‖ FAM. embarco, embarque.

embargar tr. Retener una cosa por mandamiento administrativo o judicial. ‖ Llenar completamente, absorber la atención: *estaba embargado de emoción.* ‖ Dificultar, impedir. ‖ FAM. embargable, embargador, embargante, embargo.

embargo m. Retención de bienes por mandamiento administrativo o judicial. ‖ Prohibición del comercio y transporte de armas u otras cosas, decretada por un gobierno: *embargo económico.* ‖ **sin embargo** loc. conjunt. No obstante.

embarque m. Acción de embarcar mercancías o embarcarse personas. ‖ Pasaje que se embarca.

embarrancar intr. Encallar una embarcación. También prnl.: *la nave se embarrancó en unos escollos.* ‖ prnl. Atascarse una cosa en un lugar estrecho. ‖ prnl. Atascarse en una dificultad. También intr.: *el proyecto embarrancó ante el recorte presupuestario.*

embarrar tr. Untar, cubrir o manchar con barro. También prnl.: *embarrarse los zapatos.* ‖ Embadurnar. También prnl. ‖ *amer.* Desacreditar a alguien. También prnl. ‖ *amer.* Complicar una situación. ‖ **FAM.** embarrado.

embarullar tr. Confundir, mezclar desordenadamente unas cosas con otras: *no embarrulles el armario.* También prnl. ‖ Hacer algo precipitadamente: *se puso nervioso y embarulló la respuesta.* ‖ **FAM.** embarulladamente, embarullado, embarullador, embarullamiento.

embate m. Golpe violento de mar. ‖ Acometida impetuosa. ‖ Viento suave de verano a la orilla del mar. ‖ pl. Vientos periódicos del Mediterráneo después de la canícula.

embaucar tr. Engañar a alguien. ‖ **FAM.** embaucador, embaucamiento.

embeber tr. Absorber un cuerpo sólido otro en estado líquido: *embebe el agua con esta bayeta.* ‖ Empapar. ‖ Contener una cosa a otra; incorporar. ‖ Encajar, meter una cosa dentro de otra. ‖ intr. Encogerse, apretarse, como el tejido de lana cuando se moja. También prnl.: *se me ha embebido el jersey.* ‖ prnl. Quedarse absorto: *se embebió en sus pensamientos.* ‖ Entregarse con interés a una actividad, sumergirse en ella. ‖ **FAM.** embebecer.

embeleco m. Embuste, engaño: *no consiguió nada con sus embelecos.* ‖ Persona o cosa molesta. ‖ **FAM.** embelecador, embelecamiento, embelecar.

embelesar tr. Arrebatar, cautivar: *su narración nos embelesó a todos.* También prnl. ‖ **FAM.** embelesamiento, embeleso.

embeleso m. Efecto de embelesar o embelesarse. ‖ Cosa que embelesa.

embellecedor, ra adj. Que embellece: *su cara se iluminó con una embellecedora sonrisa.* ‖ m. Moldura cromada de los automóviles.

embellecer tr. y prnl. Hacer o poner bella a una persona o cosa: *lleva tres horas embelleciéndose.* ♦ **Irreg.** Se conj. como *agradecer.* ‖ **FAM.** embellecedor, embellecimiento.

emberretinarse prnl. *amer.* Encapricharse.

emberrincharse o **emberrenchinarse** prnl. Enfadarse con demasía, irritarse. ‖ **FAM.** emberretinarse.

embestir tr. Venir con ímpetu sobre una persona o cosa. También intr.: *las olas embestían furiosas.* ♦ **Irreg.** Se conj. como *pedir.* ‖ **FAM.** embestida.

embetunar tr. Cubrir una cosa con betún.

embijar tr. *amer.* Ensuciar, manchar, embarrar.

emblandecer tr. Ablandar. También prnl.

‖ prnl. Enternecerse: *mira como se emblandece con la nieta.* ♦ **Irreg.** Se conj. como *agradecer.*

emblanquecer tr. Blanquear, poner blanca una cosa. ‖ prnl. Ponerse o volverse blanco lo que antes era de otro color: *este pantalón se está emblanqueciendo.* ♦ **Irreg.** Se conj. como *agradecer.* ‖ **FAM.** emblanquecimiento.

emblema m. Símbolo en que se representa alguna figura, y al pie de la cual generalmente se escribe algún texto que indica el concepto que encierra: *el caballero portaba su emblema pintado en el escudo.* ‖ Cualquiera cosa que es representación simbólica de otra: *la cruz es el emblema del cristianismo.* ‖ **FAM.** emblemáticamente, emblemático.

embobar tr. Entretener a uno: *aquel culebrón embobó a media audiencia.* ‖ prnl. Quedarse uno suspenso, absorto y admirado: *se embobaba mirándola.* ‖ **FAM.** embobado, embobamiento.

embocadura f. Acción y efecto de meter una cosa por una parte estrecha. ‖ Boquilla de un instrumento musical de viento. ‖ Bocado del freno. ‖ Hablando de vinos, gusto, sabor. ‖ Abertura del escenario de un teatro.

embocar tr. Meter por la boca una cosa. ‖ Entrar o hacer entrar algo por una parte estrecha. También prnl.: *la bola no se embocó en el hoyo por muy poco.* ‖ En mús., aplicar los labios a la boquilla de un instrumento de viento. ‖ **FAM.** embocado, embocadura, emboque.

embochinchar tr. Provocar un bochinche, alborotar.

embolada f. Movimiento de vaivén que hace el émbolo cuando está funcionando dentro del cilindro.

embolado, da adj. Se dice del toro al que se le ponen bolas en las puntas de los cuernos. También m.: *el embolado salió furioso del toril.* ‖ m. Engaño. ‖ En el teatro, papel corto y deslucido. ‖ Problema, dificultad: *no sé cómo resolver este embolado.*

embolar tr. Poner bolas de madera en las puntas de los cuernos del toro para que no pueda herir con ellos. ‖ **FAM.** embolado.

embolia f. Obstrucción de un vaso sanguíneo por un coágulo.

émbolo m. Disco que se ajusta y mueve alternativamente en lo interior de una bomba para comprimir un fluido o para recibir de él movimiento. ‖ Coágulo, burbuja de aire u otro cuerpo extraño que, introducido en la circulación, produce la embolia. ‖ **FAM.** embolia.

embolsar tr. Cobrar o percibir una cantidad de dinero. ‖ prnl. Ganar dinero, especialmente de un juego, trabajo, etc.: *se embolsó varios* *miles en las quinielas.* ‖ Guardar una cosa en la bolsa. ‖ **FAM.** embolso.

emboquillar tr. Poner boquillas a los cigarrillos. ‖ **FAM.** emboquillado.

emborrachar tr. Poner borracho. También prnl.: *se tomó dos copitas y se emborrachó.* ‖ Empapar bizcochos o pasteles en vino, licor o almíbar. ‖ Atontar, adormecer: *su lento hablar le emborrachaba.* También prnl. ‖ Mojar excesivamente una mecha en combustible líquido. ‖ **FAM.** emborrachador, emborrachamiento.

emborronar tr. Llenar de borrones: *emborronó el examen al querer enmendarlo.* ‖ Escribir desaliñadamente: *emborronó con prisa una nota de despedida.* ‖ **FAM.** emborronamiento.

emboscada f. Ocultación de una o varias personas para atacar por sorpresa a otra u otras: *la guerrilla les tendió una emboscada.* ‖ Asechanza, maquinación: *lo que me cuentas parece una emboscada de ese compañero tuyo.* ‖ **FAM.** emboscado, emboscar.

emboscar tr. Poner un grupo de personas ocultas en un lugar para atacar a otra u otras. También prnl.: *se emboscaron en el desfiladero.* ‖ prnl. Ocultarse entre el ramaje. ‖ Escudarse en una ocupación cómoda para mantenerse alejado del cumplimiento de alguna obligación.

embotar tr. Debilitar: *embotar el oído.* También prnl. ‖ Quitar los filos o puntas a ciertas armas e instrumentos cortantes. Más c. prnl.: *la navaja se embotó al golpear contra el suelo.* ‖ prnl. Aturdirse: *se embotó y no supo responder en el examen.* ‖ **FAM.** embotamiento.

embotellado, da adj. Se dice del discurso, conferencia, etc., que se lleva preparado con antelación. ‖ m. Acción de embotellar los vinos u otros líquidos: *en esta sección se lleva a cabo el embotellado.*

embotellamiento m. Acción y efecto de embotellar. ‖ Congestión de vehículos.

embotellar tr. Echar un líquido en botellas. ‖ Acorralar a una persona: *le embotellaron en el callejón.* ‖ Inmovilizar un negocio, una mercancía, etc. ‖ Obstaculizar, obstruir: *han embotellado el proyecto.* ‖ prnl. Aprender de memoria un discurso, conferencia, lección, etc. ‖ **FAM.** embotellado, embotellador, embotellamiento.

embozar tr. Cubrir el rostro por la parte inferior. Más c. prnl. ‖ Encubrir con palabras o con acciones una cosa: *sus palabras embozaban una amenaza.*

embozo m. Parte de la capa, bufanda, velo, etc., con que uno se cubre la cara. ‖ Doblez de la sábana de la cama por la parte que toca la cara. ‖ **FAM.** embozadamente, embozar.

embragar tr. Hacer que un eje de motor participe del movimiento de otro por medio de un mecanismo. ‖ **FAM.** embrague.

embrague m. Acción de embragar. ‖ Mecanismo dispuesto para que un eje participe o no en el mecanismo de otro. ‖ Pedal con que se acciona dicho mecanismo.

embravecer tr. Irritar, enfurecer. También prnl.: *el viento se embravecía por momentos.* ♦ **Irreg.** Se conj. como *agradecer.* ‖ **FAM.** embravecimiento.

embrazar tr. Meter el brazo izquierdo por la embrazadura del escudo. ‖ **FAM.** embrazadura.

embrear tr. Untar con brea. ‖ **FAM.** embreado.

embriagar tr. Causar embriaguez, emborrachar. También prnl.: *bebió demasiado y se embriagó.* ‖ Atontar, perturbar. ‖ Enajenar, embelesar a alguien algo que le causa satisfacción o placer: *esa música le embriagaba.* ‖ **FAM.** embriagador, embriagante, embriaguez.

embriaguez f. Turbación pasajera de los sentidos por el exceso de alcohol ingerido. ‖ Enajenamiento causado por algo placentero: *embriaguez de los sentidos.*

embriología f. Ciencia que estudia la formación y desarrollo de los embriones.

embrión m. Organismo en desarrollo, desde su comienzo en el huevo hasta que se han diferenciado todos sus órganos. ‖ Principio incipiente de una cosa: *un pequeño malentendido fue el embrión de la disputa.* ‖ **FAM.** embriogénesis, embriología, embriológico, embrionario.

embrollar tr. Enredar, confundir las cosas. También prnl.: *se embrolló intentando justificarse.* ‖ **FAM.** embrolladamente, embrollador, embrollo, embrollón.

embrollo m. Confusión, enredo: *en aquel embrollo nadie se ponía de acuerdo sobre lo que había pasado.* ‖ Embuste, mentira: *no me cuentes más embrollos.* ‖ Situación embarazosa o difícil de resolver: *no sé cómo salir de este embrollo.*

embromar tr. Gastar una broma. ‖ Burlarse de alguien. ‖ *amer.* Molestar. ‖ *amer.* Causar daño a alguien. También prnl.

embrujar tr. Hechizar. ‖ Ejercer atracción o influencia sobre alguien: *tu hermana le tiene embrujado.* ‖ **FAM.** embrujamiento, embrujo.

embrutecer tr. Volver torpe o más bruta a una persona: *ese trabajo te embrutece.* También prnl. ♦ **Irreg.** Se conj. como *agradecer.* ‖ **FAM.** embrutecedor, embrutecimiento.

embuchar tr. Embutir carne picada en una

tripa de animal. ‖ Introducir comida en el buche de una ave. ‖ Comer mucho y deprisa: *embuchó con ansia y terminó pidiendo bicarbonato.* ‖ FAM. embuchado, embuchador, embuchamiento.

embudo m. Instrumento hueco en forma de cono y rematado en un tubo, que sirve para transvasar líquidos. ‖ Depresión, excavación o agujero cuya forma se asemeja a este utensilio.

emburujar tr. Hacer que en una cosa se formen burujos, grumos, enredos, etc.: *el gato emburujó el ovillo.* ‖ Amontonar y mezclar confusamente unas cosas con otras: *emburujó cuatro cosas en la maleta y salió corriendo.*

embuste m. Mentira. ‖ FAM. embustero.

embutido m. Tripa, principalmente de cerdo, rellena con carne picada u otras sustancias. ‖ Acción y efecto de embutir. ‖ Obra con incrustaciones de madera, metal, marfil, etc. ‖ *amer.* Entredós de bordado o de encaje.

embutir tr. Hacer embutidos. ‖ Llenar, meter una cosa dentro de otra: *embutir la masa en la churrera.* ‖ Dar a una chapa metálica la forma de un molde o matriz prensándola o golpeándola sobre ellos. ‖ Engullir, comer en exceso. También prnl.: *se embutió medio asado y se quedó tan ancho.* ‖ FAM. embutido.

eme f. Nombre de la letra *m.*

emergencia f. Accidente o suceso que sobreviene de forma imprevista: *ante el ciclón declararon estado de emergencia en toda la zona.* ‖ Acción y efecto de emerger: *la emergencia de un movimiento artístico.*

emerger intr. Brotar, salir del agua u otro líquido: *varios juncos emergían del río.* ‖ Salir algo del interior: *bajo el satén de la falda emergían dos pies enormes.* ‖ Surgir una cosa: *emerger un sentimiento.* ‖ FAM. emergencia, emergente, emersión.

emérito, ta adj. Se apl. a la persona que se ha retirado de un empleo o cargo y disfruta algún premio o compensación por sus buenos servicios: *profesor emérito.*

emersión f. Aparición de un cuerpo en la superficie donde se hallaba sumergido: *la emersión de un submarino.* ‖ Salida de un astro que estaba eclipsado.

emético, ca adj. En med., vomitivo. También m.: *tuvieron que administrarle un emético.*

emigración f. Acción de emigrar. ‖ Conjunto de habitantes de un país que trasladan su domicilio a otro: *España vivió una fuerte emigración durante la década de los sesenta.*

emigrante adj. y com. Que emigra. ‖ Se dice de la persona que se traslada de su propio país a otro, generalmente con el fin de trabajar en él.

emigrar intr. Abandonar una persona su lugar de origen para establecerse en otra región o país: *su familia tuvo que emigrar por motivos políticos.* ‖ Ausentarse temporalmente del propio país para hacer en otro determinadas faenas: *emigró a Inglaterra para aprender la lengua.* ‖ Cambiar periódicamente de clima algunas especies animales: *ya emigraron las golondrinas.* ‖ FAM. emigración, emigrado, emigrante, emigratorio.

eminencia f. Persona que destaca en su campo: *es una eminencia en física nuclear.* ‖ Cualidad de eminente. ‖ Título de honor que se da a los cardenales. ‖ Elevación del terreno: *el castillo se levantaba sobre una eminencia rocosa.* ‖ FAM. eminente, eminentemente.

eminente adj. Que sobresale entre los demás: *un eminente cirujano.* ‖ Alto, elevado: *un risco eminente.*

emir m. En las comunidades islámicas, príncipe o jefe. ‖ FAM. emirato.

emirato m. Dignidad de emir. ‖ Tiempo que dura el gobierno de un emir. ‖ Territorio gobernado por él.

emisario, ria m. y f. Mensajero. ‖ m. Conducto para dar salida a las aguas de un estanque o de un lago.

emisión f. Acción y efecto de emitir: *emisión de gases.* ‖ Conjunto de valores, efectos públicos, comerciales o bancarios, que se crean de una vez para ponerlos en circulación. ‖ En radio y televisión, programación: *han alterado la emisión con motivo de las elecciones.* ‖ En radio y televisión, conjunto de programas con unidad temporal: *emisión de madrugada.*

emisor, ra adj. Que emite. También s. ‖ m. Aparato productor de las ondas hertzianas en la estación de origen. ‖ f. Esta misma estación: *una emisora de radio.* ‖ m. y f. Persona que enuncia el mensaje en un acto de comunicación.

emitir tr. Echar hacia fuera una cosa: *emitir un grito.* ‖ Poner en circulación papel moneda, valores, etc. ‖ Tratándose de juicios, opiniones, etc., darlos: *mañana el jurado emitirá su veredicto.* ‖ Transmitir un programa las estaciones de radio o televisión: *este programa lo emiten los domingos.* ‖ FAM. emisario, emisión, emisivo, emisor.

emoción f. Conmoción afectiva de carácter intenso: *se desmayó de la emoción.* ‖ FAM. emocionable, emocional, emocionante, emocionar, emotivo.

emocionante adj. Que causa emoción: *un partido emocionante.*

emocionar tr. Conmover el ánimo, causar emoción. También prnl.: *se emociona fácilmente.*

emoliente adj. Se dice del medicamento que sirve para ablandar una dureza. También m.: *se aplicó un emoliente.*

emolumento m. Sueldo o remuneración de un cargo o empleo. Más en pl.: *ya recibió sus emolumentos.*

emotivo, va adj. Relativo a la emoción: *tensión emotiva.* ‖ Que produce emoción: *un discurso emotivo.* ‖ Que se emociona fácilmente: *tu hermano es muy emotivo.* ‖ **FAM.** emotividad.

empacar tr. Hacer pacas o fardos: *empacar el heno.* ‖ intr. *amer.* Hacer las maletas o empaquetar cualquier cosa: *empacaron y se fueron.* ‖ **FAM.** empacado, empacador, empaque.

empacarse prnl. Obstinarse: *se empacó en acompañarnos.* ‖ Turbarse, cortarse: *no se empaca por nada.* ‖ *amer.* Plantarse una bestia. ‖ **FAM.** empaque.

empachar tr. Causar indigestión. También intr. y prnl.: *se empachó con la fabada.* ‖ Cansar, aburrir: *su charla empacha al más paciente.* También prnl. ‖ Disfrazar, encubrir. ‖ prnl. Avergonzarse. ‖ **FAM.** empachado, empacho, empachoso.

empacho m. Indigestión. ‖ Vergüenza: *sintió mucho empacho cuando le reprendiste en público.*

empadronamiento m. Acción y efecto de empadronar o empadronarse. ‖ Padrón, censo.

empadronar tr. Inscribir a una persona en un censo o padrón. Más c. prnl.: *ya nos hemos empadronado.* ‖ **FAM.** empadronamiento.

empajar tr. Cubrir o rellenar con paja. ‖ *amer.* Techar con paja.

empalagar tr. Causar hastío una comida, principalmente si es dulce. También intr.: *la miel empalaga;* y prnl. ‖ Fastidiar, molestar una persona. ‖ **FAM.** empalagamiento, empalago, empalagoso.

empalar tr. En el juego de pelota y otros deportes, dar a ésta o a la bola con la pala. ‖ Clavar en un palo a alguien como castigo. ‖ **FAM.** empalamiento.

empalizada f. Estacada, cerca, vallado. ‖ **FAM.** empalizar.

empalmar tr. Juntar dos cosas entrelazándolas de modo que queden en comunicación o a continuación unas de otras: *empalmar dos cables.* ‖ Ligar o unir planes, ideas, etc. ‖ intr. Enlazar adecuadamente los medios de transporte para poder combinar la hora de llegada de una con la salida de otro: *en esta estación de metro empalman varias líneas.* ‖ Seguir o suceder una cosa a continuación de otra sin interrupción, como una conversación o una diversión. ‖ prnl. Excitarse sexualmente el macho, con erección del pene. ‖ **FAM.** empalmadura, empalme.

empalme m. Acción y efecto de empalmar: *al terminársele el ovillo tuvo que hacer un empalme.* ‖ Punto en que se empalma: *en la próxima estación está el empalme con su línea.* ‖ Cosa que empalma con otra. ‖ Forma de hacer el empalme.

empamparse prnl. *amer.* Extraviarse en la pampa.

empanada f. Especie de masa de pan que se rellena de pescado, carne, etc., y cocida después en el horno o frita. ‖ Acción y efecto de ocultar o enredar fraudulentamente un negocio: *tenían montada una buena empanada.* ‖ **empanada mental** Confusión. ‖ **FAM.** empanadilla.

empanadilla f. Pastel pequeño relleno de dulce, carne picada, pescado, etc.

empanar tr. Cubrir uno o varios alimentos con masa o pan, para cocerla en el horno. ‖ Rebozar con pan rallado un alimento para freírlo. ‖ **FAM.** empanada.

empantanar tr. Llenar de agua un terreno. También prnl. ‖ Detener el curso de un negocio: *la auditoría ha empantanado varios proyectos.* ‖ **FAM.** empantanado.

empañado, da adj. Se dice del cristal u otra superficie cubierto de vapor de agua. También s. ‖ Se dice de la voz cuando no es sonora y clara: *las lágrimas empañaban sus palabras.*

empañar tr. Quitar el brillo, diafanidad o transparencia. También prnl.: *el barniz se ha empañado.* ‖ Cubrirse un cristal con vapor de agua. Más c. prnl. ‖ Disminuir la fama, el mérito, las buenas cualidades, etc.: *el éxito de su última novela no debe empañar el valor de su obra anterior.* También prnl. ‖ **FAM.** empañado, empañamiento.

empañetar tr. *amer.* Cubrir una pared con una mezcla de barro y paja, u otras sustancias.

empapar tr. Mojar una persona o cosa con una gran cantidad de líquido: *la lluvia le empapó mientras esperaba el autobús.* También prnl. ‖ Absorber una cosa dentro de sus poros algún líquido: *empapó el algodón en alcohol.* ‖ prnl. Imbuirse de ideas, afectos, etc.: *se empapó de sus palabras.* ‖ Enterarse en profundidad de algún tema: *antes de partir de viaje se ha empapado toda la información sobre el país.* ‖ **FAM.** empapamiento.

empapelado, da adj. Cubierto de papel. ‖ m. Cubrimiento con papel de una superficie. ‖ Papel utilizado para ello: *cambiaron el empapelado del salón.*

empapelar tr. Forrar o recubrir de papel

una superficie. ‖ Envolver en papel. ‖ Formar causa criminal a uno: *le han empapelado por fraude*. ‖ **FAM.** empapelado, empapelador.

empapuzar o **empapujar** tr. Hacer comer demasiado a uno: *tu madre siempre pretende empapuzarme*. También prnl. ‖ **FAM.** empapuciar.

empaque m. Acción y efecto de empacar. ‖ Materiales que forman la envoltura y armazón de los paquetes, como papeles, cuerdas, cintas, etc. ‖ Señorío, distinción: *mostró un gran empaque ante los periodistas*. ‖ Comportamiento afectado. ‖ *amer.* Acción y efecto de empacarse un animal. ‖ *amer.* Descaro, desfachatez.

emparedado, da adj. y s. Recluso por castigo, penitencia o propia voluntad. ‖ m. Porción pequeña de jamón, queso, carne, etc., entre dos rebanadas de pan.

emparedar tr. Encerrar a una persona entre paredes, sin comunicación alguna. También prnl. ‖ **FAM.** emparedado, emparedamiento.

emparejar tr. Formar una pareja: *empareja los calcetines*. También prnl.: *Luis y Ana se han emparejado*. ‖ Poner una cosa a nivel con otra: *emparejar dos estantes*. ‖ Tratándose de puertas, ventanas, etc., juntarlas de modo que ajusten, pero sin cerrarlas. ‖ intr. Ponerse al nivel de otro más avanzado. También prnl. ‖ Alcanzar. También prnl.: *los dos corredores se emparejaron cerca de la meta*. ‖ **FAM.** emparejado, emparejamiento.

emparentar intr. Contraer parentesco por vía de casamiento. ‖ Tener una cosa relación de afinidad o semejanza con otra: *el futurismo ruso emparenta con el italiano en varios puntos*. ‖ tr. Señalar o descubrir relaciones de parentesco, origen común o afinidad. ♦ Irreg. Se conj. como *acertar*. ‖ **FAM.** emparentado.

emparrado m. Armazón que sostiene la parra u otra planta trepadora. ‖ Conjunto de los vástagos y hojas de una o más parras que, sostenidas con una armazón de madera, hierro u otra materia, forman cubierta. ‖ **FAM.** emparrar.

empastar tr. Cubrir de pasta una cosa. ‖ Encuadernar en pasta los libros. ‖ Dicho de un diente o muela, rellenar con pasta el hueco producido por la caries. ‖ Poner el color en bastante cantidad para que no deje ver el primer dibujo. ‖ **FAM.** empastador, empaste.

empaste m. Acción y efecto de empastar. ‖ Pasta con que se llena el hueco hecho por la caries en un diente. ‖ En pintura, unión perfecta de los colores y tintas en las figuras pintadas.

empatar tr. Tratándose de una confrontación, obtener dos o más contrincantes un mismo número de puntos o votos. Más c. intr.: *ambos equipos empataron*; y prnl. ‖ *amer.* Empalmar, juntar una cosa a otra. ‖ **FAM.** empate.

empate m. Acción y efecto de empatar: *el partido se saldó con un empate*. ‖ Igual número de puntos, votos, etc.

empavesar tr. Adornar una embarcación con banderas y gallardetes, en señal de regocijo. ‖ **FAM.** empavesado.

empecatado, da adj. Se dice de la persona traviesa, especialmente aplicado a niños. ‖ Se dice de la persona de mala intención.

empecer tr. Impedir, obstaculizar: *su seriedad no empece su buen humor*. ♦ Irreg. Se conj. como *agradecer*.

empecinado, da adj. Obstinado, terco, pertinaz.

empecinarse prnl. Obstinarse, aferrarse, encapricharse: *se empecinó en venir*. ‖ **FAM.** empecinado, empecinamiento.

empedernido, da adj. Se dice de la persona que tiene una costumbre o un vicio muy arraigado: *un fumador empedernido*.

empedrado, da m. Acción de empedrar. ‖ Pavimento formado artificialmente de piedras: *el empedrado de la plaza está muy deteriorado*. ‖ adj. Se apl. al cielo cuando se cubre de nubes pequeñas.

empedrar tr. Cubrir el suelo con piedras ajustadas unas con otras. ‖ Llenar de desigualdades una superficie con objetos extraños a ella. ♦ Irreg. Se conj. como *acertar*. ‖ **FAM.** empedrado, empedrador, empedramiento.

empeine m. Parte superior del pie. ‖ Parte del cazado que la cubre.

empellón m. Empujón fuerte a una persona o cosa.

empeñar tr. Dejar una cosa en garantía de un préstamo: *ha empeñado el coche*. ‖ Dar la palabra para conseguir algo. ‖ Tratándose de disputas, discusiones, luchas, etc., empezarse. También prnl. ‖ Dedicar alguien una cosa para conseguir algo: *empeñó largas horas de estudio para sacar la oposición*. ‖ prnl. Llenarse de deudas: *se ha empeñado hasta las cejas para comprarse el piso*. ‖ Obstinarse: *se empeñó en ir al cine*. ‖ **FAM.** empeñadamente, empeñado, empeño.

empeño m. Acción y efecto de empeñar o empeñarse. ‖ Deseo intenso de hacer o conseguir una cosa: *tiene empeño en venir*. ‖ Objeto a que se dirige: *su empeño es aprobar*. ‖ Tesón y constancia: *muestra mucho empeño en aprender*. ‖ Intento, esfuerzo: *se quedó agotado en el empeño*.

empeorar tr. Poner o volver peor algo que ya estaba mal: *las últimas heladas han empeo-*

rado la situación del campo. | intr. Ponerse peor: *el enfermo ha empeorado.* También prnl. | **FAM.** empeoramiento.

empequeñecer tr. Disminuir una cosa, hacerla más pequeña. También intr. y prnl.: *el caudal de la fuente se ha empequeñecido.* | Disminuir la importancia, el valor, la estimación, etc., de algo: *siempre tiende a empequeñecer los méritos ajenos.* ♦ **Irreg.** Se conj. como *agradecer.* | **FAM.** empequeñecimiento.

emperador m. Soberano de un imperio. | Pez espada: *se comimos emperador a la plancha.* | **FAM.** emperatriz.

emperatriz f. Soberana de un imperio. | Mujer del emperador.

emperejilar tr. Adornar con profusión y esmero. También prnl.: *se emperejiló con sus mejores galas.*

empero conj. ad. Pero, sin embargo.

emperrarse prnl. Obstinarse, empeñarse en no ceder: *se emperró en ir a la playa.* | **FAM.** emperramiento.

empezar tr. Comenzar, dar principio a una cosa: *ya he empezado las clases.* | Iniciar el uso o consumo de ella: *¿has empezado otra botella?* | intr. Tener principio una cosa: *el partido empezó a las cinco.* También prnl. ♦ **Irreg.** Se conj. como *acertar.* | **FAM.** empiece, empiezo.

empinado, da adj. Se dice del camino, terreno, etc., que tiene una pendiente muy pronunciada: *unas escaleras empinadas.* | Muy alto. | Estirado, orgulloso: *va siempre muy empinado.*

empinar tr. Enderezar y levantar en alto. | Inclinar mucho una vasija para beber: *empinó el botijo.* | Tomar en exceso bebidas alcohólicas: *empinó de lo lindo en la fiesta.* | prnl. Ponerse uno sobre las puntas de los pies y erguirse: *se empinó para ver.* | Ponerse un cuadrúpedo sobre los dos patas de atrás. | Dicho de las plantas, torres, montañas, etc., alcanzar gran altura: *una torre empinada dominaba el horizonte.* | **FAM.** empinado, empinamiento.

empírico, ca adj. Relativo al empirismo. | Que procede de la experiencia: *un dato empírico.* También s. | Partidario del empirismo filosófico. También s. | **FAM.** empíricamente, empirismo.

empirismo m. Sistema filosófico que toma la experiencia como única base de los conocimientos humanos. | Procedimiento fundado en la práctica y la experiencia. | **FAM.** empirista.

empitonar tr. Alcanzar el toro al lidiador cogiéndolo con los pitones.

empizarrado m. Cubierta de un edificio formada con pizarras.

empizarrar tr. Cubrir con pizarras. | **FAM.** empizarrado.

emplastecer tr. Alisar una superficie para poder pintar sobre ella. ♦ **Irreg.** Se conj. como *agradecer.* | **FAM.** emplasto.

emplasto m. Preparado farmacéutico sólido, plástico y adhesivo: *le aplicaron un emplasto sobre la herida.* | Arreglo o remiendo poco satisfactorio. | Cosa pegajosa, blanda y desagradable: *el arroz te ha quedado hecho un emplasto.* | Persona de salud delicada. | **FAM.** emplastadura, emplastamiento, emplastar.

emplazamiento m. Acción y efecto de emplazar. | Situación, colocación: *no termina de convencerme el emplazamiento del garaje.*

emplazar tr. Citar a una persona en determinado tiempo y lugar: *el médico le emplazó para dentro de dos meses.* | Citar el demandado. | Poner una cosa en determinado lugar. | **FAM.** emplazamiento.

empleado, da m. y f. Persona que desempeña un cargo o trabajo y que a cambio de ello recibe un sueldo. | **empleado o empleada de hogar** Persona que, por un sueldo, desempeña los trabajos domésticos o ayuda en ellos.

emplear tr. Dar trabajo a una persona: *le han empleado en un banco.* | Gastar, consumir: *ha empleado tres años en hacer su tesis.* También prnl. | Utilizar una cosa para algo. También prnl.: *la lija se emplea para pulir superficies.* | Ocupar a alguien en una actividad. También prnl. | **FAM.** empleado, empleo.

empleo m. Acción y efecto de emplear. | Trabajo, ocupación, oficio: *consiguió un empleo de contable.*

emplomado m. Conjunto de planchas de plomo que recubre un techo, o de plomos que sujetan los cristales de una vidriera.

emplomadura f. Acción y efecto de emplomar. | Porción de plomo con que está emplomado algo: *conviene revisar las emplomaduras de la vidriera.* | amer. Empaste de un diente o muela.

emplomar tr. Cubrir, asegurar o soldar una cosa con plomo. | Poner sellos de plomo a los fardos o cajones cuando se precintan. | amer. Empastar un diente o muela. | **FAM.** emplomado, emplomador, emplomadura.

emplumar tr. Poner plumas a algo. | Enviar a uno a algún sitio de castigo. | amer. Fugarse, huir. | intr. amer. Engañar. | Emplumecer. | **FAM.** emplumecer.

emplumecer intr. Echar plumas las aves. ♦ **Irreg.** Se conj. como *agradecer.*

empobrecer tr. Hacer que alguien se vuelva pobre o más pobre. También intr. y prnl.: *se empobreció en pocos años.* | Decaer, venir a menos: *la inactividad ha empobrecido su carác-*

ter. ♦ **Irreg**. Se conj. como *agradecer*. ‖ **FAM**. empobrecedor, empobrecimiento.

empollar tr. Calentar el ave los huevos para sacar pollos. ‖ Entre los estudiantes, estudiar mucho una lección, un tema, etc.: *se puso a empollar una semana antes del examen*. ‖ **FAM**. empollado, empolle, empollón.

empollón, na adj. y s. Muy estudioso; se apl. despectivamente al estudiante que sobresale más por su aplicación que por su inteligencia.

empolvar tr. Echar polvo. También prnl.: *se empolvó la cara para fijar el maquillaje*. ‖ prnl. Cubrirse de polvo: *se me ha empolvado el abrigo*.

emponchado, da adj. *amer*. Se dice de la persona que está cubierta con un poncho. ‖ *amer*. Por ext., Muy abrigado. ‖ **FAM**. emponcharse.

emponzoñamiento m. Acción y efecto de emponzoñar; envenenamiento.

emponzoñar tr. Envenenar con ponzoña: *los vertidos industriales emponzoñan las aguas*. También prnl. ‖ Echar a perder: *un malentendido emponzoñó su amistad*. También prnl. ‖ **FAM**. emponzoñador, emponzoñamiento.

emporcar tr. Ensuciar, llenar de porquería. También prnl. ♦ **Irreg**. Se conj. como *contar*.

emporio m. Ciudad o lugar notable por el florecimiento del comercio y, por ext., de las ciencias, las artes, etc. ‖ Lugar donde concurrían para el comercio gentes de diversas nacionalidades. ‖ *amer*. Gran almacén comercial.

emporrarse prnl. En lenguaje de la droga, ponerse bajo los efectos de los porros. ‖ **FAM**. emporramiento.

empotrar tr. Meter una cosa en la pared o en el suelo, asegurándola: *empotrar un armario*. ‖ prnl. Encajarse una cosa con otra: *el coche se empotró contra un árbol*. ‖ **FAM**. empotramiento.

emprendedor, ra adj. Que emprende con resolución acciones dificultosas. ‖ Que lleva a la práctica las ideas propias o ajenas: *un trabajador muy emprendedor*.

emprender tr. Comenzar una obra, negocio, etc., especialmente los que suponen alguna dificultad o peligro: *emprender un viaje*. ‖ **FAM**. emprendedor, empresa.

empresa f. Entidad integrada por el capital y el trabajo, como factores de la producción, y dedicada a actividades industriales, mercantiles o de prestación de servicios con fines lucrativos: *una empresa editorial*. ‖ Conjunto de estas entidades: *la empresa del libro*. ‖ Acción importante, y en especial la que resulta ardua y dificultosa: *emprendió la empresa de recau-*

dar *fondos*. ‖ **FAM**. empresariado, empresarial, empresario.

empresario, ria m. y f. Persona que posee o dirige una industria, negocio o empresa. ‖ Persona que explota un espectáculo o diversión: *empresario taurino*.

empréstito m. Préstamo que toma el Estado o una corporación o empresa, especialmente cuando está representado por títulos negociables o al portador. ‖ Cantidad así prestada.

empujar tr. Hacer fuerza contra una cosa para moverla: *nos quedamos sin gasolina y tuvimos que empujar el coche*. ‖ Hacer presión, influir: *su familia la empujaba a seguir en el negocio*. ‖ Hacer que alguien salga del puesto, empleo u oficio en que se halla: *le empujaron a dimitir*. ‖ **FAM**. empuje, empujón.

empuje m. Acción y efecto de empujar: *el empuje del viento doblaba los árboles*. ‖ Brío, arranque, resolución con que se acomete una empresa: *le falta empuje para el cargo*. ‖ Fuerza ascendente a que está sometido un cuerpo que se halla sumergido en un fluido.

empujón m. Impulso fuerte para mover algo: *tuvo que cerrar de un empujón*. ‖ Avance o progreso rápido que se da a una obra: *con un empujón conseguiremos terminar a tiempo*.

empuñadura f. Puño de algunas armas, como la espada, y de otros utensilios o herramientas: *la empuñadura del paraguas*.

empuñar tr. Coger por el puño una cosa, como la espada, el bastón, etc. ‖ Coger una cosa con la mano cerrada. ‖ **FAM**. empuñador, empuñadura.

emular tr. Imitar las acciones de otro procurando igualarle e incluso excederle: *aspira a emular a su padre*. También prnl. ‖ **FAM**. emulación, emulador, émulo.

émulo, la adj. y s. Se dice de la persona que compite con otra o con una cosa procurando excederla o aventajarla.

emulsión f. Líquido que tiene en suspensión pequeñísimas partículas de sustancias insolubles en agua. ‖ **FAM**. emulsionar.

emulsionar tr. Hacer que una sustancia adquiera el estado de emulsión.

en prep. que indica en qué lugar, tiempo o modo se determinan las acciones de los verbos a que se refiere: *en casa*; *en dos minutos*; *en manga corta*. ‖ Con verbos de percepción como *conocer*, *descubrir*, etc., y seguida de un sustantivo, equivale a *por*: *lo conocí en la voz*. ‖ Seguido de un gerundio, significa en cuanto, luego que, después que: *en llegando*, *llámanos*. ‖ Precediendo a ciertos sustantivos y adj., crea loc. adverbiales: *en general*, *en fin*.

enagua f. Prenda femenina que se usa debajo

de la falda. Más en pl.: *se te asoman las ena-guas.* ‖ FAM. enagüillas.

enajenación f. Acción y efecto de enajenar. ‖ Distracción, falta de atención. ‖ Locura, privación del juicio: *enajenación mental.*

enajenar tr. Pasar a otro la propiedad de una cosa. ‖ Sacar a uno fuera de sí, privarle del juicio. También prnl.: *se enajenó por la ira.* ‖ Extasiar, producir algo asombro o admiración. También prnl.: *este concierto me ha enajenado.* ‖ prnl. Privarse de algo. ‖ Apartarse, retraerse del trato o comunicación. También tr. ‖ FAM. enajenable, enajenación, enajenado, enajenamiento, enajenante.

enaltecer tr. Ensalzar: *enalteció la figura del escritor.* También prnl. ‖ Dar mayor estimación y dignidad a alguien o algo: *su generosidad le enalteció ante todos.* ♦ **Irreg.** Se conj. como *agradecer.* ‖ FAM. enaltecedor, enaltecimiento.

enamoramiento m. Acción y efecto de enamorar o enamorarse: *fue un enamoramiento pasajero.*

enamorar tr. Excitar en uno el amor a otra persona: *le enamoraron sus palabras.* ‖ Cortejar, expresar el amor. ‖ Gustar mucho de algo. También prnl.: *se enamoró de aquel jardín.* ‖ prnl. Sentir amor hacia una persona: *se ha enamorado de la profesora.* ‖ Aficionarse a una cosa: *se ha enamorado de los toros.* ‖ FAM. enamoradamente, enamoradizo, enamorado, enamoramiento, enamoricarse, enamoriscarse.

enamoricarse o **enamoriscarse** prnl. fam. Enamorarse de una persona superficialmente y sin gran empeño. ‖ Empezar a enamorarse: *creo que estoy enamoriscándome.*

enancarse prnl. *amer.* Montar a las ancas. ‖ *amer.* Meterse uno donde no le llaman.

enano, na adj. Se dice de lo que es diminuto en su especie: *un árbol enano.* ‖ m. y f. Persona que por haber sufrido trastornos del crecimiento tiene menor estatura. ‖ Persona de pequeña estatura: *es el enano de la clase.* ‖ Apelativo afectuoso dirigido a los niños: *mamá, mira lo que ha hecho el enano.* ‖ Personaje fantástico que aparece con frecuencia en los de los cuentos infantiles: *un dragón custodiaba el tesoro de los enanos.* ‖ **como un enano** loc. Con verbos como *divertirse, trabajar, pasar,* etc., equivale a mucho, muy bien: *en la fiesta nos lo pasamos como enanos.* ‖ FAM. enanismo.

enarbolado m. Conjunto de piezas de madera ensambladas que constituyen la armadura de una linterna o torre o bóveda.

enarbolar tr. Levantar en alto: *enarbolar una bandera.* ‖ prnl. Encabritarse el caballo. ‖ Enfadarse. ‖ FAM. enarbolado.

enarcar tr. Dar figura de arco. También prnl.

enardecer tr. Excitar o avivar una pasión, una disputa, etc. También prnl.: *los espectadores se enardecieron durante su actuación.* ♦ **Irreg.** Se conj. como *agradecer.* ‖ FAM. enardecedor, enardecimiento.

enastar tr. Poner el mango o asta a un arma o instrumento. ‖ FAM. enastado.

encabalgamiento m. Armazón de maderos cruzados donde se apoya alguna cosa. ‖ En poesía, acción y efecto de encabalgar o encabalgarse una palabra o frase en versos o hemistiquios contiguos.

encabalgar intr. Descansar, apoyarse una cosa sobre otra. ‖ tr. En poesía, distribuir en versos o hemistiquios contiguos partes de una palabra o frase que de ordinario constituyen una unidad léxica o sintáctica. También prnl. ‖ FAM. encabalgamiento.

encabezamiento m. Acción de encabezar. ‖ Fórmula con que se empiezan algunos escritos, y, en especial, las cartas.

encabezar tr. Estar al comienzo de una lista. ‖ Poner el encabezamiento en un escrito: *encabezar una carta.* ‖ Presidir, ponerse al frente de algo: *encabezar una manifestación.* ‖ FAM. encabezamiento.

encabritarse prnl. Empinarse el caballo, afirmándose sobre los pies y levantando las manos. ‖ Tratándose de embarcaciones, vehículos, etc., levantarse la parte anterior o delantera súbitamente hacia arriba. ‖ Enojarse. ‖ FAM. encabritamiento.

encabronarse prnl. Enojarse, enfurecerse: *le encabronó tu respuesta.*

encadenado, da adj. Se dice de la estrofa cuyo primer verso repite en todo o en parte las palabras del último verso de la estrofa precedente, y también se dice del verso que comienza con la última palabra del anterior: *tercetos encadenados.* ‖ m. En cine, unión de dos escenas de una película.

encadenar tr. Ligar o atar con cadena: *encadenó la moto a la farola.* También prnl. ‖ Unir unas cosas con otras, o relacionarlas. También prnl.: *estos dos hechos se encadenan causalmente.* ‖ Dejar a uno sin libertad para actuar: *su timidez le encadena.* ‖ FAM. encadenado, encadenamiento.

encajar tr. Meter una cosa dentro de otra ajustadamente: *encaja bien el tapón para que no se salga el agua.* También tr. y prnl. ‖ Unir ajustadamente una cosa con otra. También intr. ‖ Decir o hacer a alguien una cosa molesta: *tuvo que encajar varios abucheos.* ‖ Dar a alguien un golpe: *encajó más de un puñetazo en la reyerta.* ‖ intr. Coincidir, estar de acuerdo: *esto no encaja con lo que me dijiste ayer.* ‖ Ajustarse, adaptarse: *encajó muy bien en el nuevo trabajo.* ‖ prnl. Ponerse una prenda de vestir: *se encajó el sombrero.* ‖ **FAM.** encajadura, encajamiento, encaje, encajetar.

encaje m. Acción de encajar una cosa en otra. ‖ Sitio o hueco en que se mete o encaja algo. ‖ Ajuste de dos piezas que cierran o se adaptan entre sí: *el encaje de la puerta.* ‖ Cierto tejido de mallas, lazadas o calados, con figuras u otras labores: *encaje de Bruselas.*

encajonar tr. Meter y guardar algo dentro de uno o más cajones. ‖ Meter en un sitio angosto. Más c. prnl. ‖ prnl. Correr el río, o el arroyo, por una parte angosta. ‖ **FAM.** encajonamiento.

encalambrarse prnl. *amer.* Entumecerse, aterirse.

encalar tr. Blanquear algo con cal. Se dice principalmente de las paredes. ‖ Meter en cal o espolvorear con ella alguna cosa. ‖ **FAM.** encalado, encalador.

encalladero m. Paraje donde pueden encallar las embarcaciones.

encallar intr. Dar la embarcación en arena o piedra, quedando en ellas sin movimiento. También prnl.: *la barca se ha encallado.* ‖ prnl. No poder salir adelante en un negocio o empresa: *el acuerdo se ha encallado.* ‖ **FAM.** encalladero, encalladura.

encallarse prnl. Endurecerse algunos alimentos por quedar interrumpida su cocción: *se te han encallado las lentejas.*

encallecer intr. Criar callos o endurecerse la carne a manera de callo. También prnl.: *se le encallecieron las manos con la azada.* ‖ prnl. Endurecerse ante las emociones, sentimientos, etc.: *se ha encallecido ante la adversidad.* ‖ Habituarse a un trabajo, vicio, etc. ♦ Irreg. Se conj. como *agradecer.* ‖ **FAM.** encallecimiento.

encalmar tr. Tranquilizar, serenar. Más c. prnl. ‖ prnl. Tratándose del tiempo o del viento, quedar en calma.

encamar tr. Tender o echar una cosa en el suelo. ‖ Hacer que alguien se acueste. ‖ prnl. Meterse en la cama. ‖ Echarse o abatirse las mieses. ‖ Echarse los animales en los sitios que buscan para su descanso. ‖ Permanecer agazapadas las piezas de caza.

encaminar tr. Enseñar a uno por donde ha de ir, ponerle en camino. También prnl.: *unos lugareños nos encaminaron.* ‖ Dirigir u orientar una cosa hacia un punto determinado. También prnl.: *toda su energía se encamina a conseguirlo.*

encamotarse prnl. *amer.* Enamorarse, amartelarse.

encampanar tr. *amer.* Elevar, encumbrar. También prnl. ‖ *amer.* Dejar a uno en la estacada. ‖ prnl. En taurom., levantar el toro la cabeza como desafiando. ‖ Envalentonarse. ‖ **FAM.** encampanado.

encandilar tr. Deslumbrar con apariencias o engaños: *el timador consiguió encandilarles.* También prnl. ‖ Despertar o excitar el sentimiento o deseo amoroso: *tu hermana le ha encandilado.* ‖ Avivar la lumbre. También prnl. ‖ prnl. Encender o avivar los ojos la bebida o la pasión. ‖ *amer.* Enfadarse. ‖ **FAM.** encandilamiento.

encanecer intr. Ponerse cano: *encaneció muy joven.* ‖ Envejecer una persona. ♦ Irreg. Se conj. como *agradecer.* ‖ **FAM.** encanecimiento.

encanijar tr. Poner flaco y enfermizo. También prnl. ‖ **FAM.** encanijado, encanijamiento.

encantado, da adj. Que está sometido a poderes mágicos o a un hechizo: *un castillo encantado.* ‖ Muy contento, satisfecho: *estoy encantado con el acuerdo.*

encantador, ra adj. Que encanta o hace encantamientos. También s.: *esto es obra de encantadores.* ‖ Se dice de la persona o cosa que deja muy grata impresión: *una chica encantadora.*

encantamiento m. Acción y efecto de encantar; hechizo.

encantar tr. Obrar por arte de magia; hechizar. ‖ Cautivar la atención de uno por medio de la belleza, el talento, etc.: *su simpatía me ha encantado.* ‖ Gustar mucho de algo o alguien: *le encanta el pisto.* ‖ **FAM.** encantado, encantador, encantamiento, encanto.

encanto m. Persona o cosa que agrada por sus cualidades: *Juan es un encanto.* ‖ pl. Atractivos físicos: *sus encantos le impresionaron.*

encañar tr. Hacer pasar el agua por tuberías o caños. ‖ Poner cañas para sostener las plantas. ‖ intr. Empezar a formar caña los tallos tiernos de algunas plantas. También prnl. ‖ **FAM.** encañado.

encañonar tr. Dirigir un arma de fuego contra una persona o cosa: *el ladrón le encañó.* ‖ Hacer correr las aguas de un río por un cauce o por una tubería. ‖ Entre encuadernadores, encajar un pliego dentro de otro. ‖ intr. Echar cañones las aves. ‖ **FAM.** encañonado.

encapotar tr. prnl. Se dice del cielo, aire, atmósfera, etc., cuando se cubre de nubes oscuras: *el día terminó encapotándose.* ‖ Cubrir con el capote. También prnl. ‖ **FAM.** encapotado, encapotamiento.

encapricharse prnl. Empeñarse uno en sostener o conseguir su capricho: *se encapri-*

chó en comprárselo. ‖ Tener capricho por una persona o cosa: *se ha encaprichado por ese coche.* ‖ Enamorarse ligeramente de una persona: *se ha encaprichado de Luis.*

encapsular tr. Meter en cápsula o cápsulas.

encapuchado, da adj. y s. Persona cubierta con capucha.

encapuchar tr. Cubrir o tapar una cosa con capucha. También prnl. ‖ **FAM.** encapuchado.

encaramar tr. Subir a una persona o cosa a un lugar alto o más alto. También prnl.: *encaramarse a una silla.* ‖ Colocar en puestos encumbrados. También prnl.: *a fuerza de enchufes ha conseguido encaramarse.* ‖ **FAM.** encaramamiento.

encarar tr. Hacer frente a una dificultad, problema, etc.: *tienes que encarar la situación.* También prnl. ‖ Poner con diversos fines dos cosas, animales, etc., frente a frente: *encarar las piezas del ajedrez.* También prnl. ‖ Poner cara a cara a dos personas, animales, etc.: *encararon a los dos testigos.* ‖ prnl. Colocarse una persona o animal frente a otra en actitud violenta o agresiva: *se encaró con el dependiente.* ‖ **FAM.** encarado, encaramiento, encaro.

encarcelar tr. Poner a alguien en la cárcel. ‖ **FAM.** encarcelación, encarcelador, encarcelamiento.

encarecer tr. Aumentar el precio de algo. También intr. y prnl.: *los pisos se han encarecido mucho.* ‖ Ponderar, exagerar, alabar mucho una cosa. ‖ Recomendar con empeño: *te encarezco que leas su última novela.* ♦ **Irreg.** Se conj. como *agradecer.* ‖ **FAM.** encarecedor, encarecidamente, encarecimiento.

encargado, da adj. Que ha recibido un encargo. ‖ m. y f. Persona que tiene algo a su cargo en representación del dueño o interesado.

encargar tr. Encomendar, poner una cosa al cuidado de uno. También prnl.: *él se encarga de los cobros.* ‖ Pedir que se traiga o envíe de otro lugar alguna cosa: *encargó un pedido al supermercado.* ‖ Imponer una obligación: *encárgate del teléfono.* ‖ Recomendar, aconsejar, prevenir: *te encargo.* ‖ **FAM.** encargado, encargo, encargue.

encargo m. Acción y efecto de encargar: *tengo un encargo para usted.* ‖ Cosa encargada: *ya han traído el encargo.*

encariñar tr. Aficionar, despertar cariño. ‖ prnl. Tomar cariño a alguien o algo: *se ha encariñado mucho con el perro.*

encarnación f. Acción de encarnar o encarnarse. ‖ Personificación, representación o símbolo de una idea, doctrina, etc.: *el demonio*

es la encarnación del mal. ‖ Color de carne con que se pinta el desnudo de las figuras humanas.

encarnado, da adj. De color de carne. También m. ‖ Colorado, rojo: *las amapolas son encarnadas.*

encarnar intr. Tomar un ser espiritual, una idea, etc., forma corporal. También prnl.: *en él se encarnan las mejores virtudes.* ‖ En el cristianismo, hacerse hombre el hijo de Dios. También prnl. ‖ Repararse el tejido cuando se va sanando una herida. ‖ tr. Personificar, representar alguna idea, doctrina, etc.: *Leonardo da Vinci encarnó al hombre del Renacimiento.* ‖ Representar un personaje de una obra dramática o cinematográfica: *encarnará al protagonista.* ‖ prnl. Introducirse una uña, al crecer, en las partes blandas que la rodean, produciendo alguna molestia. ‖ **FAM.** encarnación, encarnado, encarnadura.

encarnizado, da adj. Cruento, reñido, violento: *una partida encarnizada.*

encarnizar tr. Hacer más cruel, irritar, enfurecer: *tu serenidad encarnizó su ira.* También prnl. ‖ Cebar un perro en la carne de otro animal para que se haga fiero. ‖ prnl. Cebarse los animales cuando matan a otro. ‖ Mostrarse cruel contra una persona. ‖ **FAM.** encarnizadamente, encarnizado, encarnizamiento.

encarrilar tr. Encaminar, dirigir y enderezar una cosa o un asunto. ‖ Colocar sobre los carriles o rieles un vehículo descarrilado.

encasillar tr. Poner en casillas. ‖ Clasificar personas o cosas, generalmente con criterios poco flexibles o limitados: *le han encasillado en papeles cómicos.* ‖ **FAM.** encasillable, encasillado, encasillamiento.

encasquetar tr. Encajar bien en la cabeza el sombrero, gorra, etc. También prnl. ‖ Hacer oír palabras molestas: *nos encasquetó una buena reprimenda.* ‖ prnl. Metérsele a uno alguna idea en la cabeza, arraigada y obstinadamente. ‖ *amer.* Encajarse, meterse.

encasquillarse prnl. Atascarse un arma de fuego con el casquillo de la bala al disparar.

encastillarse prnl. Perseverar uno con obstinación, en su parecer y dictamen: *se ha encastillado en conseguirlo como sea.*

encausar tr. Procesar judicialmente contra uno: *le encausaron por negligencia criminal.*

encauzar tr. Dar dirección por un cauce a una corriente. ‖ Encaminar, dirigir por buen camino un asunto, una discusión, etc.: *el moderador no supo encauzar el debate.* ‖ **FAM.** encauzamiento.

encebollar tr. Echar cebolla en abundancia a un plato. ‖ **FAM.** encebollado.

encefalitis f. Inflamación del encéfalo. ♦ No varía en pl.

encéfalo m. Conjunto de órganos que forman parte del sistema nervioso de los vertebrados y están contenidos en la cavidad del cráneo. ‖ FAM. encefálico, encefalitis, encefalografía, encefalograma, encefalomielitis, encefalopatía.

encefalografía f. Radiografía del cráneo.

encefalograma m. Resultado de una encefalografía expresado gráficamente.

encelar tr. Dar celos. ‖ prnl. Sentir celos de una persona. ‖ Estar en celo un animal. ‖ FAM. encelamiento.

encenagarse prnl. Meterse en el cieno. ‖ Ensuciarse, mancharse con cieno. ‖ Entregarse a los vicios: *se encenagó a raíz de un desengaño*. ‖ FAM. encenagado, encenagamiento.

encendedor, ra adj. y s. Que enciende. ‖ m. Aparato que sirve para encender; mechero.

encender tr. Hacer que una cosa arda para que dé luz o calor: *encender lumbre*. También prnl. ‖ Causar ardor. También prnl.: *se le encendieron los pies*. ‖ Conectar un circuito eléctrico: *enciende la tele*. También prnl. ‖ Avivar un sentimiento o pasión. También prnl.: *los ánimos se fueron encendiendo durante el debate*. ‖ prnl. Ponerse colorado, ruborizarse: *cada vez que ve se encienden todo*. ♦ **Irreg.** Se conj. como **entender**. ‖ FAM. encendedor, encendidamente, encendido.

encendido, da adj. De color rojo muy subido. ‖ m. En los motores de explosión, mecheros, etc., dispositivo destinado a producir la chispa. ‖ Acción de encender.

encerado, da adj. Que tiene cera, o el color de ella. ‖ m. Lienzo preparado con cera, aceite de linaza u otros materiales, para hacerlo impermeable. ‖ Emplasto compuesto de cera y otros ingredientes. ‖ Tablero de madera u otra sustancia, que se usa para escribir o dibujar en él con tiza: *borra el encerado*. ‖ Capa tenue de cera con que se cubren los muebles.

encerar tr. Aplicar cera a alguna cosa. ‖ FAM. encerado, encerador.

encerrar tr. Meter a una persona o cosa en un lugar del que no pueda salir. También prnl.: *se encerraron en el ayuntamiento en señal de protesta*. ‖ Incluir, contener: *este libro encierra muchos consejos prácticos*. ‖ prnl. Retirarse del mundo; incomunicarse: *se encerró en sí mismo*. ♦ **Irreg.** Se conj. como **acertar**. ‖ FAM. encerradero, encerrona, encierra, encierro.

encerrona f. Situación, preparada de antemano, en que se coloca a una persona para obligarla a que haga algo en contra de su voluntad: *consiguió salir airoso de la encerrona*.

‖ En taurom., lidia de toros que se hace en privado.

encestar tr. Poner, recoger, guardar algo en una cesta. También intr. ‖ En el juego del baloncesto, introducir el balón en el cesto o red de la meta contraria. ‖ FAM. encestador, enceste.

encharcar tr. Cubrir de agua una parte de terreno, que queda como si fuera un charco. También prnl. ‖ prnl. Llenarse de sangre, agua, u otros líquidos algún órgano humano, como los pulmones. ‖ FAM. encharcamiento.

enchilada f. *amer.* Tortilla de maíz enrollada o doblada, frita, y aderezada con salsa de chile y otros ingredientes.

enchilar tr. *amer.* Aderezar con chile.

enchufar tr. Establecer una conexión eléctrica con un enchufe. ‖ Ajustar la boca de un tubo en la de otro tubo o pieza semejante: *enchufar la alcachofa de la ducha*. También intr. ‖ Combinar, enlazar, unir. ‖ Dar un cargo, empleo, etc., a alguien, utilizando la influencia. También prnl.: *se enchufó en el ministerio*. ‖ prnl. Conseguir algo por influencia o recomendación: *se enchufó para que le instalaran el teléfono pronto*. ‖ FAM. enchufado, enchufe, enchufismo, enchufista.

enchufe m. Acción y efecto de enchufar o enchufarse: *tu primo tiene un buen enchufe en el tribunal*. ‖ Aparato que consta de dos piezas esenciales que se encajan una en otra cuando se quiere establecer una conexión eléctrica. ‖ Parte de un tubo que penetra en otro. ‖ Sitio donde enchufan dos tubos. ‖ Cargo, empleo, etc., que se obtiene por influencia: *en este departamento hay varios enchufes evidentes*. ‖ Recomendación: *está en ese puesto por enchufe*.

encía f. Carne que cubre interiormente los maxilares y la raíz de los dientes. También pl.

encíclica f. Carta o misiva que dirige el Papa a obispos o fieles.

enciclopedia f. Obra en que se trata de muchas ciencias. ‖ Enciclopedismo. ‖ Diccionario enciclopédico. ‖ FAM. enciclopédico, enciclopedismo, enciclopedista.

enciclopedismo m. Conjunto de doctrinas profesadas por los autores de la *Enciclopedia* publicada en Francia a mediados del s. XVIII, y que se caracterizó por una defensa de la razón y la ciencia frente a la superstición y el dogmatismo religioso.

encierro m. Acción y efecto de encerrar o encerrarse. ‖ Lugar donde se encierra: *Napoleón murió en su encierro de Santa Elena*. ‖ Acto de traer los toros al toril: *esta tarde es el encierro*. ‖ Toril.

encima adv. l. En lugar o puesto superior

respecto de otro inferior: *vivo un piso encima de ti.* ‖ Sobre sí, sobre la propia persona: *no llevo dinero encima.* ‖ Muy cerca: *tenemos encima una tormenta.* ‖ adv. c. Además: *¡y encima pretendes que me lo crea!* ‖ adv. m. Vigilando: *siempre está encima de sus empleados.* ‖ **por encima** loc. adv. Superficialmente, de pasada: *lo leyó por encima.* ‖ **por encima de** una persona o cosa loc. adv. A pesar de ella; contra su voluntad: *lo hizo por encima de sus recomendaciones.* ‖ **FAM.** encimero.

encimero, ra adj. Que está o se pone encima de algo.

encina f. Árbol de unos 10 a 12 m de altura que tiene por fruto la bellota y su madera es muy dura y compacta. ‖ **FAM.** encinar.

encinar o **encinal** m. Sitio poblado de encinas.

encinta adj. f. Se dice de la mujer que está embarazada.

encintado, da m. Acción y efecto de encintar. ‖ Faja o cinta de piedra que forma el borde de una acera, de un andén, etc.

encintar tr. Adornar con cintas: *encintaron los arneses de las caballerías.* ‖ Poner el cintero a los novillos. ‖ Poner en una vía la hilera de piedras que marca la línea y el borde de las aceras. ‖ **FAM.** encintado.

enclaustrar tr. Encerrar en un claustro. También prnl. ‖ Por ext., encerrar en cualquier lugar. También prnl.: *se ha enclaustrado en su habitación para estudiar.* ‖ **FAM.** enclaustramiento.

enclavar tr. Situar, ubicar, colocar: *el pueblo estaba enclavado en un valle.* ‖ Clavar alguna cosa. ‖ **FAM.** enclavamiento, enclave.

enclave m. Territorio incluido en otro de mayor extensión con características diferentes: políticas, administrativas, geográficas, etc.

enclenque adj. Falto de salud, enfermizo. También com.

enclítico, ca adj. Se dice de la partícula o parte de la oración que se liga con el vocablo precedente, formando con él una sola palabra, como en el español los pronombres pospuestos al verbo: *recógemelo; pruébatelo.* También s.

encocorar tr. Fastidiar, molestar con exceso. También prnl.

encofrar tr. Formar un molde en el que se vacía el hormigón hasta que fragua y que se desmonta después. ‖ Colocar bastidores para contener las tierras en las galerías de las minas. ‖ **FAM.** encofrado, encofrador.

encoger intr. Disminuir de tamaño algunas cosas, especialmente los tejidos de la ropa, cuando se mojan o lavan. También prnl.: *se me ha encogido el jersey.* ‖ tr. Contraer el cuer-

po o alguno de sus miembros. También prnl.: *si quieres pasar tendrás que encogerte un poco.* ‖ Sentir tristeza, miedo, etc. También prnl.: *se me encoge el corazón.* ‖ prnl. Apocar el ánimo: *se encogió con tu reprimenda.* ‖ Acobardarse: *se encogió al ver al toro.* ‖ **FAM.** encogidamente, encogido, encogimiento.

encolar tr. Pegar con cola una cosa. ‖ Dar la encoladura a las superficies que han de pintarse al temple. ‖ Clarificar vinos. ‖ **FAM.** encolado, encolador, encoladura, encolamiento.

encolerizar tr. Hacer que uno se ponga colérico. También prnl.

encomendar tr. Encargar a uno que haga alguna cosa o que cuide de ella o de una persona: *le encomendó que regara las plantas durante su ausencia.* ‖ Recomendar. ‖ En la colonización de América, dar indios en encomienda a un colonizador. ‖ prnl. Entregarse, confiarse al amparo o protección de alguien: *se encomendó a Dios.* ♦ **Irreg.** Se conj. como *acertar.* ‖ **FAM.** encomendable, encomendería, encomendero, encomienda.

encomiar tr. Alabar a una persona o cosa: *encomiaron su trabajo.* ‖ **FAM.** encomiable, encomiador, encomiasta, encomiástico, encomio, encomioso.

encomiasta com. Persona que elogia a otra.

encomienda f. Acción y efecto de encomendar o encomendarse. ‖ Cosa encomendada; encargo: *me han hecho una difícil encomienda.* ‖ Institución de la América colonial mediante la cual se concedía a un colonizador un grupo de indios para que trabajaran para él. ‖ *amer.* Paquete postal.

encomio m. Alabanza.

enconar tr. Empeorar una herida o una parte lastimada del cuerpo. También prnl. ‖ Irritar, exasperar el ánimo contra uno: *su desfachatez te enconó.* También prnl. ‖ **FAM.** enconado, enconamiento, encono.

encontradizo, za adj. Que se encuentra con otra cosa o persona. ‖ **hacerse** uno **el encontradizo** loc. Buscar disimuladamente a otro: *se hizo el encontradizo para que le invitáramos a la fiesta.*

encontrar tr. Dar con una persona o cosa que se busca: *por fin encontré la llave perdida.* ‖ Dar con una persona o cosa sin buscarla: *el otro día me encontré con tu padre.* También prnl. ‖ prnl. Hallarse en cierto estado: *encontrarse mal, bien.* ‖ Estar en determinado lugar: *ahora se encuentra en Caracas.* ‖ Reunirse dos o más personas en un lugar: *nos encontraremos en el bar de siempre.* ‖ Oponerse, enfrentarse dos personas, posturas, opiniones, etc.: *en su novela se encuentran diversas tradiciones* *narrativas.* ♦ **Irreg.** Se conj. como *contar.* ‖ **FAM.** encontradamente, encontradizo, encontrado, encontronazo, encuentro.

encontronazo m. Golpe, choque: *tuvo un encontronazo con el jefe.* ‖ Encuentro inesperado.

encopetado, da adj. Que presume demasiado de sí. ‖ De alto copete o alcurnia: *procedía de una encopetada familia.* ‖ **FAM.** encopetar.

encorajinar tr. Encolerizar a alguien. También prnl. ‖ **FAM.** encorajinado.

encorchar tr. Poner tapones de corcho a las botellas. ‖ **FAM.** encorchador.

encorsetar tr. Poner corsé, especialmente cuando se ciñe mucho. También prnl. ‖ **FAM.** encorsetado.

encorvar tr. Doblar y torcer una cosa poniéndola curva. También prnl.: *el abuelo se fue encorvando con los años.* ♦ **Irreg.** Se conj. como *contar.* ‖ **FAM.** encorvadura, encorvamiento.

encostrar tr. Cubrir con costra una cosa. También prnl.

encrespar tr. Levantar y alborotar las olas del mar. También prnl. ‖ Enfurecer, irritar. También prnl. ‖ Ensortijar, rizar: *la humedad le encrespa el cabello.* También prnl. ‖ Erizar el pelo, plumaje, etc., por alguna impresión fuerte, como el miedo. Más c. prnl. ‖ **FAM.** encrespado, encrespamiento.

encrucijada f. Lugar donde se cruzan dos o más calles o caminos. ‖ Panorama de varias opciones que se le presentan a uno para elegir: *estaba en una encrucijada de su carrera.* ‖ Punto en el que confluyen varias cosas: *una encrucijada de culturas.*

encuadernación f. Acción y efecto de encuadernar. ‖ Cubierta exterior de un libro. ‖ Taller donde se encuaderna.

encuadernar tr. Juntar, unir y coser varias hojas o pliegos y ponerles cubiertas. ‖ **FAM.** encuadernable, encuadernación, encuadernador.

encuadrar tr. Poner algo en un marco o cuadro. ‖ Encajar, ajustar una cosa dentro de otra. ‖ Determinar los límites de algo, incluyéndolo en un esquema u organización: *parte de su obra puede encuadrarse en el cubismo.* ‖ Distribuir las personas conforme a un esquema de organización determinado: *le encuadraron en producción.* También prnl. ‖ Servir algo de marco o trasfondo: *el pelo encuadraba su cara.* ‖ Hacer un encuadre con una cámara fotográfica o de cine. ‖ **FAM.** encuadramiento, encuadre.

encuadre m. Acción y efecto de encuadrar. ‖ En fotografía y cine, límites de la imagen determinados por la posición de la cámara y su distancia. ‖ En un televisor, sistema que permite centrar la imagen en la pantalla.

encubierta f. Fraude, ocultación dolosa.

encubrir tr. Ocultar una cosa o no manifestarla: *encubrir los sentimientos.* ‖ Impedir que llegue a saberse una cosa: *han procurado encubrir el escándalo.* ‖ Hacerse responsable de encubrimiento de un delito. ‖ **FAM.** encubierta, encubiertamente, encubierto, encubridor, encubrimiento.

encuentro m. Acto de coincidir en un punto dos o más personas o cosas: *un encuentro de caminos.* ‖ Oposición, contradicción: *un encuentro de pareceres.* ‖ Competición deportiva: *encuentro de tenis.*

encuerar tr. *amer.* Desnudar, dejar en cueros a una persona. También prnl. ‖ **FAM.** encuerado.

encuesta f. Conjunto de datos obtenidos mediante consulta o interrogatorio a un número determinado de personas sobre un asunto. ‖ **FAM.** encuestador, encuestar.

encuestador, ra m. y f. Persona que lleva a cabo consultas e interrogatorios para una encuesta.

encuestar tr. Someter a encuesta un asunto. ‖ Interrogar a alguien para una encuesta. ‖ intr. Hacer encuestas.

encumbrar tr. Ensalzar, engrandecer a alguien. También prnl. ‖ Levantar en alto. También prnl. ‖ prnl. Envanecerse, ensoberbecerse. ‖ **FAM.** encumbrado, encumbramiento.

endeble adj. Débil, de poca resistencia: *un material endeble.* ‖ **FAM.** endeblez.

endecágono, na adj. y m. Polígono de once lados y once ángulos.

endecasílabo, ba adj. y s. De once sílabas: *verso endecasílabo.* ‖ **FAM.** endecasilábico.

endecha f. Canción triste.

endemia f. Cualquier enfermedad que afecta un país o una zona determinada durante un periodo de tiempo. ‖ **FAM.** endémico, endemismo.

endémico, ca adj. Relativo a la enfermedad propia de un país o de una época: *la peste fue un mal endémico.* ‖ Se dice del acto o suceso que se repite frecuentemente en un país.

endemoniado, da adj. y s. Persona poseída por el demonio. ‖ Perverso, malo, nocivo. ‖ Travieso.

endemoniar tr. Introducir el demonio en el cuerpo de una persona. ‖ Irritar, encolerizar a uno: *deja ya de endemoniar a tu hermanito.* También prnl. ‖ **FAM.** endemoniadamente, endemoniado.

endentecer intr. Empezar los niños a echar los dientes. ♦ **Irreg**. Se conj. como *agradecer*.

enderezar tr. Poner derecho lo que está torcido o inclinado: *endereza el cuadro*. También prnl. | Poner en buen estado una cosa, arreglar: *ha conseguido enderezar su negocio en pocos meses*. También prnl. | Enmendar, corregir, castigar: *enderezó al chico con grandes dosis de paciencia*. También prnl. ♦ **FAM**. enderezado, enderezamiento.

endeudarse prnl. Llenarse de deudas. | **FAM**. endeudamiento.

endibia f. Variedad de escarola cultivada de modo especial, cuyas hojas, largas y lanceoladas, apretadas entre sí, se presentan en disposición fusiforme; es muy apreciada en la preparación de ensaladas.

endilgar tr. Endosar a otro algo desagradable o molesto: *¡vaya trabajito me han endilgado!* | Encaminar, dirigir, acomodar, facilitar.

endiosar tr. Divinizar; elevar a uno a la divinidad. | prnl. fig. Erguirse, ensoberbecerse, envanecerse: *desde que obtuvo aquel premio se ha endiosado*. | **FAM**. endiosamiento.

endo- Elemento compositivo que entra en la formación de algunas voces españolas con el significado de 'dentro, en el interior': *endógeno*.

endocardio m. Membrana que cubre el interior de las cavidades del corazón. | **FAM**. endocarditis.

endocarpio m. En las plantas, capa interna de las tres que forman el fruto.

endocrino, na adj. Se dice de las glándulas también llamadas de *secreción interna* que vierten sus secreciones directamente a la sangre. | Relativo a las hormonas o a las secreciones internas: *sistema endocrino*. | **FAM**. endocrinología, endocrinológico, endocrinólogo, endocrinopatía.

endocrinología f. Estudio del funcionamiento de las glándulas endocrinas y de sus secreciones internas.

endodoncia f. Estudio de las afecciones de la pulpa dentaria. | Tratamiento utilizado en estas afecciones.

endoesqueleto m. En los animales, conjunto de huesos situados en su interior.

endogamia f. Fecundación entre individuos de la misma especie. | Por ext. se aplica a la práctica u obligación de contraer matrimonio cónyuges del mismo grupo étnico, social, etc. | **FAM**. endogámico.

endogénesis f. División de una célula que está rodeada de una cubierta o envoltura resistente que impide la separación de las células hijas. ♦ No varía en pl. | **FAM**. endógeno.

endógeno, na adj. Que se origina o nace en el interior, como la célula que se forma dentro de otra. | Que se origina internamente: *infección endógena*.

endometrio m. Mucosa que recubre la cavidad uterina.

endomingarse prnl. Vestirse con la ropa de fiesta. | **FAM**. endomingado.

endosar tr. Ceder a favor de otro una letra de cambio u otro documento de crédito expedido a la orden, haciéndolo así constar al respaldo o dorso. | Trasladar a uno una carga, trabajo o cosa no apetecible: *le endosó la parte más pesada del trabajo*. | **FAM**. endosable, endosante, endosatario, endose, endoso.

endosatario, ria m. y f. Persona a cuyo favor se endosa o puede endosarse un documento de crédito.

endoscopio m. Nombre genérico de varios aparatos destinados a la exploración de cavidades o conductos internos del organismo. | **FAM**. endoscopia, endoscópico.

endósmosis o **endosmosis** f. En fís., corriente de fuera adentro que se establece cuando los líquidos de distinta densidad están separados por una membrana. ♦ No varía en pl.

endospermo m. Tejido del embrión de las plantas fanerógamas, que les sirve de alimento.

endrino, na adj. De color negro azulado. | m. Ciruelo silvestre con espinas en las ramas, y de fruto pequeño, negro azulado y áspero al gusto. | f. Fruto del endrino.

endrogarse prnl. *amer*. Drogarse, usar estupefacientes. | *amer*. Entramparse, contraer deudas.

endulzar tr. Poner dulce una cosa. También prnl. | Quitar a las aceitunas el amargo, haciéndolas comestibles. | Suavizar; hacer llevadero un trabajo, disgusto o incomodidad: *su compañía endulzó aquel mal momento*. También prnl. | **FAM**. endulzante.

endurecer tr. Poner dura una cosa. También prnl.: *el pan se ha endurecido*. | Hacer a una persona áspera, severa, insensible: *la vida le ha endurecido*. También prnl. ♦ **Irreg**. Se conj. como *agradecer*. | **FAM**. endurecedor, endurecimiento.

endurecimiento m. Acción y efecto de endurecer o endurecerse. | Obstinación, tenacidad. | Resistencia.

ene f. Nombre de la letra *n*.

eneágono, na adj. y m. Polígono de nueve ángulos y nueve lados.

eneasílabo, ba adj. y m. De nueve sílabas: *verso eneasílabo*. | **FAM**. eneasilábico.

enebro m. Arbusto de la familia de las cupresáceas, de 3 a 4 m de altura, con tronco ramoso, copa espesa, hojas lineales y rígidas, flores escamosas, de color pardo rojizo, y frutos en bayas esféricas de color negro azulado. ‖ Madera de esta planta. ‖ FAM. enebral, enebrina.

eneldo m. Hierba de la familia de las umbelíferas, con tallo ramoso, de un metro de altura; hojas divididas en lacinias filiformes y flores amarillas en círculo; se emplea para calmar ciertas afecciones intestinales.

enema f. Medicamento líquido que se introduce en el recto por el ano, y que se utiliza generalmente para estimular la defecación de heces fecales. ‖ Utensilio con que se realiza.

enemigo, ga adj. Contrario, opuesto a algo. También s.: *es enemigo de la violencia.* ‖ m. y f. Persona que tiene mala voluntad a otra y le desea o hace mal. ‖ m. El contrario en la guerra. ‖ **ser enemigo** de algo loc. No gustar de ello. ‖ FAM. enemistad, enemistar.

enemistad f. Aversión u odio entre dos o más personas.

enemistar tr. Hacer perder la amistad. También prnl.

eneolítico, ca adj. Perteneciente o relativo al período prehistórico de transición entre la edad de la piedra pulimentada y la del bronce. También m.

energético, ca adj. Relativo a la energía: *alimentos energéticos.* ‖ f. Ciencia que trata de la energía.

energía f. Fuerza, poder: *puso toda su energía en conseguirlo.* ‖ Fuerza de voluntad o de carácter. ‖ En fís., capacidad de los cuerpos para producir un trabajo. ‖ FAM. energético, enérgicamente.

enérgico, ca adj. Que tiene energía, o relativo a ella.

energúmeno, na m. y f. Persona furiosa, encolerizada: *salió hecho un energúmeno de la sala.* ‖ Persona alborotada o muy exaltada: *gritaba como un energúmeno durante el partido.*

enero m. Primer mes del año; consta de 31 días.

enervar tr. Debilitar, quitar las fuerzas. También prnl. ‖ FAM. enervación, enervador, enervamiento, enervante.

enésimo, ma adj. Número indeterminado de veces que se repite una cosa: *nos contó la misma historia por enésima vez.* ‖ Se dice del lugar de orden *n*, generalmente indeterminado en una serie.

enfadar tr. Causar enfado, disgusto, ira. También prnl. ‖ FAM. enfadadizo, enfadado, enfadosamente, enfadoso.

enfado m. Malestar que crean en el ánimo

ciertas circunstancias. ‖ Enojo contra otra persona. ‖ Disgusto.

enfadoso, sa adj. Enojoso, molesto: *un trabajo enfadoso.*

enfangar tr. Cubrir de fango una cosa o meterla en él. También prnl. ‖ prnl. Mezclarse en negocios sucios.

énfasis m. Fuerza de expresión o de entonación con que se quiere realzar la importancia de lo que se dice o se lee. ‖ Falta de naturalidad en la expresión. ‖ Importancia que se da a algo: *puso el énfasis en la urgencia de llegar a un acuerdo.* ♦ No varía en pl. ‖ FAM. enfáticamente, enfático, enfatizar.

enfático, ca adj. Que se expresa con énfasis.

enfatizar intr. Expresarse con énfasis. ‖ tr. Poner énfasis en la expresión de alguna cosa.

enfermar intr. Contraer una enfermedad: *enfermó de gripe.* También prnl. ‖ tr. Causar enfermedad. ‖ Desagradar, disgustar: *me enferma su obstinación.*

enfermedad f. Alteración de la salud. ‖ Alteración que afecta el funcionamiento de una institución, colectividad, etc.: *el paro es una enfermedad social.*

enfermería f. Local o dependencia donde se cura a enfermos o heridos.

enfermero, ra m. y f. Persona que cuida a los enfermos, y asiste a los médicos.

enfermizo, za adj. Que tiene poca salud o se enferma con facilidad. ‖ Propio de una persona enferma: *pasión enfermiza.*

enfermo, ma adj. Que padece alguna enfermedad. También s.: *vamos a ver cómo sigue el enfermo.* ‖ FAM. enfermar, enfermedad, enfermería, enfermero, enfermizo, enfermoso, enfermucho.

enfermoso, sa adj. *amer.* Enfermizo.

enfervorizar tr. Infundir fervor, ánimo. También prnl.: *el público se enfervorizó con aquella faena del diestro.* ‖ FAM. enfervorizador.

enfilar tr. Poner en fila varias cosas. ‖ Orientar un asunto hacia determinada dirección: *enfiló la discusión hacia su propio terreno.* ‖ Ensartar en un hilo, cuerda, alambre, etc., varias cosas: *enfilar las cuentas de un collar.* ‖ Apuntar: *enfilar un arma.* ‖ FAM. enfilado.

enfisema m. Tumefacción producida por aire o gas en el tejido pulmonar, en el celular o en la piel.

enflaquecer tr. Poner flaco. También intr.: *enflaqueció en poco tiempo.* ‖ Debilitar, enervar. También intr. y prnl.: *su ánimo se fue enflaqueciendo.* ♦ **Irreg** Se conj. como *agradecer.* ‖ FAM. enflaquecimiento.

enfocar tr. Hacer que la imagen de un objeto producida en el foco de una lente se recoja con claridad sobre un plano u objeto determinado. | Centrar en el visor de una cámara fotográfica, de cine, de video, etc., la imagen que se quiere obtener. | Proyectar un haz de luz o de partículas sobre un determinado punto. | Dirigir la atención o el interés hacia un determinado asunto o problema: *procura enfocar el tema desde otro punto de vista.* | FAM. enfoque.

enfoque m. Acción y efecto de enfocar. | Manera de considerar un asunto o problema: *tu enfoque de la cuestión me parece erróneo.*

enfoscar tr. Tapar los agujeros que quedan en una pared después de construirla. | prnl. Ponerse hosco. | Encapotarse, cubrirse el cielo de nubes. | FAM. enfoscado.

enfrascarse prnl. Aplicarse con gran intensidad a una actividad: *se enfrascó en la lectura del libro.* | Enzarzarse, meterse en una espesura. | FAM. enfrascamiento.

enfrentamiento m. Acción y efecto de enfrentar o enfrentarse: *enfrentamiento de opiniones.*

enfrentar tr. Poner frente a frente. También intr. y prnl. | Afrontar, hacer frente. Más c. prnl.: *decidió enfrentarse al problema.* | FAM. enfrentamiento.

enfrente adv. l. A la parte opuesta, en punto que mira a otro, o que está delante de otro: *vive enfrente de mí.* | adv. m. En contra. | FAM. enfrentar.

enfriamiento m. Acción y efecto de enfriar o enfriarse: *enfriamiento de relaciones diplomáticas.* | Indisposición que se caracteriza por síntomas catarrales.

enfriar tr. Poner o hacer que se ponga fría una cosa: *pon el vino a enfriar.* También intr. y prnl. | Moderar los afectos, la fuerza, las pasiones: *su amistad se fue enfriando.* | prnl. Acatarrarse: *se enfrió con el aire acondicionado.* | FAM. enfriamiento.

enfrijolarse prnl. *amer.* Enredarse un negocio u otro asunto.

enfundar tr. Poner una cosa dentro de su funda: *enfundar el paraguas.*

enfurecer tr. Irritar a alguien, ponerle furioso. También prnl. | prnl. Tratándose del mar, el viento, etc., alborotarse. ♦ Irreg. Se conj. como *agradecer.* | FAM. enfurecimiento.

enfurruñarse prnl. Ponerse enfadado: *se enfurruña por nada.* | Encapotarse el cielo. | FAM. enfurruñamiento.

engalanar tr. Adornar a una persona o cosa. También prnl.: *se engalanó para recibirnos.*

engallarse prnl. Ponerse erguido y arrogan-

te: *no te engalles, que no tienes razón para ello.* También tr. | FAM. engallado, engalladura.

enganchar tr. Agarrar una cosa con un gancho o colgarla de él: *enganchar un jamón para curarlo.* También prnl. e intr. | Poner las caballerías en los carruajes de manera que puedan tirar de ellos. También intr. | Coger, atrapar: *engancharon al ladrón en plena calle.* | Atraer a alguien, captar su afecto o su voluntad: *Marta te tiene bien enganchado.* | Enamorar. | En taurom., coger el toro a una persona o cosa y levantarlo con los pitones. | prnl. Alistarse una persona como soldado: *se enganchó a la marina.* | En lenguaje de la droga, hacerse adicto a alguna droga. | FAM. enganchado, enganchamiento, enganche, enganchón.

enganche m. Acción y efecto de enganchar o engancharse. | Pieza o aparato dispuesto para enganchar: *se me ha descosido el enganche de la falda.*

enganchón m. Acción y efecto de desgarrarse una cosa, especialmente la ropa, al engancharse en algo: *llevas un enganchón en el jersey.*

engañabobos com. Persona que pretende embaucar o deslumbrar. | m. Cosa que engaña o defrauda con su apariencia: *este crecepelo es un engañabobos.* ♦ No varía en pl.

engañar tr. Dar a la mentira apariencia de verdad: *su cara inocente engañaba a todo el mundo.* | Inducir a otro a creer y tener por cierto lo que no lo es. También intr.: *te engañó al decir que no lo sabía.* | Estafar: *le engañaron en la tienda.* | Producir ilusión. | Ser infiel a su pareja. | Entretener, distraer: *engañó su hambre con unas aceitunas.* | prnl. Negarse a aceptar la verdad. | Equivocarse: *te has engañado al aceptar ese trabajo.* | FAM. engañabobos, engañadizo, engañador, engañapichanga, engañifa, engaño, engañosamente, engañoso.

engañifa f. Engaño con apariencia de utilidad: *me parece que este producto es una engañifa.*

engaño m. Acción y efecto de engañar o engañarse: *este asunto me huele a engaño.* | Falta de verdad, falsedad: *te ha contado un engaño.* | Cualquier arte para pescar. | Muleta o capa de torear: *agitó el engaño delante del astado.* | **llamarse** uno **a engaño** loc. Pretender que se deshaga una cosa, alegando haber sido engañado.

engañoso, sa adj. Falaz, que engaña o da ocasión a engañarse: *apariencias engañosas.*

engarzar tr. Trabar una cosa con otra u otras, formando una cadena. | Engastar: *engarzar un collar.* | FAM. engarce, engarzador.

engastar tr. Encajar una cosa en otra, como una piedra preciosa en un metal. ‖ **FAM.** engastado, engastadura, engaste.

engaste m. Acción y efecto de engastar. ‖ Cerco de metal que abraza y asegura lo que se engasta.

engatusar tr. Ganar la voluntad de alguien para conseguir alguna cosa: *pretendía engatusarle con promesas.* ‖ **FAM.** engatusador, engatusamiento.

engendrar tr. Procrear, propagar la especie: *engendrar un hijo.* ‖ Causar, ocasionar, formar. ‖ **FAM.** engendrador, engendramiento, engendro.

engendro m. Criatura deforme o de gran fealdad. ‖ Obra mal concebida o mal hecha.

englobar tr. Incluir varias partidas o cosas en un conjunto: *englobaremos estas facturas en los gastos de representación.* ‖ Abarcar un conjunto uno o más cosas. También prnl.: *su obra se engloba dentro de las vanguardias.*

engolado, da adj. Voz, articulación o acento que tienen resonancia en el fondo de la boca o en la garganta. ‖ Afectado, poco natural: *una actuación engolada.* ‖ Fatuo, engreído, altanero: *nos saludó muy engolado.* ‖ **FAM.** engolamiento, engolar.

engolar tr. Dar resonancia gutural a la voz.

engolosinar tr. Excitar el deseo de uno con algún atractivo: *le engolosinó en el negocio prometiéndole el oro y el moro.* ‖ prnl. Aficionarse, tomar gusto a una cosa: *se ha engolosinado con esta serie.* ‖ **FAM.** engolosinamiento.

engomar tr. Poner goma a una cosa. ‖ **FAM.** engomado.

engominarse prnl. Darse gomina.

engordar tr. Poner gordo. También intr.: *ha engordado mucho.* ‖ Hacer crecer. También intr. ‖ Hacerse rico: *sus negocios le están engordando.* ‖ **FAM.** engorda, engordadero, engorde.

engorro m. Embarazo, impedimento, molestia: *este encargo es un engorro.* ‖ **FAM.** engorroso.

engranaje m. Acción y efecto de engranar. ‖ Conjunto de las piezas que engranan. ‖ Conjunto de los dientes de una máquina. ‖ Enlace, trabazón de ideas, circunstancias o hechos: *el engranaje de aquel discurso era muy pobre.*

engranar intr. Encajar los dientes de una rueda. ‖ Enlazar, trabar: *engranar las causas con los efectos.* ‖ **FAM.** engranaje.

engrandecer tr. Aumentar, hacer grande o más grande una cosa. ‖ Alabar, exagerar. ‖ Exaltar, elevar a uno a grado o dignidad superior. También prnl. ♦ Irreg. Se conj. como *agradecer.* ‖ **FAM.** engrandecedor, engrandecimiento.

engrapadora f. Grapadora.

engrapar tr. Unir o coser con grapas. ‖ **FAM.** engrapadura.

engrasar tr. Untar, manchar con grasa. También prnl.: *engrasarse las manos.* ‖ Untar ciertas partes de una máquina con aceites u otras sustancias lubricantes para disminuir el rozamiento. ‖ **FAM.** engrasado, engrase.

engrase m. Acción y efecto de engrasar o engrasarse. ‖ Materia lubricante.

engreído, da adj. Se dice de la persona que está creída de sí misma. ‖ *amer.* Encariñado. ‖ *amer.* Malcriado.

engreír tr. Envanecer, llenar de soberbia. También prnl. ‖ *amer.* Encariñar. También prnl. ‖ *amer.* Mimar, malcriar. ♦ Irreg. Se conj. como *reír.* ‖ **FAM.** engreído, engreimiento.

engrosar tr. Hacer gruesa y más corpulenta una cosa. También prnl.: *el bastón se engrosaba en la empuñadura.* ‖ Aumentar en número: *engrosar un capital.* También prnl. ‖ intr. Hacerse más grueso y corpulento. ‖ **FAM.** engrosamiento, engruesar.

engrudo m. Masa comúnmente hecha con harina o almidón que se cuece en agua, y sirve para pegar papeles y otras cosas ligeras. ‖ **FAM.** engrudar.

engruesar intr. Engrosar, hacer más grueso algo.

engullir tr. Tragar la comida atropelladamente y sin mascarla: *engulló dos bocadillos y se marchó corriendo.* ♦ Irreg. Se conj. como *mullir.* ‖ **FAM.** engullidor.

engurruñar tr. Arrugar, encoger. También prnl.

enharinar tr. Manchar de harina o cubrir con ella. También prnl.: *enharinó el molde para que no se pegara el pastel.*

enhebrar tr. Pasar la hebra por el ojo de la aguja o por el agujero de las cuentas, perlas, etc. ‖ Decir seguidas muchas cosas sin orden ni concierto: *en su delirio, enhebraba recuerdos y realidades.*

enhiesto, ta adj. Levantado, derecho: *sobre el enhiesto campanario giraba la veleta.*

enhilar tr. Enhebrar. ‖ Ordenar, colocar en su debido lugar las ideas de un escrito o discurso. ‖ Dirigir, guiar o encaminar con orden una cosa. También prnl.

enhorabuena f. Felicitación: *le dieron la enhorabuena por su aprobado.* ‖ adv. m. En hora buena.

enigma m. Dicho o conjunto de palabras de sentido encubierto para que sea difícil entenderlo o interpretarlo. ‖ Por ext., persona o cosa que no se alcanza a comprender: *las cau-*

sas de su acción son un enigma para mi. ‖ **FAM**. enigmáticamente, enigmático.

enigmático, ca adj. Que en sí encierra o incluye enigma: *un comportamiento enigmático.*

enjabonar tr. Frotar algo con jabón. ‖ Adular: *no para de enjabonar al jefe.* ‖ Reprender, increpar. ‖ **FAM**. enjabonado, enjabonadura.

enjaezar tr. Poner los jaeces a las caballerías.

enjalbegar tr. Blanquear las paredes con cal, yeso o tierra blanca. ‖ **FAM**. enjalbegado, enjalbegador, enjalbegadura.

enjambre m. Conjunto de abejas que salen de una colmena con una abeja reina para fundar otra. ‖ Conjunto numeroso de animales, cosas o personas: *a la salida del hotel le esperaba un enjambre de periodistas.* ‖ **FAM**. enjambrar, enjambrazón.

enjarciar tr. Poner la jarcia a una embarcación.

enjaretar tr. Hacer pasar por una jareta un cordón, cinta o cuerda. ‖ Hacer o decir algo atropelladamente o de mala manera: *le enjaretó una apresurada disculpa.* ‖ Hacer deprisa ciertas cosas. ‖ Endilgar, intercalar algo molesto o inoportuno: *nos enjaretó un sermón que no venía a cuento.* ‖ **FAM**. enjaretado.

enjaular tr. Encerrar en una jaula. ‖ Meter en la cárcel: *le enjaularon por robo.*

enjuagar tr. Limpiar la boca y dentadura con agua u otro líquido. Más c. prnl. ‖ Aclarar y limpiar con agua clara lo que se ha enjabonado: *no has enjuagado bien los platos.* ‖ **FAM**. enjuagadura, enjuague, enjuagatorio.

enjuague m. Acción de enjuagar o enjuagarse. ‖ Agua u otro líquido que sirve para enjuagar o enjuagarse: *este es el segundo enjuague de la colada.* ‖ Negociación oculta o sucia para conseguir algo: *este enjuague te saldrá mal.*

enjugar tr. Quitar la humedad a una cosa. ‖ Limpiar la humedad que echa de sí el cuerpo: *enjugar el sudor.* ‖ Cancelar una deuda o un déficit. También prnl.

enjuiciamiento m. Acción y efecto de enjuiciar. ‖ Instrucción legal de los asuntos judiciales.

enjuiciar tr. Someter una cuestión a examen, discusión y juicio: *enjuiciaron severamente su comportamiento.* ‖ Instruir un procedimiento judicial. ‖ Juzgar, sentenciar o determinar una causa. ‖ **FAM**. enjuiciable, enjuiciamiento.

enjundia f. Gordura que las aves tienen en la overa, como la de la gallina, la pava, etc. ‖ Gordura de algunos animales. ‖ Lo más sustancioso e importante de alguna cosa: *la en-*

jundia del problema. ‖ Fuerza, vigor. ‖ **FAM**. enjundioso.

enjuta f. En arq., cada uno de los triángulos o espacios que deja en un cuadrado el círculo inscrito en él. ‖ En arq., pechina.

enjuto, ta adj. Delgado, muy flaco: *un hombre enjuto.* ‖ **FAM**. enjutez.

enlace m. Acción y efecto de enlazar o enlazarse. ‖ Unión, conexión de una cosa con otra. ‖ En los medios de transporte, empalme. ‖ Casamiento. ‖ Persona que sirve de intermediario, especialmente dentro de alguna organización: *enlace sindical.* ‖ En quím., unión entre dos átomos de una molécula.

enladrillar tr. Cubrir con ladrillos. ‖ **FAM**. enladrillado, enladrillador.

enlatar tr. Envasar algo en botes de lata: *enlatar conservas.*

enlazar tr. Coger o juntar con lazos. ‖ Unir unas cosas con otras: *enlazar las partes de un edificio.* También prnl. ‖ Aprisionar un animal arrojándole el lazo. ‖ intr. Estar combinado el horario de trenes, aviones, autobuses, barcos, etc.: *tengo que enlazar en Ginebra.* ‖ prnl. Casarse. ‖ **FAM**. enlace, enlazable, enlazador, enlazamiento.

enlodar o **enlodazar** tr. Manchar, ensuciar con lodo. También prnl. ‖ Manchar, envilecer: *ese escándalo ha enlodado su reputación.* También prnl.

enloquecer tr. Hacer perder el juicio a uno: *todo este asunto terminará enloqueciéndote.* ‖ intr. Volverse loco, perder el juicio: *enloqueció de repente y se lanzó contra él.* ‖ Gustar mucho de algo: *le enloquece el cine.* También prnl. ♦ **Irreg**. Se conj. como *agradecer.* ‖ **FAM**. enloquecedor, enloquecimiento.

enlosar tr. Cubrir el suelo con losas unidas y ordenadas. También prnl. ‖ **FAM**. enlosado.

enlozar tr. *amer.* Cubrir algo con un baño de loza o de esmalte vítreo.

enlucir tr. Poner una capa de yeso, estuco, etc., a los edificios. ‖ Limpiar y dar brillo a la plata, las armas, etc. ♦ **Irreg**. Se conj. como *lucir.* ‖ **FAM**. enlucido, enlucimiento.

enlutar tr. Vestir o cubrir de luto. También prnl.: *se enlutó en señal de duelo.* ‖ Entristecer, afligir. También prnl.: *su partida enlutó a todos.* ‖ **FAM**. enlutado.

enmaderar tr. Cubrir con madera los techos, las paredes y otras cosas. ‖ **FAM**. enmaderado, enmaderamiento.

enmadrarse prnl. Encariñarse excesivamente el hijo con la madre. ‖ **FAM**. enmadrado.

enmarañar tr. Enredar, revolver una cosa: *el viento le enmarañó el pelo.* También prnl. ‖ Confundir, enredar un asunto haciéndolo más difícil. También prnl.: *este caso policial se en-*

maraña por momentos. | **FAM.** enmaraña-
miento.

enmarcar tr. Encuadrar, poner en un mar-
co: *enmarcar una litografía*. | Situar algo den-
tro de un determinado lugar, tiempo, corriente artística, etc.: *su obra se enmarca en el impresionismo*.

enmascarar tr. Cubrir el rostro con más-
cara. También prnl. | Encubrir, disfrazar: *en-
mascara su timidez de bravuconería*. | **FAM.**
enmascarado, enmascaramiento.

enmendar tr. Corregir, quitar defectos, subsanar. También prnl. ♦ **Irreg.** Se conj. como
acertar. | **FAM.** enmendable, enmienda.

enmienda f. Corrección de un error o de-
fecto: *hizo propósito de enmienda*. | Propuesta
de variante, adición o reemplazo de un proyecto, dictamen, informe o documento análogo.

enmohecer tr. Cubrir de moho una cosa.
También intr. y prnl. | prnl. Inutilizarse, caer
en desuso. También prnl.: *esta costumbre se
ha enmohecido*. ♦ **Irreg.** Se conj. como *agra-
decer*. | **FAM.** enmohecimiento.

enmudecer intr. Quedar mudo, perder el
habla: *enmudeció del susto*. | Guardar silencio:
todos los presentes enmudecieron. | tr. Hacer
callar: *el profesor enmudeció a los niños dando
un golpe en la mesa*. ♦ **Irreg.** Se conj. como
agradecer. | **FAM.** enmudecimiento.

enmugrecer tr. Cubrir de mugre. También
prnl. ♦ **Irreg.** Se conj. como *agradecer*.

ennegrecer tr. Teñir de negro, poner ne-
gro. También prnl. | Enturbiar, turbar, oscu-
recer: *sus declaraciones ennegrecieron la reu-
nión*. | intr. Ponerse negro o negruzco. Tam-
bién prnl.: *la plata se ha ennegrecido*. |
Ponerse muy oscuro, nublarse: *el cielo se en-
negreció*. ♦ **Irreg.** Se conj. como *agradecer*. |
FAM. ennegrecimiento.

ennoblecer tr. Hacer noble a uno. También
prnl. | Adornar, enriquecer: *ese tapiz ennoble-
ce la sala*. | Realzar, dar esplendor: *ese gesto
te ennoblece*. ♦ **Irreg.** Se conj. como *agrade-
cer*. | **FAM.** ennoblecedor, ennoblecimiento.

enografía f. Estudio de los diferentes tipos
de vinos.

enojar tr. Causar enojo. Más c. prnl.: *se eno-
ja por nada*. | Disgustar, molestar: *le enoja la
impuntualidad*. | prnl. Alborotarse, enfurecer-
se, especialmente hablando de los vientos, ma-
res, etc. | **FAM.** enojadizo, enojante, enojo,
enojón, enojosamente, enojoso.

enojo m. Movimiento del ánimo que suscita
ira contra una persona: *no entiendo tu enojo*.
| Molestia, disgusto, pesar. Más en pl.: *pasó
muchos enojos antes de conseguir este puesto*.

enología f. Ciencia que estudia la elabora-

ción de los vinos. | **FAM.** enografía, enológi-
co, enólogo, enotecnia.

enorgullecer tr. Llenar de orgullo. También prnl.: *se enorgullece de su hijo*. ♦ **Irreg.**
Se conj. como *agradecer*. | **FAM.** enorgulle-
cedor, enorgullecimiento.

enorme adj. Muy grande: *este perro es enor-
me*. | Desmedido, excesivo: *hicieron enormes
gastos para la boda de su hijo*. | **FAM.** enor-
memente, enormidad.

enormidad f. Exceso, cantidad o tamaño
desmedido. | Exceso de maldad. | Disparate:
¡menuda enormidad acaba de soltar!

enquistarse prnl. Formarse un quiste. |
FAM. enquistado, enquistamiento.

enrabiar tr. Encolerizar. También prnl.

enraizar intr. Arraigar, echar raíces. También prnl.: *esta costumbre tardó tiempo en en-
raizarse entre nosotros*.

enramada f. Conjunto de ramas de árboles
espesas y entrelazadas. | Adorno formado de
ramas de árboles. | Cobertizo hecho de ramas
de árboles. | **FAM.** enramar.

enranciar tr. Poner o hacer rancia una cosa.
También prnl.: *el tocino se ha enranciado*.

enrarecer tr. Dilatar un cuerpo gaseoso ha-
ciéndolo menos denso. También prnl. | Hacer
que escasee una cosa. También intr. y más c.
prnl. | prnl. Deteriorarse una relación, situa-
ción, etc.: *los malentendidos enrarecieron su
amistad*. ♦ **Irreg.** Se conj. como *agradecer*. |
FAM. enrarecimiento.

enrasar tr. Nivelar, igualar una cosa con
otra, de suerte que tengan una misma altura
o nivel. También intr. | **FAM.** enrasamiento,
enrase.

enredadera adj. y f. Se dice de las plantas
provistas de un tallo trepador que se enreda
en otra planta o se adhiere a un muro, como
la madreselva o la hiedra.

enredar tr. Enlazar, entretejer, emarañar
una cosa con otra. También prnl.: *se me ha
enredado la madeja*. | Meter a uno en un ne-
gocio o asunto comprometido, ilegal o peligroso. También prnl.: *se enredó en un turbio
negocio inmobiliario*. | Prender con una red. |
Meter cizaña. También intr.: *está visto que le
gusta enredar en los asuntos ajenos*. | Entrete-
ner. También prnl.: *se enredó hablando por te-
léfono y se le hizo tarde*. | intr. Hacer trave-
suras, revolver: *niño, deja ya de enredar*. |
prnl. Empezar una discusión o pelea: *se enre-
daron en una reyerta absurda*. | Aturdirse al ir
a decir o hacer algo: *estaba tan nervioso que
se enredó al leer su examen*. | Mantener dos
personas una relación amorosa: *creo que esos
dos están enredados*. | **FAM.** enredadera, en-

redador, enredijo, enredista, enredo, enredoso.

enredo m. Complicación y maraña que resulta de unirse o mezclarse desordenadamente hilos u otras cosas semejantes: *tienes un horrible enredo en el pelo.* ‖ Confusión, lío: *¡vaya enredo se montó cuando apareciste!* ‖ Engaño, mentira, chisme: *no me cuentes más enredos.* ‖ En una obra literaria, conjunto de sucesos que preceden al desenlace: *esta pieza tiene un enredo muy bien logrado.* ‖ Travesura: *¡otro enredo del nene!* ‖ Complicación. ‖ Relación amorosa.

enrejado m. Conjunto de rejas; verja. ‖ Celosía hecha por lo común de cañas o varas entretejidas.

enrejar tr. Poner rejas. ‖ Meter a alguien en la cárcel: *le enrejaron por desfalco.* ‖ FAM. enrejado.

enrevesado, da adj. Complicado: *este problema es muy enrevesado.* ‖ Confuso: *nos respondió con argumentos enrevesados.* ‖ FAM. enrevesadamente, enrevesamiento, enrevesar.

enriquecer tr. Hacer rico a alguien o algo: *el petróleo ha enriquecido esta comarca.* ‖ Adornar: *varias obras de arte enriquecían el salón.* ‖ Mejorar, prosperar: *el abono enriquece la tierra.* ‖ Aumentar, engrandecer, ampliar: *enriqueció su cultura viajando.* ‖ intr. y prnl. Hacerse alguien rico: *se ha enriquecido en la bolsa.* ♦ **Irreg.** Se conj. como *agradecer.* ‖ FAM. enriquecedor, enriquecido, enriquecimiento.

enristrar tr. Poner la lanza en el ristre o bajo el brazo para atacar. ‖ Hacer ristras con ajos, etc.

enrocar tr. En ajedrez, mover simultáneamente el rey a la torre del mismo bando. También intr. y prnl. ‖ FAM. enroque.

enrojecer tr. Dar color rojo. También prnl. ‖ Poner roja una cosa con el calor o el fuego: *enrojecer un metal.* También prnl. ‖ prnl. Encenderse el rostro. También tr.: *el viento le enrojeció las mejillas.* ‖ intr. Ruborizarse: *enrojeció al verte.* ♦ **Irreg.** Se conj. como *agradecer.* ‖ FAM. enrojecimiento.

enrolar tr. Inscribir un individuo en una lista o rol de tripulantes de un barco mercante. También prnl. ‖ prnl. Alistarse, inscribirse en el ejército o en alguna organización: *se enroló en infantería.* ‖ FAM. enrolamiento.

enrollar tr. Envolver una cosa en forma de rollo. También prnl. ‖ Liar, enredar: *no enrolles el problema.* ‖ intr. Agradar mucho una cosa: *ese grupo le enrolla mucho.* ‖ prnl. Extenderse demasiado en alguna actividad, especialmente en una conversación o escrito: *no te enrolles en el examen.* ‖ Participar en algún

asunto: *se enrolló en la compañía de teatro del barrio.* ‖ Tener relaciones sexuales o amorosas dos personas. ‖ **enrollarse mal** o **bien** loc. Tener o no facilidad de expresión, de trato, o de adaptarse a una situación: *tu primo se ha enrollado muy bien con el grupo.* ‖ FAM. enrollado, enrollamiento, enrollante, enrolle.

enronquecer tr. Poner ronco a uno. También intr. y prnl. ♦ **Irreg.** Se conj. como *agradecer.* ‖ FAM. enronquecimiento.

enroque m. En ajedrez, acción y efecto de enrocar.

enroscar tr. Torcer en forma de rosca o espiral una cosa. También prnl.: *enroscarse el pelo en un moño.* ‖ Introducir una cosa a vuelta de rosca: *enroscar una palometa.* ‖ FAM. enroscadura, enroscamiento.

ensaimada f. Bollo de pasta hojaldrada en forma de espiral.

ensalada f. Mezcla de hortalizas aderezadas con aceite y vinagre, a la que se pueden añadir otros ingredientes y condimentos. ‖ Mezcla confusa de cosas: *mi primo es una verdadera ensalada.* ‖ Mezcla poco armónica de colores. ‖ FAM. ensaladera, ensaladilla.

ensaladera f. Fuente honda en que se sirve la ensalada.

ensaladilla f. Manjar frío compuesto generalmente de patata, zanahoria, guisantes, pimiento, etc., con mayonesa. Se conoce más por *ensaladilla rusa.*

ensalivar tr. Llenar o empapar de saliva. También prnl.

ensalmar tr. Componer los huesos dislocados o rotos. ‖ Curar con ensalmos. También prnl.

ensalmo m. Modo de curar con oraciones mágicas y prácticas de curandero. ‖ FAM. ensalmador, ensalmar.

ensalzar tr. Engrandecer, exaltar. ‖ Alabar, elogiar: *ensalzó su comportamiento.* También prnl. ‖ FAM. ensalzador, ensalzamiento.

ensamblar tr. Unir, juntar dos piezas, especialmente de madera, haciendo encajar la parte saliente de una en la entrante de la otra. ‖ FAM. ensamblado, ensamblador, ensambladura, ensamblaje, ensamble.

ensanchar tr. Aumentar la anchura de una cosa: *ensanchar de cintura.* También intr. y prnl. ‖ Extender, dilatar: *la puerta ha ensanchado con la humedad.* ‖ prnl. Engreírse: *se ensanchó con el triunfo.* ‖ FAM. ensanchador, ensanchamiento, ensanche.

ensanche m. Acción y efecto de ensanchar. ‖ Terreno dedicado a la ampliación de una ciudad, y conjunto de edificaciones que en ese terreno se construyen.

ensangrentar tr. Manchar con sangre.

También prnl. | Provocar derramamiento de sangre: *la guerra ensangrentó el país.* ♦ **Irreg.** Se conj. como *acertar.* | **FAM.** ensangrentamiento.

ensañamiento. m. Acción y efecto de ensañarse: *su respuesta fue puro ensañamiento.* | En der., circunstancia agravante que consiste en aumentar deliberadamente el mal de un delito.

ensañar tr. Irritar, enfurecer. | prnl. Deleitarse en causar daño o dolor a quien no puede defenderse: *se ensañó contra el enemigo vencido.* | **FAM.** ensañamiento.

ensartar. tr. Pasar por un hilo, cuerda, alambre, etc., varias cosas: *ensartar las cuentas de un collar.* | Enhebrar: *ensartar el hilo por el ojo de la aguja.* | Atravesar, introducir: *le ensartó con la espada.* | Decir muchas cosas sin orden ni conexión: *en su discurso ensartó varias citas.*

ensayar tr. Preparar la ejecución y montaje de un espectáculo antes de ofrecerlo al público. También intr.: *los martes ensaya la compañía.* | Por ext., hacer la prueba de cualquier otro tipo de acto antes de realizarlo: *ensayaba su discurso delante del espejo.* | Poner a prueba una cosa: *ensayar un coche.* | Entrenar, adiestrar. | **FAM.** ensaye, ensayo.

ensayo m. Acción y efecto de ensayar. | Obra en prosa, de extensión variable, en la que un autor reflexiona sobre determinado tema: *los ensayos de Montaigne inauguraron el género.* | Representación completa de una obra dramática, musical, etc., que se hace antes de presentarla al público: *ensayo general.* | **FAM.** ensayismo, ensayista.

enseguida o en seguida adv. t. Inmediatamente después: *termino y en seguida estoy con vosotros.*

ensenada f. Parte de mar que entra en la tierra.

enseña f. Insignia o estandarte.

enseñanza f. Acción y efecto de enseñar: *enseñanza de idiomas.* | Sistema y método empleados para enseñar: *enseñanza mixta.* | Conjunto de medios, instituciones, personas, etc., relacionados con la educación: *el mundo de la enseñanza.* | Ejemplo que sirve de experiencia: *que esto te sirva de enseñanza.* | pl. Ideas, conocimientos, etc., que una persona transmite a otra: *sus enseñanzas le fueron de gran ayuda.*

enseñar tr. Hacer que alguien aprenda algo: *enseñar a leer.* | Dar ejemplo o escarmiento: *esto te enseñará a no decir mentiras.* | Mostrar o exponer algo: *me enseñó su casa.* | Dejar ver una cosa involuntariamente: *enseñaba la enagua.* | Indicar, dar señas de una cosa: *nos en-*

señó *el camino.* | **FAM.** enseñable, enseñado, enseñador, enseñante, enseñanza.

enseñorearse prnl. Hacerse señor y dueño de una cosa; dominarla: *el enemigo se enseñoreó de la ciudad.* También tr. | **FAM.** enseñoramiento.

enseres m. pl. Utensilios, muebles, instrumentos, necesarios en una casa o para una profesión: *enseres domésticos.*

ensillar tr. Poner la silla al caballo, mula, etc. | **FAM.** ensilladura.

ensimismarse prnl. Abstraerse: *se ensimismó en la novela.* | Entregarse alguien a sus propios pensamientos, aislándose del mundo que le rodea: *otra vez está ensimismado.* | **FAM.** ensimismamiento.

ensoberbecer tr. Causar soberbia en alguien: *el éxito le ha ensoberbecido.* También prnl. | prnl. Agitarse el mar, alterarse. ♦ **Irreg.** Se conj. como *agradecer.* | **FAM.** ensoberbecimiento.

ensombrecer tr. Oscurecer, cubrir de sombras. También prnl.: *el cielo se ensombreció.* | prnl. Entristecerse: *la noticia ensombreció los ánimos.* ♦ **Irreg.** Se conj. como *agradecer.*

ensoñación f. Acción y efecto de ensoñar, ensueño.

ensoñar intr. Tener ensueños. También tr. ♦ **Irreg.** Se conj. como *contar.* | **FAM.** ensoñación, ensoñador.

ensordecer tr. Causar sordera a una persona. Más c. intr.: *se ha ensordecido con la edad.* | Aminorar la intensidad de un sonido o ruido: *una almohada ensordeció el ruido del disparo.* | Aturdir a uno la intensidad de un sonido o ruido: *de pronto nos ensordeció el doblar de las campanas.* | Callar, no responder. | En ling., convertir una consonante sonora en sorda. ♦ **Irreg.** Se conj. como *agradecer.* | **FAM.** ensordecedor, ensordecimiento.

ensortijar tr. Rizar, encrespar una cosa, especialmente el pelo. También prnl. | Poner un aro de metal atravesando la nariz de un animal. | prnl. Ponerse sortijas; enjoyarse. | **FAM.** ensortijamiento.

ensuciar tr. Poner sucia una cosa. También prnl.: *te has ensuciado los pantalones.* | Manchar la fama, el prestigio, el honor, etc.: *el escándalo ensució su reputación.* | prnl. Hacer las necesidades corporales en la cama, la ropa, etc. | Meterse una persona en asuntos o negocios sucios: *se ha ensuciado con la droga.* | **FAM.** ensuciamiento.

entablar tr. Dar comienzo a una conversación, amistad, lucha, etc. | Cubrir con tablas una cosa. | En ajedrez y otros juegos de tablero, colocar las piezas en sus respectivos lugares para empezar el juego. | intr. *amer.*

Igualar. | FAM. entablado, entabladura, entablamento, entable.

entablillar tr. Asegurar con tablillas y vendaje un hueso roto.

entallar tr. Cortar la corteza de algunos árboles para extraer la resina. | Hacer cortes en una pieza de madera para ensamblarla con otra. | Esculpir, grabar. | Hacer que una cosa se ajuste al talle. También prnl.: *se entalló la gabardina con un cinturón.* | FAM. entallado, entallador, entalladura.

entallecer intr. Echar tallos las plantas y árboles. También prnl. ♦ Irreg. Se conj. como *agradecer.*

entarimar tr. Cubrir el suelo con tablas o tarima. | FAM. entarimado, entarimador.

éntasis f. Parte más abultada del fuste de algunas columnas. ♦ No varía en pl.

ente m. Lo que es, existe o puede existir. | Asociación u organismo, particularmente el vinculado al Estado: *un ente público.* | FAM. entidad.

enteco, ca adj. Enfermizo, débil, flaco: *un caballo enteco.* | Sujeto ridículo.

entelequia f. Cosa o persona irreal, que no puede existir en la realidad: *aquel proyecto era una pura entelequia.*

entendederas f. pl. fam. Entendimiento: *es corto de entendederas.*

entender tr. Comprender, captar el sentido de algo: *entiende inglés y francés.* | Conocer, penetrar: *no entiendo sus motivos.* | Conocer el ánimo o la intención de alguien: *entiendo que tengas que irte.* | Discurrir, inferir, deducir: *de todo ello entiendo que no lo apruebas.* | Tener intención o mostrar voluntad de hacer una cosa: *dio a entender que no vendría.* | Creer, pensar, juzgar: *yo entiendo que sería mejor tal cosa.* | intr. Seguido de la prep. *de,* conocer en alguna materia: *entiende de informática.* También tr. | Seguido de la prep. *en,* ocuparse de algo: *este tribunal no entiende en este caso.* | prnl. Conocerse, comprenderse a sí mismo: *tranquilo, yo me entiendo.* | Mantener relaciones amorosas dos personas: *creo que esos dos se entienden.* | Llevarse bien dos o más personas: *me gusta como os entendéis en el grupo.* | Ponerse de acuerdo: *al final consiguieron entenderse en el precio.* | **dar a entender** loc. Insinuar, sugerir. | FAM. entendederas, entendedor, entender, entendible, entendido, entendimiento. ♦ **Irreg.** Conjugación modelo:

Indicativo

Pres.: *entiendo, entiendes, entiende, entendemos, entendéis, entienden.*
Imperf.: *entendía, entendías,* etc.
Pret. indef.: *entendí, entendiste,* etc.
Fut. imperf.: *entenderé, entenderás,* etc.

Potencial: *entendería, entenderías,* etc.

Subjuntivo

Pres.: *entendiera, entenderías, entienda, entendamos, entendáis, entiendan.*
Imperf.: *entendiera, entendieras,* etc., o *entendiese, entendieses,* etc.
Fut. imperf.: *entendiere, entendieres,* etc.

Imperativo: *entiende, entended.*

Participio: *entendido.*

Gerundio: *entendiendo.*

---

entender m. Opinión. | **a mi entender** loc. adv. Según mi opinión o mi modo de pensar: *a mi entender estás equivocado.*

entendido, da adj. Conocedor de una materia. También s.

entendimiento m. Facultad humana de comprender, comparar, juzgar las cosas, o inducir y deducir otras de las que ya se conocen. | Acuerdo, relación amistosa: *por fin llegamos a un entendimiento.*

entente f. Pacto, acuerdo.

enterado, da adj. Que conoce bien una materia. También s.: *se las da de enterado.*

enterar tr. Informar a uno de algo. También prnl: *me enteré por tu padre.* | amer. Pagar, entregar dinero. | prnl. Darse cuenta: *no me enteré de lo que pasaba.* | FAM. enteradillo, enterado.

entereza f. Integridad, perfección. | Fortaleza, firmeza de ánimo: *lo soportó con entereza.*

enteritis f. Inflamación de la membrana mucosa de los intestinos. ♦ No varía en pl. | FAM. entérico, enterocolitis, enteropatía.

enternecer tr. Mover a ternura o a compasión. También prnl.: *se enterneció con sus lágrimas.* | Poner blanda o tierna una cosa. ♦ **Irreg.** Se conj. como *agradecer.* | FAM. enternecedor, enternecidamente, enternecimiento.

entero, ra adj. Completo: *se zampó la fuente entera.* | Sano: *este melocotón no está entero.* | Se dice de la persona que tiene firmeza de carácter: *se mostró muy entero ante el jefe.* | Constante. | Recto, justo: *es muy entero en sus juicios.* | En mat., se dice del número que consta de una o más unidades completas, a diferencia de los decimales o los quebrados. | Se dice de la mujer que no ha perdido la virginidad. | m. En la bolsa, variación en los valores de cotización. | amer. Entrega de dinero. | **por entero** loc. adv. Enteramente. | FAM. enteramente, enterar, entereza, enterizo.

enterrador, ra m. y f. Persona que entierra

a los muertos. | m. Coleóptero que pone sus huevos sobre los cadáveres de animales pequeños, como ratones, pájaros, etc., enterrándolos luego para que sus larvas se alimenten.

enterramiento m. Sepulcro. | Entierro.

enterrar tr. Poner debajo de tierra: *enterraron el tesoro en una isla.* | Dar sepultura a un cadáver. | Arrinconar, relegar al olvido: *enterrar las ilusiones; enterrar un proyecto.* | Hacer desaparecer una cosa debajo de otra, como si estuviese oculta bajo tierra: *enterró la cabeza entre sus manos.* También prnl. | Sobrevivir alguien a una o más personas: *abuelo, tú nos enterrarás a todos.* | amer. Clavar o introducir un instrumento punzante. También prnl. | prnl. Retirarse del trato de los demás. ♦ **Irreg**. Se conj. como *acertar*. | **FAM**. enterrador, enterramiento, enterratorio, entierro.

entibar tr. Apuntalar, fortalecer con maderas y tablas las excavaciones que ofrecen riesgo de hundimiento. | intr. Estribar. | **FAM**. entibación, entibado, entibador.

entibiar tr. Poner tibio un líquido. También prnl. | Templar los afectos y pasiones. También prnl.: *sus relaciones se fueron entibiando con el tiempo.*

entidad f. Ente o ser. | En fil., lo que constituye la esencia o la forma de una cosa: *la entidad del alma.* | Valor o importancia de una cosa: *su influencia tiene escasa entidad.* | Colectividad considerada como unidad: *entidad financiera.*

entierro m. Acción y efecto de enterrar. | Acto en que se lleva a enterrar un cadáver y su acompañamiento: *muchas personalidades de la cultura asistieron a su entierro.*

entintar tr. Manchar o teñir con tinta: *llevas las manos entintadas.* | Teñir, dar a una cosa un color distinto del que tenía. | **FAM**. entintado.

entoldar tr. Cubrir con toldos. | prnl. Nublarse. | **FAM**. entoldado, entoldamiento.

entomología f. Parte de la zoología que se dedica al estudio de los insectos. | **FAM**. entomófilo, entomológico, entomólogo.

entonación f. Acción y efecto de entonar. | Modulación de la voz que acompaña a la secuencia de sonidos del habla, y que puede reflejar diferencias de sentido, de intención, de emoción y de origen del hablante: *por su entonación me pareció muy afectado.*

entonar tr. Afinar la voz; cantar ajustado al tono. También intr.: *entonas bastante mal.* | Dar determinado tono a la voz. | Empezar uno a cantar una cosa para que los demás continúen en el mismo tono. | Reconfortar el organismo: *el ejercicio entona los músculos.*

También prnl. | prnl. Engreírse. | Ponerse alguien alegre con el alcohol: *se entonó con dos copitas de vino.* También tr. | **FAM**. entonación, entonado.

entonces adv. t. En aquel tiempo u ocasión: *entonces se oyó el teléfono.* | adv. m. En tal caso, siendo así: *si me lo dices tú, entonces te creo.* | **en aquel entonces** loc. adv. En aquel tiempo u ocasión.

entontecer tr. Poner a uno tonto. También prnl. ♦ **Irreg**. Se conj. como *agradecer*. | **FAM**. entontecimiento.

entornar tr. Dejar una puerta o ventana sin cerrarla por completo. | Se dice también de los ojos cuando no se cierran del todo.

entorno m. Ambiente, lo que rodea: *entorno laboral.*

entorpecer tr. Retardar, dificultar: *entorpecer la marcha de un proyecto.* También prnl. | Obstaculizar el paso de alguien o algo: *un vehículo mal aparcado entorpecía el tráfico.* También prnl. | Poner torpe. También prnl. ♦ **Irreg**. Se conj. como *agradecer*. | **FAM**. entorpecimiento.

entrada f. Espacio por donde se entra: *la entrada a un edificio.* | Billete para entrar a un espectáculo, lugar público, etc.: *no quedaban entradas.* | Acción de entrar en alguna parte: *tuvo una entrada espectacular.* | Conjunto de personas que asisten a un espectáculo. | Vestíbulo. | Plato que se sirve antes del plato principal, y generalmente después de la sopa. | Cada uno de los ángulos entrantes que forma el pelo. Más en pl.: *ya se le notan las entradas.* | Cantidad que entra en una caja o en poder de uno. | Cantidad inicial que se paga por algo que se compra a plazos, por ingresar en ciertas instituciones, etc.: *tuvo que dar una entrada de dos millones para el piso.* | Primeros días del año, del mes, de una estación, etc. | Cada una de las unidades léxicas o términos que aparecen definidos en un diccionario. | En mús., momento en que cada voz o instrumento ha de tomar parte en la ejecución de una pieza musical. | **de entrada** loc. adv. Primeramente, como introducción: *de entrada diré que no estoy de acuerdo.*

entramado m. Armazón de madera o hierro que sirve para hacer una pared, tabique o suelo. | Estructura: *el entramado de una red.* | **FAM**. entramar.

entrambos, bas adj. pl. Ambos.

entrampar tr. Contraer muchas deudas. Más c. prnl.: *se ha entrampado en el juego.* | Engañar. | Enredar, confundir. | Hacer que un animal caiga en la trampa.

entrante adj. Que entra: *el mes entrante.* | m. Entrada en un borde o superficie.

entraña f. Cada uno de los órganos contenidos en el interior del cuerpo humano y de los animales. Más en pl. ‖ Lo más íntimo o esencial: *esta es la entraña del asunto.* ‖ pl. Lo más oculto y escondido. ‖ El centro, lo que está en medio: *las entrañas de la tierra.* ‖ Sentimientos de una persona: *no tiene entrañas.* ‖ **FAM.** entrañable, entrañablemente, entrañar.

entrañable adj. Muy profundo y auténtico. ‖ Muy querido.

entrañar tr. Introducir en lo más hondo. También prnl. ‖ Contener, llevar dentro de sí: *este asunto entraña complicaciones.*

entrar intr. Pasar de fuera adentro, o por una parte para introducirse en otra: *entró por una ventana.* ‖ Encajar o meterse una cosa en otra, o dentro de otra: *esta botella no entra en el armario.* ‖ Penetrar o introducirse. ‖ Empezar a formar parte de una empresa, institución, etc.: *entró como botones.* ‖ Tratándose de estaciones o de cualquier otra parte del año, empezar o tener principio: *entraba marzo.* ‖ Ser admitido o tener entrada en alguna parte. ‖ Tratándose de afectos, estados de ánimo, enfermedades, etc., empezar a dejarse sentir o a ejercer su influencia: *entrar el mal humor.* ‖ Caber cierta porción o número de cosas en algo: *en el ascensor sólo entran cuatro personas.* ‖ Hallarse, tener parte en la composición de ciertas cosas: *este ingrediente no entraba en la receta.* ‖ Junto con la preposición *a* y el infinitivo de otros verbos, dar principio a la acción de ellos: *entrar a reinar.* ‖ Seguido de la preposición *en* y de un nombre, empezar a sentir lo que este nombre signifique: *entrar en calor.* ‖ Seguido de la preposición *en* y de un nombre, intervenir o tomar parte en lo que este nombre signifique: *entrar en un negocio.* ‖ Seguido de la preposición *en* y de voces significativas de edad, empezar a estar en la que se mencione: *entrar en la adolescencia.* ‖ En mús., empezar a cantar o tocar en el momento preciso: *entrar la sección de viento.* ‖ tr. Introducir o hacer entrar: *haz entrar a tu amigo.* ‖ Acometer a una persona, o ejercer influencia sobre ella: *a Javier no hay por dónde entrarle.* ‖ **no entrarle** a uno una cosa loc. No ser de su aprobación; repugnarle, no creerla: *no me entra su obstinación.* ‖ No poder aprenderla o comprenderla: *esta lección no me entra.* ‖ **FAM.** entrada, entrado, entrante.

entre prep. que denota la situación o estado entre dos o más cosas o acciones: *esta aldea está entre Asturias y León.* ‖ Dentro de, en lo interior: *lo puso entre las páginas de un libro.* ‖ Expresa estado intermedio: *sus ojos eran entre verdes y azules.* ‖ En una colectividad: *era un rito secreto entre los masones.* ‖ Indica colaboración o participación: *lo haremos entre todos.*

entre- pref. que expresa estado intermedio: *entreabrir*; en medio de otras cosas o acciones: *entreacto, entremezclar*; o indica debilitamiento con respecto al significado de la palabra que acompaña: *entrever.*

entreabrir tr. Abrir un poco o a medias. También prnl.: *se entreabrió una ventana.* ‖ **FAM.** entreabierto.

entreacto m. Intermedio en una representación teatral, o de otro espectáculo público.

entrecano, na adj. Se dice del cabello o barba a medio encanecer. ‖ Se dice de la persona que tiene así el cabello.

entrecejo m. Espacio que hay entre las cejas. ‖ Ceño.

entrecerrar tr. Entornar una puerta, ventana, etc.: *me miró con los ojos entrecerrados.* También prnl. ♦ **Irreg.** Se conj. como *acertar*.

entrecomillar tr. Poner entre comillas una o varias palabras. ‖ **FAM.** entrecomillado.

entrecortar tr. Cortar una cosa sin acabar de dividirla. ‖ prnl. Interrumpirse la voz o el hablar por la turbación, el miedo, la timidez, etc. ‖ **FAM.** entrecortadamente, entrecortado.

entrecot m. Filete de carne sacado de entre las costillas de una res. ‖ Por ext., cualquier filete grueso o de un gran tamaño.

entrecruzar tr. Cruzar dos o más cosas entre sí, enlazar. También prnl.: *se entrecruzaron saludos.* ‖ **FAM.** entrecruzado, entrecruzamiento.

entrecubierta f. Espacio que hay entre las cubiertas de una embarcación. También pl.

entredicho m. Duda sobre algo: *su honradez está en entredicho.* ‖ Prohibición, censura. ‖ Censura eclesiástica. ‖ **poner en entredicho** loc. Juzgar una cosa como indigna o dudar de ella.

entredós m. Tira bordada o de encaje que se cose entre dos telas. ‖ Armario de madera fina y de poca altura, que suele colocarse entre dos balcones de una sala.

entrega f. Acción y efecto de entregar o entregarse: *entrega de premios.* ‖ Cada uno de los cuadernos impresos en que se divide y expende un libro publicado por partes, o cada libro o fascículo de una serie coleccionable: *novela por entregas.* ‖ Parte de un sillar o madero que se introduce en la pared.

entregar tr. Poner algo en poder de alguien: *entregó la llave al portero.* ‖ prnl. Ponerse en manos de alguien: *entregarse a la policía.* ‖ Dedicarse enteramente a una cosa: *se entregó al estudio.* ‖ Darse a vicios y pasiones. ‖ **FAM.** entrega.

entrelazar tr. Enlazar, entretejer una cosa con otra. ‖ **FAM**. entrelazamiento, entrelazo.

entrelínea f. Lo escrito entre dos líneas. ‖ Espacio en blanco entre dos líneas escritas. ‖ **FAM**. entrelinear.

entremedias adv. l. y t. Entre uno y otro tiempo, espacio, lugar o cosa.

entremés m. Cualquiera de los platos ligeros que se ponen en la mesa para picar antes de servir la comida. Más en pl.: *se puso morado con los entremeses.* ‖ Pieza dramática breve, jocosa y en un solo acto, que se representaba entre los actos de una comedia. ‖ **FAM**. entremesista.

entremeter tr. Meter una cosa entre otras: *entremetió la foto entre las páginas de un libro.* ‖ Remeter hacia dentro una parte sobresaliente de algo. ‖ prnl. Entrometerse: *no te entremetas en esto.* ‖ **FAM**. entremetido, entremetimiento.

entremezclar tr. Mezclar una cosa con otra sin confundirlas.

entrenar tr. Preparar, adiestrar a personas o animales, especialmente para la práctica de un deporte. También prnl. e intr.: *entrenaban cinco días a la semana.* ‖ Adiestrar a alguien en el manejo de algo. También prnl.: *se entrenaba con el coche.* ‖ **FAM**. entrenado, entrenador, entrenamiento.

entrenudo m. Parte del tallo de algunas plantas comprendida entre dos nudos.

entrepaño m. Parte de pared comprendida entre dos pilastras, dos columnas o dos huecos. ‖ Anaquel del estante o de la alacena. ‖ Cualquiera de las tablas que divide las puertas y ventanas.

entrepierna f. Parte interior de los muslos. Más en pl. ‖ Parte de las prendas de vestir correspondiente a esta zona. ‖ pl. Piezas cosidas en la entrepierna de los pantalones para reforzarla.

entreplanta f. Planta de oficinas, tiendas, etc., situada entre el piso bajo y el primer piso de un edificio.

entresacar tr. Sacar unas cosas de entre otras: *entresacó varias citas.* ‖ Aclarar un monte. ‖ Cortar parte del cabello. ‖ **FAM**. entresaca, entresacadura.

entresijo m. Mesenterio. ‖ Cosa oculta, interior, escondida. Más en pl.: *los entresijos de un asunto.* ‖ **tener muchos entresijos** loc. Tener una cosa muchas dificultades o complicaciones. ‖ Proceder uno con cautela y disimulo en lo que hace o piensa.

entresuelo m. Piso entre el bajo y el principal de una casa. ‖ Planta de los teatros y cines situada encima del patio de butacas.

entretanto adv. t. Mientras tanto, a la vez que sucede o se hace algo.

entretejer tr. Meter o entretejer en la tela que se teje hilos diferentes para que hagan distinta labor. ‖ Entremezclar una cosa con otra. También prnl. ‖ Incluir, intercalar palabras, periodos o versos en un libro o escrito.

entretela f. Tejido que se pone entre la tela y el forro de una prenda de vestir. ‖ pl. Lo íntimo, las entrañas: *¡hijo de mis entretelas!* ‖ **FAM**. entretelar.

entretener tr. Hacer que alguien se detenga y espere. También prnl.: *se entretuvo por el tráfico.* ‖ Divertir, recrear. También prnl.: *se entretiene pintando.* ‖ Dar largas: *entretuvieron el dictamen.* ‖ Hacer más llevadera una cosa: *entretiene su vejez con los nietos.* ‖ Mantener, conservar: *él se encarga de entretener la finca.* ♦ Irreg. Se conj. como *tener.* ‖ **FAM**. entretenido, entretenimiento.

entretenido, da adj. Divertido, distraído: *un espectáculo entretenido.* ‖ Se dice del trabajo que lleva mucho tiempo. ‖ f. Querida a la que su amante mantiene.

entretenimiento m. Acción y efecto de entretener y entretenerse. ‖ Cosa que sirve para entretener o divertir: *pinta por entretenimiento.* ‖ Mantenimiento, conservación de algo: *el entretenimiento de este palacio es muy costoso.*

entretiempo m. Tiempo de primavera y otoño: *ropa de entretiempo.*

entrever tr. Ver confusamente una cosa. ‖ Sospechar algo: *entreveo que tendremos problemas.* ♦ Irreg. Se conj. como *ver.*

entreverado, da adj. Que tiene intercaladas cosas variadas y diferentes. ‖ Se dice del tocino que tiene vetas de magro. ‖ m. *amer.* Asadura de cordero o de cabrito aderezada con sal y vinagre y asada al fuego en asador de madera.

entreverar tr. Mezclar, introducir una cosa entre otras: *entreveró varias tradiciones literarias en esta novela.* ‖ prnl. *amer.* Mezclarse desordenadamente personas, animales o cosas. ‖ *amer.* Enfrentarse dos grupos de caballería y luchar cuerpo a cuerpo los jinetes. ‖ *amer.* Discutir. ‖ **FAM**. entreverado, entrevero.

entrevero m. Acción y efecto de entreverarse. ‖ *amer.* Confusión, desorden. ‖ *amer.* Pelea.

entrevía f. Espacio libre que queda entre los dos rieles de una vía de ferrocarril.

entrevista f. Encuentro y charla entre dos o más personas en un lugar y para tratar un asunto determinado. ‖ Conversación que entabla un periodista con un personaje de actualidad para difundir sus opiniones. ‖ Charla a la que se somete el aspirante a un trabajo para que la empresa compruebe si reúne las condiciones necesarias para el puesto. ‖ Acción y efecto de entrevistar o entrevistarse.

entrevistar tr. Hacer una entrevista: *me entrevistó el director de personal.* ‖ prnl. Reunirse varias personas para tratar algún asunto: *hoy se entrevistan los ministros de Exteriores.* ‖ FAM. entrevista, entrevistador.

entristecer tr. Causar tristeza: *tu partida le entristece.* ‖ Dar a algo un aspecto triste: *la lluvia entristecía el parque.* ‖ prnl. Ponerse triste: *se entristece con las desgracias de los demás.* ♦ **Irreg.** Se conj. como *agradecer.* ‖ FAM. entristecedor, entristecimiento.

entrometer tr. Entremeter. También prnl. ‖ prnl. Meterse uno donde no le llaman: *se entrometió en nuestra discusión.* ‖ FAM. entrometido, entrometimiento.

entroncar tr. Establecer o reconocer una relación o dependencia entre personas, ideas, acciones, etc. ‖ intr. Existir una relación o dependencia entre personas, ideas, acciones, etc.: *su obra entronca con el surrealismo.* ‖ Tener o contraer parentesco con un linaje o persona. También prnl. ‖ *amer.* Empalmar dos líneas de transporte. También prnl. ‖ FAM. entroncamiento, entronque.

entronizar tr. Colocar en el trono. ‖ Ensalzar a uno; colocarle en una dignidad superior: *le entronizaron como héroe.* ‖ prnl. Engreírse, envanecerse. ‖ FAM. entronización, entronizamiento.

entropía f. Medida del grado de desorden de un sistema.

entropillar tr. *amer.* Acostumbrar a los caballos a vivir en manada.

entubar tr. Poner tubos a alguien o algo: *entubaron al enfermo.* ‖ FAM. entubación, entubado.

entuerto m. Injusticia o agravio. ‖ pl. Dolores de vientre que se producen después del parto por las contracciones del útero al volver a su posición original.

entumecer tr. Hacer que un miembro se quede rígido o torpe de movimientos. Más c. prnl.: *se le entumecieron las manos por el frío.* ♦ **Irreg.** Se conj. como *agradecer.* ‖ FAM. entumecimiento, entumirse.

enturbiar tr. y prnl. Hacer o poner turbia una cosa: *enturbiar el agua.* ‖ Turbar, alterar el orden. ‖ Ensombrecer, apagar la alegría y animación de un festejo: *nada enturbió la fiesta.* ‖ FAM. enturbiamiento.

entusiasmar tr. y prnl. Infundir entusiasmo: *el público se entusiasmó.* ‖ Gustarle muchísimo algo a alguien: *le entusiasma el cine.*

entusiasmo m. Exaltación y excitación del

ánimo por algo que causa admiración, placer, etc.: *mostró mucho entusiasmo al enterarse.* ‖ Viveza, afán o empeño que se pone al hacer algo: *puso todo su entusiasmo en conseguirlo.* ‖ FAM. entusiasmar, entusiasta, entusiástico.

enumeración f. Expresión sucesiva y ordenada de las partes de que consta un todo: *enumeración de los componentes de una máquina.* ‖ Cómputo o cuenta numeral de las cosas: *hizo una enumeración de sus libros.* ‖ FAM. enumerar, enumerativo.

enumerar tr. Hacer enumeración de las cosas: *el fiscal enumeró los cargos contra el acusado.*

enunciado m. Conjunto de palabras con las que se expone un problema matemático, o cualquier cuestión. ‖ En ling., secuencia finita de palabras delimitada por silencios muy marcados.

enunciar tr. Expresar breve y sencillamente una idea: *enunció sus peticiones.* ‖ En mat., exponer el conjunto de datos que componen un problema. ‖ FAM. enunciación, enunciativo.

envainar tr. Meter en la vaina la espada u otra arma blanca. ‖ Envolver, enfundar una cosa en otra. ‖ FAM. envainador.

envalentonar tr. Infundir valentía o arrogancia: *el vino le envalentonó.* ‖ prnl. Cobrar valentía, mostrarse alguien atrevido y desafiante: *se envalentonó al ver que le miraban.* ‖ FAM. envalentonamiento.

envanecer tr. Causar o infundir soberbia o vanidad a uno. También prnl.: *se envaneció con el triunfo.* ♦ **Irreg.** Se conj. como *agradecer.* ‖ FAM. envanecedor, envanecimiento.

envarado, da adj. y s. Se dice de la persona estirada, orgullosa: *últimamente te muestras muy envarado.*

envarar tr. Entorpecer, entumecer o impedir el movimiento de un miembro. Más c. prnl.: *se me ha envarado un brazo.* ‖ FAM. envarado, envaramiento.

envasar tr. Echar en vasos o vasijas un líquido. ‖ Beber con exceso. ‖ FAM. envasado, envasador, envase.

envase m. Acción y efecto de envasar. ‖ Recipiente en que se conservan y transportan productos: *envase no retornable.*

envegarse prnl. *amer.* Empantanarse, tener exceso de humedad un terreno.

envejecer tr. Hacer vieja a una persona o cosa: *los disgustos la han envejecido.* ‖ intr. Hacerse vieja o antigua una persona o cosa: *esta película ha envejecido mal.* También prnl. ‖ Durar, permanecer por mucho tiempo en algún lugar o de alguna manera: *este vino ha envejecido en nuestras bodegas.* ♦ **Irreg.** Se conj. como *agradecer*. ‖ **FAM.** envejecido, envejecimiento.

envenenar tr. Intoxicar, hacer que alguien muera o enferme por ingerir veneno. ‖ Poner una sustancia venenosa en algo: *los gases industriales envenenan la atmósfera*. ‖ Hacer que las relaciones entre personas se degraden: *la desconfianza les envenenó*. ‖ Causar amargura y resentimiento: *le envenenan los celos*. ‖ **FAM.** envenenado, envenenador, envenenamiento.

enverar intr. Empezar las uvas y otras frutas a tomar color de maduras. ‖ **FAM.** envero.

envergadura f. Distancia entre las puntas de las alas completamente abiertas de las aves. ‖ Por ext., distancia entre los extremos de las alas de un avión y los brazos humanos. ‖ Importancia, amplitud, alcance: *un asunto de mucha envergadura*. ‖ Ancho de una vela por la parte por la que se une a la verga.

envés m. Parte opuesta a la cara de una tela o de otras cosas.

enviado, da m. y f. Persona que va por mandato de otro con un mensaje, comisión, etc.: *mandó un enviado al rey*. ‖ **enviado especial** Periodista al que se envía temporalmente al lugar de la noticia para cubrir directamente la información sobre ella.

enviar tr. Hacer que una persona vaya a alguna parte: *me envió por pan*. ‖ Mandar algo a una persona o lugar: *le envió unos libros*. ‖ **FAM.** enviado, envío.

enviciar tr. Corromper, hacer adquirir un vicio a alguien. ‖ intr. Echar las plantas muchas hojas y escaso fruto. ‖ prnl. Aficionarse demasiado a una cosa: *se ha enviciado por los toros*. ‖ Deformarse algo por haber sido mal usado o haber estado mucho tiempo en una mala posición: *esta silla se ha enviciado*. ‖ **FAM.** enviciamiento.

envidar tr. Hacer un envite o apuesta en el juego. ‖ **FAM.** envidada, envido.

envidia f. Tristeza o pesar del bien ajeno o del cariño que otros disfrutan: *la envidia le corroe cuando ve la casa del vecino*. ‖ Deseo honesto de emular algo o a alguien: *tengo envidia de tu habilidad*. ‖ **FAM.** envidiable, envidiar, envidioso.

envidiable adj. Digno de envidia, apetecible: *tiene una suerte envidiable*.

envidiar tr. Tener envidia, sentir el bien ajeno: *le envidiaba por su simpatía*. ‖ Desear, apetecer para sí lo que otro tiene: *envidio su serenidad*.

envilecer tr. Hacer vil y despreciable a una persona o cosa: *esas palabras le envilecen*. También prnl. ♦ **Irreg.** Se conj. como *agradecer*. ‖ **FAM.** envilecedor, envilecimiento.

envío m. Acción y efecto de enviar. ‖ Remesa, cosas que se envían: *ha llegado un envío para usted*.

envite m. Apuesta que se hace en algunos juegos de naipes y de azar. ‖ Empujón. ‖ Avance que se realiza de golpe en algo: *le ha dado un buen envite a la tesis*. ‖ Ofrecimiento. ‖ **al primer envite** loc. adv. De buenas a primeras, al principio. ‖ **FAM.** envidar.

enviudar intr. Quedar viudo o viuda.

envoltorio m. Paquete hecho descuidadamente. ‖ Papel con que se envuelve algo: *traía un envoltorio muy bonito*.

envoltura f. Capa exterior que cubre una cosa. ‖ Aspecto exterior de algo.

envolver tr. Cubrir un objeto por todas partes. ‖ Arrollar o devanar un hilo, cinta, etc., en alguna cosa: *envolver una madeja*. ‖ Acorralar a alguien en una discusión con argumentos que le dejan sin respuesta: *el periodista le envolvió en una maraña de datos y cifras*. ‖ Mezclar o complicar a uno en un asunto o negocio: *le envolvieron en el complot*. ‖ Rodear una cosa inmaterial a alguien o algo: *el silencio envolvía el cementerio*. ‖ En un combate, rebasar la línea del enemigo y rodearlo. ♦ **Irreg.** Se conj. como *mover*, pero con part. irreg.: *envuelto*. ‖ **FAM.** envoltijo, envoltorio, envoltura, envolvedor, envolvente, envolvimiento, envuelto.

envuelto, ta m. *amer.* Tortilla de maíz aderezada y enrollada.

enyerbar tr. *amer.* Dar a alguien un bebedizo. ‖ prnl. *amer.* Cubrirse de yerba un terreno. ‖ *amer.* Envenenarse, tomar uno veneno.

enyesar tr. Tapar o cubrir una cosa con yeso. ‖ Escayolar: *le enyesaron la pierna*. ‖ **FAM.** enyesado, enyesadura.

enzarzar tr. Enredar a personas o animales entre sí para que peleen o discutan: *enzarzar a los perros*. También prnl. ‖ Poner zarzas en una cosa. ‖ prnl. Reñir, pelearse: *se enzarzaron en una estúpida pelea*. ‖ Meterse en negocios complicados y de los que es difícil salir. ‖ Enredarse en zarzas, matorrales, etc.

enzima amb. Sustancia que producen las células vivas y que actúa como catalizador y regulador en los procesos químicos del organismo. ‖ **FAM.** enzimático.

eñe f. Nombre de la letra ñ.

eoceno, na adj. Se dice de la segunda época del período terciario. También m. ‖ Perteneciente o relativo a esta época o período.

eólico, ca adj. Relativo a Eolo. ‖ Relativo al viento: *energía eólica*. ‖ Producido y accionado por el viento: *erosión eólica*.

eón m. En el gnosticismo, cada una de las inteligencias eternas o entidades divinas de uno u otro sexo, emanadas de la divinidad suprema.

¡epa! interj. *amer.* ¡Hola! ‖ *amer.* Usada para animar. ‖ *amer.* ¡Cuidado!

epanadiplosis f. Figura que consiste en repetir al final de una cláusula o frase el mismo vocablo con que empieza: *canta que te canta.* ◆ No varía en pl.

epatar tr. Galicismo que significa asombrar, deslumbrar, maravillar: *su respuesta les epató.* ‖ FAM. epatante.

epazote m. *amer.* Planta herbácea anual, con tallo ramoso de hasta un metro de altura; hojas verdes, lanceoladas, algo dentadas. Es muy aromática, y sus hojas y flores se toman en infusión.

epéntesis f. Figura de dicción que consiste en añadir algún sonido dentro de un vocablo, como en *corónica* por *crónica.* ◆ No varía en pl.

epicarpio m. La capa externa de las tres que forman el pericarpio de los frutos, como la piel del melocotón.

epiceno adj. Se dice del nombre común animado que, con un solo género gramatical, masculino o femenino, puede designar al macho o a la hembra indistintamente: *una persona, la perdiz.*

epicentro m. Punto de la superficie de la Tierra bajo el cual se origina un movimiento sísmico.

épico, ca adj. Relativo a la epopeya o a la poesía heroica y a su autor: *personajes épicos.* También s. ‖ Grandioso, tremendo: *tuvieron una discusión épica.* ‖ f. Género poético que narra acciones extraordinarias y heroicas de personajes históricos o míticos: *la épica medieval.* ‖ FAM. épicamente.

epidemia f. Enfermedad que durante un periodo de tiempo ataca, simultáneamente y en una misma población, a gran número de habitantes: *una epidemia de cólera.* ‖ Mal generalizado: *una epidemia de crímenes.* ‖ FAM. epidémico, epidemiología, epidemiológico, epidemiólogo.

epidermis f. Membrana formada por tejido epitelial que envuelve el cuerpo de los animales. ‖ Membrana formada por una sola capa de células que cubre el tallo y las hojas de las algunas plantas. ◆ No varía en pl. ‖ FAM. epidérmico.

epifanía f. Festividad que celebra la Iglesia católica anualmente el día 6 de enero, para conmemorar la adoración de los Reyes Magos a Jesús. ◆ Se escribe con mayúscula.

epífisis f. Órgano nervioso, pequeño y rudimentario, situado en el encéfalo, que regula el crecimiento. ‖ Cada una de las dos partes terminales de los huesos largos, separada del resto del hueso por un cartílago que permite el crecimiento de éste. ◆ No varía en pl.

epigastrio m. Región del abdomen o vientre, que va desde la punta del esternón hasta cerca del ombligo entre las costillas falsas.

epiglotis f. Lámina cartilaginosa que cierra la glotis en la deglución, impidiendo que los alimentos pasen a las vías respiratorias. ◆ No varía en pl.

epígono m. El que sigue las huellas de otro; especialmente se dice del que sigue una escuela o un estilo de una generación anterior: *los epígonos del romanticismo.*

epígrafe m. Resumen que suele preceder a cada uno de los capítulos u otras divisiones de una obra. ‖ Título, rótulo que encabeza un capítulo o cualquier subdivisión de un escrito. ‖ Inscripción en piedra, metal, etc. ‖ FAM. epigrafía, epigrama.

epigrama m. Inscripción en piedra, metal, etc. ‖ Composición poética breve, que expresa un pensamiento satírico. ‖ FAM. epigramático, epigramatista, epigramatorio, epigramista.

epilepsia f. Enfermedad nerviosa crónica caracterizada principalmente por accesos repentinos con pérdida brusca del conocimiento y convulsiones. ‖ FAM. epiléptico.

epílogo m. Recapitulación de todo lo dicho en un discurso u otra composición literaria. ‖ Consecuencia o prolongación de algo que ya se supone terminado.

episcopado m. Dignidad de obispo. ‖ Época y duración del gobierno de un obispo determinado. ‖ Conjunto de obispos del orbe católico o de una nación. ‖ FAM. episcopal, episcopaliano, episcopalismo.

episcopal adj. Relativo al obispo: *palacio episcopal.* ‖ m. Libro en que se contienen las ceremonias y oficios de los obispos.

episcopalismo m. Sistema o doctrina de los que defienden la supremacía episcopal sobre la pontificia.

episodio m. Cada una de las acciones parciales o partes integrantes de la acción principal: *el episodio de los molinos es uno de los más famosos del «Quijote».* ‖ Incidente, suceso pasajero, uno más de una serie que forma un todo o conjunto: *un episodio de la reconquista.* ‖ FAM. episódicamente, episódico.

epistemología f. Doctrina de los fundamentos y métodos del conocimiento científico. ‖ FAM. epistemológico.

epístola f. Escrito que se dirige a determinadas personas, en especial los de los apóstoles a los fieles. ‖ Parte de la misa, anterior al evangelio, en la que se lee un fragmento de alguna epístola de los apóstoles. ‖ Obra literaria, en forma de carta, en prosa o verso, con un objetivo moralizante o didáctico. ‖ FAM. epistolar, epistolario.

epitafio m. Inscripción dedicada al difunto, que se pone sobre su sepulcro.

epitalamio m. Composición lírica en la que se celebra una boda. ‖ FAM. epitalámico.

epitelio m. Tejido formado por células que constituye la capa externa de la mucosa que recubre las cavidades externas, los conductos del cuerpo y la piel. ‖ FAM. epitelial.

epíteto m. Adjetivo calificativo que indica una cualidad natural del nombre, sin distinguirlo de los demás de su grupo: *nieve blanca*. ‖ En sentido genérico, cualquier adjetivo que se aplica a alguien: *le describió con unos epitetos un poco fuertes*.

epítome m. Resumen o compendio de una obra extensa. ‖ Figura retórica que consiste en, después de decir muchas palabras, repetir las primeras para mayor claridad.

época f. Periodo de tiempo que se señala por los hechos históricos durante él acaecidos: *la época de las cruzadas*. ‖ Por ext., cualquier espacio de tiempo caracterizado por algo concreto: *la época de las lluvias*.

epónimo, ma adj. Se dice del héroe o persona que da nombre a un pueblo, a una tribu, a una ciudad o a un periodo o época.

epopeya f. Poema narrativo extenso que relata hechos heroicos realizados por personajes históricos o legendarios. ‖ Conjunto de hechos memorables: *la epopeya del Descubrimiento*. ‖ Actividad que se realiza con mucho esfuerzo y dificultad: *la subida al Everest fue toda una epopeya*.

épsilon f. Quinta letra del alfabeto griego, correspondiente a la *e* breve. ♦ Su grafía mayúscula es E y la minúscula ε.

equiángulo adj. Se dice de las figuras y sólidos cuyos ángulos son todos iguales entre sí.

equidad f. Justicia, imparcialidad en un trato o un reparto. ‖ FAM. equiparar, equitativo.

equidistar intr. Hallarse dos o más cosas a la misma distancia entre sí o con respecto a otra u otras. ‖ FAM. equidistancia, equidistante.

équido adj. y m. Se dice de los mamíferos de patas largas, en los que solamente está desarrollado el dedo medio de cada extremidad recubierto de un casco duro. ‖ m. pl. Familia de estos animales. ‖ FAM. equino, equitación, équite.

equilátero, ra adj. Se apl. a las figuras geométricas que tienen todos sus lados iguales.

equilibrado, da adj. Prudente, sensato,

ecuánime. ‖ m. Acción de equilibrar algo: *un equilibrado de ruedas*.

equilibrar tr. y prnl. Poner en equilibrio: *equilibrar los platillos de una balanza*. ‖ Hacer que una cosa no exceda ni supere a otra, manteniéndolas proporcionalmente iguales: *equilibrar los ingresos y los gastos*.

equilibrio m. Estado en que se encuentra un cuerpo cuando las fuerzas que actúan sobre él se compensan y anulan mutuamente. ‖ Contrapeso, armonía entre cosas diversas: *las dos culturas mantenían un difícil equilibrio*. ‖ Estabilidad: *equilibrio financiero*. ‖ Ecuanimidad, mesura, sensatez en los actos y juicios. ‖ pl. Actos de prudencia o astucia, para sobrellevar una situación, actitud, opinión, etc., insegura o complicada: *tengo que hacer equilibrios para llegar a final de mes*. ‖ FAM. equilibrado, equilibrar, equilibrista.

equilibrista adj. y com. Artista que es muy hábil haciendo difíciles juegos o ejercicios de equilibrio. ‖ FAM. equilibrismo.

equimosis f. Mancha lívida, negruzca o amarillenta de la piel o de los órganos internos debida a un derrame de sangre originado por un golpe, una fuerte ligadura u otras causas. ♦ No varía en pl.

equino, na adj. Relativo al caballo: *ganado equino*. ‖ m. Caballo o yegua.

equinoccio m. Época en que, por hallarse el Sol sobre el ecuador, los días son iguales a las noches en toda la Tierra. Esto ocurre cada año del 20 al 21 de marzo y del 22 al 23 de septiembre. ‖ FAM. equinoccial.

equinodermo adj. Se dice de ciertos metazoos marinos, de simetría radiada pentagonal, que poseen bajo la piel un esqueleto de placas o espinas calcáreas, como la estrella de mar. ‖ m. pl. Orden de estos animales.

equipaje m. Conjunto de maletas y cosas que se llevan en los viajes.

equipal m. *amer.* Especie de sillón hecho de varas entretejidas, con el asiento y el respaldo de cuero o de palma tejida.

equipamiento m. Acción y efecto de equipar. ‖ Conjunto de todos los servicios necesarios para una actividad determinada, en industrias, urbanizaciones, ejércitos, etc.

equipar tr. Proveer a alguien o algo de las cosas necesarias para un uso particular: *equipar a los niños para el colegio*. También prnl. ‖ FAM. equipaje, equipamiento, equipo.

equiparar tr. Comparar una cosa con otra, considerándolas iguales o equivalentes: *yo la equipararía a una arpía*.

equipo m. Grupo de personas organizado para una investigación o servicio determinado: *equipo de colaboradores*. ‖ Cada uno de los grupos que se disputan el triunfo en ciertos deportes. | Conjunto de ropas y otras cosas que usa alguien para una actividad específica: *equipo de primeros auxilios.* | Conjunto de aparatos para oír y grabar música, que al completo consta de una pletina, un platón, un tocadiscos compacto, un amplificador, un sintonizador y un juego de altavoces.

equis f. Nombre de la letra *x* y del signo de la incógnita en los cálculos. | adj. Denota un número desconocido o indiferente: *necesito una cantidad equis.* ♦ No varía en pl.

equitación f. Arte, deporte y práctica de montar y manejar bien el caballo.

equitativo, va adj. Que tiene equidad: *un juicio equitativo.*

équite m. Ciudadano romano perteneciente a una clase intermedia entre los patricios y los plebeyos, y que servía en el ejército a caballo.

equivalencia f. Igualdad en el valor, estimación, potencia o eficacia de dos o más cosas.

equivalente adj. Que equivale a otra cosa. También s.: *el equivalente a 2^2 es 4.* | En geom., se apl. a las figuras o sólidos que tienen el mismo volumen y distinta forma. | m. En quím., mínimo peso necesario de un cuerpo para que, al unirse con otro, forme verdadera combinación.

equivaler intr. Ser una cosa igual a otra en estimación, potencia o eficacia: *un duro equivale a cinco pesetas.* | Tener una cosa como consecuencia otra que se expresa. ♦ **Irreg.** Se conj. como *valer.* | **FAM.** equivalencia, equivalente.

equivocación f. Acción y efecto de equivocar. | Cosa hecha equivocadamente.

equivocar tr. y prnl. Tener o tomar una cosa por otra, juzgando o actuando erróneamente: *te has equivocado al juzgarle.* | Hacer que alguien se equivoque: *le equivocó su calma aparente.* | **FAM.** equivocación, equivocadamente, equivocado, equivocamente, equívoco.

era f. Punto fijo o fecha determinada de un suceso, desde el cual se empieza a contar el tiempo: *la era glacial.* | Extenso período histórico marcado por unas características que lo distinguen de otros anteriores o posteriores: *la era de los descubrimientos.* | Espacio de tierra limpia y firme, algunas veces empedrada, donde se trillan las mieses. | **FAM.** erial.

eral, la m. y f. Res vacuna de más de un año y que no pasa de dos años.

erario m. Tesoro público de una nación, provincia o pueblo. | Lugar donde se guarda.

erasmismo m. Forma de humanismo surgida en Europa en el s. XVI y representada por Erasmo de Rotterdam y sus seguidores. | **FAM.** erasmista.

erbio m. Elemento químico en forma de polvo metálico gris plateado muy raro que se ha encontrado en algunos minerales de Suecia unido al itrio y terbio. Su símbolo es *Er.*

ere f. Nombre de la letra *r* en su sonido suave: *ara, arena.*

erección f. Acción y efecto de levantar, enderezar o poner rígida una cosa: *la erección de un monumento.* | Se dice particularmente de la acción de endurecerse y dilatarse un órgano por la afluencia de sangre a él.

eréctil adj. Que tiene la facultad o propiedad de levantarse, enderezarse o ponerse rígido. | **FAM.** erectibilidad, erecto, erector.

erecto, ta adj. Enderezado, levantado, rígido.

eremita m. Ermitaño. | **FAM.** eremítico, eremitorio.

erg m. Nombre internacional del ergio. | Voz árabe que designa una gran extensión arenosa formando dunas.

ergio m. Unidad de trabajo en el sistema cegesimal, equivalente al realizado por una dina cuando su punto de aplicación recorre un centímetro.

ergo conj. lat. Por tanto, luego, pues. Se usa en lógica y humorísticamente. | **FAM.** ergotismo, ergotista, ergotizante, ergotizar.

ergonomía f. Ciencia que estudia la capacidad y la psicología del hombre en relación con su trabajo y el equipo que maneja.

erguir tr. Levantar y poner derecha una cosa: *erguir un monumento.* También prnl. | prnl. Engreírse, ensoberbecerse. | Alzarse, elevarse: *sobre la loma se erguía un árbol.* | **FAM.** ereción, eréctil, erguimiento. ♦ **Irreg.** Conjugación modelo:

Indicativo
Pres.: *irgo* o *yergo, irgues* o *yergues, irgue* o *yergue, erguimos, erguís, irguen* o *yerguen.*
Imperf.: *erguía, erguías,* etc.
Pret. indef.: *ergui, erguiste, irguió, erguimos, erguisteis, irguieron.*
Fut. imperf.: *erguiré, erguirás,* etc.

Potencial: *erguiría, erguirías,* etc.

Subjuntivo
Pres.: *irga* o *yerga, irgas* o *yergas, irga* o *yerga, irgamos* o *yergamos, irgáis* o *yergáis, irgan* o *yergan.*
Imperf.: *irguiera* o *irguiese, irguieras* o *irguieses, irguiera* o *irguiese, irguiéramos* o *irguiésemos, irguierais* o *irguieseis, irguieran* o *irguiesen.*
Fut. imperf.: *irguiere, irguieres, irguiere, irguiéremos, irguiereis, irguieren.*

Imperativo: *irgue* o *yergue, irga* o *yerga, irgamos* o *yergamos, erguid, irgan* o *yergan.*

Participio: *erguido.*

Gerundio: *irguiendo.*

erial adj. y m. Se apl. a la tierra o campo sin cultivar ni labrar.

erigir tr. Fundar, instituir o levantar: *erigir una ciudad.* ‖ Constituir a una persona o cosa con un carácter que antes no tenía: *le erigieron primer ministro.* También prnl.

erisipela f. Inflamación microbiana de la piel caracterizada por una erupción rojiza que afecta a la cara y al cuero cabelludo, comúnmente acompañada de fiebre.

eritema m. Inflamación superficial de la piel, caracterizada por manchas rojas. ‖ **eritema solar** El que se produce en la piel por haberla expuesto mucho tiempo al sol. ‖ **FAM.** eritematoso.

eritrocito m. Célula esferoidal que da el color rojo a la sangre.

erizar tr. Levantar, poner rígida y tiesa una cosa. Más c. prnl.: *erizarse el pelo de miedo.* ‖ Llenar o rodear una cosa de obstáculos, asperezas, inconvenientes, etc.: *erizar de púas un cercado.* ‖ prnl. Inquietarse, azorarse. ‖ **FAM.** erizado, erizamiento.

erizo m. Mamífero insectívoro de unos 22 cm de largo, con el cuerpo blanco rojizo, la cabeza pequeña, el hocico afilado, orejas y ojos pequeños, patas y la cola muy cortas y cinco dedos en cada pie. Ante el peligro, se contrae de modo que forma una bola cubierta por completo de púas. ‖ Cubierta espinosa de algunos frutos como la castaña. ‖ **erizo de mar** Nombre común de los equinodermos de forma esférica aplanada con la concha cubierta de espinas. ‖ **FAM.** erizar.

ermita f. Santuario o capilla pequeños, situados normalmente fuera de las poblaciones y que no suelen tener culto permanente. ‖ **FAM.** ermitaño.

ermitaño, ña m. y f. Persona que vive en la ermita y cuida de ella. ‖ m. El que vive en soledad: *desde que quedó viudo se ha convertido en un ermitaño.* ‖ Crustáceo que vive dentro de conchas de caracoles marinos para protegerse.

erogar tr. Distribuir, repartir bienes o caudales. ‖ *amer.* Gastar el dinero. ‖ **FAM.** erogación.

erógeno, na adj. Que produce o es sensible a la excitación sexual: *zonas erógenas.*

erosión f. Desgaste de una superficie producido por fricción: *el roce de la puerta ha producido una erosión en el parquet.* ‖ Desgaste de la superficie terrestre por agentes externos como el agua o el viento. ‖ Lesión superficial de la epidermis, excoriación: *al caer se produjo varias erosiones.* ‖ Pérdida de prestigio o influencia que puede sufrir una persona, una institución, etc.: *este asunto ha supuesto una erosión para su reputación.* ‖ **FAM.** erosionable, erosionar, erosivo.

erótico, ca adj. Perteneciente o relativo al amor sexual: *ritos eróticos.* ‖ Que excita sexualmente: *una caricia erótica.* ‖ f. Conjunto de características por las que algo resulta atrayente: *la erótica del poder.* ‖ **FAM.** erotismo, erotización, erotizar.

erotismo m. Cualidad de erótico: *el erotismo de una película.* ‖ Sexualidad de las personas.

errabundo, da adj. Errante.

erradicar tr. Arrancar de raíz, eliminar completamente algo: *erradicar una plaga, un mal social.* ‖ **FAM.** erradicación.

errante adj. Que anda de una parte a otra sin tener asiento fijo: *tribu errante.*

errar tr. e intr. No acertar: *erró en sus pronósticos.* ‖ intr. Andar vagando de una parte a otra: *erraba por las calles.* ‖ Divagar el pensamiento, la imaginación, la atención: *erraba entre sus recuerdos y sus fantasías.* ‖ **FAM.** ·errabundo, erradamente, errado, errante, errata, errático, error. ♦ **Irreg.** Conjugación modelo:

Indicativo
Pres.: *yerro, yerras, yerra, erramos, erráis, yerran.*
Imperf.: *erraba, errabas,* etc.
Pret. indef.: *erré, erraste, erró,* etc.
Fut. imperf.: *erraré, errarás,* etc.

Potencial: *erraría, errarías,* etc.

Subjuntivo
Pres.: *yerre, yerres, yerre, erremos, erréis, yerren.*
Imperf.: *errara* o *errase, erraras* o *errases,* etc.
Fut. imperf.: *errare, errares,* etc.

Imperativo: *yerra, errad.*

Participio: *errado.*

Gerundio: *errando.*

errata f. Equivocación material cometida en lo impreso o manuscrito.

erre f. Nombre de la letra *r* en su sonido fuerte. ‖ **erre que erre** loc. adv. Insistentemente, con terquedad: *sigue erre que erre repitiéndome lo mismo.*

erróneo, a adj. Que contiene error: *una apreciación errónea*.

error m. Concepto equivocado o juicio falso: *estás en un error si piensas que ha sido él*. | Acción desacertada o equivocada: *aquella compra fue un error*. | Diferencia entre el resultado real y la previsión que se había hecho: *falló por escaso margen de error*. | FAM. erróneamente, erróneo.

eructar intr. Echar ruidosamente por la boca los gases del estómago. | FAM. eructo.

erudición f. Conocimiento profundo y extenso sobre ciencias, artes y otras materias. | FAM. eruditamente, erudito.

erupción f. Emisión más o menos violenta y repentina hacia el exterior de algo contenido en un sitio, particularmente la de materias sólidas, líquidas o gaseosas de los volcanes: *el Etna ha entrado en erupción*. | Aparición y desarrollo en la piel, o las mucosas, de granos, manchas o vesículas. | Estos mismos granos o manchas: *me ha salido una erupción*. | FAM. eruptivo.

esbelto, ta adj. Alto, gallardo y bien formado. | FAM. esbeltez, esbelteza.

esbirro m. Persona pagada por otra para que lleve a cabo acciones violentas en su lugar: *contrató varios esbirros para que destrozaran el local*. | El que tiene por oficio ejecutar las órdenes violentas de una autoridad. | Antiguamente, oficial inferior de justicia.

esbozo m. Acción y efecto de bosquejar. | Dibujo inacabado y poco definido de un proyecto artístico, de pintura, escultura, etc.: *en el estudio del pintor podían verse varios esbozos*. | Por ext., algo que puede alcanzar mayor desarrollo y extensión: *el esbozo de una amistad*. | Insinuación de un gesto: *un esbozo de sonrisa*. | FAM. esbozar.

escabechar tr. Echar en escabeche. | Matar a mano airada, y ordinariamente con arma blanca. | Suspender a uno en un examen.

escabeche m. Salsa o adobo que se hace con aceite frito, vino o vinagre, hojas de laurel y otros ingredientes, para conservar y hacer sabrosos los pescados y otros alimentos. | Alimento conservado en esta salsa. | FAM. escabechar, escabechina.

escabechina f. Destrozo, estrago. | Abundancia de suspensos en un examen: *ha habido una escabechina en física*.

escabel m. Tarima pequeña que se pone delante de la silla para descansar los pies. | Asiento pequeño hecho de tablas, sin respaldo.

escabroso, sa adj. Desigual, lleno de tropiezos y embarazos: *una ruta escabrosa*. | Que roza lo inconveniente o lo inmoral: *un negocio escabroso*. | Delicado, embarazoso: *rehuyó con tacto esa escabrosa cuestión*. | FAM. escabrosamente, escabrosidad.

escabullirse prnl. Irse o escaparse de entre las manos una cosa: *se me escabulló el pollo*. | Ausentarse disimuladamente: *en cuanto pudimos, nos escabullimos de la reunión*. | Evitar una dificultad o una obligación con sutileza: *hoy te toca fregar, así que no te escabullas*. ♦ Irreg. Se conj. como *mullir*. | FAM. escabullimiento.

escacharrar tr. y prnl. Romper un cacharro. | Malograr, estropear algo: *se me ha escacharrado la moto*.

escafandra f. Traje compuesto de una vestidura impermeable y un casco perfectamente cerrado, con un cristal frente a la cara y orificios y tubos para renovar el aire. Sirve para permanecer y trabajar debajo del agua. | Traje parecido que usan los astronautas para salir de la nave en el espacio.

escala f. Escalera de mano. | Sucesión ordenada de cosas distintas, pero de la misma especie. | Línea recta dividida en partes iguales que representan unidades de medida, que sirve para dibujar proporcionadamente las distancia y dimensiones en un mapa, plano, diseño, etc., y para calcular luego las medidas reales de lo dibujado. | Graduación para medir los efectos de diversos instrumentos: *la escala del termómetro*. | Tamaño o proporción en que se desarrolla un plan o idea: *a gran escala*. | Lugar donde tocan las aeronaves o embarcaciones entre su punto de origen y el de destino: *haremos escala en Lisboa*. | Sucesión de las notas musicales. | FAM. escalafón, escalar, escalera, escalinata, escalón.

escalada f. Acción y efecto de escalar. | Aumento rápido y por lo general alarmante de alguna cosa: *escalada de violencia*.

escalador, ra adj. Que escala. También s.: *han rescatado a los escaladores*. | m. Ciclista especialista en pruebas de montaña.

escalafón m. Lista de los individuos de una corporación, clasificados según su grado, antigüedad, méritos, etc.

escalar tr. Entrar en un lugar o subir a una gran altura por medio de escalas o trepando: *escalar un monte*. | Ascender social o profesionalmente, no siempre por buenos medios: *ha conseguido escalar a base de enchufes*. | adj. y s. Se dice de la magnitud física que carece de dirección. | FAM. escalable, escalada, escalador, escalamiento, escalo.

escaldado, da adj. Escarmentado, receloso: *salió muy escaldado de aquella experiencia*.

escaldar tr. Bañar con agua hirviendo una cosa: *escaldó los tomates para quitarles la piel.* ‖ Abrasar algo que está hirviendo. También prnl.: *se escaldó la mano al freír.* ‖ prnl. Escocerse. ‖ **FAM.** escaldado, escaldadura, escaldamiento.

escaleno adj. Se dice del triángulo con los tres lados desiguales. ‖ Se dice del cono cuyo eje no es perpendicular a la base.

escalera f. Serie de escalones que sirve para subir y bajar. ‖ Reunión de naipes de valor correlativo: *escalera de color.* ‖ Trasquilón o desnivel que la tijera deja en el pelo mal cortado: *te has dejado una escalera en el flequillo.* ‖ **FAM.** escalerilla.

escalerilla f. Escalera de pocos escalones: *la escalerilla de la piscina.*

escaléxtric m. Juego de coches que circulan por rampas y carreteras a distintos niveles, accionados por control remoto. ‖ Por ext., sistema de puentes, autopistas o carreteras a distinto nivel: *han quitado el escaléxtric de Atocha.*

escalfar tr. y prnl. Cocer en agua hirviendo o en caldo los huevos sin la cáscara. ‖ Cocer el pan con demasiado fuego, de tal modo que se levanten ampollas en él. ‖ **FAM.** escalfado.

escalinata f. Escalera exterior de un solo tramo y hecha de fábrica.

escalofriante adj. Pavoroso, terrible. ‖ Asombroso, sorprendente.

escalofrío m. Sensación de frío que suele producirse por fiebre, miedo o cualquier emoción intensa. Más en pl.: *me dan escalofríos cuando le veo.* ‖ **FAM.** escalofriante, escalofriar.

escalón m. En la escalera de un edificio, cada parte en que se apoya el pie para subir o bajar. ‖ Grado, rango al que se asciende social o profesionalmente: *en poco tiempo ha ascendido varios escalones en la empresa.* ‖ Paso o medio para ir consiguiendo un propósito: *fue subiendo los escalones hacia la fama.* ‖ **FAM.** escalonar.

escalonar tr. Situar ordenadamente personas o cosas de trecho en trecho: *han escalonado a los niños por estatura.* ‖ Distribuir en tiempos sucesivos las diversas partes de una serie: *escalonar las materias de un ciclo de estudios.* ‖ **FAM.** escalonadamente, escalonado, escalonamiento.

escalope m. Filete delgado de carne de vacuno empanado y frito.

escama f. Membrana córnea, delgada y transparente, que suele cubrir total o parcialmente la piel de algunos animales, y principalmente la de los peces y reptiles. ‖ Lo que tiene figura de escama: *jabón en escamas.* ‖ **FAM.** escamar, escamoso.

escamar tr. Quitar las escamas a los peces. ‖ Hacer que alguien recele o desconfíe. También prnl.: *me escama su repentino interés.* ‖ **FAM.** escamado, escamante, escamón.

escamotear tr. Hacer desaparecer algo con tanta habilidad que los presentes no se den cuenta: *el tahúr escamoteó un as.* ‖ Robar o quitar algo con agilidad y astucia: *me han escamoteado mil pesetas.* ‖ **FAM.** escamoteador, escamoteo.

escampar intr. e impers. Aclararse el cielo nublado, dejar de llover. ‖ tr. Despejar, desembarazar un sitio: *escampa el sofá.* ‖ **FAM.** escampada, escampado.

escanciar tr. Echar o servir el vino; particularmente la sidra en el vaso desde una altura considerable para que al caer se produzca espuma. ‖ **FAM.** escanciador.

escandalera f. Escándalo, alboroto grande.

escandalizar tr. Causar escándalo. También intr.: *sus declaraciones escandalizaron a los presentes.* ‖ prnl. Mostrar indignación, real o fingida, por alguna cosa: *se escandaliza por nada.*

escandallo m. Parte de la sonda que se usa para reconocer la calidad del fondo del agua mediante las partículas u objetos que se sacan adheridos. ‖ Acción de tomar al azar varias unidades de un conjunto como representativas de la calidad de todas. ‖ Muestra así recogida. ‖ Determinación del precio de coste o de venta de una mercancía con respecto a los factores de su producción. ‖ **FAM.** escandallar.

escándalo m. Alboroto, tumulto, ruido: *¡menudo escándalo están montando los niños!* ‖ Acción o palabra que provoca rechazo e indignación pública: *su participación en aquel fraude fue un escándalo político.* ‖ Deshonestidad, desvergüenza, mal ejemplo: *sus bravatas son un escándalo.* ‖ Asombro, revuelo, admiración. ‖ **FAM.** escandalera, escandalizador, escandalizar, escandalosa, escandalosamente, escandaloso.

escandalosa f. Vela grande de las naves que se orienta sobre la cangreja cuando hace buen tiempo.

escandio m. Elemento químico poco abundante que se encuentra en algunos minerales. Su símbolo es *Sc.*

escáner m. Aparato tubular para la exploración de cuerpos por rayos X que permite obtener la imagen completa de varias y sucesivas secciones transversales de la región corporal explorada.

escaño m. Banco con respaldo para tres o

más personas. ‖ Puesto, asiento de los parlamentarios en las cámaras: *ese partido ha conseguido nueve escaños.*

escapada f. Acción de escapar o salir deprisa y a escondidas. ‖ Espacio corto de tiempo que se tiene libre y se aprovecha para hacer algo: *hicieron una escapada al campo.*

escapar intr. y prnl. Conseguir salir de un lugar en que se está encerrado: *se ha escapado un preso.* ‖ Salir uno deprisa y a escondidas de un sitio: *se escapó por la ventana.* ‖ Librarse de algo: *¡de buen lío te has escapado!* ‖ Quedar fuera del dominio o influencia de alguna persona o cosa: *esto escapa a mi comprensión.* ‖ prnl. Salirse un líquido o un gas de un depósito, cañería, etc. ‖ Perder: *se me escapó el tren.* ‖ **FAM.** escapada, escapatoria, escape.

escaparate m. Hueco acristalado que hay en la fachada de las tiendas y que sirve para exhibir las mercancías o productos que se venden en ellas. ‖ **FAM.** escaparatista.

escapatoria f. Acción y efecto de evadirse y escaparse. ‖ Excusa, medio de evadirse uno de un apuro en que se halla: *la confesión de su cómplice le dejó sin escapatoria.*

escape m. Acción de escapar. ‖ Fuga de un gas o de un líquido. ‖ En los motores de explosión, salida de los gases quemados, y tubo que los conduce al exterior. ‖ **a escape** loc. adv. A todo correr, a toda prisa: *ven a escape, que tengo algo para ti.*

escápula f. Omóplato. ‖ **FAM.** escapular, escapulario.

escapulario m. Tira o pedazo de tela con una abertura por donde se mete la cabeza, y que cuelga sobre el pecho y la espalda. Es distintivo de algunas órdenes religiosas.

escarabajo m. Insecto coleóptero que se alimenta de estiércol, con el que hace unas bolas, dentro de las cuales deposita sus huevos. ‖ **FAM.** escarabajear, escarabajeo.

escaramujo m. Especie de rosal silvestre, con las hojas algo agudas y sin vello y flores o rositas encarnadas. ‖ Fruto de este arbusto, en forma de baya carnosa y roja, utilizado como astringente.

escaramuza f. Refriega de poca importancia entre las avanzadillas de dos ejércitos. ‖ Riña de poca importancia.

escarapela f. Adorno compuesto de cintas, por lo general de varios colores, fruncidas o formando lazadas alrededor de un punto.

escarbar tr. Remover repetidamente la superficie de la tierra, como hacen los animales con las patas o el hocico. También intr. ‖ Investigar en algún asunto encubierto: *está escarbando en mi pasado.* ‖ **FAM.** escarbadientes, escarbador, escarbadura.

escarceo m. Prueba o tentativa antes de iniciar una determinada acción: *en su juventud tuvo sus escarceos literarios.* ‖ Divagación. ‖ Movimiento en la superficie del mar. ‖ pl. Giros y vueltas que dan los caballos cuando están fogosos o cuando les obliga el jinete.

escarcha f. Rocío de la noche congelado. ‖ **FAM.** escarchado, escarchar.

escarchar intr. Congelarse el rocío. ‖ tr. Preparar confituras o bebidas alcohólicas a base de azúcar cristalizada.

escarda f. Acción y efecto de escardar. ‖ Época del año en que se escarda. ‖ Azada pequeña con que se escarda.

escardar tr. Entresacar y arrancar las hierbas nocivas de los sembrados. ‖ Separar y apartar lo malo de lo bueno. ‖ **FAM.** escarda, escardador.

escarlata f. Color carmesí fino menos subido que el de la grana. También adj. ‖ **FAM.** escarlatina.

escarlatina f. Enfermedad infecciosa y contagiosa, que afecta sobre todo a niños, caracterizada por una erupción de color rojo subido en la piel y por fiebre alta y afecciones de garganta.

escarmentar tr. Castigar con dureza al que ha obrado mal, para que se corrija. ‖ intr. Aprender uno de los errores propios o ajenos para evitar caer en ellos: *escarmentó al ver lo que le había pasado a su hermano.* ♦ **Irreg.** Se conj. como *acertar.* ‖ **FAM.** escarmiento.

escarnecer tr. Hacer mofa y burla de otro. ♦ **Irreg.** Se conj. como *agradecer.* ‖ **FAM.** escarnecedor, escarnecidamente, escarnecimiento, escarnio.

escarnio m. Burla muy ofensiva y humillante.

escarola f. Achicoria de huerta cuyas hojas, de color verde claro y rizadas, se comen en ensalada. ‖ **FAM.** escarolado.

escarpa f. Pendiente pronunciada de un terreno. ‖ Plano inclinado que forma la muralla de las fortificaciones. ‖ **FAM.** escarpado, escarpadura, escarpe.

escarpado, da adj. Que tiene escarpa o gran pendiente: *una loma escarpada.*

escarpia f. Clavo en ángulo recto para sujetar bien lo que se cuelga de él. ‖ **FAM.** escarpiador.

escasear intr. Faltar, no haber cantidad suficiente de algo: *este año han escaseado las lluvias.*

escasez f. Falta de lo necesario o de lo suficiente.

escaso, sa adj. Corto, insuficiente: *la blusa le queda escasa de sisa.* ‖ Con poca cantidad de algo: *estar escaso de dinero.* ‖ Que no llega a ser completo algo que se expresa: *tiene cuatro años escasos.* ‖ **FAM**. escasamente, escasear, escasez.

escatimar tr. Dar, usar o hacer algo lo mínimo posible: *no nos escatimó su ayuda.*

escatología f. Conjunto de creencias y doctrinas referentes a la vida de ultratumba. ‖ Conjunto de anécdotas, chistes, etc., relacionados con los excrementos. ‖ **FAM**. escatológico.

escavar tr. Cavar ligeramente la tierra.

escayola f. Yeso calcinado que, mezclado con agua, se emplea como material plástico para modelar figuras o adornos: *un busto de escayola.* ‖ Venda recubierta de este yeso para inmovilizar miembros fracturados. ‖ **FAM**. escayolar, escayolista.

escayolar tr. Inmovilizar por medio del yeso o la escayola un miembro roto, dislocado, etc.

escena f. Escenario de un teatro: *la compañía salió a escena para saludar.* ‖ Cada una de las partes en que se divide una obra o película y que representa una determinada situación, con los mismos personajes. ‖ Arte de la interpretación teatral. ‖ Suceso o manifestación de la vida real que se considera como espectáculo digno de atención: *aquella señora indignada ofrecía una escena grotesca.* ‖ Actitud, manifestación exagerada o aparatosa fingida para impresionar: *no me hagas una escena.* ‖ **FAM**. escenario, escénico, escenificar, escenografía.

escenario m. Sitio o parte del teatro en que se representa un espectáculo público. ‖ Conjunto de circunstancias que se consideran el entorno de una persona o suceso: *este fue el escenario de nuestro encuentro.*

escenificar tr. Dar forma dramática a una obra literaria para ponerla en escena. ‖ **FAM**. escenificable, escenificación.

escenografía f. Arte de proyectar o realizar decoraciones escénicas. ‖ Conjunto de decorados que se montan en el escenario. ‖ **FAM**. escenográficamente, escenográfico, escenógrafo.

escepticismo m. Doctrina filosófica que afirma que la verdad no existe, o que, si existe, el hombre es incapaz de conocerla. ‖ Incredulidad o duda acerca de la verdad o eficacia de cualquier cosa. ‖ **FAM**. escéptico.

escindir tr. y prnl. Cortar, dividir, separar: *el partido se escindió en dos tendencias.* ‖ **FAM**. escindible, escisión, escisiparidad.

escisión f. Separación. ‖ Tipo de reproducción asexuada que se produce por escisión del organismo en dos o más partes.

esclarecer tr. Resolver, poner en claro un asunto: *hay que esclarecer este escándalo.* ‖ Iluminar, poner clara una cosa. ‖ Ennoblecer, acreditar. ‖ intr. Empezar a amanecer. ♦

Irreg. Se conj. como *agradecer.* ‖ **FAM**. esclarecedor, esclarecidamente, esclarecido, esclarecimiento.

esclavina f. Especie de capa corta, de cuero o tela, que suelen llevar los peregrinos. ‖ Esta misma prenda formando parte de otra como un gran cuello superpuesto.

esclavitud f. Estado de esclavo. ‖ Situación social en la que existen esclavos. ‖ Exagerada dependencia de algo o alguien: *la esclavitud del dinero.*

esclavizar tr. Hacer esclavo a alguien. ‖ Someter o hacer trabajar duramente a alguien: *en esta empresa los tienen esclavizados.*

esclavo, va adj. y s. Se dice de la persona que, por estar bajo el dominio jurídico de otro, carece de libertad. ‖ Completamente sometido a un deber, pasión, afecto, vicio, etc.: *esclavo del tabaco.* ‖ Rendido, obediente, enamorado. ‖ f. Pulsera sin adornos y que no se abre. ‖ **FAM**. esclavina, esclavismo, esclavista, esclavitud, esclavizar.

esclerosis f. Enfermedad que consiste en la transformación en tejido fibroso de cualquier tejido u órgano, por el excesivo desarrollo del tejido conjuntivo. ‖ Por ext., embotamiento o rigidez de una facultad. ♦ No varía en pl. ‖ **FAM**. escleroso, esclerótica, esclerótico.

esclerótica f. La más externa de las tres membranas del ojo, dura, opaca y de color blanquecino.

esclusa f. Compartimiento cerrado dentro de un canal para aumentar o disminuir el nivel del agua y que los barcos puedan pasar por tramos con diferentes alturas.

escoba f. Manojo de ramas flexibles con un mango que sirve para barrer. ‖ Cierto juego de naipes. ‖ Mata, que crece hasta 2 m de altura, con muchas ramas angulosas que se utilizan para fabricar escobas. ‖ **FAM**. escobada, escobajo, escobazo, escobero, escobilla, escobón.

escobajo m. Raspa que queda del racimo después de quitarle las uvas.

escobilla f. Escoba pequeña para limpiar, particularmente la que se emplea para limpiar el inodoro. ‖ Planta pequeña, especie de brezo, con la que se hacen escobas. ‖ Haz de hilos de cobre destinado a mantener el contacto, por frotación, entre dos partes de una máquina eléctrica. ‖ **FAM**. escobillar, escobillón.

escobillar intr. *amer.* En algunos bailes tradicionales, zapatear suavemente como si se estuviese barriendo el suelo.

escobón m. Escoba que se pone en un palo largo para barrer y deshollinar: *el escobón de los barrenderos.* ‖ Escoba de mango muy corto.

escocer intr. Producirse una sensación muy desagradable, de picor doloroso, parecida a la quemadura. ‖ Causar algo este dolor: *el agua oxigenada desinfecta pero escuece.* ‖ Sentirse uno molesto u ofendido por algo: *le escoció tu negativa.* También prnl. ‖ prnl. Irritarse una parte del cuerpo por el roce con algo: *se le escocieron los pies.* ♦ **Irreg.** Se conj. como *mover.* ‖ **FAM.** escocedura, escozor.

escocia f. Moldura cóncava cuya sección está formada por dos arcos de circunferencias distintas, y más ancha en su parte inferior. ‖ Curvatura que rellena la arista de unión entre una pared y el techo.

escoda f. Especie de martillo con corte en ambos lados y un mango, que se utiliza para labrar piedras y picar paredes. ‖ **FAM.** escodar.

escofina f. Herramienta a modo de lima, muy usada para desbastar.

escoger tr. Tomar o elegir una o más cosas o personas entre otras: *escoger un candidato.* ‖ **FAM.** escogidamente, escogido.

escolanía f. Conjunto de niños educados en algunos monasterios para ayudar en la iglesia y para el canto. ‖ **FAM.** escolano.

escolano m. Niño de una escolanía.

escolapio, pia adj. De las Escuelas Pías. También s.

escolar adj. Perteneciente al estudiante o a la escuela: *libro escolar.* ‖ com. Alumno que cursa la enseñanza obligatoria.

escolaridad f. Tiempo durante el que un alumno asiste a la escuela o a cualquier centro de enseñanza.

escolarizar tr. Proporcionar a alguien los medios necesarios para que reciba la enseñanza obligatoria.

escolástica o **escolasticismo** f. Filosofía de la Edad Media, que organiza filosóficamente la doctrina de la Iglesia tomando como base los libros de Aristóteles. Su principal representante fue Santo Tomás de Aquino. ‖ **FAM.** escolásticamente, escolasticismo, escolástico.

escoliosis f. Desviación con convexidad lateral de la columna vertebral. ♦ No varía en pl.

escollera f. Obra hecha con piedras echadas al fondo del agua para formar un dique de defensa contra el oleaje del mar.

escollo m. Peñasco que está a flor de agua o que no se ve bien: *la barca golpeó contra un escollo.* ‖ Peligro, riesgo: *el viaje estuvo lleno de escollos.* ‖ Dificultad, obstáculo: *la falta de fondos fue un escollo para el proyecto.* ‖ **FAM.** escollera.

escolopendra f. Ciempiés.

escolta f. Persona o personas que acompañan y protegen algo o a alguien. También m.: *en el atentado murieron cuatro escoltas.* ‖ Acompañamiento en señal de honra o respeto.

escoltar tr. Acompañar, proteger o conducir a una persona o cosa: *le escoltaban cuatro guardaespaldas.* ‖ **FAM.** escolta.

escombrar tr. Limpiar de escombros. ‖ Desembarazar, limpiar de basura algún sitio.

escombrera f. Conjunto de escombros o desechos. ‖ Sitio donde se echan los escombros.

escombro m. Conjunto de desechos de una obra o de una mina. Más en pl.: *sacaron cuatro sacos de escombros.* ‖ **FAM.** escombrar, escombrera.

esconder tr. y prnl. Encubrir, ocultar a una persona o cosa: *se escondió entre la maleza.* ‖ Encerrar, incluir y contener en su interior algo que no es evidente: *sus palabras escondían una amenaza.* ‖ **FAM.** escondidamente, escondidizo, escondido, escondimiento, escondite, escondrijo.

escondidas (a) loc. adv. Sin ser visto: *se fue a escondidas.*

escondido, da m. *amer.* Danza criolla muy antigua, de una sola pareja. ‖ m. y f. pl. *amer.* Escondite, juego de muchachos: *jugar a las escondidas.*

escondite m. Lugar propio para esconderse: *han descubierto el escondite de los atracadores.* ‖ Juego que consiste en encontrar al que se ha escondido.

escondrijo m. Rincón o lugar oculto y retirado apropiado para esconder algo: *guardaba el dinero en un escondrijo.*

escopeta f. Arma de fuego portátil, con uno o dos cañones de 70 a 80 cm de largo montados en una pieza de madera. ‖ **FAM.** escopetado, escopetazo, escopetear, escopetero.

escopetado adj. Muy deprisa, disparado: *salió escopetado porque llegaba tarde.*

escopetazo m. Disparo hecho con escopeta. ‖ Ruido originado por el mismo. ‖ Herida y daño producidos por el disparo de la escopeta: *murió de un escopetazo.* ‖ Noticia o hecho desagradable e inesperado: *aquella noticia fue un escopetazo.*

escoplo m. Herramienta de hierro acerado, con mango de madera y boca formada por un bisel, que utilizan el carpintero y el escultor para modelar. ‖ Instrumento parecido que usan los cirujanos para cortar huesos. ‖ **FAM.** escopladura, escopleadura.

escora f. Inclinación que toma un buque. ‖ Cada uno de los puntales que sostienen los costados del buque en construcción. | **FAM.** escoraje, escorar.

escorar tr. Apuntalar un barco con escoras. | Hacer que un buque se incline de costado. También intr. y prnl. | intr. Alcanzar la marea su nivel más bajo.

escorbuto m. Enfermedad producida por la carencia de vitamina C en la alimentación y caracterizada por hemorragias cutáneas y musculares. | **FAM.** escorbútico.

escoria f. Sustancia vítrea que flota en el crisol de los hornos de fundir metales, que procede de las impurezas. | Trozos de hierro candente que saltan al martillarlo. | Lava esponjosa de los volcanes. | Residuo esponjoso que queda tras la combustión del carbón. | Persona o cosa vil y despreciable: *se juntó con la escoria del pueblo.* | **FAM.** escorial.

escorpión m. Arácnido con cuatro pares de patas y la parte posterior en forma de cola que acaba en un aguijón venenoso. | Octavo signo zodiacal que el Sol recorre aparentemente entre el 23 de octubre y el 22 de noviembre. Se suele escribir con mayúsculas. | Constelación zodiacal que actualmente se halla delante del mismo signo y un poco hacia el Oriente. | com. Persona nacida bajo el signo de Escorpión.

escorrentía f. Corriente de agua que rebosa su depósito o cauce naturales o artificiales.

escorzo m. Perspectiva que se utiliza en pintura para representar figuras perpendicularmente al lienzo o al papel. | Figura que tiene una parte girada con respecto al resto del cuerpo. | **FAM.** escorzar.

escotadura f. Escote de un vestido. | En los teatros, abertura grande que se hace en el tablado para las tramoyas. | Entrante que resulta en una cosa cuando a ésta le falta un trozo.

escote m. Abertura en una prenda de vestir por la que asoma el cuello y parte del pecho y la espalda. | Parte del busto que queda descubierto por estar escotado el vestido: *se puso un colgante en el escote.* | Parte que corresponde pagar a cada uno en un gasto común. | **FAM.** escotadura, escotar.

escotilla f. Cada una de las aberturas que hay en la cubierta de un buque, carro de combate, avión, etc. | **FAM.** escotillón.

escozor m. Sensación dolorosa de picor, como la que produce una quemadura: *la picadura le producía escozor.* | Sentimiento causado por una pena o disgusto: *sintió escozor ante tus palabras.*

escriba m. Doctor o intérprete de la ley entre los hebreos. | En la antigüedad, copista, amanuense.

escribanía f. Recado de escribir, generalmente compuesto de tintero, una pluma y otras piezas, colocado en un pie o platillo. | Oficio y despacho u oficina del escribano.

escribano m. Escribiente. | amer. Notario. | Funcionario público autorizado para dar fe de las escrituras y demás actos que pasaban ante él. | **FAM.** escriba, escribanía.

escribiente com. Persona que tiene por oficio copiar escritos ajenos, o escribir al dictado.

escribir tr. e intr. Representar palabras o ideas con signos convencionales: *escribe de forma ilegible.* | Trazar las notas y demás signos de la música. | Componer libros, discursos, etc.: *está escribiendo una novela.* | Comunicar a uno por escrito alguna cosa: *le escribió una nota disculpándose.* ◆ Participio irreg.: *escrito.* | **FAM.** escribano, escribiente, escrito, escritor, escritorio, escritura.

escrito m. Carta, documento o cualquier papel manuscrito, mecanografiado o impreso: *en este escrito nos invita a venir.* | Obra o composición científica o literaria: *el autor dejó varios escritos sin publicar.* | Petición en un pleito o causa.

escritor, ra m. y f. Persona que escribe. | Autor de obras escritas o impresas: *esta semana se celebra un congreso de escritores.* | **FAM.** escritorzuelo.

escritorio m. Mueble para guardar papeles o escribir sobre él: *¡a ver si ordenas tu escritorio!* | Oficina, despacho: *un escritorio de abogados.*

escritura f. Acción y efecto de escribir. | Sistema utilizado para escribir: *escritura cuneiforme.* | Documento público que especifica un acuerdo y que firman los interesados ante el notario que da fe de ello: *mañana firmamos la escritura del piso.* | Obra escrita. | Escrito, carta o documento. | **FAM.** escriturar, escriturario.

escriturar tr. Hacer constar con escritura pública y en forma legal un otorgamiento o un hecho: *escriturar un contrato.*

escroto m. Bolsa formada por la piel que cubre los testículos de los mamíferos.

escrúpulo m. Duda o recelo sobre si una cosa es o no cierta, moral, justa, etc.: *cuando quiere conseguir algo no le detienen los escrúpulos.* | Aprensión, asco hacia alguna cosa, especialmente alimentos. | Escrupulosidad: *ha desempeñado la tarea con escrúpulo.* | **FAM.** escrupulosamente, escrupulosidad, escrupuloso.

escrupulosidad f. Exactitud en el examen de las cosas y en el estricto cumplimiento de las obligaciones y deberes que uno tiene.

escrutar tr. Indagar, escudriñar: *escrutó el texto en busca de erratas.* ‖ Computar los votos para elecciones y otros actos análogos. ‖ FAM. escrutador, escrutinio.

escuadra f. Instrumento de figura de triángulo rectángulo, o compuesto solamente de dos reglas que forman ángulo recto. ‖ Pieza de hierro u otro metal, con dos ramas en ángulo recto, para asegurar cualquier ensambladura que forma ángulo recto. ‖ Pequeño grupo de soldados a las órdenes de un cabo. ‖ Conjunto de buques de guerra para determinado servicio. ‖ FAM. escuadrar, escuadrilla, escuadrón.

escuadrar tr. Disponer un objeto de modo que sus caras planas formen entre sí ángulos rectos: *escuadrar una tabla.*

escuadrilla f. Escuadra de buques pequeños. ‖ Conjunto de aviones que vuelan juntos dirigidos por un jefe.

escuadrón m. Unidad de caballería mandada normalmente por un capitán. ‖ Unidad del cuerpo de aviación equiparable en importancia al batallón terrestre.

escuálido, da adj. Flaco, macilento: *la enfermedad le ha dejado escuálido.* ‖ FAM. escualidez, escualo.

escualo m. Nombre común que reciben diversas especies de peces eslamobranquios, algunos de ellos muy voraces, como el tiburón.

escucha f. Acción de escuchar. ‖ Centinela que se adelanta de noche a las líneas enemigas para observar de cerca sus movimientos. ‖ **escucha telefónica** Acto de interceptar y grabar conversaciones telefónicas ajenas subrepticiamente.

escuchar intr. Aplicar el oído para oír: *¿escuchas ese ruido?* ‖ tr. Prestar atención a lo que se oye: *no has escuchado lo que te he dicho.* ‖ Atender a un aviso, consejo o sugerencia: *escuchó sus súplicas.* ‖ prnl. Hablar o recitar con pausas afectadas demostrando gusto por lo que se dice y cómo se dice: *le encanta escucharse.* ‖ FAM. escucha.

escuchimizado, da adj. Muy flaco y débil: *este niño se está quedando escuchimizado.*

escudar tr. Resguardar y defender a una persona del peligro que le está amenazando. ‖ prnl. Valerse uno de algún medio como justificación para salir de un riesgo o compromiso: *se escudó en un repentino dolor de cabeza para librarse de él.* ‖ FAM. escudado.

escudería f. Conjunto de automóviles o motos de un mismo equipo de carreras: *este año ha decidido correr bajo otra escudería.* ‖ Servicio y ministerio del escudero.

escudilla f. Vasija ancha y semiesférica en la que se sirve el caldo.

escudero m. Paje o sirviente que llevaba el escudo y el sable al caballero mientras no lo usaba. ‖ El que, mediante paga, servía y asistía a un señor o persona de distinción. ‖ El que hacía escudos.

escudo m. Arma defensiva de metal, madera o cuero para cubrir y resguardar el cuerpo, que se llevaba en el brazo izquierdo. ‖ Superficie o espacio con el emblema o las armas de una nación, familia, etc.: *el portalón de la casa lucía el escudo de la familia.* ‖ Unidad monetaria de Portugal y Cabo Verde. ‖ Moneda antigua de oro. ‖ FAM. escudar, escudería, escuderil, escudero.

escudriñar tr. Examinar y averiguar algo con cuidado y atención: *escudriñaba las causas del crimen.* ‖ FAM. escudriñable, escudriñador, escudriñamiento.

escuela f. Establecimiento público de enseñanza. ‖ Esa misma enseñanza: *escuela primaria.* ‖ Conjunto de profesores y alumnos de una misma enseñanza. ‖ Método o estilo o peculiar de cada maestro. ‖ Doctrina, principios y sistema de un autor. ‖ Conjunto de discípulos e imitadores de una persona o de su doctrina, arte, etc.: *la escuela kantiana.* ‖ FAM. escolanía, escolar, escolaridad, escolarización, escolarizar, escolástica, escuelante, escuelero.

escuerzo m. Sapo, batracio anuro. ‖ Persona flaca y escuchimizada: *se ha quedado como un escuerzo después del régimen.*

escueto, ta adj. Se dice del lenguaje breve, sin palabras innecesarias: *dio instrucciones escuetas.* ‖ Se apl. al arte estricto, sin adornos. ‖ FAM. escuetamente.

escuincle, cla m. y f. *amer.* Niño.

esculpir tr. Labrar a mano una obra de escultura. ‖ Grabar, labrar en hueco o en relieve.

escultura f. Arte de modelar, tallar y esculpir figuras a partir de un material cualquiera. ‖ Obra esculpida: *en la sala había varias esculturas.* ‖ FAM. escultor, escultórico, escultural.

escultural adj. Perteneciente o relativo a la escultura. ‖ Que participa de alguno de los caracteres bellos de la estatua: *formas esculturales.*

escupidera f. Pequeño recipiente de loza, metal, madera, etc., que se pone en las habitaciones para escupir en él. ‖ Orinal.

escupidor, ra adj. Que escupe con mucha frecuencia. También s. ‖ m. *amer.* Escupidera. ‖ *amer.* Ruedo, baleo.

escupir intr. Arrojar saliva por la boca. ‖ tr. Arrojar con la boca algo como escupiendo: *escupió cuatro gritos y salió con un portazo.* ‖ Despedir o arrojar con violencia una cosa: *el* *volcán escupe lava.* ‖ Confesar, decir lo que uno sabe: *le hicieron escupir todo en el interrogatorio.* ‖ **FAM.** escupidera, escupidor, escupidura, escupitajo.

escurreplatos m. Utensilio de cocina con una rejilla en la que se colocan verticalmente los platos fregados para que escurran. ♦ No varía en pl.

escurrido, da adj. Se dice de la persona estrecha de caderas. ‖ *amer.* Confuso.

escurridizo, za adj. Que se escurre fácilmente: *esta superficie es muy escurridiza.*

escurridor m. Colador de agujeros grandes para escurrir las verduras. ‖ Escurreplatos.

escurrir tr. Apurar las últimas gotas de un líquido que han quedado en un vaso, botella, etc. ‖ Hacer que una cosa que tiene líquido lo suelte. También prnl. ‖ intr. Destilar y caer gota a gota el líquido de algo: *pon los platos a escurrir.* ‖ Resbalar. También prnl.: *se escurrió en el hielo.* ‖ prnl. Escabullirse, huir de algún lugar: *el ladrón se escurrió entre las sombras.* ‖ **FAM.** escurreplatos, escurridero, escurridizo, escurrido, escurridor, escurridora, escurriduras, escurrimiento.

escusado, da adj. Reservado, preservado o separado del uso común. ‖ m. Retrete.

esdrújulo, la adj. y s. Vocablo acentuado en la antepenúltima sílaba, como p. ej., *éxtasis, sílaba.*

ese f. Nombre de la letra *s.*

ese, esa, eso, esos, esas Formas del pron. dem. en los tres géneros m., f. y n. y en ambos números, sing. y pl., que designan lo que está cerca de la persona con quien se habla, o representan lo que ésta acaba de mencionar: *me lo dijo ése.* ♦ Las formas m. y f. se usan como adj. y como s., y en este último caso se escriben normalmente con acento cuando existe riesgo de ambigüedad.

esencia f. Conjunto de características necesarias e imprescindibles para que algo o alguien sea lo que es: *la fe es la esencia de las religiones.* ‖ Lo más importante de algo: *debemos llegar a la esencia del problema.* ‖ Extracto líquido concentrado de una sustancia. ‖ Perfume líquido con gran concentración de sustancias aromáticas. ‖ **quinta esencia** o **quintaesencia** Quinto elemento que consideraba la filosofía antigua en la composición del universo, especie de éter sutil y purísimo, del que estaban formados los cuerpos celestes. ‖ Entre los alquimistas, principio fundamental de la composición de los cuerpos. ‖ Lo más puro, lo más fino de una cosa. ‖ **FAM.** esencial, esencialidad, esencialismo, esencialmente.

esencial adj. Relativo a la esencia. ‖ Sustancial, imprescindible: *un dato esencial.*

esfenoides adj. y s. Se dice del hueso enclavado en la base del cráneo. ♦ No varía en pl.

esfera f. Sólido terminado por una superficie curva cuyos puntos equidistan todos de otro interior llamado centro. ‖ Círculo en que giran las manecillas del reloj. ‖ Clase o condición de una persona: *pertenece a las altas esferas.* ‖ Ámbito, espacio al que alcanza la influencia, la acción de algo o alguien: *este problema entra en la esfera de competencia de vuestro departamento.* ‖ **FAM.** esfericidad, esférico, esferoidal, esferoide.

esférico, ca adj. Relativo a la esfera. ‖ m. En fútbol, balón de reglamento: *entró el esférico de un certero cabezazo.*

esfinge f. Monstruo fabuloso con cabeza, cuello y pecho de mujer y cuerpo y pies de león. ‖ Mariposa de gran tamaño y alas largas con dibujos de color oscuro.

esfínter m. Músculo que abre y cierra algún orificio del cuerpo, como el de la vejiga de la orina o el del ano.

esforzar prnl. Hacer esfuerzos con algún fin: *se esforzó en no reirse.* ‖ tr. Comunicar fuerza.

esfuerzo m. Acción enérgica del cuerpo o del espíritu para conseguir algo: *hizo un gran esfuerzo por llegar a la meta.* ‖ Empleo de elementos costosos en la consecución de algún fin: *la adquisición del piso me ha supuesto un gran esfuerzo económico.* ‖ Ánimo, valor. ‖ **FAM.** esforzadamente, esforzado, esforzar.

esfumar tr. Extender los trazos del lápiz con el difumino o esfumino. ‖ Rebajar los contornos de una pintura. También se dice *esfuminar.* ‖ prnl. Disiparse, desvanecerse: *se esfumaron los problemas.* ‖ Escabullirse de un lugar: *me esfumé en cuanto lo vi llegar.* ‖ **FAM.** esfumado.

esgrima f. Arte de manejar la espada, el sable y otras armas blancas y deporte en el que se practica con las modalidades de espada, sable y florete.

esgrimir tr. Manejar la espada, el sable y otras armas blancas en actitud atacante. ‖ Usar de algo material o inmaterial para defenderse: *esgrimió un argumento contundente.* ‖ **FAM.** esgrima.

esguince m. Torcedura de las fibras musculares de una articulación. ‖ Ademán que se hace con el cuerpo para evitar un golpe o una caída.

eslabón m. Pieza que, enlazada con otras, forma una cadena. ‖ Hierro acerado del que saltan chispas al chocar con un pedernal. ‖ **FAM.** eslabonadamente, eslabonamiento, eslabonar.

eslálom m. Slálom.

eslavo, va adj. Se apl. a un pueblo antiguo

que se extendió principalmente por el noreste de Europa y a los que proceden de él. También s. | Perteneciente o relativo a este pueblo. | m. Lengua de los antiguos eslavos y las derivadas de ella, como la rusa o la polaca. | **FAM.** eslavismo.

eslogan m. Fórmula o frase publicitaria. | Lema: *parece que su eslogan es «divide y vencerás».* También se escribe *slogan.*

eslora f. Longitud de la nave desde la proa a popa por dentro de la cubierta.

esmaltar tr. Cubrir con esmaltes. | Adornar: *esmaltó su discurso con citas.*

esmalte m. Barniz vítreo que se aplica a la porcelana, loza, metales, etc. | Obra esmaltada. | Materia dura que cubre y protege el marfil de los dientes. | Laca para las uñas. | **FAM.** esmaltador, esmaltar.

esmeralda f. Piedra preciosa verde, variedad del berilo.

esmerarse prnl. Poner sumo cuidado en algo: *se nota que se ha esmerado en la limpieza.* | **FAM.** esmerado.

esmeril m. Roca negruzca formada por corindón granoso, mica y hierro oxidado, que se utiliza para pulimentar. | **FAM.** esmerilado, esmerilar.

esmerilar tr. Pulir algo o deslustrar el vidrio con esmeril.

esmero m. Sumo cuidado que se pone en hacer las cosas: *puso mucho esmero en la decoración del piso.* | **FAM.** esmeradamente, esmerarse.

esmoquin m. Prenda de etiqueta parecida al frac pero con la chaqueta sin faldones.

esnifar tr. Aspirar cocaína u otra droga en polvo por la nariz. | **FAM.** esnifada.

esnob adj. Se dice del que, por parecer distinguido, adopta las costumbres y la ropa de moda. | **FAM.** esnobismo, esnobista.

esnobismo m. Exagerada admiración por todo lo que está de moda.

esófago m. Conducto que va desde la faringe hasta el estómago y por el que pasan los alimentos.

esotérico, ca adj. Oculto, reservado: *un culto esotérico.* | Se dice de lo que es impenetrable o de difícil comprensión: *nos dio una respuesta esotérica.* | Se dice de la doctrina que los filósofos de la antigüedad no comunicaban más que a algunos de sus discípulos. | **FAM.** esoterismo.

espabilado, da adj. Que no tiene sueño cuando debe dormir. | Vivo, listo, despejado: *este niño es muy espabilado para su edad.*

espabilar tr. Hacer desaparecer el sueño, despejar. También prnl.: *tómate un café, a ver si te espabilas.* | Avivar y ejercitar el entendi-

miento o el ingenio. También prnl.: *este chico tiene que espabilarse o le tomarán el pelo.* | Despachar brevemente o acabar rápidamente algo: *espabiló la correspondencia en una hora.* | Quitar la pavesa o la parte ya quemada del pabilo para avivar la luz. | **FAM.** espabilado.

espachurrar tr. Despachurrar. | **FAM.** espachurramiento.

espaciador m. En las máquinas de escribir o en los ordenadores, tecla que se pulsa para dejar espacios en blanco.

espaciar tr. Poner espacio entre dos cosas o dos personas en el lugar o en el tiempo: *espació sus visitas.* También prnl. | Separar las dicciones, las letras o los renglones con espacios o con regletas. | **FAM.** espaciado, espaciador, espaciamiento.

espacio m. Extensión del universo donde están contenidos todos los objetos sensibles que coexisten. | Lugar de esa extensión que ocupa cada objeto sensible: *esta mesa ocupa mucho espacio.* | Separación entre dos cosas o personas: *deja un metro de espacio entre cada tiesto.* | Sitio o lugar: *en ese espacio podríamos poner la librería.* | Transcurso de tiempo: *nos veremos en el espacio de una semana.* | Programa de televisión o radio. | Separación entre las rayas del pentagrama. | **FAM.** espacial, espaciar, espacioso.

espacioso, sa adj. Amplio, dilatado, vasto: *una habitación espaciosa.* | Lento, pausado: *trabaja a un ritmo muy espacioso.* | **FAM.** espaciosamente, espaciosidad.

espada f. Arma blanca, larga, recta, aguda y cortante, con empuñadura. | Palo y carta de la baraja: *el tres de espadas.* | Torero que mata con espada. | m. y f. Persona diestra en su manejo. | **FAM.** espadachín, espadaña, espadería, espadero, espadón, espadón.

espadachín m. El que sabe manejar bien la espada.

espadaña f. Campanario de una sola pared, en la que están abiertos los huecos para colocar las campanas. | Planta, a manera de junco, con una mazorca cilíndrica en el extremo. | **FAM.** espadañal.

espagueti m. Pasta alimenticia de harina formando cilindros macizos, más largos que los fideos.

espalda f. Parte posterior del cuerpo humano, desde los hombros hasta la cintura. | Parte del vestido que corresponde a la espalda. | Lomo de un animal. | Estilo de natación que consiste en desplazarse por el agua boca arriba. | pl. Parte posterior de una cosa: *esa calle queda a espaldas del estadio.* | **FAM.** espaldar, espaldarazo, espaldera, espaldilla.

espaldar m. Parte de la coraza, que cubre y defiende la espalda. | Respaldo de una silla o banco. | Espalda, parte posterior del cuerpo. | Enrejado sobrepuesto a una pared para que por él trepen y se extiendan ciertas plantas, como jazmines, rosales, etc. | Parte dorsal de la coraza de las tortugas.

espaldarazo m. Golpe dado en la espalda. | Admisión de alguno como igual en un grupo o profesión. | Reconocimiento de la competencia o habilidad a que ha llegado alguno en una profesión o actividad: *ese premio ha sido el espaldarazo a su carrera.*

espantada f. Huida repentina de un animal. | Abandono repentino de una actividad, ocasionado por el miedo.

espantajo m. Espantapájaros. | Persona molesta y despreciable.

espantapájaros m. Especie de muñeco que simula la figura humana que se pone en sembrados y árboles para ahuyentar a los pájaros. ♦ No varía en pl.

espantar tr. Causar espanto. También intr. | Ahuyentar algo o a alguien: *el perro espantaba las moscas con el rabo.* | Admirarse, maravillarse. También prnl.: *esa hazaña nos ha espantado.* | prnl. Sentir espanto, asustarse. | FAM. espantable, espantadizo, espantajo, espantamoscas, espantapájaros.

espanto m. Terror, asombro: *aquella película le produjo espanto.* | Amenaza o demostración con que se infunde miedo. | Persona o cosa extremadamente fea: *¡qué espanto de exposición!* | amer. Fantasma, aparecido. | FAM. espantar, espantosamente, espantoso.

español, la adj. y s. De España. | m. Castellano, lengua oficial de parte de España e Hispanoamérica. | FAM. española, españolear, españolidad, españolismo, españolista, españolización, españolizar.

españolada f. Acción, espectáculo u obra literaria que exagera y falsea el carácter español.

esparadrapo m. Tira de tela, una de cuyas caras es adhesiva, que sirve para cubrir heridas y sujetar vendajes.

esparaván m. Gavilán, ave de rapiña. | Tumor en la parte interna e inferior del corvejón de los caballos.

esparcimiento m. Acción y efecto de esparcir o esparcirse. | Diversión, recreo, desahogo. | Actividades con que se llena el tiempo libre.

esparcir tr. y prnl. Separar, extender lo que está junto o amontonado: *esparcir la semilla.* | Divulgar, extender una noticia: *el rumor no tardó en esparcirse.* | Divertir, desahogar, recrear. | FAM. esparcidamente, esparcimiento.

espárrago m. Yema de tallo recto y cabezuela comestible alargada, de color verde o blanco morado, que produce la raíz de la esparraguera. | Esparraguera. | Palo largo para asegurar un entoldado. | **espárrago triguero** El silvestre, que brota sobre todo en los sembrados de trigo. | FAM. esparragal, esparraguero.

esparraguero, ra m. y f. Persona que cultiva o vende espárragos. | f. Planta liliácea, con tallo herbáceo, recto y cilíndrico, hojas en haz y flores de color blanco verdoso, que en primavera produce abundantes espárragos. | Era o haza de tierra destinada a criar espárragos. | Plato de forma adecuada para servir los espárragos.

espartano, na adj. De Esparta, Grecia. También s. | Austero, disciplinado, severo: *se impuso un régimen espartano.*

esparteña f. Especie de alpargata de cuerda de esparto.

esparto m. Planta gramínea, con cañas de unos siete decímetros de altura y hojas radicales de unos 60 cm de longitud arrolladas sobre sí en forma de filamentos, muy duras y resistentes, que se emplean para hacer sogas, esteras, pasta para fabricar papel, etc. | FAM. esparteña, espartería.

espasmo m. Contracción involuntaria de los músculos. | FAM. espasmódico, espasmolítico.

espato m. Mineral de estructura laminosa. La variedad *espato de Islandia* tiene la propiedad de refractar los objetos, por lo que se utiliza en óptica. | FAM. espático.

espátula f. Paleta pequeña, con bordes afilados y mango largo, que usan los farmacéuticos, pintores, albañiles, etc. | Ave zancuda de pico largo en forma de espátula que se alimenta de peces.

especia f. Sustancia aromática con que se sazonan los manjares y guisos. | FAM. especiado, especiar, especiería, especiero.

especial adj. Singular o particular: *nos recibió con un saludo especial.* | Muy adecuado o propio para algo: *un pegamento especial para vidrio.* | FAM. especialidad, especialista, especializar, especialmente.

especialidad f. Actividad en la que algo o alguien destaca: *este plato es la especialidad del restaurante.* | Rama de una ciencia, arte o actividad, que se ocupa de una parte limitada de las mismas: *escogió la especialidad de lingüística comparada.* | Medicamento preparado en un laboratorio, y vendido con un nombre comercial registrado. | Cualidad particular.

especialista adj. y com. Que cultiva o se

dedica a un ramo de determinada arte o ciencia de la que tiene especiales conocimientos o habilidades, sobre todo en medicina: *he pedido hora con el especialista.* ‖ com. Persona que rueda las escenas cinematográficas de más riesgo y las que requieren una mayor habilidad.

especializar tr. Adecuar, hacer útil algo o alguien para un fin concreto. ‖ prnl. Cultivar especialmente un ramo determinado de una ciencia o arte: *se especializó en ingeniería genética.* ‖ FAM. especialización.

especie f. Conjunto de cosas semejantes entre sí por tener uno o varios caracteres comunes. ‖ En biol., categoría básica en que se dividen los géneros y que se componen de individuos que, además de los caracteres genéricos, tienen en común otros que los distinguen de los de las demás especies. ‖ Clase, tipo. ‖ **una especie de** loc. que se emplea para designar algo parecido a lo que se expresa: *llevaba una especie de blusa larga.* ‖ FAM. especia, especial, específico, especioso.

especiero, ra m. y f. Persona que comercia en especias. ‖ Estantería donde se colocan los tarritos que contienen las especias. ‖ Armarito con cajones pequeños para guardar las especias.

especificar tr. Determinar algo con todos los detalles precisos para su identificación: *especifícame las dimensiones del armario.* ‖ FAM. especificación, especificadamente, especificativo.

específico, ca adj. Que distingue una especie de otra: *un rasgo específico.* ‖ m. Medicamento especialmente indicado para tratar una enfermedad determinada. ‖ Medicamento fabricado industrialmente y con envase especial. ‖ FAM. específicamente, especificar, especificidad.

espécimen m. Muestra, modelo, ejemplar, normalmente con las características de su especie muy bien definidas: *ese toro es un magnífico espécimen.* ♦ pl. *especímenes.*

espectacular adj. Que tiene caracteres de espectáculo público. ‖ Aparatoso, ostentoso: *una boda espectacular.*

espectáculo m. Función o diversión pública de cualquier tipo: *espectáculo circense, taurino.* ‖ Todo lo que es capaz de atraer la atención: *este cochazo es un verdadero espectáculo.* ‖ Acción que causa escándalo o extrañeza: *iba gritando y dando el espectáculo por la calle.* ‖ FAM. espectacular, espectacularidad, espectador.

espectador, ra adj. y s. Que asiste a un espectáculo público. ‖ Que mira con atención algo: *nuestra riña tuvo varios espectadores.*

espectro m. Figura fantasmal y horrible que uno cree ver. ‖ En fís., resultado de la dispersión de un conjunto de radiaciones, de sonidos y, en general, de fenómenos ondulatorios, de tal manera que resulten separados de los de distinta frecuencia. ‖ Imagen gráfica de un sonido. ‖ Serie de las diversas especies microbianas sobre las que es terapéuticamente activo un medicamento: *un antibiótico de amplio espectro.* ‖ FAM. espectral, espectrógrafo, espectroscopia.

espectrógrafo m. Instrumento que deja registrado en una placa fotográfica el espectro de una señal luminosa. ‖ Aparato que obtiene el espectro de un sonido complejo analizándolo en los elementos que lo componen. Se usa mucho para estudiar los sonidos del lenguaje. ‖ FAM. espectografía.

especulación f. Acción y efecto de especular. ‖ Operación comercial o bancaria.

especular intr. Meditar, reflexionar, considerar algo sin un fin práctico: *deja de especular y actúa.* ‖ Hacer suposiciones sin fundamento. ‖ Comprar bienes que se cree van a subir de precio para venderlos y obtener una ganancia rápida: *especular en terrenos.* ‖ adj. Del espejo o parecido a un espejo. ‖ FAM. especulación, especulador, especulativamente, especulativo.

especulativo, va adj. Relativo a la especulación. ‖ Teórico, que no se destina a un fin práctico. ‖ Pensativo y dado a la especulación.

espéculo m. Instrumento que se emplea en cirugía para examinar, por la reflexión luminosa, ciertas cavidades del cuerpo.

espejismo m. Ilusión óptica debida a la reflexión total de la luz cuando atraviesa capas de aire de densidad distinta, con lo cual los objetos lejanos dan una imagen invertida. Suele ocurrir en las llanuras de los desiertos. ‖ Apariencia engañosa de algo: *esta calma es un espejismo.*

espejo m. Superficie lisa que refleja los objetos: *se reflejaba en el espejo del agua.* ‖ Sobre todo la superficie brillante hecha de una placa de vidrio recubierta de mercurio por detrás. ‖ Aquello en que se ve una cosa como retratada: *el teatro es el espejo de la vida.* ‖ Modelo digno de estudio e imitación: *espejo de príncipes.* ‖ FAM. espejarse, espejear, espejismo, espejuelo.

espeleología f. Ciencia o deporte en que se exploran y estudian las cavidades naturales del suelo terrestre. ‖ FAM. espeleológico, espeleólogo.

espeluznante adj. Que da miedo, terrorífico: *se oyó un grito espeluznante.* ‖ Que pone el pelo de punta. ‖ FAM. espeluznamiento, espeluznar, espeluzno.

espera f. Acción y efecto de esperar: *una espera tensa.* ‖ Plazo señalado por el juez para ejecutar una cosa. ‖ Calma, paciencia.

esperanto m. Idioma creado en 1887 por el médico polaco Zamenhof, con idea de que pudiese servir como lengua universal.

esperanza f. Confianza en que ocurrirá o se logrará lo que se desea: *tiene esperanza de conseguir un puesto.* ‖ Virtud teologal por la que se espera con firmeza que Dios dé los bienes que ha prometido. ‖ FAM. esperanzado, esperanzador, esperanzar.

esperanzar tr. Dar o provocar esperanza.

esperar tr. Tener esperanza de conseguir lo que se desea: *espera aprobar.* ‖ Creer que ha de suceder alguna cosa: *se esperan lluvias abundantes.* ‖ Desear que algo ocurra: *espero que se recupere pronto.* ‖ Permanecer en un sitio adonde se cree que ha de ir alguna persona o ha de ocurrir algo: *te espero a las 8 donde siempre.* ‖ Parar en una actividad hasta que suceda algo: *esperemos a que él llegue para empezar la reunión.* ‖ FAM. espera, esperable, esperanza.

esperma amb. Semen, secreción de las glándulas genitales masculinas. ‖ Sustancia grasa que se extrae de las cavidades del cráneo del cachalote. Se emplea para hacer velas y en algunos medicamentos. ‖ FAM. espermicida, espermafita, espermático, espermatofito, espermatozoide.

espermafita adj. y f. Fanerógama.

espermatozoide m. Célula sexual masculina, destinada a la fecundación del óvulo.

espermicida adj. y m. Se apl. al anticonceptivo que actúa localmente destruyendo los espermatozoides.

esperpento m. Persona o cosa notable por su fealdad o ridiculez: *vas hecho un esperpento.* ‖ Género literario creado por Ramón del Valle-Inclán en el que se deforma sistemáticamente la realidad, recargando sus rasgos grotescos y absurdos. ‖ FAM. esperpéntico.

espesar tr. y prnl. Condensar lo líquido: *espesó la sopa con un poco de harina.* ‖ Unir, apretar una cosa con otra, haciéndola más tupida: *espesó el punto poniendo la hebra doble.*

espeso, sa adj. Se dice de la sustancia fluida o gaseosa que tiene mucha densidad o condensación: *había una espesa niebla.* ‖ Se dice de las cosas cuyos elementos están muy juntos y apretados: *cabellera espesa.* ‖ Grueso, corpulento, macizo: *muros espesos.* ‖ Sucio, desaseado y grasiento. ‖ FAM. espesante, espesar, espesor, espesura.

espesor m. Grueso de un sólido: *la tabla tiene 5 cm de espesor.* ‖ Densidad o condensación de un fluido.

espesura f. Calidad de espeso. ‖ Paraje muy poblado de árboles y matorrales.

espetar tr. Atravesar con el asador, u otro instrumento puntiagudo, carne, aves, pescados, etc., para asarlos. ‖ Atravesar, clavar, meter por un cuerpo un instrumento puntiagudo. ‖ Decir a uno bruscamente algo que le sorprende o molesta: *le espetó la noticia sin ningún tacto.* ‖ prnl. Ponerse tieso fingiendo gravedad y majestad. ‖ Encajarse, afianzarse en un sitio. ‖ FAM. espetera, espetón.

espetera f. Tabla con garfios en que se cuelgan carnes, aves y utensilios de cocina, como cazos, sartenes, etc. ‖ Conjunto de estos utensilios de cocina. ‖ Pecho de la mujer cuando es muy abultado.

espía com. Persona que espía.

espiar tr. Observar o escuchar a escondidas lo que alguien dice o hace: *la portera espiaba sus idas y venidas.* ‖ En especial, cuando se realiza intentando obtener información secreta de un estado extranjero o de una empresa de la competencia, etc. ‖ FAM. espía, espionaje.

espichar intr. Morir. ‖ tr. Punzar con una cosa aguda.

espiche m. Arma o instrumento puntiagudo, como un asador. ‖ Estaquilla que sirve para cerrar un agujero, como las que se colocan en las cubas para que no salga el líquido o en los botes para que no se aneguen.

espiga f. Inflorescencia cuyas flores son hermafroditas y están insertadas a lo largo de un tallo común: *espiga de trigo.* ‖ Parte de una herramienta adelgazada para introducirla en el mango. ‖ Parte superior de la espada que se introduce en la empuñadura. ‖ Extremo de un madero cuyo espesor se ha disminuido para que encaje en un hueco. ‖ FAM. espigado, espigar, espigón, espiguilla.

espigado, da adj. Se dice del muchacho alto y delgado. ‖ Se aplica a algunas plantas anuales cuando se las deja crecer hasta la completa madurez de la semilla. ‖ En forma de espiga.

espigar tr. Coger las espigas que los segadores han dejado en el rastrojo. ‖ Hacer la espiga en las maderas que han de entrar en otras. ‖ intr. Empezar los cereales a echar espigas. ‖ prnl. Crecer demasiado algunas hortalizas, como la lechuga y la alcachofa. ‖ Crecer notablemente una persona: *el chico ha espigado mucho.* ‖ FAM. espigador, espigueo.

espigón m. Macizo saliente que se construye a la orilla de un río o mar para proteger la orilla o desviar la corriente. ‖ Punta de un instrumento puntiagudo. ‖ Punta del palo con que se aguija.

espina f. Astilla pequeña y puntiaguda. ‖ Púa que nace del tejido de algunas plantas. ‖ Parte dura y puntiaguda que en los peces hace el oficio de hueso. ‖ Espinazo de los vertebrados: *espina dorsal.* ‖ Recelo, sospecha: *todo este asunto me da mala espina.* ‖ Pesar, frustración: *se me ha quedado la espina de no habernos entendido.* ‖ **FAM.** espinal, espinazo, espineta, espinilla, espino, espinoso.

espinaca f. Planta hortense, anual, con hojas radicales, estrechas y suaves que se comen.

espinar m. Sitio poblado de espinos.

espinazo m. Columna vertebral de los mamíferos y aves. ‖ Clave de una bóveda o de un arco.

espinela f. Décima, combinación métrica de diez versos octosílabos.

espineta f. Clavicordio pequeño, de una sola cuerda en cada orden.

espingarda f. Antiguo cañón de artillería que disparaba bolas de plomo o de hierro. ‖ Escopeta de chispa, muy larga. ‖ Persona muy alta y desgarbada.

espinilla f. Parte anterior de la canilla de la pierna: *se dio un golpe en la espinilla.* ‖ Especie de barrillo que aparece en la piel por acumulación de grasa. ‖ **FAM.** espinillera.

espinillera f. Pieza que preserva la espinilla de los operarios en trabajos peligrosos o de los jugadores de algunos deportes. ‖ Pieza de la armadura antigua, que cubría y defendía la espinilla.

espino m. Arbolillo rosáceo, de 4 a 6 m de altura, con ramas espinosas, hojas aserradas, flores blancas, olorosas y fruto cubierto de piel tierna y rojiza. Su madera es dura, y la corteza se emplea en tintorería y como curtiente. ‖ **FAM.** espinar.

espinoso, sa adj. Que tiene espinas. ‖ Arduo, difícil: *un asunto espinoso.*

espionaje m. Acción de espiar lo que se dice o hace.

espira f. Línea en espiral. ‖ Cada una de las vueltas de una hélice o de una espiral. ‖ Parte de la basa de la columna, que está encima del plinto.

espiral f. Línea curva que gira alrededor de un punto y se aleja cada vez más de él. ‖ Muelle que ayuda a oscilar el volante de un reloj. ‖ **FAM.** espira, espirilo, espiritrompa, espiroqueta.

espirar intr. Expeler el aire aspirado: *espiraba entrecortadamente.* También tr. ‖ tr. Exhalar buen o mal olor. ‖ **FAM.** espiración, espiratorio, espiritoso, espíritu, espirituoso, espirómetro.

espiritismo m. Doctrina que supone que los espíritus de los muertos pueden invocarse para comunicarse con ellos. ‖ Conjunto de prácticas relacionadas con ella.

espíritu m. Parte inmaterial del hombre por la que piensa, siente, etc. ‖ Ser inmaterial dotado de inteligencia, p. ej., Dios o los ángeles. ‖ Ser sobrenatural de las leyendas o la mitología. ‖ Demonio infernal. Más en pl.: *el exorcista intentó sacarle los malos espíritus.* ‖ Vigor natural. ‖ Ánimo, valor: *lo soportó con mucho espíritu.* ‖ Vivacidad, ingenio: *fue una respuesta llena de espíritu.* ‖ Vapor sutilísimo que exhalan el vino y los licores. ‖ Parte más pura y sutil que se extrae de algunos cuerpos sólidos y fluidos por medio de operaciones químicas: *el espíritu de vino.* ‖ Principio generador, tendencia general, carácter íntimo, esencia o sustancia de una cosa: *el espíritu de una ley.* ‖ Cada uno de los dos signos ortográficos griegos que indican el tipo de aspiración con que han de pronunciarse ciertos sonidos. ‖ **FAM.** espiritado, espiritismo, espiritual, espiritualismo, espiritualizar.

espiritual adj. Relativo al espíritu. ‖ Se apl. a las personas o cosas en las que predominan la sensibilidad y los sentimientos frente a lo material. ‖ m. Canto religioso de la población negra de Estados Unidos. ‖ **FAM.** espiritualidad, espiritualización, espiritualmente.

espiritualidad f. Naturaleza y condición de espiritual. ‖ Conjunto de creencias referentes a la vida espiritual.

espirómetro m. Aparato para medir la capacidad respiratoria del pulmón. ‖ **FAM.** espirometría.

espita f. Canuto a modo de llave de la cuba por el que sale el licor que ésta contiene. ‖ Por ext., cualquier dispositivo análogo que regula la salida de gases, líquidos, etc., de un recipiente o conducto: *cierra la espita del gas.*

espléndido, da adj. Magnífico: *fue una corrida espléndida.* ‖ Desprendido, generoso. ‖ **FAM.** espléndidamente, esplendidez.

esplendor m. Hermosura, grandiosidad: *el esplendor de una fiesta.* ‖ Apogeo, cualidad de la persona o cosa que ha alcanzado su máximo desarrollo o su máxima perfección: *está en el esplendor de su carrera artística.* ‖ Resplandor: *el esplendor del sol.* ‖ Lustre, nobleza. ‖ **FAM.** esplendente, espléndido, esplendorosamente, esplendoroso.

esplénico, ca adj. Perteneciente o relativo al bazo. ‖ **FAM.** esplenitis.

esplenio m. Músculo largo y plano que une las vértebras cervicales con la cabeza.

espliego m. Mata de la familia de las labiadas con hojas elípticas, casi lineales, enteras y algo vellosas, flores azules en espiga, de pedúnculo muy largo y delgado, y semilla elipsoidal de color gris. Es muy aromática; de sus flores se extrae un aceite muy usado en perfumería.

espolear tr. Picar con la espuela a la cabalgadura. | Avivar, incitar, estimular a alguien: *el ejemplo de su hermano le espoleó a no rendirse.* | FAM. espoleadura.

espoleta f. Mecanismo que se coloca en la boquilla o en el culote de las bombas, granadas, etc., para hacerlas estallar.

espolón m. Apófisis ósea que tienen en el tarso varias aves: *los espolones del gallo.* | Malecón que suele hacerse a orillas de los ríos o del mar para contener las aguas, y al borde de los barrancos y precipicios para seguridad del terreno y de los transeúntes. Se utiliza en algunas poblaciones como sitio de paseo: *el espolón de Burgos.* | Punta en que remata la proa de la nave.

espolvorear tr. Esparcir sobre una cosa otra hecha polvo: *espolvorear un dulce con canela.* | FAM. espolvoreo.

espondeo m. Pie de la poesía griega y latina, compuesto de dos sílabas largas. | FAM. espondaico.

espongiario, a adj. y s. Se dice de animales invertebrados acuáticos, cuyo cuerpo está atravesado por numerosos conductos que comunican el exterior con la cavidad interna. | m. pl. Tipo de estos animales.

esponja f. Animal espongiario. | Esqueleto de ciertos espongiarios que, por su elasticidad y porosidad, se utiliza para la higiene personal. | Todo cuerpo que se asemeja al esqueleto de las esponjas y sirve como utensilio de limpieza. | FAM. esponjadura, esponjar, esponjera, esponjosidad, esponjoso.

esponjar tr. Ahuecar o hacer más poroso un cuerpo. También prnl.: *el suflé ya ha esponjado.* | prnl. Engreírse, envanecerse. | Adquirir una persona cierta lozanía. | FAM. esponjadura, esponjamiento.

esponjoso, sa adj. Se apl. al cuerpo muy poroso o esponja: *un bizcocho esponjoso.*

esponsales m. pl. Promesa de casarse que se hacen y aceptan los novios. | FAM. esponsalicio.

espontáneo, a adj. Que se hace de forma voluntaria: *una colecta espontánea.* | Que se produce por sí solo, sin cuidados del hombre: *combustión espontánea.* | Se dice del que actúa con naturalidad, sinceramente. | m. y f. Persona que interviene en un espectáculo público sin tener autorización para ello, especialmente

en las corridas de toros. | FAM. espontáneamente, espontaneidad.

espora f. Célula reproductora que, sin necesidad de ser fecundada, se separa y se divide reiteradamente hasta constituir un nuevo individuo. | Corpúsculo que se produce en una bacteria, cuando las condiciones del medio le son desfavorables. | FAM. esporádico, esporangio, esporulación.

esporádico, ca adj. Ocasional: *nuestros encuentros son esporádicos.* | Se dice de las enfermedades que no constituyen una epidemia: *se han registrado algunos casos esporádicos de cólera.* | FAM. esporádicamente.

esporangio m. Cavidad donde se originan y están contenidas las esporas en muchas plantas criptógamas.

esporulación f. Reproducción asexual por medio de esporas.

esposar tr. Sujetar a uno con esposas.

esposas f. pl. Manillas de hierro con que se sujeta a los presos por las muñecas. | FAM. esposar.

esposo, sa m. y f. Persona que ha contraído esponsales. | Persona casada con respecto a su cónyuge. | FAM. esponsales, esposas.

espuela f. Espiga de metal terminada en una estrella con puntas que se ajusta al talón del calzado del jinete para picar a la cabalgadura. | Estímulo, acicate. | FAM. espolada, espolear, espoleta, espolón, espuelear.

espuerta f. Especie de cesto de mimbre o esparto con dos asas pequeñas. | **a espuertas** loc. adv. A montones, en abundancia: *llover a espuertas.* | FAM. esportada, esportear, esportilla, esportón.

espulgar tr. Limpiar de pulgas o piojos. También prnl. | Examinar, reconocer una cosa con cuidado y por partes: *espulgó las distintas candidaturas recibidas.* | FAM. espulgo.

espuma f. Conjunto de burbujas que se forman en la superficie de los líquidos. | Parte del jugo y de impurezas que sobrenadan al cocer ciertas sustancias: *quita la espuma al caldo.* | Tejido sintético elástico y esponjoso. | FAM. espumadera, espumajoso, espumar, espumarajo, espumeante, espumear, espumilla, espumillón, espumoso.

espumadera f. Paleta llena de agujeros con que se saca la espuma de los líquidos o los fritos de la sartén.

espumar tr. Quitar la espuma de un líquido con la espumadera. | intr. Hacer espuma, como la que hace la olla, el vino, etc. | Crecer, aumentar rápidamente.

espumajo o **espumarajo** m. Saliva arrojada en gran abundancia por la boca. | FAM. espumajear.

espumillón m. Tira con flecos de un tipo de papel de seda o brillante que se utiliza como adorno navideño.

espumoso, sa adj. Que tiene o hace mucha espuma: *detergente espumoso.* ‖ Se dice del vino al que se ha sometido a una segunda fermentación para que tenga burbujas.

espurio, ria adj. Bastardo, que degenera de su origen o naturaleza. ‖ Falso, no auténtico: *este Dalí es espurio.* ‖ **FAM.** espúreo.

espurrear, espurriar o **espurrir** tr. Rociar una cosa con agua u otro líquido expelido por la boca.

esputo m. Sustancia secretada por las vías respiratorias que se arroja por la boca de una vez. ‖ **FAM.** esputar.

esqueje m. Tallo o cogollo que se separa de una planta para injertarlo en otra o para introducirlo en la tierra y que nazca otra nueva.

esquela f. Nota impresa en papel con un recuadro negro en que se comunica la muerte de alguien. ‖ La misma nota cuando se publica en los periódicos. ‖ Carta breve: *dejó sobre mi mesa una esquela con instrucciones.*

esquelético, ca adj. Muy flaco. ‖ Relativo al esqueleto.

esqueleto m. Armazón óseo que protege los órganos internos, el de los vertebrados es interno y el de los invertebrados externo. ‖ Estructura que sostiene algo: *el esqueleto de un edificio.* ‖ Persona muy delgada: *se quedó hecho un esqueleto.* ‖ *amer.* Modelo o patrón impreso en que se dejan blancos que se rellenan a mano. ‖ *amer.* Bosquejo, plan de una obra. ‖ **mover el esqueleto** loc. Bailar. ‖ **FAM.** esquelético.

esquema m. Representación gráfica de algo en sus características más generales o importantes: *el esquema de un discurso.* ‖ **FAM.** esquemáticamente, esquemático, esquematismo, esquematización, esquematizar.

esquí m. Especie de patín largo que acaba por delante en una punta elevada hacia arriba, con un dispositivo para sujetarlo a cada pie, que se usa para deslizarse sobre la nieve o el agua, o por pistas apropiadas. ‖ **esquí acuático** Deporte que consiste en deslizarse sobre la superficie del agua, mediante esquís, aprovechando la tracción de una motora. ◆ pl. *esquís, esquíes.* ‖ **FAM.** esquiador, esquiar.

esquiar intr. Deslizarse con esquís sobre una superficie adecuada.

esquife m. Barco pequeño que se lleva en el navío para saltar a tierra y para otros usos. ‖ Especie de piragua para una sola persona, empleada en competiciones deportivas.

esquila f. Cencerro pequeño en forma de campana. ‖ Campana pequeña para convocar a los miembros de una comunidad. ‖ **FAM.** esquilón.

esquilar tr. Cortar el pelo o la lana al ganado. ‖ **FAM.** esquilador, esquileo.

esquilmar tr. Menoscabar, agotar una fuente de riqueza por explotarla excesivamente: *esquilmar las tierras.* ‖ Chupar con exceso las plantas el jugo de la tierra. ‖ Arruinar a alguien sacándole abusivamente dinero o bienes: *este timador ha esquilmado a más de uno.*

esquimal adj. y com. Se dice de un pueblo de raza mongólica que se extiende desde las costas árticas de Norteamérica hasta el extremo NO de Siberia. Vive de la caza y de la pesca. ‖ Relativo a este pueblo. ‖ m. Familia de las lenguas habladas por este pueblo.

esquina f. Arista, ángulo que resulta del encuentro de dos superficies, principalmente la de las paredes de un edificio. ‖ **FAM.** esquinado, esquinar, esquinazo, esquinera.

esquinado, da adj. Se dice de la persona de trato difícil o de malas intenciones.

esquinar tr. Hacer o formar esquina. También intr. ‖ Poner en esquina alguna cosa: *esquinar una estantería.* ‖ Poner a mal, indisponer. Más c. prnl.: *se esquinó contra nosotros.*

esquinazo m. Esquina. ‖ *amer.* Serenata para festejar a una persona. ‖ **dar esquinazo** loc. Rehuir en la calle el encuentro de alguien. ‖ Dejar a uno plantado, abandonarle.

esquirla f. Astilla desprendida de un hueso, piedra, cristal, etc.

esquirol m. desp. Obrero que se presta a realizar el trabajo abandonado por un huelguista, o que no abandona el trabajo en una huelga.

esquisto m. Roca metamórfica de color negro azulado que se divide con facilidad en hojas. ‖ **FAM.** esquistosidad, esquistoso.

esquivar tr. Moverse para evitar algo o a alguien: *esquivó el choque con un volantazo.* ‖ **FAM.** esquivez, esquivo.

esquivo, va adj. Desdeñoso, áspero, huraño: *últimamente te muestras muy esquivo.*

esquizofrenia f. Grupo de enfermedades mentales que se caracterizan por la disociación de la personalidad y la falta de contacto con la realidad. ‖ **FAM.** esquizofrénico, esquizoide.

estabilidad f. Calidad de estable: *estabilidad monetaria.* ‖ Propiedad de un cuerpo de recuperar su equilibrio inicial. ‖ **FAM.** estabilizar.

estabilizar tr. y prnl. Dar estabilidad a una persona o cosa: *el trabajo le ha estabilizado.* ‖ Fijar y garantizar oficialmente el valor de una moneda a fin de evitar las oscilaciones del cambio. ‖ **FAM.** estabilización, estabilizador.

estable adj. Constante, firme, permanente, que no está en peligro de sufrir cambios: *el enfermo se mantiene estable.* | **FAM.** estabilidad, establecer, establemente.

establecer tr. Fundar, instituir, crear: *estableció la nueva sucursal en la plaza.* | Ordenar, mandar lo que se debe hacer: *han establecido las nuevas normas de seguridad laboral.* | Sentar un principio de valor general: *establecer una teoría.* | prnl. Fijar uno su residencia en alguna parte: *se establecieron en Francia.* | Abrir por cuenta propia un establecimiento: *se estableció como electricista.* ♦ Irreg. Se conj. como *agradecer.* | **FAM.** establecedor, establecimiento.

establecimiento m. Lugar donde se ejerce una actividad comercial, industrial, profesional, etc. | Acción y efecto de establecer o establecerse.

establo m. Lugar cubierto en el que se encierra el ganado. | Lugar sucio o desordenado. | **FAM.** estabulación, estabular.

estaca f. Palo con punta en un extremo para clavarlo en la tierra, una pared o en otra parte. | Rama que se planta para que se haga árbol. | Palo grueso. | *amer.* Pertenencia de una mina que se concede a los peticionarios mediante ciertos trámites. | **FAM.** estacada, estacar, estacazo, estaquear, estaquilla.

estacada f. Cualquier obra hecha de estacas clavadas en la tierra. | **dejar** a uno **en la estacada** loc. Abandonarlo en un peligro o en un apuro.

estacar tr. Fijar en la tierra una estaca y atar a ella una bestia. | Señalar en el terreno con estacas una línea, como el perímetro de una mina, etc. | *amer.* Sujetar, clavar algo con estacas: *están estacando los cueros para que se sequen.* | prnl. Quedarse inmóvil y tieso como una estaca. | *amer.* Punzarse, clavarse una astilla.

estacazo m. Golpe dado con estaca o garrote. | Daño, crítica dura que alguien recibe.

estación f. Cada una de las cuatro partes en que se divide el año: primavera, verano, otoño e invierno. | Tiempo, temporada: *la estación de las lluvias.* | Sitio donde habitualmente paran los vehículos de los ferrocarriles y líneas de autobuses o del metropolitano. | Local y conjunto de instalaciones en los que se realiza una actividad determinada: *estación de radio.* | Cada uno de los altares, cruces o representaciones devotas que jalonan el recorrido del vía crucis, ante los cuales se rezan determinadas oraciones. | **estación de servicio** Instalación de carretera provista de lo necesario para dar servicio al automovilista. | **FAM.** estacional, estacionar, estacionario.

estacionamiento m. Acción y efecto de estacionar. | Lugar donde pueden aparcarse los vehículos: *estacionamiento subterráneo.*

estacionar tr. y prnl. Situar, colocar en un lugar, particularmente un coche en un hueco apropiado de la calle. | prnl. Quedarse estacionario, estancarse: *su estado de salud se ha estacionado.* | **FAM.** estacionamiento.

estacionario, ria adj. Que permanece en el mismo estado o situación: *el enfermo continúa en estado estacionario.*

estadio m. Recinto con graderías para los espectadores, destinado a competiciones deportivas. | Etapa o fase de un proceso, desarrollo o transformación: *la economía atraviesa un estadio crítico.*

estadista m. Jefe de Estado. | com. Especialista en asuntos de dirección de los Estados. | Persona especializada en estadística.

estadística f. Ciencia que utiliza conjuntos de datos numéricos para obtener, a partir de ellos, inferencias basadas en el cálculo de probabilidades. | **FAM.** estadístico.

estado m. Situación en que está una persona o cosa, en relación con los cambios que influyen en su condición: *estado de salud.* | Clase o condición social de la vida de cada uno. | Cada uno de los grados o modos de cohesión de las moléculas de un cuerpo: *estado sólido.* | Cuerpo político de una nación y territorio y población a los que se extiende su autoridad: *razón de Estado.* | Cada uno de los territorios independientes en una federación: *el Estado de Texas.* ♦ En estas dos últimas acepciones, suele escribirse con mayúscula. | **estado civil** Condición de cada persona en relación con los derechos y obligaciones civiles. | Condición de soltería, matrimonio, viudez, etc., de un individuo. | **FAM.** estadillo, estadio, estadista, estadística, estatal, estatificar, estatismo.

estafar tr. Pedir o sacar dinero o cosas de valor con engaño: *le estafó un timador.* | Dar a alguien menos o cobrarle más de lo justo: *te estafaron en el restaurante.* | Defraudar, no ofrecer lo que se espera de algo: *con esta película habrán estafado a más de uno.* | **FAM.** estafa, estafador.

estafermo m. Figura giratoria de un hombre armado que intentaban herir los jinetes, en los torneos antiguos, con la suficiente habilidad como para que no les golpeara a ellos en la espalda. | Persona que está parada y como embobada.

estafeta f. Oficina de correos. | Correo especial para el servicio diplomático. | Correo ordinario que iba a caballo de un lugar a otro.

estafilococo m. Cualquiera de las bacterias de forma redondeada, que se agrupan como en racimo.

estalactita f. Concreción calcárea larga y puntiaguda que suele hallarse pendiente del techo de las cavernas por la filtración de aguas calizas.

estalagmita f. Estalactita invertida que se forma en el suelo.

estallar intr. Reventar de golpe una cosa con estruendo: *estallar una bomba.* ‖ Sobrevenir, ocurrir violentamente una cosa: *estalló una revuelta.* ‖ Sentir y manifestar repentina y violentamente un sentimiento o estado de ánimo: *no pudo aguantar más sus tonterías y estalló.* ‖ Restallar. ‖ **FAM.** estallante, estallido.

estambre amb. Parte del vellón de lana que se compone de hebras largas. Más m. ‖ Hilo formado de estas hebras y tejido que se hace con él. ‖ Órgano sexual masculino de las plantas fanerógamas. ‖ **FAM.** estambrar.

estamento m. Estrato de una sociedad, definido por un estilo de vida común o una análoga función social: *estamento nobiliario.* ‖ Cada uno de los dos cuerpos colegisladores establecidos por el Estatuto Real en el s. XIX. ‖ **FAM.** estamental.

estampa f. Efigie o figura impresa: *un libro con estampas.* ‖ Papel o tarjeta con una imagen religiosa. ‖ Escena, imagen típica, representativa de algo: *una típica estampa andaluza.* ‖ Apariencia, porte: *el toro tenía muy buena estampa.* ‖ Imprenta o impresión: *dio el libro a la estampa.* ‖ **FAM.** estampilla.

estampado, da adj. y m. Se apl. a los tejidos en que se estampan diferentes labores o dibujos. ‖ Se dice del objeto que por presión o percusión se fabrica con matriz o molde apropiado. ‖ m. Acción y efecto de estampar.

estampar tr. Imprimir algo en un papel por medio de la presión con un molde: *estampar un folleto.* También intr. ‖ Dar forma a una plancha metálica por percusión entre dos matrices: *estampar un grabado.* ‖ Señalar o imprimir una cosa en otra: *estampó su huella en el cemento fresco.* ‖ Arrojar a una persona o cosa o hacerla chocar contra algo. También prnl.: *resbaló y se estampó contra el suelo.* ‖ **FAM.** estampa, estampación, estampador, estampida, estampido.

estampía f. Sólo en la loc. adv. **de estampía**, con verbos como *embestir, irse, partir,* o *salir,* de repente.

estampida f. Huida impetuosa que emprende una persona, animal o conjunto de ellos. ‖ Estampido.

estampido m. Ruido fuerte y seco como el producido por el disparo de un cañón.

estampilla f. Sello que contiene en facsímil la firma y rúbrica de una persona o un letrero, etc. ‖ *amer.* Sello de correos o fiscal.

estancar tr. Detener y parar el curso o corriente de una cosa. También prnl.: *las aguas se estancaron.* ‖ Suspender, detener la marcha de un asunto, negocio, etc. También prnl.: *el proyecto se estancó por falta de fondos.* ‖ Prohibir el curso libre de determinada mercancía, dando el monopolio al Estado, a una entidad o a una persona. ‖ **FAM.** estancamiento, estanco, estanque.

estancia f. Mansión, habitación en un lugar o en una casa. ‖ Aposento o cuarto donde se habita ordinariamente. ‖ Tiempo que permanece alguien en un lugar: *durante su estancia visitarán varios museos.* ‖ Estrofa formada por más de seis versos endecasílabos y heptasílabos con rima variable en consonante, y cuya estructura se repite a lo largo del poema. ‖ *amer.* Hacienda de campo destinada al cultivo, y más especialmente a la ganadería. ‖ *amer.* Casa de campo con huerta y próxima a la ciudad. ‖ **FAM.** estanciero.

estanciero, ra m. y f. *amer.* Persona que es dueña de una estancia, casa de campo, o que cuida de ella.

estanco, ca adj. Que está muy bien cerrado e incomunicado: *compartimento estanco.* ‖ m. Prohibición del curso y venta libre de algunas cosas. ‖ Lugar donde se venden géneros estancados, y especialmente sellos, tabaco y cerillas. ‖ *amer.* Tienda en que se vende aguardiente. ‖ **FAM.** estanquero, estanquillo.

estándar m. Se dice de lo que sirve como tipo, modelo, norma, patrón o referencia. Sólo en sing.: *medidas estándar.* ‖ com. En aposición con un sustantivo, corriente, normal, de serie: *un saludo estándar.* ‖ **FAM.** estandarización, estandarizar.

estandarte m. Insignia o bandera que usan algunas corporaciones.

estanque m. Depósito construido para remansar o recoger el agua o para servir de adorno.

estanquero, ra m. y f. Persona que tiene a su cargo un estanco.

estanquillo m. Local donde se venden géneros estancados. ‖ *amer.* Taberna pobremente abastecida. ‖ *amer.* Taberna de vinos y licores.

estante m. Balda, tabla horizontal que se coloca dentro de un mueble o directamente en la pared para colocar cosas encima. ‖ **FAM.** estantería.

estañar tr. Cubrir o bañar con estaño. ‖ Asegurar o soldar una cosa con estaño.

estaño m. Elemento químico metálico blanco, de brillo plateado, dúctil y maleable, poco conductor de la electricidad y poco alterable en contacto con el aire. Su símbolo es *Sn.* ‖ **FAM.** estañador, estañadura, estañar.

estaquear tr. *amer.* Estacar, estirar un cuero, fijándolo con estacas. ‖ *amer.* Por ext., castigo que consistía en estirar a un hombre, atado entre cuatro estacas.

estar intr. Existir, hallarse una persona o cosa en este o aquel lugar, situación, condición, etc.: *estar en la ciudad; estar cansado; estar viudo.* ‖ Permanecer el tiempo indicado en un lugar. También prnl.: *se estuvo aquí toda la tarde.* ‖ **estar** + adv. Sentar una prenda de vestir como se indica. ‖ Encontrarse como indica el adv.: *estar bien, mal.* ‖ **estar a** Indica fecha: *estamos a martes, 3 de julio;* precio: *están a 200 ptas.* ‖ **estar con** Encontrarse con alguien. ‖ Padecer una enfermedad: *está con sarampión.* ‖ Estar de acuerdo con alguien: *estoy contigo en este asunto.* ‖ **estar de** Indica ocupación: *estamos de reforma*; cargo: *está aquí de cocinero*; estado designado por el sustantivo: *está de espaldas*; tipo de atuendo que se lleva: *en esta foto está de militar.* ‖ **estar en** Costar el precio que se indica: *están en 150 ptas./kg.* ‖ Atender o realizar una actividad: *está en un proyecto secreto.* ‖ Radicar, estribar: *la solución está en el fondo del problema.* ‖ **estar para** Indica disposición: *ahora no estoy para bromas*; o finalidad: *la fruta está para comerla.* ‖ **estar por** + inf. Ir a suceder algo. ‖ Estar casi decidido a algo: *está por comprarse el vestido.* ‖ Tener una postura favorable: *está por el proyecto.* ‖ aux. **estar** + gerundio. Indica duración de una acción: *está cantando*; repetición: *estaba dando martillazos*; o inminencia: *está aterrizando el avión.* ‖ **estar** + participio. Forma la pasiva de algunos verbos o una frase verbal perfectiva: *está cansado.* ‖ copul. Cualidad o estado que se indica con el adjetivo: *está triste.* ‖ prnl. Encontrarse de una determinada manera: *se estuvo callado toda la tarde.* ‖ **FAM.** estación, estadia, estado, estafermo, estamento, estancia, estante, estático, estatua, estatuir, estatura, estatuto. ♦ **Irreg.** Conjugación modelo:

Indicativo

Pres.: *estoy, estás, está, estamos, estáis, están.*
Imperf.: *estaba, estabas,* etc.
Pret. indef.: *estuve, estuviste, estuvo, estuvimos, estuvisteis, estuvieron.*
Fut. imperf.: *estaré, estarás, estará,* etc.

Potencial: *estaría, estarías,* etc.

Subjuntivo

Pres.: *esté, estés, esté, estemos, estéis, estén.*
Imperf.: *estuviera o estuviese, estuvieras o estuvieses,* etc.
Fut. imperf.: *estuviere, estuvieres,* etc.

Imperativo: *está, estad.*

Participio: *estado.*

Gerundio: *estando.*

estarcir tr. Estampar dibujos, letras o números pasando una brocha por una chapa en la que previamente se ha perforado su silueta. ‖ **FAM.** estarcido.

estatal adj. Relativo al Estado. ‖ **FAM.** estatalización, estatalizar.

estática f. Parte de la mecánica que estudia el equilibrio de los cuerpos.

estático, ca adj. Relativo a la estática. ‖ Que permanece en un mismo estado, sin mudanza en él. ‖ Paralizado de asombro o de emoción: *se quedó estático delante del cuadro.* ‖ **FAM.** estasis, estática, estatismo, estator.

estatismo m. Tendencia política partidaria de la supremacía e intervención del Estado en todas las actividades del país.

estatua f. Figura esculpida que imita una figura del natural. ‖ **FAM.** estatuaria, estatuario, estatuilla.

estatuir tr. Establecer, ordenar, determinar: *estatuir leyes.* ‖ Demostrar, asentar como verdad una doctrina u un hecho. ♦ **Irreg.** Se conj. como *huir.*

estatura f. Altura, medida de una persona desde los pies a la cabeza.

estatuto m. Norma, regla que tiene valor legal para un cuerpo, asociación, comunidad, etc. ‖ Ley especial básica para el régimen autónomo de una región, dictada por el Estado de que forma parte. ‖ **FAM.** estatutario.

este m. Punto cardinal por donde sale el Sol. ‖ Viento que viene de la parte de Oriente. ‖ Parte de un territorio situada hacia ese lado. ‖ **FAM.** estenordeste, estesudeste.

este, esta, esto, estos, estas Formas de pron. dem. en los tres géneros m., f. y n., y en ambos núms., sing. y pl. Designan lo que está cerca de la persona que habla. Las formas m. y f. se usan como adj. y como s. y en este último caso se escriben con acento sólo cuando existe riesgo de ambigüedad: *esta vida; conozco mucho a éstos.*

esteárico, ca adj. Se dice del ácido graso con una cadena de dieciocho átomos de carbono. ‖ **FAM.** estearina, esteatita.

estearina f. Sustancia blanca, insípida, de escaso olor, insoluble en el agua, soluble en el alcohol hirviendo y en el éter. Está compuesta de ácido esteárico y glicerina y da mayor consistencia a los cuerpos grasos. ‖ Ácido esteárico que sirve para la fabricación de velas.

estela f. Rastro de espuma y agua removida que deja tras sí en la superficie del agua una embarcación u otro cuerpo en movimiento. ‖ Rastro que deja en el aire un cuerpo luminoso en movimiento: *la estela de un cometa.* ‖ Huella que deja cualquier cosa que pasa: *la estela de un cohete.* ‖ Monumento conmemorativo en forma de pedestal con relieves.

estelar adj. Relativo a las estrellas. ‖ De gran importancia: *una actuación estelar.*

estenosis f. Estrechez, estrechamiento de un conducto orgánico: *estenosis mitral.* ♦ No varía en pl. ‖ FAM. estenocardia.

estenotipia f. Taquigrafía a máquina. ‖ Máquina con la que se escribe en taquigrafía.

estentóreo, a adj. Muy fuerte, ruidoso o retumbante, sobre todo referido a la voz o a los sonidos.

estepa f. Erial llano y muy extenso. ‖ Mata resinosa con ramas leñosas y erguidas, hojas de color verde oscuro por la parte superior y blanquecinas por el envés, y flores de corola grande y blanca. Se usa como combustible. ‖ FAM. estepario.

estera f. Tejido grueso de esparto, juncos, palma, etc., para cubrir partes del suelo. ‖ FAM. esterar, estería, estero, esterilla.

estercolero m. Lugar donde se recoge el estiércol. ‖ Sitio muy sucio: *esta calle es un estercolero.*

estéreo adj. abrev. de estereofónico.

estereofonía f. Técnica de captación, amplificación, transmisión, reproducción y registro acústico del sonido, simultáneamente por varios canales con diferente selección de tonos, dando al oyente una sensación de distribución espacial del sonido. ‖ FAM. estéreo, estereofónico.

estereofónico, ca adj. Relativo a la estereofonía: *sonido estereofónico.* ‖ Se dice del equipo de sonido que se basa en esa técnica.

estereografía f. Arte de representar los sólidos en un plano. ‖ FAM. estereográfico, estereógrafo.

estereometría f. Parte de la geometría que trata de la medida de los sólidos. ‖ FAM. estereométrico.

estereoscopio m. Aparato óptico en el que, mirando con ambos ojos, se ven dos imágenes de un objeto que, al fundirse en una, producen una sensación de relieve. ‖ FAM. estereoscópico.

estereotipado, da adj. Se dice de los gestos, fórmulas, expresiones, etc., que se repiten sin variación.

estereotipia f. Arte de imprimir que, en vez de moldes compuestos de letras sueltas, usa planchas de una página en una sola pieza.

‖ Oficina donde se estereotipa. ‖ Máquina de estereotipar. ‖ Repetición involuntaria y brusca de un gesto, acción o palabra que ocurre en ciertas enfermedades psíquicas y neurológicas.

estereotipo m. Modelo fijo de cualidades o de conducta. ‖ Tópico: *su discurso estuvo plagado de estereotipos.* ‖ Plancha utilizada en estereotipia. ‖ FAM. estereotipado, estereotipar, estereotipia, estereotípico.

estéril adj. Que no da fruto, que no produce nada: *un árbol estéril.* ‖ Que no puede reproducirse: *la mula es un animal generalmente estéril.* ‖ Se dice del año en que la cosecha es muy escasa, y de los tiempos y épocas de miseria. ‖ Aséptico, sin gérmenes patógenos: *medio estéril.* ‖ FAM. esterilidad, esterilizar, estérilmente.

esterilizar tr. Hacer infecundo y estéril lo que antes no lo era. También prnl. ‖ Destruir los gérmenes patógenos que hay o puede haber en los instrumentos, objetos de curación, agua, etc. ‖ FAM. esterilización, esterilizador.

esterilla f. Estera pequeña y estrecha para tomar el sol. ‖ Tejido de paja.

esternocleidomastoideo m. Músculo del cuello por el que la cabeza gira y se flexiona lateralmente.

esternón m. Hueso plano, situado en la parte anterior del pecho, al que se unen parte de las costillas. ‖ FAM. esternocleidomastoideo.

estero m. Terreno bajo pantanoso que suele llenarse de agua por la lluvia o por la filtración de un río o laguna cercana, y en el que abundan las plantas acuáticas. ‖ *amer.* Arroyo, riachuelo. ‖ *amer.* Aguazal, charca. ‖ FAM. esteral.

estertor m. Respiración anhelosa que produce un sonido involuntario, ronco o como un silbido que suele presentarse en los moribundos. ‖ Ruido de burbuja que al respirar se produce en ciertas enfermedades del aparato respiratorio. ‖ FAM. estertóreo.

esteta com. Persona que adopta una actitud esteticista. ‖ Persona versada en estética.

esteticismo m. Actitud de quienes, al crear o valorar obras literarias y artísticas, conceden importancia primordial a la belleza anteponiéndola a los aspectos intelectuales, religiosos, morales, sociales, etc.

esteticista adj. Perteneciente o relativo al esteticismo. ‖ com. Persona que profesionalmente se dedica al embellecimiento del cuerpo humano.

estético, ca adj. Relativo a la estética. ‖ Artístico, de bello aspecto: *una tapicería estética.* ‖ f. Ciencia que trata de la belleza y de la teoría fundamental y filosófica del arte. ‖

Aspecto exterior de una persona o cosa: *una estética desenfadada.* ‖ **FAM.** esteta, estéticamente, esteticismo, esteticista.

estetoscopio m. Instrumento parecido a una trompetilla acústica para auscultar. ‖ **FAM.** estetoscopia, estetoscópico.

esteva f. Pieza corva y trasera del arado, sobre la cual lleva la mano el que ara, para dirigir la reja y apretarla contra la tierra. ‖ **FAM.** estevado.

estiaje m. Nivel más bajo que, en ciertas épocas del año, tienen las aguas de un río, laguna, etc., por causa de la sequía. ‖ Período que dura.

estibar tr. Apretar cosas sueltas para que ocupen poco espacio. ‖ Distribuir ordenadamente la carga en un barco. ‖ Cargar y descargar mercancías de los barcos. ‖ **FAM.** estiba, estibación, estibador.

estiércol m. Excremento de cualquier animal. ‖ Materias orgánicas, comúnmente vegetales, podridas, que se destinan al abono de las tierras. ‖ **FAM.** estercoladura, estercolamiento, estercolar, estercolero.

estigma m. Marca o señal en el cuerpo. ‖ Huella impresa sobrenaturalmente en el cuerpo de algunos santos en éxtasis, como símbolo de la participación que sus almas toman en la pasión de Cristo. ‖ Marca hecha con hierro candente, como signo de deshonra o esclavitud. ‖ Desdoro, mala fama: *llevaba en sus ojos el estigma de Caín.* ‖ Señal o síntoma de algunas enfermedades. ‖ Cuerpo glanduloso de la parte superior del pistilo que recibe el polen en el acto de fecundación de las plantas. ‖ Cada uno de los pequeños orificios que tiene el tegumento de los insectos, arácnidos y miriópodos, por los que penetra el aire en su tráquea. ‖ **FAM.** estigmatizar.

estilar tr. Acostumbrar. ‖ prnl. Ser costumbre, estar de moda hacer algo: *esta primavera se estila mucho este color.*

estilete m. Puñal de hoja muy estrecha y aguda. ‖ O punzón. ‖ Pequeña sonda metálica delgada y flexible, terminada en una bolita, para reconocer ciertas heridas.

estilista com. Escritor que se distingue por lo esmerado y elegante de su estilo. ‖ Persona que cuida del estilo o la imagen en otras actividades. ‖ **FAM.** estilismo.

estilística f. Estudio del estilo o de la expresión lingüística en general.

estilizar tr. Interpretar convencionalmente la forma de un objeto haciendo resaltar tan sólo sus rasgos más característicos. ‖ Afinar. También prnl.: *se ha estilizado mucho con la edad.* ‖ **FAM.** estilización, estilizado.

estilo m. Manera de escribir o de hablar: *tie-*

ne un estilo muy afectado. ‖ Carácter propio que da a sus obras el artista. ‖ Modo o forma característica de actuar o de ser: *me gusta el estilo de este vendedor.* ‖ Uso, moda: *se hizo un vestido estilo años 20.* ‖ Elegancia: *tiene mucho estilo.* ‖ Varilla que marca las horas en un reloj. ‖ Púa de la brújula sobre la que gira la aguja. ‖ Tubito hueco y esponjoso de las flores, que arranca del ovario y sostiene el estigma. ‖ **FAM.** estilizar, estilete, estilística, estilístico, estilizar, estilográfico, estiloso.

estilóbato m. Macizo corrido sobre el que se apoya una columnata.

estilográfica f. Pluma de mango hueco lleno de tinta.

estima f. Consideración, aprecio que se siente por algo o alguien.

estimable adj. Digno de aprecio: *una conducta estimable.* ‖ Que admite estimación. ‖ Que tiene valor: *gana una suma estimable.*

estimación f. Aprecio, consideración, afecto: *siento mucha estimación por él.* ‖ Valoración, evaluación: *mañana el perito nos envía su estimación de los daños.*

estimar tr. Sentir aprecio o afecto por algo o alguien: *sus compañeros le estiman mucho.* ‖ Evaluar las cosas: *han estimado las reparaciones en 35.000 pts.* ‖ Juzgar, creer: *estimo necesario subir los precios.* ‖ Dar valor, importancia a algo: *estimo tus esfuerzos.* ‖ **FAM.** estima, estimabilidad, estimable, estimación, estimativo.

estimulante adj. Que estimula. ‖ Se dice de las sustancias que aumentan la actividad de un órgano. Mas c. m.: *el café es un estimulante.*

estimular tr. Incitar, animar a la ejecución de una cosa: *le estimularon a que presentase su candidatura.* También prnl. ‖ Impulsar la actividad de algo para mejorar su rendimiento o su calidad: *esta nueva campaña estimulará las ventas.* ‖ Activar el funcionamiento de un órgano: *el deporte estimula el funcionamiento muscular.* ‖ prnl. Administrarse una droga estimulante para aumentar el nivel de actividad. ‖ **FAM.** estimulación, estimulador, estimulante, estímulo.

estímulo m. Cualquier elemento externo a un cuerpo que activa o mejora la actividad de algo o su respuesta.

estío m. Verano. ‖ **FAM.** estival.

estipendio m. Remuneración. ‖ Tasa fijada por la autoridad eclesiástica católica que dan los fieles al sacerdote, para que realice ciertos actos religiosos. ‖ **FAM.** estipendial, estipendiario.

estipular tr. Convenir, concertar, acordar las condiciones de un trato: *estipular un precio* *de venta.* ‖ Hacer un contrato verbal. ‖ **FAM.** estipulación.

estirado, da adj. Arrogante y orgulloso en su trato con los demás.

estirar tr. Alargar, dilatar una cosa tirando de sus extremos: *estiró tanto la goma que se rompió.* También prnl. ‖ Tensar algo: *estira la cuerda de tender.* ‖ Desplegar una cosa doblada o arrugada: *estirar un papel.* ‖ Alargar la duración de algo: *hay que estirar el agua.* ‖ intr. Crecer una persona: *el niño ha estirado mucho este verano.* También prnl. ‖ Tirar de algo: *estírate un poco la falda.* ‖ prnl. Desperezarse: *se estiró bostezando.* ‖ **FAM.** estirado, estiramiento, estirón.

estirón m. Acción de estirar o arrancar con fuerza una cosa. ‖ Crecimiento rápido en altura de una persona: *¡menudo estirón ha dado Juanito!*

estirpe f. Raíz y tronco de una familia o linaje.

estival adj. Relativo al estío: *moda estival.*

estocada f. Golpe que se da con la punta de la espada o estoque. ‖ Herida que resulta de él.

estocástico, ca adj. Dependiente del azar.

estofa f. Tela de labores, por lo común de seda. ‖ Calidad, clase: *de baja estofa.* ‖ **FAM.** estofar.

estofado m. Guiso que consiste en condimentar un manjar con aceite, vino o vinagre, ajo, cebolla y varias especias. ‖ m. Acción de estofar. ‖ Adorno que resulta de estofar un dorado.

estofar tr. Hacer el guiso llamado estofado. ‖ Rayar el color dado sobre el dorado de la madera, para que se descubra el oro y haga visos entre los colores con que se pintó. ‖ Pintar sobre el oro bruñido algunos relieves al temple. ‖ Blanquear las esculturas en madera antes de dorarlas y bruñirlas. ‖ Bordar una tela acolchada para que queden en relieve las figuras cosidas. ‖ **FAM.** estofado.

estoicismo m. Fortaleza de carácter ante la adversidad y el dolor: *soportó la tragedia con estoicismo.* ‖ Escuela filosófica fundada en el s. III por el griego Zenón de Citio, y basada en una doctrina que defiende el autodominio y la fraternidad universal. ‖ **FAM.** estoicamente, estoico.

estola f. Banda de tela que forma parte de la vestimenta litúrgica que los sacerdotes llevan colgada del cuello cuando ejercen su ministerio. ‖ Banda larga de piel que usan las mujeres para abrigarse el cuello: *una estola de visón.* ‖ Especie de túnica amplia y larga que los griegos y romanos llevaban sobre la camisa y que se ceñía a la cintura.

estoma m. Cada una de las aberturas microscópicas que hay en la epidermis de las hojas para facilitar los intercambios de gases entre la planta y el exterior. ‖ **FAM.** estomático, estomatitis, estomatología.

estomagar tr. Causar indigestión, empachar: *estos dulces le estomagaron.* ‖ Causar fastidio o enfado: *su tono quejumbroso me estomaga.* ‖ Sentir antipatía por alguien. ‖ **FAM.** estomagante.

estómago m. Parte más dilatada del tubo digestivo, que sigue al esófago, y en el que se transforman los alimentos por medio de los fermentos digestivos contenidos en el jugo gástrico. ‖ Aguante ante las cosas desagradables: *debes tener mucho estómago para aguantarle.* ‖ **FAM.** estomacal, estomagar.

estomatitis f. Inflamación de la mucosa bucal. ♦ No varía en pl.

estomatología f. Parte de la medicina que trata de las enfermedades de la boca del hombre. ‖ **FAM.** estomatológico, estomatólogo.

estopa f. Parte basta o gruesa del lino o del cáñamo. ‖ Tela que se hace con ella.

estoperol m. En mar., clavo corto, de cabeza grande y redonda, que sirve para clavar capas y otras cosas. ‖ *amer.* Tachón, tachuela grande dorada o plateada.

estoque m. Espada estrecha con la que sólo se puede herir de punta: *el estoque del torero.* ‖ Planta con hojas radicales en forma de estoque, y flores rojas en espiga terminal. Se da espontáneamente en terrenos húmedos y se cultiva en los jardines. ‖ **FAM.** estocada, estoqueador, estoquear.

estor m. Especie de cortina que cubre el hueco de una ventana y que se enrolla o recoge de abajo arriba.

estorbar tr. Poner obstáculo a la ejecución de algo: *este coche estorba el paso.* ‖ Molestar, incomodar. También intr.: *cállate y no estorbes.* ‖ **FAM.** estorbo.

estornino m. Pájaro de unos 22 cm, plumaje negro con reflejos verdes y morados y pintas blancas, con cola corta.

estornudar intr. Arrojar con estrépito por la nariz y la boca el aire inspirado, por un estímulo en la mucosa nasal. ‖ **FAM.** estornudo, estornutatorio.

estrabismo m. Defecto de la vista por el que los dos ejes visuales no se dirigen a la vez al mismo objeto. ‖ **FAM.** estrábico.

estrado m. Sitio de honor, algo elevado sobre el suelo, donde en un salón de actos se sitúa la presidencia, el conferenciante, etc. ‖ pl. Salas de los tribunales, donde los jueces oyen y sentencian los pleitos.

estrafalario, ria adj. y s. Desaliñado en el

vestido o en el porte. ‖ Extravagante, raro o ridículo: *esa opinión me parece bastante estrafalaria.* ‖ **FAM.** estrafalariamente.

estragar tr. Causar estrago. ‖ Estropear el sentido o la sensibilidad de algo por el abuso de sensaciones fuertes. También prnl.: *se te ha estragado el oído con tanto decibelio.* ‖ Estropearse el estómago por excesos en la comida y en la bebida. También prnl. ‖ **FAM.** estragador, estragamiento, estrago.

estrago m. Ruina, daño, asolamiento, ya sea material o moral. Más en pl.: *los estragos de la sequía.*

estragón m. Hierba de la familia de las compuestas, con tallos de 60 a 80 cm, hojas enteras, muy estrechas y flores en cabezuelas pequeñas y amarillentas, que se usa como condimento.

estrambote m. Conjunto de versos que suele añadirse al final de una combinación métrica, y especialmente del soneto. ‖ **FAM.** estrambótico.

estrambótico, ca adj. Extravagante: *llevaba un estrambótico sombrero.* ‖ **FAM.** estrambóticamente.

estramonio m. Planta herbácea de la familia de las solanáceas, con flores grandes blancas y de un solo pétalo en forma de embudo, y fruto como una nuez, espinoso. Sus hojas y semillas se usan como narcótico.

estrangular tr. y prnl. Ahogar a una persona o a un animal oprimiéndole el cuello hasta impedir la respiración. ‖ Dificultar o impedir el paso por una vía o conducto: *las obras estrangulaban la carretera.* ‖ Impedir con fuerza la realización de un proyecto, intento, etc.: *intentaron estrangular la huelga.* ‖ En cir., interceptar la comunicación de los vasos de una parte del cuerpo por medio de presión o ligadura. También prnl. ‖ **FAM.** estrangulación, estrangulador, estrangulamiento.

estraperlo m. Comercio ilegal de artículos intervenidos por el Estado o sujetos a tasa. ‖ **FAM.** estraperlear, estraperlista.

estratagema f. Acción astuta y engañosa para conseguir algo, especialmente en tiempo de guerra.

estratega com. Persona versada en estrategia.

estrategia f. Arte de dirigir y planear las operaciones militares. ‖ Arte para dirigir un asunto y conseguir el objetivo deseado: *una estrategia de venta.* ‖ **FAM.** estratagema, estratega, estratégicamente, estratégico, estratego.

estratigrafía f. Parte de la geología, que estudia la disposición y caracteres de las rocas sedimentarias estratificadas. ‖ Estudio de los estratos arqueológicos, históricos, lingüísticos, sociales, etc.

estrato m. Masa mineral en forma de capa que constituye los terrenos sedimentarios: *estrato calizo.* ‖ Clase social. ‖ Nube en forma de faja. ‖ **FAM.** estratificación, estratificar, estratigrafía.

estratosfera f. Región de la atmósfera, que va desde los 10-20 km a los 50 km de altura, compuesta por capas de diferente temperatura, una de las cuales es la de ozono que protege la tierra de los rayos ultravioleta del Sol. ‖ **FAM.** estratosférico.

estraza f. Trapo, pedazo o desecho de ropa basta. ‖ **papel de estraza** Papel áspero y sin blanquear.

estrechar tr. Reducir la anchura de una cosa. También prnl.: *el arroyo se ha estrechado.* ‖ Apretar algo o a alguien con las manos o los brazos: *estrechaba la carpeta contra su pecho.* ‖ Hacer más fuertes los lazos de unión de cualquier relación: *estrechar relaciones diplomáticas.* También prnl. ‖ prnl. Ceñirse, recogerse: *se estrechó la gabardina con el cinturón.* ‖ Reducir gastos: *este año habrá que estrecharse.* ‖ **FAM.** estrechamiento.

estrechez f. Escasez de anchura, falta de holgura: *la estrechez de unos zapatos.* ‖ Aprieto, apuro, sobre todo por causa de falta de recursos económicos. ‖ Limitación ideológica, intelectual y moral: *su estrechez de ideas aborta toda discusión.*

estrecho, cha adj. Que tiene poca anchura: *puente estrecho.* ‖ Ajustado, apretado: *falda estrecha.* ‖ Se dice del parentesco cercano y de la amistad íntima: *les unía una estrecha amistad.* ‖ Rígido, austero. ‖ Reprimido en el terreno sexual y moral. ‖ m. Paso de un brazo de mar entre dos costas cercanas. ‖ **FAM.** estrechamente, estrechar, estrechez, estrechura.

estregar tr. y prnl. Frotar, pasar con fuerza una cosa sobre otra. ♦ **Irreg.** Se conj. como *acertar.* ‖ **FAM.** estregadura, estregamiento, estregón.

estrella f. Cuerpo celeste que brilla en el cielo con luz propia. ‖ Cualquier objeto que tiene la forma con la que habitualmente se representan las estrellas, es decir, un círculo rodeado de puntas: *la estrella del sheriff.* ‖ Signo de esta forma que indica la graduación de jefes y oficiales de las fuerzas armadas. ‖ Signo de esta forma que sirve para indicar la categoría de los establecimientos hoteleros. ‖ Artista o deportista destacado y muy famoso: *una estrella de la canción.* ‖ Sino, hado, destino: *ha nacido con buena estrella.* ‖ **estrella de mar** Animal invertebrado marino con forma de estrella de cinco brazos triangulares. ‖ **FAM.** estrellado, estrellamar, estrellar, estrellato, estrellón.

estrellar tr. Arrojar con violencia una cosa contra otra, haciéndola pedazos. También prnl.: *el jarrón se estrelló.* ‖ prnl. Sufrir un choque violento contra una superficie dura; se emplea sobre todo al hablar de accidentes de tráfico terrestre o aéreo: *se estrellaron contra un camión.* ‖ Fracasar en una pretensión por tropezar contra un obstáculo insuperable: *se estrelló contra la obstinación de su jefe.*

estrellato m. Condición de estrella del espectáculo: *esa película lo lanzó al estrellato.*

estremecer tr. y prnl. Conmover, hacer temblar algo o a alguien: *se estremeció de frío.* ‖ Ocasionar sobresalto o temor en el ánimo algo extraordinario o imprevisto: *la noticia nos estremeció.* ♦ **Irreg**. Se conj. como *agradecer.* ‖ **FAM**. estremecedor, estremecimiento, estremezón.

estremezón m. *amer.* Acción y efecto de estremecerse.

estrenar tr. Hacer uso por primera vez de una cosa. ‖ Tratándose de ciertos espectáculos públicos, representarlos por primera vez. ‖ prnl. Empezar uno a desempeñar un empleo, oficio, encargo, etc., o darse a conocer por vez primera en el ejercicio de un arte, facultad o profesión: *se ha estrenado como diseñador.* ‖ **FAM**. estrenista, estreno.

estreñir tr. Retrasar algo el recorrido intestinal de los excrementos y dificultar su evacuación. También prnl. ♦ **Irreg**. Se conj. como *ceñir.* ‖ **FAM**. estreñido, estreñimiento.

estrépito m. Ruido considerable, estruendo. ‖ Ostentación, aparatosidad en los actos: *el estreno tuvo lugar con gran estrépito.* ‖ **FAM**. estrepitosamente, estrepitoso.

estreptococo m. Nombre dado a las bacterias de forma redondeada que se agrupan en cadena. ‖ **FAM**. estreptocócico.

estreptomicina f. Antibiótico muy eficaz, sobre todo contra el bacilo de la tuberculosis.

estrés m. Alteración física o psíquica de un individuo por someter su cuerpo a un exceso de trabajo, de tensión nerviosa, etc. ♦ No varía en pl. ‖ **FAM**. estresante, estresar.

estría f. Raya, surco que suelen tener algunos cuerpos. ‖ Cada una de las marcas, como cicatrices, que aparecen en la piel tras un proceso de excesivo estiramiento, como el embarazo. ‖ **FAM**. estriación, estriado, estriar.

estribación f. Ramal de montañas que se desprende de una cordillera.

estribar intr. Descansar el peso de una cosa en otra sólida y firme. ‖ Consistir, radicar una cosa en otra que se indica: *el éxito de la película estriba en sus efectos espectaculares.* ‖ **FAM**. estribación, estribadero.

estribillo m. Verso o conjunto de versos, que se repiten después de cada estrofa. ‖ Latiguillo.

estribo m. Pieza que cuelga a cada lado de la silla de montar en la que el jinete apoya el pie. ‖ Especie de escalón que sirve para subir o bajar de un vehículo. ‖ En arq., elemento que sostiene la bóveda y contrarresta su empuje. ‖ Uno de los tres huesecillos que se encuentran en la parte media del oído de los mamíferos. ‖ **FAM**. estribar, estribillo.

estribor m. Banda derecha de un barco mirando de popa a proa.

estricnina f. Alcaloide que se extrae de algunos vegetales, como la nuez vómica, y es un veneno muy activo.

estricto, ta adj. Riguroso, ajustado exactamente a la ley, sin admitir excepciones, ni concesiones: *es muy estricto con la puntualidad.* ‖ **FAM**. estrictamente, estrictez.

estridente adj. Se dice del sonido agudo, desapacible y chirriante: *dio un estridente frenazo.* ‖ **FAM**. estridencia.

estro m. Inspiración, capacidad creadora de los poetas y artistas. ‖ Período de celo sexual de los mamíferos.

estrobo m. En mar., pedazo de cabo unido por sus extremos, que sirve para suspender cosas pesadas, sujetar el remo al tolete y otros usos semejantes.

estrofa f. Cada una de las partes en que está dividida una composición poética, formada por una serie de versos de forma y número adecuados a un modelo. ‖ **FAM**. estrófico.

estrógeno m. Hormona sexual femenina responsable de la formación de los caracteres sexuales secundarios.

estroncio m. Elemento químico metálico, duro, amarillo y poco brillante. Se utiliza en la fabricación de válvulas de vacío. Su símbolo es *Sr*.

estropajo m. Porción de esparto machacado, que sirve principalmente para fregar. ‖ Por ext., porción de cualquier otra materia como plástico, alambre, nailon, etc., que sirve para fregar. ‖ Planta cucurbitácea, cuyo fruto desecado se usa como esponja para fricciones. ‖ Persona o cosa inútil o estropeada: *la regañina le ha dejado hecho un estropajo.* ‖ **FAM**. estropajosamente, estropajoso.

estropear tr. y prnl. Maltratar o deteriorar una cosa: *se ha estropeado la televisión.* ‖ Malograr cualquier asunto o proyecto: *la lluvia estropeó la excursión.* ‖ Afear: *le he encontrado muy estropeado.* ‖ **FAM**. estropicio.

estropicio m. Destrozo, rotura estrepitosa

de cosas por lo general frágiles: *al fregar causó un estropicio en la vajilla.* ‖ Por ext., trastorno aparatoso de consecuencias leves: *el gato ha causado un estropicio en el jardín.*

estructura f. Distribución y orden de las partes importantes de algo: *la estructura de una novela.* ‖ Armazón que soporta algo: *la estructura de un edificio.* ‖ **FAM.** estructural, estructuralismo, estructurar.

estructurar tr. Distribuir, ordenar las partes de una obra o de un conjunto: *estructurar un discurso.* ‖ **FAM.** estructuración.

estruendo m. Ruido grande: *el estruendo del mar.* ‖ Confusión, bullicio: *el estruendo de un aeropuerto.* ‖ **FAM.** estruendosamente, estruendoso.

estrujar tr. Apretar una cosa para sacarle el zumo o lo que contenga: *estrujar un limón.* ‖ Apretar algo blando con fuerza y arrugarlo: *estrujar un papel.* ‖ Agotar una cosa o persona, sacar de ella todo el partido posible. También prnl.: *se estrujó los sesos intentado comprenderlo.* ‖ **FAM.** estrujador, estrujadera, estrujamiento, estrujón.

estuario m. Desembocadura de un río que se caracteriza por tener una forma semejante al corte longitudinal de un embudo.

estucar tr. Dar a una cosa con estuco o blanquearla con él. ‖ Colocar sobre el muro, columna, etc., las piezas de estuco previamente moldeadas y desecadas.

estuche m. Caja o envoltura para guardar ordenadamente un objeto o varios. ‖ **FAM.** estuchar, estuchista.

estuco m. Masa de yeso blanco, cal apagada, mármol pulverizado u otras materias que se usa para hacer molduras o relieves. ‖ **FAM.** estucado, estucador, estucar.

estudiante com. Persona que cursa estudios en un centro docente.

estudiantina f. Tuna.

estudiar tr. e intr. Ejercitar el entendimiento para comprender o aprender una cosa: *estudiar una lección.* ‖ Cursar estudios en las universidades u otros centros docentes: *estudió físicas.* ‖ tr. Examinar atentamente: *estudiar una propuesta.* ‖ **FAM.** estudiadamente, estudiado, estudiante, estudio, estudiosidad, estudioso.

estudio m. Esfuerzo que pone el entendimiento aplicándose a conocer alguna cosa: *dedicó varios años de estudio a este tema.* ‖ Obra en que un autor estudia y dilucida una cuestión: *presentó un estudio sobre el deterioro medioambiental.* ‖ Habitación o lugar donde el escritor, fotógrafo, artista, etc., trabaja: *tenía su estudio en una buhardilla.* ‖ Apartamento compuesto por una sala grande, un cuarto de baño y una cocina. ‖ Pieza musical didáctica:

estudio de piano. ‖ Conjunto de edificios o dependencias destinado al rodaje de películas cinematográficas o a emisiones de radio o televisión. Más en pl.: *los estudios de la Metro.* ‖ pl. Conjunto de temas que se estudian de una materia: *estudios de mecánica.*

estufa f. Aparato para calentar las habitaciones. Pueden ser de gas, eléctricas, de carbón, de leña, etc. ‖ **FAM.** estufar, estufilla.

estulto, ta adj. Necio, tonto. ‖ **FAM.** estultamente, estultez, estulticia.

estupefaciente m. Sustancia que hace perder o estimula la sensibilidad, o produce alucinaciones, y cuyo consumo, no controlado médicamente, generalmente crea hábito.

estupefacto, ta adj. Atónito, pasmado: *la noticia me he dejado estupefacto.* ‖ **FAM.** estupefacción, estupefaciente.

estupendo, da adj. Admirable, asombroso, pasmoso. ‖ **FAM.** estupendamente.

estúpido, da adj. y s. Necio, torpe, falto de inteligencia. ‖ Se dice de la persona molesta e inoportuna. ‖ **FAM.** estúpidamente, estupidez.

estupor m. Asombro, pasmo: *su dimisión causó un gran estupor.* ‖ **FAM.** estupefacto, estupendo, estúpido.

estupro m. Acceso carnal de un adulto con un menor logrado con abuso de confianza o engaño. En España es delito si la edad del menor está entre los 12 y los 18 años. ‖ **FAM.** estuprador, estuprar.

esturión m. Nombre común a varios peces teleósteos que remontan los ríos para desovar y con sus huevas se prepara el caviar.

esvástica f. Cruz gamada que tiene cuatro brazos acodados como la letra gamma mayúscula del alfabeto griego, tomada por Hitler como emblema nacionalsocialista por ser el signo solar de los antiguos arios.

eta f. Séptima letra del alfabeto griego, que corresponde a la *e* larga. Sus grafías mayúscula y minúscula son respectivamente *H* y η.

etalaje m. Parte de la cavidad de la cuba de los hornos altos, entre el vientre y su obra.

etano m. Hidrocarburo formado por dos átomos de carbono y seis de hidrógeno. Es uno de los componentes del gas natural.

etapa f. En un viaje, cada trayecto recorrido entre dos paradas: *en la primera etapa llegaremos hasta Barcelona.* ‖ Época o avance en el desarrollo de una acción u obra: *ha sido una etapa difícil de nuestras relaciones.*

etarra adj. y com. Perteneciente o relativo a la organización terrorista ETA.

etcétera m. Voz que se emplea para interrumpir el discurso indicando que en él se omite lo que quedaba por decir y se puede sobrentender. ♦ Normalmente se usa su abreviatura: *etc.: estaremos todos: Juan, Luis, Roberto, etc.*

éter m. Fluido sutil e invisible que se suponía llenaba todo el espacio. ‖ Nombre genérico de los compuestos orgánicos que tienen un átomo de oxígeno unido a dos radicales de hidrocarburos. El más conocido, el dietílico, se emplea como anestésico. ‖ En poesía, bóveda celeste. ‖ **FAM**. etano, etéreo, etilo.

etéreo, a adj. No concreto, poco determinado: *nos dio una respuesta etérea.* ‖ En poesía, perteneciente al cielo.

eternidad f. Perpetuidad, que no tiene principio ni tendrá fin. ‖ En algunas religiones, vida perdurable de la persona después de la muerte. ‖ Cualquier espacio de tiempo muy largo: *has tardado una eternidad en venir.*

eterno, na adj. Que no tuvo principio ni tendrá fin. ‖ Que dura mucho tiempo: *la espera se me ha hecho eterna.* ‖ Repetitivo, insistente: *ahí está otra vez, con su eterna cara de asco.* ‖ **FAM**. eternamente, eternidad, eternizable, eternizar.

ética f. Parte de la filosofía, que trata de la moral de los actos humanos, que permite calificarlos como buenos o malos: *la ética kantiana.* ‖ Conjunto de normas morales que regulan cualquier relación o conducta humana, sobre todo en un ámbito específico: *la ética médica.* ‖ **FAM**. ético.

etileno m. Gas incoloro, de sabor dulce y muy inflamable. Es un hidrocarburo compuesto por dos átomos de carbono y cuatro de hidrógeno.

etílico adj. Se dice del alcohol formado por la fermentación de hidratos de carbono. Se utiliza en farmacia y perfumería y en la elaboración de bebidas alcohólicas.

etilo m. Radical del etano, formado por dos átomos de carbono y cinco de hidrógeno. Se encuentra en numerosos compuestos químicos, de los que el más importante es el alcohol etílico. ‖ **FAM**. etílico.

étimo m. Raíz o vocablo del que procede otro u otros. ‖ **FAM**. etimología.

etimología f. Origen de las palabras. ‖ Parte de la gramática, que estudia dicho origen. ‖ **FAM**. etimológicamente, etimológico, etimologista, etimólogo.

etiología f. Estudio sobre las causas de las cosas: *la etiología de un problema.* ‖ Parte de la medicina, que tiene por objeto el estudio de las causas de las enfermedades.

etiqueta f. Marca, señal que se coloca en algo para su identificación, valoración, clasificación, etc. ‖ Por ext., calificación identificadora de una dedicación, profesión, significación, ideolo-

gía, etc., de alguien. ‖ Conjunto de normas que deben seguirse en los actos públicos solemnes o en cualquier acto social. ‖ **FAM**. etiquetado, etiquetador, etiquetar, etiquetero.

etmoides adj. y m. Se dice del hueso de la cabeza situado en la parte inferior del frontal, formando las cavidades nasales y las órbitas de los ojos. ♦ No varía en pl.

etnia f. Agrupación natural de hombres que presentan ciertas afinidades somáticas, lingüísticas o culturales. ‖ **FAM**. étnico, etnocentrismo, etnografía, etnología.

etnografía f. Rama de la antropología que tiene por objeto el estudio y descripción de las razas o pueblos. ‖ **FAM**. etnográfico, etnógrafo.

etnología f. Rama de la antropología que estudia sistemática y comparativamente las etnias y las culturas de los pueblos. ‖ **FAM**. etnológico, etnólogo.

etología f. Estudio científico del carácter y modos de comportamiento del hombre. ‖ Parte de la biología que estudia el comportamiento de los animales en su propio ambiente. ‖ **FAM**. etológico, etólogo.

etopeya f. Descripción del carácter, acciones y costumbres de una persona.

etrusco, ca adj. y s. De Etruria, antigua región de Italia. ‖ m. Lengua hablada en esta región.

eucalipto m. Árbol originario de Australia con tronco derecho y copa cónica, hojas olorosas, lanceoladas y colgantes, y fruto capsular. El cocimiento de sus hojas tiene propiedades balsámicas.

eucaristía f. Sacramento de la Iglesia católica, según el cual, mediante las palabras pronunciadas por el sacerdote, el pan y el vino se transustancian en el cuerpo y la sangre de Cristo. ♦ Se escribe con mayúscula. ‖ **FAM**. eucarístico.

eufemismo m. Palabra o expresión con que se sustituye a otra más grosera, impertinente, violenta o que se considera tabú. ‖ **FAM**. eufemístico.

eufonía f. Sonoridad agradable de la palabra o la frase. ‖ **FAM**. eufónico.

euforbiáceo, a adj. Se dice de las plantas herbáceas, arbustivas o arbóreas, arbustos o árboles, muchas de las cuales tienen abundante látex, con frecuencia venenoso, flores unisexuales y fruto capsular, como el ricino. También f. ‖ f. pl. Familia de estas plantas.

euforia f. Sensación de bienestar como resultado de una perfecta salud o de la administración de medicamentos o drogas: *el alcohol le produjo una euforia pasajera.* ‖ Optimismo. ‖ **FAM**. eufórico.

eugenesia f. Aplicación de las leyes biológicas de la herencia al perfeccionamiento de la especie humana. ‖ **FAM.** eugenésico.

eunuco m. Hombre castrado que en los harenes cuidaba de las mujeres.

eupepsia f. Digestión normal. ‖ **FAM.** eupéptico.

euro m. Unidad monetaria común de la mayoría de los países de la Unión Europea.

eurócrata m. y f. Funcionario de la Unión Europea.

europeísmo m. Doctrina política que defiende la unidad y la hegemonía europeas. ‖ Carácter europeo. ‖ **FAM.** europeísta.

europeo, a adj. De Europa. También s. ‖ **FAM.** europeidad, europeísmo, europeización, europeizante, europeizar.

euscalduna com. Persona que habla vascuence. ‖ adj. Vasco.

éuscaro, ra adj. Eusquera, perteneciente a la lengua vasca. ‖ m. Lengua vasca.

eusquera o **euskera** m. Vascuence, la lengua vasca. ‖ adj. Relativo a la lengua vasca. ‖ **FAM.** euscaldún.

eutanasia f. Acción de provocar la muerte a un enfermo incurable para evitarle sufrimiento físico. ‖ **FAM.** eutanásico.

evacuar tr. Desocupar: *evacuaron la zona tras el ciclón.* ‖ Expeler un ser orgánico humores o excrementos. ‖ Desempeñar un encargo, informe, etc. ‖ **FAM.** evacuación, evacuado, evacuante, evacuativo, evacuatorio.

evadir tr. Evitar con habilidad un daño o peligro: *evadir responsabilidades.* También prnl. ‖ Sacar ilegalmente dinero de un país: *evadir capitales.* ‖ prnl. Fugarse, escaparse. ‖ Distraerse. ‖ **FAM.** evasión, evasivo, evasor.

evaluar tr. Determinar el valor de algo material o inmaterial: *evaluar daños, evaluar un comportamiento.* ‖ **FAM.** evaluable, evaluación, evaluador.

evanescente adj. Que se desvanece o esfuma: *un aroma evanescente.* ‖ **FAM.** evanescencia.

evangelio m. Historia de la vida, doctrina y milagros de Jesucristo. ‖ Cada uno de los cuatro libros escritos por los evangelistas San Mateo, San Marcos, San Lucas y San Juan. ‖ Parte de la misa católica en la que se lee y comenta alguno de estos relatos. ‖ **FAM.** evangélicamente, evangélico, evangelista, evangelizar.

evangelista m. Cada uno de los cuatro escritores que escribieron el Evangelio.

evangelizar tr. Predicar el Evangelio. ‖ **FAM.** evangelización, evangelizador.

evaporar tr. y prnl. Convertir en vapor un líquido: *se ha evaporado todo el caldo.* ‖ Disipar, desvanecer: *su recuerdo se ha evaporado.* ‖ prnl. Fugarse, desaparecer: *en cuanto le vio decidió evaporarse.* ‖ **FAM.** evaporable, evaporación, evaporador, evaporizar.

evasivo, va adj. Que incluye o favorece una evasión. ‖ f. Recurso para evadir una dificultad: *nos respondió con evasivas.*

evento m. Acaecimiento. ‖ Eventualidad, hecho imprevisto. ‖ **FAM.** eventual.

eventual adj. Que no es fijo ni regular sino sujeto a las circunstancias: *una dificultad eventual.* ‖ Se dice del trabajo y el contrato temporales. ‖ **FAM.** eventualidad, eventualmente.

evidencia f. Certeza clara y tan perceptible de una cosa, que nadie puede dudar de ella ni negarla: *la evidencia de un crimen.* ‖ **en evidencia** loc. adv. Con los verbos *poner, estar, quedar,* etc., en ridículo, en situación desairada.

evidente adj. Cierto, claro, patente. ‖ **FAM.** evidencia, evidenciar, evidentemente.

evitar tr. Apartar algún peligro; precaver, impedir que suceda: *evitar un choque.* ‖ Intentar evadirse de alguna situación: *evitó mezclarse en aquel asunto.* ‖ **FAM.** evitable, evitación.

evocar tr. Traer alguna cosa a la memoria: *en su discurso evocó la figura de su predecesor en el cargo.* ‖ Recordar una cosa a otra por su semejanza: *ese gesto evoca el de tu padre.* ‖ **FAM.** evocación, evocador.

evolución f. Desarrollo de las cosas o de los organismos: *la evolución de las especies.* ‖ Cambio gradual de algo en una dirección que se considera de avance: *la evolución de la ciencia.* ‖ pl. Giros, movimientos o ejercicios de alguien o algo: *los caballos hicieron varias evoluciones por la pista del circo.* ‖ **FAM.** evolucionar, evolucionismo, evolutivo.

ex prep. lat. que forma parte de locuciones latinas usadas en castellano. Se usa más c. pref., con el significado de fuera: *extraterrestre;* o de negación o privación: *exonerar.* ‖ Antepuesta a nombres o adjetivos, significa que se ha dejado de ser aquello que significan: *ex ministro, ex marido.*

exabrupto m. Salida de tono: *respondió con exabruptos.*

exacción f. Acción y efecto de exigir, sobre todo hablando de impuestos, prestaciones, multas, deudas, etc. ‖ Cobro injusto y violento.

exacerbar tr. y prnl. Irritar, causar un gran enfado o enojo: *tu respuesta exacerbó su furia.* ‖ Agravar o avivar una enfermedad, una molestia, etc. ‖ **FAM.** exacerbación, exacerbamiento.

exacto, ta adj. Puntual, fiel y cabal: *le doy el importe exacto.* ‖ Cierto, verdad: *lo que has* *dicho es exacto.* ‖ **FAM.** exactamente, exactitud.

exagerar tr. e intr. Dar proporciones excesivas a lo que se dice o hace: *no exageres tus méritos.* ‖ **FAM.** exageración, exageradamente, exagerado.

exaltar tr. Elevar a una persona o cosa a una mayor dignidad o categoría. ‖ Realzar el mérito de alguien: *exaltó su contribución a la ciencia.* ‖ prnl. Excitarse, perder la calma: *se exaltó en el partido.* ‖ **FAM.** exaltación, exaltado, exaltador, exaltamiento.

examen m. Prueba que se hace de la idoneidad de un sujeto para una profesión o para demostrar el aprovechamiento en los estudios. ‖ Indagación y estudio de algo: *examen de conciencia.* ‖ **FAM.** examinador, examinando, examinar.

examinar tr. Probar las aptitudes y conocimientos de alguien mediante un examen. También prnl.: *mañana se examina de inglés.* ‖ Investigar con diligencia y cuidado una cosa: *examinó el cielo en busca de nubes.*

exangüe adj. Que ha perdido toda o parte de la sangre. ‖ Agotado: *llegó exangüe a la meta.* ‖ Muerto.

exánime adj. Sin señal de vida. ‖ Desmayado, muy débil.

exantema m. Erupción de la piel, de color rojo. ‖ **FAM.** exantemático.

exarca m. En la iglesia griega, dignidad inmediatamente inferior a la de patriarca. ‖ Gobernador bizantino de las provincias italianas dominadas. ‖ **FAM.** exarcado.

exasperar tr. y prnl. Enfurecer a alguien, haciendo que pierda la paciencia. ‖ **FAM.** exasperación, exasperante.

excarcelar tr. y prnl. Poner en libertad al preso. ‖ **FAM.** excarcelación.

ex cáthedra loc. adv. lat. Con autoridad propia de un cargo. ‖ irón. Se aplica al modo de hablar de quien no admite contradicción.

excavador, ra adj. y s. Que excava. ‖ f. Máquina para excavar.

excavar tr. Hacer en el terreno hoyos, zanjas, pozos o galerías subterráneas. ‖ **FAM.** excavación, excavador.

excedente adj. y m. Sobrante: *liquidación de excedentes.* ‖ Se aplica al empleado que está temporalmente sin ejercer su cargo.

exceder tr. Ser una persona o cosa mayor que otra en tamaño, calidad, etc.: *este precio excede nuestro presupuesto.* ‖ intr. Sobrar. ‖ prnl. Propasarse: *no te excedas con el vino.* ‖ **FAM.** excedencia, excedente, exceso.

excelencia f. Cualidad de excelente: *la excelencia de un vino.* ‖ Tratamiento de respeto y cortesía. ‖ **por excelencia** loc. adv. Indica que a algo o alguien le corresponde un apelativo más que a ningún otro: *Don Juan Tenorio es el seductor por excelencia.*

excelente adj. Que sobresale en bondad, calidad o estimación: *una persona excelente; una cena excelente; un precio excelente.* ‖ **FAM.** excelencia, excelentemente, excelentísimo, excelso.

excelentísimo, ma adj. sup. de *excelente.* ‖ Tratamiento y cortesía con que se habla a la persona a quien corresponde el de excelencia.

excelso, sa adj. Muy elevado en dignidad o categoría: *un excelso erudito.* ‖ Alto: *una torre excelsa.* ‖ **FAM.** excelsamente, excelsitud.

excéntrico, ca adj. De carácter raro, extravagante, fuera de lo normal. También s.: *llevaba un excéntrico sombrero.* ‖ Que está fuera del centro: *un barrio excéntrico.* ‖ **FAM.** excéntricamente, excentricidad.

excepción f. Acción y efecto de exceptuar. ‖ Cosa que se aparta de la regla general: *hoy nos acostaremos pronto como excepción.* ‖ **FAM.** excepcional, excepcionalmente.

excepcional adj. Que se aparta de lo ordinario, o que ocurre rara vez: *esta nevada es excepcional.* ‖ Muy bueno, excelente: *vimos una representación excepcional.*

excepto adv. m. y conj. A excepción de, fuera de, menos.

exceptuar tr. y prnl. Excluir a una persona o cosa de lo que se trata: *si exceptuamos el lunes, nos quedan cuatro días de calvario.* ‖ **FAM.** excepción, excepto, exceptuación.

exceso m. Parte que sale y sobrepasa de la medida normal. ‖ Lo que sale en cualquier aspecto de los límites de lo ordinario o de lo lícito. ‖ Abuso: *exceso de alcohol.* ‖ Aquello en que una cosa excede a otra. ‖ **FAM.** excesivamente, excesivo.

excipiente m. Sustancia por lo común inerte, que se mezcla con los medicamentos para darles la consistencia, forma, sabor, etc.

excitar tr. Estimular, provocar o activar algún sentimiento, pasión o movimiento. También prnl.: *el café lo excitó y no podía dormir.* ‖ **FAM.** excitabilidad, excitable, excitación, excitador, excitante.

exclamación f. Voz, grito o frase en que se refleja una emoción o un sentimiento: *una exclamación de dolor, sorpresa, terror.* ‖ Signo ortográfico que se coloca delante y detrás (¡ !) de la voz o expresión que lo indica.

exclamar tr. e intr. Emitir palabras con fuerza o vehemencia para dar vigor o eficacia a lo que se dice. ‖ **FAM.** exclamación, exclamativo, exclamatorio.

exclaustrar tr. Permitir u ordenar a un religioso que abandone el claustro. | **FAM.** exclaustración, exclaustrado.

excluir tr. Echar a una persona o cosa fuera del lugar que ocupaba: *le excluyeron del proyecto.* | Descartar, rechazar: *han excluido varias candidaturas.* | prnl. Ser incompatibles en una misma situación dos o más cosas: *estas dos opciones se excluyen.* ♦ **Irreg.** Se conj. como *huir.* | **FAM.** excluible, exclusive, exclusivo, excluyente.

exclusiva f. Privilegio o derecho adquirido para hacer algo prohibido a los demás: *vendió la exclusiva a esta revista.*

exclusive adv. m. Sin tomar en cuenta la última o últimas cosas que se han mencionado: *tengo de vacaciones hasta el 16 exclusive.*

exclusivismo m. Adhesión y atención sólo a una persona, una cosa o una idea, sin reparar en otras que debían tenerse en cuenta: *su exclusivismo terminará aislándole.* | Deseo de excluir a todos de algo que se quiere sólo para uno mismo. | Exceso de aprecio por lo propio, despreciando lo ajeno. | **FAM.** exclusivista.

exclusivo, va adj. Que excluye. | Único, solo: *esta especie es exclusiva de la región.* | **FAM.** exclusiva, exclusividad, exclusivismo.

excomulgar tr. Expulsar a alguien de la comunidad de los fieles y del uso de los sacramentos la autoridad eclesiástica. | Declarar a una persona fuera de un grupo cualquiera. | **FAM.** excomulgador, excomunión.

excomunión f. Acción y efecto de excomulgar. | Carta o edicto con que se excomulga a alguien.

excoriar tr. y prnl. Gastar, arrancar o levantar la capa externa de la piel. | **FAM.** excoriación.

excrecencia f. Bulto que crece anormalmente en animales y plantas, alterando su textura y superficie naturales.

excremento m. Materias residuales que se arrojan del cuerpo por las vías naturales, especialmente las fecales. | **FAM.** excrementar, excrementicio.

excretar intr. Expeler el excremento. | Expulsar las sustancias elaboradas por las glándulas. | **FAM.** excreción, excretor, excretorio.

exculpar tr. y prnl. Descargar a uno de culpa o de responsabilidad. | **FAM.** exculpador, exculpatorio.

excursión f. Viaje corto a algún sitio como actividad de recreo, estudio o ejercicio físico. | **FAM.** excursionismo, excursionista.

excusa f. Motivo o pretexto para eludir una obligación o disculpar alguna omisión: *dio una excusa poco convincente de su retraso.*

excusado, da adj. Que por privilegio está libre de pagar tributos. | Superfluo e inútil para el fin que se desea. | Lo que no hay necesidad de hacer o decir: *excusado es que yo voy a ir.* | m. Retrete.

excusar tr. y prnl. Disculpar algo o a alguien: *se excusó por su tardanza.* | Liberar a alguien de un trabajo o molestia: *le excusaron de venir.* | prnl. Alegar razones para evitar o rehusar hacer algo. | **FAM.** excusa, excusable, excusado, excusador.

execrar tr. Condenar, maldecir, aborrecer. | **FAM.** execrable, execración, execrativo, execratorio.

exedra f. Construcción descubierta, de planta semicircular, con asientos y respaldos fijos en la parte interior de la curva.

exégesis o **exegesis** f. Explicación, interpretación de un texto, especialmente de los libros de la Biblia. ♦ No varía en pl. | **FAM.** exegeta, exegético.

exención f. Efecto de eximir o eximirse. | Privilegio que uno tiene para eximirse de algún cargo u obligación: *exención de impuestos.*

exento, ta adj. Libre, desembarazado de cargas, obligaciones, culpas, etc.: *le han declarado exento de culpa.* | Se apl. al sitio o edificio que está descubierto por todas partes.

exequátur m. Documento que autoriza a los extranjeros a ejercer las funciones propias de sus cargos en un país. | Autorización para que se cumpla una sentencia en un país distinto del que la dictó. | Documento por el que las autoridades civiles aprueban las bulas pontificias. ♦ No varía en pl.

exequias f. pl. Honras fúnebres.

exfoliador, ra adj. *amer.* Se apl. a una especie de cuaderno que tiene las hojas ligeramente pegadas para desprenderlas fácilmente.

exfoliar tr. y prnl. Dividir una cosa en láminas o escamas | **FAM.** exfoliable, exfoliación, exfoliado, exfoliador.

exhalación f. Acción y efecto de exhalar: *exhalación de gases.* | Estrella fugaz. | Rayo, centella.

exhalar tr. Despedir gases, vapores u olores: *el guiso exhalaba un apetitoso aroma.* | Dicho de suspiros, quejas, etc., lanzarlos, despedirlos. | **FAM.** exhalación, exhalador.

exhaustivo, va adj. Que agota o apura por completo: *un esfuerzo exhaustivo.* | **FAM.** exhaustivamente, exhaustividad.

exhausto, ta adj. Enteramente apurado o agotado: *el depósito está exhausto.* | Muy cansado y débil: *el partido de tenis me ha dejado exhausto.*

exhibición f. Acción y efecto de exhibir o exhibirse. | Demostración pública de una actividad sin carácter competitivo: *una exhibición deportiva*.

exhibicionismo m. Afán de exhibirse. | Perversión consistente en el impulso a mostrar los órganos genitales para sentir placer sexual.

exhibir tr. y prnl. Manifestar, mostrar en público: *hoy exhiben su última película.* | prnl. Intentar llamar la atención: *se exhibió con su coche por toda la ciudad.* | **FAM.** exhibición, exhibicionismo, exhibicionista.

exhortación f. Acción de exhortar. | Advertencia o aviso con que se intenta persuadir. | Plática o sermón breve: *el general exhortó a sus tropas.*

exhortar tr. Inducir a uno con palabras, razones y ruegos a que haga o deje de hacer alguna cosa: *le exhortó a la moderación.* | **FAM.** exhortación, exhortador, exhortativo, exhortatorio, exhorto.

exhorto m. Despacho que libra un juez a otro para que mande el cumplimiento de lo que le pide.

exhumar tr. Desenterrar, sacar de la sepultura un cadáver o restos humanos. | **FAM.** exhumación, exhumador.

exigencia f. Acción y efecto de exigir. | Pretensión caprichosa o desmedida: *no me vengas con exigencias.*

exigente adj. y com. Se dice del que exige caprichosa o despóticamente.

exigir tr. Pedir alguien algo por derecho: *le exigió el pago de la deuda.* | Demandar enérgicamente: *te exijo que me digas qué pasó.* | Necesitar: *este trabajo exige dedicación.* | intr. Mostrarse exigente: *este profesor exige mucho.* | **FAM.** exigencia, exigente, exigibilidad, exigible.

exiguo, gua adj. Insuficiente, escaso: *le dieron un plazo exiguo para entregarlo.* | **FAM.** exigüidad.

exiliado, da adj. y s. Expatriado, generalmente por motivos políticos.

exiliar tr. Expulsar a uno de un territorio. | prnl. Abandonar alguien su patria, generalmente por motivos políticos. | **FAM.** exilar, exiliado, exilio.

exilio m. Expatriación, generalmente por motivos políticos. | Lugar en que vive el exiliado y tiempo que pasa en él: *compuso la mayoría de su obra en el exilio.*

eximente adj. Que exime de una obligación. | adj. y f. En der., se dice de lo que libera de la responsabilidad criminal.

eximio, mia adj. Excelente, sobresaliente: *un eximio erudito.*

eximir tr. y prnl. Librar, desembarazar a alguien de cargas, obligaciones, culpas, etc.: *le eximieron de responsabilidad en aquel suceso.*

♦ Part. reg.: *eximido*, que se usa para la formación de tiempos compuestos; part. irreg.: *exento*, usado como adj. | **FAM.** exención, exento, eximente, eximio.

existencia f. Acto de existir: *la arqueología ha demostrado la existencia de civilizaciones desconocidas.* | Vida del hombre: *llevó una existencia aventurera.* | En fil., por oposición a esencia, la realidad concreta de un ente cualquiera. | pl. Mercancías que aún no han tenido salida: *liquidación de existencias por cierre de negocio.*

existencialismo m. Doctrina filosófica que trata de fundar el conocimiento de toda realidad sobre la experiencia inmediata de la existencia propia. | **FAM.** existencialista.

existir intr. Tener una cosa ser real y verdadero: *existe un libro de reclamaciones.* | Haber, estar, hallarse: *allí existía una pequeña plaza.* | Tener vida: *los dinosaurios existieron hace millones de años.* | **FAM.** existencia, existencial, existencialismo, existente.

éxito m. Resultado feliz de un negocio, actuación, etc. | Buena acogida que tiene algo o alguien: *el libro tuvo mucho éxito.* | **FAM.** exitoso.

éxodo m. Segundo libro del Pentateuco, que cuenta en primer lugar la salida de los israelitas de Egipto. | Por ext., emigración de un pueblo o de una muchedumbre de personas con cualquier motivo: *el éxodo rural.*

exoesqueleto m. Esqueleto externo, caparazón de algunos animales. | **FAM.** exosqueleto.

exogamia f. Regla social que obliga a casarse con alguien de distinta tribu o ascendencia, o procedente de otra localidad o comarca. | Cruce entre individuos de distinta raza, para diversificar la descendencia. | **FAM.** exogámico.

exógeno, na adj. Se dice del órgano que se forma en el exterior de otro, como las esporas de ciertos hongos. | Se apl. a las fuerzas que externamente obran sobre algo. | Se dice de las fuerzas o fenómenos que se producen en la superficie terrestre.

exonerar tr. y prnl. Aliviar, descargar de peso, carga u obligación: *le exoneraron de presentarse.* | Separar, privar o destituir a alguien de un empleo. | **exonerar el vientre** loc. Expulsar los excrementos.

exorbitante adj. Excesivo, fuera de la medida normal: *un precio exorbitante.* | **FAM.** exorbitantemente, exorbitar.

exorcismo m. Conjuro para expulsar al demonio de la persona que se cree poseída por él. | **FAM.** exorcista, exorcizar.

exordio m. Principio, introducción, preámbulo de una obra literaria. ‖ Preámbulo de un razonamiento o conversación familiar.

exosfera f. Región exterior de la atmósfera que se extiende a partir de los 500 km de altura.

exotérico, ca adj. Común, accesible, fácil de comprender por cualquiera.

exótico, ca adj. Extranjero, procedente de un país lejano: *unos rasgos faciales exóticos.* ‖ Extraño, chocante, extravagante. ‖ **FAM.** exotismo.

expandir tr. y prnl. Extender, dilatar, difundir: *expandir un imperio, una noticia.* ‖ **FAM.** expansibilidad, expansible, expansión, expansivo.

expansión f. Acción y efecto de expandir o expandirse: *la expansión de un imperio.* ‖ Acción de desahogar cualquier sentimiento o pensamiento. ‖ Recreo, asueto, solaz. ‖ Una de las fases del motor de explosión en la que se mezclan el aire y el combustible. ‖ Período de desarrollo económico. ‖ **FAM.** expansionarse, expansionismo, expansionista.

expansionarse. prnl. Espontanearse, desahogarse. ‖ Dilatarse un vapor o gas.

expansivo, va adj. Que puede o que tiende a extenderse o dilatarse, ocupando mayor espacio. ‖ Franco, comunicativo: *se mostró muy expansivo conmigo.*

expatriación f. Acción y efecto de expatriarse.

expatriar tr. y prnl. Hacer abandonar a alguien su patria. ‖ **FAM.** expatriación, expatriado.

expectación f. Espera, generalmente curiosa o tensa, de un acontecimiento que interesa o importa: *esperaban sus declaraciones con gran expectación.* ‖ **FAM.** expectante, expectativa.

expectativa f. Esperanza o posibilidad de conseguir una cosa: *mantiene sus expectativas sobre el puesto.*

expectorar tr. Arrancar y expulsar tosiendo las flemas y secreciones que se depositan en las vías respiratorias. ‖ **FAM.** expectoración, expectorante.

expedición f. Acción y efecto de expedir: *expedición de correspondencia.* ‖ Excursión colectiva a una ciudad o paraje con un fin científico o deportivo. ‖ Conjunto de personas que la realizan: *la expedición regresa mañana.*

expedientar tr. Someter a expediente a un funcionario.

expediente m. Conjunto de todos los documentos y gestiones correspondientes a un asunto o negocio. ‖ Historial de incidencias de un estudiante, de un profesional, etc. ‖ Procedimiento administrativo en que se enjuicia a un funcionario por supuestas faltas en el cumplimiento de sus funciones. ‖ **FAM.** expedientar.

expedir tr. Extender por escrito un documento: *expedir un informe.* ‖ Remitir, enviar: *expedir un paquete.* ‖ Dar curso a las causas y negocios; despacharlos. ♦ **Irreg.** Se conj. como *pedir.* ‖ **FAM.** expedición, expedicionario, expedidor, expediente, expedito.

expeditivo, va adj. Diligente, eficaz. ‖ **FAM.** expeditivamente.

expedito, ta adj. Desembarazado, libre de todo estorbo: *el paso estaba expedito.* ‖ Ágil. ‖ **FAM.** expeditamente, expeditivo.

expeler tr. Arrojar, lanzar, despedir: *la chimenea expelía un humo negruzco.* ‖ **FAM.** expelente.

expendeduría f. Tienda en que se vende al por menor tabaco u otros productos monopolizados.

expender tr. Vender al por menor. ‖ **FAM.** expendedor, expendeduría, expendio, expensar, expensas.

expendio m. *amer.* En com., venta al por menor. ‖ *amer.* Tienda en que se venden géneros estancados.

expensar tr. *amer.* Costear, pagar los gastos de alguna gestión o negocio, principalmente jurídico.

expensas f. pl. Gastos, costas. ‖ **a expensas de** loc. adv. A costa de, por cuenta de, a cargo de: *vive a expensas de su familia.*

experiencia f. Enseñanza que se adquiere con la práctica: *tiene mucha experiencia en navegación.* ‖ Acontecimiento que se vive y del que se aprende algo: *aquel fracaso fue una amarga experiencia.* ‖ Experimento. ‖ **FAM.** experimental, experimentalmente, experimentar, experto.

experimentación f. Acción y efecto de experimentar. ‖ Método científico de indagación. ‖ Conjunto de pruebas a que se somete algo para probar su eficacia y validez: *este producto está en fase de experimentación.*

experimental adj. Que sirve de experimento. ‖ Fundado en la experiencia: *método experimental.*

experimentar tr. Probar y examinar prácticamente la eficacia y propiedades de una cosa: *están experimentando un nuevo combustible.* También intr. ‖ Sentir, sufrir algo o alguien algo, como un cambio, un sentimiento: *el enfermo no ha experimentado mejoría.* ‖ Conocer algo por la propia práctica. ‖ **FAM.** experimentación, experimentado, experimentador, experimento.

experimento m. Acción y efecto de experimentar: *en clase hicimos un experimento de química.*

experto, ta adj. y s. Práctico, hábil, experimentado: *es experto en informática.* ‖ **FAM.** expertamente.

expiar tr. Borrar las culpas por medio de algún sacrificio: *expiar los pecados.* ‖ Sufrir el delincuente la pena impuesta por los tribunales. ‖ **FAM.** expiable, expiación, expiatio, expiatorio.

expirar intr. Fallecer, morir. ‖ Acabarse, fenecer una cosa: *mañana expira el plazo de matrícula.* ‖ **FAM.** expiración, expirante.

explanada f. Espacio de terreno allanado. ‖ **FAM.** explanación, explanar.

explanar tr. Poner llano un terreno, suelo, etc. ‖ Declarar, explicar algo: *explanó su punto de vista.*

explayar tr. y prnl. Ensanchar, extender. ‖ prnl. Extenderse mucho al explicar algo: *se explayó alabando las propiedades del producto.* ‖ Esparcirse, distraerse: *se han ido unos días al campo para explayarse.* ‖ Confiar los sentimientos íntimos a una persona para desahogarse: *se explayó conmigo.*

explicación f. Acción y efecto de explicar: *una explicación de texto.* ‖ Lo que aclara o resuelve algo: *lo entiendo mejor después de esta explicación.* ‖ Justificación: *dio todo tipo de explicaciones para disculparse.*

explicar tr. Exponer cualquier materia o doctrina con palabras que la hagan más comprensible: *explíqueme cómo funciona.* ‖ Enseñar una materia: *explica derecho internacional.* ‖ Justificar, disculpar algo: *esto explica su retraso.* También prnl. ‖ prnl. Entender algo: *no me explico su mal humor.* ‖ Darse a entender: *explícate mejor, que no te entiendo.* ‖ **FAM.** explicable, explicablemente, explicación, explicaderas, explicativo, explícito, explicotear.

explícito, ta adj. Que expresa clara y determinadamente una cosa: *su actitud de rechazo es muy explícita.* ‖ **FAM.** explicitación, explícitamente, explicitar, explícitud.

explorar tr. Reconocer minuciosamente un lugar, una persona o una cosa para descubrir algo. ‖ **FAM.** explorable, exploración, explorador, exploratorio.

explosión f. Rotura violenta de algo por un aumento rápido de la presión interior: *la explosión de un neumático.* ‖ Ruido que hace esta rotura: *la explosión nos dejó aturdidos.* ‖ Liberación brusca de una gran cantidad de energía encerrada en un volumen relativamente pequeño, produciendo un incremento violento y rápido de la presión, con desprendimiento de calor, luz y gases: *motor de explosión.* ‖

Manifestación súbita y violenta de ciertos sentimientos o estados de ánimo: *explosión de risa.* ‖ Desarrollo rápido de algo: *la explosión del racismo.* ‖ **FAM.** explosionar, explosivo, explotar.

explosionar intr. Hacer explosión. ‖ tr. Provocar una explosión.

explosivo, va adj. Que hace o puede provocar explosión. También m.: *colocaron varias cargas de explosivos.* ‖ Impresionante: *una chica explosiva.*

explotación f. Lugar donde se explota alguna riqueza: *explotación petrolífera.*

explotar tr. Sacar utilidad y beneficio de un negocio: *explota una tienda de antigüedades.* ‖ Aprovecharse de algo o alguien: *le explotan en el trabajo.* ‖ Extraer la riqueza de una mina. ‖ **FAM.** explotable, explotación, explotador.

expoliar tr. Despojar a alguien de lo que le pertenece violenta e injustamente: *le expoliaron sus terrenos.* ‖ **FAM.** expoliación, expoliador, expolio.

expolio m. Acción y efecto de expoliar. ‖ Botín del vencedor. ‖ Alboroto, jaleo: *nos montó un buen expolio por no haberle llamado.* ♦ Se usa con verbos como *montar, formar, organizar.*

exponente m. Número o expresión algebraica colocada a la derecha y arriba de otro que indica la cantidad de veces que ha de multiplicarse por sí mismo. ‖ Índice, medida de algo: *es un buen exponente de esta corriente artística.*

exponer tr. Presentar una cosa para que sea vista: *expondrá sus cuadros dentro de una semana.* También intr. ‖ Declarar, explicar: *expuso sus motivos.* ‖ Colocar una cosa para que reciba la acción de un agente: *expuso la pieza al calor para secarla.* También prnl. ‖ Arriesgar, aventurar. También prnl.: *se expuso mucho en ese negocio.* ♦ **Irreg.** Se conj. como *poner.* ‖ **FAM.** exponente, exposición, expositivo, expósito, expositor, expuesto.

exportación f. Acción y efecto de exportar. ‖ Conjunto de mercancías que se exportan: *exportación de vinos.*

exportar tr. Enviar o vender géneros del propio país a otro. ‖ **FAM.** exportable, exportación, exportador.

exposición f. Acción y efecto de exponer o exponerse. ‖ Manifestación pública de artículos de industria o de artes y ciencias: *una exposición de pintura.* ‖ Espacio de tiempo durante el cual se expone a la luz una placa fotográfica o un papel sensible para que se impresione. ‖ **FAM.** exposímetro.

expósito, ta adj. y s. Se apl. al niño que

recién nacido es abandonado o confiado a un establecimiento benéfico.

expositor, ra adj. y s. Que expone. | m. y f. Persona que concurre a una exposición pública con objetos de su propiedad o industria. | m. Mueble para colocar lo que se quiere enseñar.

exprés adj. Rápido: *olla exprés*. | Por ext., se apl. al café que se hace en cafetera exprés. | adj. y m. Tren expreso. ♦ No varía en pl.

expresar tr. Decir, manifestar con palabras o con otros signos exteriores lo que uno siente o piensa: *su sonrisa expresaba satisfacción*. También prnl. ♦ Part. reg.: *expresado*, que se usa para la formación de tiempos compuestos; part. irreg.: *expreso*, usado como adj. | **FAM.** expresión, expresivo, expreso.

expresión f. Acción y efecto de expresar: *expresión de sentimientos*. | Palabra o locución: *no conocía esa expresión*. | Aspecto físico o semblante de alguien que indica una determinada forma de ser: *tiene una expresión avinagrada*. | En álg., conjunto de términos que representa una cantidad. | **FAM.** expresionismo.

expresionismo m. Escuela y tendencia estética de principios del s. XX que, reaccionando contra el impresionismo, propugna la intensidad de la expresión sincera del artista, aun a costa del equilibrio formal. | **FAM.** expresionista.

expresivo, va adj. Se dice de la persona que manifiesta con gran viveza lo que siente o piensa: *tiene unos gestos muy expresivos*. | Característico, típico. | **FAM.** expresividad.

expreso, sa p. p. irreg. de *expresar*. | adj. Claro, explícito. | Se dice del tren expreso. Más c. m. | m. Correo extraordinario. | adv. m. Ex profeso, a propósito: *lo hizo expreso para fastidiarle*. | **FAM.** expresamente.

exprimidera o **exprimidor** f. y m. Instrumento para exprimir el zumo.

exprimir tr. Extraer el zumo o líquido de una cosa. | Estrujar, agotar una cosa: *le exprimen en el trabajo*. | **FAM.** exprimidor.

ex profeso loc. lat. A propósito: *vino ex profeso para verte*.

expropiación f. Acción y efecto de expropiar: *expropiación de terrenos*. | Cosa expropiada. Más en pl.

expropiar tr. Quitar una cosa a su propietario por motivos de utilidad pública y a cambio ofrecerle una indemnización. | **FAM.** expropiación, expropiador.

expuesto, ta adj. Peligroso: *estás en una situación muy expuesta*.

expugnar tr. Tomar por las armas una ciu-

dad, plaza, castillo, etc. | **FAM.** expugnable, expugnación, expugnador.

expulsar tr. Obligar a algo o alguien a salir de un lugar: *le expulsaron de clase*. | **FAM.** expulsión, expulsor.

expulsión f. Acción y efecto de expeler o expulsar: *expulsión por tarjeta roja*.

expurgar tr. Limpiar o purificar una cosa. | Censurar la autoridad competente ciertas partes de un libro o un escrito, sin prohibir su lectura: *expurgaron el «Lazarillo de Tormes» de ciertos pasajes anticlericales*. | **FAM.** expurgación, expurgador, expurgatorio, expurgo.

exquisito, ta adj. De singular y extraordinaria calidad, primor o gusto: *una cena exquisita; un cuadro exquisito*. | **FAM.** exquisitamente, exquisitez.

extasiarse prnl. Embelesarse, enajenarse, quedar fuera de sí: *se extasió ante el mar*. | Sentir éxtasis religioso.

éxtasis m. Estado del alma enteramente embargada por un intenso sentimiento de admiración, alegría, etc.: *siento éxtasis cuando oigo su música*. | Estado de unión del alma con Dios caracterizado por la suspensión temporal de las funciones corporales. ♦ No varía en pl. | **FAM.** extasiar, extático.

extemporáneo, a adj. Impropio del tiempo en que sucede o se hace: *hace un calor extemporáneo para la estación*. | Inoportuno, inconveniente: *hizo un comentario extemporáneo*. | **FAM.** extemporal, extemporáneamente.

extender tr. Aumentar la superficie de una cosa. También prnl. | Esparcir, desparramar: *extendió las fotos sobre la mesa*. También prnl. | Desenvolver, desplegar: *extender un mantel*. También prnl. | Propagar, difundir. También prnl.: *el rumor se extendió rápidamente*. | prnl. Ocupar algo cierta porción de espacio: *su finca se extiende hasta aquellas lomas*. | Durar algo cierta cantidad de tiempo. | Hacer por escrito o de palabra la narración o explicación de las cosas, dilatada y ampliamente: *se extendió contándonos sus aventuras*. | Propagarse, irse difundiendo una raza, una especie animal o vegetal, una profesión, uso, opinión o costumbre donde antes no la había. | Tumbarse. ♦ Part. reg.: *extendido*, que se usa para la formación de tiempos compuestos; part. irreg.: *extenso*, usado como adj. ♦ **Irreg.** Se conj. como *entender*. | **FAM.** extendidamente, extendido, extensamente, extensible, extensión, extensivamente, extensivo, extenso, extensor.

extensión f. Acción y efecto de extender o extenderse. | Medida del espacio ocupada por un cuerpo: *tiene un jardín de escasa extensión*.

‖ Cada una de las líneas telefónicas que se sacan de una central y que dependen de una misma centralita. ‖ Ampliación del significado de las palabras a otro concepto relacionado con el originario.

extensivo, va adj. Que se puede extender o aplicar a más cosas a que las que ordinariamente comprende.

extenso, sa adj. Que tiene mucha extensión: *un extenso programa de reformas.*

extensor, ra adj. Que extiende o hace que se extienda una cosa: *músculo extensor.*

extenuar tr. y prnl. Agotar, debilitar: *la mudanza me ha extenuado.* ‖ FAM. extenuación, extenuante.

exterior adj. Que está por la parte de afuera: *el pastel tiene un baño exterior de chocolate.* ‖ Se dice de la habitación de una casa que da a la calle. ‖ Relativo a otros países, por contraposición a nacional e interior: *política exterior.* ‖ m. Superficie externa de los cuerpos: *el exterior del coco es áspero.* ‖ pl. En cine, planos de una película rodados fuera del estudio de grabación: *toma de exteriores.* ‖ FAM. exterioridad, exteriorizar, exteriormente, externo.

exterioridad f. Cosa exterior o externa. ‖ Apariencia, aspecto de las cosas. ‖ Demostración con que se aparenta un sentimiento aunque no sea real. ‖ Honor de pura ceremonia; pompa de mera ostentación. Más en pl.

exteriorizar tr. y prnl. Revelar o mostrar algo al exterior, sobre todo hablando de pensamientos o sentimientos: *exteriorizó sus quejas ante el jefe.* ‖ FAM. exteriorización.

exterminar tr. Acabar del todo con algo o alguien: *exterminar una plaga.* ‖ Desolar, devastar con las armas. ‖ FAM. exterminable, exterminación, exterminador, exterminio.

externado m. Establecimiento de enseñanza donde se reciben alumnos externos. ‖ Estado y régimen de vida del alumno externo. ‖ Conjunto de alumnos externos.

externo, na adj. Se dice de lo que obra o se manifiesta al exterior: *síntoma externo.* ‖ Se dice del alumno que sólo permanece en el colegio durante las horas de clase. También s. ‖ FAM. externado, externamente.

extinción f. Acción y efecto de extinguir o extinguirse: *una especie en vías de extinción.*

extinguir tr. y prnl. Apagar: *extinguir el fuego.* ‖ Hacer que cesen o se acaben del todo ciertas cosas que desaparecen gradualmente: *extinguirse la vida.* ‖ prnl. Prescribir un plazo, un derecho, etc.: *se ha extinguido el plazo de reclamación.* ‖ FAM. extinción, extinguible, extintivo, extinto, extintor.

extinto, ta adj. Muerto, fallecido. ‖ Que se ha extinguido.

extintor m. Aparato para extinguir incendios.

extirpar tr. Arrancar de cuajo o de raíz. ‖ Acabar del todo con una cosa, especialmente maligna: *extirpar un cáncer.* ‖ FAM. extirpable, extirpación.

extorsión f. Cualquier daño o perjuicio: *el cambio de horario ha sido una extorsión para él.* ‖ Acción y efecto de arrebatar por fuerza o intimidación una cosa a uno: *le extorsionaron para que abandonara las investigaciones.* ‖ FAM. extorsionador, extorsionar, extorsionista.

extra prep. insep. que significa 'fuera de': *extramuros, extrajudicial.* ‖ adj. Extraordinario, óptimo: *este vino está extra.* ‖ m. Añadido, plus: *paga extra.* ‖ Plato extraordinario que no figura en la carta. ‖ com. En el cine, persona que interviene como comparsa, o que actúa ante la cámara sin papel destacado.

extracción f. Acción y efecto de extraer: *el dentista le hizo una extracción.* ‖ En el juego de la lotería, acto de sacar las bolas con los números premiados. ‖ Origen, linaje: *es de baja extracción social.*

extractar tr. Resumir un escrito, un libro, etcétera.

extracto m. Resumen de un escrito. ‖ Sustancia que, en forma concentrada, se extrae de otra, de la cual conserva sus propiedades. ‖ FAM. extractador, extractar.

extractor, ra adj. Que sirve para extraer. También m.: *pon el extractor para que se vaya el humo.*

extradición f. Entrega del reo refugiado en un país a las autoridades de otro que lo reclaman. ‖ FAM. extraditar.

extraditar tr. Conceder el gobierno la extradición de un reclamado por la justicia de otro país.

extraer tr. Sacar algo que está hundido, inmerso o sepultado en algo: *extraer petróleo, una muela.* ‖ En mat., averiguar la raíz cuadrada de una cantidad dada. ‖ Deducir: *extraer conclusiones.* ♦ Irreg. Se conj. como *traer.* ‖ FAM. extracción, extracto, extractor.

extralimitarse prnl. y tr. Excederse en el uso de las facultades o atribuciones. ‖ Abusar de la benevolencia ajena: *se extralimitó al pedírselo.* ‖ FAM. extralimitación.

extramuros adv. l. Fuera del recinto de una ciudad, villa o lugar: *el convento está extramuros.*

extranjería f. Calidad y condición que por las leyes corresponde al extranjero residente en un país, mientras no está naturalizado en él. | Sistema o conjunto de normas reguladoras de la condición, los actos y los intereses de los extranjeros en un país: *ley de extranjería.*

extranjerismo m. Voz, frase o giro en un idioma extranjero introducido en otro. | Afición exagerada a las costumbres extranjeras.

extranjero, ra adj. Que es o viene de otro país: *una costumbre extranjera.* | Natural de una nación con respecto a los naturales de cualquier otra. Más c. s.: *el turismo atrae a muchos extranjeros.* | m. Toda nación que no es la propia: *fueron de vacaciones al extranjero.* | **FAM.** extranjería, extranjerismo, extranjerizante, extranjerizar.

extranjis (de) loc. Ocultamente, de tapadillo: *se coló de extranjis en la fiesta.*

extrañar tr. Producir admiración o extrañeza una cosa. También prnl.: *me extraña que no llame.* | Echar de menos a alguna persona o cosa: *extrañaba su ciudad.* | Notar la novedad de algo por no estar acostumbrado a ello: *he extrañado el colchón.* | Desterrar a país extranjero. También prnl. | **FAM.** extrañación, extrañamiento.

extrañeza o **extrañez** f. Admiración, asombro, sorpresa: *su respuesta me llenó de extrañeza.* | Anormalidad, rareza.

extraño, ña adj. Raro, singular: *esta planta es muy extraña.* | De nación, familia o profesión distintas. También s.: *no hables con extraños.* | Ajeno a la naturaleza o condición de una cosa de la que forma parte: *es extraño al proyecto.* | m. Movimiento inesperado y repentino: *la pelota hizo un extraño.* | **FAM.** extrañamente, extrañar, extrañez, extrañeza.

extraordinario, ria adj. Fuera del orden o regla natural o común: *este calor es extraordinario para la estación.* | Mejor que lo normal: *esta película es extraordinaria.* | Que se añade a lo usual: *horas extraordinarias.* | f. Paga que se añade al sueldo normal: *aún no hemos cobrado la extraordinaria.* | m. Número de un periódico que se publica por algún motivo especial. | **FAM.** extraordinariamente.

extraplano, na adj. Se dice de las cosas que son extraordinariamente planas: *un reloj extraplano.*

extrapolar tr. Aplicar un criterio conocido a otros casos similares para extraer conclusiones o hipótesis. | Deducir el valor de una variable en una magnitud a partir de otros valores no incluidos en dicha magnitud. | **FAM.** extrapolación.

extrarradio m. Zona que rodea el casco y radio de la población: *un barrio del extrarradio.*

extraterrestre adj. Se dice de lo que pertenece al espacio exterior de la Tierra o pro-

cede de él. | Se apl. a los objetos o seres vivientes que se suponen habitantes del espacio exterior de la Tierra. También com.: *mañana ponen una película de extraterrestres.* | **FAM.** extraterreno.

extravagante adj. Que habla, actúa, viste, etc., de un modo fuera de lo común. | Raro, extraño, desacostumbrado. | **FAM.** extravagancia.

extravasarse prnl. Salirse un líquido de su vaso. Se usa sobre todo en medicina. | **FAM.** extravasación.

extravertido, da adj. Se dice de la persona sociable, que tiende a comunicar a los que le rodean sus problemas, sentimientos, etc. También s. | Se apl. al carácter de estas personas. | **FAM.** extravertido, extrovertido.

extraviar tr. Hacer perder el camino. También prnl.: *se extravió en la niebla.* | Perder una cosa: *extravió el certificado.* También prnl. | prnl. Dejar la forma de vida que se había empezado y tomar otra distinta, generalmente peor: *se extravió por las malas compañías.* | **FAM.** extraviado, extravío.

extravío m. Acción y efecto de extraviar o extraviarse. | Desorden en las costumbres: *su extravío le llevó a la cárcel.* | Molestia, perjuicio.

extremado, da adj. Situado en uno de los extremos de una escala de gradación. | Exagerado: *un clima extremado.*

extremar tr. Llevar algo al extremo: *extremar las precauciones.* | prnl. Emplear todo el esmero en la ejecución de una cosa: *se ha extremado mucho en esta labor.*

extremaunción f. Sacramento de la Iglesia católica que consiste en la unción con óleo sagrado hecha por el sacerdote a los fieles que se hallan en inminente peligro de muerte.

extremidad f. Parte extrema de una cosa. | pl. Cabeza, pies, manos y cola de los animales. | Pies y manos del hombre. | Los brazos y piernas o las patas, en oposición al tronco.

extremismo m. Tendencia a adoptar ideas extremas o exageradas, sobre todo en política. | **FAM.** extremista.

extremo, ma adj. Se apl. a lo más intenso, elevado o activo de cualquier cosa: *frío, calor extremo.* | Excesivo, sumo, mucho: *puso extremo cuidado en no despertarte.* | Distante, con respecto al punto en que se sitúa el que habla: *está al extremo norte de la región.* | m. Parte primera o última de una cosa: *el extremo de una cuerda.* | Asunto, punto o materia que se discute o estudia: *resolvieron los extremos de la disputa.* | En el fútbol, cada uno de los delanteros más próximos a las bandas del campo. | **FAM.** extremadamente, extremado, extremar, extremidad, extremismo, extremosidad, extremoso.

extrínseco, ca adj. Externo, no esencial: *una causa extrínseca*. | **FAM**. extrínsecamente.

extrovertido, da adj. y s. Extravertido.

extrudir tr. Dar forma a una masa metálica, plástica, etc., haciéndola salir por una abertura especialmente dispuesta. | **FAM**. extrusión.

exuberancia f. Abundancia extraordinaria: *exuberancia de riqueza*. | **FAM**. exuberante.

exudado, da m. En med., sustancia exudada generalmente de los vasos o capilares sanguíneos o de los tejidos en una inflamación.

exudar intr. y tr. Rezumar, salir un líquido fuera de sus vasos o continentes propios. | **FAM**. exudación, exudado.

exultar intr. Saltar de alegría, no caber en sí de gozo: *exultaba de alegría ante el triunfo de su equipo*. | **FAM**. exultación, exultante.

exvoto m. Ofrenda que se hace a los dioses en recuerdo y agradecimiento por un bien recibido.

eyacular tr. Lanzar con fuerza el contenido de un órgano, cavidad o depósito. | Expeler el semen de los testículos. | **FAM**. eyaculación, eyaculatorio.

eyección f. Expulsión del asiento del piloto en los aviones reactores militares. | Salida por la tobera de un cohete de los gases que se producen en la combustión. | Separación en el espacio de uno de los mecanismos propulsores del cohete. | **FAM**. eyectable, eyectar, eyector.

eyector m. Expulsor del cartucho vacío en las armas automáticas. | Bomba de chorro para desalojar un fluido por medio de otro fluido a gran velocidad.

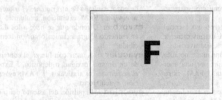

F

f f. Sexta letra del abecedario español, y cuarta de sus consonantes. Su nombre es *efe*.

fa m. Cuarta nota de la escala musical. ♦ No varía en pl.

fabada f. Plato típico asturiano compuesto de judías, aderezadas con tocino, morcilla, chorizo, etc.

fábrica f. Establecimiento industrial donde se transforman los productos semielaborados o materias primas para la obtención de objetos destinados al consumo. | Construcción o parte de ella hecha de piedra o ladrillo y argamasa: *un muro de fábrica*.

fabricar tr. Producir objetos por medios mecánicos. | Construir, elaborar: *las golondrinas han fabricado un nido en el alero*. | Inventar algo no material: *fabricar una mentira*. | **FAM.** fábrica, fabricación, fabricante, fabril.

fabril adj. Relativo a las fábricas, industrial.

fábula f. Composición literaria, generalmente en verso, de la que se suele extraer una enseñanza útil o moral. | Rumor, habladuría: *hasta aquí ha llegado la fábula de su dimisión*. | Relato falso, inventado. | **FAM.** fabulación, fabulador, fabular, fabulario, fabulesco, fabulista, fabuloso.

fabulista com. Autor de fábulas literarias.

fabuloso, sa adj. Imaginario: *el unicornio es un animal fabuloso*. | Extraordinario, increíble, excesivo: *nos costó una suma fabulosa*. | **FAM.** fabulosamente.

faca f. Cuchillo grande y con punta, generalmente de forma curva. | **FAM.** facón.

facción f. Cada uno de los rasgos del rostro humano. Más en pl.: *tenía unas facciones regulares*. | Grupo de gente que se mantiene en rebeldía. | Cada grupo que toma parte en una guerra o enfrentamiento. | Bando, pandilla que disiente y se separa de un grupo: *la facción progresista de un partido*. | **FAM.** faccioso.

faccioso, sa adj. y s. Rebelde, sublevado. | Agitador, que causa disturbios.

faceta f. Cada uno de los aspectos que se pueden considerar en un asunto: *el problema presenta varias facetas*. | Cada una de las caras o lados de un poliedro. | **FAM.** facetado.

facha f. Aspecto exterior, traza: *¡vaya facha traes!* | Mamarracho. También m. | *amer.* Vanidad, jactancia. | desp. Fascista, de ideología muy conservadora. | **FAM.** fachada, fachoso.

fachada f. Parte exterior de un edificio. | Apariencia, aspecto externo: *su diligencia es pura fachada*.

facial adj. Relativo al rostro: *polvos faciales*.

fácil adj. Que cuesta poco trabajo: *un problema fácil*. | Que puede suceder con mucha probabilidad: *es fácil que llueva*. | Dócil: *es de trato fácil*. | Aplicado a la mujer, que en seguida accede a las pretensiones de los hombres. | adv. Con facilidad, sin esfuerzo: *fue fácil conseguirlo*. | **FAM.** facilidad, facilitar, fácilmente, facilón, facilongo.

facilidad f. Cualidad de fácil. | Disposición para hacer una cosa sin gran esfuerzo: *facilidad para hacer amigos*. | Ocasión propicia para algo: *ahora tienes facilidad para cambiar de piso*. | pl. Condiciones que facilitan alguna actividad: *facilidades de pago*.

facilitar tr. Hacer fácil o posible alguna cosa: *los electrodomésticos facilitan las tareas caseras*. | Proporcionar o entregar: *le facilitó el informe de gastos*. | **FAM.** facilitación.

facineroso, sa adj. Delincuente habitual. También s. | m. Hombre malvado, perverso.

facistol m. Atril grande en el que se apoyan los libros para cantar en las iglesias.

facón m. Cuchillo grande y puntiagudo usado por el gaucho.

facsímil m. Copia exacta de un manuscrito, impreso, etc. | **FAM.** facsimilar.

factible adj. Que se puede hacer: *es un trabajo factible*. | **FAM.** factibilidad.

fáctico, ca adj. Perteneciente o relativo a hechos. | Basado en hechos, en oposición a teórico o imaginario. | **FAM.** factible, factitivo, factual.

factor m. Elemento, condicionante que contribuye a lograr un resultado: *no habíamos tenido en cuenta este factor*. | En mat., cada uno de los términos de un producto o cantidad. ‖ Empleado de ferrocarril encargado de recibir y expedir el equipaje. ‖ **FAM.** factoría, factorial.

factoría f. Fábrica o complejo industrial. ‖ Establecimiento de comercio, especialmente el situado en país colonial.

factótum m. Persona que desempeña todas las labores en una casa o dependencia. ‖ Persona de plena confianza de otra y que, en nombre de ésta, atiende sus asuntos y negocios: *confió a su factótum la elaboración de la lista de invitados.*

factura f. Recibo donde se detallan los géneros vendidos o los servicios prestados y su precio, que se ofrece al cliente como justificante del pago realizado. ‖ Ejecución, manera en la que se hace algo, sobre todo en pintura y escultura: *esta estatua tiene una factura tosca.* ‖ **FAM.** facturar.

facturar tr. Extender las facturas. ‖ Incluir una cosa en una factura para que se pague, cobrar. ‖ Registrar equipajes o mercancías en una estación de transportes para que sean remitidos a su destino. ‖ **FAM.** facturación.

facultad f. Aptitud, potencia física o moral que tiene alguien: *tiene una gran facultad de concentración.* ‖ Poder, derecho para hacer alguna cosa: *no tienes facultad para votar.* ‖ Virtud, propiedad. ‖ Cada una de las secciones en que se dividen los estudios universitarios y centro donde se cursan estos estudios: *facultad de medicina.* ‖ **FAM.** facultar, facultativo.

facultar tr. Dar autoridad, poder o derecho a alguien para hacer algo: *le facultó para representarle en el consejo.*

facultativo, va adj. Relativo a una facultad o centro universitario. ‖ Voluntario, potestativo: *una excursión facultativa.* ‖ Se apl. a la persona que desempeña para el Estado determinadas tareas para las que necesita un título universitario. ‖ Se dice de lo referente a los médicos: *prescripción facultativa.* ‖ m. Médico. ‖ **FAM.** facultativamente.

facundia f. Facilidad de palabra. ‖ Locuacidad, verborrea. ‖ **FAM.** facundo.

fado m. Cierta canción popular portuguesa.

faena f. Trabajo que requiere un esfuerzo mental o físico: *las faenas agrarias.* ‖ Conjunto de las suertes que realiza el torero principalmente con la muleta. ‖ Mala pasada: *al llevarte el coche me has hecho una buena faena.* ‖ **FAM.** faenar.

faenar intr. Pescar. ‖ Trabajar en el campo.

faetón m. Carruaje descubierto, de cuatro ruedas, alto y ligero.

fagocitar tr. Englobar una célula a partículas para destruirlas o digerirlas.

fagocito m. Célula capaz de destruir las bacterias o agentes nocivos. ‖ **FAM.** fagocitar, fagocitosis.

fagot m. Instrumento musical de viento. ‖ Persona que lo toca. ♦ pl. *fagotes.* ‖ **FAM.** fagotista.

faisán m. Ave gallinácea de alas cortas, cola larga, un penacho de plumas en la cabeza y el plumaje verde y rojizo con reflejos metálicos. Su carne es muy apreciada.

faja f. Tira de tela o de tejido elástico con que se rodea el cuerpo por la cintura o las caderas. ‖ Tira de papel que se pone rodeando algo, como la cubierta de un libro, o un periódico que se envía sin sobre, etc. ‖ Insignia propia de algunos cargos militares, civiles o eclesiásticos. ‖ **FAM.** fajar, fajilla, fajín, fajón.

fajar tr. Rodear, ceñir o envolver con faja o venda una parte del cuerpo. También prnl.: *se fajó el tobillo dislocado.* ‖ *amer.* Pegar a uno, golpearlo. También prnl.: *se fajaron.* ‖ *amer.* Pedir dinero prestado. ‖ prnl. *amer.* Trabajar, dedicarse intensamente a un trabajo. ‖ **FAM.** fajador, fajadura, fajamiento.

fajín m. Ceñidor de seda que usan los generales y algunos funcionarios civiles como distintivo honorífico.

fajina f. Conjunto de haces de mies que se pone en las eras. ‖ Leña ligera para encender. ‖ En el ejército, toque militar para ir a comer.

fajo m. Haz o atado de cosas ligeras y largas: *un fajo de billetes.* ‖ **FAM.** fajina.

falacia f. Engaño, mentira: *este negocio es una falacia.* ‖ Argumento falso pero aparentemente verdadero para inducir a error o engaño: *sus declaraciones a la prensa han sido pura falacia.*

falange f. Cuerpo de infantería armada, que formaba la principal fuerza de los ejércitos de Grecia. ‖ Cualquier cuerpo de tropas numeroso. ‖ Conjunto numeroso de personas unidas en cierto orden y para un mismo fin. ‖ Cada uno de los huesos de los dedos. ‖ **FAM.** falangeta, falangina, falangista.

falangista com. Miembro de Falange Española, organización política fundada por José Antonio Primo de Rivera en 1933 con una ideología basada en el fascismo italiano. ‖ **FAM.** falangismo.

falansterio m. Edificio en que, según el sistema de Fourier, habitaba cada una de las falanges en que dividía la sociedad. ‖ Por ext., alojamiento colectivo para mucha gente.

falaz adj. Engañoso, mentiroso: *un argumento falaz.* ‖ Se dice de todo lo que halaga y atrae con falsas apariencias: *una invitación falaz.* ‖ **FAM.** falacia, falazmente.

falda f. Parte inferior del vestido de mujer o

prenda de vestir suelta que cae desde la cintura hacia abajo. ‖ Cobertura con que se reviste una mesa camilla y que suele llegar hasta el suelo. También en pl. ‖ Regazo de la mujer. ‖ Parte baja de los montes o sierras: *el pueblo se levantaba en la falda del monte.* ‖ Parte de carne de bovino que cuelga de las costillas. ‖ pl. Mujeres: *un asunto de faldas.* ‖ **FAM.** faldellín, faldero, faldillas, faldón.

faldero, ra adj. Perteneciente o relativo a la falda. ‖ Aficionado a estar entre mujeres. También m. ‖ **perro faldero** Perro pequeño de compañía. ‖ Persona sumisa y que siempre va con otra: *es el perro faldero del jefe.*

faldón m. Parte inferior de algunas prendas de vestir que cuelga desde la cintura: *el faldón de la camisa.* ‖ Falda que se pone a los niños, encima de otras prendas, que se sujeta a la cintura y llega hasta los pies.

falena f. Mariposa de cuerpo delgado y alas anchas y débiles, cuyas orugas simulan el aspecto de las ramas de los árboles.

falencia f. *amer.* Quiebra de un comerciante. ‖ *amer.* Carencia, defecto.

falible adj. Que puede engañarse o engañar: *el hombre es falible.* ‖ Que puede faltar o fallar: *estos frenos son muy falibles.* ‖ **FAM.** falibilidad.

falla f. Quiebra que los movimientos geológicos han producido en un terreno. ‖ Defecto, falta: *esta tela tiene una falla.* ‖ Conjunto de figuras de madera y cartón, que caricaturizan e ironizan sobre personajes o hechos de actualidad y que se queman públicamente en Valencia la noche del 19 de marzo, fiesta de San José. ‖ pl. Periodo durante el cual se celebran estos festejos: *se conocieron en las fallas.* ‖ **FAM.** fallero.

fallar tr. Pronunciar sentencia un jurado o tribunal. ‖ Decidir un jurado la adjudicación de los premios de un concurso. ‖ intr. Frustrarse, faltar o salir fallido algo. También tr.: *falló la respuesta.* ‖ Perder una cosa su resistencia: *los frenos están fallando.* ‖ En algunos juegos de naipes, poner un triunfo por no tener el palo que se juega. ‖ **FAM.** falla, fallido, fallo, falluto.

falleba f. Varilla de hierro sujeta en varios anillos y que puede girar por medio de una manilla, para cerrar las ventanas o puertas de dos hojas, asegurando una con otra, o con el marco.

fallecer intr. Morir. ♦ Irreg. Se conj. como *agradecer.* ‖ **FAM.** fallecimiento.

fallero, ra adj. Relativo a las fallas. ‖ m. y f. Persona que toma parte en las fallas de Valencia: *la eligieron fallera mayor.*

fallido, da adj. Frustrado: *un atentado fallido.* ‖ Se dice de la cantidad, crédito, etc., que se considera incobrable. También s.

fallo m. Sentencia de un juez, árbitro o jurado. ‖ Falta. ‖ Error, equivocación: *el examen tenía varios fallos.*

falo m. Pene, miembro viril. ‖ **FAM.** fálico, falocracia.

falsario, ria adj. y s. Que falsea o falsifica una cosa: *un testimonio falsario.* ‖ Mentiroso, embustero.

falsear tr. Alterar o distorsionar algo, haciendo que deje de ser verdadero o auténtico: *falsear una declaración.* ‖ intr. Flaquear o perder una cosa su resistencia y firmeza: *la pata de la silla falsea un poco.* ‖ Desafinar una cuerda de un instrumento con respecto a las demás. ‖ **FAM.** falseador, falseamiento, falseo.

falsedad f. Falta de verdad o autenticidad: *su sonrisa es pura falsedad.* ‖ Falta de conformidad entre las palabras, las ideas y las cosas.

falsete m. Voz más aguda que la natural que se produce por la vibración de las cuerdas falsas de la laringe.

falsía f. Falsedad, deslealtad: *obrar con falsía.*

falsificar tr. Imitar fraudulentamente, adulterar, contrahacer: *falsificar un cuadro, una firma.* ‖ **FAM.** falsificable, falsificación, falsificador.

falsilla f. Hoja de papel con líneas muy marcadas, que se pone debajo de otro en el que se va a escribir para que, al transparentarse, sirvan de guía.

falso, sa adj. Engañoso, fingido: *una sonrisa falsa.* ‖ Contrario a la verdad: *falso testimonio.* ‖ Que no es real, auténtico o verdadero: *un billete falso.* ‖ **FAM.** falsamente, falsar, falsario, falsear, falsedad, falsete, falsía, falsificar, falsilla.

falta f. Carencia o escasez de algo: *falta de agua.* ‖ Ausencia de una persona de algún sitio: *no han notado tu falta.* ‖ Nota o registro en que se hace constar esa ausencia: *a la tercera falta te amonestan.* ‖ Defecto: *esta tela tiene una falta.* ‖ Error: *una falta de ortografía.* ‖ Quebrantamiento de la obligación: *es una falta de ética.* ‖ Transgresión de las reglas de un juego o deporte: *ésta es su cuarta falta personal.* ‖ Infracción de la ley: *una falta civil.* ‖ Supresión de la regla en la mujer, principalmente durante el embarazo. ‖ **hacer falta** loc. Ser necesario. ‖ Cometer una falta en un juego o deporte.

faltar intr. No existir una cosa, no haber, carecer de ella: *aquí falta un radiador.* ‖ No estar alguien o algo donde debería: *me falta el bolígrafo.* ‖ No acudir a una cita u obligación: *falta Juan.* ‖ Ausentarse o estar ausente: *falta de su trabajo desde hace quince días.* ‖ Quedar tiempo para que algo ocurra o se realice: *faltan tres meses para que acaben las vacaciones.* ‖ No cumplir con algo que se expresa: *faltó a su promesa.* ‖ No trátar a alguien con la consideración o respeto debidos: *faltó a su superior.* ‖ **FAM.** falta, falto, faltón.

falto, ta adj. Que necesita o carece de algo: *falto de calor.*

faltón, na adj. Que falta con frecuencia a sus obligaciones, promesas o citas. ‖ Grosero, que suele ofender a los demás.

faltriquera o **faldriquera** f. Bolsillo que se ata a la cintura y que se lleva colgando debajo del vestido.

falúa f. Pequeña embarcación destinada al transporte de las autoridades de marina. ‖ **FAM.** falucho.

fama f. Opinión pública sobre alguien o algo: *el escándalo empañó su fama.* ‖ Reputación, prestigio, popularidad: *es un autor de fama.* ‖ **FAM.** famoso.

famélico, ca adj. Hambriento: *el régimen le tiene famélico.* ‖ Muy delgado: *Rocinante era un caballo famélico.*

familia f. Grupo de personas emparentadas entre sí que viven juntas o en lugares diferentes, y especialmente el formado por el matrimonio y los hijos: *voy a ver a la familia.* ‖ Descendencia, prole: *van a tener familia.* ‖ Grupo numeroso de personas o cosas con alguna condición común: *el italiano y el español pertenecen a la misma familia lingüística.* ‖ En biol., grupo taxonómico constituido por varios géneros naturales con caracteres comunes. ‖ **en familia** loc. adv. Sin gente extraña, en la intimidad. ‖ Con muy poca gente: *ahora en la oficina por la tarde estamos en familia.* ‖ **FAM.** familiar, familión.

familiar adj. Relativo a la familia: *una fiesta familiar.* ‖ Muy sabido o conocido: *su cara me resulta familiar.* ‖ De trato llano y sin ceremonias: *lenguaje familiar.* ‖ Natural, sencillo, corriente: *lenguaje familiar.* ‖ m. Pariente, allegado: *cenó con sus familiares.* ‖ **FAM.** familiaridad, familiarizar, familiarmente.

familiaridad f. Llaneza o confianza en el trato: *me saludó con familiaridad.*

familiarizar tr. Hacer familiar o sencillo algo a alguien. También prnl.: *todavía no me he familiarizado con el nuevo coche.* ‖ prnl. Introducirse en el trato familiar de alguien.

famoso, sa adj. Que tiene fama. ‖ Célebre, gracioso y extravagante a la vez: *tuvo una famosa ocurrencia.*

fámulo, la m. y f. Criado doméstico.

fan com. Fanático, entusiasta, seguidor de algo o alguien: *sus fans le pidieron autógrafos.*
♦ pl. *fans.*

fanal m. Farol grande que se coloca en las torres de los puertos para que su luz sirva de señal nocturna. ‖ Campana de cristal para resguardar algo.

fanático, ca adj. y s. Que defiende apasionadamente creencias, opiniones, ideologías. ‖ Entusiasmado ciegamente por algo: *fanático por el cine.* ‖ **FAM.** fan, fanáticamente, fanatismo, fanatizador, fanatizar.

fandango m. Canción y baile popular español, típico de Andalucía, con acompañamiento de palmas, guitarra y castañuelas. ‖ Bullicio.

faneca f. Pez marino, especie de abadejo de carne comestible.

fanega f. Medida de capacidad para áridos que varía según la región. ‖ **FAM.** fanegada.

fanerógamo, ma adj. y f. Planta que se reproduce por semillas en forma de flor.

fanfarria f. Chulería, jactancia: *¡no me vengas con fanfarrias!* ‖ Banda de música generalmente de instrumentos de metal.

fanfarronear intr. Alardear: *le encanta fanfarronear de sus conquistas.*

fanfarrón, na adj. y s. Que hace alarde de lo que no es, en particular de valiente. ‖ **FAM.** fanfarria, fanfarronada, fanfarronear, fanfarronería.

fango m. Lodo, barro que se forma por la mezcla de agua y tierra. ‖ Deshonor, degradación: *arrastraron su nombre por el fango.* ‖ **FAM.** fangal, fangosidad, fangoso.

fantasear intr. Dejar correr la fantasía o imaginación: *se puso a fantasear sobre las vacaciones.* También tr. ‖ Presumir, alardear de lo que no se tiene. ‖ **FAM.** fantaseador.

fantasía f. Facultad de la mente para reproducir en imágenes cosas inexistentes o de idealizar las reales: *tiene mucha fantasía.* ‖ Cosa imaginada: *esa idea es una fantasía.* ‖ Composición instrumental de estructura libre. ‖ **de fantasía** loc. adj. Se apl. a las prendas de vestir y adornos de formas extrañas e imaginativas. ‖ Se dice de los adornos o joyas de bisutería: *tenía muchos pendientes de fantasía.* ‖ **FAM.** fantasear, fantasioso, fantástico.

fantasma m. Ser irreal que se imagina o se sueña. ‖ Espectro de un muerto. ‖ Obsesión, imagen impresa en el fantasía: *los fantasmas de la niñez.* ‖ Persona presuntuosa: *no te creas lo que dice, es un fantasma.* También adj. ‖ adj. Inexistente: *una edición fantasma.* ‖ **FAM.** fantasmada, fantasmagoría, fantasmón.

fantasmagoría f. Ilusión de los sentidos o de la mente, alucinación. ‖ Arte de representar figuras por medio de una ilusión óptica. ‖ **FAM.** fantasmagórico.

fantástico, ca adj. Irreal, imaginario: *la sirena es un ser fantástico.* ‖ Increíble: *me vino con una disculpa fantástica.* ‖ Sensacional, magnífico: *su actuación ha sido fantástica.* ‖ **FAM.** fantásticamente.

fantoche m. Títere, muñeco. ‖ Mamarracho, persona ridícula. ‖ Persona informal o presumida. ‖ **FAM.** fantochada.

faquir m. Asceta de la India y otros países de Oriente que vive de limosna y practica actos de singular austeridad. ‖ Artista de circo que realiza ejercicios con cuchillos o fuego sin hacerse daño aparentemente. ‖ **FAM.** faquirismo.

faradio m. Unidad de capacidad eléctrica en el sistema internacional; su símbolo es *F.*

faralá m. Volante, tira de tafetán o de otra tela, que rodea por abajo los vestidos y enaguas femeninos, especialmente en los trajes típicos andaluces. ‖ Adorno excesivo y de mal gusto. ◆ pl. *faralaes.*

farallón m. Roca alta y picuda que sobresale en el mar y alguna vez en tierra firme.

farándula f. Profesión, arte y ambiente de los comediantes: *se sintió atraído por la vida de la farándula.* ‖ Compañía antigua de cómicos ambulantes. ‖ **FAM.** farandulero.

faraón m. Soberano del antiguo Egipto. ‖ **FAM.** faraónico.

faraónico, ca adj. Relativo a los faraones y a su época. ‖ Grandioso: *un lujo faraónico.*

fardar intr. Presumir, alardear: *le encanta fardar delante de sus amigos.* ‖ Lucir, ser vistoso algo: *¡cómo farda su moto!* ‖ **FAM.** fardada, farde, fardón.

fardo m. Paquete o bulto grande muy apretado. ‖ **FAM.** fardar.

farfolla f. Envoltura de las panojas del maíz, mijo y panizo. ‖ Cosa de mucha apariencia pero poca importancia.

farfullar tr. e intr. Hablar deprisa y de forma confusa: *farfulló un tímido saludo.* ‖ Hacer algo chapuceramente. ‖ **FAM.** farfulladamente, farfullador, farfullero.

faringe f. Conducto musculoso situado entre la boca, la parte posterior de las fosas nasales y el esófago. ‖ **FAM.** faríngeo, faringitis.

faringitis f. Inflamación de la faringe. ◆ No varía en pl.

fariseo m. Miembro de una secta judía que aparentaba austeridad pero que en realidad no seguía el espíritu religioso. ‖ Hombre hipócrita. También adj.: *nos dirigió una sonrisa farisea.* ‖ **FAM.** farisaicamente, farisaico, farisaismo, fariseísmo.

farmacia f. Ciencia que enseña a preparar medicamentos y a conocer las sustancias con las que se preparan. ‖ Laboratorio donde se preparan medicinas y tienda donde se venden. ‖ **FAM.** farmacéutico.

fármaco m. Medicamento. ‖ **FAM.** farmacia, farmacodependencia, farmacología, farmacopea.

farmacología f. Ciencia que trata de los medicamentos, sus propiedades y su composición. ‖ **FAM.** farmacológico, farmacólogo.

farmacopea f. Libro que recoge las medicinas más frecuentes y el modo de prepararlas y administrarlas.

faro m. Torre alta en las costas, con luz en la parte superior para guiar a los navegantes durante la noche. ‖ Farol potente, p. ej., cada uno de los que llevan los automóviles en la parte delantera para iluminar la carretera. ‖ **FAM.** farero, farol.

farol m. Caja de material transparente dentro de la cual se pone una luz. ‖ Hecho o dicho exagerado, sin fundamento. ‖ En el juego, jugada o envite falso que se hace para sorprender y apabullar: *jugaba de farol.* ‖ Lance en que el torero pasa la capa en redondo sobre su cabeza y la coloca en sus hombros. ‖ **FAM.** farola, farolear, farolería, farolero, farolillo.

farola f. Farol grande sobre un pie o sujeto a las paredes de los edificios para el alumbrado público.

farolear intr. Presumir: *farolea de donjuán.* ‖ **FAM.** faroleo.

farolero, ra adj. y s. Fanfarrón, presumido. ‖ m. y f. Persona que se encarga de encender y apagar los faroles de las calles.

farolillo m. Farol pequeño de papel y varios colores que se utiliza de adorno en fiestas y verbenas. ‖ **farolillo rojo** El último en una competición.

farra f. Juerga, jarana, parranda: *irse de farra.* ‖ **FAM.** farrear, farrista.

fárrago m. Conjunto de cosas superfluas y mal ordenadas: *su cabeza era un fárrago de datos inconexos.* ‖ **FAM.** farragoso.

farragoso, sa adj. Confuso por tener muchas cosas desordenadas y superfluas.

farruco, ca adj. Valiente, desafiante: *¡oye, no te pongas farruco!*

farsa f. Comedia burlesca. ‖ Farándula, ambiente del teatro. ‖ Enredo, engaño, comedia: *la votación fue una farsa.* ‖ **FAM.** farsante.

fascículo m. Entrega, cada uno de los cuadernos que forman parte de un libro, y que se van publicando sucesivamente. ‖ Haz de fibras musculares. ‖ **FAM.** fasciculado.

fascinar tr. Atraer, seducir, impresionar una persona o cosa a alguien: *esa música me* *fascina.* | **FAM.** fascinación, fascinador, fascinante.

fascismo m. Régimen político de carácter nacionalista y totalitario, implantado en Italia por Mussolini, después de la Primera Guerra Mundial. | Doctrina de este movimiento y de cualquier régimen político de ideología dictatorial derechista. | **FAM.** fascista, fascistización.

fase f. Cada uno de los estados sucesivos de una cosa que cambia o se desarrolla: *el proyecto está en fase embrionaria.* | Cada una de las formas que presenta la Luna y otros planetas según los ilumina el Sol. | Cada una de las corrientes alternas de una corriente polifásica.

fastidiar tr. Molestar. También prnl.: *le fastidia la falta de puntualidad.* | Ocasionar daño: *acabas de fastidiar la moto.* | prnl. Aguantarse, sufrir algo con resignación: *no consiguió entradas y tuvo que fastidiarse.*

fastidio m. Disgusto, desazón: *este dolor de cabeza es un fastidio.* | Cansancio, hastío, repugnancia: *es un fastidio hacer siempre lo mismo.* | **FAM.** fastidiar, fastidiosamente, fastidioso.

fasto, ta adj. Se dice del día, año, etc. feliz, venturoso. || m. Esplendor, lujo, fausto: *vivía en el fasto.* | **FAM.** fastos.

fastuoso, sa adj. Ostentoso, con derroche de lujo y riqueza: *un espectáculo fastuoso.* | **FAM.** fastuosamente, fastuosidad.

fatal adj. Desgraciado, funesto, aciago: *un accidente fatal.* | Muy mal o muy malo: *me parece fatal que no vengas.* | Inevitable, predestinado: *este encuentro era fatal.* | **FAM.** fatalidad, fatalismo, fatalmente.

fatalidad f. Desgracia: *fue una fatalidad que fallaras la última respuesta.* | Acontecimiento inevitable, destino, suerte: *la fatalidad lo quiso.*

fatalismo m. Doctrina según la cual todo lo que sucede está motivado por las determinaciones ineludibles de un destino que hace inútil cualquier oposición. | **FAM.** fatalista.

fatídico, ca adj. Que pronostica el porvenir y, sobre todo, las desgracias. | **FAM.** fatídicamente.

fatiga f. Agitación, cansancio. | Respiración frecuente o difícil: *el asma le produce fatiga.* | Molestia, sufrimiento. Más en pl.: *ha pasado muchas fatigas en la vida.*

fatigar tr. y prnl. Causar fatiga: *se fatigó al subir las escaleras.* | **FAM.** fatiga, fatigadamente, fatigador, fatigante, fatigosamente, fatigoso.

fatuo, tua adj. y s. Necio, poco inteligente. | Engreído, vanidoso. | **FAM.** fatuamente.

fauces f. pl. Parte posterior de la boca de los mamíferos, que va desde el paladar hasta el comienzo del esófago.

fauna f. Conjunto de animales de un determinado periodo, país o región: *la fauna abisal.* | **FAM.** fáunico.

fauno m. Semidiós romano de los campos y selvas, equivalente al sátiro griego. | **FAM.** fauna, faunesco.

fausto adj. Feliz, venturoso. || m. Lujo, ostentación y pompa. | **FAM.** fasto, fastuoso.

fauvismo m. Movimiento pictórico que surgió en París a comienzos del s. xx, caracterizado por la exaltación del color puro. | **FAM.** fauvista.

favela f. *amer.* Chabola, barraca de los suburbios brasileños.

favor m. Ayuda, asistencia que se presta de forma gratuita: *le debo muchos favores.* | Privilegio, concesión que se recibe de una autoridad: *tiene un trato de favor en la empresa.* | Confianza, apoyo: *cuenta con el favor del consejo de administración.* | Gesto amable que las mujeres dedicaban a los hombres, y por ext., consentimiento de la mujer a la relación amorosa que le insinúa el hombre. Más en pl.: *la dama le concedió sus favores.* | **a favor de** loc. adv. y adj. En beneficio, en apoyo de: *festival a favor de los damnificados.* | Ayudado por algo: *a favor del viento.* | **por favor** Fórmula de cortesía que se añade a una petición. | **FAM.** favorable, favorecer, favorito.

favorable adj. Que favorece algo, propicio: *navegó con viento favorable.* | Benévolo, positivo: *recibió críticas favorables.* | **FAM.** favorablemente.

favorecer tr. Ayudar, apoyar: *su posición le ha favorecido.* | Mejorar algo el aspecto o apariencia de una persona o cosa. También intr.: *ese color te favorece.* ♦ **Irreg.** Se conj. como *agradecer.* | **FAM.** favorecedor.

favoritismo m. Preferencia que no se basa en el mérito o la justicia sino en el favor, sobre todo en la concesión de cargos o premios.

favorito, ta adj. Predilecto, preferido sobre otros: *el rojo es su color favorito.* | m. y f. Probable ganador en un deporte. | Valido de un rey. | **FAM.** favoritismo.

fax m. Telefax.

faz f. Rostro, cara. | Lado principal de algo. | **FAM.** faceta, facial.

fe f. Creencia en algo sin necesidad de que haya sido confirmado por la experiencia o la razón, o demostrado por la ciencia. | En religión, primera de las virtudes teologales que consiste en creer ciegamente lo que la Iglesia enseña. | Conjunto de creencias de una religión: *la fe budista, musulmana, cristiana.* |

Confianza en el éxito de algo o alguien: *tiene fe en ti.* ‖ Promesa: *le dio fe de lealtad.* ‖ Testimonio, aseveración de que una cosa es cierta: *el notario dará fe del resultado del concurso.* ‖ Documento que certifica la verdad de algo: *fe de vida.* ‖ **buena** o **mala fe** Buena o mala intención. ‖ **fe de erratas** Lista de erratas encontradas en un texto después de su publicación, que se inserta en el libro junto con sus correcciones. ‖ **FAM.** fedatario, fehaciente, fementido.

febrero m. Segundo mes del año, que tiene veintiocho días y en los años bisiestos veintinueve.

febrífugo, ga adj. y m. Que quita o disminuye la fiebre.

febril adj. Perteneciente a la fiebre: *estado febril.* ‖ Se dice del que tiene fiebre. ‖ Vivo, desasosegado, violento: *una actividad febril.* ‖ **FAM.** febrícula, febrífugo, febrilmente.

fecal adj. Perteneciente o relativo al excremento intestinal: *heces fecales.*

fecha f. Tiempo, momento en que se hace o sucede algo: *le preguntó la fecha de aquella batalla.* ‖ Día: *no me acuerdo de la fecha de su cumpleaños.* ‖ Tiempo o momento actual: *hasta la fecha no he tenido noticias suyas.* ‖ **FAM.** fechador, fechar.

fechador m. Estampilla o sello con que se imprime la fecha en documentos. ‖ *amer.* Matasellos.

fechar tr. Poner fecha a un escrito o documento: *fechar una carta.* ‖ Determinar la fecha de un documento, suceso, etc.: *fecharon el manuscrito partiendo de datos textuales.*

fechoría f. Mala acción.

fécula f. Sustancia blanca que se encuentra en las semillas, tubérculos y raíces de muchas plantas. ‖ **FAM.** feculento.

fecundar tr. Unirse los elementos reproductores masculino y femenino para dar origen a un nuevo ser. ‖ Hacer fecundo o productivo: *el agua fecunda la tierra.* ‖ **FAM.** fecundable, fecundación, fecundador, fecundante, fecundativo, fecundidad, fecundizar, fecundo.

fecundizar tr. Hacer fecundo algo: *los insectos fecundizan las flores.*

fecundo, da adj. Que puede fecundar o ser fecundado. ‖ Fértil, prolífico, abundante: *un escritor fecundo.*

federación f. Asociación de estados, partidos o agrupaciones que reconocen una misma autoridad y comparten algunas funciones, pero que mantienen un gobierno interior autónomo. ‖ Organismo que establece la reglamentación y el control de un determinado deporte. ‖ **FAM.** federal, federalismo, federar, federativo.

federal adj. Relativo a la federación o al federalismo: *leyes federales.* ‖ Partidario de estos sistemas. También com. ‖ Se dice del partidario de los Estados del Norte en la guerra de Secesión norteamericana. También com.

federalismo m. Idea o doctrina política en la que el gobierno se reparte entre el poder central y el de los estados asociados. ‖ Sistema político basado en esta doctrina. ‖ **FAM.** federalista.

federar tr. y prnl. Organizar una federación o incorporar a ella.

feed-back (voz i.) m. Retroalimentación.

fehaciente adj. Fidedigno, que da testimonio de la certeza de algo: *un testimonio fehaciente.*

feldespato m. Sustancia mineral que forma la parte principal de muchas rocas. Químicamente es un silicato compuesto de aluminio con sodio, potasio o calcio, y cantidades pequeñas de óxidos de magnesio y hierro. Se usa en la fabricación de cerámica y vidrio. ‖ **FAM.** feldespático.

felicidad f. Estado del ánimo del que disfruta de lo que desea. ‖ Satisfacción, alegría, contento: *tu llamada le ha producido mucha felicidad.* ‖ **FAM.** felicitar.

felicitar tr. Manifestar a una persona la satisfacción que se experimenta con motivo de algún suceso favorable a ella. También prnl.: *se felicitó por haber llegado a tiempo.* ‖ Expresar el deseo de que una persona sea feliz: *felicitaron a los novios.* ‖ **FAM.** felicitación.

félido adj. y m. Mamífero carnívoro digitigrado de cabeza redondeada y hocico corto, patas anteriores con cinco dedos y posteriores con cuatro, uñas agudas y retráctiles; como el tigre, el lince o el gato. ‖ m. pl. Familia de estos mamíferos.

feligrés, sa m. y f. Persona que pertenece a una parroquia determinada. ‖ **FAM.** feligresía.

felino, na adj. y s. Perteneciente o relativo al gato. ‖ Que parece de gato: *se movía con agilidad felina.* ‖ Félido. ‖ **FAM.** félido.

feliz adj. Que disfruta de felicidad o la ocasiona: *un día feliz.* ‖ Oportuno, acertado: *tuvo la feliz idea de llamar antes de salir.* ‖ Que sucede sin contratiempos: *que tengas un feliz viaje.* ‖ **FAM.** felicidad, felizmente.

felonía f. Deslealtad, traición. ‖ **FAM.** felón.

felpa f. Tejido de seda, algodón, etc., que tiene pelo por uno de sus lados. ‖ **FAM.** felpear, felposo, felpudo.

felpear tr. *amer.* Reprender duramente a una persona.

felpudo m. Esterilla que suele ponerse a la entrada de las casas para limpiarse el calzado.

femenino, na adj. Propio o característico de la mujer: *moda femenina.* ǁ Se dice del ser dotado de órganos para ser fecundado. ǁ Perteneciente o relativo a este ser. ǁ Se dice del género gramatical al que pertenecen las hembras. También m. ǁ Perteneciente o relativo a este género: *sustantivo femenino.* ǁ FAM. femenil, femeninmente, fémina, femineidad, femíneo, feminidad, feminismo, feminización, feminoide.

fementido, da adj. Que carece de fe y de palabra. ǁ Se dice de lo que es engañoso, falso. ǁ FAM. fementidamente.

fémina f. Mujer.

feminismo m. Movimiento y doctrina social que defiende la igualdad de derechos entre la mujer y el hombre. ǁ FAM. feminista.

femoral adj. Perteneciente o relativo al fémur. ǁ Se dice de la arteria y la vena que recorren el muslo.

fémur m. Hueso del muslo, el más largo del cuerpo, que se extiende desde la ingle hasta la rodilla. ǁ FAM. femoral.

fenecer intr. Morir, fallecer. ǁ Acabarse algo. ♦ Irreg. Se conj. como *agradecer.* ǁ FAM. fenecimiento.

fénix m. Ave mitológica que renacía de sus cenizas cada vez que se moría. ǁ Lo que es exquisito o único en su especie: *Lope de Vega, el fénix de los ingenios.* ♦ No varía en pl.

fenol m. Derivado del alquitrán, que se usa como antiséptico, como sintetizador de colorantes y en la obtención de resinas.

fenomenal adj. Extraordinario, magnífico. También adv.: *lo pasamos fenomenal.* ǁ FAM. fenomenalmente.

fenómeno m. Toda apariencia o manifestación material o espiritual: *un fenómeno social.* ǁ Suceso, hecho: *las tormentas son un fenómeno habitual en verano.* ǁ Cosa extraordinaria y sorprendente. ǁ Persona o animal monstruoso: *un fenómeno de dos cabezas.* ǁ Persona sobresaliente en su línea: *es un fenómeno en física.* ǁ adj. y adv. Fenomenal: *lo pasé fenomenal.* ǁ FAM. fenomenal, fenoménico, fenomenología.

fenomenología f. Teoría filosófica que se centra en el estudio de los fenómenos y de lo que aparece. ǁ FAM. fenomenológico, fenomenólogo.

fenotipo m. En un organismo, manifestación externa de un conjunto de caracteres hereditarios que dependen tanto de los genes como del ambiente. ǁ FAM. fenotípico.

feo, a adj. Que carece de belleza y hermosura. También s. ǁ De aspecto malo o desfavorable: *esta herida tiene un feo aspecto.* ǁ Que ocasiona disgusto o desagrado: *nos dio una fea contestación.* ǁ m. Desaire, desprecio manifiesto: *al no venir le hiciste un feo.* ǁ FAM. fealdad, feamente, feote.

feraz adj. Fértil, aplicado sobre todo a la tierra. ǁ FAM. feracidad.

féretro m. Ataúd.

feria f. Mercado extraordinario que tiene lugar en un sitio y unas fechas señaladas: *la feria de Medina del Campo.* ǁ Fiestas que se celebran con tal ocasión: *la Feria de San Isidro.* ǁ Sitio público en que están expuestos los animales, géneros o cosas para este mercado. ǁ Conjunto de instalaciones recreativas, como carruseles, circos, casetas de tiro al blanco, etc., y de puestos de venta de dulces y de chucherías, que se monta por alguna fiesta: *ganó un peluche en la feria.* ǁ Instalación donde se exponen los productos de un solo ramo industrial o comercial, como libros, muebles, juguetes, etc., para su promoción o venta: *Feria del Libro.* ǁ amer. Dinero menudo, cambio, calderilla. ǁ FAM. ferial, feriante, feriar.

ferial adj. Relativo a la feria. ǁ m. Lugar donde se celebra la feria.

feriante adj. y com. Expositor, comprador o vendedor en una feria.

feriar tr. Vender, comprar en una feria.

fermentación f. Proceso químico por el que se forman los alcoholes y ácidos orgánicos a partir de los azúcares por medio de los fermentos.

fermentar intr. Producirse la fermentación. También tr.: *la levadura ha fermentado la masa.* ǁ FAM. fermentable, fermentación, fermentador, fermentante, fermentativo, fermento.

fermento m. Sustancia orgánica que produce la fermentación, como las enzimas.

fermio m. Elemento químico radiactivo artificial. Se encontró entre los restos de la primera bomba de hidrógeno y luego fue obtenido bombardeando el californio con neutrones. Tiene propiedades análogas a las del erbio. Su símbolo es *Fm.*

feroz adj. Fiero, aplicado a animales carnívoros que atacan y devoran a sus presas. ǁ Que causa daño, terror o destrozo: *una tormenta feroz.* ǁ Cruel: *una matanza feroz.* ǁ Enorme, tremendo: *tengo un hambre feroz.* ǁ FAM. ferocidad, ferozmente.

férreo, a adj. De hierro o que tiene sus propiedades. ǁ Duro, fuerte: *una disciplina férrea.* ǁ Tenaz, persistente: *una voluntad férrea.* ǁ FAM. ferretería, férrico, ferrita, ferroso, ferruginoso.

ferretería f. Tienda donde se venden objetos de metal o de otros materiales: cacharros de cocina, herramientas, tuercas, etc. ǁ Conjunto de objetos de hierro que se venden en este tipo de tiendas. ‖ **FAM.** ferretero.

férrico, ca adj. Se dice de las combinaciones del hierro en las que éste es trivalente, es decir, que actúa con valencia 3.

ferrobús m. Tren ligero con vagones para los viajeros y una máquina con tracción delantera y trasera que le permite ir en los dos sentidos sin dar la vuelta.

ferrocarril m. Tren. ‖ Camino con dos filas de barras de hierro paralelas sobre las cuales ruedan los trenes. ‖ Conjunto formado por vías férreas, trenes e instalaciones propias de este medio de transporte. ‖ **FAM.** ferrocarrilero.

ferroso, sa adj. De hierro o que contiene hierro. ‖ Se dice de las combinaciones del hierro en las que éste es bivalente, es decir, que actúa con valencia 2.

ferroviario, ria adj. Perteneciente o relativo a los ferrocarriles. ‖ m. y f. Empleado del ferrocarril.

ferruginoso, sa adj. Se dice del mineral que contiene hierro o en estado metálico, o en combinación. ‖ Se apl. a las aguas minerales en cuya composición entra alguna sal de hierro.

ferry (voz i.) m. Transbordador. ◆ pl. ferries.

fértil adj. Que produce en abundancia: *un escritor fértil.* ‖ Se dice del organismo vivo capaz de reproducirse. ‖ **FAM.** fertilidad, fertilizar.

fertilizante adj. Que fertiliza: *lluvia fertilizante.* ‖ m. Abono.

fertilizar tr. Abonar, preparar la tierra añadiendo la sustancia apropiadas para que sea más fértil. ‖ **FAM.** fertilizable, fertilización, fertilizador, fertilizante.

férula f. Tablilla empleada en el tratamiento de fracturas. ‖ Palmeta. ‖ Autoridad o poder despótico: *estar uno bajo la férula de otro.*

fervor m. Devoción, intensidad en el sentimiento religioso. ‖ Entusiasmo, ardor, eficacia con que se hace algo: *puso todo su fervor en este trabajo.* ‖ Admiración, adoración hacia alguien o algo: *sigue todas las actuaciones de la diva con verdadero fervor.* ‖ **FAM.** ferviente, fervorosamente, fervoroso.

festejar tr. Hacer fiestas para celebrar algo: *festejaron el aniversario de su muerte con varios actos.* ‖ Agasajar, hacer fiestas en honor de alguien: *festejaron su ascenso.* ‖ Galantear, cortejar a una mujer. ‖ **FAM.** festejador, festejo.

festejo m. Acción y efecto de festejar. ‖ Cada uno de los actos públicos que se realizan para celebrar algo. Más en pl.: *hay un amplio programa de festejos.*

festín m. Banquete espléndido.

festival m. Concurso o exhibición de manifestaciones deportivas o artísticas: *festival de cine.* ‖ **FAM.** festivalero.

festividad f. Fiesta o solemnidad con que se celebra algo o a alguien: *la festividad del Corpus.*

festivo, va adj. De fiesta: *un ambiente festivo.* ‖ Chistoso, alegre: *hoy tiene un humor festivo.* ‖ Se apl. al día no laborable. También m.: *los festivos suele comer con su familia.* ‖ **FAM.** festivamente, festividad.

festón m. Cualquier bordado, dibujo o recorte en forma de ondas o puntas, que adorna la orilla o borde de una cosa. ‖ Bordado de realce en que por un lado queda rematada cada puntada con un nudo, para que pueda cortarse la tela por el bordado sin que se salgan los hilos. ‖ **FAM.** festonear.

fetal adj. Relativo al feto. ‖ Se dice de la postura con las piernas y los brazos encogidos sobre el pecho y la cabeza entre las manos.

fetén adj. Sincero, auténtico, verdadero: *es un amigo fetén.* ‖ Bueno, estupendo, excelente: *ha sido un día fetén.* ‖ f. La verdad.

fetiche m. Objeto material, de culto supersticioso en algunos pueblos, que es venerado como un ídolo. ‖ Cualquier objeto que se cree que trae suerte. ‖ **FAM.** fetichismo.

fetichismo m. Culto de los fetiches. ‖ Idolatría, veneración excesiva. ‖ Desviación sexual que consiste en fijar alguna parte del cuerpo humano o alguna prenda relacionada con él como objeto de la excitación y el deseo. ‖ **FAM.** fetichista.

fétido, da adj. Que desprende un olor muy desagradable. ‖ **FAM.** fetidez.

feto m. Producto de la concepción desde que pasa el período embrionario hasta el momento del parto. ‖ Este mismo embrión después de abortado. ‖ Persona muy fea o deforme. ‖ **FAM.** fetal.

feudalismo m. Sistema económico, político y social, imperante en la Edad Media, que tenía como base la constitución de feudos. ‖ **FAM.** feudal, feudalidad.

feudo m. Contrato por el cual los soberanos y los grandes señores concedían tierras u otros bienes a sus vasallos a cambio de que, ellos y sus descendientes, les prestaran servicios y les jurasen fidelidad. ‖ Tierra o dominio que se concede en feudo. ‖ **FAM.** feudalismo, feudatario.

fez m. Gorro rojo de fieltro con forma de cubilete usado por los moros.

fi f. Vigésimoprimera letra del alfabeto griego que se transcribe con *f.* ◆ Su grafía mayúscula es Φ y la minúscula φ.

fiable adj. Digno de confianza: *un sistema de frenos fiable.* ‖ **FAM.** fiabilidad.

fiador, ra m. y f. Persona que fía o vende a crédito. ‖ Persona que responde por otra: *se ha ofrecido como fiador del contrato.*

fiambre adj. y m. Se dice de los alimentos que, una vez cocinados o curados, se comen fríos, como los embutidos o ciertas carnes. ‖ m. Cadáver. ‖ **FAM.** fiambrera, fiambrería.

fiambrera f. Recipiente con tapa de cierre hermético o muy ajustado, que sirve para llevar la comida fuera de casa.

fianza f. Obligación que uno contrae de hacer lo que otro promete si éste no lo cumple. ‖ Cantidad de dinero que se paga por la libertad de un individuo pendiente de juicio o sentencia firme. ‖ Cualquier cosa que se deja como garantía de algo, generalmente se trata de dinero.

fiar tr. Asegurar uno que cumplirá lo que otro promete, obligándose, en caso de que no lo haga, a satisfacer por él. ‖ Vender sin cobrar al contado, aplazando el pago para más adelante. ‖ prnl. Confiar en algo o alguien: *me fío totalmente de su criterio en este asunto.* ‖ **FAM.** fiable, fiado, fiador, fianza.

fiasco m. Fracaso, decepción: *se llevó un fiasco al saber que no vendrías.*

fibra f. Cada uno de los filamentos que entran en la composición de los tejidos orgánicos vegetales o animales, de ciertos minerales y de algunos productos químicos. ‖ Filamento obtenido por procedimiento químico que se usa principalmente en la industria textil: *una prenda de fibra.* ‖ Vigor, energía: *un vendedor de fibra.* ‖ **fibra óptica** Filamento de material muy transparente que se usa para transmitir por su interior señales luminosas, por ejemplo en comunicación a distancia. ‖ **fibra de vidrio** Filamento de vidrio fundido estirado que se utiliza como aislante. ‖ **FAM.** fibrina, fibroma, fibroso.

fibroma m. Tumor benigno formado sólo por tejido fibroso.

fíbula f. Hebilla que usaban como imperdible los griegos y romanos.

ficción f. Acción y efecto de fingir: *su tranquilidad es pura ficción.* ‖ Invención: *este rumor es una ficción.* ‖ Cosa imaginada: *relato de ficción.*

ficha f. Pieza pequeña, generalmente plana y delgada, a la que se puede dar usos diversos (contraseña en guardarropas, aparcamientos de automóviles, etc.). ‖ Tarjeta de cartón o papel fuerte sobre los que se consignan ciertos datos y suele clasificarse: *la ficha de un libro.* ‖ Pieza que se usa en sustitución de moneda o para señalar los tantos en el juego. ‖ Cada una de

las piezas de los juegos de mesa. ‖ Contrato de un jugador o técnico deportivo. ‖ **FAM.** fichar, fichero.

fichaje m. Acción y efecto de fichar o contratar a alguien, especialmente en un deporte. ‖ Persona que se ficha: *es un buen fichaje para la empresa.*

fichar tr. Hacer la ficha de una persona o cosa, anotando todos los datos necesarios para su identificación: *fichar un libro para la biblioteca.* ‖ Vigilar o mirar con recelo a alguien de quien se sospecha: *su jefe le tiene fichado.* ‖ Contratar un club o entidad deportiva los servicios de un jugador o un técnico. ‖ Por ext., contratar a cualquier persona: *le han fichado en un banco.* ‖ intr. Controlar en un reloj especial la hora de entrada y salida de los obreros o empleados: *no te olvides de fichar.* ‖ **FAM.** fichaje.

fichero m. Conjunto de fichas ordenadas y mueble o caja donde se guardan.

ficticio, cia adj. Fingido, falso: *una amabilidad ficticia.* ‖ Aparente, irreal.

ficus m. Nombre genérico de varias plantas moráceas entre las que se encuentra la higuera. ‖ Nombre dado a ciertas plantas ornamentales de hoja grande y ovalada. ◆ No varía en pl.

fidedigno, na adj. Digno de fe y confianza: *lo supo de fuentes fidedignas.*

fideicomiso m. Disposición testamentaria por la que se encomienda una herencia a alguien para que haga con ella lo que se le encargue. ‖ Situación de los territorios sin gobierno propio que la ONU pone bajo la tutela y administración de un estado. ‖ **FAM.** fideicomisario, fideicomitente.

fidelidad f. Lealtad: *la fidelidad del perro.* ‖ Exactitud, veracidad: *relató los hechos con gran fidelidad.* ‖ **alta fidelidad** Reproducción muy fiel del sonido, sin distorsiones ni ruidos.

fideo m. Pasta de harina en hilos cortados que ordinariamente se toma en sopa. Más en pl. ‖ Persona muy delgada. ‖ **FAM.** fidehuá.

fiduciario, ria adj. y s. Que depende del crédito y confianza que merezca: *moneda fiduciaria.* ‖ Encargado de un fideicomiso.

fiebre f. Elevación de la temperatura normal del cuerpo por una enfermedad o un trastorno. ‖ Entusiasmo y excitación con la que se realiza una actividad: *la fiebre de las rebajas.* ‖ **FAM.** febril.

fiel adj. Que cumple sus compromisos: *un amigo fiel.* ‖ Exacto, conforme a la verdad: *un relato fiel a los hechos.* ‖ com. Creyente, miembro de una iglesia: *los fieles salieron de la iglesia.* ‖ m. Aguja de una balanza. ‖ Clavillo que asegura las hojas de las tijeras. ‖ **FAM.** fidelidad, fidelísimo, fielmente.

fielato m. Oficina instalada a la entrada de las poblaciones que recaudaba el antiguo impuesto de consumos.

fieltro m. Especie de paño no tejido que resulta de prensar borra, lana o pelo.

fiera f. Animal salvaje, sobre todo los carnívoros. ‖ Persona cruel o de carácter malo y violento. ‖ com. Persona que hace muy bien algo: *es un fiera en natación.* ‖ **fiera corrupia** Designación de ciertas figuras animales famosas por su deformidad o aspecto terrorífico.

fiero, ra adj. Perteneciente o relativo a las fieras. ‖ Feroz, duro, agreste, intratable: *un paisaje fiero.* ‖ Horroroso, terrible. ‖ Muy grande, excesivo: *un hambre fiera.* ‖ **FAM.** fiera, fieramente, fiereza.

fiesta f. Alegría, regocijo o diversión. ‖ Solemnidad civil o religiosa en conmemoración de algún acontecimiento o fecha especial y día en que se celebra: *las fiestas de Semana Santa.* ‖ Día en que no se trabaja: *hoy nos han dado fiesta.* ‖ Actividades culturales y diversiones que se celebran en una localidad en unos días determinados. Más en pl.: *esta semana son las fiestas de Colmenar.* ‖ pl. Período de vacaciones por alguna fiesta, sobre todo religiosa: *en estas fiestas se reúne la familia.* ‖ Agasajo, caricia u obsequio: *el perro nos hizo fiestas cuando nos vio llegar.* ‖ **FAM.** festejar, festín, festival, festivo, fiestero.

figle m. Instrumento musical de viento que consiste en un tubo largo de latón doblado por la mitad, con llaves o pistones que abren o cierran el paso del aire.

figón m. Casa donde se guisan y venden cosas de comer. ‖ **FAM.** figonero.

figura f. Forma exterior de un cuerpo: *ese cuadro tiene figura oval.* ‖ Estatua o pintura que representa el cuerpo de un hombre o animal. ‖ Serie de variaciones en la danza, patinaje artístico, etc. ‖ Persona de renombre o que destaca en alguna actividad: *una figura de la canción.* ‖ Personaje de la obra dramática y actor que lo representa. ‖ En geom., espacio cerrado por líneas o superficies. ‖ Cualquiera de los tres naipes de cada palo que representan personas, y se llaman rey, caballo y sota. ‖ Cosa que representa o significa otra: *la paloma es la figura de la paz.* ‖ **FAM.** figurar, figurilla, figurín, figurón.

figuración f. Acción y efecto de figurar o figurarse una cosa. ‖ Cosa inventada o imaginada: *eso son figuraciones tuyas.* ‖ Figurantes.

figurado, da adj. Se dice del sentido en que

se toman las palabras desviado del literal por una asociación de ideas. ‖ **FAM.** figuradamente.

figurante, ta m. y f. Persona que actúa como comparsa en obras de teatro, cine o televisión.

figurar tr. Disponer, delinear y formar la figura de una cosa: *esas nubes figuran una cara.* ‖ Aparentar, suponer, fingir: *figuró que no la había visto.* ‖ intr. Formar parte de algo, estar en un lugar o circunstancia: *figuraba entre los asistentes al acto.* ‖ Destacar: *figura como productor.* ‖ prnl. Imaginarse uno algo que no conoce: *me figuré que no vendrías.* ‖ **FAM.** figuración, figurado, figurante, figurativo.

figurativo, va adj. Se dice del arte y de los artistas que representan figuras de realidades concretas, en oposición a los abstractos. ‖ **FAM.** figurativamente, figurativismo.

figurín m. Dibujo o figura que sirve de modelo para hacer vestidos. ‖ Lechugino, de elegancia afectada y exagerada: *va siempre hecho un figurín.* ‖ **FAM.** figurinista.

fijador m. Líquido para asentar el cabello. ‖ Líquido para fijar un dibujo, una fotografía, etcétera.

fijar tr. Hincar, clavar, asegurar un cuerpo en otro: *ha fijado el cuadro a la pared.* También prnl. ‖ Hacer algo fijo o estable. ‖ Determinar, limitar, precisar, designar: *han fijado las directrices de la obra.* También prnl. ‖ Dirigir o centrar intensamente la mirada o la atención en algo o alguien: *fijó sus ojos en el libro.* ‖ Hacer que la imagen fotográfica impresionada en una placa o en un papel sensible quede inalterable a la acción de la luz. ‖ prnl. Darse cuenta, notar: *no me he fijado en su vestido.* ‖ **FAM.** fijación, fijado, fijador, fijapelo, fijeza.

fijo, ja adj. Firme, sujeto a algo: *la estantería estaba fija al muro.* ‖ Permanente, estable: *residencia fija.* ‖ Invariable, que no cambia. ‖ Inmóvil. ‖ Se apl. al contrato de trabajo indefinido y a la persona contratada así. ‖ adv. m. Con seguridad: *lo sé de fijo.* ‖ Fijamente. ‖ **FAM.** fijamente, fijar.

fila f. Serie de personas o cosas colocadas en línea. ‖ Antipatía, tirria: *ése te tiene fila.* ‖ pl. Agrupación, partido: *militó en las filas de los verdes.* ‖ Milicia, fuerzas militares: *dispuso sus filas en arco.* ‖ **fila india** La que forman varias personas una tras otra.

filamento m. Cuerpo filiforme, flexible o rígido, especialmente el hilo conductor de las lámparas eléctricas.

filantropía f. Amor al género humano. ‖ **FAM.** filantrópico, filántropo.

filarmonía f. Afición a la música. ‖ **FAM.** filarmónico.

filarmónico, ca adj. y s. Apasionado por la música. ‖ Se apl. a algunas orquestas de música clásica o a ciertas organizaciones de amantes de la música. También f.: *la filarmónica de Berlín*.

filatelia f. Arte que trata del conocimiento y colección de los sellos de correos. ‖ **FAM.** filatélico, filatelista.

filete m. Loncha delgada de carne magra o de pescado limpio de raspas. ‖ Moldura larga y angosta: *el marco tenía un filete dorado*. ‖ Línea o lista fina que sirve de adorno. ‖ En impr., pieza que sirve para marcar las líneas de separación entre el cuerpo del texto y las notas, por ejemplo. ‖ **FAM.** filetear.

filfa f. Mentira, engaño, noticia falsa: *este rumor es pura filfa*.

filiación f. Señas personales identificativas de un individuo. ‖ Lazo de parentesco entre padres e hijos. ‖ Dependencia de unas cosas con respecto a otras: *la filiación de una lengua*. ‖ Hecho de estar afiliado a un partido o a una doctrina determinada: *tiene filiación conservadora*.

filial adj. Perteneciente al hijo. ‖ Se apl. al establecimiento que depende de otro. También f.: *han establecido una nueva filial*. ‖ **FAM.** filiación, filiar.

filibustero m. Nombre de ciertos piratas que en el s. XVII actuaban en el mar de las Antillas. ‖ **FAM.** filibusterismo.

filiforme adj. Que tiene forma o apariencia de hilo.

filigrana f. Cosa delicada y pulida, trabajada con mucho cuidado y habilidad. ‖ Obra de hilos de oro o plata, unidos formando una especie de encaje. ‖ Marca transparente de fábrica del papel y los billetes de banco.

filípica f. Reprensión, censura dura que se dirige a alguien: *le echaron una filípica por llegar tarde*.

filisteo, a adj. Se dice de un pueblo antiguo que fue enemigo de los israelitas. También s. ‖ Perteneciente o relativo a este pueblo. ‖ m. Hombre corpulento y alto.

film m. Filme. ◆ pl. *films*.

filmar tr. Tomar o fotografiar escenas, paisajes, personas o cosas en movimiento. También intr. ‖ **FAM.** filmación, filmador.

filme m. Película cinematográfica. ‖ **FAM.** filmar, filmina, filmografía, filmoteca.

filmina f. Diapositiva.

filmografía f. Relación de películas de un género, realizador, productor, actor, etc. ‖ Descripción o conocimiento de filmes o microfilmes. ‖ **FAM.** filmográfico, filmógrafo.

filmoteca f. Lugar donde se guardan filmes ordenados para su conservación, exhibición y estudio. ‖ Conjunto o colección de filmes.

filo-, fil- o **-filo** Elemento compositivo que entra en la formación de algunas voces españolas con el significado de 'amigo; amante de': *bibliófilo, filarmónica, filántropo*.

filo m. Borde agudo o arista de un instrumento cortante: *el filo del cuchillo*. ‖ **al filo de** loc. prep. En el momento exacto o muy cerca de lo que se indica: *al filo del mediodía*. ‖ **de doble filo** loc. adj. Que puede tener una consecuencia contraria a la que se espera. ‖ **FAM.** fila, filamento, filete, filón, filoso, filudo.

filogenia o **filogénesis** f. Origen y desarrollo evolutivo de las especies, y en general, de las genealogías de seres vivos. ‖ Parte de la biología que lo estudia. ‖ **FAM.** filogenético.

filología f. Ciencia que estudia las lenguas y los fenómenos culturales de un pueblo a través de sus textos. ‖ Técnica de reconstrucción, fijación e interpretación de textos. ‖ **FAM.** filológicamente, filológico, filólogo.

filón m. Masa metalífera o pétrea entre dos capas de un terreno. ‖ Persona, negocio o recurso del que se saca o espera sacar gran provecho: *ese chico es un filón de ideas*.

filoso, sa adj. Afilado, que tiene filo. ‖ *amer.* Se dice de la persona dispuesta o bien preparada para hacer algo.

filosofar intr. Meditar sobre cuestiones filosóficas. ‖ Reflexionar, exponer ideas sobre cosas trascendentales. ‖ **FAM.** filosofador.

filosofía f. Ciencia que trata de la esencia, propiedades, causas y efectos de las cosas naturales. ‖ Cada una de las teorías desarrolladas en este campo: *filosofía aristotélica*. ‖ Espíritu, principios y conceptos generales de una materia o de una teoría: *la filosofía de la matemática*. ‖ Serenidad para soportar los contratiempos: *se lo ha tomado con mucha filosofía*. ‖ Sistema particular de entender la vida y todo lo relacionado con ella: *tienes que cambiar de filosofía*. ‖ **FAM.** filosofar, filosofastro, filosóficamente, filosófico, filósofo.

filoxera f. Insecto parecido al pulgón que ataca las vides. ‖ Enfermedad producida en la vid por este insecto. ‖ **FAM.** filoxérico.

filtrar tr. Hacer pasar algo por un filtro: *filtrar el café*. ‖ Revelar algo que debía mantenerse en secreto. También prnl.: *se ha filtrado la noticia de su dimisión*. ‖ Dejar pasar un cuerpo algo a través de sus aberturas. También intr. y prnl.: *la luz se filtraba a través de una rendija*. ‖ Hablando de dinero o de bienes, desaparecer furtivamente: *se han filtrado los fondos*. ‖ **FAM.** filtración, filtrador, filtrante.

filtro m. Materia porosa o dispositivo a través del cual se hace pasar un fluido para purificarlo o separar ciertas sustancias. ‖ Boquilla de los cigarrillos para retener la nicotina. ‖ Pantalla que se interpone ante la luz para impedir el paso de ciertas radiaciones: *filtro solar.* ‖ Bebida mágica que se supone tiene el poder de conseguir que una persona ame a otra: *filtro de amor.* ‖ **FAM.** filtrar.

filudo, da adj. *amer.* De filo muy agudo.

fimosis f. Estrechez del orificio del prepucio que impide la salida del glande. ♦ No varía en pl.

fin amb. y m. Término, remate, extremo o consumación de una cosa: *fin del capítulo.* ‖ m. Objeto, motivo, finalidad: *su fin era ganar la carrera.* ‖ **fin de semana** Período de descanso semanal, que normalmente comprende el sábado y el domingo. ‖ Pequeño bolso de viaje. ‖ **a fin de** loc. conjunt. final. Con objeto de; para. ♦ Se usa con el verbo en infinitivo: *a fin de averiguar la verdad.* ‖ **al fin o por fin** loc. adv. Por último; después de vencidos todos los obstáculos. ‖ **dar fin** loc. Acabar una cosa. ‖ Morir: *un accidente dio fin a su vida.* ‖ **en fin** loc. adv. Finalmente, últimamente. ‖ En suma, en resumidas cuentas. ‖ **FAM.** finado, final, finalidad, finiquitar, finito.

finado, da m. y f. Persona muerta. ‖ **FAM.** finar.

final adj. Que remata, cierra o perfecciona una cosa: *acto final.* ‖ Se dice de la proposición subordinada adverbial que expresa la finalidad del verbo principal. ‖ m. Fin, término: *no me ha gustado el final de la película.* ‖ f. Última y decisiva competición en un campeonato o concurso: *mañana juegan la final.* ‖ **FAM.** finalista, finalizar, finalmente.

finalidad f. Fin con que o por que se hace una cosa: *la finalidad del concierto era benéfica.*

finalista adj. y com. Competidor que llega a la prueba final de un campeonato, concurso, certamen, etc.

finalizar tr. Concluir, dar fin. También intr.

financiar tr. Aportar el dinero necesario para una empresa, proyecto u otra actividad. ‖ **FAM.** financiación, financiador, financiamiento.

financiero, ra adj. Relativo a las finanzas: *análisis financiero.* ‖ Se dice de la entidad que se dedica a financiar algo con el dinero que ahorradores particulares han depositado en ella. También f. ‖ m. y f. Persona experta en finanzas.

finanzas f. pl. Conjunto de actividades que están relacionadas con cuestiones bancarias y bursátiles o con grandes negocios mercantiles: *era un mago de las finanzas.* ‖ Caudales, bienes: *mis finanzas están bajo cero.* ‖ **FAM.** financiar, financiero, financista.

finar intr. Fallecer, morir.

finca f. Propiedad inmueble, rústica o urbana.

finés, sa adj. Se dice del individuo de un pueblo antiguo que se extendió por varios países del norte de Europa, y que dio nombre a Finlandia. ‖ De Finlandia. ‖ Lengua hablada en Finlandia.

fingir tr. Presentar como verdadero y cierto algo que no lo es: *el tramoyista fingió la claridad lunar con bombillas azules.* También prnl. ‖ Simular, aparentar: *fingía estar alegre.* ‖ **FAM.** fingidamente, fingidor, fingimiento.

finiquitar tr. Saldar una cuenta. ‖ Acabar: *finiquitó el trabajo.* ‖ **FAM.** finiquito.

finiquito m. Liquidación de una cuenta. ‖ Documento y cantidad de dinero con la que se liquida la relación laboral entre el trabajador y la empresa.

finisecular adj. Perteneciente o relativo al fin de un siglo determinado.

finito, ta adj. Que tiene fin, o límites. ‖ **FAM.** finitud.

fino, na adj. Delicado y de buena calidad: *un vino fino.* ‖ Delgado, sutil: *una tela fina.* ‖ Suave, sin asperezas ni irregularidades: *su cutis es muy fino.* ‖ De exquisita educación: *es de una familia muy fina.* ‖ Astuto, sagaz, agudo: *tiene un fino ingenio.* ‖ Se dice del metal sin defectos ni impurezas. ‖ Se dice del jerez muy seco, de color pálido. También m.: *tomaron fino.* ‖ **FAM.** finamente, fineza, finolis, finura, finústico.

finolis adj. y com. Persona de una cortesía y delicadeza exageradas. ♦ No varía en pl.

finta f. Ademán o amago para engañar sobre todo en algunos deportes como el fútbol, la esgrima o el boxeo. ‖ **FAM.** fintear.

finura f. Primor, delicadeza, buena calidad. ‖ Educación, cortesía.

fiordo m. En las costas noruegas, valle formado por glaciares que se hundió en el mar quedando en forma de golfo estrecho y profundo.

firma f. Nombre y apellido de una persona, que ésta pone con rúbrica al pie de un escrito. ‖ Acto de firmar: *todos estuvieron presentes en la firma del tratado.* ‖ Nombre comercial, empresa o razón social: *trabaja para una firma naviera.* ‖ Sello, estilo característico de algo o alguien: *estas declaraciones llevan su firma.*

firmamento m. Cielo, bóveda celeste.

firmar tr. Poner la firma en un escrito. También intr.: *¿dónde firmo?* ‖ **FAM.** firma, firmante.

firme adj. Estable, bien sujeto: *este estante no está firme.* ‖ Que no cambia, constante: *les unía una firme amistad.* ‖ Definitivo: *una sen-*

tencia firme. ‖ m. Capa sólida de terreno sobre la que se puede cimentar. ‖ Capa de piedra machacada sobre la que se asienta el pavimento de una carretera. ‖ adv. m. Con firmeza. ‖ **de firme** loc. adv. Con constancia, sin parar: *trabajar de firme.* ‖ **en firme** loc. adv. Con carácter definitivo. ‖ **¡firmes!** Voz de mando para que los soldados se cuadren. ‖ **FAM.** firmar, firmemente, firmeza.

firmeza f. Estabilidad, fortaleza: *tiene mucha firmeza de carácter.* ‖ Entereza, constancia: *se dedicó con firmeza a su tesis.*

fiscal adj. Perteneciente al fisco o hacienda pública: *recaudación fiscal.* ‖ com. Funcionario judicial que representa al Estado y se encarga de la acusación pública en los tribunales. ‖ **FAM.** fiscalía.

fiscalía f. Cargo y oficina del fiscal.

fiscalizar tr. Inspeccionar las cuentas y actividades de los contribuyentes para ver si pagan correctamente los impuestos. ‖ Controlar, supervisar las acciones ajenas: *fiscaliza todo lo que haces.* ‖ **FAM.** fiscalizable, fiscalización, fiscalizador.

fisco m. Administración encargada de recaudar los impuestos del Estado. ‖ Erario, tesoro público. ‖ **FAM.** fiscal, fiscalidad, fiscalizar.

fiscorno m. Instrumento musical de metal parecido al bugle y característico de las canciones populares catalanas.

fisgar o **fisgonear** tr. Husmear indagando, curiosear en los asuntos ajenos: *le sorprendí fisgando la correspondencia.* ‖ **FAM.** fisgador, fisgón, fisgoneo.

física f. Ciencia que estudia la materia y la energía, y las leyes que tienden a modificar su estado y su movimiento sin alterar su naturaleza. ‖ **FAM.** físico, fisicoquímica.

físico, ca adj. Perteneciente a la física. ‖ Relativo a la constitución y naturaleza del cuerpo. ‖ Material: *bienes físicos.* ‖ m. y f. Especialista en física. ‖ m. Aspecto exterior de alguien: *tiene un físico muy llamativo.* ‖ **FAM.** físicamente.

fisio- Prefijo con el que se forman palabras españolas, con el significado de 'naturaleza': *fisionomía, fisioterapia.*

fisiocracia f. Sistema económico del s. XVIII que atribuía exclusivamente a la naturaleza el origen de la riqueza y consideraba la agricultura como la principal actividad económica. ‖ **FAM.** fisiócrata, fisiocrático.

fisiología f. Ciencia que estudia las funciones de los seres orgánicos. ‖ **FAM.** fisiológicamente, fisiológico, fisiólogo.

fisión f. Reacción en la que el núcleo de un átomo pesado se divide en dos o más núcleos de elementos más ligeros con gran liberación de energía. ‖ **FAM.** fisionar.

fisioterapia f. Tratamiento terapéutico de incapacidades o alteraciones físicas por medio de métodos de energía natural (frío, calor, movilización mecánica, etc.), sin emplear medicamentos o remedios químicos. ‖ **FAM.** fisioterapeuta, fisioterapéutico, fisioterápico.

fisonomía o **fisionomía** f. Aspecto particular del rostro de una persona. ‖ Aspecto exterior de las cosas: *la fisonomía de un problema.* ‖ **FAM.** fisonómico, fisonomista, fisónomo.

fisonomista adj. y com. Que tiene facilidad para recordar a las personas por su fisonomía.

fístula f. Conducto anormal, ulcerado o estrecho que se abre en la piel o en las membranas mucosas. ‖ **FAM.** fistular, fistulación, fistuloso.

fisura f. Hendidura longitudinal, grieta: *hay fisuras en la pared.* ‖ **FAM.** fisión.

fitófago, ga adj. y s. Que se alimenta de materias vegetales.

fitoplancton m. Plancton caracterizado predominantemente por organismos vegetales, como ciertas algas (diatomeas, etc.) que viven flotando en el agua.

fláccido, da o **flácido, da** adj. Flojo, blando, sin consistencia: *carnes flácidas.* ‖ **FAM.** flaccidez, flacidez.

flaco, ca adj. De pocas carnes. ‖ Flojo, endeble, sin fuerzas: *flaco de ánimos.* ‖ m. Defecto, punto débil: *su flaco son las matemáticas.* ‖ **FAM.** flacamente, flacucho, flacura, flaquear, flaquencia, flaqueza.

flagelación f. Acción de flagelar.

flagelado, da adj. y m. Se dice de la célula o microorganismo que tiene flagelos.

flagelar tr. Azotar. También prnl.: *se flageló como penitencia.* ‖ Censurar con dureza: *en su libro flagelaba los vicios sociales.* ‖ **FAM.** flagelación, flagelado, flagelador, flagelante.

flagelo m. Instrumento para azotar. ‖ Calamidad: *el flagelo de la peste.* ‖ Cada una de las prolongaciones de los seres unicelulares con las que se mueven. ‖ **FAM.** flagelar.

flagrante adj. Que se está ejecutando en el momento de que se habla: *en flagrante delito.* ‖ Evidente: *es una verdad flagrante.*

flama f. Reflejo o reverberación de la llama. ‖ **FAM.** flamante, flamear, flamígero, flámula.

flamante adj. Lúcido, resplandeciente. ‖ Nuevo en una línea o clase; recién estrenado en ella: *el flamante novio.* ‖ Apl. a cosas, acabado de hacer o de estrenar: *llegó con su flamante coche.*

flamear intr. Despedir llamas. ‖ Ondear al

viento una bandera, vela, etc. ‖ tr. Rociar un plato culinario con alcohol o cualquier licor y prenderlo. ‖ Desinfectar algo pasándolo por una llama.

flamenco, ca adj. y s. Se dice del baile y cante gitano popular de Andalucía. ‖ Se dice de la persona que lo canta o baila y de todas sus cosas: *traje flamenco*. ‖ Chulo, descarado: *no te pongas tan flamenco*. ‖ De Flandes, región histórica de Europa. ‖ m. Ave zancuda con pico, cuello y patas muy largas, plumaje blanco, rosado o rojo, que se encuentra en zonas acuáticas poco profundas. ‖ Lengua que se habló en Flandes y que actualmente se habla en las zonas fronterizas de Bélgica con Francia y con Holanda. ‖ **FAM.** flamencología, flamencólogo, flamenquería, flamenquismo.

flamencología f. Conjunto de conocimientos, técnicas, etc., sobre el cante y baile flamencos.

flamígero, ra adj. Que despide llamas, o imita su forma.

flan m. Dulce que se hace batiendo yemas de huevo, leche y azúcar que se cuaja al baño María en un molde cónico bañado con azúcar tostada. ‖ **FAM.** flanero.

flanco m. Cada una de las dos partes laterales de un cuerpo considerado de frente: *el flanco de un barco*. ‖ **FAM.** flanquear.

flanero, ra m. y f. Molde en que se cuaja el flan.

flanquear tr. Estar colocado o colocarse a los lados de algo o alguien: *dos columnas flanqueaban la entrada*. ‖ **FAM.** flanqueador, flanqueo.

flaquear intr. Debilitarse, perder la fuerza y la firmeza moral o física: *flaquear la salud, los ánimos*. ‖ Fallar, flojear en algo esporádicamente: *has flaqueado en el test final*.

flaqueza f. Falta, mengua de carnes. ‖ Debilidad de carácter. ‖ Fragilidad o acción defectuosa que se comete por esta debilidad.

flash (voz i.) m. Lámpara que despide un destello al mismo tiempo que se abre el obturador de una máquina fotográfica. ‖ Información concisa de última hora.

flash-back (voz i.) m. Técnica narrativa cinematográfica que consiste en intercalar en el desarrollo de una acción, escenas pertenecientes a un tiempo anterior.

flato m. Acumulación molesta de gases en el tubo digestivo. ‖ **FAM.** flatulencia, flatulento.

flauta f. Instrumento musical de viento, en forma de tubo con varios agujeros circulares que se tapan con los dedos y con llaves. ‖ com.

Persona que toca este instrumento. ‖ **FAM.** flautín, flautista.

flautín m. Flauta pequeña de tono agudo.

flautista com. Persona que toca la flauta.

flebitis f. Inflamación de las venas que al obstruir la circulación puede ocasionar una embolia. ◆ No varía en pl.

flecha f. Arma arrojadiza acabada en una punta de material duro por delante y una varilla por detrás, que se dispara con arco. ‖ Signo con esta forma que indica una dirección: *siga la flecha*. ‖ Remate en punta de algunas torres y campanarios. ‖ Sagita. ‖ **FAM.** flechador, flechar, flechaste, flechazo, flechero.

flechar tr. Estirar la cuerda del arco, colocando la flecha para dispararla. También intr. ‖ Inspirar amor repentinamente: *le ha flechado el vecino*.

flechazo m. Disparo o herida de flecha. ‖ Amor repentino: *se conocieron y fue un flechazo*.

fleco m. Adorno compuesto de una serie de hilos o cordoncillos colgantes de una tira de tela. ‖ Borde deshilachado por el uso en una tela vieja. ‖ Detalles pendientes de solución en un asunto. ‖ **FAM.** flequillo.

fleje m. Tira de chapa de acero, que se utiliza para hacer muelles, para embalar, etc.

flema f. Mucosidad de las vías respiratorias que se arroja por la boca. ‖ Calma, lentitud, cachaza: *se lo toma todo con mucha flema*. ‖ **FAM.** flemático, flemón, flemoso.

flemón m. Inflamación aguda del tejido celular en cualquier parte del cuerpo, sobre todo en las encías.

flequillo m. Mechón de cabello recortado que se deja caer sobre la frente.

fletar tr. Alquilar un barco o parte de él para el transporte. Por ext., se aplica a cualquier medio de transporte: *fletaron un autobús para el viaje de fin de curso*. ‖ Embarcar mercancías o personas. ‖ *amer.* Soltar, espetar, largar acciones o palabras inconvenientes o agresivas: *le fletó una bofetada*. ‖ *amer.* Enviar a alguien a alguna parte contra su voluntad. ‖ *amer.* Despedir a alguien de un trabajo o empleo. ‖ prnl. *amer.* Largarse, marcharse de pronto. ‖ **FAM.** fletador, fletamento, fletamiento.

flete m. Precio que ha de pagarse por el alquiler de un barco o avión o por la carga transportada. ‖ Carga que se transporta. ‖ *amer.* Carga que se transporta por mar o por tierra: *los arrieros buscan flete*. ‖ *amer.* Caballo ligero. ‖ *amer.* Vehículo que, por alquiler, transporta bultos o mercaderías. ‖ *amer.* Cliente de la fletera o prostituta. ‖ **FAM.** fletar, fletero.

fletero, ra adj. *amer.* Se dice de la embarcación, carro u otro vehículo que se alquila para transporte. ‖ *amer.* Se dice del que tiene por oficio hacer transportes. También s. ‖ *amer.* m. y f. Persona que en los puertos se encarga de transportar mercancías o personas entre las naves y los muelles. ‖ f. Prostituta que recorre las calles en busca de clientes.

flexibilizar tr. Hacer flexible: *flexibilizar el horario.* También prnl.

flexible adj. Que puede doblarse fácilmente: *este material es muy flexible.* ‖ Que se acomoda con facilidad: *tiene un carácter flexible.* ‖ Elástico: *horario flexible.* ‖ m. Cable formado de hilos finos de cobre recubiertos de una capa aisladora. ‖ **FAM.** flexibilidad, flexibilizar, flexión, flexo.

flexión f. Acción de doblar o doblarse: *hace flexiones todas las mañanas.* ‖ Alteración morfológica que experimentan las voces conjugables y declinables con el cambio de desinencias, de la vocal de la raíz o de otros elementos. ‖ **FAM.** flexional, flexionar, flexivo, flexor.

flexionar tr. Doblar el cuerpo o un miembro.

flexo m. Lámpara de mesa que tiene el brazo flexible.

flipar intr. Gustar mucho de algo. También prnl.: *se flipa por el cine.* ‖ prnl. En el lenguaje de la droga, drogarse. ‖ **FAM.** flipe.

flirtear intr. Mantener una relación amorosa sin que suponga algún compromiso. ‖ **FAM.** flirt, flirteo.

flojear intr. Obrar con pereza: *flojea en matemáticas.* ‖ Flaquear, perder fuerza: *el caballo flojeó cerca de la meta.*

flojera f. Debilidad, cansancio. ‖ Pereza.

flojo, ja adj. Poco apretado, ajustado o tirante: *este clavo está flojo.* ‖ Que no tiene mucha actividad, fortaleza o vigor: *la enfermedad le ha dejado flojo.* ‖ De poca calidad, pobre: *película floja.* ‖ *amer.* Cobarde. ‖ **FAM.** flojamente, flojear, flojedad, flojera.

flor f. Conjunto de los órganos de reproducción de las plantas. ‖ Lo mejor de una cosa: *la flor de la edad.* ‖ Piropo, requiebro. Más en pl.: *echar flores.* ‖ **flor y nata** loc. Lo más selecto en su especie: *la flor y nata de la sociedad.* ‖ **FAM.** flora, floración, floral, florear, florecer, florero, floricultura, florido, florilegio, floripondio, florista, floristería, floritura, florón.

flora f. Conjunto de plantas de un país o región. ‖ Conjunto de bacterias que habitan en un órgano determinado, y cuya presencia es indispensable para el buen funcionamiento del organismo: *flora intestinal.*

floración f. Acción de florecer las plantas. ‖ Tiempo que duran abiertas las flores.

floral adj. Relativo a la flor: *adorno floral.*

florear intr. Tocar dos o tres cuerdas de la guitarra con tres dedos sucesivamente sin parar, formando así un sonido continuado. ‖ **FAM.** floreado, floreo.

florecer intr. Echar o cubrirse de flores las plantas. ‖ Prosperar: *este negocio floreció en poco tiempo.* ‖ Desarrollarse un movimiento, artista, creencia, etc., en una determinada época o región. ‖ prnl. Hablando de algunas cosas, como el queso, pan, etc., ponerse mohosas. ♦ Irreg. Se conj. como *agradecer.* ‖ **FAM.** floreciente, florecimiento.

floreo m. Conversación, dicho, etc., para hacer alarde de ingenio o por mero pasatiempo.

florero m. Vaso o vasija para poner flores.

floresta f. Terreno frondoso o poblado de árboles.

florete m. Espada fina sin filo cortante, que se utiliza en esgrima.

floricultura f. Cultivo de las flores, y arte que lo enseña. ‖ **FAM.** floricultor.

florido, da adj. Que tiene flores: *un almendro florido.* ‖ Se dice del lenguaje o estilo muy adornado. ‖ Se dice de lo que es escogido y selecto: *lo más florido de la caballería andante.* ‖ **FAM.** floridamente.

florilegio m. Colección de trozos selectos de obras literarias.

florín m. Unidad monetaria de los Países Bajos, Antillas neerlandesas y Surinam.

floripondio m. Arbusto del Perú, que crece hasta 3 m de altura, con tronco leñoso, hojas grandes y vellosas; flores blancas y olorosas, y fruto elipsoidal. ‖ Flor grande que suele figurar en adornos de mal gusto.

florista com. Persona que vende flores.

floristería f. Tienda donde se venden flores.

floritura f. En mús., adorno en el canto. ‖ Por ext., adorno en otras actividades o cosas: *fue un discurso lleno de florituras y falto de sustancia.*

flota f. Conjunto de barcos mercantes o de guerra, de un país, compañía de navegación, línea marítima, etc. ‖ Conjunto de aeronaves o embarcaciones que prestan un servicio determinado. ‖ Conjunto de vehículos de una empresa, país, etc.: *flota de taxis.* ‖ **FAM.** flotar, flotilla.

flotador m. Cuerpo destinado a flotar en un líquido para un determinado fin. ‖ Objeto, generalmente de plástico o goma hinchable, que se utiliza para mantenerse a flote.

flotante adj. Que flota o no está fijo: *deuda flotante.*

flotar intr. Sostenerse un cuerpo en la superficie de un líquido. ‖ Mantenerse en suspensión un cuerpo sumergido en un líquido o gas: *su perfume flotaba en el aire.* ‖ Oscilar, variar, especialmente el valor de una moneda. ‖ **FAM.** flotabilidad, flotable, flotación, flotador, flotamiento, flotante, flote.

flote m. Flotación. ‖ **a flote** loc. adv. Manteniéndose sobre el agua. ‖ **salir a flote** fr. Salir de un apuro; recuperarse: *el negocio fue saliendo a flote después de la reforma.* ‖ Descubrirse, hacerse público: *el fraude ha salido a flote.*

flotilla f. Flota de barcos pequeños o de pocos aviones.

fluctuación f. Cambio: *fluctuación de la moneda.*

fluctuar intr. Oscilar, cambiar. ‖ Dudar en la resolución de una cosa: *fluctuaba entre aceptar o negarse.* ‖ **FAM.** fluctuación, fluctuante, fluctuoso.

fluidez f. Calidad de fluido. ‖ Facilidad de movimiento: *fluidez económica.*

fluido, da adj. Se dice de cualquier cuerpo cuyas moléculas tienen entre sí poca coherencia, y toma siempre la forma del recipiente donde está contenido. También m. ‖ Corriente, fácil, suelto: *lenguaje fluido.* ‖ Se dice de la circulación automovilística normal y sin embotellamientos. ‖ m. Corriente eléctrica. ‖ **FAM.** fluidez, fluidificar.

fluir intr. Correr un líquido o un gas: *fluir un río.* ‖ Surgir algo con facilidad: *fluir las palabras, los pensamientos.* ♦ Irreg. Se conj. como *huir.* ‖ **FAM.** fluido, flujo, fluxión.

flujo m. Acción y efecto de fluir los líquidos y los gases. ‖ Movimiento de los fluidos. ‖ Abundancia excesiva: *flujo de capitales.* ‖ Movimiento de ascenso de la marea.

flúor m. Elemento químico gaseoso, de color amarillo verdoso; se emplea como reactivo químico. Su símbolo es *F.* ‖ **FAM.** fluorar, fluorescente, fluorita.

fluorescencia f. Propiedad de algunos cuerpos de emitir luz al recibir una radiación.

fluorescente adj. Relativo a la fluorescencia o dotado de ella. ‖ Se dice de un tubo cilíndrico de vidrio que emite luz mediante un material fluorescente. También m.: *en la cocina pusieron un fluorescente.* ‖ **FAM.** fluorescencia.

fluorita f. Mineral compuesto de flúor y calcio.

fluvial adj. Perteneciente o relativo a los ríos.

fobia f. Miedo irracional, obsesivo y angustioso, hacia determinadas situaciones, cosas, personas, etc: *tiene fobia a las arañas.*

-fobia Elemento que entra en la composición de ciertas palabras indicando *aversión* o *miedo*: *claustrofobia, hidrofobia.*

foca f. Mamífero del orden de los pinnípedos; tiene 1 m aproximadamente de largo, cuerpo dotado de aletas y cubierto de pelo; habita generalmente en los mares fríos.

focal adj. Relativo al foco: *distancia focal.*

foco m. Lámpara que emite una luz potente. ‖ Punto de donde parte un haz de rayos luminosos o caloríferos: *el foco de la lámpara.* ‖ Lugar en que está concentrada alguna cosa, y desde el cual se propaga o ejerce influencia: *Italia fue el foco cultural del Renacimiento.* ‖ *amer.* Bombilla eléctrica. ‖ **FAM.** focal.

fofo, fa adj. Blando, de poca consistencia.

fogaje m. *amer.* Erupción de la piel. ‖ *amer.* Bochorno, calor, sofoco.

fogata f. Fuego que levanta llama.

fogón m. Antiguamente, sitio en las cocinas donde se hacía el fuego para guisar. ‖ En las calderas de las máquinas de vapor, lugar destinado al combustible. ‖ *amer.* Fuego que se hace en el suelo. ‖ **FAM.** fogonero.

fogonazo m. Llamarada instantánea.

fogonero, ra m. y f. Persona que cuida del fogón en las calderas de las máquinas de vapor.

fogosidad f. Apasionamiento, viveza: *defendió su punto de vista con mucha fogosidad.*

fogoso, sa adj. Ardiente, demasiado vivo, impetuoso: *un caballo fogoso.* ‖ **FAM.** fogosidad.

foguear tr. Acostumbrar a una persona o animal al fuego de la pólvora. También prnl. ‖ Acostumbrar a alguien a las penalidades y trabajos de un estado u ocupación. También prnl. ‖ **FAM.** fogueo.

foie-gras (voz fr.) m. Pasta a base de hígado animal.

folclore o **folclor** m. Conjunto de las tradiciones, costumbres, canciones, etc., de un pueblo, país o región. También *folklore.* ‖ **FAM.** folclórico, folclorista.

folclórico, ca adj. Relativo al folclore. También *folklórico.*

foliáceo, a adj. Relativo a las hojas de las plantas.

foliación f. Acción y efecto de foliar. ‖ Acción de echar hojas de las plantas.

foliar tr. Numerar los folios del libro.

foliar adj. Perteneciente o relativo a la hoja.

folio m. Hoja de un libro o cuaderno. ‖ Hoja de papel cuyo tamaño corresponde a dos cuartillas. ‖ Este tamaño de papel: *hay que presentar el trabajo en tamaño folio.* ‖ Número de página que aparece en los libros comerciales, periódicos, etc. ‖ **FAM.** foliáceo, foliación, foliador, foliar, foliolo.

folk (voz i.) m. Composiciones musicales de raíz popular, y especialmente las que surgieron en la década de los cincuenta en los Estados Unidos, y que se caracterizaron por su contenido social.

follaje m. Conjunto de hojas de árboles y otras plantas. | Adorno superfluo: *a este discurso le sobra follaje.*

follar tr. vulg. Tener relaciones sexuales. También intr. y prnl.

folletín m. Relato u otro tipo de escrito que se publica por partes en un periódico, revista, etc. | Novela de tono melodramático, y argumento emocionante y generalmente inverosímil. | Por ext., cualquier otra obra o situación que tenga estas características. | FAM. folletinesco, folletinista.

folleto m. Obra impresa de menor extensión que un libro. | FAM. folletín, folletón.

follón m. Alboroto, riña, discusión: *se montó un follón en el autobus.* | Desorden, confusión, jaleo: *este armario es un follón.* | Cohete que se dispara sin trueno. | FAM. follonero.

fomentar tr. Impulsar, promover, favorecer: *fomentar la lectura.* | FAM. fomentación, fomentador, fomento.

fomento m. Estímulo, impulso. | Acción y efecto de fomentar. | Paño caliente empapado en algún líquido o medicamento, que se aplica sobre la piel. Más en pl.

fonación f. Emisión de la voz o de la palabra. | FAM. fonador.

fonda f. Establecimiento público donde se da hospedaje y se sirven comidas. | FAM. fondero, fondista.

fondeadero m. Paraje de profundidad suficiente para que la embarcación pueda fondear.

fondear intr. Asegurar una embarcación por medio de anclas: *fondearon en una cala.* También tr. | prnl. *amer.* Acumular fondos, enriquecerse. | FAM. fondeadero, fondeo.

fondillos m. pl. Parte trasera de los calzones o pantalones.

fondista com. Deportista que participa en carreras de largo recorrido.

fondo m. Parte inferior de una cosa: *el fondo del vaso.* | Hablando del mar, de los ríos o estanques, superficie sólida sobre la cual está el agua. | Profundidad: *el pozo tiene mucho fondo.* | Parte más alejada de la entrada de una casa, edificio, etc.: *la salida de emergencia está al fondo.* | Extremo de alguna cosa: *te espero al fondo de la barra.* | Atmósfera o ambiente que rodea a alguien o algo: *su novela tenía como fondo el París bohemio.* | En pintura, superficie o espacio sobre el cual se pinta. | Condición, índole de una persona: *tiene*

buen fondo. | Resistencia física: *no tiene fondo para la carrera.* | Lo esencial de una cosa, en contraposición a la forma: *en el fondo es un tímido.* | Conjunto de colecciones de una biblioteca, museo, o de libros de una editorial. Más en pl. | pl. Caudal, dinero: *anda escaso de fondos.* | **a fondo** loc. adv. Enteramente, en profundidad: *trató la cuestión a fondo.* | FAM. fondear, fondillo, fondista, fondón.

fonema m. En ling., cada una de las unidades fonológicas mínimas que en el sistema de una lengua pueden oponerse a otras en contraste signinicativo. | Cada uno de los sonidos simples del lenguaje hablado. | FAM. fonemático.

fonendoscopio m. Instrumento médico para auscultar los sonidos del organismo.

fonética f. Rama de la lingüística que estudia los sonidos de una o varias lenguas. | Conjunto de los sonidos de una lengua. | FAM. fonético, fonetismo, fonetista.

fonético, ca adj. Perteneciente al sonido. | Se apl. a todo alfabeto o escritura cuyos elementos o letras representan sonidos, y no conceptos. | Se apl. al alfabeto u ortografía que trata de representar los sonidos con mayor exactitud.

fónico, ca adj. Perteneciente a la voz o al sonido.

fono- o **-fono** Elementos compositivos que entran en la formación de algunas voces españolas con el significado de *voz* o *sonido*: *fonógrafo, audifono.*

fonógrafo m. Gramófono. | FAM. fonografía, fonográfico.

fonología f. Rama de la lingüística que estudia los fonemas. | FAM. fonológico, fonólogo.

fonometría f. Estudio de la intensidad de los sonidos. | FAM. fonómetro.

fonoteca f. Colección o archivo de documentos sonoros, como cintas, discos, etc.

fontana f. poét. Fuente. | FAM. fontanal, fontanar.

fontanería f. Oficio y técnica de encañar y conducir las aguas para los diversos usos de ellas. | Conjunto de conductos por donde se dirige y distribuye el agua: *han cambiado toda la fontanería de la casa.* | Establecimiento y taller del fontanero. | FAM. fontanero.

fontanero, ra m. y f. Persona especializada en la instalación o reparación de cañerías, grifos, etc.

footing (voz i.) m. Ejercicio consistente en correr de manera relajada, sin fines competitivos.

forajido, da adj. y s. Malhechor que anda huyendo de la justicia. | Bandido.

foral adj. Perteneciente o relativo al fuero: *derecho foral.*

foráneo, a adj. Forastero, extranjero. ‖ Extraño.

forastero, ra adj. Que es o viene de fuera del lugar; extranjero. También s. ‖ Extraño, ajeno.

forcejear intr. Hacer fuerza o esfuerzos para vencer alguna resistencia: *forcejeó para abrir la ventana.* ‖ Oponerse: *forcejeaban por la pelota.* ‖ **FAM.** forcejeo.

fórceps m. Instrumento médico que se usa para la extracción del niño en los partos difíciles. ♦ No varía en pl.

forense adj. Se dice del médico adscrito a un juzgado de instrucción y que se dedica a cuestiones legales, como determinar las causas de una muerte. También com. ‖ Relativo o perteneciente al derecho o al foro: *lenguaje forense.*

forestal adj. Relativo a los bosques. ‖ **FAM.** forestación.

forestar tr. Poblar un terreno con plantas forestales. ‖ **FAM.** forestación.

forja f. Acción y efecto de forjar: *la forja de una herradura, de un héroe.* ‖ Fragua. ‖ Taller donde se trabaja el metal. ‖ **FAM.** forjar.

forjar tr. Dar forma a un metal. ‖ Fabricar y formar: *forjar un porvenir.* ‖ Inventar, fingir, imaginar: *forjar una disculpa.* ‖ **FAM.** forjado, forjador, forjadura.

forma f. Figura exterior de un cuerpo: *el marco tenía forma ovalada.* ‖ Disposición de las cosas: *puso los canapés en forma de damero.* ‖ Modo, manera de hacer una cosa: *tiene una forma de andar muy peculiar.* ‖ Modo de expresar el contenido de un escrito, especialmente el literario, a diferencia de lo que constituye el fondo. ‖ Hostia pequeña. ‖ Molde. ‖ Condición física: *se mantiene en buena forma.* ‖ En der., requisitos externos o aspectos de expresión en los actos jurídicos. ‖ En der., cuestiones procesales en contraposición al fondo del pleito o causa. ‖ pl. Configuración del cuerpo humano, especialmente los pechos y caderas de la mujer. ‖ Modales: *no sabe guardar las formas.* ‖ **de forma que** conj. De tal manera que. ‖ **estar en forma** fr. Estar en buenas condiciones físicas. ‖ **FAM.** formal, formato, formero, formón, fórmula.

formación f. Acción y efecto de formar o formarse: *la formación de la escarcha.* ‖ Educación, instrucción: *tiene una formación científica.* ‖ Disposición ordenada de tropas.

formal adj. Perteneciente a la forma: *análisis formal.* ‖ Que tiene formalidad, serio, responsable: *es una chica muy formal.* ‖ Preciso, determinado: *tiene novio formal.* ‖ **FAM.** formalidad, formalismo, formalizar, formalmente.

formalidad f. Exactitud y puntualidad en las acciones. ‖ Seriedad, responsabilidad. ‖ Requisito indispensable para realizar algo. Más en pl.

formalismo m. Rigurosa aplicación y observancia de las formas o normas. ‖ Orientación de ciertas disciplinas, corrientes artísticas, teorías, etc., en la que predominan los elementos formales del objeto en cuestión. ‖ **FAM.** formalista.

formalizar tr. Hacer formal o serio: *formalizar un noviazgo.* También prnl. ‖ Revestir a alguna cosa de los requisitos legales: *formalizar un contrato.* ‖ Concretar, precisar: *formalizar una cita.* ‖ **FAM.** formalización.

formar tr. Dar forma a algo: *formar un plan.* ‖ Constituir, crear. También prnl.: *se ha formado un nuevo partido político.* ‖ Integrar: *forma parte de un grupo de rock.* ‖ Poner en orden; hacer una formación: *mandó formar a la tropa.* ‖ Desarrollar, adiestrar, educar. También intr. y prnl.: *se formó en la calle.* ‖ **FAM.** formable, formación, formado, formador, formativo.

formatear tr. En inform., dar forma o preparar un disquete u otro soporte informático.

formativo, va adj. Que forma o da forma: *una experiencia formativa.*

formato m. Forma y tamaño de un impreso, libro, etc. ‖ **FAM.** formatear.

formica f. Material recubierto por una de sus caras con una resina artificial, brillante y muy resistente.

fórmico, ca adj. En quím., se dice de varios compuestos que contienen un solo átomo de carbono, especialmente el que se encuentra en un líquido amarillento que segregan las hormigas. ‖ **FAM.** formol.

formidable adj. Magnífico, estupendo: *un espectáculo formidable.* ‖ Enorme: *un edificio formidable.* ‖ Admirable: *un carácter formidable.*

formol m. Solución acuosa de formaldehído, de olor fuerte, que se emplea como antiséptico, y especialmente como desinfectante y en la conservación de preparaciones anatómicas.

formón m. Instrumento de carpintería de filo muy cortante, semejante al escoplo, pero de boca más ancha y menos gruesa.

fórmula f. Modelo establecido para expresar, realizar o resolver algo: *una fórmula lógica, matemática, química.* ‖ Receta del médico en la que se indican los componentes de un medicamento. ‖ Representación de una ley física o matemática o de una combinación química. ‖ **FAM.** formular, formulario, formulismo.

formular tr. Expresar, manifestar: *formular una pregunta.* ‖ Reducir a términos claros y precisos. ‖ **FAM.** formulación.

formulario, ria adj. Que se hace por fórmula, cortesía o compromiso: *una visita formularia.* ‖ m. Escrito donde figura una serie de requisitos, preguntas, etc. que se han de cumplimentar. ‖ Libro que contiene varias fórmulas.

formulismo m. Excesivo apego a las fórmulas. ‖ Tendencia a preferir la apariencia de las cosas a su esencia. ‖ **FAM.** formulista.

fornicar intr. Tener relaciones sexuales fuera del matrimonio. ‖ **FAM.** fornicación, fornicador.

fornido, da adj. Robusto, fuerte.

foro m. Plaza donde se trataban en la antigua Roma los negocios públicos y se celebraban los juicios. ‖ Por ext., lugar en que los tribunales actúan y determinan las causas. ‖ Lo que concierne al ejercicio de la abogacía y a la práctica de los tribunales. ‖ Discusión, debate sobre asuntos de interés ante un auditorio: *un foro sobre la droga.* ‖ En un teatro, fondo del escenario. ‖ **FAM.** forense.

forofo, fa m. y f. Fanático, seguidor apasionado; se apl. especialmente a los deportes.

forraje m. Hierba o pasto seco que se da al ganado. ‖ **FAM.** forrajear, forrajeador, forrajero.

forrar tr. Poner un forro a alguna cosa; cubrirla con una capa, funda, etc.: *forrar un libro, un abrigo.* ‖ prnl. Enriquecerse: *se ha forrado con el bar.* ‖ **FAM.** forrado.

forro m. Cubierta, resguardo o revestimiento de algo; se dice especialmente del que llevan en la parte interior los vestidos. ‖ Cubierta del libro. ‖ **ni por el forro** loc. adv. Ni por asomo, ni lo más mínimo: *no quiero verte ni por el forro.* ‖ **FAM.** forrar.

fortachón, na adj. Recio y fornido. También s.

fortalecer tr. y prnl. Dar fuerza: *se ha fortalecido con el deporte.* ♦ **Irreg.** Se conj. como *agradecer.* ‖ **FAM.** fortalecedor, fortalecimiento.

fortaleza f. Fuerza y vigor. ‖ Capacidad para soportar problemas y adversidades; firmeza de ánimo: *supo afrontarlo con fortaleza.* ‖ Recinto fortificado, fortificación: *una fortaleza árabe.*

fortificación f. Obra o conjunto de obras de defensa.

fortificar tr. Dar fuerza: *el aire puro le ha fortificado.* ‖ Construir fortificaciones en un lugar para protegerlo. También prnl. ‖ **FAM.** fortificación, fortificante.

fortín m. Fortaleza pequeña.

fortuito, ta adj. Casual: *un encuentro fortuito.* ‖ **FAM.** fortuitamente.

fortuna f. Suerte favorable o desfavorable; destino: *probó fortuna en las quinielas.* ‖ Buena suerte: *le sonríe la fortuna.* ‖ Hacienda, bienes, riqueza: *tiene una gran fortuna.* ‖ Aceptación de una cosa: *su propuesta tuvo escasa fortuna.* ‖ **por fortuna** loc. adv. Afortunadamente, por casualidad. ‖ **FAM.** fortuito.

forúnculo m. Tumor inflamatorio que se forma en la piel y termina por supuración y desprendimiento de un núcleo a manera de raíz.

forzado, da adj. Obligado por fuerza: *trabajos forzados.* ‖ No espontáneo: *una sonrisa forzada.* ‖ m. Galeote. ‖ **FAM.** forzadamente.

forzar tr. Hacer fuerza o violencia física para conseguir un fin: *forzar una puerta.* ‖ Tomar u ocupar por la fuerza. ‖ Abusar sexualmente de una persona. ‖ Obligar a que alguien o algo actúe de una determinada manera: *le forzaron a dimitir.* También prnl. ♦ **Irreg.** Se conj. como *contar.* ‖ **FAM.** forzado, forzamiento.

forzoso, sa adj. Obligatorio, inevitable: *una cita forzosa.* ‖ **FAM.** forzosamente.

fosco, ca adj. Se dice del pelo alborotado y fuerte. ‖ Oscuro.

fosa f. Hoyo que se hace en la tierra para enterrar uno o más cadáveres: *fosa común.* ‖ Excavación alrededor de una fortaleza. ‖ Cada una de ciertas cavidades del cuerpo: *fosas nasales.* ‖ **FAM.** foso.

fosfato m. Sal del ácido fosfórico, que se emplea como abono y como reconstituyente. ‖ **FAM.** fosfatar, fosfático.

fosforescencia f. Propiedad de algunas cuerpos de absorber radiaciones lumínicas y luego emitirlas. ‖ **FAM.** fosforescer, fosforescente.

fosforescer intr. Manifestar fosforescencia o luminiscencia. ♦ **Irreg.** Se conj. como *agradecer.*

fosforescente adj. Que fosforesce o desprende luz.

fósforo m. Elemento químico sólido, amarillento, inflamable y luminoso en la oscuridad, y constituyente de los organismos vegetales y animales. Su símbolo es *P.* ‖ Cerilla. ‖ **FAM.** fosforado, fosforar, fosforero, fosforescencia, fosfórico.

fósil adj. Se dice de los restos de seres orgánicos muertos que se encuentran petrificados en ciertas capas terrestres. También m. ‖ Viejo, anticuado. También com.: *en aquel café se* *reunian todos los fósiles de la localidad.* | **FAM.** fosilizarse.

fosilizarse prnl. Convertirse en fósil. | Quedarse una persona estancada en un trabajo, una idea, etc., sin evolucionar o mejorar. | **FAM.** fosilización.

foso m. Hoyo. | En un teatro, espacio que está debajo del escenario. | En los garajes y talleres mecánicos, excavación que permite arreglar desde abajo la máquina colocada encima. | Excavación profunda que rodea una fortaleza.

foto f. Apócope de *fotografía*. | **FAM.** fotofija, fotomatón, fotorrobot, fototeca.

foto- Elemento compositivo que entra en la formación de algunas voces españolas con el significado de *luz*, o relativo a la acción de la luz: *fotocopia, fotosíntesis.*

fotocopia f. Fotografía instantánea de un documento obtenida directamente sobre papel. | **FAM.** fotocopiadora, fotocopiar.

fotoeléctrico, ca adj. Relativo a la acción de la luz sobre ciertos fenómenos eléctricos y de los aparatos en que se utiliza este procedimiento. | **FAM.** fotoelectricidad.

fotofobia f. Repugnancia y horror a la luz. | **FAM.** fotófobo.

fotogénico, ca adj. Que tiene buenas condiciones para ser reproducido por la fotografía. | **FAM.** fotogenia.

fotograbado m. Procedimiento fotográfico, químico o electrónico para grabar sobre planchas metálicas un cliché. | Grabado obtenido por este procedimiento. | **FAM.** fotograbador, fotograbar.

fotografía f. Técnica de fijar y reproducir en un material sensible a la luz las imágenes recogidas en el fondo de una cámara oscura. | Imagen así obtenida. | Representación o descripción exacta y precisa de algo o alguien: *su novela es una fotografía de los bajos fondos.* | **FAM.** foto, fotografiar, fotográficamente, fotográfico, fotógrafo, fotograma.

fotografiar intr. Hacer fotografías. | Describir en términos precisos y claros.

fotograma m. Cada una de las imágenes que se suceden en una película cinematográfica consideradas de forma aislada.

fotolito m. Cliché fotográfico de un original que se reproduce sobre una película o soporte transparente.

fotomatón m. Procedimiento mediante el que se obtiene un número determinado de copias fotográficas en pocos minutos. | Cabina donde se lleva a cabo este procedimiento.

fotomecánica f. Copia de documentos obtenida mediante máquinas con dispositivo fotográfico. | **FAM.** fotomecánico.

fotómetro m. Instrumento para medir la intensidad de la luz.

fotomontaje m. Técnica que consiste en combinar dos o más fotografías para crear una nueva composición.

fotón m. Partícula de luz que se propaga en el vacío.

fotonovela f. Relato, normalmente de carácter amoroso, formado por una sucesión de fotografías, acompañadas de textos explicativos o diálogos que permitan seguir el argumento.

fotosfera f. Zona luminosa de la capa gaseosa del Sol.

fotosíntesis f. Proceso metabólico por el que las plantas transforman sustancias inorgánicas en orgánicas (hidratos de carbono) desprendiendo oxígeno, gracias a la transformación de la energía luminosa en la química producida por la clorofila. ♦ No varía en pl.

fototerapia f. Método de curación de las enfermedades por la acción de la luz.

fotuto m. *amer.* Instrumento de viento que produce un ruido prolongado y fuerte como el de una trompa o caracola.

foxterrier (voz i.) m. Se dice de una raza de perros de caza, de origen inglés, cuerpo pequeño y orejas caídas, de pelo duro o liso según la variedad a la que pertenezca. También s.

frac (voz fr.) m. Traje de etiqueta masculino, que tiene por detrás dos faldones.

fracasar intr. No tener éxito: *su última novela ha fracasado.* | Frustrarse, tener resultado adverso: *fracasar en la vida.* | **FAM.** fracasado, fracaso.

fracaso m. Falta de éxito o resultado adverso.

fracción f. División de una cosa en partes. | Parte o porción de un todo. | Quebrado, número que expresa una o varias partes de la unidad dividida en partes iguales. | **FAM.** fraccionar, fraccionario.

fraccionar tr. Dividir en partes: *fraccionar un pago.* También prnl. | **FAM.** fraccionable, fraccionamiento.

fractal adj. En mat., se dice de los objetos cuya creación depende de reglas de irregularidad o de fragmentación.

fractura f. Rotura de un hueso. | Acción y efecto de fracturar o fracturarse: *la fractura de un jarrón.* | Aspecto de una roca o mineral cuando se rompe.

fracturar tr. Romper o quebrar. También prnl.: *se fracturó un brazo.* | **FAM.** fractura.

fragancia f. Olor agradable y suave. | **FAM.** fragante.

fragata f. Embarcación velera de tres palos, y velas cuadradas. | Antiguo buque de guerra.

frágil adj. Que se rompe o quiebra con facilidad: *una vajilla frágil.* | Perecedero, que se estropea con facilidad: *un color fragil.* | Débil: *salud frágil.* | FAM. fragilidad, frágilmente.

fragmentar tr. Fraccionar, dividir en partes: *fragmentó la finca en varias parcelas.* También prnl. | Reducir a fragmentos: *fragmentar una piedra.* | FAM. fragmentación.

fragmentario, ria adj. Incompleto, no acabado: *una visión fragmentaria.* | Perteneciente o relativo al fragmento: *un relato fragmentario.*

fragmento m. Cada una de las partes de algo roto o partido: *se cortó con un fragmento de vidrio.* | Parte de una obra literaria, musical, escultórica, etc.: *nos leyó un fragmento de la novela.* | FAM. fragmentador, fragmentario.

fragor m. Ruido, estruendo: *el fragor de unas cataratas.* | FAM. fragoroso.

fragoso, sa adj. Se dice del terreno escabroso, lleno de maleza. | Ruidoso. | FAM. fraga, fragosidad.

fragua f. Fogón en que se calientan los metales para forjarlos. | Taller donde se forjan los metales. | FAM. fraguar.

fraguar tr. Forjar metales. | Idear, discurrir: *fraguar un plan.* | intr. Endurecerse consistentemente la cal, el yeso, etc. | FAM. fraguado, fraguador.

fraile m. Nombre que se da a los religiosos de ciertas órdenes. | FAM. frailecillo, frailero, frailesco, frailuno, fray.

frambuesa f. Fruto del frambueso, de color rojo y sabor agridulce. | FAM. frambueso.

frambueso m. Planta rosácea, parecida a la zarzamora, con tallos delgados, hojas compuestas y flores blancas; su fruto es la frambuesa.

francachela f. Reunión de varias personas para comer, beber y divertirse desordenadamente: *para celebrarlo nos iremos de francachela.*

francés, sa adj. y s. De Francia. | m. Lengua francesa. | FAM. francesada, franchute, francio, francófilo, francófobo, francófono.

francio m. Elemento químico radioactivo, de carácter metálico e inestable. Su símbolo es *Fr.*

franciscano, na adj. y s. Religioso de la orden de San Francisco de Asís.

francmasonería f. Masonería. | FAM. francmasón, francmasónico.

franco, ca adj. Sincero: *una sonrisa franca.* | Abierto, comunicativo: *tiene un carácter franco.* | Sin impedimento: *paso franco.* | Claro, evidente: *está en franca desventaja.* | Libre o exento de impuestos. | Se dice de un pueblo

germánico que conquistó la Galia Transalpina, actualmente Francia. Más c. m. pl. | Francés. También s., y como prefijo en ciertos compuestos: *francófono, francófilo.* | Se dice de la lengua hablada por este pueblo. | m. Unidad monetaria de Francia, Suiza y otros países. | FAM. francamente, francés, franquear, franqueza, franquía, franquicia.

francófono, na. adj. Que habla francés. También s.

francotirador, ra m. y f. Persona aislada que, apostada, ataca con armas de fuego. | Persona que actúa aisladamente y por su cuenta en cualquier actividad reservada normalmente a un colectivo.

franela f. Tejido fino de lana o algodón, ligeramente cardado por una o ambas caras. | FAM. franelógrafo, franelograma.

franja f. Faja, lista, tira: *una tela con franjas negras.* | Banda de adorno: *puso una franja de encaje en el borde de la falda.*

franquear tr. Quitar los impedimentos, abrir camino: *franquear el paso.* | Pagar en sellos el porte del correo: *franquear una carta.* | prnl. Descubrir uno su interior ante una persona; sincerarse: *se franqueó conmigo.* | FAM. franqueable, franqueamiento, franqueo.

franqueo m. Acción y efecto de franquear o franquearse. | Cantidad que se paga en sellos.

franqueza f. Sinceridad.

franquía f. Situación en la cual un buque tiene paso libre para hacerse a la mar o tomar determinado rumbo. Más en frases como: *poner en franquía; estar en franquía; ganar franquía.*

franquicia f. Exención del pago de ciertos derechos, impuestos, etc.: *franquicia postal.*

frasca f. Recipiente de vidrio transparente, con base cuadrangular y cuello bajo, que se usa para el vino.

frasco m. Recipiente, generalmente de vidrio, de cuello recogido, que sirve para contener líquidos, sustancias en polvo, comprimidos, etc.

frase f. Conjunto de palabras que tienen un sentido. | Locución, expresión: *una frase proverbial.* | En mús., unidad melódica o armónica que termina en pausa. | **frase hecha** La que tiene una forma fija y es de uso común, p. ej., *sentirse como pez en el agua.* | FAM. frasear, fraseología.

frasear tr. Formar una frase. | En mús., cantar o ejecutar una pieza musical, destacando el comienzo y final de cada frase. | FAM. fraseo.

fraseología f. Conjunto de modos de expresión peculiares de una lengua, grupo, época, actividad o individuo. | Conjunto de palabras o expresiones pretenciosas o inútiles: *todo eso es pura fraseología sin sustancia.* | Conjunto de frases hechas, locuciones, modismos, refranes, etc., de una lengua. | **FAM.** fraseológico.

fraternal adj. Propio de hermanos: *amor fraternal.* | **FAM.** fraternalmente.

fraternidad f. Unión y buena correspondencia entre hermanos o entre un grupo de personas.

fraternizar intr. Tratarse afectuosamente, como hermanos.

fraterno, na adj. Fraternal. | **FAM.** fraternal, fraternizar, fraternizar, fratricidio.

fratricidio m. Crimen del que mata a su hermano. | **FAM.** fratricida.

fraude m. Engaño que se realiza eludiendo obligaciones legales o usurpando derechos con el fin de obtener un beneficio: *fraude fiscal.* | **FAM.** fraudulencia, fraudulento.

fraudulento, ta adj. Que contiene fraude: *un negocio fraudulento.* | **FAM.** fraudulentamente.

fray m. Apócope de fraile.

frazada f. Manta de cama.

frecuencia f. Repetición a menudo de un acto o suceso: *le veo con frecuencia.* | Número de oscilaciones, vibraciones u ondas por unidad de tiempo en cualquier fenómeno periódico: *frecuencia modulada.* | **FAM.** frecuente.

frecuentar tr. Acudir con frecuencia a un lugar: *frecuentaban ese café.* | Tratarse con alguien de forma habitual: *frecuenta a sus compañeros de universidad.* | **FAM.** frecuentación, frecuentado, frecuentador.

frecuente adj. Repetido a menudo: *hace frecuentes viajes al extranjero.* | Usual, común: *es un color de pelo poco frecuente.* | **FAM.** frecuentar, frecuentemente, frecuentemente.

free-lance (expr. i.) adj. Se dice del trabajo de colaboración que realizan ciertos profesionales, como periodistas, traductores, redactores, etc., para una o varias empresas, sin que exista un contrato laboral temporal o permanente.

fregadero m. Pila de fregar.

fregado, da adj. *amer.* Se dice de la persona enfadosa, inoportuna. | m. Acción y efecto de fregar. | Escándalo, discusión: *de pronto se montó un fregado increíble.* | Enredo, asunto complicado: *¡en buen fregado te han metido!* | *amer.* Fastidio.

fregar tr. Limpiar alguna cosa restregándola con estropajo, cepillo, etc., empapado en agua y jabón u otro líquido adecuado. | Restregar con fuerza. También prnl. | *amer.* Fastidiar, molestar. También prnl. ♦ **Irreg.** Se conj.

como *acertar.* | **FAM.** fregadero, fregado, fregador, fregandera, fregona, fregotear, friega, friegaplatos.

fregona f. Utensilio para fregar los suelos. | desp. Criada que friega los suelos. | desp. Mujer ordinaria: *gritaba como una fregona.*

freidora f. Aparato electrodoméstico que sirve para freír alimentos.

freiduría f. Establecimiento público donde se fríen alimentos, especialmente pescados, para la venta.

freír tr. Cocinar un alimento en aceite o grasa hirviendo. También prnl. | Molestar, importunar: *le frieron los mosquitos.* | prnl. Pasar mucho calor: *abre la ventana, que me estoy friendo.* ♦ **Irreg.** Se conj. como *reír.* ♦ Doble part.: *freído* (reg.), *frito* (irreg.). | **FAM.** freidora, freidura, freiduría.

fréjol o **fríjol** o **frijol** m. Judía, alubia.

frenar tr. Moderar o detener la marcha de una máquina, un vehículo, etc. | Contener, retener: *el dique frenaba el avance de las aguas.* Más c. intr. | Moderar los ímpetus: *frenar un impulso.* | **FAM.** frenada, frenado, frenazo.

frenazo m. Acción de frenar súbita y violentamente.

frenesí m. Exaltación violenta de una pasión o sentimiento: *el público aplaudió con frenesí.* | Locura, delirio. | **FAM.** frenético, frenopático.

frenético, ca adj. Furioso, rabioso: *ese ruido me pone frenético.* | Que siente frenesí. | **FAM.** frenéticamente.

frenillo m. Membrana que sujeta y limita el movimiento de algunos órganos, como la lengua y el prepucio.

freno m. Dispositivo para moderar o detener el movimiento de algunas máquinas, vehículos, etc. | Instrumento de hierro que, introducido en la boca de las caballerías, sirve para sujetarlas y dirigirlas. | Sujeción: *puso freno a sus gastos.* | **FAM.** frenar, frenillo.

frente f. Parte superior de la cara, comprendida entre las sienes, y desde las cejas hasta la vuelta superior del cráneo. | m. Parte delantera, fachada: *están arreglando el frente del edificio.* | Extensión o línea de territorio continuo en que combaten los ejércitos: *murió en el frente.* | En meteorología, contacto de una masa fría y otra cálida: *un frente nuboso.* | adv. m. En contra. | **al frente** loc. adv. Delante, al mando de algo: *está al frente del negocio.* | Hacia delante. | **frente a frente** loc. adv. Cara a cara | **hacer frente** loc. Enfrentar: *hizo frente a la policía.* | **FAM.** frontal, frontera, frontil, frontis, frontispicio, frontón.

fresa f. Planta rosácea, con tallos rastreros, flores blancas o amarillentas, y fruto casi re-

dondo, algo apuntado, de 1 cm de largo, rojo.
∥ Fruto de esta planta. ∥ Instrumento de movimiento circular con una serie de cuchillas cortantes para abrir agujeros o labrar metales. ∥ **FAM.** fresal, fresón.

fresar tr. Abrir agujeros o labrar metales por medio de la fresa. ∥ **FAM.** fresado, fresador.

frescachón, na adj. Muy robusto y de color sano. También s.

frescales com. Persona descarada, desvergonzada.

fresco, ca adj. Moderadamente frío: *esta casa es muy fresca*. ∥ Reciente, acabado de hacer, de coger, de suceder, etc.: *una noticia fresca*. ∥ Descansado, que no da muestras de fatiga: *apenas ha dormido y se le ve tan fresco*. ∥ Sano, que no está estropeado: *este pescado no está fresco*. ∥ Desvergonzado. También s.: *¡menudo fresco!* ∥ Se dice de lo que no contiene articios; natural: *alimentos frescos*. ∥ Se dice de la pintura que no se ha secado. ∥ Se dice de las telas ligeras que no son calurosas: *el algodón es muy fresco*. ∥ m. Frío moderado: *hace fresco*. ∥ Frescura. ∥ Pintura que se hace sobre una superficie, generalmente paredes o techos, con colores disueltos en agua de cal y extendidos sobre una capa de estuco fresco: *van a restaurar los frescos de la iglesia*. ∥ **FAM.** frescachón, frescales, frescamente, frescor, frescura, fresquera, fresquería, fresquista.

frescor m. Frescura o fresco.

frescura f. Calidad de fresco. ∥ Desvergüenza, descaro.

fresno m. Árbol de la familia de las oleáceas, con tronco grueso, de 25 a 30 m de altura, corteza grisácea y muy ramoso, hojas compuestas, flores pequeñas y blanquecinas, y fruto seco con ala membranosa y semilla elipsoidal. ∥ Madera de este árbol, de color blanco, y muy apreciada por su elasticidad. ∥ **FAM.** fresneda, fresnedo.

fresón m. Variedad de fresa de tamaño mayor, de color rojo amarillento y sabor más ácido.

fresquera f. Armario o lugar para conservar frescos algunos alimentos.

fresquería f. *amer.* Establecimiento donde se preparan y venden bebidas heladas o refrescos.

fresquilla f. Variedad de melocotón.

frialdad f. Sensación que proviene de la falta de calor: *la frialdad del mármol*. ∥ Indiferencia, poco interés: *le miró con frialdad*.

fricativo, va adj. En ling., se dice de los sonidos cuya articulación, permitiendo una salida continua de aire emitido, hace que éste salga con cierta fricción, o roce en los órganos bucales; como en el español de la *f, s, z, j,* etc. ∥

Se dice de la letra que representa este sonido. También f. ∥ **FAM.** fricación.

fricción f. Roce de dos cuerpos en contacto. ∥ Frotación que se aplica a una parte del cuerpo: *se dió fricciones con alcohol*. ∥ Desavenencia, desacuerdo: *ese asunto ha creado fricciones entre ellos*.

friccionar tr. Frotar, dar friegas. También prnl.: *se friccionó las manos para calentarlas*. ∥ **FAM.** fricción.

friega f. Acción de frotar alguna parte del cuerpo. ∥ *amer.* Molestia, fastidio.

frigidez f. Falta de deseo sexual. ∥ Frialdad.

frígido, da adj. Se apl. a la persona incapaz de sentir placer o deseo sexual. ∥ poét. Frío. ∥ **FAM.** frigidez.

frigoría f. Unidad de medida de absorción del calor, empleada en la técnica de la refrigeración; corresponde a la absorción de una kilocaloría.

frigorífico, ca adj. Que produce frío. ∥ m. Cámara o mueble que se enfría artificialmente para conservar alimentos u otros productos.

frío, a adj. Que tiene una temperatura muy inferior a la, normal: *el agua está muy fría*. ∥ Falto de afecto, de pasión o sensibilidad: *nos dieron un trato muy frío*. ∥ Indiferente: *un público frío*. ∥ Sin gracia, sin interés: *una representación fría*. ∥ Poco acogedor: *esta habitación resulta fría*. ∥ m. Baja temperatura: *ya llegan los fríos*. ∥ Sensación que se experimenta por la pérdida de calor: *tener frío*. ∥ **en frío** loc. adv. Sin preparación: *le entrevistaron en frío*. ∥ **FAM.** frialdad, fríamente, frígido, frigoría, frigorífico, friolero.

friolero, ra adj. Muy sensible al frío. ∥ f. Cosa de poca importancia: *no llores por esa friolera*. ∥ vulg. Gran cantidad de una cosa, especialmente de dinero: *le costó la friolera de veinte millones*.

friso m. En arq., parte que media entre el arquitrabe y la cornisa. ∥ Banda en la parte inferior o superior de las paredes, generalmente de color distinto a éstas.

frisón, na adj. De Frisia, provincia de Holanda. También s. ∥ Se dice de los caballos originarios de esta región, de patas fuertes y anchas. También s. ∥ m. Lengua germánica hablada en Frisia.

fritada f. Conjunto de cosas fritas; fritura. ∥ Plato parecido al pisto.

fritanga f. Fritura, especialmente la abundante en grasa. Más en sentido desp.

frito, ta p. p. irreg. de *freír*. ∥ Muy dormido: *estar o quedarse frito*. ∥ m. Cualquier alimento frito: *no puede comer fritos*. ∥ **estar** uno **frito** loc. *amer.* Hallarse en situación difícil: *como* *no lo encuentre estoy frito.* ‖ **FAM.** fritada, fritanga, fritura.

fritura f. Conjunto de alimentos fritos. ‖ **FAM.** fritada, fritanga.

frivolidad f. Calidad de frívolo; superficialidad, falta de seriedad.

frívolo, la adj. Superficial, ligero: *se lo tomó de forma frívola.* ‖ De poca importancia: *una charla frívola.* ‖ Se aplica a los espectáculos, publicaciones, etc., que tratan temas ligeros, con predominio de lo sensual. ‖ **FAM.** frívolamente, frivolidad, frivolizar, frivolón.

frondoso, sa adj. Abundante en hojas o ramas. ‖ **FAM.** frondosidad.

frontal adj. Relativo a la frente. ‖ m. Hueso de la frente. También adj. ‖ Se apl. a lo que está situado en la parte delantera de algo: *un balcón frontal.*

frontera f. Línea divisoria entre dos estados. ‖ Límite: *la frontera entre el Bien y el Mal.* ‖ **FAM.** fronterizo.

fronterizo, za adj. Que está o sirve de frontera: *río fronterizo.* ‖ Que está situado entre dos cosas, hechos, circunstancias.

frontis m. Fachada o frontispicio de un edificio o de otra cosa. ‖ En el juego de pelota, pared del frontón o trinquete contra el que se lanza la pelota.

frontispicio m. Fachada o parte delantera de un mueble, edificio, etc. ‖ Frontón. ‖ Página de un libro anterior a la portada, que suele contener el título y algún grabado o viñeta.

frontón m. Pared principal del juego de pelota. ‖ Edificio o lugar preparado para este juego. ‖ Remate triangular de una fachada o de un pórtico.

frotar tr. Pasar una cosa sobre otra con fuerza muchas veces. También prnl.: *frotarse las manos.* ‖ **FAM.** frotación, frotador, frotadura, frotamiento, frote.

fructífero, ra adj. Que produce fruto: *una tierra fructífera, una idea fructífera.* ‖ **FAM.** fructíferamente.

fructificar intr. Dar fruto. ‖ Producir utilidad: *sus esfuerzos han fructificado.* ‖ **FAM.** fructificable, fructificación, fructificador, fructificante.

fructosa f. Monosacárido, soluble en agua, presente en las frutas, la miel, etc.

fructuoso, sa adj. Que da fruto o utilidad. ‖ **FAM.** fructuosamente.

frugal adj. Se dice de las comidas sencillas y poco abundantes. ‖ Moderado en comer y beber. ‖ **FAM.** frugalidad, frugalmente.

frugívoro, ra adj. Se apl. al animal que se alimenta de frutos.

fruición f. Gozo, placer intenso: *comer con fruición.*

frunce m. Pliegue, arruga, doblez que se hace en un papel, una tela, etc.

fruncido m. Frunce.

fruncir tr. Arrugar la frente y las cejas en señal de preocupación, mal humor, etc. ‖ Plegar un papel, tela, etc., en arrugas pequeñas y paralelas. ‖ **FAM.** frunce, fruncido, fruncidor, fruncimiento.

fruslería f. Cosa de poco valor o importancia.

frustrar tr. Dejar sin efecto, malograr un intento: *la policía frustró el atraco.* También prnl. ‖ Privar a uno de lo que esperaba: *el suspenso le frustró.* También prnl. ‖ **FAM.** frustración, frustrado, frustrante, frustratorio.

fruta f. Fruto comestible de ciertas plantas. ‖ **FAM.** frutal, frutería, frutero, frutícola, fruticultura, frutilla.

frutal adj. y m. Árbol que da fruta. ‖ Perteneciente a la fruta.

frutería f. Tienda o puesto donde se vende fruta.

frutero, ra adj. Que sirve para llevar o para contener fruta. ‖ m. y f. Persona que vende fruta. ‖ m. Recipiente para poner o servir la fruta.

fruticultura f. Cultivo de las plantas que producen frutas. ‖ Técnica empleada para ese cultivo. ‖ **FAM.** fruticultor.

frutilla f. *amer.* Especie de fresón americano.

fruto m. Órgano de la planta que nace del ovario de la flor y que contiene las semillas. ‖ Resultado, provecho, utilidad: *sus esfuerzos han dado fruto.* ‖ Producto del ingenio o del trabajo: *este libro es fruto de varios años de investigación.* ‖ pl. Productos de la tierra. ‖ **FAM.** fructífero, fructificar, fructosa, fructuoso, fruta.

fucsia f. Arbusto de origen americano, con hojas ovales y dentadas, y flores colgantes de color rojo oscuro. ‖ m. Color de la flor de esta planta.

fuego m. Calor y luz producidos por la combustión: *aviva el fuego.* ‖ Materia en combustión: *dame fuego.* ‖ Incendio: *el fuego destruyó el monte.* ‖ Efecto de disparar armas de fuego: *abrir fuego.* ‖ Hogar. ‖ Ardor, pasión: *puso mucho fuego en su discurso.* ‖ pl. **fuegos artificiales** Artificios de pólvora que producen detonaciones y luces de colores, y que son lanzados con fines de diversión. ‖ **FAM.** fogaje, fogata, fogón, fogonazo, fogoso, foguear.

fuel (voz i.) m. Combustible líquido derivado del petróleo bruto. También se conoce como *fuel-oil.*

fuelle m. Instrumento para recoger aire y

lanzarlo con dirección determinada: *el fuelle de un acordeón*. ‖ Bolsa de cuero de la gaita, que se llena y se vacía de aire para hacer sonar el instrumento. ‖ Capacidad respiratoria. ‖ En trenes, autobuses, etc., pasillo flexible que comunica o une dos compartimentos. ‖ **FAM.** follar, follón.

fuente f. Manantial de agua que brota de la tierra: *una fuente medicinal*. ‖ Construcción en los sitios públicos, como plazas, parques, etc., con caños y surtidores de agua, y que se destina a diferentes usos. ‖ Plato grande para servir la comida. ‖ Cantidad de comida que cabe en este plato: *hizo una fuente de macarrones*. ‖ Origen de algo, causa, principio: *su renuncia fue una fuente de problemas*. ‖ Aquello de que fluye con abundancia un líquido. ‖ Documento, obra o materiales que sirven de información o de inspiración a un autor: *el Renacimiento bebió de fuentes grecolatinas*. ‖ **FAM.** fontana, fontanela, fontanería.

fuera adv. l. En o hacia la parte exterior: *te espero fuera*. ‖ adv. t. Antes o después de tiempo: *lo presentó fuera de plazo*. ‖ **de fuera** loc. adv. y adj. De otro lugar: *es una costumbre de fuera*. ‖ **¡fuera!** interj. Expresa desaprobación o rechazo. ‖ **fuera de** loc. prep. Seguido de sustantivos, significa *excepto, salvo*. ‖ Seguido de verbos, significa *además de, aparte de*. ‖ **fuera de sí** loc. adj. Descontrolado. ‖ **FAM.** foráneo, forastero, fueraborda.

fueraborda adj. Se dice del motor instalado fuera del casco de una embarcación. También m. ‖ amb. Embarcación impulsada por este tipo de motor.

fuero m. Privilegio, derecho, exención, etc., que se conceden a una persona, ciudad o territorio. Más en pl. ‖ En la Edad Media, ley o estatuto concedido por un soberano a un territorio. ‖ Compilación de leyes: *Fuero Juzgo*. ‖ Competencia jurisdiccional. ‖ **fuero interno** La conciencia. ‖ **FAM.** foral, forero, fuerismo, fuerista.

fuerte adj. Que tiene fuerza y resistencia: *este material es muy fuerte*. ‖ Robusto, corpulento: *es de complexión fuerte*. ‖ Duro: *este clavo está muy fuerte*. ‖ Hablando del terreno, áspero. ‖ Intenso: *tengo un fuerte dolor de cabeza*. ‖ Terrible, grave, excesivo: *se oyó una fuerte explosión*. ‖ Que tiene fuerza para persuadir, convincente: *un argumento fuerte*. ‖ Se dice de la persona difícil de dominar, o de mal carácter: *tiene un genio muy fuerte*. ‖ Experto en una ciencia o arte: *está fuerte en informática*. ‖ En gram., se dice de la forma gramatical que tiene el acento en la raíz. ‖ m. Recinto fortificado: *los indios atacaron el fuerte*. ‖ Aquello en lo que uno sobresale: *su fuerte son las ma-*

temáticas. ‖ adv. m. Con fuerza: *pedalear fuerte*. ‖ adv. c. Mucho: *comer fuerte*. ‖ **FAM.** fortacho, fortachón, fortalecer, fortaleza, fortificar, fortín, fortísimo, fuertemente, fuerza.

fuerza f. Capacidad para mover una cosa que tenga peso o haga resistencia: *la fuerza de una viga*. ‖ Toda causa capaz de modificar el estado de reposo o de movimiento de un cuerpo: *la fuerza de las olas volcó la barca*. ‖ Vigor, robustez: *la fuerza de la juventud*. ‖ Vitalidad, intensidad: *gritó con fuerza*. ‖ Poder, autoridad: *la fuerza de la ley*. ‖ Acto de obligar: *la fuerza del destino*. ‖ Violencia física o moral: *le sacaron a la fuerza*. ‖ Corriente eléctrica. ‖ Eficacia: *la fuerza de un argumento*. ‖ pl. Tropas: *las fuerzas aéreas*. ‖ **fuerza bruta** La física. ‖ **a fuerza de** loc. adv. que seguida de un sustantivo o de un verbo indica el modo de obrar empleando con intensidad o abundancia el objeto designado por el sustantivo, o reiterando mucho la acción expresada por el verbo: *a fuerza de estudiar terminó aprobando*. ‖ **FAM.** forcejear, forzar, forzoso, forzudo.

fuete m. *amer.* Látigo; cinturón de cuero.

fuga f. Huida precipitada. ‖ Escape, salida accidental de un gas o líquido: *este tubo tiene una fuga*. ‖ Acción y efecto de fugarse: *han abortado un intento de fuga*. ‖ En mús., composición que gira sobre la repetición de un tema y su contrapunto.

fugarse prnl. Escaparse, huir. ‖ **FAM.** fuga, fugaz, fugitivo, fugillas.

fugaz adj. De corta duración: *una visita fugaz*. ‖ Que desaparece rápidamente: *una estrella fugaz*. ‖ **FAM.** fugacidad, fugazmente.

fugitivo, va adj. Que huye. También s.: *detuvieron a los fugitivos*. ‖ Que pasa muy aprisa: *el tiempo fugitivo*.

ful adj. Falso, de poco valor: *esa obra es muy ful*. ‖ **FAM.** fulero.

fulano, na m. y f. Persona indeterminada o imaginaria. ‖ f. Prostituta.

fular m. Pañuelo para el cuello o bufanda de seda u otro tejido fino.

fulero, ra adj. Chapucero: *una reparación fulera*. ‖ Falso, embustero. ‖ **FAM.** fullería.

fulgor m. Resplandor y brillantez: *el fulgor del sol*. ‖ **FAM.** fulgente, fúlgido, fulgurar.

fulgurar intr. Brillar, resplandecer. ‖ **FAM.** fulguración, fulgurante.

full (voz i.) m. En el juego de póker, combinación de una pareja y un trío.

fullería f. Trampa, engaño. ‖ **FAM.** fullero.

fulminante adj. Que fulmina. ‖ Muy rápido y repentino: *un ataque fulminante*. ‖ Súbito, de efecto inmediato: *un remedio fulminante*. ‖ adj. y m. Sustancia que explosiona con relativa facilidad y sirve normalmente para disparar armas de fuego.

fulminar tr. Lanzar rayos. ‖ Dañar o dar muerte un rayo, proyectil o arma: *le fulminó de un disparo*. ‖ Causar muerte repentina una enfermedad: *le fulminó un ataque al corazón*. ‖ Dejar muy impresionada a una persona: *esa noticia nos ha fulminado*. ‖ FAM. fulminación, fulminador, fulminante.

fumadero m. Local destinado a fumar: *un fumadero de opio*.

fumar intr. Aspirar y despedir el humo del tabaco, opio, etc. También tr.: *fuma rubio*. ‖ prnl. Consumir, gastar: *se ha fumado todo el sueldo*. ‖ Dejar de acudir, faltar a una obligación: *fumarse una clase*. ‖ FAM. fumable, fumada, fumadero, fumado, fumador, fumarada.

fumarola f. Emanación de gases o vapores que salen por pequeñas grietas en las zonas de actividad volcánica.

fumigar tr. Desinfectar por medio de humo, gas, etc. ‖ FAM. fumigación, fumigador, fumigante.

funámbulo, la m. y f. Acróbata que hace ejercicios en la cuerda o el alambre. ‖ FAM. funambulesco.

función f. Actividad propia de alguien o algo: *la función del aparato digestivo*. ‖ Actividad propia de un cargo, oficio, etc. Más en pl.: *desempeña las funciones de director*. ‖ Espectáculo público: *una función de teatro*. ‖ En ling., papel que en la estructura gramatical de la oración desempeña un elemento fónico, morfológico, léxico o sintáctico: *función sujeto*. ‖ En mat., relación entre dos magnitudes, de modo que a cada valor de una de ellas corresponde determinado valor de la otra. ‖ **en función** loc. adv. En ejercicio propio de su cargo. ‖ FAM. funcional, funcionalismo, funcionalista, funcionar, funcionario.

funcional adj. Relativo a la función: *análisis funcional*. ‖ Práctico, utilitario: *un mueble funcional*.

funcionar intr. Desempeñar su función. ‖ Marchar bien alguien o algo: *la radio no funciona*. ‖ FAM. funcionamiento.

funcionario, ria m. y f. Persona que desempeña un empleo público. ‖ FAM. funcionariado, funcionarial.

funda f. Cubierta con que se envuelve o cubre algo: *la funda de las tijeras*.

fundación f. Creación, origen de una cosa: *la fundación de una ciudad*. ‖ Obra benéfica, cultural, etc. ‖ Este establecimiento. ‖ FAM. fundacional.

fundamental adj. Esencial. ‖ Que sirve de

fundamento o es lo principal en una cosa. ‖ FAM. fundamentalmemte.

fundamentar tr. Echar los cimientos, sentar las bases: *fundamentar una construcción*. ‖ Establecer, asegurar y hacer firme una cosa: *una sólida cultura fundamentaba todos sus escritos*. ‖ FAM. fundamentación.

fundamento m. Principio, base: *el fundamento de su éxito es la constancia*. ‖ Raíz, origen: *el fundamento de la química es la alquimia*. ‖ Hablando de personas, seriedad, formalidad. ‖ pl. Principios básicos de una ciencia, arte, teoría, etc. ‖ FAM. fundamental, fundamentalismo, fundamentar.

fundar tr. Establecer, crear: *los fenicios fundaron Cartagena*. ‖ Apoyar con razones, pruebas, etc. También prnl.: *se fundó en documentos de la época*. ‖ Apoyar, armar alguna cosa material sobre otra. También prnl.: *el puente se fundaba sobre varios pilares de hormigón*. ‖ FAM. fundación, fundado, fundador, fundamento.

fundición f. Acción y efecto de fundir o fundirse. ‖ Fábrica en que se funden los metales. ‖ Hierro fundido.

fundir tr. Derretir, convertir un sólido en líquido. También intr. y prnl.: *el queso ya se ha fundido*. ‖ Dar forma en moldes al metal en fusión. También prnl. ‖ prnl. Unirse, fusionarse: *en su novela se funden varias tradiciones literarias*. También tr. ‖ Dejar de funcionar un aparato eléctrico al producirse un cortocircuito, un exceso de tensión, o quemarse un hilo de la resistencia: *se han fundido los plomos*. ‖ amer. Arruinarse, hundirse. ‖ FAM. fundente, fundible, fundición, fundido, fundidor.

fúnebre adj. De los difuntos: *música fúnebre*. ‖ Sombrío, triste: *un color fúnebre*. ‖ FAM. fúnebremente, funeral, funerario, funesto.

funeral adj. Perteneciente al entierro de un difunto y a la ceremonia que le acompaña. ‖ m. Misa que se celebra por un difunto.

funerario, ria adj. Perteneciente al entierro y a las ceremonias celebradas por un difunto. ‖ f. Empresa que se encarga de proveer las cajas, coches fúnebres y demás objetos pertenecientes a los entierros.

funesto, ta adj. Que produce tristeza o desgracia, o que va acompañado de ellas: *un día funesto*. ‖ FAM. funestamente.

fungible adj. Que se consume con el uso.

fungicida adj. y m. Agente que destruye los hongos.

fungir intr. Desempeñar un empleo o cargo. ‖ amer. Dárselas, echárselas de algo: *fungir de rico*. ‖ FAM. fungible.

funicular adj. y m. Vehículo cuya tracción

se realiza por medio de un cable, cuerda o cadena. ‖ Teleférico.

furcia f. Prostituta.

furgón m. Vehículo cerrado que se utiliza para transportes. ‖ Vagón de tren para el transporte de equipajes y mercancías. ‖ FAM. furgoneta.

furgoneta f. Pequeño vehículo cerrado, más pequeño que el camión, destinado al transporte de mercancías.

furia f. Ira exaltada contra algo o alguien: *le dio un ataque de furia cuando le contradijiste.* ‖ Actividad y violenta agitación. ‖ Coraje, ímpetu: *luchó con furia.* ‖ Velocidad. ‖ Persona muy irritada: *se puso hecho una furia.* ‖ Furor: *la furia de los elementos.* ‖ FAM. furibundo, furioso, furor.

furibundo, da adj. Airado, colérico. ‖ Que manifiesta furor. ‖ Que enfurece con facilidad. ‖ Muy entusiasta: *es un hincha furibundo.*

furioso, sa adj. Lleno de furia: *tu repuesta le puso furioso.* ‖ Violento, terrible: *un viento furioso.* ‖ FAM. furiosamente.

furor m. Cólera, ira exaltada. ‖ Arrebato, ímpetu. ‖ Violencia: *lucharon con furor.* ‖ Momento de mayor intensidad de una moda o costumbre: *este baile causa furor.*

furriel m. Cabo encargado de distribuir los servicios de una tropa.

furtivo, va adj. Que se hace a escondidas: *echó una mirada furtiva al reloj.* ‖ Se dice de la persona que caza sin permiso. ‖ FAM. furtivamente.

fusa f. En mús., nota cuyo valor es la mitad de la semicorchea.

fuselaje m. Cuerpo central del avión.

fusible adj. Que puede fundirse. ‖ m. Hilo o chapa metálica, que se intercala en las instalaciones eléctricas para cortar la corriente cuando ésta es excesiva: *han saltado los fusibles.*

fusil m. Arma de fuego portátil con un cañón largo, destinada al uso de los soldados de infantería. ‖ FAM. fusilar, fusilazo, fusilería, fusilero.

fusilar tr. Ejecutar a una persona con una descarga de fusiles. ‖ Plagiar, copiar trozos o ideas de un original sin citar el nombre del autor. ‖ FAM. fusilamiento.

fusilero, ra m. y f. Soldado de infantería armado con fusil.

fusión f. Acción y efecto de fundir o fundirse. ‖ Unión de intereses, ideas, partidos, etc. ‖ FAM. fusionar, fusionista.

fusionar tr. Producir una fusión, unión. También prnl.: *estos bancos se han fusionado.*

fusta f. Látigo largo y delgado que se usa para espolear a las caballerías. ‖ FAM. fustazo, fustigar.

fustán m. Tela gruesa de algodón, con pelo por una de sus caras. ‖ *amer.* Enaguas o refajo de algodón.

fuste m. Parte de la columna que media entre el capitel y la base. ‖ Armazón de la silla de montar. ‖ poét. Silla del caballo. ‖ Fundamento de un discurso, oración, escrito, etc. ‖ Importancia: *se da mucho fuste.* ‖ FAM. fusta.

fustigar tr. Azotar. ‖ Censurar con dureza. ‖ FAM. fustigación, fustigador.

fútbol m. Deporte practicado entre dos equipos de once jugadores cada uno, que disputan un balón con los pies y tratan de introducirlo en la portería contraria siguiendo determinadas reglas. ‖ FAM. futbito, futbolero, futbolín, futbolista, futbolístico, fútbol-sala.

futbolín m. Juego de mesa en que figuritas accionadas mecánica o manualmente simulan un partido de fútbol.

fútil adj. De poca importancia, insignificante: *un asunto fútil.* ‖ FAM. futilidad.

futurismo m. Movimiento ideológico y artístico cuyas orientaciones fueron formuladas por el poeta italiano Felipe Tomás Marinetti en 1909; pretendía revolucionar las ideas, las costumbres, el arte, la literatura y el lenguaje. ‖ FAM. futurista.

futuro, ra adj. Que está por venir: *la tecnología futura.* ‖ m. Tiempo que está por llegar: *prepararse para el futuro.* ‖ En ling., tiempo del verbo que expresa una acción que sucederá posterior a la enunciación. ‖ m. y f. Novia o novio: *nos presentó a su futura.* ‖ FAM. futurible, futurismo, futurología.

futurología f. Conjunto de estudios que se proponen predecir científicamente el futuro. ‖ FAM. futurólogo.

G

g f. Séptima letra del abecedario español y quinta de sus consonantes. Su nombre es *ge*. Seguida inmediatamente de *e* o *i*, representa un sonido de articulación velar fricativa sorda, como la de la *j*: *genio, giro, colegio*. En cualquier otro caso representa un sonido de articulación velar sonora, oclusiva en posición inicial absoluta o precedido de nasal: *gala, gloria, angustia*, y fricativa por lo general en las demás posiciones: *paga, iglesia, agrado, algo, dogma, ignoraré*. Cuando este sonido velar sonoro precede a una *e* o *i*, se transcribe interponiendo una *u* que no se pronuncia: *guedeja, guisa*. En los casos en que esta *u* se pronuncia en alguna de estas combinaciones, debe llevar diéresis, como en *Sigüenza, argüir*.

gabacho, cha adj. Natural de algunos pueblos de las faldas de los Pirineos. También s. ‖ Perteneciente a estos pueblos. ‖ desp. Francés. También s. ‖ m. Lenguaje español plagado de galicismos.

gabán m. Abrigo.

gabardina f. Prenda ligera de abrigo hecha de tela impermeable. ‖ Tela de tejido diagonal muy tupido con la que se hacen gabardinas y otras prendas de vestir. ‖ Capa de masa con la que se rebozan algunos alimentos: *gambas con gabardina*.

gabarra f. Embarcación pequeña para carga y descarga de los puertos. ‖ Embarcación para el transporte con cubierta o con vela y remos. ‖ FAM. gabarrero.

gabela f. Tributo, impuesto o contribución que se paga al Estado. ‖ Carga, gravamen.

gabinete m. Sala pequeña para recibir o estudiar. ‖ Muebles que contiene. ‖ Consejo de ministros de un país. ‖ Habitación con los muebles y aparatos necesarios para realizar determinadas actividades profesionales: *gabinete de prensa, gabinete de abogados*.

gabrieles m. pl. Garbanzos del cocido.

gacela f. Mamífero bóvido algo menor que el corzo con la cola corta, las piernas muy finas, el dorso marrón claro, el vientre blanco y astas encorvadas, menores en la hembra que en el macho.

gaceta f. Periódico con noticias de carácter literario o científico. ‖ En España, nombre que tuvo el actual Boletín Oficial del Estado. ‖ Correveidile. ‖ FAM. gacetilla, gacetillero.

gacetilla f. Sección de un periódico con noticias breves. ‖ Cada una de estas noticias.

gacha f. Cualquier masa muy blanda y líquida. ‖ pl. Comida compuesta de harina cocida con agua y sal, que se puede aderezar con leche, miel, etc.

gacho, cha adj. Encorvado, inclinado hacia la tierra: *ir con la cabeza gacha*. ‖ Se dice del buey o vaca que tiene uno de los cuernos o ambos inclinados hacia abajo. ‖ Se dice del cuerno retorcido hacia abajo.

gachó m. En ambientes populares, hombre en general, y en especial el amante de una mujer. ‖ FAM. gachí.

gachupín, na m. y f. *amer.* Español establecido en México y Guatemala.

gaditano, na adj. y s. De Cádiz.

gadolinio m. Elemento químico que pertenece al grupo de las tierras raras. Es un metal blanco plateado, brillante, maleable, con sales incoloras. Su símbolo es *Gd*.

gaélico, ca adj. y s. Se apl. a los dialectos de la lengua céltica que se hablan en ciertas comarcas de Irlanda y Escocia.

gafas pl. Objeto compuesto por dos lentes sujetos en una armadura, que se apoya en la nariz, y dos patillas que se enganchan en las orejas. Se utiliza como corrector de la vista o protector de los ojos.

gafe adj. y com. Persona que trae o tiene mala suerte. ‖ FAM. gafar.

gaita f. Instrumento musical de viento con varios tubos unidos a un fuelle. ‖ Cosa molesta, engorrosa: *este encargo es una gaita*. ‖ FAM. gaitero.

gaje m. Retribución complementaria del sueldo. ‖ **gajes del oficio** Inconvenientes inherentes a un empleo.

gajo m. Cada división interior de algunas frutas. ‖ Cada uno de los grupos de uvas en que se divide el racimo. ‖ *amer.* Esqueje. ‖ *amer.* Mechón de pelo.

gala f. Adorno o vestido lujoso, y fiesta en que se exige: *traje de gala*. | Espectáculo artístico de carácter excepcional: *gala benéfica*. | **hacer gala de** o **tener a gala** algo loc. Presumir de ello: *tiene a gala su buena suerte*. | FAM. galán.

galactita f. Arcilla jabonosa que se deshace en el agua, poniéndola de color de leche.

galactosa f. Azúcar de la lactosa. | FAM. galactita.

galaico, ca adj. Perteneciente o relativo a Galicia: *cordillera galaica*. | De un pueblo antiguo que habitaba Galicia y el norte de Portugal. También s. | FAM. galaicoportugués.

galán m. Hombre apuesto y bien parecido. | Actor principal que interpreta papeles de tipo amoroso. | Mueble perchero en forma de maniquí para colgar el traje. | **galán de día** Arbusto solanáceo, propio de América tropical, de hojas apuntadas, y flores blancas en figura de clavo. | **galán de noche** Arbusto solanáceo, propio de América tropical, de hojas alternas y flores blancuzcas de cinco pétalos, muy olorosas por la noche. | FAM. galano, galante.

galano, na adj. Bien adornado. | Dispuesto con buen gusto e intención de agradar. | Que viste bien, aseado, arreglado. | Estilo elegante e ingenioso de hablar o escribir. | *amer.* Se apl. a la res de pelo de varios colores. | FAM. galanura.

galante adj. Atento, educado con las mujeres. | Se dice de un tipo de literatura erótica que trata con picardía algún tema amoroso. | FAM. galanear, galantemente, galantería.

galápago m. Reptil del orden de los quelonios, parecido a la tortuga, pero que tiene los dedos reunidos por membranas interdigitales, por ser de vida acuática; la cabeza y extremidades son enteramente retráctiles dentro del caparazón.

galardón m. Premio o recompensa. | FAM. galardonar.

gálata adj. Natural de Galacia. También s. | Perteneciente a este país de Asia antigua. | Se dice del pueblo celta emigrado de la Galia (Francia) y establecido en Asia Menor.

galaxia f. Cada una de las agrupaciones de estrellas, nebulosas, polvo y gas que se encuentran esparcidas por el Universo. | FAM. galáctico.

galbana f. Pereza, desidia.

gálbula f. Fruto en forma de cono corto de base redondeada, a veces carnoso, que producen el ciprés y algunas otras plantas parecidas. | FAM. gálbulo.

gálea f. Casco que usaban los soldados romanos. | FAM. galeato.

galena f. Mineral de azufre y plomo de color gris y mucho brillo. Es la mejor mena del plomo.

galeno m. Médico.

galeón m. Galera grande que se usó entre los s. XV y XVII para el transporte entre España y América.

galeote m. El que estaba condenado a remar en las galeras.

galera f. Embarcación de vela y remo. | En impr., tabla rodeada por listones en la que el cajista va poniendo las líneas de letras para componer la galerada. | *amer.* Cobertizo. | *amer.* Sombrero de copa en las abarquilladas. | pl. Antigua pena que consistía en remar en las galeras reales: *ir a galeras*. | FAM. galeón, galeote, galerada, galerón.

galerada f. En impr., trozo de composición que se pone en una galera. | Prueba de esta composición que se saca para corregirla.

galería f. Habitación larga y espaciosa, con muchas ventanas, sostenida por columnas o pilares. | Corredor con arcos o vidrieras para iluminar las habitaciones interiores de una casa. | Local destinado a exposiciones artísticas. | Paso subterráneo de las minas u otras construcciones. | Localidades de la parte alta de un teatro. | Público que las ocupa. | P. ext., opinión pública: *son declaraciones para la galería*. | pl. Tienda o almacén. | Mercado, pasaje interior donde se agrupan muchos establecimientos comerciales.

galerna f. Viento fuerte y frío del NO que sopla en la costa septentrional de España.

galerón m. *amer.* Romance vulgar que se recita. | *amer.* Canción popular a base de cuartetas y seguidillas que se baila. | *amer.* Cobertizo, tinglado.

galgo, ga adj. y s. Se dice de una raza de perros de hocico y rabo largos, muy veloz, que se utiliza para cazar y en carreras. | Goloso. | FAM. galguear.

gálibo m. Arco de hierro con la altura de túneles y puentes para comprobar si los vehículos pueden pasar por ellos.

galicismo m. Palabra o expresión de origen francés empleada en otro idioma. | FAM. galicista.

galimatías m. Lenguaje confuso. | Lío, embrollo: *este asunto es un galimatías*.

galio m. Elemento químico metálico blanco, duro y maleable, parecido al aluminio. Su símbolo es *Ga*.

galladura f. Coágulo de sangre, menor que una lenteja, que se halla en la yema del huevo fecundado que pone la gallina.

gallardete m. Bandera pequeña de forma triangular.

gallardo, da adj. Apuesto. ‖ Valiente. ‖ **FAM.** gallardamente, gallardear, gallardete, gallardia.

gallego, ga adj. y s. De Galicia. ‖ *amer.* Español emigrado. ‖ **FAM.** gallegada, gallegoportugués, galleguismo, galleguista.

gallera f. Gallinero en que se crían los gallos de pelea. ‖ Edificio construido expresamente para las peleas de gallos. ‖ Jaula donde se transportan los gallos de pelea.

galleta f. Pasta de harina, azúcar y huevo que se divide en trozos de diversas formas y se cuece al horno. ‖ Pan sin levadura, cocido dos veces para que se conserve durante más tiempo. ‖ Cachete. ‖ *amer.* Calabaza chata, redonda y sin asa para tomar mate. ‖ **FAM.** galletero.

galliforme adj. Que tiene forma de gallo. ‖ Se dice de aves de costumbres terrestres y aspecto compacto, con patas robustas, con las que escarban en el suelo, y pico corto ligeramente curvado. Las alas son cortas y el vuelo, aunque rápido, suele durar poco. Generalmente presentan carúnculas faciales coloreadas, como la gallina, la perdiz y el faisán. También s. ‖ f. pl. Orden de estas aves.

gallina f. Hembra del gallo, de menor tamaño que éste, cresta pequeña, cola sin plumas largas y patas sin espolones. ‖ com. Persona cobarde y tímida. ‖ **FAM.** gallináceo, gallinazo, gallinejas, gallinería, gallinero, gallineta.

gallináceo, a adj. Perteneciente a la gallina. ‖ Galliforme: *pico gallináceo.*

gallinazo, za m. Ave rapaz diurna carroñera del tamaño de una gallina, de plumaje negro, cabeza desnuda y pico y tarsos de color carne. ‖ f. Excremento o estiércol de las gallinas.

gallinero, ra m. y f. Persona que cría o vende gallinas. ‖ m. Lugar donde se crían las gallinas. ‖ Parte más alta y barata de un cine o un teatro. ‖ Lugar donde hay mucho griterío: *esta habitación es un gallinero.*

gallito adj. y m. Hombre que con bravuconadas se impone en un grupo: *es el gallito de la clase.*

gallo m. Ave gallinácea de cresta roja y alta, pico corto, grueso y arqueado, y unas formaciones carnosas rojas colgantes bajo el pico. Tiene abundante y vistoso plumaje y un espolón en cada tarso. ‖ Pez marino comestible parecido al lenguado. ‖ Nota falsa aguda que sale inesperadamente al hablar o cantar: *soltar un gallo.* ‖ Gallito. ‖ Categoría de boxeo en la que los púgiles deben pesar entre 52 y 53 kg. ‖ **FAM.** galladura, gallear, gallera, gallero, galliforme, gallina, gallito.

galo, la adj. y s. De un antiguo grupo de pueblos celtas que habitó la Galia (Francia), el N. de Italia y el valle del Danubio. ‖ P. ext., francés. ‖ **FAM.** galorromano.

galón m. Cinta estrecha y fuerte de seda o de hilo plateado o dorado que se usa como adorno o para hacer ribetes. ‖ Cinta parecida con la que se indica la graduación en los uniformes militares: *lleva galones de teniente.* ‖ Medida inglesa de capacidad que equivale a 4,5 l. ‖ **FAM.** galonear.

galopante adj. Que corre a galope. ‖ Se apl. a la tisis de carácter fulminante y p. ext., a cualquier proceso de crecimiento repentino y rápido: *una inflación galopante.*

galope m. La marcha más rápida del caballo. ‖ **FAM.** galopada, galopar, galopín.

galopín m. Cualquier muchacho mal vestido, sucio y desharrapado, por abandono. ‖ Pícaro, bribón, sin crianza ni vergüenza. ‖ Hombre taimado, astuto, de talento.

galpón m. Casa grande de una planta. ‖ Departamento que se destinaba a los esclavos en las haciendas de América. ‖ *amer.* Cobertizo grande con paredes o sin ellas.

galucha f. Galope.

galvanismo m. Electricidad desarrollada por el contacto de dos metales diferentes, generalmente el cobre y el cinc, con un líquido interpuesto. ‖ Propiedad de excitar, por medio de corrientes eléctricas, los movimientos en los nervios y músculos de animales vivos o muertos. ‖ **FAM.** galvánico, galvanizar, galvanómetro, galvanoplastia, galvanotecnia, galvanotipia.

galvanizar tr. Aplicar el galvanismo a un animal vivo o muerto. ‖ Aplicar una capa de metal sobre otro, empleando al efecto el galvanismo. ‖ Dar un baño de cinc fundido a un alambre, plancha de hierro, etc., para que no se oxide. ‖ Reactivar súbitamente cualquier actividad humana, energías, entusiasmos, etc.: *el concierto galvanizó al público.* ‖ **FAM.** galvanización, galvanizado.

galvanómetro m. Aparato destinado a medir la intensidad y determinar el sentido de una corriente eléctrica.

galvanoplastia f. Técnica de sobreponer a cualquier cuerpo sólido una capa de un metal disuelto en un líquido, valiéndose de corrientes eléctricas. ‖ **FAM.** galvanoplástico.

gama f. Escala musical. ‖ Escala de colores. ‖ P. ext., cualquier serie de cosas que varía gradualmente: *gama de precios.*

gamada adj. Se dice de la cruz que tiene los cuatro brazos acodados, como la gamma griega mayúscula.

gamba f. Crustáceo decápodo comestible menor que el langostino.

gamba f. fam. Pierna. ‖ **meter la gamba** Meter la pata. ‖ **FAM.** gambeta, gambito.

gamberro, rra adj. y s. Que escandaliza y comete destrozos en sitios públicos: *unos gamberros destrozaron el local.* ‖ Grosero. ‖ **FAM.** gamberrada, gamberrear, gamberrismo.

gamella f. Arco del yugo que se apoya en el cuello de bueyes, mulas, etc. ‖ Artesa que sirve para dar de comer y beber a los animales, para fregar, lavar y otros usos.

gameto m. Célula masculina o femenina especializada en la reproducción. ‖ **FAM.** gametocida, gametogénesis.

-gamia, gamo-, -gamo, ma Elemento afijo que entra en la formación de diversas palabras con el significado de *unión*: *endogamia, gamopétalo, monógamo.*

gamitido m. Balido del gamo o voz que lo imita.

gamma f. Tercera letra del alfabeto griego, que corresponde a nuestra *g.* La grafía mayúscula es Γ y la minúscula γ. ‖ **FAM.** gama, gamada.

gamo m. Mamífero rumiante cérvido de pelo corto rojo oscuro con pequeñas manchas blancas y cuernos en forma de pala, que en el macho se ramifican hacia atrás o hacia adelante. ‖ **FAM.** gamezno, gamitido.

gamón m. Planta liliácea, con hojas erguidas, largas, en figura de espada; flores blancas con una línea rojiza en cada pétalo y raíces tuberculosas, cuyo cocimiento se ha empleado para la curación de enfermedades cutáneas. ‖ **FAM.** gamonal.

gamonal m. Tierra en que se crían muchos gamones. ‖ *amer.* Cacique de pueblo.

gamopétalo, la adj. y f. Se dice de las corolas cuyos pétalos están soldados entre sí y de las flores que los tienen.

gamosépalo, la adj. y f. Se dice de los cálices cuyos sépalos están soldados entre sí y de las flores que los tienen.

gamuza f. Mamífero rumiante, parecido al antílope, de pelaje pardo, astas negras lisas, dobladas hacia atrás en forma de gancho, y patas fuertes con las que realiza enormes saltos. También se le llama *rebeco.* ‖ Piel de este animal que después de curtida es muy fina y flexible. ‖ Tejido de cualidades semejantes a esta piel que se utiliza para limpiar superficies delicadas.

gana f. Deseo, voluntad de hacer o que ocurra algo: *tengo gana de que vengas; no me da la gana hacerlo.* ‖ Apetito, hambre. Más en pl.: *se me han quitado las ganas.* ‖ **FAM.** ganoso.

ganadería f. Cría de ganado. ‖ Conjunto de ganados de un país, región, etc.: *ganadería suiza.* ‖ Raza especial de ganado que suele llevar el nombre del ganadero: *hoy se torea una buena ganadería.*

ganado m. Conjunto de animales de pasto de una finca, granja. ‖ desp. Conjunto de personas: *¡vaya ganado salía del concierto!* ‖ **FAM.** ganadería, ganadero.

ganancia f. Beneficio, provecho que se saca de algo. Más en pl.: *el negocio le reporta buenas ganancias.* ‖ **no arrendar** a alguien **la ganancia** Frase con la que se advierte a alguien sobre las consecuencias negativas que le puede acarrear algún dicho o hecho. ‖ **FAM.** ganancial, ganancioso.

ganancial adj. Propio de la ganancia o perteneciente a ella. ‖ Se dice de los bienes adquiridos por el marido o la mujer o por ambos y que pertenecen a los dos por igual.

ganar tr. Obtener un beneficio: *ganó varios millones en la lotería.* ‖ Recibir un jornal o sueldo por un trabajo habitual: *al principio no ganaba mucho, pero pronto ascendió.* ‖ Vencer en un pleito, batalla, concurso, etc. ‖ Llegar a donde se pretende: *ganaron el pico del Everest tras un duro ascenso.* ‖ Lograr algo: *ganó los favores del ministro.* ‖ Captar la voluntad de alguien. También prnl.: *se ganó al público.* ‖ En impr., obtener espacio reduciendo texto o eliminando espacios en blanco: *ganar una línea.* ‖ intr. Medrar, prosperar: *ha ganado con los años.* ‖ *amer.* Tomar una dirección determinada. ‖ prnl. *amer.* Esconderse. ‖ **FAM.** ganado, ganador, ganancia, ganapán, ganapierde.

ganchillo m. Aguja con gancho para tejer labores de punto. ‖ Labor que se hace con ella: *una colcha de ganchillo.*

gancho m. Instrumento puntiagudo y curvo para diversos usos. ‖ Gracia, atractivo: *este presentador tiene mucho gancho.* ‖ Persona que, compinchada con el vendedor, se mezcla entre el público para atraer clientes. ‖ En boxeo, golpe con el brazo y antebrazo arqueados. ‖ En baloncesto, tiro a canasta arqueando el brazo sobre la cabeza. ‖ *amer.* Horquilla para sujetar el pelo. ‖ **FAM.** ganchillo, ganchoso, ganchudo.

gandul, la adj. y s. Vago, holgazán. ‖ **FAM.** gandulear, gandulería.

ganga f. Materia inútil que acompaña a los minerales. ‖ Ventaja o cosa que se consigue sin esfuerzo o por poco dinero: *el coche ha sido una ganga.*

ganglio m. Bulto pequeño en un nervio o en un vaso linfático. ‖ **FAM.** ganglionar.

gangoso, sa adj. Que habla con resonancia

nasal, generalmente por algún defecto fisiológico que impide cerrar el paso del aire fonado a la nariz. ‖ **FAM.** gangosidad, ganguear.

gangrena f. Destrucción de un tejido vivo por la falta de circulación sanguínea. ‖ Enfermedad de los árboles. ‖ **FAM.** gangrenarse, gangrenoso.

gángster m. Malhechor de cualquiera de las bandas mafiosas que, procedentes de Italia, controlaban el crimen en EE.UU. ‖ Miembro de una banda de delincuentes. ‖ Individuo que procura su beneficio o el de su jefe a través de la violencia, el soborno y la coacción. ♦ pl. *gángsteres* o *gángsters*. ‖ **FAM.** gangsterismo.

gansada f. Hecho o dicho necios o poco serios: *esa propuesta es una gansada.* ‖ Cosa que se hace o dice con intención cómica: *el payaso divertía a los niños con sus gansadas.*

ganso, sa m. y f. Ave palmípeda, resultante de la domesticidad del ánsar, de plumaje gris pardo, pico anaranjado grueso y pies rojizos. Menos acuático que el pato, se cría bien en países húmedos y es apreciado por su carne y por su hígado, con el que se fabrica el *foiegras*. Grazna fuertemente al menor ruido, y por ello se le ha considerado como símbolo de la vigilancia. ‖ adj. y s. Persona perezosa, descuidada. ‖ Persona torpe, incapaz. ‖ Persona que presume de chistosa y aguda, sin serlo. ‖ **FAM.** gansada, gansear.

ganzúa f. Gancho de alambre fuerte para abrir las cerraduras sin llaves.

gañán m. Mozo de labranza. ‖ Hombre basto.

gañir intr. Aullar el perro y otros animales con gritos agudos y repetidos cuando los maltratan. ‖ Graznar las aves. ♦ Irreg. Se conj. como *mullir*. ‖ **FAM.** gañido.

garabato m. Letra o rasgo mal hecho: *no puedo descifrar sus garabatos.* ‖ Trazos irregulares que se hacen sobre un papel en cualquier dirección, como los que hacen los niños cuando todavía no saben escribir. ‖ **FAM.** garabatear, garabateo, garabatoso.

garaje m. Local para guardar automóviles.

garambaina f. Adorno de mal gusto y superfluo en los vestidos u otras cosas. ‖ pl. Ademanes afectados o ridículos: *nos saludó con grandes garambainas.* ‖ Rasgos o letras mal formados y que no se pueden leer. ‖ Cosas y dichos inútiles; tonterías, pamplinas: *no me vengas con garambainas.*

garantía f. Acción y efecto de afianzar lo estipulado: *le dio su garantía de realizar el pago.* ‖ Fianza, prenda: *puso su piso como garantía.* ‖ Cosa que asegura y protege contra algún riesgo o necesidad: *una empresa de garantía.* ‖ Seguridad que un establecimiento o una marca comercial da al cliente del buen funcionamiento de algo durante un periodo de tiempo: *el aparato tiene garantía por un año.* ‖ Documento sellado en que se hace constar: *han olvidado sellarme la garantía.* ‖ **FAM.** garante, garantir, garantizar.

garantizar tr. Dar garantías.

garañón m. Asno, camello o caballo sementales.

garapiña f. *amer.* Bebida muy refrescante hecha de la corteza de la piña y agua con azúcar.

garapiñar tr. Garrapiñar.

garbanzo m. Planta herbácea papilionácea, con tallo de 4 ó 5 dm de altura, hojas compuestas aserradas por el margen, flores blancas, y fruto en vaina inflada, pelosa, con una o dos semillas amarillentas, de 1 cm aproximadamente de diámetro. ‖ Semilla de esta planta, legumbre de mucho uso en España. ‖ **garbanzo negro** Persona que destaca de un grupo por algo negativo: *era el garbanzo negro de la familia.* ‖ **FAM.** garbancero, garbanzal.

garbeo m. Paseo.

garbo m. Elegancia, desenvoltura al andar y moverse. ‖ Gracia. ‖ **FAM.** garbeo, garbosamente, garboso.

garceta f. Ave zancuda, de unos 40 cm de altura, plumaje blanco, cabeza con un penacho corto del que salen dos plumas largas, pico recto, cuello muy delgado y tarsos negros. Vive en las orillas de ríos y lagos.

gardenia f. Arbusto rubiáceo originario de Asia oriental, con tallos espinosos de unos 2 m de altura; hojas lisas, de color verde brillante; flores blancas y olorosas, y fruto en baya de pulpa amarillenta. ‖ Flor de esta planta, muy apreciada en jardinería.

garduña f. Mamífero carnicero, de unos 30 ó 50 cm de longitud, cabeza pequeña, cuello largo, patas cortas y pelo castaño parduzco. Es nocturno y muy perjudicial, porque se alimenta de las crías de muchos animales útiles, como la gallina y el conejo.

garete (ir, o irse, al) loc. Ser llevada por el viento o la corriente una embarcación sin gobierno. ‖ Marchar sin dirección o propósito fijo. ‖ Malograrse, fracasar un asunto: *me temo que el proyecto se ha ido al garete.*

garfio m. Gancho de hierro para coger o sujetar algo: *colgaron al tiburón de un garfio.*

gargajo m. Flema que se expulsa por la boca. ‖ **FAM.** gargajear, gargajeo, gargajiento, gargajoso.

garganta f. Parte delantera del cuello. ‖ Conducto interno entre el paladar y la entrada del esófago. ‖ Paso estrecho entre montañas: *les tendieron la emboscada en una garganta.* ‖ FAM. gargajo, gargantilla, gárgaras, garguero.

gargantilla f. Collar corto. ‖ Cinta de adorno que rodea el cuello.

gárgaras f. pl. Acción de mantener un líquido en la garganta, con la boca hacia arriba, sin tragarlo y expulsando aire, lo que produce un ruido semejante al del agua en ebullición. ‖ **mandar** algo o a alguien **a hacer gárgaras** Deshacerse de algo o alguien molesto. ‖ FAM. gargarismo, gargarizar.

gárgola f. Caño o canal adornado para desagüe de tejados o fuentes.

garguero m. Parte superior de la tráquea.

garita f. Caseta donde se resguarda el vigilante o el centinela. ‖ Pequeño cuarto del portal que ocupa el portero.

garito m. Casa de juego ilegal. ‖ Casa de mala reputación.

garlopa f. Cepillo largo y con puño, que usa el carpintero para igualar las superficies de la madera ya cepillada.

garnacha f. Especie de uva roja tirando a morada, muy delicada, de muy buen gusto y muy dulce. ‖ Vino especial que se hace con esta uva.

garra f. Pata de un animal cuando tiene uñas curvas y fuertes. ‖ Mano del hombre: *¡quítame las garras de encima!* ‖ Atractivo, gancho: *esta comedia tiene mucha garra.* ‖ *amer.* Pedazo de cuero endurecido y arrugado. ‖ pl. Parte de la piel del animal menos apreciada en peletería, que corresponde a la de las patas: *tiene un abrigo de garras.* ‖ *amer.* Desgarrones, harapos. ‖ FAM. garrón.

garrafa f. Recipiente de cristal ancho y redondo de cuello largo que a veces va protegido dentro de una funda de mimbre o plástico. ‖ **de garrafa** loc. adj. Se apl. a los licores de baja calidad, sin marca. ‖ FAM. garrafón.

garrafal adj. Enorme, monumental, aplicado a faltas o errores: *su metedura de pata fue garrafal.*

garrapata f. Ácaro parásito de ciertos animales a los que chupa la sangre. ‖ FAM. garrapato.

garrapiñar tr. Bañar frutos secos con almíbar solidificado. ‖ Robar una cosa agarrándola o dando un tirón. ‖ FAM. garrapiña, garrapiñado.

garrido, da adj. Apuesto, arrogante, robusto.

garrocha f. Vara con un pequeño arpón en la punta, como la que usan los picadores de toros bravos en las corridas. ‖ *amer.* Pértiga del deportista. ‖ FAM. garrochazo, garrochista.

garrota f. Garrote. ‖ Cayado.

garrote m. Palo grueso y fuerte. ‖ Compresión fuerte que se hace de las ligaduras retorciendo la cuerda con un palo. ‖ Tortura consistente en oprimir de esta forma los miembros de los prisioneros. ‖ Aro de hierro sujeto a un palo fijo para estrangular a los condenados a muerte. ‖ FAM. garrota, garrotazo, garrotillo, garrotín.

garrotín m. Baile que gozó de mucha popularidad a fines del s. XIX.

garrucha f. Polea.

gárrulo, la adj. Se apl. al ave que canta, gorjea o chirría mucho. ‖ Se dice de la persona muy habladora o charlatana. ‖ Se dice de las cosas que hacen ruido continuado; como el viento, un arroyo, etc.

garúa f. *amer.* Llovizna.

garza f. Ave zancuda de largo pico, cabeza pequeña con moño gris y plumaje gris claro o blanco. Vive a orillas de los ríos y pantanos, alimentándose de peces. ‖ FAM. garceta, garcilla.

garzo, za adj. De color azulado. Se apl. sobre todo a los ojos de este color, y a las personas que los tienen así.

gas m. Fluido que, por la casi nula fuerza de atracción entre sus moléculas, tiende a ocupar por completo el espacio en el que se encuentra. ‖ Mezcla gaseosa que se utiliza como combustible para la calefacción o el alumbrado: *enciende el gas.* ‖ Mezcla de carburante y de aire que alimenta el motor de un vehículo automóvil. ‖ pl. Los que se acumulan en el intestino producidos por la digestión. ‖ **gas natural** El que procede de formaciones geológicas o aceites naturales. ‖ **gas noble** Cada uno de los elementos químicos que, en condiciones normales, se encuentran en estado gaseoso: argón, criptón, helio, neón, radón y xenón. ‖ **a todo gas** loc. A toda velocidad: *salió a todo gas.* ‖ FAM. gasear, gaseiforme, gaseoducto, gaseoso, gasificar, gasoducto, gasógeno, gasoil, gasometría.

gasa f. Tela ligera y transparente: *una blusa de gasa.* ‖ Tejido muy poco tupido de algodón esterilizado que se usa para vendas y compresas o como pañal para los niños pequeños.

gaseoso, sa adj. Con las propiedades del gas. ‖ f. Bebida refrescante, efervescente y sin alcohol.

gasoducto m. Tubería de gran calibre para la conducción de gas a larga distancia.

gasógeno m. Aparato para obtener gases. ‖ Aparato que se instala en algunos automóviles, destinado a producir carburo de hidrógeno empleado como carburante. ‖ Mezcla de bencina y alcohol, que se usa para el alumbrado y para quitar manchas.

gasoil o **gasóleo** m. Fracción destilada, entre 200 y 450° C, del petróleo crudo, que se purifica especialmente para eliminar el azufre. Se usa sobre todo en los motores Diesel y como combustible en hogares abiertos. ‖ **FAM.** gasolina.

gasolina f. Mezcla de hidrocarburos líquidos, volátiles e inflamables obtenidos de la destilación del petróleo crudo entre 60 y 200° C. Se emplea como combustible en los motores de explosión y como disolvente. ‖ **FAM.** gasolinera.

gasolinera f. Establecimiento en que se vende gasolina y gasóleo con surtidores apropiados para suministrarla a los vehículos. ‖ Lancha con motor de gasolina.

gastador, ra adj. Que gasta mucho dinero. También s. ‖ m. Soldado que se dedica a abrir trincheras o a franquear el paso en las marchas con palas, hachas y picos: *entró en el cuerpo de gastadores.* ‖ Presidiario condenado a trabajos públicos.

gastar tr. Emplear el dinero para comprar algo: *gastó todos sus ahorros en el coche.* También intr. y prnl. ‖ Consumir con el uso: *gastar mucho jabón.* También prnl. ‖ Estropear, desgastar algo por el uso: *ya he gastado la brocha que me diste.* ‖ Usar algo habitualmente: *gasta pajarita.* ‖ Tener habitualmente un estado determinado: *gasta un genio endiablado.* ‖ **gastarlas** expr. Proceder, portarse: *tú no sabes cómo las gasta el jefe.* ‖ **FAM.** gastable, gastado, gastador, gasto, gastón, gastoso.

gasterópodo, da adj. y m. Se dice de los moluscos terrestres o acuáticos que tienen un pie carnoso mediante el cual se arrastran; cabeza cilíndrica con la boca y uno o dos pares de tentáculos; el cuerpo se halla comúnmente protegido por una concha de una pieza que casi siempre se arrolla en espiral, como la lapa y el caracol. ‖ m. pl. Clase de estos moluscos.

gasto m. Acción de gastar: *la boda ha sido un gran gasto.* ‖ Lo que se gasta o se ha gastado: *gastos del colegio.* ‖ Cantidad de líquido o de gas que, en determinadas circunstancias, pasa por un orificio o por una tubería en cada unidad de tiempo.

gastr-, gastero-, -gastrio, gastro- Elemento afijo que entra en la formación de diversas palabras con el significado de *estómago*: *gastritis, gasterópodo, epigastrio, gastroscopia.*

gástrico, ca adj. Del estómago: *jugo gástrico.* ‖ **FAM.** gastralgia, gastritis.

gastroenteritis f. Inflamación de las mucosas del estómago y de los intestinos. ♦ No varía en pl.

gastronomía f. Conjunto de conocimientos y actividades relacionados con la comida, concebida casi como un arte. ‖ Afición a comer bien. ‖ **FAM.** gastronómico, gastrónomo.

gatear intr. Andar a gatas: *el niño ya gatea.* ‖ Trepar como los gatos: *gateó al árbol para coger el balón.*

gatera f. Agujero que se hace en pared, tejado o puerta para que puedan entrar y salir los gatos, o con otros fines. ‖ Agujero circular, revestido de hierro y abierto en las cubiertas de los buques, por el cual salen la cadena y los cabos de amarre.

gatillo m. Palanca de las armas de fuego que se aprieta para disparar.

gato, ta m. y f. Mamífero carnívoro doméstico de cabeza redonda, lengua muy áspera, patas cortas armadas de uñas fuertes, agudas, y retráctiles; pelaje espeso, suave, de diversos colores y ojos cuya pupila se dilata para ver en la oscuridad. ‖ Madrileño. ‖ *amer.* Sirviente. ‖ m. Se da este nombre a todos los félidos en general. ‖ Máquina parar levantar grandes pesos a poca altura, como la que se utiliza para elevar los vehículos al cambiar una rueda pinchada, por ejemplo. ‖ En carp., instrumento de hierro o de madera compuesto de dos planchas con un tornillo que permite aproximarlas sujetando fuertemente la pieza que se coge entre ellas. ‖ **a gatas** loc. adv. Modo de estar o desplazarse apoyando los pies y las manos en el suelo. ‖ **FAM.** gatear, gatera, gatillo, gatuno, gatuperio.

gatuperio m. Mezcla dañina o desagradable que se obtiene al juntar diversas sustancias incompatibles. ‖ Asunto sucio, embrollo, intriga.

gaucho, cha adj. Se dice de los habitantes de las pampas de Argentina y Uruguay, ganaderos y nómadas. También m. ‖ Perteneciente o relativo a ellos: *un apero gaucho.* ‖ *amer.* Buen jinete, o poseedor de otras habilidades propias del gaucho. ‖ *amer.* Grosero, zafio. ‖ **FAM.** gauchada, gauchaje, gauchear, gauchesco, gauchismo.

gaveta f. Cajón corredizo que hay en los escritorios. ‖ Mueble que tiene uno o varios de estos cajones.

gavia f. Vela que se coloca en el mastelero mayor de las naves. ‖ P. ext., cada una de las velas correspondientes en los otros dos masteleros. ‖ Zanja que se abre en la tierra para desagüe o linde de propiedades.

gavilán m. Ave rapaz parecida al halcón de plumaje gris azulado en la parte superior del cuerpo, con bandas más oscuras en el cuello, pecho, vientre y cola. La hembra es un tercio mayor y de plumaje más claro. ‖ Cualquiera de los dos lados del pico de la pluma de escribir. ‖ Cada uno de los dos hierros que forman la cruz de la espada y sirven para defender la mano de los golpes del contrario.

gavilla f. Haz de sarmientos, mieses. ‖ Grupo de muchas personas, generalmente mal consideradas: *una gavilla de vagos*.

gaviota f. Ave palmípeda, de plumaje muy tupido, blanco y ceniciento, y pico anaranjado y ganchudo. Vive en las costas, vuela mucho, es muy voraz y se alimenta principalmente de los peces que coge en el mar.

gay (voz i.) adj. Homosexual. ♦ pl. *gays*.

gayo, ya adj. Alegre, vistoso. ‖ **gaya ciencia** Arte de la poesía.

gazapo m. Conejo joven. ‖ Error al hablar o escribir: *en el examen tienes varios gazapos*. ‖ Mentira: *le pilló en un gazapo*.

gazmoño, ña adj. y s. Que finge mucha devoción, mojigato. ‖ **FAM.** gazmoñería.

gaznápiro, ra adj. y s. Palurdo, simplón, torpe, que se queda embobado con cualquier cosa.

gaznate m. Parte superior de la garganta.

gazpacho m. Sopa fría que resulta de batir en crudo tomates, pimientos, pepino, ajo, cebolla y pan y que se aliña con sal, aceite y vinagre.

gazuza f. Hambre.

ge f. Nombre de la letra *g*.

géiser m. Surtidor intermitente de agua caliente y vapor en zonas volcánicas.

geisha (voz japonesa) f. Mujer japonesa que desde joven es educada en el canto, baile y conversación para servir y agradar al hombre.

gel m. Jabón líquido que se usa en el baño o la ducha. ‖ Sustancia gelatinosa en que se transforma una mezcla coloidal al enfriarse.

gelatina f. Sustancia sólida y transparente obtenida a partir de la cocción del tejido conjuntivo, los huesos y cartílagos de animales. ‖ **FAM.** gel, gelatinar, gelatinizar, gelatinoso.

gélido, da adj. Helado, muy frío. ‖ **FAM.** gélidamente, gelifracción, gelivación.

gema f. Piedra preciosa. ‖ Yema o botón en los vegetales. ‖ **FAM.** gemación, gemología.

gemación f. Desarrollo de la gema, yema o botón para la producción de una rama, hoja o flor. ‖ Modo de reproducción asexual de algunos seres vivos que se caracteriza por separarse del organismo una pequeña porción del mismo, llamada yema, que se desarrolla hasta formar un nuevo individuo.

gemelo, la adj. Se dice de cada hermano nacido de un mismo parto. También s. ‖ Se dice

de cada uno de los músculos de la pantorrilla. También m. ‖ Se apl. ordinariamente a los elementos iguales de diversos órdenes que aparecen emparejados: *arcos gemelos*. ‖ m. pl. Anteojos para ver a distancia. ‖ Juego de dos botones iguales o de piezas de joyería para abrochar los puños de las camisas. ‖ **FAM.** géminis.

geminación f. En ling., repetición de un fonema, una sílaba o una palabra al hablar o escribir.

geminar tr. y prnl. Duplicar, repetir. ‖ **FAM.** geminación, geminado.

géminis m. Tercer signo o parte del Zodiaco, que el Sol recorre aparentemente durante el último tercio de la primavera. ‖ Constelación zodiacal que actualmente se halla un poco por delante y hacia el Oriente del signo. ♦ En estas dos acepciones suele escribirse con mayúscula. ‖ com. Persona que ha nacido bajo este signo.

gemir intr. Expresar pena y dolor con sonido y voz lastimera. ‖ Aullar algunos animales, o sonar algunas cosas inanimadas, como el gemido del hombre. ♦ **Irreg.** Se conj. como *pedir*. ‖ **FAM.** gemebundo, gemido, gemidor, gimiente.

gemología f. Ciencia que trata de las gemas o piedras preciosas. ‖ **FAM.** gemológico, gemólogo.

gen m. Cada una de las partículas dispuestas en un orden fijo en los cromosomas, que determinan la aparición de los caracteres hereditarios en los seres vivos. ‖ **FAM.** genoma, genotipo.

genciana f. Planta dicotiledónea de hojas grandes elípticas, lustrosas, flores amarillas que forman haces y fruto capsular, con muchas semillas, y raíz gruesa de olor fuerte y sabor muy amargo que se emplea en medicina como tónico y antipirético.

gendarme m. Policía, en Francia y otros países. ‖ **FAM.** gendarmería.

genealogía f. Conjunto de antepasados de una persona. ‖ Estudio que lo contiene. ‖ Documento en que se hace constar la ascendencia de un animal de raza. ‖ **FAM.** genealógico, genealogista.

generación f. Procreación. ‖ Sucesión de descendientes en línea recta. ‖ Conjunto de personas que viven en la misma época. ‖ Conjunto de personas que, por haber nacido en fechas próximas y recibido educación e influjos culturales y sociales semejantes, se comportan de manera parecida. ‖ **FAM.** generacional.

generador, ra adj. y s. Que engendra o genera. ‖ En geom., se dice de la línea o de la figura que al moverse generan respectivamente una figura o un sólido geométrico. ‖ Se dice del aparato o máquina que convierte la energía mecánica en eléctrica. ♦ En las dos últimas acepciones el adj. y s. f. es *generatriz*.

general adj. Común a todos o a la mayoría: *una regla general*. ‖ Frecuente, usual: *este tipo de cultivo es general en la zona*. ‖ Extenso y superficial: *un planteamiento general*. ‖ m. Jefe superior en el ejército. ‖ Superior de una orden religiosa. ‖ **en general** o **por lo general** loc. adv. En común, generalmente: *en general lo prefiero frío*. ‖ Sin especificar ni individualizar nada concreto: *se refirió al curso en general*. ‖ FAM. generala, generalato, generalidad, generalizar, generalmente.

generala f. Toque militar de alarma. ‖ Mujer del general.

generalidad f. Mayoría: *la generalidad estaba en contra*. ‖ Vaguedad o falta de precisión: *su discurso fue evasivo y lleno de generalidades*. ‖ Cada uno de los organismos que gobiernan, respectivamente, Cataluña y la Comunidad Valenciana.

generalizar tr. Hacer común, corriente algo. También prnl.: *esta costumbre se ha generalizado*. ‖ Sacar una conclusión general de algo particular: *no generalices, no todos somos así*. ‖ Tratar los aspectos generales de algo, sin detenerse en ningún aspecto particular: *generalizó sobre la crisis económica*. ‖ FAM. generalizable, generalización.

generalmente adv. m. Normalmente, habitualmente: *generalmente se levanta a las 7*.

generar tr. Producir: *generar electricidad, generar rechazo*. ‖ Procrear. ‖ FAM. gen, generación, generador, generativo, generatriz, género, génesis, genital, genitivo.

generativo, va adj. Se dice de lo que tiene capacidad de engendrar. ‖ **gramática generativa** La que propone una serie de reglas básicas que permiten generar todas las oraciones posibles y gramaticalmente correctas de una lengua.

genérico, ca adj. General: *un defecto genérico*. ‖ Del género gramatical: *morfemas genéricos*. ‖ FAM. genéricamente.

género m. Conjunto, grupo con características comunes: *género humano*. ‖ Clase a que pertenecen personas o cosas: *no me gusta ese género de personas*. ‖ Cualquier mercancía de un comercio: *se nos ha acabado el género*. ‖ Cualquier clase de tela: *géneros de algodón*. ‖ Accidente gramatical que indicaba el sexo y que hoy clasifica los s., adj., pron. y art. en masculino, femenino y neutro. ‖ Cada uno de los grandes grupos en que se pueden dividir las manifestaciones literarias según su objeti-

vo, el asunto que tratan y cómo lo hacen, etc.: *género narrativo*. ‖ FAM. general, genérico, generoso, genocidio.

generoso, sa adj. Desinteresado, desprendido. ‖ Noble de ánimo, magnánimo: *esta asociación realiza una tarea generosa*. ‖ Abundante, espléndido: *le dio una generosa propina*. ‖ Se dice del vino seco más fuerte y añejo que el común. ‖ FAM. generosamente, generosidad.

génesis f. Origen, principio: *la génesis de la vida*. ‖ Serie de hechos y factores que intervienen en la formación de algo: *la génesis de una crisis*. ♦ No varía en pl. ‖ FAM. genesiaco, genésico, genética.

genética f. Parte de la biología que estudia las leyes de la herencia. ‖ FAM. genético, genetista.

genial adj. Del genio. ‖ Sobresaliente, excelente: *una novela genial*. ‖ Ocurrente, gracioso: *su respuesta fue genial*. ‖ FAM. genialidad, genialmente.

genialidad f. Singularidad, originalidad. A veces en sentido irónico: *ésta es otra de sus genialidades*.

genio m. Carácter, modo de ser de alguien: *tiene un genio muy vivo*. ‖ Humor, estado de ánimo: *hoy está de mal genio*. ‖ Gran ingenio, o facultad extraordinaria para crear o inventar cosas nuevas y admirables: *aplicó su genio a las artes*. ‖ Persona dotada de esta facultad: *genios de la pintura*. ‖ Inteligencia o aptitud extraordinaria, y persona que la posee. ‖ Ser imaginario al que se cree dotado de poderes sobrenaturales: *pidió tres deseos al genio*. ‖ FAM. genial, geniecillo.

genital adj. Relativo a los órganos reproductores: *enfermedades genitales*. ‖ m. pl. Órganos sexuales externos masculinos o femeninos.

genitivo m. Caso de la declinación de las lenguas flexivas que indica dependencia o pertenencia y que en castellano se expresa mediante la prep. *de* antepuesta al sustantivo: *la casa de mi hermana*.

genocidio m. Exterminio sistemático de un grupo humano por motivos de raza, religión o política.

genotipo m. Conjunto de genes característicos de cada especie vegetal o animal. ‖ FAM. genotípico.

gente f. Conjunto de personas: *había mucha gente en la fiesta*. ‖ Nombre colectivo que se da a cada una de las clases que pueden distinguirse en la sociedad: *gente rica, gente pobre*. ‖ Familia: *se pelea mucho por su gente*. ‖ **ser gente**, o **muy gente** loc. *amer.* Ser como se debe, ser recto, irreprochable. ‖ FAM. gentecilla, gentil, gentilicio, gentío, gentuza.

369

gerundio

gentil adj. Amable: *fue muy gentil con los invitados.* ‖ Elegante, apuesto: *tiene una gentil figura.* ‖ Antiguamente, pagano. También com. ‖ FAM. gentileza, gentilhombre, gentilmente.
gentileza f. Cortesía: *por gentileza de la casa.* ‖ Elegancia, garbo, desenvoltura.
gentilhombre m. Señor que acompañaba al rey. ◆ pl. *gentileshombres.*
gentilicio, cia adj. Se dice del adj. o s. que indica el origen o la nacionalidad o la raza de las personas, p. ej.: *francés, burgalés.* También s.‖ Perteneciente al linaje o familia.
gentío m. Muchedumbre.
gentleman (voz i.) m. Caballero de exquisita elegancia y educación.
gentuza f. desp. Gente de mala calaña.
genuflexión f. Acción de doblar la rodilla como reverencia.
genuino, na adj. Puro, sin mezclas: *es un jersey de alpaca genuina.* ‖ Propio, natural, legítimo: *esta receta de migas es genuina de la zona.*
geo- o -geo Elemento afijo parra formar palabras españolas, que significa *tierra* o *suelo*: *geodesia, hipogeo.*
geocéntrico, ca adj. Relativo al centro de la Tierra. ‖ Se apl. a la latitud y longitud de un planeta visto desde la Tierra. ‖ Se dice del sistema de Tolomeo y de los demás que suponían que la Tierra era el centro del Universo. ‖ FAM. geocentrismo.
geoda f. Hueco de una roca, tapizado de una sustancia generalmente cristalizada.
geodesia f. Ciencia matemática que estudia y determina la figura y magnitud de todo el globo terrestre o de una gran parte de él, y construye los mapas correspondientes. ‖ FAM. geodésico.
geografía f. Ciencia que describe la Tierra. ‖ FAM. geográficamente, geográfico, geógrafo.
geología f. Ciencia que estudia la constitución y origen de la Tierra y de los materiales que la componen interior y exteriormente. ‖ FAM. geológico, geólogo.
geometría f. Parte de las matemáticas que estudia el espacio y las figuras que se pueden formar en él a partir de puntos, líneas, planos y volúmenes. ‖ FAM. geómetra, geométricamente, geométrico.
geopolítica f. Ciencia que estudia la política de un país en función de sus factores geográficos. ‖ FAM. geopolítico.
geoquímica f. Ciencia que estudia la composición química de la Tierra. ‖ FAM. geoquímico.
geórgica f. Obra literaria que tiene relación

con la agricultura y la vida rural. Más en pl.: *las «Geórgicas» de Virgilio.*
geosinclinal m. Zona de la corteza terrestre extensa y hundida, en la que se han acumulado sedimentos a lo largo del tiempo.
geotermia f. Estudio de los fenómenos térmicos del interior del globo terrestre. ‖ FAM. geotérmico.
geranio m. Planta herbácea de jardín con flores de vivos colores en forma de parasol.
gerencia f. Cargo y gestión del gerente. ‖ Oficina del gerente. ‖ Tiempo que una persona se mantiene en este cargo.
gerente com. Persona que dirige y administra una sociedad mercantil. ‖ FAM. gerencia.
geriatría f. Parte de la medicina que estudia la vejez y sus trastornos. ‖ FAM. geriatra.
gerifalte m. Ave rapaz, el halcón mayor que se conoce, con plumaje pardo con rayas claras que anida entre acantilados y rocas marinas y se alimenta de pequeños mamíferos y aves zancudas. ‖ Persona que destaca, líder: *un gerifalte de las finanzas.* ‖ Jefe, persona importante o que manda.
germanía f. Jerga secreta de ladrones y rufianes, utilizada en los s. XVI y XVII. ‖ En el antiguo reino de Valencia, hermandad o gremio. ‖ FAM. germanesco.
germánico, ca adj. Perteneciente o relativo a la Germania o a los germanos. También s. ‖ Relativo a Alemania o a los alemanes. ‖ m. Lengua indoeuropea que hablaron los pueblos germanos, y de la cual se derivaron el nórdico, el gótico, el alemán, el neerlandés, el frisón y el anglosajón.
germanio m. Elemento químico metálico blanco. Su símbolo es *Ge.*
germanismo m. Vocablo o giro de la lengua alemana empleado en otro idioma. ‖ Empleo de vocablos o giros alemanes en distinto idioma.
germen m. Embrión, semilla, célula. ‖ Principio, origen de algo: *el germen de una revolución.* ‖ Microorganismo que puede causar o propagar enfermedades. ‖ FAM. germicida, germinal, germinar.
germinar intr. Brotar y comenzar a crecer las plantas. ‖ Comenzar a desarrollarse algo inmaterial: *germinar un plan.* ‖ FAM. germinación, germinador, germinante, germinativo.
gerontocracia f. Gobierno de los ancianos.
gerontología f. Ciencia que estudia la vejez y los fenómenos que la caracterizan. ‖ FAM. gerontólogo.
gerundio m. Forma verbal no personal que expresa simultáneamente de la acción con el tiempo en que se habla. Sus terminaciones son

-ando, para los verbos de la 1.ª conjugación, o *-iendo*, para los de la 2.ª y 3.ª Funcionalmente en la oración equivalen al adverbio. ‖ **FAM.** gerundivo.

gesta f. Conjunto de hazañas de un personaje o u pueblo: *la gesta de Roncesvalles.*

gestación f. Embarazo, y tiempo que dura. ‖ Periodo de preparación y elaboración de algo: *la gestación de un proyecto.*

gestar tr. Llevar y sustentar la madre en su vientre al feto hasta el momento del parto. ‖ prnl. Prepararse, desarrollarse o crecer sentimientos, ideas o tendencias individuales o colectivas: *en ese viaje se gestó su novela.* ‖ **FAM.** gestación, gestante, gestatorio.

gestatorio, ria adj. Que ha de llevarse en brazos. ‖ **silla gestatoria** Silla en la que se llevaban los papas a los actos solemnes.

gesticular intr. Hacer gestos. ‖ **FAM.** gesticulación, gesticulador, gesticulante.

gestión f. Conjunto de trámites que se llevan a cabo para resolver un asunto: *está haciendo las gestiones para el permiso de trabajo.* ‖ Dirección, administración de una empresa, negocio, etc.: *lleva la gestión de una farmacia.* ‖ **FAM.** gestionar, gestor.

gesto m. Movimiento del rostro o de las manos con que se expresa algo: *hizo un gesto de ignorancia.* ‖ Semblante, cara, rostro: *tenía un gesto adusto.* ‖ Acto o hecho que se realiza por un impulso del ánimo: *aquel ofrecimiento fue un gesto de amistad.* ‖ **FAM.** gestero, gesticular, gestual.

gestor, ra adj. y s. Que hace gestiones por oficio. ‖ Administrador de una empresa mercantil. ‖ **FAM.** gestoría.

giba f. Joroba. ‖ **FAM.** gibar, gibosidad, giboso.

gibar tr. y prnl. Fastidiar, vejar, molestar: *este ruido me está gibando.* ‖ Encorvar.

gibelino, na adj. Partidario de los emperadores de Alemania, en la Edad Media, contra los güelfos, defensores de los papas. También s. ‖ Perteneciente o relativo a ellos.

gibón m. Nombre común a varias especies de monos antropomorfos, arborícolas, que se caracterizan por tener los brazos muy largos y carecer de cola y abazones.

gigante, ta m. y f. Persona mucho más alta de lo normal. ‖ Personaje de cartón de algunos festejos populares: *gigantes y cabezudos.* ‖ m. Persona que sobresale en algo: *un gigante del atletismo.* ‖ adj. Enorme, excesivo o muy sobresaliente en su especie: *árbol gigante.* ‖ **FAM.** gigantea, gigantesco, gigantez, gigantismo, gigantón.

gigantismo m. Enfermedad del desarrollo caracterizada por un crecimiento excesivo con

relación a la talla media de los individuos de la misma edad, especie y raza.

gigoló m. Joven atractivo que se prostituye con mujeres mayores por dinero o regalos.

gilí adj. y com. Tonto, lelo.

gilipollas adj. y com. Estúpio, lelo. ♦ No varía en pl. ‖ **FAM.** gilipollez.

gimnasia f. Técnica de desarrollo, fortalecimiento y flexibilización del cuerpo por medio del ejercicio físico. ‖ Práctica o ejercicio que adiestra en cualquier actividad o función: *gimnasia mental.* ‖ **FAM.** gimnasio, gimnasta, gimnástico.

gimnasio m. Lugar con todo lo necesario para realizar ejercicios gimnásticos o deportivos.

gimnospermo, ma adj. y f. Se dice de las plantas fanerógamas cuyas semillas quedan al descubierto entre escamas más o menos abiertas, como el pino y el ciprés. ‖ f. pl. Subtipo de estas plantas.

gimotear intr. Gemir. ‖ Hacer los gestos y suspiros del llanto sin llegar a él. ‖ **FAM.** gimoteo.

gincana f. Prueba automovilística en la que los participantes deben pasar por muchas dificultades y obstáculos antes de llegar a la meta.

ginebra f. Aguardiente de semillas aromatizado con bayas de enebro.

gineceo m. Parte reservada a las mujeres en las antiguas casas griegas, que solía situarse en la parte superior de la casa. ‖ Pistilo.

ginecocracia f. Gobierno de las mujeres.

ginecología f. Parte de la medicina que estudia el funcionamiento y las enfermedades del aparato genital de la mujer, así como de algunos aspectos del embarazo y el parto. ‖ **FAM.** ginecológico, ginecólogo.

gingival adj. Relativo o perteneciente a las encías. ‖ **FAM.** gingivitis.

ginseng m. Planta herbácea originaria de China, de flores blancas y fruto rojo, cuya semilla se emplea como estimulante.

gira f. Excursión por diferentes lugares con vuelta al punto de partida: *gira turística.* ‖ Serie de actuaciones de una compañía o de un artista en diferentes localidades.

giralda f. Veleta de torre, cuando tiene figura humana o de animal.

girar intr. Dar vueltas alrededor de sí o de algo: *la Tierra gira alrededor del Sol.* ‖ Desviarse: *giró a la derecha.* ‖ Desarrollarse una conversación o un asunto sobre un tema: *la conferencia giró en torno al modernismo.* ‖ tr. Hacer que algo gire: *gira la manivela.* ‖ Expedir órdenes de pago: *girar una letra.* También intr. ‖ Enviar un giro postal o telegráfico.

También intr. ‖ **FAM.** giradiscos, girado, girador, giralda, girándula, girasol, giratorio, giro, girómetro, giroscopio, giróscopo.

girasol m. Planta herbácea compuesta de tallo largo, hojas alternas acorazonadas; flores terminales, amarillas, que se doblan en la madurez, y fruto con muchas semillas negruzcas, comestibles, de las que se extrae aceite bueno para condimento.

giro m. Acción y efecto de girar: *hizo un giro a la izquierda*. ‖ Orientación que se da a una conversación, a un negocio, etc.: *el asunto dio un giro inesperado*. ‖ Estilo, estructura especial de la frase para expresar un concepto: *ése es un giro leonés*.

girola f. Nave que rodea el ábside en la arquitectura románica y gótica. ‖ P. ext., la misma nave en catedrales e iglesias de cualquier otro estilo.

girómetro m. Aparato para medir la velocidad de rotación de una máquina.

girondino, na adj. Se dice del individuo de un partido político que se formó en Francia en tiempo de la Revolución. ‖ De este mismo partido, llamado así por haberse distinguido principalmente en él los diputados de la Gironda. Más c. s.

gitano, na adj. y s. Se dice de un pueblo nómada originario de Egipto o India que ha conservado rasgos físicos y culturales propios. ‖ Zalamero, que tiene gracia para captar la voluntad de las personas. ‖ **FAM.** gitanada, gitanamente, gitanear, gitanería, gitanesco, gitanismo.

glaciación f. Formación de hielo. ‖ Formación de glaciares. ‖ Cada una de las grandes invasiones de hielo que, por efecto de los descensos generalizados de las temperaturas, se extendieron desde los polos hacia la línea ecuatorial.

glacial adj. Helado: *un viento glacial*. ‖ Indiferente, sin sentimientos: *una sonrisa glacial*. ‖ Se apl. a las tierras y mares que están en las zonas polares. ‖ **FAM.** glaciación, glacialmente, glaciar, glacis.

glaciar m. Masa de hielo acumulada en las zonas altas de las cordilleras por encima del límite de las nieves perpetuas que se desliza muy lentamente, como un río de hielo. ‖ adj. Perteneciente o relativo a estas masas de hielo. ‖ **FAM.** glaciarismo, glaciología, glaciológico, glaciólogo.

gladiador m. Luchador en los juegos públicos romanos.

gladíolo o **gladiolo** m. Planta con flores de corola partida, rojas, en espiga terminal. Se da espontáneamente en terrenos húmedos y se cultiva en jardines.

glande m. Cabeza del pene.

glándula f. Órgano vegetal o animal que segrega las sustancias necesarias para el organismo y expulsa las innecesarias. ‖ **FAM.** glande, glandular.

glasé m. Tela fuerte de seda con mucho brillo.

glasear tr. Abrillantar la superficie de pasteles y bizcochos con azúcar derretido y clara de huevo. ‖ Dar brillo a la superficie de algunas cosas, como al papel o a las telas. ‖ **FAM.** glasé, glaseado.

glauco, ca adj. Verde claro. ‖ **FAM.** glaucoma.

glaucoma m. Aumento patológico de la presión interna del ojo que provoca color verdoso de la pupila, dureza del globo ocular, atrofia de la retina y ceguera.

gleba f. Terrón que se levanta con el arado. ‖ Tierra, especialmente la cultivada. ‖ **siervo de la gleba** En la Edad Media, esclavo sujeto a una heredad que era enajenado con ella.

glicerina f. Alcohol incoloro de tres átomos de carbono, viscoso y dulce, que se encuentra en todos los cuerpos grasos como base de su composición. Se usa mucho en farmacia y perfumería, y para preparar la nitroglicerina, base de la dinamita. ‖ **FAM.** glicérido.

glíptica f. Arte de grabar en piedras finas. ‖ **FAM.** gliptografía, gliptoteca.

global adj. Tomado en conjunto: *visión global, análisis global*. ‖ **FAM.** globalidad, globalizar, globalmente.

globo m. Cuerpo esférico. ‖ La Tierra. ‖ Objeto de goma que, lleno de gas o de aire, se eleva en la atmósfera. ‖ Cubierta esférica de cristal con que se cubren las bombillas de las lámparas como adorno o para mitigar la luz. ‖ Bolsa de tafetán u otro material impermeable y de poco peso, de forma esférica o cilíndrica que, llena de un gas de menor densidad que el aire atmosférico, eleva una barquilla sujeta a su parte inferior en la que pueden viajar tripulantes. ‖ Pompa que sale de la boca de los personajes en las viñetas. ‖ Trayectoria que recorre un balón lanzado hacia arriba. ‖ **FAM.** global, globoso, glóbulo.

globulina f. Proteína vegetal y animal, que se encuentra en el suero sanguíneo e interviene en la coagulación.

glóbulo m. Nombre de las células de la sangre y la linfa. En el hombre son de dos tipos, rojos o hematíes y blancos o leucocitos. ‖ Pequeño cuerpo esférico. ‖ **FAM.** globular, globuloso.

gloria f. En algunas religiones, paraíso, lugar a donde van los bienaventurados después de la muerte y en el que pueden disfrutar de la visión de Dios. | Fama, reputación: *ese descubrimiento le ha dado mucha gloria.* | Gusto, placer: *da gloria oírlo.* | Majestad, esplendor: *está en toda la gloria de su poder.* | En algunas partes de Castilla y León, doble suelo en cuyo interior se quema paja u otro combustible para calentar la habitación. | Representación pictórica de ángeles, resplandores, etc. | m. Cántico o rezo de la misa, que comienza con las palabras *Gloria in excelsis Deo.* | **pastel gloria** Dulce navideño de yema y mazapán. | **FAM.** gloriar, glorieta, glorificar, gloriosamente, glorioso.

gloriar tr. Glorificar. | prnl. Vanagloriarse o alabarse de una cosa: *se gloriaba de su temeridad.* | Complacerse, alegrarse mucho: *el padre se gloria de las notas de su hijo.*

glorieta f. Plaza redonda en la que desembocan varias calles. | Plazoleta, por lo común en un jardín, donde suele haber un cenador.

glorificar tr. Alabar, ensalzar: *glorificar a Dios.* | Dar la gloria divina a alguien. | **FAM.** glorificable, glorificación, glorificador.

glorioso, sa adj. Digno de honor y alabanza: *el glorioso vencedor.* | Que goza de la gloria divina. | Perteneciente o relativo a ella.

glosa f. Explicación, comentario de un texto. | Nota explicativa en un libro de cuentas. | Composición poética en la que se reelabora otro texto lírico previo. | **FAM.** glosar, glosario.

glosario m. Repertorio de palabras con la explicación de las más difíciles o dudosas. | Vocabulario de términos usados en un dialecto, en un texto o por un autor. | Conjunto de glosas.

glosopeda f. Enfermedad infecciosa del ganado que provoca ampollas en la boca y en las pezuñas.

glotis f. Abertura superior de la laringe que controla la entrada de aire en la tráquea. | **FAM.** glótico.

glotón, na adj. y s. Que come con ansia y en exceso. | m. Mamífero carnívoro ártico, del tamaño de un zorro grande. | **FAM.** glotonamente, glotonear, glotonería.

glucemia f. Presencia excesiva de azúcar en la sangre.

glúcido m. Sustancia orgánica compuesta de oxígeno, carbono e hidrógeno.

glucógeno m. Hidrato de carbono semejante al almidón, de color blanco, que se encuentra en el hígado y en los músculos. Es una sustancia de reserva que, en el momento de ser utilizada por el organismo, se transforma en glucosa.

glucosa f. Azúcar de seis átomos de carbono presente en todos los seres vivos, ya que se trata de la reserva energética del metabolismo celular. | **FAM.** glúcido, glucógeno, glucólisis, glucómetro, glucósido, glucosuria.

glucosuria f. Estado patológico del organismo, que se manifiesta por la presencia de glucosa en la orina, como en la diabetes.

gluten m. Sustancia albuminoidea, de color amarillento, que se encuentra en las semillas de las gramíneas, junto con el almidón, y tiene un alto valor nutritivo. | **FAM.** glutinoso.

glúteo, a adj. Perteneciente a la nalga. | Se dice de cada uno de los tres músculos que forman la nalga.

gneis m. Roca de estructura pizarrosa e igual composición que el granito. ♦ No varía en pl.

gnomo m. Ser fantástico al que se imaginaba trabajando en las minas y guardando tesoros subterráneos.

gnomon m. Indicador de las horas en los relojes solares más comunes. | **FAM.** gnomónica.

gnoseología f. Teoría del conocimiento. A veces, sinónimo de epistemología. | **FAM.** gnoseológico.

gnosticismo m. Doctrina filosófica y religiosa de los primeros siglos de la Iglesia, que pretendía tener un conocimiento de las cosas divinas a través de la intuición y no de la razón o la fe. | **FAM.** gnóstico.

gobernación f. Acción y efecto de gobernar o gobernarse. | Ejercicio del gobierno. | Territorio que depende del gobierno de la nación.

gobernador, ra adj. Que gobierna. También s. | m. y f. Persona que desempeña el mando de una provincia, ciudad o territorio. | Representante del Gobierno en algún establecimiento público: *gobernador del Banco de España.* | En México y EE.UU., persona que está al frente de cada uno de los estados federados.

gobernanta f. Mujer que tiene a su cargo el servicio, la limpieza y conservación de los grandes hoteles. | Mujer muy mandona.

gobernante adj. y com. Que gobierna. | Que dirige un país o forma parte de su gobierno.

gobernar tr. Mandar con autoridad o regir una cosa: *gobernar un país, una empresa.* También intr. | Guiar y dirigir: *gobernar la nave, la danza.* También prnl. | Manejar o dominar a alguien: *gobierna a toda su familia.* | intr. Obedecer el buque al timón. | prnl. Guiarse según una norma, regla o idea. ♦ **Irreg.** Se conj. como *acertar.* | **FAM.** gobernable, gobernación, gobernador, gobernalle, gobernanta, gobernante, gobierno.

gobierno m. Acción y efecto de gobernar o

gobernarse. ‖ Conjunto de los organismos y personas que dirigen una nación y las funciones que desempeñan. ‖ Edificio y oficinas donde tienen su sede. ‖ Territorio sobre el que tiene jurisdicción el gobernador. ‖ Tiempo que dura su mandato. ‖ **FAM.** gubernativo.

goce m. Acción y efecto de gozar o disfrutar una cosa.

godo, da adj. y s. Se dice de un antiguo pueblo germánico que, escindido en dos grupos, visigodos y ostrogodos, invadió territorios del Imperio romano y fundó reinos en España e Italia. ‖ m. y f. desp. En Canarias se llama así al español peninsular. ‖ desp. *amer.* Nombre con que se designaba a los españoles durante las guerras de Independencia.

gofio m. En Canarias, y Amér., harina gruesa de maíz, trigo o cebada tostados. ‖ *amer.* Especie de alfajor hecho con harina de maíz o de cazabe y papelón. ‖ *amer.* Plato de comida que se hace con harina muy fina de maíz tostado y azúcar.

gol m. Acción de entrar el balón en la portería. ‖ Tanto que se consigue con ello. ‖ **FAM.** golazo, golear.

gola f. Garganta de una persona y región situada junto al velo del paladar. ‖ Adorno del cuello hecho de tul y encajes. ‖ Pieza de la armadura antigua, que se ponía sobre el pecho para cubrir y defender la garganta. ‖ En arq., moldura cuyo perfil tiene la figura de una *s*. ‖ Canal por donde entran los buques en ciertos puertos o rías. ‖ **FAM.** golilla.

golear tr. En el fútbol, meter muchos goles en la portería contraria. ‖ **FAM.** goleada, goleador.

goleta f. Embarcación fina, de bordas poco elevadas, con dos o tres palos.

golf (voz i.) m. Deporte que consiste en meter una pelota con palos especiales, en hoyos espaciados y abiertos en un terreno accidentado, cubierto de césped. ‖ **FAM.** golfista.

golfante adj. y com. Golfo, sinvergüenza.

golfo m. Porción de mar que se interna en tierra entre dos cabos.

golfo, fa m. y f. Pillo. ‖ m. Hombre vicioso y de mal vivir. ‖ f. Prostituta. ‖ **FAM.** golfada, golfante, golfear, golfería, golfillo.

gollería f. Manjar exquisito y delicado. ‖ Delicadeza, cosa muy buena pero superflua.

gollete m. Parte superior de la garganta, por donde se une a la cabeza. ‖ Cuello estrecho que tienen algunas vasijas; como garrafas, botellas, etc. ‖ **FAM.** golletazo.

golondrina f. Pequeño pájaro muy común en España de pico negro y corto; cuerpo negro azulado por encima y blanco por debajo, alas puntiagudas y cola larga y muy ahorqui-

llada. ‖ Pez teleósteo marino, de cuerpo fusiforme, con el lomo rojo oscuro y dos aletas torácicas tan desarrolladas, que sirven al animal para dar grandes saltos fuera del agua. ‖ Barca pequeña de motor para viajeros. ‖ **FAM.** golondrino.

golondrino m. Pollo de la golondrina. ‖ Forúnculo que se produce en el sobaco por la inflamación e infección de una glándula sudorípara.

golosina f. Dulce o manjar que se come por placer. ‖ Cosa más agradable que útil. ‖ **FAM.** golosear, golosinear, goloso.

goloso, sa adj. Aficionado a los dulces. También s. ‖ Apetitoso: *le ofrecieron un sueldo muy goloso.* ‖ **FAM.** golosamente.

golpe m. Choque de cuerpos, y su efecto. ‖ Desgracia: *el despido fue un golpe para él.* ‖ Ocurrencia, dicho gracioso y oportuno: *¡tienes cada golpe!* ‖ Atraco: *han dado un golpe en el banco.* ‖ **golpe bajo** Falta en que incurre el boxeador que golpea a su contrincante por debajo de la cintura. ‖ Acción malintencionada con la que se pretende causar daño a alguien: *su negativa fue un golpe bajo.* ‖ **golpe de Estado** Usurpación ilegal y violenta del poder de una nación. ‖ **de golpe** loc. adv. Bruscamente: *se lo dijo de golpe.* ‖ De una vez: *vació el cajón de golpe.* ‖ **no dar golpe** loc. No trabajar, no esforzarse mucho en nada. ‖ **FAM.** golpazo, golpear, golpetazo, golpetear, golpismo.

golpear tr., intr. y prnl. Dar repetidos golpes a algo o alguien. ‖ **FAM.** golpeador, golpeadura, golpeo.

golpista adj. Que da un golpe de Estado o lo apoya. También com. ‖ Perteneciente o relativo al golpe de Estado. ‖ **FAM.** golpismo.

goma f. Sustancia viscosa de ciertos vegetales que, disuelta en agua, sirve para pegar o adherir cosas. ‖ Cualquier pegamento líquido. ‖ Tira o cinta elástica. ‖ **goma arábiga** La que producen ciertas acacias árabes, amarillenta, casi transparente, que se usa en medicina y como pegamento. ‖ **goma de borrar** Trozo de materia de caucho preparado especialmente para borrar en el papel el lápiz o la tinta. ‖ **goma de mascar** Chicle. ‖ **FAM.** gomaespuma, gomero, gomina, gomorresina, gomoso.

gomaespuma f. Caucho celular sintético.

gomero, ra adj. Perteneciente o relativo a la goma. ‖ *amer.* Se dice del que explota la industria de la goma.

gomina f. Fijador del cabello.

gónada f. Glándula sexual masculina (testículo) o femenina (ovario) que produce las células reproductoras.

góndola f. Embarcación veneciana de un

remo con la popa y la proa en punta algo elevada y sin cubierta. ‖ **FAM.** gondolero.

gong o **gongo** m. Disco metálico suspendido que resuena al golpearlo con un mazo. ◆ pl. *gongs* o *gongos*.

goniómetro m. Instrumento que sirve para medir ángulos. ‖ **FAM.** goniometría.

gonococo m. Bacteria que se encuentra en el interior de las células del pus blenorrágico o del de otras lesiones gonocócicas. ‖ **FAM.** gonococia.

gonorrea f. Blenorragia, inflamación infecciosa de la mucosa genital.

gordinflón, na adj. Gordo, pero fofo.

gordo, da adj. De mucha carne o grasa. También s.: *es el gordo de la clase.* ‖ Voluminoso, grueso: *un libro gordo.* ‖ Se dice del dedo pulgar. También m. ‖ Se apl. al primer premio de la lotería. También m.: *le tocó el gordo* ‖ m. Sebo o manteca de la carne del animal: *quítale el gordo al filete.* ‖ **FAM.** gordal, gordezuelo, gordinflas, gordinflón, gordura.

gordura f. Obesidad. ‖ Corpulencia.

gorgojo m. Insecto coleóptero que ataca las semillas de cereales y legumbres.

gorgorito m. Quiebro de la voz al cantar. Más en pl. ‖ **FAM.** gorgotear.

gorguera f. Adorno del cuello, hecho de lienzo plegado y almidonado.

gorigori m. Voz que vulgarmente se da al canto lúgubre de los entierros.

gorila m. Mono antropomorfo, de color pardo oscuro y de estatura igual a la del hombre; tres dedos de sus pies están unidos por la piel hasta la última falange; es membrudo y muy fiero, y habita en África a orillas del río Gabón. ‖ Guardaespaldas.

gorjear intr. Hacer quiebros con la voz en la garganta. Se usa hablando de la voz humana y de los pájaros. ‖ Emitir sonidos el niño cuando aún no sabe hablar o cuando se ríe. ‖ **FAM.** gorjeador, gorjeante, gorjeo.

gorra f. Prenda para cubrir la cabeza, sin copa ni alas, que puede o no llevar visera. ‖ **de gorra** loc. adv. A costa ajena, gratis: *fue de gorra al concierto.* ‖ **FAM.** gorro, gorrón.

gorrino, na adj. y s. Sucio, desaseado. ‖ m. y f. Cerdo menor de cuatro meses. ‖ **FAM.** gorrinada, gorrinamente, gorrinear, gorrinera.

gorrión m. Pájaro pequeño de plumaje pardo que se alimenta de granos e insectos.

gorro m. Prenda de tela o lana para cubrir y abrigar la cabeza.

gorrón, na adj. y s. Aprovechado, que vive y se divierte a costa ajena. ‖ **FAM.** gorrear, gorronear, gorronería.

gota f. Partícula redondeada que se desprende de un líquido. ‖ Pequeña cantidad de cualquier cosa, pizca: *no queda ni gota de pan.* ‖ Enfermedad muy dolorosa de las articulaciones producida por una gran concentración de ácido úrico en la sangre. ‖ pl. Medicina u otra sustancia tomada o medida con cuentagotas: *tienes que echarte las gotas.* ‖ **gota a gota** m. Método médico para administrar lentamente, por vía endovenosa, medicamentos, sueros o plasma sanguíneo. ‖ Aparato con el que se aplica este método. ‖ **FAM.** gotear, gotelé, gotera, gotero, goterón, gotoso.

gotear intr. Caer un líquido gota a gota: *este grifo gotea.* ‖ Dar o recibir poco a poco: *goteaba sus visitas.* ‖ impers. Comenzar a llover a gotas espaciadas: *ya está goteando.* ‖ **FAM.** goteado, goteo.

gotera f. Infiltración de agua en el interior de un edificio. ‖ Grieta del techo por donde se produce y señal que deja. ‖ Indisposición o achaque propios de la vejez. Más en pl. ‖ *amer.* Afueras, contornos, alrededores.

gotero m. Gota a gota, aparato con que se administran medicamentos por vía endovenosa. ‖ *amer.* Cuentagotas.

gótico, ca adj. y s. Se dice del arte que se desarrolla en Europa occidental por evolución del románico entre los s. XII y XVI, caracterizado por el arco ojival y la bóveda de aristas. ‖ Se apl. a un tipo de letra rectilínea y angulosa que antiguamente fue muy común, pero que hoy sólo se emplea en escritos de lujo. ‖ m. Lengua germánica que hablaron los godos.

gourmet (voz fr.) com. Persona aficionada a comer bien.

gozada f. Objeto o ser que causa gran gozo o satisfacción.

gozar tr. Poseer algo material o inmaterial. También c. intr. con la prep. *de: goza de buena salud.* ‖ intr. Sentir placer, disfrutar con algo: *goza con los niños.* ‖ **gozarla** loc. Pasarlo bien, disfrutar con una persona o cosa: *aquel día la gozamos.* ‖ **FAM.** goce, gozador.

gozne m. Herraje articulado para hacer girar una puerta o una ventana. ‖ Bisagra metálica.

gozo m. Placer, alegría. ‖ pl. Composición poética en honor de la Virgen o de los santos, que se divide en coplas que terminan en el mismo estribillo. ‖ **FAM.** gozada, gozar, gozosamente, gozoso.

grabado m. Arte y procedimiento de grabar un dibujo sobre materiales diversos. ‖ Estampa así obtenida.

grabar tr. Labrar algo sobre una superficie de piedra, madera o metal: *grabó su nombre en un árbol.* ‖ tr. y prnl. Registrar los sonidos en disco, cinta magnetofónica, o las imágenes en cinta de vídeo, para su posterior reproducción. ǁ Fijar profundamente en el ánimo un concepto, un sentimiento o un recuerdo: *sus palabras se me quedaron grabadas.* ǁ **FAM.** grabación, grabado, grabador.

gracejada f. *amer.* Payasada, broma de mal gusto.

gracejo m. Gracia y desenvoltura al hablar o al escribir. ǁ **FAM.** gracejada.

gracia f. Cualidad de alguien de divertir o de hacer reír: *ese chiste tiene mucha gracia.* ǁ Cosa que hace reír: *le ríe todas las gracias al niño.* ǁ Atractivo, encanto: *tiene gracia al andar.* ǁ Beneficio, concesión gratuita: *lo obtuvo por gracia del director.* ǁ Garbo, salero al actuar o al hablar: *lo contó con mucha gracia.* ǁ Perdón o indulto de pena que concede la autoridad competente. ǁ En el cristianismo, don que Dios concede a los hombres con el bautismo. ǁ pl. Fórmula de agradecimiento: *dar las gracias por algo.* ǁ **gracias a** loc. adv. Por intervención de, por causa de, una persona o cosa: *conseguí el empleo gracias a tu intervención.* ǁ **FAM.** gracejo, graciosamente, gracioso.

grácil adj. Sutil, delgado o menudo: *movimientos gráciles.* ǁ **FAM.** gracilidad.

gracioso, sa adj. Chistoso, agudo, que tiene gracia: *una comedia graciosa.* También s. ǁ irón. Pesado, sin gracia. También s.: *¡horror, ahí llega el gracioso de tu primo!* ǁ Con cierto atractivo personal, simpático: *tiene unos hoyuelos muy graciosos.* ǁ Gratuito. ǁ m. Personaje típico del teatro clásico español, generalmente un criado, que se caracteriza por su ingenio y socarronería. ǁ m. y f. Actor dramático que ejecuta siempre el papel de carácter festivo y chistoso.

grada f. Asiento a manera de escalón corrido. ǁ Graderío. Más en pl.: *las gradas estaban llenas.* ǁ Tarima o escalón, como el de los altares. ǁ Plano inclinado sobre el que se construyen o reparan los barcos. ǁ Instrumento de madera o de hierro con el que se allana la tierra después de arada, para sembrarla. ǁ pl. Escalinata que suelen tener los edificios grandes delante de su fachada. ǁ **FAM.** gradería, graderío.

gradación f. Serie en escala o progresión. ǁ En mús., aumento progresivo de los tonos. ǁ Figura retórica que consiste en juntar en el discurso palabras o frases cuyo significado asciende o desciende por grados en una escala de intensidad.

graderío m. Conjunto o serie de gradas y público que las ocupa.

gradiente m. Relación de la diferencia de

presión barométrica entre dos puntos. ǁ f. *amer.* Pendiente, declive.

grado m. Cada uno de los diversos estados, valores o calidades que, en relación de menor a mayor, puede tener una cosa: *grado de formación, grado de intensidad.* ǁ Valor, calidad de estas cosas: *grado sumo, alto grado.* ǁ Unidad de medida de parentesco entre personas: *parientes de primer grado.* ǁ En las escuelas, cada una de las secciones en que sus alumnos se agrupan según su edad, sus conocimientos, etc. ǁ En las universidades, título de graduación. ǁ Unidad de medida de los ángulos, equivalente a cada una de las 360 partes iguales en que se divide una circunferencia. ǁ En ling., cada uno de los tres modos de intensidad de los adj. calificativos: *grado positivo, comparativo y superlativo.* ǁ Voluntad, gusto: *de mal o buen grado.* ǁ **grado centígrado** o **Celsius** Unidad de medida de la temperatura suponiendo que a 1 atmósfera de presión, la fusión del hielo se produce a 0° y la de ebullición del agua a 100°. ǁ **FAM.** grada, gradación, gradiente, gradual, graduar.

graduación f. Acción y efecto de graduar. ǁ Proporción de alcohol en los vinos y licores. ǁ Grado dentro de una jerarquía, como el ejército.

graduado, da adj. y s. Se dice del que ha obtenido un título de grado en una facultad universitaria.

gradual adj. Progresivo, creciente: *aumento gradual de las temperaturas.* ǁ **FAM.** gradualmente.

graduar tr. Regular la intensidad o cantidad de algo: *graduar la luz.* ǁ Dividir y medir en grados: *graduar la vista.* ǁ Aumentar o disminuir gradualmente algo: *graduar el esfuerzo.* ǁ tr. y prnl. Conceder u obtener un grado académico o militar: *se ha graduado en ciencias.* ǁ **FAM.** graduable, graduación, graduado, graduador.

graffiti (voz ital.) m. Pintada, inscripción o dibujo en paredes o suelos de la calle. ♦ No varía en pl.

grafía f. Forma con que se representa cada sonido en la escritura.

-grafía Sufijo que forma parte de algunas voces españolas con el significado de *descripción, tratado, escritura, representación gráfica*: *geografía, ortografía.*

gráfico, ca adj. De la escritura: *signos gráficos.* ǁ Que se representa por figuras o signos: *instrucciones gráficas.* ǁ Se apl. a lo que expresa las cosas con la misma claridad que un dibujo: *un gesto gráfico.* ǁ m. y f. Representación de datos numéricos de cualquier clase por medio de coordenadas, o dibujos que hacen visible la relación o gradación que esos datos guardan entre si. ‖ **FAM.** grafia, gráficamente, grafismo, grafito, grafología.

grafismo m. Cada una de las particularidades de la letra de una persona, o el conjunto de todas ellas. ‖ Diseño gráfico, generalmente con fines publicitarios. ‖ **FAM.** grafista.

grafito m. Carbono natural de color negro agrisado, que se usa por ej. para hacer las minas de los lapiceros.

grafología f. Estudio del carácter de una persona por su escritura. ‖ **FAM.** grafológico, grafólogo.

gragea f. Píldora medicinal redondeada recubierta de una sustancia azucarada.

grajo m. Ave semejante al cuervo con el cuerpo de color violáceo negruzco, el pico y los pies rojos y las uñas grandes y negras. ‖ **FAM.** grajilla.

grama f. Planta medicinal de la familia de las gramíneas, muy abundante en prados y bosques. ‖ *amer.* Césped. ‖ **FAM.** gramínea.

gramática f. Conjunto de normas que se establecen para el correcto uso de una lengua determinada. ‖ Libro donde se recogen: *la gramática de Nebrija.* ‖ Ciencia que estudia los elementos de una lengua y sus relaciones. ‖ **FAM.** gramatical, gramaticalidad, gramaticalmente, gramático.

gramíneo, a adj. y f. Se dice de las plantas angiospermas monocotiledóneas, como los cereales. ‖ f. pl. Familia de estas plantas.

gramo m. Unidad de masa igual a la milésima parte de un kilogramo. ‖ **FAM.** gramaje.

gramófono m. Aparato que reproduce mecánicamente el sonido de un disco, mediante una aguja que recorre sus surcos. ‖ **FAM.** gramofónico.

gramola f. Cualquier aparato reproductor de discos fonográficos sin bocina exterior. ‖ Gramófono eléctrico instalado por lo general en establecimientos públicos en el que, depositando una moneda, se pone el disco elegido.

gran adj. apóc. de *grande.* Solo se usa en singular, delante del sustantivo: *gran sermón.* ‖ Principal o primero en una clase: *el gran jefe.*

grana f. Cochinilla. ‖ Color rojo obtenido de ella. ‖ Paño fino usado para trajes de fiesta. ‖ **FAM.** granado, granate.

granada f. Fruto del granado de corteza amarillenta rojiza, que contiene multitud de granos encarnados, jugosos, dulces unas veces, agridulces otras. ‖ Bomba pequeña del tamaño de una granada natural que se lanza con la mano. ‖ Proyectil hueco de metal, que contiene un explosivo y se dispara con obús u otra pieza de artillería. ‖ **FAM.** granadero.

granadero m. Soldado de infantería armado con granadas de mano. ‖ Miembro de una compañía de soldados de elevada estatura.

granadino, na adj. Perteneciente al granado o a la granada. ‖ m. Flor del granado. ‖ f. Refresco hecho con zumo de granada. ‖ Variedad del cante andaluz, especialmente de Granada.

granado, da adj. Notable, escogido: *el acto acudió lo más granado de la intelectualidad.* ‖ Maduro, experto. ‖ m. Árbol de tronco liso y tortuoso, ramas delgadas y flores rojas, cuyo fruto es la granada.

granar intr. Crecer el grano de los frutos en algunas plantas. ‖ **FAM.** granado, granazón.

granate m. Color rojo oscuro. ‖ Piedra fina compuesta de silicato doble de alúmina y de hierro u otros óxidos metálicos. Su color más corriente es el de los granos de granada. Se usa mucho en joyería.

grande adj. Que supera en tamaño, importancia e intensidad a lo normal: *un piso grande, un beneficio grande.* ‖ Adulto: *se está haciendo grande.* También com. ‖ m. Magnate. ‖ Título nobiliario español: *los grandes de España.* ‖ **FAM.** gran, grandemente, grandeza, grandioso, grandón, grandote, grandullón.

grandeza f. Importancia, magnitud: *la grandeza de un proyecto.* ‖ Generosidad: *tiene grandeza de espíritu.* ‖ Dignidad de grande de España y conjunto de ellos.

grandilocuencia f. Elocuencia elevada. ‖ Estilo sublime. ‖ **FAM.** grandilocuente.

grandioso, sa adj. Sobresaliente, magnífico: *desde aquí se divisa una vista grandiosa.* ‖ **FAM.** grandiosamente, grandiosidad.

granel (a) loc. adv. Sin medida. ‖ Sin envase: *vino a granel.* ‖ En abundancia: *hubo invitados a granel.*

granero m. Sitio donde se guarda el grano. ‖ Lugar donde abundan los cereales: *esta comarca es el granero del país.*

granito m. Roca muy dura, compuesta de feldespato, cuarzo y mica. ‖ **FAM.** granítico.

granizado, da adj. Se dice del refresco hecho con hielo picado y alguna esencia, zumo de fruta, etc. También s.: *un granizado de limón.* ‖ f. Precipitación de granizo: *ha caído una buena granizada.*

granizar impers. Caer granizo. ‖ tr. Preparar una bebida granizada. ‖ **FAM.** granizado.

granizo m. Agua congelada que cae de las nubes. ‖ **FAM.** granizar.

granja f. Hacienda de campo. ‖ Finca para la cría de animales de corral. ‖ **FAM.** granjear, granjería, granjero.

granjear tr. y prnl. Conseguir, captar el favor, la voluntad de alguien: *se granjeó el res-*

peto de sus colaboradores. ‖ **FAM.** granjeable, granjeo.

grano m. Semilla y fruto de los cereales y de otras plantas. ‖ Partícula o trozo pequeño de cualquier sustancia: *un grano de azúcar, de arena.* ‖ Prominencia, tumorcillo pequeño de la piel. ‖ Cada una de las partículas que se notan en una superficie rugosa: *una lima de grano fino.* ‖ **grano de arena** Pequeña ayuda o contribución a algo. ‖ **ir uno al grano** En cualquier asunto, ir derecho a lo principal o fundamental sin entretenerse en rodeos. ‖ **FAM.** granalla, granar, graneado, granero, granito, granívoro, granizo, granoso, granular, gránulo, granulosidad, granuloso.

granuja com. Canalla, bribón, persona que engaña. ‖ **FAM.** granujada, granujería.

granulado, da adj. Se dice de la sustancia cuya masa forma granos pequeños.

granular adj. Se apl. a las sustancias cuya masa forma granos o porciones menudas.

granular tr. Reducir a granillos una masa pastosa o derretida: *granular la sal, el azúcar.* ‖ prnl. Cubrirse de granos pequeños alguna parte del cuerpo. ‖ **FAM.** granulación, granulado.

grao m. Playa que sirve de desembarcadero.

grapa f. Pieza pequeña de metal con los extremos doblados para unir o sujetar tablones, papeles, etc. ‖ **FAM.** grapar.

grasa f. Sustancia untuosa de origen vegetal o animal, que constituye la reserva de energía y la protección de la materia viva. ‖ Manteca o sebo de un animal. ‖ Mugre o suciedad de la ropa. ‖ Lubricante graso de origen mineral. ‖ **FAM.** grasiento, graso.

graso, sa adj. Untuoso, que tiene grasa.

gratificar tr. Pagar, remunerar a alguien por un servicio: *gratificaron su dedicación con un premio.* ‖ Complacer, dar gusto algo: *los aplausos le gratificaron.* ‖ **FAM.** gratificación, gratificador, gratificante.

gratinar tr. Tostar por encima en el horno un alimento cubierto con besamel o queso. ‖ **FAM.** gratinado, gratinador.

gratis adv. m. De balde, sin pagar: *entró gratis al concierto.* ‖ adj. Gratuito: *nos han dado una entrada gratis.* ‖ **FAM.** gratuito.

gratitud f. Agradecimiento.

grato, ta adj. Gustoso, agradable: *una charla grata.* ‖ **FAM.** gratamente, gratificar, gratis, gratitud.

gratuito, ta adj. Que no cuesta nada, que se consigue sin pagar dinero. ‖ Arbitrario: *una afirmación gratuita.* ‖ **FAM.** gratuidad, gratuitamente.

grava f. Piedra machacada para pavimentación. ‖ Conjunto de materiales procedentes de erosiones meteorológicas. ‖ **FAM.** gravera, gravilla.

gravamen m. Carga, obligación o impuesto que recae sobre algo o alguien. ‖ **FAM.** gravar.

gravar tr. Imponer un gravamen. ‖ **FAM.** gravoso.

grave adj. De mucha importancia: *nos enfrentamos a una grave crisis.* ‖ Muy enfermo: *su estado es grave.* ‖ Serio, circunspecto: *hizo un gesto grave.* ‖ Difícil: *éste es un grave problema.* ‖ Se dice del sonido con una frecuencia de vibraciones baja. ‖ Se apl. a la palabra con acento en la penúltima sílaba. También f. ‖ **FAM.** gravedad, gravemente, grávido.

gravedad f. Manifestación terrestre de la atracción universal, o sea tendencia de los cuerpos a dirigirse al centro de la Tierra, cuando cesa la causa que lo impide. ‖ Calidad de grave: *fue hospitalizado ante la gravedad de su estado.* ‖ **FAM.** gravímetro, gravitar.

gravidez f. Embarazo de la mujer.

gravitación f. Atracción mutua entre dos masas separadas por una distancia determinada. ‖ **FAM.** gravitatorio.

gravitar intr. Moverse un cuerpo por la atracción de otro: *la Tierra gravita alrededor del Sol.* ‖ Descansar un cuerpo sobre otro, por efecto de la gravedad: *la cúpula gravitaba sobre unas columnas.* ‖ Pesar sobre alguien una obligación: *sobre ella gravitaba toda la campaña publicitaria.* ‖ **FAM.** gravitación.

gravoso, sa adj. Caro, oneroso: *esta propiedad es muy gravosa.* ‖ Molesto, pesado: *una responsabilidad gravosa.*

graznido m. Voz del cuervo, ganso, grajo, etc. ‖ Canto o grito molesto al oído: *me contestó con un graznido.*

greca f. Tira más o menos ancha en que se repite la misma combinación de elementos decorativos, y especialmente los geométricos.

grecorromano, na adj. Común a griegos y romanos. ‖ Se dice de un tipo de lucha entre dos personas.

greda f. Arcilla arenosa para limpiar. ‖ **FAM.** gredal, gredoso.

gregario, ria adj. Que vive formando grupos o asociaciones. ‖ Que hace o dice lo de los demás, sin iniciativa propia: *tiene un espíritu gregario.* ‖ **FAM.** gregarismo.

gregoriano, na adj. Se apl. al canto y rito reformados por el papa Gregorio I. También m. ‖ Se dice del año, calendario, cómputo y era que reformó el papa Gregorio XIII.

greguería f. Vocerío o griterío confuso de la gente. ‖ Género literario creado hacia 1912 por R. Gómez de la Serna que consiste en una imagen en prosa que presenta una visión personal y sorprendente de algún aspecto de la realidad.

greguescos o **gregüescos** m. pl. Calzones muy anchos.

grelo m. Hojas tiernas y comestibles de los tallos del nabo.

gremio m. Corporación de aprendices, maestros y oficiales de una profesión que tuvo gran relevancia en la Edad Media. ‖ Conjunto de personas que tienen un mismo ejercicio, profesión o estado social: *el gremio de los divorciados*. ‖ **FAM.** gremial, gremialismo.

greña f. Cabellera despeinada y revuelta. Más en pl. ‖ **andar a la greña** Reñir continuamente dos o más personas. ‖ **FAM.** greñudo.

gres m. Pasta de arcilla y arena cuarzosa que, cocida a temperaturas muy elevadas se vuelve resistente, impermeable y refractaria.

gresca f. Riña. ‖ Alboroto.

grey f. Rebaño. ‖ Conjunto de individuos con algún carácter común: *la grey teatral*. ‖ Congregación de los fieles cristianos bajo sus pastores espirituales. ‖ **FAM.** gregario.

grial m. Vaso o copa que, según algunas leyendas o libros de caballería, utilizó Jesucristo en la última cena para la institución de la Eucaristía.

griego, ga adj. y s. De Grecia. ‖ m. Lengua griega. ‖ Lenguaje ininteligible, incomprensible: *hablar en griego*. ‖ **FAM.** grecismo, grecolatino, grecorromano, greguescos.

grieta f. Abertura alargada que surge de forma natural en alguna superficie. ‖ Hendidura poco profunda en la piel.

grifa f. Marihuana.

grifería f. Conjunto de grifos y llaves que sirven para regular el paso del agua. ‖ Tienda donde se venden grifos.

grifo, fa adj. Se dice del cabello crespo o enmarañado. ‖ Se dice de la persona cuyo pelo ensortijado indica mezcla de raza blanca con negra. También s.

grifo m. Llave de metal, colocada en la boca de las cañerías y en calderas y en otros depósitos de líquidos a fin de regular el paso. ‖ Animal fabuloso, mitad águila, mitad león. ‖ *amer.* Surtidor de gasolina. ‖ **FAM.** grifería, grifero.

grill (voz i.) m. Parrilla. ‖ En los hornos de gas o eléctricos, fuego situado en la parte superior que se emplea para dorar o gratinar los alimentos.

grillera f. Agujero en que se recogen los grillos en el campo. ‖ Jaula de alambre o mimbre en que se los encierra.

grillete m. Anilla para asegurar una cadena al pie de un presidiario.

grillo, lla m. y f. Insecto ortóptero, de unos 3 cm de largo, color negro rojizo con una mancha amarilla en las alas, cabeza redonda y ojos prominentes; el macho, cuando roza los élitros, produce un sonido agudo y monótono. ‖ **FAM.** grillera, grillete.

grima f. Disgusto, desagrado: *ese ruido me da grima*.

gringo, ga adj. *amer.* Estadounidense. También s.

gripe f. Enfermedad causada por virus, con fiebre y síntomas catarrales. ‖ **FAM.** gripa, gripal, griposo.

gris adj. Se dice del color que resulta de la mezcla de blanco y negro. También m. ‖ Triste, apagado: *hace un día gris*. ‖ Se dice de las personas que no destacan: *es un empleado gris*. ‖ Borroso, difuso: *un discurso gris*. ‖ m. Viento frío: *vaya gris que corre*. ‖ **FAM.** grisáceo, grisalla.

grisáceo, a adj. Que tira a gris.

grisón, na adj. Natural de un cantón de Suiza. También s. ‖ m. Lengua neolatina hablada en la mayor parte de este cantón.

grisú m. Gas que se desprende de las minas de carbón, inflamable y explosivo al mezclarse con el aire.

gritar intr. Levantar la voz: *no grites, que ya te he oído*. ‖ Dar gritos, chillar: *al ver la rata se puso a gritar*. ‖ Manifestar desaprobación; abuchear. También tr. ‖ tr. Reprender a alguien. ‖ **FAM.** grita, gritador, gritería, griterío, grito, gritón.

gritería o **griterío** f. o m. Confusión de voces altas, algarabía.

grito m. Voz emitida con mucha fuerza: *se oyó un grito*. ‖ Manifestación de un sentimiento mediante este tipo de voz: *dio un grito de alegría*. ‖ **pedir** una cosa **a gritos** loc. Necesitarla mucho. ‖ **poner el grito en el cielo** loc. Quejarse violentamente, enfadarse. ‖ Escandalizarse. ‖ **ser** alguien o algo **el último grito** loc. Ser o pertenecer a la moda más actual.

grogui adj. En boxeo, aturdido, sin conocimiento. ‖ Atontado: *se bebió cuatro copas y se quedó grogui*.

grosella f. Fruto en forma de baya globosa de color rojo, jugoso y de sabor agridulce; se emplea en la preparación de jarabes, confituras y bebidas. ‖ **FAM.** grosellero.

grosellero m. Arbusto de tronco ramoso de 1 a 2 m de altura, hojas alternas, pecioladas y divididas en cinco lóbulos, flores de color amarillo verdoso, cuyo fruto es la grosella.

grosero, ra adj. Sin educación. También s. ‖ Desatento. ‖ Tosco, basto, ordinario: *un tejido grosero*. ‖ **FAM.** groseramente, grosería.

grosor m. Espesor, grueso de un objeto.

grotesco, ca adj. Ridículo, extravagante:

un personaje grotesco. | De mal gusto. | **FAM.** grotescamente.

grúa f. Máquina compuesta por un eje vertical giratorio, y con una o varias poleas, que sirve para levantar y transportar pesos.

grueso, sa adj. Gordo, corpulento, voluminoso. | Que excede lo normal: *una aguja gruesa.* | m. Espesor, grosor: *el grueso de una tabla.* | Parte principal de algo: *ya ha terminado el grueso del trabajo.* | **FAM.** grosero, grosor.

grulla f. Ave zancuda de gran tamaño, de pico cónico y prolongado, cuello largo y negro, alas grandes y redondas, cola pequeña, pero de cobijas largas y cerdosas, y plumaje de color gris.

grumete m. Aprendiz de marinero.

grumo m. Porción de un líquido que se solidifica o se coagula: *la besamel tiene grumos.* | Conjunto de cosas apiñadas y apretadas entre sí. | **FAM.** grumoso.

gruñido m. Voz del cerdo. | Voz de algunos animales cuando amenazan. | Sonido inarticulado emitido por una persona irritada.

gruñir intr. Emitir su voz el cerdo. | Emitir su voz algunos animales en señal de amenaza: *el perro gruñe cada vez que le ve.* | Mostrar disgusto y repugnancia en la ejecución de una cosa, murmurando entre dientes: *déjaselo y no gruñas.* | Mostrar disgusto por algo. ♦ Irreg. Se conj. como *mullir.* | **FAM.** gruñido, gruñidor, gruñón.

grupa f. Anca de las caballerías.

grupo m. Conjunto de seres o cosas: *un grupo de amigos.* | En pintura, escultura, fotografía, etc., conjunto de figuras. | Unidad militar compuesta de varios escuadrones. | En quím., cada una de las columnas del sistema periódico que contiene elementos de propiedades semejantes. | **grupo sanguíneo** Cada uno de los tipos en que se clasifica la sangre en función de los antígenos presentes en los glóbulos rojos. | **FAM.** grupúsculo.

grupúsculo m. Grupo formado por un reducido número de personas que comparten una misma ideología política, generalmente radical.

gruta f. Cavidad natural abierta en riscos o peñas. | Estancia subterránea artificial que imita la anterior. | **FAM.** grutesco.

gua m. Agujero pequeño que se hace en el suelo para jugar tirando en él bolitas o canicas. | Nombre de este juego.

guaca f. Sepulcro de los antiguos indios, principalmente de Bolivia y Perú, en que se encuentran a menudo objetos de valor. | *amer.* Sepulcro antiguo indio en general. | *amer.* Te-soro escondido o enterrado. | *amer.* Hucha o alcancía. | **FAM.** guaco.

guacal m. *amer.* Árbol de frutos redondos de pericarpio leñoso, los cuales, partidos por la mitad y extraída la pulpa, se utilizan como vasija. | *amer.* La vasija así formada. | *amer.* Cesta formada de varillas de madera, que se utiliza para el transporte de loza, cristal, frutas, etc.

guacamayo m. Especie de papagayo americano, de cola muy larga y plumaje azul, rojo, verde y amarillo.

guacamole m. *amer.* Ensalada que se prepara con aguacate, cebolla, tomate y chile verde.

guachimán m. *amer.* Vigilante, guardián.

guachinango, ga adj. *amer.* Astuto, zalamero. | *amer.* Burlón.

guacho, cha adj. *amer.* Huérfano. También s.

guaco m. *amer.* Objeto de cerámica u otra materia que se encuentra en los sepulcros de los indios.

guamecí o **guadamecil** m. Cuero adobado y adornado con dibujos de pintura o relieve.

guadaña f. Instrumento para segar a ras de tierra, formado por una cuchilla puntiaguda, curva y más ancha que la de la hoz, enastada en un mango largo que forma ángulo con el plano de la hoja. | **FAM.** guadañador, guadañar, guadañero.

guagua f. Autobús urbano, especialmente en Canarias y algunas zonas de América. | *amer.* Niño pequeño.

guaira f. *amer.* Especie de flauta de varios tubos que usan los indios.

guajiro, ra m. y f. Campesino cubano. | Canción y baile populares cubanos.

gualda f. Planta herbácea con tallos ramosos, hojas enteras, lanceoladas, flores amarillas en espigas compactas, y fruto capsular con semillas pequeñas; de ella se extrae un colorante amarillo. | **FAM.** gualdo.

gualdo, da adj. Del color de la flor de la gualda, o amarillo.

guanche adj. De un pueblo que habitaba las Islas Canarias antes de la conquista castellana (s. XV). También com. | Natural de este pueblo. | m. Lengua hablada por este pueblo.

guano m. Abundancia de excrementos de aves marinas acumulados en ciertas costas e islas de Suramérica que se emplea como abono. | Abono artificial que lo imita. | *amer.* Estiércol. | **FAM.** guanera.

guantada f. Guantazo.

guantazo m. Golpe que se da con la mano abierta.

guante m. Prenda para cubrir la mano, que se hace, por lo común, de piel, tela o tejido de punto y suele tener una funda para cada dedo. ‖ **colgar los guantes** loc. Abandonar el boxeo y, p. ext., cualquier otro tipo de actividad. ‖ **echar el guante** a alguien. loc. Atraparle. ‖ FAM. guantada, guantazo, guantelete, guantera, guantería.

guantelete m. Pieza de la armadura que protegía la mano.

guantera f. Caja del salpicadero de los vehículos automóviles en la que se guardan diversos objetos.

guaperas adj. y m. Presumido. ♦ No varía en pl.

guapeza f. Guapura.

guapo, pa adj. Se dice de la persona de aspecto agradable; bien parecido. También s. ‖ m. Pendenciero. ‖ Galán. ‖ FAM. guaperas, guapetón, guapeza, guapura.

guapura f. Cualidad de guapo.

guaracha f. Baile cubano semejante al zapateado.

guaraní adj. De un pueblo amerindio que habitó entre el Amazonas y el Río de la Plata. También com. ‖ m. Lengua hablada por este pueblo, y que actualmente constituye una de las lenguas oficiales de Paraguay. ‖ Unidad monetaria de Paraguay.

guarapo m. amer. Jugo de la caña dulce exprimida, que por vaporización produce el azúcar. ‖ amer. Bebida fermentada hecha con este jugo.

guarda com. Persona que tiene a su cargo el cuidado de algo. ‖ f. Acción de guardar. ‖ Hoja blanca o de color al principio y fin de los libros. Más en pl. ‖ Cada una de las dos varillas exteriores del abanico.

guardabarrera com. Persona que en las líneas de los ferrocarriles vigila un paso a nivel.

guardabarros m. Pieza que se coloca sobre las ruedas del coche para evitar las salpicaduras de barro. ♦ No varía en pl.

guardabosque o **guardabosques** m. Guarda que cuida los bosques.

guardacostas m. Barco pequeño destinado a la persecución del contrabando y defensa del litoral. ♦ No varía en pl.

guardaespaldas com. Persona destinada a proteger a otra. ♦ No varía en pl.

guardafrenos com. Empleado que tiene a su cargo en los trenes de ferrocarriles el manejo de los frenos. ♦ No varía en pl.

guardameta com. En algunos deportes, portero.

guardamuebles m. Almacén destinado a guardar muebles. ♦ No varía en pl.

guardapolvo m. Resguardo que se pone encima de una cosa para preservarla del polvo. ‖ Sobretodo de tela ligera para preservar el traje de polvo y manchas.

guardar tr. Cuidar, vigilar, custodiar: *el perro guardaba la finca.* ‖ Colocar algo en el lugar apropiado: *guardó el mantel en el cajón.* ‖ Conservar, no gastar: *guardaba este vino para las grandes ocasiones.* ‖ Cumplir, observar una regla: *fiestas de guardar.* ‖ prnl. Seguido de la prep. *de,* precaverse de un riesgo: *guárdate de los malos consejeros.* ‖ Con la misma preposición, evitar: *se guardó de manifestar su opinión.* ‖ Conservar para sí: *me guardaré este cigarrillo para el camino.* ‖ FAM. guarda, guardabarreras, guardabarros, guardabosque, guardacantón, guardacoches, guardacostas, guardador, gurdaespaldas, guardafrenos, guardameta, guardamuebles, guardamuebles, guardapolvo, guardarraya, guardarropa, guardarruedas, guardería, guardés, guardia, guardián.

guardarropa m. Local en los lugares públicos donde los asistentes guardan sus abrigos y otros objetos. ‖ Conjunto de vestidos de una persona: *tengo que renovar mi guardarropa.* ‖ Armario donde se guarda la ropa. ‖ com. Persona encargada de cuidar el local destinado a guardar la ropa. ‖ FAM. guardarropía.

guardarropía f. En el teatro, cine y televisión, conjunto de trajes que se usan en las representaciones escénicas. ‖ Lugar o habitación en que se guardan estos trajes o efectos. ‖ **de guardarropía** loc. adj. que se aplica a las cosas que aparentan ser lo que no son en realidad.

guardería f. Establecimiento para el cuidado de niños pequeños.

guardés, sa m. y f. Persona encargada de custodiar o guardar una casa. ‖ f. Mujer del guarda.

guardia f. Grupo de soldados o de personas armadas que se encargan de la protección de alguien o algo. ‖ Defensa, custodia, protección: *montaba guardia ante tu escritorio.* ‖ Cuerpo de tropa especial: *guardia real.* ‖ Actitud de defensa: *ponerse en guardia.* ‖ com. Individuo de ciertos cuerpos armados: *un guardia civil.* ‖ **estar de guardia** loc. Prestar servicio en ciertos establecimientos con horarios y turnos establecidos. ‖ **en guardia** loc. adv. Prevenido, en actitud de defensa. Se usa con los verbos *estar* o *ponerse.*

guardián, na m. y f. Persona que guarda o vigila algo. ‖ m. En la orden de los franciscanos, superior de un convento.

guarecer tr. Acoger, proteger. ‖ prnl. Refugiarse, resguardarse: *nos guarecimos de la lluvia en un portal.* ♦ Irreg. Se conj. como *agradecer.* ‖ FAM. guarida.

guarida f. Cueva donde se recogen y guare-

cen los animales. ‖ Refugio: *una guarida de ladrones.*

guarismo m. Cada uno de los signos o cifras
que expresan una cantidad.

guarnecer tr. Poner guarnición: *guarneció
el asado con patatas.* ‖ Adornar: *guarnecieron
la tienda por navidad.* ‖ Equipar: *tenemos que
guarnecernos para la expedición.* ◆ **Irreg.** Se
conj. como *agradecer.* ‖ **FAM.** guarnición.

guarnición f. Adorno que se pone en los
vestidos, ropas, colgaduras, etc. ‖ Serie de alimentos, generalmente hortalizas, legumbres,
etc., que acompañan un plato de comida más
fuerte. ‖ Engaste de metal en que se sientan y
aseguran las piedras preciosas: *la sortija llevaba una guarnición de oro blanco.* ‖ Tropa
que protege una plaza, ciudad, etc. ‖ Parte de
la espada que protege la mano. ‖ pl. Correajes
de una caballería ‖ **FAM.** guarnicionería,
guarnicionero.

guarnicionero, ra m. y f. Persona que
hace o vende guarniciones para caballerías.

guarrada f. Porquería, suciedad. ‖ Acción
indecente: *le han hecho una guarrada en el trabajo.*

guarrear intr. Hacer guarrerías. ‖ tr. Ensuciar. También prnl.: *ya te has guarreado el
babi.*

guarrería f. Porquería, suciedad. ‖ Acción
sucia, mala jugada.

guarro, rra adj. y s. Cerdo, cochino. ‖
FAM. guarrada, guarrazo, guarrear, guarrería.

guasa f. Broma, burla. ‖ **FAM.** guasearse,
guaso, guasón.

guasca f. *amer.* Cuerda o soga, que sirve de
rienda o de látigo.

guaso, sa m. y f. Campesino de Chile. ‖ adj.
amer. Tosco, grosero.

guasón, na adj. y s. Bromista.

guata f. Algodón en rama que se emplea para
rellenar o acolchar. ‖ **FAM.** guatear.

guatear tr. Acolchar o rellenar con guata. ‖
FAM. guateado.

guateque (voz caribe) m. Fiesta con baile
que se da en una casa.

guau Onomatopeya con que se representa la
voz del perro.

guay adj. Excelente, estupendo. También
adv.: *canta guay.*

guayaba f. Fruto del guayabo, de figura
aovada y sabor dulce. ‖ Conserva y jalea que
se hace con esta fruta. ‖ *amer.* Mentira, embuste. ‖ **FAM.** guayabera, guayabo.

guayabera f. Chaquetilla de tela ligera.

guayabo m. Árbol de América tropical, de
la familia de las mirtáceas, que crece hasta
6 m de altura, con tronco torcido y ramoso,

hojas elípticas, puntiagudas, ásperas y gruesas, flores blancas y olorosas, y que tiene por
fruto la guayaba.

gubernamental adj. Perteneciente al gobierno. ‖ Partidario del gobierno: *periódico
gubernamental.*

gubernativo, va adj. Perteneciente al gobierno. ‖ **FAM.** gubernamental, gubernativa-
mente.

gubia f. Formón de media caña, delgado,
para labrar superficies curvas.

guedeja f. Cabellera larga. ‖ Melena del
león.

güelfo, fa adj. Partidario de los papas, en la
Edad Media, contra los gibelinos, defensores
de los emperadores de Alemania. También s.

guepardo m. Mamífero carnívoro que habita en las regiones meridionales de Asia y
África, con pelaje similar al leopardo; es domesticable y se utiliza en la caza de la gacela.

guerra f. Lucha armada entre dos o más países, o entre grupos contrarios de un mismo
país. ‖ Pugna entre dos o más personas. ‖ Lucha, combate. ‖ Oposición, discordia. ‖ **dar
guerra** loc. Causar molestia. ‖ **FAM.** guerrear,
guerrera, guerrero, guerrilla.

guerrear intr. Hacer la guerra. También tr.
‖ Rebatir, contradecir.

guerrero, ra adj. Perteneciente o relativo a
la guerra: *tácticas guerreras.* ‖ Se dice de la
persona inclinada a la guerra; belicoso. También s. ‖ Travieso, que incomoda y molesta a
los demás: *este niño está guerrero.* ‖ Soldado,
que combate en alguna guerra. También s. ‖
f. Chaqueta militar ajustada y abrochada desde el cuello.

guerrilla f. Grupo armado que ataca por
sorpresa a su enemigo, y al margen del ejército regular de un país. ‖ Su método de lucha:
guerra de guerrillas. ‖ **FAM.** guerrillero.

gueto m. Barrio en que habitaban los judíos.
‖ P. ext., cualquier comunidad marginada del
resto de la sociedad por motivos religiosos,
raciales, políticos, culturales, etc. ‖ Lugar
donde habita esta comunidad.

guía com. Persona que conduce, dirige, aconseja u orienta a otras: *guía de montaña, guía
espiritual.* ‖ Persona que enseña a los visitantes lo más destacado de una ciudad, monumento, museo, etc. ‖ m. Soldado que sirve
para alinear la tropa. ‖ f. Lo que dirige o encamina: *su ejemplo fue una guía para toda una
generación.* ‖ Libro de indicaciones: *guía de
uso.* ‖ Lista de datos o informaciones referentes
a determinada materia: *guía telefónica.* ‖ Vara
que se deja sin podar en las cepas y en los árboles. ‖ Documento que llevan los transpor-
tistas de ciertas mercancías. ‖ Tallo principal

guiar																382

de las coníferas y otros árboles. ‖ Pieza o cuerda que en las máquinas y otros aparatos sirve para dirigir el movimiento. ‖ Manillar de la bicicleta. ‖ Cada uno de los extremos del bigote cuando están retorcidos.
guiar tr. Ir mostrando el camino: *nos guió un lugareño*. ‖ Aconsejar, orientar: *su padre le guió en la elección de la carrera*. ‖ Conducir: *guiar un coche*. ‖ prnl. Dejarse llevar: *se guía por su instinto*. ‖ FAM. guía, guiado, guión.
guija f. Guijarro.
guijarro m. Piedra pequeña, redondeada y lisa. ‖ FAM. guija, guijarral, guijo.
guijo m. Conjunto de guijas, utilizadas para consolidar y rellenar los caminos.
guillarse prnl. Irse o huirse. ‖ Perder la cabeza, volverse loco: *se guilló por esa chica*. ‖ FAM. guillado, guilladura.
guillotina f. Máquina que se usó en Francia para decapitar a los condenados a muerte. ‖ Máquina para cortar papel. ‖ FAM. guillotinar.
guillotinar tr. Utilizar la guillotina.
guinda f. Fruto del guindo, parecido a la cereza, pero de sabor más ácido. ‖ FAM. guindilla, guindo.
guindilla f. Pimiento pequeño, de color rojo o verde, muy picante.
guindo m. Árbol, de la familia de las rosáceas, parecido al cerezo, cuyo fruto es la guinda. ‖ FAM. guindalera.
guinea f. Antigua moneda inglesa.
guineo m. Variedad de plátano o banana, especialmente en algunas regiones de América.
guiñapo m. Harapo, andrajo o trapo roto. ‖ Persona que viste con harapos. ‖ Persona enfermiza, débil: *la enfermedad le dejó hecho un guiñapo*. ‖ Persona despreciable.
guiñar tr. Cerrar un ojo momentáneamente quedando el otro abierto. También prnl. ‖ FAM. guiñada, guiño.
guiño m. Acción de guiñar el ojo. ‖ Señal, mensaje disimulado: *esta novela está llena de guiños*.
guiñol m. Representación teatral por medio de títeres.
guión m. Esquema escrito de un tema que se quiere exponer o desarrollar. ‖ Texto en que se expone, con los detalles necesarios para su realización, el contenido de un filme o de un programa de radio o televisión. ‖ Signo ortográfico (-), que se utiliza para diversas cosas: separar dos mitades de una misma palabra al final de un renglón; unir dos elementos de una palabra compuesta; indicar en los diálogos cuándo habla cada interlocutor, etc. ‖ Ave delantera de las bandadas migratorias. ‖ FAM. guionista.

güira f. Árbol tropical de 4 a 5 m de altura, con tronco torcido y copa clara; hojas grandes y acorazonadas; flores axilares, blanquecinas, de mal olor, y fruto globoso, de corteza dura y blanquecina, con la que hacen los campesinos de América tazas, platos, jofainas, etc., según su tamaño. ‖ Fruto de este árbol.
guirigay m. Lenguaje incomprensible. ‖ Confusión, griterío. ♦ pl. *guirigays* o *guirigáis*.
guirlache m. Turrón hecho con almendras tostadas y caramelo.
guirnalda f. Corona de flores, hierbas o ramas.
guisa f. Modo, manera: *me lo dijo de esta guisa*. ‖ FAM. guisar.
guisado m. Manjar guisado. ‖ Plato de carne o pescado cocido con verduras, patatas y especias.
guisante m. Planta hortense leguminosa con tallos volubles trepadores, flores axilares en racimos colgantes de color blanco, rojo y azulado, y fruto en vaina casi cilíndrica, con diversas semillas verdes muy apreciadas. ‖ Semilla de esta planta.
guisar tr. Cocinar, preparar la comida al fuego. También intr.: *guisa con muchas especias*. ‖ Componer o disponer algo: *guisó un pretexto para no acudir a la reunión*. ‖ FAM. guisado, guisadero, guiso, guisote.
güisqui m. Bebida alcohólica de cereales fermentados.
guita f. Cuerda delgada. ‖ Dinero: *tiene mucha guita*.
guitarra f. Instrumento musical de cuerda, compuesto por una caja de resonancia, un mástil y seis cuerdas que se pulsan con los dedos de una mano, mientras que los de la otra las pisan en el mástil. ‖ amer. Traje de fiesta. ‖ com. Persona que toca este instrumento. ‖ FAM. guitarreo, guitarrería, guitarrero, guitarrillo, guitarrista, guitarrón.
guitarrillo m. Instrumento musical de cuatro cuerdas y de la forma de una guitarra muy pequeña.
güito m. Sombrero. ‖ Hueso de fruta, especialmente el del albaricoque. ‖ pl. Juego que se hace con estos huesos.
gula f. Glotonería. ‖ FAM. gulusmear.
gulasch m. Estofado de carne con paprika, típico de Hungría.
gules m. pl. Color rojo heráldico.
gurí, sa m. y f. amer. Muchachito indio o mestizo. ‖ amer. Niño, muchacho.
gurrumino, na adj. amer. Cobarde, pusilánime. ‖ m. y f. amer. Chiquillo, niño, muchacho. ‖ f. amer. Flojera, malestar.

gurú o **guru** m. En el hinduismo, guía espiritual, maestro.

gusanillo m. d. de **gusano**. ‖ Hilo de oro, plata, seda, etc., ensortijado para formar con él ciertas labores. ‖ Por ext., estas labores. ‖ **matar el gusanillo** loc. Beber aguardiente en ayunas. ‖ Matar el hambre momentáneamente comiendo algo.

gusano m. Denominación común de ciertos animales invertebrados, de cuerpo blando y alargado, que se contrae al moverse. ‖ Lombriz. ‖ Larva de algunos insectos. ‖ Persona despreciable: *se ha portado como un gusano*. ‖ Persona insignificante. ‖ FAM. gusanera, gusanillo.

gusarapo, pa m. y f. Cualquiera de los diferentes tipos de animal con forma de gusano, que se crían en los líquidos. ‖ FAM. gusarapiento.

gustar intr. Agradar algo a alguien: *me gusta que digas eso; me gusta tu libro*. ‖ Desear, sentir afición: *gusta de ir al cine*. ‖ tr. Sentir el sabor en el paladar: *gustar el vino*. ‖ Probar: *¿gusta usted?*

gustillo m. Dejo o saborcillo que dejan en el paladar algunas sustancias: *este licor tiene un gustillo amargo*.

gusto m. Uno de los cinco sentidos del cuerpo con el que se percibe el sabor. ‖ Ese sabor, que básicamente puede ser: dulce, salado, ácido o amargo. ‖ Placer: *¡qué gusto verla tan mayor!* ‖ Voluntad propia: *vino por su gusto*. ‖ Facultad y manera propias de cada uno de apreciar lo bello o lo feo: *no comparto tus gustos*. ‖ Capricho: *se dio el gusto de comprarse el coche*. ‖ **a gusto** loc. adv. Con comodidad. ‖ **con mucho gusto** loc. Fórmula con que cortésmente se accede a algo. ‖ FAM. gustar, gustativo, gustazo, gustillo, gustirrinín, gustosamente, gustoso.

gustoso, sa adj. Que hace con placer algo: *hablaré gustoso con tus padres*. ‖ Que tiene buen sabor: *un caldo gustoso*.

gutapercha f. Goma translúcida, sólida, flexible, e insoluble en el agua, que se obtiene de cierto árbol de la India. Tiene gran aplicación en la industria para fabricar telas impermeables y sobre todo para aislar los conductores de los cables eléctricos.

gutural adj. Perteneciente o relativo a la garganta: *voz gutural*. ‖ En fon., se dice de cada una de las consonantes *g*, *j*, y *k*, llamadas más propiamente velares. También f.

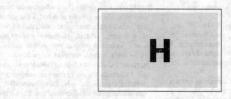

H

h f. Octava letra del abecedario español, y sexta de sus consonantes. Su nombre es *hache*. ♦ Es muda, sólo tiene valor ortográfico. En algunas zonas extremeñas y andaluzas, mantiene un sonido aspirado: *hondo* que se pronuncia *jondo*.

haba f. Planta herbácea leguminosa de hojas compuestas con hojuelas elípticas, flores blancas o rosáceas y fruto en vaina. Son comestibles tanto las semillas como las vainas cuando están verdes. ‖ Fruto y semilla de esta planta. ‖ FAM. habar, habichuela, habón.

habanera f. Música y danza propia de La Habana. ‖ FAM. habano.

habano, na adj. De La Habana, y por ext., de la isla de Cuba. ‖ m. Cigarro puro de Cuba.

hábeas corpus m. Derecho del ciudadano detenido a comparecer inmediata y públicamente ante un juez o tribunal.

haber aux. que sirve para conjugar otros verbos en los tiempos compuestos: *he comido*. ‖ impers. Suceder algo: *ha habido tres terremotos*. ‖ Estar realmente en algún sitio: *había tres gatos*. ‖ Verificarse, efectuarse algo: *esta noche no hay función*. ♦ Siempre va en singular, aunque el sustantivo que lo acompaña vaya en pl.: *ha habido pocos votos*. ‖ **haber de** + inf. Deber: *has de llegar antes*. ‖ **haber que** + inf. Ser necesario o conveniente: *hay que comprar patatas*. ‖ FAM. haber, habiente. ♦ Irreg. Conjugación modelo:

Indicativo
Pres.: *he, has, ha o hay, hemos, habéis, han.*
Imperf.: *había, habías,* etc.
Pret. indef.: *hube, hubiste, hubo, hubimos, hubisteis, hubieron.*
Fut. imperf.: *habré, habrás, habrá,* etc.

Potencial: *habría, habrías,* etc.

Subjuntivo
Pres.: *haya, hayas, haya, hayamos, hayáis, hayan.*
Imperf.: *hubiera o hubiese, hubieras o hubieses,* etc.
Fut. imperf.: *hubiere, hubieres,* etc.

Imperativo: *he, habed.*

Participio: *habido.*

Gerundio: *habiendo.*

haber m. Hacienda, caudal. Más en pl.: *con esta operación ha incrementado sus haberes.* ‖ Una de las dos partes en que se dividen las cuentas corrientes. ‖ Cualidades positivas o méritos que se consideran en una persona o cosa: *tiene en su haber varios premios.* ‖ pl. Sueldo, jornal: *todavía no ha cobrado sus haberes.*

habichuela f. Judía, alubia.

hábil adj. Capaz, inteligente y dispuesto para hacer algo manual o intelectual: *es muy hábil para los negocios.* ‖ En der., apto para una cosa: *tres días hábiles para presentar el recurso.* ‖ FAM. habilidad, habilidoso, habilitar, hábilmente.

habilidad f. Capacidad, inteligencia y disposición para una cosa. ‖ Gracia y destreza en hacer algo. ‖ Cada una de las cosas que alguien hace con gracia y destreza: *nos mostró sus habilidades al volante.*

habilitado m. Persona encargada de cobrar y pagar a los componentes del cuerpo o grupo que le ha elegido.

habilitar tr. Hacer a una persona o cosa hábil o apta para algo: *ya han habilitado los fondos para el proyecto.* ‖ Destinar algo a un fin determinado y adaptarlo convenientemente: *habilitaremos esta habitación como despacho.* ‖ FAM. habilitación, habilitado.

habitación f. Cualquiera de los aposentos de una casa. ‖ Dormitorio. ‖ Edificio o parte de él que se destina para habitarse. ‖ Acción y efecto de habitar.

habitante m. Cada una de las personas que constituyen la población de un barrio, ciudad, provincia o nación.

habitar tr. e intr. Vivir, estar habitualmente en un lugar o casa. ‖ FAM. habitabilidad, habitable, habitación, habitáculo, habitante, hábitat.

hábitat m. Conjunto de condiciones geofísicas en que se desarrolla la vida de una especie o de una comunidad animal o vegetal. ♦ pl. *hábitats.*

hábito m. Modo especial de proceder o comportarse adquirido por la repetición de los mismos actos: *se ha quitado el hábito de fumar.* | Traje de los religiosos o penitentes. | **FAM.** habitual, habitualmente, habituar.

habitual adj. Que se hace por hábito: *no ha llegado a su hora habitual.* | Asiduo: *un cliente habitual.*

habituar tr. y prnl. Acostumbrar o hacer que uno se acostumbre a una cosa: *se habituó a madrugar.* | **FAM.** habituación.

habla f. Facultad de hablar: *la sorpresa le dejó sin habla.* | Acción de hablar: *su habla es rebuscada.* | Realización individual de la lengua por parte de los hablantes. | Sistema lingüístico de una comarca, localidad o colectividad, con rasgos propios dentro de otro sistema más extenso: *el habla infantil.*

habladuría f. Dicho inoportuno e impertinente. | Rumor sin fundamento que se extiende entre la gente: *eso son meras habladurías.*

hablar intr. Pronunciar palabras para darse a entender: *el niño ya habla.* | Comunicarse las personas por medio de palabras: *hablaron mucho tiempo.* | Pronunciar un discurso: *hoy hablará de los mamíferos.* | Dirigir la palabra a una persona: *habló a los presentes.* | Con los advs. *bien* o *mal,* expresarse de uno u otro modo y manifestar opiniones favorables o adversas sobre alguien o algo: *la crítica ha hablado bien de su novela.* | Con la prep. *de,* razonar, o tratar de una cosa: *hablar de negocios.* | Murmurar o criticar: *la portera no para de hablar de la del 6.º* | Rogar, interceder por uno: *hablaré a tu favor.* | Explicarse o dar a entender algo por medios distintos a la palabra: *hablar por señas.* | tr. Emplear uno u otro idioma para expresarse: *habla francés.* | Decir algunas cosas especialmente buenas o malas: *habla maravillas de ti.* | prnl. Tener relaciones amorosas o de cualquier tipo una persona con otra: *mi hermana se habla con tu primo; hace mucho que no se hablan.* | **FAM.** habla, habladero, hablado, hablador, habladuría, hablante, hablilla, hablista.

habón m. Bultillo en forma de haba que causa picor y que aparece en la piel producido por la picadura de un insecto, por urticaria, etcétera.

hacendado, da adj. y s. Que tiene una o varias haciendas. | *amer.* Se dice del estanciero que se dedica a la cría de ganado. | **FAM.** hacendar.

hacendoso, sa adj. Solícito y diligente en las faenas domésticas.

hacer tr. Producir: *hacía pompas de jabón.* | Fabricar, componer: *hizo varias comedias.* | Ejecutar. También prnl.: *se hacía la manicura.* | Con el pron. neutro *lo,* realizar o ejecutar la acción de un verbo previamente enunciado: *¿me traerás el libro esta noche? Lo haré sin falta.* | Causar, ocasionar: *hacer ruido.* | Disponer, preparar: *mañana haremos una cena especial.* | Transformar, convertir: *los desengaños le han hecho resentido.* | Caber, contener: *este vaso hace tres copas.* | Junto con algunos nombres, expresa la acción de los verbos que se forman de la misma raíz de dichos nombres: *hacer gestos (gesticular).* | Imaginar: *se hacía ilusiones.* | Suponer. creer: *yo te hacía en Londres.* | Representar una obra teatral, cinematográfica, etc.: *hacen «La Celestina».* | Ejercitar los miembros, músculos, etc., para fomentar su desarrollo: *hacer piernas.* | Componer, mejorar. | Usar o emplear lo que los nombres significan: *hacer señas, gestos.* | Reducir una cosa a lo que significan los nombres a que va unido: *hacer pedazos.* | Con las preps. *con* o *de,* proveer, suministrar, facilitar. Más c. prnl.: *se hizo con la mayoría de los votos.* | Componer un número o cantidad: *con esto hacen cien.* | Obligar a que se ejecute la acción de un infinitivo o de una oración subordinada: *le hizo venir; nos hizo que fuésemos.* | Expeler del cuerpo los excrementos: *hacer pis.* | Habituar, acostumbrar. También prnl.: *se hizo pronto al nuevo trabajo.* | Interpretar un papel: *hará de Don Juan en la obra.* | intr. Obrar, actuar, proceder: *déjale hacer.* | Importar, convenir: *esa cita no me hace.* | Con algunos nombres de oficios, profesiones, etc. y la prep. *de,* ejercerlos: *hace de fiscal.* | Junto con la prep. *por* y los infinitivos de algunos verbos, poner cuidado en la ejecución de lo que los verbos significan: *hacer por venir.* | Con el pronombre *se,* seguido de artículo o solamente de voz expresiva de alguna cualidad, fingir alguien lo que no es: *hacerse el tonto.* | Aparentar. Se usa generalmente seguido del adv. *como: hace como que no le importa.* | prnl. Crecer, aumentarse, desarrollarse para llegar al estado de perfección que cada cosa ha de tener: *se hizo mayor.* | Volverse, transformarse: *se hizo millonario.* | impers. Experimentar el buen o mal tiempo: *hace calor, frío, buen día.* Se usa también en general: *mañana hará bueno.* | Haber transcurrido cierto tiempo: *mañana hará ocho años.* | **hacer** uno **de las suyas** loc. Proceder uno según su carácter y costumbres. | **FAM.** hacedero, hacedor, hacendoso, hacienda, hazmerreír, hecho, hechor, hechura. ♦ **Irreg.** Conjugación modelo:

Indicativo

Pres.: *hago, haces, hace, hacemos, hacéis, hacen.*
Imperf.: *hacía, hacías,* etc.
Pret. indef.: *hice, hiciste, hizo, hicimos, hicisteis, hicieron.*
Fut. imperf.: *haré, harás, hará, haremos, haréis, harán.*

Potencial: *haría, harías, haría, haríamos, haríais, harían.*

Subjuntivo

Pres.: *haga, hagas, haga, hagamos, hagáis, hagan.*
Imperf.: *hiciera, hicieras, hiciera, hiciéramos, hicierais, hicieran* o *hiciese, hicieses, hiciese, hiciésemos, hicieseis, hiciesen.*
Fut. imperf.: *hiciere, hicieres, hiciere, hiciéremos, hiciereis, hicieren.*

Imperativo: *haz, haced.*

Participio: *hecho.*

Gerundio: *haciendo.*

hacha f. Herramienta compuesta por una hoja ancha con filo en uno de sus lados y un ojo en el opuesto donde se inserta el mango, generalmente de madera. Sirve para cortar dando golpes. ‖ **FAM.** hachazo.

hacha f. Vela de cera, grande y gruesa, con cuatro pabilos. ‖ Mecha de esparto y alquitrán para que resista al viento sin apagarse. ‖ **FAM.** hachero, hachón.

hachazo m. Golpe dado con el hacha. ‖ En taurom., golpe que el toro da lateralmente con un cuerno, produciendo contusión y no herida. ‖ *amer.* Espantada súbita y violenta del caballo.

hache f. Nombre de la letra *h.*

hachís m. Sustancia usada como estupefaciente que se extrae de las flores de una variedad india del cáñamo.

hacia prep. que determina la dirección del movimiento con respecto al punto de su término: *voy hacia allá.* ‖ Alrededor de, cerca de: *llegaré hacia las tres.*

hacienda f. Finca agrícola o ganadera. ‖ Conjunto de bienes y riquezas que uno tiene. ‖ Conjunto de organismos que se ocupan de administrar los bienes del Estado y de establecer y hacer que se cumplan las obligaciones fiscales. ‖ **FAM.** hacendado, hacendista, hacendístico.

hacinar tr. Amontonar, juntar sin orden personas o cosas. También prnl.: *en aquel vagón se hacinaban pasajeros y equipajes.* ‖ Poner los haces unos sobre otros. ‖ **FAM.** hacinamiento.

hada f. Ser fantástico que se representaba bajo la forma de una mujer con poderes mágicos.

hado m. Divinidad o fuerza desconocida que se creía que gobernaba el destino de los hombres. ‖ Destino: *el hado lo quiso así.* ‖ **FAM.** hada.

hafnio m. Elemento químico metálico brillante que se obtiene de los minerales del circonio y se emplea, por ejemplo, en la fabricación de los filamentos de las bombillas. Su símbolo es *Hf.*

hagiografía f. Historia de las vidas de los santos. ‖ **FAM.** hagiográfico, hagiógrafo.

¡hala! Interj. que se emplea para animar o meter prisa: *¡hala, que ya falta poco!* ‖ Interj. para mostrar sorpresa: *¡hala, cómo ha salido!* ‖ **FAM.** ¡hale!

halagar tr. Adular a alguien: *no para de halagar al jefe.* ‖ Satisfacer el orgullo o el amor propio de alguien: *me halaga tu elección.* ‖ **FAM.** halagador, halago, halgüeño.

halagüeño, ña adj. Que halaga. ‖ Prometedor de cosas impresionantes: *las primeras impresiones son halagüeñas.* ‖ **FAM.** halagüeñamente.

halar tr. Tirar de un cabo, de una lona o de un remo al bogar. ‖ *amer.* Tirar hacia sí de una cosa.

halcón m. Ave rapaz, generalmente carnívora, de hasta 50 cm de long. y 90 de envergadura, cabeza pequeña, pico muy ganchudo y garras curvas y robustas. Se usa en cetrería. ‖ **FAM.** halconero.

¡hale! interj. ¡Hala!

hálito m. Aliento: *le quedaba un hálito de vida.* ‖ Vapor que sale de algo. ‖ En poét., soplo suave y apacible del aire. ‖ **FAM.** halitosis.

halitosis f. Fetidez del aliento. ♦ No varía en pl.

hall (voz i.) m. Vestíbulo.

hallar tr. Encontrar a una persona o cosa: *no hallé la llave.* ‖ Inventar lo que hasta entonces es desconocido: *halló una solución para el problema.* ‖ Descubrir la verdad o el resultado de algo: *hallar la raíz cuadrada de este número.* ‖ Ver, observar, notar: *hallé rencor en su respuesta.* ‖ prnl. Estar presente: *en la cena de despedida se hallaban todos sus compañeros.* ‖ **FAM.** hallado, hallazgo.

hallazgo m. Acción y efecto de hallar. ‖ Cosa hallada, sobre todo cuando es muy importante: *un hallazgo arqueológico.*

halo m. Cerco que rodea a veces a los cuerpos luminosos. ‖ Aureola que suele representarse detrás de la cabeza de las imágenes religiosas. ‖ Brillo que da la fama o el prestigio: *le rodea un halo de misterio.*

halógeno, na adj. Se dice de los elementos químicos flúor, cloro, bromo, yodo y el elemento radiactivo ástato, algunas de cuyas sales son muy comunes en la naturaleza, como el cloruro sódico o sal común. También s. ‖ Se dice de las lámparas que, con alguno de estos elementos, producen una luz muy clara y brillante. ‖ FAM. halita, haluro.

halterofilia f. Deporte olímpico de levantamiento de peso. ‖ FAM. haltera, halterófilo.

halturo f. Sal binaria que forma la combinación de un halógeno con un metal.

hamaca f. Red gruesa que, colgada por los extremos, sirve de cama o columpio. ‖ Asiento consistente en una armadura de tijera en la que se sujeta una tela que forma el asiento y el respaldo. ‖ *amer.* Mecedora. ‖ FAM. hamacar, hamaquear.

hamacar o **hamaquear** tr. *amer.* Mecer la hamaca. También prnl.

hambre f. Gana y necesidad de comer: *no tengo hambre.* ‖ Escasez de alimentos básicos: *su familia pasó hambre en la guerra.* ‖ Apetito o deseo ardiente de algo: *hambre de poder.* ‖ **hambre canina** Enfermedad que consiste en tener un hambre insaciable. ‖ Gana de comer extraordinaria y excesiva. ‖ FAM. hambrear, hambriento, hambrón, hambruna.

hambriento, ta adj. y s. Que tiene mucha hambre.

hambruna f. Hambre, escasez generalizada de alimentos. ‖ *amer.* Mucha hambre.

hamburgués, sa adj. y s. De Hamburgo. ‖ f. Filete de carne picada, que a veces se come en bocadillo. ‖ El mismo bocadillo que suele hacerse con pan especial redondo. ‖ FAM. hamburguesería.

hampa f. Conjunto de maleantes. ‖ Modo de vida que llevan. ‖ FAM. hampón.

hampón adj. Valentón. ‖ Individuo del hampa. También m.

hámster m. Mamífero roedor de 20 a 30 cm de longitud, con cuerpo macizo y rechoncho, hocico chato, orejas pequeñas y cola y patas cortas. Es muy fecundo y se utiliza como animal de laboratorio.

hándicap m. Carrera, concurso, etc., en que se beneficia a algunos participantes para nivelar las condiciones de la competición y que todos tengan la misma probabilidad de ganar. ‖ Obstáculo, dificultad, problema: *tenemos el hándicap del tiempo.*

hangar m. Cobertizo para guardar o reparar aparatos de aviación o dirigibles.

haragán, na adj. y s. Que excusa y rehúye el trabajo. ‖ FAM. haraganear, haraganería.

harapo m. Andrajo. ‖ FAM. harapiento.

haraquiri (voz japonesa) m. Forma de suicidio ritual en Japón, consistente en abrirse el vientre en canal.

hardware (voz i.) m. Conjunto de piezas materiales de un ordenador.

harén o **harem** m. Departamento de las casas de los musulmanes en que sólo viven las mujeres. ‖ Conjunto de estas mujeres.

harina f. Polvo que resulta de moler el trigo u otras semillas. ‖ Este mismo polvo despojado del salvado o la cascarilla. ‖ Polvo procedente de algunos tubérculos y legumbres: *harina de almorta.* ‖ FAM. enharinar, harinado, harinero, harinoso.

harinear impers. *amer.* Llover con gotas muy menudas. ♦ También se usa en Andalucía.

harinoso, sa adj. Que tiene mucha harina: *pan harinoso.* ‖ De la naturaleza de la harina o parecido a ella: *una manzana harinosa.*

harnero m. Especie de criba.

hartar tr. Saciar, incluso con exceso, el apetito de comer y beber. También prnl.: *se hartó de pasteles.* ‖ Satisfacer el deseo de algo. También prnl.: *me harté de dormir.* ‖ Cansar, fastidiar. También prnl.: *nos hartamos de esperarte y nos fuimos.* ♦ Doble part.: *hartado* (reg.), *harto* (irreg.). ‖ FAM. hartada, hartazgo, harto, hartón, hartura.

hartazgo m. Acción y efecto de hartarse.

harto, ta adj. Saciado, lleno: *está harto de comer.* ‖ Cansado: *estoy harto de ti.* ‖ adv. c. Bastante o demasiado: *tiene una visión harto complicada de las cosas.*

hartura f. Estado del que está harto, en cualquiera de sus acepciones. ‖ Abundancia.

hasta prep. que sirve para expresar el término de un lugar, una acción, una cantidad, etc.: *llego hasta tu hombro; esperaré hasta que vuelvas.* ‖ Se usa como conj. cop., y entonces sirve para exagerar o ponderar algo, y equivale a *también* o *aun: lo sabe hasta el jefe.*

hastial m. Parte triangular de la fachada de un edificio. ‖ Por ext., toda la fachada. ‖ En las iglesias, cada una de las tres fachadas correspondientes a los pies y laterales del crucero. ‖ Cara lateral de una excavación minera.

hastiar tr. y prnl. Causar hastío, repugnancia o disgusto: *la televisión me hastía.*

hastío m. Disgusto, tedio. ‖ Repugnancia a la comida. ‖ FAM. hastiar.

hatajo m. Pequeño grupo de ganado. ‖ Grupo de personas o cosas: *son un hatajo de gamberros.*

hato m. Ropa y pequeño ajuar que uno tiene

para el uso preciso y ordinario. ‖ Conjunto de cabezas de ganado, como bueyes, vacas, ovejas, etc. ‖ *amer.* Hacienda de campo destinada a la cría de toda clase de ganado. ‖ Grupo de gente malvada o despreciable: *un hato de pícaros.* ‖ **FAM.** hatajo, hatillo.

haya f. Árbol de hasta 30 m de alt. con tronco grueso, de corteza gris y ramas de gran altura que forman una copa piramidal y espesa. Su fruto es el hayuco. ‖ Madera de este árbol. ‖ **FAM.** hayal, hayedo, hayuco.

haz m. Porción atada de mieses, lino, hierbas, leña, etc. ‖ Conjunto de rayos luminosos. ‖ Conjunto de fibras o músculos. ‖ **FAM.** hacinar.

haz f. Cara de una tela o de otras cosas. ‖ En bot., Cara superior de la hoja, normalmente más brillante y lisa, y con nervadura menos patente que en la cara inferior o envés.

hazaña f. Proeza, acción importante o heroica.

hazmerreír m. Persona cuya ridiculez hace reír a los demás: *es el hazmerreír del barrio.*

he adv. dem. que junto con los advs. *aquí* y *allí*, o con los prons. *me, te, la, le, lo, las, los*, sirve para señalar o mostrar una persona o cosa: *heme aquí de nuevo.*

hebdomadario, ria adj. Semanal. ‖ m. Semanario.

hebilla f. Pieza de metal o de otra materia y de diversas formas, con un clavillo que sujeta la correa, cinta, etc., que pasan por dicha pieza. ‖ **FAM.** hebillaje.

hebra f. Trozo de hilo, seda u otra materia semejante, que sirve para coser. ‖ Fibra de la carne. ‖ Filamento de las materias textiles. ‖ Cada partícula del tabaco picado en filamentos. ‖ Estigma de la flor del azafrán. ‖ **pegar la hebra** loc. Entablar casualmente conversación, o prolongarla más de la cuenta. ‖ **FAM.** hebroso.

hebraísmo m. Religión que sigue la ley antigua o de Moisés. ‖ Giro o modo de hablar propio de la lengua hebrea.

hebreo, a adj. Se apl. al pueblo israelita o judío y a su religión. Más c. m. pl. ‖ Relativo a este pueblo. ‖ m. Lengua de los hebreos. ‖ **FAM.** hebraico, hebraísmo, hebraísta, hebraizante.

hecatombe f. Gran desastre en el que se producen un elevado número de víctimas y enormes pérdidas: *la hecatombe nuclear.* ‖ Gran mortandad. ‖ Sacrificio de 100 bueyes u otras víctimas que hacían los antiguos paganos a sus dioses.

hechicería f. Conjunto de prácticas y ritos supersticiosos con los que se quiere producir efectos sobrenaturales. ‖ Acto de hechizar. ‖ **FAM.** hechicero, hechizar, hechizo.

hechizar tr. Causar un maleficio por medio de hechicerías. ‖ Despertar una persona o cosa admiración, afecto o deseo irresistibles: *ese cuadro le ha hechizado.*

hechizo m. Acción y efecto de hechizar. ‖ Cosa u objeto que se emplea en tales prácticas. ‖ Atractivo seductor que tienen algunas personas o cosas.

hecho, cha adj. Perfecto, maduro: *esos plátanos no están hechos.* ‖ Con algunos nombres, semejante a lo significado por ellos: *hecho una fiera.* ‖ Aplicado a personas o animales, con los advs. *bien* o *mal*, significa la proporción o desproporción de sus cuerpos: *lo que pasa es que está usted mal hecho.* ‖ La forma m. sing. se emplea como respuesta afirmativa para conceder o aceptar lo que se pide o propone: *¿vamos al cine? Hecho.* ‖ m. Acción u obra: *un hecho vale más que mil palabras.* ‖ Suceso, acontecimiento: *quiso averiguar la verdad de los hechos.* ‖ Asunto o materia de que se trata. ‖ **de hecho** loc. adv. Efectivamente. ‖ **hecho y derecho** loc. Cabal, maduro. ‖ Real, auténtico.

hechor, ra m. y f. *amer.* Malhechor. ‖ m. *amer.* Asno o caballo sementales.

hechura f. Acción y efecto de hacer o confeccionar algo, generalmente una prenda de vestir: *la hechura me cuesta tanto como la tela.* ‖ Forma exterior de las cosas: *tiene una hechura frágil.*

hect-, hecto- Prefijo de vocablos compuestos que significa *cien: hectómetro.*

hectárea f. Medida de superficie equivalente a 100 áreas.

hectogramo m. Medida de peso equivalente a 100 gramos.

hectolitro m. Medida de capacidad equivalente a 100 litros.

hectómetro m. Medida de longitud equivalente a 100 metros.

heder intr. Despedir algo un olor muy malo: *esta sustancia hiede.* ◆ **Irreg.** Se conj. como *entender.*

hediondo, da adj. Que despide hedor. ‖ Sucio, repugnante, obsceno. ‖ m. Arbusto leguminoso de flores amarillas que despide mal olor. ‖ **FAM.** hediondamente, hediondez.

hedonismo m. Doctrina que propone la consecución del placer como fin supremo de la vida. ‖ **FAM.** hedónico, hedonista, hedonístico.

hedor m. Olor fuertemente desagradable. ‖ **FAM.** heder, hediento, hediondo.

hegemonía f. Supremacía que un Estado, pueblo, partido, etc., ejerce sobre otro. ‖ Por ext., superioridad de algo o alguien en algún aspecto. | **FAM.** hegemónico.

hégira o **héjira** f. Era de los mahometanos, que se cuenta desde el año 622 d. de C., día de la huida de Mahoma de La Meca a Medina.

heladero, ra adj. Relativo a los helados y a su fabricación. | m. y f. Persona que fabrica o vende helados o tiene una heladería. | f. Nevera.

helado, da adj. Muy frío: *un viento helado.* | Suspenso, atónito: *me quedé helado.* | Esquivo, desdeñoso: *un saludo helado.* | m. Dulce o postre que se hace con leche, huevos, azúcar, frutas y alguna esencia y que se somete a congelación. | f. Fenómeno atmosférico que se produce cuando la temperatura desciende de los 0° C y los líquidos se congelan. | **FAM.** heladero.

helador, ra adj. Que hiela: *una mirada heladora.* | f. Aparato para hacer helados.

helar tr. Congelar, cuajar por la acción del frío un líquido. Más c. intr. y prnl.: *entra el vino, que se hiela.* | Dejar a alguien suspenso y pasmado: *aquel grito helaba la sangre.* | impers. Caer heladas: *mañana helará.* | prnl. Ponerse una persona o cosa muy fría: *se me están helando las manos.* | Coagularse algo que se había licuado, por falta del calor necesario, como la grasa, el plomo, etc. También tr. | Secarse los árboles, plantas o frutas, por la congelación de su savia y jugos, producida por el frío. ♦ **Irreg.** Se conj. como *acertar.* | **FAM.** helado, helador, helamiento.

helecho m. Planta criptógama sin flor ni semilla, con hojas lanceoladas y divididas en segmentos, propia de zonas húmedas y sombrías, que se reproduce por esporas o por gametos. | **FAM.** helechal.

helenismo m. Giro o modo de hablar propio y privativo de la lengua griega. | Empleo de tales giros o construcciones en otro idioma. | Período de la cultura griega, posterior al reinado de Alejandro Magno. | Influencia cultural de los antiguos griegos en la civilización moderna.

helenista com. Especialista en la lengua y cultura griegas.

heleno, na adj. Se dice de cualquiera de los pueblos que dieron inicio a la gran civilización de la Hélade o Grecia antigua. Más c. m. pl. | **FAM.** helénico, helenismo, helenista, helenístico, helenizar.

helero m. Masa de hielo que rodea a las nieves perpetuas. | Mancha de nieve rodeada por dicha masa. | Glaciar.

hélice f. Conjunto de aletas helicoidales que, al girar alrededor de un eje, producen una fuerza de reacción que se utiliza principalmente para la propulsión de barcos y aeronaves. | En geom., curva que corta a todas las generatrices de un cilindro formando ángulos iguales. | Línea espiral. | Parte más externa y periférica del pabellón de la oreja del hombre, desde el orificio externo del conducto auditivo hasta el lóbulo. | **FAM.** helicoidal, helicoide, helicóptero.

helicoide m. Superficie alabeada engendrada por una recta que se mueve apoyándose en una hélice y en el eje del cilindro que la contiene, con el cual forma constantemente un mismo ángulo.

helicón m. Instrumento musical de metal, cuyo tubo, de forma circular, se coloca alrededor del cuerpo y apoyándolo sobre el hombro de quien lo toca.

helicóptero m. Aeronave que puede mantenerse inmóvil en el aire y ascender y descender verticalmente por tener hélices con eje vertical.

helio- Elemento compositivo que entra en la formación de algunas voces españolas con el significado de *sol: heliograbado, helioterapia.*

helio m. Elemento químico gaseoso, incoloro, inodoro, insípido y el más ligero de todos los cuerpos, después del hidrógeno. Se obtiene por licuación del gas natural y su símbolo es *He.*

heliocéntrico adj. Se apl. a medidas y lugares astronómicos tomando el Sol como centro de referencia. | Se apl. al sistema de Copérnico y a los demás que suponen que el Sol es el centro del Universo.

heliogábalo m. Hombre dominado por la gula.

heliograbado m. Procedimiento para obtener grabados en relieve mediante la acción de la luz solar sobre planchas adecuadas. | Estampa obtenida por este procedimiento.

heliografía f. Sistema de transmisión de señales por medio del heliógrafo.

heliógrafo m. Instrumento para hacer señales telegráficas por medio de los destellos producidos por la reflexión de un rayo de sol en un espejo plano movible. | Instrumento para registrar la duración e intensidad del tiempo de insolación. | **FAM.** heliografía, heliográfico.

heliotropo m. Planta con tallo leñoso, de muchas ramas, con hojas perennes de color verde oscuro y flores pequeñas blancas o azuladas. Es originaria del Perú, y se cultiva en los jardines por el olor de vainilla de sus flores.

helipuerto m. Pista destinada al aterrizaje y despegue de helicópteros.

helminto m. Gusano. Se apl., en especial, a los que son parásitos del hombre y de los animales.

helvético, ca adj. y s. De Helvecia, hoy Suiza. ‖ FAM. helvecio.

hematíe m. Célula de la sangre, llamada también *glóbulo rojo*, que transporta el oxígeno desde los pulmones a los tejidos. Más en pl.

hematites f. Mineral de hierro oxidado, llamado también *oligisto*. ♦ No varía en pl.

hematología f. Parte de la biología o de la medicina que estudia la sangre. ‖ FAM. hematológico, hematólogo.

hematoma m. Tumor formado por la acumulación de sangre extravasada a causa de una contusión o una enfermedad.

hembra f. Persona o animal del sexo femenino. ‖ En las plantas que tienen sexos distintos, la que da fruto. ‖ Pieza de algunos objetos como corchetes, broches, tornillos, etc., en la que se introduce otra llamada *macho*. ‖ FAM. hembraje, hembrilla.

hembraje m. *amer.* Conjunto de las hembras de un ganado. ‖ desp. *amer.* Grupo de mujeres.

hembrilla f. En algunos artefactos, piececita pequeña en la que se introduce otra.

hemeroteca f. Biblioteca de publicaciones periódicas.

hemiciclo m. La mitad de un círculo. ‖ Espacio central del salón de sesiones del Congreso de los Diputados.

hemiplejía o **hemiplejia** f. Parálisis de todo un lado del cuerpo. ‖ FAM. hemipléjico.

hemíptero, ra adj. y s. Se dice de los insectos chupadores, con pico articulado y cuatro alas, que causan graves daños a los cultivos, como el pulgón y la filoxera. ‖ m. pl. Orden de estos insectos.

hemisferio m. Mitad de la superficie de la esfera terrestre, dividida por el Ecuador o un meridiano. ‖ Cada una de las dos mitades de una esfera dividida por un plano que pase por su centro. ‖ Cada una de las dos mitades del cerebro, separadas por el cuerpo calloso. ‖ FAM. hemisférico.

hemistiquio m. Cada una de las partes en que la cesura divide un verso de arte mayor.

hemofilia f. Enfermedad hereditaria, caracterizada por la dificultad en la coagulación de la sangre. ‖ FAM. hemofílico.

hemoglobina f. Materia colorante de los glóbulos rojos de la sangre que permite el transporte de oxígeno.

hemorragia f. Salida de sangre de cualquier parte del cuerpo. ‖ FAM. hemorrágico, hemorroísa.

hemorroide f. Almorrana. ‖ FAM. hemorroidal.

henal o **henil** m. Lugar donde se guarda el heno.

henar m. Sitio poblado de heno.

henchir tr. Llenar con algo un espacio vacío, hinchándolo: *henchir de aire los pulmones.* ‖ prnl. Hartarse de comida. ♦ Irreg. Se conj. como *pedir.* ‖ FAM. henchido, hechidor, henchidura, henchimiento.

hender o **hendir** tr. Abrir o rajar un cuerpo sólido sin dividirlo del todo. También prnl.: *la tela se ha hendido al estirarla.* ‖ Atravesar o cortar un fluido; como una flecha el aire o un buque el agua. ♦ Irreg. Se conj. como *entender.* ‖ FAM. hendedura, hendidura, hendimiento.

hendidura o **hendedura** f. Abertura o corte profundo en un cuerpo sólido cuando no llega a dividirlo del todo. ‖ Grieta más o menos profunda en una superficie.

hendir tr. Hender. ‖ Irreg. Se conj. como *discernir.*

heno m. Planta gramínea, con cañitas delgadas de unos 20 cm de largo, hojas estrechas, agudas y flores en panoja abierta. ‖ Hierba segada, seca, para alimento del ganado. ‖ FAM. henal, henar, henil.

hepático, ca adj. Relativo al hígado. ‖ Que padece del hígado. También s. ‖ FAM. hepática, hepatitis.

hepatitis f. Inflamación del hígado. ♦ No varía en pl.

heptaedro m. Cuerpo geométrico limitado por siete caras planas.

heptágono, na adj. y s. Polígono de siete ángulos. ‖ FAM. heptagonal.

heptasílabo, ba adj. y s. Que consta de siete sílabas: *verso heptasílabo.* ‖ FAM. heptasilábico.

heráldica f. Conjunto de técnicas relacionadas con el estudio de los blasones de los escudos de armas. ‖ FAM. heráldico, heraldista.

heraldo m. Mensajero en la Edad Media. ‖ Oficial encargado de anunciar las noticias importantes. ‖ Cosa que anuncia la llegada de otra: *estas lluvias son el heraldo del otoño.* ‖ FAM. heráldica.

herbáceo, a adj. Que tiene la naturaleza o características de la hierba.

herbario, ria adj. Relativo a las hierbas y plantas. ‖ m. Colección de plantas secas. ‖ Primera cavidad del estómago de los rumiantes.

herbicida adj. y m. Se dice del insecticida que mata las malas hierbas.

herbívoro, ra adj. y m. Se apl. al animal que se alimenta de hierba.

herbolario, ria m. y f. Persona que recoge hierbas y plantas medicinales o las vende. ‖ m. Tienda donde se venden estas plantas.

herboristería f. Tienda donde se venden plantas medicinales.

herciniano, na adj. Se apl. al movimiento orogénico que tuvo lugar entre los periodos carbonífero y pérmico, que dio lugar a numerosas cordilleras. ‖ Perteneciente o relativo a él.

hercio m. Unidad de frecuencia de un movimiento vibratorio que ejecuta una vibración cada segundo.

herculeo, a adj. Perteneciente o relativo a Hércules o que se asemeja a él o a sus cualidades, sobre todo de fortaleza y robustez: *una musculatura hercúlea.*

hércules adj. y m. Hombre de mucha fuerza y corpulencia. ♦ No varía en pl. ‖ FAM. hercúleo.

heredad f. Porción de terreno cultivado perteneciente a un mismo dueño. ‖ Hacienda de campo, bienes raíces o posesiones de alguien. ‖ FAM. heredar.

heredar tr. Recibir por ley o testamento la propiedad de los bienes que uno deja cuando muere: *heredó esta casa de su tía.* ‖ Sacar los seres vivos los caracteres psíquicos y biológicos de sus progenitores: *ha heredado el genio de su padre.* ‖ Recibir algo de una persona o circunstancia anterior: *hemos heredado el caos legal.* ‖ FAM. heredable, heredado, heredero, hereditario.

heredero, ra adj. Persona que por testamento o por ley recibe toda o parte de una herencia. También s.: *no ha dejado herederos.* ‖ Que presenta las características o cualidades de sus progenitores o antepasados. También s. ‖ Se apl. a lo que procede de otra cosa anterior: *el Renacimiento se proclamó heredero de la Antigüedad grecolatina.*

hereje com. Persona que sostiene o defiende una herejía. ‖ Blasfemo.

herejía f. Creencia contraria a los dogmas de fe establecidos por una religión. ‖ Postura contraria a los principios aceptados de una ciencia o arte: *muchos consideran que su pintura es una herejía.* ‖ Disparate. ‖ FAM. hereje, heresiarca, herético.

herencia f. Conjunto de bienes, rasgos, circunstancias o caracteres que se hereda: *herencia biológica.*

heresiarca m. Autor de una herejía.

herético, ca adj. Relativo a la herejía o al hereje: *una doctrina herética.*

herida f. Lesión o rotura de los tejidos por incisión o contusión. ‖ Ofensa, agravio: *no*

puede olvidar esa herida en su amor propio. ‖ Pena, aflicción del ánimo.

herido, da adj. y s. Que tiene una o varias heridas. ‖ Con el adv. *mal*, gravemente herido.

herir tr. Romper o abrir con violencia los tejidos de un ser vivo. También prnl.: *al caer se hirió en la pierna.* ‖ Dar una cosa contra otra, chocar: *el martillo hería el metal.* ‖ Ofender, agraviar: *aquella respuesta me hirió profundamente.* ‖ Tocar las cuerdas o las teclas de un instrumento musical. ‖ Impresionar desagradablemente algo a alguno de los sentidos: *herir la vista o el oído.* ♦ Irreg. Se conj. como *sentir.* ‖ FAM. herida, herido, heridor, hiriente.

hermafrodita adj. y com. Se dice de las especies de seres vivos en las que un solo individuo reúne los dos sexos. ‖ FAM. hermafrodismo, hermafroditismo.

hermanar tr. y prnl. Unir, armonizar, compatibilizar dos o más cosas: *en esta novela se hermanan lo culto y lo popular.* ‖ Hacer a uno hermano de otro en sentido místico o espiritual: *esta desgracia les ha hermanado.* ‖ FAM. hermanable, hermanado, hermanamiento.

hermanastro, tra m. y f. Hijo de uno de los dos cónyuges respecto al hijo del otro.

hermandad f. Relación de parentesco entre hermanos. ‖ Amistad íntima; unión de voluntades entre personas, pueblos, etc. ‖ Correspondencia que guardan varias cosas entre sí. ‖ Cofradía o congregación de devotos. ‖ Agrupación de personas para determinado fin: *hermandad de donantes de sangre.*

hermano, na m. y f. Persona que con respecto a otra tiene los mismos padres, o solamente el mismo padre o la misma madre. ‖ Lego o donado de una comunidad regular. ‖ Individuo de una hermandad o cofradía. ‖ Una cosa respecto a otra a la que se parece: *el portugués y el español son lenguas hermanas.* ‖ FAM. hermanar, hermanastro, hermandad.

hermenéutica f. Técnica de interpretar textos, sobre todo los antiguos. ‖ FAM. hermeneuta, hermenéutico.

hermético, ca adj. Se dice de lo que cierra una abertura de modo que no permita pasar el aire ni los fluidos: *cámara hermética.* ‖ Impenetrable, cerrado: *una mirada hermética.* ‖ Oscuro, incomprensible: *un poema hermético.* ‖ FAM. herméticamente, hermeticidad, hermetismo.

hermoso, sa adj. Dotado de hermosura. ‖ Grandioso, excelente. ‖ Se dice del tiempo despejado, apacible y sereno. ‖ Robusto, saludable: *el niño está muy hermoso.* ‖ FAM. hermosamente, hermoseamiento, hermosear, hermosura.

hermosura f. Belleza de las cosas. | Lo que es hermoso: *esta finca es una hermosura.* | Conjunto de cualidades que hacen a una cosa excelente en su línea. | Mujer hermosa.

hernia f. Tumor producido por la salida total o parcial de una víscera u otra parte blanda, fuera de su cavidad natural. | **FAM.** herniario, herniarse.

héroe, heroína m. y f. Persona ilustre y famosa por sus hazañas y virtudes: *es el héroe de la juventud.* | Persona que lleva a cabo una acción heroica. | Personaje principal de un drama o una película. | m. En mit., hijo de un dios y de un ser humano. | **FAM.** heroicamente, heroicidad, heroico, heroísmo.

heroicidad f. Calidad de heroico: *su heroicidad reside en su silencio.* | Acción heroica: *enfrentarte a él ha sido una heroicidad.*

heroico, ca adj. Se dice de las personas famosas por haber realizado acciones para las que se requiere mucho valor y de dichas acciones: *un gesto heroico.* | Se apl. a la poesía o composición poética en que se narran o cantan hazañas gloriosas.

heroína f. Droga obtenida de la morfina, en forma de polvo blanco y amargo, con propiedades sedantes y narcóticas. Es adictiva. | **FAM.** heroinómano.

herpe o **herpes** amb. Erupción cutánea de carácter vírico que se caracteriza por la aparición de granos o vejigas rodeadas de una zona rojiza. | **FAM.** herpético.

herrada f. Cubo de madera, reforzado con aros de hierro o de latón, y más ancho por la base que por la boca.

herradero m. Acción de marcar con el hierro el ganado. | Sitio destinado para hacerlo. | Estación o temporada en que se efectúa.

herradura f. Hierro semicircular que se clava en los cascos o en las pezuñas de algunos vacunos para que no se les dañen con el suelo.

herraje m. Conjunto de piezas de hierro o acero con las que se adorna o refuerza algo, como una puerta, un coche, etc.

herramienta f. Objeto, generalmente de hierro, que se utiliza para trabajar en diversos oficios. | Conjunto de estos instrumentos. | **FAM.** herramental.

herrar tr. Ajustar y clavar las herraduras a las caballerías. | Marcar con hierro candente los ganados, artefactos, etc. | Adornar o reforzar con hierro un objeto. ♦ **Irreg.** Se conj. como *acertar.* | **FAM.** herradero, herrado, herrador.

herrería f. Oficio de herrero. | Taller o tienda del herrero.

herrerillo m. Pájaro insectívoro de cabeza azul, nuca y cejas blancas, lomo de color verde azulado, pico de color pardo y patas negruzcas.

herrero, ra m. y f. Persona que trabaja el hierro. | **FAM.** herrería.

herrete m. Cabo de alambre, hojalata u otro metal, que se pone en los extremos de cordones, cintas, etc., para que puedan entrar fácilmente por los ojetes.

herrumbre f. Óxido de hierro que se forma en la superficie de objetos de hierro en contacto con la humedad. | Gusto o sabor que deja el hierro en algunas cosas, como en el agua. | **FAM.** herrumbrar, herrumbroso.

hertzio m. Hercio.

hervidero m. Movimiento y ruido que hacen los líquidos cuando hierven. | Manantial donde surge el agua con burbujas gaseosas. | Muchedumbre de personas o animales: *la feria era un hervidero humano.* | Sitio donde hay mucho movimiento de cosas no materiales: *este departamento es un hervidero de intrigas.*

hervir intr. Producir burbujas un líquido cuando se eleva suficientemente su temperatura, o por su fermentación. También tr. | Con las prep. *en* y *de*, abundar: *su obra hierve en ideas.* | Hablando de afectos y pasiones, indica su viveza, o vehemencia: *hervir de impaciencia.* ♦ **Irreg.** Se conj. como *sentir.* | **FAM.** hervidero, hervido, hervidor, hervor, hirviente.

hervor m. Acción y efecto de hervir: *dale otro hervor al caldo.* | Fogosidad, inquietud.

hesperidio m. Fruto carnoso de corteza gruesa, dividido en varias celdas por telillas membranosas, como la naranja y el limón.

heterocerca adj. Se dice de la aleta caudal de los peces que está formada por dos lóbulos desiguales.

heteróclito, ta adj. Se apl. rigurosamente al nombre que no se declina según la regla común, y en general, a todo paradigma que se aparta de lo regular. | Irregular, extraño y fuera de orden: *estos días manifiesta un ánimo heteróclito.*

heterodoxia f. Disconformidad con los dogmas o creencias fundamentales de una fe, o una doctrina cualquiera. | **FAM.** heterodoxo.

heterogéneo, a adj. Compuesto de partes de distinta naturaleza: *una mezcla heterogénea.* | **FAM.** heterogeneidad.

heteronimia f. En ling., fenómeno por el cual vocablos de gran proximidad semántica proceden de étimos diferentes: *toro* y *vaca.* | **FAM.** heterónimo.

heterosexual adj. Se dice de la relación sexual entre individuos de diferente sexo. | Se apl. a estos individuos. También com. ‖ **FAM.** heterosexualidad.

heterótrofo, fa adj. Se dice del organismo que se alimenta de materia orgánica elaborada por otros seres vivos, debido a la incapacidad de obtener la suya propia, como las plantas sin clorofila.

hético, ca adj. Tísico. También s. ‖ Perteneciente a estos enfermos. ‖ Muy flaco. También s.

heurística f. Búsqueda o investigación de documentos o fuentes históricas. ‖ Arte de inventar. ‖ **FAM.** heurístico.

hexaedro m. Sólido de seis caras planas.

hexágono, na adj. y m. Polígono de seis ángulos y seis lados. ‖ **FAM.** hexagonal.

hexámetro m. Verso de la poesía griega o latina que consta de seis pies.

hexasílabo, ba adj. y s. De seis sílabas: *verso hexasílabo.* ‖ **FAM.** hexasilábico.

hez f. Poso o sedimento de algunos líquidos. Más en pl.: *las heces del vino.* ‖ Lo más vil y despreciable de cualquier clase: *la hez de la sociedad.* ‖ pl. Excrementos: *heces fecales.*

hiato m. Encuentro de dos vocales que se pronuncian en sílabas distintas, como en *leer.* ‖ Cacofonía que resulta del encuentro de vocales.

hibernación f. Estado de aletargamiento en que se sumen algunos mamíferos durante la estación fría. ‖ Estado semejante que se produce en las personas artificialmente por medio de drogas apropiadas con fines anestésicos o curativos.

hibernar intr. Pasar el invierno, sobre todo en estado de hibernación. ‖ **FAM.** hibernación, hibernante.

híbrido, da adj. Se dice del animal o del vegetal que resulta del cruce de dos individuos de distinta especie. ‖ Se apl. en general a cualquier cosa que es producto de elementos de distinta naturaleza. ‖ **FAM.** hibridación, hibridismo.

hidalgo, ga m. y f. Persona de linaje noble y distinguido. ‖ adj. Relativo a un hidalgo. ‖ Se dice de la persona generosa y noble. ‖ **FAM.** hidalguía.

hidatídico, ca adj. Se dice del quiste que se forma en los animales y en el hombre consistente en una vesícula, llamada hidátide, que contiene numerosas larvas de una tenia intestinal del perro.

hidra f. Pólipo de forma cilíndrica parecido a un tubo cerrado por una extremidad y con varios tentáculos urticantes en la otra. Se cría en el agua dulce y se alimenta de infusorios y gusanillos. ‖ Culebra acuática, venenosa, que suele hallarse cerca de las costas. ‖ Monstruo mitológico del lago de Lerna, con siete cabezas que renacían a medida que se cortaban.

hidratar tr. y prnl. Añadir agua a un cuerpo o sustancia: *hidratar la piel.* ‖ Combinar un cuerpo con el agua. ‖ **FAM.** hidratación, hidratador, hidratante.

hidrato m. Combinación de un cuerpo con el agua. ‖ **hidrato de carbono** Sustancia orgánica de reacción neutra, formada por carbono, hidrógeno y oxígeno. ‖ **FAM.** hidratar.

hidráulico, ca adj. Relativo a la hidráulica. ‖ Que se mueve por medio del agua: *molino hidráulico.* ‖ Se dice de los cales y cementos que se endurecen en contacto con el agua. ‖ f. Parte de la mecánica que estudia el equilibrio y el movimiento de los fluidos. ‖ Rama de la ingeniería que estudia la manera de conducir y aprovechar las aguas.

hidro-, -hidro Elemento compositivo que entra en la formación de algunas voces españolas con el significado de *agua*: hidroavión; o de *hidrógeno*: hidrocarburo.

hidroavión m. Aeroplano que puede posarse sobre el agua o despegar desde ella.

hidrocarburo m. Cada uno de los compuestos químicos resultantes de la combinación del carbono con el hidrógeno.

hidrocefalia f. Hidropesía de la cabeza. ‖ **FAM.** hidrocéfalo.

hidrodinámica f. Parte de la mecánica que estudia el movimiento de los fluidos. ‖ **FAM.** hidrodinámico.

hidroeléctrico, ca adj. Perteneciente a la energía eléctrica obtenida por fuerza hidráulica: *central hidroeléctrica.*

hidrófilo, la adj. Que absorbe agua con gran facilidad: *algodón hidrófilo.* ‖ Se apl. a los organismos que, por sus cualidades, deben vivir en ambientes húmedos o dentro del agua.

hidrofobia f. Horror al agua. ‖ Rabia, enfermedad infecciosa. ‖ **FAM.** hidrófobo.

hidrógeno m. Elemento químico gaseoso, que arde en el aire y, combinado con el oxígeno, forma el agua. Su símbolo es H. ‖ **FAM.** hidrácido, hidrogenar, hidrogenación, hidrogenado, hidruro.

hidrografía f. Parte de la geografía física que trata de la descripción de los mares y las corrientes de agua. ‖ **FAM.** hidrográfico.

hidrólisis f. Desdoblamiento de ciertos compuestos orgánicos o inorgánicos por la acción del agua. ♦ No varía en pl. ‖ **FAM.** hidrolizar.

hidrología f. Ciencia que estudia las aguas continentales y subterráneas, sus propiedades, distribución y utilización. ‖ **FAM.** hidrológico.

hidromel o **hidromiel** m. Agua mezclada con miel.

hidropesía f. Derrame o acumulación anormal del líquido seroso en cualquier cavidad del organismo. ‖ FAM. hidrópico.

hidrosfera f. Conjunto de las partes líquidas del globo terráqueo.

hidrostática f. Parte de la mecánica que estudia el equilibrio de los fluidos. ‖ FAM. hidrostático.

hidróxido m. Compuesto formado por agua y un óxido metálico. ‖ FAM. hidróxilo.

hiedra f. Arbusto trepador, con tronco del que salen unas raicillas con las que trepan por cualquier sitio; hojas verdinegras, persistentes; flores de color amarillo verdoso, en umbelas, y fruto en bayas negruzcas del tamaño de un guisante.

hiel f. Bilis. ‖ Amargura, resentimiento: *sus palabras estaban llenas de hiel.*

hielo m. Agua convertida en cuerpo sólido y cristalino por un descenso suficiente de temperatura. ‖ Acción de helar o helarse. ‖ Frialdad en los afectos. ‖ FAM. helar, helero, hielera.

hiena f. Mamífero carnívoro, del tamaño de un lobo, de pelaje áspero gris amarillento con listas o manchas en el lomo y en los flancos. Es nocturno y carroñero, de aspecto repulsivo y olor desagradable por lo desarrolladas que tiene sus glándulas anales. ‖ Persona de malos instintos o cruel.

hierático, ca adj. Se dice de las personas cuya expresión no deja adivinar ningún sentimiento. ‖ Se dice de las facciones de pinturas y esculturas rígidas e inexpresivas. ‖ Se apl. a cierta escritura egipcia, que era una abreviación de la jeroglífica. ‖ Perteneciente o relativo a las cosas sagradas o a los sacerdotes. ‖ FAM. hieratismo.

hierba f. Cualquier planta con tallos delgados y tiernos. ‖ Conjunto de muchas hierbas que nacen en un terreno. ‖ Marihuana. ‖ pl. Años de los animales que se crían en pastos: *una res de tres hierbas.* ‖ Infusión. ‖ FAM. herbáceo, herbaje, herbario, herbazal, herbicida, herbívoro, herbolario, herboristería, herborizar, herboso, hierbabuena, hierbajo.

hierbabuena f. Planta herbácea labiada de hojas vellosas, elípticas; flores rojizas en grupos axilares, y fruto seco con cuatro semillas. Se cultiva mucho en las huertas, es de olor agradable y se emplea en condimentos.

hierra f. *amer.* Acción de marcar con el hierro los ganados. ‖ *amer.* Temporada en que se marca el ganado. ‖ *amer.* Fiesta que se celebra con tal motivo.

hierro m. Elemento químico metálico dúctil, maleable y muy tenaz, de color gris azulado, y es el más empleado en la industria y en las artes. Su símbolo es *Fe.* ‖ Marca, e instrumento para marcar a los ganados y a otras cosas como garantía y contraste. ‖ Arma, instrumento o pieza de hierro o acero: *se pinchó con un hierro.* ‖ pl. Instrumentos de hierro, como cadenas, grillos, etc, para aprisionar partes del cuerpo. ‖ **quitar hierro** loc. Rebajar, quitar importancia a lo que parece exagerado: *el director quitó hierro a las declaraciones del presidente.* ‖ FAM. herrada, herradura, herraje, herramienta, herrar, herrería, herrerillo, herrero, herrete, herrumbre, hierrumbre.

higa f. Amuleto en forma de puño que se pone a los niños con la idea supersticiosa de librarlos del mal de ojo. ‖ Gesto de asomar el dedo pulgar entre el índice y el corazón, con el puño cerrado, señalando a personas despreciables o contra el mal de ojo: *hacer a alguien la higa.*

hígado m. Órgano glandular del aparato digestivo del hombre y demás mamíferos, de color rojo oscuro, que tiene importantes funciones como segregar la bilis y desintoxicar la sangre. ‖ Ánimo, valentía. Más en pl.: *le echó muchos hígados al asunto.* ‖ FAM. higadillo.

higiene f. Limpieza, aseo. ‖ Rama de la medicina que tiene por objeto la conservación de la salud, previniendo enfermedades y desarrollando las energías orgánicas. ‖ FAM. higiénico, higienista, higienizar.

higo m. Segundo fruto, después de la breva, de la higuera. Es blando y de gusto dulce. ‖ Cosa insignificante, de poco o ningún valor: *me importa un higo lo que diga.* ‖ **higo chumbo** Fruto de la chumbera. ‖ FAM. higa, higuera.

higrometría f. Parte de la física, relativa al conocimiento de las causas productoras de la humedad atmosférica y de la medida de sus variaciones. ‖ FAM. higrométrico, higrómetro.

higroscopio m. Aparato que, mediante una cuerda de tripa que se tuerce más o menos, según el grado de humedad del aire, mueve una figurilla o parte de ella para indicar lluvia o buen tiempo. ‖ FAM. higroscopia.

higuera f. Árbol moráceo de media altura, madera blanca y hojas grandes, lobuladas e insertas en un pedúnculo bastante largo. Sus frutos son la breva y el higo. ‖ FAM. higueral.

hijastro, tra m. y f. Hijo o hija de uno de los cónyuges, respecto del otro.

hijo, ja m. y f. Persona o animal, respecto de su padre o de su madre. ‖ Cualquier persona, respecto del país, provincia o pueblo del que es natural: *es hijo de Madrid.* ‖ Religioso, con relación al fundador de su orden y a la casa donde tomó hábito. ‖ Nombre que se suele dar al yerno y a la nuera, respecto de los suegros. ‖ Expresión de cariño. ‖ m. Lo que procede o sale de otra cosa por procreación, como los retoños que echa el árbol. ‖ m. pl. Descendientes. ‖ **FAM.** hijastro, hijear, hijuela.

hilacha f. Porción insignificante de alguna cosa. También pl. ‖ Resto, residuo. ‖ Pedazo de hilo que se desprende de la tela. ‖ **FAM.** hilachento.

hilado, da m. Acción y efecto de hilar: *el hilado de la lana.* ‖ Porción de lino, cáñamo, seda, lana, algodón, etc., reducida a hilo. ‖ f. Serie horizontal de ladrillos o piedras que se van poniendo en un edificio.

hilandero, ra m. y f. Persona que tiene por oficio hilar.

hilar tr. Reducir a hilo el lino, lana, seda, algodón, etc. ‖ Segregar el gusano de seda la hebra para formar el capullo. Se dice también de otros insectos y de las arañas cuando forman sus capullos y telas. ‖ Discurrir, inferir unas cosas de otras: *hilar el pensamiento.* ‖ **FAM.** hilado, hilador, hilandería, hilandero, hilatura.

hilarante adj. Que inspira alegría: *gas hilarante.* ‖ Que hace reír: *una comedia hilarante.*

hilaridad f. Alegría, satisfacción. ‖ Risa ruidosa. ‖ **FAM.** hilarante.

hilatura f. Arte de hilar la lana, el algodón y otras materias análogas.

hilaza f. Porción de fibra textil reducida a hilo.

hilemorfismo m. Teoría aristotélica y seguida por los escolásticos, según la cual todo cuerpo se halla constituido por dos principios esenciales: la materia y la forma.

hilera f. Orden o formación en línea de un número de personas o cosas: *se pusieron en hilera.* ‖ Instrumento para reducir a hilo los metales. ‖ pl. Apéndices agrupados alrededor del ano de algunos animales hiladores, que sostienen las pequeñas glándulas productoras del líquido que, al secarse, forma los hilos.

hilo m. Hebra larga y delgada que se forma retorciendo el lino, lana, u otra materia textil. ‖ Tela de fibra de lino. ‖ Alambre muy delgado. ‖ Hebra de que forman las arañas, gusanos de seda, etc. ‖ Chorro muy delgado de un líquido: *de la fuente sólo manaba un hilo de agua.* ‖ Desarrollo de un pensamiento, discurso, etc.: *no conseguí seguirle el hilo.* ‖ **colgar de un hilo** loc. con que se explica el gran riesgo o amenaza de una persona o cosa: *su vida colgaba de un hilo.* ‖ **FAM.** hilacho, hilada, hilar, hilaza, hilera, hilván.

hilván m. Costura de puntadas largas con que se une y prepara lo que se ha de coser después de otra manera. ‖ Cada una de estas puntadas. ‖ Hilo empleado para hilvanar. ‖ **FAM.** hilvanar.

hilvanar tr. Apuntar o unir con hilvanes. ‖ Enlazar, coordinar ideas, frases o palabras: *hilvanar una respuesta.*

himen m. Membrana que recubre y reduce el orificio externo de la vagina en las mujeres vírgenes.

himeneo m. En lenguaje poét., boda o casamiento. ‖ Composición poética en que se celebra un casamiento.

himenóptero adj. Se dice de los insectos que poseen dos pares de alas membranosas y transparentes y un aparato bucal adaptado para masticar y, frecuentemente, también para chupar y lamer, como las abejas y las hormigas. ‖ m. pl. Orden de estos insectos.

himno m. Composición poética o musical en alabanza u honor de seres o sucesos extraordinarios.

hincapié m. Acción de hincar o afirmar el pie para sostenerse o para hacer fuerza. Se usa especialmente en la loc. **hacer hincapié** con el significado de insistir, mantenerse firme: *hizo hincapié en la necesidad de reducir gastos.*

hincar tr. Introducir o clavar una cosa en otra: *hincar los dientes.* ‖ Apoyar una cosa en otra como para clavarla: *hincó la rodilla en tierra.* ‖ **FAM.** hincada, hincapié.

hincha f. Odio, enemistad: *te tiene hincha.* ‖ com. Partidario entusiasta de un equipo deportivo. ‖ Por ext., partidario de alguna persona destacada en alguna actividad.

hinchado, da adj. Se dice del lenguaje, estilo, etc., que abunda en palabras y expresiones redundantes, hiperbólicas y afectadas. ‖ f. Multitud de hinchas, partidarios entusiastas.

hinchar tr. Hacer que aumente de volumen algún objeto: *hinchar un globo.* También prnl. ‖ Aumentar el agua de un río, arroyo, etc. También prnl. ‖ Exagerar, abultar una noticia o un suceso: *han hinchado los datos de audiencia.* ‖ prnl. Aumentar de volumen una parte del cuerpo, por herida, golpe, etc.: *se me han hinchado los pies del calor.* ‖ Hacer alguna cosa con exceso, como comer, beber, trabajar, etc.: *se hinchó a dulces.* ‖ Envanecerse, engreírse: *al saber que le habían elegido se hinchó como un pavo.* ‖ **FAM.** hincha, hinchado, hinchamiento, hinchazón.

hindi m. Lengua descendiente del sánscrito usada en la India.

hindú adj. y com. Que profesa el hinduismo. ‖ Natural de la India. ♦ pl. *hindúes.* ‖ **FAM.** hindi, hinduismo.

hinduismo m. Religión predominante en la India. || **FAM.** hinduista.

hiniesta f. Retama.

hinojo m. Planta herbácea con tallos erguidos y ramosos, hojas partidas en lacinias filiformes, flores pequeñas y amarillas, y fruto oblongo, con líneas salientes; se usa en medicina y como condimento.

hinojo m. Rodilla, parte de unión del muslo y de la pierna. Más en pl.: *ponerse de hinojos.*

hipar intr. Tener hipo. || Lloriquear. ♦ En esta acepción se pronuncia aspirando la *h.* || **FAM.** hípido.

hiper- Elemento compositivo que significa 'superioridad' o 'exceso': *hipercrítico, hipertensión.*

hipérbaton m. Figura de construcción que consiste en invertir el orden natural de las palabras en el discurso. ♦ pl. *hipérbatos.*

hipérbola f. Curva simétrica respecto de dos planos perpendiculares entre sí, cuya distancia con respecto a dos puntos o focos es constante. || **FAM.** hipérbole, hiperbólicamente, hiperbólico.

hipérbole f. Figura retórica que consiste en aumentar o disminuir exageradamente la verdad de aquello de que se habla. || **FAM.** hiperbólico, hiperbolizar.

hiperestesia f. Sensibilidad excesiva y dolorosa. || **FAM.** hiperestésico.

hipermercado m. Tienda de grandes dimensiones, con variedad de artículos, localizada generalmente en la periferia de las grandes ciudades.

hipermetropía f. Defecto de la visión en el que se perciben confusamente los objetos próximos por formarse la imagen más allá de la retina. || **FAM.** hipermétrope.

hipersensible adj. Hiperestésico. || Que es muy sensible a estímulos afectivos o emocionales. || **FAM.** hipersensibilidad.

hipertensión f. Tensión excesivamente alta de la sangre. || **FAM.** hipertenso.

hipertermia f. Aumento patológico de la temperatura del cuerpo.

hipertrofia f. Aumento excesivo del volumen de un órgano. || Desarrollo desmesurado de cualquier cosa: *la hipertrofia de la burocracia.* || **FAM.** hipertrofiarse, hipertrófico.

hipertrofiarse prnl. Aumentar en exceso el volumen de un órgano. || Desarrollarse algo excesivamente.

hípico, ca adj. Perteneciente o relativo al caballo. || f. Deporte que consiste en carreras de caballos, saltos de obstáculos, etc. || **FAM.** hipismo, hipocampo, hipódromo.

hipnosis f. Estado semejante al sueño producido mediante influjo personal de una persona en otra, o por aparatos adecuados. ♦ No varía en pl. || **FAM.** hipnótico, hipnotismo, hipnotizar.

hipnótico, ca adj. Relativo al hipnotismo: *estado hipnótico.* También s. || Medicamento para producir sueño. También m.

hipnotismo m. Conjunto de procedimientos, teorías y fenómenos relacionados con la hipnosis.

hipnotizar tr. Producir hipnosis. || Seducir, atraer mucho a alguien: *esa chica le ha hipnotizado.* || **FAM.** hipnotizable, hipnotización, hipnotizado, hipnotizador, hipnotizante.

hipo m. Movimiento convulsivo del diafragma, que produce una respiración interrumpida y violenta y causa algún ruido. || Enojo, rabia. || **FAM.** hipar.

hipo- Elemento compositivo que entra en la formación de algunas voces españolas con el significado de 'inferioridad' o 'subordinación': *hipodérmico, hipótesis.*

hipocampo m. Pez teleósteo que habita en los mares de España. Se denomina también *caballito de mar.*

hipocentro m. Zona profunda de la corteza terrestre donde tiene su origen un terremoto.

hipocondría f. Afección caracterizada por una gran sensibilidad del sistema nervioso y una preocupación constante y angustiosa por la salud. || **FAM.** hipocondriaco.

hipocondriaco, ca o **hipocondríaco, ca** adj. Que padece hipocondría. También s. || Relativo a esta enfermedad.

hipocresía f. Fingimiento y apariencia de sentimientos y cualidades contrarios a los que se experimentan o tienen. || **FAM.** hipócrita, hipócritamente.

hipócrita adj. y com. Que manifiesta hipocresía.

hipodérmico, ca adj. Que está o se pone debajo de la piel: *inyección hipodérmica.*

hipódromo m. Lugar destinado para carreras de caballos.

hipófisis f. Órgano de secreción interna situado en la base del cráneo, que produce numerosas hormonas, entre ellas, las que influyen sobre el crecimiento, el desarrollo sexual, etc. ♦ No varía en pl. || **FAM.** hipofisario.

hipogastrio m. Parte inferior del vientre. || **FAM.** hipogástrico.

hipogeo, a adj. Se dice de la planta o de alguno de sus órganos que se desarrollan bajo el suelo. || m. Bóveda subterránea donde algunos pueblos antiguos conservaban sus cadáveres. || Capilla o edificio subterráneo.

hipoglucemia f. Disminución de la cantidad normal de azúcar contenida en la sangre.

hipogrifo m. Animal fabuloso, mitad caballo y mitad grifo.

hipopótamo m. Mamífero paquidermo acuático, de piel gruesa, negruzca y casi desnuda, cuerpo voluminoso que puede llegar a alcanzar hasta 5 m de longitud, de cabeza grande, con las orejas, los ojos y los orificios nasales situados en la parte de arriba, lo que le permite respirar cuando está dentro del agua. Vive en los grandes ríos de África.

hipotálamo m. Región del encéfalo situada en la base cerebral, unida por un tallo nervioso a la hipófisis, y en la que residen centros importantes de la vida vegetativa. ♦ **FAM.** hipotalámico.

hipoteca f. Gravamen que recae sobre algún bien inmueble con el que se garantiza el pago de un crédito. ‖ El propio bien inmueble. ‖ Persona o cosa poco digna de confianza. ♦ **FAM.** hipotecar, hipotecario.

hipotecar tr. Gravar bienes inmuebles sujetándolos al cumplimiento de una obligación. ♦ **FAM.** hipotecable.

hipotensión f. Tensión excesivamente baja de la sangre. ♦ **FAM.** hipotenso.

hipotenusa f. Lado opuesto al ángulo recto en un triángulo rectángulo.

hipotermia f. Descenso de la temperatura normal del cuerpo. ♦ **FAM.** hipotérmico.

hipótesis f. Suposición de una cosa, sea posible o imposible, para sacar de ella una consecuencia. ♦ No varía en pl. ♦ **FAM.** hipotéticamente, hipotético.

hipotético, ca adj. Relativo a la hipótesis o que se funda en ella. ‖ Que no está comprobado.

hippie o **hippy** (voz i.) adj. Se dice de un movimiento iniciado en los EE. UU. a mediados de la década de los sesenta, que propugnaba una actitud de protesta hacia las estructuras sociales vigentes. ‖ Relativo a este movimiento. ‖ Se apl. a la persona partidaria del mismo. También s. ♦ pl. *hippies*.

hirsuto, ta adj. Se dice del pelo disperso y duro y de lo que está cubierto de pelo de esta clase o de púas o espinas: *un monte hirsuto*.

hisopo m. Planta olorosa de la familia de las labiadas, con tallos leñosos y poblados de hojas lanceoladas y lineales, de flores espigadas azules o blanquecinas, y fruto en forma de nuez; se emplea en medicina y perfumería. ‖ Instrumento utilizado en las iglesias para rociar con agua bendita.

hispalense adj. y com. De Sevilla.

hispánico, ca adj. Relativo a España, a la hispanidad o a la antigua Hispania.

hispanidad f. Conjunto y comunidad de los pueblos de lengua y cultura hispanas.

hispanismo m. Giro o vocablo propio de la lengua española y que se emplea en otra. ‖ Estudio de la lengua, literatura o cultura hispánicas.

hispanista com. Persona especializada en el estudio de la lengua, literatura o cultura hispánicas.

hispanizar tr. Transmitir la lengua, cultura y costumbres hispanas. También prnl. ♦ **FAM.** hispanización.

hispano, na adj. Relativo a España y a los países hispanohablantes. Apl. a pers., también s. ‖ Relativo a los habitantes de EE. UU. de origen hispanoamericano. También s. ♦ **FAM.** hispánico, hispanidad, hispanismo, hispanista, hispanizar, hispanoamericano, hispanoárabe, hispanocolonial, hispanófilo, hispanohablante, hispanomusulmán, hispanorromano.

hispanoamericano, na adj. Relativo a España y América: *relaciones hispanoamericanas*. ‖ Relativo a los países de Hispanoamérica. Apl. a pers., también s.

hispanoárabe adj. Perteneciente o relativo a la España musulmana. ‖ Musulmán que habita en España. También s.

hispanohablante adj. y com. Persona, comunidad o país que tiene como lengua materna el español.

híspido, da adj. De pelo áspero y duro; hirsuto, erizado.

histeria f. Enfermedad nerviosa, crónica, caracterizada por reacciones agudas, ataques convulsivos, parálisis, etc. ‖ Estado pasajero de excitación nerviosa. ♦ **FAM.** histérico, histerismo.

histérico, ca adj. Que padece histeria. ‖ Nervioso, excitado: *me puse histérico en el exámen*.

histerismo m. Histeria.

histología f. Parte de la anatomía que trata del estudio de los tejidos orgánicos. ♦ **FAM.** histológico, histólogo.

historia f. Ciencia que estudia el pasado de las sociedades humanas. ‖ Desarrollo sistemático de acontecimientos pasados relacionados con cualquier actividad humana: *historia de la literatura*. ‖ Biografía: *la historia de Alejandro Magno*. ‖ Conjunto de los sucesos referidos por los historiadores: *la historia de la guerra civil española*. ‖ Obra histórica: *la historia de Herodoto*. ‖ Relación de cualquier género: *cuéntale la historia del viaje*. ‖ Fábula, cuento, o narración inventada: *la historia de Don Quijote*. ‖ Chisme, enredo. Más en pl.: *la portera no para de contar historias sobre los del 6.º*. ‖ **pasar** una cosa **a la historia** loc. Perder su actualidad: *ese peinado pasó a la his-*

toria. ‖ **FAM.** historiador, historial, historiar, historicismo, histórico, historieta, historiografía.

historial m. Reseña circunstancial de los antecedentes de una empresa, de los servicios o carrera de un funcionario o empleado y, por ext., de los antecedentes de la vida de cualquier persona, institución, etc.

historiar tr. Contar, componer o escribir historias. ‖ *amer.* Complicar, confundir.

histórico, ca adj. Relativo a la historia: *novela histórica.* ‖ Comprobado, cierto: *un hecho histórico.* ‖ Digno de figurar en la historia: *un descubrimiento histórico.* ‖ **FAM.** históricamente, historicidad.

historieta f. Cuento o relación breve y entretenida. ‖ Relato narrado mediante viñetas o dibujos.

historiografía f. Conjunto de métodos utilizados en el estudio de sucesos históricos. ‖ Estudio bibliográfico y crítico de los escritos sobre historia y sus fuentes, y de los autores que han tratado de estas materias. ‖ **FAM.** historiográfico, historiógrafo.

histrión m. Actor teatral, especialmente el que participaba en las comedias y tragedias de la antigua Grecia. ‖ Persona que se expresa con la afectación propia de un actor teatral. ‖ **FAM.** histriónico, histrionismo.

hito m. Mojón o poste de piedra, por lo común labrada, que sirve para conocer la dirección de los caminos y para señalar los límites de un territorio. ‖ Suceso o acontecimiento que sirve de punto de referencia: *la invención de la imprenta es un hito cultural.*

hobby (voz i.) m. Ocupación o pasatiempo que se practica fuera de las horas de trabajo. ◆ pl. *hobbies.*

hocicar tr. Levantar la tierra con el hocico. ‖ Besar. También prnl. ‖ intr. Caer de bruces. ‖ Tropezar con un obstáculo o dificultad insuperable.

hocico m. Parte más o menos prolongada de la cabeza de algunos animales, en que están la boca y la nariz. ‖ Boca de una persona. Más en pl. ‖ **FAM.** hocicar, hocicudo, hozar.

hockey (voz i.) m. Juego de pelota parecido al fútbol que se practica con una especie de bastón con el que se intenta introducir una bola o disco en la portería del equipo contrario.

hogaño adv. t. En el año presente. ‖ Por ext., en esta época.

hogar m. Casa o domicilio. ‖ Vida de familia. ‖ Sitio donde se coloca el fuego en las cocinas, chimeneas, hornos de fundición, etc. ‖ **FAM.** hogareño, hogaza, hoguera.

hogareño, ña adj. Amante del hogar y de la vida de familia. ‖ Relativo al hogar.

hogaza f. Pan grande. ‖ Pan de harina mal cernida que contiene algo de salvado.

hoguera f. Porción de materias combustibles que, encendidas, levantan mucha llama.

hoja f. Cada una de las partes, generalmente verdes, planas y delgadas, que nacen en la extremidad de las ramas o en los tallos de las plantas. ‖ Conjunto de estas hojas. ‖ Cada uno de los pétalos de una flor. ‖ Lámina delgada de cualquier materia: *una hoja de papel.* ‖ En los libros, revistas, etc., cada una de las partes iguales que resultan al doblar el papel para formar el pliego. ‖ En las puertas, ventanas, etc., cada una de las partes que se abren o cierran. ‖ Cuchilla de las armas blancas y herramientas. ‖ Cada una de las capas delgadas en que se suele dividir la masa. ‖ **FAM.** hojalata, hojaldre, hojarasca, hojear, hojoso, hojuela.

hojalata f. Lámina de acero o hierro estañada. ‖ **FAM.** hojalatería, hojalatero.

hojalatero, ra m. y f. Persona que arregla, hace o vende piezas de hojalata.

hojaldrar tr. Dar a la masa forma de hojaldre. ‖ **FAM.** hojaldrado.

hojaldre m. Masa que, al cocerse en el horno, hace muchas hojas superpuestas unas a otras. ‖ Dulce hecho con esta masa. ‖ **FAM.** hojaldra, hojaldrar.

hojarasca f. Conjunto de las hojas que han caído de los árboles. ‖ Frondosidad de algunos árboles o plantas. ‖ Cosa inútil y de poca sustancia: *este escrito tiene mucha hojarasca.*

hojear tr. Pasar ligera o apresuradamente las hojas de un libro, revista, etc. ‖ Leer superficialmente. ‖ intr. Moverse las hojas de los árboles.

hojuela f. Cada una de las hojas que forman parte de otra compuesta. ‖ Porción de masa de harina que se fríe y que se suele comer con azúcar o miel.

¡hola! interj. que se emplea como saludo familiar.

holanda f. Tela muy fina con la que se hacen camisas, sábanas, etc.

holandés, sa adj. De Holanda. También s. ‖ m. Idioma hablado en Holanda. ‖ f. Hoja de papel para escribir de 28 por 22 cm aproximadamente. ‖ **FAM.** holanda

holding (voz i.) m. Forma de organización de empresa según la cual una compañía financiera se hace con la mayoría de las acciones de otras empresas a las que controla.

holgado, da adj. Ancho, amplio: *el vestido le quedaba holgado.* ‖ Que vive con desahogo: *disfruta de una situación holgada.* ‖ **FAM.** holgadamente, holgura.

holganza f. Descanso. ‖ Ociosidad, pereza. ‖ Placer, contento.

holgar intr. Descansar de un trabajo. ‖ Estar ocioso. ‖ prnl. Divertirse. ‖ Alegrarse de una cosa. ♦ Irreg. Se conj. como *contar*. ‖ FAM. holgado, holganza, holgazán, holgorio.

holgazán, na adj. y s. Perezoso, ocioso. ‖ FAM. holgazanear, holgazanería.

holgazanear intr. Estar voluntariamente ocioso.

holgazanería f. Ociosidad, haraganería, pereza.

holgorio m. Regocijo, fiesta. Suele aspirarse la *h*.

holgura f. Anchura: *dale más holgura a la manga*. ‖ Anchura excesiva. ‖ Espacio que queda entre dos piezas que han de encajar una en otra. ‖ Regocijo, diversión entre muchos. ‖ Condiciones de vida desahogada.

hollar tr. Pisar, dejar huella: *hollar la arena*. ‖ Comprimir algo con los pies. ‖ Humillar, despreciar: *hollaron su propuesta*. ‖ FAM. holladura.

hollejo m. Piel delgada de algunas frutas y legumbres.

hollín m. Sustancia crasa y negra que el humo deposita en la superficie de los cuerpos a que alcanza.

holmio m. Elemento químico metálico del grupo de las tierras raras. Su símbolo es *Ho*.

holo- Elemento compositivo que, antepuesto y con idea de totalidad, interviene en la formación de palabras españolas: *holocausto, holómetro*.

holocausto m. Entre los judíos, sacrificio religioso que consistía en la cremación total de un animal. ‖ Sacrificio que hace una persona por otras. ‖ Gran matanza de seres humanos.

holoceno, na adj. Se dice la segunda época del periodo cuaternario.

holografía f. Técnica fotográfica basada en el empleo de la luz producida por dos haces de rayos láser. ‖ FAM. holográfico.

holograma m. Placa fotográfica obtenida mediante holografía. ‖ Imagen óptica obtenida mediante dicha técnica.

holómetro m. Instrumento que sirve para tomar la altura angular de un punto sobre el horizonte.

hombrada f. Acción propia de un hombre generoso y valiente.

hombre m. Ser racional perteneciente al género humano, y que se caracteriza por su inteligencia y lenguaje articulado. ‖ Persona de sexo masculino. ‖ Adulto: *tu hijo ya está hecho un hombre*. ‖ Junto con algunos sustantivos por medio de la prep. *de*, el que posee las cualidades o cosas significadas por los sustantivos: *hombre de honor, de valor*. ‖ Marido, amante: *es su hombre*. ‖ **¡hombre!** interj. que indica sorpresa o asombro. ‖ FAM. hombrada, hombrear, hombretón, hombría, hombruno, hominido.

hombrear intr. Querer el joven parecer un hombre adulto.

hombrera f. Especie de almohadilla que se pone en las prendas de vestir en la parte interior de los hombros, para levantarlos. ‖ Pieza de la armadura antigua que defendía los hombros. ‖ Cordón o pieza de paño en forma de almohadilla que, sobrepuesta a los hombros en el uniforme militar, sirve de defensa y para la sujeción de correas y cordones del vestuario.

hombría f. Conjunto de buenas cualidades del hombre, especialmente el valor.

hombro m. Parte superior lateral del tronco de los hombres y los primates, de donde nace el brazo. ‖ **a hombros** loc. adv. con que se denota que se lleva alguna persona o cosa sobre los hombros del que la conduce. Tratándose de personas, suele hacerse en señal de triunfo: *el torero salió a hombros por la puerta grande*. ‖ **mirar** a uno **por encima del hombro** loc. Despreciarlo. ‖ FAM. hombrera.

hombruno, na adj. Que se parece al hombre: *una mujer hombruna*.

homenaje m. Acto o serie de actos en honor de una persona. ‖ Veneración, respeto hacia una persona. ‖ Juramento solemne de fidelidad hecho a un rey o señor. ‖ FAM. homenajear.

homenajear tr. Rendir homenaje a una persona. ‖ FAM. homenajeado.

homeopatía f. Sistema curativo que aplica a las enfermedades, en dosis mínimas, las mismas sustancias que producirían síntomas iguales o parecidos a los que se trata de combatir. ‖ FAM. homeópata, homeopático.

homeóstasis u **homeostasis** f. Conjunto de fenómenos de autorregulación, conducentes al mantenimiento de una relativa constancia en las composiciones y las propiedades del medio interno de un organismo. ♦ No varía en pl. ‖ FAM. homeostasia, homeostático.

homicida com. y adj. Se dice de la persona o cosa que ocasiona la muerte de una persona: *arma homicida*.

homicidio m. Muerte causada a una persona por otra. ‖ Por lo común, la ejecutada ilegítimamente y con violencia. ‖ FAM. homicida.

homilía f. En la religión católica, comentario

que hace el sacerdote para explicar los textos sagrados.

homínido adj. Se dice del individuo perteneciente al orden de los primates superiores, cuya única especie superviviente es la humana. También m.

homo- Elemento compositivo que con idea de semejanza o igualdad, se antepone a otro en la formación de voces españolas: *homófono, homosexual.*

homófono, na adj. Se dice de las palabras que con distinta significación suenan de igual modo: *votar, botar; errar, herrar.* I **FAM.** homofonía.

homogéneo, a adj. Relativo a un mismo género o naturaleza; poseedor de iguales caracteres: *estos alumnos tienen un nivel homogéneo.* I Se dice de la sustancia o mezcla de varias cuando su composición y estructura son uniformes. I **FAM.** homogéneamente, homogeneidad, homogeneizar.

homógrafo, fa adj. Se dice de las palabras de distinta significación que se escriben de igual manera: *haya,* verbo haber, y *haya,* árbol.

homologar tr. Equiparar, poner en relación de igualdad o semejanza dos cosas: *homologar los anchos de vía.* I Registrar y confirmar un organismo autorizado el resultado de una prueba deportiva. I Contrastar una autoridad oficial el cumplimiento de determinadas especificaciones o características de un objeto o de una acción: *homologar un título de enseñanza.* I **FAM.** homologable, homologación.

homólogo, ga adj. Se dice de los términos sinónimos o que significan una misma cosa. I Se dice de las personas que desempeñan actividades, funciones, cargos, etc., semejantes: *el ministro se entrevistará con sus homólogos extranjeros.* I Se dice de lo que presenta la misma forma o comportamiento: *estas dos marcas son homólogas.* I En bot. y zool., se dice de los órganos o partes del cuerpo que son semejantes por su origen en el embrión, por sus relaciones con otros órganos y por su posición en el cuerpo, aunque su aspecto y función puedan ser diferentes. I **FAM.** homologar.

homónimo, ma adj. y s. Se dice de las palabras que siendo iguales por su forma tienen distinta significación: *banco* de sentarse, y *banco,* entidad bancaria. I **FAM.** homonimia.

homosexual adj. Se dice de la relación sexual entre personas del mismo sexo. I Se dice de la persona que se siente atraída por personas de su mismo sexo o que mantiene relaciones sexuales con ellas. También com. I **FAM.** homosexualidad.

homosexualidad f. Inclinación hacia la relación sexual con personas del mismo sexo.

honda f. Tira de cuero u otra materia semejante, y dos correas, que sirve para tirar piedras. I **FAM.** hondero.

hondo, da adj. Que tiene profundidad: *un pozo hondo.* I Se dice de la parte del terreno que está más baja que todo lo circundante: *el pueblo se hallaba en un hondo valle.* I Profundo, recóndito: *en lo más hondo del bosque.* I Intenso, extremado: *siente una honda pasión.* I **FAM.** hondamente, hondonada, hondura.

hondonada f. Espacio de terreno hondo.

hondura f. Profundidad: *la hondura de una sima, hondura de pensamiento.*

honestidad f. Compostura, moderación. I Recato. I Decoro, modestia.

honesto, ta adj. Honrado, recto: *es un empleado muy honesto en su trabajo.* I Razonable, justo: *una decisión honesta.* I Decente, decoroso, recatado. I **FAM.** honestamente, honestidad.

hongo m. Cualquiera de las plantas talofitas, sin clorofila y reproducción preferentemente asexual, por esporas, que son parásitas o viven sobre materias orgánicas en descomposición. I Sombrero de copa baja, rígida y aproximadamente semiesférica. I pl. Clase de las plantas de este nombre.

honor m. Cualidad que lleva a una persona a comportarse de acuerdo a las normas sociales y morales: *un hombre de honor.* I Buena reputación: *aquello le reportó más honor que dinero.* I Según la moral tradicional, honestidad y recato en las mujeres. I Cosa por la que alguien se siente enaltecido o satisfecho: *su interés es un honor para mí.* I Dignidad, cargo o empleo. Más en pl. I Homenaje con que se honra a alguien. Más en pl.: *le rindieron honores.* I **FAM.** honorabilidad, honorable, honorablemente, honorario, honorífico.

honorable adj. Digno de ser honrado.

honorario, ria adj. Se apl. al que tiene los honores de un cargo, empleo, etc., pero no recibe beneficios económicos. I m. pl. Sueldo por el trabajo en alguna profesión liberal: *los honorarios de este abogado son muy elevados.*

honorífico, ca adj. Honorario. I **FAM.** honoríficamente.

honra f. Estima y respeto de la dignidad propia: *defendió su honra.* I Buena opinión y fama. I Según la moral tradicional, pudor, recato. I pl. Oficio solemne por los difuntos: *honras fúnebres.* I **a mucha honra** loc. Con orgullo o satisfacción. I **FAM.** honrar, honrilla, honrosamente, honroso.

honradez f. Calidad de honrado. I Proceder con estima y respeto.

honrado, da adj. Que procede con justicia y cumple con sus obligaciones. ‖ **FAM.** honradamente, honradez.

honrar tr. Respetar a una persona o cosa: *honrar a los padres.* ‖ Enaltecer o premiar los méritos de alguien: *este premio honra su carrera.* ‖ Se usa en fórmulas de cortesía en que se enaltece como honor la asistencia, adhesión, etc., de otra u otras personas: *hoy nos honra con su presencia nuestro estimado amigo.* ‖ prnl. Tener uno a honra ser o hacer alguna cosa: *se honraba de haber participado en aquella batalla.* ‖ **FAM.** honrado.

hora f. Cada una de las 24 partes en que se divide el día solar: *debes dormir al menos ocho horas.* ‖ Tiempo oportuno para una cosa: *es hora de irnos.* ‖ Momento del día referido a una hora o fracción de hora. También pl.: *¡vaya horas de levantarse!* ‖ Espacio de tiempo o momento indeterminado: *estuve horas esperando.* ‖ pl. Libro de rezos. ‖ **hora punta** Aquella en que se produce mayor aglomeración en los transportes urbanos, por coincidir con la entrada o salida del trabajo. ‖ **horas extraordinarias** Las que se trabajan fuera del horario regular de trabajo. ‖ **no ver uno la hora** de una cosa loc. Desear que llegue el momento de hacerla o verla cumplida. ‖ **FAM.** horario, horero.

horadar tr. Agujerear una cosa atravesándola de parte a parte. ‖ **FAM.** horadable.

horario, ria adj. Relativo a las horas: *cambio horario.* ‖ m. Tiempo concertado para determinadas actividades: *horario laboral.* ‖ Manecilla del reloj que señala las horas. ‖ Cuadro indicador de horas de salida y llegada: *se informó sobre el horario de vuelos.*

horca f. Instrumento utilizado para ahorcar a los condenados a muerte. ‖ Palo que remata en dos puntas y sirve para sostener las ramas de los árboles, armar los parrales, etc. ‖ **FAM.** horqueta, horquilla.

horcajadas (a) loc. adv. Se dice de la postura de montar a caballo, o de sentarse en cualquier otro lugar en una postura similar.

horchata f. Bebida refrescante hecha principalmente de chufas con agua y azúcar. ‖ **FAM.** horchatería, horchatero.

horda f. Comunidad nómada. ‖ Grupo de gente armada. ‖ Por ext., grupo de delincuentes.

horizontal adj. Que está en el horizonte o paralelo a él: *un plano horizontal.* ‖ En figuras, dibujos, escritos, impresos, etc., se dice de la línea, disposición o dirección que va de derecha a izquierda o viceversa. También f. ‖ En geom., se dice de lo que es perpendicular a la vertical. También f. ‖ **FAM.** horizontalidad, horizontalmente.

horizonte m. Línea aparente que separa el cielo y la tierra. ‖ Espacio circular de la superficie del globo encerrado en dicha línea. ‖ Conjunto de posibilidades o perspectivas que se ofrecen en un asunto o materia: *el gobierno tenía ante sí un horizonte poco halagüeño.* ‖ **FAM.** horizontal.

horma f. Molde con que se fabrica o forma una cosa. ‖ Instrumento que se utiliza para evitar que el calzado se deforme o para ensancharlo.

hormiga f. Insecto himenóptero, mayormente de color negro, cuyo cuerpo tiene dos estrechamientos, uno en la unión de la cabeza con el tórax y otro en la de éste con el abdomen, antenas acodadas y patas largas; vive en colonias, en hormigueros donde pasa recluida el invierno. ‖ Persona muy trabajadora. Más en diminutivo. ‖ **FAM.** hormigón, hormigueo, hormiguero, hormiguillo, hormiguita.

hormigón m. Enfermedad del ganado vacuno. ‖ Enfermedad de algunas plantas, causada por un hongo que roe las raíces y tallos.

hormigón m. Mezcla compuesta de piedras menudas, cemento y arena, que se emplea en la construcción. ‖ **FAM.** hormigonera.

hormigonera f. Aparato para mezclar mecánicamente los componentes del hormigón.

hormigueo m. Sensación molesta de cosquilleo o picor. ‖ Movimiento de una multitud de personas o animales. ‖ Desazón. ‖ **FAM.** hormigueante, hormiguear.

hormiguero m. Colonia de hormigas. ‖ Lugar donde viven las colonias de hormigas. ‖ Lugar en que hay mucha gente en movimiento: *el estadio era un hormiguero.*

hormona f. Producto de la secreción de ciertas glándulas del cuerpo de animales y plantas, que, transportado por la sangre o por los jugos del vegetal, regula o activa la actividad de otros órganos. ‖ **FAM.** hormonal.

hornada f. Porción de cosas que se cuece de una vez en el horno. ‖ Conjunto de personas que acaban a la vez una carrera, o reciben a la vez el nombramiento para un cargo: *ejecutivos de última hornada.*

hornilla f. Hueco hecho en los hogares, con una rejilla horizontal en medio de la altura para sostener la lumbre.

hornillo m. Horno pequeño, que se emplea en laboratorios, cocinas, industrias, etc., para calentar, fundir, cocer o tostar.

horno m. Obra, en general abovedada, provista de respiradero o chimenea y una o varias bocas por donde se introduce lo que se quiere someter a la acción del calor. ‖ Electrodoméstico que generalmente forma parte de la cocina, y que sirve para asar los alimentos. ‖ Lugar muy caluroso: *el coche es un horno*. ‖ Tahona en que se cuece y vende pan. ‖ **FAM.** hornada, hornalla, hornazo, hornear, hornero, hornilla.

horóscopo m. Predicción del futuro deducida de la posición de los astros del sistema solar y de los signos del zodiaco. ‖ Sección de un periódico, revista, etc., en que se publican estas predicciones. ‖ Colocación de los astros en la figura o división de los signos del zodiaco.

horqueta f. Horca para sostener las ramas de los árboles. ‖ Parte del árbol donde se juntan formando ángulo agudo el tronco y una rama medianamente gruesa. ‖ *amer.* Lugar donde se bifurca un camino. ‖ **FAM.** horquetear.

horquilla f. Pieza de alambre doblada por en medio, con dos puntas iguales, que se utiliza para sujetar el pelo. ‖ Horqueta.

horrendo, da adj. Que causa horror: *un accidente horrendo.* ‖ Enorme, intenso: *hace un calor horrendo.* ‖ **FAM.** horrendamente.

hórreo m. Granero. ‖ Construcción de madera sostenida en el aire por cuatro pilares, donde se guardan granos y otros productos agrícolas; es característico de Galicia y Asturias.

horrible adj. Que causa horror: *una horrible masacre.* ‖ Malo, desagradable: *tengo un dolor de cabeza horrible.* ‖ Muy feo: *le hicieron un corte de pelo horrible.* ‖ **FAM.** horribilísimo, horriblemente.

horripilar tr. Hacer que se ericen los cabellos. También prnl. ‖ Causar horror y espanto. También prnl. ‖ **FAM.** horripilación, horripilante.

horror m. Espanto o miedo muy intenso: *lanzó un grito de horror al ver al monstruo.* ‖ Enormidad. Más en pl.: *me ha costado horrores encontrarlo.* ‖ Aversión, odio, repulsión: *me da horror su falsedad.* ‖ En función de adv., equivale a *mucho: le gustan un horror las berenjenas.* ‖ **FAM.** horrendo, horrible, horripilar, horrísono, horrorizar, horroroso.

horrorizar tr. Causar horror: *le horrorizan las arañas.* ‖ prnl. Tener horror ante algo: *se horrorizó al saber el precio.*

horroroso, sa adj. Que causa horror. ‖ Muy feo, desagradable: *lleva unos zapatos horrorosos.* ‖ Enorme: *tengo un hambre horrorosa.* ‖ **FAM.** horrorosamente.

hortaliza f. Verduras y demás plantas comestibles que se cultivan en las huertas.

hortelano, na adj. Perteneciente a las huertas. ‖ m. y f. Persona que cuida y cultiva una huerta.

hortensia f. Arbusto de origen japonés, con tallos ramosos de 1 m de altura, de flores olorosas, en corimbos terminales, con corola rosa o azulada, que va poco a poco perdiendo color hasta quedar casi blanca.

hortera adj. Vulgar y de mal gusto. También com. ‖ **FAM.** horterada.

hortícola adj. Perteneciente o relativo a la horticultura.

horticultura f. Cultivo de los huertos y huertas. ‖ Arte que lo enseña. ‖ **FAM.** hortícola, horticultor.

hosco, ca adj. Huraño, áspero: *nos miró con gesto hosco.* ‖ Desagradable, poco acogedor: *hace un tiempo hosco.* ‖ Moreno muy oscuro. ‖ **FAM.** hosquedad.

hospedaje m. Alojamiento que se da a una persona. ‖ Cantidad que se paga por este alojamiento.

hospedar tr. Dar alojamiento a una persona: *le hospedaron en su casa.* ‖ prnl. Estar alojado en un lugar: *se hospedó en una pequeña pensión.* ‖ **FAM.** hospedaje, hospedería, hospedero.

hospedería f. Casa o habitación destinada al alojamiento de personas.

hospicio m. Asilo en que se da alojamiento y educación a niños pobres, expósitos o huérfanos. ‖ Casa destinada antiguamente a albergar peregrinos y pobres. ‖ **FAM.** hospiciano, hospiciante.

hospital m. Establecimiento en que se atienden y curan enfermos. ‖ **FAM.** hospitalario, hospitalizar.

hospitalario, ria adj. Se dice de la persona, comunidad, institución, etc. , que socorre y alberga a los extranjeros y necesitados. ‖ Se dice de la persona o lugar que acoge con agrado a los visitantes: *tu familia es muy hospitalaria.* ‖ Se aplicaba a las órdenes religiosas que daban albergue a peregrinos. ‖ Perteneciente o relativo al hospital: *centro hospitalario.* ‖ **FAM.** hospitalariamente, hospitalidad.

hospitalidad f. Buena acogida y asistencia que se hace a los extranjeros, visitantes o necesitados.

hospitalizar tr. Internar a una persona en un hospital. ‖ **FAM.** hospitalización.

hostal m. Establecimiento equivalente a un hotel. ‖ Pensión. ‖ **FAM.** hostelería, hostería.

hostelería f. Industria que se ocupa de proporcionar a los clientes alojamiento, comida y otros servicios, mediante pago. ‖ Estudios que se hacen para desempeñar esta actividad. ‖ **FAM.** hostelero.

hostería f. Casa donde se da alojamiento y comida.

hostia f. Hoja redonda y delgada de pan ázimo que el sacerdote consagra en la misa. ‖ Por ext., oblea hecha con harina, huevo, azúcar y agua o leche. ‖ vulg. Golpe fuerte. ‖ **FAM.** hostiario.

hostigar tr. Azotar con un látigo a las caballerías para que anden. ‖ Acosar, molestar a uno. ‖ **FAM.** hostigador, hostigamiento.

hostil adj. Contrario, enemigo. ‖ **FAM.** hostilidad, hostilizar, hostilmente.

hostilidad f. Calidad de hostil. ‖ Acción hostil. ‖ pl. Conflicto armado entre pueblos, ejércitos, etc: *las hostilidades continuaron a pesar de la tregua.*

hotel m. Establecimiento de hostelería en el que se proporciona alojamiento y comida a los clientes. ‖ Casa aislada, y habitada normalmente por una sola familia. ‖ **FAM.** hotelería, hotelero.

hoy adv. t. En el día presente: *hoy es lunes.* ‖ En el tiempo presente: *la tecnología de hoy ha abierto nuevos caminos.* ‖ **hoy día** o **hoy en día** loc. adv. En esta época, actualmente. ‖ **hoy por hoy** loc. adv. En este tiempo, en el momento presente.

hoya f. Concavidad u hondura grande formada en la tierra. ‖ Hoyo para enterrar un cadáver y lugar en que se entierra. ‖ Llano extenso rodeado de montañas. ‖ **FAM.** hoyo.

hoyo m. Concavidad u hondura formada naturalmente en la tierra o hecha por alguien. ‖ Concavidad que se hace en algunas superficies. ‖ Sepultura. ‖ **FAM.** hoyuelo.

hoyuelo m. Hoyo en el centro de la barbilla; y también el que se forma en la mejilla de algunas personas cuando se ríen.

hoz f. Instrumento compuesto de una hoja acerada, curva, con dientes o con filo por la parte cóncava, afianzada en un mango de madera. ‖ **FAM.** hozada.

hoz f. Angostura de un valle profundo.

hozar tr. Mover y levantar la tierra con el hocico algunos animales. También intr.

huairuro m. *amer.* Arbusto alto, de frutos en vaina, como judías, de color rojo y negro, no comestibles, que se usan como adornos en collares, aretes, gemelos, etc. ‖ Fruto de la misma planta.

hucha f. Pequeño recipiente con una hendedura para guardar dinero.

hueco, ca adj. Vacío, cóncavo: *un tronco hueco.* ‖ Presumido, vanidoso: *se puso hueco al oír tus elogios.* ‖ Se dice de lo que tiene sonido retumbante y profundo. ‖ Se dice del lenguaje, estilo, etc., con que se expresan conceptos vanos o triviales. ‖ Mullido y esponjoso:

me gusta que la almohada quede hueca. ‖ m. Cavidad: *en ese hueco había una estatuilla.* ‖ Abertura en un muro: *la lagartija se coló por un hueco.* ‖ Intervalo de tiempo o lugar: *si tengo un hueco intentaré atenderte.* ‖ Empleo o puesto vacante: *le buscó un hueco en su negocio.* ‖ **FAM.** huecograbado.

huelga f. Paro voluntario en el trabajo por parte de los trabajadores con el fin de obtener ciertas mejoras laborales: *hay huelga de transportes.* ‖ **huelga de brazos caídos** La que practican en su puesto habitual de trabajo quienes se abstienen de reanudarlo a la hora reglamentaria. ‖ **huelga de celo** Forma de protesta laboral consistente en realizar las funciones con suma lentitud, para que descienda el rendimiento y se retrasen los servicios. ‖ **FAM.** huelguista, huelguístico.

huelguista com. Persona que toma parte en una huelga.

huella f. Señal que deja el pie del hombre o del animal en la tierra: *dejó su huella en la arena.* ‖ Parte horizontal del escalón. ‖ Señal que deja una lámina o forma de imprenta en el papel. ‖ Rastro que deja una persona, animal o cosa. Más en pl.: *vimos huellas de ciervo.* ‖ Impresión profunda o duradera: *su obra dejó huella en varias generaciones.* ‖ Indicio.

huérfano, na adj. Persona a quien han faltado los padres. También s. ‖ Falto de alguna cosa: *huérfano de cariño.* ‖ **FAM.** orfandad.

huero, ra adj. Vano, vacío, sin sustancia: *palabras hueras.*

huerta f. Terreno destinado al cultivo de legumbres y árboles frutales. ‖ En algunas partes, toda la tierra de regadío. ‖ **FAM.** hortelano, hortense, horticultura, hortofrutícola, huertano.

huerto m. Sitio de corta extensión, generalmente cercado de pared, en que se plantan verduras, legumbres y principalmente árboles frutales. ‖ **FAM.** hortaliza, huerta.

hueso m. Cada una de las piezas duras que forman el neuroesqueleto de los vertebrados. ‖ Parte dura y compacta que está en el interior de algunas frutas. ‖ Persona de carácter desagradable o de trato difícil: *el jefe es un hueso.* ‖ **FAM.** huesudo.

huésped, da m. y f. Persona alojada en casa ajena, en un hospedaje o pensión: *actualmente tienen tres huéspedes permanentes.* ‖ Persona que hospeda en su casa a uno: *a mi madre le gusta hacer de huesped.* ‖ El vegetal o animal en cuyo cuerpo se aloja un parásito. ‖ **FAM.** hospedar, hospicio, hospital, hostal.

hueste f. Ejército en campaña. Más en pl.: *las huestes vencedoras.* ‖ pl. Conjunto de los seguidores o partidarios de una persona o de una causa: *las huestes del sindicalismo*. ‖ **FAM.** hostil.

hueva f. Masa que forman los huevos de ciertos peces.

huevera f. Recipiente en forma de copa pequeña, en que se comen los huevos pasados por agua. ‖ Utensilio donde se guardan los huevos.

huevo m. Cuerpo ovalado, de diferente tamaño o dureza, que producen las hembras de las aves o de otras especies animales, que contiene el embrión y las sustancias destinadas a su nutrición durante la incubación. ‖ En lenguaje corriente, se aplica al de la gallina, especialmente destinado a la alimentación humana. ‖ Célula sexual femenina, óvulo. ‖ Cualquiera de los óvulos de ciertos animales, como los peces o batracios, que contienen las materias nutritivas necesarias para la formación del embrión. ‖ vulg. Testículo. Más en pl. ‖ **costar** algo **un huevo** loc. Ser muy caro. ‖ **pisando huevos** loc. adv. Lentamente. Se usa con verbos de movimiento, como *andar, venir*, etc. ‖ **FAM.** hueva, huevería, huevero, huevón.

huevón, na adj. vulg. *amer.* Lento, ingenuo. También s. ‖ vulg. *amer.* Tonto, pesado.

huir intr. Apartarse de alguien o de algo deprisa: *huir del fuego*. También tr. ‖ Alejarse velozmente de un lugar: *huir de la cárcel*. ‖ Transcurrir el tiempo velozmente. ‖ Apartarse de una cosa mala o perjudicial. También tr.: *luye al sargento en cuanto lo ve*. ‖ **FAM.** huidizo, huido. ◆ **Irreg.** Conjugación modelo:

Indicativo
Pres.: *huyo, huyes, huye, huimos, huis, huyen.*
Imperf.: *huia, huias,* etc.
Pret. indef.: *hui, huiste, huyó, huimos, huisteis, huyeron.*
Fut. imperf.: *huiré, huirás,* etc.

Potencial: *huiría, huirías,* etc.

Subjuntivo
Pres.: *huya, huyas, huya, huyamos, huyáis, huyan.*
Imperf.: *huyera, huyeras,* etc. o *huyese, huyeses,* etc.
Fut. imperf.: *huyere, huyeres,* etc.

Imperativo: *huye, huid.*

Participio: *huido.*

Gerundio: *huyendo.*

---

hule m. Caucho o goma elástica. ‖ Tela pintada al óleo y barnizada, que por su impermeabilidad tiene muchos usos.

hulla f. Mineral con un 80 por 100 de carbono que se usa como combustible. ‖ **FAM.** hullero.

humanidad f. Naturaleza humana. ‖ Conjunto formado por todos los seres humanos. ‖ Sensibilidad, compasión: *le acogió con mucha humanidad*. ‖ Corpulencia, gordura. ‖ pl. Rama de conocimiento que incluye la historia, la literatura, las lenguas clásicas y modernas, el arte, etc.

humanismo m. Movimiento intelectual que se llevó a cabo en Europa durante el Renacimiento, y que se inspiró en la lengua, literatura y cultura grecolatinas. ‖ Estudio de las humanidades. ‖ Conjunto de corrientes filosóficas centradas en el estudio del ser humano. ‖ **FAM.** humanista, humanístico.

humanista com. Persona instruida en las humanidades. ‖ Partidario del humanismo europeo que se llevó a cabo durante el Renacimiento.

humanitario, ria adj. Que se preocupa por el bienestar del género humano. ‖ Humano, caritativo. ‖ **FAM.** humanitarismo.

humanizar tr. Hacer a alguien o algo más humano, familiar y afable: *humanizar el trabajo*. ‖ prnl. Ablandarse, hacerse más caritativo: *se ha humanizado con la edad*.

humano, na adj. Perteneciente a la humanidad o al ser humano: *un defecto humano*. ‖ Se apl. a la persona caritativa y bondadosa: *tiene un carácter muy humano*. ‖ m. Persona, hombre. ‖ **FAM.** humanamente, humanidad, humanismo, humanitario, humanizar.

humareda f. Abundancia de humo.

humear intr. Exhalar, arrojar o echar de sí humo. También prnl. ‖ *amer.* Fumigar. ‖ **FAM.** humeante.

humedad f. Calidad de húmedo. ‖ Agua de que está impregnado un cuerpo o que, vaporizada, se mezcla con el aire: *la humedad ha dañado los muebles*.

humedecer tr. Mojar ligeramente una cosa: *humedeció el sello para pegarlo*. También prnl. ◆ **Irreg.** Se conj. como *agradecer*. ‖ **FAM.** humedecimiento.

húmedo, da adj. Se dice de lo que está ligeramente impregnado de agua o de otro líquido: *la ropa aún está húmeda*. ‖ Se dice de lo que está cargado de vapor de agua: *los cristales están húmedos*. ‖ Se dice del lugar en que llueve mucho. ‖ **FAM.** humectar, humedad, humedecer, humidificar.

húmero m. Hueso del brazo que va desde el codo hasta el hombro. ‖ **FAM.** humeral.

humildad f. Actitud de la persona que no presume de sus logros y reconoce sus fracasos y debilidades. ‖ Baja condición social. ‖ **FAM.** humilde, humildemente, humillar.

humilde adj. Que tiene humildad. ‖ Modesto. ‖ Se dice de la persona que tiene una condición social baja: *es de origen humilde*.

humilladero m. Lugar que suele haber a las entradas o salidas de los pueblos, con una cruz o imagen.

humillante adj. Degradante, depresivo.

humillar tr. Postrar, inclinar una parte del cuerpo en señal de sumisión y acatamiento: *humilló los ojos ante su padre*. ‖ Abatir el orgullo y altivez de alguien: *le ha humillado la derrota*. ‖ prnl. Hacer actos de humildad. ‖ **FAM.** humillación, humilladero, humillante.

humita f. *amer*. Comida criolla hecha con pasta de maíz, a la que se agrega cebolla, tomate y ají rojo molido.

humo m. Producto en forma gaseosa se desprende de una combustión incompleta. ‖ Vapor que exhala cualquier cosa que fermenta. ‖ pl. Vanidad, presunción, altivez: *desde que le dieron el premio se da muchos humos*. ‖ **FAM.** humareda, humazo, humear.

humor m. Estado de ánimo: *está de mal humor de perros*. ‖ Jovialidad, gracia, agudeza. ‖ Disposición en que uno se halla para hacer una cosa: *hoy no estoy de humor para verle*. ‖ Facultad de descubrir y expresar lo que es cómico o gracioso: *se lo toma todo con mucho humor*. ‖ Antiguamente, cualquiera de los líquidos del cuerpo. ‖ **FAM.** humorada, humorismo, humorista, humorístico, humorísticamente.

humorada f. Dicho o hecho festivo, caprichoso o extravagante: *ésa debe ser otra de sus humoradas*. ‖ Breve composición poética, que encierra una advertencia moral o un pensamiento filosófico de forma cómica.

humorismo m. Manera de enjuiciar, afrontar y comentar las situaciones con gracia y comicidad.

humorista adj. Se dice de quien se expresa o manifiesta con humor. ‖ com. Persona que se dedica profesionalmente al humorismo.

humus m. Capa superior del suelo o mantillo.

hundimiento m. Acción y efecto de hundir o hundirse: *el hundimiento de un imperio*. ‖ Parte más hundida de una superficie.

hundir tr. Sumir, meter en el fondo. También prnl.: *el barco se hundió en una tormenta*. ‖ Hacer bajar el nivel de una superficie: *estos escalones se han hundido con el uso*. ‖ Destruir, consumir, arruinar. También prnl.: *su negocio se está hundiendo*. ‖ Abrumar, oprimir, abatir: *la noticia le ha hundido*. También prnl. ‖ Confundir a uno, vencerle con razones. También prnl.: *se hundió ante tus argumentos*. ‖ **FAM.** hundido, hundimiento.

huno, na adj. Se dice de un pueblo mongoloide, de lengua altaica, que ocupó en el s. v el territorio que se extiende desde el Volga hasta el Danubio. ‖ m. Habitante de dicho pueblo. También s.

huracán m. Ciclón tropical. ‖ Viento sumamente impetuoso que gira en grandes círculos. ‖ Persona impetuosa: *entró como un huracán en el despacho*. ‖ **FAM.** huracanado, huracanarse.

huraño, ña adj. Que huye y se esconde de la gente.

hurgar tr. Menear o remover una cosa. También intr. ‖ Fisgar: *no hurgues en mis cosas*. ‖ **FAM.** hurgón.

hurón m. Mamífero carnívoro, originario del norte de África, de unos 30 cm de largo, la cabeza pequeña, las patas cortas, el pelaje gris rojizo, y glándulas anales que despiden un olor sumamente desagradable; se emplea para la caza de conejos. ‖ Persona huraña. También adj. ‖ **FAM.** huronear, huronera.

¡hurra! interj. usada para expresar alegría y satisfacción o excitar el entusiasmo: *¡hurra, hemos ganado!*

hurtadillas (a) loc. adv. A escondidas: *sacó los apuntes a hurtadillas*.

hurtar tr. Tomar o retener bienes ajenos contra la voluntad de su dueño, y sin hacer uso de la violencia: *le hurtaron la cartera en el autobús*. ‖ prnl. Ocultarse, desviarse. ‖ **FAM.** hurto.

hurto m. Acción de hurtar. ‖ Cosa hurtada.

husmear tr. Rastrear con el olfato una cosa: *los perros husmearon el rastro*. También intr. ‖ Indagar algo con disimulo. Más c. intr.: *¿otra vez husmeando en mi cajón?* ‖ **FAM.** husmeador, husmeo.

huso m. Instrumento manual que sirve para hilar. ‖ Instrumento empleado para devanar la seda. ‖ **FAM.** husillo.

¡huy! interj. con que se expresa asombro, dolor físico o admiración.

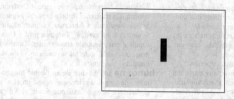

i f. Novena letra del abecedario español, y tercera de sus vocales. ‖ Nombre de la letra *i*. ‖ Escrita en mayúscula, letra numeral que tiene el valor de uno en la numeración romana. ‖ **i griega** Nombre de la letra *y*. ♦ pl. *íes*.

ibérico, ca o **iberio, ria** adj. y s. Ibero. ‖ Perteneciente o relativo a la península Ibérica y, p. ext., a España.

ibero o **íbero, ra** adj. y s. De Iberia, nombre ant. de España y Portugal. ‖ Se dice del pueblo que la habitó, dedicado a la agricultura y al pastoreo. También s. ‖ m. Lengua hablada por este pueblo. ‖ **FAM.** ibérico, iberoamericano.

iberoamericano, na adj. y s. De Iberoamérica, conjunto de pueblos colonizados por España y Portugal. ‖ Perteneciente o relativo a estos pueblos y a España y Portugal. También s.

íbice m. Especie de cabra montés que habita en las cumbres alpinas.

ibicenco, ca adj. y s. De Ibiza.

ibis m. Ave zancuda de pico largo, plumaje blanco, excepto la cabeza, cuello, cola y extremidad de las alas, donde es negro, que se alimenta principalmente de moluscos fluviales. Fue venerada por los antiguos egipcios.

iceberg (voz i.) m. Gran masa de hielo flotante que se ha desprendido de un glaciar y sobresale de la superficie del mar. ♦ pl. *icebergs*.

icono m. Representación religiosa pintada o en relieve, característica del arte bizantino y que ahora aparece en las iglesias orientales y de culto ortodoxo. ‖ Símbolo que mantiene una relación de semejanza con el objeto que representa. ‖ **FAM.** icónico, iconoclasta, iconografía.

iconoclasta adj. y s. Contrario al culto a las imágenes sagradas, en especial aplicado al movimiento herético que surgió en el Imperio bizantino (ss. VIII y IX) con esta ideología. ‖ P. ext., se llama así a quien rechaza la reconocida autoridad de maestros, normas y modelos.

iconografía f. Descripción de imágenes, cuadros o monumentos. ‖ Colección de imágenes o retratos de una época o un tema concretos: *iconografía medieval*. ‖ **FAM.** iconográfico.

icosaedro m. Sólido limitado por 20 caras.

ictericia f. Coloración amarilla producida por la acumulación de pigmentos biliares en la sangre. ‖ **FAM.** ictérico.

ictiología f. Parte de la zoología, que trata de los peces. ‖ **FAM.** ictiológico, ictiólogo.

ictiosauro m. Reptil fósil marino, de tamaño gigantesco, que se encuentra principalmente en el terreno jurásico.

ida f. Acción de ir de un lugar a otro.

idea f. Cualquier representación mental que se relaciona con algo real. ‖ Noción o conocimiento que se tiene sobre algo o alguien: *no tengo idea de lo que piensa hacer*. ‖ Intención de hacer una cosa: *nuestra idea era ir al cine*. ‖ Ocurrencia, ingenio: *¡tienes cada idea!* ‖ pl. Convicciones, creencias, opiniones: *sus ideas son muy conservadoras*. ‖ **FAM.** ideal, idear, ideario, ideografía, ideograma, ideología.

ideal adj. Perteneciente o relativo a la idea. ‖ Que no es real, sino que está sólo en la mente: *los meridianos terrestres son líneas ideales*. ‖ Excelente, perfecto: *esta casa es ideal para nosotros*. ‖ m. Prototipo, modelo de perfección: *Amadís representó al ideal del caballero*. ‖ Conjunto de convicciones o creencias. Más en pl.: *luchó por sus ideales*. ‖ **FAM.** idealidad, idealismo, idealizar, idealmente.

idealismo m. Condición de los sistemas filosóficos que consideran la idea como principio del ser y del conocer. ‖ Tendencia de la inteligencia a idealizar. ‖ **FAM.** idealista.

idealizar tr. Creer o representarse las cosas reales como mejores de lo que son en realidad. ‖ **FAM.** idealización, idealizador.

idear tr. Formarse idea de una cosa. ‖ Pensar, inventar: *ha ideado un nuevo juego*.

ideario m. Ideología.

ídem pron. lat. que sign. *el mismo* o *lo mismo*.

idéntico, ca adj. Igual. ‖ Muy parecido. ‖ **FAM.** ídem, idénticamente, identidad, identificar.

identidad f. Calidad de idéntico. ‖ Hecho de ser una persona o cosa la misma que se supone o se busca: *la policía verificó su identidad.*

identificar tr. Reconocer la identidad de alguien: *han identificado a las víctimas del accidente.* ‖ Hacer que dos cosas que son distintas aparezcan como una misma: *identifica Bruselas con lluvia.* Más c. prnl. ‖ prnl. Llegar a sentir algo ajeno como propio, estar totalmente de acuerdo con las creencias o propósitos de alguien: *se identificó con el protagonista de la novela.* ‖ **FAM.** identificable, identificación, identificado.

ideología f. Conjunto de ideas fundamentales que caracterizan el pensamiento de una persona, colectividad, época, etc. ‖ **FAM.** ideológico, ideólogo.

idilio m. Relación amorosa. ‖ Poema de carácter bucólico y tema amoroso. ‖ **FAM.** idílico.

idioma m. Lengua de un pueblo o nación. ‖ **FAM.** idiomático.

idiosincrasia f. Índole del temperamento y carácter de cada individuo. ‖ **FAM.** idiosincrático.

idiota adj. y com. Tonto, poco inteligente. ‖ Que padece idiotez. ‖ **FAM.** idiotez, idiotismo, idiotizar.

idiotez f. Trastorno mental caracterizado por una deficiencia profunda de las facultades mentales. ‖ Hecho o dicho propio del idiota.

idiotismo m. En gram., giro propio de una lengua contrario a las normas gramaticales y difícil de traducir a otro idioma: *a pies juntillas.*

ido, da adj. Se dice de la persona que está falta de juicio. ‖ Distraído: *esta mañana te veo un poco ido.*

idolatrar tr. Adorar ídolos o falsas deidades. ‖ Amar excesivamente a una persona o cosa. ‖ **FAM.** idólatra, idolatría, idolátrico.

ídolo m. Figura de un dios al que se adora. ‖ Persona o cosa excesivamente amada o admirada: *ese actor es su ídolo.* ‖ **FAM.** idolatrar.

idóneo, a adj. Que tiene buena disposición o aptitud para algo: *hemos dado con la persona idónea para el puesto.* ‖ Adecuado, conveniente: *este sofá es idóneo para el salón.* ‖ **FAM.** idoneidad.

iglesia f. Templo cristiano: *una iglesia románica.* ‖ Congregación de los fieles cristianos. ‖ Conjunto del clero y pueblo cristiano en un país, región, época, etc.: *Iglesia latina, griega.* ‖ Gobierno eclesiástico general. ‖ **FAM.** eclesial.

iglú m. Vivienda esquimal de forma semiesférica construida con bloques de hielo. ♦ pl. *iglús o iglúes.*

ígneo, a adj. De fuego o que tiene alguna de sus calidades. ‖ Se dice de las rocas volcánicas procedentes de la masa en fusión existente en el interior de la Tierra. ‖ **FAM.** ignición, ignífugo.

ignición f. Acción y efecto de estar un cuerpo encendido o incandescente: *la ignición del hierro.*

ignífugo, ga adj. Que protege contra el fuego: *pintura ignífuga.*

ignominia f. Afrenta pública que uno sufre justa o injustamente. ‖ **FAM.** ignominiosamente, ignominioso.

ignorancia f. Falta general de ciencia y cultura.

ignorar tr. No saber algo: *ignoro a qué hora llega.* ‖ Hacer caso omiso de algo: *ignoró mis advertencias.* ‖ **FAM.** ignaro, ignorancia, ignorante, ignorantemente, ignoto.

ignoto, ta adj. No conocido. ‖ No descubierto.

igual adj. De la misma naturaleza, cantidad o calidad de otra persona o cosa: *llevan blusas iguales.* ‖ Muy parecido o semejante: *esos dos hermanos son iguales.* ‖ Del mismo valor y aprecio: *todo le es igual.* ‖ De la misma clase o condición: *tu familia es de igual nivel social que la mía.* ‖ Se dice de las figuras que se pueden superponer de modo que se confundan en su totalidad: *triángulos iguales.* ‖ m. Signo de igualdad, formado de dos rayas horizontales paralelas (=). ‖ adv. Como, lo mismo: *me da igual lo que hagas.* ‖ **FAM.** igualar, igualdad, igualitario, igualmente.

iguala f. Pago de una cantidad ajustada que se hace con arreglo a unos servicios contratados. ‖ Listón de madera con que los albañiles reconocen la llanura de las tapias o de los suelos.

igualar tr. Hacer a una persona o cosa igual a otra u otras: *nos han igualado el sueldo.* Más c. prnl. ‖ Allanar una superficie: *están igualando el solar.* ‖ Alcanzar a alguien en un puesto o cualidad: *ha crecido tanto que ya iguala a su padre.* ‖ Contratar una iguala. También prnl. ‖ intr. Ser una cosa igual a otra: *estoy buscando una blusa que iguale con el color de estos pantalones.* También prnl. ‖ **FAM.** iguala, igualable, igualación, igualado, igualador, igualamiento, igualatorio.

igualatorio adj. Que tiende a establecer la igualdad. ‖ m. Sociedad médica que presta servicios a sus clientes mediante una iguala.

igualdad f. Conformidad de una cosa con otra en naturaleza, forma, calidad o cantidad:

igualdad de oportunidades. ‖ Expresión de la equivalencia de dos cantidades.

iguana f. Nombre genérico de unos reptiles parecidos a los lagartos, generalmente provistos de una gran papada y de una cresta espinosa a lo largo del dorso. Vive en América meridional, y su carne y huevos son comestibles. ‖ **FAM.** iguanodonte.

iguanodonte m. Reptil saurio herbívoro, que se encuentra fósil en los terrenos secundarios del cretáceo.

ijada f. Cualquiera de las dos cavidades simétricamente colocadas entre las costillas flotantes y los huesos de las caderas. ‖ **FAM.** ijar.

ijar m. Ijada.

ikurriña (voz vasc.) f. Bandera del País Vasco.

ilación f. Enlace razonable y ordenado de las partes de un discurso o de una deducción lógica: *su discurso carecía de ilación.* ‖ Acción y efecto de inferir una cosa de otra. ‖ **FAM.** ilativo.

ilegal adj. Que es contrario a la ley. ‖ **FAM.** ilegalidad, ilegalmente.

ilegible adj. Que no puede o no debe leerse: *este manuscrito es ilegible.* ‖ **FAM.** ilegibilidad.

ilegitimar tr. Privar a alguien o algo de la legitimidad.

ilegítimo, ma adj. Ilegal: *un negocio ilegítimo.* ‖ Falso, no auténtico: *un cuadro ilegítimo.* ‖ Se dice de los hijos tenidos fuera del matrimonio. ‖ **FAM.** ilegítimamente, ilegitimar, ilegitimidad.

íleon m. Tercera porción del intestino delgado, que termina en el ciego.

ilerdense adj. y s. De la antigua Ilerda, hoy Lleida (Lérida). ‖ Leridano.

ileso, sa adj. Que no ha recibido lesión o daño: *resultó ileso en el accidente.*

iletrado, da adj. Falto de cultura.

iliaco, ca o **ilíaco, ca** adj. Perteneciente o relativo al ileon y al ilion.

ilicitano, na adj. y s. De Ílici, hoy Elche.

ilícito, ta adj. No permitido legal ni moralmente. ‖ **FAM.** ilícitamente, ilicitud.

ilimitado, da adj. Que no tiene límites. ‖ **FAM.** ilimitable, ilimitadamente.

ilion m. Hueso de la cadera. ‖ **FAM.** íleon, iliaco.

ilírico, ca adj. Ilirio.

ilirio, ria adj. De la antigua Iliria. También s. ‖ m. Lengua indoeuropea hablada allí.

ilógico, ca adj. Que carece de lógica: *su enfado es ilógico.* ‖ **FAM.** ilógicamente.

ilota com. Esclavo de los lacedemonios. ‖ Persona que se halla o se considera desposeída de los derechos civiles.

iluminación f. Acción y efecto de iluminar. ‖ Conjunto de luces de un lugar: *había una brillante iluminación en la sala.* ‖ Luces dispuestas como adorno. ‖ En pint., distribución de la luz en un cuadro.

iluminado, da adj. y s. Hereje. ‖ Se dice del individuo de una secta herética y secreta fundada en 1776 que pretendía establecer como ideal un sistema moral contrario al orden existente en religión, propiedad y familia.

iluminar tr. Alumbrar algo: *un pequeño farol iluminaba la terraza.* ‖ Adornar un edificio o lugar con muchas luces: *han iluminado la fuente.* ‖ Ilustrar, aclarar alguna cuestión: *la vida de este artista ilumina muchos aspectos de su obra.* ‖ En teol., ilustrar Dios a los hombres, haciéndoles conocer la verdad. ‖ **FAM.** iluminación, iluminado, iluminador.

ilusión f. Imagen sugerida por los sentidos que carece de verdadera realidad: *ilusión auditiva.* ‖ Esperanza que carece de fundamento en la realidad: *no te hagas ilusiones.* ‖ Entusiasmo, alegría: *me hizo mucha ilusión el regalo.* ‖ **FAM.** ilusionar, ilusionismo, iluso.

ilusionar tr. Hacer que uno se forje determinadas ilusiones. También prnl.: *no te ilusiones demasiado con sus promesas.* ‖ Causar algo entusiasmo o alegría: *me ilusiona mucho que hayáis venido.* ‖ **FAM.** ilusionado.

ilusionismo m. Arte y técnica de producir efectos ilusorios y aparentemente mágicos, mediante juegos de manos, trucos, etc. ‖ **FAM.** ilusionista.

iluso, sa adj. y s. Se dice de la persona a la que se engaña o seduce fácilmente: *el timador consiguió hacerse con varios ilusos.* ‖ Soñador: *eres un iluso si piensas que todo es tan sencillo.* ‖ **FAM.** ilusivo, ilusorio.

ilusorio, ria adj. Engañoso, irreal, ficticio.

ilustración f. Acción y efecto de ilustrar. ‖ Estampa, grabado o dibujo que adorna un libro. ‖ Movimiento filosófico y literario imperante en Europa y América en el s. XVIII, caracterizado por la creencia en la razón como medio para resolver todos los problemas de la vida humana. ‖ Época en la que se desarrolló. ♦ En estas dos acepciones se escribe con mayúscula.

ilustrar tr. Aclarar algo de difícil comprensión con ejemplos o imágenes: *ilustró su explicación con ejemplos.* También prnl. ‖ Adornar un libro con láminas o grabados. ‖ Instruir a una persona. También prnl.: *se ilustró sobre la época antes de escribir la novela.* ‖ **FAM.** ilustración, ilustrado, ilustrador, ilustrativo.

ilustre adj. De noble y distinguido linaje o familia. ‖ Insigne, célebre en alguna actividad: *un científico ilustre.* ‖ Tratamiento de dignidad. ‖ **FAM.** ilustremente, ilustrísimo.

ilustrísimo, ma adj. Tratamiento que se da a ciertas personas por su cargo o dignidad. ‖ **su ilustrísima** Tratamiento que se da al obispo.

imagen f. Figura, representación de una persona o cosa. ‖ Representación mental de algo: *tienes una imagen equivocada de él.* ‖ Estatua, efigie, o pintura de Jesucristo, de la Virgen o de un santo. ‖ En lit., empleo de una palabra o expresión que den idea viva de algo con lo que guarda relación. ‖ **FAM.** imaginar, imaginaria, imaginería, imaginero, imago.

imaginación f. Facultad de la mente de representar las imágenes de las cosas reales o ideales. ‖ Imagen formada por la fantasía. ‖ Sospecha sin fundamento: *no tienes razón, son imaginaciones tuyas.*

imaginar tr. y prnl. Representar idealmente una cosa; crearla en la imaginación: *en su novela imaginaba una ciudad ideal.* ‖ Presumir, sospechar: *imagino que no vendrá.* ‖ **FAM.** imaginable, imaginación, imaginario, imaginativo.

imaginaria f. Guardia que está preparada para intervenir en caso de emergencia. ‖ m. Soldado que por turno vela durante la noche en cada compañía o dormitorio de un cuartel.

imaginario, ria adj. Que sólo tiene existencia en la imaginación. ‖ **FAM.** imaginariamente.

imaginería f. Arte de tallar o pintar imágenes sagradas. ‖ Conjunto de estas imágenes: *la imaginería barroca.*

imán m. Mineral de hierro magnético que tiene la propiedad de atraer el hierro, el acero y, en grado menor, otros cuerpos. ‖ **FAM.** imanar, imantar.

imán m. El que preside la oración canónica musulmana. ‖ El guía, jefe o modelo religioso o político de una comunidad musulmana. ‖ **FAM.** imám.

imanar o **imantar** tr. y prnl. Comunicar a un cuerpo la propiedad magnética. ‖ **FAM.** imanación, imantación.

imbécil adj. y com. desp. Alelado, poco inteligente. ‖ Se dice como insulto de la persona que molesta haciendo o diciendo tonterías: *a ver si se calla ese imbécil.* ‖ **FAM.** imbecilidad.

imberbe adj. y m. Joven que todavía no tiene barba. ‖ P. ext., joven inexperto.

imbricar tr. y prnl. Disponer una serie de cosas apoyando unas en otras, como están las escamas de los peces. ‖ **FAM.** imbricación, imbricado.

imbuir tr. Infundir, inculcar a alguien ideas o sentimientos: *su padre le imbuyó la pasión por el cine.* ‖ prnl. Empaparse, adquirir ideas o sentimientos: *se imbuyó de nuestras doctrinas.* ♦ **Irreg.** Se conj. como *huir.*

imitación f. Acción y efecto de imitar: *hizo una buena imitación del político .* ‖ Copia exacta de algo original a lo que pretende sustituir: *un diamante de imitación.*

imitar tr. Hacer una cosa copiando fielmente otra: *imitar un cuadro.* ‖ Parecerse, una cosa a otra: *este tejido imita la seda.* ‖ **FAM.** imitable, imitación, imitador, imitativo, imitatorio.

impaciencia f. Falta de paciencia: *su gran defecto es la impaciencia.* ‖ Ansiedad, anhelo: *esperaba tu llamada con impaciencia.* ‖ **FAM.** impacientar, impaciente, impacientemente.

impacientar tr. y prnl. Hacer perder o perder uno la paciencia: *le impacientaba la falta de noticias.*

impaciente adj. Que no tiene paciencia. ‖ Intranquilo, preocupado: *estoy impaciente por saber los resultados.*

impacto m. Choque de un objeto que se lanza con fuerza contra algo. ‖ Huella o señal que deja: *el coche presentaba un fuerte impacto en el guardabarros.* ‖ Golpe emocional producido por una noticia desconcertante: *su muerte me produjo un fuerte impacto.* ‖ **FAM.** impactante, impactar.

impala m. Antílope africano que se caracteriza por tener los cuernos finos, anillados y dispuestos en forma de lira.

impalpable adj. Que no produce sensación al tacto. ‖ Ligero, sutil: *una tela impalpable.*

impar adj. Se dice del número que no es divisible por dos. También m. ‖ Que no tiene par o igual: *un actor impar.*

imparcial adj. Que juzga o procede con imparcialidad. También com. ‖ Se dice de los juicios o actos objetivos: *una decisión imparcial.* ‖ **FAM.** imparcialidad, imparcialmente.

impartir tr. Repartir, comunicar, dar: *impartir una clase.*

impasible adj. Incapaz de padecer. ‖ Indiferente, imperturbable: *se mantuvo impasible ante sus reproches.* ‖ **FAM.** impasibilidad, impasiblemente.

impasse (voz fr.) m. Punto muerto o situación a la que no se encuentra salida: *las negociaciones llegaron a un impasse.*

impávido, da adj. Que no siente miedo. ‖ Sereno ante el peligro. ‖ *amer.* Descarado, insolente. ‖ **FAM.** impávidamente, impavidez.

impecable adj. Sin falta o defecto: *el vestido*

te ha quedado impecable. ‖ Incapaz de pecar. ‖ **FAM.** impecabilidad.

impedancia f. Resistencia aparente de un circuito eléctrico al flujo de la corriente alterna.

impedido, da adj. y s. Inválido, tullido: *está impedido de una mano.*

impedimento m. Obstáculo. ‖ Cualquiera de las circunstancias que ilegalizan o anulan el matrimonio.

impedir tr. Dificultar, imposibilitar la ejecución de una cosa: *el atasco le impidió llegar a tiempo.* ♦ **Irreg.** Se conj. como *pedir.* ‖ **FAM.** impedido, impedidor, impedimenta, impedimento.

impeler tr. Dar empuje, impulsar: *el viento impelía el velero.* ‖ Incitar, estimular: *le impele un afán de superación.* ‖ **FAM.** impelente.

impenetrable adj. Que no se puede penetrar: *un bosque impenetrable.* ‖ Imposible o difícil de comprender: *este poema es impenetrable.* ‖ Se dice de la persona hermética, inescrutable y de sus acciones: *una mirada impenetrable.* ‖ **FAM.** impenetrabilidad.

impensable adj. Absurdo, irracional: *tuvo una ocurrencia impensable.* ‖ De imposible o muy difícil realización: *me parece impensable que nos concedan el permiso en este momento.* ‖ **FAM.** impensadamente, impensado.

impepinable adj. Inevitable, que no admite discusión: *su victoria es impepinable.*

imperar intr. Mandar, dominar: *el temor imperaba entre aquella gente.* ‖ Ejercer la dignidad imperial. ‖ **FAM.** imperante, imperativo, imperio.

imperativo, va adj. Que impera o manda: *lo dijo en tono imperativo.* ‖ Se dice del modo verbal con el que se manda o ruega. También m. ‖ m. Exigencia, obligación: *imperativo legal.* ‖ **FAM.** imperativamente.

imperceptible adj. Que no se puede percibir o que casi no se nota: *una diferencia imperceptible.* ‖ **FAM.** imperceptibilidad, imperceptiblemente.

imperdible adj. Que no puede perderse. ‖ m. Alfiler que se abrocha quedando su punta dentro de un gancho.

imperdonable adj. Que no se debe o puede perdonar. ‖ **FAM.** imperdonablemente.

imperecedero, ra adj. Que no perece. ‖ Se apl. hiperbólicamente a lo inmortal o eterno: *fama imperecedera.*

imperfección f. Falta de perfección. ‖ Falta o defecto pequeño: *este jarrón tiene varias imperfecciones.*

imperfecto, ta adj. No perfecto. ‖ En gram., se dice del tiempo verbal que expresa la acción en su evolución, sin terminar: *pre-térito, futuro imperfecto.* También m. ‖ **FAM.** imperfección, imperfectamente, imperfectivo.

imperial adj. Perteneciente al emperador o al imperio.

imperialismo m. Tendencia de un Estado a extender su dominio sobre otros por medio de la fuerza o por influjos económicos y políticos abusivos. ‖ **FAM.** imperialista.

impericia f. Falta de pericia o de experiencia: *manejaba la máquina con impericia.*

imperio m. Organización política en la que un Estado extiende su poder sobre otros. ‖ Conjunto de los Estados sometidos a un emperador: *el Imperio romano.* ‖ P. ext., potencia de alguna importancia: *el imperio americano.* ‖ Acción de mandar con autoridad: *el imperio de la ley.* ‖ Dignidad de emperador. ‖ Espacio de tiempo que dura el gobierno de un emperador. ‖ **FAM.** imperial, imperialismo, imperioso.

imperioso, sa adj. Que urge, ineludible: *es imperioso que lleguemos a un acuerdo.* ‖ Autoritario, exigente: *lo dijo con tono imperioso.* ‖ **FAM.** imperiosamente.

impermeable adj. Impenetrable al agua. ‖ m. Especie de gabardina corta de tejido plástico, que no deja pasar el agua. ‖ **FAM.** impermeabilidad, impermeabilización, impermeabilizante, impermeabilizar.

impersonal adj. Que no tiene personalidad: *un estilo impersonal.* ‖ Que no se aplica a nadie personalmente: *habló en general, de forma impersonal.* ‖ Se dice del tratamiento en que nos referimos al sujeto en tercera persona. ‖ Se dice de las oraciones o los verbos en los que no se expresa el sujeto agente de la acción o porque se omite (*se vende fruta*) o porque no existe (*llueve a cántaros*). ‖ **FAM.** impersonalidad, impersonalmente.

impertérrito, ta adj. Se dice del que no se asusta ni se altera por nada: *recibió impertérrito la noticia.*

impertinencia f. Dicho o hecho fuera de propósito.

impertinente adj. y com. Que molesta con sus exigencias y su exceso de susceptibilidad: *desde su operación está muy impertinente.* ‖ Inoportuno: *ese comentario es impertinente.* ‖ m. pl. Anteojos con mango para sujetarlos a la altura de los ojos. ‖ **FAM.** impertinencia, impertinentemente.

imperturbable adj. Que no se perturba ni se altera. ‖ **FAM.** imperturbabilidad, imperturbablemente.

ímpetu m. Movimiento acelerado y violento. ‖ Fuerza o violencia: *lanzó el balón con mucho ímpetu.* ‖ **FAM.** impetuoso.

impetuoso, sa adj. Impulsivo y precipitado. ‖ Que actúa con ímpetu. ‖ **FAM.** impetuosamente, impetuosidad.

impío, a adj. Falto de piedad religiosa. ‖ Incrédulo, ateo. ‖ **FAM.** impíamente, impiedad.

implacable adj. Que no se puede aplacar o templar: *un viento implacable.* ‖ Severo, inflexible: *un juez implacable.* ‖ **FAM.** implacablemente.

implantación f. Acción y efecto de implantar. ‖ Fijación, inserción o injerto de un tejido u órgano en otro. ‖ Fijación de un huevo fecundado en la mucosa del útero.

implantar tr. Encajar, poner, injertar: *le implantaron una muela.* ‖ Establecer y poner en ejecución doctrinas nuevas, instituciones, prácticas o costumbres: *implantar una moda.* ‖ **FAM.** implantación, implantador, implante.

implementar tr. Poner en funcionamiento, aplicar métodos, medidas, etc., para llevar algo a cabo.

implemento m. Utensilio. Más en pl. ‖ En ling., término con el que algunos lingüistas designan el complemento directo. ‖ **FAM.** implementar.

implicar tr. Envolver, enredar a alguien en algo: *esa prueba le implicaba en el crimen.* También prnl. ‖ Contener, llevar en sí, significar: *su respuesta implicaba reproche.* ‖ **FAM.** implicación, implícito.

implícito, ta adj. Se dice de lo que se entiende incluido en otra cosa sin expresarlo: *ese movimiento llevaba implícito un rechazo contra el academicismo.* ‖ **FAM.** implícitamente.

implorar tr. Pedir con ruegos o lágrimas una cosa. ‖ **FAM.** imploración, implorante.

implosión f. Acción de romperse hacia dentro con estruendo las paredes de una cavidad en cuyo interior existe una presión inferior a la exterior. ‖ En astron., fenómeno cósmico que consiste en la disminución brusca del tamaño de un astro. ‖ En fon., primera fase de la articulación de las consonantes oclusivas. ‖ **FAM.** implosionar, implosivo.

impluvio m. Espacio descubierto en medio del atrio de las casas romanas, por donde entraba el agua de lluvia.

impoluto, ta adj. Limpio, sin mancha: *siempre va impoluto.*

imponderable adj. Que no puede pesarse o medirse: *un efecto imponderable.* ‖ De mucho valor: *su contribución ha sido imponderable.* ‖ m. Circunstancia imprevisible o cuyas consecuencias no pueden estimarse: *no tuvo en cuenta los imponderables.* ‖ **FAM.** imponderabilidad, imponderablemente.

imponente adj. Que impone: *ese perrazo es imponente.* ‖ Admirable: *tiene un gusto imponente.* ‖ Magnífico, estupendo. ‖ com. Persona que ingresa dinero en una cuenta bancaria.

imponer tr. Poner a alguien una carga u obligación: *imponer un castigo.* ‖ Infundir temor o respeto: *impuso su decisión por la fuerza.* También prnl. ‖ Meter dinero en una cuenta bancaria. ‖ Instruir a uno en una cosa. También prnl.: *se ha impuesto mucho en paleografía* ‖ prnl. Dejar alguien clara su autoridad o superioridad: *la temeridad se impuso sobre la prudencia.* ‖ Destacar, predominar algo sobre lo demás: *este otoño se imponen los tejidos de mezclilla.* ♦ **Irreg.** Se conj. como poner. ‖ **FAM.** imponente, imponible, imposición, imposta, impuesto.

imponible adj. Que se puede gravar con impuesto o tributo. ‖ **base imponible** Cantidad de renta o patrimonio sobre la que se calcula el impuesto que debe pagarse.

impopular adj. Que no es grato a la mayoría: *el Gobierno tomó medidas impopulares.* ‖ **FAM.** impopularidad.

importación f. Acción de introducir algo en un país. ‖ Conjunto de cosas importadas.

importancia f. Trascendencia, valor de alguien o algo: *un argumento de importancia.* ‖ Prestigio, categoría social de una persona: *una familia de importancia.* ‖ **FAM.** importante.

importante adj. Que es de importancia.

importar intr. Interesar, tener una persona o cosa a algo o alguien: *tus opiniones le importan mucho.* ‖ Atañer, incumbir: *esa decisión no me importa.* ‖ tr. Valer, costar. ‖ Introducir en un país géneros, costumbres, etc., extranjeros: *el árbol de Navidad es una costumbre importada.* ‖ **FAM.** importable, importador, importancia, importe.

importe m. Valor, precio en dinero de algo.

importunar tr. Incomodar o molestar con peticiones intempestivas o inconvenientes. ‖ **FAM.** importunación, importunar, importunidad, importuno.

imposibilidad f. Falta de posibilidad para existir una cosa o para hacerla. ‖ Enfermedad o defecto físico que estorba o excusa para el ejercicio de una función pública.

imposibilitado, da adj. Tullido, privado de movimiento.

imposibilitar tr. Quitar la posibilidad de ejecutar o conseguir una cosa: *su enfermedad le ha imposibilitado asistir.* ‖ **FAM.** imposibilitado.

imposible adj. No posible: *es imposible que esté en dos sitios a la vez.* ‖ Sumamente difícil: *es imposible que llegue a tiempo.* También m. ‖ **FAM.** imposibilidad, imposibilitar.

imposición f. Acción y efecto de imponer o imponerse: *más que una sugerencia eso parece* *una imposición.* ‖ Carga, tributo u obligación. ‖ Ingreso de una cantidad en una cuenta bancaria.

imposta f. Fila de sillares, a veces con moldura, sobre la que va sentado un arco. ‖ Faja que recorre horizontalmente la fachada de los edificios a la altura de los diversos pisos.

impostar tr. Fijar la voz en las cuerdas vocales para emitir el sonido en su plenitud sin vacilación ni temblor. ‖ FAM. impostación.

impostor, ra adj. y s. Que finge o engaña. ‖ Suplantador, persona que se hace pasar por quien no es: *el impostor se fingía policía para sus estafas.* ‖ FAM. impostura.

impotente adj. Que no tiene poder ni potencia para hacer algo: *se sentía impotente ante aquella injusticia.* ‖ Incapaz de engendrar o concebir. También com. ‖ Se dice de la persona incapaz de realizar el acto sexual completo. También com. ‖ FAM. impotencia.

impracticable adj. Que no se puede realizar: *este proyecto es impracticable.* ‖ Se dice de los caminos y parajes por donde no se puede o es difícil pasar. ‖ FAM. impracticabilidad.

imprecar tr. Manifestar con palabras el deseo vivo de que alguien reciba mal o daño. ‖ FAM. imprecación, imprecatorio.

impreciso, sa adj. No preciso, vago, indefinido: *un color impreciso.* ‖ FAM. imprecisión.

impregnar tr. y prnl. Introducir entre las moléculas de un cuerpo las de otro. ‖ Empapar: *impregnó el pañuelo de colonia.* ‖ prnl. Imbuirse de los conocimientos o ideas de alguien a través del contacto con él: *se ha impregnado de su doctrina.* ‖ FAM. impregnable, impregnación.

imprenta f. Arte de imprimir. ‖ Taller o lugar donde se imprime.

imprescindible adj. Se dice de aquello de lo que no se puede prescindir.

impresión f. Acción y efecto de imprimir. ‖ Marca o señal que una cosa deja en otra apretándola: *sus pisadas dejaron una impresión en el cemento fresco.* ‖ Efecto, huella que las cosas causan en el ánimo: *la noticia le causó una terrible impresión.* ‖ Opinión: *tiene una impresión muy favorable de ti.* ‖ FAM. impresionar, impresionismo.

impresionar tr. Conmover el ánimo hondamente. También prnl. ‖ Fijar vibraciones acústicas o luminosas en una superficie de modo que puedan ser reproducidas por procedimientos fonográficos o fotográficos. ‖ FAM. impresionabilidad, impresionante.

impresionismo m. Corriente artística surgida en Francia a finales del s. XIX que consiste en intentar reproducir las impresiones

que produce en el autor la naturaleza o cualquier otro estímulo externo. ‖ FAM. impresionista.

impreso m. Libro, folleto u hoja de impresos. ‖ Formulario con espacios en blanco para llenar a mano o a máquina: *rellenó el impreso de matrícula.*

impresora, ra adj. Que imprime. ‖ m. y f. Persona propietaria de una imprenta. ‖ f. En inform., dispositivo periférico de un ordenador que imprime caracteres en papel continuo.

imprevisible adj. Que no se puede prever. ‖ FAM. imprevisiblemente.

imprevisto, ta adj. y s. No previsto. ‖ m. pl. Gastos que no se han calculado en un presupuesto. ‖ FAM. imprevisible, imprevisión, imprevisor, imprevistamente.

imprimar tr. Preparar con los ingredientes necesarios las cosas que se han de pintar o teñir. ‖ FAM. imprimación.

imprimátur m. Licencia que da la autoridad eclesiástica para imprimir un escrito. ♦ No varía en pl.

imprimir tr. Marcar letras u otros caracteres en papel u otra materia apretándolas en la prensa. ‖ Elaborar una obra impresa. ‖ Fijar en el ánimo algún efecto o sentimiento. ‖ Dar a una persona o cosa determinada característica, orientación, etc.: *imprime a sus movimientos una gracia especial.* ♦ Doble part.: *imprimido* (reg.), *impreso* (irreg.). ‖ FAM. imprenta, impresión, impreso, impresor, imprimar, imprimátur.

improbable adj. Nada o poco probable. ‖ FAM. improbabilidad, improbablemente.

ímprobo, ba adj. Se apl. al trabajo excesivo y continuado. ‖ Perverso, malo. ‖ FAM. improbidad.

improcedente adj. Inadecuado, inoportuno: *ese comentario me parece improcedente.* ‖ Que no se ajusta a la ley o a los reglamentos. ‖ FAM. improcedencia.

improductivo, va adj. Se dice de lo que no produce fruto o resultado. ‖ FAM. improductividad.

impronta f. Reproducción de imágenes en hueco o en relieve, en cualquier materia blanda o dúctil. ‖ Marca o huella que deja una cosa en otra.

improperio m. Injuria grave de palabra.

impropio, pia adj. Inconveniente, inadecuado: *llevaba una ropa impropia para la fiesta.* ‖ Ajeno, extraño a algo o alguien: *es un comportamiento impropio de él.* ‖ FAM. impropiamente, impropiedad.

improvisar tr. Hacer una cosa de pronto, sin preparación alguna y con los medios de que se dispone: *improvisó un discurso.* ‖ FAM.

improvisación, improvisadamente, improvisador, improviso.

improviso, sa adj. Que no se prevé o previene. ‖ **al, o de, improviso** loc. adv. Sin prevención, de repente: *llegó de improviso.*

imprudencia f. Falta de prudencia: *conduce con imprudencia.* ‖ Acto o dicho imprudente: *fue una imprudencia que se lo contaras.* ‖ **FAM.** imprudente, imprudentemente.

imprudente adj. Que no tiene prudencia.

impúber adj. y com. Que no ha llegado aún a la pubertad.

impudicia f. Descaro, desvergüenza.

impúdico, ca adj. y s. Deshonesto, sin pudor. ‖ **FAM.** impúdicamente, impudicia, impúdico, impudor.

impuesto m. Tributo, carga que ha de pagarse al Estado para hacer frente a las necesidades públicas. ‖ **FAM.** impositivo.

impugnar tr. Combatir, contradecir, refutar algo que se cree erróneo o ilegal: *impugnó el fallo del tribunal.* ‖ **FAM.** impugnable, impugnación, impugnador, impugnante.

impulsar tr. Empujar para producir movimiento: *impulsar un columpio.* También prnl. ‖ Promover una acción: *ha impulsado la creación de una nueva sucursal.* ‖ Incitar, estimular: *tu ejemplo le impulsó a superarse.* ‖ **FAM.** impulso, impulsor.

impulsivo, va adj. y s. Se dice del que habla o actúa sin reflexión ni cautela, dejándose llevar de sus impresiones o impulsos. ‖ **FAM.** impulsivamente, impulsividad.

impulso m. Acción de impulsar. ‖ Fuerza que mueve o desarrolla algo: *se dió impulso para saltar.* ‖ Instigación, sugestión: *el premio fue un impulso para su carrera.* ‖ **FAM.** impulsivo.

impune adj. Que queda sin castigo: *un crimen impune.* ‖ **FAM.** impunemente, impunidad.

impunidad f. Falta de castigo.

impureza f. Cualquier sustancia extraña a un cuerpo o materia: *el agua sale con muchas impurezas.* ‖ Falta de pureza o castidad. ‖ **FAM.** impuramente, impurificación, impurificar, impuro.

imputar tr. Atribuir a otro un delito o acción: *le imputaron el robo.* ‖ **FAM.** imputabilidad, imputable, imputación, imputador.

in- Prefijo que significa *en, dentro de*: *incorporar, infiltrar.* ‖ Prefijo negativo o privativo: *inacabable, incomunicar.* ♦ Se convierte en *im* delante de *b* (*imbatible*) o *p* (*imposible*); en *i*, por *il*, delante de *l* (*ilimitado*), y en *ir* delante de *r* (*irrecuperable*).

-ín, -ina Sufijo que unido al adj. forma su dim.: *chiquitín*; forma palabras diminutivas pero ya independientes: *botiquín*; unido a ver-

bos forma adj. y s. referidos al agente: *bailarín*; forma algunos gentilicios: *menorquín.*

inabarcable adj. Que no se puede abarcar.

inabordable adj. Que no se puede abordar o tratar: *este asunto es inabordable.*

inacabable adj. Que no se acaba nunca o que tarda mucho en hacerlo: *un discurso inacabable.*

inacabado, da adj. Que no está acabado.

inaccesible adj. De imposible o muy difícil acceso: *una cima inaccesible, una persona inaccesible.* ‖ **FAM.** inaccesibilidad, inaccesiblemente.

inacción f. Ociosidad, inercia.

inaceptable adj. Que no se puede aceptar: *una proposición inaceptable.*

inactivo, va adj. Sin acción o movimiento; ocioso, inerte. ‖ **FAM.** inactivar, inactividad.

inadaptación f. Falta de adaptación. ‖ **FAM.** inadaptabilidad, inadaptable, inadaptado, inadaptar.

inadaptado, da adj. y s. Que no se adapta a ciertas condiciones o circunstancias: *este chico es un inadaptado.*

inadecuación f. Falta de adecuación. ‖ **FAM.** inadecuado.

inadecuado, da adj. Que no es adecuado: *una pregunta inadecuada.* ‖ **FAM.** inadecuación, inadecuadamente.

inadmisible adj. Intolerable.

inadvertido, da adj. Desapercibido, que no se nota: *vuestro gesto le pasó inadvertido.* ‖ Distraído. ‖ **FAM.** inadvertencia, inadvertidamente.

inagotable adj. Abundante, que se agota: *una paciencia inagotable.*

inaguantable adj. Pesado, insoportable: *el niño está inaguantable.*

inalámbrico, ca adj. Se apl. a todo sistema de comunicación eléctrica sin alambres conductores: *teléfono inalámbrico.*

in albis loc. adv. lat. En blanco, sin comprender nada. ♦ Se usa con los verbos *dejar* y *quedarse*: *la pregunta le dejó in albis; se quedó in albis.*

inalcanzable adj. Que no se puede conseguir.

inalterable adj. Que no se altera o no puede ser alterado: *este tinte es inalterable.* ‖ **FAM.** inalterabilidad, inalterablemente, inalterado.

inane adj. Vano, fútil, inútil: *ahórrate comentarios inanes.* ‖ **FAM.** inanidad.

inanición f. Extrema debilidad por falta de alimento. ‖ **FAM.** inane.

inanimado, da adj. Que no tiene vida. ‖ **FAM.** inánime.

inapelable adj. Se apl. a la sentencia que no se puede apelar. ‖ Indudable, claro: *un triunfo inapelable.*

inapetencia f. Falta de apetito. ‖ **FAM.** inapetente.

inapreciable adj. De mucho valor: *estos recuerdos son inapreciables para mí.* ‖ Excesivamente pequeño: *la diferencia de colores es inapreciable.* ‖ **FAM.** inapreciablemente.

inarticulado, da adj. No articulado. ‖ Se dice de los sonidos de la voz que no llegan a formar palabras.

inasequible adj. No asequible, muy difícil de conseguir: *los pisos se han puesto inasequibles.*

inaudito, ta adj. Nunca oído: *una novedad inaudita.* ‖ Horrible: *hace un calor inaudito.*

inauguración f. Acto de inaugurar. ‖ Ceremonia con la que se inaugura algo: *la inauguración de un certamen.*

inaugurar tr. Dar principio a una cosa con un acto solemne: *han inaugurado la exposición.* ‖ Abrir solemnemente un establecimiento público: *hoy inauguran un nuevo restaurante.* ‖ **FAM.** inauguración, inaugurador, inaugural.

inca adj. Se dice de un pueblo de aborígenes americanos que, a la llegada de los españoles, habitaban en la parte O de América del Sur, desde el actual Ecuador hasta Chile y el norte de la República Argentina. ‖ De este pueblo. También s. ‖ m. Soberano que los gobernaba. ‖ Moneda de oro de la república del Perú, equivalente a 20 soles. ‖ **FAM.** incaico.

incalculable adj. Tan grande que no se puede calcular: *esta colección tiene un valor incalculable.*

incalificable adj. Vituperable: *tuvo un comportamiento incalificable.* ‖ Que no se puede calificar: *un estilo incalificable.*

incandescente adj. Se apl. al cuerpo, generalmente metal, que se enrojece o blanquea por la acción del calor. ‖ **FAM.** incandescencia.

incansable adj. Que no se cansa, resistente a la fatiga. ‖ **FAM.** incansablemente.

incapacidad f. Falta de capacidad para hacer, recibir o aprender una cosa: *incapacidad para los idiomas.* ‖ Lo que incapacita legal o físicamente.

incapacitar tr. Hacer incapaz a alguien o algo: *el accidente le incapacitó las dos piernas.* ‖ Decretar la incapacidad de alguien para desempeñar ciertos cargos. ‖ **FAM.** incapacitado.

incapaz adj. Que no tiene capacidad o aptitud para una cosa: *es incapaz de reconocer sus errores.* ‖ Falto de talento: *es incapaz para la música.* ‖ Sin capacidad legal para algo: *le han declarado incapaz para administrar su fortuna.* ‖ **FAM.** incapacidad, incapacitar.

incautarse prnl. Tomar posesión un tribunal, u otra autoridad competente, de dinero o bienes de otra clase. ‖ Apoderarse alguien de algo indebidamente: *se incautó de los fondos de la caja.* ♦ No debe usarse como tr. ‖ **FAM.** incautación.

incauto, ta adj. y s. Que no tiene cautela: *¡incauto, mire antes de cruzar!* ‖ Crédulo, ingenuo: *te han vuelto a engañar por incauto.* ‖ **FAM.** incautamente.

incendiar tr. y prnl. Ocasionar un incendio. ‖ **FAM.** incendiario, incendio.

incendiario, ria adj. Que provoca un incendio intencionadamente. También s. ‖ Destinado para incendiar o que puede causar incendio: *bomba incendiaria.* ‖ Escandaloso, subversivo: *artículo, discurso incendiario.*

incendio m. Fuego grande que abrasa lo que no está destinado a arder, como edificios, mieses, etc. ‖ Sentimiento apasionado, como el amor o la ira.

incensario m. Braserillo con cadenillas y tapa, que sirve para quemar incienso y esparcirlo.

incentivo, va adj. y m. Que mueve o estimula a desear o hacer una cosa: *la cuantía del premio ha sido un incentivo para los concursantes.* ‖ **FAM.** incentivar.

incertidumbre f. Inseguridad. ‖ Duda, perplejidad.

incesante adj. Que no cesa, constante: *de la fuente manaba un chorrillo incesante.* ‖ Repetido, frecuente: *sus críticas son incesantes.* ‖ **FAM.** incesantemente.

incesto m. Relación sexual entre parientes entre los que está prohibido el matrimonio. ‖ **FAM.** incestuosamente, incestuoso.

incidencia f. Lo que sucede en el curso de un asunto o negocio y tiene relación con ello: *comentaban las incidencias del encuentro.* ‖ Influencia de un número de casos en algo, normalmente en las estadísticas. ‖ En geom., encuentro de dos líneas, planos o cuerpos.

incidente adj. Que incide. ‖ m. Cosa que sobreviene en el curso de un asunto, negocio o juicio y tiene con él alguna relación: *el periodista relató los incidentes de la sesión.* ‖ Cosa que se interpone en el transcurso normal de algo: *la votación se vio afectada por varios incidentes.* ‖ Riña, altercado, discusión: *durante la manifestación se produjeron algunos incidentes.* ‖ **FAM.** incidental.

incidir intr. Caer o incurrir en una falta, error, etc.: *incidió en la misma falta.* ‖ Repercutir, causar efecto: *el escándalo ha incidido en su carrera.* ‖ Chocar una cosa con otra: *la flecha incidió en el centro de la diana.* ‖ **FAM.** incidencia, incidente.

incidir tr. Hacer una incisión o cortadura. ‖ FAM. inciso.

incienso m. Gomorresina de olor aromático que se quema en algunas ceremonias religiosas. ‖ FAM. incensar, incensario.

incierto, ta adj. Falso: *una afirmación incierta.* ‖ Dudoso: *le espera un porvenir incierto.* ‖ Impreciso: *sus ojos eran de un color incierto.* ‖ FAM. inciertamente.

incinerar tr. Quemar algo hasta reducirlo a cenizas. ‖ FAM. incinerable, incineración, incinerador.

incipiente adj. Que empieza: *una miopía incipiente.*

incisión f. Hendidura que se hace en algunos cuerpos con un instrumento cortante. ‖ En poesía, cesura del verso.

incisivo, va adj. Apto para abrir o cortar: *un instrumento incisivo.* ‖ Punzante, mordaz: *hizo una incisiva crítica de la obra.* ‖ adj. y m. Se dice de cada uno de los dientes de los mamíferos situados en la parte central y anterior de la boca.

inciso m. Oración intercalada en otra. ‖ Comentario o digresión distinta del tema principal que se intercala en un discurso. ‖ FAM. incisión, incisivo, incisorio.

incitar tr. Estimular a uno para que haga algo. ‖ FAM. incitación, incitador, incitante.

incivil adj. Falto de civismo, inculto. ‖ Grosero, maleducado. ‖ FAM. incivico, incivilizado, incivilmente.

inclemencia f. Falta de clemencia. ‖ Dureza y rigor en el tiempo climatológico de las estaciones, especialmente en el invierno. Más en pl. ‖ FAM. inclemente.

inclinación f. Acción y efecto de inclinar o inclinarse. ‖ Reverencia que se hace con la cabeza o el cuerpo. ‖ Afecto, amor, propensión a una cosa: *muestra inclinación por las artes.* ‖ Dirección que una línea o una superficie tiene con relación a otra.

inclinar tr. Apartar una cosa de su posición perpendicular a otra. También prnl.: *el cuadro se ha inclinado.* ‖ Persuadir: *tu argumento le inclinó a apoyarnos.* ‖ prnl. Tender a hacer, pensar o sentir una cosa: *me inclino a creerle.* ‖ FAM. inclinación, inclinado.

ínclito, ta adj. Ilustre, afamado.

incluir tr. Poner una cosa dentro de otra: *el paquete de promoción incluía un champú de regalo.* ‖ Contener una cosa a otra o llevarla implícita: *los precios indicados ya incluyen el IVA.* ♦ Irreg. Se conj. como *huir.* ♦ Doble part.: *incluido* (reg.), *incluso* (irreg.). ‖ FAM. inclusión, inclusive, inclusivo, incluso.

inclusa f. Institución en la que se recoge y cría a los niños abandonados. ‖ FAM. inclusero.

inclusive adv. m. Se aplica a los términos de una serie para indicar que están incluidos en ella: *hoy se examinan hasta el número 235 inclusive.*

incluso, sa adj. Contenido, comprendido. ‖ adv. m. Con inclusión de: *esa película nos gustó a todos, incluso al abuelo.* ‖ Además: *estaba pálido, incluso le temblaban las manos.* ‖ prep. y conj. Hasta, aun: *es una receta fácil incluso para principiantes.*

incoar tr. Comenzar un proceso, pleito, expediente, etc. ‖ FAM. incoación, incoativo.

incoativo, va adj. Que explica o denota el principio de una cosa o de una acción progresiva. ‖ En gram., se dice de los verbos que indican el comienzo de una acción: *amanecer.*

incógnito, ta adj. No conocido: *esta obra es de fecha incógnita.* ‖ m. Anonimato. ‖ f. Cantidad desconocida que es preciso determinar en una ecuación o en un problema. ‖ Misterio, causa oculta de algo: *su paradero es una incógnita.* ‖ **de incógnito** loc. adv. Pretendiendo no ser conocido y pasar desapercibido: *el emperador José II viajó de incógnito por Italia.*

incoherencia f. Falta de conexión en las cosas que se dicen o hacen. ‖ Absurdo, hecho o dicho sin sentido: *se puso a soltar incoherencias.* ‖ FAM. incoherente, incoherentemente.

incoloro, ra adj. Sin color: *el agua es incolora.*

incólume adj. Sano, sin lesión ni daño: *salió incólume del accidente.* ‖ FAM. incolumidad.

incombustible adj. Que no se puede quemar. ‖ FAM. incombustibilidad.

incomodar tr. y prnl. Causar incomodidad: *¿te has incomodado por lo que dije?* ‖ FAM. incomodador, incomodo.

incomodidad f. Falta de comodidad: *esta casa está llena de incomodidades.* ‖ Molestia: *este encargo es una incomodidad.* ‖ Disgusto, enojo: *sintió mucha incomodidad al verla.*

incómodo, da adj. Molesto, desagradable: *te ha tocado una tarea muy incómoda.* ‖ Poco confortable: *esta silla es incómoda.* ‖ A disgusto: *se sentía incómodo en medio de toda esa gente.* ‖ FAM. incómodamente, incomodar, incomodidad.

incomparable adj. Tan extraordinario que no tiene igual: *un panorama incomparable.* ‖ FAM. incomparablemente, incomparado.

incompatibilidad f. Cualidad de incompatible: *incompatibilidad de caracteres.* ‖ Impedimento legal para ejercer dos o más cargos a la vez.

incompatible adj. Que no puede existir

con otra persona o cosa: *horarios incompatibles.* ‖ FAM. incompatibilidad.

incompetencia f. Falta de competencia o de jurisdicción. ‖ Incapacidad para resolver con eficacia algo. ‖ FAM. incompetente.

incompleto, ta adj. No completo, defectuoso, imperfecto: *una vajilla incompleta.*

incomprendido, da adj. No comprendido correctamente: *sus declaraciones fueron incomprendidas.* ‖ Se dice de la persona cuyo mérito no ha sido generalmente apreciado. También s.

incomprensible adj. Que no se puede comprender o es muy difícil hacerlo: *tiene una escritura incomprensible.* ‖ FAM. incomprensibilidad, incomprensiblemente.

incomprensión f. Falta de comprensión. ‖ FAM. incomprendido, incomprensible, incomprensivo.

incomunicación f. Acción y efecto de incomunicar o incomunicarse: *la incomunicación generacional.* ‖ Aislamiento de un procesado decretado por el juez. ‖ Falta de diálogo.

incomunicar tr. Privar de comunicación a algo o alguien: *incomunicar dos habitaciones, incomunicar a un detenido.* ‖ prnl. Negarse al trato con otras personas. ‖ FAM. incomunicabilidad, incomunicable, incomunicación, incomunicado.

inconcebible adj. Que no puede concebirse o comprenderse: *esta situación me resulta inconcebible.* ‖ Imperdonable, censurable: *tuvo una falta de tacto inconcebible.*

inconcluso, sa adj. No acabado: *una novela inconclusa.*

incondicional adj. Absoluto, sin restricción ni condiciones: *le prestó un apoyo incondicional.* ‖ com. Adepto a una persona o idea, sin limitación ni condición ninguna: *el político estaba rodeado de sus incondicionales.* ‖ FAM. incondicionado, incondicionalmente.

inconexo, xa adj. Que no tiene conexión con una cosa. ‖ FAM. inconexión.

inconfesable adj. Se dice de lo que no puede confesarse, generalmente por ser vergonzoso: *secretos inconfesables.* ‖ FAM. inconfeso.

inconformismo m. Actitud hostil ante lo establecido en el orden político, social, moral, estético, etc. ‖ FAM. inconforme, inconformidad, inconformista.

inconfundible adj. Que por sus peculiaridades y características no puede confundirse con otro: *tiene una forma de andar inconfundible.*

incongruencia f. Falta de acuerdo, relación o correspondencia de una cosa con otra.

‖ Hecho o dicho ilógico, contradictorio. ‖ FAM. incongruente, incongruentemente.

inconmensurable adj. No medible. ‖ Enorme: *tiene una fortuna inconmensurable.* ‖ FAM. inconmensurabilidad.

inconmovible adj. Que no se puede conmover o alterar: *se mantuvo inconmovible ante sus lágrimas.*

inconsciente adj. No consciente: *un deseo inconsciente.* ‖ Se dice del que está desmayado, sin conocimiento: *la caída le dejó inconsciente.* ‖ Irreflexivo, insensato. También com.: *sólo un inconsciente dejaría el coche abierto.* ‖ m. Subconsciente. ‖ FAM. inconsciencia, inconscientemente.

inconsecuencia f. Falta de consecuencia en lo que se dice o hace: *sus declaraciones están llenas de inconsecuencias.*

inconsecuente adj. Que no se sigue o deduce de otra cosa. ‖ Que procede con inconsecuencia: *su comportamiento es inconsecuente.* También com. ‖ FAM. inconsecuencia.

inconsiderado, da adj. No considerado ni reflexivo. ‖ Desconsiderado. ‖ FAM. inconsideración, inconsideradamente.

inconsistencia f. Falta de consistencia: *la inconsistencia de una argumentación.* ‖ FAM. inconsistente.

inconsolable adj. Apenado, triste, afligido. ‖ FAM. inconsolablemente.

inconstancia f. Falta de estabilidad y permanencia de una cosa.

inconstante adj. No estable ni permanente. ‖ Que cambia con demasiada facilidad de pensamientos, aficiones, opiniones o conducta: *es muy inconstante en amores.* ‖ FAM. inconstancia.

inconstitucional adj. No conforme con la constitución del Estado. ‖ FAM. inconstitucionalidad, inconstitucionalmente.

incontable adj. Que no puede contarse. ‖ Numerosísimo: *acudió un público incontable.*

incontestable adj. Irrefutable, cierto: *un argumento incontestable.* ‖ FAM. incontestabilidad.

incontinencia f. Falta de continencia. ‖ Enfermedad que consiste en no poder retener la orina o las heces. ‖ FAM. incontinente, incontinentemente.

incontrolable adj. Que no se puede controlar. ‖ FAM. incontrolado.

incontrolado, da adj. y s. Que actúa o funciona sin control, sin orden, sin disciplina, sin sujeción: *unos incontrolados destrozaron el local.*

inconveniencia f. Incomodidad: *los atascos son una de las inconveniencias de las grandes ciudades.* ‖ Disconformidad. ‖ Dicho o hecho inoportuno, imprudente: *su comentario fue una incoveniencia.*

inconveniente adj. No conveniente: *un momento inconveniente.* ‖ m. Impedimento para hacer una cosa: *no puso ningún inconveniente.* ‖ Aspecto desfavorable de algo o alguien: *su inconveniente es el precio.* ‖ FAM. inconveniencia.

incordiar tr. e intr. Molestar, agobiar, importunar: *este niño no para de incordiar.* ‖ FAM. incordio.

incorporar tr. Agregar, unir dos o más cosas para que formen un todo entre sí: *ahora hay que incorporar los huevos a la leche.* ‖ Reclinar el cuerpo que estaba echado. También prnl.: *se incorporó de la cama.* ‖ Destinar a un funcionario al puesto que debe desempeñar. También prnl.: *mi hermana se incorpora mañana* ‖ prnl. Agregarse una o más personas a otras para formar un cuerpo: *se incorporaron a la manifestación.* ‖ FAM. incorporable, incorporación.

incorrección f. Dicho o hecho incorrecto.

incorrecto, ta adj. Erróneo, equivocado: *una respuesta incorrecta.* ‖ Descortés, grosero: *su comportamiento fue muy incorrecto.* ‖ FAM. incorrección, incorrectamente.

incorregible adj. Que no puede corregirse: *un defecto incorregible.* ‖ Se dice del que por su terquedad no se quiere corregir sus faltas o errores. ‖ FAM. incorregibilidad, incorregiblemente.

incorrupto, ta adj. Que está sin corromperse. ‖ No pervertido moralmente. ‖ FAM. incorruptible.

incrédulo, la adj. Que no cree fácilmente. ‖ Ateo, descreído. ‖ FAM. incrédulamente, incredulidad.

increíble adj. Que no puede creerse o es muy difícil de creer. ‖ Impresionante, extraordinario: *tiene una suerte increíble.* ‖ FAM. incredibilidad, increíblemente.

incrementar tr. Aumentar, acrecentar. También prnl.: *las ventas se han incrementado.* ‖ FAM. incremento.

increpar tr. Reprender con severidad. ‖ Insultar: *increpó al árbitro.* ‖ FAM. increpación, increpador, increpante.

incriminar tr. Atribuir a alguien un delito, culpa o defecto. ‖ FAM. incriminación.

incruento, ta adj. No sangriento: *una represión incruenta.* ‖ FAM. incruentamente.

incrustar tr. Embutir en una superficie lisa y dura piedras, metales, etc., formando dibujos. ‖ Introducirse un cuerpo violentamente en otro sin mezclarse con él. También prnl.: *se le incrustó una espina en el dedo.* ‖ FAM. incrustación.

incubación f. Acción y efecto de incubar. ‖ Tiempo que dura. ‖ Fase inicial de una enfermedad antes de que aparezcan los síntomas externos.

incubadora f. Aparato o local que sirve para incubar artificialmente los huevos de las aves. ‖ Urna de cristal acondicionada para mantener a los niños nacidos antes de tiempo o con algún problema de salud.

incubar tr. Ponerse el ave sobre los huevos para sacar pollos. ‖ Desarrollar el organismo una enfermedad. También prnl. ‖ prnl. Iniciarse el desarrollo de una tendencia o movimiento cultural, político, religioso, etc., antes de su plena manifestación: *el motín se incubó en poco tiempo.* ‖ FAM. incubación, incubadora, incubo.

íncubo adj. Se dice del espíritu, diablo o demonio que tiene relaciones sexuales con las mujeres, bajo la apariencia de un hombre. También m.

inculcar tr. Imbuir, infundir con firmeza en el ánimo de alguien una idea, un concepto, etc.: *le inculcaron el gusto por el arte.* ‖ FAM. inculcación, inculcador.

inculpar tr. Culpar, acusar a alguien de una falta o delito. ‖ FAM. inculpabilidad, inculpable, inculpación, inculpadamente, inculpado.

inculto, ta adj. Que no tiene cultura o instrucción. También s. ‖ Se apl. al terreno que no está cultivado. ‖ FAM. incultamente.

incultura f. Falta de cultura, ignorancia. ‖ FAM. inculto.

incumbir intr. Corresponder a alguien estar a cargo de algo. ‖ FAM. incumbencia.

incumplir tr. No llevar a efecto, dejar de cumplir algo: *incumplió el contrato.* ‖ FAM. incumplidor, incumplimiento.

incunable adj. y m. Se apl. a las ediciones hechas desde la invención de la imprenta hasta principios del s. XVI.

incurable adj. y s. Que no se puede curar. ‖ FAM. incurabilidad.

incuria f. Poco cuidado, negligencia: *su incuria puso en peligro el proyecto.*

incurrir intr. Caer en falta, error, etc.: *incurrió en una grave equivocación* ‖ Tener merecido alguien lo que se expresa: *incurrió en la burla de todos.* ‖ FAM. incurrimiento, incursión.

incursión f. Acción de incurrir. ‖ Penetración momentánea en un sitio nuevo o poco habitual: *hizo algunas incursiones en la pintura.* ‖ Penetración de soldados de un ejército en el territorio enemigo. ‖ FAM. incursionar.

indagar tr. Investigar, averiguar algo: *indagar las causas de un crimen.* También intr. ‖

FAM. indagación, indagador, indagatoria, indagatorio.

indebido, da adj. Ilícito, injusto. | Que no es obligatorio ni exigible. | FAM. indebidamente.

indecente adj. Indecoroso, deshonesto. | Grosero. | Sucio, desaseado: *esta habitación está indecente.* | FAM. indecencia, indecentemente.

indecisión f. Irresolución o dificultad de alguno en decidirse.

indeciso, sa adj. Se dice del que tiene dificultad para decidirse. También s. | Dudoso, todavía sin determinar: *el resultado de la operación es indeciso.* | FAM. indecisión.

indeclinable adj. Que debe hacerse o cumplirse: *un deber indeclinable.* | En gram., se apl. a las partes de la oración que no se declinan.

indecoroso, sa adj. Que carece de decoro o dignidad, o que las ofende. | FAM. indecorosamente.

indefenso, sa adj. Que carece de medios de defensa, o está sin ella: *un niño indefenso.* También s. | FAM. indefendible, indefensible, indefensión.

indefinido, da adj. No definido: *un sabor indefinido.* | Que no tiene límite señalado o conocido: *un contrato por tiempo indefinido.* | En gram., se dice del adj. o pron. que determinan al sustantivo de forma imprecisa. | Se dice del tiempo verbal simple que indica una acción pasada. Ahora se llama pretérito perfecto simple. | FAM. indefinidamente.

indeleble adj. Que no se puede borrar o quitar: *una mancha indeleble.* | FAM. indeleblemente.

indemne adj. Libre o exento de daño: *salió indemne del accidente.* | FAM. indemnidad, indemnizar.

indemnizar tr. y prnl. Resarcir a alguien de un daño o perjuicio. | FAM. indemnización.

independencia f. Calidad o condición de independiente. | Libertad, autonomía, y especialmente la de un Estado que no es tributario ni depende de otro.

independentismo m. Movimiento que defiende o reclama la independencia política de un país, región, etc.

independiente adj. Que no depende de otro, autónomo: *un estado independiente.* | Se dice del que mantiene sus propias opiniones sin hacer caso de los demás. | Se dice del que no pertenece a ningún partido, doctrina, etc. También com. | adv. m. Con independencia: *llamaré independiente de que escriba.* | FAM. independencia, independentismo, independientemente, independizar.

independizar tr. Hacer independiente a una persona o cosa. Más c. prnl.: *se ha independizado de sus padres.*

indescifrable adj. Que no se puede o es muy difícil de descifrar: *su letra es indescifrable.*

indescriptible adj. Que es tan grande e impresionante que no se puede describir: *un placer indescriptible.*

indeseable adj. y com. De trato y presencia no deseados, generalmente por sus condiciones morales. | Se dice del extranjero cuya presencia en un país no es aceptada por la autoridad. | FAM. indeseado.

indestructible adj. Que no se puede o es muy difícil de destruir: *este material es indestructible.* | FAM. indestructibilidad.

indeterminación f. Falta de determinación en las cosas, o de resolución en las personas.

indeterminado, da adj. Indefinido, no determinado: *acudió un número indeterminado de personas.* | Impreciso, vago: *un aroma indeterminado.* | Se dice del art. que se antepone al sustantivo para indicar que éste se refiere a un objeto no consabido en el discurso: *una casa.* | FAM. indeterminable, indeterminación, indeterminadamente.

indiano, na adj. Natural de las Indias Occidentales y Orientales. También s. | Perteneciente a ellas. | Se dice del que volvía rico de América. También s.

indicación f. Acción de indicar. | Cosa con la que se indica algo: *no he visto la indicación de salida.* | Corrección, observación: *el profesor le puso varias indicaciones al margen.*

indicar tr. Dar a entender una cosa con indicios y señales: *esa señal indica curva peligrosa.* | Significar una cosa algo: *su silencio indicaba desacuerdo.* | Prescribir el médico una medicina o tratamiento: *le han indicado reposo.* | FAM. indicación, indicado, indicador, indicativo.

indicativo, va adj. y m. Que indica o sirve para indicar. | Se dice del modo del verbo que indica realidad u objetividad y expresa acciones seguras.

índice adj. Se dice del segundo dedo de la mano, entre el pulgar y el corazón. También m. | m. Indicio o señal de una cosa: *el aumento del paro es un índice de crisis.* | Lista ordenada de capítulos, materias o autores de un libro. | Catálogo de una biblioteca. | Cada una de las manecillas de un reloj y, en general, las agujas y otros elementos indicadores de los instrumentos graduados. | Cifra que expresa la relación entre una serie de datos y permite sacar conclusiones: *índice de natalidad.* | En mat., número o letra que sirve para indicar el grado de la raíz. ‖ **FAM.** indicar, indicio.

indicio m. Aquello que permite conocer o inferir la existencia de algo que no se percibe: *su forma de escuchar era un indicio de su interés.* ‖ Primera manifestación de algo. ‖ Pequeña cantidad de algo. ‖ **FAM.** indiciar.

indiferencia f. Estado del ánimo en el que no se siente inclinación ni rechazo hacia algo o alguien. ‖ Frialdad, displicencia: *le miró con indiferencia.*

indiferente adj. Que no importa que sea o se haga de una o de otra forma: *es indiferente que sea antes o después.* ‖ Que no muestra preferencia por nada en especial: *elige tú, a mí me es indiferente.* ‖ **FAM.** indiferencia, indiferenciado, indiferentemente, indiferentismo.

indígena adj. y com. Originario del país o lugar de que se trata. ‖ **FAM.** indigenismo.

indigenismo m. Estudio de los pueblos indios iberoamericanos. ‖ Doctrina y partido que propugna reivindicaciones políticas, sociales y económicas para los indios de los países iberoamericanos. ‖ Préstamo lingüístico de una lengua indígena a la invasora. ‖ **FAM.** indigenista.

indigente adj. y com. Pobre, mísero. ‖ **FAM.** indigencia.

indigestarse prnl. Padecer una indigestión. ‖ No agradarle a uno algo o alguien: *este actor se me ha indigestado.*

indigestión f. Trastorno que padece el organismo por no haber digerido bien los alimentos. ‖ **FAM.** indigestarse, indigesto.

indignación f. Gran enfado que produce algo o alguien.

indignar tr. y prnl. Provocar indignación, irritar a alguien: *me indigna su desfachatez.* ‖ **FAM.** indignación, indignado, indignante.

indigno, na adj. Que no es digno de algo: *es indigno de ese honor.* ‖ Que no corresponde a las circunstancias, calidad o mérito de algo o alguien: *eso es indigno de ti.* ‖ Vil, ruin. ‖ **FAM.** indignamente, indignar, indignidad.

índigo m. Añil.

indio m. Elemento químico metálico parecido al estaño, pero más fusible y volátil, y que en el espectroscopio presenta una raya azul característica. Su símbolo es *In*.

indio, dia adj. y s. Natural de la India (Indias Orientales) o de América (Indias Occidentales). ‖ Perteneciente o relativo a ellos. ‖ **FAM.** indianista, indiano.

indirecto, ta adj. Que no va derecho a un fin, sino a través de rodeos o intermediarios: *me enteré de forma indirecta.* ‖ f. Cosa que se da a entender sin decirla claramente: *no me vengas con indirectas.* ‖ **FAM.** indirectamente.

indisciplinarse prnl. Quebrantar la disciplina establecida. ‖ **FAM.** indisciplina.

indiscreción f. Falta de discreción y de prudencia: *su mayor defecto es su indiscreción.* ‖ Dicho o hecho indiscreto: *contárselo ha sido una indiscreción.*

indiscreto, ta adj. Que habla o actúa imprudente e inoportunamente. También s. ‖ Se dice de lo que se hace o dice de este modo: *le hizo una pregunta indiscreta.* ‖ **FAM.** indiscreción, indiscretamente.

indiscriminado, da adj. Sin la debida diferenciación o selección: *hizo una condena indiscriminada de toda su obra.* ‖ **FAM.** indiscriminadamente.

indiscutible adj. Evidente, irrefutable: *fue el triunfador indiscutible de la carrera.* ‖ **FAM.** indiscutiblemente.

indisoluble adj. Que no puede disolverse. ‖ Que no puede desatarse: *les unía un vínculo indisoluble.* ‖ **FAM.** indisolubilidad, indisolublemente.

indispensable adj. Que es imprescindible: *es indispensable que os pongáis de acuerdo.* ‖ Que no se puede dispensar ni excusar: *una tarea indispensable.* ‖ **FAM.** indispensabilidad, indispensablemente.

indisponer tr. y prnl. Enemistar: *ha hecho lo imposible por indisponernos.* ‖ Causar indisposición o enfermedad: *este calor le ha indispuesto.* ‖ prnl. Experimentar esa indisposición: *se indispuso en el viaje.* ♦ **Irreg.** Se conj. como *poner*. ‖ **FAM.** indisposición, indispuesto.

indisposición f. Malestar, enfermedad pasajera. ‖ Acción y efecto de indisponer o indisponerse.

indistinto, ta adj. Que no se distingue de otra cosa. ‖ Que no se percibe claramente: *la niebla hacía indistintas las figuras.* ‖ Indiferente. ‖ **FAM.** indistinción, indistinguible, indistintamente.

individual adj. Que es de o para un individuo: *cama individual.* ‖ Relativo al individuo: *libertades individuales.* ‖ **FAM.** individualmente.

individualismo m. Tendencia a actuar según el propio criterio y no de acuerdo con el de la colectividad. ‖ Aislamiento, egoísmo. ‖ Doctrina ética, política, filosófica o social que considera al individuo como fundamento y fin de todas las leyes y relaciones morales y políticas. ‖ **FAM.** individualista.

individuo, dua m. y f. Persona cuyo nombre no se conoce o no se quiere descubrir: *se le acercó un individuo para preguntarle algo.* ‖ m. Cada uno de los seres con respecto a la especie a la que pertenece. ‖ adj. Individual. ‖ Que no puede dividirse. ‖ **FAM.** individual, individualidad, individualismo, individualizar.

indivisible adj. Que no puede ser dividido. ‖ FAM. indivisibilidad, indivisiblemente.

indiviso, sa adj. y s. No dividido en partes: *un patrimonio indiviso.* ‖ FAM. indivisamente, indivisión.

indócil adj. Que no tiene docilidad. ‖ FAM. indocilidad.

indocto, ta adj. Falto de instrucción, inculto. También s. ‖ FAM. indoctamente.

indocumentado, da adj. Se dice del quien no tiene documentos que acrediten su identidad. También s.: *la policía detuvo a tres indocumentados.* ‖ Ignorante, inculto. ‖ Que no está probado o testimoniado: *una palabra indocumentada.*

indoeuropeo, a adj. Se dice de cada una de las razas y lenguas procedentes de un origen común y extendidas desde la India hasta el occidente de Europa. ‖ Se dice también de la raza y lengua que dieron origen a todas ellas. Más c. m.

índole f. Carácter propio de cada uno: *es de índole apacible.* ‖ Naturaleza, calidad y condición de las cosas.

indolente adj. y com. Vago, perezoso. ‖ Desaliñado, dejado. ‖ FAM. indolencia, indolentemente.

indoloro, ra adj. Que no causa dolor.

indomable adj. Que no se puede domar: *un caballo indomable.* ‖ Difícil de someter: *un pueblo indomable.* ‖ FAM. indomabilidad, indomado, indómito.

indómito, ta adj. No domado. ‖ Indomable. ‖ Difícil de sujetar o someter. ‖ Difícil de controlar.

inducción f. Acción y efecto de inducir. ‖ Producción de una carga eléctrica inducida.

inducido, da adj. Se dice de la corriente eléctrica producida en un circuito por la acción de un campo magnético. ‖ m. Circuito en el que se genera una corriente inducida.

inducir tr. Instigar, incitar: *le indujo a delatarte.* ‖ Llegar a conclusiones generales a partir de hechos particulares. ‖ En fís., producir una carga eléctrica por efecto de otra carga de sentido distinto. ♦ Irreg. Se conj. como *conducir.* ‖ FAM. inducción, inducido, inductivo, inductor.

inductivo, va adj. Que se hace por inducción: *método inductivo.* ‖ Perteneciente a ella.

inductor, ra adj. Que induce. También s.: *él es el inductor del crimen.* ‖ m. Parte de las máquinas eléctricas destinada a producir la inducción magnética.

indudable adj. Que no se puede poner en duda. ‖ Evidente, claro, patente. ‖ FAM. indudablemente.

indulgencia f. Benevolencia, tolerancia. ‖ Remisión que hace la Iglesia católica de las penas debidas por los pecados. ‖ FAM. indulgente, indulgentemente.

indultar tr. Perdonar la autoridad competente a uno toda o parte de la pena que tiene impuesta. ‖ FAM. indulto.

indumentaria f. Vestidos, ropas que se tienen o se llevan puestas. ‖ Estudio histórico del traje. ‖ FAM. indumentario.

industria f. Conjunto de operaciones destinadas a la transformación de materias primas en bienes intermedios o finales. ‖ Instalación destinada a estas operaciones. ‖ Fabricación por medios mecánicos y en serie. ‖ Maña y destreza para hacer una cosa: *a ver si con industria conseguimos sacarle algo.* ‖ FAM. industrial, industrialismo, industrializar, industriarse.

industrial adj. Relativo a la industria: *desarrollo industrial.* ‖ com. Persona que vive del ejercicio de una industria. ‖ FAM. industrialmente.

industrializar tr. Hacer algo con métodos industriales. También prnl. ‖ Crear industrias nuevas o desarrollar las existentes en un país, zona, región, etc. ‖ FAM. industrialización.

industrioso, sa adj. Mañoso, habilidoso. ‖ Muy trabajador: *las hormigas son animales muy industriosos.* ‖ FAM. industriosamente.

inédito, ta adj. Escrito y no publicado: *una novela inédita.* También m. ‖ Se dice del escritor que aún no ha publicado nada. ‖ Desconocido: *una moda inédita.*

inefable adj. Que no se puede explicar con palabras: *un gozo inefable.* ‖ FAM. inefabilidad, inefablemente.

ineficaz adj. Que no es eficaz, nulo: *un producto ineficaz.* ‖ FAM. ineficacia, ineficazmente.

ineluctable adj. Se dice de aquello contra lo cual no puede lucharse; inevitable: *un destino ineluctable.*

inenarrable adj. Inefable. ‖ Sorprendente, impresionante: *fue una jugada inenarrable.*

inepto, ta adj. No apto para algo. ‖ Necio o incapaz. También s. ‖ FAM. ineptitud.

inequívoco, ca adj. Que no admite duda: *es una falta inequívoca.* ‖ FAM. inequívocamente.

inercia f. Incapacidad de los cuerpos para cambiar su estado de reposo o de movimiento sin la aplicación de alguna fuerza. ‖ Falta de energía, desidia. ‖ FAM. inercial, inerte.

inerme adj. Que está sin armas. ‖ Que no tiene defensas físicas o morales: *estaba inerme* *ante sus acusaciones.* ‖ Se dice de los animales o plantas desprovistos de espinas, pinchos o aguijones.

inerte adj. Falto de vida o movilidad. ‖ Estéril. ‖ En quím., cuerpo inactivo.

inervación f. Acción del sistema nervioso sobre los demás órganos del cuerpo. ‖ Distribución de los nervios en una zona del cuerpo: *la inervación del cuello.* ‖ **FAM.** inervador.

inescrutable adj. Que no se puede saber ni averiguar: *su mirada era inescrutable.*

inestabilidad f. Falta de estabilidad. ‖ **inestabilidad atmosférica** Tiempo atmosférico caracterizado por una superposición de aire frío al aire cálido, que al elevarse produce nubes y lluvias.

inestable adj. No estable: *una moneda inestable.* ‖ Se dice de la persona de carácter y humor variables. ‖ En quím., se dice del compuesto que se descompone fácilmente. ‖ **FAM.** inestabilidad.

inesperado, da adj. Que sucede sin esperarse, imprevisto: *el resultado de la votación fue inesperado.* ‖ **FAM.** inesperable, inesperadamente.

inestimable adj. Que no puede estimarse en todo lo que vale: *nos prestó una ayuda inestimable.* ‖ **FAM.** inestimabilidad, inestimado.

inevitable adj. Que no se puede evitar. ‖ **FAM.** inevitablemente.

inexacto, ta adj. Que carece de exactitud. ‖ **FAM.** inexactamente, inexactitud.

inexcusable adj. Ineludible: *un deber inexcusable.* ‖ Que no puede ser disculpado: *un error inexcusable.* ‖ **FAM.** inexcusablemente.

inexistencia f. Falta de existencia. ‖ **FAM.** inexistente.

inexistente adj. Que carece de existencia. ‖ Se dice de aquello que aunque existe se considera totalmente nulo.

inexorable adj. Que no se deja vencer por los ruegos, insensible: *un juez inexorable.* ‖ Inevitable: *el tiempo es inexorable.* ‖ **FAM.** inexorabilidad, inexorablemente.

inexperiencia f. Falta de práctica en alguna cosa. ‖ **FAM.** inexperto.

inexperto, ta adj. y s. Sin experiencia.

inexplicable adj. Que no se puede explicar o justificar: *su ausencia es inexplicable.* ‖ **FAM.** inexplicablemente, inexplicado.

inexpresivo, va adj. Que carece de expresión: *un rostro inexpresivo.* ‖ Seco de carácter.

inexpugnable adj. Que no se puede tomar o conquistar: *una fortaleza inexpugnable.* ‖ Que no se deja vencer ni persuadir.

in extremis loc. adv. lat. En los últimos instantes de la vida, a punto de morir.

infalible adj. Que no puede equivocarse. ‖

Seguro, cierto. ‖ **FAM.** infalibilidad, infaliblemente.

infamar tr. Difamar. ‖ **FAM.** infamación, infamador, infamante, infamatorio, infame.

infame adj. Que carece de honra, crédito y estimación. También com. ‖ Muy malo en su especie: *un hotel infame.* ‖ **FAM.** infamemente, infamia.

infamia f. Descrédito, deshonra. ‖ Maldad: *lo que has hecho es una infamia.*

infancia f. Periodo de la vida del niño desde que nace hasta los comienzos de la adolescencia. ‖ Conjunto de los niños de tal edad.

infante, ta m. y f. Niño. ‖ En España, hijo o hija del rey con excepción del heredero al trono. ‖ m. Soldado de infantería. ‖ **FAM.** infancia, infantado, infantazgo, infantería, infanticidio, infantil, infanzón.

infantería f. Tropa que sirve a pie en la milicia.

infanticidio m. Muerte dada a un niño. ‖ **FAM.** infanticida.

infantil adj. Relativo a la infancia. ‖ Inocente. ‖ **FAM.** infantilismo.

infarto m. Lesión producida en un órgano privado de su riego sanguíneo, por obstrucción de la arteria correspondiente. ‖ **FAM.** infartar.

infatigable adj. Incapaz de cansarse: *es un trabajador infatigable.* ‖ **FAM.** infatigablemente.

infatuar tr. Volver a uno vanidoso, engreírle. También prnl. ‖ **FAM.** infatuación.

infausto, ta adj. Desgraciado, infeliz: *una noticia infausta.* ‖ **FAM.** infaustamente.

infección f. Penetración de gérmenes patógenos en el organismo.

infeccioso, sa adj. Que causa o provoca infección.

infectar tr. Transmitir un organismo a otro los gérmenes de una enfermedad. También prnl. ‖ Hacer que se difundan actitudes, opiniones, etc., de carácter negativo. ‖ **FAM.** infección, infeccioso, infecto, inficionar.

infecto, ta adj. Infectado, contagiado. ‖ Pestilente, corrompido.

infeliz adj. y com. De suerte adversa, no feliz. ‖ Se dice de la persona que sufre por alguna desgracia. ‖ Apocado, sin ambiciones: *al infeliz lo tiene dominado su mujer.* ‖ Ingenuo, que no tiene malicia: *el infeliz se lo cree todo.* ‖ **FAM.** infelicidad, infelizmente.

inferencia f. Acción y efecto de inferir.

inferior adj. Que está debajo de otra cosa o más bajo que ella: *lo puse en el estante inferior.* ‖ Que es menos que otra cosa: *esta tela es de una calidad inferior.* ‖ Se dice de la persona sujeta o subordinada a otra. También s. ‖ **FAM.** inferioridad.

inferioridad f. Calidad de inferior. ‖ Situación de una cosa que está más baja que otra o debajo de ella.

inferir tr. Deducir una cosa de otra: *de lo que dijo infiero que no te ha creído.* ‖ Ocasionar, conducir a un resultado. ‖ Tratándose de ofensas, heridas, etc., hacerlos o causarlos: *le infirió una estocada.* ♦ **Irreg.** Se conj. como *sentir.* ‖ **FAM.** inferencia.

infernal adj. Relativo al infierno. ‖ Muy malo, perjudicial: *su plan era infernal.*

infestar tr. Invadir un lugar una plaga de animales u otra cosa similar: *los pulgones infestaban el rosal.* También prnl. ‖ **FAM.** infestación.

inficionar tr. y prnl. Infectar, causar infección. ‖ Corromper.

infiel adj. Falto de fidelidad; desleal: *un amigo infiel.* ‖ Para la religión católica, se dice de la persona que no es creyente. También s. ‖ **FAM.** infidelidad, infielmente.

infiernillo m. Hornillo, aparato para calentar.

infierno m. Según algunas religiones, lugar destinado al eterno castigo de los condenados. ‖ Tormento y castigo de los condenados. ‖ Lugar en que hay mucho alboroto y discordia. ‖ **FAM.** infernal, infernillo.

infijo adj. Afijo con función o significado propios, que se introduce en el interior de una palabra; p. ej., en man-*oj*-illo. También m.

infiltrar tr. y prnl. Introducir suavemente un líquido entre los poros de un sólido: *el agua se ha infiltrado en la tierra.* ‖ Infundir ideas, doctrinas, etc. ‖ prnl. Introducirse furtivamente en algún lugar, especialmente con propósito de espionaje o propaganda. ‖ **FAM.** infiltración, infiltrado.

ínfimo, ma adj. En el orden y graduación de las cosas, se dice de la que es última y menos que las demás: *es de calidad ínfima.* ‖ Muy pequeño, muy poco. ‖ Que en su situación está muy bajo.

infinidad f. Gran número de personas o cosas.

infinitivo m. Forma no personal del verbo, que no expresa números ni personas, ni tiempo determinado.

infinito, ta adj. Que no tiene ni puede tener fin ni término. ‖ Muy numeroso, grande y excesivo: *tiene una curiosidad infinita.* ‖ m. Espacio sin límite: *miraba al infinito.* ‖ adv. m. Excesivamente, muchísimo: *lo siento infinito.* ‖ **FAM.** infinidad, infinitamente, infinitesimal, infinitivo, infinitud.

inflación f. Subida general de precios. ‖ **FAM.** inflacionario, inflacionista.

inflamable adj. Que se enciende con facilidad desprendiendo inmediatamente llamas. ‖ **FAM.** inflamabilidad.

inflamación f. Alteración patológica en una parte cualquiera del organismo, caracterizada por enrojecimiento, hinchazón y dolor.

inflamar tr. y prnl. Encender una cosa que desprende llama inmediatamente: *inflamar el alcohol.* ‖ Acalorar, enardecer las pasiones: *se inflamó de ira.* ‖ prnl. Producirse inflamación: *se me ha inflamado el tobillo.* ‖ **FAM.** inflamable, inflamación, inflamador, inflamamiento, inflamatorio.

inflar tr. Hinchar una cosa con aire u otra sustancia aeriforme: *inflar un globo.* ‖ Exagerar: *inflar una noticia.* ‖ Ensoberbecer, engreír. También prnl.: *se infló con los aplausos.* ‖ **FAM.** inflación, inflador, inflamiento.

inflexible adj. Incapaz de doblarse, rígido. ‖ Se dice de la persona que no se conmueve ni se doblega, ni desiste de su propósito: *un juez inflexible.* ‖ **FAM.** inflexibilidad, inflexiblemente.

inflexión f. Tratándose de la voz, cada uno de los cambios de tono que se producen en ella al hablar. ‖ Torcimiento de algo que estaba recto.

infligir tr. Hablando de castigos y penas, imponerlos o causarlos.

inflorescencia f. Orden o forma con que aparecen agrupadas las flores en una misma rama.

influencia f. Acción y efecto de influir: *la influencia de la televisión.* ‖ Poder, autoridad de una persona sobre otras: *tiene mucha influencia en la empresa.*

influenciar tr. Influir.

influir tr. Producir una persona o cosa sobre otras ciertos efectos, cambios, etc.: *su obra influyó en muchos escritores.* ♦ **Irreg.** Se conj. como *huir.* ‖ **FAM.** influencia, influenciable, influenciar, influjo, influyente.

influjo m. Acción y efecto de influir. ‖ Flujo de la marea.

información f. Acción y efecto de informar o informarse. ‖ Oficina donde se informa sobre alguna cosa. ‖ Conjunto de datos, noticias, informes, etc., sobre una materia determinada. ‖ Investigación jurídica y legal de un hecho o delito. ‖ **FAM.** informática.

informal adj. Se dice de la persona que no guarda las reglas ni cumple sus compromisos. También com. ‖ Que no tiene formalidad o seriedad: *un atuendo informal.* También s. ‖ **FAM.** informalidad, informalmente.

informar tr. Dar noticia de algo, enterar. También prnl.: *se informó de los horarios de trenes.* ‖ Dar forma a una cosa: *un tono de denuncia informaba la novela.* ‖ intr. En der., hablar en estrados los fiscales y los abogados. ‖ **FAM.** información, informador, informante, informativo, informe.

informática f. Conjunto de conocimientos científicos y técnicas que hacen posible el tratamiento automático de la información por medio de ordenadores electrónicos. ‖ **FAM.** informático, informatización, informatizar.

informativo, va adj. Se dice de lo que informa o sirve para dar noticia de algo: *un folleto informativo.*

informe m. Noticia o instrucción que se da acerca de una persona o cosa. También pl.: *nos han dado muy buenos informes sobre usted.* ‖ Exposición que se hace sobre el estado de una cosa: *está redactando un informe sobre el proyecto.* ‖ En der., exposición total que hace el letrado o el fiscal ante el tribunal que ha de fallar el proceso.

informe adj. Que no tiene una forma determinada: *llevaba puesto un sombrero informe.*

infortunio m. Suerte desdichada, desgracia. ‖ **FAM.** infortunadamente, infortunado.

infra-. Elemento compositivo que sign. *inferior* o *debajo de algo*: *infrahumano, infravalorar.*

infracción f. Transgresión, quebrantamiento de una ley o norma: *cometió una infracción de tráfico.* ‖ **FAM.** infractor, infringir.

infraestructura f. Conjunto de elementos o servicios que se consideran necesarios para el funcionamiento de una organización: *la infraestructura de una empresa.* ‖ Parte de una construcción que está bajo el nivel del suelo.

in fraganti loc. adv. lat. En el mismo momento en que se está cometiendo el delito: *le pillaron in fraganti.*

infrahumano, na adj. Inferior a lo humano: *condiciones de vida infrahumanas.*

infranqueable adj. Imposible o difícil de atravesar: *un obstáculo infranqueable.*

infrarrojo, ja adj. Radiación del espectro luminoso que se encuentra por debajo del rojo visible y de mayor longitud de onda. Se caracteriza por sus efectos caloríficos.

infringir tr. Quebrantar leyes, órdenes, etc.

infructuoso, sa adj. Ineficaz, inútil: *un esfuerzo infructuoso.* ‖ **FAM.** infructuosamente, infructuosidad.

infrutescencia f. Conjunto de frutos que forman una unidad, y que surgen de las flores de inflorescencia, como la mora, el trigo, etc.

ínfula f. Cada una de las dos cintas anchas que cuelgan por la parte posterior de la mitra episcopal. ‖ pl. Presunción, vanidad.

infundado, da adj. Que carece de fundamento: *un rumor infundado.* ‖ **FAM.** infundadamente.

infundio m. Mentira, noticia falsa, generalmente tendenciosa. ‖ **FAM.** infundioso.

infundir tr. Causar un sentimiento en alguien: *infundir temor, esperanza.* ‖ Comunicar Dios al alma un don o gracia. ‖ **FAM.** infusión, infuso.

infusión f. Acción de introducir en agua caliente ciertas sustancias orgánicas para extraer de ellas sus partes solubles. ‖ Líquido así obtenido. ‖ P. ext., bebida que se obtiene de diversos frutos o hierbas aromáticas, como té, café, manzanilla, etc., introduciéndolos en agua hirviendo. ‖ Hablando del bautismo, acción de echar el agua sobre el que se bautiza.

ingeniar tr. Idear o inventar ingeniosamente. ‖ prnl. Discurrir con ingenio la manera de conseguir algo: *¿cómo te las ingeniaste para arreglarlo?*

ingeniería f. Conjunto de técnicas que permiten aplicar el saber científico a la utilización de la materia y de las fuentes de energía, mediante invenciones o construcciones útiles para el hombre. ‖ **FAM.** ingeniero.

ingeniero, ra m. y f. Persona que profesa o ejerce la ingeniería.

ingenio m. Facultad para discurrir o inventar. ‖ Sujeto dotado de esta facultad. ‖ Intuición, entendimiento. ‖ Conjunto de máquinas para elaborar el azúcar. ‖ **FAM.** ingeniar, ingeniería, ingeniosamente, ingeniosidad, ingenioso.

ingente adj. Muy grande, enorme: *le costó un esfuerzo ingente.*

ingenuidad f. Inocencia, ausencia de malicia. ‖ **FAM.** ingenuamente, ingenuo.

ingenuo, nua adj. y s. Sin malicia, inocente. ‖ Simple.

ingerir tr. Introducir por la boca comida, bebida, medicamentos, etc. ♦ **Irreg.** Se conj. como *sentir.* ‖ **FAM.** ingestión.

ingle f. Parte del cuerpo en que se juntan los muslos con el vientre. ‖ **FAM.** inguinal.

inglés, sa adj. De Inglaterra. También s. ‖ m. Lengua de la rama germánica, hablada en Reino Unido, Australia, EE.UU., Canadá, República Sudafricana y otros países.

ingratitud f. Desagradecimiento, olvido de los beneficios recibidos. ‖ **FAM.** ingrato, ingratamente.

ingrato, ta adj. Desagradecido. También s. ‖ Desapacible, desagradable.

ingrávido, da adj. Ligero, suelto, sin peso. ‖ **FAM.** ingravidez.

ingrediente m. Cualquier cosa que entra

con otras en un compuesto: *los ingredientes de una receta culinaria, de una fórmula.*

ingresar intr. Entrar en un establecimiento, organismo, etc.: *ingresar en un centro de salud.* También tr. ‖ tr. Meter dinero en una cuenta bancaria. También intr. ‖ **FAM.** ingrediente, ingreso.

ingreso m. Acción de ingresar. ‖ pl. Ganancias económicas: *el negocio deja buenos ingresos.*

inhábil adj. Falto de habilidad, talento o instrucción. ‖ Se dice del día festivo. ‖ **FAM.** inhabilidad, inhabilitar.

inhabilitar tr. Declarar a uno incapaz de ejercer un cargo o de ejercitar derechos civiles. ‖ Imposibilitar para algo. También prnl. ‖ **FAM.** inhabilitación.

inhabitable adj. Se dice del lugar o casa en los que no se puede morar.

inhalar tr. Aspirar ciertos gases o líquidos pulverizados. ‖ **FAM.** inhalación, inhalador.

inherente adj. Que por su naturaleza está de tal manera unido a otra cosa que no se puede separar: *el cambio es inherente a la vida.* ‖ **FAM.** inherencia.

inhibir tr. Impedir que un juez prosiga en el conocimiento de una causa. También prnl. ‖ Con sentido general, impedir o reprimir. ‖ prnl. Abstenerse, dejar de actuar: *se inhibe mucho cuando está entre desconocidos.* ‖ **FAM.** inhibición, inhibidor, inhibitorio.

inhóspito, ta adj. Se dice del lugar incómodo, poco grato. ‖ **FAM.** inhospitalidad, inhospitalario.

inhumano, na adj. Falto de humanidad, cruel. ‖ **FAM.** inhumanamente, inhumanidad.

inhumar tr. Enterrar un cadáver. ‖ **FAM.** inhumación.

iniciación f. Acción y efecto de iniciar o iniciarse.

inicial adj. Relativo al origen o principio de las cosas: *causa inicial.* ‖ Se dice de la letra con la comienza una palabra o nombre. También f.: *firma con sus iniciales.*

iniciar tr. y prnl. Comenzar una cosa. ‖ Instruir, formar: *iniciarse en la música.* ‖ **FAM.** iniciación, iniciado, iniciador, inicial, iniciativa, iniciativo, inicio.

iniciativa f. Acción de adelantarse a los demás en hablar u obrar: *ella tomó la iniciativa.* ‖ Capacidad personal que inclina a esta acción: *la recogida de firmas fue iniciativa suya.*

inicio m. Comienzo, principio.

inicuo, cua adj. Malvado, cruel. ‖ Injusto: *una decisión inicua.* ‖ **FAM.** inicuamente, iniquidad.

ininteligible adj. No inteligible: *este escrito es ininteligible.* ‖ **FAM.** ininteligibilidad.

ininterrumpido, da adj. Continuo, sin interrupción. ‖ **FAM.** ininterrumpidamente.

iniquidad f. Maldad, injusticia grande.

injerirse prnl. Entremeterse. ♦ **Irreg.** Se conj. como *sentir.* ‖ **FAM.** injerencia.

injertar tr. Introducir en una planta una rama o parte de otra para que pueda brotar. ‖ Introducir en el cuerpo de una persona un tejido o un órgano, tomados de ella misma o de otro individuo. ‖ **FAM.** injerta, injertador, injerto.

injerto m. Acción de injertar. ‖ Lo que se ha injertado: *ha rechazado el injerto de piel.*

injuria f. Agravio, insulto. ‖ Daño o incomodidad que causa una cosa. ‖ **FAM.** injuriador, injuriante, injuriar, injuriosamente, injurioso.

injuriar tr. Agraviar, insultar, ofender.

injusticia f. Acción contraria a la justicia. ‖ Falta de justicia: *el reparto ha sido una injusticia.*

injusto, ta adj. No justo. También s. ‖ **FAM.** injustamente, injusticia.

inmaculado, da adj. Que no tiene mancha. ‖ Sin defecto, puro. ‖ **FAM.** inmaculadamente.

inmadurez f. Falta de madurez.

inmaduro, ra adj. No maduro: *es afectivamente inmaduro.* También s. ‖ **FAM.** inmadurez.

inmanente adj. En fil., se dice de lo que es inherente a algún ser o va unido de un modo inseparable a su esencia. ‖ **FAM.** inmanencia, inmanentismo.

inmarcesible adj. Que no se puede marchitar: *una amistad inmarcesible.*

inmaterial adj. No material. ‖ **FAM.** inmaterialidad.

inmediación f. Calidad de inmediato. ‖ pl. Alrededores de un lugar.

inmediato, ta adj. Contiguo o muy cercano a otra cosa: *la farmacia está en la calle inmediata.* ‖ Que sucede sin que medie espacio o tiempo: *en cuanto se calló experimenté un alivio inmediato.* ‖ **FAM.** inmediación, inmediatamente, inmediatez.

inmejorable adj. Que no se puede mejorar, perfecto.

inmemorial adj. Remoto, muy antiguo: *una civilización inmemorial.*

inmenso, sa adj. Muy grande: *tiene una finca inmensa.* ‖ Que no tiene medida, infinito, ilimitado. ‖ **FAM.** inmensamente, inmensidad.

inmersión f. Acción de introducir o introducirse una cosa en un líquido.

inmerso, sa adj. Sumergido. | Absorto: *estaba inmerso en la novela.* | **FAM.** inmersión.

inmigración f. Llegada de personas a un país, procedentes de otro, para establecerse en él.

inmigrante adj. y com. Persona que llega de otro país para establecerse allí.

inmigrar intr. Llegar a un país para establecerse en él personas que proceden de otro. | **FAM.** inmigración, inmigrado, inmigrante, inmigratorio.

inminente adj. Que está próximo a suceder: *las elecciones son inminentes.* | **FAM.** inminencia.

inmiscuirse prnl. Entremeterse. ♦ **Irreg.** Se conj. como *huir.*

inmobiliario, ria adj. Perteneciente a los bienes inmuebles. | f. Empresa o sociedad que se dedica a construir, alquilar, vender y administrar viviendas.

inmolar tr. Sacrificar una víctima en honor de la divinidad. | Sacrificar algo por una causa. Más en prnl.: *se inmoló por sus ideales.* | **FAM.** inmolación, inmolador.

inmoral adj. Que se opone a la moral. También s. | **FAM.** inmoralidad.

inmortal adj. Que no puede morir. | Que dura o durará mucho tiempo: *una fama inmortal.* | **FAM.** inmortalidad, inmortalizar, inmortalmemte.

inmortalizar tr. Hacer perpetua una cosa en la memoria de las personas. También prnl.

inmóvil adj. Que no se mueve; firme, invariable. | **FAM.** inmovilidad, inmovilismo, inmovilista, inmovilizar.

inmovilizar tr. Hacer que una cosa quede inmóvil. También prnl. | Invertir dinero en bienes de lenta o difícil realización. | En der., coartar la libre enajenación de bienes. | **FAM.** inmovilización, inmovilizado.

inmueble adj. Se dice de los bienes que no se pueden transportar, como la tierra, la vivienda, etc. | m. Casa, edificio. | **FAM.** inmobiliario.

inmundicia f. Suciedad, porquería, basura. Más en pl.: *el patio está lleno de inmundicias.*

inmundo, da adj. Muy sucio, asqueroso. | Deshonesto: *un lenguaje inmundo.* | **FAM.** inmundicia.

inmune adj. Libre de ciertos cargos, exento. | No atacable por ciertas enfermedades. | **FAM.** inmunidad, inmunización, inmunizador, inmunizante, inmunizar, inmunodepresor, inmunología.

inmunidad f. Calidad de inmune. | Privilegio de una persona que la exime de ser detenida o procesada en determinadas circunstancias: *inmunidad diplomática.*

inmunología f. En med., conjunto de los conocimientos científicos relativos a la inmunidad biológica. | **FAM.** inmunológico, inmunólogo.

inmutable adj. Que no cambia. | **FAM.** inmutabilidad.

inmutar tr. Alterar. También prnl.: *cuando se lo dije ni se inmutó.* | **FAM.** inmutable, inmutación.

innato, ta adj. Que ha nacido con el sujeto, y no adquirido por educación y experiencia: *tiene un don innato para la música.*

innegable adj. Evidente, indudable. | **FAM.** innegablemente.

innovar tr. Alterar las cosas, introduciendo novedades.

innumerable adj. Muy abundante. | Que no se puede contar. | **FAM.** innumerabilidad, innúmero.

inocencia f. Estado del alma que está limpia de culpa. | Exención de toda culpa en un delito o en una mala acción. Sencillez, ingenuidad.

inocentada f. Broma que se da a uno el día de los Santos Inocentes.

inocente adj. Libre de culpa. También com. | Sin malicia, ingenuo: *es tan inocente que se lo cree todo.* | Que no daña, que no produce mal: *una diversión inocente.* | **FAM.** inocencia, inocentada, inocentemente, inocentón.

inocular tr. y prnl. Transmitir por medios artificiales una enfermedad contagiosa. | Pervertir, contaminar: *le inocularon peligrosos ideales.* | Introducir en el organismo un suero, vacuna, etc.: *le inocularon el virus de la gripe.* | **FAM.** inoculable, inoculación, inoculador.

inocuo, cua adj. Que no hace daño: *una sustancia inocua.* | Que carece de interés: *una película inocua.* | **FAM.** inocuidad.

inodoro, ra adj. Que no tiene olor. | m. Taza del retrete.

inofensivo, va adj. Incapaz de causar daño: *este perro es inofensivo.*

inolvidable adj. Que no puede o no debe olvidarse: *una fecha inolvidable.*

inoperante adj. Ineficaz.

inopia f. Pobreza, escasez. | **estar en la inopia** loc. Ignorar alguna cosa que otros conocen, no haberse enterado de ella.

inopinado, da adj. Que sucede sin esperarlo: *llegó de forma inopinada.* | **FAM.** inopinadamente.

inoportuno, na adj. Fuera de tiempo o de propósito. También s.: *una llamada inoportuna, un comentario inoportuno.* | **FAM.** inoportunamente, inoportunidad.

inorgánico, ca adj. Se dice de cualquier

cuerpo sin vida, como son todos los minerales.

inoxidable adj. Que no se oxida.

input (voz i.) m. En inform., sistema de entrada de información.

inquietar tr. Quitar el sosiego o la tranquilidad, poner nervioso. También prnl.: *me inquieta su tardanza.* ‖ FAM. inquietante.

inquieto, ta adj. Que no está quieto. ‖ Preocupado. ‖ Desasosegado, agitado, nervioso. ‖ FAM. inquietamente, inquietar, inquietud.

inquietud f. Falta de quietud, desasosiego. ‖ Inclinación intelectual hacia una materia determinada. Más en pl.: *inquietudes literarias.*

inquilino, na adj. y f. Persona que ha tomado una casa o parte de ella en alquiler para habitarla. ‖ Arrendatario. ‖ FAM. inquilinismo.

inquina f. Aversión, mala voluntad.

inquirir tr. Indagar, examinar cuidadosamente una cosa. ♦ Irreg. Se conj. como *adquirir.* ‖ FAM. inquiridor, inquisición, inquisidor, inquisitivo, inquisitorial, inquisitorio.

inquisición f. Acción y efecto de inquirir. ‖ Tribunal eclesiástico establecido antiguamente para perseguir los delitos contra la fe. ♦ Se escribe con mayúscula.

inquisidor, ra adj. y s. Que inquiere: *una mirada inquisidora.* ‖ m. Juez eclesiástico del tribunal de la Inquisición.

inri m. Nombre que resulta de leer como una palabra las iniciales del rótulo latino *Iesus Nazarenus Rex Iudaeórum* (Jesús Nazareno, Rey de los Judíos), colocado en la cruz en que murió Jesucristo. ‖ Nota de burla o de afrenta. ‖ **para más,** o **mayor, inri** loc. adv. Por si fuera poco, encima de todo.

insaciable adj. y s. Imposible o difícil de saciar o satisfacer: *una sed insaciable*; *una curiosidad insaciable.* ‖ FAM. insaciabilidad, insaciablemente.

insalivar tr. Mezclar en la boca los alimentos con la saliva. ‖ FAM. insalivación.

insalubre adj. Perjudicial a la salud, malsano: *este pantano es insalubre.* ‖ FAM. insalubridad.

insatisfecho, cha adj. No satisfecho. ‖ FAM. insatisfacción, insatisfactorio.

inscribir tr. Apuntar el nombre de una persona en una lista, registro, etc. También prnl.: *se inscribieron en el torneo.* ‖ Grabar letreros. ♦ Part. irreg.: *inscrito.* ‖ FAM. inscribible, inscripción, inscrito.

inscripción f. Acción y efecto de inscribir o inscribirse: *la inscripción es barata.* ‖ Escrito grabado en piedra, metal u otra materia.

insecticida adj. y s. Se dice del producto que sirve para matar insectos.

insectívoro, ra adj. y m. Se dice del animal que se alimenta de insectos. ‖ Se dice de un grupo de mamíferos de pequeño tamaño, plantígrados, que tienen molares provistos de tubérculos agudos con los cuales mastican el cuerpo de los insectos de que se alimentan, como el topo, el erizo, etc. ‖ m. pl. Orden de estos animales.

insecto adj. y m. Se dice de los artrópodos antenados, con el cuerpo dividido en cabeza, tórax y abdomen, de respiración traqueal y provistos de tres pares de patas. ‖ m. pl. Clase de estos animales. ‖ FAM. insecticida, insectívoro.

inseguro, ra adj. Que tiene riesgo, que no ofrece seguridad: *unos frenos inseguros.* ‖ Que es dudoso: *un negocio inseguro.* ‖ Que es dudoso: *una persona insegura.* ‖ FAM. inseguramente, inseguridad.

inseminación f. Acción de introducir el semen en el interior de la vagina. ‖ **inseminación artificial** Procedimiento artificial para hacer llegar el semen al óvulo. ‖ FAM. inseminar.

insensato, ta adj. Que no es sensato, necio. También s. ‖ FAM. insensatamente, insensatez.

insensible adj. Que carece de sensibilidad: *es insensible a la música.* ‖ Que no se puede percibir: *una diferencia insensible.* ‖ FAM. insensibilidad, insensibilizar, insensiblemente.

inseparable adj. Que no se puede separar. ‖ Se dice de las personas estrechamente unidas. ‖ FAM. inseparabilidad, inseparablemente.

insepulto, ta adj. Se dice del cadáver no sepultado.

insertar tr. y prnl. Incluir, introducir una cosa en otra, intercalar: *insertó varias citas conocidas en su discurso.* ‖ FAM. inserción, inserto.

inservible adj. Que no está en condiciones de servir, muy estropeado.

insidia f. Asechanza para hacer daño a otro. ‖ FAM. insidiosamente, insidioso.

insigne adj. Célebre, famoso. ‖ FAM. insignemente.

insignia f. Señal, emblema: *llevaba la insignia de su equipo.* ‖ Bandera que, puesta al tope de uno de los palos del buque, denota la graduación del jefe que lo manda o de otro que va en él.

insignificante adj. Pequeño, sin importancia, despreciable: *un detalle insignificante, una persona insignificante.* ‖ FAM. insignificancia.

insinuar tr. Dar a entender una cosa, sin

más que indicarla ligeramente. ‖ prnl. Dar a entender indirectamente el deseo de mantener relaciones sexuales o amorosas con otra persona. ‖ **FAM.** insinuación, insinuador, insinuante, insinuativo.

insípido, da adj. Falto de sabor: *un guiso insípido.* ‖ Falto de gracia o interés: *una comedia insípida.* ‖ **FAM.** insipidamente, insipidez.

insistir intr. Pedir algo reiteradamente: *insiste en que le dé tu teléfono.* ‖ Persistir o mantenerse firme en una cosa: *insiste en dimitir.* ‖ Repetir o hacer hincapié en algo: *en su discurso insistió en la necesidad de reducir el gasto público.* ‖ **FAM.** insistencia, insistente, insistentemente.

in situ loc. adv. lat. En el mismo lugar.

insobornable adj. Que no puede ser sobornado: *un juez insobornable.* ‖ **FAM.** insobornabilidad.

insociable adj. y com. Intratable e incómodo en la sociedad. ‖ **FAM.** insociabilidad.

insolación f. Conjunto de trastornos producidos por una exposición excesiva a los rayos solares.

insolente adj. Desvergonzado, irrespetuoso. También com. ‖ **FAM.** insolencia, insolentarse, insolentemente.

insólito, ta adj. No común ni ordinario, desacostumbrado: *un peinado insólito.*

insoluble adj. Que no puede disolverse: *el aceite es insoluble en el agua.* ‖ Que no se puede solucionar: *un problema insoluble.* ‖ **FAM.** insolubilidad.

insolvencia f. Incapacidad de pagar una deuda.

insolvente adj. Que no tiene medios para pagar las deudas. También s. ‖ **FAM.** insolvencia.

insomnio m. Falta de sueño. ‖ **FAM.** insomne.

insondable adj. Que no se puede comprender: *un misterio insondable.* ‖ Que no se puede sondear o llegar al fondo.

insonorizar tr. Acondicionar un lugar, habitación, etc., para aislarlo acústicamente. ‖ **FAM.** insonorización.

insoportable adj. Intolerable, que no se puede soportar: *un dolor insoportable.*

inspeccionar tr. Examinar, reconocer atentamente una cosa: *inspeccionar un terreno.* ‖ **FAM.** inspección, inspector.

inspector, ra adj. Que inspecciona. También s. ‖ m. y f. Funcionario público o particular que tiene a su cargo la investigación y vigilancia en el ramo a que pertenece: *inspector de seguros.*

inspiración f. Impulso, estímulo creador: *su*

inspiración son los clásicos. ‖ Acción y efecto de inspirar: *hizo una inspiración profunda antes de sumergirse.*

inspirar tr. Atraer el aire exterior a los pulmones, aspirar. ‖ Sugerir ideas creadoras: *dice que beber le inspira.* También prnl. ‖ Suscitar un sentimiento: *inspirar pena.* ‖ prnl. Tomar algo como punto de partida para la creación: *para su novela se inspiró en un personaje histórico.* ‖ **FAM.** inspiración, inspiradamente, inspirado, inspirador, inspiratorio.

instalación f. Acción y efecto de instalar o instalarse. ‖ Conjunto de cosas instaladas: *instalación eléctrica.*

instalar tr. Poner o colocar algo en su lugar debido: *instaló la estatuilla encima de la chimenea.* También prnl. ‖ Colocar en un lugar o edificio los enseres y servicios que en él se hayan de utilizar, como los conductos de agua, aparatos para la luz, etc. ‖ prnl. Establecerse: *su familia se instaló en Madrid.* ‖ **FAM.** instalación, instalado, instalador.

instancia f. Solicitud. ‖ Apelación. ‖ Acción y efecto de instar: *lo hizo a instancias de su hermano.* ‖ **en última instancia** loc. adv. Como último recurso; en definitiva.

instantáneo, a adj. Que sólo dura un instante. ‖ **FAM.** instantáneamente, instantaneidad.

instante m. Porción brevísima de tiempo: *por un instante dudé de estar despierto.* ‖ Momento: *pasamos unos instantes de incertidumbre.* ‖ **FAM.** instantáneo.

instar tr. Insistir en una petición, rogar: *le instó a decidirse.* ‖ intr. Urgir la pronta ejecución de una cosa. ‖ **FAM.** instancia, instante.

instaurar tr. Establecer, fundar: *instaurar la república.* ‖ Restablecer. ‖ **FAM.** instauración, instaurador.

instigar tr. Incitar, inducir a uno a que haga una cosa: *instigar una rebelión.* ‖ **FAM.** instigación, instigador.

instintivo, va adj. Que es obra, efecto, resultado del instinto: *un rechazo instintivo.* ‖ **FAM.** instintivamente.

instinto m. Conjunto de pautas de conducta que se transmiten genéticamente, y que contribuyen a la conservación de la vida del individuo y de la especie. ‖ Tendencia o capacidad innata: *tiene instinto para los negocios.* ‖ **FAM.** instintivo.

institución f. Acción o efecto de instituir. ‖ Cosa instituida o fundada: *la institución de la monarquía.* ‖ Organismo que desempeña una función de interés público, especialmente educativa o benéfica: *una institución escolar.* ‖ Cada una de las organizaciones fundamentales de un Estado. ‖ **ser** uno **una institución** loc. Gozar de gran prestigio dentro de un grupo social. ‖ **FAM.** institucional, institucionalizar.

instituir tr. Fundar, establecer: *instituir una moda*. ♦ **Irreg.** Se conj. como *huir*. ‖ **FAM.** institución, instituidor, instituto, institutor, institutriz, instituyente.

instituto m. En España, centro oficial en el que se siguen los estudios de enseñanza media. ‖ Corporación científica, benéfica, cultural, etc. ‖ Organismo perteneciente a la administración de un Estado o nación: *Instituto Nacional de Industria*.

institutriz f. Maestra encargada de la educación o instrucción de uno o varios niños de una familia.

instrucción f. Acción y efecto de instruir o instruirse. ‖ Conjunto de conocimientos adquiridos por una persona: *recibió una sólida instrucción*. ‖ Conjunto de reglas, normas o disposiciones para algún fin. Más en pl.: *instrucciones de uso*. ‖ Conjunto de enseñanzas, prácticas, etc., para el adiestramiento del soldado.

instructivo, va adj. Educativo, informativo: *una experiencia instructiva*.

instruir tr. Enseñar. También prnl. ‖ Comunicar sistemáticamente ideas o conocimientos: *su abuelo le instruyó en sabiduría popular*. ‖ Formalizar un proceso o expediente conforme a determinadas reglas: *el juez que instruye la causa...* ♦ **Irreg.** Se conj. como *huir*. ‖ **FAM.** instrucción, instructivamente, instructivo, instructor, instruido.

instrumental adj. Relativo a los instrumentos, especialmente los musicales. ‖ Que sirve de instrumento o tiene función de tal: *causa instrumental*. ‖ m. Conjunto de instrumentos que se emplean en una actividad: *el instrumental quirúrgico*. ‖ **FAM.** instrumentalemente.

instrumentar tr. Escribir una composición musical para varios instrumentos y voces. ‖ Disponer, preparar: *instrumentar una rebelión*. ‖ **FAM.** instrumentación.

instrumento m. Aparato, máquina: *el microscopio es un instrumento de precisión*. ‖ Aquello de que nos servimos para hacer una cosa: *instrumentos de trabajo*. ‖ Conjunto de piezas dispuestas para producir sonidos musicales. ‖ **FAM.** instrumental, instrumentar, instrumentista.

insubordinar tr. Introducir la desobediencia: *su arenga insubordinó a las tropas*. ‖ prnl. Sublevarse, desobedecer una norma, disciplina, etc.: *los empleados se insubordinaron*. ‖ **FAM.** insubordinación, insubordinado.

insuficiencia f. Falta de suficiencia o de inteligencia. ‖ Escasez de una cosa. ‖ Incapacidad de un órgano para llevar a cabo sus funciones adecuadamente: *insuficiencia respiratoria*.

insuficiente adj. No suficiente, escaso: *estos fondos son insuficientes*. ‖ No apto: *su examen es insuficiente*. ‖ **FAM.** insuficiencia.

insuflar tr. Introducir en un órgano o en una cavidad un gas, un líquido o una sustancia en polvo. ‖ **FAM.** insuflación.

insufrible adj. Que no se puede sufrir o tolerar: *su grosería es insufrible*. ‖ **FAM.** insufriblemente.

ínsula f. Isla. ‖ Cualquier lugar pequeño o de poca importancia. ‖ **FAM.** insular, insularidad, insulina.

insular adj. De una isla. También s.

insulina f. Hormona segregada por el páncreas, que regula la cantidad de glucosa existente en la sangre.

insulso, sa adj. Insípido: *una cena insulsa*. ‖ Falto de gracia: *una conversación insulsa*. ‖ **FAM.** insulsamente, insulsez.

insultar tr. Ofender con palabras o acciones. También prnl. ‖ **FAM.** insultante, insulto.

insulto m. Ofensa, injuria.

insuperable adj. No superable.

insurgente adj. Sublevado, insurrecto. También com. ‖ **FAM.** insurrección.

insurrección f. Sublevación, rebelión. ‖ **FAM.** insurreccional, insurreccionar, insurrecto.

insurrecto, ta adj. Rebelde. También s.

insustancial adj. Que carece de sustancia: *un comentario insustancial*. ‖ Poco importante: *una objeción insustancial*. ‖ **FAM.** insustanciabilidad, insustancialmente.

intachable adj. Que no admite o merece censura: *su conducta es intachable*.

intacto, ta adj. Que no ha padecido alteración, menoscabo o deterioro: *el equipaje llegó intacto*.

intangible adj. Que no debe o no puede tocarse. ‖ **FAM.** intangibilidad.

integración f. Acción y efecto de integrar: *ha tenido problemas de integración en la escuela*. ‖ **FAM.** integracionista.

integral adj. Global, total: *es un cretino integral*. ‖ Se apl. a las partes que entran en la composición de un todo: *harina integral*. ‖ En mat., se apl. al signo (∫) con que se indica la integración. ‖ f. En mat., resultado de integrar una expresión diferencial. ‖ **FAM.** integralmente.

integrar tr. Completar un todo con las partes que le faltaban. ‖ Formar las partes un todo: *tres volúmenes integran la novela*. ‖ En mat., determinar por el cálculo una cantidad de la que sólo se conoce la expresión diferencial. | prnl. Unirse a un grupo para formar parte de él: *se ha integrado muy bien en el trabajo.* | **FAM.** integrable, integración, integrador, integrante.

integridad f. Calidad de íntegro. | Rectitud.

íntegro, gra adj. Se dice de aquello en que no falta ninguna de sus partes: *la vajilla está íntegra.* | Recto, intachable: *una conducta íntegra.* | **FAM.** integral, íntegramente, integrar, integridad, integrismo.

intelecto m. Entendimiento, inteligencia. | **FAM.** intelectivo, intelectual.

intelectual adj. Relativo al entendimiento: *formación intelectual.* | Se dice de la persona dedicada a trabajos que requieren el empleo preferente de la inteligencia. También com. | **FAM.** intelectualidad, intelectualizar, intelectualmente.

intelectualidad f. Conjunto de los intelectuales de un país, región, etc.

inteligencia f. Facultad de conocer, comprender y entender las cosas. | Habilidad, destreza y experiencia. | **inteligencia artificial** Conjunto de técnicas que, mediante el empleo de ordenadores, permite realizar operaciones similares a las de la inteligencia humana. | **FAM.** inteligente, inteligible.

inteligente adj. Dotado de inteligencia. | Que tiene gran capacidad intelectual. También com.: *es el más inteligente de la clase.*

inteligible adj. Que puede ser entendido. | **FAM.** inteligibilidad, inteligiblemente.

intemperancia f. Falta de templanza o moderación. | **FAM.** intemperante.

intemperie f. Desigualdad del tiempo atmosférico. | **a la intemperie** loc. adv. Al descubierto, sin techo.

intempestivo, va adj. Inoportuno: *una llamada intempestiva.* | **FAM.** intempestivamente.

intemporal adj. No temporal, independiente del curso del tiempo. | **FAM.** intemporalidad.

intención f. Propósito de hacer algo: *tiene la intención de donar sus órganos.* | Deseo, voluntad, determinación: *lo hizo con la intención de ayudar.* | En algunos animales, malos instintos. | **FAM.** intencionado, intencional.

intencionado, da adj. Que tiene alguna intención. Se usa principalmente con los advs. *bien, mal, mejor* y *peor.* | **FAM.** intencionadamente.

intencional adj. Perteneciente a la intención. | Deliberado. | **FAM.** intencionalidad, intencionalmente.

intendencia f. Cuerpo de oficiales y tropa destinado al abastecimiento de las fuerzas militares. | Dirección o administración de una cosa. | Cargo y oficina del intendente.

intendente m. En un Estado, jefe superior económico. | Jefe superior de los servicios de la administración militar. | **FAM.** intendencia.

intensidad f. Grado de energía o fuerza de un agente natural o mecánico, un sentimiento, etc.: *la intensidad del viento.* | Apasionamiento: *su música está llena de intensidad.* | **FAM.** intensificar, instensivo, intenso.

intensificar tr. Hacer que una cosa adquiera mayor intensidad de la que tenía. También prnl.: *se han intensificado las lluvias.* | **FAM.** intensificación, intensificador.

intensivo, va adj. Que intensifica: *va a un curso intensivo de inglés.* | **FAM.** intensivamente.

intenso, sa adj. Muy apasionado. | Muy fuerte, de gran intensidad. | **FAM.** intensamente.

intentar tr. Tener el propósito de hacer una cosa: *intenté llamarte.* | Iniciar la ejecución de la misma: *intentaba ordenar estos papeles.* | Procurar, pretender: *intenta superarse.* | **FAM.** intento, intentona.

intento m. Propósito, intención. | Acción y efecto de intentar: *un intento de robo.*

inter- Elemento compositivo que entra en la formación de algunas voces españolas con el significado de *entre* o *en medio: intermuscular*; o *entre varios: interdisciplinar.*

interacción f. Acción que se ejerce recíprocamente entre dos o más objetos, agentes, fuerzas, funciones, etc.

intercalar tr. Poner una cosa entre otras. | **FAM.** intercalación, intercaladura, intercalar.

intercambiar tr. Cambiar mutuamente. También prnl.: *se intercambiaban sellos.* | **FAM.** intercambiable, intercambio.

intercambio m. Acción y efecto de intercambiar. | Reciprocidad e igualdad de consideraciones y servicios entre corporaciones, organismos, etc., de diversos países o del mismo país: *intercambios culturales.*

interceder intr. Mediar por otro: *intercedió por su hermana.* | **FAM.** intercesión, intercesor.

interceptar tr. Apoderarse de una cosa antes de que llegue a su destino: *interceptar una carta.* | Interrumpir, obstruir: *un camión interceptaba el paso.* | **FAM.** intercepción, interceptación, interceptor.

intercomunicación f. Comunicación recíproca. | Comunicación telefónica entre las distintas dependencias de un edificio o recinto. ‖ **FAM.** intercomunicador.

intercostal adj. Que está entre las costillas.

interdental adj. Se dice de la consonante que se pronuncia colocando la punta de la lengua entre los bordes de los dientes incisivos, como la z. ‖ Se dice de la letra que representa este sonido. También f.

interdicto m. Entredicho. ‖ Juicio posesorio, sumario o sumarísimo. ‖ **FAM.** interdicción.

interdisciplinario, ria adj. Se dice de los estudios u otras actividades que se realizan mediante la cooperación de varias disciplinas. ‖ **FAM.** interdisciplinar, interdisciplinariedad.

interés m. Provecho, utilidad o valor que en sí tiene una persona o cosa: *este libro tiene mucho interés.* ‖ Inclinación hacia alguien o algo: *siente interés por la física.* ‖ Ganancia producida por el capital. También pl.: *el depósito le está dando buenos intereses.* ‖ Curiosidad: *lo que dijiste despertó su interés.* ‖ Cantidad que se paga sobre un préstamo: *han subido los tipos de interés.* ‖ Atención que se pone en algo: *le escuché sin mucho interés.* ‖ pl. Bienes que posee alguien: *no descuida sus intereses.* ‖ Necesidad de carácter colectivo. ‖ **FAM.** interesar.

interesado, da adj. y s. Que tiene interés en una cosa: *se le ve muy interesado por esa chica.* ‖ Que se deja llevar del interés o sólo se mueve por él. ‖ **FAM.** interesadamente.

interesante adj. Importante, atractivo: *es un chico muy interesante.* ‖ Que interesa: *una oferta interesante.*

interesar intr. Tener interés en una persona o cosa: *esta conferencia me interesa mucho.* ‖ tr. Inspirar interés o afecto a una persona: *creo que le has interesado al jefe.* ‖ Producir una cosa alteración o daño en un órgano del cuerpo: *la herida interesaba la zona lumbar.* ‖ Importar: *te interesa presentar esa solicitud cuanto antes.* ‖ prnl. Demostrar interés: *se interesó por la salud de tu padre.* ‖ **FAM.** interesado, interesante.

interfaz f. En electrónica, zona de comunicación o acción de un sistema sobre otro.

interfecto, ta adj. Se dice de la persona muerta violentamente. También s. ‖ m. y f. Persona de quien se habla: *el interfecto se declaró inocente.*

interferencia f. Acción recíproca de las ondas de luz que resulta aumento o disminución del movimiento ondulatorio. ‖ **FAM.** interferencial.

interferir tr. Cruzar, interponer algo en el camino de una cosa, o en una acción. Tam-

bién prnl.: *se interfirió en nuestros planes.* ‖ Causar interferencia: *han interferido la emisión.* También intr. ♦ **Irreg.** Se conj. como *sentir.* ‖ **FAM.** interferencia, interferente.

interfono m. Red y aparato telefónico utilizado para las comunicaciones internas entre despachos de un mismo edificio.

intergaláctico, ca adj. Perteneciente o relativo a los espacios existentes entre las galaxias.

interglaciar adj. Se dice del período comprendido entre dos glaciaciones.

ínterin m. Intervalo de tiempo. ‖ **en el ínterin** loc. adv. Mientras tanto: *en el ínterin nos tomaremos un cafetito.* ♦ pl. *ínterines.*

interino, na adj. y s. Que sirve por algún tiempo supliendo la falta de otra persona o cosa. ‖ **FAM.** interin, interinamente, interinidad.

interior adj. Que está en la parte de adentro: *patio interior.* ‖ Se dice de la vivienda o habitación que no tiene vistas a la calle. También m. ‖ Que sólo se siente en el alma: *paz interior.* ‖ Perteneciente al país del que se habla, en contraposición a lo extranjero: *política interior.* ‖ Del espíritu: *su mundo interior.* ‖ m. La parte de adentro de una cosa: *el interior del armario.* ‖ Parte central de un país, en oposición a las zonas costeras o fronterizas. ‖ En el fútbol y otros deportes, cada uno de los dos miembros de la delantera que, en la alineación del equipo, se sitúa entre el extremo de su lado y el delantero centro. ‖ amer. Todo lo que no es la capital o las ciudades principales de un país. ‖ **FAM.** interioridad, interiorismo, interiorizar, interiormente.

interjección f. Expresión exclamativa abreviada, que manifiesta alguna impresión súbita, como asombro, dolor, etc. ‖ **FAM.** interjectivo.

interlocutor, ra m. y f. Cada una de las personas que toman parte en un diálogo. ‖ **FAM.** interlocución.

interludio m. En mús., breve composición que se ejecuta a modo de intermedio en la música instrumental.

intermediar intr. Mediar una persona, interceder. ‖ **FAM.** intermediario.

intermediario, ria adj. y s. Que media entre dos o más personas, y especialmente entre el productor y el consumidor.

intermedio, dia adj. Que está en medio de los extremos de lugar, tiempo, etc. ‖ m. Espacio de tiempo durante el cual queda interrumpida la ejecución de un espectáculo. ‖ **FAM.** intermediar.

interminable adj. Que no tiene término o fin. ‖ Muy largo: *la espera fue interminable.*

intermitente adj. Que se interrumpe o cesa y prosigue o se repite: *un ruido intermitente*. ‖ m. Dispositivo del automóvil que enciende y apaga periódicamente una luz lateral para señalar un cambio de dirección en la marcha. ‖ FAM. intermitencia, intermitentemente.

internacional adj. Relativo a dos o más naciones. ‖ f. Organización de trabajadores de varios países. ‖ Himno de los socialistas y comunistas. ♦ En las dos últimas acepciones se escribe con mayúscula. ‖ FAM. internacionalidad, internacionalismo, internacionalización, internacionalizar.

internacionalismo m. Doctrina o actitud que antepone la consideración o estima de lo internacional a las de lo puramente nacional. ‖ FAM. internacionalista.

internado m. Establecimiento donde viven alumnos u otras personas internas. ‖ Estado y régimen del alumno interno. ‖ Conjunto de alumnos internos. ‖ Estado y régimen de personas que viven internas en establecimientos sanitarios o benéficos.

internar tr. Disponer el ingreso de una persona en un establecimiento, como hospital, clínica, prisión, etc. También prnl. ‖ Conducir tierra adentro a una persona o cosa. ‖ prnl. Penetrar una persona o cosa en el interior de un espacio: *nos internamos por los pasillos del ministerio*. ‖ Avanzar hacia adentro, por tierra o por mar: *se internó en el bosque*. ‖ FAM. internación, internado, internamiento.

internista adj. Se dice del médico que se dedica especialmente al estudio y tratamiento de enfermedades que afectan los órganos internos. También com.

interno, na adj. Se dice de lo que está u ocurre dentro: *hemorragia interna*. ‖ Se dice de la persona que reside en un internado. También s. ‖ Se dice del alumno de medicina o del médico que hace sus prácticas en un hospital. También s. ‖ FAM. internamente, internar, internista

interpelar tr. Requerir a alguien que dé explicaciones sobre un hecho: *la oposición interpelará al ministro*. ‖ FAM. interpelación, interpelante.

interpolar tr. Poner una cosa entre otras. ‖ Intercalar palabras o frases en el texto de obras o escritos ajenos. ‖ FAM. interpolación, interpolador.

interponer tr. Poner algo entre medio de dos o más personas o cosas. También prnl.: *se interpuso en la discusión*. ‖ Formalizar algún recurso legal. ♦ Irreg. se conjuga como *poner*. ‖ FAM. interposición, interpuesto.

interpretar tr. Explicar el sentido o significado de una cosa: *no has sabido interpretar*

mis palabras. ‖ Concebir, ordenar o expresar de un modo personal la realidad: *el barroco interpreta el mundo como teatro*. ‖ Traducir de una lengua a otra, sobre todo cuando se hace oralmente. ‖ Representar una obra teatral, cinematográfica, etc. ‖ Ejecutar una pieza musical, mediante canto o instrumentos. ‖ FAM. interpretable, interpretación, interpretador, interpretativamente, interpretativo, intérprete.

intérprete com. Persona que interpreta. ‖ Persona que traduce de una lengua a otra.

interregno m. Espacio de tiempo en que un estado no tiene soberano.

interrelación f. Correspondencia mutua entre personas, cosas o fenómenos.

interrogación f. Pregunta. ‖ Signo ortográfico (¿?) que se pone al principio y fin de una palabra o cláusula interrogativa.

interrogar tr. Preguntar: *están interrogando al sospechoso*. ‖ FAM. interrogación, interrogador, interrogante, interrogativo, interrogatorio.

interrogativo, va adj. Que implica o denota interrogación: *una mirada interrogativa*. ‖ FAM. interrogativamente.

interrogatorio m. Serie de preguntas. ‖ Acto de dirigirlas a quien ha de contestar.

interrumpir tr. Cortar la continuidad de una acción: *tuvo que interrumpir sus vacaciones para acudir junto a su padre*. También prnl. ‖ Impedir que otra persona continúe hablando: *un coro de abucheos interrumpió su discurso*. ‖ FAM. interrumpidamente, interrupción, interruptor.

interruptor m. Mecanismo destinado a abrir o cerrar un circuito eléctrico.

intersección f. En geom., punto común a dos líneas que se cortan. ‖ En geom., encuentro de dos líneas, dos superficies o dos sólidos que recíprocamente se cortan.

intersticio m. Hendidura o espacio que media entre dos cuerpos o entre dos partes de un mismo cuerpo. ‖ FAM. intersticial.

interurbano, na adj. Se dice de las relaciones y servicios de comunicación entre distintas poblaciones de una misma ciudad: *transporte interurbano*.

intervalo m. Espacio o distancia que hay de un tiempo a otro o de un lugar a otro. ‖ Conjunto de los valores que toma una magnitud entre dos límites dados: *intervalo de temperatura*.

intervención f. Acción y efecto de intervenir: *su intervención en el debate fue muy comentada*. ‖ Operación quirúrgica. ‖ FAM. intervencionismo, intervencionista.

intervencionismo m. En política internacional, tomar parte en los asuntos internos de otro país. ‖ Sistema que confía al Estado el dirigir los asuntos económicos.

intervenir intr. Tomar parte en un asunto: *no quiero que intervengas en esto.* ‖ Interceder o mediar por uno. ‖ Influir: *en su obra intervinieron varias tradiciones.* ‖ Interponer alguien su autoridad: *la policía tuvo que intervenir.* ‖ tr. Dirigir, limitar o suspender una autoridad el libre ejercicio de actividades o funciones. ‖ Controlar la comunicación privada: *han intervenido su teléfono.* ‖ Impedir a una persona, organismo, corporación, etc., el libre acceso a sus bienes. ‖ Hacer una operación quirúrgica. ♦ Irreg. Se conj. como *venir.* ‖ FAM. intervención, interventor.

interventor, ra adj. Que interviene. También s. ‖ m. y f. Empleado que autoriza y fiscaliza ciertas operaciones o actividades a fin de que se hagan con legalidad.

interviú f. Entrevista. ‖ FAM. interviuvar.

intervocálico, ca adj. Se dice de la consonante que se halla entre dos letras vocales.

intestino, na adj. Interior, interno: *una revuelta intestina.* ‖ m. Conducto membranoso situado a continuación del estómago, en el que se completa la digestión y se absorben las sustancias digeridas. ‖ FAM. intestinal.

intimar tr. Estrechar las relaciones con una persona: *hemos intimado mucho.* ‖ FAM. intimación, intimatorio.

intimidad f. Amistad íntima: *tienen mucha intimidad.* ‖ Cualidad de íntimo. ‖ Vida privada: *exigió que respetaran su intimidad.* ‖ pl. Pensamientos y sentimientos más profundos de una persona: *me contó sus intimidades.*

intimidar tr. Infundir miedo, asustar: *su mirada me intimida.* ‖ Coaccionar, amenazar a alguien para que haga algo: *el atracador les intimidó con una navaja.* ‖ FAM. intimidación, intimidante, intimidatorio.

íntimo, ma adj. Interior: *un secreto íntimo.* ‖ Perteneciente o relativo a la intimidad: *una cena íntima.* ‖ Se apl. a la amistad muy estrecha y a la persona con la que se mantiene esta amistad. ‖ FAM. íntimamente, intimar, intimidad, intimismo.

intitular tr. Poner título a un libro u otro escrito. ‖ Dar un título particular a una persona o cosa. También prnl.

intoxicación f. Envenenamiento.

intoxicar tr. Envenenar. También prnl.: *se intoxicó al comer algo en mal estado.* ‖ Manipular la información con el fin de crear un estado de opinión propicio a ciertos fines. ‖ FAM. intoxicación.

intra- prep. insep. que significa *interioridad: intravenoso.*

intradós m. En arq., superficie inferior visible de un arco o bóveda.

intrahistoria f. Vida tradicional de los pueblos que sirve de fondo permanente a la historia cambiante y visible.

intramuros adv. l. Dentro de una ciudad.

intranquilidad f. Inquietud, zozobra.

intranquilizar tr. Quitar la tranquilidad, inquietar, desasosegar. También prnl. ‖ FAM. intranquilizador, intranquilizante.

intranquilo, la adj. Impaciente, nervioso: *tuvo un sueño intranquilo.* ‖ FAM. intranquilidad, intranquilizar.

intransigente adj. Que no transige. ‖ FAM. intransigencia.

intransitivo, va adj. Se dice del verbo que se construye sin complemento directo. También m.

intrascendente adj. Que no es trascendente: *una charla intrascendente.* ‖ FAM. intrascendencia, intrascendental.

intratable adj. No tratable ni manejable; se apl. especialmente a la persona insociable o de carácter áspero: *hoy estás intratable.* ‖ FAM. intratabilidad.

intrauterino, na adj. Dentro del útero: *dispositivo intrauterino.*

intravenoso, sa adj. Se dice de lo que está o se pone dentro de una vena.

intrépido, da adj. Que no teme los peligros, valiente. ‖ FAM. intrépidamente, intrepidez.

intriga f. Acción y efecto de intrigar: *tengo intriga por saber el resultado.* ‖ Acción que se ejecuta con astucia y ocultamente, para conseguir un fin: *están tramando una intriga contra ti.* ‖ En una obra literaria, cinematográfica, teatral, etc., serie de acontecimientos que mantienen el interés del lector o espectador.

intrigar intr. Actuar con astucia y ocultamente para lograr algún fin. ‖ tr. Despertar curiosidad o interés una cosa: *me intriga su comportamiento.* ‖ FAM. intriga, intrigante.

intrincado, da adj. Enredado, complicado: *un asunto intrincado.* ‖ FAM. intrincación, intrincadamente, intrincamiento, intrincar.

intríngulis f. Dificultad que existe en alguna cosa. ♦ No varía en pl.

intrínseco, ca adj. Íntimo, esencial: *una característica intrínseca.*

introducción f. Acción y efecto de introducir o introducirse. ‖ Aquello que sirve de explicación a un asunto, estudio, etc. ‖ En mús., parte inicial, generalmente breve, de una obra instrumental o de cualquiera de sus tiempos.

introducir tr. Meter o hacer entrar una cosa en otra: *introducir la llave en la cerradura.* ‖

Hacer que alguien sea recibido o admitido en un lugar o grupo: *le introdujo en su círculo de amistades.* También prnl. ‖ Dar entrada a una persona en un lugar. También prnl. ‖ Hacer adoptar, poner en uso: *introducir una moda.* ‖ Ocasionar: *introducir el desorden.* ‖ prnl. Meterse en un sitio: *se introdujo en el coche.* ♦ **Irreg.** Se conj. como *conducir.* ‖ **FAM.** introducción, introductor, introductorio.

introito m. Principio de un escrito, oración, discurso, etc. ‖ Lo primero que dice el sacerdote en el altar al dar principio a la misa.

intromisión f. Acción y efecto de entrometer o entrometerse.

introspección f. Observación interna de los pensamientos, sentimientos o actos. ‖ **FAM.** introspectivo.

introvertido, da adj. y s. Se dice de la persona que exterioriza poco sus sentimientos. ‖ **FAM.** introversión.

intrusión f. Acción de introducirse sin derecho en una jurisdicción, cargo, propiedad, etc.

intrusismo m. Ejercicio de actividades profesionales por persona no autorizada legalmente para ello.

intruso, sa adj. Que se ha introducido sin derecho. También s. ‖ Que alterna en un ambiente que no le es propio. ‖ Que ocupa un puesto sin tener derecho a él. ‖ **FAM.** intrusión, intrusismo.

intuición f. Percepción clara e inmediata de una idea o situación, sin necesidad de razonamiento lógico.

intuir tr. Percibir clara e instantáneamente una idea o situación, sin necesidad de razonamiento lógico. ♦ **Irreg.** Se conj. como *huir.* ‖ **FAM.** intuición, intuicionismo, intuitivo.

inundación f. Acción y efecto de inundar o inundarse. ‖ Abundancia excesiva de una cosa, especialmente de agua u otro líquido.

inundar tr. Cubrir el agua un lugar. También prnl. ‖ Saturar, llenar con personas o cosas un lugar: *el público inundaba el estadio.* También prnl. ‖ **FAM.** inundación, inundado.

inusitado, da adj. No habitual, raro. ‖ **FAM.** inusitadamente.

inútil adj. Inservible, que no es útil para aquello que se expresa. También com.: *es un inútil para los números.* ‖ **FAM.** inutilidad, inutilizar, inútilmente.

inutilizar tr. Hacer inútil o nula una cosa: *has inutilizado el impreso.* ‖ **FAM.** inutilización.

invadir tr. Entrar por la fuerza en un lugar. ‖ Entrar injustificadamente en funciones ajenas: *no invadas mi terreno.* ‖ Ser dominado por el estado de ánimo que se expresa: *le in-*

vadió la desesperación. ‖ **FAM.** invasión, invasor.

invaginar tr. Doblar hacia dentro los bordes de la boca de un tubo o de una vejiga. También prnl. ‖ **FAM.** invaginación.

invalidar tr. Hacer inválida o nula una cosa: *invalidar un matrimonio.* ‖ **FAM.** invalidación.

inválido, da adj. Se dice de la persona que tiene alguna deficiencia física o mental. También s. ‖ Nulo por no cumplir las condiciones que exigen las leyes, normativas, etc. ‖ Que carece de solidez. ‖ **FAM.** invalidar, invalidez.

invariable adj. Que no cambia o varía. ‖ **FAM.** invariabilidad, invariablemente, invariado.

invasión f. Acción o efecto de invadir. ‖ Ocupación de un país por fuerzas militares extranjeras. ‖ Penetración de microorganismos causantes de enfermedades en un organismo.

invectiva f. Discurso o escrito violento contra personas o cosas.

invencible adj. Que no puede ser vencido. ‖ **FAM.** invenciblemente.

invención f. Acción y efecto de inventar. ‖ Engaño, ficción. ‖ Cosa inventada.

inventar tr. Hallar o descubrir una cosa nueva o no conocida: *este es el enésimo crecepelo que inventan.* ‖ Imaginar, crear: *este autor inventa unos personajes fascinantes.* ‖ **FAM.** invención, inventario, inventiva, invento, inventor.

inventariar tr. Hacer inventario.

inventario m. Relación de los bienes pertenecientes a una persona, comunidad, empresa, etc. ‖ **FAM.** inventariar.

inventiva f. Facultad y disposición para inventar. ‖ **FAM.** inventivo.

invento m. Cosa inventada. ‖ Acción y efecto de inventar.

invernáculo m. Invernadero para plantas.

invernadero m. Lugar preparado artificialmente para cultivar las plantas fuera de su ambiente y clima habituales.

invernal adj. Relativo al invierno.

invernar intr. Pasar el invierno en algún lugar. ♦ **Irreg.** Se conj. como *acertar.*

inverosímil adj. Que no tiene apariencia de verdad. ‖ **FAM.** inverosimilitud, inverosímilmente.

inversión f. Acción y efecto de invertir: *inversión de papeles.* ‖ Acción de destinar los bienes de capital a obtener algún beneficio. ‖ **FAM.** inversionista.

invertebrado, da adj. y s. Se dice de los animales que carecen de columna vertebral. ‖

m. pl. En la antigua clasificación zoológica, tipo de estos animales.

invertir tr. Alterar el orden de las cosas. También prnl. | Hablando de bienes de capital, emplearlos, gastarlos, o colocarlos en aplicaciones productivas. También intr. y prnl. | Hablando del tiempo, ‥ emplearlo de una u otra manera: *invirtió mucho tiempo en su tesis.* También prnl. ◆ **Irreg.** Se conj. como *sentir.* | **FAM.** inversión, inverso, inversor, invertido.

investidura f. Carácter que se adquiere con la toma de posesión de ciertos cargos. | Acción y efecto de investir.

investigación f. Acción y efecto de investigar. | Indagación, búsqueda.

investigar tr. e intr. Estudiar a fondo una determinada materia. | Hacer indagaciones para descubrir algo que se desconoce: *la policía sigue investigando.* | **FAM.** investigable, investigación, investigador.

investir tr. Conferir una dignidad o cargo importante. Se construye con las prep. *con* o *de.* ◆ **Irreg.** Se conj. como *pedir.* | **FAM.** investidura.

inviable adj. Se dice de lo que no tiene posibilidades de llevarse a cabo: *un proyecto inviable.* ◆ **FAM.** inviabilidad.

invicto, ta adj. Que nunca ha sido vencido: *un equipo invicto.*

invidente adj. y com. Que no ve, ciego. ◆ **FAM.** invidencia.

invierno m. Una de las cuatro estaciones del año, la más fría, que en el hemisferio norte comienza el 21 de diciembre y termina el 21 de marzo. ◆ **FAM.** invernáculo, invernada, invernadero, invernal, invernar, invernizo.

inviolable adj. Que no se debe o no se puede violar o profanar: *un secreto inviolable.* ◆ **FAM.** inviolabilidad, inviolablemente.

invisible adj. Que no puede ser visto. ◆ **FAM.** invisibilidad.

invitación f. Acción y efecto de invitar. | Escrito o tarjeta con que se invita: *ya enviamos las invitaciones para la boda.*

invitado, da m. y f. Persona que ha recibido invitación.

invitar tr. Avisar a alguien para que asista a una celebración, espectáculo, reunión, cena, etc.: *nos han invitado a la inauguración.* | Incitar, estimular a uno a algo: *le invitaron a hablar.* | Convidar, obsequiar a alguien con algo: *te invito a una caña.* ◆ **FAM.** invitación, invitado, invitador, invitante.

in vitro loc. adv. lat. que se utiliza para designar los experimentos e investigaciones médicas que se hacen en un laboratorio, fuera del organismo: *fecundación in vitro.*

invocar tr. Pedir la ayuda de alguien, espe-

cialmente de Dios o de algún santo. | Acogerse a una ley o costumbre, exponerla, alegarla: *invocó el derecho de asilo.* | Nombrar a una persona o cosa en favor de uno: *invocó sus años de amistad para conseguir su apoyo.* ◆ **FAM.** invocación, invocador, invocatorio.

involución f. Acción y efecto de involucionar. | Detención y retroceso de una evolución biológica, política, cultural, económica, etc. ◆ **FAM.** involucionar, involucionismo, involutivo.

involucrar tr. Complicar a alguien en un asunto: *aquellas cartas le involucraban.* También prnl. | Mezclar en los discursos o escritos cuestiones ajenas al asunto principal. ◆ **FAM.** involucro.

involuntario, ria adj. No voluntario; se apl. también a los movimientos físicos o mentales que suceden independientemente de la voluntad. ◆ **FAM.** involuntariamente, involuntariedad.

invulnerable adj. Que no puede ser herido. ◆ **FAM.** invulnerabilidad.

inyección f. Acción y efecto de inyectar. | Sustancia inyectada.

inyectar tr. Introducir a presión un gas o un líquido en el interior de un cuerpo o de una cavidad. ◆ **FAM.** inyección, inyectable, inyectado, inyector.

ion m. Átomo o grupo de átomos que, por pérdida o ganancia de uno o más electrones, ha adquirido una carga eléctrica. ◆ **FAM.** iónico, inonización, ionizante, ionizar, ionosfera.

ionosfera f. Conjunto de capas de la atmósfera que están entre 70 y 600 km de altura. ◆ **FAM.** ionosférico.

iota f. Novena letra del alfabeto griego, que corresponde a nuestra i. La mayúscula se escribe I y la minúscula ι.

ípsilon f. Vigésima letra del alfabeto griego; se pronuncia como la *u* francesa, y se transcribe como *y.* La mayúscula se escribe z y la minúscula υ.

ipso facto loc. lat. Inmediatamente, en el acto; por el mismo hecho.

ir intr. Moverse de un lugar hacia otro. También prnl.: *ir corriendo.* | Dirigirse hacia, llevar a, conducir: *este tren va a París.* | Asistir, concurrir: *fui al estreno.* | Con los gerundios de algunos verbos, denota la acción de ellos y da a entender la actual ejecución de lo que dichos verbos significan: *vamos avanzando*; o que la acción empieza a verificarse: *va anocheciendo.* | Acomodarse o no una cosa con otra: *esa chaqueta no va con los vaqueros.* | Extenderse, ocupar: *el tapiz va de pared a pared.* | Obrar, proceder: *fue muy sereno al exa-*

men. ‖ Estar, ser: *vas el tercero de la lista.* ‖ **ir a** + inf. Disponerse para la acción expresada por el inf.: *¿vais a salir?*; *vamos a cenar.* ‖ **ir a** + s. Concurrir habitualmente: *va a clase de inglés.* ‖ **ir con** + s. Tener o llevar lo que el nombre significa: *ir con cuidado.* ‖ **ir contra** Perseguir, y también sentir o pensar lo contrario de lo que significa el nombre a que se aplica: *ir contra la corriente.* ‖ **ir en** Importar, interesar: *no voy en eso.* ‖ Repercutir: *eso va en contra tuya.* ‖ **ir por** Dedicar algo a alguien: *esta copa va por ti.* ‖ prnl. Morirse o estarse muriendo: *se fue de un ataque al corazón.* ‖ Marcharse: *nos vamos, que ya es tarde.* ‖ Salirse un líquido o gas del vaso o cosa en donde está. Se usa también hablando del mismo vaso o cosa que lo contiene: *esta jarra se va por un lado.* ‖ Deslizarse, perder el equilibrio: *se me fue el pie y me caí.* ‖ Gastarse, consumirse o perderse una cosa: *se le va el dinero en tonterías.* ‖ Escaparse: *el ladrón se les fue de entre las manos.* ‖ **el no va más** loc. Lo más que puede existir, o imaginarse o desearse: *este coche es el no va más.* ‖ **ir adelante** loc. No detenerse; proseguir en lo que se va diciendo o tratando. ‖ **irle una cosa a una persona** loc. Sentarle bien, convenirle, cuadrarle: *ese corte de pelo te va muy bien.* ‖ **ir para largo** loc. que denota que algo tardará mucho en llevarse a cabo: *la reunión va para largo.* ‖ **ir tirando** loc. Sobrellevar las adversidades. ‖ **¡vamos!** interj. que se usa para animar u ordenar: *¡vamos, que no es para tanto!* ‖ **¡vaya!** interj. que denota admiración, asombro o molestia: *¡vaya frío que hace!* ‖ **FAM.** ida, ido. ♦ **Irreg.** Conjugación modelo:

Indicativo
Pres.: *voy, vas, va, vamos, vais, van.*
Imperf.: *iba, ibas,* etc.
Pret. indef.: *fui, fuiste, fue, fuimos, fuisteis, fueron.*
Fut. imperf.: *iré, irás,* etc.

Potencial: *iría, irías,* etc.

Subjuntivo
Pres.: *vaya, vayas,,* etc.
Imperf.: *fuera, fueras,* etc., o *fuese, fueses,* etc.
Fut. imperf.: *fuere, fueres,* etc.

Imperativo: *ve, id.*

Participio: *ido.*

Gerundio: *yendo.*

---

ira f. Enfado muy violento: *le golpeó en un ataque de ira.* ‖ Deseo de venganza: *temo que su ira nos cierre muchas puertas.* ‖ Furia o violen-

cia de los elementos: *los árboles se plegaban ante la ira del viento.* ‖ pl. Repetición de actos de enfado o venganza. ‖ **FAM.** iracundo, irascible.

iracundo, da adj. Propenso a la ira, colérico. También s. ‖ **FAM.** iracundia.

irascible adj. Propenso a irritarse o enfadarse: *desde que es a a régimen se ha vuelto muy irascible.* ‖ FAM. irascibilidad.

iridio m. Elemento químico metálico, de color amarillento, quebradizo, muy difícilmente fusible y algo más pesado que el oro. Su símbolo es *Ir.*

iris m. Arco de colores que a veces se forma en las nubes cuando el sol refracta y refleja su luz en la lluvia. Se le conoce comúnmente como *arco iris.* ‖ Disco membranoso del ojo en cuyo centro está la pupila. ‖ **FAM.** iridio, iridiscente, irisar.

ironía f. En lit., figura retórica que consiste en dar a entender lo contrario de lo que se dice. ‖ Burla sutil y disimulada: *creo que no captó la ironía.* ‖ **FAM.** irónicamente, irónico, ironista.

irónico, ca adj. Relativo a la ironía.

irracional adj. Que carece de la facultad de razonar. ‖ Opuesto a la razón o que va fuera de ella: *una decisión irracional.* ‖ En mat., se apl. a las raíces o cantidades radicales que no pueden expresarse exactamente con números enteros ni fraccionarios. ‖ **FAM.** irracionalidad, irracionalismo, irracionalista, irracionalmente.

irradiar tr. Despedir un cuerpo rayos de luz, calor u otra energía en todas direcciones. ‖ Someter un cuerpo a la acción de ciertos rayos. ‖ Difundir, transmitir: *irradiar entusiasmo.* ‖ FAM. irradiación, irradiador.

irreal adj. Que no es real, fantástico, imaginado. ‖ **FAM.** irrealidad.

irreconciliable adj. Se apl. a la persona o cosa que no quiere o no puede reconciliarse con otra: *sus puntos de vista son irreconciliables.*

irrecuperable adj. Que no se puede recuperar.

irredento, ta adj. Que permanece sin redimir.

irreducible o **irreductible** adj. Que no se puede reducir. ‖ **FAM.** irreductibilidad, irreductiblemente.

irregular adj. Que está fuera de regla o norma; contrario a ellas: *verbo irregular.* ‖ Que no sucede común y ordinariamente: *su retraso es muy irregular.* ‖ Que no es simétrico, que tiene defectos: *una superficie irregular.* ‖ En geom., se dice del polígono y del poliedro que no son regulares. ‖ **FAM.** irregularidad, irregularmente.

irrelevante adj. Que carece de importancia o significación. ‖ **FAM.** irrelevancia.

irremediable adj. Que no se puede remediar o evitar. ‖ **FAM.** irremediablemente.

irrenunciable adj. Que no se puede renunciar.

irreparable adj. Que no se puede reparar. ‖ **FAM.** irreparablemente.

irresistible adj. Que no se puede resistir o tolerar: *un dolor irresistible*. ‖ De gran atractivo: *le hicieron una oferta irresistible*. ‖ **FAM.** irresistiblemente.

irrespetuoso, sa adj. No respetuoso, grosero. También s. ‖ **FAM.** irrespetuosamente, irrespetuosidad.

irrespirable adj. Que no puede respirarse. ‖ Que difícilmente puede respirarse.

irresponsable adj. y com. Persona a quien no se puede exigir responsabilidad. ‖ Insensato. ‖ Se dice de la persona que actúa sin importarle las consecuencias. ‖ Se dice del acto o situación resultante de una falta de previsión. ‖ **FAM.** irresponsabilidad, irresponsablemente.

irreverente adj. Contrario a la reverencia o respeto debido. También com. ‖ **FAM.** irreverencia, irreverentemente.

irreversible adj. Que no es reversible. ‖ **FAM.** irreversibilidad.

irrevocable adj. Que no se puede revocar. ‖ **FAM.** irrevocabilidad, irrevocablemente.

irrigar tr. Rociar con un líquido alguna parte del cuerpo. ‖ Regar una superficie. ‖ **FAM.** irrigación, irrigador.

irrisorio, ria adj. Ridículo: *quítate ese sombrero irrisorio*. ‖ Insignificante: *le costó un precio irrisorio*. ‖ **FAM.** irrisible, irrisión, irrisoriamente.

irritación f. Acción y efecto de irritar o irritarse. ‖ Inflamación ligera en una parte del cuerpo.

irritar tr. Provocar ira, enfadar. También prnl.: *se irritó mucho cuando te negaste a secundarle*. ‖ Causar inflamación o molestia en alguna parte del cuerpo: *el sol te ha irritado la piel*. También prnl. ‖ Excitar los sentimientos, pasiones, etc. También prnl. ‖ **FAM.** irritable, irritación, irritador, irritante.

irrompible adj. Que no se puede romper.

irrumpir intr. Entrar violentamente en un lugar: *la policía irrumpió en el local*. ‖ **FAM.** irrupción.

isa f. Canto y baile típicos de las islas Canarias.

isabelino, na adj. Perteneciente o relativo a cualquiera de las reinas que llevaron el nombre de Isabel en España o Inglaterra. ‖ Se dice de los partidarios de Isabel II en España. También adj. ‖ Se dice de ciertas manifestaciones artísticas de los reinados de Isabel I o II de España, y de Isabel I de Inglaterra. También m.

isba f. Vivienda rural de madera, propia de algunos países del norte de Europa, y especialmente de Rusia.

isidro, dra m. y f. En Madrid, aldeano forastero e incauto, especialmente el que acude a la capital con motivo de las fiestas de San Isidro.

isla f. Porción de tierra rodeada de agua por todas partes. ‖ **FAM.** islario, isleño, isleta, islote.

islam m. Conjunto de dogmas y preceptos de la religión musulmana. ‖ Conjunto de países de religión musulmana. ‖ Comunidad de musulmanes. ‖ **FAM.** islámico, islamismo, islamita, islamizar.

islamismo m. Conjunto de dogmas y preceptos morales que constituyen la religión musulmana.

isleño, ña adj. Natural de una isla. También s.

isleta f. Espacio delimitado en medio de una calzada que sirve de refugio a los peatones.

islote m. Isla pequeña y deshabitada. ‖ Peñasco grande, rodeado de mar.

-ismo Elemento compositivo que entra pospuesto en la formación de algunas palabras españolas con el significado de *doctrina, sistema, modo* o *partido*: *platonismo, capitalismo, vanguardismo*.

iso- Elemento compositivo que entra en la formación de algunas voces españolas con el significado de *igual* o denotando *uniformidad* o *semejanza*: *isomorfismo*.

isoglosa adj. Se dice de la línea imaginaria que en un atlas lingüístico pasa por todos los puntos en que se manifiesta un mismo fenómeno. También f.

isómero, ra adj. Se apl. a los cuerpos que con igual composición química tienen distintas propiedades físicas. ‖ **FAM.** isomería.

isomorfo, fa adj. Que tiene la misma forma; se apl. a los cuerpos de diferente composición química e igual forma cristalina, y que pueden cristalizar asociados; como el espato de Islandia y la giobertita, que forman la dolomía. ‖ **FAM.** isomorfismo.

isósceles adj. Se dice del triángulo que tiene dos lados iguales. ♦ No varía en pl.

isotermo, ma adj. De igual temperatura, o de temperatura constante. ‖ **FAM.** isotérmico.

isótopo m. Se dice de los elementos químicos que tienen el mismo número atómico, cualquiera que sea su masa atómica. ‖ **FAM.** isotópico.

isquemia f. Disminución transitoria o permanente del riego sanguíneo de una parte del cuerpo.

israelí adj. y s. Del Estado de Israel. ‖ **FAM.** israelita.

israelita adj. y com. Hebreo, judío. ‖ Del antiguo reino de Israel.

istmo m. Franja de tierra que une dos continentes o una península con un continente. ‖ **FAM.** istmeño, ístmico.

itálico, ca adj. Perteneciente a Italia, en particular a la antigua Italia. ‖ Natural de Itálica, antigua ciudad romana en la actual Sevilla. ‖ Se dice de la letra de imprenta inclinada, también conocida como *cursiva*.

ítem adv. lat. que se usa para hacer distinción de artículos o capítulos en una escritura u otro instrumento, y también por señal de adición. ‖ m. Cada uno de dichos artículos o capítulos. ♦ pl. *ítems*.

iterativo, va adj. Que se repite. ‖ **FAM.** iteración, iterar.

itinerante adj. Ambulante, que va de un lugar a otro: *una exposición itinerante.*

itinerario m. Descripción de una ruta, camino o recorrido. ‖ **FAM.** itinerante.

izar tr. Hacer subir algo tirando de la cuerda de que está colgado: *izar una bandera.* ‖ **FAM.** izado, izamiento.

izquierdo, da adj. Se dice de lo que está en la mitad longitudinal del cuerpo humano que aloja la mayor parte del corazón: *brazo izquierdo.* ‖ Se dice de todo aquello que está de ese mismo lado: *el zapato izquierdo.* ‖ f. Mano o pierna del lado izquierdo. ‖ Lo que está de ese lado: *es la tercera calle a la izquierda.* ‖ Colectividad política partidaria del cambio en las estructuras sociales y económicas, y opuesta a las fuerzas conservadoras o *derecha.* ‖ **FAM.** izquierdista, izquierdoso.

J

j f. Décima letra del abecedario español y séptima de sus consonantes. Su nombre es *jota*, y representa un sonido de articulación velar, sorda y fricativa.

¡ja, ja! interj. que expresa risa.

jaba f. *amer.* Especie de cesta en que se transporta loza.

jabalí m. Mamífero artiodáctilo, que es una variedad salvaje del cerdo; tiene la cabeza aguda, el morro prolongado, el pelaje muy tupido, fuerte, de color gris uniforme, y los colmillos grandes y salientes de la boca. ♦ pl. *jabalíes.* ‖ **FAM.** jabato.

jabalina f. Arma arrojadiza que se usaba en la caza mayor. ‖ Especie de vara que se emplea en competiciones atléticas: *lanzamiento de jabalina.* ‖ Hembra del jabalí.

jabardo m. Enjambre pequeño. ‖ Gentío. ‖ **FAM.** jabardillo.

jabato, ta m. y f. Cachorro del jabalí. ‖ adj. Valiente, atrevido. También s.

jábega f. Red de pescar de la que se tira desde tierra por medio de cabos muy largos.

jabón m. Producto que resulta de la combinación de un álcali con ciertos aceites y sirve para lavar la ropa, la piel, etc. ‖ Pastilla hecha de esta manera. ‖ **FAM.** jabonar, jaboncillo, jabonería, jabonero, jabonoso.

jabonar tr. Enjabonar. ‖ **FAM.** jabonada, jabonado, jabonador, jabonadura.

jaboncillo m. Árbol americano, de 6 a 8 m de altura, de copa frondosa, que produce un fruto carnoso parecido a una cereza, pero amargo, del que se extrae la saponina.

jabonero, ra adj. Perteneciente o relativo al jabón. ‖ m. y f. Persona que fabrica o vende jabón. ‖ f. Recipiente para depositar o guardar el jabón de tocador.

jaca f. Caballo de poca alzada. ‖ Yegua. ‖ **FAM.** jaco.

jácara f. Romance alegre, escrito con la jerga de los rufianes y pícaros, y en el que se narran hechos de la vida de estos personajes. ‖ **FAM.** jacarandoso, jacarero.

jacarandoso, sa adj. Alegre, desenvuelto.

jácena f. En arq., viga maestra.

jacinto m. Planta anual, de origen asiático, de la familia de las liliáceas, con hojas acanaladas, flores olorosas de varios colores, en espigas, y fruto capsular con tres divisiones. ‖ Flor de esta planta.

jaco m. Caballo pequeño y escuálido.

jacobeo, a adj. Perteneciente o relativo al apóstol Santiago.

jactancia f. Arrogancia, presunción, orgullo excesivo. ‖ **FAM.** jactanciosamente, jactancioso.

jactarse prnl. Alabarse excesiva y presuntuosamente: *se jacta de su habilidad en los negocios.* ‖ **FAM.** jactancia, jactancioso.

jaculatoria f. Oración muy breve y fervorosa.

jade m. Silicato de magnesia y cal, que suele hallarse formando nódulos entre las rocas cristalinas; de color verdoso con manchas rojizas, se emplea en joyería como piedra semipreciosa.

jadear intr. Respirar con dificultad por efecto del cansancio, de algún ejercicio impetuoso, etc. ‖ **FAM.** jadeante, jadeo.

jaez m. Cualquier adorno que se pone a las caballerías. Más en pl. ‖ Cualidad de una cosa o persona: *son dos productos del mismo jaez.*

jaguar m. Mamífero carnívoro americano, de la familia de los félidos, de piel, por lo general, amarillenta con anillos negros. Habita en algunas zonas de América del Norte, y en toda América del Sur. ‖ **FAM.** yaguar.

jagüey m. *amer.* Balsa, pozo o zanja llena de agua, ya artificialmente, ya por filtraciones naturales del terreno.

jaiba f. *amer.* Nombre que se da a ciertos crustáceos decápodos, como los cangrejos de río y cangrejos de mar.

jalar tr. Tirar de una cuerda. ‖ Comer con mucho apetito: *jaló todo el plato.* ‖ intr. Correr o andar muy deprisa: *vete jalando, que llegas tarde.* ‖ **FAM.** jalufa.

jalea f. Conserva de frutas, de aspecto transparente y consistencia gelatinosa. ‖ Medicamento azucarado, de consistencia gelatinosa, y que tiene por base una materia vegetal o animal.

jalear tr. Animar con palmadas, ademanes y expresiones a los que bailan, cantan, etc. También prnl. ‖ Animar a los perros a voces para que sigan a la caza. ‖ **FAM.** jaleador, jaleo.

jaleo m. Diversión bulliciosa, alboroto, tumulto: *¡vaya jaleo que están montando los de arriba!* ‖ Cierto baile popular andaluz. ‖ Acción y efecto de jalear.

jalifa f. Autoridad suprema de la antigua zona del protectorado español en Marruecos, que ejercía las funciones de sultán.

jalón m. Vara que se clava en la tierra para determinar puntos fijos. ‖ Hito, hecho importante o punto de referencia: *esta novela ha sido un jalón en la narrativa de posguerra.* ‖ **FAM.** jalonar.

jalonar tr. Señalar o marcar con jalones. ‖ Marcar etapas o situaciones en un determinado proceso o evolución: *los éxitos han jalonado su carrera.* ‖ **FAM.** jalonamiento.

jamar tr. Tomar alimento, comer. También prnl.: *se jamó toda la bandeja él solo.* ‖ **FAM.** jamancia.

jamás adv. t. Nunca: *jamás llegó a saberlo.*

jamba f. Cualquiera de las dos piezas que, puestas verticalmente en los dos lados de las puertas o ventanas, sostienen el dintel o el arco de ellas.

jamelgo m. Caballo flaco y de mal aspecto.

jamón m. Pierna del cerdo curada, y su carne. ‖ Parte superior de los brazos o piernas de una persona, especialmente cuando es gruesa. ‖ **FAM.** jamona.

jamona adj. Se apl. a la mujer adulta, especialmente cuando es gruesa. También f.

japuta f. Pez teleósteo, de color plomizo, escamas regulares y romboidales, cola en forma de media luna, y aleta pectoral muy larga. Vive en el Mediterráneo y es comestible apreciado. Se le conoce también como *palometa*.

jaque m. Jugada del ajedrez en que se amenaza directamente al rey o a la reina del contrario. ‖ **jaque mate** Lance que pone término al juego de ajedrez. ‖ **tener en jaque** a uno loc. Amenazarle o inquietarle. ‖ **FAM.** jaquear.

jaqueca f. Dolor de cabeza que ataca solamente en un lado o en una parte de ella. ‖ **FAM.** jaquecoso.

jara f. Arbusto mediterráneo, de ramas de color pardo, hojas viscosas, opuestas y estrechas, flores pedunculadas, de corola blanca, y fruto capsular. ‖ **FAM.** jaral.

jarabe m. Bebida que se hace cociendo azúcar en agua hasta que se espese, y añadiendo zumos refrescantes o sustancias medicinales. ‖ Cualquier bebida excesivamente dulce.

jaramago m. Planta herbácea de la familia de las crucíferas, de hojas ásperas y partidas en lóbulos, flores amarillas en espigas terminales, y fruto en vainas delgadas, casi cilíndricas.

jarana f. Diversión, juerga: *nos vamos de jarana.* ‖ Trampa, engaño. ‖ *amer.* Baile en el que participan familiares o personas de confianza. ‖ **FAM.** jaranear, jaranero.

jarcha f. Estrofa final que formaba el estribillo en algunos romances mozárabes, considerada la muestra más antigua de la lírica castellana.

jarcia f. Aparejos y cabos de un buque. Más en pl. ‖ Conjunto de instrumentos y redes para pescar.

jardín m. Terreno en donde se cultivan plantas, predominantemente ornamentales. ‖ **jardín de infancia** Colegio para niños de 2 a 4 años. ‖ **FAM.** jardinería, jardinero.

jardinería f. Arte y técnica de cultivar los jardines.

jardinero, ra m. y f. Persona que cuida y cultiva un jardín. ‖ f. Mueble dispuesto para poner plantas directamente en la tierra o en macetas.

jareta f. Dobladillo que se hace en la ropa para introducir una cinta, un cordón, una goma, etc., y sirve para fruncir la tela. ‖ Por ext., dobladillo cosido con un pespunte que se hace en la ropa como adorno. ‖ **FAM.** jaretón.

jarra f. Vasija con cuello y boca anchos y una o más asas. ‖ Líquido que contiene esta vasija: *una jarra de vino.* ‖ **FAM.** jarrear, jarrero, jarro.

jarrear intr. impers. Llover mucho.

jarro m. Vasija a manera de jarra y con una sola asa. ‖ Cantidad de líquido que cabe en ella. ‖ **FAM.** jarrón.

jarrón m. Vasija grande, generalmente de porcelana y sin asas que se utiliza como adorno.

jaspe m. Piedra silícea de grano fino, textura homogénea, opaca y de colores variados, generalmente veteado, que se emplea en ornamentación. ‖ **FAM.** jaspeado.

jaspeado, da adj. Veteado o salpicado de pintas como el jaspe. ‖ **FAM.** jaspear.

jauja f. Nombre con el que se designa un lugar o situación ideales: *este trabajo es jauja.*

jaula f. Caja hecha con listones de madera, alambre, barrotes de hierro, etc., y dispuesta para encerrar o trasladar animales. ‖ Embalaje de madera formado con tablas o listones colocados a cierta distancia unos de otros.

jauría f. Conjunto de perros de una cacería.

jazmín m. Arbusto de la familia de las oleáceas, con tallos delgados y flexibles, hojas alternas y compuestas, flores pedunculadas, blancas, olorosas, y fruto en baya negra y esférica. ‖ Flor de este arbusto.

jazz (voz i.) m. Género musical derivado de ritmos y melodías de los negros estadounidenses.

jeep (voz i.) m. Automóvil de gran potencia, ideado para adaptarse a todo tipo de terrenos.

jefatura f. Cargo o dignidad de jefe: *ostenta la jefatura del partido*. ‖ Oficina, edificio o lugar en donde están instaladas algunas instituciones oficiales: *jefatura de tráfico*.

jefe, fa m. y f. Persona que manda o dirige a otras: *el jefe de un departamento*. ‖ Cabeza o presidente de un partido, corporación, organismo, etc.: *el jefe de la oposición*. ‖ En el ejército y en la marina, categoría superior a la de capitán. ‖ Tratamiento informal que se da a una persona: *¿cuándo nos vemos, jefe?* ‖ FAM. jefatura, jefazo.

jején m. Insecto díptero, más pequeño que el mosquito y de picadura más irritante. Abunda en las playas del mar de las Antillas y en otras regiones de América.

jengibre m. Planta de origen asiático, con hojas radicales y lanceoladas, flores en espiga, fruto capsular bastante pulposo, y rizoma aromático. ‖ Rizoma de esta planta.

jeque m. Jefe de un territorio, comunidad, etc., de musulmanes.

jerarquía f. Orden o grados de importancia entre diversas personas o cosas: *la jerarquía eclesiástica*. ‖ Jerarca, persona que ocupa un alto cargo: *esta orden procede de la más alta jerarquía de la empresa*. ‖ Cada uno de los niveles dentro de una organización. ‖ FAM. jerarca, jerárquicamente, jerárquico, jerarquizar.

jerez m. Vino blanco fino, elaborado sobre todo en los términos municipales de Jerez de la Frontera.

jeremías com. Persona que continuamente se está lamentando. ♦ No varía en pl. ‖ FAM. jeremiaco, jeremiada.

jerga f. Lenguaje especial de una profesión o clase social: *la jerga médica, la jerga estudiantil*. ‖ Lenguaje difícil de entender. ‖ FAM. jergal.

jergón m. Colchón de paja, esparto o hierba.

jerigonza f. Lenguaje especial de algunos gremios, jerga. ‖ Lenguaje complicado y difícil de entender.

jeringa f. Instrumento que sirve para aspirar o impeler ciertos líquidos o materias blandas. ‖ Molestia, fastidio: *la reunión de mañana pro-mete ser una buena jeringa*. ‖ FAM. jeringuilla, jeringar.

jeringar tr. Molestar, fastidiar. También prnl.: *no tuvo más remedio que jeringarse y acudir*. ‖ FAM. jeringador.

jeringuilla f. Jeringa para inyecciones.

jeroglífico, ca adj. Escritura con figuras o símbolos. ‖ m. Cada una de estas figuras. ‖ Conjunto de signos y figuras con que se expresa una frase, ordinariamente por pasatiempo o juego de ingenio. ‖ Por ext., escritura, texto, etc., difíciles de entender o interpretar.

jerónimo, ma adj. Se dice del religioso de la Orden de San Jerónimo. También s. ‖ Perteneciente a esta orden.

jersey m. Prenda de vestir, generalmente de lana, que cubre desde los hombros hasta la cintura. ♦ pl. *jerséis*.

jesuita adj. Religioso de la Compañía de Jesús. ‖ FAM. jesuítico.

jet (voz i.) m. Reactor o avión de reacción. ‖ **jet set** Grupo de personas famosas de la alta sociedad.

jeta f. Cara humana. ‖ Boca saliente por su configuración o por tener los labios muy abultados. ‖ Desfachatez, descaro. ‖ Hocico del cerdo. ‖ adj. Desvergonzado, cínico. También m.: *es un jeta*. ‖ FAM. jetudo.

ji f. Vigésima segunda letra del alfabeto griego. En el latín se representa con *ch*, y en los idiomas neolatinos con estas mismas letras, o solo con *c* o *qu*, como en español, según su ortografía moderna.

jíbaro, ra adj. Se dice del individuo de una tribu indígena del Alto Amazonas. También s. ‖ Perteneciente o relativo a esta tribu. ‖ m. Lengua hablada por estos indígenas. ‖ adj. y s. *amer*. Campesino.

jibia f. Molusco cefalópodo dibranquial, decápodo, de cuerpo oval de unos 30 cm de largo, y una concha calcárea; abunda en los mares templados. ‖ Concha de este molusco. ‖ FAM. jibión.

jícara f. Taza pequeña que generalmente se emplea para tomar chocolate.

jiennense o **jienense** adj. y com. De Jaén (España).

jijona m. Turrón blando procedente de Jijona, ciudad de la provincia de Alicante.

jilguero m. Pájaro de plumaje pardo por el lomo, blanco con una mancha roja en la cara, otra negra en lo alto de la cabeza, y un collar blanco bastante ancho; es apreciado por su canto.

jineta f. Mamífero carnívoro, de cuerpo delgado y cabeza pequeña, hocico prolongado, cuello largo, patas cortas y el pelaje blanco en la garganta, pardo amarillento con manchas en fajas negras por el cuerpo y con anillos blancos y negros en la cola.

jinete m. Persona que monta a caballo. ‖ Soldado de a caballo. ‖ FAM. jineteada, jinetear.

jipijapa f. Tira fina y muy flexible, que se emplea para tejer sombreros y otros objetos.

jipío m. Grito, quejido, lamento, etc., que se introduce en el cante flamenco.

jira f. Merienda, especialmente campestre, entre amigos.

jirafa f. Mamífero rumiante, de 5 m de altura, cuello largo y esbelto, cabeza pequeña con dos cuernos poco desarrollados, y pelaje amarillo con manchas oscuras. ‖ En televisión, cine, etc., mecanismo que permite mover el micrófono y ampliar su alcance.

jirón m. Pedazo desgarrado de una tela. ‖ Parte o porción pequeña de un todo: *un jirón de niebla.* ‖ Pendón o guión que remata en punta.

jocoso, sa adj. Gracioso, chistoso, festivo, divertido. ‖ FAM. jocosamente, jocosidad.

joder tr. vulg. Practicar el coito. ‖ vulg. Molestar, fastidiar. También prnl. ‖ Destrozar, arruinar, echar a perder. También prnl.: *se le ha jodido el coche.* ‖ Se usa como interj. de enfado, irritación, sorpresa, etc.: *¡deja eso, joder!* ‖ FAM. jodienda.

jofaina f. Palangana.

jolgorio m. Diversión bulliciosa; juerga.

jónico, ca adj. Jonio. También s. ‖ Se dice de uno de los órdenes de la arquitectura griega, que tiene columna esbelta que se apoya sobre la basa, capitel adornado con volutas y friso sin decorar. También m. ‖ Se dice de cualquiera de estos elementos. ‖ m. Pie de la poesía griega y latina, compuesto de cuatro sílabas. ‖ Uno de los cuatro principales dialectos de la lengua griega. ‖ FAM. jonio.

jonio, nia adj. Natural de Jonia. También s. ‖ Perteneciente o relativo a las regiones de este nombre en Grecia y Asia antiguas.

jornada f. Día: *las noticias de la jornada.* ‖ Duración del trabajo diario de los obreros y empleados: *termina su jornada a las tres.* ‖ Camino que se recorre en un día. ‖ Expedición militar. ‖ Cada uno de los actos de una obra teatral clásica. ‖ FAM. jornal.

jornal m. Sueldo que cobra el trabajador por cada día de trabajo. ‖ Este mismo trabajo. ‖ FAM. jornalero.

jornalero, ra m. y f. Persona que trabaja a jornal.

joroba f. Corvadura anormal de la columna vertebral, o del pecho, o de ambos a la vez. ‖ Impertinencia, molestia: *este compromiso es una joroba.* ‖ FAM. jorobar, jorobeta.

jorobar tr. y prnl. Fastidiar, molestar, importunar: *me joroba no poder ir.* ‖ FAM. jorobado.

jorongo m. *amer.* Especie de poncho, sarape.

joropo m. *amer.* Música y danza popular de zapateo venezolanas. ‖ *amer.* Fiesta hogareña.

jota f. Nombre de la letra *j.* ‖ Cosa mínima.
♦ Se usa siempre con negación: *no entendí ni jota.* ‖ Baile popular propio de Aragón, y de otras muchas regiones españolas. ‖ Música y coplas que acompañan este baile. ‖ FAM. jotero.

joven adj. De poca edad. También com. ‖ Perteneciente o relativo a la juventud: *moda joven.* ‖ FAM. jovenzuelo, juventud.

jovial adj. Alegre, festivo, desenfadado. ‖ FAM. jovialidad, jovialmente.

joya f. Objeto pequeño de piedras o metales preciosos que sirve para adorno. ‖ Cosa o persona de mucha valía: *este empleado es una joya.* ‖ FAM. joyel, joyería, joyero.

joyería f. Tienda donde se venden joyas. ‖ Taller donde se construyen. ‖ Trato y comercio de joyas.

joyero, ra m. y f. Persona que hace o vende joyas. ‖ m. Estuche para guardar joyas.

juanete m. Abultamiento o deformación de la base del hueso del dedo gordo del pie. ‖ Pómulo muy abultado. ‖ FAM. juanetudo.

jubilación f. Acción y efecto de jubilar o jubilarse. ‖ Renta que cobra la persona jubilada.

jubilar tr. Retirar a alguien del trabajo por vejez o incapacidad laboral, teniendo derecho a una pensión. ‖ Desechar por inútil una cosa y no utilizarla más: *creo que ya es hora de jubilar el coche.* ‖ FAM. jubilación, jubilado.

júbilo m. Alegría que se manifiesta con signos externos. ‖ FAM. jubilar, jubileo, jubilosamente, jubiloso.

jubón m. Vestidura que cubría desde los hombros hasta la cintura, ceñida y ajustada al cuerpo.

judaísmo m. Religión de los judíos, que profesan la ley de Moisés.

judaizante adj. y com. Se apl. al judío converso que practicaba secretamente el judaísmo, en España y Portugal.

judas m. Hombre alevoso, traidor.

judería f. Barrio de judíos en una ciudad.

judía f. Planta leguminosa papilionácea, de hojas compuestas, fruto en vainas aplastadas y semillas en forma de riñón. ‖ Semillas comestibles de esta planta. ‖ FAM. judión.

judicatura f. Ejercicio de juzgar. ‖ Cargo de juez. ‖ Tiempo que dura. ‖ Cuerpo constituido por los jueces de un país.

judicial adj. Relativo al juicio, a la administración de justicia o a la judicatura: *poder judicial.* ‖ FAM. judicialmente.

judío, a adj. y s. Israelita, hebreo. ‖ Que practica el judaísmo. ‖ De Judea. ‖ Avaro, usurero. ‖ **FAM.** judaico, judaísmo, judaizante, judaizar, judeocristiano, judeoespañol, judería, judiada.

judo m. Yudo. ‖ **FAM.** judoka.

juego m. Acción y efecto de jugar: *el juego del escondite*. ‖ Actividad recreativa sometida a reglas: *juego de cartas*. ‖ Articulación móvil que sujeta dos cosas entre sí: *el juego del tobillo*. ‖ Su movimiento: *no puede hacer el juego de la mano*. ‖ Conjunto de cosas relacionadas, que sirven a un mismo fin: *un juego de tocador*. ‖ Cada división de un set en el tenis y voleibol. ‖ pl. Espectáculos públicos: *juegos olímpicos*. ‖ **juego de manos** El de agilidad que practican los prestidigitadores para engañar a los espectadores. ‖ **juego de niños** Acción o cosa que no ofrece ninguna dificultad. ‖ **juego de palabras** Uso ingenioso de palabras utilizando su doble sentido o sus distintas acepciones. ‖ **dar juego** alguien o algo loc. Tener muchas posibilidades, o mejor resultado del que se esperaba: *este electrodoméstico me está dando mucho juego*. ‖ **fuera de juego** Posición antirreglamentaria en que se encuentra un jugador, en el fútbol y otros deportes, cuando se sitúa detrás del último defensa del equipo contrario. ‖ **FAM.** jocoso.

juerga f. Jolgorio, parranda. ‖ **FAM.** juerguearse, juerguista.

jueves m. Día de la semana después del miércoles.

juez, za m. y f. Persona que tiene autoridad y potestad para juzgar y sentenciar. ‖ En algunas competiciones deportivas, árbitro. ‖ Persona que se encarga de hacer que se respeten las reglas y de repartir los premios en concursos o certámenes. ‖ **juez de instrucción** El que dirige la instrucción de los sumarios en materia criminal. ‖ **juez de línea** En el fútbol y otros deportes, cada uno de los dos árbitros auxiliares que vigilan el juego por las bandas laterales. ‖ **juez de paz** El que hacía las veces de juez municipal o suplía al juez de primera instancia. ‖ **juez de primera instancia** El ordinario de un partido o distrito, que conoce en primera instancia los asuntos civiles. ‖ **FAM.** judicatura, judicial, juzgar.

jugada f. Acción de jugar. ‖ Lance de juego: *ese pase de balón ha sido una gran jugada*. ‖ Acción mala e inesperada: *le han hecho la jugada de destinarle a la nueva sucursal*.

jugador, ra adj. y s. Que juega. ‖ Que tiene el vicio de jugar. ‖ Que es muy diestro en jugar.

jugar intr. Hacer algo para divertirse y entretenerse: *se puso a jugar con su hijo*. ‖ Tomar parte en algún juego o competición: *juega de pivot*. ‖ Intervenir cada jugador en su turno: *juegas tú*. ‖ Apostar: *jugar a los caballos*. ‖ Arriesgar. Más c. prnl.: *se está jugando el puesto*. ‖ Desempeñar: *jugó un importante papel en el asunto*. ‖ tr. Llevar a cabo partidas de algún juego: *jugar un tresillo*. ‖ Hacer uso de las cartas, fichas o piezas que se emplean en ciertos juegos: *jugó el caballo de copas*. ‖ prnl. Sortearse: *hoy se juegan 20 millones*. ‖ **jugar con** loc. Tratar a algo o a alguien sin la consideración o el respeto que merece: *estás jugando con tu salud*. ‖ **jugar limpio** o **sucio** loc. Jugar sin hacer trampas o haciéndolas y también actuar honradamente o engañosamente. ‖ **FAM.** juego, jugada, jugador, jugarreta, juguete, juguetón. ♦ **Irreg.** Conjugación modelo:

Indicativo

Pres.: *juego, juegas, juega, jugamos, jugáis, juegan.*
Imperf.: *jugaba, jugabas, etc.*
Pret. indef.: *jugué, jugaste, jugó, etc.*
Fut. imperf.: *jugaré, jugarás, etc.*

Potencial: *jugaría, jugarías, etc.*

Subjuntivo

Pres.: *juegue, juegues, juegue, juguemos, juguéis, jueguen.*
Imperf.: *jugara o jugase, jugaras o jugases, etcétera.*
Fut. imperf.: *jugare, jugares, etc.*

Imperativo: *juega, jugad.*

Participio: *jugado.*

Gerundio: *jugando.*

jugarreta f. Mala pasada.

juglar, resa m. y f. Persona que por dinero y ante el pueblo cantaba, bailaba o hacía juegos y truhanerías. ‖ **FAM.** juglaresco, juglaría.

juglaría o **juglería** f. Arte y actividad de los juglares.

jugo m. Zumo de las sustancias vegetales o animales. ‖ Salsa de un guiso: *el asado se ha quedado sin jugo*. ‖ Líquido que segregan algunas glándulas del cuerpo humano: *jugo gástrico*. ‖ Lo provechoso, útil y sustancial de algo material o inmaterial: *este libro tiene mucho jugo*. ‖ **FAM.** jugosidad, jugoso.

juguete m. Objeto con el que se entretienen los niños. ‖ Persona o cosa dominada por la acción de una fuerza física o moral: *el barco era juguete de las olas*. ‖ **FAM.** juguetear, juguetería, juguetero.

juguetear intr. Entretenerse jugando y retozando: *mientras escuchaba jugueteaba con un lápiz.* ‖ FAM. jugueteo.

juguetería f. Comercio y tienda de juguetes.

juguetón, na adj. Que juega y retoza o hace travesuras con frecuencia: *un cachorro juguetón.*

juicio m. Facultad del entendimiento que permite discernir y juzgar: *su juicio le dictaba prudencia.* ‖ Opinión: *no me fío demasiado de sus juicios literarios.* ‖ Cordura, sensatez: *demostró mucho juicio al rechazar la propuesta.* ‖ Estado normal de la razón opuesto a la locura: *está en su sano juicio.* ‖ Conocimiento de una causa por parte del juez. ‖ En lóg., operación del entendimiento, que consiste en comparar dos ideas para conocer y determinar sus relaciones. ‖ FAM. juiciosamente, juicioso.

julepe m. Cierto juego de naipes. ‖ Esfuerzo o trabajo excesivo de una persona: *la organización del acto es un verdadero julepe.* ‖ Desgaste o uso excesivo de una cosa: *le has dado un buen julepe a estos zapatos.* ‖ Reprimenda, castigo. ‖ Tunda, paliza.

julio m. Séptimo mes del año, de 31 días, que va detrás de junio y antes de agosto. ‖ Unidad de trabajo y energía equivalente a diez millones de ergios.

jumento m. Asno, burro.

jumo, ma adj. *amer.* Borracho.

juncal adj. Relativo al junco. ‖ Gallardo, bizarro, esbelto. ‖ m. Sitio poblado de juncos.

juncia f. Planta herbácea de cañas triangulares, hojas largas de bordes ásperos, flores verdosas y frutos en grano seco. ‖ FAM. juncial.

junco m. Planta herbácea de tallos lisos, cilíndricos, flexibles, puntiagudos y duros, que se cría en parajes húmedos. ‖ Bastón para apoyarse al andar. ‖ FAM. juncal, juncar, juncoso, junquera, junquillo.

junco m. Especie de embarcación asiática pequeña con velas reforzadas con cañas de bambú.

jungla f. Terreno cubierto de vegetación muy espesa, propio de zonas cálidas y húmedas.

junio m. Sexto mes del año, de 30 días, que va después de mayo y antes de julio.

júnior adj. Se dice de la persona más joven respecto de otra, generalmente su padre, que tiene el mismo nombre. ‖ Se dice del deportista comprendido entre los 17 y 21 años. También com. ‖ m. Religioso joven que todavía no ha profesado los votos definitivos. ♦ pl. *júniors.*

junquillo m. Planta herbácea de jardinería, especie de narciso de flores amarillas muy olorosas, cuyo tallo es liso y parecido al junco. ‖ En arq., moldura redonda y delgada.

juntar tr. Unir unas cosas con otras o acercarlas: *junta las mesas, que no cabemos todos.* ‖ Reunir, congregar. También prnl.: *en la fiesta nos juntamos muchos amigos.* ‖ prnl. Arrimarse: *se juntaron para hacerle sitio.* ‖ Acompañarse: *se juntan para ir al trabajo.* ‖ Convivir dos personas que no son matrimonio. ‖ FAM. juntura.

junto, ta adj. Unido, cercano: *pon las sillas juntas.* ‖ f. Reunión de varias personas para tratar de un asunto: *junta de accionistas.* ‖ Cada una de las sesiones que celebran. ‖ Unión de dos o más cosas. ‖ Juntura: *hay que cambiar la junta del grifo.* ‖ **junto a** loc. prep. Cerca de: *vivo junto al parque.* ‖ **junto con** loc. prep. En compañía de, en colaboración con.‖ FAM. juntamente, juntar, juntero.

juntura f. Parte o lugar en que se juntan y unen dos o más cosas. ‖ Pieza que se coloca entre otras dos para unirlas: *se ha roto la juntura de la puerta.*

jura f. Acción de jurar solemnemente la sumisión a ciertos preceptos u obligaciones: *la jura de la Constitución.* ‖ Juramento.

jurado, da adj. Que ha prestado juramento: *traductor jurado.* ‖ m. Tribunal no profesional ni permanente que después del juicio debe declarar si considera culpable o inocente al acusado. ‖ Tribunal que examina y califica en concursos o certámenes. ‖ Cada uno de los miembros de estos tribunales.

juramento m. Acción de jurar. ‖ Maldición, blasfemia: *al pillarse el dedo soltó un juramento.* ‖ FAM. juramentar.

jurar tr. Afirmar o negar una cosa, poniendo por testigo a Dios, o a algo o alguien querido: *le juró por sus muertos que no lo sabía.* ‖ Reconocer solemnemente la soberanía de un príncipe. ‖ Someterse solemnemente a los preceptos constitucionales de un país, a estatutos, cargos, etc. ‖ intr. Blasfemar, maldecir. ‖ FAM. jura, jurado, juramento.

jurásico, ca adj. Se dice del segundo período de la era secundaria. ‖ Perteneciente o relativo a los terrenos de este período, en el que se empiezan a delimitar las masas continentales, aparecen diversos grupos de mamíferos y aves y predominan los dinosaurios.

jurel m. Pez teleósteo marino comestible, con dos aletas de grandes espinas en el lomo, y cola extensa y muy ahorquillada.

jurídico, ca adj. Que atañe o se ajusta al derecho y a las leyes. ‖ FAM. jurídicamente, juridicial, jurisconsulto, jurisdicción, jurisperito, jurisprudencia, jurista.

jurisconsulto, ta m. y f. Persona que profesa la ciencia del derecho. ‖ Jurisperito.

jurisdicción f. Poder o autoridad para gobernar y poner en ejecución las leyes o para aplicarlas en juicio: *será juzgado por la jurisdicción militar*. ‖ Territorio sobre el que se ejerce este poder. ‖ Término de un lugar. ‖ **FAM.** jurisdiccional.

jurisperito, ta m. y f. Persona que conoce en toda su extensión el derecho civil y canónico. ‖ **FAM.** jurispericia.

jurisprudencia f. Ciencia del derecho. ‖ Conjunto de las sentencias de los tribunales, y doctrina que contienen. ‖ Conjunto de sentencias de los tribunales que constituyen un precedente para justificar otros casos no regulados por ninguna ley: *la jurisprudencia recoge varios casos similares*. ‖ **FAM.** jurisprudente.

jurista com. Persona que estudia o profesa la ciencia del derecho.

justa f. Pelea o combate singular, a caballo y con lanza. ‖ Torneo en el que se acreditaba la destreza en el manejo de las armas. ‖ Competición o certamen en un ramo del saber: *justa literaria*. ‖ **FAM.** justador.

justamente adv. m. Con justicia: *has obrado justamente*. ‖ Exactamente, precisamente, ni más ni menos: *justamente eso es lo que yo buscaba*. ‖ Con igual medida, ajustadamente: *el cuadro irá justamente en ese marco*.

justicia f. Virtud que inclina a dar a cada uno lo que le pertenece o lo que le corresponde. ‖ Derecho, razón, equidad. ‖ Lo que debe hacerse según el derecho o la razón: *eso no te corresponde en justicia*. ‖ Pena o castigo y su aplicación: *al final se hizo justicia*. ‖ Ministro o tribunal que ejerce justicia. ‖ Poder judicial. ‖ **FAM.** justicialismo, justiciero, justificable, justo.

justiciero, ra adj. Que observa y hace observar la justicia.

justificante adj. Que justifica. ‖ m. Documento que prueba la veracidad de algo: *justificante de compra, justificante médico*.

justificar tr. Ser algo la causa de que otra no resulte extraña o censurable: *la lluvia justifica el retraso del tren*. ‖ Probar una cosa con razones convincentes, testigos y documentos: *justificó sus conocimientos sobre la materia*

presentando varios diplomas. ‖ Probar la inocencia de uno: *justificó su ausencia alegando enfermedad*. ‖ En impr., igualar el largo de las líneas según la medida exacta que se ha puesto en el componedor. ‖ **FAM.** justificable, justificación, justificado, justificador, justificante, justificativo.

justillo m. Prenda interior sin mangas, que se ajusta al cuerpo y no baja de la cintura.

justipreciar tr. Tasar, determinar el valor de algo. ‖ **FAM.** justipreciación, justiprecio.

justo, ta adj. Se dice del que obra según la justicia, la moral o la razón. También s.: *los justos verán a Dios*. ‖ Se dice de sus actos: *una decisión justa*. ‖ Merecido: *un premio justo*. ‖ Exacto: *tengo el tiempo justo para tomarme un café*. ‖ Apretado o que ajusta bien con otra cosa: *este no es el tornillo justo*. ‖ adv. m. Justamente, debidamente: *todo salió justo como quería*. ‖ Apretadamente, con estrechez: *el jersey te queda justo*. ‖ **FAM.** justamente, justedad, justeza, justificar, justicia, justillo, justipreciar.

juvenil adj. Perteneciente o relativo a la juventud: *un público juvenil*. ‖ Se dice de la categoría de los deportistas que tienen entre 17 y 21 años. También com. ‖ **FAM.** juvenilmente.

juventud f. Edad que empieza en la pubertad y se extiende a los comienzos de la edad adulta. ‖ Estado de la persona joven. ‖ Conjunto de jóvenes: *son unas fiestas para la juventud*. ‖ Primeras etapas del desarrollo de algo. ‖ Energía, vigor, tersura: *este estilo muestra mucha juventud*. ‖ **FAM.** juvenil.

juzgado m. Sitio donde se juzga. ‖ Junta de jueces que concurren a dar sentencia. ‖ Tribunal de un solo juez. ‖ Término o territorio de su jurisdicción. ‖ Cargo de juez.

juzgar tr. Deliberar y decidir sobre una cosa como juez o árbitro. ‖ Formar juicio u opinión sobre algo o alguien: *te había juzgado mal*. ‖ Afirmar, previa la comparación de dos o más ideas, las relaciones que existen entre ellas. ‖ **FAM.** juzgado, juzgador.

k f. Undécima letra del abecedario español, y octava de sus consonantes. Su nombre es *ka*.

kabuki m. Teatro tradicional japonés representado sólo por hombres que ejecutan todos los papeles.

kafkiano, na adj. Relativo a la obra de Kafka. | Se dice de las situaciones absurdamente complicadas, extrañas.

káiser m. Título de algunos emperadores de Alemania.

kamikaze m. Durante la Segunda Guerra Mundial, pilotos y aviones japoneses que se lanzaban contra la flota estadounidense para hacer explotar su carga de bombas. | Por ext., piloto suicida. | com. Persona muy arriesgada.

kan m. Príncipe o jefe, entre los tártaros.

kantismo m. Sistema filosófico ideado por Kant a fines del s. XVIII, fundado en la crítica del entendimiento y de la sensibilidad. ♦ FAM. kantiano.

kappa f. Décima letra del alfabeto griego, correspondiente a nuestra *ka*. En el latín y en los idiomas neolatinos se ha sustituido en general por la *c*: *Cadmo, centro, cinoglosa*. ♦ Su grafía mayúscula es *K* y la minúscula *k*.

karate o **kárate** m. Arte marcial japonés de autodefensa, basado en golpes secos realizados con el borde de la mano, los codos o los pies. ♦ FAM. karateca.

kart (voz i.) m. Automóvil monoplaza, de poca cilindrada y sin suspensión ni carrocería, usado exclusivamente en competiciones.

katiuska f. Bota de goma o caucho que llega hasta media pierna o hasta la rodilla, muy apropiada para la lluvia. Más en pl.

kayac o **kayak** m. Canoa individual de los esquimales. | Embarcación ligera de competición hecha de tela alquitranada sobre un armazón de madera.

kéfir m. Leche fermentada artificialmente y que contiene ácido láctico, alcohol y ácido carbónico, originaria del Cáucaso.

kelvin m. En el Sistema Internacional, unidad de temperatura absoluta. Antiguamente llamado *grado Kelvin*. Su abrev. es *k*.

kermés f. Fiesta popular, al aire libre, con bailes, rifas, concursos, etc. | Lugar donde se celebra esa fiesta. | Fiesta popular de los Países Bajos. | Pinturas o tapices flamencos del s. XVII que representaban fiestas populares. | Rifas, concursos, etc.

kibutz m. En Israel, organización agrícola de economía comunitaria.

kif m. Estupefaciente o narcótico que se extrae de las hojas del cáñamo índico.

kilo m. Forma abreviada de *kilogramo*. | Un millón de pesetas: *le ha costado seis kilos*. | Mucha cantidad de algo: *esta sopa tiene kilos de sal*.

kilo- Prefijo que significa 'mil': *kilolitro, kilocaloría*.

kilocaloría f. Unidad de energía que equivale a mil calorías. Su abrev. es *Kcal*.

kilográmetro m. Unidad de trabajo mecánico o esfuerzo capaz de levantar un kilogramo a un metro de altura.

kilogramo m. Unidad métrica fundamental de masa (y peso) que equivale a mil gramos. | Pesa de un kilogramo. | Cantidad de alguna materia que pese un kilogramo. Su abrev. es *kg*. ♦ FAM. kilo, kilográmetro.

kilolitro m. Medida de capacidad que tiene 1.000 litros. Su abrev. es *kl*.

kilometraje m. Acción de kilometrar. | Distancia medida en kilómetros.

kilometrar tr. Marcar las distancias medidas en kilómetros por medio de postes, mojones, etc.

kilométrico, ca adj. Relativo al kilómetro. | De larga duración: *un folletín kilométrico*. | m. Billete de ferrocarril que autoriza a recorrer un número determinado de kilómetros en un período de tiempo establecido.

kilómetro m. Medida de longitud que tiene 1.000 metros. Su abrev. es *km*. ♦ FAM. kilometraje, kilométrico.

kilopondio m. Unidad de fuerza que pesa un kilogramo.

kilovatio m. Unidad de potencia equivalente a 1.000 vatios. Su abrev. es *kw*.

kilt m. Falda típica de los escoceses, hecha de tela de lana de cuadros.

kimono m. Quimono.

kindergarten (voz alemana) m. Germanismo que significa 'jardín de infancia'. También se usa la abreviatura *kinder*.

kiosco m. Quiosco.

kiowa adj. Se dice del individuo de un pueblo indio de América del Norte. También s. ‖ Perteneciente o relativo a este pueblo. ‖ m. Tipo de zapato de piel y suela muy flexible.

kirie m. Invocación a Dios que se hace al principio de la misa. Más en pl.

kirsch (voz alemana) m. Aguardiente de cerezas silvestres.

kiwi m. Nombre de varias aves corredoras. ‖ Planta arbustiva de origen chino con flores blancas y amarillas y fruto de piel rugosa y peluda y carne verde comestible. Fruto de esta planta.

kleenex m. Marca registrada que ha pasado a ser la denominación común de cualquier pañuelo de papel. ♦ No varía en pl.

K.O. Siglas de la voz inglesa *knock-out*, que significa 'fuera de combate'. Se emplea en boxeo cuando uno de los que combaten deja sin conocimiento o sin posibilidad de seguir peleando al otro. ‖ **dejar K.O.** loc. Dejar completamente aturdido y sin respuesta a alguien.

koala m. Mamífero marsupial australiano de pelo grisáceo, orejas grandes y hocico pequeño que se alimenta de hojas de eucalipto.

koiné f. Lengua común de los griegos a partir del s. IV a. C. formada por la unificación de los distintos dialectos.

krausismo m. Sistema filosófico ideado basado en las doctrinas de Krause a principios del s. XIX, según el cual Dios, sin ser el mundo ni estar fuera de él, lo contiene en sí y de él trasciende. Trata de ser una conciliación entre el teísmo y el panteísmo. ‖ **FAM.** krausista.

kurdo, da adj. Del Kurdistán, región de Oriente Medio. También s. ‖ m. Lengua de los kurdos.

l f. Duodécima letra del abecedario español y novena de sus consonantes. Su nombre es *ele*. ‖ Con mayúscula, en la numeración romana, equivale a 50.

la art. det. femenino singular. ‖ pron. Forma átona del pron. personal de tercera persona, femenino, singular, que en la oración desempeña la función de complemento directo. ‖ m. Sexta nota de la escala musical. ‖ **FAM.** laísmo.

lábaro m. Estandarte romano sobre el que, bajo el mandato de Constantino, se puso la cruz y el monograma de Cristo.

laberinto m. Lugar formado por calles, caminos, encrucijadas, etc., del que es muy difícil encontrar la salida. ‖ Cosa confusa y enredada. ‖ Parte interna del oído. ‖ **FAM.** laberíntico.

labia f. Elocuencia y gracia para hablar y convencer a los demás: *este político tiene mucha labia.*

labiado, da adj. y f. Se dice de las plantas angiospermas dicotiledóneas, herbáceas o arbustivas, de corola dividida en dos partes o labios, como la albahaca, el tomillo, etc. ‖ f. pl. Familia de estas plantas.

labial adj. Relativo a los labios. ‖ En fon., se dice del sonido y fonema cuya articulación se forma mediante el contacto de los labios. ‖ Se dice de la consonante que tiene este punto de articulación, como la *b*. También f. ‖ **FAM.** labialización, labializar.

labiérnago m. Arbusto o arbolillo oleáceo, de 2 a 3 m de altura, con ramas mimbreñas, hojas perennes, estrechas, de color verdinegro; flores de corola blanquecina y fruto en drupa negruzca, del tamaño de un guisante.

labihendido, da adj. Que tiene hendido o partido el labio superior.

lábil adj. Que resbala o se desliza fácilmente. ‖ Frágil, caduco, débil. ‖ Poco estable, poco firme en sus resoluciones: *un jefe lábil.* ‖ En quím., se dice del compuesto fácil de transformar en otro más estable. ‖ **FAM.** labilidad.

labio m. Cada uno de los rebordes exteriores, carnosos y móviles, de la boca. ‖ Borde de ciertas cosas: *los labios de una herida.* ‖ Órgano del habla. Más en pl.: *no lo sabrán de mis labios.* ‖ **FAM.** labia, labiada, labial, labihendido, labiodental.

labiodental adj. Se dice del sonido y del fonema cuya articulación se forma acercando el labio inferior a los bordes de los dientes superiores. ‖ Se apl. a la consonante que tiene este punto de articulación, como la *f*. También f.

labor f. Acción de efecto de trabajar: *ha hecho una buena labor de restauración.* ‖ Adorno tejido o hecho a mano en la tela. Más en pl. ‖ Obra de coser o bordar. ‖ Labranza, en especial de las tierras que se siembran. Más en pl.: *las labores del campo.* ‖ Grupo de productos que se confeccionan en la fábrica de tabacos. ‖ *amer.* Pequeña finca agrícola. ‖ **sus labores** expr. para designar la dedicación, no remunerada, de la mujer a las tareas de su propio hogar. ‖ **FAM.** laborable, laboral, laborar, laboratorio, laborear, laborioso, laborismo, labrar.

laborable adj. Se dice del día en el que se trabaja, frente al festivo. También m.: *los laborables no cerramos a mediodía.* ‖ Que se puede laborar o trabajar.

laboralista adj. y com. Se apl. al abogado especializado en derecho laboral.

laborar tr. Labrar. ‖ intr. Esforzarse, emplearse en algo. ‖ **FAM.** laboreo.

laboratorio m. Lugar dotado de todo lo necesario para hacer experimentos médicos o químicos, o realizar investigaciones técnicas o científicas.

laboreo m. Cultivo de la tierra o del campo. ‖ Orden y disposición de los cabos de labor de las embarcaciones. ‖ Técnica de explotar las minas. ‖ Conjunto de labores que se realizan para ello.

laborioso, sa adj. Trabajador, aplicado en el trabajo: *un empleado laborioso.* ‖ Trabajoso, que requiere mucho esfuerzo: *tuvo que emprender una laboriosa búsqueda.* ‖ **FAM.** laboriosamente, laboriosidad.

labrado, da adj. Se apl. a las telas o materiales que tienen algún adorno o relieve: *la imagen de la Virgen llevaba un magnífico manto labrado.* | m. Acción y efecto de labrar en una tela o material. | Campo labrado. | f. Tierra arada, barbechada y dispuesta para sembrarla al año siguiente.

labrador, ra adj. y s. Que labra la tierra. | m. y f. Persona que cultiva por su cuenta sus propias tierras.

labrantío, a adj. y m. Campo o tierra de labor.

labranza f. Cultivo de los campos. | Hacienda de campo o tierras de labor.

labrar tr. Cultivar la tierra. | Arar antes de sembrar. | Trabajar una materia dándole forma o formando relieves en ella: *encontró una buena madera para labrar.* | Hacer, preparar algo gradualmente: *labró la ruina de su padre.* | FAM. labra, labradío, labrado, labrador, labrantío, labranza, labriego.

labriego, ga m. y f. Labrador que vive en el medio rural.

labro m. Pieza impar movible de la boca de los insectos.

laca f. Sustancia resinosa que se forma en las ramas de varios árboles de la India. | Barniz duro y brillante hecho con esta sustancia. | Por ext., objeto barnizado con él: *una mesa de laca.* | Color rojo que se saca de la cochinilla o del palo de Pernambuco. | Sustancia líquida e incolora que se emplea para fijar el peinado. | FAM. lacar.

lacar tr. Cubrir una superficie con una capa de laca. | FAM. lacado.

lacayo m. Criado de librea que acompañaba a su amo a pie, a caballo o en coche. | desp. Servil, rastrero: *es el lacayo del jefe.* | FAM. lacayuno.

lacerar tr. Lastimar, herir. También prnl.: *se laceró las piernas con unas zarzas.* | Dañar, vulnerar: *tus palabras le laceraron.* | FAM. laceración, lacerado, lacerante, laceria.

lacería f. Conjunto de lazos, especialmente en labores de adorno.

lacero m. Persona diestra en manejar el lazo. | Cazador furtivo que se dedica a coger con lazos la caza menor. | Empleado municipal encargado de recoger a lazo perros vagabundos.

lacetano, na adj. Se dice de un pueblo prerromano que habitaba la Lacetania, región de la Hispania Tarraconense, en la actual ciudad de Barcelona.

lacha f. Vergüenza.

lacho m. *amer.* Amante, galán; hombre enamoradizo. | FAM. lachear.

lacio, cia adj. Marchito, ajado: *esa planta*

está lacia por falta de riego. | Se dice del cabello sin ondas ni rizos. | Flojo, sin vigor.

lacón m. Brazuelo del cerdo, y especialmente su carne curada.

lacónico, ca adj. Breve, conciso: *una respuesta lacónica.* | Que habla o escribe de esta manera. | FAM. lacónicamente, laconismo.

lacra f. Señal de una enfermedad o achaque. | Defecto físico o moral: *el paro es una lacra social.*

lacrar tr. Cerrar con lacre: *lacrar un paquete.*

lacre m. Pasta sólida que se emplea derretida para cerrar y sellar cartas y paquetes. | FAM. lacrar.

lacrimal adj. Relativo a las lágrimas. | FAM. lacrimógeno, lacrimoso.

lacrimógeno, na adj. Que produce lágrimas, sobre todo dicho de gases u otros irritantes de los ojos. | Que mueve a llanto, excesivamente sentimental: *un drama lacrimógeno.*

lactancia f. Período de la vida de los mamíferos en que se alimentan sólo de leche. | Acción de mamar. | FAM. lactante, lactar.

lácteo, a adj. Relativo a la leche. | Hecho de leche o derivado de ella: *productos lácteos.* | FAM. lactancia, lacteado, láctico, lactosa.

lactosa f. Azúcar disacárido que contiene la leche.

lacustre adj. Perteneciente o relativo a los lagos: *viviendas lacustres.*

ladear tr., intr. y prnl. Inclinar: *el cuadro se ha ladeado.* | intr. Andar o caminar por las laderas. | *amer.* Prendarse de una mujer, enamorarse. | FAM. ladeado, ladeo.

ladera f. Cualquiera de los lados en declive de un monte.

ladero, ra adj. *amer.* Se apl. al caballo que tira de un carro por el lado derecho. | m. *amer.* Persona que secunda a otra, particularmente a un caudillo político.

ladilla f. Insecto parecido al piojo, de color amarillento, que vive parásito en las partes vellosas del cuerpo humano, reproduciéndose con gran rapidez.

ladino, na adj. Astuto, sagaz, taimado. También s. | *amer.* Mestizo que sólo habla español. | Dialecto judeoespañol hablado por los sefardíes.

lado m. Costado de la persona o del animal, comprendida entre el brazo y el hueso de la cadera: *la parálisis le ha afectado el lado derecho.* | Parte de una cosa situada cerca de sus extremos: *dejé el libro en el lado izquierdo del estante.* | Cada una de las dos caras de una superficie, como una tela, una moneda, etc.: *este lado del disco está rallado.* | Cada uno de los aspectos que se pueden considerar de algo o alguien: *no te lo tomes por el lado malo*. ▌ Modo, medio o camino que se sigue para conseguir algo: *creo que si vamos por otro lado llegaremos antes*. ▌ Cada una de las líneas de un ángulo o polígono. ▌ Arista de los poliedros irregulares. ▌ **al lado** loc. adv. Muy cerca, inmediato: *vivimos al lado*. ▌ **dar de lado** a uno loc. Dejar, rechazar su compañía. ▌ **FAM.** ladear, ladera, ladero, ladillo.

ladrar intr. Dar ladridos el perro. ▌ Amenazar sin llegar a hacer nada ▌ **FAM.** ladrador.

ladrido m. Voz del perro. ▌ Grito, insulto: *hoy no paras de soltar ladridos*. ▌ **FAM.** ladrar.

ladrillo m. Masa de arcilla cocida con forma de prisma rectangular empleada en la construcción. ▌ Cosa pesada o aburrida: *esta película es un ladrillo*. ▌ **FAM.** ladrillazo.

ladrón, na adj. y s. Que hurta o roba. ▌ m. Enchufe que permite tomar corriente eléctrica para más de un aparato.

lagar m. Recipiente donde se pisa la uva. ▌ Sitio donde se pisa la uva, se prensa la aceituna o se machaca la manzana.

lagartija f. Especie de lagarto pequeño, ligero y espantadizo, que se alimenta de insectos y vive en los huecos de las paredes.

lagarto, ta m. y f. Reptil saurio de cuerpo y cola largos cubiertos de escamas verdosas, con cuatro patas cortas y delgadas. Es sumamente ágil, inofensivo y muy útil para la agricultura. ▌ Persona pícara, taimada. También adj. ▌ **FAM.** lagartija, lagartona.

lago m. Gran masa de agua, normalmente dulce, almacenada en depresiones del terreno. ▌ **FAM.** lagar, laguna.

lagomorfo adj. Se dice de los mamíferos parecidos a los roedores, con dos pares de incisivos superiores, como el conejo. ▌ m. pl. Orden de estos animales.

lágrima f. Cada una de las gotas del líquido que segrega la glándula lagrimal. Más en pl. ▌ Gota que destilan algunos árboles después de la poda. ▌ Porción pequeña de cualquier licor. ▌ Adorno, especialmente de vidrio, de forma de gota. ▌ pl. Desgracias, sufrimientos: *lo consiguió con lágrimas y sudores*. ▌ **lágrimas de cocodrilo** loc. Las que derrama una persona aparentando un dolor que no siente. ▌ **FAM.** lagrimal, lagrimear, lagrimón, lagrimoso.

lagrimal adj. Se dice de los órganos de secreción y excreción de las lágrimas. ▌ m. Extremidad del ojo próxima a la nariz.

lagrimeo m. Acción de producir lágrimas los ojos. ▌ Secreción muy abundante de lágrimas por irritación de los ojos.

laguna f. Depósito natural de agua menor que el lago. ▌ Omisión en un escrito. ▌ Cualquier cosa olvidada o desconocida: *tiene serias lagunas en historia*. ▌ Vacío en un conjunto o serie: *hay varias lagunas en este índice*. ▌ **FAM.** lagunoso.

laicismo m. Doctrina que defiende la independencia del hombre o de la sociedad, y más particularmente del Estado, de toda influencia eclesiástica o religiosa. ▌ **FAM.** laicista.

laico, ca adj. No eclesiástico ni religioso. También s. ▌ Se dice de la escuela o enseñanza que prescinde de la instrucción religiosa. ▌ **FAM.** laicado, laicalización, laicalizar, laicidad, laicismo, laicización, laicizar.

laísmo m. Empleo de las formas *la* y *las* del pronombre *ella* para el complemento indirecto, en lugar de las correctas *le* y *les*: *la dio una bofetada a su hermana* en lugar de *le dio una bofetada a su hermana*. ▌ **FAM.** laísta.

laja f. Piedra lisa y plana.

lama m. Monje del Tíbet. ▌ **FAM.** lamanismo, lamanista.

lama f. Barro blando, de color oscuro, que se halla en el fondo de mares, ríos, etc. ▌ Lámina de metal, madera u otros materiales que se emplea para diferentes usos, como la construcción de persianas graduables o de somieres.

lambda f. Undécima letra del alfabeto griego, que corresponde a la *l* del alfabeto latino. La grafía mayúscula es λ y la minúscula λ.

lambón, na adj. y s. *amer.* Se dice de la persona delatora o de la muy aduladora.

lambrusco, ca adj. y s. Glotón, goloso.

lamé (voz fr.) m. Tela tejida con hilos de oro y plata.

lameculos com. vulg. Persona aduladora y servil. ◆ No varía en pl.

lamelibranquio, quia adj. y s. Se dice de los moluscos que tienen simetría bilateral y están provistos de una concha de dos valvas, como la almeja, el mejillón y la ostra. ▌ m. pl. Clase de estos animales.

lamentable adj. Que merece sentirse o llorarse. ▌ Que produce una mala impresión por estar estropeado, maltrecho: *has dejado los zapatos en un estado lamentable*. ▌ Que infunde tristeza y horror. ▌ **FAM.** lamentablemente.

lamentación f. Expresión de pena, queja o sentimiento.

lamentar tr. Sentir pena, contrariedad, arrepentimiento, etc., por algo: *lamento haber llegado tarde*. ▌ Sentir una cosa con llanto, sollozos u otras demostraciones de dolor. También prnl. ▌ prnl. Quejarse: *está todo el día lamentándose pero no hace nada*. ▌ **FAM.** lamentable, lamentación.

lamento m. Lamentación. ▌ **FAM.** lamentar, lamentoso.

lamer tr. Pasar repetidas veces la lengua por

una cosa. También prnl. ‖ Rozar blanda y suavemente: *las olas lamían la playa.* ‖ **FAM.** lameculos, lamedor, lamedura, lamerón, lameruzo, lametada, lametazo, lametear, lametón, lamido, laminero.

lamerón, na adj. y s. Goloso. ‖ Adulador.

lametón m. Acción de lamer con ansia y fuerza.

lamia f. Figura terrorífica de la mitología, con rostro de mujer hermosa y cuerpo de dragón.

lamido, da adj. Se dice de la persona flaca, y de la muy pálida. ‖ Relamido, afectado, demasiado limpio.

lámina f. Plancha delgada de metal u otro material. ‖ Plancha de cobre o de otro metal en la que está grabado un dibujo para estamparlo. ‖ Grabado o estampa. ‖ Porción de cualquier materia extendida en superficie y de poco grosor. ‖ **FAM.** lama, laminar, laminoso.

laminador, ra adj. y s. Se dice de la persona que hace láminas de metal. ‖ m. y f. Máquina compuesta de dos cilindros lisos de acero que, girando en sentido contrario, comprimen masas de metales maleables y las convierten en láminas.

laminar adj. De forma de lámina. ‖ Se apl. a la estructura de un cuerpo cuando está formado por varias capas superpuestas. ‖ tr. Hacer láminas, planchas, etc. ‖ Recubrir con láminas. ‖ **FAM.** laminación, laminado, laminador.

lampa f. *amer.* Azada.

lámpara f. Utensilio para dar luz. ‖ Utensilio o aparato para sostener una o varias luces artificiales. ‖ Elemento de los aparatos de radio y televisión, parecido en su forma a una lámpara eléctrica. ‖ Mancha de grasa en la ropa. ‖ **FAM.** lamparería, lamparero, lamparilla, lamparón, lampista.

lamparilla f. Mecha sujeta en una ruedecita flotante, y que se enciende en un vaso que contiene aceite. ‖ Recipiente donde se pone.

lamparón m. Mancha que cae en la ropa y especialmente la de grasa.

lampiño, ña adj. Hombre que no tiene barba o vello. ‖ Que tiene poco pelo o vello.

lampo m. Resplandor o brillo fugaz, como el del relámpago. ♦ Se usa en poesía.

lamprea f. Nombre común a varios peces de carne muy apreciada, con cuya boca, a modo de ventosa, se adhieren a los objetos sumergidos y sujetan a sus presas.

lana f. Pelo de las ovejas. ‖ Pelo de otros animales parecido a la lana. ‖ Hilo de lana, y tejido que se hace con él: *un jersey de lana.* ‖ *amer.* Dinero, moneda. ‖ m. *amer.* Hombre de la más baja clase social. ‖ **FAM.** lanar, lanería, lanero, lanilla, lanolina, lanosidad, lanudo.

lanar adj. Se dice del animal que tiene lana: *ganado lanar.*

lance m. Trance u ocasión crítica: *¡en menudo lance estamos!* ‖ Encuentro, riña. ‖ Cada una de las jugadas decisivas de cualquier juego. ‖ Acción y efecto de lanzar o arrojar. ‖ Suerte taurina que se realiza con capa.

lancear tr. Herir con lanza.

lanceolado, da adj. De figura semejante al hierro de la lanza. Se dice de las hojas y de sus lóbulos.

lancero m. Soldado que pelea con lanza.

lancha f. Bote grande de vela y remo, de vapor o de motor. ‖ Cualquier bote pequeño descubierto. ‖ Piedra lisa, plana y de poco grueso. ‖ **FAM.** lanchero.

landa f. Llanura extensa en la que sólo se crían plantas silvestres.

landó m. Coche de cuatro ruedas, con capotas delantera y trasera.

langosta f. Nombre de varios insectos ortópteros parecidos al saltamontes, de color gris amarillento, antenas finas y alas membranosas, con el tercer par de patas muy fuerte, preparado para saltar. A veces forman plagas de efectos devastadores. ‖ Crustáceo decápodo de hasta 50 cm de longitud, con cinco pares de patas; dos antenas laterales muy largas y fuertes; ojos prominentes, cuerpo casi cilíndrico, y cola larga y gruesa. Su carne es muy apreciada. ‖ **FAM.** langostino.

langostino m. Crustáceo marino, decápodo, que puede alcanzar los 25 cm de largo, cola muy prolongada, y caparazón poco consistente. Su carne es muy apreciada.

languidecer intr. Perder la fuerza o el vigor de algo o alguien: *la conversación fue languideciendo.* ♦ **Irreg.** Se conj. como *agradecer.*

lánguido, da adj. Flaco, débil, fatigado. ‖ Decaído, sin valor o energía. ‖ **FAM.** lánguidamente, languidecer, languidez.

lanilla f. Pelillo que le queda al paño por el derecho. ‖ Tejido de poca consistencia hecho con lana fina.

lanolina f. Sustancia grasa que se extrae de la lana del cordero y se utiliza para la preparación de pomadas y cosméticos.

lantánido adj. y m. Se dice de los elementos químicos, que son metálicos y se combinan directamente con el nitrógeno y el hidrógeno. ‖ m. pl. Grupo formado por estos elementos, llamados también *tierras raras.*

lantano m. Elemento químico metálico de color plomizo, que arde fácilmente y descompone el agua a la temperatura ordinaria. Se emplea en procesos magnéticos. Su símbolo es: *La*. ‖ **FAM.** lantánido.

lanudo, da adj. Que tiene mucha lana o vello.

lanza f. Arma ofensiva compuesta de un asta en cuya extremidad está fijo un hierro puntiagudo y cortante. ‖ Soldado que luchaba con esta arma. ‖ Tubo de metal en que acaban las mangas de las bombas para dirigir bien el chorro de agua. ‖ **FAM.** lanceolado, lancería, lanceta, lanzada, lanzar, lanzazo.

lanzadera f. Instrumento con una canilla dentro, que usan los tejedores para tramar. ‖ Pieza semejante que tienen las máquinas de coser. ‖ **lanzadera espacial** Vehículo capaz de transportar un objeto al espacio y situarlo en él; puede ser recuperado y utilizado nuevamente.

lanzado, da adj. Se dice de lo muy veloz o de lo emprendido con mucho ánimo: *iba lanzado por la autopista*. ‖ Impetuoso, fogoso, decidido. También s.

lanzagranadas m. Arma portátil para disparar granadas u otros proyectiles contra tanques o carros blindados. ♦ No varía en pl.

lanzallamas m. Arma portátil que lanza a corta distancia un chorro de líquido inflamado. ♦ No varía en pl.

lanzamiento m. Acción de lanzar o arrojar una cosa: *el lanzamiento de un libro*. ‖ En ciertos juegos de balón o de pelota, acción de lanzar la pelota para castigar una falta. ‖ Prueba atlética consistente en lanzar el peso, el disco, el martillo o la jabalina a la mayor distancia posible.

lanzar tr. Arrojar: *lanzar un balón*. ‖ Dar a conocer, hacer propaganda: *lanzar un producto de belleza*. ‖ Dar, proferir, exhalar: *lanzar un grito*. ‖ Hacer partir un vehículo espacial. ‖ prnl. Emprender algo con muchos ánimos y precipitación: *se lanzó a especular en bolsa*. ‖ **FAM.** lance, lancear, lanzacohetes, lanzadera, lanzado, lanzador, lanzagranadas, lanzallamas, lanzamiento, lanzamisiles, lanzatorpedos.

lanzatorpedos m. Tubo que desde cerca de la línea de flotación, dispara torpedos. También adj. ♦ No varía en pl.

laña f. Grapa, pieza de metal que sirve para unir o sujetar algunas cosas. ‖ **FAM.** lañador, lañar.

lapa f. Molusco gasterópodo de concha cónica, que vive adherido fuertemente a las peñas de las costas. ‖ Persona insistente y pegajosa.

laparoscopia f. Examen de la cavidad abdominal mediante un instrumento óptico que se introduce a través de una pequeña abertura. ‖ **FAM.** laparatomía.

lapicera f. *amer.* Portaplumas. ‖ *amer.* Estilográfica. ‖ *amer.* Lapicero.

lapicero m. Lápiz.

lápida f. Piedra llana en que ordinariamente se pone una inscripción en memoria de algo o alguien. ‖ **FAM.** lapidar, lapidario, lapídeo.

lapidar tr. Apedrear a alguien o matarle a pedradas. ‖ **FAM.** lapidación.

lapidario, ria adj. Perteneciente a las piedras preciosas. ‖ Perteneciente o relativo a las lápidas. ‖ Se dice del enunciado que, por su concisión y solemnidad, resulta digno de ser recordado. Se usa en sentido irónico. ‖ m. y f. Persona que se dedica a labrar piedras preciosas. ‖ Persona que comercia en ellas. ‖ Persona dedicada a hacer o grabar lápidas.

lapilli m. Voz italiana con que se designan los pequeños trozos de lava que arrojan los volcanes.

lapislázuli m. Mineral de color azul intenso y gran dureza, que se usa para hacer objetos de adorno. Es un silicato de alúmina mezclado con sulfato de cal.

lápiz m. Nombre genérico de varias sustancias minerales que sirven para dibujar. ‖ Barra de grafito encerrada en un cilindro o prisma de madera o metal que sirve para escribir o dibujar. ‖ Barra de diferentes sustancias y colores que se utiliza en cosmética: *lápiz de labios*. ‖ **FAM.** lapicera, lapicero.

lapo m. Escupitajo. ‖ Cintarazo, latigazo.

lapón, na adj. De Laponia. También s. ‖ Perteneciente o relativo a este país de Europa. ‖ m. Lengua hablada por los lapones.

lapso m. Paso o transcurso. ‖ Tiempo entre dos límites: *dejaremos pasar un lapso de tres días antes de actuar*. ‖ Lapsus.

lapsus m. Falta o equivocación cometida por descuido: *en un lapsus se dejó las luces encendidas*. ♦ No varía en pl.

lar m. En la mitología romana, cada uno de los dioses de la casa u hogar. Más en pl. ‖ Hogar, sitio de la lumbre en la cocina. ‖ pl. Casa propia u hogar. ‖ **FAM.** llar.

largar tr. Soltar, dejar libre, sobre todo algo molesto o desagradable: *largó los estudios y se puso a trabajar*. ‖ Seguido de palabras como bofetada, porrazo, propina, etc., dar: *le largó un derechazo que le tumbó*. ‖ Decir algo inoportuno o pesado: *nos largó un discurso insoportable*. ‖ En mar., desplegar, soltar una cosa; como la bandera o las velas. ‖ intr. Criticar: *no han parado de largar de ti*. ‖ prnl. Irse o ausentarse uno con presteza o disimulo: *en cuanto él llegue, yo me largo*.

largo, ga adj. Que tiene más longitud de lo normal: *las mangas me están largas*. ‖ Copioso, abundante, excesivo: *me puso un kilo lar-*

go. ‖ Dilatado, extenso, continuado: *un discurso largo.* ‖ Generoso, dadivoso. ‖ m. Longitud: *tiene 3 m de largo.* ‖ En natación, recorrido de la dimensión mayor de una piscina. ‖ Uno de los movimientos fundamentales de la música, que equivale a despacio o lento. ‖ f. La luz más potente de los vehículos. ‖ adv. m. Dilatadamente, por extenso: *habló largo y tendido.* ‖ **a la larga** loc. adv. Pasado mucho tiempo: *a la larga todo termina sabiéndose.* ‖ Lentamente, poco a poco: *sus efectos los irás notando a la larga.* ‖ **a lo largo** loc. adv. En el sentido de la longitud de una cosa. ‖ A lo lejos, a mucha distancia. ‖ **a lo largo de** loc. adv. Durante: *lo sabremos a lo largo del día.* ‖ **¡largo!** o **¡largo de ahí, o de aquí!** exprs. con que se echa a alguien de un sitio. ‖ **FAM.** larga, largamente, largar, largometraje, larguero, largueza, larguirucho, largura.

largometraje m. Película cuya duración sobrepasa los sesenta minutos.

larguero m. Cada uno de los dos palos o barrotes que se ponen a lo largo de una obra de carpintería. ‖ Palo horizontal superior de las porterías de fútbol, hockey, etc.

largueza f. Dadivosidad, generosidad.

larguirucho, cha adj. desp. Se dice de las personas y cosas desproporcionadamente largas respecto de su ancho o de su grueso. Apl. a pers. también s.

laringe f. Parte superior de la tráquea de los animales vertebrados de respiración pulmonar y que en los mamíferos sirve también como órgano de la voz al contener las cuerdas vocales. ‖ **FAM.** laríngeo, laringitis, laringología, laringoscopio, laringotomía.

laringitis f. Inflamación de la laringe. ♦ No varía en pl.

laringología f. Parte de la patología, que estudia las enfermedades de la laringe. ‖ **FAM.** laringólogo.

laringotomía f. Incisión que se hace en la laringe para extraer cuerpos extraños, extirpar tumores o la laringe entera.

larva f. Fase del desarrollo, inmediatamente después de la salida del huevo, en los animales que tienen diferentes etapas en su evolución hasta el estado adulto, como los anfibios y algunos peces. ‖ **FAM.** larvado, larvario, larvicida.

lasaña f. Plato de origen italiano, consistente en capas de pasta que se alternan con otras de carne o verdura picada y se cubren con besamel y queso rallado.

lasca f. Trozo pequeño y delgado desprendido de una piedra.

lascivia f. Propensión excesiva a los placeres sexuales. ‖ **FAM.** lascivamente, lascivo.

láser m. Sigla del ing. *Light amplification by stimulated emission of radiations* con la que se conoce el dispositivo electrónico que, basado en la emisión inducida, amplifica un haz de luz monocromática y coherente de extraordinaria intensidad.

lasitud f. Desfallecimiento, cansancio.

laso, sa adj. Cansado. ‖ Decaído, apagado. ‖ **FAM.** lasitud.

lástima f. Compasión, sentimiento de tristeza o dolor: *sentí mucha lástima al saberlo.* ‖ Lo que provoca la compasión: *venía hecho una lástima.* ‖ Cualquier cosa que cause disgusto, aunque sea ligero: *es una lástima que no puedas venir.* ‖ **FAM.** lastimar, lastimero, lastimoso.

lastimar tr. Herir o hacer daño. También prnl.: *se lastimó la rodilla al caer.* ‖ Agraviar, ofender a alguien: *le lastimó mucho lo que le dijiste.*

lastimoso, sa adj. Que mueve a compasión y lástima. ‖ **FAM.** lastimosamente.

lastra f. Laja.

lastre m. Peso que se pone en el fondo de la embarcación, a fin de que ésta entre en el agua hasta donde convenga. ‖ Peso que llevaban los globos aerostáticos para aumentar o disminuir la altitud. ‖ Impedimento para llevar algo a buen término: *su falta de experiencia es un lastre.* ‖ **FAM.** lastrar.

lata f. Hojalata. ‖ Envase hecho de hojalata: *se cortó al abrir la lata.* ‖ Contenido de este envase: *se ha bebido cuatro latas de cerveza.* ‖ Discurso o conversación fastidiosa: *la conferencia fue una lata.* ‖ **dar la lata** loc. Molestar, importunar. ‖ **FAM.** latazo, latoso.

latente adj. Se dice de lo que existe pero oculto y escondido: *había una tensión latente en el ambiente.* ‖ **FAM.** latencia.

lateral adj. Que está a un lado: *asiento lateral.* ‖ Lo que no viene por línea recta: *la rama lateral de una dinastía.* ‖ En fon., se dice del sonido articulado en cuya pronunciación la lengua sólo deja pasar el aire por sus lados; como en la *l* y la *ll*. ‖ m. Cada uno de los lados de algo: *en este lateral irá la estantería.* ‖ **FAM.** lateralmente.

látex m. Líquido lechoso que se extrae del tronco de ciertos árboles, del que se obtienen sustancias muy diversas, como el caucho, la gutapercha, etc.

latido m. Cada uno de los golpes producidos por el movimiento alternativo de dilatación y contracción del corazón. ‖ Sensación dolorosa intermitente: *siento un latido en las sienes.* ‖ **FAM.** latir.

latifundio m. Finca rústica de gran extensión que pertenece a un solo dueño. ‖ **FAM.** latifundismo, latifundista.

latigazo m. Golpe dado con el látigo y chasquido que produce. ‖ Represión áspera e inesperada. ‖ Trago de bebida alcohólica: *se echó un latigazo de coñac para combatir el frío.*

látigo m. Azote que consiste en una vara de la que sale una correa con la que se aviva o castiga a las caballerías especialmente. ‖ Atracción de feria, de movimiento casi circular, cuyas sacudidas en las curvas se asemejan a latigazos. ‖ **FAM.** latigazo, latiguear, latiguillo.

latiguillo m. Voz o frase que se repite por costumbre al hablar o escribir. ‖ Exageración en la forma de actuar o hablar de alguien para llamar la atención o provocar el aplauso.

latín m. Lengua que se hablaba en la antigua comarca italiana llamada Lacio, que dio lugar a las llamadas lenguas románicas. ‖ Voz o frase latina empleada al hablar o escribir en español. Más en pl. ‖ **bajo latín** El escrito después de la caída del Imperio romano y durante la Edad Media. ‖ **latín clásico** El de los escritores del siglo de oro de la literatura latina. ‖ **latín vulgar** El hablado por el vulgo de los pueblos romanizados, que constituye el antecedente directo de las lenguas romances. ‖ **saber latín, o mucho latín** loc. Ser astuto o muy listo. ‖ **FAM.** latinajo, latinear, latinidad, latiniparla, latinismo, latinista, latinizar, latino.

latinajo m. desp. Latín malo y macarrónico. ‖ Voz o frase latina usada en castellano. Más en pl.

latiniparla f. Lenguaje de los que emplean con pedantería voces latinas, hablando o escribiendo en español o en otro idioma que no sea el latino.

latinismo m. Empleo de construcciones o giros latinos en otro idioma.

latino, na adj. y s. Del Lacio. También s. ‖ Relativo a la lengua latina. ‖ Relativo a la Iglesia romana o de Occidente. ‖ Se dice de los pueblos de Europa en que se hablan lenguas derivadas del latín, de sus hablantes y de lo relativo a ellos. Apl. a pers., también s. ‖ **FAM.** latinoamericano.

latinoamericano, na adj. y s. De Latinoamérica.

latir intr. Dar latidos el corazón, las arterias, etc. ‖ Existir algo ocultamente, sin manifestarse con claridad: *en sus palabras latía el odio.*

latitud f. Distancia que hay desde un punto de la superficie terrestre al ecuador, contada por los grados de su meridiano. ‖ Distancia, contada en grados, que hay desde la Eclíptica

a cualquier punto considerado en la esfera celeste hacia uno de los polos. ‖ Anchura de una cosa o figura plana, frente a longitud. ‖ Toda la extensión de un país o territorio. ‖ **FAM.** latitudinal.

lato, ta adj. Dilatado, extendido. ‖ Se apl. al sentido extenso, no literal, que se da a las palabras. ‖ **FAM.** latifundio, latitud.

latón m. Aleación de cobre y cinc. ‖ **FAM.** latonería, latonero.

latoso, sa adj. y s. Fastidioso, molesto, pesado.

latría f. Reverencia y adoración que sólo se debe a Dios. ‖ Como sufijo significa *adoración*: egolatría.

latrocinio m. Hurto o costumbre de hurtar o defraudar.

laúd m. Instrumento musical de cuerda con la caja de resonancia oval, cóncava y prominente.

láudano m. Preparación compuesta de vino blanco, opio, azafrán y otras sustancias, que se empleaba como calmante del dolor.

laudo m. Decisión o fallo que dictan los árbitros en un conflicto.

laurel m. Árbol siempre verde, con tronco liso, flores blancas pequeñas, fruto en baya negruzca cuyas hojas son muy usadas para condimento. ‖ Corona, triunfo, premio: *saboreó los laureles de la victoria.* ‖ **FAM.** laurear, lauredal, láureo, lauro.

laurencio m. Elemento químico radiactivo del grupo de los actínidos. Su símbolo es *Lw*.

lauro m. Laurel, árbol. ‖ Gloria, alabanza, triunfo.

lava f. Material rocoso fundido que arrojan los volcanes.

lavabo m. Pila y grifos donde uno se lava sobre todo la cara, las manos y los dientes. ‖ Cuarto donde se instala. ‖ Por ext., cualquier cuarto de baño o servicio públicos: *por favor, ¿dónde están los lavabos?*

lavacoches com. Persona encargada de limpiar los coches en los garajes y estaciones de servicio. ♦ No varía en pl.

lavadero m. Lugar, pila o recipientes utilizados habitualmente para lavar, sobre todo la ropa. ‖ Instalaciones para el lavado o preparación de los minerales.

lavado m. Acción y efecto de lavar o lavarse: *hoy tengo que hacer varios lavados.*

lavafrutas m. Recipiente con agua que se pone en la mesa al final de la comida para lavar algunas frutas y enjuagarse los dedos. ♦ No varía en pl.

lavanda f. Espliego. ‖ Perfume que se obtiene de esta planta. ‖ **FAM.** lavándula.

lavandería f. Establecimiento industrial para el lavado de la ropa.

lavandina f. *amer.* Lejía, blanqueador de la ropa.

lavaojos m. Copita de cristal cuyo borde se adapta a la órbita del ojo para aplicarle un líquido medicamentoso. ♦ No varía en pl.

lavaplatos m. Lavavajillas. ‖ com. Persona cuyo oficio consiste en lavar platos. ♦ No varía en pl.

lavar tr. Limpiar algo o a alguien con agua u otro líquido. También prnl.: *lavarse las manos*. ‖ Purificar, quitar un defecto, mancha o deshonor: *no consiguió lavar su nombre de sospechas*. ‖ intr. Prestarse un tejido mejor o peor al lavado: *esta tela lava bien*. ‖ **FAM.** lavable, lavabo, lavacoches, lavada, lavadero, lavado, lavador, lavadura, lavafrutas, lavaje, lavamanos, lavamiento, lavandería, lavandero, lavaojos, lavaplatos, lavarropas, lavativa, lavatorio, lavavajillas, lavazas, lavotear.

lavativa f. Enema. ‖ Jeringa o cualquier instrumento manual que sirve para ponerlo.

lavatorio m. Acción de lavar o lavarse. ‖ Ceremonia de lavar los pies a algunos pobres, que se hace el Jueves Santo. ‖ Ceremonia que hace el sacerdote en la misa lavándose los dedos después de haber preparado el cáliz. ‖ *amer.* Jofaina, palangana. ‖ *amer.* Lavabo, mueble especial donde se pone la palangana. ‖ *amer.* Cuarto de baño.

lavavajillas m. Máquina para lavar vajilla, cubertería y batería de cocina. ‖ Detergente que se usa para lavar a mano la vajilla. ♦ No varía en pl.

laxante adj. Que laxa. ‖ Se dice del medicamento o de cualquier alimento que sirve para facilitar la evacuación del vientre.

laxo, xa adj. Flojo. ‖ Se dice de la moral relajada o de la persona de conducta poco estricta. ‖ **FAM.** laxación, laxamiento, laxante, laxativo, laxismo, laxista, laxitud

lay m. Composición poética de la Edad Media, en provenzal o en francés, que cuenta leyendas o historias amorosas, generalmente en versos octosílabos. ♦ pl. *layes*.

laya f. Instrumento de hierro con cabo de madera, que sirve para labrar la tierra y revolverla. ‖ Calidad, especie, clase: *esto es de la misma laya*.

lazada f. Atadura o nudo que se deshace con sólo tirar de un extremo. ‖ Lazo de cuerda o cinta.

lazareto m. Establecimiento sanitario para aislar a los infectados o sospechosos de enfermedades contagiosas. ‖ Hospital de leprosos.

lazarillo adj. y m. Que guía a un ciego o persona necesitada: *perro lazarillo*.

lazo m. Atadura o nudo de cinta o cosa semejante que adorna o sujeta algo. ‖ Adorno o cualquier otra cosa que imita la forma del lazo. ‖ Cuerda o trenza con un nudo corredizo en uno de sus extremos, para sujetar toros, caballos, etc. ‖ Unión, vínculo, obligación. Más en pl.: *rompió todos sus lazos y se fue a la aventura*. ‖ **FAM.** lacear, lacería, lacero, lazada, lazar.

le Pronombre personal de tercera persona en género masculino o femenino y número singular, que funciona como comp. indirecto. ♦ Está aceptado el empleo de este pronombre como comp. directo masculino de persona: *no le llamé*, en vez de *no lo llamé*.

leal adj. Se apl. a la persona, comportamiento, actitud o acción fiel, que no engaña a personas o cosas. También com. ‖ Se apl. a algunos animales domésticos, como el perro y el caballo, que siguen a su amo con fidelidad. ‖ Fidedigno, verídico y legal. ‖ **FAM.** lealmente, lealtad.

lealtad f. Cualidad de fiel.

leasing (voz i.) m. Operación financiera que consiste en el alquiler de los bienes necesarios con opción a comprarlos al final del contrato.

lebeche m. En el litoral del Mediterráneo, viento sudoeste, cálido y muy seco.

lebrel, la adj. y s. Se dice de cierto perro de labio superior y orejas caídas, hocico recio, lomo recto y piernas retiradas hacia atrás, que resulta muy útil para cazar liebres.

lebrillo m. Vasija de barro vidriado, plata u otro metal, más ancha por el borde que por el fondo.

lección f. Conjunto de conocimientos que alguien expone para enseñarlos a otros. ‖ Cada una de las divisiones de un libro de texto o de una materia que se está enseñando. ‖ Enseñanza, o advertencia: *nos dio una buena lección*. ‖ **FAM.** lectivo.

lechada f. Masa de cal o yeso para blanquear paredes. ‖ Masa a que se reduce el trapo moliéndolo para hacer papel. ‖ Líquido que tiene en disolución cuerpos insolubles muy divididos.

lechal adj. Se dice del animal que aún mama, en especial el cordero. También m. ‖ Se dice de las plantas y frutos que tienen un zumo blanco semejante a la leche. ‖ m. Este mismo zumo.

lechazo m. Cordero lechal.

leche f. Líquido blanco que segregan las mamas de las hembras de los mamíferos y que sirve de alimento. ‖ Látex. ‖ Jugo blanco que se extrae de algunas semillas. ‖ Crema líquida que tiene diferentes usos en cosmética: *leche limpiadora, hidratante*. ‖ vulg. Golpe, bofetada: *se dieron una leche...* ‖ pl. vulg. Bobadas, tonterías: *déjate de leches.* ‖ **leche condensada** La concentrada, con azúcar que le da consistencia. ‖ **a toda leche** loc. A toda velocidad. ‖ **de leche** loc. adj. Pospuesta a nombres de animales, significa que éstos maman todavia: *ternera de leche.* ‖ Pospuesta a nombres de hembras de animales, significa que éstas dan leche para el consumo humano: *vacas de leche.* ‖ **mala leche** loc. Mala intención, mal humor. ‖ **FAM.** lecha, lechada, lechal, lechazo, lechecillas, lechería, lechero, lechón, lechoso.

lechero, ra adj. Que contiene leche o alguna de sus propiedades. ‖ Se dice de las hembras de animales que se tienen para que den leche: *vaca lechera.* ‖ m. y f. Persona que vende leche. ‖ f. Vasija en que se tiene o sirve la leche.

lechigada f. Conjunto de crías de un animal que han nacido de un mismo parto.

lecho m. Cama. ‖ Cauce, madre del río. ‖ Fondo del mar o de un lago. ‖ En geol., capa de los terrenos sedimentarios. ‖ Superficie de una piedra sobre la cual se ha de asentar otra. ‖ **FAM.** lechigada.

lechón, na m. y f. Cochinillo de leche. ‖ Por ext., puerco de cualquier tiempo.

lechoso, sa adj. Que tiene cualidades o apariencia de leche. ‖ Se dice de las plantas y frutos que tienen látex.

lechucear intr. Estar continuamente picando o comiendo golosinas. ‖ *amer.* Trabajar por la noche. ‖ *amer.* Espiar. ‖ **FAM.** lechuzo.

lechuga f. Planta herbácea compuesta de flores amarillentas, fruto seco, con una sola semilla y hojas grandes, radicales, blandas, de distintas formas, que se comen en ensalada o guisadas. ‖ **FAM.** lechugino.

lechuguino m. Lechuga pequeña antes de ser trasplantada. ‖ Hombre joven demasiado arreglado y presumido. También adj.

lechuza f. Ave rapaz nocturna, con plumaje muy suave, pardo amarillento, cabeza redonda, pico corto y encorvado en la punta y ojos grandes, brillantes y de iris amarillo. Se alimenta ordinariamente de insectos y de pequeños mamíferos roedores. ‖ *amer.* Prostituta. ‖ adj. *amer.* Se dice del individuo albino. También f. ‖ **FAM.** lechucear.

lechuzo, za adj. y s. Que lechucea. ‖ Se dice de la persona que se parece a la lechuza en algo. ‖ m. Hombre poco listo.

lectivo, va adj. Se dice de los días docentes del año académico.

lector, ra adj. y s. Que lee. ‖ m. y f. Persona que enseña su propia lengua en una universidad extranjera como profesor auxiliar. ‖ En las editoriales, persona que examina los originales recibidos y asesora sobre ellos. ‖ m.

Aparato para leer microfilmes o microfichas. ‖ **FAM.** lectorado.

lectura f. Acción de leer: *dedica mucho tiempo a la lectura.* ‖ Obra o cosa leída: *esta lectura no tiene desperdicio.* ‖ Interpretación del sentido de un texto: *esta frase tiene varias lecturas.* ‖ Exposición de un tema sorteado en oposiciones que previamente se ha elaborado. ‖ Cultura o conocimientos de una persona. Más en pl. ‖ Control e interpretación de los datos de un contador: *la lectura del gas.* ‖ Reproducción de señales acústicas grabadas en cualquier soporte. ‖ Extracción de la información contenida en la memoria de un ordenador para transmitirla a un registro exterior.

leer tr. Pasar la vista por lo escrito o impreso entendiendo los signos: *ya sabe leer.* ‖ Interpretar un texto: *en la novela se lee una crítica social.* ‖ Exponer en público un opositor el tema que previamente ha elaborado: *le toca leer mañana.* ‖ Descifrar música y convertirla en sonidos. ‖ Interpretar lo que se percibe adivinando el sentido o sentimiento interior: *en sus gestos se leía un profundo desencanto.* ‖ **FAM.** lección, lector, lectura, legible, leíble, leyenda. ♦ **Irreg.** Conjugación modelo:

Indicativo
Pres.: *leo, lees, lee,* etc.
Imperf.: *leía, leías, leía,* etc.
Pret. indef.: *leí, leíste, leyó, leímos, leísteis, leyeron.*
Fut. imperf.: *leeré, leerás, leerá,* etc.

Potencial: *leería, leerías, leería* , etc.

Subjuntivo
Pres.: *lea, leas, lea,* etc.
Imperf.: *leyera* o *leyese, leyeras* o *leyeses, leyera* o *leyese, leyéramos* o *leyésemos, leyerais* o *leyeseis, leyeran* o *leyesen.*
Fut. imperf.: *leyere, leyeres, leyere,* etc.

Imperativo: *lee, leed.*

Participio: *leído.*

Gerundio: *leyendo.*

legación f. Empleo o cargo de legado. ‖ Cargo que da un Gobierno a un individuo para que lo represente en un país extranjero. ‖ Mensaje o negocio que se encarga a un legado. ‖ Conjunto de los empleados que el legado tiene a sus órdenes. ‖ Casa u oficina del legado.

legado m. Lo que deja en su testamento un testador: *dejó un cuantioso legado.* ‖ Lo que se deja o transmite a cualquier sucesor: *el romanticismo hizo suyo el legado medieval.* ‖ Representante de un Gobierno ante otro extranjero. ‖ Enviado del papa para que le represente en un determinado asunto.

legajo m. Conjunto de papeles atados por tratar de una misma materia.

legal adj. Prescrito por ley y conforme a ella. ‖ Fiel y recto en el cumplimiento de las funciones de su cargo, leal. ‖ FAM. legalidad, legalismo, legalizar, legalmente.

legalista adj. y com. Que antepone a cualquier otra consideración la aplicación literal de las leyes. ‖ FAM. legalismo.

legalizar tr. Dar estado legal a una cosa: *legalizar un partido político*. ‖ Comprobar y certificar la autenticidad de un documento o de una firma. ‖ FAM. legalizable, legalización.

légamo m. Barro, cieno o lodo pegajoso. ‖ FAM. legamoso.

legaña f. Secreción del lagrimal que se seca en el borde de los párpados. ‖ FAM. legañoso.

legar tr. Dejar a una persona algo en el testamento: *legó su biblioteca al municipio*. ‖ Transmitir ideas, artes, etc. ‖ Enviar a uno de legado. ‖ FAM. legación, legado, legatario.

legendario, ria adj. Relativo a las leyendas: *temas legendarios*. ‖ Vivo sólo en las leyendas: *un monstruo legendario*. ‖ Por ext., se dice de las personas o cosas fabulosas, fantásticas, o que dan que hablar: *consiguió un triunfo legendario*.

legible adj. Que se puede leer. ‖ FAM. legibilidad.

legión f. Cuerpo de tropa romana compuesto de infantería y caballería. ‖ Nombre de ciertos cuerpos de tropas, compuestos por soldados profesionales. ‖ Número indeterminado y copioso de personas y espíritus: *le rodeaba una legión de admiradores*. ‖ FAM. legionario.

legionella f. Enfermedad producida por una bacteria del mismo nombre caracterizada por la aparición de fiebre, neumonía, congestión, y que en ocasiones puede producir la muerte del afectado.

legislación f. Conjunto de leyes de un Estado, o sobre una materia determinada: *legislación laboral, mercantil*. ‖ Acción de legislar.

legislar tr. Dar, hacer o establecer leyes. ‖ FAM. legislable, legislación, legislatura.

legislativo, va adj. Se apl. al derecho o la facultad de hacer leyes: *poder legislativo*. ‖ Perteneciente o relativo a la legislación o a los legisladores: *orden legislativa*. ‖ Se dice del cuerpo o código de leyes. ‖ Autorizado por una ley.

legislatura f. Periodo durante el cual funcionan los cuerpos legislativos de una nación. ‖ Periodo de sesiones de Cortes durante el que subsisten la mesa y las comisiones permanentes elegidas en cada cuerpo colegislador. ‖ amer. Sesión o asamblea legislativa.

legitimar tr. Probar la legitimidad de una persona o cosa: *su firma legitima el documento*. ‖ Hacer legal o lícito algo. ‖ Capacitar a alguien para desempeñar un oficio o cargo. ‖ Hacer legítimo al hijo que no lo era. ‖ FAM. legitimación, legitimar.

legitimista adj. y com. Partidario de un príncipe o de una dinastía, por creer que tiene derecho legítimo para reinar. ‖ FAM. legitimismo.

legítimo, ma adj. Conforme a las leyes y a la justicia: *demostró ser el propietario legítimo del terreno*. ‖ Justo: *ha sido una decisión legítima*. ‖ Genuino, verdadero: *es un Dalí legítimo*. ‖ f. Parte de la herencia de la que el testador no puede disponer libremente, porque la ley la asigna a determinados herederos. ‖ FAM. legítimamente, legitimar, legitimidad, legitimista.

lego, ga adj. y s. Seglar. ‖ Falto de instrucción en una materia determinada: *soy lego en derecho mercantil*. ‖ Se dice de la persona de una comunidad religiosa que aun siendo profeso no tiene opción a las órdenes sagradas. También m.

legrado, da m. En cir., acción y efecto de raspar la superficie de los huesos o la mucosa del útero. ‖ FAM. legra, legrar.

legrar tr. En cir., efectuar un legrado.

legua f. Medida de longitud que equivale a 5.572,7 m. ‖ **a la legua** loc. adv. Desde muy lejos, a gran distancia: *se ve a la legua que está enamorado*.

leguleyo, ya m. y f. desp. Persona que trata de leyes sin conocerlas bien.

legumbre f. Todo género de fruto o semilla que se cría en vainas. ‖ Por ext., cualquier planta que se cultiva en las huertas. ‖ FAM. leguminoso.

leguminoso, sa adj. y f. Se dice de las hierbas, matas, arbustos y árboles angiospermos dicotiledóneos, con fruto en legumbre con varias semillas sin albumen. ‖ f. pl. Familia de estas plantas.

lehendakari (voz vasc.) m. Nombre que recibe el presidente del Gobierno autónomo.

leído, da adj. Se dice del que ha leído mucho o de la publicación con muchos lectores: *la novela más leída del año*. ‖ Se dice de la persona culta y erudita: *es un hombre muy leído*. ‖ f. Acción de leer. ‖ **leído y escribido** loc. adj. Se dice de la persona que presume de instruida.

leísmo m. Empleo de la forma de dativo *le* del pronombre personal como acusativo masculino singular: *me le encontré el otro día en* lugar de *me lo encontré el otro día*. ♦ Cuando el complemento directo es de persona, su uso está admitido. ‖ FAM. leísta.

leitmotiv (voz alemana) m. Asunto central que se repite a lo largo de una composición musical. ‖ Tema central de un discurso, obra, conversación etc.

lejanía f. Lugar remoto o distante: *una columna de humo se levantaba en la lejanía*.

lejano, na adj. Distante en el espacio, en el tiempo o en la relación personal. ‖ FAM. lejanía.

lejía f. Solución de hidróxido sódico o potásico de gran poder desinfectante y blanqueador.

lejos adv. l. y t. A gran distancia, en lugar o tiempo distante o remoto: *estamos todavía lejos de conseguirlo*. ‖ **lejos de** loc. prepos. seguida de inf. En vez de, en lugar de: *lejos de mejorar, su estado empeoró*. ‖ FAM. lejano.

lelo, la adj. y s. Pasmado, simple.

lema m. Frase que expresa un pensamiento que sirve de guía para la conducta de alguien o para un asunto determinado: *su lema es: quien ríe el último ríe mejor*. ‖ Letra o mote que se pone en los emblemas. ‖ Contraseña que precede a las composiciones literarias presentadas a un concurso.

lemosín, na adj. Natural de Limoges o de la antigua provincia de Francia de la que era capital. ‖ Perteneciente o relativo a ellas. ‖ m. Lengua provenzal, lengua de oc.

lempira f. Unidad monetaria de Honduras.

lémur m. Género de mamíferos primates, con cara parecida al perro y cola muy larga, frugívoros y propios de Madagascar. ‖ pl. En mit., genios maléficos en los que creían los romanos y etruscos. ‖ Fantasmas, duendes.

lencería f. Ropa interior femenina y tienda en donde se vende. ‖ Ropa blanca de la casa. ‖ FAM. lencero.

lengua f. Órgano muscular situado en la cavidad de la boca del los vertebrados y que sirve para gustar, para deglutir y para articular los sonidos de la voz. ‖ Por ext., cualquier cosa larga y estrecha de forma parecida a la de este órgano: *una lengua de fuego*. ‖ Sistema de comunicación y expresión verbal propio de un pueblo o nación, o común a varios: *domina varias lenguas*. ‖ Vocabulario y gramática peculiares de una época, de un escritor o de un grupo social: *la lengua de la calle*. ‖ **lengua de oc** La que antiguamente se hablaba en el mediodía de Francia. ‖ **lengua de oíl** Francés antiguo, o sea lengua hablada antiguamente en Francia al norte del Loira. ‖ **malas lenguas** El conjunto de los que murmuran y calumnian a los demás. ‖ **morderse** uno **la lengua** loc. Con-

tenerse y no decir lo que se quisiera. ‖ **tirar de la lengua** a uno loc. Provocarle para que diga algo que debería callar. ‖ FAM. lenguado, lenguaje, lenguaraz, lengüeta, lengüetada, lengüetazo, lengüetear, lingual, lingüística.

lenguado m. Pez teleósteo de cuerpo casi plano, muy comprimido y carne comestible muy fina.

lenguaje m. Conjunto de sonidos articulados con que las personas manifiestan lo que piensan o sienten. ‖ Idioma hablado por un pueblo o nación, o por parte de ella: *se dirigió a ellos en un lenguaje que desconocían*. ‖ Manera de expresarse: *utilizó un lenguaje ofensivo*. ‖ Estilo y modo de hablar o de escribir de cada uno: *tiene un lenguaje muy cuidado*. ‖ Uso del habla o facultad de hablar. ‖ Conjunto de señales que dan a entender cualquier cosa: *el lenguaje de las flores, de los animales*. ‖ En inform., sistema de caracteres y reglas con los que se programa un ordenador.

lenguaraz adj. y com. Deslenguado, atrevido en el hablar.

lengüeta f. Tira de piel que suelen tener los zapatos en la parte del cierre por debajo de los cordones. ‖ Laminilla movible de metal u otra materia de algunos instrumentos de viento. ‖ Epiglotis. ‖ Fiel de la balanza, especialmente el de la romana.

lengüetear intr. Sacar la lengua repetidamente y con movimiento rápidos. ‖ amer. Hablar mucho y sin sentido. ‖ FAM. lengüeteo.

lenidad f. Blandura, falta de severidad. ‖ FAM. lenificar, lenitivo.

lenificar tr. Suavizar, ablandar. ‖ Mitigar un sufrimiento o un dolor físico: *esta indemnización no puede lenificar su pérdida*. ‖ FAM. lenificación.

leninismo m. Doctrina política de Lenin, quien, siguiendo el marxismo, sentó las bases del comunismo soviético. ‖ FAM. leninista.

lenitivo, va adj. Que tiene virtud de ablandar y suavizar. ‖ m. Medicamento que ablanda o calma el dolor de una herida. ‖ Medio para mitigar el sufrimiento.

lenocinio m. Acción de servir de intermediario en las relaciones sexuales de una pareja. ‖ Oficio de alcahuete. ‖ **casa de lenocinio** Casa de prostitución.

lente amb. Cristal con caras cóncavas o convexas, que se emplea en varios instrumentos ópticos. Más c. f. ‖ Cristal de aumento, lupa. Más c. f. ‖ m. pl. Gafas. ‖ **lente de contacto** Disco pequeño de materia plástica o vidrio, cóncavo por un lado y convexo por el otro, que se fija directamente sobre la córnea para corregir los vicios de refracción del ojo. ‖ FAM. lentilla.

lenteja f. Planta herbácea anual, de hojas lanceoladas, flores blancas con venas moradas y fruto en vaina pequeña, con dos o tres semillas pardas en forma de disco. ‖ Fruto de esta planta. ‖ **FAM.** lente, lentejuela, lenticular.

lentejuela f. Planchita redonda de metal u otro material brillante que se usa, como adorno, en los bordados.

lenticular adj. De forma parecida a la semilla de la lenteja. ‖ m. Pequeña apófisis del yunque, mediante la que se articula con el estribo. También adj.: *apófisis lenticular*.

lentilla f. Lente de contacto.

lentisco m. Arbusto siempre verde, con tallos leñosos, hojas divididas en hojuelas, flores pequeñas amarillentas o rojizas, y fruto en drupa, primero roja y después negruzca. Su madera roja se emplea en ebanistería.

lentitud f. Tardanza, calma.

lento, ta adj. Tardo y pausado: *este caballo es muy lento*. ‖ Poco vigoroso, poco intenso: *fuego lento*. ‖ adv. m. Con lentitud: *habla más lento, que no te entiendo*. ‖ **FAM.** lentamente, lentitud.

leña f. Ramas y trozos de madera seca que se emplean para hacer fuego. ‖ Castigo, paliza. ‖ **FAM.** leñador, leñero, leño, leñoso.

leñador, ra m. y f. Persona cuyo oficio consiste en cortar leña.

leñazo m. Golpe dado con un leño, y por ext., cualquier golpe fuerte: *nos dimos un leñazo contra una farola*.

leñera f. Sitio o mueble destinado para guardar leña.

leño m. Trozo de árbol después de cortado y limpio de ramas. ‖ Parte sólida de los árboles bajo la corteza. ‖ Persona de poco talento y habilidad. ‖ **FAM.** leñazo.

leñoso, sa adj. De leña o con las propiedades de la madera: *fruta leñosa*.

leo m. Quinto signo del Zodiaco, que el sol recorre aparentemente desde el 22 de julio hasta el 22 de agosto. ‖ Constelación zodiacal que se halla delante del mismo signo y un poco hacia el Oriente. ♦ En estas dos acepciones se escribe con mayúscula. ‖ com. Persona que ha nacido bajo este signo.

león, na m. y f. Mamífero carnívoro félido, de pelaje entre amarillo y rojo, cabeza grande, dientes y uñas muy fuertes y cola larga. La hembra carece de la abundante melena característica de la cabeza del macho. ‖ Persona audaz y valiente. ‖ *amer.* Especie de tigre de pelo leonado, puma. ‖ **león marino** Mamífero marino de unos 3 m de longitud, con pelaje largo y espeso, una especie de cresta carnosa y móvil en lo alto de la cabeza, y las patas traseras transformadas en aletas. ‖ **FAM.** leo, leonado, leonera, leonino, leopardo.

leonado, da adj. De color rubio oscuro.

leonera f. Lugar en que se tiene encerrados los leones. ‖ Habitación o lugar muy desordenado habitualmente.

leonino, na adj. Relativo al león. ‖ Se dice del contrato en el que todas las ventajas se atribuyen a una de las partes, debiendo la otra satisfacer unas condiciones durísimas.

leontina f. Cinta o cadena colgante del reloj de bolsillo.

leopardo m. Mamífero carnicero de 1,5 m de longitud de pelo amarillo rojizo con manchas negras y redondas, cuerpo estilizado y muy ágil. Vive en los bosques de Asia y África.

leotardo m. Prenda de vestir parecida a las medias que sube hasta la cintura. Suele ser de lana o algún tejido de abrigo. Más en pl.

Lepe (por alusión a don Pedro de Lepe, obispo de Calahorra) En la loc. **saber más que Lepe** o **que Lepe, Lepijo y su hijo** Ser muy perspicaz, saber mucho.

lépero, ra adj. *amer.* Se dice del individuo soez, ordinario. También s. ‖ *amer.* Astuto, perspicaz. ‖ *amer.* Persona muy pobre, sin recursos.

lepidóptero adj. y m. Se dice de los insectos con antenas largas, ojos compuestos, boca chupadora y cuatro alas cubiertas de membranitas imbricadas, como la mariposa. ‖ m. pl. Orden de estos insectos.

leporino, na adj. Perteneciente o relativo a la liebre. ‖ Se dice del labio superior que, por malformación congénita, está partido como el de la liebre.

lepra f. Infección crónica producida por el bacilo de Hansen, caracterizada por lesiones de la piel, nervios y vísceras. ‖ **FAM.** leprosario, leprosería, leproso.

lerdo, da adj. Lento y torpe para comprender y hacer algo. ‖ Pesado y torpe de movimientos.

lesbiano, na adj. Lesbio. ‖ Se dice del amor o el tipo de relación que se establece entre mujeres homosexuales. ‖ f. Mujer homosexual. ‖ **FAM.** lesbianismo, lésbico.

lesbio, bia adj. Natural de Lesbos. También s. ‖ Perteneciente o relativo a esta isla griega.

lesión f. Daño corporal por un golpe, una enfermedad, etc. ‖ Cualquier daño o perjuicio: *esta prohibición es una lesión a mis derechos*. ‖ **FAM.** lesionador, lesionar, lesivo, leso.

lesivo, va adj. Que causa o puede causar lesión: *esa decisión es lesiva para mis intereses*.

leso, sa adj. Agraviado, lastimado, ofendido. Se apl. principalmente a lo que ha sido dañado u ofendido: *un crimen de lesa humanidad.* ‖ Se dice del entendimiento o de la imaginación, turbado, trastornado. ‖ *amer.* Tonto, necio, de pocos alcances.

letal adj. Mortífero, capaz de ocasionar la muerte: *veneno letal.*

letanía f. Rogativa hecha a Dios, la Virgen y los santos formada por una serie de invocaciones ordenadas. También pl. ‖ Lista, retahíla, enumeración seguida de muchos nombres, locuciones o frases.

letargo m. Periodo de tiempo en que algunos animales permanecen en inactividad y reposo absoluto. ‖ Somnolencia profunda y prolongada que constituye el síntoma de varias enfermedades nerviosas, infecciosas o tóxicas. ‖ Torpeza, modorra, inactividad: *a ver si esta noticia le saca de su letargo.* ‖ FAM. letárgico.

letífico, ca adj. Que alegra.

letra f. Signo o figura con que se representan los sonidos o articulaciones de un idioma. ‖ Esos mismos sonidos o articulaciones. ‖ Forma de la letra o modo particular de escribir según la persona, el tiempo, el lugar, etc.: *no consigo descifrar su letra.* ‖ Texto escrito que junto con la música compone una canción. ‖ pl. Conjunto de las ciencias humanísticas que, por su origen y tradición literaria, se distinguen de las exactas, físicas y naturales. ‖ **letra de cambio** Documento mercantil por el que alguien (librador) da orden a otro (librado) de que pague a un tercero (tenedor) una cantidad de dinero en una fecha determinada. ‖ **al pie de la letra** loc. Literalmente: *todo se lo toma al pie de la letra.* ‖ Exactamente, sin añadir ni quitar nada: *hay que copiarlo al pie de la letra.* ‖ FAM. letrado, letrero, letrilla.

letrado, da adj. Sabio, instruido: *es un hombre muy letrado.* ‖ m. y f. Abogado o juez.

letrero m. Palabra o conjunto de palabras escritas para indicar o dar a conocer algo.

letrilla f. Composición poética de versos cortos a la que suele ponerse música. ‖ Composición poética dividida en estrofas, al final de cada cual se repite un estribillo.

letrina f. Lugar destinado en las casas para verter las inmundicias y expeler los excrementos. ‖ Cosa sucia y repugnante.

leu m. Unidad monetaria de Rumanía. ♦ pl. *lei.*

leucemia f. Enfermedad grave que se caracteriza por el aumento permanente de leucocitos en la sangre y la hipertrofia y proliferación de uno o varios de los órganos linfoides (médula, bazo y ganglios linfáticos).

leucocito m. Glóbulo blanco de la sangre que forma parte de los sistemas de defensa del organismo.

lev m. Unidad monetaria de Bulgaria. ♦ pl. *leva.*

leva f. Salida de las embarcaciones del puerto. ‖ Recluta o enganche de gente para el servicio militar.

levadizo, za adj. Que se levanta o puede levantarse con la ayuda de algún mecanismo: *puente levadizo.*

levadura f. Cierto tipo de hongos unicelulares que actúan como fermento alcohólico y en la elaboración del pan. ‖ Cualquier masa constituida por ellos capaz de hacer fermentar el cuerpo con el que se mezcla: *levadura de cerveza.*

levantar tr. y prnl. Mover de abajo hacia arriba: *lo levantó con un solo brazo.* También prnl. ‖ Poner una cosa en lugar más alto: *levanta un poco ese estante.* ‖ Poner derecha o en posición vertical a persona o cosa: *ayúdame a levantar la escalera.* ‖ Separar una cosa de otra sobre la cual descansa o está adherida: *no te levantes la venda todavía.* ‖ Dirigir hacia arriba: *levantar la mirada, el dedo.* ‖ Rebelar, sublevar: *el pueblo se levantó en armas.* ‖ Animar: *a ver si esto le levanta un poco.* ‖ Recoger o quitar una cosa de donde está: *levantar la tienda, los manteles.* ‖ Hacer que salte la caza y salga del sitio en que estaba. ‖ tr. Edificar: *están levantando unos apartamentos en ese solar.* ‖ Dar mayor fuerza a la voz. ‖ Suprimir penas o prohibiciones impuestas por la autoridad: *levantar una sanción.* ‖ prnl. Ponerse de pie: *que se levanten los que estén de acuerdo.* ‖ Dejar la cama el que estaba acostado. ‖ Sobresalir algo sobre una superficie o plano: *el castillo se levantaba sobre una loma.* ‖ FAM. levantada, levantamiento, levante, levantisco.

levante m. Oriente. ‖ Viento que sopla de la parte oriental. ‖ Países de la parte oriental del Mediterráneo. ‖ Nombre genérico de las regiones mediterráneas de España, especialmente la Comunidad Valenciana y la de la región de Murcia. ♦ En esta acepción se escribe con mayúscula. ‖ FAM. levantino.

levante m. *amer.* Edad de un bovino comprendida entre el destete y la ceba. ‖ *amer.* Calumnia. ‖ *amer.* Motín, revuelta.

levar tr. Recoger el ancla. ‖ intr. Hacerse a la mar. ‖ FAM. leva, levadizo, levadura, levantar, levitar.

leve adj. Ligero, de poco peso o poca intensidad: *un tejido leve.* ‖ De poca importancia: *una falta leve.* ‖ FAM. levar, levedad, levemente.

leviatán m. Monstruo marino, descrito en el libro de Job, que suele interpretarse como la representación del demonio.

levita com. Israelita de la tribu de Leví. ‖ m.

Eclesiástico de grado inferior al sacerdote. ‖ **FAM.** levítico.

levita f. Vestidura masculina de etiqueta, más larga y amplia que el frac.

levitar intr. Elevarse en el espacio personas, animales o cosas sin intervención de agentes físicos conocidos. ‖ **FAM.** levitación.

levítico, ca adj. Perteneciente o relativo a los levitas. ‖ Aficionado a la Iglesia, o influido por ella. ‖ Uno de los libros del Antiguo Testamento de la Biblia.

levógiro, ra adj. Se dice del cuerpo o sustancia que desvía hacia la izquierda la luz polarizada.

lexema m. Unidad léxica mínima, que carece de morfemas (*sol*), o resulta de haber prescindido de ellos (*terr*, en *enterráis*), y que posee un significado semántico, no gramatical, como el morfema.

lexicalizar tr. y prnl. En ling., convertir en uso léxico general el que antes era figurado. ‖ En ling., hacer que un sintagma llegue a funcionar como una unidad léxica independiente: *con cajas destempladas* ha llegado a equivaler a adverbios como *ásperamente, airadamente* o *destempladamente*. ‖ **FAM.** lexicalización.

léxico, ca adj. Relativo a los lexemas o al vocabulario de una lengua o región. ‖ m. Vocabulario, conjunto de palabras de un idioma, de una región, actividad, etc. ‖ Repertorio de voces, modismos y giros de un autor. ‖ **FAM.** lexema, lexicalizar, lexicografía, lexicógrafo, lexicología.

lexicografía f. Técnica de componer léxicos o diccionarios. ‖ Parte de la lingüística que se ocupa de los principios teóricos en que se basa la composición de diccionarios. ‖ **FAM.** lexicográfico, lexicógrafo.

lexicología f. Estudio de las unidades léxicas de una lengua y de las relaciones sistemáticas que se establecen entre ellas. ‖ **FAM.** lexicológico, lexicólogo.

lexicón m. Diccionario, léxico.

ley f. Relación necesaria que rige dos o más fenómenos naturales; regla constante que expresa esta relación: *la ley de la gravedad*. ‖ Norma dictada por una autoridad en que se manda, regula o prohíbe una cosa. ‖ En un régimen constitucional, disposición votada por un órgano legislativo. ‖ Cuerpo del derecho civil. ‖ Poder, autoridad: *la ley del más fuerte*. ‖ Lealtad, fidelidad, amor. ♦ Más con los verbos *tener* y *tomar*. ‖ Norma de conducta a la que se somete un grupo social: *aquí impera la ley de la selva*. ‖ **ley seca** La que prohíbe el tráfico y consumo de bebidas alcohólicas. ‖ **con todas las de la ley** loc. adv. Sin omisión de ninguno de los requisitos indispensables. ‖ **FAM.** legal, legislar, legista, legítimo, leguleyo.

leyenda f. Relación de sucesos imaginarios: *hay muchas leyendas sobre esta cueva*. ‖ Composición literaria en que se narran estos sucesos: *las leyendas de Bécquer*. ‖ Inscripción de monedas, escudos, lápidas, etc. ‖ Texto que acompaña un dibujo, lámina, mapa, foto, etc.: *la leyenda de esta ilustración está equivocada*. ‖ **FAM.** legendario.

lezna f. Instrumento que usan los zapateros para agujerear y coser el cuero.

liana f. Nombre que se aplica a diversas plantas trepadoras de las selvas tropicales. ‖ Por ext., enredadera o planta trepadora de otras zonas.

liar tr. Atar y asegurar un paquete. ‖ Envolver una cosa con papeles, cuerdas, cintas, etc. ‖ Confundir, enredar. También prnl.: *se me ha liado la madeja*. ‖ Engañar o persuadir a alguien: *no dejes que te líe otra vez*. ‖ prnl. Con la prep. *a*, ponerse a ejecutar algo con intensidad: *se lió a estudiar*. ‖ Tener una persona relaciones sexuales o amorosas con otra. ‖ Meterse en un problema: *también él está liado en el fraude*. ‖ Hablar mucho dando explicaciones innecesarias: *cuéntamelo, pero no te líes*.

libación f. Acción de libar. ‖ Ceremonia religiosa de los antiguos paganos, que consistía en derramar vino u otro licor después de probarlo.

libar tr. Chupar suavemente el jugo de una cosa: *las abejas liban el néctar de las flores*. ‖ Probar o catar un licor u otra bebida. ‖ **FAM.** libación.

libelo m. Escrito en que se denigra o insulta a personas o cosas. ‖ **FAM.** libelista.

libélula f. Insecto con cuatro alas transparentes y abdomen alargado, cuyas larvas viven en las aguas estancadas.

líber m. Tejido vegetal que transporta la savia de algunas plantas. ‖ **FAM.** liberiano.

liberación f. Acción de poner en libertad. ‖ Cancelación de una hipoteca y gravamen de un inmueble.

liberal adj. Partidario del liberalismo. También com. ‖ Tolerante, indulgente. ‖ Generoso. ‖ Que favorece las libertades individuales. ‖ Se dice de las profesiones intelectuales o artísticas que se ejercen por cuenta propia. ‖ **FAM.** liberalidad, liberalismo, liberalizar, liberalmente.

liberalidad f. Generosidad, desprendimiento.

liberalismo m. Doctrina política, económica y social que defiende la libertad individual y rechaza la intervención del Estado. ‖ **FAM.** liberalista.

liberalizar tr. Hacer liberal en el orden político a una persona o cosa: *liberalizar el comercio*. ‖ **FAM.** liberalización, liberalizador.

liberar tr. Poner en libertad a alguien o algo: *liberaron a los rehenes*. ‖ Eximir a uno de una obligación o compromiso: *le liberó de su promesa*. ‖ prnl. No prestar atención a las normas sociales o morales. ‖ **FAM.** liberación, liberado, liberador, liberatorio.

libérrimo, ma adj. Muy libre.

libertad f. Facultad que tiene el ser humano de obrar de una manera o de otra, y de no obrar. ‖ Estado o condición del que no está prisionero, o sujeto a otro: *libertad provisional*. ‖ Falta de coacción y subordinación. ‖ Confianza: *puedes contármelo con toda libertad*. ‖ Osada familiaridad. También pl.: *se toma muchas libertades con el jefe*. ‖ Falta de obligación: *tienes libertad para asistir*. ‖ Poder o privilegio que se otorga uno mismo: *me he tomado la libertad de traer un amigo*. ‖ **FAM.** libertar, libertario, liberticida, libertinaje, libertino, liberto.

libertar tr. Liberar, poner en libertad. También prnl. ‖ **FAM.** libertador.

libertinaje m. Actitud contraria a las normas de conducta morales o sociales. ‖ Desenfreno en el modo de obrar o de hablar.

libertino, na adj. Se apl. a la persona que actúa con libertinaje.

liberto, ta m. y f. En la antigua Roma, esclavo liberado.

libidinoso, sa adj. Lujurioso, lascivo.

libido f. Deseo o impulso sexual. ‖ **FAM.** libídine, libidinoso.

libra f. Peso antiguo usado en España, y que en Castilla equivalía a 460 gr. ‖ Unidad monetaria de Reino Unido (*libra esterlina*) y de otros países. ‖ Unidad de medida anglosajona. ‖ Con mayúscula, séptimo signo del Zodiaco, de 30 de amplitud, que el sol recorre aparentemente del 23 de septiembre al 22 de octubre. ‖ com. Persona nacida bajo este signo.

librado, da m. y f. Persona contra la que se gira una letra de cambio.

librador, ra m. y f. Persona que libra una letra de cambio.

libramiento m. Acción y efecto de librar. ‖ Orden que se da por escrito para que se pague una cantidad de dinero.

libranza f. Orden de pago que se da contra alguien que tiene fondos a disposición de la persona que la expide.

librar tr. Sacar a uno de un peligro, molestia, etc. También prnl.: *por fin me libré de él*. ‖ Emitir decretos, sentencias, órdenes, etc. ‖ Ex-

pedir letras de cambio, órdenes de pago, cheque, etc. ‖ **FAM.** librador.

pedir letras de cambio, órdenes de pago, cheque, etc. ‖ También prnl.: *se ha librado del servicio militar*. ‖ Sostener: *librar una batalla*. ‖ intr. Disfrutar de su día de descanso los empleados: *libra los martes*. ‖ Parir. ‖ **FAM.** librado, librador, libramiento, libranza.

libre adj. Que tiene facultad para obrar o no obrar. ‖ Que no está preso. ‖ Que no está sujeto ni sometido: *una nación libre*. ‖ Exento, dispensado: *libre de impuestos*. ‖ Se dice del tiempo de descanso o de ocio. ‖ Aplicado a un espacio o lugar, no ocupado, vacío: *¿está libre esta silla?* ‖ Se dice de la persona que no está comprometida con nadie. ‖ Independiente. ‖ Que carece de obstáculos, impedimentos, etc.: *deja libre el paso*. ‖ Que no está sujeto a ninguna regla: *su estilo es muy libre*. ‖ Se dice de la traducción que no se ciñe rigurosamente al texto original. ‖ **por libre** loc. adv. Con verbos como *ir, actuar, andar*, etc., sin someterse a las normas o costumbres establecidas. ‖ **FAM.** liberal, liberar, libertar, libero, libérrimo, libertad, librar, librecambio, librepensador.

librea f. Uniforme de gala que usan algunos empleados para desempeñar su oficio o profesión: *nos abrió la puerta un mayordomo de librea*. ‖ Pelaje o plumaje de ciertos animales.

librecambio m. Sistema económico que favorece el comercio internacional, suprimiendo especialmente los aranceles y aduanas. ‖ **FAM.** librecambismo, librecambista.

librepensador, ra adj. Se dice de la persona que reclama la independencia de la razón frente a cualquier dogma, especialmente religioso. También s. ‖ **FAM.** librepensamiento.

librería f. Establecimiento donde se venden libros. ‖ Mueble con estanterías para colocar libros. ‖ Ejercicio o profesión de librero.

librero, ra m. y f. Persona que tiene por oficio vender libros.

libresco, ca adj. Perteneciente o relativo al libro. ‖ Se dice de la persona, especialmente del escritor o autor, que se inspira o se basa en la lectura de libros, y no en la experiencia.

libreta f. Cuaderno pequeño para escribir anotaciones. ‖ Cartilla o documento donde se reflejan todas las operaciones de una cuenta bancaria.

libreto m. Texto escrito para una obra de teatro musical, como la ópera o la zarzuela. ‖ **FAM.** libretista.

libro m. Conjunto de hojas de papel manuscritas o impresas que, cosidas o encuadernadas, forman un volumen. ‖ Obra científica o literaria de bastante extensión para formar un volumen. ‖ Cada una de las partes en que suelen dividirse las obras científicas o literarias, y los códigos y leyes de gran extensión. ‖ Tercera de las cuatro cavidades en que se divide el estómago de los rumiantes. ‖ **libro de bolsillo** El de formato pequeño y, generalmente, de bajo precio. ‖ **libro de texto** El que usan los alumnos para estudiar una asignatura. ‖ **llevar los libros** Encargarse de la contabilidad de una empresa. ‖ **FAM.** libracho, libraco, librazo, librería, librero, libresco, libreta, libreto, librillo.

licantropía f. Trastorno mental en que el enfermo se imagina estar transformado en lobo e imita los aullidos de este animal. ‖ **FAM.** licántropo.

licencia f. Permiso para hacer una cosa: *pidió licencia para hablar.* ‖ Documento en que consta este permiso: *licencia de armas.* ‖ Autorización concedida a alguien para ausentarse de un empleo o de un cuartel militar: *le han dado licencia en el cuartel.* ‖ Exceso de libertad. ‖ Grado de licenciado. ‖ pl. Las que se dan a los eclesiásticos para celebrar, predicar, etc. ‖ *amer.* Permiso de conducir automóviles. ‖ **FAM.** licenciar, licencioso.

licenciado, da adj. Que ha sido declarado libre. También s. ‖ m. y f. Persona que ha obtenido el grado que le habilita para ejercer su profesión. ‖ Soldado que ha terminado el servicio militar. ‖ Tratamiento que se da a los abogados.

licenciar tr. Conferir el grado de licenciado. ‖ Dar por terminado el servicio militar. También prnl. ‖ Despedir a uno de su empleo. ‖ prnl. Recibir el grado de licenciado en una facultad universitaria: *se licenció en derecho el año pasado.* ‖ **FAM.** licenciado, licenciamiento, licenciatura.

licenciatura f. Grado de licenciado. ‖ Estudios necesarios para obtener este grado universitario.

licencioso, sa adj. Atrevido, disoluto, inmoral. ‖ **FAM.** licenciosamente.

liceo m. Nombre de ciertos centros culturales o de recreo. ‖ *amer.* Instituto de enseñanza media. ‖ **FAM.** liceísta.

licitar tr. Ofrecer precio por una cosa en subasta. ‖ **FAM.** licitación, licitador, licitante.

lícito, ta adj. Justo, permitido: *es lícito que te opongas.* ‖ Legal: *este documento es perfectamente lícito.* ‖ **FAM.** lícitamente, licitar, licitud.

licor m. Bebida alcohólica obtenida por destilación, maceración o mezcla de diversas sustancias y esencias aromáticas. ‖ Por ext., cuerpo líquido. ‖ **FAM.** licorera, licorería, licorista, licoroso.

licuación f. Acción y efecto de licuar o licuarse.

licuar tr. Hacer líquida una cosa sólida o gaseosa. También prnl. ‖ **FAM.** licuable, licuación, licuadora, licuante, licuefacción.

lid f. Combate, pelea. ‖ Discusión. ‖ **FAM.** lidiar.

líder com. Director, jefe o conductor de un partido político, de un grupo social o de otra colectividad. ‖ Persona que va a la cabeza de una competición deportiva. ‖ **FAM.** liderar, liderato, liderazgo.

liderato m. Condición de líder o ejercicio de sus actividades.

liderazgo m. Situación de superioridad en que se halla una empresa, un producto o un sector económico, dentro de su ámbito. ‖ Liderato.

lidia f. Acción y efecto de lidiar.

lidiar intr. Batallar, pelear. ‖ Hacer frente a uno, oponérsele. ‖ tr. Torear. ‖ **FAM.** lidia, lidiador.

liebre f. Mamífero roedor del orden de los lagomorfos, con pelaje suave y espeso de color variado, hocico estrecho, orejas muy largas, y las extremidades posteriores más largas que las anteriores; su carne es muy apreciada. ‖ **FAM.** lebrato, lebrel, lebrero, leporino.

lied (voz alemana) m. Canción breve de carácter romántico. ♦ pl. *lieder.*

liendre f. Huevo del piojo.

lienzo m. Tela que se fabrica de lino, cáñamo o algodón. ‖ Tela preparada para pintar sobre ella: *expone varios de sus lienzos en esta galería.* ‖ Porción recta y continua de una pared o muralla. ‖ **FAM.** lencería.

liga f. Cinta o banda de tejido elástico con que se sujetan las medias y los calcetines. ‖ Faja, venda. ‖ Agrupación de individuos, entidades, Estados, etc., con un fin común: *liga antitabaco.* ‖ Competición deportiva donde todos han de jugar contra todos: *hoy se juega la final de la liga de fútbol.* ‖ Mezcla, unión, aleación.

ligadura f. Acción y efecto de ligar. ‖ Atadura que ciñe o sujeta. También prnl. ‖ Sujeción que une una cosa con otra. ‖ Impedimento que dificulta la ejecución de una cosa: *este horario es una verdadera ligadura.*

ligamento m. Acción y efecto de ligar. ‖ Cordón fibroso que une los huesos de las articulaciones. ‖ Pliegue membranoso que enlaza o sostiene los órganos. ‖ **FAM.** ligamentoso.

ligar tr. Atar, sujetar. ‖ Unir, enlazar: *ligar las ideas.* ‖ Alear metales. ‖ Obligar: *estaba ligado a ellos por una promesa.* También prnl. ‖ En ciertos juegos de naipes, juntar las cartas adecuadas para ganar. También intr. ‖ intr. Entablar una relación amorosa, por lo general, pasajera. También prnl.: *se lo ligó en una fiesta*. | prnl. Confederarse, unirse para algún fin. | **FAM.** liga, ligación, ligado, ligadura, ligamen, ligamento, ligamiento, ligazón, ligón, ligue, liguero, liguilla.

ligazón f. Unión, trabazón, enlace de una cosa con otra.

ligereza f. Calidad de ligero. | Agilidad, prontitud: *se mueve con ligereza*. | Levedad o poco peso de una cosa: *la ligereza de una pluma*. | Inconstancia, inestabilidad: *ligereza de sentimientos*. | Hecho o dicho irreflexivo o poco meditado: *sus ligerezas le comprometen*.

ligero, ra adj. Que pesa poco: *este tejido es muy ligero*. | Ágil, veloz: *sus respuestas eran ligeras y precisas*. | Se apl. al sueño que se interrumpe fácilmente. | Leve, de poca importancia o profundidad: *una comedia ligera*. | Se dice del alimento fácil de digerir. | Inconstante. | **a la ligera** loc. adv. Con prisa, sin reflexión. | **FAM.** ligeramente, ligereza.

lignito m. Carbón mineral, de color negro o pardo, y que tiene poco valor calorífico.

ligón, na adj. Que tiene facilidad para entablar relaciones amorosas o sexuales. También s.

ligue m. Acción y efecto de entablar relaciones amorosas o sexuales pasajeras. | Persona con quien se entablan estas relaciones: *¡vaya ligue se ha echado!*

liguero, ra adj. Perteneciente o relativo a una liga deportiva. | m. Especie de faja estrecha con varias ligas que sujetan el extremo superior de las medias que usan las mujeres.

lija f. Pez selacio, sin escamas, pero cubierto de una especie de granillos córneos muy duros. | Piel seca de este pez o de otros selacios, que se emplea para limpiar y pulir metales, maderas, etc. | Papel con polvos o arenillas de vidrio o esmeril adheridos, que sirve para pulir maderas, metales, etc. | **FAM.** lijar.

lijar tr. Alisar y pulir una cosa con lija o papel de lija. | **FAM.** lijado, lijadora.

lila f. Arbusto de la familia de las oleáceas, de 3 a 4 m de altura, de hojas acorazonadas, y flores olorosas de color morado claro o blanco. | Flor de este arbusto. | m. Color morado claro. También adj. | **FAM.** liliáceo, lilo.

liliáceo, a adj. Se dice de las plantas angiospermas monocotiledóneas, generalmente herbáceas, anuales o perennes, de raíz bulbosa y fruto capsular, como el ajo, el espárrago y el lirio. También f. | f. pl. Familia de estas plantas.

liliputiense adj. Se dice de la persona extremadamente pequeña o endeble. También com.

lima f. Instrumento de acero, con la superficie finamente estriada, para desgastar y alisar los metales y otras materias duras. | **FAM.** limar, limatón.

lima f. Fruto del limero, de forma esferoidal aplanada, corteza lisa y amarilla, y pulpa dividida en gajos, y de sabor algo dulce. | Limero, árbol de la lima. | **FAM.** limero.

limaco m. Babosa. | **FAM.** limaza.

limadura f. Acción y efecto de limar. | pl. Partecillas que con la lima se desprenden de alguna pieza de metal o de materia semejante.

limar tr. Cortar o alisar con la lima. También prnl.: *limarse las uñas*. | Pulir una obra: *está limando el texto*. | Debilitar, suavizar: *intentó limar con sus palabras los efectos de su decisión*. | **FAM.** limado, limador, limadura.

limbo m. Lugar donde, según la doctrina cristiana, van las almas de los que, antes del uso de la razón, mueren sin el bautismo. | Lugar donde esperan la redención las almas de los santos y antiguos patriarcas. | Placa que llevan grabada ciertos instrumentos, que se emplea para leer la posición que ocupa un índice móvil. | En astron., contorno aparente de un astro. | En bot., parte ensanchada de las hojas, sépalos, pétalos y tépalos. | Borde de una cosa, y especialmente orla de un vestido. | **estar** uno **en el limbo** loc. Estar distraído.

limero m. Árbol de la familia de las rutáceas, de hojas alternas, aovadas, y flores blancas, pequeñas y olorosas; su fruto es la lima.

liminar adj. Referente al umbral, a la entrada. | Que sirve de prólogo o proemio; preliminar.

limitación f. Acción y efecto de limitar o limitarse. | Impedimento o restricción: *su falta de experiencia previa es una seria limitación para este trabajo*.

limitado, da adj. Se dice de la persona de poca inteligencia. | Pequeño, escaso, reducido: *las plazas son limitadas*. | **FAM.** limitadamente.

limitar tr. Poner límites: *limitar una finca*. | Acortar, reducir. También prnl.: *ha decidido limitarse el pan*. | Fijar la mayor extensión que pueden tener la jurisdicción, la autoridad o los derechos y facultades de uno. | intr. Lindar, estar contiguos dos territorios o países: *España limita al norte con Francia*. | prnl. Seguido de infinitivo, hacer únicamente lo que se expresa: *se limitó a escuchar, sin dar su opinión*. | **FAM.** limitable, limitación, limitado, limitador, limitativo.

límite m. Línea o frontera que separa dos cosas: *este río sirve de límite oeste a la provincia*. | Fin, grado máximo, tope: *he llegado al límite de mi paciencia*. | Punto o término que no puede rebasarse. También adj.: *velocidad lí-*

mite; situación límite. ‖ **FAM.** limitar, limítrofe.

limítrofe adj. Colindante, fronterizo, contiguo: *terrenos limítrofes.*

limo m. Lodo, cieno. ‖ **FAM.** limoso.

limón m. Fruto del limonero, de color amarillo, forma ovoide, y de sabor ácido. ‖ Árbol
que da este fruto. ‖ **FAM.** lima, limonada, limonar, limonero.

limonada f. Bebida compuesta de agua, azúcar y zumo de limón.

limonar m. Sitio plantado de limoneros.

limonero, ra m. y f. Persona que vende li-
mones. ‖ m. Árbol de la familia de las rutáceas, de hojas elípticas, flores olorosas, y cuyo
fruto es el limón.

limosna f. Lo que se da como donativo para
socorrer una necesidad. ‖ **FAM.** limosnero.

limpiabarros m. Utensilio que suele ponerse a la entrada de las casas para que los que
llegan de fuera se limpien el barro del calzado.
♦ No varía en pl.

limpiabotas com. Persona que por oficio
limpia botas y zapatos. ♦ No varía en pl.

limpiaparabrisas m. Mecanismo de los
automóviles que, moviéndose de derecha a izquierda, limpia el agua y la nieve que cae sobre el parabrisas. ♦ No varía en pl.

limpiar tr. Quitar la suciedad. También
prnl.: *límpiate ese churrete.* ‖ Quitar imperfecciones o defectos: *estoy limpiando el texto antes de entregarlo.* ‖ Quitar la parte que sobra,
que está mala o que no sirve: *limpiar la verdura.* ‖ Purificar: *este aire limpia los pulmones.*
‖ Hacer que un lugar quede libre de lo que es
perjudicial en él: *habría que limpiar esta oficina de chismosos.* ‖ Hurtar o robar algo: *le
limpiaron la cartera en el autobús.* ‖ En los juegos de naipes y otros, ganar todo el dinero. ‖
FAM. limpia, limpiabarros, limpiabotas, lim-
piador, limpiaparabrisas, limpión.

límpido, da adj. poét. Limpio, puro, sin
mancha: *aguas límpidas.* ‖ **FAM.** limpidez.

limpieza f. Calidad de limpio. ‖ Acción y
efecto de limpiar: *hoy toca limpieza general.* ‖
Integridad: *se distingue por la limpieza de sus
decisiones.* ‖ Precisión o destreza con que se
ejecutan ciertas cosas: *me sorprendió la limpieza con que reparó el aparato.* ‖ En los juegos,
respeto a las reglas de cada uno: *ganó con toda
limpieza.*

limpio, pia adj. Que no tiene mancha o suciedad. ‖ Aseado. ‖ Despojado de lo superfluo
o inútil: *limpió el texto de hojarasca.* ‖ Que no
tiene mezcla de otra cosa: *el agua del manantial bajaba limpia y clara.* ‖ Claro, no confuso:
me gusta el juego limpio. ‖ Honrado, decente.
‖ Se dice del que ha perdido todo su dinero:
se quedó limpio en el casino. ‖ Se dice del que
está falto de conocimientos de una materia:
fue limpio al examen. ‖ **en limpio** loc. adv. que
expresa un valor o cantidad, después de haber
deducido los gastos y el sobrante. ‖ Se apl. al
escrito definitivo, que no tiene correcciones ni
enmiendas. ‖ **FAM.** limpiamente, limpiar, lim-
pido, limpieza.

limusina f. Automóvil lujoso de gran tamaño. ‖ Antiguo carruaje con carrocería posterior cerrada, y abierta para el asiento delantero.

linaje m. Ascendencia o descendencia de una
persona o de una familia. ‖ Clase o condición
de una cosa. ‖ **FAM.** linajudo.

linaza f. Semilla del lino, de la que se extrae
un aceite empleado en la fabricación de pinturas y barnices.

lince m. Mamífero carnívoro, muy parecido
al gato, pero de mayor tamaño, de orejas puntiagudas; se le atribuye una vista muy penetrante. ‖ Persona sagaz, perspicaz: *es un lince
para los negocios.*

linchar tr. Castigar o ejecutar una muchedumbre a un acusado, sin haber sido procesado previamente. ‖ **FAM.** linchamiento.

lindar intr. Estar contiguos dos territorios, terrenos, fincas, etc. ‖ Estar algo muy próximo
a lo que se expresa: *este negocio linda la ilegalidad.* ‖ **FAM.** lindante, lindero.

linde amb. Límite, término o fin de algo. Más
c. f. ‖ **FAM.** lindar.

lindeza f. Cualidad de lindo. ‖ Hecho o dicho
gracioso: *le ríe todas las lindezas.* ‖ pl. irón.
Insultos o improperios: *se intercambiaron varias lindezas en pocos minutos.*

lindo, da adj. Bello, bonito: *¡qué niño tan lin-
do!* ‖ Bueno, agradable: *hace un día muy lindo.*
‖ Exquisito, perfecto. ‖ **de lo lindo** loc. adv.
Mucho, excesivamente: *nos reímos de lo lindo.*
‖ **FAM.** lindamente, lindeza, lindura.

línea f. Extensión considerada en una sola de
sus tres dimensiones: la longitud. ‖ Raya que
limita una cosa: *la línea del horizonte.* ‖ Serie
de puntos continuos y unidos entre sí. ‖ Renglón: *me he saltado una línea.* ‖ Silueta: *un edificio de líneas puras.* ‖ Hilera de personas o
cosas: *puso las fotos en línea.* ‖ Ruta o servicio
de transporte terrestre, marítimo o aéreo: *en
esta estación empalman varias líneas.* ‖ Serie de
personas enlazadas por parentesco: *somos pri-
mos por línea materna.* ‖ En el fútbol y otros
deportes, conjunto de jugadores que desempeñan una misión semejante. ‖ Clase, género:
es el mejor en su línea. ‖ Orientación, estilo:
sus obras siguen una línea clásica. ‖ Conducta,
comportamiento: *esta operación entra dentro
de su línea.* ‖ Figura esbelta: *hace deporte para*

mantener la línea. ▌ Conjunto de los hilos o cables conductores de la electricidad, o de la comunicación telefónica o telegráfica: *se ha cortado la línea.* ▌ Frente de combate: *está en línea de fuego.* También pl. ▌ Formación de tropas militares. También pl. ▌ **en su línea** loc. Entre los de igual clase. ▌ FAM. lineal, lineamiento.

lineal adj. Perteneciente o relativo a la línea. ▌ Que presenta un desarrollo constante o en una misma dirección: *aumento lineal de velocidad.* ▌ FAM. linealidad, linealmente.

lineamiento m. Delineación o dibujo de un cuerpo, por el cual se distingue y conoce su figura.

linfa f. Parte del plasma sanguíneo, que entra en los vasos linfáticos, por los cuales circula hasta incorporarse a la sangre venosa. ▌ FAM. linfático, linfocito, linfoma.

linfático, ca adj. Perteneciente o relativo a la linfa. También s. ▌ Por ext., persona falta de energía y entusiasmo. También s.

linfocito m. Leucocito de pequeño tamaño y un solo núcleo, que interviene activamente en la reacción inmunitaria.

linfoma m. Tumor de los ganglios linfáticos o el bazo.

lingote m. Trozo o barra de metal en bruto.

lingual adj. Perteneciente o relativo a la lengua.

lingüística f. Ciencia que estudia el lenguaje y las lenguas. ▌ FAM. lingüista, lingüístico.

linimento m. Preparación menos espesa que el ungüento, en la cual entran como base aceites o bálsamos, y se aplica exteriormente en fricciones.

lino m. Planta herbácea de la familia de las lináceas, de raíz fibrosa, hojas lanceoladas, flores de cinco pétalos de varios colores, y fruto en cápsula. ▌ Materia textil que se saca del tallo de esta planta. ▌ Tela hecha de esta fibra. ▌ FAM. linaza, linografía, linóleo, linóleum.

linóleo m. Material fuerte e impermeable, formado por un tejido de yute cubierto con una capa de corcho en polvo amasado con aceite de linaza; se emplea para cubrir los suelos.

linotipia f. Máquina de componer textos, provista de matrices, de la cual sale la línea formando una sola pieza. ▌ Técnica de componer con esta máquina. ▌ FAM. linotipista.

linterna f. Utensilio manual que funciona con pilas eléctricas y una bombilla y sirve para proyectar luz. ▌ Farol portátil. ▌ Remate con ventanas laterales, que se pone en la cúpula de algunos edificios para iluminar el interior. ▌ Faro de las costas.

lío m. Complicación, problema: *estamos en un*

buen lío. ▌ Conjunto de ropa o de otras cosas atadas: *hizo un lío con sus cosas y se marchó a toda prisa.* ▌ Confusión, desorden, jaleo: *¡vaya lío se montó con la noticia!* ▌ Chisme: *no me cuentes más líos.* ▌ Relación amorosa o sexual que se mantiene fuera de una pareja reconocida. ▌ FAM. lioso.

lioso, sa adj. Confuso, complicado: *estas cuentas son muy liosas.* ▌ Chismoso, que enreda las cosas. También s.

lípido m. Cada una de las sustancias orgánicas, que se caracterizan por ser solubles en disolventes orgánicos e insolubles en agua. Se les conoce comúnmente como *grasas.* ▌ FAM. lipemia, lipoideo, lipoma, liposoluble.

lipotimia f. Pérdida súbita y pasajera del sentido y del movimiento.

liquen m. Planta resultante de la asociación simbiótica de hongos con algas unicelulares. Crece en sitios húmedos, extendiéndose sobre las rocas o las cortezas de los árboles en forma de hojuelas grises, pardas, amarillas o rojizas.

liquidación f. Acción y efecto de liquidar. ▌ Venta al por menor, con gran rebaja de precios, que hace una casa de comercio por cesación, quiebra, reforma o traslado del establecimiento, etc.

liquidar tr. Saldar, pagar enteramente una cuenta: *liquidó sus deudas.* ▌ Poner término a una cosa o a un estado de cosas: *a ver si liquidamos este trabajo y nos vamos a casa.* ▌ Hacer el ajuste final de un establecimiento comercial. ▌ Hacer líquida una cosa sólida o gaseosa. También prnl. ▌ Vender mercancías en liquidación: *estamos liquidando existencias.* ▌ Matar, asesinar: *mandó un matón a que le liquidaran.* ▌ FAM. liquidable, liquidación, liquidador.

liquidez f. Calidad de líquido. ▌ Cualidad del activo o capital financiero para transformarse fácilmente en dinero efectivo. ▌ Relación entre el conjunto de dinero en caja y de bienes fácilmente convertibles en dinero, y el total del activo, de un banco u otra entidad.

líquido, da adj. Se dice de todo cuerpo cuyas moléculas tienen menor cohesión que la de los sólidos y mayor que la de los gases, como el agua, el vino, etc. También m. ▌ Se apl. al saldo entre el debe y el haber. También m. ▌ Se apl. al sueldo, precio, cantidad, etc., una vez descontados los gastos, deudas, etc. También m. ▌ Se dice del sonido *s* cuando está al principio de una palabra y va seguido de consonante. ▌ FAM. licuar, liquidar, liquidez.

lira f. Antiguo instrumento musical compuesto de varias cuerdas tensadas en un marco, que se pulsaban con ambas manos. ▌ Combinación métrica de cinco versos (heptasílabos el primero, tercero y cuarto, y endecasílabos los otros dos), de los cuales riman el primero con el tercero, y el segundo con el cuarto y el quinto. ‖ Inspiración de un poeta. ‖ **FAM.** lírico.

lira f. Unidad monetaria de Italia y de Turquía.

lírico, ca adj. Perteneciente o relativo a la lira, a la lírica o a la poesía propia para el canto en la que predominan los sentimientos y emociones del autor. ‖ Se apl. a uno de los tres principales géneros en que se divide la poesía, y, por ext., a la poesía en general. También f. ‖ Se dice del autor que cultiva este género. También s. ‖ Propio de la poesía lírica. ‖ Se dice de las obras de teatro total o principalmente musicales. ‖ f. Conjunto de obras líricas. ‖ **FAM.** lirismo.

lirio m. Planta herbácea, de la familia de las iridáceas, con hojas radicales y erguidas, tallo central ramoso, flores terminales grandes de varios colores, fruto capsular, y rizoma rastrero y nudoso. ‖ **FAM.** liliáceo, lis.

lirismo m. Cualidad de lírico, inspiración lírica.

lirón m. Mamífero roedor muy parecido al ratón, de cola larga, pelaje gris oscuro en las partes superiores del cuerpo, y blanco en las inferiores. Habita en los montes, y pasa todo el invierno adormecido. ‖ Persona dormilona.

lis f. Lirio. ‖ **flor de lis** Forma heráldica de esta flor. ♦ pl: *lises.*

lisa f. Pez teleósteo marino, de 70 cm de longitud, que habita en los mares templados formando bancos; su carne y huevas son muy apreciadas. También se conoce como *mújol.*

lisiado, da adj. Se dice de la persona que tiene alguna lesión física permanente. ‖ Inválido, impedido. ‖ Tullido, mutilado. También s.

liso, sa adj. Se dice de la superficie que no presenta asperezas, realces, arrugas o desigualdades. ‖ Que tiene un solo color: *una tela lisa.* ‖ Sin obstáculos: *cien metros lisos.* ‖ **FAM.** lisamente, lisura.

lisonja f. Adulación interesada que se hace a una persona para ganar su voluntad u otra cosa. ‖ **FAM.** lisonjear, lisonjero.

lisonjear tr. Adular a alguien interesadamente. También prnl. ‖ **FAM.** lisonjeador.

lista f. Tira de cualquier cosa delgada. ‖ Raya de color, especialmente en una tela o tejido: *llevaba un jersey de listas.* ‖ Enumeración de personas, cosas, cantidades, etc., que se hace con determinado propósito. ‖ **pasar lista** loc. Llamar en alta voz una relación de personas

o cosas para saber si están presentes o disponibles. ‖ **FAM.** listado, listín, listón.

listado, da adj. Que forma o tiene listas: *un tejido listado.* ‖ m. Lista, relación.

listín m. Lista extractada de otra más extensa. ‖ Guía de teléfonos.

listo, ta adj. Inteligente. ‖ Sagaz, astuto, hábil: *se cree muy listo.* ‖ Preparado: *ya está todo listo para la cena.* ‖ **FAM.** listeza, listillo.

listón m. Pedazo de tabla angosto que sirve para hacer marcos y para otros usos. ‖ En dep., barra que se coloca horizontalmente sobre dos soportes para marcar la altura que se ha de saltar en ciertas pruebas.

litera f. Mueble compuesto por dos camas, una encima de la otra. ‖ Cada una de estas camas.

literal adj. Fiel a las palabras de un texto. ‖ **FAM.** literalidad, literalmente.

literario, ria adj. Perteneciente o relativo a la literatura: *géneros literarios.* ‖ **FAM.** literariamente.

literato, ta m. y f. Escritor, autor literario.

literatura f. Arte que emplea como instrumento la palabra. ‖ Teoría de las composiciones literarias. ‖ Conjunto de las producciones literarias de una nación, una época, un género, etc.: *literatura caballeresca.* ‖ Por ext., conjunto de obras que tratan de una determinada materia: *literatura médica.* ‖ **FAM.** literario, literato.

lítico, ca adj. Perteneciente o relativo a la piedra. ‖ **FAM.** litiasis, litio, litografía, litología, litosfera.

litigar tr. Pleitear, disputar en juicio sobre una cosa. También intr. ‖ intr. Discutir. ‖ **FAM.** litigación, litigante.

litigio m. Pleito. ‖ Disputa, discusión. ‖ **FAM.** litigar, litigioso.

litio m. Elemento químico metálico de color blanco, ligero, y muy poco pesado; su símbolo es *Li.*

litografía f. Técnica de reproducir, mediante impresión, lo dibujado o grabado previamente en una piedra caliza. ‖ Cada una de las reproducciones así obtenidas. ‖ Taller en que se ejerce esta técnica. ‖ **FAM.** litografiar, litográfico.

litoral adj. Perteneciente o relativo a la orilla del mar. ‖ m. Costa de un mar: *el litoral cantábrico.*

litosfera f. Parte sólida de la corteza terrestre.

litro m. Unidad de capacidad que equivale al contenido de un decímetro cúbico. ‖ Cantidad de líquido que cabe en esta medida.

liturgia f. Conjunto de reglas para celebrar los actos religiosos, especialmente las establecidas por la religión católica. ‖ **FAM.** litúrgico.

liviano, na adj. De poco peso, ligero: *un tejido liviano*. ‖ Leve, de poca importancia: *una comedia liviana*. ‖ Fácil: *un trabajo liviano*. ‖ **FAM.** livianamente, liviandad.

lívido, da adj. Amoratado. ‖ Pálido. ‖ **FAM.** lividecer, lividez.

ll f. Fonema que tradicionalmente era considerado la decimocuarta letra del alfabeto español, y la undécima de sus consonantes. En este diccionario, siguiendo el criterio de la Real Academia Española, la *ll* ha sido englobada en la *l*, según las normas de alfabetización universal.

llaga f. Úlcera. ‖ Daño, dolor, pesadumbre. ‖ **FAM.** llagar.

llama f. Masa gaseosa que producen los cuerpos al arder. ‖ Pasión intensa: *sintió la llama de los celos*. ‖ **FAM.** llamarada, llameante, llamear.

llama f. Mamífero rumiante doméstico, que se emplea como animal de carga. Habita en la región andina de América del Sur.

llamada f. Acción y efecto de llamar: *recibió muchas llamadas de felicitación*. ‖ Signo que en un texto remite a otro lugar: *llamada a pie de página*.

llamador m. Aldaba o timbre de una puerta.

llamamiento m. Acción y efecto de llamar. ‖ Citación, convocatoria.

llamar tr. Dar voces o hacer señales para atraer la atención de una persona o animal: *llámale para que venga*. ‖ Invocar: *llamó a todos a votar*. ‖ Citar, convocar: *le llamaron a declarar*. ‖ Nombrar, denominar: *llámalo X*. También prnl. ‖ Atraer: *llamó su atención haciendo gestos*. ‖ intr. Hacer sonar: *llaman a la puerta*. ‖ prnl. Tener alguien un determinado nombre: *se llama como su abuelo*. ‖ **FAM.** llamada, llamado, llamador, llamamiento, llamativo.

llamarada f. Llama repentina que se levanta del fuego y se apaga pronto. ‖ Enrojecimiento momentáneo del rostro.

llamativo, va adj. Que llama la atención: *un color llamativo*.

llana f. Herramienta empleada en albañilería para extender y alisar yeso o argamasa.

llanero, ra m. y f. Habitante de las llanuras.

llaneza f. Sencillez. ‖ Familiaridad, igualdad en el trato de unos con otros: *nos trató con llaneza*.

llano, na adj. Igual, sin altos ni bajos: *un terreno llano*. ‖ Sencillo, natural: *es de trato llano*. ‖ Claro, evidente. ‖ Plebeyo. ‖ Se dice de la palabra que carga el acento prosódico en la penúltima sílaba. ‖ m. Llanura. ‖ **FAM.** llana,

llanada, llanamente, llanear, llanero, llaneza, llanura.

llanta f. Cerco metálico exterior que cubre las ruedas de los vehículos.

llantén m. Planta herbácea, con hojas radicales y ovaladas, flores en espiga larga y apretada, pequeñas y verdosas, y fruto capsular; con sus hojas se prepara una infusión con propiedades medicinales.

llanto m. Efusión de lágrimas acompañada frecuentemente de lamentos y sollozos. ‖ **FAM.** llantera, llantina.

llanura f. Planicie, extensión de terreno llano.

llar m. Cadena de hierro que cuelga del cañón de la chimenea. Más en pl.

llave f. Instrumento metálico para abrir o cerrar una cerradura. ‖ Herramienta para apretar o aflojar tuercas, tornillos o las cuerdas de un instrumento musical de viento. ‖ Instrumento para regular el paso de una corriente eléctrica. ‖ Instrumento que sirve para facilitar o impedir el paso de un fluido por un conducto. ‖ Instrumento que sirve para dar cuerda a los relojes. ‖ En escritura, signo para abarcar distintas líneas. ‖ Clave, medio para descubrir o resolver algo. ‖ En deportes de lucha, movimiento con el que se inmoviliza al contrario. ‖ **FAM.** llavero, llavín.

llavero m. Utensilio en que se llevan o guardan las llaves.

llegada f. Acción y efecto de llegar: *anunció su llegada con poca antelación*. ‖ Meta de una carrera.

llegar intr. Alcanzar el fin o término de un desplazamiento: *¿mamá, cuándo llegamos?* ‖ Durar hasta un tiempo determinado: *su fama ha llegado hasta nuestros días*. ‖ Conseguir el fin a que se aspira: *llegaré hasta el final de este asunto*. ‖ Seguido de un infinitivo, alcanzar o producir la acción expresada por éste: *llegó a reunir una importante colección de cerámica*. ‖ Alcanzar cierta altura o extenderse hasta cierto punto: *el agua le llegaba hasta la cintura*. ‖ En las carreras deportivas, alcanzar la línea de meta: *llegó el primero*. ‖ Ser suficiente una cantidad: *no me llega el dinero*. ‖ prnl. Acercarse a un lugar determinado: *nos llegamos a su casa y le hacemos una visita*. ‖ **FAM.** llegada.

llenar tr. Ocupar por completo un espacio. También prnl.: *la sala se llenó de invitados*. ‖ Satisfacer: *esta novela no me ha llenado*. ‖ Colmar: *esto llena todos mis deseos*. ‖ prnl. Hartarse de comida o bebida. ‖ **FAM.** llenado.

lleno, na adj. Ocupado por completo: *el teatro estaba lleno*. ‖ Saciado de comida. Más con los verbos *estar* y *sentirse*. ‖ Un poco gor

do. Más en diminutivo: *está un poco llenita.* |
m. Concurrencia que ocupa todas las locali-
dades de un espectáculo: *hay lleno.* | **FAM.**
llenar.

llevadero, ra adj. Soportable, tolerable: *es
un trabajo muy llevadero.*

llevar tr. Transportar de una parte a otra:
mañana te llevo el libro. | Dirigir, conducir,
manejar: *lleva el negocio con mano dura.* | To-
lerar, soportar: *no me llevo bien con ella.* |
Convencer, persuadir: *tus palabras le llevaron
a decidirse.* | Vestir una prenda: *llevaba un
sombrero ajado.* | Haber pasado un tiempo en
una misma situación o lugar: *esta tienduca lle-
va años aquí.* | Con el participio de ciertos ver-
bos, haber realizado o haber experimentado
lo que éste denota: *llevo leídas veinte páginas
del libro.* | Con algunos complementos, como
la cuenta, los libros, la labor, mantener actua-
lizado y en orden: *lleva la contabilidad de la
empresa.* | Seguir o marcar el paso, el ritmo,
el compás, etc.: *llevaba el ritmo con los pies.* |
En arit., reservar las decenas de una suma o
multiplicación parcial para agregarlas a la
suma o producto del orden superior inmedia-
to: *me llevo una.* También prnl. | prnl. Quitar,
separar violentamente una cosa de otra: *se lle-
vó una farola por delante.* | Estar de moda: *se
lleva mucho este color.* | Con ciertos comple-
mentos que expresen medida de tiempo, distancia, tamaño, peso, etc., exceder una persona o cosa a otra en la cantidad que se in-
dica: *se llevan cuatro años.* | **FAM.** llevadero.

llorar intr. Derramar lágrimas. También tr. |
tr. Sentir profundamente: *todo el país lloró su
muerte.* | **FAM.** llorador, llorera, llorica, llo-
riquear, lloro, llorón, llorosamente, lloroso.

llorera f. Llanto fuerte y continuado.

llorica com. Persona que llora con frecuencia
y por cualquier motivo: *eres un llorica.*

lloriquear intr. Gimotear, llorar sin fuerza. |
FAM. lloriqueante, lloriqueo.

llorón, na adj. Que llora mucho. También s.
| Que se queja o lamenta frecuentemente.
También s. | Se dice de algunos árboles con
ramas colgantes: *sauce llorón.*

llover impers. Caer agua de las nubes. | intr.
Venir, caer sobre uno con abundancia una
cosa, como trabajos, desgracias, etc.: *le llovieron las ofertas.* ♦ **Irreg.** Se conj. como *mover.*
| **FAM.** llovedizo, lloviznar, lluvia.

llovizna f. Lluvia ligera.

lloviznar impers. Caer lluvia ligera. | **FAM.**
llovizna.

lluvia f. Precipitacón de agua de la atmósfera
que cae de las nubes en forma de gotas. |
Gran cantidad, abundancia: *recibió una lluvia
de aplausos.* | **FAM.** lluvioso.

lo Artículo determinado neutro utilizado para
sustantivar adjetivos, oraciones de relativo o
frases preposicionales: *lo bueno; me contestó
que lo pensaría; se fue con lo puesto.* | pron.
personal de tercera persona en masculino o
neutro utilizado como complemento directo. |
FAM. loísmo.

loa f. Acción y efecto de loar. | Composición
dramática breve que se representaba antiguamente antes del poema dramático al que servía como preludio o introducción.

loar tr. Alabar. | **FAM.** loa, loable, loable-
mente, loor.

lobanillo m. Tumor o bulto superficial y por
lo común no doloroso, que se forma en la ca-
beza y en algunas partes del cuerpo. | Excre-
cencia leñosa cubierta de corteza, que se forma en el tronco o ramas de un árbol.

lobato m. Cría del lobo, lobezno.

lobera f. Guarida de lobos.

lobezno m. Cría del lobo.

lobo, ba m. y f. Mamífero carnívoro, de pelaje gris oscuro o pardo, cabeza aguzada, orejas tiesas, mandíbula fuerte y cola larga con
mucho pelo. | **lobo de mar** loc. Marino viejo
y experimentado en su profesión. | **lobo ma-
rino** Foca. | **FAM.** lobanillo, lobato, lobero,
lobezno, lobuno.

lóbrego, ga adj. Oscuro, tenebroso: *una
cueva lóbrega.* | Triste, melancólico: *está de un
humor lóbrego.* | **FAM.** lobreguez.

lóbulo m. Cada una de las partes, a manera
de ondas, que sobresalen en el borde de una
cosa. | Parte blanda que está en el extremo
inferior de la oreja. | Parte redondeada y sa-
liente de un órgano cualquiera. | **FAM.** lo-
bulado, lobular.

local adj. Relativo a un lugar: *costumbre lo-
cal.* | Municipal o provincial, por oposición a
general o nacional: *impuestos locales.* | Que
solo afecta a una parte de un todo: *anestesia
local.* | m. Sitio cerrado y cubierto: *han cerra-
do el local.* | **FAM.** localidad, localismo, lo-
calizar, localista.

localidad f. Lugar o pueblo. | Cada una de
las plazas o asientos en los locales destinados
a espectáculos públicos: *no quedan localidades.*
| Entrada o billete que da derecho a ocupar
alguna de estas plazas o asientos: *compró tres
localidades.*

localismo m. Vocablo o locución que solo
tiene uso en una área restringida. | Cualidad
de local, perteneciente a un lugar o territorio.
| **FAM.** localista.

localizar tr. Determinar el lugar en que se
halla una persona o cosa: *han localizado al ga-
nador del premio.* | Fijar algo en límites deter-

minados. También prnl.: *este pueblo se localiza a 30 km de Burgos.* ‖ **FAM.** localización.

locatario, ria m. y f. Arrendatario.

locatis adj. Alocado. También com. ◆ No varía en pl.

loción f. Producto preparado para la limpieza del cabello o para el aseo corporal.

lock-out (voz i.) m. Cierre de fábricas, talleres, etc., por parte de la empresa como respuesta a una situación de huelga.

loco, ca adj. Que tiene trastornadas las facultades mentales. También s. ‖ Insensato, imprudente. También s.: *eres un loco si piensas que así vas a conseguirlo.* ‖ Que excede en mucho a lo ordinario o presumible: *unos precios locos.* ‖ Se apl. a los mecanismos que no funcionan adecuadamente: *el reloj se ha vuelto loco.* ‖ **a lo loco** loc. adv. Sin reflexionarlo. ‖ **loco por** loc. Entusiasmado: *loco por el cine.* ‖ Enamorado. ‖ **ni loco** loc adv. De ninguna manera: *no voy ni loco.* ‖ **FAM.** locamente, locatis, locura, loquear, loquero.

locomoción f. Acción y efecto de trasladarse de un lugar a otro: *medios de locomoción.*

locomotor, ra adj. Relativo a la locomoción. ‖ f. Máquina que montada sobre ruedas, arrastra los vagones de un tren. ‖ **FAM.** locomoción, locomotriz.

locuaz adj. Que habla mucho o demasiado. ‖ **FAM.** locuacidad.

locución f. Combinación estable de dos o más palabras, que funciona como oración o como elemento oracional, y cuyo sentido unitario no siempre es la suma del significado normal de los componentes. ‖ **FAM.** locuaz, locutor.

locura f. Pérdida o trastorno de las facultades mentales. ‖ Imprudencia, insensatez: *esa operación es una locura.* ‖ Entusiasmo, interés, sentimiento, etc., exagerado o muy intenso: *siente locura por las motos.* ‖ **con locura** loc. adv. Mucho.

locutor, ra m. y f. Persona que habla ante el micrófono en las estaciones de radio y televisión, para dar avisos, noticias, programas, etc. ‖ **FAM.** locutorio.

locutorio m. Departamento aislado y de reducidas dimensiones que se destina al uso individual del teléfono. ‖ Estudio donde se realizan las audiciones en una emisora de radio. ‖ En los conventos y cárceles, habitación dividida por una reja, en la que los visitantes pueden hablar con las monjas o con los presos.

lodazal m. Sitio lleno de lodo.

lodo m. Mezcla de tierra y agua, especialmen-

te la que resulta de las lluvias en el suelo. ‖ **FAM.** lodazal, lodoso.

logaritmo m. Exponente a que es necesario elevar una cantidad positiva para que resulte un número determinado. ‖ **FAM.** logarítmico.

logia f. Local donde se reúnen los masones. ‖ Asamblea de éstos. ‖ Galería cubierta, abierta por uno o más lados.

-logía Elemento compositivo que significa 'discurso, doctrina, ciencia': *filología.*

lógico, ca adj. Relativo a la lógica. ‖ Conforme a las reglas de la lógica y de la razón: *una respuesta lógica.* ‖ Que se dedica al estudio de la lógica. También s. ‖ Se dice comúnmente de toda consecuencia normal o natural: *su enfado es lógico.* ‖ f. Ciencia que expone las leyes, modos y formas del razonamiento humano. ‖ Sentido común: *por lógica esto no debería ser así.* ‖ Cualidad y método de lo razonable. ‖ **FAM.** lógicamente.

logística f. Parte de la ciencia militar que atiende al movimiento y aprovisionamiento de las tropas. ‖ Lógica que emplea el método y el simbolismo de las matemáticas. ‖ **FAM.** logístico.

logopedia f. Conjunto de métodos para enseñar una fonación normal a quien tiene dificultades de pronunciación. ‖ **FAM.** logopeda.

logotipo m. Distintivo o emblema formado por letras, abreviaturas, etc., peculiar de una empresa, marca, producto.

lograr tr. Conseguir lo que se intenta: *logró aprobar.* ‖ prnl. Llegar a su perfección una cosa: *no se logró la cosecha por culpa de la sequía.* ‖ **FAM.** logrado, logrero, logro.

logrero, ra m. y f. Persona que procura lucrarse por cualquier medio.

logro m. Acción y efecto de lograr: *hablar con él ha sido un logro.* ‖ Ganancia, lucro. ‖ Éxito: *es un nuevo logro en su carrera.*

loísmo m. Empleo de la forma lo, los del pronombre masculino en función de complemento indirecto: *dalo la vuelta* por *dale la vuelta.* ‖ **FAM.** loísta.

loma f. Altura pequeña y prolongada, colina.

lombarda f. Variedad de col, de color morado.

lombriz f. Gusano de la clase de los anélidos, de color blanco o rojizo, de cuerpo blando, cilíndrico y muy alargado; vive en terrenos húmedos.

lomera f. Trozo de piel o de tela que se coloca en el lomo del libro para la encuadernación en media pasta. ‖ Correa que se acomoda en el lomo de la caballería, para que mantenga en su lugar los arreos.

lomo m. Parte inferior y central de la espalda. Más en pl. ‖ En los cuadrúpedos, todo el espinazo desde el cuello hasta las ancas. ‖ Carne del animal, especialmente la del cerdo, que corresponde a esta parte. ‖ Parte opuesta al corte de las hojas. ‖ En los instrumentos cortantes, parte opuesta al filo. ‖ Parte saliente de cualquier cosa. ‖ **FAM.** loma, lomera.

lona f. Tela fuerte con la que se hacen velas, toldos, tiendas de campaña, etc. ‖ Suelo sobre el que se realizan competiciones de boxeo y lucha libre. ‖ **FAM.** loneta.

loncha f. Trozo plano y delgado que se corta de alguna materia: *una loncha de queso.*

loneta f. Lona delgada.

longaniza f. Embutido largo relleno de carne de cerdo picada y adobada.

longevo, va adj. Muy viejo, anciano. ‖ **FAM.** longevidad.

longitud f. La mayor de las dos dimensiones principales que tienen las cosas o figuras planas. ‖ Distancia de un lugar respecto al primer meridiano, contada por grados en el Ecuador. ‖ **FAM.** longitudinal.

longui o **longuis (hacerse el)** loc. Hacerse el distraído.

lonja f. Cosa larga, ancha y poco gruesa, que se corta o separa de otra: *una lonja de jamón.*

lonja f. Edificio público donde se juntan comerciantes para vender sus mercancías, especialmente al por mayor. ‖ Atrio algo levantado del suelo de las calles, al que regularmente dan las puertas de algunos edificios.

lontananza f. En una pintura, punto más distante del plano principal. ‖ **en lontananza** loc. adv. A lo lejos.

look (voz i.) m. Aspecto físico o exterior.

loor m. Elogio, alabanza.

lora f. *amer.* Loro. ‖ *amer.* Hembra del loro.

lord (voz i.) m. Título de honor que se da en Reino Unido a los miembros de la primera nobleza o a algunos altos cargos. ♦ pl. *lores.*

loriga f. Armadura hecha de láminas pequeñas e imbricadas, por lo común de acero. ‖ Armadura del caballo para la guerra.

loro m. Papagayo. ‖ Persona muy habladora. ‖ **estar al loro** loc. Estar al tanto. ‖ **FAM.** lora.

lorza f. Pliegue que se hace en una prenda para acortarla o como adorno, alforza.

losa f. Piedra llana, de poco espesor y generalmente labrada. ‖ **FAM.** losar, loseta.

loseta f. Losa pequeña, generalmente de cerámica, que se pone en las paredes o en el suelo. ‖ Baldosa.

lote m. Cada una de las partes en que se divide un todo que se ha de distribuir entre varias personas. ‖ Lo que le toca a cada uno en la lotería o en otros juegos en que se sortean sumas desiguales. ‖ Cada una de las parcelas en que se divide un terreno destinado a la edificación. ‖ **FAM.** lotería.

lotería f. Juego público en que se premian con diversas cantidades varios números sacados al azar. ‖ Lugar en que se despachan los billetes para este juego. ‖ Cualquier sorteo, rifa, juego, etc., cuyos premios se obtienen al azar. ‖ **FAM.** lotero.

loto m. Planta acuática, de hojas grandes, flores terminales blancas azuladas y olorosas, y fruto globoso. ‖ Flor y fruto de esta planta.

loza f. Barro fino, cocido y barnizado, de que están hechos los platos, tazas, etc. ‖ Conjunto de estos objetos.

lozanía f. Robustez o frescura en personas o animales. ‖ Verdor y frondosidad en las plantas. ‖ **FAM.** lozano.

lozano, na adj. Que tiene lozanía. ‖ **FAM.** lozanamente.

lubina f. Pez marino teleósteo, de cuerpo alargado que puede llegar a alcanzar un metro de longitud; habita en las costas mediterráneas y NE del Atlántico, y su carne es muy apreciada.

lubricante adj. Se dice de toda sustancia útil para lubricar. También m.

lubricar tr. Hacer resbaladiza una cosa. ‖ Suministrar una sustancia para mejorar las condiciones de deslizamiento de las piezas. ‖ **FAM.** lubricación, lubricante, lúbrico, lubrificar.

lucerna f. Abertura alta de una habitación para dar ventilación y luz. ‖ **FAM.** lucernario.

lucero m. Cualquier astro luminoso, y en especial el planeta Venus. ‖ Lunar que tienen en la frente algunos cuadrúpedos. ‖ **lucero del alba,** o **de la mañana,** o **de la tarde** Planeta Venus.

lucha f. Acción y efecto de luchar. ‖ En dep., combate entre dos personas. ‖ Lid, combate. ‖ Contienda, disputa. ‖ Debate o confrontación interna.

luchador, ra m. y f. Persona que lucha. ‖ Profesional de algún deporte de lucha.

luchar intr. Pelear, combatir, batallar. ‖ Disputar, bregar, abrirse paso en la vida: *tuvo que luchar mucho para conseguir triunfar.* ‖ **FAM.** lucha, luchador.

lucido, da adj. Acertado. ‖ Destacado, brillante: *tuvo una intervención muy lucida.* ‖ Que tiene gracia: *este tejido es muy lucido.* ‖ **FAM.** lucidamente.

lúcido, da adj. Claro en el pensamiento, en las expresiones, en el estilo, etc.: *un juicio lúcido.* ‖ **FAM.** lúcidamente, lucidez.

luciérnaga f. Insecto coleóptero, cuya hembra, un poco mayor que el macho, carece de alas y élitros, y emite una luz fosforescente de color verdoso.

lucifer m. Príncipe de los demonios. ‖ Persona maligna o perversa. ‖ **FAM.** luciferino.

lucio m. Pez teleósteo de agua dulce, que puede llegar a alcanzar un m de longitud, de cuerpo aplanado de color verdoso con rayas verticales pardas, aletas fuertes y cola triangular; su carne es muy apreciada.

lucir intr. Brillar, resplandecer: *hoy luce un sol magnífico.* ‖ Sobresalir, destacar. También prnl.: *se lució en el debate.* ‖ Producir un trabajo cierta utilidad o provecho. ‖ *amer.* Tener muy buen aspecto. ‖ tr. Hacer ver, exhibir: *lució sus conocimientos ante el tribunal.* ‖ Blanquear con yeso las paredes. ‖ prnl. Presumir: *quiso lucirse ante sus amigos.* ‖ **FAM.** lucido, luciente, lucimiento. ◆ **Irreg.** Conjugación modelo:

Indicativo
Pres.: *luzco, luces, luce, lucimos, lucís, lucen.*
Imperf.: *lucia, lucias,* etc.
Pret. indef.: *lucí, luciste,* etc.
Fut. imperf.: *luciré, lucirás,* etc.

Potencial: *luciría, lucirías* , etc.

Subjuntivo
Pres.: *luzca, luzcas, luzca, luzcamos, luzcáis, luzcan.*
Imperf.: *luciera, lucieras,* etc. o *luciese, lucieses,* etc.
Fut. imperf.: *luciere, lucieres,* etc.

Imperativo: *luce, lucid.*

Participio: *lucido.*

Gerundio: *luciendo.*

lucrar tr. Conseguir uno lo que deseaba. ‖ prnl. Sacar provecho de algo, especialmente de un negocio.

lucro m. Ganancia o provecho que se saca de algo. ‖ **FAM.** lucrar, lucrativo.

luctuoso, sa adj. Triste, penoso: *un suceso luctuoso.* ‖ **FAM.** luctuosamente.

ludibrio m. Desprecio, mofa.

lúdico, ca adj. Perteneciente o relativo al juego. ‖ **FAM.** ludibrio, ludopatía.

ludopatía f. Adicción patológica al juego. **FAM.** ludópata.

luego adv. t. Después de este tiempo o momento: *nos vemos luego, en cuanto acabe.* ‖ Pronto: *acaba luego, que se te enfría la sopa.* ‖ conj. Denota deducción o consecuencia; por consiguiente: *pienso, luego existo.* ‖ **desde luego** loc. adv. Ciertamente, sin duda. ‖ **hasta luego** expr. de despedida. ‖ **FAM.** lueguito.

lugar m. Espacio ocupado o que puede ser ocupado por un cuerpo cualquiera: *quitó la estantería y en su lugar puso un sofá.* ‖ Sitio, paraje. ‖ Población pequeña: *se lo preguntaremos a un vecino del lugar.* ‖ Tiempo, ocasión, oportunidad: *no hay lugar para dudas.* ‖ Puesto, empleo: *ocupa el lugar del secretario.* ‖ Sitio que ocupa alguien o algo en una lista, jerarquía, orden, etc.: *está en cuarto lugar de la clasificación.* ‖ **lugar común** Expresión trivial o muy empleada. ‖ **en lugar de** loc. prepos. En vez de. ‖ **fuera de lugar** loc. adj. o adv. Inoportuno, inadecuado, contrario a la situación: *lo que dices está fuera de lugar.* ‖ **tener lugar** loc. Ocurrir, suceder, efectuarse. ‖ **FAM.** lugareño, lugarteniente.

lugareño, ña adj. De un lugar o población pequeña. También s.

lugarteniente m. Persona que tiene poder para sustituir a otra en un cargo o empleo. ‖ **FAM.** lugartenencia.

lúgubre adj. Triste, funesto, melancólico, tétrico. ‖ **FAM.** lúgubremente.

luisa f. Planta angiosperma, originaria del Perú, de flores blancas en espigas piramidales, y fruto seco con semillas menudas y negras; con sus hojas se prepara una infusión. Se le conoce comúnmente como *hierba luisa.*

lujo m. Riqueza, suntuosidad: *vive en el lujo.* ‖ Abundancia de cosas no necesarias: *me lo explicó con todo lujos de detalles.* ‖ Todo aquello que supera los medios normales de alguien para conseguirlo: *es un lujo para mí.* ‖ **FAM.** lujosamente, lujoso, lujuria.

lujuria f. Apetito sexual excesivo. ‖ Exceso o demasía en algunas cosas. ‖ **FAM.** lujuriante, lujuriosamente, lujurioso.

lulú adj. Se dice de una raza de perros de pelaje largo y abundante. También com.

lumbago m. Dolor en la zona lumbar.

lumbar adj. Relativo a la zona situada entre la última costilla y los riñones. ‖ **FAM.** lumbago.

lumbre f. Materia combustible encendida. ‖ Fuego que se hace para cocinar, calentarse, etc.: *pon la cazuela a la lumbre.* ‖ Cosa con la que se enciende otra: *dame lumbre, que no llevo mechero.* ‖ Esplendor, claridad. ‖ **FAM.** lumbrera.

lumbrera f. Cuerpo que despide luz. ‖ Persona muy destacada por su inteligencia.

luminiscencia f. Emisión de rayos luminosos sin elevar la temperatura y visible casi solo en la oscuridad. ‖ **FAM.** luminiscente.

luminosidad f. Calidad de luminoso.

luminoso, sa adj. Que despide luz: *pintura luminosa.* ‖ Perteneciente o relativo a la luz: *rayos luminosos.* ‖ Aplicado a ideas, ocurren-

cias, explicaciones, etc., brillante, muy claro.
| **FAM.** luminaria, lumínico, luminiscencia, luminosamente, luminosidad, luminotecnia.

luminotecnia f. Técnica de la iluminación con luz artificial. | **FAM.** luminotécnico.

luna f. Con mayúscula y precedido del artículo *la*, satélite natural de la Tierra. | Luz nocturna que refleja este satélite. | Tiempo de cada conjunción de la Luna con el Sol, lunación. | Satélite natural de cualquier planeta: *las lunas de Júpiter*. | Cristal que se emplea en vidrieras, escaparates, etc. | Espejo. | **luna de miel** Temporada inmediatamente posterior al matrimonio. | Viaje que suele hacer una pareja después de la boda. | **FAM.** lunación, lunar, lunario, lunático, luneta, luneto, lúnula.

lunación f. Tiempo que tarda la Luna en pasar de una conjunción con el Sol a la siguiente.

lunar adj. Perteneciente a la Luna: *luz lunar, fase lunar*. | m. Pequeña mancha que aparece en la piel, producida por una acumulación de pigmento. | Cada uno de los dibujos de forma redondeada en telas, papel u otra superficie.

lunático, ca adj. Que padece locura.

lunch (voz i.) m. Comida ligera que se ofrece a los invitados en ciertas reuniones, celebraciones, etc.

lunes m. Día de la semana después del domingo.

luneta f. Lente de las gafas. | Cristal trasero de los automóviles.

lunfardo m. Jerga empleada en los barrios bajos de la ciudad de Buenos Aires.

lúnula f. Espacio blanquecino semilunar de la raíz de las uñas.

lupa f. Lente de aumento, con montura adecuada para el uso a que se destina.

lupanar m. Prostíbulo.

lúpulo m. Planta trepadora, cuyos frutos, en forma de piña globosa, se emplean para aromatizar y dar sabor amargo a la cerveza.

lustrar tr. Dar brillo a algo, como a los metales y piedras. | **FAM.** lustrabotas, lustrador.

lustre m. Brillo: *sacar lustre a los zapatos*. | Esplendor, gloria. | **FAM.** lustrar, lustroso.

lustro m. Espacio de cinco años.

lutecio m. Elemento químico metálico del grupo de las tierras raras. Su símbolo es *Lu*.

luteranismo m. Conjunto de creencias y doctrinas propugnadas por Martín Lutero, y basadas en la libre interpretación de la Biblia. | **FAM.** luterano.

luto m. Signo exterior de dolor en ropa, especialmente la de color negro, y otras cosas, por la muerte de alguien. | Dolor, pena por la muerte de alguien. | pl. Colgaduras negras que se ponen en los funerales o en la casa del difunto. | **medio luto** El que no es riguroso. | **FAM.** luctuoso.

lux m. Unidad de intensidad de iluminación. ♦ No varía en pl.

luxar tr. Dislocar un hueso. | **FAM.** luxación.

luz f. Energía que hace visible todo lo que nos rodea. | Claridad con que los cuerpos en combustión, ignición o incandescencia: *la luz del fuego*. | Utensilio que sirve para alumbrar: *encendieron todas las luces*. | Corriente eléctrica: *han cortado la luz*. | Cada una de las aberturas por donde se da luz a un edificio. Más en pl. | Modelo, persona o cosa, capaz de ilustrar o guiar: *fue la luz de toda una generación*. | pl. Inteligencia: *me parece que no tiene muchas luces*. | **dar a luz** loc. Parir la mujer. | **FAM.** lucerna, lucero, lúcido, luciérnaga, lucífugo, lucir, lux.

lycra m. Tejido sintético de gran elasticidad. También se escribe *licra*.

M

m f. Decimotercera letra del abecedario español y décima de sus consonantes. Su nombre es *eme*. ǀ Escrita con mayúscula (*M*) tiene el valor de mil en la numeración romana.

maca f. Señal que queda en la fruta cuando ha recibido un golpe. ǀ Defecto pequeño que tienen algunas cosas, como paños, recipientes de porcelana, etc. ǀ FAM. macarse.

macabro, bra adj. Relacionado con la muerte y con las sensaciones de horror y rechazo que ésta suele provocar: *nos leyeron un cuento macabro*.

macaco, ca m. y f. Mamífero primate de entre 40 y 80 cm, robusto, de pelaje poco vistoso y con callosidades en las nalgas; habita en las zonas cálidas de Asia, África y América. El *macaca rhesus* se distingue por tener en su sangre el mismo factor *Rh* que el hombre. ǀ adj. *amer.* Feo, deforme.

macadam o **macadán** m. Pavimento de piedra machacada que se comprime con el rodillo. ♦ pl. *macadams* o *macadanes*.

macana f. Arma parecida al machete que usaban los indios americanos. ǀ *amer.* Garrote grueso y corto. ǀ *amer.* Palo con que los indios americanos labraban la tierra. ǀ *amer.* Disparate, tontería! *¡no me vengás con macanas!* ǀ FAM. macaneador, macanear, macanudo.

macanear tr. *amer.* Golpear con la macana. ǀ *amer.* Decir tonterías o embustes.

macanudo, da adj. Magnífico, estupendo.

macarra adj. y com. *pop.* Hortera. ǀ Chulo, hombre que vive de las prostitutas.

macarrón m. Pasta de harina de trigo en forma de canutos largos. Más en pl. ǀ Tubo de plástico que recubre cables eléctricos o alambres. ǀ FAM. macarrónico.

macarrónico, ca adj. Se aplica al uso defectuoso e incorrecto del latín o de cualquier otra lengua. ǀ FAM. macarrónicamente.

macarse prnl. Empezar a pudrirse las frutas por los golpes y magulladuras que han recibido.

macedonia f. Ensalada de frutas. ǀ Guiso preparado con legumbres diversas.

macerar tr. Ablandar una cosa estrujándola,

golpeándola o sumergiéndola en un liquido: *ha puesto el pescado a macerar en adobo.* ǀ Mantener sumergida alguna sustancia sólida en un liquido a la temperatura ambiente para extraer de ella las partes solubles. ǀ Mortificar el cuerpo como penitencia. También prnl. ǀ FAM. maceración, maceramiento.

macero m. El que lleva la maza delante de los cuerpos o personas autorizadas que usan esta señal como símbolo de dignidad.

maceta f. Tiesto de plantas o flores de adorno. ǀ FAM. macetero.

machacante m. Moneda de cinco pesetas. ǀ Soldado destinado a servir a un suboficial.

machacar tr. Deshacer y reducir a polvo algo golpeándolo. ǀ Destruir algo: *machacar una revuelta.* ǀ Estudiar con insistencia algo. ǀ intr. Insistir con pesadez: *deja ya de machacar sobre lo mismo.* ǀ FAM. machaca, machacador, machacante, machacón, machaqueo.

machacón, na adj. Pesado, que repite mucho las cosas. También s. ǀ FAM. machaconamente, machaconería.

machada f. Valentía, fanfarronada. ǀ Conjunto de machos cabríos.

machamartillo (a) loc. adv. Sólidamente, con firmeza.

machete m. Sable corto ancho y de un solo filo. ǀ FAM. macheta, machetazo, machetear, machetero.

machetero m. El que tiene por oficio abrir paso con el machete en las zonas cubiertas por vegetación. ǀ El que corta las cañas de azúcar de una plantación.

machihembrar tr. Ensamblar dos piezas de madera.

machina f. Cabria o grúa de grandes dimensiones, que se usa en puertos y arsenales. ǀ Mazo pesado para triturar o golpear.

machismo m. Actitud y comportamiento de quien concede preponderancia a los hombres respecto de las mujeres. ǀ FAM. machista.

macho m. Persona o animal del sexo masculino. ǀ Planta fecundadora. ǀ Pieza que se introduce en otra. ǀ Machón. ǀ Mazo grande de las herrerías para forjar el hierro. ǀ Banco en que los herreros tienen el yunque pequeño. ‖ Yunque cuadrado. ‖ adj. Fuerte, vigoroso, valiente. ‖ interj. Se emplea, apl. a hombres, como expresión de sorpresa o enfado: ¡Te has pasado, macho! ‖ **FAM.** machada, machihembrar, machismo, machona, machota, machote, marimacho.

machón m. Pilar de fábrica que sostiene un techo o el arranque de un arco.

machona f. amer. Mujer hombruna, marimacho.

machote adj. Hombre vigoroso, bien plantado, valiente. También m.

machucho, cha adj. Sosegado, juicioso. ‖ Maduro.

macilento, ta adj. Demacrado, pálido.

macillo m. Pieza del piano, en forma de mazo con mango y cabeza forrada de fieltro, con la que, al pulsar la tecla se golpea la cuerda haciéndola sonar.

macizo, za adj. Compacto, lleno: un relleno macizo. ‖ Sólido y bien fundado: una argumentación maciza. ‖ Se dice de la persona de carnes prietas, no fofas. ‖ De gran atractivo físico. ‖ m. Grupo de montañas. ‖ Combinación de plantas que decoran los jardines: un macizo de rododendros. ‖ **FAM.** macicez, macizamente, macizar.

macramé m. Tejido hecho con nudos más o menos complicados, de estructura parecida al encaje de bolillos. ‖ Hilo con que se hace este tejido.

macrobiótico, ca adj. Relativo a la técnica de alargar la vida mediante normas dietéticas e higiénicas. ‖ f. Arte de vivir muchos años.

macrocéfalo, la adj. Que tiene la cabeza desproporcionadamente grande con respecto a su cuerpo o a su especie. También s. ‖ **FAM.** macrocefalia.

macrocosmo o **macrocosmos** m. El universo, especialmente cuando se le considera en relación con el hombre o microcosmos.

macroeconomía f. Análisis de las magnitudes globales de una economía, como la renta nacional, las inversiones, exportaciones e importaciones, etc. ‖ **FAM.** macroeconómico.

macruro, ra adj. Se dice de los crustáceos decápodos que tienen un abdomen largo y bien desarrollado, que les sirve para nadar; como el bogavante. También s. ‖ m. pl, Suborden de estos animales.

macsura f. Recinto de una mezquita, reservado para el califa o el imán en las oraciones públicas, o para el sepulcro de un personaje considerado santo.

mácula f. Mancha. ‖ Engaño. ‖ Cada una de las partes oscuras que se observan en el disco del Sol o de la Luna. ‖ **FAM.** maculatura.

macuto m. Mochila.

madalena f. Magdalena, bollo.

madeja f. Hilo recogido en vueltas iguales.

madera f. Parte sólida y fibrosa de los árboles. ‖ Pieza de este material preparado para cualquier obra de carpintería. ‖ Disposición natural para determinada actividad: tiene madera de abogado. ‖ fam. El cuerpo de policía español. ‖ **tocar madera** loc. Hacerlo para prevenir o evitar un maleficio u otro daño. ‖ **FAM.** maderable, maderaje, maderamen, maderero, madero.

maderamen m. Conjunto de maderas de una obra.

maderero, ra adj. Perteneciente o relativo a la industria de la madera. ‖ Persona que comercia con madera. ‖ Persona que se dedica a conducir cargas de madera por los ríos.

madero m. Pieza larga de madera. ‖ Persona torpe o insensible. ‖ fam. Miembro del cuerpo de policía español.

madrastra f. Para los hijos, la nueva mujer del padre. ‖ Mala madre.

madraza f. Madre que mima y cuida mucho a sus hijos.

madre f. Hembra que ha parido. ‖ Mujer con respecto a sus hijos. ‖ Título de algunas religiosas. ‖ Causa, raíz, origen: la experiencia es la madre de la ciencia. ‖ Heces del vino o vinagre. ‖ Cauce por donde va un río o de un arroyo. ‖ **madre política** Suegra. ‖ **ser algo la madre del cordero** loc. Ser la causa verdadera, el meollo. ‖ **salirse de madre** loc. Excederse en algo. ‖ Desbordarse un río de su cauce. ‖ **FAM.** madrastra, madraza, madreperla, madrépora, madreselva, madriguera, madrina, materno, matriarcado, matricida, matriz, matrona.

madreperla f. Molusco bivalvo con concha casi circular. Se pesca para aprovechar el nácar de la concha y recoger las perlas que forma en su interior a partir de cualquier cuerpo extraño.

madrépora f. Pólipo de los mares intertropicales que se agrupa formando masas calcáreas y arborescentes. ‖ **FAM.** madrepórico.

madreselva f. Planta arbustiva muy olorosa, con tallos largos trepadores y flores blancas o rosadas.

madrigal m. Composición poética de tema amoroso y extensión breve, en versos endecasílabos y heptasílabos sin disposición ni rimas fijas. ‖ Composición musical para varias voces sin acompañamiento. ‖ **FAM.** madrigalesco, madrigalista, madrigalizar.

madriguera f. Cuevecilla donde habitan ciertos animales. ‖ Refugio de malhechores.

madrina f. Mujer que presenta o asiste a otra persona que va a recibir algún sacramento, honor, grado, etc. ‖ La que favorece o protege a otra persona en sus pretensiones. ‖ Mujer que preside ciertos actos sociales. ‖ Yegua que sirve de guía a una manada de ganado caballar. ‖ **FAM.** madrinazgo, madrinero.

madroño m. Arbusto de hoja perenne, fruto comestible, rojo exteriormente y amarillo en el interior. ‖ Fruto de este arbusto. ‖ Borlita de forma semejante al fruto del madroño. ‖ **FAM.** madroñal, madroñera.

madrugada f. Alba, amanecer. ‖ Acción de madrugar. ‖ **de madrugada** loc. adv. Al amanecer.

madrugar intr. Levantarse al amanecer o muy temprano. ‖ Ganar tiempo, anticiparse. ‖ **FAM.** madrugada, madrugador, madrugón.

madurar tr. Ponerse maduros los frutos. También intr.: *ya maduraron las cerezas.* ‖ Meditar detenidamente una idea, un proyecto, etc.: *maduraba su venganza.* ‖ intr. Crecer en edad y sensatez: *aquello le hizo madurar.* ‖ **FAM.** maduración, madurador, madurativo.

madurez f. Calidad o estado de maduro.

maduro, ra adj. Que está en su punto o en su mejor momento: *este melón no está maduro.* ‖ Prudente, juicioso. ‖ Se dice de la persona que está en la edad adulta. ‖ **FAM.** maduramente, madurar, madurez.

maese m. Antiguo tratamiento que se anteponía al nombre propio de un maestro.

maestranza f. Conjunto de talleres donde se construye material de guerra. ‖ Conjunto de operarios que trabajan en ellos. ‖ Sociedad de caballeros que se ejercitaban en la equitación. ‖ **FAM.** maestrante.

maestrazgo m. Dignidad de maestre de cualquiera de las órdenes militares. ‖ Dominio territorial o señorío del maestre de una orden militar.

maestre m. Superior de una orden militar. ‖ **maestre de campo** Antigua denominación de los oficiales de grado superior que ejercían el mando de varios tercios. ‖ **FAM.** maestranza, maestrazgo, burgomaestre, contramaestre, maestresala.

maestría f. Habilidad, pericia. ‖ Título de maestro en un oficio.

maestro, tra adj. Se dice de la obra que, por su perfección, destaca entre las de su clase: *este puente es una obra maestra de la ingeniería.* ‖ Se apl. a ciertos objetos para destacar su importancia funcional entre los de su clase: *viga maestra, palo maestro.* ‖ m. y f. Persona que enseña un arte, una ciencia, o un ofi-

cio, especialmente la que imparte el primer ciclo de enseñanza. ‖ Persona muy diestra o con profundos conocimientos en alguna materia: *un maestro del fútbol, una maestra de la danza.* ‖ Persona que compone música o dirige una orquesta. ‖ Todo lo que enseña o alecciona: *la vida y el dolor fueron sus principales maestros.* ‖ m. El que ha alcanzado un alto grado en su oficio: *mestro albañil.* ‖ Matador de toros. ‖ f. Listón vertical de madera que sirve de guía al construir una pared. ‖ **FAM.** maestre, maestria.

mafia f. Organización secreta de malhechores basada en la violencia y el chantaje. ‖ **FAM.** mafioso.

magdalena f. Bollo pequeño redondo a base de harina, azúcar, huevos, aceite y leche. ‖ Mujer arrepentida de su pasado de prostitución. ‖ **llorar como una Magdalena** loc. LLorar mucho.

magenta adj. y m. Se dice del color carmesí oscuro obtenido de la mezcla de rojo y azul.

magia f. Arte o técnica que pretenden realizar prodigios sobrenaturales. ‖ Habilidad de realizar cosas extraordinarias mediante trucos. ‖ Encanto, hechizo, atractivo. ‖ **FAM.** mágico, mago.

magiar adj. Húngaro: *cultura magiar.* ‖ Se dice de un pueblo euroasiático nómada que penetró en Europa a finales del s. IX, instalándose en Transilvania y Hungria. ‖ Se apl. al individuo descendiente de este pueblo, que actualmente constituye la población mayoritaria de Hungría. ‖ Perteneciente a los magiares. También com. ‖ m. Lengua hablada por los magiares, cercana al finés.

magisterio m. Profesión de maestro o práctica de la enseñanza en general. ‖ Título de maestro. ‖ Conjunto de maestros de una provincia, región, nación, etc. ‖ Influencia que ejerce la obra, el pensamiento o la conducta de alguien: *el magisterio de Góngora sobre la generación del 27.* ‖ **FAM.** magistral, magistralmente, magistralía.

magistrado m. Persona que tiene el oficio o el cargo de juez. ‖ Miembro de una sala de audiencia o del Tribunal Supremo de Justicia. ‖ **FAM.** magistratura.

magistral adj. Se dice de lo que se hace con maestría o habilidad: *una interpretación magistral.* ‖ Relativo a lo realizado por el profesor en el desempeño de su oficio: *una clase magistral.*

magistratura f. Cargo de magistrado y tiempo durante el que se mantiene en él. ‖ Conjunto de magistrados: *magistratura española.*

magma m. Material fundido, formado en el

interior de la Tierra a gran presión y altas temperaturas, que se solidifica por enfriamiento. ‖ Sustancia espesa y gelatinosa. ‖ **FAM.** magmático.

magnanimidad f. Generosidad y nobleza de espíritu. ‖ **FAM.** magnánimamente, magnánimo.

magnate com. Persona poderosa e influyente en el mundo de los negocios, la industria o las finanzas: *magnate del petróleo.*

magnesia f. Óxido de magnesio, sustancia levemente alcalina de consistencia terrosa y color blanco, muy resistente al calor, que se utiliza para el recubrimiento de hornos refractarios. ‖ **FAM.** magnesiano, magnesita.

magnesio m. Metal bivalente, de color y brillo semejantes a los de la plata, maleable, poco tenaz y algo más pesado que el agua. Su símbolo es *Mg.* ‖ **FAM.** magnesia, magnésico.

magnetismo m. Fuerza de atracción del imán. ‖ Poder de atracción de una persona sobre otra. ‖ Conjunto de fenómenos de atracción y repulsión producidos por los imanes y las corrientes eléctricas inducidas. ‖ Parte de la física que los estudia. ‖ **FAM.** magnético, magnetita, magnetizar, magneto, magnetófono, magnetoscopio, magnetosfera.

magnetita f. Imán, óxido ferroso férrico.

magnetizar tr. Comunicar a un cuerpo propiedades magnéticas. ‖ Hipnotizar a alguien. ‖ Atraer poderosamente a alguien, fascinar: *magnetizó a su auditorio.* ‖ **FAM.** magnetizable, magnetización, magnetizador.

magnetófono m. Aparato para grabar sonido en una cinta magnética y reproducirlo después. ‖ **FAM.** magnetofónico.

magnetosfera f. Espacio que rodea la Tierra por encima de la ionosfera, en el que que el campo magnético terrestre ejerce alguna influencia.

magnicidio m. Asesinato de una persona muy importante por su cargo o poder. ‖ **FAM.** magnicida.

magnificar tr. y prnl. Alabar, ensalzar. ‖ Exagerar: *magnificaron las repercusiones de la campaña.* ‖ **FAM.** magnificador, magníficat, magnífico.

magníficat m. Cántico a Dios que la Virgen pronunció en la visitación a su prima Santa Isabel, y que se reza o canta al final de las vísperas.

magnificencia f. Generosidad. ‖ Ostentación, grandeza. ‖ **FAM.** magnificente.

magnífico, ca adj. Espléndido, suntuoso: *un banquete magnífico.* ‖ Excelente, admirable: *es una magnífica persona.* ‖ Título de honor que se concede a personas ilustres. ‖ **FAM.** magníficamente, magnificencia.

magnitud f. Tamaño de un cuerpo. ‖ Grandeza, importancia de una cosa: *la magnitud de un escándalo.* ‖ Toda faceta de la realidad física que puede medirse, como la altura, la longitud, la superficie, el peso, etc. ‖ Intensidad luminosa de una estrella.

magno, na adj. Grande, ilustre. ‖ **FAM.** magnate, magnicidio, magnificar, magnitud.

magnolia f. Árbol originario de Asia y América, de hoja perenne y flores aromáticas blancas. ‖ Flor o fruto de este árbol.

mago, ga adj. Que practica la magia. También s. ‖ Se dice de los tres reyes de Oriente que, según la tradición cristiana, adoraron al nacer a Jesús de Nazaret. También s. ‖ m. Sacerdote de la religión zoroástrica.

magosto m. Hoguera para asar castañas en la época de la recolección. ‖ Castañas asadas y fiesta que se celebra.

magrear tr. vulg. Sobar, palpar, manosear una persona a otra con intenciones sexuales. ‖ **FAM.** magreo.

magro, gra adj. Flaco, enjuto, sin grasa. ‖ m. Carne de cerdo junto al lomo. ‖ **FAM.** magrez, magrura.

maguey m. *amer.* Pita, planta.

magullar tr. y prnl. Causar contusiones en un cuerpo al golpearlo violentamente, sin que lleguen a producirse heridas. ‖ **FAM.** magulladura, magullamiento, magullón.

mahometano, na adj. y s. Musulmán, que sigue la religión de Mahoma. ‖ **FAM.** mahomético, mahometismo.

mahón m. Tela fuerte y fresca de algodón de diversos colores.

mahonesa f. Mayonesa. ‖ **FAM.** mahón.

maicena (nombre comercial registrado) f. Harina fina de maíz.

maitines m. pl. Primera hora canónica que se reza antes de amanecer. ‖ **FAM.** maitinada, maitinante.

maître (voz fr.) m. Jefe de comedor de restaurantes y hoteles.

maillot (voz fr.) m. Prenda de vestir elástica muy ajustada al cuerpo que se usa para hacer gimnasia, bailar, etc. ‖ Camiseta elástica de los ciclistas.

maíz m. Planta herbácea graminea de hojas alternas y tallos rectos que produce unas mazorcas con granos gruesos y amarillos muy nutritivos. ‖ Grano de esta planta. ‖ **FAM.** maicena, maicero, maizal.

majada f. Redil, albergue del ganado y de los pastores. ‖ *amer.* Rebaño de ganado lanar. ‖ **FAM.** majadal, majadear.

majaderear tr. *amer.* Molestar, incomodar uno a otra persona. También intr.

majadero, ra adj. y s. Torpe, tonto o molesto. | m. Mazo del almirez o del mortero. | **FAM.** majaderear, majadería.

majar tr. Aplastar una cosa a golpes: *majar ajo y perejil.* | **FAM.** majaderear, majadería, majadero, majado, majador, majadura, majagranjas, majamiento.

majareta adj. y com. Chiflado.

majestad f. Aspecto o condición de las personas que despierta admiración y respeto: *tenía la majestad de un dios.* | En mayúscula, título o tratamiento que se da a Dios y a emperadores y reyes. | **FAM.** majestuosamente, majestuosidad, majestuoso.

majo, ja adj. Se apl. a los que por su aspecto, comportamiento o simpatía se hacen agradables a los demás: *es una chica muy maja.* También s. | Bonito y vistoso: *tienes una bici bien maja.* | Bien arreglado y vestido: *¡mírale que majo se ha puesto!* | m. y f. A finales del s. XVIII y principios del XIX, habitantes de ciertos barrios populares madrileños, de comportamiento desenvuelto y arrogante, que llevaban una vistosa indumentaria: *los majos de Goya.* | **FAM.** majería, majeza.

majorero, ra adj. y s. Natural de la isla de Fuerteventura.

majuelo m. Espino rosáceo de hojas cuneiformes y dentadas divididas en tres o cinco segmentos, flores blancas muy olorosas, y fruto rojo, llamado *majuela,* dulce, y de un solo huesecillo redondeado. | **FAM.** majuela.

mal adj. apóc. de *malo.* ◆ Se usa antepuesto al m. y a algunos inf.: *mal humor, mal despertar.* | m. Lo contrario al bien, lo malo: *el triunfo del mal.* | Daño material o moral: *no creí hacerte ningún mal.* | Desgracia: *los males de la guerra.* | Enfermedad: *estaba aquejado de un extraño mal.* | adv. m. Al contrario de lo que debe ser: *mal hecho;* o de lo que sería deseable: *el enfermo va mal.* | Difícilmente: *mal puedo yo saberlo.* | **de mal en peor** loc. Cada vez peor. | **mal que bien** loc. Conseguir algo tras superar una serie de obstáculos: *mal que bien, terminó asimilándolo.* | **FAM.** maleficio, malestar, malamente.

malabares adj. pl. Se dice de los juegos de destreza que consisten en lanzar al aire objetos y recogerlos, manteniéndolos en equilibrio. | **FAM.** malabarismo, malabarista.

malabarismo m. Técnica y actividad del que realiza juegos malabares. | pl. Habilidad para salir airoso en una situación difícil: *tuvo que hacer malabarismos para conseguirlo.* | Arte de manejar ingeniosamente conceptos para deslumbrar al oyente o al lector: *hace auténticos malabarismos en sus relatos.*

malacostumbrar tr. Hacer que alguien adquiera malos hábitos y costumbres. | Mi-

mar o consentir excesivamente a alguien. | **FAM.** malacostumbrado.

malaje adj. y com. Soso, sin gracia. | Malintencionado.

malandrín, na adj. y s. Malvado, perverso, con malas intenciones.

malaquita f. Mineral verde, tan duro como el mármol, susceptible de pulimento, y que suele emplearse en joyería. Es un carbonato hidratado natural de cobre.

malar adj. Perteneciente a la mejilla. | m. Prominencia del hueso de cada mejilla, pómulo.

malaria f. Paludismo.

malayo, ya adj. y s. De un grupo étnico y lingüístico de Indonesia, la península de Malaca y Filipinas.

malbaratar tr. Malvender. | Malgastar. | **FAM.** malbaratador, malbaratamiento, malbaratillo, malbarato.

malcarado, da adj. y s. Que tiene mala cara o aspecto repulsivo. | Que continuamente tiene cara de enfado.

malcriar tr. Educar mal a los hijos, condescendiendo demasiado con sus gustos y caprichos. | **FAM.** malcriado.

maldad f. Calidad de malo. | Acción mala y perjudicial.

maldecir tr. Echar maldiciones contra una persona o cosa: *¡maldigo su estampa!* | intr. Hablar de alguien con mordacidad, denigrándole: *no deja de maldecir de sus compañeras.* ◆ **Irreg.** Se conj. como *decir,* menos en el *fut. imperf.* de indic. y en el *pot.,* que son regulares, y la 2.ª pers. de sing. del *imperat.* (*maldice tú*), en que no se apocopa la sílaba *ce.* | **FAM.** maldiciente, maldición, maldito.

maldición f. Imprecación, expresión injuriosa o grosera.

maldito, ta adj. Dañino, molesto, y, en el caso de personas, malvado: *estos malditos zapatos me destrozan los pies; eran unos malditos canallas.* También s.: *a ver si detienen a esos malditos.* | Se apl. al o a lo que es víctima de una maldición: *mansión maldita; estirpe maldita.* También s. | Ninguno, ni una sola cosa: *no tiene maldita la gracia.*

maleable adj. Se apl. a los metales que pueden batirse y extenderse en planchas muy delgadas, como el cobre. | Se dice de los materiales que se pueden trabajar con facilidad, como la arcilla. | Fácil de influenciar, dócil. | **FAM.** maleabilidad.

maleante adj. y com. Ladrón, delincuente.

malear tr. y prnl. Estropear, dañar: *este vino se ha maleado.* | Corromper, pervertir. | **FAM.** maleador, maleante.

malecón m. Muro construido como protección contra las aguas. ‖ Rompeolas, muelle.

maledicencia f. Acción de maldecir, murmurar.

maleficio m. Daño causado por hechicería. ‖ Hechizo empleado. ‖ **FAM.** maleficencia, maleficiar, maléfico.

malentendido m. Equívoco, mala interpretación, o desacuerdo en la forma de entender una cosa. ‖ **FAM.** malentender.

malestar m. Sensación de incomodidad o molestia, física o anímica.

maleta f. Especie de caja de algún material resistente y provista de un asa que sirve para guardar y transportar objetos personales cuando se viaja. ‖ **FAM.** maletero, maletilla, maletín, maletón.

maletero, ra m. y f. Persona que transporta equipajes. ‖ Persona que hace o vende maletas. ‖ m. En los vehículos, lugar para maletas o equipaje. ‖ Lugar de la vivienda para guardar maletas.

maletilla com. Aspirante a torero.

malevaje m. *amer.* Conjunto de malevos.

malevo, va adj. y s. *amer.* Malévolo, malhechor, matón. ‖ **FAM.** malevaje.

malévolo, la adj. y s. Inclinado a hacer mal. ‖ **FAM.** malevo, malevolencia, malevolente.

maleza f. Abundancia de malas hierbas en los sembrados. ‖ Vegetación espesa y apretada formada por arbustos.

malformación f. Deformidad congénita en alguna parte del cuerpo.

malgache adj. y com. De Madagascar. ‖ m. Lengua del grupo malayo, de la familia lingüística malayo-polinesia, hablada en Madagascar.

malgastar tr. Gastar o emplear algo de forma inadecuada: *malgastar el dinero.*

malhablado, da adj. y s. Se dice de la persona que se expresa de forma vulgar y grosera. ♦ También se puede escribir *mal hablado.*

malhechor, ra adj. y s. Que comete delitos de forma habitual.

malherir tr. Herir gravemente. ♦ **Irreg.** Se conj. como *sentir.*

malhumorado, da adj. Que está de mal humor, o que lo tiene habitualmente. ‖ **FAM.** malhumor, malhumorar.

malicia f. Mala intención, maldad: *lo hizo por pura malicia.* ‖ Tendencia a pensar mal de los demás: *todo lo interpreta con malicia.* ‖ Picardía: *le miró con malicia.* ‖ Sutileza, sagacidad: *este niño tiene mucha malicia.* ‖ pl. Sospecha o recelo. ‖ **FAM.** maliciar, maliciable, maliciar, maliciosamente, malicioso.

maligno, na adj. Propenso a pensar u obrar mal. También s. ‖ Nocivo, perjudicial, dañino: *ejerció una maligna influencia sobre su sobrino.* ‖ Se dice de la lesión o enfermedad que evoluciona de modo desfavorable y especialmente de los tumores cancerosos. ‖ m. Con mayúscula, el demonio. ‖ **FAM.** malignidad.

malintencionado, da adj. y s. Que tiene mala intención.

malla f. Tejido de pequeños anillos o eslabones de hierro o de otro metal, enlazados entre sí. ‖ Cada uno de los cuadriláteros que constituyen el tejido de la red. ‖ Por ext., tejido semejante al de la malla de la red. ‖ Vestido de punto muy fino que, ajustado al cuerpo, usan los artistas de circo, bailarines y gimnastas. ‖ *amer.* Bañador, traje para bañarse. ‖ **FAM.** mallero.

malmeter tr. Enemistar a dos o más personas entre sí: *quiso malmeternos con sus chismes.* ‖ Inducir a uno a hacer algo malo.

malnacido, da adj. y s. Se dice de la persona despreciable, indeseable.

malo, la adj. Que carece de bondad: *mala persona.* También s. ‖ Que se opone a la razón o a la moralidad: *una mala acción.* ‖ Que lleva mala vida o tiene malas costumbres: *una mala mujer.* También s. ‖ Travieso, enredador: *eres un niño malo.* ‖ Nocivo para la salud: *fumar es malo.* ‖ Enfermo: *no fui a clase porque estaba malo.* ‖ Deteriorado, estropeado: *estas uvas se han puesto malas.* ‖ De poca calidad: *esos zapatos me parecen bastante malos.* ‖ De poca utilidad, efectividad o habilidad: *tengo mala cabeza para los números.* ‖ Difícil o que presenta dificultades: *atravesaba una mala situación laboral.* ‖ Desagradable, molesto, desapacible: *¡qué rato tan malo he pasado!* ‖ Equivocado o con consecuencias desagradables: *una mala decisión.* ‖ Se dice de lo que no gusta o no satisface: *una comida mala.* ‖ Con el verbo *ser* indica poca probabilidad de que se cumpla algo inconveniente o adverso: *malo será que no lleguemos a un acuerdo.* ‖ Con *lo* y el verbo *ser*, señala un obstáculo para algo: *lo malo es que es alérgico al polen.* ‖ interj. Expresa desaprobación, desconfianza o contrariedad: *estás demasiado callada, ¡malo!* ‖ **a malas** loc. adv. Con enemistad: *¿otra vez estáis a malas Juan y tú?* ♦ Sobre todo con los verbos *andar* o *estar.* ‖ **de malas** loc. adv. Con mala disposición o de mal humor: *no le hagas caso, hoy está de malas.* ♦ Se usa con los verbos *estar* y *venir.* ‖ **FAM.** mal, malaje, malaleche, malandrín, maldad, maleante, malear, maleficio, malevolencia, maleza, malicia, maligno, malvado.

malograr tr. Estropear o no aprovechar algo: *has malogrado la cena.* ‖ prnl. Frustrarse lo que se pretendía conseguir: *sus planes se malograron.* ‖ No alcanzar el desarrollo esperado: *se malogró la cosecha.* ‖ **FAM.** malogramiento, malogro.

maloliente adj. Que huele mal.

malón m. *amer.* Irrupción o ataque inesperado de indios. ‖ *amer.* Banda de gamberros.

malparado, da adj. Perjudicado en cualquier aspecto: *salió malparado de aquella operación de bolsa.*

malqueda com. Persona que no cumple sus promesas o falta a su deber.

malsano, na adj. Perjudicial para la salud: *es un clima malsano.* ‖ Que parece enfermo, física o mentalmente: *su aspecto es malsano; un deseo malsano.*

malsonante adj. Que suena mal. ‖ Se dice de la palabra o expresión grosera.

malta f. Grano de cereal, generalmente cebada, germinado artificialmente y después tostado, que se emplea en la fabricación de bebidas alcohólicas, como la cerveza o el güisqui, o como sucedáneo del café. ‖ **FAM.** malteado, maltear, maltosa.

maltosa f. Azúcar producido por la descomposición del almidón mediante la diastasa, tanto en los procesos fisiológicos animales como vegetales. Se encuentra en gran proporción en la malta.

maltraer tr. Maltratar, destruir, mortificar. ‖ **llevar** o **traer** a uno **a maltraer** loc. Molestarlo, importunarlo. ♦ **Irreg.** Se conj. como *traer.* ‖ **FAM.** maltraído.

maltratar tr. y prnl. Dar un mal trato, dañar, estropear: *unos gamberros maltrataron el perro.* ‖ **FAM.** maltratamiento, maltrato, maltrecho.

maltrecho, cha adj. Que ha recibido malos tratos: *salió maltrecho del accidente.*

maltusianismo m. Doctrina expuesta por T. R. Malthus que recomienda el control de la natalidad como medio de adecuar la población a los recursos existentes y evitar el empobrecimiento de los pueblos.

malva adj. y m. De color morado tirando a rosa. ‖ f. Planta dicotiledónea cuyas hojas, de color verde intenso, y flores, de color violeta, tienen usos medicinales. ‖ **como una malva** loc. Apl. a personas, bondadoso, apacible, dócil. ♦ Se usa generalmente con los verbos *ser, estar* o *quedarse: se tomó la tila y se quedó como una malva.* ‖ **FAM.** malváceo, malvaloca, malvasia, malvavisco.

malvado, da adj. y s. Perverso. ‖ **FAM.** malvadamente.

malvasía f. Variedad de uva de granos grandes, dulces y perfumados que se cultiva en ciertas regiones mediterráneas. ‖ Vino que se hace con esta uva.

malvavisco m. Planta herbácea malvácea, de tallo y hojas aterciopelados y flores de color rosáceo. Crece junto a las acequias y en las costas de la península Ibérica.

malvender tr. Vender a bajo precio, con poca o ninguna ganancia.

malversar tr. Invertir o gastar indebidamente fondos ajenos. ‖ **FAM.** malversación, malversador.

mama f. Teta de las hembras de los mamíferos. ‖ *vulg.* En lenguaje infantil, madre. ‖ **FAM.** mamá, mamar, mamario.

mamá f. Madre.

mamadera f. *amer.* Utensilio para la lactancia artificial, biberón. ‖ *amer.* Tetilla del biberón.

mamar tr. Chupar la leche de los pechos. ‖ Aprender algo en la infancia: *mamó el amor a los libros.* ‖ prnl. Emborracharse. ‖ **FAM.** mama, mamada, mamadera, mamado, mamón.

mamarracho m. Persona de aspecto o comportamiento ridículo y extravagante. ‖ **FAM.** mamarrachista, mamarrachada.

mambo m. Baile cubano que combina elementos del jazz y ritmos e instrumentos afrocubanos.

mamella f. Cada uno de los apéndices largos y ovalados que cuelgan del cuello de algunos animales, particularmente de las cabras.

mameluco, ca adj. y s. De una milicia privilegiada de Egipto que, de 1250 a 1517, llegó a constituir una dinastía. ‖ Se dice de la persona necia y boba. ‖ *amer.* Pijama de una sola pieza para bebés o niños.

mamey m. Árbol americano de hojas perennes elípticas; flores blancas, olorosas, y fruto casi redondo, aromático. ‖ Árbol americano de hojas caducas lanceoladas; flores axilares, blancas y fruto ovoide de pulpa roja y dulce. ‖ Fruto de cualquiera de estos dos árboles.

mamífero adj. y m. Se dice de los animales vertebrados, de sangre caliente, vivíparos y cuyas hembras alimentan a sus crías con la leche de sus mamas. ‖ m. pl. Clase de estos animales.

mamón, na adj. y s. Que todavía está mamando. ‖ Que mama mucho, o más tiempo del normal. ‖ *vulg.* Despreciable, indeseable. ‖ m. *amer.* Especie de bizcocho que se hace en México de almidón y huevo.

mamotreto m. Libro o legajo muy voluminoso. ‖ Armatoste u objeto grande y difícil de manejar: *este mueble es un mamotreto.*

mampara f. Bastidor de madera, cristal,

etc., para dividir una habitación o para aislar parte de la misma. ‖ **FAM.** mamparo.

mamporro m. Golpe, coscorrón, puñetazo.

mampostería f. Obra hecha con piedras desiguales unidas con argamasa sin un orden establecido. ‖ **FAM.** mampostero, mampuesto.

mamut m. Especie de elefante de gran tamaño y cubierto de pelo que vivió en el pleistoceno.

maná m. Alimento que, según la Biblia, envió Dios a los israelitas en el desierto. ‖ Sustancia de sabor a miel que secretan ciertos vegetales.

manada f. Grupo de animales, domésticos o salvajes, de una misma especie: *manada de cabras; manada de lobos.* ‖ Grupo de gente.

manager (voz i.) m. Gerente, administrador de empresas. ‖ Representante, apoderado de un artista. ‖ Entrenador, preparador de un deportista.

manantial adj. Se dice del agua que mana. ‖ m. Nacimiento de las aguas. ‖ Origen y fundamento de una cosa: *este chico es un manantial de ideas.*

manar intr. Brotar de una parte un líquido. También tr.: *la fuente mana poca agua.* ‖ Abundar algo: *le manaban las ofertas.* ‖ **FAM.** manadero, manantial, manantío.

manatí m. Nombre de ciertos mamíferos de cuello corto, cuerpo grueso y piel velluda de mucho espesor; tiene las extremidades superiores en forma de aletas terminadas por manos, y las inferiores forman la aleta caudal. Es herbívoro y su carne y grasa son muy estimadas. ♦ pl. *manatís* o *manatíes.*

manazas com. Persona torpe, desmañada. También adj. ♦ No varía en pl.

mancebía f. Casa pública de prostitución.

mancebo, ba m. y f. Chico joven. ‖ Dependiente de poca categoría, sobre todo el de una farmacia. ‖ **FAM.** mancebía.

mancera f. Pieza trasera del arado, sobre la que se apoya la mano.

mancha f. Marca que ensucia o estropea algo. ‖ Parte de alguna cosa con distinto color del general o dominante en ella: *un perro blanco con manchas negras.* ‖ Deshonra, desdoro. ‖ **FAM.** manchar, manchón, manchurrón.

manchar tr. y prnl. Poner sucia una cosa con manchas. ‖ Dañar la buena fama de una persona, familia o linaje. ‖ **FAM.** manchadizo, manchado.

manchú adj. De Manchuria. También com. ‖ Se dice de una de los altos valles montañosos del S de Manchuria y N de la R. P. China, y de sus habitantes. Más c. m. pl. ‖ Relativo a este pueblo. ♦ pl. *manchús* o *manchúes.*

mancillar tr. y prnl. Deshonrar, dañar la reputación de algo o alguien. ‖ **FAM.** mancilla.

manco, ca adj. Sin brazo o mano, o que no puede usarlos. También s.: *el Manco de Lepanto.* ‖ Defectuoso, falto de algo necesario. ‖ **no ser** uno **manco** loc. Ser hábil. ‖ **FAM.** mancar, manquedad, manquera.

mancomunar tr. Unir personas, fuerzas o caudales para un fin. También prnl.: *los vecinos decidieron mancomunarse para restaurar el edificio.* ‖ Obligar a dos o más personas a que paguen o ejecuten una cosa de forma conjunta, entre todas y por partes. ‖ **FAM.** mancomún, mancomunadamente, mancomunidad.

mancomunidad f. Acción y efecto de mancomunar. ‖ Corporación y entidad legalmente constituidas por agrupación de municipios o provincias.

mancorna f. *amer.* Mancuerna. Más en pl.

mancuerna f. Pareja de animales o cosas. ‖ pl. *amer.* Gemelos de los puños de la camisa. ‖ **FAM.** mancorna.

mandamás com. Persona con mando: *es la secretaria del mandamás.* ♦ No varía en pl.

mandamiento m. Precepto u orden de un superior a un inferior. ‖ Cada uno de los preceptos del Decálogo y de la Iglesia. ‖ Orden judicial por escrito, mandando ejecutar alguna cosa.

mandanga f. Flema, indolencia, pachorra: *con esa mandanga te van a dar las doce sin haber terminado.* ‖ Marihuana. ‖ pl. Tonterías, cuentos: *no me vengas con mandangas.*

mandar tr. Ordenar algo: *le mandó salir de la sala.* ‖ Enviar: *te mandaré la lista por correo.* ‖ Encargar: *me mandó por la compra.* ‖ intr. y tr. Gobernar, tener el mando: *el comandante mandaba la tropa.* ‖ **FAM.** manda, mandadero, mandado, mandamás, mandamiento, mandante, mandatario, mandato, ¡mande!, mando, mandón.

mandarín m. En China, alto funcionario. ‖ Dialecto chino del grupo chino-tibetano que constituye la lengua oficial de la R. P. China. También adj. ‖ **FAM.** mandarino.

mandarina f. Fruto del mandarino, especie de naranja pequeña y dulce, cuya piel se arranca fácilmente.

mandatario m. En der., persona que acepta del mandante su representación personal o la gestión de algún negocio. ‖ Jefe, gobernante. ‖ **primer mandatario** jefe de Estado.

mandato m. Orden. ‖ Contrato por el que una persona confía a otra una gestión. ‖ Soberanía temporal ejercida por un país en un territorio en nombre de la Sociedad de Naciones y que la O.N.U. ha sustituido por la *tutela.* ‖ Encargo o representación que por la elección se confiere a los diputados, concejales, etc. ‖ Período en que alguien actúa como mandatario de alto rango.

mandíbula f. Cada una de las dos piezas, óseas o cartilaginosas, en las que están implantados los dientes. ‖ Cada una de las dos piezas duras, quitinosas, que tienen en la boca los insectos masticadores. ‖ **FAM.** mandibular.

mandil m. Delantal. ‖ **FAM.** mandilar, mandilón.

mandinga adj. y com. Se dice de los negros de Sudán occidental. ‖ m. Lengua hablada por ellos, del grupo nigeriano-senegalés. ‖ *amer.* Nombre del diablo en el lenguaje de los campesinos. ‖ *amer.* Muchacho travieso.

mandioca f. Arbusto americano de cuya raíz se extrae la tapioca, muy usada en alimentación.

mando m. Autoridad y poder que tiene el superior sobre sus súbditos. ‖ Tiempo que dura este poder. ‖ Personas que lo detentan. ‖ Cualquier dispositivo que actúa sobre un mecanismo para iniciar, suspender o regular su funcionamiento: *los mandos de un avión.*

mandoble m. Bofetada. ‖ Golpe esgrimiendo la espada con ambas manos. ‖ Espada grande.

mandolina f. Instrumento de cuerdas de cuerpo curvado como el laúd pero más pequeño.

mandrágora f. Planta herbácea de raíz gruesa y bifurcada, sin tallo y con hojas grandes que se ha usado en medicina como narcótico.

mandril m. Mono africano de hocico alargado y perruno y nariz y nalgas rojizas. ‖ Pieza de madera o metal, de forma cilíndrica, para sujetar lo que se quiere tornear. ‖ Instrumento para agrandar los agujeros en las piezas de metal. ‖ Vástago que se introduce en ciertos instrumentos huecos, para facilitar su manejo.

manducar tr. e intr. Comer. ‖ **FAM.** manduca.

manecilla f. Aguijita que señala los números o divisiones de diversos instrumentos de medición: *las manecillas del reloj.* ‖ Broche con que se cierran algunas cosas.

manejar tr. Usar o traer entre las manos una cosa: *manejar el volante.* ‖ Servirse de cualquier cosa, utilizarla: *maneja grandes sumas de dinero.* ‖ Gobernar, dirigir: *el criado maneja a su amo.* ‖ *amer.* Conducir. ‖ prnl. Moverse, adquirir agilidad y desenvoltura: *se maneja bien en los negocios.* ‖ **FAM.** manejable, manejo.

manejo m. Acción y efecto de manejar o manejarse: *el manejo de un avión.* ‖ Dirección y gobierno de un negocio. ‖ Enredo, intriga: *estos son manejos suyos.*

manera f. Modo, forma de hacer algo: *no me gusta tu manera de conducir.* ‖ pl. Modales: *¿qué maneras de comportarse son ésas?* ‖ **de esa manera** loc. adv. Según eso. ‖ **de manera que** loc. conjunt. que expresa resultado, consecuencia. ‖ **en gran manera** loc. adv. En alto grado, mucho, muy. ‖ **sobre manera** loc. adv. Excesivamente, en extremo.

manga f. Parte del vestido que cubre el brazo. ‖ Manguera. ‖ Tela dispuesta en forma cónica que sirve para colar líquidos. ‖ Utensilio de tela, de forma cónica, provista de una boquilla que se usa en repostería: *manga pastelera.* ‖ En algunos deportes, una de las pruebas que se ha convenido jugar. ‖ Anchura mayor de un buque. ‖ **tener manga ancha** loc. Tener una excesiva tolerancia. ‖ **FAM.** mango, mangote, manguear, manguera, manguero, mangueta, manguilla, manguillero, manguito.

manganeso f. Elemento químico, metal de brillo acerado, duro y quebradizo, oxidable, que se obtiene de la manganesa y se emplea en la fabricación del acero. Su símbolo es *Mn.*

manganeta f. *amer.* Engaño, treta, manganilla.

mangangá m. *amer.* Insecto himenóptero parecido al abejorro, de cuerpo grueso y velludo. Al volar produce un zumbido fuerte y prolongado. ‖ com. *amer.* Persona fastidiosa por su continua insistencia. También adj.

mangante adj. y com. Ladrón, pillo. ‖ Sinvergüenza, persona que vive aprovechándose de los demás. ‖ **FAM.** mangancia.

manganzón, na adj. y s. *amer.* Holgazán.

mangar tr. Hurtar, robar. ‖ **FAM.** mangante, mangui.

manglar m. En el trópico, terreno que se deseca periódicamente según las mareas y en el que crecen árboles que viven en el agua salada.

mangle m. Árbol de 3 a 4 m de altura, de ramas largas y extendidas que llegan al suelo; sus hojas, frutos y corteza se emplean para curtir pieles. Viven en los manglares. ‖ **FAM.** manglar.

mango m. Parte alargada por donde se cogen algunos utensilios: *el mango del martillo, del cazo.* ‖ Árbol originario de la India y muy propagado en los países intertropicales, de hojas perennes, flores pequeñas, amarillentas y fruto oval, amarillo, aromático y de sabor agradable. ‖ Fruto de este árbol.

mangonear intr. Entremeterse en algo, ma

nipularlo. ‖ Dominar, dirigir a alguien. ‖ **FAM.** mangoneador, mangoneo, mangonero.

mangosta f. Cuadrúpedo carnívoro, semejante a la civeta, con pelaje ceniciento. En Egipto se le llegó a adorar como principal detructor de los huevos del cocodrilo.

manguera f. Tubo largo y flexible que se adapta a las bombas o bocas de riego.

manguito m. Tubo para empalmar dos piezas cilíndricas iguales. ‖ Rollo de piel con que se abrigaban las manos las mujeres. ‖ Media manga de punto ajustada que cubre desde el codo a la muñeca. ‖ Manga sobrepuesta para preservar la ropa.

maní m. Cacahuete, planta. ‖ Fruto de esta planta.

manía f. Preocupación fija y obsesiva por algo determinado: *en ti la puntualidad es una verdadera manía.* ‖ Capricho: *su nueva manía es coleccionar chapas coloradas.* ‖ Odio, ojeriza: *la profesora me tiene manía.* ‖ Desequilibrio mental caracterizado por una fuerte agitación. ‖ **manía persecutoria** Preocupación obsesiva de quien cree que es víctima de la persecución o el mal trato de alguien. ‖ **FAM.** maniaco, maniático, manicomio.

maniaco, ca o **maníaco, ca** adj. y s. Que padece manía.

maniatar tr. Atar las manos.

manicomio m. Centro para enfermos mentales.

manicuro, ra m. y f. Persona que arregla y cuida las manos. ‖ f. Ese arreglo y cuidado. ‖ **FAM.** manicuro, manicurista.

manido, da adj. Vulgar, nada original: *un tema manido.* ‖ Muy usado, tratado, manoseado: *esa chaqueta está manida.*

manierismo m. En arte, estilo que surgió en Italia h. 1520, caracterizado por el rechazo al clasicimo y a la rigidez de sus normas y por la utilización libre de las formas, llegando incluso a deformar la realidad. ‖ **FAM.** manierista.

manifestación f. Acción y efecto de manifestar o manifestarse: *hizo una manifestación a la prensa.* ‖ Reunión pública de gente que desfila para dar su opinión o reivindicar algo: *acudimos a la manifestación.*

manifestar tr. y prnl. Declarar, decir: *manifestó su intención de permanecer al frente de la empresa.* ‖ Poner al descubierto: *su timidez se manifestaba en todos sus gestos.* ‖ prnl. Tomar parte en una manifestación: *los vecinos se manifestaron contra la subida del agua.* ♦ **Irreg.** Se conj. como *acertar.* ‖ **FAM.** manifestación, manifestador, manifestante, manifestativo, manifestido.

manifiesto, ta adj. Claro, evidente: *un*

error manifiesto. ‖ m. Escrito en que se hace pública declaración de doctrinas o propósitos de interés general: *el manifiesto surrealista.* ‖ **poner de manifiesto** una cosa loc. Manifestarla, exponerla al público. ‖ **FAM.** manifiestamente.

manigua f. *amer.* Terreno pantanoso cubierto de maleza tropical. ‖ **FAM.** manigual, manigüero.

manija f. Mango, puño o manubrio de ciertos utensilios y herramientas.

manilla f. Mango, puño, mecanismo para abrir puertas o manejar herramientas. ‖ Manecilla del reloj. ‖ Anillo metálico con que aprisionar las muñecas. ‖ **FAM.** manillar.

manillar m. Pieza de la bicicleta encorvada por sus extremos, en la que se apoyan las manos al cambiar de dirección.

maniobra f. Cualquier operación material que se ejecuta con las manos. ‖ Manejo, intriga: *fue víctima de una maniobra de su competidor.* ‖ Conjunto de operaciones para dirigir un vehículo: *maniobra de adelantamiento.* ‖ pl. Simulacro de operaciones militares. ‖ **FAM.** maniobrar, maniobrero.

maniobrar intr. Hacer maniobras.

manipular tr. Manejar objetos delicados o de precisión. También intr. ‖ Controlar sutilmente a un grupo de personas, o a la sociedad, impidiendo que sus opiniones y actuaciones se desarrollen natural y libremente: *ese periódico manipula la opinión pública.* ‖ **FAM.** manipulación, manipulador, manipulante, manipuleo.

maniqueísmo m. Doctrina fundada por el filósofo persa Manes que se basa en la existencia de dos principios eternos, absolutos y contrarios, el bien y el mal. ‖ Por ext., cualquier actitud que mantiene posturas extremas, sin puntos intermedios. ‖ **FAM.** maniqueo.

maniquí m. Armazón en figura de cuerpo humano, que se usa para probar, arreglar o exhibir prendas de ropa. ‖ com. Persona que exhibe en público las nuevas modas de vestir. ‖ Persona de voluntad débil. ♦ pl. *maniquis* o *maniquíes.*

manirroto, ta adj. y s. Derrochador, que gasta demasiado.

manitas com. y adj. Persona habilidosa. ‖ **hacer manitas** loc. Acariciarse con disimulo las parejas. ♦ No varía en pl.

manivela f. Palanca doblada en ángulo recto que, unida a un eje, sirve para accionar un mecanismo.

manjar m. Cualquier alimento, y especialmente el exquisito.

mano f. Extremidad del cuerpo humano que va desde la muñeca hasta la punta de los dedos. ‖ Pie delantero de los cuadrúpedos. ‖ Extremidad de algunos animales, cuyo dedo pulgar puede oponerse a los otros. ‖ Cualquiera de los cuatro pies o extremos de las reses de carnicería, después de cortados. ‖ Habilidad: *tiene buena mano para la cocina.* ‖ Cada uno de los lados en que se sitúa una cosa con respecto a otra: *el río pasa a mano izquierda de la ciudad.* ‖ Capa de pintura, barniz. ‖ En algunos juegos, partida completa: *vamos a echar una mano de dominó.* ‖ Ayuda: *necesito que me eches una mano para mover el armario.* ‖ Mujer pretendida u ofrecida en matrimonio: *pedir la mano de María.* ‖ Poder, influencia o facultad para hacer algo: *haré todo lo que esté en mi mano.* ‖ pl. Gente para trabajar: *en esta empresa faltan manos.* ‖ **mano de obra** Conjunto de obreros y precio que se paga por este trabajo. ‖ **mano derecha** Persona indispensable o muy útil para alguien. ‖ **mano de santo** Remedio muy rápido y eficaz: *este quitamanchas es mano de santo.* ‖ **mano dura** Severidad o exigencia en el trato: *dirige a sus empleados con mano dura.* ‖ **mano izquierda** Habilidad o tacto para resolver los asuntos: *Luis tiene mucha mano izquierda.* ‖ **a mano** loc. adv. Con la mano, sin otro instrumento ni auxilio: *hecho a mano.* ‖ Cerca, cercano, próximo: *tu casa me queda muy a mano.* ‖ **abrir la mano** loc. adv. Adoptar una actitud menos exigente: *el tribunal dedidió abrir la mano.* ‖ **de segunda mano** loc. adj. Usado: *un coche de segunda mano.* ‖ **meter mano a algo** o **a alguien** loc. Referido a personas, sobar, tocar con intención sexual; referido a cosas, abordarlas o investigarlas: *a ver cuándo decides meter mano a estos informes.* ‖ **FAM.** manazas, manecilla, manejar, maniatar, manicuro, manido, manija, manilla, maniobra, manipular, manirroto, manitas, manivela, manopla, manojo, manosear, manotada, manotazo, manotear, manotón, manual, manubrio, manufactura, manuscrito.

manojo m. Haz que se puede coger con la mano: *un manojo de trigo.*

manoletina f. Pase de muleta de frente sujetando la muleta por detrás de la espalda. ‖ Tipo de zapato plano y flexible parecido a las zapatillas de los toreros.

manolo, la m. y f. Mozo o moza del pueblo de Madrid, que se distinguía por su traje y desenfado.

manómetro m. Instrumento para medir la presión de los líquidos y gases.

manopla f. Guante sin separaciones para los dedos, sólo para el pulgar.

manosear tr. Tocar repetidamente una cosa con las manos. ‖ **FAM.** manoseado, manoseador, manoseo.

manotada o **manotazo** f. o m. Golpe que se da con la mano abierta.

manotear tr. Dar golpes con las manos. ‖ *amer.* Robar, apoderarse de lo ajeno con abuso o fraude. ‖ intr. Mover las manos para dar énfasis a lo que se dice. ‖ **FAM.** manoteo.

mansalva (a) loc. adv. En gran cantidad: *sobre el árbitro llovieron insultos a mansalva.* ‖ Sin ningún peligro; sobre seguro.

mansión f. Residencia, casa grande y señorial.

manso, sa adj. De naturaleza apacible y tranquila. ‖ Se aplica a los animales que no son bravos: *un toro manso.* ‖ Sosegado, tranquilo: *aguas mansas.* ‖ m. Res que guía un rebaño de ganado, especialmente el bravo. ‖ **FAM.** mansamente, mansedumbre, mansejón, mansurrón.

manta f. Pieza rectangular de tejido grueso para abrigarse en la cama. ‖ com. Persona torpe: *es un manta al volante.* ‖ **a manta** loc. adv. Con mucha abundancia: *hubo suspensos a manta.* ‖ **tirar de la manta** loc. Descubrir lo que se quería mantener oculto. ‖ **FAM.** mantear.

mantear tr. Hacer saltar a uno en una manta, de cuyas esquinas tiran varias personas. ‖ *amer.* Dar una zurra a alguien. ‖ **FAM.** manteador, manteamiento, manteo.

manteca f. Grasa del cerdo y de otros animales. ‖ Sustancia que se elabora a partir de ella. ‖ Sustancia grasa de la leche. ‖ Las grasas consistentes de algunos frutos, como la del cacao. ‖ **FAM.** mantecada, mantecado, mantecón, mantecoso, mantequilla.

mantecado, da m. y f. Bollo de manteca de cerdo. ‖ m. Helado con azúcar. ‖ Polvorón.

mantel m. Pieza de tela que cubre la mesa para comer. ‖ Lienzo mayor con que se cubre la mesa del altar. ‖ **FAM.** mantelería.

mantelería f. Juego de mantel y servilletas.

mantener tr. Proveer a uno del alimento necesario. También prnl.: *se mantiene a base de vegetales.* ‖ Conservar una cosa en su ser o estado: *estos guantes mantendrán tus manos calentitas.* ‖ Sostener una cosa para que no caiga o se tuerza: *mantén sujeta la escalera mientras subo.* ‖ Defender una opinión: *mantengo que esa teoría está equivocada.* ‖ Proseguir o realizar algo durante cierto tiempo: *mantuvieron una estrecha amistad.* ‖ prnl. Perseverar, no variar de estado o resolución: *tienes que intentar mantenerte tranquilo.* ♦ Irreg. Se conj. como *tener.* ‖ **FAM.** mantenedor, mantenencia, mantenimiento, manutención.

mantequería f. Tienda donde se venden productos lácteos, fiambres, y otros semejantes.

mantequilla f. Sustancia obtenida de la

nata de la leche. ‖ **FAM.** mantequería, mantequero, mantequillera, mantequillero.

mantilla f. Prenda de seda o de encaje con la que las mujeres se cubren la cabeza y los hombros. ‖ Pieza de tejido con que se abriga y envuelve a los niños. ‖ **estar** algo **en mantillas** loc. Estar en sus comienzos.

mantillo m. Capa superior del suelo, formada por la descomposición de materias orgánicas. ‖ Abono que resulta de la fermentación y putrefacción del estiércol.

mantis f. Insecto ortóptero carnívoro de color amarillo o verdoso que, en reposo, mantiene sus patas anteriores erguidas y juntas, como si estuviera rezando. La hembra, mayor que el macho, lo devora después de copular. Se llama también *mantis religiosa* o *santateresa.* ♦ No varía en pl.

manto m. Capa que cubre desde la cabeza o los hombros hasta los pies. ‖ Lo que encubre y oculta una cosa: *un manto de niebla cubría la torre.* ‖ Capa del globo terrestre situada entre la corteza y el núcleo. ‖ Capa poco espesa de mineral que yace casi horizontalmente. ‖ Repliegue cutáneo del cuerpo de los moluscos y de algunos crustáceos. ‖ **FAM.** manta, manteleta, mantilla, mantillo, mantón.

mantón m. Pañuelo grande con flecos que se echa sobre los hombros de las mujeres. ‖ **mantón de Manila** El de seda y bordado, que procede de China.

manual adj. Que se hace con las manos: *trabajos manuales.* ‖ Se dice de quien trabaja con las manos: *operario manual.* ‖ m. Libro que recoge lo esencial o básico de una materia: *un manual de física.* ‖ **FAM.** manuable, manualidad, manualmente.

manualidad f. Trabajo llevado a cabo con las manos. Más en pl. ‖ pl. Trabajos manuales de los escolares.

manubrio m. Manivela. ‖ *amer.* Manillar de la bicicleta. ‖ Parte del cuerpo de la medusa en la que se está la boca.

manufactura f. Establecimiento, fabricación o producto industrial. ‖ **FAM.** manufacturación, manufacturado, manufacturar, manufacturero.

manumitir tr. Dar libertad al esclavo. ♦ Doble part.: *manumitido* (reg.), *manumiso* (irreg.). ‖ **FAM.** manumisión, manumiso, manumisor.

manuscrito, ta adj. Escrito a mano: *una nota manuscrita.* ‖ m. Papel o libro escrito a mano, particularmente el antiguo. ‖ Ejemplar original de un libro: *ya entregó el manuscrito a la editorial.* ‖ **FAM.** manuscribir.

manutención f. Acción y efecto de mantener o mantenerse. ‖ **FAM.** manutenencia, manutener.

manzana f. Fruto del manzano. ‖ En las poblaciones, conjunto aislado de varias casas contiguas. ‖ *amer.* Espacio cuadrado de terreno, con casas o sin ellas, pero circunscrito por calles por sus cuatro lados. ‖ *amer.* Nuez de la garganta. ‖ **FAM.** manzanal, manzanar, manzanera, manzanero, manzanilla, manzanillo, manzano.

manzanilla f. Planta herbácea compuesta con flores de pétalos blancos y centro amarillo con la que se prepara una infusión estomacal. ‖ Esa infusión. ‖ Vino blanco seco andaluz. ‖ Aceituna verde pequeña.

manzano m. Árbol rosáceo de hasta 10 m de altura, con el tronco agrietado, flores blancas o rosadas y cuyo fruto es la manzana.

maña f. Destreza: *se da mucha maña con los animales.* ‖ Astucia: *usó toda su maña para convencerle.* ‖ Vicio o mala costumbre. ‖ **FAM.** mañosamente, mañoso.

mañana f. Tiempo entre el amanecer y el mediodía: *tengo ocupada toda la mañana.* ‖ Espacio de tiempo desde la medianoche hasta el mediodía: *este bar no cierra hasta las cinco de la mañana.* ‖ m. Tiempo futuro próximo: *¿qué nos deparará el mañana?* ‖ adv. t. En el día siguiente al de hoy: *se va mañana.* ‖ En un tiempo futuro: *no dejes para mañana lo que puedas hacer hoy.* ‖ **FAM.** mañanero, mañanita.

mañanita f. Prenda de vestir, de punto o tela, que cubre los hombros a la cintura. ‖ pl. Canción popular mexicana que generalmente se interpreta al alba.

maño, ña adj. y s. Aragonés.

maoísmo m. Ideología política derivada de las doctrinas de Mao Tse-tung que aplica la teoría marxista-leninista a la situación especial de China. ‖ **FAM.** maoísta.

maorí adj. y com. Se dice del habitante de raza polinésica de dos islas de Nueva Zelanda. Se usa más en pl. ‖ m. Lengua hablada por ellos, de la familia malayo-polinesia. ♦ pl. *maories* o *maoris.*

mapa m. Representación geográfica de la Tierra o de parte de ella en una superficie plana. ‖ **FAM.** mapamundi.

mapache m. Mamífero carnívoro de América del Norte de hasta 1 m de longitud. Tiene color gris, cola larga y peluda con alternancia de anillos blancos y oscuros, al igual que la cara, blanca y con un reborde negro en los ojos.

mapuche adj. y com. Se dice del indio araucano que, en la época de la conquista española, habitaba en la región central de Chile.

Por ext., se aplica a todos los araucanos. ‖ m. Lengua de los mapuches.

mapamundi m. Mapa de la Tierra dividida en dos hemisferios.

maqueta f. Modelo plástico en tamaño reducido de algo. ‖ Modelo con papel en blanco para apreciar de antemano el volumen, formato y encuadernación de un libro. ‖ **FAM.** maquetación, maquetar, maquetista.

maquiavelismo m. Doctrina política de Maquiavelo basada en la preeminencia de la razón de Estado sobre cualquier otra de carácter moral. ‖ Modo de proceder con perfidia y falta de escrúpulos. ‖ **FAM.** maquiavélicamente, maquiavélico.

maquillaje m. Acción y efecto de maquillar: *llevaba un maquillaje de fantasía.* ‖ Sustancia para maquillar.

maquillar tr. Aplicar cosméticos en el rostro para embellecerlo o caracterizarlo. También prnl. ‖ Encubrir, falsificar: *el gobierno maquilló el escándalo.* ‖ **FAM.** maquillador, maquillaje.

máquina f. Conjunto de mecanismos dispuestos para producir, aprovechar o regular una energía motriz: *máquina de vapor.* ‖ Locomotora. ‖ Tramoya del teatro para las transformaciones de la escena. ‖ **a toda máquina** loc. adv. Muy deprisa, a toda velocidad. ‖ **FAM.** maquinal, maquinar, maquinaria, maquinismo, maquinista.

maquinación f. Plan urdido para conseguir algún propósito, generalmente sirviéndose de medios poco honestos.

maquinar tr. Conspirar, tramar algo generalmente con malas intenciones: *maquinaba cómo desbancar a su competidor.* ‖ **FAM.** maquinación, maquinador.

maquinaria f. Conjunto de máquinas: *maquinaria textil.* ‖ Mecanismo que da movimiento a algo: *la maquinaria de un reloj.* ‖ Técnica de construcción de las máquinas.

maquinista com. Persona que maneja una máquina, especialmente el conductor de una locomotora. ‖ Persona que inventa o fabrica máquinas. ‖ Ayudante del operador de cámara de cine. ‖ **FAM.** maquinización, maquinizar.

maquis com. Persona que vive refugiada en los montes en rebeldía y oposición armada al sistema político establecido. ‖ m. Organización de esta oposición. ♦ No varía en pl.

mar amb. Masa de agua salada que cubre gran parte de la superficie terrestre. ‖ Denominación de algunas porciones de esa masa, de menor extensión que los océanos: *el mar de los Sargazos.* ‖ Algunos lagos grandes: *el mar Muerto.* ‖ Abundancia de algo: *nadaba en un*

mar de dudas. ‖ **FAM.** marea, mareaje, marear, marejada, maremagno, maremágnum, maremoto, marengo, mareógrafo, marina, marino, marisco, marisma, marítimo.

marabú m. Ave zancuda semejante a la cigüeña, de cabeza, cuello y buche desnudos, plumaje blanco y muy fino debajo de las alas; pico amarillo, grande y grueso y tarsos fuertes de color negruzco. ‖ Plumas blancas de esta ave. ‖ Adorno hecho con ellas. ♦ pl. *marabús* o *marabúes*.

maraca f. Instrumento musical de percusión que consiste en una calabaza con granos de maíz o chinas en su interior. Actualmente se hace también de metal o plástico. Más en pl.

maragato, ta adj. Natural de la Maragatería. También s. ‖ Perteneciente a esta comarca de León.

maraña f. Enredo de hilos o del cabello. ‖ Situación o asunto intrincado o de difícil solución. ‖ Lugar cubierto de maleza. ‖ **FAM.** marañal, marañar, marañero, marañoso.

maratón m. Carrera pedestre olímpica de 42,195 km. ‖ Por ext., designa cualquier otra competición de resistencia. ‖ Actividad dura y prolongada: *aquellas oposiciones fueron un verdadero maratón.* ‖ **FAM.** maratoniano.

maravedí m. Antigua moneda española. ♦ pl. *maravedís, maravedíes* o *maravedises*.

maravilla f. Suceso o cosa que causa admiración. ‖ Acción y efecto de maravillarse o admirarse. ‖ Planta herbácea compuesta, de flores anaranjadas cuyo cocimiento se usa como antiespasmódico. ‖ Flor de esta planta. ‖ Especie de enredadera, originaria de América. ‖ **a las mil maravillas** o **de maravilla** loc. adv. Muy bien, perfectamente. ‖ **decir maravillas** de algo o alguien loc. Alabarlo, ponderarlo. ‖ **hacer maravillas** loc. Hacer algo con pocos medios: *tengo que hacer maravillas con mi sueldo.* ‖ **FAM.** maravillar, maravilloso.

maravillar tr. y prnl. Asombrar, admirar: *su desvergüenza les maravilló.*

marbete m. Rótulo que se pega a mercancías u objetos donde va escrita la marca, el fabricante, el contenido, el precio, etc. ‖ Etiqueta que se pega en los bultos de equipaje con el punto de destino y el número del registro. ‖ Orilla, perfil.

marca f. Señal que se hace en una persona, animal o cosa, para distinguirla de otra: *lleva la marca de una buena ganadería.* ‖ Signo externo reconocido legalmente que certifica la autenticidad de un producto: *no conozco esa marca.* ‖ Provincia, distrito fronterizo: *Marca Hispánica.* ‖ Resultado técnico obtenido por un deportista: *ha batido la marca mundial.* ‖ Acción de marcar. ‖ **de marca** loc. adj. Se dice de los productos de marca conocida. ‖ **de marca mayor** loc. adj. Excesivo en su línea, que sobrepasa a lo común: *es un embustero de marca mayor*. ‖ **FAM.** marcar.

marcador, ra adj. y s. Que marca. ‖ m. Tablero que señala el resultado de un juego o competición.

marcapasos m. Aparato electrónico mediante el cual se regulan los latidos del corazón. ♦ No varía en pl.

marcar tr. Señalar con signos distintivos: *he marcado el anuncio con un círculo*. ‖ Dejar algo una señal en algo o alguien: *tiene las rodillas marcadas*; *aquel acontecimiento le marcó profundamente*. ‖ Fijar, determinar: *marcar un plazo*. ‖ Indicar un aparato cantidades o magnitudes: *la báscula marca cuatro kilos*. ‖ Poner la indicación del precio en las mercancías: *esta falda está marcada en 5.000 pts*. ‖ Destacar o poner de relieve algo: *este vestido le marca la figura*. ‖ Señalar en el disco de un teléfono los números deseados para comunicar con otro: *he marcado un número equivocado*. ‖ En el fútbol y otros deportes, conseguir tantos metiendo la pelota en la meta contraria: *marcar un gol*; o vigilar estrechamente a un contrario. ‖ **FAM.** marca, marcación, marcado, marcador, marcaje, marcapasos.

marcha f. Acción de andar: *descansamos un poco y reemprendimos la marcha*. ‖ Funcionamiento, actividad: *la marcha de un negocio*. ‖ Velocidad, celeridad: *hay que imprimir más marcha al trabajo*. ‖ Composición musical que acompaña a los desfiles militares. ‖ En el cambio de velocidad, cualquiera de las posiciones motrices. ‖ Euforia individual o colectiva: *un concierto con mucha marcha*; p. ext., juerga, diversión. ‖ Prueba deportiva en la que los participantes deben andar a mucha velocidad manteniendo siempre un pie en contacto con el suelo. ‖ **a marchas forzadas** loc. adv. Con urgencia, sin detenerse: *estudiar a marchas forzadas*. ‖ **dar marcha atrás** loc. Desistir de un empeño. ‖ **poner en marcha** Hacer que un mecanismo empiece a funcionar: *poner en marcha un proyecto*. ‖ **sobre la marcha** loc. adv. Deprisa. ‖ A medida que se va haciendo alguna cosa.

marchamo m. Estilo especial que caracteriza algo: *esta novela lleva el marchamo del autor*. ‖ Marca de reconocimiento que se pone a ciertos productos. ‖ Marca que los aduaneros ponen en las mercancías. ‖ **FAM.** marchamar, marchampero.

marchante, ta m. y f. Persona que comercia con cuadros u obras de arte. ‖ *amer.* Persona que acostumbra comprar en una misma tienda; cliente.

marchar intr. Caminar, ir a o abandonar un lugar. También prnl.: *tuvo que marcharse a toda prisa*. ‖ Funcionar: *este reloj no marcha bien*. ‖ Progresar, desarrollar: *sus negocios marchan mal*. ‖ Andar en formación. ‖ **FAM.** marcha, marchoso.

marchitar tr. y prnl. Ajar, deslucir, secar: *marchitarse una flor*. ‖ Enflaquecer, quitar el vigor: *la enfermedad le marchitó*. ‖ **FAM.** marchitable, marchitamiento, marchitez, marchito.

marcial adj. Militar: *ley marcial*. ‖ Enérgico, rítmico: *paso marcial*. ‖ **FAM.** marcialidad.

marciano, na adj. y s. De Marte. ‖ m. y f. Habitante imaginario de este planeta.

marco m. Cerco, armadura que rodea algo. ‖ Conjunto de circunstancias, ámbito: *el marco de unas negociaciones*. ‖ Moneda alemana y finlandesa.

marea f. Movimiento periódico de ascenso y descenso de las aguas del mar en las costas por influjo de las atracciones combinadas del Sol y la Luna.

marear tr. Causar mareo: *la altura le marea*. También prnl. ‖ Enfadar, molestar. También intr.: *no me marees más*. ‖ prnl. Padecer mareo: *se mareó en el autobús*. ‖ **FAM.** mareado, mareaje, mareamiento, mareante, mareo, mareoso.

marejada f. Movimiento agitado de las olas del mar. ‖ Signos de irritación de un grupo de personas que suele preceder al alboroto. ‖ **FAM.** marejadilla.

maremágnum o **maremagno** m. Confusión, revoltijo. ‖ Multitud: *me fue imposible alcanzarle entre aquel maremágnum*.

maremoto m. Agitación violenta de las aguas del mar causada por un seísmo en el lecho submarino, que puede producir una gran ola de efectos devastadores en la costa.

marengo adj. Se dice del color gris oscuro.

mareo m. Malestar que se manifiesta con náuseas, pérdida del equilibrio y, en algunos casos, pérdida momentánea de la consciencia. ‖ Ajetreo, aturdimiento: *el mareo de las rebajas*.

marfil m. Materia dura y blanca recubierta de esmalte que forma los dientes de los mamíferos y los colmillos de los elefantes. ‖ Color de esta materia. También adj. ‖ **FAM.** marfileño, marfilino.

marga f. Roca compuesta de carbonato de cal y arcilla que se emplea como abono en tierras de cultivo y como regulador de la acidez del suelo.

margarina f. Variedad de la mantequilla fabricada con grasas vegetales y animales.

margarita f. Planta con flores de centro

amarillo y pétalos blancos. ‖ Flor de esta planta. ‖ Perla de los moluscos. ‖ Molusco gasterópodo marino con concha ovalada. ‖ Por ext., cualquier caracol descortezado y anacarado. ‖ Disco bordeado de signos que utilizan para imprimir las máquinas de escribir, las impresoras, etc.

margen amb. Extremidad y orilla de una cosa: *la margen del río.* ‖ m. Espacio en blanco que queda a cada uno de los cuatro lados de una página manuscrita o impresa. ‖ Tiempo con el que se cuenta para algo: *debemos entregarlo en un margen de 15 días.* ‖ Ocasión, oportunidad: *su conducta daba margen a todo tipo de especulaciones.* ‖ Cuantía del beneficio que se puede obtener en un negocio. ‖ **al margen** loc. adv. Apartado, que no participa o interviene en algo: *prefiero permanecer al margen de vuestras discusiones.* ‖ FAM. marginado, marginal, marginar.

marginal adj. Perteneciente al margen: *una nota marginal.* ‖ Que está al margen. ‖ Se dice del asunto, cuestión, aspecto, etc., de importancia secundaria o escasa: *un detalle marginal.* ‖ Se dice de las personas o de los grupos minoritarios que no están socialmente integrados y de lo relativo a ellos. ‖ FAM. marginalidad.

marginar tr. Dejar de lado algo o a alguien, o hacer caso omiso de él: *en la oficina marginan al nuevo.* ‖ Poner o dejar a una persona o grupo en condiciones sociales de inferioridad. ‖ Poner acotaciones al margen de un texto. ‖ Hacer o dejar márgenes en un texto escrito. ‖ FAM. marginación, marginado, marginador.

margrave m. Título de dignidad de algunos príncipes de Alemania.

mariachi m. Música popular de Jalisco (México). ‖ Orquesta popular mexicana que interpreta esta música. ‖ Cada uno de los componentes de esta orquesta.

marianista adj. Se dice del individuo perteneciente a la Compañía de María, congregación fundada en 1817 y dedicada preferentemente a la enseñanza. También m. ‖ Perteneciente o relativo a dicha congregación.

mariano, na adj. Perteneciente a la Virgen María, y a su culto. ‖ FAM. marianista, mariología.

marica m. Hombre afeminado. ‖ Homosexual. ‖ FAM. maricón, maricona, maricona, maricona, maricona, marica, maricona, maricona.

Maricastaña n. p. Personaje proverbial, símbolo de antigüedad muy remota: *en tiempos de Maricastaña.*

mariconera f. Bolso de mano para hombres.

maridaje m. Enlace y armonía de los casados. ‖ Unión, analogía o armonía con que varias cosas se enlazan o se corresponden entre sí: *en su poesía existe un maridaje de elementos cultos y populares.*

marido m. Esposo, hombre casado con respecto a su mujer. ‖ FAM. maridar, maridazo, maridillo, marital.

mariguana o marihuana f. Droga que se obtiene del cáñamo índico, cuyas hojas, fumadas como el tabaco, producen efecto narcótico.

marimacho m. Mujer que por su corpulencia o acciones parece un hombre.

marimba f. Tambor africano. ‖ Xilófono americano.

marimorena f. Riña, pendencia, camorra.

marina f. Parte de tierra junto al mar. ‖ Cuadro o pintura que representa el mar. ‖ Arte o profesión que enseña a navegar. ‖ Conjunto de las personas que sirven en la marina de guerra. ‖ FAM. marinaje, marinar, marine, marinear, marinería, marinero.

marinar tr. Adobar el pescado para conservarlo. ‖ Tripular de nuevo un buque.

marinero, ra adj. Perteneciente o relativo a la marina o a los marineros: *un nudo marinero.* ‖ Se dice de la embarcación que navega con facilidad y seguridad en cualquier circunstancia: *un velero muy marinero.* ‖ m. Hombre de mar, que presta servicio en una embarcación. ‖ f. Blusa abotonada por delante y con cuello cuadrado por detrás, ajustada a la cintura por medio de una jareta, que usan los marineros. ‖ *amer.* Baile popular de Chile, el Ecuador y el Perú. ‖ FAM. marinesco.

marino, na adj. Del mar: *brisa marina.* ‖ m. El que se ejercita en la náutica. ‖ El que tiene un grado militar o profesional en la marina.

marioneta f. Títere que se mueve por medio de hilos. ‖ Persona que se deja manejar dócilmente. ‖ pl. Teatro representado con marionetas.

mariposa f. Insecto lepidóptero volador con dos pares de alas membranosas de colores vistosos. ‖ Tuerca para ajustar tornillos. ‖ Pájaro común en la isla de Cuba, de plumaje vistoso y agradable canto. ‖ Candelilla que se pone en un recipiente con aceite para conservar luz de noche. ‖ adj. Se dice de un estilo de natación en que los brazos se sacan a la vez hacia adelante mientras se da un golpe en el agua con las dos piernas juntas como una aleta. También f. ‖ FAM. mariposear, mariposón.

mariposear intr. Variar con frecuencia de aficiones y caprichos: *mariposea de unos estudios a otros sin decidirse por nada.* ‖ Ser inconstante en el trato con las personas: *le encanta mariposear de grupo en grupo.* ‖ Coquetear: *ese chico no para de mariposear a tu alrededor.* ‖ **FAM.** mariposeador, mariposeo.

mariquita f. Insecto coleóptero encarnado con manchitas negras, dos alas y antenas cortas ligeramente mazudas. ‖ m. Hombre afeminado.

mariscal m. El que antiguamente se ocupaba de aposentar la caballería. Pasó a ser un título de nobleza hereditario. ‖ **mariscal de campo** Oficial general, llamado hoy general de división. ‖ **FAM.** mariscalato, mariscalía.

mariscar tr. Coger mariscos. También intr.

marisco m. Nombre que se aplica a ciertos animales marinos invertebrados, en especial los crustáceos y los moluscos comestibles. ‖ **FAM.** mariscada, mariscador, mariscar, marisquería, marisquero.

marisma f. Llanura húmeda próxima al mar. ‖ **FAM.** marismeño.

marista adj. y m. Se dice del religioso que pertenece al Instituto de los Hermanos Maristas de la Enseñanza, fundado en 1817, y también a los miembros de la Sociedad de María, fundada en 1822. ‖ Perteneciente o relativo a dichas congregaciones.

marital adj. Perteneciente al marido o a la vida conyugal: *vida marital.*

marítimo, ma adj. Perteneciente al mar, por su naturaleza o por su cercanía: *paseo marítimo.*

maritornes f. Criada ordinaria, fea y hombruna. ♦ No varía en pl.

marjal m. Terreno bajo y pantanoso.

marketing (voz i.) m. Conjunto de técnicas que a través de estudios de mercado intentan lograr el máximo beneficio en la venta de un producto.

marlo m. *amer.* Espiga de maíz desgranada. ‖ *amer.* Tronco de la cola de los caballos.

marmita f. Olla de metal. ‖ **FAM.** marmitón.

marmitón m. Pinche de cocina. ‖ Ayudante de cocina de un buque mercante.

mármol m. Roca metamórfica caliza o dolomítica, cristalina, de textura granulosa, translúcida en capas delgadas, susceptible de buen pulimento, que aparece mezclada frecuentemente con otros minerales que le dan colores y vetas diversos. ‖ Obra artística hecha con esta roca: *un mármol de Miguel Ángel.* ‖ **FAM.** marmoleño, marmolería, marmolillo, marmolista, marmóreo.

marmóreo, a adj. De mármol: *columna marmórea,* o parecido a él en algunas de sus cualidades: *palidez marmórea.*

marmota f. Mamífero roedor de cabeza gruesa y aplastada, orejas pequeñas, pelaje muy espeso, largo, de color pardo rojizo y cola larga de pelo pardo abundante. Pasa los inviernos dormido. ‖ Persona dormilona. ‖ desp. Criada, asistenta.

marojo m. Planta muy parecida al muérdago, que es parásita del olivo.

maroma f. Cuerda gruesa de esparto, cáñamo u otras fibras vegetales o sintéticas. ‖ *amer.* Pirueta de un acróbata. ‖ *amer.* Función de circo en que se hacen ejercicios de acrobacia. ‖ *amer.* Cambio oportunista de opinión o partido. ‖ **FAM.** maromero.

marqués, sa m. y f. Título nobiliario inmediatamente inferior al de duque y superior al de conde. ‖ **FAM.** marquesado.

marquesina f. Especie de cubierta o tejadillo en una entrada, andén, parada de autobús, etc., que los resguarda de la lluvia.

marquetería f. Trabajo con maderas finas. ‖ Obra de incrustaciones sobre madera.

marra f. Falta de una cosa donde debiera estar. ‖ Mazo para romper piedras.

marrajo, ja adj. Se dice del toro traicionero. También m. ‖ Cauto, astuto. También s. ‖ m. Tiburón peligroso que alcanza frecuentemente dos o tres metros de longitud.

marranada f. Cosa sucia, chapucera, repugnante: *esta habitación es una marranada.* ‖ Acción grosera: *decir una cosa es una marranada.* ‖ Acción malintencionada: *el examen ha sido una marranada.* ‖ **FAM.** marranería.

marrano, na m. y f. Cerdo, animal. ‖ adj. y s. Persona sucia y desaseada. ‖ El que actúa de forma grosera. ‖ El que actúa con malas intenciones. ‖ desp. Judío converso. ‖ **FAM.** marranada, marranear.

marrar intr. Faltar, errar. También tr.: *marró el disparo.* ‖ Desviarse de lo recto. ‖ **FAM.** marra, marro, marronazo.

marras (de) loc. adj. irónica o desp. que significa que lo indicado por el sust. es sobradamente conocido: *ha contado mil veces la aventura de marras.*

marrasquino m. Licor hecho con zumo de cierta variedad de cerezas amargas y azúcar.

marrón adj. De color castaño. También com. ‖ m. En argot, cosa desgradable o molesta: *te ha tocado un buen marrón.*

marroquí adj. y com. De Marruecos. ♦ pl. *marroquis* o *marroquíes.* ‖ **FAM.** marroquinería.

marroquinería f. Industria de artículos de piel o imitación como carteras, bolsos, billeteras, etc. ‖ Este género de artículos. ‖ Taller donde se fabrican o tienda donde se venden. ‖ **FAM.** marroquinero.

marrubio m. Planta herbácea labiada, con tallos erguidos, blanquecinos; hojas ovaladas, rugosas; flores blancas en espiga, y fruto seco con semillas menudas. Es muy abundante en parajes secos y sus flores se usan en medicina como expectorante y tónico estomacal.

marrullería f. Astucia con que halagando a uno se pretende engañarle. ‖ FAM. marrulla, marrullero.

marsopa o **marsopla** f. Cetáceo parecido al delfín, de 1,5 m de largo, cabeza redondeada con ojos pequeños y cuerpo negro azulado por encima y blanco por debajo; dos aletas pectorales, una sola dorsal y cola grande, robusta y ahorquillada.

marsupial adj. y m. Mamífero que tiene una bolsa abdominal, que contiene las mamas, donde guarda las crías en la primera etapa del desarrollo. ‖ m. pl. Orden de estos animales. ‖ FAM. marsupio.

marta f. Mamífero carnívoro, muy apreciado por su piel, de unos 50 cm de longitud, con cabeza pequeña, cuerpo esbelto y larga cola.

martes m. Segundo día de la semana, después del lunes.

martillar o **martillear** tr. e intr. Dar golpes con el martillo. ‖ Golpear algo insistente y repetitivamente: *me martillea la muela.* ‖ Oprimir, atormentar: *nos martillea con sus exigencias.* ‖ FAM. martilleo.

martillo m. Herramienta para golpear, compuesta de una cabeza, por lo común de hierro, y un mango. ‖ Llave con que se templan algunos instrumentos de cuerda. ‖ Macillo del piano. ‖ Bola metálica, sujeta a un cable en cuyo extremo hay una empuñadura, que se lanza en una prueba atlética. ‖ FAM. martillada, martillador, martillar, martillazo, martillear, martilleo, martillero.

martín pescador m. Ave trepadora de cabeza gruesa, pico largo y recto; patas cortas, alas redondeadas y plumaje de color verde brillante, que vive a orillas de los ríos y lagunas, y se alimenta de pececillos que coge con gran destreza.

martinete m. Ave zancuda, de cabeza pequeña, pico negruzco, largo, grueso; alas obtusas, cola corta, piernas largas, y un penacho blanco que adorna su cabeza. Vive cerca de los ríos y lagos, se alimenta de peces y sabandijas. ‖ Penacho de plumas de esta ave.

martinete m. Macillo que golpea la cuerda del piano. ‖ Mazo muy pesado para batir metales, abatanar paños, etc. ‖ Máquina para clavar estacas o pilotes. ‖ Cante jondo andaluz que no necesita acompañamiento de guitarra.

martingala f. Artimaña, treta. ‖ Cada una de las calzas que llevaban los caballeros debajo de la armadura. Más en pl.

mártir com. Persona que padece martirio en defensa de su religión o de sus opiniones. ‖

Persona que sufre grandes penalidades. ‖ FAM. martirial, martirio, martirizar, martirologio.

martirio m. Muerte o sufrimiento que se padecen por defender una religión o una creencia. ‖ Cualquier cosa o situación que produzca dolor o sufrimiento: *estos zapatos son un martirio.*

martirizar tr. Torturar, hacer sufrir el martirio. ‖ Afligir, atormentar. También prnl.: *martirizaba dando vueltas a su error.* ‖ FAM. martirizador, martirizante.

marxismo m. Concepción histórica, económica, política, social de Karl Marx y sus seguidores, base del socialismo y comunismo. ‖ Movimiento o sistema político marxista. ‖ FAM. marxista.

marzo m. Tercer mes del año, posterior a febrero y anterior abril, que tiene treinta y un días. ‖ FAM. marcear, marceño, marzas.

mas conj. ad. Pero: *no me lo dijo, mas lo adiviné.*

más adv. comp. Indica aumento (*sé más prudente*), preferencia (*me gusta más este jarrón*), superioridad (*hacer es más que decir*). ‖ Precedido del artículo determinado, forma el superlativo relativo: *es el más alto de la clase.* ‖ Sobre todo, especialmente: *quiero éste y más si lo ha elegido él.* ‖ En frases negativas, otro: *no tengo más salida que ésta.* ‖ m. En mat., signo de la suma o adición (+). ‖ **a lo más** loc. adv. A lo sumo: *esto costará a lo más 3.000 pts.* ‖ **de más** loc. adv. De sobra o en exceso: *tu ironía está de más.* ‖ **los** o **las más** loc. La mayoría de las personas o cosas: *algunos escuchaban, los más bostezaban.* ‖ **más bien** loc. adv. y conjunt. Por el contrario, sino: *no es tímido, más bien al contrario.* ‖ **más que** loc. conjunt. Equivale a sino: *nadie lo sabe más que yo.* ‖ **sin más ni más** Sin reparo o consideración; precipitadamente: *no puedes irte sin más ni más.* ‖ **sus más y sus menos** loc. Dificultades, problemas: *tuvieron sus más y sus menos.* ‖ FAM. además, demás.

masa f. Mezcla de un líquido con una materia pulverizada o disuelta en él: *masa de cemento.* ‖ La que resulta de la harina con agua y levadura, utilizada en alimentación. ‖ Volumen, conjunto, reunión: *el cielo estaba cubierto por una negra masa de nubes.* ‖ Agrupación numerosa e indiferenciada de personas o cosas: *el zoco era una masa abigarrada de olores, colores y sonidos.* ‖ La gente en general, el pueblo: *no le gusta mezclarse con la masa.* Más en pl.: *las nuevas medidas provocaron el descontento de las masas.* ‖ En fís., cantidad de materia que contiene un cuerpo. ‖ **en masa** loc. adv. Todos juntos: *los espectadores aplaudie-*

ron en masa. ‖ **FAM.** masera, masificar, masilla, masita.

masacre f. Matanza de personas, por lo general indefensas: *la masacre de los campos de concentración.* ‖ **FAM.** masacrar.

masaje m. Frotamiento del cuerpo con fines terapéuticos o estéticos. ‖ **FAM.** masajear, masajista.

mascar tr. Partir y desmenuzar algo con los dientes: *mascar la comida, chicle, un bolígrafo.* ‖ prnl. Considerarse como inminente un hecho importante: *se mascaba la tragedia.* ‖ **FAM.** mascado, mascador, mascadura.

máscara f. Pieza de cartón, tela, etc., para taparse la cara y no ser conocido o para protegerse de algo. ‖ Disfraz: *llevaba una máscara de Pierrot.* ‖ Pretexto, disimulo: *esa desenvoltura aparente es la máscara de su timidez.* ‖ com. Persona enmascarada. ‖ Reunión de gentes vestidas de máscaras y sitio en que se reúnen: *fuimos a un baile de máscaras.* ‖ **FAM.** mascarada, mascarilla, mascarón.

mascarada f. Fiesta de máscaras. ‖ Comparsa de máscaras. ‖ Fraude, farsa, engaño: *esta oposición ha sido una mascarada: las plazas ya estaban dadas.*

mascarilla f. Máscara de la parte superior de la cara. ‖ Vaciado en yeso del rostro de una persona, particularmente de un cadáver. ‖ Capa de cosméticos que cubre la cara. ‖ Aparato que se aplica a la cara y nariz para facilitar la inhalación de ciertos gases.

mascarón m. Cara deforme o fantástica que se usa como adorno arquitectónico. ‖ **mascarón de proa** Figura colocada como adorno en lo alto del tajamar de los barcos.

mascota f. Persona o cosa que trae suerte: *la mascota del equipo era un cuervo negro.*

masculinización f. En gram., acción de dar forma específica masculina a un nombre que no la tiene. ‖ Desarrollo en la mujer de las características secundarias propias del varón. ‖ **FAM.** masculinizar.

masculino, na adj. Se dice del ser que está dotado de órganos para fecundar. ‖ Relativo a este ser. ‖ Se dice del género gramatical al que pertenecen los sustantivos que designan a personas o animales de sexo masculino o a las que por su terminación se les ha asignado este género. ‖ **FAM.** masculinidad, masculinización.

mascullar tr. Hablar entre dientes o pronunciar mal las palabras.

masetero adj. y m. Se dice del músculo que sirve para elevar la mandíbula inferior de los vertebrados.

masía f. Casa de campo en Cataluña. ‖ **FAM.** masovero.

masilla f. Pasta hecha de tiza y aceite de linaza para sujetar cristales, rellenar grietas, etc.

masivo, va adj. Relativo a las masas humanas: *manifestación masiva.* ‖ Se dice de lo que se realiza en gran cantidad: *importación masiva.* ‖ Se dice de la dosis de un medicamento cuando se acerca al límite máximo de tolerancia del organismo. ‖ **FAM.** masivamente.

maslo m. Tronco de la cola de los cuadrúpedos. ‖ Tallo de una planta.

masonería f. Sociedad secreta, extendida por diversos países del mundo, cuyos miembros, agrupados en logias, profesan la fraternidad y ayuda mutua. ‖ **FAM.** masón, masónico.

masoquismo m. Perversión sexual del que encuentra placer en verse maltratado y humillado. ‖ Disfrutar considerándose maltratado, disminuido, etc., en cualquier suceso o actividad. ‖ **FAM.** masoca, masoquista.

mass media (expr. i.) m. pl. Medios de comunicación social (radio, televisión, prensa).

mastaba f. Monumento funerario egipcio, del período tinita, con forma de pirámide truncada y base rectangular, que comunica con una cámara funeraria.

mastelero m. Mástil menor que se pone en los navíos y demás embarcaciones de vela redonda asegurado sobre cada uno de los mayores. ‖ **FAM.** mastelerillo.

máster m. Grado académico norteamericano que en España equivale al de los cursos de doctorado de una especialidad. ‖ Por ext., cualquier curso especializado: *un máster en técnicas de marketing.*

masticador, ra adj. Que mastica. ‖ Se dice del aparato bucal de ciertos insectos como el saltamontes, el escarabajo, etc., apto para la masticación. ‖ Se dice del insecto que tiene este aparato. También m.

masticar tr. Triturar los alimentos con los dientes. ‖ Meditar, rumiar: *se quedó masticando su venganza.* ‖ **FAM.** masticación, masticador, masticatorio.

mástil m. Palo de embarcación. ‖ Palo menor de una vela. ‖ Palo derecho para mantener algo: *el mástil de una bandera.* ‖ Nervio central de la pluma de un ave. ‖ Pieza estrecha y larga de los instrumentos de arco, púa y pulsación, sobre la cual están tensas las cuerdas. ‖ **FAM.** mastelero.

mastín, na adj. y s. Se dice del perro grande, fornido, de cabeza redonda, orejas caídas y pelo corto. Se utiliza como guardián del ganado.

mástique m. Pasta de yeso mate y agua de

cola que sirve para igualar las superficies que se van a pintar o decorar.

mastitis f. Inflamación de la mama. ♦ No varía en pl.

mastodonte m. Mamífero fósil parecido al elefante con grandes colmillos en la mandíbula superior. Vivieron en la Tierra a finales del período terciario y en el cuaternario. ‖ com. Persona o cosa muy voluminosa: *este libraco es un mastodonte.* ‖ **FAM.** mastodóntico.

mastoides adj. y m. Se dice de la apófisis del hueso temporal de los mamíferos, situada detrás y debajo de la oreja. ♦ No varía en pl. ‖ **FAM.** mastoideo.

mastuerzo, za adj. y s. Torpe, necio.

masturbar tr. y prnl. Conseguir placer mediante la manipulación de los órganos sexuales. ‖ **FAM.** masturbación, masturbatorio.

mata f. Planta perenne de tallo bajo, ramificado y leñoso. ‖ Por ext., cualquier planta de poca altura. ‖ Ramito o pie de una hierba. ‖ Terreno poblado de árboles de una misma especie: *una mata de olivos.* ‖ **mata de pelo** Gran porción de la cabellera. ‖ **FAM.** matojo, matorral.

matacaballo (a) loc. A toda prisa: *tuvo que terminar el trabajo a matacaballo.*

matacán m. Construcción en lo alto de un muro, de una torre o de una puerta fortificada para defender una plaza o atacar al enemigo. ‖ Veneno para matar perros, estricnina.

matacandil m. Planta herbácea crucífera anual, con tallos lisos, hojas pecioladas, flores pedunculadas, de pétalos pequeños y amarillos, y fruto con semillas parduscas. Es común en terrenos húmedos y se ha usado contra el escorbuto.

matadero m. Lugar donde se sacrifica el ganado para el consumo de su carne.

matador, ra adj. Que mata. También s. ‖ Cansado, fatigoso: *este trabajo es matador.* ‖ m. Torero.

matadura f. Llaga o herida producida por un golpe o por el roce repetido contra algo: *¿cómo te hiciste esa matadura?*

matalahúga o **matalahúva** f. Anís, planta y su semilla.

matamoscas m. Enrejado metálico con mango, para matar moscas. ‖ Insecticida. ♦ No varía en pl.

matanza f. Mortandad grande y numerosa: *el enemigo hizo una verdadera matanza en la plaza.* ‖ Acción de matar el cerdo y preparar su carne y época en la que se realiza. ‖ Conjunto de piezas que resultan de la matanza del cerdo, y que se comen frescas, adobadas o en embutido: *hay cocido de matanza.* ‖ **FAM.** matancero.

matar tr. Quitar la vida. También prnl.: *se mató tirándose por la ventana.* ‖ Hacer sufrir: *estos zapatos, esta preocupación me matan.* ‖ Incomodar, molestar: *sus zalamerías me matan.* ‖ Extinguir o destruir algo no material: *matar el hambre, los ideales.* ‖ Extinguir o apagar el fuego o la luz. ‖ Quitar la fuerza a la cal o al yeso echándoles agua. ‖ Apagar el brillo o el color de algo: *el aire mata la plata.* ‖ Redondear, limar las aristas, esquinas, vértices, etc. ‖ En los juegos de cartas, echar una superior a la que ha jugado el contrario. ‖ prnl. Trabajar con esfuerzo y sin descanso: *se mata estudiando.* ‖ **estar a matar con** uno loc. Estar muy enemistado o irritado con él. ‖ **matarlas callando** loc. Realizar algo malo sin que lo parezca. ‖ **FAM.** matabuey, matacabras, matacallos, matacán, matacandelas, matacandil, matachín, matadero, matador, matadura, matafuego, matahambre, matalón, matamoros, matanza, mataperros, matapolvo, mataquintos, matarife, matarratas, matasanos, matasellos, matasiete, matasuegras, matazón, matón.

matarife m. El que mata las reses en el matadero.

matarratas m. Raticida. ‖ Aguardiente de ínfima calidad y muy fuerte. ♦ No varía en pl.

matasanos com. desp. Curandero o mal médico. ♦ No varía en pl.

matasellos m. Estampilla para inutilizar los sellos en correos. ♦ No varía en pl.

matasuegras m. Tubo de papel enrollado en espiral que, al soplar por un extremo, se extiende y suena un pitido. ♦ No varía en pl.

match (voz i.) m. Encuentro deportivo.

mate adj. Sin brillo: *oro mate.* ‖ Amortiguado: *sonido mate.* ‖ m. En ajedrez, jugada final con que se vence al contrario. ‖ En baloncesto, canasta que se obtiene cerca del aro introduciendo la pelota de arriba abajo con una o dos manos.

mate m. *amer.* Infusión que se obtiene de las hojas secas de una planta medicinal americana parecida al acebo. ‖ *amer.* Estas hojas y la misma planta. ‖ *amer.* Calabaza que, seca, vaciada y convenientemente abierta o cortada, sirve para tomar esta infusión. ‖ **FAM.** mateada, matear.

mateada f. *amer.* Acción de tomar mate. ‖ *amer.* Reunión en la que varias personas se juntan para tomar mate.

matemático, ca adj. Relativo a las matemáticas: *regla matemática.* ‖ Exacto, preciso: *es de una puntualidad matemática.* ‖ Infalible:

es matemático, los lunes siempre está enfermo. ‖ m. y f. Especialista en matemáticas. ‖ f. Ciencia lógico-deductiva en la que, de conceptos primarios no definidos (unidad, conjunto, correspondencia; punto, recta, plano...) y de proposiciones que se aceptan sin demostración (axiomas), se extrae toda una teoría por razonamientos libre de contradicción. Más en pl. ‖ **FAM.** matemáticamente, matematismo.

materia f. Sustancia que compone los cuerpos físicos. Consta de partículas elementales y tiene las propiedades de extensión, inercia y gravitación. ‖ Tema, asunto: *índice de materias.* ‖ Asignatura: *hoy se examina de esta materia.* ‖ **materia prima** Cada una de las que emplea la industria para su conversión en productos elaborados. ‖ **entrar en materia** loc. Empezar a tratar de ello después de algún preliminar. ‖ **FAM.** material.

material adj. Relativo a la materia. ‖ Físico, corpóreo: *bienes materiales.* ‖ m. Ingrediente, componente: *sólo utilizamos materiales de primera calidad.* ‖ Conjunto de lo necesario para una profesión, obra: *materiales de construcción.* ‖ **FAM.** materialidad, materialismo, materializar, materialmente.

materialismo m. Doctrina filosófica que consiste en admitir como única sustancia la material, negando la espiritualidad y la inmortalidad del alma humana. ‖ **FAM.** materialista.

materializar tr. Hacerse realidad una idea, proyecto: *este trabajo materializa sus aspiraciones.* También prnl. ‖ Convertir en material algo abstracto para poder percibirlo con los sentidos. ‖ Hacer que alguien se vuelva materialista. También prnl. ‖ **FAM.** materialización.

maternidad f. Condición o calidad de madre. ‖ Centro hospitalario donde se atiende a las mujeres que van a dar a luz. ‖ **FAM.** maternal, maternalmente, maternizado, maternizar, materno.

maternizado, da adj. Que ha sido dotado de las propiedades de la leche de mujer: *leche maternizada* .

matinal adj. Matutino. ‖ Se apl. a las sesiones de cualquier espectáculo que tienen lugar por la mañana. También f.: *una matinal de teatro infantil.* ‖ **FAM.** matiné.

matiné f. Fiesta, reunión, espectáculo, que tiene lugar en las primeras horas de la tarde.

matiz m. Cada uno de los grados de un mismo color. ‖ Aspecto: *intentó captar todos los matices de la situación.* ‖ Rasgo que da un carácter especial a algo: *un leve matiz irónico.* ‖ **FAM.** matizar.

matizar tr. Precisar, señalando las diferen-

cias de algo: *hay que matizar esa afirmación.* ‖ Dar a algo un determinado matiz. ‖ Armonizar diversos colores. ‖ Suavizar: *intentó matizar su brusca negativa.* ‖ **FAM.** matización.

matojo m. Mata de tallo muy bajo, ramificado y leñoso. ‖ *amer.* Cada uno de los brotes que echa un árbol podado.

matón m. Fanfarrón que busca pelea. ‖ Escolta, guardaespaldas de un personaje importante. ‖ **FAM.** matonería, matonismo.

matorral m. Terreno con matas y malezas. ‖ Grupo de arbustos bajos y ramosos.

matraca f. Rueda de tablas fijas en forma de aspa, entre las que cuelgan mazos que al girar ella producen ruidos desagradables. Se usa en Semana Santa en lugar de campanas. ‖ Carraca. ‖ Lata, molestia, incordio: *no para de darme la matraca.* ‖ **FAM.** matracada, matraquear, matraqueo, matraquista.

matraz m. Vasija esférica de cuello estrecho, que se emplea mucho en los laboratorios.

matrería f. Perspicacia astuta y suspicaz.

matrero, ra adj. Astuto, resabido. ‖ Suspicaz, receloso. ‖ Engañoso, pérfido. ‖ *amer.* Fugitivo, vagabundo, que huye al campo para escapar de la justicia. También s. ‖ *amer.* Se dice del toro mañoso, que esquiva el capote e intenta embestir al torero. ‖ **FAM.** matrería.

matriarcado m. Organización social basada en la preponderancia de la autoridad materna. ‖ Predominio o fuerte ascendiente femenino en una sociedad o grupo. ‖ **FAM.** matriarca, matriarcal.

matricidio m. Delito de matar uno a su madre. ‖ **FAM.** matricida.

matrícula f. Acción y efecto de matricular o matricularse: *han abierto el plazo de matrícula.* ‖ Lista o catálogo oficial de nombres, bienes, entidades, etc., que se anotan para un fin determinado. ‖ Documento en que se acredita este asiento. ‖ Conjunto de lo matriculado. ‖ Inscripción oficial y placa que llevan los vehículos para indicar el número de matriculación. ‖ **matrícula de honor** Nota superior a la de sobresaliente, que se concede en los exámenes, y da derecho a una matrícula gratuita en el curso siguiente. ‖ **FAM.** matricular.

matricular tr. y prnl. Inscribir, registrar en una matrícula: *no he podido matricularme en Físicas.* ‖ **FAM.** matriculación, matriculado, matriculador.

matrimoniar intr. Unirse en matrimonio. ♦ En Chile solo prnl.

matrimonio m. Unión legal de hombre y mujer. ‖ Marido y mujer: *en este cuarto vive un matrimonio.* ‖ En la religión católica, sacramento que hace sagrada y perpetua esta unión. ‖ **matrimonio canónico** El que se celebra conforme a la legislación eclesiástica. ‖ **matrimonio civil** El que se contrae según la ley civil. ‖ **FAM.** matrimonial, matrimonialmente, matrimoniar.

matrioska (voz rusa) f. Juguete típico ruso de madera que consiste en una muñeca hueca que se abre por la mitad y dentro contiene otras iguales, cada una de las cuales es más pequeña que la anterior.

matriz f. Órgano genital femenino donde se desarrolla el feto. ‖ Molde en que se funden objetos de metal. ‖ Cualquier original del que se sacan copias. ‖ Parte del talonario que no se arranca. ‖ En impr., molde para imprimir las letras. ‖ Por ext., cada una de las letras y espacios en blanco que tiene un texto impreso. ‖ adj. Principal, materna: *lengua matriz*. ‖ **FAM.** matricial.

matrona f. Madre de familia romana noble. ‖ Comadrona autorizada. ‖ Mujer encargada de registrar a las personas de su sexo en las aduanas. ‖ **FAM.** matronal.

maturrango, ga adj. *amer.* Se dice del mal jinete. También s. ‖ *amer.* Se dice de la persona pesada y torpe de movimientos. ‖ f. Treta, marrullería. Más en pl.

matusalén m. Hombre de mucha edad.

matute m. Introducción de géneros de contrabando. ‖ Mercancía que se introduce. ‖ Casa de juegos prohibidos. ‖ **de matute** loc. adv. A escondidas, clandestinamente.

matutino, na adj. Relativo a las horas de la mañana. ‖ Que ocurre o se hace por la mañana: *programación matutina*. ‖ **FAM.** matinal.

maula f. Cosa inútil y despreciable. ‖ Retal. ‖ Engaño. ‖ com. Persona tramposa o mala pagadora. ‖ Persona perezosa y haragana. ‖ adj. y s. *amer.* Cobarde, despreciable. ‖ **FAM.** maulería, maulero, mauloso.

maullar intr. Dar maullidos el gato. ‖ **FAM.** maullador.

maullido m. Sonido que emite el gato, que se suele representar con la palabra *miau*. ‖ **FAM.** maullar.

máuser m. Fusil de repetición inventado por los armeros alemanes Wilhelm y Paul Mauser.

mausoleo m. Sepulcro magnífico y suntuoso.

maxilar adj. Relativo a la quijada o mandíbula. ‖ Se dice de cada uno de los tres huesos que forman la mandíbula, dos superiores y uno inferior. ‖ **FAM.** maxilofacial.

maximalista adj. Se dice del partidario de las soluciones más extremadas en el logro de cualquier aspiración. También s. ‖ **FAM.** maximalismo.

máxime adv. m. Con más motivo o más razón.

máximo, ma adj. superl. El o lo mayor: *el máximo representante del cubismo*. ‖ m. Límite superior que alcanza algo: *este coche ha llegado al máximo de su rendimiento*. ‖ f. La temperatura más alta que se registra en un tiempo y un lugar determinados. ‖ Sentencia, apotegma o doctrina de contenido moral. ‖ Regla, principio o proposición generalmente admitida por todos los que profesan una facultad o ciencia: *la máxima hipocrática*. ‖ Norma de conducta: *su máxima es actuar con los demás como quisiera que actuaran con él*. ‖ **FAM.** máxime, maximalista, máximamente, maximizar, máximum.

máximum m. Límite o extremo a que puede llegar una persona o cosa, el máximo.

maya adj. Se dice del individuo de cualquiera de las tribus indias que hoy habitan principalmente el Yucatán, Guatemala y otras regiones adyacentes. También com. ‖ Perteneciente o relativo a estas tribus. ‖ m. Familia de lenguas habladas por estas tribus.

mayar intr. Maullar. ‖ **FAM.** mayido.

mayestático, ca adj. Propio o relativo a la majestad. ‖ **plural mayestático** Empleo del plural del pron. pers. de 1.ª persona como sing. por papas, soberanos, etc., para expresar su autoridad y dignidad.

mayido m. Maullido.

mayo m. Quinto mes del año, posterior a abril y anterior a junio; tiene treinta y un días. ‖ Árbol o palo alto, adornado, al que, durante el mes de mayo, van los jóvenes a divertirse y a bailar. ‖ Ramos que ponen los novios a las puertas de sus novias. ‖ pl. Música y canción que, en la noche del último día de abril, cantan los mozos a las solteras. ‖ **FAM.** mayear.

mayólica f. Loza común con esmalte metálico, fabricada antiguamente por los árabes y españoles.

mayonesa f. Salsa que se hace batiendo aceite crudo y yemas de huevo.

mayor adj. comp. Más grande, que supera a otra persona o cosa en cantidad, calidad, edad, intensidad, importancia: *esta es la mayor habitación de la casa; hermano mayor*. ‖ Se dice de la persona entrada en años, de edad avanzada: *su padre es muy mayor*. ‖ m. Superior o jefe de una comunidad o cuerpo. ‖ Oficial primero de una secretaría u oficina. ‖ pl. Abuelos y demás progenitores de una persona: *tienes que respetar a tus mayores*. ‖ Antepasados. ‖ f. Primera proposición de un silogismo. ‖ **mayor que** Signo matemático ($>$) que, colocado entre dos cantidades, indica que la primera es mayor que la segunda. ‖ **al**

por mayor o **por mayor** En cantidad grande. ‖ **FAM.** mayoral, mayorazgo, mayordomo, mayoría, mayorista, mayoritario, mayormente.

mayoral m. Pastor principal que cuida de un rebaño, especialmente de ganadería brava. ‖ Capataz de las cuadrillas de trabajadores del campo. ‖ Cochero de diligencias y otros carruajes. ‖ **FAM.** mayoralía.

mayorazgo m. Institución del derecho civil que permite transmitir por herencia al hijo mayor la propiedad de los bienes de la familia. ‖ Conjunto de estos bienes. ‖ Poseedor de estos bienes. ‖ Primogénito de un mayorazgo o de cualquier persona.

mayordomo m. Criado principal de una casa o hacienda. ‖ Oficial administrador de una congregación o cofradía. ‖ **FAM.** mayordomear, mayordomía.

mayoría f. La mayor parte de algo: *la mayoría estaba de acuerdo.* ‖ Mayor número de votos conformes en una votación: *fue elegido por mayoría.* ‖ **mayoría absoluta** La que consta de más de la mitad de los votos. ‖ **mayoría de edad** Edad que la ley fija para tener uno pleno derecho de sí y de sus bienes. ‖ **mayoría relativa** La formada por el mayor número de votos, no con relación al total de éstos, sino al número que obtiene cada una de las personas o cuestiones que se votan a la vez. ‖ **FAM.** mayoridad, mayoritario.

mayorista com. Comerciante que vende al por mayor. ‖ adj. Se dice del comercio en que se vende o compra al por mayor.

mayúsculo, la adj. Se dice de la letra de tamaño mayor que la minúscula, que se utiliza como inicial en nombres propios, a principio de escrito, después de punto y en otros casos. También f. ‖ Muy grande: *me diste un susto mayúsculo.*

maza f. Instrumento pesado y con mango para machacar. ‖ Arma antigua de cabeza gruesa, hecha de palo forrado de hierro, o toda de hierro. ‖ Insignia de los maceros. ‖ Pelota gruesa forrada de cuero y con mango de madera para tocar el bombo. ‖ Extremo más grueso de los tacos de billar. ‖ **FAM.** macero, maceta, mazada, mazar, mazazo, mazo.

mazacote m. Comida seca, pegada o apelmazada que debería haber resultado más jugosa, ligera o esponjosa: *este arroz ha quedado hecho un mazacote.* ‖ Hormigón. ‖ Obra de arte pesada y sin gracia. ‖ *amer.* Pasta hecha de los residuos del azúcar después de refinado. ‖ **FAM.** amazacotarse, mazacotudo.

mazamorra f. *amer.* Comida compuesta de harina de maíz con azúcar o miel. ‖ *amer.* Comida criolla hecha con maíz blanco partido y hervido. ‖ Cosa desmoronada y reducida a

piezas menudas, aunque no sea comestible. ‖ *amer.* Mezcolanza, revoltillo de ideas o de cosas.

mazapán m. Dulce de almendras y azúcar cocido al horno.

mazateco, ca adj. Se dice del grupo indígena que habita en el Estado mexicano de Oaxaca, en la zona limítrofe con Guerrero y Puebla. También s. ‖ m. Lengua que habla dicho grupo indígena.

mazdeísmo m. Religión de los antiguos persas, que creían en la existencia de dos principios divinos: uno bueno, Ormuz, creador del mundo, y otro malo, Ahrimán, destructor.

mazmorra f. Prisión subterránea.

mazo m. Martillo grande de madera. ‖ Porción de cosas unidas formando grupo: *mazo de billetes.* ‖ **FAM.** maceta, macillo.

mazorca f. Espiga densa y apretada, como la del maíz. ‖ Porción ya hilada del huso. ‖ Baya del cacao. ‖ **FAM.** mazorquero.

mazurca f. Danza polaca en la que la mujer elige a su pareja. ‖ Música de este baile.

me pron. pers. Forma átona de primera persona sing., que realiza la función de complemento directo o indirecto: *me vio antes que yo a él y me dio un abrazo.* Se utiliza también como reflexivo: *me lavo el pelo todas las mañanas.* ♦ Siempre va sin preposición y antepuesto al verbo, excepto cuando acompaña a un imperativo o a un gerundio: *dame un poco*; *estuvo llamándome toda la tarde.* Antecede en la frase a otros pron. átonos salvo a *te* y *se*: *se me ha caído el plato.*

meada f. Cantidad de orina que se expulsa de una vez. ‖ Sitio que moja o señal que deja una meada. ‖ **FAM.** meadero.

meandro m. Cada una de las curvas que describe el curso de un río. ‖ Por ext., cada curva de un camino. ‖ En arq., adorno de líneas sinuosas y repetidas.

meapilas adj. y com. desp. Se dice de la persona beata. ♦ No varía en pl.

mear intr., tr. y prnl. Orinar. ‖ **FAM.** meada, meado, meón.

meato m. Cada uno de ciertos orificios o conductos del cuerpo: *meato urinario.* ‖ Cada uno de los diminutos espacios huecos intercelulares que hay en los tejidos de las plantas.

meca f. Lugar que atrae por ser centro de mayor apogeo de una actividad determinada: *París fue la meca de la bohemia.*

¡mecachis! interj. de extrañeza y de enfado.

mecanicismo m. Actitud filosófica que explica los fenómenos de la naturaleza mediante leyes automáticas de causa y efecto. ‖ Introducción o imposición de máquinas en cualquier actividad o industria.

mecánico, ca adj. Relativo a la mecánica o a las máquinas. ‖ Que se acciona por un mecanismo o se hace con una máquina: *unas escaleras mecánicas*. ‖ Se dice de los oficios u obras que exigen más habilidad manual que intelectual. ‖ Rutinario, que se hace sin reflexionar: *hablaba de forma mecánica*. ‖ m. y f. Persona que se dedica a la mecánica. ‖ Persona dedicada al manejo y arreglo de las máquinas. ‖ f. Parte de la física que trata del movimiento de los cuerpos (*cinemática*) y de las fuerzas que pueden producirlo (*dinámica*), así como del efecto que producen en las máquinas y el equilibrio (*estática*). ‖ FAM. mecánicamente, mecanicismo, mecanismo, mecanizar.

mecanismo m. Estructura interna que hace funcionar algo: *la bomba funcionaba con un mecanismo de relojería*. ‖ Modo de funcionamiento, desarrollo: *el mecanismo de promoción de empleados*.

mecanizar tr. Implantar el uso de las máquinas en cualquier actividad. También prnl. ‖ Someter a elaboración mecánica: *envasado mecanizado*. También prnl. ‖ Dar la regularidad de una máquina a las acciones humanas: *mecanizar el saludo*. ‖ FAM. mecanización, mecanizado, mecano, mecanografía, mecanoterapia.

mecano (Del nombre comercial registrado *Meccano*.) m. Juguete a base de piezas con las que pueden componerse diversas construcciones.

mecanografía f. Técnica de escribir a máquina. ‖ FAM. mecanografiar, mecanográfico, mecanógrafo.

mecapal m. *amer.* Faja con dos cuerdas en los extremos que sirve para llevar carga a cuestas, poniendo parte de la faja en la frente y las cuerdas sujetando la carga. ‖ FAM. mecapalero.

mecate m. *amer.* Bramante, cordel o cuerda de pita. ‖ FAM. mecapal.

mecedor, ra adj. Que mece o sirve para mecer. ‖ m. Instrumento de madera que sirve para mecer o mezclar el vino en las cubas. ‖ f. Silla que descansa sobre dos arcos, para mecerse.

mecenas m. Persona o institución que patrocina a los literatos o artistas. ‖ FAM. mecenazgo.

mecer tr. Mover rítmica y lentamente algo que vuelve siempre al punto de partida. También prnl. ‖ Mover un líquido para que se mezcle. ‖ FAM. mecedero, mecedor, mecedora, mecedura.

mecha f. Cuerda retorcida o cinta de filamentos combustibles con que se prenden me-

cheros, velas o bujías. ‖ Tubo relleno de pólvora para dar fuego a minas y barrenos. ‖ Lonjilla de tocino gordo para mechar aves, carne y otras cosas. ‖ Mechón de cabellos de decolorados o teñidos: *te quedan muy bien esas mechas rojizas*. ‖ **a toda mecha** loc. A toda prisa. ‖ FAM. mechar, mechazo, mechero, mechón, mechudo.

mechar tr. Introducir mechas de tocino o jamón en la carne.

mechero, ra m. y f. Ladrón de tiendas que esconde lo que roba bajo sus ropas. ‖ m. Aparato que, mediante chispa o algún combustible, sirve para encender algo. ‖ Canutillo en el que se pone la mecha o torcida para alumbrar o para encender lumbre. ‖ Cañón de los candeleros, en el que se coloca la vela. ‖ Boquilla de los aparatos de alumbrado.

mechinal m. Agujero cuadrado que se deja en las paredes cuando se fabrica un edificio, para meter el palo horizontal del andamio. ‖ Habitación muy pequeña.

mechón m. Porción de pelos, hilos.

mechudo, da adj. *amer.* Que tiene mechas de pelo, melenudo o greñas.

meco, ca adj. *amer.* Se dice de los animales de color bermejo con mezcla de negro. ‖ m. y f. *amer.* Indio salvaje.

meconio m. Primer excremento de los niños recién nacidos.

medalla f. Pieza de metal acuñada con alguna figura, emblema. ‖ Distinción honorífica o premio que suele concederse en exposiciones, certámenes o competiciones deportivas: *consiguió una medalla de plata en lanzamiento de jabalina*. ‖ Bajorrelieve redondo o elíptico. ‖ FAM. medallón.

medallón m. Bajorrelieve de figura redonda o elíptica. ‖ Joya en forma de caja pequeña, en la que generalmente se colocan retratos, pinturas, rizos u otros objetos de recuerdo.

médano m. Duna. ‖ Montón de arena casi a flor de agua, en zonas poco profundas.

media f. Prenda de punto, nailon, etc., que llega hasta la rodilla o hasta la ingle. Más en pl. ‖ *amer.* Calcetín. Más en pl. ‖ Promedio, media aritmética.

mediacaña f. Moldura cóncava con forma de caña, cortada a lo largo. ‖ Listón de madera con esta forma para adornar los bordes de frisos, cornisas, etc. ‖ Canal, corte delantero y acanalado de un libro encuadernado. ‖ Lima cuya figura es la de medio cilindro macizo terminado en punta. ♦ pl. *mediascañas*.

mediado, da adj. Se dice de lo que sólo contiene la mitad, poco más o menos, de su cabida: *la botella está mediada*. ‖ **a mediados**

loc. adv. Hacia la mitad: *llegaremos a mediados de agosto.*

mediagua f. *amer.* Choza que tiene el techo con un solo declive para la caída de las aguas.

medialuna f. Cualquier cosa en forma de media luna. ‖ Pan o bollo en forma de media luna. ♦ pl. *mediaslunas.*

mediana f. En un triángulo cada una de las tres rectas que pasan por un vértice y el punto medio del lado opuesto. ‖ Separación entre los carriles de distinto sentido de una autopista. ‖ Taco de billar de mayor tamaño que los comunes. ‖ **FAM.** mejana.

medianería f. Pared común a dos casas u otras construcciones contiguas. ‖ **FAM** medianero.

medianía f. Término medio entre los extremos. ‖ Persona que carece de cualidades relevantes.

mediano, na adj. De calidad o tamaño intermedios: *es de altura mediana.* ‖ Mediocre, regular: *la película era bastante mediana.* ‖ **FAM.** medianejo, medianería, medianía.

medianoche f. Las doce de la noche. ‖ Horas que transcurren durante la noche. ‖ Bollo pequeño que generalmente se parte en dos mitades entre las cuales se coloca una loncha de jamón, queso, etc. ♦ pl. *mediasnoches.*

mediante adv. m. Por medio de: *se lo hicieron confesar mediante amenazas.*

mediar intr. Llegar a la mitad de una cosa: *mediaba la tarde cuando llegaron.* ‖ Interceder por alguien: *mediaré por ti ante el jefe.* ‖ Interponerse en una riña o discusión: *medió con mucho acierto en la disputa.* ‖ Existir o estar una cosa en medio de otras: *un reguero mediaba entre las dos fincas.* ‖ Dicho del tiempo, pasar, transcurrir: *entre este examen y el siguiente median cuatro días.* ‖ **FAM.** mediación, mediado, mediador, mediante.

mediatizar tr. Dificultar, impedir o limitar la libertad de acción de una persona o institución: *sus amenazas mediatizaron nuestra decisión.* ‖ **FAM.** mediatización.

mediato, ta adj. Se dice de lo que está próximo a una cosa en tiempo, lugar o grado, mediando otra entre las dos; como el nieto respecto del abuelo. ‖ **FAM.** mediatizar.

mediatriz f. Dado un segmento, la recta que le es perpendicular en su punto medio.

medicación f. Administración metódica de medicamentos con fin terapéutico. ‖ Conjunto de medicamentos: *le han puesto una medicación muy fuerte.*

medicamento m. Sustancia que se administra con fines curativos o preventivos de una enfermedad. ‖ **FAM.** medicable, medicamentar, medicamentoso, medicar.

medicar tr. y prnl. Administrar medicinas. ‖ **FAM.** medicación.

medicina f. Ciencia que estudia el cuerpo humano, sus enfermedades y curación. ‖ Medicamento: *esta medicina sabe muy mal.* ‖ **FAM.** medicamento, medicinal, medicinar, médico.

médico, ca adj. Relativo a la medicina: *instrumental médico.* ‖ m. y f. Persona que la ejerce legalmente. ‖ **médico de cabecera** El que no tiene ninguna especialidad y asiste habitualmente al enfermo.

medida f. Acción y efecto de medir. ‖ Cualquiera de las unidades que se emplean para medir longitudes, áreas o volúmenes de líquidos o áridos. ‖ Proporción o correspondencia que ha de tener una cosa con otra: *tiene unas medidas perfectas.* ‖ Disposición, prevención. Más en pl.: *hay que tomar medidas urgentes en este asunto.* ‖ Grado, intensidad: *¿en qué medida te importa lo que dijo?* ‖ Cordura, prudencia: *habla con mucha medida.* ‖ Número y clase de sílabas que ha de tener el verso. ‖ **a medida que** loc. conjunt. Según, conforme. ‖ **FAM.** medidamente.

medidor, ra adj. Que mide una cosa. También s. ‖ m. *amer.* Contador de agua, gas o energía eléctrica.

medieval adj. Perteneciente o relativo a la Edad Media. ‖ **FAM.** medievalidad, medievalismo, medievalista, medievo.

medievo m. Edad Media.

medio, dia adj. La mitad de algo: *media naranja.* ‖ Que está entre dos extremos, en el centro de algo: *la clase media.* ‖ Que está en un lugar o tiempo intermedio: *la farmacia queda a medio camino entre tu casa y la mía.* ‖ Que corresponde a los caracteres o condiciones más generales de un grupo social, pueblo, época, etc.: *el estudiante medio.* ‖ m. Parte que está equidistante de los extremos de algo: *se sienta en el medio de la clase.* ‖ En el fútbol y otros deportes, jugador que se sitúa entre los defensas y los delanteros. ‖ Lo que puede servir para determinado fin: *medio de transporte.* ‖ Diligencia o modo para conseguir una cosa: *ha logrado su fortuna con dudosos medios.* ‖ Ambiente en que vive o se mueve una persona, animal o cosa: *nació en un medio humilde.* ‖ Sustancia fluida o sólida en que se desarrolla un fenómeno determinado: *experimentos en medio inerte.* ‖ Sector, círculo o ambiente social: *se mueve en un medio muy selecto.* ‖ pl. Caudal, renta o hacienda que uno posee: *mis medios no me permiten costearme ese viaje.* ‖ adv. m. No del todo, no enteramente: *medio desnudo.* ‖ **medio ambiente** Conjunto de circunstancias físicas que rodean a los seres vivos. ‖ Por ext., conjunto de circunstancias físicas, culturales, económicas, sociales, etc., que rodean a las personas. ‖ **a medias** loc. adv. Cada uno la mitad del total: *pagaremos los gastos del piso a medias.* ‖ No del todo: *dormido a medias.* ‖ **de medio a medio** loc. adv. Completamente, enteramente: *te equivocas de medio a medio.* ‖ **en medio** loc. adv. En lugar o en tiempo igualmente distante de los extremos: *le dió un ataque en medio de la conferencia.* ‖ **por medio de** loc. prepos. Valiéndose de algo o alguien, a través de. ‖ **FAM.** media, mediana, medianero, medianía, mediano, medianoche, mediar, mediastino, mediato, mediatriz, mediero, mediocre, mediometraje, mediopensionista, médium.

mediocre adj. De calidad media. ‖ De mala calidad: *un actor mediocre.* ‖ **FAM.** mediocridad.

mediodía m. Momento del día en que el Sol se encuentra en su punto más alto sobre el horizonte. ‖ Horas centrales del día. ‖ Sur.

mediopensionista adj. y com. Se dice de la persona que vive en alguna institución, sometida al régimen de media pensión. ‖ **FAM.** mediopensionado.

medir tr. Comparar una cantidad con su respectiva unidad, con el fin de averiguar cuántas veces la primera contiene la segunda. ‖ Igualar y comparar una cosa no material con otra: *medir las fuerzas, el ingenio.* ‖ Examinar si un verso tiene la medida correspondiente a los de su clase. ‖ intr. Tener determinada dimensión, ser de determinada altura, longitud, etc.: *José mide un metro setenta.* ‖ Contener o moderar en decir o hacer algo: *tendrías que intentar medirte con la bebida.* ♦ **Irreg.** Se conj. como *pedir.* ‖ **FAM.** medición, medida, medidor.

meditabundo, da adj. y s. Que medita, cavila o reflexiona en silencio.

meditar tr. e intr. Pensar detenidamente, reflexionar. ‖ **FAM.** meditabundo, meditación, meditativo.

mediterráneo, a adj. y s. Relativo al mar Mediterráneo y a los países y regiones que están en sus costas. ‖ Se dice del clima y la vegetación de estas zonas.

médium com. Persona a la que se considera dotada de facultades paranormales que le permiten actuar de mediadora en fenómenos parapsicológicos o comunicaciones con los espíritus. ♦ No varía en pl.

medo, da adj. Se dice de un grupo étnico, perteneciente a los pueblos iranios que aparecieron en el primer milenio a. C. en Irán. Más en pl. ‖ Perteneciente o relativo a este pueblo. También s. ‖ m. Lengua indoeuropea hablada por este pueblo.

medrar intr. Mejorar de fortuna, prosperar. ‖ Crecer. ‖ **FAM.** medro.

medroso, sa adj. Temeroso, pusilánime. También s. ‖ Que infunde o causa miedo: *una oscuridad medrosa.* ‖ **FAM.** medrosamente, amedrentar.

médula o **medula** f. Sustancia blanda y grasa del interior de algunos huesos. ‖ Sustancia esponjosa del interior de los troncos y tallos de diversas plantas. ‖ Sustancia principal de una cosa no material: *esta es la médula del problema.* ‖ **médula espinal** Porción del sistema nervioso en continuidad con el encéfalo; se aloja en el conducto vertebral, desde el agujero occipital hasta la región sacra. ‖ **FAM.** medular, medularmente, meduloso.

medusa f. Celentéreo de cuerpo gelatinoso con forma de campana, llamada umbrela, de la que pende el manubrio tubular, con la boca en el extremo inferior, prolongado o no por largos tentáculos.

mega-, megal-, megalo-, -megalia pref. o suf. que sign. *grande, grandeza,* etc.; con el significado de *un millón,* se emplea el pref. *mega-* para formar nombres de múltiplos de determinadas unidades de medida: *megaciclo, megaamperio, megavatio.*

megafonía f. Técnica que se ocupa de los aparatos e instalaciones precisos para aumentar el volumen del sonido. ‖ Conjunto de micrófonos, altavoces y otros aparatos que, debidamente coordinados, aumentan el volumen del sonido en un lugar de gran concurrencia.

megáfono m. Aparato usado para reforzar la voz cuando hay que hablar a gran distancia. ‖ **FAM.** megafonía.

megalito m. Monumento prehistórico de grandes piedras sin labrar. ‖ **FAM.** megalítico.

megalomanía f. Delirio de grandeza. ‖ **FAM.** megalómano.

megalópolis f. Gran concentración urbana, formada por varias ciudades o núcleos de población y sus zonas industriales. ♦ No varía en pl.

megaterio m. Mamífero desdentado, fósil, de tamaño comparable al de los elefantes, que se desarrolló en América del Sur durante el periodo terciario.

megatón m. Unidad para medir la potencia explosiva de proyectiles y bombas nucleares, equivalente a un millón de toneladas de trinitrotolueno.

meigo, ga m. y f. Brujo.

mejicano, na adj. y s. Mexicano.

mejilla f. Prominencia del rostro debajo de los ojos.

mejillón m. Molusco bivalvo, de color negro azulado en la superficie externa, cara interior nacarada, y charnela con dientes muy pequeños. ‖ FAM. mejillonero.

mejor adj. comp. de *bueno*. Superior a otra cosa y que la excede en una cualidad natural o moral: *es mi mejor amigo.* ‖ sup. rel. de *bueno*, precedido del art. det.: *es el mejor corredor.* ‖ adv. m. comp. de *bien*. Más bien: *mejor nos vamos.* ‖ Antes o más, denotando idea de preferencia: *mejor quiero salir que quedarme en casa.* ‖ **a lo mejor** loc. adv. Expresa la incertidumbre o posibilidad de algo: *a lo mejor me voy de madrugada.* **mejor que mejor** loc. Mucho mejor: *y si hoy terminamos todo el papeleo, mejor que mejor.* ‖ FAM. mejorar.

mejora f. Progreso o aumento de algo: *mejora de salarios.* ‖ Cambio o modificación hecha en algo para mejorarla: *han hecho mejoras en su piso.* ‖ Porción de sus bienes deja el testador a alguno o algunos de sus beneficiarios, además de la parte legítima que les correspondía.

mejorana f. Hierba vivaz labiada, de olor aromático y sabor acre y amargo; contiene un aceite esencial que hace más digestibles los alimentos.

mejorar tr. Perfeccionar algo, haciéndolo pasar de un estado bueno a otro mejor: *Este corredor ha mejorado su marca.* ‖ Poner mejor, hacer recobrar la salud perdida. También intr. y prnl.: *mi madre ha mejorado mucho.* ‖ Dejar en el testamento mejoras a uno o a varios hijos o nietos. ‖ intr. y prnl. Ponerse el tiempo más benigno. ‖ Ponerse en lugar o grado ventajoso respecto del que antes se tenía: *has mejorado mucho en matemáticas.* ‖ FAM. mejora, mejorable, mejoramiento, mejoría.

mejoría f. Mejora. ‖ Alivio en una enfermedad.

mejunje m. desp. Sustancia pastosa, mezcla de aspecto desagradable.

melancolía f. Tendencia a la tristeza permanente. ‖ FAM. melancólico, melancolizar.

melanina f. Pigmento negro o pardo negruzco que existe en forma de gránulos en el protoplasma de ciertas células de los vertebrados y al cual deben su coloración especial la piel, el pelo, la coroides, etc. ‖ FAM. melanoma, melanosis.

melaza f. Residuo líquido de la cristalización del azúcar.

melcocha f. Miel muy concentrada y caliente que se echa en agua fría, y que al enfriarse queda muy correosa.

melena f. Cabello largo y suelto. ‖ Crin del león. ‖ Hemorragia anal. ‖ FAM. melenudo.

melifluo, flua adj. Excesivamente dulce,

suave o delicado: *voz meliflua.* ‖ FAM. melifluamente, melifluidad.

melindre m. Delicadeza afectada en palabras, acciones y ademanes. ‖ Dulce de masa frita, elaborada con miel y harina. ‖ FAM. melindrear, melindrería, melindrosamente, melindroso.

mella f. Rotura en el filo de un arma o herramienta, o en el borde o en cualquier ángulo saliente de otro objeto: *este plato tiene una mella.* ‖ Daño o disminución en algo: *aquello produjo una gran mella en su amor propio.* ‖ FAM. mellar.

mellar tr. y prnl. Hacer mellas: *mellarse la espada; se ha mellado el plato.* ‖ Dañar, disminuir algo no material: *mellar la honra, el crédito.* ‖ FAM. mellado, melladura.

mellizo, za adj. y s. Cada uno de los nacidos del mismo parto.

melocotón m. Melocotonero. ‖ Su fruto, redondeado y muy jugoso. ‖ FAM. melocotonar, melocotonero.

melocotonero m. Árbol rosáceo, de hojas lanceoladas y flores rosadas, cuyo fruto es el melocotón.

melodía f. Composición en que se desarrolla una idea musical, simple o compuesta, con independencia de su acompañamiento. ‖ Dulzura y suavidad del sonido de la voz o de algún instrumento. ‖ FAM. melódico, melodiosamente, melodioso.

melodrama m. Obra que exagera los aspectos sentimentales y patéticos de las situaciones con la intención de conmover al público. ‖ Ópera. ‖ Letra de la ópera. ‖ FAM. melodramáticamente, melodramático.

melómano, na adj. y s. Apasionado por la música. ‖ FAM. melomanía.

melón m. Planta herbácea cucurbitácea, de hojas grandes y flores amarillas, originaria de Asia meridional y África tropical. ‖ Fruto de esta planta, grande, redondo o elipsoidal, de corteza amarilla o verde, con la parte interior hueca con muchas pepitas de corteza amarilla y pulpa jugosa, azucarada y aromática. ‖ FAM. melonada, melonar, melonero.

melopea f. Embriaguez. ‖ Canto monótono con el que se recita algo.

meloso, sa adj. Empalagoso. ‖ Meliflúo. ‖ FAM. melosidad.

melva f. Pez muy parecido al bonito, del cual se distingue por tener las dos aletas dorsales muy separadas una de otra.

membrana f. Tejido animal o vegetal de forma laminar y consistencia blanda y elástica. ‖ Piel delgada y flexible que recubre algo. ‖ FAM. membranoso.

membrete m. Nombre o título de una persona, oficina o corporación, estampado en la parte superior del papel de escribir.

membrillo m. Árbol rosáceo, muy ramoso, de flores blancas o rosadas, cuyo fruto, amarillo y comestible, se emplea para hacer jalea. ‖ Fruto de esta planta. ‖ Dulce de membrillo. ‖ **FAM.** membrillar, membrillero.

memento m. Cada una de las dos partes del canon de la misa, en que se hace conmemoración de los fieles y difuntos.

memo, ma adj. y s. Tonto, simple. ‖ **FAM.** memez.

memorable adj. Digno de recordarse.

memorando o **memorándum** m. Librito de apuntes. ‖ Nota diplomática entre dos países. ‖ *amer.* Resguardo bancario. ♦ pl. *memoranda* o *memorandos.*

memoria f. Facultad de recordar: *ha perdido mucha memoria.* ‖ Recuerdo: *lo guardo en memoria suya.* ‖ Relación escrita de actividades. ‖ Exposición escrita de un asunto: *memoria de licenciatura.* ‖ En inform., elemento esencial de almacenamiento de información. ‖ pl. Narración autobiográfica: *va a publicar sus memorias.* ‖ **FAM.** memorar, memorial, memorión, memorioso, memorismo, memorista, memorístico, memorizar.

memorial m. Escrito en que se pide por algo o alguien. ‖ Acto homenaje en memoria de algo o alguien. ‖ **FAM.** memorialesco, memorialista.

memorizar tr. Fijar en la memoria. ‖ **FAM.** memorización.

mena f. Parte de un filón que contiene minerales útiles en proporción predominante y listos para su explotación metalúrgica.

menaje m. Muebles y utensilios, especialmente de una casa.

menarquía f. Primera menstruación en la mujer, normalmente entre los 12 y 15 años.

mención f. Recuerdo que se hace de una persona o cosa, nombrándola, contándola o refiriéndola: *en este artículo aparece una mención a tu padre.* ‖ **mención honorífica** Distinción de menos importancia que el premio y el accésit. ‖ **hacer mención** loc. Nombrar a una persona o cosa, hablando o escribiendo: *en el discurso se hizo mención a la crisis.*

mencionar tr. Hacer mención de una persona. ‖ Referir, recordar o contar una cosa para que se tenga noticia de ella. ‖ **FAM.** mención.

menda pron. pers. fam. El que habla, yo: *el menda no te acompaña.* Se utiliza con el verbo en 3.ª pers. ‖ pron. indet. Uno, uno cualquiera: *el otro día me encontré con un menda bastante raro.*

mendaz adj. Mentiroso. También com. ‖ **FAM.** mendacidad.

mendelevio m. Elemento químico radiactivo artificial que se obtiene bombardeando el einstenio con partículas alfa. Su símbolo es *Mv.*

mendelismo m. Conjunto de leyes sobre la herencia de los caracteres de los seres orgánicos, derivadas de los experimentos de Mendel.

mendicante adj. Que mendiga o pide limosna. También com. ‖ Se dice de las órdenes religiosas que gozan de ciertas inmunidades, y que se mantienen de limosnas.

mendicidad f. Estado de mendigo. ‖ Acción de mendigar.

mendigar tr. Pedir limosna. ‖ Solicitar el favor de uno con humillación: *mendigar una cita, un ascenso.* ‖ **FAM.** mendicación, mendicante, mendicidad, mendigante, mendigo.

mendigo, ga m. y f. Persona que habitualmente pide limosna.

mendrugo m. Pedazo de pan duro. ‖ Tonto, necio, zoquete. También adj.

menear tr. Agitar. También prnl. ‖ prnl. Hacer algo con prontitud: *¡vamos, menéate o llegaremos tarde!* ‖ **FAM.** meneo.

meneo m. Acción y efecto de menear o menearse. ‖ Agitación.

menester m. Necesidad de algo. ‖ Ocupación, empleo. ‖ pl. Materiales o instrumentos necesarios para ciertos trabajos: *menesteres de labranza.* ‖ **FAM.** menesteroso.

menestra f. Guisado compuesto con diferentes hortalizas y trozos pequeños de carne o jamón.

mengano, na m. y f. Nombre con que se designa a una persona cualquiera.

menguado, da adj. Cobarde, pusilánime. También s. ‖ Tonto, falto de juicio. ‖ Miserable, ruin o mezquino. ‖ m. Cada uno de aquellos puntos que se disminuyen en los trabajos de punto o ganchillo para ir dando forma a la labor. ‖ **FAM.** menguadamente.

menguante adj. Que mengua o disminuye: *la luna está en cuarto menguante.* ‖ Disminución de agua que padecen los ríos o arroyos por el calor o sequedad. ‖ Descenso del agua del mar por efecto de la marea. ‖ Tiempo que dura ese descenso. ‖ Decadencia o decremento de algo.

menguar intr. Disminuirse o irse consumiendo física o moralmente algo: *su fortuna ha menguado considerablemente.* También tr.: *aquello no menguó sus ganas de vivir.* ‖ Hablando de la Luna, disminuir la parte iluminada del astro. ‖ En las labores de punto, ir reduciendo regularmente los puntos que están prendidos en la aguja, para que resulte dis-

minuido su número en la vuelta siguiente. ‖
FAM. mengua, menguado, menguamiento, menguante.

mengue m. Diablo.

menhir m. Monumento megalítico prehistórico que consiste en una piedra larga hincada verticalmente en el suelo por uno de sus extremos.

menina f. Mujer que desde corta edad entraba a servir a la reina o a las infantas niñas.

meninge f. Cada una de las membranas que envuelven el encéfalo y la medula espinal. ‖ **FAM.** meningeo. meningitis.

meningitis f. Inflamación de las meninges.
♦ No varía en pl.

menisco m. Cartílago que forma parte de la articulación de la rodilla. ‖ Superficie libre, cóncava o convexa, del líquido contenido en un tubo estrecho.

menopausia f. Cesación natural de la menstruación en la mujer. ‖ Época en que se produce. ‖ **FAM.** menopáusico.

menor adj. comp. Que tiene menos cantidad, tamaño, extensión, etc. que otra cosa de la misma especie: *es mi hermana menor.* ‖ Se dice de la persona que aún no ha alcanzado la mayoría de edad. También com.: *tribunal de menores.* ‖ m. Religioso de la Orden de San Francisco. ‖ f. Segunda proposición de un silogismo, premisa menor. ‖ **al por menor** loc. adj. y adv. Se dice de la venta al detalle. ‖ **FAM.** minorar, minoría, minorista.

menorragia f. Menstruación excesiva.

menos adv. comp. Denota idea de falta, disminución, restricción o inferioridad en comparación expresa o sobreentendida: *gasta menos; sé menos altivo; Juan es menos prudente que su hermano.* Se construye también con el artículo determinado: *este cuadro es el menos colorista de la exposición.* ‖ Denota a veces limitación indeterminada de cantidad expresa: *en la batalla murieron menos de 100 hombres.* ‖ Denota asimismo idea opuesta a la de preferencia: *menos quiero saberlo por él que por ti.* También m.: *el más y el menos.* ‖ adv. m. Excepto, a excepción de: *todo menos eso.* ‖ m. En mat., signo de sustracción o resta (-). ‖ **al,** o **por lo, menos** loc adv. Denota una excepción o salvedad: *nadie ha venido, al menos que yo sepa.* ‖ **a menos que** loc. conj. A no ser que: *no pienso decirle nada, a menos que tú quieras.* ‖ **de menos** loc. adv. que denota falta de número, peso o medida: *te han dado cinco duros de menos.* ‖ **FAM.** menor, menoscabar, menospreciar, menudo, mínimo, minúsculo.

menoscabar tr. Disminuir algo en valor, importancia o prestigio: *el último escándalo ha menoscabado la credibilidad del gobierno.*

También prnl. ‖ **FAM.** menoscabador, menoscabo.

menospreciar tr. Tener a una cosa o a una persona en menos de lo que es o de lo que merece: *no debemos menospreciar la importancia de este factor.* ‖ Desdeñar, despreciar: *le menosprecian por su timidez.* ‖ **FAM.** menospreciable, menospreciablemente, menospreciador, menospreciante, menosprecio.

menosprecio m. Desprecio, desdén. ‖ **FAM.** menospreciar, menospreciativo.

mensaje m. Recado de palabra o por escrito que una persona envía a otra: *si no estoy, puedes dejarme un mensaje en el contestador.* ‖ Aportación religiosa, moral, intelectual o estética de una persona, doctrina u obra: *el mensaje cristiano.* ‖ Ordenación molecular que, en el interior de una célula, un sistema bioquímico induce sobre otro. ‖ Conjunto de señales, signos o símbolos que son objeto de una comunicación. ‖ Contenido de esta comunicación: *un mensaje de paz.* ‖ **FAM.** mensajería, mensajero.

mensajería f. Empresa que se dedica a transportar rápidamente paquetes, mercancía, etc.

mensajero, ra m. y f. Persona que lleva un mensaje, paquete, etc., de un lugar a otro.

menstruación f. En la mujer y las hembras de algunos animales, expulsión periódica de sangre y material celular procedente de la matriz. ‖ **FAM.** menstrual, menstruante, menstruar, menstruo.

menstrual adj. Relativo al menstruo: *dolor menstrual.*

menstruo, trua adj. Relativo a la menstruación. ‖ m. Menstruación.

mensual adj. Que sucede o se repite cada mes: *publicación mensual.* ‖ Que dura un mes: *contrato mensual.* ‖ **FAM.** mensual, mensualidad, mensualmente, mensuario.

mensualidad f. Cantidad que se paga mensualmente: *lo pagaré en seis mensualidades.*

ménsul f. Elemento arquitectónico que sobresale de un plano vertical y sirve para sostener alguna cosa, como el alero del tejado, la cornisa, etc.

mensurable adj. Que se puede medir. ‖ **FAM.** mensurabilidad, mensurar.

menta f. Planta herbácea, de la familia de las labiadas, que se utiliza en la preparación de caramelos, licores, dentífricos, medicamentos, etc. ‖ **FAM.** mentol.

mentalidad f. Capacidad, actividad mental. ‖ Cultura y modo de pensar que caracteriza a una persona, a un pueblo, a una generación, etc.: *tiene una mentalidad conservadora.*

mentar tr. Nombrar, mencionar, citar: *me mentó a tu madre.* ◆ Irreg. Se conj. como *acertar.* ‖ FAM. mentado.

mente f. Capacidad intelectual humana: *tiene una mente muy clara.* ‖ Pensamiento: *no podía apartar de la mente tus palabras.* ‖ Actitud: *tiene una mente abierta a lo nuevo.* ‖ Propósito, voluntad: *mi mente no lo acepta.* ‖ FAM. mental, mentalidad, mentalizar, mentalmente, mentar, mentecato.

mentecato, ta adj. Tonto, falto de juicio o entendimiento. También s. ‖ FAM. mentecatada, mentecatería, mentecatez.

mentir intr. Decir o manifestar lo contrario de lo que se sabe, cree o piensa: *este periódico miente.* ‖ Inducir a error: *estos indicios mienten.* ◆ Irreg. Se conj. como *sentir.* ‖ FAM. mentidero, mentido, mentira, mentiroso, mentís.

mentira f. Expresión o manifestación contraria a lo que se sabe, se cree o se piensa.

mentís m. Hecho o demostración que contradice o niega categóricamente un aserto. ◆ No varía en pl.

mentol m. Parte sólida de la esencia de menta que puede considerarse como un alcohol secundario. ‖ FAM. mentolado.

mentón m. Prominencia de la mandíbula inferior.

mentor m. Persona que aconseja o guía a otro.

menú m. Conjunto de platos que constituyen una comida. ‖ Carta del día donde se relacionan las comidas, postres y bebidas. ‖ En inform., lista de funciones opcionales dentro de un determinado programa que aparecen en la pantalla de un ordenador. ◆ pl. *menús.*

menudear tr. Hacer algo muchas veces: *menudeó sus atenciones.* ‖ intr. Caer o suceder alguna cosa con frecuencia: *aquel otoño menudearon las lluvias.* ‖ FAM. menudeo.

menudencia f. Pequeñez. ‖ Cosa de poco valor o importancia: *te has enfadado por una menudencia.*

menudillos m. pl. Interior de las aves, como higadillo, molleja, ovarios, sangre y otras vísceras.

menudo, da adj. Pequeño, chico o delgado: *es de constitución menuda.* ‖ Despreciable, de poca o ninguna importancia. También s.: *centrémonos en lo importante y obviemos lo menudo.* ‖ Se dice del dinero en monedas pequeñas: *páguele en moneda menuda.* ‖ En frases exclam. toma a veces un sentido ponderativo: *¡menudo lío!* ‖ m. pl. Vientre, manos y sangre de las reses que se matan. ‖ En las aves, pescuezo, alones, pies, intestinos, higadillo, molleja, madrecilla, etc. ‖ **a menudo** loc. adv. Mu-

chas veces y con continuación: *voy a cine a menudo.* ‖ FAM. menudamente, menudear, menudencia, menudillos.

meñique adj. Se dice del dedo más pequeño de la mano. También m.

meollo m. Masa nerviosa contenida en el cráneo, seso. ‖ Sustancia interior de los huesos, medula. ‖ Lo más importante de algo: *el meollo de la cuestión.* ‖ Juicio o entendimiento: *espabila y pon el meollo a funcionar.* ‖ FAM. meollar, meolludo.

mequetrefe com. Persona entremetida, petulante e inútil.

mercadear intr. Hacer comercio. ‖ FAM. mercadeo.

mercader, ra m. y f. Persona que trata o comercia con géneros vendibles: *mercader de alfombras.* ‖ FAM. mercaderil.

mercado m. Lugar público destinado permanentemente o en días señalados, para vender o comprar mercancías. ‖ Conjunto de personas que acuden a este lugar. ‖ Plaza o país de especial importancia o significación en un orden comercial cualquiera. ‖ Operación de compra o venta: *mercado de divisas.* ‖ **mercado negro** Tráfico clandestino de divisas monetarias o mercancías no autorizadas o escasas a precios superiores a los legales. ‖ FAM. mercachifle, mercadear, mercader, mercadería, mercadotecnia, mercancía, mercantil, mercar.

mercadotecnia f. Conjunto de principios y práctica que buscan el aumento del comercio, especialmente de la demanda, y estudio de los procedimientos y recursos de que se sirve. ‖ FAM. mercadotécnico.

mercancía f. Todo lo que se puede vender o comprar.

mercante adj. Que comercia. También m.: *en el puerto hay tres mercantes.* ‖ adj. Perteneciente o relativo al comercio marítimo: *buque, marina, navío, barco mercante.*

mercantil adj. Del comercio. ‖ FAM. mercancía, mercantil, mercantilismo, mercantilmente.

mercantilismo m. Sistema económico que atiende en primer término al desarrollo del comercio, principalmente al de exportación, y considera la posesión de metales preciosos como signo característico de riqueza. ‖ FAM. mercantilista.

merced f. Dádiva, regalo, favor. ‖ Voluntad o arbitrio de uno: *estás a merced de sus caprichos.* ‖ **merced a** loc. adv. Gracias a: *lo consiguió merced a un duro esfuerzo.* ‖ FAM. mercedario, mercenario.

mercedario, ria adj. Se dice de la Orden de la Bienaventurada Virgen María de la Merced. ‖ Se dice también de sus individuos.

También s. ‖ Relativo a esta Orden: *un convento mercedario.*

mercenario, ria adj. Se dice del soldado que combate por dinero. También s. ‖ **FAM.** mercenariado.

mercería f. Conjunto de artículos para costura, y comercio que se hace con ellos: *un catálogo de mercería.* ‖ Tienda en que se venden: *la mercería queda a la vuelta de la esquina.* ‖ **FAM.** mercero.

mercurio m. Elemento químico metálico, líquido, de color plateado brillante y muy pesado, que se emplea en la fabricación de termómetros y barómetros, en medicina, en electrotecnia, etc. Su símbolo es *Hg.* Se llama también *azogue.* ‖ **FAM.** mercurial, mercúrico.

merecer tr. Hacerse uno digno de lo que le corresponde: *te mereces unas vacaciones.* ‖ Tener cierto valor una cosa: *eso no merece otra mirada.* ‖ intr. Hacer méritos: *es un trabajador que merece.* ♦ **Irreg.** Se conj. como *agradecer.* ‖ **merecer la pena** loc. Compensar: *el esfuerzo ha merecido la pena.* ‖ **FAM.** merecedor, merecidamente, merecido, merecimiento, meretriz, mérito.

merecido m. Castigo de que se juzga digno a uno: *se llevó su merecido.*

merendar intr. Tomar la merienda: *¿has merendado?* ‖ tr. Tomar en la merienda una u otra cosa: *merendé pan y queso.* ♦ **Irreg.** Se conj. como *acertar.* ‖ **FAM.** merendero.

merendero m. Bar, quiosco o establecimiento similar, emplazado en un sitio campestre y adonde va la gente a merendar.

merengue m. Dulce, por lo común de figura aovada, hecho con claras de huevo y azúcar y cocido al horno. ‖ Persona de complexión delicada. ‖ Baile y música populares, que se originaron en la República Dominicana. ‖ **FAM.** merengado, merengar.

meretriz f. Prostituta.

meridiano, na adj. Del mediodía. ‖ Muy claro, luminoso: *un error meridiano.* ‖ m. Cada círculo máximo de la esfera celeste que pasa por los polos. ‖ **FAM.** meridional.

meridional adj. Del sur o mediodía.

merienda f. Comida ligera a media tarde. ‖ **FAM.** merendar, merendola, merendona, meriendacena.

merino, na adj. De una especie de ganado ovino de lana muy fina. También s. ‖ m. En la Edad Media, juez que era delegado del rey en un territorio, en donde tenía jurisdicción amplia. ‖ **FAM.** merindad, merinero.

mérito m. Acción que hace al hombre digno de merecer algo: *reconocieron sus méritos con un ascenso.* ‖ Hablándose de las cosas, lo que les hace tener valor: *este bordado tiene gran mérito.* ‖ **hacer méritos** loc. Preparar con méritos el logro de una pretensión. ‖ **FAM.** meritísimo, meritoriamente, meritorio.

merluza f. Pez teleósteo marino, de cuerpo simétrico y fusiforme, que llega a alcanzar hasta un metro de longitud; es muy apreciado por su carne. ‖ Embriaguez, borrachera. ‖ **FAM.** merluzo.

mermar intr. Bajar o disminuir una cosa o consumirse una parte de lo que antes tenía: *el caudal de este río ha mermado mucho.* También prnl.: *el jersey se mermó.* ‖ tr. Quitar a uno parte de cierta cantidad que de derecho le corresponde: *mermar la paga de un empleado.* ‖ **FAM.** merma.

mermelada f. Conserva de fruta con azúcar o miel.

mero, ra adj. Puro, simple. ‖ **FAM.** meramente.

mero m. Pez teleósteo marino que llega a tener un metro de largo, de cuerpo ovalado, agallas con puntas en el margen y tres aguijones; su carne es muy apreciada.

merodear intr. Vagar curioseando, buscando algo, o con malas intenciones. ‖ **FAM.** merodeador, merodeo.

merovingio, gia adj. Perteneciente a la familia o a la dinastía de los primeros reyes de Francia, el tercero de los cuales fue Meroveo. ‖ Aplicado a los reyes de esta dinastía. También s.

mes m. Cada una de las 12 partes en que se divide el año. ‖ Período de tiempo comprendido entre dos fechas iguales de dos meses consecutivos. ‖ Menstruación. ‖ Sueldo de un mes. ‖ **FAM.** mensual, mesada.

mesa f. Mueble, generalmente de madera, que se compone de una tabla horizontal sostenida por una o varias patas. ‖ Conjunto de personas que se sientan alrededor de una mesa: *toda la mesa alabó a la cocinera.* ‖ Conjunto de personas que presiden una asamblea. ‖ Terreno elevado y llano, de gran extensión, rodeado de valles o barrancos. ‖ **mesa redonda** Grupo de personas que se reúnen para confrontar sus opiniones sobre determinada materia. ‖ **poner la mesa** loc. Prepararla poniendo sobre ella lo necesario para comer. ‖ **FAM.** mesero, meseta, mesilla.

mesana f. Mástil que está más hacia la popa en las embarcaciones de tres palos. ‖ Vela que va contra este mástil.

mesada f. Porción de dinero u otra cosa que se da o paga todos los meses.

mesar tr. Tirar los cabellos o barbas. Más c. prnl. ‖ **FAM.** mesadura.

mescolanza f. Mezcolanza.

mesenterio m. Repliegue del peritoneo, formado principalmente por tejido conjuntivo, que contiene numerosos vasos sanguíneos y linfáticos y que une el estómago y el intestino con las paredes abdominales.

meseta f. Llanura extensa y elevada. | Descansillo de una escalera.

mesianismo m. Creencia religiosa relativa al Mesías, o enviado de Dios, que liberaría al pueblo de Israel. | Confianza en un futuro mejor.

mesías m. Con mayúscula, enviado de Dios prometido por los profetas al pueblo de Israel. | Sujeto real o imaginario a quien se espera para que solucione todos los males. | FAM. mesiánico, mesianismo.

mesnada f. En la Edad Media, compañía de gente armada a las órdenes de un jefe. | FAM. mesnadero.

mesocarpio m. Capa media de las tres que forman el pericarpio de los frutos, como la parte carnosa del melocotón.

mesocracia f. Forma de gobierno en que domina la clase media. | Clase social acomodada, burguesía. | FAM. mesocrático.

mesolítico, ca adj. Se dice del período prehistórico de transición entre el paleolítico y el neolítico. También m.

mesón m. Establecimiento típico donde se sirven comidas y bebidas. | Casa de hospedaje. | FAM. mesonero.

mesón m. Cada una de las partículas elementales, con masa intermedia entre el electrón y el nucleón.

mesonero, ra m. y f. Persona propietaria de un mesón.

mesosfera f. Capa de la atmósfera entre la estratosfera y la termosfera.

mesozoico, ca adj. Se dice de la era geológica, llamada también *secundaria*, entre la primaria o paleozoica y la terciaria o cenozoica. También m.

mestizo, za adj. De padres de raza diferente. También s. | Se apl. al animal o planta que resulta del cruce de dos razas distintas. | FAM. mestizaje, mestizar.

mesura f. Moderación, corrección: *siempre habla con mesura.* | FAM. mesuradamente, mesurado, mesurar.

meta f. Señal que marca el final de una carrera. | Portería del fútbol. | Finalidad, objetivo: *su meta es vencer.*

meta- prep. griega que con la significación de *junto a, después, entre* o *con*: *metacentro, metatórax.*

metabolismo m. Conjunto de reacciones químicas que efectúan las células de los seres vivos. | FAM. metabólico.

metacarpo m. Esqueleto de la mano, comprendido entre la muñeca y la falange de los dedos.

metacrilato m. Nombre genérico de los ésteres del ácido metacrílico, empleados en la fabricación de plásticos.

metacrílico, ca adj. Se dice del ácido sólido cristalino cuyos ésteres, los metacrilatos, se emplean en la fabricación de plásticos.

metafase f. Segunda fase de la mitosis celular.

metafísica f. Parte de la filosofía que trata del ser en cuanto tal, de sus propiedades, principios y causas primeras. | Razonamiento profundo sobre cualquier materia. | FAM. metafísicamente, metafísico.

metafita f. Vegetal pluricelular cuyos tejidos forman órganos, sistemas y aparatos. | pl. Reino vegetal.

metáfora f. Figura retórica que consiste en usar una palabra o frase en un sentido distinto del que tiene pero manteniendo con éste una relación de analogía o semejanza; p. ej.: *oro* por *cabello rubio.* | FAM. metafóricamente, metafórico, metaforizar.

metal m. Cada uno de los elementos químicos buenos conductores del calor y de la electricidad, con un brillo característico y sólidos a temperatura ambiente, salvo el mercurio. | Latón. | Timbre de la voz. | Instrumento de viento de una orquesta. También pl. | FAM. metálico, metalífero, metalizar, metalografía, metaloide, metalurgia.

metalenguaje m. Lenguaje cuando se usa para hablar del lenguaje mismo o de otro: *'palabra' tiene tres sílabas.*

metálico, ca adj. De metal o perteneciente a éste. | m. Dinero en efectivo: *¿lo abona en metálico o con tarjeta?*

metalizar tr. Hacer que un cuerpo adquiera propiedades metálicas. | prnl. Convertirse una cosa en metal, o impregnarse de él. | Volverse una persona excesivamente interesada por el dinero. | FAM. metalización, metalizado.

metaloide m. Denominación antigua para los elementos químicos de características opuestas a los metales.

metalurgia f. Técnica empleada para extraer, tratar y elaborar los metales. | Ciencia que estudia las propiedades de los metales. | FAM. metalúrgico, metalurgista.

metamorfismo m. Transformación natural de un mineral o una roca que ocurre en el interior de la corteza terrestre. | FAM. metamórfico, metamorfizar.

metamorfosis f. Transformación, cambio profundo: *la empresa ha experimentado una metamorfosis.* | Conjunto de cambios biológicos que experimentan ciertos animales durante su desarrollo. ♦ No varía en pl. ‖ FAM. metamorfismo, metamorfosear.

metano m. Hidrocarburo gaseoso e incoloro, producido por la descomposición de sustancias orgánicas; es uno de los componentes del gas natural, y se emplea como combustible. ‖ FAM. metanol, metílico.

metástasis f. Reproducción de una enfermedad en órganos distintos de aquel en que se presentó primero. ♦ No varía en pl.

metatarso m. Esqueleto del pie, comprendido entre el tarso y la falange de los dedos.

metátesis f. Cambio de posición de algún fonema en el interior de un vocablo, como en *perlado* por *prelado*. ♦ No varía en pl.

metazoo adj. Se dice de los animales pluricelulares, cuyas células se agrupan en forma de tejidos, órganos y aparatos, como los vertebrados, los moluscos y los gusanos. También m. ‖ m. pl. Subreino de estos animales.

metempsicosis o **metempsícosis** f. Doctrina que defiende la idea de que las almas de los muertos transmigran a otros cuerpos humanos o animales. ♦ No varía en pl.

meteorismo m. Acumulación de gases en el tubo digestivo.

meteorito m. Fragmento sólido procedente del espacio que puede llegar a caer sobre la superficie de la Tierra.

meteoro m. Cualquier fenómeno atmosférico, como la nieve, la lluvia, el arco iris, etc. ‖ FAM. meteórico, meteorismo, meteorito, meteorizar, metereología.

meteorología f. Ciencia que estudia los fenómenos atmosféricos, y en especial su relación con el tiempo atmosférico. ‖ FAM. meteorológico, meteorologista, meteorólogo.

metepatas com. Persona que mete la pata; inoportuno, indiscreto. ♦ No varía en pl.

meter tr. Introducir o incluir una cosa dentro de otra o en algún sitio. También prnl.: *el ratón se metió en aquel agujero*. ‖ Enredar, inmiscuir. También prnl.: *siempre se mete donde no le llaman*. ‖ Con voces como *miedo, ruido*, etc., producir, ocasionar. ‖ Poner o colocar en un lugar una persona o cosa: *su tío le metió en la empresa*. ‖ Hablando de bofetadas y otros golpes, darlos. ‖ prnl. Introducirse: *se metió en un portal hasta que pasara la lluvia*. ‖ Con la preposición *a* y algunos nombres que significan condición, profesión, etc., seguirla: *meterse a fraile*. ‖ Con la prep. *con*, enfrentar, molestar: *no te metas con él*. ‖ Intervenir, participar: *se metió en el negocio de su hermano*. ‖ **a todo meter** loc. adv. A gran velocidad. ‖ FAM. metedura, metepatas, meterete, meti-

cón, metido, metimiento, metisaca, metomentodo.

meticuloso, sa adj. Minucioso. ‖ Excesivamente puntual, escrupuloso. ‖ FAM. meticulosamente, meticulosidad.

metido, da adj. Abundante en ciertas cosas: *metido en carnes*. ‖ amer. Se dice de la persona entrometida. También s. ‖ m. Golpe, puñetazo. ‖ Impulso, progreso en un trabajo.

metilo m. Radical monovalente, componente del alcohol metílico y de otros cuerpos y que está constituido por un átomo de carbono y tres de hidrógeno. ‖ FAM. metílico.

metisaca f. En taurom., mala ejecución del acto de matar en la cual el torero clava el estoque en la res y lo saca rápidamente sin soltarlo.

metódico, ca adj. Con método, ordenado: *hizo una inspección metódica*. ‖ FAM. metódicamente.

metodismo m. Doctrina religiosa fundada en Oxford en 1729 por John y Charles Wesley, basada en los principios del calvinismo. ‖ FAM. metodista.

metodizar tr. Poner orden y método en una cosa: *metodizar un inventario*.

método m. Modo sistemático y ordenado de obtener un resultado. ‖ Conjunto de reglas y ejercicios prácticos: *método de taquigrafía*. ‖ Modo de obrar o proceder: *no me gustan sus métodos*. ‖ FAM. metódico, metodismo, metodizar, metodología.

metodología f. Ciencia del método. ‖ Conjunto de métodos utilizados en una investigación. ‖ FAM. metodológico.

metonimia f. Figura retórica que consiste en designar una cosa con el nombre de otra, tomando el efecto por la causa o viceversa, el autor por sus obras, el signo por la cosa significada, como p. ej.: *leer a Virgilio* por *leer las obras de Virgilio*.

metopa o **métopa** f. Espacio que media entre dos triglifos en el friso dórico.

metraje m. Longitud de una película cinematográfica.

metralla f. Fragmentos menudos de clavos, tornillos, metal, etc., con que se cargan algunos proyectiles, bombas y otros explosivos. ‖ Conjunto de cosas inútiles o desechadas. ‖ FAM. metrallazo, metralleta.

metralleta f. Arma de fuego portátil de repetición.

métrico, ca adj. Perteneciente o relativo al metro o al sistema de medida basado en éste. ‖ Perteneciente al metro o medida del verso. ‖ f. Arte que trata de la medida o estructura de los versos, y de sus combinaciones. ‖ FAM. métricamente.

metrificar intr. Versificar. | **FAM.** metrificación, metrificador.

metro m. Unidad de medida de longitud del sistema métrico decimal. | Instrumento de medida que tiene marcada la longitud de esta unidad y sus divisores. | Medida de cada verso. | **FAM.** metraje, métrico, metrificar, metrista, metrología, metrónomo.

metro m. apóc. de *metropolitano*, ferrocarril subterráneo.

metro-, -metro Elemento compositivo que entra en la formación de algunas voces españolas con el significado de 'medida'.

metrología f. Ciencia que tiene por objeto el estudio de los sistemas de pesas y medidas.

metrónomo m. Instrumento para medir el tiempo e indicar el compás de las composiciones musicales.

metrópoli o **metrópolis** f. Ciudad principal de una provincia o estado. | Estado, respecto de sus colonias. | Iglesia arzobispal que tiene dependientes otras sufragáneas. | **FAM.** metropolitano.

metropolitano, na adj. Relativo a la metrópoli. | m. Ferrocarril eléctrico, subterráneo o elevado, que circula por las grandes ciudades. | Arzobispo.

metrorragia f. Hemorragia de la matriz, fuera del periodo menstrual.

mexicano, na adj. y s. De México.

mezcal m. Variedad de agave, planta. | Aguardiente que se obtiene por fermentación y destilación de esta planta.

mezcla f. Acción y efecto de mezclar o mezclarse: *una mezcla de razas*. | Combinación de varias sustancias: *una mezcla para la tos*. | Argamasa. | Tejido hecho de hilos de diferentes clases y colores. | **FAM.** mezclilla.

mezclar tr. Juntar, unir, incorporar. También prnl.: *el aceite no se ha mezclado bien*. | Desordenar. prnl. Introducirse, meterse: *los actores se mezclaron entre el público*. | Intervenir, participar: *le gusta mezclarse en los asuntos ajenos*. | Hablando de familias o linajes, enlazarse unos con otros. | **FAM.** mezcla, mezcladamente, mezclador, mezcolanza.

mezcolanza f. Mezcla confusa.

mezquino, na adj. Avaro, tacaño. También s. | Pequeño, diminuto: *dejó una propina mezquina*. | **FAM.** mezquinamente, mezquindad.

mezquita f. Edificio en que los musulmanes llevan a cabo sus prácticas religiosas.

mezzosoprano (voz ital.) f. Voz femenina, entre soprano y contralto. | Mujer que tiene esta voz.

mi pron. pos. Apócope de *mío, mia: mi espacio, mi casa*.

mi m. Tercera nota de la escala musical. ♦ pl.: *mis*.

mí pron. pers. de primera persona en género masculino o femenino y número singular; se emplea siempre como complemento y con prep.: *¿me lo dices a mí?*

miaja f. Migaja.

mialgia f. Dolor muscular.

miasma m. Emanación maloliente que se desprende de cuerpos enfermos, materias corruptas o aguas estancadas y que se consideraba, antes del descubrimiento de los microbios, como causante de epidemias e infecciones. Más en pl. | **FAM.** miasmático.

miau Onomatopeya del maullido del gato. | m. Maullido. | **FAM.** marramamiau.

mica f. Mineral compuesto de láminas brillantes y elásticas. Es un silicato múltiple, que forma parte integrante de varias rocas. | **FAM.** micáceo.

micelio m. Talo de los hongos, formado comúnmente de filamentos muy ramificados y que constituye el aparato de nutrición de aquellas plantas.

michelín m. Acumulación de grasa que a manera de rollo rodea la cintura u otra parte del cuerpo. Más en pl.

michino, na m. y f. Gato, animal.

mico, ca m. y f. Mono de cola larga. | Persona muy fea. | Apelativo cariñoso dado a los niños.

micología f. Ciencia que trata de los hongos. | **FAM.** miceto, micólogo, micorriza, micosis.

micosis f. Infección producida por ciertos hongos en alguna parte del organismo. ♦ No varía en pl.

micra f. Medida de longitud equivalente a la millonésima parte del metro. | **FAM.** micrón.

micro- Elemento compositivo que entra en la formación de algunas voces españolas con el significado de 'pequeño' o denotando 'amplificación', como en *micrófono*. | Elemento compositivo inicial que significa o indica la millonésima parte de una unidad: *microsegundo*.

micro m. apóc. de *micrófono*.

microbicida adj. Que mata los microbios. También m.

microbio m. Ser unicelular microscópico; microorganismo. | **FAM.** microbiano, microbicida, micróbico, microbiología.

microbiología f. Ciencia que estudia los microbios o microorganismos. | **FAM.** microbiológico, microbiólogo.

microbús m. Autobús pequeño.

microcéfalo, la adj. y s. De cabeza pequeña. | **FAM.** microcefalia.

microclima m. Conjunto de condiciones atmosféricas de un área limitada, que difieren de las del resto de la región.

micrococo m. Bacteria de forma esférica.

microcosmo o **microcosmos** m. En ciertas doctrinas filosóficas, el ser humano, concebido como reflejo fiel y resumen completo del universo o macrocosmos.

microeconomía f. Estudio de las acciones individuales de las unidades económicas de producción y consumo.

microficha f. Ficha de película que contiene en tamaño muy reducido varias fotocopias de páginas de un libro, documento, etc.

microfilm o **microfilme** m. Película que se usa principalmente para reproducir en ella, en tamaño muy reducido, impresos, manuscritos, dibujos, etc., de modo que permita ampliarlas después en proyección o fotografía. ‖ **FAM.** microfilmar.

micrófono m. Aparato que aumenta la intensidad de los sonidos. ‖ **FAM.** micro, microfónico.

micrografía f. Descripción e interpretación de los objetos vistos con el microscopio. ‖ **FAM.** micrográfico.

micrómetro m. Instrumento, aparato o artificio óptico y mecánico destinado a medir cantidades lineales o angulares muy pequeñas. ‖ Medida de longitud; es la millonésima parte el metro. Se le conoce también como *micra*. ‖ **FAM.** micrométrico.

microonda f. Onda electromagnética cuya longitud está comprendida en el intervalo del milímetro al metro y cuya propagación puede realizarse por el interior de tubos metálicos. ‖ **horno microondas** Aquel que funciona por generación de ondas electromagnéticas.

microordenador m. Pequeño ordenador personal que emplea un microprocesador como unidad central de tratamiento.

microorganismo m. Organismo de tamaño microscópico.

microprocesador m. Circuito electrónico integrado a gran escala, que realiza la función de una unidad central en los microordenadores.

microscopia o **microscopía** f. Construcción y empleo del microscopio. ‖ Conjunto de métodos para la investigación por medio del microscopio.

microscópico, ca adj. Perteneciente o relativo al microscopio. ‖ Hecho con ayuda del microscopio. ‖ Que no puede verse sino con el microscopio. ‖ Por ext., se dice de lo que es muy pequeño.

microscopio m. Instrumento óptico para observar objetos muy pequeños. ‖ **FAM.** microscopia, microscópico.

microsurco adj. y m. Se dice del disco fonográfico cuyas ranuras finísimas y muy próximas unas de otras, permiten registrar, en el mismo espacio que los discos de tipo antiguo, una cantidad mucho mayor de sonidos.

miedo m. Temor o inquietud producida por un peligro, dolor, molestia, etc., real o imaginario: *miedo a morir, miedo al fracaso*. ‖ Recelo de que suceda una cosa contraria a lo que se espera o desea: *tengo miedo de que llueva el día de la excursión*. ‖ **FAM.** miedica, mieditis, miedoso.

miedoso, sa adj. Que se asusta con facilidad. También s.

miel f. Sustancia densa, amarillenta y muy dulce, que elaboran las abejas. ‖ **FAM.** melado, melar, melaza, melcocha, melero, melífero, melifluo, meloso.

mielga f. Pez selacio, cuya longitud no suele pasar de 1 m, de piel gruesa, pardusca, sin escamas y con gruesos tubérculos córneos; su carne es comestible, aunque dura y fibrosa.

mielitis f. Inflamación de la médula espinal. ‖ **FAM.** mielina, mielítico.

miembro m. Cualquiera de las extremidades del cuerpo humano o animal, articuladas con el tronco: *miembros superiores e inferiores*. ‖ Órgano sexual masculino en el hombre y en algunos animales. ‖ Individuo que forma parte de una comunidad, asociación, etc: *es miembro del club desde hace poco*. ‖ Parte de un todo: *los miembros de una oración*. ‖ En mat., cualquiera de las dos cantidades de una ecuación separadas por el signo de igualdad (=), o de una desigualdad separadas por los signos (>) o (<). ‖ **miembro viril** Órgano sexual en el hombre. ‖ **FAM.** membrudo.

miente f. Facultad de pensar, pensamiento. Más en pl.: *no se me pasó por las mientes llamarte*. ‖ **caer en mientes**, o **en las mientes** loc. Caer en la imaginación, imaginarse una cosa. ‖ **parar**, o **poner, mientes en** una cosa loc. Considerarla, recapacitar sobre ella.

mientras adv. t. y conj. Durante el tiempo en que: *mientras yo estudio, él juega*. Se usa también antepuesto a la conj. *que*. ‖ **mientras más** loc. Cuanto más: *mientras más lo repitas menos te escuchará*.

miércoles m. Cuarto día de la semana, posterior al martes y anterior al jueves. ‖ **miércoles de ceniza** Primer día de la Cuaresma. ♦ No varía en pl.

mierda f. Excremento. ‖ Suciedad, porquería: *esta habitación es una verdadera mierda*. ‖ Cosa de poca calidad, insignificante o despreciable: *esta novela es una mierda*. ‖ Borrachera: *¡vaya mierda lleva ése!* ‖ **¡a la mierda!** loc. que denota rechazo: *¡a la mierda con él y sus exigencias!* ‖ **¡mierda!** Expresión que denota contrariedad o enfado. ‖ **¡y una mierda!** Expresión que indica negación: *¿que si voy contigo?, ¡y una mierda!*

mies f. Cereal maduro. También pl. ‖ Tiempo de la siega y cosecha de granos. ‖ pl. Campos sembrados.

miga f. Porción pequeña de pan o de cualquier cosa: *sólo nos dejaron las migas.* ‖ Parte interior y más blanda del pan. ‖ Sustancia o contenido de algo: *es una película con mucha miga.* ‖ pl. Pan picado, humedecido con agua y sal, y rehogado en aceite muy frito, con ajo de ajo y pimentón. ‖ **hacer buenas**, o **malas, migas** loc. Llevarse bien en su trato y amistad, o al contrario. ‖ **FAM.** migaja, migajada, migajón, migar.

migaja f. Parte pequeña y menuda del pan, que suele saltar o desmenuzarse al partirlo. Más en pl. ‖ Porción pequeña y menuda de cualquier cosa. ‖ Parte pequeña de una cosa no material: *unas migajas de prestigio.* ‖ Nada o casi nada. ‖ pl. Desperdicios o sobras: *las migajas de un banquete.* ‖ **FAM.** miaja.

migar tr. Desmenuzar o partir el pan en pedazos muy pequeños para hacer migas u otra cosa semejante. ‖ Echar estos pedazos en un líquido.

migración f. Desplazamiento de individuos de un lugar a otro. ‖ Viaje periódico de las aves, peces u otros animales migratorios. ‖ **FAM.** migrar, migratorio.

mihrab m. Nicho que en las mezquitas señala hacia La Meca, sitio adonde han de mirar los que oran. ♦ pl. *mihrabs.*

mijo m. Planta graminea de origen asiático, de hojas planas, largas y puntiagudas, flores en panojas terminales. ‖ Semilla de esta planta.

mil adj. Diez veces ciento. También pron. ‖ Se dice del número o cantidad grande o indeterminado: *te he dicho mil veces que no puedo ir.* ‖ Milésimo. También pron. ‖ m. Signo o conjunto de signos con que se representa el número mil. ‖ Conjunto de mil unidades, millar. Se usa más en pl. ‖ **las mil y quinientas** loc. Hora demasiado tardía: *ayer nos acostamos a las mil y quinientas.* ‖ **FAM.** milenio, milenrama, milésimo, miliar, millaria, milla, millar.

milagrero, ra adj. Se dice de la persona que interpreta como milagros las cosas que suceden naturalmente. También s. ‖ Que finge milagros. También s.

milagro m. Suceso inexplicable que se atribuye a intervención divina. ‖ Suceso o cosa rara, extraordinaria y maravillosa: *este en-*

cuentro es un milagro. ‖ Ofrenda, exvoto. ‖ **vivir uno de milagro** loc. Haber escapado de un gran peligro. ‖ **FAM.** milagrear, milagrería, milagrero, milagroso.

milagroso, sa adj. Que excede a las fuerzas de la naturaleza: *una recuperación milagrosa.* ‖ Que hace milagros: *estatua milagrosa.* ‖ Maravilloso, asombroso: *un hallazgo milagroso.* ‖ **FAM.** milagrosamente.

milano m. Nombre de varias especies de aves rapaces diurnas, con cuerpo de plumaje rojizo, gris claro en la cabeza, leonado en la cola y casi negro en las plumas de las alas.

milenario, ria adj. Relativo al milenio, que dura o sobrepasa mil años: *una tradición milenaria.* ‖ m. Espacio de mil años. ‖ Milésimo aniversario de algún acontecimiento notable.

milenarismo m. Doctrina o creencia que suponía que Jesucristo reinaría en la tierra mil años antes del Juicio Final. ‖ Creencia de los que pensaban que el fin del mundo y el Juicio Final acaecerían en el año mil. ‖ **FAM.** milenarista.

milenio m. Período de mil años. ‖ **FAM.** milenario, milenarismo.

milésimo, ma adj. Que ocupa el número mil en una serie ordenada. También s.: *es el milésimo en la lista de admitidos.* ‖ Se dice de cada una de las mil partes en que se divide un todo. También s.

milhojas m. Pastel de hojaldre con capas de merengue o crema. ♦ No varía en pl.

mili f. apóc. de *milicia.*

mili- Elemento compositivo inicial que significa o indica la milésima parte de una unidad: *milímetro.*

miliar adj. Se dice de la columna, piedra, etc., que antiguamente indicaba la distancia de mil pasos, miliario.

miliario, ria adj. Perteneciente o relativo a la milla. ‖ Columna o piedra que indica la distancia de mil pasos.

milicia f. Profesión dedicada a la actividad militar y a la preparación de soldados para ella. ‖ Servicio militar. ‖ Conjunto de soldados y militares de un estado. ‖ **FAM.** mili, miliciano.

miliciano, na adj. Perteneciente a la milicia. ‖ m. y f. Individuo de una milicia.

milico m. amer. Militar, soldado.

miligramo m. Unidad de medida de masa. Equivale a la milésima parte de un gramo.

mililitro m. Medida de capacidad; es la milésima parte de un litro (igual a un centímetro cúbico).

milímetro m. Milésima parte de un metro. ‖ **FAM.** milimetrado, milimétrico.

militar adj. Relativo a la milicia o a la guerra: *juicio militar.* ‖ com. Persona que sirve en el ejército. ‖ **FAM.** militarada, militarismo, militarización, militarizar, militarmente, militroncho.

militar intr. Servir en la guerra o servir en el ejército. ‖ Pertenecer a un partido político, grupo, etc.: *militó durante años en las filas del*, *expresionismo.* ‖ **FAM.** militancia, militante.

militarismo m. Poder o importancia excesiva de los militares en los asuntos de un estado. ‖ Modo de pensar de quien propugna dicha poder o importancia. ‖ **FAM.** militarista.

milla f. Medida marina de longitud equivalente a 1.852 m. ‖ Medida terrestre de longitud equivalente a 1.609 m.

millar m. Conjunto de mil unidades. ‖ **FAM.** millarada, millón.

millón m. Mil millares de una unidad: *un millón de habitantes.* ‖ Cantidad muy grande o indeterminada: *nos has contado ese chiste un millón de veces.* ‖ **FAM.** millonada, millonario, millonésimo.

millonada f. Cantidad muy grande, especialmente de dinero: *gana una millonada.*

millonario, ria adj. Poderoso, muy acaudalado. También s.

millonésimo, ma adj. Se dice de cada una del millón de partes iguales en que se divide un todo. También s. ‖ Que ocupa en una serie el lugar un millón. También pron.

milonga f. Canción popular del Río de la Plata, y baile que se ejecuta con este son. ‖ **FAM.** milonguear, milonguero.

milpiés m. Cochinilla de tierra o de humedad. ♦ No varía en pl.

mimar tr. Tratar con cuidado o mimo algo o a alguien para conservarlo: *el detergente que mima su ropa; mima mucho a sus amistades.* ‖ Tratar con excesiva condescendencia a alguien, y en especial a los niños. ‖ **FAM.** mimado.

mimbre amb. Cada una de las varas finas y flexibles que produce la mimbrera. ‖ **FAM.** mimbrear, mimbrera.

mimbrera f. Arbusto de la familia de las salicáceas, de 2 a 3 m de altura, de ramas largas, delgadas y flexibles con hojas lanceoladas; sus ramas se emplean en cestería. ‖ Por ext., nombre común de varias especies de sauces. ‖ **FAM.** mimbreral.

mimesis o **mímesis** f. Figura retórica que consiste en la imitación de los gestos y ademanes de una persona, ordinariamente con el fin de burlarse de ella. ‖ Imitación de la naturaleza en el arte, que según la estética clásica debe ser el objeto de la obra artística. ♦ No varía en pl.

mimetismo m. Propiedad que poseen algunos animales y plantas de asemejarse, principalmente en el color y forma, a los seres u objetos inanimados entre los cuales viven. ‖ Por ext., disposición de una persona para cambiar sus opiniones y conducta y adaptarse a las de otras. ‖ **FAM.** mimesis, mimético, mimetizar.

mímica f. Expresión por medio de gestos o movimientos corporales. ‖ **FAM.** mímico.

mimo m. Cariño, halago, demostración de ternura: *hizo mimos al perro.* ‖ Condescendencia excesiva con que se trata a alguien, especialmente a los niños. ‖ Actor o intérprete teatral que se vale exclusiva o preferentemente de gestos y de movimientos corporales para actuar ante el público. ‖ Género teatral basado en este tipo de actuación. ‖ **FAM.** mimar, mimetismo, mímica, mimodrama, mimosa, mimosamente, mimoso.

mimodrama m. Representación por figura y gestos sin que intervengan palabras.

mimosa f. Nombre de diversas plantas arbustivas o herbáceas, de tallo largo y flores pequeñas reunidas en espiga; sus hojas se contraen cuando se las toca o agita. ‖ Flor de esta planta.

mina f. Yacimiento de minerales. ‖ Excavación que se hace por pozos o galerías subterráneas, o a cielo abierto, para extraer estos minerales. ‖ Paso subterráneo, abierto artificialmente, para alumbrar o conducir aguas o establecer otra comunicación. ‖ Barrita de grafito que va en el interior del lápiz. ‖ Empleo, negocio, etc., en el que con poco trabajo se obtiene mucha ganancia: *este chiringuito es una mina.* ‖ Persona o cosa que abunda en cosas dignas de aprecio, o de las que puede sacarse algún provecho o utilidad: *este libro es una mina de noticias; este hombre es una mina de ideas.* ‖ Artificio explosivo que, enterrado o camuflado, produce su explosión al ser rozado por una persona, vehículo, etc. ‖ **FAM.** minal, minar, mineral, minería, minero.

minar tr. Abrir galerías subterráneas. ‖ Colocar minas o explosivos. ‖ Consumir, destruir, destruir: *la enfermedad minó sus fuerzas.* ‖ **FAM.** minado, minador.

mineral adj. Perteneciente o relativo al grupo de las sustancias inorgánicas o a alguna de sus partes: *reino mineral; sustancias minerales.* ‖ m. Sustancia inorgánica, sólida y homogénea, de composición química y estructura generalmente cristalina. ‖ Parte útil de un yacimiento minero. ‖ **FAM.** mineralizar, mineralogía, mineromedicinal.

mineralogía f. Parte de la geología que estudia la forma, estructura, composición, propiedades, yacimientos y evolución de los minerales. ‖ **FAM.** mineralógico, mineralogista.

minería f. Conjunto de personas e instalaciones dedicadas a la explotación de minas. ‖ Actividad minera. ‖ Conjunto de las minas y explotaciones mineras de una nación, región, etc.: *la minería asturiana.*

minero, ra adj. Relativo a la mina: *tren minero.* ‖ m. y f. Persona que trabaja en las minas.

minerva f. Máquina de imprenta de pequeñas dimensiones. ‖ **FAM.** minervista.

minga f. *amer.* Reunión de amigos y vecinos para hacer algún trabajo en común.

mingitorio, ria adj. Perteneciente o relativo a la acción de orinar. ‖ m. Urinario en forma de columna.

mini- Elemento compositivo que entra en la formación de algunas voces españolas con el significado de 'pequeño, breve, corto', etc.: *minifalda, minifundio.*

miniar tr. Pintar miniaturas.

miniatura f. Pintura de tamaño pequeño, que se hace sobre distintas superficies. ‖ Persona o cosa de pequeño tamaño: *no sé si vamos a caber todos en esta miniatura de coche.* ‖ Reproducción de un objeto en dimensiones reducidas. ‖ **FAM.** miniar, miniaturista, miniaturización, miniaturizar.

minifalda f. Falda muy corta, por encima de las rodillas. ‖ **FAM.** minifaldero.

minifundio m. Terreno de cultivo de reducida extensión, y poca rentabilidad. ‖ **FAM.** minifundismo, minifundista.

minimizar tr. Empequeñecer, quitar importancia: *siempre tiende a minimizarlo todo.*

mínimo, ma adj. Se dice de lo más pequeño dentro de su especie: *rendimiento mínimo.* ‖ Se dice del religioso o religiosa de la Orden de los Mínimos. También s. ‖ m. Límite inferior, o extremo a que se puede reducir una cosa: *está al mínimo de su capacidad.* ‖ **mínimo común múltiplo** En mat., el menor de los múltiplos comunes a varios números. ‖ **como mínimo** loc. adv. Como poco: *eso costará como mínimo cien mil pesetas.* ‖ **FAM.** minimalismo, minimalista, minimizar, mínimum.

mínimum m. Mínimo, límite o extremo.

minino, na m. y f. Gato o gata, animal.

minio m. Óxido de plomo, de color rojizo, que se aplica en la preparación de pintura protectora. ‖ **FAM.** mini.

ministerial adj. Relativo al ministerio o gobierno del Estado, o a algunos de los ministros encargados de su despacho: *orden ministerial.* ‖ Se dice del que en las cámaras apoya habitualmente a un gobierno o ministerio.

También com. ‖ **FAM.** ministerialismo, ministerialmente.

ministerio m. Cada uno de los departamentos en que se divide el Gobierno de un Estado. ‖ Edificio en el que se encuentra la oficina de un ministro. ‖ Empleo de ministro. ‖ Cuerpo de ministros del Estado. ‖ Cargo, empleo, oficio. ‖ **FAM.** ministerial, ministro.

ministro m. Jefe de cada uno de los departamentos en que se divide la gobernación del Estado: *ministro de Sanidad.* ‖ Juez que se emplea en la administración de justicia. ‖ Representante o agente diplomático. ‖ En algunas religiones, superior de un convento. ‖ Persona que ejecuta lo que otra quiere o dispone. ‖ **primer ministro** Jefe del Gobierno o presidente del Consejo de Ministros. ‖ **FAM.** ministrar, ministrable, ministril.

minoría f. En las juntas, asambleas, etc., conjunto de votos dados en contra de lo que opina el mayor número de los votantes. ‖ Fracción de un cuerpo deliberante, generalmente opuesta a la política del Gobierno. ‖ Menor edad legal de una persona. ‖ Parte más reducida de un conjunto. ‖ **FAM.** minorización, minorar, minorativo, minoridad, minorista, minoritario.

minorista adj. Se aplica al comercio al por menor. ‖ com. Comerciante al por menor.

minucia f. Menudencia, pequeñez: *mejor no entramos en minucias.* ‖ Cosa de poco valor. ‖ **FAM.** minuciosamente, minuciosidad, minucioso, minuendo, minuto.

minucioso, sa adj. Meticuloso, detallista: *una búsqueda minuciosa.*

minué m. Baile francés para dos personas, que estuvo de moda en el s. XVII. ‖ Música de este baile.

minuendo m. Cantidad de la que ha de restarse otra.

minúsculo, la adj. De muy pequeñas dimensiones o de muy poco valor. ‖ Se dice de la letra de menor tamaño que la mayúscula. También f.

minusvalía f. Disminución del valor de alguna cosa. ‖ **FAM.** minusvalidez, minusválido.

minusválido, da adj. Se dice de la persona que padece invalidez parcial por un defecto físico o psíquico. También s.

minusvalorar tr. Subestimar, valorar alguna cosa en menos de lo debido. ‖ **FAM.** minusvaloración.

minuta f. Borrador de un contrato, escritura, oficio, etc. ‖ Cuenta de honorarios de un abogado. ‖ Lista de los platos de una comida. ‖ **FAM.** minutar.

minutero f. Manecilla que señala los minutos en el reloj.

minuto m. Cada una de las 60 partes iguales en que se divide una hora. ‖ Cada una de las 60 partes iguales en que se divide un grado de círculo. ‖ **FAM.** minutar, minutero.

mío, mía pron. pos. Forma de primera persona en gén. m. o f. y núm. s. o pl. Expresa pertenencia o vínculos entre una persona o cosa y la persona que habla: *no te lleves ese bolígrafo porque es mío.* ‖ *el bolígrafo mío es aquel.* ‖ m. Precedida del artículo *lo,* se usa también como pron. neutro indicando que lo que se expresa es lo más representativo o lo que más se acomoda a la persona que habla: *no te metas en lo mío.* ‖ m. pl. Precedida del artículo determinado *los,* se usa para referirse a la propia familia o a personas muy cercanas por gustos, ideas, etc., a la persona que habla: *por fin estoy con los míos.* ‖ f. Precedida del artículo *la,* se usa para indicar que a la persona que habla le ha llegado la ocasión favorable para algo: *esta es la mía, ahora podré alquilarme el piso.* ‖ **FAM.** mi.

miocardio m. Tejido muscular del corazón. ‖ **FAM.** miocarditis.

mioceno adj. Se dice del período o época que sigue al oligoceno, con el que comienza el terciario superior o neógeno. También m. ‖ Perteneciente o relativo a este período.

mioma m. Tumor formado por elementos musculares.

miope adj. Se dice del ojo o del individuo que padece miopía. También com. ‖ Corto de alcances o de miras: *es un miope para los negocios.*

miopía f. Defecto de la visión consistente en la incapacidad de enfocar los objetos situados a cierta distancia del ojo. ‖ **FAM.** miope.

mira f. Pieza que en ciertos instrumentos sirve para dirigir la vista hacia un objeto. ‖ Piezas de las armas de fuego para asegurar la puntería. ‖ Intención, objeto o propósito, generalmente concreto. Más en pl: *amplitud de miras.* ‖ Cada uno de los renglones que se fijan verticalmente al levantar un muro. ‖ Regla graduada utilizada en topografía.

mirada f. Acción de mirar: *echa una mirada a este informe.* ‖ Modo de mirar: *no me gusta la mirada que tiene hoy.*

mirado, da adj. Cauto, reflexivo. ‖ Que despierta buena o mala opinión: *está muy bien mirado en su empresa.*

mirador m. Lugar desde donde se contempla un paisaje. ‖ Balcón cerrado con cristales.

miraguano m. Palmera de poca altura, de cuyo fruto se obtiene una materia semejante al algodón. ‖ Esta materia, que se emplea para rellenar almohadas, cojines, edredones, etc.

miramiento m. Acción de mirar, atender o considerar una cosa. ‖ Respeto, atención y circunspección que se observan al ejecutar una acción o se guardan a una persona: *no se anda con miramientos a la hora de conseguir lo que quiere.*

mirar tr. Fijar la vista en un objeto. También prnl: *se miró en el espejo.* ‖ Tener uno por fin alguna cosa en lo que ejecuta: *sólo mira por su provecho.* ‖ Observar las acciones de uno: *miraba pasar a la gente.* ‖ Apreciar, estimar, tener en cuenta: *este profesor mira mucho la presentación de los trabajos.* ‖ Estar enfrente: *mi ventana mira al parque.* ‖ Concernir, pertenecer, tocar: *no te metas en lo que no te mira.* ‖ Pensar, juzgar: *mira y dime si tengo o no razón.* ‖ Cuidar, atender: *mira mucho por sus amigos.* ‖ Buscar: *mira debajo de la cama a ver si lo encuentras.* También prnl: *mírate en los bolsillos.* ‖ **¡mira!.** loc. Se utiliza para avisar o amenazar a uno. ‖ **de mírame y no me toques** loc. Se aplica a las personas delicadas de carácter o de salud, y también a las cosas de poca resistencia. ‖ **mirar por** una persona o cosa. Ampararla, cuidar de ella. ‖ **FAM.** mira, mirado, mirador, miramiento, mirasol, mirífico, mirilla, mirón.

mirasol m. Girasol, planta.

miríada f. Cantidad muy grande, pero indefinida: *una miríada de soldados.*

miriámetro m. Medida de longitud, equivalente a diez mil metros.

miriápodo adj. Se dice de los artrópodos terrestres, con cuerpo dividido en anillos y numerosos pares de patas. También m.

mirilla f. Abertura en la pared o en la puerta para ver quién llama. ‖ Abertura de algunos instrumentos para dirigir visuales.

miriñaque m. Prenda interior de tela rígida o muy almidonada y a veces con aros, que usaban las mujeres.

mirlo m. Pájaro de unos 25 cm de longitud, plumaje negro en el macho y pardo en la hembra; se domestica con facilidad y aprende a repetir sonidos.

mirón, na adj. y s. Se dice de la persona que mira demasiado o con curiosidad.

mirra f. Resina gomosa aromática, empleada en perfumería y medicina.

mirtáceo, a adj. Se dice de las plantas dicotiledóneas, que tienen flores en forma de tubo, como el eucalipto, el clavillo y el mirto. ‖ f. pl. Familia de estos árboles y arbustos.

mirto m. Arbusto mirtáceo, de 2 a 3 m de altura, oloroso, con ramas flexibles, hojas opuestas, y blancas y pequeñas. ‖ **FAM.** mirtáceo.

misa f. Ceremonia principal de la Iglesia católica en la que el sacerdote conmemora el sacrificio de Cristo, ofreciendo su cuerpo y sangre bajo las especies del pan y el vino. ‖ Composición musical escrita para acompañar este rito: *misa barroca*. ‖ **misa del gallo** La que se dice a medianoche de la víspera, o al comenzar la madrugada de Navidad. ‖ **como en misa** loc. En profundo silencio. ‖ **no saber uno de la misa la media**, o **la mitad** loc. Ignorar algo. ‖ **FAM.** misacanto, misal.

misal adj. Se dice del libro en que se contiene el orden y modo de celebrar la misa.

misántropo, pa m. y f. Persona que tiene aversión al trato humano. ‖ **FAM.** misantropía, misantrópico.

misceláneo, a adj. Mixto, vario, compuesto de cosas distintas o de géneros diferentes. ‖ f. Mezcla de unas cosas con otras. ‖ Obra o escrito en que se tratan muchas materias inconexas y mezcladas.

miserable adj. Desdichado, infeliz. ‖ Abatido, sin ánimos ni fuerzas. ‖ Avariento, mezquino: *una propina miserable*. ‖ Malvado, canalla. ‖ **FAM.** miserabilísimo, miserablemente.

miserere m. Salmo cincuenta, que empieza con esta palabra. ‖ Canto solemne que se hace del mismo. ‖ Función religiosa de la cuaresma en que se canta este salmo.

miseria f. Desgracia, infortunio: *ayer me contó sus miserias*. ‖ Pobreza extrema: *las inundaciones les dejaron en la miseria*. ‖ Avaricia, mezquindad. ‖ Cosa escasa: *le pagan una miseria*. ‖ **FAM.** miserable, míseramente, miserear, misericordia, mísero, misérrimo.

misericordia f. Sentimiento de compasión hacia los sufrimentos ajenos, que inclina a ayudar o perdonar. ‖ Porción pequeña de alguna cosa, como la que suele darse de limosna. ‖ Pieza en los asientos de los coros de las iglesias para descansar cuando se está en pie. ‖ **FAM.** miserere, misericordiosamente, misericordioso.

mísero, ra adj. Miserable.

misil m. Proyectil autopropulsado, equipado con una o varias cabezas explosivas, nucleares o convencionales.

misión f. Cometido que una persona o colectividad consideran necesario llevar a cabo: *la Inquisición consideraba que su misión era implantar la ortodoxia*. ‖ Poder que se da a una persona para ir a desempeñar algún cometido: *estaba en misión diplomática*. ‖ Peregrinación que hacen religiosos de pueblo en pueblo predicando el Evangelio. ‖ Conjunto de sermones que predican los misioneros en las peregrinaciones evangélicas. ‖ Cada uno de estos sermones y territorio donde lo predican. ‖ Ex-

pedición de carácter científico para analizar sobre el terreno el objeto de estudio: *una misión arqueológica, antropológica*. ‖ **FAM.** misional, misionar, misionario, misionero, misivo.

misionero, ra adj. Relativo a la misión evangélica. ‖ m. y f. Persona que predica la religión cristiana en las misiones.

misiva f. Carta, mensaje.

mismo, ma adj. Denota que se trata de una persona o cosa a la que se refiere, y no a otra: *es el mismo coche que vimos ayer*. ‖ Semejante o igual: *usamos la misma talla*. ‖ Con sustantivos y pron. pers., refuerza la identidad: *me lo contó su mismo hermano; yo mismo lo haré*. ‖ Precedido de adv., refuerza su significado, añadiendo precisión: *fue ayer mismo*. ‖ **así mismo** loc. Del mismo modo: *me lo contó así mismo, con estas palabras*. ‖ También: *me llevaré así mismo aquel otro*. ‖ **FAM.** mismamente, mismidad, mismísimo, mismito.

misógino adj. m. Que odia a las mujeres. ‖ **FAM.** misoginia.

miss (voz i.) f. Tratamiento inglés equivalente a señorita. ‖ Ganadora de un concurso de belleza.

mistela f. Bebida que se hace con aguardiente, agua, azúcar y otros ingredientes, como canela, etc. ‖ Líquido resultante de la adición de alcohol al mosto de uva.

míster (voz i.) m. Tratamiento inglés equivalente a señor. ‖ Ganador de un concurso de belleza.

misterio m. Hecho cuya explicación se desconoce: *este crimen es un misterio*. ‖ Asunto secreto y muy reservado: *llevó con mucho misterio la compra del regalo*. ‖ Arcano o cosa secreta en cualquier religión, inaccesible a la razón y que debe ser objeto de fe: *el misterio de la Santísima Trinidad*. ‖ En la religión cristiana, cada uno de los pasos de la vida, pasión y muerte de Jesucristo, cuando se consideran por separado: *el misterio de la Pasión*. ‖ **FAM.** mistérico, misteriosamente, misterioso, místico.

misticismo m. Estado de la persona que se dedica a la contemplación de Dios o a las cosas espirituales. ‖ Doctrina religiosa y filosófica que trata sobre este estado. ‖ Unión inefable de la persona con Dios.

místico, ca adj. Relativo a la mística. ‖ Que se dedica a la experiencia espiritual. También s.: *los místicos españoles*. ‖ Que escribe o trata de esta experiencia. También s. ‖ f. Parte de la teología que trata de la vida espiritual y contemplativa. ‖ Relación íntima de algunas personas con Dios mediante el conocimiento intuitivo y el amor. ‖ Conjunto de obras literarias que tratan sobre esta experiencia. ‖ **FAM.** misticamente, misticismo, misticón.

mistificar tr. Falsear, falsificar, deformar. ‖ **FAM.** mistificación, mistificador.

mitad f. Cada una de las dos partes iguales en que se divide un todo: *te cedo la mitad de las ganancias.* ‖ Medio, centro: *en mitad del patio había un pozo.*

mitificar tr. Convertir en mito cualquier hecho natural: *mitificar el Sol.* ‖ Rodear de extraordinaria estima determinadas teorías, personas, sucesos, etc.: *mitificar un astro del celuloide.*

mitigar tr. Moderar, suavizar: *con este analgésico mitigarás el dolor.* También prnl. ‖ **FAM.** mitigación, mitigadamente, mitigado, mitigador, mitigante, mitigativo, mitigatorio.

mitin m. Reunión pública en la que se discuten asuntos políticos o sociales. ‖ **FAM.** mitinesco.

mito m. Narración fabulosa que relata acciones y personajes imaginarios y que tiene por fin fundamentar, de una manera no racional, la realidad: *el mito de Prometeo.* ‖ Conjunto de creencias e imágenes idealizadas que se forman alrededor de un personaje o fenómeno y que le convierten en modelo o prototipo: *Greta Garbo es uno de los mitos del cine.* ‖ Invención, fantasía: *todo eso de su ascendencia noble es puro mito.* ‖ **FAM.** mítico, mitificar, mitografía, mitología, mitomanía.

mitocondria f. Orgánulo del citoplasma de las células nucleadas, que se ocupa de la respiración aerobia celular.

mitología f. Conjunto de leyendas o mitos de los dioses, semidioses y héroes de un pueblo. ‖ **FAM.** mitológico, mitologista, mitólogo.

mitomanía f. Tendencia a mentir y a inventar cosas fantásticas. ‖ **FAM.** mitómano.

mitón m. Guante de punto sin dedos.

mitosis f. Tipo de división celular en la que se mantiene constante la dotación cromosómica, generalmente diploide, y en que el núcleo sufre una serie de procesos antes de separarse. ♦ No varía en pl. ‖ **FAM.** mitótico.

mitra f. Toca, alta y apuntada, que llevan los obispos, arzobispos y algunas otras personas eclesiásticas. ‖ Dignidad de arzobispo u obispo, y territorio de su jurisdicción. ‖ **FAM.** mitrado, mitral.

miura m. Toro de la ganadería de Miura, famosa por la bravura de sus reses. ‖ Por ext., toro bravo difícil de lidiar. ‖ Persona de malas intenciones. ‖ Persona de gran coraje y fiereza.

mixomatosis f. Enfermedad infecciosa de los conejos. ♦ No varía en pl.

mixomiceto adj. Se dice de los organismos vegetales unicelulares sin clorofila. ‖ m. pl. Clase de estos vegetales.

mixtela f. Mistela.

mixto, ta adj. Mezclado. ‖ Compuesto de varios elementos distintos: *un sandwich mixto.* También m. ‖ Dicho de animal o vegetal, mestizo. ‖ m. Cerilla, fósforo. ‖ **FAM.** mixtamente, mixtifiori, mixtilíneo, mixtión, mixtura.

mixtura f. Mezcla de varias cosas. ‖ Pan de varias semillas. ‖ Medicamento compuesto de varios ingredientes. ‖ **FAM.** mixturar, mixturero.

mnemotecnia o **mnemotécnica** f. Técnica para aumentar las facultades de la memoria. ‖ Método por medio del cual se forma una memoria artificial. ‖ **FAM.** mnemónica, mnemotécnico.

moaré m. Tela fuerte que forma aguas; muaré.

moaxaja f. Composición poética en árabe o hebreo, que llevan una estrofa final o *jarcha,* escrita en mozárabe.

mobiliario, ria adj. Perteneciente o relativo al mueble. ‖ Se aplica a los efectos públicos que se negocian en bolsa. ‖ m. Conjunto de muebles: *el mobiliario de una casa.*

moca m. Clase de café de buena calidad. ‖ Crema de repostería elaborada con café, azúcar, mantequilla y vainilla.

mocasín m. Calzado de una sola pieza, hecho de piel sin curtir, que usaban los indios. ‖ Calzado hecho a imitación del anterior, plano, sin cordones ni hebillas.

mocedad f. Época de la vida humana que comprende desde la pubertad hasta la edad adulta.

mochales adj. Se dice de la persona chiflada o medio loca. ♦ Más con el verbo *estar.*

mochila f. Especie de saco o bolsa que se sujeta a la espalda por medio de correas y sirve para transportar diversos artículos personales. ‖ **FAM.** mochilero.

mocho, cha adj. Se dice de todo aquello a que falta la punta o la debida terminación: *el cuchillo se ha quedado mocho.* ‖ m. Remate grueso y romo de un instrumento o utensilio largo, como la culata de un arma de fuego. ‖ **FAM.** mocheta.

mochuelo m. Ave rapaz, de unos 20 cm, con plumaje pardo oscuro y moteado en su parte superior y blanco con rayas pardas en la inferior. ‖ Asunto o trabajo difícil o enojoso: *nos ha caído encima un buen mochuelo.*

moción f. Proposición que se hace en una asamblea, congreso, etc. ‖ Acción y efecto de moverse. ‖ **FAM.** mocionar.

moco m. Secreción viscosa de las membranas

mucosas, y especialmente la que fluye por la nariz. Más en pl.: *limpiate los mocos.* ‖ Sustancia pegajosa, fluida y resbaladiza que forma grumos dentro de un líquido. ‖ Cera derretida de las velas, que se va cuajando a lo largo de ellas. ‖ **llorar a moco tendido** loc. Llorar sin parar. ‖ **FAM.** moquear, moquero, moquillo.

mocoso, sa adj. Que tiene mocos. ‖ Se aplica al niño o al joven que se las da de adulto. También s. ‖ **FAM.** mocosuelo.

moda f. Uso, modo o costumbre que está en boga durante algún tiempo, especialmente en lo relativo a las prendas de vestir. ‖ **estar de moda** una cosa. loc. Usarse o estilarse una prenda de vestir, tela, color, etc., o practicarse generalmente una cosa. ‖ **pasado de moda** loc. adj. Anticuado. ‖ **FAM.** modelo, modisto.

modal adj. Perteneciente o relativo al modo: *perífrasis modal.* ‖ m. pl. Forma habitual de comportamiento de cada persona: *tiene muy buenos modales.*

modalidad f. Modo de ser o de manifestarse una cosa.

modelar tr. Formar de cera, barro u otra materia blanda una figura o adorno. ‖ En pint., dar relieve a las figuras mediante el sombreado. ‖ Formar a una persona de acuerdo a unos principios determinados: *sus enseñanzas modelaron a todos sus discípulos.* ‖ prnl. Ajustarse a un modelo. ‖ **FAM.** modelado, modelador, modelaje, modelista.

modélico, ca adj. Que puede servir de modelo.

modelista com. Persona que hace modelos o maquetas.

modelo m. Persona o cosa que se considera digno de ser imitado y se pone como pauta a seguir en la ejecución de una cosa: *la antigüedad clásica se convirtió en el modelo artístico del Renacimiento.* ‖ Representación a escala reducida de alguna cosa. ‖ Vestido diseñado y confeccionado por un modisto o casa de costura: *estos son los modelos de la próxima temporada.* ‖ Objeto, aparato o construcción realizada conforme a un mismo diseño: *este coche es un modelo de 1942.* ‖ En empresas, indica que lo designado por el nombre anterior ha sido creado como ejemplar: *granja modelo.* ‖ com. Persona encargada de exhibir prendas de vestir. ‖ En escultura, pintura, etc., persona u objeto que copia el artista. ‖ **FAM.** modelar, modelismo, modelista.

módem (voz i.) m. En inform., convertidor de señales digitales en señales susceptibles de trasladarse por una línea de telecomunicaciones, y viceversa.

moderación f. Acción y efecto de moderar.

‖ Cordura, sensatez. ‖ **FAM.** moderadamente, moderado.

moderado, da adj. Que tiene moderación: *sus costumbres son muy moderadas.* ‖ Que guarda el medio entre los extremos: *llevar una velocidad moderada.* ‖ En política, partidos de tendencia conservadora. ‖ **FAM.** moderadamente.

moderador, ra adj. Que modera. También s. ‖ Se dice de la persona que preside o dirige un debate, asamblea, mesa redonda, etc. ‖ m. Presidente de una reunión o asamblea en las iglesias protestantes. ‖ Sustancia que reduce la energía cinética de los neutrones sin absorberlos.

moderar tr. Templar, ajustar una cosa, evitando el exceso: *moderar la velocidad.* También prnl. ‖ Presidir o dirigir un debate, asamblea, mesa redonda, etc. ‖ **FAM.** moderabilidad, moderable, moderación, moderado, moderador, moderamiento, moderantismo, moderativo, moderato, moderatorio.

modernismo m. Afición a las cosas modernas. ‖ Movimiento literario surgido en Hispanoamérica y España a finales del s. XIX y principios del XX, que se relacionó con el parnasianismo y simbolismo franceses. ‖ **FAM.** modernista.

modernizar tr. Dar forma o aspecto moderno a cosas antiguas. ‖ **FAM.** modernización.

moderno, na adj. Que existe desde hace poco: *una tendencia moderna.* ‖ Nuevo, reciente: *una película moderna.* ‖ Avanzado, en sus características, sus ideas, sus usos o sus costumbres: *una escenografía moderna.* ‖ En los colegios y otras comunidades, el que es nuevo: *un socio moderno.* ‖ Perteneciente al periodo histórico comprendido entre la Edad Media y la Edad Contemporánea (s. XV a XVIII): *la navegación moderna.* ‖ pl. Los que viven en la actualidad o han vivido hace poco tiempo. ‖ **FAM.** modernamente, modernidad, modernismo, modernización, modernizar.

modestia f. Cualidad de la persona que no presume de sus méritos o no les da importancia. ‖ Sencillez. ‖ Pobreza, escasez de medios, recursos, etc. ‖ **FAM.** modesto.

modesto, ta adj. Que tiene modestia. También s. ‖ Discreto. ‖ **FAM.** modestamente.

módico, ca adj. Moderado, escaso, limitado: *un precio módico.* ‖ **FAM.** módicamente, modicidad.

modificación f. Acción y efecto de modificar: *la modificación de una ley.* ‖ Cualquier cambio que se produce en los caracteres anatómicos o fisiológicos de un ser vivo y que no se transmite por herencia.

modificar tr. Transformar algo o a alguien respecto de un estado inicial: *el director ha modificado el proyecto*. También prnl: *el plan no se ha modificado* ‖ Limitar o determinar el sentido de una palabra: *el adjetivo modifica al sustantivo*. ‖ **FAM.** modificable, modificación, modificador, modificante, modificativo, modificatorio.

modismo m. Modo de hablar propio de una lengua, que se suele apartar en algo de las reglas generales de la gramática; p. ej., *caérsele a uno el alma a los pies*.

modisto,ta m. y f. Persona que diseña y confecciona prendas de vestir. ‖ **FAM.** modistilla.

modo m. Forma variable de ser o hacerse una cosa: *el modo más rápido de aprender una lengua es viviendo en el país*. ‖ Accidente gramatical del verbo que expresa la actitud del hablante en el momento de la enunciación. ‖ Disposición de los sonidos que forman una escala musical. ‖ Moderación, templanza: *bebes sin modo*. ‖ pl. Urbanidad o cortesía, en el comportamiento o en el trato con los demás: *tiene unos modos un tanto rudos*. ‖ **al, o a, modo** loc. adv. Como o a la manera de: *le pusieron una cinta a modo de collar*. ‖ **de modo que** loc. conjunt. Por tanto: *quedan cinco minutos, de modo que ya puedes darte prisa*. ‖ **FAM.** moda, modal, modalidad, modelar, modelo, moderar, moderno, modestia, módico, modificar, modismo, modoso, módulo.

modorra f. Somnolencia, sopor profundos. ‖ Sueño muy pesado. ‖ Enfermedad parasitaria del ganado lanar. ‖ **FAM.** modorrar.

modoso, sa adj. Recatado, comedido. ‖ **FAM.** modosidad.

modulación f. Acción y efecto de modular: *modulación de la voz*. ‖ Proceso por el que se modifica la característica de una onda para la mejor transmisión y recepción del sonido o de una señal cualquiera (amplitud, frecuencia, impulso, fase, etc.).

modulador, ra adj. Que modula. También s. ‖ m. Circuito electrónico capaz de modular una onda portadora.

modular intr. Dar a la voz o al canto un tono determinado. ‖ Hacer variar el valor de amplitud, frecuencia o fase de una onda portadora en función de una señal de vídeo, o de otra clase para su transmisión radiada. ‖ En mús., pasar de una tonalidad a otra. ‖ **FAM.** modulación, modulador, modulante.

módulo m. Dimensión que convencionalmente se toma como unidad de medida, y más en general, todo lo que sirve de norma o regla. ‖ Pieza o conjunto unitario de piezas que se repiten en una construcción de cualquier tipo:

un armario de tres módulos. ‖ Medida que se usa para las proporciones de los cuerpos arquitectónicos. ‖ Aparato dispuesto para regular la cantidad de agua que se introduce en una acequia o que pasa por un orificio. ‖ En mat., cantidad que sirve de tipo de comparación en determinados cálculos. ‖ Vehículo espacial independiente y, por lo general, autónomo, que forma parte de un tren espacial. ‖ **FAM.** modular.

mofa f. Burla que se hace de una persona o cosa.

mofarse prnl. Burlarse. ‖ **FAM.** mofa, mofador, mofadura.

mofeta f. Mamífero carnívoro, de cabeza pequeña y hocico prominente, pelo largo y erizado y patas cortas; habita en los bosques de América y se caracteriza por tener unas glándulas cercanas al ano que segregan un olor desagradable.

moflete m. Carrillo grueso y carnoso. ‖ **FAM.** moflearse, mofletudo.

mogollón m. Abundancia: *ha habido un mogollón de suspensos*. ‖ Barullo producido por mucha gente reunida: *aquella fiesta fue un mogollón*.

mohair (voz i.) adj. Se dice del tejido que se hace con el pelo de la cabra de Angora.

mohicano, na adj. Se dice de una tribu amerindia de la familia algonquina, ya extinguida, originariamente establecida a orillas del río Hudson y forzada más tarde por los colonizadores a emigrar hacia el oeste. ‖ Relativo a esta tribu. También s.

mohín m. Mueca o gesto.

mohíno, na adj. Triste, melancólico, disgustado. ‖ **FAM.** mohín.

moho m. Hongo micromiceto que se desarrollan sobre materia orgánica, especialmente si está húmeda o descompuesta. ‖ Capa que se forma en la superficie de un cuerpo metálico, como la herrumbre o el cardenillo. ‖ **FAM.** mohoso.

moisés m. Cestillo con asas, que sirve de cuna portátil. ♦ No varía en pl.

mojado, da adj. En ling., se dice del sonido pronunciado con un contacto relativamente amplio del dorso de la lengua contra el paladar.

mojador, ra adj. Que moja. También s. ‖ m. Utensilio con una esponja empapada de agua, para mojarse la punta de los dedos el que cuenta billetes o para pegar los sellos en los sobres.

mojama f. Carne de atún salada y seca. ‖ **FAM.** amojamar.

mojar tr. Humedecer una cosa sólida con agua, otro líquido o una materia semilíquida:

mojar pan en leche, en la salsa, en un huevo. También intr. y prnl.: *se me han mojado los zapatos.* ‖ Beber para celebrar algo: *esto hay que mojarlo.* ‖ intr. Introducirse o tomar parte en un asunto: *le encanta mojar en todo.* ‖ prnl. Orinarse. ‖ Comprometerse o hacerse responsable de algo: *el negocio no le pareció claro y no quiso mojarse.* ‖ FAM. mojada, mojado, mojador, mojadura, moje, mojicón, mojo.

mojarra f. Pez teleósteo, de cuerpo ovalado y color oscuro con tres manchas negras; su carne es muy estimada.

moje m. Salsa de cualquier guiso.

mojicón m. Golpe que se da en la cara con la mano. ‖ Especie de bizcocho hecho de mazapán y azúcar, cortado en trozos y bañado.

mojiganga f. Fiesta pública que se hace con varios disfraces ridículos, enmascarados los hombres, especialmente en figuras de animales. ‖ Representación dramática breve, para hacer reír, en que se introducen figuras ridículas y extravagantes. ‖ Cualquier cosa ridícula.

mojigato, ta adj. Que finge timidez y humildad. También s. ‖ Que tiene o finge un recato exagerado y se escandaliza fácilmente. También s. ‖ FAM. mojigatería, mojigatez.

mojón m. Señal permanente que se pone para fijar los límites de propiedades o territorios. ‖ Por ext., señal que sirve de guía. ‖ Montón. ‖ Porción compacta de excremento humano que se expele de una vez. ‖ FAM. mojonar, mojonera.

mol m. Cantidad de sustancia de un sistema que contiene tantas entidades elementales como átomos hay en 0,012 kg de carbono 12. ‖ FAM. molaridad.

molar adj. Relativo a la muela. También m. ‖ Apto para moler.

molar intr. Gustar o agradar mucho una cosa: *¡cómo mola su moto!* ‖ FAM. molón.

molde m. Objeto hueco que sirve para dar forma a la materia fundida, que en él se vacía. ‖ Cualquier instrumento que sirve para dar forma a una cosa. ‖ Esquema, norma: *su estilo escapa a moldes.* ‖ Conjunto de letras o forma ya dispuesta para imprimir. ‖ FAM. moldar, moldear, moldura.

moldear tr. Formar una materia echándola en un molde: *moldear un bizcocho.* ‖ Modelar. ‖ Sacar el molde de una figura: *moldear un busto.* ‖ Desarrollar en alguien determinados gustos, sentimientos, ideas, etc.: *moldear un carácter.* ‖ Rizar el cabello. ‖ FAM. moldeable, moldeado, moldeador, moldeamiento, moldeo.

moldura f. Parte saliente de perfil uniforme, que sirve para adornar o reforzar obras de ar-

quitectura, carpintería, etc. ‖ Moldura de un cuadro. ‖ FAM. molduraje, moldurar.

mole f. Cosa maciza y voluminosa: *la mole de la torre del homenaje presidía la fortaleza.* ‖ Corpulencia en una persona o animal: *te has puesto hecho una mole.* ‖ FAM. molécula.

molécula f. Mínima porción que puede separarse de una sustancia sin alterar sus propiedades. ‖ FAM. mol, molecular.

moler tr. Reducir un cuerpo sólido a polvo o a partes muy pequeñas por presión o fricción: *moler trigo.* ‖ Cansar o fatigar mucho físicamente: *esta mudanza nos ha molido a todos.* También intr. ‖ Hacer daño, maltratar: *le molieron a palos.* ‖ Molestar: *deja ya de molerme con tus quejas.* ♦ Irreg. Se conj. como mover. ‖ FAM. moledera, moledero, moledor, moledura, molienda, molimiento, molino.

molestar tr. Causar molestia, incomodidad o fastidio. También prnl. ‖ prnl. Tomarse interés: *se molestó en aprender el nuevo programa.*

molestia f. Perturbación: *tantas obras son una molestia continua.* ‖ Enfado, fastidio, desazón. ‖ Falta de comodidad o impedimento para los movimientos del cuerpo. ‖ FAM. molestar, molesto.

molesto, ta adj. Que causa o tiene molestia. ‖ Disgustado: *está algo molesto con nosotros.*

molibdeno m. Elemento químico metálico, duro, de color y brillo plomizos, pesado como el cobre, quebradizo y difícil de fundir; se emplea para la fabricación de aceros especiales y como pigmento lubricante sólido. Su símbolo es *Mo.*

molicie f. Gusto por la vida cómoda.

molienda f. Acción de moler. ‖ Cantidad de caña de azúcar, trigo, etc., que se muele de una vez. ‖ El mismo molino. ‖ Temporada que dura la operación de moler la aceituna, la caña de azúcar, etc. ‖ Acción de molestar a uno: *ya viene con su molienda.* ‖ Cosa que causa molestia: *esto es una molienda.* ‖ FAM. molendero.

molinero, ra m. y f. Persona que tiene a su cargo un molino o trabaja en él.

molinete m. Ruedecilla con aspas que gira movida por el viento. Molinillo, juguete. ‖ En taurom., pase en que el matador gira en sentido contrario al de la embestida del toro, dándole salida. ‖ FAM. molinetear.

molinillo m. Instrumento pequeño para moler: *molinillo de café.* ‖ Mazo cilíndrico con una cabeza gruesa y dentada para batir el chocolate u otras cosas. ‖ Juguete que consiste en una varilla en cuya punta hay una estrella de papel que gira movida por el viento.

molino m. Máquina para moler, triturar o

pulverizar. ‖ Edificio donde está instalada. ‖ **FAM.** molinería, molinero, molinete, molinillo.

molla f. Parte magra de la carne. ‖ Parte que tiene menos desperdicio de una fruta, carne, etc. ‖ Acumulación carnosa en alguna parte del cuerpo. Más en pl.: *está echando mollas.*

mollar adj. Blando y fácil de partir.

molleja m. Estómago muscular que tienen las aves que se alimentan de grano. ‖ Apéndice carnoso de las reses jóvenes, formado la mayoría de las veces por infarto de las glándulas. Más en pl.

mollera f. Parte superior del cráneo. ‖ Inteligencia, seso: *a ver si te entra en la mollera.* ‖ Espacio situado en la parte más alta de la frente. ‖ **ser** uno **cerrado** o **duro de mollera** loc. Poco inteligente, tonto. ‖ Obstinado, cabezota.

mollete m. Panecillo esponjado. ‖ Carrillo grueso.

molusco adj. Se dice de los animales invertebrados, de cuerpo blando no segmentado, desnudo o revestido de una concha, como las ostras, caracoles, pulpos, mejillones, etc. También m. ‖ m. pl. Tipo de estos animales.

momentáneo, a adj. Que dura muy poco tiempo: *un disgusto momentáneo.* ‖ Que sucede, ocurre, actúa o se ejecuta en el momento: *un impulso momentáneo.* ‖ **FAM.** momentáneamente.

momento m. Espacio de tiempo muy breve en relación con otro: *estuve un momento con él esta tarde.* ‖ Instante, porción brevísima de tiempo: *termino en un momento.* ‖ Oportunidad, ocasión propicia: *este es el momento de invertir.* ‖ Situación en el tiempo actual o presente: *los poetas del momento.* ‖ **a cada momento** loc. adv. Con frecuencia, continuamente: *me pide el bolígrafo a cada momento.* ‖ **de un momento a otro** loc. adv. Pronto, sin tardanza: *llegará de un momento a otro.* ‖ **FAM.** momentáneo.

momia f. Cadáver desecado, por medios naturales o artificiales, que se ha conservado sin corromperse. ‖ Persona muy delgada y demacrada. ‖ Persona muy seria o de aspecto mustio y alicaído. ‖ **FAM.** momificar, momio.

momificar tr. Convertir en momia un cadáver. También prnl. ‖ **FAM.** momificación.

momio m. Lo que se da u obtiene sin trabajo: *estos saldos son un momio.*

momo m. Gesto exagerado.

mona f. Persona que hace las cosas por imitar a otra. ‖ Borrachera. ‖ Cierto juego de naipes. ‖ Bollo en forma de rosca adornado con huevos, típico de Pascua.

monacal adj. Relativo a los monjes o a las monjas.

monacato m. Estado o profesión de monje. ‖ Institución monástica. ‖ **FAM.** monacal, monaquismo.

monada f. Persona, animal o cosa pequeña, delicada y bonita: *el bebé es una monada.* ‖ Gesto o ademán gracioso. ‖ Halago. ‖ Monería.

mónada f. Cada uno de los seres indivisibles, pero de naturaleza distinta, que componen el universo, según el filósofo alemán Leibniz.

monaguillo m. Niño que ayuda al sacerdote en la misa y en otros servicios litúrgicos. ‖ **FAM.** monago.

monarca com. Soberano de una monarquía. ‖ **FAM.** monarquismo.

monarquía f. Forma de gobierno en que el poder supremo es ejercido por una persona, generalmente con carácter vitalicio y hereditario. ‖ Estado regido por un monarca. ‖ **FAM.** monarca, monárquicamente, monárquico.

monasterio m. Casa o convento donde viven en comunidad los monjes. ‖ **FAM.** monasterial, monásticamente, monástico.

monástico, ca adj. Del monacato o monasterio: *reglas monásticas.*

monda f. Acción y efecto de mondar. ‖ Piel que se quita a ciertas frutas, verduras, hortalizas o tubérculos para comerlos. Más en pl.: *mondas de patata.* ‖ Época para efectuar la poda de los árboles. ‖ **ser** algo o alguien **la monda** loc. Muy divertido. ‖ Increíble o indignante: *es la monda, le dejo el coche y me lo devuelve destrozado.*

mondadientes m. Palillo utilizado para limpiar los dientes y sacar lo que se mete entre ellos. ♦ No varía en pl.

mondar tr. Quitar la piel, cáscara, etc., a las frutas y legumbres. ‖ Limpiar. ‖ Quitar lo superfluo. ‖ Podar. ‖ Cortar el pelo. ‖ prnl. Reírse mucho: *nos mondamos cuando nos lo contó.* ‖ **FAM.** monda, mondadientes.

mondo, da adj. Limpio de cosas superfluas. ‖ Que carece de algo, especialmente de pelo o de dinero: *a final de mes estoy mondo.* ‖ **mondo y lirondo** loc adj. Limpio, sin añadidura alguna: *esta es la verdad monda y lironda.* ‖ **FAM.** mondar, morondo.

mondongo m. Intestino de los animales, especialmente el de las reses. ‖ Los del hombre. ‖ Embutidos realizados tras la matanza del cerdo. ‖ **FAM.** mondonguería, mondonguero, mondonguil.

moneda f. Pieza de metal acuñada, generalmente en figura de disco, y que, por su valor efectivo o por el que se le atribuye, sirve de medida común para el precio de las cosas y para facilitar los cambios. ‖ Unidad monetaria de un Estado. ‖ **FAM.** monedar, monedero, monetario, monetarismo, monetizar.

monedero m. Bolsa o saquito en cuyo interior se lleva dinero en metálico.

monema m. En ling., unidad mínima dotada de significado, según la terminología de A. Martinet. Son de dos tipos: *lexemas* y *morfemas*.

mónera adj. Se dice de los seres vivos constituidos por células procariotas, como las bacterias. También f. ‖ f. pl. Reino de estos seres vivos.

monería f. Monada.

monetario, ria adj. Relativo a la moneda y, por ext., al dinero público: *sistema monetario*.

mongólico, ca adj. Que padece mongolismo. También s. ‖ Perteneciente o relativo a esta enfermedad. ‖ **FAM.** mongol, mongolismo, mongoloide.

mongolismo m. Enfermedad congénita, que se caracteriza por alteraciones morfológicas en el rostro (labios gruesos, ojos oblicuos, nariz achatada) y un retraso en el desarrollo mental.

mongoloide adj. Se dice de las personas pertenecientes a la raza amarilla, que se caracterizan principalmente por el color amarillento de la piel, ojos oblicuos y pelo lacio y oscuro. También com.

monicaco, ca m. y f. Persona débil y de poco carácter. ‖ Niño pequeño. Se suele utilizar como apelativo cariñoso: *esta película no es para los monicacos como tú*.

monigote m. Muñeco o figura ridícula: *le colgaron un monigote de papel en la espalda*. ‖ Dibujo mal hecho: *la pared está llena de los monigotes del niño*. ‖ Persona sin carácter: *es el monigote del jefe*.

monis m. Moneda, dinero. Más en pl.

monitor, ra m. y f. Persona que guía el aprendizaje deportivo, cultural, etc. ‖ m. Cualquier dispositivo, normalmente electrónico, que facilita datos para poder vigilar el funcionamiento de un sistema o aparato. ‖ En inform., pantalla del ordenador. ‖ **FAM.** monitoría, monitorio.

monja f. Religiosa de alguna de las órdenes aprobadas por la Iglesia. ‖ **FAM.** monjil.

monje m. Miembro de una orden religiosa. ‖ Individuo que vive retirado, dedicado a la oración y la penitencia. ‖ **FAM.** monja.

mono, na adj. Bonito, gracioso: *llevas un vestido muy mono*. ‖ m. Nombre genérico con que se designa a cualquiera de los animales del orden de los primates. ‖ Figura humana o de animal, hecha de cualquier materia, o pin-

tada, o dibujada: *se puso a pintar monos en un papel*. ‖ Traje de pantalón y cuerpo en una sola pieza, de tela fuerte, que usan los motoristas, mecánicos, obreros, etc. ‖ Prenda de vestir parecida a este traje. ‖ Síndrome de abstinencia de la droga. Más con los verbos *tener* o *estar con*. ‖ **FAM.** mona, monada, monería.

mono- Elemento compositivo que significa 'único' o 'uno solo': *monocameralismo, monografía*.

monocarril adj. Que tiene un solo carril. ‖ m. Tren o sistema de transporte que se desliza sobre un solo carril.

monocolor adj. De un solo color. ‖ Se dice de un gobierno, sistema político, etc., en el que predomina un solo grupo político o ideológico.

monocorde adj. Se dice del grito, canto u otra sucesión de sonidos que repiten una misma nota. ‖ Monótono, insistente, sin variaciones: *en el trabajo llevamos un ritmo monocorde*.

monocotiledóneo, a adj. Se dice de las plantas cuyo embrión tiene un solo cotiledón. ‖ f. pl. Grupo taxonómico constituido por las plantas angiospermas cuyo embrión tiene un solo cotiledón, como la palmera y el azafrán.

monocromático, ca o **monocromo, ma** adj. De un solo color.

monóculo m. Lente para un solo ojo. ‖ **FAM.** monocular.

monocultivo m. Cultivo único o predominante en una región.

monofásico, ca adj. Se dice del circuito de corriente alterna que utiliza una de las tres fases y el neutro, por medio de dos conductores. ‖ Se dice también de esa corriente.

monogamia f. Régimen familiar que prohíbe la pluralidad de esposas. ‖ Estado del hombre o de la mujer que sólo se ha casado una vez. ‖ **FAM.** monogámico, monógamo.

monografía f. Estudio o investigación sobre un tema particular. ‖ **FAM.** monográfico.

monograma m. Dibujo o figura formado con dos o más letras tomadas del nombre de una persona, empresa, etc., que se emplea como distintivo en sellos, marcas, etc.

monoico, ca adj. Se dice de las plantas que tienen separadas las flores de cada sexo, pero en un mismo pie.

monolito m. Monumento de piedra de una sola pieza. ‖ **FAM.** monolítico.

monólogo m. Acción de hablar una persona consigo misma. ‖ Parte de una obra dramática o pieza dramática completa en la que habla un solo personaje. ‖ **FAM.** monologar.

monomanía f. Preocupación o afición desmedida por algo. ‖ FAM. monomaniaco, monomaniático.

monometalismo m. Sistema monetario que tiene como patrón un solo metal. ‖ FAM. monometalista.

monomio m. Expresión algebraica que consta de un solo término.

mononuclear adj. Se dice del leucocito formado por un solo núcleo. ‖ FAM. mononucleosis.

monopatín m. Patín formado por una tabla provista de ruedas en su parte inferior, utilizado en juegos y deportes.

monopétalo, la adj. De un solo pétalo. Se dice de las flores o de sus corolas.

monoplano m. Avión con un solo un par de alas que forman un mismo plano.

monoplaza adj. y m. Se dice del vehículo con capacidad para una sola persona.

monopolio m. Concesión otorgada por la autoridad competente a una empresa para que ésta aproveche con carácter exclusivo alguna industria o comercio. ‖ Convenio entre comerciantes para vender un género a un determinado precio. ‖ En ciertos casos, acaparamiento: *monopolio de votos*. ‖ Ejercicio exclusivo de una actividad: *monopolio del poder político, de la enseñanza*. ‖ FAM. monopolista, monopolístico, monopolizar.

monopolizar tr. Adquirir o atribuirse uno el exclusivo aprovechamiento de una industria, facultad o negocio. ‖ Acaparar el trato de una persona o el uso de una cosa: *monopolizó a Laura durante toda la fiesta*. ‖ FAM. monopolización, monopolizador.

monopterigio, gia adj. Se aplica a los peces que tienen una sola aleta.

monorraíl m. Ferrocaril con un solo raíl de rodadura.

monosabio m. Mozo que ayuda al picador en la plaza.

monosacárido, da adj. Se dice de los azúcares sencillos, como la glucosa.

monosílabo, ba adj. Se dice de la palabra de una sílaba, p. ej.: la preposición *a*, los artículos *el, la, los, las*, etc. También m. ‖ FAM. monosilábico, monosilabismo.

monoteísmo m. Doctrina religiosa que sostiene la existencia de un único Dios. ‖ FAM. monoteísta.

monotipia f. Máquina de componer que funde los caracteres uno a uno. ‖ FAM. monotipo.

monotonía f. Igualdad de tono en el que habla, en la música, etc. ‖ Falta de variedad en el estilo, en la manera de vivir, etc. ‖ FAM. monótonamente, monótono

monótono, na adj. Uniforme, que no cambia. ‖ Pesado, aburrido: *una película monótona*.

monseñor m. Título honorífico que se aplica a ciertos prelados eclesiásticos como obispos, cardenales, nuncios, etc. En Francia se aplica a algunos nobles.

monserga f. Lenguaje confuso o poco convincente: *no entiendo cómo la gente acude a oírle soltar sus monsergas*. ‖ Pesadez.

monstruo m. Ser contrario a la naturaleza por diferir de forma notable de los de su especie: *monstruo bicéfalo*. ‖ Persona, animal o cosa desmesurada en tamaño, fealdad, etc., y que por ello causa extrañeza y rechazo. ‖ Persona muy cruel o malvada. ‖ Personaje fantástico que aparece en el folklore, la literatura, el cine, etc., generalmente caracterizado de forma negativa por su maldad, fealdad, tamaño, etc.: *el monstruo de Frankenstein*. ‖ Persona que posee cualidades extraordinarias para algo: *Leonardo Da Vinci fue el gran monstruo del Renacimiento*. ‖ FAM. monstruosaménte, monstruosidad, monstruoso.

monta f. Acción y efecto de montar. ‖ Suma de varias partidas, monto. ‖ Valor, calidad o estimación de una cosa: *un politiquillo de poca monta*.

montacargas m. Ascensor para elevar peso. ♦ No varía en pl.

montado, da adj. Se aplica al que va a caballo. También s. ‖ Se dice del caballo dispuesto para poderlo montar. ‖ m. Bocadillo: *un montado de lomo*.

montador, ra m. y f. Persona especializada en el montaje de máquinas y aparatos.

montaje m. Acción y efecto de armar o montar las piezas de un aparato, máquina, instalación, etc. ‖ Selección y ordenación del material ya filmado para constituir la versión definitiva de una película. ‖ Superposición de fotografías y otros elementos con fines decorativos, publicitarios, etc. ‖ Farsa: *aquella campaña de prensa fue un puro montaje*.

montano, na adj. Perteneciente o relativo al monte. ‖ FAM. montanear, montanero.

montante m. Importe, suma. ‖ Listón o poste que sirve de soporte a una estructura.

montaña f. Gran elevación natural de terreno. ‖ Territorio cubierto y erizado de montes. ‖ **montaña rusa** Vía férrea estrecha y en declive, con altibajos y revueltas, para deslizarse por ella en carritos como diversión. ‖ FAM. montañero, montañés, montañismo, montañoso.

montañero, ra m. y f. Persona que practica el montañismo.

montañés, sa adj. y s. De la montaña: *un pueblo montañés*.

moqueta

montañismo m. Deporte que consiste en hacer excursiones por las montañas o en escalarlas.

montar intr. Ponerse encima de algo o subirse a algo: *montar en el tiovivo.* También prnl: *se montó en el coche.* ‖ Subir en una cabalgadura. También intr. y prnl: *montó rápidamente; se montó en la mula.* ‖ Cabalgar: *Juan monta bien.* También tr: *Pedro montaba un alazán.* ‖ Tener algo mucha importancia: *la puntualidad monta mucho en esta empresa.* ‖ Cubrir o fecundar el macho a la hembra. ‖ En las cuentas, importar una cantidad total las partidas diversas unidas y juntas: *la cuenta monta 12.000 pesetas.* ‖ Armar las piezas de cualquier cosa: *montar un reloj.* ‖ Instalar un negocio, empresa, etc.: *mis amigos han montado un bar.* ‖ Hacer el montaje de los planos de una película o de las escenas de una obra teatral u otro espectáculo. ‖ Batir la nata o la clara de huevo hasta que queden esponjosas. ‖ **montar en** loc. Referido a estados de ánimo, manifestarlos: *montar en cólera.* ‖ **montárselo** loc. Arreglárselas, desenvolverse, apañarse: *estas vacaciones nos lo hemos montado muy bien.* ‖ **FAM.** monta, montacargas, montadero, montado, montador, montadura, montaje, montante, montaplatos, monto, montura.

montaraz adj. Que anda o se ha criado en los montes. ‖ Agreste. ‖ Feroz.

monte m. Gran elevación natural de terreno. ‖ Tierra sin cultivar cubierta de árboles, arbustos o matas. ‖ En el juego de naipes, mazo de cartas que sobran al repartir. ‖ **monte de Venus.** Pubis de la mujer. ‖ Pequeña carnosidad que sobresale en la palma de la mano, situada debajo del dedo índice. ‖ **FAM.** montanero, montano, montaña, montar, montaraz, montazgo, montear, montepío, montera, montería, montés, montículo, montón, montonero, montubio, montuno.

montepío m. Depósito de dinero formado por los descuentos hechos a los individuos de un cuerpo para socorrer a sus viudas y huérfanos o para otras ayudas. ‖ Establecimiento fundado con este objeto. ‖ Pensión que se recibe de un montepío. ‖ **FAM.** montepiado.

montera f. Gorro de los toreros.

montería f. Caza mayor, como la de jabalíes, venados, ciervos, etc. ‖ Técnica de cazar, o conjunto de reglas y consejos que se dan para la caza. ‖ **FAM.** montero.

montés, sa adj. Que anda, está o se cría en el monte: *cabra montés.*

montículo m. Monte pequeño, por lo común aislado.

montilla m. Vino fino de alta calidad que se

cría y elabora en Montilla (Córdoba, España). ‖ **FAM.** amontillado.

monto m. Suma de varias partidas, monta.

montón m. Conjunto de cosas puestas sin orden unas encima de otras: *un montón de libros.* ‖ Cantidad grande pero imprecisa de algo: *tengo que decirte un montón de cosas.* ‖ **a montones** loc. adv. Con abundancia: *tiene dinero a montones.* ‖ **ser uno del montón** loc. Ser uno cualquiera, sin nada que lo haga destacarse del resto: *un chico del montón.* ‖ **FAM.** montonera.

montonero, ra m. *amer.* Guerrillero.

montubio, bia adj. *amer.* Campesino de la costa.

montura f. Animal sobre el que se puede cabalgar: *el camello es la montura apta para el desierto.* ‖ Conjunto de los arreos de una caballería de silla. ‖ Acción de montar las piezas de una máquina o aparato. ‖ Soporte en que se colocan los cristales de las gafas.

monumental adj. Relativo al monumento. ‖ Muy grande. ‖ Excelente. ‖ **FAM.** monumentalidad, monumentalismo.

monumento m. Obra pública de carácter conmemorativo: *el monumento al Soldado Desconocido.* ‖ Construcción destacada por su valor histórico o artístico: *ahora visitaremos los monumentos de la ciudad.* ‖ Por ext., cualquier producción humana de gran valor histórico, artístico o científico: *el «Quijote» es el monumento de las letras españolas.* ‖ Persona de gran belleza: *esta chica es un auténtico monumento.* ‖ Altar donde se expone la eucaristía del Jueves al Viernes Santo. ‖ **FAM.** monumental, monumentalizar.

monzón m. Viento que sopla en el SE de Asia. En invierno sopla de la tierra al mar y es seco y frío, mientras que en verano sopla desde el océano a la tierra, cálido y húmedo, y trae abundantes lluvias. ‖ **FAM.** monzónico.

moña f. Lazo con que suelen adornarse la cabeza las mujeres. ‖ Adorno que suele colocarse en lo alto de la divisa de los toros. ‖ Lazo grande de cintas negras que, sujeto a la coleta, se ponen los toreros en la parte posterior de la cabeza. ‖ Moño. ‖ Borrachera.

moño m. Rodete o atado que se hace con el pelo para tenerlo recogido o por adorno. ‖ Lazo de cintas. ‖ Penacho que llevan algunas aves. ‖ **estar** uno **hasta el moño** loc. Estar harto. ‖ **FAM.** moña.

moquear intr. Echar mocos. ‖ **FAM.** moqueo.

moqueta f. Tejido fuerte de lana u otro material, cuya trama es de cáñamo, y con el cual se hacen alfombras y tapices.

moquillo m. Enfermedad catarral de algunos animales.

mor de (por) loc. Por culpa de.

mora f. Fruto del moral, con figura ovalada, y que está formado por la agregación de globulillos carnosos, blandos, agridulces y de color morado. ‖ Fruto de la morera, muy parecido al anterior, pero de color blanco amarillento y enteramente dulce. ‖ Fruto de la zarzamora. ‖ **FAM.** moráceo, morado, moradura, moral, morera, mórula.

moráceo, a adj. Se dice de las plantas, generalmente leñosas, con frutos en aquenios o pequeñas drupas como el moral, la higuera y el árbol del pan. También f. ‖ f. pl. Familia de estas plantas.

morada f. Estancia o residencia en un lugar durante algún tiempo. ‖ **FAM.** morador, morar.

morado, da adj. y s. De color entre carmín y azul. ‖ **FAM.** moratón.

moral m. Árbol moráceo, de 5 a 6 m de altura, con tronco grueso, copa frondosa, hojas ásperas, flores unisexuales, y cuyo fruto es la mora. ‖ **FAM.** moraleda.

moral adj. Relativo a las costumbres o formas de comportamiento humanas: *una sentencia moral.* ‖ Subjetivo, interno, mental, por oposición a lo material o corporal: *prueba, certidumbre moral.* ‖ Que no concierne al orden jurídico, sino a la propia conciencia interna del individuo: *aunque el pago no era exigible, tenía obligación moral de hacerlo.* ‖ f. Parte de la filosofía que estudia la conducta humana y juzga su valor o conveniencia. ‖ Conjunto de principios sociales que rigen y determinan el comportamiento humano: *en todos sus anteriores empleos ha demostrado poseer una sólida moral.* ‖ Estado de ánimo con que se afronta algo: *¡venga, hombre, sube esa moral!* ‖ **FAM.** moraleja, moralidad, moralina, moralismo, moralista, moralizar, moralmente.

moraleja f. Enseñanza moral que se deduce de un cuento, anécdota, etc.

moralidad f. Cualidad de moral.

moralina f. Moralidad superficial o falsa: *otra película con moralina.*

moralizar tr. Reformar la conducta o las costumbres de las personas para adaptarlas a una determinada moral. También prnl. ‖ intr. Dar consejos morales. ‖ **FAM.** moralización, moralizador, moralizante.

morapio m. Vino corriente, especialmente el tinto.

morar intr. Residir, vivir. ‖ **FAM.** morada, morador.

moratoria f. Plazo que se otorga para pagar una deuda vencida.

mórbido, da adj. Que padece enfermedad o la ocasiona. ‖ Blando, delicado, suave: *una escultura de formas mórbidas.* ‖ **FAM.** morbidez, morbididad.

morbo m. Tendencia obsesiva hacia lo desagradable, lo cruel, lo prohibido. ‖ Enfermedad. ‖ **FAM.** mórbido, morbilidad, morboso.

morboso, sa adj. Que se siente atraído obsesivamente por lo desagradable, lo cruel, lo prohibido: *tiene una obsesión morbosa por la muerte.* ‖ Que padece enfermedad o la propicia. ‖ Perteneciente o relativo a la enfermedad. ‖ **FAM.** morbosidad.

morcilla f. Embutido hecho de sangre cocida, condimentada con cebolla y especias y a la que suelen añadírsele otros ingredientes como arroz, miga de pan, etc. ‖ Palabras de su invención que añade un actor a su papel en el momento de la representación. ‖ **que te, le, os** o **les, de** o **den morcilla** loc. Expresión de rechazo o desprecio. ‖ **FAM.** morcillero, morcillón.

morcillo m. Parte carnosa del brazo, desde el hombro hasta cerca del codo. ‖ Parte alta, carnosa, de las patas de los bovinos.

morcón m. Tripa gruesa de algunos animales que se utiliza para hacer embutidos.

mordaz adj. Que murmura o critica de forma ácida o cruel, pero ingeniosa. ‖ **FAM.** mordacidad, mordazmente.

mordaza f. Cualquier cosa que se pone en la boca de alguien para impedirle hablar. ‖ Aparato formado por dos piezas entre las que se coloca un objeto para su sujeción.

mordedura f. Acción de morder. ‖ Daño ocasionado con ella.

morder tr. Coger y apretar con los dientes una cosa clavándolos en ella. También prnl.: *me he mordido la lengua.* ‖ Mordisquear: *no muerdas el bolígrafo.* ‖ Desgastar algo poco a poco: *el mar ha mordido la base del acantilado.* ‖ Manifestar uno de algún modo su ira: *Juan está que muerde.* ♦ **Irreg.** Se conj. como *mover.* ‖ **FAM.** mordaz, mordaza, mordedor, mordedura, mordentado, mordente, mordido, mordiente, mordimiento, mordiscar, mordisco, mordisquear, muerdo.

mordido, da adj. Escaso, desfalcado. ‖ f. Mordedura, mordisco. ‖ *amer.* Provecho o dinero obtenido de un particular por un funcionario o empleado, con abuso de las atribuciones de su cargo.

mordiente adj. Agresivo: *una frase mordiente.* ‖ m. Sustancia que sirve para fijar los colores u otros usos.

mordisco m. Acción y efecto de morder: *dar*

un mordisco a una manzana. ‖ Herida hecha con los dientes. ‖ Pedazo que se saca de una cosa mordiéndola. ‖ **FAM.** mordisqueo.

mordisquear tr. Morder algo levemente, con poca fuerza pero de forma repetida. ‖ **FAM.** mordisqueo.

morena f. Pez teleósteo marino, parecido a la anguila, de un metro aproximadamente de longitud, de cuerpo casi cilíndrico, viscoso y sin escamas, sin aletas pectorales y con la dorsal y la anal unidas con la cola; su carne es comestible.

moreno, na adj. Se dice del color oscuro que tira a negro: *cabello moreno.* ‖ Se dice de la persona de piel, tez o pelo de color oscuro o negro. También s. ‖ Color tostado que adquiere la piel por efecto del sol: *ha vuelto muy moreno de las vacaciones.* También m: *tiene un moreno muy bonito.* ‖ Se dice de la persona de raza negra. También s. ‖ **FAM.** morenez.

morera f. Árbol moráceo cuya hoja sirve de alimento al gusano de seda, de frutos pedunculados llamados moras. ‖ **FAM.** moreral.

morería f. Barrio de algunas villas españolas que fue habitado por mudéjares y luego por moriscos. ‖ Territorio o país habitado por moros.

moretón m. Cardenal en la piel.

morfema m. En ling., unidad lingüística mínima cuyo significado modifica o completa el significado de los lexemas. ‖ **FAM.** morfemático.

morfina f. Principal alcaloide del opio, que actúa como narcótico sobre el sistema nervioso central y se utiliza en medicina como sedante y anestésico. ‖ **FAM.** morfinismo, morfinomanía, morfinómano.

morfo- o **-morfo** Elemento compositivo que antepuesto o pospuesto a otro expresa la idea de 'forma': *morfología, antropomorfo.*

morfología f. Parte de la biología, que estudia la forma de los seres orgánicos y de las modificaciones o transformaciones que experimenta. ‖ Parte de la lingüística que estudia la flexión, derivación y composición de las palabras. ‖ **FAM.** morfema, morfológico, morfosintaxis.

morfosintaxis f. Estudio de la forma y función de los elementos lingüísticos dentro de la oración. ♦ No varía en pl.

morganático, ca adj. Se dice del matrimonio contraído entre un rey, reina, príncipe, etc., y una persona que no tenga linaje real. ‖ Se dice del que contrae este matrimonio.

morgue (voz fr.) f. En medicina legal, depósito de cadáveres.

moribundo, da adj. Que está extinguién-

dose o muy cercano a morir: *un fuego moribundo.* Aplicado a personas, también s: *el último deseo de un moribundo.*

morigerar tr. Templar o moderar los deseos, afectos y acciones. También prnl. ‖ **FAM.** morigeración.

moriles m. Vino de fina calidad, que se elabora en la provincia de Córdoba. ♦ No varía en pl.

morillo m. Caballete de hierro que se pone en el hogar o en la chimenea para sustentar la leña.

morir intr. Dejar de vivir. También prnl. ‖ Finalizar o extinguirse algo completamente: *su recuerdo no morirá.* También prnl. ‖ Sentir algo con mucha fuerza: *morir de frío, de risa.* ‖ Cesar algo en su curso o movimiento: *el río moría en el mar.* ‖ **morir,** o **morirse,** uno por una persona o cosa loc. Amarla muy fuertemente o apreciarla mucho: *me muero por un poco de aire; me muero por ti.* ♦ **Irreg.** Se conj. como *dormir.* ‖ **FAM.** moribundo.

morisco, ca adj. Se dice de los musulmanes que se quedaron en España una vez finalizada la Reconquista. También s. ‖ Perteneciente o relativo a ellos.

morisma f. Conjunto de los moros o musulmanes.

mormón, na m. y f. Persona que profesa el mormonismo. ‖ **FAM.** mormónico, mormonismo.

mormonismo m. Movimiento religioso fundado en los E.E. U.U., llamado también Iglesia de Jesucristo de los Santos de los Últimos Días; se basa en la Biblia y el Libro de Mormón.

moro, ra adj. Del norte de África. También s. ‖ Se dice de la población musulmana que habitaba en Al-Andalus. ‖ Por ext., que profesa la religión musulmana. También m. ‖ Se dice de la caballería de color negro con una mancha blanca en la frente y en una o varias extremidades. ‖ **haber moros en la costa** loc. Estar presente alguien que no se conoce o en quien no se confía: *no pude contártelo porque había moros en la costa.* ‖ **FAM.** moreno, morería, morillo, morisco, morisma, morocho, moruno.

morocho, cha adj. *amer.* Tratándose de personas, fuerte, robusto. ‖ *amer.* Se dice de la persona morena.

morosidad f. Lentitud, demora.

moroso, sa adj. Se aplica a la persona que se retrasa en el pago de una deuda. También s.: *cobro de morosos.* ‖ Que se desarrolla, transcurre o actúa con gran lentitud: *un arroyo moroso.* ‖ **FAM.** morosidad, morosamente.

morral m. Saco o mochila que usan los cazadores, soldados, pastores, etc., para echar la caza, llevar provisiones o transportar alguna ropa. ‖ Bolsa que contiene el pienso y se cuelga de la cabeza de las caballerías para que coman. ‖ FAM. morralada.

morralla f. Conjunto de cosas sin valor. ‖ Pescado menudo.

morrear intr. Besarse en la boca insistentemente. También prnl. y tr. ‖ FAM. morreo.

morrena f. Acumulación de piedras, barro, etc., en las cuencas de los glaciares.

morrillo m. Porción carnosa del cuello de las reses.

morriña f. Tristeza, melancolía, especialmente la nostalgia de la tierra natal. ‖ FAM. morriñoso.

morro m. Hocico de los animales. ‖ Extremidad redonda de una cosa. ‖ Labio abultado. ‖ Parte delantera del coche, avión, etc. ‖ Saliente que forman los labios, especialmente los que son abultados o gruesos. ‖ Tener cara dura, ser aprovechado: *¡vaya morro que tiene, aprovecha que no estás para usar tu teléfono!* ‖ FAM. morral, morralla, morrear, morrillo, morrión, morrón, morrudo.

morrocotudo, da adj. De mucha importancia o dificultad: *es un ejercicio morrocotudo.* ‖ Muy grande, enorme: *un susto morrocotudo.* ‖ FAM. morrocota.

morrón adj. Se dice de una variedad de pimiento, de color rojo y muy grueso.

morsa f. Mamífero carnívoro parecido a la foca, que, como ella, vive por lo común en el mar, y de la cual se distingue por su gran tamaño (hasta 5 m de longitud) y por dos colmillos que se prolongan fuera de la mandíbula en el macho.

morse m. Sistema telegráfico que utiliza un alfabeto convencional a base de puntos y rayas. ‖ Este alfabeto.

mortadela f. Embutido grueso de carne picada de cerdo o vaca.

mortaja f. Vestidura con que se envuelve el cadáver para enterrarlo.

mortal adj. Que ha de morir. ‖ Que ocasiona o puede ocasionar la muerte: *veneno mortal, pecado mortal.* ‖ Se dice también de aquellas pasiones que mueven a desear la muerte a alguien: *odio mortal.* ‖ Fatigoso, abrumador: *una película mortal, un aburrimiento mortal.* ‖ com. Ser humano. ‖ FAM. mortalidad, mortalmente, mortandad.

mortalidad f. Calidad de mortal. ‖ Número proporcional de defunciones en población o tiempo determinados.

mortandad f. Multitud de muertes causadas por epidemia, cataclismo, guerra, etc.

mortecino, na adj. Apagado, sin vigor: *una luz mortecina.*

mortero m. Utensilio de forma cóncava que sirve para machacar en él especias, semillas, drogas, etc. ‖ Pieza de artillería más corta que un cañón del mismo calibre y destinada a lanzar proyectiles explosivos. ‖ En albañilería, conglomerado o masa constituida por arena, conglomerante y agua; puede contener además algún aditivo. ‖ FAM. morteada, morterazo, morterete, morteruelo.

mortífero, ra adj. Que ocasiona o puede ocasionar la muerte.

mortificar tr. Castigar físicamente el cuerpo como penitencia o castigo. También prnl. ‖ Experimentar angustia, dolor o molestia por algo: *le mortificaba mucho que te hubieras molestado con él.* ‖ FAM. mortificación, mortificador, mortificante.

mortuorio, ria adj. Relativo al difunto o a los funerales.

morueco m. Carnero padre.

mórula f. Óvulo fecundado que, durante el periodo de segmentación, tiene el aspecto de una mora.

mosaico m. Técnica artística de decoración que se forma yuxtaponiendo, sobre un fondo de cemento, pequeñas piezas de piedra, vidrio, cerámica, etc., de diversos colores para formar dibujos. ‖ Obra obtenida mediante esta técnica.

mosaico m. Relativo a Moisés.

mosca f. Nombre que reciben varias especies de insectos dípteros, de cuerpo negro, cabeza elíptica, más ancha que larga, ojos salientes, alas transparentes cruzadas de nervios, patas largas con uñas y ventosas, y boca en forma de trompa, con la cual chupan las sustancias de que se alimentan. ‖ Pelo que nace al hombre entre el labio inferior y el comienzo de la barbilla. ‖ Moneda corriente. ‖ Persona molesta, impertinente y pesada. ‖ Desazón, inquietud. También adj.: *estoy un poco mosca.* ‖ FAM. moscarda, moscardón, mosco, moscón, mosquear, mosquete, mosquito.

moscardón m. Especie de mosca de 12 a 13 milímetros de largo, de color pardo oscuro, y muy vellosa. ‖ Persona impertinente o pesada.

moscatel adj. Variedad de uva muy dulce. También f. ‖ Vino de esta uva. También m.

moscón m. Mosca grande y zumbadora. ‖ Persona impertinente. ‖ FAM. mosconear.

mosconear tr. Importunar, molestar: *estuvo toda la tarde mosconeando a nuestro alrededor.*

mosqueado, da adj. Receloso. ‖ Enfadado.

mosquear tr. Hacer concebir sospechas: *se*

mosqueó al ver que el teléfono comunicaba sin parar. También prnl. ‖ prnl. Molestarse fácilmente y sin motivo: *te mosqueas por nada.* ‖ **FAM.** mosqueado, mosqueo.

mosquete m. Antigua arma de fuego parecida al fusil. ‖ **FAM.** mosquetazo, mosquetero, mosquetón.

mosquetero m. Soldado armado de mosquete.

mosquetón m. Carabina corta.

mosquitero m. Especie de cortina de gasa o tela fina que se coloca colgada sobre la cama y cubriéndola para impedir que piquen o molesten los mosquitos. ‖ Tela metálica o de otro material, muy tupida, que se pone en puertas y ventanas para impedir que entren insectos.

mosquito m. Insecto díptero, de 3 a 4 mm de longitud, con dos alas transparentes y patas largas, y cuya hembra chupa la sangre de las personas y de los animales de piel fina. ‖ **FAM.** mosquitera, mosquitero.

mostacho m. Bigote.

mostaza f. Planta herbácea de la familia de las crucíferas, de 1 m de altura, cuyas hojas y semillas se emplean frecuentemente en alimentación y en medicina. ‖ Semilla de esta planta. ‖ Salsa que se hace de esta semilla. ‖ **FAM.** mostacera, mostacero, mostazal.

mosto m. Zumo exprimido de uva y frutas sin fermentar. ‖ **FAM.** mostaza.

mostrador m. Mesa larga o mueble para presentar la mercancía en las tiendas y para servir las consumiciones en los bares, cafeterías, etc.

mostrar tr. Exponer a la vista algo; señalarlo para que se vea: *el vendedor mostraba su género.* ‖ Explicar, dar a conocer: *muéstrame en qué me he equivocado.* ‖ Indicar: *nos mostró el camino.* ‖ prnl. Darse a conocer de alguna manera: *hoy se muestra muy contento.* ♦ **Irreg.** Se conj. como *contar.* ‖ **FAM.** mostrable, mostrador, muestra.

mostrenco, ca adj. Se dice de los bienes sin dueño o propietario conocido. ‖ Ignorante, torpe. ‖ Gordo, pesado.

mota f. Partícula que se pega a la ropa o a otras partes: *no quiero ni una mota de polvo.* ‖ Defecto muy ligero o de poca importancia. ‖ Elevación de poca altura, natural o artificial, que se levanta en un llano. ‖ **FAM.** moteado, motear.

mote m. Sobrenombre que se da a una persona por alguna característica peculiar suya: *le han puesto de mote «El Chino» por sus ojos.* ‖ Sobrenombre o frase representativa que adoptaban antiguamente los caballeros en las justas y torneos: *Don Quijote adoptó como mote "El Caballero de la Triste Figura".* ‖ **FAM.** motejar, motejo, motete.

motel m. Hotel de carretera.

motete m. Breve composición musical para cantar en las iglesias.

motilón, na adj. Que tiene muy poco pelo. También s.

motín m. Levantamiento contra la autoridad constituida.

motivar tr. Dar razón o motivo para una cosa: *tu respuesta motivó su ira.* ‖ Animar a alguien para que se interese por una cosa. También prnl.: *tu ejemplo le ha motivado mucho.* ‖ **FAM.** motivación, motivador.

motivo m. Causa o razón de algo: *¿cuál es el motivo de su despido?* ‖ Tema musical que se repite a lo largo de una pieza. ‖ Elemento decorativo que se repite: *la alfombra tenía unos motivos florales.* ‖ **FAM.** motivar.

moto f. Abrev. de motocicleta.

moto- Elemento compositivo que se antepone a una palabra para indicar que lo designado por ella se mueve por medio de un motor: *motonave, motocarro.*

motocarro f. Vehículo de transporte de tres ruedas, con motor.

motocicleta f. Vehículo de dos ruedas provisto de motor, que parece haber sido ideado por el mecánico alemán Gottlieb Daimler en 1884. ‖ **FAM.** moto, motociclismo.

motociclismo m. Deporte practicado con motocicleta. También se le llama *motorismo.* ‖ **FAM.** motociclista.

motocross m. Competición deportiva de motos a través del campo.

motocultor m. Aparato con motor que se emplea en trabajos agrícolas simples.

motonáutica f. Deporte de navegación en que se utilizan embarcaciones de motor. ‖ **FAM.** motonáutico.

motor, ra adj. Que produce movimiento. También m. ‖ m. Máquina destinada a producir movimiento a expensas de otra fuente de energía: *el motor de un coche.* ‖ f. Embarcación menor provista de motor. ‖ **FAM.** motilidad, motivo, motorismo, motorizar, motriz.

motorismo m. Motociclismo. ‖ **FAM.** motorista.

motorista com. Persona que conduce una motocicleta o que practica el motorismo. ‖ Guardia civil o policía de tráfico motorizado.

motorizar tr. Dotar de motor. También prnl. ‖ prnl. Adquirir una persona un vehículo de motor: *¡a ver cuándo te motorizas!* ‖ **FAM.** motorización, motorizado.

motricidad f. Acción del sistema nervioso central, que determina la contracción muscular.

motriz adj. f. Que mueve o genera movimiento: *causa motriz; fuerza motriz*. ‖ **FAM**. motricidad.

movedizo, za adj. Fácil de moverse o ser movido: *panel movedizo*. ‖ Inseguro, que no está firme: *arenas movedizas*. ‖ Inconstante, que cambia fácilmente de ideas o intenciones.

mover tr. Hacer que un cuerpo ocupe lugar distinto del que ocupa. También prnl.: *en este juego no vale moverse*. ‖ Por ext., menear o agitar una cosa o parte de algún cuerpo: *mover la cabeza*. También prnl.: *la bandera se movía con el viento*. ‖ Persuadir: *tus argumentos le movieron a aceptarlo*. ‖ Seguido de la prep. *a*, causar u ocasionar: *mover a piedad*. ‖ Alterar, conmover: *no le movieron tus súplicas*. ‖ Producir: *mover la discordia*. ‖ Hacer que algo sea más eficaz o vaya más deprisa: *mover un asunto*. ‖ prnl. Echar a andar, irse: *¿nos movemos o nos quedamos un poco más?* ‖ **FAM**. movedizo, movible, movido, móvil, movimiento. ♦ **Irreg**. Conjugación modelo:

Indicativo
Pres.: *muevo, mueves, mueve, movemos, movéis, mueven.*
Imperf.: *movía, movías, etc.*
Pret. indef.: *moví, moviste, etc.*
Fut. imperf.: *moveré, moverás, etc.*

Potencial: *movería, moverías, etc.*

Subjuntivo
Pres.: *mueva, muevas, mueva, movamos, mováis, muevan.*
Imperf.: *moviera, movieras, etc.*, o *moviese, movieses, etc.*
Fut. imperf.: *moviere, movieres, etc.*

Imperativo: *mueve, moved.*

Participio: *movido.*

Gerundio: *moviendo.*

---

movible adj. Que puede moverse o ser movido.

movido, da adj. Agitado, inquieto. ‖ Activo. ‖ Se dice de la fotografía borrosa. ‖ f. Agitación: *cuando llegó la policía se produjo una movida*. ‖ Movimiento de masas: *¡qué movida hubo en el concierto!*

móvil adj. Que puede moverse o ser movido, movible: *estante móvil*. ‖ m. Motivo, causa: *el móvil de un crimen*. ‖ Objeto decorativo compuesto por diversas figuras ligeras que cuelgan de un soporte y se mueven con el viento o mediante un mecanismo: *en aquella tienda tenían un móvil muy bonito*. ‖ **FAM**. movilidad, movilizar.

movilizar tr. Poner en actividad o movimiento. También prnl.: *será mejor que nos movilicemos si no queremos llegar tarde*. ‖ Poner en pie de guerra tropas u otros elementos militares. ‖ **FAM**. movilización.

movimiento m. Acción de mover o moverse: *movimiento de tropas*. ‖ Estado de los cuerpos mientras cambian de lugar o de posición. ‖ Tráfico, circulación, animación: *había mucho movimiento en la plaza*. ‖ Alteración, inquietud. ‖ En los cómputos mercantiles y en algunas estadísticas, alteración numérica en el estado o cuenta durante un tiempo determinado: *el movimiento de una cuenta corriente*. ‖ Conjunto de alteraciones o novedades ocurridas durante un período de tiempo en algunos campos de la actividad humana: *movimiento bursátil*. ‖ Sublevación, rebelión. ‖ Desarrollo y propagación de una tendencia artística, cultural, política, social, etc.: *el movimiento simbolista*.

moviola f. Aparato que permite proyectar una filmación o vídeo a diferente velocidad, secuencia a secuencia o hacia atrás, para efectuar las operaciones de montaje o con otros fines.

mozalbete m. Muchacho.

mozárabe adj. Se dice de los cristianos que conservaron su religión en los territorios que estaban bajo la dominación musulmana en la península Ibérica. También com. ‖ Perteneciente o relativo a estos cristianos, y a la lengua hablada por ellos.

mozo, za adj. Joven. También s. ‖ Soltero. ‖ m. Joven alistado al servicio militar. ‖ m. y f. Persona que desempeña trabajos modestos que no requieren conocimientos especiales: *mozo de cocina, de estación*. ‖ **ser alguien buen mozo** o **moza** loc. Tener buena presencia. ‖ **FAM**. mocear, mocedad, moceril, mocerío, mocetón, mocito, mozalbete, mozarrón, mozuelo.

mucamo, ma m. y f. *amer.* Sirviente, criado.

muceta f. Esclavina abotonada por delante que usan los doctores, magistrados, clérigos, etc.

muchacho, cha m. y f. Joven. ‖ Persona que sirve como criado. ‖ **FAM**. muchachada, muchachear, muchachería, muchachez, muchachil.

muchedumbre f. Multitud, abundancia de personas o cosas.

mucho, cha adj. Abundante, numeroso: *tiene muchos amigos*. ‖ adv. c. En alto grado: *me ha gustado mucho la novela*. ‖ Con otros adv., denota comparación: *mucho antes; mucho menos*. ‖ Más de lo habitual o normal: *hoy* *he tenido que madrugar mucho.* ‖ Con ciertos tiempos del verbo *ser* seguidos de la conj. *que* denota extrañeza: *mucho será que no llueva esta tarde.* ‖ Con verbos expresivos de tiempo, denota larga duración: *aún tardará mucho en llegar.* ‖ **como mucho** loc. adv. A lo sumo, todo lo más: *como mucho costará 1.000 pts.* ‖ **ni mucho menos** loc. adv. Expresión con la que se niega algo que afirma o da por supuesto otra persona: *no pienso callarme, ni mucho menos.* ‖ **FAM.** muchedumbre.

mucílago o **mucilago** m. Sustancia viscosa que se halla en ciertas partes de algunas plantas. ‖ **FAM.** mucilaginoso.

mucosidad f. Secreción mucosa.

mucoso, sa adj. Semejante al moco. ‖ Que tiene mucosidad o la produce. ‖ f. Membrana que reviste cavidades y conductos de los organismos animales que tienen comunicación con el exterior. También adj. ‖ **FAM.** mucosidad.

muda f. Acción de mudar. ‖ Conjunto de ropa que se muda de una vez. ‖ Tiempo o acto de mudar la pluma o la piel ciertos animales.

mudanza f. Acción y efecto de mudar o cambiar. ‖ Cambio de casa o habitación. ‖ Cierto número de movimientos de baile. ‖ Inconstancia en afectos y decisiones.

mudar tr. Adoptar o adquirir otra naturaleza, estado, figura, lugar, etc.: *mudar de aspecto.* ‖ Dejar una cosa y tomar otra: *mudar de ambiente.* ‖ Cambiar de sitio o empleo. ‖ Efectuar las aves la muda de la pluma. ‖ Cambiar periódicamente de epidermis algunos animales: *mudar las culebras.* ‖ Cambiar, variar: *mudar de parecer.* ‖ prnl. Cambiar de ropa, refiriéndose sobre todo a la ropa interior. ‖ Dejar la casa que se habita y pasar a vivir a otra. ‖ **FAM.** muda, mudable, mudada, mudadizo, mudamiento, mudanza.

mudéjar adj. Se dice de la población musulmana de la península Ibérica que, tras la reconquista de un lugar, quedaba viviendo en territorio cristiano. También com. ‖ Relativo a los mudéjares. ‖ Se dice del estilo arquitectónico, con influencias árabes, que se desarrolló en España durante los s. XIV, XV y XVI.

mudo, da adj. Privado físicamente de la facultad de hablar. También s. ‖ Muy silencioso y callado. ‖ **FAM.** mudez.

mueble adj. Se dice de aquellos bienes que se pueden trasladar. También m. ‖ m. Cada uno de los enseres u objetos que sirven para adornar las casas o para hacerlas más confortables. ‖ **FAM.** mueblería, mueblista.

mueca f. Contorsión del rostro, para expresar alguna emoción o para hacer burla.

muela f. Piedra de molino. ‖ Piedra de afilar

herramientas. ‖ Cada uno de los dientes posteriores a los caninos, que sirven para moler y triturar los alimentos. ‖ Cerro escarpado en lo alto y con cima plana. ‖ **muela del juicio** Cada una de las que en edad adulta nacen en las extremidades de las mandíbulas del ser humano. ‖ **FAM.** molar.

muelle adj. Suave, blando: *una cama muelle.* ‖ Voluptuoso: *un gesto muelle.* ‖ m. Pieza elástica, ordinariamente de metal, colocada de modo que pueda utilizarse la fuerza que hace para recobrar su posición natural cuando ha sido separado de ella. ‖ **FAM.** muellemente, mullir.

muelle m. Obra construida en la orilla del mar, de un lago o río navegable para facilitar el embarque y desembarque y, a veces, para abrigo de las embarcaciones. ‖ Andén alto que en las estaciones de ferrocarril se destina a la carga y descarga de mercancías.

muérdago m. Arbusto parasitario, de hojas lanceoladas, flores amarillas, y frutos en forma de bayas blancas; vive sobre los troncos y ramas de los árboles.

muermo m. Enfermedad contagiosa de las caballerías, caracterizada por alteración y flujo de la mucosa nasal, transmisible a los seres humanos. ‖ Persona, situación o cosa que produce aburrimiento, hastío o decaimiento: *la película fue un muermo.* ‖ Estado de abatimiento o somnolencia producido por el aburrimiento, la fatiga o motivado por la ingestión de alcohol o drogas: *como no nos movamos me va a entrar el muermo.* ‖ **FAM.** muermoso, amuermar.

muerte f. Extinción de la vida: *la muerte le sorprendió en lo mejor de su carrera artística.* ‖ Acto de matar: *le dieron muerte.* ‖ Pena capital. ‖ Esqueleto humano que simboliza la muerte. ‖ Destrucción, aniquilación: *la muerte del imperio romano.* ‖ **muerte natural** La que se produce por enfermedad o vejez. ‖ **a muerte** loc. adv. Hasta morir uno de los contendientes que se enfrentan: *duelo a muerte.* ‖ Sin cesar, sin tregua: *le perseguía a muerte.* ‖ Con mucha intensidad: *le odia a muerte.* ‖ **FAM.** mortal, mortandad, mortecino, mortífero, mortificar, mortuorio, muerto.

muerto, ta adj. Sin vida. También s. ‖ Apagado, desvaído: *colores muertos.* ‖ Inactivo: *bienes muertos.* ‖ Falto de animación: *este bar está muerto, vamos a otro sitio.* ‖ Muy cansado, agotado: *el partido de tenis me ha dejado muerto.* ‖ m. Trabajo o asunto desagradable: *te ha caído el muerto de decírselo.* ‖ **cargarle** o **echarle el muerto** a alguien loc. Atribuirle una culpa: *creo que no ha sido él, sino que le han cargado el muerto.* ‖ **estar** uno **muerto de** algo loc. Experimentarlo de una forma muy intensa: *estar muerto de aburrimiento, de hambre, de risa.* ‖ **no tener donde caerse muerto** loc. Ser extremadamente pobre. ‖ **FAM.** mortaja.

muesca f. Hueco que se hace en una cosa para encajar otra.

muestra f. Parte o porción extraída de un conjunto, por métodos que permiten considerarla como representativa del mismo: *una muestra estadística, una muestra de sangre.* ‖ Pequeña cantidad de un producto que se regala gratuitamente para promocionarlo: *una muestra de detergente.* ‖ Demostración, señal: *este regalo es una muestra de mi aprecio.* ‖ Ejemplar o modelo que se ha de copiar o imitar: *una muestra de ganchillo.* ‖ Exposición o feria: *una muestra de material de oficina.* ‖ En la caza, parada que hace el perro para indicar la situación de la presa antes de levantarla. ‖ **FAM.** muestrario, muestreo.

muestrario m. Colección de muestras.

muestreo m. Selección de las muestras más representativas de un conjunto. ‖ Técnica empleada para esta selección. ‖ En estadística, estudio de un número parcial de datos de un colectivo para deducir las características de la totalidad.

mugido m. Voz del ganado vacuno.

mugir intr. Emitir su voz característica la res vacuna. ‖ Producir gran ruido el viento o el mar. ‖ Manifestar uno su ira con gritos. ‖ **FAM.** mugido, mugidor.

mugre f. Suciedad, especialmente la de carácter grasiento. ‖ **FAM.** mugrería, mugriento, mugroso.

mugriento adj. Lleno de mugre: *este sofá está mugriento.*

mujer f. Persona del sexo femenino. ‖ La que ha llegado a la edad de la pubertad. ‖ La casada, con relación al marido. ‖ **mujer de la vida, de mala vida, de mal vivir, de vida airada, de vida alegre** Prostituta. ‖ **mujer pública** Prostituta. ‖ **FAM.** mujercilla, mujeriego, mujeril, mujerío, mujerona, mujerzuela.

mujeriego, ga adj. Relativo a la mujer. ‖ Se dice del hombre muy aficionado a las mujeres. También m.

mújol m. Pez teleósteo, de unos 60 cm de longitud; tiene la cabeza aplastada, labios gruesos y el cuerpo azul oscuro en el dorso y plateado en los costados; es muy apreciado por su carne y por sus huevas.

mula f. Hembra del mulo. ‖ Persona muy bruta. ‖ **FAM.** mulillas.

muladar m. Sitio donde se echa el estiércol o basura.

muladí adj. Se dice del cristiano español que, durante la dominación musulmana en España, se convertía al islamismo. También com.
♦ pl. *muladíes.*

mular adj. Perteneciente o relativo al mulo o la mula.

mulato, ta adj. Hijo de negra y blanco, o viceversa. También s. ‖ Moreno.

muleta f. Especie de bastón que sirve de apoyo para el que tiene dificultad al andar. ‖ En taurom., bastón o palo que lleva pendiente a lo largo un paño o capa, de que se sirve el torero para torear al toro. ‖ **FAM.** muletilla.

muletilla f. Antigua muleta de los toreros, de menor tamaño que la actual. ‖ Botón largo de pasamanería para sujetar la ropa. ‖ Palabra o frase innecesaria que se repite mucho en la conversación, por costumbre o como apoyo al hablar, p. ej.: *bueno, vale.*

muletón m. Tela suave y afelpada de algodón o lana.

mullido, da adj. Blando, esponjoso. ‖ m. Material ligero utilizado para rellenar colchones, asientos, etc.

mullir tr. Ahuecar y esponjar una cosa: *mullir la almohada.* ‖ Cavar la tierra alrededor de las cepas para ahuecarla. ‖ **FAM.** mullido. ♦ **Irreg.** Conjugación modelo:

Indicativo
Pres.: *mullo, mulles,* etc.
Imperf.: *mullía, mullías,* etc.
Pret. indef.: *mullí, mulliste, mulló, mullimos, mullisteis, mulleron.*
Fut. imperf.: *mulliré, mullirás,* etc.

Potencial: *mulliría, mullirías,* etc.

Subjuntivo
Pres.: *mulla, mullas,* etc.
Imperf.: *mullera, mulleras, mullera, mulléramos, mullerais, mulleran* o *mullese, mulleses, mullese, mullésemos, mulleseis, mullesen.*
Fut. imperf.: *mullere, mulleres, mullere, mulléremos, mullereis, mulleren.*

Imperativo: *mulle, mullid.*

Participio: *mullido.*

Gerundio: *mullendo.*

mulo m. Animal resultante del cruce del caballo y el asno, de mayor tamaño que éste, utilizado generalmente como bestia de carga por su gran fuerza y resistencia. ‖ **FAM.** mula, mulada, muladar, mular, mulatero, mulero, muletada, muletero, muleto, mulillas, mulillero.

multa f. Sanción económica. ‖ **FAM.** multar.

multar tr. Imponer una multa.

multi- Prefijo que expresa la idea de multiplicidad: *multicolor.*

multicolor adj. De muchos colores.

multicopista f. Máquina que por diversos procedimientos reproduce en numerosas copias sobre láminas de papel, textos impresos, mecanografiados o manuscritos.

multilateral adj. Relativo a varios lados, partes o aspectos.

multimillonario, ria adj. Se dice de la persona cuya fortuna asciende a muchos millones. También s.

multinacional adj. Relativo a varias naciones: *sociedad multinacional.* | Se dice de la sociedad o empresa que desarrolla su actividad en varios países. También f.

múltiple adj. Complejo, variado, de muchas maneras: *un espectáculo múltiple.* | FAM. multiplicar, multiplicidad, múltiplo.

multiplicando adj. En mat., se dice del factor que debe sumarse tantas veces como indica el multiplicador para obtener el producto de la multiplicación.

multiplicador, ra adj. Que multiplica. También s. | En mat., se dice del factor que indica las veces que el otro, o multiplicando, se debe sumar para obtener el producto de la multiplicación. Más como m.

multiplicar tr. Aumentar considerablemente una cantidad o un número: *el mal tiempo multiplica los accidentes automovilísticos.* También intr. y prnl.: *multiplicarse las ventas.* | En mat., hallar el producto de dos factores sumando uno de ellos, que se llama multiplicando, tantas veces como indica el otro número, llamado multiplicador. | prnl. Reproducirse los seres vivos. | Esforzarse alguien por realizar o atender varios asuntos a la vez: *tiene que multiplicarse para atender las clases, el trabajo y la casa.* | FAM. multiplicable, multiplicación, multiplicador, multiplicando, multiplicativo.

multiplicidad f. Calidad de múltiple. | Abundancia excesiva: *la nueva medida ocasionará una multiplicidad de problemas.*

múltiplo, pla adj. En mat., se dice del número que contiene a otro varias veces exactamente. También m.

multitud f. Número grande de personas o cosas: *tengo sobre la mesa una multitud de papeles que ordenar.* | Muchedumbre de personas. | FAM. multitudinario.

mundano, na adj. Relativo al mundo. | Se dice de lo material y terrenal, por oposición a lo espiritual: *placeres mundanos.* | Se dice de la persona aficionada a los placeres y al lujo, y en especial la que frecuenta ciertos ambientes socialmente elevados. | FAM. mundanal, mundanear, mundanería, mundanamente.

mundial adj. Relativo a todo el mundo.

mundillo m. Conjunto limitado de personas que tienen una misma posición social, profesión o aficiones y que forman un grupo definido y más o menos cerrado: *el mundillo del teatro.* | Almohadilla para hacer encaje.

mundo m. Conjunto de todas las cosas creadas. | El planeta Tierra: *el mundo es redondo.* | El género humano: *el mundo le dio la razón.* | La sociedad humana: *burlarse del mundo.* | Parte de la sociedad humana caracterizada por alguna cualidad o circunstancia común: *el mundo del deporte.* | La vida secular, en contraposición a la monástica: *dejar del mundo.* | Experiencia de la vida y del trato social: *tener mucho mundo.* | **el mundo antiguo** o **Viejo Mundo** El conocido antes del descubrimiento de América, es decir, África, Asia y Europa. | Sociedad humana durante la Edad Antigua: *el politeísmo del mundo antiguo.* | **el Nuevo Mundo** Las dos Américas, descubiertas a fines del s. XV. | **el Tercer Mundo** Denominación que se da al grupo de países caracterizados por su subdesarrollo económico y su situación de dependencia con respecto a los países desarrollados. | **caérsele el mundo encima** loc. Desmoralizarse: *cuando le suspendieron se le cayó el mundo encima.* | **desde que el mundo es mundo** loc. adv. Desde siempre: *las guerras existen desde que el mundo es mundo.* | **medio mundo** loc. Mucha gente: *estaba allí medio mundo.* | **valer** algo o alguien **un mundo** loc. Valer mucho. | FAM. mundano, mundial, mundillo, mundología.

mundología f. Experiencia en la vida.

munición f. Conjunto de provisiones y material bélico de los ejércitos. | Pedazos de plomo de forma esférica con que se cargan las escopetas de caza menor. | Carga que se pone en las armas de fuego. | FAM. municionamiento, municionar.

municipal adj. Relativo al municipio: *estadio municipal.* | Se dice del cuerpo de guardias que depende de un ayuntamiento. También com.: *le preguntaremos a aquel municipal.*

municipalizar tr. Hacer depender del municipio un servicio público que estaba a cargo de empresas privadas: *municipalizar el transporte público.* | FAM. municipalización.

municipio m. Conjunto de habitantes de un mismo término jurisdiccional regido por un ayuntamiento. | Organismo que administra dicho término, más el alcalde y los concejales que lo dirigen. | Término o territorio que comprende. | FAM. municipal, municipalidad, municipalizar.

munificencia f. Generosidad extremada. ‖ **FAM.** munificente, munífico.

muñeco, ca m. y f. Figurilla de forma humana que sirve de juguete a los niños. ‖ Figura humana de tamaño natural que se utiliza para exponer ropa. ‖ Niño o niña pequeños y graciosos. ‖ Persona de carácter débil que se deja manejar por los demás. Más como m. ‖ m. Joven fatuo e insustancial. ‖ f. Parte del brazo en donde se articula la mano con el antebrazo. ‖ Atadillo de trapo que empapado en algún líquido se utiliza para limpiar, barnizar, brillar y otros usos. ‖ Muchacha frívola y presumida. ‖ **FAM.** muñequear, muñequera.

muñeira f. Baile popular de Galicia. ‖ Música con que se baila.

muñequera f. Tira de cuero con que se aprieta la muñeca cuando está relajada.

muñir tr. Concertar, disponer un asunto. ♦ Irreg. Se conj. como *mullir*. ‖ **FAM.** muñidor.

muñón m. Parte de un miembro cortado que permanece adherido al cuerpo. ‖ **FAM.** muñonera.

mural adj. Relativo al muro. ‖ Se dice de las cosas que, extendidas, ocupan buena parte de una pared o muro: *mapa mural*. ‖ m. Pintura o decoración que se coloca o se hace sobre una pared. ‖ **FAM.** muralismo, muralista.

muralismo m. Arte y técnica de las pinturas murales.

muralla f. Muro u obra defensiva que rodea una plaza fuerte o protege un territorio. ‖ **FAM.** murallón, amurallar.

murciélago m. Mamífero quiróptero volador, de alas membranosas y costumbres nocturnas.

murga f. Compañía de músicos callejeros. ‖ Molestia, incordio. ‖ **FAM.** murguista.

murmullo m. Ruido que se hace hablando, especialmente cuando no se percibe lo que se dice. ‖ Ruido continuado y confuso: *el murmullo del viento, de las olas.*

murmuración f. Conversación en perjuicio de un ausente.

murmurar intr. Producir un sonido suave y apacible: *murmurar las aguas, las hojas de los árboles.* ‖ Hablar entre dientes manifestando queja o disgusto por alguna cosa. También tr.: *¿qué está usted murmurando?* ‖ Hablar mal de alguien a sus espaldas: *tu vecina no para de murmurar de todo el barrio.* También tr. ‖ **FAM.** murmullo, murmuración, murmurador, murmurón.

muro m. Pared o tapia. ‖ Muralla. También pl. ‖ **FAM.** mural, muralla, murar.

murria f. Tristeza, melancolía.

mus m. Juego de naipes y de envite que se juega por parejas. ‖ Palabra con la que, en este juego, señala un jugador que quiere descartarse.

musa f. Cada una de las deidades que protegen las ciencias y las artes liberales, especialmente la poesía, en la mit. grecolatina. ‖ Inspiración poética. ‖ Poesía. ‖ **FAM.** música.

musaraña f. Nombre común de diversos mamíferos insectívoros de pequeño tamaño, parecidos al ratón. ‖ Por ext., animal pequeño. ‖ **mirar a** o **pensar** uno **en las musarañas** loc. Estar distraído, no prestar atención.

musculatura f. Conjunto de los músculos del cuerpo. ‖ Grado de desarrollo y fortaleza de los músculos: *va al gimnasio para desarrollar su musculatura.*

músculo m. Cada uno de los órganos fibrosos que al contraerse produce los movimientos de los humanos y animales. ‖ **FAM.** muscular, musculatura, musculoso.

musculoso, sa adj. Que tiene los músculos muy abultados y visibles.

muselina f. Tela fina y poco tupida.

museo m. Edificio o lugar en que se guardan y exponen colecciones de objetos artísticos o científicos. ‖ Por ext., lugar donde se exhiben objetos o curiosidades que pueden atraer el interés del público, con fines turísticos. ‖ **FAM.** museología.

museología f. Ciencia que trata del museo, su historia, su influjo en la sociedad, las técnicas de conservación y catalogación. ‖ **FAM.** museológico, museólogo.

musgo m. Cada una de las plantas briofitas, con hojas provistas de pelos absorbentes, que crecen abundantemente sobre las piedras, cortezas de árboles, el suelo y otras superficies sombrías. ‖ Conjunto de estas plantas que cubren una determinada superficie. ‖ pl. Clase de estas plantas. ‖ **FAM.** musgoso.

música f. Arte de combinar los sonidos de la voz humana o de los instrumentos, o de unos y otros a la vez, para crear un determinado efecto. ‖ Teoría de este arte. ‖ Composición musical. ‖ Sucesión de sonidos modulados según las leyes de la melodía, el ritmo y la armonía. ‖ Colección de papeles en que están escritas las composiciones musicales. ‖ **FAM.** musicable, musical, músico, musicología, musicólogo, musicomanía, musiquero, musiquilla.

musical adj. Perteneciente o relativo a la música: *instrumento musical.* ‖ Se dice del sonido agradable al oído: *una risa musical.* ‖ m. Espectáculo con números de música y, generalmente, baile: *van a estrenar un nuevo musical.* ‖ **FAM.** musicalidad, musicalmente.

musicalidad f. Calidad o carácter musical.

music-hall (voz i.) m. Espectáculo de variedades (números cómicos, acrobáticos, de prestidigitación, etc.) en que la música sirve de telón de fondo. ‖ Teatro o lugar donde se representan estos espectáculos. ◆ pl: *music-halls.*

músico, ca adj. Perteciente o relativo a la música: *instrumento músico.* ‖ m. y f. Persona que se dedica a la música, como compositor o como intérprete. ‖ **FAM.** musicastro, musicógrafo.

musicología f. Estudio de la teoría e historia de la música. ‖ **FAM.** musicólogo.

musitar intr. Susurrar o hablar entre dientes: *musitar una plegaria.*

muslo m. Parte de la pierna desde la juntura de las caderas hasta la rodilla. ‖ Parte correspondiente de los animales: *un muslo de cordero, de pollo.* ‖ **FAM.** muslamen, muslera.

mustela f. Tiburón de 1 m de largo, cuerpo casi cilíndrico, cabeza pequeña, hocico prolongado, piel de color oscuro por el lomo y blanco por el abdomen, sin escamas, aletas pectorales cortas, y cola gruesa y escotada; su carne es comestible y su piel se utiliza como lija.

mustio, tia adj. Melancólico, triste. ‖ Lánguido, marchito: *la planta está mustia.* ‖ **FAM.** mustiamente, mustiarse.

musulmán, na adj. Se dice de la persona que sigue el islamismo. También s. ‖ Perteneciente o relativo al islamismo: *literatura musulmana.*

mutación f. Acción y efecto de mudar o cambiar. ‖ Cualquiera de las alteraciones producidas en la estructura o en el número de los genes o de los cromosomas de un organismo vivo, que se transmiten a los descendientes por herencia. ‖ Fenotipo producido por aquellas alteraciones. ‖ Cambio escénico en el teatro. ‖ Cambio brusco de temperatura.

mutante m. Cromosoma o genoma que ha surgido por mutación de otro preexistente. ‖ Organismo producido por mutación. ‖ Descendencia de un organismo mutante.

mutar tr. Mudar, transformar. También prnl. ‖ **FAM.** mutabilidad, mutable, mutación, mutacionismo, mutante.

mutilar tr. Cortar una parte del cuerpo. También prnl.: *se mutiló en un accidente laboral.* ‖ Quitar una parte de otra cosa: *la censura mutiló aquella novela.* ‖ **FAM.** motilón, mutilación, mutilador.

mutis m. Voz que se usa en el teatro para hacer que un actor se retire de la escena. ‖ Acto de retirarse de la escena, y por ext., de otros lugares: *en cuanto llegue, hacemos mutis.* ‖ Voz que se emplea para imponer silencio o para indicar que una persona queda callada. ‖ **hacer mutis** o **hacer mutis por el foro** loc. Salir de la escena o de otro lugar. ‖ Callar. ◆ No varía en pl. ‖ **FAM.** mutismo.

mutismo m. Silencio voluntario o impuesto: *la policía no consiguió vencer su mutismo.*

mutualidad f. Régimen de prestaciones mutuas. ‖ Denominación de algunas sociedades que tienen este régimen: *mutualidad laboral.* ‖ **FAM.** mutualismo, mutualista.

mutuo, tua adj. Recíproco: *nos presentó un amigo mutuo.* ‖ f. Mutualidad, sociedad de socorros mutuos. ‖ **FAM.** mutual, mutualidad, mutuamente, mutuante, mutuario.

muy adv. Se antepone a nombres adjetivados, participios, adverbios y modos adverbiales, para denotar en ellos grado superlativo de significación: *muy hombre; muy listo; muy deprisa.*

my f. Duodécima letra del alfabeto griego, que corresponde a la que en el nuestro se llama *eme.* La mayúscula se escribe M y la minúscula μ.

n f. Decimocuarta letra del abecedario español y undécima de sus consonantes. Su nombre es *ene*.

nabab m. Gobernador de una provincia en la India mahometana. ‖ Hombre sumamente rico.

nabiza f. Hoja tierna del nabo, cuando empieza a crecer. Más en pl.: *caldo, ensalada de nabizas*. ‖ Raicillas tiernas de la naba.

nabo m. Planta herbácea anual, de hojas grandes y enteras, flores pequeñas y amarillas y raíz carnosa comestible. ‖ Raíz de esta planta. ‖ **FAM.** nabal, nabar, nabiza.

naboría f. Distribución que se hacía en América al principio de la conquista adjudicando cierto número de indios, en calidad de criados, para el servicio personal. ‖ **FAM.** naborí.

nácar m. Sustancia dura, blanca, brillante y con reflejos irisados, que forma el interior de varias conchas de moluscos. ‖ **FAM.** nacarado, nacarino.

nacatamal m. *amer.* Tamal relleno de carne de cerdo.

nacer intr. Salir del vientre materno. ‖ Salir del huevo un animal ovíparo. ‖ Empezar a salir un vegetal de su semilla. ‖ fig. Prorrumpir o brotar: *nacer una tendencia artística*. ‖ Empezar a dejarse ver un astro en el horizonte: *nacer el sol*. ‖ Empezar una cosa desde otra, como saliendo de ella: *del tronco de aquel árbol nacían cinco ramas*. ‖ Inferirse una cosa de otra: *los problemas de esta empresa nacen de una planificación inadecuada*. ‖ prnl. Abrirse una costura hecha muy al borde de la tela, desprendiéndose los hilos de la orilla. ‖ Entallecerse una raíz o semilla al aire libre. ♦ **Irreg.** Se conj. como *agradecer*. ‖ **FAM.** nacido, naciente, nacimiento.

naciente adj. Muy reciente; que empieza a ser o manifestarse. ‖ m. Oriente, Este, punto cardinal.

nacimiento m. Acción y efecto de nacer. ‖ Lugar o sitio donde algo tiene su origen o principio: *el nacimiento de un río*. ‖ Representación del nacimiento de Jesucristo en el portal de Belén.

nación f. Entidad jurídica y política formada por el conjunto de los habitantes de un país regido por el mismo gobierno. ‖ Territorio de ese mismo país. ‖ Conjunto de personas de un mismo origen étnico y que generalmente hablan un mismo idioma, tienen una tradición común y ocupan un mismo territorio. ‖ **FAM.** nacional.

nacionalidad f. Región que a sus peculiaridades, a unes otras (idioma, historia, cultura, gobierno propios) que le confieren una acusada personalidad dentro de la nación en que está enclavada. ‖ Condición y carácter peculiar de los pueblos o individuos de una nación. ‖ Estado propio de la persona nacida o naturalizada en una nación.

nacionalismo m. Doctrina que exalta en todos los órdenes la personalidad nacional. ‖ Aspiración de un pueblo o raza a constituirse en ente autónomo dentro de un Estado. ‖ **FAM.** nacionalista.

nacionalizar tr. Admitir en un país como nacional a un extranjero. También prnl.: *se nacionalizó español*. ‖ Hacer que pasen al gobierno de una nación medios de producción y servicios explotados por particulares. ‖ **FAM.** nacionalización.

nacionalsocialismo m. Doctrina fundada por Hitler que propugnaba un nacionalismo expansionista basado en la supremacía de la raza germánica y un racismo seudocientífico fundamentalmente antisemita. ‖ **FAM.** nacionalsocialista.

nada f. Inexistencia, la ausencia absoluta de cualquier ser o cosa. ‖ pron. indef. Ninguna cosa: *nada le satisface*. ‖ adv. cant. De ninguna manera, en absoluto: *no me gusta nada esa falda*. ‖ Poca o muy poca cantidad de cualquier cosa: *llamó hace nada*. ‖ **como si nada** loc. adv. Sin dar la menor importancia: *me dijo como si nada que le había tocado la lotería*. ‖ Sin esfuerzo: *metió cuatro goles como si nada*. ‖ Infructuosamente, sin resultado: *es la tercera vez que intento llamarle y como si nada*. ‖ **de nada** loc. Contestación de cortesía a ¡gracias! ‖ loc. adj. De escaso valor, sin importancia: *un regalito de nada.* ‖ **nada más** Solamente: *nada más quiero tres.* ‖ Inmediatamente después de: *nada más iros llegó él.* ‖ **nada menos** Pondera la importancia de una persona o cosa: *lo dijo nada menos que el director.* ‖ **FAM.** nadería, nadie.

nadar intr. Mantenerse y avanzar sobre el agua moviendo algunas partes del cuerpo. ‖ Flotar en un líquido cualquiera. ‖ Abundar en una cosa: *nadar en dinero.* ‖ **FAM.** nadadera, nadador, natación, natatorio.

nadería f. Cosa de poca importancia: *se enfadaron por una nadería.*

nadie pron. indet. Ninguna persona: *no quiere ver a nadie.* ‖ m. Persona insignificante: *es un don nadie.*

nafta f. Líquido incoloro, volátil, más ligero que el agua y muy combustible. Es una fracción ligera del petróleo natural que se obtiene en la destilación de la gasolina como una parte de ésta. ‖ *amer.* Gasolina. ‖ **FAM.** naftalina.

naftalina f. Hidrocarburo sólido procedente del alquitrán de la hulla muy usado, en forma de bolas, para preservar a la ropa de la polilla.

nahua adj. Se dice del individuo de un antiguo pueblo indio que habitó la altiplanicie mexicana y la parte de América Central antes de la conquista de estos países por los españoles, y que alcanzó alto grado de civilización. También com. ‖ Perteneciente o relativo a este pueblo. ‖ Se apl. al grupo de lenguas hablado principalmente por los indios mexicanos. También m.

náhuatl m. Lengua hablada por los pueblos nahuas, impropiamente llamada también azteca o mexicana. También adj.

naif (voz fr.) adj. Se dice de la corriente artística surgida a principios del s. XX que, por su sencillez y su colorido, se asemeja al de los llamados pintores primitivos de la Edad Media.

nailon m. Fibra textil sintética que se emplea en la fabricación de géneros de punto y tejidos diversos.

naipe m. Cartulina rectangular que lleva figuras pintadas en una cara y sirve para jugar a las cartas. ‖ pl. Baraja.

nalga f. Cada una de las dos porciones carnosas y redondeadas que constituyen el trasero. Más en pl. ‖ **FAM.** nalgada, nalgar, nalgón, nalgudo.

nana f. Canto con que se arrulla a los niños. ‖ Nodriza. ‖ Saco pequeño que sirve de abrigo a los bebés. ‖ *amer.* En lenguaje infantil, daño o pupa.

nanay Expresión familiar y humorística con que se niega rotundamente una cosa.

nanómetro m. Medida de longitud equivalente a la milmillonésima parte del metro.

nansa f. Nasa de pescar. ‖ Estanque pequeño para tener peces.

nao f. Nave. ‖ **FAM.** naos.

naos amb. Parte principal del templo clásico griego. ♦ No varía en pl.

napa f. Piel de algunos animales (cordero, cabra), curtida y trabajada, que se destina especialmente a la confección de prendas de vestir.

napalm (voz i.) m. Materia inflamable que se emplea como carga de bombas incendiarias.

napias f. pl. Narices, órgano de la cara.

naranja f. Fruto comestible del naranjo, de forma globosa y de pulpa dividida en gajos. ‖ m. Color semejante al de la naranja. También adj. ‖ **FAM.** naranjada, naranjado, naranjal, naranjero, naranjilla, naranjo.

naranjada f. Bebida hecha con zumo de naranja, agua y azúcar. ‖ Cualquier refresco de sabor a naranja.

naranjo m. Árbol de hoja perenne siempre verde que se cultiva mucho en España. Su flor es el azahar y su fruto la naranja.

narcisismo m. Admiración excesiva que alguien siente por sí mismo. ‖ **FAM.** narcisista.

narciso m. Planta de flores blancas o amarillas con corona central acampanada. ‖ Flor de esta planta. ‖ Persona que siente una admiración exagerada por sí mismo, especialmente por su aspecto físico. ‖ **FAM.** narcisismo.

narcótico, ca adj. y m. Se dice de las sustancias que producen sopor, relajación muscular y embotamiento de la sensibilidad, como el cloroformo y el opio. ‖ **FAM.** narcoanálisis, narcosis, narcotismo, narcotización, narcotizador, narcotizar, narcotráfico.

narcotismo m. Estado más o menos profundo de adormecimiento, que procede del uso de los narcóticos.

narcotráfico m. Comercio de drogas tóxicas en grandes cantidades. ‖ **FAM.** narcotraficante.

nardo m. Planta liliácea, de tallo sencillo, hojas radicales y flores blancas, muy olorosas, especialmente de noche. ‖ Flor de esta planta.

narguile m. Pipa para fumar, que usan mucho los orientales, compuesta de un largo tubo flexible, de un recipiente en que se quema el tabaco y de un vaso lleno de agua perfumada, a través de la cual se aspira el humo.

nariz f. Parte saliente del rostro humano, entre la frente y la boca, con dos orificios que comunican con la membrana pituitaria y el aparato de la respiración. Más en pl. ‖ Sentido del olfato: *tiene buena nariz para los perfumes.* ‖ pl. Coraje, valor: *no tuvo narices de decir-*

melo a la cara. ‖ **estar** uno **hasta las narices** loc. Estar harto. ‖ **meter** uno **las narices** loc. Curiosear, entremeterse: *no metas las narices en mis cosas.* ‖ **por narices** loc. adv. Obligatoriamente: *tienes que aprobar por narices.* ‖ FAM. napias, narigón, narigudo, nariguera, narizotas, narizudo, nasal.

narración f. Acción y efecto de narrar. ‖ Exposición de una serie de sucesos reales o imaginarios que se desarrollan en un espacio y durante un tiempo determinados.

narrar tr. Contar una historia o suceso, real o imaginario, oralmente, por escrito o de cualquier otra manera. ‖ FAM. narrable, narración, narrador, narrativa, narrativo, narratorio.

narrativa f. Habilidad o destreza en narrar o en contar las cosas. ‖ Genero literario en prosa que abarca la novela y el cuento.

narval m. Mamífero cetáceo marino, propio del Ártico, que mide 4 ó 5 m de longitud y tiene dos dientes superiores dirigidos hacia delante, uno de los cuales, en el macho, se prolonga como un cuerno de hasta 2 m de largo. Nada en grupos y se le llama también *unicornio marino.*

nasa f. Arte de pesca que consiste en un cilindro de juncos entretejidos, red, etc., con una especie de embudo en una de sus bases. ‖ Cesta de boca estrecha que llevan los pescadores para echar la pesca. ‖ Cesto o vasija para guardar pan, harina, etc. ‖ FAM. nansa.

nasal adj. Relativo a la nariz: *cavidad nasal.* ‖ Se dice del sonido en cuya pronunciación la corriente espirada sale total o parcialmente por la nariz. ‖ Se apl. a la voz, tono, etc., que tiene un sonido de estas características. ‖ FAM. nasalidad, nasalización, nasalizar, nasofaringe.

nastia f. Movimiento de los vegetales o de alguno de sus órganos, inducido por factores externos (luz, temperatura, etc.), que depende exclusivamente de la naturaleza del órgano excitado.

nata f. Sustancia espesa que forma una capa sobre la leche que se deja en reposo y que si se bate forma la mantequilla. ‖ Materia grasa de la leche batida con azúcar. ‖ Sustancia espesa de algunos líquidos que flota en ellos. ‖ Lo mejor y más valioso en su especie. Se usa sobre todo en la expr. **la flor y nata:** *allí estaba la flor y nata de la sociedad.* ‖ FAM. natillas.

natación f. Acción y efecto de nadar. ‖ Arte y técnica de nadar como deporte o como ejercicio.

natal adj. Relativo al nacimiento: *ajuar natal.* ‖ Relativo al lugar donde uno ha nacido: *ciudad natal.* ‖ FAM. natalicio, natalidad.

natalicio, cia adj. y m. Relativo al día del nacimiento: *fiesta natalicia.* ‖ m. Dia del nacimiento de alguien y fiesta con que se celebra.

natalidad f. Número proporcional de nacimientos en un lugar y tiempo determinados.

natillas f. pl. Crema ligera hecha con huevos, leche y azúcar.

natividad f. Nacimiento, y especialmente el de Jesucristo, el de la Virgen María y el de San Juan Bautista, que son los tres que celebra la Iglesia católica. ‖ Navidad. ♦ Se escribe con mayúscula.

nativo, va adj. Relativo al país o lugar en que uno ha nacido: *tierra nativa.* ‖ Natural de un país o lugar: *folclore nativo.* También s. ‖ Innato.

nato, ta adj. Se dice de la cualidad o defecto que se tiene de nacimiento. ‖ Se dice del título o del cargo inseparable de una función o de una persona.

natural adj. Perteneciente o relativo a la naturaleza, o producida por ella: *un fenómeno natural.* ‖ Poco trabajado o elaborado, no forzado o fingido: *cuero natural; una sonrisa natural.* ‖ Sencillo, espontáneo: *es un presentador muy natural.* ‖ Conforme a la naturaleza peculiar de un ser determinado: *la sociabilidad es una tendencia natural del ser humano.* ‖ Nativo, originario de un pueblo o nación. También com.: *los naturales de esta región son muy hospitalarios.* ‖ Se dice de las cosas que se imitan con acierto o habilidad a la naturaleza: *el color del pelo te ha quedado muy natural.* ‖ Normal, lógico: *es natural que estés tan cansado.* ‖ Que se produce por las fuerzas de la naturaleza: *muerte natural.* ‖ En mús., se dice de la nota no modificada por sostenido ni bemol. ‖ En taurom., se dice del pase realizado por el lado izquierdo y sin el estoque. También m. m. Carácter, temperamento: *Luis es de natural pacífico.* ‖ En arte, objeto, paisaje, etc., que el artista copia directamente: *copiar del natural.* ‖ **al natural** loc. adv. Tal cual es, sin modificaciones o añadidos. ‖ FAM. naturaleza, naturalidad, naturalismo, naturalizar, naturalmente.

naturaleza f. Conjunto de todo lo que forma el universo en cuya creación no ha intervenido el hombre: *la vida es el gran milagro de la naturaleza.* ‖ Principio o fuerza cósmica que se supone rige y ordena todas las cosas creadas. ‖ Esencia y propiedad característica de cada ser: *la comunicación forma parte de la naturaleza humana.* ‖ Carácter, temperamento: *su naturaleza es tímida.* ‖ Constitución física de una persona o animal: *tiene una naturaleza robusta.* ‖ Especie, género, clase: *no he visto* *árboles de tal naturaleza.* ‖ Origen que uno tiene según la ciudad o país en que ha nacido. ‖ **naturaleza muerta** En pint., cuadro que representa animales muertos o cosas inanimadas. ‖ FAM. natura, naturismo.

naturalidad f. Espontaneidad. ‖ Calidad de natural.

naturalismo m. Doctrina filosófica que considera a la naturaleza y a todos sus elementos como la única realidad existente. ‖ Movimiento literario que surge en Francia en la segunda mitad del s. XIX y que, partiendo del realismo, trataba de reproducir la realidad objetivamente, especialmente los aspectos más desagradables. ‖ Tendencia artística que representa la realidad alejándose del idealismo y del simbolismo. ‖ FAM. naturalista.

naturalizar tr. y prnl. Conceder o adquirir un extranjero los derechos de los naturales de un país. ‖ Introducir y asimilar un país usos y costumbres originarios de otros países. ‖ Aclimatar una especie animal o vegetal a un hábitat distinto al suyo propio. ‖ FAM. naturalización.

naturismo m. Doctrina que preconiza el empleo de los agentes naturales para el tratamiento de las enfermedades. ‖ Desnudismo. ‖ FAM. naturista.

naufragar intr. Irse a pique o perderse la embarcación. ‖ Salir mal un intento o negocio. ‖ FAM. naufragio, náufrago.

náusea f. Malestar físico que se manifiesta con deseos de vomitar. Más en pl.: *sintió náuseas después de comer.* ‖ Desagrado, repugnancia o rechazo motivado por algo no físico. Más en pl.: *me da náuseas su servilismo.* ‖ FAM. nauseabundo.

nauseabundo, da adj. Que produce náuseas.

náutico, ca adj. Relativo a la navegación: *carta náutica.* ‖ f. Técnica y arte de navegar. ‖ FAM. nautilo.

nautilo m. Molusco cefalópodo tetrabranquial, con numerosos tentáculos sin ventosas y provisto de concha con cámaras separadas, en la última de las cuales vive el animal.

nava f. Tierra sin árboles y llana, a veces pantanosa, situada generalmente entre montañas.

navaja f. Cuchillo cuya hoja puede doblarse sobre el mango para que el filo quede guardado entre las dos cachas. ‖ Molusco lamelibranquio marino, cuya concha se compone de dos valvas simétricas lisas. ‖ Colmillo de jabalí y de algunos otros animales. ‖ FAM. navajada, navajazo, navajero.

navajero, ra m. y f. Delincuente que utiliza la navaja como arma. ‖ Persona que fabrica, repara o vende navajas. ‖ m. Estuche o bolsa en que se guardan las navajas, especialmente las de afeitar. ‖ Paño o tazón metálico donde se limpia la navaja de afeitar.

navajo, ja adj. Se dice del individuo de una tribu amerindia de la familia lingüística atapasca, que habita en Arizona y Nuevo México (EE. UU.). También s. ‖ Relativo a esta tribu.

naval adj. Relativo a las naves y a la navegación.

nave f. Barco. ‖ Embarcación de cubierta, con velas y sin remos. ‖ Espacio interior amplio en los templos u otros edificios situado entre dos filas de arcadas: *la nave de una iglesia.* ‖ Construcción grande de una sola planta utizada como fábrica, almacén, etc. ‖ **nave espacial** Vehículo provisto de medios de propulsión y dirección que le permiten navegar en el espacio exterior a la atmósfera terrestre, con o sin tripulantes, y que se dedica a misiones científicas o técnicas. ‖ **quemar las naves** loc. Tomar una decisión drástica y definitiva. ‖ FAM. naval, navarca, navecilla, navegar, naveta, navicular, naviero, navio.

navegable adj. Se dice del río, lago, etc., por donde se puede navegar.

navegación f. Viaje que se hace con cualquier embarcación, y tiempo que dura. ‖ Náutica.

navegar intr. Viajar por el agua con una embarcación: *navegaremos hasta Marsella.* También tr.: *navegar un río.* ‖ Desplazarse la embarcación: *el velero navegaba impulsado por el viento.* ‖ Por analogía, viajar por el aire en globo, avión u otro vehículo. ‖ Manejar la nave: *sigue un curso para navegar.* ‖ FAM. navegabilidad, navegable, navegación, navegador, navegante.

naveta f. Monumento megalítico de Baleares con forma de nave invertida. ‖ Gaveta de escritorio. ‖ Vaso o cajita que sirve en la iglesia para suministrar el incienso.

navidad f. Nacimiento de Jesucristo. ‖ Día en que se celebra. ‖ Tiempo inmediato a este día, hasta la fiesta de Reyes. También en pl. ♦ Se suele escribir con mayúscula. ‖ FAM. navideño.

naviero, ra adj. Relativo a las naves o a la navegación. ‖ m. y f. Persona o sociedad propietaria de un barco.

navío m. Barco grande, de cubierta, con velas y muy fortificado.

náyade f. En mit., cualquiera de las ninfas que, según los gentiles, residían en los ríos y en las fuentes.

nazareno, na adj. y s. De Nazaret. ‖ m. Penitente que en las procesiones de Semana Santa va vestido con túnica. ‖ Árbol americano de gran tamaño, cuya madera se emplea en ebanistería y para la elaboración de tintes.

nazarí o **nazarita** adj. Se dice de los descendientes de Yusuf ben Názar, fundador de la dinastía musulmana que reinó en Granada entre los s. XIII y XV. También s. y m. pl. | Perteneciente o relativo a esta dinastía. ◆ pl. *nazaris* o *nazaries*.

nazi adj. y com. Partidario del nacionalsocialismo.

nazismo m. Nombre abreviado del nacionalsocialismo. | FAM. nazi, nacista.

neblí m. Ave rapaz, de plumaje pardo azulado en el lomo, blanco con manchas grises en el vientre y pardo en la cola, muy estimada en cetrería. ◆ pl.: *neblis* o *neblies*.

neblina f. Niebla espesa y baja. | FAM. neblinear, neblinoso.

nebuloso, sa adj. Que tiene niebla o está cubierto por ella: *una montaña nebulosa.* | Sombrío, tétrico. | Falto de claridad o difícil de comprender: *su exposición ha sido bastante nebulosa.* | f. Materia cósmica celeste, difusa y luminosa, en general de contorno impreciso. | FAM. nebulosidad.

necedad f. Tontería, terquedad.

necesario, ria adj. Que debe suceder inevitablemente: *la ruptura era necesaria.* | Que se realiza obligado o forzado por algo: *es necesario que solucionemos esta cuestión cuanto antes.* | Imprescindible para algo: *el agua es necesaria para la vida.* | Conveniente, muy útil: *es necesario que te distraigas un poco.* | FAM. necesariamente, neceser, necesidad, necesitar.

neceser m. Caja o estuche con diversos objetos de tocador, costura, etc.

necesidad f. Lo que hace que las cosas sucedan infaliblemente de cierta manera. | Obligación: *trabajar es una necesidad.* | Carencia o escasez de lo imprescindible para vivir: *pasaban mucha necesidad.* | Falta continuada de alimento que produce debilidad: *caerse de necesidad.* | Situación difícil que atraviesa alguien: *le atendió en aquella necesidad.* | Evacuación corporal de heces u orina. Más en pl.

necesitar intr. y tr. Tener necesidad de una persona o cosa: *necesitas un corte de pelo; te necesito.* | FAM. necesitado.

necio, cia adj. Ignorante. También s. | Imprudente; terco u obstinado. También s. | Se dice de las cosas ejecutadas con imprudencia, ignorancia o presunción: *una frase necia.* | FAM. necedad.

nécora f. Crustáceo decápodo, cangrejo de mar, de cuerpo liso y elíptico de unos 10 cm de ancho. Vive en las costas de la península Ibérica y su carne es muy apreciada.

necrofagia f. Acción de comer cadáveres o carroña. | FAM. necrófago.

necrofilia f. Atracción morbosa por la muerte o por alguno de sus aspectos. | Perversión sexual de quien trata de obtener placer erótico con cadáveres. | FAM. necrófilo.

necrología f. Biografía de una persona notable, muerta hace poco tiempo. | Lista o noticia de personas muertas. | FAM. necrológico.

necromancia o **necromancía** f. Nigromancia.

necrópolis f. Cementerio de gran extensión en el que abundan los monumentos fúnebres. ◆ No varía en pl.

necrosis f. Mortificación o gangrena de los tejidos del organismo. ◆ No varía en pl.

néctar m. Jugo azucarado producido por las flores de ciertas plantas. | Cualquier licor suave y delicioso. | Bebida que proporcionaba la inmortalidad a los dioses del gentilismo. | FAM. nectarino, nectario.

nectarina f. Fruto que resulta del injerto de ciruelo y melocotonero.

neerlandés, sa adj. y s. Holandés.

nefando, da adj. Indigno, torpe, repugnante. | FAM. nefandamente.

nefasto, ta adj. Triste, funesto. | Por ext., se aplica a personas o cosas desgraciadas o detestables: *un gobernante nefasto.*

nefritis f. Inflamación de los riñones. ◆ No varía en pl. | FAM. nefridio, nefrítico, nefrología.

nefrología f. Rama de la medicina que estudia el riñón y sus enfermedades. | FAM. nefrológico, nefrólogo.

negación f. Acción y efecto de negar: *le respondió con una negación.* | Carencia total de una cosa: *es la negación del buen gusto.* | Partícula o voz que sirve para negar, como *no, ni, nunca.*

negado, da adj. y s. Incapaz, inepto: *es negado para la cocina.*

negar tr. Decir que no es verdad una cosa: *negó haber participado en el asunto.* | No admitir la existencia de algo. | Decir que no a lo que se pide. | Prohibir, impedir: *le negó la entrada.* | prnl. No querer hacer una cosa: *se negó a invitarte.* ◆ Irreg. Se conj. como *acertar.* | FAM. negable, negación, negado, negador, negativa, negativo.

negativo, va adj. Que incluye o expresa negación: *frase negativa.* | Relativo a la negación. | Pesimista: *siendo tan negativo sólo conseguirás amargarte.* | En mat., se dice del número inferior a cero. | En fís., se dice de la carga eléctrica del electrón. | m. Imagen fotográfica que ofrece invertidos los claros y oscuros. | f. Negación: *contestó con una negativa.* | FAM. negativamente.

negligé (voz fr.) adj. Que presenta cierto descuido, generalmente calculado. ‖ m. Bata femenina elegante y atrevida.

negligencia f. Descuido, omisión: *negligencia criminal*. ‖ Falta de esfuerzo o aplicación. ‖ **FAM.** negligente, negligentemente.

negociado m. En algunas organizaciones administrativas, dependencia donde se despachan determinados asuntos. ‖ Negocio. ‖ *amer.* Negocio ilegal.

negociar intr. Comerciar con mercancías o valores. ‖ Realizar una operación bancaria o bursátil. ‖ tr. Gestionar asuntos públicos o privados: *negociar una subida de sueldo*. ‖ **FAM.** negociabilidad, negociable, negociación, negociado, negociador, negociante.

negocio m. Ocupación encaminada a obtener un beneficio: *tiene un negocio de importaciones*. ‖ Beneficio obtenido: *hemos hecho un buen negocio*. ‖ Local en que se negocia o comercia: *tiene un negocio en la plaza*. ‖ Cualquier ocupación o asunto. Más en pl.: *no sé en qué negocios andará ahora*. ‖ **negocio redondo** El que proporciona mucha ganancia con poco esfuerzo. ‖ **FAM.** negociar.

negrero, ra adj. y s. Dedicado al comercio de esclavos negros: *un barco negrero*. ‖ m. y f. Persona muy exigente y despótica con sus subordinados: *el jefe es un negrero*.

negrito, ta adj. Se dice de un tipo de letra de trazo más grueso y oscuro que el normal. También f. ‖ Se dice de un pueblo de las selvas de Nueva Guinea, Malasia y Filipinas, semejante a los pigmeos. ‖ m. Pájaro negro de la isla de Cuba, del tamaño y canto parecido al del canario.

negro, gra adj. y m. De color totalmente oscuro, es decir, que carece de color. ‖ Se dice del individuo cuya piel es de color negro. También s. ‖ De color oscuro o más oscuro que lo normal: *cerveza negra, pan negro*. ‖ Oscurecido por la suciedad: *tienes las uñas negras*. ‖ Furioso: *ese ruido me está poniendo negro*. ‖ Se aplica a lo relacionado con el diablo: *misa negra*. ‖ m. Persona que hace anónimamente el trabajo que se atribuye otra, por lo general un escritor. ‖ m. y f. *amer.* Tratamiento cariñoso. ‖ **la negra** loc. Mala suerte. ‖ **pasarlas negras** loc. Encontrarse en una situación difícil, dolorosa o comprometida. ‖ **FAM.** negrada, negral, negrear, negrecer, negrería, negrero, negrillo, negrita, negritud, negroafricano, negroamericano, negroide, negror, negrura, negruzco.

negroide adj. Se dice de lo que presenta alguno de los caracteres de la raza negra o de su cultura.

negus (voz abisinia) m. Título que se daba al emperador de Etiopía. ♦ No varía en pl.

neis m. Gneis.

nematelminto adj. y s. Se dice de los gusanos de cuerpo cilíndrico y desprovistos de apéndices locomotores, como la lombriz intestinal. ‖ m. pl. Clase de estos gusanos.

nemotecnia o **nemotécnica** f. Mnemotecnia. ‖ **FAM.** nemónica, nemotécnico.

nene, na m. y f. Niño pequeño.

nenúfar m. Planta acuática con hojas enteras, casi redondas, que flotan en la superficie del agua, y flores amarillas o blancas. ‖ Flor de esta planta.

neoclasicismo m. Corriente literaria y artística, dominante en Europa durante el s. XVIII, que aspiraba a restaurar el gusto y las normas del clasicismo. ‖ **FAM.** neoclásico.

neocolonialismo m. Colonialismo encubierto, puesto en práctica tras la S. G. M., que consiste en el control económico de un país, políticamente independiente pero económicamente subdesarrollado, por otro más evolucionado en este aspecto. ‖ **FAM.** neocolonialista.

neodimio m. Metal del grupo de las tierras raras, cuyas sales son de color rosa. Su símbolo es *Nd*.

neófito, ta m. y f. Persona recién convertida a una religión. ‖ Persona adherida recientemente a una causa o a una colectividad.

neógeno, na adj. y s. Se dice de la subdivisión del período terciario que comprende sus estratos más modernos, con las épocas miocena y pliocena, durante las cuales la fauna y flora, así como la distribución de mares y tierras, son ya casi las actuales.

neoimpresionismo m. Movimiento pictórico surgido como reacción contra el impresionismo (1884-86), en el que los colores eran aplicados en toda su pureza y mezclados ópticamente según un método racional y científico. ‖ **FAM.** neoimpresionista.

neoliberalismo m. Forma moderna de liberalismo, que concede al Estado una intervención limitada en asuntos jurídicos y económicos.

neolítico, ca adj. Se dice del período prehistórico, conocido también como el de la piedra pulimentada, que se desarrolló entre el mesolítico y el eneolítico. También m.

neologismo m. Vocablo, acepción o giro nuevo en una lengua.

neomicina f. Antibiótico de amplio espectro bacteriostático y, en dosis mayores, bactericida, que se cultiva en el *streptomyces fradiae*, descubierto por Waksman.

neón m. Elemento químico, gas noble que se encuentra en pequeñas cantidades en la atmósfera terrestre y que se utiliza en lámparas luminiscentes. Su símbolo es *Ne*.

neonazi adj. y com. Se dice de la persona u organización política de extrema derecha que, en nuestros días, sigue las doctrinas del desaparecido nazismo alemán.

neorrealismo m. Movimiento cinematográfico, nacido en Italia en 1945, que intenta reflejar con dramatismo la realidad social y económica del país, a través del uso de escenarios naturales, actores no profesionales y técnicas del documental. | **FAM.** neorrealista.

neperiano, na adj. Perteneciente o relativo al matemático escocés Juan Neper o a sus logaritmos que tienen de base el número *e*.

nepotismo m. Tendencia a favorecer con cargos, puestos, premios, etc., a familiares, conocidos o a personas de la misma ideología por parte de alguien con poder, especialmente político.

neptunio m. Elemento químico radiactivo artificial. Es un metal de color argentino que se forma en los reactores nucleares por bombardeo del uranio con neutrones. Su símbolo es *Np*.

nereida f. Según la mitología griega, cada una de las 50 hijas de Nereo y Doris, que personifican las olas del mar.

nerón m. Hombre muy cruel.

nervadura f. Moldura saliente de las bóvedas góticas. | Conjunto de los nervios de una hoja.

nervio m. Cordón compuesto de muchos filamentos o fibras nerviosas, que partiendo del cerebro, la médula espinal u otros centros, se distribuyen por todas las partes del cuerpo, conduciendo los impulsos nerviosos. | Haz fibroso de las hojas de las plantas. | Fuerza, vigor: *un caballo con mucho nervio*. | Cualquier tendón o tejido blanco, duro y resistente: *este filete tiene muchos nervios*. | Cada una de las cuerdas que se colocan al través en el lomo de un libro para encuadernarlo. | Nerviosismo. Más en pl.: *no dejes que te traicionen los nervios*. | **FAM.** nervadura, nervatura, nerviación, nervioso, nervudo, nervura.

nerviosismo m. Estado pasajero de excitación nerviosa.

nervioso, sa adj. Que tiene nervios. | Relativo a los nervios. | Se dice de la persona cuyos nervios se excitan fácilmente. | Fuerte y vigoroso. | **FAM.** nerviosamente, nerviosidad, nerviosismo.

neto, ta adj. Limpio y puro. | Se dice de la cantidad de dinero o del peso una vez que se

han·descontado los gastos o la tara. | **FAM.** netamente.

neumático, ca adj. Se dice de los aparatos que funcionan con el aire. | m. Tubo de goma que, lleno de aire comprimido, sirve de amortiguador a las ruedas de los automóviles, bicicletas, etc.

neumonía f. Inflamación del pulmón, pulmonía. | **FAM.** neumococo, neumología, neumopatía, neumotórax.

neumotórax m. Enfermedad producida por la entrada del aire exterior o del aire pulmonar en la cavidad de la pleura. ◆ No varía en pl.

neuralgia f. Dolor a lo largo de un nervio y de sus ramificaciones. | **FAM.** neurálgico.

neurastenia f. Enfermedad del sistema nervioso cuyos síntomas son tristeza, cansancio, temor y emotividad. | **FAM.** neurasténico.

neurita f. Prolongación filiforme que arranca de la célula nerviosa.

neuritis f. Inflamación de un nervio y de sus ramificaciones. ◆ No varía en pl.

neurología f. Rama de la medicina que estudia las enfermedades del sistema nervioso. | **FAM.** neurólogo.

neurona f. Célula diferenciada perteneciente al sistema nervioso, que es capaz de propagar el impulso nervioso a otra neurona. Está compuesta por la zona de recepción, las dendritas, y de emisión o salida, el axón o neurita. | **FAM.** neura, neuralgia, neurastenia, neurita, neuritis, neuroeje, neurología, neuropsiquiatría, neurosis, neurotransmisor.

neurópata com. Persona que padece enfermedades nerviosas, principalmente neurosis. | **FAM.** neuropatía.

neuropatología f. Parte de la patología que trata de las enfermedades del sistema nervioso. | **FAM.** neuropatólogo.

neuropsiquiatría f. Estudio de las enfermedades, neurológicas y psiquiátricas, del sistema nervioso. | **FAM.** neuropsiquiatra.

neurosis f. Trastorno parcial de los aspectos funcionales de la individualidad que afecta sobre todo a las emociones y deja intacta la capacidad de razonamiento. ◆ No varía en pl. | **FAM.** neurótico.

neurótico, ca adj. Que padece neurosis. También s. | Relativo a la neurosis.

neutral adj. y com. Se dice de la persona o cosa que, entre dos partes o alternativas que se oponen, no se inclina por ninguna de ellas: *ese partido se ha mantenido neutral durante el debate*. | Se dice de la región, nación, etc., que no toma parte en la guerra promovida por otros: *Suiza permaneció neutral durante la S. G. M.* | **FAM.** neutralidad, neutralismo.

neutralismo m. Tendencia a permanecer neutral, especialmente en política. ‖ FAM. neutralista.

neutralizar tr. Hacer neutral. También prnl.: *la postura del grupo se ha neutralizado.* ‖ Debilitar el efecto de algo al intervenir otra cosa diferente u opuesta: *tu serenidad ha conseguido neutralizar su furia.* ‖ En quím., hacer neutra una sustancia o una disolución de ella: *las sustancias alcalinas neutralizan los ácidos.* ‖ FAM. neutralizable, neutralización, neutralizante.

neutrino m. Partícula elemental ligera de carga eléctrica neutra y masa cero.

neutro, tra adj. Poco definido o difícil de definir: *un sabor neutro; una mirada neutra.* ‖ Indiferente en política o que se abstiene de intervenir en ella: *masa neutra.* ‖ En fís., se dice del cuerpo que posee la misma cantidad de electricidad positiva y negativa. ‖ En quím., se dice del compuesto que no tiene carácter ácido ni básico. ‖ Se dice del sustantivo no clasificado como masculino ni femenino. ‖ FAM. neutral, neutralizar, neutrino, neutrón.

neutrón m. Partícula elemental pesada, de carga eléctrica neutra y masa aproximadamente igual a la del protón. ‖ FAM. neutrónico.

nevado, da adj. Cubierto de nieve: *un pico nevado.* ‖ Blanco como la nieve: *cabello nevado.* ‖ f. Acción y efecto de nevar: *se anuncian nevadas para el fin de semana.* ‖ Cantidad de nieve que cae de una sola vez: *la nevada ha sido muy fuerte.* ‖ m. amer. Cumbre elevada de nieves persistentes: *el nevado del Ruiz.*

nevar intr. Caer nieve. ‖ tr. Poner blanca una cosa. También prnl.: *nevarse el cabello.* ♦ Irreg. Se conj. como *acertar.* ‖ FAM. nevado.

nevasca f. Ventisca de nieve.

nevera f. Mueble frigorífico, fijo o portátil, para conservar o enfriar alimentos y bebidas. ‖ Lugar o recinto donde hace mucho frío: *tu casa es una nevera.*

nevero m. Paraje de las montañas, donde se conserva la nieve todo el año. ‖ Esta misma nieve. ‖ FAM. nevera.

newton o **neutonio** m. Unidad de fuerza del Sistema Internacional que equivale a la fuerza necesaria para que un cuerpo de 1 kg adquiera una aceleración de un metro/segundo, por segundo. Su símbolo es *N*.

nexo m. Unión y vínculo de una cosa con otra. ‖ Elemento lingüístico que sirve para relacionar un término con otro, como p. ej., las preposiciones y las conjunciones.

ni conj. cop. Enlaza palabras o frases y denota negación, precedida o seguida de otra u otras: *no quiero ni ése ni aquél.* ‖ adv. neg. Y no: *no lo sé ni quiero saberlo.* ‖ **¡ni qué!** Como si: *¡ni que fuera tonto!*

nicho m. Concavidad en el espesor de un muro para colocar una cosa, especialmente un cadáver o sus cenizas.

nicotina f. Alcaloide venenoso que contiene el tabaco. ‖ FAM. nicotinismo, nicotismo.

nictalopía f. Enfermedad consistente en un aumento acusado de la visión cuando disminuye la luz, y especialmente al anochecer. ‖ FAM. nictálope.

nidada f. Conjunto de los huevos puestos en el nido. ‖ Conjunto de los polluelos de una misma puesta mientras están en el nido.

nidal m. Lugar donde las aves domésticas ponen sus huevos.

nidificar intr. Hacer nidos las aves. ‖ FAM. nidificación.

nido m. Lecho o cobijo que hacen las aves para poner sus huevos y criar sus polluelos. ‖ Por ext., cavidad, agujero o conjunto de celdillas donde procrean diversos animales: *nido de avispas.* ‖ Nidal. ‖ Hogar, casa: *volver al nido.* ‖ Guarida de delincuentes. ‖ Lugar donde se origina o se junta algo: *ese basurero es un nido de gérmenes.* ‖ **caerse** uno **del nido** Ser demasiado inocente y confiado. ‖ FAM. nidación, nidada, nidal, nidario, nidícola, nidificar, nidífugo.

niebla f. Nube en contacto con la Tierra y que oscurece más o menos la atmósfera. ‖ Confusión y oscuridad que no deja percibir y apreciar debidamente las cosas o negocios. ‖ FAM. nebladura, neblina, neblinoso, nebuloso.

niel m. Labor en hueco sobre metales preciosos, rellena con un esmalte negro hecho de plata y plomo fundidos con azufre. ‖ FAM. nielado, nielar.

nieto, ta m. y f. Respecto de una persona, hijo o hija de su hijo o de su hija.

nieve f. Agua helada que cae de las nubes en forma de copos blancos. ‖ Temporal en que nieva mucho. Más en pl.: *en tiempo de nieves.* ‖ amer. Polo, sorbete helado. ‖ FAM. nevar, nevasca, nevazo, nevazón, nevero, nevisca, neviza, nevoso, nivación, nival, níveo, nivopluvial.

night-club (voz i.) m. Sala de fiestas nocturna.

nigromancia o **nigromancía** f. Práctica supersticiosa que pretende desvelar el futuro evocando a los muertos. ‖ Magia negra o diabólica. ‖ FAM. nigromante, nigromántico.

nigua f. Insecto díptero, originario de América y muy extendido por África, parecido a la pulga, pero más pequeño y de trompa más larga.

nihil obstat expr. lat. que sign. *nada se opone*. Es la fórmula empleada por la censura eclesiástica para declarar que no ha encontrado nada reprochable en la obra.

nihilismo m. Negación de toda creencia o de todo principio religioso, político y social. ‖ **FAM.** nihilista.

nilgau o **nilgó** m. Mamífero rumiante de la familia de los bóvidos, de color gris el macho y pardo la hembra, con cuernos cortos, utilizado en la India como bestia de carga.

nilótico, ca adj. y s. Del Nilo. ‖ Se dice de un conjunto de pueblos negroafricanos que viven en Sudán y sur de Egipto, en el curso alto del Nilo.

nimbo m. Disco luminoso que rodea la cabeza de las imágenes religiosas. ‖ Capa de nubes bajas y oscuras que suelen traer lluvia o granizo. ‖ **FAM.** nimbar, nimboestrato.

nimio, mia adj. Insignificante, sin importancia: *un detalle nimio*. ‖ Excesivamente minucioso. ‖ **FAM.** nimiamente, nimiedad.

ninfa f. En mit., cualquiera de las diosas menores de las aguas, bosques, selvas, etc., que simbolizaban la femineidad. ‖ Joven hermosa. ‖ Insecto que ha pasado ya del estado de larva y prepara su última metamorfosis. ‖ **FAM.** ninfea, ninfáceo, ninfomanía.

ninfomanía f. Deseo sexual exagerado y a veces patológico en la mujer. ‖ **FAM.** ninfómana, ninfomaníaco.

ningún adj. Apócope de ninguno. ♦ Se emplea sólo antepuesto a nombres masculinos: *ningún hombre*.

ninguno, na adj. Ni uno solo: *todavía no ha llegado ningún invitado*. ‖ Con algunos sustantivos abstractos, nada: *no me corre ninguna prisa*. ‖ pron. indef. Ninguna persona, nadie: *no ha venido ninguno*.

niñato, ta adj. y s. Se dice del joven sin experiencia que cree saberlo todo. ‖ Se dice del joven presumido y de comportamiento frívolo.

niñero, ra m. y f. Persona que se ocupa de cuidar niños. ‖ Persona a la que gustan mucho los niños. También adj.

niñez f. Período de la vida humana, que se extiende desde la infancia a la pubertad.

niño, ña adj. y s. Que se halla en la niñez. ‖ Por ext., que tiene pocos años. ‖ Que tiene poca experiencia o madurez: *te comportas como un niño*. ‖ Hijo: *van a tener un niño*. ‖ f. Pupila del ojo. ‖ m. y f. *amer.* Tratamiento que se da a las personas de mayor categoría social. ‖ **la niña bonita** En la lotería, nombre con que se designa al número quince. ‖ **niño probeta** El concebido por fecundación externa del óvulo, que luego se implanta en el útero

de la madre. ‖ **FAM.** niñada, niñato, niñería, niñero, niñez.

niobio m. Elemento químico metálico pulverulento de color gris, que se asemeja al tántalo y le acompaña en ciertos minerales. Es sumamente raro. Su símbolo es *Nb*.

nipón, na adj. y s. De Japón.

níquel m. Elemento químico metálico de color y brillo semejantes a los de la plata, muy duro, magnético y algo más pesado que el hierro. Entra en varias aleaciones, como el metal blanco. Su símbolo es *Ni*. ‖ **FAM.** niquelar.

niquelar tr. Cubrir con un baño de níquel otro metal. ‖ **FAM.** niquelado.

niqui o **niki** m. Prenda de vestir, especie de blusa, con cuello pequeño y, generalmente, manga corta.

nirvana m. En el budismo, bienaventuranza obtenida por la absorción e incorporación del individuo en la esencia divina.

níscalo m. Hongo comestible de sombrero anaranjado y de textura más dura que las setas. ‖ **FAM.** nízcalo.

níspero m. Árbol rosáceo, de hojas caducas, flores blancas y fruto comestible. ‖ Fruto de este árbol, también comestible.

nítido, da adj. Limpio: *un cielo nítido*. ‖ Claro, preciso: *unas ideas nítidas*. ‖ **FAM.** nitidamente, nitidez.

nitrato m. Sal que se obtiene por reacción del ácido nítrico con una base. ‖ **nitrato de Chile** o **sódico** Abono nitrogenado natural que consiste, principalmente, en nitrato sódico, nitrato potásico y pequeñas cantidades de sales de boro, yodo y otros elementos. Se encuentra en yacimientos situados en la zona desértica del norte de Chile.

nítrico, ca adj. Perteneciente o relativo al nitro o al nitrógeno. ‖ Se dice del ácido compuesto de nitrógeno, oxígeno e hidrógeno, resultante de tratar los nitros con ácido sulfúrico concentrado, que es un líquido incoloro y muy corrosivo. ‖ **FAM.** nitrato.

nitro m. Nitrato potásico que se encuentra en forma de agujas o de polvillo blanquecino en la superficie de los terrenos húmedos y salados. Se utiliza para la fabricación de la pólvora común.

nitrógeno m. Elemento químico no metálico gaseoso, incoloro, transparente e inodoro, que se encuentra en un alto porcentaje en el aire atmosférico. Su símbolo es *N*. ‖ **FAM.** nítrico, nitrito, nitro, nitrogenado, nitroglicerina, nitroso.

nitroglicerina f. Éster nítrico de la glicerina. Es un líquido aceitoso, inodoro, más pesado que el agua, explosivo potente y tan inestable que, por efecto del calor, del roce o de un choque, estalla con fuerza siete veces mayor que la de la pólvora.

nitroso, sa adj. Que tiene nitro o se le parece en algunas de sus propiedades. ‖ Se dice en general de los compuestos oxidados del nitrógeno en grado inferior al ácido nítrico.

nivación f. Conjunto de procesos orogénicos originados por las nieves.

nival adj. Relativo a la nieve.

nivel m. Instrumento para averiguar la diferencia de altura entre dos puntos. ‖ Altura a que llega la superficie de un líquido. ‖ Altura que alcanza algo o grado en que se sitúa respecto a una escala: *Luis ha pasado al nivel B de inglés.* ‖ Piso o planta: *ha habido un hundimiento en el nivel 4.* ‖ Situación alcanzada por algo o alguien después de un proceso: *el nivel económico de esta zona parece haber mejorado.* ‖ **nivel de vida** Grado de bienestar material alcanzado por los habitantes de un país, los componentes de una clase social, etc. ‖ FAM. nivelar.

nivelar tr. Poner un plano en la posición horizontal: *niveló la mesa poniendo una cuña.* ‖ Poner dos o más cosas a la misma altura, categoría, grado, etc.: *nivelar los salarios.* También prnl. ‖ Hallar la diferencia de altura entre dos puntos de un terreno. ‖ Utilizar el nivel para saber si una superficie es horizontal. ‖ FAM. nivelación, nivelador.

níveo, a adj. De nieve o semejante a ella: *piel nívea.*

no adv. neg. En afirm., se utiliza como respuesta negativa a una pregunta, como expresión de rechazo o no conformidad, para indicar la no realización de una acción, etc.: *¿quieres más? no; no me parece apropiado; todavía no han llegado.* ‖ En interr., se emplea para reclamar o pedir una contestación afirmativa o para expresar duda o extrañeza: *¿no será mejor que nos vayamos?; ¿no te parece raro que no haya llamado?* ‖ Seguido de la prep. sin, adquiere sentido afirmativo: *levantó la mano no sin timidez.* ‖ m. Negación: *no admito un no por respuesta.* ‖ **¿a que no?** loc. Se utiliza para retar: *¿a que no lo haces?* ‖ **no bien** loc. adv. Tan pronto como, inmediatamente: *no bien les dio la espalda, empezaron a criticarle.* ‖ **no más** loc. adv. Basta de: *no más líos.* ‖ amer. Solamente: *no más quiero que me escuche.*

Nobel m. p. Cada uno de los premios creados por Alfred Nobel, y que se conceden anualmente a personas o instituciones que hubieran destacado en los campos de la Medicina y Fisiología, Química, Física, Ciencias Económicas, Literatura y de la Paz. ♦ No varía en pl.

nobelio m. Elemento químico radiactivo artificial que se obtuvo bombardeando el curio con iones de carbono. Su símbolo es *No.*

nobiliario, ria adj. Perteneciente o relativo a la nobleza.

noble adj. Que posee un título de nobleza o que pertenece a una familia que lo tiene por herencia. También com. ‖ Perteneciente o relativo a estas personas: *solar noble.* ‖ Honrado, generoso, sincero, leal: *puedes fiarte de él, es muy noble.* ‖ Apl. a animales, fiel, no traicionero: *un perro, un toro noble.* ‖ Destacado o sobresaliente por su valor material, histórico o social, por su calidad, etc.: *metales nobles; vinos nobles.* ‖ Estimable por su categoría moral: *una causa noble.* ‖ En quím., se dice de las sustancias que no reaccionan con otras y permanecen inalterables, como el oro y el platino, entre los metales, o el helio y el argón, entre los gases. ‖ FAM. nobiliario, noblemente, nobleza, noblote.

nobleza f. Calidad de noble. ‖ Conjunto de los nobles de un Estado.

noceda o **nocedal** f. Sitio plantado de nogales.

nocente adj. Que daña. ‖ Que ha incurrido en culpa. También com. ‖ FAM. nocible.

noche f. Período de tiempo comprendido entre la puesta y la salida del Sol. ‖ Oscuridad que caracteriza a este intervalo de tiempo: *es noche cerrada.* ‖ Tiempo que se dedica a dormir y que coincide aproximadamente con este intervalo de tiempo: *he pasado muy mala noche.* ‖ Confusión, oscuridad, tristeza: *la noche se abatió sobre su corazón.* ♦ Esta acepción es metafórica y de uso principalmente literario. ‖ **buenas noches** loc. Fórmula de cortesía utilizada como saludo o despedida durante la noche. ‖ **de la noche a la mañana** loc. adv. De pronto, inopinadamente: *cambió de idea de la noche a la mañana.* ‖ **de noche** loc. adv. A partir del momento en que ha desaparecido la luz del Sol: *turno de noche.* ‖ FAM. nochebuena, nocherniego, nochero, nochevieja, noctámbulo, noctívago, nocturno.

nochebuena f. Noche del 24 de diciembre, que precede al día de Navidad. ♦ Suele escribirse con mayúscula.

nocherniego, ga adj. y s. Que anda de noche.

nochero, ra m. y f. amer. Vigilante nocturno de un local, obra, etc. ‖ amer. Persona que trabaja de noche.

nochevieja f. Última noche del año. ♦ Suele escribirse con mayúscula.

noción f. Conocimiento o abstracto que se tiene de una cosa: *la noción del mal.* ‖ Conocimiento elemental. Más en pl.: *tiene algunas nociones de danés.*

nocivo, va adj. Dañoso, pernicioso: *un ambiente nocivo.* ‖ **FAM.** nocividad.

noctámbulo, la adj. Trasnochador; se dice de quien prefiere divertirse y vivir de noche. ‖ Que anda vagando durante la noche. ‖ **FAM.** noctambulismo.

nocturnidad f. Calidad o condición de nocturno. ‖ En der., circunstancia agravante de responsabilidad, por cometerse de noche ciertos delitos.

nocturno, na adj. Perteneciente a la noche, o que se hace en ella: *turno nocturno.* ‖ Se apl. a los animales que de día están ocultos y buscan el alimento durante la noche, y a las plantas que sólo abren sus flores de noche. ‖ m. Pieza de música vocal o instrumental, de melodía dulce, propia para interpretarse durante la noche. ‖ Serenata en que se cantan o tocan composiciones de carácter sentimental. ‖ **FAM.** nocturnidad.

nodo m. En fís., cada uno de los puntos que permanecen fijos en un cuerpo vibrante. ‖ **FAM.** nodal.

nodriza f. Mujer que cría o cuida niños que no son suyos. ‖ Se apl. como nombre en aposición a *buque* o *avión* para indicar que sirven para aprovisionar a otros de combustible.

nódulo m. Pequeña dureza redondeada de cualquier materia. ‖ Agrupación celular o fibrosa en forma de nudo o corpúsculo. ‖ Masa redondeada que se encuentra dentro de algunas rocas, de distinta naturaleza que la de éstas.

noema m. Contenido objetivo del pensar, a diferencia del acto intelectual o *noesis.* ‖ **FAM.** noemático.

noesis f. Visión intelectual, pensamiento. ‖ En fenomenología, acto intencional de intelección o intuición. ‖ **FAM.** noético.

nogal m. Árbol de corteza resinosa y hojas grandes, cuyo fruto es la nuez; su madera es muy apreciada en ebanistería. ‖ Madera de este árbol. ‖ **FAM.** nogalina, noguera.

nogalina f. Colorante obtenido de la cáscara de la nuez, usado para pintar imitando el color del nogal.

nómada adj. y com. Que carece de un lugar fijo de residencia y se desplaza de un sitio a otro: *tribu nómada.* ‖ **FAM.** nomadismo.

nombradía f. Fama, reputación, notoriedad, renombre.

nombramiento m. Acción y efecto de nombrar. ‖ Escrito en que se designa a alguien para un cargo u oficio: *ayer le entregaron el nombramiento.*

nombrar tr. Decir el nombre de una persona o cosa: *nómbrame los cabos de España.* ‖ Hacer referencia a una persona o cosa: *en este* artículo nombran repetidas veces a la empresa. ‖ Elegir a alguien para un cargo, empleo u otra cosa: *le nombraron embajador.* ‖ **FAM.** nombrado, nombramiento.

nombre m. Palabra que designa a cualquier realidad, concreta (personas, animales, cosas) o abstracta, y que sirve para referirse a ella, para reconocerla y para distinguirla de otra. ‖ Título de una cosa por el cual es conocida: *no recuerdo el nombre de la película.* ‖ Reputación: *aquel escándalo puso en entredicho el nombre de la empresa.* ‖ En gram., el sustantivo. ‖ **nombre común** El que se aplica a todos los seres animados o inanimados de una misma especie: *mujer, pájaro, árbol.* ‖ **nombre de pila** El que se da a un niño cuando se le bautiza. ‖ P. ext., el que se inscribe en el registro civil y precede a los apellidos: *mi nombre de pila es Juan.* ‖ **nombre propio** El que se aplica a seres animados o inanimados para designarlos y diferenciarlos de otros de su misma especie: *Antonio, Toledo.* ‖ **en nombre de** loc. adv. Actuando en representación suya. ‖ **no tener nombre** una cosa loc. Producir tanta indignación que no existen palabras para expresarla: *su desfachatez no tiene nombre.* ‖ **FAM.** nombradía, nombrar, nomenclátor, nómina, nominal, nominar.

nomenclátor m. Catálogo de nombres. ‖ **FAM.** nomenclatura.

nomenclatura f. Conjunto de las voces técnicas de una especialidad.

nomeolvides f. Nombre común de diversas plantas herbáceas, muy usadas en jardinería y ornamentación, que miden de 15 a 45 cm y tienen flores en racimo de color blanco azulado. ◆ No varía en pl.

nómina f. Lista o catálogo de nombres de personas o cosas. ‖ Relación nominal de empleados que han de percibir sueldo. ‖ El sueldo mismo. ‖ Impreso en que se especifica el sueldo, los descuentos, los extras, etc.: *hay que bajar a firmar la nómina.*

nominal adj. Perteneciente al nombre. ‖ Que sólo es o existe de nombre y carece de una existencia efectiva: *su cargo en el departamento es puramente nominal.* ‖ Se dice del valor de acciones u obligaciones cotizables en bolsa que se corresponde con una parte proporcional del capital. ‖ Se dice de ciertos documentos bancarios: *cheque nominal.* ‖ **FAM.** nominalismo, nominalizar, nominalmente.

nominalismo m. Doctrina filosófica tendente a negar la existencia objetiva de los universales, considerándolos como meras convenciones o nombres. Se opone a realismo y a idealismo. ‖ **FAM.** nominalista.

nominar tr. Designar a alguien para un determinado cargo, puesto, etc. ‖ Dar nombre a una persona o cosa. ‖ Proponer algo o a alguien para un premio: *es la tercera vez que le nominan para el Óscar.* ‖ **FAM.** nominación, nominado, nominador, nominativo.

nominativo adj. Se apl. a ciertos documentos bancarios, títulos, etc., que se extienden a favor de alguien y en los que consta su nombre, en oposición a los que son al portador: *talón nominativo.* ‖ m. Caso de la declinación que corresponde a las funciones de sujeto y atributo.

nomo m. Gnomo.

nomon m. Gnomon. ‖ **FAM.** nomónica.

non adj. y m. Impar. ‖ m. pl. Negación rotunda de una cosa: *¡he dicho que nones!*

nonada f. Cosa de insignificante valor.

nonagenario, ria adj. y s. Que ha cumplido noventa años.

nonagésimo, ma adj. Que ocupa el lugar noventa en una serie ordenada. ‖ Se dice de cada una de las 90 partes iguales en que se divide un todo. También s.

nonágono, na adj. y m. Se dice del polígono de nueve ángulos y nueve lados. ‖ **FAM.** nonagonal.

nonato, ta adj. No nacido en parto normal, sino por medio de una cesárea.

noningentésimo, ma adj. Que ocupa el lugar noveciento en una serie ordenada. ‖ Se dice de cada una de las 900 partes iguales en que se divide un todo. También s.

nonio m. Pieza que se pone sobre una regla o un limbo graduados, para apreciar fracciones pequeñas de las divisiones menores.

nono, na adj. Noveno. ‖ **FAM.** nonagenario, nonagésimo, noningentésimo.

noosfera f. Conjunto que forman los seres inteligentes con el medio en que viven.

nopal m. Planta cactácea con tallos aplastados, carnosos, cuyo fruto es el higo chumbo.

noquear tr. En boxeo, dejar fuera de combate.

noray m. Poste para afirmar las amarras de los barcos.

nordeste o **noreste** m. Punto del horizonte entre el N y el E. Su abreviatura es *NE.* ‖ Viento que sopla de esta parte. ‖ **FAM.** nornordeste.

nórdico, ca adj. Perteneciente o relativo a los pueblos del norte de Europa. ‖ m. Grupo de las lenguas germánicas del Norte, como el noruego, el sueco, el danés y el islandés.

noria f. Máquina para sacar agua de un pozo. ‖ En las ferias, instalación recreativa consistente en una rueda que gira en vertical y de la que cuelgan cabinas para las personas.

norma f. Regla que debe ser cumplida: *esto*

no lo permiten las normas del establecimiento. ‖ Conjunto de reglas que determinan el uso correcto del lenguaje. ‖ Precepto jurídico. ‖ Escuadra utilizada para arreglar y ajustar los maderos, piedras y otras cosas. ‖ **FAM.** normal, normativa, normativo.

normal adj. Se dice de lo que es general o mayoritario y de lo que es u ocurre como siempre o como es habitual, por lo que no produce extrañeza: *es normal que los niños jueguen; sus gustos son normales.* ‖ Lógico: *es normal que no quiera vernos después del plantón de ayer.* ‖ Que sirve de norma o regla. ‖ Se dice de lo que por su naturaleza, forma o magnitud se ajusta a ciertas normas fijadas de antemano: *no es normal que le sancionen así por esa falta.* ‖ Se dice de la línea o plano perpendiculares a otra recta o plano tangentes. ‖ **FAM.** normalidad, normalizar, normalmente.

normalizar tr. Regularizar, ordenar. ‖ Hacer que una cosa sea normal. ‖ Ajustar a un tipo, modelo o norma. ‖ **FAM.** normalización.

normando, da adj. Se apl. a los escandinavos que desde el s. IX hicieron incursiones en varios países de Europa y se establecieron en ellos. También s. ‖ Natural de Normandía. También s. ‖ Perteneciente a esta antigua provincia de Francia.

normativo, va adj. Que sirve de norma. ‖ f. Conjunto de normas aplicables a una determinada materia o actividad: *normativa laboral.*

noroeste m. Punto del horizonte entre el N y el O. Su abreviatura es *NO.* ‖ Viento que sopla de esta parte.

norte m. Punto cardinal del horizonte, que cae frente a un observador a cuya derecha esté el Oriente. Su abreviatura es *N.* ‖ Viento que sopla de esta parte. ‖ Dirección, meta: *su norte es triunfar en el espectáculo.* ‖ **FAM.** nordeste, nórdico, noreste, nornordeste, nornoroeste, noroeste, nordada, norteafricano, norteamericano, norteño, nortear, nórtico.

norteamericano, na adj. y s. De América del Norte y especialmente de EE. UU.

norteño, ña adj. Perteneciente o relativo al norte: *viento norteño.* También s. ‖ Que está situado en la parte norte de un país.

nos pron. pers. de 1.ª persona, m. y f. pl. Funciona como complemento directo o indirecto: *si corres nos alcanzarás; no nos ha dado permiso.* Se utiliza para formar v. prnl.: *nos despertamos muy cansados.* Se usa con valor de sujeto de primera persona del singular (*yo*) en el llamado plural mayestático, utilizado por altas dignidades eclesiásticas: *Nos, el pontífice, proclamamos...* ‖ **FAM.** nosotros, nuestro.

noseología f. Gnoseología. ‖ **FAM.** noseológico.

nosología f. Parte de la medicina, que tiene por objeto describir, diferenciar y clasificar las enfermedades. ‖ **FAM.** nosografía, nosológico.

nosotros, tras pron. pers. de 1.ª pers., m. y f. pl. Funciona como sujeto: *abre, somos nosotros.* Con preposición, funciona como complemento: *nos lo dijo a nosotros; venid con nosotros.*

nostalgia f. Sentimiento de pena o tristeza que produce la ausencia de la patria o de las personas queridas. ‖ Tristeza melancólica por el recuerdo de un bien perdido: *tenía nostalgia de aquel verano.* ‖ **FAM.** nostálgicamente, nostálgico.

nosticismo m. Gnosticismo. ‖ **FAM.** nóstico.

nota f. Escrito breve que recuerda algo o avisa de alguna cosa: *te he dejado una nota.* ‖ Advertencia, explicación o comentario a un texto, que se incluyen en el mismo de forma separada para diferenciarlos del texto principal: *notas a pie de página; notas finales.* ‖ Escrito que resume una exposición oral, realizado durante su desarrollo. Más en pl.: *tomar notas en una conferencia, en una clase.* ‖ Calificación: *no han salido todavía las notas de física.* ‖ Factura: *¿nos trae la nota, por favor?* ‖ Signos utilizados en música para representar los sonidos. ‖ Cada uno de estos sonidos. ‖ **FAM.** notación, notar, notorio.

notable adj. Digno de atención, destacable: *una vidriera notable.* ‖ Se dice de lo que es grande y excesivo en su género. ‖ m. Calificación académica. ‖ m. pl. Personas principales en una localidad o en una colectividad. ‖ **FAM.** notabilidad, notablemente.

notación f. Sistema de signos convencionales que se adopta para expresar ciertos conceptos matemáticos. ‖ Acción y efecto de notar. ‖ Escritura musical

notar tr. Darse cuenta de algo: *no notó que te fuiste.* También prnl. ‖ Apuntar brevemente una cosa para que no se olvide. ‖ Poner notas a los escritos o libros. ‖ Calificar, juzgar. ‖ Señalar una cosa. ‖ **FAM.** notable.

notaría f. Oficio de notario y oficina donde despacha.

notariado, da adj. Se dice de lo que está autorizado ante notario. ‖ m. Profesión de notario. ‖ Colectividad de notarios.

notario m. Funcionario público autorizado para dar fe de los contratos, testamentos y otros actos extrajudiciales. ‖ **FAM.** notaría, notariado, notarial.

noticia f. Divulgación o publicación de un

hecho: *todavía no es noticia la venta de la empresa.* ‖ El hecho divulgado: *¿te has enterado de la noticia?* ‖ Noción, conocimiento: *no tenía noticia de ello.* ‖ **FAM.** noticiar, noticiario, noticiero, noticición, noticioso.

noticiario m. Espacio de televisión, radio o prensa en el que se difunden noticias.

noticiero, ra adj. Que da noticias. ‖ m. Noticiario de los periódicos.

notificar tr. Hacer saber oficialmente una resolución: *notificar un despido.* ‖ P. ext., comunicar una cosa: *te notifico que llegamos tarde.* ‖ **FAM.** notificación, notificado, notificativo.

notocordio m. Cordón celular macizo dispuesto a lo largo del cuerpo de los animales cordados. En los vertebrados sirve de soporte a la médula espinal, y en los procordados se halla situado paralelo y por debajo del tubo nervioso.

notorio, ria adj. Público y sabido de todos: *las causas de la crisis son notorias.* ‖ Evidente, claro: *tu temor es notorio.* ‖ **FAM.** notoriamente, notoriedad.

nova f. La estrella que adquiere temporalmente un brillo superior al normal suyo.

noval adj. Se apl. a la tierra que se cultiva por primera vez, y también a las plantas y frutos que ésta produce.

novatada f. Broma pesada que se hace a los novatos. ‖ P. ext., error cometido por inexperiencia.

novato, ta adj. y s. Que acaba de incorporarse a una colectividad: *este año hay varios novatos en la clase.* ‖ P. ext., inexperto en algo: *un conductor novato.* ‖ **FAM.** novatada.

novecentismo m. Término con que se designa la renovación cultural, artística y literaria que se inicia en 1900, caracterizada por la tendencia a la europeización y la defensa del clasicismo frente a la vanguardismo e intelectualismo. ‖ **FAM.** novecentista.

novecientos, tas adj. y pron. Nueve veces ciento. ‖ Que ocupa el lugar novecientos en una serie ordenada. ‖ m. Signos numéricos que lo representan: *900.* ‖ **FAM.** novecentismo.

novedad f. Calidad de nuevo: *al público le gusta la novedad.* ‖ Cambio: *no ha habido novedad, su estado permanece estacionario.* ‖ Noticia: *tengo varias novedades que contarte.* ‖ Lo que sorprende por su carácter diferente y generalmente estimulador o inspirador: *la novedad de una teoría, de una tendencia artística.* ‖ Cualquier cosa que acaba de aparecer: *las últimas novedades del mercado.* ‖ **FAM.** novedoso.

novel adj. Nuevo, inexperto.

novela f. Obra literaria en prosa, que narra sucesos ficticios, o reales en parte. ‖ Género literario formado por estas obras. ‖ Ficción o mentira en cualquier materia. ‖ **FAM.** novelar, novelería, novelista, novelística, novelístico, novelón.

novelar tr. Referir un suceso con forma o apariencia de novela. ‖ **FAM.** novelable.

novelesco, ca adj. Propio de las novelas: *un tipo, un argumento novelesco.*

novelista com. Persona que escribe novelas.

novelística f. Conjunto de novelas de una época, país, género, etc.: *la novelística romántica.* ‖ Tratado histórico o preceptivo de la novela.

novelón m. Novela extensa, y por lo común dramática y mal escrita.

noveno, na adj. y pron. Que en una serie ordenada ocupa el número nueve. ‖ Se dice de cada una de las nueve partes iguales en que se divide un todo. También m. ‖ f. Ejercicio de devoción católico que se practica durante nueve días. ‖ Libro en que se contienen las oraciones y prácticas de una novena.

noventa adj. y pron. Nueve veces diez. También m. ‖ Que en una serie ordenada ocupa el número noventa. ‖ m. Conjunto de signos con que se representa el número noventa. ‖ **FAM.** noventavo, noventón.

noviazgo m. Condición o estado de novio o novia. ‖ Tiempo que dura.

noviciado m. Tiempo que dura la situación de novicio. ‖ Casa en que habitan los novicios. ‖ Conjunto de novicios.

novicio, cia m. y f. Persona que, en la religión donde tomó el hábito, no ha profesado todavía. ‖ Principiante. ‖ **FAM.** noviciado.

noviembre m. Undécimo mes del año, entre octubre y diciembre, que tiene 30 días.

novillada f. Lidia o corrida de novillos. ‖ Conjunto de novillos.

novillero, ra m. y f. Lidiador de novillos. ‖ Persona que cuida de los novillos cuando los separan de la vaca. ‖ Estudiante que hace novillos.

novillo, lla m. y f. Res vacuna de dos o tres años. ‖ **hacer novillos** loc. Faltar a la escuela o al trabajo. ‖ **FAM.** novillada, novillero.

novilunio m. Fase de la luna nueva en la que, por la conjunción del Sol con la Luna, la cara iluminada de ésta no se ve.

novio, via m. y f. Persona que mantiene con otra una relación amorosa con fines matrimoniales. ‖ Persona que mantiene con otra una relación sentimental de cualquier tipo. ‖ Persona recién casada. ‖ **FAM.** noviazgo, noviero.

nubarrón m. Nube grande y densa.

nube f. Masa de vapor de agua suspendida en la atmósfera. ‖ Agrupación de cosas, como el polvo, el humo, insectos, etc. ‖ Abundancia de algo: *le rodeaba una nube de admiradores.* ‖ Cualquier cosa que oscurece o encubre otra. ‖ Cualquier mancha que enturbia una superficie brillante: *no limpiaste bien los cristales, tienen nubes.* ‖ Pequeña mancha blanquecina que se forma en la capa exterior de la córnea y dificulta la visión. ‖ **nube de verano** Tormenta repentina y breve, con lluvia intensa, que suele darse en verano. ‖ P. ext., se aplica a lo que se produce de forma repentina e intensa pero dura poco: *nuestro enfado fue sólo una nube de verano.* ‖ **estar** o **vivir en las nubes** loc. Ser despistado, soñador. ‖ **estar por las nubes** loc. Encarecer, aumentar mucho su precio. ‖ **FAM.** nubada, nubarrón, nublar, nubosidad, nuboso.

núbil adj. Que ha alcanzado la madurez sexual y puede tener hijos. ‖ Edad en que se alcanza la madurez sexual. ‖ **FAM.** nubilidad.

nublado adj. Cubierto de nubes: *el cielo está nublado.* ‖ m. Nube que amenaza tempestad. ‖ P. ext., tormenta.

nublar tr. y prnl. Ocultar las nubes el cielo, el Sol o la Luna. ‖ Oscurecer, empañar algo, material o inmaterial: *nublarse el juicio.* ‖ **FAM.** nublado, nublazón.

nuca f. Parte donde se une la cabeza con la columna vertebral.

nuclear adj. Perteneciente al núcleo. ‖ Perteneciente o relativo al núcleo de los átomos: *energía nuclear.* ‖ **FAM.** nuclearización.

nucleico, ca adj. Se dice de ciertos ácidos orgánicos componentes de la materia viva que intervienen en la síntesis de las proteínas y en la transmisión genética.

núcleo m. Parte central o más importante de algo: *este capítulo es el núcleo de la novela.* ‖ Parte central del átomo, de carga eléctrica positiva y que contiene la mayor parte de la masa atómica. ‖ Parte más densa y luminosa de un astro. ‖ Corpúsculo contenido en el citoplasma de las células y constituido esencialmente por cromatina. ‖ **FAM.** nuclear, nucleico, nucleótido, nucleolo.

nucleolo o **nucléolo** m. Corpúsculo diminuto, único o múltiple, situado en el interior del núcleo celular y compuesto por un tipo de ácido nucleico y proteínas.

nucleón m. Cada una de las partículas elementales, protón o neutrón, que constituyen el núcleo atómico.

nudillo m. Parte exterior de cualquiera de las articulaciones de los dedos. Más en pl.

nudismo m. Doctrina y práctica de quienes creen que la desnudez completa es conveniente para un perfecto equilibrio físico y moral. | **FAM.** nudista.

nudo m. Lazo que se estrecha y cierra de modo que con dificultad se pueda soltar. | En los árboles y plantas, parte del tronco por la cual salen las ramas | En una obra literaria o cinematográfica, parte donde se complica la acción y que precede al desenlace. | Principal dificultad o duda en algunas materias: *este es el nudo de la cuestión.* | Punto donde se unen dos o más cosas: *nudo de vías férreas.* | Unidad de velocidad en navegación, que equivale a una milla por hora. | **FAM.** nudillo, nudosidad, nudoso.

nuera f. Respecto de una persona, mujer de su hijo.

nuestro, tra adj. y pron. pos. de 1.ª pers. m. y f. sing. Indica la relación de pertenencia del sustantivo al que acompaña respecto a dos o más poseedores, entre los que se incluye el hablante: *nuestra casa; ése es el nuestro.* | Con el artículo *lo,* denota lo más propio o característico de un grupo de personas, entre las que se incluye el hablante: *lo nuestro es viajar.* | m. pl. Personas que pertenecen a la misma familia o grupo de cualquier tipo que el hablante: *han ganado los nuestros.*

nueve adj. Ocho y uno. | Que ocupa el número nueve en una serie ordenada. Apl. a los días del mes, también m.: *el nueve de diciembre.* | m. Signo o cifra con que se representa el número nueve. | **FAM.** novecientos, novena, noveno, noventa.

nuevo, va adj. Recién creado o fabricado: *una novela nueva;* un coche nuevo. | Que se ve o se oye por la primera vez: *esta costumbre es nueva para mí.* | Repetido o reiterado para renovarlo: *sacarán una nueva edición dentro de poco.* | Distinto o diferente de lo que antes había o se tenía aprendido: *esta nueva explicación lo cambia todo.* | Que se añade a una cosa que había antes: *nos ha caído encima un nuevo problema.* | Recién llegado a un país o lugar: *es el nuevo jefe de proyectos.* | Se dice del producto agrícola cosechado muy recientemente: *patatas nuevas.* | En oposición a viejo, se dice de lo que está poco o nada usado: *esa falda está nueva.* | f. Noticia: *es una buena nueva.* | **de nuevas** loc. adv. Por sorpresa: *lo de su accidente me ha cogido de nuevas.* | Por primera vez. | **FAM.** nova, noval, novato, novedad, novedoso, novel, novicio, novillo, novio, novísimo, nuevamente.

nuez f. Fruto del nogal, de cáscara dura, rugosa, de color marrón claro que en su interior tiene dos partes carnosas y simétricas separadas por una membrana. | Prominencia que forma el cartílago tiroides en la parte anterior del cuello del varón adulto. | Porción de cualquier cosa del tamaño de una nuez: *una nuez de levadura.* | **nuez moscada** Fruto del árbol llamado moscadero, que se utiliza como condimento. | **FAM.** noceda, nocedal, nogal.

nulo, la adj. Que carece de validez legal: *sentencia nula.* | Incapaz: *Juan es nulo para el dibujo.* | Ninguno: *remordimientos nulos.* | **FAM.** nulamente, nulidad.

numen m. Cualquiera de los dioses fabulosos adorados por los gentiles. | Inspiración del artista o escritor.

numeración f. Acción y efecto de numerar. | Sistema de signos verbales o escritos para expresar todos los números. | **numeración arábiga,** o **decimal** Sistema que utiliza los diez signos introducidos por los árabes en Europa: 0, 1, 2, 3, 4, 5, 6, 7, 8, 9. | **numeración romana** La que usaban los romanos y que expresa los números por medio de siete letras del alfabeto latino, que son: $I = 1$, $V = 5$, $X = 10$, $L = 50$, $C = 100$, $D = 500$ y $M = 1.000$. | **FAM.** enumerar.

numerador m. Guarismo que señala el número de partes iguales de la unidad, que contiene un quebrado. | Aparato con que se marca la numeración correlativa.

numeral adj. Perteneciente o relativo al número. | En gram., se dice de los adj. y pron. que designan números.

numerar tr. Marcar con números una serie, para ordenarla. | Contar los elementos de un conjunto siguiendo el orden numérico. También prnl.: *el sargento nos ordenó numerarnos.* | **FAM.** numerable, numeración, numerador, numeradora.

numerario, ria adj. Perteneciente al número. | Se dice del individuo que, con carácter fijo, forma parte de una corporación, sociedad, etc.: *profesor numerario.* | m. Dinero en efectivo.

número m. Concepto matemático que expresa cantidad. | Signo o conjunto de signos con que se representa este concepto. | Cantidad indeterminada de personas, animales o cosas: *asistió un gran número de espectadores.* | Puesto que ocupa algo o alguien en una serie ordenada, como una lista, una cola, etc. | Cada una de las hojas o cuadernos de una publicación periódica. | Cada una de las partes de un espectáculo: *un número de prestidigitación.* | Accidente gramatical que expresa, por medio de cierta diferencia en la terminación de las palabras, si éstas se refieren a una o más personas o cosas. | Individuo sin graduación en algunos cuerpos militares: *un número de la guardia civil.* | **FAM.** numeral, numerar, numerario, numérico, numeroso.

numeroso, sa adj. Que incluye gran número de cosas. ‖ FAM. numerosamente, numerosidad.

númida adj. Natural de Numidia. También com. ‖ Perteneciente a esta región de África antigua.

numismática f. Ciencia que trata del conocimiento de las monedas y medallas. ‖ FAM. numismático.

nunca adv. t. En ningún momento: *nunca lo sabrán.* ‖ Ninguna vez: *nunca lo había oído.*

nuncio m. Representante diplomático del Papa. ‖ Mensajero. ‖ Anuncio o señal. ‖ FAM. nunciatura.

nupcias f. pl. Casamiento. ‖ FAM. nupcial, nupcialidad.

nutria f. Mamífero carnívoro de cabeza chata, orejas muy pequeñas, patas cortas y cola larga. De color pardo, su piel es muy apreciada para la industria peletera. Vive a la orilla de los ríos y se alimenta de peces, ranas, ratas de agua y aves acuáticas.

nutrición f. Acción y efecto de nutrir o nutrirse. ‖ Conjunto de funciones orgánicas que transforman los alimentos para obtener la energía necesaria para el organismo.

nutrido, da adj. Lleno, abundante: *su informe está muy nutrido de datos.*

nutrir tr. y prnl. Proporcionar a un organismo vivo el alimento que necesita. ‖ Fortalecer, vigorizar, alentar: *son varias las tradiciones que nutren esta novela.* ‖ Llenar: *una gran variedad de personajes nutrían la recepción.* ‖ FAM. nutricio, nutrición, nutrido, nutriente, nutrimento, nutritivo.

ny f. Decimotercera letra del alfabeto griego, que corresponde a la que en el nuestro se llama *ene.* ♦ La grafía mayúscula es *N* y la minúscula *v.*

nylon (voz i.) m. Nailon.

Ñ

ñ f. Decimoquinta letra del abecedario español y duodécima de sus consonantes. Su nombre es *eñe*.

ñacanina f. Serpiente grande, muy venenosa, de América del Sur.

ñagaza f. Señuelo para coger aves.

ñala m. Antílope africano de hasta 1 m de altura, con pelo negro y largo y franjas transversales blancas; el macho luce una amplia cornamenta.

ñame m. Planta herbácea, originaria de los países tropicales, cuyo tubérculo, parecido a la batata, es comestible. ‖ Tubérculo de esta planta.

ñandú m. Ave americana de gran tamaño, algo más pequeña que el avestruz, con tres dedos en cada pie y plumaje gris.

ñandubay m. Árbol de América, de tronco muy grueso y rugoso y madera rojiza.

ñandutí m. *amer.* Tejido muy fino, que imita el de cierta telaraña. ♦ pl. *ñandutís* o *ñandutíes.*

ñanga adj. *amer.* Inútil. ‖ adv. *amer.* Inútilmente. ‖ f. *amer.* Terreno pantanoso. ‖ **FAM.** ñangado.

ñapango, ga adj. *amer.* Mestizo. ‖ *amer.* Mulato.

ñato, ta adj. *amer.* De nariz corta y aplastada.

ñeque adj. *amer.* Fuerte, vigoroso. ‖ m. *amer.* Fuerza, energía: *ese potro tiene ñeque.*

ñiquiñaque m. Sujeto o cosa despreciable.

ño, ña m. y f. *amer.* Tratamiento vulgar de cortesía, que equivale a *señor, señora* o a *don, doña.*

ñoclo m. Dulce hecho de masa de harina, azúcar, manteca, huevos, vino y anís.

ñoco, ca adj. *vulg. amer.* Se dice de la persona a la que le falta un dedo o una mano. ‖ m. *amer.* Golpe que se da con el brazo extendido horizontalmente.

ñoño, ña adj. Melindroso, ridículo. ‖ Puritano, mojigato. ‖ Quejica. ‖ **FAM.** ñoñería, ñoñez.

ñoqui m. Masa hecha con patatas, mezcladas con harina de trigo, mantequilla, leche, huevo y queso rallado, dividida en trocitos, que se cuecen en agua hirviente con sal.

ñora f. Pimiento muy picante, guindilla. ‖ Noria, máquina de elevar agua.

ñu m. Mamífero rumiante de África, especie de antílope de cabeza grande y cuernos curvos.

o f. Decimosexta letra del abecedario español, y cuarta de sus vocales. Representa un sonido de articulación velar, semiabierta y oral. ♦ pl. *oes.*

o conj. Denota diferencia, separación o alternativa entre dos o más personas, cosas o ideas: *Antonio o Francisco; blanco o negro; vencer o morir.* ♦ Cuando va entre dos cifras se acentúa: *8 ó 9.* | Suele preceder a cada uno de dos o más términos contrapuestos: *lo harás de grado o por fuerza.* | Denota idea de equivalencia, significando *o sea,* o *lo que es lo mismo.*

oasis m. Zona con vegetación y agua, que se encuentra aislada en los desiertos arenales de África y Asia. | Tregua, descanso. ♦ No varía en pl.

obcecación f. Ofuscación tenaz: *no sé si conseguiremos vencer su obcecación con razones.*

obcecar tr. Cegar, ofuscar: *se ha obcecado en comprarlo.* También prnl. | **FAM.** obcecación, obcecadamente, obcecado.

obedecer tr. Cumplir lo que se manda: *obedecer una orden, una ley.* | Responder algo a la acción que sobre ello ejerce alguien o algo: *estos frenos no obedecen.* | intr. Tener origen una cosa, proceder: *este fracaso obedece a una falta de previsión.* ♦ **Irreg.** Se conj. como *agradecer.* | **FAM.** obedecedor, obedecible, obedecimiento, obediencia, obediente, obedientemente.

obediente adj. Que acostumbra a obedecer: *un perro obediente.*

obelisco m. Monumento conmemorativo en forma de pilar muy alto, de cuatro caras iguales, y terminado por una punta piramidal.

obenque m. Cada uno de los cabos gruesos que sujetan la cabeza de un palo o de un mastelero de un barco a los costados o a la cofa del mismo.

obertura f. Composición instrumental que inicia una obra musical, especialmente la ópera y la suite.

obeso, sa adj. y s. Se dice de la persona excesivamente gruesa. | **FAM.** obesidad.

óbice m. Obstáculo, impedimento.

obispado m. Dignidad y cargo del obispo. | Territorio o distrito asignado a un obispo para ejercer sus funciones. | Local o edificio donde funciona la curia episcopal.

obispo m. Clérigo que ha recibido el sagrado orden del episcopado. | **FAM.** obispado, obispal, obispalía, obispar, obispillo.

óbito m. Fallecimiento de una persona. | **FAM.** obituario.

obituario m. Libro parroquial donde se anotan las muertes y entierros. | Sección de un periódico donde se informa de las muertes sucedidas, o en el que se hace un breve resumen biográfico cuando el fallecido es un personaje famoso.

objeción f. Razonamiento o argumento que se propone en contra de otro, de un proyecto, etc.: *tu objeción no tiene demasiada fuerza.* | **objeción de conciencia** Oposición a cumplir el servicio militar, apoyándose en razones éticas, políticas o religiosas. | **FAM.** objetar.

objetar tr. Oponer reparo a una opinión o intención; impugnar. | **FAM.** objetable, objetante, objetor.

objetivar tr. Dar carácter objetivo a una idea o sentimiento. | **FAM.** objetivación.

objetividad f. Calidad de objetivo.

objetivo, va adj. Relativo al objeto en sí, independientemente de nuestro juicio o sentimiento sobre él: *un dato objetivo.* | Se dice de las personas que no se dejan influir por consideraciones personales en sus juicios o en su comportamiento. | En fil., se dice de lo que existe realmente, fuera del sujeto que lo conoce: *una verdad objetiva.* | m. Finalidad de una acción: *su objetivo es dominar la junta.* | Lente o conjunto de lentes a través del cual llega la luz a un aparato óptico o a la película de una cámara fotográfica o de cine. | Blanco hacia el que se dirige algo. | **FAM.** objetivamente, objetivar, objetividad, objetivismo.

objeto m. Cosa, especialmente la de carácter material: *hay varios objetos sobre la mesa.* | Todo lo que puede ser conocido o sentido por el sujeto, incluso él mismo. | Lo que sirve de materia al ejercicio de las facultades mentales:

el amor es el objeto central de la lírica proven-zal. ∥ Fin o intento a que se dirige o encamina una acción u operación: *el objeto de este viaje es negociar un tratado de cooperación.* ∥ Materia y sujeto de una ciencia: *el objeto de la paleontología son los restos fósiles.* ∥ En ling., el complemento directo o indirecto, por oposición al sujeto. ∥ **FAM.** objetivo, objetual.

objetor, ra adj. Que objeta. ∥ **objetor de conciencia** Se dice de la persona que se niega a cumplir el servicio militar por razones éticas, políticas o religiosas.

oblación f. Ofrenda que se hace a la divinidad. ∥ **FAM.** oblato, oblea.

oblato, ta m. y f. Miembro de ciertas congregaciones religiosas. ∥ f. Religiosa perteneciente a la congregación del Santísimo Redentor.

oblea f. Hoja delgada de pan ázimo de la que se sacan las hostias y las formas. ∥ Cada uno de estos trozos.

oblicuidad f. Dirección inclinada. ∥ Inclinación que aparta del ángulo recto la línea o el plano que se considera respecto de otra u otro.

oblicuo, cua adj. Sesgado, inclinado al través o desviado de la horizontal. ∥ Se dice del plano o línea que se encuentra con otro u otra, y forma con él o ella un ángulo que no es recto. ∥ **FAM.** oblicuamente, oblicuángulo, oblicuar, oblicuidad.

obligación f. Aquello que hay que hacer o cumplir: *la obligación de pagar los impuestos.* ∥ Circunstancia que obliga a hacer o a no hacer una cosa: *tu obligación es aprobar.* ∥ Gratitud que se debe a alguien por algún favor recibido: *tengo una obligación contigo.* ∥ Documento notarial o privado mediante el que se reconoce una deuda y se ponen las condiciones para saldarla. ∥ Título, al portador y con interés fijo, que representa una suma prestada o exigible por otro concepto a la persona o entidad que lo emitió: *obligaciones del Estado.* ∥ **FAM.** obligacionista.

obligar tr. Hacer que alguien haga algo utilizando la fuerza o la autoridad. ∥ Hacer que alguien haga lo que otro desea, atrayéndolo mediante favores o regalos. ∥ Hacer fuerza sobre una cosa para conseguir un efecto determinado: *esta ventana no cierra ni obligándola.* ∥ prnl. Comprometerse a cumplir algo: *se obligó a dejar de fumar.* ∥ **FAM.** obligación, obligado, obligativo, obligatorio.

obligatorio, ria adj. Que obliga a su cumplimiento y ejecución. ∥ **FAM.** obligatoriamente, obligatoriedad.

obliterar tr. En med., obstruir o cerrar un

conducto o cavidad. También prnl. ∥ **FAM.** obliteración.

oblongo, ga adj. Más largo que ancho.

obnubilar tr. Ofuscar. También prnl. ∥ **FAM.** obnubilación.

oboe m. Instrumento de viento, construido en madera, de embocadura cónica y con seis orificios regulados por un sistema de llaves. ∥ Persona que toca este instrumento.

óbolo m. Pequeña suma de dinero con la que se contribuye a un fin determinado. ∥ Moneda de plata de los antiguos griegos.

obra f. Cosa hecha por alguien o por algo: *me temo que esto es obra de Juan.* ∥ Cualquier creación humana en ciencias, letras, artes, etc., especialmente la que tiene importancia. ∥ Tratándose de libros, volumen o volúmenes que contienen un trabajo literario completo: *han sacado una valiosa edición de la obra de Baroja.* ∥ Edificio o terreno en construcción: *la obra está ya muy avanzada.* ∥ Conjunto de arreglos o cambios que se hacen en un edificio: *el piso les ha salido muy bien de precio, pero tienen que hacer obra.* ∥ Medio, virtud o poder por el que se realiza algo: *no es obra de la suerte, sino del esfuerzo.* ∥ **FAM.** ópera, opúsculo.

obrador, ra adj. Que obra. También s. ∥ m. Taller de obras manuales.

obrar intr. Hacer una cosa, trabajar en ella. ∥ Construir, edificar, hacer una obra. ∥ intr. Realizar una acción con cierta actitud o de determinada manera: *obrar de buena fe.* ∥ tr. Causar, producir o hacer efecto una cosa: *esta crema obra maravillas.* ∥ **obrar en poder de** loc. Estar en poder de alguien. ∥ **FAM.** obra, obrada, obrador, obradura, obraje, obrero.

obrero, ra adj. Que trabaja: *abeja obrera.* También s. ∥ Perteneciente o relativo al trabajador: *movimiento obrero.* ∥ m. y f. Trabajador manual asalariado. ∥ **FAM.** obrerismo, obrerista.

obsceno, na adj. Que ofende al pudor, especialmente en lo relacionado con el sexo: *una escena obscena.* ∥ **FAM.** obscenidad.

obscurantismo m. Oscurantismo. ∥ **FAM.** obscurantista.

obscurecer tr. Oscurecer. ∥ **FAM.** obscurecimiento.

obscuridad f. Oscuridad.

obscuro, ra adj. Oscuro. ∥ **FAM.** obscurantismo, obscurecer, obscuridad.

obsequiar tr. Tener atenciones con alguien, ofreciéndole regalos, servicios, favores, etc.: *sus compañeros le obsequiaron con una fiesta de despedida.* ∥ **FAM.** obsequiador, obsequio.

obsequio m. Acción de obsequiar. ∥ Cualquier muestra de afecto o respeto que se hace a alguien para complacerle. ‖ **FAM.** obsequiar, obsequioso.

obsequioso, sa adj. Se apl. a la persona que se esfuerza en atender y agradar a los demás, a veces en exceso: *el director se muestra muy obsequioso con el presidente.* ‖ **FAM.** obsequiosamente, obsequiosidad.

observación f. Acción y efecto de observar. ‖ Nota que se pone en un escrito para aclarar o precisar un punto dudoso. ‖ Indicación.

observador, ra adj. Que observa. También s. ‖ m. y f. Persona que es admitida en congresos, reuniones científicas, literarias, políticas, etc., sin ser miembro de pleno derecho.

observancia f. Cumplimiento riguroso de una orden o de una obligación: *observancia de una ley, de un precepto religioso, de un estatuto.*

observar tr. Examinar atentamente: *observar la evolución de una enfermedad.* ‖ Cumplir rigurosamente lo que se ordena: *observar la ley.* ‖ Darse cuenta de algo: *he observado que has cambiado de peinado.* ‖ **FAM.** observable, observación, observador, observancia, observante, observatorio.

observatorio m. Lugar o posición que sirve para hacer observaciones. ‖ Edificio con personal e instrumentos apropiados donde se realizan observaciones, por lo común astronómicas o meteorológicas.

obsesión f. Idea, deseo, preocupación, etc., que no se puede apartar de la mente: *tiene una auténtica obsesión por la limpieza.* ‖ **FAM.** obsesionar, obsesivo, obseso.

obsesionar tr. Causar obsesión. También prnl. ‖ **FAM.** obsesionante.

obsidiana f. Mineral volcánico vítreo, de color negro o verde muy oscuro.

obsoleto, ta adj. Poco usado: *un término obsoleto.* ‖ Anticuado, inadecuado a las circunstancias actuales. ‖ **FAM.** obsolescencia.

obstaculizar tr. Impedir o poner obstáculos.

obstáculo m. Impedimento, estorbo. ‖ Dificultad, inconveniente. ‖ En dep., cada una de las vallas que presenta una pista. ‖ **FAM.** obstaculizar, obstar.

obstar intr. Impedir, estorbar, oponerse. Se usa sólo en tercera persona y generalmente en frases negativas: *ya sé que te pone nervioso, pero ello no obsta para que te muestres un poco más amable con él.* ‖ **FAM.** obstante.

obstetricia f. Parte de la medicina, que trata de la gestación, el parto y el tiempo inmediatamente posterior a éste. ‖ **FAM.** obstétrico.

obstinación f. Terquedad. ‖ Acción y efecto de obstinarse.

obstinarse prnl. Mantenerse uno en una opinión o en una decisión, sin dejarse convencer por argumentos razonables de otras personas, ni por los obstáculos o dificultades que se vayan presentando. ‖ **FAM.** obstinación, obstinadamente, obstinado.

obstrucción f. Acción y efecto de obstruir u obstruirse. ‖ **FAM.** obstruccionismo.

obstruccionismo m. Retrasar o impedir la aprobación de un acuerdo que debe tomarse en asamblea deliberante. ‖ **FAM.** obstruccionista.

obstruir tr. Estorbar el paso, cerrar un conducto o camino. También prnl.: *el desagüe se ha obstruido.* ‖ Impedir la realización de una acción o el desarrollo de un proceso: *con esta táctica defensiva obstruiremos la jugada del otro equipo.* ♦ Irreg. Se conj. como *huir.* ‖ **FAM.** obstrucción, obstructor.

obtener tr. Conseguir una cosa que se merece, solicita o pretende: *ha obtenido su tercer óscar.* ‖ Conseguir un producto distinto a partir de otros: *la mantequilla se obtiene de la leche.* ♦ Irreg. Se conj. como *tener.* ‖ **FAM.** obtención, obtenible.

obturador m. Dispositivo mecánico de la cámara fotográfica por el que se controla el tiempo de exposición de la película a la luz.

obturar tr. Tapar o cerrar una abertura o conducto introduciendo o aplicando un cuerpo. También prnl.: *se ha obturado la cañería.* ‖ **FAM.** obturación, obturador.

obtuso, sa adj. Sin punta: *un filo obtuso.* ‖ Aplicado a personas, lento en discurrir. También s. ‖ Se dice del ángulo que mide más de 90 grados. ‖ **FAM.** obtusángulo.

obús m. Pieza de artillería de menor longitud que el cañón en relación a su calibre. ‖ Proyectil que se dispara con esta pieza. ‖ Pieza que sirve de cierre a la válvula del neumático, y está formada principalmente por un obturador cónico y de un resorte.

obviar tr. Evitar, rehuir, apartar y quitar de en medio obstáculos o inconvenientes. ‖ No prestar atención a una persona, cosa, situación, etc.

obvio, via adj. Muy claro o que no tiene dificultad: *es obvio que lo hizo por rencor.* ‖ **FAM.** obviamente, obviar.

oca f. Ganso, ave; ánsar. ‖ Juego de mesa que consiste en una serie de 63 casillas, ordenadas en espiral, en las que representan objetos diversos y se obtienen penalizaciones o bonificaciones. ‖ **FAM.** ocarina.

ocarina f. Instrumento musical de viento, hecho en barro o metal, de forma ovalada y timbre muy dulce.

ocasión f. Momento o circunstancias en las que se sitúa un hecho: *recuerdo que me lo dijiste en una ocasión.* | Oportunidad o momento propicio para ejecutar o conseguir algo. | Razón por la que se hace o sucede algo: *este acto se ha celebrado con ocasión del centenario de su muerte.* | **de ocasión** De segunda mano o muy barato: *libros de ocasión.* | FAM. ocasional, ocasionar.

ocasional adj. Que se produce de forma casual o accidental: *un hallazgo ocasional.* | Que no es habitual: *un trabajo ocasional.* | FAM. ocasionalmente.

ocasionar tr. Ser causa o motivo de que algo suceda: *aquello le ocasionó un disgusto.*

ocaso m. Puesta del Sol o de otro astro. | Occidente, punto cardinal. | Decadencia, pérdida de fuerza o importancia: *el ocaso de un imperio.* | FAM. occiduo.

occidente m. Punto cardinal del horizonte por donde se oculta el Sol. | Lugar de la Tierra que, respecto de otro, cae hacia donde se pone el Sol. | Conjunto de naciones de la parte occidental de Europa. | Conjunto de países de varios continentes, cuyas lenguas y culturas tienen su origen principal en Europa. | FAM. occidental.

occiduo, dua adj. Perteneciente o relativo al ocaso.

occipital adj. Perteneciente o relativo al occipucio. | Se dice del hueso del cráneo que corresponde al occipucio. También m.

occipucio m. Parte de la cabeza por donde ésta se une con las vértebras del cuello. | FAM. occipital.

occiso, sa adj. Muerto violentamente. También s. | FAM. occisión.

oceánico, ca adj. Del océano: *ruta oceánica.*

océano m. Extensión de agua salada que cubre las tres cuartas partes de la superficie terrestre. | Cada una de sus grandes divisiones. | FAM. oceánico, oceanografía.

oceanografía f. Ciencia que estudia los océanos y mares, sus fenómenos, así como la fauna y la flora marinas. | FAM. oceanográfico.

ocelo m. Cada ojo simple de los que forman un ojo compuesto de los artrópodos, mediante el cual perciben la luz, pero no la imagen de los objetos. | Mancha redonda y bicolor en las alas de algunos insectos o en las plumas de ciertas aves. | FAM. ocelado.

ocelote m. Felino carnívoro que habita en las selvas americanas, de 1,5 m de longitud, y piel ocre con manchas más oscuras; es domes-

ticable y se encuentra entre las especies protegidas.

ochavo m. Antigua moneda de cobre que se acuñó hasta mediados del s. XIX. | Dinero. | FAM. ochavón.

ochenta adj. Ocho veces diez. También m. y pron. | Octogésimo. | m. Conjunto de signos con que se representa este número. | FAM. ochentavo, ochentena, ochentón.

ocho adj. Siete y uno. También m. y pron. | Octavo. Apl. a los días del mes, también m. | m. Signo o cifra con que se representa este número. | FAM. ochava, ochavo, ochenta, ochocientos, octano, octavo, óctuplo.

ochocientos, tas adj. Ocho veces ciento. También m. y pron. | Octingentésimo: *número ochocientos*; *año ochocientos.* | m. Conjunto de signos con que se representa este número.

ocio m. Falta total de actividad. | Tiempo libre, sin actividad laboral, que se dedica al descanso o a realizar otro tipo de actividades: *en sus momentos de ocio aprovecha para pintar.* | FAM. ociar, ocioso.

ociosidad f. Inactividad. | Estado del que no trabaja y emplea su tiempo en actividades distintas a las laborales.

ocioso, sa adj. Que no trabaja. También s. | Desocupado o exento de hacer cosa que le obligue. También s. | Inútil, sin fruto ni provecho: *una discusión ociosa.* | FAM. ociosamente, ociosidad.

ocluir tr. Cerrar un conducto u orificio, de modo que no se pueda abrir naturalmente. También prnl. ♦ Irreg. Se conj. como *huir.* | FAM. oclusión, oclusivo.

oclusión f. Acción y efecto de cerrar u obstruir algo: *oclusión intestinal.*

oclusivo, va adj. Relativo a la oclusión. | Que la produce. | En fon., se dice del sonido en cuya articulación los órganos de la palabra forman en algún punto del canal vocal un contacto que interrumpe la salida del aire espirado. | Se dice también de la letra que representa este sonido, como la *p*, la *t* o la *k*. También f.

ocre adj. Se dice del color entre amarillo y marrón. | m. Mineral terroso, de color amarillo, que se emplea en la fabricación de pinturas. | Cualquier mineral terroso que tiene color amarillo: *ocre de antimonio, de bismuto, de níquel.*

octaedro m. Cuerpo de ocho caras. | FAM. octaédrico.

octágono, na adj. y m. Polígono de ocho ángulos y ocho lados. También se conoce como *octógono.* | FAM. octogonal, octógono.

octanaje m. Número de octanos de un carburante.

octano m. Hidrocarburo saturado del petróleo, que se toma como unidad para expresar el valor antidetonante de la gasolina o de otros carburantes. ‖ **FAM.** octanaje, octanol.

octava f. Composición poética de ocho versos. ‖ En mús., serie diatónica formada por ocho notas: los siete sonidos constitutivos de una escala y la repetición del primero de ellos. ‖ Fiesta religiosa que dura ocho días. ‖ Último de estos ocho días.

octavilla f. Octava parte de un pliego de papel. ‖ Impreso de propaganda, generalmente política, de pequeño tamaño. ‖ Combinación métrica de ocho versos de arte menor, de estructura y rima variables.

octavo, va adj. Se dice de cada una de las ocho partes iguales en que se divide un todo. También m. ‖ Que ocupa el lugar número ocho en una serie ordenada. ‖ **octavos de final** Fase de una competición deportiva en la que se enfrentan dieciséis de los equipos o jugadores participantes. ‖ **FAM.** octava, octavar, octavario, octavilla, octavín, octeto, octogenario, octogésimo, octógono, octosílabo, óctuplo.

octeto m. Composición musical para ocho instrumentos u ocho voces. ‖ Conjunto de estos ocho instrumentos o voces.

octingentésimo, ma adj. Que ocupa el número ochocientos en una serie ordenada. ‖ Se dice de cada una de las 800 partes iguales en que se divide un todo. También m.

octogenario, ria adj. y s. Que ha cumplido 80 años.

octogésimo, ma adj. Que ocupa el número ochenta en una serie ordenada. ‖ Se dice de cada una de las 80 partes iguales en que se divide un todo. También m.

octógono, na adj. y m. Octágono. ‖ **FAM.** octogonal.

octópodo, da adj. Se dice de los moluscos cefalópodos que, como el pulpo, tienen ocho tentáculos. También m. ‖ m. pl. Orden de estos animales.

octosílabo, ba adj. Que tiene ocho sílabas. ‖ m. Verso que tiene ocho sílabas. ‖ **FAM.** octosilábico.

octubre m. Décimo mes del año, posterior a septiembre y anterior a noviembre; tiene 31 días.

óctuple adj. Que contiene ocho veces una cantidad.

óctuplo, pla adj. Óctuple.

ocular adj. Perteneciente o relativo a los ojos, o que se hace por medio de ellos: *inspección, testigo ocular*. ‖ m. En los instrumentos ópticos compuestos, lente o sistema de lentes colocado en la parte por donde mira el observador, y que amplía la imagen dada por el objetivo. ‖ **FAM.** ocularmente, oculista.

oculista com. Médico que se dedica especialmente a las enfermedades de los ojos.

ocultar tr. Impedir que algo o alguien sea vea, se encuentre o se note: *ocultar un sentimiento*. También prnl.: *se ocultó detrás de la cortina*. ‖ Callar lo que se sabe o disfrazar la verdad: *ocultar las pruebas de un delito*. ‖ **FAM.** ocultación, ocultador.

ocultismo m. Conjunto de conocimientos y prácticas rituales, con las que se pretende penetrar y dominar fuerzas poco conocidas de la naturaleza. ‖ Teoría que defiende la existencia de fenómenos que no tienen explicación racional y que no pueden ser demostrados científicamente. ‖ **FAM.** ocultista.

oculto, ta adj. Escondido, desconocido, que no se da a conocer ni se deja ver ni sentir: *un secreto oculto*. ‖ **FAM.** ocultamente, ocultar, ocultismo.

ocupación f. Acción y efecto de ocupar u ocuparse: *la manifestación terminó con la ocupación del ayuntamiento*. ‖ Trabajo o preocupación que impide emplear el tiempo en otra cosa. Más en pl.: *me gustaría que nos viéramos cuando tus ocupaciones te lo permitan*. ‖ Empleo, oficio: *su ocupación actual no le satisface*. ‖ En der., modo natural y originario de adquirir la propiedad de ciertas cosas que carecen de dueño: *ocupación de territorios*. ‖ **FAM.** ocupacional.

ocupacional adj. Perteneciente o relativo a la ocupación laboral.

ocupante adj. Que ocupa un lugar. También com.

ocupar tr. Tomar posesión, apoderarse de una cosa: *el ejército ocupó la plaza*. ‖ Obtener un empleo, cargo, etc.: *ocupa un puesto de responsabilidad*. ‖ Llenar algo: *los congresistas habían ocupado el hotel y ya no quedaban habitaciones*. ‖ Extenderse algo sobre determinado espacio o abarcar determinado tiempo: *la finca ocupa varios acres*. ‖ Habitar: *ocupamos el 1.º D*. ‖ Dar empleo o trabajo: *la recogida de la aceituna ocupa a miles de jornaleros*. También prnl. ‖ prnl. Dedicar la atención a algo o a alguien: *ocuparse de la casa*. ‖ **FAM.** ocupación, ocupado, ocupador, ocupante.

ocurrencia f. Idea o dicho inesperado, original y repentino: *a las cuatro de la mañana tuvo la ocurrencia de hacer una fiesta*.

ocurrente adj. Gracioso, agudo, ingenioso.

ocurrir intr. Suceder algo: *ha ocurrido un accidente*. ‖ prnl. Pensar o idear algo, por lo general de forma repentina: *no se me ocurre qué decirte*. ♦ En esta acepción sólo se conjuga en

3.ª pers. del sing. y precedido de un pron. pers. complemento. ‖ FAM. ocurrencia, ocurrente.

oda f. Composición poética del género lírico dividida generalmente en estrofas, de tono elevado y extensión variable.

odalisca f. Esclava dedicada al servicio del harén. ‖ Mujer que forma parte de un harén. ‖ Mujer sensual.

odeón m. Teatro o lugar destinado en la antigua Grecia para los espectáculos musicales. ‖ P. ext., teatro moderno, y, en especial, el destinado a representar óperas.

odiar tr. Sentir odio o aversión por alguien o por algo.

odio m. Sentimiento de aversión y rechazo, muy intenso e incontrolable, hacia algo o alguien. ‖ FAM. odiar, odioso.

odioso, sa adj. Detestable, repugnante. ‖ Se dice de la persona o cosa digna de odio. ‖ FAM. odiosamente.

odisea f. Viaje lleno de incidentes y dificultades. ‖ Dificultades que se oponen a la realización de un propósito y que requieren tiempo, esfuerzo o habilidad: *conseguir el permiso ha sido toda una odisea.*

odontología f. Parte de la medicina que se ocupa del estudio y tratamiento de las enfermedades de los dientes. ‖ FAM. odontológico, odontólogo.

odorífero, ra adj. Que huele bien, que tiene buen olor o fragancia. ‖ FAM. odorífico.

odre m. Cuero, generalmente de cabra, que cerrado por todas partes menos por la correspondiente al cuello del animal, sirve para contener líquidos, como vino o aceite. ‖ Persona borracha o muy bebedora. ‖ FAM. odrería, odrero.

oeste m. Occidente, punto cardinal. Abreviadamente se escribe *O.* ‖ Viento que sopla de esta parte. ‖ FAM. oesnoroeste, oesnorueste, oesudoeste, oesurueste.

ofender tr. Injuriar de palabra, agraviar. ‖ Fastidiar, molestar. ‖ prnl. Molestarse, enfadarse. ‖ FAM. ofendedor, ofendido, ofensiva, ofensivo, ofensor.

ofensa f. Acción y efecto de ofender. ‖ Agravio, injuria.

ofensivo, va adj. Que ofende o puede ofender: *palabras ofensivas.* ‖ Que sirve para atacar: *armas ofensivas.* ‖ f. Acción y efecto de atacar: *preparar una ofensiva.* ‖ FAM. ofensivamente.

oferta f. Promesa que se hace de dar, cumplir o ejecutar algo. ‖ Propuesta para contratar. ‖ Cantidad de bienes o servicios que se ofrecen al mercado a un precio dado: *la oferta es superior a la demanda.* ‖ Puesta en venta de un producto a precio rebajado: *en esa tienda están de ofertas.* ‖ FAM. ofertante, ofertar.

ofertar tr. Ofrecer en venta un producto. ‖ *amer.* Ofrecer, prometer algo. ‖ *amer.* Ofrecer, dar voluntariamente una cosa.

ofertorio m. Parte de la misa en la que se ofrece a Dios el pan y el vino antes de consagrarlos. ‖ Oración que dice el sacerdote antes de ofrecerlos.

office (voz fr.) m. Pieza o cuarto al lado de la cocina; antecocina.

offset (voz i.) m. Técnica de impresión indirecta que tiene como base la litografía. ‖ adj. Se dice de la máquina que emplea esta técnica. También f.

offside (voz i.) m. En dep., fuera de juego.

off the record (fr. i.) loc. adj. o adv. inglesa que se apl. a los aspectos de una entrevista o conversación que no deben hacerse públicos.

oficial adj. Que procede del Estado o de un organismo público: *documento oficial.* ‖ Reconocido y autorizado por quien tiene facultad para ello: *enseñanza oficial.* ‖ m. Persona que en un oficio manual ha terminado el aprendizaje y no es maestro todavía. ‖ Juez eclesiástico diocesano, provisor. ‖ Militar que posee un grado o empleo, desde alférez o segundo teniente en adelante, hasta capitán, inclusive. ‖ com. Persona que se ocupa en un oficio o empleo. ‖ FAM. oficiala, oficialía, oficialidad, oficialismo, oficializar, oficialmente.

oficiala f. La que en un trabajo manual ha terminado el aprendizaje y no es maestra todavía.

oficialía f. Categoría o cargo de oficial en el ejército o en los cuerpos administrativos del Estado.

oficialidad f. Conjunto de oficiales del ejército o de parte de él. ‖ Calidad de oficial.

oficialismo m. Conjunto de personas relacionadas con el gobierno de un Estado. ‖ Conjunto de tendencias o fuerzas políticas que apoyan al gobierno. ‖ FAM. oficialista.

oficializar tr. Dar carácter o validez oficial a lo que antes no lo tenía.

oficiante adj. Que oficia. ‖ com. Persona que dirige las prácticas religiosas en una iglesia.

oficiar tr. Celebrar o ayudar a la celebración de una misa. ‖ Comunicar una cosa oficialmente y por escrito. ‖ intr. Con la preposición *de*, representar el papel que se expresa: *oficiar de maestro de ceremonias.* ‖ FAM. oficiante.

oficina f. Lugar de trabajo, generalmente de carácter administrativo o burocrático, tanto estatal como privado. ‖ FAM. oficinal, oficinesco, oficinista, ofimática.

oficio m. Ocupación habitual: *su oficio es bibliotecario.* ǀ Trabajo físico o manual para el que no se requieren estudios teóricos: *oficio de albañil.* ǀ Función propia de alguna cosa: *el oficio del reloj es indicar la hora.* ǀ Comunicación escrita, referente a los asuntos del servicio público en las dependencias del Estado, y p. ext., la que se intercambia entre individuos de varias corporaciones particulares sobre asuntos concernientes a ellas: *ha llegado un oficio de Habilitación.* ǀ Servicio religioso, especialmente los de la Semana Santa. Más en pl.: *asistir a los oficios.* ǀ **oficio de difuntos** Ceremonia religiosa en la que se ruega por los muertos. ǀ **ser del oficio** loc. Dedicarse a la prostitución. ǀ **FAM.** oficial, oficiar, oficina, oficionario, oficioso.

oficioso, sa adj. Se apl. a lo que carece de reconocimiento oficial, aunque proceda de una autoridad. ǀ Se dice de la intervención diplomática que media entre dos países en conflicto y de la persona que la lleva a cabo. ǀ Se dice del periódico al que se atribuye cierta conexión con organismos oficiales. ǀ **FAM.** oficiosamente, oficiosidad.

ofidio adj. y m. Se dice de los reptiles que carecen de extremidades, con boca dilatable y cuerpo largo y estrecho revestido de epidermis escamosa que mudan todos los años; algunos tienen en su mandíbula superior uno o varios dientes provistos de un canal que da paso a un humor venenoso, como la víbora. ǀ m. pl. Orden de estos reptiles.

ofrecer tr. Prometer, obligarse uno a dar, hacer o decir algo: *le ofreció su ayuda.* ǀ Presentar y dar voluntariamente una cosa a alguien para que disponga de ella: *nos ofreció su casa.* ǀ Presentar, manifestar algo o alguien un aspecto determinado: *la casa ofrece ahora un ambiente mucho más acogedor.* También prnl. ǀ Dedicar algo a alguien: *ofrecer una fiesta.* ǀ Dedicar o consagrar a un santo, una virgen, una divinidad, etc., un sacrificio, un objeto piadoso, etc.: *ofrecer una misa por un familiar.* ǀ Decir o exponer qué cantidad se está dispuesto a pagar por algo: *le ofrecieron un buen precio y decidió venderlo.* ǀ prnl. Proponerse alguien voluntariamente a otra persona para realizar alguna cosa: *se ofreció a acompañarnos.* ♦ Irreg. Se conj. como *agradecer.* ǀ **FAM.** oferente, oferta, ofertorio, ofrecedor, ofrecimiento, ofrenda.

ofrenda f. Dádiva o presente que se ofrece con devoción y amor, especialmente las que se dedican a una divinidad para implorar su ayuda o a una cosa que se desea, y también para cumplir con un voto u obligación. ǀ **FAM.** ofrendar.

oftalmia f. Inflamación de los ojos.

oftálmico, ca adj. Perteneciente o relativo a los ojos. ǀ Perteneciente o relativo a la oftalmia. ǀ **FAM.** oftalmia, oftalmología.

oftalmología f. Parte de la medicina que estudia los ojos y trata sus enfermedades y los defectos de visión. ǀ **FAM.** oftalmológico, oftalmólogo.

ofuscar tr. Impedir algo pensar con claridad a alguien: *el cansancio ofuscaba su mente.* También prnl. ǀ Deslumbrar la luz, impidiendo la visión. También prnl.: *el perro se ofuscó con los faros del coche.* ǀ prnl. Obsesionarse: *no te ofusques con las oposiciones.* ǀ **FAM.** ofuscación, ofuscador, ofuscamiento.

ogro m. Según ciertas leyendas, gigante que se alimentaba de carne humana. ǀ Persona cruel, o de mal carácter: *el jefe es un ogro.* ♦ f. ogresa.

¡oh! interj. que se usa para manifestar diversos estados de ánimo, particularmente asombro, pena o alegría.

ohmio m. Unidad de resistencia eléctrica en el Sistema de Medidas Internacional; equivale a la resistencia eléctrica que da paso a una corriente de un amperio cuando entre sus extremos existe una diferencia de potencial de un voltio.

oído m. Sentido que permite percibir los sonidos. ǀ Órgano de la audición. ǀ Aptitud para percibir y reproducir los sonidos musicales: *sacó esa canción de oído.* ǀ **ser uno todo oídos** loc. Escuchar con atención.

oidor m. Juez o magistrado que en las audiencias del reino oía y sentenciaba las causas y pleitos.

oír tr. Percibir los sonidos: *a lo lejos se oía el tañido de la campana.* ǀ Atender los ruegos, súplicas o consejos de alguien: *no oyó sus advertencias.* ǀ Entender lo que otro dice: *he oído que no puedes venir al cine.* ǀ En der., atender un juez las peticiones, razonamientos o pruebas de las partes antes de dar su resolución. ǀ **como quien oye llover** loc. Sin interés, sin prestar atención. ǀ **FAM.** oíble, oída, oidor, oimiento, oyente. ♦ Irreg. Conjugación modelo:

Indicativo
Pres.: *oigo, oyes, oye, oímos, oís, oyen.*
Imperf.: *oía, oías,* etc.
Pret. indef.: *oí, oíste,* etc.
Fut. imperf.: *oiré, oirás,* etc.

Potencial: *oiría, oirías,,* etc.

Subjuntivo
Pres.: *oiga, oigas, oiga, oigamos, oigáis, oigan.*
Imperf.: *oyera, oyeras,* etc., u *oyese, oyeses,* etcétera.
Fut. imperf.: *oyere, oyeres,* etc.

Imperativo: *oye, oíd.*

Gerundio: *oyendo.*

Participio: *oído.*

---

ojal m. Pequeña abertura reforzada en sus bordes que tienen algunas prendas y que sirve para abrochar un botón. ‖ **FAM.** ojaladura, ojalar.

¡ojalá! interj. Expresa fuerte deseo de que suceda algo: *¡ojalá lo encuentre!*

ojeada f. Mirada rápida y superficial.

ojeador, ra m. y f. Persona que ojea o espanta con gritos de la caza.

ojear tr. Dirigir la mirada hacia algún sitio. ‖ **FAM.** ojeada.

ojear tr. Espantar la caza, acosándola hasta que llega al sitio donde esperan los cazadores. ‖ **FAM.** ojeador, ojeo.

ojén m. Aguardiente preparado con anís y azúcar.

ojera f. Mancha amoratada alrededor del párpado inferior. Más en pl. ‖ **FAM.** ojeroso.

ojeriza f. Aversión o antipatía hacia uno.

ojete m. Especie de ojal redondo. ‖ Ano. ‖ **FAM.** ojetear.

ojiva f. Figura formada por dos arcos de círculo iguales que se cortan en ángulo. ‖ Arco así formado. ‖ Carga de los cohetes atómicos. ‖ **FAM.** ojival.

ojo m. Órgano de la vista. ‖ Parte visible de este órgano en la cara: *tiene los ojos castaños.* ‖ Abertura o agujero que atraviesa de parte a parte alguna cosa: *el ojo de un puente, de una cerradura, de una aguja.* ‖ Atención, cuidado: *ten ojo con el niño.* ‖ Expresión para llamar la atención de algo: *¡ojo, que me toca a mí!* ‖ Cada uno de los huecos o cavidades que tienen el pan, el queso y otras cosas esponjosas. ‖ Perspicacia: *tiene buen ojo para los negocios.* ‖ **ojo de buey** Ventana o claraboya circular. ‖ **ojo del culo** Ano. ‖ **cuatro ojos** Persona que lleva gafas. ‖ **a ojo** loc. adv. Sin medida, sin precisión: *lo calculó a ojo.* ‖ **clavar** uno **los ojos** en alguien o algo loc. Mirarla con particular cuidado y atención. ‖ **comerse con los ojos** a alguien o algo loc. Desearlo. ‖ **echar el ojo** a alguien o algo loc. Mirarlo con atención, deseando conseguirlo. ‖ **mirar con buenos,** o **malos, ojos** loc. Mirar con cariño, o al contrario. ‖ **no pegar ojo** loc. No poder dormir. ‖ **no quitar el ojo,** o **los ojos** loc. Poner atención. ‖ Mirar a alguien o algo con insistencia. ‖ **FAM.** ocelo, ocular, ojal, ojear, ojera, ojeriza, ojete.

OK expr. inglesa que equivale a 'está bien', 'vale', 'de acuerdo': *OK, nos vemos a las nueve.*

okapi m. Mamífero rumiante, de pelaje pardo rojizo, la cabeza blanquecina y los muslos con franjas horizontales; es de costumbres nocturnas y vive en bosques del África ecuatorial.

ola f. Onda formada por el viento en la superficie del mar o de un lago. ‖ Fenómeno atmosférico que produce variación repentina en la temperatura en un lugar: *ola de frío.* ‖ Afluencia repentina de gran cantidad de personas o cosas: *ola de emigrantes.* ‖ **FAM.** oleada, oleaje.

¡olé! u **¡ole!** interj. con que se anima y aplaude. También m.

oleáceo, a adj. Se dice de las plantas que tienen fruto en drupa o en baya, como el olivo y el fresno. También m.

oleada f. Ola grande. ‖ Embate y golpe de la ola. ‖ Movimiento impetuoso de gente. ‖ Cantidad grande e indeterminada de cosas o sucesos que se imponen de forma arrolladora: *la oleada publicitaria navideña.*

oleaginoso, sa adj. Aceitoso: *planta oleaginosa.* ‖ **FAM.** oleaginosidad.

oleaje m. Sucesión continuada de olas.

oleicultura f. Conjunto de técnicas destinadas al cultivo del olivo y mejorar la producción del aceite. ‖ **FAM.** oleícola, oleicultor.

óleo m. Pintura que se obtiene disolviendo ciertos pigmentos en una solución aceitosa. ‖ Técnica pictórica que utiliza estas pinturas: *prefiero la acuarela al óleo.* ‖ Obra pictórica así obtenida: *mañana salen a subasta varios óleos interesantes.* ‖ Aceite consagrado que utiliza la Iglesia para ciertos sacramentos y ceremonias. Más en pl.: *recibir los santos óleos.* ‖ **FAM.** oleácea, oleaginoso, oleicultura, oleífero, oleoducto, oleómetro, oleosidad, oleoso.

oleoducto m. Tubería destinada a conducir el petróleo a larga distancia.

oler tr. Percibir los olores. ‖ Procurar percibir o identificar un olor: *huélelo, creo que pusiste demasiado alcohol.* También intr. ‖ Sospechar una cosa. También prnl.: *me huelo que va a decir que no.* ‖ Curiosear: *¡deja de oler mi cajón!* ‖ intr. Despedir olor: *¡qué bien huele el parque después de la tormenta!* ‖ Ofrecer alguien o algo determinado aspecto, generalmente negativo: *este negocio huele a timo.* ‖ **FAM.** oledor, oliscar, olisquear. ♦ **Irreg.** Conjugación modelo:

Indicativo

Pres.: *huelo, hueles, huele, olemos, oléis, huelen.*

Imperf.: *olía, olías,* etc.

Pret. indef.: *olí, oliste,* etc.

Fut. imperf.: *oleré, olerás,* etc.

Potencial: *oleria, olerías,* etc.

Subjuntivo

Pres.: *huela, huelas, huela, olamos, oláis, huelan.*
Imperf.: *oliera, olieras,* etc., u *oliese, olieses,* etcétera.
Fut. imperf.: *oliere, olieres,* etc.

Imperativo: *huele, oled.*

Participio: *olido.*

Gerundio: *oliendo.*

olfatear tr. Oler con atención, aplicando el olfato repetidas veces: *el perro olfateaba el rastro.* ‖ Intentar alguien enterarse de algo que por lo general no es de su incumbencia. ‖ **FAM.** olfateo.

olfato m. Sentido con el que se perciben los olores. ‖ Perspicacia para descubrir algo: *tiene olfato para las noticias.*

oligarquía f. Forma de gobierno en la cual el poder es ejercido por un reducido grupo de personas. ‖ P. ext., autoridad que ejercen en su provecho un pequeño número de personas. ‖ Conjunto de algunos poderosos negociantes que se aúnan para que todos los negocios dependan de su arbitrio. ‖ **FAM.** oligarca, oligárquico.

oligo- Elemento compositivo que significa 'poco' o 'insuficiente': *oligofrenia.*

oligoceno, na adj. Se dice de la época o período del terciario, que sigue al eoceno y con el que finaliza el terciario antiguo o paleógeno. También m. ‖ Perteneciente o relativo a esta época o período.

oligoelemento m. Elemento químico que representa un porcentaje ínfimo en los organismos vivos, pero cuya presencia es indispensable para la vida y el crecimiento de los animales y plantas.

oligofrenia f. Deficiencia mental congénita. ‖ **FAM.** oligofrénico.

oligopolio m. Mercado en el cual un número reducido de vendedores ejerce control sobre el precio y acaparan la venta de un producto.

oligoqueto, ta adj. y m. Se dice de los gusanos anélidos con quetas o sedas poco numerosas, de cuerpo cilíndrico, con la boca en un extremo y el ano en el otro, sin tentáculos ni ojos, y de reproducción hermafrodita; la especie más conocida es la lombriz de tierra. ‖ m. pl. Clase de estos anélidos.

olimpiada u **olimpíada** f. Juegos que se hacían cada cuatro años en la ciudad griega de Olimpia. ‖ Competición deportiva internacional que se celebra cada cuatro años. Más en pl. ‖ **FAM.** olímpico.

olímpico, ca adj. Perteneciente a las olimpiadas: *juegos olímpicos.* ‖ Perteneciente al Olimpo: *las divinidades olímpicas.* ‖ Perteneciente a Olimpia. ‖ Altanero, soberbio: *desprecio olímpico.* ‖ **FAM.** olímpicamente.

olimpo m. Morada de los dioses, según la mitología griega. ‖ Conjunto de todos los dioses de la mitología griega. ♦ Suele escribirse con mayúscula.

oliscar u **olisquear** tr. Olfatear. ‖ Husmear, curiosear.

oliva f. Fruto del olivo, aceituna. ‖ **FAM.** oliváceo.

olivarero, ra adj. Relativo al cultivo del olivo y a sus industrias derivadas. ‖ m. y f. Persona que se dedica a este cultivo.

olivicultura f. Técnica para el cultivo y mejoramiento del olivo. ‖ **FAM.** olivícola, olivicultor.

olivo m. Árbol oleáceo, de hojas persistentes y opuestas, tronco nudoso y retorcido, de 6 a 10 m de altura, flores blancas, pequeñas, en ramitos axilares, y cuyo fruto, en drupa ovalada, es la aceituna. ‖ Madera de este árbol. ‖ **FAM.** oliva, olivar, olivarero, olivero, olivicultura, olivino.

olla f. Recipiente redondeado de barro o metal que sirve para cocinar alimentos, calentar agua, etc. ‖ Guiso preparado con carne, tocino, legumbres y hortalizas. ‖ Remolino que forman las aguas de un río. ‖ **FAM.** ollería, ollero.

olmo m. Árbol de la familia de las ulmáceas, que crece hasta la altura de 20 m, de tronco robusto y corteza gruesa, copa ancha y espesa, hojas elípticas, aserradas por el margen, de flores de color blanco rojizo, y frutos secos, con una semilla ovalada. ‖ **FAM.** olma, olmeda, olmedo.

olor m. Impresión que producen en el olfato las emanaciones que despiden los cuerpos. ‖ Lo que es capaz de producir esa impresión: *el olor del tabaco.* ‖ Olfato, sentido corporal. ‖ **al olor de** loc. adv. Atraído por: *muchos aventureros acudieron al olor de una fácil ganancia.* ‖ **en olor de multitudes** loc. adv. Aclamado por la multitud: *le recibieron en olor de multitudes.* ‖ **FAM.** oler, oloroso.

oloroso, sa adj. Que despide cierto olor, especialmente si es agradable. ‖ m. Vino de Jerez, de color dorado oscuro y mucho aroma.

olvidar tr. Dejar de retener algo en la memoria: *he olvidado tu número de teléfono.* También prnl. ‖ Dejar de sentir afecto o interés por alguien o por algo: *ya ha olvidado a*

Luis. ‖ Dejarse algo en algún sitio: *he olvidado la carpeta en clase.* ‖ Dejar de hacer una cosa por descuido: *olvidé cerrar la llave del gas.* ‖ No tener en cuenta una cosa: *olvidaremos este pequeño incidente.* ‖ **FAM.** olvidadizo, olvidado, olvido.

ombligo m. Cicatriz redonda y arrugada que queda en medio del vientre después de desprenderse el cordón umbilical. ‖ Medio o centro de cualquier cosa: *se cree que es el ombligo del mundo.* ‖ **FAM.** ombliguero.

ombú m. Árbol de América meridional, con la corteza gruesa y blanda, copa densa, hojas alternas, elípticas, con pecíolos largos y flores en racimos más largos que las hojas. ♦ pl. *ombús* u *ombúes.*

omega f. Última letra del alfabeto griego, equivalente a una *o* larga; corresponde a nuestra *o.* La grafía mayúscula es Ω y la minúscula ω. ‖ Símbolo del ohmio.

omeya adj. Se dice de cada uno de los descendientes del jefe árabe de este nombre, fundadores del Califato de Damasco. También s. ‖ Perteneciente a este linaje y dinastía.

ómicron f. Decimoquinta letra del alfabeto griego que equivale a una *o* breve. La grafía mayúscula es *O* y la minúscula *o.*

ominoso, sa adj. Azaroso, abominable: *la ominosa década.*

omisión f. Abstención de hacer o decir algo. ‖ Falta en la que se incurre por haber dejado de hacer algo necesario o conveniente. ‖ Descuido del que está encargado de un asunto.

omitir tr. Dejar de hacer una cosa: *omitió firmar el escrito.* ‖ Callar algo voluntariamente. También prnl.: *en la junta se omitió el tema de los despidos.* ‖ **FAM.** omisible, omisión, omiso.

ómnibus m. Vehículo para el transporte público. ♦ No varía en pl.

omnímodo, da adj. Que lo abarca y comprende todo: *poder omnímodo.* ‖ **FAM.** omnímodamente.

omnipotencia f. Poder absoluto o muy grande: *la omnipotencia divina.* ‖ **FAM.** omnipotente, omnipotentemente.

omnipresencia f. Presencia a la vez en todas partes. ‖ **FAM.** omnipresente.

omnisciencia f. Conocimiento de todas las cosas reales y posibles. ‖ **FAM.** omnisciente.

omnívoro, ra adj. Que se alimenta de toda clase de sustancias orgánicas, tanto animales como vegetales. También s.

omóplato u **omoplato** m. Cada uno de los dos huesos anchos, casi planos y de forma triangular, situados a uno y otro lado de la espalda y articulados a los brazos.

onagro m. Asno salvaje asiático de la familia de los équidos, de 1 m de altura y pelaje pardo con una raya oscura sobre el lomo.

once adj. Diez y uno. También m. y prnl. ‖ Undécimo. ‖ Cifra con que se representa este número. ‖ **FAM.** onceavo, onceno, onzavo.

onceavo, va adj. Cada una de las once partes en que se divide un todo. También m.

oncología f. Parte de la medicina, que trata de los tumores. ‖ **FAM.** oncológico, oncólogo.

onda f. Cada una de las elevaciones que se forman en la superficie de un líquido. ‖ Cada una de las ondulaciones que se forman en el pelo, las telas, etc. ‖ Oscilación periódica que produce un medio físico como la luz, el sonido. ‖ **FAM.** ondear, ondular.

ondear intr. Hacer ondas el agua. ‖ Moverse otras cosas en el aire formando ondas: *la bandera ondeaba al viento.* ‖ Formar ondas una cosa: *esta falda ondea ligeramente.* ‖ **FAM.** ondeado, ondeante, ondeo.

ondina f. Ninfa, ser fantástico o espíritu elemental del agua según algunas mitologías.

ondulación f. Acción y efecto de ondular. ‖ Movimiento que se propaga en un fluido o en un medio elástico sin que sus partículas se desplacen en la dirección de la propagación. ‖ Relieve de un terreno en el que se suceden elevaciones y depresiones.

ondular intr. Moverse una cosa formando ondas: *el trigo ondulaba con el viento.* ‖ tr. Hacer ondas con algo: *al andar ondulaba las caderas.* También prnl.: *se ha ondulado el flequillo.* ‖ **FAM.** ondulación, ondulado, ondulante, ondulatorio.

ondulatorio, ria adj. Que se extiende o propaga en forma de ondas: *movimiento ondulatorio.* ‖ Que ondula, ondulante.

oneroso, sa adj. Pesado, molesto. ‖ Que no es gratuito, que exige una contraprestación, económica o personal. ‖ P. ext., muy costoso: *unos gastos onerosos.*

ónice f. Ágata listada que se emplea en joyería.

onírico, ca adj. Relativo a los sueños. ‖ **FAM.** onirismo, oniromancia.

onomancia u **onomancía** f. Arte de adivinar el futuro por el nombre de una persona.

onomástico, ca adj. Relativo a los nombres y especialmente a los propios: *índice onomástico.* ‖ f. Día en que una persona celebra su santo. ‖ Ciencia que trata de la catalogación y estudio de los nombres propios.

onomatopeya f. Imitación de sonidos reales por medio del lenguaje: *miau, ron-ron, ssss.* ‖ Palabra resultante de la imitación de sonidos y que ha terminado utilizándose para designarlos: *maullido, ronroneo, susurro.* ‖ **FAM.** onomatopéyico.

ontogenia f. Desarrollo del individuo, referido en especial al período embrionario. ‖ **FAM.** ontogénico.

ontología f. Parte de la metafísica, que trata del ser en general y de sus propiedades trascendentales. ‖ **FAM.** ontológico, ontologismo.

onza f. Medida de peso empleada por el sistema inglés, equivalente a 28,7 gramos o a la decimosexta parte del peso de la libra. ‖ Antigua moneda española que valía 320 reales. ‖ Guepardo, mamífero carnívoro.

oosfera f. Célula sexual femenina que se produce en el óvulo de los vegetales.

opa adj. *amer.* Tonto, idiota. También com.

opaco, ca adj. Se dice del cuerpo a través del cual no pasa la luz. ‖ Que no tiene brillo: *la mesa está opaca.* ‖ Que no destaca, mediocre: *tiene una personalidad opaca.* ‖ **FAM.** opacamente, opacidad, opacidad.

opal m. Tejido de algodón.

ópalo m. Mineral silíceo, duro y de colores diversos. ‖ **FAM.** opalescencia, opalescente.

opción f. Elección, posibilidad de elegir entre varias cosas: *es una opción difícil.* ‖ Cada una de las cosas que pueden elegirse: *tienes dos opciones, irte o quedarte.* ‖ Derecho que se tiene a obtener algo bajo ciertas condiciones: *con esta promoción tenemos opción a un descuento importante.* ‖ **FAM.** opcional.

opcional adj. Que no es obligatorio; facultativo: *tema opcional.*

ópera f. Obra musical con acción dramática escrita para ser cantada y representada con acompañamiento de música. ‖ Género musical formado por este tipo de obras. ‖ Teatro dedicado a la representación de óperas. ‖ **FAM.** opereta, operístico.

operación f. Acción y efecto de operar. ‖ Intervención quirúrgica. ‖ Intercambio comercial de cualquier tipo: *una operación bursátil.* ‖ Conjunto de reglas que permiten obtener otras cantidades o expresiones: *operación matemática.* ‖ Acción o conjunto de acciones militares realizadas según unos planes previos. ‖ **FAM.** operacional.

operador, ra adj. Que opera. También s. ‖ m. y f. Persona que maneja habitualmente un mecanismo: *operadora telefónica.* ‖ Persona con conocimientos técnicos encargada del mantenimiento de ciertos aparatos. ‖ Técnico de cine o televisión encargado del sonido o de la fotografía durante el rodaje. ‖ m. Símbolo matemático que señala las operaciones que van a realizarse.

operar tr. Hacer, producir, llevar a cabo. También prnl.: *no se han operado cambios.* ‖

Aplicar las técnicas de la cirugía sobre el cuerpo vivo de una persona o animal con propósitos curativos. También prnl.: *se ha operado del apéndice.* ‖ intr. Producir las cosas el efecto para el que se destinan. ‖ Obrar, trabajar: *nuestra empresa opera en el sector agrícola.* ‖ Llevar a cabo acciones mercantiles: *operar en bolsa.* ‖ Llevar a cabo acciones militares: *ayer la guerrilla operó cerca de la capital.* ‖ Realizar operaciones matemáticas: *operar con números binarios.* ‖ **FAM.** operable, operación, operador, operando, operante, operario, operativo, operatorio.

operario, ria m. y f. Obrero.

operativo, va adj. Se dice de lo que produce el efecto que se pretenda: *un remedio operativo.* ‖ Que funciona o está en activo: *esta medida todavía es operativa.*

opérculo m. Pieza generalmente redonda, que, a modo de tapadera, sirve para cerrar ciertas aberturas en los seres vivos.

opereta f. Obra de teatro musical, de asunto ligero y carácter alegre.

opiáceo, a adj. Se dice de los compuestos y derivados del opio. ‖ Que calma, como el opio.

opinar intr. Formar o tener una idea, juicio o concepto sobre alguien o algo: *opino que deberíamos irnos.* ‖ Expresarlo de palabra o por escrito: *prefiero no opinar sobre la cuestión.* ‖ **FAM.** opinable, opinión.

opinión f. Idea, juicio o concepto que se tiene sobre alguien o algo: *su opinión sobre la novela es muy positiva.* ‖ Fama o concepto en que se tiene a una persona o cosa: *goza de buena opinión entre sus compañeros.* ‖ **opinión pública** Parecer en el que coincide la mayoría de las personas acerca de asuntos determinados.

opio m. Sustancia desecada que se extrae de la adormidera verde, y que se emplea como narcótico. ‖ **FAM.** opiáceo.

opíparo, ra adj. Se dice de las comidas muy abundantes, sabrosas y de calidad: *un banquete opíparo.* ‖ **FAM.** opíparamente.

oploteca f. Colección de armas, especialmente de las antiguas o raras.

oponente adj. Que opone o se opone. ‖ Se dice de la persona o el grupo de personas que se opone a otra u otras en cualquier materia. También com.

oponer tr. Utilizar algo para que impida o dificulte la acción de una persona o el efecto de una cosa: *opuso toda su influencia contra tu proyecto.* También prnl.: *se opuso violentamente al desalojo.* ‖ Proponer una razón o argumento contra lo que otro dice: *opuso una objeción interesante a esa teoría.* ‖ prnl. Ser

una cosa contraria a otra: *lo que dice se opone con lo que hace.* ◆ **Irreg.** Se conj. como
poner. ‖ **FAM.** oponente, oponible, oposición,
opuesto.

oporto m. Vino de color oscuro y sabor ligeramente dulce, fabricado principalmente en
Oporto, ciudad de Portugal.

oportunidad f. Momento propicio para
algo: *ahora que ha bajado la bolsa es la oportunidad de comprar.* ‖ Venta de artículos de
consumo a bajo precio. Más en pl.: *he estado
en las oportunidades.*

oportunismo m. Actitud que aprovecha
las circunstancias momentáneas para el propio interés. ‖ **FAM.** oportunista.

oportuno, na adj. Que se hace en el momento apropiado: *una decisión oportuna.* ‖
Ocurrente, gracioso, ingenioso. ‖ **FAM.** oportunamente, oportunidad, oportunista.

oposición f. Acción y efecto de oponer. ‖ Situación de las cosas que se hallan unas enfrente de otras. ‖ Contradicción de una cosa
o de un concepto respecto a otra u otro: *en
esta obra reaparece el tema universal de la oposición entre el bien y el mal.* ‖ Resistencia a lo
que otros hacen o dicen: *aceptaron la propuesta sin ninguna oposición.* ‖ Grupo minoritario
que representa una postura contraria a la de
los que detentan el poder o dirigen un gobierno, partido, empresa, etc. ‖ Procedimiento se-
lectivo para cubrir ciertos cargos o puestos de
trabajo consistente en una serie de exámenes
en que los aspirantes deben demostrar su respectiva competencia, juzgada por un tribunal.
Más en pl.: *preparar oposiciones.* ‖ Situación
relativa de dos o más planetas u otros cuerpos
celestes cuando tienen longitudes que difieren
en dos ángulos rectos. ‖ **FAM.** oposicionalis-
ta, opositar, opositor.

opositar intr. Hacer oposiciones a un cargo
o empleo.

opositor, ra m. y f. Persona que se opone
a otra en cualquier materia. ‖ Persona que aspira a un empleo, cargo o destino que se provee por oposición o concurso. ‖ *amer.* Partidario de la oposición política.

opresor, ra adj. Que abusa de su poder: *la
opresora presencia de la publicidad.* También
s.: *el pueblo se rebeló contra los opresores.*

oprimir tr. Hacer presión: *oprimir el timbre.*
También prnl.: *me oprimen los zapatos.* ‖ Someter a una persona o a una colectividad pri-
vándole de sus libertades o por medio de la
fuerza y la violencia. ‖ Producir algo una sensación de angustia: *me oprime el trabajo.* ‖
FAM. opresión, opresivo, opresor.

oprobio m. Ignominia, afrenta, deshonra. ‖
FAM. oprobiar, oprobiosamente, oprobioso.

optar tr. Escoger una cosa entre varias. También intr.: *optó por no venir.* ‖ Aspirar a algo
a lo que se tiene derecho según determinadas
condiciones: *el ganador opta a un premio importante.* ‖ **FAM.** opción, optativo.

optativo, va adj. Que depende de una opción o la permite: *una asignatura optativa.* ‖
En ling., se apl. a la oración que expresa deseo. También f.

óptico, ca adj. Relativo a la óptica: *instrumental óptico.* ‖ m. Aparato compuesto de lentes y espejos para ver dibujos agrandados. ‖
m. y f. Persona con titulación oficial para trabajar en lo relacionado con la óptica. ‖ f. Parte de la física que estudia las leyes y los fenómenos de la luz. ‖ Conjunto de estudios y
técnicas para construir aparatos que permiten
la mejora y corrección de la visión (lentes co-
rrectoras, lupas, etc.). ‖ Modo de considerar
un asunto, punto de vista. ‖ Establecimiento
donde se comercia con instrumentos de óptica. ‖ **FAM.** optometría.

optimismo m. Tendencia a ver y juzgar las
cosas en su aspecto más favorable. ‖ **FAM.**
optimista.

optimizar tr. Buscar la mejor manera de
realizar una actividad: *optimizar el rendimiento de una empresa.* ‖ **FAM.** optimización.

óptimo, ma adj. Sumamente bueno, que no
puede ser mejor. ‖ **FAM.** optimación, ópti-
mamente, optimar, optimate, optimismo, optimizar.

optómetro m. Instrumento para medir el límite de la visión. ‖ **FAM.** optometría.

opuesto, ta adj. Se dice de la persona o
cosa que es muy diferente de otra: *vamos en
direcciones opuestas.* ‖ Se dice de la persona
que por sus ideas o actitudes difiere o se en-
frenta a otra persona o cosa: *Juan es opuesto
al militarismo.* ‖ Situado enfrente: *vivimos en
pisos opuestos.* ‖ **FAM.** opuestamente.

opulencia f. Abundancia o riqueza excesiva
de bienes: *vivir en la opulencia.* ‖ Exceso de
cualquier cosa: *opulencia de carnes (gordura).*
‖ **FAM.** opulentamente, opulento.

opúsculo m. Obra científica o literaria de
poca extensión.

oquedad f. Espacio que en un cuerpo sólido
queda vacío. ‖ **FAM.** oquedal.

oquedal m. Monte que tiene sólo árboles,
limpio de hierbas y matas.

ora conj. dist. Expresa alternancia: *ora reían,
ora lloraban.*

oración f. En ling., palabra o frase con sentido completo. ‖ Súplica, ruego que se hace a
una divinidad, a un santo, etc. ‖ **FAM.** oracional.

oráculo m. En la antigüedad, respuesta que

daban los dioses a las cuestiones que se les planteaban. ‖ Divinidad que daba esas respuestas. ‖ Lugar, estatua o simulacro que representaba la deidad cuyas respuestas se pedían: *el oráculo de Delfos.* ‖ Persona a quien todos escuchan con respeto y veneración por su gran autoridad y sabiduría.

orador, ra m. y f. Persona que ejerce la oratoria; que habla en público.

oral adj. Relativo a la boca: *adminístrese por vía oral.* ‖ Expresado con la palabra, a diferencia de escrito: *tradición oral.* ‖ **FAM.** oralmente.

orangután m. Mamífero antropoide, que llega a alcanzar 2 m de altura, con cabeza alargada, frente estrecha, nariz chata, hocico saliente, cuerpo robusto, brazos y manos más desarrollados que las extremidades inferiores, de piel negra y pelaje espeso y rojizo; vive en las selvas de Sumatra y Borneo.

orar intr. Hacer oración. ‖ Hablar en público para persuadir y convencer a los oyentes. ‖ **FAM.** oración, orador, orante, oratoria, oratorio.

oratoria f. Arte de servirse de la palabra para deleitar, persuadir y conmover. ‖ **FAM.** oratorio.

oratorio m. Sala de una casa particular o de un edificio destinada para rezar y donde puede decirse misa. ‖ Composición dramática musical de tema religioso para coro y orquesta.

orbe m. Esfera celeste o terrestre. ‖ Conjunto de todas las cosas creadas. ‖ **FAM.** orbicular, órbita.

órbita f. Trayectoria que, en el espacio, recorre un cuerpo alrededor de otro de masa mayor sometido a la acción de la gravedad. ‖ Trayectoria que recorren las partículas sometidas a campos electromagnéticos en los aceleradores de partículas. ‖ Trayectoria que recorre un electrón alrededor del núcleo del átomo. ‖ Cada uno de los orificios situados debajo de la frente en que se sitúan los ojos. ‖ Área que abarca la actividad o influencia de alguien o algo. ‖ **FAM.** orbital.

orca f. Mamífero cetáceo de la familia de los delfínidos, que llega a alcanzar 10 m de longitud, de cabeza pequeña y redonda, dientes grandes y cónicos, la aleta dorsal muy alta, la caudal muy ancha y las pectorales anchas y cortas.

órdago m. En el juego del mus, envite de los tantos restantes. ‖ **de órdago** loc. adj. Excelente, de superior calidad. ‖ Desmesurado: *hace un frío de órdago.*

orden m. Colocación de las cosas en el lugar que les corresponde: *tienes que poner orden en este armario.* ‖ Forma coordinada y regular de funcionar o desarrollarse algo: *la salida se realizó en perfecto orden.* ‖ Método que se sigue para hacer algo: *las peticiones se cursarán por orden de antigüedad.* ‖ Forma y estilo arquitectónico de los cuerpos principales que componen un edificio, columna, etc.: *orden dórico, jónico, corintio.* ‖ En zool. y bot., categoría entre la clase y la familia: *el orden de los artiodáctilos.* ‖ En determinadas épocas, grupo o categoría social: *orden senatorial.* ‖ En la religión católica, sacramento por el cual son instituidos los sacerdotes. ‖ f. Mandato que se debe obedecer: *el capitán dio la orden de ataque.* ‖ Cada una de las instituciones religiosas aprobadas por el Papa y cuyos individuos viven bajo las reglas establecidas por su fundador o reformador: *la orden de San Francisco.* ‖ Cada una de las instituciones civiles o militares creadas para condecorar a ciertas personas, y condecoración que ofrecen: *le han concedido la orden de Carlos III.* ‖ Cada una de las instituciones de carácter religioso y militar formadas por caballeros y sometidas a regla: *la orden de Alcántara.* ‖ **del orden de** loc. adv. Delante de expresiones de cantidad, aproximadamente: *costaría del orden de 10.000 pts.* ‖ **estar a la orden del día** una cosa loc. Ser muy frecuente: *los atascos están a la orden del día.* ‖ **sin orden ni concierto** loc. adv. Desordenadamente: *como todos se pusieron a decir su opinión sin orden ni concierto, no había quien se enterara.* ‖ **FAM.** ordenada, ordenancismo, ordenanza, ordenar, ordinario.

ordenación f. Disposición habitual de personas o cosas. ‖ Acción y efecto de ordenar. ‖ Ceremonia religiosa en la cual se administran las órdenes sagradas a una persona.

ordenador, ra adj. Que ordena. ‖ m. Máquina o sistema de tratamiento de la información que realiza operaciones automáticas, para las cuales ha sido previamente programada.

ordenamiento m. Acción y efecto de ordenar. ‖ Ley que da el superior para que se observe una cosa.

ordenanza f. Conjunto de preceptos referentes a una materia. Se usa más en pl.: *las ordenanzas de tráfico.* ‖ Conjunto de preceptos que rigen una institución. ‖ m. Soldado que asiste a un superior. ‖ com. Persona que realiza tareas subalternas en ciertas oficinas.

ordenar tr. Poner en orden una cosa: *ordena tus cajones.* ‖ Mandar: *el juez le ordenó salir de la sala.* ‖ Encaminar y dirigir a un fin: *ordenó toda su energía a descubrir al culpable.* ‖ Conferir las órdenes sagradas a uno: *le han ordenado sacerdote.* ‖ prnl. Recibir alguien las órdenes sagradas: *se ha ordenado reciente-*

mente. | **FAM.** ordenación, ordenadamente, ordenado, ordenador, ordenamiento, ordenando.

ordeñar tr. Extraer la leche a las hembras de los mamíferos exprimiendo sus ubres. | Coger la aceituna, llevando la mano rodeando al ramo para que éste las vaya soltando. | **FAM.** ordeñadero, ordeñador, ordeño.

ordinal adj. Se dice del numeral que expresa la idea de orden o sucesión. También m.

ordinariez f. Falta de delicadeza. | Acción o expresión grosera.

ordinario, ria adj. Común, habitual, frecuente. | Que demuestra mala educación: *su forma de hablar es muy ordinaria*. | De mal gusto, poco refinado: *llevaba un vestido muy ordinario*. | Realizado sin cuidado o con materiales de baja calidad: *un tejido ordinario*. | Se dice del correo que se despacha por tierra o por mar, para diferenciarlo del aéreo y del certificado. | **de ordinario** loc. adv. Habitualmente o con frecuencia. | **FAM.** ordinariamente, ordinariez.

ordovícico, ca adj. Se dice del segundo de los seis períodos geológicos en que se divide la era paleozoica. También m.

orear tr. Dar el viento en una cosa, refrescándola. | Dar en una cosa el aire para que se seque o se le quite la humedad o el olor que ha contraído. También prnl.: *ya se han oreado las sábanas*. | prnl. Salir uno a tomar el aire. | **FAM.** oreo.

orégano m. Planta herbácea, de la familia de las labiadas, con tallos erguidos, vellosos, hojas pequeñas, ovaladas, de flores purpúreas en espigas terminales, y fruto seco y globoso; es aromático, y las hojas y flores se usan en perfumería y como condimento.

oreja f. Órgano de la audición: *le duelen las orejas*. | Sentido de la audición: *pon la oreja, a ver si te enteras de lo que están diciendo*. | Ternilla que en el hombre y en muchos animales forma la parte externa del órgano del oído: *lleva dos pendientes en la oreja izquierda*. | Cada una de las dos piezas simétricas en forma de oreja que tienen algunos objetos. Más en pl.: *las orejas de un sillón, de una vasija*. | **con las orejas gachas** loc. adv. Triste y frustrado por no haber conseguido lo que pretendía. | **FAM.** orejear, orejera, orejón, orejudo, orejuela.

orejera f. Cada una de las dos piezas de la gorra que sirven para proteger las orejas del frío. | Cada una de las dos piezas laterales de los respaldos de los sillones.

orejón, na adj. *amer.* Persona zafia y tosca. | Pedazo de melocotón o de otra fruta, secado al aire y al sol.

orfanato m. Institución y edificio que recoge a niños cuyos padres han muerto o que no pueden hacerse cargo de ellos.

orfandad f. Estado del niño que ha perdido a uno o ambos padres. | Pensión que por derecho disfrutan algunos huérfanos. | Falta de afecto o ayuda. | **FAM.** orfanato, orfelinato.

orfebre com. Persona que labra objetos artísticos de oro, plata y otros metales preciosos, o aleaciones de ellos. | **FAM.** orfebrería.

orfelinato m. Orfanato.

orfeón m. Grupo de personas que cantan en un coro. | **FAM.** orfeonista.

organdí m. Tela blanca de algodón, muy fina y transparente. ♦ pl. *organdís* u *organdíes*.

orgánico, ca adj. Se apl. al organismo vivo, y p. ext., a sus órganos o a los cuerpos organizados. | Que tiene armonía y orden: *estructura orgánica*. | Se dice de lo que atañe a la constitución de corporaciones o entidades colectivas o a sus funciones. | Se dice de los síntomas o trastornos en los cuales la alteración patológica de los órganos va acompañada de lesiones duraderas: *enfermedad orgánica*. | **ley orgánica** Ley que desarrolla la Constitución de una nación en sus aspectos básicos. | **FAM.** orgánicamente.

organigrama m. Sinopsis o esquema de la organización de una entidad, de una empresa o de una tarea.

organillo m. Pequeño piano portátil que se hace sonar por medio de un cilindro con púas movido por un manubrio. | **FAM.** organillero.

organismo m. Ser vivo. | Conjunto de órganos del cuerpo animal o vegetal. | Entidad pública o privada que se ocupa de funciones de interés general: *organismo estatal*.

organista com. Músico que toca el órgano.

organización f. Acción y efecto de organizar u organizarse. | Formación social o grupo institucionalmente independiente.

organizar tr. Planificar o estructurar la realización de algo, distribuyendo convenientemente los medios materiales y personales con los que se cuenta y asignándoles funciones determinadas: *nosotros nos encargamos de organizar la fiesta*. También prnl. | Poner orden: *tengo que organizar mis papeles*. | Hacer o producir algo: *organizaron un barullo terrible*. | **FAM.** organización, organizadamente, organizado, organizador.

órgano m. Cualquiera de las partes del cuerpo de un ser vivo que desempeñan una función diferenciada, como p. ej., el riñón: *banco de órganos*. | P. ext., parte de un conjunto que realiza una función diferenciada dentro del mismo: *órganos administrativos del Estado*. ❘ Instrumento musical de viento compuesto de muchos tubos, donde se produce el sonido, unos fuelles que impulsan el aire, un teclado y varios registros ordenados para modificar el timbre de las voces. ❘ **FAM.** organicismo, orgánico, organigrama, organillo, organismo, organista, organístico, organizar, organogenia, organografía, organopatía, orgánulo.

organogenia f. Estudio de la formación y desarrollo de los órganos. ❘ **FAM.** organogénesis.

orgasmo m. Momento de máxima excitación de los órganos sexuales en el que se experimenta un placer intenso, y que va seguido de una relajación. ❘ **FAM.** orgásmico.

orgía f. Fiesta en la que se busca experimentar todo tipo placeres sensuales, especialmente en lo relacionado con la comida, la bebida y el sexo. ❘ Satisfacción desenfrenada. ❘ **FAM.** orgiástico.

orgullo m. Autoestima: *al decirle aquello heriste su orgullo*. ❘ Exceso de estimación propia, arrogancia. ❘ Satisfacción personal que se experimenta por algo propio o relacionado con uno mismo y que se considera valioso: *tu aprobado ha llenado de orgullo a tus padres*. ❘ **FAM.** orgullosamente, orgulloso.

orientación f. Acción y efecto de orientar. ❘ Posición o dirección de una cosa respecto a un punto cardinal.

oriental adj. Natural de Asia o relativo a los países asiáticos. ❘ Que está situado al Este u Oriente. ❘ Persona perteneciente a la raza asiática o amarilla. También com. ❘ *amer.* De Uruguay. También com. ❘ **FAM.** orientalismo.

orientalismo m. Conocimiento de la civilización y costumbres de los pueblos orientales. ❘ Afición e interés por la cultura oriental. ❘ Carácter oriental. ❘ **FAM.** orientalista.

orientar tr. Colocar una cosa en una posición determinada respecto a los puntos cardinales. ❘ Determinar la posición o dirección de una cosa respecto a un punto cardinal: *la casa se orienta al Norte*. ❘ Informar a uno de lo que ignora acerca de un asunto o negocio o aconsejarle sobre la forma más acertada de llevarlo a cabo: *en la agencia me orientaron sobre las mejores rutas de la región*. También prnl. ❘ Dirigir alguien su interés, su conducta o sus acciones hacia un objetivo determinado. También prnl.: *finalmente se ha orientado hacia la pediatría*. ❘ **FAM.** orientable, orientación, orientador, orientativo.

oriente m. Punto del horizonte por donde sale el Sol. ❘ Este, levante. ❘ Lugar de la Tierra que, respecto de otro con el cual se compara, está más próximo al lugar de donde sale el

Sol. ❘ Asia y las regiones inmediatas a ella de Europa y África. ◆ En esta acepción se escribe con mayúscula. ❘ Brillo especial de las perlas. ❘ **FAM.** oriental, orientar.

orificio m. Agujero, especialmente el de pequeño tamaño. ❘ Cada una de las aberturas del cuerpo que comunican los órganos con el exterior: *los orificios nasales*.

origen m. Principio, nacimiento o causa de algo: *el origen de este fracaso está en la falta de previsión*. ❘ Lugar de procedencia de una persona o cosa: *este vino es de origen francés*. ❘ Medio económico y social en el que nace una persona: *sus padres son de origen humilde*. ❘ **FAM.** original, originar.

original adj. Perteneciente al origen: *causa original*. ❘ Se dice de la obra científica, artística o literaria producida directamente por su autor sin ser copia, imitación o traducción de otra. También m.: *esta biblioteca conserva un original de Lope de Vega*. ❘ Se dice de la lengua en que se compuso una obra, o diferencia del idioma a que se ha traducido: *una película en versión original*. ❘ Se apl. al artista, escritor, pensador, etc., que aporta con sus creaciones algo novedoso, y también a dichas creaciones: *una técnica narrativa original*. ❘ Se dice en general de lo que sorprende por su carácter poco habitual: *un peinado original*, *una ocurrencia original*. ❘ m. Ejemplar que se da a la imprenta para que con arreglo a él se imprima una obra. ❘ Cualquier escrito que se tiene a la vista para sacar de él una copia: *necesitas el original y tres fotocopias compulsadas*. ❘ **FAM.** originalidad, originalmente.

originalidad f. Calidad de original.

originar tr. Ser instrumento, motivo, principio u origen de algo. ❘ prnl. Iniciarse una cosa: *el fuego se originó en el desván*. ❘ **FAM.** originario.

originario, ria adj. Que da origen a una persona o cosa: *hay que descubrir la causa originaria de este problema*. ❘ Que procede de algún lugar: *esta costumbre es originaria de China*. ❘ **FAM.** originariamente.

orilla f. Término, límite o extremo de la extensión de algunas cosas: *llevas descosida la orilla de la falda*. ❘ Faja de tierra que está más inmediata al agua del mar, de un lago, río, etc. ❘ Senda que en las calles se toma para poder andar por ella, arrimado a las casas. ❘ pl. *amer.* Arrabales, afueras de una población. ❘ **FAM.** orillar, orillero, orillo.

orín m. Óxido rojizo que se forma en la superficie del hierro por la acción del aire húmedo. ❘ Orina. Más en pl.

orina f. Líquido de desecho que resulta de la acción filtrante de la sangre en los riñones y es expulsado fuera del cuerpo a través de la uretra. | **FAM.** orinal, orinar.

orinal m. Recipiente para recoger la orina.

orinar intr. Expeler la orina. También prnl. | tr. Expeler por la uretra algún otro líquido: *orinar sangre*.

oriundo, da adj. Que tiene su origen en algún lugar: *su madre es oriunda de Cádiz*. | **FAM.** oriundez.

órix m. Nombre común de varias especies de mamíferos rumiantes africanos de la familia de los bóvidos, de hasta 1,2 m de altura, tronco robusto, patas cortas y cabeza grande, con grandes cuernos. ♦ No varía en pl.

orla f. Motivo decorativo que se pone en el borde de algo: *la orla de un vestido, de una página*. | Retrato colectivo adornado por una franja decorativa que se hacen los alumnos de una misma promoción académica con sus profesores como recuerdo de la misma. | **FAM.** orlador, orladura, orlar.

orlar tr. Adornar el borde de una cosa con algún motivo decorativo.

ornamental adj. Que sirve para adornar: *la alfombra tenía un bello motivo ornamental en el centro*. | Que no es real o práctico, sino secundario o superfluo: *su puesto en el consejo es puramente ornamental*.

ornamentar tr. Embellecer algo con adornos, adornar. | **FAM.** ornamentación.

ornamento m. Adorno. | Conjunto de cualidades morales de una persona. | pl. Vestiduras sagradas y adornos del altar. | **FAM.** ornamental, ornamentar, ornar.

ornar tr. Embellecer con adornos, adornar. También prnl. | **FAM.** ornato.

ornitología f. Parte de la zoología que se ocupa del estudio de las aves, tanto actuales como fósiles. | **FAM.** ornitológico, ornitólogo.

ornitorrinco m. Mamífero australiano oviparo, de unos 50 cm de longitud, patas cortas (en el macho presentan una glándula que segrega veneno), cabeza pequeña y hocico largo, plano y ancho, en forma de pico de pato, y pelaje gris en el dorso y amarillento en el vientre; es de costumbres nocturnas y anfibias.

oro m. Elemento químico metálico de color amarillo, muy dúctil y maleable y uno de los más pesados; es uno de los metales preciosos, y se emplea en joyería, odontología, acuñaciones, artes decorativas, electrónica, etc. Su símbolo es *Au*. | Joyas u otros adornos de esta especie. | Caudal, riquezas. | Color amarillo como el de este metal. También adj. | Cualquiera de los naipes del palo de oros. | pl. Uno de los cuatro palos de la baraja española.

| **de oro** loc. adj. Muy bueno, inmejorable. | **FAM.** orificar, oriflama.

oro- Elemento que entra en la formación de palabras con el significado de *montaña*: *orografía*.

orogénesis f. Proceso de formación de las montañas. | Conjunto de movimientos acaecidos en una época determinada y que han dado origen a los sistemas montañosos. ♦ No varía en pl. | **FAM.** orogenia.

orografía f. Parte de la geografía física que describe el relieve. | Conjunto de montes de una región, país, etc. | **FAM.** orográfico.

orondo, da adj. Inflado, redondeado y hueco, como ciertas vasijas. | Se apl. a las personas que se muestran muy satisfechas de sí mismas: *se muestra muy orondo desde que le han ascendido*.

oronimia f. Parte de la toponimia que estudia el origen y significación de los orónimos. | **FAM.** oronímico, orónimo.

orónimo m. Nombre de cordillera, montaña, colina, etc.

oropel m. Lámina de latón muy fina que imita el oro. | Cosa de poco valor y mucha apariencia.

oropéndola f. Ave del orden de las paseriformes, de unos 25 cm de largo, plumaje amarillo, con las alas, las patas y la cola negras; se alimenta de insectos, gusanos y frutas, y hace el nido colgándolo en las ramas horizontales de los árboles.

orquesta f. Conjunto de instrumentistas e instrumentos que ejecutan una obra musical. | En un teatro, lugar destinado para los músicos, y comprendido entre el escenario y el patio de butacas. | **FAM.** orquestal, orquestar, orquestina.

orquestar tr. Arreglar una pieza musical para tocarla con varios instrumentos. | Organizar o dirigir algo, coordinando sus distintos elementos: *orquestar un proyecto de reforma*. | **FAM.** orquestación.

orquestina f. Orquesta de pocos y variados instrumentos dedicada, por lo general, a tocar música bailable.

orquidáceo, a adj. y f. Se dice de las plantas angiospermas monocotiledóneas, que se caracterizan por sus flores de forma y coloración raras, y raíz con dos tubérculos elipsoidales y simétricos, como la vainilla y la orquídea. | f. pl. Familia de estas plantas.

orquídea f. Nombre común de varias plantas de la familia de las orquidáceas con flores de formas curiosas y colores variados. | Flor de estas plantas. | **FAM.** orquidáceo.

orquitis f. Inflamación del testículo. ♦ No varía en pl.

ortega f. Ave gallinácea, con las alas cortas y el plumaje de color gris rojizo en el macho, y amarillo en la hembra; su carne es muy estimada.

ortiga f. Planta herbácea de la familia de las urticáceas, que alcanza de 60 a 80 cm de altura; sus hojas son lanceoladas y están cubiertas de pelos que segregan un líquido que produce irritación y picor con el contacto; se le atribuyen propiedades diuréticas y hemostáticas. | **FAM.** ortigal.

orto m. Salida o aparición del Sol o de otro astro por el horizonte.

orto- Elemento compositivo que significa la cualidad de 'recto, directo, correcto, perpendicular', etc.: *ortodoxo, ortofonía.*

ortocentro m. Punto en que se intersecan las tres alturas de un triángulo.

ortodoncia f. Rama de la odontología que se ocupa del estudio y corrección de las malformaciones y defectos de la dentadura.

ortodoxo, xa adj. Conforme con los dogmas de una religión o los principios de una ideología que considera verdaderos: *un católico ortodoxo; un marxista ortodoxo.* También s. | Conforme con la doctrina tradicional en cualquier rama del saber: *una teoría ortodoxa.* | Se dice de la religión cristiana de ciertos países de Europa oriental, como la griega, la rumana y la rusa, que obedecen al patriarca de Constantinopla. | Relativo a estas iglesias. También s. | **FAM.** ortodoxia.

ortofonía f. Corrección de los defectos de la voz y de la pronunciación.

ortogonal adj. Se dice de lo que está en ángulo recto.

ortografía f. Parte de la gramática que se ocupa de dictar normas para la adecuada escritura de una lengua. | Escritura correcta de una lengua. | **FAM.** ortográfico.

ortopedia f. Parte de la medicina que estudia las deformaciones del cuerpo humano y su corrección por medios fisioterapéuticos, quirúrgicos o protésicos. | Serie de técnicas encaminadas al diseño y fabricación de aparatos y prótesis para corregir las deformidades físicas. | **FAM.** ortopeda, ortopédico, ortopedista.

ortóptero adj. y m. Se dice de los insectos masticadores, de metamorfosis sencillas, que tienen un par de élitros consistentes y otro de alas membranosas plegadas longitudinalmente, como los saltamontes y los grillos. | m. pl. Orden de estos insectos.

ortosa f. Feldespato de estructura laminar, de color blanco o gris amarillento, opaco, y muy abundante en las rocas ígneas.

oruga f. Larva de los insectos lepidópteros, que tiene forma de gusano, con el cuerpo dividido en segmentos, apéndices abdominales con función locomotora y a veces con pelos urticantes; es herbívora y muy voraz. | Planta herbácea anual de la familia de las crucíferas, que alcanza 60 cm de altura, de hojas lanceoladas, tallo velloso y flores blancas con venillas moradas; sus hojas se usan como condimento por su sabor picante. | Llanta articulada de forma continua que se aplica a las ruedas de cada lado del vehículo y permite avanzar a éste por terreno escabroso.

orujo m. Residuo de pieles y pepitas que quedan de la uva, la aceituna u otros frutos después de haber sido prensados y que todavía puede ser aprovechado para otros usos. | Aguardiente de alta graduación que se obtiene del residuo de la uva por destilación.

orza f. Vasija de barro, alta y sin asas.

orzar intr. Inclinar la proa de una embarcación hacia la parte de donde viene el viento. | **FAM.** orza.

orzuelo m. Inflamación molesta y dolorosa de alguna glándula aislada de los párpados.

os pron. pers. Forma átona de segunda persona del plural que funciona como complemento directo o indirecto: *os veo mañana; ya os lo había dicho.* También reflexivo con verbos pronominales: *os vestís y nos vamos.* ◆ Precede al verbo, excepto cuando éste está en infinitivo, gerundio o imperativo, en cuyo caso va unido a él: *saliros, volviéndoos.* Cuando se une al imperativo, éste pierde la *d* final, a excepción del verbo *ir: miraos, idos.*

osadía f. Atrevimiento, audacia, imprudencia.

osamenta f. Esqueleto del hombre y de los animales vertebrados. | Los huesos sueltos del esqueleto.

osar intr. Atreverse. También tr. | **FAM.** osadía, osado.

osario m. Lugar destinado en las iglesias o los cementerios para reunir los huesos que se sacan de las sepulturas. | Cualquier lugar donde se hallan huesos.

óscar m. Galardón cinematográfico que concede anualmente la Academia de Ciencias y Artes Cinematográficas de Hollywood (EE.UU.) a la mejor película, interpretación, dirección, etc.

oscilar intr. Moverse alternativamente de un lado para otro un cuerpo que está colgado o apoyado en un solo punto: *oscilar un péndulo.* | Crecer y disminuir alternativamente la intensidad de algunas manifestaciones o fenómenos: *oscilar los precios, la presión atmosférica.* | Titubear, vacilar: *todavía oscila entre seguir en el negocio familiar o abrir el suyo propio.* |

FAM. oscilación, oscilador, oscilatorio, oscilatriz, oscilógrafo, oscilómetro, osciloscopio.

ósculo m. Beso: *ósculo de la paz.*

oscurantismo m. Oposición a que se difunda la cultura y la educación entre las clases populares. ‖ Defensa de ideas anticuadas o irracionales en cualquier terreno. ‖ **FAM.** oscurantista.

oscurecer tr. Reducir la cantidad de luz o claridad de algo: *oscurecer una habitación.* ‖ Hacer que algo sea menos valioso o estimable: *este escándalo ha oscurecido su carrera.* ‖ Dificultar o impedir la comprensión de algo: *la falta de una estructuración adecuada oscurece la exposición.* ‖ impers. Anochecer: *en invierno oscurece muy pronto.* ‖ prnl. Aplicado al día, a la mañana, al cielo, etc., nublarse. ♦ **Irreg.** Se conj. como *agradecer.* ‖ **FAM.** oscurecida, oscurecimiento.

oscuridad f. Falta de luz o claridad que dificulta la percepción de las cosas: *con tanta oscuridad no veo nada.* ‖ Falta de claridad en lo escrito o en lo hablado que dificulta la comprensión de algo que se comunica. ‖ Falta de información sobre un hecho, sus causas o circunstancias: *la más profunda oscuridad rodeaba aquel crimen.* ‖ Falta de claridad mental, por escasez de inteligencia o por confusión de las ideas.

oscuro, ra adj. Que carece de luz o claridad: *una habitación oscura.* ‖ Se dice del color que casi llega a ser negro, y del que se contrapone a otro más claro de su misma gama: *azul oscuro.* ‖ Desconocido o poco conocido, y por ello generalmente dudoso: *el origen de su fortuna es oscuro.* ‖ Confuso, falto de claridad, poco comprensible: *un razonamiento oscuro.* ‖ Incierto: *porvenir oscuro.* ‖ **a oscuras** loc. adv. Sin luz: *la sala estaba a oscuras.* ‖ Sin conocimiento o comprensión de algo: *no me lo preguntes, estoy a oscuras sobre sus motivos.* ‖ **FAM.** oscuramente, oscurantismo, oscurecer, oscuridad.

óseo, a adj. De hueso: *restos óseos.* ‖ De naturaleza parecida a la del hueso: *dureza ósea.* ‖ **FAM.** osamenta, osario, osificarse, ososo.

osera f. Cueva donde vive el oso.

osezno m. Cachorro del oso.

osificarse prnl. Convertirse en hueso un tejido del organismo. ‖ Adquirir una materia la consistencia y textura del hueso. ‖ **FAM.** osificación.

osmio m. Elemento químico metálico semejante al platino, de gran dureza, atacable por los ácidos, y que forma con el oxígeno un ácido de olor muy fuerte y desagradable. Su símbolo es *Os.*

ósmosis u **osmosis** f. Fenómeno que consiste en el paso recíproco de líquidos de distinta densidad a través de una membrana semipermeable que los separa. ♦ No varía en pl. ‖ **FAM.** osmótico.

oso m. Mamífero plantígrado, que llega a tener 1 y 3 m de altura, de pelaje fuerte, abundante y lacio, cabeza grande, ojos pequeños, extremidades fuertes y gruesas, cinco dedos en cada una, con uñas recias y cola corta; su alimentación es omnívora. ‖ **FAM.** osera, osezno, osuno.

ososo, sa adj. Perteneciente o relativo al hueso. ‖ De hueso o de la naturaleza del hueso.

osteítis f. Inflamación de los huesos. ♦ No varía en pl.

ostensible adj. Que puede manifestarse o mostrarse. ‖ Claro, manifiesto, visible. ‖ **FAM.** ostensiblemente.

ostensivo, va adj. Que muestra u ostenta una cosa.

ostentación f. Acción y efecto de ostentar. ‖ Exhibición o alarde de riqueza y poder. ‖ Presunción.

ostentar tr. Mostrar algo que se posee de forma que se haga visible a los demás, por orgullo, vanidad o complacencia: *ostentaba una sonrisa radiante después de su triunfo.* ‖ Poseer algo que se hace visible por sí mismo: *ostentaba una terrible verruga en la nariz.* ‖ Poseer algo que da derecho a ciertas ventajas: *ostentar un cargo, un título.* ‖ **FAM.** ostensible, ostensivo, ostensorio, ostentación, ostentador, ostentoso.

ostentoso, sa adj. Manifiesto, claro. ‖ Magnífico, suntuoso: *un coche ostentoso.* ‖ **FAM.** ostentosamente.

osteología f. Parte de la anatomía que trata de los huesos. ‖ **FAM.** osteológico, osteólogo.

osteoma m. Tumor de naturaleza ósea o con elementos de tejido óseo.

osteopatía f. Término general para las enfermedades óseas.

ostra f. Molusco acéfalo lamelibranquio marino, monomiario, con concha de valvas desiguales, ásperas, de color pardo verdoso por fuera, lisas, blancas y algo anacaradas por dentro, que se adhiere a las rocas; es comestible muy apreciado. ‖ Concha de la madreperla. ‖ **aburrirse como una ostra** loc. Aburrirse extraordinariamente. ‖ **FAM.** ostracismo, ostrero, ostricultura, ostrífero.

ostracismo m. En la antigua Grecia, destierro político al que se condenaba a algunos ciudadanos. ‖ Exclusión voluntaria o forzosa de los cargos políticos. ‖ P. ext., aislamiento al que se somete a una persona, generalmente por no resultar grata.

ostrero, ra adj. Perteneciente o relativo a las ostras. ‖ m. y f. Persona que vende ostras. ‖ m. Lugar donde se crían y conservan vivas las ostras. ‖ Lugar en que se crían las perlas.

ostricultura. f. Conjunto de técnicas para la cría de ostras.

ostrogodo, da adj. Se dice de la rama oriental del pueblo godo. Más en m. pl. ‖ Se dice también de sus individuos. También s.

otalgia f. Dolor de oídos.

otear tr. Mirar a lo lejos desde un sitio elevado. ‖ Mirar con atención para descubrir algo. ‖ FAM. oteador.

otero m. Cerro aislado que domina un llano. ‖ FAM. otear.

otitis f. Inflamación del oído. ◆ No varía en pl.

otología f. Parte de la medicina que estudia las enfermedades del oído. ‖ FAM. otológico, otólogo.

otoño m. Estación del año, templada, que en el hemisferio septentrional comienza el 23 de septiembre y termina el 21 de diciembre. ‖ Edad madura, próxima a la vejez. ‖ FAM. otañada, otoñal, otoñar.

otorgamiento m. Permiso, consentimiento. ‖ Acción de otorgar un documento.

otorgar tr. Consentir o conceder: *otorgar un permiso*. ‖ Ofrecer algo: *otorgar un donativo*. ‖ Establecer o estipular algo, especialmente cuando se realiza ante notario: *otorgar un poder notarial*. ‖ FAM. otorgador, otorgamiento, otorgante.

otorrinolaringología f. Parte de la medicina que trata de las enfermedades del oído, nariz y laringe. ‖ FAM. otorrino, otorrinolaringólogo.

otoscopio m. Instrumento para examinar el órgano del oído. ‖ FAM. otoscopia.

otro, tra adj. Distinto a la persona que habla o a lo mencionado anteriormente: *no he sido yo, ha sido otro niño*. También pron. ‖ Uno más: *necesito otro folio*. También pron. ‖ Un poco anterior: *el otro día fuimos al cine*. ‖ Un poco posterior, siguiente. También pron.: *nos vemos esta semana no, la otra*. ‖ Semejante o parecido: *creo que es otro Velázquez*. ‖ Los demás, el prójimo. ‖ **otro, u otra, que tal baila** loc. Denota semejanza de defectos entre dos personas o cosas. ‖ FAM. otrora, otrosí.

otrora adv. m. En otro tiempo: *este valle otrora fue un mar interior*.

otrosí adv. c. En lenguaje jurídico, además. ‖ m. En der., cada una de las pretensiones o peticiones que se ponen después de la principal.

output (voz i.) m. En un proceso económico, producto que resulta de la combinación de los diversos factores o inputs de producción. ‖ En inform., cualquier sistema de salida de información de un ordenador.

ova f. Alga unicelular, de color verde y tallo filamentoso.

ovación f. Aplauso entusiasta que se ofrece colectivamente. ‖ FAM. ovacionar.

ovacionar tr. Aclamar, tributar una ovación.

oval adj. Con forma de óvalo. ‖ FAM. ovalado, ovado, ovoide, ovoideo.

ovalar tr. Dar figura de óvalo.

óvalo m. Curva cerrada, con la convexidad vuelta hacia la parte de afuera y simétrica respecto de uno o dos ejes, como la elipse o la sección longitudinal de un huevo. ‖ FAM. oval, ovalar.

ovario m. Órgano esencial femenino de la reproducción sexual, en el que se origina el óvulo. ‖ FAM. ovárico.

oveja f. Hembra del carnero, generalmente sin cuernos y de menor peso y tamaño que éste. ‖ **oveja negra** Persona que en una familia o colectividad, difiere bastante de las demás. ‖ FAM. ovejería, ovejero, ovejuno, óvido, ovino.

ovejería f. *amer.* Ganado ovejuno y hacienda destinada a su crianza.

ovejero, ra adj. Que cuida de las ovejas. También s.

overol m. *amer.* Mono, traje de faena de una sola pieza.

óvido, da adj. y m. Se dice de los mamíferos rumiantes de la familia de los bóvidos, muchos de ellos cubiertos de abundante lana, con cuernos de sección triangular y retorcidos en espiral o encorvados hacia atrás; como los carneros y cabras. ‖ m. pl. Grupo de estos mamíferos.

oviducto m. Conducto por el que los óvulos de los animales salen del ovario para ser fecundados.

ovillo m. Bola que se forma al devanar una fibra textil. ‖ Cosa enredada y de figura redonda. ‖ Montón confuso de cosas: *hizo un ovillo con sus ropas*. ‖ **hacerse un ovillo** loc. Encogerse, acurrucarse. ‖ FAM. ovillado, ovillar, ovillejo.

ovino, na adj. y m. Se dice de ganado lanar. ‖ Se dice de los mamíferos rumiantes de la familia de los bóvidos, al que pertenecen los carneros y ovejas domésticos. ‖ m. pl. Subfamilia de estos mamíferos. ‖ FAM. ovicultura.

ovíparo, ra adj. y s. Se dice de las especies animales cuyas hembras ponen huevos, desarrollándose el embrión fuera del cuerpo de la madre.

ovni m. Siglas de *Objeto Volador No Identificado*, denominación que se da a ciertos objetos voladores observados desde la Tierra, de origen desconocido.

ovogénesis f. Proceso de formación de los óvulos a partir de las células germinales. ♦ No varía en pl.

ovoide u **ovoideo, a** adj. De figura de huevo. También com.

ovovivíparo, ra adj. Se dice de los animales que se reproducen por huevos, pero que no salen del cuerpo materno hasta que está muy adelantado su desarrollo embrionario, como la víbora y el tiburón.

ovulación f. Desprendimiento natural de un óvulo del ovario, para que pueda recorrer su camino y ser fecundado.

óvulo m. Gameto o célula reproductora femenina en los animales. ‖ En las plantas, corpúsculo que nace sobre la placenta o sobre el carpelo y que, después de la fecundación, se convertirá en semilla. ‖ Variedad de supositorio que se administra por vía vaginal. ‖ **FAM.** ovular.

oxidar tr. Transformar un cuerpo por la acción del oxígeno o de un oxidante. También prnl. ‖ **FAM.** oxidable, oxidación, oxidado, oxidante.

óxido m. Compuesto que resulta de la combinación de un elemento metal o un metaloide con el oxígeno. ‖ Capa de este compuesto de color pardo rojizo, que se forma sobre los metales expuestos al aire o a la humedad. ‖ **FAM.** oxidar.

oxigenado, da adj. Que contiene oxígeno. ‖ Se dice del cabello que se ha decolorado con agua oxigenada: *nos atendió una rubia oxigenada.*

oxigenar tr. Combinar el oxígeno con algún elemento. También prnl. ‖ Decolorar del cabello con agua oxigenada. ‖ prnl. Airearse, respirar el aire libre: *vete al campo, necesitas oxigenarte un poco.* ‖ **FAM.** oxigenable, oxigenación, oxigenado.

oxígeno m. Elemento químico gaseoso, esencial en la respiración, algo más pesado que el aire y parte integrante de éste, del agua, y de la mayoría de las sustancias orgánicas. Su símbolo es *O.* ‖ **FAM.** óxido, oxigenar.

oxítono, na adj. Se dice de la palabra que carga el acento en la última sílaba. ‖ **FAM.** paroxitono.

oxiuro m. Gusano filiforme que habita en el intestino del hombre y de varios animales, y que se conoce comúnmente como lombriz intestinal.

oyente adj. Que oye. También com.: *ahora daremos paso a las peticiones del oyente.* ‖ com. Persona que asiste a un curso sin estar matriculado como alumno. ‖ **FAM.** radioyente.

ozono m. Gas de color azul, muy oxidante, cuya molécula está formada por tres átomos de oxígeno, y que se produce, mediante descargas eléctricas, en las capas bajas y altas de la atmósfera. ‖ **FAM.** ozonosfera.

ozonosfera f. Zona de la atmósfera, caracterizada por la presencia de ozono, comprendida entre los 10 y 50 km de altura, y que tiene un papel muy importante en el equilibrio de las radiaciones.

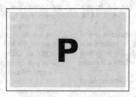

P

p f. Decimoséptima letra del abecedario español, y decimotercera de sus consonantes. Su nombre es *pe*, y representa un sonido de articulación bilabial, oclusiva y sorda.

pabellón m. Edificio, generalmente aislado, pero que forma parte de otro o está contiguo a él. | Cada una de las construcciones que forman parte de un conjunto: *los pabellones de una feria de muestras.* | Tienda de campaña en forma de cono. | Colgadura de una cama, un trono, un altar, etc. | Ensanchamiento cónico en que termina la boca de algunos instrumentos de viento. | Bandera nacional. | Nación a la que pertenece un barco mercante.

pabilo o **pábilo** m. Mecha de una vela. | Parte quemada de esta mecha.

pábulo m. Comida, alimento necesario para vivir. | Cualquier cosa que sirve para alimentar o fomentar a otra: *dar pábulo a un rumor.*

paca m. Mamífero roedor, de unos 50 cm de largo, con pelaje espeso y lacio, pardo por el lomo y rojizo por el cuello, vientre y costados, cola y pies muy cortos, hocico agudo y orejas pequeñas y redondas; su carne es muy estimada. | FAM. paco.

paca f. Fardo o lío, especialmente de lana o de algodón en rama. | FAM. pacotilla, paquete.

pacato, ta adj. Pacífico, tranquilo. | Asustadizo, muy tímido. | Timorato, mojigato.

pacay m. *amer.* Guamo, árbol. | Fruto de este árbol. ♦ pl. *pacayes* o *pacaes.*

pacer intr. Comer el ganado la hierba del campo. ♦ **Irreg.** Se conj. como *agradecer.*

pachanga f. *amer.* Danza originaria de Cuba. | *amer.* Alboroto, fiesta, diversión bulliciosa. | FAM. pachanguero.

pacharán m. Licor obtenido por maceración de endrinas en aguardiente anisado.

pacho, cha adj. Indolente. | *amer.* Flaco, aplastado. | FAM. pachocha, pachorra.

pachón, na adj. *amer.* Peludo, lanudo. | Se dice de un perro parecido al perdiguero, de patas más cortas. | m. y f. Persona pausada y tranquila.

pachorra f. Tranquilidad excesiva.

pachucho, cha adj. Flojo, alicaído, algo enfermo. | Se dice de los frutos demasiado maduros o de las flores poco frescas.

pachulí m. Planta labiada procedente del SE asiático y Oceanía de la que por destilación de sus tallos y hojas se obtiene un perfume de aroma intenso. | Ese mismo perfume.

paciencia f. Capacidad para soportar con resignación desgracias, trabajos, ofensas, etc. | Tranquilidad para esperar. | Calma para hacer trabajos minuciosos o entretenidos. | Lentitud excesiva. | Pasta redonda y muy pequeña hecha con harina, huevo, almendra y azúcar. | FAM. paciente, pacienzudo.

paciente adj. Que tiene paciencia. | Se dice del sujeto de una oración pasiva. | com. Enfermo que sigue un tratamiento respecto al médico. | FAM. pacientemente.

pacificar tr. Restablecer la paz. | Reconciliar: *sus razones lograron pacificar los ánimos.* | prnl. Sosegarse. | FAM. pacificación, pacificador.

pacífico, ca adj. Partidario de la paz y enemigo de enfrentamientos y discordias. | Tranquilo, no alterado por luchas o disturbios: *reinado pacífico.* | FAM. pacíficamente.

pacifismo m. Doctrina que se opone a la guerra y a la violencia y defiende la paz. | FAM. pacifista.

pacotilla f. Conjunto de mercancías que la tripulación de un buque puede embarcar libres de flete. | **de pacotilla** loc. adj. De poca importancia o calidad. | FAM. pacota, pacotillero.

pactar tr. Llegar a un acuerdo personas o entidades para concluir un negocio o cualquier otra cosa, obligándose a cumplirlo: *pactar una tregua.* | Ceder una autoridad: *el director ha pactado un aumento de sueldo.*

pacto m. Tratado o acuerdo entre personas o entidades, en el que se obligan a cumplir alguna cosa. | FAM. pactar, pactismo.

padecer tr. Sentir un daño, dolor, enfermedad o pena: *padecer del corazón.* | Recibir una acción negativa: *padecer un terremoto.* | intr. Sufrir, soportar. | Recibir daño las cosas:

los amortiguadores padecen con los baches. ♦ **irreg.** Se conj. como *agradecer.* | **FAM.** padecimiento.

padrastro m. Marido de la madre, respecto de los hijos que tuvo ella en un matrimonio anterior. | Mal padre. | Pedacito de pellejo que se levanta de la carne inmediata a las uñas de las manos.

padrazo m. Padre muy bueno y comprensivo con sus hijos.

padre m. Hombre respecto de sus hijos o animal macho respecto de sus crías. | Semental. | Cabeza de una descendencia, familia o pueblo: *Abraham fue padre de los creyentes.* | Tratamiento que se da a los religiosos o sacerdotes. | Autor o inventor respecto de lo creado o inventado. | Persona que ha creado una ciencia o idea o ha influido notablemente en ella: *Homero es el padre de la poesía.* | pl. El padre y la madre. | Los antepasados. | Con mayúscula, primera persona de la Trinidad. | adj. Muy grande o importante: *se armó el escándalo padre.* | **padre de familia** Cabeza de una casa o familia. | **santo padre** Tratamiento que se le da al papa. | **FAM.** padrastro, padrazo, padrear, padrenuestro, padrino, padrote, parricida, páter, paterno, patrilineal, patrística, patrología.

padrinazgo m. Acto de asistir como padrino a una actividad. | Protección que se da a una persona.

padrino m. Persona que presenta o asiste a otra en algunos sacramentos, como el bautismo o el matrimonio, o en otros actos y ceremonias, p. ej., en un certamen literario. | Persona que protege a otra o la ayuda a triunfar. | pl. El padrino y la madrina. | **FAM.** padrinazgo.

padrón m. Lista de los habitantes de una población hecha por las autoridades.

padrote m. *amer.* Semental.

paella f. Plato de arroz seco, con carne, pescado, mariscos, legumbres y azafrán, típico de la región valenciana. | **FAM.** paellera.

paga f. Acción de pagar. | Cantidad de dinero que se da como pago, especialmente por el trabajo realizado. | **paga extraordinaria** La que recibe un trabajador aparte de su sueldo.

pagadero, ra adj. Que se ha de pagar y satisfacer en un determinado plazo. | Que puede pagarse fácilmente.

pagado, da adj. Satisfecho de alguna cosa: *está muy pagado de sí mismo.*

pagador, ra adj. Que paga. También s. | m. y f. Persona encargada por el Estado, una corporación o un particular, de satisfacer sueldos, pensiones, créditos, etc.

pagaduría f. Oficina donde se paga.

pagano, na adj. Calificativo dado por los cristianos a las religiones anteriores a la suya, especialmente a las politeístas, y a las personas que las profesaban. | No religioso: *fiestas paganas.* | **FAM.** paganismo, paganizar.

pagar tr. Dar a alguien el dinero que se le debe o le corresponde: *pagar a un acreedor.* | Cumplir el castigo por un delito o falta o sufrir las consecuencias de algo malo que se ha hecho. | prnl. Enorgullecerse de una cosa: *se paga de astuto.* | **pagarla,** o **pagarlas** loc. Sufrir alguien el castigo que le corresponde o las consecuencias de algo; se usa en tono de amenaza: *me las pagarás.* | **FAM.** paga, pagable, pagadero, pagado, pagador, pagaduría, pagaré, pago.

pagaré m. Documento por el que alguien se obliga a pagar cierta cantidad de dinero.

pagel m. Pez teleósteo que mide unos 60 cm de longitud, tiene una carne muy apreciada y es frecuente en las costas de la península Ibérica. También es llamado *breca.*

página f. Cada una de las dos caras de una hoja de un libro o cuaderno. | Lo escrito o impreso en una página: *sólo he leído la primera página.* | Suceso o episodio en la vida de alguien o en la historia de algo: *aquellos años fueron una página en blanco.* | **FAM.** paginar.

paginar tr. Numerar páginas o planas. | **FAM.** paginación.

pago m. Acción de pagar. | Premio o recompensa: *recibió un regalo en pago a sus servicios.* | División de un término municipal, especialmente si está plantado de viñas u olivares. | Pueblecito o aldea. | Lugar en que ha nacido o está arraigada una persona, y p. ext., lugar, pueblo o región. Más en pl.: *volver a sus pagos.*

pagoda f. Templo de varios pisos superpuestos que construyen algunos pueblos orientales en honor de sus divinidades.

paila f. Vasija grande de metal, redonda y poco profunda. | *amer.* Sartén, vasija.

paipái m. Abanico en forma de pala y con mango. ♦ pl. *paipáis.*

pairo m. Modo de estar un barco, quieto y con las velas extendidas. | **al pairo** loc. adv. Sin hacer nada ni tomar una decisión: *quedarse al pairo.*

país m. Territorio que forma una unidad geográfica, política y cultural. | Estado independiente. | Papel, tela, etc., que cubre la parte superior del varillaje del abanico. | **FAM.** paisaje, paisano.

paisaje m. Porción de terreno considerada en su aspecto artístico: *admirar el paisaje.* | Pintura, fotografía, etc., que representa una porción de campo, bosque o ciudad y en la que

paladio

las figuras humanas no aparecen o bien ocupan un papel secundario. ‖ **FAM.** paisajismo, paisajista, paisajístico.

paisanaje m. Conjunto de paisanos, de personas no militares. ‖ Circunstancia de ser de un mismo país dos o más personas y relación que existe entre ellas.

paisano, na adj. Del mismo país, provincia o lugar que otra persona. También s. ‖ m. y f. Campesino, habitante del campo. ‖ m. Persona no militar. ‖ **FAM.** paisanaje.

paja f. Caña de los cereales, seca y separada del grano. ‖ Conjunto de estas cañas, empleado como pienso, para fabricar objetos, etc. ‖ Estas mismas cañas, trituradas. ‖ Canuto delgado, generalmente de plástico, para sorber líquidos. ‖ Brizna de hierba. ‖ Lo inútil o innecesario, p. ej., en un escrito. ‖ vulg. Masturbación. ‖ **FAM.** pajar, pajizo, pajolero, pajón, pajoso.

pajar m. Sitio donde se guarda la paja.

pájara f. Hembra del pájaro. ‖ Mujer astuta o de malas intenciones. ‖ Desfallecimiento que sufre un deportista.

pajarería f. Tienda donde se venden pájaros y otros animales domésticos. ‖ **FAM.** pajarero.

pajarita f. Papel doblado en forma de pájaro. ‖ Tipo de corbata que se anuda en forma de mariposa.

pájaro m. Cualquiera de las aves terrestres, voladoras, con pico recto no muy fuerte y tamaño generalmente pequeño. ‖ Nombre que se da a las aves de pequeño tamaño, pertenecientes a la familia de los paseriformes. ‖ Hombre astuto o de malas intenciones. ‖ **pájaro bobo** Ave palmípeda de entre 40 y 150 cm, con plumaje espeso y extremidades anteriores en forma de aleta; está adaptada al medio marino y habita en las costas de la Antártida, Oceanía y S de África y América. ‖ **matar dos pájaros de un tiro** loc. Conseguir dos objetivos de una sola vez. ‖ **FAM.** pájara, pajarería, pajarero, pajarita, pajarraco.

pajarraco, ca m. ‖ Persona astuta o malintencionada. ‖ m. Pájaro grande, o cuyo nombre se desconoce.

paje m. Criado joven que acompañaba a sus amos o servía como criado en la casa.

pajizo, za adj. De color beige parecido a la paja. ‖ Hecho y cubierto de paja.

pajolero, ra adj. Molesto, impertinente. También s. ‖ Como intensificador de un sustantivo, tiene un sentido despectivo: *esto no tiene pajolera gracia.*

pala f. Utensilio formado por una tabla o plancha rectangular o redondeada y un mango, que sirve para diversos usos, p. ej., para

cavar la tierra. ‖ Utensilio parecido que puede tener usos muy diversos. ‖ Especie de raqueta de madera con que se lanza la pelota en algunos juegos. ‖ Parte ancha del remo. ‖ Parte superior del calzado. ‖ Diente incisivo superior. ‖ Cuchillo especial para comer el pescado. ‖ **FAM.** palada, palastro, palazo, paleto.

palabra f. Sonido o conjunto de sonidos articulados que expresan una idea. ‖ Representación gráfica de estos sonidos. ‖ Facultad de hablar: *perder la palabra.* ‖ Capacidad para hablar o expresarse: *una persona de palabra fácil.* ‖ Lo que dice alguien o está escrito en algún texto. Más en plural: *según las palabras del autor.* ‖ Promesa o compromiso de hacer algo: *cumplió su palabra.* ‖ Derecho, turno para hablar: *pedir la palabra.* ‖ Con verbos como *entender, saber,* etc., nada en absoluto: *no entiendo palabra.* ‖ pl. Palabrería: *eso no son más que palabras.* ‖ **palabras mayores** Insultos, palabras ofensivas. ‖ Asunto o aspecto de gran importancia. ‖ **dejar** a uno **con la palabra en la boca** loc. No dejarle terminar de hablar. ‖ **dirigir la palabra** a alguien loc. Hablarle; se usa sobre todo en frases negativas: *hace tiempo que no le dirigen la palabra.* ‖ **tener unas palabras con** alguien loc. Insultar o decir palabras desagradables: *tuve con él unas palabras.* ‖ **FAM.** palabreja, palabrería, palabrero, palabro, palabrota.

palabrería f. Abundancia o exceso de palabras inútiles.

palabrota f. Palabra malsonante.

palacete m. Palacio pequeño.

palaciego, ga adj. Relativo a palacio. ‖ Se dice de la persona que servía o asistía en palacio. También s. ‖ Cortesano.

palacio m. Edificio grande y lujoso destinado a residencia de reyes y nobles. ‖ Nombre dado a ciertos edificios públicos: *palacio de exposiciones y congresos.* ‖ **FAM.** palacete, palaciego, palatino.

paladar m. Parte interior y superior de la boca. ‖ Gusto con que se percibe el sabor de los alimentos. ‖ Sensibilidad para discernir o valorar una cosa: *tiene buen paladar para el arte.* ‖ **FAM.** paladear, paladial, palatal.

paladear tr. Mantener un alimento en la boca para apreciar su sabor. También prnl. ‖ Recrearse con algo: *paladear la victoria.* ‖ **FAM.** paladeo.

paladín m. Caballero que se distinguía en la guerra por sus hazañas. ‖ Defensor a ultranza de una persona o cosa: *se alzó como paladín de la justicia.*

paladino, na adj. Público, claro. ‖ **FAM.** paladinamente.

paladio m. Elemento químico metálico perteneciente al grupo del platino, de color blanco y brillo fuerte, maleable y dúctil; se emplea en joyería y en la industria como catalizador. Su símbolo es *Pd*.

palafito m. Vivienda primitiva, construida en un lago, sobre un armazón de estacas.

palafrén m. Caballo manso en que solían montar las damas y a veces los reyes y príncipes. I Caballo en que iba montado el criado cuando acompañaba a su amo. I **FAM.** palafrenero.

palafrenero m. Criado que llevaba del freno al caballo. I Mozo de caballos.

palanca f. Máquina simple, generalmente una barra, que apoyada sobre un punto, sirve para levantar un peso con uno de sus extremos al aplicar una fuerza sobre el opuesto. I Dispositivo para accionar algunos mecanismos, como la palanca del cambio de marchas de los automóviles. I Influencia o recurso que se emplea para lograr algún fin. I **FAM.** palancada, palanqueta, palanquín.

palangana f. Recipiente bajo y de boca muy ancha que se emplea para lavar o lavarse. I com. *amer.* Fanfarrón, pedante. También adj. I **FAM.** palanganear, palanganero.

palangre m. Dispositivo para pescar que consiste en un cordel largo y grueso del que cuelgan a trechos unos ramales con anzuelos en sus extremos. I **FAM.** palangrero.

palanqueta f. Palanca pequeña para forzar puertas o cerraduras.

palatal adj. Relativo al paladar. I En fon., se apl. al sonido que se articula acercando el dorso de la lengua al paladar duro, como la *i* y la *ñ*. I Se dice de la letra que representa este sonido. También f. I **FAM.** palatalización, palatalizar.

palatino, na adj. Perteneciente al paladar. I Perteneciente al palacio o propio de los palacios: *lujo palatino*.

palco m. Departamento independiente a modo de balcón, con varios asientos, que hay en teatros y en otros espectáculos. I Tabladillo donde se coloca la gente para ver un espectáculo.

paleo- Elemento compositivo que significa 'antiguo' o 'primitivo': *paleografía*.

paleoceno, na adj. Se dice del período más antiguo de los cinco en que se divide la era terciaria. También m.

paleocristiano, na adj. Se dice de las primitivas comunidades cristianas. I Se aplica al arte cristiano primitivo, hasta el s. VI-VII.

paleografía f. Disciplina auxiliar de la historia que estudia la escritura y signos de los libros y documentos antiguos. I **FAM.** paleográfico, paleógrafo.

paleolítico, ca adj. Se dice del período más antiguo de la prehistoria, conocido también como el período de la piedra tallada. También m. I Perteneciente o relativo a ese período.

paleontología f. Ciencia que estudia los fósiles de especies animales y vegetales desaparecidas. I **FAM.** paleontografía, paleontológico, paleontólogo.

paleozoico, ca adj. Se dice de la era primaria, primera de las tres geológicas. También m. I Perteneciente o relativo a ese período.

palestra f. Lugar donde se celebraban luchas y combates. I poét. Esta misma lucha. I Lugar donde se compite o se discute sobre cualquier asunto. I **saltar** o **salir a la palestra** loc. Darse a conocer al público.

paletada f. Cantidad que se coge de una vez con la paleta. I Cosa o actitud propia de un paleto.

paletilla f. Omóplato, cada uno de los dos huesos anchos de la espalda.

paleto, ta adj. Se dice de la persona ordinaria e ignorante que vive en el campo o procede de un pueblo pequeño. También s. I Poco refinado o de mal gusto: *modales paletos*. I m. Gamo. I f. Tabla pequeña, ovalada o rectangular, donde el pintor ordena sus colores. I Pala pequeña utilizada para muy distintos usos. I Utensilio de forma triangular, con un mango de madera, que usan los albañiles para coger y extender la mezcla o mortero. I Diente incisivo superior. I Cada una de las tablas, planas o curvas, que se fijan en las ruedas hidráulicas para recibir la acción del agua. I Pieza de los ventiladores, hélices, etc., que recibe y utiliza el choque o la resistencia del aire. I *amer.* Dulce o helado con un palito que sirve de mango. I **FAM.** paletada, paletería, paletilla.

paletón m. Parte de la llave donde están los dientes y las guardas.

palia f. Tela que se pone sobre el cáliz.

paliar tr. Disminuir la intensidad de un dolor o los efectos dañinos de algo: *paliar la sequía*. I Quitarle importancia a algo: *paliar una noticia*. I **FAM.** paliación, paliativo, paliatorio.

palidecer intr. Ponerse pálido. I Disminuir la importancia o el esplendor de algo: *la fama del discípulo palideció la figura de su maestro*. ♦ **Irreg.** Se conj. como *agradecer*.

pálido, da adj. Que no tiene o ha perdido el color rosado de la cara. I Descolorido. I Referido al color, poco vivo o intenso: *amarillo pálido*. I Que no tiene expresión ni colorido: *dio una pálida descripción de los hechos*. I **FAM.** palidecer, palidez, paliducho.

palier (voz fr.) m. En algunos vehículos automóviles, cada una de las mitades en que se divide el eje de las ruedas motrices.

palillo m. Palo pequeño o varita empleados para muy diversos usos, como p. ej., el que usan los orientales para comer. ‖ Mondadientes de madera. ‖ Cada una de las dos varitas, rematadas en forma redonda, que sirven para tocar el tambor. ‖ Bolillo para hacer encajes y pasamanería. ‖ Persona muy delgada. ‖ **FAM.** palillero.

palimpsesto m. Manuscrito antiguo que conserva huellas de una escritura anterior que fue borrada. ‖ Tablilla antigua en que se podía borrar lo escrito para volver a escribir.

palinodia f. Hecho de retractarse públicamente de lo que se ha dicho. Se usa sobre todo en la locución *cantar la palinodia.*

palio m. Dosel colocado sobre cuatro o más varas largas, que se utiliza en ciertos actos para cubrir con él al sacerdote que lleva las hostias consagradas, a una imagen o a algunas personalidades, como el papa. ‖ **FAM.** palia.

palique m. Conversación, charla: *dar palique a alguien.*

palisandro m. Madera del guayabo y de otros árboles tropicales, compacta y de color rojo oscuro, muy estimada para la fabricación de muebles.

palitroque m. Palo pequeño, tosco o mal labrado.

paliza f. Conjunto de golpes que se dan a una persona o animal. ‖ Trabajo o esfuerzo muy grandes: *la mudanza ha sido una paliza.* ‖ Derrota muy grande: *dieron una buena paliza al equipo visitante.* ‖ m. y f. Persona muy pesada: *ser un paliza.* ‖ **dar la paliza** loc. Aburrir a alguien, darle la lata.

palloza f. Construcción en piedra, normalmente de planta redonda, con una cubierta de paja, destinada en parte a vivienda y en parte al ganado.

palma f. Nombre común de diversas plantas angiospermas monocotiledóneas, de la familia de las palmáceas, de tallo leñoso y sin ramas, recto y coronado por un penacho de grandes hojas, como la palmera, el cocotero, el burí y el palmito. ‖ Hoja de la palmera con la que se hacen cestas y otros objetos. ‖ Parte interior y algo cóncava de la mano, desde la muñeca hasta los dedos. ‖ Gloria, triunfo, victoria: *se llevó la palma.* ‖ pl. Palmadas de aplauso. ‖ **batir palmas** loc. Aplaudir. ‖ **FAM.** palmada, palmado, palmar, palmear, palmeral, palmero, palmeta, palmípedo, palmita, palmito, palmo, palmotear, palmoteo.

palmada f. Golpe que se da con la palma de la mano. ‖ Golpe dado con las palmas de las manos, una contra otra, y sonido que produce. Más en pl.

palmar adj. Se dice de los objetos hechos de palma. ‖ Relativo a la palma de la mano o a la palma del casco de los animales: *una huella palmar.* ‖ m. Sitio o lugar donde se crían palmas.

palmar intr. Morir. Se usa sobre todo en la expresión *palmarla.*

palmarés m. Lista de ganadores en una competición o concurso. ‖ Historial o currículum de una persona.

palmatoria f. Utensilio para sostener una vela; suele tener forma de platillo y un asa para agarrarlo.

palmeado, da adj. Que tiene forma de palma. ‖ Se dice de los dedos de los animales que los tienen ligados entre sí por una membrana.

palmear intr. Dar palmadas. ‖ tr. Trasladar una embarcación tirando con las manos de un cable fijo a un punto. ‖ **FAM.** palmeado, palmeo.

palmera f. Árbol palmáceo, de hasta 30 m de altura, con tallo erguido rematado por un penacho de hojas pecioladas, flores blancas y olorosas, cuyo fruto son los dátiles; crece en regiones intertropicales y subtropicales.

palmeta f. Vara que usaban los maestros de escuela para golpear la palma de la mano a sus alumnos como castigo. ‖ Golpe dado con esta vara. ‖ **FAM.** palmetazo.

palmípedo, da adj. y f. Se dice de las aves que tienen las patas palmeadas por una membrana interdigital, lo que les facilita avanzar en el agua, como el ganso, la gaviota, etc. ‖ f. pl. Antiguo orden de estas aves, que corresponde al actual *anseriformes.*

palmito m. Árbol palmáceo, de tronco corto o subterráneo, hojas en forma de abanico y fruto rojizo, ovalado y comestible, con un hueso muy duro; con sus hojas se fabrican escobas, esteras, etc. ‖ Cogollo comestible de esta planta. ‖ Cara y figura de una mujer cuando son bonitas: *tener palmito.*

palmo m. Medida de longitud equivalente a unos 21 cm, que es aproximadamente la distancia que existe entre el dedo pulgar y el meñique con la mano extendida. ‖ **palmo a palmo** loc. adv. Con dificultad o lentitud. ‖ En su totalidad: *conocer un terreno palmo a palmo.* ‖ **FAM.** palmito.

palo m. Trozo de madera mucho más largo que grueso y generalmente cilíndrico. ‖ Golpe dado con este trozo de madera. ‖ Madera: *una silla de palo.* ‖ Cada uno de los maderos redondos fijos en una embarcación, a los que van sujetas las velas. ‖ Cada una de las cuatro series en que se divide la baraja de cartas y que en la española se denominan oros, copas, espadas y bastos. ‖ Trazo de algunas letras que sobresale de las demás por arriba o por abajo, como el de la *d* o la *p*. ‖ Daño o perjuicio: *dar un palo*. ‖ *amer.* Árbol o arbusto: *palo santo*. ‖ **palo de ciego** Intento que se hace de manera irreflexiva o con el que no se consigue nada. ‖ **a palo seco** loc. adv. Sin algo que acompañe a alguna cosa y especialmente comer sin tomar bebidas. ‖ **FAM.** palenque, paletón, palillo, palique, palitroque, paliza, paloduz, palote.

paloduz m. Raíz de regaliz que se chupa o se mastica como dulce.

paloma f. Nombre común de diversas aves columbiformes, que miden generalmente unos 33 cm de longitud y se caracterizan por tener el tronco corto y grueso, pico largo y débil, alas largas y puntiagudas y tarsos cortos. ‖ **FAM.** palomar, palomero, palomilla, palomino, palomita, palomo.

palometa f. Pez óseo de unos 50 cm de longitud, con el cuerpo de color gris azulado; habita en el Atlántico y el Mediterráneo y su carne es apreciada como alimento. ‖ Palomilla, tuerca, armazón triangular.

palomilla f. Armazón triangular o en forma de ángulo para sostener tablas, estantes u otras cosas. ‖ Tuerca con dos alas en los laterales para poder enroscarla. ‖ Insecto lepidóptero, mariposa nocturna, gris y de pequeño tamaño, muy perjudicial para los graneros. ‖ Cualquier mariposa muy pequeña. ‖ Ninfa de un insecto.

palomino m. Pollo de la paloma. ‖ Mancha de excremento en la ropa interior.

palomita f. Roseta de maíz tostado o reventado. ‖ Refresco de agua con algo de anís.

palomo m. Macho de la paloma.

palote m. Palo mediano. ‖ Trazo que los niños hacen en el papel pautado para aprender a escribir.

palpable adj. Que puede tocarse con las manos. ‖ Claro, evidente: *una señal palpable*. ‖ **FAM.** palpablemente.

palpar tr. Tocar con las manos una cosa para examinarla, reconocerla o para orientarse. ‖ Notar algo claramente: *palpar el descontento*. ‖ **FAM.** palpable, palpación, palpadura, palpamiento.

palpitación f. Acción y efecto de palpitar. ‖ Latido del corazón que se percibe más intenso de lo normal o a un ritmo distinto. ‖ Sacudida involuntaria de un órgano o de un músculo.

palpitar intr. Contraerse y dilatarse alternativamente el corazón. ‖ Aumentar la frecuencia de los latidos del corazón. ‖ Moverse involuntariamente un órgano o músculo. ‖ Manifestarse intensamente un sentimiento u otra cosa. ‖ **FAM.** palpitación, palpitante, pálpito, palpo.

palpo m. Apéndice articulado que tienen los artrópodos alrededor de la boca y que utilizan para palpar y sujetar los alimentos.

paludismo m. Enfermedad causada por un protozoo, que se transmite al hombre por la picadura del mosquito anofeles y produce fiebres muy intensas. ‖ **FAM.** palúdico, palustre.

palurdo, da adj. Tosco, ignorante. También s.

pamela f. Sombrero de mujer con la copa baja y las alas anchas.

pamema f. Tontería. ‖ Remilgo, aspaviento.

pampa f. Llanura extensa de América meridional sin vegetación arbórea. ‖ **FAM.** pampeano, pampear, pampero, pámpido.

pámpano m. Brote verde, tierno y delgado de la vid. ‖ Hoja de la vid. ‖ **FAM.** pampanaje, pampanoso.

pamplina f. Planta herbácea anual cariofiliácea, de hojas opuestas y flores amarillas agrupadas en inflorescencias, que crece en los sembrados de suelos areniscos, en la región mediterránea. ‖ Tontería, memez. También pl. ‖ **FAM.** pamplinero, pamplinoso.

pan m. Alimento hecho con harina, mezclada con agua y sal, que, después de amasada y fermentada por la acción de la levadura, se cuece al horno, con diversas formas y tamaños. ‖ Masa hecha con otros alimentos, generalmente de forma redondeada: *pan de higos*. ‖ Todo lo que en general sirve para el alimento diario: *ganarse el pan*. ‖ Trigo: *este año hay mucho pan*. ‖ Lámina muy fina de oro o plata con que se cubre una superficie: *pan de oro*. ‖ pl. Cereales, desde que nacen hasta que se siegan. ‖ **pan ázimo** El que se hace sin levadura. ‖ **pan de molde** El que se hace en un molde de forma rectangular y después se corta en rebanadas. ‖ **pan integral** El fabricado con harina que conserva todos los componentes del trigo, previamente limpiado. ‖ **con su pan se lo coma** loc. Indica indiferencia hacia lo que le ha ocurrido a otra persona. ‖ **FAM.** panadería, panadero, panecillo, panero, paniaguado, paniego, panificar, panoli.

pan- Elemento compositivo que significa 'totalidad': *panteísmo*.

pana f. Tela gruesa, semejante en el tejido al terciopelo, y que va formando surcos.

panacea f. Medicamento al que se atribuye eficacia para curar diversas enfermedades. ‖ Remedio para cualquier problema.

panal m. Conjunto de celdillas de cera que las

abejas forman dentro de la colmena para depositar la miel. ▌ Estructura semejante, que fabrican las avispas y otros animales.

panamá m. Sombrero de hombre, flexible y con el ala recogida, hecho de pita. ▌ Tela de algodón de hilos gruesos empleada para bordar y para confeccionar prendas.

panamericanismo m. Doctrina que promueve las relaciones y colaboración entre todas las naciones de América. ▌ **FAM.** panamericanista.

panarabismo m. Tendencia a fomentar las relaciones de todo orden entre los pueblos de origen árabe. ▌ **FAM.** panarabista.

pancarta f. Cartel con una consigna o reivindicación que se muestra en manifestaciones y protestas públicas.

panceta f. Tocino de cerdo con vetas de carne, fresco o ahumado.

panchito m. Cacahuete frito.

pancho, cha adj. Tranquilo, satisfecho: *quedarse tan pancho.*

pancismo m. Actitud de la persona que acomoda su comportamiento a lo que cree más conveniente y menos arriesgado para su provecho y tranquilidad. ▌ **FAM.** pancista.

páncreas m. Glándula asociada al aparato digestivo de los vertebrados, situada junto al duodeno; segrega el jugo pancreático, que participa en la digestión. ♦ No varía en pl. ▌ **FAM.** pancreático, pancreatina, pancreatitis.

panda m. Nombre común con el que se conocen dos especies de mamíferos, que son el panda *gigante*, que mide unos 140 cm de longitud y tiene pelaje blanco y negro, y el panda *menor*, que mide unos 60 cm de longitud, de larga cola y pelaje pardo rojizo; su alimentación es prácticamente vegetariana.

pandemia f. Enfermedad epidémica que se extiende a muchos países. ▌ **FAM.** pandémico.

pandemónium m. Lugar en que hay mucho ruido y confusión.

pandereta f. Pandero con sonajas o cascabeles. ▌ **FAM.** panderetazo.

pandero m. Instrumento de percusión formado por uno o dos aros superpuestos, provistos de sonajas y sobre cuyos bordes se ajusta un trozo de piel muy lisa y estirada. ▌ Trasero, posaderas. ▌ **FAM.** panderazo, pandereta, panderete, panderetear, pandereteo.

pandilla f. Grupo de amigos. ▌ Grupo de gente; se usa en sentido despectivo: *una pandilla de vagos.* ▌ **FAM.** pandillaje.

panegírico, ca adj. Que alaba: *un discurso panegírico.* ▌ m. Discurso en la alabanza de una persona y p. ext., elogio. ▌ **FAM.** panegirista.

panel m. Cada una de las piezas o separacio-

nes en que se divide una pared, la hoja de una puerta u otra superficie. ▌ Elemento prefabricado para hacer divisiones en los edificios. ▌ Tablero para avisos, propaganda, etc. ▌ Parte de un mecanismo, vehículo, etc., donde aparecen los indicadores o los controles. ▌ *amer.* Grupo que compone el jurado de un concurso. ▌ Grupo de personas que discuten un asunto en público.

panera f. Recipiente, generalmente con una puerta corredera, donde se guarda el pan en las casas. ▌ Cestillo para colocar el pan en la mesa. ▌ Cesta grande sin asa que sirve para transportar el pan. ▌ Cámara donde se guardan los cereales, el pan o la harina.

pánfilo, la adj. Bobo, poco avispado. ▌ Lento, calmoso.

panfleto m. Folleto de propaganda política. ▌ P. ext., libro o escrito que encierra una propaganda política. ▌ **FAM.** panfletario, panfletista.

pangermanismo m. Doctrina que proclama la unión y predominio de todos los pueblos de origen germánico. ▌ **FAM.** pangermanista.

pangolín m. Mamífero desdentado, de cuerpo cubierto por escamas duras y puntiagudas, de hasta 150 cm de longitud, según las especies, con el hocico alargado y una lengua retráctil que proyecta al exterior para capturar insectos; es de costumbres nocturnas y habita en África y Asia.

panhelenismo m. Movimiento y doctrina política que pretende la unión en un solo Estado de todos los pueblos griegos. ▌ **FAM.** panhelénico.

paniaguado, da adj. Se dice de la persona favorecida por otra.

pánico m. Miedo o temor excesivo.

panificadora f. Instalación industrial para la elaboración de pan. ▌ **FAM.** panificación, panificar.

panislamismo m. Tendencia de los pueblos musulmanes a lograr, mediante su unión, la independencia política, religiosa y cultural. ▌ **FAM.** panislamista.

panocha o **panoja** f. Mazorca. ▌ Racimo de frutos, flores o ramas que nacen de un eje o pedúnculo común.

panoli adj. y com. Bobo, simple.

panoplia f. Tabla, generalmente en forma de escudo, donde se colocan floretes, sables y otras armas de esgrima. ▌ Armadura completa. ▌ Colección de armas. ▌ Parte de la arqueología, que estudia las armas y las armaduras antiguas.

panorama m. Vista que se contempla desde un lugar. ▌ Aspecto general de algo: *el pano-*

rama europeo. ‖ Pintura realizada dentro de un gran cilindro hueco que se contempla desde su centro. ‖ FAM. panorámico.

pantagruélico, ca adj. Se dice de las comidas muy abundantes.

pantalán m. Muelle o embarcadero pequeño para barcos de poco tonelaje.

pantalla f. Lámina que se coloca delante o alrededor de la luz artificial, para debilitarla. ‖ Superficie sobre la que se proyectan las imágenes cinematográficas. ‖ Parte de un televisor, del monitor de un ordenador o de otros aparatos electrónicos que permite visualizar imágenes o caracteres. ‖ Mampara que se pone delante de las chimeneas. ‖ Persona o cosa que, puesta delante de otra, la oculta, le hace sombra o no le permite pasar. ‖ *amer.* Paipái, soplillo. ‖ *amer.* Pendiente, adorno que se pone en la oreja.

pantalón m. Prenda de vestir con dos perneras que cubre desde la cintura hasta los tobillos. También pl. ‖ **llevar, o tener bien puestos,** alguien **los pantalones** loc. Mandar en algún sitio. ‖ FAM. pantalonero.

pantano m. Hondonada donde se detienen las aguas, con el fondo cubierto de barro. ‖ Depósito artificial de agua. ‖ FAM. pantanal, pantanoso.

panteísmo m. Doctrina filosófico-religiosa que afirma la identidad sustancial de Dios y el mundo. ‖ FAM. panteísta, panteístico, panteón.

panteón m. Monumento destinado al enterramiento de varias personas. ‖ *amer.* Cementerio.

pantera f. Leopardo con manchas anilladas en la piel.

panti o **panty** (voz i.) m. Leotardo de seda, nailon o material semejante que utilizan las mujeres. Más en pl. ♦ pl. *pantis.*

pantomima f. Género teatral a través de gestos y movimientos, sin utilizar la palabra. ‖ Comedia que se hace para simular algo. ‖ FAM. pantomímico.

pantorrilla f. Parte carnosa y abultada de la pierna, por debajo de la corva.

pantufla m. Zapatilla sin talón, para andar por casa.

panza f. Barriga. ‖ Parte más saliente de algunos objetos, generalmente vasijas. ‖ Primera de las cuatro cavidades en que se divide el estómago de los rumiantes. ‖ FAM. panceta, pancho, pancismo, panzada, panzudo.

panzada f. Golpe que se da con la panza. ‖ Hartazgo o atracón: *darse una panzada a trabajar.*

pañal m. Trozo de tela o de un material absorbente que se pone a los bebés como si fuera una braga. ‖ **en pañales** loc. adv. En un estado de poco desarrollo.

paño m. Tela de lana fuerte y tupida: *un abrigo de paño.* ‖ Trapo que se utiliza en la cocina y para otras tareas domésticas. ‖ Pieza de una prenda que cosida al lado de otra forma el ancho de la tela: *una falda de tres paños.* ‖ Mancha oscura en la piel, especialmente en la cara. ‖ Mancha que disminuye el brillo o la transparencia de algunas cosas. ‖ Parte continua de una pared, en la que no hay huecos para puertas o ventanas. ‖ pl. Ropas, vestiduras. ‖ **paño de lágrimas** Persona en quien se encuentra frecuentemente atención, consuelo o ayuda. ‖ **paños menores** Ropa interior. ‖ FAM. pañal, pañería, pañero, pañete, pañito, pañoleta, pañuelo.

pañol m. Cualquiera de los compartimientos que se hacen en diversos lugares de una embarcación, para guardar víveres, herramientas, etc.

pañoleta f. Chal triangular que usan las mujeres como abrigo o adorno. ‖ Corbata estrecha de nudo que llevan los toreros con el traje de luces.

pañuelo m. Trozo de tela cuadrado utilizado para diferentes usos, p. ej., para limpiarse la nariz. ‖ Trozo de tela de mayor tamaño que el anterior que se utiliza para abrigarse el cuello o como complemento de la ropa.

papa m. Máxima autoridad de la Iglesia católica, obispo de Roma y jefe de Estado de Ciudad del Vaticano. ‖ FAM. papable, papado, papal, papalina, papisa, papismo, papista.

papa f. Patata.

papa f. Papilla y, p. ext., cualquier sopa o crema espesa. Más en pl. ‖ FAM. papada, papamoscas, papanatas, paparrucha, paparruchada, papear, papera, papilla, papo, pápula.

papá m. Padre. ‖ pl. El padre y la madre.

papada f. Abultamiento carnoso anormal que se forma debajo de la barbilla. ‖ Pliegue que forma la piel en el borde inferior del cuello de ciertos animales, como el toro, y se extiende hasta el pecho. ‖ FAM. papadilla.

papado m. Dignidad de papa y tiempo que dura su mandato.

papagayo m. Ave trepadora propia de los países tropicales, pero que en domesticidad vive en los climas templados y aprende a repetir palabras y frases enteras. Hay diversas especies con plumaje muy distinto, pero siempre de colores brillantes. ‖ Planta herbácea amarantácea, con hojas de color verde, amarillo y rojo, originaria de China, que se cultiva como planta de adorno en jardines. ‖ **hablar como un papagayo** loc. Hablar sin entender lo que se dice, repitiendo las palabras de otro. ‖ Hablar mucho.

papalote m. *amer.* Cometa de papel.

papamoscas m. Pájaro de entre 10 y 15 cm de longitud, con plumaje gris parduzco y el pecho listado, que se alimenta de moscas y habita en bosques y parques de Eurasia y el N de África. ‖ Persona simple y poco avispada. ◆ No varía en pl.

papanatas com. Persona simple, inocente o muy crédula. ◆ No varía en pl. ‖ FAM. papanatismo.

paparrucha f. Tontería, cosa desatinada, que se dice sin ningún sentido.

papaveráceo, a adj. y f. Se dice de una familia de plantas angiospermas dicotiledóneas, con fruto capsular con muchas semillas, oleaginosas y de albumen carnoso, como la amapola y la adormidera, de cuyo fruto se sintetiza la morfina. ‖ f. pl. Familia de estas plantas. ‖ FAM. papaverina.

papayo m. Árbol caricáceo, de unos 8 m de altura, propio de los países cálidos; su fruto comestible es la papaya. ‖ FAM. papaya.

papel m. Material hecho con pasta vegetal molida y blanqueada que se dispone en finas láminas y se usa para escribir, dibujar, etc. ‖ Hoja o trozo de este material: *dame un papel para anotar su teléfono.* ‖ Documento, título o manuscrito de cualquier clase: *los papeles del coche.* ‖ En teatro, cine, etc., parte de la obra y personaje que le corresponde representar a un actor. ‖ Función que desempeña una persona o cosa: *tiene un papel fundamental en la empresa.* ‖ Documento que contiene la obligación del pago de una cantidad. ‖ Conjunto de valores de bolsa. ‖ **papel mojado** Documento de poca o ninguna importancia. También, cosa inútil o inconsistente. ‖ **papel moneda** Billete de curso legal. ‖ FAM. papela, papeleo, papelería, papelero, papeleta, papelillo, papelina, papelón, papelorio, papelote, papelucho, papiro, papiroflexia, pisapapeles.

papeleo m. Exceso de trámites en un asunto. ‖ FAM. papelear.

papelera f. Fábrica de papel. ‖ Cesto para echar los papeles inútiles.

papelería f. Tienda donde se venden objetos de escritorio.

papeleta f. Papel que contiene algunos datos o acredita alguna cosa: *las papeletas de una rifa.* ‖ Asunto comprometido o difícil de resolver.

papelón m. Papel ridículo o desafortunado que desempeña una persona.

papera f. Inflamación del tiroides, bocio. ‖ Inflamación de las glándulas de la saliva. ‖ Tumor inflamatorio y contagioso que en los caballos jóvenes se produce a la entrada del conducto respiratorio o en los ganglios situados debajo del maxilar. ‖ pl. Enfermedad infecciosa propia de los niños que produce una inflamación de la glándula parótida.

papila f. Cada una de las pequeñas prominencias cónicas formadas en la piel, en las membranas mucosas y en ciertos órganos de algunos vegetales, y, en especial, las que existen en la lengua, a través de las que captamos el sentido del gusto. ‖ Prominencia que forma el nervio óptico en el fondo del ojo. ‖ FAM. papilar, papiloma.

papilionáceo, a adj. y f. Se dice de una familia de plantas angiospermas dicotiledóneas, herbáceas, arbustivas o arbóreas, con flores con corola amariposada, que crecen en regiones templadas, tropicales y subtropicales. ‖ f. pl. Familia de estas plantas.

papilla f. Especie de puré hecho con leche, cereales, etc., que se da a los niños pequeños. ‖ **hecho papilla** loc. En muy mal estado físico o moral.

papiloma m. Tumor benigno que se forma en las papilas de la piel o de las mucosas.

papión m. Mamífero primate de mandíbula prominente, pelaje gris o pardo claro, con larga cola y callosidades rojas en las nalgas; habita en África formando grupos jerarquizados.

papiro m. Planta ciperácea de 2 a 3 m de altura, con tallo en caña rematado por un penacho de flores y largas brácteas; crece junto a los ríos y lagos, y en la antigüedad se usó como material de escritura. ‖ Lámina sacada del tallo de esta planta que se empleaba para escribir o dibujar sobre ella. ‖ FAM. papirología.

papisa f. Femenino de *papa.* Se ha usado únicamente para designar al personaje fabuloso *la papisa Juana.*

papista adj. Nombre que los protestantes dan a los católicos. También s. ‖ Partidario de la rigurosa observancia de las disposiciones del papa.

papo m. Papada. ‖ Buche de las aves. ‖ Nombre vulgar del bocio. ‖ Tranquilidad o lentitud excesiva. ‖ FAM. papudo.

paprika f. Pimentón.

pápula f. Tumor eruptivo que se presenta en la piel sin pus ni serosidad.

paquebote o **paquebot** m. Embarcación que lleva el correo y, generalmente, también pasajeros de un puerto a otro.

paquete m. Lío o envoltorio que se hace con algo, generalmente para transportarlo. ‖ Persona torpe o molesta. ‖ Persona que va en una moto de acompañante. ‖ Castigo o sanción:

meter un paquete. | **FAM.** paquetería, paquetero.

paquete, ta adj. *amer.* Muy arreglado o elegante. También s.

paquidermo adj. y m. Se dice de algunos mamíferos de piel muy gruesa y dura, como el jabalí, hipo; ótamo y elefante. | m. pl. Antiguo grupo taxonómico de estos animales que en la actualidad carece de valor sistemático. | **FAM.** paquidérmico.

par adj. Se dice del órgano que corresponde simétricamente a otro igual. | m. Conjunto de dos personas o dos cosas de una misma especie: *un par de zapatos.* | A veces designa un número impreciso, pero reducido: *estuvo aquí un par de veces.* | Igualdad o semejanza con alguna cosa: *una elegancia sin par.* | Título de alta dignidad en algunos países; en el Reino Unido, miembro de la Cámara de los Lores. | **a la par** loc. adv. Juntamente, a la vez. | Referido a monedas, efectos públicos, etc., con igualdad entre su valor nominal y el que obtienen en cambio. | **de par en par** loc. adv. Manera de estar abiertas completamente las puertas o las ventanas. | **FAM.** parear, pareja, parejo, parias, paridad, paritario.

para prep. Indica finalidad o destino: *esos regalos son para ti.* | Expresa tiempo o duración, a veces de manera imprecisa: *un amigo es para siempre.* | Indica dirección: *se fue para casa.* | Desde el punto de vista o según la opinión de alguien: *para la mayoría de la gente, eso no es lo más importante.* | Forma parte de algunas frases con sentido comparativo que expresan desproporción entre dos cosas o acciones: *no está verde el campo para lo que ha llovido.* | **para con** loc. prep. Respecto con, en relación con alguien.

para- o **pará-** pref. Indica semejanza o contigüidad: *paráfrasis.*

parabién m. Felicitación, enhorabuena. Más en pl.

parábola f. Narración de un suceso inventado, del que se saca una enseñanza moral. | En geom., curva abierta, simétrica respecto de un eje, con un solo foco, y que resulta de cortar un cono circular recto por un plano paralelo a una generatriz. | **FAM.** parabólico, parabolizar.

parabrisas m. Cristal que lleva un automóvil en su parte anterior. ♦ No varía en pl.

paracaídas m. Utensilio hecho con tela resistente que, al extenderse en el aire, toma la forma de una sombrilla grande, y que se usa para moderar la velocidad de caída de los cuerpos. | P. ext., lo que sirve para evitar o disminuir el golpe de una caída desde un sitio

elevado. ♦ No varía en pl. | **FAM.** paracaidismo.

paracaidismo m. Actividad deportiva o militar que consiste en lanzarse en paracaídas desde una aeronave. | **FAM.** paracaidista.

parachoques m. Pieza de los automóviles y otros vehículos para amortiguar los efectos de un choque. ♦ No varía en pl.

parada f. Acción de parar o pararse. | Lugar o sitio donde se para: *parada de autobús.* | En algunos deportes, hecho de detener el balón el portero. | En esgrima y otros deportes de lucha, movimiento defensivo para contrarrestar un ataque. | Formación de tropas para pasarles revista o desfilar.

paradero m. Lugar o sitio donde para o se va a parar: *en paradero desconocido.*

paradigma m. Ejemplo o ejemplar. | Cada uno de los esquemas formales a que se ajustan las palabras, según sus respectivas flexiones: *paradigma de la conjugación verbal.* | Conjunto de elementos de una misma clase gramatical, que pueden aparecer en un mismo contexto. | **FAM.** paradigmático.

paradisiaco, ca o **paradisíaco, ca** adj. Perteneciente o relativo al paraíso o de características similares a las que se atribuyen al paraíso: *un lugar paradisíaco.*

parado, da adj. Tímido, poco atrevido. | Desocupado o sin empleo. También s. | *amer.* Derecho o en pie. | *amer.* Orgulloso, engreído. | **quedar** o **salir bien** o **mal parado** loc. adv. Quedar en buena o mala situación en un asunto.

paradoja f. Contradicción entre dos cosas o ideas. | Figura de pensamiento que consiste en emplear expresiones o frases que expresan contradicción. | **FAM.** paradójico.

parador m. Hotel y restaurante. | En España, cierto tipo de establecimiento hotelero, dependiente de organismos oficiales. Su nombre completo es *parador nacional de turismo.*

paraestatal adj. Se dice de las instituciones, organismos y centros que, por delegación del Estado, cooperan a los fines de éste sin formar parte de la administración pública.

parafernales adj. pl. Se dice de los bienes que aporta la mujer al matrimonio fuera de la dote o que han sido adquiridos por ella posteriormente.

parafernalia f. Excesivo lujo o aparato con que se desarrolla un acto o con que se acompaña una persona.

parafina f. Sustancia compuesta por hidrocarburos, sólida, opalina, inodora, menos densa que el agua y fácilmente fusible, que se obtiene normalmente como subproducto de la fabricación de aceites lubrificantes derivados del petróleo, y tiene múltiples aplicaciones industriales y farmacéuticas. ǀ **FAM.** parafinado.

paráfrasis f. Explicación o interpretación de un texto. ǀ Traducción libre, en verso, de un texto. ǀ **FAM.** parafraseador, parafrasear, parafrástico.

paragoge f. En ling., adición de algún sonido al fin de un vocablo, como en *fraque* por *frac.* ǀ **FAM.** paragógico.

paragolpes m. *amer.* Parachoques.

parágrafo m. Párrafo.

paraguas m. Utensilio portátil para resguardarse de la lluvia, compuesto de un bastón y un varillaje cubierto de tela que puede extenderse o plegarse. ♦ No varía en pl. ǀ **FAM.** paragüero.

paraguaya f. Fruta muy jugosa, de sabor parecido al del melocotón, pero con forma aplastada.

paraíso m. Lugar donde vivieron Adán y Eva. ǀ Cielo al que aspiran los cristianos. ǀ Lugar muy hermoso y agradable. ǀ Conjunto de asientos del piso más alto de algunos teatros. ǀ **FAM.** paradisíaco.

paraje m. Lugar, sitio.

paralelepípedo m. Prisma de seis caras, cuyas bases son paralelogramos, iguales y paralelos dos a dos.

paralelo, la adj. Se apl. a las líneas o planos equidistantes entre sí, que por más que se prolonguen no pueden cortarse. ǀ Correspondiente, semejante o desarrollado a un mismo tiempo: *acciones paralelas.* ǀ m. Cotejo o comparación de una cosa con otra: *establecer un paralelo.* ǀ Cada uno de los círculos imaginarios que rodean la Tierra, paralelos al ecuador. ǀ f. pl. Barras paralelas en que se hacen ejercicios gimnásticos. ǀ **FAM.** paralelamente, paralelepípedo, paralelismo, paralelogramo.

paralelogramo m. Polígono de cuatro lados paralelos entre sí dos a dos.

parálisis f. Pérdida o disminución del movimiento en una o varias partes del cuerpo. ♦ No varía en pl. ǀ **FAM.** paralítico, paralizar.

paralizar tr. Causar parálisis. También prnl. ǀ Detener, impedir la acción y movimiento de una persona o cosa: *paralizar el miedo a alguien.* ǀ **FAM.** paralización, paralizador, paralizante.

paralogismo m. Razonamiento falso.

paramecio m. Protozoo ciliado de forma ovalada.

parámetro m. En mat., variable que incluida en una ecuación, modifica el resultado de ésta. ǀ En estad., valor numérico de alguna característica de una población, obtenido a partir del estudio de una muestra representativa. ǀ **FAM.** paramétrico.

paramilitar adj. Se dice de ciertas organizaciones civiles con estructura o disciplina de tipo militar.

páramo m. Terreno yermo, sin vegetación. ǀ Superficie de terreno llano, de altitud elevada y de suelo rocoso y pobre en vegetación. ǀ **FAM.** paramera.

parangón m. Comparación o semejanza: *calidad sin parangón.* ǀ **FAM.** parangonar.

parangonar tr. Comparar una cosa con otra. ǀ En impr., justificar en una línea las letras, adornos, etc., de cuerpos desiguales.

paraninfo m. Salón de actos académicos en algunas universidades.

paranoia f. Conjunto de perturbaciones mentales que provocan un estado de delirio, y que se caracterizan por ideas o ilusiones fijas, sistematizadas y lógicas. ǀ **FAM.** paranoico.

paranormal adj. Se dice de los fenómenos que estudia la parapsicología.

parapetar tr. Resguardar con parapetos. También prnl. ǀ Proteger con cualquier otro medio: *se parapeta detrás de su timidez.*

parapeto m. Barrera hecha con piedras, sacos de arena, etc., para protegerse detrás de ella en una lucha. ǀ Pared o barandilla que se pone para evitar caídas. ǀ **FAM.** parapetar.

paraplejía f. Parálisis de la mitad inferior del cuerpo. ǀ **FAM.** parapléjico.

parapsicología f. Estudio de los fenómenos y comportamientos psicológicos, cuya naturaleza y efectos no tienen una explicación científica, como la telepatía, levitación, etc. ǀ **FAM.** parapsicológico, parapsicólogo.

parar intr. Cesar un movimiento o acción. También prnl. ǀ Llegar a cierto estado, condición, etc., después de haber pasado por distintos sucesos: *el escrito fue a parar a la mesa del director.* ǀ Alojarse, hospedarse; también, frecuentar un lugar: *cuando viene a la ciudad, para en este hotel.* ǀ tr. Detener, impedir un movimiento o acción: *el policía le paró a la entrada.* ǀ En fútbol y otros deportes, interceptar el balón para que no entre en la portería. ǀ En una lucha, interceptar el golpe del contrario: *parar un derechazo.* ǀ prnl. Construido con la preposición *a* y el infinitivo de algunos verbos que expresan entendimiento, realizar dicha acción con atención y calma: *pararse a pensar.* ǀ *amer.* Estar de pie. ǀ **FAM.** parabrisas, paracaídas, parachoques, parada, paradero, parado, paragolpes, paraguas, paraje, paramento, parapeto, pararrayos, parasol, paro.

pararrayos m. Dispositivo que se coloca sobre edificios, barcos, etc., para preservarlos de los efectos de las descargas eléctricas producidas en la atmósfera. ♦ No varía en pl.

parasimpático, ca adj. Se dice del sistema nervioso vegetativo cuyas funciones antagonizan con las del sistema nervioso simpático. También m.

parásito, ta adj. Se dice del organismo que vive a costa de otro, alimentándose de las sustancias que éste elabora y causándole diversos perjuicios; se clasifican en endoparásitos y ectoparásitos, según habiten en el interior o el exterior de sus huéspedes. También m. ‖ Se dice de los ruidos que perturban las transmisiones radioeléctricas. ‖ m. Persona que vive a costa de otra. ‖ FAM. parasitario, parasiticida, parasitismo, parasitología, parasitosis.

parasol m. Sombrilla. ‖ Objeto para proteger de los rayos del Sol, como el que se pone encima del salpicadero de los automóviles o los que hay en su interior, en la parte superior del parabrisas.

parataxis f. En ling., coordinación. ♦ No varía en pl.

paratifoideo, a adj. En med., se dice de la infección intestinal que ofrece la mayoría de los síntomas de la fiebre tifoidea: fiebre alta, diarrea y escalofríos. Más c. f. ‖ FAM. paratífico.

paratiroides adj. Se dice de cada una o de todas las glándulas de secreción interna situadas en torno del tiroides, de muy pequeño tamaño y cuya lesión produce la tetania. También f. ♦ No varía en pl.

parcela f. Pequeña porción o partición de terreno. ‖ Parte de una cosa: *una parcela del saber.* ‖ FAM. parcelar, parcelario.

parcelar tr. Dividir un terreno en parcelas. ‖ FAM. parcelable, parcelación.

parche m. Trozo de tela u otra cosa que se pone sobre algo para tapar un roto o una falta. ‖ Venda u otra cosa que se pone en una herida o parte enferma del cuerpo. ‖ Cosa que se añade a otra y desentona: *terminó su discurso con un par de citas a modo de parche.* ‖ Arreglo provisional. ‖ Cada una de las dos pieles del tambor. ‖ Tambor, instrumento musical. ‖ FAM. parchear.

parchís m. Juego que se practica en un tablero con cuatro salidas y en el que cada jugador, provisto de cuatro fichas del mismo color, trata de hacerlas llegar a la casilla central.

parcial adj. Sólo de una parte: *examen parcial.* ‖ Que no es justo o equitativo: *una opinión parcial.* ‖ FAM. parcialidad, parcialmente.

parcialidad f. Cualidad de parcial. ‖ Bando, partido.

parco, ca adj. Sobrio y moderado en cualquier aspecto: *es parco en la bebida.* ‖ FAM. parcamente, parquedad.

pardillo, lla adj. Aldeano, palurdo. También s. ‖ Persona simple e inocente a la que es fácil engañar. ‖ m. Pájaro de unos 13 cm de longitud, con plumaje pardo y la frente y el pecho rojos, que habita en Eurasia y América.

pardo, da adj. De color marrón rojizo. ‖ Oscuro. ‖ FAM. pardal, pardear, pardillo, pardusco.

pareado, da adj. Se dice de los dos versos que van seguidos y riman entre sí. ‖ m. Estrofa formada por estos dos versos. ‖ FAM. parear, pareo.

parecer m. Opinión, juicio: *a mi parecer estás equivocado.* ‖ Aspecto físico de una persona: *un hombre de buen parecer.*

parecer copul. Tener determinada apariencia o aspecto o causar cierta impresión: *el día parece bueno.* ‖ intr. Opinar, creer: *me parece bien que lo hagas.* ‖ impers. Existir indicios de lo que se dice: *parece que ya se han ido.* ‖ prnl. Tener semejanza, asemejarse: *los dos hermanos se parecen.* ♦ **Irreg.** Se conj. como *agradecer.* ‖ FAM. parecer, parecido.

parecido, da adj. Que se parece a otra persona o cosa. ‖ Con los adv. *bien* o *mal*, que tiene buen o mal aspecto físico. ‖ m. Semejanza: *tiene un gran parecido con su padre.*

pared f. Obra de albañilería levantada en posición vertical, para cerrar un espacio o sostener el techo. ‖ Tabique. ‖ Placa o lámina con que está cerrado o limitado un espacio. ‖ Cara o superficie lateral de un cuerpo. ‖ Cara lateral de una montaña o de una excavación. ‖ **entre cuatro paredes** loc. adv. Encerrado en algún lugar. ‖ FAM. paredón, parietal.

paredón m. Pared que queda en pie, como ruina de un edificio antiguo. ‖ Muro contra el que se lleva a cabo un fusilamiento.

pareja f. Conjunto de dos personas o cosas que tienen alguna correlación o semejanza: *una pareja de guantes.* ‖ Cada una de estas personas o cosas considerada en relación con la otra: *no encuentro la pareja de este guante.* ‖ pl. En el juego de los dados, los dos números o puntos iguales que salen de una tirada. ‖ En los naipes, dos cartas con el mismo valor o figura.

parejero, ra adj. *amer.* Se dice del caballo de carrera y en general de todo caballo excelente y veloz. También s. ‖ *amer.* Vanidoso, presumido. También s.

parejo, ja adj. Igual o semejante. ‖ Liso, llano.

paremia f. Refrán, proverbio, sentencia. ‖

FAM. paremiología, paremiológico, paremiólogo.

parénquima m. Tejido vegetal esponjoso con grandes vacuolas y fuerte pared celular, que realiza funciones de fotosíntesis y de almacenamiento. ‖ Tejido de los órganos glandulares. ‖ **FAM.** parenquimático, parenquimatoso.

parentela f. Conjunto de parientes de una persona.

parentesco m. Unión o vínculo que existe entre los parientes. ‖ Relación o semejanza que existe entre las cosas.

paréntesis m. Signo ortográfico ( ) en que suele encerrarse una palabra, expresión o frase que se intercala en el discurso. ‖ Esta palabra, expresión o frase intercalada en el discurso. ‖ Parada o interrupción: *haremos un paréntesis para comer.* ‖ Signo igual al anterior utilizado en matemáticas. ♦ No varía en pl. ‖ **FAM.** parentético.

pareo m. Acción y efecto de parear o unir una cosa con otra.

parestesia f. Sensación anormal de hormigueo, adormecimiento o ardor que experimentan ciertos enfermos del sistema nervioso o circulatorio.

paria com. Persona de la casta ínfima de los hindúes. ‖ Persona insignificante.

parida f. Tontería, estupidez, sandez. ‖ adj. y f. Se dice de la hembra que ha parido hace poco.

paridad f. Igualdad de las cosas entre sí. ‖ Relación de una moneda con el patrón monetario internacional vigente.

pariente, ta adj. Se dice de la persona que pertenece a la misma familia que otra. Más c. s. ‖ Semejante o parecido. ‖ m. y f. El marido respecto de la mujer, y la mujer respecto del marido. ‖ **FAM.** parentela, parentesco.

parietal adj. Se apl. a cada uno de los dos huesos de las partes medias o laterales del cráneo. Más c. m.

parihuela f. Utensilio para transportar pesos entre dos personas, que está formado por dos barras entre las que se sostiene una plataforma. Más en pl. ‖ Cama portátil o camilla. También pl.

paripé m. Simulación, fingimiento: *hacer el paripé.*

parir intr. Expulsar la hembra el feto que tenía en su vientre. También tr. ‖ tr. Producir o causar una cosa. ‖ Hacer salir a la luz o al público. ‖ **FAM.** parida, paridera, pariente, parto.

parisílabo, ba o **parisilábico, ca** adj. Se apl. al vocablo o al verso que consta de igual número de sílabas que otro.

paritario, ria adj. Se dice principalmente de los organismos de carácter social constituidos por representantes de patronos y obreros en número igual y con los mismos derechos.

parking (voz i.) m. Aparcamiento público o privado.

parlamentar intr. Hablar o conversar para llegar a un acuerdo o solución. ‖ **FAM.** parlamento.

parlamentario, ria adj. Perteneciente al parlamento. ‖ m. y f. Miembro de un parlamento. ‖ **FAM.** parlamentariamente.

parlamento m. Asamblea legislativa de un país. ‖ Acción de parlamentar. ‖ Entre actores, discurso largo en verso o prosa. ‖ **FAM.** parlamentario, parlamentarismo.

parlanchín, na adj. Que habla mucho. También s.

parlar intr. Hablar, conversar. ‖ **FAM.** parla, parlamentar, parlanchín, parlante, parlero, parlotear.

parlotear intr. Hablar mucho y sin sustancia unos con otros, por diversión o pasatiempo. ‖ **FAM.** parloteo.

parnasianismo m. Movimiento poético desarrollado en Francia entre 1866-1876 como reacción contra el romanticismo, y que se caracterizó por una lírica despersonalizada y positivista. ‖ **FAM.** parnasiano.

parnaso m. Conjunto de los poetas de un lugar o época determinada. ‖ Colección de poesías de varios autores de un lugar y época determinados. ‖ **FAM.** parnasianismo.

parné m. Dinero.

paro m. Acción y efecto de parar, cesar un movimiento o una acción. ‖ Interrupción en el trabajo. ‖ Huelga. ‖ Conjunto de las personas que no tienen trabajo y situación de las mismas.

parodia f. Imitación que se hace de alguien o algo como burla. ‖ **FAM.** parodiador, parodiar, paródico.

parónimo, ma adj. Se dice de la palabra que se parece a otra en su forma o pronunciación. También m. ‖ **FAM.** paronimia, paronomasia.

parótida f. Nombre de cada una de las dos glándulas salivales mayores, situadas en la parte posterior de la boca, que segregan una saliva fluida y rica en albúmina. ‖ **FAM.** parotiditis.

paroxismo m. Empeoramiento o acceso violento de una enfermedad. ‖ Exaltación extrema de los sentimientos y pasiones. ‖ **FAM.** paroxístico.

paroxítono, na adj. Se dice de las palabras llanas. ‖ **FAM.** proparoxítono.

parpadear intr. Abrir y cerrar repetidamente los párpados. | Titilar una luz. | **FAM.** parpadeante, parpadeo.

párpado m. Cada una de las membranas movibles que sirven para resguardar el ojo en el hombre y muchos animales. | **FAM.** parpadear.

parque m. Terreno o sitio cercado y con plantas, para caza o para recreo. | Terreno arbolado y ajardinado situado en el interior de una población como lugar de recreo. | Conjunto de instrumentos, aparatos o materiales destinados a un servicio público: *parque de bomberos.* | Pequeño recinto protegido de diversas formas, donde se deja a los niños que aún no andan, para que jueguen. | **parque móvil** Conjunto de vehículos propiedad del Estado o de algún ministerio u organismo político. | **parque nacional** Lugar de interés ecológico que el Estado acota para que en él se conserve la fauna y la flora. | **FAM.** parquear.

parqué o **parquet** m. Pavimento para suelos de interior, formado por listones muy pequeños de madera dispuestos en formas geométricas.

parra f. Vid, y en especial la que está levantada sobre un armazón artificial por la que se extienden sus ramas. | *amer.* Especie de bejuco. | **FAM.** parral.

párrafo m. Cada una de las divisiones de un escrito que termina con punto y aparte. | Signo ortográfico (§) con que, a veces, se señala cada una de estas divisiones. | **FAM.** parrafada.

parranda f. Juerga, jarana: *irse de parranda.* | **FAM.** parrandear, parrandeo, parrandero.

parricida com. Persona que mata a su padre, a su madre o a su cónyuge. También adj. | P. ext., persona que mata a alguno de sus parientes. | **FAM.** parricidio.

parrilla f. Rejilla de hierro, provista de mango y pies, que se pone sobre la lumbre para asar o tostar alimentos. | **FAM.** parrillada.

parrillada f. Plato compuesto de diversos pescados o mariscos, asados a la parrilla.

párroco m. Cura que se encarga de una parroquia. También adj.

parroquia f. Iglesia en que se administran los sacramentos a los fieles de un determinado territorio o distrito. | Conjunto de feligreses. | Territorio que está bajo la jurisdicción de una determinada iglesia. | Conjunto de personas que compran en una misma tienda, que acuden al mismo médico, etc. | **FAM.** párroco, parroquial, parroquiano.

parsimonia f. Calma o lentitud excesivas. | Moderación en los gastos. | **FAM.** parsimonioso.

parte f. Cada una de las porciones que se distinguen en un todo. | Porción que le corresponde a alguien en un reparto, cuota, etc.: *las partes de una herencia.* | Sitio o lugar. | Cada una de las personas que han hecho un contrato o que tienen participación o interés en un mismo negocio. | Cada una de las personas o grupos de ellas enfrentadas en una disputa, pleito, etc. | Con la preposición *a* y el demostrativo *esta*, significa el tiempo presente o la época de que se trata, con relación al tiempo pasado: *ha habido muchos cambios de un tiempo a esta parte.* | Cada uno de los aspectos que pueden considerarse en una persona o cosa: *por una parte es barato, pero por otra no me parece de calidad.* | m. Comunicación de cualquier clase: *parte meteorológico.* | f. pl. Con el adj. posesivo, órganos genitales. | **dar parte** loc. Notificar alguna cosa: *dar parte a la autoridad.* | **de parte de** alguien loc. adv. En su nombre; también, a favor de alguien. | **en parte** loc. adv. Parcialmente, sólo en algunos aspectos: *en parte tiene razón.* | **ponerse de parte de** alguien loc. Adherirse a su opinión. | **tomar parte en** algo. Participar en una cosa. | **FAM.** parcela, parcial, participar, partícula, partir.

parteluz m. Columna delgada que divide en dos un hueco de ventana.

partenogénesis f. Modo de reproducción de algunos animales y plantas, que consiste en la formación de un nuevo ser por división de células femeninas que no se han unido con gametos masculinos. ◆ No varía en pl. | **FAM.** partenogenético.

partero, ra m. y f. Persona que asiste a una mujer en su parto.

parterre (voz fr.) m. Jardín o parte de él con césped y flores.

partición f. División o reparto que se hace entre varios.

participación f. Acción y efecto de participar. | Aviso, parte o noticia que se da a uno. | Parte que se juega en un décimo de la lotería, y billete en que consta.

participar intr. Entrar junto con otros en un asunto o negocio. | Compartir la opinión, sentimientos o cualidades de otra persona o cosa. | tr. Dar parte, comunicar: *le participaron el despido.* | **FAM.** participación, participante, partícipe, participio.

partícipe adj. Que participa en una cosa. También com.

participio m. Forma no conjugable del verbo que puede desempeñar la función de adjetivo y a veces de sustantivo. | **FAM.** participial.

partícula f. Cuerpo muy pequeño o parte pequeña de algo. | En ling., nombre con que se designan a veces las partes invariables de la oración, como preposiciones y conjunciones, y a los afijos. ‖ FAM. particular.

particular adj. Propio y privativo de una persona o cosa. ‖ Especial, extraordinario o poco corriente. ‖ Singular o individual en oposición a universal o general: *un caso particular*. ‖ Privado, que no es público: *camino particular*. ‖ Se dice del acto que no es oficial y se realiza al margen del cargo que desempeña una persona. ‖ Se dice de la persona que no tiene un cargo oficial y no trabaja en la oficina o centro de que se trate. También com.: *visitó al director un particular*. ‖ m. Punto o materia de que se trata: *hablemos de este particular*. ‖ **en particular** loc. adv. Especialmente. ‖ **sin otro particular** loc. adv. Sin más cosas que decir o añadir. ‖ FAM. particularidad, particularismo, particularizar, particularmente.

particularismo m. Preferencia excesiva que se da al interés particular sobre el general. ‖ FAM. particularista.

particularizar tr. Concretar, detallar. ‖ Referirse a algo concreto. ‖ prnl. Distinguirse en algo: *esta lavadora se particulariza por su reducido tamaño*. ‖ FAM. particularización.

partida f. Acción de partir o marcharse de un lugar. ‖ Cantidad que se anota en una cuenta. ‖ Anotación que se hace en un registro sobre ciertos datos de una persona: *partida de nacimiento*. ‖ Mercancía que se envía o entrega de una vez. ‖ Serie de jugadas de un juego en que se pierde o se gana la apuesta. ‖ Conjunto de personas reunidas con un determinado fin: *una partida de caza*. ‖ Nombre que se daba a las divisiones territoriales de un término municipal rural: *la partida de Molina de Aragón*.

partidario, ria adj. Que defiende o apoya a alguien o algo. También s.

partidismo m. Tendencia a favorecer o apoyar a una persona, idea o partido. ‖ FAM. partidista.

partido, da adj. Dividido. ‖ m. Organización política estable que, apoyada en una ideología afín entre sus afiliados, aspira a ejercer el poder para desarrollar su programa. ‖ Provecho, ventaja: *sacar partido*. ‖ Territorio de una jurisdicción o administración que tiene por cabeza un pueblo principal. ‖ Competición deportiva: *partido de tenis*. ‖ **partido judicial** Distrito o territorio que comprende varios pueblos de una provincia, en que, para la administración de justicia, ejerce jurisdicción un juez de primera instancia. ‖ FAM. partidario, partidismo.

partir tr. Dividir algo en dos o más partes. ‖

Hender, rajar. También prnl.: *partirse una madera*. ‖ Repartir algo entre varios. ‖ intr. Tomar un hecho, una fecha o cualquier otro antecedente como base para un razonamiento o cómputo: *partir de un supuesto falso*. ‖ Irse, ponerse en camino: *partimos de madrugada*. ‖ prnl. Reírse mucho. ‖ **a partir de** loc. adv. Desde; tomando algo como base. ‖ FAM. parteluz, partible, partición, partida, partido, partitivo.

partisano, na adj. Guerrillero que combate a un ejército; se apl. especialmente a los que lucharon durante la Segunda Guerra Mundial, contra los ejércitos de ocupación.

partitura f. Texto completo de una obra musical para varias voces o instrumentos.

parto m. Acción de parir. ‖ FAM. partero, parturienta.

parturienta adj. Se dice de la mujer que está de parto o acaba de parir. También f.

parva f. Mies extendida en la era para trillarla o ya trillada. ‖ Gran cantidad de algo.

parvo, va adj. Pequeño, escaso. ‖ FAM. parvedad, párvulo.

párvulo, la adj. Se dice del niño que recibe educación preescolar. ‖ Inocente o ignorante. También s. ‖ FAM. parvulario, parvulista.

pasa f. Uva que se ha secado de forma natural en la vid, o artificialmente. ‖ **estar uno hecho una pasa, o quedarse como una pasa** loc. Tener o salirle muchas arrugas, estar muy avejentado. ‖ FAM. paso.

pasacalle m. Marcha popular de compás muy vivo.

pasada f. Acción de pasar de una parte a otra. ‖ Acción y efecto de realizar alguna cosa, en especial si se hace ligeramente o para darle un último repaso o retoque: *dar una pasada al examen*. ‖ Mal comportamiento de una persona con otra: *me jugó una mala pasada*. ‖ Acción inmoderada, excesiva o muy buena: *esa jugada ha sido una pasada*. ‖ **de pasada** loc. adv. Sin detalle, ni detenimiento.

pasadizo m. Paso estrecho que en las casas o calles sirve para ir de una parte a otra atajando camino.

pasado, da adj. Se dice del tiempo anterior. ‖ Se dice de lo que está estropeado, gastado o muy cocido: *el arroz está pasado*. ‖ m. Pretérito, tiempo verbal.

pasador m. Broche u horquilla para sujetar algo. ‖ Pestillo de puertas y ventanas. ‖ Nombre dado a diferentes utensilios que se colocan pasando de un lado a otro para sujetar alguna cosa.

pasaje m. Billete de barco o avión. ‖ Conjunto de pasajeros de un barco o avión. ‖ Calle estrecha y corta o pasadizo. ‖ Fragmento de una obra con sentido completo: *un pasaje de la Biblia.*

pasajero, ra adj. Que pasa pronto o dura poco: *un dolor pasajero.* ‖ m. y f. Viajero de un vehículo, especialmente de un avión, barco o tren. ‖ **FAM.** pasajeramente.

pasamanería f. Trabajo hecho con cordones trenzados, borlas, galones, etc., que se usa para adornar ropas y otras cosas.

pasamano m. Listón que se coloca sobre las barandillas. ‖ Pasamanería. ‖ **FAM.** pasamanería.

pasamontañas m. Gorro para defenderse del frío, que suele cubrir toda la cabeza, excepto los ojos y la nariz. ♦ No varía en pl.

pasante com. Ayudante de un abogado. ‖ **FAM.** pasantía.

pasaporte m. Documento en que consta la identidad de una persona, necesario para viajar por algunos países. ‖ **FAM.** pasaportar.

pasar tr. Llevar, trasladar, conducir de un lugar o situación a otro. También intr. y prnl.: *pasarse al enemigo.* ‖ Cruzar de una parte a otra: *pasar un río.* ‖ Introducir o extraer mercancías, especialmente de manera ilegal: *pasar droga.* ‖ Enviar, transmitir: *pasar información.* ‖ Dar o entregar algo a alguien: *pásame la sal.* ‖ Estar en un lugar o en cierta situación durante un tiempo: *pasó el verano en la playa.* ‖ Superar algo: *pasar una prueba.* ‖ Sufrir, padecer: *pasar una enfermedad.* ‖ Tolerar o permitir: *ya te he pasado muchas.* ‖ Tragar comida o bebida. ‖ intr. Transitar por un lugar, entrar en él o atravesarlo: *pasar al interior.* ‖ Cesar algo: *pasó el enfado.* También prnl. ‖ Seguido de la prep. *por,* y un calificativo, ser considerado lo que éste indica: *pasar por tonto.* ‖ Con la prep. *sin* y algunos nombres, no necesitar lo significado por ellos: *pasamos sin coche.* También prnl. ‖ No intervenir en algo o mostrar desinterés: *paso de discusiones.* ‖ impers. Ocurrir, suceder: *¿qué pasa?* ‖ prnl. Estropearse un alimento, medicamento, etc. ‖ Olvidarse de algo: *se me pasó llamarte.* ‖ Excederse en algo: *se pasa de amable.* ‖ **pasar de largo** loc. Ir por un lugar sin detenerse. ‖ **pasarlo** Con adv. como *bien, mal,* etc., estar bien, a gusto, divirtiéndose o todo lo contrario. ‖ **FAM.** pasable, pasablemente, pasabola, pasacalle, pasada, pasadera, pasadero, pasadizo, pasado, pasador, pasaje, pasajero, pasamano, pasamontañas, pasante, pasaportar, pasapurés, pasatiempo, pase, pasear, paso, pasota.

pasarela f. Puente pequeño o provisional. ‖ Pasillo estrecho y algo elevado por donde desfilan los modelos.

pasatiempo m. Entretenimiento o juego para pasar el rato.

pasavolante m. Acción ejecutada ligeramente, sin detenimiento.

pascua f. Fiesta que celebran los hebreos en marzo, en memoria de la libertad del cautiverio de Egipto. ‖ En la Iglesia católica, fiesta de la resurrección de Cristo, que se celebra el domingo siguiente al plenilunio posterior al 20 de marzo. ‖ P. ext., cualquiera de las celebraciones del nacimiento de Cristo, de la adoración de los Reyes Magos y de la venida del Espíritu Santo sobre los apóstoles. ♦ Suele escribirse con mayúscula. ‖ **como unas pascuas** loc. Muy contento. ‖ **hacer la pascua** a alguien loc. Fastidiarlo, perjudicarlo. ‖ **FAM.** pascual.

pase m. Acción y efecto de pasar. ‖ En taurom., cada una de las veces que el torero deja pasar al toro, sin intentar clavarle la espada. ‖ Documento con que se le da a una persona un permiso o licencia, p. ej., para entrar en un lugar, a un espectáculo, etc. ‖ En algunos deportes, acción y efecto de pasar el balón.

pasear intr. Ir andando por un lugar como distracción, ejercicio, etc. También tr. y prnl. ‖ Hacerlo igualmente en un vehículo, sobre un caballo, etc. También prnl. ‖ tr. Llevar de paseo: *pasear al perro.* ‖ **FAM.** paseador, paseante, paseíllo, paseo.

paseíllo m. Desfile de las cuadrillas por el ruedo, antes de comenzar la corrida: *hacer el paseíllo.*

paseo m. Acción de pasear: *dar un paseo.* ‖ Lugar o sitio público para pasearse. ‖ **a paseo** loc. adv. Con verbos como *mandar* o *ir,* se emplea para despedir bruscamente a alguien o algo.

paseriforme adj. y m. Se dice de las aves que presentan una característica especial en la disposición de los dedos, tres dirigidos hacia adelante y uno hacia atrás. Son generalmente de pequeño tamaño y están distribuidas por toda la Tierra. Comúnmente se les llama *pájaros.* ‖ m. pl. Orden de estas aves.

pasillo m. Pieza de paso, larga y estrecha, de cualquier edificio.

pasión f. Sentimiento muy intenso. ‖ Inclinación o preferencia muy viva por una persona o cosa: *tiene pasión por los animales.* ‖ Padecimientos que sufrió Jesucristo antes de morir en la cruz. ‖ **FAM.** pasional, pasionaria, pasivo.

pasionaria f. Planta herbácea trepadora, originaria de América del Sur y extendida por todo el mundo, con flores blanco-verdosas y fruto en baya de color naranja; se cultiva para uso ornamental y por su fruto comestible.

pasivo, va adj. Se dice del sujeto que recibe

una acción, en la que no interviene. | Se aplica al que deja actuar a otros sin hacer por sí ninguna cosa. | Se dice del haber o pensión que disfrutan algunas personas por los servicios que prestaron o del derecho ganado con ellos y que les fue transmitido. | m. Importe total de las deudas y cargas que tiene una persona o entidad, lo cual se considera como disminución de su activo. | FAM. pasivamente, pasividad.

pasmar tr. Dejar a una persona totalmente sorprendida. También prnl. | Helar de frío. Más c. prnl. | FAM. pasmado, pasmarote.

pasmarote com. Persona que se queda inmóvil, embobada o pasmada por alguna cosa.

pasmo m. Admiración y asombro extremados. | Efecto de un enfriamiento que se manifiesta por catarro, dolor de huesos y otras molestias. | FAM. pasmar, pasmosamente, pasmoso.

paso m. Movimiento de cada uno de los pies con que se avanza al andar. | Al hacer este movimiento, espacio que comprende la longitud de un pie y el talón del otro: *daba grandes pasos.* | Movimiento regular con que caminan los cuadrúpedos, en especial las caballerías, levantando sus extremidades de una a una y sin saltar. | Cada uno de los cambios que se hacen en los bailes y de los distintos movimientos que se hacen con los pies. | Acción de pasar. | Sitio por donde se pasa de una parte a otra: *paso de peatones.* | Imagen o grupo que representa un suceso de la pasión, muerte o resurrección de Cristo, y que se saca en procesión en Semana Santa. | Acto de la vida o conducta de alguien: *vigilar los pasos de una persona.* | Pieza dramática muy breve; p. ej., *Las aceitunas*, de Lope de Rueda. | En geog., estrecho de mar: *paso de Calais.* | adv. m. En voz baja. | **paso a nivel** Sitio en que un ferrocarril se cruza con una carretera o camino, a la misma altura. | **paso de cebra** Paso de peatones, sin semáforo, en el que éstos tienen preferencia sobre los vehículos. | **abrir paso.** loc. Abrir camino, dejar pasar. | **a dos pasos** loc. adv. Muy cerca: *eso está a dos pasos de su casa.* | **de paso** loc. adv. Al ir a otra parte o al tratar otro asunto. | **volver** uno **sobre sus pasos** loc. Desdecirse, rectificar. | FAM. pasillo, pasito, pasodoble.

pasodoble m. Marcha a cuyo compás puede llevar la tropa al paso ordinario. | Baile que se ejecuta al compás de esta música.

pasota adj. Se dice de la persona, generalmente joven, que rechaza las normas o principios de la sociedad establecida, adoptando una postura de total desinterés. También com. | FAM. pasotismo.

paspartú m. Orla o recuadro que se coloca entre un dibujo, pintura, etc., y su marco.

pasquín m. Escrito que contiene una crítica contra el gobierno, una institución o persona y se coloca en un lugar público. | Escrito con fines de propaganda política.

pasta f. Masa moldeable hecha con cualquier material. | Masa de harina, generalmente de trigo, de la que se hacen los fideos, tallarines, macarrones, etc. | Designación genérica de estas variedades: *tomó un plato de pasta.* | Pequeña pieza hecha con masa de pastelería y cubierta de azúcar, almendras, chocolate, etc.: *pastas de té.* | Cubierta dura de los libros. | Dinero. | Carácter de una persona: *es de buena pasta.* | FAM. pastaflora, pastel, pastilla, pastoso.

pastar tr. Conducir el ganado a los prados para que coma. | intr. Comer el ganado hierba en los prados. | FAM. pastenco, pasto, pastor, pastorear, pastoreo.

pastel m. Dulce hecho con masa de harina, huevos y otros ingredientes, cocido al horno, que suele rellenarse con crema, nata, etc. | Nombre que se da a algunos platos de carne, pescado o verduras, picados y envueltos en una capa fina de masa, o preparados en un molde. | Lápiz para pintar compuesto de una materia colorante y agua de goma. | Técnica de pintura que utiliza estos lápices. | Asunto ilegal o poco claro. | FAM. pastelear, pastelería, pastelero, pastelillo, pastelón.

pastelería f. Local donde se hacen o se venden pasteles y pastas. | Arte de hacer pasteles, pastas, tartas, etc. | Conjunto de pasteles o pastas.

pasteurizar o **pasterizar** tr. Esterilizar cualquier producto (leche, vino, etc.) por medio del calor para destruir los gérmenes patógenos y aumentar el tiempo de conservación. | FAM. pasteurización, pasteurizado, pasteurizador.

pastiche m. Obra artística que imita a otras. | Mezcolanza.

pastilla f. Porción de pasta, de diferentes formas y tamaños, ordinariamente pequeña y cuadrangular o redonda: *pastilla de jabón.* | Porción pequeña de medicamento, de forma redondeada, para poderla tragar con facilidad. | Porción muy pequeña de pasta compuesta de azúcar y alguna sustancia agradable: *pastilla de menta.* | Pieza de pequeño tamaño, generalmente cuadrangular, como las que forman parte del mecanismo de frenado de algunos vehículos. | Pieza electrónica de diferentes formas y tamaños que se usa para amplificar el sonido de algunos instrumentos musicales, sobre todo las guitarras y bajos eléctricos. | **FAM.** pastillero.

pasto m. Acción de pastar. | Hierba que come el ganado en el mismo terreno donde se cría. | Cualquier otro alimento que se da al ganado. | Lugar donde pasta el ganado. Más en pl.: *Galicia tiene buenos pastos.* | Cualquier cosa o material que alimenta una acción o actividad: *el edificio fue pasto de las llamas.* | **FAM.** pastizal, pastoso, pastura, pasturaje.

pastor, ra m. y f. Persona que guarda, guía y apacienta el ganado. | m. Prelado o cualquier otro eclesiástico que tiene a su cargo un grupo de fieles. | Nombre dado a diferentes razas de perros que, en origen, se utilizaban para el pastoreo. | **FAM.** pastoral, pastorela, pastoril.

pastoral adj. Relativo al pastor de ganado. | Relativo a los prelados. | Se dice de la carta que un prelado dirige a sus feligreses. También f. | f. Obra literaria en que se describe la vida de los pastores y cuyos interlocutores son también pastores y pastoras.

pastoso, sa adj. Se dice de las cosas que al tacto son suaves y blandas a semejanza de la masa. | **FAM.** pastosidad.

pata f. Extremidad anterior y posterior de los animales. | Pie de un mueble. | Pierna de una persona. | Hembra del pato. | **pata de gallo** Arruga que se forma en el ángulo externo de cada ojo. | **estirar la pata** loc. Morir. | **meter uno la pata** loc. Equivocarse o actuar de una manera poco oportuna. | **patas arriba** loc. adv. Al revés | Sin orden ni concierto. | **FAM.** patada, patalear, pataleta, patán, patear, paticojo, patidifuso, patilla, patitieso, patituerto, patizambo, patojo, patoso, patudo, patulea.

patada f. Golpe dado con el pie. | **FAM.** patadón.

patalear intr. Mover las piernas o las patas violentamente. | Dar patadas en el suelo, en actitud de enfado o protesta. | **FAM.** pataleo.

pataleta f. Ataque de rabia o nervios.

patán m. Hombre ignorante y ordinario. También adj. | **FAM.** patanería.

patata f. Planta herbácea solanácea, anual, de unos 50 cm de altura, flores blancas, fruto esférico de color verde y raíces que tienen en sus extremos gruesos tubérculos redondeados, carnosos. | Tubérculo comestible de esta planta. | Cosa muy mal hecha o de muy baja calidad. | **FAM.** patatal, patatero.

patatús m. Ataque o desmayo. ♦ No varía en pl.

paté m. Pasta de carne o hígado, sobre todo de cerdo y aves.

patear tr. Dar patadas. | intr. Dar patadas en señal de enojo, dolor o desagrado. | Andar mucho, haciendo muchas gestiones para conseguir algo: *se pateó todas las tiendas hasta encontrarlo.* | **FAM.** pateadura, pateamiento, pateo.

patena f. Platillo de metal, generalmente de oro o plata, en el cual se pone el pan de la eucaristía en la misa.

patentar tr. Obtener una patente.

patente adj. Claro, evidente. | f. Documento en que una autoridad concede un derecho o permiso. | Documento que emite el Estado y que autoriza a poner en práctica un invento, a utilizar un nombre para una marca, etc. | **FAM.** patentar, patentemente, patentización, patentizar.

paternal adj. Se dice de la actitud y sentimientos propios del padre hacia sus hijos. | **FAM.** paternalismo, paternalmente.

paternalismo m. Tendencia a aplicar las formas de autoridad y protección propias del padre en la familia tradicional a relaciones sociales de otro tipo: políticas, laborales, etc. | **FAM.** paternalista.

paterno, na adj. Relativo al padre. | **FAM.** paternal, paternidad.

paternidad f. Hecho de ser el padre. | Tratamiento que dan algunos religiosos a sus superiores.

patético, ca adj. Que produce o manifiesta de una manera muy viva sentimientos de dolor o tristeza. | Grotesco. | **FAM.** patéticamente, patetismo.

patibulario, ria adj. Relativo al patíbulo. | De cara o gestos desagradables, como los que eran condenados al patíbulo: *rostros patibularios.*

patíbulo m. Tablado o lugar para ejecutar la pena de muerte. | **FAM.** patibulario.

patidifuso, sa adj. Que se queda parado de asombro.

patilla f. Mechón de pelo que crece por delante de las orejas. | Parte de la barba que se deja crecer en cada uno de los carrillos. | Varilla de las gafas para sujetarlas a las orejas. | Nombre que se da a distintas piezas cuya función es sujetarse en otras. | **FAM.** patilludo.

patín m. Plancha que se adapta al pie del calzado, o que va incorporada a una bota, provista de una especie de cuchilla o de ruedas, según sirva para patinar sobre el hielo o sobre un pavimento duro, liso y muy llano. | Patinete. | **FAM.** patinar, patinete.

pátina f. Capa de óxido de color verdoso que, por la acción de la humedad, se forma en los objetos de metal, y especialmente en los de bronce. | Tono menos vivo que da el tiempo a las pinturas al óleo y a algunos objetos antiguos. | Este mismo tono obtenido artificialmente. | FAM. patinado, patinoso.

patinaje m. Acción de patinar. | Práctica de este ejercicio como deporte.

patinar intr. Deslizarse con patines sobre el hielo o sobre el pavimento. | Deslizarse o resbalar las ruedas de un vehículo, por falta de adherencia con el suelo o por defecto en el libre movimiento de las ruedas sobre los ejes. | Equivocarse, meter la pata. | FAM. patinador, patinaje, patinazo.

patinazo m. Acción y efecto de patinar bruscamente una o más ruedas de un coche. | Equivocación, despiste.

patinete m. Juguete que consiste en una plancha montada sobre dos o tres ruedas y una barra terminada en un manillar; para avanzar se pone un pie sobre la plancha y se da impulso con el otro contra el suelo. ◆ Se le llama también *patineta* y *patín.*

patio m. Espacio limitado por paredes o galerías, que en las casas y otros edificios se deja al descubierto. | En los teatros, planta baja que ocupan las butacas.

patitieso, sa adj. Totalmente sorprendido.

patizambo, ba adj. Que tiene las piernas torcidas hacia afuera y junta mucho las rodillas. También s.

pato, ta m. y f. Ave palmípeda acuática, de pico aplanado, más ancho en la punta que en la base, cuello corto y patas también cortas y palmeadas, y que suele presentar un acusado dimorfismo sexual; se encuentra en abundancia en estado salvaje y se domestica con facilidad. | m. Persona torpe. También adj. | En algunas zonas de América, hombre afeminado.

pato-, -patía, -pata, -pático Elemento compositivo que significa 'afección': *cardiopatía, psicópata.*

patochada f. Disparate, dicho estúpido o grosero.

patógeno, na adj. Se dice de los elementos y medios que originan y desarrollan las enfermedades: *gérmenes patógenos.* | FAM. patogenia.

patología f. Parte de la medicina, que trata del estudio de las enfermedades. | FAM. patológico, patólogo.

patoso, sa adj. y s. Torpe. | Se dice de la persona que pretende ser chistosa y aguda, pero resulta pesada o grosera.

patraña f. Mentira, farsa. | FAM. patrañero.

patria f. Tierra natal o adoptiva a la que se pertenece por vínculos afectivos, históricos o jurídicos. | Lugar, ciudad o país en que se ha nacido. | **patria chica** Lugar, pueblo, ciudad o región en que se ha nacido. | **patria potestad**

Autoridad y obligaciones de los padres sobre los hijos. | FAM. patrio, patriota.

patriarca m. Nombre que se da a algunos personajes del Antiguo Testamento, por haber sido cabezas de numerosas familias. | Título de algunos obispos de iglesias principales, como las de Alejandría, Jerusalén y Antioquía. | Cualquiera de los fundadores de las órdenes religiosas. | Persona que por su edad y sabiduría ejerce autoridad moral en una familia o colectividad. | FAM. patriarcado, patriarcal.

patriarcado m. Dignidad de patriarca. | Territorio de la jurisdicción de un patriarca. | Gobierno o autoridad del patriarca y tiempo que dura. | Organización social primitiva en que la autoridad se ejerce por un varón jefe de cada familia. | Período de tiempo en que predomina este sistema.

patricio, cia adj. Perteneciente a un orden social de la antigua Roma, cuyos miembros precedían de las familias (*gens*) más antiguas de la ciudad. También s. | Relativo a los patricios. | FAM. patriciado.

patrimonio m. Conjunto de bienes que una persona ha heredado de sus ascendientes. | Bienes propios de una persona o institución. | Conjunto de bienes pertenecientes a una persona natural o jurídica, o afectos a un fin, y que son susceptibles de estimación económica. | **patrimonio nacional** Suma de los valores asignados, para un momento de tiempo, a los recursos disponibles de un país, que se utilizan para la vida económica. | FAM. patrimonial.

patriota com. Persona que ama a su patria. | FAM. patriotero, patriótico, patriotismo.

patriotero, ra adj. Que alardea excesiva e inoportunamente de patriotismo. También s. | FAM. patriotería.

patrística f. Disciplina que tiene por objeto el conocimiento de la doctrina, obras y vida de los padres de la Iglesia católica. ◆ También se denomina *patrología.* | FAM. patrístico.

patrocinar tr. Proteger, amparar, favorecer. | Sufragar una empresa, con fines publicitarios, los gastos de un programa de radio o televisión, de una competición deportiva, etc. | FAM. patrocinador, patrocinante, patrocinio.

patrón, na m. y f. Defensor, protector. | Que tiene cargo de patronato. | Santo titular de una iglesia. | Santo protector de un pueblo, congregación, etc. | Dueño, amo. | Persona que emplea obreros. | m. El que manda y dirige un pequeño buque mercante. | Cosa que se toma de modelo o muestra para sacar otra igual: *el patrón de un vestido.* | Metal que se toma como tipo para la evaluación de la moneda en un sistema monetario. | Planta en que se hace un injerto. ‖ **FAM.** patronear, patrono.

patronato m. Derecho, poder o facultad que tiene el patrono. ‖ Corporación que forman los patronos. ‖ Fundación de una obra benéfica. ‖ Consejo formado por varias personas, que ejercen funciones rectoras en una fundación, para que cumpla debidamente sus fines.

patronímico, ca adj. Entre los griegos y romanos, se aplicaba al nombre que, derivado del perteneciente al padre u otro antecesor, y aplicado al hijo u otro descendiente, indicaba la pertenencia a cierta familia. ‖ Se dice del apellido formado del nombre de los padres: *Martínez,* de *Martín.* También s.

patrono, na m. y f. Protector, defensor. ‖ Miembro de un patronato. ‖ Santo titular de una iglesia o de un pueblo o congregación. ‖ Dueño de la casa donde uno se hospeda. ‖ Persona que emplea obreros. ‖ **FAM.** patronal, patronato, patronazgo.

patrulla f. Grupo de soldados o gente armada que ronda para mantener el orden y la seguridad. ‖ Grupo de barcos o aviones que prestan servicio de vigilancia. ‖ Servicio que presta este grupo de personas, barcos o aviones. ‖ **FAM.** patrullar, patrullero.

patuco m. Calzado de punto que usan los niños pequeños.

patulea f. Grupo de maleantes o de gente despreciable.

paulatino, na adj. Que procede o actúa despacio y de forma gradual. ‖ **FAM.** paulatinamente.

paupérrimo, ma adj. superl. Muy pobre. ‖ **FAM.** pauperismo.

pausa f. Breve interrupción de un movimiento, proceso, acción, etc. ‖ Tardanza, lentitud: *hablar con pausa.* ‖ En mús., intervalo breve. ‖ Signo que lo representa. ‖ **FAM.** pausadamente, pausado, pausar.

pauta f. Regla para hacer rayas paralelas en un papel y evitar el torcerse al escribir. ‖ Conjunto de rayas hechas con esta regla. ‖ Norma de conducta. ‖ Modelo, patrón. ‖ **FAM.** pautado, pautar.

pavana f. Danza cortesana, grave y lenta. ‖ Música de esta danza.

pavés m. Escudo ovalado que cubría casi todo el cuerpo del combatiente.

pavesa f. Chispa que salta de una materia inflamada y se convierte en ceniza.

pavimentar tr. Poner el pavimento. ‖ **FAM.** pavimentación, pavimentador, pavimento.

pavimento m. Recubrimiento del suelo hecho con materiales como cemento, asfalto, madera, etc. ‖ Estos materiales utilizados para pavimentar. ‖ **FAM.** pavimentar.

pavisoso, sa adj. Bobo, sin gracia.

pavo, va m. y f. Ave gallinácea, de más de 1 m de longitud, cabeza y cuello desprovistos de plumas y cubiertos de carúnculas rojas, con una membrana eréctil en la parte superior del pico. ‖ Persona sosa o simple. También adj. ‖ m. Moneda de cinco pesetas. ‖ f. *amer.* Sombrero de pajilla, de ala ancha. ‖ **FAM.** pavada, pavero, pavipollo, pavisoso, pavón.

pavón m. Insecto lepidóptero, mariposa de unos 7 cm de longitud cuyas alas presentan unas manchas redondeadas de vistosos colores. ‖ Capa superficial de óxido abrillantado, de color azulado, negro o café, con que se cubren las piezas de acero para mejorar su aspecto y evitar la corrosión. ‖ **FAM.** pavonado, pavonador, pavonar, pavonear.

pavonear intr. Alardear, presumir. ‖ **FAM.** pavoneo.

pavor m. Miedo muy intenso. ‖ **FAM.** pávido, pavorosamente, pavoroso.

payaso, sa m. y f. Artista de circo que hace de gracioso, con trajes, ademanes, dichos y gestos apropiados. ‖ adj. Se dice de la persona de poca seriedad, propensa a hacer reír con sus dichos o hechos. También s. ‖ **FAM.** payasada.

payo, ya adj. Campesino. También s. ‖ m. y f. Para los gitanos, persona que no pertenece a su raza.

paz f. Situación y relación mutua de quienes no están en guerra o no están enfrentados. ‖ Tratado o convenio que se concuerda entre las partes beligerantes para poner fin a una guerra. ‖ Reconciliación. Más en pl.: *hacer las paces.* ‖ Tranquilidad, calma. ‖ **dejar en paz** loc. Dejar de molestar a una persona o de tocar una cosa. ‖ **estar en paz** con alguien loc. No tener deudas con él o estar en igualdad de condiciones. ‖ **FAM.** pacificar, pacífico, pacifismo, pazguato.

pazguato, ta adj. Persona simple o que se sorprende con facilidad. También s. ‖ **FAM.** pazguatería.

pazo m. En Galicia, casa solariega, y especialmente la edificada en el campo.

peaje m. Derecho que debe pagarse para transitar por un lugar: *autopista de peaje.*

peana f. Basa o apoyo para colocar encima una figura u otra cosa. ‖ Tarima del altar. ‖ Pie muy grande.

peatón, na m. y f. Persona que camina o anda a pie, en contraposición a quien va en vehículo. ‖ Cartero que lleva la correspondencia desde lugares cercanos. ‖ **FAM.** peatonal.

peca f. Mancha parda o rojiza que sale en el cutis. ‖ FAM. pecoso.

pecado m. Acción, conducta, pensamiento, etc., condenado por la religión. ‖ P. ext., cualquier falta. ‖ Estado de la persona que ha pecado: *morir en pecado.* ‖ Exceso o defecto en cualquier línea. ‖ **pecado mortal** El muy grave que causa la condenación. ‖ **pecado original** Aquel en que es concebido el hombre por descender de Adán y que se borra con el bautismo. ‖ **pecado venial** El que es leve. ‖ FAM. pecaminoso.

pecaminoso, sa adj. Perteneciente o relativo al pecado o al pecador. ‖ Se apl. a las cosas que están o parecen contaminadas de pecado.

pecar intr. Cometer un pecado contra la religión. ‖ P. ext., cometer cualquier otra falta. ‖ Tener muy marcados un defecto o una cualidad que se consideran despectivamente: *peca de confiado.* ‖ FAM. pecado, pecador.

pecarí m. Mamífero ungulado de América del Sur y Central, de entre 80 y 120 cm de longitud, con pelaje de color pardo con una banda blanca en el cuello, fuertes colmillos que sobresalen de su boca, y una glándula cerca del ano que segrega una sustancia de olor intenso. ◆ pl. *pecaries* o *pecaris.*

peccata minuta Expresión latina para referirse a algo sin importancia o de poco valor.

pecera f. Recipiente de cristal que se llena de agua y sirve para tener a la vista uno o varios peces vivos.

pechblenda f. Mineral de uranio, variedad de la uraninita, de composición compleja, color negro, gris, pardo o verdoso, que posee propiedades radiactivas. También se llama *pecblenda.*

pechera f. Parte de la camisa y otras prendas de vestir que cubre el pecho. ‖ Trozo de tela o paño que se pone en el pecho para abrigarlo. ‖ Chorrera de la camisa. ‖ Pieza acolchada que se pone en el pecho a las caballerías de tiro. ‖ Parte exterior del pecho, especialmente en las mujeres.

pechina f. Concha vacía de un molusco. ‖ En arquit., cada uno de los cuatro triángulos curvilíneos que forman el anillo de la cúpula con los arcos torales.

pecho m. Parte del cuerpo humano, que se extiende desde el cuello hasta el vientre, y en cuya cavidad se contienen el corazón y los pulmones. ‖ Exterior de esta misma parte. ‖ Parte anterior del tronco de los cuadrúpedos, entre el cuello y las patas anteriores. ‖ **dar el pecho** Dar de mamar.‖ **tomar** algo **a pecho** loc. Darle mucha importancia o hacer una cosa con gran empeño. ‖ FAM. pechada, pechera, pechuga, pechugón, pectoral, peto.

pechuga f. Pecho de ave. ‖ Cada una de las

dos partes del pecho del ave. ‖ Pecho de una persona, y particularmente, de una mujer.

pecio m. Fragmento de la nave que ha naufragado o porción de lo que ella contiene.

pecíolo o **peciolo** m. En bot., pedúnculo de la hoja mediante el cual se une al tallo. ‖ FAM. peciolado.

pécora f. Mujer astuta y de malas intenciones. ‖ Res o cabeza de ganado lanar.

pectina f. Sustancia química, polisacárido vegetal que se halla disuelto en el jugo de muchos frutos maduros; se utiliza en la industria alimentaria.

pectíneo adj. Se dice del músculo del muslo que hace girar el fémur. También m. ‖ FAM. pectiniforme.

pectoral adj. Relativo al pecho: *cavidad pectoral.* ‖ Se dice de las sustancias beneficiosas para el pecho y el aparato respiratorio. También m. ‖ m. Cruz que los obispos y el papa llevan sobre el pecho.

pectosa f. Sustancia contenida en los frutos sin madurar, a la que se atribuye su sabor áspero, y que por medio de fermentos y del agua hirviendo se convierte en pectina.

peculiar adj. Propio o característico de cada persona o cosa. ‖ FAM. peculiaridad.

peculio m. Dinero de que dispone una persona. ‖ FAM. peculiar.

pecuniario, ria adj. Relativo al dinero efectivo.

pedagogía f. Ciencia que se ocupa de la educación y la enseñanza. ‖ P. ext., método para la enseñanza. ‖ FAM. pedagógico, pedagógicamente, pedagogo.

pedal m. Palanca que pone en movimiento un mecanismo oprimiéndola con el pie. ‖ Palanca o sistema de algunos instrumentos musicales que se mueve con los pies, para reforzar o debilitar la intensidad del sonido. ‖ En mús., sonido prolongado sobre el cual se suceden diferentes acordes. ‖ FAM. pedalada, pedalear, pedaleo.

pedante adj. y com. Se dice de la persona que hace inoportuno alarde de sus conocimientos. ‖ FAM. pedantería, pedantesco.

pedazo m. Parte o porción de una cosa. ‖ Se usa en diversas expresiones como intensificador de un calificativo, generalmente despectivo: *pedazo de bruto.* ‖ **pedazo de pan** Persona muy bondadosa. ‖ **estar** uno **hecho pedazos** loc. Estar muy cansado o decaído.

pederastia f. Atracción sexual de un adulto hacia los niños. ‖ Sodomía. ‖ FAM. pederasta.

pedernal m. Variedad de cuarzo, de color gris amarillento más o menos oscuro, que produce chispas al golpearlo con el eslabón. ‖ Cosa de gran dureza.

pedestal m. Base que sostiene una columna, estatua, etc. ‖ Fundamento o soporte de algo no material: *aquella novela fue el pedestal para su fama.*

pedestre adj. Que anda a pie. ‖ Se dice del deporte que consiste en realizar carreras a pie, andando o corriendo. ‖ Vulgar, poco cuidado: *un estilo pedestre.* ‖ FAM. pedestrismo.

pediatría f. Rama de la medicina que estudia las enfermedades propias de los niños y su tratamiento. ‖ FAM. pediatra.

pedicelo m. Columna carnosa que sostiene el sombrerillo de las setas.

pedicuro, ra m. y f. Persona que tiene por oficio cuidar de los pies, extirpando o curando callos, uñeros, etc.

pedido m. Encargo hecho a un fabricante o vendedor.

pedigrí m. Genealogía de un animal de raza.
♦ pl. *pedigries* o *pedigrís.*

pedigüeño, ña adj. Que pide con frecuencia e importunidad. También s. ‖ FAM. pedigüeñería.

pedipalpo m. Cada uno de los dos apéndices que poseen los arácnidos en el cefalotórax y que están simétricamente dispuestos.

pedir tr. Rogar a alguien que dé o haga una cosa: *pedir la hora.* ‖ Poner precio a algo: *pides mucho por la moto.* ‖ Requerir una cosa, exigirla como necesaria o conveniente: *pedir un aumento de sueldo.* ‖ Querer, desear o apetecer: *sólo pido que esto termine pronto.* ‖ Exponer alguien ante el juez su derecho o acción contra otro. ‖ intr. Pedir limosna. ‖ **pedir la mano** loc. Proponer uno a los padres o parientes de una mujer que se la concedan por esposa. ‖ FAM. pedido, pedigüeño, pedimento, petición, pidón. ♦ **Irreg.** Conjugación modelo:

Indicativo
Pres.: *pido, pides, pide, pedimos, pedís, piden.*
Imperf.: *pedía, pedías,* etc.
Pret. indef.: *pedí, pediste, pidió, pedimos, pedisteis, pidieron.*
Fut. imperf.: *pediré, pedirás,* etc.

Potencial: *pediría, pedirías,* etc.

Subjuntivo
Pres.: *pida, pidas, pida, pidamos, pidáis, pidan.*
Imperf.: *pidiera, pidieras,* etc., o *pidiese, pidieses,* etc.
Fut. imperf.: *pidiere, pidieres,* etc.

Imperativo: *pide, pedid.*

Participio: *pedido.*

Gerundio: *pidiendo.*

pedo m. Ventosidad que se expulsa del intestino por el ano. ‖ Borrachera. ‖ Estado similar al de la borrachera, producido por alguna droga. ‖ FAM. peder, pedorrear, pedorrera, pedorrero, pedorreta, pedorro, peer, petardo.

pedorrera f. Frecuencia de ventosidades. ‖ FAM. pedorrear, pedorreo, pedorro.

pedorreta f. Sonido que se hace con la boca, imitando el pedo.

pedrada f. Acción de arrojar con impulso una piedra. ‖ Golpe que se da con la piedra tirada. ‖ Expresión dicha con intención de molestar o herir a alguien.

pedrea f. Acción de apedrear. ‖ Combate a pedradas. ‖ Granizo. ‖ Conjunto de los premios menores de la lotería nacional.

pedregal m. Terreno cubierto de piedras.

pedregoso, sa adj. Se dice del terreno cubierto de piedras.

pedrería f. Conjunto de piedras preciosas o de bisutería.

pedrisco m. Granizo grueso y abundante. ‖ Conjunto de piedras sueltas. ‖ FAM. pedrisca.

pedrusco m. Pedazo de piedra sin labrar.

pedúnculo m. Rabillo de la hoja, flor o fruto con que se une al tallo. ‖ Prolongación del cuerpo de algunos animales de vida sedentaria, como los percebes, mediante la cual se mantienen fijos a las rocas. ‖ FAM. pedunculado.

peer intr. y prnl. Expulsar ventosidades por el ano.

pega f. Obstáculo, impedimento: *no empieces a poner pegas.*

pegadizo, za adj. Que se pega o adhiere con facilidad. ‖ Que se comunica o se graba en la memoria con facilidad: *una música pegadiza.*

pegajoso, sa adj. Que se pega con facilidad. ‖ Que se contagia o se comunica fácilmente. ‖ Meloso, demasiado dulce o cariñoso. ‖ Sobón, fastidioso. ‖ FAM. pegajosidad.

pegamento m. Sustancia para pegar.

pegar tr. Unir una cosa a otra con una sustancia adherente. ‖ Transmitir, comunicar una enfermedad, un vicio, etc. También prnl. ‖ Dar golpes: *pegar un bofetón.* ‖ intr. Ir bien una cosa con otra o ser adecuada para una ocasión: *esos zapatos pegan con el cinturón.* ‖ Estar una cosa próxima o contigua a otra: *nuestras casas están pegando.* ‖ Estar una cosa de moda: *esta canción ha pegado fuerte.* ‖ prnl. Reñir o pelearse dos o más personas. ‖ Quemarse la comida en el recipiente en que se prepara. ‖ Unirse a una persona o a un grupo sin haber sido invitado y resultando pesado. ‖ Grabarse algo con facilidad en la memoria: *se me pegó aquella música.* ‖ **pegarle** a algo loc.

Consumirlo con frecuencia: *pegarle a la cerveza.* | **FAM.** pega, pegadizo, pegado, pegadura, pegajoso, pegamento, pegamiento, pegamoscas, pegatina, pego, pegón, pegote, pegujón, pegullón.

pegatina f. Trozo de papel, plástico, etc., con un dibujo, fotografía o escrito, adherente por uno de sus lados.

pego m. Trampa en los juegos de cartas. | **dar el pego** loc. Engañar, parecer algo que no es.

pegote m. Pasta de pez u otra cosa pegajosa. | Cosa que se pone sobre otra o se añade a ella y resulta antiestética o inadecuada. | Persona pesada e impertinente que no se aparta de otra. | Mentira, farol: *no te tires pegotes.* | **FAM.** pegotear.

peinado m. Forma de peinarse y colocarse el pelo. | Acción de peinar.

peinar tr. Desenredar y arreglar el cabello. También prnl. | Desenredar y limpiar el pelo o lana de algunos animales. | Rastrear una zona en busca de alguien o algo: *la policía peinó la zona.* | **FAM.** peinado, peinador.

peine m. Utensilio formado por una barra con púas, utilizado para peinarse el cabello. | Carda, instrumento para cardar. | Barra con púas, entre las cuales pasan en el telar los hilos de la urdimbre. | En algunas armas de fuego, pieza metálica que contiene los proyectiles. | **FAM.** peinar, peinazo, peinecillo, peineta, peinilla.

peineta f. Peine curvado que usan las mujeres como adorno o para sujetar el peinado.

peinilla f. *amer.* Peine alargado y angosto de una sola hilera de dientes.

pejesapo m. Rape.

pejiguero, ra adj. Persona pesada que a todo le pone faltas. También s. | f. Cosa molesta e inoportuna.

pela f. Acción y efecto de pelar. | Peseta, dinero. Más en pl.

peladilla f. Almendra con una capa gruesa de azúcar. | Canto rodado pequeño.

pelado, da adj. Se dice de las cosas que carecen de lo que las reviste o adorna: *monte pelado.* | Se dice del número que consta de decenas, centenas o millares justos: *el veinte pelado.* | Se aplica a las personas pobres o de poco dinero. También s. | m. Acción y efecto de pelar o cortar el cabello al máximo. | m. y f. *amer.* Persona de las capas sociales más bajas.

peladura f. Acción y efecto de pelar o descortezar una cosa. | Cáscara o corteza de algo.

pelagatos com. Persona sin posición social o económica. ♦ No varía en pl.

pelágico, ca adj. Relativo al piélago. | Se dice de los animales y vegetales marinos que viven en zonas alejadas de la costa, a diferencia de los neríticos. | P. ext., se apl. a los organismos que viven en las aguas de los lagos grandes.

pelagra f. Enfermedad crónica, con manifestaciones cutáneas y perturbaciones digestivas y nerviosas, producida por deficiencia de ciertas vitaminas.

pelaje m. Naturaleza o calidad del pelo o de la lana de un animal, y este mismo pelo o lana. | Aspecto exterior de alguien o algo. | Abundancia de pelo.

pelambre amb. Conjunto de las pieles que se han pelado. | Mezcla de agua y cal con que se pelan las pieles de los animales. | Falta de pelo. | **FAM.** pelambrera.

pelambrera f. Cabellera abundante y espesa o desarreglada y enredada.

pelanas m. Persona de poca importancia. ♦ No varía en pl.

pelandusca f. Prostituta.

pelar tr. Cortar, raer o quitar el pelo. También prnl. | Quitar las plumas a las aves. | Quitar la monda, corteza o cáscara. | Dejar a uno sin dinero. | Criticar, despellejar. | prnl. Perder el pelo. | Desprenderse la piel por tomar con exceso el sol, por rozadura, etc. | **duro de pelar** loc. Difícil de conseguir, hacer o vencer. | **FAM.** pela, peladilla, pelado, pelador, peladura, pelagatos, pelanas.

peldaño m. Parte de una escalera donde se apoya el pie al subir o bajar por ella.

pelea f. Combate, batalla, riña. | Esfuerzo o afán para hacer algo.

pelear intr. Combatir, contender, batallar. También prnl. | Reñir dos o más personas. También prnl.: *¿otra vez os habéis peleado?* | Luchar para conseguir una cosa. | prnl. Enemistarse, desavenirse. | **FAM.** pelea, peleador, peleón.

pelecaniforme adj. y f. Se dice de las aves acuáticas, generalmente de gran tamaño, cuyos cuatro dedos están dirigidos hacia adelante y unidos por una robusta y extensa membrana, de alas grandes y fuertes y pico largo y grueso, como el pelícano, el alcatraz y el cormorán. | f. pl. Orden de estas aves.

pelechar intr. Echar o cambiar el pelo o la pluma los animales. | **FAM.** pelecho.

pelele m. Muñeco de paja o trapo con figura humana. | Persona que se deja manejar por otras. | Traje de punto de una pieza que se pone a los niños para dormir.

peletería f. Oficio y técnica de preparar las

pieles de los animales y confeccionar con ellas prendas de abrigo y otras cosas. | Comercio de estas pieles. | Tienda donde se venden. | **FAM.** peletero.

peliagudo, da adj. Difícil, enrevesado: *se metió en un negocio peliagudo.*

pelícano o **pelicano** m. Ave palmípeda pelecaniforme de entre 150 y 180 cm de longitud; con plumaje blanco y pico largo y ancho, y un pliegue en forma de saco en su parte inferior que utiliza para almacenar alimentos; habita en regiones acuáticas de Europa, Asia y África.

película f. Piel o capa delgada que cubre y protege alguna cosa. | Cinta de celuloide dispuesta para ser impresionada fotográficamente. | Cinta cinematográfica para ser reproducida. | Asunto representado en dicha cinta: *una película del Oeste.* | **de película** loc. adj. Muy bueno, extraordinario. | Muy lujoso. | **FAM.** peliculero, peliculón.

peliculero, ra adj. Relativo a la película de cine. | m. y f. Persona a la que le gustan las películas y va al cine con frecuencia. | Persona fantasiosa.

peligrar intr. Estar en peligro.

peligro m. Circunstancia en la que es posible que suceda algún mal. | Persona o cosa que provoca esta circunstancia. | **FAM.** peligrar, peligroso.

peligroso, sa adj. Que ofrece peligro o puede ocasionar daño. | Arriesgado. | **FAM.** peligrosamente, peligrosidad.

pelirrojo, ja adj. Que tiene el pelo de color rojizo. También s.

pella f. Porción redondeada de cualquier masa o sustancia blanda. | Conjunto apretado de alguna cosa, como los tallitos de la coliflor o las hojas de la alcachofa. | **hacer pellas** loc. Hacer novillos, no ir los estudiantes a clase. | **FAM.** pellada.

pellejo m. Piel de los animales. | Piel quitada de un animal. | Odre. | Piel de algunas frutas y hortalizas. | Persona borracha. | **dejar,** o **perder,** uno **el pellejo.** loc. Morir. | **jugarse el pellejo** loc. Arriesgar la vida. | **FAM.** pelleja, pellejería, pellejero, pellejudo.

pelliza f. Prenda de abrigo hecha o forrada de piel. | Chaqueta de abrigo con el cuello y el borde de las mangas reforzadas de otra tela o con piel.

pellizcar tr. Coger entre los dedos una pequeña porción de piel y carne y apretarla o retorcerla. También prnl. | Tomar una pequeña cantidad de algo: *pellizcar el pan.* | **FAM.** pellizco.

pellizco m. Acción y efecto de pellizcar. |

Porción pequeña de una cosa: *echar un pellizco de sal.*

pelmazo m. Persona excesivamente lenta. | Persona pesada y molesta. | **FAM.** pelma.

pelo m. Filamento cilíndrico, delgado, de naturaleza córnea, que nace y crece entre los poros de la piel de casi todos los mamíferos. | Conjunto formado por estos filamentos. | Cabello de la cabeza. | Vello que tienen algunas frutas y plantas. | En lanas y tejidos, hilillos muy finos que quedan en la superficie, cubriéndola. | Cosa mínima o de poca importancia: *se salvó por un pelo.* | **a pelo** loc. adv. Sin protección y, referido a caballerías, sin montura. | **con pelos y señales** loc. Con todos los detalles: *contar un suceso con pelos y señales.* | **no tener** uno **pelos en la lengua** loc. Decir sin reparos lo que se piensa. | **ponérsele** a uno **los pelos de punta** loc. Erizársele el cabello; sentir mucho miedo. | **por los pelos** loc. Por muy poco, en el último instante: *cogió el tren por los pelos.* | **tomar el pelo** a uno loc. Burlarse de él. | **FAM.** pelaje, pelambre, pelamen, pelandusca, pelar, pelechar, peliagudo, pelicorto, pelillo, pelirrojo, pelón, pelote, peluca, peludo, pelusa, piloso.

pelón, na adj. Que no tiene pelo o tiene muy poco. | Que lleva cortado el pelo al rape. También s. | Que tiene escasos recursos económicos.

pelota f. Bola, generalmente de goma elástica, hueca o maciza, que se utiliza en distintos juegos. | Juego que se hace con ella. | Bola de materia blanda, como nieve, barro, etc., que se amasa fácilmente. | com. Persona aduladora: *eres el pelota de la clase.* | f. pl. vulg. Testículos. | **pelota vasca** Juego en los que los jugadores lanzan la pelota contra un frontón valiéndose de una pala, cesta o de las propias manos. | **en pelotas** loc. adv. Desnudo. | Sin nada. | **hacer la pelota** loc. Adular a alguien para conseguir algo. | **FAM.** pelotari, pelotazo, pelotear, pelotera, pelotero, pelotilla, pelotón.

pelotari (voz vascuence) com. Persona que se dedica a jugar a la pelota vasca.

pelotear tr. Repasar y señalar las partidas de una cuenta, y cotejarlas con sus justificantes respectivos. | intr. Jugar a la pelota por entretenimiento, sin hacer partido. | Mandar una cosa de una parte a otra. | Reñir dos o más personas entre sí. | Adular a alguien. | **FAM.** peloteo.

pelotera f. Riña, contienda: *armar una pelotera.*

pelotilla f. Bolita que se hace con alguna cosa o que se forma en algunos tejidos. | com. Persona aduladora. | **FAM.** pelotillero.

pelotón m. Pequeña unidad de infantería que suele estar a las órdenes de un sargento o un cabo. ‖ En algunos deportes, especialmente en ciclismo, conjunto de corredores que marchan en grupo.

peluca f. Cabellera postiza. ‖ **FAM.** peluquear, peluquería, peluquero, peluquín.

peluche m. Tejido con pelo largo y suave por uno de sus lados. ‖ Muñeco forrado con este tejido.

peluquero, ra m. y f. Persona que tiene por oficio peinar, cortar el pelo o hacer y vender pelucas, rizos, etc. ‖ **FAM.** peluquería.

peluquín m. Peluca pequeña, generalmente de caballero. ‖ Peluca con bucles y coleta que se usó a fines del s. XVIII y a principios del XIX.

pelusa f. Pelillo de algunas frutas. ‖ Pelo menudo que con el uso se desprende de las telas. ‖ Polvo y suciedad que se van acumulando en los lugares que se limpian con menor frecuencia. ‖ Envidia propia de los niños.

pelvis f. Porción del esqueleto de los vertebrados superiores, en la parte inferior del tronco, compuesta por los huesos coxales, sacro y cóccix, que contiene la terminación del tubo digestivo, la vejiga urinaria y la parte interna de los órganos genitales. ‖ Cavidad en forma de embudo, situada en cada uno de los riñones de los mamíferos, que se continúa con el uréter. ♦ No varía en pl. ‖ **FAM.** pelviano.

pena f. Castigo impuesto por la autoridad a quien ha cometido un delito. ‖ Sentimiento de tristeza causado por alguna cosa. ‖ Dificultad o trabajo: *pasó grandes penas para lograrlo*. ‖ *amer.* Vergüenza. ‖ **pena capital** o **de muerte** Condena en la que el reo es ejecutado. ‖ **a duras penas** loc. adv. Con gran dificultad o trabajo. ‖ **valer** o **merecer la pena** una cosa loc. Tener valor. ‖ Dar por bien empleado el trabajo que cuesta. ‖ **FAM.** penal, penalidad, penalizar, penar, penoso.

pena f. Cada una de las plumas mayores del ave, que situadas en las extremidades de las alas o en el arranque de la cola, sirven principalmente para dirigir el vuelo. ‖ **FAM.** penacho.

penacho m. Grupo de plumas que tienen algunas aves en la parte superior de la cabeza. ‖ Adorno de plumas. ‖ Cualquier cosa con esta forma.

penal adj. Relativo a la pena o a las leyes, instituciones o acciones destinadas a perseguir crímenes o delitos. ‖ m. Lugar en que los condenados cumplen condenas superiores a las del arresto: *el penal de Ocaña*. ‖ **FAM.** penalista.

penalidad f. Trabajo que causa sufrimiento. ‖ Cualidad de lo que puede ser penado o castigado. ‖ Sanción contemplada por la ley.

penalista adj. Se dice de la persona especializada en derecho penal. También com.

penalizar tr. Imponer una sanción o castigo, especialmente en competiciones deportivas. ‖ **FAM.** penalización.

penalti m. En fútbol y otros deportes, sanción por una falta cometida por un jugador en su propia área. ‖ También se escribe *penalty*. ‖ **casarse de penalti** loc. Casarse por quedar embarazada la mujer. ♦ pl. *penaltis*.

penar tr. Imponer pena. ‖ Señalar la ley castigo para un acto u omisión. ‖ intr. Padecer un dolor o pena: *ha penado mucho en la vida*. ‖ Padecer las almas en el purgatorio. ‖ **FAM.** penable, penado.

penates m. pl. En la mit. romana, dioses que protegían el hogar.

penca f. Hoja carnosa, o tallo en forma de hoja, de algunas plantas. ‖ Nervio principal y pecíolo de las hojas de ciertas plantas, como la acelga, el cardo, etc. ‖ Troncho o tallo de ciertas hortalizas. ‖ Látigo con que se azotaba a los delincuentes. ‖ Tronco de la cola de algunos cuadrúpedos. ‖ **FAM.** pencar, penco.

penco m. Caballo flaco y de mala estampa. ‖ En Andalucía y algunos países de América, penca de ciertas plantas. ‖ Persona tosca.

pendejo, ja m. y f. Pendón, persona de vida licenciosa. ‖ Persona cobarde y pusilánime. ‖ *amer.* Persona boba. ‖ m. Pelo que nace en el pubis. ‖ **FAM.** pendejada.

pendencia f. Contienda, riña. ‖ **FAM.** pendenciar, pendenciero.

pender intr. Estar colgada una cosa. ‖ Estar algo en espera de solución. ‖ Existir un peligro o amenaza sobre alguien o algo. ‖ **FAM.** pendiente, péndola, péndulo, pensil, perpendicular.

pendiente adj. Que pende. ‖ Inclinado, en declive: *terreno pendiente*. ‖ Que está por hacerse o resolverse: *asignaturas pendientes*. ‖ Sumamente atento, preocupado por algo que se espera o sucede: *estuvo pendiente del teléfono*. ‖ m. Joya o adorno que se pone en el lóbulo de la oreja. ‖ f. Cuesta o declive de un terreno. ‖ Inclinación de los tejados para el desagüe.

péndola f. Varilla o varillas metálicas que, con sus oscilaciones, regulan el movimiento de algunos relojes. ‖ Reloj de péndulo. ‖ En arq., cualquiera de las varillas verticales que sostienen el piso de un puente colgante o de otras obras. ‖ Pluma de escribir.

pendón m. Bandera militar más larga que ancha. ‖ Divisa o insignia de iglesias y cofradías que se lleva en las procesiones, y que consiste en una bandera terminada en dos puntas. ‖ Vástago que sale del tronco principal del árbol. ‖ Persona de vida irregular y desordenada. ‖ FAM. pendonear, pendoneo.

péndulo, la adj. Que pende, pendiente. ‖ m. Cuerpo pesado que puede oscilar suspendido de un punto por un hilo o varilla. ‖ Este mismo objeto como pieza de un reloj. ‖ FAM. pendular.

pene m. Órgano sexual masculino que permite al macho efectuar la cópula y constituye la parte terminal del aparato urinario.

penene com. Profesor no numerario de instituto o universidad.

penetración f. Acción y efecto de penetrar. ‖ Perspicacia de ingenio, agudeza.

penetrante adj. Que penetra. ‖ Se dice del sonido agudo.

penetrar tr. Introducir un cuerpo en otro. ‖ Hacerse sentir con violencia o intensidad una cosa, como el frío, los gritos o el dolor. ‖ Comprender bien algo. También intr. y prnl. ‖ intr. Introducirse en el interior de un espacio, aunque haya dificultad. ‖ FAM. penetrabilidad, penetrable, penetración, penetrante.

penicilina f. Sustancia antibiótica extraída de los cultivos del moho *Penicillium notatum*, que fue descubierta por el bacteriólogo inglés Alexander Fleming en 1928.

penillanura f. Meseta producida por la erosión de una región montañosa.

península f. Porción de tierra rodeada de agua por todas partes excepto por una, que se denomina *istmo* y la une a otra tierra de extensión mayor, generalmente el continente. ‖ FAM. peninsular.

peninsular adj. Natural de una península, o perteneciente a ella. También com. ‖ P. ant., se dice de lo relativo a la península Ibérica. ‖ *amer.* Español.

penique m. Moneda inglesa que equivale a la centésima parte de la libra esterlina.

penitencia f. Sacramento en el cual, por la absolución del sacerdote, se perdonan los pecados. ‖ Arrepentimiento por haber pecado y propósito de no pecar más. ‖ Pena que impone el confesor al penitente. ‖ Cualquier acto de mortificación interior o exterior. ‖ Cosa molesta que debe soportarse. ‖ FAM. penitencial, penitenciaría, penitenciario, penitente.

penitenciaría f. Cárcel, penal.

penitente com. Persona que hace penitencia. ‖ Persona que recibe el sacramento de la penitencia. ‖ Persona que en las procesiones va vestida con una túnica en señal de penitencia.

penoso, sa adj. Trabajoso. ‖ Que padece una aflicción o pena. ‖ FAM. penosamente.

pensador, ra adj. Que piensa. ‖ m. y f. Persona que se dedica a estudios muy elevados y profundiza mucho en ellos.

pensamiento m. Facultad de pensar. ‖ Acción y efecto de pensar. ‖ Idea inicial o capital de un escrito, discurso, etc. ‖ Conjunto de ideas propias de una persona o colectividad. ‖ Intención, proyecto: *tiene pensamiento de ir.* ‖ Planta angiosperma dicotiledónea, con flores de varios colores. ‖ Flor de esta planta.

pensar tr. Formarse y relacionar ideas en la mente. ‖ Examinar algo en la mente antes de tomar una decisión o darle una solución. ‖ Concebir un plan, procedimiento o medio para algo: *pensaba en la forma de decírselo.* ‖ Tener intención de lo que se expresa: *hoy no pienso salir.* ‖ Tener alguien una opinión sobre algo o manifestarla. ‖ **ni pensarlo** loc. Que niega algo de manera rotunda. ♦ Irreg. Se conj. como *acertar.* ‖ FAM. pensable, pensado, pensador, pensamiento, pensante, pensativo.

pensativo, va adj. Que medita intensamente y está absorto.

pensil o **pénsil** adj. Pendiente o colgado en el aire. ‖ m. Jardín muy agradable.

pensión f. Asignación que recibe periódicamente una persona por servicios que ha prestado anteriormente, por méritos o por cualquier otra razón, como p. ej., la que reciben los jubilados. ‖ Beca que se concede para ampliar estudios, para continuar un trabajo de investigación, etc. ‖ Casa o establecimiento donde se reciben huéspedes mediante precio convenido. ‖ Precio que se paga por alojarse en estos lugares. ‖ *amer.* Pena, pesar. ‖ **media pensión** Sistema de alojamiento en que se tiene derecho a una habitación y a una comida diaria. ‖ En colegios, situación de los que asisten a clase y reciben también la comida del mediodía. ‖ FAM. pensionado, pensionar, pensionista.

pensionado, da adj. Que tiene o cobra una pensión. También s. ‖ m. Establecimiento donde se vive en régimen de pensión.

pensionista com. Persona que tiene derecho a percibir y cobrar una pensión. ‖ Persona que paga cierta cantidad por sus alimentos y alojamiento. ‖ Alumno de un pensionado.

pentágono, na adj. Se aplica al polígono de cinco ángulos y cinco lados. También m. ‖ FAM. pentagonal.

pentagrama o **pentágrama** m. Conjunto de cinco líneas rectas paralelas y equidistantes, sobre el que se escribe la música.

pentatlón o **pentathlon** m. Conjunto de cinco pruebas atléticas clásicas: carreras de

200 y de 1.500 m, lanzamientos de jabalina y disco, y salto de longitud. | **pentatlón moderno** Modalidad olímpica que consta de cinco pruebas: tiro, natación, esgrima, hípica y carrera campo a través.

pentecostés m. Festividad del cristianismo que se celebra cincuenta días después de la Pascua y conmemora la venida del Espíritu Santo sobre los apóstoles. | Fiesta de los judíos instituida en memoria de las doce tablas de la ley que Dios dio a Moisés en el monte Sinaí. ♦ Suele escribirse con mayúscula.

pentotal m. Droga cuyo origen es el ácido barbitúrico, empleada generalmente como anestésico. Se le conoce también como *suero de la verdad*.

penúltimo, ma adj. Inmediatamente anterior al último. También s.

penumbra f. Sombra débil entre la luz y la oscuridad. | FAM. penumbroso.

penuria f. Escasez.

peña f. Piedra grande sin labrar. | Monte o cerro peñascoso. | Grupo de amigos. | Asociación, generalmente deportiva. | FAM. peñazo, peñón.

peñasco m. Peña grande y elevada. | Parte del hueso temporal de los mamíferos que encierra el oído interno. | FAM. peñascal, peñascoso.

peñón m. Monte donde hay muchas peñas.

peón m. Obrero que realiza trabajos no especializados o trabaja como ayudante en algunos oficios: *peón de albañil*. | Soldado de a pie. | Peonza. | En el juego del ajedrez, cada una de las ocho piezas de menor valor que al comienzo están situadas en la primera línea. | FAM. peonada, peonaje, peonza.

peonada f. Conjunto de peones que trabajan en una obra. | Obra que un peón hace en un día.

peonía f. Planta herbácea de las peoniáceas, de entre 30 y 90 cm de altura, con grandes flores rojas o rosáceas; crece en terrenos húmedos y laderas montañosas y se cultiva como planta ornamental. | *amer.* Planta leguminosa, especie de bejuco trepador, de uso medicinal.

peonza f. Juguete de madera, de forma cónica, al cual se enrolla una cuerda para lanzarlo y hacerlo bailar.

peor adj. comp. De inferior calidad: *es peor mecánico que su hermano*. | adv. comp. Más mal: *está peor que ayer*. | FAM. peyorativo.

pepinillo m. Variedad de pepino de pequeño tamaño que se conserva en vinagre para su consumición.

pepino m. Planta herbácea de las cucurbitáceas, de tallos rastreros, flores amarillas y fru-

to carnoso comestible. Se cultiva en huertas. | Fruto de esta planta. | Cosa insignificante, de poco o ningún valor: *me importa un pepino*. | FAM. pepinar, pepinillo, pepón, pepónida, pepónide.

pepita f. Enfermedad infecciosa que tienen las gallinas y otras aves en la lengua y que consiste en un pequeño tumor.

pepita f. Semilla de algunas frutas, como el melón, la pera, etc. | Trozo redondeado y pequeño de oro y otros metales. | FAM. pipa.

pepito m. Bocadillo hecho con un filete de carne. | Bollo alargado que suele estar relleno de crema.

pepitoria f. Guisado de ave, generalmente de gallina, cuya salsa tiene yema de huevo.

pepona f. Muñeca grande. | Mujer grande y de aspecto saludable.

pepónide f. Tipo de fruto, carnoso y unido al cáliz, con una sola celda y muchas semillas dispersas en la pulpa, como la calabaza, el melón, etc.

peps-, pept-; -pepsia Elemento compositivo que significa 'digestión': *dispepsia*.

pepsina f. Fermento presente en el jugo gástrico, segregado por las glándulas gástricas, que participa en la digestión de las proteínas. | FAM. péptido, peptona.

péptido m. Nombre genérico de los compuestos polímeros formados por la unión de dos o más moléculas de aminoácidos.

pequeñez f. Cualidad de pequeño. | Cosa de poca importancia. | Mezquindad, bajeza. ♦ pl. *pequeñeces*.

pequeño, ña adj. De poco tamaño o estatura. | De muy poca edad. | De poca importancia, intensidad, etc. | Bajo, de poca categoría o poder. | m. y f. Niño. | FAM. pequeñez, pequeñoburgués.

pequinés, sa adj. De Pekín. | Se dice de un perro faldero originario de China, de pequeño tamaño, cabeza redonda, nariz chata y pelaje abundante. También m.

pera f. Fruto del peral, con forma ovalada, piel fina y carne dulce y jugosa. | Recipiente de goma con forma parecida a la de esta fruta, que se usa para impulsar líquidos, aire, etc. | Llamador de timbre o interruptor de luz de forma parecida. | Perilla de la barba. | **pedir peras al olmo** loc. Pedir imposibles. | FAM. perada, peral, periforme, perilla, piriforme.

peral m. Árbol frutal de las rosáceas, de ramas espinosas, flores blancas y fruto en pomo comestible. | FAM. peraleda.

peralte m. Lo que en la altura de un arco excede al semicírculo. | En las carreteras, vías férreas, etc., mayor elevación de la parte exterior de una curva en relación con la interior. ‖ **FAM.** peraltado, peraltar, peralto.

perborato m. Sal producida por la oxidación del borato, que se emplea en farmacia.

percal m. Tela de algodón de poca calidad. ‖ Calidad o condición de una persona o cosa: *conocer el percal*. ‖ **FAM.** percalina.

percance m. Contratiempo, daño o perjuicio imprevistos. Más en pl.

percatarse prnl. Darse cuenta clara de algo, tomar conciencia de ello. ‖ **FAM.** percatación.

percebe m. Crustáceo marino comestible, de forma cilíndrica, con un pedúnculo con el que se adhiere a las rocas de las costas, rematado en una uña calcárea. ‖ Persona torpe e ignorante.

percepción f. Acción y efecto de percibir. ‖ Sensación interior que resulta de una impresión material realizada a través de los sentidos. ‖ Conocimiento, idea.

percha f. Soporte para colgar ropa, de forma triangular y con un gancho en su parte superior para colgarlo. ‖ Mueble con colgadores para dejar la ropa, y cada uno de estos colgaderos. ‖ Madero o estaca larga y delgada que se atraviesa en otras para sostener una cosa. ‖ Tronco de árbol que sirve para la construcción de piezas de arboladura. ‖ **FAM.** perchar, perchel, perchero.

percherón, na adj. Se dice de un tipo de caballos de raza francesa de gran fuerza y corpulencia, por lo que son muy apropiados para arrastrar grandes pesos. También s.

percibir tr. Recibir una cosa: *percibir un sueldo*. ‖ Recibir sensaciones a través de los sentidos: *percibir un movimiento*. ‖ Comprender o conocer una cosa: *no percibo la diferencia*. ‖ **FAM.** percepción, perceptible, perceptivo, perceptor, percibo.

perciforme adj. y m. Se dice de los peces teleóstomos, con una o dos aletas dorsales, la primera con fuertes radios espinosos, como la perca, caballa, lubina, besugo, etc. ‖ m. pl. Orden de estos peces.

percusión f. Acción y efecto de golpear. ‖ Familia de instrumentos musicales que se tocan al golpearlos con mazas, baquetas, etc., o al hacerlos chocar entre sí, como el tambor, los platillos, etc. ‖ Método de exploración médica que consiste en golpear con los dedos una parte del cuerpo para observar los cambios de sonoridad que se producen. ‖ **FAM.** percusionista.

percutor m. Pieza que golpea en cualquier máquina, y especialmente el martillo o la aguja con que se hace detonar el cebo del cartucho en las armas de fuego.

perder tr. Dejar de tener algo que se poseía o no encontrar alguna cosa: *perdió las esperanzas*. También prnl. ‖ Malgastar una cosa: *perder el tiempo*. ‖ Verse separado de una persona querida, especialmente si ha muerto: *perdió a un amigo en un accidente*. ‖ Referido a juegos, batallas, oposiciones, pleitos, etc., no obtener lo que en ellos se disputa. ‖ Junto con algunos nombres, faltar a la obligación de lo que significan: *perder el respeto*. ‖ Dejar salir un recipiente lo que contiene: *el motor pierde aceite*. También intr. ‖ intr. Empeorar una persona o cosa: *estos productos han perdido mucho*. ‖ prnl. Errar uno el camino o rumbo que llevaba. ‖ Entregarse a un vicio. ‖ No saber seguir un discurso o razonamiento: *con tantas citas me pierdo*. ‖ No aprovecharse de una cosa que podía ser útil o no disfrutar de ella. También tr.: *casi me pierdo la película*. ‖ Querer mucho a una persona o tener mucha afición por algo: *se pierde por los dulces*. También tr. ‖ **no habérsele perdido nada** a uno en algún lugar loc. Se usa para justificar la ausencia de alguien o reprocharle su presencia. ♦ **Irreg.** Se conj. como *entender*. ‖ **FAM.** perdedor, perdición, pérdida, perdidizo, perdido, perdulario.

perdición f. Acción de perder. ‖ Ruina o daño graves. ‖ Pasión desenfrenada, especialmente de amor. ‖ Condenación eterna. ‖ Lo que ocasiona un grave daño: *el juego será tu perdición*.

pérdida f. Acción y efecto de perder o perderse. ‖ Carencia, privación de lo que se poseía. ‖ Cosa perdida o persona a quien se ha perdido: *su muerte fue una gran pérdida*. ‖ Daño o perjuicio que se recibe en una cosa. ‖ **no tener pérdida** una cosa loc. Ser muy fácil de encontrar.

perdido, da adj. Se dice de la persona viciosa o libertina. También s. ‖ En grado sumo: *es tonto perdido*. ‖ **poner, o ponerse perdido** loc. Muy sucio. ‖ **FAM.** perdidamente.

perdigón m. Pollo de la perdiz. ‖ Cada uno de los granos de plomo que forman la munición de caza. ‖ **FAM.** perdigonada.

perdiguero, ra adj. Se dice de un tipo de perros de caza.

perdiz f. Ave gallinácea de cuerpo grueso, de 30 a 35 cm de longitud, cuello corto, cabeza pequeña, pico y patas encarnados y plumaje de color pardo rojizo; es muy estimada como pieza de caza. ‖ **FAM.** perdigar, perdigón, perdiguero.

perdón m. Acción y efecto de perdonar una pena, ofensa, deuda, etc. ‖ Indulgencia, remisión de los pecados. ‖ Se usa también como expresión de disculpa: *perdón, ¿puedo pasar?*

perdonar tr. No tener en cuenta la ofensa o falta que otro ha cometido. | Librar a alguien de una obligación o castigo. | Renunciar a un derecho, goce o disfrute: *no perdona su paseo diario.* | **FAM.** perdón, perdonable, perdonador, perdonavidas.

perdonavidas m. Bravucón, hombre que presume de fuerte y valiente. ♦ No varía en pl.

perdulario, ria adj. Vicioso, incorregible. También s.

perdurar intr. Durar mucho, subsistir. | **FAM.** perdurabilidad, perdurable, perdurablemente, perduración.

perecer intr. Morir, dejar de existir. ♦ **Irreg.** Se conj. como *agradecer.* | **FAM.** perecedero.

peregrinar intr. Andar por tierras extrañas. | Ir en romería a un santuario. | **FAM.** peregrinación, peregrinaje, peregrino.

peregrino, na adj. Se dice de la persona que va por tierras extrañas. | Se apl. a la persona que por devoción o por voto va a visitar un santuario. Más c. m. | Referido a las aves, que migran de un lugar a otro. | Extraño, raro. | Absurdo y sin sentido: *qué ideas más peregrinas.*

perejil m. Planta herbácea umbelífera con hojas lustrosas, de color verde oscuro, partidas en tres gajos dentados y muy aromáticas; se cultiva para su uso en cocina como condimento.

perengano, na m. y f. Voz que se usa para referirse a una persona cuyo nombre se ignora o no se quiere expresar después de haber aludido a otra u otras con palabras de igual determinación, como *fulano, mengano, zutano.*

perenne adj. Permanente, que no muere. | En bot., se apl. a las plantas que viven más de dos años. | **FAM.** perennidad, perennifolio.

perentorio, ria adj. Se dice del último plazo que se concede en cualquier asunto. | Concluyente, decisivo, determinante: *una orden perentoria.* | Urgente, apremiante. | **FAM.** perentoriamente, perentoriedad.

pereza f. Negligencia, falta de ganas o disposición para hacer las cosas. | Descuido o tardanza en las acciones. | **FAM.** perezoso.

perezoso, sa adj. Que tiene pereza. También s. | Lento o pesado en el movimiento o en la acción. | m. Mamífero desdentado, propio de la América tropical, de extremidades muy largas, manos rematadas en dos o tres dedos, pelaje tupido y movimientos muy lentos; vive en los árboles. | **FAM.** perezosamente.

perfección f. Acción de perfeccionar. | Cualidad de perfecto. | Cosa perfecta. | **FAM.** perfeccionar, perfeccionismo, perfeccionista.

perfeccionar tr. Acabar enteramente una obra, dándole el mayor grado posible de calidad y detalle. También prnl. | **FAM.** perfeccionador, perfeccionamiento.

perfectivo, va adj. Que da o puede dar perfección. | En ling., se dice de los tiempos verbales que expresan una acción acabada, como el indefinido y los tiempos compuestos.

perfecto, ta adj. Que tiene el mayor grado posible de bondad o calidad en su línea. | **FAM.** perfección, perfectamente, perfectibilidad, perfectible, perfectivo.

perfidia f. Deslealtad, traición. | Maldad. | **FAM.** pérfidamente, pérfido.

perfil m. Postura en que sólo se deja ver una de las dos mitades laterales del cuerpo. | Línea que dibuja el contorno de una cosa. | Aspecto peculiar o característico de alguien o algo: *el perfil de un consumidor.* | pl. Complementos y retoques con que se remata una obra o una cosa. | **FAM.** perfilar.

perfilar tr. Sacar los perfiles a una cosa. | Afinar, rematar una cosa. | prnl. Empezar una cosa a tomar forma o cuerpo definido. | **FAM.** perfilado.

perforar tr. Hacer un agujero en algo, de forma que lo atraviese totalmente. | **FAM.** perforación, perforador, perforadora.

perfumar tr. Dar o esparcir un olor agradable. También prnl. | **FAM.** perfumado, perfumador.

perfume m. Sustancia líquida o sólida elaborada para que desprenda un olor agradable. | Cualquier olor bueno o muy agradable. | **FAM.** perfumar, perfumería, perfumista.

perfumería f. Tienda donde se venden perfumes y productos cosméticos y de aseo. | Industria dedicada a este tipo de productos. | Conjunto de productos y materias de esta industria.

pergamino m. Piel de la res, limpia y estirada, que sirve para diferentes usos; antiguamente se utilizaba para escribir sobre ella. | Título o documento escrito en pergamino.

pergeñar tr. Disponer o ejecutar una cosa con más o menos habilidad y rapidez: *en seguida pergeñó un plan.* | **FAM.** pergeño.

pérgola f. Armazón para sostener una o más plantas. | Jardín que tienen algunas casas sobre la techumbre.

peri- pref. que significa 'alrededor': *pericarpio, perímetro.*

pericardio m. Bolsa de tejido conjuntivo que envuelve el corazón; está formada por dos membranas: una externa y fibrosa llamada *epicardio*, y otra interna y serosa. ‖ **FAM.** pericarditis.

pericarpio o **pericarpo** m. Parte exterior del fruto de las plantas, que cubre las semillas.

pericia f. Experiencia y habilidad en una ciencia o arte. ‖ **FAM.** pericial, pericialmente.

perico m. Ave trepadora, especie de loro americano. ‖ Abanico grande. ‖ Orinal. ‖ Espárrago de gran tamaño. ‖ Persona a la que le gusta callejear y zascandilear. ‖ En lenguaje de la droga, cocaína. ‖ **FAM.** pericón, periquete.

perieco, ca adj. Se dice del habitante de la Tierra con relación a otro que ocupa un punto del mismo paralelo que el primero y diametralmente opuesto a él. También s.

periferia f. Circunferencia. ‖ Contorno de una figura curvilínea. ‖ Espacio que rodea un núcleo cualquiera: *la periferia de la ciudad.* ‖ **FAM.** periférico.

perifollo m. Planta herbácea umbelífera, originaria de Europa oriental, de entre 50 y 100 cm de altura, con flores pequeñas de color blanco y hojas aromáticas que se usan en cocina como condimento y en ensalada. ‖ pl. Adornos o complementos de alguna cosa, especialmente cuando son excesivos o de mal gusto: *un traje con muchos perifollos.*

perífrasis f. Circunlocución. ‖ **perífrasis verbal** En ling., frase verbal compuesta por un auxiliar u otro verbo que desempeña esa función, más un infinitivo, gerundio o participio, a los que suelen unirse frecuentemente por una preposición, conjunción, etc., p. ej., *tener que* (*tuvo que salir*). ♦ No varía en pl. ‖ **FAM.** perifrasear, perifrástico.

perihelio m. Punto de la órbita de un planeta en que se halla más cerca del Sol.

perilla f. Adorno en figura de pera. ‖ Pelo que se deja crecer en la punta de la barba. ‖ **de perilla,** o **de perillas** loc. adv. A propósito o a tiempo: *unos días libres le vendrán de perilla.*

perillán, na m. y f. Persona pícara, astuta. También adj.

perímetro m. Contorno de una superficie. ‖ Contorno de una figura. ‖ Longitud del contorno de una figura. ‖ **FAM.** perimétrico.

periódico, ca adj. Que ocurre o aparece cada cierto período de tiempo. ‖ En mat., se dice del número cuya fracción decimal se repite periódicamente. ‖ En fís., se dice de los fenómenos cuyas fases se repiten todas permanentemente y con regularidad. ‖ m. Diario, publicación que sale diariamente. ‖ **FAM.** periódicamente, periodicidad, periodicucho, periodismo.

periodismo m. Actividad que consiste en la recogida de información, especialmente de las noticias de actualidad, para difundirlas en los diferentes medios de comunicación, prensa, radio y televisión, principalmente. ‖ Carrera destinada a formar a los profesionales dedicados a esta actividad. ‖ **FAM.** periodista, periodístico.

período o **periodo** m. Tiempo que una cosa tarda en volver al estado o posición que tenía al principio, como, p. ej., el de la revolución de los astros. ‖ Espacio de tiempo que incluye toda la duración o el proceso de una cosa. ‖ Ciclo de tiempo. ‖ Menstruación de las mujeres y de las hembras de ciertos animales. ‖ En mat., cifra o grupo de cifras que se repiten indefinidamente, después del cociente entero, en las divisiones inexactas. ‖ Conjunto de oraciones que, enlazadas unas con otras gramaticalmente, forman una unidad de sentido. ‖ **FAM.** periódico, periodización.

periostio m. Membrana fibrosa que rodea los huesos y sirve para su nutrición y renovación. ‖ **FAM.** periostitis.

peripatético, ca adj. Que sigue la filosofía o doctrina de Aristóteles. También s. ‖ Perteneciente a este sistema o filosofía. ‖ Ridículo o extravagante.

peripecia f. En el argumento de una obra literaria, suceso o circunstancia repentina que cambia el estado de las cosas. ‖ Suceso o circunstancia semejante en la vida real.

periplo m. Circunnavegación. ‖ Obra antigua en que se cuenta un viaje de circunnavegación: *el periplo de Hannón.* ‖ Viaje largo en el que se recorren varios países.

peripuesto, ta adj. Que se arregla y viste con demasiado esmero y afectación.

periquito m. Ave trepadora originaria de Australia y aclimatada a los restantes continentes, de unos 20 cm de longitud y plumaje generalmente verde, azul o blanco.

periscopio m. Tubo provisto de una lente que sirve para observar desde un lugar oculto o sumergido. ‖ **FAM.** periscópico.

perisodáctilo adj. y m. Se dice de los mamíferos ungulados que se caracterizan por tener los dedos en número impar y terminados en una pezuña fuerte y gruesa llamada *casco*, como el rinoceronte, el caballo, el tapir, etc. ‖ m. pl. Orden de estos mamíferos.

perista com. Comprador de objetos robados.

peristáltico, ca adj. Que tiene la propiedad de contraerse. ‖ Se dice del movimiento de contracción que hacen los intestinos para impulsar los materiales de la digestión y expeler los excrementos.

peristilo m. Lugar o sitio rodeado de columnas por la parte interior, como los atrios. ‖

Galería de columnas que rodea un edificio o parte de él.

perito, ta adj. Hábil y experto en una ciencia o arte. También s. ‖ m. y f. Persona que tiene el grado de ingeniero técnico. ‖ Persona experta en alguna cosa y que informa al juez sobre determinados hechos. ‖ En una compañía de seguros, persona encargada de valorar los daños materiales ocasionados en alguna propiedad del asegurado. ‖ **FAM.** peritación, peritaje.

peritoneo m. Membrana serosa que reviste la cavidad abdominal de los vertebrados y otros animales y forma pliegues que envuelven las vísceras situadas en esta cavidad. ‖ **FAM.** peritoneal, peritonitis.

perjudicar tr. Ocasionar daño material o moral. También prnl. ‖ **FAM.** perjudicado, perjudicial, perjudicialmente, perjuicio.

perjurar intr. Jurar en falso. También prnl. ‖ Jurar insistentemente por añadir fuerza al juramento. ‖ Faltar al juramento. ‖ **FAM.** perjurio, perjuro.

perla f. Concreción nacarada, generalmente de color blanco agrisado, reflejos brillantes y forma más o menos esférica, que suele formarse en el interior de las conchas de diversos moluscos, especialmente en las madreperlas. ‖ Concreción parecida conseguida artificialmente. ‖ Persona de excelentes cualidades, o cosa muy apreciada en su clase. ‖ **de perlas** loc. adv. Perfectamente, muy bien: *venir algo de perlas*. ‖ **FAM.** perlado, perlar, perlero, perlífero.

permanecer intr. Mantenerse sin cambios en un mismo lugar, estado o condición: *permanece enfadado*. ‖ Estar en un sitio durante cierto tiempo: *permaneció todo el invierno en la ciudad*. ◆ **Irreg.** Se conjuga como *agradecer*. ‖ **FAM.** permanencia, permanente.

permanente adj. Que permanece. ‖ Se dice de la ondulación artificial del cabello. ‖ **FAM.** permanentemente.

permeable adj. Que puede ser penetrado por el agua u otro fluido. ‖ **FAM.** permeabilidad.

pérmico, ca adj. Perteneciente al sexto y último periodo geológico de la era paleozoica, que sigue al carbonífero.

permiso m. Licencia o consentimiento para hacer o decir una cosa. ‖ Tiempo libre de vacaciones: *cogió varios días de permiso*. ‖ En las monedas, diferencia consentida entre su ley o peso efectivo y el que exactamente se les supone.

permitir tr. Consentir, normalmente quien tiene autoridad para ello, que otros hagan o dejen de hacer una cosa. También prnl.: *no se*

permite pasar. ‖ No impedir lo que se pudiera y debiera evitar: *no sé cómo permites que te hable así*. ‖ Hacer algo posible: *unas fuertes patas permiten al canguro dar grandes saltos*. ‖ **FAM.** permisible, permisión, permisivo, permiso.

permutar tr. Cambiar una cosa por otra. ‖ Variar la disposición u orden en que estaban dos o más cosas. ‖ **FAM.** permuta, permutabilidad, permutable, permutación.

pernada f. En mar., ramal de algún objeto.

pernera f. Parte del pantalón que cubre cada pierna.

pernicioso, sa adj. Muy dañino o perjudicial: *fumar es pernicioso para la salud*.

pernil m. Anca y muslo del animal, y p. antonom., los del cerdo. ‖ Pernera del pantalón.

pernio m. Gozne o bisagra de una puerta o ventana.

perno m. Pieza de hierro cilíndrica, con cabeza redonda por un extremo, que se asegura por el otro con una tuerca o un remache.

pernoctar intr. Pasar la noche en determinado lugar, especialmente fuera del propio domicilio. ‖ **FAM.** pernocta.

pero conj. advers. Introduce una oración o palabra cuyo significado se contrapone a lo que se había dicho anteriormente o incluye alguna limitación: *es guapo, pero muy antipático*. ‖ Al comienzo de una frase, tiene valor de intensificador: *¡pero qué forma de llover!* ‖ m. Defecto, dificultad u objeción: *siempre que le propones algo, pone algún pero*.

perogrullada f. Afirmación tan evidente que resulta boba. ‖ **FAM.** perogrullesco.

perol m. Recipiente de metal, de forma semiesférica, que sirve para cocinar alimentos. ‖ **FAM.** perola.

peroné m. Hueso largo y delgado de la pierna, situado detrás de la tibia, con la cual se articula.

perorata f. Discurso o charla muy largos y aburridos. ‖ **FAM.** peroración, perorar.

perpendicular adj. Se dice de la línea o del plano que forma ángulo recto con otra línea o con otro plano. Apl. a línea, también f. ‖ **FAM.** perpendicularidad, perpendicularmente.

perpetrar tr. Cometer o consumar un acto delictivo: *perpetrar un crimen*. ‖ **FAM.** perpetración, perpetrador.

perpetuar tr. Hacer perpetua una cosa. ‖ Dar a las cosas una larga duración. También prnl. ‖ **FAM.** perpetuación, perpetuidad.

perpetuo, tua adj. Que dura y permanece para siempre. ‖ Se dice de ciertos cargos vitalicios. ‖ **FAM.** perpetuamente, perpetuar.

perplejidad f. Irresolución, confusión. ‖
FAM. perplejamente, perplejo.

perra f. Hembra del perro. ‖ Rabieta de niño.
‖ Deseo muy grande, manía u obsesión: *qué
perra le ha dado con ir al cine todos los días.*

perrería f. Conjunto de perros. ‖ Jugarreta o
molestia.

perrero, ra m. y f. Empleado municipal encargado de recoger los perros abandonados o
callejeros. ‖ m. El que cuida los perros de
caza. ‖ f. Lugar donde se tiene a los perros. ‖
Lugar donde se recoge a los perros callejeros.

perrito, ta m. y f. dim. de perro. ‖ **perrito
caliente** Bocadillo de pan especial con una salchicha.

perro m. Mamífero carnívoro doméstico de
la familia de los cánidos, de tamaño, forma y
pelaje muy diversos, producto de las distintas
razas obtenidas por hibridación; está adaptado a todas las regiones de la Tierra. ‖ Nombre
que se dio despectivamente a los fieles de
otras religiones. ‖ Persona despreciable. ‖ **perro faldero** El pequeño, que se tiene como animal de compañía. ‖ **a otro perro con ese hueso**
loc. Se emplea para rechazar una proposición
o mostrar desconfianza. ‖ **cara de perro** loc.
Cara de mal humor. ‖ **FAM.** perra, perrada,
perrería, perrero, perrito, perruno.

persecución f. Acción y efecto de perseguir.

perseguir tr. Seguir a la persona o animal
que va huyendo con ánimo de alcanzarle. ‖
Molestar, fatigar, hostigar: *me persigue con
sus quejas.* ‖ Solicitar o pretender con frecuencia: *persigue un traslado.* ‖ Acompañar a alguien algo negativo o molesto: *le persigue la
mala suerte.* ‖ En der., proceder judicialmente,
castigar: *perseguir el crimen.* ✦ **Irreg.** Se conj.
como *decir.* ‖ **FAM.** persecución, persecuto-
rio, perseguible, perseguidor.

perseverar intr. Continuar con constancia
lo que se ha empezado. ‖ Durar permanentemente o por largo tiempo. ‖ **FAM.** perseverancia, perseverante, perseverantemente.

persiana f. Especie de celosía que se coloca
en las ventanas y está formada por tablillas o
láminas fijas o movibles, dispuestas de diversas formas, y que permite graduar el paso de
la luz. ‖ **FAM.** persianista.

persignar tr. Hacer la señal de la cruz, especialmente cuando se hace tres veces, una en
la frente, otra en la boca y otra en el pecho.
También prnl.

persistir intr. Mantenerse firme o constante
en una cosa. ‖ Durar por largo tiempo: *persis-
te la sequía.* ‖ **FAM.** persistencia, persistente.

persona f. Individuo de la especie humana.
‖ Hombre o mujer cuyo nombre se ignora o

se omite: *había varias personas esperando.* ‖ En
der., sujeto de derecho. ‖ En ling., accidente gramatical que consiste en las distintas inflexiones
verbales que denotan si el sujeto de la oración
es el que habla (primera persona), aquel a
quien se habla (segunda persona) o aquel de
quien se habla (tercera persona). ‖ **persona física** Cualquier individuo con derechos y obligaciones. ‖ **en persona** loc. adv. Por uno mismo
o estando presente. ‖ **FAM.** personaje, personal, personalidad, personalismo, personalizar,
personarse, personificar, personilla.

personaje m. Persona ilustre, sobresaliente
en cualquier actividad. ‖ Cada uno de los seres
que toman parte en la acción de una obra literaria, teatral, cinematográfica, etc.

personal adj. Relativo a la persona o propio
o particular de ella. ‖ De una o para una sola
persona: *correspondencia personal.* ‖ En ling.,
que hace referencia o tiene relación con las
personas gramaticales. ‖ m. Conjunto de personas que trabajan en un mismo organismo,
dependencia, fábrica, taller, etc. ‖ f. En baloncesto, falta que comete un jugador al tocar o
empujar a otro del equipo contrario para impedir una jugada, y sanción correspondiente.
‖ **FAM.** personalmente.

personalidad f. Diferencia individual que
distingue a una persona de otra. ‖ Cualidad de
las personas que tienen muy marcada dicha
diferencia: *tu amigo tiene mucha personalidad.*
‖ Persona que destaca en una actividad o ambiente: *al acto asistieron varias personalidades.*

personalismo m. Adhesión a una persona
o a las tendencias que ella representa, especialmente en política. ‖ Tendencia a subordinar el interés común a miras personales. ‖
FAM. personalista.

personarse prnl. Presentarse personalmente en un lugar. ‖ En der., comparecer como
parte interesada en un juicio o pleito. ‖ **FAM.**
personación.

personificar tr. Atribuir vida o acciones y
cualidades propias del hombre a los animales
o a las cosas inanimadas o abstractas. ‖ Representar en una persona, o representar ella
misma, una cualidad, opinión, sistema, etc.:
Lutero personifica la Reforma. ‖ **FAM.** personificación.

perspectiva f. Técnica de representar en
una superficie plana los objetos, en la forma
y disposición con que aparecen a la vista, dando sensación de profundidad y volumen. ‖
Obra o representación ejecutada con esta técnica. ‖ Conjunto de objetos lejanos que se presentan a la vista del espectador. ‖ Posible desarrollo que puede preverse en algo. Más en
pl.: *las perspectivas de este negocio son mag-*

níficas. ! Punto de vista: *la obra puede analizarse desde distintas perspectivas.*

perspicacia f. Capacidad para entender las cosas con claridad y rapidez. ‖ Agudeza de la vista. ‖ **FAM.** perspicaz.

persuadir tr. Convencer a alguien para que haga o deje de hacer algo. También prnl. ‖ **FAM.** persuadidor, persuasión, persuasiva, persuasivo, persuasor, persuasorio.

pertenecer intr. Ser propia de uno una cosa, ser de su propiedad. ‖ Ser parte integrante de algo: *esas piezas pertenecen al puzzle.* ‖ Ser una cosa del cargo, ministerio u obligación de alguien: *esos asuntos no pertenecen a esta sección.* ♦ **Irreg.** Se conj. como *agradecer.* ‖ **FAM.** perteneciente, pertenencia, pertinente.

pertenencia f. Derecho a la propiedad de una cosa. ‖ Cosa que pertenece a alguien determinado. Más en pl.: *antes de marcharse recogió sus pertenencias.*

pértiga f. Vara larga. ‖ Vara larga para practicar el deporte del salto de altura. ‖ Tubo largo con un micrófono en su extremo, que se usa en cine y televisión.

pertinacia f. Obstinación, terquedad. ‖ Persistencia, duración.

pertinaz adj. Obstinado, terco. ‖ Duradero: *las pertinaces lluvias.* ‖ **FAM.** pertinacia, pertinazmente.

pertinente adj. Que pertenece o se refiere a una cosa. ‖ Se dice de lo que viene a propósito, procede: *para solicitarlo debe rellenar las instancias pertinentes.* ‖ En ling., se dice de los rasgos que sirven para distinguir un elemento de otro. ‖ **FAM.** pertinencia.

pertrechos m. pl. Municiones, armas y demás instrumentos, máquinas, etc., necesarios para los soldados y la defensa de las fortificaciones. También sing. ‖ P. ext., instrumentos necesarios para cualquier operación. ‖ **FAM.** pertrechar.

perturbar tr. Trastornar el orden y el estado de las cosas. También prnl.: *su retraso perturbó el programa.* ‖ Quitar la paz o tranquilidad a alguien. ‖ Hacer perder el juicio a una persona. También prnl. ‖ **FAM.** perturbable, perturbación, perturbado, perturbador.

perversión f. Acción y efecto de pervertir. ‖ Corrupción: *perversión de costumbres.*

pervertir tr. Hacer malo a alguien o algo, o que vayan contra la moral: *pervertir a un menor.* También prnl. ♦ **Irreg.** Se conjuga como *sentir.* ‖ **FAM.** perversamente, perversidad, perversión, perverso, pervertidor.

pervivir intr. Seguir viviendo, permanecer: *aún perviven antiguas costumbres.* ‖ **FAM.** pervivencia.

pesa f. Pieza de determinado peso que sirve para pesar. ‖ Pieza de peso suficiente que se emplea para dar movimiento a ciertos relojes, de contrapeso para subir o bajar lámparas, etc. ‖ Pieza de diferentes pesos que se utiliza para ejercitar los músculos. Más en pl.

pesadez f. Cualidad de pesado. ‖ Cosa que resulta pesada, aburrida y molesta. ‖ Sensación de cargazón que se experimenta, p. ej., en alguna parte del cuerpo: *pesadez de estómago.*

pesadilla f. Sueño que produce angustia y temor. ‖ Preocupación grave y continua: *su situación laboral es una pesadilla.*

pesado, da adj. Que pesa mucho. ‖ Referido al sueño, profundo. ‖ Cargado: *cabeza pesada.* ‖ Muy lento o poco ágil: *un andar pesado.* ‖ Molesto, aburrido o impertinente: *una tarea pesada.* ‖ Ofensivo, sensible: *una broma pesada.* ‖ **FAM.** pesadamente, pesadez, pesadilla.

pesadumbre f. Sentimiento de tristeza, disgusto o desazón.

pésame m. Expresión con que se manifiesta a alguien el sentimiento que se tiene de su pena o aflicción, especialmente por la muerte de una persona.

pesar m. Tristeza, pena. ‖ Dicho o hecho que causa este sentimiento. ‖ **a pesar** o **a pesar de** conj. conc. Contra la voluntad de otro y, p. ext., contra la fuerza o resistencia de las cosas: *lo haré a pesar tuyo.* ‖ **FAM.** pesaroso.

pesar intr. Tener determinado peso: *la máquina pesa ochenta kilos.* ‖ Tener mucho peso: *ayúdame, la maleta pesa.* ‖ Sentir dolor o arrepentimiento por algo: *le pesó habernos hablado tan duramente.* ‖ tr. Determinar el peso. ‖ Examinar con atención las razones de una cosa para hacer juicio de ella. ‖ **FAM.** pesacartas, pesada, pesado, pesador, pesadumbre, pesaje, pésame, pesar, peso.

pesca f. Acción y efecto de pescar. ‖ Oficio de pescar. ‖ Lo que se pesca. ‖ **FAM.** pescadería, pescadero, pescadilla, pesquería, pesquero.

pescadería f. Sitio, tienda o puesto donde se vende pescado.

pescadilla f. Cría de la merluza.

pescado m. Pez sacado del agua por medio de la pesca y considerado como alimento.

pescante m. Pieza saliente para colgar algo en la pared. ‖ Brazo de una grúa. ‖ En los coches de caballos, asiento del cochero. ‖ En los teatros, tramoya para hacer bajar o subir en el escenario personas o figuras.

pescar tr. Sacar del agua peces o animales útiles al hombre. ‖ Sacar del agua alguna otra cosa: *pescar un ancla.* ‖ Contraer una enfermedad o coger otra cosa, como una borrachera. | Coger, agarrar: *le pescó por un brazo.* | Sorprender a alguien haciendo algo malo o que no quería que se supiera: *le pescó robando.* | FAM. pesca, pescada, pescado, pescador, pescante.

pescozón m. Golpe que se da con la mano en el pescuezo o en la cabeza.

pescuezo m. Parte posterior del cuello. | FAM. pescozón.

pesebre m. Especie de cajón donde comen los animales. | Sitio destinado para este fin. | Belén, nacimiento.

peseta f. Unidad monetaria de España. | Dinero, riqueza. Más en pl.: *hacer unas pesetas.* | FAM. pesetero.

pesetero, ra adj. Tacaño, avaricioso. También s.

pesimismo m. Tendencia a ver las cosas en su aspecto más desfavorable. | FAM. pesimista.

pésimo, ma adj. superl. Muy malo. | FAM. pésimamente, pesimismo.

peso m. Fuerza con que atrae la Tierra o cualquier otro cuerpo celeste a un cuerpo. | El que por ley o convenio debe tener una cosa: *pan falto de peso.* | Cosa pesada: *no le conviene levantar pesos.* | Utensilio para pesar personas u objetos. | El que arroja en la báscula cada boxeador antes de un combate y con arreglo al cual se le clasifica en la categoría que le corresponde. | Cada una de estas categorías: *peso pluma.* | Antigua moneda de plata española que tuvo diversos valores. | Unidad monetaria de Argentina, Bolivia, Colombia, Cuba, México, República Dominicana, Chile y otros países. | Importancia o influencia de una cosa: *tiene mucho peso en la empresa.* | Carga, preocupación o disgusto: *me quitas un peso de encima.* | Bola metálica que se lanza en ciertas pruebas atléticas. | **peso bruto** El total, incluida la tara. | **peso neto** El que resta del peso bruto deducida la tara. | **caerse** una cosa **de, o por, su (propio) peso** loc. Expresa que es cierta y evidente. | FAM. pesa, peseta.

pespunte m. Cierta costura, con puntadas unidas, que se hace volviendo la aguja hacia atrás después de cada punto, para meter la hebra en el mismo sitio por donde pasó antes. | FAM. pespuntear.

pesquero, ra adj. Perteneciente o relativo a la pesca. | m. Barco de pesca.

pesquisa f. Información o indagación. | FAM. pesquis.

pestaña f. Cada uno de los pelos que hay en los bordes de los párpados para defensa de los ojos. | Parte saliente y estrecha en el borde de alguna cosa. | **quemarse las pestañas** loc. Es-

forzarse mucho al estudiar, leer, etc. | FAM. pestañear.

pestañear intr. Mover los párpados. | Tener vida. | FAM. pestañeo.

peste f. Enfermedad contagiosa y grave, que produce muchas víctimas. | Mal olor. | Cualquier cosa mala o molesta. | Excesiva abundancia de cosas consideradas negativas: *el paro es una peste.* | pl. Palabras de enojo o amenaza: *echar pestes.* | **decir** o **hablar pestes** de una persona loc. Hablar mal de ella. | FAM. pesticida, pestífero, pestilencia, pestilente.

pestillo m. Pasador con que se asegura una puerta. | Pieza prismática que sale de la cerradura por la acción de la llave o a impulso de un muelle y entra en el cerradero. | P. ext., nombre dado a algunos cerrojos.

pestiño m. Porción de masa de harina y huevos batidos, que después de frita en aceite, se baña con miel.

petaca f. Estuche para llevar cigarros o tabaco picado. | Arca o baúl de cuero, usado en América.

pétalo m. Cada una de las piezas que forman la corola de la flor, generalmente de colores vistosos.

petanca f. Juego en que cada jugador tira una serie de bolas, intentado acercarse a una más pequeña que se ha tirado anteriormente.

petardo m. Tubo de cualquier materia no muy resistente que se rellena de pólvora u otro explosivo y se liga y ataca convenientemente para que, al darle fuego, se produzca una detonación considerable. | Persona o cosa pesada y aburrida: *¡vaya petardo de película!* | FAM. petardear.

petate m. Bolsa grande que se cuelga al hombro, para llevar ropa y otras cosas. | Lío de la cama, y la ropa de cada marinero, soldado en el cuartel y penado en su prisión. | Esterilla de palma.

petenera f. Canción popular parecida a la malagueña con que se cantan coplas de cuatro versos octosílabos. | **salir por peteneras** loc. Decir algo que no tiene nada que ver con lo anterior.

petición f. Acción de pedir. | Cosa que se pide. | En der., escrito que se presenta ante el juez. | FAM. peticionar, peticionario, petitorio.

petimetre, tra m. y f. Persona que cuida demasiado de su compostura y de seguir las modas.

petirrojo m. Pájaro de la familia de los muscicápidos, de unos 15 cm de longitud, con el cuerpo rechoncho, plumaje pardo en el dorso y rojo en el cuello, frente, garganta y pecho; habita en Europa, Asia y África.

petisú m. Pastelillo hueco relleno de crema.

peto m. Parte superior de algunas prendas de vestir que cubren el pecho. ‖ Prenda que lleva esta pieza. ‖ Protección que llevan los caballos de los picadores. ‖ Armadura del pecho. ‖ **FAM.** petirrojo.

petrel m. Ave palmípeda de entre 15 y 90 cm de longitud, según las especies, con el cuerpo robusto y largas alas; es común en todos los mares del hemisferio austral.

pétreo, a adj. De piedra. ‖ Pedregoso. ‖ De características semejantes a las de la piedra: *un rostro pétreo.*

petrificar tr. Convertir en piedra. También prnl. ‖ Dejar inmóvil de asombro. ‖ **FAM.** petrificación, petrificante.

petrodólar m. Reserva de dólares acumulada por los países productores de petróleo, especialmente los árabes.

petroglifo m. Grabado sobre roca propio de los pueblos prehistóricos de época neolítica.

petrografía f. En geol., estudio de la composición, estructura y clasificación de las rocas. ‖ **FAM.** petrográfico, petrógrafo.

petróleo m. Líquido natural oleaginoso e inflamable, constituido por una mezcla de hidrocarburos, que se extrae de lechos geológicos continentales y marítimos. ‖ **FAM.** petrodólar, petrolear, petrolero, petrolífero, petroquímico.

petrolero, ra adj. Relativo al petróleo: *industria petrolera.* ‖ m y f. Persona que vende petróleo al por menor. ‖ m. Barco especialmente acondicionado para el transporte de petróleo.

petrolífero, ra adj. Que contiene petróleo.

petroquímica f. Rama moderna de la química, que estudia la obtención de productos sintéticos a partir del petróleo.

petulancia f. Insolencia, descaro. ‖ Presunción, arrogancia. ‖ **FAM.** petulante, petulantemente.

petunia f. Planta herbácea originaria de América del Sur, de la familia de las solanáceas, de entre 40 y 200 cm de altura, muy ramosa, con las hojas aovadas y enteras y las flores grandes y en forma de embudo, olorosas y de diversos colores obtenidos por hibridación.

peyote m. Planta cactácea de entre 15 y 20 cm de altura, con tallo cilíndrico, sin púas y con flores de color rosa; de ella se extrae el alcaloide llamado *mezcalina*, usado como droga alucinógena.

pez m. Animal vertebrado acuático de respi-

ración branquial y temperatura variable, con extremidades en forma de aletas aptas para la natación y piel cubierta por lo común de escamas; se reproduce por huevos. ‖ pl. Clase de los peces. ‖ **FAM.** pecera, peje, pescar, piscicultura, pisciforme, piscina, piscívoro.

pez f. Sustancia resinosa, sólida, que se obtiene de la destilación del alquitrán. ‖ **FAM.** pecina.

pezón m. Botoncillo que sobresale en los pechos de las hembras de los mamíferos. ‖ Ramita que sostiene la hoja, la inflorescencia o el fruto en las plantas. ‖ Extremo o cabo de algunas cosas. ‖ **FAM.** pezonera.

pezuña f. Conjunto de los dedos de una misma pata en los animales de pata hendida.

pH Símbolo convencional que expresa el número de iones de hidrógeno libres, entre 1 y 14, en una solución.

pi f. Decimosexta letra del alfabeto griego; corresponde a nuestra *p.* ♦ Su grafía mayúscula es Π y la minúscula π. ‖ En mat., símbolo del número que resulta de la razón entre la longitud de una circunferencia y su diámetro.

piadoso, sa adj. Que actúa con piedad, bondadoso y compasivo. ‖ Se dice de las cosas que mueven a compasión. ‖ Religioso, devoto. ‖ **FAM.** piadosamente.

piafar intr. Alzar el caballo primero una mano y después otra, dejándolas caer con fuerza.

piamadre f. La más interna de las tres meninges que envuelven el sistema nervioso central de los mamíferos, adherida a la superficie del encéfalo y la médula espinal.

piano m. Instrumento musical de cuerda percutida, cuya caja de resonancia contiene una serie de cuerdas, de diferente longitud y diámetro, que son golpeadas por macillos accionados por resortes articulados con el teclado, y producen sonidos claros y vibrantes. ‖ adv. m. Con sonido suave y poco intenso: *tocar piano.* ‖ **FAM.** pianista, pianoforte, pianola.

pianola f. Mueble y aparato que se acopla al piano y sirve para ejecutar mecánicamente las piezas impresionadas a base de perforaciones en un rollo de papel. ‖ Aparato que ejecuta estas piezas de manera independiente.

piar intr. Emitir algunas aves, y especialmente el pollo, su sonido característico. ‖ **FAM.** piada, piador, piante.

piara f. Manada de cerdos y, p. ext., la de yeguas, mulas, etc.

piastra f. Moneda fraccionaria usada en varios países (Egipto, Siria, Turquía, etc.). ‖ Unidad monetaria de Vietnam.

pibe, ba m. y f. *amer.* Muchacho. ‖ **FAM.** pebete.

pica f. Especie de lanza larga, compuesta de un asta con un hierro pequeño y agudo en el extremo superior. ‖ Garrocha del picador de toros. ‖ Uno de los palos de la baraja francesa. Más en pl. ‖ Martillo para labrar piedra. ‖ FAM. picazo.

picadero m. Lugar donde se adiestra a los caballos y se aprende a montar.

picadillo m. Guisado que se hace friendo carne picada, tocino y otros ingredientes y especias. ‖ Lomo de cerdo para hacer chorizos.

picador, ra m. y f. Persona que doma y adiestra caballos. ‖ m. En la fiesta de los toros, torero que montado a caballo pica con garrocha a los toros. ‖ Minero que arranca el mineral por medio del pico. ‖ f. Máquina para picar alimentos.

picadura f. Acción y efecto de picar. ‖ Mordedura de un ave, un insecto o ciertos reptiles. ‖ Tabaco picado para fumar. ‖ Principio de caries en la dentadura. ‖ Agujeros, grietas, etc., producidos por la herrumbre en una superficie metálica.

picajoso, sa adj. Que se pica o se ofende fácilmente. También s.

picante adj. Que pica en el paladar. También m.: *le sienta mal el picante*. ‖ Malicioso o atrevido en lo que respecta a temas sexuales: *un chiste picante*.

picapleitos com. En sentido despectivo, abogado. ♦ No varía en pl.

picaporte m. Instrumento para cerrar de golpe las puertas y ventanas. ‖ Llamador, aldaba. ‖ Manilla de puertas y ventanas.

picar tr. Pinchar superficialmente. También prnl. ‖ Punzar o morder las aves, los insectos y ciertos reptiles. ‖ Dividir en trozos menudos: *picar carne*. ‖ Morder el pez el cebo. ‖ Herir el picador al toro en el morrillo con la garrocha. ‖ En los transportes públicos, taladrar un billete, bono, etc., para indicar que se ha utilizado. ‖ Golpear con pico, piqueta, etc., una superficie dura; p. ej., piedra o ladrillo. ‖ Espolear una cabalgadura. ‖ Corroer, horadar un metal por efecto de la oxidación. También prnl. ‖ Enojar o provocar. También prnl.: *se picó porque no le llamaste*. ‖ Desazonar, inquietar: *le pica la curiosidad*. ‖ intr. Sentir picor o escozor en alguna parte del cuerpo: *me pica la garganta*. ‖ Excitar el paladar ciertas cosas: *este pimiento pica*. ‖ Tomar pequeñas cantidades de diferentes alimentos o comer entre horas. ‖ Caer en un engaño. ‖ Descender rápidamente hacia la tierra un ave o un avión. ‖ prnl. Dañarse una cosa por diversas causas: *picarse el vino*. También tr. ‖ Cariarse un diente. También tr. ‖ Agitarse la superficie del mar. ‖ Inyectarse alguna droga. ‖ FAM. pica, picadero, picadillo, picado, picador, picadura, picaflor, picajón, picajoso, picamaderos, picana, picante, picapedrero, picapica, picapleitos, picaposte, picazón, pico, picón, picor, pique, piquera, piqueta, piquete.

picardía f. Astucia o habilidad en la que hay cierta malicia. ‖ Gracia maliciosa, especialmente en lo relacionado con lo sexual. ‖ Dicho o acción en que se manifiesta. ‖ Travesura de niños. ‖ pl. Prenda femenina formada por un conjunto de camisón muy corto y bragas. ‖ FAM. picardear.

picaresco, ca adj. Perteneciente o relativo a los pícaros. ‖ f. Reunión de pícaros. ‖ Actividad de los pícaros. ‖ **novela picaresca** Género de novela española que narra en forma autobiográfica y con intención crítica las aventuras de un pícaro o antihéroe. ‖ FAM. picarescamente.

pícaro, ra adj. Que tiene picardía. También s. ‖ m. y f. Tipo de persona astuta, procedente de los bajos fondos y que vive de engaños y acciones semejantes, que figura en obras del género de la novela picaresca y de otros de la literatura española. ‖ FAM. pícaramente, picardía, picaresco, picarón.

picatoste m. Rebanada de pan tostada o frita.

picaza f. Urraca.

picha f. vulg. Pene.

pichi m. Vestido sin mangas que se lleva encima de una blusa o jersey.

pichón m. Pollo de paloma. ‖ Se usa como apelativo cariñoso.

picnic (voz i.) m. Comida campestre, al aire libre.

pícnico, ca adj. Se dice de un tipo morfológico humano de constitución corpulenta y rechoncha.

pico m. Parte saliente de la cabeza de las aves, compuesta de dos piezas córneas que terminan generalmente en punta y les sirven para tomar el alimento. ‖ Parte puntiaguda que sobresale de algunas cosas: *el pico de una mesa*. ‖ Herramienta puntiaguda para picar o cavar. ‖ Cúspide aguda de una montaña. ‖ Montaña de cumbre puntiaguda. ‖ Parte en que una cantidad excede a un número redondo: *le costó cinco mil y pico*. ‖ Cantidad indeterminada de dinero, generalmente abundante: *eso te saldrá por un pico*. ‖ Facilidad de palabra: *qué pico tiene este chico*. ‖ Pinza de las patas delanteras de los crustáceos. ‖ Órgano chupador de los hemípteros. ‖ En el lenguaje de la droga, dosis que se inyecta. ‖ FAM. picotada, picotazo, picotear, picudo.

picor m. Sensación de desazón en alguna parte del cuerpo. ‖ Escozor en el paladar por haber comido alguna cosa picante.

picota f. Antiguamente, columna de piedra o ladrillo que había a la entrada de algunos lugares y donde se exponían las cabezas de los ajusticiados, o los reos, a la vergüenza pública. ‖ Parte superior de una torre o montaña. ‖ Especie de cereza muy oscura y carnosa.

picotear tr. Golpear las aves con el pico. ‖ Picar, comer poco de distintos alimentos. También intr. ‖ FAM. picoteo.

pictografía f. Tipo de escritura por medio de signos gráficos que no representan sonidos, sino objetos. ‖ FAM. pictográfico.

pictograma m. Signo de la escritura de figuras o símbolos, ideograma.

pictórico, ca adj. Perteneciente o relativo a la pintura: *técnicas pictóricas.* ‖ FAM. pictografía, pictograma.

pidgin (voz i.) m. Lengua consistente en una mezcla de diferentes lenguas; p. ej., la que surgió en el Extremo Oriente como lenguaje comercial entre el chino y el inglés.

pídola f. Juego de niños que consiste en ir saltando por encima de uno que está agachado.

pie m. Extremidad de los miembros inferiores del hombre y de muchos animales, que les permite andar. ‖ En las medias, botas, etc., parte que cubre esta extremidad. ‖ Base o parte inferior de algunas cosas: *el pie de una columna.* ‖ Parte final de un escrito y espacio en blanco que queda en la parte inferior del papel: *el pie de la carta.* ‖ Comentario breve que aparece debajo de un grabado, dibujo, fotografía, etc. ‖ Tallo y tronco de las plantas. ‖ Parte de dos, tres o más sílabas con que se miden los versos en aquellas poesías que atienden a la cantidad, como la griega o la latina. ‖ Metro para versificar en la poesía castellana. ‖ Medida de longitud en varios países; en Castilla equivale, aproximadamente, a 28 cm. ‖ Parte opuesta a la cabecera de algo: *los pies de la cama.* ‖ Ocasión o motivo para algo: *dar pie a las murmuraciones.* ‖ **al pie de la letra** loc. adv. Literalmente. ‖ **a pie juntillas** loc. adv. Firmemente: *creer algo a pie juntillas.* ‖ **hacer** una cosa **con los pies** loc. Hacerla mal, sin haberla pensado antes. ‖ **no dar pie con bola** loc. No acertar. ‖ FAM. peaje, peal, peana, peatón, pedal, pedestre, pedicuro, pezuña, puntapié.

piedad f. Fervor y fe religiosos. ‖ Compasión hacia los demás. ‖ Representación en pintura o escultura de la Virgen mientras sostiene el cadáver de su Hijo descendido de la cruz.

piedra f. Sustancia mineral, más o menos dura y compacta, que no es terrosa ni de aspecto metálico. ‖ Cálculo de la orina. ‖ Granizo grueso. ‖ Material que se usa en los mecheros para producir la chispa. ‖ **no ser alguien de piedra** loc. No ser insensible. ‖ **tirar** uno **piedras sobre su propio tejado** loc. Conducirse de modo perjudicial a sus intereses. ‖ FAM. pedernal, pedrada, pedrea, pedregal, pedregoso, pedregullo, pedrera, pedrería, pedrisco, pedrusco, pétreo, petrificar, petrogénesis, petroglifo, petrografía, petróleo, petrología.

piel f. Tegumento externo que cubre y protege el cuerpo del hombre y de los animales. ‖ Cuero curtido. ‖ Cuero curtido de modo que se conserve por fuera su pelo natural: *abrigo de piel.* ‖ Epicarpio de ciertos frutos, como ciruelas, peras, etc. ‖ **piel roja** Indio indígena de América del Norte. ‖ FAM. pelagra, peletería, pellejo, pellica, pellico, pelliza, pellón.

piélago m. Parte del mar muy alejada de la tierra, y p. ext., mar, océano. ‖ FAM. pelágico, pelagoscopio.

pienso m. Alimento seco que se da al ganado. ‖ En general, cualquier alimento para el ganado.

pierna f. En las personas, parte del miembro inferior comprendida entre la rodilla y el pie. ‖ P. ext., todo el miembro inferior. ‖ Muslo de los cuadrúpedos y las aves. ‖ FAM. pernada, pernear, pernera, pernil, pernio, perniquebrar, perno.

pieza f. Pedazo de algo o elemento que forma parte de una cosa y tiene una función determinada: *las piezas de un motor.* ‖ Cada unidad de ciertas cosas que pertenecen a una misma especie: *¿cuánto vale la pieza de pan?* ‖ Moneda de metal. ‖ Cualquier sala o habitación de una casa. ‖ Animal de caza o pesca. ‖ Ficha o figura que sirve para jugar a las damas, ajedrez u otros juegos. ‖ Obra dramática, y con particularidad, la que no tiene más que un acto. ‖ Composición suelta de música vocal o instrumental. ‖ Porción de tejido que se fabrica de una vez. ‖ Se usa como calificativo despectivo: *su marido es una buena pieza.* ‖ **de una pieza** loc. adv. Sorprendido o admirado; se usa con verbos como *dejar* y *quedar* o *quedarse.*

piezoelectricidad f. Conjunto de fenómenos eléctricos que se manifiestan en algunos cuerpos sometidos a presión u otra acción mecánica. ‖ FAM. piezoeléctrico.

pífano m. Flautín de tono muy agudo, usado en las bandas militares. ‖ Persona que toca este instrumento.

pifia f. Golpe falso que se da con el taco en la bola de billar. ‖ Error, descuido, paso o dicho desacertado. ‖ FAM. pifiar.

pigmentar tr. Colorar, dar color a algo. ‖ Producir coloración anormal y prolongada en la piel y otros tejidos, por diversas causas. También prnl. ‖ **FAM.** pigmentación.

pigmento m. Materia colorante que, disuelta o en forma de gránulos, se encuentra en el protoplasma de muchas células vegetales o animales. ‖ **FAM.** pigmentar, pigmentario.

pigmeo, a adj. Se dice de un conjunto de pueblos negros de África y Asia, de baja estatura y cabello crespo. ‖ Se aplica a los miembros de estos pueblos. También s.

pignorar tr. Dejar en prenda una cosa, empeñarla. ‖ **FAM.** pignoración, pignoraticio.

pijada f. Cosa insignificante. ‖ Dicho o hecho inoportuno, impertinente o molesto.

pijama m. Prenda ligera para dormir, compuesta de chaqueta o blusa y pantalón. En algunos países de América, también f.

pijo, ja m. y f. Joven, generalmente de posición social elevada, que sigue la última moda y tiene unos modales y una forma de hablar afectados y muy característicos. También adj. ‖ m. o f. vulg. Pene, miembro viril. ‖ **FAM.** pijada, pijerío, pijez, pijotada, pijotería.

pijota f. Cría de la merluza, pescadilla.

pila f. Montón o cúmulo que se hace poniendo una sobre otra las piezas o porciones de que consta algo. ‖ **FAM.** pilada, pilar, pilastra, pilón, pilote.

pila f. Pieza grande de piedra u otra materia, cóncava y profunda, donde cae o se echa el agua para varios usos. ‖ Pieza de piedra, cóncava, con pedestal, que hay en las iglesias parroquiales para administrar el sacramento del bautismo. ‖ Generador de corriente eléctrica que transforma energía química en eléctrica. ‖ **FAM.** pilada, pileta, pilón.

pilar m. Elemento arquitectónico de soporte, por lo común exento, de sección poligonal o circular. ‖ Persona o cosa que sirve de base o fundamento para algo: *los pilares de la ciencia.*

pilastra f. Elemento arquitectónico adosado al muro, de sección rectangular o poligonal, con función por lo común de soporte.

píldora f. Porción de medicamento que se presenta en piezas de forma más o menos redondeada. ‖ Anovulatorio con esa presentación. ‖ **dorar la píldora** loc. Suavizar una mala noticia o la contrariedad que se le causa a alguien. ‖ Adular.

pileta f. *amer.* Pila de cocina o de lavar. ‖ *amer.* Abrevadero.

pillaje m. Hurto, rapiña.

pillar tr. Coger, agarrar o aprehender a una persona o cosa. ‖ Atropellar o embestir: *le pilló un coche.* ‖ Atrapar o quedar atrapado entre algo: *me pillé el dedo con la puerta.* ‖ Sorprender a alguien en un engaño o haciendo algo: *le pillaron robando.* ‖ Contraer una enfermedad o llegar a tener algo: *pillar un catarro.* ‖ Hallar o encontrar a uno en determinada situación, temple, etc.: *me pillas de buen humor.* ‖ Hallarse o encontrarse un lugar en determinada situación o a cierta distancia con respecto a una persona o cosa: *tu casa me pilla de camino.* También intr. ‖ Robar una cosa o hacerse con algo: *pillar droga.* ‖ **FAM.** pillo.

pillería f. Pillada, acción propia de un pillo.

pillo, lla adj. Astuto, pícaro. También s. ‖ **FAM.** pillada, pillaje, pillastre, pillería, pillín, pilluelo.

pilón m. Pila grande. ‖ Receptáculo de piedra que se construye en las fuentes para que, cayendo el agua en él, sirva de abrevadero, de lavadero o para otros usos.

píloro m. Abertura inferior del estómago, válvula que comunica éste con los intestinos, a través de la cual pasan los alimentos tras la digestión. ‖ **FAM.** pilórico.

piloso, sa adj. De mucho pelo. ‖ **FAM.** pilosidad.

pilotaje m. Acción y efecto de pilotar. ‖ Ciencia que enseña el oficio de piloto. ‖ Cierto derecho que pagan las embarcaciones en algunos puertos y entradas de ríos en que se necesitan pilotos prácticos.

pilotar tr. Dirigir un buque, especialmente a la entrada o salida de puertos, barras, etc. ‖ Dirigir un automóvil, globo, avión, etc. ‖ **FAM.** pilotaje.

pilote m. Pieza a modo de estaca que se hinca en el terreno para soportar una carga o para hacer que el terreno en que se clava sea más compacto.

piloto m. Persona que dirige un buque, un avión u otro vehículo. ‖ El segundo de un buque mercante. ‖ Avisador o indicador, generalmente luminoso. ‖ Construido en aposición, indica que la cosa designada por el nombre que le precede funciona como modelo o con carácter experimental: *piso piloto.* ‖ **piloto automático** Dispositivo que sustituye al piloto en el gobierno de una aeronave. ‖ **FAM.** pilotar.

piltra f. Cama.

piltrafa f. Parte de carne flaca, que casi no tiene más que el pellejo. ‖ Persona o cosa en muy mal estado. ‖ P. ext., residuos de alimentos o desechos de otras cosas.

pimentero m. Planta arbustiva trepadora de flores verdosas y fruto en baya, denominado pimienta y usado como condimento; se cultiva en regiones de clima cálido. ‖ Recipiente donde se guarda la pimienta molida.

pimentón m. Polvo que se obtiene moliendo pimientos encarnados secos. ‖ En algunas partes, pimiento, fruto. ‖ **FAM.** pimentonero.

pimienta f. Fruto del pimentero, que contiene una semilla esférica, de gusto picante, aromática y muy usada como condimento. ‖ **FAM.** pimentero, pimiento.

pimiento m. Planta herbácea con flores blancas y cuyo fruto es en baya hueca, muy variable en forma y tamaño, pero generalmente cónico, terso en la superficie, primeramente verde, y después rojo o amarillo. ‖ Fruto de esta planta, muy usado como alimento. ‖ Arbusto de la pimienta, pimentero. ‖ **pimiento morrón** Variedad que se diferencia en ser más grueso y dulce. ‖ **FAM.** pimental, pimentón.

pimpante adj. Ufano, satisfecho. ‖ Insensible o poco afectado por algo: *después de la regañina se quedó tan pimpante.*

pimpinela f. Planta herbácea de las rosáceas, de entre 40 y 120 cm de altura, con flores de color púrpura; sus hojas pueden comerse en ensalada.

pimplar tr. Beber, especialmente alcohol. También prnl. ‖ **FAM.** pimple.

pimpollo m. Vástago o tallo nuevo de las plantas. ‖ **FAM.** pimpollada, pimpollar.

pimpón m. Juego semejante al tenis, que se juega sobre una mesa con pelota pequeña y ligera y con palas pequeñas a modo de raquetas.

pinacle m. Juego de cartas de origen inglés en el que hay dos comodines.

pinacoteca f. Galería o museo de pinturas.

pináculo m. Parte más alta de un edificio monumental o templo. ‖ Adorno arquitéctonico en forma de cono o pirámide. ‖ Parte más sublime o importante de algo inmaterial.

pincel m. Instrumento para pintar que consiste en un conjunto de pelos sujetos a un mango. ‖ Modo de pintar: *ese artista tiene un pincel suelto.* ‖ **FAM.** pincelada.

pincelada f. Trazo que en algo una cosa con el pincel. ‖ Rasgo, aspecto o característica: *en la novela aparecen pinceladas costumbristas.*

pinchadiscos com. Persona encargada del equipo de sonido de una discoteca y de la selección de las piezas. ♦ No varía en pl.

pinchar tr. Clavar en algo una cosa punzante. También prnl. ‖ Poner inyecciones. ‖ Estimular. ‖ Enojar. ‖ intr. Sufrir un vehículo un pinchazo en una rueda: *hemos pinchado en el kilómetro 30.* ‖ prnl. Inyectarse droga. ‖ **FAM.** pinchadiscos, pinchadura, pinchaúvas, pinchazo, pinche, pincho.

pinchaúvas m. Hombre despreciable. ♦ No varía en pl.

pinchazo m. Herida, agujero, etc., que se produce al pinchar o pincharse alguien o algo. ‖ Agujero que causa en un neumático, balón, etc., pérdida de aire. ‖ Dolor agudo y repentino.

pinche com. Persona que presta servicios auxiliares en la cocina.

pincho m. Aguijón o punta aguda de cualquier materia. ‖ Varilla de metal, con mango en un extremo y punta a veces dentada en el otro. ‖ Porción de comida que se toma como aperitivo y que a veces se atraviesa con un palillo. ‖ **pincho moruno** Varios trozos de carne asada que se presentan ensartados en una varilla metálica o de madera.

pingajo m. Trozo roto que cuelga de la ropa. ‖ **hecho un pingajo** loc. adj. Muy cansado o enfermo.

pingar intr. Pender, colgar: *el vestido le pinga.* ‖ Gotear un cuerpo mojado: *la lluvia le ha puesto pingando.* ‖ **FAM.** pingajo, pingo, pingonear, pingoneo.

ping-pong m. Pimpón.

pingüe adj. Grande, abundante: *pingües beneficios.*

pingüino m. Ave zancuda extinguida a mediados del s. XIX, víctima de la caza masiva, que media entre 90 y 100 cm de longitud, tenía un denso plumaje negro, con el vientre blanco, alas no aptas para el vuelo y patas palmeadas; habitaba en las costas del Atlántico N. ‖ Nombre que se da, p. ext., a otras aves de características similares, como el *pájaro bobo.*

pinito m. Cada uno de los primeros pasos que da el niño o el convaleciente. Más en pl. ‖ pl. Primeros pasos que se dan en algún arte o actividad: *hizo sus pinitos en el circo.*

pinnado, da adj. En bot., se dice de la hoja compuesta de hojuelas insertas a uno y otro lado del pecíolo, como las barbas de una pluma.

pinnípedo, da adj. y m. Se dice de los mamíferos marinos de cuerpo fusiforme y extremidades transformadas en aletas, con respiración pulmonar y piel gruesa con una capa de grasa que les preserva del frío, como p. ej. la foca, ‖ pl. Orden de estos mamíferos.

pino m. Árbol conífero pináceo, de tronco resinoso, alto y recto, hojas en forma de aguja, flores masculinas y femeninas separadas en distintas ramas y fruto en piña, con semillas llamadas piñones. ‖ Madera de este árbol: *mueble de pino.* ‖ **en el quinto pino** loc. adv. Muy lejos. ‖ **hacer el pino** loc. Hacer un ejercicio que consiste en poner el cuerpo verticalmente con los pies hacia arriba, apoyando las manos en el suelo. ‖ **FAM.** pinabete, pinácea, pinada, pinar, pinariego, pineda, pinedo, pinífero, pinillo, pinocha, pinoso, pinsapo, piña, piñón.

pino, na adj. Muy pendiente o muy derecho. ‖ **FAM.** pinito.

pinol m. *amer.* Harina de maíz tostado. ‖ **FAM.** pinolate.

pinolate m. *amer.* Bebida de pinol, agua y azúcar.

pinrel m. Pie de las personas. Más en pl.

pinsapo m. Árbol del género del abeto, de 20 a 25 m de altura, corteza blanquecina, flores monoicas, hojas cortas, esparcidas y casi punzantes, que persisten durante muchos años, y piñas derechas, más gruesas que las del abeto. ‖ **FAM.** pinsapar.

pinta f. Mancha o lunar en la piel o plumaje de un animal, en un tejido, etc. ‖ Carta que se descubre al comienzo de un juego de naipes y que designa el palo de triunfos. ‖ Aspecto exterior de una persona o cosa. ‖ m. Sinvergüenza, desaprensivo. También adj.: *Fulano es un pinta.*

pinta f. Medida de capacidad para líquidos, que varía según el país o región.

pintada f. Letrero o escrito en las paredes, preferentemente de contenido político o social.

pintalabios m. Cosmético usado para colorear los labios que se presenta generalmente en forma de barra guardada en un estuche. ♦ No varía en pl.

pintamonas com. Pintor de mala calidad. ‖ Persona insignificante. ♦ No varía en pl.

pintar tr. Representar algo en una superficie, con las líneas y colores convenientes. ‖ Cubrir con una capa de color una superficie: *pintar las puertas.* ‖ Describir con gran exactitud personas o cosas por medio de la palabra. ‖ intr. En los juegos de naipes, ser un determinado palo de la baraja el de los triunfos: *pintan bastos.* ‖ En frases negativas o interrogativas, importar, significar, valer: *¿qué pintas tú aquí?* ‖ prnl. Maquillarse la cara. ‖ **FAM.** pinta, pintada, pintalabios, pintamonas, pintarrajear, pintarroja, pintiparar, pintor, pintoresco, pintura, pinturero.

pintarrajear tr. Manchar de varios colores y sin cuidado una cosa. ‖ prnl. Pintarse o maquillarse mucho y mal. ‖ **FAM.** pintarrajo.

pintarroja f. Lija, pez.

pintor, ra m. y f. Persona que ejercita el arte de la pintura. ‖ Persona que tiene por oficio pintar puertas, paredes, ventanas, etc.

pintoresco, ca adj. Se dice del paisaje, escena, tipo, etc., que resulta característico y típico de un lugar. ‖ Curioso, atractivo, expresivo. ‖ Estrafalario, chocante.

pintura f. Arte de pintar. ‖ Tabla, lámina o lienzo en que está pintado algo. ‖ La misma obra pintada. ‖ Color preparado para pintar: *pintura acrílica.* ‖ Descripción de alguien o algo.

pinturero, ra adj. Se dice de la persona que presume de guapa, fina y elegante. También s.

pinyin o **pinyin zimu** m. Sistema de transcripción fonética de los caracteres chinos a los caracteres latinos.

pinza f. Instrumento de diversas formas y materias cuyos extremos se aproximan para sujetar algo. ‖ Apéndice prensil de ciertos artrópodos, como el cangrejo, el alacrán, etc. ‖ Pliegue de una tela terminado en punta, que sirve para estrecharla o como adorno. ‖ pl. Instrumento, generalmente de metal, parecido a unas tenacillas, que sirve para coger, sujetar o arrancar cosas menudas. ‖ **FAM.** pinzamiento, pinzar.

pinzón m. Ave paseriforme de unos 15 cm de longitud, que presenta dimorfismo sexual en la coloración del plumaje, más vistosa en los machos, tiene las alas puntiagudas y la cola larga; su canto es armonioso y habita en Eurasia.

piña f. Fruto del pino y otros árboles, de forma ovalada y compuesto por numerosas piezas leñosas, triangulares, colocadas en forma de escama a lo largo de un eje común, cada una con dos piñones. ‖ Ananás, planta. ‖ Conjunto de personas o cosas unidas estrechamente. ‖ *amer.* Trompada, puñetazo. ‖ **FAM.** piñata, piño.

piñata f. Recipiente o figura de papel, llena de dulces y regalos, que ha de romperse con un palo llevando los ojos vendados.

piñón m. Simiente del pino, de tamaño variable. ‖ Almendra blanca, comestible, del pino piñonero. ‖ En las armas de fuego, pieza en que estriba la patilla de la llave cuando está preparada para disparar. ‖ **FAM.** piñonero.

piñón m. Rueda pequeña y dentada que engrana con otra mayor en una máquina.

pío m. Voz que imita la de las crías de cualquier ave. ‖ **FAM.** piar.

pío, a adj. Devoto, inclinado a la piedad. ‖ Misericordioso, compasivo. ‖ **FAM.** piadoso, piedad.

piojo m. Insecto hemíptero anopluro o malófago, de 2 a 6 mm de largo, con el cuerpo aplanado, sin alas y con los órganos de los sentidos muy rudimentarios; pueden transmitir enfermedades infecciosas. ‖ **FAM.** piojoso, pipi.

piolet m. Pico poco pesado que se usa en alpinismo.

piolín m. *amer.* Cordel delgado de cáñamo, algodón u otra fibra.

pión m. Partícula elemental, cuya masa es unas 270 veces la del electrón.

pionero, ra m. y f. Persona que inicia la exploración de nuevas tierras. ǀ Persona que da los primeros pasos en alguna actividad humana. ǀ Grupo de organismos animales o vegetales que inician la colonización de un nuevo territorio.

pipa f. Utensilio para fumar tabaco picado. ǀ Tonel para transportar o guardar vino u otros licores. ǀ Lengüeta de las chirimías, por donde se echa el aire. ǀ **FAM.** pipeta.

pipa f. Semilla de algunos frutos. ǀ Semilla de girasol. ǀ adv. m. Muy bien: *lo pasamos pipa*. ǀ **FAM.** pepita, pipero, pipo.

pipeta f. Tubo de cristal ensanchado en su parte media, que sirve para trasladar pequeñas porciones de líquido de un vaso a otro. ǀ Tubo de varias formas, cuyo orificio superior se tapa a fin de que la presión atmosférica impida la salida del líquido.

pipiolo, la m. y f. Persona principiante, novata o inexperta, especialmente el joven.

pique m. Resentimiento o enfado entre dos o más personas. ǀ Empeño en hacer algo por amor propio o por rivalidad. ǀ **echar a pique** loc. Hacer que un buque se hunda. ǀ Destruir algo o hacer que fracase. ǀ **irse a pique** loc. Hundirse un buque. ǀ Fracasar alguna cosa.

piqué m. Tela de algodón con diversos tipos de labor, que se emplea en prendas de vestir y otras cosas.

piquera f. Agujero o puertecita que se hace en las colmenas para que las abejas puedan entrar y salir. ǀ Agujero que tienen en uno de sus dos frentes los toneles y alambiques, para que, abriéndolo, pueda salir el líquido. ǀ Agujero que en la parte inferior de los altos hornos sirve para dar salida al metal fundido.

piqueta f. Zapapico. ǀ Herramienta de albañilería, con mango de madera y dos bocas opuestas, una plana como de martillo, y otra aguzada como de pico. ǀ **FAM.** piquetilla.

piquete m. Grupo de personas que, pacífica o violentamente, intenta imponer o mantener una consigna de huelga. ǀ Grupo poco numeroso de soldados que se emplea en diferentes servicios extraordinarios.

pira f. Hoguera para quemar un cadáver o en las que antiguamente se quemaban las víctimas de los sacrificios. ǀ Hoguera.

piragua f. Embarcación larga y estrecha, mayor que la canoa, hecha generalmente de una pieza o con bordas de tabla o cañas. ǀ Planta trepadora sudamericana de la familia de las aráceas, de grandes hojas muy verdes. ǀ **FAM.** piragüero, piragüista.

piragüismo m. Deporte náutico que se practica sobre una piragua. ǀ **FAM.** piragüista.

pirámide f. En geom., sólido que tiene por base un polígono cualquiera; sus caras (tantas en número como los lados de aquél) son triángulos que se juntan en un solo punto, llamado vértice. ǀ Monumento que tiene esta forma. ǀ **FAM.** piramidal, piramidalmente.

piramidón m. Medicamento utilizado para combatir la fiebre.

piraña f. Pez óseo de hasta 30 cm de longitud, con el cuerpo aplanado y la boca con dientes cónicos; habita en los grandes ríos de América del Sur, especialmente en el Amazonas y el Orinoco, formando bancos que atacan a los mamíferos que caen en las aguas.

pirarse prnl. Marcharse de un lugar. ǀ **FAM.** pirado.

pirata adj. Se dice de los navegantes que se dedicaban a asaltar otros barcos o a hacer incursiones en la costa, así como de sus naves y actividad. También com. ǀ Ilegal: *una copia pirata*. ǀ **FAM.** piratear, piratería.

pirita f. Mineral sulfuro de hierro, de color amarillo y brillo metálico, duro y pesado; es mena del hierro y se usa para la obtención del azufre. ǀ **FAM.** piritoso.

piroclástico, ca adj. Se dice de los depósitos o rocas, formados por materiales volcánicos fragmentarios.

pirograbado m. Procedimiento para grabar o tallar superficialmente en madera por medio de una punta de platino incandescente. ǀ Talla o grabado así obtenido. ǀ **FAM.** pirograbador, pirograbar.

pirómano, na adj. Se dice del que tiene una tendencia patológica a provocar incendios. También s. ǀ **FAM.** piromanía.

piropo m. Cumplido, sobre todo el que dirige un hombre a una mujer. ǀ **FAM.** piropear.

pirotecnia f. Arte de los explosivos, tanto para fines militares como artísticos (fuegos artificiales). ǀ **FAM.** pirotécnico.

piroxeno m. Mineral silicato de hierro y magnesio, de color verde oscuro o negro, con brillo vítreo, presente en rocas eruptivas.

pírrico, ca adj. Se dice del triunfo obtenido con más daño para vencedor que para el vencido. ǀ Se apl. a cierta danza de la Grecia antigua. También f.

pirueta f. Salto o movimiento ágil y difícil que realiza un bailarín, gimnasta, etc. ǀ Voltereta. ǀ **FAM.** piruetear.

pirulí m. Caramelo, generalmente de forma cónica, con un palito que sirve de mango.

pis m. Orina. ‖ **FAM.** pipí.

pisapapeles m. Utensilio que en las mesas de escritorio, mostradores, etc., se pone sobre los papeles para que no se muevan. ◆ No varía en pl.

pisar tr. Poner el pie sobre alguien o algo. ‖ Apretar algo con los pies o darle golpes con el pisón o la maza: *pisar las uvas.* ‖ No respetar los derechos de los demás: *ascendió pisando a los demás.* ‖ Anticiparse a otro con habilidad o audacia en el logro o disfrute de algo: *le ha pisado la idea.* ‖ **FAM.** pisada, pisador, pisapapeles, pisaverde, piso, pisotear, pisotón.

pisaverde m. Hombre presumido.

piscicultura f. Arte de repoblar de peces los ríos y los estanques; de dirigir y fomentar la reproducción de los peces y mariscos. ‖ **FAM.** piscícola, piscicultor.

piscifactoría f. Instalación donde se crían diversas especies de peces y mariscos, con fines comerciales.

piscina f. Estanque destinado al baño, a la natación o a otros ejercicios y deportes acuáticos. ‖ Estanque para peces.

piscis m. Duodécimo y último signo del zodiaco, que el Sol recorre aparentemente entre el 22 de febrero y el 22 de marzo. ◆ Suele escribirse con mayúscula. ‖ com. Persona nacida bajo este signo.

piscívoro, ra adj. Que se alimenta de peces, ictiófago. También s.

pisco m. Aguardiente de uva fabricado originariamente en Pisco, Perú.

piscolabis m. Comida ligera que se hace a cualquier hora del día.

piso m. Pavimento natural o artificial de habitaciones, calles, caminos, etc. ‖ Cada una de las plantas de un edificio. ‖ Cada una de las viviendas en una casa de varias plantas. ‖ En geol., unidad estratigráfica básica, cuyos materiales se han constituido en una misma edad.

pisotear tr. Pisar repetidamente algo, para estropearlo o romperlo. ‖ Humillar a alguien. ‖ **FAM.** pisoteo.

pisotón m. Pisada fuerte sobre el pie de otro o sobre alguna cosa.

pispajo m. Persona pequeña y muy viva. ‖ Cosa insignificante o de poco valor.

pista f. Rastro que dejan los animales o personas en la tierra por donde han pasado. ‖ Conjunto de señales que pueden conducir a la averiguación de algo. ‖ Sitio acondicionado para deportes u otras actividades: *pista de tenis.* ‖ Terreno especialmente acondicionado para el despegue y aterrizaje de aviones. ‖ Autopista. ‖ Cada uno de los espacios paralelos de una cinta magnética en que se registran grabaciones independientes. ‖ **FAM.** pistón.

pistacho m. Fruto del pistachero, árbol originario de Siria, muy apreciado como fruto seco. ‖ **FAM.** pistache, pistachero.

pistilo m. Gineceo, órgano femenino de la flor de las plantas fanerógamas, que generalmente consta de ovario, estilo y estigma.

pisto m. Guiso de pimientos, tomates, cebolla, calabacín y otros alimentos picados y revueltos, que se fríen lentamente. ‖ Desorden, mezcolanza. ‖ *amer.* Dinero.

pistola f. Arma de fuego, corta y en general semiautomática, que se apunta y dispara con una sola mano. ‖ Utensilio que proyecta pintura pulverizada. ‖ Barra de pan. ‖ **FAM.** pistolera, pistolero, pistoletazo.

pistolero, ra m. y f. Persona que utiliza la pistola para atracar, asaltar o realizar atentados personales. ‖ **FAM.** pistolerismo.

pistoletazo m. Disparo de pistola.

pistón m. Émbolo. ‖ Parte o pieza central de la cápsula de los proyectiles de las armas de fuego, donde está colocado el fulminante. ‖ **FAM.** pistonudo.

pita f. Planta vivaz, oriunda de México, de gran tamaño, con hojas o pencas radicales, carnosas y muy grandes. ‖ Fibra que se obtiene de la hoja de esta planta.

pitanza f. Alimento diario.

pitar intr. Tocar el pito. ‖ Funcionar o dar resultado: *este cacharro ya no pita.* ‖ tr. Manifestar desagrado contra una persona pitándole o silbándole en una reunión o espectáculo público. ‖ *amer.* Fumar cigarrillos. ‖ **salir o irse pitando** loc. Hacerlo muy deprisa. ‖ **FAM.** pitada, pitido.

pitecántropo m. Mamífero antropoide homínido fósil, cuyos restos se han encontrado en Java; vivió en el pleistoceno y ya utilizaba el fuego.

pitido m. Silbido.

pitillera f. Petaca para guardar pitillos.

pitillo m. Cigarrillo. ‖ **FAM.** pitillera.

pito m. Instrumento pequeño que, al soplar por él, produce un sonido muy agudo. ‖ Claxon de un vehículo. ‖ Voz aguda y desagradable. ‖ *vulg.* Pene. ‖ **importar** algo **un pito** loc. Importar muy poco. ‖ **FAM.** pitar, pitillo, pitón, pitorro.

pitón m. Cuerno que empieza a salir a los animales. ‖ Punta del cuerno de los toros. ‖ Tubo recto o curvo que arranca de la parte inferior del cuello en los botijos y porrones. ‖ Reptil ofidio de gran tamaño, entre 1 y 10 m de longitud, y coloración diversa. Es carnívoro y caza al acecho, envolviendo y asfixiando a sus víctimas. Habita en regiones ecuatoriales.

pitonisa f. Mujer que adivina el futuro a través de las cartas, bolas de cristal, etc.

pitorrearse prnl. Burlarse de alguien. ‖ **FAM.** pitorreo.

pitorro m. Pitón de botijos y porrones. ‖ **FAM.** pitorrearse.

pituita f. Secreción de las mucosas, y especialmente de la nariz; moco. ‖ **FAM.** pituitario, pituitoso.

pituitaria adj. y f. Se dice de la membrana de la nariz que segrega el moco.

pívot m. En baloncesto, jugador generalmente de gran tamaño, que actúa en las proximidades de los tableros y cuya misión principal es recoger los rebotes y encestar desde posiciones cercanas a canasta.

pivotar intr. Girar sobre un pivote. ‖ **FAM.** pivotante.

pivote m. Extremo de una pieza donde se mete o se apoya otra. ‖ **FAM.** pívot, pivotar.

pizarra f. Roca metamórfica homogénea, de color negro azulado, que se exfolia fácilmente en láminas y se usa como material de construcción, principalmente para cubiertas y solados. ‖ Trozo de pizarra oscura en que se escribe o dibuja con tiza o yeso. ‖ Encerado, superficie para pintar o dibujar sobre ella con tiza. ‖ **FAM.** pizarral, pizarrero, pizarrín, pizarrón, pizarroso.

pizca f. Porción mínima o muy pequeña de una cosa: *añadir una pizca de sal.* ‖ **ni pizca** loc. Nada: *no me gusta ni pizca.*

pizpireta adj. Se apl. a la mujer viva, aguda y coqueta.

pizza (voz it.) f. Torta elaborada con masa de pan, sobre la que se pone tomate, queso y otros ingredientes. Es propia de Italia. ‖ **FAM.** pizzería.

pizzicato (voz it.) adj. Se dice del sonido que se obtiene en los instrumentos de arco pellizcando las cuerdas con los dedos. ‖ m. Fragmento de música que se ejecuta en esta forma.

placa f. Plancha de metal u otra materia en general rígida y poco gruesa. ‖ La que se coloca en algún lugar público con carácter conmemorativo o informativo. ‖ Insignia o distintivo que llevan los agentes de policía para acreditar que lo son. ‖ Matrícula de los vehículos. ‖ Parte superior de las cocinas. ‖ En fotografía, vidrio cubierto en una de sus caras por una capa de sustancia alterable por la luz y en la que puede obtenerse una prueba negativa. ‖ En geol., cada una de las unidades en que se divide la litosfera. ‖ **FAM.** plaqué, plaqueta.

placar tr. En el rugby, detener un ataque su-

jetando con las manos al contrario y obligándole a abandonar el balón. ‖ **FAM.** placaje.

placebo m. En med., sustancia inocua que carece de valor terapéutico directo, pero se administra a los enfermos por su efecto sugestivo benéfico.

placenta f. Órgano intermediario entre la madre y el feto durante la gestación de los mamíferos placentarios. ‖ Parte vascular del fruto a la que están unidas las semillas. ‖ Borde del carpelo, en el que se insertan los óvulos. ‖ **FAM.** placentario.

placentario, ria adj. Relativo a la placenta. ‖ Se dice de los mamíferos cuyas hembras poseen placenta, por lo que el desarrollo intrauterino del embrión puede prolongarse hasta una fase relativamente avanzada. También m. ‖ m. pl. Infraclase de estos mamíferos.

placentero, ra adj. Agradable, apacible. ‖ **FAM.** placenteramente.

placer m. Banco de arena o piedra en el fondo del mar. ‖ Arenal donde la corriente de las aguas depositó partículas de oro. ‖ Pesquería de perlas en las costas de América.

placer m. Gusto, satisfacción.

placer intr. Producir gusto o satisfacción. ♦ Irreg. Se conj. como *agradecer.* ‖ **FAM.** placebo, pláceme, placentero, placer, plácet, plácido.

plácet m. Aprobación, especialmente la respuesta favorable que da un gobierno cuando otro le propone como representante diplomático a determinada persona.

plácido, da adj. Quieto, tranquilo. ‖ Grato, apacible: *una tarde plácida.* ‖ **FAM.** plácidamente, placidez.

plafón m. Plano inferior del saliente de una cornisa. ‖ Tablero o placa con que se cubre algo. ‖ Lámpara plana que se coloca pegada al techo para disimular la o las bombillas.

plaga f. Calamidad grande que afecta a un pueblo. ‖ Abundancia de algo perjudicial, p. ej., de animales y organismos que afectan gravemente a la agricultura: *una plaga de langostas.* ‖ P. ext., gran abundancia de personas o cosas: *una plaga de turistas.* ‖ **FAM.** plagar, plaguicida.

plagar tr. Llenar o cubrir a alguna persona o cosa de algo nocivo o no conveniente. También prnl.: *se plagó de pecas.*

plagiar tr. Copiar en lo sustancial obras ajenas, dándolas como propias. ‖ *amer.* Apoderarse de una persona para obtener rescate por su libertad. ‖ **FAM.** plagiario, plagio.

plagioclasa f. Variedad de feldespato, presente en numerosas rocas eruptivas, de color blanco o gris y brillo nacarado, y compuesta de sodio y calcio.

plan m. Proyecto, programa de las cosas que se van a hacer y de cómo hacerlas: *los presos idearon un plan de fuga.* ‖ Intención: *nuestro plan era ir al cine.* ‖ Relación amorosa pasajera y persona con quien se tiene esta relación. ‖ **FAM.** planear, planificar.

plana f. Cada una de las dos caras de una hoja de papel. ‖ Escrito que hacen los niños en una cara del papel en que aprenden a escribir. ‖ Conjunto de líneas ya ajustadas de que se compone cada página. ‖ **plana mayor** Conjunto y agregado de los jefes y otros individuos de un batallón o regimiento. ‖ P. ext., directiva de una organización, empresa, etc. ‖ **FAM.** planilla.

planaria f. Gusano platelminto de cuerpo aplanado y segmentado, de unos 2 cm de longitud, que habita en aguas marinas y dulces.

plancton m. Conjunto de seres minúsculos de origen animal (*zooplancton*) o vegetal (*fitoplancton*) presentes en las aguas marinas y de lagos, que constituyen el alimento básico de diversos animales superiores. ‖ **FAM.** planctónico.

plancha f. Lámina de metal plano y delgado. ‖ Utensilio, generalmente electrodoméstico, que sirve para planchar. ‖ Acción y efecto de planchar la ropa. ‖ Conjunto de ropa planchada. ‖ Placa de metal sobre la que se asan o cocinan alimentos. ‖ Reproducción estereotípica o galvanoplástica preparada para la impresión. ‖ **FAM.** planchar, planchazo, planchista.

planchar tr. Pasar la plancha caliente sobre la ropa, para quitarle las arrugas. ‖ Quitar las arrugas por otros procedimientos. ‖ **FAM.** planchado, planchador.

planeador m. Aeronave sin motor, que se sustenta y avanza aprovechando solamente las corrientes atmosféricas.

planear tr. Trazar o formar el plan de una obra. ‖ Hacer planes o proyectos: *planear una fuga.* ‖ intr. Moverse o descender un avión sin motor, valiéndose de las corrientes de aire. ‖ Moverse o descender un ave de esta misma manera. ‖ **FAM.** planeador, planeadora, planeamiento, planeo.

planeta m. Cuerpo sólido celeste que gira alrededor de una estrella y que se hace visible por la luz que refleja. ‖ **FAM.** planetario, planetoide.

planetario, ria adj. Perteneciente o relativo a los planetas. ‖ m. Aparato que representa los planetas del sistema solar y reproduce los movimientos respectivos. ‖ Lugar donde está instalado este aparato.

planicie f. Terreno llano.

planificar tr. Trazar los planos para la eje-

cución de una obra. ‖ Hacer plan de una acción. ‖ **FAM.** planificación.

planisferio m. Mapa en que la esfera celeste o la terrestre está representada en un plano.

planning (voz i.) m. Conjunto de técnicas para conseguir el máximo aprovechamiento de los medios de producción de que dispone una empresa.

plano, na adj. Llano, liso. ‖ m. Representación gráfica en una superficie y mediante procedimientos técnicos, de un terreno, de la planta de un edificio, etc. ‖ Superficie imaginaria formada por puntos u objetos situados a una misma altura. ‖ Posición social de las personas. ‖ Punto de vista: *la obra puede analizarse desde distintos planos.* ‖ En cinematografía y fotografía, superficie imaginaria que ocupan las personas y objetos que forman una imagen. ‖ En cinematografía, sucesión de fotogramas rodados sin interrupción. ‖ **de plano** loc. adv. Entera, clara y manifiestamente: *el sol daba de plano.* ‖ **FAM.** plana, planear, planicie, planimetría, planisferio.

planta f. Parte inferior del pie. ‖ Vegetal, ser orgánico que se caracteriza por crecer y vivir fijo en un lugar determinado, realizar la fotosíntesis y tener células complejas agrupadas en tejidos, órganos, aparatos y sistemas. ‖ Cada una de las diferentes alturas que se distinguen en un edificio: *un chalé de dos plantas.* ‖ Figura que forman sobre el terreno los cimientos de un edificio o la sección horizontal de las paredes en cada uno de los diferentes pisos. ‖ Aspecto exterior: *un hombre de buena planta.* ‖ **FAM.** plantar, plantear, plantificar, plantigrado, plantilla, plantón, plántula.

plantación f. Acción de plantar. ‖ Conjunto de vegetales de la misma clase que se han plantado en un terreno: *una plantación de algodón.*

plantar tr. Meter en tierra una planta o un vástago, esqueje, etc., para que arraigue. ‖ Poblar de plantas un terreno. ‖ Clavar y poner derecha una cosa: *plantar una estaca.* ‖ Colocar una cosa en un lugar: *plantó las maletas en mitad del pasillo.* ‖ Dejar o abandonar a alguien. ‖ prnl. Ponerse de pie firme ocupando un lugar o sitio. ‖ Llegar con brevedad a un lugar: *nos plantamos allí en dos horas.* ‖ En algunos juegos de cartas, no querer más de las que se tienen. ‖ Decidir no hacer algo o resistirse a alguna cosa: *se plantó en su decisión.* ‖ **FAM.** plantación, plantado, plantador, plante, plantío.

plante m. Protesta colectiva, con abandono de su trabajo o labores, de personas que viven agrupadas bajo una misma autoridad o trabajan en común para exigir o rechazar alguna cosa.

plantear tr. Exponer un tema, problema, duda, dificultad, etc. ‖ Enfocar la solución de un problema. ‖ prnl. Pararse a considerar algo. ‖ **FAM.** planteamiento.

plantel m. Lugar en que se forman personas hábiles o capaces en alguna materia o actividad. ‖ Criadero de plantas.

plantificar tr. Tratándose de golpes, darlos. ‖ Poner a uno en alguna parte contra su voluntad. ‖ Colocar una cosa en un lugar, especialmente si es molesta o estorba. ‖ prnl. Plantarse, llegar pronto a un lugar. ‖ **FAM.** plantificación.

plantígrado, da adj. y m. Se dice de los cuadrúpedos que al andar apoyan en el suelo toda la planta de los pies y las manos, como el oso.

plantilla f. Suela sobre la cual los zapateros arman el calzado. ‖ Pieza de badana, tela, gomaespuma, etc., con que interiormente se cubre la planta del calzado o se pone sobre ella. ‖ Patrón que sirve como modelo para hacer otras piezas y labrarlas o recortarlas. ‖ Relación ordenada por categorías de las dependencias y empleados de una oficina, servicios públicos o privados, etc. ‖ Conjunto de los empleados de una empresa. ‖ P. ext., conjunto de los jugadores de un equipo.

plantón m. Árbol joven que ha de ser trasplantado. ‖ Rama de árbol plantada para que arraigue. ‖ Hecho de no acudir a una cita.

plañidera f. Mujer que iba a llorar en los entierros, por lo que era pagada. ‖ **FAM.** plañido, plañir.

plañir intr. Llorar. ♦ **Irreg.** Se conj. como *mullir*.

plaqueta f. Elemento de la sangre de los vertebrados, con forma de disco oval o redondo, que carece de núcleo y hemoglobina e interviene en la coagulación. ‖ Placa pequeña.

plasma m. Cuarto estado de la materia, que adquiere cualquier sustancia sometida a temperaturas elevadísimas. ‖ Medio líquido de la sangre, en el que se hallan suspensos los elementos sólidos (glóbulos rojos, glóbulos blancos y plaquetas). ‖ **FAM.** plasmático.

plasmar tr. Dar forma a algo. ‖ Reflejar algo en una obra: *el escritor plasma sus sentimientos en sus libros.* ‖ **FAM.** plasma, plasmación.

plasmodio m. Masa de citoplasma que contiene varios núcleos no separados por membranas. ‖ Protozoo parásito que produce la enfermedad de la malaria.

plasta f. Masa blanda y espesa. ‖ Excremento blando y redondeado. ‖ Cosa aplastada. ‖ com. Persona pesada.

plastia f. Operación quirúrgica con la cual se pretende restablecer, mejorar o embellecer la forma de una parte del cuerpo.

plástico, ca adj. Relacionado con el arte y técnica de modelar. ‖ Capaz de ser modelado. ‖ Se dice del material que puede cambiar de forma y conservar ésta de modo permanente, a diferencia de los cuerpos elásticos. ‖ Se dice de ciertos materiales sintéticos, polímeros del carbono, que pueden moldearse fácilmente. También m. ‖ Se apl. a la rama de la cirugía que se ocupa de corregir ciertos defectos físicos o antiestéticos. ‖ Se dice del estilo, lenguaje, imagen, etc., muy expresivos. ‖ **FAM.** plasticidad, plastificar.

plastificar tr. Agregar plastificante a una materia. ‖ Recubrir, con una lámina fina de plástico, papeles, documentos, telas, etc. ‖ **FAM.** plastificación, plastificado.

plata f. Elemento químico metálico blanco, brillante, dúctil y maleable, más pesado que el cobre y menos que el plomo; se emplea en joyería, en la acuñación de monedas, como catalizador eléctrico y, sus sales, en fotografía. Su símbolo es *Ag*. ‖ Conjunto de objetos de plata. ‖ Dinero en general; riqueza. ‖ **FAM.** platear, platero, platino, platudo.

plataforma f. Tablero horizontal descubierto y elevado sobre el suelo. ‖ Lugar llano más elevado que lo que le rodea. ‖ Suelo superior, a modo de azotea, de las torres y otras obras. ‖ Vagón descubierto con bordes de poca altura en sus cuatro lados. ‖ Parte anterior y posterior de autobuses, tranvías y otros medios de transporte. ‖ Organización de personas que tienen intereses comunes. ‖ Conjunto de quejas y reivindicaciones que presenta un grupo o colectivo.

plátano m. Árbol de la familia de las platanáceas, de gran altura, ancho tronco y flores en inflorescencias globosas; se utiliza como planta ornamental en calles y paseos. También se llama *plátano de sombra*. ‖ Planta herbácea de la familia de las musáceas, de entre 3 y 4 m de altura, cuyo tallo está rodeado por las vainas de las hojas, y cuyo fruto es una baya que crece en racimos, muy apreciado como alimento; crece en regiones tropicales y subtropicales. ‖ Fruto de esta planta, alargado y de color amarillo, que también se conoce con el nombre de *banana*. ‖ **FAM.** platanal, platanar, platanero.

platea f. Patio o parte baja de los teatros.

plateado, da adj. Bañado en plata. ‖ De color semejante al de la plata. ‖ **FAM.** plateador, plateadura, platear.

platelminto adj. y m. Se apl. a los gusanos de cuerpo plano no segmentado, parásitos en su mayoría y casi todos hermafroditas, como la tenia y la duela; habitan en aguas dulces o parasitando a otros animales. ‖ m. pl. Tipo de estos gusanos.

plateresco, ca adj. y m. Se dice del estilo arquitectónico surgido en España a finales del s. XV y en la primera mitad del XVI, caracterizado por la asimilación y adaptación hispana de los principios del Renacimiento italiano fusionadas con elementos decorativos góticos.

plática f. Conversación. ‖ Razonamiento o discurso que hacen los predicadores. ‖ **FAM.** platicar.

platija f. Pez teleósteo marino de entre 40 y 50 cm de longitud, con el cuerpo aplanado y la piel rugosa; tiene los dos ojos en el mismo costado, pues reposa en los fondos marinos sobre el opuesto y habita en el Atlántico N y el Mediterráneo.

platillo m. Cada una de las dos piezas en forma de plato o disco que tiene la balanza. ‖ pl. Instrumento de percusión formado por dos chapas metálicas circulares que se hacen chocar entre sí. ‖ **platillo volante** o **volador** Ovni, objeto volante no identificado. ‖ **FAM.** platillero.

platina f. Parte del microscopio en que se coloca el objeto que se quiere observar. ‖ Disco de vidrio deslustrado o de metal, perfectamente plano para que ajuste en su superficie el borde del recipiente de la máquina neumática. ‖ Superficie plana de la prensa o máquina de imprimir. ‖ Aparato reproductor y grabador de cintas magnetofónicas.

platino m. Elemento químico metálico, de color de plata, aunque menos vivo y brillante, muy pesado, difícilmente fusible e intacable por los ácidos, excepto el agua regia; se utiliza como catalizador químico, para la fabricación de instrumental de precisión, empastes dentales y componentes electrónicos. Su símbolo es *Pt.* ‖ Cada una de las piezas que establecen contacto en el ruptor del sistema de encendido de un motor de explosión. Más en pl. ‖ **FAM.** platinífero.

platirrino adj. y m. Se dice de los mamíferos primates caracterizados por tener los orificios nasales muy separados; de pequeño o mediano tamaño, tienen extremidades largas y cola generalmente prensil, y habitan en América del Sur. ‖ m. pl. Infraorden de estos mamíferos.

plato m. Recipiente bajo y redondo, con una concavidad en medio, que se emplea en las mesas para servir los alimentos y comer en él. ‖ Alimento ya cocinado: *la paella es un plato típico de Valencia.* ‖ Nombre dado a algunos objetos planos y redondos. ‖ Platillo de la balanza. ‖ En los tocadiscos, superficie giratoria

sobre la que se coloca el disco. ‖ **no haber roto** uno **un plato** loc. Tener el aspecto o dar la impresión de no haber cometido ninguna falta. ‖ **FAM.** platillo, platina, plató.

plató m. Cada uno de los recintos cubiertos de un estudio cinematográfico.

platónico, ca adj. Que sigue la escuela y filosofía de Platón. También s. ‖ Perteneciente o relativo a esta escuela. ‖ Ideal y desinteresado: *amor platónico.* ‖ **FAM.** platónicamente, platonismo.

plausible adj. Digno o merecedor de aplauso. ‖ Admisible, recomendable. ‖ **FAM.** plausibilidad.

playa f. Ribera del mar, o de un río grande, formada de arenales en superficie casi plana. ‖ Porción de mar contigua a esta ribera.

play-back (voz i.) m. Técnica cinematográfica y televisiva en la que el sonido se graba antes de impresionar la imagen.

playboy (voz i.) m. Hombre generalmente atractivo y rico, que tiene frecuentes aventuras amorosas, acude a los lugares de moda y se relaciona con las clases altas de la sociedad. ‖ Hombre seductor.

playero, ra adj. Relativo a la playa o apropiado para ella: *vestido playero.*

plaza f. Lugar ancho y espacioso dentro de una población. ‖ Mercado, lugar con pequeños puestos de venta, especialmente de comestibles. ‖ Lugar fortificado con muros, baluartes, etc. ‖ Sitio determinado para una persona o cosa: *buscaba una plaza en el colegio.* ‖ Espacio, sitio o lugar: *plaza de garaje.* ‖ Puesto o empleo: *quedan dos plazas vacantes en el departamento.* ‖ **plaza de toros** Lugar acondicionado para lidiar toros. ‖ **FAM.** plazoleta, plazuela.

plazo m. Término o tiempo señalado para una cosa. ‖ Vencimiento de ese espacio de tiempo. ‖ Cada parte de una cantidad pagadera en dos o más veces: *lo compré a plazos.*

plazoleta f. Espacio abierto en una población, más pequeño que una plaza.

pleamar f. Marea alta. ‖ Tiempo que ésta dura.

plebe f. Clase social más baja, fuera de los nobles, eclesiásticos y militares; estado llano. ‖ **FAM.** plebeyo, plebiscito.

plebeyo, ya adj. Propio de la plebe o perteneciente a ella. ‖ Se dice de la persona que no es noble ni hidalga. También s. ‖ Grosero o innoble: *un gesto plebeyo.* ‖ **FAM.** plebeyez.

plebiscito m. Resolución que se somete a votación para que los ciudadanos se manifiesten en contra o a favor. ‖ **FAM.** plebiscitar, plebiscitario.

plegamiento m. Efecto producido en la corteza terrestre por el movimiento conjunto de rocas sometidas a una presión lateral. ‖ Acción y efecto de plegar o plegarse.

plegar tr. Hacer pliegues en una cosa. También prnl. ‖ Doblar e igualar los pliegos de un libro. ‖ prnl. Ceder, someterse: *tuvo que plegarse a su voluntad.* ◆ **Irreg.** Se conj. como **acertar.** ‖ **FAM.** plegable, plegadera, plegadizo, plegado, plegador, plegamiento, pliego, pliegue.

plegaria f. Súplica que se hace a Dios, a la Virgen o a los santos.

pleistoceno, na adj. Se dice de la primera de las dos épocas en que se divide el período cuaternario. También m. ‖ Perteneciente o relativo a esta época.

pleitear tr. Litigar o contender judicialmente sobre una cosa. ‖ **FAM.** pleiteador, pleiteante, pleiteo.

pleitesía f. Rendimiento, muestra reverente de cortesía.

pleito m. Litigio judicial entre partes. ‖ Riña doméstica o privada. ‖ Proceso o cuerpo de autos sobre cualquier causa. ‖ **FAM.** pleitear, pleitesía, pleitista.

plenario, ria adj. Se dice de la junta o reunión a la que acuden todos los miembros de una corporación. ‖ m. Pleno, reunión o junta general de una corporación.

plenipotenciario, ria adj. Se dice de la persona que envían los jefes de Estado a organizaciones o a otros Estados, con plenos poderes para resolver los asuntos. También s. ‖ **FAM.** plenipotenciado.

plenitud f. Totalidad, integridad o cualidad de pleno. ‖ Mejor momento de algo: *la plenitud de la vida.*

pleno, na adj. Completo, lleno. ‖ m. Reunión o junta general de una corporación. ‖ **FAM.** plenamente, plenario, plenitud.

pleonasmo m. Figura de construcción que consiste en emplear en la oración uno o más términos que resultan innecesarios para el sentido de la frase, pero que la refuerzan o le dan expresividad: *lo vi con mis propios ojos.* ‖ Excesiva abundancia o redundancia de palabras. ‖ **FAM.** pleonásticamente, pleonástico.

plesiosaurio m. Reptil fósil, gran lagarto marino con las extremidades transformadas en aletas, que vivió en el jurásico y en el cretácico.

pletina f. Pieza metálica de forma rectangular y de espesor reducido. ‖ Platina, aparato reproductor y grabador de cintas magnetofónicas.

plétora f. Exceso de sangre o de otros humores en el cuerpo. ‖ Abundancia excesiva de alguna cosa. ‖ **FAM.** pletórico.

pleura f. Cada una de las membranas serosas de tejido conjuntivo que cubren las paredes de la cavidad torácica y la superficie de los pulmones. ‖ **FAM.** pleural, pleuresía, pleurítico, pleuritis, pleuronectiforme.

plexiglás m. Resina sintética que tiene el aspecto del vidrio. ‖ Material transparente y flexible de que se hacen telas, tapices, etc. ◆ No varía en pl.

plexo m. Red formada por varios filamentos nerviosos o vasculares entrelazados.

pléyade f. Grupo de personas destacadas, especialmente en las letras, que son contemporáneas.

plica f. Sobre cerrado en que se reserva algún documento que no debe publicarse hasta fecha u ocasión determinada.

pliego m. Porción o pieza de papel de forma cuadrangular, doblada por la mitad. ‖ P. ext., hoja de papel sin doblar. ‖ Papel o memorial que contiene las condiciones o cláusulas que se proponen o se aceptan en un contrato, una concesión gubernativa, una subasta, etc.

pliegue m. Doblez en la ropa o en cualquier cosa flexible. ‖ En geol., plegamiento.

plinto m. Parte cuadrada inferior a la basa. ‖ Base cuadrada de poca altura. ‖ Aparato usado en gimnasia para la práctica de saltos y volteretas.

plioceno, na adj. Se aplica a la quinta y última época de las que componen el período terciario. También m.

plisar tr. Hacer que una tela quede formando pliegues iguales y muy estrechos. ‖ **FAM.** plisado, plisador.

plomada f. Pesa de plomo o de otro metal, cilíndrica o cónica, colgada de una cuerda, que sirve para señalar la línea vertical. ‖ Sonda para medir la profundidad de las aguas.

plomizo, za adj. Que tiene plomo. ‖ De color de plomo: *unas aguas plomizas.* ‖ Parecido al plomo.

plomo m. Elemento químico metálico, pesado, dúctil, maleable, blando, fusible, de color gris azulado, que reacciona con el ácido nítrico formando sales venenosas y se obtiene principalmente de la galena; se usa para fabricar acumuladores, tuberías, revestimientos, pinturas y como antidetonante de la gasolina. Su símbolo es Pb. ‖ Cualquier pieza o trozo de este metal. ‖ Bala de las armas de fuego. ‖ Persona pesada y molesta. ‖ Cortacircuitos, fusible. Más en pl.: *se han fundido los plomos.* ‖ **a plomo** loc. adv. Verticalmente. ‖ **FAM.** plomada, plomazo, plomería, plomero, plomífero, plomizo, plomoso, plúmbeo.

pluma f. Cada una de las piezas de que está cubierto el cuerpo de las aves. ‖ Conjunto formado por estas piezas. ‖ Pluma de ave que servía para escribir. ‖ Instrumento para escribir realizado en distintos materiales. ‖ Escritor, autor de libros u otros escritos. ‖ Estilo o manera de escribir: *tiene una pluma sobria.* ‖ Mástil de una grúa. ‖ **FAM.** plumada, plumado, plumaje, plumazo, plumero, plumífero, plumilla, plumín, plumón, plumoso, plúmula.

plumaje m. Conjunto de plumas del ave. ‖ Penacho de plumas que se pone por adorno en los sombreros, cascos, etc.

plumazo m. Trazo fuerte de pluma. ‖ **de un plumazo** loc. adv. Indica la manera rápida y expeditiva de abolir o suprimir una cosa.

plúmbeo, a adj. De plomo. ‖ Que pesa como el plomo. ‖ Aburrido. ‖ **FAM.** plúmbico.

plumero m. Utensilio formado por un conjunto de plumas atadas a un mango que sirve para quitar el polvo. ‖ Penacho de plumas. ‖ **vérsele a uno el plumero** loc. Advertirse los pensamientos, ideas o intenciones de alguien.

plumier m. Estuche, generalmente en forma de caja, para guardar plumas, lápices, gomas de borrar, etc.

plumífero, ra adj. Cubierto de plumas. ‖ m. Anorak relleno de plumas o acolchado con otro material.

plumón m. Pluma muy delgada que tienen las aves debajo del plumaje exterior.

plural adj. Se dice del número gramatical que se refiere a dos o más personas o cosas. También m. ‖ **FAM.** pluralidad, pluralismo, pluralizar.

pluralidad f. Multitud, número grande de algunas cosas: *existe una pluralidad de opiniones.* ‖ Cualidad o condición de ser más de uno.

pluralismo m. Sistema por el cual se acepta o reconoce la pluralidad de doctrinas o métodos en materia política, económica, etc. ‖ **FAM.** pluralista.

pluralizar tr. Dar número plural a palabras que ordinariamente no lo tienen. ‖ Referir o atribuir una cosa que es peculiar de uno a dos o más sujetos: *ésa es tu opinión, no pluralices.*

pluriempleo m. Situación social caracterizada por el desempeño de varios cargos, empleos, oficios, etc., por la misma persona.

plurilingüe adj. Se dice del que habla varias lenguas. ‖ Escrito en diversos idiomas.

pluripartidismo m. Sistema político basado en la existencia de varios partidos. ‖ **FAM.** pluripartidista.

plus m. Gratificación o sobresueldo. ‖ **FAM.** plural.

pluscuamperfecto adj. Se dice del tiempo del verbo que expresa una acción pasada anterior a otra ya pretérita. También m.

plusmarca f. Récord deportivo. ‖ **FAM.** plusmarquista.

plusvalía f. Acrecentamiento del valor de una cosa por causas extrínsecas a ella.

plutocracia f. Preponderancia de los ricos en el gobierno del Estado. ‖ Predominio de la clase más rica de un país. ‖ **FAM.** plutócrata, plutocrático.

plutonio m. Elemento químico radiactivo artificial, formado por desintegración del neptunio, cuyas características son similares a las del uranio; uno de sus isótopos se utiliza como combustible nuclear y como material de fisión. Su símbolo es *Pu.*

plutonismo m. Teoría geológica que atribuye la formación del globo terráqueo a la solidificación del magma interior.

pluvial adj. Perteneciente o relativo a la lluvia. ‖ Se dice de una clase de régimen fluvial, en el que la mayor parte del caudal procede de las aguas de lluvia. ‖ **FAM.** pluviometría, pluviosidad, pluvioso.

pluviometría f. Parte de la meteorología que estudia la distribución geográfica y estacional de las precipitaciones acuosas. ‖ **FAM.** pluviométrico, pluviómetro.

pluviómetro m. Aparato que sirve para medir la lluvia que cae.

poblacho m. Pueblo pequeño y destartalado.

población f. Acción y efecto de poblar. ‖ Conjunto de personas que habitan la Tierra o cualquier división geográfica de ella. ‖ Conjunto de edificios y espacios habitados, especialmente, una ciudad. ‖ Conjunto de seres de una misma especie que habitan un espacio determinado. ‖ **población activa** Parte de la población de un país ocupada en una actividad laboral remunerada.

poblar tr. e intr. Ocupar con personas un lugar. ‖ P. ext., hacerlo con animales y cosas. ‖ Fundar uno o más pueblos. ‖ prnl. Referido a árboles y otras cosas capaces de crecer y desarrollarse, hacerlo rápida y abundantemente. ◆ **Irreg.** Se conj. como *contar.* ‖ **FAM.** población, poblado, poblador, poblamiento.

pobre adj. Que no tiene lo que necesita para vivir o desarrollarse o tiene muy poco: *una región pobre.* También com. ‖ Escaso de algo: *pobre de decoración.* ‖ De poco valor o entidad: *una redacción pobre.* ‖ Infeliz, desdichado y triste; se usa sobre todo para compadecer a alguien: *pobre chico, lo que ha sufrido.* ‖ com. Mendigo. ‖ **FAM.** pobremente, pobrete, pobretón, pobreza, pobrísimo.

pobreza f. Necesidad, estrechez, carencia de lo necesario para vivir. ‖ Falta, escasez: *pobreza de medios.* ‖ Renuncia voluntaria de todo lo que se posee.

pocero m. Persona que hace pozos o trabaja en ellos. ‖ Persona que limpia los pozos ciegos y alcantarillas.

pocho, cha adj. Que está podrido o empieza a pudrirse. ‖ Que no tiene buena salud. ‖ **FAM.** pochez.

pocilga f. Establo para ganado de cerda. ‖ Cualquier lugar muy sucio.

pócima f. Cocimiento medicinal de materias vegetales. ‖ Cualquier bebida medicinal.

poción f. Cualquier líquido que se bebe, especialmente el medicinal.

poco, ca adj. Escaso en cantidad o calidad. ‖ m. Cantidad corta o escasa: *tomó un poco de vino.* ‖ adv. c. Con escasez: *come poco.* ‖ adv. t. Denota corta duración o expresa un tiempo aún cercano: *estuvo poco en nuestro país.* ‖ Se antepone a otros adverbios, denotando idea de comparación: *poco antes.* ‖ **poco a poco** loc. adv. Despacio, con lentitud; a veces se emplea para contener o amenazar a alguien. ‖ **poco más o menos** loc. adv. Con corta diferencia. ‖ **por poco** loc. adv. Indica que apenas faltó nada para que sucediese una cosa. ‖ **FAM.** poquedad, poquito.

podar tr. Cortar o quitar las ramas superfluas de los árboles, vides y otras plantas. ‖ **FAM.** poda, podadera, podador, podón.

poder m. Dominio, facultad y jurisdicción que uno tiene para mandar o ejecutar una cosa. ‖ Fuerza, vigor, capacidad. ‖ Posesión actual o tenencia de una cosa: *tiene las llaves en su poder.* ‖ Suprema potestad rectora y coactiva del Estado. ‖ Facultad que alguien da a otra persona para que, en lugar suyo y representándole, pueda ejecutar una cosa. Más en pl.: *le dio poderes para acceder a su cuenta bancaria.* ‖ pl. Facultades, autorización para hacer una cosa. ‖ **poder absoluto** Despotismo. ‖ **poder adquisitivo** Posibilidades económicas de una persona, capacidad que tiene para adquirir bienes o servicios. ‖ **FAM.** poderdante, poderhabiente, poderío.

poder tr. Tener capacidad para hacer algo: *sólo él puede arreglarlo.* ‖ Tener facilidad, tiempo o lugar de hacer una cosa: *¿puedes venir?* ‖ Ser lícito hacer una cosa. Más en frases neg.: *aquí no se puede aparcar.* ‖ Vencer a una persona, ser más fuerte que ella. ‖ impers. Ser contingente o posible que suceda una cosa: *puede que vaya.* ‖ **a**, o **hasta más no poder** loc. adv. Todo lo posible. ‖ **no poder más** loc. adv. Estar sumamente fatigado o no tener tiempo y lugar suficientes para abarcar lo que se está hacien-do. ‖ **poderle** algo **a alguien** loc. Ser alguna cosa demasiado intensa para poder vencerla: *le puede la curiosidad.* ‖ **FAM.** poder, poderoso, posible, potencia, potestad, pudiente. ♦ *Irreg.* Conjugación modelo:

Indicativo
Pres.: *puedo, puedes, puede, podemos, podéis, pueden.*
Imperf.: *podía, podías,* etc.
Pret. indef.: *pude, pudiste,* etc.
Fut. imperf.: *podré, podrás,* etc.

Potencial: *podría, podrías,* etc.

Subjuntivo
Pres.: *pueda, puedas, pueda, podamos, podáis, puedan.*
Imperf.: *pudiera, pudieras,* etc., o *pudiese, pudieses,* etc.
Fut. imperf.: *pudiere, pudieres,* etc.

Imperativo: *puede, poded.*

Participio: *podido.*

Gerundio: *pudiendo.*

poderío m. Poder, dominio, señorío. ‖ Gran fuerza y vigor. ‖ Hacienda, bienes y riquezas.

poderoso, sa adj. Que tiene poder. También s. ‖ Muy rico. También s. ‖ Grande o magnífico en su línea. ‖ Activo, eficaz: *remedio poderoso.* ‖ **FAM.** poderosamente.

podio m. Pedestal largo en que estriban varias columnas. ‖ Plataforma o tarima sobre la que se coloca a una persona para ponerla en lugar preeminente por alguna razón.

podología f. Rama de la medicina que tiene por objeto el tratamiento de las afecciones y deformidades de los pies. ‖ **FAM.** podólogo.

podredumbre f. Putrefacción de las cosas. ‖ Corrupción moral.

podrido, da adj. Se apl. a lo que resulta de pudrir o pudrirse.

podrir tr. Pudrir.

poema m. Obra en verso, o perteneciente por su género a la esfera de la poesía aunque esté escrita en prosa. ‖ **FAM.** poemario, poemático.

poesía f. Expresión artística por medio del verso y en ocasiones a través de la prosa. ‖ Cada uno de los géneros que la componen: *poesía lírica, épica, dramática,* etc. ‖ Composición perteneciente a cualquiera de estos géneros. ‖ Capacidad expresiva, estética, sensibilidad y encanto que tiene una obra, persona, imagen, etc.: *un paisaje lleno de poesía.* ‖ **FAM.** poeta, poética, poético, poetizar.

poeta com. Persona que compone obras poéticas. ‖ Persona que hace versos. ‖ **FAM.** poetastro, poetisa.

poética f. Poesía, arte de componer obras poéticas. ‖ Ciencia que se ocupa del lenguaje poético y, en general, literario. ‖ Obra o tratado sobre los principios y reglas de la poesía.

pogromo o **pógrom** m. Matanza y robo de gente indefensa por una multitud. ‖ Persecución de judíos.

pointer (voz i.) adj. y s. Se dice una raza de perros de caza de cuerpo estilizado, pelo corto y orejas caídas.

polaina f. Especie de media calza que cubre la pierna hasta la rodilla.

polaridad f. En fís., tendencia de las moléculas a ser atraídas o repelidas por cargas eléctricas. ‖ Condición de lo que tiene propiedades o potencias opuestas.

polarizar tr. En fís., modificar las ondas luminosas por medio de un polarizador, de tal manera que pasen a propagarse en un determinado plano. También prnl. ‖ intr. Suministrar una tensión fija a una parte de un aparato electrónico. ‖ prnl. En las pilas eléctricas, disminuir la corriente que producen al aumentar la resistencia del circuito por depositarse una capa de hidrógeno sobre uno de los electrodos. ‖ Concentrar la atención o el interés en una cosa. ‖ **FAM.** polarización, polarizador.

pólder (voz neerl.) m. En los Países Bajos, terreno pantanoso ganado al mar y que una vez desecado se dedica al cultivo. ♦ pl. *pólders.*

polea m. Máquina simple que consiste en una rueda móvil alrededor de un eje, acanalada en su circunferencia, por donde pasa una cuerda o cadena en cuyos dos extremos actúan, respectivamente, la potencia y la resistencia. ‖ Rueda metálica de llanta plana que se usa en las transmisiones por correas.

polémica f. Controversia, discusión. ‖ **FAM.** polémico, polemista, polemizar.

polen m. Conjunto de células masculinas producidas en los estambres de las flores, que contienen los gametos que realizan la fecundación. ‖ **FAM.** polinización.

poleo m. Planta herbácea anual de la familia de las labiadas, de entre 10 y 30 cm de altura y con flores azuladas o moradas, de olor agradable, con la que se hacen infusiones. ‖ Infusión hecha con las hojas ovales de esta planta.

poliandria m. Estado de la mujer casada simultáneamente con dos o más hombres. ‖ Condición de la flor que tiene muchos estambres.

polichinela m. Personaje burlesco de las farsas.

policía f. Cuerpo encargado de velar por el mantenimiento del orden público y la seguridad de los ciudadanos, a las órdenes de las autoridades políticas. ‖ com. Agente que pertenece a este cuerpo. ‖ **FAM.** policiaco, policial, polizonte.

policlínica f. Clínica con distintas especialidades médicas y quirúrgicas.

policromado, da adj. Se dice de lo que está pintado de varios colores, especialmente las esculturas. ‖ **FAM.** policromar, policromo.

polideportivo, va adj. Se dice del lugar, instalaciones, etc., destinados al ejercicio de varios deportes. También m.

poliedro m. En geom., sólido limitado por diversos polígonos. ‖ **FAM.** poliédrico.

poliéster m. En quím., denominación genérica de los polímeros cuya cadena está formada por monómeros unidos por funciones éster. ‖ Materia plástica que se obtiene por condensación de poliácidos con polialcoholes o glicoles, y que se usa en la fabricación de pinturas, fibras textiles, películas, etc.

poliestireno m. Materia plástica que se obtiene por polimerización del estireno, muy utilizada industrialmente para fabricar lentes y aislantes térmicos.

polifacético, ca adj. Que ofrece varias facetas o aspectos. ‖ Se dice de las personas que se dedican a actividades muy distintas y tienen múltiples aptitudes.

polifonía f. En mús., conjunto de sonidos ejecutados simultáneamente, cada uno con su propia línea melódica, pero que se combinan formando un todo armónico. ‖ **FAM.** polifónico.

poligamia f. Estado o condición del casado con varias mujeres. ‖ Régimen familiar en que se admiten los matrimonios múltiples, un hombre con dos o más mujeres, o bien una mujer con dos o más hombres. ‖ **FAM.** polígamo.

polígloto, ta o **poligloto, ta** adj. y s. Persona que habla varios idiomas. ‖ **FAM.** poliglotia, poliglotismo.

polígono m. En geom., figura plana limitada por segmentos rectos consecutivos no alineados, llamados lados. ‖ Unidad urbanística constituida por una superficie delimitada terreno, para fines de valoración catastral, ordenación urbana, planificación industrial, comercial, residencial, etc. ‖ **polígono de tiro** Campo de tiro destinado a prácticas de la artillería. ‖ **FAM.** poligonal.

poligrafía f. Arte de escribir y descifrar los escritos secretos. ‖ **FAM.** poligráfico, polígrafo.

polilla f. Insecto lepidóptero nocturno de pequeño tamaño cuya larva destruye la lana, tejidos, pieles, papel, etc.

polimerización f. Proceso químico por el cual mediante el calor, la luz o un catalizador, se unen varias moléculas de un compuesto para formar una cadena de múltiples eslabones de éstos y obtener una macromolécula.

polímero m. Compuesto químico de elevada masa molecular obtenido mediante un proceso de polimerización. I **FAM.** polimerización.

polimorfismo m. En quím, propiedad de ciertos cuerpos que pueden cambiar de forma sin variar su naturaleza. I En biol., propiedad de algunas especies de presentar un aspecto morfológico distinto, como, p. ej., las especies que tienen dimorfismo sexual. I **FAM.** polimorfo.

polinización f. En bot., paso del polen desde el estambre en que se ha producido hasta el pistilo de la misma flor o de otra distinta, donde se produce la fecundación de los óvulos. I **FAM.** polinizar.

polinomio m. Expresión algebraica compuesta de dos o más términos llamados monomios unidos por los signos más o menos.

poliomielitis f. Enfermedad producida por un virus y caracterizada por la inflamación de los cuernos anteriores de la médula y la parálisis y atrofia de los grupos musculares correspondientes. ◆ No varía en pl. I **FAM.** poliomielítico.

pólipo m. Tumor que se forma en algunas mucosas y que se sujeta a ellas por medio de un pedúnculo. I Nombre con que se designa la fase sedentaria y fija de numerosos celentéreos; son animales marinos de cuerpo tubular rematado por tentáculos urticantes, que viven sujetos al fondo marino por un pedúnculo.

políptico m. Retablo formado por varias hojas o postigos que se doblan unos sobre otros.

poliqueto, ta adj. y m. Se dice de los gusanos anélidos, predominantemente marinos y unisexuales, de cuerpo cilíndrico, con branquias, anillos provistos de numerosas cerdas, llamadas *quetas,* y una región cefálica diferenciada con ojos y tentáculos. I m. pl. Clase de estos gusanos.

polis f. Ciudad Estado de la antigua Grecia y forma de organización política basada en ésta. ◆ No varía en pl.

polisacárido m. Polímero formado por condensación de numerosas moléculas de monosacáridos.

polisemia f. En ling., pluralidad de significados de una palabra. I **FAM.** polisémico.

polisílabo, ba adj. Se dice de la palabra que consta de varias sílabas.

polispasto o **polipasto** m. Aparejo de dos grupos de poleas, uno fijo y otro móvil.

politeísmo m. Religión o doctrina religiosa que admite la existencia de diversos dioses. I **FAM.** politeísta.

política f. Arte, doctrina u opinión referente al gobierno de los Estados, comunidades, regiones, etc. I Actividad de las personas que los gobiernan o aspiran a regir los asuntos públicos. I Técnica y métodos con que se conduce un asunto. I Habilidad para tratar con la gente o dirigir un asunto. I Orientación, directriz: *la política de una empresa.* I **FAM.** político, politiquear, politiqueo, politología.

político, ca adj. Relativo a la doctrina o actividad política. I Se dice de la persona que interviene en la política de un Estado, comunidad, región, etc. También s. I Hábil para tratar a la gente o dirigir un asunto. I Aplicado a un nombre de parentesco por consanguinidad, denota el correspondiente por afinidad: *padre político* (suegro); *hermano político* (cuñado); *hijo político* (yerno); *hija política* (nuera). I **FAM.** políticamente, politicastro, politicón, politización, politizar.

poliuretano m. Polímero que resulta de la polimerización de un polialcohol con un polisocianato; es un producto plástico muy utilizado en la industria.

polivalente adj. Que posee varios valores o que tiene varias aplicaciones, usos, etc. I Se dice del medicamento dotado de varias valencias o eficacias: *vacuna polivalente.* I En quím., se dice de los elementos que tienen varias valencias. I **FAM.** polivalencia.

polivinilo m. Polímero que resulta de la polimerización de moléculas del radical vinilo, hidrocarburo no saturado que por medio de agentes catalíticos, como algunos metales, se solidifica dando una materia plástica.

póliza f. Documento justificativo del contrato de seguros, operaciones de bolsa, etc. I Sello con que se satisface el impuesto del timbre en determinados documentos.

polla f. Gallina joven. I Jovencita. I vulg. Pene. I *amer.* Apuesta, especialmente en carreras y caballos. I **polla de agua** Ave zancuda de unos 33 cm de longitud, con plumaje oscuro, pico rojo y patas verdes de dedos largos, que habita en zonas pantanosas de Europa, África y América.

pollera f. *amer.* Falda, prenda femenina.

pollino, na m. y f. Asno joven que aún está sin domar. I P. ext., asno. I Persona simple, ignorante o tosca. También adj.

pollo m. Cría de las aves y particularmente de

las gallinas. | Gallo o gallina joven. | Cría de las abejas. | Joven. | **FAM.** polla, pollada, pollastre, pollear, pollería, pollero, pollino, polluelo.

polo m. Cualquiera de los dos extremos del eje de rotación de una esfera o cuerpo redondeado, especialmente los de la Tierra. | Región contigua a un polo terrestre. | Marca registrada de un tipo de helado, inserto en un palito. | Prenda de vestir parecida a un jersey, con cuello abierto. | En electricidad, cada uno de los dos extremos del circuito de una pila o de ciertas máquinas eléctricas. | En fís., cualquiera de los dos puntos opuestos de un cuerpo, en los cuales se acumula en mayor cantidad la energía de un agente físico. | En las coordenadas polares, punto que se escoge para trazar desde él los radios vectores. | **FAM.** polar, polaridad, polarización, polarizar.

polo m. Juego entre dos equipos de cuatro jinetes que, con mazas de astiles largos, lanzan una bola sobre el césped del terreno. | **FAM.** polista.

polonio m. Elemento químico metálico, plateado y mucho más radiactivo que el uranio; se usa como fuente de neutrones y partículas alfa en reacciones nucleares. Su símbolo es *Po.*

poltrón, na adj. Perezoso, haragán. | Se dice de un tipo de silla más baja, amplia y cómoda que la común. También f. | **FAM.** poltronería.

polución f. Contaminación intensa del agua o del aire, producida por los residuos de procesos industriales o biológicos. | Expulsión de semen. | **FAM.** polucionar, poluto.

polvareda f. Cantidad de polvo que se levanta de la tierra. | Alteración que un hecho, rumor, etc., produce entre la gente.

polvo m. Parte muy menuda y deshecha de la tierra que fácilmente se levanta en el aire. | Partículas de sólidos que flotan en el aire y se posan sobre los objetos. | Sustancia sólida molida en partículas muy pequeñas. | En lenguaje de la droga, heroína. | vulg. Acto sexual. | pl. Los que se usan como cosmético. | Los empleados como medicamento. | **estar** uno **hecho polvo** loc. Estar muy cansado o abatido. | **hacerle** a uno **polvo** loc. Causarle mucho perjuicio o trastorno. | **FAM.** polvareda, polvera, polvillo, pólvora, polvoriento, polvorón, pulverizar.

pólvora f. Compuesto muy inflamable que, en determinadas circunstancias y bajo ciertas acciones mecánicas, deflagra o hace explosión. | Conjunto de fuegos artificiales que se disparan en una celebración. | **FAM.** polvorín.

polvoriento, ta adj. Que tiene mucho polvo.

polvorín m. Lugar o edificio para guardar la pólvora y otros explosivos. | Pólvora menuda y otros explosivos, que sirven para cebar las armas de fuego.

polvorón m. Dulce hecho con harina, manteca y azúcar, que se deshace en polvo al comerlo y es típico de Navidad.

pomada f. Mezcla de una sustancia grasa y otros ingredientes, que se emplea como cosmético o medicamento.

pomarada f. Sitio poblado de manzanos.

pomarrosa f. Fruto del yambo, semejante en su forma a una manzana pequeña, de color amarillento con partes rosadas, sabor dulce, olor de rosa y una sola semilla.

pomelo m. Árbol de unos 10 m de altura, con flores blancas y fruto en hesperidio apreciado como alimento. | Fruto de este árbol, cítrico redondeado de color amarillento y sabor agrio.

pomo m. Fruto con mesocarpio carnoso de abundante pulpa y endocarpio coriáceo, como la manzana y la pera. | Frasco de perfumes. | Agarrador de una puerta, mueble, etc., de forma redondeada. | Extremo de la guarnición de la espada. | **FAM.** poma, pómulo.

pompa f. Lujo, grandeza, esplendor: *celebraron la ceremonia con gran pompa.* | Burbuja que forma el agua u otro líquido por el aire que se le introduce, especialmente cuando es una mezcla de agua y jabón. | **pompas fúnebres** Ceremonias y entierro solemne que se hacen en honor de un difunto. | Empresa que se encarga de ello. | **FAM.** pomposo.

pompón m. Bola de lana, o de otro género, con que se adornan extremos de cordones, gorros, etc. | **FAM.** pomponearse.

pomposo, sa adj. Que tiene gran pompa, lujo o esplendor. | Excesivamente adornado, aparatoso. | Se dice del lenguaje, estilo, etc., excesivamente adornado. | **FAM.** pomposamente, pomposidad.

pómulo m. Hueso y prominencia de cada una de las mejillas. | Parte del rostro correspondiente a este hueso.

ponche m. Bebida que se hace mezclando ron u otro licor con agua caliente, limón y azúcar. | **FAM.** ponchera.

poncho m. Prenda de abrigo, originaria de América meridional, que consiste en una manta, cuadrada o rectangular, que tiene en el centro una abertura para la cabeza. | Especie de capote de monte. | Capote militar con mangas y esclavina, ceñido al cuerpo con cinturón. | **FAM.** ponchada.

ponderar tr. Determinar el peso o el valor de algo. | Examinar con cuidado algún asunto, contrapesando sus diferentes aspectos:

ponderó los pros y los contras. | Alabar, encarecer: *nos ponderó su honradez.* | **FAM.** ponderable, ponderación, ponderadamente, ponderado, ponderador, ponderativo.

ponedor, ra adj. Se dice de las aves que ya ponen huevos.

ponencia f. Comunicación o propuesta que se somete al examen y resolución de una asamblea. | Persona o comisión que la realiza.

ponente adj. Persona o grupo de personas que presenta una propuesta, proyecto, etc., en una asamblea para que se discuta. También s.

poner tr. Colocar en un sitio o lugar. También prnl.: *no te pongas delante.* | Disponer: *poner la mesa.* | Añadir, echar: *pon más aceite a la ensalada.* | Hacer que funcione un aparato: *poner la radio.* | Instalar o montar: *poner una tienda.* | Admitir un supuesto o hipótesis: *pongamos que esto sucedió así.* | Dejar una cosa a la resolución o disposición de otro: *lo pongo en tus manos.* | Soltar el huevo las aves. | Representar una obra de teatro, proyectar una película, etc: *¿qué ponen hoy en la tele?* | Mandar o imponer: *poner una multa.* | Exponer a una persona o cosa a cierta acción o circunstancia: *puso a su familia en peligro.* También prnl. | prnl. Vestirse o ataviarse: *ponerse un sombrero.* | Ocultarse los astros tras el horizonte, especialmente el Sol. | Llegar a un lugar determinado: *se puso en Toledo en seis horas de viaje.* | Mancharse: *se puso buena la camisa.* | **poner a parir** loc. Hablar muy mal de alguien. | **ponerse a,** seguido de un infinitivo, comenzar la acción que éste expresa: *se puso a leer.* | **FAM.** ponedero, ponedor, ponencia, ponente, poniente, posición, pósito, posponer, postor, postura, proponer, puesto. ♦ **Irreg.** Conjugación modelo:

Indicativo
Pres.: *pongo, pones, pone, ponemos, ponéis, ponen.*
Imperf.: *ponía, ponías, etc.*
Pret. indef.: *puse, pusiste, puso, etc.*
Fut. imperf.: *pondré, pondrás, etc.*

Potencial: *pondría, pondrías, etc.*

Subjuntivo
Pres.: *ponga, pongas, ponga, pongamos, pongáis, pongan.*
Imperf.: *pusiera, pusieras, etc., o pusiese, pusieses, etc.*
Fut. imperf.: *pusiere, pusieres, etc.*

Imperativo: *pon, poned.*

Participio: *puesto.*

Gerundio: *poniendo.*

---

póney m. Poni. ♦ pl. *póneys.*

póngido, da adj. y m. Se dice de los mamíferos primates antropoides, de cerebro muy desarrollado, con grandes brazos de pulgar oponible; habitan en selvas de África y SE de Asia. | m. pl. Familia de estos primates.

poni m. Nombre que se da a determinada raza de caballos de pequeña alzada.

poniente m. Occidente, punto cardinal. | Viento que sopla de la parte occidental.

pontífice m. Prelado supremo de la Iglesia católica romana. | Magistrado sacerdotal en la antigua Roma. | Obispo o arzobispo de una diócesis. | **FAM.** pontificado, pontificar, pontifical, pontificio.

pontón m. Puente formado de maderos o de una sola tabla. | Barco chato para pasar ríos, construir puentes o limpiar el fondo de los puertos. | **FAM.** pontonero.

ponzoña f. Sustancia venenosa. | **FAM.** ponzoñosamente, ponzoñoso.

pop adj. Se dice de un movimiento musical surgido en los países anglosajones en la década de 1950. También m.

popa f. Parte posterior de la nave.

pop-art (expr. i.) m. Movimiento artístico surgido en EE. UU. a fines de los años cincuenta como reacción contra el expresionismo abstracto, y que se caracteriza por utilizar formas y motivos sacados de la vida cotidiana en sus composiciones.

pope m. Sacerdote de algunas iglesias ortodoxas.

populacho m. Pueblo, vulgo. Se usa en sentido desp. | **FAM.** populachero.

popular adj. Relativo al pueblo. | Relacionado con las clases más bajas de la sociedad o destinado a ellas. | Muy conocido o extendido: *un actor muy popular.* | Que tiene muchos seguidores o partidarios. | **FAM.** popularidad, popularismo, popularizar, popularmente, populismo.

popularidad f. Aceptación y aplauso que uno tiene entre la gente.

popularizar tr. Hacer popular a una persona o cosa, extender su estimación en el concepto público. También prnl. | Dar carácter popular a una cosa. | **FAM.** popularización.

populismo m. Doctrina política que pretende defender los intereses y aspiraciones del pueblo. | **FAM.** populista.

populoso, sa adj. Muy poblado.

popurrí m. Composición musical formada de fragmentos o temas de obras diversas. | Mezcla de cosas diversas. ♦ pl. *popurrís.*

póquer m. Juego de naipes, de envite, en el que cada jugador recibe cinco naipes y puede descartarse hasta un máximo de cuatro; gana el que reúne la combinación superior de las establecidas.

por prep. Introduce el complemento agente en las oraciones en pasiva: *fue apresado por la policía.* ‖ Con nombres de lugar, denota tránsito por ellos: *ir a Toledo por Illescas.* ‖ Expresa tiempo aproximado: *por agosto.* ‖ Indica la fase o etapa en que se encuentra alguien o algo: *¿por qué capítulo vas?* ‖ Denota la causa o el motivo: *se enfada por cualquier cosa.* ‖ Denota el medio: *hablaban por señas.* ‖ Indica el modo: *se lo llevaron por la fuerza.* ‖ Indica el precio; también, a cambio de: *lo compré por mil pesetas.* ‖ A favor o en defensa de alguno; *por él daría la vida.* ‖ En lugar de: *me tomaron por Luis.* ‖ En juicio u opinión de: *le tienen por muy trabajador.* ‖ Denota multiplicación de números: *tres por cuatro.* ‖ Indica proporción o distribución: *dos artículos por persona.* ‖ Sin: *esto está por pulir.* ‖ **por qué** loc. adv. interr. Por cuál razón, causa o motivo.

porcelana f. Loza fina, transparente, clara y brillante. Se obtiene por cocimiento de caolín, cuarzo y feldespato. ‖ Vasija o figura de porcelana. ‖ Color blanco mezclado de azul.

porcentaje m. Tanto por ciento. ‖ **FAM.** porcentual.

porche m. Entrada a un edificio o zona lateral del mismo cubierta por una techumbre. ‖ Soportal.

porcino, na adj. Relativo al cerdo. ‖ m. Cerdo pequeño. ‖ **FAM.** porcicultura.

porción f. Cantidad que se separa de otra mayor. ‖ Parte que corresponde a cada uno en un reparto. ‖ **FAM.** porcionero.

pordiosear intr. Mendigar, pedir limosna. ‖ **FAM.** pordioseo, pordiosería, pordiosero.

porfiar intr. Disputar obstinadamente y con tenacidad. ‖ Ser demasiado insistente a la hora de pedir o solicitar una cosa. ‖ Continuar insistentemente una acción para el logro de un intento en que se halla resistencia. ‖ **FAM.** porfía, porfiadamente, porfiado.

pórfido m. Roca eruptiva, compacta y dura, formada por una pasta vítrea de color oscuro y grandes cristales de feldespato y cuarzo; se utiliza como piedra decorativa y como material de construcción. ‖ **FAM.** porfídico.

pormenor m. Detalle. ‖ Cosa o circunstancia secundaria. ‖ **FAM.** pormenorizadamente, pormenorizar.

porno adj. apóc. de pornográfico. ‖ m. apoc. de pornografía.

pornografía f. Género de películas, libros, fotografías, etc., generalmente de escaso valor artístico, que tienen como objetivo la excitación sexual del que las contempla, mostrando de forma realista todo lo relacionado con el sexo. ‖ **FAM.** porno, pornográfico.

poro m. Orificio, imperceptible a simple vista, de la piel de los animales y de los vegetales. ‖ Espacio entre las moléculas de los cuerpos. ‖ Intersticio entre las partículas de los sólidos de estructura discontinua. ‖ **FAM.** porífero, porosidad, poroso.

porque conj. causal. Por causa o razón de que: *lo hizo porque quiso.*

porqué m. Causa, razón o motivo: *explicó el porqué de su demisión.*

porquería f. Suciedad. ‖ Acción sucia o indecente. ‖ Grosería, desatención. ‖ Cosa de poco valor. ‖ Alimento poco nutritivo o perjudicial para la salud.

porqueriza f. Sitio o pocilga donde se crían y recogen los puercos.

porra f. Trozo de masa frita semejante al churro, pero más gruesa. ‖ Cachiporra. ‖ P. ext., instrumento de forma análoga, de distintas materias, usado por los miembros de algunos cuerpos encargados de vigilancia, tráfico, etc. ‖ Apuesta que se hace entre varios a cierto número o resultado, y en la que la persona que gana se lleva todo el dinero apostado. ‖ **mandar, o enviar, a la porra** loc. Echar a alguien con enfado. ‖ **FAM.** porrada, porrazo, porro.

porrazo m. Golpe que se da con la porra o con otro instrumento parecido. ‖ P. ext., cualquier golpe.

porro m. En lenguaje de la droga, cigarrillo de hachís o marihuana mezclado con tabaco. ‖ **FAM.** porrero.

porrón m. Recipiente de cuello largo y panza ancha, con un pitorro para beber a chorro.

portaaviones m. Buque de guerra destinado a transportar aviones y dispuesto para que allí aterricen y despeguen. ♦ No varía en pl.

portada f. Ornato en la fachada de los edificios. ‖ Primera plana de los libros impresos, en la que figura el título, el nombre del autor y el lugar y año de la impresión. ‖ Frontispicio o cara principal de cualquier cosa. ‖ **FAM.** portadilla.

portadilla f. En impr., anteportada. ‖ En una obra dividida en varias partes, hoja en que sólo se pone el título de la parte siguiente.

portador, ra adj. Que lleva o trae una cosa. También s. ‖ m. y f. Persona transmisora de una enfermedad. ‖ Tenedor de efectos públicos o valores comerciales que no son nominativos.

portaequipaje o **portaequipajes** m. Espacio destinado en los vehículos a guardar el equipaje.

portafolio o **portafolios** m. Cartera de mano para llevar documentos, libros, etc.

portahelicópteros m. Barco destinado al transporte, despegue y aterrizaje de helicópteros. ♦ No varía en pl.

portal m. Entrada principal de un edificio. ‖ Soportal. ‖ Pórtico.

portalámpara o **portalámparas** m. Pieza para asegurar el casquillo de las lámparas eléctricas.

portalón m. Puerta grande. ‖ Puerta en el costado del buque.

portaminas m. Instrumento para escribir, que contiene minas recargables en su interior. ♦ No varía en pl.

portamonedas m. Monedero o cartera para llevar dinero. ♦ No varía en pl.

portante adj. Se dice de los cuadrúpedos que, para avanzar, mueven al tiempo la mano y el pie del mismo lado. También m. ‖ Se dice de esta forma de andar. ‖ **coger** o **tomar el portante** loc. Irse.

portaobjeto o **portaobjetos** m. Pieza del microscopio, o lámina adicional en que se coloca el objeto para observarlo.

portar tr. Llevar o traer. ‖ Traer el perro al cazador la pieza cobrada. ‖ prnl. Conducirse, obrar. Se usa sobre todo con los adverbios *bien, mal,* y otros semejantes. ‖ No defraudar una persona a lo que se esperaba de ella: *creí que no nos ayudaría, pero al final se portó.* ‖ **FAM.** portaaviones, portabebés, portador, portaequipaje, portaestandarte, portahelicópteros, portaligas, portamantas, portaminas, portamonedas, portante, portaobjeto, portaplumas, portarretrato, portátil, portavoz, porte, portear.

portarretrato o **portarretratos** m. Marco para colocar retratos.

portátil adj. Movible y fácil de transportar.

portavoz com. Persona que tiene autoridad en una colectividad para representarla o hablar en su nombre. ‖ Funcionario autorizado para hacer público lo que piensa un gobierno.

portazo m. Golpe fuerte que se da con la puerta.

porte m. Acción de portear o llevar. ‖ Cantidad que se paga por llevar o transportar una cosa. ‖ Aspecto físico y forma de moverse o desenvolverse una persona: *tiene un porte majestuoso.* ‖ Categoría o condición de una cosa.

portear tr. Conducir o llevar de una parte a otra una cosa. ‖ **FAM.** porteador, porteo.

portento m. Cosa, acción o suceso que cau-

sa admiración o terror. ‖ Persona muy sabia o muy hábil en alguna materia. ‖ **FAM.** portentosamente, portentoso.

portería f. Garita o pieza del portal de un edificio destinada al portero. ‖ Vivienda del portero. ‖ En el juego del fútbol y otros semejantes, marco rectangular formado por dos postes y un larguero, por el cual ha de entrar la pelota para marcar tantos.

portero, ra m. y f. Persona que, en un edificio, tiene a su cargo el guardar, cerrar y abrir el portal, vigilar la entrada y salida de personas, etc. ‖ Jugador que en algunos deportes defiende la portería de su equipo. ‖ **portero automático** Mecanismo eléctrico para abrir los portales en las casas de vecinos desde el interior de las viviendas. ‖ **FAM.** portería, porteril.

pórtico m. Sitio cubierto y con columnas que se construye delante de los templos u otros edificios. ‖ Galería con arcadas o columnas a lo largo de un muro de fachada o patio. ‖ **FAM.** porticado.

portillo m. Abertura en las murallas, paredes o tapias. ‖ Postigo o puerta pequeña en otra mayor. ‖ Camino estrecho entre dos alturas. ‖ Paso o entrada que se abre en un muro, vallado, etc. ‖ Mella o hueco en una cosa quebrada.

portuario, ria adj. Relativo al puerto de mar.

portulano m. Colección de planos de varios puertos, encuadernada en forma de atlas.

porvenir m. Suceso o tiempo futuro.

pos (en) loc. adv. Detrás o después de: *salió en pos de ti.*

pos-, post- pref. Significa 'detrás' o 'después de': *posguerra, postimpresionismo.*

posada f. Lugar para hospedar viajeros. ‖ **FAM.** posadero.

posaderas f. pl. Nalgas.

posar tr. Poner algo con suavidad sobre una superficie: *posó la mano sobre su cabeza.* ‖ Soltar la carga para descansar. ‖ prnl. Pararse sobre una superficie un ave, avión, insecto, etc., después de volar. ‖ Depositarse en el fondo las partículas sólidas que están en suspensión en un líquido, o caer el polvo sobre las cosas o en el suelo. ‖ **FAM.** posada, posavasos, poso.

posar intr. Estar en cierta postura para servir de modelo a un pintor, escultor, fotógrafo, etc. ‖ **FAM.** pose.

posavasos m. Soporte de cualquier material, utilizado para que los vasos de bebida no dejen huella en la mesa. ♦ No varía en pl.

posdata f. Texto que se añade a una carta ya concluida y firmada.

pose f. Posición, postura o actitud estudiadas: *su tranquilidad es pura pose.*

poseer tr. Tener uno en su poder una cosa. ‖ Contar con algo, disponer de ello: *poseer conocimientos.* ‖ Realizar el acto sexual con una mujer. ♦ **Irreg.** Se conj. como *leer.* ‖ **FAM.** poseedor, poseído, posesión, poseso.

posesión f. Acto de poseer o tener una cosa. ‖ Cosa poseída: *le despojaron de sus posesiones.* ‖ Dominio del espíritu del hombre por otro espíritu. ‖ **tomar posesión** loc. Ejecutar algún acto que muestre ejercicio del derecho, uso o libre disposición de la cosa que se entra a poseer. ‖ **FAM.** posesionar, posesivo, posesorio.

posesivo, va adj. Relativo a la posesión. ‖ En ling., se dice de los pronombres y adjetivos que indican posesión o pertenencia. También m.

poseso, sa adj. Se dice de la persona que padece posesión de algún espíritu. También s.

posibilidad f. Aptitud, potencia u ocasión para ser o existir las cosas. ‖ Aptitud o facultad para hacer o no hacer una cosa. ‖ Medios adecuados para la consecución de un fin. Más en pl.: *posibilidades económicas.*

posibilismo m. Tendencia a aprovechar, para la realización de determinados fines e ideales, las posibilidades existentes en doctrinas, instituciones, etc., aunque no sean afines a aquéllos. ‖ **FAM.** posibilista.

posible adj. Que puede o suceder; que se puede ejecutar. ‖ m. pl. Bienes, rentas o medios que uno posee o goza. ‖ **hacer** uno **lo posible,** o **todo lo posible** loc. Poner todos los esfuerzos o medios para conseguir una cosa. ‖ **FAM.** posibilidad, posibilismo, posibilitar, posiblemente.

posición f. Manera de estar colocada una persona o cosa. ‖ Lugar en que está situada, especialmente dentro de una serie u orden: *llegó en tercera posición.* ‖ Situación económica de una persona. ‖ **FAM.** positivo.

positivismo m. Tendencia a buscar lo más práctico, cómodo o útil. ‖ Sistema filosófico formulado por Augusto Comte en el s. XIX, caracterizado por no admitir como válidos científicamente los conocimientos que no proceden de la experiencia. ‖ **FAM.** positivista.

positivo, va adj. Cierto, que no ofrece duda. ‖ Bueno o favorable: *unas condiciones positivas.* ‖ Práctico y optimista: *un hombre muy positivo.* ‖ Se dice de la copia fotográfica que se obtiene a partir del negativo, y en la que los colores no están invertidos. ‖ En fís., se apl. al polo, electrodo, etc., hacia el que se produce un flujo de electrones. ‖ En mat., se apl. a todo número mayor que cero. ‖ En ling., se dice del grado de significación simple del adjetivo. ‖ **FAM.** positivamente, positivismo, positrón.

positrón o **positón** m. En fís., partícula elemental de las mismas características que el electrón, pero de carga positiva.

posmeridiano, na adj. Perteneciente o relativo a la tarde, o que es después de mediodía.

poso m. Sedimento del líquido contenido en un recipiente. ‖ Resentimiento o amargura que deja en alguien el dolor u otra experiencia negativa.

posología f. Parte de la farmacología que trata de la dosis en que deben administrarse los medicamentos.

posponer tr. Colocar a una persona o cosa después de algo. ‖ Dejar para más tarde: *han pospuesto la función.* ‖ Apreciar a una persona o cosa menos que a otra. ♦ **Irreg.** Se conj. como *poner.* ‖ **FAM.** posposición, pospositivo.

posta f. Conjunto de caballerías que estaban preparadas o apostadas en los caminos a determinadas distancias para que pudiesen cambiarlas los correos, diligencias, etc. ‖ Casa o lugar donde estaban estas caballerías. ‖ **a posta** loc. adv. Aposta. ‖ **FAM.** postillón.

postal adj. Concerniente al ramo de correos: *servicio postal.* ‖ f. Tarjeta rectangular, homologada para ser utilizada como carta.

poste m. Madero, piedra o columna colocada verticalmente para servir de apoyo o de señal: *los postes del telégrafo.* ‖ Cada uno de los dos palos verticales de la portería de fútbol y de otros deportes.

póster m. Cartel grande de carácter decorativo.

postergar tr. Dejar atrasada una cosa respecto al lugar o al tiempo. ‖ Tener en menos a una persona. ‖ **FAM.** postergación.

posteridad f. Futuro y generaciones futuras. ‖ Fama que se obtiene después de la muerte: *pasar a la posteridad.*

posterior adj. Que sucede o va después de otra cosa: *los años posteriores a la guerra.* ‖ Que está detrás de otra cosa o en la parte de atrás: *patio posterior.* ‖ En ling., se dice del fonema que se articula aproximando el dorso de la lengua al velo del paladar, en la parte de atrás de la boca. ‖ **FAM.** posteridad, posterioridad, posteriormente, postrero, póstumo.

postigo m. Puerta pequeña abierta en otra mayor. ‖ Cada una de las puertecillas que hay en ventanas, balcones, etc. ‖ Puerta que está fabricada en una pieza sin tener división ni más de una hoja.

postilla f. Costra que se forma en las llagas o granos cuando se van secando.

postillón m. Joven que, para guiar, iba a caballo delante de los que corrían la posta, o montado en una de las caballerías delanteras del tiro de un carruaje.

postín m. Lujo, riqueza o importancia afectados o sin fundamento. ‖ **darse postín** loc. Darse tono, importancia. ‖ **de postín** loc. adj. Muy fino y elegante. ‖ **FAM.** postinear, postinero.

postizo, za adj. Agregado, sobrepuesto. ‖ m. Peluca o cabellera artificial.

postoperatorio, ria adj. y m. Posterior a una operación quirúrgica.

postor m. El que ofrece precio en una subasta, licitador.

postrar tr. Debilitar: *la gripe le postró.* También prnl. ‖ prnl. Ponerse de rodillas ante alguien. ‖ **FAM.** postración, postrado.

postre m. Fruta, dulce u otras cosas que se sirven al final de las comidas. ‖ **a la postre** loc. adv. Al fin.

postrimería f. Período último de la duración de una cosa. Más en pl.: *en las postrimerías del siglo pasado.* ‖ **FAM.** postrimero.

postulado m. Proposición cuya verdad se admite sin pruebas y que es necesaria para servir de base en ulteriores razonamientos. ‖ En geom., supuesto que se establece para fundar una demostración. ‖ Idea, principio.

postular tr. Pedir, especialmente dinero con fines benéficos. ‖ Defender una idea o principio. ‖ **FAM.** postulación, postulado, postulador, postulante.

póstumo, ma adj. Que nace o se publica después de la muerte del padre o autor: *obra póstuma.* ‖ Se dice de los elogios, honores, etc., que se tributan a un difunto.

postura f. Situación o modo en que está puesta una persona, animal o cosa. ‖ Actitud que mantiene una persona: *mantuvo una postura intolerante.* ‖ Precio que el comprador ofrece por una cosa que se vende, subasta o arrienda. ‖ En los juegos de azar, cantidad que apuesta un jugador.

potable adj. Que se puede beber. ‖ Aceptable, bueno. ‖ **FAM.** potabilidad, potabilizar.

potaje m. Guisado hecho con legumbres, sobre todo garbanzos, y verduras a que a veces se añaden otros ingredientes, como el bacalao. ‖ Conjunto de varias cosas inútiles mezcladas.

potasa f. Nombre común de la potasa cáustica o hidróxido potásico, compuesto químico muy básico que se emplea en las reacciones de neutralización de los ácidos y en la saponificación de las grasas.

potasio m. Elemento químico metálico alcalino, blando, plateado, cuyos compuestos son muy importantes para uso industrial. Su símbolo es K. ‖ **FAM.** potasa, potásico.

pote m. Recipiente con base redonda para cocinar los alimentos; suele tener tres pies y asas. ‖ Vaso de barro. ‖ Plato típico de Galicia y Asturias, elaborado con judías blancas, grelos o repollo, jamón y otros ingredientes. ‖ **FAM.** potaje, potingue.

potencia f. Virtud para ejecutar algo o producir un efecto: *potencia visual.* ‖ Fuerza, poder, energía: *un motor de gran potencia.* ‖ Capacidad de crear o generar. ‖ Estado o nación de gran fuerza y poder. ‖ Persona o entidad poderosa o influyente. ‖ En filos., capacidad de llegar a ser. ‖ En fís., cantidad de trabajo desarrollado en una unidad de tiempo; su unidad es el *vatio*. ‖ En mat., producto que resulta de multiplicar una cantidad por sí misma tantas veces como indique su exponente. ‖ **elevar a potencia** loc. En mat., multiplicar una cantidad por sí misma tantas veces como su exponente indica. ‖ **en potencia** loc. adv. En situación de que algo pueda realizarse o llegar a ser. ‖ **FAM.** potencial, potenciar, potenciómetro, potente.

potencial adj. Que tiene o encierra en sí potencia, o perteneciente a ella. ‖ Que puede suceder o existir, en contraposición de lo que ya existe. ‖ En ling., se dice del modo verbal que enuncia la acción como posible. También m. ‖ m. Fuerza o poder disponibles de determinado orden: *potencial militar.* ‖ Energía eléctrica acumulada en un cuerpo conductor y que se mide en unidades de trabajo. ‖ **FAM.** potencialidad, potencialmente.

potenciar tr. Comunicar potencia a una cosa o incrementar la que ya tiene. ‖ **FAM.** potenciación.

potentado m. Persona rica y poderosa.

potente adj. Que tiene potencia, fuerza y eficacia: *un motor potente.* ‖ Se dice del que tiene grandes riquezas. ‖ Se apl. al hombre capaz de tener descendencia. ‖ **FAM.** potentado, potentemente, prepotente.

potestad f. Dominio que se tiene sobre algo. ‖ **patria potestad** Autoridad que los padres tienen, con arreglo a las leyes, sobre sus hijos no emancipados. ‖ **FAM.** potestativo.

potingue m. Cualquier preparado de farmacia o cosmético.

potosí m. Riqueza extraordinaria. ‖ **valer** una cosa **un potosí** loc. Valer mucho.

potra f. Hernia en el escroto. ‖ Buena suerte. ‖ **FAM.** potroso.

potranco, ca m. y f. Caballo o yegua que no tiene más de tres años.

potro, tra m. y f. Caballo desde que nace hasta que muda los dientes de leche. ‖ m.

Aparato en el que se ponía a los procesados para obligarse a declarar por medio del tormento. ‖ Aparato de gimnasia para practicar saltos. ‖ **FAM.** potra, potrada, potranco, potrero, potrillo.

poyo m. Banco de piedra, yeso u otra materia, que ordinariamente se fabrica arrimado a las paredes. ‖ **FAM.** poyata, poyato, poyete.

poza f. Charca o concavidad en que hay agua detenida. ‖ Pozo de un río, paraje donde éste es más profundo.

pozo m. Hoyo que se hace en la tierra ahondándolo hasta encontrar una vena de agua aprovechable. ‖ Hoyo profundo, aunque esté seco. ‖ Cosa llena, profunda o completa en su línea: *ser un pozo de ciencia.* ‖ **pozo sin fondo** loc. Persona o negocio en los que se invierte mucho dinero sin obtener resultados aparentes. ‖ **FAM.** pocero, poza.

pozole m. *amer.* Guiso de maíz tierno, carne y chile con mucho caldo. ‖ *amer.* Bebida hecha de maíz morado y azúcar.

práctica f. Ejercicio de cualquier arte o actividad. ‖ Destreza adquirida con este ejercicio. ‖ Conjunto de ejercicios realizados con el fin de adquirir habilidad. ‖ Aplicación de una ciencia o teoría a casos reales. ‖ Modo, método o procedimiento. ‖ **llevar a la, o poner en práctica** loc. Llevar a cabo, realizar. ‖ **FAM.** practicar, práctico.

practicable adj. Que se puede practicar o poner en práctica. ‖ Se dice del paso o camino por el que se puede transitar.

practicante adj. y com. Que practica. ‖ Se dice de la persona que sigue los ritos y prácticas de una religión. ‖ com. Diplomado en enfermería, persona que pone inyecciones, practica curas, etc.

practicar tr. Poner en práctica algo que se ha aprendido. ‖ Usar o ejercer continuadamente una cosa. ‖ Ejercitar, hacer ejercicios para conseguir mayor experiencia o perfeccionamiento en algo: *practica un poco con el coche.* ‖ Ejecutar, hacer: *practicar un orificio.* ‖ **FAM.** practicable, practicante.

práctico, ca adj. Relativo a la práctica. ‖ Que es útil o produce provecho inmediato: *este mueble es muy práctico.* ‖ Se dice de la persona muy realista, que piensa siempre en la utilidad de las cosas. ‖ m. En el puerto, el que dirige el rumbo de una embarcación para entrar en el mismo. ‖ **FAM.** prácticamente.

prado m. Tierra muy húmeda o de regadío, en la cual se deja crecer o se siembra la hierba para pasto de los ganados. ‖ Sitio agradable que sirve de paseo en algunas poblaciones. ‖ **FAM.** pradera, pradería.

pragmático, ca adj. Perteneciente o relativo al pragmatismo. ‖ Perteneciente o relativo a la disciplina denominada pragmática. ‖ Que utiliza el valor práctico como criterio de veracidad. ‖ f. Disposición dictada por el rey, que poseía fuerza de ley aunque no hubiera sido consultada a las Cortes o a los órganos de gobierno. ‖ En ling., disciplina que estudia las relaciones entre el lenguaje, el uso que hacen de él las personas que lo hablan y las circunstancias de la comunicación. ‖ **FAM.** pragmáticamente, pragmatismo.

pragmatismo m. Corriente filosófica de carácter empirista según la cual el único criterio válido para juzgar la verdad de una teoría se ha de fundamentar en sus efectos prácticos. ‖ **FAM.** pragmatista.

praliné m. Crema de chocolate y almendra o avellana.

praseodimio m. Elemento químico metálico del grupo de los lantánidos o tierras raras, de aspecto ferroso; se emplea como colorante en la fabricación de cerámica, vidrios y esmaltes, y en la fabricación de equipos electrónicos. Su símbolo es *Pr.*

praxis f. Práctica, en oposición a teoría o teórica. ♦ No varía en pl.

preámbulo m. Exordio, lo que se dice antes de dar principio a lo que se trata de narrar, probar, mandar, pedir, etc. ‖ Rodeo o digresión con que se evita decir claramente una cosa.

prebenda f. Renta aneja a algunas dignidades y oficios eclesiásticos. ‖ Cualquiera de los beneficios eclesiásticos superiores de las iglesias catedrales y colegiatas. ‖ Ventaja o beneficio que goza una persona porque otra se lo concede.

preboste m. Sujeto que es cabeza de una comunidad y la preside o gobierna. ‖ **FAM.** prebostal, prebostazgo.

precalentamiento m. Ejercicio que efectúa el deportista como preparación para el esfuerzo que posteriormente ha de realizar. ‖ Calentamiento de un motor, aparato, etc., antes de someterlo a la función que debe desempeñar.

precámbrico, ca adj. Se apl. al periodo geológico que media entre la formación de la Tierra y la aparición de los primeros seres vivos de los que se han hallado restos fósiles. También m.

precario, ria adj. De poca estabilidad o duración: *equilibrio precario.* ‖ Que carece de los medios económicos suficientes. ‖ En der., que se tiene sin título; por tolerancia o por inadvertencia del dueño. ‖ **FAM.** precariamente, precariedad.

precaución f. Cautela para evitar posibles daños. I **FAM.** precautorio, precaver.

precaver tr. Prevenir un riesgo o daño. También prnl. I **FAM.** precavidamente, precavido.

precedente adj. Que precede. I m. Antecedente, acción o circunstancia anterior que sirve para juzgar o explicar hechos posteriores: *este caso no tiene precedentes.*

preceder tr. Ir delante en tiempo, orden o lugar. También intr. I Anteceder o estar antepuesto. I Tener una persona o cosa preferencia, primacía o superioridad sobre otra. I **FAM.** precedencia, precedente.

preceptiva f. Conjunto de preceptos aplicables a determinada materia.

precepto m. Mandato u orden que hay que seguir y cumplir. I Cada una de las instrucciones o reglas que se dan o establecen para el conocimiento o manejo de un arte o facultad. I **FAM.** preceptista, preceptiva, preceptivo, preceptor, preceptuar.

preceptor, ra m. y f. Persona que enseña.

preceptuar tr. Dar o dictar preceptos. I **FAM.** preceptuado.

preciar tr. Apreciar. I prnl. Gloriarse, jactarse.

precintar tr. Poner un precinto a un paquete, puerta, etc., para evitar que se abran o asegurar que no han sido abiertos. I **FAM.** precintado, precinto.

precio m. Valor en dinero en que se estima una cosa. I Estimación, importancia o crédito: *hombre de gran precio.* I Esfuerzo, pérdida o sufrimiento que sirve de medio para conseguir algo, o que se presta y padece con ocasión de ello: *el precio de la fama.* I **no tener precio** una persona o cosa loc. Valer mucho. I **FAM.** preciado, preciar, precioso.

preciosismo m. Excesiva perfección y cuidado en el estilo; a veces tiene sentido desp. I Estilo literario que se desarrolló en Francia durante el s. XVII, y que se caracterizó por el uso de un lenguaje refinado hasta la afectación. I **FAM.** preciosista.

precioso, sa adj. De gran calidad y elevado coste: *metales preciosos.* I Muy hermoso: *un paisaje precioso.* I **FAM.** preciosamente, preciosidad, preciosismo.

precipicio m. Despeñadero, barranco.

precipitación f. Acción y efecto de precipitar o precipitarse: *actuó con precipitación.* I Agua procedente de la atmósfera, y que en forma sólida o líquida se deposita sobre la superficie de la tierra. I Reacción química en la que aparece una sustancia sólida indisoluble al mezclarse otras sustancias.

precipitar tr. Arrojar o derribar de un lugar alto. También prnl. I Acelerar una cosa: *las circunstancias precipitaron su dimisión.* También prnl. I prnl. Hablar o actuar sin reflexión y de manera precipitada. I Lanzarse hacia un lugar. I **FAM.** precipicio, precipitación, precipitado, precipitoso.

precisar tr. Fijar o determinar con precisión: *precisó su opinión.* I Ser necesario o imprescindible: *se precisa dependiente.* También intr. I **FAM.** precisado, precisamente, precisión, preciso.

preclaro, ra adj. Ilustre, digno de admiración y respeto. I **FAM.** preclaramente.

precognición f. Conocimiento anterior.

precolombino, na adj. Se dice de lo relativo a América, especialmente del arte, la cultura, etc., anterior a los viajes y descubrimientos de Cristóbal Colón.

preconcebir tr. Establecer previamente y con sus pormenores una idea o proyecto que ha de ejecutarse. ♦ **Irreg.** Se conj. como *pedir.* I **FAM.** preconcebidamente, preconcebido.

preconizar tr. Aconsejar o recomendar cierta cosa. I Anunciar: *esta novela preconiza su madurez como poeta.* I **FAM.** preconización, preconizador.

precoz adj. Que se produce u ocurre antes de lo acostumbrado. I Se dice del niño que muestra comportamientos y cualidades propias de una edad más tardía. I Se dice de estas mismas cualidades. I **FAM.** precocidad, precozmente.

precursor, ra adj. Se dice de la persona que comienza o anuncia ideas, técnicas, etc., que tendrán su desarrollo completo más tarde. También s.

predecesor, ra m. y f. Persona que precedió a otra en una dignidad, empleo o encargo. I Antecesor, ascendiente de una persona.

predecir tr. Anunciar algo que ha de suceder. ♦ **Irreg.** Se conj. como *decir.* I **FAM.** predecible, predicción.

predestinar tr. Destinar anticipadamente una cosa para un fin. I Elegir Dios a los que han de lograr la gloria. I **FAM.** predestinación, predestinado.

prédica f. Sermón o plática. I P. ext., perorata, discurso vehemente o moralizante.

predicado m. En ling., segmento del discurso que, junto con el sujeto, constituye una oración gramatical. I En lóg., lo que se afirma o niega del sujeto en una proposición. I **FAM.** predicativo.

predicamento m. Buena opinión o prestigio que tiene alguien o algo entre la gente.

predicar tr. Pronunciar un sermón. I Regañar o intentar convencer. I En ling. y lóg., afirmar o negar algo del sujeto. I Publicar, hacer patente y clara una cosa. | **FAM.** prédica, predicable, predicación, predicado, predicador, predicamento, predicativo.

predicativo, va adj. En ling., relativo al predicado. | Se apl. a las oraciones que tienen verbo no copulativo; se apl. también a este tipo de verbos. | Se dice del complemento que modifica a la vez al verbo y al sujeto o al complemento directo.

predilección f. Preferencia que se tiene por alguien o algo. | **FAM.** predilecto.

predio m. Heredad, hacienda, tierra o posesión inmueble. | **FAM.** predial.

predisponer tr. Preparar, disponer con anticipación algunas cosas, especialmente el ánimo de las personas para que estén a favor o en contra de alguien o algo. También prnl. ♦ **Irreg.** Se conj. como *poner.* | **FAM.** predisposición, predispuesto.

predominar tr. Prevalecer, preponderar. También intr. | **FAM.** predominante, predominantemente, predominio.

preeminencia f. Privilegio, exención, ventaja o preferencia que goza uno respecto de otro por razón o mérito especial. | **FAM.** preeminente.

preexistir intr. Existir antes de un determinado momento o circunstancia. | **FAM.** preexistencia, preexistente.

prefabricado, da adj. Se dice de la construcción, mueble, etc., cuyas partes esenciales se envían ya fabricadas al lugar de su emplazamiento, donde sólo hay que acoplarlas y fijarlas. | **FAM.** prefabricar.

prefacio m. Prólogo o introducción de un libro. | Parte de la misa que precede inmediatamente al canon.

prefecto m. Entre los romanos, título que ostentaban diversos magistrados militares o civiles, como el *prefecto del pretorio.* | En Francia, gobernador de un departamento. | **FAM.** prefectura.

preferencia f. Primacía o ventaja que una persona o cosa tiene sobre otra, ya sea por su valor, importancia o merecimiento. | Elección de una cosa o persona entre varias; inclinación favorable o predilección hacia ella. | **FAM.** preferencial.

preferir tr. Tener preferencia por una persona o cosa. | Elegir una persona o cosa entre varias. ♦ **Irreg.** Se conj. como *sentir.* | **FAM.** preferencia, preferente, preferentemente, preferible, preferiblemente.

prefijar tr. Determinar, señalar o fijar anticipadamente una cosa. | **FAM.** prefijación.

prefijo, ja adj. Se dice del afijo que va antepuesto: *des*confiar, *re*poner. También m. | m. Cifra o cifras que indican ciudad, provincia, país, etc., y que, para establecer comunicación telefónica automática, se marcan antes del número del abonado a quien se llama. | **FAM.** prefijar.

pregón m. Promulgación que se hace públicamente y en voz alta de una cosa que conviene que todos sepan. | Discurso con que se anuncia al público la celebración de una festividad y se invita a participar en ella. | **FAM.** pregonar.

pregonar tr. Hacer público algo en voz alta. | Decir a voces la mercancía que se lleva para vender. | Divulgar lo que estaba oculto o lo que debía callarse. | **FAM.** pregonero.

preguntar tr. Pedirle a alguien que diga lo que sabe sobre cierta cosa o dé determinada información. También prnl. | **FAM.** pregunta, preguntador, preguntón, preguntón.

prehelénico, ca adj. Relativo a la Grecia anterior a la civilización de los antiguos helenos.

prehispánico, ca adj. Se dice de la América anterior a la conquista y colonización españolas, y de sus pueblos, lengua y civilizaciones.

prehistoria f. Ciencia que estudia el periodo de la vida de la humanidad anterior a todo documento escrito. | Período comprendido entre la aparición del hombre en el mundo y el comienzo de la historia. | Origen de algo. | **FAM.** prehistórico.

prejuicio m. Idea u opinión, generalmente de rechazo, que se tiene sobre alguien o algo sin que esté motivada ni justificada por nada concreto: *prejuicios raciales.*

prejuzgar tr. Juzgar a alguien o algo antes de tener pleno conocimiento de esa persona o cosa. | **FAM.** prejuicio.

prelación f. Preferencia con que una cosa debe ser atendida respecto de otra con la cual se compara. | **FAM.** prelado.

prelado m. Superior eclesiástico constituido en una de las dignidades de la Iglesia, como abad, obispo, arzobispo, etc. | Superior de un convento o comunidad eclesiástica. | **FAM.** prelacía, prelaticio, prelatura.

preliminar adj. Que sirve de preámbulo. | Que antecede a una acción, empresa, etc. También s. | **FAM.** preliminarmente.

preludio m. Lo que precede o sirve de entrada, preparación o principio a una cosa. | Composición musical de corto desarrollo y libertad de forma, generalmente destinada a preceder la ejecución de otras obras. | Obertura o sinfonía. | **FAM.** preludiar.

prematuro, ra adj. Que ocurre antes de tiempo: *parto prematuro.* También s.: *unidad *de prematuros.* ‖ Que no ha alcanzado su pleno desarrollo. ‖ FAM. prematuramente.

premeditar tr. Pensar reflexivamente una cosa antes de ejecutarla. ‖ FAM. premeditación, premeditadamente, premeditado.

premio m. Recompensa que se da por algún mérito o servicio. ‖ Cada uno de los lotes sorteados en la lotería nacional y en otros juegos, concursos, etc. ‖ FAM. premiador, premiar.

premioso, sa adj. Gravoso, molesto. ‖ Que apremia. ‖ Se dice de la persona que habla o actúa lentamente o con dificultad. ‖ Se apl. al lenguaje o estilo que carece de espontaneidad y soltura. ‖ FAM. premiosamente, premiosidad.

premisa f. Cada una de las dos primeras proposiciones del silogismo. ‖ Señal o indicio a través de los cuales se deduce o conoce una cosa.

premolar adj. Se dice de la pieza dental situada entre los caninos y los molares. También m.

premura f. Aprieto, urgencia.

prenatal adj. Que existe o se produce antes del nacimiento.

prenda f. Cosa que garantiza la seguridad o cumplimiento de una obligación: *dejó el collar en prenda.* ‖ Lo que se da o hace en señal o demostración de algo: *lo hizo como prenda de amor.* ‖ Lo que se ama intensamente, como hijos, mujer, amigos, etc. Se usa también como apelativo cariñoso. ‖ Ropa: *prendas de abrigo.* ‖ Cada una de las buenas cualidades que tiene una persona. ‖ pl. Juego en el que, cada vez que se pierde, hay que dejar un objeto que se lleva encima o realizar una acción que decidan los demás jugadores. ‖ **soltar prenda** uno loc. Decir alguna cosa, especialmente algo comprometido. ‖ FAM. prendar, prendería, prendero.

prendar tr. Agradar muchísimo. ‖ prnl. Entusiasmarse o enamorarse: *se prendó de su simpatía.*

prender tr. Agarrar, sujetar algo. ‖ Detener o capturar a alguien: *la policía prendió a los atracadores.* ‖ Hablando del fuego, de la luz o de cosas combustibles, encender o incendiar. También intr. ‖ intr. Arraigar la planta en la tierra. ‖ Tener algo aceptación entre la gente: *su actitud prendió entre sus compañeros.* ‖ FAM. prendedor, prendido, prendimiento, prensil, prensor, presa, presilla, preso, prisión.

prensa f. Máquina que sirve para comprimir. ‖ Máquina para imprimir. ‖ Conjunto de las publicaciones periódicas, especialmente las diarias. ‖ Conjunto de los periodistas. ‖ FAM. prensar, prensista.

prensar tr. Apretar en la prensa una cosa. ‖ FAM. prensado, prensador, prensadura.

prensil adj. Que sirve para asir o coger: *cola prensil.*

preñar tr. Hacer concebir a la hembra. ‖ Llenar, henchir. ‖ FAM. preñado, preñez.

preocupación f. Cuidado, temor e intranquilidad que produce alguna cosa.

preocupar tr. Causar preocupación o tenerla. También prnl. ‖ FAM. preocupación, preocupadamente, preocupado, preocupante.

preparación f. Acción y efecto de preparar. ‖ Porción de un tejido o de otra sustancia orgánica, dispuesta sobre el portaobjeto para su observación microscópica. ‖ En farmacología, medicamento.

preparar tr. Prevenir y disponer una cosa para que sirva a un efecto: *prepara la maleta.* ‖ Prevenir a una persona o disponerla para una acción que se ha de seguir. También prnl.: *se prepara para abogado.* ‖ Hacer arreglos o amaños en algo para obtener un beneficio o crear una determinada situación. ‖ FAM. preparación, preparado, preparador, preparativo, preparatorio.

preponderar intr. Mostrar algo o alguien superioridad en cualquier terreno sobre el resto: *su opinión preponderaba en la reunión.* ‖ FAM. preponderancia, preponderante.

preposición f. Parte invariable de la oración, cuyo oficio es denotar el régimen o relación que entre sí tienen dos palabras o términos. ‖ FAM. preposicional, prepositivo.

prepotencia f. Poder superior al de otros, o gran poder. ‖ FAM. prepotente.

prepucio m. Piel móvil que cubre el glande. ‖ FAM. prepucial.

prerrafaelismo m. Arte y estilo pictóricos anteriores a Rafael de Urbino. ‖ Movimiento pictórico surgido en el Reino Unido en la segunda mitad del s. XIX, cuyos postulados estéticos se basan en la obra de los pintores italianos anteriores a Rafael. ‖ FAM. prerrafaelista.

prerrogativa f. Privilegio, gracia o exención que se concede a alguien. ‖ Facultad que tiene una autoridad o alguno de los poderes supremos del Estado.

prerrománico, ca adj. Se dice del conjunto de estilos artísticos vigentes en Europa occidental, anteriores al románico, entre los ss. V y XI.

presa f. Acción de prender o tomar una cosa. ‖ Persona, animal o cosa apresada o que se intenta apresar: *el zorro perseguía a su presa.* ‖ Persona que está dominada por un sentimiento o sufre lo que se expresa: *no podía dormir, presa de sus remordimientos.* ‖ Acequia o zanja de regar. ǀ Represa, lugar donde las aguas están detenidas o almacenadas. ǀ **hacer presa** loc. Asir una cosa y asegurarla para que no se escape.

presagio m. Señal que indica, previene y anuncia un suceso. ǀ FAM. presagiar.

presbiterianismo m. Doctrina fundada por Calvino, que fue adoptada por la Iglesia de Escocia, y luego por otras de Inglaterra y EE. UU. ǀ FAM. presbiteriano.

presbiterio m. En las iglesias, área del altar mayor hasta el pie de las gradas por donde se sube a él. ǀ Reunión de los presbíteros con el obispo.

presbítero m. Sacerdote católico o de otra religión cristiana. ǀ FAM. presbiterado, presbiteral, presbiterianismo, presbiterio.

prescindir intr. No contar con una persona o no usar, adquirir o tener en cuenta una cosa: *ahora no puede prescindir del ordenador.* ǀ FAM. prescindible.

prescribir tr. Ordenar algo. ǀ Recetar un medicamento o indicar el uso o consumo de algo. ǀ intr. Extinguirse un derecho, una acción o una responsabilidad. ♦ Su p. p. es irreg.: *prescrito.* ǀ FAM. prescripción, prescriptible, prescriptivo, prescrito.

presencia f. Hecho de encontrarse una persona en un determinado lugar. ǀ P. ext., existencia de alguna cosa: *detectaron la presencia de bacterias en la carne.* ǀ Aspecto físico: *buena o mala presencia.* ǀ FAM. presencial, presencialmente, presenciar, presente.

presenciar tr. Hallarse presente en un acontecimiento, espectáculo, etc.

presentación f. Acción y efecto de presentar. ǀ Aspecto exterior de algo, manera de presentarse: *la presentación del plato era magnífica.*

presentador, ra m. y f. Persona que presenta un espectáculo o un programa de radio o televisión.

presentar tr. Mostrarle una cosa a alguien, ponerla en su presencia: *hoy presenta su novela.* También prnl. ǀ Dar a conocer una persona a otra indicándole el nombre y otras circunstancias que la identifiquen. También prnl. ǀ Proponer a una persona para una dignidad o cargo. Más c. prnl.: *se presenta como candidato.* ǀ Dirigir y comentar ante el público, las cámaras, etc., un espectáculo o un programa de radio o televisión. ǀ prnl. Ofrecerse voluntariamente para algo. ǀ Comparecer ante alguien o asistir a algún acto o lugar: *decidió no presentarse al examen.* ǀ FAM. presentable, presentación, presentado, presentador.

presente adj. Que está delante o en presencia de uno, o concurre con él en el mismo si-

tio. También com. pl.: *los presentes se sentaron.* ǀ m. En ling., tiempo del verbo que denota la acción situada en el mismo momento en que se relata. También adj. ǀ Regalo. ǀ FAM. presentar.

presentir tr. Prever que algo va a ocurrir o que va a ser de cierta manera. ♦ Irreg. Se conj. como *sentir.* ǀ FAM. presentimiento.

preservar tr. Proteger anticipadamente a una persona o cosa de algún daño o peligro. ǀ FAM. preservación, preservador, preservante, preservativo.

preservativo, va adj. Que tiene virtud o eficacia de preservar. ǀ m. Funda de goma con que se cubre el pene durante la realización del acto sexual para evitar la fecundación o prevenir la transmisión de enfermedades.

presidencia f. Dignidad, empleo o cargo de presidente. ǀ Acción de presidir. ǀ Edificio u oficina que ocupa el presidente. ǀ Tiempo que dura el cargo. ǀ FAM. presidencial, presidencialismo.

presidencialismo m. Sistema de organización política en que el presidente de la república es también jefe del poder ejecutivo. ǀ FAM. presidencialista.

presidente, ta m. y f. Cabeza o superior de un gobierno, consejo, tribunal, junta, sociedad, etc. ǀ En los regímenes republicanos, el jefe del Estado, normalmente elegido por un plazo fijo.

presidio m. Establecimiento penitenciario en que cumplen sus condenas los presos. ǀ FAM. presidiario.

presidir tr. Tener el primer lugar en una asamblea, empresa, etc. ǀ Predominar. ǀ FAM. presidencia, presidente.

presilla f. Cordón pequeño, en forma de lazo, con que se prende o asegura una cosa. ǀ Costura de puntos unidos que se pone en los ojales y otras partes de la tela para que ésta no se deshile.

presión f. Acción y efecto de apretar o comprimir. ǀ Fuerza o coacción que se hace sobre una persona o colectividad. ǀ Fuerza que ejerce un gas, líquido o sólido sobre una unidad de superficie de un cuerpo; se mide en *pascales.* ǀ **presión atmosférica** Fuerza que ejerce la atmósfera sobre una unidad de superficie de la Tierra; se mide en *milibares.* ǀ **presión sanguínea** La ejercida por la sangre del sistema circulatorio sobre las paredes de los vasos. ǀ FAM. presionar, presurizar.

presocrático, ca adj. Se dice de los filósofos pertenecientes al primer periodo de la filosofía griega, anteriores a Sócrates, y de su filosofía. También s.

prestación f. Acción y efecto de prestar. ǀ

Cosa o servicio exigido por una autoridad o convenido en un pacto. ‖ Cosa o servicio que un contratante da o promete al otro.

préstamo m. Acción y efecto de prestar, entregar a uno dinero u otra cosa. ‖ Dinero que una persona o entidad toma prestado de otra con una garantía y pagando intereses. ‖ Palabra que una lengua toma de otra, cuya estructura fonética se suele adaptar a la de la lengua receptora.

prestancia f. Aspecto de distinción: *ese tapizado da gran prestancia al salón*. ‖ Excelencia o calidad superior entre los de su clase.

prestar tr. Entregar a alguien dinero u otra cosa para que por algún tiempo lo use o disfrute de él, con la obligación de devolverlo. ‖ Dar o comunicar: *prestar ayuda*. ‖ Conceder, observar: *prestar atención*. ‖ prnl. Ofrecerse a algo, acceder a alguna cosa: *nunca se prestará a ese tipo de bromas*. ‖ FAM. prestación, prestado, prestador, prestamista, préstamo, prestancia, prestatario, presto.

presteza f. Rapidez, prontitud.

prestidigitador, ra m. y f. Persona que hace juegos de manos y trucos de magia. ‖ FAM. prestidigitación.

prestigiar tr. Dar prestigio, autoridad o importancia. ‖ FAM. prestigiador.

prestigio m. Renombre, buen crédito o importancia que tiene alguien o algo. ‖ FAM. prestigiar, prestigioso.

presto, ta adj. Rápido. ‖ Preparado, dispuesto: *¿estás presto?* ‖ m. En mús., movimiento muy rápido. ‖ Composición musical o parte de ella que se ejecuta con este movimiento. ‖ adv. t. Al instante: *ven presto*. ‖ FAM. prestamente, presteza.

presumir tr. Sospechar, juzgar o conjeturar: *presumo que ya no vendrá*. ‖ intr. Vanagloriarse. ♦ Se usa mucho con la prep. de: *le gusta presumir de sus hijos*. ‖ Cuidar mucho una persona su arreglo para parecer atractiva. ‖ FAM. presumible, presumido, presunción, presunto, presuntuoso.

presunto, ta adj. Supuesto: *presunto criminal*.

presuntuoso, sa adj. Lleno de presunción y orgullo. También s. ‖ FAM. presuntuosamente, presuntuosidad.

presuponer tr. Dar por sentada una cosa sin tener motivos suficientes para ello. ‖ Hacer presupuestos. ♦ **Irreg.** Se conj. como *poner*. ‖ FAM. presuposición, presupuesto.

presupuesto m. Cálculo anticipado del coste de alguna cosa, y también de los gastos e ingresos de una corporación u organismo público: *presupuestos del Estado*. ‖ Cantidad de dinero que se calcula o se dispone para

algo: *pensaba ir de viaje, pero no me llega el presupuesto*. ‖ Supuesto o suposición: *partir de un presupuesto*. ‖ FAM. presupuestar, presupuestario.

presura f. Opresión, aprieto. ‖ Prisa, prontitud. ‖ Forma legal de ocupación de tierras sin dueño, con que se llevó a cabo la repoblación y colonización del valle del Duero durante los ss. IX y X. ‖ FAM. presuroso.

presurizar tr. Mantener la presión atmosférica normal en un recinto, independientemente de la presión exterior.

prêt-à-porter (loc. fr.) adj. Se apl. a la ropa de vestir que se vende ya confeccionada. También s.

pretencioso, sa adj. Presuntuoso, que pretende ser más de lo que es. ‖ FAM. pretenciosamente, pretenciosidad.

pretender tr. Pedir algo o aspirar a ello: *pretende ganar la carrera*. ‖ Procurar, tratar de: *pretende engañarnos*. ‖ Cortejar un hombre a una mujer para casarse con ella. ‖ FAM. pretencioso, pretendido, pretendiente, pretensión.

pretendiente adj. Que pretende o solicita una cosa. También com. ‖ m. Hombre que pretende o corteja a una mujer. ‖ Príncipe que reivindica para sí el trono, vacante o no, de un país, al que cree tener derecho.

pretensión f. Derecho que uno juzga tener sobre algo: *tiene pretensiones al puesto*. ‖ pl. Ambiciones, deseos. ‖ Vanidad, presunción.

preterir tr. No hacer caso de una persona o cosa. ‖ Omitir en el testamento a los herederos forzosos sin desheredarlos expresamente. ♦ **Defect.** Se conj. como *abolir*. ‖ FAM. preterición.

pretérito, ta adj. Se dice de lo que ya ha pasado o sucedido. ‖ m. En ling., tiempo del verbo que denota, en la acción o juicio expresados por él, la condición de pasado. También adj. ‖ FAM. preterir.

pretexto m. Motivo o causa simulada o aparente que se alega para hacer una cosa o para excusarse por no haberla ejecutado. ‖ FAM. pretextar.

pretil m. Murete o barandilla que se pone en los puentes y otros parajes para evitar las caídas.

pretina f. Correa o cinta con hebilla o broche para sujetar en la cintura ciertas prendas de vestir.

pretor m. Magistrado romano que ejercía jurisdicción en Roma o en las provincias. ‖ FAM. pretoria, pretorial, pretorialismo, pretoriano, pretorio.

pretoriano, na adj. Relativo al pretor. ‖ Se

dice de los soldados de la guardia de los emperadores romanos. También s.

prevalecer intr. Sobresalir una persona o cosa: *prevaleció su opinión.* ‖ Crecer una cosa no material. ♦ *Irreg.* Se conj. como *agradecer.* ‖ **FAM.** prevaleciente.

prevaricar intr. Delinquir los empleados públicos a sabiendas o por ignorancia inexcusable. ‖ **FAM.** prevaricación, prevaricador.

prevención f. Acción y efecto de prevenir. ‖ Preparación y disposición para evitar un riesgo o ejecutar una cosa. ‖ Concepto desfavorable que se tiene de una persona o cosa: *tengo mis prevenciones contra ella.* ‖ Puesto de policía donde se lleva preventivamente a las personas que han cometido algún delito o falta.

prevenir tr. Prever, conocer de antemano un daño o perjuicio y tomar las medidas necesarias. ‖ Advertir de alguna cosa: *te prevengo que hace frío.* ‖ Influir en la voluntad de uno predisponiéndole contra alguien o algo: *nos previnieron contra él.* ‖ prnl. Prepararse de antemano para una cosa. ‖ Tener uno una idea o actitud preconcebida contra alguien o algo. ♦ *Irreg.* Se conj. como *venir.* ‖ **FAM.** prevención, prevenido, preventivo.

preventivo, va adj. Se dice de lo que previene o impide algún mal o perjuicio: *medicina preventiva.*

prever tr. Conocer algo con anticipación a través de ciertas señales o indicios: *preveo que lloverá.* ‖ Disponer medios para prevenir posibles males, daños, etc. ♦ *Irreg.* Se conj. como *ver.* ‖ **FAM.** previsible, previsión, previsor, previsto.

previo, via adj. Anticipado. ‖ m. En cinematografía, grabación del sonido realizada antes de impresionar la imagen. ‖ **FAM.** previamente.

previsión f. Acción y efecto de prever: *previsión meteorológica.* ‖ Acción de disponer lo conveniente para atender a necesidades previsibles. ‖ Cálculo anticipado de una cosa.

prez amb. Honor, estima o consideración que se adquiere o gana con una acción gloriosa.

priapismo m. Erección continua y dolorosa del pene, sin apetito sexual.

prima f. Primera de las cuatro partes iguales en que dividían los romanos el día. ‖ Una de las siete horas canónicas, que se canta a primeras horas de la mañana.

prima f. Cantidad que se paga como gratificación o indemnización en ciertos casos. ‖ Precio que el asegurado paga al asegurador.

primacía f. Superioridad o ventaja que tiene una persona o cosa sobre otra: *quedó demostrada su primacía en la carrera.* ‖ Hecho o circunstancia de ser primero o anterior, o cualidad de serlo. ‖ Dignidad o empleo de primado. ‖ **FAM.** primar.

primado m. Primero y más preeminente de todos los obispos y arzobispos de un país o región.

primar intr. Sobresalir, prevalecer, predominar.

primario, ria adj. Principal o primero en orden o grado. ‖ Fundamental, básico: *enseñanza primaria.* ‖ Primitivo, poco civilizado o desarrollado: *instintos primarios.* ‖ Respecto de una bobina de inducción, se dice de la corriente inductora y del circuito por donde fluye. ‖ Paleozoico.

primate adj. y m. Se dice de los mamíferos euterios de superior organización, plantígrados, con extremidades terminadas en cinco dedos provistos de uñas, cerebro lobulado de gran desarrollo, cuerpo cubierto de pelo, cola en la mayor parte de las especies, en algunas prensil; habitan en regiones de clima tropical. ‖ m. pl. Orden de estos mamíferos.

primavera f. Estación del año que astronómicamente comienza en el equinoccio del mismo nombre y termina en el solsticio de verano. ‖ Época templada del año, que en el hemisferio boreal corresponde a los meses de marzo, abril y mayo, y en el austral a los meses de septiembre, octubre y noviembre. ‖ Planta herbácea de la familia de las primuláceas, perenne, que mide entre 1 y 15 cm de altura, con flores de color rojo o malva y forma de sombrilla. ‖ Años de una persona, sobre todo si ésta es joven: *sólo tiene diecisiete primaveras.* Más en pl. ‖ **FAM.** primaveral.

primer adj. apóc. de *primero* ante s. m. sing.

primerizo, za adj. Que hace por primera vez una cosa. También s. ‖ Se dice de la hembra que pare por primera vez. También s.

primero, ra adj. Se dice de la persona o cosa que precede a las demás de su especie en orden, tiempo, lugar, situación, clase, etc.: *es el primero de la lista.* ‖ Excelente, grande, que sobresale y excede a otros. ‖ adv. t. Antes que cualquier otra cosa. ‖ **de primera** loc. adj. y adv. Muy bueno, de gran calidad. ‖ **FAM.** prima, primacía, primado, primal, primar, primario, primer, primeramente, primerizo, primicia, primigenio, pimitivo, primo, primogénito, primordial.

primicia f. Primer producto de cualquier cosa. Más en pl. ‖ Primera noticia: *la primicia la dio un diario de la mañana.*

primigenio, nia adj. Primitivo, originario.

primitivismo m. Cualidad de primitivo. ‖ Tosquedad, rudeza. ‖ Carácter peculiar del arte o literatura primitivos. ‖ Tendencia artística que imita el arte primitivo.

primitivo, va adj. Relativo a los orígenes y primeros tiempos de alguna cosa. ‖ Se dice de los pueblos aborígenes o de civilización poco desarrollada, y también sus individuos. ‖ Rudimentario, tosco. ‖ Se dice del artista y de la obra artística pertenecientes a épocas anteriores a las clásicas dentro de una civilización o ciclo; especialmente, de los anteriores al Renacimiento europeo. También m. ‖ **FAM.** primitivamente, primitivismo.

primo, ma adj. Primero. ‖ m. y f. Respecto de una persona, hijo o hija de su tío o tía. ‖ Tratamiento que daba el rey a los grandes de España. ‖ Persona inocente, fácil de engañar. ‖ **FAM.** primada, primazgo.

primogénito, ta adj. Se dice del primer hijo que tiene una pareja. También s. ‖ **FAM.** primogenitura.

primor m. Destreza, habilidad, esmero. ‖ Obra realizada de este modo. ‖ **FAM.** primoroso.

primordial adj. Muy importante o necesario, fundamental.

primordio m. Conjunto de células del meristema que mediante sucesivas divisiones generan los órganos de las plantas.

princesa f. Mujer del príncipe. ‖ La que tiene soberanía sobre un principado.

principado m. Dignidad de príncipe. ‖ Territorio o lugar sobre el que recae este título: *principado de Asturias.* ‖ Territorio o lugar sujeto a la potestad del príncipe.

principal adj. Se dice de la persona o cosa que se antepone o prefiere a otras. ‖ Esencial o fundamental, en oposición a *accesorio.* ‖ En ling., se dice de la oración de la que dependen sintácticamente una o más oraciones subordinadas. ‖ com. Persona que dirige un almacén, fábrica, etc. ‖ m. Piso situado encima del entresuelo. ‖ Capital de una obligación o censo, en oposición a rédito, pensión o canon. ‖ **FAM.** principalmente, príncipe.

príncipe m. Hijo primogénito del rey, heredero de la corona. ‖ Título dado a algunos individuos de familia real o imperial. ‖ Soberano de un Estado: *príncipe de Mónaco.* ‖ Cualquiera de los grandes de un reino: *un príncipe de la Rusia zarista.* ‖ adj. Se dice de la primera edición de una obra de la que se hicieron varias. ‖ **FAM.** princesa, principado, principesco.

principiante adj. y com. Que empieza a estudiar o ejercer un oficio, arte, facultad, etc.

principiar tr. Comenzar, dar principio a una cosa. También intr. ‖ **FAM.** principiador, principiante.

principio m. Primer instante de la existencia de una cosa. ‖ Punto que se considera primero en una extensión o cosa: *el principio de la calle.* ‖ Causa primitiva o primera de algo. ‖ Rudimento de una ciencia o arte. También pl. ‖ Componente de un cuerpo: *principios activos.* ‖ Norma que rige el pensamiento o la conducta. También pl.: *seguir fiel a sus principios.* ‖ **FAM.** principal, principiar.

pringado, da m. y f. Persona que hace el peor trabajo o se lleva la peor parte. ‖ Persona ingenua, primo.

pringar tr. Empapar con pringue o salsa el pan u otro alimento. ‖ Manchar con pringue y, p. ext., con cualquier otra cosa. También prnl.: *se pringó de pintura.* ‖ Involucrar a alguien en un asunto poco lícito. ‖ intr. Trabajar más que nadie de una forma injusta. ‖ Morir, especialmente en la loc. *pringarla.* ‖ **FAM.** pringado, pringoso.

pringue amb. Grasa: *pringue del tocino.* ‖ Suciedad, grasa o porquería pegajosas. ‖ **FAM.** pringar.

prior, ra m. y f. Superior o prelado ordinario del convento. ‖ En algunas religiones, segundo prelado después del abad. ‖ **FAM.** priorato, priorazgo, prioridad.

prioridad f. Anterioridad de una cosa respecto de otra, en tiempo o en orden. ‖ Anterioridad o precedencia de una cosa respecto de otra que depende o procede de ella. ‖ **FAM.** prioritariamente, prioritario.

prisa f. Prontitud, rapidez. ‖ Necesidad o deseo de ejecutar algo con urgencia. ‖ **a toda prisa** loc. adv. Con la mayor prontitud. ‖ **FAM.** presura.

prisión f. Cárcel donde se encierra a los presos. ‖ Cualquier cosa que ata o limita la libertad: *el miedo es su prisión.* ‖ En der., pena de privación de libertad, inferior a la reclusión y superior a la de arresto. ‖ **FAM.** prisionero.

prisionero, ra m. y f. Militar u otra persona que cae en poder del enemigo, en tiempo de guerra. ‖ Persona que está presa, particularmente por causas que no son delitos. ‖ Persona dominada por un sentimiento o pasión. También adj.

prisma m. Poliedro formado por dos polígonos planos e iguales, llamados bases, y por tantos paralelogramos como lados tenga cada base. ‖ Pieza de cristal transparente de forma prismática que desvía y descompone la luz en sus siete colores básicos por refracción o por reflexión. ‖ Punto de vista, perspectiva: *su prisma es muy subjetivo.* ‖ **FAM.** prismático.

prismático, ca adj. Que tiene forma de prisma. ‖ m. pl. Instrumento óptico formado por dos tubos con lentes en su interior que permite ver ampliados objetos lejanos.

prístido adj. y m. Se dice de los peces cartilaginosos rayiformes de cuerpo deprimido, que miden entre 4 y 6 m de longitud, tienen color gris amarillento y presentan una lámina rostral en forma de sierra; habitan en aguas cálidas y tropicales. ‖ m. pl. Familia de estos peces.

prístino, na adj. Antiguo, primitivo, original.

privado, da adj. Que se ejecuta a la vista de pocos, sin formalidad ni ceremonia. ‖ Personal: *correspondencia privada.* ‖ Particular, en oposición a estatal: *propiedad privada.* ‖ m. Persona que goza de la confianza del rey y a la que ésta utiliza como consejero: *el privado de Felipe III fue el duque de Lerma.* ‖ **FAM.** privacidad, privadamente, privanza, privatizar.

privar tr. Despojar a uno de algo que poseía: *le privaron del carné.* ‖ Prohibir o vedar: *le privaron la entrada.* ‖ Quitar el sentido. Más c. prnl. ‖ intr. Gustar extraordinariamente: *a Juan le priva este tipo de dulces.* ‖ Tomar alcohol frecuentemente o en exceso. ‖ prnl. Dejar voluntariamente una cosa: *privarse del paseo.* ‖ **FAM.** privación, privado, privativo.

privilegio m. Ventaja o prerrogativa que goza alguien. ‖ Documento en que consta dicha ventaja o prerrogativa. ‖ **FAM.** privilegiar.

pro amb. Provecho, ventaja, especialmente en la loc. *de pro: un hombre de pro.* ‖ prep. A favor de. ‖ **el pro y el contra** loc. Denota la confrontación de lo favorable y adverso de una cosa. Más en pl. ‖ **en pro** loc. adv. En favor: *en pro de la humanidad.*

pro- pref. que significa 'por' o 'en vez de': *pronombre*; 'delante': *proponer*; también denota publicación: *proclamar*; continuidad de acción, impulso o movimiento hacia adelante: *promover*; negación o contradicción: *proscribir*; y sustitución: *procónsul.*

proa f. Parte delantera de un barco, o de otros vehículos, como los aviones. ‖ **FAM.** proel.

probabilidad f. Cualidad o circunstancia de probable, que puede suceder. ‖ En mat., cálculo de la posibilidad de que se verifique un suceso. ‖ **FAM.** probabilístico.

probable adj. Que es posible que suceda. ‖ Que se puede probar. ‖ **FAM.** probabilidad, probablemente.

probar tr. Experimentar las cualidades de personas, animales o cosas: *probó nuestra paciencia.* ‖ Usar algo para ver si su funcionamiento es el correcto: *probar un avión.* ‖ Ponerse una prenda para ver cómo sienta o si

está arreglada a la medida. También prnl.: *probarse un vestido.* ‖ Manifestar la certeza de un hecho o la verdad de una cosa: *no pudo probar que mentías.* ‖ intr. Experimentar e intentar una cosa: *probó a levantarse y no pudo.* ◆ **Irreg.** Se conj. como *contar.* ‖ **FAM.** probable, probado, probador, probativo, probatorio, probo.

probeta f. Tubo de cristal cerrado por un extremo y destinado a contener líquidos o gases. ‖ Manómetro de mercurio para conocer el grado de enrarecimiento del aire de la máquina neumática.

problema m. Cuestión que hay que solucionar. ‖ Conjunto de hechos o circunstancias que dificultan la consecución de algún fin. ‖ Proposición dirigida a averiguar el modo de obtener un resultado cuando ciertos datos son conocidos: *problema matemático.* ‖ **FAM.** problemático, problematizar.

problemático, ca adj. Que causa problemas o los implica. ‖ f. Conjunto de problemas pertenecientes a una ciencia o actividad determinadas. ‖ **FAM.** problemáticamente.

probo, ba adj. Honesto, íntegro. ‖ **FAM.** probidad.

probóscide f. Aparato bucal en forma de trompa o pico, adaptado para la succión, propio de los elefantes o de los insectos dípteros. ‖ **FAM.** proboscídeo.

proboscídeo, a o **proboscidio, a** adj. y m. Se dice de los mamíferos de gran tamaño, ungulados, de piel gruesa desprovista de pelo, con un apéndice nasal prolongado llamado trompa y grandes incisivos que sobresalen de su boca; son dos especies de elefantes, uno asiático y otro africano. ‖ m. pl. Orden de estos mamíferos.

procacidad f. Desvergüenza, insolencia, atrevimiento. ‖ **FAM.** procaz.

procariota f. Célula que carece de núcleo, con un único cromosoma formado por una cadena de ADN, que constituye una forma de organización celular completa.

procedencia f. Origen de una cosa: *esta palabra es de procedencia árabe.* ‖ Punto de salida de un medio de transporte, o de personas. ‖ Hecho de proceder una cosa, de ser razonable, conveniente o justa: *no veo la procedencia de su petición.* ‖ En der., fundamento legal y oportunidad de una demanda, petición o recurso.

proceder intr. Originarse una cosa de otra: *este tema procede de Virgilio.* ‖ Venir de cierto lugar, tener allí su origen: *¿de dónde procede su familia?* ‖ Pasar a poner en ejecución una cosa: *procedieron a la elección de alcalde.* ‖ Ser una cosa razonable, conveniente o justa. ‖

FAM. procedencia, procedente, proceder, procedimiento, procesión, proceso.

proceder m. Modo de portarse.

procedimiento m. Acción de proceder. | Método para ejecutar algo. | En der., actuación por trámites judiciales o administrativos.

prócer com. Persona importante.

procesado, da adj. Declarado como presunto reo en un proceso criminal. También s.

procesal adj. Perteneciente o relativo al proceso. | En der., se apl. a lo relativo a los procesos judiciales.

procesamiento m. Acto de procesar. | En inform., tratamiento de la información. | **procesamiento de datos** En inform., conjunto de operaciones que un ordenador realiza partiendo de un programa.

procesar tr. Formar autos y procesos. | En der., someter a proceso penal. | Someter alguna cosa a un proceso de elaboración, transformación, etc. | En inform., introducir en un ordenador una serie de datos para que trabaje con ellos un determinado programa. | **FAM.** procesado, procesador, procesamiento.

procesión f. Acto de ir ordenadamente muchas personas con un fin público, por lo general, religioso. | Una o más hileras de personas y animales. | **FAM.** procesional, procesionalmente, procesionaria.

procesionaria f. Nombre común de diversos insectos lepidópteros, cuyas orugas se desplazan formando largas hileras. Los más importantes son la *procesionaria del pino* y la *procesionaria de la encina.* Constituyen una plaga.

proceso m. Conjunto de las fases sucesivas de un fenómeno natural o de una operación artificial: *el proceso de una enfermedad.* | Transcurso de tiempo. | Agregado de los autos y demás escritos en cualquier causa civil o criminal. | Causa criminal. | En inform., conjunto de operaciones lógicas y aritméticas ordenadas, cuyo fin es la obtención de unos resultados determinados. | **FAM.** procesal, procesar.

proclama f. Notificación pública. | Alocución política o militar.

proclamar tr. Hacer público: *proclamar los resultados de unas elecciones.* | Declarar solemnemente el principio o inauguración de un reinado, congreso, etc. | Conferir un título o cargo, generalmente la mayoría. | Mostrar algo claramente: *su sonrisa proclama su satisfacción.* | prnl. Declararse uno investido de un cargo, autoridad, etc. | **FAM.** proclama, proclamación.

proclive adj. Que está inclinado hacia adelante o hacia abajo. | Inclinado o propenso a

una cosa, frecuentemente a lo malo. | **FAM.** proclividad.

procónsul m. Gobernador de una provincia entre los romanos.

procrear tr. Engendrar, multiplicar una especie. | **FAM.** procreación, procreador.

procurador, ra adj. Que procura. También s. | m. y f. Persona que tiene facultad para ejecutar algo en nombre de otra. | La que, con la habilitación legal pertinente, ejecuta ante los tribunales todas las diligencias necesarias en nombre de otra. | **FAM.** procuraduría.

procurar tr. Tratar de conseguir lo que se desea. También prnl.: *procurarse el bienestar.* | **FAM.** procurador.

prodigar tr. Disipar, gastar con exceso. | Dar algo en abundancia: *nos prodigó sus atenciones.* | prnl. Frecuentar un lugar, generalmente para exhibirse. | **FAM.** pródigo.

prodigio m. Suceso extraordinario que aparentemente no tiene explicación a través de las leyes naturales. | Persona o cosa extraordinaria en su línea. | Milagro. | **FAM.** prodigiosamente, prodigiosidad, prodigioso.

pródigo, ga adj. Gastador, manirroto. También s. | Muy dadivoso. | Muy productivo: *un yacimiento pródigo.* | **FAM.** prodigalidad, pródigamente.

pródromo m. Conjunto de síntomas que preceden a una enfermedad. | **FAM.** prodrómico.

producción f. Acción de producir. | Cosa producida. | Acto o modo de producirse. | Suma de los productos del suelo o de la industria: *producción lechera.*

producir tr. Engendrar, procrear. | Tener frutos los terrenos, las plantas: *el peral produce peras.* | Dar la naturaleza otros bienes o productos: *producir petróleo.* | Rentar, dar beneficios una cosa: *el dinero produce intereses en el banco.* También intr. | Ocasionar, originar: *la lluvia produjo inundaciones.* También prnl. | Fabricar, elaborar cosas útiles. | Proporcionar los medios económicos necesarios para realizar una película, programa, grabación, etc., encargándose también del control de su realización. ♦ Irreg. Se conj. como *conducir.* | **FAM.** producción, producible, productividad, productivo, producto, productor.

producto m. Cosa producida: *los productos de la tierra.* | Beneficio que se obtiene de una cosa que se vende, o el que ella renta. | En mat., cantidad que resulta de la multiplicación. | **producto nacional bruto** o **neto** Valor del producto interior bruto o neto, respectivamente, a los que se resta la parte debida a factores productivos extranjeros y a los que se añade el valor de lo producido en el exterior por factores productivos nacionales.

proel adj. Se dice de la parte más cercana a la proa en las embarcaciones menores. ‖ m. Marinero que se coloca a la proa en dichas embarcaciones.

proemio m. Prólogo. ‖ **FAM.** proemial.

proeza f. Hazaña, acción valerosa.

profanar tr. Tratar una cosa sagrada sin el debido respeto. ‖ Deshonrar: *profanar la memoria del maestro*. ‖ **FAM.** profanación, profanador.

profano, na adj. No relacionado con lo sagrado: *historia profana*. ‖ Irrespetuoso con las cosas sagradas. ‖ Que carece de conocimientos en una materia. También s. ‖ **FAM.** profanamente, profanar.

profecía f. Predicción de las cosas futuras en virtud de un don especial. ‖ Juicio o conjetura que se forma de una cosa por las señales que se observan en ella.

proferir tr. Emitir palabras o sonidos: *proferir un grito*. ♦ **Irreg.** Se conj. como *adquirir*.

profesar tr. Ejercer una ciencia, arte, oficio, etc. ‖ Creer, confesar: *profesar una doctrina*. ‖ Sentir algún afecto, inclinación o interés: *profesar cariño*. ‖ intr. Obligarse en una orden religiosa a cumplir los votos propios de su instituto. ‖ **FAM.** profesante, profesión, profeso, profesor.

profesión f. Empleo, oficio o actividad a la que se dedica alguien con derecho a retribución. ‖ Hecho de profesar en una orden religiosa y ceremonia que se hace. ‖ **FAM.** profesional, profesionista.

profesional adj. Relativo a la profesión. ‖ Se dice de la persona que ejerce una profesión. También com. ‖ Que practica habitualmente una actividad, como medio de vida. También com.: *un profesional del robo*. ‖ Que se practica como profesión y no como afición: *boxeo profesional*. ‖ com. Persona que ejerce su profesión con relevante capacidad y aplicación. ‖ **FAM.** profesionalidad, profesionalizar.

profesor, ra m. y f. Persona que enseña una ciencia, arte, oficio, etc. ‖ **profesor titular** Profesor universitario numerario. ‖ **FAM.** profesorado, profesoral.

profeta, tisa m. y f. Persona que posee el don de profecía. ‖ Persona que por señales predice acontecimientos futuros. ‖ **FAM.** profecía, proféticamente, profético, profetizar.

profetizar tr. Anunciar o predecir cosas futuras en virtud del don de profecía. ‖ Conjeturar o hacer juicios del éxito de una cosa por algunas señales observadas. ‖ **FAM.** profetizador.

profiláctico, ca adj. Se dice de lo que sirve para proteger de una enfermedad. ‖ m. Preservativo. ‖ f. Ciencia médica que se ocupa de la prevención de enfermedades.

profilaxis f. Prevención de las enfermedades; tratamiento preventivo. ♦ No varía en pl. ‖ **FAM.** profiláctico.

prófugo, ga adj. Se dice del que huye de la justicia. ‖ m. El que se ausenta o se oculta para eludir el servicio militar.

profundidad f. Cualidad de profundo. ‖ Parte honda de una cosa. ‖ Dimensión de los cuerpos perpendiculares a una superficie plana. ‖ Hondura y penetración del pensamiento y de las ideas.

profundizar tr. Hacer más profunda una cosa. ‖ Analizar o examinar una cosa para llegar a su perfecto conocimiento. También intr.

profundo, da adj. Que tiene el fondo muy distante de la boca: *pozo profundo*. ‖ Más hondo que lo regular: *hoyo profundo*. ‖ Extendido a lo largo: *selva profunda*. ‖ Se dice de lo que penetra mucho: *raíces profundas*. ‖ Intenso: *sueño profundo*. ‖ Difícil de comprender: *concepto profundo*. ‖ Tratándose del entendimiento, y de la persona que lo tiene, que penetra o ahonda mucho: *pensamiento profundo*. ‖ m. La parte más honda de una cosa. ‖ Lo más íntimo de una persona. ‖ **FAM.** profundamente, profundidad, profundizar.

profusión f. Gran abundancia de algo: *profusión de vegetación*. ‖ **FAM.** profuso.

progenitor, ra m. y f. Antepasado de una persona, y particularmente, el padre y la madre. ‖ **FAM.** progenie, progenitura.

progesterona f. Hormona sexual producida por el ovario de la mujer y las hembras de los mamíferos, que prepara la mucosa del útero para la implantación del óvulo fecundado.

prognatismo m. Hecho de tener saliente la mandíbula inferior. ‖ **FAM.** prognato.

programa m. Plan, proyecto. ‖ Tema para un discurso, cuadro, obra musical: *sinfonía con programa*. ‖ Sistema de distribución de las materias de un curso o asignatura. ‖ Anuncio de las partes de que se componen ciertos actos o espectáculos, reparto, etc. ‖ Impreso con ese anuncio. ‖ Serie de las distintas unidades temáticas que constituyen una emisión de radio o de televisión; cada una de estas unidades. ‖ Conjunto de instrucciones preparadas para que un aparato automático pueda efectuar una sucesión de operaciones determinadas: *programa para una lavadora automática*. ‖ En inform., secuencias de instrucciones detalladas y codificadas a fin de que un computador electrónico realice las operaciones necesarias para resolver un determinado problema. | **FAM.** programar, programático.

programar tr. Formar y preparar programas. | Idear y ordenar las acciones necesarias para realizar un proyecto. | En inform., preparar los datos previos para obtener la solución de un problema mediante una computadora electrónica. | En mat., determinar el valor máximo de una función de muchas variables cuyos valores extremos son conocidos. | **FAM.** programación, programador.

progresar intr. Hacer progresos alguien o algo. | **FAM.** progresión, progresivamente, progresividad, progresivo.

progresista adj. De ideas políticas y sociales avanzadas. También com. | **FAM.** progresismo.

progreso m. Acción de ir hacia adelante. | Hecho de crecer y desarrollarse en cualquier aspecto, particularmente se usa referido al adelanto cultural y técnico de una sociedad. | **FAM.** progre, progresar, progresía, progresista.

prohibir tr. Impedir el uso o ejecución de una cosa. | **FAM.** prohibición, prohibitivo, prohibitorio.

prohijar tr. Adoptar por hijo. | Acoger como propias opiniones ajenas. | **FAM.** prohijamiento.

prohombre m. Personaje importante y respetado.

prójimo, ma m. y f. Cualquier persona. | m. Respecto a una persona, el resto de la gente: *nunca piensa en el prójimo.*

prole f. Hijos o descendencia. | **FAM.** proletariado, proliferar.

proletariado m. Clase social constituida por aquellos que, al no poseer los medios de producción, ofrecen su trabajo a cambio de un salario. | **FAM.** proletario.

proliferar intr. Multiplicarse abundantemente: *proliferan las quejas.* | Reproducirse por división. | **FAM.** proliferación, proliferante, prolífero, prolífico.

prolífico, ca adj. Que produce mucho. | Que se reproduce con mucha facilidad: *los conejos son muy prolíficos.*

prolijo, ja adj. Largo, dilatado con exceso: *una descripción muy prolija.* | Cuidadoso, esmerado. | **FAM.** prolijamente, prolijidad.

prólogo m. Introducción a ciertas obras para explicarlas al lector o comentar algún aspecto de las mismas. | Discurso que en el teatro griego y latino y también en el antiguo de los pueblos modernos solía preceder al poema dramático. | Primera parte de algunas obras dramáticas y novelas. | Principio, cosa que

prepara a otra o la presenta. | **FAM.** prologal, prologar, prologuista.

prolongar tr. Alargar, dilatar: *prolongar un cable.* También prnl. | Hacer que dure una cosa más tiempo de lo normal: *prolongar la espera.* | **FAM.** prolongable, prolongación, prolongadamente, prolongado, prolongador, prolongamiento.

promediar tr. Repartir en dos partes iguales. | intr. Hacer de intermediario entre dos o más personas. | Llegar a su mitad un espacio de tiempo determinado: *cuando promedie el mes de junio.*

promedio m. Punto medio de una cosa. | Suma de varias cantidades, dividida por el número de ellas; media. | **FAM.** promediar.

promesa f. Expresión de la voluntad de dar a alguien o hacer por él alguna cosa. | Augurio, señal, particularmente cuando es buena: *este tiempo es promesa de buena cosecha.* | Persona que por sus aptitudes se espera que triunfe en alguna actividad: *la nueva promesa del ciclismo español.* | **FAM.** promesar.

prometer tr. Obligarse a hacer, decir o dar algo. | Asegurar la certeza de lo que se dice. | intr. Dar muestras de capacidad en alguna materia o actividad: *este chico promete.* | prnl. Mostrar gran confianza en lograr una cosa: *se las prometían muy felices.* | Darse mutuamente palabra de casamiento. | **FAM.** promesa, prometedor, prometido, promisión.

prometido, da m. y f. Persona que con cierta formalidad ha hecho y recibido promesa de casamiento.

prominente adj. Que se destaca sobre lo que está a su alrededor. | **FAM.** prominencia.

promiscuo, cua adj. Se dice de la persona que mantiene relaciones sexuales con muchas otras; se dice también de estas relaciones. | Mezclado confusamente. | **FAM.** promiscuamente, promiscuidad.

promisión f. Promesa: *tierra de promisión.* | **FAM.** promisorio.

promoción f. Acción y efecto de promover o de promocionar: *este artículo está de promoción.* | Conjunto de individuos que al mismo tiempo han obtenido un título, grado o empleo: *hoy ceno con los de mi promoción.* | Elevación o mejora de las condiciones de vida, productividad, intelectuales, etc. | **FAM.** promocionar.

promocionar tr. Elevar o hacer valer objetos comerciales, cualidades, personas, etc. También prnl.

promontorio m. Altura considerable de tierra que avanza hacia el mar. | Parte elevada en un terreno.

promotor, ra adj. Que promueve una cosa.

También s. | Que promueve a una persona, especialmente a un cantante, deportista, etc.

promover tr. Iniciar o adelantar una cosa procurando su logro: *promover una reforma.* | Elevar a una persona a una dignidad o empleo superior al que tenía. ✦ Irreg. Se conj. como *mover.* | FAM. promoción, promotor, promovedor.

promulgar tr. Publicar oficialmente una ley u otra disposición. | Hacer que una cosa se divulgue. | FAM. promulgación, promulgador.

pronombre m. Parte de la oración que suple al nombre o lo determina. | FAM. pronominal.

pronominal adj. Perteneciente o relativo al pronombre, o que desempeña su función. | Se dice de los verbos que se conjugan en todas sus formas con los pronombres personales, de forma que la persona coincida en sujeto y complemento: *¿os acordáis?*

pronóstico m. Acción y efecto de pronosticar. | Señal a través de la cual se adivina una cosa futura. | Calendario en que se incluyen los fenómenos astronómicos y meteorológicos. | Juicio que forma el médico respecto a los cambios que pueden sobrevenir a una enfermedad: *pronóstico reservado.* | FAM. pronosticar.

pronto, ta adj. Veloz, ligero. | Dispuesto para la ejecución de una cosa. | m. Forma de reaccionar ante algo, muy rápida y a veces violenta: *le dio un pronto y se fue sin despedirse.* | adv. t. En seguida, prontamente: *vuelve pronto.* | Con anticipación al momento fijado: *si llegas pronto, espérame.* | **de pronto** loc. adv. Apresuradamente; también, de repente. | **por de, o lo pronto** loc. adv. De primera intención. | FAM. prontamente, prontitud, prontuario.

prontuario m. Libro en que se anotan varias cosas a fin de tenerlas presentes en un momento dado. | Compendio de una ciencia o arte.

pronunciamiento m. Golpe de Estado militar. | En der., cada una de las declaraciones, condenas o mandatos del juzgado.

pronunciar tr. Articular los sonidos para hablar. | Decir algo en público y en voz alta: *pronunciar un discurso.* | Destacar, hacer más perceptible. También prnl.: *se le ha pronunciado la cojera.* | prnl. Sublevarse, rebelarse contra el gobierno. | Manifestarse alguien en favor o en contra de algo: *se pronunció a favor de la medida.* | FAM. pronunciable, pronunciación, pronunciado, pronunciamiento.

propaganda f. Acción y efecto de dar a conocer una idea, doctrina, etc. | Publicidad de un producto comercial. | Anuncio publicita-

rio. | FAM. propagandismo, propagandista, propagandístico.

propagar tr. Multiplicar por vía de reproducción. | Extender, aumentar. También prnl.: *se ha propagado el fuego.* | Extender el conocimiento o uso de una cosa. | FAM. propagación, propagador, propaganda.

propalar tr. Divulgar, difundir. | FAM. propalador.

propano m. Hidrocarburo alifático saturado; es un gas incoloro e inodoro que se emplea como combustible.

proparoxítono, na adj. Se dice de las palabras esdrújulas.

propasar tr. Pasar más adelante de lo debido. | prnl. Excederse de lo razonable en lo que se hace o dice.

propedéutica f. Enseñanza preparatoria para el estudio de una disciplina. | FAM. propedéutico.

propensión f. Tendencia o atracción hacia algo: *tiene propensión a engordar.* | FAM. propender, propenso.

propiciar tr. Favorecer o facilitar algo. | Atraer la benevolencia de alguien. | FAM. propiciación, propiciador.

propicio, cia adj. Favorable o apropiado para alguna cosa. | FAM. propiciamente, propiciar, propiciatorio.

propiedad f. Derecho o facultad de disponer de una cosa. | Cosa que se posee, especialmente si es inmueble o raíz. | Atributo, cualidad esencial: *la conductibilidad es una propiedad del cobre.* | Precisión y exactitud al utilizar las palabras y el lenguaje: *hablar con propiedad.* | FAM. propietario.

propietario, ria adj. Que tiene derecho de propiedad sobre una cosa, y especialmente sobre bienes inmuebles. Más c. s. | Que tiene cargo u oficio que le pertenece.

propileno m. Hidrocarburo no saturado, segundo de la serie de los alquenos; es un gas incoloro que se obtiene en la refinación del petróleo y se emplea en la elaboración de acetona y plásticos industriales. Se llama también *propeno.*

propina f. Dinero que se da además del precio convenido por algún servicio. | Gratificación pequeña con que se recompensa un servicio eventual. | **de propina** loc. adv. Por añadidura. | FAM. propinar.

propinar tr. Pegar, maltratar: *propinar una paliza.*

propincuo, cua adj. Allegado, cercano, próximo. | FAM. propincuidad.

propio, pia adj. Perteneciente a una persona que tiene la facultad exclusiva de disponer de ello: *tiene coche propio.* | Característico, peculiar de cada persona o cosa: *esa respuesta es propia de él*. ‖ Conveniente, adecuado: *un vestido propio para la ocasión*. ‖ Natural, en contraposición a postizo o accidental: *pelo propio*. ‖ Relativo a la persona que habla o de que se habla: *en defensa propia*. ‖ Se dice del nombre utilizado para identificar a una persona o entidad en concreto, y se escribe con mayúscula, como *Lorenzo* o *Francia*. ‖ En filos., se dice del accidente que se sigue necesariamente o es inseparable de la esencia y naturaleza de las cosas. También s. ‖ **FAM.** propiamente, propiedad.

proponer tr. Manifestar una cosa para que alguien la conozca, la acepte, etc.: *propongo ir al cine*. ‖ Presentar a uno para un empleo o cargo. ‖ Enunciar un ejercicio, problema, etc., para que sea resuelto. ‖ prnl. Determinar o hacer propósito de ejecutar o no una cosa: *se propuso conseguirlo*. ◆ **Irreg**. Se conj. como *poner*. ‖ **FAM.** proponente, proposición, propósito, propuesta.

proporción f. Disposición o correspondencia de las partes con el todo o entre cosas relacionadas entre sí. ‖ Dimensión de algo: *las proporciones de un mueble*. ‖ Importancia o trascendencia de algo: *un escándalo de grandes proporciones*. ‖ En mat., igualdad de dos razones: *proporción aritmética*. ‖ **FAM.** proporcional, proporcionar.

proporcional adj. Conforme a una proporción, en relación equilibrada. ‖ **FAM.** proporcionalidad, proporcionalmente.

proporcionar tr. Poner a disposición de uno lo que necesita o le conviene. También prnl. ‖ Causar, producir: *aquello le proporcionó muchos disgustos*. ‖ Disponer y ordenar una cosa con la debida correspondencia en sus partes. ‖ **FAM.** proporcionable, proporcionado.

proposición f. Acción y efecto de proponer. ‖ En ling., unidad de estructura oracional, constituida por sujeto y predicado, que se une mediante coordinación o subordinación a otra u otras proposiciones para formar una oración compuesta. ‖ En lóg., expresión de un juicio entre dos términos, sujeto y predicado. ‖ En mat., enunciación de una verdad demostrada o que se trata de demostrar.

propósito m. Intención de hacer o de no hacer una cosa: *tengo el propósito de ir*. ‖ Objetivo, fin o aspiración: *su propósito es vencer*. ‖ **a propósito** loc. adv. Introduce algo que tiene relación con lo que se estaba diciendo.

propuesta f. Proposición de una idea, proyecto, etc. ‖ Ofrecimiento.

propugnar tr. Defender o apoyar algo por

creerlo conveniente. ‖ **FAM.** propugnación, propugnador.

propulsar tr. Dar impulso hacia adelante. ‖ **FAM.** propulsar, propulsor.

propulsión f. Acción de propulsar. ‖ **propulsión a chorro** Procedimiento empleado en motores de aviones, cohetes, proyectiles, etc., que se basa en la reacción producida por la descarga de un fluido expulsado a gran velocidad.

prorratear tr. Repartir una cantidad proporcionalmente entre varios. ‖ **FAM.** prorrata, prorrateo.

prorrogar tr. Continuar, dilatar una cosa por tiempo determinado: *han prorrogado el plazo*. ‖ Suspender o aplazar. ‖ **FAM.** prórroga, prorrogable, prorrogación.

prorrumpir intr. Proferir repentinamente y con fuerza o violencia una voz, suspiro u otra demostración de un sentimiento: *prorrumpir en sollozos*.

prosa f. Estructura o forma que toma naturalmente el lenguaje para expresar los conceptos, no sujeta, como el verso, a medida y cadencia determinadas. ‖ Aspecto de las cosas menos perfecto o más lejos del ideal. ‖ **FAM.** prosado, prosaico, prosaísmo, prosificar, prosista, prosístico.

prosaico, ca adj. Relativo a la prosa, o escrito en prosa. ‖ Que carece de idealidad o perfección, vulgar: *una existencia prosaica*. ‖ **FAM.** prosaicamente.

prosapia f. Ascendencia, linaje o generación de una persona.

proscenio m. Parte del escenario más inmediata al público. ‖ En el antiguo teatro griego y latino, lugar entre la escena y la orquesta. ‖ **FAM.** proscénico.

proscribir tr. Echar a uno del territorio de su patria. ‖ Excluir, prohibir. ◆ Su p. p. es irreg.: *proscrito*. ‖ **FAM.** proscripción, proscriptor, proscrito.

proseguir tr. Seguir, continuar. ◆ **Irreg**. Se conj. como *decir*. ‖ **FAM.** prosecución, proseguible, proseguimiento.

proselitismo m. Empeño de ganar prosélitos. ‖ **FAM.** proselitista.

prosélito m. Persona convertida a cualquier religión. ‖ Partidario o adepto de una doctrina o partido. ‖ **FAM.** proselitismo.

prosista com. Escritor o escritora de obras en prosa.

prosodia f. Parte de la gramática que enseña la correcta pronunciación y acentuación. ‖ Estudio de los rasgos fónicos que afectan a la métrica, especialmente de los acentos y de la cantidad. ‖ Parte de la fonología dedicada al estudio de los rasgos fónicos que afectan a

unidades inferiores al fonema. ‖ Métrica. ‖
FAM. prosódico.

prosopopeya f. Figura retórica que consiste en atribuir a las cosas inanimadas o abstractas, acciones y cualidades propias del ser animado o las del hombre a los seres irracionales. ‖ Excesiva afectación o solemnidad al expresarse o al actuar: *gasta mucha prosopopeya.*

prospección f. Exploración del subsuelo encaminada a descubrir yacimientos minerales, petrolíferos, aguas subterráneas, etc. ‖ Exploración de posibilidades futuras basada en indicios presentes. ‖ **FAM.** prospectivo, prospecto.

prospecto m. Exposición o anuncio breve de una obra, escrito, espectáculo, etc. ‖ Folleto que llevan algunos productos, especialmente un medicamento, y que informa sobre su modo de uso, su composición, etc.

prosperar intr. Mejorar, avanzar. ‖ Tener aceptación: *espero que el plan prospere.*

prosperidad f. Bienestar, especialmente el económico. ‖ Éxito o desarrollo favorable de alguna cosa.

próspero, ra adj. Favorable, propicio. ‖ **FAM.** prósperamente, prosperar, prosperidad.

próstata f. Glándula sexual masculina de los mamíferos, situada en la base de la vejiga de la orina, alrededor de la uretra, que segrega un líquido blanquecino y viscoso, que al unirse a los espermatozoides producidos por los testículos constituye el semen. ‖ **FAM.** prostático.

prostíbulo m. Casa de prostitutas. ‖ **FAM.** prostibulario.

prostituir tr. y prnl. Hacer que una persona se dedique a mantener con otras relaciones sexuales a cambio de dinero. ‖ Corromper, pervertir por interés o adulación. ♦ **Irreg.** Se conj. como *huir.* ‖ **FAM.** prostíbulo, prostitución, prostituto.

prostituto, ta m. y f. Persona que se prostituye. Más c. f.

protactinio m. Elemento químico metálico, de color blanco grisáceo, radiactivo, que se encuentra en los minerales de uranio. Su símbolo es *Pa.*

protagonista com. Personaje principal de la acción en una obra literaria, cinematográfica, etc. ‖ Persona que en cualquier asunto desempeña el papel principal. ‖ **FAM.** protagonismo, protagonizar.

protección f. Amparo, refugio. ‖ **FAM.** proteccionismo.

proteccionismo m. Política económica que grava, mediante el empleo de diversas me-

didas, la entrada en un país de productos extranjeros en competencia con los nacionales. ‖ Doctrinas que fundamentan esta política. ‖ **FAM.** proteccionista.

protectorado m. Parte de soberanía, especialmente sobre las relaciones exteriores, que un Estado ejerce en territorio en el que existen autoridades propias. ‖ Territorio en que se ejerce esta soberanía compartida.

proteger tr. Amparar, favorecer, defender. ‖ **FAM.** protección, protector, protegido.

proteico, ca adj. Relativo a las proteínas.

proteína f. Cualquiera de las numerosas sustancias químicas que forman parte de la materia fundamental de las células y de las sustancias vegetales y animales. ‖ **FAM.** proteico, proteínico, prótido.

prótesis f. Procedimiento para sustituir un órgano o parte de él, como un diente, un ojo, una pierna, etc., por una pieza o aparato artificial. ‖ Esta misma pieza o aparato. ‖ Procedimiento que consiste en añadir algún sonido al principio de un vocablo. ♦ No varía en pl. ‖ **FAM.** protésico.

protestantismo m. Conjunto de comunidades religiosas surgidas de la Reforma protestante del s. xvi. ‖ Doctrina religiosa de estas comunidades.

protestar intr. Mostrar disconformidad o descontento. ‖ tr. Negar la aceptación o el pago de una letra de cambio o un cheque. ‖ **FAM.** protesta, protestable, protestante, protestantismo, protesto, protestón.

prótido m. Proteína.

protista o **protisto** adj. Se dice de los seres vivos uni o pluricelulares constituidos por células eucariotas, que no presentan tejidos u órganos diferenciados ‖ Reino de estos seres vivos.

proto- pref. que significa 'prioridad, preeminencia o superioridad': *prototipo.*

protoactinio m. Protactinio.

protocolo m. Conjunto de reglas y ceremoniales que deben seguirse en ciertos actos o con ciertas personalidades. ‖ Serie ordenada de escrituras y otros documentos que un notario o escribano autoriza y custodia con ciertas formalidades. ‖ Acta o cuaderno de actas relativas a un acuerdo, conferencia o congreso diplomático. ‖ **FAM.** protocolar, protocolario, protocolizar.

protohistoria f. Período de la vida de la humanidad del que no se poseen documentos, pero del que existen, además de los testimonios propios de la prehistoria, tradiciones originariamente orales. ‖ Estudio de ese período. ‖ Obra que versa sobre él. ‖ **FAM.** protohistórico.

protón m. Partícula elemental presente en el núcleo de los átomos, de carga igual a la del electrón, pero de signo positivo. ‖ **FAM.** protónico.

protoplasma m. Sustancia que constituye la parte esencial de la célula. ‖ **FAM.** protoplasmático.

protórax m. Primero de los tres segmentos que forman el tórax de los insectos. ◆ No varía en pl.

prototipo m. Primer ejemplar de algo que se toma como modelo. ‖ Persona o cosa en la que destacan ciertas cualidades, por las que se toma como modelo. ‖ **FAM.** prototípico.

protozoo adj. y m. Se dice de las protistas eucariotas unicelulares, que viven en aguas dulces y saladas o líquidos internos de los organismos superiores, y tienen cilios, flagelos o seudópodos; muchos de ellos son parásitos. ‖ m. pl. Grupo de estos seres vivos.

protuberancia f. Parte saliente o abultamiento de algo. ‖ **FAM.** protuberante.

provecho m. Beneficio, utilidad. ‖ Aprovechamiento en el estudio. ‖ **buen provecho** loc. Expresa el deseo de que una cosa sea útil o conveniente a la salud o bienestar de uno, especialmente los alimentos. ‖ **FAM.** provechosamente, provechoso.

proveer tr. Suministrar o facilitar lo necesario o conveniente para un fin. También prnl.: *se provee en esta tienda.* ‖ Prevenir, reunir y preparar las cosas necesarias para un fin. También prnl. ‖ Conferir una dignidad, empleo u otra cosa: *ya han provisto las plazas vacantes.* ‖ Dictar un juez o tribunal una resolución. ◆ **Irreg.** Se conj. como *leer.* Doble part.: *proveído* (reg.), *provisto* (irreg.). ‖ **FAM.** proveedor, proveimiento, providencia, providente, próvido, provisión, provisor, provisto.

provenir intr. Proceder, nacer. ◆ **Irreg.** Se conj. como *venir.* ‖ **FAM.** proveniencia, proveniente, proviniente, proviniente.

proverbial adj. Relativo al proverbio o que lo incluye. ‖ Muy notorio, conocido de siempre: *su amabilidad es proverbial.* ‖ **FAM.** proverbialmente.

proverbio m. Sentencia o refrán. ‖ Obra dramática cuyo objeto es poner en acción un proverbio o refrán. ‖ **FAM.** proverbial.

providencia f. Disposición anticipada, prevención. ‖ Remedio. ‖ Suprema sabiduría de Dios que rige el mundo y los hombres. ◆ En esta acepción se escribe con mayúscula. ‖ Resolución judicial que decide cuestiones de trámite. ‖ **FAM.** providencial.

provincia f. División administrativa de un territorio o Estado. ‖ Cada uno de los distritos en que dividen un territorio las órdenes religiosas. ‖ **FAM.** provincial, provincialismo, provinciano.

provinciano, na adj. Se dice del habitante de una provincia. También s. ‖ De mentalidad y costumbres poco avanzadas o modernas, propias de un pueblo o de una pequeña provincia. ‖ **FAM.** provincianismo.

provisión f. Acción y efecto de proveer. ‖ Abastecimiento de las cosas necesarias. Más en pl. ‖ **FAM.** provisional.

provisional adj. Que no es definitivo, sino sólo por un tiempo: *un arreglo provisional.* ‖ **FAM.** provisionalmente, provisorio.

provocar tr. Incitar a alguien a algo. ‖ Irritar a alguien, incitarle para que discuta o pelee. ‖ Producir, causar: *provocar risa.* ‖ Excitar sexualmente. ‖ **FAM.** provocación, provocador, provocante, provocativamente, provocativo.

proxeneta com. Persona que vive de las ganancias de una prostituta, a cambio de su protección. ‖ Persona que favorece la prostitución. ‖ **FAM.** proxenético, proxenetismo.

próximo, ma adj. Cercano, que dista poco en el espacio o en el tiempo. ‖ Inmediato, siguiente: *el próximo mes.* ‖ **FAM.** próximamente, proximidad.

proyección f. Acción y efecto de proyectar. ‖ Imagen proyectada por medio de un foco luminoso sobre una superficie. ‖ En geom., figura que resulta en una superficie, de proyectar en ella todos los puntos de un sólido u otra figura.

proyectar tr. Lanzar, dirigir hacia adelante o a distancia: *de un golpe lo proyectó contra la pared.* ‖ Idear, proponer, disponer: *proyectar las vacaciones.* ‖ Hacer visible sobre un cuerpo o una superficie la figura o la sombra de otro. También prnl. ‖ Formar sobre una pantalla la imagen óptica amplificada de diapositivas, películas u objetos opacos. ‖ Hacer un proyecto de arquitectura o ingeniería. ‖ En geom., trazar líneas rectas desde todos los puntos de un sólido u otra figura, según determinadas reglas, hasta que encuentren una superficie por lo común plana. ‖ **FAM.** proyección, proyectil, proyectivo, proyector.

proyectil m. Cualquier cuerpo arrojadizo, especialmente los lanzados con armas de fuego, como bala, bomba, etc.

proyecto m. Plan y disposición detallados que se forman para la ejecución de una cosa. ‖ Propósito o pensamiento de hacer una cosa. ‖ Conjunto de escritos, cálculos y dibujos que se hacen para dar idea de cómo ha de ser y lo que ha de costar una obra de arquitectura o de ingeniería. ‖ **FAM.** proyectar, proyectista.

proyector m. Aparato que sirve para proyectar imágenes ópticas. ‖ Aparato óptico con el que se obtiene un haz luminoso de gran intensidad.

prudencia f. Cualidad que consiste en actuar con reflexión y precaución para evitar posibles daños. ‖ Moderación al hablar o actuar. ‖ **FAM.** prudencial, prudencialmente, prudente.

prudente adj. Moderado, razonable: *pidió una cantidad prudente.* ‖ **FAM.** prudentemente.

prueba f. Acción y efecto de probar. ‖ Razón o argumento con que se demuestra la verdad o falsedad de una cosa: *la acusación aportó pruebas concluyentes.* ‖ Indicio, muestra que se da de una cosa: *una prueba de amistad.* ‖ Ensayo o experiencia que se hace de una cosa. ‖ En mat., operación que se ejecuta para averiguar la exactitud de otra ya hecha. ‖ En impr., muestra de la composición tipográfica que se saca para corregir las erratas que tiene. ‖ Competición deportiva. ‖ Examen para demostrar conocimientos o aptitudes. ‖ **a prueba de** loc. adj. y adv. Que puede resistir la acción de aquello que se expresa: *a prueba de balas.*

prurito m. Comezón, picazón. ‖ Deseo de perfección, generalmente excesivo. ‖ **FAM.** prurigo.

psico- Elemento compositivo que entra en la formación de algunas voces españolas con el significado de 'alma' o 'actividad mental': *psicología.*

psicoanálisis m. Método terapéutico de determinadas enfermedades mentales, desarrollado por Sigmund Freud, basado en el análisis retrospectivo de las causas morales y afectivas que determinan las dolencias del paciente. ‖ Doctrina que sirve de base a este tratamiento. ♦ No varía en pl. ‖ **FAM.** psicoanalista, psicoanalítico, psicoanalizar.

psicodélico, ca adj. Relativo a la manifestación de experiencias y estados psíquicos que en condiciones normales están ocultos, o a la estimulación intensa de potencias psíquicas. ‖ Causante de esta manifestación o estimulación, como los alucinógenos.

psicodrama m. Representación teatral con fines psicoterápicos.

psicología f. Ciencia que estudia la conducta humana. ‖ Manera de sentir de una persona o grupo. ‖ Capacidad para captar los sentimientos de los demás y saber tratarlos. ‖ **FAM.** psicológico, psicólogo.

psicopatía f. Enfermedad mental. ‖ Anomalía psíquica por obra de la cual, a pesar de la integridad de las funciones perceptivas y mentales, se halla patológicamente alterada la conducta social del individuo que la padece. ‖ **FAM.** psicópata, psicopático.

psicosis f. Nombre genérico de las enfermedades mentales. ‖ Obsesión muy persistente. ♦ No varía en pl.

psicosomático, ca adj. Se dice de lo que afecta a la psique y a lo que implica una acción de la psique sobre el cuerpo, o viceversa.

psicoterapia f. Tratamiento de las enfermedades, especialmente de las nerviosas, por medio de la sugestión o persuasión o por otros procedimientos psíquicos. ‖ **FAM.** psicoterapeuta, psicoterápico.

psique f. Conjunto de actos y funciones de la mente. ‖ **FAM.** psicastenia, psicoanálisis, psicodrama, psicofisiología, psicogénico, psicógeno, psicokinesis, psicolingüística, psicología, psicometría, psicomotricidad, psiconeurosis, psicopatía, psicosis, psicosomático, psicotecnia, psicoterapia, psicótropo, psiquiatría, psíquico, psiquis, psiquismo.

psiquiatría f. Parte de la medicina que trata de las enfermedades mentales. ‖ **FAM.** psiquiatra, psiquiátrico.

psitácido, da adj. y f. Se dice de las aves prensoras, casi todas originarias de países tropicales, con plumas de colores vivos y pico corto muy curvo. ‖ f. pl. Familia de estas aves.

pteridofito, ta adj. y f. Se dice de las plantas metafitas criptógamas, caracterizadas por reproducirse mediante alternancia de generaciones, como los helechos. ‖ f. pl. División de estas plantas.

pterodáctilo m. Reptil fósil volador, caracterizado por presentar una membrana entre las extremidades anteriores y el cuerpo que le posibilitaba el vuelo; vivió en el periodo jurásico.

púa f. Cuerpo delgado y rígido que acaba en punta aguda. ‖ Pincho o espina. ‖ Vástago de un árbol, que se introduce en otro para injertarlo. ‖ Diente de un peine. ‖ Pequeña lámina triangular para tocar la guitarra y otros instrumentos semejantes.

pub (voz i.) m. Establecimiento hostelero al estilo inglés, donde se sirven bebidas. ♦ pl. *pubs* o *pubes.*

púber adj. Que ha llegado a la pubertad. También com.

pubertad f. Época de la vida en que comienzan a manifestarse los caracteres de la madurez sexual. ‖ **FAM.** púber.

pubis m. Parte inferior del vientre, que en la especie humana se cubre de vello en la pubertad. ‖ Hueso par, situado en la parte delantera de la pelvis. ♦ No varía en pl. ‖ **FAM.** pubertad, pubescente, pubiano.

publicación f. Obra literaria o artística publicada.

publicar tr. Hacer patente y manifiesta al público una cosa. ‖ Revelar o decir lo que estaba secreto u oculto. ‖ Difundir por medio de la imprenta o de otro procedimiento un escrito, estampa, grabación, etc. ‖ Correr las amonestaciones para el matrimonio y las órdenes sagradas. ‖ **FAM.** publicable, publicación, publicidad.

publicidad f. Cualidad o estado de público. ‖ Conjunto de medios que se emplean para divulgar o extender noticias o hechos. ‖ Divulgación de noticias o anuncios de carácter comercial para atraer a posibles compradores, espectadores, usuarios, etc. ‖ **FAM.** publicista, publicitario.

público, ca adj. Sabido o conocido por todos. ‖ Para todos los ciudadanos o para la gente en general, y se opone a privado: *transportes públicos*. ‖ Se dice de las personas que se dedican a actividades por las cuales son conocidas por el común de la gente. ‖ m. Conjunto de personas que participan de unas mismas aficiones, concurren a un lugar determinado para asistir a un espectáculo o con otro fin semejante, utilizan iguales servicios, etc. ‖ **en público** loc. adv. De manera que todos puedan verlo, oírlo, etc. ‖ **FAM.** públicamente, publicano, publicar.

¡pucha! interj. Indica sorpresa, disgusto, etc.

pucherazo m. Fraude electoral que consiste en alterar, de diversos modos, el resultado del escrutinio de votos.

puchero m. Recipiente para guisar, de barro u otro material. ‖ Nombre dado a diferentes guisos, parecidos al cocido. ‖ Alimento diario y regular. ‖ Gesto o movimiento que precede al llanto: *hacer pucheros*. ‖ **FAM.** pucherazo.

pudibundo, da adj. Que finge pudor o muestra un pudor excesivo. ‖ **FAM.** pudibundez.

púdico, ca adj. Que tiene pudor.

pudiente adj. Poderoso, rico. También com.

pudín o **pudin** m. Dulce hecho con bizcocho o pan deshecho en leche, con azúcar, huevos y frutos secos. ‖ P. ext., plato semejante, pero salado.

pudor m. Honestidad, recato. ‖ Sentimiento de vergüenza hacia lo relacionado con el sexo, a mostrarse desnudo, etc. ‖ **FAM.** pudendo, pudibundo, pudicia, pudoroso.

pudrir tr. Corromper, descomponer. También prnl. ‖ prnl. Consumirse de tristeza, abandono, etc., en un determinado lugar o circunstancia. ‖ **FAM.** pudrición, pudridero, pudrimiento, putrefacción. ♦ **Irreg.** Conjugación modelo:

Indicativo
Pres.: *pudro, pudres, pudre, pudrimos, pudrís, pudren.*
Imperf.: *pudría, pudrías,* etc.
Pret. indef.: *pudrí, pudriste,* etc.
Fut. imperf.: *pudriré, pudrirás,* etc.

Potencial: *pudriría, pudrirías,* etc.

Subjuntivo
Pres.: *pudra, pudras, pudra, pudramos, pudráis, pudran.*
Imperf.: *pudriera, pudrieras,* etc., o *pudriese, pudrieses,* etc.
Fut. imperf.: *pudriere, pudrieres,* etc.

Imperativo: *pudre, pudrid.*

Participio: *podrido.*

Gerundio: *pudriendo.*

pueblerino, na adj. De un pueblo pequeño o aldea. También s. ‖ Rústico, paleto.

pueblo m. Población pequeña. ‖ Conjunto de personas de un lugar, región o país. ‖ Conjunto de personas que tienen un mismo origen o comparten una misma cultura: *el pueblo musulmán*. ‖ Gente común y humilde de una población. ‖ País con gobierno independiente. ‖ **FAM.** poblacho, poblano, poblar, populacho, popular, populoso, pueblerino, pueblero.

puente m. Construcción sobre un río, foso, etc., para poder pasarlo. ‖ Tablilla colocada perpendicularmente en la tapa de los instrumentos de arco, para mantener levantadas las cuerdas. ‖ Pieza metálica que usan los dentistas para sujetar en los dientes naturales los artificiales. ‖ Parte central de la montura de unas gafas, que une los dos cristales. ‖ Día o días que entre dos festivos o sumándose a uno festivo se aprovechan para vacación. ‖ Dispositivo eléctrico para medir resistencias, capacidades, inductancias, tensiones, etc., o para regulaciones automáticas de precisión. ‖ Cada una de las cubiertas que llevan batería en los buques de guerra. ‖ **puente aéreo** Comunicación frecuente y continua por avión entre dos lugares. ‖ **FAM.** pontaje, pontazgo, pontón.

puerco, ca m. y f. Cerdo, animal. ‖ adj. Sucio o grosero. También s. ‖ **puerco espín** Mamífero roedor de unos 70 cm de longitud, con el cuerpo rechoncho, y el lomo y los costados cubiertos de púas córneas; habita en Europa y N de África. ‖ **FAM.** porcino, porquería, porquerizo, puercada, puercamente.

puericultura f. Disciplina médica y actividad que se ocupa de prestar cuidados a los niños para su mejor desarrollo durante

los primeros años de vida. ‖ **FAM.** pueri-
cultor.

pueril adj. Relativo al niño. ‖ Propio de un
niño: *un comportamiento pueril*. ‖ **FAM.** puericultura, puerilidad, puerilmente.

puerperio m. Tiempo que inmediatamente
sigue al parto. ‖ Estado delicado de salud de
la mujer en este tiempo. ‖ **FAM.** puérpera,
puerperal.

puerro m. Planta herbácea de la familia de
las liliáceas, que mide unos 120 cm de altura,
tiene flores en umbela de color rosa y un bulbo comestible. ‖ Bulbo de esta planta. ‖ **FAM.**
porreta.

puerta f. Vano de forma regular abierto en
pared, cerca o verja, desde el suelo hasta la
altura conveniente, para entrar y salir. ‖ Plancha de madera, hierro u otro material que se
coloca en dicho vano de forma que pueda
abrirse y cerrarse. ‖ Cualquier agujero o abertura que sirve para entrar y salir de un lugar,
vehículo, etc. ‖ Portería de algunos deportes.
‖ **a las puertas** loc. adv. De forma inmediata
o inminente. ‖ Muy cerca de algo: *estuvo a las
puertas de la muerte*. ‖ **a puerta cerrada** loc.
adj. y adv. En secreto. ‖ **FAM.** porta, portada,
portal, portalada, portalón, portazgo, portazo, portero, portezuela, pórtico, portilla, portillo, portón.

puerto m. Lugar en la costa, defendido
de los vientos y dispuesto para la seguridad de
las naves y para las operaciones de tráfico y
armamento. ‖ Localidad o barrio en que está
situado. ‖ Depresión, garganta que da paso
entre montañas. ‖ Asilo, amparo, refugio. ‖
FAM. portachuelo, portuario, portulano.

pues conj. Tiene valor causal y denota causa,
motivo o razón: *sufre la pena, pues cometió la
culpa*. ‖ Toma a veces carácter de condicional:
*pues el mal es ya irremediable, llévalo con pa-
ciencia*. ‖ Se usa también como continuativa:
repito, pues, que hace lo que debe. ‖ Se emplea
igualmente como ilativa o consecutiva: *¿no
quieres oír mis consejos?, pues atente a las consecuencias*. ‖ Se emplea a principio de cláusula, como apoyo o para reforzar lo que en ella
se dice: *pues como iba diciendo...*

puesta f. Acción y efecto de poner. ‖ Acción
de ponerse un astro: *una puesta de Sol*. ‖ Acción de poner los huevos un ave y cantidad de
huevos que pone de una vez.

puesto, ta adj. Con los adverbios *bien* y *mal*,
bien vestido o al contrario. ‖ m. Sitio o espacio
que ocupa una persona o cosa: *deja el libro en
su puesto*. ‖ Tiendecilla en que se vende al por
menor. ‖ Empleo, oficio: *tiene un buen puesto*.
‖ Destacamento permanente de la guardia civil
cuyo jefe inmediato tiene grado inferior al de

oficial. ‖ **puesto que** loc. conj. Tiene valor causal y equivale a *pues*. ‖ **FAM.** posta, postal,
postillón, postizo, puesta, puestero.

¡puf! interj. con que se denota molestia o repugnancia causada por malos olores o cosas
nauseabundas.

pufo m. Estafa, engaño, petardo.

púgil m. Boxeador. ‖ En la antigua Roma,
gladiador que luchaba con los puños. ‖ **FAM.**
pugilato, pugilismo, pugilista, pugilístico.

pugilato m. Contienda o pelea a puñetazos
entre dos o más personas. ‖ Boxeo. ‖ Disputa,
discusión verbal.

pugilismo m. Técnica y organización de los
combates de boxeo. ‖ **FAM.** pugilista, pugilístico.

pugilista m. Púgil.

pugna f. Pelea, contienda. ‖ Oposición, rivalidad entre personas, naciones, bandos, etc.

pugnar intr. Pelear, luchar, contender. ‖ Solicitar con ahínco, procurar con eficacia. ‖
Instar por el logro de una cosa. ‖ **FAM.** pugna, pugnante, pugnaz.

pugnaz adj. Belicoso, agresivo en la lucha.

puja f. Acción y efecto de pujar, licitar.

pujanza f. Fuerza, brío, vigor. ‖ **FAM.** pu-
jante, pujantemente.

pujar tr. Hacer fuerza para pasar adelante o
proseguir una acción. También intr. ‖ **FAM.**
puja, pujanza, pujo.

pujar tr. Aumentar los licitadores el precio
puesto a una cosa que se subasta. ‖ **FAM.** pu-
jador.

pulcro, cra adj. Limpio y aseado. ‖ Delicado, esmerado. ‖ **FAM.** pulcritud, pulquérrimo.

pulga f. Insecto afaníptero parasitario que
mide de 1 a 3 mm de longitud, de cuerpo negro rojizo; se alimenta chupando la sangre de
sus huéspedes, a los que puede transmitir enfermedades contagiosas. ‖ **FAM.** pulgón, pul-
goso, pulguero, pulguillas.

pulgada f. Medida inglesa de longitud equivalente a 25,4 mm.

pulgar m. Dedo primero y más grueso de la
mano y del pie. También adj. ‖ Parte del sarmiento que se deja en las vides para que bro-
ten los vástagos. ‖ **FAM.** pulgada, pulgarada.

pulgarada f. Cantidad que puede tomarse
con dos dedos.

pulgón m. Insecto hemíptero, que mide entre
1 y 3 mm de longitud, tiene el cuerpo pardo
verdoso, dos pares de alas y boca chupadora;
elabora una sustancia azucarada que es aprovechada por las hormigas.

pulido, da adj. Pulcro, primoroso. ‖ m. Acción de pulir: *el pulido de los metales*. ‖ **FAM.**
pulidamente.

pulir tr. Alisar o dar tersura y lustre a una

cosa. ‖ Adornar, aderezar. Más c. prnl. ‖ Derrochar, dilapidar: *se ha pulido el sueldo*. ‖ Hacer más refinado o educado. También prnl. ‖
Revisar, corregir algo, perfeccionándolo: *pulir
un escrito*. ‖ **FAM.** pulimentación, pulimenta-
do, pulimentar, pulimento.

pulla f. Palabra o dicho con que se intenta indirectamente molestar o herir a alguien.

pulmón m. Cada uno de los órganos de respiración aérea del hombre y de la mayor parte
de los vertebrados, en los que se verifica el
intercambio gaseoso de la sangre ‖ Órgano
respiratorio de algunos arácnidos y de los moluscos terrestres. ‖ **FAM.** pulmonado, pulmonar, pulmonaria, pulmonía.

pulmonado adj. y m. Se dice de los moluscos gasterópodos, como la babosa y el caracol, que respiran por medio de un pulmón,
que se comunica con el exterior a través de un
conducto llamado *neumostoma*. ‖ m. pl. Subclase de estos moluscos.

pulmonía f. Inflamación del pulmón o de
una parte de él.

pulpa f. Carne de la fruta, parte interior comestible de ésta. ‖ Carne de los animales, limpia de huesos, ternillas, etc. ‖ Cualquier materia vegetal reducida al estado de pasta. ‖
FAM. pulpación, pulpejo, pulpería, pulpeta,
pulposo.

pulpejo m. Parte carnosa de un miembro pequeño: *el pulpejo de la oreja*. ‖ Parte blanda y
flexible que tienen los cascos de las caballerías
en la parte inferior y posterior.

púlpito m. Tribuna para predicar en las iglesias, y p. ext., en otros lugares.

pulpo m. Molusco cefalópodo octópodo, que
tiene el cuerpo en forma de saco, con ocho
brazos de gran longitud y posee un sifón por
el que expulsa agua para propulsarse o tinta
para enturbiar el agua cuando se siente amenazado; su carne es apreciada como comestible.

pulque m. Bebida alcohólica mexicana, blanca y espesa, que se obtiene haciendo fermentar el aguamiel o jugo extraído del maguey. ‖
FAM. pulquear, pulquería, pulquero.

pulsación f. Acción de pulsar. ‖ Cada uno
de los golpes o toques que se dan en el teclado
de una máquina de escribir. ‖ Cada uno de los
latidos de la arteria. ‖ Movimiento periódico
de un fluido.

pulsador, ra adj. Que pulsa. También s. ‖
m. Llamador o botón de un timbre eléctrico
o de cualquier otro aparato.

pulsar tr. Dar un toque o golpe a teclas o
cuerdas de instrumentos, mandos de alguna
máquina, etc. ‖ Reconocer el estado del pulso
o latido de las arterias. ‖ Tantear un asunto,

la opinión de alguien, etc. ‖ **FAM.** pulsación,
pulsador, pulsante, pulsátil, pulsatila, pulsa-
tivo, pulsión, pulso.

púlsar m. Astro que emite impulsos radio-
eléctricos a ritmo periódico.

pulsera f. Joya u otra cosa que se lleva alrededor de la muñeca. ‖ Correa o cadena que
sujeta el reloj a la muñeca.

pulso m. Latido intermitente de las arterias,
que se siente en varias partes del cuerpo y se
observa especialmente en la muñeca. ‖ Seguridad o firmeza en la mano para hacer algo
con precisión: *llévalo tú, que yo no tengo pulso*.
‖ **a pulso** loc. adv. Levantando o sosteniendo
una cosa con la mano sin apoyar el brazo en
ninguna parte. ‖ **FAM.** pulseada, pulsear, pulsera, pulsímetro.

pulular intr. Moverse de un lado para otro,
bullir. ‖ Abundar, multiplicarse insectos y animales semejantes. ‖ **FAM.** pululación, pulu-
lante.

pulverizar tr. Reducir a polvo una cosa.
También prnl. ‖ Reducir un líquido a partículas muy pequeñas. También prnl. ‖ Vencer
de forma total: *pulverizar a un equipo*. ‖ **FAM.**
pulverizable, pulverización, pulverizador.

puma m. Mamífero carnivoro felino que
mide unos 220 cm de longitud, incluida la larga cola, tiene pelaje pardo rojizo y habita en
América.

puna f. Tierra alta, próxima a la cordillera de
los Andes. ‖ *amer.* Extensión grande de terreno raso y yermo. ‖ *amer.* Angustia que se sufre en ciertos lugares elevados, soroche.

punción f. Operación quirúrgica que consiste en abrir los tejidos con un instrumento punzante y cortante. ‖ **FAM.** puncionar.

pundonor m. Amor propio, sentimiento que
lleva a una persona a quedar bien ante los demás y ante sí mismo. ‖ **FAM.** pundonorosa-
mente, pundonoroso.

púnico, ca adj. Relativo a Cartago.

punk o **punki** (voz i.) adj. Se apl. a un movimiento musical juvenil que se originó en
Londres a mediados de los años setenta. ‖ Relativo a este movimiento, o a sus manifestaciones externas (moda, costumbres, etc.).

punta f. Extremo agudo o afilado de un instrumento. ‖ Extremo de una cosa. ‖ Colilla de
un cigarro. ‖ Clavo pequeño. ‖ Lengua de tierra que se mete en el mar. ‖ **a punta pala** loc.
adv. En gran abundancia. ‖ **de punta** loc. adj.
y adv. Tieso, rígido. ‖ **de punta en blanco** loc.
adv. Vestido con el mayor esmero. ‖ **sacar
punta** a una cosa loc. Sacarle defectos, ponerle
peros. ‖ **FAM.** puntal, puntapié, puntazo,
puntería, puntero, puntiagudo, puntiforme,
puntilla.

puntada f. Cada una de las pasadas que se dan en una tela u otro material al coser. ‖ Dolor penetrante y breve.

puntal m. Madero hincado en firme, para sostener la pared que está desplomada. ‖ Apoyo, fundamento. ‖ *amer.* Tentempié, refrigerio.

puntapié m. Golpe que se da con la punta del pie.

puntear tr. Marcar puntos en una superficie. ‖ Dibujar con puntos. ‖ Tocar la guitarra u otro instrumento semejante pulsando las cuerdas cada una con un dedo. ‖ Compulsar una cuenta partida por partida. ‖ intr. *amer.* Marchar a la cabeza de un grupo de personas o animales. ‖ **FAM.** punteado, punteador, punteo.

puntera f. Refuerzo o remiendo en el calzado, calcetines y medias, en la parte que cubre la punta del pie.

puntería f. Acción de apuntar un arma arrojadiza o de fuego. ‖ Dirección del arma apuntada. ‖ Destreza del tirador para dar en el blanco.

puntero, ra adj. Destacado, sobresaliente. También s. ‖ m. Punzón, palito o vara con que se señala una cosa. ‖ Cincel con el cual labran los canteros las piedras muy duras. ‖ En algunos deportes, delantero.

puntiagudo, da adj. Que tiene aguda la punta.

puntilla f. Encaje o adorno estrecho que se pone en los bordes de los pañuelos, de las mangas, escotes, etc. ‖ Especie de puñal corto. ‖ **de puntillas** loc. adv. Se dice del modo de andar, pisando con la punta de los pies. ‖ **FAM.** puntillero.

puntillismo m. Escuela pictórica neoimpresionista surgida en Francia a finales del s. XIX, cuya técnica consiste en la aplicación de colores puros en pequeñas pinceladas. ‖ **FAM.** puntillista.

punto m. Señal de dimensiones pequeñas, que por contraste de color o de relieve, es perceptible en una superficie. ‖ Signo ortográfico (.) con que se indica el fin del sentido gramatical y lógico de un período o de una sola oración. ‖ Signo que se pone después de las abreviaturas. ‖ Signo ortográfico que se pone sobre la *i* y la *j*, y con el que se forma la diéresis (*ü*). ‖ En geom., lugar de una recta, superficie o espacio, al que se puede asignar una posición pero que no posee dimensiones. ‖ Cada una de las puntadas que en las obras de costura se van dando para hacer una labor sobre la tela. ‖ Cada una de las diversas maneras de trabar y enlazar entre sí los hilos que forman ciertas telas y tejidos: *punto de cruz.* ‖ Tipo de tejido que se hace al enlazar con un tipo especial de agujas o por otros sistemas, hilos de lana, algodón, etc. ‖ Puntada con que se unen los bordes de un corte o herida: *le dieron cuatro puntos en la mano.* ‖ Unidad con que se computan los tantos obtenidos en un juego o competición, los aciertos en un examen, etc. ‖ Sitio, lugar: *recorrieron distintos puntos de la costa.* ‖ Cosa muy corta, parte mínima de una cosa: *le falta un punto de sal.* ‖ Instante, porción pequeña de tiempo. ‖ Cada uno de los asuntos o aspectos que se tratan en un escrito, discurso, etc.: *pasemos al siguiente punto.* ‖ Estado perfecto que llega a tomar algo que se elabora al fuego, y p. ext., cualquier otra cosa: *el pan ya está a punto.* ‖ Temperatura necesaria para que se produzcan determinados fenómenos físicos: *punto de ebullición.* ‖ En las armas de fuego, piñón. ‖ Medida longitudinal, duodécima parte de la línea. ‖ **dos puntos** Signo ortográfico (:) que introduce una explicación, enumeración, etc. ‖ En mat., signo que se utiliza para indicar la división. ‖ **punto cardinal** Cada uno de los cuatro que dividen el horizonte en otras tantas partes iguales. ‖ **punto de vista** Forma de enfocar cualquier tema. ‖ **punto final** El que acaba un escrito o una división importante del texto. ‖ **punto y aparte** El que cuando termina un párrafo y el texto continúa en otro renglón. ‖ **punto y coma** Signo ortográfico (;) con que se indica pausa mayor que en la coma, y menor que con los dos puntos. ‖ **punto y seguido** El que se pone cuando termina un periodo y el texto continúa inmediatamente después del punto en el mismo renglón. ‖ **puntos suspensivos** Signo ortográfico (...) que denota que se ha dejado incompleto el sentido de una oración o cláusula. ‖ **a punto** loc. adj. y adv. Listo, preparado. También en momento oportuno. ‖ **en su punto** loc. adv. Referido a cualquier cosa, en su mayor grado de perfección. ‖ **hasta cierto punto** loc. adv. En alguna manera, no del todo. ‖ **FAM.** punta, puntada, puntazo, puntear, puntillo, puntual, puntualizar, puntuar.

puntuación f. Acción y efecto de puntuar. ‖ Conjunto de signos ortográficos que sirven para puntuar. ‖ Conjunto de reglas para puntuar ortográficamente.

puntual adj. Que llega a tiempo y hace las cosas a tiempo. ‖ Exacto, preciso: *un informe puntual.* ‖ **FAM.** puntualidad, puntualmente.

puntualizar tr. Precisar, matizar. ‖ **FAM.** puntualización.

puntuar tr. Poner en la escritura los signos ortográficos necesarios. ‖ Ganar u obtener puntos en algunos juegos. | Calificar con puntos un ejercicio o prueba. | **FAM.** puntuable, puntuación.

punzada f. Herida pequeña hecha con un objeto afilado. | Dolor agudo, repentino e intermitente: *siento punzadas en la rodilla.* | Sentimiento interior de dolor que causa alguna cosa.

punzar tr. Herir con un objeto afilado. | Pinchar, provocar o molestar. | intr. Manifestarse un dolor agudo cada cierto tiempo. | Producir algo un sentimiento de dolor. | **FAM.** punción, punzada, punzador, punzadura, punzante, punzón.

punzón m. Instrumento de hierro que remata en punta. | Buril. | Instrumento de acero durísimo, que sirve para hacer troqueles, o cuños, etc. | Pitón, cuerno.

puñado m. Porción de una cosa que cabe en el puño. | Poca cantidad de algo: *un puñado de amigos.*

puñal m. Arma ofensiva de acero, de corto tamaño, que sólo hiere de punta. | **FAM.** puñalada.

puñalada f. Golpe que se da de punta con el puñal u otra arma semejante y herida resultante. | Pena, disgusto o traición. | **puñalada trapera** Traición, mala pasada.

puñeta f. Puntilla que se pone en la bocamanga de una prenda de vestir. | Cosa molesta o fastidiosa. | interj. Denota enfado, irritación. Más en pl. | **a hacer puñetas** loc. Se usa en algunas construcciones para despedir bruscamente a alguien: *mándale a hacer puñetas.* | Con el verbo *ir*, fracasar. | **FAM.** puñetero, puñetería, puñetita.

puñetazo m. Golpe dado con la mano cerrada.

puño m. Mano cerrada. | Lo que cabe en la mano cerrada. | Parte de la manga de las prendas de vestir, que rodea la muñeca. | Mango de algunos utensilios o herramientas, como algunas armas blancas, el bastón o el paraguas. | **de puño y letra** loc. Escrito por quien se indica, autógrafo. | **FAM.** puñada, puñado, puñal, puñeta, puñetazo.

pupa f. Erupción en los labios. | Costra que queda cuando se seca un grano. | En el lenguaje infantil, cualquier daño o dolor corporal.

pupila f. Abertura circular o en forma de rendija, que el iris del ojo tiene en su parte media y que da paso a la luz.

pupilo, la m. y f. Huérfano o huérfana menor de edad, respecto de su tutor. | Alumno o alumna, con respecto al profesor. | f. Prostituta. | **FAM.** pupila, pupilaje, pupilar.

pupitre m. Mueble con tapa en forma de plano inclinado, para escribir sobre él.

purasangre m. Caballo de una raza que es producto del cruce de la árabe con las del N de Europa. También adj.

puré m. Crema espesa hecha con legumbres, patatas, etc., una vez cocidas y trituradas. | **FAM.** pasapurés.

purga f. Medicina que se usa como laxante. | Acción y efecto de purgar o purgarse. | Expulsión o eliminación por motivos políticos, de funcionarios, miembros de una organización, etc.

purgar tr. Limpiar o purificar una cosa, eliminar lo que se considera malo o perjudicial: *purgar un partido.* | Dar a alguien un medicamento, infusión, etc., para que evacúe el vientre. También prnl. | Satisfacer con una pena en todo o en parte lo que uno merece por su culpa o delito. | **FAM.** purga, purgable, purgación, purgante, purgativo, purgatorio.

purgatorio m. Para los católicos, lugar donde los justos deben purificar sus imperfecciones. | Cualquier lugar donde se pasan penalidades. | Esta misma penalidad.

purificar tr. Limpiar de toda imperfección. También prnl. | **FAM.** purificación, purificador, purificante, purificatorio.

purista adj. Que escribe o habla con pureza, cuidando, a veces exageradamente, el uso de la lengua. También com. | **FAM.** purismo.

puritano, na adj. Se dice de la persona que sigue las normas morales con una gran rigurosidad, particularmente cuando es exagerada o se hace como ostentación. También s. | Se dice de los partidarios de un movimiento político y religioso, surgido en Inglaterra en el s. XVII, que defendía una concepción extremada y rigurosa de la religión anglicana. También s. | Perteneciente a estos partidarios. | **FAM.** puritanismo.

puro, ra adj. Que no está mezclado con otra cosa. | Limpio de suciedad o impurezas: *agua pura y cristalina.* | Casto, honesto en el terreno sexual. | Honrado. | No acompañado de otra cosa: *eso es alcohol puro.* | Tratándose del lenguaje o del estilo, correcto, exacto. | m. Cigarro hecho con una hoja de tabaco enrollada. | **FAM.** puramente, purera, pureza, puridad, purificar, purista, puritanismo.

púrpura adj. Se dice del color rojo subido que tira a violeta. También m. | f. Molusco gasterópodo marino que segrega una tinta que ha sido utilizada como colorante desde la antigüedad, para teñir los tejidos de rojo vivo. | Tinte que antiguamente se preparaba con la tinta de este molusco. | Dignidad imperial, real, consular, cardenalicia, etc., por ser éste el color de sus vestiduras. ‖ FAM. purpúreo.

purpurina f. Polvo finísimo de bronce o de metal blanco, que se aplica a las pinturas para obtener tonos dorados o plateados. ‖ Pintura preparada con este polvo.

purrela f. Chusma. ‖ Lo que queda de algo después de haber seleccionado lo mejor.

purulento, ta adj. Que tiene pus. ‖ FAM. purulencia.

pus m. Líquido denso de color amarillento que segregan accidentalmente los tejidos inflamados. ‖ FAM. purulento.

pusilánime adj. Falto de ánimo y valor. También com. ‖ FAM. pusilanimidad.

pústula f. Vejiga inflamatoria de la piel, que está llena de pus. ‖ Cualquier herida que presenta pus o costra. ‖ FAM. pustuloso.

putada f. vulg. Jugada, mala pasada.

putativo, va adj. Que se tiene por padre, hermano, etc., sin serlo.

putear intr. vulg. Dedicarse a la prostitución. ‖ amer. Injuriar, dirigir palabras soeces a alguien. ‖ tr. vulg. Fastidiar, perjudicar a alguien. ‖ FAM. puteo.

puto, ta m. y f. vulg. Persona que ejerce la prostitución. Más c. f. ‖ adj. vulg. Se dice de la persona que obra con malicia y doblez. También s. ‖ vulg. Despreciable. ‖ Muy molesto o difícil. ‖ **de puta madre** loc. adj. y adv. vulg. Muy bien, estupendo. ‖ **de puta pena** loc. adj. y adv. vulg. Muy mal, fatal. ‖ FAM. putada, putañear, putear, puterío, putero, putilla, putón.

putrefacción f. Acción y efecto de pudrir o pudrirse. ‖ FAM. putrefacto, putrescencia, putrescente, putrecible, putridez, pútrido.

putrefacto, ta adj. Podrido.

pútrido, da adj. Podrido.

puya f. Punta de las varas y garrochas. ‖ Lo que se dice con mala intención. ‖ FAM. puyazo.

puzzle (voz i.) m. Juego consistente en formar una determinada figura con piezas sueltas; rompecabezas.

Q

q f. Decimoctava letra del abecedario español y decimocuarta de sus consonantes. Su nombre es *cu*, y representa el mismo sonido oclusivo, velar, sordo de la *c* ante *a, o, u,* o de la *k* ante cualquier vocal. En español se usa solamente ante la *e* o la *i*, mediante interposición gráfica de una *u*, que no suena: *quema, quite.*

quark m. Tipo teórico de partículas elementales con las que se forman otras partículas, como son el protón y el neutrón. No hay prueba experimental de su existencia aislada.

quásar m. Cuerpo celeste de apariencia estelar, sin un origen aún definido, situado a gran distancia de la Tierra, que tiene una velocidad casi igual a la de la luz y una potencia de radiación varios millones de veces mayor que la del Sol.

que pron. relat. invariable que en or. subordinadas adjetivas, sustituye a su antecedente de la principal: *los perros, que no encontraban la salida, se pusieron a aullar.* Equivale a *el, la, lo cual, los, las cuales.* ‖ pron. interrog. Agrupado o no con un sustantivo, introduce or. interrogativas. Se emplea con acento: *¿qué castillos son aquéllos?; ¿qué quieres?* ‖ pron. excl. Agrupado con un sustantivo o seguido de la preposición *de* y un sustantivo, introduce or. excl. Se emplea con acento: *¡qué de moscas hay aquí!; ¡qué tiempo más raro!* ‖ adv. prnl. excl. Agrupado con adjetivos, adverbios y locuciones adverbiales, funciona como intensificador su significado: *¡qué mal lo hiciste!* Se emplea con acento. ‖ conj. copulat. que introduce or. subordinadas sustantivas con función de sujeto o complemento directo: *quiero que estudies; recuerda que eres mortal.* ‖ Forma locuciones conjuntivas o adverbiales: *a menos que; con tal que.* ‖ conj. comp.: *me gusta más esto que aquello.* ‖ conj. causal que equivale a *porque* o *pues: me voy que llego tarde.* ‖ conj. final que equivale a *para que: llama a mi madre, que me prepare la comida.*

quebrada f. Hendidura de una montaña. ‖ Paso estrecho entre montañas.

quebradero m. Se usa en la loc. **quebradero**
de cabeza Preocupación: *este trabajo me da muchos quebraderos de cabeza.*

quebradizo, za adj. Fácil de quebrarse: *tiene las uñas quebradizas.* ‖ Delicado de salud. ‖ Se dice de la voz ágil para hacer quiebros en el canto. ‖ Se dice de la persona de poca entereza moral: *su ética me parece bastante quebradiza.*

quebrado, da adj. Que ha hecho quiebra: *un negocio quebrado.* También s. ‖ Debilitado: *está muy quebrado de salud.* ‖ Accidentado, desigual: *un terreno quebrado.* ‖ Se dice del número que expresa las partes en que se divide la unidad. También m.: *sumar quebrados.*

quebrantahuesos m. Ave rapaz, la mayor especie europea, de plumaje negruzco en el dorso, alas y cola; anaranjado o blanco en el vientre y unas plumas negruzcas que rodean los ojos llegando hasta el pico. ♦ No varía en pl.

quebrantar tr. Romper, deteriorar algo. ‖ Violar una ley, no cumplir una obligación: *ha quebrantado su promesa.* ‖ Debilitar la salud o la fortaleza de alguien. También prnl.: *su salud se ha quebrantado con tantas tensiones.* ‖ **FAM.** quebrantado, quebrantador, quebrantahuesos, quebrantamiento, quebrantante, quebranto.

quebranto m. Acción y efecto de quebrantar o quebrantarse. ‖ Desaliento, decaimiento físico o moral de alguien. ‖ Gran pérdida o daño: *sus últimas operaciones le han supuesto un grave quebranto económico.* ‖ Aflicción, pena grande.

quebrar tr. Romper. También prnl.: *quebrarse una pierna.* ‖ Doblar: *quebrar una rama.* También prnl. ‖ Interrumpir la continuación de algo no material. ‖ intr. Arruinarse una empresa: *el negocio quebró.* ‖ prnl. Formársele una hernia a alguien. ‖ Hablando de un terreno, una cordillera, etc., interrumpirse su continuidad. ♦ Irreg. Se conj. como *acertar.* ‖ **FAM.** quebradero, quebradizo, quebrado, quebradura, quebrantar, quebrazón, quiebra, quiebro.

quebrazón m. Destrozo grande de objetos de loza o vidrio.

quechemarín m. Embarcación pequeña de dos palos, y provista generalmente de cubierta. ‖ FAM. queche.

quechua adj. y com. Del pueblo amerindio que abarca las zonas andinas de Ecuador, Perú, Bolivia y N de Argentina. ‖ Perteneciente o relativo a este pueblo y a su lengua. ‖ m. Lengua hablada por los miembros de este pueblo, extendida por los incas a todo el territorio de su imperio. ‖ FAM. quechuismo.

queda f. Hora de la tarde o de la noche, señalada en algunos pueblos con una campana para que todos se recojan en sus casas. Esta medida es frecuente en tiempo de guerra o estados de excepción: *el gobierno decretó estado de queda.* ‖ Campana destinada a este fin. ‖ Toque que se da con ella.

quedar intr. Estar, permanecer en un sitio. También prnl.: *se quedará en Toledo.* ‖ Subsistir, permanecer o restar parte de una cosa: *me quedan tres pesetas.* ‖ Permanecer una persona o cosa en su estado, o pasar a otro más o menos estable: *quedó herido.* También prnl. ‖ Resultar, terminar, acabar: *quedó aquí la conversación.* ‖ Seguido de la prep. en, ponerse de acuerdo, convenir en algo: *quedamos en comprar la finca.* ‖ Concertar una cita: *quedamos a las 8.* ‖ Estar situado: *ese pueblo queda lejos de aquí.* ‖ prnl. Morirse: *le dio un ataque y se quedó en el sitio.* ‖ Seguido de la prep. con, retener alguien en su poder una cosa, o adquirirla: *yo me quedaré con los libros.* ‖ Retener en la memoria: *se quedó con su cara.* ‖ Burlarse de alguien engañándole: *te estás quedando conmigo.* ‖ FAM. quedada.

quedo, da adj. Quieto, silencioso: *se movía con pasos quedos.* ‖ adv. Con voz baja o que apenas se oye: *hablar quedo.* ‖ FAM. queda, quedadamente, quedar.

quehacer m. Ocupación, tarea: *quehaceres domésticos.*

queimada f. Bebida caliente, originaria de Galicia, que se prepara quemando aguardiente de orujo con limón y azúcar.

queja f. Expresión de dolor, pena o sentimiento. ‖ Resentimiento: *no para de contarme sus quejas sobre ti.* ‖ Acusación ante un juez.

quejarse prnl. Expresar o presentar quejas: *se quejaba de dolor.* ‖ FAM. queja, quejica, quejido, quejoso, quejumbrar.

quejica adj. y com. Que se queja con frecuencia o exageradamente.

quejido m. Voz que expresa dolor o pena.

quejigo m. Árbol fagáceo, de unos 20 m de altura, con tronco grueso y copa recogida, hojas grandes, duras; flores muy pequeñas, y que por fruto da unas bellotas parecidas a las del roble.

quejumbrar intr. Quejarse con frecuencia y sin gran motivo. ‖ FAM. quejumbre, quejumbroso.

quelonio adj. y m. Se dice de los reptiles que tienen cuatro extremidades cortas, mandíbulas córneas, sin dientes, y el cuerpo protegido por un caparazón duro que cubre la espalda y el pecho. ‖ m. pl. Orden de estos reptiles.

quema f. Acción y resultado de quemar: *quema de rastrojos.* ‖ Incendio: *en la quema se han perdido muchas hectáreas de bosque.* ‖ **huir** uno **de la quema** loc. Apartarse, alejarse de un peligro. ‖ Esquivar compromisos con habilidad: *me inventé una enfermedad para huir de la quema.*

quemado, da adj. Se dice de la persona o cosa que ha sufrido quemaduras. También s.: *hospital de quemados.* ‖ Enojado, molesto, resentido: *me quedé quemado con él.*

quemadura f. Herida producida por el fuego o algo que quema: *quemadura solar.*

quemar tr. Abrasar o consumir con fuego: *quemar un papel.* ‖ Calentar mucho una cosa: *has quemado la toalla.* ‖ Secar una planta el excesivo calor o frío: *la helada ha quemado la cosecha.* ‖ Causar una sensación de ardor, especialmente en la boca, una cosa caliente, picante o urticante. También intr.: *este aguardiente quema.* ‖ Hacer señal, llaga o ampolla una cosa cáustica o muy caliente: *quemó la mesa con ácido.* ‖ Destilar los vinos en alambiques. ‖ Impacientar o desazonar a uno: *esta espera me está quemando.* También prnl. ‖ intr. Estar demasiado caliente una cosa: *la sopa quema.* ‖ prnl. Padecer o sentir mucho calor: *uno se quema en esta habitación.* ‖ Padecer la fuerza de una pasión o afecto: *se quema de celos.* ‖ Estar muy cerca de acertar o de hallar una cosa: *se quemaba pero no dio con ello.* ‖ FAM. quema, quemadero, quemado, quemador, quemadura, quemazón.

quemarropa (a) loc. adv. Modo de disparar con arma de fuego, desde muy cerca del objetivo.

quemazón f. Calor excesivo. ‖ Desazón moral por un deseo no logrado.

quena f. Flauta o caramillo que usan los indios de algunas comarcas de América para acompañar sus cantos y bailes.

queratina f. Sustancia albuminoidea, muy rica en azufre, que constituye la parte fundamental de las capas más externas de la epidermis de los vertebrados y de los órganos derivados de esta membrana, como plumas, pelos, cuernos, uñas, pezuñas, etc.

querella f. Discordia, pelea. ‖ Acusación

ante la justicia: *querella por calumnia.* ‖ **FAM.** querellarse.

querellarse prnl. Presentar querella ante la justicia. ‖ **FAM.** querellado, querellador, querellante.

querer tr. Desear, apetecer: *quiero que vengáis a la fiesta.* ‖ Amar, tener cariño, voluntad o inclinación a una persona o cosa: *quiere mucho a su hermano.* ‖ Tener voluntad o determinación de ejecutar una acción: *siempre quiere salirse con la suya.* ‖ Pretender, intentar, procurar: *de mayor quiero ser futbolista.* ‖ Conformarse o avenirse uno al intento o deseo de otro: *¿quieres acompañarnos?* ‖ impers. Estar próxima a ser o verificarse una cosa: *parece que quiere llover.* ‖ **FAM.** querencia, querer, querido. ♦ **Irreg.** Conjugación modelo:

Indicativo

Pres.: *quiero, quieres, quiere, queremos, queréis, quieren.*
Imperf.: *quería, querías,* etc.
Pret. indef.: *quise, quisiste,* etc.
Fut. imperf.: *querré, querrás,* etc.

Potencial: *querría, querrías,* etc.

Subjuntivo

Pres.: *quiera, quieras, quiera, queramos, queráis, quieran.*
Imperf.: *quisiera* o *quisiese* o *quisieras* o *quisieses,* etc.
Fut. imperf.: *quisiere, quisieres,* etc.

Imperativo: *quiere, quered.*

Participio: *querido.*

Gerundio: *queriendo.*

querer m. Amor, afecto.

querido, da m. y f. Amante.

queroseno m. Una de las fracciones del petróleo natural, que se obtiene por refinación y destilación.

querubín m. Ángel perteneciente al segundo coro. ‖ Persona de singular belleza. ‖ **FAM.** querubín, querúbico.

quesero, ra adj. Perteneciente o relativo al queso. ‖ Se dice de la persona a la que le gusta mucho el queso. ‖ m. y f. Persona que hace o vende queso. ‖ f. Recipiente para guardar o servir queso. ‖ Lugar o sitio donde se fabrican los quesos.

queso m. Producto que se obtiene de la leche cuajada. ‖ **FAM.** quesada, quesería, quesero.

quetzal m. Ave trepadora, propia de la América tropical, de plumaje suave, de color verde tornasolado y muy brillante en las partes superiores del cuerpo y rojo en el pecho y abdomen; cabeza gruesa, con un moño sedoso y verde; su cola puede alcanzar hasta 1 m de longitud. ‖ Moneda guatemalteca.

quevedos m. pl. Lentes de forma circular con armadura a propósito para que se sujete en la nariz.

quiasmo m. En ret., figura de dicción que consiste en presentar en órdenes inversos los miembros de dos secuencias, p. ej.: *cuando quiero llorar, no lloro, y a veces lloro sin querer.*

quicio m. Parte de la puerta o ventana en que se asegura la hoja. ‖ **fuera de quicio** loc. adv. Fuera del orden o estado regular. ‖ **sacar de quicio** loc. Violentar, sacar algo de su natural curso o estado: *su intervención sacó el debate de quicio.* ‖ Exasperar, hacer perder el tino: *este ruido me saca de quicio.*

quid m. Esencia, causa, razón: *aquí está el quid de la cuestión.*

quiebra f. Acción y efecto de quebrar; bancarrota. ‖ Grieta, abertura de una cosa por alguna parte: *hay una quiebra en el muro.* ‖ Hendidura de la tierra en los montes, valles, etc. ‖ Pérdida de una cosa: *la quiebra de principios éticos.*

quiebro m. Ademán de doblar el cuerpo por la cintura. ‖ En mús., nota o grupo de notas de adorno que acompañan a una principal. ‖ Gorgorito hecho con la voz. ‖ En taurom., lance con que el torero hurta el cuerpo, con rápido movimiento de la cintura, al embestirle el toro.

quien pron. relat. que no varía de género; equivale al pronombre *que,* o a *el que, la que,* etc., y a veces a *el cual* y sus variantes, y se refiere a personas. En singular puede referirse a un antecedente en plural: *las personas de quien he recibido favores.* ‖ pron. relat. con antecedente implícito. Equivale a *la persona que, aquel que: quien sepa la verdad, que la diga.* Cuando depende de un verbo con negación equivale a *nadie que: no hay quien pueda con él.* En los dos casos se usa más el singular. ‖ pron. interrog. y excl. con acento ortográfico: *dime con quién andas y te diré quién eres; ¡quién pudiera!* ‖ pron. indef., equivale a *cualquier persona que.* ‖ **FAM.** quienquiera.

quienquiera pron. indet. Alguno, cualquiera; se emplea seguido de *que: quienquiera que lo tenga, que lo devuelva.* ♦ pl. *quienesquiera.*

quieto, ta adj. Inmóvil: *el lagarto estaba quieto al sol.* ‖ Tranquilo: *hoy, el mar está quieto.* ‖ **FAM.** quietamente, quietismo, quietud.

quietud f. Carencia de movimientos. ‖ Sosiego, reposo, descanso.

quif m. Kif.

quijada f. Cada una de las dos grandes mandíbulas de los vertebrados.

quijotada f. Acción propia de un quijote.

quijote m. Hombre idealista y defensor de causas ajenas en nombre de la justicia. ‖ Hombre muy puntilloso. ‖ Pieza de la armadura destinada a cubrir el muslo. ‖ FAM. quijotada, quijotería, quijotesa, quijotescamente, quijotesco, quijotismo.

quilate m. Unidad de peso de las piedras preciosas. ‖ Cada una de las veinticuatroavas partes en peso de oro puro que contiene cualquier aleación de este metal. ‖ Grado de perfección de cualquier cosa no material. Más en pl.: *los quilates de la virtud.*

quilla f. Pieza de popa a proa en que se asienta el armazón de un barco. ‖ Parte saliente y afilada del esternón de las aves. ‖ Cada una de las partes salientes y afiladas que tiene la cola de algunos peces.

quilo m. Kilo.

quimera f. Monstruo imaginario. ‖ Ilusión, fantasía: *en lugar de actuar, se pierde en quimeras.* ‖ FAM. quimérico, quimerizar.

química f. Ciencia que estudia la composición de los cuerpos simples y sus reacciones, y la creación de productos artificiales a partir de ellos. ‖ FAM. químicamente, químico, quimioterapia.

químico, ca adj. De la química: *industria química.* ‖ m. y f. Especialista en química.

quimioterapia f. Método curativo de las enfermedades, especialmente de las infecciosas, por medio de productos químicos.

quimo m. Masa ácida resultante de la digestión de los alimentos en el estómago. ‖ FAM. quimificar.

quimono m. Túnica japonesa. También se escribe *kimono.*

quina f. Corteza del quino. ‖ Quinina. ‖ FAM. quinado, quinina.

quinado, da adj. Se dice del vino u otro líquido que se prepara con quina.

quincalla f. Conjunto de objetos de metal de poco valor. ‖ FAM. quincallería, quincallero, quinqui.

quince adj. Diez y cinco. También pron. y m. ‖ Decimoquinto. También m.: *el piso quince.* ‖ m. Conjunto de signos o cifras con que se representa este número. ‖ FAM. quinceavo, quincena, quindécimo, quinzavo.

quincena f. Período de quince días seguidos. ‖ Paga que se recibe cada quince días. ‖ FAM. quincenal.

quincuagenario, ria adj. Que consta de cincuenta unidades. ‖ Que tiene cincuenta años cumplidos. También s. ‖ FAM. quincuagena.

quincuagésimo, ma adj. Que ocupa el lugar cincuenta. También pron. ‖ De cada una de las cincuenta partes iguales en que se divide un todo. También m.

quingentésimo, ma adj. Que ocupa el lugar quinientos. También pron. ‖ De cada una de las quinientas partes iguales en que se divide un todo. También m.

quiniela f. Sistema de apuestas mutuas de los partidos de fútbol, carreras de caballos y otras competiciones. ‖ Boleto en que se escribe la apuesta. ‖ FAM. quinielista, quinielístico.

quinientos, tas adj. Cinco veces ciento. También pron. y m. ‖ Quingentésimo. También pron.: *es el quinientos de la lista.* ‖ m. Signo o conjunto de signos o cifras con que se representa este número. ♦ No varía en pl. ‖ FAM. quinientos.

quinina f. Alcaloide que se extrae de la quina, y que se usa en el tratamiento de enfermedades infecciosas.

quino m. Árbol americano perteneciente a la familia de las rubiáceas, con hojas opuestas, ovales y apuntadas, y fruto seco; de su corteza se extrae la quinina. ‖ FAM. quina.

quinqué m. Lámpara de petróleo con un tubo de cristal para resguardar la llama.

quinquenio m. Período de cinco años. ‖ Incremento salarial al cumplirse cinco años de antigüedad en un puesto de trabajo. ‖ FAM. quinquenal.

quinqui com. Persona de un grupo social marginado que, con frecuencia, recurre a la delincuencia.

quintaesencia f. Lo más puro, perfecto. ‖ FAM. quintaesenciar.

quinta f. Finca de recreo en el campo. ‖ Reemplazo anual de soldados. ‖ En mús., intervalo que consta de tres tonos y un semitono mayor. ‖ Conjunto de personas que nacieron en el mismo año: *ese señor es de la quinta de mi padre.* ‖ pl. Operaciones o actos administrativos del reclutamiento.

quintal m. Peso de 46 kg o 100 libras. ‖ **quintal métrico** Peso de 100 kg.

quinteto m. Combinación de cinco versos. ‖ En mús., conjunto de cinco voces o instrumentos. ‖ Conjunto de estas voces o instrumentos.

quintilla f. Combinación métrica de cinco versos octosílabos, con dos diferentes consonancias, y ordenados generalmente de modo que no vayan juntos los tres a que corresponde una de ellas, ni los dos últimos sean pareados. ‖ Combinación de dos versos de cualquier medida con dos distintas consonancias.

quintillizo, za adj. y s. Se dice de cada uno de los hermanos nacidos de un parto quíntuple.

quinto, ta adj. Que ocupa el lugar número

cinco en una serie ordenada. También pron.: *llegó el quinto.* ǀ Se dice de cada una de las cinco partes iguales en que se divide un todo. También m. ǀ m. Soldado que se incorpora al servicio militar. ǀ Botellín de cerveza. ǀ **FAM.** quinta, quintaesencia, quintar, quintero.

quíntuple adj. Quíntuplo.

quintuplicar tr. Hacer cinco veces mayor una cantidad. También prnl. ǀ **FAM.** quíntuple, quintuplicación, quíntuplo.

quíntuplo, pla adj. Que contiene un número cinco veces exactamente. También m.

quiñón m. Porción de tierra de cultivo, de dimensión variable.

quiosco m. Construcción pequeña que se instala en la calle o lugares públicos para vender en ella periódicos, flores, etc. ǀ Caseta de estilo oriental, generalmente abierta por todos los lados, que se construye en parques, jardines, etc. ǀ **FAM.** quiosquero.

quipo o **quipu** m. Cada uno de los nudos de colores que constituía el sistema de escritura y contabilidad de los incas. Más en pl.

quiquiriquí m. Voz imitativa del canto del gallo.

quirófano m. Sala acondicionada para hacer operaciones quirúrgicas.

quiromancia o **quiromancía** f. Adivinación basada en las rayas de la mano. ǀ **FAM.** quiromántico.

quiróptero, ra adj. Se dice de los mamíferos, que vuelan con alas formadas por una extensa y delgada membrana o repliegue cutáneo, que, partiendo de los lados del cuerpo, se extiende sobre cuatro de los dedos de las extremidades anteriores, como el murciélago. También m. ǀ m. pl. Orden de estos animales.

quirquincho m. *amer.* Mamífero, especie de armadillo, de cuyo carapacho se sirven los indios para hacer charangos.

quisque (cada o **todo)** loc. adv. Cada uno, cualquiera, cada cual: *aquí trabaja todo quisque.*

quisquilla f. Crustáceo similar a la gamba. ǀ Reparo, dificultad. ǀ **FAM.** quisquilloso.

quisquilloso, sa adj. y s. Susceptible. ǀ Que da importancia a pequeñeces. ǀ **FAM.** quisquilla, quisquillosidad.

quiste m. Tumor formado por una cavidad rellena de diversas sustancias que se desarrolla en organismos vivos por alteración de los tejidos. ǀ Membrana resistente e impermeable que envuelve a un animal o vegetal, manteniéndolo completamente aislado del medio. ǀ **FAM.** quístico.

quitamanchas m. Producto químico para quitar manchas. ♦ No varía en pl.

quitar tr. Tomar una cosa apartándola de otras, o del lugar en que estaba: *quita el abrigo del sofá.* ǀ Hurtar: *le quitaron la cartera.* ǀ Impedir, prohibir: *el médico le ha quitado la sal.* ǀ Librar, privar: *estas pastillas te quitarán el dolor.* ǀ Suprimir un empleo u oficio: *han quitado a los serenos.* ǀ prnl. Dejar una cosa o apartarse totalmente de ella: *se ha quitado del tabaco.* ǀ Irse, separarse de un lugar: *quítate de ahí.* ǀ **FAM.** quita, quitación, quitamanchas, quitamiedos, quitanieves, quitanza, quitapenas, quitapón, quitasol, quite, quito.

quitasol m. Especie de sombrilla usada para resguardarse del sol.

quite m. Movimiento defensivo con que se esquiva un golpe o ataque: *hizo un quite para librarse del balonazo.* ǀ Movimiento que hace un torero para librar a otro de la acometida del toro.

quitina f. Polisacárido de color blanco, insoluble en el agua y en los líquidos orgánicos, que se encuentra en el esqueleto de los artrópodos.

quizá o **quizás** adv. Indica la posibilidad de algo: *quizá llegue tarde.*

quórum m. Número mínimo de miembros que tienen que estar presentes en ciertas asambleas, reuniones, etc., para que éstas tengan validez. ǀ Proporción de votos favorables para que haya acuerdo. ♦ No varía en pl.

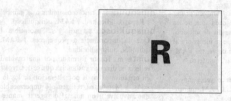

R

r f. Decimonovena letra del abecedario español, y decimoquinta de sus consonantes. Su nombre es *erre*. Tiene dos sonidos, uno simple, de una sola vibración apicoalveolar sonora (en interior de palabra), y otro múltiple, o con dos o más vibraciones (a comienzo de palabra, detrás de *n*, *l* o *s* y en el interior, representado por la grafía *rr*).

raba f. Cebo que emplean los pescadores, hecho con huevas de bacalao.

rabadán m. Mayoral que cuida y gobierna todos los hatos de ganado de una cabaña. ‖ Pastor que gobierna uno o más hatos de ganado, a las órdenes del mayoral de una cabaña.

rabadilla f. Extremidad del espinazo. ‖ En las aves, extremidad movible en la que están las plumas de la cola.

rabanero, ra adj. y s. Descarado y ordinario.

rábano m. Planta herbácea crucífera de hojas ásperas, flores blancas y una raíz carnosa, blanca, roja, amarillenta o negra de sabor picante, muy utilizada en alimentación. ‖ Raíz de esta planta. ‖ **importar** o **no importar** algo **un rábano** loc. Importar poco o nada. ‖ **tomar** o **coger** uno **el rábano por las hojas** loc. Equivocarse por completo en la interpretación de alguna cosa. ‖ **FAM.** rabanero, rabanillo, rabaniza.

rabel m. Instrumento músico pastoril, parecido al laúd, con tres cuerdas, que se toca con arco.

rabia f. Enfermedad vírica de algunos animales, especialmente en el perro, que se transmite por mordedura a otros animales o al hombre. Ataca al sistema nervioso. También se llama *hidrofobia*. ‖ Ira, enfado grande. ‖ Odio o antipatía que se tiene a alguien. ‖ **FAM.** rabiar, rábico, rabieta, rabioso.

rabiar intr. Padecer la enfermedad de la rabia. ‖ Sufrir un dolor muy fuerte: *rabia por las muelas*. ‖ Desear mucho una cosa: *rabiaba por decírtelo*. ‖ Impacientarse o enfadarse: *no le hagas rabiar*. ‖ **a rabiar** loc. adv. Mucho, con exceso.

rabicorto, ta adj. Se dice del animal que tiene corto el rabo.

rabieta f. Berrinche.

rabihorcado m. Ave palmípeda marítima de cola ahorquillada, pico largo y ganchudo, membrana interdigital en las patas y plumaje negro. Habita en regiones cálidas y tropicales del Atlántico y el Pacífico.

rabilargo, ga adj. Se dice del animal que tiene largo el rabo. ‖ m. Pájaro córvido de plumaje pardo, cabeza negra y alas azules. Habita en la península Ibérica.

rabillo m. Pezón o pedúnculo que sostiene la hoja o el fruto. ‖ Prolongación de una cosa en forma de rabo. ‖ Cizaña, planta. ‖ Mancha negra que se advierte en las puntas de los granos de los cereales cuando empiezan a estar atacados por el tizón. ‖ Trabilla del chaleco y del pantalón. ‖ **rabillo del ojo** Ángulo externo del ojo.

rabino m. Doctor de la ley judía. ‖ **FAM.** rabí, rabínico, rabinista.

rabiza f. Punta de la caña de pescar, en la que se pone el sedal. ‖ vulg. Ramera. ‖ Cabo corto y delgado unido por un extremo a un objeto cualquiera, para facilitar a los marineros su manejo o sujeción.

rabo m. Cola de algunos animales. ‖ Rama con las hojas y los frutos. ‖ Cualquier cosa que cuelga a semejanza de la cola de un animal: *el rabo de la boina*. ‖ vulg. Pene. ‖ **FAM.** rabadilla, rabiatar, rabicorto, rabihorcado, rabilargo, rabillo, rabisalsera, rabiza, rabón, rabotada, rabudo.

rabón, na adj. Se dice del animal que tiene el rabo más corto que lo ordinario en su especie, o que no lo tiene.

rábula m. Abogado indocto, charlatán y vocinglero.

rácano, na adj. y s. Tacaño, avaro. ‖ **FAM.** racanear, racanería.

racha f. Ráfaga. ‖ Período breve de fortuna o desgracia. ‖ **FAM.** racheado, rachear.

racial adj. Perteneciente o relativo a la raza: *rasgos raciales*.

racimo m. Conjunto de frutos o flores unidos a un mismo tallo. | Conjunto de cosas pequeñas dispuestas a modo de racimo. | **FAM.** racimado, racimar, racimoso.

raciocinio m. Facultad de pensar. | Acción y efecto de pensar o razonar. | **FAM.** raciocinar.

ración f. Porción de alimento que se reparte a cada persona. | Cantidad de comida que se vende a un determinado precio. | Cantidad o porción de cualquier otra cosa: *recibió su ración de reprimendas*. | **FAM.** racionado, racionar.

racional adj. Relativo a la razón. | Dotado de razón. También com. | **FAM.** racionalidad, racionalismo, racionalizar, racionalmente.

racionalismo m. Doctrina filosófica que sostiene que la realidad es racional y, por tanto, comprensible a través de la razón. Se opone al empirismo. | Sistema teológico que admite la posibilidad de conocer la esencia de Dios a través de la razón humana. | En arq., corriente constructiva desarrollada en Europa en los años treinta que conjuga lo estético con lo funcional. | **FAM.** racionalista.

racionalizar tr. Reducir a normas o conceptos racionales. | Organizar la producción o el trabajo de manera que aumente los rendimientos o reduzca los costos con el mínimo esfuerzo. | **FAM.** racionalización.

racionar tr. Repartir raciones de algo, generalmente cuando es escaso. | Someter los artículos de primera necesidad a una distribución establecida por la autoridad. | **FAM.** racionamiento.

racismo m. Doctrina que exalta la superioridad de la propia raza frente a las demás, basándose en caracteres biológicos. | P. ext., sentimiento de rechazo hacia las razas distintas a la propia. | **FAM.** racista.

racor m. Pieza metálica con dos roscas internas en sentido inverso, que sirve para unir tubos y otros perfiles cilíndricos. | P. ext., pieza de otra materia que se enchufa sin rosca para unir dos tubos.

rada f. Bahía, ensenada.

radar m. Sistema que permite descubrir la presencia y posición en el espacio de un cuerpo que no se ve, mediante la emisión de ondas radioeléctricas que, al chocar con dicho objeto, vuelven al punto de observación, donde son detectadas por un aparato adecuado. | Aparato para aplicar este sistema. | **FAM.** radárico, radarista.

radiación f. Acción y efecto de irradiar. | Elementos constitutivos de una onda que se transmite en el espacio.

radiactividad f. Propiedad de diversos núcleos atómicos de emitir radiaciones cuando se desintegran espontáneamente. | **FAM.** radiactivo.

radiado, da adj. Se dice de lo que tiene sus diversas partes dispuestas alrededor de un punto o de un eje. | Se apl. al animal invertebrado cuyas partes interiores y exteriores están dispuestas, a manera de radios, alrededor de un punto o de un eje central, como la estrella de mar, la medusa, etc. También s.

radiador m. Aparato de calefacción compuesto de varios tubos por los que circula vapor, aceite o agua caliente. | Refrigerador de los cilindros en algunos motores de explosión.

radián m. Unidad de medida de ángulos que se define como el ángulo central de una circunferencia en el que la longitud del arco y del radio son iguales. Su símbolo es *rad*.

radiante adj. Resplandeciente, brillante: *un sol radiante*. | Muy contento o satisfecho por algo: *estaba radiante después de su triunfo*. | **FAM.** radiantemente.

radiar tr. Difundir por medio de la radio noticias, música, etc. | Despedir radiaciones. También intr. | Tratar una lesión con los rayos X. | **FAM.** radiación, radiado, radiador, radiante.

radical adj. Perteneciente o relativo a la raíz. | Fundamental: *cambio radical*. | Partidario del radicalismo. También com. | Tajante. | En mat., se dice del signo con que se indica la operación de extraer raíces. También com. m. En ling., parte que queda en las palabras variables al quitarles la desinencia. | En quím., grupo de átomos que sirve de base para la formación de combinaciones. | **FAM.** radicalismo, radicalizar, radicalmente.

radicalismo m. Conjunto de ideas y doctrinas que pretenden una reforma total o muy profunda en el orden político, moral, religioso, científico, etc. | P. ext., modo extremado de enfocar o tratar algo. | **FAM.** radicalista.

radicar intr. Estar en determinado lugar. | Hallarse algo en un determinado aspecto, ser ése su origen: *en ese punto radica la importancia del problema*. | Echar raíces, arraigar. También prnl. | **FAM.** radicación.

radícula f. Parte del embrión de las plantas que origina la raíz.

radio m. Línea recta desde el centro del círculo a la circunferencia. | Extensión circular de terreno que viene determinada por la longitud de un determinado radio: *no hay ningún pueblo en un radio de 3 km.* | Cada varilla que une el centro de una rueda con la llanta. | Hueso contiguo al cúbito con el cual forma el antebrazo. | **radio de acción** Máximo alcance o eficacia de un agente o instrumento. | **FAM.** radial, radián, radio.

radio m. Elemento químico metálico brillante intensamente radiactivo, que se encuentra en la naturaleza asociado a minerales de uranio. Se usa en investigaciones nucleares y en radioterapia. Su símbolo es *Ra*. ‖ **FAM.** radón.

radio f. Emisora de radiodifusión. ‖ apóc. de radiodifusión y de radioteléfono. ‖ m. apóc. de radiotelegrama. ‖ com. apóc. de radiotelegrafista. ‖ amb. apóc. de radiorreceptor.

radioaficionado, da m. y f. Persona autorizada para emitir y recibir mensajes radiados privados, usando bandas de frecuencia jurídicamente establecidas.

radiobaliza f. Emisor eléctrico destinado a la orientación o aterrizaje de los aviones. ‖ **FAM.** radiobalizar.

radiocasete m. Aparato constituido por una radio y un magnetófono.

radiocomunicación f. Comunicación efectuada por medio de ondas hertzianas.

radiodifusión f. Emisión por ondas hertzianas de programas destinados al público. ‖ Conjunto de los procedimientos o instalaciones destinados a esta emisión.

radioelectricidad f. Técnica de la transmisión a distancia de sonidos e imágenes por medio de ondas electromagnéticas. ‖ **FAM.** radioeléctrico.

radioescucha com. Persona que oye las emisiones radiotelefónicas y radiotelegráficas.

radiofaro m. Estación radioeléctrica que produce ondas hertzianas destinadas a orientar a los aviones mediante la emisión de cierta clase de señales.

radiofonía f. Sistema de comunicación a través de las ondas hertzianas. ‖ **FAM.** radiofónico.

radiofrecuencia f. Cualquiera de las frecuencias de las ondas electromagnéticas empleadas en la radiocomunicación.

radiografía f. Fotografía interna del cuerpo por medio de rayos X. ‖ Cliché obtenido por este procedimiento. ‖ **FAM.** radiografiar, radiográfico.

radiolario adj. y m. Se dice de los protozoos rizópodos marinos, de tamaño microscópico, cuyo esqueleto está compuesto por pequeñas espinas de sílice y que emiten seudópodos filamentosos radiados. Habitan en colonias marinas. ‖ m. pl. Orden de estos protozoos.

radiología f. Tratado de las aplicaciones médicas de las radiaciones. ‖ **FAM.** radiológico, radiólogo.

radionovela f. Narración emitida por radiodifusión, generalmente en forma de capítulos seriados.

radiorreceptor m. Aparato empleado en radiotelegrafía y radiotelefonía para recoger y transformar en señales o sonidos las ondas emitidas por el radiotransmisor.

radioscopia f. Examen de un cuerpo opaco por medio de la imagen que proyecta en una pantalla al ser atravesado por los rayos X. ‖ **FAM.** radioscópico.

radiosonda m. Aparato que se lanza al espacio mediante un globo sonda, para que capte datos meteorológicos y los transmita, por radio, a una estación receptora.

radiotaxi m. Taxi provisto de una radio con la que mantiene comunicación con una centralita que le informa de la localización de los clientes.

radiotelecomunicación f. Transmisión radiotelefónica o radiotelegráfica.

radiotelefonía f. Transmisión telefónica por medio de ondas hertzianas. ‖ **FAM.** radiotelefónico, radiotelefonista, radioteléfono.

radioteléfono m. Teléfono en el que la comunicación se establece por ondas electromagnéticas. Se da a veces a estos aparatos el nombre de *walkie-talkie*.

radiotelegrafía f. Sistema de comunicación telegráfica por medio de ondas hertzianas. ‖ **FAM.** radiotelegráfico, radiotelegrafista, radiotelégrafo.

radiotelevisión f. Transmisión de imágenes a distancia por medio de ondas hertzianas.

radioterapia f. Aplicación de los rayos X al tratamiento de enfermedades. ‖ P. ext., tratamiento de enfermedades con cualquier clase de radiaciones. ‖ **FAM.** radioterapeuta.

radiotransmisor m. Aparato que se emplea en radiotelegrafía y radiotelefonía para producir y enviar las ondas portadoras de señales o de sonidos.

radioyente com. Persona que escucha la radio.

radón m. Elemento químico, gas noble radiactivo que se origina en la desintegración del radio y se halla presente en cantidades mínimas en el aire, suelo y agua. Su símbolo es *Rn*.

rádula f. Placa dura y alargada con abundantes dientecillos que tienen muchos moluscos en el aparato lingual, con la que desmenuzan su alimento.

raer tr. Raspar con instrumento cortante. ‖ Igualar la medida de los áridos, como el trigo o la cebada. ‖ Eliminar algo por completo una cosa. ◆ Irreg. Se conj. como *caer*, excepto la 1.ª pers. del presente de indicativo, que es *raigo* o *rayo*. ‖ **FAM.** raedera, raedizo, raedor, raedura, raíble, raído.

ráfaga f. Golpe de viento. ‖ Destello de luz. ‖ Sucesión rápida de proyectiles que dispara un arma automática.

rafia f. Género de palmeras de África y América que dan una fibra muy resistente y flexible. ‖ Esta fibra.

raglán o **raglan** adj. Se dice de un tipo de gabán de hombre, holgado y con las mangas saliendo directamente del cuello. ‖ Se apl. a este tipo de mangas: *jersey de manga ranglán.*

ragtime (voz i.) m. Género musical afroamericano, muy melódico y sincopado, que constituye una de las bases del jazz.

ragú m. Guiso de carne con patatas y verduras.

raicilla f. Cada una de las fibras o filamentos que nacen del cuerpo principal de la raíz de una planta.

raid (voz i.) m. Incursión militar en terreno enemigo. ‖ Vuelo peligroso por la gran distancia que debe cubrirse.

raído, da adj. Muy gastado por el uso.

raigambre f. Conjunto de raíces de los vegetales. ‖ Conjunto de antecedentes o tradiciones que hacen firme y estable una cosa: *un tema de raigambre clásica.* ‖ Hecho de estar muy arraigada una costumbre, idea, etc.

rail o **rail** m. Carril de las vías férreas. ‖ Pieza o carril por el que corre o se desliza algo.

raíz f. Órgano de la plantas que crece hacia el interior de la tierra, por el que se fijan al suelo y absorben las sustancias necesarias para su crecimiento. ‖ Parte oculta de algo, de la que procede la parte visible: *la raíz del pelo.* ‖ Origen de algo. ‖ Valor de la incógnita de una ecuación. ‖ Radical mínimo que comparten las palabras de una misma familia; p. ej., *sill-* en *silla, sillar, sillería, sillín*, etc. ‖ **raíz cuadrada** Cantidad que se ha de multiplicar por sí misma una vez para obtener el número de que es raíz. ‖ **raíz cúbica** Cantidad que se ha de multiplicar por sí misma dos veces para obtener el número de que es raíz. ‖ **a raíz de** loc. adv. Con proximidad, inmediatamente después o como consecuencia de: *a raíz de la conquista de Granada.* ‖ **de raíz** loc. adv. Enteramente: *eliminar un problema de raíz.* ‖ **echar raíces** loc. Fijarse, establecerse en un lugar. ‖ **FAM.** radical, radicando, radicar, radicícola, radícula, raicilla, raigambre, raigón.

raja f. Hendidura, abertura, grieta. ‖ Rebanada, porción de alimento: *una raja de chorizo.* ‖ **FAM.** rajar, rajuela.

rajá m. Soberano de la India.

rajar tr. Partir en rajas. ‖ Partir, abrir. También prnl. ‖ intr. Hablar mucho. ‖ *amer.* Hablar mal de uno, desacreditarlo. ‖ prnl. Volverse atrás: *no te rajes en el último momento.* ‖ **FAM.** rajadizo, rajado, rajadura.

rajatabla (a) loc. adv. Sin contemplaciones, cueste lo que cueste: *cumplió el reglamento a rajatabla.*

rajuela f. Piedra delgada y sin labrar que se emplea en obras de poca importancia.

ralea f. *desp.* Casta, linaje de las personas. ‖ *desp.* Clase o género, normalmente malo.

ralentí m. Estado de un motor cuando funciona sin ninguna marcha y con el mínimo de revoluciones. ‖ **FAM.** ralentizar.

ralentizar tr. Hacer algo más lento, como un proceso o una actividad.

rallador m. Utensilio de cocina que sirve para desmenuzar el pan, el queso, etc.

rallar tr. Desmenuzar algo frotándolo con el rallador, utensilio de cocina. ‖ **FAM.** rallador, ralladura.

rally o **rallye** (voz i.) m. Prueba automovilística por etapas que se realiza en carreteras y caminos irregulares y dificultosos.

ralo, la adj. Se dice de las cosas cuyos componentes, partes o elementos están más separados de lo normal. ‖ **FAM.** ralear, raleza.

rama f. Cada parte de una planta que sale del tronco o tallo. ‖ Cada una de las divisiones que se hacen en una ciencia, actividad, etc. ‖ Serie de personas con un mismo origen: *las ramas de una familia.* ‖ Parte secundaria de otra principal. ‖ **en rama** loc. adv. Se dice de algunos productos industriales faltos de cierta elaboración o transformación: *canela en rama.* ‖ **FAM.** ramaje, ramal, ramificarse, ramonear, ramoso.

ramadán m. Noveno mes del año lunar de los musulmanes, en el que deben observar ayuno de alimentos, bebidas, relaciones sexuales, etc., desde el amanecer hasta el ocaso.

ramal m. Cada uno de los cabos de que se componen las cuerdas, sogas, etc. ‖ Cuerda que se sujeta a la cabeza de las caballerías. ‖ Cada uno de los tramos que concurren en el mismo rellano de escalera. ‖ Bifurcación de un camino, acequia, mina, cordillera, etc. ‖ **FAM.** ramalazo.

ramalazo m. Dolor agudo en una parte del cuerpo. ‖ Manifestación leve de locura. ‖ Comportamiento y gestos afeminados.

rambla f. Lecho natural de las aguas pluviales cuando caen copiosamente. ‖ Calle ancha y con árboles, generalmente con andén central.

ramera f. Prostituta.

ramificación f. Acción y efecto de ramificarse. ‖ Consecuencia necesaria de algún hecho: *las ramificaciones de un escándalo.* ‖ División y extensión de las venas, arterias o nervios.

ramificarse prnl. Dividirse. ‖ Extenderse

las consecuencias de algo. ‖ **FAM.** ramificación.

ramillete m. Ramo pequeño de flores formado artificialmente. ‖ Colección de cosas selectas.

ramo m. Manojo de flores, hierbas y ramas, que se forma natural o artificialmente. ‖ Rama de segundo orden. ‖ Rama cortada del árbol. ‖ Ristra de ajos o cebollas. ‖ Cada una de las partes en que se divide una actividad, ciencia, etc.: *el ramo de la hostelería.* ‖ **FAM.** rama, rameado, ramera, ramillete, ramón.

ramón m. Ramojo que cortan los pastores para apacentar los ganados en tiempo de muchas nieves o de rigurosa sequía. ‖ Ramaje que resulta de la poda de los olivos y otros árboles.

ramonear intr. Cortar las puntas de las ramas de los árboles. ‖ Comerse los animales las hojas y las puntas de los ramos de los árboles. ‖ **FAM.** ramoneo.

rampa f. Superficie inclinada para subir o bajar. ‖ Terreno inclinado. ‖ **FAM.** rampante.

rampante adj. Se dice del animal que aparece en los escudos de armas con la mano abierta y las garras tendidas.

ramplón, na adj. Vulgar, chabacano o poco cuidado: *un estilo ramplón.* ‖ **FAM.** ramplonería.

rana f. Anfibio anuro de cuerpo rechoncho, ojos prominentes, lengua incisa, y extremidades fuertes adaptadas al salto, con el dorso generalmente de color verdoso y el abdomen claro. ‖ Prenda para niños muy pequeños que está formada por una sola pieza. ‖ Juego que consiste en introducir desde cierta distancia una chapa o moneda por la boca abierta de una rana metálica, o por otras ranuras. ‖ Tumor blando bajo la lengua. ‖ **FAM.** ránula, renacuajo.

ranchero, ra m. y f. Persona dueña de un rancho, o la que trabaja en él. ‖ f. Canción y baile populares de México. ‖ Automóvil que tiene la parte trasera adaptada para llevar carga o pasajeros.

rancho m. Comida que se hace para muchos en común. ‖ Comida mal guisada o de mala calidad. ‖ Lugar fuera de una población, donde se albergan diversas familias o personas: *rancho de gitanos.* ‖ Choza con techumbre de ramas o paja situada fuera de una población. ‖ *amer.* Granja. ‖ *amer.* Vivienda de campesinos. ‖ **FAM.** ranchero.

rancio, cia adj. Se dice de los comestibles que con el tiempo adquieren sabor y olor más fuerte, mejorándose o estropeándose. ‖ Se dice de las cosas antiguas y de las personas apegadas a ellas. ‖ Poco simpático o sociable.

También s. ‖ m. Cualidad de rancio. ‖ **FAM.** ranciedad.

randa f. Encaje con que se adornan los vestidos, la ropa blanca y otras cosas. ‖ Encaje de bolillos. ‖ m. Ratero, granuja.

ranglán o **ranglan** adj. Raglán.

rango m. Clase o categoría profesional o social de alguien. ‖ *amer.* Situación social elevada.

ranking (voz i.) m. Rango, categoría, escalafón, etc.

ranunculáceo, a adj. y s. Se dice de las plantas arbustivas o herbáceas, anuales o vivaces, con flores de colores brillantes dispuestas en inflorescencias terminales y fruto en cápsula o aquenio, como la anémona, el acónito y la peonía. Crecen sobre todo en regiones templadas del hemisferio N. ‖ f. pl. Familia de estas plantas.

ranura f. Hendidura estrecha y larga que tienen algunas piezas para hacer un ensamble, guiar una pieza movible, etc. ‖ **FAM.** ranurar.

rapacidad f. Condición de las personas que se dedican al robo o al hurto.

rapapolvo m. Reprimenda severa.

rapar tr. Afeitar la barba. También prnl. ‖ Cortar el pelo mucho. ‖ **FAM.** rapador, rapadura, rapapolvo, rape.

rapaz adj. Se dice de las aves carnívoras, de pico y uñas fuertes y encorvados. También f. ‖ Inclinado al robo. ‖ f. pl. Orden de las aves rapaces. ‖ com. Persona joven. ‖ **FAM.** rapacería, rapacidad, rapaza.

rape m. Afeitado de la barba hecho deprisa y sin cuidado. ‖ Corte de pelo que se deja muy corto. ‖ **al rape** loc. adv. Referido al pelo, cortado a raíz.

rape m. Pez teleósteo de entre 90 y 200 cm de longitud, muy apreciado en alimentación, de color pardo violáceo, con una gran cabeza, redonda y aplastada, de cuya mandíbula superior sobresale el primer radio de la aleta dorsal. Se le llama también *pejesapo.*

rapé adj. y m. Se dice del tabaco en polvo, para aspirarlo por la nariz.

rápel m. En alpinismo, sistema de descenso a través de una cuerda doble que se apoya en un punto y por la que el escalador se desliza rápidamente. ‖ También se escribe *rappel.*

rápido, da adj. Veloz, que ocurre, se mueve o actúa muy deprisa: *la reunión fue rápida.* ‖ adv. t. Muy deprisa: *ven rápido.* ‖ m. Río o torrente que cae con violencia. ‖ Tren que sólo para en las estaciones más importantes de su recorrido. ‖ **FAM.** rápidamente, rapidez, raudo.

rapiña f. Robo, saqueo con violencia. ‖ **ave de rapiña** Ave rapaz. ‖ **FAM.** rapiñar.

raposo, sa m. y f. Zorro, animal.

rapsoda m. En la Grecia antigua, poeta o cantor popular, que iba de pueblo en pueblo recitando fragmentos de poemas heroicos, como los de Homero. ‖ P. ext., poeta. ‖ **FAM.** rapsodia, rapsódico.

rapsodia f. Fragmento de un poema homérico y p. ext., fragmento de cualquier poema. ‖ Pieza musical formada con fragmentos de otras obras o con trozos de composiciones populares.

raptar tr. Llevarse a una persona, generalmente con la intención de pedir un rescate por ella. ‖ **FAM.** rapto, raptor.

rapto m. Acción y efecto de raptar. ‖ Impulso, arrebato: *tuvo un rapto de generosidad.* ‖ Emoción o sentimiento tan intenso que priva de sentido.

raqueta f. Bastidor provisto de mango, que sujeta una red, y que se emplea como pala en el tenis y otros juegos de pelota. ‖ Aparato sobre el que se coloca y sujeta el pie para poder andar por la nieve blanda. ‖ Especie de plazoleta o desvío con forma semicircular que en carreteras y calles se utiliza para cambiar el sentido.

raquis m. Columna vertebral. ‖ Eje de una espiga o de la pluma de un ave. ♦ No varía en pl. ‖ **FAM.** raquialgia, raquídeo, raquitismo.

raquítico, ca adj. Que padece raquitismo. También s. ‖ Demasiado delgado, endeble. ‖ Escaso, pequeño: *un jersey raquítico.*

raquitismo m. Enfermedad ósea infantil, producida por la carencia de vitamina D, que se caracteriza por la mala calcificación, encorvadura y debilidad de los huesos. ‖ **FAM.** raquítico.

rarefacción f. Hecho de hacer o hacerse menos denso un cuerpo gaseoso. ‖ **FAM.** rarefacer.

rareza f. Cualidad de raro. ‖ Cosa rara. ‖ Acción característica de la persona rara o extravagante: *es tranquilo, pero tiene sus rarezas.*

raro, ra adj. Extraordinario, poco común o frecuente. ‖ Escaso en su clase o especie: *nos vemos raras veces.* ‖ De comportamiento y forma de pensar extravagantes o muy distintos a los de los demás. También s. ‖ Se dice de los gases enrarecidos. ‖ **FAM.** raramente, rareza, rarificar.

ras m. Igualdad en la altura de la superficie de las cosas. ‖ **a** o **al ras** loc. adv. Casi tocando, casi al nivel de una cosa. ‖ **FAM.** rasear.

rasante adj. Que roza ligeramente a otra cosa. ‖ f. Línea de una calle, camino o carretera, considerada en su inclinación o paralelismo respecto del plano horizontal.

rasar tr. Igualar con el rasero las medidas de los cereales. ‖ Pasar rozando ligeramente un cuerpo con otro: *la bala rasó la pared.* ‖ **FAM.** rasado, rasadura, rasante.

rascacielos m. Edificio de muchos pisos. ♦ No varía en pl.

rascar tr. Frotar la piel con las uñas o algo duro. También prnl. ‖ Limpiar con rascador o rasqueta alguna cosa. ‖ Producir sonido estridente al tocar con el arco un instrumento de cuerda. ‖ Intentar sacar el beneficio de algo: *siempre consigue rascar algo.* ‖ intr. Resultar áspero y desagradable el contacto de un tejido u otra cosa en la piel. ‖ **FAM.** rasca, rascacielos, rascado, rascador, rascadura, rascamiento, rascatripas, rascón, rasqueta.

rasero m. Palo cilíndrico que sirve para igualar las medidas de los áridos. ‖ **por el mismo rasero** loc. adv. Con rigurosa igualdad, sin hacer la menor diferencia. Suele usarse con el verbo *medir.*

rasgado, da adj. Más alargado de lo normal: *ojos rasgados.*

rasgar tr. y prnl. Romper o hacer pedazos, sin la ayuda de ningún instrumento, cosas de poca consistencia: *rasgó la factura.* ‖ Tocar la guitarra rozando a la vez varias cuerdas. ‖ **FAM.** rasgado, rasgadura, rasgo, rasgón, rasguear, rasguñar.

rasgo m. Cada uno de los trazos que se hacen al escribir. ‖ Facción del rostro. Más en pl.: *una cara de rasgos muy hermosos.* ‖ Acción noble y generosa: *un rasgo heroico.* ‖ Característica, peculiaridad. ‖ **a grandes rasgos** loc. adv. De modo general.

rasgón m. Rotura de un vestido o tela.

rasguño m. Arañazo leve. ‖ **FAM.** rasguñar.

rasilla f. Tela de lana, delgada y parecida a la lamparilla. ‖ Ladrillo hueco y más delgado que el normal.

raso, sa adj. Plano y liso. También s. ‖ Que no tiene un título o categoría que lo distinga: *soldado raso.* ‖ Se dice del cielo o de la atmósfera libre de nubes y nieblas. ‖ Que pasa o se mueve a poca altura del suelo: *vuelo raso.* ‖ m. Tela de seda lisa y brillante. ‖ **al raso** loc. adv. Sin techo de protección: *dormir al raso.* ‖ **FAM.** ras, rasar, rasera, rasero, rasilla, rasurar.

raspa f. Espina de algunos pescados. ‖ Arista del grano de trigo y de otras gramíneas. ‖ Eje o nervio de los racimos o espigas. ‖ *amer.* Reproche, reprimenda. ‖ com. Persona antipática o de mal humor. También adj.

raspar tr. Rallar ligeramente: *el picaporte ha raspado la pared.* ‖ Tener algo un tacto áspero. ‖ Pasar rozando. ‖ **FAM.** raspa, raspado, ras-

padura, raspamiento, raspón, rasponazo, rasposo.

rasponazo m. Lesión o erosión superficial
causada por un roce violento: *al caer se hizo
un rasponazo en la rodilla.*

rasposo, sa adj. Que tiene abundantes raspas. ‖ Áspero al tacto o al paladar. ‖ *amer.* Se
dice de la prenda de vestir miserable, raída, en
mal estado, y del que la lleva: *un traje rasposo.*
‖ *amer.* Roñoso, mezquino, tacaño, cicatero.
También s.

rasqueta f. Plancha de hierro, de cantos afi-
lados y con mango de madera, que se usa para
raer y limpiar diversas superficies. ‖ *amer.*
Chapa dentada para limpiar el pelo de las caballerías, almohaza.

rastacuero m. Vividor, advenedizo. ‖ com.
amer. Persona inculta, adinerada y jactan-
ciosa.

rastra f. Rastrillo para recoger hierba, paja,
broza, etc. ‖ Cajón de carro para llevar arrastrando cosas de gran peso. ‖ Grada para allanar la tierra después de arada. ‖ Cualquier
cosa que va colgando y arrastrando. ‖ Seno de
cabo que se arrastra por el fondo del mar para
buscar y sacar objetos sumergidos. ‖ **a la rastra, a rastra** o **a rastras** loc. adv. Arrastrando.
‖ De mal grado, obligado o forzado: *no vol-
veré allí ni a rastras.*

rastrear tr. Seguir el rastro o buscar alguna
cosa por él. ‖ Averiguar una cosa, haciendo
preguntas o investigando: *rastrearon su pasado.* ‖ Llevar arrastrando por el fondo del agua
un aparejo de pesca u otra cosa. ‖ intr. Trabajar con el rastrillo. ‖ Ir por el aire, pero casi
tocando el suelo. ‖ **FAM.** rastreador, rastreo.

rastrero, ra adj. Vil, despreciable. ‖ Vulgar,
poco cuidado: *un estilo rastrero.* ‖ Se dice del
tallo de una planta que crece a ras del suelo. ‖ Que se va arrastrando. ‖ Que va por el
aire, pero casi a ras de suelo. ‖ **FAM.** rastre-
ramente.

rastrillo m. Mango largo cruzado por un
travesaño con púas o dientes para recoger
paja, hierba o broza. ‖ Instrumento dentado
para limpiar el lino o cáñamo. ‖ Mercadillo
callejero. ‖ **FAM.** rastrillada, rastrillar.

rastro m. Huella que deja tras de sí una persona, animal o cosa. ‖ Vestigio, huella: *este
puente es un rastro romano.* ‖ Mercado callejero de cosas usadas. ‖ Rastrillo. ‖ **FAM.** rastra, rastrear, rastrero, rastrillo.

rastrojo m. Residuo de la mies después de
segada. ‖ El campo después de esa labor. ‖
FAM. rastroja, rastrojar, rastrojera.

rasurar tr. y prnl. Cortar a ras de piel el pelo
del cuerpo, especialmente de la barba y el bigote. ‖ **FAM.** rasura, rasuración.

rata f. Mamífero roedor de larga cola, anilla-
da y desprovista de pelo; cabeza pequeña, hocico puntiagudo, patas cortas y pelaje pardo
claro o grisáceo. Es muy fecundo y constituye
una plaga. ‖ Persona despreciable. ‖ m. Ratero. ‖ com. Persona muy tacaña. También adj.
‖ **FAM.** ratear, ratero, raticida, ratón.

ratero, ra adj. y s. Se dice del ladrón que
hurta con maña cosas de poco valor. ‖ **FAM.**
ratería.

raticida m. Sustancia que se emplea para exterminar ratas y ratones.

ratificar tr. y prnl. Aprobar o confirmar actos, palabras o escritos dándoles por valede-
ros y ciertos: *se ratificó en su opinión.* ‖ **FAM.**
ratificación.

rato m. Porción indeterminada de tiempo, generalmente corto: *estuve esperando un rato.* ‖
Con adjetivos como *bueno, malo* o semejantes,
momento vivido de la forma que éstos espe-
cifican: *ayer pasamos un magnífico rato en el
cine.* ‖ Trecho o distancia: *de aquí a tu casa
hay un buen rato.* ‖ **a ratos** loc. adv. De vez en
cuando, de forma intermitente: *salía el sol a
ratos.* ‖ **para rato** loc. adv. Por mucho tiempo:
vamos a tener mal tiempo para rato. ‖ **pasar el
rato** loc. Distraerse, divertirse, entretenerse.

ratón m. Mamífero roedor menor que la rata,
de pelaje gris, que vive en parques y ciudades
de Europa y Asia. ‖ En inform., dispositivo
periférico del ordenador que rueda sobre una
plantilla y cuyos movimientos son reproducidos por un cursor en la pantalla del monitor,
permitiendo introducir y ejecutar órdenes en
los programas. ‖ **FAM.** ratona, ratonero, ra-
tonil.

ratonero, ra adj. Perteneciente a los ratones. ‖ Se dice del animal que caza ratones o es
apto para ello: *águila ratonera.* ‖ Vulgar y de
poca calidad: *música ratonera.* ‖ f. Trampa en
que se cogen o cazan los ratones. ‖ Madriguera de ratones.

raudal m. Gran cantidad de agua que corre
con rapidez. ‖ Gran cantidad de cosas que llegan o suceden rápidamente y de golpe: *su
misión desencadenó un raudal de conjeturas.*

raudo, da adj. Rápido, veloz. ‖ **FAM.** raudal, raudamente.

raviolis o **ravioles** m. pl. Pasta alimenticia
fina, que se corta en pequeños trozos rectangulares, y una vez rellenos de carne, verduras
u otros ingredientes, se sirven con salsa, mantequilla, etc.

raya f. Señal larga y estrecha en una superficie. ‖ Límite de una división territorial. ‖ Término o límite que se pone a una cosa material
o inmaterial. ‖ Señal que queda en la cabeza
al dividir los cabellos con el peine. ‖ Doblez

que se marca con la plancha en los pantalones y otras prendas. ‖ Dosis de cocaína o de otra droga en polvo, para aspirarla por la nariz. ‖ Guión algo más largo que se usa para separar oraciones incidentales, indicar el diálogo en los escritos, etc. ‖ **a raya** loc. adv. Dentro de los justos límites. Se usa casi siempre con los verbos *poner* y *tener*. ‖ **pasar de la raya** loc. Propasarse, excederse en cualquier línea. ‖ **FAM.** rayadillo, rayano, rayar, rayuela.

raya f. Pez cartilaginoso con el cuerpo aplanado, de color parduzco, rojizo o gris según las especies, y aletas pectorales extendidas en forma de manto. Habita en mares cálidos o templados y su carne es comestible.

rayano, na adj. Próximo, contiguo: *la tienda está rayana con Correos*. ‖ Que está en la raya o frontera que divide dos territorios. ‖ Muy parecido o semejante.

rayar tr. Hacer rayas. ‖ Tachar lo manuscrito o impreso. ‖ Marcar una superficie lisa o pulida con rayas o incisiones. También prnl. ‖ Estropear una disco fonográfico al hacer una raya que cruce los surcos. También prnl. ‖ intr. Compartir límites o fronteras dos o más cosas. ‖ Con las voces *alba, día, luz, sol*, amanecer, alborear. ‖ Asemejarse una cosa a otra: *su elegancia rayaba con la sencillez*. ‖ Sobresalir entre otros: *Fulano raya a gran altura entre los de su promoción*. ‖ **FAM.** rayado.

rayo m. Línea de luz que procede de un cuerpo luminoso. ‖ Chispa eléctrica producida entre las nubes o entre una nube y la tierra. ‖ Cosa o persona muy rápida o eficaz. ‖ **rayos X** Ondas electromagnéticas penetrantes que atraviesan ciertos cuerpos opacos, originan impresiones fotográficas y se utilizan en medicina como medio de investigación y de tratamiento. ‖ **a rayos** loc. adv. Muy mal: *esa música suena a rayos*.

rayón m. Fibra textil obtenida artificialmente a partir de la celulosa y cuyas propiedades son parecidas a las de la seda. ‖ Tela fabricada con esta fibra.

rayuela f. Juego en el que, tirando monedas o tejos a una raya hecha en el suelo y a cierta distancia, gana el que la toca o se acerca más a ella. ‖ Juego que consiste en sacar de varias divisiones trazadas en el suelo un tejo al que se da con un pie.

raza f. Casta o condición de origen o linaje. ‖ Cada uno de los grupos en que se subdividen algunas especies zoológicas y cuyos caracteres diferenciales se perpetúan por herencia. ‖ **FAM.** racial, racismo.

razia f. Incursión, correría en un país enemigo, sin otro fin que la destrucción o el saqueo. ‖ Batida, redada.

razón f. Facultad del hombre de pensar o discurrir. ‖ Palabras o frases con que se expresa un pensamiento. ‖ Argumento o demostración que se aduce en apoyo de algo: *sus razones eran las siguientes*. ‖ Motivo o causa: *¿cuál es la razón de su dimisión?* ‖ Información o explicación de algo: *no dio razón de su ausencia*. ‖ Acierto o verdad en lo que alguien hace o dice: *debes reconocer que tiene razón*. ‖ Cuenta, relación, cómputo: *a razón de tanto*. ‖ En mat., cociente de dos números, en general, de dos cantidades comparables entre sí. ‖ **razón social** Nombre y firma por los cuales es conocida una compañía mercantil de forma colectiva, comanditaria o anónima. ‖ **FAM.** raciocinio, ración, racional, razonable, razonar.

razonable adj. Arreglado, justo, conforme a razón: *un reparto razonable*. ‖ Bastante en calidad o en cantidad: *un sueldo razonable*. ‖ **FAM.** razonablemente.

razonamiento m. Acción y efecto de razonar. ‖ Serie de conceptos encaminados a demostrar algo.

razonar intr. Discurrir o pensar algo. ‖ Exponer razones para probar alguna cosa. También tr.: *razonó su conclusión*. ‖ **FAM.** razonadamente, razonado, razonador, razonamiento.

re m. Segunda nota de la escala musical. ♦ No varía en pl.

reabrir tr. y prnl. Volver a abrir lo que estaba cerrado: *reabrir un comercio*. ♦ Part. irreg.: *reabierto*.

reacción f. Acción que resiste o se opone a otra. ‖ Actitud de oposición ante cualquier innovación. ‖ Respuesta a un estímulo: *temo que al saberlo su reacción sea negativa*. ‖ Combinación química de dos sustancias para dar otra nueva. ‖ **FAM.** reaccionar, reaccionario, reactivo, reactor.

reaccionar intr. Actuar una persona, organismo, etc., de una determinada manera ante un estímulo. ‖ Empezar a recobrar una persona la actividad fisiológica que tenía perdida en apariencia: *el herido no reaccionaba*. ‖ Salir una persona o cosa de la postración en que estaba: *tu reprimenda le hizo reaccionar*. ‖ Oponerse a algo que se cree inadmisible: *la opinión pública reaccionó en contra*.

reaccionario, ria adj. y s. Conservador, contrario a las innovaciones.

reacio, cia adj. Contrario a lo que se expresa: *es reacio a ese tipo de medidas*.

reactancia f. En electricidad, resistencia que opone al paso de una corriente alterna un condensador o una bobina. ‖ **FAM.** reactante.

reactor m. Motor de reacción, y avión que funciona con él. ▌ Dispositivo que provoca y controla una serie de reacciones nucleares en cadena.

readmitir tr. Volver a admitir. ▌ **FAM.** readmisión.

reafirmar tr. y prnl. Afirmar de nuevo.

reagrupar tr. Agrupar de nuevo o de modo diferente lo que ya estuvo agrupado. ▌ **FAM.** reagrupación, reagrupamiento.

reajustar tr. Volver a ajustar, ajustar de nuevo. ▌ Aumentar o disminuir los precios, salarios, impuestos, puestos de trabajo, etc., por motivos coyunturales, económicos o políticos. ▌ **FAM.** reajuste.

real adj. Que tiene existencia verdadera y efectiva: *su dolor es real*. ▌ **FAM.** realidad, realismo, realizar, realmente.

real adj. Relativo al rey o a la realeza: *la familia real*. ▌ m. Campamento de un ejército y especialmente donde está la tienda del rey o general. ▌ Campo donde se celebra una feria. ▌ Antigua moneda española. ▌ **FAM.** realengo, realeza, realismo.

realce m. Adorno o labor que sobresale en la superficie de una cosa. ▌ Relieve, importancia, estimación: *su presencia dio realce a la ceremonia*.

realengo, ga adj. Se apl. a las tierras que, durante la Edad Media y Moderna, no pertenecían a la Iglesia ni a los nobles, sino a la corona. ▌ *amer.* Vago, desocupado. ▌ *amer.* Que no tiene dueño: *perro realengo*.

realeza f. Dignidad o soberanía real, del rey. ▌ Conjunto de familiares del rey.

realidad f. Existencia real y efectiva de una cosa. ▌ Todo lo que constituye el mundo real: *no distingue entre fantasía y realidad*. ▌ **en realidad** loc. adv. Efectivamente, sin duda alguna.

realismo m. Forma de presentar o concebir las cosas tal como son en la realidad, sin fantasía ni idealismo. ▌ Modo práctico de pensar y actuar. ▌ Doctrina filosófica, según la cual las cosas existen aparte e independientemente de la conciencia. ▌ Tendencia artística o literaria que tiende a representar o describir la naturaleza y la sociedad tal como es en la realidad. ▌ Movimiento político partidario de la monarquía, especialmente de la absoluta. ▌ **FAM.** realista.

realizar tr. Efectuar, hacer real y efectiva una cosa: *realizar una tarea*. También prnl. ▌ En medios audiovisuales, dirigir. ▌ prnl. Sentirse plenamente satisfecho por la consecución de las máximas aspiraciones: *ha conseguido realizarse profesionalmente*. ▌ **FAM.** realizable, realización, realizador.

realquilar tr. Alquilar un piso, local o habitación el inquilino de ellos a otra persona. ▌ **FAM.** realquilado.

realzar tr. Destacar, poner de relieve: *ese traje realzaba su figura*. También prnl. ▌ Levantar una cosa más de lo que estaba. ▌ Labrar de realce. ▌ **FAM.** realce.

reanimar tr. y prnl. Restablecer las fuerzas o el vigor: *una bebida caliente le reanimará*. ▌ Infundir ánimo al que está triste o deprimido. ▌ Hacer que alguien recupere el conocimiento: *en el puesto de socorro reanimaron al accidentado*. ▌ **FAM.** reanimación.

reanudar tr. Proseguir la tarea, trato, etc., que se había interrumpido: *reanudar una amistad*. ▌ **FAM.** reanudación.

reaparecer intr. Volver a aparecer. ♦ **Irreg.** Se conj. como *agradecer*. ▌ **FAM.** reaparición.

reaseguro m. Contrato por el cual un asegurador toma a su cargo un riesgo ya cubierto por otro asegurado. ▌ **FAM.** reasegurar.

reasumir tr. Asumir de nuevo un cargo, una función o una responsabilidad. ▌ **FAM.** reasunción.

reata f. Cuerda o correa que ata y une dos o más caballerías para que vayan en hilera una detrás de otra. ▌ Hilera de caballerías que van unidas así.

reavivar tr. y prnl. Volver a avivar, o avivar intensamente: *el viento reavivó el incendio*.

rebaba f. Porción de materia sobrante que se acumula en los bordes o en la superficie de un objeto cualquiera.

rebaja f. Disminución, reducción o descuento, especialmente hablando de precios. ▌ pl. Hecho de rebajar los comerciantes los precios de sus productos durante determinados períodos de tiempo. ▌ Este mismo período: *las rebajas de enero*.

rebajar tr. Hacer más bajo el nivel o superficie horizontal de un terreno u otro objeto: *rebajó el marco con una lija*. También prnl. ▌ Hacer una rebaja en los precios o en la cantidad de algo. ▌ Hacer algo menos denso, intenso, fuerte, etc.: *rebajar el color*. ▌ Humillar, menospreciar. También prnl.: *no pienso rebajarme ante él*. ▌ **FAM.** rebaja, rebajado, rebajamiento, rebaje, rebajo.

rebalsar tr. Detener y recoger el agua u otro líquido, de suerte que haga balsa. Más c. intr. y prnl. ▌ **FAM.** rebalse.

rebanada f. Loncha, rodaja, especialmente de pan. ▌ **FAM.** rebanar.

rebanar tr. Hacer rebanadas una cosa o de alguna cosa. ▌ Cortar o dividir una cosa de una parte a otra: *le rebanó el cuello*.

rebañar tr. Juntar y recoger los restos de comida que quedan en un recipiente. ▌ Quedarse con los últimos restos de algo. ‖ **FAM.** rebañadura.

rebaño m. Conjunto grande de ganado, especialmente del lanar. ‖ **FAM.** rebañar.

rebasar tr. Desbordar, exceder: *las ventas rebasaron todas las previsiones.* ‖ Adelantar un vehículo a otro.

rebatir tr. Rechazar con argumentos las razones u opiniones de otra persona. ‖ **FAM.** rebatible.

rebato m. Llamamiento a los vecinos de uno o más pueblos, por medio de una campana u otra señal, con el fin de defenderse en caso de peligro. ‖ **tocar a rebato** loc. Dar la alarma ante cualquier peligro. ‖ **FAM.** rebatiña.

rebeca f. Chaquetilla de punto, sin cuello, abrochada por delante.

rebeco m. Gamuza, animal.

rebelarse prnl. Sublevarse contra una autoridad. También tr. ‖ Resistirse a algo. ‖ **FAM.** rebelde, rebelión.

rebelde adj. Que se rebela contra algo o alguien: *ejército rebelde.* También com. ‖ Difícil de dirigir o manejar: *un mechón rebelde.* ‖ Se apl. a las enfermedades que no se curan fácilmente. ‖ **FAM.** rebeldía.

rebeldía f. Cualidad o condición de rebelde. ‖ Acción propia del rebelde. ‖ Estado procesal del que, siendo parte en un juicio, no acude al llamamiento que formalmente le hace el juez o no sigue sus indicaciones.

rebelión f. Acción y efecto de rebelarse; sublevación.

reblandecer tr. y prnl. Ablandar, poner tierna una cosa. ♦ Irreg. Se conjuga como *agradecer.* ‖ **FAM.** reblandecedor, reblandecimiento.

rebobinar tr. Enrollar hacia atrás una cinta magnética, la película de un carrete fotográfico, etc. ‖ Volver a enrollar el hilo de una bobina.

reborde m. Faja estrecha que sobresale del borde de algo. ‖ **FAM.** rebordear.

rebosar intr. Derramarse un líquido por encima de los bordes de un recipiente. Se dice también referido al mismo recipiente: *el vaso rebosa.* También prnl. ‖ Haber mucho de algo: *rebosa de salud.* También tr. ‖ Estar invadido por un sentimiento o estado de ánimo, de tal intensidad que se manifiesta externamente. También tr.: *rebosaba felicidad.* ‖ **FAM.** rebosadero, rebosante.

rebotado, da adj. Se dice del sacerdote o religioso que ha abandonado sus hábitos. También s. ‖ Se dice de la persona que se halla desplazada en un determinado ambiente. ‖ Enfadado, enojado.

rebotar intr. Botar repetidamente un cuerpo

elástico, ya sobre el terreno, ya chocando con otros cuerpos. ‖ Retroceder o cambiar de dirección un cuerpo en movimiento por haber chocado con un obstáculo. También tr. ‖ prnl. Enfadarse o molestarse por algo. ‖ **FAM.** rebotado, rebotador, rebote.

rebote m. Acción y efecto de rebotar un cuerpo elástico. ‖ Cada uno de los botes que después del primero da el cuerpo que rebota. ‖ Enfado, enojo: *¡vaya rebote se ha pillado!* ‖ **de rebote** loc. adv. De rechazo o como consecuencia de algo. ‖ **FAM.** reboteador.

rebozar tr. Bañar un alimento en huevo y harina, para freírlo después. ‖ Manchar mucho a alguien. También prnl.: *se rebozó en el barro.* ‖ Cubrir casi todo el rostro con la capa o manto. También prnl. ‖ Disimular un propósito, idea, etc. ‖ **FAM.** rebozado.

rebozo m. Modo de llevar la capa o el manto cuando con él se cubre casi todo el rostro. ‖ Simulación, pretexto, excusa. ‖ **FAM.** rebozar.

rebufo m. Expansión del aire alrededor de la boca del arma de fuego, o por su parte trasera al salir el tiro.

rebujo m. Envoltorio que se hace de cualquier manera con papel, trapos u otras cosas. ‖ **FAM.** rebujar.

rebullir intr. y prnl. Empezar a moverse. ‖ Alborotar, bullir. ♦ Irreg. Se conjuga como *mullir.*

rebuscado, da adj. Excesivamente elaborado y falto de naturalidad: *una prosa rebuscada.* ‖ Demasiado complicado o enrevesado: *un razonamiento rebuscado.*

rebuscar tr. Buscar mucho y con cuidado. ‖ Mirar en algún sitio para sacar algo o para seleccionar lo mejor. ‖ Recoger el fruto que queda en los campos después de alzadas las cosechas. ‖ **FAM.** rebusca, rebuscado, rebuscamiento.

rebuzno m. Voz del burro y otros animales semejantes. ‖ **FAM.** rebuznar.

recabar tr. Conseguir con ruegos y súplicas lo que se desea. ‖ Pedir, reclamar algo alegando o suponiendo un derecho: *recabar un título nobiliario.*

recado m. Mensaje o respuesta que se da o se envía a otro: *te dejó un recado sobre la mesa.* ‖ Paquete, envío, etc., que se manda a alguien. ‖ Gestión, encargo, compra o cualquier otra cosa que debe hacer una persona: *ha salido, tenía que hacer un recado.* ‖ Conjunto de objetos necesarios para hacer ciertas cosas: *recado de escribir.* ‖ amer. Conjunto de piezas que componen el apero de montar. ‖ **FAM.** recadero.

recaer intr. Volver a caer. ‖ Caer nuevamente

enfermo de la misma dolencia. ‖ Reincidir en los mismos vicios, errores, etc. ‖ Venir a parar en alguien beneficios o gravámenes: *recayó sobre él la responsabilidad.* ♦ **Irreg.** Se conj. como *caer.* ‖ **FAM.** recaída.

recalar tr. Penetrar poco a poco un líquido por los poros de un cuerpo seco, dejándolo húmedo o mojado. También prnl. ‖ intr. Aparecer por algún sitio una persona: *suele recalar en este bar.* ‖ Acercarse el buque a un punto de la costa, para reconocerlo o para atracar en él. ‖ Llegar el viento o la mar a un lugar determinado. ‖ **FAM.** recalada.

recalcar tr. Decir palabras con lentitud y exagerada fuerza de expresión, para que se entiendan bien. ‖ Destacar algo por considerarlo importante: *recalcó la importancia de ese factor.* ‖ intr. Aumentar el buque su escora sobre la máxima de un balance.

recalcitrante adj. Terco, obstinado. ‖ Aferrado a una opinión, conducta, costumbre, etc.

recalentar tr. Volver a calentar. ‖ Calentar demasiado. ‖ prnl. Tomar una cosa más calor del que sería conveniente: *el motor se ha recalentado.* ♦ **Irreg.** Se conj. como *acertar.* ‖ **FAM.** recalentador, recalentamiento, recalentón.

recalmón m. Repentina y considerable disminución en la fuerza del viento, y en ciertos casos, de la marejada.

recalzar tr. Arrimar tierra alrededor de las plantas o árboles. ‖ Hacer un recalzo. ‖ **FAM.** recalce.

recalzo m. Reforzamiento que se hace en los cimientos de un edificio ya construido. ‖ **FAM.** recalzar.

recamado m. Borde de realce. ‖ **FAM.** recamar.

recámara f. En las armas de fuego, lugar donde se coloca el cartucho o la bala que se va a disparar. ‖ Reserva, segunda intención: *Pedro tiene mucha recámara.* ‖ Cuarto después de la cámara, destinado para guardar la ropa, las alhajas, etc. ‖ *amer.* Alcoba o aposento.

recambiar tr. Hacer un segundo cambio o trueque. ‖ Sustituir una pieza por otra de su misma clase. ‖ **FAM.** recambiable, recambio.

recambio m. Acción y efecto de recambiar. ‖ Pieza de repuesto.

recapacitar intr. y tr. Reconsiderar, reflexionar sobre ciertos puntos: *recapacita antes de actuar.*

recapitular tr. Resumir y ordenar lo que previamente se ha manifestado con mayor extensión: *recapituló los puntos principales del discurso.* ‖ **FAM.** recapitulación.

recargar tr. Volver a cargar: *recargar un me-*

chero. ‖ Aumentar la carga. ‖ Aumentar la cantidad que ha de pagarse por un puesto, deuda u otra prestación. ‖ Adornar con exceso. ‖ **FAM.** recarga, recargable, recargador, recargamiento, recargo.

recargo m. Acción y efecto de recargar. ‖ Cantidad adicional de dinero que debe pagarse por una deuda, generalmente por no haberla satisfecho a su debido tiempo.

recatado, da adj. Honesto, decente. Se dice particularmente de las mujeres. ‖ Circunspecto, cauto.

recatar tr. y prnl. Ocultar o disimular lo que no se quiere que se vea o se sepa. ‖ prnl. Mostrar recelo en tomar una resolución. ‖ Comportarse con recato. ‖ **FAM.** recatadamente, recatado, recato.

recato m. Honestidad, decencia. ‖ Cautela, prudencia, reserva: *guarda recato sobre el asunto.*

recauchutar tr. Volver a cubrir de caucho una llanta o cubierta desgastada. ‖ **FAM.** recauchar, recauchutado.

recaudación f. Acción de recaudar. ‖ Cantidad recaudada.

recaudar tr. Cobrar o reunir dinero procedente de impuestos, donativos, etc. ‖ **FAM.** recaudación, recaudador, recaudamiento, recaudatorio, recaudo.

recaudo m. Acción de recaudar. ‖ **a buen recaudo, o a recaudo** loc. adv. Bien custodiado, con seguridad.

recebo m. Arena o piedra muy menuda que se extiende sobre el firme de una carretera para igualarlo y consolidarlo. ‖ Cantidad de líquido que se echa en los toneles que han sufrido alguna merma. ‖ **FAM.** recebar.

recelar tr., intr. y prnl. Desconfiar, sospechar. ‖ Temer. ‖ **FAM.** recelo, receloso.

recensión f. Noticia o reseña de una obra literaria o científica.

recental adj. y m. Se dice del cordero o del ternero que aún se alimenta de leche.

recepción f. Acción y efecto de recibir. ‖ Acto solemne con que se recibe a un personaje importante. ‖ Reunión con carácter de fiesta que se celebra en algunas casas particulares. ‖ En hoteles, congresos, oficinas, etc., lugar donde se inscriben los nuevos huéspedes, se da información, etc. ‖ **FAM.** recepcionista.

recepcionista com. Persona encargada de atender al público de un hotel, congreso, oficina, etc.

receptáculo m. Cavidad en que se contiene o puede contenerse cualquier sustancia. ‖ En bot., extremo del pedúnculo, donde se asientan las hojas o verticilos de la flor.

receptivo, va adj. Que recibe o es capaz de

recibir, particularmente, sensaciones, estímulos, conocimientos, etc.: *es muy receptivo a tus opiniones.* ‖ FAM. receptividad.

receptor, ra adj. y s. Que recibe. ‖ Se dice del motor que recibe la energía de un generador instalado a distancia. También m. ‖ m. Aparato que recibe señales eléctricas, telegráficas, telefónicas, radiofónicas, televisivas. ‖ FAM. radiorreceptor.

recesar intr. *amer.* Cesar temporalmente en sus actividades una corporación. ‖ tr. *amer.* Clausurar una cámara legislativa.

recesión f. Acción y efecto de retirarse o retroceder. ‖ Disminución de las actividades económicas, comerciales e industriales. ‖ FAM. recesivo, receso.

recesivo, va adj. En econ., que tiende a la recesión o la provoca. ‖ En biol., se dice de los caracteres hereditarios que no se manifiestan en el fenotipo del individuo que los posee, pero que pueden aparecer en su descendencia.

receso m. Separación, desvío. ‖ *amer.* Vacación, suspensión temporal de actividades en los cuerpos colegiados, asambleas, etc. ‖ *amer.* Tiempo que dura esta suspensión de actividades.

receta f. Prescripción facultativa. ‖ Nota escrita de esta prescripción: *en la farmacia me pidieron la receta.* ‖ Nota que comprende aquello de que debe componerse una cosa, y el modo de hacerla: *receta de cocina.* ‖ Método para conseguir algo: *la receta del éxito.* ‖ FAM. recetar, recetario.

recetar tr. Prescribir el médico un medicamento, indicando su dosis, uso, etc.

rechazar tr. Contradecir lo que otro expresa, o no aceptar lo que propone u ofrece: *rechazaron mi oferta.* ‖ Resistir un cuerpo a otro obligándole a retroceder: *la pantalla rechazó la bala.* ‖ Resistir: *rechazar el ataque del enemigo.* ‖ FAM. rechace, rechazo.

rechazo m. Acción y efecto de rechazar. ‖ En med., reacción de incompatibilidad del organismo hacia los tejidos u órganos que le son trasplantados.

rechifla f. Burla, pitorreo. ‖ FAM. rechiflar.

rechinar intr. Crujir, chirriar. También tr.: *rechinar los dientes.* ‖ FAM. rechinamiento.

rechistar intr. Responder, empezar a hablar para protestar: *todo el mundo callado y sin rechistar.*

rechoncho, cha adj. Grueso y bajo.

rechupete (de) loc. adj. y adv. Muy bueno, estupendo.

reciario m. Gladiador del circo romano cuya arma principal era una red.

recibí m. Documento, o parte de él, que, firmado, acredita que se ha recibido lo que en él se indica.

recibidor, ra adj. y s. Que recibe. ‖ m. Antesala, vestíbulo.

recibimiento m. Acción y efecto de recibir. ‖ Buena o mala acogida que se da a alguien. ‖ Antesala, recibidor. ‖ Sala principal.

recibir tr. Llegarle a alguien o tomar uno lo que le dan o le envían: *recibió por su trabajo una importante suma.* ‖ Admitir, aceptar, aprobar una cosa: *fue mal recibida esta opinión.* ‖ Admitir visitas a una persona. También intr.: *hoy nos recibe el delegado.* ‖ Salir a encontrarse con alguien que viene de fuera para celebrar su llegada. ‖ Sufrir o experimentar lo que se expresa: *recibir un disgusto.* ‖ Captar una señal, onda o frecuencia. ‖ Cuadrarse el diestro en la suerte de matar, para citar al toro, conservando esta postura, sin mover los pies al esperar la embestida para dar la estocada. ‖ prnl. *amer.* Tomar alguien la investidura o el título conveniente para ejercer alguna facultad o profesión: *se recibió de ingeniero el año pasado.* ‖ FAM. recepción, receptáculo, receptivo, receptor, recibí, recibidor, recibimiento, recibo, recipiendario, recipiente.

recibo m. Acción y efecto de recibir. ‖ Escrito o resguardo firmado en que se declara haber recibido dinero u otra cosa.

reciclar tr. Someter una materia a un determinado proceso para que pueda volver a ser utilizable. ‖ Someter repetidamente una materia a un mismo ciclo, para incrementar los efectos de éste. ‖ Dar a alguien los nuevos conocimientos necesarios para que realice un trabajo que se ha modificado. También prnl. ‖ Modernizar una cosa. También prnl. ‖ FAM. reciclado, reciclaje, reciclamiento.

reciedumbre f. Fuerza, fortaleza o vigor.

recién adv. t. apóc. de *reciente.* Hace muy poco o que acaba de suceder. ♦ Siempre se antepone a los p. p., salvo en América, donde se utiliza junto a otras formas verbales: *recién vino; llegó recién.*

reciente adj. Acabado de hacer, suceder, etc.: *pan reciente.* ‖ FAM. recental, recentísimo, recién, recientemente.

recinto m. Espacio comprendido dentro de ciertos límites: *recinto amurallado.*

recio, cia adj. Fuerte, robusto. ‖ Duro, difícil de soportar: *un tiempo recio.* ‖ adv. m. Con dureza y firmeza. ‖ FAM. reciamente, reciedumbre, recura.

recipiente m. Utensilio o cavidad para guardar o contener alguna cosa.

recíproco, ca adj. Se dice de la acción o sentimiento que se ejerce simultáneamente de una persona o cosa hacia otra, y viceversa: *simpatía recíproca.* ‖ Se dice de los verbos, pronombres y oraciones que expresan una acción que se ejerce simultáneamente entre los dos sujetos. ‖ En lóg., se apl. a las proposiciones en que el sujeto de cada una de ellas constituye el atributo de la otra. ‖ En mat., se dice del número que al ser multiplicado por otro número dado resulta la unidad. ‖ **FAM.** recíprocamente, reciprocidad.

recital m. Concierto de un solo artista, cantante o instrumentista, que ejecuta varias obras musicales. ‖ Lectura de composiciones poéticas.

recitar tr. Decir algo de memoria en voz alta: *recitar la lección.* ‖ Decir en voz alta versos, discursos, etc. ‖ **FAM.** recitación, recitado, recitador, recital, recitativo.

reclamar intr. Protestar contra una cosa; oponerse a ella de palabra o por escrito: *reclamar contra un fallo.* ‖ tr. Llamar a una persona para que haga algo o se presente en un lugar: *reclamaron su ayuda.* ‖ Reivindicar: *reclamaban un salario justo.* ‖ Necesitar algo: *esto reclama nuestra atención.* ‖ Llamar una autoridad a un prófugo, o pedir el juez competente que sea puesta a su disposición una persona o causa. ‖ Llamar a las aves con el reclamo. ‖ **FAM.** reclamación, reclamante, reclame, reclamo.

reclamo m. Ave amaestrada que atrae a otras con su canto. ‖ Instrumento que lo imitá. ‖ Atractivo, aliciente. ‖ Publicidad, propaganda.

reclinar tr. y prnl. Inclinar el cuerpo, apoyándolo sobre algo. ‖ Inclinar una cosa sobre otra: *reclinar el respaldo de una silla.* ‖ **FAM.** reclinación, reclinatorio.

reclinatorio m. Mueble acomodado para arrodillarse y rezar. ‖ Mueble u objeto dispuesto para reclinarse sobre él.

recluir tr. y prnl. Encerrar, poner en reclusión. ◆ **Irreg.** Se conj. como *huir.* ‖ **FAM.** reclusión, recluso.

reclusión f. Encierro. ‖ Sitio en que se está recluido. ‖ En der., pena de privación de libertad más grave que la de prisión. ‖ **reclusión mayor** Aquella de veinte años y un día a treinta años. ‖ **reclusión menor** Aquella de doce años y un día a veinte años.

recluta m. Mozo alistado para el servicio militar. ‖ f. Acción y efecto de reclutar: *le toca en esta recluta.*

reclutar tr. Alistar reclutas. ‖ Reunir gente para un propósito: *están reclutando colaboradores.* ‖ **FAM.** recluta, reclutador, reclutamiento.

recobrar tr. Volver a tener lo que se había

perdido: *recobrar la salud.* ‖ prnl. Desquitarse de una pérdida o daño. ‖ Volver en sí. ‖ **FAM.** recobro.

recochineo m. Burla o ensañamiento que se añade a una acción con que se molesta o perjudica a alguien. ‖ **FAM.** recochinearse.

recodo m. Ángulo o revuelta que forman ciertas cosas: *el recodo de una calle.*

recogedor m. Utensilio para recoger la basura después de barrer, el carbón, la ceniza, etc. ‖ Instrumento de labranza para recoger la parva de la era.

recogemigas m. Instrumento o aparato eléctrico para recoger las migas que quedan sobre el mantel. ◆ No varía en pl.

recogepelotas com. Joven que en las canchas de tenis recoge las pelotas perdidas por los jugadores. ◆ No varía en pl.

recoger tr. Coger algo que se ha caído. ‖ Juntar, reunir: *recoger firmas.* ‖ Coger la cosecha y, p. ext., el fruto o provecho de cualquier otra cosa: *recogió muchos aplausos.* ‖ Guardar: *recoge los cubiertos.* ‖ Disponer con orden los objetos de una casa, oficina, etc., o cualquier otra cosa que estaba desordenada: *recogió su habitación antes de salir.* ‖ Encoger, estrechar, ceñir. También prnl.: *se recogió el pelo con una cinta.* ‖ Dar asilo o alojamiento. ‖ Admitir uno lo que otro envía, hacerse cargo de ello: *ya recogí el paquete.* ‖ Ir a buscar a una persona o cosa: *vete a recoger al niño al colegio.* ‖ Tomar en cuenta lo que otro ha dicho para aceptarlo, rebatirlo o transmitirlo: *recoger una sugerencia.* ‖ prnl. Retirarse a un lugar, generalmente para descansar o estar solo. ‖ Remangarse una prenda que cuelga cerca del suelo: *recogerse una bata.* ‖ Abstraerse del exterior para reflexionar o meditar. ‖ **FAM.** recogedor, recogida, recogido, recogimiento.

recolectar tr. Recoger la cosecha. ‖ Juntar personas o cosas dispersas: *recolectar fondos.* ‖ **FAM.** recolección, recolector.

recoleto, ta adj. Se dice del lugar apartado, solitario y tranquilo. ‖ Se dice del religioso que lleva una vida de aislamiento y meditación, y del convento que la practica. También s.

recomendación f. Acción y efecto de recomendar. ‖ Hecho de estar recomendada una persona por otra para cierto cargo o empleo: *varios candidatos traían recomendación.*

recomendar tr. Advertir, aconsejar. ‖ Hablar en favor de alguien. ◆ **Irreg.** Se conj. como *acertar.* ‖ **FAM.** recomendable, recomendablemente, recomendación, recomendado, recomendante, recomendatorio.

recomenzar tr. Volver a comenzar. ♦ **Irreg.** Se conj. como *acertar*.

recompensar tr. Remunerar un servicio o trabajo. ‖ Compensar, valer algo la pena. ‖ Premiar. ‖ **FAM.** recompensa, recompensable.

recomponer tr. Componer de nuevo algo, arreglarlo. ♦ **Irreg.** Se conj. como *poner*. ‖ **FAM.** recomposición.

recompra f. Acción de volver a adquirir una cosa de aquél al que se la vendió.

reconcentrarse prnl. Abstraerse, ensimismarse. ‖ **FAM.** reconcentración, reconcentramiento.

reconciliar tr. y prnl. Restablecer la amistad, concordia entre personas o grupos que estaban enemistados. ‖ **FAM.** reconciliación, reconciliador.

reconcomerse prnl. Impacientarse y sentir desazón y disgusto por diversos motivos, materiales o inmateriales: *los celos le reconcomen*. ‖ **FAM.** reconcomio.

recóndito, ta adj. Muy escondido, reservado u oculto. ‖ **FAM.** reconditez.

reconducir tr. Volver a llevar o conducir algo al lugar o punto en que se encontraba. ‖ En der., prorrogar un arrendamiento. ♦ **Irreg.** Se conj. como *conducir*. ‖ **FAM.** reconducción.

reconfortar tr. Confortar de nuevo, hacer volver la fuerza, la energía o el ánimo: *el caldo le reconfortó*. ‖ **FAM.** reconfortante.

reconocer tr. Distinguir de los demás a una persona o cosa por sus rasgos o características: *con el bigote no te reconozco*. También prnl. ‖ Examinar con cuidado a una persona o cosa para enterarse de su identidad, naturaleza, estado de salud, etc.: *el médico le reconoció*. ‖ Examinar de cerca un campamento, posición militar, etc. ‖ En las relaciones internacionales, aceptar un nuevo estado de cosas: *reconocer una nueva nación*. ‖ Admitir la certeza ajena o el propio error. ‖ Demostrar gratitud por algún beneficio o favor. ‖ Dar por suya, confesar como legítima una obligación: *reconocer una firma*. ‖ Conceder a uno la relación de parentesco que tiene con él: *reconocer por hijo*. ‖ Acatar como legítima la autoridad: *reconocer por soberano*. ‖ prnl. Tenerse uno a sí mismo por lo que es en realidad: *se reconoció culpable*. ‖ Identificarse con alguien. ♦ **Irreg.** Se conj. como *agradecer*. ‖ **FAM.** reconocedor, reconocible, reconocido, reconocimiento.

reconocimiento m. Acción y efecto de reconocer. ‖ Gratitud que se tiene por algún beneficio o favor concedido. ‖ **reconocimiento médico** Examen o exploración del estado de salud de una persona.

reconquistar tr. Volver a conquistar: *el reino de Valencia fue reconquistado por Jaime I*. ‖ Recuperar la opinión, el afecto, los bienes, etc. ‖ **FAM.** reconquista, reconquistador.

reconsiderar tr. Volver a considerar: *reconsideraré su propuesta*.

reconstituir tr. y prnl. Volver a constituir. ‖ Dar o devolver a la sangre y al organismo sus condiciones y vigor normales. ♦ **Irreg.** Se conj. como *huir*. ‖ **FAM.** reconstitución, reconstituyente.

reconstituyente adj. Que reconstituye. ‖ Se dice del medicamento que fortalece el organismo. También m.

reconstruir tr. Volver a construir. ‖ Rehacer o completar un edificio, monumento, etc. ‖ Reunir y evocar recuerdos o ideas para completar el conocimiento de un hecho o el concepto de una cosa: *reconstruir la escena del crimen*. ♦ **Irreg.** Se conj. como *huir*. ‖ **FAM.** reconstrucción.

recontar tr. Volver a contar un número de personas o cosas. ♦ **Irreg.** Se conj. como *contar*. ‖ **FAM.** recuento.

reconvenir tr. Reprender, reñir. ‖ En der., ejercitar el demandado acción contra el que ha promovido el juicio. ♦ **Irreg.** Se conj. como *venir*. ‖ **FAM.** reconvención.

reconvertir tr. Hacer que vuelva a su estado, ser o creencia lo que había sufrido un cambio. ‖ Reestructurar o modernizar un determinado sector, adaptándolo a las nuevas necesidades: *reconvertir la industria*. ♦ **Irreg.** Se conj. como *sentir*. ‖ **FAM.** reconversión.

recopilar tr. Reunir, recoger: *recopilar obras literarias*. ‖ **FAM.** recopilación, recopilado, recopilador.

récord adj. Se dice de lo que constituye una cota máxima en alguna actividad. ‖ m. Acción que supera una anterior: *un récord de ventas*. ‖ En dep., marca máxima en una prueba de competición. ‖ **en (un) tiempo récord** loc. adv. En muy poco tiempo. ‖ **FAM.** recordman.

recordar tr. e intr. Traer algo a la memoria: *recuerdo aquel verano*. ‖ Hacer que alguien tenga presente una cosa: *recuerda que debes llamarle*. También prnl. ‖ Encontrar parecido entre dos o más personas o cosas: *me recuerda a su padre*. ‖ intr. amer. Despertar el que estaba dormido. ♦ **Irreg.** Se conj. como *contar*. ‖ **FAM.** recordable, recordativo, recordatorio, recuerdo.

recordatorio, ria adj. Se dice de lo que hace recordar algo. ‖ m. Tarjeta, estampa, en que se conmemora algún acontecimiento: *recordatorio de una primera comunión*.

recordman (voz i.) m. Plusmarquista.

recorrer tr. Ir o transitar por un espacio o lugar: *el tren recorrió doce kilómetros.* ‖ Registrar, mirar con cuidado para averiguar lo que se desea saber o hallar: *recorrió la habitación con la vista.* ‖ En impr., pasar letras de una línea a otra, por correcciones o variación en la medida de la página. ‖ FAM. recorrida, recorrido.

recorrido m. Acción y efecto de recorrer. ‖ Espacio que se ha recorrido, se recorre o se ha de recorrer. ‖ Represión, corrección.

recortar tr. Cortar lo que sobra de una cosa. ‖ Cortar el papel u otra materia en varias figuras. ‖ En pint., señalar los perfiles de una figura. ‖ Acortar, disminuir: *recortar el presupuesto.* ‖ FAM. recortable, recortado, recortadura, recorte.

recorte m. Acción y efecto de recortar. ‖ Suelto o noticia breve de un periódico que se recorta por tener interés en lo que se dice en él. ‖ En taurom., regate para evitar la embestida del toro. ‖ pl. Porciones sobrantes que se separan de cualquier material que se ha recortado.

recostar tr. y prnl. Reclinar y apoyar sobre algo la parte superior del cuerpo el que está de pie o sentado. ‖ Inclinar una cosa sobre otra. ◆ **Irreg.** Se conj. como *contar.*

recoveco m. Vuelta de un callejón, arroyo, camino, etc. ‖ Rincón escondido. ‖ Aspecto poco claro del carácter de una persona. ‖ Rodeo de que se vale alguien al hablar.

recrear tr. Imitar o reproducir cierto ambiente, época, etc. ‖ Alegrar, entretener. También prnl. ‖ FAM. recreación, recreativo, recreo.

recreativo, va adj. Que entretiene: *juegos recreativos.*

recreo m. Acción de recrearse, divertirse. ‖ En los colegios, suspensión de la clase para descansar o jugar. ‖ Sitio o lugar apto para la diversión: *una villa de recreo.*

recriminar tr. Reprender a una persona su comportamiento o echarle algo en cara. ‖ Responder a cargos o acusaciones con otros semejantes. También prnl. ‖ FAM. recriminación, recriminador, recriminatorio.

recrudecer intr. y prnl. Hacer algo más difícil, duro o intenso: *recrudecerse la enfermedad.* ◆ **Irreg.** Se conj. como *agradecer.* ‖ FAM. recrudecimiento.

rectángulo, la adj. Que tiene ángulos rectos: *triángulo rectángulo.* ‖ m. Paralelogramo que tiene los cuatro ángulos rectos y los lados contiguos desiguales. ‖ FAM. rectangular.

rectificar tr. Corregir o perfeccionar una cosa. ‖ Contradecir cierta información, lo dicho por otra persona, etc., por considerarlo erróneo. ‖ Modificar alguien sus propias opiniones o conducta. ‖ Poner algo recto o corregir cierta desviación: *el piloto rectificó el rumbo.* ‖ Determinar la longitud de una línea curva. ‖ En quím., purificar los líquidos. ‖ FAM. rectificable, rectificación, rectificador.

rectilíneo, a adj. Que se compone de líneas rectas o se desarrolla en línea recta. ‖ Se dice del carácter de algunas personas, cuando es excesivamente recto o severo.

rectitud f. Cualidad de recto, justo, íntegro.

recto, ta adj. Derecho: *esta calle es recta.* ‖ Honrado y justo. ‖ Se dice del sentido primitivo o literal de las palabras en contraposición a *figurado.* ‖ Se dice del folio o plana de un libro, que, abierto, cae a la derecha del que lee. El opuesto se llama *vuelto.* ‖ Se dice del ángulo de 90 grados. ‖ m. Última porción del intestino grueso situada a continuación del colon. ‖ f. Línea más corta de un punto a otro. ‖ FAM. rectal, rectamente, rectángulo, rectificar, rectilíneo, rectoscopia.

rector, ra adj. y s. Que rige, gobierna. ‖ m. y f. Persona a cuyo cargo está el gobierno y mando de una comunidad, colegio, etc. ‖ Persona que dirige una universidad o centro de estudios superiores. ‖ m. Cura párroco. ‖ FAM. rectorado, rectoral, rectoría.

recua f. Conjunto de animales de carga. ‖ Conjunto de personas o cosas que siguen unas detrás de otras. ‖ FAM. recuero.

recuadro m. División en forma de cuadro. ‖ En los periódicos, espacio encerrado por líneas para hacer resaltar una noticia. ‖ FAM. recuadrar.

recubrir tr. Volver a cubrir. ‖ Cubrir por completo. ◆ Part. irreg.: *recubierto.* ‖ FAM. recubrimiento.

recuelo m. Café cocido por segunda vez.

recuento m. Inventario del número de personas o cosas que forman un conjunto.

recuerdo m. Acción de recordar e imagen que se tiene en la memoria de las cosas pasadas o de las personas. ‖ Regalo para recordar algo o a alguien. ‖ pl. Saludo afectuoso que se envía a alguien.

recular intr. Retroceder. ‖ Ceder uno en su opinión. ‖ FAM. reculón.

recuperar tr. Volver a tomar o adquirir lo que se había perdido: *recuperar fuerzas.* ‖ Volver a poner en servicio lo que ya estaba inservible: *recuperar papel.* ‖ Aprobar el examen, asignatura, etc., que se había suspendido. ‖ prnl. Volver en sí. ‖ Volver a tener los ánimos, bienes, salud, etc., que se habían perdido. ‖ FAM. recuperable, recuperación, recuperador.

recurrente adj. Que recurre. | Se dice de lo que vuelve a ocurrir o aparecer después de un intervalo: *fiebre recurrente.* | com. Persona que entabla o tiene entablado un recurso.

recurrir intr. Acudir a alguien o emplear medios extremos para conseguir algo necesario: *decidió recurrir al soborno.* | En der., entablar recurso contra una resolución. | Reaparecer una enfermedad o sus síntomas después de intermisiones. | FAM. recurrente, recurrible, recursivo, recurso.

recurso m. Procedimiento o medio de que se dispone para satisfacer una necesidad, llevar a cabo una tarea o conseguir alguna cosa: *las metáforas son recursos estilísticos.* | En der., acción que concede la ley al interesado en un juicio para reclamar contra las resoluciones, ante el juez que las dictó o ante otro. | pl. Bienes, medios o riqueza: *recursos naturales.* | Medios que se tienen para salir airoso de cualquier asunto: *es un hombre de muchos recursos.*

recusar tr. No aceptar una cosa, o a una persona por falta de aptitud o imparcialidad. | No admitir la competencia de un tribunal, juez, perito, etc. | FAM. recusable, recusación, recusante.

red f. Tejido de mallas realizado con diversos materiales, utilizado para diversos usos, como, p. ej., pescar y cazar, realizar verjas o separaciones, sujetar alguna cosa, etc. | Objetos realizados con este tejido. | Ardid o engaño: *caer en la red.* | Conjunto de calles afluentes a un mismo punto. | Conjunto sistemático de líneas de ferrocarril, carreteras, líneas telegráficas, etc. | Conjunto estructurado de personas, medios, etc., que obran en favor o en contra de un fin: *red policial.* | En inform., conexión simultánea de distintos equipos informáticos a un sistema principal. | FAM. redada, redaño, redecilla, redil.

redacción f. Composición escrita sobre un tema. | Conjunto de redactores de un periódico, editorial; y oficina donde se redacta.

redactar tr. Poner por escrito noticias, relatos o cosas acordadas o pensadas con anterioridad: *redactar un informe.* | FAM. redacción, redactor.

redada f. Acción de lanzar la red. | Operación policial para atrapar a la vez a un conjunto de personas. | Conjunto de personas o cosas que se atrapan de una vez: *redada de delincuentes.*

redaño m. Repliegue del peritoneo. | pl. Fuerzas, bríos, valor.

redecilla f. Segundo compartimiento del estómago de los mamíferos rumiantes. | Prenda de malla con forma de bolsa, usada para re-

coger el pelo, mantener el peinado o como adorno.

redención f. Acción y efecto de redimir; particularmente, la de los hombres por Jesucristo. ◆ Se escribe con mayúscula.

redentor, ra adj. y s. Que redime. | m. Por ant., Jesucristo. ◆ Se escribe con mayúscula. | FAM. redentorista.

redescuento m. Descuento aplicado por el banco central de un país a efectos presentados por un banco privado y ya descontados por él.

redicho, cha adj. y s. Se dice de la persona que habla con una perfección y exactitud afectada o que resulta ridícula para la ocasión.

redil m. Aprisco cercado para el ganado.

redimir tr. y prnl. Librar a alguien de una mala situación; particularmente, en la religión católica, salvar Jesucristo a los hombres con su sacrificio. | Rescatar al que está cautivo pagando una cantidad por ello. También prnl. | Comprar de nuevo una cosa que se había vendido o empeñado. | Dejar libre una cosa hipotecada o empeñada. | FAM. redención, redentor, redimible.

redistribuir tr. Distribuir algo de nuevo. | Distribuir algo de forma diferente a como estaba. ◆ Irreg. Se conj. como *huir.* | FAM. redistribución.

rédito m. Renta de un capital. | FAM. redituar.

redituar tr. Rendir, producir utilidad, periódica o renovadamente.

redivivo, va adj. Aparecido, resucitado. Se apl. a quien se parece mucho a alguien muerto: *se diría que es su padre redivivo.*

redoblar tr. Aumentar una cosa al doble de lo que antes era: *redoblar el esfuerzo.* También prnl. | Volver la punta de una cosa sobre sí misma. | intr. Tocar redobles en el tambor. | FAM. redoblado, redoblamiento, redoble.

redoble m. Toque vivo y sostenido de tambor. | Acción y efecto de redoblar.

redoma f. Vasija de vidrio ancha en su fondo que va estrechándose hacia la boca.

redomado, da adj. Incorregible, recalcitrante: *un redomado timador.* | Muy cauteloso. | FAM. redomadamente, redomón.

redondear tr. Hacer redondo algo. También prnl. | Convertir una cantidad en un número completo de unidades, prescindiendo de las fracciones. | Terminar, rematar, perfeccionar. | FAM. redondeado, redondeo.

redondel m. Círculo. | Terreno circular destinado a la lidia de toros.

redondilla f. Estrofa de cuatro versos octosílabos en que riman los versos primero y cuarto, tercero y segundo. | Tipo de letra de forma redondeada.

redondo, da adj. De forma circular o esférica. | Completo, perfecto o muy provechoso: *un negocio redondo*. | Se dice de la cantidad en la que se ha prescindido de pequeñas diferencias en más o en menos, para dar un número completo. | En impr., se dice de un tipo de letra de trazo y grueso normal. | En taurom., se dice del pase natural, en que el torero, girando sobre sus pies, saca la muleta por delante de la cara del toro. | m. Cosa de figura circular. | Porción de carne de forma más o menos cilíndrica. | **en redondo** loc. adv. En circunferencia, alrededor. | Clara o categóricamente: *negarse en redondo*. | **FAM.** redondamente, redondear, redondel, redondez, redondilla.

reducción f. Acción y efecto de reducir. | Pueblo de indígenas convertidos al cristianismo. | En mat., método para resolver sistemas de ecuaciones lineales, reduciendo dos ecuaciones a una de una sola incógnita.

reducir tr. Disminuir, acortar, debilitar. | Resumir: *reducir un libro*. | Transformar una cosa en otra, particularmente si es más pequeña o menos importante: *reducir a polvo*. | Consistir algo en lo que se expresa, especialmente si es insuficiente: *su dieta se reduce a vegetales*. | Hacer que un cuerpo pase del estado sólido al líquido o al de vapor, o al contrario. | Someter a la obediencia: *la policía redujo al atracador*. | En med., restablecer en su situación natural los huesos dislocados o rotos. | En mat., expresar el valor de una cantidad en unidades de otro tipo: *reducir libras a pesetas*. | En mat., convertir una expresión matemática en otra más sencilla. | En quím., descomponer una sustancia en sus elementos. | prnl. Ceñirse, acomodarse. | intr. En los vehículos, cambiar de una velocidad larga a otra más corta. ♦ **Irreg.** Se conj. como *conducir*. | **FAM.** reducción, reducible, reducido, reductible, reducto, reductor.

reducto m. Lugar donde se conservan ideas o costumbres pasadas. | Lugar o fortificación muy seguro y apropiado para la defensa. | Lugar de refugio: *esa buhardilla es el reducto de Juan*.

redundancia f. Demasiada abundancia de cualquier cosa. | Repetición inútil de un concepto.

redundar intr. Resultar una cosa en beneficio o daño de alguno. | **FAM.** redundancia, redundante, redundantemente.

reduplicar tr. Aumentar al doble. | Aumentar, multiplicar: *reduplicar la vigilancia*. | **FAM.** reduplicación.

reedificar tr. Volver a edificar. | **FAM.** reedificación.

reeditar tr. Volver a editar. | **FAM.** reedición.

reeducar tr. Volver a enseñar el uso de miembros u otros órganos, que se había perdido o estaban incapacitados a causa de alguna enfermedad o accidente. | **FAM.** reeducación.

reelegir tr. Volver a elegir. ♦ **Irreg.** Se conjuga como *pedir*. | **FAM.** reelección, reelecto, reelegible.

reembolsar tr. y prnl. Devolver una cantidad al que la había desembolsado. | **FAM.** reembolsable, reembolso, rembolsar.

reembolso m. Recuperación de una cantidad o mercancía. | Dinero que se reembolsa. | Pago que hace el destinatario de una mercancía en el momento de la entrega.

reemplazar tr. Sustituir una cosa por otra. | Suceder a alguien en un empleo o cargo. | **FAM.** reemplazable, reemplazante, reemplazo, remplazar.

reemplazo m. Acción y efecto de reemplazar. | Renovación parcial del contingente del ejército activo en los plazos establecidos por la ley.

reencarnar intr. y prnl. Volver a encarnarse el alma en un cuerpo diferente, según algunas creencias. | **FAM.** reencarnación.

reencontrar tr. y prnl. Volver a encontrar. | Recobrar una persona cualidades, hábitos, etc., que había perdido. | **FAM.** reencuentro.

reenganchar tr. Hacer que alguien se quede en el ejército, cuando ha terminado el servicio militar, ofreciéndole un sueldo. Más c. prnl. | **FAM.** reenganchado, reenganchamiento, reenganche.

reestrenar tr. Volver a estrenar, se dice especialmente de películas u obras teatrales cuando vuelven a proyectarse o representarse algún tiempo después de su estreno. | **FAM.** reestreno.

reestructurar tr. Modificar la estructura de una obra, empresa, proyecto, organización, etc. | **FAM.** reestructuración.

refacción f. Alimento moderado que se toma para reparar las fuerzas. | *amer.* Acción y efecto de refaccionar. | *amer.* Gasto que ocasiona al propietario el mantenimiento de una finca.

refaccionar tr. *amer.* Restaurar o reparar, sobre todo hablando de edificios.

refajo m. Falda interior que usaban las mujeres.

refectorio m. Habitación reservada en las comunidades y colegios para reunirse a comer. | **FAM.** refacción.

referencia f. Acción de referirse o aludir a una persona o cosa: *leí varias referencias al libro.* | Acción de referir o relatar. | Remisión en un escrito de un lugar a otro. | Informe sobre una persona. Más en pl.: *trae muy buenas referencias.* | Indicación colocada en la cabecera de una carta a la que hay que referirse en la respuesta.

referéndum o **referendo** m. Procedimiento jurídico por el que se someten al voto popular leyes y otros actos o asuntos. ♦ pl. *referendos* o *referéndums.*

referente adj. Que refiere o que dice relación a otra cosa. | m. En ling., aquello a lo que se refiere el signo.

referir tr. Relatar un hecho o suceso: *nos refirió su viaje.* | Dirigir, encaminar una cosa a un determinado fin: *la nota refiere a una ilustración.* También prnl. | Poner en relación algunas personas o otras cosas. También prnl. | prnl. Hacer alusión a una persona o cosa: *se refirió a nosotros al comienzo de su discurso.* ♦ **Irreg.** Se conj. como *sentir.* | **FAM.** referencia, referéndum, referente, referible.

refilón (de) loc. adv. De soslayo: *nos miró de refilón.* | De pasada, de paso.

refinado, da adj. Elegante y de muy buen gusto: *una decoración muy refinada.* | Muy ingenioso, agudo y sutil: *su humor es refinado.* | Extremado en la maldad, que se recrea en ella: *una tortura refinada.* | m. Acción y efecto de refinar: *el refinado del petróleo.*

refinar tr. Hacer más fina o más pura una cosa. | Perfeccionar o educar una cosa. También prnl. | **FAM.** refinación, refinado, refinador, refinamiento, refinería, refino.

refinería f. Instalación industrial para refinar un producto: *refinería de azúcar.*

refitolero, ra adj. y s. Entremetido, curioso. | Afectado o redicho. | Que tiene cuidado del refectorio.

reflectar tr. Reflejar la luz y otras radiaciones, como el calor. | **FAM.** reflectante, reflector.

reflector, ra adj. y s. Que refleja. | m. Aparato de superficie lisa y brillante para reflejar los rayos luminosos. | Foco luminoso de gran potencia.

reflejar intr. y prnl. Devolver una superficie lisa y brillante, como un espejo, la imagen del cuerpo que tiene delante. | En fís., hacer retroceder o cambiar de dirección a una radiación de luz, calor, etc.: *reflejar el sonido.* | Manifestar o hacer patente una cosa: *el informe reflejaba un cuidadoso estudio.* | **FAM.** reflectar, reflejo.

reflejo, ja adj. Que ha sido reflejado. | Se dice del movimiento, sentimiento, etc., que se produce involuntariamente como respuesta a un estímulo. También m. | m. Luz reflejada. | Representación, muestra: *la película era un reflejo de la sociedad actual.* | pl. Capacidad para reaccionar con rápidez ante un estímulo: *tiene muchos reflejos conduciendo.*

reflexión f. Acción y efecto de reflejar: *la reflexión de la luz.* | Acción y efecto de reflexionar. | Advertencia o consejo con que uno intenta convencer a otro: *tus reflexiones sólo consiguieron enfurecerle.* | En fís., cambio en la dirección o el sentido en la propagación de una onda. | **FAM.** reflejar, reflexionar, reflexivo.

reflexionar intr. y tr. Considerar detenidamente algo.

reflexivo, va adj. Que refleja o reflecta. | Que habla y obra con reflexión. | En gram., se dice de los pron. pers. en función de complemento cuando se refieren a la misma persona que el sujeto: *me lavo.* | En gram., se dice del verbo que se construye con estos pronombres. También m. | **FAM.** reflexivamente.

reflotar tr. Volver a poner a flote la nave sumergida o encallada. | Poner en marcha algo que había fracasado.

reflujo m. Movimiento de descenso de las mareas. | Irrupción de sangre a contra corriente, observada en el sistema venoso, en algunos enfermos de la circulación.

refocilar tr. y prnl. Recrear, alegrar. | Regodearse, complacerse con malicia: *se refocila en la desgracia ajena.* | **FAM.** refocilación.

reforestar tr. Repoblar un terreno con plantas forestales. | **FAM.** reforestación.

reforma f. Acción y efecto de reformar: *cerrado por reforma.* | Movimiento religioso iniciado en la primera mitad del s. XVI, que dio origen a las Iglesias protestantes. ♦ En esta acepción se escribe con mayúscula.

reformar tr. Cambiar algo para innovarlo y mejorarlo: *reformar un local.* | Arreglar, corregir, enmendar: *la cárcel no pudo reformarle.* También prnl. | **FAM.** reforma, reformable, reformado, reformador, reformatorio, reformismo.

reformatorio, ria adj. Que reforma, corrige o enmienda. | m. Establecimiento donde se intenta corregir y educar a menores de edad que han cometido algún delito.

reformismo m. Tendencia o doctrina que procura cambios y mejoras en una situación política, social, religiosa, etc. | **FAM.** reformista.

reforzar tr. Hacer más fuerte o resistente. | Aumentar, intensificar: *han reforzado la vigilancia.* También prnl. ♦ **Irreg.** Se conjuga como *contar*. ‖ **FAM.** reforzado, reforzador, reforzante, refuerzo.

refracción f. En fís., modificación en la dirección y velocidad de una onda al cambiar el medio en que se propaga. ‖ **FAM.** refractar, refractario, refrangible, refringir.

refractario, ria adj. Muy resistente al fuego o al calor. ‖ Contrario, reacio: *es refractario a esta medida*. ‖ Que es inmune a una enfermedad.

refrán m. Dicho popular que contiene un consejo, moraleja, etc. ‖ **FAM.** refranero, refranesco.

refranero m. Colección de refranes.

refrenar tr. Contener un sentimiento, pasión, etc. También prnl.: *tuve que refrenarme para no insultarle*. ‖ Sujetar y reducir el caballo con el freno. ‖ **FAM.** refrenable, refrenada, refrenamiento.

refrendar tr. Legalizar un documento por medio de la firma de persona autorizada: *refrendar un pasaporte*. ‖ Aceptar y confirmar una cosa: *refrendar una ley*. ‖ **FAM.** refrendario, refrendo.

refrendo m. Acción y efecto de refrendar. ‖ Testimonio que acredita haber sido refrendada una cosa.

refrescar tr. Moderar o disminuir el calor de una cosa, o de una persona. También prnl. ‖ Renovar un sentimiento, recuerdo, etc., antiguos: *refrescar la memoria*. ‖ intr. Tomar fuerzas. También prnl.: *nos refrescaremos antes de seguir*. ‖ Hacerse más fresco el calor del aire: *la tarde ha refrescado*. También impers. y prnl. ‖ **FAM.** refrescador, refrescamiento, refrescante, refresco.

refresco m. Bebida que se toma para quitar la sed y refrescarse. ‖ Bebidas, canapés, etc., que se ofrecen a alguien. ‖ **de refresco** loc. adj. Nuevo, descansado: *caballos de refresco*.

refriega f. Combate de poca importancia.

refrigeración f. Acción y efecto de refrigerar. ‖ Producción artificial de frío por medio de aparatos, con muy diversas aplicaciones: *refrigeración de un local público*.

refrigerador, ra adj. Se dice de los aparatos e instalaciones para refrigerar. ‖ m. Nevera, frigorífico.

refrigerar tr. y prnl. Hacer más fría una habitación u otra cosa. ‖ Enfriar en cámaras especiales alimentos, productos, etc., para su conservación. ‖ **FAM.** refrigeración, refrigerador, refrigerante, refrigerativo, refrigerio.

refrigerio m. Alimento ligero para reponer fuerzas.

refrito, ta adj. Que se ha vuelto a freír o se ha frito demasiado. ‖ m. Aceite frito con ajo, cebolla, pimentón y otros ingredientes. ‖ desp.

Cosa rehecha con mezcla de otras: *hizo un refrito de todas sus obras anteriores*. ‖ **FAM.** refreír.

refuerzo m. Acción y efecto de reforzar. ‖ Lo que refuerza o vuelve más resistente: *puso un parche de cuero como refuerzo*. ‖ Cosa que sirve como ayuda o complemento de otra: *necesitas un refuerzo vitamínico*. ‖ Conjunto de personas o cosas que acuden como socorro o ayuda de otras. Más en pl.: *el general envió refuerzos*.

refugiado, da m. y f. Persona que por guerra, persecución política o racial, busca refugio fuera de su país.

refugiar tr. y prnl. Acoger, dar asilo, proteger. ‖ **FAM.** refugiado; refugio.

refugio m. Asilo, amparo. ‖ Lugar adecuado para refugiarse: *refugio de montaña*. ‖ Construcción subterránea que sirve de protección en caso de bombardeos: *refugio antiaéreo*.

refulgir intr. Resplandecer, emitir fulgor. ‖ **FAM.** refulgencia, refulgente.

refundir tr. Fundir de nuevo los metales. ‖ Incluir varias cosas en una sola. También prnl. ‖ Reformar una obra literaria. ‖ **FAM.** refundición, refundidor.

refunfuñar intr. Hablar entre dientes o gruñir en señal de enfado. ‖ **FAM.** refunfuñador, refunfuño, refunfuñón.

refutar tr. Contradecir con argumentos y razones lo que otros dicen. ‖ **FAM.** refutable, refutación, refutatorio.

regadera f. Recipiente portátil para regar. ‖ **estar** uno **como una regadera** loc. Estar algo loco, ser de carácter extravagante.

regadío m. Terreno dedicado a cultivos que se fertilizan con riego.

regalar tr. Dar algo como regalo. ‖ Halagar, alabar. ‖ Recrear, deleitar. También prnl.: *regalarse con una buena comida*. ‖ prnl. Procurar facilitarse alguien las máximas comodidades posibles. ‖ **FAM.** regalado, regalamiento, regalo.

regalía f. Prerrogativa o privilegio de que goza un soberano. ‖ Privilegio que la Santa Sede concede a los reyes o soberanos en asuntos relacionados con la Iglesia. Más en pl. ‖ Cualquier tipo de privilegio. ‖ Beneficio o cuantía que se paga al propietario de un derecho a cambio del uso que se hace de él. ‖ **FAM.** regalismo.

regalismo m. Sistema en que se concedían regalías eclesiásticas a los soberanos. ‖ **FAM.** regalista.

regaliz m. Planta herbácea leguminosa, de tallos leñosos, flores azuladas y fruto con pocas semillas. Tiene un rizoma aromático, cuyo jugo dulce se usa en medicina. ‖ Trozo seco de este rizoma que se chupa. ‖ Pasta negra que se hace con el jugo del rizoma y que se toma como golosina.

regalo m. Cosa que se da a alguien de forma gratuita, como agradecimiento, para celebrar un acontecimiento, etc. ‖ Gusto o complacencia que se recibe: *su música es un regalo para el oído.* ‖ Comodidad y descanso que una persona procura para sí. ‖ Cosa muy barata.

regañadientes (a) loc. adv. A disgusto.

regañar intr. Dar a alguien muestras de enfado o disgusto, con palabras y gestos, por algo que ha hecho. ‖ Disputar, reñir con otro: *ha vuelto a regañar con su novia.* ‖ Gruñir, refunfuñar. ‖ **FAM.** regañado, regañina, regaño, regañón.

regañina f. Reprimenda.

regar tr. Esparcir agua sobre una superficie: *regar las calles.* ‖ Atravesar un río o canal una comarca o territorio: *el Tajo riega Toledo.* ‖ Esparcir, desparramar: *regar la mesa de libros.* ♦ **Irreg.** Se conjuga como *acertar*. ‖ **FAM.** regable, ·regadera, regadío, regador, regante, regato, reguera, reguero, riego.

regata f. Carrera entre lanchas o embarcaciones ligeras. ‖ **FAM.** regatear.

regate m. Movimiento rápido hecho con el cuerpo para evitar un ataque, obstáculo, etc. ‖ En algunos deportes, finta que hace el jugador para no dejarse arrebatar el balón. ‖ Escape o pretexto.

regatear tr. Discutir el comprador y el vendedor el precio de una cosa. ‖ Evitar la ejecución de una cosa. ‖ Hacer regates. ‖ **FAM.** regate, regateo.

regatear intr. Disputar una carrera varias embarcaciones.

regato m. Arroyo pequeño. ‖ Remanso poco profundo. ‖ Acequia, cauce para regar.

regatón m. Casquillo que se pone en el extremo inferior de las lanzas, bastones, etc., para mayor firmeza. ‖ Hierro con forma de ancla o de gancho y punta, que tienen los bicheros en uno de sus extremos.

regazo m. Parte de la falda que queda hueca entre la cintura y las piernas al estar sentada una mujer. ‖ Parte del cuerpo donde se forma ese hueco. ‖ Amparo, cobijo.

regencia f. Acción de regir o gobernar. ‖ Empleo de regente. ‖ Gobierno de un Estado monárquico durante la minoría de edad, ausencia o incapacidad del heredero de la corona. ‖ Tiempo que dura tal gobierno. ‖ Nombre que se da a ciertos estados musulmanes que fueron vasallos de Turquía: *regencia de Túnez.*

regeneracionismo m. Movimiento ideológico que tuvo lugar en España, a partir de 1898, que defendía una reforma de la enseñanza y de la agricultura. ‖ **FAM.** regeneracionista.

regenerar tr. y prnl. Restablecer o mejorar alguna cosa que degeneró. ‖ Hacer que alguien se corrija o enmiende. ‖ **FAM.** regeneración, regeneracionismo, regenerado, regenerador.

regentar tr. Dirigir un negocio. ‖ Desempeñar temporalmente ciertos cargos o empleos.

regente adj. Que rige o gobierna. También com. ‖ com. Persona que gobierna un Estado monárquico durante la minoría de edad del heredero o por otro motivo. ‖ Encargado de ciertos negocios: *regente de una imprenta.* ‖ **FAM.** regenta.

regicidio m. Muerte violenta de un monarca, de su consorte, del príncipe heredero o del regente. ‖ **FAM.** regicida.

regidor, ra adj. y s. Que rige o gobierna. ‖ m. y f. Concejal que no ejerce ningún otro cargo municipal. ‖ En cine, teatro y televisión, ayudante del realizador, que se encarga del orden y realización de los movimientos y efectos escénicos dispuestos por la dirección. ‖ **FAM.** regiduría, reguiduría.

régimen m. Modo de gobernarse o regirse en algo. ‖ Forma o gobierno de un Estado: *régimen monárquico.* ‖ Conjunto de reglas para una mejor conservación de la salud: *régimen alimenticio.* ‖ En gram., dependencia que tienen entre sí las palabras en la oración. ‖ En gram., preposición o complemento que pide cada verbo, adjetivo, sustantivo, etc.; p. ej., el régimen del verbo *aspirar* es la preposión *a* (*aspirar a un cargo*). ‖ En mec., funcionamiento de un motor en condiciones de máximo rendimiento. ♦ pl. *regímenes.*

regimiento m. Unidad militar compuesta de varios batallones. ‖ Grupo muy numeroso de personas.

regio, gia adj. Relativo al rey, la reina o la realeza. ‖ Suntuoso, grandioso: *un banquete regio.* ‖ **FAM.** regalia, regiamente.

región f. Cualquier extensión de terreno, homogénea en un determinado aspecto: *las regiones árticas.* ‖ Cada una de las grandes divisiones territoriales de una nación, definida por características geográficas o histórico-sociales: *España está constituida por nacionalidades y regiones.* ‖ Cada una de las partes en que se puede dividir un país a efectos militares, o, p. ext., a cualquier otro: *región marítima.* ‖ Espacio determinado de la superficie del cuerpo humano: *región epigástrica.* ‖ **FAM.** regional, regionalismo.

regionalismo m. Doctrina política según la cual en el gobierno de un Estado se debe prestar atención al modo de ser de cada región. ‖

Apego a determinada región. ‖ Vocablo o giro privativo de una región determinada. ‖ **FAM.** regionalista.

regir tr. Gobernar, dirigir: *regir un imperio comercial.* ‖ Guiar o conducir una cosa. También prnl. ‖ En gram., tener una palabra bajo su dependencia a otra palabra de la oración. ‖ En gram., exigir un verbo una determinada preposición o complemento. ‖ intr. Estar vigente. ‖ Funcionar bien una máquina, organismo y, particularmente, las facultades mentales. ♦ **Irreg.** Se conj. como *pedir.* ‖ **FAM.** rector, regencia, regentar, regente, regidor, régimen, regimiento.

registrador, ra adj. Que registra: *máquina registradora.* ‖ m. y f. Funcionario que tiene a su cargo algún registro público: *registrador de la propiedad.*

registrar tr. Examinar a una persona en busca de alguien o algo: *registraron los equipajes en la aduana.* ‖ Transcribir o extractar en los libros de un registro público las resoluciones de la autoridad y los actos jurídicos de los particulares: *registrar una marca comercial.* ‖ Anotar, señalar. También prnl.: *registrarse en un hotel.* ‖ Inscribir en una oficina determinados documentos públicos, instancias, etc.: *registrar un nacimiento.* ‖ Contabilizar los casos reiterados de algún fenómeno o suceso. También prnl.: *no se han registrado lluvias.* ‖ Grabar la imagen o el sonido. También prnl. ‖ Marcar un aparato ciertos datos propios de su función: *el termómetro registró una mínima de dos grados.* ‖ prnl. Presentarse en algún lugar u oficina, matricularse. ‖ **FAM.** registrado, registrador, registro.

registro m. Acción y efecto de registrar. ‖ Libro, a manera de índice, donde se apuntan noticias o datos. ‖ Lugar u oficina en donde se registra. ‖ Asiento o anotación que queda de lo que se registra. ‖ Padrón. ‖ Pieza del reloj y de otros aparatos que sirve para modificar su movimiento. ‖ Abertura con su tapa o cubierta para examinar, conservar o reparar lo que está subterráneo o empotrado en un muro, pavimento, etc. ‖ Cada uno de los tres grandes grupos que pueden distinguirse en la escala musical: grave, medio y agudo. ‖ En el piano, clave, etc., mecanismo para regular los sonidos. ‖ En inform., conjunto de informaciones relacionadas entre sí que constituyen la unidad de tratamiento lógico de ficheros o memoria.

regla f. Instrumento de forma rectangular, que sirve principalmente para trazar líneas rectas. ‖ Lo que se debe obedecer o seguir por estar así establecido. ‖ Ley o norma de un instituto religioso. ‖ Conjunto de instrucciones que indican cómo hacer algo o como comportarse: *las reglas de un juego.* ‖ Orden y concierto invariable que guardan las cosas naturales y por el que se desarrollan de un determinado modo: *la excepción confirma la regla.* ‖ Menstruación de las hembras. ‖ En mat., método de hacer una operación. ‖ **FAM.** reglamento, reglar, regleta, reglón, regular.

reglaje m. Reajuste de las piezas de un mecanismo para mantenerlo en perfecto funcionamiento.

reglamentación f. Acción y efecto de reglamentar. ‖ Conjunto de reglas.

reglamentar tr. Sujetar a reglamento. ‖ **FAM.** reglamentación.

reglamentario, ria adj. De un reglamento o preceptuado por él: *uniforme reglamentario.* ‖ **FAM.** reglamentariamente.

reglamento m. Colección ordenada de reglas o preceptos. ‖ Disposición administrativa para el desarrollo de una ley. ‖ **FAM.** reglamentar, reglamentario, reglamentista.

regleta f. En impr., plancha de metal, que sirve para espaciar.

regocijar tr. y prnl. Alegrar, causar gusto o placer. ‖ **FAM.** regocijador, regocijante.

regocijo m. Alegría, júbilo. ‖ **FAM.** regocijadamente, regocijar.

regodearse prnl. Deleitarse, complacerse. ‖ Sentir placer o satisfacción por algo que resulta perjudicial para otros. ‖ **FAM.** regodeo.

regoldar intr. Eructar los gases del estómago. ♦ **Irreg.** Se conj. como *contar.* ‖ **FAM.** regüeldo.

regolfar intr. y prnl. Retroceder el agua contra su corriente, haciendo un remanso. ‖ Cambiar la dirección del viento por la oposición de alguna pared u otro obstáculo.

regolfo m. Vuelta o retroceso del agua o del viento contra su curso. ‖ Seno o cala en el mar, comprendido entre dos cabos o puntas de tierra. ‖ **FAM.** regolfar.

regordete, ta adj. y s. Se dice de la persona o parte de su cuerpo, pequeña y gruesa.

regresar intr. Volver al lugar de donde se partió. ♦ En Amér. t. prnl. ‖ *amer.* Devolver o restituir algo a su poseedor. ‖ **FAM.** regresión, regresivo, regreso.

regresión f. Retroceso, acción de volver hacia atrás, especialmente en una actividad o proceso.

regreso m. Retorno, vuelta.

regüeldo m. Eructo, hecho de expulsar por la boca los gases que se producen en la digestión.

reguero m. Chorro o arroyo pequeño. ‖ Señal continuada que deja una cosa que se va derramando, sea líquida o no: *reguero de sangre*.

regular adj. Ajustado y conforme a regla. ‖ De tamaño, calidad o intensidad media o inferior a ella. ‖ Ordenado y sin excesos: *lleva una vida regular*. ‖ Sin cambios ni interrupciones: *funcionamiento regular*. ‖ En geom., se dice del polígono cuyos lados y ángulos son iguales entre sí, y del poliedro cuyas caras y ángulos sólidos son también iguales. ‖ En gram., se dice de la palabra que se forma siguiendo las reglas normales de derivación de las de su tipo: *participio regular*. ‖ Se dice de las personas que viven bajo una regla o instituto religioso, y de los que pertenecen a su estado. También com. ‖ m. Unidades militares constituidas por soldados españoles y nativos en el antiguo protectorado español en Marruecos. ‖ adv. m. Medianamente, no muy bien. ‖ **por lo regular** loc. adv. Generalmente, por lo común. ‖ **FAM.** regularidad, regularizar, regularmente.

regular tr. Ordenar, controlar o poner en estado de normalidad: *esperaban que se regularizara la situación*. ‖ Ajustar: *regular el funcionamiento de un aparato*. ‖ Precisar o determinar las normas. ‖ **FAM.** regulable, regulación, regulador, regulativo.

regularidad f. Cualidad de regular. ‖ Sujeción a las reglas.

regularizar tr. Regular, normalizar. ‖ **FAM.** regularización, regularizador.

régulo m. Parte más pura de los minerales después de separadas las impuras. ‖ Dominante o señor de un Estado pequeño. ‖ Basilisco, animal fabuloso. ‖ Reyezuelo, pájaro.

regurgitar intr. Expulsar por la boca, sin vómito, sustancias sólidas o líquidas contenidas en el estómago o en el esófago. ‖ **FAM.** regurgitación.

regusto m. Gusto o sabor que queda de la comida o bebida. ‖ Sensación placentera o dolorosa que dejan algunas experiencias. ‖ Impresión de analogía, semejanza, etc., que evocan algunas cosas: *regusto romántico*.

rehabilitar tr. y prnl. Habilitar de nuevo o restablecer a una persona o cosa en su antiguo estado. ‖ **FAM.** rehabilitación.

rehacer tr. Volver a hacer. ‖ Reparar, reformar: *rehacer un vestido*. ‖ prnl. Fortalecerse, recuperarse. ‖ Serenarse, dominar una emoción. ♦ **Irreg.** Se conj. como *hacer*.

rehala f. Rebaño de ganado lanar formado por diversos dueños y conducido por un solo mayoral. ‖ Jauría o agrupación de perros de caza mayor.

rehén m. Persona que queda en poder de un adversario mientras se llega a un acuerdo o

pacto. ‖ Cosa que se deja como garantía o fianza.

rehogar tr. Freír un alimento, generalmente hortalizas, ligeramente y a fuego lento.

rehuir tr. Evitar una situación, obligación o el trato con otra persona. ♦ **Irreg.** Se conjuga como *huir*. ‖ **FAM.** rehuida.

rehusar tr. No aceptar, renunciar: *rehúso responder*.

reimplantar tr. Volver a implantar. ‖ Colocar por medios quirúrgicos un órgano o miembro que había sido separado del cuerpo. ‖ **FAM.** reimplantación.

reimprimir tr. Repetir la impresión de una obra o escrito. ♦ Doble part.: *reimprimido* (reg.), *reimpreso* (irreg.). ‖ **FAM.** reimpresión.

reina f. Mujer que ejerce la potestad real por derecho propio. ‖ Esposa del rey. ‖ Pieza del juego de ajedrez, la más importante después del rey. ‖ Mujer, animal o cosa del género femenino, que destaca de las demás de su clase o especie. ‖ Mujer que preside algunos actos y festejos. ‖ Hembra de algunas comunidades de insectos cuya principal función es la reproductora.

reinado m. Tiempo de gobierno de un rey o una reina. ‖ Tiempo en que predomina o está en auge alguna cosa: *el reinado de una moda*.

reinar intr. Regir un rey o príncipe un Estado. ‖ Dominar o tener predominio una persona o cosa sobre otra. ‖ Prevalecer o persistir una cosa: *reinar la paz*. ‖ **FAM.** reinado, reinante, reino.

reincidir intr. Volver a caer o incurrir en un error, falta o delito. ‖ **FAM.** reincidencia, reincidente.

reincorporar tr. y prnl. Volver a incorporar, agregar o unir. ‖ **FAM.** reincorporación.

reineta f. Se dice de un tipo de manzana gruesa, de color dorado, sabor ácido y muy aromática.

reino m. Estado o territorio gobernado por un rey. ‖ Espacio real o imaginario en que actúa algo material o inmaterial: *el reino de los sueños*. ‖ Cada uno de los grupos de la primera clasificación taxonómica en que se consideran divididos los seres vivos: *moneras, protistas, hongos, metafitas y metazoos*. ‖ Cada uno de los tres grandes grupos en que se divide la naturaleza: *animal, vegetal y mineral*.

reinserción f. Hecho de integrarse en la sociedad quien vivía al margen de ella. ‖ **FAM.** reinsertar, reinserción.

reinstalar tr. y prnl. Volver a instalar. ‖ **FAM.** reinstalación.

reintegrar tr. Restituir o satisfacer íntegramente una cosa. ‖ Restablecer. ‖ Hacer que alguien vuelva a ejercer una actividad, se incorpore de nuevo a una colectividad o situación social o económica. Más c. prnl.: *reintegrarse al trabajo.* | Poner la póliza o estampilla en un documento. | **FAM.** reintegrable, reintegración, reintegro.

reintegro m. Acción y efecto de reintegrar. | Pago de lo que se debe. | En la lotería, premio igual a la cantidad jugada.

reír intr. y prnl. Manifestar alegría con ciertos movimientos del rostro y característicos sonidos. | tr. Celebrar con risa alguna cosa: *reírle las gracias a alguien.* | Burlarse de alguien o algo. | **FAM.** reidor, riente, risa. ♦ **Irreg.** Conjugación modelo:

Indicativo
Pres.: *río, ríes, ríe, reímos, reís, ríen.*
Imperf.: *reía, reías, etc.*
Pret. indef.: *reí, reíste, rió, reímos, reísteis, rieron.*
Fut. imperf.: *reiré, reirás, etc.*

Potencial: *reiría, reirías, etc.*

Subjuntivo
Pres.: *ría, rías, ría, riamos, riáis, rían.*
Imperf.: *riera, rieras, etc., o riese, rieses, etc.*
Fut. imperf.: *riere, rieres, etc.*

Imperativo: *ríe, reíd.*

Participio: *reído.*

Gerundio: *riendo.*

reiterar tr. y prnl. Volver a decir o ejecutar; repetir una cosa: *reiteró su petición.* | **FAM.** reiteración, reiteradamente, reiterante, reiterativo.

reivindicar tr. Reclamar uno lo que le pertenece: *reivindicó su derecho al trono.* | Adjudicarse alguien la autoría de un hecho. | Intentar rescatar la buena fama o reputación de alguien o algo: *reivindicó su inocencia.* | **FAM.** reivindicable, reivindicación, reivindicatorio.

reja f. Pieza de hierro del arado que sirve para romper y revolver la tierra. | **FAM.** rejo, rejón.

reja f. Conjunto de barrotes metálicos o de madera, convenientemente enlazados, que se ponen en las ventanas y otras aberturas de los muros para seguridad o adorno. | **FAM.** rejería, rejilla.

rejalgar m. Mineral de color rojo, lustre resinoso y fractura concoidea, que se raya con la uña, y es una combinación muy venenosa de arsénico y azufre.

rejería f. Arte de construir rejas o verjas. | Conjunto de obras realizadas con este arte.

rejilla f. Red de alambre, tela metálica, celo-

sía de algunas aberturas. | Tejido de tallos vegetales para respaldo y asiento de sillas. | Redecilla que se coloca sobre los asientos en los trenes, autocares, etc., para depositar el equipaje o guardar alguna cosa.

rejón m. Barra o barrón de hierro cortante que remata en punta. | Asta de madera, con una cuchilla en la punta, que sirve para rejonear. | **FAM.** rejonazo, rejonear.

rejonear tr. En el toreo a caballo, herir con el rejón al toro. | Torear a caballo. | **FAM.** rejoneador, rejoneo.

rejuvenecer tr., intr. y prnl. Dar el vigor o el aspecto propios de la juventud. | tr. Renovar, modernizar. ♦ **Irreg.** Se conj. como *agradecer.* | **FAM.** rejuvenecimiento.

relación f. Conexión, correspondencia de una cosa con otra: *no veo la relación entre estos dos temas.* | Trato, comunicación de una persona con otra: *son familiares, pero apenas tienen relación.* | Referencia que se hace de un hecho. | Lista o serie escrita de personas o cosas: *relación de gastos.* | En gram., conexión o enlace entre dos términos de una misma oración o entre dos oraciones: *relación sintáctica.* | pl. Las amorosas o sexuales. | Amigos o contactos de una persona. | **relaciones públicas** Actividad profesional que consiste en informar sobre personas, empresas, etc., tratando de prestigiarlas o promocionarlas. | Persona que desempeña esta actividad. | **FAM.** relacional, relacionar, relacionista, relativo.

relacionar tr. Referir, relatar. | Poner en relación personas o cosas. También prnl.: *se relaciona con mucha gente.*

relacionista com. Persona que trabaja en relaciones públicas.

relajación f. Acción y efecto de relajar. | Técnica a base de ejercicios corporales y respiratorios para conseguir la distensión muscular y nerviosa.

relajar tr. y prnl. Aflojar, hacer que algo esté flojo o menos tenso. | Esparcir, distraer la mente de problemas o preocupaciones: *nadar le relaja.* | Hacer menos severo o riguroso el cumplimiento de leyes, reglas, etc. | prnl. Conseguir un estado de reposo físico o mental. | Caer en vicios y malas costumbres. | **FAM.** relajación, relajado, relajador, relajamiento, relajante, relajo.

relajo m. Desorden, falta de seriedad, barullo. | Relajación en las costumbres o en el cumplimiento de las normas. | Tranquilidad, bienestar: *un momento de relajo.*

relamer tr. Volver a lamer. | prnl. Lamerse los labios. | Encontrar gran satisfacción o gusto en una cosa. | **FAM.** relamido.

relamido, da adj. Afectado, excesivamente pulcro.

relámpago m. Resplandor vivo e instantáneo producido entre dos nubes por una descarga eléctrica. ‖ Resplandor repentino. ‖ Persona o cosa ligera y fugaz. ‖ En aposición, denota la rapidez o brevedad con que se desarrolla algo: *guerra relámpago*. ‖ **FAM.** relampaguear.

relampaguear impers. Haber relámpagos. ‖ intr. Arrojar luz o brillar mucho con algunas intermisiones, especialmente hablando de los ojos muy vivos o iracundos. ‖ **FAM.** relampagueante, relampagueo.

relanzar tr. Volver a lanzar una cosa, volver a promocionarla: *relanzar un producto*. ‖ **FAM.** relanzamiento.

relapso, sa adj. y s. Que reincide en un pecado del que ya había hecho penitencia, o en una herejía de la que había abjurado.

relatar tr. Referir, contar, narrar. ‖ Hacer relación de un proceso o pleito. ‖ **FAM.** relato, relator.

relatividad f. Cualidad de relativo. ‖ **teoría de la relatividad** Teoría formulada por Albert Einstein en 1905, que establece que el tiempo y el espacio son conceptos relativos, por la imposibilidad de encontrar un sistema de referencia absoluto.

relativismo m. Doctrina filosófica que sostiene que el conocimiento humano es incapaz de alcanzar verdades absolutas y universalmente válidas. ‖ **FAM.** relativista.

relativo, va adj. Que se refiere a algo y es condicionado por ello: *un libro relativo al SIDA*. ‖ No absoluto: *una verdad relativa*. ‖ No mucho, en poca cantidad o intensidad: *un coste relativo*. ‖ En gram., se dice del pronombre que se refiere a una persona o cosa ya mencionada. ‖ **FAM.** relativamente, relatividad, relativismo, relativizar.

relato m. Narración, cuento. ‖ Acción de relatar algo detalladamente.

relax (voz i.) m. Relajamiento muscular producido por ejercicios adecuados, y p. ext., el producido por comodidad, bienestar, etc. ♦ No varía en pl.

relé m. En electrónica, dispositivo que, intercalado en un circuito, produce determinadas modificaciones en el mismo o en otro conectado con él.

releer tr. Leer algo de nuevo. ♦ Irreg. Se conjuga como *leer*.

relegar tr. Apartar, posponer: *relegar al olvido*. ‖ Desterrar. ‖ **FAM.** relegación.

relente m. Humedad de la atmósfera en las noches serenas.

relevante adj. Importante, significativo: *su*

ausencia es relevante. ‖ Sobresaliente, excelente. ‖ Se dice del rasgo significativo que tiene valor diferencial en la estructura del sistema lingüístico. ‖ **FAM.** relevancia.

relevar tr. Librar de un peso o gravamen, y también de un empleo o cargo. ‖ Sustituir a alguien en cualquier actividad. ‖ Cambiar un cuerpo de guardia. ‖ Por ext., reemplazar a una persona a otra del mismo equipo en una carrera de relevos o durante una prueba. ‖ **FAM.** relevación, relevante, relevo, relieve.

relevo m. Acción y efecto de relevar una persona a otra. ‖ Persona o grupo que releva a otras. ‖ Competición deportiva en la que los participantes se van relevando después de recorrido parte del trayecto. ‖ Corredor o nadador que releva a otro.

relicario m. Lugar en el que están guardadas las reliquias. ‖ Caja o estuche para custodiar reliquias.

relieve m. Lo que resalta sobre un plano. ‖ Figura levantada sobre una superficie lisa de la que la parte esculpida forma cuerpo. ‖ Mérito, renombre: *un cineasta de relieve*. ‖ Conjunto de accidentes geográficos de un país, región, etc. ‖ **poner de relieve** una cosa loc. Subrayarla, destacarla.

religión f. Conjunto de dogmas, normas y prácticas relativas a una divinidad. ‖ Cada una de las diferentes doctrinas según dichas creencias: *religión católica*. ‖ Profesión y observación de la doctrina religiosa ‖ Orden, instituto religioso. ‖ **FAM.** religioso.

religiosidad f. Cuidado y rigurosidad en el cumplimiento de las obligaciones religiosas. ‖ Puntualidad, exactitud a la hora de hacer o cumplir algo: *siempre paga con religiosidad*.

religioso, sa adj. Relativo a la religión o a los que la profesan: *dogma religioso*. ‖ Piadoso, que cumple con las obligaciones de una religión. ‖ Que ha profesado en una orden o congregación religiosa regular. También s. ‖ Fiel y exacto en el cumplimiento del deber. ‖ **FAM.** religiosamente, religiosidad.

relimpio, pia adj. Muy limpio.

relinchar intr. Emitir su voz el caballo. ‖ **FAM.** relincho.

relinga f. Cada una de las cuerdas o sogas en que van colocados los plomos y corchos con que se calan y sostienen las redes en el agua. ‖ Cabo con que se refuerzan las orillas de las velas.

reliquia f. Parte del cuerpo u otro objeto de un santo digno de veneración. ‖ Vestigio del pasado: *estas ruinas son una reliquia romana*. ‖ Persona o cosa muy viejas. ‖ Cosa que se conserva de alguien muy querido. ‖ **FAM.** relicario.

rellano m. Descansillo de escalera. ‖ Llano que interrumpe la pendiente de un terreno.

rellenar tr. y prnl. Volver a llenar una cosa. También prnl. ‖ Llenar enteramente. También prnl. ‖ Llenar de carne picada u otros ingredientes un ave o cualquier otro alimento. ‖ Llenar con algo un hueco o una cosa vacía: *rellenar un cojín.* ‖ Cubrir con los datos necesarios espacios en blanco en formularios, documentos, etc. ‖ FAM. relleno.

relleno, na adj. Colmado, repleto. ‖ m. Picadillo de carne para rellenar. ‖ Acción y efecto de rellenar. ‖ Cualquier material con que se rellena algo. ‖ Parte superflua que alarga una oración o un escrito.

reloj m. Máquina que sirve para medir el tiempo o dividir el día en horas, minutos y segundos. ‖ **contra reloj** Modalidad de carrera ciclista en los que los corredores toman la salida de uno en uno, con un intervalo de tiempo determinado, y vence el que realice mejor tiempo. ‖ P. ext., modo de hacer una cosa en un plazo de tiempo mínimo. ‖ **ser un reloj** loc. Ser muy puntual y exacto. ‖ FAM. relojería, relojero.

relojería f. Técnica de hacer y arreglar relojes. ‖ Taller donde se hacen o arreglan relojes. ‖ Tienda donde se venden.

relojero, ra m. y f. Persona que hace, arregla o vende relojes.

relucir intr. Despedir luz. ‖ Brillar, resplandecer: *sus ojos relucían en la oscuridad.* ‖ Resplandecer uno por alguna cualidad. ‖ **sacar, o salir, a relucir** loc. Revelar algo inesperadamente. ✦ **Irreg.** Se conj. como *lucir.* ‖ FAM. reluciente.

reluctancia f. En fís., resistencia que ofrece un circuito al flujo magnético. ‖ FAM. reluctante.

relumbrar intr. Dar algo mucha luz, resplandecer. ‖ FAM. relumbrante, relumbrón.

relumbrón m. Rayo de luz vivo y pasajero. ‖ Cosa de apariencia deslumbrante, pero de escaso valor real: *llevaba joyas de relumbrón.*

rem (Siglas del i. *Rötgen equivalent man,* roentgenio equivalente para el hombre.) m. En fís., unidad de absorción de radiaciones ionizantes que tiene en cuenta el efecto biológico.

remachar tr. Machacar la punta o la cabeza del clavo ya clavado. ‖ Sujetar con remaches. ‖ Afianzar, recalcar: *remachó su negativa.* ‖ FAM. remachado, remachador, remache.

remache m. Acción y efecto de remachar. ‖ Clavo remachado.

remanente m. Residuo o reserva de una cosa.

remangar tr. y prnl. Levantar las mangas o la ropa: *se remangó la blusa.* ‖ prnl. Tomar enérgicamente una resolución. ‖ FAM. remango.

remanso m. Detención o suspensión de la corriente del agua u otro líquido. ‖ Lugar en que reina la paz y la tranquilidad. ‖ FAM. remansarse.

remar intr. Mover el remo o los remos para hacer avanzar la embarcación.

rematado, da adj. Se dice de la persona que se halla en tan mal estado, que es irremediable: *loco rematado.* ‖ FAM. rematadamente.

rematar tr. Concluir, terminar. ‖ Poner fin a la vida de una persona o animal agonizante: *tuvo que rematar al toro con la puntilla.* ‖ En el fútbol y otros deportes, dar término a una serie de jugadas lanzando el balón hacia la meta contraria. ‖ Ser algo el final o el extremo de una cosa. También intr.: *la vara remataba en punta.* ‖ Afianzar una costura. ‖ Adjudicar algo en una subasta. ‖ FAM. rematado, rematador, rematante, remate.

remate m. Fin, conclusión de algo. ‖ Adorno que corona un edificio. ‖ En algunos deportes, acción y efecto de rematar. ‖ Adjudicación en subasta. ‖ **de remate** loc. adv. Absolutamente, sin remedio: *tonto de remate.*

remedar tr. Imitar una cosa. ‖ Hacer burla a alguien, repitiendo sus gestos y palabras. ‖ Seguir uno las mismas huellas y ejemplos de otro. ‖ FAM. remedable, remedador, remedo.

remediar tr. y prnl. Poner remedio, reparar, corregir: *consiguió remediar su cojera con una operación.* ‖ Socorrer, ayudar a alguien. ‖ Evitar que ocurra algo peligroso o molesto. ‖ FAM. remediable, remediador, remedio.

remedio m. Acción y efecto de remediar. ‖ Medio para evitar o reparar un daño. ‖ Recurso, auxilio o refugio. ‖ Medicamento para prevenir o atajar una enfermedad.

remedo m. Imitación de una cosa, especialmente si no es perfecta la semejanza o resulta grotesca.

rememorar tr. Recordar, traer a la memoria. ‖ FAM. remembranza, rememoración, rememorativo.

remendar tr. Reforzar con remiendos. ‖ Corregir o enmendar. ✦ **Irreg.** Se conj. como *acertar.* ‖ FAM. remendado, remendón, remiendo.

remendón, na adj. y s. Que tiene por oficio remendar. Se dice especialmente de los sastres y zapateros de viejo.

remero, ra adj. Se dice de cada una de las plumas grandes con que terminan las alas de las aves. También f. ‖ m. y f. Persona que rema o que trabaja al remo.

remesa f. Envío o remisión de una cosa. ‖ Conjunto de cosas que se envían de una vez: *ha llegado una remesa de papel.*

remeter tr. Volver a meter. ‖ Empujar los bordes de una cosa, para meterlos en un lugar: *remeter las sábanas.*

remezón m. *amer.* Terremoto ligero o sacudimiento breve de la Tierra.

remiendo m. Pedazo de tela que se cose a lo que está viejo o roto. ‖ Añadido que se pone a una cosa. ‖ Reparación o arreglo imperfectos: *a ver si este remiendo aguanta hasta que venga el fontanero.*

rémige f. Remera, pluma de las alas de las aves.

remilgo m. Afectación, delicadeza o escrúpulo que se manifiesta con gestos y ademanes. ‖ FAM. remilgadamente, remilgado, remilgarse.

reminiscencia f. Recuerdo de una cosa casi olvidada. ‖ En arte y literatura, lo que es idéntico o muy semejante a lo compuesto anteriormente por otro autor o en otro estilo. Más en pl.: *su novela tiene reminiscencias cervantinas.*

remirar tr. Volver a mirar o reconocer con reflexión y cuidado lo que ya se había visto. ‖ FAM. remirado.

remisión f. En un libro, indicación para acudir a otro lugar del mismo. ‖ Acción y efecto de remitir o remitirse.

remiso, sa adj. Indeciso, reacio: *se mostraron remisos a nuestras sugerencias.* ‖ FAM. remisamente.

remite m. En una carta, paquete, etc., indicación del nombre y señas del que realiza el envío.

remitente adj. y com. Que remite. ‖ com. Persona que remite un valor, letra de cambio, carta, etc.

remitido m. Artículo o noticia que alguien envía a un periódico para que se publique mediante pago.

remitir tr. Enviar: *nos lo remitieron por correo.* ‖ Perdonar: *remitieron su condena.* ‖ Perder una cosa parte de su intensidad. También intr. y prnl.: *el temporal ha remitido.* ‖ Dejar al juicio de otro la resolución de una cosa. Más c. prnl. ‖ Indicar en un escrito otro que puede consultarse: *esta nota remite a su anterior estudio.* ‖ prnl. Atenerse a lo dicho o hecho: *se remite al reglamento.* ‖ FAM. remisible, remisión, remisivo, remiso, remisorio, remite, remitente, remitido.

remo m. Pala de madera para impulsar las embarcaciones por el agua. ‖ Brazo o pierna

en hombres y animales, y ala de las aves. Más en pl. ‖ Competición deportiva de embarcaciones de remo. ‖ FAM. remar, remero.

remojar tr. Empapar una cosa o ponerla en agua para que se ablande: *puso a remojar los garbanzos.* También prnl. ‖ Beber con los amigos para celebrar algún suceso feliz: *este ascenso hay que remojarlo.* ‖ FAM. remojo, remojón.

remojón m. Acción y efecto de remojar o remojarse. ‖ Chapuzón, baño.

remolacha f. Planta herbácea de tallo grueso, hojas grandes, flores verdosas en espiga y raíz carnosa, comestible y de la cual se extrae azúcar. ‖ Raíz de esta planta. ‖ FAM. remolachero.

remolcador, ra adj. y m. Que sirve para remolcar; se aplica especialmente a la embarcación que ayuda a los barcos en los puertos.

remolcar tr. Arrastrar una embarcación, un vehículo. ‖ FAM. remolcador, remolque.

remoler tr. Moler mucho una cosa. ‖ intr. *amer.* Parrandear, jaranear, divertirse. ♦ Irreg. Se conj. como *mover.* ‖ FAM. remolienda.

remolino m. Movimiento giratorio y rápido del aire, el agua, el polvo, el humo, etc. ‖ Conjunto de pelos tiesos y difíciles de peinar. ‖ Aglomeración: *se perdió en el remolino del mercadillo.* ‖ Disturbio, alteración.

remolón, na adj. y s. Perezoso, que evita el trabajo. ‖ FAM. remolonear.

remolque m. Acción y efecto de remolcar. ‖ Vehículo remolcado. ‖ Cabo o cuerda con que se remolca.

remonta f. Compra, cría y cuidado de los caballos o mulas destinados a cada cuerpo del ejército. ‖ Establecimiento destinado a esta actividad.

remontar tr. Subir una pendiente, sobrepasarla. ‖ Navegar aguas arriba en una corriente: *remontar el río.* ‖ Superar algún obstáculo o dificultad: *remontó la crisis.* ‖ Elevar, encumbrar. También prnl. ‖ Elevar en el aire: *remontar una cometa.* ‖ prnl. Subir, especialmente volar muy alto las aves, aviones, etc. ‖ Llegar hasta el origen de una cosa. ‖ Pertenecer a una época muy lejana: *la ciudad se remonta a los fenicios.* ‖ FAM. remonta, remonte.

remonte m. Acción y efecto de remontar. ‖ Aparato utilizado para remontar o subir una pista de esquí, como el telesilla. ‖ Variedad del juego de pelota en la que se usa una cesta especial.

rémora f. Pez teleósteo marino con un disco oval encima de la cabeza, con el cual se adhiere a los objetos flotantes y a otros peces

con los que establece relaciones de compensa-
lismo. ‖ Obstáculo que detiene o entorpece.

remorder tr. Producir remordimientos: *me
remuerde la conciencia.* ‖ Inquietar, desasosegar interiormente una cosa: *le remuerden los
celos.* ‖ Exponer por segunda vez a la acción
del ácido la lámina que se graba al agua fuerte. ♦ **Irreg.** Se conj. como *mover.* ‖ **FAM.** remordimiento.

remordimiento m. Inquietud tras una acción propia censurable.

remoto, ta adj. Distante en el espacio o en
el tiempo. ‖ Improbable: *el riesgo es remoto en
esta operación.* ‖ **FAM.** remotamente, remo-
tidad.

remover tr. Mover repetidamente, agitar: *remover el café.* También prnl. ‖ Cambiar una
cosa de un lugar a otro: *arriba no paran de
remover los muebles.* ‖ int. Investigar, indagar: *remover en el pasado de una persona.* ♦
Irreg. Se conj. como *mover.* ‖ **FAM.** remoción,
removimiento.

remozar tr. y prnl. Dar un aspecto más nuevo o moderno a algo: *han remozado la fachada.* ‖ **FAM.** remozamiento.

remuneración f. Acción y efecto de
remunerar. ‖ Precio, pago de un trabajo,
servicio.

remunerar tr. Pagar, recompensar. ‖ **FAM.**
remuneración, remunerado, remunerador, re-
munerativo, remuneratorio.

renacentista adj. Relativo al Renacimiento. ‖ com. Persona que se dedica a estudiar ese
período.

renacer intr. Volver a nacer. ‖ Volver a tomar fuerzas o energía: *hablar contigo me ha
hecho renacer.* ♦ **Irreg.** Se conj. como *agradecer.* ‖ **FAM.** renaciente, renacimiento.

renacimiento m. Acción de renacer. ‖ Movimiento artístico, literario y científico de la
mitad del s. xv y todo el xvi, que se inspira
en las obras de la antigüedad clásica, sobre
todo de Roma. ♦ En esta acepción se escribe
con mayúscula. ‖ **FAM.** renacentista.

renacuajo m. Larva de la rana, y p. ext., de
cualquier batracio. ‖ Mequetrefe; se aplica ca-
riñosamente a los niños muy revoltosos.

renal adj. Perteneciente o relativo a los riñones.

renano, na adj. y s. Del Rin y de Renania
(Alemania). ‖ **FAM.** renio.

rencilla f. Disputa o riña que crea enemistad.
Más en pl. ‖ **FAM.** rencilloso.

rencor m. Resentimiento arraigado y persistente. ‖ **FAM.** rencorosamente, rencoroso.

rendibú m. Acatamiento, agasajo que se
hace por adulación.

rendición f. Acción y efecto de rendir o rendirse.

rendido, da adj. Agotado, muy cansado: *el
partido me dejó rendido.* ‖ Totalmente sumiso
a alguien: *es su rendido enamorado.* ‖ **FAM.**
rendidamente.

rendija f. Hendidura, abertura larga y estrecha.

rendimiento m. Producto o utilidad que
rinde o da una persona o cosa. ‖ Proporción
entre el producto o el resultado obtenido y los
medios utilizados. ‖ Sumisión, subordinación,
humildad.

rendir tr. Obligar al enemigo a entregarse,
vencerlo. ‖ Sujetar, someter una cosa al dominio de uno. También prnl.: *tuvo que rendirse ante su sonrisa.* ‖ Dar, entregar, restituir:
rendir culto. ‖ Dar producto o utilidad una
persona o cosa. También intr.: *rendir en el trabajo.* ‖ Cansar, fatigar. También prnl. ‖ En la
milicia, hacer actos de sumisión y respeto:
rendir armas. ‖ prnl. Darse por vencido, entregarse. ♦ **Irreg.** Se conj. como *pedir.* ‖ **FAM.**
rendibú, rendición, rendido, rendimiento.

renegar tr. Negar con insistencia una cosa. ‖
intr. Rechazar y negar alguien su religión,
creencias, raza, familia, etc. ‖ Protestar, refunfuñar continuamente. ♦ **Irreg.** Se conj. como
acertar. ‖ **FAM.** renegado.

renegrido, da adj. Sucio u oscurecido. ‖ Se
dice del color oscuro, especialmente de la piel.

renglón m. Serie de caracteres escritos en línea recta. ‖ Cada una de las líneas dispuestas
en un cuaderno, hoja, impreso, etc., para escribir sin torcerse. ‖ pl. Cualquier escrito o impreso. ‖ **a renglón seguido** loc. A continuación,
inmediatamente.

renio m. Elemento químico metálico blanco,
brillante, muy denso y difícilmente fusible, cuyos compuestos son parecidos a los del manganeso. Su símbolo es *Re.*

reno m. Mamífero ungulado rumiante de pelaje grisáceo y una crin espesa de color blanco
en el cuello, y amplia cornamenta; habita en
la región ártica y ha sido domesticado como
animal de tiro.

renombre m. Fama, celebridad. ‖ **FAM.** re-
nombrado.

renovar tr. Hacer como de nuevo una cosa,
volverla a su primer estado. También prnl. ‖
Restaurar, remozar, modernizar: *renovar un
edificio.* También prnl. ‖ Cambiar una cosa
vieja o sin validez por otra nueva: *renovar el
pasaporte.* ‖ Reanudar: *han renovado los bombardeos.* ♦ **Irreg.** Se conj. como *contar.* ‖
FAM. renovable, renovación, renovador, renuevo.

renquear intr. Andar como cojo o dando

bandazos. ‖ Marchar con dificultades: *el negocio va renqueando*. ‖ **FAM.** renqueante, renqueo, renquera.

renta f. Utilidad, beneficio. ‖ Lo que se paga por el alquiler de algo. ‖ Cantidad que se cobra periódicamente por algo. ‖ **FAM.** rentar, rentero, rentista.

rentabilidad f. Calidad de rentable. ‖ Capacidad de rentar. ‖ En econ., relación entre el montante de una inversión y los beneficios obtenidos de ella. ‖ **FAM.** rentabilización.

rentable adj. Que produce renta o beneficio suficiente. ‖ **FAM.** rentabilidad, rentabilizar.

rentar tr. Producir algo periódicamente beneficio, ganancia. También intr. ‖ **FAM.** rentable.

rentista com. Persona que percibe una renta, principalmente si vive de ella.

renuencia f. Resistencia a hacer una cosa. ‖ Cualidad de las cosas dificultosas o difíciles. ‖ **FAM.** renuente.

renuevo m. Vástago que echan el árbol o la planta después de podados o cortados.

renunciar tr. Dejar voluntariamente algo que se posee o a lo que se tiene derecho: *renunció a su cargo*. ‖ No querer admitir o aceptar una cosa: *renuncio a entenderlo*. ‖ Dejar de hacer una cosa por sacrificio o necesidad: *debes renunciar al azúcar*. ‖ **FAM.** renuncia, renunciable, renunciación, renunciamiento, renunciante, renuncio.

renuncio m. Hecho de renunciar en los juegos de naipes. ‖ Mentira o contradicción en que se coge a alguien: *le pilló en un renuncio*.

renvalso m. Rebajo que se hace en el canto de las hojas de puertas y ventanas para que encajen en el marco unas con otras.

reñido, da adj. Enemistado. ‖ Se dice de la competición cuyos participantes están muy igualados. ‖ Opuesto, incompatible: *sus intereses están reñidos*. ‖ **FAM.** reñidamente.

reñir tr. Reprender, corregir. ‖ Tratándose de desafíos, batallas, etc., ejecutarlos, llevarlos a efecto. ‖ intr. Contender, disputar. ‖ Desavenirse, enemistarse. ♦ **Irreg.** Se conj. como *ceñir*. ‖ **FAM.** reñidero, reñido, riña.

reo, a m. y f. Persona acusada de un delito.

reo m. Variedad de trucha marina asalmonada que vive en la desembocadura de los ríos.

reojo (mirar de) expr. Mirar con disimulo, o con prevención.

reorganizar tr. y prnl. Volver a organizar una cosa. ‖ **FAM.** reorganización, reorganizador.

reóstato m. En electrónica, resistencia variable que en los circuitos eléctricos modifica la intensidad de la corriente que circula.

repanocha (ser la) loc. Ser algo extraordinario por bueno, malo, absurdo o fuera de serie.

repantigarse o **repantingarse** prnl. Arrellanarse en el asiento y extenderse para mayor comodidad.

reparar tr. Componer, arreglar una cosa: *reparar la radio*. ‖ Enmendar, corregir, remediar: *reparar una falta*. ‖ Desagraviar a quien se ha ofendido o perjudicado: *reparar a alguien con una indemnización*. ‖ Remediar, precaver un daño o perjuicio. ‖ Restablecer las fuerzas, dar aliento o vigor. ‖ intr. Fijarse, notar, advertir: *no reparé en su peinado*. ‖ Considerar, reflexionar: *hay que reparar en los pros y los contras*. ‖ **FAM.** reparable, reparación, reparador, reparo.

reparo m. Advertencia, observación. ‖ Duda, dificultad, inconveniente o vergüenza para hacer o decir algo: *no me da reparos confesarlo*.

repartición f. Acción y efecto de repartir. ‖ *amer.* Cada una de las dependencias que, en una organización administrativa, está destinada a despachar determinadas clases de asuntos.

repartimiento m. Acción y efecto de repartir. ‖ Documento en que consta lo que a cada uno se ha repartido. ‖ Sistema de repoblación empleado después de la reconquista a los musulmanes en la Edad Media, consistente en el reparto de tierras y viviendas entre los hombres de armas que habían intervenido en la ocupación.

repartir tr. Distribuir una cosa dividiéndola en partes. ‖ Distribuir por lugares distintos o entre personas diferentes: *repartir la correspondencia*. También prnl. ‖ Extender o distribuir una materia sobre una superficie: *reparte bien la pintura*. ‖ Adjudicar los papeles de una película, obra dramática, etc., a los actores que han de representarla. ‖ **FAM.** repartición, repartidor, repartimiento, reparto.

reparto m. Acción y resultado de repartir. ‖ Relación de personajes y actores de una obra dramática.

repasador m. *amer.* Paño de cocina, lienzo para secar la vajilla.

repasar tr. Volver a mirar o examinar una cosa, particularmente para corregir imperfecciones o errores: *repasó el examen antes de entregarlo*. ‖ Recorrer lo que se ha estudiado para refrescar la memoria. ‖ Volver a explicar la lección. ‖ Leer o recorrer muy por encima un escrito. ‖ Recoser la ropa. ‖ intr. Volver a pasar por un mismo sitio o lugar. ‖ **FAM.** repasador, repaso.

repaso m. Acción y efecto de repasar. ‖ **dar un repaso** a alguien loc. Regañarle. ‖ Demostrarle superioridad en conocimientos, habilidad, etc.

repatear intr. Molestar o disgustar muchísimo.

repatriar tr. y prnl. Hacer que uno regrese a su patria. ‖ **FAM.** repatriación, repatriado.

repecho m. Cuesta bastante empinada, aunque corta.

repeinar tr. y prnl. Volver a peinar o hacerlo con mucho cuidado y perfección. ‖ **FAM.** repeinado.

repelente adj. Que repele. También m.: *repelente de insectos.* ‖ Repulsivo, repugnante. ‖ Redicho, pedante. También com.

repeler tr. Arrojar, echar de sí a una persona o cosa: *repeler un ataque.* También rec. ‖ Rechazar, contradecir una idea. ‖ Causar repugnancia algo o alguien: *me repele su servilismo.* ‖ **FAM.** repelencia, repelente, repulsión.

repelo m. Lo que no va al pelo. ‖ Parte pequeña de cualquier cosa que se levanta contra lo natural: *repelo de la pluma.* ‖ Repugnancia que se muestra al ejecutar una cosa.

repelús, repeluco o **repeluzno** m. Temor indefinido o repugnancia que inspira algo. ‖ Escalofrío producido por esa sensación.

repensar tr. Volver a pensar algo con detenimiento. ♦ **Irreg.** Se conj. como *acertar.*

repente m. Impulso rápido, inesperado. ‖ **de repente** loc. adv. Brusca e inesperadamente. ‖ Sin pensar. ‖ **FAM.** repentino, repentista, repentizar.

repentino, na adj. Súbito, imprevisto. ‖ **FAM.** repentinamente.

repentizar tr. e intr. Hacer algo sin haberlo pensado o preparado. ‖ **FAM.** repentización.

repercusión f. Acción y efecto de repercutir. ‖ Trascendencia, importancia: *la obra tuvo repercusión en todo el mundo.*

repercutir intr. Trascender, causar efecto una cosa en otra posterior: *la subida de los carburantes repercute en todo el mercado.* ‖ Producir eco el sonido, resonar. ‖ **FAM.** repercusión.

reperpero m. *amer.* Confusión, desorden, trifulca.

repertorio m. Índice de materias ordenadas para su mejor localización: *repertorio bibliográfico.* ‖ Colección de obras de una misma clase. ‖ Conjunto de obras preparadas para ser representadas por un artista o compañía. ‖ **FAM.** repertoriar.

repescar tr. Admitir nuevamente al que ha sido eliminado en un examen, en una competición, etc. ‖ Recuperar algo viejo, olvidado, etc. ‖ **FAM.** repesca.

repetición f. Acción y efecto de repetir. ‖

Figura retórica que consiste en repetir palabras o conceptos. ‖ **de repetición** loc. adj. Se dice del mecanismo o aparato que repite mecánicamente un proceso: *rifle de repetición.*

repetidor, ra adj. y s. Que repite, se apl. generalmente al alumno que repite un curso o una asignatura. ‖ m. Aparato eléctrico que recibe una señal electromagnética y la transmite amplificada.

repetir tr. Volver a hacer o decir lo ya hecho o dicho. También prnl.: *se repite mucho al hablar.* ‖ Volver un estudiante a hacer un curso o una asignatura por haber suspendido. También intr. ‖ intr. Venir a la boca el sabor de algo comido. ‖ Servirse de nuevo de algo que se está comiendo. ‖ Volver a suceder algo. ♦ **Irreg.** Se conj. como *pedir.* ‖ **FAM.** repetición, repetido, repetidor, repetitividad, repetitivo.

repicar tr. Tañer repetidamente las campanas, en señal de fiesta o regocijo. También intr. ‖ **FAM.** repique, repiquetear.

repintar tr. Pintar sobre lo ya pintado. ‖ prnl. Maquillarse en exceso. ‖ Señalarse la letra de una página en otra. ‖ **FAM.** repinte.

repipi adj. y com. Pedante, redicho.

repiquetear tr. e intr. Repicar con fuerza las campanas, o cualquier otro instrumento de percusión. ‖ Hacer ruido golpeando repetidamente sobre algo. ‖ **FAM.** repiqueteante, repiqueteo.

repisa f. Plancha o tabla que se coloca horizontalmente a la pared para colocar objetos sobre ella. ‖ Elemento arquitectónico que sobresale de un muro, para asentar un balcón, o el propio para un adorno.

replantar tr. Volver a plantar. ‖ **FAM.** replantación.

replantear tr. Plantear de nuevo un asunto. ‖ Trazar en el terreno o sobre el plano de cimientos la planta de una obra ya estudiada y proyectada. ‖ **FAM.** replanteamiento, replanteo.

replay (voz i.) m. En televisión, repetición de determinados fragmentos. ‖ Aparato con que se realizan estas repeticiones.

replegar tr. Plegar o doblar muchas veces. ‖ Retirarse las tropas con orden. También prnl. ♦ **Irreg.** Se conj. como *acertar.* ‖ **FAM.** repliegue.

repleto, ta adj. Muy lleno.

réplica f. Acción de replicar. ‖ Argumento con que se replica. ‖ Copia exacta de una obra artística.

replicar intr. Contradecir o argüir contra la respuesta o argumento. ‖ Contestar de malos modos o quejarse por algo que se dice o manda: *obedeció sin replicar.* También tr. ‖ **FAM.** réplica, replicón.

repliegue m. Pliegue doble. ‖ Acción y efecto de replegarse las tropas.

repoblación f. Acción y efecto de repoblar. ‖ Conjunto de árboles o plantas en terrenos repoblados. ‖ En la Edad Media española, acción de poblar con habitantes de los reinos cristianos las tierras reconquistadas al Islam.

repoblar tr. y prnl. Volver a poblar. ‖ Plantar árboles u otras especies vegetales. ♦ **Irreg.** Se conjuga como *contar.* ‖ **FAM.** repoblación, repoblado, repoblador.

repollo m. Especie de col con hojas apretadas. ‖ Cabeza más o menos redonda que forman algunas plantas, como la lombarda y cierta especie de lechugas. ‖ **FAM.** repolludo.

repolludo, da adj. Se dice de la persona gruesa y bajita.

reponer tr. Volver a poner algo o a alguien en el lugar que ocupaba. ‖ Reemplazar: *compró una nueva vajilla para reponer la vieja.* ‖ Volver a representar, proyectar una obra dramática o película. ‖ Responder, replicar: *repuso que no estaba de acuerdo.* ♦ Sólo en pret. indef. y en pret. imperf. de subj. ‖ prnl. Recobrar la salud. ♦ **Irreg.** Se conj. como *poner.* ‖ **FAM.** reposición, repuesto.

reportaje m. Trabajo periodístico, cinematográfico, etc., de carácter informativo, referente a un personaje, suceso o cualquier otro tema. ‖ **reportaje gráfico** Conjunto de fotografías sobre un suceso que aparece en un periódico o revista. ‖ **FAM.** reportero.

reportar tr. Reprimir, moderar un sentimiento. También prnl.: *repórtate y sé más amable.* ‖ Retribuir, proporcionar, recompensar: *el negocio reporta buenos beneficios.* ‖ **FAM.** reportaje.

reportero, ra adj. y s. Se dice del periodista que elabora las noticias y sobre todo el que hace reportajes. ‖ **FAM.** reporte, reporteril, reporterismo.

reposado, da adj. Sosegado, quieto, tranquilo. ‖ **FAM.** reposadamente.

reposapiés m. Especie de estribo situado a ambos lados de las motocicletas para apoyar los pies. ♦ No varía en pl.

reposar intr. Descansar. ‖ Dormir un breve sueño. ‖ Permanecer algo o alguien en calma y quietud: *reposó la cabeza sobre la mano.* ‖ Estar enterrado, yacer: *aquí reposan sus huesos.* ‖ Posarse los líquidos. También prnl. ‖ **FAM.** reposabrazos, reposacabezas, reposado, reposapiés, reposera, reposo.

reposición f. Acción y efecto de reponer.

reposo m. Acción y efecto de reposar. ‖ En fís., inmovilidad de un cuerpo respecto de un sistema de referencia.

repostar tr. e intr. Abastecer de provisiones o combustible.

repostería f. Arte y oficio de elaborar pasteles, dulces, etc. ‖ Productos de este arte. ‖ Establecimiento donde se hacen y venden dulces, pastas, fiambres, embutidos y algunas bebidas. ‖ **FAM.** repostero.

reprender tr. Reñir, amonestar. ‖ **FAM.** reprensible, reprensión, represor.

represa f. Obra generalmente de cemento armado, para contener o regular el curso de las aguas. ‖ Lugar donde las aguas están detenidas o almacenadas, natural o artificialmente. ‖ **FAM.** represar.

represalia f. Mal que una persona causa a otra, en venganza o satisfacción de un agravio. ‖ Medida o trato de rigor que adopta un Estado contra otro para responder a los actos o determinaciones adversos de éste. Más en pl.

representación f. Acción y efecto de representar. ‖ Conjunto de personas que representan a una entidad: *representación diplomática.* ‖ Función de teatro. ‖ Idea o imagen de la realidad.

representante adj. y com. Que representa. ‖ com. Agente comercial. ‖ Persona que gestiona los contratos y asuntos profesionales a actores, artistas de todas clases, compañías teatrales, etc.

representar tr. Hacer presente algo en la imaginación con palabras o figuras. También prnl.: *no puedo representarme la escena.* ‖ Ejecutar públicamente una obra dramática. ‖ Sustituir a otra persona, una entidad. ‖ Ser imagen o símbolo de una cosa, o imitarla perfectamente: *el león representa el poder real.* ‖ Aparentar una persona determinada edad. ‖ Importar mucho o poco una persona o cosa: *la amistad representa mucho para mí.* ‖ **FAM.** representable, representación, representador, representante, representativo.

representativo, va adj. Que sirve para representar otra cosa. ‖ Característico: *este tema es muy representativo de su obra.* ‖ **FAM.** representatividad.

represión f. Acción y efecto de reprimir o reprimirse. ‖ Acción que parte del poder, para contener, detener o castigar con violencia actuaciones políticas o sociales.

reprimenda f. Reprensión fuerte.

reprimir tr. Contener, refrenar. También prnl.: *tuvo que reprimirse para no gritar.* ‖ Contener por la fuerza el desarrollo de algo: *reprimir la libertad.* ‖ **FAM.** represa, represión, represivo, represor, reprimenda.

reprise (voz fr.) m. En automovilismo, capacidad del motor de pasar de un número de revoluciones a otro superior en poco tiempo.

reprobar tr. No aprobar, censurar, recriminar a alguien. ♦ **Irreg.** Se conj. como *contar.* ‖ FAM. reprobable, reprobación, reprobador, reprobatorio, réprobo.

réprobo, ba adj. En el catolicismo, condenado a las penas eternas. ‖ Se apl. a las personas apartadas de la convivencia en comunidad.

reprochar tr. y prnl. Criticar, censurar la conducta de alguien: *le reprocharon su cinismo.* ‖ FAM. reprochable, reproche.

reproche m. Censura, crítica, reprimenda.

reproducción f. Acción y resultado de reproducir o reproducirse. ‖ Cosa que reproduce o copia un original. ‖ Copia de un texto, una obra u objeto de arte conseguida por medios mecánicos.

reproducir tr. Volver a producir. También prnl. ‖ Copiar, imitar. ‖ Sacar copia, en uno o muchos ejemplares, por diversos procedimientos. ‖ prnl. Procrear los seres vivos. ♦ **Irreg.** Se conj. como *conducir.* ‖ FAM. reproducción, reproductivo, reproductor.

reprografía f. Reproducción de los documentos por diversos medios: fotografía, microfilme, etc. ‖ FAM. reprográfico, reprógrafo.

reps (voz fr.) m. Tela de seda o de lana, fuerte y bien tejida, que se usa en obras de tapicería. ♦ No varía en pl.

reptar intr. Andar arrastrándose como algunos reptiles. ‖ FAM. reptación, reptador, reptante, reptil.

reptil adj. y m. Se dice de los animales vertebrados ovíparos de temperatura variable y respiración pulmonar, con la piel cubierta de escamas, que avanzan rozando la tierra, como la culebra, el lagarto y el galápago. ‖ m. pl. Clase de estos animales.

república f. Cuerpo político de una nación. ‖ Forma de gobierno representativo en que el poder reside en el pueblo, personificado por un jefe supremo llamado presidente. ‖ Nación o Estado que posee esta forma de gobierno. ‖ FAM. republicanismo, republicano.

repudiar tr. Rechazar, desechar: *repudio el racismo.* ‖ Rechazar por ley el marido a su mujer. ‖ FAM. repudiable, repudio.

repuesto, ta adj. Restablecido, recuperado de una enfermedad. ‖ m. Pieza de recambio. ‖ Provisión de comestibles u otras cosas para cuando sean necesarias.

repugnancia f. Tedio, aversión a las cosas o personas. ‖ Asco, alteración del estómago que incita al vómito. ‖ Aversión que se siente o resistencia que se opone a consentir o hacer una cosa. ‖ En fil., incompatibilidad entre dos atributos o cualidades de una misma cosa.

repugnar intr. Causar repugnancia. ‖ prnl. Ser opuesta una cosa a otra: *la sinceridad y la hipocresía se repugnan.* También tr. ‖ FAM. repugnancia, repugnante, repugnantemente.

repujar tr. Labrar con martillo un objeto metálico o cuero, haciendo en él figuras en relieve. ‖ FAM. repujado, repujador.

repulgo m. Pliegue que como remate se hace a la ropa en los bordes y punto prieto con que se cose. ‖ Borde labrado que se hace a las empanadas o pasteles alrededor de la masa. ‖ Cicatriz que se forma en el borde de las heridas o en los cortes de los árboles. ‖ pl. Escrúpulos ridículos.

repulir tr. Volver a pulir una cosa. ‖ Acicalar, componer con demasiada afectación. También prnl. ‖ FAM. repulido.

repulsa f. Condena enérgica de algo.

repulsión f. Acción y efecto de repeler. ‖ Repugnancia, aversión. ‖ Repulsa. ‖ FAM. repulsa, repulsivo.

reputación f. Opinión que se tiene de alguien o algo. ‖ Fama, prestigio.

reputar tr. Considerar, juzgar el estado o calidad de una persona o cosa: *sus compañeros le reputan de excelente.* También prnl. ‖ FAM. reputación, reputado.

requebrar tr. Cortejar a una mujer, piropeándola. ♦ **Irreg.** Se conjuga como *acertar.* ‖ FAM. requiebro.

requemar tr. Volver a quemar o tostar en exceso algo. También prnl. ‖ Privar de jugo a las plantas, haciéndoles perder su verdor. También prnl. ‖ Causar algún alimento picor o ardor en la boca o en la garganta. ‖ Excitar, poner frenético a alguien: *su desfachatez me requema.* ‖ prnl. Sentir dolor interior y disimularlo. ‖ FAM. requemado.

requerimiento m. Acción y efecto de requerir. ‖ En der., acto judicial por el que se obliga a hacer o dejar de hacer algo.

requerir tr. Notificar algo a alguien con autoridad pública. ‖ Necesitar: *el edificio requiere reformas.* ‖ Solicitar: *requirió nuestra ayuda.* ♦ **Irreg.** Se conj. como *sentir.* ‖ FAM. requerimiento, requeriente, requisar, requisito.

requesón m. Masa blanca y mantecosa que se hace cuajando la leche en moldes de mimbres por entre los cuales se escurre el suero sobrante. ‖ Cuajada que se saca de los residuos de la leche después de hecho el queso.

requeté m. Cuerpo de voluntarios que, distribuidos en tercios, lucharon en las guerras civiles españolas en defensa de la tradición religiosa y monárquica. ‖ Individuo afiliado a este cuerpo, aun en tiempo de paz.

requiebro m. Piropo, galantería.

réquiem m. Oración que se reza en memoria de un difunto. ‖ Composición musical que se canta con el texto litúrgico de la misa de difuntos, o parte de él. ♦ pl. *réquiems*.

requisar tr. Expropiar la autoridad competente ciertos bienes, como tierras, alimentos, etc., considerados aptos para las necesidades de interés público. ‖ Apropiarse el ejército de vehículos, alimentos o animales útiles en tiempo de guerra. ‖ **FAM**. requisa.

requisito m. Condición necesaria para algo: *no cumple los requisitos para el puesto*. ‖ **FAM**. requisitorio.

requisitorio, ria adj. y s. Se dice del oficio en que un juez requiere a otro para que ejecute un mandamiento suyo.

res f. Cualquier animal cuadrúpedo de ciertas especies domésticas (ganado vacuno, lanar) o de las salvajes (venado, jabalí).

resabiar tr. Hacer que algo adquiera un vicio o mala costumbre, o que alguien pierda su ingenuidad. También prnl. ‖ **FAM**. resabiado, resabio.

resabio m. Sabor desagradable. ‖ Mala costumbre, vicio que se ha adquirido.

resaca f. Movimiento de retroceso de las olas cuando llegan a la orilla. ‖ Malestar que se siente tras una borrrachera. ‖ **FAM**. resacoso.

resalado, da adj. Que tiene mucha gracia.

resaltar intr. Distinguirse o destacarse mucho una cosa de otra: *su ingenio le hace resaltar*. ‖ Sobresalir una cosa entre otras. También tr. ‖ **FAM**. resalte, resalto.

resalte o **resalto** m. Acción y efecto de resaltar. ‖ Parte que sobresale de la superficie de una cosa.

resarcir tr. y prnl. Indemnizar, reparar un daño, perjuicio o agravio. ‖ **FAM**. resarcible, resarcimiento.

resbaladizo, za adj. Que se resbala o hace resbalar con facilidad. ‖ Comprometido: *su situación es muy resbaladiza*.

resbalar intr. Escurrirse, deslizarse. También prnl. ‖ Producir algo este efecto. ‖ Incurrir en un desliz o error: *resbaló en la tercera pregunta de la prueba*. ‖ prnl. Dejar a uno algo indiferente: *sus sarcasmos me resbalan*. ‖ **FAM**. resbaladizo, resbaladura, resbalamiento, resbalante, resbalón, resbaloso.

resbalón m. Acción y efecto de resbalar o resbalarse. ‖ Pestillo que tienen algunas cerraduras y que queda encajado en el cerradero por la presión de un resorte.

rescatar tr. Recuperar mediante pago o por la fuerza algo que estaba en poder ajeno: *la policía rescató a los rehenes*. ‖ Salvar, sacar de un peligro. ‖ Recobrar algo perdido u olvidado: *mira lo que he rescatado del desván*. ‖ **FAM**. recatado, rescate.

rescate m. Acción y efecto de rescatar. ‖ Dinero con que se rescata o que se pide para ello.

rescindir tr. Dejar sin efecto un contrato, obligación, etc. ‖ **FAM**. rescindible, rescisión, rescisorio.

rescoldo m. Brasa menuda resguardada por la ceniza. ‖ Resto que se conserva de algún sentimiento de pasión o rencor.

resecar tr. y prnl. Secar mucho. ‖ **FAM**. resecación.

resecar tr. Efectuar la resección de un órgano.

resección f. Extirpación quirúrgica de parte o de la totalidad de un órgano. ‖ **FAM**. resecar.

reseco, ca adj. Muy seco. ‖ Flaco. ‖ **FAM**. resecar.

resembrar tr. Volver a sembrar un terreno o parte de él por haberse malogrado la primera siembra. ♦ Irreg. Se conj. como *acertar*.

resentimiento m. Resquemor, animosidad.

resentirse prnl. Empezar a flaquear. ‖ Sentir dolor o molestia por alguna dolencia pasada: *todavía se resiente de la operación*. ‖ Estar ofendido o enojado por algo. ♦ Irreg. Se conj. como *sentir*. ‖ **FAM**. resentido, resentimiento.

reseña f. Artículo o escrito breve, generalmente de una publicación, en que se describe de forma sucinta una noticia, un trabajo literario, científico, etc. ‖ Nota de los rasgos distintivos de una persona, animal o cosa. ‖ **FAM**. reseñar.

reseñar tr. Hacer una reseña. ‖ Describir brevemente. ‖ **FAM**. reseñador.

reserva f. Acción de reservar una plaza o localidad para un transporte público, hotel, espectáculo, etc. ‖ Guarda, custodia o prevención que se hace de algo: *hizo reserva de provisiones para el viaje*. ‖ Discreción, comedimiento: *sonrió con reserva*. ‖ Territorio reservado a los indígenas en algunos países. ‖ Parte del ejército que no está en servicio activo. ‖ pl. Recursos, elementos disponibles para resolver una necesidad o llevar a cabo una empresa: *reservas energéticas*. ‖ m. Vino o licor que posee una crianza mínima de tres años en envase de roble o en botella. ‖ com. En dep., jugador que no figura entre los titulares de un equipo pero puede sustituirlos.

reservado, da adj. Tímido, discreto, circunspecto. ‖ Que se reserva o debe reservarse. ‖ m. Compartimiento de un coche de ferrocarril, estancia de un edificio o parte de un parque o jardín que se destina sólo a personas o a usos determinados. ‖ **FAM.** reservadamente.

reservar tr. Hacer la reserva de algo: *reservó tres localidades.* ‖ Dejar algo para más adelante. ‖ Destinar una cosa para un uso determinado: *reserva esta habitación para los invitados.* ‖ Ocultar algo. También prnl.: *se reservó su opinión* ‖ prnl. Conservarse para mejor ocasión: *se reserva para la final.* ‖ **FAM.** reserva, reservable, reservación, reservado, reservista, reservón.

reservista adj. y m. Se dice del militar perteneciente a la reserva.

resfriado m. Enfermedad vírica de poca importancia que se caracteriza por la inflamación de las mucosas respiratorias.

resfriar intr. Empezar a hacer frío. ‖ prnl. Coger un resfriado. ‖ **FAM.** resfriado, resfriamiento, resfrío.

resguardar tr. Defender, proteger. También intr. y prnl.: *entraron para resguardarse del frío.* ‖ prnl. Prevenirse contra un daño. ‖ **FAM.** resguardo.

resguardo m. Defensa, protección. ‖ Documento en que consta que se ha hecho un pago, una entrega, etc.

residencia f. Acción y efecto de residir. ‖ Lugar donde se reside. ‖ Casa o establecimiento donde residen y conviven personas en régimen de pensión: *residencia de ancianos.* ‖ Establecimiento hostelero de categoría inferior a la del hotel. ‖ Casa, domicilio, especialmente de lujo, que ocupa un edificio entero. ‖ **FAM.** residencial.

residencial adj. Se dice de la zona destinada exclusivamente a viviendas, y en especial cuando son de lujo.

residir intr. Vivir en un lugar. ‖ Hallarse en una persona una cualidad o corresponderle un derecho, responsabilidad, etc. ‖ Estar o radicar algo en una cosa o en un aspecto de ella: *en este punto reside el problema.* ‖ **FAM.** residencia, residente.

residuo m. Parte que queda de un todo. ‖ Lo que resulta de la descomposición o destrucción de una cosa: *esta finca es el residuo de su herencia.* ‖ Resultado de una resta. ‖ pl. Materiales que quedan como inservibles en cualquier trabajo u operación: *residuos industriales.* ‖ **FAM.** residual.

resignación f. Acción y efecto de resignarse. ‖ Capacidad de aceptación de las adversidades: *sopórtalo con resignación.*

resignar tr. Renunciar a un beneficio o a una autoridad, traspasándolos a otra persona: *resignó sus poderes en su secretario.* ‖

prnl. Conformarse, someterse: *no me resigno a esta situación.* ‖ **FAM.** resignación, resignadamente.

resina f. Sustancia sólida o de consistencia viscosa y pegajosa que fluye de ciertas plantas, especialmente del pino. Es soluble en alcohol y se utiliza en la fabricación de plásticos, gomas y lacas. ‖ **FAM.** resinar, resinero, resinífero, resinoso.

resistencia f. Acción y efecto de resistir. ‖ Capacidad para resistir, aguante: *tiene mucha resistencia física.* ‖ Oposición a la acción de una fuerza. ‖ Dificultad que opone un conductor al paso de la corriente eléctrica. ‖ Elemento de un circuito eléctrico que dificulta el paso de la corriente produciendo calor. ‖ Movimiento u organización, generalmente clandestina, de los habitantes de un país ocupado para luchar contra el invasor.

resistir intr. Oponerse un cuerpo o una fuerza a la acción o violencia de otra. También prnl. ‖ tr. Aguantar, soportar. También intr.: *resiste mucho corriendo.* ‖ Tolerar: *no resisto que me hables así.* ‖ Combatir las pasiones, deseos, etc.: *resistir una tentación.* ‖ prnl. Bregar, forcejear. ‖ **FAM.** resistencia, resistente, resistible, resistividad.

resma f. Conjunto de 500 pliegos de papel.

resol m. Reverberación del sol.

resolí o **resolí** m. Aguardiente con canela, azúcar y otros ingredientes olorosos. ♦ pl. *resolíes* o *resolís.*

resollar intr. Respirar fuertemente y con ruido. ♦ **Irreg.** Se conj. como *contar.* ‖ **FAM.** resuello.

resolución f. Acción y efecto de resolver. ‖ Capacidad de decisión, determinación: *mostró mucha resolución en la entrevista.* ‖ Decreto, decisión o fallo de una autoridad gubernativa o judicial.

resolutivo, va adj. Que resuelve rápida y eficazmente. ‖ Se dice del medicamento de poder muy efectivo. También m. ‖ **FAM.** resolutivamente.

resolutorio, ria adj. Que tiene, motiva o denota resolución. ‖ **FAM.** resolutoriamente.

resolver tr. Solucionar una duda. ‖ Hallar la solución a un problema. ‖ Tomar una determinación, fija y decisiva: *resolvió rechazar su propuesta.* ‖ Hacer, gestionar, tramitar: *tengo que resolver lo del pasaporte.* ‖ prnl. Atreverse a decir o hacer una cosa. ♦ **Irreg.** Se conj. como *mover.* ‖ **FAM.** resoluble, resolución, resolutivo, resoluto, resolutorio, resuelto.

resonancia f. Sonido producido por repercusión de otro. ‖ Prolongación del sonido. ‖ Gran divulgación o importancia que adquiere un hecho: *la obra tuvo resonancia internacional.*

resonar intr. y tr. Producir resonancia. ‖ Sonar mucho. ♦ **Irreg.** Se conj. como *contar.* ‖ FAM. resonación, resonador, resonancia, resonante.

resoplar intr. Echar ruidosamente el aire por la boca o la nariz. ‖ FAM. resoplido.

resorte m. Pieza que después de ser movida o experimentar una fuerza puede recobrar su posición inicial. ‖ Medio de que uno se vale para lograr un fin: *tocó todos los resortes para conseguir el ascenso.*

respaldar tr. Proteger, amparar, apoyar, garantizar: *le respalda una multinacional.* También prnl. ‖ prnl. Inclinarse o apoyarse de espaldas. ‖ FAM. respaldo.

respaldo m. Parte de la silla o banco en que descansan las espaldas. ‖ Apoyo moral, garantía: *respaldo moral.*

respe, résped o **réspede** m. Lengua de la culebra o víbora. ‖ Aguijón de la abeja o avispa.

respectar intr. Tocar, pertenecer, atañer. ‖ **por lo que respecta a** loc. prepos. En lo que toca o atañe a.

respectivo, va adj. Correspondiente: *expusieron sus respectivas opiniones.* ‖ FAM. respectivamente.

respecto m. Razón, relación o proporción de una cosa a otra. ‖ **al respecto** loc. adv. En relación con aquello de que se trata: *no sé nada al respecto.* ‖ **con respecto, o respecto a, o de** loc. adv. Por lo que se refiere a. ‖ FAM. respectar, respectivo.

respetable adj. Digno de respeto. ‖ Considerable, enorme: *una cantidad respetable.* ‖ m. Público de un espectáculo: *salió a hombros del respetable.* ‖ FAM. respetabilidad.

respetar tr. Tener respeto, miramiento o consideración: *respetar a los ancianos.* ‖ Cumplir, acatar: *no respetó el paso de peatones.* ‖ Cuidar, conservar: *respetar la naturaleza.* ‖ FAM. respetable, respeto, respetuoso.

respeto m. Miramiento, consideración. ‖ Miedo o prevención que se tiene a alguien o algo: *nada muy bien, pero le tiene respeto al mar.* ‖ pl. Manifestaciones de acatamiento que se hacen por cortesía: *preséntele mis respetos.*

réspice m. Respuesta seca y desabrida. ‖ Reprensión corta, pero fuerte.

respingar intr. Sacudirse la bestia y gruñir. ‖ Elevarse el borde de la falda o de la chaqueta por estar mal hecha o mal colocada la prenda. ‖ Hacer algo de mala gana. ‖ FAM. respingado, respingo, respingón.

respingo m. Sacudida violenta del cuerpo: *al tocarle dio un respingo.*

respingón, na adj. Que tiene el borde o la punta hacia arriba; se dice especialmente de la nariz.

respiración f. Acción y efecto de respirar. ‖ Aire que se respira. ‖ Entrada y salida libre del aire en una habitación u otro lugar cerrado.

respiradero m. Abertura por donde entra y sale el aire en algunos espacios cerrados: *los respiraderos de una mina.* ‖ Abertura de las cañerías para dar salida al aire.

respirar intr. Absorber y expulsar el aire los seres vivos. También tr. ‖ Sentirse aliviado después de haber pasado un problema, haber realizado una dura tarea, etc.: *respiró al saber que había aprobado.* ‖ Tener comunicación un recipiente o recinto cerrado con el aire exterior. ‖ tr. Mostrar alguien una cualidad o estado o percibirse en un lugar determinado ambiente: *es un hombre que respira vitalidad.* ‖ FAM. respirable, respiración, respiradero, respirador, respiratorio, respiro.

respiratorio, ria adj. Que sirve para la respiración o la facilita. ‖ **aparato respiratorio** Conjunto de órganos de los seres vivos que realizan la respiración, es decir, la absorción de oxígeno del aire y la emisión de dióxido de carbono.

respiro m. Rato de descanso en el trabajo. ‖ Alivio, descanso en medio de una fatiga, pena o dolor: *esta conversación me ha proporcionado un respiro.*

resplandecer intr. Despedir rayos de luz una cosa. ‖ Sobresalir, aventajarse a otras cosas. ♦ **Irreg.** Se conj. como *agradecer.* ‖ FAM. resplandecimiento.

resplandor m. Luz muy clara que arroja o despide el Sol u otro cuerpo luminoso. ‖ Brillo de algunas cosas: *el resplandor del oro.* ‖ FAM. resplandecer.

responder tr. e intr. Contestar, satisfacer a lo que se pregunta o propone: *no ha respondido a nuestra oferta.* ‖ Contestar alguien cuando le llaman o tocan a la puerta: *responder al teléfono.* ‖ Contestar a una carta, saludo, etc., que se ha recibido. ‖ Corresponder con su voz los animales o aves a la de los otros de su especie o al reclamo artificial que la imita. ‖ Replicar a una acusación, argumentación, etc. ‖ intr. Corresponder, mostrarse agradecido. ‖ Corresponder con una acción a la realizada por otra persona: *respondió con burlas a tu petición.* ‖ Replicar o contestar de malos modos: *no respondas a tu madre.* ‖ Reaccionar alguien o algo ante una determinada acción o experimentar sus efectos: *los frenos no respondieron.* ‖ Volver en sí o salir alguien o algo de la situación de postración en que se encontraba: *el accidentado no responde.* ‖ Asegurar una cosa garantizando su verdad y cumplimiento: *respondo de su lealtad.* ‖ Hacerse responsable de algo: *tendrás que responder de lo que hiciste.* ‖ **responder por** uno loc. Salir fiador por él. ‖ **FAM.** respondón, responsable, responsorio, respuesta.

respondón, na adj. y s. Que replica irrespetuosamente por cualquier cosa.

responsabilidad f. Hecho de ser responsable de alguna persona o cosa. ‖ Obligación de responder ante ciertos actos o errores.

responsabilizar tr. y prnl. Hacer o hacerse responsable de algo: *responsabilizó a su superior del fraude.*

responsable adj. Obligado a responder de alguna cosa o por alguna persona. ‖ Culpable de alguna cosa: *es el responsable del crimen.* ‖ Se dice de la persona que pone cuidado y atención en lo que hace o decide. ‖ **FAM.** responsabilidad, responsabilizar, responsablemente.

responso m. Rezos que se dicen por los difuntos. ‖ Reprimenda. ‖ **FAM.** responsorial, responsorio.

respuesta f. Hecho de responder: *recibió una negativa como respuesta.* ‖ Reacción ante un estímulo: *su respuesta a la terapia ha sido favorable.*

resquebrajar tr. y prnl. Partir ligera y a veces superficialmente algunos cuerpos duros. ‖ **FAM.** resquebrajadura, resquebrajamiento.

resquebrar intr. y prnl. Empezar a quebrarse una cosa. ♦ **Irreg.** Se conj. como *acertar.* ‖ **FAM.** resquebrajar.

resquemor m. Sentimiento de amargura o rencor que causa alguna cosa.

resquicio m. Abertura que hay entre el quicio y la puerta. ‖ P. ext., cualquier otra abertura pequeña. ‖ Coyuntura u ocasión para salir de un apuro o dificultad.

resta f. Operación de restar. ‖ Resultado de la operación de restar.

restablecer tr. Volver a establecer una cosa o ponerla en el estado que antes tenía. ‖ prnl. Recuperarse de una dolencia, enfermedad u otro daño. ♦ **Irreg.** Se conj. como *agradecer.* ‖ **FAM.** restablecido, restablecimiento.

restallar intr. Chasquear, crujir, hacer un fuerte ruido: *restallar un látigo.* También intr. ‖ **FAM.** restallante, restallido.

restañar tr. Detener la salida de un líquido, particularmente de la sangre. También tr. y prnl. ‖ Curar las heridas, aliviar el dolor, en sentido moral.

restante adj. Que resta: *con la tela restante hizo cojines.* ‖ m. Residuo.

restar tr. Disminuir, rebajar. ‖ Hallar la diferencia entre dos cantidades. ‖ En el juego de la pelota, devolver el saque del contrario. ‖ intr. Faltar o quedar: *en lo que resta de año.* ‖ **FAM.** resta, restante, resto.

restauración f. Acción y efecto de restaurar. ‖ Restablecimiento en un país del régimen político o de una casa reinante que existían y que habían sido sustituidos por otro: *la restauración de la monarquía.* ‖ Período histórico que comienza con este restablecimiento. ‖ Actividad hostelera que comprende a los restaurantes.

restaurador, ra adj. Que restaura. ‖ m. y f. Persona que tiene por oficio restaurar pinturas, esculturas, encuadernaciones, etc. ‖ Persona que tiene o dirige un restaurante. También adj.

restaurante m. Establecimiento público donde se sirven comidas y bebidas para ser consumidas en el mismo local.

restaurar tr. Recuperar o recobrar: *restaurar las fuerzas.* ‖ Reparar, renovar o volver a poner una cosa en el estado o circunstancia en que se encontraba antes: *restaurar un régimen político.* ‖ Reparar una pintura, escultura, edificio, etc. ‖ **FAM.** restauración, restaurador, restaurante, restaurativo.

restituir tr. Devolver una cosa a quien la tenía antes. ‖ Restablecer o poner una cosa en el estado que antes tenía: *el descanso le restituyó las fuerzas.* ♦ **Irreg.** Se conj. como *huir.* ‖ **FAM.** restitución, restituible, restitutorio.

resto m. Parte que queda de un todo. También pl.: *los restos de un banquete.* ‖ Resultado de la operación de restar. ‖ Cantidad que en los juegos de envite se considera para jugar y envidar. ‖ Acción de restar, en el juego de pelota, y jugador que devuelve la pelota al saque.

restregar tr. Pasar una cosa, con fuerza y varias veces, sobre una superficie: *bostezó y se restregó los ojos.* ♦ **Irreg.** Se conj. como *acertar.* ‖ **FAM.** restregadura, restregamiento, restregón.

restringir tr. Reducir, limitar, acotar: *restringir el consumo de energía.* ‖ **FAM.** restricción, restrictivamente, restrictivo, restringible.

resucitar tr. Volver la vida a un muerto. También intr. ‖ Restablecer, renovar, dar nuevo ser o ímpetu a alguien o algo: *resucitar una moda.* ‖ **FAM.** resucitado, resucitador.

resudar intr. Sudar ligeramente. ‖ Rezumar. También prnl.

resuello m. Aliento o respiración, especialmente la dificultosa o violenta.

resuelto, ta adj. Muy decidido, valiente y audaz. ‖ **FAM.** resueltamente.

resultado m. Efecto y consecuencia de un

hecho, operación o deliberación: *este producto es resultado de años de investigación.*

resultando m. Cada uno de los fundamentos de hecho enumerados en sentencias o autos judiciales, o en resoluciones gubernativas.

resultar intr. Venir a parar una cosa en provecho o daño de una persona o de un fin: *el estreno resultó un fracaso.* ‖ Nacer, originarse o venir una cosa de otra: *su temor resulta de su inseguridad.* ‖ Ser o llegar a ser lo que se expresa: *esa tela resulta demasiado gruesa.* ‖ Tener alguien o algo cierto resultado: *todas sus tretas no resultarán.* ‖ Aparecer, manifestarse o comprobarse una cosa: *¿ahora resulta que nadie va a ir?* ‖ Ser atractiva una persona. ‖ **FAM.** resulta, resultado, resultando, resultante, resultón.

resumen m. Acción y efecto de resumir. ‖ Exposición resumida en un asunto o materia: *hizo un resumen de la situación.* ‖ **en resumen** loc. adv. Resumiendo, recapitulando.

resumir tr. Reducir a términos breves y precisos lo esencial de un asunto o materia. También prnl. ‖ prnl. Convertirse, comprenderse, resolverse una cosa en otra: *al final, todo se resumió en una reprimenda.* ‖ **FAM.** resumen, resumidamente, resumido.

resurgir intr. Surgir de nuevo, volver a aparecer. ‖ Volver a la vida. ‖ **FAM.** resurgencia, resurgente, resurgimiento, resurrección.

resurrección f. Acción de resucitar. ‖ Pascua de Resurrección de Cristo.

retablo m. Conjunto o colección de figuras pintadas o de talla, que representan en serie una historia o suceso. ‖ Obra de arquitectura compuesta por tallas escultóricas o cuadros, que constituye la decoración de un altar. ‖ Persona muy mayor.

retaco, ca adj. Se dice de la persona baja de estatura y, en general, rechoncha. Más c. s. ‖ m. Escopeta corta muy reforzada en la recámara. ‖ En el juego de billar, taco más corto que el normal.

retaguardia f. Hablando de una fuerza desplegada o en columna, parte más alejada del enemigo. ‖ En tiempo de guerra, la zona no ocupada por los ejércitos. ‖ Parte de atrás de algo.

retahíla f. Serie de muchas cosas que están, suceden o se mencionan por su orden: *le soltó una retahíla de insultos.*

retal m. Pedazo sobrante de una tela, piel, metal, etc.

retama f. Planta arbustiva de la familia de las papilionáceas que mide entre 30 y 200 cm de altura, tiene ramas delgadas, largas y flexibles, y flores amarillas en racimos laterales. ‖ **FAM.** retamal, retamar.

retar tr. Desafiar, provocar a duelo, lucha o combate: *le retó a que demostrara su acusación.* ‖ **FAM.** retador, reto.

retardar tr. Retrasar o dilatar. También prnl. ‖ **FAM.** retardación, retardado, retardador, retardamiento, retardatorio, retardo.

retazo m. Retal o pedazo de una tela. ‖ Trozo o fragmento de un razonamiento o discurso: *nos llegaban retazos de la discusión.* ‖ P. ext., fragmento de cualquier otra cosa. ‖ **FAM.** retazar.

retel m. Arte de pesca usada para capturar cangrejos de río.

retén m. Repuesto o reserva que se tiene de una cosa. ‖ Tropa para reforzar los puestos militares. ‖ P. ext., conjunto de personas dispuestas para intervenir en caso de necesidad: *un retén de bomberos.*

retención f. Acción y efecto de retener. ‖ Cantidad retenida de un sueldo, salario u otro haber. ‖ Detención o depósito que se hace en el cuerpo humano de un líquido que debería expulsarse. ‖ Detención del tráfico o circulación muy lenta: *a las horas punta se producen retenciones.*

retener tr. Conservar, guardar en sí. ‖ Conservar en la memoria una cosa: *tiene facilidad para retener las fechas.* ‖ Detener o dificultar la marcha o el desarrollo de algo. ‖ No dejar que alguien se vaya: *no quiero retenerte más.* ‖ Imponer prisión preventiva, arrestar. ‖ Suspender en todo o en parte el pago del sueldo, salario u otro haber que uno ha devengado, por disposición judicial o gubernativa. ‖ Descontar para cierto fin, parte de un salario o de otro cobro. ‖ Dominar, sujetar, refrenar: *retener la lengua.* ♦ Irreg. Se conj. como *tener*. ‖ **FAM.** retén, retención, retenedor, retenido, retentiva, retentivo.

retentiva f. Capacidad para retener las cosas en la memoria.

reticencia f. Reparo, duda, reserva: *tengo reticencias sobre su honradez.* ‖ Figura retórica que consiste en dejar incompleta una frase, dando a entender, sin embargo, el sentido de lo que no se dice. ‖ **FAM.** reticente, reticentemente.

retícula f. Conjunto de hilos o líneas que se ponen en un instrumento óptico para precisar la visual. ‖ Red de puntos que, en cierta clase de fotograbado, reproduce las sombras y los claros de la imagen. ‖ **FAM.** reticular, retículo.

retina f. Membrana interior del ojo de los vertebrados y de otros animales, donde las sensaciones luminosas se transforman en impulsos nerviosos. ‖ **FAM.** retinario.

retintín m. Tonillo y modo de hablar, por lo

común malicioso, con el que se pretende molestar a alguien. ‖ Sonido que deja en los oídos la campana u otro cuerpo sonoro.

retirado, da adj. Distante, apartado. ‖ Se dice del militar que deja oficialmente el servicio, conservando algunos derechos. También s. ‖ Jubilado. También s. ‖ f. Acción y efecto de retirarse. ‖ Acción de retroceder en orden los soldados, apartándose del enemigo. ‖ Retreta, toque militar. ‖ **FAM.** retiradamente.

retirar tr. Apartar o separar a una persona o cosa de otra o de un lugar: *retira las cortinas para que entre luz.* También prnl. ‖ Obligar a uno a que deje un trabajo, actividad, etc. Más c. prnl.: *se retiró del cine.* ‖ Afirmar que no es cierto lo que se ha dicho, desdecirse: *tuvo que retirar todos sus insultos contra él.* ‖ prnl. Apartarse o separarse del trato, comunicación o amistad: *se retiró a un convento.* ‖ Irse a dormir. ‖ Irse a casa. ‖ Jubilarse. ‖ Emprender un ejército la retirada. ‖ **FAM.** retirado, retiro.

reto m. Acción y efecto de retar. ‖ Cosa difícil que alguien se propone como objetivo: *dejar de fumar fue todo un reto.*

retocar tr. Volver a tocar o hacerlo repetidas veces. ‖ Recorrer algo ya acabado para corregir algunas imperfecciones: *está retocando la novela.* ‖ **FAM.** retocado, retocador, retoque.

retomar tr. Volver sobre un tema, conversación o actividad que se había interrumpido.

retoñar intr. Volver a echar vástagos la planta. ‖ Reproducirse, volver de nuevo lo que había dejado de ser o estaba amortiguado: *su amistad ha retoñado.*

retoño m. Vástago o tallo que echa de nuevo la planta. ‖ Hijo de una persona, especialmente si es pequeño. ‖ **FAM.** retoñar.

retoque m. Corrección o revisión que se da a algo ya terminado para quitar sus faltas o componer ligeros desperfectos.

retorcer tr. Torcer mucho una cosa, dándole vueltas alrededor de sí misma: *retorció la ropa para escurrirla.* También prnl. ‖ Interpretar algo dándole un sentido diferente del que tiene y generalmente malo: *no retuerzas lo que digo.* ‖ Dirigir un argumento o raciocinio contra el mismo que lo hace. ♦ **Irreg.** Se conj. como *mover*. ‖ **FAM.** retorcedura, retorcido, retorcimiento, retorsión, retortijón.

retorcido, da adj. Se dice de la persona de intenciones y sentimientos poco claros y maliciosos; se dice también de su actitud y obras. ‖ Difícil de comprender, excesivamente complicado: *un argumento retorcido.*

retórica f. Arte de expresarse con corrección y eficacia, embelleciendo la expresión de los conceptos y dando al lenguaje escrito o hablado el efecto necesario para deleitar, persuadir o conmover. ‖ Tratado sobre este arte. ‖ Lenguaje afectado y pomposo. ‖ pl. Argumentos o razones que no vienen al caso: *no me venga usted a mí con retóricas.* ‖ **FAM.** retóricamente, retórico.

retornar tr. Devolver, restituir. ‖ intr. Volver al lugar o a la situación en que se estuvo: *retornar al hogar.* También prnl. ‖ **FAM.** retorno.

retorta f. Vasija con cuello largo y encorvado, utilizada para diversas operaciones químicas.

retortero (al) loc. adv. En total desorden; también haciendo muchas gestiones, de un lado para otro: *llevo toda la mañana al retortero arreglando papeles.*

retortijón m. Dolor fuerte y brusco en el estómago o en el vientre.

retozar intr. Saltar y brincar alegremente. ‖ Juguetear unos con otros, personas o animales. ‖ **FAM.** retozante, retozo, retozón.

retractar tr. Rectificar lo que se había afirmado, desdecirse de ello. También prnl.: *tuvo que retractarse de sus acusaciones.* ‖ **FAM.** retractación, retracto.

retráctil adj. En zool., se dice de las partes del cuerpo de los animales que pueden retraerse, quedando ocultas en una cavidad o pliegue; como las uñas de los felinos. ‖ **FAM.** retractilidad.

retraer tr. Llevar hacia dentro o hacia atrás, ocultar o apartar: *el gato retrajo sus uñas.* También prnl. ‖ Convencer o disuadir de algo. ‖ prnl. Apartarse del trato con los demás. ‖ No exteriorizar alguien sus sentimientos: *se retrae mucho en público.* ♦ **Irreg.** Se conj. como *traer*. ‖ **FAM.** retracción, retráctil, retraído, retraimiento.

retraído, da adj. Se dice de la persona a la que le gusta la soledad. ‖ Poco comunicativo, corto, tímido. También s.

retranca f. Correa ancha que rodea las ancas de las caballerías y ayuda a frenar el carro o lo hace retroceder.

retransmitir tr. Volver a transmitir. ‖ Transmitir desde una emisora de radio o televisión lo que se ha transmitido a ella desde otro lugar. ‖ Transmitir una emisora de radio o televisión un espectáculo, programa, etc., desde el lugar en que se desarrolla. ‖ **FAM.** retransmisión, retransmisor.

retrasado, da adj. Se dice de la persona, planta o animal que no ha llegado al desarrollo normal de su edad. ‖ Que sufre un retraso mental. También s.

retrasar tr. Atrasar o diferir la ejecución de una cosa: *retrasar un pago.* También prnl. ‖

Hacer que algo vaya más lento: *la falta de fondos retrasó el proyecto.* También intr. y prnl. ‖ intr. Marchar un reloj más despacio de lo normal. ‖ prnl. Llegar tarde: *el tren se retrasó media hora.* ‖ Ir por detrás del resto en alguna cosa: *retrasarse en los estudios.* ‖ FAM. retrasado, retraso.

retratar tr. Copiar, dibujar o fotografiar la figura de alguna persona o cosa. ‖ Describir, reflejar: *su novela retrata fielmente el Madrid de la posguerra.* ‖ prnl. Dejar que alguien para que le hagan un dibujo o una fotografía. ‖ FAM. retratista, retrato.

retrato m. Pintura, dibujo, fotografía, etc., que representa alguna persona o cosa. ‖ Técnica pictórica o fotográfica basada en esta representación. ‖ Descripción muy fiel y minuciosa. ‖ Persona o cosa que se asemeja mucho a otra: *ser el vivo retrato de alguien.*

retreparse prnl. Echar hacia atrás la parte superior del cuerpo. ‖ Recostarse en la silla de tal modo que ésta se incline también hacia atrás.

retreta f. Toque militar que se usa para marchar en retirada, y para avisar a la tropa que se recoja por la noche en el cuartel.

retrete m. Recipiente con una cañería de desagüe, dispuesto para orinar y evacuar el vientre. ‖ Habitación donde está instalado este recipiente.

retribuir tr. Recompensar o pagar un servicio, favor, etc. ‖ *amer.* Corresponder al favor o al obsequio que uno recibe. ◆ **Irreg.** Se conj. como *huir.* ‖ FAM. retribución, retribuidamente, retributivo, retribuyente.

retroactivo, va adj. Que obra o tiene fuerza y validez sobre lo pasado: *la nueva ley se aplicará con efectos retroactivos.* ‖ FAM. retroactividad.

retroceder intr. Volver hacia atrás. ‖ FAM. retroceso.

retrógrado, da adj. y desp. Partidario de ideas, actitudes, etc., propias exclusivamente de tiempos pasados, y enemigo de cambios e innovaciones.

retronar intr. Retumbar.

retropulsión f. Desaparición de un exantema, inflamación o tumor agudo, que se produce en un órgano distante.

retrospectivo, va adj. Que se refiere a tiempo pasado. ‖ FAM. retrospección.

retrotraer tr. Evocar tiempos y escenas pasados. También prnl.: *aquello le retrotraía a su infancia.* ◆ **Irreg.** Se conj. como *traer.*

retrovisor m. Pequeño espejo colocado en la parte anterior de los automóviles o a los lados de éstos, que permite ver al conductor lo que viene o está detrás de él.

retruécano m. Juego de palabras.

retumbar intr. Resonar mucho o hacer gran ruido o estruendo una cosa: *retumban los truenos.* ‖ FAM. retumbante, retumbo.

reuma o **reúma** amb. Reumatismo. Más como m.

reumatismo m. Enfermedad del tejido conjuntivo que se manifiesta generalmente por inflamaciones dolorosas en las partes musculares y fibrosas del cuerpo. ‖ FAM. reuma, reumático, reumatología, reumatólogo.

reunión f. Acción y efecto de reunir. ‖ Conjunto de personas reunidas, particularmente para tratar algún asunto.

reunir tr. Juntar, congregar, amontonar: *reunir fondos.* También prnl. ‖ Tener algo las cualidades que se expresan: *el candidato reúne todos los requisitos.* ‖ prnl. Juntarse varias personas para tratar un asunto. ‖ FAM. reunión.

revalidar tr. Ratificar, confirmar o dar nuevo valor y firmeza a algo. ‖ FAM. reválida, revalidación.

revalorizar tr. Devolver a algo el valor o estimación que había perdido. También prnl. ‖ Aumentar el valor de algo: *revalorizar una moneda.* ‖ FAM. revalorización, revalorizador.

revaluar tr. Volver a evaluar. ‖ Elevar el valor de una moneda o de otra cosa; se opone a *devaluar.* ‖ FAM. revaluación.

revancha f. Desquite o venganza. ‖ FAM. revanchismo.

revanchismo m. Actitud de quien mantiene un espíritu de revancha o de venganza. ‖ FAM. revanchista.

revelado m. Conjunto de operaciones necesarias para revelar una imagen fotográfica.

revelador, ra adj. Que revela. También s. ‖ m. Líquido que sirve para revelar la placa fotográfica.

revelar tr. Descubrir lo secreto. También prnl. ‖ Proporcionar indicios o certidumbre de algo: *su conducta revela una falta de madurez.* ‖ Manifestar Dios a los hombres lo futuro u oculto. ‖ En fotografía, hacer visible la imagen latente impresa en la placa, la película o el papel fotográfico. ‖ prnl. Tener algo cierto efecto o resultado: *su gestión se reveló productiva.* ‖ FAM. revelable, revelación, revelado, revelador, revelamiento.

revender tr. Volver a vender lo que se ha comprado, al poco tiempo o para sacarle mayor beneficio: *revender entradas.* ‖ FAM. revendedor, reventa.

revenirse prnl. Ponerse una masa, pasta o fritura blanda y correosa con la humedad o el calor: *revenirse el pan.* ‖ Encogerse, consumirse una cosa poco a poco. ‖ Estropearse un vino o una conserva. ♦ **Irreg**. Se conj. como *venir*. ‖ **FAM**. revenido, revenimiento.

reventa f. Acción y efecto de revender. ‖ Centro autorizado para vender, con un recargo sobre su precio original, entradas y localidades para espectáculos públicos. ‖ com. Conjunto de revendedores de entradas y localidades para espectáculos públicos, que no están autorizados para ello.

reventador, ra m. y f. Persona que asiste a espectáculos o reuniones públicas para mostrar desagrado de modo ruidoso o para provocar el fracaso de dichas reuniones.

reventar intr. Abrirse una cosa por impulso interior. También prnl.: *la rueda se reventó*. ‖ Deshacerse una cosa al aplastarla con violencia: *cuidado, no revientes la fruta*. También intr. y prnl. ‖ Tener deseo grande de algo: *revienta de ganas por venir*. ‖ Sentir y manifestar un sentimiento o impulso, especialmente de ira: *estoy que reviento de rabia*. ‖ Desagradar muchísimo: *me revientan ese tipo de bromas*. ‖ Enfermar o morir un animal, especialmente una caballería, por exceso de cansancio. ‖ Morir. ‖ tr. Fatigar, cansar mucho. También prnl.: *se revienta a trabajar*. ‖ Estropear o hacer fracasar: *reventar una huelga*. ♦ **Irreg**. Se conj. como *acertar*. ‖ **FAM**. reventado, reventador, reventón.

reventón, na adj. Se dice de ciertas cosas que revientan o parecen que van a reventar: *clavel reventón*. ‖ m. Acción y efecto de reventar o reventarse. ‖ Particularmente, acción de reventar un neumático.

reverberar intr. Reflejarse la luz en una superficie brillante, o el sonido en una superficie que no lo absorba: *la luna reverberaba en el mar*. ‖ **FAM**. reverberación, reverberante, reverbero.

reverdecer intr. Cobrar nuevo verdor los campos o plantíos que estaban mustios o secos. También tr. ‖ Renovarse o tomar nuevo vigor. ♦ **Irreg**. Se conj. como *agradecer*. ‖ **FAM**. reverdeciente, reverdecimiento.

reverencia f. Respeto o veneración que tiene una persona a otra. ‖ Inclinación del cuerpo en señal de respeto o veneración. ‖ Tratamiento que a veces se da a algunos religiosos o eclesiásticos: *su reverencia*. ‖ **FAM**. reverencial, reverencialmente, reverenciar, reverencioso, reverendo, reverente.

reverenciar tr. Respetar o venerar. ‖ **FAM**. reverenciador.

reverendo, da adj. Digno de reverencia. ‖ Tratamiento que a veces se da a algunos religiosos o eclesiásticos. También m. y f. ‖ **FAM**. reverendísimo.

reversible adj. Que puede volver a un esta-

do o condición anterior. ‖ Se dice de la prenda de vestir que puede usarse por el derecho o por el revés, según convenga. ‖ **FAM**. reversibilidad.

reverso m. Parte opuesta al frente de una cosa, revés. ‖ En las monedas y medallas, cara opuesta al anverso.

revertir intr. Volver una cosa al estado o condición que tuvo antes. ‖ Venir a parar una cosa en otra: *su inseguridad revierte en desconfianza*. ♦ **Irreg**. Se conj. como *sentir*. ‖ **FAM**. reversa, reversible, reversión, reverso, revés.

revés m. Lado o parte opuesta de una cosa. ‖ Golpe que se da con la mano vuelta. ‖ En tenis y otros juegos similares, golpe que se da a la pelota llevando el brazo que sostiene la raqueta al lado opuesto del cuerpo antes de golpear. ‖ Infortunio, contratiempo: *sufrir un revés*. ‖ **al revés** loc. adv. Al contrario, o invirtiendo el orden.

revestimiento m. Acción y efecto de revestir. ‖ Capa con que se resguarda o adorna una superficie.

revestir tr. Cubrir con un revestimiento: *revestir las paredes de azulejos*. ‖ Presentar una cosa determinado aspecto, cualidad o carácter: *revestir gravedad*. ‖ Afectar o simular una cosa: *reviste todas sus intervenciones de una falsa modestia*. ‖ Ponerse el sacerdote las vestiduras y ornamentos adecuados para la celebración de un acto litúrgico. Más c. prnl. ‖ prnl. Llenarse o cubrirse de alguna cosa: *los montes se revistieron de nieve*. ‖ Tomar la actitud necesaria para algo, especialmente en un trance difícil: *revestirse de paciencia*. ♦ **Irreg**. Se conj. como *pedir*. ‖ **FAM**. revestido, revestimiento.

revisar tr. Examinar una cosa con atención y cuidado para corregirla, repararla o comprobar su funcionamiento y validez: *revisar un escrito*. ‖ **FAM**. revisable, revisada, revisión, revisionismo, revisor, revista.

revisor, ra adj. Que revisa algo. ‖ m. y f. En los ferrocarriles y otros medios de transporte, persona encargada de revisar y marcar los billetes de los viajeros.

revista f. Publicación periódica por cuadernos, con artículos y, a veces, fotografías, sobre varias materias, o sobre una sola especialmente. ‖ Espectáculo teatral de carácter desenfadado, en el que alternan números dialogados y musicales. ‖ Inspección o revisión que se hace de algo. ‖ Formación de las tropas para que las inspeccione un superior. ‖ **pasar revista** loc. Ejercer un jefe las funciones de inspección que le corresponden sobre las personas o cosas sujetas a su autoridad. ‖ Pasar una autoridad ante las tropas para que le rindan honores. | Examinar algo con cuidado. | **FAM**. revistar, revistero.

revistero m. Mueble para colocar revistas.

revitalizar tr. Dar más fuerza y consistencia: *revitalizar la economía*. | **FAM**. revitalización.

revival (voz i.) m. Movimiento artístico, sociológico y, p. ext., de cualquier otro género, que tiende a revalorizar modas o estilos del pasado.

revivir intr. Volver a la vida. | Renovarse o reproducirse algo: *revivió la discordia*.

revocar tr. Dejar sin efecto una concesión, mandato o resolución: *revocar una ley*. | Enlucir o pintar de nuevo por la parte que está al exterior las paredes de un edificio; p. ext., enlucir cualquier pared. | **FAM**. revocabilidad, revocable, revocación, revocador, revocadura, revocante, revocatorio, revoque.

revolcar tr. Derribar a alguien y maltratarlo, pisotearlo, revolverlo; especialmente el toro al lidiador. | prnl. Echarse sobre una cosa, restregándose en ella: *el perro se revolcaba en la arena*. ♦ **Irreg**. Se conj. como *contar*. | **FAM**. revolcón.

revolcón m. Acción y efecto de revolcar o revolcarse. | Acción y efecto de revolcar, vencer al adversario. Se usa sobre todo en la loc. *dar a uno un revolcón*.

revolotear intr. Volar haciendo tornos o giros en poco espacio. | Venir una cosa por el aire dando vueltas: *revolotear los papeles*. | **FAM**. revoloteo.

revoltijo o **revoltillo** m. Conjunto o compuesto de muchas cosas, sin orden ni método. | Confusión o enredo. | *amer*. Guiso parecido al pisto.

revoltoso, sa adj. Que causa alborotos o mueve a rebeldía. También s. | Travieso.

revolución f. Cambio violento en las instituciones políticas de una nación. | P. ext., inquietud, alboroto. | Cambio importante en el estado o gobierno de las cosas: *la revolución industrial*. | En astronomía, giro completo que da un astro en todo el curso de su órbita. | En mecánica, giro o vuelta completa que da una pieza sobre su eje. | **FAM**. revolucionar, revolucionario.

revolucionar tr. Provocar un estado de revolución. | Producir cambios profundos: *revolucionar la música*. | En mecánica, imprimir más o menos revoluciones en un tiempo determinado a un cuerpo que gira o al mecanismo que produce el movimiento.

revolver tr. Mover una cosa de un lado a otro o de arriba abajo. | Mirar o registrar algo moviendo y separando algunas cosas.

También intr.: *los perros revolvían en la basura*. | Alterar el buen orden y disposición de las cosas: *no revuelvas el armario*. | Inquietar, causar disturbios. | Producir náuseas o malestar en el estómago. | prnl. Moverse de un lado a otro, generalmente por inquietud: *revolverse en la silla*. | En una lucha o pelea, volverse rápidamente ha ia el contrario para atacarle o embestirle. | Volverse en contra de alguien: *se revolvió contra su propia familia*. | Ponerse el tiempo borrascoso. ♦ **Irreg**. Se conj. como *mover*. | **FAM**. revoltijo, revoltillo, revoltoso, revolución, revuelta, revuelto.

revólver m. Arma de fuego, de corto alcance, que se puede usar con una sola mano, y provista de un tambor en el que se colocan las balas.

revuelo m. Turbación, confusión, agitación: *su dimisión produjo un gran revuelo*. | Hecho de revolotear muchas aves o cosas en el aire.

revuelta f. Alboroto, insurrección o motín. | Riña, pelea. | Punto en que una cosa empieza a torcer su dirección o a tomar otra: *la revuelta de un camino*. | Este mismo cambio de dirección.

revuelto, ta adj. Enredador, travieso. | Turbio: *aguas revueltas*. | Se dice del tiempo inseguro. | m. Guiso que se hace revolviendo huevos en una sartén y mezclándolos con otros alimentos. | **FAM**. revueltamente.

revulsivo, va adj. Se dice del medicamento o agente que produce el vómito o sirve para purgar el estómago. También m. | Que produce una reacción profunda y rápida: *sus declaraciones actuaron como un revulsivo*. | **FAM**. revulsión.

rey m. Monarca o príncipe soberano de un reino. | Pieza principal del juego de ajedrez. | Carta duodécima de cada palo de la baraja. | Hombre, animal o cosa del género masculino, que sobresale entre los demás de su clase o especie por sus cualidades, fuerza, etc.: *el león es el rey de la selva*. | pl. Reyes Magos; también, día en que se celebra la Epifanía, y regalo típico de esta fecha. | **FAM**. real, regicida, regio, régulo, reina, reinar, reyezuelo.

reyerta f. Disputa, lucha.

rezagar tr. Dejar atrás a una persona o cosa. | prnl. Quedarse atrás. | **FAM**. rezagado.

rezar tr. Decir oraciones usadas o aprobadas por la Iglesia. También intr. | Recitar la misa, una oración, etc., en contraposición a cantarla. | Decir un escrito una cosa: *la pancarta rezaba así: libertad de expresión*. | **FAM**. rezado, rezador, rezo.

rezongar intr. Gruñir, refunfuñar a lo que se manda. | **FAM**. rezongador, rezongo, rezongón.

rezumar tr. Dejar pasar un cuerpo a través de sus poros gotitas de algún líquido: *la pared rezuma humedad*. También prnl. ‖ Referido a un líquido, salir al exterior en gotas a través de los poros o intersticios de un cuerpo. También prnl.: *el agua se rezuma por la cañería*. ‖ Manifestarse en alguien cierta cualidad o sentimiento en grado sumo: *rezumaba amistad*. ‖ FAM. rezumante.

ría f. Penetración que forma el mar en la costa, debida a la sumersión de la parte litoral de una cuenca fluvial de laderas más o menos abruptas. ‖ Ensenada amplia en la que vierten al mar aguas profundas.

riachuelo m. Río pequeño.

riada f. Avenida, inundación, crecida.

ribazo m. Porción de tierra con elevación y declive. ‖ FAM. ribera.

ribera f. Orilla del mar o de un río. ‖ Franja de tierra que baña un río o cercana a éste. ‖ FAM. ribereño, ribero.

ribereño, ña adj. Relativo a la ribera. ‖ Habitante de una ribera. También s.

ribete m. Cinta o cosa análoga con que se adorna y refuerza la orilla del vestido, calzado, etc. ‖ Adorno o franja que rodea una cosa. ‖ pl. Asomo, indicio: *tiene sus ribetes de poeta*. ‖ FAM. ribeteado, ribetear.

ribonucleico, ca adj. Se dice de un grupo de ácidos nucleicos, situados en nucléolo y en el citoplasma, que desempeñan una función importante en la síntesis de proteínas.

ribosoma m. Cada uno de los orgánulos de las células vivas encargados de la síntesis de las proteínas. Están compuestos de ácido ribonucleico y proteínas. ‖ FAM. ribosómico.

ricachón, na m. y f. desp. Persona adinerada.

ricino m. Planta arbustiva, originaria de África tropical, de cuyas semillas se extrae un aceite purgante; se cultiva en climas cálidos y templados.

rico, ca adj. Adinerado, acaudalado. También s. ‖ Se dice del país, territorio, etc., que tiene muchos recursos. ‖ Abundante en lo que se expresa: *una dieta rica en hidratos*. ‖ De gran lujo, calidad o perfección: *un lenguaje muy rico*. ‖ De sabor muy agradable: *un postre bastante rico*. ‖ Bonito o simpático: *tiene un niño muy rico*. ‖ Se aplica a las personas como expresión de cariño y, a veces, irónicamente. ‖ FAM. ricacho, ricachón, ricamente, ricura, riqueza.

rictus m. Contracción de los labios que deja al descubierto los dientes y da a la boca el aspecto de la risa. ‖ Gesto de la cara con que se manifiesta un sentimiento de tristeza o amargura. ♦ No varía en pl.

ridiculizar tr. Burlarse de una persona o cosa, poniendo de manifiesto los defectos, manías, etc., que tiene o se le atribuyen.

ridículo, la adj. Que por su rareza o extravagancia, produce risa. ‖ Escaso, insuficiente: *les sirvieron unas raciones ridículas*. ‖ Absurdo, falto de lógica: *él no lo hizo, eso es ridículo*. ‖ m. Situación que provoca la risa o la burla: *hacer el ridículo*. ‖ **en ridículo** loc. adv. Expuesto a la burla o al menosprecio de los demás. Se usa sobre todo con los verbos *estar, poner, dejar* y *quedar*. ‖ FAM. ridículamente, ridiculez, ridiculizar.

riego m. Acción y efecto de regar. ‖ Agua disponible para regar.

riel m. Carril de una vía férrea. ‖ Carril o pieza por la que corre o se desliza algo: *los rieles de las cortinas*. ‖ FAM. rielera.

rielar intr. Brillar con luz trémula: *los faroles rielaban en el río*.

rienda f. Cada una de las dos correas que, unidas por uno de sus extremos al freno, lleva cogidas por el otro la persona que conduce a una caballería. Más en pl. ‖ Sujeción o moderación en acciones o palabras: *perdió las riendas y se golpeó*. ‖ pl. Gobierno, dirección de algo: *tomó las riendas de la empresa*. ‖ **a rienda suelta** loc. adv. Con violencia o rapidez. ‖ Sin moderación ni medida.

riesgo m. Proximidad de un daño o peligro. ‖ Cada uno de los accidentes o contingencias que pueden ser objeto de un contrato de seguro. ‖ **correr riesgo** loc. Estar una cosa expuesta a un peligro. ‖ FAM. riesgoso.

rifa f. Juego que consiste en sortear algo entre varios, a los que se reparte o vende papeletas. ‖ FAM. rifar.

rifirrafe m. Pelea o discusión ruidosa, pero ligera y sin trascendencia.

rifle m. Fusil de cañón rayado, de procedencia estadounidense.

rígido, da adj. Que no se puede doblar o torcer. ‖ Riguroso, severo: *unas normas muy rígidas*. ‖ Que no admite cambios ni se adapta a otras cosas: *su postura es muy rígida al respecto*. ‖ FAM. rígidamente, rigidez.

rigodón m. Danza de origen provenzal y carácter ligero, que estuvo muy de moda en el s. XVIII.

rigor m. Severidad excesiva. ‖ Intensidad, vehemencia: *el rigor del verano*. ‖ Propiedad y precisión: *hablar con rigor*. ‖ **ser de rigor** una cosa loc. Ser indispensable por requerirlo así la costumbre, la moda o la etiqueta. ‖ FAM. rigorismo, rigorista, riguroso.

riguroso, sa adj. Muy severo, cruel. ‖ Austero, rígido. ‖ Extremado, duro. ‖ Exacto.

rijoso, sa adj. Se dice del animal alborotado

al ver a la hembra: *caballo rijoso.* ‖ Lujurioso, lascivo. También s. ‖ Amigo de riñas y contiendas. También s.

rilar intr. Temblar, tiritar. ‖ prnl. Acobardarse.

rima f. Consonancia o asonancia. ‖ Composición en verso del género lírico. Más en pl.: *rimas de Garcilaso.* ‖ FAM. rimador, rimar.

rimar intr. Ser una palabra asonante, o más especialmente, consonante de otra: *rigor rima con ardor.* ‖ tr. Hacer el poeta que haya rima entre las palabras.

rimbombante adj. Ostentoso, llamativo. ‖ FAM. rimbombancia.

rímel m. Cosmético utilizado para oscurecer y resaltar las pestañas.

rimero m. Conjunto de cosas puestas unas sobre otras.

rincón m. Ángulo entrante que se forma en el encuentro de dos paredes o de dos superficies. ‖ Escondrijo o lugar retirado. ‖ Lugar o espacio pequeño: *déjame un rincón para mis libros.* ‖ FAM. rinconada, rinconera.

rinconada f. Ángulo entrante que se forma en la unión de dos casas, calles, etc.

rinconera f. Mesita, armario o estante pequeños, con la forma apropiada para colocarlos en un rincón.

ring (voz i.) m. En dep., cuadrilátero sobre el que combaten boxeadores u otro tipo de luchadores.

ringlera f. Fila o línea de cosas puestas en orden unas tras otras. ‖ FAM. ringlero.

ringlero m. Cada una de las líneas del papel pautado en que aprenden a escribir los niños.

ringorrango m. Cualquier adorno superfluo y extravagante. Más en pl.: *llevaba un vestido lleno de ringorrangos.*

rinitis f. Inflamación de la mucosa de las fosas nasales. ◆ No varía en pl.

rinoceronte m. Mamífero ungulado perisodáctilo, que mide hasta 350 cm de largo y 150 cm de altura en la cruz, de patas cortas y fuertes, piel gruesa desnuda y uno o dos cuernos corvos sobre la línea media de la nariz; habita en África y el sudeste asiático.

rinofaringe f. Porción de la faringe contigua a las fosas nasales. ‖ FAM. rinofaríngeo.

rinología f. Parte de la medicina que se ocupa del estudio de las fosas nasales, de sus enfermedades y tratamiento. ‖ FAM. rinólogo.

rinoscopia f. Exploración de las cavidades nasales.

riña f. Discusión, pelea.

riñón m. Cada uno de los dos órganos de los vertebrados, situados en el abdomen y pertenecientes al aparato excretor, cuya función es limpiar la sangre de impurezas y elaborar la orina, que se expulsa a través de los uréteres. ‖ pl. Parte del cuerpo que corresponde a la pelvis: *recibió un golpe en los riñones.* ‖ FAM. riñonada, riñonera.

río m. Corriente de agua continua y más o menos caudalosa que va a desembocar en otra, en un lago o en el mar. ‖ Gran abundancia de una cosa líquida, y p. ext., de cualquier otra: *un río de sangre.* ‖ Gran afluencia de personas: *un río de turistas.* ‖ FAM. ría, riachuelo, riada.

rioja m. Vino que se cría y elabora en la comarca de este nombre.

riostra f. En arq., pieza que, puesta oblicuamente, asegura un armazón o estructura.

ripio m. Palabra innecesaria que se emplea con el solo objeto de completar el verso. ‖ Residuo que queda de algo. ‖ Guijarro. ‖ *amer.* Piedrecita o guijarro que se usa para pavimentar. ‖ FAM. ripioso.

riqueza f. Abundancia de bienes y cosas preciosas. ‖ Abundancia de cualidades o atributos excelentes: *riqueza espiritual.* ‖ Abundancia de cualquier cosa: *riqueza de vocabulario.* ‖ Cosa rica o muy apreciada. Más en pl.: *riquezas naturales.*

risa f. Movimiento de la boca y otras partes del rostro, acompañado de ciertos sonidos característicos, que demuestran alegría. ‖ Lo que hace reír: *esa película es una risa.* ‖ **desternillarse, mearse, morirse, partirse**, etc., **de risa** loc. Reírse muchísimo. ‖ FAM. risibilidad, risible, risorio, risotada, risueño.

risco m. Peñasco alto y escarpado. ‖ FAM. riscal, riscoso.

risible adj. Que causa risa o es digno de ella.

risotada f. Carcajada, risa ruidosa. ‖ FAM. risotear.

ristra f. Trenza hecha con los tallos de ajos o cebollas. ‖ Conjunto de ciertas cosas colocadas unas tras otras.

ristre m. Hierro del peto de la armadura donde se afianzaba la lanza.

risueño, ña adj. Que muestra risa en el semblante. ‖ Que se ríe con facilidad. ‖ Que provoca gozo o alegría. ‖ Próspero, favorable: *porvenir risueño.*

ritmo m. Armoniosa combinación y sucesión de voces y cláusulas, pausas y cortes, en el lenguaje poético y prosaico. ‖ Metro o verso: *cambiar de ritmo.* ‖ Orden acompasado en la sucesión o acaecimiento de las cosas. ‖ En mús., proporción guardada entre el tiempo de un movimiento y el de otro diferente. ‖ Velocidad a que se desarrolla algo: *andar a buen ritmo.* ‖ FAM. ritmar, rítmico.

rito m. Costumbre o ceremonia que siempre se repite de la misma manera. ‖ Conjunto de reglas establecidas para el culto y ceremonias religiosas. | **FAM**. ritual, ritualidad, ritualismo.

ritual adj. Relativo al rito: *ceremonia ritual*. | m. Conjunto de ritos de una religión o de una Iglesia.

rival com. Persona que compite con otra, luchando por obtener una misma cosa o por superarla. | **FAM**. rivalidad, rivalizar.

rivalizar intr. Competir, luchar contra una o más personas por conseguir algo o imponerse a ellas.

rivera f. Pequeño cauce de agua que corre por la tierra.

rizar tr. Formar en el pelo anillos o sortijas, bucles, tirabuzones, etc. También prnl. | Mover el viento el mar, formando olas pequeñas. También prnl. | Hacer en las telas, papel o cosa semejante dobleces menudos. | **FAM**. rizado, rizo.

rizo m. Mechón de pelo que artificial o naturalmente tiene forma de sortija, bucle, tirabuzón, etc. | Cierta pirueta que hace en el aire un avión, acróbata o gimnasta. | **rizar el rizo** loc. Hacer aún más difícil algo que ya es de por sí complicado. | **FAM**. rizoso.

rizoma m. En bot., tallo horizontal y subterráneo que contiene yemas y del que nacen las raíces, propio de plantas de montaña y de clima frío, como el lirio común.

rizópodo, da adj. Se dice del protozoo sarcodino, caracterizado por su aparato locomotor compuesto por seudópodos que le sirven para moverse y alimentarse; habita en medio acuático. También m. | m. pl. Superclase de estos animales, a la que pertenecen las amebas, los foraminíferos, etc.

róbalo o **robalo** m. Lubina. | **FAM**. robaliza.

robar tr. Apropiarse de algo ajeno utilizando la violencia o hurtar de cualquier modo. | Atraer fuertemente sin material: *robar el corazón*. | Tomar del montón naipes en ciertos juegos de cartas, y fichas en el del dominó. | **FAM**. robo.

robinsón m. Hombre que en la soledad y sin ayuda ajena llega a bastarse a sí mismo. | **FAM**. robinsoniano, robinsonismo.

roble m. Árbol de la familia de las fagáceas, que mide generalmente de 15 a 20 m de altura pero puede alcanzar hasta 40, tiene hojas perennes, flores unisexuales y fruto en cápsula pedunculada, llamado bellota, de sabor amargo; su madera es dura, compacta, de color pardo amarillento y muy apreciada en carpintería. | Madera de este árbol. | Persona o cosa fuerte, de gran resistencia. | **FAM**. robleda, robledal, robledo.

robledal m. Sitio poblado de robles.

roblón m. Clavo que se remacha por el extremo opuesto a la cabeza. | **FAM**. roblonado, roblonar.

robo m. Acción y efecto de robar. | Cosa robada.

robot (voz i.) m. Máquina electrónica que puede ejecutar automáticamente distintas operaciones o movimientos. | Persona que hace las cosas de forma automática, sin pensar lo que está haciendo. | **FAM**. robótica

robótica f. Parte de la ingeniería que se ocupa de la aplicación de la informática a las máquinas.

robustecer tr. Hacer robusto y resistente. También prnl. ♦ **Irreg**. Se conj. como *agradecer*. | **FAM**. robustecimiento.

robusto, ta adj. Fuerte, referido a personas, también de aspecto saludable. | **FAM**. robustamente, robustecer, robustez.

roca f. Conjunto consolidado o no de minerales definidos, que forma parte de la corteza o manto terrestres. | Peñasco que se levanta en la tierra o en el mar. | Persona, animal o cosa muy dura, firme y constante. | **FAM**. rocalla, rocoso, roqueda, roquedal, roquedo, roqueño, roquero.

rocalla f. Conjunto de piedrecillas desprendidas de las rocas por la acción del tiempo o del agua, o que han saltado al labrar las piedras. | Decoración disimétrica inspirada en el arte chino, que imita contornos de piedras y de conchas.

rocambolesco, ca adj. Se dice de las acciones audaces, apasionantes, espectaculares e inverosímiles: *una carrera rocambolesca*.

roce m. Acción y efecto de rozar. | Señal que queda al rozar una cosa con otra. | Trato o comunicación frecuente con algunas personas.

rociada f. Acción y efecto de rociar. | Conjunto de cosas que se esparcen al arrojarlas: *una rociada de perdigones*. | Represión fuerte: *se llevó una buena rociada*.

rociar tr. Esparcir en menudas gotas el agua u otro líquido. | Arrojar algunas cosas de modo que caigan diseminadas. | intr. Caer sobre la tierra el rocío o la lluvia menuda. | **FAM**. rociada, rociado, roción.

rocín m. Caballo de mala figura y poca alzada. | Caballo de trabajo. | Hombre tosco e ignorante. | **FAM**. rocinante.

rocío m. Vapor que con el frío de la noche se condensa en la atmósfera en gotas muy menudas, las cuales aparecen luego sobre la superficie de la tierra, las plantas, etc. | Las mismas gotas perceptibles a la vista. | Lluvia corta y pasajera. | **FAM**. rociar.

rock (voz i.) m. abrev. de *rock and roll*. | P. ext.,

nombre que designa varios ritmos musicales derivados del *rock and roll*. ǀ **FAM.** roquero.

rock and roll Expr. inglesa que designa un estilo musical ligero que hizo su aparición en EE. UU. hacia mediados de los años cincuenta, y cuyo ritmo se deriva fundamentalmente del *jazz* y del *blues*. ǀ Baile que acompaña este ritmo.

rococó adj. Se dice del estilo artístico surgido en Francia en el s. XVIII como renovación del barroco y que precedió al neoclasicismo. También m.

roda f. Pieza gruesa y curva, que forma la proa de la nave.

rodaballo m. Pez teleósteo marino que mide unos 50 cm de longitud, aunque algunos ejemplares alcanzan hasta un metro, con el cuerpo aplanado, de color pardo jaspeado, tubérculos óseos en el dorso y los dos ojos en el mismo lado; habita en el Atlántico y el Mediterráneo y su carne es muy estimada.

rodador, ra adj. Que rueda o cae rodando. ǀ m. Llaneador, buen corredor en terreno llano; se utiliza referido especialmente al ciclista.

rodaja f. Pieza circular y plana, de madera, metal u otra materia. ǀ Tajada circular de algunos alimentos: *rodaja de pescado*. ǀ Estrella de la espuela.

rodaje m. Acción de rodar una película cinematográfica. ǀ Situación en que se halla un automóvil mientras no ha rodado la distancia inicial prescrita por el constructor. ǀ Conjunto de ruedas.

rodal m. Mancha o espacio más o menos redondo que por alguna circunstancia se distingue de lo que le rodea: *la fogata dejó un rodal en el prado*..

rodamiento m. Cojinete formado por dos cilindros concéntricos, entre los que se intercala una corona de bolas o rodillos.

rodapié m. Zócalo de una pared. ǀ Paramento con que se cubren alrededor los pies de las camas, mesas y otros muebles. ǀ Tabla, celosía o enrejado que se pone en la parte inferior de la barandilla de los balcones.

rodar intr. Dar vueltas un cuerpo alrededor de su eje. ǀ Caer dando vueltas: *tropezó y salió rodando por la escalera*. ǀ Moverse una cosa por medio de ruedas: *rodar los vehículos por la autopista*. ǀ Ir de un lado para otro sin establecerse en sitio determinado. ǀ tr. Hacer que rueden ciertas cosas: *rodar un aro*. ǀ Filmar o proyectar películas cinematográficas. ǀ Hacer funcionar un vehículo en rodaje. ♦ **Irreg.** Se conj. como *contar*. ǀ **FAM.** rodado, rodador, rodadura, rodaje, rodamiento, rodante, rodillo.

rodear intr. Andar alrededor de algo. También tr.: *rodear el bosque*. ǀ Ir por camino más largo que el ordinario. ǀ Utilizar rodeos al hablar, para evitar cierto asunto. ǀ tr. Poner una o varias cosas alrededor de otra o estar alrededor de ella: *las murallas rodean la ciudad*. ǀ *amer.* Reunir el ganado mayor en un sitio determinado. ǀ prnl. Reunir una persona a su alrededor a ciertas personas o cosas: *rodearse de amigos*. ǀ **FAM.** rodeo.

rodela f. Escudo redondo y delgado.

rodeno, na adj. Que tira a rojo; se apl. especialmente a las tierras, rocas, etc.

rodeo m. Acción de rodear. ǀ Camino más largo o desvío del camino derecho: *dio un rodeo para evitar los controles policiales*. ǀ Manera indirecta de hacer alguna cosa, a fin de eludir las dificultades que presenta. ǀ Manera de decir una cosa valiéndose de circunloquios: *déjate de rodeos y habla claro*. ǀ Reunión del ganado mayor para reconocerlo, contarlo, etc. ǀ Sitio donde se reúne. ǀ En algunos países de América, deporte que consiste en montar potros salvajes o reses vacunas bravas y hacer otros ejercicios, como arrojar el lazo, etc.

rodera f. Surco o marca que dejan a su paso las ruedas de un vehículo.

rodete m. Rosca del pelo. ǀ Almohadilla que se pone en la cabeza para llevar peso.

rodilla f. Conjunto de partes blandas y duras que forman la unión del muslo con la pierna. ǀ En los cuadrúpedos, unión del antebrazo con la caña. ǀ Paño basto que sirve para limpiar, especialmente en la cocina. ǀ **de rodillas** loc. adv. Con las rodillas dobladas y apoyadas en el suelo. ǀ **FAM.** rodillada, rodillazo, rodillera.

rodillera f. Cualquier cosa que se pone para comodidad, defensa o adorno de la rodilla. ǀ Remiendo o parche en la ropa en la parte correspondiente a la rodilla. ǀ Convexidad o bolsa que llega a formar el pantalón en la parte que cae sobre la rodilla.

rodillo m. Madero cilíndrico, con dos mangos en sus extremos, utilizado para trabajar la masa del pan o pastelera. ǀ Cilindro cubierto de pelillo o de material especial para empapar la pintura, y empleado para pintar superficies. ǀ Cilindro muy pesado que se hace rodar para allanar y apretar la tierra. ǀ Cilindro que se emplea para dar tinta en las imprentas, litografías, etc. ǀ Pieza de metal, cilíndrica y giratoria, que forma parte de diversos mecanismos.

rododendro m. Planta arbustiva de aproximadamente 1 m de altura, con hojas lanceoladas coriáceas y flores tubulares o acampanadas.

rodrigón m. Vara que se clava al pie de una planta para sujetarla.

rodríguez m. Marido que permanece en la ciudad trabajando, y generalmente divirtiéndose, mientras la familia está de vacaciones. Se usa sobre todo en la loc.: *estar de rodríguez*. ♦ No varía en pl.

roedor, ra adj. Que roe. ‖ Se dice de los mamíferos caracterizados por poseer un único par de dientes incisivos de gran tamaño, de crecimiento continuo; son generalmente de pequeño tamaño, con el cuerpo cubierto de pelo y vegetarianos. También m. ‖ m. pl. Orden de estos mamíferos, al que pertenecen la ardilla, marmota, castor, rata, ratón, etc.

roedura f. Acción de roer. ‖ Porción que se corta royendo. ‖ Señal que queda en la parte roída.

roel m. Pieza redonda en los escudos de armas. ‖ **FAM.** roela.

roer tr. Cortar en trozos muy menudos y superficialmente con los dientes parte de una cosa dura. ‖ Quitar con los dientes a un hueso la carne que tiene pegada. ‖ Gastar superficialmente, poco a poco, una cosa: *la erosión roe la piedra*. ‖ Atormentar, afligir: *le roe la envidia*. ‖ **FAM.** roedor, roedura. ♦ **Irreg.** Conjugación modelo:

Indicativo

Pres.: *roo (roigo o royo), roes, roe, roemos, roéis, roen.*

Imperf.: *roía, roías, etc.*

Pret. indef.: *roí, roíste, royó, roímos, roísteis, royeron.*

Fut. imperf.: *roeré, roerás, etc.*

Potencial: *roería, roerías, etc.*

Subjuntivo

Pres.: *roa, roas,* etc., o *roiga, roigas,* etc., o *roya, royas,* etc.

Imperf.: *royera, royeras,* etc., o *royese, royeses,* etc.

Fut. imperf.: *royere, royeres,* etc.

Imperativo: *roe, roed.*

Participio: *roído.*

Gerundio: *royendo.*

rogar tr. Solicitar. ‖ Pedir algo con súplicas o con mucha humildad. ♦ **Irreg.** Se conj. como *contar*. ‖ **FAM.** rogativo, rogatorio, ruego.

rogativa f. Oración pública hecha a Dios, la Virgen o los santos para conseguir el remedio de una grave necesidad. Más en pl.

rojizo, za adj. Que tira a rojo.

rojo, ja adj. Primer color del espectro solar, de tono encarnado muy vivo. También s. ‖ De color parecido al oro. ‖ Se dice del pelo de un rubio muy vivo, casi colorado. ‖ En política, de ideas de izquierdas especialmente, radical, revolucionario. ‖ **al rojo vivo** loc. adj. y adv. Incandescente o muy caliente. ‖ Aplicado a situaciones, muy apuradas o en un momento crítico. ‖ **FAM.** rojear, rojez, rojizo.

rol m. Papel que desempeña un actor, y p. ext., otra persona en cualquier actividad. ‖ Lista o nómina. ‖ Licencia que da el comandante de una provincia marítima al capitán de un buque, y en la cual consta la lista de la tripulación. ‖ Conducta que un grupo espera de un miembro en una situación determinada. ‖ **FAM.** rolar.

rolar intr. Dar vueltas en círculo. ‖ Ir variando de dirección el viento.

rollizo, za adj. Robusto y grueso. ‖ Redondo en figura de rollo. ‖ m. Madero en rollo.

rollo m. Cualquier materia que toma forma cilíndrica: *un rollo de pergamino*. ‖ Cilindro de materia dura que sirve para labrar en ciertos oficios. ‖ Madero redondo descortezado, pero sin labrar. ‖ Película fotográfica enrollada en forma cilíndrica. ‖ Persona, cosa o actividad pesada y fastidiosa. ‖ Conversación larga y aburrida y capacidad que tiene alguien para hablar en exceso. ‖ Asunto, tema, negocio: *entrar en el rollo*. ‖ Ambiente: *este bar tiene buen rollo*. ‖ Relación amorosa o sexual y persona con la que se tiene: *buscar rollo*. ‖ **FAM.** rollista, rollizo, rollazo.

romadizo m. Catarro de la membrana pituitaria.

romaico, ca adj. Se apl. a la lengua griega moderna. También m.

romana f. Instrumento que sirve para pesar, compuesto de una palanca de brazos muy desiguales, con el fiel sobre el punto de apoyo.

romance adj. Se aplica a cada una de las lenguas modernas derivadas del latín, como el español, el italiano, etc. También m. ‖ m. Composición poética de origen español, generalmente en versos octosílabos en la que los pares repiten una misma asonancia, quedando libres los impares. ‖ **FAM.** romancear, romancero, romancista, romanza.

romancero, ra m. y f. Persona que canta romances. ‖ m. Colección de composiciones épicas o épico-líricas destinadas al canto.

románico, ca adj. Se dice del arte desarrollado en el occidente de Europa desde fines del s. X hasta principios del s. XIII. ‖ Perteneciente o relativo a este arte. ‖ Se apl. a las diversas lenguas procedentes del latín.

romanizar tr. Difundir la civilización romana o la lengua latina. ‖ intr. Adoptar la civilización romana o la lengua latina. Más c. prnl. ‖ FAM. romanización.

romano, na adj. De Roma, ciudad de Italia o de cada uno de los Estados antiguos y modernos de que ha sido metrópoli. También s. ‖ De cualquiera de los países de que se componía el antiguo Imperio romano. También s. ‖ Se apl. a la religión católica y a lo perteneciente a ella. ‖ Se dice de la lengua latina. También m. ‖ FAM. romaico, románico, romanismo, romanista, romanística, romanizar.

romanticismo m. Movimiento literario, artístico e ideológico de la primera mitad del s. XIX, en que prevalece la imaginación y la sensibilidad sobre la razón y el examen crítico. ‖ Época de la cultura occidental en que prevaleció tal movimiento. ‖ Cualidad de romántico, sentimental y soñador. ‖ FAM. romántico.

romántico, ca adj. Perteneciente al romanticismo. También s. ‖ Se dice del artista o escritor que da a sus obras el carácter del romanticismo. ‖ Sentimental, generoso y soñador. ‖ Apropiado para el amor o que lo produce: *un lugar romántico*.

romanza f. Aria de carácter sencillo y tierno. ‖ Composición musical del mismo carácter.

rombo m. Paralelogramo que tiene cuatro lados iguales y dos de sus ángulos mayores que los otros dos. ‖ FAM. rombal, rómbico, romboedro, romboide.

romboedro m. Paralelepípedo cuyas seis caras son rombos iguales. ‖ FAM. romboédrico.

romboide m. Paralelogramo cuyos lados contiguos son desiguales y dos de sus ángulos mayores que los otros dos. ‖ FAM. romboidal.

romería f. Viaje que se hace por devoción a un santuario. ‖ Fiesta popular que se celebra en el campo inmediato a alguna ermita o santuario. ‖ Gran número de personas que acuden a un sitio. ‖ FAM. romero.

romero m. Arbusto labiado de hojas aromáticas; se utiliza en medicina y perfumería. ‖ FAM. romeral.

romero, ra adj. Se dice de la persona que va en romería o participa en una romería. También s.

romo, ma adj. Obtuso y sin punta. ‖ Poco inteligente. ‖ De nariz pequeña y poco puntiaguda.

rompecabezas m. Juego que consiste en componer determinada figura combinando cierto número de piezas o pedacitos en cada uno de los cuales hay una parte de la figura. ‖ Problema o acertijo de difícil solución. ‖ Arma ofensiva compuesta de dos bolas de hie-

rro o plomo sujetas a los extremos de un mango corto y flexible. ♦ No varía en pl.

rompehielos m. Buque de formas, resistencia y potencia adecuadas para abrir camino en los mares helados. ♦ No varía en pl.

rompehuelgas com. Persona que, prescindiendo del interés gremial, se presta a reemplazar a un huelguista. ♦ No varía en pl.

rompeolas m. Dique avanzado en el mar, para procurar abrigo a un puerto o rada. ♦ No varía en pl.

romper tr. Separar con violencia las partes de un todo, deshaciendo su unión. También prnl. ‖ Quebrar o hacer pedazos una cosa. También prnl.: *se le rompieron las gafas*. ‖ Estropear, destrozar, gastar: *romper los zapatos*. También prnl. ‖ Interrumpir la continuidad de algo no material: *romper la amistad*. ‖ Deshacer un grupo, un cuerpo de gente armada, etc. ‖ intr. Deshacerse en espuma las olas. ‖ Empezar, comenzar: *romper el día*. ‖ Abrirse las flores. ‖ **de rompe y rasga** loc. adj. De mucho carácter, decisión y desembarazo. ‖ **romper con** loc. Relacionado con personas, dejar de relacionarse o tratar con ellas; referido a tendencias, costumbres, etc., dejar de seguirlas. ♦ Part. p. irreg.: *roto*. ‖ FAM. rompecabezas, rompedizo, rompedor, rompehielos, rompenueces, rompeolas, rompiente, rompimiento, roto, rotura, ruptura.

rompiente adj. Que rompe. ‖ m. Bajo, escollo o costa donde, cortando el curso de la corriente de un río o el de las olas, rompe y se levanta el agua.

rompope m. *amer.* Bebida que se confecciona con aguardiente, leche, huevos, azúcar y canela.

ron m. Bebida alcohólica de olor y sabor fuertes, que se elabora con una mezcla fermentada de melazas y zumo de caña de azúcar.

roncar intr. Hacer ruido ronco con la respiración cuando se duerme. ‖ Llamar el gamo a la hembra cuando está en celo. ‖ FAM. ronca, roncador, ronquido.

roncha f. Grano o marca enrojecida que se forma en la piel por la picadura de un insecto, por una rozadura, etc. ‖ Cardenal, moradura. ‖ FAM. ronchar, ronchón.

ronchar tr. Producir ronchas en el cuerpo. ‖ Hacer ruido al masticar el alimento.

ronchón m. Roncha abultada en la piel.

ronco, ca adj. Que tiene ronquera. ‖ Se dice también de la voz o del sonido fuerte y grave. ‖ FAM. ronquear, ronquedad, ronquera.

ronda f. Acción de rondar. ‖ Conjunto de personas o patrulla destinada a rondar las calles o a recorrer los puestos exteriores de una plaza. ‖ Conjunto de jóvenes que se reúnen por la noche tocando intrumentos y cantando a las jóvenes. ‖ Paseo o calle que circunda una ciudad o la parte antigua de ella. ‖ En varios juegos de naipes, vuelta o suerte de todos los jugadores. ‖ Conjunto de las consumiciones que hacen cada vez un grupo de personas: *a esta ronda invito yo.* ‖ Carrera ciclista en etapas. ‖ *amer.* Juego del corro. ‖ **FAM**. rondalla.

rondalla f. Pequeño conjunto vocal instrumental o sólo instrumental. ‖ Ronda de jóvenes.

rondar intr. Andar de noche las calles, paseando o vigilando una población. También tr. ‖ Pasear los mozos las calles donde viven las mozas a quienes galantean. También tr. ‖ Andar por un lugar o ir frecuentemente por él: *le vi rondando por la plaza.* También tr. ‖ Pasarle a alguien algo por la mente o la imaginación: *le rondaba por la cabeza la idea de marcharse.* También tr. ‖ tr. Andar alrededor de uno para conseguir de él una cosa: *no paró de rondarme en toda la tarde.* ‖ Amagar, estar a punto de atacarle a alguien una enfermedad, el sueño, etc. ‖ **FAM**. ronda, rondador.

rondó m. Composición musical popular entre los s. XVIII y XIX, cuyo tema se repite en veces sucesivas.

rondón (de) loc. adv. Sin permiso, sin avisar o sin reparo: *colarse de rondón.*

ronquera f. Afección de la laringe, que cambia el timbre de la voz haciéndolo ronco.

ronquido m. Ruido o sonido que se hace roncando. ‖ Ruido o sonido ronco: *el ronquido de un motor.*

ronronear intr. Producir el gato una especie de ronquido, demostrando que está a gusto o contento. ‖ Hacer un ruido parecido máquinas o motores. ‖ **FAM**. ronroneo.

ronzal m. Cuerda que se ata a la cabeza de las caballerías.

roña f. Suciedad pegada fuertemente. ‖ Orín de los metales. ‖ Mezquindad, tacañería. ‖ Sarna del ganado lanar. ‖ *amer.* Irritación, rabia. ‖ com. Persona tacaña. ‖ **FAM**. roñoso.

roñoso, sa adj. Sucio, cubierto de roña. ‖ Oxidado o cubierto de orín. ‖ Miserable, tacaño. También s. ‖ **FAM**. roñería, roñica, roñosería.

ropa f. Cualquier prenda de tela que sirve para vestir. ‖ Todo género de tela que sirve para el uso o adorno de las personas o las cosas. ‖ **ropa blanca** Conjunto de prendas de uso doméstico, como sábanas y manteles y también la ropa interior. ‖ **ropa interior** La que se lleva debajo del vestido y otras prendas de uso exterior. ‖ **a quema ropa** loc. adv. Tratándose del disparo de un arma de fuego, desde muy cerca. ‖ De improviso. ‖ **FAM**. ropaje, ropavejero, ropero, ropón.

ropaje m. Vestido, sobre todo el vistoso o de lujo. ‖ Conjunto de ropas.

ropero m. Armario o cuarto donde se guarda ropa. ‖ Asociación benéfica destinada a distribuir ropa entre los necesitados.

roque m. Torre del ajedrez.

roquedal m. Lugar abundante en rocas.

roquedo m. Peñasco o roca.

roquefort m. Queso de oveja, de fuerte sabor y olor, con zonas de color verdoso debido a un moho que se produce durante su elaboración.

roqueño, ña adj. Se aplica al sitio o paraje lleno de rocas. ‖ Duro como roca.

roquete m. Sobrepelliz cerrada y con mangas cortas.

rorcual m. Mamífero cetáceo marino, semejante a la ballena. Alcanza hasta 30 m de longitud (rorcual azul).

rorro m. Niño pequeñito.

ros m. Gorro militar con visera, de forma cilíndrica y más alto por delante que por detrás.

rosa f. Flor del rosal. ‖ Mancha rojiza que sale en el cuerpo. ‖ Lazo u otra cosa hecha en forma de rosa. ‖ adj. Se dice del color encarnado poco subido, con mezcla de blanco. También m. ‖ **rosa de los vientos** o **náutica** Círculo que tiene marcados alrededor los 32 rumbos en que se divide la vuelta del horizonte. ‖ **como una rosa** loc. adv. De aspecto muy saludable, muy bien de salud. ‖ **de color de rosa** loc. adj. y adv. Muy halagüeño u optimista: *verlo todo de color de rosa.* ‖ **FAM**. rosáceo, rosador, rosal, rosario, rosedal, roseola, roseta, rosita.

rosáceo, a adj. De color rosa o parecido a él. ‖ Se dice de las plantas dicotiledóneas herbáceas, arbustivas o arbóreas, que presentan flores hermafroditas, generalmente reunidas en inflorescencias, y frutos en pomo, folículo, aquenio o drupa, muchos de ellos comestibles. También f. ‖ f. pl. Familia de estas plantas, a la que pertenecen el peral, almendro, manzano, cerezo, rosal, etc.

rosado, da adj. De color rosa. ‖ Se dice de un tipo de vino, más claro que el tinto. También m.

rosal m. Planta arbustiva de la familia de las rosáceas, con tallos ramosos que presentan espinas y flores perfumadas muy apreciadas en ornamentación; existen numerosas especies de jardinería obtenidas por hibridación. ‖ **FAM**. rosaleda.

rosaleda f. Sitio en que hay muchos rosales.

rosario m. Rezo de la Iglesia, en que se conmemoran los 15 misterios principales de la vida de Jesucristo y de la Virgen, recitando después de cada uno un padrenuestro, diez avemarías y un gloria. ‖ Conjunto de cuentas, separadas de diez en diez por otras de distinto tamaño que sirve para hacer ordenadamente el rezo del mismo nombre. ‖ Serie, sarta: *un rosario de desgracias.*

rosbif m. Carne de vaca asada.

rosca f. Conjunto formado por tornillo y tuerca. ‖ Cualquier cosa redonda y cilíndrica que, cerrándose, deja en medio un espacio vacío. ‖ Pan o bollo de esta forma. ‖ Cada una de las vueltas de una espiral, o el conjunto de ellas, particularmente las de los tornillos, tuercas y las de algunos cierres. ‖ **no comerse una rosca** loc. No conseguir ligar, no tener éxito en una conquista amorosa; p. ext., no tener éxito en cualquier otra cosa. ‖ **pasarse de rosca** loc. Excederse. ‖ FAM. roscar, rosco, roscón, rosquete, rosquilla.

rosco m. Rosca de pan.

roscón m. Bollo en forma de rosca grande: *roscón de Reyes.*

roséola f. Rubéola.

roseta f. Mancha rosada en las mejillas. ‖ Lámina con agujeros por donde sale el agua de la regadera. ‖ Sortija o zarcillo adornado con una piedra preciosa a la que rodean otras pequeñas. ‖ FAM. rosetón.

rosetón m. Ventana circular calada, con adornos, típica de las iglesias góticas. ‖ Adorno circular que se coloca en los techos.

rosquilla f. Masa dulce en forma de pequeña rosca. ‖ FAM. rosquillero.

rosticería f. *amer.* Establecimiento donde se asan y venden rollos. ‖ FAM. rostizado.

rostro m. Cara de las personas. ‖ Pico del ave. ‖ Espolón de la nave. ‖ FAM. rostrado, rostral.

rotación f. Acción y efecto de rotar. ‖ **rotación de cultivos** Variedad de siembras alternativas o simultáneas para evitar que el terreno se agote en la exclusiva alimentación de una sola especie vegetal.

rotacismo m. En ling., conversión de *s* en *r* en posición intervocálica.

rotar intr. Rodar, dar vueltas, especialmente alrededor de un eje. ‖ Ir turnándose varias personas en un trabajo o actividad. ‖ FAM. rotación, rotativo, rotatorio.

rotativo, va adj. Que rota. ‖ Se dice de la máquina de imprimir de movimiento continuo y gran velocidad, que únicamente puede imprimir en papel de bobina. También f. ‖ m. P. ext., periódico impreso en estas máquinas: *rotativo matutino.*

rotatorio, ria adj. Que tiene movimiento circular.

rotífero, ra adj. Se dice de los invertebrados asquelmintos acuáticos, cuyo tamaño no excede de 1 mm de longitud, tienen simetría bilateral y el cuerpo separado en dos regiones, cabeza, provista de pestañas vibrátiles, y cola, de forma ovalada terminando en pinza, con la que se fijan a los objetos sobre los que viven; habitan en el mar, el agua dulce y en terrenos muy húmedos. También m. ‖ m. pl. Clase de estos invertebrados.

roto, ta adj. Andrajoso, que lleva la ropa rota. También s. ‖ Muy cansado, agotado: *vengo roto del partido.* ‖ m. Rotura, raja o agujero, especialmente en la ropa. ‖ *amer.* desp. Apodo con que se designa al chileno. ‖ FAM. rotoso.

rotonda f. Plaza circular. ‖ Edificio o sala de planta circular.

rotor m. Parte giratoria de una máquina electromagnética o de una turbina.

rótula f. Hueso de la rodilla, en la parte anterior de la articulación de la tibia con el fémur. ‖ Pieza situada entre otras dos y que permite el movimiento de éstas. ‖ FAM. rotular, rotuliano.

rotulador, ra adj. Que rotula o sirve para rotular. También s. ‖ m. Utensilio para rotular, escribir o dibujar provisto de una carga de tinta y una punta de material absorbente. ‖ f. Máquina para rotular.

rotular tr. Poner un rótulo, leyenda o inscripción. ‖ FAM. rotulación, rotulado, rotulador.

rotular adj. Perteneciente o relativo a la rótula.

rótulo m. Título de un escrito o de una parte. ‖ Letrero, leyenda o inscripción. ‖ Cartel. ‖ FAM. rotular, rotulista.

rotundo, da adj. Aplicado al lenguaje, lleno y sonoro. ‖ Preciso y terminante: *negativa rotunda.* ‖ Redondo o redondeado. ‖ FAM. rotundamente, rotundidad, rotundidez.

rotura f. Acción y efecto de romper o romperse. ‖ Raja, quiebra o desgarradura en un cuerpo sólido: *la taza tiene una rotura.* ‖ FAM. roturar.

roturar tr. Arar o labrar por primera vez las tierras eriales para ponerlas en cultivo. ‖ FAM. roturación, roturador.

roulotte (voz fr.) f. Pequeña vivienda que se engancha como remolque a un vehículo.

round (voz i.) m. Cada uno de los asaltos de un combate de boxeo.

royalty (voz i.) m. Canon o tasa que se paga al titular de una patente, invento, etc., por la cesión de uso que hace de ellos a otra persona o entidad. ♦ pl. *royalties.*

roza f. Surco o canal abierto en una pared

para empotrar tuberías, cables, etc. ‖ Tierra roturada y limpia para sembrar en ella. ‖ Acción y efecto de rozar.

rozadura f. Acción y efecto de rozar o rozarse una cosa con otra. ‖ Marca que queda en algo después de haberse rozado. ‖ Enfermedad de los árboles a consecuencia de haberse desprendido del líber la corteza.

rozamiento m. Acción y efecto de rozar. ‖ En fís., fuerza que se produce entre dos superficies en contacto y que se opone al resbalamiento de un cuerpo sobre otro.

rozar intr. Pasar una cosa tocando ligeramente la superficie de otra. También tr.: *rozó su mano.* ‖ Tener una cosa semejanza o conexión con otra: *su valor roza la temeridad.* ‖ tr. Dejar en una superficie una marca, señal, etc., al frotarla o ponerla en contacto con otra: *me rozan los zapatos.* ‖ Limpiar las tierras de las matas y hierbas inútiles antes de labrarlas. ‖ Abrir algún hueco o canal en un paramento. ‖ prnl. Tener entre sí dos personas familiaridad o confianza. ‖ **FAM.** roce, roza, rozadura, rozamiento.

rubefacción f. Enrojecimiento que se produce en la piel por la acción de un medicamento o por alteraciones de la circulación de la sangre, debidas a inflamación u otras enfermedades. ‖ **FAM.** rubefaciente.

rubéola o **rubeola** f. Erupción cutánea, caracterizada por la aparición de pequeñas manchas rosáceas. ‖ **FAM.** rubeólico.

rubí m. Mineral variedad del corindón, de gran dureza, color rojo y brillo intenso. Constituye una piedra preciosa muy estimada en joyería. ♦ pl. *rubíes* o *rubís.*

rubial adj. Que tira al color rubio; se apl. especialmente a tierras y plantas. ‖ Se dice de la persona rubia y, por lo común, joven. Más c. s. pl.

rubicundo, da adj. Rubio que tira a rojo. ‖ Se aplica a la persona de buen color y aspecto saludable. ‖ **FAM.** rubicundez.

rubidio m. Elemento químico metálico del grupo de los alcalinos, aunque más blando y más pesado; se emplea en la fabricación de células fotoeléctricas, válvulas de vacío y en la elaboración de vidrios especiales. Su símbolo es *Rb.*

rubio, bia adj. De color parecido al del oro; se dice particularmente del color del pelo y de la persona que lo tiene así. También s. ‖ Se dice de un tipo de tabaco de color y sabor suaves. ‖ m. Pez teleósteo marino acantopterigio de carne poco estimada. ‖ **FAM.** rubefacción, rubéola, rubí, rubial, rubicundo, rubidio, rubión.

rublo m. Unidad monetaria de la Rusia za-

rista, la antigua URSS, y en la actualidad de la Federación de Rusia, Ucrania, Bielorrusia, Moldavia y otras repúblicas que la formaban.

rubor m. Color que toma el rostro a causa de la vergüenza. ‖ P. ext., vergüenza. ‖ Color rojo muy encendido. ‖ **FAM.** ruborizar, ruboroso.

ruborizar tr. Causar rubor. También prnl. ‖ Sentir vergüenza.

rúbrica f. Rasgo o conjunto de rasgos de figura determinada que como parte de la firma pone cada cual después de su nombre. ‖ Epígrafe o rótulo. ‖ **FAM.** rubricar.

rubricar tr. Poner uno su rúbrica. ‖ Suscribir, dar testimonio de una cosa: *rubrico lo que ha dicho.*

rucio, cia adj. De color pardo claro. ‖ m. Burro, asno.

rudeza f. Cualidad de rudo.

rudimentario, ria adj. Simple y elemental: *técnicas rudimentarias.*

rudimento m. Embrión de un ser orgánico. ‖ Parte de un ser orgánico imperfectamente desarrollada. ‖ pl. Primeros estudios o conocimientos básicos de cualquier ciencia o profesión. ‖ **FAM.** rudimentario.

rudo, da adj. Tosco, basto. ‖ Descortés, grosero. ‖ Riguroso, violento. ‖ **FAM.** rudamente, rudeza, rudimento.

rueca f. Antiguo utensilio que se usaba para hilar.

rueda f. Máquina elemental, en forma circular y de poco grueso respecto a su radio, que puede girar sobre un eje. ‖ Círculo formado por algunas personas o cosas: *una rueda de aperitivos.* ‖ Tajada circular. ‖ Turno, vez, orden sucesivo. ‖ **rueda de prensa** Coloquio que una personalidad sostiene con periodistas. ‖ **FAM.** roda, rodada, rodado, rodaja, rodal, rodar, rodear, rodela, rodero, rodete, ruedo.

ruedo m. Redondel de la plaza de toros. ‖ Contorno de una cosa redonda: *el ruedo de una falda.* ‖ Estera pequeña y redonda.

ruego m. Súplica, petición.

rufián m. Hombre despreciable, que vive de engaños y estafas. ‖ Hombre que trafica con prostitutas. ‖ **FAM.** rufianería, rufianesca, rufianesco, rufo.

rufo, fa adj. Rubio o bermejo. ‖ Que tiene el pelo ensortijado.

rugby (voz i.) m. Deporte de origen inglés, que se practica entre dos equipos de 15 jugadores, con un balón de forma ovalada, y en el que se suman tantos llevando el balón cogido con las manos hasta más allá de la línea de ensayo, o introduciéndolo con el pie por encima del travesaño horizontal de la portería.

rugir intr. Emitir su voz el león y otros animales salvajes. ‖ Gritar una persona enojada:

ya está rugiendo el jefe. ‖ Crujir y hacer ruido fuerte: *el viento rugía.* ‖ Sonar las tripas. ‖ **FAM.** rugido, rugidor.

rugoso, sa adj. Que tiene arrugas, de superficie no regular. ‖ **FAM.** rugosidad.

ruibarbo m. Planta herbácea de entre 1 y 2 m de altura, con hojas grandes y ásperas, flores amarillas en espiga y fruto seco; su raíz se usa en medicina como purgante. ‖ Raíz de esta planta.

ruido m. Sonido inarticulado y confuso más o menos fuerte. ‖ Alboroto. ‖ Novedad, extrañeza o revuelo que provoca algo: *su dimisión va a armar mucho ruido.* ‖ Perturbación o señal anómala que se produce en un sistema de transmisión y que impide que la información llegue con claridad. ‖ **FAM.** ruidosamente, ruidoso.

ruin adj. Vil, bajo y despreciable. ‖ Mezquino y avariento. ‖ Pequeño. ‖ **FAM.** ruindad.

ruina f. Acción de caer o destruirse una cosa. ‖ Pérdida grande de fortuna. ‖ Decadencia: *la ruina de un imperio.* ‖ Persona o cosa en muy mal estado: *el coche está hecho una ruina.* ‖ pl. Restos de uno o más edificios destruidos. ‖ **FAM.** ruin, ruinoso.

ruinoso, sa adj. Que amenaza ruina: *un edificio ruinoso.* ‖ Que produce ruina: *un negocio ruinoso.*

ruiseñor m. Pájaro de cuerpo rechoncho, de unos 15 cm de longitud, con plumaje pardo rojizo y notable por su canto melodioso.

ruleta f. Juego de azar para el que se usa una rueda horizontal giratoria por la que se mueve una bolita que al detenerse indica el número que ha ganado la apuesta. ‖ **ruleta rusa** Práctica suicida que consiste en dispararse a la sien, alternativamente, un revólver en cuyo tambor sólo hay una bala. ‖ **FAM.** ruletero.

rulo m. Pequeño cilindro hueco y perforado al que se enrolla un mechón de cabello para rizarlo. ‖ Rizo del cabello. ‖ Rodillo para allanar el suelo.

rumba f. Cierto baile popular cubano y música que lo acompaña. ‖ Música y baile gitanos con elementos del anterior. ‖ **FAM.** rumbero.

rumbo m. Dirección considerada o trazada en el plano del horizonte. ‖ Camino que uno se propone seguir. ‖ Forma en que algo se conduce o desarrolla: *el rumbo de unas negociaciones.* ‖ Generosidad. ‖ Lujo, ostentación: *se compró un cochazo de mucho rumbo.* ‖ **FAM.** rumbar, rumbear, rumboso.

rumboso, sa adj. Desprendido, generoso. ‖ Pomposo, ostentoso.

rumiante adj. Que rumia. ‖ Se dice de los mamíferos ungulados artiodáctilos, que carecen de dientes incisivos en la mandíbula superior y tienen el estómago compuesto de cuatro cavidades: *panza, redecilla, libro y cuajar.* También m. ‖ m. pl. Suborden de estos mamíferos, al que pertenecen los camellos, toros, ciervos, etc.

rumiar tr. Masticar por segunda vez, devolviéndolo a la boca, el alimento que ya estuvo en el estómago. ‖ Considerar despacio y pensar con reflexión: *rumiar una venganza.* ‖ Rezongar, refunfuñar. ‖ **FAM.** rumia, rumiador, rumiante.

rumor m. Noticia vaga que corre entre la gente: *nos llegaron los rumores de su dimisión.* ‖ Ruido confuso de voces: *el rumor de los rezos.* ‖ Ruido sordo, vago y continuado: *el rumor del arroyo.* ‖ **FAM.** rumorar, rumorear, rumoroso.

rumorearse impers. Correr un rumor entre la gente: *se rumorea que habrá cambios en la empresa.*

runa f. Cada uno de los caracteres que empleaban en la escritura los antiguos escandinavos. ‖ **FAM.** rúnico.

runa m. *amer.* Indio. •

runrún m. Zumbido, ruido o sonido continuado y bronco. ‖ Ruido confuso de voces. ‖ **FAM.** runrunear, runruneo.

rupestre adj. Relativo a las rocas: *planta rupestre.* ‖ Se dice especialmente de las pinturas y dibujos prehistóricos existentes en algunas rocas y cavernas.

rupia f. Unidad monetaria de la India, Indonesia, Maldivas, Mauricio, Nepal, Pakistán, Seychelles y Sri Lanka. ‖ Peseta.

ruptor m. Dispositivo electromagnético o mecánico que cierra o abre sucesivamente un circuito eléctrico. ‖ Dispositivo que, al funcionar, produce la chispa en la bujía de un motor de explosión.

ruptura f. Acción y efecto de romper. ‖ Particularmente, hecho de romper sus relaciones personas o entidades: *ruptura de negociaciones.* ‖ **FAM.** ruptor, ruptural.

rural adj. Relativo al campo. ‖ **FAM.** ruralismo.

rusiente adj. Que se pone rojo o candente con el fuego.

rústico, ca adj. Relativo al campo: *arrendamiento rústico.* ‖ Tosco, grosero. ‖ m. y f. Campesino. ‖ **en rústica** loc. adv. Encuadernación con cubierta de papel. ‖ **FAM.** rústicamente, rusticidad.

ruta f. Camino o itinerario de un viaje. ‖ Dirección u orientación que se toma para un propósito. ‖ **FAM.** rutina.

rutáceo, a adj. Se dice de las plantas angiospermas dicotiledóneas, con hojas alternas u opuestas, simples o compuestas, flores pentámeras o tetrámeras y fruto en cápsulas o drupas, con semillas menudas, como el naranjo. También f. ‖ f. pl. Familia de estas plantas.

rutenio m. Elemento químico metálico, muy parecido al osmio y del que se distingue por tener óxidos de color rojo. Su símbolo es *Ru*.

rutilar intr. Brillar, despedir rayos. ‖ **FAM.** rutilancia, rutilante, rutilo.

rutina f. Costumbre inveterada, hábito adquirido de hacer las cosas maquinalmente, sin pensarlas: *compra siempre aquí por rutina*. ‖ **FAM.** rutinario.

rutinario, ria adj. Que se hace por rutina: *hay que seguir el procedimiento rutinario*. ‖ Se dice del que actúa por rutina. ‖ **FAM.** rutinariamente.

s f. Vigésima letra del abecedario español y decimosexta de sus consonantes. Su nombre es *ese.*

sábado m. Séptimo día de la semana, después del viernes y antes del domingo. ‖ **FAM.** sabático, sabatino, sábbat, sabbat.

sábalo m. Pez teleósteo marino con el cuerpo en forma de lanzadera y algo comprimido; de color verde azulado y flancos plateados, tiene una gran mancha negra en la espalda, y las aletas, pequeñas. Habita en el océano Atlántico y remonta los ríos en primavera para desovar.

sabana f. Formación vegetal de plantas herbáceas, fundamentalmente gramíneas, sin apenas vegetación arbustiva y arbórea. Es propia de llanuras extensas y mesetas de climas intertropicales. ‖ Esta llanura. ‖ **FAM.** sabanear, sabanero.

sábana f. Cada una de las dos piezas de tela que van encima del colchón. ‖ Manto de los hebreos y otros pueblos de Oriente. ‖ **FAM.** sabanilla.

sabandija f. Cualquier reptil o insecto. ‖ Persona despreciable.

sabanear intr. *amer.* Recorrer la sabana para buscar y reunir el ganado, o para vigilarlo.

sabañón m. Hinchazón de la piel, principalmente de las manos, pies y orejas, que produce ardor y picor y es causada por el frío excesivo.

sabático, ca adj. Relativo al sábado: *descanso sabático.* ‖ Se dice del séptimo año en que los hebreos dejaban descansar sus tierras. ‖ Se dice del año de licencia con sueldo que algunas universidades conceden a su personal cada siete años.

sabelotodo m. y f. Que presume de sabio sin serlo.

saber m. Sabiduría.

saber tr. Conocer una cosa, estar enterado de algo: *¿sabías que se mudaron?* ‖ Tener la certeza de algo: *sabía que nos perderíamos.* ‖ Ser docto en alguna cosa: *sabe mucha física.* También intr. ‖ Tener habilidad o capacidad para una cosa: *no sabe jugar al ajedrez.* ‖ Acomodarse a algo o aceptarlo de una determinada manera: *sabré economizar.* ‖ Conocer el camino: *no sé ir a su casa.* ‖ intr. Tener noticias sobre una persona o cosa: *hace un mes que no sé de mi hermano.* ‖ Ser muy astuto: *sabe más que una zorra.* ‖ Tener cierto sabor: *esto sabe a café.* ‖ Tener una cosa semejanza o apariencia de otra. ‖ **a saber** loc. Esto es, es decir; también equivale a *vete a saber: ¡a saber cuándo vendrá!* ‖ **no saber** uno **dónde meterse** loc. Sentir gran vergüenza por algo. ‖ **no saber** uno **por dónde se anda** loc. Estar muy despistado. ‖ No tener capacidad para desempeñar algo o no acertar con la solución de una cosa. ‖ **FAM.** sabedor, sabelotodo, saber, sabidillo, sabido, sabiduría, sabihondo, sabio, sabor. ♦ **Irreg.** Conjugación modelo:

Indicativo

Pres.: *sé, sabes, sabe, sabemos, sabéis, saben.*
Imperf.: *sabía, sabías, sabía,* etc.
Pret. indef.: *supe, supiste, supo, supimos, supisteis, supieron.*
Fut. Imperf.: *sabré, sabrás, sabrá, sabremos, sabréis, sabrán.*

Potencial: *sabría, sabrías, sabría,* etc.

Subjuntivo

Pres.: *sepa, sepas, sepa, sepamos, sepáis, sepan.*
Imperf.: *supiera o supiese, supieras o supieses, supiera o supiese, supiéramos o supiésemos, supierais o supieseis, supieran o supiesen.*
Fut. Imperf.: *supiere, supieres, supiere, supiéremos, supiereis, supieren.*

Imperativo: *sabe, sepa, sabed, sepan.*

Participio: *sabido.*

Gerundio: *sabiendo.*

sabicú m. *amer.* Árbol grande con flores blancas o amarillas; legumbre aplanada, oblonga y madera dura, pesada y compacta, de color amarillo pardo o rojo vinoso.

sabidillo, lla adj. desp. Que presume de entendido y docto sin serlo o sin venir a cuento. También s.

sabiduría f. Conocimiento profundo que se adquiere a través del estudio o de la experiencia.

sabiendas (a) loc. adv. Con conocimiento y deliberación.

sabina f. Planta arbustiva cupresácea, de hasta 2 m de altura, con hojas carnosas y fruto en baya de color rojo o negro. Crece en regiones mediterráneas.

sabio, bia adj. Se dice de la persona que posee sabiduría. También s. ‖ Juicioso, prudente: *un consejo muy sabio.* ‖ Se dice de los animales amaestrados que han aprendido muchas habilidades: *perro sabio.* ‖ FAM. sabiamente.

sabihondo, da o **sabiondo, da** adj. y s. Que presume de sabio sin serlo.

sablazo m. Golpe dado con un sable. ‖ Herida hecha con él. ‖ Acto de sacar dinero a uno pidiéndoselo con habilidad e insistencia.

sable m. Arma blanca semejante a la espada, pero de un solo corte. ‖ FAM. sablazo, sablear.

sablear intr. Sacar dinero a uno dándole un sablazo.

saboneta f. Reloj de bolsillo, cuya esfera, cubierta con una tapa de metal, se descubre apretando un muelle.

sabor m. Sensación que ciertas sustancias producen en el gusto. ‖ Propiedad de ciertas sustancias que se percibe a través del gusto. ‖ Impresión que produce una cosa: *la escena nos dejó un sabor amargo.* ‖ Propiedad que tienen algunas cosas de parecerse a otras con las que se comparan: *el poema tiene un sabor clásico.* ‖ FAM. saborear, sabroso.

saborear tr. y prnl. Percibir detenidamente y con placer el sabor de algo. ‖ Apreciar detenidamente y con placer cualquier otra cosa: *saborear el éxito.* ‖ FAM. saboreador, saboreo.

sabotaje m. Acción de destruir o deteriorar maquinaria, productos, instalaciones, vehículos, etc., para impedir o entorpecer el desarrollo de algo. ‖ Oposición u obstrucción disimulada contra algo. ‖ FAM. sabotear.

sabotear tr. Realizar actos de sabotaje. ‖ Oponerse o entorpecer deliberadamente alguna cosa: *sabotearon el proyecto.* ‖ FAM. saboteador.

sabroso, sa adj. Grato al paladar. ‖ Delicioso. ‖ Ligeramente salado. ‖ Grande, sustancioso: *le pagan un sabroso sueldo.* ‖ FAM. sabrosamente, sabrosón.

sabueso, sa adj. y s. Se dice de un tipo de perro podenco, de tamaño grande y con grandes aptitudes para la caza. ‖ m. y f. Persona hábil para investigar o seguir el rastro de alguien o algo.

saburra f. Secreción mucosa espesa que se acumula en las paredes del estómago. ‖ Capa blanquecina que cubre la lengua por efecto de dicha secreción. ‖ FAM. saburroso.

saca f. Acción y efecto de sacar. ‖ Saco muy grande que sirve regularmente para conducir la correspondencia. ‖ Copia autorizada de un documento protocolizado.

sacacorchos m. Instrumento para quitar los tapones de corcho de las botellas. ♦ No varía en pl.

sacacuartos m. Cosa en la que se malgasta el dinero o que produce excesivos gastos. ‖ com. Persona hábil para sacarles el dinero a otras. ♦ No varía en pl.

sacamantecas com. Criminal legendario que mataba a sus víctimas y les sacaba las vísceras. ♦ No varía en pl.

sacamuelas com. desp. Dentista. ‖ Persona que habla mucho insustancialmente. ‖ Embaucador. ♦ No varía en pl.

sacaperras adj. y m. Que hace gastar dinero o produce excesivos gastos: *máquina sacaperras.* ♦ No varía en pl.

sacapuntas m. Instrumento para afilar lápices. ♦ No varía en pl.

sacar tr. Poner algo o a alguien fuera del sitio o condición en que estaba: *sacó el collar del joyero.* ‖ Extraer una cosa de otra: *sacar aceite de almendras.* ‖ Averiguar: *sacar la cuenta.* ‖ Conocer, descubrir: *sacó que era el culpable por sus huellas.* ‖ Mostrar, manifestar una cosa: *sacar defectos.* ‖ Hacer con habilidad o por la fuerza que uno diga o dé una cosa: *sacarle a alguien dinero.* ‖ Conseguir, lograr: *sacaron entradas para el concierto.* ‖ Ganar por medio de la suerte: *sacar un premio de la lotería.* ‖ Hacer las gestiones necesarias para obtener un documento: *sacar el carné de conducir.* ‖ Superar con éxito: *sacar una carrera.* ‖ Poner en uso o circulación: *sacar una moda.* ‖ Aventajar: *le saca un cuerpo de distancia.* ‖ Adelantar una cosa: *sacar el pecho al andar.* ‖ Ensanchar o alargar: *hay que sacar las mangas porque están cortas.* ‖ Hacer una fotografía o retrato o filmar a una persona o cosa. ‖ Citar, mencionar: *siempre saca el mismo tema.* ‖ En algunos deportes, poner en juego la pelota o el balón. ‖ **sacar de quicio o de sus casillas** loc. Hacer que una persona pierda el dominio de sí misma. ‖ FAM. saca, saque, sonsacar.

sacárido m. Denominación genérica de los

hidratos de carbono. | **FAM**. sacarífero, sacarificar, sacarina, sacarino, sacarosa.

sacarina f. Compuesto del carbono, blanco y en polvo, con gran poder edulcorante. Se utiliza en dietas para combatir la diabetes y la obesidad.

sacarosa f. Disacárido compuesto por una molécula de glucosa y otra de fructosa. Generalmente es conocido como *azúcar*.

sacerdote m. Hombre dedicado y consagrado a hacer, celebrar y ofrecer sacrificios y ritos religiosos. | **FAM**. sacerdocio, sacerdotal, sacerdotisa.

sachar tr. Escardar la tierra sembrada para quitar las malas hierbas. | **FAM**. sachadura.

saciar tr. y prnl. Satisfacer por completo una necesidad o deseo, especialmente de comida o bebida. | **FAM**. saciable, saciedad.

saciedad f. Hecho de estar harto, saciado. | **hasta la saciedad** loc. adv. Hasta .no poder más, plenamente; también, muchas veces: *repetir algo hasta la saciedad*.

saco m. Especie de bolsa abierta por arriba. | Lo contenido en ella. | Nombre de algunos órganos en forma de bolsa. | Cualquier cosa que en sí incluye otras muchas: *un saco de mentiras*. | Saqueo. | *amer*. Chaqueta, americana. | **saco de dormir** El almohadillado que sirve para dormir dentro de él al aire libre o en tiendas de campaña. | **entrar a saco** loc. Saquear. | **FAM**. saca, sáculo, saquear, saquero.

sacralizar tr. Dar carácter sagrado a lo que no lo tenía. | **FAM**. sacralización.

sacramental adj. Relativo a los sacramentos. | Consagrado por la ley o la costumbre. | f. Cofradía dedicada al culto del Santísimo Sacramento. | Cofradía que entierra en terreno de su propiedad a los cofrades. | Este mismo terreno: *la sacramental de San Isidro en Madrid*. | **FAM**. sacramentalmente.

sacramento m. Entre los católicos, signo sensible de un efecto interior y espiritual que Dios obra en las almas. | **recibir los últimos sacramentos** loc. Recibir un enfermo grave los de la penitencia, eucaristía y unción de los enfermos. | **FAM**. sacramental, sacramentación, sacramentar.

sacrificar tr. Hacer sacrificios y ofrecerlos. | Matar, degollar las reses para el consumo. | Poner a una persona o cosa en algún riesgo o trabajo grande. | Renunciar a una cosa en provecho de alguien o algo. | prnl. Privarse voluntariamente de algo en beneficio de algo o alguien: *se sacrificó por sus hijos*. | **FAM**. sacrificador, sacrificio.

sacrificio m. Ofrenda a la divinidad que se hace en ciertas ceremonias. | Acto de abnegación.

sacrilegio m. Profanación de lo sagrado. | Ofensa grave contra una persona o institución a quien se debe un gran respeto. | **FAM**. sacrílegamente, sacrílego.

sacristán m. El que ayuda al sacerdote en el servicio del altar y cuida la iglesia. | **FAM**. sacristana, sacristanía.

sacristía f. Lugar en las iglesias donde se revisten los sacerdotes y están guardados los ornamentos de culto. | **FAM**. sacristán.

sacro, cra adj. Sagrado. | Se dice del hueso situado en la parte inferior de la columna vertebral, formado por cinco vértebras soldadas entre sí. También m. | Relativo a la región del cuerpo en que está situado el hueso sacro: *nervios sacros*. | **FAM**. sacrosanto.

sacrosanto, ta adj. Que reúne las cualidades de sagrado y santo.

sacudida f. Acción y efecto de sacudir. | Impresión fuerte que algo produce en una persona: *su muerte ha sido una gran sacudida para todos*.

sacudir tr. Mover violentamente una cosa. También prnl. | Golpear una cosa para quitarle el polvo. | Golpear, dar golpes. | Apartar violentamente una cosa de sí. También prnl.: *el perro se sacudía las pulgas*. | Apartar de sí con aspereza a una persona, o rechazar una cosa: *sacudirse la pereza*. | **FAM**. sacudida, sacudidor, sacudimiento.

sáculo m. Cavidad inferior de las dos que forman el vestíbulo membranoso del oído interno de los vertebrados.

sádico, ca adj. y s. Relativo al sadismo. | Cruel.

sadismo m. Perversión sexual del que goza cometiendo actos de crueldad con los demás. | Crueldad refinada. | **FAM**. sádico, sadomasoquismo.

sadomasoquismo m. Desviación sexual en que se combinan el sadismo y el masoquismo. | **FAM**. sadomasoquista.

saduceo, a adj. Se dice de una secta judía, opuesta a los fariseos, partidaria de la dominación romana y la cultura helenística, y muy conservadora en la observancia religiosa. | Se dice también de sus individuos. También s. | Relativo a esta secta.

saeta f. Dardo o flecha que se dispara con el arco. | Manecilla del reloj y de la brújula. | Copla breve que se canta en ciertas solemnidades religiosas. | **FAM**. saetera, saetero, sagita, sagital.

saetera f. Ventanilla estrecha para disparar saetas.

safari m. Excursión de caza mayor que se realiza en algunas regiones de África, y p.

ext., en otros lugares. ‖ Conjunto de personas que realizan esas excursiones.

safena adj. Se dice de cada una de las venas que recorren la pierna llevando la sangre desde la femoral al pie. También f.

sáfico, ca adj. Se dice del verso clásico compuesto por once sílabas distribuidas en cinco pies. ‖ Se dice también de la estrofa de tres versos sáficos y uno adónico y de la composición que consta de estrofas de esta clase.

saga f. Cada una de las leyendas poéticas contenidas, en su mayor parte, en las dos colecciones de primitivas tradiciones heroicas y mitológicas de la antigua Escandinavia. ‖ Historia de una familia a través de varias generaciones: *la saga de los Rius.*

sagaz adj. Astuto y prudente, que prevé y previene las cosas. ‖ FAM. sagacidad, sagazmente.

sagita f. En geom., porción de recta comprendida entre el punto medio de un arco de círculo y el de su cuerda. ‖ FAM. sagital, sagitario.

sagitario m. Noveno signo del Zodíaco, que el Sol recorre aparentemente entre el 22 de noviembre y el 21 de diciembre. ‖ Constelación zodiacal que actualmente se halla delante del mismo signo y un poco hacia el Oriente. ♦ En estas dos acepciones se escribe con mayúscula. ‖ com. Persona nacida bajo este signo.

sagrado, da adj. Relativo a la divinidad o a su culto. ‖ Que inspira veneración. ‖ Inviolable: *un derecho sagrado.* ‖ FAM. sacralizar, sacrilegio, sacristía, sacro, sagrario.

sagrario m. Para los católicos, urna donde se guarda la hostia consagrada en las iglesias. ‖ Parte interior del templo en que se guardan las cosas sagradas. ‖ En algunas catedrales, capilla que sirve de parroquia.

sah m. Sha.

sahariano, na adj. y s. Del Sahara. ‖ f. Chaqueta propia de climas cálidos, con los bolsillos de parche.

sahumar tr. y prnl. Quemar una sustancia aromática para perfumar algo. ‖ FAM. sahumador, sahumerio.

sahumerio m. Acción y efecto de sahumar. ‖ Humo que produce una materia aromática que se quema para sahumar. ‖ Esta misma materia.

sainete m. Pieza dramática jocosa en un acto, que se representaba como intermedio de una función, o al final. ‖ Situación cómica o grotesca. ‖ FAM. sainetero, sainetesco, sainetista.

sajar tr. Hacer un corte en la carne. ‖ FAM. saja, sajadura.

sake o **saki** (voz japonesa) m. Bebida alcohólica que se obtiene por la fermentación del arroz.

sal f. Nombre común del cloruro de sodio, sustancia ordinariamente blanca, cristalina, de sabor acre y muy soluble en agua, que se emplea como condimento. ‖ En quím., compuesto resultante de la sustitución de los átomos de hidrógeno de un ácido por radicales básicos. ‖ Agudeza, gracia, garbo. ‖ pl. Pequeños cristales de una sustancia perfumada que se usan disueltos en el agua del baño. ‖ Sustancia salina que contiene amoniaco, utilizada para reanimar a alguien. ‖ FAM. saladar, salar, salero, salífero, salificar, salina, salino, salitre, salmuera, saldina.

sala f. Salón. ‖ Aposento de grandes dimensiones: *sala de juntas.* ‖ Pieza donde se constituye un tribunal de justicia para celebrar audiencia y despachar los asuntos a él sometidos. ‖ Conjunto de magistrados o jueces que tiene atribuida jurisdicción privativa sobre determinadas materias: *sala de apelación.* ‖ **sala de fiestas** Local donde se sirven bebidas, con una pista de baile en la que, normalmente, se exhiben algunos espectáculos. ‖ FAM. salón.

salabre m. Arte de pesca menor que consiste en un bolso de red sujeto a una armadura con mango y cordeles para lanzarlo y luego volcarlo.

salacidad f. Lujuria.

salacot m. Sombrero usado en Filipinas y otros países cálidos, en forma de casquete esférico y hecho de un tejido de tiras de caña.

saladero m. Lugar destinado a salar carnes o pescados.

saladillo, lla adj. y s. Se dice del tocino fresco un poco salado.

salado, da adj. Se dice de los alimentos que tienen más sal de la necesaria. ‖ Gracioso, garboso, con salero. ‖ *amer.* Desgraciado, infortunado. ‖ *amer.* Caro, costoso. ‖ FAM. saladamente, saladillo.

salamandra f. Anfibio de unos 20 cm de largo, la mitad aproximadamente para la cola, y piel lisa, de color negro, con manchas amarillas. ‖ Especie de estufa de combustión lenta. ‖ FAM. salamanquesa.

salamanquesa f. Saurio de cuerpo aplastado y ceniciento. Vive en las grietas de los edificios y debajo de las piedras, se alimenta de insectos y se la tiene equivocadamente por venenosa.

salami m. Embutido parecido al salchichón, de mayor tamaño.

salar tr. Echar en sal. ‖ Sazonar con sal. ‖ Echar más sal de la necesaria. ‖ tr. y prnl. *amer.* Manchar, deshonrar. ‖ *amer.* Desgraciar, echar a perder. ‖ *amer.* Dar o causar mala suerte. ‖ **FAM.** saladero, salado, salador, saladura, salazón.

salario m. Remuneración que percibe una persona por su trabajo. ‖ **FAM.** salariado, salarial.

salaz adj. Lujurioso, lascivo. ‖ **FAM.** salacidad.

salazón f. Acción y efecto de salar carnes o pescados. ‖ Conjunto de carnes o pescados salados. ‖ Industria de estas conservas. ‖ **FAM.** salazonero.

salchicha f. Embutido de carne de cerdo, estrecho y de forma alargada, que se sazona de diversas maneras. ‖ **perro salchicha** Teckel. ‖ **FAM.** salchichería, salchichero, salchichón.

salchichón m. Embutido de jamón, tocino y pimienta en grano, prensado y curado.

saldar tr. Liquidar enteramente una cuenta. ‖ Dar algo por terminado: *saldar un asunto.* ‖ Vender a bajo precio una mercancía para deshacerse pronto de ella. ‖ **FAM.** saldista, saldo.

saldista com. Persona que vende y compra géneros procedentes de saldos o de quiebras mercantiles. ‖ Persona que salda una mercancía.

saldo m. Pago o finiquito de deuda u obligación. ‖ Cantidad que de una cuenta resulta a favor o en contra de uno. ‖ Resto de mercancías que el comerciante vende a bajo precio. Más en pl. ‖ Liquidación de estas mercancías. ‖ Resultado final de algo: *el saldo de la operación ha sido satisfactorio.*

saledizo, za adj. Saliente, que sobresale. ‖ m. En arq., parte que sobresale de la fachada de un edificio o de un muro.

salero m. Recipiente para guardar la sal o servirla en la mesa. ‖ Gracia, donaire: *moverse con salero.* ‖ **FAM.** saleroso.

saleroso, sa adj. Que tiene salero, gracia.

salesa adj. Se dice de la Orden de la Visitación de Nuestra Señora y de sus religiosas. Más en f. pl. ‖ Relativo a esta orden.

salesiano, na adj. De la Sociedad de San Francisco de Sales y de sus religiosos. Más c. m. pl. ‖ Relativo a esta sociedad.

salicáceo, a adj. y f. Se dice de los árboles y arbustos angiospermos dicotiledóneos con hojas simples, flores en amento y fruto en cápsula, que crecen en terrenos húmedos de todo el mundo. ‖ f. pl. Familia de estas plantas a la que pertenecen el sauce, álamo, chopo, etc.

salicílico, ca adj. Se dice del ácido que se utiliza en medicina como desinfectante, antiséptico y antirreumático, y para preparar conservas.

sálico, ca adj. Relativo a los salios, una de las ramas en que estaban divididos los fran-

cos. ‖ **ley sálica** La que no permitía reinar a las mujeres.

salida f. Acción y efecto de salir o salirse. ‖ Parte por donde se sale: *te espero en la salida.* ‖ Acción de salir un astro y momento en que se produce. ‖ Pretexto, recurso: *tiene salidas para todo.* ‖ Medio con que se soluciona una dificultad o se vence un peligro: *halló la salida a sus problemas.* ‖ Dicho agudo, ocurrencia: *nos reímos con su salida.* ‖ Posibilidad de venta de un producto. ‖ Futuro, posibilidad favorable que ofrece algo. Más en pl.: *los estudios informáticos tienen hoy muchas salidas.* ‖ **salida de tono** Dicho inconveniente.

salidizo m. Saledizo de un edificio.

salido, da adj. Se dice de lo que sobresale en un cuerpo más de lo regular. ‖ Se aplica a los animales en celo. ‖ Que siente gran deseo sexual.

saliente adj. Que sale. ‖ m. Parte que sobresale en una cosa. ‖ Oriente, levante.

salina f. Mina de sal. ‖ Instalación para obtener la sal de las aguas,del mar o de ciertos manantiales. ‖ **FAM.** salinero.

salinidad f. Cualidad de salino. ‖ Cantidad proporcional de sales que contiene el agua del mar.

salino, na adj. Que naturalmente contiene sal. ‖ Que participa de los caracteres de la sal. ‖ **FAM.** salinidad.

salir tr. Pasar de dentro afuera. También prnl. ‖ Desencajarse una cosa: *no consigo que salga la tuerca.* También prnl. ‖ Partir de un lugar a otro: *mañana salen para París.* ‖ Ir a tomar el aire, pasear, distraerse: *deberías salir más.* ‖ Librarse de un lugar o situación peligrosos: *no sé cómo salir del apuro.* ‖ Aparecer: *salir el sol.* ‖ Brotar, nacer: *salir el trigo.* ‖ Aparecer alguien en una foto, filmación, libro, etc.: *sus padres salieron en la tele.* ‖ Mantener con alguien una relación amorosa: *empezaron a salir siendo muy jóvenes.* ‖ Apartarse, separarse. También prnl.: *salirse de la carretera.* ‖ Quitarse una mancha. ‖ Descubrirse el carácter de alguien o las características de algo: *el crío salió muy travieso.* ‖ Decir o hacer algo inesperado o que causa extrañeza: *va y sale con que la culpa fue nuestra.* ‖ Ocurrir, sobrevenir: *salir un empleo.* ‖ Costar una cosa: *sale muy cara la estancia en ese hotel.* ‖ Resultar una cuenta. ‖ Corresponder a cada uno una cantidad: *salimos a cinco mil por persona.* ‖ Quedar, venir a ser: *salir vencedor.* ‖ Tener buen o mal éxito: *salió bien del examen.* ‖ Conseguir hacer bien una cosa: *los guisos me salen buenísimos.* ‖ Parecerse, asemejarse: *ha salido a su madre.* ‖ Ser elegido en un sorteo, votación, etc.: *salir un número en la lotería.* ‖ Ir a parar: *esta calle* *sale a la plaza.* ‖ prnl. Derramarse por una rendija un líquido. ‖ Rebosar un líquido al hervir. ‖ **salir** uno **adelante** loc. Llegar a feliz término en algo. ‖ **salirle cara una cosa** a uno loc. Resultar perjudicado en algo. ‖ **salir** uno **pitando** loc. Echar a correr o salir muy deprisa. ‖ **salirse con la suya** loc. Hacer su voluntad. ‖ FAM. saledizo, salida, salidizo, salido, saliente. ♦ Irreg. Conjugación modelo:

Indicativo
　Pres.: *salgo, sales, sale, salimos, salís, salen.*
　Imperf.: *salía, salías, salía,* etc.
　Pret. indef.: *salí, saliste, salió, salimos, salisteis, salieron.*
　Fut. imperf.: *saldré, saldrás, saldrá, saldremos, saldréis, saldrán.*

Potencial: *saldría, saldrías, saldría,* etcétera.

Subjuntivo
　Pres.: *salga, salgas, salga, salgamos, salgáis, salgan.*
　Imperf.: *saliera o saliese, salieras o salieses,* etc.
　Fut. imperf.: *saliere, salieres, saliere, saliéremos, saliereis, salieren.*

Imperativo: *sal, salga, salgamos, salid, salgan.*

Participio: *salido.*

Gerundio: *saliendo.*

salitre m. Cualquier sustancia salina. ‖ *amer.* Nitrato de Chile. ‖ FAM. salitrado, salitral, salitrero, salitroso.

saliva f. Líquido algo viscoso segregado por las glándulas salivales de la boca, para reblandecer los alimentos y facilitar su masticación y digestión. ‖ **gastar saliva (en balde)** loc. Hablar inútilmente. ‖ FAM. salivajo, salival, salivar, salivazo, salivoso.

salivajo o **salivazo** m. Escupitajo.

salivar intr. Segregar saliva. ‖ FAM. salivación.

salmer m. Piedra del machón o muro, cortada en plano inclinado, de donde arranca un arco adintelado.

salmista com. Persona que compone o canta salmos. ‖ Por ant., el profeta David.

salmo m. Canto sagrado de los hebreos y cristianos. ‖ FAM. salmista, salmodia, salmodiar.

salmodia f. Música con que se acompañan los salmos. ‖ Canto monótono. ‖ Cosa molesta e insistente: *otra vez viene con la misma salmodia.*

salmodiar intr. Cantar salmos. ‖ tr. Cantar algo con cadencia monótona.

salmón m. Pez teleósteo de cuerpo color gris azulado con una segunda aleta adiposa en su dorso. Su carne, rojiza y sabrosa, es muy apreciada como alimento. Habita en el océano Atlántico; en otoño desova en los ríos y después emigra al mar. ‖ adj. y m. Se dice del color rosa anaranjado, como la carne de este pez. ‖ FAM. salmonete.

salmonella f. Bacteria que provoca infecciones intestinales. ‖ FAM. salmonelosis.

salmonete m. Pez teleósteo marino de cuerpo color rojo en el lomo y blanco sonrosado en el vientre, con dos largas barbillas en la mandíbula. Habita en el Atlántico y el Mediterráneo y es muy apreciado en alimentación.

salmorejo m. Salsa compuesta de agua, vinagre, aceite, sal y pimienta.

salmuera f. Agua muy salada. ‖ Particularmente, la que se utiliza para conservar alimentos. ‖ Alimento muy salado.

salobre adj. Que contine sal o tiene su sabor. ‖ FAM. salobridad.

saloma f. Canto rítmico con que acompañan los marineros y otras personas su faena al hacer trabajos que requieren fuerza y coordinación.

salomónico, ca adj. Relativo a Salomón. ‖ Se dice del juicio que se resuelve de forma drástica, dando parte de razón a las dos partes implicadas. ‖ Se dice del estilo de columna arquitectónica que tiene el fuste contorneado en forma de espiral.

salón m. Habitación principal de una casa, donde se reciben visitas. ‖ Mobiliario de esta habitación. ‖ En un edificio, pieza de grandes dimensiones donde se celebran juntas, actos públicos, etc.: *salón de actos.* ‖ Nombre de algunos locales o establecimientos: *salón de té.*

salpicadero m. Tablero situado delante del asiento del conductor de un automóvil, en el que se hallan algunos mandos y aparatos indicadores. ‖ Tablero colocado en la parte delantera de algunos carruajes para preservar al conductor de las salpicaduras.

salpicar tr. Hacer que salte un líquido esparcido en gotas menudas. También intr. ‖ Mojar o manchar con un líquido que salpica. También prnl. ‖ Esparcir, diseminar varias cosas, como rociando con ellas una superficie u otra cosa: *salpicar de chistes la conversación.* ‖ FAM. salpicadero, salpicadura, salpicón.

salpicón m. Plato hecho con trozos de pescado o marisco condimentados con cebolla, sal y otros ingredientes. ‖ Acción y efecto de salpicar.

salpimentar tr. Condimentar con sal y pimienta. ‖ Amenizar, comunicar chispa y humor. ♦ **Irreg.** Se conjuga como *acertar*.

salpullido m. Sarpullido.

salsa f. Mezcla de varias sustancias desleídas, con que se aderezan las comidas. ‖ Jugo que suelta un alimento al cocinarlo. ‖ Cualquier cosa que anima, da gracia o interés a algo: *la salsa de la vida*. ‖ Cierta música caribeña con mucho ritmo. ‖ FAM. salsera, salsero.

salsera f. Recipiente en que se sirve la salsa.

saltador, ra adj. Que salta. ‖ m. y f. Persona que se dedica a alguna actividad en la que tiene que saltar en público. ‖ m. Cuerda para saltar, especialmente para jugar a la comba.

saltamontes m. Insecto ortóptero de cuerpo cilíndrico, color pardo, verdoso o negruzco, las patas anteriores cortas y las posteriores muy robustas y largas, adaptadas al salto. Habitan en praderas y pastizales de regiones de clima cálido. ♦ No varía en pl.

saltar intr. Levantarse del suelo con impulso y agilidad: *no llego al estante ni saltando*. ‖ Arrojarse desde una altura: *saltó del trampolín*. ‖ Salir un líquido hacia arriba con ímpetu, como el agua en el surtidor. ‖ Romperse o abrirse violentamente una cosa: *saltar una costura*. ‖ Desprenderse una cosa de donde estaba unida o fija: *saltar un botón*. ‖ Lanzarse en ataque sobre alguien o algo. ‖ Manifestar algo bruscamente, por lo general como reacción a alguna cosa: *en cuanto mencionas ese asunto, Ricardo salta*. ‖ Ascender a un puesto más alto que el inmediatamente superior sin haber ocupado éste. ‖ tr. Salvar de un salto un espacio o distancia: *saltar una zanja*. ‖ Pasar de una cosa a otra, dejándose las intermedias: *me he saltado un párrafo*. ‖ No cumplir una ley, reglamento, etc. También prnl.: *se saltó una señal de tráfico*. ‖ **saltar** algo **a la vista**. loc. Destacar o sobresalir mucho. ‖ FAM. saltable, saltadizo, saltador, saltamontes, saltarín, saltear, saltimbanqui, salto, saltón.

saltarín, na adj. y s. Que salta y se mueve mucho. ‖ Inquieto, bullicioso.

salteador, ra m. y f. Persona que saltea y roba en los despoblados o caminos.

saltear tr. Salir a los caminos para robar a la gente. ‖ Acometer. ‖ Hacer una cosa discontinuamente sin seguir el orden natural. ‖ Sofreír un alimento. ‖ FAM. salteador.

salterio m. Libro de coro que contiene sólo los salmos. ‖ Parte del breviario que contiene las horas canónicas de toda la semana. ‖ Instrumento musical de cuerda usado en la antigüedad.

saltimbanqui m. Equilibrista, titiritero.

salto m. Acción y efecto de saltar. ‖ Despeñadero muy profundo. ‖ Caída de un caudal importante de agua, especialmente en una instalación industrial. ‖ Distancia que se ha saltado. ‖ Interrupción, discontinuidad. ‖ Progreso importante: *el descubrimiento supuso un salto en la ciencia*. ‖ Palpitación violenta del corazón. ‖ **a salto de mata** loc. adv. Aprovechando las ocasiones que depara la casualidad. ‖ Sin seguir ningún orden o plan, según se vayan desarrollando las cosas.

saltón, na adj. Se dice de algunas cosas, como los ojos o los dientes, que sobresalen más de lo regular. ‖ *amer*. Medio crudo.

salubre adj. Bueno para la salud, saludable. ‖ FAM. salubridad.

salud f. Estado en que el organismo ejerce normalmente todas sus funciones. ‖ Particularmente, buen estado del organismo: *gozar de salud*. ‖ P. ext., buen estado y funcionamiento de una nación, entidad, etc. ‖ Estado de gracia espiritual. ‖ interj. Se usa como fórmula de saludo y al brindar. ‖ **curarse** uno **en salud** loc. Precaverse de un daño ante la más leve amenaza. ♦ No se usa en pl. ‖ FAM. salubre, saludable, saludar, salutífero.

saludable adj. Que sirve para conservar o restablecer la salud. ‖ Que muestra buena salud: *tiene en las mejillas un color muy saludable*. ‖ Provechoso para un fin.

saludar tr. Decirle a alguien ciertas fórmulas de cortesía o hacerle ciertos gestos al encontrarse con él o al despedirse. También recí. ‖ Transmitir a alguien por carta o a través de otra persona palabras de afecto o respeto. ‖ Mostrar a alguien respeto mediante señales formularias: *el soldado saludó a su superior*. ‖ FAM. saluda, saludador, saludo, salutación.

saludo m. Acción y efecto de saludar. ‖ Palabra, gesto o fórmula para saludar. ‖ pl. Saludos, expresiones corteses: *con mis mejores saludos*.

salutación f. Saludo.

salutífero, ra adj. Saludable.

salva f. Saludo o demostración de respeto que se hace en el ejército disparando armas de fuego. Más en pl.

salvación f. Acción y efecto de salvar o salvarse. ‖ Consecución de la gloria y bienaventuranza eternas.

salvado m. Cáscara del grano que se separa de éste al desmenuzarlo y cribarlo.

salvador, ra adj. y s. Que salva. ‖ m. Por ant., Jesucristo. ♦ En esta acepción se escribe con mayúscula.

salvaguardar tr. Defender, proteger. ‖ FAM. salvaguarda, salvaguardia.

salvaguarda o **salvaguardia** f. Custodia, amparo, protección. ‖ Salvoconducto.

salvaje adj. Se dice de los pueblos primitivos, que no han adoptado la cultura y costumbres de la civilización occidental. También s. | Se dice de las plantas silvestres y sin cultivo. | Se dice del animal que no es doméstico. | Se dice del terreno montuoso, inculto. | adj. y com. Muy necio o rudo. | Muy cruel. | Violento y sin control. | FAM. salvajada, salvajismo.

salvajismo m. Modo de ser o de obrar propio de los salvajes. | Calidad de salvaje.

salvamanteles m. Pieza de diversos materiales que se pone en la mesa para evitar que se manche o queme el mantel. ♦ No varía en pl.

salvar tr. Librar de un riesgo o peligro. También prnl. | En religión, dar Dios la gloria y bienaventuranza eternas. También prnl. | Evitar un inconveniente, impedimento, dificultad o riesgo: *consiguió salvar el negocio.* | Exceptuar, excluir una cosa de lo que se dice o se hace de otra u otras: *todas sus películas son malas, sólo salvaría ésta.* | Vencer un obstáculo, pasando por encima o a través de él: *salvó de un salto el foso.* | Recorrer la distancia que media entre dos lugares. | Rebasar una altura elevándose por encima de ella. | FAM. salvable, salvación, salvador, salvaguardar, salvedad, salvo, salvoconducto.

salvavidas m. Utensilio empleado para mantener a flote a las personas que han caído al agua o que no saben nadar. ♦ No varía en pl.

salve f. Una de las oraciones dirigidas a la Virgen. | interj. Fórmula latina de saludo. | FAM. salva.

salvedad f. Razonamiento o advertencia que se emplea como excusa, descargo o limitación de lo que se va a decir o hacer.

salvia f. Planta arbustiva con tallos de color verde blanquecino, hojas pegajosas y flores azules, violáceas o amarillas. El cocimiento de las hojas se usa como sudorífico y astringente.

salvo, va adj. Ileso, librado de un peligro. Se usa sobre todo en la loc. *sano y salvo.* | adv. m. Fuera de, excepto: *todos vinieron salvo él.* | **a salvo** loc. adv. Fuera de peligro. | FAM. salve.

salvoconducto m. Documento expedido por una autoridad para que el que lo lleva pueda transitar sin riesgo. | Libertad para hacer algo sin temor de castigo.

sámara f. En bot., tipo de fruto seco, indehiscente, con pocas semillas y pericarpio extendido como un ala; como el del olmo y el fresno.

samario m. Elemento químico metálico del grupo de las tierras raras. Su símbolo es *Sa.*

samaritano, na adj. Natural de Samaria. También s. | Perteneciente o relativo a esta región y ciudad de Asia antigua. | m. y f. Persona que ayuda a otra.

samba f. Danza brasileña de origen africano.

sambenito m. Mala fama o calificativo desfavorable que pesa sobre alguien como consecuencia de cierta acción. | Esclavina o escapulario que se ponía a los penitentes reconciliados por el tribunal de la Inquisición.

sambo m. Deporte de origen ruso similar al yudo.

samotana f. *amer.* Zambra, bulla, algazara.

samovar m. Recipiente de origen ruso, empleado para calentar el agua del té, provisto de un tubo interior con un infiernillo.

samoyedo, da adj. Se dice de un pueblo del grupo mongol que habita las costas del mar Blanco y el N de Siberia. Más en pl. | De este pueblo. | Se dice de una raza de perros, propia de las regiones boreales, de complexión fuerte y pelo abundante, generalmente blanco. | m. Lengua hablada por los samoyedos.

sampán m. Embarcación para navegar por aguas costeras y fluviales, usada sobre todo en el SE de Asia. A veces tiene un toldo y se usa como vivienda flotante.

samurai (voz japonesa) adj. y m. Se dice de una clase social inferior a la de los *daimios* o nobles, que existía en el Japón feudal y estaba constituida por guerreros que servían a algún shogun. ♦ pl. *samuráis.*

san adj. apóc. de *santo.* ♦ Se usa solamente ante los nombres propios de santos, salvo los de Tomás o Tomé, Toribio y Domingo.

sanano, na adj. *amer.* Tonto, corto de entendimiento.

sanar tr. Restituir a uno la salud que había perdido. | intr. Recobrar el enfermo la salud. | FAM. sanable, sanador, sanamente, sanatorio.

sanatorio m. Establecimiento convenientemente dispuesto para la estancia de enfermos que necesitan someterse a tratamientos médicos o quirúrgicos.

sanción f. Pena que la ley establece para el que la infringe. | Castigo por cualquier culpa o falta. | Autorización o aprobación que se da a cualquier acto, uso o costumbre. | Acto solemne por el que el jefe del Estado confirma una ley o estatuto. | FAM. sancionar.

sancionar tr. Aplicar una sanción o castigo. | Autorizar o aprobar cualquier acto, uso o costumbre. | Dar fuerza de ley a una disposición. | FAM. sancionable, sancionador.

sanco m. *amer.* Gachas que se hacen de harina tostada de maíz o de trigo, con agua, grasa y sal y algún otro condimento. | *amer.* Comida a base de harina o maíz tierno que usualmente se cocina junto a un sofrito de cebolla y ajo. ‖ *amer.* Barro muy espeso.

sancocho m. Alimento a medio cocer. ‖ *amer.* Olla compuesta de carne, yuca, plátano y otros ingredientes, y que se toma en el almuerzo. ‖ **FAM.** sancochar.

sanctasanctórum m. Parte interior y más sagrada del tabernáculo de los judíos. ‖ Parte más reservada y misteriosa de un lugar. ‖ Lo que para una persona es de singular aprecio.
♦ No varía en pl.

sandalia f. Calzado compuesto de una suela que se asegura con correas o cintas. ‖ P. ext., zapato ligero y muy abierto.

sándalo m. Planta herbácea de mediano tamaño, labiada y con madera olorosa de color amarillo. Originaria de Persia, se cultiva en jardines y se usa en perfumería. ‖ Leño oloroso de este árbol.

sandez f. Cualidad de necio, estúpido. ‖ Tontería, despropósito, necedad. ‖ **FAM.** sandio.

sandía f. Planta herbácea cucurbitácea, de tallo flexible con zarcillos, hojas lobuladas y fruto casi esférico de piel verde y pulpa roja, dulce y jugosa, muy apreciado como alimento. ‖ Fruto de esta planta. ‖ **FAM.** sandial, sandiar.

sandinista adj. y com. Partidario de los ideales de Augusto César Sandino. ‖ Perteneciente al Frente Sandinista de Liberación Nacional, movimiento que derrocó en Nicaragua la dictadura de Somoza e implantó el nuevo régimen. ‖ **FAM.** sandinismo.

sandio, dia adj. y s. Necio o simple.

sandunga f. Gracia, donaire, salero. ‖ *amer.* Jarana, jolgorio, parranda. ‖ **FAM.** sandunguero.

sándwich m. Emparedado, loncha de jamón o de otro fiambre, de queso, o algún vegetal, entre dos rebanadas de pan de molde. ‖ *amer.* Bocadillo. ♦ pl. *sándwiches.*

saneado, da adj. Se dice de los bienes, la renta o el haber que están libres de cargas o descuentos: *una cuenta saneada.*

sanear tr. Dar condiciones de salubridad a un terreno, edificio, etc., o preservarlo de la humedad y vías de agua. ‖ Reparar o remediar una cosa, particularmente hacer productivo un negocio. ‖ **FAM.** saneado, saneamiento.

sanedrín m. Consejo supremo de los judíos, en el que se trataban y decidían los asuntos de Estado y de religión. ‖ Sitio donde se reunía este consejo.

sanfermines m. pl. Festejos en honor de San Fermín que se celebran del 7 al 14 de julio en Pamplona, famosos por sus encierros taurinos.

sanfrancisco m. Combinado de grosella y otras frutas, con o sin licor.

sangradera f. Caz o acequia de riego que se deriva de otra corriente de agua. ‖ Compuerta por donde se da salida al agua sobrante de un caz. ‖ Vasija que sirve para recoger la sangre cuando se hace una sangría. ‖ *amer.* Sangría del brazo.

sangrante adj. Que sangra. ‖ Indignante.

sangrar intr. Echar sangre. ‖ tr. Abrir o punzar una vena y dejar salir determinada cantidad de sangre. ‖ Dar salida a todo o a parte de un líquido, abriendo un conducto en el recipiente que lo contiene. ‖ Hacer una incisión en un árbol para obtener resina u otra sustancia. ‖ Aprovecharse de una persona, generalmente, sacándole dinero: *su hijo les está sangrando.* ‖ Hurtar, sisar: *sangrar un bolso.* ‖ En impr., empezar un renglón más adentro que los otros de la plana, como se hace con el primero de cada párrafo. ‖ **FAM.** sangrado, sangradura, sangrante, sangría.

sangre f. Líquido que circula por las arterias y las venas. ‖ Linaje o parentesco. ‖ Muerte o matanza: *un delito de sangre.* ‖ **buena** o **mala sangre** Carácter o intención buenos o malos. ‖ **sangre azul** Linaje noble. ‖ **sangre fría** Serenidad. ‖ **sangre ligera** *amer.* Se dice de la persona simpática. ‖ **sangre pesada** *amer.* Se dice de la persona antipática, chinchosa. ‖ **llevar una cosa en la sangre** loc. Ser innata o hereditaria. ‖ **no llegar la sangre al río** loc. No tener algo consecuencias graves. ‖ **no tener sangre en las venas** loc. Tener sangre de horchata. ‖ **sudar sangre** loc. Alude al gran esfuerzo necesario para lograr algo. ‖ **tener sangre de horchata** loc. Ser demasiado tranquilo y no alterarse por nada. ‖ **FAM.** sangradera, sangrar, sangriento, sanguijuela, sanguina, sanguinaria, sanguíneo, sanguinolento.

sangría f. Acción y efecto de sacar sangre a alguien. ‖ Hurto o pérdida de una cosa, que se hace por pequeñas partes. ‖ Bebida refrescante hecha con vino, agua, azúcar y frutas. ‖ Salida que se da a las aguas de un río o canal. ‖ Corte somero que se hace en un árbol para que fluya la resina. ‖ En impr., acción y efecto de sangrar un renglón.

sangriento, ta adj. Que echa sangre. ‖ Teñido en sangre o mezclado con sangre. ‖ Muy cruel, despiadado: *el sangriento Nerón.* ‖ Que causa efusión de sangre: *batalla sangrienta.* ‖ **FAM.** sangrientamente.

sanguaraña f. *amer.* Cierto baile popular. ‖ *amer.* Circunloquio, rodeo de palabras. Más en pl.

sanguijuela f. Gusano anélido de cuerpo segmentado, con una ventosa en cada extremo, con las que se adhiere a sus víctimas para sorberles la sangre a través de su boca chupadora. Vive en lagunas, pozos y arroyos. Se empleaba en medicina para hacer sangrías. | Persona que se aprovecha de otras, sobre todo de su dinero.

sanguina f. Lápiz rojo oscuro hecho con hematites. | Dibujo hecho con este lápiz.

sanguinario, ria adj. Muy cruel, sangriento. | f. Piedra semejante al ágata, de color de sangre, a la que se atribuía la virtud de contener las hemorragias.

sanguíneo, a adj. Perteneciente o relativo a la sangre: *riego sanguíneo*. | Que contiene sangre o abunda en ella. | Del color de la sangre. | Se dice de un tipo de carácter violento y muy irritable y de las personas que lo tienen.

sanguinolento, ta adj. Que echa sangre. | Mezclado con sangre. | **FAM.** sanguinolencia.

sanidad f. Calidad de sano. | Calidad de saludable. | Conjunto de servicios del Estado para preservar la salud pública.

sanitario, ria adj. Relativo a la sanidad: *prácticas sanitarias*. | Se dice de las instalaciones de agua, dispuestas en los cuartos de baño para limpieza y usos higiénicos. También m. | m. y f. Miembro de los cuerpos de sanidad civil o militar. | m. *amer.* Escusado, retrete.

sanmartín m. Época próxima a las fiestas de San Martín, 11 de noviembre, en que suele hacerse la matanza del cerdo. | Esta matanza. | **llegar,** o **venirle,** a uno **su sanmartín** loc. Expresa que le tocará sufrir al que ahora vive despreocupado y contento con su suerte.

sano, na adj. Que goza de perfecta salud. También s. | Bueno para la salud: *alimentación sana*. | Sin daño, lesión o defecto: *una fruta sana*. | Entero, no roto o estropeado: *no queda un plato sano*. | Libre de errores o vicios: *una juventud sana*. | Sincero, de buena intención. | **cortar por lo sano** loc. Emplear el procedimiento más expeditivo para remediar algo. | **sano y salvo** loc. adj. Sin lesión, enfermedad ni peligro. | **FAM.** sanamente, sanar, sanear, sanidad, sanitario.

sánscrito o **sanscrito, ta** adj. Se dice de la antigua lengua indoeuropea de los brahmanes y de lo referente a ella: *poemas sánscritos*. También s.

sans-culotte (voz fr.) adj. y com. Nombre que se dio a los revolucionarios franceses de 1789 más radicales, procedentes en su mayoría de las clases bajas.

sanseacabó Expresión con que se da por terminado un asunto.

sansón m. Hombre muy forzudo.

santabárbara f. Lugar destinado en las embarcaciones para guardar la pólvora. | Cámara que lleva a este compartimento.

santero, ra adj. Se dice del que tributa a las imágenes un culto exagerado o supersticioso. | m. y f. Persona que cuida de un santuario. | Persona que pide limosna, llevando de casa en casa la imagen de un santo. | Persona que pinta, esculpe o vende santos. | Curandero que invoca a los santos. | **FAM.** santería.

santiamén (en un) loc. En un instante, en un periquete.

santidad f. Calidad de santo. | Tratamiento honorífico que se da al papa. ♦ En esta acepción se escribe con mayúscula.

santificar tr. Hacer santo. | Honrar a los santos y a lo sagrado. | Participar en la celebración de las festividades religiosas: *santificar las fiestas*. | **FAM.** santificable, santificación, santificador, santificante.

santiguar tr. y prnl. Hacer la señal de la cruz desde la frente al pecho y desde un hombro al otro. | prnl. Hacerse cruces, extrañándose o escandalizándose de algo.

santísimo, ma adj. Se dice del papa, como tratamiento honorífico: *Santísimo Padre*. | m. Cristo en la Eucaristía. ♦ En ambas acepciones se escribe con mayúscula.

santo, ta adj. Perfecto y libre de toda culpa. | Se dice de la persona canonizada por la Iglesia. También s. | Se dice de la persona de especial virtud. También s. | Se dice de los seis días que siguen al domingo de Ramos y a la semana que forman. ♦ En este caso se escribe con mayúscula: *Semana Santa*. | Se dice de algunas cosas de especial provecho o efectividad: *hierba santa*. | Se aplica a la Iglesia católica como nota característica suya. | Con ciertos sustantivos, encarece el significado de éstos: *esperó todo el santo día*. También en superl. | m. Imagen de un santo. | Grabado, dibujo que ilustra una publicación: *vamos a mirar si este libro tiene santos*. | Respecto de una persona, festividad del santo cuyo nombre lleva. | **santo y seña** Contraseña que permite pasar por un puesto de guardia. | **a santo de qué** loc. adv. Con qué motivo, a fin de qué, con qué pretexto. | **írsele** a uno **el santo al cielo** loc. Olvidársele algo, descuidarse. | **llegar y besar el santo** loc. Conseguir rápidamente lo que se pretende. | **FAM.** san, sanctasanctórum, santamente, santero, santidad, santificar, santiguar, santísimo, santón, santoral, santuario, santurrón.

santón m. El que profesa vida austera y penitente fuera de la religión cristiana, especialmente en la musulmana. | Santurrón, hipócrita.

santoral m. Libro que contiene la vida de los

santos. | Lista de los santos y de sus festividades. | Libro de coro que contiene los oficios de los santos.

santuario m. Templo en que se venera la imagen o reliquia de un santo. | Lugar sagrado. ‖ Lugar reservado y misterioso que constituye el refugio de alguien: *esta buhardilla es su santuario.* | Lugar en el que destaca un arte, actividad, etc.

santurrón, na adj. y s. De devoción exagerada o fingida. ‖ **FAM.** santurronería.

saña f. Intención rencorosa y cruel con que se produce un daño. | Furor, ira. ‖ **FAM.** sañudamente, sañudo.

sapiencia f. Sabiduría. ‖ **FAM.** sapiencial, sapiente.

sapindáceo, a adj. y f. Se apl. a las plantas angiospermas dicotiledóneas, arbóreas o sarmentosas de hojas casi siempre alternas, flores en espiga y fruto capsular; como el farolillo y el jaboncillo. | f. pl. Familia de estas plantas.

sapo m. Anfibio anuro de cuerpo rechoncho, piel gruesa y verrugosa, de color pardo verdoso, patas posteriores fuertes y ojos sobresalientes. ‖ **echar** uno **sapos y culebras** loc. Decir con enojo toda clase de insultos, blasfemias, juramentos.

saponificar tr. y prnl. Convertir en jabón un cuerpo graso. ‖ **FAM.** saponificable, saponificación.

sapotáceo, a adj. y f. Se dice de las plantas angiospermas dicotiledóneas, con hojas alternas, flores axilares y frutos en baya, como el zapote y el ácana. | f. pl. Familia de estas plantas.

saprófago, ga adj. Se dice de los seres vivos que se alimentan de materias en descomposición.

saprofito, ta adj. Se dice de las plantas que viven a expensas de materias orgánicas en descomposición. También s. | Se dice de los microbios que viven normalmente en el organismo, sobre todo en el tubo digestivo, a expensas de las materias en putrefacción y que pueden dar lugar a enfermedades.

saque m. Acción de sacar; especialmente en tenis y otros deportes de pelota.

saquear tr. Apoderarse violentamente un grupo de gente, especialmente los soldados, de lo que hallan en un lugar. | Entrar en un sitio robando o cogiendo cuanto hay. ‖ **FAM.** saqueador, saqueo.

sarampión m. Enfermedad vírica infecciosa, propia de la infancia, que produce fiebre y se caracteriza por la aparición de numerosas manchas rojas en la piel.

sarao m. Fiesta o reunión nocturna con baile y música. | Embrollo, lío.

sarape m. *amer.* Especie de capote de lana o colcha de algodón generalmente de colores vivos, con una abertura para meter la cabeza.

sarasa m. Hombre afeminado, marica.

sarazo, za adj. *amer.* Se apl. al fruto que empieza a madurar, especialmente el maíz.

sarcasmo m. Burla sangrienta, ironía mordaz. | Figura retórica que consiste en emplear esta ironía o burla. ‖ **FAM.** sarcásticamente, sarcástico.

sarcástico, ca adj. y s. Que denota sarcasmo.

sarcodino, na adj. Rizópodo.

sarcófago m. Sepulcro, generalmente el de piedra en que se da sepultura a un cadáver.

sardana f. Danza en corro, tradicional de Cataluña.

sardina f. Pez teleósteo de cuerpo alargado de color verde azulado, con los costados plateados, y la mandíbula inferior sobresaliente. ‖ **FAM.** sardinero, sardineta.

sardineta f. Golpe rápido que se da con los dedos corazón e índice juntos.

sardo, da adj. y s. De Cerdeña. | m. Lengua hablada en Cerdeña.

sardónico, ca adj. Sarcástico, irónico: *risa sardónica.*

sargazo m. Alga marina de estructura laminar y color pardo que se halla en mares cálidos y templados de todo el mundo, en ocasiones formando grandes colonias.

sargento m. Individuo de la clase de tropa, que tiene empleo superior al de cabo. | Persona mandona y excesivamente rígida. ‖ **FAM.** sargenta, sargentona.

sargo m. Pez teleósteo marino, de color plateado, cruzado con fajas transversales negras.

sari m. Vestido típico de las mujeres indias. | Tela de seda o algodón con la que se confeccionan estos vestidos.

sarmiento m. Vástago de la vid, largo, delgado, flexible y nudoso, de donde brotan las hojas y los racimos. ‖ **FAM.** sarmentera, sarmentoso.

sarna f. Enfermedad contagiosa caracterizada por la aparición de pústulas en la piel y un intenso picor. ‖ **FAM.** sarnoso.

sarpullido m. Erupción leve y pasajera en la piel, formada por muchos granitos o ronchas. ♦ También se dice *salpullido.* ‖ **FAM.** sarpullir.

sarraceno, na adj. Se apl. a una tribu que habitó en el N de África. | Perteneciente o relativo a ella. También s. | Moro, musulmán. También s. ‖ **FAM.** sarracina.

sarro m. Sedimento que dejan en las vasijas

algunos líquidos. ‖ Sustancia calcárea que se adhiere al esmalte de los dientes. ‖ Saburra de la lengua. ‖ FAM. sarroso.

sarta f. Serie de cosas metidas por orden en un hilo, cuerda, etc. ‖ Serie de sucesos o cosas no materiales, iguales o análogas: *sarta de disparates*.

sartén f. Vasija circular, de fondo plano y con mango, que sirve para freír, tostar o guisar algo. ‖ Sartenada. ‖ **tener uno la sartén por el mango** loc. Tener el dominio o la autoridad en algún asunto. ‖ FAM. sartenada, sartenazo.

sartenada f. Lo que se fríe de una vez en la sartén, o lo que cabe en ella.

sartorio adj. Se aplica a un músculo de la pierna que se extiende por la cara interna del muslo, desde el ilion hasta la tibia. También s.

sasánida adj. Se dice de una dinastía persa que reinó desde el año 227 hasta el 651. Más en pl. ‖ De esta dinastía. También com.

sastre, tra m. y f. Persona que tiene por oficio cortar y coser trajes, especialmente de caballero. ‖ m. En aposición, se usa referido a prendas de mujer de diseño masculino: *traje sastre*. ‖ FAM. sastrería.

satán m. Lucifer. ♦ Se escribe con mayúscula. ‖ Persona perversa. ‖ FAM. satánico.

satánico, ca adj. Relativo a Satanás. ‖ Perverso. ‖ FAM. satanismo.

satélite m. Astro que gira en torno a un planeta, describiendo una órbita sometida a la fuerza de gravitación. ‖ Persona o cosa que depende de otra y la sigue o acompaña continuamente. ‖ Satélite artificial. ‖ Estado independiente dominado política y económicamente por otro más poderoso. También adj. ‖ **satélite artificial** Vehículo, tripulado o no, que se coloca en órbita y que lleva aparatos apropiados para recoger información y retransmitirla.

satén m. Tejido de brillo y textura parecidos al raso, pero de menor calidad. ‖ FAM. satinar.

satinar tr. Dar al papel o a la tela tersura y lustre. ‖ FAM. satinado.

sátira f. Escrito donde se censura o pone en ridículo algo o a alguien. ‖ Discurso o dicho agudo, picante o mordaz. ‖ FAM. satíricamente, satírico, satirizar.

satirizar tr. Zaherir, motejar. ‖ FAM. satirizante.

sátiro m. En la mitología griega y romana, divinidad representada por un cuerpo mitad hombre, mitad cabra, que personificaba el culto a la naturaleza. ‖ Hombre lascivo.

satisfacción f. Acción y efecto de satisfacer

o satisfacerse. ‖ Alegría, placer, gusto: *su mayor satisfacción es ver crecer a sus hijos*. ‖ Razón, acción o modo con que se repara una ofensa o un daño. ‖ Cumplimiento del deseo o del gusto.

satisfacer tr. Saciar una necesidad, deseo, pasión, etc.: *saciar el hambre*. ‖ Cumplir un deseo: *consiguió satisfacer sus aspiraciones*. ‖ Pagar una deuda. ‖ Dar solución a una duda o a una dificultad: *sus respuestas no me satisfacen*. ‖ Deshacer o reparar un agravio u ofensa. ‖ Cumplir alguien o algo ciertas condiciones o exigencias: *el candidato satisface los requisitos*. ‖ intr. Producir gran placer: *me satisface veros*. ‖ prnl. Vengarse de un agravio: *satisfacerse de una ofensa*. ‖ Convencerse o conformarse. ♦ Irreg. Se conj. como *hacer*. ‖ FAM. satisfacción, satisfactorio, satisfecho.

satisfactorio, ria adj. Que satisface. ‖ Grato, próspero. ‖ FAM. satisfactoriamente.

satisfecho, cha adj. Complacido, contento. ‖ Orgulloso, pagado de sí mismo.

sátrapa m. Gobernador de una provincia de la antigua Persia. ‖ Hombre ladino y que sabe actuar con astucia.

saturar tr. Hartar, saciar. ‖ Impregnar un fluido de otro cuerpo hasta el mayor punto de concentración. ‖ En quím., combinar dos o más cuerpos en las proporciones atómicas máximas en que pueden unirse. ‖ FAM. saturable, saturación, saturado.

saturnal adj. Relativo a Saturno. ‖ f. Fiesta en honor del dios Saturno. Más en pl. ‖ Orgía desenfrenada. ‖ FAM. saturnismo.

saturnismo m. Enfermedad crónica producida por intoxicación con sales de plomo.

sauce m. Planta arbórea o arbustiva salicácea, de hojas lanceoladas, con el envés cubierto de vello blanquecino, que crece en las orillas de los ríos. ‖ FAM. sauceda, saucedal.

saúco m. Planta arbustiva con flores en inflorescencias y fruto en baya de color negruzco o rojo, que crece en regiones montañosas de Europa. ‖ Segunda tapa de los cascos de las caballerías.

saudade f. Soledad, nostalgia, añoranza.

sauna f. Baño de calor que produce una rápida y abundante sudoración y se toma con fines higiénicos. ‖ Local en que se pueden tomar estos baños.

saurio adj. m. Se dice de los reptiles caracterizados por tener cuatro patas y cola, cuerpo cubierto por escamas epidérmicas, sangre fría, respiración pulmonar y reproducción generalmente ovípara. ‖ m. pl. Suborden de estos reptiles, al que pertenecen los lagartos, lagartijas, camaleones, iguanas, varanos, etc.

savia f. Líquido espeso que circula por los vasos conductores de las plantas superiores y cuya función es nutrir la planta. ‖ Persona o elemento que comunica energía y vitalidad.

saxofón o **saxófono** m. Instrumento musical de viento, de metal, con boquilla de madera y varias llaves. ‖ **FAM.** saxo, saxofonista.

saya f. Falda. ‖ **FAM.** sayal, sayo.

sayal m. Tela basta de lana burda.

sayo m. Prenda de vestir holgada y sin botones que cubría el cuerpo hasta la rodilla. ‖ Cualquier prenda muy amplia.

sayón m. Verdugo. ‖ Cofrade que en las procesiones de Semana Santa va vestido con túnica larga. ‖ Hombre de aspecto feroz. ‖ En la Edad Media, ministro de justicia que hacía las citaciones y ejecutaba los embargos.

sazón f. Punto o madurez de las cosas: *la mies está en sazón.* ‖ Gusto y sabor de los manjares. ‖ Ocasión, coyuntura. ‖ **a la sazón** loc. adv. En aquel tiempo u ocasión. ‖ **FAM.** sazonar.

sazonar tr. Condimentar los alimentos. ‖ Poner las cosas en la sazón y madurez que deben tener. También prnl. ‖ **FAM.** sazonado, sazonador.

scherzo (voz it.) m. Composición instrumental de ritmo vivo y carácter alegre que constituye uno de los movimientos de la sinfonía y sonata clásicas.

scout (voz i.) m. Explorador. ‖ Boy scout.

script (voz i.) m. Guión cinematográfico en el que constan todos los detalles de cada escena filmada.

se pron. pers. reflex. rec. tercera persona m. y f. sing. y pl. Funciona como comp. directo (*se arregla*) e indirecto (*se arregla el peinado*) y no admite preposición. Puede usarse pospuesto y unido al verbo (*romperse, peinándose*), aunque en la mayoría de las formas verbales este uso está anticuado. Sirve además para formar los verbos pronominales y oraciones impersonales y de pasiva (*se oyen voces a lo lejos*).

se pron. pers. tercera persona m. y f. sing. y pl. Funciona como compl. indirecto, siempre antepuesto a los pronombres de comp. directo *lo, la,* etc.: *se lo compró.*

sebáceo, a adj. De sebo o de propiedades semejantes al sebo. ‖ Se dice de las glándulas secretoras de la sustancia grasa que cubre el pelo y la piel.

sebo m. Grasa sólida y dura que se saca de algunos animales y que se utiliza para hacer velas, jabones, etc. ‖ Cualquier género de gordura o exceso de grasa. ‖ **FAM.** sebáceo, seborragia, seborrea, seboso.

seborrea o **seborragia** f. Aumento patológico de la secreción de las glándulas sebáceas de la piel. ‖ **FAM.** seborreico.

secadero, ra m. Lugar para secar natural o artificialmente ciertos frutos o productos.

secador, ra adj. Que seca. ‖ m. y f. Aparato o máquina para secar las manos, el cabello, la ropa, etc.

secano m. Tierra de labor que no tiene riego, y sólo participa del agua de lluvia.

secante adj. y m. Que seca. ‖ Se dice de un tipo de papel esponjoso para secar lo escrito.

secante adj. y f. Se dice de las líneas o superficies que cortan otras líneas o superficies: *secante de un arco.* ‖ **FAM.** sección.

secar tr. Hacer que algo o alguien quede seco: *secar la ropa al sol.* También prnl.: *se ha secado el río.* ‖ **FAM.** secado, secador, secamiento, secante.

sección f. Separación que se hace en un cuerpo sólido. ‖ Cada una de las partes en que se divide un todo o un conjunto de personas: *trabaja en la sección de perfumería.* ‖ Dibujo del perfil o figura que resultaría si se cortara un terreno, edificio, etc., por un plano. ‖ En geom., figura que resulta de la intersección de una superficie o un sólido con otra superficie. ‖ En el ejército, unidad homogénea que forma parte de una compañía o de un escuadrón. ‖ **FAM.** seccionar.

seccionar tr. Dividir en secciones, fraccionar, cortar. ‖ **FAM.** seccionador.

secesión f. Acto de separarse de una nación parte de su pueblo y territorio. ‖ Separación de un grupo de personas del conjunto al que pertenecía. ‖ **FAM.** secesionismo, secesionista.

seco, ca adj. Que carece de jugo o humedad: *frutos secos.* ‖ Falto de agua: *río seco.* ‖ Se dice del guiso sin caldo: *arroz seco.* ‖ Se dice del tiempo en que no llueve. ‖ Falto de verdor o lozanía: *árbol seco.* ‖ Flaco. ‖ Poco abundante o estéril: *seco de ideas.* ‖ Áspero, poco cariñoso. ‖ Árido, poco ameno: *estilo seco.* ‖ Se dice del vino o aguardiente sin azúcar. ‖ Se dice del sonido ronco y áspero: *tos seca.* ‖ Se apl. al golpe fuerte, rápido y que no resuena. ‖ Muerto: *se quedó seco de un ataque.* ‖ Totalmente sorprendido: *me dejas seco con lo que me cuentas.* ‖ m. amer. Golpe, coscorrón. ‖ **a secas** loc. adv. Solamente, sin otra cosa. ‖ **en seco** loc. adv. Fuera del agua o de un lugar húmedo. ‖ De repente: *paró en seco.* ‖ **FAM.** seca, secadero, secamente, secano, secar, sequedad, sequedal, sequía, sequillo.

secretar tr. Segregar las glándulas ciertas sustancias. ‖ **FAM.** secreción, secretor, secretorio.

secretariado m. Profesión de secretario y conjunto de estudios y conocimientos necesarios para esta profesión. ‖ Cuerpo o conjunto de secretarios.

secretario, ria m. y f. Persona encargada de escribir la correspondencia, extender las actas, dar fe de los acuerdos y custodiar los documentos de una oficina, asamblea o corporación. **❙ FAM.** secretaría, secretariado.

secretear intr. Hablar en secreto una persona con otra. **❙ FAM.** secreteo.

secreter m. Mueble utilizado como escritorio con pequeños cajones para guardar papeles y algunos utensilios.

secreto, ta adj. Oculto, ignorado, escondido: *una puerta secreta*. **❙** m. Lo que cuidadosamente se tiene reservado y oculto. **❙** Reserva, sigilo: *se hablaban unos a otros con gran secreto*. **❙** Conocimiento que alguno exclusivamente posee de algo. **❙** Escondrijo que suelen tener algunos muebles. **❙** Mecanismo oculto de una cerradura. **❙ FAM.** secretamente, secretear.

secta f. Doctrina religiosa o ideológica que se diferencia o independiza de otra. **❙** Conjunto de seguidores de una parcialidad religiosa o ideológica. **❙ FAM.** sectario.

sectario, ria adj. Que profesa y sigue una secta. También s. **❙** Secuaz, fanático. **❙ FAM.** sectarismo.

sector m. Parte de una clase o de una colectividad que presenta caracteres peculiares: *el sector metalúrgico*. **❙** Parte de un espacio, territorio, etc. **❙** Porción de círculo comprendida entre un arco y los dos radios que pasan por sus extremidades. **❙ FAM.** sectorial.

secuaz adj. y com. desp. Partidario de una persona, partido, doctrina u opinión.

secuela f. Consecuencia, generalmente negativa, de una cosa: *su cojera es secuela de un accidente.*

secuencia f. Continuidad, sucesión ordenada de algo. **❙** Serie o sucesión de cosas que guardan entre sí cierta relación. **❙** En un filme, sucesión no interrumpida de planos o escenas que integran una etapa descriptiva, una jornada de la acción o un tramo coherente y concreto del argumento. **❙ FAM.** secuencial, secuenciar.

secuenciar tr. Establecer una serie o sucesión de cosas que guardan entre sí cierta relación.

secuestrar tr. Aprehender y retener por la fuerza a una persona para exigir dinero por su rescate, o para otros fines. **❙** Embargar judicialmente. **❙ FAM.** secuestrado, secuestrador, secuestro.

secular adj. Seglar. **❙** Se dice del clero o sacerdote que no vive en un convento ni pertenece a ninguna orden religiosa. **❙** Que dura un siglo, o desde hace siglos: *tradición secular.*

❙ FAM. secularidad, secularizar, secularmente.

secularizar tr. y prnl. Hacer secular lo que era eclesiástico. **❙ FAM.** secularización, secularizado.

secundar tr. Ayudar, favorecer. **❙ FAM.** secundario.

secundario, ria adj. Segundo en orden. **❙** No principal, accesorio. **❙** En geol., mesozoico. **❙ FAM.** secundariamente.

secuoya f. Árbol conífero de gran altura, de copa estrecha y tronco muy lignificado; algunos ejemplares puede llegar hasta los 100 m, debido a la extensa duración de su vida.

sed f. Gana y necesidad de beber. **❙** Necesidad de agua o de humedad que tienen ciertas cosas, especialmente los campos. **❙** Deseo ardiente de una cosa: *sed de justicia.* **❙ FAM.** sediento.

seda f. Líquido viscoso segregado por ciertas glándulas de algunos artrópodos. **❙** Hilo formado con varias de estas hebras producidas por el gusano de seda. **❙** Tejido elaborado con estos hilos. **❙ FAM.** sedal, sedería, sedoso.

sedal m. Hilo fino y muy resistente que se utiliza para pescar.

sedante adj. y m. Que seda: *música sedante.* **❙** Se apl. al fármaco que disminuye la agitación nerviosa e induce al sueño.

sedar tr. Apaciguar, sosegar, calmar, particularmente administrando algún fármaco. **❙ FAM.** sedación, sedante, sedativo.

sede f. Lugar donde tiene su domicilio una entidad económica, literaria, deportiva, etc. **❙** Capital de una diócesis. **❙** Territorio de la jurisdicción de un prelado. **❙** Jurisdicción y potestad del Sumo Pontífice. **❙** Asiento o trono de un prelado. **❙ FAM.** sedar, sedentario, sedente, sedimento.

sedentario, ria adj. Se apl. al pueblo o tribu que vive asentado en algún lugar, por oposición al nómada. **❙** Se dice del oficio o vida de poca agitación o movimiento.

sedente adj. Que está sentado: *estatua sedente.*

sedería f. Conjunto de tejidos de seda. **❙** Industria de la seda. **❙** Tienda donde se venden géneros de seda, y p. ext., otras telas y artículos de mercería. **❙ FAM.** sedero.

sediciente adj. Se dice irónicamente de la persona que se da a sí misma un nombre o título que no le corresponde.

sedición f. Alzamiento colectivo y violento contra un poder establecido. **❙ FAM.** sedicioso.

sedicioso, sa adj. Se dice de la persona que promueve una sedición o toma parte en ella.

También s. ‖ Se dice también de sus actos o palabras. ‖ **FAM**. sediciosamente.

sediento, ta adj. Que tiene sed. También s. ‖ Se dice de los campos o plantas que necesitan agua. ‖ Que desea una cosa con ansia.

sedimentar tr. Depositar sedimento un líquido. También intr. ‖ prnl. Formar sedimento las materias suspendidas en un líquido. ‖ Afianzarse y consolidarse cosas inmateriales, como los conocimientos. ‖ **FAM**. sedimentación.

sedimento m. Materia que habiendo estado suspensa en un líquido se posa en el fondo. ‖ En geol., depósito de materiales arrastrados mecánicamente por las aguas o el viento. ‖ Poso que deja en una persona un hecho o experiencia: *aquello le dejó un amargo sedimento.* ‖ **FAM**. sedimentar, sedimentario.

sedoso, sa adj. Parecido a la seda.

seducir tr. Engañar, persuadir sutilmente al mal. ‖ Utilizar este tipo de engaños con una persona para mantener con ella relaciones sexuales. ‖ Atraer, gustar, agradar: *le sedujo el paisaje.* ♦ Irreg. Se conj. como *conducir.* ‖ **FAM**. seducción, seductor.

sefardí o **sefardita** adj. y com. Se dice del judío originario de España. ‖ m. Dialecto judeoespañol. ♦ pl. *sefardíes* o *sefardís.*

segar tr. Cortar mieses o hierba. ‖ Cortar, cercenar: *segar la cabeza.* ‖ Impedir el desarrollo de algo: *el accidente segó su carrera.* ♦ Irreg. Se conj. como *acertar.* ‖ **FAM**. segador, segueta, segur, siega.

seglar adj. y com. Que no es religioso, eclesiástico o monacal. ‖ **FAM**. seglarmente.

segmentar tr. Cortar o partir en segmentos. ‖ **FAM**. segmentación, segmentado.

segmento m. Pedazo o parte cortada de una cosa. ‖ Parte del círculo comprendida entre un arco y su cuerda. ‖ Cada una de las partes dispuestas en serie lineal de las que está formado el cuerpo de los gusanos y artrópodos. ‖ **FAM**. segmentar.

segregacionismo m. Doctrina social o práctica política que se basa en la segregación de ciertos grupos raciales, sociales, religiosos, etc. ‖ **FAM**. segregacionista.

segregar tr. Separar o apartar una cosa de otra. ‖ Particularmente, apartar grupos raciales, sociales, religiosos, etc. ‖ En fisiología, manar de las glándulas las sustancias elaboradas por ellas y que el organismo utiliza en alguna de sus funciones, como el jugo gástrico, el sudor, la saliva, etc. ‖ **FAM**. segregación, segregacionismo.

segueta f. Sierra de marquetería. ‖ **FAM**. seguetear.

seguidilla f. Composición métrica que pue-

de constar de cuatro o siete versos, muy usada en los cantos populares y en el género jocoso. ‖ pl. Canción y baile populares españoles, de ritmo vivo y alegre.

seguidor, ra adj. y s. Que sigue a una persona o cosa. ‖ Partidario, adepto.

seguir tr. Ir después o detrás de una persona o cosa: *el martes sigue al lunes.* ‖ Acompañar con la vista a un objeto que se mueve. ‖ Ir en compañía de uno: *el perro seguía a su dueño.* ‖ Proseguir o continuar lo empezado: *sigue estudiando.* ‖ Profesar o ejercer una ciencia, arte o empleo: *siguió la carrera de leyes.* ‖ Observar algo con atención, estar atento a ello: *seguir el desarrollo de los acontecimientos.* ‖ Tratar o manejar un negocio o pleito. ‖ Entender lo que otro dice: *me costaba seguir sus explicaciones.* ‖ Convenir con la opinión de una persona, ser partidario de ella, de una doctrina, etc.: *seguir la moda.* ‖ Imitar el ejemplo de otro. ‖ Hacer caso de consejos, normas, etc.: *seguir las reglas.* ‖ intr. Mantenerse en el mismo estado, lugar o circunstancia: *¿sigues enfadado?* ♦ Irreg. Se conj. como *pedir.* ‖ **FAM**. secuaz, secuela, secuencia, seguidilla, seguido, seguidor, seguimiento, seguiriya, siguiente, séquito.

según prep. Conforme o con arreglo a: *según la ley.* ‖ Con proporción o correspondencia a; de la misma manera que, por el modo en que: *según nos mira, parece que va a preguntarnos algo.* ‖ Indica eventualidad o contingencia: *iré o me quedaré, según.* ‖ **según y cómo**, o **según y conforme** loc. conj. De igual suerte o manera que.

segundero m. Manecilla que señala los segundos en el reloj.

segundo, da adj. Que sigue inmediatamente en orden al o a lo primero. ‖ m. Persona que sigue en jerarquía al jefe o principal: *el segundo de a bordo.* ‖ Cada una de las sesenta partes en que se divide el minuto de tiempo. ‖ Tiempo muy breve, instante: *lo arregló en un segundo.* ‖ Cada una de las sesenta partes en que se divide el minuto de circunferencia. ‖ f. pl. Segunda intención, la que se oculta o maliciosa: *eso lo dijo con segundas.* ‖ **FAM**. según, segundero, segundogénito, segundón.

segundogénito, ta adj. y s. Se dice del hijo nacido después del primogénito.

segundón m. Hombre que desempeña un papel por debajo del más importante. ‖ Hijo segundo de la casa. ‖ P. ext., cualquier hijo no primogénito.

segur f. Hacha grande para cortar. ‖ Hacha que formaba parte de cada una de las fasces de los lictores romanos.

seguridad f. Calidad de seguro. ‖ Garantía

de que algo va a cumplirse. | **Seguridad Social** Conjunto de organismos dependientes del Estado que cubren algunas necesidades de la población, como seguro médico, pensiones de jubilación, desempleo, etc.

seguro, ra adj. Libre y exento de todo peligro, daño o riesgo: *se escondieron en lugar seguro*. | Cierto, indudable: *es seguro que vendrán*. | Firme, constante: *una relación segura*. | m. Contrato por el cual una persona, natural o jurídica, se obliga a reparar las pérdidas o daños que ocurran a determinadas personas o cosas mediante el pago de una prima. | Salvoconducto o permiso especial. | Dispositivo que impide que una máquina u objeto se ponga en funcionamiento, se abra, etc.: *el seguro de una pistola*. | adv. m. Sin aventurarse a ningún riesgo: *trabajar seguro*. | Con certeza: *seguro que ya ha llegado*. | **a buen seguro**, o **de seguro** loc. adv. Ciertamente, en verdad. | **sobre seguro** loc. adv. Manteniendo la seguridad, sin correr riesgos. | FAM. seguramente, seguridad.

seis adj. y s. Cinco y uno. | Sexto, ordinal. También s.: *el seis de abril*. | m. Signo o signos con que se representa el número seis. | Naipe que tiene seis señales. | *amer.* Baile popular, especie de zapateado. | FAM. seisavo, seiscientos, seise, seisillo, senario, sesenta, sexenio, sextante, sexteto, sextilla, sextina, sexto, sextuplicar.

seiscientos, tas adj. Seis veces cien. | Que sigue inmediatamente por orden al quinientos noventa y nueve. | m. Conjunto de signos con que se representa el número seiscientos. | FAM. sexcentésimo.

seísmo m. Terremoto, sismo.

seláceo, cea adj. y m. Se dice de los peces marinos cartilaginosos, de cuerpo fusiforme. También se llaman *elasmobranquios*. | m. pl. Orden de estos peces al que pertenecen la tintorera y la raya.

selección f. Acción y efecto de elegir a una persona o cosa entre otras. | Conjunto de los seleccionados. | Conjunto de deportistas seleccionados para participar en un torneo o competición, generalmente representando a un país: *la selección española de fútbol*. | Elección de los animales destinados a la reproducción. | **selección natural** Teoría establecida por el naturalista inglés Darwin, que pretende explicar, por la acción continuada del tiempo y del medio, la desaparición de determinadas especies animales o vegetales y su sustitución por otras de condiciones superiores.

seleccionar tr. Elegir, escoger. | FAM. selección, seleccionador, selectivo, selecto, selector.

selectividad f. Cualidad de selectivo. | En España, examen de acceso a la universidad.

selectivo, va adj. Que implica selección o selecciona: *criterios selectivos*. | FAM. selectividad.

selecto, ta adj. Que es o se tiene por mejor entre otras cosas de su especie: *club selecto*. | Con capacidad para seleccionar lo mejor: *un gusto selecto*.

selector, ra adj. Que selecciona o escoge. | m. Dispositivo que en un aparato o sistema permite elegir sus distintas funciones.

selénico, ca adj. Perteneciente o relativo a la luna. | FAM. selenio, selenita, selenitoso, selenografía, selenosis.

selenio m. Elemento químico no metálico de color gris oscuro a rojo y brillo metálico, que se halla en la naturaleza en compuestos de plomo y cobre. Se utiliza en la industria del vidrio y la cerámica, y por sus propiedades fotoeléctricas, en cinematografía y televisión. Su símbolo es Se.

selenita com. Supuesto habitante de la Luna. | f. Yeso cristalizado en láminas brillantes.

selenografía f. Parte de la astronomía, que trata del estudio y descripción de la Luna. | FAM. selenógrafo.

selenosis f. Manchita blanca en las uñas. ♦ No varía en pl.

self-service (voz i.) m. Autoservicio.

sellar tr. Imprimir el sello. | Comunicar a una cosa determinado carácter. | Concluir, poner fin a una cosa. | Cerrar, topar, cubrir. | FAM. sellado, sellador.

sello m. Utensilio de metal o caucho que sirve para estampar las armas, divisas o cifras grabadas en él. | Lo que queda estampado, impreso y señalado con el sello. | Disco de metal, cera, lacre, etc., con que se cierran cartas y paquetes, impidiendo que sean abiertos. | Trozo pequeño de papel, con timbre oficial de figuras o signos grabados, que se pega a ciertos documentos para darles valor o eficacia y a las cartas para franquearlas o certificarlas: *sello postal*. | Sortija que tiene grabada en su parte superior las iniciales de una persona, su escudo, etc. | Carácter distintivo comunicado a una obra u otra cosa. | FAM. sellar.

selva f. Terreno extenso, sin cultivar y muy poblado de árboles. | En geog., tipo de bosque ecuatorial y tropical. | Lugar lleno de dificultades y peligros en el que impera la ley del más fuerte: *la selva urbana*. | FAM. selvático, silva, silvano, silvestre, silvícola, silvicultura.

sema m. En ling., rasgo distintivo de significado, por el que se diferencian los significados de las palabras o éstas adquieren distintos matices significativos. ‖ **FAM**. semáforo, semantema, semántico.

semáforo m. Aparato eléctrico de señales luminosas para regular la circulación. ‖ Telégrafo óptico de las costas. ‖ Cualquier sistema de señales ópticas.

semana f. Serie de siete días naturales consecutivos, empezando por el lunes y acabando por el domingo. En algunos países empieza el domingo y termina el sábado. ‖ Período de siete días: *debe guardar una semana de reposo.* ‖ Salario ganado en una semana. ‖ **entre semana** loc. adv. En cualquier día de ella, exceptuando el fin de semana. ‖ **FAM**. semanal, semanalmente, semanario.

semanario, ria adj. Periódico que se publica semanalmente. ‖ Conjunto de siete objetos iguales o relacionados.

semántica f. Parte de la lingüística que estudia el significado de los signos lingüísticos y de sus combinaciones, desde un punto de vista sincrónico o diacrónico. ‖ **FAM**. semántico, semantista.

semblante m. Cara o rostro humano, especialmente cuando expresan algún sentimiento. ‖ Apariencia de las cosas. ‖ **FAM**. semblanza.

semblanza f. Breve biografía de una persona o descripción de sus rasgos físicos o espirituales.

sembrado, da adj. y s. Se dice de la tierra cultivada.

sembrar tr. Arrojar y esparcir las semillas en la tierra preparada para este fin. ‖ Desparramar, esparcir: *sembró los juguetes por toda la casa.* ‖ Dar motivo, causa o principio a una cosa: *sembrar el pánico.* ♦ **Irreg**. Se conj. como *acertar*. ‖ **FAM**. sembradío, sembrado, sembrador, siembra.

semejante adj. Que se parece a una persona o cosa. También s. ‖ Se usa con sentido de comparación o ponderación: *no es lícito valerse de semejantes medios.* ‖ Empleado con carácter de demostrativo, equivale a *tal*: *no he visto a semejante hombre.* ‖ m. Cualquier hombre respecto a uno, prójimo. ‖ **FAM**. semejanza, semejar.

semejanza f. Calidad de semejante. ‖ Símil retórico.

semejar intr. y prnl. Parecerse dos personas o cosas.

semen m. Líquido que segregan las glándulas genitales de los animales del sexo masculino. ‖ **FAM**. seminal, seminífero.

semental adj. y m. Se apl. al animal macho que se destina a la reproducción.

sementera f. Acción y efecto de sembrar. ‖ Tierra sembrada. ‖ Cosa sembrada. ‖ Tiempo a propósito para sembrar. ‖ Origen, principio de muchas cosas.

semestre m. Espacio de seis meses. ‖ Renta, sueldo, pensión, etc., que se cobra o se paga cada seis meses. ‖ Conjunto de los números de un periódico o revista publicados durante un semestre. ‖ **FAM**. semestral, semestralmente.

semicírculo m. Cada una de las dos mitades del círculo separadas por un diámetro. ‖ **FAM**. semicircular.

semicircunferencia f. Cada una de la dos mitades de la circunferencia separadas por un diámetro.

semiconductor, ra adj. Se dice de los materiales cuya resistividad disminuye al aumentar la temperatura, y de los cuerpos cuya resistividad tiene un valor intermedio entre el de los metales y los aislantes. También m.

semiconsonante adj. En ling., se apl. a las vocales *i, u,* en principio de diptongo o triptongo, como en *piedra, hielo, huerto, apreciáis,* y más propiamente cuando su pronunciación se acerca a la de las consonantes: *hierro, hueso.* También f.

semicorchea f. Figura musical cuyo valor es la mitad de la corchea.

semidiós, sa m. y f. Héroe o heroína que pasaba a constituirse como divinidad en la mitología griega y romana. ‖ En mit., nacido de la unión de un dios con un humano.

semieje m. En geom., cada una de las dos mitades de un eje separados por el centro.

semiesfera f. Cada una de las dos mitades de una esfera dividida por un plano que pasa por su centro. ‖ **FAM**. semiesférico.

semifinal f. Cada una de las dos penúltimas competiciones de un campeonato o concurso. Más en pl. ‖ **FAM**. semifinalista.

semilla f. Parte del fruto de los vegetales que contiene el germen de una nueva planta. ‖ Cosa que es causa u origen de otra: *aquella medida fue la semilla de la huelga.* ‖ pl. Granos que se siembran. ‖ **FAM**. semental, sementera, semillero, seminívoro, simiente.

semillero m. Sitio donde se siembra y crían los vegetales que después han de transplantarse. ‖ Sitio donde se guardan y conservan colecciones de semillas. ‖ Origen y principio de algunas cosas: *semillero de vicios.*

semimetal m. En quím., se aplica a los elementos que tienen propiedades de metal y de no metal, como el boro, galio, germanio y bismuto. También m.

seminal adj. Relativo al semen: *líquido seminal.* ‖ Relativo a la semilla.

seminario m. Establecimiento para la formación de jóvenes eclesiásticos: *seminario conciliar.* ‖ En las universidades, curso práctico de investigación, anejo a la cátedra, y local donde se realiza. ‖ P. ext., prácticas educativas y de investigación realizadas en otros centros de enseñanza. ‖ **FAM**. seminarista.

seminífero, ra adj. Que produce o contiene semen: *glándula seminífera*.

seminola adj. Se dice de un grupo de pueblos amerindios del grupo lingüístico muscogí que vivían en la península de Florida. Más en pl. ‖ De este pueblo. También com.

semiología f. Semiótica. ‖ **FAM**. semiológico, semiólogo.

semiótica f. Ciencia que se ocupa del estudio de los signos en una comunidad, y de la que forma parte la lingüística. ‖ **FAM**. semiótico.

semiplano m. Cada una de las dos porciones de plano limitadas por una cualquiera de sus rectas.

semirrecta f. Cada una de las dos porciones en que queda dividida una recta.

semisótano m. Conjunto de locales situados parcialmente bajo el nivel de la calle.

semisuma f. Resultado de dividir por dos una suma.

semita adj. y s. Descendiente de Sem. ‖ Se apl. al grupo de pueblos establecidos en la antigüedad en el Próximo Oriente, que hablaban una lengua de tronco común. ‖ Relativo a estos pueblos. ‖ **FAM**. semítico, semitismo, semitista.

semitono m. En mús., cada una de las dos partes desiguales en que se divide el intervalo de un tono.

sémola f. Pasta de harina en granos muy pequeños que se usa para sopa.

semoviente adj. y m. Se dice de los bienes que consisten en ganado de cualquier especie.

sempiterno, na adj. Que durará siempre.

senado m. Cuerpo colegislador formado por personas elegidas por sufragio o designadas por razón de su cargo, título, etc., cuya función es la de ratificar, modificar o rechazar lo aprobado en el Congreso de los Diputados. ♦ Suele escribirse con mayúscula. ‖ Asamblea de patricios que formaba el Consejo de la antigua Roma. ‖ **FAM**. senadoconsulto, senador, senatorial.

senador, ra m. y f. Persona que es miembro del senado. ‖ **FAM**. senaduría.

senatorial o **senatorio, ria** adj. Relativo al senado o al senador.

sencillo, lla adj. Que no tiene complicación. ‖ Formado por un elemento o por pocos. ‖ Humilde: *gentes sencillas*. ‖ Que carece de ostentación y adornos. ‖ Se dice de lo que tiene menos cuerpo que otras cosas de su especie. ‖ Se dice del disco grabado, por lo co-

mún, en 45 revoluciones por minuto, que contiene una o dos grabaciones en cada cara. Más c. m. ‖ m. *amer*. Dinero suelto. ‖ **FAM**. sencillamente, sencillez.

senda f. Camino más estrecho que la vereda. ‖ Cualquier camino. ‖ Procedimiento o medio para hacer o lograr algo: *la senda del éxito*. ‖ **FAM**. sendero.

sendos, das adj. pl. Uno o una para cada cual de dos o más personas o cosas: *tu casa y la mía tienen sendos garajes*.

senectud f. Período de la vida humana que empieza hacia los sesenta años. ‖ **FAM**. senado, senescente, senil.

senequismo m. Norma de vida ajustada a los dictados de la moral y la filosofía de Séneca. ‖ **FAM**. senequista.

senescal m. Mayordomo mayor de la casa real. ‖ Jefe o cabeza principal de la nobleza. ‖ **FAM**. senescalado, senescalía.

senil adj. Relativo a los viejos o a la vejez. ‖ Que presenta decadencia física o psíquica. ‖ **FAM**. senilidad.

sénior m. Deportista que ha sobrepasado la categoría de júnior. ‖ Voz con la que se distingue a la mayor de dos personas que se llaman igual, generalmente padre e hijo. ♦ pl. *séniors*.

seno m. Pecho, mama. ‖ Espacio o hueco que queda entre el vestido y el pecho de las mujeres. ‖ Concavidad, hueco: *una pila de dos senos*. ‖ Golfo, porción de mar que se interna en la tierra. ‖ Amparo, abrigo, protección y cosa que los presta: *se crió en el seno de una familia acomodada*. ‖ Parte interna de alguna cosa: *el seno del mar*. ‖ En arq., espacio comprendido entre los trasdoses de arcos o bóvedas contiguas. ‖ En un triángulo rectángulo, cociente entre las longitudes del cateto opuesto y el ángulo rectángulo y el de la hipotenusa. ‖ **FAM**. sinuoso, sinusitis.

sensación f. Impresión que las cosas producen en el alma por medio de los sentidos. ‖ Emoción producida en el ánimo por un suceso o noticia: *la novela causará sensación*. ‖ Presentimiento: *me da la sensación de que pronto volverá*. ‖ **FAM**. sensacional, sensible, sensitivo, sensual.

sensacional adj. Que causa sensación. ‖ Se apl. a personas, cosas, sucesos, etc., que llaman poderosamente la atención. ‖ **FAM**. sensacionalismo.

sensacionalismo m. Tendencia a producir sensación, emoción en el ánimo, con noticias, sucesos, etc. ‖ **FAM**. sensacionalista.

sensato, ta adj. Prudente, cuerdo, de buen juicio. ‖ **FAM**. sensatamente, sensatez.

sensibilidad f. Cualidad de sensible. ‖ Capacidad propia de los seres vivos de percibir sensaciones y de responder a muy pequeñas excitaciones, estímulos o causas. ‖ Propensión natural del hombre a dejarse llevar de los afectos de compasión, humanidad y ternura. ‖ Grado o medida de la eficacia de ciertos aparatos científicos, ópticos, etc.

sensibilizar tr. Hacer sensible; representar de forma sensible. ‖ Despertar sentimientos morales, estéticos, etc.: *sensibilizar a la sociedad contra el racismo.* También prnl. ‖ Hacer sensibles la acción de la luz ciertas materias usadas en fotografía. ‖ **FAM.** sensibilización, sensibilizado, sensibilizador.

sensible adj. Que siente, física o moralmente. ‖ Que puede ser conocido por medio de los sentidos. ‖ Perceptible, manifiesto: *un sensible descenso del turismo.* ‖ Que causa o mueve sentimientos de pena o de dolor. ‖ Se dice de la persona que se deja llevar con facilidad por sus sentimientos y a la que es fácil herir. ‖ Capaz de descubrir la belleza, el valor y la perfección de las cosas. ‖ Se dice de las cosas que ceden fácilmente a la acción de ciertos agentes naturales: *placa sensible a la luz.* ‖ En mús., se dice de la séptima nota de la escala diatónica. También f. ‖ **FAM.** sensibilidad, sensibilizar, sensiblemente, sensiblería, sensor, sensorial.

sensiblería f. Sentimentalismo exagerado. ‖ **FAM.** sensiblero.

sensitivo, va adj. Relativo a las sensaciones producidas en los sentidos y especialmente en la piel. ‖ Capaz de experimentar sensaciones. ‖ Que estimula la sensibilidad. ‖ **FAM.** sensitiva.

sensor m. Dispositivo formado por células sensibles que detecta variaciones en una magnitud física y las convierte en señales útiles para un sistema de medida o control.

sensorial adj. Relativo a los sentidos. ‖ **FAM.** sensorio.

sensual adj. Relativo a las sensaciones de los sentidos. ‖ Se dice de los gustos y deleites de los sentidos, a las cosas que los incitan o satisfacen y a las personas aficionadas a ellos. ‖ Relativo al deseo sexual. ‖ **FAM.** sensualidad, sensualismo, sensualmente.

sensualidad f. Calidad de sensual. ‖ Propensión exagerada a los placeres de los sentidos.

sentada f. Tiempo que sin interrupción está sentada una persona. ‖ Acción de permanecer sentado en el suelo durante mucho tiempo un grupo de personas para manifestar una protesta o apoyar una petición. ‖ **de una sentada** loc. adv. De una vez.

sentar tr. Poner o colocar a uno de manera que quede apoyado y descansando sobre las nalgas. También prnl. ‖ Dar por supuesta o por cierta alguna cosa: *di por sentado que no vendrías.* ‖ Fundamentar una teoría, doctrina, etc.: *sentar un precedente.* ‖ Dejar una cosa asegurada o ajustada: *sentar una costura.* También intr. ‖ intr. Hacer algo provecho o daño: *le ha sentado mal la comida.* ‖ Agradar a uno una cosa: *le sentó muy mal que no le invitaras.* ‖ Resultar bien o mal en alguien una prenda, peinado, etc.: *te sienta mejor el pelo recogido.* ‖ Posarse un líquido. También prnl. ‖ ♦ **Irreg.** Se conj. como *acertar.* ‖ **FAM.** sentada, sentado, sentador.

sentencia f. Frase que conlleva un juicio, enseñanza, etc. ‖ Dictamen de un juez o jurado. ‖ P. ext., dictamen o resolución dados por otra persona. ‖ Oración o período gramatical. ‖ **FAM.** sentenciar, sentencioso.

sentenciar tr. Dar o pronunciar sentencia. ‖ Condenar por sentencia. ‖ Expresar un parecer, juicio o dictamen. ‖ **FAM.** sentenciador.

sentencioso, sa adj. Que encierra una sentencia. ‖ Que se expresa con afectada gravedad. ‖ **FAM.** sentenciosamente.

sentido, da adj. Que incluye o explica un sentimiento. ‖ Se dice de la persona que se ofende con facilidad: *es muy sentido.* ‖ m. Facultad que tienen el hombre y los animales para percibir las impresiones de los objetos externos: *los cinco sentidos.* ‖ Conciencia, percepción del mundo exterior: *perder el sentido.* ‖ Entendimiento, razón: *lo que dices no tiene sentido.* ‖ Modo particular de entender una cosa, juicio que se hace sobre ella: *el sentido de la amistad.* ‖ Razón de ser o finalidad: *su conducta carecía de sentido.* ‖ Significado, cada una de las acepciones de las palabras: *sentido figurado.* ‖ Cada una de las interpretaciones que pueden admitir un escrito, comentario, etc. ‖ Dirección: *el sentido de las agujas del reloj.* ‖ **sentido común** Facultad de juzgar razonablemente las cosas. ‖ **hacer perder el sentido** loc. Gustar o agradar mucho. ‖ **FAM.** sentidamente.

sentimental adj. Relativo a los sentimientos. ‖ Que expresa sentimientos tiernos. ‖ Propenso a ellos. ‖ Que afecta sensibilidad de un modo exagerado. ‖ Relativo al amor: *relaciones sentimentales.* ‖ **FAM.** sentimentalismo, sentimentalmente.

sentimiento m. Acción y efecto de sentir. ‖ Impresión que causan en el alma las cosas espirituales. ‖ Parte del ser humano opuesta a la inteligencia o razón. Se usa mucho en pl.: *dejarse llevar por los sentimientos.* ‖ Estado del ánimo afligido por un suceso triste: *le acompaño en el sentimiento.* ‖ **FAM.** sentimental.

sentina f. Cavidad inferior de la nave en la

que se reúnen las aguas que se filtran por los costados y cubierta del buque. ‖ Lugar lleno de basuras y mal olor. ‖ Lugar donde abundan los vicios.

sentir m. Sentimiento. ‖ Opinión, parecer: *soy de tu mismo sentir.*

sentir tr. Experimentar sensaciones producidas por causas externas o internas. ‖ Oír: *sentí que abrían la puerta.* ‖ Experimentar una impresión, placer o dolor corporal o espiritual. ‖ Lamentar: *siento que no puedas venir.* ‖ Juzgar, opinar: *digo lo que siento.* ‖ prnl. Seguido de algunos adjetivos, hallarse o estar como éste expresa: *me siento cansado.* ‖ Considerarse, reconocerse: *sentirse muy obligado.* ‖ FAM. sensación, sentido, sentimiento, sentir. ♦ **Irreg.** Conjugación modelo:

Indicativo
Pres.: *siento, sientes, siente, sentimos, sentís, sienten.*
Imperf.: *sentía, sentías,* etc.
Pret. indef.: *sentí, sentiste, sintió, sentimos, sentisteis, sintieron.*
Fut. imperf.: *sentiré, sentirás,* etc.

Potencial: *sentiría, sentirías,* etc.

Subjuntivo
Pres.: *sienta, sientas, sienta, sintamos, sintáis, sientan.*
Imperf.: *sintiera o sintiese, sintieras o sintieses,* etc.
Fut. imperf.: *sintiere, sintieres,* etc.

Imperativo: *siente, sentid.*

Participio: *sentido.*

Gerundio: *sintiendo.*

seña f. Indicio para dar a entender una cosa. ‖ Gesto, signo, etc., determinado entre dos o más personas para entenderse. ‖ Señal que se emplea para luego acordarse de algo. ‖ pl. Indicación del domicilio de una persona, empresa, etc. ‖ FAM. señal, señuelo.

señal f. Marca que se pone o hay en las cosas para distinguirlas de otras. ‖ Hito o mojón que se pone para marcar un término. ‖ Signo o medio convenido de antemano que se emplea para hacer o reconocer algo: *la señal será un guiño.* ‖ Objeto, sonido, luz, etc., cuya función es avisar o informar sobre algo: *señal de tráfico.* ‖ Indicio de una cosa, por el que se tiene conocimiento de ella: *su ayuda es señal de amistad.* ‖ Cicatriz o marca en la piel y, p. ext., en cualquier superficie. ‖ Cantidad sobre el total que se adelanta en algunos contratos, compras, etc.: *dejó mil pesetas de señal.* ‖

señal de la cruz Cruz que se representa al mover la mano sobre el cuerpo de una persona, sobre el propio cuerpo o en el aire. ‖ **en señal** loc. adv. En prueba o prenda de una cosa. ‖ FAM. señalar, señalizar.

señalado, da adj. Insigne, famoso. ‖ FAM. señaladamente.

señalar tr. Poner o estampar una señal en una cosa para distinguirla de otra. ‖ Llamar la atención hacia una persona o cosa, designándola con la mano. ‖ Determinar la persona, día, hora o lugar para algún fin: *ya han señalado la fecha de la boda.* ‖ Fijar la cantidad que debe pagarse para atender determinados servicios. ‖ Indicar, revelar: *me señaló el camino en un plano.* ‖ prnl. Distinguirse o singularizarse. ‖ FAM. señalado, señalador, señalamiento.

señalizar tr. Colocar en las vías de comunicación las señales que sirvan de guía a los usuarios. ‖ Indicar algo con señales: *señalizar un socavón.* ‖ FAM. señalización.

señero, ra adj. Destacado, ilustre. ‖ Solo, solitario: *un pino señero dominaba la llanura.* ‖ f. Bandera de Cataluña. ‖ FAM. señeramente.

señor, ra m. y f. Persona madura: *un señor nos indicó el camino.* ‖ Término de cortesía que se aplica a cualquier persona adulta; referido a mujeres, sólo si son casadas o viudas. ‖ Dueño de una cosa o amo con respecto a los criados. ‖ Noble. ‖ Persona elegante, educada y de nobles sentimientos. ‖ m. Dios. ♦ Se escribe con mayúscula. ‖ f. Esposa: *le acompañaba su señora.* ‖ adj. Antepuesto a algunos nombres, sirve para encarecer el significado de los mismos: *me dio un señor disgusto.* ‖ FAM. señorear, señoría, señorial, señorío, señorito, señorón.

señorear tr. Dominar o mandar en una cosa como dueño de ella. También prnl. ‖ Estar una cosa en situación superior o en mayor altura del lugar que ocupa otra. ‖ Contener alguien sus pasiones y sentimientos.

señoría f. Tratamiento que se da a las personas a quienes compete por su dignidad. ‖ Persona a quien se da este tratamiento. ‖ Forma de gobierno de determinadas ciudades de Italia en la Baja Edad Media, en la que el poder era detentado por una dinastía o familia, que establecía una forma de principado: *la señoría de Florencia.* ‖ Ciudad así gobernada.

señorial adj. Relativo al señorío. ‖ Majestuoso, noble.

señorío m. Dominio sobre una cosa. ‖ Territorio perteneciente al señor. ‖ Dignidad de señor. ‖ Elegancia, educación y comportamiento propios de un señor. ‖ FAM. señorial.

señorito, ta m. y f. Hijo de un señor o de

una persona importante. ‖ Amo, con respecto a los criados. ‖ Joven acomodado y ocioso. ‖ Persona excesivamente fina y remilgada. También adj. ‖ f. Término de cortesía que se aplica a la mujer soltera. ‖ Tratamiento que se da a algunas mujeres en el desempeño de sus tareas como maestras, secretarias, etc. ‖ **FAM.** señoritingo, señoritismo.

señorón, na adj. y s. De aspecto y comportamiento de señor, por serlo en realidad o por parecerlo.

señuelo m. Cualquier cosa que sirve para atraer a las aves. ‖ Ave destinada a atraer a otras. ‖ Cualquier cosa que sirve para atraer.

seo f. Iglesia catedral.

sépalo m. Cada una de las piezas que forman el cáliz de la flor.

separación f. Acción y efecto de separar. ‖ Interrupción de la vida conyugal, sin quedarse extinguido el vínculo matrimonial.

separar tr. Establecer distancia, o aumentarla, entre algo o alguien. También prnl. ‖ Privar de un empleo, cargo o condición al que los servía u ostentaba. ‖ Formar grupos dentro de un todo. ‖ Reservar o guardar una cosa: *me separó uno de los cachorros de la camada.* ‖ prnl. Tomar caminos distintos personas, animales o vehículos que iban juntos o por el mismo camino: *nos separamos en la estación.* ‖ Interrumpir los cónyuges la vida en común sin que se extinga el vínculo matrimonial. ‖ **FAM.** separable, separación, separado, separador, separata, separatismo.

separata f. Impresión por separado de un artículo publicado en una revista o libro.

separatismo m. Doctrina política que propugna la separación de algún territorio para alcanzar su independencia o integrarse en otro país. ‖ **FAM.** separatista.

sepelio m. Entierro con sus correspondientes ceremonias.

sepia f. Jibia, molusco. ‖ Materia colorante de tono ocre rojizo, que se saca de la jibia. ‖ m. Este mismo color.

sepiolita f. Mineral, silicato de magnesio hidratado, de color blanco, que cristaliza en el sistema rómbico y es muy poroso. También se llama *espuma de mar.*

sepsis f. Septicemia. ♦ No varía en pl. ‖ **FAM.** septicemia, séptico.

septembrino, na adj. Perteneciente o relativo al mes de septiembre. ‖ Se dice especialmente de ciertos movimientos revolucionarios acaecidos en ese mes. También s.

septenario, ria adj. Se dice del número compuesto de siete unidades, o que se escribe con siete guarismos. ‖ Se apl., en general, a

todo lo que consta de siete elementos. ‖ m. Septenio.

septenio m. Período de siete años.

septentrión m. Norte, punto cardinal. ‖ Viento del Norte. ‖ **FAM.** septentrional.

septeto m. Composición para siete instrumentos o siete voces. ‖ Conjunto de estos siete instrumentos o voces.

septicemia f. Enfermedad infecciosa producida por el paso a la sangre de gérmenes patógenos. ‖ **FAM.** septicémico.

séptico, ca adj. Que produce putrefacción o es causado por ella. ‖ Que contiene gérmenes patógenos.

septiembre m. Noveno mes del año; tiene treinta días. ♦ También se dice *setiembre.* ‖ **FAM.** septembrino, setembrista.

séptimo, ma adj. Que sigue inmediatamente en orden al o a lo sexto. ‖ Se dice de cada una de las siete partes iguales en que se divide un todo. También s. ♦ También se dice *sétimo.*

septuagenario, ria adj. y s. Que ha cumplido la edad de setenta años y no llega a ochenta.

septuagésimo, ma adj. Que sigue inmediatamente en orden al sesenta y nueve. ‖ Se dice de cada una de las setenta partes iguales en que se divide un todo. También s.

séptuplo, pla adj. y m. Se aplica a la cantidad que incluye en sí siete veces a otra. ‖ **FAM.** septuplicación, septuplicar.

sepulcro m. Obra que se construye para dar en ella sepultura al cadáver de una persona. ‖ Urna o andas cerradas, con una imagen de Jesucristo difunto. ‖ **FAM.** sepulcral.

sepultar tr. Poner en la sepultura a un difunto. ‖ Esconder, ocultar alguna cosa. También prnl. ‖ Sumergir, abismar, dicho del ánimo. Más c. prnl. ‖ **FAM.** sepelio, sepulcro, sepultador, sepultura, sepulturero.

sepultura f. Acción y efecto de sepultar. ‖ Hoyo que se hace en la tierra para enterrar un cadáver. ‖ Lugar en que está enterrado un cadáver.

sequía f. Largo período de tiempo seco.

séquito m. Conjunto de gente que acompaña a una personalidad.

ser m. Esencia y naturaleza. ‖ Vida, existencia: *dar el ser.* ‖ Cualquier persona, animal o cosa: *los seres vivos.*

ser v. copul. Afirma del sujeto lo que significa el atributo: *él es mi hermano.* ‖ Consistir, ser la causa de lo que se expresa: *eso es delito.* ‖ v. aux. Sirve para formar la conjugación de la voz pasiva: *fueron olvidados.* ‖ intr. Haber o existir: *seremos cuatro para cenar.* ‖ Servir, ser adecuado o estar destinado para la persona o cosa que se expresa: *ese recipiente no es para líquidos.* ‖ Acontecer: *¿cómo fue el accidente?* ‖ Valer, costar: *son 3.000 pesetas.* ‖ Pertenecer: *este jardín es de la comunidad.* ‖ Corresponder, tocar: *este proceder no es de un hombre honrado.* ‖ Tener principio, origen o naturaleza: *Antonio es de Madrid.* ‖ v. impers. Introduce expresiones de tiempo: *es demasiado tarde para llamar.* ‖ **FAM.** ser. ♦ **Irreg.** Conjugación modelo:

Indicativo

Pres.: *soy, eres, es, somos, sois, son.*
Imperf.: *era, eras, era, éramos, erais, eran.*
Pret. indef.: *fui, fuiste, fue, fuimos, fuisteis, fueron.*
Fut. imperf.: *seré, serás,* etc.

Potencial: *sería, serías,* etc.

Subjuntivo

Pres.: *sea, seas, sea, seamos, seáis, sean.*
Imperf.: *fuera o fuese, fueras o fueses,* etc.
Fut. imperf.: *fuere, fueres,* etc.

Imperativo: *sé, sed.*

Participio: *sido.*

Gerundio: *siendo.*

sera f. Espuerta grande. ‖ **FAM.** serón.
seráfico, ca adj. Perteneciente o parecido al serafín. ‖ Suele darse este epíteto a San Francisco de Asís y a la orden religiosa que fundó. ‖ De carácter y aspecto bondadoso y tranquilo. ‖ **FAM.** seráficamente.
serafín m. Cada uno de los espíritus bienaventurados que forman el segundo coro de los ángeles. ‖ Persona de gran hermosura. ‖ **FAM.** seráfico.
serbal m. Árbol rosáceo de entre 10 y 20 m de altura, con hojas pinnadas y fruto de color verde rojizo comestible. Crece en la región mediterránea. ‖ **FAM.** serba.
serbocroata adj. Perteneciente a Serbia y Croacia. ‖ m. Lengua eslava que se habla en Serbia y Croacia.
serenar tr. Sosegar, tranquilizar una cosa. También intr. y prnl.: *serenarse la tempestad.* ‖ Apaciguar disturbios o tumultos. ‖ Templar, moderar el enojo u otro sentimiento que domina a alguien. También prnl.
serenata f. Música en la calle y durante la noche, para festejar a una persona. ‖ Composición poética o musical destinada a este objeto.
serenidad f. Calidad de sereno. ‖ Título de honor de algunos príncipes.
sereno, na adj. Claro, despejado de nubes.

‖ Apacible, sosegado. ‖ Sobrio, que no está bebido. ‖ m. Encargado de rondar de noche por las calles para velar por la seguridad del vecindario. ‖ Humedad que hay por la noche en la atmósfera. ‖ **FAM.** serenidad, serenísimo.
serial adj. Perteneciente a una serie. ‖ m. Serie televisiva o de radio de carácter sensiblero y argumento enredado. ‖ Episodio de estas características.
sericultura o **sericicultura** f. Cría de gusanos de seda para la obtención industrial de este tejido. ‖ **FAM.** sericicultor, sericultor.
serie f. Conjunto de cosas relacionadas entre sí y que se suceden unas a otras. ‖ P. ext., conjunto de personas o cosas aunque no guarden relación entre sí. ‖ Conjunto de cosas hechas o fabricadas de una vez, p. ej., los sellos, billetes, etc., de una misma emisión. ‖ Programa de radio o televisión que se emite por capítulos. ‖ En mat., sucesión de cantidades que se derivan unas de otras según una ley determinada. ‖ **en serie** loc. adj. y adv. Se apl. a la fabricación de muchos objetos iguales entre sí. ‖ **fuera de serie** loc. adj. Se dice de lo que se considera sobresaliente en su línea. También com.: *es un fuera de serie.* ‖ **FAM.** serial, seriar.
serigrafía f. Procedimiento de impresión sobre cualquier material, que, con tintas especiales, se realiza a través de una pantalla de seda o nailon.
serio, ria adj. Severo y grave en el semblante, actitud y comportamiento. ‖ Poco propenso a reírse o divertirse. ‖ Formal y cumplidor: *es una persona seria que cumple su palabra.* ‖ Que no se destina a hacer reír o divertir: *libros serios.* ‖ Importante, grave: *un problema serio.* ‖ Referido a la ropa, los colores, etc., de líneas sobrias y poco llamativos. ‖ **en serio** loc. adv. Sin engaño, sin burla. ‖ **FAM.** seriamente, seriedad.
sermón m. Discurso cristiano u oración evangélica que se predica para la enseñanza de la buena doctrina. ‖ Amonestación o reprensión insistente o larga. ‖ **FAM.** sermonario, sermonear.
sermonear intr. Predicar. ‖ tr. Amonestar o reprender a alguien con sermones. ‖ **FAM.** sermoneador, sermoneo.
serón m. Especie de sera más larga que ancha, que normalmente se utiliza para llevar la carga en una caballería.
serosidad f. Líquido que segregan ciertas membranas. ‖ Líquido que se acumula en las ampollas de la epidermis.
seroso, sa adj. Relativo al suero o a la serosidad. ‖ Que produce serosidad. ‖ Se dice de

las membranas que recubren diversas cavidades del organismo. ‖ **FAM.** serosidad.

seroterapia f. Tratamiento de las enfermedades con sueros medicinales.

serpentear intr. Andar o moverse formando vueltas y ondas como la serpiente. ‖ **FAM.** serpenteante, serpenteo.

serpentín m. Tubo largo en espiral que sirve para facilitar el enfriamiento del producto de la destilación en los alambiques.

serpentina f. Tira de papel arrollada que en ciertas fiestas se arrojan unas personas a otras de modo que se desenrolle en el aire. ‖ Mineral silicato de magnesio, de forma laminar o fibrosa, color verdoso, con manchas o venas más o menos oscuras, que se usa como aislante.

serpiente f. Nombre común de los reptiles del suborden ofidios. ‖ El demonio, por habérsele aparecido a Eva con esta forma. ‖ **FAM.** serpear, serpentear, serpentín, serpentina, sierpe.

serrallo m. Lugar en que los musulmanes tienen a sus mujeres.

serranía f. Espacio de terreno cruzado por montañas y sierras.

serranilla f. Composición lírica escrita por lo general en versos cortos, cuyo tema es el encuentro de un caballero y una serrana.

serrano, na adj. Que habita en una sierra, o ha nacido en ella. También s. ‖ Perteneciente a la sierra. ‖ Lozano y hermoso: *cuerpo serrano.* ‖ **FAM.** serranilla.

serrar tr. Cortar con sierra la madera u otra cosa. ♦ También se dice aserrar. **Irreg.** Se conj. como *acertar.* ‖ **FAM.** serrado, serrador, serraduras, serrería, serrín.

serrato adj. y s. Se dice de los músculos del tórax y el dorso del cuerpo humano que tienen dientes como las sierras.

serrería f. Taller mecánico para serrar maderas.

serreta f. Ave palmípeda con el plumaje de la cabeza y el cuello de color verde en el macho, pico recto, largo, terminado en una uña ancha y curva y aserrado.

serrín m. Conjunto de partículas que se desprenden de la madera cuando se sierra.

serrucho m. Sierra de hoja ancha y regularmente con sólo una manija.

serventesio m. Género de composición de la poética provenzal, de tema generalmente moral o político y a veces de tendencia satírica. ‖ Cuarteto en que riman el primer verso con el tercero y el segundo con el cuarto. ‖ **FAM.** sirventés.

servicial adj. Que siempre está dispuesto a complacer y servir a otros. ‖ Que sirve con cuidado y diligencia. ‖ **FAM.** servicialmente.

servicio m. Acción y efecto de servir. ‖ Estado de criado o sirviente. ‖ Conjunto de criados: *dar órdenes al servicio.* ‖ Organización y personal destinados a satisfacer necesidades del público: *servicio médico.* ‖ Favor en beneficio de alguien. ‖ Utilidad o provecho: *esta cafetera aún nos hace servicio.* ‖ Conjunto de vajilla y otras cosas, para servir los alimentos. ‖ Retrete, aseo. También en pl. ‖ Saque de pelota en juegos como el tenis. ‖ **FAM.** servicial.

servidor, ra m. y f. Persona que sirve como criado. ‖ Persona adscrita al manejo de un arma o de otro artefacto. ‖ Nombre que por cortesía se da a sí misma una persona respecto de otra.

servidumbre f. Conjunto de criados que sirven a la vez en una casa. ‖ Condición de siervo y trabajo que realiza: *servidumbre feudal.* ‖ Obligación inexcusable de hacer una cosa. ‖ Sujeción a una pasión, vicio, afición, etc., que coarta la libertad: *está bajo la servidumbre del alcohol.* ‖ Obligación que pesa sobre una finca, propiedad, etc., con relación a otra y que limita el dominio de éstas: *servidumbre de paso.*

servil adj. Perteneciente a los siervos y criados. ‖ Bajo, humilde y de poca estimación. ‖ Rastrero, vil, adulador. ‖ **FAM.** servilismo, servilmente.

servilleta f. Paño que sirve en la mesa para limpiarse los labios y las manos. ‖ **FAM.** servilletero.

servilletero m. Arco en que se pone arrollada la servilleta.

servir tr. Trabajar para alguien como criado o sirviente. También intr. ‖ Trabajar para una persona o entidad. También intr.: *sirvió durante años en el ejército.* ‖ Atender al público en un restaurante, comercio, etc. ‖ Suministrar mercancías u otra cosa: *ese almacén sirve a todas las tiendas del barrio.* También prnl. ‖ Llenar el vaso o plato del que va a beber o comer. También prnl.: *se sirvió más vino.* ‖ Dar culto o adoración a Dios. ‖ intr. Ser una persona, instrumento, etc., apropiados para cierta tarea, actividad, etc. ‖ Aprovechar, valer, ser de uso o utilidad: *esta bolsa no sirve, está rota.* ‖ Asistir con un naipe del mismo palo. ‖ Sacar la pelota en el tenis. ‖ prnl. Valerse de una persona o cosa para conseguir algo: *se sirvió de sus contactos para enterarse.* ♦ **Irreg.** Se conj. como *pedir.* ‖ **FAM.** servible, servicio, servidor, servidumbre, siervo, sirviente.

servodirección f. Mecanismo de un vehículo que hace más suave y manejable la dirección al multiplicar su acción.

servofreno m. Freno cuya acción es ampliada por un dispositivo eléctrico o mecánico.

sésamo m. Ajonjolí, planta. ‖ Semilla de esta planta. ‖ Pasta de nueces, almendras o piñones con ajonjolí.

sesear intr. Pronunciar la z, o la c, ante e, i, como s. ‖ **FAM.** seseante, seseo.

sesenta adj. Seis veces diez. ‖ Que sigue inmediatamente por orden al cincuenta y nueve. ‖ m. Conjunto de signos con que se representa el número sesenta. ‖ **FAM.** sesentavo, sesentón, sexagenario, sexagésimo.

sesentón, na adj. y s. Que ha cumplido los sesenta años y no llega a setenta.

sesera f. Parte de la cabeza del animal, en que están los sesos. ‖ Los sesos. ‖ Prudencia, juicio: *para su edad, tiene poca sesera.*

sesgado, da adj. Oblicuo o torcido: *un corte sesgado.* ‖ Parcial, subjetivo. ‖ **FAM.** sesgadamente.

sesgar tr. Cortar o partir en sesgo. ‖ Torcer a un lado una cosa. ‖ **FAM.** sesgado, sesgo.

sesgo, ga adj. Cortado o situado oblicuamente. ‖ m. Hecho de ser oblicua una cosa o estar torcida hacia un lado. ‖ P. ext., curso o rumbo que toma un asunto, negocio, etc.: *no me gusta el sesgo de los acontecimientos.* ‖ **al sesgo** loc. adv. Oblicuamente.

sesión f. Cada una de las juntas de un concilio, congreso u otra corporación. ‖ Conferencia o consulta entre varios para determinar una cosa. ‖ Acto, proyección, representación, etc., que se realiza para el público en cierto espacio de tiempo: *voy a la sesión de las cuatro.* ‖ Tiempo durante el cual se desarrolla cierta actividad, se somete a un tratamiento, etcétera.

seso m. Cerebro, masa de tejido nervioso contenida en la cavidad del cráneo. Más en pl. ‖ Prudencia, madurez: *tener poco seso.* ‖ **calentarse** o **devanarse** uno los sesos loc. Fatigarse meditando mucho en una cosa. ‖ **tener sorbido** o **sorberle el seso** a uno loc. Ejercer sobre él una gran influencia o atracción. ‖ **FAM.** sesada, sesera, sesudo.

sestear intr. Pasar la siesta durmiendo o descansando. ‖ Recogerse el ganado durante el día en un lugar sombrío para librarse del calor del sol. ‖ **FAM.** sesteadero, sesteo.

sestercio m. Antigua moneda romana de plata.

sesudo, da adj. Que tiene seso, prudencia. ‖ **FAM.** sesudamente, sesudez.

set (Voz i.) m. En tenis, cada una de las etapas de que se compone un partido. ‖ Juego formado por varios elementos con función común. ‖ Plató cinematográfico.

seta f. Cualquier especie de hongo de forma de sombrero sostenido por un pedicelo.

setecientos, tas adj. Siete veces cien. ‖ Que sigue inmediatamente por orden al seiscientos noventa y nueve. ‖ m. Conjunto de signos con que se representa el número setecientos. ‖ **FAM.** septingentésimo.

setenta adj. Siete veces diez. ‖ Que sigue inmediatamente por orden al sesenta y nueve. ‖ m. Conjunto de signos con que se representa el número setenta. ‖ **FAM.** setentavo, setentón, septuagenario, septuagésimo.

setentón adj. y s. Que ha cumplido los setenta años y no llega a los ochenta.

setiembre m. Septiembre.

sétimo m. Séptimo.

seto m. Cercado hecho de palos o varas entretejidas.

setter (Voz i.) adj. y m. Se dice de un raza inglesa de perros de caza, de pelo largo y ondulado, que llega a alcanzar unos 60 cm.

seudo-, pseudo-, seud- o **pseud-** pref. que significa 'supuesto', 'falso': *seudópodo.*

seudohermafrodita adj. y com. Se dice del individuo que tiene la apariencia del sexo contrario. ‖ **FAM.** seudohermafroditismo.

seudónimo, ma adj. Se dice de la persona y especialmente del autor que oculta con un nombre falso el suyo verdadero. ‖ Se dice también de la obra de este autor. ‖ m. Nombre empleado por una persona, especialmente un autor, en vez del suyo verdadero.

seudópodo m. Extensión del citoplasma de ciertas células y seres unicelulares, que tiene función locomotora y para captar alimentos.

severo, ra adj. Riguroso, áspero, duro en el trato. ‖ Puntual y rígido en la observancia de una ley. ‖ Grave, serio. ‖ **FAM.** severamente, severidad.

sevicia f. Crueldad excesiva. ‖ Trato cruel.

sevillano, na adj. y s. De Sevilla. ‖ f. pl. Aire musical propio de Sevilla. ‖ Danza que se baila con esta música.

sexagenario, ria adj. y s. Sesentón.

sexagesimal adj. Se apl. al sistema de numeración de base 60, usado sobre todo en la medida de ángulos.

sex-appeal (voz i.) m. Atractivo físico y sexual de una persona.

sexenio m. Tiempo de seis años.

sexismo m. Tendencia a valorar a las personas en razón de su sexo, sin atender a otras consideraciones, como su trabajo o aptitudes. ‖ **FAM.** sexista.

sexo m. Condición orgánica que distingue al macho de la hembra, en los seres humanos, en los animales y en las plantas. ‖ Conjunto de seres pertenecientes a un mismo sexo. ‖ Órganos sexuales. ‖ Sexualidad. ‖ **FAM.** sexismo, sexología, sexuado, sexual, sexy.

sexología f. Estudio del sexo y de las cuestiones relacionadas con él. ‖ **FAM.** sexólogo.

sextante m. Instrumento portátil empleado para medir la altura de los astros y los ángulos horizontales.

sexteto m. Composición para seis instrumentos o seis voces. ‖ Conjunto de estos seis instrumentos o voces. ‖ Estrofa de seis versos de arte mayor.

sextina f. Composición poética que consta de seis estrofas de seis versos endecasílabos cada una y de otra que sólo se compone de tres. ‖ Cada una de las estrofas de seis versos endecasílabos que forman esta composición.

sexto, ta adj. Que sigue inmediatamente en orden al o a lo quinto. ‖ Se dice de cada una de las seis partes en que se divide un todo. También s. ‖ m. Libro en que están juntas algunas constituciones y decretos canónicos.

sextuplicar tr. y prnl. Multiplicar por seis una cantidad. ‖ **FAM.** sextuplicación, séxtuplo.

sexuado, da adj. Se dice de la planta o del animal que tiene órganos sexuales.

sexual adj. Relativo al sexo. ‖ **FAM.** sexualidad, sexualmente.

sexualidad f. Conjunto de condiciones anatómicas y fisiológicas que caracterizan a cada sexo. ‖ Conjunto de prácticas, comportamientos, etc., relacionados con la búsqueda del placer sexual y la reproducción.

sexy (voz i.) adj. Se dice de la persona que tiene gran atractivo físico y de las cosas con carácter erótico.

sha m. Título del soberano de Irán o Persia que llevaron también, en otro tiempo, algunos monarcas de la India.

shériff (voz i.) m. En ciertas circunscripciones y condados de EE.UU., representante de la justicia que se encarga de hacer cumplir la ley. ‖ En la antigua Inglaterra y en el Reino Unido, representante de la corona en los condados, con poder administrativo y judicial. ♦ También se escribe *sérif, chérif y chériff.* ♦ pl. *shériffs.*

sherpa adj. Se dice del individuo de un pueblo de origen mongol que habita en las vertientes altas del Himalaya, especializado como guía y porteador en las expediciones alpinistas y científicas. Más c. m. pl. ‖ Se dice de este pueblo. ‖ Relativo a este pueblo.

sherry (voz i.) m. Evolución inglesa del nombre árabe de Jerez (Sherish).

shock (voz i.) m. Choque nervioso o circulatorio.

shogun m. Título de los señores de la guerra

medievales japoneses, nombrados por el emperador y que constituían una casta de carácter feudal. ‖ **FAM.** shogunado, shogunato.

short (Voz i.) m. Pantalón corto.

shoshone adj. Se dice de un grupo de tribus amerindias que habitaban un amplio territorio de EE.UU., entre las Montañas Rocosas y la sierra Nevada. Más c. m. pl. ‖ Se dice también de sus individuos. También s. ‖ Relativo a este grupo. ‖ m. Grupo lingüístico, rama de la familia uto-azteca.

show (voz i.) m. Espectáculo de variedades. ‖ Situación en la que se llama mucho la atención.

showman (voz i.) m. Presentador, productor y animador de un espectáculo de variedades.

si conj. Denota una condición: *si sales ahora, llegarás a tiempo.* ‖ A veces expresa una aseveración terminante: *si ayer lo aseguraste, ¿cómo lo niegas hoy?* ‖ Introduce expresiones que indican deseo: *si yo pudiera ayudarte.* ‖ Se emplea también como conjunción adversativa y equivale a *aunque: si me mataran no lo haría.* ‖ Toma carácter de conjunción distributiva, cuando se emplea repetida: *malo, si uno habla; si se calla, peor.* ‖ **FAM.** sino.

si m. Séptima nota de la escala musical. ♦ No varía en pl.

sí pron. pers. reflex. de tercera persona. Lleva siempre preposición. ‖ **de por sí** loc. adv. Separadamente de otras cosas o circunstancias, por sí mismo: *déjalo estar, la situación ya es de por sí complicada.* ‖ **fuera de sí** loc. adv. Muy alterado o irritado. ‖ **para sí** loc. adv. Mentalmente o sin dirigir a otro la palabra.

sí adv. a. Se emplea para responder a una pregunta afirmativamente. ‖ A veces se usa como intensificador: *esto sí que es un coche.* ‖ m. Consentimiento o permiso: *ya tengo el sí de mi padre.* ‖ **porque sí** loc. Sin causa justificada, por simple voluntad o capricho. ♦ pl. *síes.*

sial m. Capa de la litosfera que forma la costra superficial de la Tierra, compuesta fundamentalmente por sílice y aluminio.

siamés, sa adj. De Siam, antiguo nombre de Tailandia. También s. ‖ Se apl. a cada uno de los hermanos gemelos que nacen unidos por alguna parte de sus cuerpos. También s. ‖ Se dice de una raza de gatos, muy estilizados, de pelaje oscuro en las extremidades y beige claro en el resto del cuerpo. ‖ m. Idioma siamés.

sibarita adj. y s. Se dice de la persona aficionada al lujo y a los placeres refinados. ‖ **FAM.** sibaritismo.

sibila f. Mujer sabia a quien los antiguos griegos y romanos atribuyeron espítiru profético. ‖ **FAM.** sibilino, sibilítico.

sibilante adj. Se dice del sonido que se pronuncia como una especie de silbido. ‖ Se dice de la letra que representa este sonido, como la *s*. También f.

sibilino, na adj. Relativo a la sibila. ‖ Misterioso, oscuro: *una frase sibilina.*

sic adv. lat. Se usa en impresos y manuscritos para dar a entender que una palabra o frase empleada en ellos es textual.

sicalíptico, ca adj. Erótico, sensual. ‖ **FAM.** sicalipsis.

sicomoro o **sicómoro** m. Árbol moráceo de tronco amarillento y fruto en sicono. Es originario de Egipto, crece en la región mediterránea y su madera es muy apreciada en ebanistería.

sida m. Sigla de *Síndrome de Inmuno-Deficiencia Adquirida*, enfermedad contagiosa de transmisión sexual y sanguínea que destruye las defensas inmunológicas del organismo.

sidecar m. Asiento adicional, apoyado en una rueda, que se adosa al costado de una motocicleta.

sideral o **sidéreo, a** adj. Perteneciente a las estrellas o a los astros.

siderita f. Mineral de carbonato ferroso, de color grisáceo y brillo vítreo, que se usa para obtener hierro. ‖ **FAM.** siderolito, siderurgia.

siderolito m. Tipo de meteorito compuesto fundamentalmente por hierro y níquel.

siderurgia f. Parte de la metalurgia dedicada a la producción del acero. ‖ **FAM.** siderúrgico.

sidra f. Bebida alcohólica, que se obtiene por la fermentación del zumo de las manzanas. ‖ **FAM.** sidrería, sidrero.

siega f. Acción y efecto de segar. ‖ Tiempo en que se siega. ‖ Mieses segadas.

siembra f. Acción y efecto de sembrar. ‖ Tiempo en que se siembra. ‖ Tierra sembrada.

siempre adv. t. En todo o en cualquier tiempo o momento. ‖ Cada vez que ocurre cierta cosa o se da determinada circunstancia: *siempre que pierde, se enfada.* ‖ En todo caso: *no es mucho dinero, pero siempre es mejor que nada.* ‖ **de siempre** loc. adj. y adv. Habitual o desde que se tiene conocimiento de algo: *los clientes de siempre.* ‖ **siempre que** loc. conjunt. cond. Con tal que. ‖ **FAM.** siempretieso, siempreviva, sempiterno

siempreviva f. Planta herbácea de entre 5 y 25 cm de altura, con hojas en roseta rodeadas de vello y flores rojas. Crece en regiones montañosas de Europa.

sien f. Cada una de las dos partes laterales de la cabeza comprendidas entre la frente, la oreja y la mejilla.

sienita f. Roca ígnea parecida al granito, de color grisáceo rojizo y textura granulosa que se usa en la construcción.

sierpe f. Serpiente. ‖ Persona muy enfadada o muy irritable. ‖ Cualquier cosa que se mueve como si fuera una serpiente.

sierra f. Herramienta con una hoja de acero dentada que sirve para cortar madera u otros cuerpos duros. ‖ Cordillera de poca extensión. ‖ **FAM.** serranía, serrano, serrar, serrato, serreta, serrucho.

siervo, va m. y f. Esclavo de un señor. ‖ Persona sometida totalmente a la autoridad de otra. ‖ Nombre que una persona se da a sí misma respecto de otra para mostrarse obsequio y rendimiento. ‖ **FAM.** servil, servir.

siesta f. Tiempo después del mediodía, en que aprieta más el calor. ‖ Tiempo destinado para dormir o descansar después de comer. ‖ **FAM.** sestear.

siete adj. Seis y uno. ‖ Séptimo, ordinal. También m.: *el siete de octubre.* ‖ m. Signo con que se representa el número siete. ‖ Naipe que tiene siete señales. ‖ Rasgón en forma de ángulo que se hace en la tela. ‖ Instrumento de carpintería para sujetar en el banco los materiales. ‖ **siete y media.** Cierto juego de naipes. ‖ **FAM.** septenario, septenio, septeno, septeto, séptimo, septuplicar, setecientos, setenta.

sietemesino, na adj. y s. Se dice del niño que nace a los siete meses de embarazo.

sífilis f. Enfermedad venérea infecciosa, que se transmite por contacto sexual o por herencia. ♦ No varía en pl. ‖ **FAM.** sifilítico.

sifón m. Tubo encorvado que sirve para sacar líquidos del vaso que los contiene, haciéndolos pasar por un punto superior a su nivel. ‖ Botella cerrada herméticamente con un sifón, cuyo tubo tiene una llave para abrir o cerrar el paso del agua cargada de ácido carbónico que aquélla contiene. ‖ Agua carbónica contenida en esta botella. ‖ Tubo doblemente acodado en que el agua detenida dentro de él impide la salida de los gases de las cañerías al exterior. ‖ Cada uno de los dos largos tubos que tienen ciertos moluscos lamelibranquios. ‖ **FAM.** sifonado.

sigilo m. Secreto con que se hace algo o se guarda una noticia. ‖ Silencio, cuidado para no hacer ruido. ‖ **FAM.** sigiloso, sigilosamente.

sigilografía f. Estudio de los sellos empleados para autorizar documentos, cerrar pliegos. etc.

sigla f. Letra inicial que se emplea como abreviatura: *S.D.M. son las siglas de Su Divina Majestad.* ‖ Palabra o rótulo formado con estas iniciales, como *ONU.* o *CEE.*

siglo m. Espacio de cien años. ‖ Seguido de la preposición *de*, época en que se ha desarrollado o ha tenido lugar lo que éste expresa: *el siglo de las Luces*. ‖ Espacio largo de tiempo: *llevo siglos esperándote*. ‖ Vida civil en oposición a la religiosa. ‖ **por los siglos de los siglos** loc. adv. Eternamente. ‖ **FAM.** secular.

sigma f. Decimoctava letra del alfabeto griego, que se corresponde con nuestra *s*. ♦ Su grafía mayúscula es Σ y la minúscula es σ en comienzo o interior de palabra y ς en final de palabra.

signatario, ria adj. y s. Se dice del que firma. ‖ **FAM.** signar.

signatura f. Código de números y letras que se pone a un libro o a un documento para indicar su colocación dentro de una biblioteca o un archivo. ‖ Señal con letras o números que se pone al pie de la primera plana de cada pliego, para que sirva de guía.

significación f. Acción y efecto de significar. ‖ Sentido de una palabra o frase. ‖ Objeto que se significa. ‖ Importancia: *un descubrimiento de gran significación científica*.

significado, da adj. Conocido, importante: *un significado pintor*. ‖ m. Sentido de las palabras y frases. ‖ Lo que se significa de algún modo: *el significado de un cuadro*. ‖ Concepto que unido al del significante constituye el signo lingüístico.

significante m. Fonema o conjunto de fonemas, que unidos al significado, constituyen el signo lingüístico.

significar tr. Ser una cosa signo de otra: *la luz roja significa «no pasar»*. ‖ Ser una palabra o frase expresión de una idea. ‖ Manifestar una cosa: *significó la categoría del proyecto*. ‖ intr. Tener importancia: *tu amistad significa mucho para mí*. ‖ prnl. Distinguirse por alguna cualidad o circunstancia. ‖ Manifestarse la opinión o postura de alguien. ‖ **FAM.** significación, significado, significante, significativo.

significativo, va adj. Que da a entender o conocer con propiedad una cosa. ‖ Que tiene importancia. ‖ **FAM.** significativamente.

signo m. Objeto, fenómeno o acción material que, natural o convenientemente, representa y sustituye a otro objeto, fenómeno o señal: *$ es el signo del dólar*. ‖ Cualquiera de los caracteres que se emplean en la escritura y en la imprenta. ‖ Indicio, señal de algo: *las ojeras suelen ser signo de cansancio*. ‖ Señal que se hace a través de un gesto o movimiento, p. ej., una bendición. ‖ Cada una de las doce partes iguales en que se considera dividido el Zodiaco. ‖ Señal o figura que se usa en matemáticas para indicar la naturaleza de las cantidades o las operaciones que se han de ejecutar con

ellas. ‖ **signo lingüístico** Unidad mínima de la oración constituida por un significante (imagen acústica) y un significado (concepto). ‖ **FAM.** signar, significar.

siguiente adj. Ulterior, posterior. ‖ Que va a decirse a continuación.

sílaba f. Sonido o sonidos articulados que constituyen un solo núcleo fónico entre dos depresiones sucesivas de la emisión de voz. ‖ **FAM.** silabación, silabario, silabear, silábico.

silabario m. Librito con sílabas sueltas y palabras divididas en sílabas, que sirven para enseñar a leer.

silabear intr. y tr. Ir pronunciando separadamente cada sílaba. ‖ **FAM.** silabeo.

silbante adj. Que silba o suena como un silbido. ‖ En ling., sibilante.

silbar intr. Dar o producir silbos o silbidos. ‖ Agitar el aire produciendo un sonido como de silbo: *silbar una flecha*. ‖ Manifestar desagrado y desaprobación el público, con silbidos. También tr. ‖ **FAM.** sibilante, silba, silbador, silbante, silbatina, silbato, silbido, silbo.

silbato m. Instrumento pequeño y hueco que soplando en él con fuerza suena como el silbo.

silbido o **silbo** m. Sonido agudo que resulta de hacer pasar con fuerza el aire por la boca con los labios fruncidos o al colocar de cierta manera los dedos en la boca. ‖ Sonido agudo que hace el aire. ‖ Sonido parecido que se hace soplando con fuerza un silbato. ‖ Voz aguda de algunos animales, como la de la serpiente.

silenciador m. Dispositivo que se pone en el tubo de escape de los motores de explosión, o en el cañón de algunas armas de fuego, para amortiguar el ruido producido por la expulsión de gases.

silenciar tr. Callar. ‖ Acallar, imponer silencio. ‖ **FAM.** silenciador.

silencio m. Abstención de hablar. ‖ Falta de ruido. ‖ Efecto de no hablar o manifestar algo por escrito. ‖ Pausa musical. ‖ **silencio administrativo** Desestimación tácita de una petición o recurso por el mero vencimiento del plazo que la administración pública tiene para resolver. ‖ **FAM.** silenciar, silencioso, silente.

silencioso, sa adj. Que calla o tiene hábito de callar. ‖ Se apl. al lugar o tiempo en que hay o se guarda silencio. ‖ Que no hace ruido: *pasos silenciosos*. ‖ **FAM.** silenciosamente.

silente adj. Silencioso, tranquilo, sosegado: *el silente camposanto*.

sílex m. Variedad de cuarzo, pedernal. ♦ No varía en pl.

sílfide f. Ninfa, ser fantástico o espíritu elemental del aire. ‖ Mujer muy hermosa y esbelta. ‖ **FAM.** silfo.

silicato m. Sal compuesta de ácido silícico y

una base, de composición y estructura muy variada. ‖ Grupo de minerales, componentes fundamentales de la corteza terrestre, que entran a formar parte de la composición de casi todas las rocas.

sílice f. Dióxido de silicio. ‖ **FAM.** silex, silicato, silíceo, silícico, silicio, silicona, silicosis.

silicio m. Elemento químico metaloide que se extrae de la sílice, de estructura cristalina parecida a la del diamante y de gran dureza. Se utiliza como semiconductor, en paneles fotovoltaicos y en circuitos electrónicos integrados. Su símbolo es *Si*.

silicona f. Polímero sintético compuesto por cadenas de silicio, oxígeno y radicales alquílicos. Es resistente al calor y la humedad y tiene una gran elasticidad. Posee numerosas aplicaciones industriales.

silicosis f. Enfermedad respiratoria producida por el polvo de sílice. ♦ No varía en pl. ‖ **FAM.** silicótico.

silicua f. En bot., tipo de fruto simple, seco, bivalvo, cuyas semillas se hallan alternativamente adheridas a las dos suturas; como el de la mostaza y el alhelí.

silla f. Asiento con respaldo por lo general con cuatro patas, y en la que sólo cabe una persona. ‖ Aparejo para montar a caballo. ‖ Asiento o trono de un prelado con jurisdicción. ‖ Asiento generalmente reclinable y plegable, provisto de ruedas, para llevar a los niños pequeños ‖ **silla de ruedas** La que, con ruedas laterales grandes, permite que se desplace una persona imposibilitada. ‖ **silla eléctrica** La dispuesta para electrocutar a los reos de muerte. ‖ **silla turca** Escotadura en forma de silla que presenta el hueso esfenoides. ‖ **FAM.** sillar, sillazo, sillería, sillero, silletazo, sillín, sillón.

sillar m. Cada una de las piedras labradas, que forman parte de una construcción.

sillería f. Conjunto de sillas, sillones, etc., con que se amuebla una habitación. ‖ Conjunto de asientos unidos unos a otros; como los del coro de las iglesias, etc. ‖ Taller donde se fabrican sillas o tienda donde se venden. ‖ Construcción hecha con sillares.

sillín m. Asiento que tiene la bicicleta y otros vehículos análogos.

sillón m. Silla de brazos, mayor y más cómoda que la ordinaria.

silo m. Lugar subterráneo y seco para guardar cereales o forrajes. ‖ Cualquier lugar subterráneo, profundo y oscuro.

silogismo m. En lógica, argumento que consta de tres proposiciones, la última de las cuales se deduce necesariamente de las otras dos. ‖ **FAM.** silogística, silogístico, silogizar.

silueta f. Perfil o contorno de una figura. ‖ Dibujo sacado siguiendo los contornos de la sombra de un objeto. ‖ Forma que presenta a la vista la masa de un objeto más oscuro que el fondo sobre el cual se proyecta. ‖ Figura, tipo de una persona. ‖ **FAM.** siluetar, siluetear.

siluetear o **siluetar** tr. Dibujar, recorrer, etc., algo siguiendo su silueta o perfil. También prnl.

silúrico, ca o **siluriano, na** adj. Se dice del tercer período de la era primaria o paleozoica, que se extendió entre los 440 y 395 millones de años a. C. También m. ‖ Perteneciente a este período.

silva f. Combinación métrica en versos endecasílabos y heptasílabos, que riman sin sujeción a un orden prefijado. ‖ Composición poética escrita con esta combinación. ‖ Colección de escritos diversos que no guardan relación entre sí.

silvano m. En mit., semidiós de las selvas.

silvestre adj. Criado naturalmente y sin cultivo en selvas o campos. ‖ Inculto, agreste, rústico.

silvicultura f. Cultivo de los bosques o montes. ‖ Ciencia que trata de este cultivo. ‖ **FAM.** silvicultor.

silvina f. Mineral de cloruro potásico, del grupo de los haluros, de forma cúbica, color rojizo y sabor salado; se utiliza como fertilizante.

sima f. Cavidad o grieta grande y muy profunda en la tierra.

sima m. Subcapa más interna de las dos de que consta la corteza terrestre.

simbionte adj. Se dice de los individuos asociados en simbiosis. También m.

simbiosis f. Asociación de individuos animales o vegetales de diferentes especies, en la que ambos asociados sacan provecho de la vida en común. ♦ No varía en pl. ‖ **FAM.** simbionte, simbiótico.

simbolismo m. Sistema de símbolos con que se representan creencias, conceptos o sucesos. ‖ Conjunto de símbolos. ‖ Cualidad de simbólico. ‖ Movimiento literario y artístico surgido en Francia en la segunda mitad del s. XIX, que se oponía al neoimpresionismo, rechazando la representación fiel del mundo, para expresar más bien su símbolo. ‖ **FAM.** simbolista.

simbolizar tr. Servir una cosa como símbolo de otra. ‖ **FAM.** simbolizable, simbolización.

símbolo m. Imagen, figura, etc., con que se representa un concepto moral o intelectual: *la calavera es símbolo de muerte o peligro*. ‖ En quím., letra o conjunto de letras convenidas con que se designa un elemento simple. ‖ Emblemas o figuras accesorias que se añaden al tipo en las monedas y medallas. ‖ FAM. simbólico, simbólicamente, simbolismo, simbolizar, simbología.

simbología f. Estudio de los símbolos. ‖ Conjunto o sistema de símbolos.

simetría f. Armonía de posición de las partes o puntos similares unos respecto de otros, y con referencia a punto, línea o plano determinado. ‖ Proporción adecuada de las partes de un todo entre sí y con el todo mismo. ‖ FAM. simétricamente, simétrico.

simiente f. Semilla.

simiesco, ca adj. Que se asemeja al simio o es propio de él.

símil m. Comparación o semejanza entre dos cosas. ‖ Figura retórica que consiste en comparar expresamente una cosa con otra. ‖ FAM. similicadencia.

similar adj. Que tiene semejanza o analogía con una cosa. ‖ FAM. símil, similitud.

similitud f. Semejanza.

simio, mia m. y f. Antropoide, mamífero primate. ‖ Mono, nombre común de los primates cuadrumanos. ‖ m. pl. Suborden de los mamíferos antropoides. ‖ FAM. simiesco.

simón adj. Coche de caballos para alquilar. ‖ Cochero que lo conduce.

simonía f. Acción de comerciar con cosas espirituales o religiosas, como sacramentos, cargos eclesiásticos, etc. ‖ FAM. simoniaco, simoníaco.

simpa f. *amer.* Trenza hecha con cualquier material, y especialmente con el cabello. ‖ FAM. simpar.

simpatía f. Inclinación afectiva entre personas, generalmente espontánea y mutua. ‖ P. ext., análoga inclinación hacia animales o cosas. ‖ Modo de ser y carácter de una persona que la hacen atractiva o agradable a las demás. ‖ Relación de actividad fisiológica y patológica de algunos órganos que no tienen entre sí conexión directa. ‖ Aprobación, apoyo. Más en pl.: *esta causa tiene todas mis simpatías.* ‖ FAM. simpático, simpaticón, simpatizar.

simpático, ca adj. Que inspira simpatía o la muestra. ‖ Agradable o gracioso: *nos envió una postal muy simpática.* ‖ Se dice de la parte del sistema neurovegetativo, que rige el funcionamiento visceral interviniendo en la regulación de las funciones automáticas e involuntarias del organismo.

simpatizante adj. y com. Se dice de la persona que se siente atraída por ciertas opiniones, ideas, posturas políticas, etcétera.

simpatizar intr. Sentir simpatía hacia alguien o algo. ‖ FAM. simpatizador, simpatizante.

simple adj. Formado por un solo elemento o por pocos. ‖ Referido a las cosas que pueden ser dobles o estar duplicadas, se aplica a las sencillas. ‖ Fácil, sin complicación: *el manejo de ese aparato es simple.* ‖ Falto de malicia y picardía. También com. ‖ Tonto. También com. ‖ Se apl. a la palabra que no se compone de otras de la lengua a la que pertenece. ‖ Se dice del traslado o copia de una escritura, que se saca sin firmar ni autorizar. ‖ En quím., se dice de la sustancia formada por un solo tipo de átomos. ‖ FAM. simplemente, simpleza, simplicidad, simplificar, simplismo, simplista, simplón.

simpleza f. Cualidad de simple, inocente o mentecato. ‖ Cosa tonta o sin importancia.

simplificar tr. Hacer más sencilla, más fácil o menos complicada una cosa. ‖ En mat., reducir una expresión, cantidad o ecuación a su forma más breve o menos compleja. ‖ FAM. simplificable, simplificación, simplificador.

simplista adj. Que simplifica o tiende a simplificar. También com.

simplón, na adj. Inocente, ingenuo, que no tiene malicia. También s.

simposio m. Conferencia o reunión en que se examina y discute determinado tema.

simulacro m. Ficción, imitación, falsificación: *simulacro de juicio.* ‖ Acción de guerra, fingida para adiestrar las tropas.

simulador, ra adj. Que simula. También s. ‖ m. Dispositivo o sistema diseñado para simular un determinado proceso: *simulador de vuelo.*

simular tr. Representar una cosa, fingiendo o imitando lo que no es: *simuló que no le importaba.* ‖ FAM. simulación, simulacro, simuladamente, simulado, simulador.

simultanear tr. Realizar en el mismo espacio de tiempo dos operaciones o propósitos.: *simultanea el trabajo con los estudios.*

simultáneo, a adj. Que se hace u ocurre al mismo tiempo que otra cosa. ‖ FAM. simultáneamente, simultanear, simultaneidad.

simún m. Viento abrasador que suele soplar en los desiertos de África y de Arabia, generalmente acompañado de tempestades de arena.

sin prep. Denota carencia o falta de alguna cosa: *café sin azúcar.* ‖ Fuera de, aparte de: *este es el precio sin el IVA.* ‖ Seguida del infinitivo del verbo, equivale a 'no' con su participio o gerundio: *éramos treinta, sin contar a los del otro grupo*.

sinagoga f. Edificio en que se juntan los judíos a orar y a oír la doctrina de Moisés. ‖ Congregación o junta religiosa de los judíos.

sinalefa f. Enlace de sílabas por el cual se forma una sola de la última de un vocablo y de la primera del siguiente, cuando acaba y empieza respectivamente con vocal, precedida o no de *h* muda.

sinapismo m. Cataplasma o emplasto hechos con polvo de mostaza. ‖ Persona o cosa que molesta o exaspera.

sinapsis f. Región de contacto entre los axones, terminaciones de las neuronas, y las dendritas, o cuerpo celular de otras neuronas. ♦ No varía en pl.

sinarquía f. Gobierno constituido por varios príncipes, cada uno de los cuales administra una parte del Estado. ‖ P. ext., influencia de un grupo de empresas comerciales o de personas en los asuntos políticos y económicos de un país. ‖ FAM. sinarca.

sinartrosis f. Articulación no movible, como la de los huesos del cráneo. ♦ No varía en pl.

sincerarse prnl. Hablar con alguien para contarle algo con plena confianza. ♦ Se construye con la prep. *con*.

sincero, ra adj. Verdadero, sin falsedad o hipocresía. ‖ FAM. sinceramente, sincerarse, sinceridad.

sinclinal adj. Se dice del plegamiento de las capas del terreno en forma de V en el cual los estratos más antiguos envuelven a los más modernos. También m.

síncopa f. Supresión de uno o más sonidos dentro de un vocablo. ‖ FAM. sincopar.

sincopado, da adj. En mús., se dice de la nota que se halla entre dos o más notas de menos valor, pero que juntas valen tanto como ella. ‖ Se dice del ritmo o canto que tiene notas sincopadas. ‖ FAM. sincopadamente.

sincopar tr. Abreviar. ‖ Hacer sincopada una nota musical o una palabra. ‖ FAM. sincopado.

síncope m. Pérdida repentina del conocimiento y de la sensibilidad, debida a la suspensión súbita y momentánea de la acción del corazón. ‖ En ling., síncopa.

sincretismo m. Sistema en que se concilian doctrinas diferentes. ‖ Unión, mezcla: *un sincretismo de tradiciones*. ‖ En ling., fenómeno por el que diversas funciones coinciden en una forma única. ‖ FAM. sincrético.

sincronía f. Coincidencia de hechos o fenómenos en el tiempo. ‖ En ling., término propuesto por F. de Saussure para designar un estado de lengua en un momento dado. ‖ FAM. sincrónico, sincronismo.

sincronizar tr. Hacer que coincidan en el tiempo dos o más movimientos o fenómenos. ‖ FAM. sincronización, sincronizador.

sincrotrón m. Acelerador de partículas atómicas en el que la trayectoria es única y circular.

sindéresis f. Discreción, capacidad natural para juzgar rectamente. ♦ No varía en pl.

sindical adj. Perteneciente o relativo al sindicato. ‖ Perteneciente o relativo al síndico. ‖ FAM. sindicalismo.

sindicalismo m. Sistema de organización obrera o social por medio del sindicato. ‖ FAM. sindicalista.

sindicar tr. Formar un sindicato. ‖ Sujetar una cantidad de dinero o cierta clase de valores o mercancías a compromisos especiales para negociarlos o venderlos. ‖ prnl. Entrar a formar parte de un sindicato. ‖ FAM. sindicación, sindicado.

sindicato m. Asociación de trabajadores creada con el fin de defender sus intereses económicos y laborales. ‖ FAM. sindicar, sindical.

síndico m. Persona elegida por una comunidad o corporación para cuidar de sus intereses. ‖ Sujeto que en un concurso de acreedores o en una quiebra es el encargado de liquidar el activo y el pasivo del deudor. ‖ FAM. sindicato, sindicatura.

síndrome m. Conjunto de síntomas característicos de una enfermedad. ‖ **síndrome de abstinencia** Conjunto de alteraciones que se presentan en un sujeto habitualmente adicto a una droga, cuando deja bruscamente de tomarla. ‖ **síndrome de inmunodeficiencia adquirida** Sida.

sinécdoque f. Tropo que consiste en extender, restringir o alterar de algún modo la significación de las palabras, para designar un todo con el nombre de una de sus partes, o viceversa: *cuarenta velas, por cuarenta naves*.

sinecura f. Empleo o cargo retribuido que ocasiona poco o ningún trabajo.

sine die expr. lat. Significa sin plazo, sin fecha; se utiliza generalmente con referencia o un aplazamiento.

sinergia f. Concurso activo y concertado de varios órganos para realizar una función. ‖ Unión de varias fuerzas, causas, etc., para mayor efectividad.

sinfín m. Infinidad, sinnúmero. ♦ No se usa en pl.

sinfonía f. Conjunto de voces, de instrumentos, o de ambas cosas, que suenan acordes a la vez. ‖ Composición de música instrumental, que precede, por lo común, a las óperas y otras obras teatrales. ‖ Armonía de los colores y p. ext., de otros elementos. ‖ Conjunto armónico de varios elementos: *sinfonía de colores*. ‖ **FAM.** sinfónico, sinfonola.

singladura f. Distancia recorrida por una nave en veinticuatro horas. ‖ Rumbo de la nave. ‖ Rumbo, camino o desarrollo de cualquier cosa o actividad. ‖ **FAM.** singlar.

singlar intr. Navegar la embarcación con rumbo determinado.

single (voz i.) adj. En discografía, se apl. al disco sencillo. Más c. m. ‖ En dep., sobre todo en tenis, se dice del partido individual, jugado entre dos adversarios. También m.

singular adj. Extraordinario, raro o excelente. ‖ Solo, sin otro de su especie. ‖ En ling., se dice de la palabra que se refiere a una sola persona o cosa. Más c. m. ‖ **FAM.** singularidad, singularizar, singularmente.

singularidad f. Cualidad de singular. ‖ Particularidad, distinción o separación de lo común.

singularizar tr. Distinguir una cosa entre otras. ‖ Dar número singular a palabras que ordinariamente no lo tienen. ‖ prnl. Distinguirse, particularizarse o apartarse del común.

siniestro, tra adj. Perverso, avieso y malintencionado. ‖ Oscuro, tenebroso o de aspecto desagradable: *una calle siniestra*. ‖ Se apl. a la parte o sitio que está a la mano izquierda. ‖ m. Avería grave, destrucción fortuita o pérdida importante que sufren las personas o las cosas. ‖ **FAM.** siniestrado, siniestralidad, siniestramente.

sinnúmero m. Número incalculable de personas o cosas. ♦ No se usa en pl.

sino m. Hado, destino, suerte.

sino conj. advers. Contrapone a un concepto negativo otro afirmativo: *no lo hizo Juan, sino Pedro*. ‖ Denota a veces idea de excepción: *nadie lo sabe sino Antonio*. ‖ Con la negación que le preceda, suele equivaler a *solamente* o *tan sólo: no te pido sino que me oigas*. ‖ Precedido de *no sólo*, denota adición de otro u otros miembros a la cláusula: *no sólo tiene dinero, sino también influencias*.

sínodo m. Concilio de los obispos. ‖ Junta de eclesiásticos que nombra el ordinario para examinar a los ordenandos y confesores. ‖ Junta de ministros protestantes encargados de decidir sobre asuntos eclesiásticos. ‖ Conjunción de dos planetas en el mismo grado de la eclíptica o en el mismo círculo de posición. ‖ **FAM.** sinodal, sinódico.

sinología f. Estudio de la lengua, la literatura y las instituciones de China. ‖ **FAM.** sinólogo.

sinonimia f. Circunstancia de ser sinónimos dos o más vocablos. ‖ Figura que consiste en usar voces sinónimas o de significado parecido para amplificar o reforzar la expresión de un concepto.

sinónimo, ma adj. Se dice de los vocablos y expresiones que tienen una misma o muy parecida significación. También m. ‖ **FAM.** sinonimia, sinonímico.

sinopsis f. Esquema. ‖ Exposición general de una materia o asunto, presentados en sus líneas esenciales. ‖ Sumario o resumen. ♦ No varía en pl. ‖ **FAM.** sinóptico.

sinovia f. Líquido viscoso que lubrica las articulaciones de los huesos, compuesto por mucina y sales minerales. ‖ **FAM.** sinovial, sinovitis.

sinrazón f. Acción injusta o no razonable.

sinsabor m. Pesar, pesadumbre.

sinsonte m. Pájaro parecido al mirlo, de cuerpo esbelto, cola larga, pico fino y plumaje gris en el dorso y blanco en el vientre; tiene un canto melodioso y habita en regiones tropicales de América del Norte y Central.

sintáctico, ca adj. Perteneciente o relativo a la sintaxis.

sintagma m. Grupo de elementos lingüísticos que, en una oración, funciona como una unidad. ‖ **FAM.** sintagmático.

sintaxis f. Parte de la gramática que estudia la forma en que se coordinan y unen las palabras para formar las oraciones y la función que desempeñan dentro de éstas. ‖ En inform., forma correcta en que deben estar dispuestos los símbolos que componen una instrucción ejecutable por el ordenador. ♦ No varía en pl. ‖ **FAM.** sintáctico.

síntesis f. Composición de un todo por la reunión de sus partes. ‖ Resumen. ‖ Formación de una sustancia compuesta mediante la combinación de elementos químicos o de sustancias más sencillas. ‖ En filos., operación intelectual con la que se realiza la unión de sujeto y predicado en un juicio. ♦ No varía en pl. ‖ **FAM.** sintético, sintetizar.

sintético, ca adj. Perteneciente o relativo a la síntesis. ‖ Que se obtiene mediante síntesis. ‖ Se dice de los productos obtenidos por procedimientos industriales y que imitan otros naturales. ‖ **FAM.** sintéticamente.

sintetizador, ra adj. Que sintetiza. También s. ‖ m. Aparato o dispositivo electrónico que permite reproducir sonidos mediante la modificación de su frecuencia, intensidad, etc., simulando sonidos de otros instrumentos o creando otros distintos.

sintetizar tr. Hacer síntesis. ‖ **FAM.** sintetizable, sintetizador.

sintoísmo m. Religión tradicional de los japoneses, que consta de un conjunto de cultos animistas influidos por el confucionismo. | **FAM.** sintoísta.

síntoma m. Fenómeno revelador de una enfermedad. | Señal, indicio de una cosa que está sucediendo o va a suceder. | **FAM.** sintomático, sintomatología.

sintonía f. Hecho de estar sintonizados dos sistemas de transmisión y recepción. | Igualdad de tono o frecuencia. | Armonía, adaptación o entendimiento. | En radio y televisión, música que señala el comienzo o el final de una emisión. | **FAM.** sintónico, sintonizar.

sintonizador m. Sistema que permite aumentar o disminuir la longitud de onda propia del aparato receptor.

sintonizar tr. En la telegrafía sin hilos, hacer que el aparato de recepción vibre al unísono con el de transmisión. | Adaptar convenientemente las longitudes de onda de dos o más aparatos de radio, para captar la señal. | intr. Existir armonía y entendimiento entre las personas: *en cuanto le conocí, sintonicé con él.* | **FAM.** sintonización, sintonizador.

sinuoso adj. Que forma curvas, ondas o recodos. | Se dice del carácter o de las acciones que tratan de ocultar el propósito o fin a que se dirigen: *consiguió ese puesto mediante maniobras sinuosas.* | **FAM.** sinuosidad.

sinusitis f. Inflamación de la mucosa de los senos del cráneo que comunican con la nariz. ♦ No varía en pl.

sinvergüenza adj. Pícaro, bribón. También com. | Desvergonzado. | **FAM.** sinvergonzón, sinvergonzonada, sinvergonzonería.

sionismo m. Movimiento de los judíos para recobrar Palestina y formar un Estado independiente que acogiera a los judíos de la diáspora. | **FAM.** sionista.

siquiera conj. advers. Equivale a 'bien que' o 'aunque': *da la cara, siquiera sea por una vez.* | adv. c. y m. Equivale a 'por lo menos' en conceptos afirmativos, y a 'tan sólo' en conceptos negativos: *déjame uno siquiera.* | Refuerza una negación: *no habló siquiera.*

sirena f. En la mit. griega, ninfa marina con busto de mujer y cuerpo de ave o de pez. | Sonido que se oye a mucha distancia y se usa como señal de aviso en buques, automóviles, fábricas, etc. | Instrumento que sirve para contar el número de vibraciones de un cuerpo sonoro en tiempo determinado.

sirenio adj. y m. Se dice de los mamíferos marinos que tienen el cuerpo pisciforme, terminado en una aleta candal horizontal; como el manatí. | m. pl. Orden de estos animales.

sirimiri m. Llovizna, calabobos.

siringa f. Instrumento musical compuesto de varios tubos de caña que forman escala musical y van sujetos unos al lado de otros. | *amer.* Árbol euforbiáceo, del cual se extrae un jugo lechoso que produce la goma elástica. | **FAM.** siringe.

siroco m. Viento del sudeste, seco y cálido. | Ataque, patatús.

sirte f. Bajo de arena en el fondo del mar.

sirviente, ta m. y f. Servidor o criado de otro. | m. Persona adscrita a un arma de fuego, maquinaria, etc.

sisa f. Pequeña parte que se defrauda o se hurta, especialmente en la compra diaria. | Abertura hecha en la tela de las prendas de vestir para que ajusten bien al cuerpo, en especial la que se hace para coser las mangas. | **FAM.** sisar.

sisal m. Fibra flexible y resistente obtenida de la pita y otras especies de agave; se emplea para fabricar cuerda, arpillera, etc.

sisar tr. Robar una pequeña parte de algo, hacer sisa. | Hacer sisas en las prendas de vestir. | **FAM.** sisador, sisón.

sisear intr. Emitir repetidamente el sonido inarticulado de s y ch, por lo común para manifestar desaprobación o desagrado o para hacer callar a alguien. También tr. | **FAM.** siseo.

sismicidad f. Actividad sísmica.

sísmico, ca adj. Perteneciente o relativo al seísmo o terremoto. | **FAM.** sismicidad.

sismógrafo m. Instrumento que registra durante un seísmo la dirección y amplitud de las oscilaciones y sacudidas de la tierra.

sismología f. Ciencia que trata de los seísmos o terremotos. | **FAM.** sismológico, sismólogo.

sisón m. Ave zancuda, de unos 45 cm de largo, cabeza pequeña, pico y patas amarillos, plumaje leonado con rayas negras en la espalda y cabeza, y blanco en el vientre, en los bordes de las alas y en la cola.

sistema m. Conjunto de reglas o principios sobre una materia estructurados y enlazados entre sí: *sistema jurídico.* | Conjunto de cosas que, ordenadamente relacionadas entre sí, contribuyen a determinado objeto: *sistema eléctrico.* | Conjunto de órganos que intervienen en alguna de las principales funciones vegetativas y animales: *sistema nervioso.* | Medio o manera usados para hacer una cosa. | **sistema métrico decimal** El de pesas y medidas que tiene por base el metro. | **sistema operativo** En inform., conjunto de programas para el funcionamiento y explotación de un ordenador, encargado de controlar la unidad central, la memoria y los dispositivos de entrada y salida. ‖ **sistema periódico** Cuadro en el que están ordenados los elementos químicos según su número atómico. ‖ **FAM.** sistemático, sistematizar, sistémico.

sistemático, ca adj. Que sigue o se ajusta a un sistema. ‖ Se dice de la persona que procede por principios y con rigidez en su forma de vida, opiniones, etc. ‖ **FAM.** sistemáticamente.

sistematizar tr. Reducir a sistema u organizar algo como sistema. ‖ **FAM.** sistematización.

sístole f. Movimiento de contracción del corazón y de las arterias para empujar la sangre por el sistema circulatorio del cuerpo. ‖ Licencia poética que consiste en usar como breve una sílaba larga.

sitiar tr. Cercar una plaza o fortaleza. ‖ Cercar a uno cerrándole todas las salidas para atraparle u obligarle a ceder: *la policía sitió a los secuestradores.* ‖ **FAM.** sitiado, sitiador, sitio.

sitio m. Espacio que ocupa alguien o algo o puede ser ocupado: *búscame un sitio para estos libros.* ‖ Paraje o terreno determinado o a propósito para alguna cosa: *éste no es sitio para discutir.* ‖ Puesto, presencia de alguien o algo. ‖ Casa campestre o hacienda de recreo de un personaje: *real sitio.* ‖ **FAM.** sitial, sitiar, sito, situar.

sitio m. Acción y efecto de sitiar. ‖ **poner sitio** loc. Sitiar.

sito, ta adj. Situado: *hay una sucursal sita en la plaza*

situación f. Acción y efecto de situar. ‖ Lugar donde está situado alguien o algo. ‖ Disposición o estado de alguien o algo: *no estás en situación de negarte.* ‖ Posición social o económica.

situar tr. Poner a una persona o cosa en determinado sitio o situación. También prnl.: *se situó junto a la ventana.* ‖ Señalar en un lugar donde se encuentra alguna cosa. ‖ Asignar o determinar fondos para algún pago o inversión. ‖ Lograr una buena posición en una sociedad, empresa, etc. ‖ **FAM.** situación, situado.

sketch (voz i.) m. En cine, teatro y televisión, historieta intercalada en una obra o pieza breve independiente, por lo común de carácter humorístico. ‖ Bosquejo.

slálom (voz i.) m. Competición deportiva que hacen los esquiadores sobre un recorrido en pendiente jalonado de banderas que hay que franquear en zigzag. ♦ También se escribe *eslalon o eslálom.*

slip (voz i.) m. Calzoncillo pequeño y ajusta-

do. ‖ Bañador masculino de estas características.

slogan (voz i.) m. Eslogan.

smog (voz i.) m. Nube o masa atmosférica polucionada que cubre algunas grandes ciudades a causa de los humos de las instalaciones industriales y calefacciones, escapes de los vehículos, etc.

snack-bar (voz i.) m. Establecimiento con bar y restaurante donde se sirven platos rápidos.

snob (voz i.) adj. Esnob. ‖ **FAM.** snobismo.

so m. Se usa solamente seguido de adjetivos despectivos reforzando su significación: *so bruto.*

so prep. Bajo, debajo de; se usa con los sustantivos *pena, pretexto, capa* y *color.* ‖ **FAM.** sota, sótano.

so Voz que se emplea para hacer que se paren o detengan las caballerías.

soasar tr. Medio asar o asar ligeramente.

soba f. Acción y efecto de sobar. ‖ Zurra, paliza.

sobaco m. Concavidad que forma el arranque del brazo con el cuerpo. ‖ **FAM.** sobaquera, sobaquillo, sobaquina.

sobado, da adj. Manido, muy usado. ‖ Se apl. al bollo o torta a cuya masa se ha agregado aceite o manteca. También s.: *sobados pasiegos.* ♦ En esta acepción suele escribirse y pronunciarse *sobao.*

sobajar tr. Manosear una cosa con fuerza, ajándola.

sobaquera f. Abertura que se deja, o pieza que se pone en algunos vestidos, en la parte que corresponde al sobaco.

sobaquina f. Sudor de los sobacos y olor que produce.

sobar tr. Manejar y oprimir una cosa repetidamente a fin de que se ablande o suavice: *sobar la masa.* ‖ Tocar insistentemente una cosa. ‖ Palpar, manosear a una persona. ‖ Pegar, golpear. ‖ **FAM.** soba, sobado, sobajar, sobe, sobeo, sobetear, sobeteo, sobo, sobón.

soberanía f. Cualidad de soberano. ‖ Autoridad suprema del poder público, sobre un territorio y sus habitantes. ‖ Excelencia, superioridad.

soberano, na adj. Que ejerce o posee la autoridad suprema e independiente. También s. ‖ Referido a países o territorios independientes. ‖ Elevado, excelente y no superado. ‖ Muy grande e importante; suele aplicarse con sentido despectivo: *una soberana tontería.* ‖ m. y f. Monarca. ‖ m. Antigua moneda de oro inglesa. ‖ **FAM.** soberanamente, soberanía.

soberbia f. Cualidad y comportamiento de la persona altiva y arrogante, que desprecia y humilla a los demás. ‖ Magnificencia excesiva, especialmente hablando de edificios.

soberbio, bia adj. Que tiene soberbia o se deja llevar de ella. ‖ Altivo, arrogante: *nos miró con soberbio desdén*. ‖ Grandioso, magnífico: *un soberbio collar de diamantes*. ‖ Muy grande o importante: *un sueldo soberbio*. ‖ **FAM.** soberbia, soberbiamente.

sobo m. Soba.

sobón, na adj. Muy aficionado a sobar o palpar. También s.

sobornar tr. Corromper a uno con dinero o regalos para conseguir de él una cosa, generalmente ilegal. ‖ **FAM.** sobornable, sobornador, soborno.

soborno m. Acción y efecto de sobornar. ‖ Dinero, regalo, etc., con que se soborna.

sobra f. Exceso y demasía en cualquier cosa. ‖ pl. Lo que queda de la comida al levantar la mesa. ‖ P. ext., lo que sobra o queda de otras cosas. ‖ Desperdicios o desechos. ‖ **de sobra** loc. adv. Abundantemente. ‖ Por demás, sin necesidad.

sobradillo m. Tejadillo sobre un balcón o ventana.

sobrado, da adj. Demasiado, que sobra. ‖ Rico, acomodado. ‖ m. Desván. ‖ **FAM.** sobradamente, sobradillo.

sobrar intr. Haber más de lo que se necesita para una cosa. ‖ Quedar, restar: *me han sobrado veinte duros*. ‖ Ser alguien o algo innecesario o mal recibido: *tu sarcasmo sobra*. ‖ **FAM.** sobra, sobrado, sobrante, sobrero.

sobrasada f. Embuchado grueso que se hace especialmente en Mallorca, con una pasta de carne de cerdo muy picada, sal y pimentón.

sobre prep. Encima de: *déjalo sobre la mesa*. ‖ Acerca de: *cuéntame más sobre él*. ‖ Además de: *tuvieron varios percances sobre los previstos*. ‖ Se usa para indicar aproximación en una cantidad o un número: *vendré sobre las diez*. ‖ Cerca de otra cosa, con más altura que ella y dominándola: *la torre destacaba sobre la ciudad*. ‖ Con dominio y superioridad: *sobre él sólo está el presidente*. ‖ A o hacia: *avanzaron sobre el enemigo*. ‖ Precedida y seguida de un mismo sustantivo, denota idea de reiteración o acumulación: *robo sobre robo*. ‖ En composición, o aumenta la significación, o añade la suya al nombre o verbo con que se junta: *sobresueldo*. ‖ **FAM.** sobrar, sobre.

sobre m. Cubierta, por lo común de papel, en que se incluye la carta, comunicación, tarjeta, etc. ‖ Lo que se escribe en dicha cubierta. ‖ Cubierta o envoltorio parecido empleado para usos muy distintos: *un sobre de té*.

sobreabundancia f. Abundancia en exceso. ‖ **FAM.** sobreabundar, sobreabundante.

sobrealimentar tr. Dar a un individuo más alimento del que ordinariamente necesita. También prnl. ‖ Hacer mayor la presión del combustible de un motor de explosión, aumentando su potencia. ‖ **FAM.** sobrealimentación, sobrealimento.

sobrecarga f. Lo que se añade a una carga regular. ‖ Hecho de sobrepasar la capacidad de funcionamiento de un aparato, sistema, etc. ‖ Molestia, pena, preocupación. ‖ **FAM.** sobrecargar, sobrecargo.

sobrecargo m. El que en los buques mercantes lleva a su cuidado y bajo su responsabilidad el cargamento. ‖ Tripulante de avión que tiene a su cargo supervisar diversas funciones auxiliares.

sobrecoger tr. Asustar o intimidar. ‖ Coger de repente y desprevenido. ‖ **FAM.** sobrecogedor, sobrecogimiento.

sobrecubierta f. Segunda cubierta que se pone a una cosa para resguardarla mejor. ‖ En impr., cubierta que se pone sobre las tapas de un libro.

sobrecuello m. Segundo cuello sobrepuesto al de una prenda de vestir. ‖ Alzacuello.

sobredosis f. Dosis excesiva de un medicamento u otra sustancia, particularmente de alguna droga, que puede causar graves daños en el organismo o provocar la muerte. ♦ No varía en pl. ‖ **FAM.** sobredosificar.

sobreexcitar tr. Aumentar o exagerar las propiedades vitales de todo el organismo o de una de sus partes. También prnl. ‖ **FAM.** sobreexcitación.

sobrefusión f. Permanencia de un cuerpo en estado líquido a temperatura inferior a la de su fusión.

sobrehilar tr. Dar puntadas sobre el borde de una tela cortada, para que no se deshilache. ‖ **FAM.** sobrehilado.

sobrehumano, na adj. Que excede a lo humano, a las posibilidades de los hombres; a veces se usa hiperbólicamente: *un esfuerzo sobrehumano*.

sobreimprimir tr. Imprimir algo sobre un texto o imagen ya impresos. ♦ Doble part.: *sobreimprimido* (reg.), *sobreimpreso* (irreg.). ‖ **FAM.** sobreimpresión.

sobrellevar tr. Soportar los trabajos o molestias de la vida y resignarse a ellos.

sobremanera adv. m. En extremo, mucho.

sobremesa f. Tiempo que se está a la mesa después de haber comido. ‖ Tapete que se pone sobre la mesa.

sobrenadar intr. Mantenerse algo encima del agua o de otro líquido sin hundirse.

sobrenatural adj. Que excede los términos de la naturaleza. ‖ Que no pertenece al mundo terrenal. ‖ P. ext., extraordinario, sobrecogedor. ‖ **FAM.** sobrenaturalmente.

sobrenombre m. Nombre que se añade a veces al apellido para distinguir a dos personas que tienen el mismo. ‖ Nombre calificativo con que se distingue especialmente a una persona.

sobrentender tr. Entender una cosa que no está expresa, pero que puede deducirse. También prnl.: *se sobrentiende que no debes decírselo todavía.* ♦ También se dice *sobreentender.* **Irreg.** Se conj. como *entender.* ‖ **FAM.** sobrentendido.

sobrepasar tr. Rebasar un límite, exceder de él: *sobrepasó la velocidad permitida.* ‖ Superar, aventajar.

sobreponer tr. Añadir una cosa o ponerla encima de otra. ‖ prnl. Dominar los impulsos y sentimientos: *sobreponerse a un disgusto.* ♦ **Irreg.** Se conjuga como *poner.*

sobreprecio m. Recargo en el precio ordinario.

sobrero, ra adj. Que sobra. ‖ Se apl. al toro que se tiene de más por si se inutiliza algún otro de los destinados a una corrida. También m.

sobresaliente adj. Que sobresale. ‖ m. En los exámenes, calificación máxima. ‖ com. Persona destinada a suplir la falta o ausencia de otra; especialmente entre actores y toreros.

sobresalir intr. Exceder en figura, tamaño, etc. ‖ Destacar o distinguirse entre otros por sus cualidades. ♦ **Irreg.** Se conj. como *salir.* ‖ **FAM.** sobresaliente.

sobresaltar tr. Asustar algo que ocurre, aparece, etc., de repente. También prnl. ‖ **FAM.** sobresalto.

sobresalto m. Sensación de temor, susto o inquietud que proviene de un acontecimiento repentino e imprevisto.

sobrescribir tr. Escribir o poner un letrero sobre una cosa. ‖ Escribir sobre lo ya escrito. ♦ Part. irreg.: *sobrescrito.*

sobresdrújulo, la adj. Se dice de las voces cuya acentuación carga en la silaba anterior a la antepenúltima: *devuélvemelo.* También s.

sobreseer intr. Desistir de la pretensión o empeño que se tenía. ‖ Cesar en el cumplimiento de una obligación. ‖ En der., cesar en una instrucción sumarial, y p. ext., dejar sin curso ulterior un procedimiento. También tr. ‖ **FAM.** sobreseimiento.

sobrestante com. Persona que dirige a cierto número de obreros y ejecuta determinadas obras bajo la dirección de un técnico.

sobrestimar tr. Estimar una cosa por encima de su valor. ‖ **FAM.** sobrestimación.

sobresueldo m. Retribución o consignación que se añade al sueldo fijo.

sobrevenir intr. Acaecer o suceder una cosa además o después de otra. ‖ Venir improvisadamente. ♦ **Irreg.** Se conj. como *venir.*

sobrevivir intr. Vivir alguien después de la muerte de otro, después de un determinado plazo o de cierto suceso en el que ha habido gran peligro: *sobrevivió al incendio.* ‖ Superar una prueba, situación, etc., muy dura o difícil. ‖ **FAM.** sobreviviente.

sobrevolar tr. Volar sobre un lugar, ciudad, territorio, etc. ♦ **Irreg.** Se conj. como *contar.*

sobrexcitar tr. Sobreexcitar. También prnl. ‖ **FAM.** sobrexcitación.

sobrino, na m. y f. Respecto de una persona, hijo o hija de su hermano o hermana, o de su primo o prima.

sobrio, bria adj. Moderado en sus palabras, comportamiento, etc., y especialmente, en comer y beber. ‖ Que carece de adornos superfluos o de otras características que lo hagan llamativo y exagerado: *un estilo sobrio.* ‖ Se dice del que no está borracho. ‖ **FAM.** sobriamente, sobriedad.

socaire m. En términos marineros, defensa o protección que ofrece una cosa en su lado opuesto a aquel de donde sopla el viento. ‖ **al socaire** loc. adj. Sirviéndose de la persona o cosa que se expresa: *ascendió al socaire de sus influencias.*

socapa f. Pretexto para disfrazar la verdadera intención con que se hace una cosa.

socarrar tr. Quemar o tostar ligera y superficialmente una cosa. También prnl. ‖ **FAM.** socarrón.

socarrón, na adj. Se dice de la persona que se burla con disimulo de alguien o de algo. También s. ‖ **FAM.** socarronería.

socavar tr. Excavar por debajo alguna cosa, dejándola en falso o sin apoyo. ‖ Ir destruyendo o debilitando a una persona o cosa: *los disgustos socavaron su salud.* ‖ **FAM.** socavación, socavón.

socavón m. Hundimiento en el suelo. ‖ Cueva que se excava en la ladera de un cerro o monte y a veces se prolonga formando galería subterránea.

sochantre m. Director del coro en los oficios divinos.

sociable adj. Que, de una forma natural tiende a vivir en sociedad. ‖ Se dice de la persona afable, a la que le gusta relacionarse con las demás. ‖ **FAM.** sociabilidad.

social adj. Perteneciente o relativo a la sociedad. | Relacionado con los problemas de la sociedad o que se interesa por ellos: *reivindicaciones sociales.* | Perteneciente o relativo a una compañía o sociedad, o a los socios o compañeros, aliados o confederados. | **FAM.** socialdemocracia, socialismo, socializar.

socialdemocracia f. Nombre aplicado a las tendencias y partidos socialistas moderados que postulan el reformismo dentro de una democracia liberal y parlamentaria. | **FAM.** socialdemócrata.

socialismo m. Sistema de organización social y económico basado en la propiedad y administración colectiva o estatal de los medios de producción y en la progresiva desaparición de las clases sociales. | Movimiento político que intenta establecer, con diversos matices, este sistema. | **FAM.** socialista.

socializar tr. Transferir al Estado, u otro órgano colectivo, las propiedades, industrias, etc., particulares. | Promover las condiciones sociales que favorezcan en los seres humanos el desarrollo integral de su persona. | **FAM.** socialización, socializador, socializante.

sociedad f. Conjunto de personas que conviven y se relacionan dentro de un mismo espacio y ámbito cultural. | Agrupación natural o pactada de personas o animales, con el fin de cumplir, mediante la mutua cooperación, todos o alguno de los fines de la vida: *la sociedad de las hormigas.* | La formada por comerciantes, hombres de negocios o accionistas de alguna compañía. | Conjunto de personas o instituciones que actúan unidas para conseguir un mismo fin. | **sociedad anónima** Sociedad mercantil cuyo capital está repartido en acciones, pagadas por los socios que las suscriben, con responsabilidad circunscrita al capital que éstas representan. | **sociedad de consumo** Forma de sociedad en la que se estimula la adquisición y consumo desmedidos de bienes. | **sociedad limitada** Sociedad mercantil formada por un número limitado de socios, cuyo capital se halla repartido en participaciones de igual valor. | **FAM.** sociable, social, societario, sociología.

societario, ria adj. Perteneciente o relativo a las asociaciones, especialmente a las obreras.

socio, cia m. y f. Persona asociada con otra u otras para algún fin. | Individuo de una sociedad, o agrupación de individuos: *¿tiene su carné de socio?* | Amigo o compinche. | **FAM.** sociedad.

sociobiología f. Ciencia que estudia de una forma sistemática las bases biológicas de todo comportamiento social.

sociocultural adj. Relativo al estudio cultural de una sociedad o grupo social.

sociolingüística f. Disciplina lingüística que estudia las relaciones entre la lengua y la sociedad. | **FAM.** sociolingüístico.

sociología f. Ciencia que estudia las relaciones entre individuos y sus leyes en las sociedades humanas. | **FAM.** sociológico, sociólogo.

sociometría f. Estudio de las formas y tipos de interrelación existentes en un grupo de personas mediante métodos estadísticos.

socorrer tr. Ayudar, favorecer en un peligro o necesidad. | **FAM.** socorredor, socorrido, socorrismo, socorro.

socorrido, da adj. Se apl. a los recursos que fácilmente y con frecuencia sirven para resolver una dificultad: *esa excusa es muy socorrida.*

socorrismo m. Organización y adiestramiento para prestar socorro en caso de accidente, especialmente en el agua. | **FAM.** socorrista.

socorro m. Acción y efecto de socorrer. | Dinero, alimento u otra cosa con que se socorre: *la Cruz Roja envió socorros a los damnificados.* | **¡socorro!** interj. que se usa para pedir ayuda.

soda f. Bebida de agua gaseosa con ácido carbónico.

sodio m. Elemento químico metálico, de color blanco y brillo argentino, blando, muy ligero y que reacciona violentamente al contacto con el agua; sus sales son muy abundantes en la naturaleza. Su símbolo es *Na.* | **FAM.** sódico.

sodomía f. Coito anal. | Relación homosexual entre varones. | **FAM.** sodomita, sodomítico, sodomizar.

soez adj. Ordinario, grosero.

sofá m. Asiento cómodo para dos o más personas, que tiene respaldo y brazos. | **sofá-cama** Sofá que puede convertirse rápidamente en cama.

sofisma m. Razón o argumento aparente con que se quiere defender o persuadir lo que es falso. | **FAM.** sofista, sofisticar, sofístico.

sofista adj. Que se vale de sofismas. | m. En la Grecia antigua, todo el que se dedicaba a la filosofía, y de manera especial a los problemas antropológicos.

sofisticado, da adj. Muy refinado y elegante y, en ocasiones, falto de naturalidad. | Complejo, completo: *funciona con un mecanismo muy sofisticado.* | **FAM.** sofisticación, sofisticado.

soflama f. desp. Discurso, perorata, especialmente los que se pronuncian con ánimo de enardecer. ‖ Bochorno o ardor que suele subir al rostro por enojo, vergüenza, etc.

sofocar tr. y prnl. Ahogar, impedir la respiración. ‖ Apagar, extinguir: *sofocar el fuego.* ‖ Abochornar, avergonzar a uno. ‖ tr. Acosar, importunar demasiado a alguien. ‖ prnl. Excitarse, enojarse. ‖ **FAM.** sofocación, sofocador, sofocante.

sofoco m. Sensación de ahogo: *abre la ventana, que siento sofoco.* ‖ Sensación de calor, muchas veces acompañada de sudor y enrojecimiento de la piel. ‖ Grave disgusto que se da o se recibe. ‖ **FAM.** sofocar, sofocón, sofoquina.

sofocón m. Desazón, disgusto que sofoca o aturde.

sofoquina f. Sofoco, por lo común intenso.

sofreír tr. Freír un poco o ligeramente una cosa. ♦ Irreg. Se conj. como *reír.* ‖ **FAM.** sofrito.

sofrenar tr. Refrenar una pasión o sentimiento. ‖ **FAM.** sofrenada.

sofrito m. Condimento que se añade a un guiso, compuesto por diversos ingredientes fritos en aceite.

sofrología f. Disciplina de la psiquiatría que estudia los cambios de conciencia en el ser humano y sus aplicaciones terapéuticas.

software (voz i.) m. En inform., término genérico que se aplica a los componentes de un sistema informático externos al ordenador, como, p. ej., los programas, sistemas operativos, etc., que permiten a éste ejecutar sus tareas.

soga f. Cuerda gruesa de esparto. ‖ Parte de un sillar o ladrillo que queda descubierta en el paramento de la fábrica. ‖ **con la soga al cuello** loc. adv. Amenazado de un riesgo grave o en un apuro. ‖ **FAM.** soguería, soguero, soguilla.

sógun m. Shogun.

soja f. Planta herbácea de aproximadamente 1 m de altura, tallo recto, flores en racimo violetas o blancas y fruto en legumbre, de cuya semilla se extrae aceite vegetal; se usa como alimento y como fibra textil.

sojuzgar tr. Dominar, someter con violencia. ‖ **FAM.** sojuzgador.

soka-tira f. Deporte vasco que consiste en el enfrentamiento de dos equipos, que tiran de los extremos opuestos de una soga. Vence el equipo que arrastra al contrario al campo propio.

sol m. Estrella luminosa centro de nuestro sistema planetario. ♦ En esta acepción se escribe con mayúscula. ‖ Luz, calor o influjo del Sol: *un día de sol.* ‖ Lugar o parte de un lugar donde da el sol: *sentarse al sol.* ‖ Se usa como ca-

lificativo o apelativo cariñoso. ‖ Unidad monetaria de Perú, hasta 1986, en que fue sustituido por el *inti.* ‖ **de sol a sol** loc. adv. Desde que sale el Sol hasta que se pone. ‖ **FAM.** solana, solanáceo, solanera, solano, solar, solario, solazo, solear, solsticio.

sol m. En mús., quinto grado de la escala musical, y signo que lo representa. ♦ No varía en pl. ‖ **FAM.** solfeo.

solamente adv. m. De un solo modo, en una sola cosa, o sin otra cosa.

solana f. Sitio donde el sol da de lleno. ‖ Corredor o pieza destinada en la casa para tomar el sol.

solanáceo, a adj. y f. Se dice de las plantas herbáceas, arbustivas y arbóreas que tienen flores acampanadas, fruto en baya o cápsula y raíz generalmente bulbosa y comestible; se cultivan en regiones de clima tropical y templado, para su uso en alimentación y como plantas industriales. ‖ f. pl. Familia de estas plantas, a la que pertenecen la patata, el tomate, la berenjena, el tabaco, etc.

solanera f. Efecto que produce en una persona el tomar mucho el sol. ‖ Lugar donde da mucho el sol. ‖ Sol muy fuerte e intenso.

solapa f. Parte del vestido, correspondiente al pecho, y que suele ir doblada hacia fuera sobre la misma prenda de vestir. ‖ Prolongación lateral de la cubierta o camisa de un libro, que se dobla hacia adentro y en la que se imprimen algunas advertencias o anuncios. ‖ **FAM.** solapar.

solapado, da adj. Se dice de la persona que oculta maliciosa y cautelosamente sus planes y pensamientos. ‖ Se dice de estos planes y pensamientos.

solapar tr. Cubrir una cosa a otra en su totalidad o en parte. ‖ Ocultar maliciosa y cautelosamente la verdad o la intención. ‖ prnl. Coincidir una cosa con otra. ‖ **FAM.** solapado.

solar m. Porción de terreno donde se ha edificado o que se destina a edificar en él. ‖ Casa, descendencia, linaje noble: *su padre venía del solar de Vegas.* ‖ adj. Se apl. a la casa más antigua y noble de una familia. ‖ **FAM.** solariego, solera.

solar adj. Relativo al Sol: *rayos solares.*

solar tr. Revestir el suelo con ladrillos, losas u otro material. ‖ Poner suelas al calzado. ♦ Irreg. Se conj. como *contar.* ‖ **FAM.** solado, solador, soladura.

solariego, ga adj. Relativo al solar de antigüedad y nobleza: *casa solariega.* También s. ‖ Antiguo y noble.

solárium o **solario** m. Terraza o lugar dispuesto para tomar baños de sol.

solaz m. Esparcimiento, ocio: *en sus ratos de solaz se dedica a la jardinería.* ‖ **FAM.** solazar.

solazar tr. Dar solaz. También prnl.

soldada f. Sueldo, salario o estipendio, particularmente el del soldado.

soldadesca f. desp. Conjunto de soldados. ‖ Tropa indisciplinada.

soldado com. Persona que sirve en la milicia. ♦ Nunca se emplea la forma femenina para referirse a las mujeres. ‖ Militar sin graduación. ‖ **FAM.** soldada, soldadesco.

soldadura f. Acción y efecto de soldar. ‖ Material que sirve y está preparado para soldar.

soldar tr. Unir sólidamente dos cosas fundiendo sus bordes o alguna sustancia igual o semejante a las que se quiere unir. ♦ Irreg. Se conj. como *contar.* ‖ **FAM.** soldador, soldadura.

soleá f. Tonada, copla y danza andaluzas, en compás de 3 por 8. ♦ pl. *soleares.*

solecismo m. Incorrección al hablar, particularmente la sintáctica: *me se cayó* por *se me cayó.*

soledad f. Carencia de compañía. ‖ Lugar desierto, o tierra no habitada. ‖ Pesar o melancolía que se sienten por la ausencia, muerte o pérdida de alguna persona o cosa.

solemne adj. Celebrado públicamente con pompa y esplendor: *exequias solemnes.* ‖ Formal, válido, acompañado de todos los requisitos necesarios: *voto solemne.* ‖ Majestuoso, imponente. ‖ Encarece en sentido peyorativo la significación de algunos nombres: *solemne disparate.* ‖ **FAM.** solemnemente, solemnidad, solemnizar.

solemnidad f. Cualidad de solemne. ‖ Acto o ceremonia solemne. ‖ Festividad eclesiástica.

solemnizar tr. Festejar o celebrar de manera solemne un suceso. ‖ Engrandecer, autorizar o encarecer una cosa.

solenoide m. Circuito formado por un hilo conductor enrollado en espiral, por el que circula una corriente eléctrica y en cuyo interior se crea un campo magnético.

sóleo m. Músculo de la pantorrilla unido a los gemelos por su parte inferior para formar el tendón de Aquiles.

soler intr. Tener costumbre: *suele pasear todas las mañanas.* ‖ Referido a cosas o hechos, ser frecuente: *en primavera suele llover.* ♦ Irreg. Se conj. como *mover.*

solera f. Carácter tradicional de las cosas, usos, costumbres, etc. ‖ Antigüedad de los vinos. ‖ Madre o lía del vino. ‖ Madero sobre el que descansan o se ensamblan otros.

solfa f. Solfeo. ‖ Conjunto de signos con que se escribe la música. ‖ Zurra de golpes. ‖ **poner** una cosa **en solfa** loc. Presentarla bajo un aspecto ridículo o dudar de ella.

solfear tr. Cantar marcando el compás y pronunciando los nombres de las notas. ‖ **FAM.** solfeador, solfeo, solfista.

solfeo m. Técnica de leer correctamente los textos musicales y estudios que se realizan para adquirirla.

solicitar tr. Pedir o pretender una cosa para la que se necesitan ciertas gestiones o formalidades: *solicitar una beca.* ‖ Requerir la presencia, amistad, etc., de una persona: *solicitaron su presencia en el acto.* ‖ Requerir de amores a una persona. ‖ En fís., atraer una o más fuerzas a un cuerpo, cada cual en su sentido. ‖ **FAM.** solicitación, solicitado, solicitante, solícito.

solícito, ta adj. Diligente y servicial. ‖ Se dice de la persona cariñosa y muy atenta con otras: *un padre solícito.* ‖ **FAM.** solícitamente, solicitud.

solicitud f. Acción y efecto de solicitar. ‖ Documento o memorial en que se solicita algo. ‖ Cualidad de solícito.

solidaridad f. Adhesión circunstancial a la causa o a la empresa de otros. ‖ **FAM.** solidario.

solidario, ria adj. Adherido o asociado a la causa, empresa u opinión de otro. ‖ **FAM.** solidariamente, solidarizar.

solidarizar tr. Hacer a una persona o cosa solidaria con otra. También prnl.

solideo m. Casquete que usan algunos eclesiásticos y que cubre la coronilla.

solidificar tr. Hacer sólido un fluido. También prnl. ‖ **FAM.** solidificación.

sólido, da adj. Se dice del estado de la materia en el que las moléculas poseen el mayor grado de cohesión. También m. ‖ Firme, macizo, denso y fuerte: *musculatura sólida.* ‖ Establecido con razones fundamentales: *argumentos sólidos.* ‖ m. En geom., objeto material de tres dimensiones. ‖ **FAM.** sólidamente, solidario, solidez, solidificar.

solifluxión f. En geol., deslizamiento de la capa superior de un terreno embebido de agua, que se produce al empaparse una capa interior de arcilla.

soliloquio m. Discurso de una persona que no dirige a otra la palabra. ‖ Lo que habla de este modo un personaje de obra dramática o de otra semejante.

solio m. Trono con dosel.

solipsismo m. En filos., forma radical de subjetivismo según la cual sólo existe o sólo puede ser conocido el propio yo. ‖ **FAM.** solipsista.

solista com. En mús., persona que ejecuta un solo de una pieza vocal o instrumental. | Cantante de un conjunto musical.

solitario, ria adj. Desamparado, desierto. | Solo, sin compañía. También s. | Retirado, que ama la soledad o vive en ella. También s. | m. Diamante que se engasta solo en una joya. | Juego de naipes que ejecuta una sola persona. | f. Tenia, parásito intestinal.

soliviantar tr. Inducir a una persona a adoptar una actitud rebelde u hostil. También prnl.: *se solivió contra el jefe.* | Agitar, inquietar. | Irritar, disgustar mucho.

solla f. Pez teleósteo de unos 90 cm de longitud, con el cuerpo aplanado de color gris ocuro y los dos ojos en el mismo lado. Es apreciado en alimentación.

sollado m. Uno de los pisos o cubiertas inferiores de un buque, en la cual se suelen instalar alojamientos y rebelde.

sollozar intr. Producir, por un movimiento convulsivo, varias inspiraciones bruscas, entrecortadas, seguidas de una espiración; es fenómeno nervioso que suele acompañar al llanto. | FAM. sollozante, sollozo.

solo, la adj. Único en su especie: *es el solo candidato válido.* | Que está sin otra cosa o que se considera separado de ella: *café solo.* | Dicho de personas, sin compañía. | Que no tiene quien le ampare o consuele: *me siento solo.* | Desierto: *la plaza estaba sola.* | m. En mús., composición o parte de ella para una única voz o instrumento. | adv. m. Solamente, sin otra persona o cosa. ♦ Suele escribirse con acento: *sólo estaremos una semana.* | **a solas** loc. adv. Sin ayuda ni compañía de otro. | FAM. solamente, soledad, soliloquio, solipsismo, solista, solitario.

solomillo m. En las reses destinadas a la alimentación, capa muscular que se extiende por entre las costillas y el lomo. | Filete sacado de esta parte.

solsticio m. Nombre de los dos momentos del año en que se producen sendos cambios estacionales y es máxima la diferencia entre día y noche. | **solsticio de verano** El que se produce el 21 ó 22 de junio, y da comienzo al verano en el hemisferio Norte y al invierno en el Sur. | **solsticio de invierno** Se produce el 21 ó 22 de diciembre, y da comienzo al invierno en el hemisferio Norte y al verano en el Sur.

soltar tr. Desatar o aflojar lo que estaba atado, unido a un sujeto. También prnl.: *soltarse los puntos de una media.* | Dar libertad al que estaba detenido o preso. | Dar salida a lo que estaba detenido o confinado: *soltar el agua de un embalse.* También prnl. | Romper en una señal de afecto interior, como risa, llanto, etc.: *soltó la carcajada.* | Expulsar, despedir: *soltar mal olor.* | Dar: *soltar un golpe.* | Decir o contar algo pesado o inconveniente: *soltó un taco.* | Con relación al vientre, hacerle evacuar con frecuencia. También prnl. | prnl. Adquirir habilidad o desenvoltura en algo. | Dejar de sentir timidez o vergüenza. | Empezar a hacer algunas cosas: *el niño ya se soltó a hablar.* ♦ **Irreg.** Se conj. como *contar.* | FAM. soltero, soltura, suelta, suelto.

soltero, ra adj. Que no está casado. También s. | FAM. soltería, solterón.

solterón, na adj. Soltero ya entrado en años. También s.

soltura f. Habilidad y desenvoltura: *tiene mucha soltura con el ordenador.*

solubilidad f. Cualidad de soluble. | En quím., cantidad de soluto que a una temperatura determinada puede diluirse en un disolvente para formar una disolución saturada.

soluble adj. Que se puede disolver o desleír. | Que se puede resolver: *problema soluble.* | FAM. solubilidad.

solución f. Acción y efecto de disolver. | Mezcla homogénea que se obtiene al disolver una o más sustancias llamadas solutos en otra llamada disolvente: *una solución acuosa.* | Acción y efecto de resolver una duda o dificultad. | Desenlace de la trama o asunto de una obra literaria, película, etc. | Desenlace o término de un proceso, negocio, etc. | En mat., resultado que satisface las condiciones planteadas en un problema o una ecuación. | **solución de continuidad** Interrupción o falta de continuidad. | FAM. soluble, solución.

solucionar tr. Satisfacer una duda o acabar con una dificultad o problema. | FAM. solución, solucionable.

soluto m. En quím., sustancia disuelta en un determinado disolvente, cuya proporción en él forma la concentración.

solutrense adj. Se dice de un período del paleolítico superior que se desarrolló entre el año 20.000 y el 15.000 a. C. También s. | Relativo a este período.

solvencia f. Capacidad para satisfacer deudas. | Carencia de deudas.

solventar tr. Arreglar cuentas, pagando la deuda a que se refieren. | Dar solución a algo: *solventar un problema.*

solvente adj. Que tiene recursos suficientes para pagar sus deudas. | Capaz de cumplir con su obligación, cargo, etc., y particularmente, capaz de cumplirlos con eficacia. | FAM. solvencia, solventar.

soma m. La totalidad de las células de un organismo vivo, con excepción de las reproductoras. | FAM. somático.

somanta f. Tunda, zurra: *le dieron una somanta de palos.*

somatén m. Cuerpo de gente armada, que no pertenece al ejército. ‖ Miembro de este grupo. ‖ En Cataluña, rebato: *tocar a somatén.*

somático, ca adj. Se dice de lo que es material o corpóreo en un ser animado. ‖ En med., se dice del síntoma que es eminentemente corpóreo o material, para diferenciarlo del síntoma psíquico. ‖ **FAM.** somatización, somatizar, somatología.

somatizar tr. Transformar inconscientemente una afección psíquica en orgánica.

sombra f. Imagen oscura que sobre una superficie cualquiera proyecta un cuerpo opaco, interceptando los rayos directos de la luz: *la sombra de un árbol.* ‖ Lugar donde no da el sol o se está protegido de él: *ponte a la sombra.* ‖ Oscuridad, falta de luz. Más en pl.: *las sombras de la noche.* ‖ Representación en una pintura o dibujo, mediante tonos oscuros, de las partes que tienen menos luz. ‖ Lugar, zona o región a la que, por una u otra causa, no llegan las imágenes, sonidos o señales transmitidos por un aparato o estación emisora. ‖ Espectro o aparición de una persona ausente o difunta. ‖ Ignorancia. ‖ Pequeña cantidad de algo: *me queda una sombra de duda.* ‖ **mala sombra** Mala intención o mala suerte. ‖ **sombra de ojos** Cosmético para dar color a los párpados. ‖ **sombras chinescas** Espectáculo que consiste en unas figurillas que se mueven detrás de una cortina de papel o tela blancos, iluminadas por la parte opuesta a los espectadores. ‖ **a la sombra** loc. adv. En la cárcel. ‖ **FAM.** sombrajo, sombrear, sombrero, sombrilla, sombrío.

sombrajo o **sombraje** m. Resguardo de ramas, mimbres, esteras, etc., para hacer sombra.

sombrear tr. Poner sombras en una pintura o dibujo. ‖ Dar o producir sombra. ‖ **FAM.** sombreado.

sombrerazo m. Saludo exagerado que se hace quitándose el sombrero.

sombrerería f. Tienda donde se venden sombreros. ‖ **FAM.** sombrerero.

sombrerete m. Sombrerillo de los hongos. ‖ Parte superior de una chimenea.

sombrerillo m. Parte abombada de las setas, sostenida por el pedicelo.

sombrero m. Prenda de vestir, que sirve para cubrir la cabeza, y consta de copa y ala. ‖ Sombrerillo de los hongos. ‖ Techo que cubre el púlpito. ‖ **quitarse** uno **el sombrero** loc. Hacerlo en señal de cortesía y respeto; también expresa la admiración que producen algo

o alguien. ‖ **FAM.** sombrerazo, sombrerería, sombrerete, sombrerillo.

sombrilla f. Objeto con forma de paraguas utilizado para protegerse del sol.

sombrío, a adj. Se dice del lugar de poca luz en que frecuentemente hay sombra. ‖ Tétrico, melancólico: *hoy está de un humor sombrío.*

somero, ra adj. Ligero, superficial: *un análisis somero.* ‖ Casi encima o muy inmediato a la superficie. ‖ **FAM.** someramente.

someter tr. Sujetar a dominio o autoridad a personas, pueblos, etc. También prnl. ‖ Hacer que una persona o cosa reciba o soporte cierta acción: *someter al calor.* También prnl. ‖ Subordinar la voluntad o el juicio a los de otra persona. También prnl. ‖ Mostrar algo a alguien para que dé su opinión sobre ello: *sometí el caso a un buen abogado.* ‖ **FAM.** sometimiento, sumisión, sumiso.

somier m. Soporte de muelles, láminas de madera, etc., sobre el que se pone el colchón.

somnífero, ra adj. Que da sueño. También m.

somnolencia f. Pesadez y torpeza de los sentidos motivadas por el sueño. ‖ Ganas de dormir. ‖ **FAM.** somnolientamente, somnoliento.

somontano, na adj. Se dice del terreno o región situados al pie de una montaña.

somonte m. Terreno situado en la falda de una montaña. ‖ **FAM.** somontano.

somormujo m. Ave acuática de entre 40 y 50 cm de longitud, con el plumaje castaño y blanco, y las patas con dedos lobulados y adaptados al agua.

son m. Sonido agradable, armonioso. ‖ Tenor, modo o manera: *por este son.* ‖ Pretexto. ‖ **¿a qué son?** o **¿a son de qué?** loc. ¿Con qué motivo?: *¿a son de qué se ha de hacer esto?* ‖ **al son de** un instrumento loc. adv. Con acompañamiento de tal instrumento. ‖ **en son de** loc. adv. De tal modo o a manera de; también, con ánimo de: *en son de paz.* ‖ **sin ton ni son** loc. adv. Sin razón, sin fundamento.

sonado, da adj. Famoso, célebre: *aquella fue una victoria sonada.* ‖ Se dice del boxeador que ha perdido facultades mentales como consecuencia de los golpes recibidos en los combates. ‖ Loco.

sonajero m. Juguete con cascabeles y otras cosas que suenan al moverlas, que sirve para entretener a los niños muy pequeños. ‖ **FAM.** sonaja.

sonámbulo, la adj. Se dice de la persona que padece sueño anormal, durante el cual se levanta, anda y habla y realiza ciertos actos que no recuerda al despertar. También s. ‖ **FAM.** sonambulismo.

sonar intr. Hacer ruido una cosa. ‖ Tener una letra valor fónico. ‖ Tener una cosa visos o apariencias de algo: *la proposición sonaba interesante.* ‖ Recordar vagamente a alguna persona o cosa: *no me suena ese apellido.* ‖ Mencionarse, citarse: *su nombre suena mucho en el mundo del teatro.* ‖ Esparcirse o correrse rumores de algo: *suena por ahí que va a dimitir.* ‖ *amer.* Morir o padecer una enfermedad mental: *Fulano sonó.* ‖ *amer.* Fracasar. ‖ tr. Hacer que algo produzca sonidos o ruido. ‖ Limpiar de mocos las narices, haciéndolos salir con una espiración violenta. Más c. prnl. ‖ **como suena** loc. adv. Literalmente, con arreglo al sentido estricto de las palabras. ◆ **Irreg.** Se conj. como *contar.* ‖ **FAM.** sonado, sonaja, sonajero, sonante, sonata, sonería, sonoro.

sónar o **sonar** m. Aparato de detección submarina, que funciona mediante la emisión de ondas ultrasonoras.

sonata f. En mús., composición para uno o dos instrumentos, estructurada en tres o cuatro tiempos. ‖ **FAM.** sonatina.

sonda f. Acción y efecto de sondar. ‖ Cuerda con un peso de plomo, que sirve para medir la profundidad de las aguas y explorar el fondo. ‖ Tubo delgado que se introduce en una persona para administrarle alimentos, extraerle líquidos o explorar una cavidad. ‖ Cohete, globo u otro sistema que se envía al espacio para explorar. ‖ Barrena que sirve para abrir en los terrenos taladros de gran profundidad. ‖ **FAM.** sondar, sondear.

sondar tr. Echar la sonda al agua para averiguar la profundidad y la calidad del fondo. ‖ Averiguar la naturaleza del subsuelo con una sonda. ‖ Introducir en el cuerpo la sonda. ‖ **FAM.** sondable, sondeo.

sondear tr. Sondar las aguas o el subsuelo. ‖ Inquirir con cautela la intención de uno, o las circunstancias de algo: *no sé qué regarle, procura sondearle.* ‖ **FAM.** sondeo.

soneto m. Composición poética que consta de 14 versos, generalmente endecasílabos, distribuidos en dos cuartetos y dos tercetos. ‖ **FAM.** sonetillo, sonetista.

songa f. *amer.* Burla, ironía.

sónico, ca adj. Perteneciente o relativo a la velocidad del sonido. ‖ Se dice de la vibración producida por un objeto cuya frecuencia está comprendida entre 20 y 20.000 Hz. ‖ **FAM.** supersónico.

sonido m. Sensación producida en el órgano del oído por el movimiento vibratorio de los cuerpos, transmitido por un medio elástico, como el aire. ‖ Valor y pronunciación de las letras: *sonido fricativo.* ‖ En fís., conjunto de ondas producidas por un cuerpo al vibrar,

que crea una variación de presión en el medio que le rodea, y pueden ser captadas por el oído. ‖ Conjunto de técnicas y aparatos para grabar y reproducir el sonido: *sonido digital.* ‖ **FAM.** son, sonar, sónico, soniquete, sonómetro, sonsonete.

soniquete m. Sonido repetitivo que resulta aburrido y desagradable. ‖ Tonillo o modo especial en la risa o palabras, que denota desprecio o ironía.

sonómetro m. Instrumento destinado a medir y comparar los sonidos e intervalos musicales.

sonoridad f. Cualidad de sonoro. ‖ Cualidad de la sensación auditiva que permite calificar los sonidos de fuertes y débiles.

sonorizar tr. Incorporar los sonidos, ruidos, etc., a la banda de imágenes previamente dispuesta. ‖ Ambientar una escena, programa, etc., con los efectos sonoros adecuados. ‖ En ling., convertir una consonante sorda en sonora. También prnl. ‖ **FAM.** sonorización, sonorizador, sonorizante.

sonoro, ra adj. Que suena o puede sonar. ‖ Que suena bien, o que suena mucho y agradablemente. ‖ Dotado de sonido: *cine sonoro.* ‖ Aplicado al lenguaje o al estilo, elevado y grandilocuente. ‖ En fon., se dice del fonema o sonido que se articula con vibración de las cuerdas vocales. ‖ **FAM.** sonoramente, sonoridad, sonorizar.

sonotone m. Audífono.

sonreír intr. Reírse levemente. También prnl. ‖ Ser favorable o halagüeño para uno algún asunto, suceso, esperanza, etc.: *le sonríe el porvenir.* ◆ **Irreg.** Se conj. como *reír.* ‖ **FAM.** sonriente, sonrisa.

sonrisa f. Acción y efecto de sonreír.

sonrojar tr. Hacer salir los colores al rostro de vergüenza. También prnl. ‖ **FAM.** sonrojo.

sonrosado, da adj. De color rosa o parecido a él.

sonsacar tr. Procurar obtener algo de alguien con habilidad: *le sonsacó dinero contándole una patraña.* ‖ **FAM.** sonsacador, sonsacamiento, sonsaque.

sonso, sa adj. *amer.* Tonto. ‖ **FAM.** sonsear, sonsera.

sonsonete m. Sonido que resulta de los golpes pequeños y repetidos que se dan en una parte, imitando un son de música. ‖ Soniquete.

soñador, ra adj. Que sueña mucho, que fantasea sin tener en cuenta la realidad. También s.

soñar tr. Representar en la fantasía algo mientras dormimos. También intr: *cuando* *sueñas hablas.* ‖ Imaginar que las cosas son distintas a como son en la realidad: *se pasa la vida soñando imposibles.* ‖ intr. Anhelar persistentemente una cosa: *soñar con grandezas.* ‖ **ni soñarlo** loc. Se emplea también para negar rotundamente una cosa. ‖ **soñar despierto** loc. Soñar, fantasear. ♦ **Irreg.** Se conj. como *contar.* ‖ **FAM.** soñador, soñarrera, soñera.

soñarrera f. Ganas muy intensas de dormir. ‖ Sueño pesado.

soñolencia f. Somnolencia. ‖ **FAM.** soñoliento.

sopa f. Plato compuesto de caldo e ingredientes como verduras, pasta, arroz, etc., cocidos en este caldo. ‖ Pedazo de pan empapado en cualquier líquido alimenticio. ‖ Pasta que se mezcla con el caldo en el plato de este mismo nombre: *sopa de estrellas.* ‖ pl. Rebanadas de pan que se cortan para echarlas en el caldo. ‖ Plato compuesto de rebanadas de pan y un líquido alimenticio: *sopas de leche.* ‖ **sopa juliana** La que se hace cociendo en caldo verduras cortadas en tiritas y conservadas secas. ‖ **como una sopa** o **hecho una sopa** loc. Muy mojado. ‖ **FAM.** sopar, sopear, sopero, sopicaldo.

sopapo m. Golpe que se da con la mano en la cara.

sopero, ra adj. Se dice del plato hondo que sirve para comer en él la sopa. También m. ‖ Se dice de la cuchara con más capacidad que la ordinaria, apropiada para tomar sopa. ‖ Se apl. a la persona a la que le gusta mucho la sopa. También s. ‖ f. Recipiente hondo para servir la sopa en la mesa.

sopesar tr. Levantar algo como para tantear el peso que tiene. ‖ Examinar con atención el pro y el contra de un asunto.

sopetón m. Golpe fuerte y repentino dado con la mano. ‖ **de sopetón** loc. adv. Impensadamente, de improviso.

sopicaldo m. Caldo con sopas. ‖ Sopa o caldo excesivamente claros.

soplado m. Acción y efecto de soplar en la pasta de vidrio. ‖ En min., grieta muy profunda o cavidad grande del terreno.

soplamocos m. Golpe que se da a uno en la cara, especialmente tocándole en las narices. ♦ No varía en pl.

soplar intr. Despedir aire con violencia por la boca. ‖ Correr el viento, haciéndose sentir. También tr. ‖ Beber mucho. También prnl.: *se sopló toda la botella.* ‖ tr. Apartar algo a soplidos. ‖ Inflar una cosa con aire: *soplar un globo.* También prnl. ‖ Insuflar aire en la pasta de vidrio para obtener las formas previstas. ‖ Hurtar o quitar una cosa a escondidas. ‖ Hablando de bofetadas, cachetes y otros golpes semejantes, darlos. ‖ Sugerir a uno la idea, palabra, etc., que debe decir y no acierta o ignora: *le soplaron en el examen.* ‖ Acusar o delatar. ‖ **FAM.** soplado, soplador, sopladura, soplagaitas, soplamocos, soplete, soplido, soplillo, soplón.

soplete m. Aparato tubular en el que se inyecta por uno de sus extremos una mezcla de oxígeno y un gas combustible, acetileno, hidrógeno, etc., que, al salir por la boquilla del extremo opuesto, produce una llama de alto potencial calórico, utilizada para soldar o cortar metales.

soplido m. Acción y efecto de soplar, echar el aire por la boca.

soplillo m. Instrumento pequeño, de forma circular, generalmente de esparto y con mango, que se usa para avivar el fuego.

soplo m. Acción y efecto de soplar. ‖ Instante brevísimo tiempo. ‖ Información que se da en secreto y con cautela: *la policía les detuvo por un soplo.*

soplón, na adj. Se dice de la persona que acusa en secreto a otras o actúa como confidente. También s.

soponcio m. Desmayo, congoja.

sopor m. Adormecimiento, somnolencia. ‖ Estado de sueño profundo, provocado por una enfermedad y que precede al coma. ‖ **FAM.** soporífero.

soporífero, ra adj. Que mueve o inclina al sueño. También m. ‖ Muy aburrido.

soportal m. Espacio cubierto que en algunas casas precede a la entrada principal. ‖ Pórtico, a manera de claustro, que tienen algunos edificios o manzanas de casas en sus fachadas y delante de las puertas y tiendas que hay en ellas. Más en pl.

soportar tr. Sostener o llevar sobre sí una carga o peso: *soporta una gran responsabilidad.* ‖ Aguantar, resistir: *no soporto más ese ruido.* ‖ **FAM.** soportable, soporte.

soporte m. Apoyo o sostén. ‖ En pint., material sobre el que se pinta. ‖ En inform., cinta, disquete, etc., en que se almacena la información.

soprano m. En mús., la voz más aguda de las voces humanas, tiple. ‖ com. Persona que tiene esta voz.

sor f. Tratamiento que se da a las monjas.

sorber tr. Beber aspirando. ‖ Aspirar algunas cosas aunque no sean líquidas. ‖ Recibir o esconder una cosa hueca o esponjosa a otra, dentro de sí o en su concavidad. ‖ Absorber, tragar: *la mar sorbe las naves.* ‖ Apoderarse el ánimo con avidez de alguna idea, plan, etc.: *me gustó tanto la obra, que la sorbí en una mañana.* ‖ **FAM.** sorbedor, sorbido, sorbo.

sorbete m. Refresco de zumo de frutas con

azúcar, o de agua, leche o yemas de huevo azucaradas y aromatizadas, al que se da cierto grado de congelación.

sorbo m. Acción y efecto de sorber un líquido. ‖·Porción que se sorbe de una vez. ‖ Cantidad pequeña de un líquido.

sordera f. Privación o disminución de la facultad de oír.

sórdido, da adj. Sucio, pobre y miserable. ‖ Mezquino, avariento. ‖ Indecente o escandaloso: *un sórdido escándalo.* ‖ FAM. sórdidamente, sordidez.

sordina f. Pieza que sirve para disminuir la intensidad del sonido en ciertos instrumentos músicos. ‖ P. ext., mecanismo que amortigua el sonido en otros aparatos.

sordo, da adj. Que no oye, o no oye bien. También s. ‖ Silencioso y sin ruido: *avanzó con pasos sordos.* ‖ Que suena poco o sin timbre claro. ‖ Insensible a las súplicas o al dolor ajeno, o que no hace caso de persuasiones, consejos o avisos. ‖ En fon., se dice del fonema o sonido que se articula sin vibración de las cuerdas vocales. ‖ FAM. sordamente, sordera, sordez, sordina, sordomudo.

sordomudo, da adj. Privado de la facultad de hablar, por ser sordo de nacimiento. También s. ‖ FAM. sordomudez.

sorgo m. Planta herbácea de la familia de las gramíneas, de unos 4 m de altura, con la raíz fibrosa, hojas grandes y fruto en espiga; se cultiva como planta forrajera.

sorna f. Tono irónico con que se dice algo.

soro m. Órgano reproductor de los helechos, constituido por una agrupación de esporangios y situada en el envés de los frondes.

soroche m. *amer.* Mal de la montaña o de las alturas. ‖ *amer.* Galena.

sorprendente adj. Que sorprende o admira. ‖ Raro, extraño. ‖ FAM. sorprendentemente.

sorprender tr. Coger desprevenido: *la tormenta nos sorprendió en pleno monte.* ‖ Admirar o maravillar con algo imprevisto o raro. También prnl. ‖ Descubrir lo que otro ocultaba o disimulaba. ‖ FAM. sorprendente, sorpresa, sorpresivo.

sorpresa f. Acción y efecto de sorprender. ‖ Cosa que da motivo para que alguien se sorprenda: *su regalo de cumpleaños será una sorpresa.* ‖ **coger** o **pillar** a uno **de sorpresa** loc. Hallarle desprevenido.

sortear tr. Someter a personas o cosas a la decisión de la suerte. ‖ Evitar con habilidad o eludir un compromiso o dificultad: *sortear un peligro.* ‖ FAM. sorteable, sorteo.

sorteo m. Acción y efecto de sortear.

sortija f. Anillo que se ajusta a los dedos, so-

bre todo el que tiene algún adorno o piedra preciosa.

sortilegio m. Adivinación que se hace a través de medios mágicos. ‖ Hechizo o encanto.

SOS Señal internacional de petición de socorro o ayuda urgente.

sosa f. Nombre común del carbonato de sodio. ‖ Nombre común del hidróxido de sodio, base de gran importancia industrial y el producto cáustico más conocido.

sosaina adj. Persona sosa. También com.

sosegado, da adj. De carácter tranquilo y pacífico. ‖ FAM. sosegadamente.

sosegar tr. Aplacar, calmar, pacificar. También prnl.: *parece que se han sosegado los ánimos.* ‖ intr. Descansar, aquietarse. También prnl.: *sosegarse el viento.* ♦ **Irreg.** Se conj. como *acertar.* ‖ FAM. sosegado, sosegador, sosiego.

sosería o **sosera** f. Insulsez, falta de gracia y de viveza. ‖ Dicho o hecho insulso y sin gracia.

sosia o **sosias** m. Persona que tiene parecido con otra hasta el punto de ser confundido con ella.

sosiego m. Quietud, tranquilidad.

soslayar tr. Poner una cosa ladeada, atravesada u oblicua para que pase por un lugar estrecho. ‖ Pasar por alto o de largo, dejando de lado alguna dificultad: *soslayaremos el incidente.* ‖ FAM. soslayable, soslayo.

soslayo (de) loc. adv. Oblicuamente. ‖ De costado y perfilando bien el cuerpo para pasar por alguna estrechura. ‖ De largo, de pasada o por encima, para esquivar una dificultad.

soso, sa adj. Que no tiene sal, o tiene poca. ‖ Se dice de la persona, acción o palabra que carecen de gracia y viveza. ‖ FAM. sosaina, sosamente, sosedad, sosera, sosura, sosería.

sospechar tr. Creer o imaginar una cosa por conjeturas fundadas en apariencias e indicios: *conociéndole, sospecho que llegará tarde.* ‖ intr. Desconfiar, dudar, pensar que alguien ha hecho algo malo: *la policía sospecha de ella.* ‖ FAM. sospecha, sospechable, sospechoso.

sospechoso, sa adj. Que da motivo para sospechar: *una conducta sospechosa.* ‖ Se dice de la persona de la que se sospecha. También s. ‖ FAM. sospechosamente.

sostén m. Acción y efecto de sostener. ‖ Persona o cosa que sostiene y sirve de apoyo moral y protección. ‖ Sujetador, prenda interior femenina.

sostener tr. Mantener firme o sujeta una cosa. También prnl. ‖ Defender una proposición, idea u opinión. ‖ Prestar apoyo, dar aliento o auxilio: *sólo le sostiene la esperanza.*

| Dar a uno lo necesario para su manutención: *tiene que sostener a su familia.* | Hacer algo de forma continua: *sostener una conversación con alguien.* | prnl. Mantenerse un cuerpo en un medio, sin caer. ♦ **Irreg**. Se conj. como *tener*. | **FAM**. sostén, sostenedor, sostenido, sostenimiento.

sostenido, da adj. En mús., se dice de la nota cuya entonación excede en un semitono mayor a la que corresponde a su sonido natural. | m. Signo (#) que representa el sostenido musical.

sota f. Décima carta de cada palo de la baraja española, que tiene estampada la figura de un paje o infante.

sotabanco m. Piso habitable colocado por encima de la cornisa general de la casa. | Hilada que se coloca encima de la cornisa para levantar los arranques de un arco o bóveda.

sotabarba f. Barba que se deja crecer por debajo de la barbilla.

sotana f. Vestidura talar, negra, abrochada de arriba abajo, que usan algunos eclesiásticos.

sótano m. Pieza subterránea, entre los cimientos de un edificio.

sotavento m. Costado de la nave opuesto al barlovento. | Parte que cae hacia aquel lado.

soterrar tr. Enterrar una cosa. | Esconder algo: *sus palabras soterraban rencor.* | Olvidar por completo. ♦ **Irreg**. Se conj. como *acertar*. | **FAM**. soterrado.

soto m. Sitio que en las riberas o vegas está poblado de árboles y arbustos. | Sitio poblado de árboles, arbustos, matas y malezas.

sotobosque m. Vegetación formada por matas y arbustos que crece bajo los árboles de un bosque.

soufflé (voz fr.) m. Plato hecho a base de claras de huevo batidas a punto de nieve, a las que se pueden añadir otros ingredientes: *soufflé de queso.* También adj.

soul (voz i.) Estilo musical surgido en EE.UU. en la década de los setenta, derivado de diversas formas de música negra, como el *blues* y el *jazz.* También adj.

souvenir (voz fr.) m. Objeto que se compra como recuerdo de un viaje.

soviet m. Órgano de gobierno local en la antigua URSS, cuyo órgano central era el Soviet Supremo. | Agrupación de obreros y soldados durante la Revolución rusa. ♦ pl. *soviets.* | **FAM**. soviético, sovietizar.

spaghetti (voz i.) m. Espagueti.

spaniel adj. Se aplica a una raza de perros de caza, de mediana alzada, grandes orejas y pelaje largo de diversos colores.

speaker (voz i.) m. Locutor de radio. | En el Reino Unido, presidente de la Cámara de los Comunes. | En EE. UU., presidente de la Cámara de Representantes.

speech (voz i.) m. Discurso breve.

spin m. Número cuántico que indica el giro del electrón u otra partícula atómica en torno a su eje.

sport (voz i.) adj. Se aplica a las prendas de vestir más cómodas o informales.

spot (voz i.) m. Espacio publicitario en televisión y cine.

spray (voz i.) m. Envase de algunos líquidos mezclados con un gas a presión, de manera que al oprimir una válvula salga el líquido pulverizado.

sprint (voz i.) m. En dep., en una competición de carrera, aceleración final. | Esfuerzo de aceleración que se hace en cualquier actividad. | **FAM**. sprinter.

squash (voz i.) m. Deporte que se practica entre dos jugadores, dentro de un espacio cerrado, y que consiste en lanzar una pelota con una raqueta especial, haciéndola rebotar en la pared.

staff (voz i.) m. Conjunto de personas que, en torno y bajo el mando del director de una empresa o institución, coordina su actividad o le asesora en la dirección.

stand (voz i.) m. En una feria industrial, literaria, etc., o en una exposición de ese tipo, caseta, puesto de venta.

standard (voz i.) adj. Estándar.

standing (voz i.) m. Situación social y económica, especialmente si es alta: *viviendas de alto standing.*

statu quo loc. lat. Significa 'en el estado en que' y se usa como m., especialmente en la diplomacia, para designar el estado de cosas en un determinado momento.

status (voz lat.) m. Nivel económico y social de una persona, corporación, etc. ♦ No varía en pl.

stick (voz i.) m. Bastón usado en algunos juegos de origen inglés, como el hockey.

stock (voz i.) m. Conjunto de mercancías en depósito o reserva.

stop (voz i.) m. Señal de tráfico que indica la obligación de detener el vehículo la intersección de ciertos cruces. | Cada una de las luces traseras de un automóvil, que se enciende automáticamente al accionar el freno. | Imperativo de cese de cualquier actividad. | En el curso de un telegrama, punto.

stress (voz i.) m. Estrés.

strip-tease (voz i.) m. Espectáculo en el que una persona, por lo general una mujer, se desviste lenta y sugestivamente, con acompañamiento de música.

stupa (voz sánscrita) m. Monumento funerario budista de origen hindú, de forma hemisférica.

su, sus pron. pos. de tercera persona. Se usa siempre antepuesto al nombre. ‖ pl. A veces tiene carácter indeterminado y equivale a *aproximadamente: distará sus dos kilómetros.*

suasorio, ria adj. Relativo a la persuasión, o propio para persuadir.

suave adj. Liso y agradable al tacto. ‖ Esponjoso. ‖ Dulce, agradable para los sentidos: *una voz suave.* ‖ Tranquilo, manso: *carácter suave.* ‖ FAM. suavemente, suavidad, suavizar.

suavizante adj. y s. Que suaviza.

suavizar tr. Hacer suave. También prnl. ‖ FAM. suavizador, suavizante.

sub- pref. Significa, por lo común, 'debajo', en sentido recto o figurado: *subterráneo,* o denota, en acepciones traslaticias, acción secundaria, inferioridad, atenuación o disminución: *subalterno.* A veces cambia su forma en variantes como: *so-, son-* (o *som-*, ante *b* o *p*), *sor-, sos-* o *su-.*

subacuático, ca adj. Se dice de lo que tiene lugar bajo el nivel del agua o se desarrolla allí.

subalterno, na adj. y s. Inferior, que está bajo las órdenes de otra persona. ‖ Se dice del empleado de categoría inferior que realiza servicios que no requieren aptitudes técnicas. ‖ m. Torero que forma parte de la cuadrilla de un matador.

subarrendar tr. Dar o tomar en arriendo una cosa, no del dueño de ella ni de su administrador, sino de otro arrendatario de la misma. ◆ Irreg. Se conj. como *acertar.* ‖ FAM. subarrendador, subarrendamiento, subarrendatario, subarriendo.

subarriendo m. Acción y efecto de subarrendar. ‖ Contrato por el cual se subarrienda una cosa. ‖ Precio en que se subarrienda.

subasta f. Venta pública de bienes o alhajas que se hace al mejor postor. ‖ Adjudicación de una contrata, generalmente de servicio público, que se hace de la misma forma. ‖ **sacar a pública subasta** una cosa loc. Ofrecerla a quien haga proposiciones más ventajosas en las condiciones prefijadas. ‖ FAM. subastar.

subastar tr. Vender efectos o contratar servicios, arriendos, etc., en pública subasta. ‖ FAM. subastador.

subatómico adj. Se aplica a las partículas que componen el átomo o a lo referido a ellas.

subclase f. Grupo taxonómico inferior a la clase y superior al orden.

subclavio, via adj. Situado debajo de la clavícula.

subconsciente adj. Que no llega a ser

consciente. ‖ m. Conjunto de procesos mentales que desarrollan una actividad independiente de la voluntad del individuo. ‖ FAM. subconsciencia.

subcutáneo, a adj. Que está inmediatamente debajo de la piel.

subdelegado, da adj. y s. Se dice de la persona que sirve inmediatamente a las órdenes del delegado o le sustituye en sus funciones. ‖ FAM. subdelegación, subdelegar.

subdesarrollo m. Falta de desarrollo en cualquier área o actividad. ‖ Situación del proceso de desarrollo de determinadas regiones geográficas, cuya economía se encuentra aún en una etapa preindustrial y sus fuerzas productivas poco aprovechadas. ‖ FAM. subdesarrollado.

subdirector, ra m. y f. Persona que sirve inmediatamente a las órdenes del director o le sustituye en sus funciones. ‖ FAM. subdirección.

subdistinguir tr. Hacer una distinción en otra. ‖ FAM. subdistinción.

súbdito, ta adj. Sujeto a la autoridad de un superior. También s. ‖ m. y f. Natural o ciudadano de un país en cuanto sujeto a las autoridades políticas de éste.

subdividir tr. Dividir una parte señalada por una división anterior. También prnl. ‖ FAM. subdivisión.

subdivisión f. Acción y efecto de subdividir. ‖ Cada una de las partes que se distinguen al subdividir.

subdominante f. En mús., cuarto grado de la escala diatónica.

súber m. Corcho. ‖ FAM. suberificarse, suberosis, suberoso.

suberoso, sa adj. Parecido al corcho.

subespecie f. Cada uno de los grupos en que se subdivide una especie.

subestimar tr. Estimar a alguna persona o cosa por debajo de su valor. ‖ FAM. subestima.

subfusil m. Arma de fuego portátil que puede disparar a ráfagas o tiro a tiro.

subgénero m. Cada uno de los tipos en que se divide un género artístico. ‖ Categoría taxonómica inferior al género y superior a la especie.

subido, da adj. Se dice del color o del olor muy fuerte o intenso: *se puso de un rojo subido.* ‖ Se usa como intensificador: *tener el guapo subido.* ‖ f. Acción y efecto de subir. ‖ Sitio o lugar en declive, que va subiendo.

subíndice m. En mat., letra o número que se añade a un símbolo matemático, químico, etc., para distinguirlo de otros semejantes.

subinspector m. Jefe inmediato después del inspector. ‖ FAM. subinspección.

subir intr. Pasar de un sitio o lugar a otro superior o más alto: *subió a ver a la vecina.* ‖ Crecer en altura ciertas cosas: *subir el río.* ‖ Ascender en dignidad o empleo, prosperar económicamente. ‖ Aumentar: *subir la fiebre.* ‖ Importar una cuenta: *la deuda sube a varios millones.* ‖ En mús., elevar el sonido de un instrumento o de la voz desde un tono grave a otro más agudo. También tr. ‖ Entrar en un vehículo o montar una caballería. También tr. y prnl. ‖ tr. Recorrer hacia arriba, remontar: *subir la escalera.* ‖ Trasladar a un lugar más alto. También prnl. ‖ Hacer más alta una cosa, o irla aumentando hacia arriba: *subir una pared.* ‖ Levantar o enderezar: *sube esa cabeza.* ‖ Dar a las cosas más precio, intensidad o estimación de la que tenían. También intr.: *la gasolina ha subido.* ‖ FAM. suba, subido.

súbito, ta adj. Improvisto, repentino: *muerte súbita.* ‖ Precipitado, impetuoso, violento. ‖ adv. m. De repente. ‖ **de súbito.** loc. adv. De repente. ‖ FAM. súbitamente, subitáneo.

subjefe, fa m. y f. Persona que hace las veces de jefe y sirve a sus órdenes.

subjetivismo m. Predominio de lo subjetivo. ‖ Doctrina filosófica que limita la validez del conocimiento al sujeto que conoce. ‖ Actitud que defiende que la realidad es creada en la mente del individuo.

subjetivo, va adj. Perteneciente o relativo al sujeto, considerado en oposición al mundo externo. ‖ Relativo a nuestro modo de pensar o sentir, y no al objeto en sí mismo. ‖ Se dice de lo que pertenece al sujeto, en oposición con el término objetivo, que designa lo relativo al objeto. ‖ FAM. subjetividad, subjetivismo.

sub júdice loc. lat. adj. Pendiente de resolución judicial. ‖ Se dice de toda cuestión opinable, sujeta a discusión.

subjuntivo, va adj. Se dice del modo del verbo con significación de duda, posibilidad o deseo. También m.

sublevar tr. Alzar en rebelión o motín: *sublevar al pueblo.* También prnl. ‖ Producir indignación, promover sentimientos de protesta: *me sublevan sus manejos.* También prnl. ‖ FAM. sublevación, sublevamiento.

sublimar tr. Engrandecer, exaltar. ‖ En fís., pasar un cuerpo directamente del estado sólido al estado de vapor. También prnl. ‖ En psicol., y especialmente en el lenguaje psicoanalítico, transformar ciertos instintos o sentimientos inferiores o primarios en una actividad moral, intelectual y socialmente aceptada: *sublimar los instintos.* También prnl. ‖ FAM.

sublimable, sublimación, sublimado, sublimador, sublimatorio.

sublime adj. Excelente, admirable: *un escritor sublime.* ‖ FAM. sublimar, sublimemente, sublimidad.

subliminal adj. Se dice del carácter de aquellas percepciones sensoriales, u otras actividades psíquicas, de las que el sujeto no llega a tener conciencia: *propaganda subliminal.*

submarinismo m. Conjunto de actividades que se realizan bajo la superficie del mar, con fines científicos, deportivos, militares, etc. ‖ FAM. submarinista.

submarino, na adj. Relativo a lo que está o se desarrolla bajo la superficie del mar: *vida submarina.* ‖ m. Buque de guerra capaz de navegar en la superficie del mar o sumergido. ‖ Individuo procedente de un grupo político, que se infiltra en otro para comunicar la línea política del partido al que en realidad pertenece. ‖ FAM. submarinismo.

submúltiplo, pla adj. Se dice del número o cantidad que otro u otros contiene exactamente dos o más veces. También m.

subnormal adj. Se dice de la persona afectada por una deficiencia mental. También com. ‖ FAM. subnormalidad.

suboficial m. Categoría militar comprendida entre las de oficial y la clase de tropa.

suborden m. Grupo taxonómico inferior al orden y superior a la familia.

subordinación f. Sujeción, dependencia. ‖ En ling., relación de dependencia entre dos elementos de categoría gramatical diferente, como el sustantivo y el adjetivo, la preposición y su régimen, etc. ‖ En ling., relación entre dos oraciones, una de las cuales es dependiente de la otra.

subordinado, da adj. Se dice de la persona sujeta a otra o dependiente de ella. Más como s. ‖ En ling., se dice de todo elemento gramatical regido por otro. También s. ‖ En ling., se dice particularmente de la oración que depende de otra. También f.

subordinante adj. Que subordina. ‖ En ling. se dice del elemento que introduce una oración subordinada. También m. ‖ En ling., se dice de todo elemento que rige a otro de diferente categoría. También m.

subordinar tr. Sujetar personas o cosas a la dependencia de otras. También prnl. ‖ Clasificar algunas cosas como inferiores en orden respecto a otras. ‖ En ling., regir un elemento gramatical a otro de categoría diferente. También prnl. ‖ prnl. En ling. estar una oración en dependencia de otra. También tr. ‖ FAM. subordinación, subordinado, subordinante.

subproducto m. Producto que en cualquier operación se obtiene además del principal.

subrayar tr. Señalar por debajo con una raya alguna letra, palabra o frase escrita. ‖ Pronunciar con énfasis y fuerza las palabras. ‖ P. ext., destacar o recalcar. ‖ **FAM.** subrayable, subrayado.

subreino m. Cada uno de los dos grupos taxonómicos en que se dividen los reinos animal y vegetal.

subrepticio, cia adj. Que se hace o toma ocultamente o a escondidas: *escuchaba de forma subrepticia.* ‖ **FAM.** subrepticiamente.

subrogar tr. Sustituir o poner una persona o cosa en lugar de otra. También prnl. ‖ **FAM.** subrogación.

subsanar tr. Reparar o remediar un defecto, o resarcir un daño. ‖ Resolver, solucionar. ‖ Disculpar o excusar un desacierto o delito. ‖ **FAM.** subsanable, subsanación.

subsecretario, ria m. y f. Persona que hace las veces del secretario. ‖ Secretario general de un ministro. ‖ **FAM.** subsecretaría.

subsidiario, ria adj. Que se da o se manda en socorro o subsidio de uno. ‖ Se dice de la acción o responsabilidad que suple o refuerza otra principal. ‖ **FAM.** subsidiariamente.

subsidio m. Ayuda o auxilio extraordinario de carácter económico. ‖ Prestación económica concedida por un organismo oficial en ciertas situaciones sociales: *subsidio de invalidez.* ‖ **FAM.** subsidiar, subsidiario.

subsiguiente adj. Que viene inmediatamente después de algo o a consecuencia de ello.

subsistencia f. Permanencia, estabilidad y conservación de las cosas. ‖ Conjunto de medios necesarios para el sustento de la vida humana. Más en pl. ‖ En filos., complemento último de la sustancia, o acto por el cual una sustancia se hace incomunicable a otra.

subsistir intr. Permanecer, durar una cosa o conservarse. ‖ Mantener la vida, seguir viviendo. ‖ En filos., existir una sustancia con todas las condiciones propias de su ser y de su naturaleza. ‖ **FAM.** subsistencia, subsistente.

subsuelo m. Parte profunda del terreno, situada por debajo de la superficie terrestre.

subsumir tr. Incluir algo como componente en una síntesis o clasificación más abarcadora. ‖ Considerar algo como parte de un conjunto más amplio o como caso particular sometido a un principio o norma general.

subte m. *amer.* Subterráneo, tren de circulación urbana.

subtender tr. En geom., unir una línea recta los extremos de un arco de curva o de una lí-

nea quebrada. ♦ **Irreg.** Se conj. como *tender.* ‖ **FAM.** subtensa.

subteniente m. Suboficial con graduación militar inferior a la de alférez y superior a la de brigada. ‖ **FAM.** subtenencia.

subterfugio m. Evasiva, excusa: *dime la verdad y déjate de subterfugios.*

subterráneo, a adj. Que está debajo de tierra. ‖ m. Pasadizo o conducto hecho por debajo de la tierra. ‖ *amer.* Tren de circulación urbana. ‖ **FAM.** subte, subterráneamente.

subtítulo m. Título secundario. ‖ Escrito que aparece en la pantalla cinematográfica, simultáneamente a la proyección de las imágenes, y que corresponde a la traducción de los textos, cuando la película se emite en versión original. ‖ **FAM.** subtitular.

suburbano, na adj. Se dice del edificio, terreno o campo próximo a la ciudad. ‖ Relativo al suburbio. ‖ Se apl. al tren que comunica la ciudad con los suburbios.

suburbio m. Barrio cerca de la ciudad o dentro de su jurisdicción, y particularmente, cuando está habitado por gente de baja condición económica. ‖ **FAM.** suburbano, suburbial.

subvención f. Ayuda económica, generalmente oficial, para costear o favorecer una actividad, industria, etc. ‖ **FAM.** subvencionar.

subversión f. Acción y efecto de subvertir. ‖ Rebelión o movimiento revolucionario.

subvertir tr. Trastornar, revolver, destruir: *subvertir los valores sociales.* ♦ **Irreg.** Se conj. como *sentir.* ‖ **FAM.** subversión, subversivo, subversor.

subyacer tr. Hallarse algo debajo de otra cosa. ‖ Hallarse algo oculto tras otra cosa, generalmente un sentimiento o una cualidad: *bajo su silencio subyacía la tristeza.* ♦ **Irreg.** Se conj. como *yacer.* ‖ **FAM.** subyacente.

subyugar tr. Someter, sojuzgar. También prnl. ‖ **FAM.** subyugable, subyugación, subyugador.

succionar tr. Chupar, extraer algún líquido con los labios. ‖ Absorber. ‖ **FAM.** succión.

sucedáneo, a adj. Se dice de la sustancia que, por tener propiedades parecidas a las de otra, pueden reemplazarla. También s. ‖ Se dice de lo que reemplaza o sustituye a otra cosa.

suceder intr. Efectuarse un hecho, acontecer, ocurrir. Se usa sólo en tercera persona: *¿qué sucede aquí?* ‖ Seguir en orden una persona o cosa a otra: *a marzo sucede abril.* ‖ tr. Ocupar el cargo, puesto, etc., que tenía anteriormente otra persona: *ése le sucederá en la dirección.* ‖ Entrar como heredero o legatario en la posesión de los bienes de un difunto. ‖

FAM. sucedáneo, sucedido, sucesión, sucesivo, suceso, sucesor, sucesorio.

sucedido m. Cosa que sucede, suceso.

sucesión f. Acción y efecto de suceder. ‖ Entrada o continuación de una persona o cosa en lugar de otra: *la sucesión a un trono*. ‖ Prosecución, continuación ordenada de personas, cosas, sucesos, etc. ‖ Conjunto de bienes, derechos y obligaciones transmisibles a un heredero o legatario. ‖ Prole, descendencia directa.

sucesivo, va adj. Se dice de lo que sucede o se sigue a otra cosa. ‖ **FAM**. sucesivamente.

suceso m. Cosa que sucede, especialmente cuando es de alguna importancia: *el suceso tuvo resonancia internacional*. ‖ Hecho delictivo o accidente desgraciado: *siempre lee la crónica de sucesos*.

sucesor, ra adj. Que sucede a uno o sobreviene en su lugar, como continuador de él. También s.

sucesorio, ria adj. Relativo a la sucesión: *derecho sucesorio*.

suciedad f. Cualidad de sucio. ‖ Inmundicia, porquería. ‖ Dicho o hecho sucio.

sucinto, ta adj. Breve, resumido: *presentó un sucinto informe*.

sucio, cia adj. Que tiene manchas o impurezas. ‖ Que se ensucia fácilmente: *los colores claros resultan sucios*. ‖ Que produce suciedad: *estoy harta de este perro tan sucio*. ‖ Se dice de la persona descuidada en su aseo personal. ‖ Se dice del color confuso o turbio. Deshonesto u obsceno: *un negocio sucio*. ‖ adv. m. Referido a la forma de jugar y, p. ext., de actuar, sin observar las reglas o haciendo trampas. ‖ **FAM**. suciamente, suciedad.

súcubo adj. Se dice del espíritu o demonio que, según superstición, cohabita con un varón bajo la apariencia de mujer.

suculento, ta adj. Sabroso, sustancioso, muy nutritivo. ‖ **FAM**. suculentamente.

sucumbir intr. Ceder, rendirse, someterse: *sucumbir ante el enemigo*. ‖ Morir, perecer. ‖ En der., perder el pleito.

sucursal adj. Se dice del establecimiento que, situado en distinto lugar que la central de la cual depende, desempeña las mismas funciones que ésta. También f.

sudadera f. Sudor copioso. ‖ Prenda amplia que cubre la parte superior del cuerpo y se utiliza para hacer deporte.

sudamericano, na adj. De América del Sur o Sudamérica. También s. ◆ Se dice también *suramericano*.

sudar intr. Expulsar el sudor. También tr. ‖ Destilar los árboles, plantas y frutos gotas de su jugo. También tr. ‖ Destilar agua a través de sus poros algunas cosas impregnadas de humedad: *sudar un recipiente*. ‖ Trabajar o esforzarse mucho. ‖ tr. Empapar en sudor. ‖ Conseguir una cosa con mucho esfuerzo: *ese ascenso se lo tuvo que sudar*. ‖ **FAM**. sudación, sudadera, sudadero, sudario, sudón.

sudario, ria m. Tela en que se envuelve un cadáver.

sudeste m. Punto del horizonte entre el Sur y el Este, a igual distancia de ambos. ‖ Viento que sopla de esta parte. ‖ **FAM**. sudsudeste, sursureste.

sudista adj. y com. En la guerra de Secesión de EE.UU., partidario de la Federación de Estados del Sur.

sudoeste m. Punto del horizonte entre el Sur y el Oeste, a igual distancia de ambos. ‖ Viento que sopla de esta parte. ‖ **FAM**. sudsudoeste, sursuroeste.

sudor m. Líquido claro y transparente que segregan las glándulas sudoríparas de la piel de los mamíferos. ‖ Jugo que sudan las plantas. ‖ Gotas que se destilan de las cosas que tienen humedad. ‖ Trabajo, fatiga: *se lo ganó con sudor*. ‖ Sensación de angustia. Más en pl.: *hablar en público me produce sudores*. ‖ **FAM**. sudar, sudoral, sudoriento, sudorífero, sudorífico, sudoríparo, sudoroso, sudoso.

sudoríparo, ra adj. Se dice de las glándulas que segregan sudor.

sudoroso, sa adj. Que está sudando mucho. ‖ Muy predispuesto a sudar.

suegro, gra m. y f. Padre o madre del marido respecto de la mujer, o de la mujer respecto del marido.

suela f. Parte del calzado que toca el suelo. ‖ Cuero de vacuno curtido, particularmente el que se utiliza para hacer esta parte del calzado. ‖ Pedazo de cuero que se pega a la punta del taco de billar. ‖ Filete fino y excesivamente frito. ‖ **de siete suelas** loc. adj. Muy fuerte, intenso o destacado en su línea: *un pícaro de siete suelas*. ‖ **no llegarle** a uno **a la suela del zapato** loc. Ser muy inferior a él. ‖ **FAM**. soleo, soletilla.

sueldo m. Remuneración asignada por el desempeño de un cargo o servicio profesional. ‖ Moneda antigua, de distinto valor según los tiempos y países. ‖ **a sueldo** loc. adv. Mediante retribución, aunque no sea fija.

suelo m. Superficie de la Tierra. ‖ Terreno en que viven o pueden vivir las plantas. ‖ Superficie artificial que se hace para que el piso esté sólido y llano. ‖ Piso de un cuarto o vivienda: *puso un suelo de mármol*. ‖ Terreno edificable. ‖ Territorio: *el suelo patrio*. ‖ Base de un recipiente u otra cosa. ‖ **suelo natal** Patria. ‖ **arrastrarse** uno **por el suelo** loc. Humillarse. ‖

por los suelos loc. adv. Muy barato; también en una situación lamentable. ‖ **FAM.** suela, suelazo.

suelto, ta adj. Poco compacto: *mide la harina suelta*. ‖ Separado, que no forma conjunto: *muebles sueltos*. ‖ Expedito, ágil: *está muy suelto en inglés*. ‖ Libre, desenvuelto: *modales sueltos*. ‖ Ancho, amplio. ‖ Tratándose del lenguaje, estilo, etc., de lectura fácil. ‖ Que padece diarrea. ‖ Se dice del conjunto de monedas fraccionarias, y de cada pieza de esta clase. También m.: *no tengo suelto*. ‖ m. Escrito de corta extensión insertado en un periódico. ‖ **FAM.** sueltamente.

sueño m. Acto de dormir. ‖ Representación en la fantasía de sucesos e imágenes mientras se duerme. ‖ Estos mismos sucesos o cosas representados. ‖ Ganas de dormir: *tener sueño*. ‖ Proyecto, deseo o esperanza sin probabilidad de realizarse: *tiene la cabeza llena de sueños*. ‖ Meta que alguien se propone. ‖ Cosa muy bonita. ‖ **sueño dorado** Mayor anhelo de una persona. ‖ **sueño eterno** La muerte. ‖ **ni en sueños** loc. adv. Muy lejos de suceder o ser como se dice. ‖ **quitar el sueño** a alguien loc. Preocuparle mucho. ‖ **FAM.** somnífero, somnolencia, sonambulismo, soñar, sueñera.

suero m. Componente de un líquido orgánico, principalmente sangre, leche o linfa, que permanece líquido después de la coagulación de éstos. ‖ Solución de agua de sales que se inyecta en el organismo para evitar la deshidratación o como alimento. ‖ El extraído de un animal inmunizado que se utiliza como vacuna. ‖ **FAM.** serófilo, serología, seroso, seroterapia, sueroterapia.

suerte f. Encadenamiento de sucesos, considerado como fortuito o casual: *así lo ha querido la suerte*. ‖ Circunstancia favorable o adversa: *tener buena suerte*. ‖ Suerte favorable: *es hombre de suerte*. ‖ Azar: *dejaremos que decida la suerte*. ‖ Estado, condición: *mejorar la suerte del pueblo*. ‖ Género o especie de una cosa: *en la feria había toda suerte de ganado*. ‖ Manera o modo de hacer una cosa: *haciéndolo de esta suerte quedará más seguro*. ‖ Cada uno de los lances de la lidia taurina. ‖ Parte de la tierra de labor, separada de otra por sus lindes. ‖ En impr., conjunto de tipos fundidos en una misma matriz. ‖ **de suerte que** loc. conjunt. De manera que. **FAM.** sortear, sortilegio, suertudo.

suéter m. Jersey.

suevo, va adj. Se dice de un grupo de pueblos germánicos que, en el s. II a. C., ocupaban la región de Brandeburgo. Más c. m. pl. ‖ Se apl. también a sus individuos. También s. ‖ Relativo a este pueblo.

sufí adj. Partidario del sufismo. También com. ✦ pl. *sufíes* o *sufís*.

suficiencia f. Capacidad, aptitud. ‖ Presunción, engreimiento: *aires de suficiencia*.

suficiente adj. Bastante: *no queda hielo suficiente*. ‖ Apto, idóneo. ‖ Presumido, engreído. ‖ m. Calificación equivalente al aprobado. ‖ **FAM.** suficiencia, suficientemente.

sufijo, ja adj. Se dice del afijo que va pospuesto: maquin-*ista*. También m. ‖ Se apl. a los pronombres que se colocan detrás del verbo y forman con él una sola palabra: morir-*se*, di-*melo*. ‖ **FAM.** sufijación.

sufismo m. Doctrina mística de la religión musulmana, surgida en Basora y Arabia en el s. VIII, y que tuvo su época de mayor esplendor en el s. XII. ‖ **FAM.** sufí.

sufragar tr. Costear, satisfacer: *sufragar los gastos*. ‖ amer. Votar a un candidato. También intr. ‖ **FAM.** sufragáneo, sufragante, sufragio.

sufragio m. Sistema electoral para la provisión de cargos públicos o para decidir sobre algún asunto de interés. ‖ Voto. ‖ Ayuda, favor: *recuento de sufragios*. ‖ **sufragio universal** Aquél en que tienen derecho a participar todos los ciudadanos. ‖ **FAM.** sufragista.

sufragista com. Partidario de un movimiento surgido en Inglaterra en el s. XIX, que exigía la concesión del voto para las mujeres. ‖ **FAM.** sufragismo.

sufrido, da adj. Que sufre con resignación. ‖ Se dice del color, estampado, etc., que disimula lo sucio: *los colores oscuros son más sufridos*.

sufrir tr. Sentir un daño o dolor. También intr.: *sufre del estómago*. ‖ Recibir con resignación un daño moral o físico. También *intr.*: *sufre en silencio*. ‖ Resistir, soportar: *no puedo sufrir más su cinismo*. ‖ Someter a cierta prueba, cambio, fenómeno, etc.: *la bolsa ha sufrido una baja de dos puntos* ‖ **FAM.** sufrible, sufrido, sufridor, sufrimiento.

sugerir tr. Inspirar una idea a otra persona: *este poema le sugirió la obra*. ‖ Insinuar: *te sugiero que lo dejes*. ✦ **Irreg.** Se conj. como *sentir*. ‖ **FAM.** sugerencia, sugerente, sugeridor, sugestivo.

sugestión f. Acción y efecto de sugestionar. ‖ Acción y efecto de sugerir. ‖ Idea sugerida.

sugestionar tr. Dominar la voluntad de una persona, haciendo que actúe o se comporte de una determinada manera. ‖ prnl. Obsesionarse. ‖ **FAM.** sugestión, sugestionable, sugestionador.

sugestivo, va adj. Que sugiere. ‖ Muy atractivo.

suicida adj. Persona que se suicida. También

com. | Muy arriesgado o imprudente: *lleva una velocidad suicida.*

suicidarse prnl. Quitarse voluntariamente la vida.

suicidio m. Acción y efecto de suicidarse. | **FAM.** suicida, suicidarse.

sui géneris loc. lat. Significa 'de su género o especie' y denota que la cosa a que se aplica es muy singular o excepcional.

suite f. Obra musical que consta de una serie de piezas parecidas que forman un conjunto. | En hoteles de lujo, conjunto de habitaciones que constituyen una unidad de alojamiento. | Séquito.

suizo, za adj. De Suiza. También s. | m. Bollo de harina, huevo y azúcar, de masa muy esponjosa.

sujeción f. Acción y efecto de sujetar. | Unión con que una cosa está sujeta. | Condición de dominación o dependencia con respecto a una persona o cosa.

sujetador, ra adj. Que sujeta. También s. | m. Prenda interior femenina que sujeta y realza el pecho.

sujetapapeles m. Pinza u otro objeto para sujetar papeles. ◆ No varía en pl.

sujetar tr. Coger algo de forma que no se caiga o no se suelte. También prnl.: *sujétate fuerte a mí.* | Someter: *su madre le tiene bien sujeto.* También prnl. | Acomodar o ajustar una persona o cosa a otra: *sujétense los cinturones.* | **FAM.** sujeción, sujetador, sujetalibros, sujetapapeles, sujeto.

sujeto, ta adj. Expuesto o propenso a una cosa: *el proyecto está sujeto a revisión.* | m. Cualquier persona. | Asunto o materia de la que se habla o escribe. | En la oración gramatical, término que expresa la idea de la cual se afirma algo. | En lóg., ser del cual se predica o anuncia alguna cosa. | En filos., el espíritu humano considerado en oposición al mundo exterior. | **FAM.** subjetivo.

sulfamida f. Nombre de cualquiera de las sustancias químicas derivadas de la sulfonamida, que por su acción bacteriostática se emplean en el tratamiento de enfermedades infecciosas.

sulfatar tr. Impregnar o bañar con un sulfato. | prnl. Inutilizarse las pilas al ser atacada su cubierta de plomo por el ácido sulfúrico que contienen. | **FAM.** sulfatación, sulfatado, sulfatador.

sulfato m. En quím., sal del ácido sulfúrico, resultante de la sustitución de átomos de hidrógeno de su molécula por átomos de un determinado metal, como el sodio, bario o calcio. | **FAM.** sulfatar, sulfito.

sulfhídrico, ca adj. Relativo a las combi-

naciones del azufre con el hidrógeno. | Se dice de un ácido compuesto por un átomo de azufre y dos de azufre, incoloro, gaseoso y de fuerte olor.

sulfurar tr. Combinar un cuerpo con el azufre. | Irritar, encolerizar. Más c. prnl.: *se sulfura mucho cuando le contradicen.* | **FAM.** sulfuración, sulfurado.

sulfúrico, ca adj. Perteneciente al azufre o que lo contiene. | Se dice de un ácido incoloro e hidrosoluble, que se obtiene del azufre; se emplea como fertilizante, detergente, etc.

sulfuro m. En quím., sal del ácido sulfhídrico, sustancia que resulta de la combinación del azufre con un metal o algún metaloide. | **FAM.** solfatara, sulfato, sulfhídrico, sulfurar, sulfúreo, sulfúrico, sulfuroso.

sultán m. Emperador de los turcos. | Príncipe o gobernador musulmán. | Se usa como término de comparación para referirse a una persona que vive rodeada de todo tipo de lujos y comodidades. | **FAM.** sultana, sultanato.

sultanato m. Dignidad de sultán. | Territorio bajo la autoridad de un sultán y tiempo que dura su gobierno.

suma f. Operación matemática que resulta al reunir en una sola varias cantidades. | Conjunto de muchas cosas, y sobre todo de dinero. | Recopilación o resumen de las partes de una ciencia. | **en suma** loc. adv. En resumen. | **FAM.** semisuma.

sumando m. En mat., cada una de las cantidades parciales que han de acumularse o añadirse para formar la suma o cantidad total.

sumar tr. En mat., efectuar la operación de la suma. | Reunir, juntar: *este deportista suma varias victorias.* | Alcanzar una cuenta, factura, etc., la cantidad que se expresa. | prnl. Agregarse, adherirse: *sumarse a una huelga.* | **FAM.** suma, sumador, sumando, sumo.

sumario, ria adj. Reducido a compendio, breve, sucinto: *exposición sumaria.* | En der., se dice de determinados juicios civiles en que se procede brevemente y se prescinde de algunas formalidades o trámites del juicio ordinario. | m. Resumen, compendio o suma. | En der., conjunto de actuaciones encaminadas a preparar un juicio. | **FAM.** sumarial, sumariamente, sumariar, sumarísimo.

sumarísimo, ma adj. En der., se dice de ciertos juicios para los que la ley señala una tramitación muy breve, ya sea por la urgencia o sencillez del caso litigioso, o por la gravedad o flagrancia del hecho criminal.

sumergible adj. Que se puede sumergir. | m. Buque sumergible.

sumergir tr. Meter una cosa debajo del agua

o de otro líquido. También prnl. ‖ Abismar, hundir. También prnl.: *se sumergió en sus recuerdos* ‖ **FAM**. sumergible, sumergimiento, sumersión.

sumerio, ria adj. De Sumer. También s. ‖ m. Lengua hablada por los habitantes de esta antigua región mesopotámica.

sumidero m. Conducto o canal que sirve de desagüe.

sumiller m. Jefe o superior en varias oficinas o ministerios de palacio. ‖ Persona que en hostelería se encarga de los vinos.

suministrar tr. Proveer a uno de algo que necesita. ‖ **FAM**. suministrable, suministración, suministrador, suministro.

suministro m. Acción y efecto de suministrar. ‖ Mercancías, productos, etc., que se suministran: *el suministro de agua*.

sumir tr. Hundir en el agua o bajo tierra. También prnl. ‖ Llevar a cierta situación o estado penosos o lamentables: *sumir en la desesperación*. También prnl. ‖ Hundir, abismar a alguien en profundos pensamientos, reflexiones, etc. También prnl. ‖ **FAM**. sumidero.

sumisión f. Acción de someter o someterse. ‖ Sometimiento. ‖ Acatamiento, subordinación.

sumiso, sa adj. Obediente, subordinado. ‖ Rendido, subyugado.

súmmum (voz lat.) m. El colmo, lo sumo.

sumo (voz japonesa) m. Modalidad de lucha tradicional japonesa que se desarrolla dentro de un círculo y que consiste en derribar al contrincante o sacarle fuera del círculo.

sumo, ma adj. Supremo, que no tiene superior: *sumo sacerdote*. ‖ Muy grande, enorme: *suma importancia*. ‖ **a lo sumo** loc. adv. A lo más; también, cuando más, si acaso. ‖ **FAM**. sumamente, sumario.

sunna (voz árabe) f. Conjunto de hechos y enseñanzas de Mahoma, que aparecen recogidos en uno de los libros sagrados del Islam. ‖ **FAM**. sunnita.

suntuario, ria adj. Relativo al lujo: *impuesto suntuario*.

suntuoso, sa adj. Lujoso, magnífico, espléndido. ‖ **FAM**. suntuosidad.

supeditar tr. Subordinar, condicionar una cosa al cumplimiento de otra: *el asunto está supeditado a la decisión de la junta*. ‖ prnl. Ajustarse o acomodarse a algo: *le resulta difícil supeditarse a un horario*. ‖ **FAM**. supeditación.

super- pref. Significa preeminencia, grado sumo, exceso o por encima de: *superintendente, superestructura*.

superabundancia f. Abundancia muy

grande. ‖ **FAM**. superabundante, superabundar.

superar tr. Aventajar, exceder: *superó a sus rivales*. ‖ Rebasar un límite. ‖ Vencer un obstáculo, prueba, dificultad, etc.: *superar un examen*. ‖ prnl. Mejorar en cierta actividad, ser aún mejor. ‖ **FAM**. superable, superación, superador, superávit.

superávit m. Exceso del haber sobre el debe en una cuenta, o de los ingresos sobre los gastos. ‖ Exceso de algo que se considera beneficioso. ♦ pl. *superávit* o *superávits*.

superchería f. Engaño, trampa, fraude. ‖ Superstición. ‖ **FAM**. superchero.

superciliar adj. Situado encima de las cejas.

superconductividad f. En fís., propiedad de algunos metales y aleaciones metálicas que pierden su resistencia eléctrica al ser enfriados hasta temperaturas próximas al cero absoluto. ‖ **FAM**. superconductor.

superdotado, da adj. Se dice de la persona que posee cualidades, especialmente intelectuales, que exceden de lo normal. También s.

superestructura f. Parte de una construcción que está por encima del nivel del suelo. ‖ Conjunto de instituciones de una sociedad a las que corresponden formas de conciencia social y de comportamiento político, jurídico e ideológico.

superficial adj. Relativo a la superficie. ‖ Que está o se queda en ella. ‖ Aparente, sin solidez. ‖ Frívolo, sin fundamento. ‖ **FAM**. superficialidad, superficialmente.

superficie f. Parte exterior de un cuerpo, que lo separa y distingue de lo que no es él. ‖ En geom., extensión en que sólo se consideran dos dimensiones, que son longitud y latitud. ‖ Extensión de tierra. ‖ Parte de las cosas que se aprecia a simple vista, cuando no se profundiza en ellas. ‖ **FAM**. superficial.

superfluo, flua adj. No necesario: *gastos superfluos*. ‖ **FAM**. superfluamente, superfluidad.

superhombre m. Tipo de hombre muy superior a los demás. ‖ Nombre que dio Nietzsche a su ideal superior de hombre.

superintendente com. Persona a cuyo cargo está la dirección superior y cuidado de una cosa. ‖ **FAM**. superintendencia.

superior adj. Se dice de lo que está más alto y en lugar preeminente respecto de otra cosa. ‖ Que excede a otras cosas en calidad, categoría, etc. ‖ Excelente, muy bueno. ‖ Se dice de la persona que tiene a otras a sus órdenes. También s.: *se cuadró ante el superior*. ‖ **FAM**. superioridad, superiormente.

superior, ra m. y f. Persona que manda, gobierna o dirige una comunidad religiosa.

superioridad f. Cualidad de superior. ‖ Persona o conjunto de personas de superior autoridad.

superlativo, va adj. Muy grande y excelente en su línea. ‖ Se dice del grado del adjetivo y del adverbio que expresa lo significado por éstos en su intensidad máxima, como *muy grande, grandísimo, el más grande*.

supermercado m. Establecimiento comercial de venta al por menor en el que se venden todo género de artículos y en que el cliente se sirve y paga a la salida.

supernova f. Estrella en explosión que libera una gran cantidad de energía y se hace visible nítidamente en el espacio.

supernumerario, ria adj. Que excede o está fuera del número señalado o establecido. ‖ Se dice del empleado que trabaja en una oficina pública sin figurar en la plantilla. También s. ‖ Se apl. al militar en situación análoga a la de excedencia.

superponer tr. Añadir una cosa o ponerla encima de otra, sobreponer. ‖ Anteponer una cosa a otra, darle mayor importancia. ♦ Irreg. Se conjuga como *poner*. ‖ **FAM.** superponible, superposición.

superproducción f. Exceso de producción. ‖ Obra cinematográfica o teatral muy costosa y espectacular.

supersónico, ca adj. Se dice de la velocidad superior a la del sonido. ‖ Se apl. al avión que supera la velocidad del sonido.

superstición f. Creencia en hechos sobrenaturales, en la que se atribuyen poderes a ciertos objetos, se dan determinadas interpretaciones a algunos sucesos, coincidencias, etc. ‖ Creencia sobre materias religiosas a las que se da interpretaciones ridículas o a las que se lleva al fanatismo. ‖ **FAM.** supersticiosamente, supersticioso.

supervalorar tr. Dar a cosas o personas más valor del que realmente tienen. ‖ **FAM.** supervaloración.

supervisar tr. Ejercer la inspección superior en determinados casos. ‖ **FAM.** supervisor.

supervivencia f. Acción y efecto de sobrevivir. ‖ **FAM.** superviviente.

supino, na adj. Tendido sobre la espalda. ‖ Se apl. a la ignorancia o estupidez muy grandes. ‖ m. En la gramática latina, una de las formas nominales del verbo. ‖ **FAM.** supinación, supinador.

suplantar tr. Sustituir ilegalmente a una persona. ‖ **FAM.** suplantable, suplantación, suplantador.

suplementario, ria adj. Que sirve para suplir una cosa o complementarla: *ángulo suplementario*.

suplemento m. Lo que suple o complementa a otra cosa. ‖ Capítulo o apéndice que se añade a un libro, u hoja o cuadernillo que se añade a un periódico o revista y cuyo texto es independiente del número ordinario. ‖ En geom., ángulo que falta a otro para componer dos rectos. ‖ **FAM.** suplementario.

suplencia f. Acción y efecto de suplir una persona a otra, y tiempo que dura esta acción.

suplente adj. Que suple. También com.: *no jugó ningún suplente*.

supletorio, ria adj. Que suple o complementa a otra cosa. También m. ‖ Se apl. al teléfono que depende de otro principal.

súplica f. Acción y efecto de suplicar. ‖ Documento con que se suplica o ruega alguna cosa. ‖ En der., cláusula final de un escrito dirigido a la autoridad administrativa o judicial en solicitud de una resolución.

suplicar tr. Rogar, pedir con respeto, humildad y sumisión una cosa: *suplicó clemencia*. ‖ En der., recurrir contra el auto o sentencia de vista del tribunal superior ante el mismo. ‖ **FAM.** súplica, suplicación, suplicatorio, suplicio.

suplicatorio, ria adj. Que contiene súplica. ‖ m. y f. En der., carta que envía un juez o tribunal a otro superior. ‖ m. En der., instancia que un juez o tribunal eleva a un cuerpo legislativo, pidiendo permiso para proceder en justicia contra algún miembro de ese cuerpo.

suplicio m. Lesión corporal o muerte, infligidas como castigo. ‖ Gran sufrimiento o dolor físico o moral. ‖ Persona o cosa muy molesta: *estos zapatos son un suplicio*.

suplir tr. Completar o añadir lo que falta en una cosa, o remediar la carencia de ella: *su interés suple su inexperiencia*. ‖ Ponerse en el puesto de alguien para hacer sus veces. ‖ **FAM.** suplemento, suplencia, suplente, supletorio, suplido.

suponer tr. Dar por sentada y existente una cosa: *supongo que aceptarás*. ‖ Traer consigo, implicar: *esta adquisición supone muchos gastos*. ‖ Tener importancia o valor para alguien: *eso no supone nada para él*. ♦ Irreg. Se conj. como *poner*. ‖ **FAM.** suponer, suposición, supositorio, supuesto.

suponer m. Suposición, conjetura: *lo que dije es un suponer*.

suposición f. Acción y efecto de suponer. ‖ Lo que se supone o da por sentado.

supositorio, ria m. Preparación farmacéutica en pasta, de forma cónica u ovalada, que se introduce en el recto o en la vagina.

suprarrenal adj. Situado encima de los riñones.

supremacía f. Superioridad, preeminencia. ‖ Grado o categoría superior dentro de una jerarquía. ‖ Prioridad.

supremo, ma adj. Superior en su clase. ‖ Refiriéndose a sustantivos que expresan tiempo, último y más importante: *instante supremo*. ‖ **FAM**. supremacía.

suprimir tr. Hacer cesar, hacer desaparecer: *suprimir un impuesto*. ‖ Omitir, callar, pasar por alto: *suprima los detalles innecesarios*. ‖ **FAM**. supresión, supresor.

supuesto, ta adj. Falso o todavía no comprobado: *un nombre supuesto; el supuesto estafador*. ‖ m. Suposición, hipótesis. ‖ En filos., todo ser que es principio de sus acciones. ‖ **por supuesto** loc. adv. Se emplea para asentir.

supurar intr. Formar o echar pus. ‖ **FAM**. supuración, supurante, supurativo.

sur m. Punto cardinal del horizonte, diametralmente opuesto al Norte. ‖ Lugar de la Tierra o de la esfera celeste que cae del lado del polo antártico. ‖ Viento que sopla de la parte austral del horizonte. ‖ **FAM**. sudeste, sudista, sudoeste, sureño, sureste, suroeste.

suramericano, na adj. De Suramérica o América del Sur. También s.

surcar tr. Hacer surcos en la tierra al ararla. ‖ Hacer o formar rayas en alguna cosa: *una cicatriz surcaba su rostro*. ‖ Trasladarse por un fluido, como el agua o el aire, rompiéndolo o cortándolo: *la nave surca el mar*. ‖ **FAM**. surcador.

surco m. Hendidura que se hace en la tierra con el arado. ‖ Señal o hendidura prolongada que deja una cosa que pasa sobre otra. ‖ Marca semejante en otra cosa, particularmente cada una de las ranuras por las que pasa la aguja en un disco fonográfico. ‖ Arruga en el rostro o en otra parte del cuerpo. ‖ **FAM**. surcar.

sureño, ña adj. Relativo al Sur. ‖ Situado en la parte sur de un país o habitante de esta región. También s.

sureste m. Sudeste.

surf o **surfing** (voz i.) m. Deporte acuático que consiste en mantener el equilibrio sobre una tabla de madera arrastrada por las olas. ‖ **FAM**. surfista.

surgir intr. Manifestarse, brotar, aparecer: *surgir una moda*. ‖ Brotar el agua. ‖ Alzarse, destacar en altura: *el castillo surgía en el horizonte*. ‖ **FAM**. surgente, surgidero.

suroeste m. Sudoeste.

surrealismo m. Movimiento literario y artístico que intenta sobrepasar lo real impulsando con automatismo psíquico lo imaginario o irracional. ‖ **FAM**. surrealista.

sursuncorda m. Supuesto personaje anónimo de mucha importancia: *no lo haré aunque lo mande el sursuncorda*.

surtidero m. Canal por donde desaguan los estanques. ‖ Surtidor de agua.

surtido, da adj. Se dice del artículo de comercio que se ofrece como mezcla de diversas clases: *galletas surtidas*. También s. ‖ m. Acción y efecto de surtir. ‖ Conjunto de cosas distintas dentro de una misma gama: *tenemos un gran surtido de alfombras*.

surtidor, ra adj. Que surte o provee. También s. ‖ m. Chorro de agua que brota o sale hacia arriba. ‖ Bomba para extraer líquido de un depósito, particularmente las instaladas en las gasolineras para repostar combustible.

surtir tr. Proveer a uno de alguna cosa: *esta empresa surte a medio país*. También prnl. ‖ intr. Brotar, salir el agua. ‖ **FAM**. surtidero, surtido, surtidor.

susceptible adj. Capaz de admitir una modificación o de recibir cierto efecto o acción: *este proyecto es susceptible de mejora*. ‖ Se dice de la persona que se ofende por cualquier cosa. ‖ **FAM**. susceptibilidad.

suscitar tr. Causar, promover: *suscitar comentarios*. ‖ **FAM**. suscitación.

suscribir tr. Firmar al pie o al final de un escrito. ‖ Convenir con la opinión o la decisión de alguien, acceder a ella: *suscribo sus palabras*. ‖ Inscribir a alguien en una asociación, entidad, etc., para que contribuya con el pago de una cantidad a las obras que promueve este organismo. Más c. prnl. ‖ Abonar a alguien para que reciba una publicación periódica. Más c. prnl. ◆ p. p. es irreg.: *suscrito*. ‖ Se dice también *subscribir*. ‖ **FAM**. suscripción, suscriptor, suscrito, suscritor.

suscripción f. Acción y efecto de suscribir o suscribirse. ◆ Se dice también *subscripción*.

suscriptor, ra o **suscritor, ra** m. y f. Persona que suscribe o se suscribe. ◆ Se dice también *subscriptor* o *subscritor*.

susodicho, cha adj. Dicho anteriormente. También s.

suspender tr. Levantar, colgar una cosa en algo o en el aire: *suspendió el cubo de un gancho*. ‖ Detener, diferir. También prnl.: *se ha suspendido el concierto* ‖ Causar admiración, maravillar. ‖ Privar temporalmente a uno del sueldo o empleo. ‖ No dar a alguien la puntuación necesaria para pasar un examen. También intr. ‖ **FAM**. suspendedor, suspense, suspensión, suspensivo, suspenso, suspensorio.

suspense (voz i.) m. Emoción, vivo interés e incertidumbre que produce alguna cosa: *cuéntamelo, no me dejes con el suspense.* ‖ Género literario y cinematográfico que prentende producir dicho estado en el lector o espectador.

suspensión f. Acción y efecto de suspender: *suspensión de empleo y sueldo.* ‖ En cine y literatura, suspense. ‖ Conjunto de piezas y mecanismos destinados a hacer elástico el apoyo de la carrocería de los vehículos sobre las ruedas. ‖ Mezcla de un líquido y pequeñas partículas sólidas no solubles en él. ‖ Transporte de pequeñas partículas a través del aire o del agua, sin que lleguen a posarse. ‖ En mús., prolongación de una nota que forma parte de un acorde, sobre el siguiente, produciendo disonancia. ‖ Figura retórica que consiste en diferir la declaración del concepto. ‖ **en suspensión** loc. adj. y adv. Indica el estado de partículas o cuerpos que se mantienen durante tiempo más o menos largo en el seno de un fluido.

suspenso, sa adj. Admirado, perplejo. ‖ m. Nota que indica que se ha suspendido un examen. ‖ *amer.* Expectación impaciente o ansiosa por el desarrollo de una acción o suceso.

suspicaz adj. Propenso a concebir sospechas o a tener desconfianza. ‖ **FAM.** suspicacia, suspicazmente.

suspirar intr. Dar suspiros. ‖ **suspirar** uno **por** una cosa loc. Desearla intensamente. ‖ **suspirar** uno **por** una persona loc. Amarla en extremo. ‖ **FAM.** suspirado, suspirante.

suspiro m. Aspiración fuerte y prolongada seguida de una espiración y acompañada a veces de un gemido, que suele denotar pena, ansia o deseo. ‖ Espacio muy pequeño de tiempo. ‖ Persona muy delgada. ‖ **último suspiro** El de una persona al morir, y en general, fin y remate de cualquier cosa. ‖ **FAM.** suspirar.

sustancia f. Cualquier cosa de la que está formada otra o con la que se puede formar. ‖ Ser, esencia, naturaleza de las cosas. ‖ Jugo que se extrae de ciertas materias alimenticias. ‖ Elementos nutritivos de los alimentos. ‖ Parte más importante de una cosa, en la que reside su interés. ‖ Valor y estimación de las cosas. ‖ Juicio, madurez. ‖ En filos., entidad a la que por su naturaleza compete existir en sí y no en otra por inherencia. ‖ En ling., elementos materiales de una lengua, ya sean fónicos o psíquicos. ◆ Se dice también *substancia.* ‖ **FAM.** sustancial, sustanciar, sustancioso, sustantivo.

sustancial adj. Relativo a la sustancia. ‖ Se dice de lo esencial y más importante de algo.

◆ Se dice también *substancial.* ‖ **FAM.** sustancialmente.

sustanciar tr. Compendiar, extractar. ‖ En der., conducir un asunto o juicio por la vía procesal adecuada hasta ponerlo en estado de sentencia. ◆ Se dice también *substanciar.* ‖ **FAM.** sustanciación.

sustancioso, sa adj. Que tiene mucho valor o importancia. ‖ Alimenticio, nutritivo. ◆ Se dice también *substancioso.*

sustantivar tr. En gram., hacer que una palabra, sintagma u oración tomen carácter de sustantivo y desempeñen las funciones sintácticas propias de éste. También prnl. ◆ Se dice también *substantivar.* ‖ **FAM.** sustantivación.

sustantividad f. Existencia real, independencia, individualidad. ◆ Se dice también *substantividad.*

sustantivo, va adj. Que tiene existencia real, independiente, individual. ‖ De gran importancia. ‖ Perteneciente al sustantivo o que desempeña su función. ‖ m. Parte variable de la oración que designa a los seres y objetos y cuya principal función es la de núcleo del sintagma. ◆ Se dice también *substantivo.* ‖ **FAM.** sustantivar, sustantividad.

sustentar tr. Sostener un cuerpo a otro: *las columnas sustentaban la techumbre.* ‖ Alimentar, proporcionar lo necesario para vivir. También prnl. ‖ Conservar, mantener: *todavía sustenta esperanzas.* ‖ Defender una opinión, teoría, etc. ‖ Basar o fundamentar una cosa en otra. ‖ prnl. Mantenerse un cuerpo en un medio sin perder el equilibrio. ‖ **FAM.** sustentable, sustentación, sustentáculo, sustentador, sustentamiento, sustentante, sustento.

sustento m. Alimento y otras cosas necesarias para vivir. ‖ Sostén o apoyo.

sustitución f. Acción y efecto de sustituir. ‖ En der., nombramiento de heredero o legatario que se hace en reemplazo de otro. ◆ Se dice también *substitución.*

sustituir tr. Poner a una persona o cosa en lugar de otra. ◆ **Irreg.** Se conjuga como *huir.* Se dice también *substituir.* ‖ **FAM.** sustitución, sustituible, sustituidor, sustitutivo, sustituto.

sustituto, ta m. y f. Persona que hace las veces de otra en un empleo o servicio. ◆ Se dice también *substituto.*

susto m. Impresión repentina de sorpresa o miedo. ‖ Preocupación intensa por alguna adversidad o daño que se teme. ‖ Miedo.

sustracción f. Acción y efecto de sustraer. ‖ Operación de restar, resta. ◆ Se dice también *substracción.*

sustraendo m. Cantidad que ha de restarse de otra. ◆ Se dice también *substraendo.*

sustraer tr. Apartar, separar, extraer: *el niño*

sustraerá una bola del bombo. ‖ Hurtar, robar. ‖ Restar, hallar la diferencia entre dos cantidades. ‖ prnl. Desentenderse de una obligación, problema, etc. ♦ **Irreg**. Se conj. como *traer*. Se dice también *substraer*. ‖ **FAM**. sustracción, sustraendo.

sustrato m. Sustancia, ser de las cosas. ‖ Terreno que queda debajo de otro. ‖ Lengua que, hablada en un territorio en el cual se ha implantado otra, comunica a ésta alguno de sus rasgos fonéticos o gramaticales. ‖ Parte o aspecto interior de algo que aflora a la superficie. ♦ Se dice también *substrato*.

susurrar intr. Hablar muy bajo. También tr.: *susurró su nombre.* ‖ Moverse con ruido suave alguna cosa: *susurra el arroyo.* ‖ **FAM**. susurrador, susurrante, susurro.

sutil adj. Fino, delicado, tenue: *llevaba un velo sutil de gasa.* ‖ Agudo, perspicaz, ingenioso: *tiene un humor sutil.* ‖ **FAM**. sutileza, sutilidad, sutilizar, sutilmente.

sutileza f. Cualidad de sutil. ‖ Dicho o concepto excesivamente agudo, pero falto de profundidad o exactitud.

sutura f. Línea sinuosa, a modo de sierra, que forma la unión de ciertos huesos del cráneo. ‖ En bot., línea por la cual están unidos los bordes del carpelo o los de dos ovarios entre sí. ‖ En cir., costura con que se unen los bordes de una herida. ‖ **FAM**. suturar.

suturar tr. Coser una herida.

suyo, suya, suyos, suyas Pron. pos. de tercera persona en género m. y f.; y ambos números: singular y plural. Indica pertenencia o relación con una persona o cosa: *una amiga suya.* También s. ‖ m. pl. Precedido de artículo, personas unidas a otra por parentesco, amistad, etc. ‖ **lo suyo** loc. Seguida del verbo ser, indica lo más característico de alguien o algo o lo más apropiado: *lo suyo son las matemáticas.* También se emplea para ponderar la dificultad, mérito o importancia de algo: *costar lo suyo.* ‖ **hacer de las suyas** loc. Obrar o proceder según le es propio a alguien, particularmente, en un sentido negativo. ‖ **FAM**. su.

swahili m. Lengua bantú hablada en la costa de Tanganyika y en la isla de Zanzíbar.

t f. Vigesimoprimera letra del abecedario español y decimoséptima de sus consonantes. Su nombre es *te*.

taba f. Astrágalo, hueso del pie. ‖ Juego en que se tira al aire una taba de carnero o un objeto semejante y el resultado depende del lado del que caiga.

tabaco m. Planta solanácea, originaria de las Antillas, que llega a alcanzar 2 m de altura y sus hojas 60 ó 70 cm de largo, con propiedades narcóticas gracias a la nicotina que contiene; sus hojas, secadas y curadas, sirven para elaborar cigarrillos y cigarros, y para ser mascadas y aspiradas. ‖ Hoja de esta planta. ‖ Productos elaborados con las hojas de dicha planta. ‖ Enfermedad de algunos árboles. ‖ **FAM.** tabacal, tabacalero, tabaquero, tabaquismo.

tabalear tr. Menear. También prnl. ‖ intr. Golpear con los dedos en una tabla imitando el toque del tambor. ‖ **FAM.** tabaleo.

tábano m. Insecto díptero que mide entre 20 y 25 mm de longitud, tiene dos alas transparentes y boca picadora-chupadora; las hembras se alimentan de sangre, que chupan de los mamíferos. ‖ Persona pesada o molesta. ‖ **FAM.** tabarra, tabarro.

tabanque m. Rueda de madera que mueven con el pie los alfareros para hacer girar el torno.

tabaquero, ra adj. Perteneciente o relativo al tabaco. ‖ m. y f. Persona que trabaja el tabaco o lo vende. ‖ f. Caja o estuche para guardar tabaco.

tabaquismo m. Intoxicación por el tabaco.

tabardo m. Prenda de abrigo de paño tosco. ‖ Especie de abrigo sin mangas. ‖ **FAM.** tabardillo.

tabarra f. Persona o cosa molesta y pesada por su insistencia. ‖ Esa misma molestia y pesadez: *dar la tabarra*.

taberna f. Establecimiento público donde se venden bebidas, generalmente alcohólicas, y a veces se sirven comidas. ‖ **FAM.** tabernáculo, tabernario, tabernero.

tabernáculo m. Lugar donde los hebreos tenían colocada el arca del Testamento. ‖ Sagrario donde se guarda el copón con las hostias consagradas. ‖ Tienda en que habitaban los antiguos hebreos.

tabernario, ria adj. Propio de la taberna o de las personas que la frecuentan. ‖ Bajo, grosero, vil.

tabernero, ra m. y f. Persona que trabaja en la taberna. ‖ Dueño de una taberna.

tabicar tr. Cerrar con tabique. ‖ Cerrar o tapar. También prnl.: *tabicarse las narices*.

tabique m. Pared delgada con que se dividen las distintas dependencias de un edificio. ‖ División o separación: *el tabique de las fosas nasales*. ‖ **FAM.** tabicar.

tabla f. Pieza de madera más larga que ancha y de poco grueso. ‖ Pieza plana y de poco espesor de alguna otra materia: *tabla de mármol*. ‖ Cara más ancha de un madero u otra cosa semejante. ‖ Doble pliegue ancho y plano de una tela o prenda. ‖ Índice, por lo general, alfabético de las materias de un libro. ‖ Lista o catálogo. ‖ Cuadro de números, símbolos, etc., dispuestos de forma adecuada para realizar cálculos, comprobar su clasificación, etc.: *tabla de multiplicar*. ‖ Plancha sobre la que se practican diferentes deportes acuáticos, como el surf o algunas modalidades de esquí. ‖ Plancha redondeada con un agujero en el centro para sentarse sobre ella en las tazas de los váteres. ‖ Faja de tierra de labor. ‖ Cada uno de los cuadros de tierra que resultan al dividir un campo de labor. ‖ Parte más ancha de un río, por donde las aguas corren con suavidad. ‖ pl. Estado, en el juego de damas o en el de ajedrez, en el que ninguno de los jugadores puede ganar la partida. ‖ Empate en cualquier asunto, que queda indeciso: *quedar en tablas un negocio*. ‖ El escenario del teatro: *salir a las tablas*. ‖ Soltura en cualquier actuación ante el público: *esa presentadora tiene muchas tablas*. ‖ Piedras en las que se escribió la ley del Decálogo, que entregó Dios a Moisés en el monte Sinaí. ‖ En taurom., carrera o valla que circunda el ruedo. ‖ En taurom., tercio del ruedo inmediato a la barrera. ‖ **a raja tabla**

loc. adv. Rigurosamente o cueste lo que cueste. ‖ **FAM.** tablado, tablajería, tablao, tablazón, tablear, tablero, tableta, tablón, tabular.

tablado m. Suelo de tablas. ‖ Armazón de tablas levantado sobre el suelo. ‖ Pavimento del escenario de un teatro. ‖ Escenario.

tablao m. Armazón o escenario donde se celebran actuaciones de cante y baile flamencos. ‖ P. ext., el local, también llamado *tablao flamenco.*

tablear tr. Dividir en tablas: *tablear un tronco.* ‖ Hacer tablas en la tela. ‖ **FAM.** tableado.

tablero m. Tabla o conjunto de tablas unidas. ‖ Tabla de una materia rígida. ‖ Tabla cuadrada con cuadritos de dos colores alternados, o sobre la que están representadas ciertos símbolos, figuras, etc., para jugar al ajedrez, a las damas y otros juegos de mesa. ‖ Panel con alguna información o sobre el que se anotan ciertos datos. ‖ Encerado en las escuelas. ‖ Cuadro al que está sujeta la canasta en baloncesto.

tableta f. Pastilla: *tableta de chocolate.* ‖ Pastilla medicinal de distintas formas. ‖ **FAM.** tabletear.

tabletear intr. Hacer ruido con tablas o maderas. ‖ Sonar algo con ruido semejante. ‖ **FAM.** tableteo.

tabloide adj. Se dice del formato de periódico generalmente menor que el corriente y de este mismo diario. También m.

tablón m. Tabla gruesa. ‖ Panel para colocar avisos e informaciones: *tablón de anuncios.* ‖ Embriaguez, borrachera.

tabú m. En la religión de ciertos pueblos de Polinesia, prohibición de ver, oír o tocar a determinadas personas o cosas, de tomar ciertos alimentos, de visitar ciertos lugares, etc. ‖ P. ext., aquello que no puede mencionarse o tratarse debido a ciertos prejuicios o convenciones sociales. ‖ Palabra que por tener ciertas connotaciones se trata de evitar y suele sustituirse por otra que no las tenga. ◆ pl. *tabúes* o *tabús.*

tabuco m. Habitación pequeña o estrecha.

tabulador m. Función de las máquinas de escribir y ordenadores que permite hacer cuadros y listas con facilidad conservando los espacios y márgenes pertinentes.

tabular tr. Expresar valores, magnitudes u otros datos por medio de tablas. ‖ Fijar márgenes y espacios por medio del tabulador. ‖ **FAM.** tabulación, tabulador.

taburete m. Asiento sin brazos ni respaldo. ‖ Silla de respaldo muy estrecho, guarnecida de vaqueta, terciopelo, etc.

tacada f. Golpe dado con la boca del taco a la bola de billar. ‖ Serie de carambolas seguidas.

tacaño, ña adj. Se dice de la persona que no le gusta gastar el dinero, ni dar o repartir cualquier otra cosa. También s. ‖ **FAM.** tacañamente, tacañear, tacañería.

tacatá o **tacataca** m. Andador, estructura con ruedas en la que los niños aprenden a andar.

tacha f. Falta o defecto. ‖ Cosa que deshonra o humilla. ‖ Motivo legal para desestimar en un pleito la declaración de un testigo. ‖ Especie de clavo pequeño, mayor que la tachuela común. ‖ **FAM.** tachar, tachón.

tachar tr. Hacer rayas o escribir sobre lo ya escrito para que no pueda leerse o para anularlo. ‖ Culpar, censurar, acharle algo a alguien: *le tachan de ser excesivamente severo.* ‖ Alegar contra un testigo algún motivo legal para que no sea creído en el pleito. ‖ **FAM.** tachadura, tachón.

tacho m. *amer.* Recipiente metálico o de cualquier otro material, utilizado para muy distintos usos.

tachón m. Raya o señal para tachar un escrito.

tachonar o **tachonear** tr. Adornar con tachuelas. ‖ Salpicar: *el cielo está tachonado de estrellas.* ‖ **FAM.** tachonado.

tachuela f. Clavo corto de cabeza grande.

tácito, ta adj. Callado, silencioso. ‖ Que no se expresa formalmente, sino que se supone o sobreentiende: *condición tácita.* ‖ **FAM.** tácitamente, taciturno.

taciturno, na adj. Callado, silencioso. ‖ Triste, melancólico. ‖ **FAM.** taciturnidad.

taco m. Pedazo de madera u otra materia, grueso y corto. ‖ Conjunto de hojas de papel superpuestas y colocadas formando un montón. ‖ Bloc del calendario, y p. ext., conjunto de cheques, papeletas, etc., formando un bloc. ‖ Vara de madera, dura y pulimentada, con la que se impulsan las bolas de billar. ‖ Baqueta para limpiar el cañón de las armas de fuego. ‖ Trozo en forma de prisma de algún alimento: *tacos de jamón.* ‖ Palabrota. ‖ Embrollo, lío: *hacerse un taco.* ‖ En México, tortilla de maíz rellena de carne y otros ingredientes. ‖ *amer.* Tacón. ‖ pl. Años de edad: *tiene 30 tacos.* ‖ **FAM.** tacada, tacón.

tacómetro m. Dispositivo que indica la velocidad de rotación de un eje o una máquina, generalmente expresada en revoluciones por minuto.

tacón m. Pieza semicircular más o menos alta que va unida a la suela del zapato en la parte que corresponde al talón. ‖ Esta pieza cuando es alta; por ext., zapato que la lleva: *no puede* *correr, lleva tacones.* ‖ **FAM**. taconazo, taconear.

taconear intr. Pisar haciendo ruido con los tacones. ‖ Golpear el suelo con los tacones, p. ej., al bailar. ‖ **FAM**. taconeado, taconeo.

táctica f. Sistema o método utilizado para conseguir un fin. ‖ Conjunto de reglas a que se ajustan en su ejecución las operaciones militares.

táctico, ca adj. Relativo a la táctica. ‖ m. y f. Persona experta en determinado tipo de táctica.

táctil adj. Referente al tacto.

tacto m. Uno de los sentidos corporales, por el que se aprecia la forma, tamaño, textura y temperatura de las cosas. ‖ Sensación que se experimenta a través de este sentido: *la superficie tenía un tacto áspero.* ‖ Acción de tocar o palpar. ‖ En med., exploración de una superficie orgánica, cutánea o mucosa, con las yemas de los dedos y sin oprimir mucho la parte explorada. ‖ Tino, acierto, delicadeza: *se lo preguntó con mucho tacto.* ‖ **FAM**. táctil.

taekwondo (voz coreana) m. Arte marcial coreano con técnicas de lucha parecidas al kárate, pero en el que se usan principalmente los ataques de pierna y salto.

tafetán m. Tela delgada de seda muy tupida.

tafilete m. Cuero fino y delgado.

tagalo, la adj. Se dice de un pueblo filipino de origen malayo, que habitaba en la isla de Luzón y constituye el principal grupo étnico indígena de las islas Filipinas. Más como m. pl. ‖ De este pueblo. También s. ‖ m. Lengua indonesia de la familia malayo-polinesia hablada por este pueblo.

tahona f. Panadería en que se cuece pan. ‖ **FAM**. tahonero.

tahúr, ra m. y f. Persona que juega frecuentemente y por dinero a las cartas o a los dados, en particular la que frecuenta las casas de juego. ‖ Jugador que hace trampas.

taifa f. Cada uno de los reinos independientes surgidos en la España musulmana tras la caída del califato de Córdoba en 1031.

taiga (voz rusoturca) f. Formación vegetal del bosque boreal en el que suelen dominar las especies del grupo de las coníferas, que se extiende por Siberia y la parte septentrional de América del Norte.

taimado, da adj. Astuto, ladino. ‖ **FAM**. taimarse.

taíno, na (voz arahuaca) adj. Se dice de un pueblo amerindio, de lengua arahuaca, actualmente extinguido, que en el momento de la conquista habitaba en las Grandes Antillas. Más c. m. pl. ‖ De este pueblo. ‖ m. Lengua de estos pueblos.

tajada f. Porción cortada de una cosa, en especial de un alimento. ‖ Corte o raja hecha con un instrumento cortante. ‖ Embriaguez, borrachera. ‖ Ronquera o tos. ‖ **sacar** uno **tajada** loc. Conseguir con maña alguna ventaja o beneficio.

tajamar m. Tablón recortado en la parte exterior de la roda para cortar el agua cuando el buque navega. ‖ En arquitectura, construcción que se añade a los pilares de los puentes, en forma angular, para dividir en dos la corriente de los ríos. ‖ *amer.* Malecón, dique. ‖ *amer.* Presa o balsa.

tajante adj. Concluyente, terminante, rotundo. ‖ **FAM**. tajantemente.

tajar tr. Dividir. ‖ prnl. Emborracharse. ‖ **FAM**. tajada, tajadera, tajador, tajadmar, tajante, tajear, tajo.

tajo m. Cortadura en un terreno: *el tajo de un río.* ‖ Corte profundo y limpio, dado con un arma blanca. ‖ Tarea, trabajo: *tener mucho tajo.* ‖ Lugar de trabajo. ‖ Pedazo de madera grueso que sirve en las cocinas para partir y picar la carne. ‖ Trozo de madera grueso y pesado sobre el que se cortaba la cabeza a los condenados.

tal adj. Igual, semejante: *jamás oí tal cosa.* ‖ Tanto o tan grande: *había tal cantidad de comida, que sobró más de la mitad.* ‖ Se emplea a veces como pronombre demostrativo: *no conozco a tal hombre.* ‖ Se usa también para indicar algo no especificado y a veces se emplea repetido: *nos dijo que hiciéramos tal y tal.* ‖ Empleado como neutro, equivale a *cosa* o *cosa tal: para conocer un pueblo, no hay tal como convivir con sus gentes.* ‖ Aplicado a un nombre propio, da a entender que el sujeto es poco conocido: *Fulano de tal.* ‖ Con el artículo determinado, hace referencia a alguien ya nombrado o conocido: *la tal Laura se acercó a mí.* ‖ adv. m. Se usa como primer término de una comparación, seguido de *como, cual: te lo cuento tal como me lo contaron a mí.* ‖ Así, de esta manera: *tal me habló, que no supe qué responderle.* ‖ **con tal de** o **con tal que** conj. cond. Con la condición de o de que: *procuraré complacerte, con tal que no me pidas imposibles.* ‖ **tal cual** loc. adj. y adv. De la misma forma, igual que estaba: *me gusta el vestido tal cual.* ‖ **tal para cual** loc. Denota igualdad o semejanza entre dos personas, generalmente se usa en sentido despectivo. ‖ **FAM**. talión.

tala f. Acción y efecto de talar. ‖ Defensa formada con árboles cortados por el pie y colocados a modo de barrera.

talabarte m. Cinturón que lleva pendientes

los tiros de que cuelga el sable o la espada. | **FAM.** talabartería, talabartero.

talabartero, ra m. y f. Persona que trabaja el cuero.

taladrar tr. Horadar o agujerear una cosa. | Herir los oídos algún sonido agudo. | **FAM.** taladrado, taladrador, taladrante.

taladro m. Instrumento con que se agujerea una cosa. | Agujero hecho con el taladro u otro instrumento semejante. | Acción y efecto de taladrar.

tálamo m. Cama de los recién casados o lecho conyugal. | Extremo ensanchado del pedúnculo donde se asientan las flores.

talanquera f. Valla o pared que sirve de defensa. | Cualquier sitio o paraje que sirve de defensa. | Seguridad y defensa.

talante m. Actitud de una persona o estado de ánimo ante una determinada situación: *es de talante conciliador.* | Disposición con que se hace algo: *responder de mal talante.*

talar adj. Se dice del traje que llega hasta los talones.

talar tr. Cortar un árbol por su base. | Destruir, arrasar. | **FAM.** tala, talador.

talasocracia f. Dominio de los mares en el aspecto político o económico.

talasoterapia f. Uso terapéutico de los baños o del aire del mar.

talayote m. Monumento megalítico de las Baleares semejante a una torre de poca altura. | **FAM.** talayótico.

talco m. Mineral silicato de magnesio, de estructura hojosa muy suave al tacto, de color verde claro, blanco o gris y brillo perlado; se emplea en la fabricación de pinturas, cerámica y papel, y en dermatología, para el cuidado de pieles delicadas. | **FAM.** talcoso, talque.

taled m. Especie de manto con que se cubren los judíos la cabeza y el cuello en la sinagoga.

talega f. Saco o bolsa ancha y corta. | Lo que se guarda en ella. | Caudal monetario, dinero. | **FAM.** talegada, talegazo, talego, taleguilla.

talego m. Saco de tela. | Persona poco esbelta y sin garbo. | Cárcel. | Mil pesetas. | Porción de hachís equivalente a mil pesetas.

taleguilla f. Calzón de los toreros.

talento m. Conjunto de facultades o aptitudes para una cosa: *tiene talento como pintor.* | Entendimiento, inteligencia. | Persona muy inteligente o destacada en alguna ciencia o actividad: *un talento de la música.* | Moneda imaginaria de los griegos y los romanos.

talgo m. Tren articulado español, cuyo sistema está basado fundamentalmente en la reducción de peso, bajo centro de gravedad y ejes dirigidos con ruedas independientes; son las siglas de *Tren Articulado Ligero Goicoechea Oriol.*

talio m. Elemento químico metálico, blando y maleable, de brillo plateado, que se oscurece con la oxidación; se emplea en sistemas de comunicación y en la fabricación de pesticidas. Su símbolo es *Tl.*

talión m. Pena que consiste en hacer sufrir al delincuente un daño igual al que causó: *la ley del talión.*

talismán m. Objeto, figura o imagen a los que se atribuyen virtudes o poderes mágicos o portentosos.

talla f. Acción de tallar. | Obra de escultura en madera o piedra. | Estatura: *hombre de poca talla.* | Importancia, valor, altura moral o intelectual: *un artista de gran talla.* | Instrumento para medir la estatura. | Medida de la ropa y de la persona que la usa: *unos pantalones de la talla 40.* | **dar la talla** loc. Tener una persona las cualidades o requisitos que se le precisan. | **FAM.** tallista.

tallar tr. Hacer obras de talla, escultura. | Labrar piedras preciosas y otras cosas como el cristal. | Abrir metales, grabar en hueco. | Medir la estatura de una persona. | Tasar, apreciar. | **FAM.** talla, tallado, tallador, tallarín, talle.

tallarín m. Tira muy estrecha de pasta alimenticia que se emplea cocida en diversos platos. Más en pl.

talle m. Cintura del cuerpo humano. | Parte del vestido que corresponde a la cintura. | Forma que se da al vestido proporcionándolo al cuerpo. | Disposición o proporción del cuerpo humano.

taller m. Lugar en que trabajan obreros, artistas, etc. | Lugar donde se reparan máquinas, y particularmente automóviles. | Escuela, seminario: *taller de teatro.* | En bellas artes, conjunto de colaboradores de un maestro.

tallista com. Persona que hace obras de talla, especialmente en madera o piedras preciosas.

tallo m. Órgano de las plantas que crece en sentido contrario al de la raíz y sirve de sustentáculo a las hojas, flores y frutos. | Renuevo de las plantas. | Germen que ha brotado de una semilla, bulbo o tubérculo. | **FAM.** tallecer, talludo.

talludo, da adj. Que ha echado tallo grande. | Se dice de una persona cuando va pasando de la juventud.

talo m. Cuerpo vegetativo de los talofitos equivalente al conjunto de raíz, tallo y hojas de las plantas cormofitas. | **FAM.** talofito.

talofito, ta adj. y s. Se apl. a los vegetales de organización muy sencilla, cuyas células forman un talo no diferenciado en tejidos, fibras y vasos.

talón m. Parte posterior del pie humano. ‖ Parte del calzado que cubre esta zona: *el talón del zapato*. ‖ Pulpejo de una caballería. ‖ Parte del arco del violín inmediata al mango. ‖ Cada uno de los rebordes reforzados de la cubierta del neumático. ‖ En arquitectura, moldura sinuosa cuyo perfil se compone de dos arcos de círculo contrapuestos y unidos entre sí. ‖ **talón de Aquiles** Punto vulnerable de alguien o algo. ‖ **pisarle** a uno **los talones** loc. Seguirle de cerca. ‖ **FAM.** talonar, talonazo, talonear, talonera.

talón m. Hoja de un talonario. ‖ Cheque. ‖ **FAM.** talonario

talonario m. Bloque de hojas impresas, con datos que a veces han de ser completados por quien las expide, que se pueden separar de una matriz para entregarlas a otra persona: *talonario de cheques*.

talud m. Inclinación del paramento de un muro o de un terreno.

tamal m. *amer.* Empanada de masa de harina de maíz, envuelta en hojas de plátano o de la mazorca del maíz y rellena de distintos condimentos según los lugares. ‖ *amer.* Lío, intriga. ‖ **FAM.** tamalero.

tamaño, ña adj. Semejante, igual; se usa como intensificador: *¿quién iba a creer tamaña idiotez?* ‖ m. Volumen de una cosa. ‖ Importancia, alcance.

tamarindo m. Árbol de unos 25 m de altura, tronco grueso y copa extensa, con flores amarillentas y fruto en legumbre de sabor agradable, usado como laxante. ‖ Fruto de este árbol.

tambalear intr. Moverse una cosa a un lado y a otro. También prnl. ‖ **FAM.** tambaleante, tambaleo.

también adv. m. Se usa para afirmar la igualdad, semejanza, conformidad o relación de una cosa con otra: *si tú estás cansado, yo también*. ‖ Además: *también vinieron sus hermanos*.

tambor m. Instrumento musical de percusión de forma cilíndrica, hueco, cubierto en sus dos bases con membranas de piel estirada, que se toca con dos palillos. ‖ Persona que toca el tambor. ‖ Nombre que se da a algunos objetos o piezas de forma cilíndrica: *el tambor del revólver*. ‖ Envase grande, generalmente de forma cilíndrica: *un tambor de detergente*. ‖ Aro sobre el que se tiende una tela para bordarla. ‖ Tímpano del oído. ‖ Tamiz por donde pasan el azúcar los reposteros. ‖ En arquitectura, muro cilíndrico que sirve de base a una cúpula. ‖ En arquitectura, cuerpo central cilíndrico del capitel. ‖ Disco de acero acoplado a la cara interior de las ruedas, sobre el que actúan las zapatas del freno. ‖ **FAM.** tamborear, tamboril.

tamboril m. Tambor pequeño que se toca con un solo palillo, que suele acompañar danzas populares. ‖ **FAM.** tamborilear, tamborilero.

tamborilear intr. Tocar el tamboril. ‖ Tabalear. ‖ **FAM.** tamborileo.

tamiz m. Cedazo muy tupido. ‖ **FAM.** tamizar.

tamizar tr. Pasar una cosa por tamiz. ‖ Suavizar o variar la luz a través de un filtro, pantalla, etc. ‖ Elegir con cuidado. ‖ **FAM.** tamización.

tamo m. Pelusa del lino, algodón o lana. ‖ Paja muy menuda de varias semillas trilladas. ‖ Pelusilla que se cría debajo de los muebles.

tampoco adv. neg. Niega una cosa después de haberse negado otra: *ella no lo sabe y nosotros tampoco*.

tampón m. Almohadilla empapada en tinta que se emplea para entintar sellos, estampillas, etc. ‖ Cilindro de material absorbente que utilizan las mujeres durante la menstruación, como artículo higiénico.

tam-tam m. Instrumento de percusión de origen asiático a modo de disco de bronce que, suspendido en el aire, se hace sonar golpeándolo con un mazo. ‖ En África, especie de tambor que se toca con las manos. ♦ No varía en pl.

tamujo m. Planta arbustiva de unos 100 a 150 cm de altura, con cuyas ramas, largas, flexibles y espinosas, se fabrican escobas. ‖ **FAM.** tamujal.

tan adv. c. apóc. de *tanto*. Se emplea como intensificador de adjetivos, participios y adverbios, a los que precede: *no será tan caro*. ‖ Denota idea de comparación: *tan duro como el hierro*.

tanatorio m. Local o edificio con diferentes dependencias para velar a los muertos y en el que se realizan otros servicios funerarios.

tanda f. Cada uno de los grupos de personas, animales o cosas que se alternan en algún trabajo. ‖ Número indeterminado de cosas de un mismo género: *una tanda de azotes*. ‖ Partida de algunos juegos: *una tanda de billar*. ‖ *amer.* Sección de una representación teatral.

tándem m. Bicicleta de dos asientos colocados uno tras otro. ‖ Tiro de dos caballos enganchados uno tras otro. ‖ Grupo de dos o más personas para efectuar una obra común. ♦ pl. *tándemes*.

tanga f. Chito, juego.

tanga (voz brasileña) f. Biquini o bañador

muy reducido. ‖ Braga o calzoncillos muy pequeños.

tángana f. *amer.* Bronca, discusión violenta.

tangencial adj. Relativo a la tangente, recta. ‖ Se dice de la idea, argumento, etc., que está relacionado con el asunto de que se trata sin ser esencial a él.

tangente adj. Se dice de las líneas o superficies que se tocan en un punto. ‖ f. Recta que tiene un solo punto común con una curva o una superficie. ‖ **FAM**. tangencia, tangencial.

tangible adj. Que puede tocarse. ‖ Que se percibe de manera precisa: *resultados tangibles*. ‖ **FAM**. tangente.

tango m. Baile argentino, de compás de cuatro por cuatro, que se baila por parejas. ‖ Música de este baile y letra con que se canta. ‖ **FAM**. tanguear, tanguillo, tanguista.

tanino m. Sustancia astringente contenida en los troncos de algunos árboles, como el roble y el castaño, que sirve para curtir las pieles. ‖ **FAM**. tenería.

tanque m. Vehículo blindado de guerra, que se desplaza sobre dos cintas articuladas que le permiten el acceso a todo tipo de terrenos y está provisto de un cañón y otro tipo de armamento. ‖ Depósito de agua y otro líquido. ‖ **FAM**. tanqueta.

tanqueta f. Vehículo blindado de menor tamaño que el tanque y más ligero.

tantalio m. Elemento químico metálico, denso, dúctil y maleable, que se encuentra en la casiterita y en las rocas graníticas, y se usa como aleación de aceros especiales, en rectificadores de corriente y como material refractario.

tántalo m. Ave zancuda, de aproximadamente 1 m de longitud, plumaje blanco con los extremos de las alas y la cola negras, cuello largo y patas y pico rojos, que vive en regiones pantanosas de África tropical y meridional.

tantear tr. Considerar detenidamente una cosa antes de ejecutarla. ‖ Intentar averiguar las intenciones, opiniones, cualidades, etc., de una persona: *tantéale a ver si lo sabe*. ‖ Examinar una cosa con cuidado: *tanteó la porcelana en busca de imperfecciones*. ‖ Apuntar los tantos en el juego. También intr. ‖ Comenzar un dibujo. ‖ En der., dar por una cosa el mismo precio en que se va a vender a otra. ‖ **FAM**. tanteo.

tanteo m. Acción y efecto de tantear. ‖ Número determinado de tantos que se ganan en el juego. ‖ En der., facultad que una persona tiene de adquirir una cosa con preferencia a otro comprador y al mismo precio que él: *el tanteo en un arrendamiento*.

tanto, ta adj. Se dice de una cantidad indefinida: *me pidió tanto y acepté*. ♦ Se usa como correlativo de *como* en construcciones comparativas: *conoce tanta gente como tú*. ‖ Tan grande o muy grande: *no sé qué hacer con tantas cosas*. ‖ pron. dem. Equivale a 'eso': *¿a tanto le ha llevado su ambición?* ‖ adv. c. De tal modo, hasta tal punto: *no debes trabajar tanto*. ‖ m. Cantidad determinada. ‖ Unidad de cuenta en muchos juegos, o su equivalente. ‖ pl. Número que se ignora o no se quiere expresar: *a tantos de julio*. ‖ **en tanto**, o **entre tanto** loc. adv. Mientras, durante. ‖ **las tantas** loc. Cualquier hora muy avanzada del día o de la noche. ‖ **por (lo) tanto** loc. adv. y conj. Por consiguiente. ‖ **FAM**. tan, tantear, tantico.

tañer tr. Tocar un instrumento musical. ‖ Sonar la campana. ‖ **FAM**. tañedor, tañido. ♦ **Irreg**. Conjugación modelo:

Indicativo
Pres.: *taño, tañes*, etc.
Imperf.: *tañía, tañías*, etc.
Pret. indef.: *tañí, tañiste, tañó, tañimos, tañisteis, tañeron*.
Fut. imperf.: *tañiré, tañirás*, etc.

Potencial: *tañería, tañerías*, etc.

Subjuntivo
Pres.: *taña, tañas*, etc.
Imperf.: *tañera, tañeras*, etc., o *tañese, tañeses*, etc.
Fut. imperf.: *tañere, tañeres*, etc.

Imperativo: *tañe, tañed*.

Participio: *tañido*.

Gerundio: *tañendo*.

tañido, da m. Sonido del instrumento que se toca, y particularmente de la campana. ‖ Acción y efecto de tañer.

taoísmo m. Una de las tres religiones de China, basada en el *tao* o absoluto, la fuerza o causa primordial de la existencia del Universo y la razón de ser de todas las cosas. ‖ **FAM**. taoísta.

tapa f. Pieza que cierra por la parte superior, cajas, cofres y cosas semejantes: *la tapa del piano*. ‖ Capa de suela o de otro material, del tacón de un zapato. ‖ Cubierta de un libro encuadernado. ‖ Carne del medio de la pierna trasera de la ternera. ‖ Alimento que se sirve como acompañamiento de una bebida. ‖ Vuelta que cubre el cuello entre las solapas de las chaquetas, abrigos, etc. ‖ **tapa de los sesos** El cráneo. ‖ FAM. tapadera, tapar, tapón.

tapacubos m. Tapa metálica que cubre exteriormente, y por los laterales, la llanta de la rueda. ♦ No varía en pl.

tapadera f. Pieza que se ajusta a la boca de algún recipiente o abertura. ‖ Persona, empleo, asunto, etc., que encubre o disimula lo que alguien desea que se ignore.

tapadillo (de) loc. adv. A escondidas.

tapado m. *amer.* Comida que preparan los indígenas con plátanos y carne. ‖ *amer.* Abrigo o capa de señora o de niño.

tapar tr. Cubrir o cerrar lo que está descubierto o abierto. ‖ Abrigar o cubrir. También prnl. ‖ Poner algo delante de una cosa de modo que ésta quede oculta: *apártate un poco, me tapas la televisión.* ‖ Encubrir, ocultar un defecto. ‖ FAM. tapaboca, tapacubos, tapaculo, tapadillo, tapador, tapadura, tapajuntas, taparrabo.

taparrabo o **taparrabos** m. Trozo de tela u otro material con que se tapan los genitales los indígenas de algunas tribus. ‖ Bañador o calzón muy reducido.

tapera f. *amer.* Ruinas de un pueblo. ‖ *amer.* Habitación ruinosa y abandonada.

tapete m. Cubierta de tela, ganchillo, plástico, etc., que se coloca sobre las mesas u otros muebles. ‖ **estar sobre el tapete** una cosa loc. Estar discutiéndose, examinándose, o sometida a resolución.

tapia f. Pared que sirve de cerca o límite. ‖ **como una tapia** o **más sordo que una tapia** loc. Muy sordo. ‖ FAM. tapiar.

tapiar tr. Cerrar con tapia. ‖ Cerrar un hueco haciendo en él un muro o tabique: *tapiar una puerta.* ‖ FAM. tapiador.

tapicería f. Arte y oficio de tapicero. ‖ Conjunto de telas para tapizar muebles, hacer cortinas, etc. ‖ Taller donde trabaja el tapicero. ‖ Conjunto de tapices.

tapicero, ra m. y f. Artesano que teje tapices o los arregla. ‖ Persona que tiene por oficio poner alfombras, tapices y cortinajes, forrar sofás, almohadones, etc.

tapioca f. Fécula que se saca de la raíz de la mandioca y se emplea como alimento, sobre todo en sopas.

tapir m. Mamífero ungulado que mide 2 m de longitud y 1 m de altura, tiene los labios superiores y la nariz prolongados en forma de pequeña trompa, y pelaje blanco y negro en las especies asiáticas y con diversas tonalidades de pardo, desde el rojizo al amarillento, en las americanas; su carne es comestible.

tapiz m. Paño grande, tejido, en que se copian cuadros y con el que se adornan paredes. ‖ FAM. tapicería, tapicero, tapizar.

tapizar tr. Forrar con tela las paredes, sillas, sillones, etc. ‖ Cubrir las paredes con tapices. ‖ Cubrir una superficie cierta cosa: *las hojas de los árboles tapizan el suelo.* ‖ FAM. tapizado.

tapón m. Pieza de corcho, cristal, madera, etc., con que se tapan botellas, frascos, toneles y otros recipientes. ‖ Acumulación de cerumen en el oído. ‖ Cualquier persona o cosa que produce entorpecimiento u obstrucción. ‖ Particularmente, embotellamiento de vehículos. ‖ En baloncesto, acción de interceptar un balón lanzado hacia la canasta. ‖ Persona baja y algo gruesa. ‖ FAM. taponar, taponazo, taponería, taponero.

taponar tr. Cerrar con tapón un orificio cualquiera. ‖ Obstruir, obstaculizar. ‖ FAM. taponamiento.

tapujo m. Reserva o disimulo con que se disfraza u oculta la verdad.

taquicardia f. Frecuencia excesiva del ritmo de las contracciones cardíacas producida por una enfermedad o por la práctica de un ejercicio violento.

taquigrafía f. Técnica que permite escribir a gran velocidad, por medio de ciertos signos y abreviaturas. ‖ FAM. taquigrafiar, taquigráficamente, taquigráfico, taquígrafo.

taquilla f. Despacho de billetes, entradas de cine, etc., y p. ext., conjunto de lo que en él se despacha o recauda. ‖ Armario para guardar ropa u otras cosas personales, como los que hay en gimnasios, barracones, etc. ‖ FAM. taquillero, taquillón.

taquillero, ra m. y f. Persona encargada de un despacho de billetes o entradas de cine, teatro, fútbol, etc. ‖ adj. Se dice del artista, espectáculo, película, etc., que atrae mucho público.

taquillón m. Mueble de diversos estilos, bajo y de mayor longitud que anchura, que se usa especialmente en el recibidor.

taquimecanografía f. Conocimientos o estudios que combinan la taquigrafía y la mecanografía. ‖ FAM. taquimecanógrafo.

taquímetro m. Instrumento topográfico utilizado para medir ángulos. ‖ Tacómetro. ‖ FAM. taquimetría.

tara f. Peso del continente de una mercancía: vehículo, recipiente, etc. ‖ Peso de un vehículo en vacío. ‖ Defecto físico o psíquico. ‖ FAM. tarar.

tarabilla f. Persona que habla mucho y sin orden ni concierto. ‖ Conjunto de palabras dichas de este modo. ‖ Juguete que zumba al hacerle girar. ‖ Trocito de madera que sirve para cerrar las puertas o ventanas. ǁ Listón de madera que mantiene tirante la cuerda del bastidor de una sierra.

taracea f. Técnica de marquetería que consiste en incrustar en la madera trozos pequeños de otras maderas o materiales, como concha o nácar, formando figuras geométricas o motivos decorativos. ǁ Pieza realizada con dicha técnica. ǁ FAM. taracear.

tarado, da adj. Que padece tara física o psíquica. ǁ Tonto, idiota.

tarambana adj. Persona alocada, informal o irreflexiva. También com.

taranta f. En Andalucía y Murcia, canto popular propio de los mineros. Más en pl. ǁ *amer.* Repente, locura, vena.

tarantela f. Baile napolitano de movimiento muy vivo. ǁ Música con que se ejecuta este baile.

tarántula f. Arácnido venenoso que mide generalmente unos 3 cm de longitud, tiene el dorso de color negro y la parte ventral rojiza, tórax velloso, casi redondo en el abdomen, y patas fuertes.

tararear tr. Cantar en voz baja, pero sin articular palabras. ǁ FAM. tarareo.

tarasca f. Figura de serpiente monstruosa, que en algunas partes se saca en la procesión del Corpus. ǁ Mujer fea, desenvuelta y de mal genio. ǁ FAM. tarascada.

tarascada f. Herida hecha con los dientes o las uñas. ǁ Respuesta áspera o dicho ofensivo.

tardar intr. Detenerse, no llegar oportunamente, retrasar la ejecución de algo. También prnl. ǁ Emplear cierto tiempo en hacer las cosas: *tardó una hora en arreglarlo.* ǁ **a más tardar** loc. adv. Señala el plazo máximo en que ha de suceder algo: *iré la semana que viene, a más tardar.* ǁ FAM. tardanza, tarde, tardío, tardo, tardón.

tarde f. Tiempo que hay desde mediodía hasta anochecer. ǁ Últimas horas del día. ǁ adv. t. A hora avanzada del día o de la noche: *cenar tarde.* ǁ Después de haber pasado el tiempo oportuno, o en tiempo futuro relativamente lejano: *nos enteramos tarde.* ǁ **de tarde en tarde** loc. adv. De cuando en cuando, transcurriendo largo tiempo de una a otra vez.

tardío, a adj. Que tarda en llegar a la madurez algún tiempo más del regular: *melocotones tardíos.* ǁ Que sucede después del tiempo oportuno en que se necesitaba o esperaba: *lluvia tardía.* ǁ Pausado, lento. ǁ FAM. tardíamente.

tardo, da adj. Lento, perezoso en obrar. ǁ Torpe de entendimiento.

tardón, na adj. Que tarda mucho. También s.

tarea f. Cualquier obra o trabajo. ǁ Trabajo que debe hacerse en tiempo limitado.

tarifa f. Catálogo de los precios, derechos o impuestos que se deben pagar por alguna cosa o trabajo. ǁ Precio de algo según ciertas condiciones o circunstancias. ǁ FAM. tarifar.

tarifar tr. Señalar o aplicar una tarifa. ǁ intr. Reñir con uno, enemistarse.

tarima f. Entablado o plataforma a poca altura del suelo.

tarjeta f. Trozo de cartulina, pequeño y rectangular, con el nombre, título, profesión, y dirección de una persona, que se emplea para visitas y otros usos. ǁ Pieza rectangular y plana con usos muy diversos. ǁ **tarjeta amarilla** En fútbol y otros deportes, la que levanta el árbitro para amonestar a un jugador. ǁ **tarjeta de crédito** Medio de pago que sustituye al dinero en efectivo y, a veces, permite diferir o dividir el pago. ǁ FAM. tarjetera, tarjetero.

tarjetero m. Cartera o estuche para llevar tarjetas de visita o profesionales.

tarot m. Juego de naipes más largos que los corrientes, que tiene 78 cartas, además de los cuatro palos tradicionales, 22 naipes con una figura diferente cada uno, llamados arcanos mayores; se utiliza en cartomancia.

tarro m. Recipiente de vidrio, porcelana, etc., generalmente cilíndrico y más alto que ancho. ǁ Cabeza.

tarro m. Ave palmípeda, parecida al pato común, aunque más esbelta y de patas más largas; mide de 60 a 65 cm de longitud y tiene plumaje blanco o canelo según las especies.

tarso m. Parte posterior del pie de batracios, reptiles y mamíferos; en los humanos se articula con la tibia, el peroné y los metatarsianos. ǁ Parte más delgada de las patas de las aves. ǁ La última de las cinco piezas o *artejos* de que están compuestas las patas de los insectos.

tarta f. Pastel grande, de forma generalmente redonda. ǁ FAM. tartera.

tartaja adj. Que tartajea. También s.

tartajear intr. Hablar pronunciando las palabras con dificultad o cambiando sus sonidos, por algún defecto en la boca. ǁ FAM. tartaja, tartajeo.

tartamudear intr. Hablar con pronunciación entrecortada y repitiendo las sílabas. ǁ FAM. tartamudeante, tartamudeo, tartamudez, tartamudo.

tartamudez f. Trastorno del habla caracterizado por una alteración en la fluidez y el ritmo al hablar. ǁ FAM. tartamudear

tartán m. Tela de lana con cuadros o listas

cruzadas de diferentes colores. ‖ Conglomerado de asfalto y materias plásticas, muy resistente e inalterable al agua, que se usa para el revestimiento del suelo de pistas deportivas.

tartana f. Carruaje de dos ruedas con cubierta abovedada y asientos laterales. ‖ Coche viejo o muy estropeado.

tártaro, ra adj. Se dice de un conjunto de pueblos turcos y mongoles, que en el s. VIII ocupaban Mongolia oriental y en el s. XIII invadieron el E de Europa. Más c. m. pl. ‖ Relativo a estos pueblos. ‖ m. Lengua hablada por los tártaros. ‖ **FAM.** tartárico.

tartera f. Recipiente con tapa bien ajustada para llevar o guardar comida, fiambrera.

tartesio, sia adj. De Tartessos. ‖ Se dice de un pueblo hispánico prerromano procedente de África que habitaba la península Ibérica, y cuya capital fue Tartessos.

tarugo m. Pedazo de madera corto y grueso. ‖ Pedazo grueso de pan. ‖ Persona ignorante o poco inteligente.

tarumba adj. Loco, atolondrado: *volver uno tarumba.* También s.

tasa f. Acción y efecto de tasar. ‖ Precio máximo o mínimo a que por disposición de la autoridad puede venderse una cosa. ‖ Medida, regla: *tasa de mortalidad.*

tasajo m. Pedazo de carne seco y salado para que se conserve. ‖ P. ext., tajada de cualquier carne.

tasar tr. Poner tasa, valor o precio a las cosas. ‖ Poner medida en algo, restringirlo para que no haya exceso. ‖ **FAM.** tasa, tasación, tasador, taxación, taxativo.

tasca f. Taberna, bar. ‖ **FAM.** tasquear, tasqueo

tascar tr. Cortar ruidosamente la hierba o el verde los animales cuando pacen. ‖ **FAM.** tasca

tata f. Nombre infantil con que se designa a la niñera. ‖ m. *amer.* Padre, papá.

tatarabuelo, la m. y f. Tercer abuelo, bisabuelo de los padres de una persona.

tataranieto, ta m. y f. Tercer nieto, bisnieto de los hijos de una persona.

¡tate! interj. Se emplea para denotar sorpresa, que alguien se ha dado cuenta de algo o para avisar de algún peligro: *¡tate, que te veo venir!*

tatuaje m. Acción y efecto de tatuar. ‖ Lo que queda tatuado.

tatuar tr. Grabar dibujos en la piel humana, introduciendo materias colorantes bajo la epidermis. También prnl. ‖ **FAM.** tatuaje.

taula f. Monumento megalítico de las islas Baleares, que consiste en dos grandes losas,

casi siempre labradas, apoyadas una sobre la otra.

taumaturgia f. Facultad de realizar prodigios. ‖ **FAM.** taumatúrgico, taumaturgo.

taurino, na adj. Relativo al toro, o a las corridas de toros.

tauromaquia f. Arte y técnica de lidiar toros. ‖ **FAM.** taurómaco.

tautología f. Repetición de un mismo pensamiento expresado de distintas maneras; suele tomarse en mal sentido como repetición inútil. ‖ **FAM.** tautológico.

tautomería f. En quím., propiedad que tienen ciertas sustancias de presentarse en dos formas, químicamente isómeras, que se encuentran en equilibrio.

taxativo, va adj. Que limita, circunscribe y reduce un caso a determinadas circunstancias: *una medida taxativa.* ‖ **FAM.** taxativamente.

taxi m. Coche de alquiler con chófer, provisto de taxímetro, que realiza su servicio generalmente dentro de las ciudades. ‖ **FAM.** taxista.

taxidermia f. Arte y técnica de disecar animales para conservarlos con apariencia de vivos. ‖ **FAM.** taxidermista.

taxímetro m. Aparato de que van provistos la mayoría de los coches de alquiler con chófer; marca automáticamente la cantidad devengada con arreglo a la distancia recorrida. ‖ Taxi. ‖ **FAM.** taxi.

taxonomía f. Ciencia que trata de la clasificación y nomenclatura científica de los seres vivos. ‖ **FAM.** taxonómico, taxonomista, taxónomo.

taza f. Vasija pequeña, con asa, que se usa para tomar líquidos. ‖ Lo que cabe en ella: *tomó una taza de caldo.* ‖ Receptáculo del retrete. ‖ Receptáculo redondo donde vacian el agua las fuentes. ‖ **FAM.** tazón.

tazón m. Vasija para beber, mayor que la taza y generalmente sin asa.

te Forma del pron. pers. de segunda persona con función de complemento directo o indirecto, en ambos géneros y números. Se usa en combinación con los pron. de complemento directo *lo, la,* etc., a los que precede: *te las llevó.* Cuando se combina con *se,* éste va delante: *se te olvidó decírnoslo.* No admite preposición y cuando se pospone al verbo es enclítico: *te persiguen; persiguiéndote.*

té m. Planta arbustiva, originaria de China, de flores blancas y hojas lanceoladas, con las que se elabora una apreciada infusión. ‖ Hoja de este arbusto, seca, enrollada y tostada ligeramente. ‖ Infusión, en agua hirviendo, de las hojas de este arbusto. ‖ Reunión de personas que se celebra por la tarde y durante la cual se sirve té. ‖ **FAM.** teína, tetera.

tea f. Astilla o palo de madera impregnado en resina y que, encendidos, sirven para alumbrar o prender fuego.

teatral adj. Relativo al teatro. | Se dice de las personas, de sus gestos y actitudes en las que se descubre cierto estudio y deliberado propósito de llamar la atención: *hablaba en un tono teatral*. | FAM. teatralidad, teatralizar, teatralmente.

teatro m. Edificio o lugar destinado a la representación de obras dramáticas o a otros espectáculos públicos propios de la escena. | Género literario que comprende las obras concebidas para ser representadas ante un público. | Conjunto de todas las producciones dramáticas de un pueblo, época o autor. | Actividad de componer, interpretar o poner en escena obras dramáticas: *dedicarse al teatro*. | Fingimiento o exageración: *no lo sintió en absoluto, todo era puro teatro*. | Conjunto de espectadores que están viendo una representación teatral: *el teatro entero le ovacionó*. | Lugar donde se ejecuta o sucede alguna cosa: *este llano fue teatro de una batalla*. | FAM. teatral.

tebeo m. Revista infantil de historietas cuyo asunto se desarrolla en series de dibujos.

teca f. Árbol de gran altura, hojas opuestas, casi redondas, flores blanquecinas en panojas terminales, y drupas globosas y corchosas, que contienen una nuez muy dura; su madera se emplea en construcciones navales. | Cajita donde se guarda una reliquia. | En bot., célula en cuyo interior se forman las esporas de algunos hongos.

-teca Elemento compositivo que indica el lugar en que se guarda algo: *filmoteca*.

techo m. Parte superior de una construcción, que lo cubre y cierra. | Cara inferior del mismo, superficie que cierra en lo alto una habitación o espacio cubierto. | Casa, habitación o domicilio: *dormir bajo techo*. | Altura o límite máximo a que puede llegar o del que no puede pasar un asunto, negociación, etc. | Altura máxima alcanzable por una aeronave. | FAM. techar, techumbre.

techumbre f. Techo de un edificio. | Conjunto de la estructura y elementos de cierre de los techos.

teckel adj. y m. Se dice de una raza de perros de tamaño pequeño, con el cuerpo alargado y las patas cortas; popularmente se les llama *perros salchichas*.

tecla f. Pieza que se presiona con los dedos en algunos instrumentos musicales para obtener el sonido. | Pieza que se presiona con los dedos en las máquinas de escribir, calcular, ordenadores, etc. | FAM. teclado, teclear, teclista.

teclado m. Conjunto ordenado de teclas de piano, órgano, máquina de escribir, ordenador, etc.

teclear intr. Mover las teclas. | Menear los dedos a manera del que toca las teclas. | FAM. tecleado.

tecnecio m. Elemento químico metálico y radiactivo, del grupo del manganeso. Su símbolo es *Tc*.

-tecnia Elemento compositivo que significa 'arte' o 'técnica': *pirotecnia*.

técnica f. Conjunto de procedimientos de que se sirve una ciencia, arte, oficio, etc. | Habilidad para hacer uso de esos procedimientos. | Método, táctica. | FAM. técnico, tecnología.

tecnicismo m. Calidad de técnico. | Cada una de las voces técnicas empleadas en una ciencia, profesión, etc.

técnico, ca adj. Relativo a las aplicaciones de las ciencias, artes, oficios, etc. | Se dice de las palabras o expresiones propias de una ciencia, profesión, etc. | m. y f. Persona que posee los conocimientos especiales de un arte, ciencia, oficio, etc. | FAM. técnicamente, tecnicismo, tecnificar, tecnocracia.

tecnicolor m. Nombre comercial de un procedimiento que permite reproducir en la pantalla cinematográfica los colores de los objetos.

tecnificar tr. Introducir procedimientos técnicos modernos en las ramas de producción que no los empleaban. | FAM. tecnificación.

tecnocracia f. Predominio de los técnicos o de los criterios técnicos en el ejercicio del poder. | FAM. tecnócrata, tecnocrático.

tecnócrata com. Partidario de la tecnocracia. | Persona que ocupa un cargo público por la preeminencia de sus conocimientos técnicos.

tecnología f. Conjunto de los conocimientos, instrumentos, métodos, etc., empleados en las profesiones industriales. | Tratado de los términos técnicos. | Lenguaje propio, exclusivo, de una ciencia, arte, oficio, etc. | FAM. tecnológico, tecnólogo.

tecolote m. *amer.* Búho, ave.

tectogénesis f. Conjunto de procesos orogénicos, magmáticos y epirogénicos que modifican la estructura de la corteza terrestre. ♦ No varía en pl.

tectología f. Parte de la biología que estudia la morfología y la estructura de los organismos vivos agrupados en colonias.

tectónico, ca adj. Relativo a la estructura

de la corteza terrestre. ‖ f. Parte de la geología, que trata de dicha estructura.

tedéum m. Cántico católico para dar gracias a Dios. ◆ No varía en pl.

tedio m. Aburrimiento o desgana extremos. ‖ **FAM.** tedioso.

teflón m. Material plástico de propiedades dieléctricas y muy resistente a los agentes químicos que se usa para revestimientos.

tegumento m. Tejido que cubre ciertos órganos de las plantas. ‖ Membrana que cubre el cuerpo de ciertos animales o alguno de sus órganos internos.

teína f. Alcaloide del té, análogo a la cafeína.

teísmo m. Sistema de filosofía de la religión que afirma la existencia de un Dios, personal, inteligente y libre, que ha creado, conserva y gobierna el mundo. ‖ **FAM.** teista, teología.

teja f. Pieza de barro cocido hecha en forma acanalada, y a veces plana, para cubrir por fuera los techos. ‖ Dulce que consiste en una pasta muy delgada con forma acanalada. ‖ Color marrón rojizo semejante al de las tejas de barro. ‖ Sombrero de teja, que llevaban los curas. ‖ **a toca teja** loc. adv. En dinero contante, y pagándolo todo de una vez. ‖ **FAM.** tejado, tejar, tejero, tejo.

tejadillo m. Tapa o cubierta de la caja de un coche. ‖ Tejado de una sola vertiente adosado a un edificio.

tejado m. Parte superior del edificio, cubierta comúnmente por tejas. ‖ **FAM.** tejadillo.

tejano, na adj. De Texas, estado de EE.UU. También s. ‖ m. pl. Pantalones vaqueros.

tejar m. Sitio donde se fabrican tejas, ladrillos y adobes.

tejar tr. Cubrir de tejas las casas y demás edificios.

tejedor, ra adj. Que teje. ‖ *amer.* Intrigante, enredador. También s. ‖ m. y f. Persona que tiene por oficio tejer. ‖ f. Máquina de hacer punto.

tejemaneje m. Afán, destreza y agilidad con que se hace una cosa o se maneja un negocio. ‖ Asunto turbio o poco honrado.

tejer tr. Formar en el telar la tela con la trama y la urdimbre. ‖ Entrelazar hilos, cordones, espartos, etc., para formar telas, trencillas, esteras u otras cosas semejantes. ‖ Hacer punto a mano o con tejedora. ‖ Formar ciertos animales sus telas y capullos. ‖ Discurrir, formar planes o ideas. ‖ Intrigar, enredar. ‖ **FAM.** tejedor, tejeduría, tejemaneje, tejido.

tejera o **tejería** f. Lugar donde se fabrican tejas y ladrillos.

tejeringo m. Churro, masa frita.

tejido m. Disposición de los hilos de una tela. ‖ Cosa tejida. ‖ Cada una de las estructuras de células de la misma naturaleza y origen, que desempeñan en conjunto una determinada función en los organismos vivos.

tejo m. Pedazo redondo de teja o cosa semejante que sirve para lanzarlo en algunos juegos, como el de la chita o del chito. ‖ Juego de la chita o del chito. ‖ **tirar los tejos** loc. Cortejar, galantear. ‖ **FAM.** tejuelo.

tejo m. Árbol conífero de unos 25 m de altura, siempre verde, con tronco grueso, ramas casi horizontales y copa ancha. Crece en Europa, N de África y SO de Asia.

tejón m. Mamífero carnívoro, que mide entre 75 y 90 cm de longitd, de los que 20 corresponden a la cola; su piel es gris, con franjas blancas y negras y tiene el hocico largo y puntiagudo; habita en Europa y Asia central, y con su pelo se fabrican brochas, pinceles, etc. ‖ **FAM.** tejonera.

tejuelo m. Cuadrito de piel o de papel que se pega al lomo de un libro para poner el rótulo. ‖ El rótulo mismo, aunque no sea sobrepuesto.

tela f. Obra hecha de muchos hilos que, entrecruzados, forma como una hoja o lámina. ‖ Obra semejante a ésa, pero formada por alambres, hilos de plástico, etc.: *tela metálica.* ‖ Membrana, tejido de forma laminar de consistencia blanda. ‖ Nata o capa que se forma sobre la superficie de algunos líquidos. ‖ Lienzo, cuadro, pintura: *una tela de Velázquez.* ‖ Asunto o materia: *ya tienen tela para un buen rato.* ‖ Dinero, caudal. ‖ adv. Mucho, muy: *les costó tela encontrarle.* ‖ **en tela de juicio** loc. adv. En duda. Se usa sobre todo con los verbos *estar, poner* y *quedar.* ‖ **FAM.** telar, telaraña, telón.

telar m. Máquina para tejer.

telaraña f. Tela que forma la araña.

tele f. apóc. de *televisión.*

tele- pref. que significa 'lejos', 'a distancia': *telequinesia, telegrafía.*

telecabina f. Teleférico de cable único para la tracción y la suspensión, dotado de cabina.

telecomunicación f. Sistema de comunicación a distancia por medio de cables u ondas electromagnéticas. Puede ser telegráfica, telefónica, radiotelegráfica, etc.

telediario m. Programa de televisión que informa de los acontecimientos y noticias de actualidad y se emite diariamente.

teledirigido, da adj. Se dice del mecanismo que se dirige desde lejos, especialmente por medio de ondas hercianas. ‖ **FAM.** teledirección, teledirigir.

telefax m. Aparato que permite transmitir por medio del cable telefónico documentos, dibujos, fotografías, etc. ‖ Documento trans-

mitido por este aparato. También se dice *fax*.
♦ No varía en pl.

teleférico m. Sistema de transporte por medio de cabinas suspendidas de uno o varios cables de tracción.

telefilme m. Película hecha para la televisión o que se emite por este medio.

telefonazo m. Llamada telefónica.

telefonear intr. Llamar a alguien por teléfono, para comunicar con él.

telefonía f. Técnica de construir, instalar y manejar los teléfonos. | Servicio público de comunicaciones telefónicas.

telefonillo m. Dispositivo para comunicación oral interior, y particularmente el que hay en cada una de las viviendas de un edificio, conectado al portero automático.

telefonista com. Persona que se ocupa en el servicio de los aparatos telefónicos. | Persona que atiende una centralita telefónica.

teléfono m. Sistema de comunicación mediante un conjunto de aparatos e hilos conductores con los cuales se transmite a distancia la palabra y toda clase de sonidos por la acción de la electricidad. | Cualquiera de los aparatos para hablar según este sistema y número que se asigna a cada uno. | FAM. telefonazo, telefonear, telefonema, telefonía, telefónicamente, telefónico, telefonillo, telefonista.

telefotografía f. Fotografía transmitida a distancia mediante sistemas electromagnéticos; se llama también *facsímil*.

telegrafía f. Técnica de construir, instalar y manejar los telégrafos. | Servicio público de comunicaciones telegráficas.

telegrafiar tr. Comunicar o enviar un mensaje por medio del telégrafo.

telegrafista com. Persona que se ocupa de la instalación y servicio de los aparatos telegráficos.

telégrafo m. Sistema de comunicación que permite transmitir con rapidez y a distancia comunicaciones escritas mediante un código. | Aparato utilizado en dicho sistema para enviar y recibir los mensajes. | FAM. telegrafía, telegrafiar, telegráfico, telegrafista, telegrama.

telegrama m. Mensaje transmitido a través del telégrafo. | Papel normalizado en que se recibe dicho mensaje.

telele m. Patatús, soponcio.

telemática f. Ciencia que reúne los adelantos de las técnicas de la telecomunicación y la informática.

telemetría f. Arte de medir distancias entre objetos lejanos. | FAM. telemétrico, telémetro.

telenovela f. Novela filmada y grabada

para ser retransmitida por capítulos a través de la televisión.

teleobjetivo m. Objetivo especial destinado a fotografiar objetos distantes.

teleología f. En filosofía, doctrina que estudia la finalidad de las cosas. | FAM. teleológico.

teleósteo, a adj. Se apl. a los peces que tienen el esqueleto completamente osificado, aleta caudal simétrica, branquias protegidas por un opérculo, mandíbula superior unida al cráneo y, en muchos casos, carentes de vejiga natatoria. | m. pl. Superorden de estos peces, que comprende la mayoría de los peces vivientes.

telepatía f. Fenómeno parapsicológico, consistente en la transmisión de pensamientos o sensaciones entre personas generalmente distantes entre sí, sin el concurso de los sentidos. | FAM. telépata, telepáticamente, telepático.

telequinesia f. En parapsicología, desplazamiento de objetos sin causa física observable, por lo general en presencia de un médium.

telescopio m. Aparato óptico que permite ver objetos muy lejanos, particularmente, cuerpos celestes. | FAM. telescópico.

telesilla m. Asiento suspendido de un cable de tracción, para el transporte de personas a la cumbre de una montaña o a un lugar elevado.

telespectador, ra m. y f. Espectador de televisión.

telesquí m. En dep., tipo de teleférico para esquiadores en que éstos suben a los sitios más elevados con los esquís puestos. ♦ pl. *telesquís* o *telesquíes*.

teletexto m. Sistema de transmisión de textos escritos mediante ondas hercianas como la señal de televisión, o por cable telefónico.

teletipo m. Sistema de transmisión de textos, vía telegráfica, a través de un teclado que permite la emisión, recepción e impresión del mensaje. | FAM. teletipia.

televidente com. Persona que contempla las imágenes transmitidas por la televisión.

televisar tr. Transmitir imágenes por televisión.

televisión f. Transmisión de la imagen a distancia, valiéndose de las ondas hercianas. | Televisor. | Empresa dedicada a las transmisiones televisivas. | FAM. tele, televidente, televisar, televisivo, televisor, televisual.

televisor m. Aparato receptor de televisión.

télex m. Sistema de comunicación por teletipos entre particulares. | Servicio público de teletipos y sus centrales automáticas, líneas, etc. | Mensaje o despacho enviado o recibido por télex. ♦ No varía en pl.

telón m. Cortina muy grande que se pone en el escenario de un teatro o la pantalla de un cine, de modo que pueda bajarse y subirse o correrse y descorrerse. | **telón de acero** Frontera política e ideológica que separaba a los países que pertenecían al bloque soviético de los occidentales. | **FAM.** telonero.

telonero, ra adj. Se dice del artista u orador que, en un espectáculo, concierto, conferencia, etc., actúa en primer lugar o entre actuación y actuación, como menos importante. También s. | m. y f. Persona que maneja el telón de un escenario.

telson m. Último segmento del cuerpo de los crustáceos.

telúrico, ca adj. Relativo a la Tierra. | **FAM.** telurio, telurismo, teluro.

tema m. Asunto, materia o idea sobre los que trata una obra, discurso, conversación, etc. | Cuestión, negocio: *no quiso intervenir en el tema.* | En ling., radical que permite la inmediata inserción de los elementos de la flexión. | En mús., fragmento de una composición, con arreglo al cual se desarrolla el resto de ella. | P. ext., canción o composición musical. | Cada una de las lecciones o unidades de estudio de una asignatura, oposición, etc. | Manía o idea fija: *cada loco con su tema.* | **FAM.** temario, temático.

temario m. Conjunto de temas que se divide una asignatura, oposición, etc., o que se proponen para su estudio en una conferencia o congreso.

temático, ca adj. Relativo al tema. | Se dice de cualquier elemento que, para la flexión, modifica la raíz de un vocablo. | f. Tema o conjunto de temas sobre los que trata una obra, exposición, etc.

temblar intr. Agitarse con movimiento frecuente e involuntario: *temblar de frío.* | Vacilar, moverse rápidamente una cosa a uno y otro lado: *el flan tiembla.* | Tener mucho miedo o estar muy nervioso. ♦ **Irreg.** Se conj. como *acertar.* | **FAM.** tembladera, tembleque, temblón, temblor, tembloroso.

temblequear o **tembletear** intr. Temblar mucho y repetidamente. | **FAM.** tembleque.

temblor m. Movimiento involuntario del cuerpo, repetido y continuado, debido al frío, al miedo, al nerviosismo, etc. | Movimiento semejante en cualquier otra cosa. | Terremoto.

tembloroso, sa adj. Que tiembla mucho.

temer tr. Tener miedo o temor a una persona o cosa. También intr. | Sospechar un daño u

otra cosa negativa: *temo que se hayan perdido.* | Creer, opinar: *me temo que te has equivocado.* | **FAM.** temeroso, temible, temor.

temerario, ria adj. Imprudente, que se expone o expone a otras personas a riesgos innecesarios: *le multaron por conducción temeraria.* | Que se dice, hace o piensa sin fundamento: *juicio temerario.* | **FAM.** temerariamente, temeridad.

temeridad f. Cualidad de temerario. | Acción temeraria. | Juicio temerario.

temeroso, sa adj. Que causa temor: *oscuridad temerosa.* | Que siente temor. | **FAM.** temerosamente.

temible adj. Digno de ser temido.

temor m. Sentimiento que provoca la necesidad de huir ante alguna persona o cosa, evitarla o rechazarla por considerarla peligrosa o perjudicial. | Presunción o sospecha, particularmente de un posible daño o perjuicio: *mi temor es que lleguemos tarde.*

témpano m. Pedazo de cualquier cosa dura, extendida o plana, especialmente de hielo.

témpera f. Tipo de pintura al temple, espesa, que utiliza los colores diluidos en agua. | Obra realizada con este tipo de pintura.

temperamental adj. Relativo al temperamento. También com. | De temperamento fuerte.

temperamento m. Forma de ser de cada persona. | Característica de la persona enérgica y emprendedora. | Constitución particular de cada individuo: *temperamento sanguíneo.* | **FAM.** temperamental.

temperar tr. Moderar, debilitar. También prnl. | En med., calmar el exceso de acción o de excitación orgánicas por medio de calmantes y antiespasmódicos. | intr. *amer.* Cambiar temporalmente de clima o aires una persona. | **FAM.** temperación, temperado, temperamento, temperancia, temperante, temperatura, tempero.

temperatura f. Grado mayor o menor de calor en los cuerpos. | Grado mayor o menor de calor de la atmósfera. | Fiebre, calentura: *le ha subido la temperatura.*

tempestad f. Perturbación atmosférica que se manifiesta por variaciones en la presión ambiente y por fuertes vientos, acompañados a menudo de truenos, lluvia, nieve, etc. | Perturbación de las aguas del mar, causada por la intensidad y violencia de los vientos. | Agitación o excitación grande en el estado de ánimo de las personas: *una tempestad de odios.* | **FAM.** tempestuoso, tempestuosamente.

templado, da adj. Que no está frío ni caliente, sino en término medio. | Se apl. al clima suave, en el que no hace frío ni calor extremo. ‖ Se dice de la persona que no comete excesos. ‖ **FAM**. templadamente.

templanza f. En la religión católica, virtud cardinal que consiste en la moderación en los placeres y pasiones. ‖ Benignidad del aire o clima de un país.

templar tr. Moderar o suavizar la fuerza de una cosa. ‖ Quitar el frío de una cosa, calentarla ligeramente. ‖ Enfriar bruscamente en agua, aceite, etc., un material calentado por encima de determinada temperatura: *templar el acero*. ‖ Poner en tensión moderada una cosa: *templar una cuerda*. ‖ Sosegar un sentimiento o estado de ánimo violento o excitado. ‖ Afinar un instrumento musical. ‖ En taurom., ajustar el movimiento de la capa o la muleta a la embestida del toro. ‖ intr. Empezar a calentarse una cosa: *el tiempo ha templado mucho*. También prnl. ‖ prnl. Contenerse, evitar el exceso en una materia. ‖ *amer*. Enamorarse, amartelarse. ‖ **FAM**. templado, templador, templanza, temple.

templario adj. y m. De la orden religiosa y militar del Temple.

temple m. Carácter o estado de ánimo de una persona. ‖ Capacidad de una persona para enfrentarse con serenidad a situaciones difíciles o peligrosas. ‖ Punto de dureza o elasticidad que se da a un metal, al cristal, etc., templándolos. ‖ En taurom., acción y efecto de templar. ‖ **pintura al temple** Se apl. a la pintura en la que sus pigmentos se disuelven en agua con cola, que se utiliza sobre muros, madera, etc. ‖ **FAM**. templista.

templete m. Armazón pequeña, en forma de templo, que sirve para resguardar algo, generalmente una imagen. ‖ Pabellón o quiosco.

templo m. Edificio o lugar destinado pública y exclusivamente a un culto religioso. ‖ Lugar real o imaginario en que se rinde o se supone rendir culto al saber, la justicia, etc. ‖ **FAM**. templario, templén, templete.

témpora f. Tiempo de ayuno en el comienzo de cada una de las cuatro estaciones del año. Más en pl.

temporada f. Espacio de varios días, meses o años que se consideran aparte formando un conjunto: *temporada de verano*. ‖ Tiempo durante el cual sucede alguna cosa o se realiza habitualmente: *temporada de ferias*. ‖ **de temporada** loc. adj. Propio de cierta época, no de manera permanente: *alimentos de temporada*.

temporal adj. Relativo al tiempo. ‖ Que dura por algún tiempo, pero no es fijo ni permanente: *desacuerdo temporal*. ‖ Secular, profano: *poder temporal*. ‖ m. Tormenta muy fuerte en la tierra o en el mar. ‖ Período de lluvias persistentes y con temperaturas moderadas. ‖ **FAM**. temporalidad, temporalmente.

temporal adj. En anat., relativo a las sienes: *lóbulo temporal*. ‖ Se dice de cada uno de los dos huesos craneales que se corresponden con las sienes. También m.

temporero, ra adj. Se dice de la persona destinada temporalmente al ejercicio de un oficio o empleo. También s.

temporizador m. Sistema de control de tiempo que se utiliza para abrir o cerrar un circuito en uno o más momentos determinados, y que conectado a un dispositivo lo pone en acción.

tempranero, ra adj. Que se da antes de sus tiempo normal: *frutos tempraneros*. ‖ Que madruga o suele hacerlo.

temprano, na adj. Adelantado, que ocurre o se da antes del tiempo normal: *patatas tempranas*. ‖ Se dice de la primera época, momento, etc., de un determinado tiempo: *edad temprana*. ‖ adv. t. En las primeras horas del día o de la noche: *levantarse temprano*. ‖ En tiempo anterior al oportuno, convenido o acostumbrado para algún fin, o muy pronto: *llegó temprano a la cita*. ‖ **FAM**. tempranamente, tempranero.

ten con ten loc. Tiento, moderación, diplomacia: *si no quieres discutir con él, tendrás que tener un ten con ten*.

tenacillas pl. Tenaza pequeña que sirve para coger terrones de azúcar, dulces y otras cosas. ‖ Instrumento, a manera de tenaza, que sirve para rizar el pelo.

tenaz adj. Firme, constante, obstinado. ‖ Que está muy sujeto, adherido, etc., a algo, de lo que es difícil separar o quitar: *una mancha tenaz*. ‖ Que se opone mucha resistencia a romperse o deformarse. ‖ **FAM**. tenacidad, tenaza, tenazmente.

tenaza f. Instrumento de metal, compuesto de dos brazos movibles trabados por un eje, que se emplea para coger o sujetar una cosa, arrancarla o cortarla. Más en pl. ‖ Último artejo de las patas de algunos artrópodos, pinza. ‖ **FAM**. tenacillas.

tenca f. Pez teleósteo de agua dulce, de carne blanca y sabrosa, pero llena de espinas.

tendal m. Cubierta de tela para hacer sombra. ‖ Lienzo que se pone debajo de los olivos para que caigan en él las aceitunas cuando se recogen. ‖ Conjunto de cosas tendidas para que se sequen, especialmente frutos. ‖ *amer*. Conjunto de personas o cosas tendidas desordenadamente en el suelo. ‖ **FAM**. tendalada.

tendedero m. Lugar donde se tiende una cosa. ‖ Armazón de alambres, cuerdas, etc., donde se tiende la ropa.

tendencia f. Propensión, inclinación: *tiene tendencia a la melancolía.* ‖ Movimiento religioso, económico, político, artístico, etc., que se orienta en determinada dirección. ‖ FAM. tendencioso.

tendencioso, sa adj. Que manifiesta o incluye tendencia hacia determinados fines o doctrinas: *escrito tendencioso.* ‖ FAM. tendenciosamente, tendenciosidad.

tender tr. Desdoblar, extender, desplegar: *tendió el mantel sobre la mesa.* ‖ Colocar a una persona o animal sobre una superficie, horizontalmente. También prnl.: *se tendió en el sofá.* ‖ Extender o colgar la ropa mojada para que se seque. ‖ Suspender, colocar una cosa, apoyándola en dos o más puntos: *tender un puente.* ‖ intr. Demostrar una determinada tendencia u orientación: *tiende a ensimismarse.* ‖ Parecerse o acercarse a cierta cualidad, característica, etc.: *un amarillo que tiende a dorado.* ♦ Irreg. Se conj. como *entender.* ‖ FAM. tendal, tendedero, tendedor, tendel, tendencia, tendente, tenderete, tendido, tendón, tienda.

tenderete m. Puesto de venta al por menor, instalado al aire libre. ‖ Conjunto de cosas que se dejan tendidas en desorden.

tendero, ra m. y f. Persona que tiene una tienda o trabaja en ella, particularmente si es de comestibles.

tendido, da adj. Se dice del galope del caballo o de otro animal cuando es muy fuerte y rápido. ‖ m. Acción y efecto de tender. ‖ Gradería descubierta y próxima a la barrera en las plazas de toros. ‖ Conjunto de cables, etc., que constituye una conducción eléctrica.

tendón m. Haz de fibras conjuntivas que une los músculos a los huesos. ‖ **tendón de Aquiles** El grueso y fuerte, que en la parte posterior e inferior de la pierna une el talón con la pantorrilla. ‖ FAM. tendinitis, tendinoso.

tenebrismo m. Tendencia pictórica, introducida por Caravaggio, que opone con fuerte contraste luz y sombra. ‖ FAM. tenebrista.

tenebroso, sa adj. Oscuro, cubierto de tinieblas. ‖ FAM. tenebrismo, tenebrosamente, tenebrosidad.

tenedor, ra m. y f. Persona que tiene o posee una cosa. ‖ Persona que posee legítimamente una letra de cambio u otro valor endosable. ‖ m. Utensilio de mesa, que consiste en un astil con tres o cuatro púas iguales y sirve para clavarlo en los alimentos sólidos y llevarlos a la boca. ‖ Signo con la forma de este utensilio que en España indica la categoría de los comedores o restaurantes según el número de tenedores representados. ‖ **tenedor de libros** Empleado que tiene a su cargo los libros de contabilidad en una oficina. ‖ FAM. teneduría.

teneduría f. Cargo y oficina del tenedor de libros.

tenencia f. Posesión de una cosa. ‖ Cargo u oficio de teniente. ‖ Oficina en que lo ejerce.

tener tr. Poseer una cosa o disfrutar de ella: *tiene un apartamento en la playa.* ‖ Corresponder a alguien cierta cualidad, estado, etc.: *tiene mucha paciencia.* ‖ Contener o comprender en sí: *el libro no tiene ilustraciones.* ‖ Disponer de lo que expresa: *si quieres consejo, me tienes a mí.* ‖ Construido con algunos nombres, hacer o experimentar lo que éstos expresan: *tener un día aburrido.* ‖ Con los nombres que significan tiempo, expresa duración o edad: *tiene treinta años.* ‖ Asir o mantener asida una cosa: *ten fuerte la cuerda.* ‖ Mantener, sostener. También prnl.: *no podía tenerse en pie.* ‖ Dominar, sujetar, detener: *ten la lengua.* También prnl. ‖ Guardar, cumplir: *tener la promesa.* ‖ Hospedar o recibir en su casa. ‖ Estar en precisión de hacer una cosa u ocuparse de ella: *tiene una junta a las seis.* ‖ Juzgar, reputar. También prnl.: *tenerse por sabio.* ‖ Estimar, apreciar: *tener a alguien en mucho.* También prnl. ‖ prnl. Hacer asiento un cuerpo sobre otro: *este taburete no se tiene bien.* ‖ aux. Construido con un participio, equivale a *haber: ya lo tengo elegido.* ‖ Construido con la conjunción *que* y el infinitivo de otro verbo, estar obligado a: *tendré que salir.* ‖ **conque esas tenemos** loc. Denota sorpresa. ‖ **no tener** alguien o algo **por donde cogerlo** loc. Ser muy malo. ‖ **tener** algo **presente** loc. Recordar una cosa y tomarla en consideración. ‖ **tener que ver** una persona o cosa con otra loc. Haber entre ellas alguna conexión, relación o semejanza. ‖ FAM. tenante, tenedor, tenencia, teniente, tenor, tentempié, tentetieso, terrateniente. ♦ Irreg. Conjugación modelo:

Indicativo
Pres.: *tengo, tienes, tiene, tenemos, tenéis, tienen.*
Imperf.: *tenía, tenías,* etc.
Pret. indef.: *tuve, tuviste, tuvo, tuvimos, tuvisteis, tuvieron.*
Fut. imperf.: *tendré, tendrás,* etc.

Potencial: *tendría, tendrías,* etc.

Subjuntivo
Pres.: *tenga, tengas,* etc.
Imperf.: *tuviera, tuvieras,* etc., o *tuviese, tuvieses,* etc.
Fut. imperf.: *tuviere, tuvieres,* etc.

Imperativo: *ten, tened.*

Participio: *tenido.*

Gerundio: *teniendo.*

tenia f. Gusano platelminto, de forma de cinta, que puede alcanzar varios metros de longitud y vive parásito en el intestino del hombre o de otros mamíferos.

teniente adj. Que tiene o posee una cosa. ‖ Algo sordo. ‖ com. Persona que ejerce el cargo o ministerio de otro como sustituto: *teniente de alcalde.* ‖ En el ejército y otros cuerpos militarizados, oficial cuyo empleo es el inmediatamente inferior al de capitán. ‖ **FAM.** tenientazgo.

tenis m. Juego de pelota que se practica en un terreno llano rectangular, dividido por una red intermedia, que se juega con una pala especial llamada *raqueta* ; consiste en arrojar la pelota de una parte a otra del campo por encima de la red. ‖ **tenis de mesa** Pimpón. ‖ **FAM.** tenista, tenístico.

tenor m. Contenido literal de un escrito u oración. ‖ **a tenor de, o de lo que** loc. adv. De la misma manera que, a juzgar por.

tenor m. En mús., voz media entre la de contralto y la de barítono. ‖ Persona que tiene esta voz, e instrumento cuyo ámbito corresponde a la tesitura de tenor. ‖ **FAM.** tenora.

tenora f. Instrumento músico de viento parecido a un oboe, con que se acompaña la sardana.

tenorio m. Hombre seductor, audaz y pendenciero.

tensar tr. Poner tensa alguna cosa: *tensar un cable.* ♦ Doble part.: *tensado* (reg.) y *tenso* (irreg.) ‖ **FAM.** tensado, tensímetro, tensión, tenso, tensor.

tensión f. Estado de un cuerpo sometido a la acción de fuerzas que lo estiran. ‖ Fuerza que impide separarse unas de otras a las partes de un mismo cuerpo cuando se halla en dicho estado. ‖ Intensidad de la fuerza con que los gases tienden a dilatarse. ‖ Grado de energía eléctrica que se manifiesta en un cuerpo: *alta tensión.* ‖ Estado anímico de excitación, impaciencia, esfuerzo o exaltación producido por determinadas circunstancias o actividades. ‖ Estado de oposición u hostilidad latente entre personas o grupos humanos. ‖ **tensión arterial** Presión que ejerce la sangre sobre la pared de las arterias.

tenso, sa adj. Que se halla en estado de tensión. ‖ **FAM.** tieso.

tensor, ra adj. Que tensa u origina tensión. ‖ **FAM.** tensorial.

tentación f. Estímulo que induce a obrar

mal. ‖ Impulso repentino que excita a hacer una cosa: *tuve tentaciones de comprarlo.* ‖ Persona o cosa que induce a algo.

tentáculo m. Cualquiera de los apéndices móviles y blandos de muchos animales invertebrados, que actúan principalmente como órganos táctiles y de presión. ‖ **FAM.** tentacular.

tentar tr. Palpar, tocar. ‖ Examinar y reconocer por medio del tacto lo que no se puede ver. ‖ Inducir o estimular a alguien, generalmente a algo malo. ‖ Resultar muy atractiva para alguien una cosa: *rechazó esa oferta de trabajo, aunque le tentaba mucho.* ‖ En taurom., practicar la tienta. ♦ **Irreg.** Se conj. como *acertar.* ‖ **FAM.** tentación, tentáculo, tentadero, tentado, tentador, tentativa, tienta, tiento.

tentativa f. Acción con que se intenta, prueba o tantea una cosa. ‖ En der., principio de ejecución de un delito que no llega a realizarse.

tentempié m. Refrigerio, piscolabis. ‖ Tentetieso.

tentetieso m. Juguete que, al moverlo, vuelve siempre a su posición inicial, ya que está provisto de un contrapeso.

tenue adj. Débil, delicado, suave. ‖ Muy fino o poco denso. ‖ **FAM.** tenuemente, tenuidad.

teñir tr. Dar a una cosa un color distinto del que tenía. También prnl.: *teñirse el pelo.* ‖ Comunicar a algo un pensamiento, sentimiento, opinión, etc.: *su obra está teñida de desencanto.* ‖ En pintura, rebajar o apagar un color con otros más oscuros. ♦ **Irreg.** Se conj. como *ceñir.* ‖ **FAM.** teñible, teñido, teñidura, tinta, tinte, tinto, tintorería, tintorero, tintura.

teocracia f. Gobierno ejercido directamente por Dios o sometido a las leyes divinas a través de sus ministros o representantes, como el de los antiguos hebreos. ‖ **FAM.** teocrático.

teodicea f. Ciencia que trata de Dios y de sus atributos y perfecciones a la luz de los principios de la razón, independientemente de las verdades reveladas.

teodolito m. Instrumento de precisión para medir ángulos en sus planos respectivos.

teogonía f. Origen o nacimiento de los dioses del paganismo y relato en que se expone. ‖ **FAM.** teogónico.

teología f. Ciencia que trata sobre Dios y sobre el conocimiento que el hombre tiene de Él, mediante la fe o la razón. ‖ **FAM.** teologa, teologícamene, teológico, teologizar, teólogo.

teorema m. Proposición que afirma una verdad demostrable. ‖ En mat., proposición por medio de la cual, partiendo de un supuesto (*hipótesis*), se afirma una verdad (*tesis*) que no es evidente por sí misma.

teorético, ca adj. Se dice de lo que se dirige al conocimiento, no a la acción o a la práctica. ‖ f. Estudio del conocimiento.

teoría f. Conocimiento especulativo considerado con independencia de toda aplicación. ‖ Serie de leyes que sirven para relacionar determinado orden de fenómenos. ‖ Hipótesis cuyas consecuencias se aplican a toda una ciencia o a parte muy importante de la misma. ‖ Explicación que da una persona a algo, o propia opinión que tiene sobre alguna cosa: *¿cuál es tu teoría acerca de lo que ha pasado?* ‖ **FAM.** teorema, teorético, teórico, teorizar.

teórico, ca adj. Relativo a la teoría. ‖ Que conoce las cosas o las considera solo especulativamente. ‖ Sin aplicación práctica. ‖ m. y f. Persona conocedora de la teoría de alguna ciencia, arte, etc. ‖ f. Teoría, conjunto de conocimientos de una ciencia, arte, etc., independiente de su aplicación práctica. ‖ **FAM.** teóricamente.

teorizar tr. Tratar un asunto sólo en teoría. ‖ intr. Hacer abstracción sobre algo. ‖ **FAM.** teorizador, teorizante.

teosofía f. Conocimiento profundo de la divinidad, mediante la meditación personal y la iluminación interior. ‖ **FAM.** teosófico, teósofo.

tequila amb. Bebida típica de México, de alta graduación, que se destila de una especie de maguey.

terapeuta com. Persona especialista en terapéutica.

terapéutica f. Parte de la medicina que tiene por objeto el tratamiento de las enfermedades. ‖ **FAM.** terapeuta, terapéutico, terapia.

terapia f. Parte de la medicina que se ocupa del tratamiento de las enfermedades. ‖ Tratamiento para combatir una enfermedad.

teratología f. Estudio de las anomalías y malformaciones del organismo animal o vegetal. ‖ **FAM.** teratológico.

terbio m. Elemento químico metálico del grupo de las tierras raras. Su símbolo es *Tb*.

tercer adj. apóc. de *tercero*.

tercermundismo m. Conjunto de rasgos económicos, culturales, etc., propios del Tercer Mundo; se usa frecuentemente para designar dichos rasgos en otros países no subdesarrollados. ‖ **FAM.** tercermundista.

tercero, ra adj. Que sigue inmediatamente por orden al segundo. También s. ‖ Se dice de las tres partes iguales en que se divide un todo. ‖ Que media entre dos o más personas para el ajuste o ejecución de una cosa. Más en pl.: *daños a terceros*. ‖ m. y f. Alcahuete. ‖ En geom., cada una de las sesenta partes iguales en que se divide el segundo de círculo. ‖ **FAM.**

tercer, tercería, tercerilla, tercerista, tercermundismo, tercerola, terceto.

terceto m. Combinación métrica de tres versos de arte mayor, generalmente endecasílabos, que riman el primero con el tercero. ‖ Composición poética de tres versos de arte menor con rima consonante, dos de cuyos versos riman entre sí. ‖ En mús., composición para tres voces o instrumentos. ‖ En mús., conjunto de estas tres voces o instrumentos.

tercia f. Cada una de las tres partes iguales en que se divide un todo. ‖ Segunda de las cuatro partes iguales en que dividían los romanos el día. ‖ Una de las horas menores del oficio divino, la inmediata después de la prima.

terciado, da adj. De tamaño mediano.

terciana f. Fiebre intermitente que se repite cada tres días. Más en pl.

terciar intr. Interponerse, mediar. ‖ Intervenir en algo que ya habían comenzado otros. ‖ tr. Poner una cosa atravesada diagonalmente. ‖ Dividir una cosa en tres partes. ‖ prnl. Venir bien una cosa, disponerse bien: *si se tercia, hablaré con él.* ‖ **FAM.** terciado, terciador.

terciario, ria adj. Tercero en orden o grado. ‖ Se dice del arco de piedra que se hace en las bóvedas formadas con cruceros. ‖ En geol., se dice de la época más antigua de la era cenozoica. También m. ‖ Relativo a esta época.

tercio m. Cada una de las tres partes iguales en que se divide un todo. ‖ Regimiento de infantería española de los siglos XVI y XVII. ‖ Denominación que se da a algunos cuerpos o batallones, p. ej., de la Guardia Civil. ‖ En taurom., cada una de las tres partes en que se considera dividida la lidia de toros: *tercio de varas.* ‖ En taurom., cada una de las tres partes concéntricas en que se considera dividido el ruedo, especialmente el comprendido entre las tablas y los medios. ‖ **FAM.** tercia, terciana, terciario.

terciopelo m. Tela de seda muy tupida y con pelo, formada por dos urdimbres y una trama. ‖ Tela con pelillo, semejante a la anterior, pero tejida con hilos que no son de seda.

terco, ca adj. Pertinaz, obstinado. ‖ Difícil de dominar. ‖ **FAM.** tercamente, terquedad.

terebinto m. Arbolillo con tronco ramoso y lampiño y madera dura y compacta, que exuda por la corteza gotitas de trementina blanca muy olorosa.

teresiano, na adj. Relativo a Santa Teresa de Jesús. ‖ Se dice de la religiosa de votos simples, perteneciente a un instituto religioso afi liado a la tercera orden carmelita, y que tiene por patrona a Santa Teresa. También f.

tergal m. Fibra sintética de poliéster.

tergiversar tr. Desfigurar o interpretar erróneamente palabras o sucesos. ‖ FAM. tergiversable, tergiversación, tergiversador.

termal adj. Relativo a las termas: *aguas termales*.

termas f. pl. Baños de aguas minerales calientes. ‖ Baños públicos de los antiguos romanos. ‖ FAM. termal.

termes m. Insecto de color blanquecino y vida social organizada en castas; de gran voracidad, atacan la madera, cuero, libros, etc. También se les llama *termitas o comején*. ‖ FAM. termita, térmite.

-termia Elemento compositivo que significa 'calor': *hipotermia*.

térmico, ca adj. Perteneciente o relativo al calor o la temperatura. ‖ Que conserva la temperatura. ‖ FAM. termas, termo.

terminación f. Acción y efecto de terminar. ‖ Parte final de una obra o cosa. ‖ En ling., letra o letras que se añaden a la raíz de los vocablos y que forman los morfemas gramaticales o los sufijos.

terminal adj. Final, último. ‖ Se dice de lo que está en el extremo de cualquier parte de la planta: *flores terminales*. ‖ Se dice del enfermo que se encuentra en la fase final de una enfermedad incurable. ‖ m. Extremo de un conductor, preparado para facilitar su conexión con un aparato. ‖ En inform., dispositivo de entrada y salida de datos conectado a un procesador de control al que está subordinado. ‖ f. Cada uno de los extremos de una línea de transporte público.

terminante adj. Que termina. ‖ Claro, preciso, concluyente: *palabras terminantes*. ‖ FAM. terminantemente.

terminar tr. Poner término a una cosa, acabarla: *por fin terminé el trabajo*. ‖ Gastar, agotar. También prnl.: *se han terminado las galletas*. ‖ intr. Tener término una cosa. También prnl. ‖ Acabar con algo o destruirlo. ‖ Tener algo determinada forma o remate en su extremo: *la vara terminaba en punta*. ‖ FAM. terminable, terminante.

término m. Extremo, límite o final de una cosa: *las vacaciones llegan a su término*. ‖ Señal que fija los límites de campos y terrenos. ‖ Línea divisoria de Estados, provincias, distritos, etc. ‖ Paraje señalado para algún fin. ‖ Tiempo determinado: *deberá entregarlo en el término de un año*. ‖ Palabra, vocablo. ‖ Objeto, fin. ‖ Estado o situación en que se halla una persona o cosa. ‖ Forma o modo de portarse o hablar. Más en pl.: *le dijo que no se dirigiera a él en esos términos*. ‖ Cada uno de los dos elementos necesarios en la relación gramatical. ‖ Palabra o sintagma introducidos por una preposición. ‖ Cada una de las partes que integran una proposición o un silogismo. ‖ **término medio** En mat., cantidad que resulta de sumar otras varias y dividir la suma por el número de ellas ‖ Aspecto, situación, etc., intermedios entre dos extremos. ‖ FAM. terminal, terminar, teminología.

terminología f. Conjunto de términos o vocablos propios de determinada profesión, ciencia o materia. ‖ FAM. terminológico.

termita f. En quim., mezcla de polvo de aluminio y de diferentes óxidos metálicos que, al inflamarse, produce elevadísima temperatura. ‖ Termes, insecto. ‖ FAM. termitero.

termitero m. Nido de termes.

termo m. Recipiente de cierre hermético con dobles paredes, entre las cuales se ha hecho el vacío, que permite conservar la temperatura de las sustancias introducidas en él.

termodinámica f. Parte de la física que estudia las relaciones entre el calor y las restantes formas de energía. ‖ FAM. termodinámico.

termoelectricidad f. Energía eléctrica producida por el calor. ‖ Parte de la física que estudia esta energía. ‖ FAM. termoeléctrico.

termometría f. Parte de la física que trata de la medición de la temperatura.

termómetro m. Instrumento que sirve para medir la temperatura. ‖ **termómetro clínico** El de máxima precisión, que se usa para tomar la temperatura a los enfermos y cuya escala está dividida en décimas de grado. ‖ FAM. termometría, termométrico.

termonuclear adj. Se dice de las mutaciones que se producen espontáneamente en el núcleo del átomo, bajo la acción de una temperatura muy elevada.

termoquímica f. Parte de la termodinámica aplicada a la química que trata del estudio de la energía calorífica absorbida o desprendida en el transcurso de una reacción.

termosfera f. Zona de la atmósfera, inmediatamente superior a la mesopausa.

termosifón m. Aparato que sirve para calentar agua y distribuirla por medio de tuberías a las distintas partes de una casa. ‖ Aparato de calefacción por medio de agua caliente. Se suele emplear su apóc., *termo*.

termostato o termóstato m. Aparato que se conecta a una fuente de calor y que se utiliza para mantener constante la temperatura.

termotecnia f. Técnica del tratamiento del calor.

terna f. Conjunto de tres personas, propuestas para que se designe de entre ellas la que haya de desempeñar un cargo o empleo. ‖ Conjunto de tres diestros que intervienen en una corrida.

ternario, ria adj. Compuesto de tres elementos, unidades o guarismos. ‖ m. Espacio de tres días dedicados a una devoción.

terne adj. Que presume de valiente o de guapo. ‖ Perseverante, obstinado. ‖ Fuerte, robusto.

ternero, ra m. y f. Cría de la vaca.

ternilla f. Cartílago. ‖ **FAM.** ternilloso.

terno m. Conjunto de tres cosas de una misma especie. ‖ Conjunto de pantalón, chaleco y chaqueta confeccionados con una misma tela. ‖ Conjunto del oficiante y sus dos ministros, diácono y subdiácono, que celebran una misa. ‖ Voto, juramento, amenaza: *echar ternos.* ‖ *amer.* Aderezo de joyas compuesto de pendientes, collar y alfiler. ‖ **FAM.** terna, ternario.

ternura f. Cualidad de tierno.

terquedad f. Cualidad de terco. ‖ Porfía, obstinación.

terrado m. Terraza de una casa.

terral adj. Se apl. al viento que sopla desde la tierra. También m.

terraplén m. Macizo de tierra con que se rellena un hueco, o que se levanta para hacer una camino, u otra obra semejante. ‖ Desnivel de tierra, cortado.

terráqueo, a adj. Perteneciente o relativo a la tierra: *globo terráqueo.*

terrario o **terrárium** m. Instalación en la que se exhiben, a semejanza del acuario para los animales acuáticos, ciertos animales terrestres, particularmente reptiles y anfibios.

terrateniente com. Persona propietaria de tierras o terrenos.

terraza f. Sitio abierto de una casa, a veces, semejante a un balcón grande. ‖ Cubierta plana y practicable de un edificio, cubierta de barandas o muros. ‖ Terreno situado delante de un café, bar, restaurante, etc., para que los clientes puedan sentarse al aire libre. ‖ En geol., cada uno de los espacios de terreno llano, dispuestos en forma de escalones, en la ladera de una montaña. ‖ Cabeza.

terrazo m. Pavimento formado por chinas o trozos de mármol aglomerados con cemento y cuya superficie se pulimenta. ‖ En pintura, terreno representado en un paisaje.

terremoto m. Temblor o sacudida de la corteza terrestre, ocasionado por desplazamientos internos, que se transmite a grandes distancias en forma de ondas.

terrenal adj. Relativo a la tierra; se opone a *celestial: paraíso terrenal.*

terreno, na adj. Terrenal. ‖ m. Sitio o espacio de tierra. ‖ Campo o esfera de acción en que con mayor eficacia pueden mostrarse el carácter o las cualidades de personas o cosas: *el terreno de la lingüística.* ‖ Lugar en que se desarrolla un encuentro deportivo: *terreno de juego.* ‖ Conjunto de sustancias minerales que tienen origen común, o cuya formación corresponde a una misma época. ‖ **ganar** uno **terreno** loc. Adelantar en una cosa o conseguir ventaja. ‖ **perder** uno **terreno** loc. Quedarse en desventaja. ‖ **sobre el terreno** loc. En los lugares de que se trata, y p. ext., mientras se realiza o tiene lugar alguna cosa.

terrero, ra adj. Relativo a la tierra. ‖ Se dice de la cesta, saco, etc., empleados para transportar tierra. ‖ Se dice del vuelo rastrero de ciertas aves. ‖ m. Montón de broza o desechos sacados de un lugar, especialmente de una mina.

terrestre adj. Relativo a la tierra: *órbita terrestre.* ‖ Que sirve o se da en la tierra, en oposición a *marino* o *aéreo.*

terrible adj. Digno de ser temido; que causa terror. ‖ De muy mal genio y carácter intratable. ‖ Desmesurado, extraordinario: *un sueño terrible.* ‖ **FAM.** terriblemente.

terrícola com. Habitante de la Tierra.

terrier (voz fr.) adj. y s. Se dice de una raza de perros, de talla pequeña o mediana.

territorial adj. Relativo a un territorio: *espacio territorial.* ‖ **FAM.** territorialidad, territorialismo.

territorialidad f. Cualidad o condición de territorial. ‖ Privilegio jurídico en virtud del cual los domicilios de los agentes diplomáticos, los barcos y los aviones se consideran, dondequiera que estén, como si formasen parte del territorio de su propia nación. ‖ Defensa que los animales hacen de su propio territorio frente a otros de su misma especie.

territorio m. Parte de la superficie terrestre perteneciente a una nación, región, provincia, etc. ‖ Término que comprende una jurisdicción. ‖ Espacio habitado por un animal y que defiende como propio. ‖ Demarcación sujeta al mando de un gobernador nombrado por el gobierno nacional. ‖ **FAM.** territorial.

terrizo, za adj. De tierra o hecho de ella. ‖ m. o f. Barreño.

terrón m. Masa pequeña y suelta de tierra compacta. ‖ Masa pequeña y compacta de algunas sustancias en polvo o granos: *terrón de azúcar.* ‖ pl. Hacienda rústica. ‖ **FAM.** terregoso.

terror m. Miedo, espanto, pavor. ‖ Cosa que

lo produce. ‖ Género literario y cinematográfico cuya finalidad es producir en el lector o el espectador una sensación de miedo o angustia a través del argumento. ‖ FAM. terrible, terrorífico, terrosimo.

terrorífico, ca adj. Que infunde terror. ‖ Terrible, muy grande o intenso: *hace un calor terrorífico.*

terrorismo m. Forma violenta de lucha política, mediante la cual se persigue la destrucción del orden establecido o la creación de un clima de temor e inseguridad. ‖ Dominación por el terror. ‖ FAM. terrorista.

terroso, sa adj. Que participa de la naturaleza y propiedades de la tierra. ‖ Que tiene mezcla de tierra. ‖ FAM. terrosidad.

terruño m. Trozo de tierra. ‖ Comarca o tierra, especialmente el país natal. ‖ Terreno, especialmente hablando de su calidad.

terso, sa adj. Liso, sin arrugas. ‖ Limpio, bruñido, resplandeciente. ‖ Tratándose del lenguaje, estilo, etc., puro. ‖ FAM. tersar, tersura.

tertulia f. Grupo de personas que se reúnen habitualmente para conversar o recrearse. ‖ Conversación que siguen: *una tertulia literaria.* ‖ FAM. tertuliano.

tesar tr. Poner tirantes los cabos y cadenas, velas, toldos y cosas semejantes.

tesauro m. Diccionario, catálogo, antología.

tesela f. Cada una de las piezas cúbicas de mármol, piedra, barro cocido, etc., que forman un mosaico. ‖ FAM. teselado.

tesina f. Trabajo científico sobre un determinado estudio, de menor profundidad y extensión que la tesis.

tesis f. Conclusión, proposición que se mantiene con razonamientos. ‖ Opinión o teoría que mantiene alguien. ‖ Trabajo científico que presenta en la universidad el aspirante al título de doctor en una facultad. ♦ No varía en pl. ‖ FAM. tesina.

tesitura f. Situación, circunstancia, coyuntura: *estamos en una compleja tesitura.* ‖ Altura propia de cada voz o de cada instrumento.

tesla m. Unidad de inducción magnética en el sistema basado en el metro, el kilogramo, el segundo y el amperio.

teso, sa adj. Tieso. ‖ m. Colina baja que tiene alguna extensión llana en la cima.

tesón m. Firmeza, constancia, inflexibilidad. ‖ FAM. tesonería, tesonero.

tesorería f. Cargo u oficio de tesorero. ‖ Oficina o despacho del tesorero. ‖ Parte del activo de un negocio disponible en metálico o fácilmente realizable.

tesorero, ra m. y f. Persona encargada de custodiar el dinero de una dependencia pública o particular. ‖ FAM. tesorería.

tesoro m. Cantidad de dinero, valores u objetos preciosos, reunida y guardada o escondida: *el tesoro de la catedral.* ‖ Erario de una nación. ‖ Persona o cosa digna de estimación: *este libro es un tesoro.* ♦ Se usa como apelativo cariñoso: *ven aquí, tesoro.* ‖ Nombre dado a ciertos diccionarios o catálogos que recogen gran cantidad de términos, obras, etc. ‖ FAM. tesorero.

test (voz i.) m. Prueba psicológica para medir las diversas facultades intelectuales del individuo. ‖ Cualquier prueba para comprobar algo o conseguir cierto dato. ‖ Tipo de examen en el que hay que contestar con una palabra o una cruz en la casilla que corresponda a la solución de la pregunta. ♦ pl. *tests.* ‖ FAM. testar.

testa f. Cabeza. ‖ Frente. ‖ **testa coronada** Monarca, soberano de un Estado. ‖ FAM. testáceo, testaferro, testarazo, testarudo, testera, testero, testuz.

testáceo, a adj. y m. Se dice de los animales que tienen concha.

testado, da adj. Se dice de la persona que ha muerto habiendo hecho testamento, y de la sucesión por éste regida.

testador, ra m. y f. Persona que hace testamento.

testaferro m. El que presta su nombre en un contrato, pretensión o negocio que en realidad es de otra persona.

testamentaría f. Ejecución de lo dispuesto en el testamento.

testamento m. Declaración que de su última voluntad hace una persona, disponiendo de bienes y de asuntos que le atañen para después de su muerte. ‖ Documento donde consta en forma legal la voluntad del testador. ‖ Escrito en el que una persona expresa los puntos fundamentales de su pensamiento o las principales características de su arte, en forma que se considera definitiva. ‖ Serie de resoluciones que por interés personal dicta una autoridad cuando va a cesar en sus funciones. ‖ FAM. testamentaría, testamentario.

testar intr. Hacer testamento. ‖ FAM. testado, testador, testamento, testigo, testimonio.

testar tr. Someter a *test* a una persona o cosa para comprobar sus conocimientos o sus propiedades y calidad: *testar un nuevo producto.*

testarazo o **testerazo** m. Golpe dado con la cabeza. ‖ Por ext., golpe, porrazo.

testarudo, da adj. y s. Porfiado, terco. ‖ FAM. testarudez.

testear tr. *amer.* Someter a alguien a un *test.*

testera f. Frente o principal fachada de una

cosa. ‖ Adorno para la frente de las caballerías. ‖ Parte anterior y superior de la cabeza del animal.

testero m. Testera. ‖ Muro principal de una pared.

testículo m. Cada una de las dos gónadas masculinas productoras de espermatozoides y de testosterona. ‖ **FAM.** testicular.

testificar tr. Declarar como testigo. ‖ Afirmar o probar una cosa. ‖ **FAM.** testificación, testificativo.

testigo com. Persona que da testimonio de una cosa. ‖ Persona que presencia o adquiere conocimiento directo de una cosa. ‖ m. Cosa que prueba la verdad de un hecho: *estos agujeros son testigos de la carcoma.* ‖ Dispositivo que sirve como indicador. ‖ Palo u otro objeto que se transmiten los corredores en las carreras de relevos. ‖ **FAM.** testifical, testificar.

testimonial adj. Que constituye o sirve como testimonio. ‖ f. pl. Documento que asegura y da fe de lo contenido en él.

testimoniar tr. Atestiguar, o servir de testigo.

testimonio m. Declaración en que se afirma o asegura alguna cosa. ‖ Prueba, justificación y comprobación de la certeza o existencia de una cosa. ‖ Documento autorizado por notario en que se da fe de un hecho. ‖ **FAM.** testimonial, testimoniar.

testosterona f. Hormona sexual masculina.

testuz amb. En algunos animales, como el caballo, frente. ‖ En otros, como el toro o el buey, nuca.

teta f. Cada uno de los órganos glandulosos que tienen los mamíferos en número par y sirven en las hembras para la secreción de la leche. ‖ Leche que segregan estos órganos. ‖ **FAM.** tetamen, tetera, tetilla, tetina, tetón.

tétanos m. Enfermedad grave debida al bacilo de Nicolaier, que penetra en el organismo por las heridas; sus toxinas atacan al sistema nervioso central y provocan contracciones permanentes y tónicas en los músculos. ♦ No varía en pl. ‖ **FAM.** tetánico.

tetera f. Recipiente que se usa para hacer y servir el té. ‖ amer. Tetina.

tetero m. amer. Biberón.

tetilla f. Teta de los machos de los mamíferos. ‖ Tetina.

tetina f. Pezón de goma que se pone al biberón para que el niño haga la succión.

tetón m. Pedazo seco de la rama podada que queda unido al tronco.

tetraciclina f. Antibiótico de amplio espectro antimicrobiano, derivado de la aureomicina. Entre sus derivados principales está la terramicina.

tetracordio m. Serie de cuatro sonidos que forman un intervalo de cuarta.

tetraedro m. Sólido terminado por cuatro planos o caras.

tetrágono adj. y m. Se dice del polígono de cuatro ángulos y cuatro lados. ‖ m. Superficie de cuatro ángulos y cuatro lados, cuadrilátero. ‖ **FAM.** tetragonal.

tetralogía f. Conjunto de cuatro obras trágicas de un mismo autor, presentadas a concurso en los juegos solemnes de la Grecia antigua. ‖ Conjunto de cuatro obras literarias o de otro tipo, creadas por un mismo autor y que tienen entre sí unidad de pensamiento.

tetrápodo, da adj. Se dice de los animales vertebrados terrestres que poseen dos pares de extremidades pentadáctilas. También m. ‖ m. pl. Grupo de estos animales, que comprende a los reptiles, anfibios, aves y mamíferos.

tetrarca m. Nombre dado antiguamente a los gobernadores de algunos territorios. ‖ **FAM.** tetraquía.

tetrasílabo adj. y m. De cuatro sílabas.

tetrástrofo, fa adj. Se dice de la composición que consta de cuatro estrofas.

tétrico, ca adj. Triste, grave, melancólico. ‖ Fúnebre, relacionado con la muerte: *relatos tétricos.*

teutón, na adj. Se dice de un pueblo de raza germánica, que habitó antiguamente cerca de la desembocadura del Elba. Más en pl. ‖ Se dice también de sus individuos. También s. ‖ Alemán. ‖ **FAM.** teutónico.

textil adj. Se dice de la materia capaz de reducirse a hilos y ser tejida. ‖ Relativo a los tejidos, fibras para tejer y a la industria derivada de ellos: *industria textil.* ‖ **FAM.** textura, texturizar.

texto m. Cualquier escrito o documento: *textos históricos.* ‖ Lo que constituye el cuerpo de la obra, en oposición a las glosas, notas o comentarios que sobre ello se hacen. ‖ Pasaje citado en una obra literaria. ‖ Libro de texto. ‖ **FAM.** textual.

textual adj. Perteneciente o relativo a los textos. ‖ Que reproduce literalmente palabras o textos: *cita textual.* ‖ **FAM.** textualmente.

textura f. Disposición y orden de los hilos de una tela. ‖ Disposición que tienen entre sí las partículas de un cuerpo.

tez f. Cutis, piel de la cara: *tez morena.*

ti pron. pers. de 2.ª persona com. sing. Se usa siempre con preposición: *lo hizo por ti.* Cuando utiliza la prep. *con*, forma la voz *contigo.*

tialina f. Fermento que forma parte de la saliva y actúa sobre el almidón de los alimentos, transformándolo en azúcar.

tiara f. Tocado alto con tres coronas, que remata en una cruz sobre un globo, que usaron los papas como símbolo de su autoridad. ‖ Dignidad de Sumo Pontífice. ‖ Gorro alto, de tela o de cuero, que usaron los antiguos persas.

tiberio m. Ruido, confusión, alboroto.

tibia f. Hueso principal y anterior de la pierna, que se articula con el fémur, el peroné y el astrágalo. ‖ Una de las piezas de las patas de los insectos. ‖ **FAM.** tibial.

tibio, bia adj. Templado, entre caliente y frío. ‖ Poco intenso y apasionado. ‖ **poner tibio** a alguien loc. Insultarle o criticarle, ponerle verde. ‖ **ponerse** uno **tibio** loc. Darse un hartazgo. ‖ Ensuciarse mucho. ‖ **FAM.** tibiamente, tibiarse, tibieza.

tibor m. Vaso grande de barro, originario de China o de Japón, de forma de tinaja y decorado exteriormente.

tiburón m. Pez selacio marino, escuálido, de cuerpo fusiforme y muy esbelto, con hendiduras branquiales laterales y boca situada en la parte inferior de la cabeza, provista de varias filas de dientes comprimidos, agudos y cortantes. Son de movimientos muy rápidos y gran voracidad. ‖ Intermediario que adquiere solapadamente el número de acciones de una empresa o entidad, necesario para hacerse con su control.

tic m. Movimiento convulsivo producido por la contracción involuntaria de uno o varios músculos. ♦ pl. *tics*. ‖ **FAM.** tictac.

ticket (voz i.) m. Tique.

tico, ca adj. y s. De Costa Rica.

tictac m. Ruido acompasado que produce el reloj.

tiempo m. Duración de las cosas sujetas a cambio o de los seres que tienen una existencia finita. ‖ Período tal como se especifica; si no, se entiende que es largo: *tardó poco tiempo*. ‖ Época durante la cual vive alguna persona o sucede alguna cosa: *en tiempo de Trajano*. ‖ Estación del año. ‖ Edad, se usa sobre todo para referirse a los bebés o crías de animales. ‖ Edad de las cosas desde que empezaron a existir. ‖ Ocasión o coyuntura de hacer algo: *tiempo de reposo*. ‖ Cada una de las divisiones de la conjugación correspondiente a la época relativa en que se ejecuta o sucede la acción del verbo: *pretérito, presente y futuro*. ‖ Cada uno de los actos sucesivos en que se divide la ejecución de una cosa. ‖ Cada una de las partes en que se dividen los partidos de ciertos deportes, como el fútbol o el baloncesto. ‖ Fase de un motor. ‖ Cada una de las partes de igual duración en que se divide el compás. ‖ Estado atmosférico. ‖ **tiempo compuesto** Forma verbal construida por el auxiliar *haber* y el participio pasado del verbo de que se trate. ‖ **tiempo muerto** En baloncesto y otros deportes, espacio de tiempo durante el que se interrumpe el partido, a petición de uno de los entrenadores para poder reunirse con los jugadores. ‖ **tiempo simple** El constituido por una sola forma verbal. ‖ **a tiempo** loc. adv. En el momento oportuno o puntualmente. ‖ **a un tiempo** loc. adv. Simultáneamente. ‖ **con tiempo** loc. adv. Anticipadamente. ‖ **del tiempo** loc. adj. De la temporada: *fruta del tiempo*. ‖ A temperatura ambiente: *leche del tiempo*. ‖ **FAM.** tempestad, témpora, temporada, temporal, temporero, temporizador, temporizar, temprano

tienda f. Establecimiento donde se venden al público artículos al por menor. ‖ Particularmente, la de comestibles. ‖ *amer.* Por ant., aquella en que se venden tejidos. ‖ Armazón de palos o tubos clavados o sujetos en la tierra y cubierta con telas, pieles, etc., que sirve de alojamiento en el campo. ‖ **tienda de campaña** Tienda para acampar. ‖ **FAM.** tendero.

tienta f. Prueba que se hace a los becerros y becerras para probar su bravura. ‖ **a tientas** loc. adv. Guiándose con el tacto al moverse en la oscuridad. ‖ Con desconcierto o incertidumbre.

tiento m. Acción de tentar o palpar, ejercicio del tacto. ‖ Habilidad para actuar o tratar a las personas. ‖ Cordura o sensatez en lo que se hace: *conduce con tiento*. ‖ Palo que usan los ciegos para que les sirva de guía. ‖ Balancín de los equilibristas. ‖ Seguridad y firmeza de la mano para ejecutar alguna acción. ‖ Floreo o ensayo que hace el músico antes de tocar un instrumento para ver si está bien templado. ‖ Tentáculo de algunos animales que actúa como órgano táctil o de presión. ‖ Golpe que se da a alguien. ‖ Trago que se da de una bebida o bocado a un alimento: *le dio un buen tiento al bocadillo*.

tierno, na adj. Blando, fácil de cortar o doblar: *un filete tierno*. ‖ Se aplica a la edad de la niñez. ‖ Que produce sentimientos de simpatía y dulzura. ‖ Afectuoso, cariñoso y amable: *una persona muy tierna*. ‖ Inexperto: *en ciertos aspectos, aún está tierno*. ‖ m. y f. *amer.* Niño o niña recién nacidos o de pocos meses. ‖ **FAM.** ternasco, terneza, ternilla, ternura, tiernamente.

tierra f. Parte superficial del globo terráqueo no ocupada por el mar. ‖ Materia inorgánica desmenuzable de la que se compone principalmente el suelo natural. ‖ Suelo o piso. ‖ Terreno dedicado a cultivo o propio para ello. ‖ Nación, región o lugar en que se ha nacido. ‖ País, región. ‖ Territorio o distrito constituido por intereses presentes o históricos. ‖ El mundo, en oposición al cielo o a la vida eterna: *hacer el bien en la tierra*. ‖ **tierra firme** Continente, en oposición a isla. ‖ Terreno sólido y edificable por su consistencia y dureza. ‖ **Tierra Prometida** La que Dios prometió al pueblo de Israel. ‖ **tierra santa** Lugares de Palestina donde nació, vivió y murió Jesucristo. ‖ **tierras raras** Grupo formado por los elementos químicos llamados también *lantánidos*. ‖ FAM. terracota, terrado, terral, terraplén, terráqueo, terrario, terrateniente, terraza, terrazo, terremoto, terrenal, terreno, térreo, terrero, terrestre, terrícola, territorio, terrizo, terrón, terroso, terruño, tierral.

tieso, sa adj. Duro, firme, rígido. ‖ Tenso, tirante. ‖ Afectadamente estirado, circunspecto o mesurado. ‖ Terco, inflexible y tenaz en el propio dictamen. ‖ FAM. tiesura.

tiesto m. Pedazo de cualquier vasija de barro. ‖ Vaso de barro que sirve para criar plantas. ‖ *amer.* Vasija de cualquier clase.

tifoideo, a adj. Perteneciente o relativo al tifus, o parecido a esta enfermedad. ‖ Perteneciente a la fiebre tifoidea.

tifón m. Huracán de las costas orientales de Asia. ‖ Tromba marina.

tifus m. Género de enfermedades infecciosas, graves, con alta fiebre, delirio o postración, aparición de costras negras en la boca y a veces presencia de manchas punteadas en la piel. ♦ No varía en pl. ‖ FAM. tífico, tifoideo.

tigre, gresa m. y f. Mamífero carnívoro muy feroz y de gran tamaño, con rayas negras en el lomo y la cola. Habita principalmente en la India. ‖ Persona cruel y sanguinaria. ‖ *amer.* Jaguar.

tijera f. Instrumento para cortar compuesto de dos hojas de acero de un solo filo, que pueden girar alrededor de un eje que las traba. Más en pl. ‖ Aspa que sirve para apoyar un madero que se ha de aserrar o labrar. ‖ En fútbol, patada que se da en el aire haciendo amago con una pierna y golpeando con la otra. ‖ Presa para inmovilizar al contrario sujetándolo con las piernas cruzadas. ‖ Ejercicio que consiste en cruzar las piernas en el aire con la espalda apoyada en el suelo. ‖ FAM. tijereta, tijeretada, tijeretazo, tijeretear.

tijereta f. Insecto cuyo abdomen termina en dos piezas córneas móviles. ‖ Cada uno de los zarcillos que por pares nacen a trechos en los sarmientos de las vides. ‖ Movimiento que se hace en el aire cruzando las piernas como una tijera.

tijeretazo m. Movimiento que se hace con la tijera al cortar. ‖ Corte hecho con la tijera.

tila f. Tilo. ‖ Flor del tilo. ‖ Infusión que se hace con estas flores.

tílburi m. Carruaje de dos ruedas grandes, ligero y sin cubierta, para dos personas y tirado por una sola caballería.

tildar tr. Señalar a alguien con una nota o calificativo negativos: *le tildaron de orgulloso*. ‖ Poner tilde a las letras que lo necesitan.

tilde amb. Rasgo que se pone sobre algunas letras, como el que lleva la ñ o el que denota acentuación. ‖ Tacha, cualidad negativa que tiene alguien o que se le atribuye. ♦ En estas acepciones suele usarse como f. ‖ f. Cosa mínima. ‖ FAM. tildar.

tiliche m. *amer.* Baratija, cachivache. ‖ FAM. tilichero.

tilín m. Sonido de la campanilla. ‖ **hacer tilín** loc. Gustar, agradar. ‖ FAM. tilingo.

tilingo, ga adj. *amer.* Se dice de la persona insustancial, que dice tonterías y suele comportarse con afectación.

tilo m. Árbol que llega a 20 m de altura, con tronco recto y grueso, de corteza lisa algo cenicienta, ramas fuertes, copa amplia, madera blanca y blanda; hojas acorazonadas y serradas por los bordes, flores de cinco pétalos, blanquecinas, olorosas y medicinales, y fruto redondo y velloso.

tímalo m. Pez teleósteo, parecido al salmón, del que se distingue por ser más oscuro y tener la aleta dorsal muy larga, alta y de color violado.

timar tr. Quitar o hurtar con engaño. ‖ Engañar a otro en una compra, contrato, etc. ‖ rec. Entenderse dos personas con la mirada, sobre todo intercambiarse miradas de cariño. ‖ FAM. timador, timo.

timba f. Partida de juego de azar. ‖ Casa de juego, garito. ‖ *amer.* Barriga, vientre.

timbal m. Especie de tambor de un solo parche, con caja metálica en forma de media esfera. ‖ Tambor, atabal. ‖ Masa de harina y manteca, por lo común en forma de cubilete, que se rellena de carne u otros alimentos. ‖ FAM. timbalero.

timbrado adj. Se aplica al papel de cartas que tiene membrete.

timbrar tr. Estampar un timbre, sello o membrete. ‖ Dar el timbre adecuado a la voz. ‖ Poner el timbre en el escudo de armas. ‖ FAM. timbrado, timbrador.

timbrazo m. Toque fuerte de un timbre.

timbre m. Aparato mecánico o eléctrico de llamada o de aviso. ‖ Modo propio y característico de sonar un instrumento músico o la voz de una persona: *timbre metálico*. ‖ Cualidad de los sonidos o de la voz, que diferencia a los del mismo tono, y depende de la forma y naturaleza de los elementos que entran en vibración. ‖ Sello, y especialmente el que se estampa en seco. ‖ Sello que en el papel donde se extienden algunos documentos públicos estampa el Estado. ‖ Renta del Tesoro constituida por el importe de los sellos, papel sellado y otras imposiciones. ‖ Acción gloriosa o cualidad personal que ensalza y ennoblece: *timbre de gloria*. ‖ **FAM.** timbrar, timbrazo.

tímido, da adj. Se dice de la persona apocada y vergonzosa. ‖ Ligero, débil, leve: *el enfermo manifestaba una tímida mejoría*. ‖ **FAM.** tímidamente, timidez.

timo m. Glándula endocrina propia de los animales vertebrados, que estimula el crecimiento de los huesos y favorece el desarrollo de las glándulas genitales.

timo m. Acción y efecto de timar.

timón m. Pieza de madera o de hierro que sirve para gobernar la nave. ‖ P. ext., se llaman igual las piezas similares de submarinos, aeroplanos, etc. ‖ Palo derecho que sale de la cama del arado en su extremidad. ‖ Lanza o pértiga del carro. ‖ Varilla del cohete que le sirve de contrapeso y le marca la dirección. ‖ Dirección o gobierno de un negocio. ‖ **FAM.** timonear, timonel, timonero.

timonear intr. Gobernar el timón. ‖ Dirigir un negocio o asunto.

timonel com. Persona que gobierna el timón de la nave.

timorato, ta adj. Tímido, indeciso, apocado. ‖ De moralidad exagerada, puritano, mojigato.

tímpano m. Membrana del oído que transmite el sonido al oído medio. ‖ En arq., espacio triangular que queda entre las dos cornisas inclinadas de un frontón y la horizontal de su base. ‖ Tambor, atabal. ‖ Instrumento musical compuesto de varias tiras desiguales de vidrio colocadas de mayor a menor, y que se toca con una especie de macillo. ‖ Cada uno de los dos lados, fondo o tapa de una cuba. ‖ **FAM.** timpánico, timpanizarse.

tina f. Tinaja, vasija grande de barro. ‖ Vasija de madera, de forma de media cuba. ‖ Pila para bañarse.

tinaja f. Vasija grande de barro, mucho más ancha por el medio que por el fondo y por la boca. ‖ Líquido que cabe en esta vasija. ‖ **FAM.** tina, tinajero.

tinción f. Acción y efecto de teñir.

tinglado m. Cobertizo. ‖ Tablado, armazón levantado del suelo. ‖ Enredo, maquinación: *no sé en qué tinglados anda metido*.

tiniebla f. Falta de luz. Más en pl. ‖ pl. Suma ignorancia y confusión. ‖ **FAM.** tenebroso.

tino m. Hábito o facilidad de acertar a tientas con las cosas que se buscan. ‖ Acierto y destreza para dar en el blanco. ‖ Juicio y cordura para el gobierno y dirección de un negocio. ‖ **sin tino** loc. adv. Sin tasa, sin medida: *beber sin tino*.

tinta f. Líquido de color que se emplea para escribir, imprimir, dibujar, etc. ‖ Color que se sobrepone a cualquier cosa, o con que se tiñe. ‖ Sustancia espesa y oscura que arrojan como defensa los cefalópodos, pulpos, calamares, etc. ‖ pl. Matices, degradaciones de color. ‖ **medias tintas**. Hechos, dichos o juicios vagos y nada precisos. ‖ **cargar** o **recargar** uno **las tintas** loc. Exagerar el alcance o significación de un dicho o hecho. ‖ **de buena tinta** loc. Referido a noticias, informaciones, etc., de buena fuente. ‖ **sudar tinta** loc. Realizar un trabajo con mucho esfuerzo. ‖ **FAM.** tintar, tintero, tintóreo.

tintar tr. Teñir.

tinte m. Acción y efecto de teñir. ‖ Color con que se tiñe. ‖ Establecimeinto donde se limpian o tiñen telas, ropas y otras cosas. ‖ Carácter que comunica a algo determinado aspecto: *sus obras tienen un tinte barroco*. ‖ Cualidad superficial o falsa apariencia.

tintero m. Recipiente en que se pone la tinta de escribir. ‖ Depósito que en las máquinas de imprimir recibe la tinta.

tintín m. Sonido de la esquila, campanilla o timbre, vasos, etc. ‖ **FAM.** tintinar, tintinear.

tintinar o **tintinear** intr. Producir el sonido especial del tintín. ‖ **FAM.** tintineante, tintineo.

tinto, ta adj. Se apl. al color rojo oscuro. ‖ Se dice de un tipo de vino de color oscuro. También m. ‖ **FAM.** tintorro.

tintorería f. Establecimiento donde se tiñe o limpia la ropa. ‖ **FAM.** tintorero.

tintorero, ra m. y f. Persona que trabaja en una tintorería. ‖ f. Tiburón muy semejante al cazón que alcanza de 3 a 4 m de longitud, dientes triangulares y cortantes, y dorso y costados de color azulado o gris pizarra.

tintorro m. Vino tinto.

tintura f. Acción y efecto de teñir. ‖ Sustancia con que se tiñe. ‖ Líquido en que se ha hecho disolver una sustancia que le comunica color. ‖ Solución de cualquier sustancia medicinal en un líquido que disuelve de ella ciertos principios: *tintura de yodo*.

tiña f. Cualquiera de las enfermedades producidas por diversos parásitos en la piel, especialmente en la del cráneo, y de las cuales unas producen costras y ulceraciones, y otras ocasionan sólo la caída del cabello. ‖ Gusanillo que daña las colmenas. ‖ Suciedad, porquería. ‖ Ruindad, tacañería. ‖ **FAM.** tiñoso.

tío, a m. y f. Respecto de una persona, hermano o hermana de su padre o madre. ‖ En algunos lugares, tratamiento que se da a la persona casada o entrada ya en edad. ‖ Persona de quien se pondera algo bueno o malo: *¡vaya cara tiene el tío!* ‖ Individuo, sujeto: *no conozco a ese tío.* ‖ **no hay tu tía** loc. Expresa dificultad o imposibilidad de hacer algo. ‖ **FAM.** tiovivo.

tiovivo m. Atracción de feria que consiste en varios asientos, con formas de animales, vehículos, etc., colocados en un círculo giratorio.

tiparraco, ca o **tiparrajo, ja** m. y f. desp. Persona despreciable y ridícula.

tipejo m. Persona ridícula e insignificante.

tipi m. Tienda de forma cónica, formada por una armazón de postes de madera y recubierta de pieles, utilizada por los indios de las praderas de Norteamérica.

tipicidad f. Cualidad de típico. ‖ Elemento constitutivo de delito, que consiste en la adecuación del hecho que se considera delictivo a la figura o tipo descrito por la ley.

típico, ca adj. Característico o representativo de un tipo. ‖ Peculiar de un grupo, país, región, época, etc.: *trajes típicos.* ‖ **FAM.** tipicidad, tipismo.

tipificar tr. Ajustar varias cosas semejantes a un tipo o norma común. ‖ Representar una persona o cosa el tipo de la especie o clase a que pertenece. ‖ **FAM.** tipificación.

tipismo m. Calidad o condición de típico. ‖ Conjunto de caracteres o rasgos típicos.

tiple m. La más aguda de las voces humanas, soprano. ‖ Guitarrita de voces muy agudas. ‖ com. Persona que tiene voz de tiple.

tipo m. Modelo, ejemplar: *pertenece al tipo de comedias de capa y espada.* ‖ Símbolo representativo de cosa figurada: *es del tipo de personas que no soporto.* ‖ Clase, naturaleza de las cosas: *se libros de todo tipo.* ‖ Figura o talle de una persona: *tener buen o mal tipo.* ‖ Individuo, sujeto; tiene frecuentemente matiz despectivo. ‖ Unidad taxonómica superior de los reinos animal y vegetal, sinónima de *tronco* o *filo.* ‖ En impr., pieza de metal en que está realzada una letra u otro signo. ‖ En impr., cada una de las clases de letra. ‖ Figura principal de una moneda o medalla. ‖ **jugarse el tipo** loc. Jugarse la vida, ponerse en peligro. ‖ **mantener el tipo** loc. Comportarse con valentía o decisión ante un apuro, dificultad o peligro. ‖ **FAM.** tipa, tipario, tiparraco, tipear, tipificar, tipografía, tipología, tipómetro.

tipografía f. Técnica de impresión mediante formas que contienen en relieve los tipos, que una vez entintados, se aplican, presionándolos, sobre el papel. ‖ Taller donde se imprime. ‖ **FAM.** tipográfico, tipógrafo.

tipología f. Ciencia que estudia los distintos tipos raciales en que se divide la especie humana. ‖ Ciencia que estudia los varios tipos de la morfología humana en relación con sus funciones vegetativas y psíquicas. ‖ Disciplina que compara las lenguas para clasificarlas y establecer entre ellas relaciones. ‖ En general, estudio o clasificación realizado sobre cualquier disciplina. ‖ **FAM.** tipológico.

tipómetro m. Regla graduada que se utiliza en artes gráficas para medir el tamaño de las letras, la separación entre las líneas, etc.

tipoi o **tipoy** m. amer. Túnica larga, generalmente de lienzo o algodón, con escote cuadrado y mangas muy cortas.

tique m. Billete, vale, factura, recibo. ‖ **FAM.** tíquet, tiquete.

tiquete m. amer. Tique.

tiquismiquis m. pl. Escrúpulos o reparos por algo que no tiene importancia. ‖ Expresiones o dichos ridículamente corteses o afectados. ‖ com. Persona muy remilgada. También adj. ♦ En esta acepción, no varía en pl.

tira f. Pedazo largo y estrecho de tela, papel, cuero u otra cosa delgada. ‖ En periódicos, revistas, etc., línea de viñetas que narran una historia. ‖ **la tira** Gran cantidad de algo. ‖ **FAM.** tirilla, tirita.

tirabuzón m. Rizo de cabello largo, que cuelga en espiral. ‖ Instrumento para sacar los tapones de corcho.

tirachinas m. Horquilla con mango, que lleva dos gomas para lanzar piedras pequeñas. ♦ No varía en pl.

tirado, da adj. Se dice de las cosas muy baratas o que abundan mucho. ‖ Muy fácil: *el examen estaba tirado.* ‖ Despreciable, bajo, ruin. También s. ‖ f. Acción de tirar. ‖ Distancia que hay de un lugar a otro, o de un tiempo a otro: *hasta tu casa tienes una buena tirada.* ‖ Serie de cosas que se dicen o escriben de un tirón. ‖ Acción y efecto de imprimir. ‖ Número de ejemplares de que consta una edición.

tirador, ra m. y f. Persona que tira o dispara, especialmente la que lo hace con cierta destreza y habilidad. ‖ Persona que estira, generalmente metales para reducirlos a hilos. ‖ m. Instrumento con que se estira. ‖ Agarrador del cual se tira para cerrar o abrir una puerta, un cajón, etc. ‖ Cordón, cadenilla, etc., de la que se tira para hacer sonar una campanilla o un timbre. ‖ Tirachinas. ‖ Pluma metálica que sirve de tiralíneas. ‖ amer. Cinturón ancho que usa el gaucho. ‖ *amer.* Tirante, cada una de las tiras que sujeta el pantalón. Más en pl.

tirafondo m. Tornillo para asegurar, especialmente en la madera, algunas piezas de hierro. ‖ Instrumento que sirve para extraer del fondo de las heridas los cuerpos extraños.

tiragomas m. Tirachinas. ‖ No varía en pl.

tiraje m. En impr., tirada. ‖ *amer.* Tiro de la chimenea.

tiralevitas com. Pelotillero, adulador. ♦ No varía en pl.

tiralíneas m. Instrumento que sirve para trazar líneas de tinta más o menos gruesas. ♦ No varía en pl.

tiranía f. Gobierno ejercido por un tirano. ‖ Abuso o imposición en grado extraordinario de cualquier poder, fuerza o superioridad. ‖ Dominio excesivo que un afecto o pasión ejerce sobre la voluntad: *vive bajo la tiranía del alcohol.*

tiranicidio m. Muerte dada a un tirano. ‖ **FAM.** tiranicida.

tiranizar tr. Gobernar un tirano algún Estado. ‖ Dominar con tiranía. ‖ **FAM.** tiranización.

tirano, na adj. Se apl. a quien tiene contra derecho el gobierno de un Estado, y principalmente al que lo rige sin justicia y a medida de su voluntad. También s. ‖ Se dice del que abusa de su poder, superioridad o fuerza. ‖ Se dice del sentimiento o pasión que domina a una persona. ‖ **FAM.** tiranamente, tiranía, tiránicamente, tiranicidio, tiránico, tiranizar.

tirante adj. Tenso. ‖ Se dice de las relaciones entre personas, estados, etc., en las que existe enemistad o están próximas a romperse. ‖ Comprometido o embarazoso: *un momento tirante.* ‖ m. Cada una de las dos tiras de piel o tela, comúnmente con elásticos, que sirven para sujetar de los hombros el pantalón u otras prendas de vestir. ‖ Cuerda o correa que, asida a las guarniciones de las caballerías, sirve para tirar de un carruaje. ‖ Pieza de madera o barra de hierro que impide la separación de los pares de un tejado. ‖ Pieza, generalmente de hierro o acero, destinada a soportar un esfuerzo de tensión. ‖ **FAM.** tirantez, tirantillo.

tirar tr. Arrojar, lanzar en dirección determinada: *tirar una flecha.* ‖ Derribar a alguien o algo: *le tiró al suelo.* ‖ Desechar algo, deshacerse de ello: *tiró los periódicos atrasados.* ‖ Disparar un mecanismo: *tirar una foto.* ‖ Reducir a hilo un metal. ‖ Tratándose de líneas o rayas, hacerlas. ‖ Con voces expresivas de daño corporal, ejecutar la acción significada por estas voces: *tirar una coz.* ‖ Malgastar dinero o desperdiciar cualquier otra cosa. ‖ En algunos juegos, echar una carta, dado, etc. ‖

Dejar impresos en el papel en una prensa los caracteres o letras de imprenta: *tirar un panfleto.* ‖ intr. Hacer fuerza para traer algo hacia sí o para arrastrarlo. ‖ Ejercer atracción: *el imán tira del hierro.* ‖ Agradar, sentirse atraído por algo: *no le tira demasiado la lectura.* ‖ Quedar justa una prenda de vestir o una parte de ella: *esta chaqueta tira de mangas.* ‖ Seguido de la preposición *de* y un nombre de arma o instrumento, sacarlo o tomarlo en la mano para emplearlo: *tirar de navaja.* ‖ Tomar una determinada dirección: *tiró a la izquierda.* ‖ Durar o mantenerse trabajosamente una persona o cosa. Suele utilizarse en gerundio: *el enfermo va tirando.* ‖ Tender, propender: *un blanco que tira a gris.* ‖ Asemejarse o parecerse una persona o cosa a otra. ‖ prnl. Abalanzarse, precipitarse sobre alguien o algo para atacar: *se nos tiró un perro.* ‖ Arrojarse, dejarse caer. ‖ Echarse, tenderse en el suelo o encima de algo. ‖ Pasar el tiempo haciendo lo que se expresa: *me tiré dos horas esperándole.* ‖ vulg. Poseer sexualmente a una persona. ‖ **FAM.** tira, tirachinas, tirado, tirador, tiragomas, tiraje, tiralevitas, tiralíneas, tiramiento, tirante, tiro, tirón.

tirilla f. Lista o tira de tela que forma el cuello de una camisa o lo une con el escote.

tirio, ria adj. y s. De Tiro. ‖ **tirios y troyanos** loc. Partidarios de opiniones o intereses opuestos.

tirita f. Marca registrada de una tira de esparadrapo u otro material adhesivo, de tamaños diversos, con un preparado especial en su centro, para desinfectar y proteger heridas pequeñas.

tiritar intr. Temblar o estremecerse de frío. ‖ **FAM.** tiritera, tiritón, tiritona, tiritiritar.

tiritera o **tiritona** f. Temblor producido por el frío del ambiente o al iniciarse la fiebre.

tiro m. Acción y efecto de tirar. ‖ Disparo de un arma de fuego. ‖ Estampido que éste produce. ‖ Señal o herida causado por dicho disparo. ‖ Cantidad de munición proporcionada para cargar una vez el arma de fuego. ‖ Alcance de cualquier arma arrojadiza o de fuego. ‖ Lugar donde se tira al blanco. ‖ Conjunto de caballerías que tiran de un carruaje. ‖ Cuerda o correa sujeta a las guarniciones de las caballerías, que sirve para tirar de un carruaje o de otras cosas. ‖ Corriente de aire que se produce en un horno, chimenea, etc., para avivar el fuego. ‖ Distancia entre la parte donde se unen las perneras de un pantalón y la cinturilla. ‖ Tramo de escalera. ‖ Seguido de la preposición *de* y el nombre del arma disparada, o del objeto arrojado, se usa como medida de distancia: *eso está a un tiro de pie-*

dra. ‖ Profundidad de un pozo. ‖ **FAM.** tirotear.

tiroides adj. Se dice de la glándula endocrina de los animales vertebrados, situada por debajo y a los lados de la tráquea y de la parte posterior de la laringe. También m. ♦ No varía en pl. ‖ **FAM.** tiroideo, tirotomía, tiroxina.

tirón m. Acción y efecto de tirar con violencia, de golpe. ‖ Acción y efecto de estirar o crecer de golpe. ‖ Contracción que agarrota un músculo. ‖ **de un tirón** loc. adv. De una vez, de un golpe. ‖ **FAM.** tironear.

tironear tr. e intr. *amer.* Dar tirones.

tiroriro m. Sonido de los instrumentos musicales que se tocan con la boca. ‖ pl. Estos mismos instrumentos.

tirotear tr. Disparar repetidamente armas de fuego portátiles. También prnl. ‖ **FAM.** tiroteo.

tiroxina f. Hormona elaborada por la glándula tiroides que regula en el organismo animal el metabolismo basal y el desarrollo.

tirria f. Odio o manía que se tiene a alguien o algo. ‖ **FAM.** tirrioso.

tirso m. Panoja de forma aovada; como la de la vid y la lila. ‖ Vara enramada, cubierta de hojas de hiedra y parra, que suele llevar como cetro la figura de Baco.

tirulo m. Rollo de hoja de tabaco, o porción de picadura o hebra, que forma el contenido del cigarro puro.

tisana f. Bebida medicinal que resulta del cocimiento ligero de una o varias hierbas.

tisis f. Tuberculosis pulmonar. ‖ Cualquier enfermedad en la que el enfermo se consume lentamente, tiene fiebre y presenta ulceración en algún órgano. ♦ No varía en pl. ‖ **FAM.** tísico, tisiología.

tisú m. Tela de seda entretejida con hilos de oro o plata. ♦ pl. *tisús, tisúes.* ‖ **FAM.** tisular.

tisular adj. Perteneciente o relativo a los tejidos de los organismos.

titán m. Nombre aplicado a cada uno de los seis hijos de Gea y Urano. ‖ Sujeto de excepcional poder. ‖ Persona de gran fortaleza física o sobresaliente en cualquier aspecto. ‖ Grúa gigantesca. ‖ **FAM.** titánico, titanio.

titanio m. Elemento químico, metal pulverulento de color gris, casi tan pesado como el hierro y fácil de combinar con el nitrógeno. Su símbolo es *Ti.*

titear intr. Cantar la perdiz llamando a los pollos. ‖ **FAM.** titeo.

títere m. Figurilla que se mueve con alguna cuerda o introduciendo una mano en su interior. ‖ Persona que actúa manejada por otra o que carece de iniciativa. ‖ pl. Espectáculo público con muñecos o en el que participan titiriteros. ‖ **FAM.** titiritero.

titi f. *vulg.* Mujer.

tití m. Nombre que se aplica a diferentes especies de monos de tamaño pequeño, propios de América meridional. ♦ pl. *titís.*

titilar intr. Agitarse con ligero temblor alguna parte del cuerpo. ‖ Centellear con ligero temblor un cuerpo luminoso: *las estrellas titilaban.* ‖ **FAM.** titilación, titilante, titileo.

titiritero, ra m. y f. Persona que maneja los títeres. ‖ Persona que realiza ejercicios de equilibrio y agilidad, piruetas, etc.

tito m. Almorta, guija. ‖ Pepita o hueso de la fruta.

titubear intr. Vacilar al hablar o al hacer una elección. ‖ Quedarse perplejo en algún punto o materia. ‖ Oscilar, perdiendo la estabilidad. ‖ **FAM.** titubeante, titubeo.

titulación f. Acción de titular o titularse. ‖ Título académico. ‖ Conjunto de títulos de propiedad que afectan a una finca rústica o urbana.

titulado, da m. y f. Persona que posee un título académico. También adj. ‖ Persona que tiene una dignidad nobiliaria.

titular tr. Poner título o nombre a una cosa. ‖ intr. Obtener una persona título nobiliario. ‖ Valorar una disolución. ‖ prnl. Obtener un título académico. ‖ **FAM.** titulación, titulado, titulador.

titular adj. y com. Se dice del que ejerce cargo, oficio o profesión con el título necesario para ello. ‖ Que consta en algún documento como propietario o beneficiario de algo. ‖ Que tiene algún título, por el cual se denomina. ‖ m. pl. Títulos de las noticias y artículos que, en periódicos y revistas, aparecen en letras de cuerpo mayor.

titulillo m. Renglón que se pone en la parte superior de la página impresa, para indicar la materia de que se trata.

título m. Palabra o frase con que se enuncia un libro. ‖ Nombre de una obra literaria, artística, etc. ‖ Dignidad nobiliaria. ‖ Persona que posee esta dignidad nobiliaria. ‖ Distinción u honor que consigue una persona, particularmente en un campeonato, concurso, etc.: *título de los pesos medios.* ‖ Cada una de las partes principales en que suelen dividirse las leyes, reglamentos, etc. ‖ Demostración auténtica de un derecho u obligación, de unos bienes, o de una dignidad o profesión: *título de propiedad.* ‖ Rótulo con que se indica el contenido o destino de una cosa o la dirección de un envío. ‖ Causa, razón, motivo o pretexto: *¿a título de qué te enfadas?* ‖ Origen o fundamento jurídico de un derecho u obligación.

| Cierto documento que representa deuda pública o valor comercial. | **a título de** loc. adv. En calidad de. | **FAM.** titular, titulatura, titulillo.

tiza f. Arcilla terrosa blanca que se usa para escribir en los encerados. | Compuesto de yeso y greda que se usa en el juego de billar para frotar la suela de los tacos.

tiznar tr. Manchar con tizne, hollín u otra materia. También prnl. | Deslustrar o manchar la fama o el prestigio de alguien.

tizne amb. Humo que se pega a las sartenes, peroles, etc. Más c. m. | m. Tizón o palo a medio quemar. | **FAM.** tiznajo, tiznar, tiznón.

tiznón m. Mancha de tizne. | Mancha con otras cosas semejantes, tinta, etc.

tizón m. Palo a medio quemar. | Parte de un sillar o ladrillo que se acopla con otros en una construcción. | Hongo parásito del trigo y otros cereales, que invade las espigas con un color negruzco. | **FAM.** tizo, tizonada, tizonazo.

tizonada o **tizonazo** m. Golpe dado con un tizón. | Tormento del fuego en el infierno. Más en pl.

T. N. T. Siglas de *trinitrotolueno.*

toalla f. Trozo de tejido de rizo, esponjoso, para secarse. | Este tejido. | **tirar** o **arrojar la toalla** loc. En boxeo, gesto que significa abandonar el combate. | P. ext., abandonar cualquier actividad o asunto. | **FAM.** toallero.

toar tr. Llevar a remolque una nave, atoar.

toba f. Piedra caliza, muy porosa y ligera, formada por la cal que llevan en disolución las aguas de ciertos manantiales. | Capa o corteza que se cría en algunas cosas. | Cardo borriquero. | Colilla del cigarrro. | Golpe dado con el dedo índice o el corazón, haciéndolos resbalar en el pulgar.

tobera f. Abertura tubular por donde entra el aire en un horno. | En algunos motores o mecanismos, tubo que regula la salida de los gases.

tobillera f. Venda generalmente elástica con la que se sujeta el tobillo.

tobillo m. Parte del cuerpo humano correspondiente a la unión del pie y la pierna, y en la que existe una protuberancia de cada uno de los dos huesos llamados tibia y peroné. | **FAM.** tobillera, tobillero.

tobogán m. Rampa en declive por la que las personas, sentadas o tumbadas, se dejan resbalar por diversión. | Especie de trineo bajo formado por una armadura de acero montada sobre dos patines largos y cubierta por una tabla o plancha acolchada. | Pista hecha en la nieve, por la que se deslizan a gran velocidad estos trineos especiales.

toca f. Prenda de tela, de diferentes hechuras, con que se cubría antiguamente la cabeza por abrigo, comodidad o adorno. | Prenda de tela blanca que usan las monjas para cubrir la cabeza. | **FAM.** tocador, tocarse, toquilla.

tocadiscos m. Aparato que consta de un plato giratorio, sobre el que se colocan los discos fonográficos, y de un fonocaptor conectado a un altavoz. ♦ No varía en pl.

tocado, da adj. Que lleva la cabeza cubierta con un gorro, sombrero, etc. | m. Prenda o adorno que se pone sobre la cabeza. | Peinado y adorno de la cabeza, en las mujeres.

tocado, da adj. Medio loco o perturbado. Se dice en especial de los boxeadores que están aturdidos por los golpes recibidos. | Se aplica al deportista que tiene una lesión leve. | Se dice de la fruta que ha empezado a estropearse.

tocador m. Mueble con un espejo utilizado por una persona para peinarse y arreglarse. | Habitación destinada a este fin. | Caja o estuche para guardar alhajas, objetos de aseo, etcétera.

tocamiento m. Acción y efecto de tocar con las manos.

tocar tr. Poner las manos sobre algo para percibirlo a través del tacto, acariciarlo, etc. | Llegar a una cosa con la mano, sin asirla: *a ver si tocas el techo.* | Tropezar ligeramente una cosa con otra: *la barca tocó fondo.* | Estar una cosa junto a otra o en contacto con ella. También intr. y prnl.: *nuestras casas se tocan.* | Hacer sonar un instrumento, interpretar música con él. | Avisar haciendo sonar una campana u otro instrumento: *tocar a rebato.* | Revolver o curiosear en algo: *no le gusta que toquen sus cosas.* | Alterar o modificar algo: *esta poesía está bien, no hay que tocarla.* | Emocionar, impresionar: *aquella escena le tocó en el corazón.* | Tratar o hablar leve o superficialmente sobre algo: *no vuelvas a tocar ese tema.* | intr. Haber llegado el momento oportuno de hacer algo: *toca pagar.* | Ser de la obligación de uno, corresponderle hacer algo: *te toca fregar los platos.* | Importar, ser de interés: *esa medida no nos toca.* | Pertenecer a uno parte de una cosa que se reparte entre varios: *te ha tocado la mejor parte.* | Caer en suerte una cosa: *tocar la lotería.* | **FAM.** tocable, tocadiscos, tocado, tocamiento, tocante, tocata, tocón, toque, toquetear.

tocata f. Pieza de música, destinada por lo común a instrumentos de teclado.

tocayo, ya m. y f. Respecto de una persona, otra que tiene su mismo nombre.

tocho, cha adj. Tosco, inculto, tonto, necio.

‖ m. Libro muy grueso o largo y pesado. ‖ Lingote de hierro.

tocino m. Gruesa capa de grasa que tienen ciertos mamíferos, especialmente el cerdo. ‖ Persona bruta o ignorante. También adj. ‖ **tocino de cielo** Dulce compuesto de yema de huevo y almíbar cocidos y cuajados. ‖ **FAM.** tocinería, tocinero.

tocología f. Parte de la medicina que trata de la gestación, del parto y del puerperio. ‖ **FAM.** tocólogo.

tocomocho m. Denominación vulgar del timo en el que uno hace ver que tiene un décimo de lotería premiado, pero que no puede cobrarlo por ciertas razones, cediéndolo por menos dinero.

tocón m. Parte del tronco de un árbol que queda unida a la raíz cuando lo talan.

todavía adv. t. Expresa continuación de algo comenzado en un tiempo anterior: *¿todavía estás comiendo?* ‖ adv. m. Con todo eso, no obstante: *es muy ingrato, pero todavía le quiere.* ‖ Tiene sentido concesivo corrigiendo una frase anterior: *¿para qué quieres una casa tan grande? Todavía si tuvieras hijos...* ‖ adv. c. Denota encarecimiento o ponderación: *es todavía más aplicado que su hermano.*

todo, da adj. Se dice de lo que se toma o se considera por entero o en conjunto: *todo el mundo está de acuerdo.* ‖ Se usa para ponderar el exceso de algo o intensificar una cualidad: *este pescado es todo espinas.* ‖ Seguido de un sust. en singular y sin artículo, cualquiera: *toda persona.* ‖ pl. Puede equivaler a *cada*: *cobra todos los meses.* ‖ m. Cosa íntegra, o que consta de la suma y conjunto de sus partes integrantes, sin que falte ninguna. ‖ adv. m. Por completo, enteramente: *cómetelo todo.* ‖ **ante todo** loc. adv. Primera o principalmente. ‖ **así y todo** loc. conjunt. A pesar de eso. ‖ **sobre todo** loc. adv. Con especialidad, mayormente. ‖ **y todo** loc. adv. Hasta, también, incluso: *volcó el carro con mulas y todo.* ‖ **FAM.** todavía, todopoderoso, todoterreno, total.

todopoderoso, sa adj. Que todo lo puede. ‖ Escrito con mayúscula, Dios. También m.

toga f. Manto de mucho vuelo que constituía la prenda principal exterior del traje de los antiguos romanos, y se ponía sobre la túnica. ‖ Traje exterior que usan los magistrados, letrados, catedráticos, etc., encima del ordinario. ‖ **FAM.** togado.

togado, da adj. y s. Que viste toga. Se dice principalmente de los magistrados superiores.

toilette (voz fr.) f. Tocador para arreglarse. ‖ Aseo personal. ‖ Lavabos, servicios.

toisón m. Insignia de los caballeros de la Or-den del Toisón de Oro, constituida en 1430 por Felipe el Bueno. ‖ Persona condecorada con esta insignia.

tojo m. Planta perenne papilionácea, variedad de aulaga, que crece hasta 2 m de altura, con muchas ramillas enmarañadas, hojas reducidas a puntas espinosas y flores amarillas.

toldilla f. Cubierta parcial que tienen algunos buques a la altura de la borda, en la parte trasera.

toldo m. Pabellón o cubierta de tela, que se tiende para hacer sombra en algún paraje. ‖ *amer.* Tienda de indios, hecha de ramas y cueros. ‖ **FAM.** toldilla.

tole m. Confusión y griterío popular. ‖ Rumor de desaprobación. ♦ En ambos casos, suele usarse repetido: *¡vaya tole tole se montó!*

tolerancia f. Acción y efecto de tolerar. ‖ Respeto hacia las opiniones o prácticas de los demás. ‖ Margen o diferencia que se consiente en la calidad o cantidad de las cosas o las obras contratadas o convenidas. ‖ Máxima diferencia que se tolera entre el valor nominal y el valor real o efectivo en las características físicas y químicas de un material, pieza o producto.

tolerar tr. Sufrir, soportar. ‖ Permitir o consentir: *su padre le tolera todo.* ‖ Respetar las opiniones o prácticas de los demás. ‖ Soportar una persona u organismo ciertos alimentos, medicinas, etc.: *tolera mal el alcohol.* ‖ **FAM.** tolerabilidad, tolerable, tolerablemente, tolerancia, tolerante, tolerantismo.

tolete m. Estaca a la que se ata el remo de una embarcación. ‖ adj. *amer.* Torpe, lerdo, tardo de entendimiento. También m.

tolla f. Terreno húmedo que se mueve al pisarlo, tremedal.

tolmo m. Peñasco elevado que tiene semejanza con un gran hito o mojón.

tolondrón, na adj. Aturdido, desatinado, tonto. ‖ m. Bulto producido en la cabeza por un golpe, chichón.

tolteca adj. Se dice de cada una de las tribus precolombinas que habitaron el altiplano central mexicano. También com. ‖ De estas tribus. ‖ m. Idioma hablado en estas tribus.

tolueno m. Hidrocarburo usado en la fabricación de la trilita y de ciertas materias colorantes. ‖ **FAM.** trinitotolueno.

tolva f. Caja en forma de tronco de pirámide o de cono invertido y abierta por debajo, dentro de la cual se echan granos u otros cuerpos para que caigan poco a poco. ‖ Parte superior en los cepillos o urnas en forma de tronco de pirámide invertido y con una abertura para introducir las monedas, papeletas, bolas, etc.

tolvanera f. Remolino de polvo.

toma f. Acción de tomar o recibir una cosa. ‖ Conquista, asalto u ocupación por armas de una plaza o ciudad. ‖ Porción de una cosa, que se toma o recibe de una vez: *una toma de medicamento*. ‖ Acción de filmar o fotografiar e imágenes obtenidas. ‖ Lugar por donde se deriva una corriente de fluido o electricidad.

tomacorriente m. *amer.* Toma de corriente eléctrica. ‖ *amer.* Enchufe, toma de electricidad.

tomadura f. Acción y efecto de tomar. ‖ **tomadura de pelo** Burla o engaño.

tomahawk o **tomawak** (voz algonquina) m. Hacha de guerra de los indios de América del Norte.

tomar tr. Coger o asir con la mano una cosa. ‖ Coger algo por otros medios: *tomar agua de la fuente*. ‖ Recibir o aceptar. ‖ Ocupar o adquirir por la fuerza: *tomar una ciudad*. ‖ Comer o beber: *tomar el desayuno*. ‖ Adoptar o poner por obra: *tomar precauciones*. ‖ Contraer, adquirir: *tomar un vicio*. ‖ Contratar a una persona para que preste un servicio: *tomar un criado*. ‖ Hacerse cargo de algo: *tomó la jefatura*. ‖ Montar en un medio de transporte: *tomar un taxi*. ‖ Entender, juzgar e interpretar una cosa en determinado sentido: *tomar a broma una cosa*. ‖ Seguido de la prep. *por*, suele indicar juicio equivocado: *tomarle a uno por ladrón*. ‖ Apuntar algo por escrito o grabar una información: *tomar notas*. ‖ Filmar o fotografiar: *tomó con la cámara la puesta de sol*. ‖ Medir una magnitud. ‖ Recibir lo que expresan ciertos sustantivos: *tomar aliento*. ‖ Construido con ciertos nombres verbales, significa lo mismo que los verbos de donde tales nombres se derivan: *tomar resolución*, resolver. ‖ Construido con un nombre de instrumento, ponerse a ejecutar la acción para la que sirve el instrumento: *tomar la pluma*, ponerse a escribir. ‖ Empezar a seguir una dirección, entrar en una calle, camino o tramo, encaminarse por ellos. También intr.: *al llegar a la esquina, tomó por la derecha*. ‖ Poseer sexualmente. ‖ intr. *amer.* Beber alcohol. ‖ prnl. Ponerse ronca la voz. ‖ **tomarla con** alguien o algo loc. Contradecirle o atacarle en cuanto dice o hace. ‖ **FAM.** toma, tomado, tomador, tomadura, tomavistas.

tomate m. Fruto de la tomatera, rojo, blando y brillante, compuesto en su interior de varias celdillas llenas de simientes. ‖ Tomatera. ‖ Salsa hecha con este fruto: *macarrones con tomate*. ‖ Agujero hecho en una prenda de punto: *tienes un tomate en el calcetín*. ‖ Lío, enredo o asunto poco claro: *ahí hay tomate*. ‖ **como un tomate** loc. Muy colorado, a causa de la vergüenza, al estar quemado por el sol, etc. ‖ **FAM.** tomatada, tomatal, tomatazo, tomatera, tomatero.

tomatera f. Planta herbácea, originaria de América, de 1 a 2 m de altura, que se cultiva mucho en las huertas por su fruto.

tomavistas m. Máquina fotográfica que se utiliza para filmar películas cinematográficas. ◆ No varía en pl.

tómbola f. Rifa pública de objetos diversos, cuyo producto se destina generalmente a fines benéficos. ‖ Local en que se efectúa esta rifa.

tómbolo m. Lengua de tierra que une a la costa una isla o islote próximos.

tomento m. Capa de pelos que cubre la superficie de los órganos de algunas plantas. ‖ Estopa basta, llena de pajas y aristas, que queda del lino o cáñamo, después de rastrillado. ‖ **FAM.** tomentoso.

tomillo m. Planta labiada de hoja perenne muy olorosa, que se usa en perfumería y como condimento. ‖ **FAM.** tomillar.

tomismo m. Sistema escolástico contenido en las obras de santo Tomás de Aquino. ‖ Doctrina de los seguidores de Santo Tomás de Aquino, en especial los que viven entre los ss. XIII y XVII. ‖ **FAM.** tomista.

tomo m. Cada uno de los volúmenes en que está dividida una obra escrita. ‖ **de tomo y lomo** loc. adj. De consideración e importancia: *un mentiroso de tomo y lomo*.

ton m. Sólo en la loc. adv. **sin ton ni son**: sin motivo, ocasión, o causa, o fuera de orden y medida.

tonada f. Composición poética concebida para ser cantada. ‖ Música de esta canción. ‖ *amer.* Dejo, modo de acentuar las palabras al final. ‖ **FAM.** toná, tonadilla.

tonadilla f. Tonada alegre y ligera. ‖ Canción popular española. ‖ **FAM.** tonadillero.

tonalidad f. Sistema de sonidos que sirve de fundamento a una composición musical. También se dice *tono*. ‖ Gradación de tonos y colores. ‖ En ling., entonación.

tondo m. En arq., adorno circular rehundido en un paramento.

tonel m. Cuba grande en que se echa el vino u otro líquido. ‖ Persona muy gruesa. ‖ **FAM.** tonelada, tonelería, tonelero, tonelete.

tonelada f. Peso o capacidad que se usa para calcular el desplazamiento de los buques. ‖ Tonelada métrica. ‖ **tonelada métrica** Unidad de peso que equivale a 1.000 kg o a 10 quintales. ‖ **FAM.** tonelaje.

tonelaje m. Cabida de una embarcación, arqueo. ‖ Número de toneladas que pesa una cosa.

tonelería f. Arte y oficio de construir toneles. ‖ Taller en que se construyen. ‖ Conjunto o provisión de toneles.

tonelete m. Falda corta que sólo cubría hasta las rodillas. ‖ Parte de las antiguas armaduras que tenía esta forma. ‖ En el teatro, traje antiguo de hombre, con falda corta.

tonga f. Tongada. ‖ *amer.* Pila o porción de cosas apiladas en orden. ‖ *amer.* Tanda, tarea. ‖ **FAM.** tongada.

tongada f. Capa con que se cubre o baña una cosa. ‖ Cosa extendida encima de otra. ‖ Pila de cosas unas sobre otras.

tongo m. En competiciones deportivas, dejarse ganar, generalmente por dinero.

tónico, ca adj. Que entona, o vigoriza. También m. ‖ Se dice de la nota primera de una escala musical. También f. ‖ Se dice de la vocal o sílaba que recibe el impulso del acento prosódico. ‖ m. Medicamento o preparado para dar fuerzas y abrir el apetito. ‖ Cosmético que se aplica sobre la piel para refrescarla o suavizarla. ‖ f. Bebida refrescante, gaseosa, que contiene quinina o ácido cítrico. Se llama también *agua tónica.*

tonificar tr. Dar vigor o tensión al organismo. ‖ Refrescar: *tonificar la piel.* También prnl. ‖ **FAM.** tonificación, tonificador, tonificante.

tonillo m. Tono monótono y desagradable con que algunos hablan, oran o leen. ‖ Acento particular de la palabra o de la frase propio de una región o de un lugar, dejo.

tono m. Mayor o menor elevación del sonido. ‖ Inflexión de la voz y modo particular de decir algo. ‖ Carácter de la expresión de una obra artística. ‖ Energía, vigor: *tono vital.* ‖ Cada una de las escalas que para las composiciones musicales se forman, partiendo de una nota fundamental, que le da nombre. ‖ Señal sonora que indica que se ha establecido la comunicación, en el teléfono e instalaciones semejantes. ‖ Cada una de las distintas gradaciones de una gama de color: *tonos oscuros.* ‖ Distinción y elegancia. ‖ **a tono** loc. adv. En combinación o armonía. ‖ **de buen,** o **mal, tono** loc. adj. Propio de gente culta o distinguida, o al contrario. ‖ **FAM.** ton, tonada, tonal, tonalidad, tonema, tonicidad, tónico, tonificar, tonillo.

tonsura f. Acción y efecto de tonsurar. ‖ Grado preparatorio para recibir las antiguas órdenes menores. ‖ Coronilla afeitada de algunos monjes y religiosos.

tonsurar tr. Cortar el pelo o la lana a personas o animales. ‖ Dar a uno el grado de la tonsura. ‖ Cortar el pelo de la coronilla a quienes recibían este grado. ‖ **FAM.** tonsura, tonsurado.

tontada f. Tontería, simpleza.

tontaina com. Persona tonta. También adj.

tontear intr. Hacer o decir tonterías. ‖ Coquetear, flirtear. ‖ **FAM.** tonteo.

tontería f. Calidad de tonto. ‖ Dicho o hecho tonto. ‖ Dicho o hecho sin importancia: *se enfadaron por una tontería.*

tonto, ta adj. Se aplica a la persona de poco entendimiento o inteligencia. También s. ‖ Se dice de las acciones, dichos, etc., propios de estas personas. También s. ‖ Absurdo, sin sentido: *éste ha sido un gasto tonto.* ‖ Presumido o engreído. También s. ‖ Pesado o molesto: *hoy está tonto el día.* ‖ Pasmado, totalmente asombrado. ‖ m. El que en ciertas representaciones hace el papel de simple o gracioso. ‖ **a lo tonto** loc. adv. Como quien no quiere la cosa. ‖ **a tontas y a locas** loc. adv. Sin orden ni concierto. ‖ **hacerse uno el tonto** loc. Aparentar que no se da cuenta de nada. ‖ **FAM.** tontada, tontaina, tontamente, tontear, tontera, tontería, tontuna.

tontuna f. Tontería.

toña f. Juego en que se hace saltar del suelo un palito de doble punta sacudiéndolo con otro palo. ‖ Patada o golpe. ‖ Borrachera.

top (voz i.) m. Prenda femenina, generalmente corta, que se ajusta a la parte superior del cuerpo.

topacio m. Piedra fina, amarilla y muy dura, usada en joyería.

topar tr. Chocar una cosa con otra. También intr. ‖ Hallar casualmente. También intr. y prnl.: *nos topamos en el parque.* ‖ **FAM.** tope, topetar.

tope m. Parte por donde una cosa puede topar con otra. ‖ Pieza que en algunas armas e instrumentos sirve para impedir que se tope de un punto determinado. ‖ Pieza que se pone a algo para amortiguar los golpes. ‖ Extremo hasta lo que algo puede llegar. ‖ **a tope** loc. adv. Con gran intensidad: *trabajar a tope.* ‖ Completamente lleno. ‖ **hasta el tope** o **hasta los topes** loc. adv. Hasta lo máximo o completamente lleno.

topera f. Madriguera del topo.

topetar o **topetear** tr. Dar golpes con la cabeza algunos animales que tienen cuernos. También intr. ‖ Chocar una cosa con otra. ‖ **FAM.** topetada, topetazo, topetear, topetón.

topetazo m. Golpe que dan con la cabeza los toros, carneros, etc. ‖ Golpe al chocar dos cuerpos.

tópico, ca adj. Relativo a determinado lugar. ‖ Relativo al lugar común. ‖ Se dice del medicamento de aplicación externa. También

m. | m. Lugar común, expresión o frase manida: *su conversación está llena de tópicos.*

topless (voz i.) m. Hecho de estar una mujer con los pechos al descubierto. | Local de copas, espectáculos, etc., donde trabajan mujeres desnudas de cintura para arriba. ♦ No varía en pl.

topo m. Mamífero insectívoro del tamaño del ratón. Vive en galerías subterráneas que excava con sus fuertes uñas. | Persona corta de vista. | Persona infiltrada en una organización. | **FAM.** topera.

topografía f. Conjunto de técnicas y conocimientos para describir y delinear la superficie de un terreno. | Conjunto de particularidades que presenta un terreno en su configuración superficial. | **FAM.** topográfico, topógrafo.

topología f. Rama de las matemáticas que estudia las propiedades de las figuras con independencia de su tamaño o forma. | **FAM.** topológico.

topometría f. Parte de la topografía relativa a las mediciones llevadas a cabo sobre el terreno.

toponimia f. Estudio del origen y significación de los nombres propios de lugar. | **FAM.** toponímico, topónimo.

topónimo m. Nombre propio de lugar.

toque m. Acción de tocar una cosa. | Sonido de las campanas o de ciertos instrumentos, con que se anuncia alguna cosa: *toque de diana.* | Llamamiento, advertencia que se hace a uno: *toque de atención.* | Aplicación ligera y muy localizada de alguna cosa: *darse un toque de maquillaje.* | Nota, rasgo, característica: *las flores daban a la mesa un toque romántico.* | En pint., pincelada ligera. | **toque de queda** Medida gubernativa que, en circunstancias excepcionales, prohíbe el tránsito o permanencia en las calles de una ciudad durante determinadas horas, generalmente nocturnas.

toquetear tr. Tocar reiterada e insistentemente. | **FAM.** toqueteo.

toquilla f. Pañuelo de punto generalmente de lana que, poniéndolo sobre los hombros, usan para abrigo las mujeres. | *amer.* Especie de palmera que suministra la paja con que se tejen los sombreros de jipijapa.

torácico, ca adj. Relativo al tórax.

torada f. Manada de toros.

toral adj. Principal o que tiene más fuerza y vigor en cualquier concepto: *fundamento toral.* | En arq., se dice de cada uno de los cuatro arcos en los que se estriba la media naranja de un edificio.

tórax m. Pecho del hombre y de los animales. | Cavidad del pecho. | Región media de las tres en que está dividido el cuerpo de los insectos, arácnidos y crustáceos. ♦ No varía en pl. | **FAM.** torácico.

torbellino m. Remolino de viento. | Abundancia de cosas que ocurren en un mismo tiempo: *le asaltó un torbellino de recuerdos.* | Persona demasiado viva e inquieta.

torca f. Depresión circular en un terreno con bordes escarpados. | **FAM.** torcal.

torcaz adj. Se dice de una especie de paloma que tiene una mancha blanca a cada lado del cuello y una franja blanca en las alas. Su carne es muy apreciada.

torcedura f. Acción y efecto de torcer o torcerse, especialmente una parte del cuerpo.

torcer tr. Dar vueltas a una cosa sobre sí misma. También prnl. | Encorvar o doblar una cosa. También prnl.: *el árbol se ha torcido.* | Desviar una cosa de su dirección: *torcer los ojos.* | Dicho del gesto, adoptar una expresión de desagrado o enojo: *torcer el morro.* | Dar bruscamente a un miembro del cuerpo, una dirección contraria a la que sería normal, generalmente produciendo una distensión. También prnl.: *se torció el pie.* | Desviar una cosa de la dirección que lleva para tomar otra. También prnl. e intr.: *el camino tuerce a mano derecha.* | Interpretar mal, dar a una frase, razonamiento, etc., un sentido que no tiene. | prnl. Dificultarse y frustrarse un negocio o pretensión que iba por buen camino. | Apartarse del camino y conducta correctos. También tr.: *el alcohol torció su vida.* ♦ **Irreg.** Se conjuga como *mover.* | **FAM.** torcecuello, torcedor, torcedura, torcido, torcimiento, torsión, torzal.

torcido, da adj. Que no es recto. | Se dice de la persona que no obra con rectitud, y de su conducta. | f. Mecha que se pone en las velas, candiles, etc. | **FAM.** torcidamente.

tórculo m. Prensa, y en especial la que se usa para estampar grabados en cobre, acero, etcétera.

tordo, da adj. y. s. Se dice de la caballería que tiene el pelo mezclado de negro y blanco. | m. Pájaro de pico delgado y negro, lomo gris aceitunado y vientre blanco amarillento con manchas pardas.

torear intr. y tr. Lidiar los toros en la plaza. | tr. Engañar a alguien: *la torea con falsas esperanzas.* | Evitar a alguien: *torear a los acreedores.* | Burlarse de alguien. | **FAM.** toreado, toreo, torero.

toreo m. Acción de torear. | Arte de torear.

torería f. Gremio o conjunto de toreros. | *amer.* Travesura, calaverada.

torero, ra adj. Relativo al toreo o los toreros: *aire torero.* | m. y f. Persona que se dedica a torear en las plazas. ‖ f. Chaquetilla ceñida al cuerpo y que no pasa de la cintura. ‖ **saltarse** algo **a la torera** loc. No cumplir en absoluto una obligación, compromiso, reglamento, etc. ‖ **FAM**. torería.

toril m. Sitio donde se tienen encerrados los toros que han de lidiarse.

torio m. Elemento químico metálico radiactivo que, en estado puro, es de aspecto plateado y al desintegrarse produce radón. Su símbolo es *Th*.

tormenta f. Perturbación o tempestad de la atmósfera. ‖ Perturbación o tespestad del mar. ‖ Adversidad, desgracia. ‖ Violenta manifestación de una pasión o un estado de ánimo. ‖ **FAM**. tormentoso.

tormento m. Acción y efecto de atormentar. ‖ Angustia o dolor físico. ‖ Persona o cosa que la ocasiona. ‖ Dolor corporal que se causaba al reo para obligarle a confesar o declarar. ‖ **FAM**. tormenta.

tormo m. Peñasco, tolmo. ‖ Terrón, pequeña masa suelta de tierra compacta. ‖ Pequeña masa suelta de otras sustancias.

torna f. Acción de tornar o volver. ‖ **volver las tornas** loc. Cambiar en sentido opuesto la marcha de un asunto o la suerte de alguien.

tornaboda f. Día después de la boda. ‖ Celebridad de este día.

tornachile m. *amer*. Especie de chile de color verde claro, de forma de trompo, que se cultiva en tierras de regadío.

tornadizo, za adj. y s. Se dice en especial del que cambia con facilidad de creencia, partido u opinión.

tornado m. Viento impetuoso giratorio, huracán.

tornaguía f. Recibo que acredita que una mercancía enviada ha llegado a su destino.

tornar tr. Cambiar a una persona o cosa su naturaleza o su estado. También prnl.: *su amor se tornó en odio*. ‖ intr. Regresar al lugar de donde se partió. ‖ Seguido de la prep. *a* y un inf., volver a hacer lo que éste expresa: *tornó a leer*. ‖ **FAM**. torna, tornaboda, tornadizo, tornado, tornaguía, tornasol, tornavoz, torneo, turnar.

tornasol m. Girasol, planta. ‖ Cambiante, reflejo o viso que hace la luz en algunas telas o en otras cosas tersas y brillantes. ‖ Materia colorante azul violácea cuya tintura sirve de reactivo para reconocer los ácidos, que la vuelven roja. ‖ **FAM**. tornasolar, tornasolado.

tornavoz m. Dispositivo o estructura dispuestos para que el sonido repercuta y se oiga mejor.

tornear tr. Labrar o redondear una cosa al torno. ‖ intr. Dar vueltas alrededor o en tor-

no. ‖ **FAM**. torneado, torneador, torneadura, tornillo.

torneo m. Combate a caballo entre varias personas que se practicaba en la Edad Media. ‖ Competición deportiva entre varios participantes: *torneo de tenis*.

tornillo m. Cilindro de metal, madera, etc., con resalto en hélice, que entra y se enrosca en la tuerca. ‖ Clavo con resalto en hélice. ‖ **apretarle** a uno **los tornillos** loc. Meterle prisa u obligarle a actuar en determinado sentido. ‖ **faltarle** a uno **un tornillo**, o **tener flojos los tornillos** loc. Tener poco seso o estar algo loco. ‖ **FAM**. tornillería.

torniquete m. Instrumento quirúrgico para evitar o contener las hemorragias. ‖ Puerta con varias hojas, por la que sólo pueden pasar las personas de una en una.

torniscón m. Golpe que de mano de otro recibe uno en la cara o en la cabeza, y especialmente cuando se da de revés. ‖ Pellizco retorcido.

torno m. Cilindro horizontal móvil, alrededor del cual va enrollada una soga o cable y sirve para elevar pesos. ‖ Máquina en que, por medio de una rueda, de una cigüeña, etc., hace que alguna cosa dé vueltas sobre sí misma: *torno de alfarero*. ‖ Armazón giratorio que se ajusta al hueco de una pared y sirve para pasar objetos de una parte a otra. ‖ Instrumento eléctrico que emplean los dentistas en la limpieza y acondicionamiento de los dientes. ‖ **en torno** loc. adv. Alrededor. ‖ **en torno a** loc. adv. Aproximadamente. ‖ **FAM**. tornar, tornear, tornero, torniscón.

toro m. Mamífero rumiante, de cabeza gruesa armada de dos cuernos; piel dura con pelo corto, y cola larga, cerdosa hacia el extremo. ‖ Hombre muy robusto y fuerte. ‖ m. pl. Fiesta o corrida de toros. ‖ **FAM**. tora, torada, torear, toril, toruno.

toro m. En arq., moldura convexa de sección semicilíndrica. ‖ En geom., superficie de revolución engendrada por una circunferencia que gira alrededor de una recta de su plano, que no pasa por el centro.

toroide m. En geom., superficie de revolución engendrada por una curva cerrada y plana, pero no circunferencia, a semejanza del toro.

toronja f. Cítrico parecido a la naranja. También se conoce como *pomelo*. ‖ **FAM**. toronjil, toronjina, toronjo.

toronjil m. Planta labiada cuyas flores y hojas se usan por sus efectos tónicos y antiespasmódicos.

torpe adj. Que es de movimiento lento, tardo y pesado. ‖ Desmañado, falto de habilidad y destreza. ‖ Poco inteligente o ingenioso. ‖ **FAM**. torpemente, torpeza, torpón.

torpedear tr. Atacar con torpedos. ‖ Hacer fracasar un asunto o proyecto. ‖ **FAM**. torpedeamiento, torpedeo, torpedero.

torpedero, ra adj. y m. Se dice del barco de guerra destinado a disparar torpedos o del avión adaptado para lanzarlos. ‖ m. Especialista en la preparación y lanzamiento de torpedos.

torpedo m. Proyectil submarino autopropulsado. ‖ Pez marino selacio de cuerpo aplanado y orbicular, que produce una descarga eléctrica al que lo toca. ‖ **FAM**. torpedear, torpedista.

torpeza f. Calidad de torpe. ‖ Acción o dicho torpe.

torpor m. Torpeza de movimiento o acción de un miembro, músculo o fibra del cuerpo.

torrado m. Garbanzo tostado. ‖ Cabeza.

torrar tr. Tostar al fuego. ‖ **FAM**. torrado, torrefacto, torrezno, tórrido, torrija.

torre f. Edificio fuerte, más alto que ancho, y que servía para defenderse de los enemigos desde él. ‖ Edificio más alto que ancho que en las iglesias sirve para colocar las campanas. ‖ Cualquier otro edificio de mucha más altura que superficie. ‖ Pieza del juego de ajedrez. ‖ Estructura metálica que soporta los cables conductores de energía eléctrica. ‖ En los buques de guerra, reducto acorazado en el que se colocan las de artillería. ‖ Conjunto de cosas, apiladas unas encima de otras: *una torre de libros*. ‖ **FAM**. torreón, torrero, torreta.

torrefacto, ta adj. Tostado al fuego: *café torrefacto*. ‖ **FAM**. torrefacción.

torrencial adj. Parecido al torrente. ‖ Se dice de la lluvia muy intensa y abundante. ‖ **FAM**. torrencialmente.

torrente m. Corriente impetuosa de aguas que sobreviene en tiempos de muchas lluvias. ‖ Muchedumbre de personas que afluyen a un lugar. ‖ **FAM**. torrencial, torrentera.

torrentera f. Cauce de un torrente. ‖ P. ext., torrente.

torreón m. Torre grande, para defensa de una plaza o castillo.

torrero, ra m. y f. Persona que tiene a su cuidado una torre de vigilancia o un faro.

torreta f. En los buques de guerra, tanques y aviones, torre o estructura acorazada donde se colocan ametralladoras y cañones. ‖ Estructura situada en una parte elevada, y en la que se concentran los hilos de una red aérea.

torrezno m. Pedazo de tocino frito o para freír.

tórrido, da adj. Muy ardiente o caluroso. ‖ Se apl. al clima en el que las temperaturas son

muy altas y a las zonas geográficas en que existe este clima.

torrija f. Rebanada de pan empapada en vino, leche u otro líquido, frita y endulzada. ‖ Borrachera.

torsión f. Acción y efecto de torcer o torcerse una cosa.

torso m. Tronco del cuerpo humano. ‖ Estatua sin cabeza, brazos y piernas.

torta f. Masa de harina, de figura redonda, que se cuece a fuego lento. ‖ Golpe dado con la palma de la mano, generalmente en la cara. ‖ Cualquier golpe. ‖ **ni torta** loc. Nada en absoluto: *no entender ni torta*. ‖ **FAM**. tortada, tortazo, tortera, tortilla, tortita.

tortazo m. Bofetada en la cara. ‖ Golpe muy aparatoso.

tortera adj. y f. Se apl. a la cazuela o cacerola casi plana que sirve para hacer tortadas.

tortícolis f. Dolor en el cuello producido por una contracción de los músculos que obliga a tenerlo torcido o inmovilizado. ◆ No varía en pl.

tortilla f. Fritura de huevo batido, en la cual se incluye a veces algún otro alimento. ‖ *amer*. Torta de harina, generalmente de maíz, hecha sin levadura y cocida en el horno. ‖ *amer*. Pan de trigo cocido en las brasas. ‖ **FAM**. tortillería, tortillero.

tortillero, ra m. y f. *amer*. Persona que por oficio hace o vende tortillas, principalmente de maíz. ‖ f. *vulg*. Lesbiana.

tortita f. pl. Juego que se les hace a los niños muy pequeños y que consiste en dar palmadas.

tórtola f. Ave parecida a la paloma, pero más pequeña de pico agudo, negruzco y pies rojizos. ‖ **FAM**. tortolito, tórtolo.

tórtolo m. Macho de la tórtola. ‖ Hombre amartelado. ‖ pl. Pareja de enamorados.

tortuga f. Reptil marino, con las extremidades en forma de paletas y cubierto por una coraza, cuyas láminas tienen manchas verdosas y rojizas. ‖ Reptil terrestre, quelonio, con los dedos reunidos en forma de muñón, espaldar muy convexo, y láminas manchadas de negro y amarillo en los bordes. ‖ Persona o vehículo muy lentos.

tortuoso, sa adj. Que tiene vueltas y rodeos: *un sendero tortuoso*. ‖ Solapado, cauteloso. ‖ **FAM**. tortuosamente, tortuosidad.

tortura f. Acción de torturar. ‖ Sufrimiento, dolor o aflicción muy grandes. ‖ **FAM**. torturar.

torturar tr. Producir a alguien un intenso dolor físico, como castigo o como método para que hable o confiese. ‖ Atormentar.

También prnl.: *no te tortures, deja ya de pensar en ello.* | **FAM**. torturador.

torunda f. Bola de algodón envuelta en gasa esterilizada, con diversos usos en curas y operaciones quirúrgicas.

toruno m. *amer*. Toro que ha sido castrado después de tres o más años.

torva f. Remolino de lluvia o nieve.

torvisco m. Arbusto de hojas lanceoladas, flores blanquecinas en racimillos terminales y fruto en drupa de color rojo.

torvo, va adj. Fiero, espantoso, airado: *nos miró con aire torvo.*

tory (voz i.) adj. En el R. U., se dice del partido conservador. Más c. m. pl. | De este partido. ♦ pl. *tories.*

torzal m. Unión de varias hilos trenzados y torcidos. | *amer*. Lazo de cuero retorcido.

tos f. Movimiento convulsivo y ruidoso del aparato respiratorio. | **tos ferina** Enfermedad infectocontagiosa que ataca especialmente a los niños y se manifiesta con ataques de tos muy intensos y sofocantes. | **FAM**. toser.

tosco, ca adj. Grosero. | Inculto. También s. | Hecho con poco cuidado o con materiales poco valiosos: *una escultura tosca.* | **FAM**. toscamente, tosquedad.

toser intr. Tener y padecer la tos. | **toser** una persona a otra loc. Enfrentarse o discutir con ella: *no hay quien le tosa.*

tósigo m. Veneno, ponzoña. | Angustia o pena grande.

tostada f. Rebanada de pan que, después de tostada, suele untarse por lo común con mantequilla, mermelada u otra cosa. | **olerse la tostada** loc. Adivinar algo oculto, como con engaños, trampas, etc.

tostadero m. Lugar o instalación en que se tuesta algo. | Lugar donde hace excesivo calor.

tostado, da adj. De color subido y oscuro.

tostador, ra adj. y s. Que tuesta. | m. Instrumento para tostar pan.

tostar tr. y prnl. Poner una cosa al fuego, para que vaya tomando color, sin quemarse. | Poner morena o curtir el sol o el viento la piel del cuerpo. | Calentar demasiado. | *amer*. Zurrar, vapulear. ♦ **Irreg**. Se conj. como *contar*. | **FAM**. tostación, tostada, tostadero, tostado, tostador, tostadura, tostón.

tostón m. Trozo de pan frito que se añade a sopas y purés. | Cochinillo asado. | Garbanzo tostado. | Persona o cosa pesada y molesta.

total adj. Completo, general, que se comprende de todo en su especie: *esto necesita un cambio total.* | Excelente, muy bueno: *¡qué día más total!* | m. Totalidad. | En mat., suma, cantidad equivalente a dos o más homogéneas. | adv.

En suma, en conclusión: *total, que no ocurrió nada.* | **FAM**. totalidad, totalitarismo, totalizar, totalmente.

totalidad f. Todo, cosa íntegra. | Conjunto de todas las cosas o personas que forman una clase o especie: *la totalidad de los ciudadanos.*

totalitarismo m. Régimen político que concentra la totalidad de los poderes estatales en manos de un grupo o partido que no permite la actuación de otros partidos. | **FAM**. totalitario, totalitarista.

totalizar tr. Sacar el total que forman varias cantidades. | **FAM**. totalización, totalizador.

tótem m. Ser u objeto de la naturaleza, generalmente un animal, que en la mitología de algunas sociedades se toma como emblema protector. | Emblema tallado o pintado que representa estos seres u objetos. | Columna o poste con las figuras de dichos seres u objetos que labran los indios de tierras americanas cercanas a Alaska. ♦ pl. *tótems* o *tótemes.* | **FAM**. totémico, totemismo.

totemismo m. Sistema de creencias y organización de algunas sociedades basado en el tótem.

totora f. *amer*. Especie de anea o espadaña con la que se fabrican embarcaciones, cestos, etc. | **FAM**. totoral.

tótum revolútum (expr. lat.) m. Conjunto de muchas cosas sin orden, revoltijo.

tour (voz fr.) m. Excursión, viaje. | Tournée. | Nombre de algunas carreras ciclistas. | **FAM**. turismo.

tournée (voz fr.) f. Recorrido por diversos lugares por deporte, turismo, etc. | Gira artística de un cantante, de una compañía de teatro, etc.

tóxico, ca adj. y m. Se dice de las sustancias venenosas o que producen efectos muy negativos sobre el organismo. | **FAM**. tósigo, toxicidad, toxicología, toxicomanía, toxina.

toxicología f. Parte de la medicina, que trata de las sustancias tóxicas y sus efectos sobre el organismo. | **FAM**. toxicológico, toxicólogo.

toxicomanía f. Consumo habitual de drogas y dependencia patológica de las mismas. | **FAM**. toxicómano.

toxina f. Sustancia elaborada por los seres vivos y que actúa como veneno, produciendo trastronos fisiológicos. | **FAM**. toxemia.

tozudo, da adj. y s. Obstinado, testarudo. | **FAM**. tozudez.

traba f. Acción y efecto de trabar. | Instrumento con que se junta y sujeta una cosa con otra. | Impedimento o estorbo: *ponerle trabas a alguien.*

trabado, da adj. Se dice del caballo o yegua

que tiene blancos la mano derecha y el pie izquierdo, o viceversa. ‖ Robusto.

trabajador, ra adj. Que trabaja. ‖ m. y f. Jornalero, obrero.

trabajar intr. Realizar cualquier actividad, física o intelectual. ‖ Tener una ocupación estable, ejercer una profesión, arte u oficio. ‖ Estar cumpliendo esta profesión u ocupación: *trabaja de lunes a viernes.* ‖ Utilizar un determinado material o comercializar cierto producto: *esa empresa trabaja con productos químicos.* También tr. ‖ Poner fuerza y afán para vencer alguna cosa: *la naturaleza trabaja contra la enfermedad.* ‖ Mantener relaciones comerciales con otra persona o empresa: *no trabajamos esa marca.* ‖ tr. Ejercitar alguna cosa o insistir sobre ella para perfeccionarla, desarrollarla, etc.: *trabajar el piano.* ‖ Dar forma a un material: *trabajar el vidrio.* ‖ prnl. Ablandar a alguien o saberle tratar para conseguir algo de él: *se está trabajando al jefe.* ‖ **FAM.** trabajado, trabajador, trabajo.

trabajo m. Acción y efecto de trabajar. ‖ Ocupación que ejerce habitualmente una persona a cambio de un salario: *quiere cambiar de trabajo.* ‖ Producto de una actividad intelectual, artística, etc.: *presentará su trabajo de investigación.* ‖ Esfuerzo humano aplicado a la producción de riqueza. ‖ En fís., producto escalar de la fuerza por la distancia que recorre su punto de aplicación. ‖ Dificultad o impedimento: *lo encontraron con gran trabajo.* ‖ pl. Estrechez, miseria. ‖ **trabajos forzados**, o **forzosos** Aquéllos en que se ocupa por obligación el presidiario como parte de la pena de su delito. ‖ **FAM.** trabajosamente.

trabalenguas m. Palabra o locución difícil de pronunciar. ♦ No varía en pl.

trabar tr. Juntar una cosa con otra. ‖ Sujetar una cosa con otra de forma que no pueda moverse: *trabó la puerta con un madero.* ‖ Enlazar, concordar. ‖ Comenzar una conversación, pelea, etc. También prnl. ‖ Espesar un caldo o una masa. También prnl. ‖ prnl. Enredarse, atascarse. ‖ Entorpecérsele a uno la lengua al hablar. ‖ **FAM.** traba, trabacuenta, trabado, trabadura, trabalenguas, trabamiento, trabazón, trabe, trabilla.

trabazón f. Enlace de dos o más cosas. ‖ Conexión, relación: *no veo trabazón en sus conclusiones.*

trabe f. Viga, madero largo y grueso para techar y sostener los edificios.

trabilla f. Tira de tela, cuero, etc., por la que se pasa un cinturón, correa, etc. ‖ Tira que llevan atrás algunos abrigos, chaquetas, etc., para que se ajusten a la espalda. ‖ Tira de tela o de cuero que pasa por debajo del pie para sujetar los bordes inferiores del pantalón o prendas semejantes.

trabucar tr. y prnl. Trastornar el buen orden de alguna cosa. ‖ Ofuscar, confundir: *se trabuca al hablar.* ‖ **FAM.** trabucación, trabuco.

trabuco m. Arma de fuego más corta y de mayor calibre que la escopeta ordinaria y con la boca ensanchada. ‖ **FAM.** trabucaire, trabucazo.

traca f. Serie de petardos que estallan sucesivamente.

trácala f. *amer.* Trampa, ardid, engaño. También adj. ‖ **FAM.** tracalada.

tracalada f. *amer.* Multitud ruidosa.

tracción f. Acción y efecto de mover o arrastrar una cosa, especialmente vehículos o carruajes: *tracción animal.*

tracería f. Decoración arquitectónica formada por combinaciones de figuras geométricas.

tracoma m. Conjuntivitis granulosa. ‖ **FAM.** tracomatoso.

tracto m. Formación anatómica que media entre dos lugares del organismo, y realiza una función de conducción: *tracto intestinal.* ‖ Haz de fibras nerviosas que tienen el mismo origen y la misma terminación y cumplen la misma función fisiológica.

tractor, ra adj. Que produce tracción. ‖ m. Vehículo automotor cuyas ruedas se adhieren fuertemente al terreno, y se emplea para arrastrar maquinaria agrícola, remolques. ‖ **FAM.** tractorear, tractoreo, tractorista.

tradición f. Comunicación de hechos, noticias, composiciones literarias, doctrinas, costumbres, etc., transmitidas de generación en generación. ‖ Conjunto de lo que se transmite de este modo: *tradición literaria.* ‖ **FAM.** tradicional.

tradicional adj. Relativo a la tradición. ‖ Habitual, acostumbrado. ‖ **FAM.** tradicionalismo, tradicionalmente.

tradicionalismo m. Apego a antiguas costumbres, ideas, etc. ‖ Sistema político que consiste en mantener o restablecer las instituciones antiguas en el régimen de la nación y en la organización social. ‖ Doctrina filosófica que pone el origen de las ideas en la revelación divina. ‖ **FAM.** tradicionalista.

traducción f. Acción y efecto de traducir. ‖ Obra del traductor. ‖ Sentido o interpretación que se da a un texto.

traducir tr. Expresar en una lengua lo que está escrito o se ha expresado antes en otra. ‖ Explicar, interpretar: *tradúceme lo que has dicho, no te entiendo.* ‖ Convertir, transformar ♦ **Irreg.** Se conj. como *conducir.* ‖ **FAM.**

traducción, traducible, traductibilidad, traductor.

traductor, ra adj. Que traduce. ‖ m. y f. Especialista en traducir obras. ‖ f. Máquina electrónica que traduce de un idioma a otro palabras o frases.

traer tr. Conducir o trasladar a una persona o cosa al lugar en donde se habla o que se expresa: *traer una carta.* ‖ Atraer, tirar hacia sí. ‖ Causar, ocasionar, acarrear: *esto nos traerá un disgusto.* ‖ Llevar puesto o consigo: *trae un vestido nuevo.* ‖ Tener o poner a alguien en cierto estado o situación: *ese viejo asunto lo trae de cabeza.* ‖ Tener o experimentar lo que se expresa: *traigo un buen constipado.* ‖ Contener lo que se expresa un libro, revista u otra publicación: *el periódico trae un artículo magnífico.* ‖ Tratar, andar haciendo una cosa: *traer un negocio entre manos.* También prnl. **traer a** uno **a mal traer** loc. Maltratarlo o tenerle muy ocupado con muchos encargos, peticiones, etc. ‖ **traérselas** alguien o algo loc. Ser de cuidado una persona o cosa. ‖ FAM. tracto, tractor, traido, traina. ♦ **Irreg.** Conjugación modelo:

Indicativo
Pres.: *traigo, traes, trae, traemos, traéis, traen.*
Imperf.: *traía, traías,* etc.
Pret. indef.: *traje, trajiste, trajo, trajimos, trajisteis, trajeron.*
Fut. imperf.: *traeré, traerás,* etc.

Potencial: *traería, traerías,* etc.

Subjuntivo
Pres.: *traiga, traigas, traiga, traigamos, traigáis, traigan.*
Imperf.: *trajera o trajese, trajeras o trajeses,* etc.
Fut. imperf.: *trajere, trajeres,* etc.

Imperativo: *trae, traiga, traigamos, traed, traigan.*

Participio: *traido.*

Gerundio: *trayendo.*

tráfago m. Tráfico. ‖ Conjunto de negocios y ocupaciones que ocasionan mucha fatiga o molestia. ‖ FAM. trafagar, trafagoso.

traficar intr. Comerciar, negociar, particularmente con algo ilegal o de forma irregular: *traficar con drogas.* ‖ FAM. traficante, tráfico.

tráfico m. Acción y efecto de traficar. ‖ Tránsito de vehículos por calles, carreteras.

trafulcar tr. Confundir, trabucar.

tragacanto m. Arbusto papilionáceo, de

cuyo tronco y ramas fluye una goma blanquecina muy usada en farmacia y en la industria. ‖ Esta misma goma.

tragaderas f. pl. Faringe. ‖ Credulidad: *tener uno buenas tragaderas.* ‖ Excesiva tolerancia, especialmente en temas relacionados con la moral. ‖ Capacidad para comer y beber mucho.

trágala m. Canción con que los liberales españoles se burlaban de los absolutistas en el primer tercio del s. XIX. ‖ Manifestaciones o hechos por los cuales se obliga a uno a admitir o soportar alguna cosa que rechazaba: *cantarle a uno el trágala.*

tragaldabas com. Persona muy tragona. También adj. ♦ No varía en pl.

tragaluz m. Ventana abierta en un techo o en la parte superior de una pared.

tragaperras f. Aparato que funciona automáticamente, mediante la introducción de una moneda, especialmente la que da premios en juegos de azar. ♦ No varía en pl.

tragar tr. y prnl. Hacer que una cosa pase de la boca al estómago. ‖ Comer vorazmente. ‖ Absorber: *las aguas se tragaron la barca.* ‖ Dar fácilmente crédito a las cosas: *se tragó el cuento.* ‖ Soportar o tolerar algo humillante o que disgusta. ‖ Absorber, consumir, gastar: *las obras se tragaron más dinero del que creíamos.* ‖ intr. No tener más remedio que admitir o aceptar algo. ‖ **no tragar a** una persona o cosa loc. Sentir antipatía hacia ella. ‖ FAM. tragable, tragabolas, tragadero, tragaldabas, tragaleguas, tragaluz, tragamillas, tragantona, tragaperras, tragasables, trago, tragón, tragonear.

tragedia f. Obra dramática de tema serio cuyo desenlace suele ser desgraciado. ‖ Género que constituyen estas obras. ‖ Composición lírica destinada a lamentar sucesos desgraciados. ‖ Suceso fatal o desgraciado. ‖ FAM. trágico, tragicomedia.

trágico, ca adj. Relativo a la tragedia. ‖ Se dice del autor de tragedias y del actor que representa papeles trágicos. ‖ Infausto, muy desgraciado. ‖ FAM. trágicamente, tragicomedia.

tragicomedia f. Poema dramático que tiene condiciones propias de los géneros trágico y cómico. ‖ Suceso en la vida real que conjuga ambos aspectos. ‖ FAM. tragicómico.

trago m. Porción de líquido que se bebe o se puede beber de una vez. ‖ Bebida alcohólica: *tomar un trago.* ‖ Situación desafortunada, difícil o apurada: *en la aduana pasamos un mal trago.*

tragón, na adj. y s. Que traga o come mucho. ‖ FAM. tragonear.

traición f. Violación de la fidelidad o lealtad

que se debe guardar o tener. ‖ Delito que se comete contra la patria o contra el Estado, en servicio del enemigo. ‖ **alta traición** La cometida contra la soberanía o la seguridad o independencia del Estado. ‖ FAM. traicionar, traicionero, traidor.

traicionar tr. Cometer traición. ‖ Ser alguien o algo el motivo de que algo fracase: *le traicionaron los nervios.* ‖ Ser infiel una persona a su pareja.

traicionero, ra adj. y s. Traidor. ‖ Que se hace a traición. ‖ FAM. traicioneramente.

traído, da adj. Usado, gastado: *ropa traída.*

traidor, ra adj. Que comete traición. También s. ‖ Que implica o denota traición o falsedad: *ojos traidores.* ‖ FAM. traidoramente.

tráiler m. Resumen o avance de una película. ‖ Remolque de un automóvil, especialmente el de los camiones de gran tonelaje. ◆ pl. *tráilers.*

traílla f. Cuerda o correa con que se lleva al perro atado a las cacerías. ‖ Par o conjunto de perros unidos con estas cuerdas o correas. ‖ Cogedor grande, arrastrado por caballerías o impulsado por motor, para igualar terrenos. ‖ FAM. traillar.

traína f. Red de fondo. ‖ FAM. trainera.

trainera adj. y f. Barca alargada y de poco fondo para pescar con traína y que se usa también en competiciones deportivas.

traje m. Vestido completo de una persona. ‖ Conjunto masculino de chaqueta, pantalón y a veces chaleco. ‖ Vestido peculiar de una clase de personas, de una época o de los naturales de un país: *traje regional.* ‖ **traje de baño** Bañador. ‖ **traje de chaqueta** o **sastre** Vestido femenino de dos piezas: falda y chaqueta. ‖ **traje de luces** El de seda, bordado de oro o plata, con lentejuelas, que usan los toreros. ‖ FAM. trajear.

trajear tr. y prnl. Proveer de traje a una persona. ‖ prnl. Vestirse elegantemente: *habrá que trajearse para la fiesta.* ‖ FAM. trajeado.

trajín m. Acción de trajinar. ‖ Actividad o movimiento intensos: *el trajín de la ciudad.*

trajinar tr. Llevar mercancías de un lugar a otro. ‖ intr. Andar de un lado para otro, trabajando o haciendo cosas. ‖ vulg. Poseer sexualmente a alguien. Más c. prnl. ‖ FAM. trajín.

tralla f. Trencilla de cordel o de seda que se pone al extremo del látigo para que restalle. ‖ Látigo provisto de este cordel. ‖ FAM. trallazo.

trallazo m. Golpe dado con la tralla. ‖ Chasquido de la tralla. ‖ En fútbol, disparo muy potente.

trama f. Conjunto de hilos que, cruzados y enlazados con los de la urdimbre, forman una tela. ‖ Disposición interna de una cosa. ‖ Especialmente el argumento o enredo de una obra literaria, cinematográfica, etc. ‖ Confabulación, intriga: *descubrieron la trama de los golpistas.* ‖ Conjunto de células y fibras que forman la estructura de un tejido. ‖ En fotograbado, retícula que se emplea para descomponer una imagen en puntos. ‖ FAM. tramado, tramar, tramo.

tramar tr. Preparar con astucia un engaño, trampa, etc. ‖ Disponer con habilidad la ejecución de una cosa complicada o difícil: *tramaron un plan para escapar.* ‖ Atravesar los hilos de la trama por entre los de la urdimbre, para tejer la tela. ‖ En fotograbado, descomponer una imagen en puntos mediante la trama. ‖ FAM. tramador.

tramitar tr. Hacer pasar un negocio por los trámites debidos. ‖ FAM. tramitación, tramitador.

trámite m. Cada uno de los estados o diligencias necesarios para resolver un asunto. ‖ Acción y efecto de tramitar. ‖ FAM. tramitar.

tramo m. Cada uno de los trechos o partes en que está dividida una superficie, camino, andamio, etc. ‖ Parte de una escalera comprendida entre dos descansillos.

tramontana f. Norte o septentrión. ‖ Viento que sopla de esta parte.

tramoya f. Máquina o artificio empleados en el teatro para efectuar los cambios de decoración y los efectos escénicos. ‖ Enredo dispuesto con ingenio y disimulo. ‖ FAM. tramoyero, tramoyista.

tramoyista com. Persona que construye o dirige las tramoyas de teatro. ‖ Operario que las coloca o las hace funcionar. ‖ Persona amiga de intrigas y enredos. También adj.

trampa f. Cualquier sistema o dispositivo para cazar animales sirviéndose del engaño. ‖ Puerta en el suelo que comunica con una dependencia inferior. ‖ Tablero horizontal y movible de los mostradores de tiendas y bares. ‖ Plan concebido para engañar a alguien. ‖ Contravención de una ley, norma o regla: *hacer trampas en el juego.* ‖ Deuda cuyo pago se demora. ‖ FAM. trampantojo, trampear, trampero, trampilla, tramposo.

trampantojo m. Ilusión, trampa con que se engaña a uno haciéndole ver lo que no es.

trampear intr. Vivir sorteando apuros económicos y pidiendo dinero. ‖ Vivir o mantenerse trabajosamente una persona.

trampero, ra m. y f. Persona que pone trampas para cazar.

trampilla f. Ventanilla en el suelo de las habitaciones altas.

trampolín m. Plano inclinado y elástico en el que toma impulso el gimnasta. ‖ Plataforma elevada para saltar al agua. ‖ Plataforma dispuesta en un plano inclinado sobre la que se lanza un esquiador. ‖ Persona, cosa o suceso que se aprovecha para ascender o prosperar: *esa película fue su trampolín al éxito.*

tramposo, sa adj. y s. Que hace trampas en el juego.

tranca f. Palo grueso y fuerte. ‖ Palo con que se aseguran las puertas y ventanas cerradas. ‖ Borrachera. ‖ **a trancas y barrancas** loc. adv. Con dificultad. ‖ **FAM.** trancar, trancazo, tranco, tranquera, tranquero, tranquillo.

trancar tr. Cerrar una puerta con una tranca o un cerrojo. ‖ Dar trancos o pasos largos. ‖ **FAM.** trancada.

trancazo m. Golpe que se da con la tranca. ‖ Cualquier golpe. ‖ Gripe o constipado muy fuerte.

trance m. Momento crítico y decisivo. ‖ Tiempo próximo a la muerte: *último trance.* ‖ Estado en que un médium manifiesta fenómenos paranormales. ‖ Estado de suspensión de los sentidos durante el éxtasis místico.

tranco m. Paso muy largo. ‖ Umbral de la puerta.

tranquera f. Estacada o empalizada de trancas. ‖ *amer.* Especie de puerta rústica en un alambrado, hecha generalmente con trancas.

tranquero m. Piedra labrada con que se forman las jambas y dinteles de puertas y ventanas.

tranquilidad f. Cualidad de tranquilo. ‖ Estado de tranquilo.

tranquilizante adj. y m. Se dice de los fármacos de efecto sedante.

tranquilizar tr. y prnl. Poner tranquila a una persona o cosa. ‖ **FAM.** tranquilizador, tranquilizante.

tranquilo, la adj. Quieto, sosegado. ‖ De carácter pacífico: *es un hombre tranquilo, enemigo de discusiones y peleas.* ‖ Despreocupado y algo irresponsable. También s. ‖ Se apl. a la conciencia libre de remordimientos. ‖ **FAM.** tranquilamente, tranquilidad, tranquilizar.

tranquillo m. Hábito especial que se logra a fuerza de repetición y con el que se consigue realizar más fácilmente un trabajo: *cogerle el tranquillo a algo.*

transacción f. Acuerdo comercial entre personas o empresas. ‖ Acción y efecto de transigir. ‖ **FAM.** transaccional.

transalpino, na adj. Se dice de las regiones que desde Italia aparecen situadas al otro lado de los Alpes. ‖ Relativo a ellas. ♦ También se dice *trasalpino.*

transandino, na adj. Se dice de las regiones situadas al otro lado de la cordillera de los Andes. ‖ Perteneciente o relativo a ellas. ‖ Se dice del tráfico y de los medios de locomoción que atraviesan los Andes. ♦ También se dice *trasandino.*

transatlántico, ca adj. Se dice de las regiones situadas al otro lado del Atlántico. ‖ Relativo a ellas. ‖ Se dice del tráfico y de los medios de locomoción que atraviesan el Atlántico. ‖ m. Buque de grandes dimensiones destinado a hacer travesías por mares y océanos.

transar intr. y prnl. *amer.* Transigir, ceder, llegar a una transacción o acuerdo.

transbordador, ra adj. Que transborda. ‖ m. Barco para el transporte de mercancías, viajeros o vehículos que circula regularmente entre dos puntos de un río, canal, etc. ‖ **transbordador espacial** Nave espacial con forma de avión que despega en vertical y regresa a la Tierra aterrizando como un avión convencional. ♦ También se dice *trasbordador.*

transbordar tr. y prnl. Trasladar efectos o personas de una embarcación a otra, de un tren a otro, o de la orilla de un río a la otra. ♦ También se dice *trasbordar.* ‖ **FAM.** transbordador, transbordo.

transbordo m. Acción y efecto de transbordar, en especial de un tren a otro. ♦ También se dice *trasbordo.*

transcribir tr. Escribir con un sistema de caracteres lo que está escrito en otro. ‖ Representar elementos fonéticos, fonológicos, léxicos o morfológicos de una lengua o dialecto mediante un sistema de escritura. ‖ Escribir o anotar lo que se oye. ‖ Arreglar para un instrumento la música escrita para otro. ♦ También se dice *trascribir.* Su p. p. es irreg.: *transcrito.* ‖ **FAM.** transcripción, transcriptor, transcrito.

transcripción f. Acción y efecto de transcribir. ‖ **transcripción fonética** La que se hace teniendo en cuenta las realizaciones de los hablantes. ‖ **transcripción fonológica** La que reproduce los elementos fonológicamente pertinentes, prescindiendo de las realizaciones individuales. ♦ También se dice *trascripción.*

transcurrir intr. Pasar, correr el tiempo: *transcurrieron los meses.* ♦ También se dice *trascurrir.* ‖ **FAM.** transcurso.

transcurso m. Acción de transcurrir. ‖ Período de tiempo: *llegará en el transcurso de un año.* ♦ También se dice *trascurso.*

transducción f. Transformación de una vivencia psíquica en otra psicosomática. ‖ **FAM.** transductor.

transductor m. Dispositivo destinado a recibir la potencia de un sistema mecánico, electromagnético, acústico, etc., y a transmitirla a otro, generalmente en forma distinta, como el micrófono y el altavoz. ‖ Entidad biológica que transforma una acción hormonal en una actividad enzimática.

transeúnte adj. y com. Que transita o camina por un lugar. ‖ Que está de paso, que reside transitoriamente en un sitio.

transexual adj. y com. Persona que posee un sentimiento acusado de pertenecer al sexo opuesto, que se cristaliza en el deseo de transformación corporal. ‖ FAM. transexualidad, transexualismo.

transferencia f. Acción y efecto de transferir. ‖ Operación por la que se transfiere una cantidad de una cuenta bancaria a otra. ♦ También se dice *trasferencia*.

transferir tr. Pasar o llevar una cosa de un lugar a otro. ‖ Ceder a otro el derecho o dominio que se tiene sobre una cosa. ‖ Remitir fondos bancarios de una cuenta a otra. ‖ Extender o trasladar el sentido de una voz para que signifique figuradamente una cosa distinta. ♦ Irreg. Se conj. como *sentir*. También se dice *trasferir*. ‖ FAM. transferencia, transferible, transferidor.

transfiguración f. Acción y efecto de transfigurar o transfigurarse. ‖ Por ant., la de Jesucristo en el monte Tabor, en presencia de tres de sus discípulos. ♦ También se dice *trasfiguración*.

transfigurar tr. y prnl. Hacer cambiar de forma o aspecto a una persona o cosa: *al sonreír se transfigura*. ♦ También se dice *trasfigurar*.

transformador, ra adj. y s. Que transforma. ‖ m. Aparato eléctrico para convertir la corriente de alta tensión y débil intensidad en otra de baja tensión y gran intensidad, o viceversa. ♦ También se dice *trasformador*.

transformar tr. y prnl. Hacer cambiar de forma o aspecto a una persona o cosa: *la oruga se transforma en mariposa*. ‖ Cambiar una cosa en otra. ‖ Hacer cambiar el carácter, las costumbres, etc., de una persona. ♦ También se dice *trasformar*. ‖ FAM. transformable, transformación, transformacional, transformador, transformante, transformativo, transformismo.

transformismo m. Doctrina según la cual los caracteres típicos de las especies animales y vegetales no son por naturaleza fijos e inmutables, sino que pueden variar por la acción de diversos factores intrínsecos y extrínsecos. ‖ Actividad y espectáculo del transformista. ♦ También se dice *trasformismo*. ‖ FAM. transformista.

transformista adj. Relativo al transformismo. ‖ Partidario de esta doctrina. También s. ‖ com. Artista que cambia rapidísimamente sus trajes y aspectos para imitar muchos personajes. ♦ También se dice *trasformista*.

tránsfuga com. Persona que pasa huyendo de una parte a otra. ‖ Persona que pasa de un partido a otro. ♦ También se dice *trásfuga*, *tránsfugo* y *trásfugo*. ‖ FAM. tránsfugo, transfuguismo.

transfundir tr. Echar un líquido poco a poco de un recipiente a otro. ‖ Comunicar una cosa entre diversas personas sucesivamente. También prnl. ‖ Realizar una transfusión de sangre. ♦ También se dice *trasfundir*. ‖ FAM. transfusión, transfusor.

transfusión f. Operación que consiste en hacer pasar cierta cantidad de sangre de un individuo a otro. ♦ También se dice *trasfusión*.

transgredir tr. Quebrantar, violar un precepto o ley. ♦ También se dice *trasgredir*. ♦ Defect. Se conj. como *abolir*. ‖ FAM. transgresión, transgresor.

transición f. Acción y efecto de pasar de estado o modo de ser a otro distinto. ‖ Paso de una idea o materia a otra. ‖ Cambio de tono y expresión. ‖ En España, período que comprende desde 1975, año de la muerte de Franco, hasta 1978, fecha de la proclamación de la nueva Constitución. ‖ FAM. transicional.

transido, da adj. Muy angustiado o abatido por un sufrimiento, penalidad, etc.: *transido de dolor*.

transigencia f. Cualidad de la persona que transige. ‖ Lo que se hace o consiente transigiendo.

transigir intr. y tr. Consentir en parte con lo que no se cree justo, razonable o verdadero. ‖ Tolerar, aceptar: *no transige con la impuntualidad*. ‖ FAM. transigencia, transigente.

transistor m. Dispositivo electrónico constituido por un pequeño bloque de materia semiconductora, que cuenta con tres electrodos: emisor, colector y base. ‖ P. ext., aparato de radio. ‖ FAM. transistorizado.

transitar intr. Ir o pasar de un lugar a otro por vías o parajes públicos. ‖ FAM. transición, transistor, transitable, transitivo, tránsito, transitorio.

transitivo, va adj. Se dice del verbo que puede construirse con comp. directo, p. ej., *tomar*. ‖ Se dice de la oración que tiene este tipo de verbo y comp. directo. ‖ FAM. transitividad.

tránsito m. Acción de transitar. ‖ Movimiento de personas, vehículos, etc., que van de un lugar a otro. ‖ En conventos, seminarios, etc., pasillo o corredor. ‖ En la religión católica, muerte de las personas santas o de vida virtuosa. ‖ Fiesta con que la Iglesia católica conmemora la muerte de la Virgen María, el 15 de agosto. ◆ En esta acepción se escribe con mayúscula.

transitorio, ria adj. Pasajero, temporal. ‖ Caduco, perecedero, fugaz. ‖ FAM. transitoriamente, transitoriedad.

transliterar tr. Representar los signos de un sistema de escritura, mediante los signos de otro. ◆ También se dice *trasliterar*. ‖ FAM. transliteración.

translúcido, da adj. Cuerpo a través del cual pasa la luz, pero que no deja ver sino confusamente lo que hay detrás de él. ◆ También se dice *traslúcido*. ‖ FAM. translucir.

transmediterráneo, a adj. Se dice del comercio o de los medios de locomoción que atraviesan el Mediterráneo. ◆ También se dice *trasmediterráneo*.

transmigrar intr. Pasar de un país a otro para establecerse en él. ‖ Pasar un alma de un cuerpo a otro, según la teoría de la metempsicosis. ◆ También se dice *trasmigrar*. ‖ FAM. transmigración, transmigratorio.

transmisión f. Acción y efecto de transmitir. ‖ Conjunto de mecanismos que comunican el movimiento de un cuerpo a otro, alterando generalmente su velocidad, su sentido o su forma: *la transmisión de un coche.* ‖ pl. Servicio de un ejército encargado de los enlaces. ◆ También se dice *trasmisión*.

transmisor, ra adj. y s. Que transmite o puede transmitir. ‖ m. Aparato telegráfico o telefónico que sirve para producir las ondas hercianas que han de actuar en el receptor. ‖ Aparato que sirve para transmitir órdenes relativas al movimiento de las máquinas, en maniobras de barcos o ferroviarias. ‖ Aparato que transforma una onda acústica en onda eléctrica, o produce señales para ser transmitidas por cable, mediante onda electromagnética. ◆ También se dice *trasmisor*.

transmitir tr. Hacer llegar a alguien algún mensaje. ‖ Comunicar una noticia por telégrafo o teléfono o cualquier otro medio de comunicación. ‖ Difundir una estación de radio y televisión, programas, espectáculos, etc. ‖ Trasladar, transferir. ‖ Comunicar estados de ánimo o sentimientos: *nos transmitió su euforia.* ‖ Comunicar el movimiento de una pieza a otra en una máquina. También prnl. ‖ Ceder o traspasar a otro un derecho u otra cosa. ◆ También se dice *trasmitir*. ‖ FAM. transmisión, transmisor, transmitible.

transmutar tr. y prnl. Cambiar o convertir una cosa en otra. ◆ También se dice *trasmutar*. ‖ FAM. transmutable, transmutación, transmutativo, transmutatorio.

transoceánico, ca adj. Que está situado al otro lado del océano. ‖ Que atraviesa un océano. ◆ También se dice *trasoceánico*.

transparencia f. Cualidad de transparente. ‖ En pint., técnica mediante pinceladas muy suaves, que dejan ver lo cubierto por éstas. ‖ En cine, técnica que permite representar en un estudio escenas de exteriores, mediante una imagen fija que sustituye el fondo. ‖ Diapositiva. ◆ También se dice *trasparencia*.

transparentarse prnl. Dejarse ver la luz u otra cosa a través de un cuerpo transparente. ‖ Ser transparente un cuerpo. ‖ Dejarse descubrir o adivinar algo. ◆ También se dice *trasparentarse*.

transparente adj. Se dice del cuerpo a través del cual pueden verse los objetos con claridad. ‖ Traslúcido. ‖ Que se deja adivinar o vislumbrar sin declararse o manifestarse. ‖ m. Tela o papel que, colocado delante de ventanas o balcones, o ante una luz artificial para suavizar o mitigar la luz. ‖ Ventana de cristales que ilumina y adorna el fondo de un altar. ◆ También se dice *trasparente*. ‖ FAM. transparencia, transparentar.

transpirar intr. Expulsar un líquido a través de los poros de la piel, y especialmente el sudor. También tr. y prnl. ‖ Destilar una cosa agua a través de sus poros. ‖ Dejar pasar el sudor un determinado tejido. También tr. ◆ También se dice *traspirar*. ‖ FAM. transpiración.

transpirenaico, ca adj. Se dice de las regiones situadas al otro lado de los Pirineos. ‖ Relativo a ellas. ‖ Se dice del comercio y de los medios de locomoción que atraviesan los Pirineos. ◆ También se dice *traspirenaico*.

transportador, ra adj. y s. Que transporta. ‖ m. Círculo o semicírculo graduado que sirve para medir o trazar los ángulos de un dibujo geométrico. ◆ También se dice *trasportador*.

transportar tr. Llevar a alguien o algo de un lugar a otro. ‖ Trasladar una composición de un tono a otro: *transportar un poema a lo divino.* ‖ Entusiasmar, extasiar. También prnl. ◆ También se dice *trasportar*. ‖ FAM. transportador, transporte, transportista.

transporte m. Acción y efecto de transportar. ‖ Vehículo utilizado para transportar personas o cosas. ◆ También se dice *trasporte*.

transportista com. Persona que se dedica a hacer transportes. ◆ También se dice *trasportista*.

transposición f. Acción y efecto de transponer. ‖ Figura retórica que consiste en alterar el orden normal de las voces en la oración. ◆ También se dice *trasposición*.

transuránico, ca o **transuránido, da** adj. Se dice de los elementos situados en la tabla periódica después del uranio.

transustanciar tr. Convertir totalmente una sustancia en otra. También prnl. Se usa especialmente hablando del cuerpo y sangre de Cristo en la Eucaristía. ‖ FAM. transustanciación, transustancial.

transversal adj. Que se halla o se extiende atravesado de un lado a otro. ‖ Que se aparta o desvía de la dirección principal o recta. ‖ f. Calle transversal. ◆ También se dice *trasversal*. ‖ FAM. transversalidad, transversalmente, transverso.

tranvía m. Vehículo de tracción eléctrica, para el transporte de viajeros, que circula sobre raíles en el interior de una ciudad. ‖ FAM. tranviario.

trapacear int. Usar trapacerías.

trapacería f. Artificio engañoso e ilícito con que se perjudica y defrauda a una persona en alguna compra, venta o cambio. ‖ Fraude, engaño. ‖ FAM. trapacear, trapacero, trapacista, trapaza.

trapajoso, sa adj. Desaseado, andrajoso. ‖ Se dice de la lengua o de la persona que pronuncia de manera confusa las palabras.

trápala f. Ruido, confusión de gente. ‖ Ruido acompasado del trote o galope del caballo. ‖ Embuste, engaño. ‖ m. Necesidad de hablar mucho sin sustancia. ‖ com. y adj. Persona que habla mucho y sin sustancia. ‖ Persona falsa y embustera. ‖ FAM. trapalear, trapalón.

trapalear intr. Meter ruido con los pies andando de un lado para otro. ‖ Decir o hacer cosas sin interés.

trapatiesta f. Riña, alboroto, desorden.

trapaza f. Trapacería.

trapazar intr. Trapacear.

trapear tr. *amer.* Fregar el suelo con trapo o estropajo.

trapecio m. Barra horizontal suspendida de dos cuerdas por sus extremos y que sirve para ejercicios gimnásticos. ‖ Cuadrilátero irregular que tiene paralelos solamente dos de sus lados, los cuales se llaman bases. ‖ Hueso del carpo. ‖ Cada uno de los dos músculos que se extienden desde el occipucio hasta los respectivos omóplatos y las vértebras dorsales. ‖ FAM. trapecista, trapezoedro, trapezoide.

trapecista com. Gimnasta o artista de circo que realiza ejercicios en el trapecio.

trapense adj. Se dice del religioso o religiosa de la Orden de la Trapa. También com. ‖ Relativo a esta orden religiosa.

trapería f. Conjunto de muchos trapos. ‖ Sitio donde se venden trapos y otros objetos usados.

trapero, ra m. y f. Persona que tiene por oficio recoger o comprar y vender trapos, ropas y otros objetos usados. ‖ Persona sucia o mal vestida. También adj.

trapezoide m. Cuadrilátero irregular que no tiene ningún lado paralelo a otro, ni lados ni ángulos iguales. ‖ Hueso del carpo. ‖ FAM. trapezoidal.

trapiche m. Molino para extraer el jugo de algunos frutos de la tierra, como aceituna o caña de azúcar. ‖ *amer.* Molino para pulverizar minerales. ‖ FAM. trapichear.

trapichear intr. Ingeniarse, buscar medios, no siempre lícitos, para lograr algún fin. ‖ Comerciar con cosas poco importantes. ‖ FAM. trapiche, trapichero.

trapillo (de) loc. adv. Con ropa de diario o poco elegante.

trapío m. Gracia o garbo de algunas mujeres. ‖ Buena planta y gallardía del toro de lidia.

trapisonda f. Bulla, riña, alboroto. ‖ Embrollo, enredo. ‖ com. Persona amiga de enredos y alborotos. ‖ FAM. trapisondear, trapisondista.

trapo m. Pedazo de tela desechado por viejo, por roto o por inútil. ‖ Paño utilizado en las tareas domésticas. ‖ Vela de una embarcación: *soltar el trapo.* ‖ Capote que usa el torero en la lidia. ‖ pl. Prendas de vestir, especialmente de la mujer. ‖ **trapos sucios** Defectos o asuntos poco claros de una persona o cosa. ‖ **a todo trapo** loc. adv. A toda vela, a toda velocidad. ‖ **como** o **hecho un trapo** loc. adv. Muy cansado o abatido. ‖ Humillado o avergonzado. ‖ FAM. trapajoso, trapear, trapería, trapero.

tráquea f. En los vertebrados de respiración pulmonar, conducto que va de la faringe a los bronquios, que en el hombre está situado delante del esófago. ‖ Vaso conductor de la savia de las plantas. ‖ En los insectos y miriápodos, órgano respiratorio. ‖ FAM. traqueado, traqueal, traqueítis, traqueotomía.

traquear tr. *amer.* Recorrer o frecuentar alguien un sitio o lugar.

traqueotomía f. Abertura que se hace artificialmente en la tráquea para facilitar la respiración a ciertos enfermos.

traquetear intr. Moverse algunas cosas agitándose y haciendo un ruido característico, p. ej., algunos vehículos. ‖ FAM. traqueteante, traqueteo.

tras prep. Después de, a continuación de, aplicado al espacio o al tiempo: *tras este tiempo vendrá otro mejor.* ‖ En busca o seguimiento de: *se fue deslumbrado tras los honores.* ‖

Detrás de, en situación posterior: *se escondió tras la puerta.* | **FAM.** trasero.

trasbocar tr. *amer.* Vomitar, expulsar lo que se tiene en el estómago.

trascacho m. Paraje resguardado del viento.

trascendencia f. Importancia o valor de algo. | Consecuencia grave de algo: *el accidente no tuvo trascendencia.* ♦ También se dice *transcendencia.*

trascendental adj. De mucha importancia o valor. | Que se comunica o extiende a otras cosas. | Se dice de lo que traspasa los límites de la ciencia experimental. ♦ También se dice *transcendental.* | **FAM.** trascendentalismo, trascendentalista.

trascender intr. Empezar a ser conocido o sabido algo que estaba oculto: *trascender una noticia.* | Extender o comunicarse los efectos de unas cosas a otras, produciendo consecuencias. | Ir más allá, sobrepasar cierto límite. También tr. | tr. Comprender, averiguar alguna cosa: *no consigo trascender sus intenciones.* ♦ **Irreg.** Se conj. como *entender.* También se dice *transcender.* | **FAM.** trascendencia, trascendental, trascendente.

trascordarse prnl. Perder la noción puntual de una cosa, por olvido o por confusión con otra. ♦ **Irreg.** Se conj. como *contar.*

trascoro m. Lugar en las iglesias situado detrás del coro.

trasdós m. Superficie exterior convexa de un arco o bóveda. | Pilastra que está inmediatamente detrás de una columna.

trasegar tr. Trastornar, revolver. | Cambiar un líquido de una vasija a otra. | Tomar bebidas alcohólicas. ♦ **Irreg.** Se conj. como *acertar.* | **FAM.** trasiego.

trasero, ra adj. Que está, se queda o viene detrás. | m. Culo, asentaderas. | f. Parte posterior de algo.

trasfondo m. Lo que está o parece estar más allá del fondo visible de una cosa o detrás de la apariencia o intención de una acción: *se notaba un trasfondo de amargura en sus palabras.*

trasgo m. Duende, espíritu enredador. | Niño revoltoso.

trashumancia f. Pastoreo estacional que consiste en pasar el ganado desde las dehesas de invierno a las de verano, y viceversa. | **FAM.** trashumante, trashumar.

trasiego m. Acción y efecto de trasegar. | Ajetreo: *el trasiego de la mudanza nos ha dejado agotados.*

traslación f. Acción y efecto de trasladar o trasladarse. | Movimiento de la Tierra alrededor del Sol. | Metáfora. ♦ También se dice *translación.*

trasladar tr. Llevar o cambiar una persona o cosa de un lugar a otro. También prnl. | Hacer pasar a una persona de un puesto o cargo a otro de la misma categoría: *le han trasladado a la nueva sucursal.* | Cambiar la fecha de celebración de un acto. | Traducir de una lengua a otra. | Copiar o reproducir un escrito. | **FAM.** traslación, trasladable, traslado, traslaticio, traslativo.

traslado m. Acción y efecto de trasladar. | Comunicación que se da a alguna de las partes que litigan, de las pretensiones o alegatos de la otra.

traslaticio, cia adj. Se dice del sentido que toma un vocablo, distinto del suyo recto o más corriente. ♦ También se dice *translaticio.* | **FAM.** traslaticiamente.

traslúcido, da o **trasluciente** adj. Se dice del cuerpo que deja pasar la luz, pero a través del cual no pueden apreciarse claramente los objetos situados detrás de él. ♦ También se dice *translúcido* y *transluciente.* | **FAM.** traslucidez.

traslucirse prnl. Ser traslúcido un cuerpo. | Deducirse o inferirse una cosa por algún antecedente o indicio. También tr.: *su temor trasluce inseguridad.* ♦ **Irreg.** Se conj. como *lucir.* También se dice *translucirse.* | **FAM.** traslúcido, trasluciente, trasluz.

trasluz m. Luz que pasa a través de un cuerpo traslúcido. | **al trasluz** loc. adv. Puesto el objeto entre la luz y el ojo, para que se trasluzca.

trasmallo m. Arte de pesca formado por tres redes, más tupida la central que las exteriores superpuestas.

trasmano (a) loc. adv. Fuera del alcance habitual o de los caminos frecuentados.

trasminar tr. Penetrar o pasar a través de alguna cosa un olor, un líquido, etc. También intr. y prnl.

trasnochado, da adj. Anticuado o pasado de moda.

trasnochar intr. Pasar uno la noche, o gran parte de ella, sin dormir. | **FAM.** trasnochado, trasnochador, trasnoche, trasnocho.

traspapelar tr. y prnl. Perder un papel o documento por estar mal colocado entre otros.

traspasar tr. Atravesar de parte a parte, especialmente con un arma o instrumento. | Pasar adelante, hacia otra parte o a otro lado: *traspasar un arroyo.* También prnl. | Pasar más allá, rebasar: *traspasar una frontera.* | Renunciar o ceder a favor de otro el derecho o dominio de una cosa: *traspasar un negocio.* |

Transgredir o quebrantar un precepto, norma, etc.: *traspasar el límite de velocidad.* ‖ Exceder en lo debido o razonable. ‖ Hacerse sentir intensamente un dolor físico o moral. ‖ FAM. traspasable, traspaso.

traspaso m. Acción y efecto de traspasar. ‖ Cesión a favor de otro del dominio de una cosa, en especial de un local o negocio.

traspié m. Resbalón, tropezón. ‖ Error, equivocación: *dar un traspié.*

trasplantar tr. Trasladar plantas del sitio en que están arraigadas y plantarlas en otro. ‖ Insertar en un cuerpo humano o de animal un órgano sano o parte de él, procedente de otro individuo. ‖ Introducir en un país o lugar ideas, costumbres, etc., procedentes de otro. También prnl. ♦ También se dice *transplantar.* ‖ FAM. trasplantable, trasplantación, trasplante.

trasplante m. Acción y efecto de trasplantar. ‖ Intervención que consiste en implantar a un ser vivo alguna parte orgánica procedente de otro individuo o del mismo. ♦ También se dice *transplante.*

trasponer tr., intr. y prnl. Poner a alguien o algo en lugar distinto del que ocupaba. ‖ Pasar al otro lado de un lugar: *trasponer un límite.* ‖ Ocultarse el Sol. ‖ prnl. Quedarse medio dormido. ♦ Irreg. Se conj. como *poner.* También se dice *transponer.* ‖ FAM. trasponedor, trasposición, traspositor, traspuesta, traspuesto.

trasportín m. Soporte de una bicicleta o motocicleta para llevar cargas pequeñas. ♦ Traspuntín.

trasposición f. Acción y efecto de trasponer o trasponerse. ‖ Figura retórica que consiste en alterar el orden normal de las voces en la oración. ♦ También se dice *transposición.* ‖ FAM. traspositivo.

traspunte com. Persona encargada en el teatro de avisar a los actores de cuándo han de salir a escena, apuntándoles además las primeras palabras que deben decir.

traspuntín m. Asiento suplementario y plegadizo que hay en algunos coches.

trasquilar tr. Cortar el pelo de forma desigual. También prnl. ‖ Cortar el pelo o la lana a algunos animales. ‖ FAM. trasquilador, trasquiladura, trasquilón.

trastabillar intr. Dar traspiés o tropezones. ‖ Tambalear, vacilar, titubear. ‖ Tartamudear.

trastada f. Travesura o jugarreta.

trastazo m. Golpe, porrazo.

traste m. Cada uno de los resaltos de metal o hueso que se colocan en el mástil de la guitarra u otros instrumentos semejantes. ‖ amer. Trasto. Más en pl. ‖ **dar al traste con** una cosa loc. Destruirla, echarla a perder. ‖ **irse** algo **al**

traste loc. Fracasar, arruinarse. ‖ FAM. trasteado, trastear.

trastear tr. Poner los trastes a un instrumento. ‖ Pisar las cuerdas de los instrumentos de trastes. ‖ FAM. trasteo.

trastear intr. Revolver, cambiar trastos de una parte a otra. ‖ Hacer travesuras, enredar. ‖ tr. Dar el espada al toro pases de muleta. ‖ Manejar con habilidad un asunto. ‖ FAM. trasteo

trastero, ra adj. y s. Se dice de la habitación o desván destinado para guardar trastos.

trastienda f. Cuarto o pieza situados detrás de la tienda. ‖ Cautela o reserva en el modo de proceder: *actúa con trastienda.*

trasto m. Cualquiera de los muebles o utensilios de una casa. ‖ Cosa o mueble viejos o inútiles. ‖ Bastidor o artificio que forma parte de la decoración del teatro. ‖ Persona muy inquieta o enredadora; se aplica especialmente a los niños. ‖ pl. Utensilios o herramientas de algún arte o ejercicio: *los trastos de pescar.* ‖ **tirarse los trastos a la cabeza** loc. Discutir violentamente dos o más personas. ‖ FAM. trastada, trastazo, traste, trastear, trastero.

trastocar tr. Trastornar, alterar, revolver. ♦ Irreg. Se conj. como *contar.* ‖ FAM. trastocado, trastocamiento.

trastornar tr. Inquietar, alterar o perturbar a alguien. También prnl.: *se trastornó mucho al saberlo.* ‖ Desordenar o trastocar. También prnl. ‖ Causar molestia: *a mí no me trastorna ir a buscarle.* ‖ FAM. trastornable, trastornador, trastorno.

trastorno m. Acción y efecto de trastornar. ‖ Enfermedad o alteración en la salud: *trastorno mental.*

trastrocar tr. y prnl. Cambiar unas cosas por otras, o confundirlas con ellas: *trastrueca todo lo que dije.* ♦ Irreg. Se conj. como *contar.* ‖ FAM. trastrocamiento, trastrueque.

trasudar tr. Sudar ligeramente, por lo general por el nerviosismo, cansancio, etc. ‖ FAM. trasudación, trasudado, trasudor.

trasunto m. Copia o traslado que se saca del original. ‖ Figura o representación que imita fielmente una cosa.

trasvasar tr. Pasar una cosa de un lugar a otro, especialmente un líquido. ♦ También se dice *transvasar.* ‖ FAM. trasvase.

trasvase m. Acción y efecto de trasvasar. ‖ Conjunto de obras destinadas a la canalización del agua de un río a otro. ♦ También se dice *transvase.*

trata f. Tráfico o comercio con personas. ‖ **trata de blancas** Tráfico con mujeres jóvenes, para dedicarlas a la prostitución.

tratable adj. Que se puede o deja tratar fácilmente. ‖ Cortés, razonable y amable: *el jefe es muy tratable.*

tratado m. Convenio, conclusión de un negocio: *un tratado entre gobiernos.* ‖ Escrito o discurso sobre una materia determinada, generalmente extenso y profundo. ‖ **FAM.** tratadista.

tratamiento m. Acción y efecto de tratar. ‖ Título de cortesía, como, p. ej., *señor* o *excelencia.* ‖ Sistema o método para curar enfermedades: *tratamiento hidroterápico.* ‖ Procedimiento empleado en una experiencia o en la elaboración de un producto.

tratante com. Persona que se dedica a comprar géneros para revenderlos: *tratante de ganado.*

tratar tr. Portarse con alguien de una determinada manera. También prnl. ‖ Cuidar bien o mal una cosa. ‖ Tener relación con alguien. También intr. y prnl.: *hace años que se tratan.* ‖ Dar un tratamiento: *le trató de usted.* ‖ Tildar o motejar: *le trató de loco.* ‖ Someter a una persona o cosa a cierto tratamiento, acción, proceso, etc.: *tratar los metales.* ‖ Discutir un asunto: *la conferencia trató de Cervantes.* ‖ En inform., procesar datos. ‖ intr. Procurar el logro de algún fin: *trata de vivir bien.* ‖ Comerciar: *tratar en ganado.* ‖ Referirse a cierto tema u ocuparse de él un escrito, discurso, etc. También prnl.: *¿qué te preocupa, se trata del trabajo?* ‖ **FAM.** trata, tratable, tratado, tratamiento, tratante, trato.

tratativa f. *amer.* Etapa preliminar de una negociación en la que comúnmente se discuten problemas laborales, políticos, económicos, etc. Más en pl.

trato m. Acción y efecto de tratar o tratarse. ‖ Ajuste o convenio. ‖ Tratamiento de cortesía. ‖ **trato hecho** loc. Fórmula con que se da por definitivo un acuerdo o convenio. ‖ **FAM.** tratativa.

trauma m. Traumatismo. ‖ Choque o sentimiento emocional que deja una impresión duradera en el subconsciente, generalmente a causa de una experiencia negativa. ‖ **FAM.** traumático, traumatismo, traumatizar, traumatología.

traumatismo m. Lesión interna o externa provocada en los tejidos. ‖ Estado del organismo afectado por una herida grave.

traumatizar tr. y prnl. Causar un trauma emocional.

traumatología f. Parte de la medicina referente a los traumatismos y sus efectos. ‖ **FAM.** traumatológico, traumatólogo.

trávelin m. Técnica cinematográfica que consiste en seguir el objeto con una cámara móvil, acercándola o alejándola de él.

travelling (voz i.) m. Trávelin.

través m. Inclinación o torcimiento: *se sentó de través.* ‖ Desgracia, fatalidad. ‖ **a través de** loc. adv. Por medio de; por conducto de: *lo consiguió a través de un amigo.* ‖ Por entre: *a través de la celosía.* ‖ **FAM.** travesaño, travesero, travesía, traviesa, travieso.

travesaño m. Pieza que atraviesa de una parte a otra. ‖ Pieza que forma cada uno de los peldaños de las escaleras portátiles.

travesear intr. Andar inquieto o revoltoso de una parte a otra.

travesero, ra adj. Se dice de lo que se pone de través.

travesía f. Callejuela que atraviesa entre calles principales. ‖ Parte de una carretera comprendida dentro del casco de una población. ‖ Viaje, particularmente el que se realiza en un barco o en un avión.

travestí o **travesti** com. Travestido. ‖ Transexual.

travestido, da adj. y s. Que se viste con ropa del sexo contrario al suyo, p. ej., cuando lo hace formando parte de un espectáculo.

travestirse prnl. Vestirse una persona con la ropa del sexo contrario. ◆ **Irreg.** Se conj. como *pedir.* ‖ **FAM.** travestido, travestismo.

travestismo m. Tendencia a vestirse con ropas del sexo opuesto y a adoptar gestos y aptitudes propias de éste, para obtener placer sexual.

travesura f. Acción con la que se causa algún daño o perjuicio de poca importancia y que realiza alguien, generalmente un niño, por divertirse o jugar. ‖ **FAM.** travesear.

traviesa f. Madero o pieza que se atraviesa en una vía férrea para asentar sobre ella los rieles.

travieso, sa adj. Inquieto, revoltoso; se dice comúnmente de los niños. ‖ Pícaro o malicioso: *una cara traviesa.* ‖ **FAM.** travesura.

trayecto m. Espacio que se recorre. ‖ Acción de recorrerlo: *nos perdimos en el trayecto.* ‖ **FAM.** trayectoria.

trayectoria f. Línea descrita en el espacio por un punto en movimiento. ‖ Curso o dirección que sigue alguien o algo al desplazarse. ‖ Curva que traza un proyectil al ser lanzado o en su movimiento. ‖ Hablando de cosas inmateriales, dirección o evolución: *la trayectoria de su vida ha sido bien sencilla.*

traza f. Planta o diseño para la construcción de un edificio u otra obra. ‖ Aspecto o apariencia de una persona o cosa: *esas nubes no tienen buena traza.*

trazado m. Acción y efecto de trazar. ‖ Traza, diseño. ‖ Recorrido o dirección de un camino, canal, línea ferroviaria, carretera, etc.

trazar tr. Hacer trazos o líneas. | Diseñar el plano o la traza de un edificio u otra obra. | Discurrir los medios necesarios para el logro de una cosa: *trazar un plan*. | Describir, dibujar los rasgos característicos de una persona o cosa. | **FAM.** trazable, trazado, trazador.

trazo m. Línea, raya. | Parte de la letra manuscrita. | Línea que constituye la forma o el contorno de algo. | **FAM.** tracería, traza, trazar.

trébedes f. pl. Triángulo de hierro con tres pies que sirve para poner al fuego sartenes, cazuelas, etc.

trebejo m. Utensilio, instrumento. Más en pl. | Juguete. | Cada una de las piezas del juego de ajedrez.

trébol m. Planta herbácea papilionácea de flores blancas o moradas que se cultiva como planta forrajera. | Uno de los palos de la baraja francesa. Más en pl. | **FAM.** trebolar.

trece adj. Diez y tres. También m.: *el trece de diciembre*. | Decimotercero. | m. Conjunto de signos con que se representa este número. | **mantenerse, o seguir** uno **en sus trece** loc. Obstinarse en una cosa o mantener a todo trance su opinión. | **FAM.** trecavo.

treceavo, va adj. y m. Se dice de cada una de las trece partes iguales de un todo.

trecho m. Espacio, distancia.

trefilar tr. Pasar un metal por la hilera para hacer alambre. | **FAM.** trefilado, trefilador, trefilería.

tregua f. Suspensión de hostilidades, por tiempo determinado, entre beligerantes. | Intermisión, descanso.

treinta adj. Tres veces diez. También m.: *el treinta de diciembre*. | Trigésimo. | m. Conjunto de signos con que se representa este número. | **FAM.** treintañero, treintavo, treintena, trigésimo.

treintavo, va adj. Cada una de las treinta partes en que se divide un todo.

treintena f. Conjunto de treinta unidades.

trematodo adj. y m. Se dice de los gusanos platelmintos que viven parásitos en otros animales, como la duela. | m. pl. Orden de estos animales.

tremebundo, da adj. Horrendo, que hace temblar. | Muy grande, desmesurado.

tremedal m. Terreno pantanoso que tiembla cuando se anda sobre él.

tremendismo m. Sensacionalismo. | Corriente estética desarrollada en España en el s. xx que se caracteriza por la exagerada expresión de los aspectos más crudos de la vida real. | **FAM.** tremendista.

tremendo, da adj. Muy grande o intenso: *un frío tremendo*. | Referido a personas, de mal carácter, maniáticas y sorprendentes; aplicado a niños, muy traviesos. | **por la tremenda** loc. adv. Denota el modo violento o drástico de resolver un asunto. | **FAM.** tremebundo, tremendismo.

trementina f. Resina de los pinos, abetos, alerces y terebintos. Es muy aromática y se usa en industria y en medicina.

tremolar tr. e intr. Enarbolar los pendones, banderas o estandartes, moviéndolos en el aire. | **FAM.** tremolante, tremolina.

tremolina f. Movimiento ruidoso del aire. | Bulla, confusión de voces y personas que gritan y enredan, o riñen: *armarse la tremolina*.

trémolo m. En mús., sucesión rápida de muchas notas iguales de la misma duración.

trémulo, la adj. Que tiembla. | Se dice de las cosas de movimiento semejante al temblor; como la luz o las llamas. | **FAM.** tremolar, trémolo, trémulamente, tremulento.

tren m. Transporte formado por una serie de vagones enlazados o articulados unos tras otros y arrastrados por una locomotora. | Conjunto de instrumentos o dispositivos para una misma operación o servicio: *tren de dragado*. | Modo de vida de una persona, especialmente si está rodeada de lujos y comodidades, realiza muchas actividades, etc.: *no puedo seguir este tren de vida* | Marcha, ritmo: *vamos a buen tren*. | **tren de aterrizaje** Dispositivo de aterrizaje de un avión. | **a todo tren** loc. adv. Con gran lujo y comodidad. | Con la máxima velocidad. | **estar como un tren** loc. Tener buen tipo una persona, ser muy atractiva. | **para parar un tren** loc. Mucho o muchos: *había gente para parar un tren*.

trena f. Cárcel de presos.

trenca f. Abrigo corto con capucha.

trencilla f. Adorno en forma de trenza. | m. Árbitro de fútbol.

treno m. Canto fúnebre o lamentación por alguna calamidad o desgracia. | P. ant., cada una de las lamentaciones del profeta Jeremías.

trenza f. Entrecruzamiento de tres o más hebras, cordones, etc. | La que se hace entretejiendo el cabello largo. | **FAM.** trencilla, trenza.

trenzar tr. Entretejer tres o más ramales, cordones, etc., cruzándolos alternativamente para formar un solo cuerpo alargado. | **FAM.** trenzado.

trepa f. Acción y efecto de trepar. | com. Persona con pocos escrúpulos, que se vale de cualquier medio para prosperar. También adj.

trepador, ra adj. Que trepa. | Se dice de las aves que trepan con facilidad, como el cuclillo y el pájaro carpintero. También f. | Se dice de las plantas que trepan agarrándose a los árboles o a las paredes. ‖ m. Sitio por donde se trepa. ‖ f. pl. Orden de las aves que trepan.

trepanar tr. Perforar el cráneo u otro hueso con fin curativo o diagnóstico. ‖ FAM. trepanación, trépano.

trépano m. Instrumento quirúrgico para trepanar.

trepar intr. Subir a un lugar alto o dificultoso. También tr. ‖ Crecer las plantas agarrándose a árboles y paredes. ‖ Prosperar social o laboralmente sirviéndose de cualquier medio, sin escrúpulos. ‖ FAM. trepa, trepado, trepador, treparriscos, trepatroncos.

trepidar intr. Temblar fuertemente. ‖ *amer.* Vacilar, dudar. ‖ FAM. trepidación, trepidante. ‖ FAM. trepidación, trepidante.

tres adj. Dos y uno. También m.: *el tres de julio.* ‖ Tercero. ‖ m. Signo o conjunto de signos con que se representa este número. ‖ Naipe con tres señales. ‖ **tres cuartos** Abrigo corto. ‖ FAM. tercero, terciar, tercio, trece, treinta, trescientos, tresillo, triates, triudo, trienio.

tresbolillo (a, o al) loc. adv. Manera de colocar las plantas, poniéndolas en filas paralelas, de modo que las de cada fila correspondan a la mitad de los huecos de la fila inmediata, formando triángulos equiláteros.

trescientos, tas adj. Tres veces cien. También m. ‖ Tricentésimo. ‖ m. Conjunto de signos con que se representa el número trescientos. ‖ FAM. tricentenario, tricentésimo.

tresillo m. Sofá de tres plazas. ‖ Conjunto de sofá y dos butacas a juego. ‖ Juego de naipes entre tres personas en el que gana el que hace mayor número de bazas. ‖ Sortija con tres piedras que hacen juego. ‖ En mús., conjunto de tres notas iguales interpretadas en el tiempo correspondiente a dos de ellas.

treta f. Artificio, artimaña.

tríada f. Conjunto de tres seres o cosas estrechamente vinculados entre sí. ‖ Conjunto de tres síntomas característicos de una enfermedad. ‖ Grupo de tres elementos químicos situados en cada columna del sistema periódico. ‖ FAM. triádico.

trial (voz i.) m. Modalidad de motociclismo que se practica en el campo, consistente en una prueba de habilidad, por terrenos accidentados.

triangular adj. De forma de triángulo.

triangular tr. En arq., disponer las piezas de una armazón en forma de triángulo. ‖ En topog., ligar por medio de triángulos ciertos puntos determinados de una comarca para levantar el plano de la misma. ‖ FAM. triangulación, triangulado, triangulador.

triángulo m. Figura formada por tres rectas que se cortan mutuamente. ‖ Instrumento musical de percusión en forma de triángulo al que se hace sonar golpeándolo con una varilla. ‖ FAM. triangular.

triásico, ca adj. Se dice del terreno sedimentario correspondiente al primer período de la era secundaria. También m. ‖ Relativo a este terreno.

tribal adj. Relativo a la tribu: *organización tribal.* ‖ FAM. tribalismo.

triboluminiscencia f. Luminiscencia que aparece por frotamiento.

tribu f. Grupo homogéneo y autónomo, social y políticamente, que ocupa un territorio propio. ‖ Agrupación de pueblos antiguos: *las doce tribus de Israel.* ‖ Cada una de los grupos taxonómicos en que muchas familias se dividen, los cuales se subdividen, a su vez, en géneros. ‖ FAM. tribal, tribual.

tribulación f. Congoja, pena. ‖ Adversidad. ‖ FAM. tribulo.

tríbulo m. Nombre genérico de varias plantas espinosas.

tribuna f. Plataforma elevada desde donde alguien habla o se dirige al público. ‖ Localidad preferente en un campo de deporte. ‖ Plataforma elevada en ciertos espectáculos públicos, como desfiles, procesiones, etc. ‖ Actividad del orador y conjunto de oradores, principalmente políticos, de un país, época, etc. ‖ Medio a través del cual se expresa alguien, p. e., la prensa. ‖ Balcón en el interior de algunas iglesias. ‖ FAM. tribunal, tribuno.

tribunado m. Dignidad de tribuno en la Roma Antigua. ‖ Tiempo que duraba. ‖ Uno de los cuerpos del poder legislativo en la constitución consular francesa anterior al Imperio napoleónico.

tribunal m. Magistrado o magistrados encargados de administrar justicia y pronunciar sentencias. ‖ Lugar donde jueces y magistrados administran justicia. ‖ Conjunto de jueces ante el cual se efectúan exámenes, oposiciones, etc. ‖ pl. Vía judicial: *amenazó con llevarle a los tribunales.* ‖ **Tribunal Constitucional** El establecido en un Estado para vigilar la correcta interpretación y aplicación de la Constitución. ‖ **Tribunal Supremo** El más alto de la justicia ordinaria, cuyos fallos no son recurribles ante otra autoridad.

tribunicio, cia adj. Relativo al tribuno romano. ‖ Relativo al tribuno, orador.

tribuno m. Magistrado romano que tenía la facultad de poner el veto a las resoluciones del Senado y de proponer plebiscitos. ‖ Orador popular. ‖ FAM. tribunado, tribunicio.

tributar tr. Pagar tributos. También intr. ‖ Manifestar admiración, respeto, afecto: *el pú-*

blico le tributó una fuerte ovación. ‖ **FAM**. tributación, tributante.

tributario, ria adj. Relativo al tributo: *derecho tributario.* ‖ Que paga tributo. También s. ‖ Se dice del curso de agua con relación al río o mar donde desemboca. ‖ Que es consecuencia o está ligado a aquello que se expresa.

tributo m. Cantidad de dinero que debe pagar un ciudadano al Estado para que haga frente a las cargas y servicios públicos. ‖ Cantidad de dinero o especie que entregaba el vasallo a su señor, a la Iglesia o a un soberano. ‖ Cualquier carga o inconveniente que se deriva del uso o disfrute de alguna cosa. ‖ Sentimiento de admiración, respeto o afecto hacia alguien: *rendir tributo a la belleza.* ‖ **FAM**. tributar, tributario.

tricentenario m. Tiempo de trescientos años. ‖ Fecha en que se cumplen trescientos años de algún suceso famoso. ‖ Fiestas que se celebran por este motivo.

tricentésimo, ma adj. Que sigue inmediatamente en orden al doscientos noventa y nueve. ‖ Se dice de cada una de las trescientas partes iguales en que se divide un todo. También m.

tríceps adj. y m. Se dice del músculo formado por tres partes unidas en un tendón común; particularmente se dice del tríceps braquial, que permite extender el antebrazo. ◆ No varía en pl.

triciclo m. Vehículo de tres ruedas, especialmente el de pequeño tamaño y provisto de pedales, que utilizan los niños.

triclinio m. Diván en el que comían los antiguos griegos y romanos. ‖ Comedor de los antiguos griegos y romanos.

tricolor adj. De tres colores: *bandera tricolor.*

tricornio adj. Se dice del sombrero que forma tres picos, con el ala dura y doblada, característico de la guardia civil. También m.

tricot (voz fr.) m. Punto, tejido. ‖ **FAM**. tricota, tricotadora, tricotar, tricotosa.

tricota f. *amer.* Suéter, prenda de punto.

tricotadora f. Tricotosa.

tricotar tr. Tejer, hacer punto a mano o con máquina.

tricotosa f. Máquina para tricotar, especialmente la de uso doméstico.

tricromía f. Procedimiento fotográfico y fotomecánico de reproducción de todos los colores mediante la estampación sucesiva del amarillo, rojo y azul. ‖ Impresión obtenida con esta técnica.

tricúspide adj. Que tiene tres puntas. ‖ Se

dice de la válvula del corazón que está entre la aurícula y el ventrículo izquierdos.

tridente adj. De tres dientes o puntas. ‖ m. Cetro en forma de arpón, con tres puntas, que tienen en la mano las figuras de Saturno o Neptuno.

tridentino, na adj. y s. De Trento. ‖ Relativo al concilio ecuménico que se reunió en esta ciudad a partir de 1545.

tridimensional adj. Se dice de lo que se desarrolla en las tres dimensiones del espacio: *imagen tridimensional.*

triduo m. Celebraciones religiosas que se practican durante tres días.

triedro adj. y m. Se dice del ángulo poliedro de tres caras.

trienio m. Tiempo de tres años. ‖ Incremento económico en un salario, cada tres años de servicio activo en una empresa u organismo. ‖ **FAM**. trienal.

trifásico, ca adj. Se dice de un sistema de tres corrientes eléctricas alternas iguales, procedentes del mismo generador, y desplazadas en el tiempo, cada una respecto de las otras dos, en un tercio de período.

trifolio m. Trébol. ‖ **FAM**. trifoliado.

triforio m. En arq., galería que rodea el interior de una iglesia sobre los arcos de las naves y que suele tener ventanas de tres huecos.

trifulca f. Alboroto, riña.

trifurcarse prnl. Dividirse una cosa en tres ramales, brazos, o puntas: *trifurcarse la rama de un árbol.* ‖ **FAM**. trifurcado, trifurcación.

trigémino, na adj. Formado por tres elementos. ‖ m. Cada uno de los miembros del quinto par craneal.

trigésimo, ma adj. Que sigue inmediatamente por orden al número veintinueve. ‖ Se dice de cada una de las treinta partes iguales en que se divide un todo. También m.

triglifo o **tríglifo** m. Adorno del friso del orden dórico en forma de rectángulo saliente y surcado por tres canales.

trigo m. Planta gramínea, con espigas terminales compuestas de tres o más carreras de granos, de los cuales, triturados, se saca la harina con que se hace el pan y otros alimentos. ‖ Grano de esta planta. ‖ Trigal. Más en pl. ‖ **no ser trigo limpio** loc. Indica que una persona o asunto no son tan claros y honrados como a primera vista parecían. ‖ **FAM**. trigal, trigueño, triguero.

trigonometría f. Parte de las matemáticas que trata del cálculo de los elementos de los triángulos. ‖ **FAM**. trigonométrico.

trigueño, ña adj. Del color del trigo, entre moreno y rubio.

triguero, ra adj. Relativo al trigo. ‖ Que se

cría entre el trigo: *espárrago triguero.* ‖ Se dice del terreno en que se da bien el trigo.

trilingüe adj. Se dice del territorio en que se hablan tres lenguas. ‖ Que habla tres lenguas. ‖ Escrito, traducido o elaborado en tres lenguas: *diccionario trilingüe.*

trilita f. Trinitrotolueno.

trilítero, ra adj. De tres letras: *sílaba trilítera.*

trilito m. Dolmen compuesto de tres grandes piedras, dos en posición vertical sobre las que se apoya horizontalmente la tercera.

trilla f. Acción de trillar. ‖ Tiempo en que se trilla. ‖ *amer.* Zurra, paliza.

trillar tr. Separar el grano de la paja triturando la mies esparcida en la era. ‖ Utilizar algo con exceso, particularmente tratar muchas veces un tema, de forma que pierda originalidad. ‖ **FAM.** trilla, trillado, trillador, trillo.

trillizo, za adj. y s. Se dice de cada uno de los hermanos nacidos de un parto triple.

trillo m. Instrumento para trillar que consiste en un tablón con pedazos de pedernal o cuchillas de acero encajadas en una de sus caras. ‖ *amer.* Senda, camino muy estrecho.

trillón m. Un millón de billones.

trilobites m. Artrópodo marino fósil del paleozoico. ♦ No varía en pl.

trilogía f. Conjunto de tres obras que mantienen entre sí una unidad argumental.

trimestre m. Espacio de tres meses. ‖ Renta, sueldo, pensión etc., que se cobra o paga al fin de cada trimestre. ‖ Conjunto de los números de un periódico o revista, publicados durante un trimestre. ‖ **FAM.** trimestral.

trimotor adj. y m. Se dice del avión de tres motores.

trinar intr. Gorjear los pájaros. ‖ Hacer trinos. ‖ Rabiar, impacientarse: *está que trina.* ‖ **FAM.** trino.

trinca f. Conjunto de tres cosas de una misma clase. ‖ Pandilla reducida de amigos. ‖ Conjunto de personas designadas para discutir y argumentar en exámenes y oposiciones. ‖ **FAM.** trincar.

trincar tr. Coger o agarrar fuertemente. ‖ Apresar, encarcelar: *la policía le trincó en el aeropuerto.* ‖ Robar, hurtar. ‖ *amer.* Apretar, oprimir. ‖ **FAM.** trinquete.

trincar tr. y intr. Beber alcohol.

trinchar tr. Partir en trozos la comida, especialmente carnes asadas, para servirla. ‖ **FAM.** trinchante, trinche, trinchero, trinchete.

trinche m. *amer.* Tenedor de mesa. ‖ *amer.* Trinchero, mueble donde se trincha.

trinchera f. Defensa excavada en la tierra para protegerse los soldados. ‖ Corte hecho en un terreno para camino, con taludes a ambos lados. ‖ Gabardina impermeable que recibe este nombre por haberla usado algunas tropas durante la Primera Guerra Mundial.

trinchero m. Mueble de comedor, que sirve principalmente para trinchar sobre él las viandas.

trineo m. Vehículo montado sobre patines o esquís, para deslizarse sobre el hielo y la nieve.

trinidad f. Unión de tres personas distintas que forman un solo dios: *la Trimurti india es una trinidad.* ‖ Particularmente, en la religión cristiana, la que está compuesta por el Padre, el Hijo y el Espíritu Santo, también llamada *Santísima Trinidad.* ‖ **FAM.** trinitario.

trinitario, ria adj. Se aplica a la Orden de la Santísima Trinidad. ‖ De esta orden. También s. ‖ De Trinidad (Cuba). También s.

trinitrotolueno m. Producto derivado del tolueno en forma de sólido cristalino. Es un explosivo muy potente que se emplea con fines militares.

trino m. Gorjeo de los pájaros. ‖ Sucesión rápida y alternada de dos notas de igual duración, entre las cuales media la distancia de un tono o de un semitono.

trino, na adj. Que contiene en sí tres cosas distintas; suele usarse aplicado a Dios, para hacer referencia al misterio de la Santísima Trinidad. ‖ **FAM.** trinidad.

trinomio m. Expresión de tres términos algebraicos unidos por los signos más o menos.

trinque m. Bebida, acción de tomar alcohol: *darle al trinque.*

trinquete m. Verga mayor que se cruza sobre el palo de proa. ‖ Vela que se sujeta en ella. ‖ Palo que se arbola inmediato a la proa.

trinquete m. Frontón cerrado.

trío m. Grupo de tres personas o cosas. ‖ Composición musical para tres voces o instrumentos. ‖ Conjunto que las interpreta.

triodo o **tríodo** m. Válvula electrónica compuesta de tres electrodos.

tripa f. Intestino. ‖ Trozo de intestino de un animal utilizado como material o en alimentación. ‖ Vientre, especialmente el grueso o abultado. ‖ pl. Relleno de algunas cosas o parte interior de algo: *al cojín se le salen las tripas.* ‖ **hacer** uno **de tripas corazón** loc. Esforzarse para vencer el miedo, asco o disgusto que produce una cosa. ‖ **FAM.** tripada, tripazo, tripear, tripería, tripero, tripón, tripudo.

tripada f. Panzada, hartazgo. ‖ Golpe dado en la tripa.

tripanosoma m. Género de protozoos que viven en la sangre del hombre y de algunos vertebrados superiores, causándoles la enfermedad del sueño.

tripartición f. División en tres partes.

tripartito, ta adj. Dividido en tres partes, órdenes o clases. ‖ Constituido por tres partidos políticos: *coalición tripartita*. ‖ Realizado entre tres: *acuerdo tripartito*. ‖ **FAM.** tripartición, tripartir.

tripe m. Tejido de lana o esparto parecido al terciopelo, que se usa principalmente en la confección de alfombras.

tripi o **tripis** m. Dosis de LSD.

triple adj. Se dice del número que contiene a otro tres veces. También m. ‖ Compuesto de tres elementos: *arco triple*. ‖ m. Enchufe con tres salidas. ‖ **FAM.** triplicar.

triplicar tr. Multiplicar por tres. También prnl. ‖ Hacer tres veces una misma cosa. ‖ **FAM.** triplicación, triplicado, triplicador.

trípode m. Armazón de tres pies para sostener aparatos fotográficos, topográficos, etc. ‖ Mesa o banquillo con tres patas.

tripón, na adj. y s. Que tiene mucha tripa.

tríptico m. Pintura, grabado o relieve en tres hojas, unidas de tal modo que las laterales pueden doblarse sobre la del centro. ‖ Libro o tratado que consta de tres partes.

triptongo m. Conjunto de tres vocales (débil, fuerte y débil) que forma una sola sílaba, como, p. ej., en *buey* o *fraguáis*.

tripudo, da adj. y s. Tripón.

tripulación f. Conjunto de personas que se encargan del manejo de una embarcación o vehículo aéreo o espacial o de atender a los pasajeros.

tripulante com. Persona que forma parte de una tripulación.

tripular tr. Conducir, especialmente, un barco, avión o vehículo espacial. ‖ Dotar de tripulación a una nave. ‖ **FAM.** tripulación, tripulante.

tripulina f. *amer.* Tremolina, algarabía.

triquina f. Gusano nematelminto de unos tres milímetros de largo, cuya larva se enquista en forma de espiral en los músculos del cerdo y del hombre. ‖ **FAM.** triquinosis, triquinoso.

triquiñuela f. Treta o artimaña para conseguir algo.

triquitraque m. Golpes repetidos y desordenados y ruido que producen. ‖ Rollo delgado de papel con pólvora y atado en varios dobleces, de cada uno de los cuales resulta una pequeña detonación cuando se pega fuego a la mecha que tiene en uno de sus extremos.

trirreme m. Embarcación antigua de tres órdenes superpuestos de remos.

tris m. Onomatopeya que imita un sonido leve, p. ej., el que produce una cosa al que-

brarse. ‖ Tiempo muy corto u ocasión muy cercana: *estuvo en un tris de conseguirlo*.

trisar intr. Cantar o chirriar la golondrina y otros pájaros.

triscar intr. Retozar o juguetear. ‖ Hacer ruido con los pies. ‖ tr. Torcer alternativamente a uno y otro lado los dientes de la sierra para que la hoja corra sin dificultad por la hendidura. ‖ **FAM.** triscador.

trisílabo, ba adj. y m. De tres sílabas. ‖ **FAM.** trisilábico

triste adj. Afligido, apenado. ‖ De carácter melancólico. ‖ Que denota pesadumbre o melancolía o la produce: *noticia triste*. ‖ Oscuro, apagado: *colores tristes*. ‖ Funesto, aciago. ‖ Doloroso o injusto: *es triste haber trabajado tanto para nada*. ‖ Insignificante, insuficiente, escaso: *triste consuelo*. A veces, se usa simplemente como intensificador: *no había ni una triste silla para sentarse*. ‖ m. Canción popular de algunos países sudamericanos de tono melancólico y acompañada con la guitarra. ‖ **FAM.** tristemente, tristeza, tristón.

tristeza f. Cualidad de triste.

tritón m. Anfibio urodelo con cola, de unos 10 cm de longitud, comprimida como la de la anguila y con una especie de cresta, que se prolonga en los machos por encima del lomo. ‖ Cada una de ciertas deidades marinas a que se atribuía figura de hombre desde la cabeza hasta la cintura, y de pez el resto.

triturar tr. Moler, desmenuzar. ‖ Maltratar, molestar: *estos zapatos me están triturando*. ‖ Rebatir, censurar: *trituraron su propuesta*. ‖ **FAM.** triturable, trituración, triturado, triturador.

triunfalismo m. Actitud de seguridad en sí mismo y superioridad sobre los demás, fundada en la propia sobrestimación. ‖ **FAM.** triunfalista.

triunfar intr. Quedar victorioso, resultar vencedor. ‖ Tener alguien éxito en sus aspiraciones: *triunfar en la vida*. ‖ **FAM.** triunfador, triunfante.

triunfo m. Acción y efecto de triunfar. ‖ Trofeo que acredita el haber triunfado. ‖ Carta del mismo palo de la que pinta en ciertos juegos de naipes, por lo cual tiene más valor. ‖ *amer.* Cierta danza popular. ‖ **costar** algo **un triunfo** loc. Costar gran esfuerzo o sacrificio. ‖ **FAM.** triunfal, triunfalismo, triunfalmente, triunfar.

triunvirato m. Magistratura de la república romana en que intervenían tres personas. ‖ Conjunto de tres personas que dirigen cualquier empresa o asunto.

triunviro m. Cada uno de los tres magistrados romanos que tuvieron a su cuidado en ciertas ocasiones el gobierno y administración de la república. | **FAM.** triunviral, triunvirato.

trivalente adj. Que tiene tres valores o triple valor. | En quím., que funciona con tres valencias.

trivial adj. Que carece de importancia, interés o novedad: *conversaban de cosas triviales.* | Relativo al trivio. | **FAM.** trivialidad, trivializar, trivialmente.

trivializar tr. Quitar o no darle importancia a algo.

trivio m. Entre los romanos, y durante toda la Edad Media, conjunto de las tres artes liberales relativas a la elocuencia: gramática, retórica y dialéctica. | **FAM.** trivial.

triza f. Pedazo pequeño o partícula dividida de un cuerpo. | **hacer trizas** loc. Romper o deshacer en trozos muy menudos. | Herir o lastimar gravemente. También prnl.

trocaico, ca adj. Perteneciente o relativo al troqueo. | Se dice del verso latino de siete pies, de los que unos son troqueos y los demás espondeos y yambos.

trocánter m. Prominencia que algunos huesos largos tienen en su extremidad, en especial la de la parte superior del fémur. | La segunda de las cinco piezas de que constan las patas de los insectos, que está articulada con la cadera y el fémur.

trocar tr. Cambiar una cosa por otra. | Alterar, producir cambios. También prnl.: *trocarse la suerte.* | Equivocar, decir una cosa por otra: *no se le puede hacer caso, todo lo que le cuentan lo trueca.* ♦ **Irreg.** Se conj. como *contar.* | **FAM.** trastrocar, trocable, trocamiento, trueque, trucar.

trocear tr. Dividir en trozos. | Inutilizar un proyectil abandonado haciéndolo explotar. | **FAM.** troceado, troceo.

trocha f. Vereda estrecha que sirve de atajo. | Camino abierto en la maleza. | *amer.* Ancho de las vías férreas.

trochemoche (a) o **a troche y moche** loc. adv. En abundancia y con gran desorden: *empezaron a golpearse a troche y moche.*

trocisco m. Cada uno de los trozos que se hacen de la masa formada de varios ingredientes medicinales, y los cuales se disponen en varias figuras, para formar después las píldoras.

tróclea f. Polea. | Articulación en forma de polea, que permite que un hueso adyacente pueda girar en el mismo plano. | **FAM.** troclear.

trofeo m. Objeto que reciben los ganadores en señal de victoria. | Victoria o triunfo conseguido. | Objeto o despojo del enemigo, del

que se apodera el vencedor en una guerra o batalla. | Conjunto de armas e insignias militares agrupadas con cierta simetría.

trófico, ca adj. Relativo a la nutrición. | **cadena trófica** La formada por el conjunto de seres, que van alimentándose sucesivamente, unos de otros: vegetales, herbívoros, carnívoros. | **FAM.** trofología.

troglodita adj. y com. Habitante de las cavernas. | Se dice de la persona bruta, cruel o muy tosca. | **FAM.** troglodítico.

troica o **troika** (voz rusa) f. Vehículo ruso a modo de trineo, arrastrado por tres caballos. | P. ext., carruaje tirado por tres caballos. | Grupo de tres gobernantes, particularmente el formado en la antigua Unión Soviética por el presidente de la república, el jefe del gobierno y el secretario general del partido comunista.

troj o **troja** f. Espacio limitado por tabiques, para guardar frutos y especialmente cereales. | P. ext., sitio donde se almacenan las aceitunas.

trola f. Mentira, embuste, engaño: *contar trolas.* | **FAM.** trolero, troludo.

trole m. Pértiga de hierro que sirve para transmitir a un receptor móvil la corriente del cable conductor por medio de una polea o un arco que lleva en su extremidad. | **FAM.** trolebús.

trolebús m. Vehículo eléctrico, sin carriles, que toma la corriente de un cable aéreo por medio de un trole doble.

trolero, ra adj. Mentiroso, embustero.

tromba f. Columna de agua que se levanta en el mar por efecto de un torbellino. | Gran cantidad de agua de lluvia caída en poco tiempo. | **en tromba** loc. adv. Bruscamente y todos a la vez: *los periodistas acudieron en tromba.*

trombo m. Coágulo de sangre en el interior de un vaso. | **FAM.** trombocito, tromboflebitis, trombosis.

trombocito m. Plaqueta de la sangre.

tromboflebitis f. Trombosis por inflamación de una vena. Es frecuente en las piernas. ♦ No varía en pl.

trombón m. Instrumento musical metálico, parecido a una trompeta grande y cuyos sonidos se obtienen alargando las varas que lleva. | com. Persona que toca este instrumento.

trombosis f. Proceso de formación de un trombo en el interior de un vaso. ♦ No varía en pl.

trompa f. Prolongación muscular, hueca y elástica de la nariz de algunos animales, como el elefante. | Aparato chupador, dilatable y contráctil que tienen algunos insectos. | Prolongación, generalmente retráctil, del extremo anterior del cuerno de muchos gusanos. | Instrumento musical de viento que consiste en un tubo de metal enroscado circularmente y que va ensanchándose desde la boquilla al pabellón. | Bóveda que permite superponer dos estructuras de diferente trazado geométrico, como el de una cúpula sobre una base cuadrada. | Embriaguez, borrachera. | com. Persona que toca la trompa. | adj. Borracho: *estar trompa*. | **trompa de Eustaquio** Conducto que pone en comunicación el oído medio con la faringe. | **trompa de Falopio** Cada uno de los conductos que unen la matriz con los ovarios. | **FAM**. tromba, trombón, trompada, trompazo, trompear, trompeta, trompillón, trompo, trompudo.

trompazo m. Golpe fuerte.

trompear tr. *amer*. Dar trompazos, pegar. | prnl. *amer*. Emborracharse.

trompeta f. Instrumento musical de viento que consiste en un tubo largo de metal que va ensanchándose desde la boquilla al pabellón. | Clarín. | com. Trompetista. | **FAM**. trompetazo, trompetear, trompetería, trompetero, trompetilla, trompetista.

trompetilla f. Instrumento en forma de trompeta que servía para que los sordos recibieran los sonidos, aplicándoselo al oído.

trompetista com. Persona que toca la trompeta.

trompicón m. Cada tropezón o paso tambaleante de una persona. | Tumbo o vaivén de un vehículo. | Porrazo, golpe fuerte. | **a trompicones** loc. adv. A tropezones, a golpes. | Con dificultad, con discontinuidad. | **FAM**. trompicar.

trompo m. Peón o peonza. | Giro o giros que hace un vehículo sobre sí mismo, al derrapar. | Molusco gasterópodo marino, abundante en las costas españolas, de concha gruesa, cónica y angulosa en la base. | **FAM**. trompón.

trompudo, da adj. *amer*. De labios muy abultados y boca saliente.

tronado, da adj. Loco. | f. Tempestad de truenos.

tronar impers. Sonar truenos. | intr. Despedir o causar ruido o estampido: *tronaban los cañones*. | Hablar, escribir, pronunciar discursos violentos contra alguien o algo: *el jefe está que truena*. | ◆ Irreg. Se conj. como *contar*. | **FAM**. tronado, tronador, tronío.

tronchante adj. Cómico, gracioso, que hace troncharse de risa.

tronchar tr. y prnl. Partir o romper con violencia un vegetal por su tronco, tallo o ramas principales: *el viento tronchó el árbol*. | Partir con violencia cualquier cosa de forma parecida a un tronco: *tronchar un palo*. | Agotar, cansar muchísimo. | prnl. Partirse de risa, reírse mucho. | **FAM**. troncha, tronchado, tronchante, troncho.

troncho m. Tallo de las hortalizas.

tronco m. Tallo fuerte y macizo de árboles y arbustos. | Cuerpo humano o de cualquier animal, prescindiendo de la cabeza y de las extremidades. | Cuerpo truncado: *tronco de pirámide*. | Conducto o canal principal del que salen o al que conducen otros menores: *tronco arterial*. | Ascendiente común de dos o más ramas, líneas o familias. | **como un tronco** loc. Profundamente dormido. | **FAM**. troncal, troncocónico, tronqueo.

tronco, ca m. y f. Compañero, amigo, colega: *¡oye, tronco!*

tronera f. Abertura en el costado de un buque, muralla, etc., para disparar los cañones y otras armas de artillería. | Ventana pequeña y estrecha por donde entra poca luz. | Cada uno de los agujeros o aberturas que hay en las mesas de billar u otros juegos, para que por ellos entren las bolas. | Juguete de papel plegado que, al sacudirlo con fuerza, produce un sonido violento. | com. Persona de vida desordenada.

tronío m. Ostentación en el gasto de dinero. | Señorío, clase.

trono m. Asiento con gradas y dosel que usan los reyes, emperadores, papas y personas de alta dignidad, especialmente en los actos de ceremonia: *salón del trono*. | Dignidad de rey o soberano: *ocupó el trono su hijo*. | Tabernáculo colocado encima de la mesa del altar, en el que se expone el Santísimo Sacramento. | Lugar en que se coloca la imagen de un santo cuando se le quiere honrar con culto más solemne. | Retrete, váter: *se pasa el día sentado en el trono*. | pl. Tercer coro de los ángeles.

tronzadera o **tronzador** f. Sierra con un mango en cada uno de sus extremos, que sirve generalmente para partir al través las piezas enterizas.

tronzar tr. Dividir o hacer trozos. | Cansar excesivamente, rendir de fatiga corporal. También prnl. | **FAM**. tronzadera, tronzado, tronzador.

tropa f. Conjunto de soldados y cabos. | Muchedumbre de personas, generalmente las reunidas con un fin determinado. | Conjunto de militares, en distinción a los civiles. | *amer*. Recua de ganado. | Manada de ganado que se conduce de un punto a otro. | pl. Conjunto de cuerpos que componen un ejército, división, guarnición, etc. | **FAM**. tropel.

tropel m. Movimiento acelerado y ruidoso de

varias personas o cosas que se mueven con desorden. ‖ Conjunto de cosas mal ordenadas o amontonadas sin concierto: *te espera un tropel de papelotes*.

tropelía f. Abuso, arbitrariedad, hecho violento y contrario a las leyes: *cometer tropelías*.

tropezar intr. Dar con los pies en algún obstáculo, perdiendo el equilibrio. ‖ Detenerse o ser impedida una cosa por encontrar un estorbo: *el proyecto ha tropezado en tesorería*. ‖ Cometer un error o una falta. ‖ Reñir o enfrentarse con alguien: *ya ha tropezado varias veces con su jefe*. ‖ Encontrar casualmente a una persona. ‖ prnl. Rozarse un pie con otro. ♦ **Irreg**. Se conj. como *acertar*. ‖ **FAM**. tropezón, tropiezo.

tropezón, na adj. Que tropieza con frecuencia. ‖ m. Acción y efecto de tropezar. ‖ Falta, error, desliz. ‖ Pedazo pequeño de jamón u otro alimento que se mezcla con las sopas, legumbres, etc. Más en pl.

trópico m. Cada uno de los dos círculos menores que se consideran en el globo terrestre en correspondencia con los dos de la esfera celeste. ‖ Región comprendida entre estos círculos. ‖ **trópico de Cáncer** El del hemisferio boreal. ‖ **trópico de Capricornio** El del hemisferio austral. ‖ **FAM**. tropical.

tropiezo m. Aquello en que se tropieza. ‖ Falta, culpa o equivocación: *no podemos permitirnos ningún tropiezo*. ‖ Dificultad o impedimento en un trabajo, negocio o pretensión. ‖ Riña o discusión: *tuve un tropiezo con él*.

tropismo m. Movimiento total o parcial de los organismos.

tropo m. Figura retórica que consiste en emplear las palabras en sentido distinto del que propiamente les corresponde. ‖ **FAM**. tropismo, tropología.

tropopausa f. Zona de la atmósfera, que separa la troposfera de la estratosfera. Su espesor varía entre 5 y 10 km.

troposfera f. Región inferior de la atmósfera, hasta una altura de unos 12 km, donde tienen lugar la mayoría de los fenómenos que afectan al tiempo, clima, etc.

troquel m. Molde empleado en la acuñación de monedas, medallas, etc. ‖ Instrumento análogo de mayores dimensiones, que se emplea para el estampado de piezas metálicas. ‖ Instrumento para cortar cartón, cuero, planchas metálicas, etc., por medio de presión. ‖ **FAM**. troquelado, troquelar.

troquelar tr. Imprimir y sellar una pieza de metal por medio del troquel. ‖ Hacer monedas de este modo. ‖ Cortar cartón, cuero, etc., con el troquel.

troqueo m. Pie de la poesía griega y latina,

compuesto de dos sílabas, la primera larga y la otra breve. ‖ En la poesía española se llama así al pie compuesto de una sílaba acentuada y otra átona. ‖ **FAM**. trocaico.

trotaconventos f. Alcahueta, celestina.. ♦ No varía en pl.

trotamundos com. Persona aficionada a viajar y recorrer países. ♦ No varía en pl.

trotar intr. Ir el caballo al trote. ‖ Cabalgar una persona en un caballo que va al trote. ‖ Andar mucho o con prisa una persona. ‖ **FAM**. trotaconventos, trotador, trotamundos, trotón.

trote m. Modo de andar las caballerías y otros animales semejantes, que consiste en avanzar saltando, con apoyo alterno del pie y la mano contrapuestos. ‖ Trabajo o faena apresurada y fatigosa: *llevo todo el día al trote con estos papeles*. ‖ Mucho uso que se le da a una cosa. ‖ **al trote** loc. adv. Trotando. ‖ Aceleradamente. ‖ **no estar** alguien o algo **para muchos trotes** loc. No estar en buenas condiciones para alguna cosa. ‖ **FAM**. trotar.

trotón, na adj. Se apl. a la caballería cuyo paso ordinario es el trote. ‖ m. Caballo, animal.

trova f. Canción amorosa compuesta o cantada por los trovadores. ‖ Composición métrica escrita generalmente para ser cantada. ‖ Conjunto de palabras sujetas a medida y cadencia, verso. ‖ Composición métrica formada a imitación de otra.

trovador, ra adj. y s. Que trova o compone versos, poeta. ‖ m. Poeta de la Edad Media, especialmente el que escribía y trovaba en lengua de oc. ‖ **FAM**. trovadoresco.

trovar intr. Hacer versos. ‖ Componer trovas. ‖ tr. Imitar una composición métrica, aplicándola a otro asunto. ‖ **FAM**. trova, trovador, trovo.

trovo m. Composición métrica popular de asunto amoroso. ‖ **FAM**. trovero.

trozo m. Pedazo de una cosa que se considera aparte del resto. ‖ **FAM**. trocear.

truca f. Cámara especial para realizar trucajes a través de la descomposición de planos. ‖ com. Técnico que la maneja.

trucaje m. Acción y efecto de trucar. ‖ Conjunto de técnicas para simular ciertos sonidos, imágenes u producir ciertos efectos, especialmente en cine. ‖ **FAM**. truca.

trucar tr. Preparar algo con trucos y efectos para conseguir un determinado fin o impresión: *trucar una fotografía*. ‖ Realizar cambios en el motor de un vehículo para darle mayor potencia. ‖ **FAM**. trucaje, truco.

trucha f. Pez teleósteo de agua dulce, que mide hasta 8 cm de longitud, de carne fina y sabrosa. ‖ *amer*. Persona astuta. ‖ **FAM**. truchero.

truco m. Cada una de las mañas o habilidades que se adquieren en el ejercicio de un arte, oficio o profesión: *los trucos de la abogacía*. ‖ Ardid o trampa que se utiliza para el logro de un fin. ‖ Artificio para producir determinados efectos en ilusionismo, fotografía, cinematografía, etc.

truculento, ta adj. Excesivamente cruel o atroz. ‖ **FAM**. truculencia.

trueno m. Estampido o estruendo producido en las nubes por una descarga eléctrica. ‖ Ruido o estampido que causa el tiro de cualquier arma o artificio de fuego. ‖ **FAM**. tronar, tronera.

trueque m. Acción y efecto de trocar. ‖ Intercambio directo de bienes y servicios, sin mediar la intervención de dinero.

trufa f. Variedad muy aromática de cierto hongo que crece bajo la tierra, muy apreciada en gastronomía. ‖ Dulce de chocolate mezclado generalmente con algún licor y en forma de bombón. ‖ Crema de chocolate y nata. ‖ Nariz de los perros. ‖ **FAM**. trufado, trufar.

trufar tr. Rellenar de trufas las aves, embutidos y otros alimentos.

truhán, na adj. y s. Se dice de la persona que vive de engaños y estafas. ‖ Se apl. a la persona que pretende hacer reír o divertir a las demás con bufonadas, chistes y muecas. ‖ **FAM**. truhanada, truhanear, truhanería, truhanesco.

trujal m. Prensa donde se estrujan las uvas o se exprimen las aceitunas. ‖ Molino de aceite. ‖ **FAM**. trullo.

trullo m. Lagar con depósito inferior donde cae directamente el mosto cuando se pisa la uva. ‖ En argot, cárcel o calabozo.

truncar tr. Cortar una parte a alguna cosa. ‖ Cortar la cabeza al cuerpo del hombre o de un animal. ‖ Interrumpir una acción u obra dejándola incompleta o impidiendo que se lleve a cabo: *el accidente truncó su carrera*. ‖ Omitir palabras en frases o pasajes de un escrito, especialmente cuando se hace intencionadamente. ‖ **FAM**. truncadamente, truncado, truncamiento.

trust (voz i.) m. Grupo de empresas bajo una misma dirección con el fin de controlar el mercado de un producto determinado o de un sector.

tsetsé m. Mosca africana que inocula el tripanosoma de la enfermedad del sueño.

tú pron. pers. segunda persona sing. com. Funciona como sujeto y vocativo: *¿has sido tú?* ‖ **tratar, hablar, llamar de tú a tú** loc. Sin tratamientos formales, de igual a igual. ‖ **FAM**. tutear, tuyo.

tu, tus adj. pos. Apócope de *tuyo, tuya, tuyos, tuyas*, que sólo se emplea antepuesta al sustantivo: *tu amigo*.

tuareg adj. Se dice de un pueblo nómada norteafricano que habita en el desierto de Sahara. Más en pl. ‖ De este pueblo. También com. ♦ No varía en pl.

tuba f. Instrumento musical parecido al bugle, cuya tesitura corresponde a la del contrabajo.

tuberculina f. Preparación hecha con gérmenes tuberculosos, utilizada para diagnosticar la tuberculosis.

tubérculo m. Parte de un tallo subterráneo o de una raíz, que se desarrolla considerablemente al acumularse en sus células una gran cantidad de sustancias de reserva, como p. ej., la patata y el boniato. ‖ Tumor generalmente de color blanco amarillento, redondeado y duro al principio, que más tarde se reblandece y que adquiere el aspecto y la consistencia del pus. ‖ Protuberancia que presenta el dermatoesqueleto o la superficie de varios animales. ‖ **FAM**. tuberculado, tuberculina, tuberculosis, tuberoso.

tuberculosis f. Enfermedad del hombre y de muchas especies animales producida por el bacilo de Koch. ♦ No varía en pl. ‖ **FAM**. tuberculoso.

tuberculoso, sa adj. Perteneciente o relativo al tubérculo. ‖ Que padece tuberculosis. También s.

tubería f. Conducto formado por tubos, generalmente para el paso de un fluido. ‖ Conjunto de tubos.

tuberoso, sa adj. Que tiene forma de tubérculo. ‖ Que tiene tubérculos, tumores. ‖ **FAM**. tuberosidad.

tubo m. Pieza hueca, generalmente de forma cilíndrica y, por lo común, abierta por ambos extremos, que se hace de distintas materias y se destina a varios usos. ‖ Recipiente de forma cilíndrica: *un tubo de píldoras*. ‖ Recipiente flexible con un tapón en un extremo y un pliegue en el otro, destinado a contener sustancias blandas, como pinturas, pomadas, etc. ‖ Nombre que reciben algunos conductos de organismos animales y vegetales: *tubo digestivo*. ‖ Metro, medio de transporte. ‖ **tubo de ensayo** El de cristal, cerrado por uno de sus extremos, usado para los análisis químicos y en los laboratorios. ‖ **FAM**. tuba, tubería, tubulado, tubular, tubulliforme, túbulo.

tubular adj. Perteneciente al tubo. ‖ Que tiene su forma o está formado por tubos.

tucán m. Ave americana trepadora de pico

arqueado, muy grueso y casi tan largo como el cuerpo. ǁ **FAM**. tucano.

tuciorismo m. Doctrina de teología moral que en puntos discutibles sigue la opinión más segura y favorable a la ley.

tuco m. *amer*. Salsa de tomate frito con cebolla, orégano, perejil, ají, etc.

tudesco, ca adj. y s. De cierto país de Alemania en la Sajonia inferior. ǁ P. ext.,alemán.

tuerca f. Pieza con un hueco labrado en espiral que ajusta exactamente en el filete de un tornillo.

tuerto, ta adj. Que le falta un ojo o carece de vista en él. También s. ǁ Torcido, que no está recto.

tueste m. Acción y efecto de tostar.

tuétano m. Sustancia blanca contenida dentro de los huesos. ǁ Parte interior de una raíz o tallo de una planta. ǁ **hasta los tuétanos** loc. adv. Hasta lo más íntimo o profundo, física o moralmente: *me afectó hasta los tuétanos*.

tufarada f. Olor vivo o fuerte y desagradable que se percibe de pronto.

tufillas com. Persona que se enoja fácilmente. ◆ No varía en pl.

tufo m. Emanación gaseosa que se desprende de las fermentaciones y de las combustiones imperfectas. ǁ Olor fuerte y muy desagradable. ǁ Soberbia, vanidad. Más en pl.: *darse tufos*. ǁ Sospecha, impresión, corazonada: *me da el tufo de que nos toma el pelo*. ǁ **FAM**. tufarada, tufillas.

tugurio m. Habitación pequeña y mezquina. ǁ Local sucio y descuidado o de mala reputación. ǁ Choza de pastores.

tul m. Tejido transparente de seda, algodón o hilo, que forma una pequeña malla.

tulio m. Elemento químico metálico del grupo de las tierras raras, denso, cuyas sales tienen color verde grisáceo. Su símbolo es *Tm*.

tulipán m. Planta herbácea, liliácea, vivaz, con raíz bulbosa, tallo liso, hojas grandes y lanceoladas y flor única, de hermosos colores e inodora. ǁ Flor de esta planta. ǁ **FAM**. tulipa.

tullido, da adj. y s. Que ha perdido el movimiento del cuerpo o de alguno de sus miembros. ǁ **FAM**. tullir.

tullir tr. Hacer que uno quede tullido. ǁ prnl. Quedarse tullido. ◆ **Irreg**. Se conj. como *mullir*.

tumba f. Obra levantada de piedra o excavada en la tierra en que está sepultado un cadáver. ǁ Armazón en forma de ataúd, que se coloca sobre el túmulo o en el suelo, para la celebración de las honras de un difunto.

tumbaga f. Aleación metálica muy quebra-

diza, compuesta de oro y de igual o menor cantidad de cobre, que se emplea en joyería. ǁ Sortija hecha de esta liga.

tumbar tr. Hacer caer o derribar a una persona o cosa. ǁ Tender, acostar. También prnl. ǁ Aturdir o quitar a uno el sentido una cosa fuerte: *le tumban cuatro copas*. ǁ Suspender a alguien. ǁ **FAM**. tumbo, tumbón.

tumbo m. Vaivén violento. ǁ Caída violenta. ǁ **dar tumbos** loc. Tambalearse. ǁ Desenvolverse con tropiezos y dificultades.

tumbón, na adj. Disimulado, socarrón. ǁ Perezoso, holgazán. También s. ǁ f. Silla con largo respaldo, reclinable o no, sobre la que se puede estar tumbado.

tumefacción f. Hinchazón de una parte del cuerpo.

tumefacto, ta adj. Hinchado, inflamado. ǁ **FAM**. tumefacción, tumefacer.

túmido, da adj. Ampuloso, hinchado, afectado. ǁ Se dice del arco o bóveda que es más ancho hacia la mitad de la altura que en los arranques.

tumor m. Hinchazón y bulto que se forma anormalmente en alguna parte del cuerpo. ǁ Alteración patológica de un órgano o de una parte de él, producida por la proliferación creciente de las células que lo componen. ǁ **FAM**. tumefacto, tumescencia, túmido, tumoración, tumoral, tumoroso.

tumoración f. Tumor.

túmulo m. Sepulcro levantado de la tierra. ǁ Montículo artificial con que en algunos pueblos antiguos era costumbre cubrir una sepultura. ǁ Armazón de madera, sobre la que se coloca el féretro, para la celebración de las honras de un difunto.

tumulto m. Motín, alboroto producido por una multitud. ǁ Confusión agitada o desorden ruidoso. ǁ **FAM**. tumultuario, tumultuoso.

tumultuario, ria adj. Tumultuoso. ǁ **FAM**. tumultuariamente.

tumultuoso, sa adj. Que causa o levanta tumultos. ǁ Que establece o se efectúa sin orden ni concierto: *una pelea tumultuosa*. ǁ **FAM**. tumultuosamente.

tuna f. Vida holgazana, libre y vagabunda. ǁ Grupo de estudiantes, generalmente universitarios, que forman un conjunto musical y van vestidos de época. ǁ **FAM**. tunante, tuno.

tunante adj. y com. Pícaro, bribón, taimado. ǁ **FAM**. tunantería.

tunda f. Paliza, zurra.

tundidor, ra m. y f. Persona que tunde paños y pieles. ǁ f. Máquina para tundir.

tundir tr. Cortar o igualar con tijera el pelo de los paños o de las pieles. ǁ **FAM**. tunda, tundidor, tundidura.

tundir tr. Dar golpes, palos o azotes. ∥ **FAM**. tunda.

tundra f. Terreno abierto y llano, de clima subglacial y subsuelo helado, falto de vegetación arbórea; suelo cubierto de musgos y líquenes, y pantanoso en muchos sitios. Se extiende por Siberia y Alaska.

túnel m. Paso subterráneo abierto artificialmente para establecer una comunicación a través de un monte, por debajo de un río u otro obstáculo.

tungsteno m. Volframio.

túnica f. Vestidura sin mangas, que usaban los antiguos, debajo de la ropa. ∥ Vestidura exterior amplia y larga. ∥ Telilla o película que en algunas frutas o bulbos está pegada a la cáscara y cubre más inmediatamente la carne. ∥ Membrana muy delgada que cubre algunas partes del cuerpo. ∥ Membrana que envuelve por completo el cuerpo de los tunicados. ∥ **FAM**. tunicado.

tunicado, da adj. y m. Se dice de los animales procordados con cuerpo blando, de aspecto gelatinoso y rodeado de una membrana o túnica constituida principalmente por una sustancia del tipo de la celulosa; como la salpa. ∥ m. pl. Clase de estos animales.

tuno, na adj. Pícaro, tunante. ∥ m. Estudiante que forma parte de una tuna.

tuntún (al o al buen) loc. adv. Sin reflexión, al azar: *lo dijo al buen tuntún*.

tupé m. Cabello que cae sobre la frente o se lleva levantado sobre ella. ∥ Penacho o copete de algunas aves.

tupí adj. y com. Se dice de los indios que dominaban en la costa de Brasil al llegar allí los portugueses. ∥ m. Lengua de estos indios, perteneciente a la gran familia lingüística guaraní, llamada también *tupi-guaraní*.

tupido, da adj. Que tiene sus elementos o componentes muy juntos o apretados.

tupir tr. y prnl. Apretar mucho una cosa, hacerla tupida, compacta. ∥ **FAM**. tupido.

turba f. Combustible fósil formado de residuos vegetales acumulados en sitios pantanosos, y que al arder produce humo denso. ∥ Estiércol mezclado con carbón mineral, empleado también como combustible. ∥ **FAM**. turbera.

turba f. Muchedumbre de gente confusa y desordenada. ∥ **FAM**. turbamulta.

turbamulta f. Multitud confusa y desordenada.

turbante m. Tocado propio de las naciones orientales, que consiste en una faja larga de tela rodeada a la cabeza. ∥ Tocado femenino inspirado en el anterior.

turbar tr. y prnl. Alterar o conmover el estado o curso natural de una cosa. ∥ Sorpren-

der o aturdir a uno, de modo que no acierte a hablar o a proseguir lo que estaba haciendo: *al verte se turbó*. ∥ Interrumpir, violenta o molestamente, la quietud, el silencio, etc. ∥ **FAM**. turba, turbación, turbadamente, turbado, turbador, turbamiento, túrbido, turbina, turbio, turbión, turbo, turbonada, turbulento.

turbelario, ria adj. y m. Se dice de los gusanos platelmintos, de cuerpo no laminar y no segmentado, con la superficie frecuentemente revestida de cilios y provista de glándulas mucosas. ∥ m. pl. Clase de estos gusanos.

turbera f. Yacimiento de turba.

turbina f. Máquina destinada a transformar en movimiento giratorio, mediante una rueda de paletas, la energía cinética de un fluido.

turbinto m. Árbol de América meridional, con tronco alto, flores pequeñas blancas y fruto en baya, de olor fuerte y picante, con la que se prepara una bebida.

turbio, bia adj. Mezclado o alterado con algo que oscurece o quita la claridad y transparencia que le son propias. ∥ Revuelto, dudoso, turbulento, azaroso: *mantenía oculto su turbio pasado*. ∥ Confuso, poco claro: *al cabo de varias copas, lo veía todo turbio*. ∥ **FAM**. turbiamente, turbiedad, turbieza.

turbión m. Aguacero con viento fuerte, que viene repentinamente y dura poco. ∥ Multitud de cosas que vienen o suceden juntas y violentamente.

turbo m. Turbocompresor. ∥ Se dice de los motores que tienen turbocompresor y de los vehículos que los llevan.

turboalternador m. Conjunto de un alternador eléctrico y de la turbina que lo mueve.

turbocompresor m. Compresor de alta presión movido por una turbina.

turbogenerador m. Generador eléctrico movido por una turbina de gas, de vapor o hidráulica.

turbohélice m. Motor de aviación en que una turbina mueve la hélice.

turbonada f. Fuerte chubasco de viento y agua, acompañado de truenos, relámpagos y rayos.

turborreactor m. Motor de reacción en el que la propulsión se produce por una turbina de gas.

turbulencia f. Cualidad de turbio o turbulento. ∥ Confusión, alboroto o perturbación: *las turbulencias de la guerra*. ∥ En fís., extensión en la cual un fluido tiene un movimiento turbulento.

turbulento, ta adj. Confuso, alborotado y desordenado: *la reunión ha sido muy turbulen-*

ta. ‖ Se dice de la persona agitadora, que promueve disturbios o discusiones, y de su carácter. También s. ‖ Se dice del régimen de una corriente fluida cuya velocidad en cada punto varía rápidamente en dirección y magnitud, formando remolinos. ‖ **FAM.** turbulencia, turbulentamente.

turco, ca adj. y s. Se dice del individuo de un numeroso pueblo que, procedente del Turquestán, se estableció en Asia Menor y en la parte oriental de Europa, a las que dio nombre. ‖ De Turquía. ‖ m. Lengua árabe hablada en Turquía y otras regiones. ‖ **FAM.** turcomano, turcotártaro, turquesa.

turdetano, na adj. y s. Se dice de un pueblo hispánico prerromano, que ha de considerarse heredero de los tartesios y que habitaba el valle inferior del Guadalquivir.

túrdiga f. Tira de pellejo.

turf (voz i.) m. Hípica, carreras de caballos. ‖ Pista en que se corren. ♦ pl. *turfs.*

turgente adj. Firme y levantado. ‖ **FAM.** turgencia, túrgido.

túrgido, da adj. poét. Turgente.

turíbulo m. Incensario. ‖ **FAM.** turiferario.

turismo m. Afición a viajar por gusto de recorrer un país o región. ‖ Organización de los medios conducentes a facilitar estos viajes. ‖ Automóvil de uso privado. ‖ **FAM.** turista, turístico.

turista com. Persona que hace turismo.

turmalina f. Mineral formado por un silicato de alúmina con ácido bórico, magnesia, cal, óxido de hierro y otras sustancias en proporciones pequeñas; de color generalmente negro o pardo.

túrmix (nombre de una marca registrada.) f. Batidora eléctrica. ♦ No varía en pl.

turnar intr. Alternar con una o más personas en el reparto de una tarea, en el desempeño de algún cargo, etc. Más c. prnl.: *nos turnamos para fregar los platos.* ‖ tr. *amer.* En uso jurídico y administrativo, remitir una comunicación, expediente o actuación a otro departamento, juzgado, sala de tribunales, funcionario, etc. ‖ **FAM.** turno.

turno m. Orden en que van sucediéndose las personas para realizar una tarea, el desempeño de un cargo, etc. ‖ Ocasión en que a alguien le corresponde hacer algo. ‖ Cada una de las intervenciones que, en pro o en contra de una propuesta, permiten los reglamentos de las cámaras legislativas o corporaciones.

turolense adj. y com. De Teruel.

turón m. Mamífero carnicero de unos 35 cm de longitud. Despide un olor fétido y habita en sitios montuosos donde abunda la caza, de la cual se alimenta.

turquesa f. Mineral amorfo, formado por un fosfato de alúmina con algo de cobre y hierro, de color azul verdoso, que se emplea en joyería. ‖ Color azul verdoso.

turro, rra adj. *amer.* Se dice de la persona deshonesta, de malas intenciones. También s. ‖ f. *amer.* Prostituta.

turrón m. Dulce típico de Navidad consistente en una pasta hecha de almendras, piñones, avellanas u otros frutos secos, tostada y mezclada con miel y azúcar, que se toma en forma de pastillas o porciones. ‖ Nombre dado a otros dulces típicos de Navidad y dispuestos también en pastillas o porciones. ‖ **FAM.** turronería, turronero.

turulato, ta adj. Alelado, estupefacto.

turullo m. Cuerno que usan los pastores para llamar y reunir al ganado.

tururú interj. Se usa para negar o expresar burla.

tusón m. Vellón de la oveja o del carnero.

tute m. Juego de naipes, en que gana la partida el que reúne los cuatro reyes o los cuatro caballos. ‖ Reunión en este juego, de los cuatro reyes o los cuatro caballos. ‖ Esfuerzo o trabajo excesivo. ‖ Uso continuado que se da a algo: *este coche lleva mucho tute.*

tutear tr. y prnl. Hablar de tú a alguien. ‖ **FAM.** tuteamiento, tuteo.

tutela f. Autoridad que, en defecto de la paterna o materna, se confiere para cuidar de la persona que no tiene completa capacidad civil, y de sus bienes. ‖ Cargo de tutor. ‖ Dirección, amparo. ‖ **FAM.** tutelar.

tutelar tr. Ejercer la tutela de una persona. ‖ Dirigir, amparar o favorecer algo: *un mecenas tuteló su obra.*

tutelar adj. Que dirige, ampara, protege o defiende: *hada tutelar.* ‖ Perteneciente a la tutela legal.

tuteo m. Acción de tutear o tutearse.

tutifruti m. Helado de varias frutas.

tutiplén (a) loc. adv. En abundancia, a porrillo: *en la pelea hubo golpes a tutiplén.*

tutor, ra m. y f. Persona que ejerce la tutela. ‖ Defensor, protector. ‖ Profesor que orienta y aconseja a los alumnos de un curso o asignatura. ‖ **FAM.** tutela, tutoría.

tutoría f. Autoridad del tutor. ‖ Tutela, autoridad sobre una persona que no tiene completa capacidad civil.

tutú (voz fr.) m. Falda vaporosa de las bailarinas de ballet. ♦ pl. *tutús.*

tuturuto, ta adj. *amer.* Turulato, lelo.

tuyo, tuya, tuyos, tuyas pron. y adj. pos. segunda persona m. y f. sing. y pl. Indica pertenencia o relación respecto a la segunda persona, y cuando acompaña a un sustantivo, se usa pospuesto a éste. | **la tuya** Intención o voluntad determinada del sujeto a quien se habla: *te saliste con la tuya*. | Ocasión favorable para la persona a quien se habla: *ahora es la tuya*. | **lo tuyo** Lo más característico de la persona a quien se habla: *hacer cuentas no es lo tuyo*. | **los tuyos** Personas unidas por parentesco, amistad, etc., a la persona a quien nos dirigimos: *¿has venido para estar con los tuyos?* | **hacer de las tuyas** loc. Obrar o proceder según le es propio a la persona a la que se habla, particularmente, en un sentido negativo. | **FAM.** tu.

tweed (voz i.) m. Paño escocés de lana, rayón o algodón, cálido, fuerte y resistente, que rechaza el agua por la pelusa que tiene en su superficie.

twist (voz i.) m. Baile de origen estadounidense, que surgió en 1961, caracterizado por un rítmico balanceo de derecha a izquierda.

u f. Vigesimosegunda letra del abecedario español y última de sus vocales. ♦ Es muda en las sílabas *que, qui: queja, quicio*; y en *gue, gui: guerra, guión.* Cuando en una de estas dos últimas tiene sonido, debe llevar diéresis: *vergüenza, argüir.* ‖ conj. disy. Se emplea en vez de *o* ante palabras que empiezan por *o, ho.*

ubérrimo, ma adj. sup. Muy abundante y fértil: *cosecha ubérrima.*

ubicar intr. y prnl. Estar situado: *se ubicó a la salida de la sala.* ‖ tr. *amer.* Situar. ‖ **FAM.** ubicación, ubicuidad.

ubicuo, cua adj. Que está presente a un mismo tiempo en todas partes. ‖ Se apl. a la persona de gran actividad que está en continuo movimiento para no perderse nada. ‖ **FAM.** ubicuidad.

ubre f. En los mamíferos, cada una de las tetas de la hembra. ‖ **FAM.** ubérrimo.

ucase m. Decreto del zar. ‖ Orden gubernativa injusta y tiránica. ‖ Por ext., mandato arbitrario y tajante.

uchú m. *amer.* Guindilla americana.

UCI (Unidad de Cuidados Intensivos) f. UVI.

¡uf! interj. con que se denota cansancio, fastidio, sofoco o repugnancia: *¡uf, por fin terminamos!*

ufanarse prnl. Engreírse, jactarse, gloriarse: *se ufanaba de su triunfo.*

ufano, na adj. Orgulloso. ‖ Satisfecho, alegre. ‖ Resuelto, decidido. ‖ **FAM.** ufanamente, ufanarse, ufanía.

ufo (siglas de *Unidentified Flying Object*) m. ovni. ‖ **FAM.** ufología.

ugrofinés, sa. adj. Perteneciente o relativo a los fineses y a otros pueblos de lengua semejante. ‖ Se dice de un grupo de lenguas uralaltaicas, que comprende principalmente el húngaro, el finlandés y el estoniano. También N.

UHF (siglas de *Ultra High Frecuency*) m. Banda de ondas electromagnéticas cuya frecuencia se distribuye entre los 300 y 3.000 Mhz.

ujier m. Portero de un palacio o tribunal. ‖

Empleado subalterno de algunos tribunales y cuerpos del Estado.

ukelele m. Instrumento musical de cuatro cuerdas originario de Indonesia.

ulano m. Soldado de caballería ligera armado con lanza, en los ejércitos austriaco, alemán y ruso.

úlcera f. Lesión en la piel o mucosa de un órgano con destrucción de tejidos: *úlcera gástrica.* ‖ Daño en la parte leñosa de las plantas, que se manifiesta por exudación de savia corrompida. ‖ **FAM.** ulceración, ulcerante, ulcerar, ulcerativo, ulceroso.

ulema m. Doctor de la ley musulmana.

uliginoso, sa adj. Se apl. a los terrenos húmedos y a las plantas que crecen en ellos.

ulmáceo, a adj. Se dice de los árboles o arbustos dicotiledóneos, con ramas alternas, lisas o corchosas; hojas aserradas; flores hermafroditas o unisexuales, y fruto seco con una sola semilla, aplastada, como el olmo y el almez. También f. ‖ f. pl. Familia de estas plantas.

ulterior adj. Que está en la parte de allá: *la finca ulterior a aquel cercado es también suya.* ‖ Posterior: *las direcciones aparecen en páginas ulteriores.* ‖ **FAM.** ulteriormente.

últimamente adv. m. Finalmente, por último. ‖ Hace poco tiempo, recientemente.

ultimar tr. Acabar, terminar: *ultimar unas negociaciones.* ‖ *amer.* Matar. ‖ **FAM.** ultimador.

ultimátum m. Última proposición escrita en la que un estado amenaza a otro con llevar a cabo medidas si no cumple las condiciones exigidas. ‖ Decisión definitiva. ♦ pl.: *ultimátums* o *ultimatos.*

último, ma adj. Se dice de la persona o cosa que no tiene nada detrás. También s.: *el último de la lista.* ‖ Lo más remoto: *el último sitio donde hubiera mirado.* ‖ Lo más reciente: *los últimos avances de la moda.* ‖ Definitivo: *es mi última palabra.* ‖ **estar** uno **en las últimas** loc. Estar a punto de morir. ‖ Estar muy apurado de una cosa, especialmente de dinero. ‖ **por último** loc. adv. Después o detrás de todo, finalmente. | **ser** una cosa **lo último** loc. Ser el colmo de lo inconveniente o insoportable. | **FAM.** últimamente, ultimar, ultimátum.

ultra adv. Además de. | adj. Extremista político, generalmente violento. También com. | Perteneciente o relativo a ellos. | **FAM.** ultraísmo.

ultra- Pref. que significa *más allá de*, *al otro lado de: ultramar*. | Partícula inseparable de algunos adjs., expresa idea de exceso: *ultrafamoso*.

ultracorrección f. Deformación de una palabra por equivocado sentido de corrección, según el modelo de otras: *inflacción* por *inflación*, por analogía con *transacción*, *lección*, etc.

ultraísmo m. Movimiento poético promulgado en 1918 que agrupó a los poetas españoles e hispanoamericanos que defendían una renovación radical del espíritu y de la técnica a través del empleo de las imágenes y la metáfora. | **FAM.** ultraísta.

ultrajar tr. Injuriar gravemente a alguien. | **FAM.** ultrajador, ultrajante, ultraje.

ultraje m. Injuria. | Ofensa, insulto.

ultraligero, ra adj. Sumamente ligero. | Se dice de la nave de poco peso y escaso consumo. También s.

ultramar m. Conjunto de territorios del otro lado de un océano. | **FAM.** ultramarino.

ultramarino, na adj. De ultramar. | adj. y m. pl. Se dice de los comestibles que, traidos en un principio de ultramar, se conservan durante algún tiempo. | m. pl. Tienda de comestibles.

ultramontano, na adj. Que está más allá o de la otra parte de los montes. | Se dice del que defiende la autoridad del Papa y de la Iglesia sobre el Estado. También s. | Perteneciente o relativo a ellos y a su doctrina. | **FAM.** ultramontanismo.

ultranza (a) loc. adv. Sin vacilar, resueltamente: *mantuvo su postura a ultranza*. | Hasta el límite.

ultrarrojo adj. Que en el espectro luminoso está después del color rojo, en la parte invisible.

ultrasonido m. Sonido cuya frecuencia de vibraciones es superior al límite perceptible por el oído humano. Tiene muchas aplicaciones industriales y se emplea en medicina. | **FAM.** ultrasónico.

ultratumba f. Ámbito más allá de la muerte. | adv. Más allá de la muerte: *mi patria se encuentra ultratumba*.

ultravioleta adj. De la parte invisible del espectro solar a continuación del color violeta.

úlula f. Autillo, especie de lechuza.

ulular intr. Dar aullidos o alaridos. | Producir un sonido parecido el viento.

umbela f. Grupo de flores o frutos que nacen en un mismo punto del tallo y se elevan a igual altura. | Tejadillo voladizo sobre un balcón o ventana.

umbilical adj. Del ombligo. | **FAM.** umbilicación, umbilicado.

umbráculo m. Sitio cubierto de ramaje o de otra cosa que da paso al aire, para resguardar las plantas del sol.

umbral m. Parte inferior, contrapuesta al dintel, del vano de una puerta. | Entrada, principio de cualquier cosa: *el umbral de una nueva era*. | Valor a partir del cual empiezan a ser perceptibles los efectos de un agente físico: *umbral luminoso*. | En arq., madero que se atraviesa en lo alto de un vano, para sostener el muro que hay encima. | **FAM.** umbralado.

umbrela f. Parte superior de las medusas en forma de sombrilla.

umbría f. Terreno orientado al norte que está casi permanentemente en sombra. | **FAM.** umbráculo, umbrela, umbrío, umbroso.

umbrío, a adj. Se dice del lugar donde da poco el sol.

un, una art. indet. Presenta o introduce sustantivos que designan personas o cosas desconocidas o no mencionadas todavía: *estaba sentado en un banco*. | adj. indef. Uno cualquiera: *se lo oí decir a un hombre*. | adj. num. Uno: *póngame un café*.

unánime adj. Se dice de las personas que coinciden en el mismo sentimiento, opinión. | Se apl. a este mismo sentimiento, opinión: *rechazo unánime*. | **FAM.** unánimemente, unanimidad.

uncial adj. Se dice de ciertas letras, todas mayúsculas y del tamaño de una pulgada, que se usaron hasta el siglo VII. También f. | Se apl. también a este sistema de escritura.

unción f. Acción de ungir o untar. | Extremaunción. | Devoción, recogimiento y perfección con que uno se dedica a algo: *le escuchaba con unción*.

uncir tr. Atar o sujetar al yugo bueyes, mulas u otras bestias.

undécimo, ma adj. Que sigue inmediatamente en orden al décimo. | De cada una de las once partes iguales en que se divide un todo. También m. | **FAM.** undécuplo.

undécuplo, pla adj. Que contiene un número once veces exactamente. También s.

underground (voz ingl.) adj. Se dice de las manifestaciones artísticas o literarias que se apartan de la tradición o de las corrientes contemporáneas e ignoran voluntariamente las estructuras establecidas. También m.

ungir tr. Aplicar a una cosa aceite u otra materia grasa, extendiéndola superficialmente. ‖ Signar con óleo sagrado a una persona, para denotar el carácter de su dignidad, o para la recepción de un sacramento. ‖ **FAM.** unción, ungido, ungimiento, ungüento.

ungüento m. Cualquier materia pastosa, medicinal o cosmética, con que se unta el cuerpo.

unguiculado, da adj. y s. Que tiene los dedos terminados en uñas.

unguis m. Hueso muy pequeño y delgado de la parte anterior e interna de cada una de las órbitas, que contribuye a formar los conductos lagrimal y nasal. ♦ No varía en pl.

ungulado, da adj. y s. De los mamíferos con dedos terminados en pezuña. ‖ m. pl. Grupo de estos animales. ‖ **FAM.** unguiculado, unguis, ungular.

unicameral adj. Se dice del poder legislativo formado por una sola cámara de representantes. ‖ **FAM.** unicameralismo.

unicaule adj. Se dice de la planta que tiene un solo tallo.

unicelular adj. Que consta de una sola célula.

unicidad f. Cualidad de único.

único, ca adj. Solo en su especie: *fue el único que aprobó.* ‖ Extraordinario, fuera de lo normal: *un espectáculo único.* ‖ **FAM.** únicamente, unicidad.

unicornio m. Animal fabuloso que imaginaron los antiguos poetas, de figura de caballo y con un cuerno recto en mitad de la frente. ‖ Rinoceronte.

unidad f. Propiedad de lo que es uno e indivisible. ‖ Cada uno de los elementos diferenciables de un conjunto: *en cada paquete entran 20 unidades.* ‖ Unanimidad. ‖ Cantidad o magnitud que sirven como término de comparación de las demás de su especie. ‖ Cada una de las secciones de un organismo que tienen cierta independencia: *unidad militar.* ‖ Cualidad de la producción literaria o artística en la que sólo hay un asunto o pensamiento principal. ‖ En mat., el primer número natural, el número 1. ‖ **FAM.** unitario.

unifamiliar adj. Que corresponde a una sola familia: *vivienda unifamiliar.*

unificar tr. y prnl. Hacer de muchas cosas una o un todo, uniéndolas, mezclándolas o reduciéndolas a una misma especie: *unificar esfuerzos.* ‖ Igualar: *unificar precios.* ‖ **FAM.** unificación, unificador.

uniformar tr. Hacer uniformes dos o más cosas. También prnl. ‖ Dar un uniforme a las personas de un mismo grupo. ‖ **FAM.** uniformador, uniforme.

uniforme adj. Con la misma forma. ‖ Igual, conforme, semejante, sin alteraciones ni cambios bruscos: *un tono de voz uniforme.* ‖ m. Traje igual y reglamentario de las personas de un cuerpo, comunidad. ‖ **FAM.** uniformemente, uniformidad, uniformizar.

unigénito, ta adj. Se apl. al hijo único. ‖ m. Por antonom., precedido de *el*, Jesucristo, el Hijo de Dios. ♦ En esta acepción se escribe con mayúscula.

unilateral adj. Se dice de lo que se refiere o se circunscribe solamente a una parte o a un aspecto de algo: *un juicio unilateral.* ‖ Que está colocado solamente a un lado: *panojas unilaterales.*

unión f. Acción y efecto de unir o unirse. ‖ Punto en el que se unen varias cosas: *se ha soltado la unión de los cables.* ‖ Unanimidad. ‖ Matrimonio. ‖ Asociación de personas o entidades para un fin común. ‖ **FAM.** unionismo.

unionismo m. Doctrina que favorece y defiende la unión de partidos o naciones. ‖ **FAM.** unionista.

unípede adj. De un solo pie.

unipersonal adj. Que consta de una sola persona: *vivienda unipersonal.* ‖ Que corresponde o pertenece a una sola persona: *decisión unipersonal.* ‖ En gram., se dice de los verbos que sólo se conjugan en la 3.ª per. sing.: *granizaba, llovía.*

unir tr. y prnl. Juntar dos o más cosas entre sí, haciendo de ellas un todo: *se unió a la manifestación.* ‖ Mezclar o trabar algunas cosas entre sí: *unir una salsa.* ‖ Poner de acuerdo voluntades, ánimos u opiniones: *se unieron para protestar.* ‖ Casar. ‖ **FAM.** unible, unidamente, unido, unidor, unión, unitivo.

unisex adj. Se dice de la moda o de ciertos establecimientos adecuados tanto para hombres como para mujeres: *peluquería unisex.* ♦ No varía en pl.

unisexual adj. Se dice del individuo vegetal o animal que tiene un solo sexo. ‖ **FAM.** unisex, unisexuado.

unísono, na adj. Con el mismo sonido. ‖ m. Trozo de música en que las varias voces o instrumentos suenan en idénticos tonos. ‖ **al unísono** loc. adv. Sin discrepancia, con unanimidad. ‖ **FAM.** unisonancia.

unitario, ria adj. Que tiene unidad o que tiende a ella: *un grupo unitario.* ‖ Partidario del unitarismo religioso. ‖ **FAM.** unitarismo.

unitarismo m. Doctrina de los que defienden la unidad y centralización políticas. ‖

Doctrina religiosa que no reconoce en Dios más que una persona. **FAM.** unitarista.

univalvo, va adj. Se dice de la concha de una sola pieza y del molusco que la tiene. También s. | Se dice del fruto cuya cáscara o envoltura no tiene más que una sutura.

universal adj. Perteneciente o relativo al universo: *armonía universal.* | Que comprende o es común a todos en su especie, sin excepción: *la supervivencia es una ley universal.* | Que pertenece o se extiende a todo el mundo, a todos los países, a todos los tiempos: *historia universal.* | m. pl. En filosofía, conceptos o ideas generales. | **FAM.** universalidad, universalismo, universalizar, universalmente.

universalizar tr. Hacer universal una cosa, generalizarla mucho. | **FAM.** universalización.

universidad f. Institución de enseñanza superior e investigación con diversas facultades que concede los correspondientes títulos académicos. | Edificio o conjunto de edificios destinado a universidad. | Conjunto de personas que trabajan en ella. | **FAM.** universitario.

universitario, ria adj. Perteneciente o relativo a la universidad: *título universitario.* | m. y f. Profesor, graduado o estudiante de universidad.

universo m. Conjunto de las cosas creadas, mundo. | La totalidad de los habitantes de la Tierra. | Medio en que uno vive. | Conjunto de personas con características comunes. | **FAM.** universal, universidad.

unívoco, ca adj. y s. De un solo significado. | Se dice de lo que tiene igual naturaleza o valor que otra cosa. | **FAM.** unívocamente, univocidad.

uno, na adj. Que no se puede dividir. | Se dice de la persona o cosa identificada o unida, física o moralmente, con otra: *es uno con el jefe.* | Idéntico, lo mismo: *eso y nada es todo uno.* | Único, solo, sin otro de su especie. | Con sentido distributivo se usa contrapuesto a *otro*: *el uno leía, el otro estudiaba.* | pl. Algunos, unos indeterminados: *unos años después.* | pron. indef. Persona o personas cuyo nombre se ignora: *uno del grupo se puso a protestar.* | m. Unidad, el primero de los números naturales. | Signo que lo representa (*I*). | Cantidad que se utiliza como término de comparación. | **a una** loc. adv. A un tiempo, juntamente. | **una de dos** loc. que se emplea para contraponer en disyuntiva dos cosas o ideas: *una de dos: o te enmiendas, o me voy.* | **FAM.** un, único, unidad, unificar, unigénito, unir.

untar tr. Extender una materia, generalmente grasa, sobre una superficie: *untar mantequilla.*

| Sobornar: *le untaron para que les concediese la contrata.* | prnl. Mancharse. | **FAM.** untador, untadura, untamiento, unto, untura.

unto m. Materia pingüe a propósito para untar. | Gordura interior del cuerpo del animal. | *amer.* Betún para el calzado. | **FAM.** untuoso.

uña f. Revestimiento córneo del extremo de los dedos. | Casco o pezuña. | Punta corva en que acaba la cola del alacrán. | Espina corva de algunas plantas. | Pedazo de rama que queda unido al tronco al podarla. | **de uñas** loc. adv. Con enfado y agresividad, enemistado. ♦ Se usa con los verbos *estar* y *ponerse*. | **ser uña y carne** dos o más personas loc. Ser amigas inseparables, estar muy compenetradas. | **FAM.** uñada, uñero, uñeta.

uñero m. Inflamación en la raíz de la uña. | Herida que produce la uña cuando crece mal y se introduce en la carne.

uñeta f. Cincel de boca ancha, recta o encorvada, que usan los canteros. | *amer.* Especie de dedal de carey que usan los tocadores de instrumentos de cuerda. | **uñetas m.** *amer.* Ladrón, ratero. ♦ En esta acepción no varía en pl.

upa Voz que se dice al esforzarse para levantarse o elevar algún peso. Se dice especialmente a los niños. | **a upa** loc. adv. En brazos. | **FAM.** upar.

upar tr. Levantar, aupar.

uralaltaico, ca adj. Perteneciente o relativo a los Urales y al Altai. | Se dice de una gran familia de lenguas aglutinantes, cuyos principales grupos son el mogol, el turco y el ugrofinés, y de los pueblos que hablan estas lenguas. También m.

uranio m. Elemento químico metálico radiactivo, dúctil y maleable, cuyos compuestos se usan en fotografía y para dar color a los vidrios. Tiene un isótopo capaz de una fisión continuada y se ha usado en la bomba atómica. Su símbolo es U.

urbanizar tr. Construir en un terreno, previamente delimitado, viviendas y dotarlo de todos los servicios urbanos necesarios para ser habitado. | Hacer urbano y sociable a alguien. También prnl.: *se ha urbanizado mucho en esa escuela.* | **FAM.** urbanización, urbanizador.

urbano, na adj. Perteneciente o relativo a la ciudad: *transportes urbanos.* | Se dice de los miembros de la policía municipal. También s. | **FAM.** urbanismo, urbanizar, urbe.

urbe f. Ciudad grande y populosa.

urca f. Embarcación grande, muy ancha por el centro, y que sirve para el transporte de granos y otros géneros.

urchilla f. Cierto liquen que vive en las rocas

bañadas por el agua del mar. ‖ Color violeta que se saca de esta planta.

urdimbre f. Conjunto de hilos que se colocan en el telar paralelamente unos a otros para formar un tejido. ‖ Estambre o tela ya urdida. ‖ Acción de urdir o maquinar algo.

urdir tr. Preparar los hilos para tejer. ‖ Preparar algo en secreto, tramar: *urdir una intriga*. ‖ FAM. urdidera, urdidor, urdimbre.

urea f. Principio que contiene gran cantidad de nitrógeno y constituye la mayor parte de la materia orgánica contenida en la orina en su estado normal. Es muy soluble en el agua, cristalizable, inodoro e incoloro. ‖ FAM. uremia, uréter, uretra, úrico.

uremia f. Acumulación en la sangre y en los tejidos de sustancias venenosas procedentes de la orina que, en condiciones normales, son eliminadas por el riñón. ‖ FAM. urémico.

uréter m. Cada uno de los conductos excretores para la orina desde los riñones a la vejiga.

uretra f. Conducto para expulsar la orina de la vejiga. ‖ FAM. urético, uretral, uretritis, uretroscopia.

urgencia f. Cualidad de urgente: *había urgencia en su voz*. ‖ Necesidad o falta apremiante de algo: *tiene urgencia de dinero*. ‖ Caso urgente: *tuvo que salir por una urgencia*. ‖ pl. Departamento de los hospitales para atender a enfermos y heridos que necesitan cuidados médicos inmediatos.

urgente adj. Que urge: *un problema urgente*. ‖ Se apl. especialmente al correo que recibe un tratamiento especial por el que llega antes a su destino. ‖ FAM. urgentemente, urgencia.

urgir intr. Correr prisa algo: *el jefe dice que este trabajo le urge*. ‖ Ser muy necesario: *me urge cambiar de aires*. ‖ Obligar a algo una ley o precepto. ‖ FAM. urgente.

urinario, ria adj. Perteneciente o relativo a la orina: *vías urinarias*. ‖ m. Lugar destinado para orinar y en especial el dispuesto para el público.

urna f. Arca, caja, a veces de cristal, para depositar las papeletas en sorteos, votaciones y otros usos. ‖ Caja de cristales planos a propósito para tener dentro visibles y resguardados del polvo objetos preciosos. ‖ Cofre para guardar las cenizas de un difunto, dinero, etc.

uro m. Bóvido salvaje muy parecido al toro, pero de mayor tamaño, cuya especie se extinguió en 1627.

urogallo m. Ave gallinácea de plumaje pardo negruzco, patas y pico negros, tarsos emplumados y cola redonda.

urología f. Parte de la medicina que estudia el aparato urinario y sus trastornos. ‖ FAM. urólogo.

urpila f. *amer.* Paloma pequeña.

urraca f. Ave paseriforme con pico y pies negruzcos, y plumaje blanco en el vientre y arranque de las alas, y negro con reflejos metálicos en el resto del cuerpo; se domestica con facilidad y es capaz de repetir palabras y trozos cortos de música. ‖ Persona habladora. ‖ Persona que recoge y guarda todo tipo de objetos.

ursulina adj. Se dice de la religiosa que pertenece a la Congregación agustiniana fundada por Santa Ángela de Brescia, en el siglo XVI, para educación de niñas y el cuidado de enfermos. También f.

urticáceo, a adj. Se apl. a las plantas angiospermas dicotiledóneas, de hojas sencillas, y casi siempre provistas de pelos que segregan un jugo urticante; flores pequeñas, fruto desnudo y semilla de albumen carnoso; como la ortiga. También f. ‖ f. pl. Familia de estas plantas.

urticante adj. Que produce picor o escozor como el de las picaduras de ortiga.

urticaria f. Erupción alérgica de la piel, con manchas y granos rojos y mucho picor. ‖ FAM. urticáceo, urticante.

urú m. *amer.* Ave de unos 20 cm de largo, de plumaje pardo, y que se asemeja a la perdiz.

urubú m. *amer.* Especie de buitre americano de 60 cm de largo y más de un metro de envergadura.

urunday o **urundey** m. *amer.* Árbol que alcanza 20 m de altura, con excelente madera de color rojo oscuro, que se emplea en la construcción de casas y buques, y para fabricar muebles.

urutaú m. *amer.* Ave nocturna, especie de lechuza de gran tamaño y cola larga, que lanza un grito característico agudo y prolongado que al final se asemeja a una carcajada.

usado, da adj. Gastado y deslucido por el uso.

usar tr. Hacer que una cosa sirva para algo: *usa tu cabeza*. ‖ Disfrutar uno alguna cosa, sea o no dueño de ella: *¿me dejas usar tu coche?* ‖ Hacer o practicar alguna cosa habitualmente o por costumbre: *usaba dar un paseíto al caer la tarde*. ‖ Llevar una prenda de vestir, un adorno personal o tener por costumbre ponerse algo: *usa un viejo sombrero*. ‖ prnl. Estar de moda: *ese peinado ya no se usa*. ‖ FAM. usado, uso, usuario.

usía com. Síncopa de *vuestra señoría*, que se utilizaba como tratamiento de respeto.

usina f. *amer.* Instalación industrial importante, en especial la destinada a producción de gas, energía eléctrica, etc.

uso m. Acción y efecto de usar: *sus zapatos*

están gastados por el uso. ‖ Ejercicio o práctica general de una cosa: *el uso de las armas.* ‖ Costumbre o práctica que está de moda o es característico de una persona, una época, etc.: *usos urbanos.* ‖ **uso de razón** Capacidad de raciocinio que se adquiere pasada la primera niñez. ‖ **al uso** loc. adv. Según la moda o la costumbre. ‖ **FAM.** usanza, usual, usucapión, usufructo.

usted pron. pers. 2.ª persona m. y f. Se suele emplear como tratamiento de respeto, seguido del verbo en 3.ª persona: *puede usted pasar.* ‖ pl. En América y Andalucía se emplea con el verbo en 2.ª persona en lugar de *vosotros*: *¿cuando llegaron ustedes?*

usual adj. Que se usa o se hace habitual o frecuentemente: *llegará con su retraso usual.* ‖ **FAM.** usualmente.

usuario, ria adj. y s. Que habitualmente utiliza algo: *los usuarios de ordenador.* ‖ Que usa algo ajeno por derecho o concesión.

usucapión f. En der., adquisición de un derecho mediante su ejercicio en las condiciones y durante el tiempo previsto por la ley. ‖ **FAM.** usucapir.

usucapir tr. En der., adquirir una cosa por usucapión. ♦ **Defect.** Sólo tiene las tres formas no personales: *usucapir, usucapiendo* e *usucapido.*

usufructo m. Derecho a disfrutar bienes ajenos con la obligación de conservarlos: *tiene la casa en usufructo.* ‖ Utilidades, frutos o provechos que se sacan de cualquier cosa. ‖ **FAM.** usufructuar, usufructuario.

usura f. Interés, ganancia excesiva por un préstamo. ‖ El mismo préstamo. ‖ Cualquier ganancia excesiva que se obtiene de algo. ‖ **FAM.** usurariamente, usurario, usurero.

usurero, ra m. y f. Persona que presta algo con usura. ‖ Por ext., persona que en cualquier negocio obtiene un beneficio desmedido.

usurpar tr. Apoderarse de un bien o derecho ajeno, generalmente por medios violentos. ‖ Apoderarse de la dignidad, empleo u oficio de otro, y usarlos como si fueran propios: *ha usurpado las funciones del secretario.* ‖ **FAM.** usurpación, usurpador.

usuta f. *amer.* Especie de sandalia.

utensilio m. Objeto de uso manual y frecuente. Más en pl. ‖ Herramienta o instrumento de un oficio o arte. Más en pl.

útero m. Matriz, órgano en el que se aloja y desarrolla el feto durante la gestación. ‖ **FAM.** uterino.

útil adj. Provechoso, beneficioso: *una decisión útil.* ‖ Que puede utilizarse para algo: *esta herramienta te será muy útil.* ‖ Se dice de los días

hábiles para la realización de algo, normalmente fijados por la ley o la costumbre. ‖ m. Utensilio, herramienta. Más en pl.: *útiles de costura.* ‖ **FAM.** utensilio, utilidad, utilizar, útilmente.

utilidad f. Cualidad de útil: *la utilidad de una herramienta.* ‖ Provecho, conveniencia, interés o fruto que se saca de una cosa: *no veo la utilidad de tu propuesta.* ‖ **FAM.** utilitario, utilitarismo.

utilitario, ria adj. Que antepone la utilidad de algo a cualquiera de sus restantes cualidades: *se guía siempre por criterios utilitarios.* ‖ m. Automóvil pequeño, de bajo consumo y precio reducido. También adj. ‖ **FAM.** utilitarismo, utilitarista.

utilizar tr. Aprovecharse o servirse de algo o alguien: *utilizó la tela sobrante para hacer unos cojines.* ‖ **FAM.** utilizable, utilización.

utillaje m. Conjunto de herramientas o instrumentos utilizados en una actividad u oficio: *el utillaje de un fontanero.*

utopía o **utopia** f. Proyecto, sistema o gobierno ideal, pero irrealizable. ‖ **FAM.** utópico, utopista.

utrero, ra m. y f. Novillo o novilla desde los dos hasta los tres años.

ut supra loc. adv. lat. Se emplea en ciertos documentos para referirse a una fecha, cláusula o frase escrita más arriba, y evitar su repetición.

uva f. Fruto de la vid; es una baya blanca o morada formando racimo. ‖ **mala uva** Mala intención o mal humor. ‖ **FAM.** uvada, uvero, úvula.

uve f. Nombre de la letra *v.* ‖ **uve doble** Nombre de la letra *w.*

uvero, ra adj. Perteneciente o relativo a las uvas: *exportación uvera.* ‖ m. y f. Persona que vende uvas. ‖ m. Árbol poligonáceo de las Antillas y América Central, muy frondoso, de poca altura y con hojas casi redondas de color verde rojizo. Su fruto es la uva de playa.

UVI (Siglas de Unidad de Vigilancia Intensiva) f. Sección hospitalaria con aparatos y personal especializado para atender casos de enfermedad muy graves y que requieren atención continuada. ♦ Se dice también *UCI.*

úvula f. Campanilla. ‖ **FAM.** uvular.

uxoricidio m. Muerte causada a la mujer por su marido. ‖ **FAM.** uxoricida.

uzbeko, ka adj. Se dice de un pueblo mongol, de idioma turco, que se extiende por la región de Asia Central su se desde el mar Caspio hasta China. ‖ De Uzbekistán. También s.

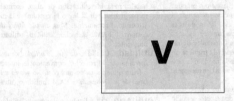

V

v f. Vigesimotercera letra del abecedario español y decimoctava de sus consonantes. Su nombre es *ve* o *uve*. ‖ Letra numeral romana con valor de cinco.

vaca f. Hembra del toro. ‖ Su carne y piel. ‖ Mujer muy gorda. ‖ *amer.* Contrato por el que la ganancia del negocio se reparte proporcionalmente a lo que cada uno había invertido. ‖ FAM. vacada, vacaje, vacuna, vacuno, vaquería, vaqueriza, vaquero, vaqueta, vaquilla.

vacación f. Descanso temporal de una actividad habitual, principalmente del trabajo remunerado o de los estudios. Más en pl.: *estoy de vacaciones.*

vacada f. Conjunto o manada de ganado vacuno. ‖ Conjunto de ganado vacuno con que negocia un ganadero.

vacante adj. Se dice del cargo o empleo libre y por cubrir. También f. ‖ Se apl. a la persona que no está trabajando, disponible. ‖ Sin ocupar: *nos quedan dos habitaciones vacantes.*

vacar intr. Cesar uno por algún tiempo en sus habituales negocios, estudios o trabajo. ‖ Quedar un empleo, cargo o dignidad sin persona que lo desempeñe o posea. ‖ FAM. vacación, vacante, vacuo.

vacceo, a adj. Se dice de un pueblo hispánico prerromano que habitaba un territorio extendido a ambos lados del Duero. ‖ Se dice de los individuos que formaban este pueblo. También s. ‖ Perteneciente o relativo a este pueblo.

vaciado, da m. Acción de vaciar en un molde de un objeto de metal, yeso, etc. ‖ Figura o adorno formada en el molde. ‖ Excavación de la tierra para descubrir lo enterrado.

vaciar tr. Dejar vacío algo. También prnl.: *se ha vaciado el fregadero.* ‖ Sacar, verter, arrojar. También prnl. ‖ Ahuecar: *vaciar una pared.* ‖ Hacer un vaciado en un molde. ‖ Afilar instrumentos cortantes con la piedra. ‖ FAM. vaciado, vaciador, vaciamiento.

vaciedad f. Necedad, sandez, simpleza.

vacilada m. *amer.* Juerga, jolgorio.

vacilar intr. Moverse a un lado y a otro algo o alguien, tambalearse: *vaciló un poco, pero no*
llegó a caerse. ‖ Estar poco firme, oscilar: *este peldaño vacila un poco.* ‖ Dudar, estar perplejo, indeciso: *vacilaba entre este o aquel.* ‖ *amer.* Divertirse en una juerga. ‖ tr. Tomar el pelo. También intr. ‖ FAM. vacilación, vacilada, vacilante, vacile, vacilón.

vacile m. Guasa, tomadura de pelo.

vacilón, na adj. y s. Burlón, guasón, bromista. ‖ m. *amer.* Fiesta.

vacío, a adj. Desocupado, falto de contenido: *un cajón vacío.* ‖ Ocioso, insustancial: *un comentario vacío.* ‖ m. Espacio sin aire ni materia alguna. ‖ Concavidad o hueco de algunas cosas. ‖ Cavidad entre las costillas falsas y los huecos de las caderas, ijada. ‖ Falta, carencia o ausencia de alguna cosa o persona que se echa de menos: *su muerte dejó un gran vacío.* ‖ En fís., espacio que no contiene aire ni otra materia perceptible por medios físicos ni químicos. ‖ **de vacío** loc. adv. Sin carga. ‖ Sin haber conseguido uno lo que pretendía: *volver, irse de vacío.* ‖ FAM. vaciar, vaciedad.

vacuna f. Virus convenientemente preparado que, aplicado al organismo, lo hace reaccionar contra él preservándolo de sucesivos contagios. ‖ Viruela o grano que sale en las tetas de las vacas, y que se inocula al hombre para preservarlo de las viruelas naturales. ‖ Pus de estos granos. ‖ FAM. vacunar, vacunoterapia.

vacunar tr. y prnl. Poner a una persona o animal una vacuna. ‖ Inmunizar contra algún mal: *aquello le vacunó contra la ingenuidad.* ‖ FAM. vacunación, vacunador.

vacuno, na adj. Bovino. ‖ m. Animal bovino.

vacuo, cua adj. Vacío, insustancial: *una respuesta vacua.* ‖ FAM. vacuidad, vacuola.

vade m. Vademécum, cartapacio o bolsa.

vadear tr. Atravesar un río por un vado. ‖ Sortear una dificultad: *consiguió vadear la crisis.* ‖ FAM. vadeable.

vademécum m. Libro de poco volumen y de fácil manejo para consulta inmediata de nociones o informaciones fundamentales, especialmente el que usan los médicos para consultar la información referente a los medicamentos que están en el mercado. ‖ Cartapacio en que los niños llevaban sus libros y papeles a la escuela.

vado m. Lugar poco profundo de un río por donde se puede pasar a pie. ‖ Parte rebajada del bordillo de la acera de una calle para facilitar el acceso de vehículos a garajes, almacenes, en la que no se puede aparcar. ‖ FAM. vadear.

vagabundo, da adj. Errante: *perro vagabundo.* ‖ Se dice de la persona que no tiene ni trabajo ni residencia fija. También s.: *un vagabundo dormía en el portal.* ‖ FAM. vagabundear.

vagancia f. Acción de vagar, estar ocioso. ‖ Pereza, holgazanería.

vagar intr. Andar errante. ‖ Andar por un sitio sin hallar lo que se busca: *vagamos por la ciudad buscando un hotel.* ‖ FAM. vagabundo.

vagar m. Tiempo desocupado que permite hacer alguna cosa.

vagido m. Gemido o llanto del recién nacido.

vagina f. En las hembras de los mamíferos, conducto membranoso entre la vulva y la matriz. ‖ FAM. vaginal, vaginitis.

vago, ga adj. Perezoso, holgazán. También s. ‖ FAM. vagancia, vaguería.

vago, ga adj. Impreciso, confuso: *sólo dio respuestas vagas.* ‖ FAM. vagamente, vagar, vagoroso, vaguear, vaguedad.

vagón m. Carruaje de viajeros o de mercancías y equipajes, en los ferrocarriles. ‖ Carro grande de mudanzas, destinado a ser transportado sobre una plataforma de ferrocarril. ‖ FAM. vagoneta.

vagoneta f. Vagón pequeño y descubierto para transporte.

vaguada f. Parte más honda de un valle, por donde pasan las aguas.

vaguedad f. Imprecisión: *sé más claro y déjate de vaguedades.*

vaharada f. Acción y efecto de echar el vaho o la respiración. ‖ Golpe de vaho, olor, calor, etc.: *nos llegó una vaharada a fritanga.*

vahído m. Desvanecimiento, mareo pasajero.

vaho m. Vapor que despide un cuerpo en ciertas condiciones: *el cuarto de baño estaba lleno de vaho.* ‖ pl. Método curativo que consiste en respirar vahos con alguna sustancia balsámica. ‖ FAM. vaharada.

vaina f. Funda de algunas armas o instrumentos de hoja afilada. ‖ Cáscara tierna y larga en que están encerradas las semillas de algunas plantas. ‖ Ensanchamiento del pecíolo o de la hoja que envuelve el tallo. ‖ *amer.* Molestia, contratiempo. ‖ com. Botarate. También adj. ‖ FAM. vainica, vainilla.

vainica f. Bordado que se hace sacando los hilos horizontales de la tela y agrupando los verticales, formando un calado. ‖ **vainica ciega** La que se hace sin sacar las hebras.

vainilla f. Planta aromática americana con tallos muy largos, verdes; hojas enteras, ovales; flores grandes, verdosas, y fruto capsular en forma de judía, que contiene muchas simientes menudas. ‖ Fruto de esta planta, muy oloroso, que se emplea como aromatizante en pastelería.

vaivén m. Movimiento alternativo, balanceo: *se mareó con el vaivén del barco.* ‖ Inconstancia. ‖ Cambio imprevisto en el desarrollo o duración de algo: *los vaivenes de la fortuna.*

vaivoda m. Título que se daba durante la Edad Media y Moderna a los jefes militares o gobernadores de territorios de los Balcanes y Europa central. ‖ FAM. vaivodato.

vaivodato m. Territorio que gobernaba un vaivoda. ‖ División administrativa superior de Polonia.

vajilla f. Conjunto de platos y demás utensilios para servir la mesa.

valar adj. Perteneciente al vallado, muro o cerca.

valdense adj. Sectario de Pedro de Valdo, heresiarca francés del s. XII, según el cual todo lego que practicase voluntariamente la pobreza podría ejercer las funciones del sacerdocio. También com. ‖ Perteneciente a esta secta.

valdepeñas m. Vino tinto procedente de Valdepeñas, Ciudad Real. ♦ No varía en pl.

vale m. Papel o documento que acredita una deuda, la entrega de algo. ‖ Bono o tarjeta para adquirir algo. ‖ Entrada gratuita para un espectáculo público.

vale Voz latina usada antiguamente en español para despedirse en estilo cortesano y familiar.

valedor, ra m. y f. Persona que ampara a otra.

valencia f. Poder de un anticuerpo para combinarse con uno o más antígenos. ‖ Número de enlaces con que puede combinarse un átomo o radical.

valencianismo m. Vocablo o giro propio del habla valenciana. ‖ Amor o apego a las cosas típicas de Valencia.

valentía f. Valor, decisión, atrevimiento. ‖ Hecho o hazaña heroica ejecutada con valor.

valer m. Valía.

valer tr. Tener algo determinado precio, costar: *el kilo vale 300 pts.* ‖ Equivaler: *un duro vale 5 pts.* ‖ Producir, proporcionar: *esa respuesta le valió una reprimenda.* ‖ Amparar, ayudar: *nos valió en la necesidad.* ‖ intr. Ser valioso o útil para algo, debido a sus características: *este destornillador no me vale.* ‖ Tener vigencia una cosa: *este pasaporte no vale; está caducado.* ‖ prnl. Servirse de algo: *se valió de toda su influencia para lograrlo.* ‖ **¡vale!** interj. que indica aprobación. ‖ **FAM.** vale, valedero, valedor, valencia, valetudinario, valía, valido, válido, valiente, valimiento, valioso, valor. ♦ **Irreg.** Conjugación modelo:

Indicativo

Pres.: *valgo, vales, vale, valemos, valéis, valen.*
Imperf.: *valía, valías, valía,* etc.
Pret. indef.: *valí, valiste,* etc.
Fut. imperf.: *valdré, valdrás, valdrá, valdremos, valdréis, valdrán.*

Potencial: *valdría, valdrías, valdría, valdríamos, valdríais, valdrían.*

Subjuntivo

Pres.: *valga, valgas, valga, valgamos, valgáis, valgan.*
Imperf.: *valiera o valiese, valieras o valieses,* etcétera.
Fut. imperf.: *valiere, valieres,* etc.

Imperativo: *val o vale, valed.*

Participio: *valido.*

Gerundio: *valiendo.*

---

valeriana f. Planta herbácea, vivaz, con tallo recto, hueco, algo velloso; hojas partidas en hojuelas puntiagudas y dentadas; flores en corimbos terminales, blancas o rojizas; fruto seco con tres divisiones y una sola semilla, y raíz que se usa en medicina como sedante.

valeroso, sa adj. Valiente. ‖ **FAM.** valerosamente.

valet (voz fr.) m. Sirviente, criado. ‖ Carta de la baraja francesa que equivale a la sota de la española.

valetudinario, ria adj. y s. Enfermizo, delicado de salud, especialmente por achaques de la edad.

valí m. Gobernador de una provincia o de una parte de la misma en algunos estados musulmanes. ♦ pl. *valís* o *valíes.* ‖ **FAM.** valiato.

valía f. Valor, aprecio de una cosa o calidad de una persona que vale: *es un estudiante de valía.*

valiato m. Gobierno de un valí. ‖ Territorio gobernado por un valí.

validar tr. Dar fuerza o firmeza a una cosa; hacerla válida: *he validado el permiso.* ‖ **FAM.** validación.

valido m. En España, desde el s. XV, persona que gozaba de la absoluta confianza del rey, llamado también *privado.*

válido, da adj. Que vale o debe valer legal-

mente: *una excusa válida.* ‖ **FAM.** válidamente, validar, validez.

valiente adj. Esforzado, animoso y de valor. También com. ‖ irón. Grande y excesivo: *¡valiente amigo tienes!* ‖ **FAM.** valentía, valentón, valientemente.

valija f. Saco de cuero, cerrado con llave, donde se lleva la correspondencia. ‖ El mismo correo. ‖ **valija diplomática** Cartera cerrada y precintada que contiene la correspondencia oficial entre un gobierno y otra, especialmente con sus agentes diplomáticos en el extranjero. ‖ Esta misma correspondencia. ‖ **FAM.** valijero.

valijero, ra m. y f. Funcionario encargado de conducir la correspondencia que se cursa entre un Estado y sus representantes diplomáticos.

valimiento m. Acción de valer una cosa o de valerse de ella. ‖ Ayuda o aceptación particular que una persona tiene con otra, especialmente si es su superior: *goza del valimiento del jefe.*

valioso, sa adj. De mucho valor: *una joya valiosa.* ‖ Muy apreciado: *tu ayuda me ha sido muy valiosa.*

valla f. Armazón de estacas o tablas que cierra o marca un lugar. ‖ Cartelera situada en calles, carreteras, etc., con fines publicitarios. ‖ Obstáculo en forma de valla que deben saltar los participantes en ciertas competiciones hípicas o atléticas. ‖ **FAM.** valladar, vallado, vallar.

vallado m. Cerco de tierra apisonada, o de estacas, etc., para defender un sitio o impedir la entrada en él.

vallar tr. Cercar con una valla.

valle m. Llanura entre montes. ‖ Cuenca de un río. ‖ Conjunto de lugares, caseríos o aldeas de un valle. ‖ **FAM.** val, valar.

vallisoletano, na adj. y s. De Valladolid.

valón, na adj. Natural del territorio belga que ocupa aproximadamente su parte meridional. También s. ‖ Perteneciente a él. ‖ m. Idioma que hablan, que es un dialecto del antiguo francés.

valona f. Cuello grande y vuelto sobre la espalda, hombros y pecho, que se usó especialmente en los ss. XVI y XVII. ‖ *amer.* Crines convenientemente recortadas que cubren el cuello de las caballerías.

valor m. Cualidad de las cosas que hace que haya que pagar una cierta cantidad de dinero por poseerlas: *¿sabes el valor de esta finca?* ‖ Grado de utilidad o aptitud de las cosas, para cumplir el objetivo a que se destinan. ‖ Importancia de una cosa, acción, palabra o frase. ‖ Cualidad del valiente: *demostró su valor en la batalla.* ‖ Osadía, desvergüenza: *hay que* *tener valor para decir eso.* ‖ Equivalencia de una cosa a otra, especialmente hablando de las monedas. ‖ Duración de cada figura musical. ‖ En mat., cualquiera de las determinaciones posibles de una cantidad, magnitud, etc. ‖ pl. Títulos representativos de participación en haberes de sociedades: *los valores están en alza.* ‖ FAM. valeroso, valorar, valuar.

valorar tr. Señalar el precio de algo: *valoraron el piso en 30 millones.* ‖ Reconocer, estimar el valor de algo: *valoró mucho tu apoyo.* ‖ Aumentar el valor de una cosa. ‖ FAM. valorable, valoración, valorativo, valorizar.

valorizar tr. Reconocer el valor de algo o hacer que aumente. ‖ Establecer el precio de algo. ‖ FAM. valorización.

valquiria f. Cada una de ciertas divinidades de la mitología escandinava que en los combates designaban los héroes que debían morir. Se escribe también *valkiria* o *walkiria*.

vals m. Baile de origen alemán. ‖ Música que acompaña este baile, de ritmo ternario. ♦ pl. *valses.* ‖ FAM. valsar, valse.

valse m. *amer.* Vals.

valuar tr. Establecer el valor de algo. ‖ FAM. valuación.

válvula f. Pieza que abre o cierra un conducto. ‖ Pliegue membranoso de la cara interna del corazón o de un vaso que impide el retroceso de la sangre o la linfa. ‖ Lámpara de radio. ‖ **válvula de escape** La que se coloca en las calderas de las máquinas de vapor para que éste se escape automáticamente cuando su presión sea excesiva. ‖ Todo aquello a lo que se recurre para desahogar una tensión o evadirse de las preocupaciones: *la lectura le sirve de válvula de escape.* ‖ FAM. valvular.

vampiresa f. Mujer que aprovecha su capacidad de seducción amorosa para sacar beneficio de sus conquistas. ‖ Mujer fatal.

vampiro m. Espectro o cadáver que, según una creencia popular, salía de noche a chupar la sangre de los vivos. ‖ Persona codiciosa que se enriquece por malos medios, a costa de los demás. ‖ Murciélago americano que se alimenta de insectos y chupa la sangre de las personas y animales dormidos. ‖ FAM. vampiresa, vampirismo.

vanadio m. Elemento químico metálico que se presenta en ciertos minerales y que se ha obtenido en forma de polvo gris. Se usa como ingrediente para aumentar la resistencia del acero. Su símbolo es *V*.

vanagloria f. Presunción de los méritos propios: *habló con vanagloria de su ascenso.* ‖ FAM. vanagloriarse, vanaglorioso.

vanarse prnl. *amer.* Malograrse un fruto, o cualquier cosa, sin llegar a madurar.

vandalaje m. *amer.* Vandalismo, bandidaje.

vandalismo m. Devastación propia de los antiguos vándalos. ‖ Espíritu de destrucción que no respeta nada.

vándalo, la adj. y s. De un antiguo pueblo germano que invadió España y el norte de África en los ss. V y VI. ‖ Que actúa con brutalidad y espíritu destructor: *unos vándalos destrozaron el escaparate.* ‖ FAM. vandalaje, vandálico, vandalismo.

vanguardia f. Parte de una fuerza armada, que va delante del cuerpo principal. ‖ Conjunto de personas, ideas, precursoras o renovadoras en relación a la sociedad que les rodea: *la vanguardia tecnológica.* ‖ **a, a la** o **en vanguardia** loc. adv. Con los verbos *ir, estar* y otros, ir el primero, estar en el punto más avanzado. ‖ FAM. vanguardismo.

vanguardismo m. Nombre genérico con que se designan ciertas escuelas o tendencias artísticas, nacidas en el s. XX, tales como el cubismo, el ultraísmo, etc., con intención renovadora, de avance y exploración. ‖ FAM. vanguardista.

vanidad f. Arrogancia, presunción, envanecimiento. ‖ Calidad de vano. ‖ Todo aquello que sólo sirve de ostentación: *las vanidades del mundo.* ‖ FAM. vanidoso.

vano, na adj. Falto de realidad, sustancia o entidad: *esperanzas vanas.* ‖ Hueco, vacío o falto de solidez: *palabras vanas.* ‖ Inútil, infructuoso: *un esfuerzo vano.* ‖ Se dice de algunos frutos de cáscara cuando su semilla o sustancia interior está seca o podrida: *esta nuez estaba vana.* ‖ m. Hueco de un muro que sirve de puerta o ventana. ‖ **en vano** loc. adv. Inútilmente, sin efecto. ‖ Sin necesidad, sin razón. ‖ FAM. vanagloria, vanamente, vanarse, vanidad.

vapor m. Estado gaseoso que, por la acción del calor, adoptan ciertos cuerpos, en especial el agua. ‖ Buque de vapor. ‖ FAM. vapora, vaporar, vaporizar, vaporoso.

vaporar tr. Evaporar. También prnl. ‖ FAM. vaporación.

vaporizar tr. Convertir un líquido en vapor, por la acción del calor. También prnl. ‖ Dispersar un líquido en pequeñas gotas. ‖ FAM. vaporización, vaporizador.

vaporoso, a adj. Ligero. ‖ Aplicado a telas, muy fino o transparente. ‖ Que arroja de sí vapores o los ocasiona.

vapulear tr. Azotar. También prnl. ‖ Zarandear de un lado a otro a una persona o cosa. ‖ Reprender, criticar o hacer reproches duramente a una persona: *la crítica vapuleó su última película.* ‖ FAM. vapuleador, vapuleamiento, vapuleo.

vaquería f. Lugar donde hay vacas o se vende su leche.

vaquero, ra adj. Propio de los pastores de ganado vacuno. | Se dice de una tela de tejido muy resistente, generalmente de color azul, y de lo que se fabrica con esta tela. | m. y f. Pastor o pastora de reses vacunas. | m. Pantalón de tela vaquera. Más en pl.

vaqueta f. Cuero de ternera, curtido y adobado.

vaquillona f. *amer.* Vaca de dos a tres años.

vara f. Rama delgada, limpia y sin hojas. | Palo largo y delgado. | Bastón de mando. | Medida de longitud (835 mm y 9 décimas). | Cada una de las dos piezas de madera del carro entre las que se engancha la caballería. | FAM. varal, varapalo, varear, varetazo, varetón, varilarguero, varilla, varita.

varadero m. Lugar donde varan las embarcaciones para resguardarlas o para limpiar sus fondos o arreglarlas.

varal m. Vara muy larga y gruesa. | Cada uno de los dos palos redondos donde encajan las estacas que forman los costados de la caja en los carros y galeras. | Cada uno de los dos largueros que llevan en los costados las andas de las imágenes. | Persona muy alta.

varapalo m. Palo largo a modo de vara. | Golpe dado con palo o vara. | Castigo, reprimenda. | Pesadumbre o desazón grande.

varar intr. Encallar la embarcación en la costa o en las peñas, o en un banco de arena. | prnl. Quedar parado o detenido un negocio. | *amer.* Quedarse detenido un vehículo por avería. | tr. Sacar a la playa y poner en seco una embarcación. | FAM. varadero, varado, varadura, varamiento.

varear tr. Derribar con los golpes y movimientos de la vara los frutos de algunos árboles: *varear las aceitunas.* | Dar golpes con una vara o palo para airear o ahuecar algo, por ejemplo la lana de los colchones. | Herir a los toros o fieras con varas o cosa semejante. | FAM. vareador, vareo.

varenga f. Pieza curva que se coloca atravesada sobre la quilla para formar la cuaderna.

varetazo m. Golpe de lado que da el toro con el asta.

varetón m. Ciervo joven, cuya cornamenta tiene una sola punta.

variable adj. Que varía o puede variar. | Inestable, inconstante: *su humor es muy variable.* | f. En mat., magnitud que puede tener un valor cualquiera de las comprendidas en un conjunto. | FAM. variabilidad, variablemente.

variación f. Acción y efecto de variar. |

Cada imitación melódica de un mismo tema o estructura musical.

variado, da adj. Que tiene variedad, diverso: *tienen el mismo modelo en variados colores.*

variante f. Cada una de las diversas formas con que se presenta algo: *las variantes de un tema narrativo.* | Variedad o diferencia entre diversas clases o formas de una misma cosa: *entre estas dos ediciones se observan variantes significativas.* | Desviación de un trecho de una carretera o camino. | Cada uno de los resultados con que en las quinielas de fútbol se indica que el equipo visitante empata (*x*) o gana (2). | m. Fruto o verdura que se encurte en vinagre. Más en pl.

variar tr. Hacer que algo sea diferente de lo que era antes: *han variado la disposición de los muebles.* | Dar variedad: *este escritor varía mucho los temas sus novelas.* | intr. Cambiar, ser diferente: *es sorprendente cómo varía el paisaje de esta región.* | FAM. variable, variación, variado, variante.

varice o **várice** f. Variz.

varicela f. Enfermedad contagiosa benigna, frecuente en los niños, con fiebre y una erupción parecida a la de la viruela.

variedad f. Diferencia, diversidad: *la película gustó a una gran variedad de público.* | Conjunto de cosas diversas: *aquí venden una gran variedad de artículos para el hogar.* | pl. Espectáculo teatral ligero compuesto de números diversos, sin relación entre ellos. | FAM. varietés.

varilla f. Barra larga y delgada. | Cada una de las piezas unidas por un extremo que forman el armazón del abanico, paraguas, etc. | FAM. varillaje.

vario, a adj. Diverso, diferente: *el hecho fue interpretado de varias formas.* | Que tiene variedad: *en esta salsa entran varias especias.* | adj. y pron. indef. pl. Algunos, unos cuantos: *en la galería exponen varios óleos suyos.* | m. pl. Apartado de cualquier conjunto que reúne elementos de diversos tipos, sin clasificar: Conjunto de libros, folletos, hojas sueltas o documentos, de diferentes autores, materias o tamaños, reunidos en tomos, legajos o cajas. | FAM. variar, variedad.

varioloso, sa adj. Perteneciente o relativo a la viruela. Que tiene viruelas. También s.

variopinto, ta adj. Que ofrece diversidad de colores o de aspecto: *un estampado variopinto.* | Multiforme, mezclado, diverso, abigarrado: *acudió un público variopinto.*

varita f. Vara pequeña. | **varita mágica** La que se supone con poderes mágicos y que usan los magos y las hadas para sus encantos.

variz f. Dilatación permanente de una vena

por la acumulación de sangre en ella. ‖ **FAM.** varice, varicoso.

varón m. Hombre. ‖ **santo varón** Hombre sencillo, poco avispado. ‖ Hombre de gran bondad. ‖ **FAM.** varonil.

varonil adj. Del varón. ‖ Con caracteres propios de los varones. ‖ **FAM.** varonilmente.

vasallaje m. Vínculo de dependencia y fidelidad de un vasallo para con su señor. ‖ Rendimiento o reconocimiento con dependencia a cualquier otro, o de una cosa a otra. ‖ Tributo pagado por el vasallo a su señor.

vasallo, lla adj. Sujeto a algún señor con vínculo de vasallaje: *pueblos vasallos*. ‖ En la antigüedad, obligado a pagar feudo, feudatario. ‖ m. y f. Súbdito de un soberano o de cualquier otro gobierno supremo e independiente. ‖ Cualquiera que reconoce a otro por superior o tiene dependencia de él. ‖ **FAM.** vasallaje.

vasar m. Estante en las cocinas.

vasco, ca adj. y s. Del País Vasco, o del País Vascofrancés. ‖ m. Vascuence. ‖ **FAM.** vascón, vascongado, vascuence.

vascuence m. Euskera o eusquera, lengua hablada en el País Vasco (antiguas provincias Vascongadas, parte de Navarra y una zona del departamento francés de los Bajos Pirineos).

vascular adj. Perteneciente o relativo a los vasos de animales y plantas.

vasectomía f. Operación quirúrgica de esterilización de los varones, que consiste en cerrar el conducto deferente por el que salen los espermatozoides del testículo.

vaselina f. Sustancia grasa, con aspecto de cera, que se saca de la parafina y aceites densos del petróleo y se utiliza en farmacia y en perfumería.

vasija f. Recipiente para contener líquidos.

vaso m. Pieza cóncava de mayor o menor tamaño, capaz de contener alguna cosa. ‖ Recipiente de metal, vidrio u otra materia, generalmente de forma cilíndrica, que sirve para beber. ‖ Cantidad de líquido que cabe en él: *me tomaría otro vaso*. ‖ Conducto por el que circula en el vegetal la savia o el látex. ‖ Conducto por el que circula en el cuerpo del animal la sangre o la linfa. ‖ **FAM.** vasar, vasectomía, vasija, vasoconstricción.

vástago m. Rama tierna de un árbol o planta. ‖ Conjunto del tallo y las hojas. ‖ Hijo, descendiente: *es el último vástago de la familia*. ‖ Varilla, barra que transmite el movimiento a algún mecanismo. ‖ *amer*. Tallo del plátano.

vasto, ta adj. Extenso, muy grande: *tiene vastos conocimientos en la materia*. ‖ **FAM.** vastedad.

vate m. Poeta. ‖ Adivino. ‖ **FAM.** vaticinar.

váter m. Inodoro. ‖ Cuarto de baño, habitación.

vaticano, na adj. Perteneciente o relativo al monte Vaticano o al palacio que habita el Papa. ‖ Perteneciente o relativo al Papa o a la corte pontificia. ‖ m. Corte pontificia.

vaticinar tr. Pronosticar, adivinar, profetizar. ‖ **FAM.** vaticinador, vaticinio.

vatio m. Unidad de potencia eléctrica en el S.I., que equivale a un julio por segundo. ‖ **FAM.** vatímetro.

vaya 3.ª pers. de sing. del pres. de subj. del verbo *ir*: *vaya usted con Dios*. ‖ Interj. que expresa sorpresa, satisfacción, decepción, ponderación de las cualidades de un sust.: *¡vaya reloj te has comprado!*

vecinal adj. Del vecindario o los vecinos: *junta vecinal*.

vecindad f. Calidad de vecino. ‖ Vecindario, conjunto de los vecinos. ‖ Contorno, cercanías de un lugar.

vecindario m. Conjunto de los vecinos de una población, barrio, calle, casa.

vecino, na adj. Se dice de los que habitan en una misma población, calle, casa. También s. ‖ Cercano: *vivimos en calles vecinas*. ‖ Semejante: *tienen gustos vecinos*. ‖ **FAM.** vecinal, vecindad, vecindario.

vector adj. Representación de una magnitud física (velocidad, aceleración, fuerza) que, para quedar definida, precisa de orientación espacial. ‖ **FAM.** vectorial.

veda f. Acción y efecto de vedar. ‖ Espacio de tiempo en que está vedado cazar o pescar.

vedar tr. Prohibir: *le vedaron la entrada en el bingo*. ‖ **FAM.** veda, vedado.

vedeja f. Cabellera larga. ‖ Melena del león.

vedette (voz fr.) f. Artista principal de un espectáculo de variedades.

védico, ca adj. Perteneciente o relativo a los Vedas o libros sagrados de la India y al sánscrito antiguo en que están escritos.

vedija f. Mechón de lana. ‖ Pelo enredado en cualquier parte del cuerpo del animal. ‖ Mata de pelo enredada y ensortijada.

vedismo m. Religión más antigua de los indios, contenida en los libros llamados Vedas. ‖ **FAM.** védico.

vega f. Extensión de tierra baja, llana y fértil. ‖ *amer*. Terreno sembrado de tabaco. ‖ *amer*. Terreno muy húmedo. ‖ **FAM.** veguero.

vegetación f. Conjunto de los vegetales propios de un terreno, región, país: *vegetación tropical*. ‖ pl. Carnosidades que se desarrollan en la región nasofaríngea.

vegetal adj. Perteneciente o relativo a las plantas, o que procede de ellas: *aceite vegetal*.

‖ Que vegeta. ‖ m. Ser orgánico que vive y se desarrolla, pero no tiene sensibilidad ni se mueve voluntariamente. ‖ **FAM.** vegetación, vegetar, vegetariano.

vegetar intr. Vivir, desarrollarse las plantas. ‖ Vivir inconsciente una persona. ‖ Disfrutar voluntariamente de una vida tranquila, sin trabajos ni preocupaciones: *se retiró a un pueblito a vegetar*. ‖ **FAM.** vegetativo.

vegetariano, na adj. Se dice de la persona que se alimenta exclusivamente de vegetales. También s. ‖ Perteneciente o relativo a este régimen alimenticio. ‖ **FAM.** vegetarianismo.

vegetativo, va adj. Que vegeta. ‖ Se apl. a las funciones básicas de nutrición o reproducción.

veguer m. En Andorra, cada uno de los dos delegados de las soberanías protectoras. ‖ Magistrado que en Aragón, Cataluña y Mallorca ejercía la misma jurisdicción que el corregidor en Castilla.

vehemente adj. Que obra o se mueve con ímpetu y violencia o se expresa con viveza: *hizo un vehemente gesto de negación*. ‖ **FAM.** vehemencia, vehementemente.

vehículo m. Medio de locomoción, transporte. ‖ Lo que sirve para transmitir fácilmente algo: *el cobre es un buen vehículo de la electricidad*.

veinte adj. Dos veces diez. También m. y pron. ‖ Vigésimo, ordinal. También pron. ‖ m. Conjunto de signos y cifras con que se representa el número veinte. ‖ **FAM.** veintavo, veinteavo, veinteno, veinticinco, veinticuatro, veintidós, veintinueve, veintiocho, veintiséis, veintisiete, veintitantos, veintitrés, veintiún, veintiuno, vigésimo.

veinteavo, va adj. y m. Cada una de las veinte partes iguales en que se divide un todo.

veintiún adj. apóc. de *veintiuno*. Precede al sustantivo.

veintiuno, na adj. Veinte y uno. También m. y pron. ♦ Los numerales que siguen tienen la misma construcción: *veintidós, veintitrés, veinticuatro*, etc. ‖ Vigésimo **primero**, ordinal. ‖ m. Conjunto de signos y **cifras** con que se representa este número. ‖ f. Juego de naipes, o de dados, en que gana el que hace 21 puntos o se acerca más a ellos sin pasarse.

vejar tr. Maltratar, molestar a alguien, menospreciándolo y burlándose de él. ‖ **FAM.** vejación, vejador, vejamen, vejatorio.

vejestorio m. desp. Persona muy vieja.

vejez f. Calidad de viejo. ‖ Último periodo de la vida, edad senil. ‖ **a la vejez, viruelas** expr. con que se indica a los viejos que hacen cosas que no corresponden a su edad. ‖ Se dice de lo que llega tarde, a deshora.

vejiga f. Bolsa membranosa del abdomen que almacena la orina que secretan los riñones. ‖ Ampolla de la piel.

vela f. Cilindro de cera, sebo, atravesado por una mecha que se prende para alumbrar. ‖ Acción y resultado de velar y tiempo que se vela: *el dolor me tuvo en vela toda la noche*. ‖ pl. Mocos que cuelgan de la nariz. ‖ **FAM.** velón.

vela f. Pieza de lona o lienzo fuerte para recibir el viento que impulsa la nave. ‖ Deporte en que se compite con embarcaciones de vela. ‖ **FAM.** velamen, velero.

velada f. Reunión nocturna con fines culturales o recreativos. ‖ Fiesta musical, literaria o deportiva que se hace por la noche. ‖ Acción de velar.

velador m. Mesita redonda de un solo pie. ‖ *amer.* Mesilla de noche y lámpara que se pone sobre ella.

velamen m. Conjunto de velas de una embarcación.

velar intr. Permanecer despierto. ‖ Cuidar a un enfermo o acompañar el cadáver de un difunto. También tr. ‖ Asistir por horas o turnos delante del Santísimo Sacramento cuando está expuesto. También tr. ‖ **FAM.** vela, velación, velada, velador, velatorio, velorio.

velar tr. Cubrir con un velo. También prnl. ‖ Cubrir, ocultar: *la niebla velaba el campanario*. ‖ Borrarse una fotografía por exceso de luz. También prnl. ‖ **FAM.** veladura.

velar adj. Perteneciente o relativo al velo del paladar. ‖ Se dice del sonido que se articula en la parte posterior del paladar. También f. ‖ **FAM.** velarizar, velarización.

velatorio m. Acto de velar a un difunto y lugar donde se le vela.

veleidad f. Carácter o acto caprichoso. ‖ Inconstancia: *las veleidades de la fortuna*. ‖ **FAM.** veleidoso.

velero, ra adj. Se dice de la embarcación con muy buenas condiciones para la navegación o que navega mucho. ‖ m. Barco de vela.

veleta f. Pieza metálica generalmente de forma de flecha que, colocada en lo alto de un edificio, gira señalando la dirección del viento. ‖ com. Persona inconstante y mudable. También adj.

vello m. Pelo corto y suave del cuerpo humano. ‖ Pelusilla de algunas frutas y plantas. ‖ **FAM.** vellocino, vellón, vellosidad, velloso, velludo.

vellocino m. Vellón. ‖ Cuero curtido del carnero o de la oveja con su lana.

vellón m. Toda la lana junta esquilada de un carnero u oveja. ‖ Mechón de lana.

vellón m. Antigua moneda española de cobre.

vellosidad f. Abundancia de vello.

velo m. Cortina o tela que cubre algo. ǁ Prenda fina con que las mujeres se cubren la cabeza. ǁ Manto con que se cubren la cabeza y la parte superior del cuerpo las religiosas. ǁ Lo que impide ver, descubrir, pensar con claridad: *un velo de nubes cubría la cima del monte.* ǁ FAM. vela, velación, velar, velorio.

velocidad f. Rapidez en el movimiento: *recogió sus cosas a toda velocidad.* ǁ Relación entre el espacio recorrido y el tiempo empleado en recorrerlo. ǁ En el motor de un vehículo, cualquiera de las posiciones de un dispositivo de cambio de velocidades. ǁ FAM. velocímetro, velocípedo, velocista, velódromo, veloz.

velocímetro m. Aparato que en un vehículo indica la velocidad a la que se desplaza.

velocípedo m. Vehículo de hierro, formado por una especie de caballete, con dos o con tres ruedas, que se movían por medio de pedales.

velódromo m. Lugar destinado para carreras en bicicleta.

velomotor m. Bicicleta provista de un pequeño motor propulsor.

velón m. Lámpara de metal, para aceite común, compuesta de un vaso con uno o varios mecheros.

velorio m. Reunión nocturna que se celebra en las casas de los pueblos, con ocasión de alguna faena doméstica, como hilar, matar el puerco, etc. ǁ Velatorio, especialmente de un niño.

velorio m. Ceremonia en la que una religiosa toma el velo.

veloz adj. Ligero, rápido en el movimiento. ǁ Ágil. ǁ FAM. velozmente.

vena f. Vaso o conducto por donde vuelve al corazón la sangre que ha corrido por las arterias. ǁ Filón: *una vena de plata.* ǁ Cada una de las fibras que sobresalen en el envés de las hojas de las plantas. ǁ Faja de tierra o piedra, que por su calidad o su color se distingue de la masa en que se halla interpuesta. ǁ Conducto natural por donde circula el agua en las entrañas de la tierra. ǁ Inspiración. ǁ Humor, disposición variable del ánimo: *aprovecha que hoy está de buena vena para pedírselo.* ǁ FAM. venada, venado, venático, venero, venoso, vénula.

venablo m. Dardo o lanza corta y arrojadiza. ǁ **echar** uno **venablos** loc. Soltar expresiones de cólera y enfado.

venado m. Ciervo. ǁ FAM. venablo, venatorio.

vencejo m. Ave insectívora parecida a la go-

londrina, de cola larga y ahorquillada y plumaje blanco en la garganta y negro en el resto del cuerpo. ǁ Lazo o ligadura con que se ata una cosa, especialmente los haces de las mieses.

vencer tr. Derrotar, rendir al enemigo, competidor o adversario. ǁ Rendir a uno aquellas cosas físicas o morales difíciles de resistir: *le venció el sueño.* También prnl. ǁ Aventajar o superar en algún aspecto a los demás: *nos vence a todos en malicia.* ǁ Dominar alguien sus pasiones, sentimientos, etc.: *no pudo vencer la tentación de contarlo.* También prnl. ǁ Ladear, torcer o inclinar una cosa. También prnl.: *se ha vencido la pata de la silla.* ǁ intr. Cumplirse un término o plazo. ǁ Expirar un contrato por cumplirse la condición o el plazo fijado en él. ǁ Conseguir uno lo que desea en una disputa física o moral: *venció gracias a su tesón.* ǁ FAM. vencedero, vencedor, vencible, vencido, vencimiento.

vencimiento m. Cumplimiento del plazo de una deuda, obligación. ǁ Acción y efecto de vencer.

venda f. Banda, tira de gasa o tela para cubrir una herida, sujetar un miembro, un hueso roto, etc. ǁ **tener** uno **una venda en los ojos** loc. No ver la verdad de algo por estar ofuscado. ǁ FAM. vendar.

vendar tr. Atar, cubrir con una venda. ǁ FAM. vendaje.

vendaval m. Viento fuerte que no llega a ser temporal declarado, especialmente el que sopla del Sur, con tendencia al Oeste.

vender tr. Traspasar la propiedad de algo por un precio convenido: *se vende este local.* ǁ Traicionar, delatar: *su cómplice le vendió a la policía.* ǁ prnl. Dejarse sobornar: *se ha vendido a la oposición.* ǁ Decir o hacer uno por descuido algo que descubre lo que quería ocultar: *su sonrisa le vendió.* ǁ FAM. vendedor, vendible, vendido, venta.

vendetta (voz it.) f. Venganza, en especial entre clanes mafiosos

vendimia f. Recolección y cosecha de la uva. ǁ Tiempo en que se hace. ǁ FAM. vendimiar,

vendimiar tr. e intr. Recoger el fruto de las viñas.

venencia f. Recipiente cilíndrico sujeto a un mango largo con el que se sacan muestras de vino o mosto de las cubas.

veneno m. Sustancia que produce en el organismo graves trastornos y a veces la muerte. ǁ Cosa nociva para la salud o la moral: *esos vertidos son puro veneno.* ǁ Mala intención en palabras o hechos: *soltó todo su veneno delante de ella.* ǁ FAM. venenosidad, venenoso.

venera f. Concha semicircular de dos valvas,

una plana y otra muy convexa, rojizas por fuera y blancas por dentro, del molusco llamado *vieira*. ‖ Insignia distintiva que traen pendiente al pecho los caballeros de cada una de las órdenes militares.

venerable adj. Digno de veneración, de respeto: *un patriarca venerable*. ‖ Se apl. como tratamiento a prelados y otras dignidades eclesiásticas. ‖ Primer título, al que siguen el de beato y el de santo, que se concede en Roma a los que mueren con fama de santidad. También com.

venerar tr. Respetar mucho. ‖ Dar culto, adorar. ‖ **FAM.** venerable, veneración, venerador, venerando.

venéreo, a adj. Se dice de las enfermedades que se contraen por contacto sexual. ‖ **FAM.** venerología.

venero m. Manantial de agua. ‖ Raya o línea horaria en los relojes de sol. ‖ Origen y principio de donde procede una cosa: *los clásicos fueron el gran venero del Renacimiento.* ‖ Yacimiento de sustancias inorgánicas útiles.

venganza f. Acción y efecto de vengar o vengarse.

vengar tr. y prnl. Ocasionar un daño a alguien como respuesta a otro recibido de él: *se vengó de su desprecio.* ‖ **FAM.** vengable, vengador, venganza, vengativo.

venia f. Consentimiento, permiso. ‖ Perdón o remisión de la ofensa o culpa. ‖ **FAM.** venial.

venial adj. Se dice de lo que se opone levemente a la ley o precepto, y por eso es de fácil remisión. ‖ En la religión católica se dice del pecado que no es mortal. ‖ **FAM.** venialidad, venialmente.

venida f. Llegada: *anunció su venida con un telegrama.* ‖ Regreso: *a tu venida volveremos a aquel bar.*

venidero, ra adj. Futuro, que está por llegar: *en los años venideros.*

venir intr. Trasladarse o llegar hasta donde está el que habla: *vino a vernos ayer.* También prnl. ‖ Llegar el tiempo en que algo va a suceder: *¡ya vienen las vacaciones!* ‖ Inferirse, deducirse o ser una cosa consecuencia de otra: *todo esto viene de una falta de previsión.* ‖ Excitarse o empezar a sentir un deseo, un sentimiento, etc.: *me vienen ganas de decirle la verdad.* ‖ Figurar, estar incluido o mencionado algo en un libro, periódico, etc.: *esa noticia viene en la última página.* ‖ aux. **venir a** + inf. Suceder finalmente una cosa que se esperaba o se temía: *después de una larga enfermedad, vino a morir.* ‖ **venir a** + inf. como *ser, tener, decir,* denota equivalencia aproximada: *esto viene a costar unas tres mil pesetas.* ‖ **venir ante** Comparecer: *venir ante el juez.* ‖ **venir con**

Aducir, traer a colación una cosa: *no me vengas con más cuentos.* ‖ **venir en** + sust. Toma el significado del verbo correspondiente a dicho sust.: *vino en deseo de conocerlo.* ‖ **FAM.** venencia, venida, venidero. ♦ **Irreg.** Conjugación modelo:

Indicativo
Pres.: *vengo, vienes, viene, venimos, venís, vienen.*
Imperf.: *venía, venías,* etc.
Pret. indef.: *vine, viniste, vino, vinimos, vinisteis, vinieron.*
Fut. imperf.: *vendré, vendrás, vendrá, vendremos, vendréis, vendrán.*

Potencial: *vendría, vendrías, vendría, vendríamos, vendríais, vendrían.*

Subjuntivo
Pres.: *venga, vengas, venga, vengamos, vengáis, vengan.*
Imperf.: *viniera o viniese, vinieras o vinieses,* etc.
Fut. imperf.: *viniere, vinieres,* etc.

Imperativo: *ven, venid.*

Participio: *venido.*

Gerundio: *viniendo.*

venta f. Acción y efecto de vender. ‖ Cantidad de cosas que se venden. ‖ Posada en un camino. ‖ **FAM.** venteril, ventero, ventorro.

ventaja f. Superioridad: *su altura es una ventaja.* ‖ Utilidad, conveniencia: *las ventajas del ahorro.* ‖ Margen que un jugador concede a otro presuntamente inferior. ‖ En algunos juegos de equipo, beneficio que se obtiene de una falta cometida por el contrario. ‖ **FAM.** ventajear, ventajero, ventajista, ventajoso.

ventajear tr. *amer.* Aventajar, obtener ventaja. ‖ *amer.* desp. Sacar ventaja mediante procedimientos reprobables o abusivos.

ventajero, ra adj. y s. Ventajista.

ventajista adj. y com. Se dice de la persona que sin miramientos procura obtener ventaja en los tratos, en el juego, etc. ‖ **FAM.** ventajismo.

ventajoso, sa adj. Que tiene ventaja o la produce. ‖ **FAM.** ventajosamente.

ventana f. Abertura en una pared para dar luz y ventilación. ‖ Armazón con que se cierra esa abertura. ‖ Cada uno de los orificios de la nariz. ‖ **FAM.** ventanaje, ventanal, ventanazo, ventanilla, ventano, ventanuco.

ventanal m. Ventana grande.

ventanilla f. Ventana pequeña de despachos y oficinas para comunicar con el público. ‖

Abertura de cristal que tienen en su costado los coches, vagones del tren y otros vehículos. ‖ Orificio de la nariz. ‖ Abertura rectangular cubierta con un material transparente, que llevan algunos sobres, por la que se ve la dirección del destinatario escrita en la misma carta.

ventanillo m. Postigo pequeño de una puerta o ventana. ‖ Ventana pequeña o abertura redonda de otra forma, hecha en la puerta exterior de las casas y resguardada por lo común con rejilla, para ver a la persona que llama, o hablar con ella sin franquearle la entrada. ‖ Trampilla en el suelo para mirar al piso inferior.

ventano m. Ventana pequeña. ‖ **FAM.** ventanillo.

ventarrón m. Viento que sopla con mucha fuerza.

ventear intr. impers. Soplar el viento o hacer aire fuerte. ‖ tr. Olfatear los animales el viento para orientarse. También intr. ‖ Poner, sacar algo al viento para sacudirlo o airearlo.

ventero, ra m. y f. Persona que tiene a su cuidado y cargo una venta o posada.

ventilación f. Acción y efecto de ventilar o ventilarse. ‖ Abertura para ventilar un local. ‖ Corriente de aire que se establece al ventilarlo.

ventilador m. Aparato que remueve el aire de una habitación. ‖ Abertura que se deja hacia el exterior en una habitación, para renovar el aire sin abrir las puertas o ventanas.

ventilar tr. Hacer circular el aire en un lugar cerrado. También prnl.: *deja que se ventile la habitación.* ‖ Agitar en el aire. ‖ Exponer al viento. ‖ Resolver con rapidez una cuestión: *tengo ganas de ventilar este asunto.* ‖ **FAM.** ventilación, ventilado, ventilador.

ventisca f. Tempestad de viento y nieve. ‖ Viento fuerte, ventarrón. ‖ **FAM.** ventiscar, ventisquear, ventisquero.

ventisquero m. Altura de los montes más expuesta a las ventiscas. ‖ Sitio, en las alturas de los montes, donde se conserva la nieve y el hielo. ‖ Masa de nieve o hielo que se acumula en estos sitios.

ventolera f. Golpe de viento recio y poco durable. ‖ Pensamiento o determinación inesperada y extravagante: *le dio la ventolera de salir descalzo a la calle.*

ventosa f. Pieza cóncava de material elástico en la que, al ser oprimida contra una superficie lisa, se produce el vacío, con lo cual queda adherida a dicha superficie. ‖ Órgano que tienen ciertos animales en los pies, la boca u otras partes del cuerpo, para adherirse o agarrarse, mediante el vacío, al andar o hacer presa.

ventosidad f. Gases intestinales encerrados o comprimidos en el cuerpo, especialmente cuando se expelen.

ventoso, sa adj. Con viento o aire. ‖ **FAM.** ventosa, ventosear, ventosidad.

ventrecha o **ventresca** f. Vientre de los pescados.

ventrículo m. Cada una de las dos cavidades del corazón, que reciben la sangre de las aurículas y la envían a las arterias. ‖ Cada una de las cuatro cavidades del encéfalo de los vertebrados. ‖ **FAM.** ventricular.

ventrílocuo, cua adj. y s. Se dice de la persona capaz de hablar sin mover la boca ni los labios, como si la voz saliera del vientre. ‖ **FAM.** ventriloquia.

ventrudo, da adj. Que tiene abultado el vientre.

ventura f. Felicidad. ‖ Suerte. ‖ Casualidad. ‖ **a la buena ventura** loc. adv. Sin determinado objeto ni designio; a lo que la suerte depare. ‖ **por ventura** loc. adv. Quizá. ‖ **FAM.** venturosamente, venturoso.

venus n. p. m. Segundo planeta del sistema solar que presenta un resplandor intenso y tiene fases similares a las de la Luna. ♦ Suele escribirse con mayúscula. ‖ f. Representación escultórica de la diosa Venus. ‖ Por ext., nombre de ciertas estatuillas prehistóricas femeninas elaboradas en piedra, marfil o hueso. ‖ Mujer muy hermosa.

ver tr. Percibir por los ojos los objetos mediante la acción de la luz. ‖ Por ext., percibir algo con cualquier sentido o con la inteligencia: *no veo la diferencia.* ‖ Reconocer con cuidado y atención una cosa: *conviene que este punto lo veamos de nuevo.* ‖ Visitar a una persona o estar con ella para tratar de algún asunto. También prnl.: *no veremos mañana.* ‖ Considerar, advertir o reflexionar: *veo que nos equivocamos al juzgarle.* ‖ Prevenir las cosas del futuro; preverlas o deducirlas de lo que sucede en el presente: *por lo que veo, seguirá lloviendo.* ‖ Ser un lugar escenario de un acontecimiento: *este teatro ha visto muchos éxitos.* ‖ Asistir los jueces a la discusión oral de un pleito o causa que han de sentenciar. ‖ **ver de** + inf. Tratar de realizar lo que el infinitivo expresa: *veré de encontrarlo.* ‖ prnl. Hallarse en algún estado o situación: *verse abatido.* ‖ Estar o hallarse en un sitio o situación: *cuando se vieron subidas al barco no se lo creyeron.* ‖ **a ver** loc. que se usa para pedir una cosa que se quiere reconocer o ver. ‖ **a ver** sí expr. que seguida de un verbo, denota curiosidad, expectación o interés. ‖ Con tono exclamativo, indica temor o sospecha. ‖ También expresa mandato: *a ver si te estás quieto.* ‖ **FAM.** veedor, ver, vidente, visar, visera, visible, visillo, visión, visitar, visivo, viso, visor, vista, visto, visual. ♦ **Irreg**. Conjugación modelo:

Indicativo
Pres.: *veo, ves, ve, vemos, veis, ven.*
Imperf.: *veia, veias, veia, veiamos, veíais, veían.*
Pret. indef.: *vi, viste, vio,* etc. ¿
Fut. imperf.: *veré, verás, verá,* etc.

Potencial: *vería, verias, vería,* etc.

Subjuntivo
Pres.: *vea, veas, vea, veamos, veáis, vean.*
Imperf.: *viera o viese, vieras o vieses,* etc.
Fut. imperf.: *viere, vieres, viere,* etc.

Imperativo: *ve, ved.*

Participio: *visto.*

Gerundio: *viendo.*

veranear intr. Pasar el verano en lugar distinto del que se reside. ‖ **FAM**. veraneante, veraneo.

veraniego, ga adj. Perteneciente o relativo al verano: *temperatura veraniega.*

veranillo m. Tiempo breve en que suele hacer calor durante el otoño: *el veranillo de San Miguel.* ‖ *amer.* Días que no llueve durante la temporada de lluvias.

verano m. Estación más calurosa del año que en el hemisferio norte transcurre entre el 22 de junio y el 23 de septiembre y en el hemisferio sur entre el 22 de diciembre y el 21 de marzo. ‖ En el Ecuador, temporada de sequía. ‖ **FAM**. veranear, veraniego, veranillo.

veras (de) loc. adv. Con verdad.

veraz adj. Verdadero: *una noticia veraz.* ‖ Que habla o actúa de acuerdo con la verdad: *un confidente veraz.* ‖ **FAM**. veracidad.

verbal adj. Se dice de lo que se refiere a la palabra, o se sirve de ella: *expresión verbal.* ‖ Que se hace o estipula sólo de palabra, y no por escrito: *contrato verbal.* ‖ Perteneciente o relativo al verbo: *accidente verbal.* ‖ Se apl. a las palabras que nacen o se derivan de un verbo; como de *andar, andador* y *andadura.* ‖ **FAM**. verbalismo, verbalmente.

verbalismo m. Propensión a fundar el razonamiento más en las palabras que en los conceptos. ‖ Procedimiento de enseñanza en que se cultiva con preferencia la memoria verbal. ‖ **FAM**. verbalista.

verbena f. Fiesta y feria popular nocturna. ‖ Planta herbácea anual, con tallo erguido y ramoso por arriba, hojas ásperas y hendidas y flores de varios colores, en espigas largas y

delgadas, que se emplea como astringente y antipirético. ‖ **FAM**. verbenero.

verbigracia adv. Por ejemplo.

verbo m. Parte conjugable de la oración que expresa la acción y el estado del sujeto y ejerce la función sintáctica de núcleo del predicado. ‖ Palabra: *siempre busca el verbo más apropiado.* ‖ Segunda persona de la Santísima Trinidad. ♦ En esta acepción suele escribirse con mayúscula. ‖ **FAM**. verba, verbal, verbigracia, verborrea, verbosidad.

verborrea f. Palabrería excesiva: *su verborrea me aturde.*

verdad f. Conformidad de las cosas con el concepto que de ellas forma la mente. ‖ Conformidad de lo que se dice con lo que se siente o se piensa. ‖ Juicio o proposición que no se puede negar racionalmente: *verdad de fe.* ‖ Cualidad de veraz: *hombre de verdad.* ‖ Expresión clara y directa con que se corrige o reprende a alguien. Más en pl.: *Cayetano le dijo dos verdades.* ‖ Realidad, existencia real de una cosa. ‖ **FAM**. veraz, verdadero, verídico, verificar, verismo, verosímil.

verdadero, ra adj. Que contiene o es verdad: *señale las respuestas verdaderas.* ‖ Real, auténtico: *se inspira en una historia verdadera.* ‖ Sincero, veraz: *su amabilidad era verdadera.* ‖ **FAM**. verdaderamente.

verde adj. De color semejante al de la hierba fresca, la esmeralda, etc. También m. ‖ Se dice de los árboles y plantas que no están secos. ‖ Se dice de las cosas que están en los principios y a las cuales falta mucho para perfeccionarse: *esta manzana está verde; el proyecto aún está verde.* ‖ Se apl. a la persona inexperta y poco preparada: *está bastante verde en matemáticas.* ‖ Indecente, obsceno: *un chiste verde.* ‖ Junto con palabras como *zona, espacio,* etc., lugar destinado a parque o jardín y en el que no se puede edificar. ‖ Se apl. a ciertos partidos ecologistas y a sus miembros. También m. pl. ‖ **FAM**. verdal, verdear, verdeante, verdecer, verdecillo, verdegay, verdemar, verderol, verderón, verdial, verdín, verdinegro, verdor, verdoso, verdura, verdusco.

verderón m. Ave canora del orden de las paseriformes, del tamaño y forma del gorrión, con plumaje verde y manchas amarillentas en las remeras principales y en la base de la cola.

verdial adj. Se dice de una variedad de aceituna alargada que se conserva verde aun madura. También f. ‖ m. Cierta clase de canto flamenco. Más en pl.

verdolaga f. Planta herbácea anual, con tallos tendidos, gruesos, jugosos, hojas sentadas, carnosas, comestibles, verdes por el haz y blanquecinas por el envés; flores amarillas, y fruto capsular con semillas menudas y negras.

verdor m. Color verde, en especial el vivo de las plantas. ‖ Vigor, lozanía, fortaleza.

verdugo m. Persona que ejecuta las penas de muerte. ‖ Gorro de lana que cubre la cabeza y el cuello, dejando descubiertos los ojos, la nariz y la boca. ‖ Moldura convexa de perfil semicircular. ‖ Persona muy cruel. ‖ Vástago del árbol. ‖ FAM. verdugada, verdugón, verduguillo.

verduguillo m. Estoque muy delgado como el utilizado para descabellar al toro. ‖ Especie de roncha que suele levantarse en las hojas de algunas plantas.

verdulero, ra m. y f. Persona que vende verduras. ‖ f. Mujer descarada y ordinaria.

verdura f. Hortalizas en general y especialmente las de hojas verdes. ‖ Follaje que se pinta en lienzos y tapicerías. ‖ Verdor. ‖ FAM. verdulería, verdulero.

vereda f. Camino estrecho. ‖ Camino reservado al ganado trashumante. ‖ *amer.* Acera de una calle o plaza.

veredicto m. Decisión, dictamen sobre un hecho de un jurado o tribunal. ‖ Juicio, parecer: *el veredicto de la crítica ha sido poco favorable.*

verga f. Percha de los barcos en que se sujeta la vela. ‖ Pene de los mamíferos. ‖ Palo delgado. ‖ FAM. vergajo.

vergajo m. Verga del toro, que después de cortada, seca y retorcida, se usa como látigo. ‖ FAM. vergajazo.

vergel m. Huerto con variedad de flores y árboles frutales.

vergonzante adj. Que tiene vergüenza. Se apl. normalmente al que pide limosna con cierto disimulo o encubriéndose.

vergonzoso, sa adj. Que causa vergüenza: *un acto vergonzoso.* ‖ Que se avergüenza con facilidad. También s.: *es muy vergonzoso, en seguida se sonroja.* ‖ m. Especie de armadillo, con el cuerpo y la cola cubiertos de escamas y las orejas desnudas y redondas. ‖ FAM. vergonzosamente.

vergüenza f. Sentimiento ocasionado por alguna falta cometida, o por alguna acción deshonrosa y humillante. ‖ Pundonor, amor propio: *si tuviera algo de vergüenza no se presentaría por aquí.* ‖ Timidez: *le da vergüenza hablar con ella.* ‖ Sonrojo. ‖ Acto o suceso escandaloso e indignante: *esos precios me parecen una vergüenza.* ‖ pl. Partes externas de los órganos sexuales humanos. ‖ FAM. verecundia, vergonzante, vergonzoso.

vericueto m. Sitio alto y accidentado por el que es difícil andar. ‖ pl. Partes o aspectos más difíciles o escondidos de algo: *los vericuetos de la ley.*

verídico, ca adj. Verdadero: *una historia verídica.*

verificar tr. Comprobar la verdad o autenticidad de algo: *tengo que verificar esta información.* ‖ Realizar, efectuar. También prnl.: *se ha verificado un reajuste de personal.* ‖ prnl. Resultar cierto y verdadero lo que se dijo o pronosticó: *todas sus predicciones se han verificado.* ‖ FAM. verificabilidad, verificable, verificación, verificador.

verigüeto m. Molusco lamelibranquio bivalvo, comestible.

verismo m. Realismo llevado al extremo en las obras de arte. ‖ Corriente literaria y artística de carácter realista surgida en Italia en la segunda mitad del s. XIX, influida por el naturalismo francés. ‖ FAM. verista.

verja f. Enrejado que sirve de puerta, ventana o cerca. ‖ FAM. verjurado.

vermicida adj. y m. Vermífugo.

vermicular adj. Que se parece a los gusanos.

vermiforme adj. De forma de gusano: *apéndice vermiforme.*

vermífugo, ga adj. y m. Se dice del preparado que tiene la propiedad de matar las lombrices intestinales.

vermú o **vermut** m. Aperitivo compuesto de vino blanco, ajenjo y otras sustancias amargas y tónicas. ‖ Aperitivo, bebidas y tapas que se toman antes de las comidas. ♦ pl. *vermús* o *vermuts.*

vernáculo, la adj. Nativo, de nuestra casa o país; se dice especialmente de la lengua.

verónica f. Planta herbácea de hojas dentadas, flores azules o púrpura, agrupadas en espigas axilares, cimas o racimos, propia de Asia y Europa. ‖ Lance de tauromaquia que se ejecuta con la capa extendida o abierta con ambas manos enfrente de la res, en la que el torero se encuentra casi de perfil. Cuando se recorta su remate se llama *media verónica.*

verosímil adj. Con apariencia de verdadero: *un personaje verosímil.* ‖ Creíble: *su excusa es muy verosímil.* ‖ FAM. verosimilitud, verosímilmente.

verraco m. Cerdo semental. ‖ Escultura del arte prerromano celta hispánico que representa un toro o cerdo y que probablemente fuera adorada como divinidad protectora del ganado. ‖ FAM. verraquear.

verruga f. Excrecencia cutánea, por lo general redonda. ‖ FAM. verrugosidad, verrugoso.

versado, da adj. Instruido, experto: *versado en lenguas clásicas.*

versal adj. y f. En impr., se dice de la letra mayúscula. ∥ **FAM**. versalita.

versalita adj. y f. En impr., se dice de la letra mayúscula igual en tamaño a la minúscula.

versallesco, ca adj. Relativo a Versalles, palacio y sitio real cercano a París. ∥ Se dice especialmente de las costumbres de la corte francesa establecida en dicho lugar, que tuvo su apogeo en el s. XVIII. ∥ Se dice del lenguaje y de los modales afectadamente corteses.

versar intr. Tratar de una determinada materia un libro, discurso o conversación: *su tesis versa sobre el diálogo renacentista.* ♦ Se usa con la prep. *sobre* o con la loc. adv. *acerca de.* ∥ **FAM**. versación, versado.

versátil adj. De genio o carácter voluble e inconstante. ∥ Adaptable a muchas cosas: *un mueble versátil.* ∥ Se dice de los dedos de las aves que pueden volverse hacia atrás o hacia delante. ∥ **FAM**. versatilidad.

versículo m. Cada división breve de los capítulos de ciertos libros, como la Biblia.

versificar intr. Componer versos. ∥ tr. Poner en verso. ∥ **FAM**. versificación, versificador.

versión f. Traducción. ∥ Modo que tiene cada uno de referir un mismo suceso: *su versión de los hechos era muy subjetiva.* ∥ Cada narración o descripción distinta de un mismo hecho, del texto de una obra o de la interpretación de un tema: *se conocen tres versiones de este tema.*

verso m. Palabra o conjunto de palabras sujetas a medida y ritmo o sólo a ritmo. ∥ Obra literaria que sigue estas reglas. ∥ Se emplea también por contraposición a prosa: *comedia en verso.* Versículo de las Sagradas Escrituras. ∥ **FAM**. versículo, versificar.

versolari m. Coplero, improvisador de versos del País Vasco y Aragón.

versus (voz lat.) prep. Frente a, contra.

vértebra f. Cada uno de los huesos que, articulados entre sí, forman la columna vertebral. ∥ **FAM**. vertebrado, vertebral, vertebrar.

vertebrado, a adj. Estructurado, dividido: *el poema estaba vertebrado en tres partes.* ∥ Se dice de una gran división del reino animal formada por los animales cordados que tienen esqueleto con columna vertebral y cráneo, y sistema nervioso central constituido por médula espinal y encéfalo. También m. ∥ m. pl. Subtipo de estos animales.

vertebrar tr. Dar consistencia o estructura internas; dar organización y cohesión: *la figura del narrador vertebraba los distintos episodios de la obra.*

vertedero m. Sitio donde o por donde se vierten basuras o escombros. ∥ Escape para dar salida a los excesos de agua en presas, acantarillado, cisternas, etc.

verter tr. Derramar o vaciar líquidos, y también cosas menudas; como sal, harina, etc. También prnl. ∥ Inclinar una vasija o volverla boca abajo para vaciar su contenido. También prnl.: *se me ha vertido el plato.* ∥ Traducir de una lengua a otra. ∥ Expresar un concepto, un sentimiento, etc.: *en la carta vertía todo su dolor.* ∥ intr. Desembocar una corriente de agua. También tr. ♦ Irreg. Se conj. como *entender.* ∥ **FAM**. versar, versión, verso, vertedera, vertedero, vertedor, vertible, vertido, vertiente, vierteaguas.

vertical adj. y f. En geom., se dice de la recta o plano perpendiculares al del horizonte. ∥ En figuras, dibujos, escritos, impresos, etc., se dice de la línea, disposición o dirección que va de la cabeza al pie. ∥ **FAM**. verticalidad, verticalismo, verticalmente.

vértice m. Punto en que se unen los lados de un ángulo o las caras de un poliedro. ∥ **FAM**. vertical, verticilo.

verticilo m. Conjunto de tres o más ramos, hojas, flores, pétalos u otros órganos, que están en un mismo plano alrededor de un tallo. ∥ **FAM**. verticilado.

vertidos m. pl. Materiales de desecho que las instalaciones industriales o energéticas arrojan a vertederos o al agua.

vertiente f. Declive por donde corre el agua. ∥ Cada falda de una montaña, o conjunto de las de una cordillera con la misma orientación. ∥ Cada plano inclinado de un tejado. ∥ Cada aspecto o punto de vista desde los que se puede analizar algo.

vertiginoso, sa adj. Perteneciente o relativo al vértigo. ∥ Que causa vértigo: *una caída vertiginosa.* ∥ **FAM**. vertiginosamente, vertiginosidad.

vértigo m. Trastorno del sentido del equilibrio caracterizado por una sensación de movimiento rotatorio del cuerpo o de los objetos que lo rodean. ∥ Sensación semejante al mareo, producida por una impresión muy fuerte: *me da vértigo esta altura.* ∥ Apresuramiento anormal de la actividad de una persona o colectividad: *el vértigo de las grandes ciudades.* ∥ **FAM**. vertiginoso.

vesania f. Locura, demencia. ∥ Furia, cólera. ∥ **FAM**. vesánico.

vesicante adj. y m. Se dice de la sustancia que produce ampollas en la piel.

vesícula f. Órgano en forma de cavidad o saco lleno de un líquido o de aire. ∥ Vejiga pequeña en la epidermis. ∥ **FAM**. vesicante, vesicatorio, vesicular.

véspero m. El planeta Venus como lucero de

la tarde. ‖ Anochecer, últimas horas de la tarde. ‖ **FAM**. vespertino.

vespertino, na adj. Perteneciente o relativo a la tarde: *reunión vespertina*. ‖ m. En periodismo, diario que sale por la tarde.

vestal adj. Relativo a la diosa romana Vesta. ‖ Se dice de las doncellas romanas que estaban consagradas a esta diosa. También f.

vestíbulo m. Atrio o portal que está a la entrada de un edificio. ‖ En los hoteles y otros grandes edificios, sala de amplias dimensiones próxima a la entrada. ‖ Recibidor, pieza que da entrada a las diferentes habitaciones de una vivienda. ‖ Una de las cavidades comprendidas en el laberinto del oído de los vertebrados. ‖ **FAM**. vestibular.

vestido m. Cualquier prenda de vestir que se pone para cubrir el cuerpo. ‖ Conjunto de las principales piezas que sirven para este uso. ‖ Prenda de vestir exterior femenina de una sola pieza. ‖ **FAM**. vestidura, vestimenta, vestir, vestuario.

vestidura f. Vestido. ‖ Vestido que, sobrepuesto al ordinario, usan los sacerdotes para el culto divino. Más en pl. ‖ **rasgarse** uno **las vestiduras** loc. Entre los hebreos, manifestación de duelo. ‖ Escandalizarse, mostrar indignación.

vestigio m. Recuerdo, señal o noticia que queda de algo pasado: *aquellas cartas eran vestigios de su pasión*. ‖ Monumento o ruina que se conserva de pueblos antiguos. ‖ Indicio por el que se infiere la verdad de algo: *estas huellas son vestigio de su presencia en el jardín*. ‖ **FAM**. vestigial.

vestir tr. Cubrir o adornar el cuerpo con el vestido. También prnl.: *se vistió a toda prisa*. ‖ Llevar un determinado vestido, color, etc. También intr.: *vestir de uniforme*. ‖ Hacer los vestidos para otro. También prnl.: *se visten en la misma sastrería*. ‖ Guarnecer o cubrir una cosa con otra para defensa o adorno: *vestir un balcón con colgaduras*. ‖ intr. Ser una prenda, materia, color, etc., especialmente elegante o apropiada para lucirse: *el terciopelo viste mucho*. ‖ Llevar vestido con o sin gusto: *Luis viste bien*. ‖ prnl. Sobreponerse una cosa a otra, cubriéndola: *el cielo se vistió de nubes*. ‖ **FAM**. vestición. ♦ **Irreg**. Se conjuga como *pedir*.

vestuario m. Conjunto de vestidos: *tendría que renovar su vestuario*. ‖ Conjunto de trajes necesarios para una representación escénica. ‖ En instalaciones deportivas, fábricas, etc., local destinado a cambiarse de ropa. Más en pl.

veta f. Faja o lista de una materia que se distingue de la masa en que se halla interpuesta: *las vetas de la madera*. ‖ Filón de un mineral. ‖ **FAM**. vetear.

vetar tr. Poner el veto a una proposición, acuerdo o medida: *vetaron la ayuda económica*. ‖ **FAM**. vedar.

vetear tr. Señalar o pintar vetas, imitando las de la madera, el mármol, etc. ‖ **FAM**. veteado.

veterano, na adj. y s. Se dice de los militares que son expertos por haber servido mucho tiempo o haber participado en la guerra. ‖ Experimentado en cualquier profesión o ejercicio. ‖ **FAM**. veteranía.

veterinario, ria adj. Relativo a la veterinaria. ‖ m. y f. Persona que se halla legalmente autorizada para profesar y ejercer la veterinaria. ‖ f. Ciencia que estudia, previene y cura las enfermedades de los animales.

veto m. En algunas organizaciones internacionales, derecho que tienen las grandes potencias de oponerse a una resolución mayoritaria. ‖ Denegación, prohibición. ‖ **FAM**. vetar.

vetón, na adj. Se dice de un pueblo prerromano de Hispania que habitaba parte de las actuales provincias de Zamora, Salamanca, Ávila, Cáceres, Toledo y Badajoz. Más c. m. pl. ‖ Se dice de sus individuos. También s. ‖ Relativo a este pueblo.

vetusto, ta adj. Muy antiguo o de mucha edad. ‖ **FAM**. vetustez.

vez f. Cada realización de un suceso o de una acción en momento y circunstancias distintos: *la primera vez que vi el mar*. ‖ Tiempo u ocasión determinada en que se ejecuta una acción, aunque no incluya orden sucesivo: *otra vez saldrá mejor*. ‖ Alternación de las cosas por turno. ‖ Tiempo u ocasión de hacer una cosa por turno: *le llegó la vez de entrar*. ‖ Lugar que a uno le corresponde cuando varias personas han de actuar por turno: *¿quién da la vez?* ‖ pl. Función de una persona o cosa. ♦ Se usa sobre todo con el verbo *hacer*: *hizo las veces de jefe*. ‖ **a la vez** loc. adv. A un tiempo, simultáneamente: *se han marchado todos a la vez*. ‖ **a su vez** loc. adv. Por orden sucesivo y alternado; también, por su parte: *él, a su vez, le hizo otro regalo*. ‖ **a veces** loc. adv. En ocasiones. ‖ **de una vez** loc. adv. Con una sola acción; también de una forma definitiva: *a ver si acabamos de una vez*. ‖ **en vez de** loc. adv. En sustitución de una persona o cosa; también, al contrario, lejos de. ‖ **tal vez** loc. adv. Quizá.

V.H.F. (siglas del i. *Very High Frecuency*.) Banda de ondas electromagnéticas cuya frecuencia se distribuye entre los 30 y 300 Mhz. También m.

V.H.S. (siglas del i. *Video Home System*.) Sistema de vídeo doméstico que permite la grabación y reproducción de imágenes y sonidos a través del televisor.

vía f. Camino por donde se transita. ‖ Raíl del ferrocarril o del tranvía. ‖ Cualquiera de los conductos por donde pasan al organismo algunos líquidos, el aire, los alimentos y los residuos de la digestión: *vías respiratorias*. ‖ Sistema de transporte o comunicación: *vía satélite*. ‖ Sistema, método o procedimiento. ‖ En der., ordenamiento procesal: *vía ejecutiva, sumarísima*. ‖ Modo de administración de un medicamento: *vía oral*. ‖ Entre los ascéticos, modo de vida espiritual encaminada a la perfección de la virtud: *vía purgativa, iluminativa* y *unitiva*. ‖ **vía pública** Calle, plaza, camino u otro sitio por donde transita o circula el público. ‖ **de vía estrecha** loc. adj. Se dice de las personas o cosas de poca importancia o valía. ‖ **en vías de** loc. adv. En curso, en camino de: *un país en vías de desarrollo*. ‖ **por vía** loc. adv. De forma, a través de: *lo enviaron por vía aérea*. ‖ FAM. viaducto, viajar, vial, viandante, viario, viático.

vía crucis m. Camino señalado con diversas estaciones de cruces o altares, y que se recorre rezando en cada una de ellas, en memoria de los pasos que dio Jesucristo caminando al Calvario. ‖ Conjunto de 14 cruces o de 14 cuadros que representan los pasos del Calvario. ‖ Rezos para conmemorar los pasos del Calvario. ‖ Sufrimiento continuado de una persona.

viable adj. Que puede vivir: *un feto viable*. ‖ Se dice principalmente de los recién nacidos que tienen las condiciones necesarias para seguir viviendo. ‖ Que puede llevarse a cabo: *un proyecto viable*. ‖ Que se puede transitar: *una ruta viable*. ‖ FAM. viabilidad.

viaducto m. Puente para el paso de un camino o una vía férrea sobre una hondonada.

viajante adj. y com. Que viaja. ‖ com. Representante comercial que hace viajes para negociar ventas o compras.

viajar intr. Trasladarse de un lugar a otro, generalmente distante, por cualquier medio de locomoción. ‖ Estar bajo los efectos de un alucinógeno. ‖ FAM. viajante, viaje.

viaje m. Acción y efecto de viajar. ‖ Recorrido o itinerario: *haremos el mismo viaje*. ‖ Carga que se lleva de una vez: *con este viaje terminamos la mudanza*. ‖ Estado de alucinación producido por un narcótico.

viaje m. Corte sesgado que se da a alguna cosa. ‖ Acometida inesperada, y por lo común a traición, con arma blanca y corta. ‖ P. ext., cualquier golpe, empujón o embestida: *de un viaje me tiró los platos*.

vial adj. Relativo a la vía: *seguridad vial*. ‖ FAM. viario.

vial m. Frasquito destinado a contener un medicamento inyectable, del cual se van extrayendo las dosis convenientes.

vianda f. Comida, especialmente carne y pescado. ‖ *amer.* Frutos y tubérculos comestibles que se sirven guisados. ‖ *amer.* Fiambrera.

viandante com. Persona que camina o transita un lugar.

viaraza f. Diarrea. ‖ *amer.* Acción inconsiderada y repentina.

viático m. Sacramento de la Eucaristía que se administra al enfermo que está en peligro de muerte. ‖ FAM. viaticar.

víbora f. Reptil escamoso del suborden de las serpientes, de cuerpo cilíndrico y alargado, cabeza triangular, con dos dientes retráctiles y huecos en forma de gancho, con los que al morder inocula el veneno que produce en una glándula con la que están conectados. ‖ Persona con malas intenciones. ‖ FAM. viborear, viperino.

vibración f. Acción y efecto de vibrar. ‖ Cada uno de los movimiento vibratorios o doble oscilación de las moléculas o partículas de un cuerpo elástico, que pasa por una posición central de equilibrio. ‖ Movimiento repetido de los órganos de las cavidades productoras del sonido que crea una onda sonora al salir el aire. ‖ pl. Corriente de simpatía o antipatía que se supone emana una persona: *tu amigo me da buenas vibraciones*.

vibrador, ra adj. Que vibra. ‖ m. Aparato que transmite las vibraciones eléctricas.

vibrante adj. Que vibra. ‖ adj. y f. Se dice del sonido cuya pronunciación se caracteriza por un rápido contacto oclusivo, simple o múltiple, entre los órganos de la articulación. La *r* de *hora* es vibrante simple y la de *honra*, vibrante múltiple.

vibrar intr. Hacer un cuerpo pequeños y rápidos movimientos más o menos intensos. ‖ Sonar la voz de forma entrecortada. ‖ Emocionarse, conmoverse: *el público vibró en el concierto*. ‖ Experimentar un cuerpo elástico cambios alternativos de forma, haciendo sus puntos oscilen de modo sincrónico en torno a sus posiciones de equilibrio, sin que el campo cambie de lugar. ‖ FAM. vibración, vibrado, vibrador, vibráfono, vibrante, vibrátil, vibratorio.

vibrión m. Cualquiera de las bacterias de forma encorvada; como la productora del cólera morbo.

vibrisas f. pl. Pelos rígidos más o menos largos que actúan como receptores táctiles, que presentan gran número de mamíferos en distintas partes de la cabeza y de los miembros, especialmente sobre los labios, como los bigotes del gato. | Pelos sensoriales de las plantas insectívoras, como los de la dionea o atrapamoscas.

vicaría f. Oficio o dignidad de vicario. | Oficina o tribunal en que despacha el vicario. | Territorio de la jurisdicción del vicario. | **pasar por la vicaría** loc. Tramitar el expediente eclesiástico de matrimonio. | P. ext., casarse.

vicario, ria adj. y s. Que hace las veces de otro. | m. Juez eclesiástico nombrado y elegido por los prelados para que ejerza sobre sus súbditos la jurisdicción ordinaria. | **vicario apostólico** Prelado que rige cierta circunscripción eclesiástica en territorios de misión o en aquellos donde aún no está introducida la jerarquía de la Iglesia. | **vicario de Cristo** Uno de los títulos dados al papa. | FAM. vicaria, vicarial, vicariato.

vicealmirante m. Oficial general de la armada, inmediatamente inferior al almirante. | Equivale a general de división en el ejército de tierra. | FAM. vicealmirantazgo.

vicecanciller m. Cardenal presidente de la curia romana para el despacho de las bulas y breves apostólicos. | Persona que hace el oficio de canciller, a falta de éste. | FAM. vicecancillería.

vicecónsul com. Persona de categoría inmediatamente inferior al cónsul, funcionario que ejerce protección de personas e intereses de un Estado en otro. | FAM. viceconsulado.

vicepresidente, ta m. y f. Persona que suple a quien ejerce la presidencia. | FAM. vicepresidencia.

vicerrector, ra m. y f. Persona que hace las veces del rector.

vicesecretario, ria m. y f. Persona que hace o está facultada para hacer las veces del secretario. | FAM. vicesecretaría.

viceptiple f. Cantante de voz más grave que la de la tiple o soprano. | En las operetas y revistas, cada una de las cantantes que intervienen en los números de conjunto.

viceversa adv. m. Al contrario, al revés: *los primeros serán los últimos, y viceversa.*

viciar tr. Dañar o corromper física o moralmente. También prnl. | Alterar un escrito, noticia, etc., cambiando su sentido. | En der., anular la validez de un acto. | Deformar. También prnl.: *se ha viciado el contrafuerte del zapato.* | FAM. viciado.

vicio m. Excesiva afición a algo, especialmente si es perjudicial: *el vicio de beber.* | Mala costumbre, hábito de obrar mal: *tiene el vicio de mentir.* | Cosa a la que es fácil aficionarse: *estas maquinitas de juegos son un vicio.* | Deformación, desviación o alabeo que presenta una superficie: *esta ventana ha cogido vicio y*

no cierra. | Lozanía y frondosidad excesivas, perjudiciales para el desarrollo de la planta. | **de vicio** loc. adv. Sin necesidad o motivo, como por costumbre: *quejarse de vicio.* | También, muy bien o muy bueno: *comimos de vicio.* | FAM. viciar, viciosamente, vicioso.

vicisitud f. Circunstancia cambiante. | Sucesión de acontecimientos favorables y adversos: *las vicisitudes de la fortuna.*

víctima f. Persona que padece daño por culpa ajena o por causa fortuita: *las víctimas del incendio.* | Persona que muere en dichas condiciones: *no se han registrado víctimas.* | Persona que sufre las consecuencias de sus propias acciones o de las de otros: *es víctima de su imprevisión.* | Persona o animal sacrificado o destinado al sacrificio. | FAM. victimar, victimario.

victimario m. *amer.* Asesino.

victoria f. Acción y efecto de vencer. | Coche de dos asientos, abierto y con capota. | FAM. victorioso.

victoriano, na adj. y s. Relativo a la reina Victoria I de Inglaterra o a su época: *mobiliario victoriano.*

victorioso, sa adj. Que ha conseguido una victoria. También s.: *salió victorioso de la pelea.* | Se dice de las acciones en las que se consigue. | FAM. victoriosamente.

vicuña f. Mamífero artiodáctilo rumiante, de cuello y orejas largas, sin cuernos, y con patas muy esbeltas, con pelo largo y sedoso de color amarillento y rojo oscuro en el dorso. Vive en los Andes de Perú y Bolivia, por encima de los 3.000 m de altitud. | Lana de este animal. | Tejido que se hace de esta lana.

vid f. Planta vivaz y trepadora con hojas palmeadas, flores de color verde y cuyo fruto es la uva. Es planta de cultivo que crece en todos los países de clima mediterráneo y se emplea para producir uvas de mesa, pasas y vino. | FAM. viticultura, vitivinicultura.

vida f. Capacidad de los seres vivos para desarrollarse, reproducirse y mantenerse en un ambiente. | Existencia de seres vivos: *un planeta con vida.* | Espacio de tiempo que transcurre desde el nacimiento de un ser vivo hasta su muerte. | Duración de las cosas: *la vida de un electrodoméstico.* | Conjunto de medios para vivir: *ganarse la vida.* | Modo de vivir: *su vida fue ejemplar.* | Persona o ser humano: *salvar una vida.* | Relato de la existencia de una persona: *escribió la vida de un famoso pintor.* | Prostitución, dicho de las mujeres: *echarse a la vida.* | Cualquier cosa que produce una gran satisfacción o da valor a la existencia de alguien: *los libros son su vida.* | Animación, diversión: *en verano hay más vida* *en las calles.* ‖ Expresión, viveza. Se dice especialmente hablando de los ojos. ‖ **vida y milagros** Toda la vida de alguien, hasta los más pequeños detalles: *conoce la vida y milagros de todos los vecinos.* ‖ **buena vida** Vida cómoda y regalada. ‖ **buscar**, o **buscarse** uno **la vida** loc. Conseguir lo necesario para vivir; también, bastarse uno solo para solucionar un asunto. ‖ **de por vida** loc. adv. Por todo el tiempo de la vida. ‖ **en la vida** loc. adv. Nunca: *en la vida vuelvo a ayudarle.* ‖ **FAM.** vidalita, vidorra, vital, vitamina, vivir.

vidente adj. Que ve. ‖ com. Persona capaz de adivinar el futuro y esclarecer lo pasado.

video- Elemento compositivo que significa 'video' o 'televisión': *videoarte, videojuego.*

vídeo m. Técnica para grabar cintas de imagen y sonido (videocasetes) por métodos electromagnéticos, que se sirve de una cámara, un magnetoscopio y un televisor. ‖ Aparato para grabar y reproducir videocasetes. Se llama también *magnetoscopio.* ‖ Sistema que utiliza. ‖ Filmación obtenida mediante este sistema. ‖ Videocasete. ‖ **FAM.** videoaficionado, videoarte, videocámara, videocasete, videocinta, videoclip, videoclub, videojuego, videotape, videoteca.

videocámara f. Cámara de vídeo.

videocasete o **videocinta** f. Cinta magnética en que se registran imágenes y sonidos.

videoclip m. Filmación en vídeo con que se acompaña o se promociona una canción.

videoclub m. Establecimiento donde se alquilan y venden cintas de vídeo grabadas.

videodisco m. Disco en que se registran imágenes y sonido que, mediante un rayo láser, pueden ser reproducidos en un televisor.

videófono m. Teléfono combinado con un sistema de televisión que permite que los interlocutores puedan verse y hablar a un tiempo. ‖ **FAM.** videofonía.

videojuego m. Juego electrónico para ordenador.

videoteca f. Colección de cintas de vídeo grabadas. ‖ Lugar donde se guardan. ‖ Videoclub.

videoteléfono m. Videófono. ‖ **FAM.** videotelefonía.

videotexto m. Sistema de intercomunicación que suministra a la pantalla de televisión de un usuario, conectada con un centro de datos, informaciones varias solicitadas por aquél.

vidorra f. Vida cómoda y regalada.

vidriar tr. Dar a las piezas de barro o loza un barniz que fundido al horno toma la transparencia y brillo del vidrio. ‖ prnl. Ponerse vi-

driosa alguna cosa: *vidriarse los ojos.* ‖ **FAM.** vidriado.

vidriera f. Bastidor con vidrios de distintos colores con que se cierran puertas y ventanas. ‖ Ventanales artísticos con figuras de las catedrales góticas. ‖ Escaparate.

vidrio m. Sustancia dura, frágil, transparente, formada de sílice, potasa o sosa y pequeñas cantidades de otras bases. ‖ Cualquier lámina u objeto hecho de ella. ‖ **FAM.** vidriar, vidriera, vidriería, vidriero, vidrioso.

vidrioso, sa adj. Que fácilmente se quiebra, como el vidrio. ‖ Se dice del asunto comprometido o embarazoso, que debe tratarse con cuidado. ‖ Se aplica a los ojos cuando parecen estar cubiertos de una capa transparente y líquida. ‖ **FAM.** vidriosidad.

vieira f. Molusco lamelibranquio cuya concha, llamada *venera*, tiene la valva izquierda convexa y la izquierda plana, con un número de acanaladuras que oscila entre 14 y 17. Es comestible y muy común en los mares de Galicia. ‖ Esta concha, insignia de los peregrinos de Santiago.

viejo, ja adj. Se dice de la persona o de los animales de mucha edad. También s. ‖ De aspecto poco joven: *está muy viejo para sus años.* ‖ Antiguo o del tiempo pasado: *un viejo puente.* ‖ Deslucido, estropeado por el uso: *unos zapatos viejos.* ‖ *amer.* Expresión de cariño para referirse a los padres. También s. ‖ **FAM.** vejestorio, vejete, vejez, viejales, viejarrón.

viento m. Corriente de aire producida en la atmósfera por el encuentro de diferentes presiones en áreas distintas. ‖ Conjunto de instrumentos de viento. ‖ Cuerda larga o alambre que se ata a una cosa para mantenerla derecha en alto o moverla con seguridad hacia un lado: *los vientos de una tienda de campaña.* ‖ Rumbo, dirección trazada en el plano del horizonte. ‖ Cualquier cosa que mueve con violencia sentimientos y pasiones: *los vientos de la revolución.* ‖ **FAM.** ventarrón, ventear, ventilar, ventisca, ventolera, ventoso.

vientre m. Cavidad del cuerpo de los animales vertebrados que contiene los órganos principales del aparato digestivo, genital y urinario. ‖ Conjunto de las vísceras contenidas en esta cavidad. ‖ Región exterior del cuerpo, correspondiente al abdomen. ‖ Panza de las vasijas y recipientes. ‖ **hacer de vientre** loc. Defecar, expulsar los excrementos por el ano. ‖ **FAM.** ventral, ventrecha, ventresca, ventrílocuo, ventrudo.

viernes m. Sexto día de la semana después del jueves y antes del sábado. ♦ No varía en pl.

vierteaguas m. Resguardo hecho de piedra, azulejos, cinc, madera, etc., que forma una superficie inclinada para escurrir las aguas de lluvia. ◆ No varía en pl.

viga f. Madero largo y grueso que sirve para formar los techos en los edificios y asegurar las construcciones. ‖ Hierro de doble T para los mismos usos que la viga de madera. ‖ Impropiamente, pilar, columna. ‖ FAM. viguería, vigueta.

vigente adj. Se dice de las leyes en vigor, o estilos y costumbres de moda. ‖ FAM. vigencia.

vigésimo, ma adj. Que sigue inmediatamente en orden al decimonoveno. También pron. ‖ Se dice de cada una de las veinte partes iguales en que se divide un todo. También m. ‖ FAM. vigesimal.

vigía com. Persona que vigila desde un lugar alto. ‖ f. Torre en alto para registrar el horizonte y dar aviso de lo que se descubre.

vigilancia f. Acción y efecto de vigilar. ‖ Servicio organizado y preparado para vigilar.

vigilante adj. Que vigila. ‖ com. Persona encargada de vigilar, especialmente si lo hace en calles, edificios, etc. ‖ **vigilante jurado** El que pertenece a una empresa de seguridad.

vigilar intr. y tr. Observar a una persona o cosa, atender cuidadosamente a ella, para que no le ocurra nada, impedir que haga algo, etc.: *vigila que no se salga la leche*. ‖ FAM. vigía, vigilancia, vigilante, vigilia.

vigilia f. Acción de estar despierto o en vela. ‖ Falta de sueño o dificultad de dormirse. ‖ Víspera de una festividad religiosa. ‖ Abstinencia de comer carne algunos días de la semana por motivos religiosos.

vigor m. Fuerza o actividad notable de las cosas animadas o inanimadas: *ha recobrado el vigor después de su enfermedad*. ‖ Viveza o eficacia de las acciones en la ejecución de las cosas. ‖ Hecho de tener validez leyes, ordenanzas, etc., o de seguir practicándose modas y estilos. ‖ Entonación o expresión enérgica en las obras artísticas o literarias: *sus pinceladas muestran gran vigor*. ‖ FAM. vigorizar, vigoroso.

vigorizar tr. y prnl. Dar vigor. ‖ Animar, esforzar. ‖ FAM. vigorizador, vigorizante.

vigoroso, sa adj. Que tiene vigor, fuerza. ‖ FAM. vigorosamente.

vigueta f. Barra de hierro laminado destinada a la edificación.

vihuela f. Instrumento de cuerda parecido al laúd, que alcanzó en España su apogeo durante el s. XVI. ‖ FAM. vihuelista.

vikingo, ga adj. Se dice de un grupo de pueblos de navegantes y guerreros escandinavos que entre los ss. VIII y XI realizaron numerosas expediciones por las costas de Europa occidental. ‖ Se dice también de sus individuos. También s. ‖ Relativo a este pueblo.

vil adj. Bajo, despreciable. ‖ Se dice de la persona malvada o que corresponde mal a la confianza que se pone en ella. También com. ‖ FAM. vileza, vilipendiar, vilmente.

vilano m. Apéndice de filamentos que corona el fruto de muchas plantas compuestas y le sirve para ser transportado por el aire. ‖ Flor del cardo.

vileza f. Bajeza. ‖ Acción vil: *tu delación ha sido una vileza*.

vilipendiar tr. Despreciar a alguien, ofenderle o humillarle. ‖ FAM. vilipendiador, vilipendio.

villa f. Casa de recreo en el campo. ‖ Población con privilegios e importancia histórica. ‖ **la casa de la villa** El Ayuntamiento. ‖ FAM. villancico, villano, villorrio.

villancico m. Canción popular de Navidad, sobre el tema del nacimiento de Jesús. ‖ Cancioncilla popular breve que frecuentemente servía de estribillo. ‖ Cierto género de composición poética con estribillo.

villanía f. Baja condición de nacimiento o estado. ‖ Acción ruin. ‖ Expresión indecente o grosera.

villano, na adj. Se decía del vecino de una villa o aldea, frente al noble o hidalgo. También s. ‖ Ruin, indigno. ‖ m. Baile español de los ss. XVI y XVII. ‖ FAM. villanaje, villanamente, villanería, villanesco, villanía.

villorrio m. desp. Población pequeña, aldea.

vilo (en) loc. adv. Suspendido, sin el fundamento o apoyo necesario: *el proyecto está en vilo*. ‖ Con indecisión, inquietud e intranquilidad: *estuve en vilo, toda la noche sin noticias suyas*.

vilorta f. Vara de madera flexible que sirve para hacer aros. ‖ Cada una de las abrazaderas de hierro que sujetan al timón la cama del arado. ‖ Arandela metálica que sirve para evitar el roce entre dos piezas. ‖ FAM. vilorto.

vinagre m. Líquido agrio producido por la fermentación del vino, que se emplea como condimento. ‖ Persona áspera y desapacible. ‖ FAM. vinagrera, vinagrería, vinagrero, vinagreta, vinagrillo.

vinagrera f. Vasija para el vinagre. ‖ pl. Soporte con dos recipientes o frascos para el aceite y el vinagre, y a veces la sal y la pimienta, que se emplea en la mesa.

vinagreta f. Salsa de aceite, cebolla y vinagre a la que a veces se añaden otros ingredientes, como perejil o pimiento.

vinajera f. Cada uno de los jarrillos con que se sirven en la misa el vino y el agua. ‖ pl.

Conjunto de los dos y bandeja donde se colocan.

vinatero, ra adj. Relativo al vino: *industria vinatera.* | m. y f. Persona que comercia con vinos. | **FAM.** vinatería.

vinaza f. Especie de vino que se saca de los posos y las heces.

vinazo m. Vino muy fuerte y espeso.

vinca o **vincapervinca** f. Planta herbácea de hojas enteras, brillantes y flores azules o malvas, que crece en los bosques y se cultiva en los jardines.

vincha f. *amer.* Cinta, elástico grueso o accesorio con que se sujeta el pelo sobre la frente.

vincular tr. Unir o relacionar una persona o cosa con otra: *el trabajo les vincula.* También prnl. | Perpetuar o continuar una cosa. Más c. prnl. | Hacer que la suerte o el comportamiento de alguien o algo dependa de los de otra persona o cosa. | Sujetar a una obligación: *este juramento les vincula.* | **FAM.** vinculable, vinculación, vinculante.

vínculo m. Lo que ata, une o relaciona a las personas o las cosas: *vínculos familiares.* | En der., sujeción de los bienes al perpetuo dominio de una familia, sin poder partirlos o enajenarlos. | **FAM.** vincular.

vindicar tr. Vengar: *juró vindicar aquella ofensa.* También prnl. | Defender, generalmente por escrito, a una persona que ha sido injuriada o calumniada. También prnl. | Reivindicar: *vindicaba su derecho a ser oído.* | **FAM.** vindicación, vindicador, vindicativo, vindicatorio.

vindicativo, va adj. Se dice del escrito en que se defiende la fama u opinión de alguien que ha sido injuriado o calumniado. | Que sirve para reivindicar. | Vengativo, inclinado a la venganza: *es recoroso y vindicativo.*

vinícola adj. Relativo a la fabricación del vino. | **FAM.** vinicultura, vinicultor.

vinilo m. Radical no saturado, que posee una gran reactividad y tiene tendencia a formar compuestos polimerizados. También se llama *etileno.*

vino m. Bebida alcohólica que se hace del zumo de las uvas exprimidas, y cocido naturalmente por la fermentación. | P. ext., zumo de otras plantas o frutos. | **FAM.** vinacha, vinagre, vinajera, vinatería, vinatero, vinaza, vinazo, vínico, vinicultura, vinifero, vinificación, vinillo, vinoso, viña.

viña f. Terreno plantado de vides. | **FAM.** viñador, viñal, viñatero, viñedo, viñeta.

viñal m. *amer.* Viñedo.

viñatero, ra m. y f. | *amer.* Persona que

cultiva las vides o trabaja en la elaboración de los vinos.

viñedo m. Viña.

viñeta f. Dibujo que se pone como adorno al principio o fin de los libros y capítulos, o en los márgenes de las páginas. | Cada uno de los cuadros que forman una historieta gráfica. | Dibujo para un fin muy determinado.

viola f. Especie de violín, algo mayor y de sonido más grave. | com. Persona que lo toca. | **FAM.** violín, violón, violonchelo.

violáceo, a adj. Se dice del color violeta y de las cosas que tienen este color. También s. | Se dice de las plantas angiospermas dicotiledóneas, con hojas alternas, pequeñas estipulas, flores en racimos axilares y fruto en cápsula. Crecen en todo el mundo y tienen uso ornamental. También f. | f. pl. Familia de estas plantas, a la que pertenecen la violeta, el pensamiento y la trinitaria.

violación f. Acción y efecto de violar.

violador, ra adj. y s. Se dice de la persona que viola a otra.

violar tr. Infringir una ley. | Abusar sexualmente de una persona contra su voluntad, cuando se encuentra sin sentido, es menor de edad o tiene algún trastorno mental. | Revelar secretos una persona que los tiene por razón de su cargo: *violar la correspondencia.* | Por ext., revelar cualquier secreto: *violar una confidencia.* | Profanar un lugar sagrado o cualquier otra cosa que merezca mucho respeto: *violar una tumba.* | **FAM.** violación, violado, violador.

violencia f. Cualidad de violento: *la violencia de la tempestad.* | Acción de utilizar la fuerza y la intimidación para conseguir algo: *se opuso con violencia al desalojo.* | Acción y efecto de violentarse: *me produce violencia tener que pedírselo.* | En der., coacción: *violencia en un contrato.*

violentar tr. Aplicar a cosas o personas medios violentos: *violentar una cerradura.* También prnl. | Violar por la fuerza a una persona. | Poner a alguien en una situación violenta, comprometida o apurada: *me violentó mucho asistir a aquella discusión.* También prnl. | Dar a algo una interpretación falsa o errónea: *violentar las palabras de alguien.*

violento, ta adj. Brusco, muy fuerte o intenso: *un choque violento.* | Que se sirve de la fuerza en lugar de la razón: *una represión violenta.* | Se dice del período, época, etc., en que suceden guerras y otros acontecimientos sangrientos. | Que se irrita con facilidad y tiende a insultar o atacar a otros: *se pone muy violento al volante.* | Que está fuera de su estado o postura natural. | Comprometido, difícil, apurado: *me resulta muy violento irme sin saludarla.* ‖ **FAM.** violar, violencia, violentamente, violentar.

violeta f. Planta herbácea violácea, con flores moradas de olor muy suave y fruto en cápsula. Crece en el hemisferio Norte y se usa como planta ornamental y en perfumería. ‖ Flor de esta planta. ‖ adj. y m. Se dice del color morado claro, parecido al de esta planta, y de las cosas que tienen este color. ‖ **FAM.** violáceo, violeta, violetero.

violín m. Instrumento musical de cuatro cuerdas que se tocan con un arco, de sonido agudo y brillante. ‖ Conjunto de instrumentos musicales de cuerda: *ahora entran los violines.* ‖ Persona que toca este instrumento. ‖ **FAM.** violinista.

violón m. Contrabajo. ‖ Persona que toca este instrumento.

violoncello o **violoncelo** m. Violonchelo. ‖ **FAM.** violoncelista, violoncellista.

violonchelo m. Instrumento musical de la familia del violín, mayor que la viola y menor que el contrabajo, de cuatro cuerdas y registro grave, que se toca con arco. ‖ com. Persona que toca este instrumento. ‖ **FAM.** violonchelista.

vip (de las siglas de la expresión inglesa *very important person*, persona muy importante) com. Persona socialmente importante por su fama, poder o influencia. ♦ pl. *vips.*

viperino, na adj. Relativo a la víbora. ‖ Que tiene sus propiedades. ‖ Malintencionado, que busca dañar o desprestigiar. ‖ **lengua viperina** Característica de la persona a la que le gusta criticar a las demás.

viracocha m. Nombre que los súbditos de los incas dieron a los conquistadores españoles por creerlos hijos de los dioses.

virago f. Mujer varonil.

viraje m. Acción y efecto de cambiar de dirección un vehículo. ‖ Cambio de orientación, conducta: *su carrera ha dado un viraje.*

viral adj. Vírico.

virar tr. Girar cambiando de dirección, especialmente hablando de un buque y p. ext., de cualquier vehículo: *ahora tiene que virar a la derecha.* También tr. ‖ Evolucionar, cambiar de ideas o de maneras de actuar. ‖ tr. Sustituir la sal de plata del papel fotográfico impresionado por otra más estable que produzca un color determinado. ‖ **FAM.** virada, virador, viraje, virazón, virola.

virazón f. Viento que en las costas surge desde el mar por el día, alternándose con el terral, que sopla de noche. ‖ Cambio repentino de viento. ‖ Viraje repentino en las ideas, conducta, etc.

víreo m. Oropéndola.

virgen adj. Se dice de la persona, especialmente la mujer, que no ha tenido relaciones sexuales. También com. ‖ Se apl. a la tierra que no ha sido cultivada, o de la que está aún sin explorar. ‖ Que está en su estado original, que no ha recibido ningún tratamiento artificial o que todavía no ha sido utilizado: *una cinta virgen.* ‖ f. Virgen María. ‖ Imagen que la representa. ♦ En esta acepción se escribe con mayúscula. ‖ **FAM.** virginal, virginidad, virgo.

virginal adj. Relativo a las personas vírgenes o a la Virgen María. ‖ Puro, limpio, inmaculado. ‖ m. Instrumento musical de teclado y cuerda, de la familia del clave, difundido en los ss. XVI y XVII.

virginidad f. Estado de la persona virgen. ‖ Pureza.

virgo m. Himen. ‖ Sexto signo del Zodiaco, que el sol recorre aparentemente del 23 de agosto al 23 de septiembre. ‖ Constelación zodiacal que actualmente, por resultado del movimiento retrógado de los puntos equinocciales, se halla sobre la vertical ecuatorial. ♦ En estas dos acepciones se escribe con mayúscula. ‖ com. Persona nacida bajo este signo.

virguería f. Cosa delicada, exquisita y bien hecha. ‖ **hacer virguerías** loc. Tener gran habilidad para hacer algo: *hace virguerías con la moto.* ‖ **FAM.** virguero.

vírgula f. Línea o trazo corto y fino, como la coma, la tilde o el signo que se coloca sobre la ñ. ‖ **FAM.** virgulilla.

vírico, ca adj. Perteneciente o relativo a los virus.

viril adj. Varonil. ‖ **FAM.** virago, virilidad, virilismo, virilizarse, vilimente.

virilidad f. Calidad de viril.

virio m. Oropéndola.

virola f. Abrazadera de metal que se pone por remate o por adorno en algunos instrumentos, como navajas, espadas, etc. ‖ Contera de bastón, paraguas, etc.

virreina f. Mujer del virrey. ‖ La que gobierna como tal.

virreinato m. Dignidad o cargo de virrey o virreina. ‖ Tiempo que dura. ‖ Territorio gobernado por un virrey o una virreina.

virrey m. El que con este título gobierna en nombre y autoridad del rey. ‖ **FAM.** virreina, virreinal, virreinato.

virtual adj. Con propiedad para producir un efecto aunque no lo produzca. ‖ Implícito, tácito: *es el ganador virtual.* ‖ En fís., que tiene existencia aparente y no real. ‖ **FAM.** virtualmente.

virtud f. Cualidad de una persona que se considera buena y correcta: *tiene la virtud de la paciencia.* ‖ Buena conducta, comportamiento que se ajusta a las normas o leyes morales: *siguió una vida de virtud.* ‖ Capacidad para obrar o surtir efecto: *este preparado tiene virtudes calmantes.* ‖ **virtudes cardinales** En la religión católica, cada una de las cuatro: prudencia, justicia, fortaleza y templanza. ‖ **virtudes teologales** En la religión católica, cada una de las tres: fe, esperanza y caridad. ‖ FAM. virtual, virtuoso.

virtuosismo m. Gran dominio de la técnica de un arte, particularmente en música.

virtuoso, sa adj. y s. Que tiene virtudes y obra o se desarrolla según la virtud: *vida virtuosa.* ‖ Se dice del artista que domina extraordinariamente una técnica o arte, y particularmente del músico: *un virtuoso del violín.* ‖ FAM. virtuosamente, virtuosismo.

viruela f. Enfermedad infecciosa, contagiosa y epidémica, caracterizada por la erupción de pústulas que, al desaparecer, dejan huellas en la piel. ‖ Cada una de las pústulas o ampollas producidas por esta enfermedad. ‖ Granillo que sobresale en la superficie de ciertas cosas. ‖ **viruelas locas** Las que no son malignas. ‖ FAM. variólico, varioloso.

virulé (a la) loc. adj. y adv. Estropeado, torcido o en mal estado: *le pusieron un ojo a la virulé.*

virulento, ta adj. Ocasionado por un virus o que participa de su naturaleza. ‖ Muy fuerte o violento; se dice de las manifestaciones de una enfermedad: *tiene una tos muy virulenta.* ‖ Se dice del estilo o lenguaje mordaz, hiriente: *su discurso fue muy virulento.* ‖ FAM. virulencia.

virus m. Microorganismo intracelular obligatorio, constituido por ácido nucleico (ADN o ARN) y proteína. Es causa de numerosas enfermedades: rabia, poliomielitis, gripe, glosopeda, etc. ‖ En inform., programa que se incorpora a un ordenador a través de disquetes u otros sistemas de comunicación, y que se ejecuta automáticamente en determinados momentos modificando o destruyendo los datos contenidos en el ordenador. ◆ No varía en pl. ‖ FAM. viral, vírico, virología, virosis, virulento.

viruta f. Laminilla delgada de madera o metal que salta con el cepillo, la lija y otras herramientas.

vis f. Capacidad, fuerza, vigor: *vis cómica.*

vis a vis loc. adv. y m. Cara a cara o frente a frente: *lo discutiremos vis a vis.*

visa f. *amer.* Visado.

visado m. Acción y efecto de visar la autoridad un documento: *visado de entrada a un* *país.* ‖ Certificación que se pone en un documento al visarlo, particularmente en un pasaporte.

visaje m. Mueca, gesto.

visar tr. Reconocer, examinar la autoridad competente un instrumento, certificación, pasaporte, etc., poniéndole el visto bueno, por lo general, para un uso determinado. ‖ Dirigir la puntería o la visual de un arma de fuego. ‖ FAM. visa, visado.

víscera f. Cualquiera de los órganos contenidos en las principales cavidades del cuerpo (corazón, estómago, hígado). ‖ FAM. visceral.

visceral adj. Perteneciente o relativo a las vísceras. ‖ Se apl. a los sentimientos muy profundos y arraigados: *siente un rechazo visceral hacia ella.*

viscosidad f. Cualidad de viscoso. ‖ Materia viscosa. ‖ Propiedad de los fluidos que se gradúa por la velocidad de salida de aquéllos a través de tubos capilares.

viscoso, sa adj. Denso y pegajoso. ‖ f. Cierto tipo de tejido textil artificial. ‖ FAM. viscosidad, viscosilla, viscosímetro.

visera f. Parte delantera de la gorra y otras prendas semejantes para proteger la vista. ‖ Pieza independiente que se sujeta a la cabeza por una cinta. ‖ Pieza movible en el interior de un automóvil, sobre el parabrisas, para proteger del sol al conductor y a la persona que lo acompaña. ‖ Parte del yelmo que cubría el rostro.

visibilidad f. Calidad de visible. ‖ Posibilidad de ver a mayor o menor distancia según las condiciones atmosféricas: *la niebla ha reducido la visibilidad.*

visible adj. Que se puede ver. ‖ Cierto, evidente: *un fallo visible.* ‖ Presentable: *¿estás visible?* ‖ FAM. visibilidad, visibilizar, visiblemente.

visigodo, da adj. Se dice de una de las dos ramas del pueblo germánico de los godos que en los ss. VI-VIII fundó un reino en Hispania, con capital en Toledo. Más c. m. pl. ‖ Se dice también de sus individuos. También s. ‖ Relativo a los visigodos. ‖ FAM. visigótico.

visillo m. Cortinilla fina y casi transparente que se coloca en la parte interior de las ventanas.

visión f. ‖ Acción y efecto de ver. ‖ Capacidad de ver: *tiene problemas de visión.* ‖ Comprensión inmediata y directa de las cosas, de manera sobrenatural. ‖ Capacidad o habilidad para algo: *tiene mucha visión para ese tipo de negocios.* ‖ Punto de vista particular sobre un asunto: *tu visión es muy estrecha.* ‖ **ver** uno **visiones** loc. Dejarse llevar excesivamente por la propia imaginación. ‖ FAM. visionar, visionario.

visionar tr. Ver en una moviola. ‖ Ver una película cinematográfica o de vídeo antes de su distribución o proyección públicas.

visionario, ria adj. y s. Se dice del que, por su exaltada fantasía, se figura que ve cosas fantásticas.

visir m. Ministro de un soberano musulmán. ‖ **gran visir** Primer ministro del sultán de Turquía. ‖ FAM. visirato.

visita f. Acción de visitar: *haremos una visita al museo.* ‖ Persona o personas que visitan u lugar o a alguien: *papá tiene visitas.* ‖ Acto durante el cual el médico reconoce al enfermo. ‖ Inspección, reconocimiento.

visitador, ra adj. y s. Que visita frecuentemente. ‖ m. y f. Religioso o religiosa encargado de inspeccionar los diversos monasterios o establecimientos religiosos de su provincia. ‖ Persona que presenta a los médicos los productos de un laboratorio. ‖ Persona que suele hacer visitas de inspección y reconocimiento.

visitar tr. Ir a ver a uno a su casa o al lugar donde se encuentre, por cortesía, amistad, etc. ‖ Recorrer un lugar para conocerlo: *visitar una ciudad.* ‖ Acudir con frecuencia a un lugar: *antes visitábamos mucho este bar.* ‖ Ir a un templo o santuario por devoción, o para ganar indulgencias. ‖ Ir el médico a casa del enfermo. ‖ Acudir a un lugar para examinarlo, reconocerlo, etc.: *el ministro visitó los astilleros.* ‖ FAM. visita, visitación, visitador, visitadora, visitante, visiteo.

vislumbrar tr. y prnl. Ver un objeto confusamente por la distancia o falta de luz: *a lo lejos se vislumbran los picos de la sierra.* ‖ Conjeturar por leves indicios: *me parece vislumbrar la causa de su enfado.* ‖ FAM. vislumbre.

viso m. Brillo o tonalidad diferente de color que produce la luz en una superficie: *este tejido tiene visos malvas.* ‖ Apariencia de las cosas: *lo que dice tiene visos de verdad.* ‖ Forro que se coloca debajo de una tela clara para que por ella se transparente.

visón m. Mamífero carnívoro de cuerpo estilizado, patas con membrana interdigital y un pelaje suave muy apreciado. ‖ Piel de este animal. ‖ Prenda hecha de su piel: *se ha comprado un visón.*

visor m. Lente o sistema óptico para enfocar una imagen. ‖ Dispositivo empleado en ciertas armas de fuego para una mayor precisión en el disparo.

víspera f. Día anterior: *nos vimos la víspera.* ‖ Cualquier cosa que antecede a otra: *sé que estoy en vísperas de conseguirlo.* ‖ pl. Una de las horas del oficio canónico. ‖ FAM. véspero, vespertino.

vista f. Sentido corporal con que se perciben los objetos y sus colores, a través de los ojos. ‖ Acción y efecto de ver. ‖ Mirada: *bajar la vista.* ‖ Ojo humano o conjunto de ambos ojos: *cansarse la vista.* ‖ Aspecto o disposición de los objetos al verlos: *ese salón tiene muy buena vista.* ‖ Conocimiento claro que se tiene de las cosas: *no tiene vista para los negocios.* ‖ Extensión de terreno o paisaje que se descubre desde un punto. También en pl.: *las vistas desde el mirador eran maravillosas.* ‖ Cuadro, estampa, etc., que representa un lugar tomado del natural: *una vista de Venecia.* ‖ Encuentro en que uno se ve con otro: *hasta la vista.* ‖ Actuación en que se relaciona ante el tribunal un juicio o incidente para dictar el fallo, oyendo a los defensores o interesados que concurren a ella. ‖ pl. Ventanas, puertas, galerías, etc., de un edificio por donde entra la luz o a través de las que se ve el exterior. ‖ m. Empleado de aduanas a cuyo cargo está el registro de los géneros. ‖ **a la vista** loc. adv. De manera que pueda verse: *no dejes el dinero a la vista.* ‖ **en vista de** loc. adv. En consideración o a causa de alguien o algo. ‖ **estar o saltar a la vista** loc. Ser evidente una cosa. ‖ **hasta la vista** expr. de despedida. ‖ FAM. vistazo, vistillas, vistoso.

vistazo m. Mirada superficial y ligera: *echar un vistazo.*

vistillas f. pl. Lugar alto desde el cual se ve y descubre mucho terreno.

visto, ta adj. Muy conocido, por lo que resulta poco original: *ese tema está muy visto.* ‖ **visto bueno** Fórmula que se pone al pie de algunas certificaciones y documentos para indicar que se hallan autorizados. Se abrevia como *V.B.* ‖ Conformidad o autorización de alguien: *tus padres son los que tienen que dar el visto bueno.* ‖ **bien o mal visto** loc. Bien o mal considerado. ‖ **está visto** loc. Expresa que algo es seguro: *está visto que nunca se salen con la suya.* ‖ **por lo visto** loc. adv. Según parece.

vistoso, sa adj. Que atrae mucho la atención por su colorido, forma, etc.: *el vestido llevaba adornos muy vistosos.* ‖ FAM. vistosamente, vistosidad.

visual adj. Relativo a la vista, a la visión: *error visual.* ‖ f. Línea recta desde el ojo del espectador hasta el objeto. ‖ FAM. visualidad, visualizar, visualmente.

visualizar tr. Hacer visible lo que no puede verse a simple vista: *el microscopio permite visualizar ciertos microorganismos.* ‖ Representar mediante imágenes ópticas fenómenos de otro carácter: *visualizar mediante gráficos el curso febril.* ‖ Formar en la mente la imagen visual de un concepto abstracto: *intento visualizar las causas del problema.* ‖ Imaginar con rasgos visibles algo que no está a la vista: *visualizaba ya la ruta que seguiría.* ‖ FAM. visualización.

vital adj. Relativo a la vida. ‖ De suma importancia: *una cuestión vital.* ‖ Se dice de la persona activa, de mucho ánimo y optimismo. ‖ FAM. vitalicio, vitalidad, vitalismo, vitalización, vitalizar.

vitalicio, cia adj. Que dura desde que se obtiene hasta la muerte: *cargo vitalicio.* ‖ m. Póliza de seguro sobre la vida. ‖ Pensión de por vida.

vitalidad f. Calidad de tener vida. ‖ Actividad o eficacia de las funciones vitales.

vitalismo m. Doctrina que explica los fenómenos que se verifican en el organismo por la acción de las fuerzas vitales, propias de los seres vivos, y no exclusivamente por la acción de las fuerzas generales de la materia. ‖ FAM. vitalista.

vitamina f. Nombre genérico de ciertas sustancias orgánicas indispensables para la vida, que los animales no pueden sintetizar y que, por ello, han de recibir, ya formadas, con los alimentos. ‖ FAM. vitaminado, vitamínico.

vitaminado, da adj. Que contiene ciertas vitaminas: *producto vitaminado.*

vitamínico, ca adj. Relativo a las vitaminas o que las contiene: *un complejo vitamínico.*

vitela f. Piel de vaca o ternera, adobada y muy pulida, y especialmente la que sirve para pintar o escribir en ella. ‖ FAM. vitelino.

vitelino, na adj. Relativo al vitelo. ‖ Se dice de la membrana que envuelve el óvulo de los animales. También f.

vitelo m. Citoplasma del óvulo de los animales.

viticultura f. Cultivo de la vid. ‖ Técnica para cultivar las vides. ‖ FAM. vitícola, viticultor.

vitivinicultura f. Técnica para cultivar las vides y elaborar el vino. ‖ FAM. vitivinícola, vitivinicultor.

vito m. Baile andaluz muy animado y vivo. ‖ Música en compás de tres por ocho, con que se acompaña este baile. ‖ Letra que se canta con esta música.

vitola f. Banda o anilla de los cigarros puros. ‖ Cada uno de los diferentes modelos de cigarro puro según su grosor, longitud, etc. ‖ Aspecto de una persona y, a veces, de una cosa.

vítor interj. de alegría con que se aplaude a una persona o una acción: *le recibieron entre vítores.* ‖ FAM. vitorear.

vitorear tr. Aplaudir, aclamar con vítores.

vitral m. Vidriera de colores.

vítreo, a adj. Hecho de vidrio o que tiene sus propiedades. ‖ Parecido al vidrio: *esmalte vítreo.* ‖ FAM. vital, vitrificar, vitrina, vitriolo.

vitrificar tr. y prnl. Convertir en vidrio. ‖ Hacer que una cosa adquiera la apariencia del vidrio. ‖ FAM. vitrificable, vitrificación.

vitrina f. Escaparate, armario o caja con puertas o tapas de cristales para exponer cualquier objeto.

vitriolo m. Nombre genérico y comercial de diversos sulfatos hidratados.

vitualla f. Víveres, especialmente los necesarios para una tropa, expedición, etc. Más en pl.

vituperar tr. Censurar, hablar mal de una persona o cosa. ‖ FAM. vituperable, vituperante, vituperación, vituperio.

vituperio m. Acción de vituperar a alguien. ‖ Deshonra, humillación: *fue objeto del vituperio público.*

viudedad f. Pensión que se queda a la viuda. ‖ Viudez.

viudez f. Estado de viudo o viuda.

viudo, da adj. Persona a quien se le ha muerto su cónyuge y no ha vuelto a casarse. También s. ‖ Se apl. a algunas aves que, estando apareadas para criar, se quedan sin la compañera; como la tórtola. ‖ Se dice de algunos alimentos como las patatas, los garbanzos, o las judías que se cocinan solos o sin acompañamiento de carne. ‖ FAM. viudedad, viudez.

vivac m. Campamento que se instala provisionalmente en un lugar para pasar la noche. ‖ FAM. vivaque.

vivace (voz it.) adj. Se dice del movimiento musical más rápido que el alegro y menos que el presto. ‖ adv. m. Con este movimiento.

vivacidad f. Calidad de vivaz: *la vivacidad de una mirada.*

vivales m. Persona vividora y fresca, que a todo sabe sacarle provecho. ◆ No varía en pl.

vivaque m. Vivac. ‖ FAM. vivaquear.

vivaquear intr. Pasar la noche en un vivac.

vivar m. Madriguera donde crían algunos animales. ‖ Vivero de peces.

vivar tr. *amer.* Vitorear, dar vivas.

vivaracho, cha adj. y s. Muy vivo de carácter, avispado y alegre.

vivaz adj. Agudo, vigoroso, sagaz: *su estilo es vivaz.* ‖ Se dice de la planta que vive más de dos años. ‖ FAM. vivacidad.

vivencia f. Experiencia que alguien vive y

que de alguna manera entra a formar parte de su carácter. ‖ FAM. vivencial.

víveres m. pl. Alimentos, especialmente como provisión o despensa.

vivero m. Criadero de árboles y plantas. ‖ Lugar donde se mantienen o se crían peces, moluscos y otros animales. ‖ Origen de algunas cosas: *un vivero de problemas.*

viveza f. Prontitud en las acciones. ‖ Energía, pasión en las palabras. ‖ Agudeza de ingenio. ‖ Dicho agudo, ingenioso. ‖ Esplendor de los colores. ‖ Gracia y expresión en la mirada.

vívido, da adj. Aplicado a descripciones, relatos, etc., muy fieles, por lo que es muy fácil imaginarlos: *nos hizo una vívida descripción del lugar.*

vividor, ra adj. Se dice de la persona que sabe sacarle provecho a todo.

vivienda f. Edificio, construcción o habitación adecuado para que vivan las personas.

vivificar tr. Dar vida al o a lo que no la tenía. ‖ Confortar, vigorizar al decaído o débil: *este caldo te vivificará.* ‖ FAM. vivificación, vivificador, vivificante.

vivíparo, ra adj. y s. Se dice de los animales cuyas crías efectúan su desarrollo embrionario dentro del cuerpo de la madre y salen al exterior en el acto del parto, como los mamíferos.

vivir m. Tener vida. ‖ Durar con vida: *estas rosas no vivirán mucho.* ‖ Pasar y mantener la vida con lo necesario para un persona, familia, grupo, etc: *la región vive principalmente del turismo.* ‖ Habitar en un lugar: *vivimos en el campo.* También tr. ‖ Llevar un determinado tipo de vida: *vivir como un rey.* ‖ Acomodarse uno a las circunstancias o aprovecharlas: *saber vivir.* ‖ Estar en un lugar en cierto estado o en determinadas circunstancias: *en este país se vive bien.* ‖ Mantenerse en la memoria una persona que ya ha muerto o una cosa pasada. ‖ Compartir la vida con otra persona sin estar casados. ‖ Experimentar: *hemos vivido momentos de inquietud.* ‖ Sentir profundamente lo que se hace o disfrutar con ello: *cuando actúa vive su papel.* ‖ **¡viva!** interj. de alegría o aplauso. También m.: *salió entre los vivas del público.* ‖ **vivir para ver** loc. Expresa la extrañeza que causa algo que no se esperaba en absoluto. ‖ **vivir al día** loc. Vivir con lo que se va ganando sin preocuparse por el futuro. ‖ FAM. vivalavirgen, vivar, vivencia, víveres, vivero, vívido, vividor, vivienda, viviente, vivificar, vivo.

vivisección f. Disección de un animal vivo para hacer estudios fisiológicos.

vivo, va adj. Que tiene vida. También s.: *los vivos y los muertos.* ‖ Que dura, subsiste, físi-

camente o en la memoria: *muchas leyendas siguen vivas hoy.* ‖ Se dice del fuego, llama, etc., encendidos: *brasa viva.* ‖ Intenso, fuerte: *un deseo, un color vivos.* ‖ Apasionado, enérgico: *una discusión muy viva.* ‖ Agudo, sutil, ingenioso: *una inteligencia viva.* ‖ Listo, que aprovecha las circunstancias en beneficio propio. ‖ Rápido, ágil: *ritmo vivo.* ‖ Muy expresivo o persuasivo: *una mirada viva.* ‖ Se dice de la arista o el ángulo agudos. ‖ m. Borde, canto, orilla. ‖ Cinta, cordoncillo o trencilla en los bordes o costuras de los vestidos. ‖ FAM. vivales, vivamente, vivar, vivaracho, vivaz, viveza, vivisección.·

vizcacha f. *amer.* Roedor parecido a la liebre, de su tamaño y pelaje y con cola tan larga como la del gato, que vive en Perú, Bolivia, Chile y Argentina. ‖ FAM. vizcachera.

vizcaitarra adj. y com. Partidario de la independencia o autonomía de Vizcaya.

vizconde, desa m. y f. Título de nobleza inmediatamente inferior al de conde. ‖ Antiguo sustituto del conde. ‖ f. Mujer del vizconde. ‖ FAM. vizcondado.

vocablo m. Cada palabra de una lengua. ‖ FAM. vocabulario.

vocabulario m. Conjunto de palabras de un idioma. ‖ Libro en que se contiene. ‖ Conjunto de palabras de un idioma pertenecientes al uso de una región, a una actividad determinada, a un campo semántico dado, etc.: *vocabulario andaluz, jurídico.* ‖ Libro en que se contienen. ‖ Catálogo o lista de palabras, ordenadas con arreglo a un sistema, y con definiciones o explicaciones sucintas. ‖ Conjunto de palabras que usa o conoce una persona: *la lectura amplia nuestro vocabulario.*

vocación f. Inclinación a una profesión o carrera. ‖ Inspiración especial para adoptar el estado religioso o para llevar una forma de vida ejemplar. ‖ FAM. vocacional.

vocacional adj. Relativo a la vocación: *su interés es vocacional.*

vocal adj. Relativo a la voz. ‖ Se dice de lo que se expresa con la voz. ‖ f. Sonido del lenguaje humano, producido al expulsar el aire, con vibración laríngea, y sin oclusión que impida su paso; el alfabeto español tiene cinco vocales (*a, e, i, o, u*). ‖ Cada una de las letras que representan este sonido. ‖ com. Persona con voz en un consejo, junta, etc. ‖ FAM. vocálico, vocalismo, vocalista, vocalizar, vocalmente.

vocalista com. Cantante de un grupo musical.

vocalización f. Acción y efecto de vocalizar. ‖ En fon., transformación de una consonante en vocal, como la *c* de la palabra latina *affectare* en la *i* de *afeitar*. ‖ En mús., ejercicio que consiste en ejecutar, con cualquier vocal, una serie de escalas, arpegios, trinos, etc. ‖ En mús., pieza compuesta para vocalizar.

vocalizar intr. Articular claramente las vocales, consonantes y sílabas de las palabras para hacerlas inteligibles. ‖ Transformar en vocal una consonante. También tr. y prnl. ‖ Añadir vocales en textos escritos en lenguas, como la árabe o la hebrea, en las que suelen escribirse sólo las consonantes. ‖ En mús., hacer ejercicios de vocalización. ‖ **FAM**. vocalización.

vocativo m. Caso de la declinación para invocar, llamar o nombrar a una persona o cosa personificada.

vocear intr. Dar voces. ‖ tr. Publicar a voces una cosa: *el vendedor voceaba su mercancía.* ‖ Llamar a uno en voz alta o dándole voces. ‖ Aplaudir con voces: *el público voceaba su nombre.* ‖ Manifestar con claridad una cosa: *aquel gesto voceaba su frustración.* ‖ **FAM**. voceador.

voceras com. Boceras.

vocería o **vocerío** f. Confusión de voces altas y desentonadas.

vocero, ra m. y f. Persona que habla en nombre de alguien.

vociferar tr. Vocear, hablar a voces. ‖ **FAM**. vociferación, vociferador, vociferante.

vocinglero, ra adj. y s. Que da muchas voces. ‖ Que habla mucho e inútilmente. ‖ **FAM**. vinglería.

vodevil m. Comedia ligera y desenfadada, con situaciones equívocas para provocar la hilaridad del espectador. ‖ **FAM**. vodevilesco.

vodka o **vodca** amb. Aguardiente de cereales (centeno, maíz, cebada), incoloro y de fuerte graduación alcohólica que se consume mucho en los países de Europa Oriental. Más c. m.

voivoda m. Vaivoda. ‖ **FAM**. voivodato.

voivodato m. Vaivodato.

volada f. Vuelo a corta distancia. ‖ Cada una de las veces que se ejecuta. ‖ *amer.* Rumor, falsa noticia. ‖ *amer.* Ocasión favorable.

voladito adj. En impr., se dice del número o letra pequeño, que se coloca en la parte superior del cuerpo del tipo y se utilizan para indicar referencias o abreviaturas.

voladizo adj. y m. Parte que sobresale de la pared maestra.

volado, da adj. En arq., voladizo. ‖ En impr., voladito. ‖ Intranquilo: *se fue volado al saber la noticia.* ‖ *amer.* Enfadado. ‖ m. *amer.* Rumor, noticia falsa.

volador, ra adj. Que vuela o puede volar. ‖ m. Cohete de fuegos artificiales, que se lanza al aire. ‖ Pez teleósteo marino con largas aletas pectorales que le permiten elevarse sobre el agua y volar a alguna distancia. Habita en regiones tropicales del Atlántico y en el Mediterráneo. ‖ Molusco cefalópodo decápodo, comestible, parecido al calamar, pero de mayor tamaño.

voladura f. Acción y efecto de volar una cosa, generalmente por medio de una explosión.

volandas (en) loc. adv. Por el aire o levantado del suelo: *llevar a alguien en volandas.* ‖ Rápidamente.

volandero, ra adj. Suspenso en el aire y que se mueve fácilmente a su impulso: *hojas volanderas.* ‖ Accidental, casual, imprevisto. ‖ Que no se fija ni detiene en ningún lugar: *una persona volandera.* También s.

volantazo m. Giro rápido y violento del volante de un vehículo.

volante adj. Que vuela: *un objeto volante.* ‖ Que va de una parte a otra sin quedarse fijo en ninguna: *brigada volante.* ‖ m. Adorno de algunas prendas, cortinajes, etc., que consiste en una tira de tela fruncida. ‖ Pieza en forma de aro con varios radios que forma parte de la dirección de ciertos vehículos automóviles. ‖ Rueda grande y pesada de una máquina que sirve para regular su movimiento y transmitirlo al resto del mecanismo. ‖ Anillo provisto de dos topes que regula el movimiento de un reloj. ‖ Hoja de papel en la que se escribe alguna comunicación: *el volante de un médico.* ‖ Objeto de madera o corcho con plumas que se lanza al aire con una raqueta. ‖ **FAM**. volantazo.

volantín m. Especie de cordel con uno o más anzuelos, que sirve para pescar. ‖ *amer.* Cometa pequeña para jugar.

volapié m. En la fiesta de los toros, suerte de matar en la que el torero avanza hacia el toro dándole salida con la muleta hacia la derecha y clavando al mismo tiempo el estoque.

volar intr. Moverse un animal por el aire sosteniéndose con las alas o un aparato por medio de otro sistema. ‖ Viajar en un medio de transporte aéreo: *mañana vuela a Lisboa.* ‖ Elevarse una cosa en el aire y moverse generalmente a causa del viento. También prnl.: *se me vuela la falda.* ‖ Ir por el aire una cosa arrojada con violencia: *mandó la silla volando de una patada.* ‖ Desaparecer rápida e inesperadamente una persona o cosa: *dejé aquí el monedero y ha volado.* ‖ Ir a un lugar con gran prisa: *llego volando.* ‖ Hacer las cosas con gran rapidez: *lo arregló todo volando.* ‖ Propagarse las noticias rápidamente. ‖ tr. Hacer saltar en el aire por medio de una explosión:

volaron el puente. ‖ En impr., levantar una letra o signo por encima de la línea de escritura. ‖ Hacer que el ave se levante y vuele para tirar sobre ella. ‖ *amer.* Irritar, enfadar: *aquella pregunta me voló.* Más c. prnl. ◆ **Irreg**. Se conjuga como *contar*. ‖ **FAM**. volada, voladito, voladizo, volado, volador, voladura, volandera, volandero, volante, volantín, volapié, volatería, volátil, volear, vuelapluma, vuelo.

volatería f. Caza de aves con halcones amaestrados. ‖ Conjunto de aves.

volátil adj. Se dice de los líquidos que se volatilizan rápidamente al estar destapados. ‖ Que vuela o puede volar: *especies volátiles.* También com. ‖ Que se mueve ligeramente y se desplaza por el aire. ‖ Mudable, inconstante: *es de carácter volátil.* ‖ **FAM**. volatilidad, volatilizar. .

volatilizar tr. Transformar en vapor. También prnl. ‖ prnl. Desaparecer o disiparse: *se han volatilizado mis dudas.* ‖ **FAM**. volatilizable, volatilización.

volatín m. Acrobacia, pirueta. ‖ Persona que hace estos ejercicios. ‖ **FAM**. volatinero.

volcán m. Abertura en una montaña por donde salen humo, llamas y materias encendidas o derretidas. ‖ Sentimiento muy fuerte, pasión ardiente. ‖ Persona ardorosa, apasionada: *este cantaor es un volcán.* ‖ *amer.* Precipicio. ‖ *amer.* Montón. ‖ **FAM**. volcánico, vulcaniano, vulcanismo, vulcanita, vulcanizar, vulcanología, vulcanólogo.

volcanada f. *amer.* Bocanada de aire. ‖ Ráfaga de mal olor.

volcar tr. Volver una cosa hacia un lado o totalmente, o de esta forma, hacer que se caiga lo contenido en ella: *cuidado no vuelques el vaso.* También intr. y prnl.: *el coche volcó en la curva.* ‖ prnl. Favorecer a una persona o propósito todo cuanto se pueda o atenderla con gran cuidado: *se volcó en su ayuda.* ◆ **Irreg**. Se conj. como *contar*. ‖ **FAM**. volquete, vuelco.

volear tr. e intr. Golpear en el aire una cosa para impulsarla. ‖ Sembrar arrojando la semilla con la mano. ‖ **FAM**. volea.

voleibol m. Juego entre dos equipos de seis jugadores, que consiste en lanzar con las manos el balón por encima de una red al campo contrario.

voleo (a, o al) loc. adv. Modo de sembrar arrojando la semilla esparcida en el aire. También se usa para indicar que algo se hace sin pensarlo, arbitrariamente: *eligió el traje a voleo.*

volframio m. Elemento químico metálico de color blanco o gris acerado, muy duro y denso. Se halla en minerales como la volframita y se utiliza para fabricar lámparas incandescentes, hornos eléctricos, contadores eléctricos y en aleaciones. Su símbolo es *W*. ‖ **FAM**. volframita.

volición f. Acto de la voluntad. ‖ Deseo, intención.

volitivo, va adj. Se dice de los actos y fenómenos de la voluntad. ‖ **FAM**. volición.

volován m. Especie de pastel de hojaldre, en forma de cestilla, que se rellena de carne, pescado u otros ingredientes.

volquete m. Carro o vehículo automóvil que puede volcar su carga girando el cajón sobre su eje.

volsco, ca adj. Se dice del individuo de un antiguo pueblo del Lacio. También s. ‖ Perteneciente o relativo a este pueblo.

voltaje m. Diferencia de potencial eléctrico entre los extremos de un conductor, expresada en voltios.

voltámetro m. Aparato que mide la cantidad de electricidad por medio de la electrólisis.

voltario, ria adj. *amer.* Voluntarioso, caprichoso, obstinado. ‖ Acicalado, peripuesto.

volteada f. *amer.* Acción y efecto de voltear. ‖ *amer.* En faenas rurales, operación que consiste en derribar un animal para atarle las manos. ‖ **caer en la volteada** loc. *amer.* Verse alguien involucrado en una situación más o menos ajena.

voltear tr. Dar vueltas a una persona o cosa. También prnl. e intr. ‖ Volver una cosa hasta ponerla al revés de como estaba. ‖ *amer.* Derribar. ‖ intr. *amer.* Volver. También prnl. ‖ prnl. *amer.* Cambiar de partido político. ‖ **FAM**. voltario, volteada, volteo.

voltereta f. Vuelta que se da en el suelo o en el aire enroscando el cuerpo hacia las rodillas.

volteriano, na adj. Perteneciente, relativo a Voltaire y a su doctrina. ‖ Partidario de Voltaire o de su doctrina. También s. ‖ Escéptico. ‖ **FAM**. volterianismo.

voltímetro m. Aparato que se emplea para medir potenciales eléctricos.

voltio m. Unidad de potencial eléctrico y de fuerza electromotriz en el S.I., que equivale a la diferencia de potencial que hay entre dos puntos de un campo eléctrico cuando al transportar entre ellos un culombio de carga se realiza un trabajo equivalente a un julio. Su símbolo es *V*. ‖ **FAM**. voltaico, voltaje, voltamperio, voltímetro.

voltio m. Vuelta, paseo, garbeo.

voluble adj. De carácter inconstante, que cambia con facilidad de gustos, opiniones, etc.

| Se dice del tallo que crece formando espiras alrededor de los objetos. | **FAM**. volubilidad.

volumen m. Corpulencia de una cosa, espacio que ocupa. | Cuerpo material de un libro encuadernado, ya contenga la obra completa o una parte de ella: *publicó una historia de España en nueve volúmenes*. | Cuerpo geométrico de tres dimensiones. | Intensidad de la voz o de otros sonidos: *bajar, subir el volumen*. | **FAM**. volumetría, voluminoso.

volumetría f. Ciencia que estudia la determinación y medida de los volúmenes. | **FAM**. volumétrico.

voluminoso, sa adj. Que tiene mucho volumen.

voluntad f. Facultad de hacer o no hacer una cosa. | Ejercicio de dicha facultad. | Libre albedrío o determinación: *lo hizo por voluntad propia*. | Intención o deseo de hacer una cosa. | Esfuerzo, coraje: *deberá esforzarse, pero voluntad no le falta*. | Amor, cariño: *se ganó la voluntad de todos*. | Consentimiento. | **buena, mala voluntad** Buen o mal propósito o disposición. | **voluntad de hierro** La muy enérgica e inflexible. | **FAM**. voluntario, voluntarioso, voluntarismo.

voluntariado m. Alistamiento voluntario para el servicio militar. | Conjunto de los soldados voluntarios. | Por ext., conjunto de las personas que se ofrecen voluntarias para realizar algo.

voluntariedad f. Cualidad de voluntario. | Deseo o propósito que tiene alguien por mero antojo o capricho.

voluntario, ria adj. Que se hace por espontánea voluntad y no por obligación o deber: *ayuda voluntaria*. | m. y f. Persona que se ofrece a hacer un trabajo u otra cosa, no estando obligada a ello. | Soldado que hace el servicio militar antes de que le corresponda hacerlo por su edad o por cualquier otro motivo. | **FAM**. voluntariado, voluntariamente, voluntariedad.

voluntarioso, sa adj. Deseoso de hacer alguna cosa o que pone en ella gran esfuerzo y empeño. | Caprichoso y terco. | **FAM**. voluntariosamente.

voluptuoso, sa adj. Que incita o satisface los placeres de los sentidos, especialmente el sexual. | Dado a este tipo de placeres sensuales. También s. | **FAM**. voluptuosamente, voluptuosidad.

voluta f. Adorno en forma de espiral o caracol que se coloca en los capiteles de los órdenes jónico y corintio.

volver tr. Dar la vuelta a algo: *volver la hoja de un libro*. | Cambiar de sentido o dirección: *volver la esquina*. También intr. y prnl. | Cam-

biar a una persona o cosa de aspecto, estado, opinión, etc. Más c. prnl.: *volverse loco*. | Rehacer una prenda de vestir de modo que el revés de la tela quede al exterior, como derecho: *volver los puños de una camisa*. | intr. Regresar al punto de partida: *volver al hogar*. También prnl. | Producirse de nuevo una cosa: *le ha vuelto el mareo*. | Hacer de nuevo o repetirse lo que ya se había hecho. ♦ Seguido de la prep. *a*. : *ha vuelto a engañarnos*. | Reanudar una conversación, discurso, etc., en el punto en que se había interrumpido. | prnl. Girar la cabeza, el torso o todo el cuerpo, para mirar lo que estaba a la espalda: *se volvió para saludarnos*. ♦ **Irreg**. Se conjuga como *mover*, salvo el participio que es *vuelto*. | **FAM**. voltio, voluble, voltea, vuelto.

vómer m. Huesecillo impar que forma la parte posterior del tabique de las fosas nasales del cráneo de los animales vertebrados.

vomitar tr. Arrojar violentamente por la boca lo contenido en el estómago. También intr. | Manchar algo con el vómito: *vomitar el suelo*. | Arrojar de sí violentamente una cosa algo que tiene dentro: *vomitó todo su rencor*. | Decir violentamente maldiciones o insultos: *vomitar injurias*. | **FAM**. vomitado, vomitivo, vómito, vomitorio.

vomitivo, va adj. Se dice de la sustancia que provoca el vómito. También m. | Repugnante, asqueroso: *este olor es vomitivo*.

vómito m. Acción de vomitar. | Lo que se vomita. | **FAM**. vomitona.

vomitorio, ria adj. y s. Vomitivo, sustancia que provoca el vómito. | m. Puerta o abertura de los circos o teatros antiguos, o en locales análogos modernos, para entrar y salir en las gradas.

vorágine f. Remolino impetuoso que hacen en algunos parajes las aguas del mar, de los ríos o de los lagos. | Confusión, desorden y precipitación en los sentimientos, forma de vida, etc.: *la vorágine de las grandes ciudades*.

voraz adj. Se dice del que come mucho y con ansia. | Que destruye o consume algo rápidamente: *sentía unos celos voraces*. | **FAM**. voracidad, vorazmente.

vórtice m. Torbellino, remolino. | Centro de un ciclón. | **FAM**. vorticismo.

vorticismo m. Movimiento artístico británico, fundado en 1912, que buscaba la abstracción de las formas a base de ángulos y curvas, en torno a un punto llamado vórtice.

vos pron. pers. 2.ª persona m. y f. sing. y pl. *amer*. Se emplea como sustituto de *tú* en concordancia con una forma verbal característica en 2.ª pers. pl.: *vos tenés; vos comprás*, por *tú tienes; tú compras*. | Fórmula de tratamiento antiguo que exige el verbo en plural, aunque concierta en singular con el adjetivo aplicado a la persona a quien se dirige: *vos, don Pedro, sois docto; vos, señora, estaréis cansada.* ‖ **FAM.** voseo, vosotros, vuestro.

voseo m. Uso del pron. *vos* en lugar de *tú,* como tratamiento de confianza, que se da en gran parte de Hispanoamérica. ‖ Uso del antiguo tratamiento de *vos.* ‖ **FAM.** vosear.

vosotros, tras pron. pers. 2.ª persona m. y f. pl. Cuando funciona como complemento, lleva preposición: *a vosotros; por vosotros; con vosotros.*

votar intr. Dar uno su voto o manifestar su opinión en una reunión o cuerpo deliberante, o en una elección de personas. También tr.: *votar una ley.* ‖ **FAM.** votación, votante.

votivo, va adj. Ofrecido por voto o relativo a él: *imagen votiva.*

voto m. Parecer o dictamen que se da en una junta sobre las opciones presentadas. ‖ Derecho que se tiene a emitir dicho parecer o dictamen. ‖ Promesa hecha a Dios, a la Virgen o a un santo. ‖ Cualquiera de las promesas que constituyen el estado religioso y admite la Iglesia, como el de pobreza, castidad y obediencia. ‖ Ruego con que se pide a Dios una gracia. ‖ Juramento, maldición, u otra expresión de ira. ‖ Deseo: *con mis mejores votos.* ‖ **voto de censura** El que emiten las cámaras o corporaciones negando su confianza al gobierno o junta directiva. ‖ **voto de confianza** Aprobación que las cámaras dan a la actuación de un gobierno en determinado asunto. ‖ P. ext., aprobación y autorización que se da a alguien para que realice libremente una gestión. ‖ **FAM.** votar, votivo.

vox populi, vox Dei loc. lat. Significa literalmente, *voz del pueblo, voz de Dios,* y se emplea para afirmar la veracidad de un juicio, opinión, etc., comúnmente difundido.

voyeur (voz fr.) com. Término francés con el que se designa a la persona que busca la excitación sexual mirando a otras personas en situaciones eróticas. ‖ **FAM.** voyeurismo.

voz f. Sonido que el aire expelido de los pulmones produce al salir de la laringe, haciendo que vibren las cuerdas vocales. ‖ Cualidad, timbre o intensidad de este sonido: *voz grave.* ‖ Sonido que forman algunas cosas inanimadas: *la voz del viento.* ‖ Grito, voz fuerte y alta. Más en pl.: *procura no dar voces.* ‖ Palabra o vocablo: *una voz técnica.* ‖ Cantante: *es la primera voz.* ‖ Facultad de hablar, aunque no de votar, en una asamblea. ‖ Medio a través del cual se expresan los sentimientos, opiniones, etc., de una persona o colectividad: *este periódico es la voz del partido.* ‖ En gram.,

accidente gramatical que expresa si el sujeto del verbo es agente (voz activa) o paciente (voz pasiva). ‖ En mús., cada una de las líneas melódicas que forman una composición polifónica: *fuga a cuatro voces.* ‖ **voz activa** En gram., forma de conjugación que sirve para significar que el sujeto del verbo es agente y realiza la acción desempeñada por éste: *escribe a sus amigos; compra el periódico.* ‖ **voz cantante** Parte principal de una composición que, por lo común, contiene y expresa la melodía. ‖ Con el verbo *llevar,* ser alguien el que decide o manda en algún asunto. ‖ **voz de mando** La que da a sus subordinados el que los manda. ‖ **voz media** La que indica que el verbo se usa como reflexivo, y el sujeto y el objeto son la misma persona: *él se lava.* ‖ **voz pasiva** En gram., forma de conjugación que sirve para significar que el sujeto del verbo no es el que realiza la acción sino el que la recibe o experimenta (sujeto paciente): *los cuadros fueron encontrados.* ‖ **segunda voz** La que acompaña a una melodía entonándola, generalmente, una tercera más baja. ‖ **viva voz** Expresión oral, en contraposición a la escrita. ‖ **a media voz** loc. adv. En voz baja. ‖ **estar pidiendo** algo **a voces** loc. Necesitarlo mucho: *este abrigo está pidiendo a voces una limpieza.* ‖ **FAM.** vocal, vocalizar, vocear, vocearse, vocerío, vocero, vociferar, vocinglero, vozarrón.

voznar intr. Dar una voz bronca algunas aves, como el cisne.

vudú m. Cuerpo de creencias y prácticas religiosas procedente de África y practicado entre los negros de las Indias occidentales y sur de los Estados Unidos, que incluyen fetichismo, culto a las serpientes, sacrificios rituales y empleo del trance como medio de comunicación con sus deidades. También adj. ‖ **FAM.** vuduismo, vuduista.

vuecencia com. Sincopa de *vuestra excelencia,* empleada como tratamiento de respeto.

vuelco m. Acción y efecto de volcar o volcarse: *el coche dio un vuelco.* ‖ Cambio brusco y total: *aquello produjo un vuelco en sus ideas.* ‖ **darle** a uno **un vuelco el corazón** loc. Sentir de pronto un sobresalto, alegría u otra sensación semejante. ‖ Tener el presentimiento de que algo va a suceder.

vuelo m. Acción y efecto de volar: *las palomas alzaron el vuelo.* ‖ Trayecto que recorre un avión, helicóptero, etc., haciendo o no escalas, entre el punto de origen y el de destino: *este es mi vuelo.* ‖ Amplitud o extensión de una vestidura en la parte que no se ajusta al cuerpo, y p. ext., de otras prendas como cortinas, manteles, etc.: *el vuelo de una falda.* ‖ Parte de una construcción que sale fuera del paramento de la pared que la sostiene. ‖ **al vuelo** loc. adv. Con mucha rapidez y sagacidad: *comprende todo al vuelo*. ‖ **de altos vuelos** loc. adj. De mucha importancia o categoría: *una reunión de altos vuelos*. ‖ **tomar vuelo** una cosa loc. Ir adelantando o aumentando mucho: *el proyecto va tomando vuelo*. ‖ **FAM.** vuelillo.

vuelto, ta adj. Se dice de la parte de atrás de una hoja o folio que sólo está numerado por delante. ‖ f. Acción de volver: *todos esperaban su vuelta a casa*. ‖ Movimiento de una cosa alrededor de un punto, o girando sobre sí misma, hasta invertir su posición inicial: *se dio la vuelta al vernos*. ‖ Curvatura en una línea, camino, etc. ‖ Cada uno de los giros que da una cosa alrededor de otra, p. ej., de un cable al enrollarse. ‖ Paseo: *dimos una vuelta antes de cenar*. ‖ En ciclismo y otros deportes, carrera en etapas en torno a un país, región, comarca, etc. ‖ Cada una de las partes o etapas en que se dividen ciertas actividades: *la primera vuelta de unas elecciones*. ‖ Devolución de una cosa a quien la tenía: *te dejo el libro, pero con vuelta*. ‖ Paso o repaso que se da a una materia leyéndola: *en la primera vuelta no he encontrado ninguna errata*. ‖ Dinero que se devuelve a alguien, porque le sobra después de hacer algún pago. ‖ Tira de tela que se pone en el borde de las mangas u otras partes de las prendas de vestir, o parte de ellas que queda doblada: *unos pantalones con vuelta*. ‖ **vuelta de campana** La completa que da una persona en el aire. ‖ **a la vuelta** loc. adv. Al volver. ‖ **a la vuelta de** loc. adv. Dentro o al cabo de: *a la vuelta de pocos años*. ‖ **a la vuelta de la esquina** loc. adv. Muy próximo o cercano. ‖ **a vuelta de correo** loc. adv. Nada más recibir algo por correo. ‖ **FAM.** voltear, voltereta.

vuestro, tra, tros, tras pron. pos. 2.ª pers. m. y f. pl. Indica pertenencia o relación respecto a la 2.ª pers. pl. y cuando acompaña a un sust., se usa pospuesto a éste: *vuestros amigos; esos amigos vuestros*. ‖ A veces se refiere en sus cuatro formas a un solo poseedor como fórmula de respeto: *vuestra majestad*. ‖

la vuestra loc. Indica que ha llegado la oportunidad favorable a las personas a quienes se habla. ‖ **los vuestros** loc. Personas unidas por parentesco, amistad, etc., a las personas a quienes nos dirigimos.

vulcanismo m. Conjunto de fenómenos geológicos relacionados con los volcanes, su origen y su actividad.

vulcanizar tr. Combinar azufre con caucho para que este último conserve su elasticidad en frío y en caliente y sea más resistente. ‖ **FAM.** vulcanización.

vulcanología f. Parte de la geología que estudia los fenómenos volcánicos. ‖ **FAM.** vulcanólogo.

vulgar adj. Común o general, por contraposición a especial o técnico: *lengua vulgar*. ‖ Falto de originalidad: *es un diseño muy vulgar*. ‖ Grosero, ordinario: *un expresión vulgar*. ‖ Relativo al vulgo. ‖ Se dice de las lenguas derivadas del latín por oposición a éste. ‖ **FAM.** vulgaridad, vulgarismo, vulgarizar, vulgarmente.

vulgarismo m. Palabra, expresión o frase vulgar.

vulgarizar tr. y prnl. Hacer vulgar o común una cosa. ‖ Exponer una ciencia, o una materia técnica cualquiera, de forma fácilmente asequible a gente no especializada. ‖ **FAM.** vulgarización, vulgarizador.

vulgo m. Conjunto de la gente popular, sin una cultura ni una posición económica elevada. ‖ **FAM.** vulgar.

vulnerable adj. Que puede ser herido o dañado física o moralmente. ‖ **FAM.** vulnerabilidad.

vulnerar tr. Transgredir una ley, precepto, etc. ‖ Dañar, perjudicar: *vulnerar el buen nombre de alguien*. ‖ **FAM.** vulnerable, vulneración, vulnerario.

vulpeja f. Zorra, animal. ‖ **FAM.** vulpino.

vulpino, na adj. Perteneciente o relativo a la zorra.

vulva f. Parte del aparato genital externo femenino de los mamíferos, que forma la abertura de la vagina. ‖ **FAM.** vulvitis, vulvovaginal.

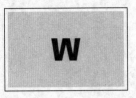

W

w f. Vigesimocuarta letra del abecedario español y decimonovena de sus consonantes. Su nombre es *uve doble*. Sólo se emplea en voces de procedencia extranjera.

wagon-lit (voz fr.) m. Coche-cama.

walkie-talkie (voz i.) m. Aparato portátil de radiodifusión que actúa tanto de receptor como de transmisor a corta distancia.

walkman m. Aparato musical portátil con auriculares.

wáter o **water-closet** m. Retrete. | Habitación con instalaciones sanitarias.

waterpolo (voz i.) m. Deporte de pelota entre dos equipos, que se juega en una piscina.

watt m. Nombre del vatio en la nomenclatura internacional.

weekend (voz i.) m. Fin de semana.

western (voz i.) m. Película cuyo escenario es el oeste de EE.UU. | Género cinematográfico al que pertenecen estas películas.

whisky o **whiski** m. Güisqui.

windsurfing (voz i.) m. Deporte acuático que se practica sobre una tabla impulsada por una vela.

wólfram o **wolframio** m. Volframio.

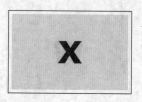

x f. Vigesimoquinta letra del abecedario español, y vigésima de sus consonantes. Su nombre es *equis*. ‖ Letra numeral que tiene el valor de diez en la numeración romana. ‖ En mat., signo con que se representa la incógnita, o la primera de las incógnitas, si son dos o más.

xantofila f. Pigmento que da el color amarillo a las plantas.

xenofobia f. Odio u hostilidad hacia los extranjeros. ‖ **FAM**. xenófobo, xenón.

xenón m. En quim., gas noble que se encuentra en pequeñas cantidades en el aire. Su símbolo es *X*

xero- pref. que significa 'seco': *xerógrafo.*

xerocopia f. Copia fotográfica obtenida por medio de la xerografía. ‖ **FAM**. xerocopiar.

xerófilo, la adj. Se apl. a todas las plantas y asociaciones vegetales adaptadas a la vida en un medio seco. ‖ **FAM**. xerofítico, xerófito.

xerofítico, ca adj. Xerófilo.

xeroftalmia o **xeroftalmía** f. Enfermedad de los ojos caracterizada por la sequedad de la conjuntiva y opacidad de la córnea.

xerografía f. Procedimiento que se utiliza para imprimir en seco. ‖ Fotocopia obtenida por este procedimiento. ‖ **FAM**. xerocopia, xerografiar, xerográfico, xerógrafo, xerox.

xi f. Decimocuarta letra del alfabeto griego, que corresponde a la que en el nuestro se llama *equis*. La letra mayúscula se escribe ξ y la minúscula ξ.

xifoides adj. Cartílago en que termina el esternón. También m. ♦ No varía en pl. ‖ **FAM**. xifoideo

xilo- pref. que significa 'madera': *xilografía.*

xilófono m. Instrumento de percusión formado por una serie de listones de madera o metal. ‖ **FAM**. xilofón, xilofonista.

xilografía f. Arte de grabar en madera. ‖ Impresión tipográfica hecha con planchas de madera grabadas. ‖ **FAM**. xilográfico, xilógrafo.

xilórgano m. Instrumento musical antiguo, compuesto de unos cilindros o varillas de madera compacta y sonora.

Y

y f. Vigesimosexta letra del abecedario español, y vigesimoprimera de sus consonantes. Su nombre es *i griega* o *ye.*

y conj. cop. cuya función es unir palabras o cláusulas en concepto afirmativo: *perros y gatos; estuvo allí y lo vio todo.*

ya adv. t. con que se denota el tiempo pasado: *ya nos lo habían dicho.* ‖ En el tiempo presente con relación al pasado: *estuvo aquí, pero ya se ha ido.* ‖ En tiempo u ocasión futura: *ya veremos lo que decide.* ‖ Finalmente o últimamente: *¿ya estáis de acuerdo?* ‖ Luego, inmediatamente: *ya voy.* ‖ conj. distributiva: *ya con placer, ya con dolor.* ‖ Sirve para conceder o apoyar lo que nos dicen: *ya entiendo; ya se ve.*

yac m. Bóvido que habita en las montañas del Tíbet, mayormente de color oscuro, notable por las largas lanas que le cubren las patas y la parte inferior del cuerpo.

yacaré m. Caimán sudamericano, de 2 m de longitud y color negruzco.

yacer intr. Estar echada o tendida una persona: *yacía de costado.* ‖ Estar un cadáver en la sepultura. ‖ Tener relaciones sexuales. ‖ FAM. yacente, yacija, yacimiento. ♦ Irreg. Conjugación modelo:

Indicativo
Pres.: *yazco (yazgo o yago), yace, yaces, yacemos, yacéis, yacen.*
Imperf.: *yacía, yacías, etc.*
Pret. indef.: *yací, yaciste, etc.*
Fut. imperf.: *yaceré, yacerás, etc.*
Potencial: *yacería, yacerías, etc.*

Subjuntivo
Pres.: *yazca, yazcas, yazca, yazcamos, yazcáis, yazcan, o yazga, yazgas, yazga, yazgamos, yazgáis, yazgan, o yaga, yagas, yaga, yagamos, yagáis, yagan.*
Imperf.: *yaciera, yacieras, etc. o yaciese, yacieses, etc.*
Fut. imperf.: *yaciere, yacieres, etc.*

Imperativo: *yace (yaz), yaced.*
Participio: *yacido.*
Gerundio: *yaciendo.*

yacija f. Cama, o cosa en que se está acostado. ‖ Sepultura.

yacimiento m. Sitio donde se halla naturalmente una roca, un mineral, un fósil, o restos arqueológicos: *yacimientos de hulla.*

yagua f. *amer.* Tejido fibroso que rodea la parte superior del tronco de la palma real.

yaguareté m. *amer.* Jaguar.

yaguré m. *amer.* Mofeta, mamífero carnívoro.

yak m. Yac.

yambo m. Pie de la poesía griega y latina, compuesto de dos sílabas: la primera, breve, y la otra, larga. ‖ Por ext., pie de la poesía española que tiene una sílaba átona seguida de otra tónica. ‖ FAM. yámbico.

yambo m. Árbol de la familia de las mirtáceas, procedente de la India Oriental y muy cultivado en las Antillas, que tiene las hojas opuestas y lanceoladas, la inflorescencia en cima, y cuyo fruto es la pomarrosa.

yanqui adj. De Nueva Inglaterra, al norte de EE.UU. También s. ‖ P. ext., de EE.UU. También s.

yantar tr. Comer. Se usa más en lenguaje literario.

yapa f. *amer.* Añadidura, regalo que hace el vendedor al comprador. ‖ **de yapa** loc. adv. *amer.* Por añadidura. ‖ *amer.* Gratuitamente, sin motivo.

yaraví m. Cantar melancólico de origen quechua. ♦ pl. *yaravíes.*

yarda f. Medida inglesa de longitud, equivalente a 0,914 m.

yataí o **yatay** m. *amer.* Palmera que alcanza de 8 a 10 m de altura, de hojas pinadas, curvas y rígidas; su fruto se emplea para elaborar aguardiente, y con las fibras de las hojas se tejen sombreros. ♦ pl. *yatáis.*

yate m. Barco de recreo, de velas o de motor.

ye f. Nombre de la letra *y.* ‖ FAM. yeísmo.

yedra f. Hiedra.

yegua f. Hembra del caballo. ‖ adj. *amer.* Tonto. ‖ FAM. yeguada, yeguar, yeguato, yegüerizo, yegüero.

yeguar adj. Perteneciente a las yeguas.

yeguato, ta adj. Hijo o hija de asno y yegua. También s.

yegüerizo, za adj. Perteneciente o relativo a la yegua. ‖ m. y f. Persona que guarda o cuida las yeguas.

yeísmo m. Pronunciación de la *ll* como *y*. ‖ FAM. yeísta.

yelmo m. Parte de la armadura antigua, que resguardaba la cabeza.

yema f. Porción central del huevo de las aves. ‖ En las plantas, renuevo vegetal en forma de botón que da origen a que se desarrollen ramas, hojas o flores. ‖ Lado de la punta del dedo, opuesta a la uña. ‖ Dulce seco compuesto de azúcar y yema de huevo.

yen m. Unidad monetaria de Japón.

yerba f. Hierba. ‖ FAM. yerbabuena, yerbajo, yerbal, yerbatero, yerbear.

yerbatero, ra adj. *amer.* Se dice del médico o curandero que cura con hierbas. También s. ‖ m. y f. *amer.* Vendedor de yerbas o de forraje.

yermo, ma adj. y m. Inhabitado. ‖ Incultivado.

yerno m. Respecto de una persona, marido de su hija. ‖ FAM. yerna.

yero m. Planta herbácea, de tallo erguido, hojas compuestas, flores rosáceas, y fruto en vainas infladas. Más en pl. ‖ Semilla de esta planta, que se utiliza como alimento del ganado. Más en pl. ‖ FAM. yeral.

yerro m. Equivocación por descuido o inadvertencia. ‖ Falta contra los preceptos morales o religiosos.

yerto, ta adj. Tieso, rígido, especialmente a causa del frío.

yesal m. Yesar.

yesar m. Terreno abundante en mineral de yeso. ‖ Cantera de yeso.

yesca f. Materia muy seca y fácilmente inflamable. ‖ Por ext., lo que está muy seco, y por consiguiente, dispuesto a encenderse. ‖ Lo que intensifica cualquier pasión o sentimiento: *tu triunfo fue yesca para su envidia.* ‖ FAM. yesquero.

yesería f. Fábrica de yeso. ‖ Tienda o sitio en que se vende yeso. ‖ Obra hecha de yeso.

yeso m. Sulfato de calcio hidratado, compacto o terroso, generalmente blanco, que tiene la propiedad de endurecerse rápidamente cuando se amasa con agua, y se emplea en la construcción y en la escultura. ‖ Obra de escultura vaciada en este material. ‖ FAM. yesal, yesar, yersera, yesería, yesero, yesón, yesoso.

yeta f. *amer.* Mala suerte. ‖ FAM. yetatore.

yeti m. Ser fantástico, parecido al hombre, que, según ciertas leyendas, habita en la vertiente sur del Himalaya. También se le conoce como *el abominable hombre de las nieves.*

yeyuno m. Segunda porción del intestino delgado de los mamíferos, situada entre el duodeno y el íleon.

yo Nominativo del pronombre personal de primera persona en género masculino o femenino y número singular: *yo lo sé.* ‖ m. Sujeto humano en cuanto persona.

yod f. En ling., sonido de la *i* semiconsonante *(viene)*, o semivocal *(seis).*

yodado, da adj. Que contiene yodo.

yodo m. Elemento químico halógeno, de color gris negruzco, que se volatiliza a una temperatura poco elevada, y se emplea como desinfectante. Su símbolo es *I.* ‖ FAM. yodado, yódico, yodoformo, yoduro.

yoduro m. Cuerpo resultante de la combinación del yodo con otro elemento.

yoga m. Conjunto de disciplinas físico-mentales de la India, destinadas a conseguir la perfección espiritual y la unión con lo absoluto. ‖ Por ext., conjunto de prácticas derivadas de estas disciplinas y dirigidas a obtener mayor dominio del cuerpo y de la concentración mental. ‖ FAM. yogui.

yogui com. Practicante del yoga.

yogur m. Producto derivado de la leche, que se obtiene por fermentación. ‖ FAM. yoghourt, yogurtera.

yogurtera f. Aparato para fabricar yogur.

yola f. Embarcación muy ligera movida a remo y con vela.

yonqui com. En el lenguaje de la droga, persona adicta a las drogas duras.

yóquey o **yoqui** m. Jinete profesional de carreras de caballos. ♦ También se escribe *jockey.*

yoyó m. Juguete de origen chino formado por dos discos unidos por un eje, que sube y baja a lo largo de una cuerda atada a ese mismo eje.

yuca f. Planta americana, de la familia de las liliáceas, con tallo arborescente, cilíndrico, de 15 a 20 cm, coronado por un penacho de hojas largas y rígidas, flores blancas y raíz gruesa. ‖ Nombre vulgar de algunas especies de mandioca. ‖ FAM. yucal.

yudo m. Sistema tradicional de lucha japonés, que se practica como deporte y que también tiene por objeto saber defenderse sin armas, utilizando la fuerza del contrario en beneficio propio. ‖ FAM. yudoka.

yudoka com. Persona que practica el yudo. ♦ También se escribe *yudoca.*

yugada f. Espacio de tierra de labor que puede arar una yunta en un día.

yugo m. Instrumento de madera al cual se uncen por el cuello las mulas, los bueyes, etc., y en el que va sujeta la lanza del carro o el timón del arado. | Especie de horca, por debajo de la cual, en tiempos de la antigua Roma, hacían pasar sin armas a los enemigos vencidos. | **sacudir** uno **el yugo** loc. Librarse de opresión o dominio molesto o afrentoso. | FAM. yugada, yugular.

yugular adj. Se dice de cada una de las dos venas que hay a uno y otro lado del cuello, y que recogen la mayor parte de la sangre del cerebro. También f. | Perteneciente o relativo al cuello.

yugular tr. Degollar, cortar el cuello. | Detener súbita o rápidamente una enfermedad por medios terapéuticos. | Hablando de determinadas actividades, acabar pronto con ellas.

yunque m. Prisma de hierro acerado, a veces con punta en uno de los lados, que se emplea para forjar metales. | Persona firme y paciente en las adversidades. | Uno de los tres huesecillos que hay en la parte media del oído de los mamíferos, situado entre el martillo y el estribo.

yunta f. Par de bueyes, mulas u otros animales que sirven en las labores del campo. | amer. Gemelos para poner en los puños de las camisas. | FAM. yuntería, yuntero.

yuntero, ra m. y f. Persona que labra la tierra con una pareja de animales o yunta.

yuppie (voz i.) com. Joven profesional, de posición social y económica elevada. Es una voz derivada de las siglas de *Young Urban Professional* (profesional joven y urbano).

yusivo, va adj. En ling., se dice del término que se emplea para designar el modo subjuntivo, cuando expresa un mandato o una orden: *que salga.*

yute m. Material textil que se saca de la corteza interior de varios árboles oriundos de Asia y África. | Tejido de esta fibra.

yuxtaponer tr. Poner una cosa junto a otra o inmediata a ella. También prnl. ✦ **Irreg**. Se conj. como *poner.* | FAM. yuxtaposición.

yuxtaposición f. Acción y efecto de yuxtaponer. | Unión de dos o más elementos lingüísticos sin auxilio de conjunción.

z f. Vigesimoséptima y última letra del abecedario español, y vigesimosegunda de sus consonantes. Su nombre es *zeda o zeta*.

zabordar intr. Varar o encallar el barco en tierra.

zacatal m. *amer.* Terreno de abundante pasto, pastizal.

zacate m. *amer.* Hierba, pasto, forraje. ‖ *amer.* Estropajo. ‖ **FAM.** zacatal.

zafacoca f. *amer.* Riña, pelea.

zafacón m. *amer.* Cubo para recoger la basura.

zafado, da adj. *amer.* Descarado, atrevido en su conducta o lenguaje. También s.

zafar tr. Soltar lo que estaba amarrado o sujeto. ‖ prnl. Escaparse o esconderse para evitar un encuentro o riesgo. ‖ Irse de un lugar. ‖ Excusarse de hacer una cosa: *me zafé del compromiso.* ‖ **FAM.** zafadura, zafarrancho.

zafarrancho m. Acción y efecto de desocupar y preparar una parte de la embarcación para que pueda realizarse determinada actividad. ‖ Riña, destrozo. ‖ Limpieza general.

zafio, fia adj. Tosco, grosero. ‖ **FAM.** zafiamente, zafiedad.

zafiro m. Corindón cristalizado de color azul, que se utiliza en joyería.

zafra f. Vasija de metal ancha y poco profunda, con agujeros en el fondo, en que los vendedores de aceite colocan las medidas para que escurran. ‖ Vasija grande de metal en que se guarda aceite. ‖ Cosecha de la caña de azúcar. ‖ Fabricación del azúcar de caña, y por ext., del remolacha. ‖ Tiempo que dura esta fabricación. ‖ Escombro de una mina o cantera.

zaga f. Parte posterior, trasera de una cosa. ‖ En ciertos deportes, defensa de un equipo. ‖ **FAM.** zaguero.

zagal, la m. y f. Persona joven. ‖ Pastor o pastora joven, subordinado a otro pastor. ‖ **FAM.** zagalón.

zaguán m. Espacio cubierto, situado dentro de una casa e inmediato a la puerta de la calle.

zaguero, ra adj. Que va, se queda o está detrás. ‖ m. En los partidos de pelota por parejas, el jugador que ocupa la parte de atrás de la cancha. ‖ En el fútbol, defensa.

zaherir tr. Reprender, mortificar. ‖ Humillar: *le zahirió en público.* ♦ **Irreg.** Se conj. como *sentir.* ‖ **FAM.** zaheridor, zaherimiento.

zahína f. Sorgo, planta.

zahón m. Especie de calzón de cuero o tela, con perneras abiertas que llegan a media pierna, y que se ponen sobre los pantalones para protegerlos. Más en pl. ‖ **FAM.** zahonado.

zahorí m. Persona a quien se atribuye la facultad de ver lo que está oculto, incluso debajo de la tierra. ‖ Persona perspicaz y escudriñadora. ♦ pl.: *zahories o zahoris*.

zahúrda f. Pocilga para los cerdos.

zaino, na adj. Traidor, falso. ‖ Se apl. al caballo o yegua castaño oscuro. ‖ En el ganado vacuno, el de color negro que no tiene ningún pelo blanco.

zalamería f. Demostración de cariño exagerada o empalagosa. ‖ **FAM.** zalamero.

zalea f. Cuero de oveja o carnero, curtido de modo que conserve la lana; sirve para preservar de la humedad y del frío.

zalema f. Reverencia en muestra de sumisión. ‖ Zalamería. ‖ **FAM.** zalamero.

zamacuco, ca m. y f. Persona torpe o tonta. ‖ Persona que, callándose o simulando torpeza hace su voluntad o lo que le conviene. ‖ m. Borrachera.

zamarra f. Prenda de abrigo, hecha de piel con su laná o pelo. ‖ Piel de carnero. ‖ **FAM.** zamarrear, zamarrón, zamarrilla, zamarro.

zamarro m. Zamarra, prenda de abrigo.

zambo, ba adj. Persona que tiene juntas las rodillas y separadas las piernas hacia afuera. También s. ‖ *amer.* Se dice del hijo de negro e india, o al contrario. También s. ‖ **FAM.** zambaigo.

zambomba f. Instrumento musical de tradición popular, formado por un cilindro hueco y cerrado por un extremo con una piel tensa y una varilla central, que produce un sonido ronco y monótono. ‖ **¡zambomba!** interj. con que se manifiesta sorpresa. ‖ **FAM.** zambombazo.

zambombazo m. Porrazo, golpazo: *se oyó el zambombazo de una explosión.*

zambra f. Fiesta que celebraban los moriscos. ‖ Fiesta con baile que celebran los gitanos en Andalucía. ‖ Alboroto.

zambullir tr. Meter debajo del agua con ímpetu o de golpe. También prnl.: *zambullirse en una piscina.* ‖ prnl. Esconderse o meterse en alguna parte, o cubrirse con algo: *se zambulló en la cama con alivio.* ♦ **Irreg.** Se conj. como *mullir.* ‖ **FAM.** zambullida.

zampabollos com. Persona que gusta de comer mucho. ♦ No varia en pl.

zampar tr. Comer o beber apresurada y excesivamente: *se zampó diez pasteles él solito.* ‖ Esconder rápidamente una cosa entre otras: *zampó los papeles en el cajón al ver que venías.* ‖ Arrojar, impeler con violencia una cosa. También prnl.: *se zampó de cabeza contra la farola.* ‖ prnl. Meterse de golpe en una parte. ‖ Presentarse en un sitio: *se zampó en la fiesta.* ‖ **FAM.** zampabollos, zampatortas, zampón.

zampatortas com. Persona que come con exceso. ♦ No varía en pl.

zampón, na adj. Se dice de la persona que gusta de comer mucho. También s.

zampoña f. Instrumento rústico, a modo de flauta, o compuesto de varias flautas. ‖ Dicho trivial o insustancial.

zanahoria f. Planta herbácea umbelífera con flores blancas y púrpuras en el centro, de fruto seco y comprimido, y raíz gruesa, amarilla o rojiza, que se utiliza como alimento. ‖ Raíz de esta planta.

zanca f. Parte más larga de las patas de las aves, desde los dedos hasta la primera articulación por encima de ellos. ‖ Pierna de persona o de animal, sobre todo cuando es larga y delgada. ‖ Madero inclinado que sirve de apoyo a los peldaños de una escalera. ‖ **FAM.** zancada, zancadilla, zancajo, zancajón, zancarrón, zanco, zanquear, zanquilargo.

zancada f. Paso largo.

zancadilla f. Acción de cruzar uno la pierna delante de la de otra persona para hacerla caer. ‖ Engaño con el que se pretende perjudicar a alguien. ‖ **FAM.** zancadillear.

zancajo m. Hueso del pie, que forma el talón. ‖ Parte del pie, donde sobresale el talón. ‖ Hueso grande de la pierna. ‖ Parte del zapato o media, que cubre el talón.

zancarrón m. Cualquiera de los huesos de la pierna, especialmente el de las reses, cuando está o ha sido despojado de carne.

zanco m. Cada uno de los palos altos, con salientes sobre los que se ponen los pies, para andar en alto. ‖ **FAM.** zancudo.

zancudo, da adj. Que tiene las zancas lar-

gas. ‖ Se decía de las aves que tienen los tarsos muy largos y la parte inferior de la pierna desprovista de plumas. También f. ‖ m. *amer.* Mosquito.

zanganear intr. Hacer el vago. ‖ Decir o hacer cosas inoportunas o insustanciales.

zángano m. Macho de la abeja reina. ‖ **FAM.** zángana, zanganada, zanganear.

zángano, na m. y f. Persona perezosa, vaga. ‖ Persona torpe o tonta.

zanguango, ga adj. Indolente, embrutecido por la pereza. También s.

zanja f. Excavación larga y estrecha que se hace en la tierra. ‖ *amer.* Surco producido por una corriente de agua. ‖ **FAM.** zanjar.

zanjar tr. Resolver un asunto, o concluirlo: *ya han zanjado la venta.* ‖ Abrir zanjas.

zanquear intr. Torcer las piernas al andar. ‖ Andar con prisa.

zapa f. Pala con un corte acerado, que usan los zapadores o gastadores. ‖ Excavación de galería subterránea o de zanja al descubierto. ‖ **FAM.** zapador, zapapico, zapar.

zapa f. Piel áspera de algunos peces selacios, como la lija. ‖ Piel o metal que al labrarse imita la piel granulosa de esos peces.

zapador m. Soldado que trabaja en obras de excavación.

zapapico m. Herramienta semejante al pico, con mango de madera, y dos bocas opuestas, terminada una en punta y la otra en corte angosto.

zapar intr. Trabajar con la zapa o pala.

zapata f. Pieza del freno de algunos vehículos que actúa por fricción contra el eje o contra las ruedas. ‖ Pedazo de cuero o suela que a veces se pone debajo del quicio de la puerta para que no rechine. ‖ Tablón que se clava en la parte inferior de la quilla para defenderla de las varadas.

zapatazo m. Golpe dado con un zapato y ruido que resulta de ello. ‖ Golpe fuerte que se da contra cualquier cosa que suena.

zapateado m. Baile español que se ejecuta con zapateo. ‖ Música de este baile.

zapatear intr. Golpear con el zapato. También tr. ‖ En algunos bailes, dar golpes en el suelo con los pies calzados siguiendo un determinado ritmo. ‖ **FAM.** zapateado, zapateo.

zapatería f. Tienda donde se venden zapatos. ‖ Taller donde se fabrican o reparan zapatos. ‖ Oficio de hacer o reparar zapatos.

zapatero, ra m. y f. Persona que por oficio hace zapatos, los arregla o los vende. ‖ m. Pez teleósteo, de unos 25 cm de largo, plateado, con cabeza puntiaguda, cola ahorquillada y muy abierta, que vive en los mares de la América tropical. ‖ adj. Perteneciente o relativo al zapato. | Se apl. a las legumbres y otros alimentos duros o correosos, especialmente después de cocidos: *las patatas te han quedado zapateras.*

zapateta f. Golpe que se da en el pie o zapato. | Brinco que se da chocando los zapatos entre sí. | pl. Golpes que se dan con el zapato en el suelo en ciertos bailes.

zapatiesta f. Escándalo, alboroto.

zapatilla f. Zapato ligero y de suela muy delgada. | Zapato cómodo o de abrigo para estar en casa. | Zapato deportivo ligero, generalmente con cordones y suela de goma. | Pieza de cuero, goma, etc., que sirve para mantener herméticamente adheridas dos partes diferentes. | FAM. zapatillazo, zapatillero.

zapato m. Calzado que no pasa del tobillo, con la parte inferior de suela y lo demás de piel, tela u otro material. | FAM. zapata, zapatazo, zapatear, zapatería, zapatero, zapateta, zapatilla, zapatón.

¡zape! Voz que se emplea para ahuyentar a los gatos o para manifestar extrañeza, miedo o precaución.

zapote m. Árbol americano de la familia de las sapotáceas, de unos 10 m de altura, con tronco recto, liso, de corteza oscura y madera blanca poco resistente, copa redonda y espesa, hojas alternas y rojizas, y fruto comestible. | Fruto de este árbol. | FAM. zapotal.

zaque m. Odre pequeño. | FAM. zaquear.

zaquizamí m. Desván. | Cuarto pequeño, sucio e incómodo.

zar m. Título que se daba al emperador de Rusia y al soberano de Bulgaria. | FAM. zarevich, zarina, zarismo, zarista.

zarabanda f. Danza popular española de los siglos XVI y XVII frecuentemente censurada por los moralistas. | Copla que se cantaba con esta danza. | Alboroto, ruido. | FAM. zarabandista.

zaragata f. Alboroto, bullicio. | FAM. zaragatear, zaragatero.

zaragatona f. Planta herbácea, de la familia de las plantagináceas, con tallo velludo, ramoso, de 20 a 30 cm de altura, hojas opuestas, lanceoladas y estrechas, flores pequeñas, verdosas, en espigas ovales, y fruto capsular. | Semilla de esta planta, de la que se extrae una sustancia medicinal.

zaragüelles m. pl. Especie de calzones anchos, que se usaban antiguamente, y ahora llevan los campesinos de Valencia y Murcia. | Calzones muy anchos, largos y mal hechos.

zaranda f. Criba, colador. | FAM. zarandear, zarandillo.

zarandaja f. Cosa menuda, sin valor. Más en pl.: *déjate de zarandajas y ponte a estudiar.*

zarandear tr. Mover una persona o cosa de un lado para otro, agitar. | Cribar, colar. También prnl. | prnl. *amer.* Contonearse. | FAM. zarandeo.

zarcillo m. Pendiente, arete. | Órgano largo, delgado y voluble que tienen ciertas plantas, para asirse a tallos u otros objetos: *los zarcillos de la vid.*

zarco, ca adj. De color azul claro: *ojos zarcos.*

zarevich m. Hijo del zar. | En particular, príncipe primogénito del zar reinante.

zarigüeya f. Mamífero marsupial americano, de extremidades posteriores con pulgar oponible, cola prensil y lisa, de costumbres nocturnas y omnívoro.

zarina f. Esposa del zar. | Emperatriz de Rusia.

zarpa f. Mano o garra de ciertos animales, como el león y el tigre. | Por ext., mano de una persona: *¡quítame las zarpas de encima!* | FAM. zarpazo.

zarpar intr. Levar anclas, hacerse a la mar un barco del lugar en que estaba fondeado o atracado.

zarpazo m. Golpe dado con la zarpa.

zarracina f. Ventisca con lluvia.

zarrapastroso, sa adj. Sucio, andrajoso, desaliñado. También s. | FAM. zarrapastrosamente.

zarza f. Arbusto de la familia de las rosáceas, con tallos sarmentosos, arqueados en las puntas, de 4 a 5 m de largo, hojas divididas en cinco hojuelas elípticas, aserradas, flores blancas o rosas en racimos terminales, y cuyo fruto es la zarzamora. | FAM. zarzal, zarzamora, zarzaparrilla, zarzo, zarzoso, zarzuela.

zarzal m. Sitio poblado de zarzas.

zarzamora f. Fruto de la zarza, de color morado oscuro y sabor dulce. | Zarza, arbusto rosáceo.

zarzaparrilla f. Arbusto de la familia de las liliáceas, con tallos delgados, volubles, de 2 m de largo y espinosos, hojas pecioladas y acorazonadas, flores verdosas en racimos axilares, fruto en bayas globosas y raíces fibrosas. | Bebida refrescante preparada con esta planta.

zarzuela f. Obra dramática y musical en la que se alternan el habla y el canto. | Letra y música de esta obra. | Plato consistente en varias clases de pescados y mariscos condimentados con una salsa. | FAM. zarzuelero, zarzuelista.

¡zas! Voz expresiva del ruido que hace un golpe, o del golpe mismo.

zascandil m. Hombre informal, enredador,

que no para quieto en ningún sitio. ‖ FAM. zascandilear.

zascandilear intr. Vagar de un lado a otro sin hacer nada de provecho. ‖ FAM. zascandileo.

zeda f. Nombre de la letra z. ‖ FAM. zedilla.

zedilla f. Cedilla.

zéjel m. Composición estrófica de origen árabe, que se compone de una estrofilla inicial o estribillo, y de un número variable de estrofas de tres versos monorrimos seguidos de otro verso de rima constante igual a la del estribillo.

zenit m. Cenit.

zepelín m. Globo dirigible.

zeta f. Nombre de la letra z. ‖ Sexta letra del alfabeto griego. La letra mayúscula se escribe Z y la minúscula ζ. ‖ FAM. zeda.

zeugma m. Figura de construcción, que consiste en que cuando una palabra que tiene conexión con dos o más miembros del período, está expresa en uno de ellos, ha de sobreentenderse en los demás: *era de complexión recia, seco de carnes, enjuto de rostro, gran madrugador y amigo de la caza.*

zigoto m. Cigoto.

zigurat m. Torre en forma de pirámide escalonada, que formaba parte de los templos caldeos, asirios y babilónicos.

zigzag m. Serie de líneas que forman alternativamente ángulos entrantes y salientes. ♦ pl.: zigzagues o zigzags. ‖ FAM. zigzaguear.

zigzaguear intr. Serpentear, andar en zigzag.

zinc m. Cinc. ♦ pl.: zines.

zipizape m. Riña ruidosa o con golpes.

zircón m. Circón.

zirconio m. Circonio.

zócalo m. Cuerpo inferior de un edificio u obra, para elevar los basamentos a un mismo nivel. ‖ Friso o franja que se pinta o coloca en la parte inferior de una pared. ‖ Miembro inferior del pedestal. ‖ Especie de pedestal. ‖ En México, plaza principal de una ciudad.

zoco m. En Marruecos y otras ciudades del N de África, lugar en que se celebra un mercado.

zodíaco o **zodiaco** m. Faja celeste por el centro de la cual pasa la Eclíptica; comprende las 12 constelaciones que recorre el Sol en su curso anual aparente: Aries, Tauro, Géminis, Cáncer, Leo, Virgo, Libra, Escorpión, Sagitario, Capricornio, Acuario y Piscis. ‖ FAM. zodiacal.

zombi o **zombie** m. En el culto del vudú, persona resucitada que carece de voluntad y se comporta como un autómata. ‖ Atontado. También adj.

zona f. Extensión de terreno cuyos límites están determinados por razones administrativas, políticas, etc. ‖ Cualquier parte de un terreno o superficie encuadrada entre ciertos límites: *zona en obras.* ‖ En geog., cada una de las cinco partes en que se considera dividida la superficie de la Tierra por los trópicos y los círculos polares. ‖ En geom., parte de la superficie de la esfera comprendida entre dos planos paralelos.

zonzo, za adj. Soso, insípido. Se apl. a pers., también s. ‖ Tonto, simple. ‖ FAM. zoncear, zoncera.

zoo m. Expresión abreviada, con el significado de parque zoológico.

zoo- o **-zoo** Elemento compositivo que tiene el significado de 'animal': *zoolatría, protozoo.*

zoófago, ga adj. Que se alimenta de materias animales: *insecto zoófago.* También s.

zoófito, ta adj. Se decía de ciertos animales en los que se creía reconocer algunos caracteres propios de seres vegetales.

zoología f. Ciencia que estudia los animales. ‖ FAM. zoológico, zoólogo.

zoológico, ca adj. Relativo a la zoología. ‖ m. Lugar donde se muestran al público animales salvajes o poco comunes. ‖ FAM. zoo.

zoom m. Objetivo de foco variable en una cámara fotográfica o cinematográfica.

zoomorfo, fa adj. Que tiene forma o apariencia de animal.

zoonosis f. Enfermedad o infección que se da en los animales y que es transmisible a las personas. ♦ No varía en pl.

zooplancton m. Plancton marino, caracterizado por el predominio de organismos animales, como los crustáceos.

zoospermo m. Espermatozoide.

zoospora f. Espora provista de cilio o flagelos motores.

zootecnia f. Técnica de la cría de animales domésticos. ‖ FAM. zootécnico.

zopenco, ca adj. Tonto. También s.

zopilote m. *amer.* Ave rapaz americana semejante al buitre común, pero de menor tamaño, de plumaje negro y cabeza desprovista de plumas. También se le conoce como *aura.*

zoquete m. Pedazo de madera corto y grueso. ‖ Pedazo de pan grueso e irregular. ‖ Persona torpe. También adj.

zorcico m. Composición musical del País Vasco, en compás de cinco por ocho. ‖ Letra de esa composición musical. ‖ Baile que se ejecuta con esta música.

zorongo m. Pañuelo doblado en forma de venda, que los aragoneses y navarros llevan alrededor de la cabeza. ‖ Moño ancho y aplastado. ‖ Baile popular andaluz. ‖ Música y canto de este baile.

zorra f. Zorro común. ‖ Hembra de esta especie. ‖ Persona astuta y solapada. ‖ Prostituta. ‖ Embriaguez, borrachera. ‖ FAM. zorrear, zorruno.

zorrear intr. Dedicarse una mujer a la prostitución. ‖ Frecuentar un hombre las prostitutas.

zorrera f. Cueva de zorros.

zorrería f. Astucia, cautela de la zorra para buscar su alimento. ‖ Astucia, ardid.

zorro m. Mamífero carnívoro de menos de 1 m de longitud incluida la cola, hocico alargado, de pelaje color pardo rojizo y muy espeso, especialmente en la cola, de punta blanca. ‖ Persona astuta. ‖ Piel de este animal, empleada en peletería. ‖ pl. Tiras de piel, tela, etc., que, unidas y puestas en un mango, sirven para sacudir el polvo. ‖ FAM. zorra, zorrería, zorrillo.

zorzal m. Nombre popular de varias aves paseriformes; el común tiene el dorso de color pardo y el pecho claro con pequeñas motas.

zote adj. Ignorante, torpe. También s.

zozobra f. Acción y efecto de zozobrar. ‖ Inquietud, aflicción. ‖ Oposición y contraste de los vientos, que impiden la navegación. ‖ FAM. zozobroso.

zozobrar intr. Peligrar la embarcación por la fuerza y contraste de los vientos. ‖ Perderse o irse a pique. También prnl. ‖ Estar en gran riesgo y muy cerca de perderse el logro de una cosa: *zozobrar un negocio.* ‖ prnl. Acongojarse. ‖ FAM. zozobra.

zueco m. Zapato de madera de una pieza que usan en varios países los campesinos. ‖ Zapato de cuero con suela de corcho o de madera, sin talón.

zulaque m. Pasta usada para tapar las juntas de las cañerías.

zulo m. Agujero. ‖ Escondite subterráneo.

zulú adj. y com. Pueblo de raza negra que habita en el sudoeste de África. Más en m. pl. ‖ m. Lengua hablada por este pueblo.

zumaque m. Arbusto de unos 3 m de altura, con tallos leñosos, hojas compuestas, flores en panoja, y fruto drupáceo.

zumbado, da adj. Loco, chiflado. También s.

zumbar intr. Producir una cosa ruido o sonido continuado y sordo: *una mosca zumbaba insistente.* ‖ tr. Tratándose de golpes, dar, propinar: *le zumbaron una buena paliza.* ‖ Burlarse. ‖ **ir zumbando** loc. Ir deprisa. ‖ FAM. zumba, zumbado, zumbador, zumbel, zumbido, zumbón.

zumbido m. Acción y efecto de zumbar: *el zumbido de las abejas.* ‖ Sonido sordo y continuo.

zumbón, na adj. Que zumba. ‖ Que se burla con frecuencia. También s.

zumo m. Líquido que se extrae de las frutas, vegetales, etc. ‖ Utilidad o provecho que se saca de una cosa: *el jefe nos está exprimiendo el zumo al máximo.* ‖ FAM. zumoso.

zuncho m. Abrazadera, anillo metálico usado como refuerzo. ‖ Refuerzo metálico, generalmente de acero, para juntar y atar elementos constructivos de un edificio en ruinas. ‖ FAM. zunchar.

zurcir tr. Coser la rotura de una tela. ‖ Remendar con puntadas muy juntas y entrecruzadas un tejido roto. ‖ FAM. zurcido, zurcidor.

zurdazo m. Golpe dado con la mano o el pie izquierdo.

zurdo, da adj. Que usa la mano izquierda del mismo modo que la mayoría de las demás personas usan la derecha. También s. ‖ Relativo a la mano o pierna izquierda. También f. ‖ FAM. zurdazo, zurdear.

zurear intr. Hacer arrullos la paloma. ‖ FAM. zureo.

zurito, ta adj. Se dice de la paloma silvestre. ‖ FAM. zurear.

zuro m. Corazón de la mazorca del maíz después de desgranada.

zurra f. Castigo, especialmente de azotes o golpes. ‖ Acción de zurrar las pieles.

zurrapa f. Brizna, pelillo o sedimento que se halla en los líquidos que poco a poco se va sentando. Más en pl. ‖ FAM. zurrapiento, zurraposo.

zurrar tr. Castigar a uno, especialmente con azotes o golpes. ‖ Curtir y suavizar las pieles quitándoles el pelo. ‖ FAM. zurra, zurrador.

zurriagazo m. Golpe dado con el zurriago. ‖ Golpe dado con una cosa flexible.

zurriago m. Látigo con que se castiga o zurra. ‖ Correa larga y flexible con que se hace bailar el trompo. ‖ FAM. zurriagazo.

zurrón m. Bolsa grande de cuero que usan los pastores. ‖ Cualquier bolsa de cuero. ‖ Cáscara primera y más tierna de algunos frutos.

zurullo m. Pedazo de materia blanda más grueso que el resto. ‖ Mojón, excremento sólido.

zutano, na m. y f. Vocablo usado como complemento, y a veces en contraposición de *fulano* y *mengano*, para aludir a una tercera persona indeterminada: *me da igual lo que digan fulano, mengano, zutano y el resto.*

SIGLAS

Repertorio de siglas

ACR — Alta Comisaría para Refugiados (España)

ACUDE — Asociación de Consumidores y Usuarios de España

ADECU — Asociación para la Defensa de los Consumidores y Usuarios (España)

ADELPHA — Asociación para la Defensa Ecológica y del Patrimonio Histórico-Artístico

ADENA — Asociación para la Defensa de la Naturaleza (España)

ADN — v. DNA

AECI — Agencia Española de Cooperación Internacional

AEDE — Asociación de Editores de Diarios de España

AEDENAT — Asociación Ecologista de Defensa de la Naturaleza

AFANIAS — Asociación de Familias con Niños y Adultos Subnormales

AI — *Amnesty International* (Amnistía Internacional)

AIDS — *Acquired Inmunodeficiency Syndrome* (Síndrome de Inmunodeficiencia Adquirida, SIDA)

ALADI — Asociación Latinoamericana de Integración

ANAFE — Asociación Nacional de Árbitros de Fútbol (España)

ANALE — Asociación Nacional de Editores de Libros de Enseñanza (España)

AP — Alianza Popular (España); *Associated Press* (Prensa Asociada)

APA — Asociación de Padres de Alumnos (España)

APDH — Asamblea Permanente de los Derechos Humanos (España)

APETI — Asociación Profesional Española de Traductores e Intérpretes

APG — Asamblea Popular Gallega

API — Asociación de la Prensa Internacional (Bruselas)

ARN — v. RNA

ASEPEYO — Asistencia Sanitaria Económica para Empleados y Obreros (España)

ASTANO — Astilleros y Talleres del Noroeste, S. A. (España)

ATS — Ayudante Técnico Sanitario

AVE — Alta Velocidad (tren, España: TGV)

AVIACO — Aviación y Comercio, S. A. (España)

BAE — Biblioteca de Autores Españoles

BASIC — *Beginner's All-Purpose Symbolic Instruction Code* (Código de Instrucción Simbólico de Uso Múltiple para Principiantes), lenguaje de programación.

BBC — *British Broadcasting Corporation*

(Compañía Británica de Radiodifusión)

BOE Boletín Oficial del Estado (España)

BR *Brigate Rosse* (Brigadas Rojas, Italia)

BUP Bachillerato Unificado Polivalente (España)

CAD *Computer Aided Design* (Diseño Asistido por Computador: **DAC**)

CAE *Computer Aided Engineering* (Ingeniería Asistida por Computador: **IAC**)

CAL *Conversational Algebraic Language* (Lenguaje Algebraico Conversacional), lenguaje de programación

CAMPSA Compañía Arrendataria del Monopolio de Petróleos, S. A. (España)

CAT *Computer Aided Translation* (Traducción Asistida por Computador)

CATV *Cable Television* (Televisión por Cable); *Community Antenna Television* (Antena de Televisión Colectiva)

CCOO Comisiones Obreras (sindicato, España)

CDG *Centre Dramàtic de la Generalitat* (Centro Dramático de la Generalitat de Cataluña, España)

CDN Centro Dramático Nacional (España)

CDS Centro Democrático y Social (partido político, España)

CE Comunidad Europea

CEA *Confederation Européenne de L'Agriculture* (Confederación Europea de la Agricultura, Suiza)

CEAPA Confederación Española de Asociaciones de Padres de Alumnos

CECA *Communauté Européenne du Charbon et de l'Acier* (Comunidad Europea del Carbón y del Acero, Luxemburgo)

CEDADE Círculo Español de Amigos de Europa

CEE *Communauté Économique Européenne* (Comunidad Económica Europea: **CE**); Centro de Estudios de la Energía (España); Confederación Empresarial Española

CEPSA Compañía Española de Petróleos, S. A.

CESC Conferencia Europea de Seguridad y Cooperación

CGPJ Consejo General del Poder Judicial (España)

CICR Comité International de la Croix Rouge (Comité Internacional de la Cruz Roja, Ginebra)

CIO Comité Internacional Olímpico

CIR Centro de Instrucción de Reclutas (España)

CiU *Convergència i Unió* (partido político catalán)

CMEA *Council for Mutual Economic Assistance* (Consejo de Asistencia Económica Mutua, COMECON)

CNAG Confederación Nacional de Agricultores y Ganaderos (España)

CNT Confederación Nacional del Trabajo (sindicato, España)

COE Comité Olímpico Español

COI Comité Olímpico Internacional

COMECON v. CMEA

CONCA Confederación Española de Cámaras Agrarias

COPE Cadena de Ondas Populares Españolas

COPYME Confederación de la Pequeña y Mediana Empresa (España)

COU Curso de Orientación Universitaria (España)

CP Código Postal

CPME Confederación de la Pequeña y Mediana Empresa (España)

CS *Conseil de Sécurité* (Consejo de Seguridad de la ONU)

CSIC Consejo Superior de Investigaciones Científicas (España)

CSJM Consejo Supremo de Justicia Militar (España)

CSN Consejo de Seguridad Nuclear (España)

CSP Cuerpo Superior de Policía (España)

CSPM Consejo Superior de Protección de Menores (España)

CTNE Compañía Telefónica Nacional de España

DAC v. CAD

DGS Dirección General de Seguridad (España), actualmente DSE

DIU Dispositivo Intrauterino (anticonceptivo)

DNA *Deoxyribonucleic Acid* (Ácido desoxirribonucleico: **ADN**)

DNEF Delegación Nacional de Educación Física y Deportes (España)

DNI Documento Nacional de Identidad (España)

DOMUND Domingo Mundial de Propagación de la Fe

DSE Dirección de la Seguridad del Estado (España)

EAJ *Eusko Alderdi Jetzalea* (Partido Nacionalista Vasco: PNV)

EAU Emiratos Árabes Unidos

EBU v. EUROVISION

EC *Esquerra de Catalunya* (Izquierda de Cataluña, España)

ECU *European Currency Unit* (Unidad de Cuenta Europea)

EE *Euskadiko Ezquerra* (Izquierda Vasca, España)

EEUU Estados Unidos

EG *Esquerda Galega* (Izquierda Gallega, España)

EGB Educación General Básica (España)

ELP Ejército de Liberación de Palestina (de la OLP)

EM Estado Mayor (España)

EMF *European Monetary Fond* (Fondo Monetario Europeo)

ENAGAS Empresa Nacional de Gas (España)

ENP Empresa Nacional de Petróleo (España)

ENPETROL Empresa Nacional de Petróleos (España)

ENSIDESA Empresa Nacional Siderúrgica (España)

ENV *Esquerra Nacionalista Valenciana* (Izquierda Nacionalista Valenciana, España)

ERC *Esquerra Republicana de Catalunya* (Izquierda Republicana de Cataluña, España)

ERT Explosivos Río Tinto (España)

ESA *European Space Agency* (Agencia Espacial Europea)

ETA *Euskadi Ta Askatasuna* (Patria Vasca y Libertad)

ETS Escuelas Técnicas Superiores (España)

EUROVISIÓN Unión Europea de Radiodifusión

FAL Frente Árabe de Liberación, de la OLP

FAO *Food and Agriculture Organization* (Organización para la Agricultura y la Alimentación, de la ONU)

FBI *Federal Bureau of Investigation* (Oficina Federal de Investigación)

FEA Falange Española Auténtica; Federación Española de Atletismo

FECOM *Fond Européen de Coopération Monétaire* (Fondo Europeo de Cooperación Monetaria)

FEF Federación Española de Fútbol

FE-JONS Falange Española de las JONS

FENOSA Fuerzas Eléctricas del Noroeste, S. A. (España)

FEVE Ferrocarriles de Vía Estrecha (España)

FGS Fondo de Garantía Salarial (España)

FIEP *Fédération Internationale d'Éducation Physique* (Federación Internacional de Educación Física, Bruselas)

FIFA *Fédération Internationale de Football Association* (Federación Internacional de Fútbol Asociación, París)

FILE Fundación Internacional de Lengua Española

FISA *Fédération Internationale du Sport de l'Automovile* (Federación Internacional del Deporte del Automóvil)

FIT *Fédération Internationale des Traducteurs* (Federación Internacional de Traductores, París)

FM *Frequency Modulation* (Frecuencia Modulada)

FMI *Fonds Monétaire International* (Fondo Monetario Internacional)

FOP Fuerzas del Orden Público (España)

FORATOM *Forum Atomique Européen* (Foro Atómico Europeo, París)

FORPPA Fondo de Ordenación y Regulación de Productos y Precios Agrícolas (España)

FORTRAN *Formula Translation* (Traducción de fórmulas), lenguaje de programación

FP Formación Profesional (España)

FROM Fondo de Regulación y Ordenación del Mercado (España)

FSK *Frequency Shift Keying* (Modulación Digital por Desplazamiento de Frecuencia)

GAL	Grupos Antiterroristas de Liberación (España)	**IGN**	Instituto Geográfico Nacional (España)
GB	*Great Britain* (Gran Bretaña)	**IHAC**	Instituto Hispanoárabe de Cultura (España)
GEO	Grupos Especiales de Operaciones (policía española)	**ILG**	*Instituto de Lingua Galega* (Instituto de la Lengua Gallega, España)
GH	*Growth Hormone* (Hormona del Crecimiento)		
GOSBANK	*Gosudarstvenni Bank* (Banco del Estado de la URSS)	**ILP**	*Index Librorum Prohibitorum* (Índice de Libros Prohibidos)
GRAPO	Grupos de Resistencia Antifascista Primero de Octubre (España)	**IMEC**	Instrucción Militar de la Escala de Complemento (España)
		IMF	*International Monetary Fund* (Fondo Monetario Internacional, Washington: FMI)
HB	*Herri Batasuna* (Unidad Popular, España), partido político	**IMPA**	*International Movement for Peace Action* (Movimiento Internacional de Acción para la Paz)
HDVS	*High Definition Video System* (Sistema de Vídeo de Alta Definición)		
HF	*High Frequency* (Alta Frecuencia)	**IMPE**	Instituto de la Pequeña y Mediana Empresa (España)
HI-FI	*High Fidelity* (Alta Fidelidad)	**IMPI**	Instituto de la Pequeña y Mediana Industria (España)
HISPANOIL	Hispánica de Petróleos (España)	**INB**	Instituto Nacional de Bachillerato (España)
HT	*High Tension* (Alta Tensión)		
HUNOSA	Empresa Nacional Hullera del Norte, S. A. (España)	**INC**	Instituto Nacional de Consumo (España)
		INDO	Instituto Nacional de Denominaciones de Origen (España)
IAC	v. CAE	**INDUBAN**	Banco de Financiación Industrial (España)
IAEA	*International Atomic Energy Agency* (Organismo Internacional de Energía Atómica, Nueva York: OIEA)	**INE**	Instituto Nacional de Estadística (España)
		INEF	Instituto Nacional de Educación Física (España)
IB	Iberia, Líneas Aéreas de España, S. A.	**Inem**	Instituto Nacional de Empleo (España)
IBM	*International Business Machines* (Asociación Internacional de Material Electrónico)	**INEM**	Instituto Nacional de Enseñanza Media (España)
ICADE	Instituto Católico de Dirección de Empresas (España)	**INI**	Instituto Nacional de Industria (España)
ICAI	Instituto Católico de Artes e Industrias (España)	**INLE**	Instituto Nacional del Libro Español
ICE	Instituto de Ciencias de la Educación (España)	**INSALUD**	Instituto Nacional de la Salud (España)
ICI	Instituto de Cooperación Iberoamericana (España)	**INSERSO**	Instituto Nacional de Servicios Sociales (España)
ICO	Instituto de Crédito Oficial (España)	**INTERPOL**	*International Police* (Policía Internacional)
ICONA	Instituto Nacional para la Conservación de la Naturaleza (España)	**IOC**	*International Olympic Commitee* (Comité Olímpico Internacional: COI)
IDI	*Institut de Droit International* (Instituto de Derecho Internacional)	**IPC**	Índice de Precios al Consumo
		IRA	*Irish Republican Army* (Ejército Republicano Irlandés)
IDO	Instituto de Documentación de Origen (España)	**IRPF**	Impuesto sobre la Renta de las Personas Físicas (España)
IEE	Instituto de Estudios Económicos (España)	**IRTP**	Impuesto sobre el Rendimiento del Trabajo Personal (España)

IRYDA Instituto Nacional de Reforma y Desarrollo Agrario (España)

IS *International Socialiste* (Internacional Socilista)

ISBN *International Standard Book Number* (Número Internacional Uniforme para los Libros)

ITE Impuesto de Tráfico de Empresas (España)

ITT *International Telegraph and Telephone Corporation* (Compañía Internacional de Telégrafos y Teléfonos)

IU Izquierda Unida (España), partido político

IVA Impuesto sobre el Valor Añadido (España)

JEN Junta de Energía Nuclear (España)

JONS Juntas de Ofensiva Nacional Sindicalista (España)

KAS *Komité Abertzale Batzordea* (Comité Patriota Socialista, España)

KGB *Kimitet Gosudárstvennoe Bezopásnosti* (Comité de Seguridad del Estado, URSS)

LAU Ley de Autonomía Universitaria (España)

LOAPA Ley Orgánica de Armonización del Proceso Autonómico (España)

LODE Ley Orgánica Reguladora del Derecho a la Educación (España)

LOGSE Ley de Ordenación General del Sistema Educativo (España)

LRU Ley Orgánica de Reforma Universitaria (España)

LT *Low Tension* (Baja Tensión)

LW *Long Wave* (Onda Larga)

MC Mercado Común (v. CEE)

MCE Mercado Común Europeo (v. CEE)

MEC Ministerio de Educación y Ciencia (España)

MERCASA Mercados Centrales de Abastecimientos, S. A. (España)

MERCOSA Empresa Nacional de Mercados de Origen de Productos Agrarios, S. A. (España)

MIR Médico Interno Residente (España)

MLM Movimiento de Liberación de la Mujer (España)

MOC Movimiento de Objetores de Conciencia (España)

MOPU Ministerio de Obras Públicas y Urbanismo (España)

MUA Mando Único Antiterrorista (España)

MUFACE Mutualidad General de Funcionarios Civiles del Estado (España)

NAFTA *North Atlantic Free Trade Area* (Zona del Libre Comercio del Atlántico Norte)

NAP *North Atlantic Pact* (Pacto del Atlántico Norte)

NASA *National Aeronautics and Space Administration* (Administración Nacional de Aeronáutica y del Espacio, EE.UU.)

NATO *North Atlantic Treaty Organization* (Organización del Tratado del Atlántico Norte)

NIF Número de Identificación Fiscal (España)

NU Naciones Unidas (v. ONU)

OCDE *Organisation de Cooperation et de Developpement Économiques* (Organización para la Cooperación y el Desarrollo Económico, París)

OCU Organización de Consumidores y Usuarios (España)

OEA Organización de Estados Americanos (Washington)

OEI Oficina de Educación Iberoamericana (Madrid)

OIT *Organisation Internationale du Travail* (Organización Internacional del Trabajo, París)

OLP Organización para la Liberación de Palestina

OMS *Organisation Mondiale de la Santé* (Organización Mundial de la Salud)

OMT Organización Mundial del Turismo (Madrid)

ONCE Organización Nacional de Ciegos de España

ONU Organización de las Naciones Unidas

OPAEP *Organisation des Pays Arabes Exportateurs de Pétrole* (Organización de los Países Ára-

	bes Exportadores de Petróleo: OPEP)	RTVE	Radiotelevisión Española
OPEC	*Organization of the Petroleum Exporting Countries* (Organización de los Países Exportadores de Petróleo: OPEP)	RU	Reino Unido
		SER	Sociedad Española de Radiodifusión
OPEP	v. OPAEP y OPEC	SGAE	Sociedad General de Autores de España
ORA	Operación de Regulación de Aparcamientos (España)	SIMO	Salón Informativo de Material de Oficina (España)
OTAN	v. NATO		
OUA	*Organisation de l'Unité Africaine* (Organización de la Unidad Africana)	SMI	Sistema Monetario Internacional
		SOC	Sindicato de Obreros del Campo
OVNI	Objeto Volante No Identificado	Sonar	*Sound Navigation Ranging* (Detección Submarina por Ondas Sonoras)
PCE	Partido Comunista de España		
PETRONOR	Refinería de Petróleos del Norte, S. A. (España)	TALGO	Tren Articulado Ligero Goicochea-Oriol (España)
PIB	Producto Interior Bruto	TCH	Telegrafía Con Hilos
PM	Policía Militar	TER	Tren Español Rápido
PNB	Producto Nacional Bruto (España)	TGV	*Train à Grande Vitesse* (Tren de Alta Velocidad, Francia: AVE)
PNN	Producto Nacional Neto (España); Profesor No Numerario (España)	TIR	*Transport International Routier* (Transporte Internacional por Carretera)
PNV	Partido Nacionalista Vasco (España)	TSA	Tabacalera, S. A. (España)
PSC	*Partit Socialista de Catalunya* (Partido Socialista de Cataluña, España)	TVE	Televisión Española
		UCI	Unidad de Cuidados Intensivos
PSOE	Partido Socialista Obrero Español	UEFA	*Union of European Football Associations* (Unión de Asociaciones Europeas de Fútbol)
PSUC	*Partit Socialista Unificat de Catalunya* (Partido Socialista Unificado de Cataluña, España)	UFO	*Unidentified Flying Object* (Objeto Volante No Identificado: OVNI)
PTE	Partido de los Trabajadores (España)	UGT	Unión General de Trabajadores (sindicato, España)
PVP	Precio de Venta al Público	UIT	*Union Internationale des Télécommunications* (Unión Internacional de Telecomunicaciones)
PYME	Pequeña y Mediana Empresa (España)		
RACE	Real Automóvil Club de España	UNED	Universidad Española de Educación a Distancia
Radar	*Radio Detection and Ranging* (Detección y Localización por Radio)	UNESCO	*United Nations Educational, Scientific and Cultural Organization* (Organización de las Naciones Unidas para la Educación, la Ciencia y la Cultura)
RAE	Real Academia Española		
RAF	*Royal Air Forces* (Reales Fuerzas Aéreas, RU)	UNICEF	*United Nations Children's Fund* (Organización de las Naciones Unidas para la Infancia)
RAG	Real Academia Gallega		
RALV	Real Academia de la Lengua Vasca	UNIPYME	Unión de Organizaciones de la Pequeña y Mediana Empresa (España)
RENFE	Red Nacional de los Ferrocarriles Españoles		
RNA	*Ribonucleic Acid* (Ácido ribonucleico: ARN)	UPG	*Union do Poblo Galego* (Unión del Pueblo Gallego, España)
RNE	Radio Nacional de España		

UPN	Unión del Pueblo Navarro	**VHS**	*Video Home System* (Sistema de Vídeo Doméstico)
URSS	Unión de Repúblicas Socialistas Soviéticas	**VIP**	*Very Important Person* (Persona Muy Importante)
USA	*United States of America* (Estados Unidos de América)	**VRT**	*Video Recording Tape* (Cinta de Grabación de Vídeo)
USO	Unión Sindical Obrera (sindicato, España)	**VTR**	*Videotape Recording* (Grabación en Cinta de Vídeo)
UVI	Unidad de Vigilancia Intensiva		
VHF	*Very High Frequency* (Muy Alta Frecuencia)	**XUV**	*X Ray and Ultraviolet* (Rayos X y Ultravioleta)

APÉNDICES

Apéndice gramatical

LOS FONEMAS

Los **fonemas** son los elementos sonoros del lenguaje que poseen valor distintivo. En español existen 24 fonemas, 5 **vocálicos** (/a/, /e/, /i/, /o/, /u/) y 19 **consonánticos** (/b/, /ĉ/, /d/, /f/, /g/, /x/, /k/, /ĺ/, /l/, /m/, /n/, /ŋ/, /p/, /r/, /r̄/, /s/, /t/, /y/, /θ/).

CLASIFICACIÓN Y CARACTERIZACIÓN

Los fonemas se clasifican atendiendo a la posición y a la tensión de los diferentes órganos que intervienen en su producción (las cuerdas vocales, los labios y la lengua, aplicada al paladar o a los dientes). Para caracterizar a los distintos fonemas, tanto vocálicos como consonánticos, se consideran cuatro factores articulatorios fundamentales:

1.º El *punto de articulación*, que es la zona de la cavidad bucofaríngea donde se articulan los sonidos según la posición adoptada por los labios o la lengua.
2.º El *modo de articulación*, es decir, el grado de apertura o cierre del canal bucofaríngeo para dar salida al flujo de aire.
3.º La *vibración de las cuerdas vocales:* cuando se produce vibración los fonemas son sonoros; en el caso contrario se denominan *sordos.*
4.º La *resonancia de los sonidos:* cuando es la cavidad bucal la que sirve de caja de resonancia se denominan *orales;* si en cambio éstos resuenan en la cavidad nasal se llaman *nasales.*

Fonemas vocálicos

Los cinco fonemas vocálicos del español son *sonoros* y *orales.* Atendiendo a su *punto de articulación* se clasifican en **anteriores** o **palatales** (/e/, /i/), **posteriores** o **velares** (/o/, /u/) y **centrales** (/a/), mientras que por su *modo de articulación* pueden ser **abiertos** (/a/), **semiabiertos** o **semicerrados** (/e/, /o/) y **cerrados** (/i/, /u/), como se resume en el siguiente cuadro:

Fonemas vocálicos

PUNTO DE ARTICULACIÓN	MODO DE ARTICULACIÓN		
	Abiertas	Semiabiertas	Cerradas
Palatales		/e/	/i/
Velares		/o/	/u/
Centrales	/a/		

Fonemas consonánticos

Según su *punto de articulación*, los fonemas consonánticos pueden ser **bilabiales** (intervienen los dos labios: /b/, /p/, /m/), **labiodentales** (intervienen el labio inferior y los incisivos superiores: /f/), **interdentales** (la punta de la lengua se sitúa entre los dientes: /θ/), **dentales** (la punta de la lengua se apoya en los incisivos superiores: /t/, /d/), **alveolares** (la punta de la lengua se apoya en los alvéolos superiores: /s/, /l/, /r/, /r̄/, /n/), **palatales** (la lengua se apoya en el paladar duro: /ĉ/, /y/, /ļ/, /ņ/) y **velares** (la lengua se apoya en el paladar blando: /k/, /x/, /g/).

Por su *modo de articulación* pueden ser **oclusivos** (cierre completo del canal bucal, que luego se abre para dejar salir el aire: /p/, /t/, /k/), **fricativos** (se produce un estrechamiento del canal bucal: /f/, /θ/, /s/, /x/, /b/, /d/, /y/, /g/), **africadas** (cierre total, seguido de un estrechamiento: /ĉ/), **vibrantes** (el canal bucal se estrecha a intervalos por la vibración de la lengua: /r/, /r̄/) y **laterales** (el aire sale por los costados de la cavidad bucal: /l/, /ļ/).

Por su *vibración*, son **sonoros** /b/, /d/, /y/, /g/, /r/, /r̄/, /l/, /ļ/, /m/, /n/ y /ņ/ y **sordos** los restantes (/p/, /t/, /k/, /ĉ/, /f/, /θ/, /s/ y /x/). En cuanto a su *resonancia*, la mayoría son **orales**, excepto los fonemas /m/, /n/ y /ņ/, que son **nasales**.

En el cuadro siguiente se resume la caracterización de los distintos fonemas consonánticos del español:

Fonemas consonánticos

PUNTO DE ARTICULACIÓN	MODO DE ARTICULACIÓN						
	Sordas			Sonoras			
	Oclusivas	Africadas	Fricativas	Fricativas	Vibrantes	Laterales	Nasales
Bilabiales	/p/			/b/			/m/
Labiodentales			/f/				
Interdentales			/θ/				
Dentales	/t/			/d/			
Alveolares			/s/	.	/r//r̄/	/l/	/n/
Palatales		/ĉ/		/y/		/ļ/	/ņ/
Velares	/k/		/x/	/g/			

REPRESENTACIÓN GRÁFICA DE LOS FONEMAS. EL ALFABETO

El alfabeto es una representación gráfica de los sonidos de una lengua, y cada una de sus letras pretende ser la transcripción de un fonema. El alfabeto castellano consta de 27 letras: *a, b, c, d, e, f, g, h, i, j, k, l, m, n, ñ, o, p, q, r, s, t, u, v, w, x, y, z*. Todas ellas se pronuncian (es decir, tienen correspondencia fonética), excepto la *u* cuando va detrás de *q* o *g* (*querer, guiso*), y la *h*, que es fonéticamente muda aunque en algunas zonas hispanohablantes puede corresponder a la realización aspirada de un fonema vocálico. La *w* transcribe los grupos fonéticos /ua/ (Washington), /ue/ (Wellington), /ui/ (whisky) o /uo/ (Worcester) en palabras de origen extranjero.

Frente a estas 27 letras, el sistema fonético español está constituido, como ya se ha dicho, por 24 fonemas. No existe, pues, una correspondencia exacta entre letras y fonemas. Este desajuste es lo que genera los problemas ortográficos (ver **Apéndice Ortográfico: Normas Ortográficas**).

LA SÍLABA Y EL ACENTO

LA SÍLABA

La sílaba es la unidad fonética fundamental del habla, y consiste en un fonema o grupo de fonemas que se pronuncian en una sola emisión de voz. Estos fonemas pueden ser vocálicos y consonánticos, pero el núcleo silábico es siempre un fonema vocálico: *a-lam-bre, e-lec-tri-ci-dad*.

Por su estructura, es decir, según la disposición que adopten los fonemas que las constituyen, las sílabas se clasifican en:

1. **Libres** o **abiertas**, las terminadas en una vocal: *a-la, te-ma*.
2. **Trabadas** o **cerradas**, las terminadas en consonante: *ven-cer, már-tir*.

La agrupación de fonemas vocálicos puede dar lugar a los siguientes fenómenos silábicos:

a) **diptongo**, cuando dos vocales contiguas se pronuncian en una sola sílaba. Puede ser de dos tipos:

   — **ascendente** o **creciente**, cuando termina en una vocal abierta o semiabierta: *tie-ne, cua-tro;*
   — **descendente** o **decreciente**, cuando termina en vocal cerrada: *pei-ne, cau-sa;*

b) **triptongo**, cuando tres vocales contiguas se pronuncian en una misma sílaba: *calum-niéis, Pa-ra-guay;*

c) **hiato**, cuando dos vocales seguidas se articulan en sílabas separadas: *ca-er, ac-tú-a, di-ur-no*.

EL ACENTO

Debe distinguirse entre el **acento de intensidad** o **acento tónico** y el **acento ortográfico** o **tilde**.

El **acento tónico** es un elemento fonético que supone un aumento en la intensidad de la voz con que se pronuncia una sílaba respecto a las otras que la acompañan en la misma palabra. En este sentido, se habla de *sílabas tónicas*, las que se pronuncian con mayor intensidad, y de *sílabas átonas*, las que carecen de este rasgo fónico: p. ej., en *can-ta-ba*, son átonas las sílabas *can-* y *-ba* y es tónica la sílaba central *-ta-*.

El **acento ortográfico** es un signo gráfico (´) sujeto a determinadas reglas que se utiliza para indicar que una sílaba posee acento tónico (p. ej., *cantará*), o para distinguirla de otra palabra homógrafa pero de distinta categoría gramatical: p. ej., *aun* (incluso) / *aún* (todavía), *el* (artículo) / *él* (pronombre).

(Ver en **Apéndice Ortográfico: Normas de Acentuación. El Acento Ortográfico**).

En función del acento tónico, las palabras se clasifican en dos categorías:

1. **Palabras átonas**: no tienen sílaba tónica y por lo general son monosilábicas. Son los artículos, los adjetivos posesivos antepuestos *(mi, tu, su,* etc.), los pronombres personales complementos sin preposición *(me, te, se,* etc.), las preposiciones *(a, ante, bajo,* etc., excepto *según)*, las conjunciones *(y, ni,* etc.), los adverbios relativos *(pues, porque, donde,* etc.) y los adjetivos y pronombres relativos *(que, quien,* etc.).

2. **Palabras tónicas**: poseen sílaba tónica, que puede situarse en distintas posiciones dentro de la palabra. Según esta posición se clasifican a su vez en:

  2.1. **agudas**, el acento recae sobre la última sílaba: *compró, feliz, armador, revolución;*

  2.2. **llanas** o **graves**, el acento recae sobre la penúltima sílaba; es el tipo de acentuación predominante en el español: *andamio, ángel, escarabajo, difícil;*

  2.3. **esdrújulas**, el acento recae sobre la antepenúltima sílaba: *ámbito, amígdalas, réplica;*

  2.4. **sobreesdrújulas**, el acento recae sobre la sílaba anterior a la antepenúltima: *cómpratelo, alcánzamelo*.

LAS PALABRAS

Las palabras son sonidos o grupos de sonidos articulados que contienen un significado pleno. Esta autonomía significativa queda reflejada gráficamente en la escritura al representarse aislada entre dos espacios en blanco.

CONSTITUYENTES DE LAS PALABRAS. LOS MONEMAS

Las palabras están constituidas por uno o más **monemas**, nombre con que se designa a la unidad lingüística mínima que posee significado.
Los monemas pueden clasificarse en:

1. **Semantemas** o **lexemas**: poseen significado pleno y son portadores del contenido léxico de la palabra: *montañ-ero, com-er, tren.*
2. **Morfemas**: no poseen significado léxico autónomo pero son portadores de otros significados, gramaticales o léxicos: *montañ-ero, com-er, por.*

   A su vez, los morfemas pueden ser de dos clases:

   2.1. **Morfemas independientes**: cuando por sí mismos constituyen una palabra. Es el caso de los *nexos* (preposiciones y conjunciones) y de los *determinantes* (artículos y adjetivos determinativos).
   2.2. **Morfemas dependientes**: cuando necesitan asociarse a uno o más monemas para formar una palabra. Dentro de los morfemas dependientes existen dos clases:

   a) **gramaticales** o **desinencias**: indican aspectos gramaticales como el género, el número, aspecto, tiempo, etc.: *leon-a, paso-s, cant-áb-amos;*
   b) **derivativos**: intervienen en la formación de palabras, y pueden ser de tres tipos:

   b.1) prefijos: van delante del lexema: *a-simétrico, en-cestar;*
   b.2) infijos: van situados en el interior de la palabra: *man-oj-illo;*
   b.3) sufijos: se encuentran detrás del lexema: *cabez-ota, nacional-ista, entorp-ecer.*

El siguiente cuadro recoge gráficamente la clasificación que acaba de exponerse:

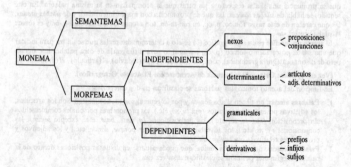

FORMACIÓN DE LAS PALABRAS

En la formación de las palabras intervienen tres fenómenos básicos, todos ellos basados en la combinación y disposición de diferentes tipos de monemas:

1. **Composición.** Consiste en la adición de dos o más *lexemas* preexistentes, cuyos significados se suman para formar una nueva palabra. Según el número de lexemas que contengan, las palabras se clasifican en:

   — **simples**, formadas sólo por un lexema *(carro, mano)* o por un morfema independiente *(con, la)*;
   — **compuestas**, formadas por más de un lexema *(mal/estar, paso/doble, corre/ve/i/dile)*.

2. **Derivación.** Consiste en la adición de *morfemas derivativos* o *afijos* a un lexema preexistente. En función de la presencia o ausencia de este tipo de morfemas las palabras se clasifican en:

   — **primitivas**: no poseen morfemas derivativos *(cabeza)*;
   — **derivadas**: contienen morfemas derivativos *(cabez-ón, cabez-udo, cabez-ota, cabec-illa, des-cabez-ar, en-cabez-on-arse)*.

3. **Parasíntesis.** Este fenómeno combina los procedimientos de la composición y de la derivación. Consiste en la adición de *lexemas* y de *morfemas derivativos* para formar una nueva palabra: *tele/vis-ivo, audio/metr-ia.*

CLASIFICACIÓN DE LAS PALABRAS

Atendiendo a la función que desempeñan en el lenguaje, las palabras se dividen en 8 categorías gramaticales:

1. Sustantivos
2. Adjetivos calificativos
3. Determinantes { artículos / adjetivos determinativos
4. Pronombres
5. Verbos
6. Adverbios
7. Preposiciones
8. Conjunciones

El sustantivo

El sustantivo es la palabra que sirve para designar seres animados o inanimados, ideas, etc. *(mujer, geranio, camino, pena)*.

Forma del sustantivo: género y número

El género

El género es el accidente gramatical que sirve para indicar el sexo, en personas y animales *(el niño, la leona)*, o el que se atribuye convencionalmente a ciertos seres animados *(el búho, la lechuza, la rosa, el clavel)*, a los inanimados *(la botella, el vaso)* y a conceptos o ideas *(la alegría, el odio)*.

El género en español, en lo que al sustantivo se refiere, presenta dos posibilidades: **masculino** y **femenino**. El llamado *género neutro* sólo afecta a adjetivos y pronombres.

Entre el masculino y el femenino existe una oposición morfológica o formal que se manifiesta por la presencia o ausencia de una serie de morfemas, llamados *morfemas de género*. En los sustantivos animados esta oposición formal expresa una característica del ente designado, su sexo *(perr-o / perr-a; abad / abad-esa)*, aunque en algunos casos la oposición de sexo no se expresa por medios gramaticales, sino léxicos *(hombre / mujer, caballo / yegua)*. En el caso de los sustantivos inanimados, esta oposición no existe en sentido estricto (no puede hablarse de **meso / mesa*), pero sí existe un morfema gramatical *(-a)* que indica que mesa es un sustantivo femenino desde el punto de vista gramatical.

El femenino de los nombres se forma añadiendo al lexema un morfema de género, el más frecuente de los cuales es la terminación *-a*, aunque existen otros *(-esa, -isa, -ina, -triz)*. Sin embargo, ciertos sustantivos presentan un comportamiento irregular con respecto al género. En este sentido se habla de:

— **género común**, el de algunos sustantivos que son variables en género pero que no presentan marcas formales de esta variación: *(el/la) futbolista, (el/la) testigo, (el/la) mártir*;
— **género epiceno**, el de algunos sustantivos animados invariables: *araña, gorila, perdiz, pantera*;
— **género ambiguo**, el de algunos sustantivos inanimados que pueden ser indistintamente masculinos o femeninos sin que varíe su significado: *el mar - la mar; el calor - la calor*;
— **género dimensional**, el de algunos sustantivos inanimados en los que la variación de género indica generalmente una variación de tamaño: *el cesto / la cesta*.

La formación del femenino en español se realiza según las siguientes reglas:

Formación del femenino

SUSTANTIVOS TERMINADOS EN:		FEMENINO EN:	
-o	*primo, diputado, gato, suizo*	**-a**	*prima, diputada, gata, suiza*
Consonante	*doctor, ladrón, inglés, español*		*doctora, ladrona, inglesa, española*
-e	*presidente, dependiente, jefe*	**-a**	*presidenta, dependienta, jefa*
	el cantante, el votante	**Invariables**	*la cantante, la votante*
-a	*el artista, el bañista, la araña (macho)*	**Invariables**	*la artista, la bañista, la araña (hembra)*
CASOS ESPECIALES			
abad, barón, conde, duque		**-esa**	*abadesa, baronesa, condesa, duquesa*
héroe, rey, gallo		**-ina**	*heroína, reina, gallina*
poeta, papa, sacerdote, profeta		**-isa**	*poetisa, papisa, sacerdotisa, profetisa*
actor, emperador, instructor		**-triz**	*actriz, emperatriz, institutriz*
hombre, padre, yerno, caballo, toro		**Diferente raíz**	*mujer, madre, nuera, yegua, vaca*
el mar, el calor		**Ambiguo**	*la mar, la calor*

El número

El número es el accidente gramatical que indica si una palabra se refiere a una sola realidad o a más de una, ya sea ésta animada, inanimada o abstracta *(hombres, tenderetes, amores)*.

El español distingue dos géneros, **singular**, que indica unidad o individualidad, y **plural**, que indica multiplicidad. Esta oposición unidad / multiplicidad se manifiesta gramaticalmente mediante la presencia o ausencia de una serie de morfemas, llamados morfemas de número, que se añaden a la forma singular para formar su plural. Existen dos morfemas de número: *-s* y *-es*: hombre / hombre-s, amor /amor-es.

Las normas que rigen la formación del plural son las siguientes:

Formación del plural

SUSTANTIVOS TERMINADOS EN:			PLURAL EN:	
Vocal átona		*pato, armario, beso*		*patos, armarios, besos*
-e -o	Tónicas	*café, pie, dominó*	-s	*cafés, pies, dominós*
Consonante		*vendedor, farol, virtud*	-es	*vendedores, faroles, virtudes*
cuando es -z		*institutriz, avestruz, luz*	-ces	*institutrices, avestruces, luces*
-a -i -u	Tónicas	*mamá, sofá, bajá* *alhelí, rubí, pirulí* *menú, champú, tisú*	-s o -es	*mamás, sofás, bajaes* *alhelíes, rubíes, pirulís* *menús, champús, tabús / tabúes*
CASOS ESPECIALES				
-s -x	No agudas	*crisis, martes, éxtasis,* *tórax*	Invariables	*las crisis, los martes, los éxtasis,* *los tórax*
Extranjerismos		*chófer, gol* *coñac, club* *frac, lord* *lunch, déficit*	No hay regla fija	*chóferes, goles* *coñacs, club / clubes* *fraques, lores* *lunch, déficit*

Clasificación de los sustantivos

Los sustantivos se dividen semánticamemte en dos grandes grupos:

I. Según el carácter sensible o no sensible de la realidad representada: nombres concretos y nombres abstractos

    1. **Nombres concretos.** Designan seres animados o inanimados que tienen una existencia material y pueden ser percibidos por los sentidos: *hombre, albatros, mesa.*

    2. **Nombres abstractos.** Designan realidades no materiales, como conceptos, cualidades, etc.: *amor, soledad, alivio.*

II. Según el carácter genérico o específico de la realidad representada: nombres comunes y nombres propios.

    1. **Nombres comunes.** Designan a todos los seres animados o inanimados de una misma especie. A su vez se dividen en:

        1.1. *individuales*, designan a un solo ser: *hombre, oveja, álamo;*

        1.2. *colectivos*, designan a un conjunto de seres de una misma especie: *humanidad, rebaño, alameda;*

        1.3. *contables*, designan realidades susceptibles de ser numeradas o contabilizadas: *sobrino, pastel, perro;*

        1.4. *no contables*, nombran realidades que no pueden numerarse o contarse: *agua, sal, alcohol.*

    2. **Nombres propios.** Se asignan a personas, animales o cosas para diferenciarlos de los de su misma especie. Se dividen en:

        2.1. *antropónimos*, se aplican a las personas: *Luis, Marta;*

        2.2. *patronímicos*, se aplican también a las personas, como apellido, y suelen derivarse del nombre de un antepasado: *López* (de Lope), *Sánchez* (de Sancho);

        2.3. *topónimos*, se aplican a entes geográficos: *Madrid, Sena, Urales.*

EL ADJETIVO CALIFICATIVO

El adjetivo calificativo es la palabra que expresa una cualidad del sustantivo y concuerda con él en género y número: *un camino **largo**, una persona **osada**, una vida **plena**.*

Forma del adjetivo: género y número

Género

La formación del femenino de los adjetivos responde a las siguientes reglas:

Formación del femenino

ADJETIVOS TERMINADOS EN:		FEMENINO EN:	
-o	*feo, bello, flojo*		*fea, bella, floja*
Consonante (en gentilicios)	*burgalés, andaluz*		*burgalesa, andaluza*
-án	*haragán*	-a	*haragana*
-ín	*pillín*		*pillina*
-ón	*grandullón*		*grandullona*
-or	*perdedor*		*perdedora*
-ete	*regordete*		*regordeta*
-ote	*brutote*		*brutota*
Resto terminaciones	*feliz, cortés, genial, amable, belga, azul,* etc.	Invariable	*feliz, cortés, genial, amable, belga, azul,* etc.

Número

La formación de plural de los adjetivos se realiza conforme a las mismas reglas que rigen al sustantivo (ver *Forma del sustantivo. Número*).

Grados de significación del adjetivo

El grado es la intensidad con la que el adjetivo expresa la cualidad del sustantivo al que acompaña. Se distinguen tres grados de intensidad:

1. **Grado positivo**. Indica simplemente la cualidad: *las manzanas están verdes, el pescado es nutritivo*.

2. **Grado comparativo**. Expresa la cualidad, pero estableciendo una comparación que matiza su intensidad. Según como se establezca esta comparación se distinguen tres niveles:

   2.1. *comparativo de superioridad*, formado por **más** + adj. + **que**: *las manzanas están más maduras que las peras;*

   2.2. *comparativo de igualdad*, formado por **tan** + adj. + **como**: *el pescado es tan nutritivo como la carne;*

   2.3. *comparativo de inferioridad*, formado por **menos** + adj. + **que**: *el almendro es menos frondoso que la haya.*

3. **Grado superlativo**. Indica la cualidad en su más alto grado de intensidad. Puede ser de dos clases:

   3.1. *superlativo absoluto*, cuando la intensidad de la cualidad se define por sí misma, sin compararla con otros términos. Se forma:

   a) con el adverbio **muy**: *ese cuadro es muy realista;*

   b) con el sufijo **-ísimo**: *es un cirujano reputadísimo;*

   Los adjetivos *acre, célebre, libre, íntegro, pulcro* y *pobre* forman el superlativo absoluto con el sufijo **-érrimo** *(acérrimo, libérrimo, integérrimo, pulquérrimo, paupérrimo)*. Son formas cultas que conviven de hecho con las formas normales *(muy acre, muy libre, muy íntegro-integrísimo, muy pulcro-pulcrísimo, muy pobre-pobrísimo)* y que en el habla corriente tienden a ser desplazadas por éstas.

   c) con prefijos como **extra-, super-, ultra-**, etc.: *un reloj extraplano, una película superbuena, un modelo ultraligero.*

3.2. **superlativo relativo**, cuando el grado de intensidad se define en relación a un conjunto. Se forma:

a) con **el menos** + adj. + **de**: *es el cuadro menos realista de los que se exponen;*
b) con **el más** + adj. + **de**: *es el estudiante más aplicado de la clase.*

Los adjetivos *alto, bajo, bueno, malo, grande* y *pequeño* presentan, además de las formas comunes de comparativo y superlativo, unas formas especiales irregulares:

Positivo	Comparativo	Superlativo
alto	superior	supremo
bajo	inferior	ínfimo
bueno	mejor	óptimo
malo	peor	pésimo
grande	mayor	máximo
pequeño	menor	mínimo

Clasificación de los adjetivos calificativos

Se distinguen dos tipos de adjetivos calificativos:

1. **Adjetivos especificativos.** Precisan una cualidad del sustantivo al que acompañan para diferenciarlo de otros de la misma clase. Van siempre detrás del sustantivo:

   *No te lleves el jersey **verde**.*
   *Prefiero el vaso **pequeño**.*

2. **Adjetivos explicativos** o **epítetos**. Destacan una de las cualidades del sustantivo al que acompañan pero sin intención seleccionadora o delimitadora. Pueden ir delante o detrás del sustantivo:

   *Miraba el **verde** valle.*
   *Juan se compró unos pantalones **pequeños**.*

LOS DETERMINANTES

Los determinantes son palabras que preceden generalmente al sustantivo, limitando y concretando su significado: *el árbol, mi casa, algún hombre.*
Se dividen en dos categorías:

1. *Artículos*
2. *Adjetivos determinativos*

Artículos

Presentan al sustantivo, actualizando su significado, y concuerdan con él en género y número. Van siempre antepuestos.
Se clasifican en:

1. **Artículos determinados,** cuando el sustantivo que señala ya es conocido por el oyente: *la mujer.*

   Tiene las siguientes formas:

Artículos determinados

	sing.	*pl.*
Masculino	el	los
Femenino	la	las
Neutro	lo	—

Observaciones:

— El artículo masculino *el* se contrae con las preposiciones *a* y *de*, tomando las formas *al* y *del*: *volver al trabajo; vivir del cuento.*

— El artículo femenino *la* se sustituye por *el* delante de las palabras femeninas que empiezan por *a-* o *ha-* tónicas: *el águila; el hambre.*

2. **Artículos indeterminados**, cuando el sustantivo presentado es desconocido para el oyente: *una mujer.*

Son los siguientes:

Artículos indeterminados

	sing.	*pl.*
Masculino	un	unos
Femenino	una	unas
Neutro	—	

Adjetivos determinativos

Los adjetivos determinativos delimitan el significado del sustantivo al que acompañan, aportando indicaciones diversas.

Según el carácter de estas indicaciones se clasifican en:

1. Adjetivos demostrativos .... } actualizadores
2. Adjetivos posesivos .... }
3. Adjetivos numerales .... } cuantificadores
4. Adjetivos indefinidos .... }
5. Adjetivos relativos.
6. Adjetivos interrogativos.
7. Adjetivos exclamativos.

Los adjetivos determinativos suelen ir generalmente delante del sustantivo al que determinan, aunque algunos pueden también ir detrás de él. Su uso pospuesto aporta matices expresivos a la determinación:

Ese niño es muy travieso.   *El niño ese me tiene harto.*
Vino con vuestro hermano.   *Vino con un hermano vuestro.*

Frente a los artículos, que sólo desempeñan la función determinante o actualizadora, los adjetivos determinativos pueden actuar también con función pronominal, es decir, como sustitutos de un nombre. Muchos adjetivos determinativos presentan algunas modificaciones en sus formas, o incluso formas específicas, cuando actúan como pronombres:

Este es mi coche.   *Éste es más rápido que aquél.*

De los determinativos antes señalados, los llamados **actualizadores** *(demostrativos* y *posesivos)* y los **cuantificadores** *(numerales* e *indefinidos)*, apenas varían formalmente en sus usos como determinantes o como pronombres. En cambio los **relativos, interrogativos** y **exclamativos** presentan formas específicas para usos determinativos o pronominales. Por esta razón el cuadro completo de sus formas se examinará en el apartado dedicado a los pronombres.

Adjetivos demostrativos

Precisan la distancia a la que se encuentra el sustantivo al que designan respecto del hablante: *este libro, esa campana, aquellos aviones.*

Sus formas son las siguientes:

Adjetivos demostrativos

	PROXIMIDAD		DISTANCIA MEDIA		LEJANÍA	
	sing.	*pl.*	*sing.*	*pl.*	*sing.*	*pl.*
Masculino	este	estas	ese	esos	aquel	aquellos
Femenino	esta	estas	esa	esas	aquella	aquellas

Adjetivos posesivos

Establecen relaciones de posesión o pertenencia entre el sustantivo al que acompañan y otros elementos de la oración o del discurso: *su coche, tu hermana, vuestro país.*

Las formas del adjetivo posesivo indican el género (masculino/femenino) y el número (singular/plural) de los *objetos poseídos*, así como la persona gramatical del *poseedor:* 1.ª (yo, nosotros/nosotras), 2.ª (tú, vosotros/vosotras) y 3.ª (él/ella/usted, ellos/ellas/ustedes). Son las siguientes:

Adjetivos posesivos

POSEEDORES	OBJETOS POSEÍDOS			
	UNO		VARIOS	
UNO				
1.ª pers.	mío, mía	*mi*	míos, mías	*mis*
2.ª pers.	tuyo, tuya	*tu*	tuyos, tuyas	*tus*
3.ª pers.	suyo, suya	*su*	suyos, suyas	*sus*
VARIOS				
1.ª pers.	nuestro, nuestra		nuestros, nuestras	
2.ª pers.	vuestro, vuestra		vuestros, vuestras	
3.ª pers.	suyo, suya	*su*	suyos, suyas	*sus*

Algunos adjetivos posesivos presentan dos formas, una tónica (**mío -a, míos -as, tuyo -a, tuyos -as, suyo -a, suyos -as**) y una átona (**mi, mis, tu, tus, su, sus**). La forma átona va siempre delante del sustantivo, mientras que la forma tónica se utiliza pospuesta:

El otro día estuve con Carlos y su amigo.
El otro día estuve con Carlos y un amigo suyo.

Adjetivos numerales

Presentan al sustantivo aportando indicaciones precisas de carácter numérico:

Había nueve personas.   *Tiene un doble interés.*
Sólo me estudié el segundo tema.   *Déme medio kilo de tomates.*

Según el tipo de información cuantitativa que aporten se dividen en cuatro clases:

1. **cardinales**, expresan número o cantidad: *uno, dos, tres, cuatro*, etc.;
2. **ordinales**, indican ordenación o sucesión: *primero, segundo, tercero, cuarto,* etc.;
3. **múltiplos**, señalan multiplicación de la unidad: *doble, triple, cuádruple,* etc.;
4. **partitivos**, señalan división de la unidad: *medio, tercio, cuarto,* etc.

Adjetivos indefinidos

Presentan al sustantivo indicando de forma general o imprecisa su cantidad o su naturaleza:

Había varias personas.   *Tiene mucho interés.*
Estudié poco.   *Déme algunos tomates.*

Sus formas son, entre otras:

abundante (-s)	igual (-es)
algún (-a, -as, -os)	mucho (-a, -os, -as)
bastante (-es)	mismo (-a, -os, -as)
cierto (-a, -os, -as)	ningún (-o, -a, -os, -as)
cualquier	parecido (-a, -os, -as)
demasiado (-a, -os, -as)	poco (-a, -os, -as)
diverso (-sa, -sos, -sas)	otro (-a, -os, -as)
distinto (-a, -os, -as)	tanto (-a, -os, -as)
escaso (-a, -os, -as)	todo (-a, -os, -as)
idéntico (-a, -os, -as)	varios (-as)

Adjetivos relativos (V. Pronombres relativos)

Establecen un vínculo entre el sustantivo al que determinan y su antecedente.

Dentro de la clase de los relativos, sólo las formas de **cuyo** (**-a, -os, -as**) son verdaderos adjetivos, ya que **cuanto** (**-a, -os, -as**) puede funcionar también como pronombre:

> *Ayer vino el hombre cuya hija trabaja en tu empresa.*
> *Te lo repetirá cuantas veces crea necesario.*

Adjetivos interrogativos (V. Pronombres interrogativos)

Determinan al sustantivo al que acompañan pidiendo información sobre su naturaleza o cantidad. Funcionan como determinantes los siguientes interrogativos:

> — **¿qué?** (invariable): *¿qué día es hoy?*
> — **¿cuál?** (**-es**): *¿cuál película prefieres?*
> — **¿cuánto?** (**-a, -os, -as**): *¿cuántas personas había?*

Adjetivos exclamativos (V. Pronombres exclamativos)

Determinan al sustantivo destacando o ponderando su naturaleza o cantidad.

Funcionan como determinantes los exclamativos **¡qué!** (invariable), **¡cuál!** (**-es**) y **¡cuánto!** (**-a, -os, -as**):

> *¡Qué pena tan grande!*
> *¡Cuánto tráfico!*

LOS PRONOMBRES

Los pronombres son palabras que sustituyen a un sustantivo en la comunicación y que gramaticalmente desempeñan sus mismas funciones.

Se clasifican en:

1. *Pronombres personales.*
2. *Pronombres relativos.*
3. *Pronombres demostrativos.*
4. *Pronombres posesivos.*
5. *Pronombres numerales.*
6. *Pronombres indefinidos.*
7. *Pronombres interrogativos.*
8. *Pronombres exclamativos.*

Pronombres personales

Los pronombres personales designan a las tres personas gramaticales (1.ª: *la que habla;* 2.ª: *a la que se habla;* 3.ª: *de la que se habla*) e indican la función que éstas desempeñan en el discurso.

Presenta las siguientes formas:

Pronombres personales

PERSONAS	FUNCIONES					
	Sujeto	COMPLEMENTO				Reflexivos
		Sin preposición		Con preposición		
		Directo	Indirecto			
SINGULAR						
1.ª	yo	me	me	mí	conmigo	me
2.ª	tú	te	te	ti	contigo	te
	usted	le, lo, la	le	usted	con usted	se
3.ª	él	le, lo	le	él	con él	
	ella	la	le	ella	con ella	se
	ello	lo	le	ello	consigo	
				sí		
PLURAL						
1.ª	nosotros -as	nos	nos	nosotros -as	con nosotros -as	nos
2.ª	vosotros -as	os	os	vosotros -as	con vosotros -as	os
	ustedes	los, las	les	ustedes	con ustedes	se
3.ª	ellos	los	les	ellos	con ellos	se
	ellas	las	les	ellas	con ellas	

Las formas de cortesía de la 2.ª persona (**usted** y **ustedes**) se utilizan con el verbo en 3.ª persona:

> *Dígame usted en qué puedo servirle.*
> *Pueden ustedes sentarse.*

Las formas que cumplen la función de *sujeto* y de *complemento con preposición* son tónicas. En cambio, las que funcionan como complemento sin preposición, directo o indirecto, son átonas:

> *Finalmente él se dignó a hablar, cuando ya le daban por mudo.*

Cuando en una oración existen dos pronombres personales que acompañan al verbo, el indirecto siempre va delante del directo: *búscamelo; me lo encontró.*

Pronombres relativos

Sustituyen a un sustantivo, denominado *antecedente,* que les precede en la oración o en el discurso y funcionan a la vez como nexo de subordinación y como sustantivo, desempeñando las mismas funciones que éste:

> *La casa que acabamos de pasar está en venta.*
> *El libro por el cual pregunta está agotado.*

Como ya se ha dicho, la clase de los relativos presenta formas que pueden actuar sólo como pronombres, otras que sólo lo hacen como adjetivos determinativos *(cuyo)* y, por último, otras que pueden funcionar indistintamente como pronombres o como determinativos *(cuanto).* A continuación se exponen las distintas formas de los relativos y sus funciones correspondientes:

Pronombres relativos

FUNCIONES	FORMAS				
	SINGULAR			PLURAL	
	Masculino	Femenino	Neutro	Masculino	Femenino
Sustantiva	(el) que (el) cual quien	(la) que (la) cual quien	(lo) que (lo) cual —	(los) que (los) cuales quienes	(las) que (las) cuales quienes
Adjetiva	cuyo	cuya	—	cuyos	cuyas
Adjetiva o sustantiva	cuanto	cuanta	cuanto	cuantos	cuantas

Pronombres demostrativos (V. Adjetivos demostrativos)

Sus formas son las mismas que las de los adjetivos demostrativos, contando además con tres formas neutras: **esto, eso, aquello.**

Los pronombres demostrativos, excepto las formas neutras, suelen acentuarse para diferenciarlos de los adjetivos:

> *No se lo digas a **éste**.*
> *Prefiero **ésas** (o **aquéllas**).*
> *Todo **aquello** fue muy penoso.*

Pronombres posesivos (V. Adjetivos posesivos)

Presentan las mismas formas que los adjetivos posesivos, excepto las formas átonas apocopadas (**mi, mis, tu, tus, su, sus**) y se utilizan precedidos de artículo:

> *Ésta es **la mía**.*   *Paco es de **los nuestros**.*
> *Ya ha hecho de **las suyas**.*   *Prefiero **la tuya**.*

Aunque no tienen formas neutras, adquieren significado neutro precedidos del artículo **lo**: *siempre va a **lo suyo**.*

Pronombres numerales (V. Adjetivos numerales)

Los adjetivos numerales pueden funcionar también como pronombres, aportando indicaciones precisas de carácter cuantificador:

> *Sólo quiero **uno**.*   *Ha aumentado **el triple**.*
> *Llegó **el segundo**.*   *Dame **la mitad**.*

Pronombres indefinidos (V. Adjetivos indefinidos)

Como los adjetivos indefinidos, indican cantidad o identidad de forma imprecisa o general.

Sus formas son las mismas que las de éstos, excepto **alguien, nadie** y **quienquiera**, que son específicamente pronominales:

> ***Alguien** está llamando a la puerta.*
> *No he visto a **nadie**.*
> *Que espere **quienquiera** que sea.*

Pronombres interrogativos

Sustituyen a un sustantivo por el cual se pregunta o que no se conoce:

> *¿**Quién** es?*   *¿**Qué** quieres?*
> *¿**Cuánto** hace que no nos veíamos?*   *¿**Cuál** me prestas?*

La clase de los interrogativos tiene, como ya se ha indicado, formas exclusivamente pronominales, otras sólo adjetivas y otras que pueden desempeñar indistintamente una u otra función. A continuación se exponen estas formas, señalándose su función correspondiente:

Pronombres interrogativos

FUNCIONES	FORMAS				
	SINGULAR			PLURAL	
	Masculino	Femenino	Neutro	Masculino	Femenino
Sustantiva	¿quién? — —	¿quién? — —	— ¿qué? ¿cuánto?	¿quiénes? — —	¿quiénes? — —
Adjetiva	¿qué?	¿qué?	—	¿qué?	¿qué?
Adjetiva o sustantiva	¿cuánto? ¿cuál?	¿cuánta? ¿cuál?	—	¿cuántos? ¿cuáles?	¿cuántas? ¿cuáles?

Pronombres exclamativos

Reemplazan a un sustantivo sobre el que el hablante manifiesta algún tipo de emoción. Sus formas son las mismas que las de los pronombres interrogativos y desempeñan las mismas funciones:

> *¡Quién te ha visto y quién te ve!*
> *¡Cuántos había!*
> *¡Qué van a pensar los vecinos!*

EL VERBO

El verbo es la palabra que expresa acción, estado o proceso:

> *El caballo saltó la cerca.*
> *Estoy demasiado cansado.*
> *Amaneció en el mar.*

Forma del verbo. Accidentes gramaticales

Desde un punto de vista formal, el verbo es la palabra gramatical más compleja. Consta de una parte invariable que indica el significado léxico del verbo, llamada *radical* o *lexema*, y de una parte variable compuesta por un conjunto de morfemas que expresan informaciones gramaticales relativas a la acción verbal. Estas variaciones formales se denominan *accidentes* o *desinencias* verbales y son las siguientes:

1. **persona** (1.ª, 2.ª y 3.ª);
2. **número** (singular y plural);
3. **tiempo** (presente, pasado o futuro);
4. **modo** (indicativo, subjuntivo e imperativo);
5. **aspecto** (perfecto e imperfecto);
6. **voz** (activa y pasiva).

Por lo general no se manifiestan de forma aislada, sino agrupados en un solo morfema. Es el caso de la **persona** y el **número** o del **modo** y el **tiempo**:

tem	—	ia	—	is
↓		↓		↓
lexema		morfema tiempo + modo		morfema persona + número
VERBO TEMER		IMPERFECTO DE INDICATIVO		2.ª PERSONA DEL PLURAL

Persona y número

Mediante estos dos accidentes, el verbo identifica al sujeto de la acción que expresa, indicando su persona gramatical (**primera**, la que habla; **segunda**, a la que se habla; **tercera**, de la que se habla o de lo que se habla) y si es una o varias (**singular** o **plural**):

No quiero ir contigo → 1.ª pers., sing.
Os esperaremos en el cine → 1.ª pers., pl.

Tiempo

Es el accidente verbal que señala cuándo tiene lugar lo que el verbo expresa, tomando como referencia temporal el momento en que se habla.

Se distinguen tres tiempos verbales:

1. **presente**, indica que el desarrollo de la acción coincide con el momento en que se habla: *el viento sopla muy fuerte;*
2. **pasado**, indica que la acción es anterior al momento de la enunciación: *el viento derribó cuatro árboles;*
3. **futuro**, indica que la acción es posterior al momento en que se enuncia: *de seguir así, el viento lo derribará todo.*

Modo

Es el accidente verbal que indica qué actitud manifiesta el hablante ante la acción expresada por el verbo.

Se distinguen tres modos básicos:

1. **indicativo**, expone de forma objetiva una acción desarrollada en el presente, el pasado o el futuro: *ayer me compré unos zapatos;*
2. **subjuntivo**, presenta una acción hipotética cuya eventual realización es considerada subjetivamente por el hablante: *me hubiera gustado comprarme aquellos zapatos;*
3. **imperativo**, expresa mandato o ruego: *cómprate de una vez los zapatos; ¡anda, cómpramelos!*

Observación:

El modo verbal puede expresarse también mediante las llamadas **perífrasis modales**, formadas por un verbo en forma personal que funciona como auxiliar, seguido de un infinitivo, un gerundio o un participio. Las más usuales son las siguientes:

a) De obligación:

— *deber de* + *infinitivo*: *Debes contárselo todo.*
— *haber de* + *infinitivo*: *Has de decirmelo con tiempo.*
— *haber que* + *infinitivo*: *Hay que ir a la compra.*
— *tener que* + *infinitivo*: *Tengo que verle sin falta.*

b) De duda o probabilidad:

— *deber de* + *infinitivo*: *Debe de ser su novia.*
— *venir a* + *infinitivo*: *Viene a costarme lo que uno nuevo.*

Aspecto

Es el accidente verbal que informa sobre el desarrollo interno de la acción del verbo, independientemente del tiempo en que se desarrolle, indicando si ésta ha llegado o no a su término.

El sistema verbal español cuenta con dos aspectos:

1. **perfectivo** o **perfecto**, indica que la acción verbal está terminada. Presentan aspecto perfecto todas las *formas compuestas* de los verbos, tanto de indicativo como de subjuntivo, así como el *pretérito indefinido de indicativo:*

   Ya he terminado el trabajo.
   Ayer cené con Juan.
   Cuando llamaste ya me había ido;

2. **imperfectivo** o **imperfecto**, revela que la acción verbal aún no ha concluido. Tienen aspecto imperfecto todas las *formas verbales simples*, excepto el *pretérito indefinido de indicativo*:

> *Escribía una carta.*
> *¿Vendrás conmigo al concierto?*
> *Hablas demasiado.*

Observación:

Como sucede con el modo, el aspecto verbal puede expresarse también mediante fórmulas perifrásticas. Las **perífrasis aspectuales** más frecuentes son las siguientes:

a) Aspecto ingresivo (acción a punto de comenzar)

— *ir a + infinitivo*:	*Voy a llamarle ahora mismo.*
— *pasar a + infinitivo*:	*Ahora pasaremos a saludarle.*
— *estar a punto de + infinitivo*:	*Estoy a punto de terminar.*

b) Aspecto incoativo (acción en el momento de empezar)

— *echarse a + infinitivo*:	*Se echó a correr.*
— *ponerse a + infinitivo*:	*De pronto se puso a llover.*
— *romper a + infinitivo*:	*Al decírselo rompió a llorar.*

c) Aspecto durativo (acción en curso)

— *andar + gerundio*:	*Creo que andabas buscándome.*
— *estar + gerundio*:	*Está estudiando medicina.*
— *seguir + gerundio*:	*Todavía sigue durmiendo.*

d) Aspecto resultativo (acción acabada)

— *dejar + participio*:	*Lo dejé hecho antes de venir.*
— *estar + participio*:	*¿Está puesta la mesa?*
— *llevar + participio*:	*Llevo contados más de cuatro.*
— *tener + participio*:	*Tienes ganada la partida.*

Voz

Es el accidente verbal que indica si la acción expresada por el verbo es realizada o recibida por el sujeto.
Existen dos modalidades:

1. **Voz activa**, cuando es el sujeto quien realiza la acción verbal:

> *El cólera diezmó a la población.*

2. **Voz pasiva**, cuando el sujeto *(sujeto paciente)* no realiza la acción verbal, sino que la recibe. El ejecutor de la acción es un complemento *(complemento agente)*:

> *La población fue diezmada por el cólera.*

La voz pasiva se construye con el verbo *ser,* que funciona como auxiliar, y el participio pasado del verbo que se conjuga, el cual concuerda en género y número con el sujeto:

> | El Pelele | | | pintado | |
> |---|---|---|---|---|
> | La Tauromaquia | } | fue | pintada | |
> | Los Caprichos | | | pintados | } por Goya |
> | Las dos Majas | } | fueron | pintadas | |

Otra forma posible de expresar la voz pasiva es mediante la construcción conocida como **pasiva refleja**, que se forma con el pronombre *se* y el *verbo en voz activa*:

> *Hoy se conmemora el tercer centenario de su nacimiento.*

Las formas verbales

La combinación de los diferentes accidentes para expresar aspectos distintos de la acción es lo que da lugar a las **formas verbales**, que en función de sus características formales se clasifican en:

1. **Formas simples.** Se forman añadiendo al lexema del verbo que se conjuga las distintas desinencias verbales: *corr-o, cant-aba-mos, com-i-mos, lleg-ar-á.*
2. **Formas compuestas.** Todas las formas simples disponen de su correspondiente forma compuesta, que expresa anterioridad inmediata de la acción. Se forman con el auxiliar **haber**, que es quien porta las desinencias verbales, y el **participio pasado** del verbo que se conjuga, que permanece invariable y es el portador del significado léxico: *h-e corrido, hab-ía-mos cantado, hub-i-mos comido, hab-r-á llegado.*

Por otra parte, atendiendo a su comportamiento funcional en la oración o en el discurso, las formas verbales se clasifican en:

1. **Formas personales.** Funcionan como verbos, indicando acción, estado o proceso y aparecen marcadas gramaticalmente con las desinencias verbales: *canto, había cantado, cantaré, hubiera cantado.*
2. **Formas no personales.** Son formas verbales que desde un punto de vista formal carecen de desinencias de persona, número, tiempo y modo, aunque sí indican aspecto y algunas admiten voz pasiva. Pueden actuar como verbos, pero también desempeñan funciones propias de otras palabras gramaticales. Son las siguientes:

    2.1. el **infinitivo**, que puede funcionar como un sustantivo. Es invariable: *al buen comer le llaman Sancho;*
    2.2. el **participio**, que puede funcionar como un adjetivo, y en estos casos admite variaciones de género y número: *es un hombre casado; ¿están casadas tus hermanas?;*
    2.3. el **gerundio**, que funciona también como un adverbio y es invariable: *no me lo digas llorando.*

La conjugación

Se denomina **conjugación** a la relación completa y ordenada de las distintas variaciones formales que puede adoptar un verbo para expresar la acción. En ella se recogen tanto las formas *simples* como las *compuestas*, y tanto las *personales* como las *impersonales*.

La conjugación de un verbo se estructura en *modos* (indicativo, subjuntivo e imperativo) y en *tiempos verbales* (de presente, de pasado o de futuro), cada uno de los cuales tiene su forma compuesta correspondiente. A su vez, cada tiempo verbal consta de seis formas de *persona*, tres de singular y tres de *plural*. El modo imperativo sólo tiene tiempo presente, carece de formas compuestas y no se conjuga en 1.ª persona del singular. Esta sería la estructura de conjugación tipo:

Formas personales

MODOS	TIEMPOS	
	Simples	Compuestos
Indicativo	Presente Pret. imperfecto Pret. indefinido Futuro imperfecto Condicional simple	Pret. perfecto Pret. pluscuamperfecto Pret. anterior Futuro perfecto Condicional perfecto
Subjuntivo	Presente Pret. imperfecto Futuro imperfecto	Pret. perfecto Pret. pluscuamperfecto Futuro perfecto
Imperativo	Presente	—

Formas no personales

| TIEMPOS ||
Simples	Compuestos
Infinitivo simple Participio Gerundio simple	Infinitivo compuesto — Gerundio compuesto

El español presenta dos estructuras posibles de conjugación verbal:

1. **Conjugación completa**, cuando existe una forma verbal para todas las personas y tiempos. A su vez puede responder a dos tipos:

   1.1. **Regular**, cuando su radical o lexema no sufre modificaciones y sus desinencias siguen un determinado modelo. En este sentido se habla de tres modelos de conjugación regular:

   — *1.ª conjugación*: verbos terminados en **-ar**, como *cantar*.
   — *2.ª conjugación*: verbos terminados en **-er**, como *correr*.
   — *3.ª conjugación*: verbos terminados en **-ir**, como *vivir*.

   (Ver en **Addenda: Modelos de la Conjugación Regular**).

   1.2. **Irregular**, si modifica su lexema o se aparta del modelo correspondiente a la terminación de su infinitivo. Estas dos irregularidades pueden aparecer simultánea o separadamente: *andar, caber, ir*.

   En el cuerpo del diccionario se indica la conjugación de los verbos con irregularidad propia en sus entradas correspondientes, o bien se remite a otros que presentan el mismo tipo de irregularidad y pueden servir como modelo de conjugación.

2. **Conjugación defectiva**, cuando sólo existe forma para algunas personas en algunos tiempos: *abolir, humedecer, llover*, etc.

   También aparecen conjugados en el cuerpo del diccionario, dentro de su entrada correspondiente.

Clasificación de los verbos

Existen diversas categorías de verbos, dependiendo del tipo de relaciones sintácticas y semánticas que cada uno de ellos establezca con los restantes elementos de la oración. Los principales grupos o clases son los siguientes:

1. **Verbos auxiliares**. Acompañan a otros verbos en ciertos usos y construcciones. Los principales son *haber*, utilizado para la formación de las formas compuestas de la conjugación *(había rogado)*, y *ser*, que sirve para formar la voz pasiva *(fueron construidos)*. Cuando actúan como auxiliares, estos verbos pierden parte de su significado léxico.

   También se utilizan como auxiliares los verbos *estar, deber, dejar, llevar, quedar, tener, traer*, etc., que intervienen en la formación de diversas perífrasis:

Estuvo bailando toda la noche.	*Lleva durmiendo toda la tarde.*
Deben llegar de un momento a otro.	*Tenemos que vernos más a menudo.*

2. **Verbos copulativos**. Funcionan como enlace entre el sujeto y el atributo. Los principales verbos copulativos son *ser, estar* y *parecer*.

3. **Verbos pronominales** o **reflexivos**. Se construyen con las formas átonas del pronombre personal *(me, te, se, nos, os)* e indican que la acción que expresa el verbo recae sobre el sujeto, representado por dichos pronombres personales: *se cayó; te asustaste*.

4. **Verbos transitivos**. Necesitan llevar un complemento directo para concretar su significado: *comer* (una manzana, una pera, etc.).

5. **Verbos intransitivos**. No requieren un complemento directo: *nacer, ir, salir*, etc.

EL ADVERBIO

El adverbio es una palabra invariable que completa o modifica la significación de un verbo *(vivo cerca)*, de un adjetivo *(el cielo estaba intensamente azul)* o de otro adverbio *(llegué demasiado tarde)*. Se ha dicho del adverbio que es el adjetivo verbal. Aunque no tiene variaciones de género y número, en algunos casos admite **diminutivos** *(ahorita mismo vengo, vivo muy cerquita)* e incluso **grados de significación**:

pronto	muy pronto	prontísimo
cerca	muy cerca	cerquísima
tarde	muy tarde	tardísimo

Clasificación de los adverbios

Se puede establecer una doble clasificación de los adverbios, desde un punto de vista formal y desde el punto de vista del significado:

I. Desde el punto de vista de la forma:

1. **Adverbios simples.** Constan de una sola palabra: *sí, ahora, bastante, dentro,* etc.
2. **Adverbios compuestos.** Se dividen en dos grupos:

   2.1. los formados por *adjetivo* + la terminación *-mente: claramente, astutamente, rápidamente,* etc.;

   2.2. las *locuciones adverbiales*, que son grupos de dos o más palabras que funcionan como un adverbio: *a escondidas, a la chita callando, de improviso, sobre todo, ante todo, en primer lugar, a ciegas, de narices, de bruces, a pie juntillas, al alimón, a manos llenas, en un decir amén,* etc.

II. Desde el punto de vista del significado:

1. **Adverbios de lugar.** Expresan el lugar de la acción: *aquí, ahí, allá, allí, cerca, lejos, dentro, fuera, arriba, abajo, encima, debajo, enfrente, delante, detrás,* etc.

   Dentro de los adverbios de lugar, se distinguen los *adverbios pronominales (aquí, acá, ahí, allí y allá)*, llamados así porque sus indicaciones de lugar son relativas al estar en relación con las personas gramaticales:

cercanía respecto a la 1.ª persona	→ *aquí, acá*
cercanía respecto a la 2.ª persona	→ *ahí*
lejanía respecto a la 1.ª y 2.ª personas	→ *allí, allá*

2. **Adverbios de tiempo.** Expresan cuándo se realiza la acción: *antes, ahora, después, ayer, hoy, mañana, anoche, en seguida, tarde, pronto, nunca,* etc.
3. **Adverbios de modo.** Explican cómo se realiza la acción: *bien, mal, así, despacio, deprisa,* etc.
4. **Adverbios de cantidad.** Expresan cuánto alcanza la acción: *poco, mucho, muy, casi, bastante, tan, tanto, nada, demasiado,* etc.
5. **Adverbios de afirmación.** Aseguran que la acción se realiza: *sí, cierto, ciertamente, en verdad, verdaderamente, también, claro,* etc.
6. **Adverbios de negación.** Expresan que la acción no se realiza: *no, tampoco, nunca, jamás, nada,* etcétera.
7. **Adverbios de duda.** Manifiestan incertidumbre ante la acción: *acaso, quizá, tal vez, probablemente, posiblemente,* etc.
8. **Adverbios relativos.** Son una clase especial de adverbios. Modifican al verbo e introducen una proposición subordinada, dentro de la cual desempeñan una función: *donde, cuando* y *como*.

LA PREPOSICIÓN

La preposición es una palabra invariable que une una palabra gramatical (sustantivo, adjetivo, pronombre, verbo o adverbio) con su complemento: *café con leche, fácil de entender, voy a Valladolid, espérame en el bar, estuvimos con él por ahí.*

La preposición sirve para expresar muy distintos tipos de relaciones (materia, compañía, instrumento, dirección, lugar, tiempo, procedencia, etc.) y su significado varía según el contexto:

Una mesa de madera.   *Vino de París.*   *Es de Antonio.*
Llegaron a Huelva.   *Dámelo a mí.*   *Montar a caballo.*

Clasificación de las preposiciones

Desde un punto de vista formal, las preposiciones se dividen en:

1. **preposiciones simples**, formadas por una sola palabra. Son las siguientes: *a, ante, bajo, cabe, con, contra, de, desde, en, entre, hacia, hasta, para, por, según, sin, so, sobre* y *tras;*
2. **locuciones prepositivas**, que son agrupaciones de dos o más palabras que funcionan como una preposición: *a fuerza de, en medio de, en pos de, con destino a, con rumbo a, por debajo de, a través de, en vez de, en lugar de, junto a,* etc.

LA CONJUNCIÓN

La conjunción es una palabra invariable que relaciona entre sí palabras o proposiciones:

Tiene dos hijos y tres hijas y la mayor está casada.

Clasificación de las conjunciones

Según el tipo de elementos que relacionen, las conjunciones se dividen en:

1. **Conjunciones coordinantes.** Unen palabras o proposiciones de la misma jerarquía sintáctica. Se dividen a su vez en:

    1.1. *copulativas,* son *y, e, ni:*

    > *Escucha y calla.*
    > *Pregunta e infórmate.*
    > *No le hagas caso ni le tomes a mal.*

    1.2. *disyuntivas,* son *o, u, o bien:*

    > *Vienes o me enfado.*
    > *Me da igual una u otra cosa.*
    > *Podemos llamarle ahora o bien dejarlo para mañana.*

    1.3. *distributivas,* son *bien...bien, ya...ya, unas veces...otras,* etc.:

    > *Puedes pedírselo bien ahora, bien más tarde.*
    > *Unas veces está contento, otras melancólico.*

    1.4. *adversativas: pero, mas, aunque, sino, sin embargo, no obstante, antes bien,* etc.:

    > *Me gustaría pero no puedo.*
    > *No quiero pan, sino galletas.*

    1.5. *explicativas,* son *es decir, o sea, esto es:*

    > *Llegaré tarde, o sea, sobre las diez.*
    > *El Siglo de las Luces, es decir, el XVIII.*

2. **Conjunciones subordinantes.** Unen proposiciones de distinta jerarquía gramatical, relacionadas por subordinación:

    > *Llegué empapado aunque me había llevado el paraguas.*

    (Ver en **La oración. Oraciones subordinadas.**)

894

La oración

La oración es una unidad lingüística que comunica un sentido completo. Forma una unidad estructural y no pertenece a otra unidad lingüística superior:

> *Mi primo nos llevó ayer noche a un restaurante muy caro.*
> *El tabaco es peligroso para la salud.*

Constituyentes y estructura de la oración. Los sintagmas

Toda oración está constituida por una serie de unidades menores llamadas **sintagmas**, agrupaciones de monemas que desempeñan una función concreta dentro de la oración (sujeto, predicado, complemento o atributo). Los sintagmas pueden constar de una o más palabras, una de las cuales funciona como centro o núcleo del mismo. Según la clase de palabra que desempeñe esta función los sintagmas se clasifican en **sintagmas nominales** (un sustantivo), **sintagmas adjetivos** (un adjetivo), **sintagmas verbales** (un verbo), **sintagmas adverbiales** (un adverbio) y **sintagmas preposicionales** (formados por preposición + sintagma nominal).

Para que exista una oración (O) son imprescindibles dos sintagmas fundamentales: un **sintagma nominal** (SN), que desempeñe la función de sujeto, y un **sintagma verbal** (SV), que desempeñe la función de predicado. Es decir:

$$O = SN \text{ (sujeto)} + SV \text{ (predicado)}$$

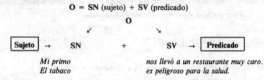

| Sujeto | → | SN | + | SV | → | Predicado |

> *Mi primo*   *nos llevó a un restaurante muy caro.*
> *El tabaco*   *es peligroso para la salud.*

El sintagma nominal

Su núcleo es un sustantivo o una palabra que funcione como tal (adjetivos sustantivados, pronombres, infinitivos):

> *mi primo;*
> *un restaurante;*
> *el tabaco.*

Además del núcleo, el sintagma nominal puede constar de los siguientes elementos opcionales:

1. **Determinantes** (artículos y adjetivos determinativos), que actualizan su significado: *mi primo; un restaurante; el tabaco.*
2. **Términos adyacentes** (adjetivos calificativos, complementos), que dependen del núcleo nominal y modifican o completan su significado: *un restaurante muy caro.*

El sintagma verbal

Su núcleo es un verbo:

> *Nos **llevó** ayer noche a un restaurante muy caro.*
> *Es peligroso para la salud.*

En función del tipo de verbo que tenga por núcleo, se distinguen dos modalidades de sintagma verbal:

1. **Predicado nominal**. Está formado por un **verbo copulativo** (verbos *ser* o *estar*) y un **atributo**, que puede ir acompañado o no de complementos:

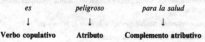

es	*peligroso*	*para la salud*
↓	↓	↓
Verbo copulativo	**Atributo**	**Complemento atributivo**

La función de atributo puede estar desempeñada por un sintagma nominal *(mi primo es **dentista**)*, por un sintagma adjetivo *(mi primo es **toledano**)*, o por un sintagma preposicional *(mi primo es **de Toledo**)*.

2. **Predicado verbal**. Está formado por un **verbo predicativo** (restantes verbos) y uno o varios **complementos**, función que puede estar desempeñada por sintagmas nominales, preposicionales o adverbiales:

nos	*llevó*	*ayer noche*	*a un restaurante muy caro*
↓	↓	↓	↓
C. indirecto	Verbo predicativo	C. c. tiempo	C. c. lugar

Un verbo predicativo puede llevar los siguientes tipos de complementos:

a) **Complemento directo**, que indica el ser u objeto sobre el que recae la acción del verbo y puede ser sustituido por los pronombres **lo, la, los** o **las**. Generalmente esta función está desempeñada por un sintagma nominal: *mi primo traía **muchas noticias**.*
b) **Complemento indirecto**, que designa al ser u objeto a los que va destinada la acción del verbo y puede ser sustituido en la frase por los pronombres **le** o **les**. Es una función desempeñada por un sintagma nominal, y suele ir introducido por las preposiciones *a* o *para*: *mi primo trajo un regalo **para Lucía**.*
c) **Complemento circunstancial**, que expresa diversas circunstancias de la acción verbal (lugar, tiempo, modo, causa, etc.): *ayer mi primo llegó **tarde al aeropuerto**.*
d) **Complemento predicativo**, que es un adjetivo que complementa a la vez a un sustantivo, con quien concierta en género y número, y a un predicado: *mi primo llegó **muy nervioso**.*
e) **Complemento preposicional**, es un complemento que se construye con preposición y es necesario para la construcción del verbo: *mi primo llegó **con retraso**.*

La estructura oracional básica respondería, por lo tanto, al siguiente esquema:

$$
O = SN + SV
\begin{cases}
SN \begin{cases}
[\text{Determinantes}] \begin{cases} \text{Artículo} \\ \text{Adjetivos determinativos} \end{cases} \\
\text{Núcleo} \\
[\text{Adyacentes}] \begin{cases} \text{Adjetivo calificativo} \\ \text{Complementos} \end{cases}
\end{cases} \\
SV \begin{cases}
\text{Verbo copulativo + atributo} \begin{cases} \text{S. nominal} \\ \text{S. adjetivo} \\ \text{S. preposicional} \end{cases} \\
\text{Predicado + [Complementos]} \begin{cases} \text{Directo} \\ \text{Indirecto} \\ \text{Circunstancial} \\ \text{Preposicional} \\ \text{Predicativo} \end{cases}
\end{cases}
\end{cases}
$$

Clasificación de las oraciones

Las oraciones pueden clasificarse desde un punto de vista semántico, si se considera el significado que imprime el hablante al enunciarlas, y desde un punto de vista sintáctico, es decir, atendiendo a su estructura gramatical.

CLASIFICACIÓN SEMÁNTICA

Desde un punto de vista semántico, las oraciones pueden clasificarse en seis categorías: enunciativas, interrogativas, exclamativas, dubitativas, desiderativas y exhortativas o imperativas.

1. **Oraciones enunciativas**: comunican que algo sucede, ha sucedido o sucederá, y su verbo va en indicativo. Pueden ser:

a) **afirmativas**: *el tren de París acaba de llegar;*
b) **negativas**: *no quiero verte más.*

2. **Oraciones interrogativas**: Expresan una pregunta y se construyen en indicativo. Pueden ser:

   a) **directas**: *¿aprobaste el examen?;*
   b) **indirectas**: *me preguntó por el resultado del examen.*

3. **Oraciones exclamativas**: expresan diversas emociones del hablante (admiración, asombro, dolor, alegría, etc.) y se construyen también con un verbo en indicativo:

   > *¡Por fin regresaste!*
   > *¡Qué mala suerte has tenido!*

4. **Oraciones dubitativas**: expresan una duda y su verbo está en modo subjuntivo:

   > *Quizá nos le encontremos en el concierto.*
   > *Tal vez le llame.*

5. **Oraciones optativas** o **desiderativas**: expresan un deseo y se construyen en subjuntivo:

   > *Espero que lleguemos a tiempo.*
   > *¡Ojalá llueva pronto!*

6. **Oraciones imperativas** o **exhortativas**: pueden expresar mandato, prohibición, ruego o consejo. Por lo general, las oraciones exhortativas de carácter afirmativo se construyen en imperativo, mientras que las de sentido negativo utilizan el presente de subjuntivo, aunque pueden utilizarse otras formas verbales que contextualmente comuniquen el mismo sentido:

   > *Ven aquí ahora mismo.* *Antes de entrar, dejen salir.*
   > *Te prohíbo que salgas.* *A comer y a callar.*
   > *No fumen en el ascensor.*

CLASIFICACIÓN SINTÁCTICA

Desde un punto de vista sintáctico, las oraciones se dividen en dos grandes grupos: oraciones simples y oraciones compuestas o complejas.

La oración simple

Es la que consta de una sola estructura **sujeto** + **predicado**. Este predicado puede ser *nominal* (verbo copulativo) o *verbal* (verbo predicativo):

> *El tren de Valladolid es aquel.*
> *El tren de Valladolid llegó con retraso.*

Según su tipo de predicado (nominal o verbal), las oraciones simples se dividen en dos grupos:

1. **Oraciones copulativas**, formadas por un predicado nominal de núcleo copulativo (verbos *ser* y *estar*). Hay otros verbos que pueden formar predicados nominales, desempeñando una función copulativa *(parecer, ponerse, quedarse, mantenerse)*.
2. **Oraciones predicativas**, formadas por un predicado verbal de núcleo predicativo. A su vez se dividen en:

   2.1. *Oraciones transitivas*, son aquellas cuyo verbo necesita un complemento directo que complete su significado:

   > *Juan trajo el periódico.*

   Cuando el complemento directo es de persona, se construye con la preposición *a*:

   > *El médico visitó a los enfermos.*

   2.2. *Oraciones intransitivas*, son aquellas cuyo verbo se construye sin necesidad de complemento directo:

   > *El caballo relinchaba en el prado.*
   > *Mañana iremos al cine.*

   2.3. *Oraciones activas*, aquellas cuyo verbo está en voz activa. Constan de un *sujeto agente* que realiza la acción del verbo:

   > *Los jornaleros recogerán las aceitunas.*

2.4. **Oraciones pasivas**, aquellas cuyo verbo está en voz pasiva. La acción verbal es realizada por un *complemento agente*, y recae sobre un *sujeto paciente*:

   Las aceitunas serán recogidas por los jornaleros.

2.5. **Oraciones reflexivas**, en las que el sujeto realiza y a la vez recibe la acción expresada por el verbo. Los complementos directo o indirecto que lleve el verbo estarán en la misma persona gramatical que el sujeto:

   Luis se sirvió un vaso → Luis sirvió un vaso a Luis.

2.6. **Oraciones recíprocas**, aquellas que constan de dos o más sujetos que ejecutan y reciben la acción expresada por el verbo:

   Natalia y Verónica se miraron con complicidad.

2.7. **Oraciones impersonales**, son aquellas que carecen de sujeto y tienen por predicado a un verbo terciopersonal (*llover, nevar, granizar, amanecer, anochecer, atardecer*, etc.):

   Mañana lloverá en la cornisa cantábrica.

Aparte de estos verbos, que describen fenómenos de la naturaleza, hay una serie de verbos que pueden funcionar como terciopersonales y formar este tipo de oraciones (*haber, hacer, bastar, sobrar*):

   Hace mucho frío.   *Basta con un poquito de sal.*
   Hay niebla en la carretera.   *Me sobra con la mitad.*

La oración compuesta

Es la que consta de varias estructuras **sujeto + predicado** interrelacionadas, cada una de las cuales recibe el nombre de *proposición*. Atendiendo al tipo de relación que las vincule se distinguen dos grandes grupos: oraciones coordinadas y oraciones subordinadas.

1. **Oraciones coordinadas**. Las proposiciones que las componen están en relación de igualdad, ya que poseen el mismo nivel sintáctico. Cada una de ellas considerada aisladamente posee sentido completo, es *independiente*.

   La coordinación entre oraciones puede establecerse de dos maneras distintas: por medio de *nexos coordinantes* (conjunciones coordinantes) o bien por simple *yuxtaposición*, sin nexo explícito:

   Mañana saldré hacia las ocho, llegaré sobre las ocho y media; podemos quedar a las nueve.

   Según el tipo de conjunción que las relacione, las oraciones coordinadas se clasifican en:

1.1. **Coordinadas copulativas**, son proposiciones que se suceden sumando o combinando sus significados. Se enlazan entre sí mediante las conjunciones copulativas *y, e* o *ni*:

   Se esforzó y lo consiguió.
   Ni escribiste ni llamaste.

1.2. **Coordinadas disyuntivas**, presentan opciones que se excluyen. Tienen por nexo a las conjunciones disyuntivas *u, o, o bien*:

   Nos vamos ya o llegaremos tarde.
   ¿Prefieres el jersey o bien te gusta más la chaqueta?

1.3. **Coordinadas distributivas**, presentan acciones alternativas que no se excluyen. Tienen por nexo a las conjunciones distributivas *ora...ora, ya...ya, tan pronto... como, (el) uno... (el) otro, bien...bien*, etc.:

   Uno habla, el otro escucha.   *Tan pronto llueve como luce el sol.*
   Ya ríe, ya llora.   *Bien me telefoneas, bien me escribes.*

1.4. **Coordinadas adversativas**, una de las proposiciones corrige el significado de otra. Se interrelacionan mediante las conjunciones adversativas *pero, no obstante, sin embargo, mas, con todo, aunque*, etc.:

   Me gustaría mucho ir con vosotros pero no tengo dinero.
   Tuvo que hacerlo aunque no quería.
   Había mucho trabajo, sin embargo terminamos a tiempo.

1.5. **Coordinadas explicativas,** una de las proposiciones explica o aclara el significado de la otra. Se construyen con conjunciones explicativas como *es decir, o sea, esto es,* etc.:

> *Le puso de patitas en la calle, es decir, le echó.*
> *Se acostó muy tarde, o sea, no le despiertes todavía.*

2. **Oraciones subordinadas.** Las proposiciones que las componen están en relación de dependencia y no poseen la misma jerarquía gramatical, ya que una de ellas está *subordinada* a otra, llamada *proposición principal,* respecto de la cual desempeña una función gramatical. Dentro de oración compuesta, la proposición subordinada puede funcionar como si fuera un **sustantivo,** un **adjetivo** o un **adverbio:**

$$Nos\ hizo\ muy\ felices \begin{cases} tu\ triunfo\ \text{(sustantivo)} \\ que\ triunfaras\ \text{(subordinada)} \end{cases}$$

$$Hoy\ hace\ un\ sol \begin{cases} abrasador\ \text{(adjetivo)} \\ que\ abrasa\ \text{(subordinada)} \end{cases}$$

$$Nos\ iremos \begin{cases} al\ anochecer\ \text{(adverbio)} \\ en\ cuanto\ anochezca\ \text{(subordinada)} \end{cases}$$

Dependiendo de las funciones sintácticas que asuman, las proposiciones subordinadas se clasifican en tres categorías: subordinadas sustantivas, subordinadas adjetivas y subordinadas adverbiales.

2.1. **Subordinadas sustantivas,** desempeñan dentro de la oración las mismas funciones sintácticas que un sustantivo:
 a) Sujeto: *Me molesta que llegue siempre tarde.*
 b) Atributo: *La cosa está que arde.*
 c) Complemento directo: *No quiere que le esperemos.*
 d) Complemento indirecto: *Entregaron el diploma a los que habían superado las pruebas.*

Los principales nexos que unen una proposición sustantiva a la principal son *que* y *si.*

2.2. **Subordinadas adjetivas o de relativo,** desempeñan dentro de la oración las mismas funciones sintácticas que un adjetivo, modificando a un sustantivo llamado *antecedente.* En la proposición subordinada, este sustantivo reaparece reemplazado por un pronombre relativo *(que, cual, quien, cuanto,* y sus variaciones de género y número) que funciona como nexo de subordinación:

> *El coche que compraron es de importación.*
>   ¦
>   **antecedente**

En algunos casos, las proposiciones adjetivas pueden ir introducidas por los llamados **adverbios relativos** *(donde, como* y *cuando):*

> *Esta es la casa donde sucedieron los famosos crímenes.*
> *No me gusta la forma como me lo dijo.*
> *Fue el otro día cuando lo supo.*

Al igual que los adjetivos, las subordinadas adjetivas o de relativo pueden ser de dos tipos:

 a) **especificativas,** seleccionan al nombre antecedente dentro del grupo al que pertenece, haciendo una precisión necesaria:

> *Vamos a tomar el autobús que sale a las cuatro* (de todos los autobuses, tomaremos el que sale a las cuatro);

 b) **explicativas,** no seleccionan, sino que se limitan a informar sobre alguna cualidad del antecedente. Van entre pausas (comas, en la escritura):

> *Vamos a tomar el autobús, que sale a las cuatro* (informa que el autobús sale a las cuatro).

2.3. **Subordinadas adverbiales**, desempeñan dentro de la oración compuesta las mismas funciones sintácticas que un adverbio, expresando diversas circunstancias de la acción del verbo principal.

Dependiendo de la circunstancia que expresen, se distinguen las siguientes modalidades:

a) **adverbiales de lugar**, indican un lugar relacionado con la acción principal. Su nexo principal es el adverbio *donde*, combinado o no con diversas preposiciones *(a donde, por donde, en donde*, etc.):

No nos dijeron de dónde venía.

b) **adverbiales de tiempo**, informan sobre una acción realizada con anterioridad, posterioridad o simultaneidad respecto a la acción principal y que sirve para situar temporalmente la acción de esta última. Son muchos los adverbios de tiempo que pueden servir de nexo a subordinadas temporales *(antes, después, mientras tanto, entre tanto, cuando, a la vez que*, etc.):

Llegó justo cuando nos íbamos.
Quiero acabarlo antes de que regrese.
Seguiremos después de la película.

c) **adverbiales de modo**, informan sobre la forma en que se realiza la acción principal. Los principales nexos subordinantes de modo son *como* y *según*:

He preparado el asado como indicaba la receta.
Lo hicimos todo según nos dijiste.

d) **adverbiales condicionales**, expresan una condición necesaria para que se cumpla la acción principal. En las oraciones que poseen una subordinada concesiva, ésta recibe el nombre de *prótasis*, y la principal se denomina *apódosis*. El nexo condicional por excelencia es la conjunción *si*, aunque son también frecuentes *como, cuando, a condición que, a menos que*, etc.:

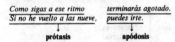

Como sigas a ese ritmo   terminarás agotado.
Si no he vuelto a las nueve,   puedes irte.
      prótasis   **apódosis**

e) **adverbiales concesivas**, presentan una obstáculo que dificulta la realización de la acción de la proposición principal, aunque sin llegar a impedirlo. El principal nexo concesivo es la conjunción *aunque*, pero también pueden funcionar como tales *a pesar que, cuando, aun cuando, si bien, así, por más que*, etc.:

Puedes hacerlo, aunque te cueste trabajo.
Estaba tranquilo a pesar de la tensión que soportaba.

f) **adverbiales causales**, indican el motivo por el que se realiza la acción principal. Las conjunciones y locuciones conjuntivas causales más frecuentes son: *que, porque, pues, puesto que, ya que, como, en vista de que, a fuerza de, por razón de que, a causa de que*, etc.:

Llegó tarde porque se quedó dormido.
Le espero, que quiero que me deje los apuntes.
Ya que estamos todos de acuerdo, empecemos la reunión.

g) **adverbiales consecutivas**, la proposición subordinada se presenta como una consecuencia de la principal. Sus nexos principales son *luego, conque, así es que, por (lo) tanto, por consiguiente, de tal modo que, de tal manera que, hasta*, etc.:

Pienso, luego existo.
Tenemos que estar a las siete, así es que date prisa.
Comes de tal modo que te vas a atragantar.

h) **adverbiales comparativas**, sirven de término de comparación a la principal. Según el tipo de comparación que se establezca entre ambas, se distinguen tres tipos:

h.1) ***de superioridad***, se construyen con los nexos *más...que* o *más...de*:

Nos cobraron más caro de lo que esperábamos.

h.2) ***de igualdad***, se forman con nexos como *tal...como, tal...cual, tanto....como, tanto....cuanto, tan... como*, etc., o con términos como *igual que* o *como si* encabezando la proposición:

El espectáculo resultó tan decepcionante como decían.
Corre como si le fuera la vida en ello.

h.3) ***de inferioridad***, se unen a la principal con el nexo *menos...que*:

Estoy menos cansado de lo que esperaba.

i) ***adverbiales finales***: explican la finalidad de la acción principal. Los nexos finales más frecuentes son *para que, a que, a fin de que, con el fin de que, con el objeto de que*, etc.:

He venido a que me aclares esta duda.
Se hizo el encontradizo para que le invitáramos.

A continuación se resume gráficamente la clasificación sintáctica de las oraciones expuestas en este apartado:

SIMPLES	Copulativas			
	Predicativas	transitivas		
		intransitivas		
		activas		
		pasivas		
		reflexivas		
		recíprocas		
		impersonales		
COMPUESTAS	Coordinadas	copulativas		
		disyuntivas		
		adversativas		
		distributivas		
		explicativas		
	Subordinadas	sustantivas		
		adjetivas	explicativas	
			especificativas	
		adverbiales	de lugar	
			de tiempo	
			de modo	
			condicionales	
			concesivas	
			causales	
			consecutivas	
			comparativas	de superioridad
				de igualdad
				de inferioridad
			finales	

Apéndice ortográfico

La ortografía es la parte de la gramática que indica el uso correcto de los signos gráficos utilizados en la escritura. Estos signos pueden dividirse en dos grandes grupos: las **grafías** o letras, que son representaciones de los distintos fonemas o sonidos de la lengua, y los **signos ortográficos auxiliares** (el acento, la diéresis y los signos de puntuación), que transcriben elementos fónicos como la intensidad o la entonación. Grafías y signos auxiliares pretenden reproducir lo más fielmente posible los rasgos orales del lenguaje y a la vez fijarlos, creando una cierta uniformidad que facilite la comunicación.

Sin embargo, no existe una correspondencia exacta entre la realización hablada del lenguaje y su transcripción por escrito. Estos desajustes se deben al carácter dinámico del lenguaje, cuyas realizaciones varían temporal y geográficamente. Los principales problemas ortográficos se darán en el uso de los signos más afectados por los cambios lingüísticos, como es el caso de las letras que representan fonemas que han experimentado variaciones, pero también pueden aparecer a la hora de aplicar ciertas reglas creadas por convención para fijar el lenguaje. Estas normas han sido determinadas mediante la aplicación de dos criterios: la etimología y el uso lingüístico de los grandes escritores, considerado representativo del estado de una lengua y a la vez ejemplo de su uso.

La ortografía se funda, por tanto, en estos tres aspectos: la correspondencia convencional entre la lengua oral y los signos que la transcriben, la etimología, y el modelo de ciertos usos.

NORMAS ORTOGRÁFICAS

USO DE GRAFÍAS CONSONÁNTICAS

Los principales problemas ortográficos que plantea el castellano vienen dados por el ligero desajuste existente entre nuestro sistema fonético, constituido por 24 fonemas, y el alfabeto, formado por 27 letras (o 29 cuando se incluían la *ch* y la *ll*). Como ya se ha indicado, este desajuste es fruto de la propia evolución del idioma, que ha reducido por asimilación ciertos fonemas cuya grafía se ha conservado. No hay, por tanto, una correspondencia perfecta entre fonemas y letras: ciertas letras se utilizan para representar a más de un fonema y, vicerversa, ciertos fonemas son representados por más de una letra. Por otra parte, existe una grafía, la *h*, que actualmente no corresponde a ningún fonema pero que se mantiene en la escritura por razones etimológicas. Este sería el sistema actual de correspondencias entre fonemas y letras del castellano:

Fonema	Letra
/a/	a
/b/	b: *baca*
	v: *vaca*
/ĉ/	ch
/d/	d
/e/	e
/f/	f
/g/	g: *gato*
	gu: *guetto*
/i/	i: *oí*
	y: *hoy*

Fonema	Letra
/x/	j: *cojo*
	g: *coge*
/k/	c: *cosa*
	qu: *quiso*
	k: *kilo*
/l/	l
/ḷ/	ll
/m/	m
/n/	n
/ṇ/	ñ
/o/	o

Fonema	Letra
/p/	p
/ɾ/	r
/r̄/	r: *raso*
	rr: *arrasó*
/s/	s
/t/	t
/u/	u
/y/	y
/θ/	c: *cita*
	z: *zote*

Los principales problemas ortográficos se presentan en el uso de las parejas **b/v, c/z, g/j, ll/y, r/rr** y el de grafías como la **h**, la **k**, la **m** o la **x**.

b / v

Se escribe **b**:

1. En todos los verbos cuyos infinitivos terminan en **-ber** *(beber)*, **-bir** *(escribir)*, **-buir** *(distribuir)*, y en sus compuestos.

   excepciones: *precaver, ver, volver, hervir, servir, vivir,* y sus compuestos.

2. En todas las formas verbales del pretérito imperfecto de indicativo de los verbos de la primera conjugación *(amaba, ganabas, volaba, gastábamos, jugábais, terminaban),* y también en las del verbo **ir** *(iba, ibas, iba,* etc.).

3. En las palabras que comienzan por las sílabas **ban-** *(bandeja)*, **bar-** *(barcaza)*, **bas-** *(bastante)*, **bat-** *(batista)*, **bor-** *(bordar)* y **bot-** *(botijo)*.

   excepciones: *vándalo, vanguardia, vanidad;*
   vara, varear, variar, varilla, varón;
   vasallo, vasco, vasija, vástago, vasto;
   vate, Vaticano, vaticinar;
   voracidad, vorágine;
   votar.

4. En las palabras que comienzan por las sílabas **bibli-** *(biblioteca)*, **bu-** *(burro)*, **bur-** *(burla)* y **bus-** *(buscar)*.

   excepción: *vuestro.*

5. En las palabras que comienzan por las sílabas **bene-** *(beneficencia)* o **bien-** *(bienhechor)*.

6. En las palabras que comienzan por las sílabas **ab-** *(absurdo)*, **abs-** *(abstención)*, **ob-** *(objeto)*, **obs-** *(obstrucción)* y **sub-** *(suburbio)*.

7. En las sílabas en las que el fonema /b/ va seguido de otro fonema consonántico: *ablativo, bramar, amable, brécol, hablilla, abrigo, bloque, abrojo, blusón, bruja.*

8. En las palabras terminadas en los sufijos **-bilidad** *(afabilidad)*, **-bundo** *(errabundo)*, **-bunda** *(meditabunda)*, **-ílabo** *(polisílabo)*, **-ílaba** *(monosílaba)*.

   excepción: *movilidad.*

9. En las palabras que terminan por el fonema /b/: *Jacob, Job.*

Se escribe **v**:

1. En todas las formas verbales del preterito perfecto simple y en las del pretérito imperfecto y

el futuro del subjuntivo de los verbos **andar, estar** y **tener**, y de sus compuestos: *anduve, anduviera, anduviese, anduviere, estuve, estuviera, estuviese, estuviere, tuve, tuviera, tuviese, tuviere.*

2. En todas las formas del presente de indicativo del verbo **ir**.

3. En los verbos cuyo infinitivo termina en **-servar** *(conservar, preservar, etc.).*

   excepción: *desherbar.*

4. En las palabras que empiezan por las sílabas **vice-** *(viceministro)*, **viz-** *(vizconde)*, **vi-** *(virrey)*, y en los topónimos que comienzan por **Villa-** *(Villalba)* y **Villar-** *(Villarejo).*

5. Después de las sílabas **ad-** *(advenedizo)*, **cla-** *(clavel)*, **con-** *(convidar)*, **di-** *(diverger)*, **in-** *(invernar)*, **jo-** *(jovialidad)*, **pri-** *(privado).*

   excepción: *dibujo.*

6. En los adjetivos terminados por los sufijos **-ava** *(onceava)*, **-ave** *(suave)*, **-avo** *(octavo)*, **-eva** *(nueva)*, **-eve** *(leve)*, **-evo** *(longevo)*, **-iva** *(cautiva)* e **-ivo** *(pasivo).*

   excepciones: el gentilicio *árabe* y sus compuestos;
   los adjetivos compuestos por *sílaba: bisílabo,* etc.

7. En las palabras terminadas en **-ívoro** *(herbívoro)*, **-ívora** *(carnívora)*, **-viro** *(triunviro)* y **-vira** *(Elvira).*

c / z

Se escribe **c**:

1. Delante de **-e-** *(cepillo, aceite)* o **-i-** *(cine, cocina)*

   excepciones: palabras no castellanas: *zéjel, zepelín, eczema, zebedeo,* etc.
   voces onomatopéyicas: *zis-zas, zigzag, zigzaguear, zipizape,* etc.

2. Delante de **-c-** *(acción, acceso)* y **-t-** *(directo, actuación).*

Se escribe **z**:

1. Delante de **-a-** *(azalea)*, **-o-** *(zócalo)* y **-u-** *(zumbar).*

g / j

Se escribe **g**:

1. En los verbos terminados en **-igerar** *(aligerar)*, **-ger** *(coger)*, **-gir** *(rugir).*

   excepciones: *tejer* y *crujir.*

2. En las palabras que empiezan por los prefijos **geo-** *(geodesia)*, **gem-** *(gema)*, **gen-** *(genética)* y **gest-** *(gestual).*

3. En las palabras terminadas en **-gélico** *(angélico)*, **-gen** *(aborigen)*, **-genario** *(octogenario)*, **-génico** *(fotogénico)*, **-genio** *(ingenio)*, **-génito** *(unigénito)*, **-gesimal** *(cegesimal)*, **-gésimo** *(vigésimo)*, **-gíneo** *(virgíneo)*, **-ginoso** *(cartilaginoso)*, **-gismo** *(neologismo)*, **-gia** *(magia)*, **-gio** *(prodigio)*, **-gión** *(religión)*, **-gional** *(regional)*, **-gionario** *(legionario)*, **-gioso** *(prodigioso)*, **-gírico** *(panegírico)*, **-ígena** *(indígena)*, **-ígeno** *(cancerígeno)*, **-ogia** *(filología)*, **-ógico** *(teológico)*, y sus correspondientes variaciones de género y número.

   excepciones: *comején, ojén, aguajinoso, espejismo* y *salvajismo.*

Se escribe **j**:

1. En las formas verbales de aquellos verbos cuyo infinitivo no tenga g ni **j**: *atraje* (de *atraer*), *dijera* (de *decir*), *condujeron* (de *conducir*).

2. En las palabras que empiezan por las sílabas **aje-** *(ajedrez)* y **eje-** *(ejecutor).*

   excepciones: *agente, agencia* y *agenda,* así como sus derivados y compuestos.

3. En las palabras terminadas en las sílabas **-je** *(viaje)*, **-jero** *(pasajero)*, **-jería** *(mensajería)* y **-jín** *(cojín).*

excepciones: *ambage, auge, cónyuge, esfinge, falange, faringe, laringe;*
ligero, flamígero, beligero;
magin.

h

Se escriben con **h**:

1. Todas las formas de los verbos **haber, hablar, habitar, hacer** y **hallar**.
2. Las palabras que en su origen tenían una **f**: *harina, hierro,* etc.
3. Las palabras que empiezan por las sílabas **hia-** *(hiato),* **hie-** *(hierático),* **hue-** *(hueso),* **hui-** *(huida),* **hog-** *(hogaza),* **holg-** *(holgazanear),* **hosp-** *(hospedaje)* y **hum-** *(humano).*
4. Las palabras formadas con los prefijos de origen griego **helio-** *(heliotropo),* **hema-** *(hematites),* **hemi-** *(hemiciclo),* **hemo-** *(hemoglobina),* **hetero-** *(heterosexual),* **home-** *(homeopatía),* **homo-** *(homólogo),* **hidr-** *(hidráulico),* **higr-** *(higrómetro),* **hiper-** *(hipérbole)* e **hipo-** *(hipódromo).*
5. Los compuestos y derivados de las palabras que se escriben con **h**: *hablador, habitación, harinero, humanidad, deshonestidad,* etc.

excepciones: *oquedad (de hueco);*
orfandad y orfanato (de huérfano);
osario, osamenta y óseo (de hueso);
oval, ovalado, óvalo, ovario, óvulo, ovíparo, ovo y ovoide (de huevo);
oscense (de Huesca).

k

La letra **k** es una de las tres formas con las que el castellano representa el fonema /k/. Se utiliza sólo en la transcripción de ciertos extranjerismos incorporados al castellano: *káiser, kantiano, kéfir, kilo, kiosco, kirsch, kummel,* etc.
Este mismo fonema tiene otras dos formas de representación:

a) mediante la letra **c**, delante de **-a-** *(casa)*, **-o-** *(cosa)* y **-u-** *(cuna).*
b) mediante la grafía **qu** (la **u** es muda), delante de **-e-** *(queso)* o **-i-** *(quiso).*

ll / y

Se escribe **ll**:

1. En todas las palabras terminadas en **-illa** *(pastilla, orilla),* **-illo** *(pasillo, tomillo)* y **-ullo** *(arrullo, capullo).*
2. En los verbos terminados en **-illar** *(trillar),* **-ullar** *(aullar)* y **-ullir** *(mullir).*

Se escribe **y**:

1. En las formas plurales de los sustantivos terminados por el fonema /i/: *reyes, leyes,* etc.
2. En las formas verbales de los verbos cuyo infinitivo no tiene **ll** ni **y**: *cayó* (de *caer*), *huyamos* (de *huir*), *oyendo* (de *oír*).

m

En lugar de **n**, se escribe **m** en los siguientes casos:

1. Delante de **-b-** *(embalsamar, imbuir, embrutecer)* y de **-p-** *(empate, amparo, ímpetu).*
2. Delante de **-n-**: *amnesia, amniótico,* etc.

excepciones: en todos los compuestos formados por **con-** *(connatural),* **en-** *(ennoblecer)* y **sin-** *(sinnúmero).*

r

Se escribe **r** en lugar de **rr**:

1. Al principio de palabra: *rojo, raíl, rueda.*
2. Detrás de **l** *(alrededor),* **n** *(enrevesado)* y **s** *(israelita).*

x

Se escribe **x** en lugar de **s**:

1. Al comienzo de palabra y antes de vocal o de **h**: *exaltación, exhalar.*
2. En las palabras formadas por los prefijos **ex-** *(extender, extraer)* y **extra-** *(extravertido, extraordinario).*
3. Generalmente, delante de **-cr-** *(excremento),* **-pla-** *(explanada),* **-pli-** *(explicar),* **-plo-** *(explorar),* **-pre-** *(expresión),* **-pri-** *(exprimir)* y **-pro-** *(expropiación).*

Por otra parte, se escribe **x** en lugar de **j** en ciertas palabras de origen mexicano *(México, Texas),* que han conservado la grafía antigua.

observación: La pronunciación es Méjico y Tejas (y no Méksico o Teksas).

USO DE LAS MAYÚSCULAS

Las mayúsculas son letras de mayor tamaño que tienen por función destacar en el lenguaje escrito ciertos aspectos del mensaje, y su utilización está regulada por una serie de normas fijadas por convención.

La letra inicial de cualquier palabra se escribe con mayúscula en los siguientes casos:

1. Al comienzo de un escrito *(Érase una vez...),* o detrás de un punto, de una interrogación *(¿Vienes a cenar?)* o de una exclamación *(¡Vivan los novios!).*
2. Detrás de los dos puntos que siguen al encabezamiento de una carta *(Estimado cliente: Le notificamos...),* o a una cita *(Me dijo: «No fui yo»).*
3. Cuando se trata de un nombre propio: *Pedro Antonio de Alarcón, Jamaica.* Cuando el nombre propio consta de artículo, como sucede con algunos topónimos, éste se escribe también con mayúscula: *La Habana, El Cairo.*
4. Los apodos y sobrenombres que acompañan o sustituyen a ciertos nombres propios de persona: *Carlos II el Hechizado, el Rey Sol, Lagartijo.*
5. Los nombres que indican títulos, cargos o tratamientos, cuando designan a una persona determinada: *el Duque de Alba, el Papa, el Rey, Su Santidad.* Sin embargo se escriben con minúscula cuando se utilizan en sentido genérico: *el rey es el jefe de la nación.*
6. Los nombres propios de instituciones, corporaciones o de ciertos acontecimientos históricos: *Museo del Prado, Biblioteca Nacional, la Defenestración de Praga.*
7. Los títulos de obras literarias, teatrales, cinematográficas, artísticas *(Romancero Gitano, El Alcalde de Zalamea, La Diligencia, Las Meninas)* y los nombres de periódicos, revistas, etc. *(El País, La Codorniz, Fotogramas).*
8. Ciertos colectivos como *Estado* o *Iglesia,* cuando se utilizan en sentido institucional.
9. Las abreviaturas de las fórmulas de tratamiento: *Sr. D. (Señor Don...).*
10. Las abreviaturas de los puntos cardinales *N* (norte), *S* (sur), *E* (este) y *O* (oeste), y todas sus combinaciones *(NO, SE,* etc.).

observaciones: En las letras dobles, como la **ch** o la **ll**, sólo se escribe con mayúscula la primera de ellas: *Chile, Llorente.*
En castellano es obligatorio acentuar las vocales mayúsculas cuando lleven tilde: *Ágata; las Églogas de Garcilaso,* etc.

NORMAS DE ACENTUACIÓN. EL ACENTO ORTOGRÁFICO

El **acento ortográfico** o **tilde** es un signo (´) que, siguiendo ciertas reglas, se escribe sobre una vocal para indicar que la sílaba de la que forma parte es tónica. Viene a ser la representación gráfica del *acento tónico* o *fonético* (ver en el **Apéndice gramatical, La sílaba y el acento**).

Las normas de acentuación del castellano son las siguientes:

NORMAS GENERALES

Se acentúan las siguientes palabras:

1. Las **agudas** terminadas en **vocal**, en **-n** o en **-s**: *habló, camión, compás.*
2. Las **graves** que **no** terminen en **vocal**, en **-n** o en **-s**: *lápiz, mármol, débil.*
3. Todas las **esdrújulas** y las **sobreesdrújulas**: *artístico, árboles, ético, dijéronles, tomémoslo.*

NORMAS ESPECIALES

1. No se acentúan las **palabras agudas** terminadas en **-n** o en **-s**, cuando dichas consonantes van precedidas de otra consonante: *Milans, Canals.* Por el contrario, las **palabras graves** de igual terminación (*consonante* + **-n** /**-s**) sí van acentuadas: *bíceps, fórceps.*
2. No se acentúan las **palabras monosílabas** (*vas, soy, ley, pan, pie, fe,* etc.) y las formas verbales monosilábicas *fue, fui, dio* y *vio.*
3. Se acentúan ciertas palabras (principalmente monosilábicas) para diferenciarlas de otras de la misma grafía pero que son átonas o poseen distinta categoría gramatical. Esta tilde con función diferenciadora se denomina **tilde diacrítica.** Es obligatoria en los siguientes casos:

Categoría gramatical	Forma	Forma	Categoría gramatical
pronombre personal	mí	mi	adjetivo posesivo
	tú	tu	
	él	el	artículo
pronombre reflexivo o adverbio de afirmación	sí	si	conjunción condicional
pronombres interrogativos o exclamativos	qué	que	pronombres relativos
	quién	quien	
	cuál	cual	
	cuánto	cuanto	
	cúyo	cuyo	
	dónde	donde	
	cuándo	cuando	
	cómo	como	
verbo *saber* o verbo *ser*	sé	se	pronombre reflexivo
sustantivo	té	te	pronombre personal
verbo *dar*	dé	de	preposición
adverbio de cantidad	más	mas	conjunción adversativa
adverbio de tiempo (= *todavía*)	aún	aun	adverbio de cantidad (= *incluso*)

Aunque sin carácter obligatorio, se suele utilizar también la tilde diacrítica en los siguientes casos:

Categoría gramatical	Forma	Forma	Categoría gramatical
pronombres demostrativos	éste	este	adjetivos demostrativos
	ése	ese	
	aquél	aquel	
adverbio (= *solamente*)	sólo	solo	adjetivo (= *sin compañía*)

4. Se acentúa la conjunción disyuntiva **o** cuando va entre cifras, para evitar confundirla con la cifra cero *(0): había 4 ó 5 personas.*

5. Cuando la sílaba tónica forma un **diptongo** o un **triptongo**, el acento se escribe sobre la vocal abierta *(a, e, o): cantáis, temiéramos, volvió, averiguáis.* Si el diptongo está formado por dos vocales cerradas *(i, u),* se acentúa la segunda: *hui, casuística.*

6. En las palabras que contienen **hiato** (vocales contiguas que se pronuncian en sílabas separadas), se acentúa la vocal cerrada: *tenía, hacía, oíd.*

   excepciones: no se acentúan los infinitivos y los participios de los verbos terminados en **-uir** *(destruir, destruido; huir, huido; construir, construido,* etc.), por considerarse que no se produce hiato.

7. En las **palabras compuestas** se siguen los siguientes criterios de acentuación:

   a) cuando los elementos que los forman se escriben **sin guión**, sólo se acentúa el último componente: *sinfín, socioeconómico, decimoséptimo.*

      excepción: los adverbios terminados en **-mente** se acentúan si el adjetivo original llevaba tilde: *fácilmente, dócilmente.*

   b) cuando los elementos que la forman se escriben **con guión**, cada componente lleva la tilde que le correspondería como palabra simple: *histórico-artístico, gallego-portugués.*

8. Para los **extranjerismos** se aplican las siguientes normas:

   a) cuando son de **origen latino** se siguen las reglas de acentuación castellanas: *curriculum, item;*

   b) en los **nombres propios** sólo se pondrá acento cuando lo tengan en su lengua original: *Valéry, Washington* (y no *Washingtón*).

NORMAS DE PUNTUACIÓN. LOS SIGNOS

Los signos de puntuación son una representación gráfica de ciertos elementos prosódicos del lenguaje, como las pausas o la entonación, y en este sentido precisan la actitud del hablante. Por otra parte, desempeñan en la lengua escrita una serie de funciones estructurales, delimitando y matizando las distintas unidades de sentido que configuran el discurso.

Al tratarse también de signos fijados por convención, su uso está regulado por una serie de normas que son las siguientes:

Punto (.)

Desde un punto de vista prosódico, señala pausa completa y entonación descendente. Desde el punto de vista del contenido, indica que lo que precede posee sentido completo. Estructuralmente sirve para delimitar las oraciones del discurso. Después de un punto se escribe siempre mayúscula.

El punto se utiliza también para indicar abreviatura: *avda.* = avenida.

El llamado *punto y aparte* indica una pausa más larga, que temáticamente marca el fin de exposición de una idea o de un aspecto del contenido global del mensaje. Cada uno de los bloques de texto comprendido entre dos puntos y aparte se denomina *párrafo* y el contenido de cada párrafo se corresponde con un estadio distinto del desarrollo del mensaje. Después de un punto y aparte se continúa en otra línea, generalmente dejando un margen mayor que en los restantes renglones *(sangrado)* para contribuir a representar gráficamente la separación temática existente entre los distintos párrafos.

Cuando el punto coincide en la misma frase con otros signos de puntuación, su colocación viene regulada por las siguientes normas:

1. Después de paréntesis o comillas el punto se escribe detrás de los paréntesis o comillas si éstos se abrieron una vez iniciada la oración: *Aquel camarero me aseguró que le era imposible «olvidar una cara».*

   Por el contrario, cuando dichos signos abren una oración, el punto se sitúa delante de los paréntesis o comillas: *«Me resulta imposible olvidar una cara.» Esto me aseguró aquel camarero.*

2. Se escribe punto para separar las unidades de mil y las unidades de millón en las cantidades escritas en cifras: *3.957.371.*

    Sin embargo no debe escribirse punto para separar cifras en los años *(1927)*, los números de páginas *(pág. 1332)* ni los números de teléfono *(4325471)*.

Coma (,)

Desde un punto de vista prosódico indica una pausa breve y de entonación variable dentro de la oración. Estructuralmente sirve para matizar la división de la oración en miembros más cortos, y puede tener una función coordinante o subordinante. Tiene los siguientes usos:

1. Para separar los distintos elementos de una enumeración, tanto palabras como proposiciones: *este bizcocho lleva leche, huevos, azúcar, harina, ralladura de limón y un chorrito de licor; llegué, vi y vencí.*
2. Para aislar y destacar un nombre en vocativo dentro de la frase: *escucha, Carlitos, no quiero repetírtelo dos veces.* Si el vocativo va al final de la oración aparecerá precedido de coma: *no quiero repetírtelo dos veces, Carlitos.*
3. Para separar incisos explicativos dentro de la oración: *los turistas, agotados por el guía, se quedaron en el hotel; los turistas, a los que el guía había agotado a conciencia, se quedaron en el hotel.*
4. Cuando en una oración compuesta la proposición subordinada va delante de la principal, se separa de ésta por medio de una coma: *cuando por fin decidió aparecer en escena, el público le recibió con abucheos.*
5. Se separan en una oración mediante una coma los adverbios y locuciones adverbiales: *pues, por tanto, por consiguiente, así pues, pues bien, ahora bien, antes bien, sin embargo, no obstante, con todo, por el contrario.*

Punto y coma (;)

Marca una pausa de mayor duración que la de la coma y menor que la del punto y, a diferencia de éste, no indica final de oración. Desde un punto de vista prosódico corresponde a una entonación descendente. Se utiliza en los siguientes casos:

1. Dentro de un período que ya lleva comas, para separar dos de sus miembros: *a su derecha se extendía una llanura inmensa, infinita, eterna; a su izquierda corría un río apagado.*
2. Para separar oraciones coordinadas adversativas: *comenzó quejándose de todo lo divino y humano; sin embargo, al final de la velada acabó riéndose de sí mismo.*
3. Para separar en el hecho de su consecuencia: *no se encontraba muy bien; por eso no vino.*

Dos puntos (:)

Desde un punto de vista prosódico señalan una pausa, algo mayor que la del punto y coma, seguida de entonación descendente. Desde un punto de vista lógico, indican que la exposición del mensaje todavía no ha concluido. Tienen los siguientes usos:

1. Delante de una cita textual: *sacó la pistola y dijo nervioso: «Arriba las manos».*
2. Delante de una enumeración de carácter explicativo: *aquella no fue precisamente una boda «íntima: toda la prensa, las correspondientes parentelas, y un sinfín de invitados más o menos allegados entre los que se camuflaba sin demasiado empeño algún que otro gorrón.*
3. Detrás de la fórmula de encabezamiento de una carta: *Estimado señor: ...*

Puntos suspensivos (...)

Indican una pausa o interrupción, o bien la conclusión imperfecta de una frase. Prosódicamente corresponden a una entonación sostenida. Se utilizan en los siguientes casos:

1. Cuando se considera que el destinatario del mensaje ya conoce el resto de la frase: *ya sabes que más vale pájaro en mano...*

2. Para indicar una interrupción del discurso debida a duda, temor, etc.: *no sé si será mejor que vayamos o..., bueno, ya veremos.*

3. Para indicar la supresión de parte de una cita. En este caso se escriben entre corchetes [...]: *para Marco Polo, el unicornio, que tiene «piel de búfalo, pies como los del elefante, [...] y un cuerno en medio de la frente» es un vulgar rinoceronte [...].*

Guión (-)

Es un signo meramente gráfico, sin correspondencia prosódica. Se utiliza con las siguientes funciones:

1. Para separar una palabra que no cabe entera en el renglón: *cantan-te.* (Ver el apartado siguiente de este apéndice, **Normas de partición de palabras.**)

2. Para unir los elementos de algunas palabras compuestas: *castellano-aragonés.*

3. Para separar las cifras que indican un período de tiempo comprendido entre dos años: *la guerra civil española (1936-1939) ha sido interpretada por varios historiadores como el enfrentamiento de las dos Españas.*

Raya (—)

Tampoco tiene correspondencia prosódica. Se utiliza en estos casos:

1. Como sustituto del paréntesis: *la luna —apenas una curva línea de luz en la negrura— contribuía a hacer más honda la oscuridad.*

2. Para marcar las intervenciones de los distintos personajes que participan en un diálogo:

> *«—¿Cómo llegas tan tarde?*
> *—Lo siento, chico, el tráfico estaba terrible.*
> *—Ya, ya: si no es el tráfico es el despertador, y si no es el destino que aviesamente te persigue.»*

Interrogación (¿ ?)

Indican que la oración contenida entre estos signos es la formulación de una pregunta y representan prosódicamente a la entonación interrogativa, de carácter ascendente.

En castellano es un signo doble, que tiene una forma para señalar el inicio de la interrogación (¿) y otra para indicar su final (?). A veces se utiliza sólo el signo interrogativo de cierre, aislado entre paréntesis (?), para indicar duda: *lo más divertido (?) de todo este asunto fue su final.*

El uso de los signos de interrogación está sujeto a las siguientes reglas:

1. La frase interrogativa se escribe con mayúscula inicial cuando se trata de una oración completa: *¿estás seguro? No vayas luego a arrepentirte.*

2. Cuando la interrogación no es una oración completa se escribe con minúscula cuando va en segundo lugar: *Pero, ¿estás seguro?, ¿no te arrepentirás más tarde?*
   Sin embargo, si va en primer lugar se escribe con mayúscula: *¿Estás seguro?, porque no quiero que luego me vengas con arrepentimientos tardíos.*

3. Después de cerrar el signo de interrogación *nunca* se escribe punto.

Exclamación (¡ !)

Indican que la frase que encierran está marcada por la subjetividad del hablante, y puede expresar diversas emociones (*temor, ira, dolor, alegría*, etc.). Desde un punto de vista prosódico representan los diversos grados de la entonación exclamativa, de acuerdo con el significado de la frase.

Como la interrogación, en castellano se representa por un signo doble, que consta de apertura (¡) y cierre (!). Cuando el signo de cierre se utiliza solo y aislado entre paréntesis expresa asombro: *no paró de repetir lo encantador (!) que había sido tu primo.*

Las reglas que rigen su uso son las mismas que para la interrogación:

1. Cuando la exclamación es una oración completa, se escribe con mayúscula inicial: *¡Mira qué calladito se lo tenía!*

2. Cuando no es una oración completa, se escribe con mayúscula si aparece en la primera parte de la oración: *¡Quién lo iba a decir!, porque, desde luego, bien calladito que lo tenías.*

   En cambio se escribe con minúscula cuando aparece en segundo lugar: *Nunca lo hubiera creído, ¡qué calladito te lo tenías!*

3. Detrás de exclamación nunca se escribe punto.

Paréntesis ( )

Se trata también de un signo doble que sirve para separar algún tipo de observación (aclaraciones, incisos, etc.) del resto del discurso. Se suelen utilizar con las siguientes funciones:

1. Para indicar los apartes de los personajes en los textos teatrales.
2. Para intercalar datos o ciertas precisiones necesarias: *en París (Texas) tendrá lugar el próximo encuentro de ganaderos; se trata de una lujosa edición (13.000 ilustraciones a todo color, mapas, etc.).*
3. Para enmarcar oraciones incidentales que se desarrollan al margen del discurso: *los del gas han llamado para avisar que vendrían a las tres y media (yo no confiaría demasiado en ello) para revisar la instalación.*

Corchetes [ ]

Tienen una función parecida a la de los paréntesis, pero sólo se utilizan en los siguientes casos:

1. En las transcripciones de algún texto (copia, citas, etc.), bien para introducir alguna observación personal del transcriptor, o bien para sustituir conjetural o aclaratoriamente algo no transcrito: *las cualidades que El Crotalón atribuye [a los clérigos] son desde luego las propias de los «falsos filósofos» [criticados por Luciano]; nadi[e] puede ser dichoso, | señora, ni desdichado, | sino que os haya mirado (Garcilaso de la Vega).*
2. Para introducir una nueva aclaración dentro de un texto que ya va entre paréntesis: *evoluciona luego hacia un estilo más realista (tras una etapa de transición que viene a coincidir con el desarrollo de la Primera Guerra Mundial [1914-1918]).*

Comillas « »

Es otro signo ortográfico doble que tiene las siguientes funciones:

1. Para enmarcar una frase que se reproduce textualmente: *como dice el abuelo: «que me quiten lo bailado».*

   Cuando dentro de un texto ya entrecomillado se desea introducir otra frase textual se suelen utilizar las comillas simples (' '): *Llegó una furia diciendo: «Ya sabía yo que otra vez me tocaría escuchar el inevitable 'vuelva usted mañana'.»*
2. Para indicar que una palabra, expresión o frase tiene un segundo sentido, generalmente irónico: *ya he notado «cuánto» te alegras de verle.*
3. Para destacar un nombre propio o un sobrenombre: *salía ya la aurora, «la de los rosados dedos»; todavía se desconoce quién fue «Jack el Destripador».*

NORMAS DE PARTICIÓN DE PALABRAS

Cuando una palabra no cabe entera al final de una línea puede dividirse en dos partes mediante un guión (-), pero respetando los límites silábicos y siguiendo las siguientes normas:

1. Cuando una consonante va entre dos vocales se agrupa con la segunda: *du-ro, co-la-da, to-mi-llo.*
2. En los grupos formados por dos consonantes entre dos vocales, la primera consonante se agrupa con la vocal primera y la segunda consonante con la última vocal: *ac-tuar, con-no-ta-ción.*

excepción: los grupos consonánticos **pr, pl, br, bl, fr, fl, tr, dr, cr, cl, gr** y **gl** se unen a la última vocal: *ca-pri-no, so-plar, re-bro-te, su-bli-mar, re-fres-co, re-flu-jo, de-trás, pe-dra-da, de-cli-nar, de-gra-dar, de-glu-ción.*

3. En los grupos formados por tres consonantes, las dos primeras se agrupan con la vocal primera y la tercera consonante con la última vocal: *cons-ti-tu-ción, cons-tar.*

   excepción: cuando la segunda y la tercera consonante forman parte de alguno de los grupos consonánticos mencionados en el punto 2, la primera consonante del grupo se une a la vocal primera y las otras dos consonantes se agrupan con la última vocal: *con-tra-riar, des-bro-zar.* Lo mismo sucede en las agrupaciones de cuatro consonantes, cuando las dos últimas pertenecen a alguno de los grupos exceptuados: *cons-tru-yó.*

4. Las palabras que contengan una **h** precedida de otra consonante, se dividen considerando a la **h** como principio de sílaba: *des-hie-lo, in-hi-bi-ción.*

5. Dos vocales juntas nunca se separan, aunque formen sílabas distintas: *rau-do* (no *ra-udo*), *en-deu-da-do* (no *en-de-udado*), *pe-río-do* (no *pe-rí-odo*).

6. Nunca debe partirse una palabra de modo que quede una vocal aislada a final o a principio de renglón: *ama-bi-li-dad* (no *a-mabilidad*), *pas-to-reo* (no *pastore-o*).

7. En las palabras compuestas, tanto las formadas por palabras con sentido independiente *(fran-coespañol)* como las formadas por prefijación *(proandalucista)*, puede optarse entre separar cada uno de sus componentes *(franco-español; pro-andalucista)* o seguir las normas de partición generales *(fran-coes-pa-ñol; proan-da-lu-cis-ta)*.

8. Los extranjerismos se separarán conforme a su lengua de origen: *Mül-ler, Mus-set.*

9. En español no se admite la partición de las letras dobles (la **ch**, la **ll** y la **rr**): *ca-chear* (no *cac-hear*), *re-so-llar* (no *resol-lar*), *co-rre-gir* (no *cor-regir*).

10. No admiten partición los acrónimos ni las siglas.

ADDENDA
MODELOS DE LA CONJUGACIÓN REGULAR
PRIMERA CONJUGACIÓN: CANTAR

FORMAS PERSONALES				
INDICATIVO				
Presente	*Pretérito imperfecto*	*Pretérito indefinido*	*Futuro imperfecto*	*Condicional simple*
canto	cantaba	canté	cantaré	cantaría
cantas	cantabas	cantaste	cantarás	cantarías
canta	cantaba	cantó	cantará	cantaría
cantamos	cantábamos	cantamos	cantaremos	cantaríamos
cantáis	cantabais	cantasteis	cantaréis	cantaríais
cantan	cantaban	cantaron	cantarán	cantarían
Pretérito compuesto	*Pretérito pluscuamperfecto*	*Pretérito anterior*	*Futuro perfecto*	*Codicional compuesto*
he cantado	había cantado	hube cantado	habré cantado	habría cantado
has cantado	habías cantado	hubiste cantado	habrás cantado	habrías cantado
ha cantado	había cantado	hubo cantado	habrá cantado	habría cantado
hemos cantado	habíamos cantado	hubimos cantado	habremos cantado	habríamos cantado
habéis cantado	habíais cantado	hubisteis cantado	habréis cantado	habríais cantado
han cantado	habían cantado	hubieron cantado	habrán cantado	habrían cantado

SUBJUNTIVO		
Presente	*Pretérito imperfecto*	*Futuro imperfecto*
cante	cantara o cantase	cantare
cantes	cantaras o cantases	cantares
cante	cantara o cantase	cantare
cantemos	cantáramos o cantásemos	cantáremos
cantéis	cantarais o cantaseis	cantareis
canten	cantaran o cantasen	cantaren
Pretérito compuesto	*Pretérito pluscuamperfecto*	*Futuro perfecto*
haya cantado	hubiera o hubiese cantado	hubiere cantado
hayas cantado	hubieras o hubieses cantado	hubieres cantado
haya cantado	hubiera o hubiese cantado	hubiere cantado
hayamos cantado	hubiéramos o hubiésemos cantado	hubiéremos cantado
hayáis cantado	hubierais o hubieseis cantado	hubiereis cantado
hayan cantado	hubieran o hubiesen cantado	hubieren cantado

IMPERATIVO	
Presente	
canta tú cante él	cantemos nosotros cantad vosotros canten ellos

FORMAS NO PERSONALES		
INFINITIVO	GERUNDIO	PARTICIPIO
Simple cantar	**Simple** cantando	cantado
Compuesto haber cantado	**Compuesto** habiendo cantado	

SEGUNDA CONJUGACIÓN: CORRER

FORMAS PERSONALES				
INDICATIVO				
Presente	*Pretérito imperfecto*	*Pretérito indefinido*	*Futuro imperfecto*	*Condicional simple*
corro	corría	corrí	correré	correría
corres	corrías	corriste	correrás	correrías
corre	corría	corrió	correrá	correría
corremos	corríamos	corrimos	correremos	correríamos
corréis	corríais	corristeis	correréis	correríais
corren	corrían	corrieron	correrán	correrían
Pretérito compuesto	*Pretérito pluscuamperfecto*	*Pretérito anterior*	*Futuro perfecto*	*Codicional compuesto*
he corrido	había corrido	hube corrido	habré corrido	habría corrido
has corrido	habías corrido	hubiste corrido	habrás corrido	habrías corrido
ha corrido	había corrido	hubo corrido	habrá corrido	habría corrido
hemos corrido	habíamos corrido	hubimos corrido	habremos corrido	habríamos corrido
habéis corrido	habíais corrido	hubisteis corrido	habréis corrido	habríais corrido
han corrido	habían corrido	hubieron corrido	habrán corrido	habrían corrido
SUBJUNTIVO				
Presente		*Pretérito imperfecto*		*Futuro imperfecto*
corra		corriera o corriese		corriere
corras		corrieras o corrieses		corrieres
corra		corriera o corriese		corriere
corramos		corriéramos o corriésemos		corriéremos
corráis		corrierais o corrieseis		corriereis
corran		corrieran o corriesen		corrieren
Pretérito compuesto		*Pretérito pluscuamperfecto*		*Futuro perfecto*
haya corrido		hubiera o hubiese corrido		hubiere corrido
hayas corrido		hubieras o hubieses corrido		hubieres corrido
haya corrido		hubiera o hubiese corrido		hubiere corrido
hayamos corrido		hubiéramos o hubiésemos corrido		hubiéremos corrido
hayáis corrido		hubierais o hubieseis corrido		hubiereis corrido
hayan corrido		hubieran o hubiesen corrido		hubieren corrido
IMPERATIVO				
Presente				
corre tú corra él		corramos nosotros corred vosotros corran ellos		
FORMAS NO PERSONALES				
INFINITIVO		GERUNDIO		PARTICIPIO
Simple correr		**Simple** corriendo		corrido
Compuesto haber corrido		**Compuesto** habiendo corrido		

TERCERA CONJUGACIÓN: VIVIR

FORMAS PERSONALES				
INDICATIVO				
Presente	*Pretérito imperfecto*	*Pretérito indefinido*	*Futuro imperfecto*	*Condicional simple*
vivo	vivía	viví	viviré	viviría
vives	vivías	viviste	vivirás	vivirías
vive	vivía	vivió	vivirá	viviría
vivimos	vivíamos	vivimos	viviremos	viviríamos
vivís	vivíais	vivisteis	viviréis	viviríais
viven	vivían	vivieron	vivirán	vivirían
Pretérito compuesto	*Pretérito pluscuamperfecto*	*Pretérito anterior*	*Futuro perfecto*	*Codicional compuesto*
he vivido	había vivido	hube vivido	habré vivido	habría vivido
has vivido	habías vivido	hubiste vivido	habrás vivido	habrías vivido
ha vivido	había vivido	hubo vivido	habrá vivido	habría vivido
hemos vivido	habíamos vivido	hubimos vivido	habremos vivido	habríamos vivido
habéis vivido	habíais vivido	hubisteis vivido	habréis vivido	habríais vivido
han vivido	habían vivido	hubieron vivido	habrán vivido	habrían vivido

SUBJUNTIVO		
Presente	*Pretérito imperfecto*	*Futuro imperfecto*
viva	viviera o viviese	viviere
vivas	vivieras o vivieses	vivieres
viva	viviera o viviese	viviere
vivamos	viviéramos o viviésemos	viviéremos
viváis	vivierais o vivieseis	viviereis
vivan	vivieran o viviesen	vivieren
Pretérito compuesto	*Pretérito pluscuamperfecto*	*Futuro perfecto*
haya vivido	hubiera o hubiese vivido	hubiere vivido
hayas vivido	hubieras o hubieses vivido	hubieres vivido
haya vivido	hubiera o hubiese vivido	hubiere vivido
hayamos vivido	hubiéramos o hubiésemos vivido	hubiéremos vivido
hayáis vivido	hubierais o hubieseis vivido	hubiereis vivido
hayan vivido	hubieran o hubiesen vivido	hubieren vivido

IMPERATIVO
Presente

vive tú	vivamos nosotros
viva él	vivid vosotros
	vivan ellos

FORMAS NO PERSONALES		
INFINITIVO	GERUNDIO	PARTICIPIO
Simple vivir	**Simple** viviendo	vivido
Compuesto haber vivido	**Compuesto** habiendo vivido	

CASOS ESPECIALES

Ciertos verbos de conjugación perfectamente regular presentan algunas anomalías ortográficas (variaciones de acentuación o de grafía) que aparentemente los apartan de las conjugaciones modelo antes expuestas. Sin embargo no se consideran verbos irregulares, ya que su radical no varía fonéticamente y sus desinencias se adecuan a alguno de los tres modelos posibles.

Los verbos regulares afectados por este tipo de anomalías meramente ortográficas son los siguientes:

I. Verbos con alteraciones de acentuación:

1. Ciertos verbos terminados en **-iar** *(aliar, ampliar, averiar, confiar, desafiar, desviar, liar, resfriar, rociar, variar,* etc.), en los que la *-i-* final del radical es tónica y va acentuada en las tres personas del singular y en la tercera del plural de los presentes de indicativo, subjuntivo e imperativo.

2. Algunos verbos terminados en **-uar** *(acentuar, actuar, continuar, desvirtuar, efectuar, evaluar, graduar, habituar, perpetuar, situar,* etc.), en los que la *-u-* final del radical es tónica y lleva tilde en las tres personas del singular y en la tercera del plural de los presentes de indicativo, subjuntivo e imperativo.

II. Verbos con alteraciones de grafía:

1. Los verbos en **-car, -gar, -guar** y **-zar** modifican la *-c-*, la *-g-* o la *-z-* final de su radical en aquellas formas verbales cuya desinencia comienza por *-e-* (1.ª persona del singular del pretérito indefinido de indicativo y todas las personas del presente de subjuntivo):

Terminación	Modificación ortográfica		Ejemplos		
			Infinitivo	Indicativo (pretérito)	Subjuntivo (presente)
-car	c	→ qu	sacar	saqué	saque, etc.
-gar	g	→ gu	llegar	llegué	llegue, etc.
-guar	gu	→ gü	averiguar	averigüé	averigüe, etc.
-zar	z	→ c	alcanzar	alcancé	alcance, etc.

2. Los verbos terminados en **-cer, -cir, -ger, -gir, -guir** y **-quir** modifican la *-c-*, la *-g-* o la *-qu-* final de su radical en aquellas formas verbales cuya desinencia comience por *-a-* o por *-o-* (1.ª persona del singular del presente de indicativo y todas las formas del presente de subjuntivo):

Terminación	Modificación ortográfica		Ejemplos		
			Infinitivo	Indicativo (pretérito)	Subjuntivo (presente)
-cer	c	→ z	mecer	mezo	meza, etc.
-cir			zurcir	zurzo	zurza, etc.
-ger	g	→ j	proteger	protejo	proteja, etc.
-gir			rugir	rujo	ruja, etc.
-guir	gu	→ g	distinguir	distingo	distinga, etc.
-quir	qu	→ c	delinquir	delinco	delinca, etc.

3. En los verbos terminados en **-llir, -ñer** y **-ñir** desaparece la *-i-* desinencial átona en aquellas formas verbales que la tenían (la 3.ª persona del singular y del plural del pretérito indefinido de indicativo, todas las personas del imperfecto y del futuro de subjuntivo y en el gerundio):

Terminación	Ejemplos				
	Infinitivo	Indicativo	Subjuntivo		Gerundio
		(pretérito)	(imperfecto)	(futuro)	
-llir	bullir	bulló	bullera, etc.	bullere, etc.	bullendo
		bulleron	bullese, etc.		
-ñer	tañer	tañó	tañera, etc.	tañere, etc.	tañendo
		tañeron	tañese, etc.		
-ñir	astreñir	astriñó	astriñera, etc.	astriñere, etc.	astriñendo
		astriñeron	astriñese, etc.